V&R

Kritisch-exegetischer Kommentar über das Neue Testament

Begründet von
Heinrich August Wilhelm Meyer

Herausgegeben von Ferdinand Hahn

Dreizehnter Band – 15. Auflage

Der Brief an die Hebräer

Göttingen · Vandenhoeck & Ruprecht · 1991

Der Brief an die Hebräer

Übersetzt und erklärt von
Hans-Friedrich Weiß

15. Auflage
1. Auflage dieser Auslegung

Göttingen · Vandenhoeck & Ruprecht · 1991

Die Deutsche Bibliothek – CIP-Einheitsaufnahme

Kritisch-exegetischer Kommentar über das Neue Testament /
begr. von Heinrich August Wilhelm Meyer. Hrsg. von Ferdinand
Hahn. – Göttingen : Vandenhoeck und Ruprecht.
Teilw. ohne Hrsg.
NE: Meyer, Heinrich August Wilhelm [Begr.];
Hahn, Ferdinand [Hrsg.]
Bd. 13. Weiss, Hans-Friedrich: Der Brief an die Hebräer. –
15. Aufl., 1. Aufl. dieser Auslegung. – 1991

Weiss, Hans-Friedrich:
Der Brief an die Hebräer / übers. u. erkl. von Hans-Friedrich Weiss. –
15. Aufl., 1. Aufl. dieser Auslegung. –
Göttingen : Vandenhoeck u. Ruprecht, 1991
(Kritisch-exegetischer Kommentar über das Neue Testament ; Bd. 13)
14. Aufl. u.d.T.: Michel, Otto: Der Brief an die Hebräer
ISBN 3-525-51625-8

© 1991 Vandenhoeck & Ruprecht, Göttingen
Printed in Germany. – Das Werk einschließlich aller seiner Teile
ist urheberrechtlich geschützt. Jede Verwertung außerhalb
der engen Grenzen des Urheberrechtsgesetzes ist ohne
Zustimmung des Verlages unzulässig und strafbar.
Das gilt insbesondere für Vervielfältigungen, Übersetzungen,
Mikroverfilmungen und die Einspeicherung und Verarbeitung
in elektronischen Systemen.
Gesetzt aus Garamond auf Digiset 200 T 2
Gesamtherstellung: Hubert & Co., Göttingen

Vorwort

„Angesichts der ausgezeichneten neueren Leistungen, welche die Auslegung des Hebräerbriefes aufzuweisen hat, ist man zu fragen berechtigt und bin ich zu sagen verpflichtet, was mich bewogen, die vorhandenen Commentare durch einen neuen zu vermehren". So seinerzeit, im Jahre 1857, Franz Delitzsch im Vorwort zu seinem „Commentar zum Briefe an die Hebräer". Wer heutzutage angesichts des gegenwärtigen Angebots an Kommentaren zum Hebräerbrief den Mut hat, noch einen weiteren Kommentar – und dazu noch in dem hier vorliegenden Umfang! – zu verfassen, sieht sich in eine ähnliche Lage – um nicht zu sagen: in einen ähnlichen Rechtfertigungszwang – versetzt wie seinerzeit F. Delitzsch. Gerechtfertigt erscheint solches Unternehmen am Ende nur durch den Versuch, das theologische und hermeneutische Potential dieser – wie M. Luther sie genannt hat – „ausbundigen gelerten Epistel" (WADB 7, S. 344) in der Richtung bzw. zu dem Ziel zur Geltung zu bringen, das auch der Autor des Hebräerbriefes selbst bei aller seiner den heutigen Leser mitunter recht fremd anmutenden theologischen Reflexion vor Augen hatte: eine Trost- und Mahnrede nämlich (13,22) für seine in Anfechtung des Glaubens geratenen und deshalb müde gewordenen christlichen Zeitgenossen. Sein Anliegen war dabei, die in der Schrift (des Alten Testaments) und im überlieferten Bekenntnis beschlossene Dynamik in veränderter geschichtlicher Lage für die Adressaten seiner „Rede" erneut wirksam werden zu lassen. Anderes und mehr als dies kann und sollte, meine ich, auch ein moderner Kommentar zum Hebräerbrief nicht beabsichtigen. In diesem Sinne hoffe ich, daß die hier vorgelegte Auslegung jener erklärten Absicht des Autors des Hebräerbriefes und damit auch seinem – wie ich es genannt habe – „pastoralen Grundanliegen" in der Zielrichtung jedenfalls entspricht.

Dafür, daß dieser Kommentar in der vorliegenden Gestalt erscheinen konnte, habe ich vielfältigen Dank abzustatten. An erster Stelle nenne ich dabei den Herausgeber des Kritisch-exegetischen Kommentars über das Neue Testament, Herrn Kollegen Ferdinand Hahn, sowie – zugleich repräsentativ für die Mitarbeiter des Verlages – den Verleger, Herrn Dr. Arndt Ruprecht. Ohne den überaus großzügigen und zugleich stets geduldigen Beistand beider Herren über eine lange Reihe von Jahren hinweg hätte ich diesen Kommentar unter den (damaligen) Arbeits- und Existenzbedingungen in Rostock nicht schreiben können. Angesichts dessen, daß es dabei in den Jahren meiner Arbeit am Kommentar über alle literarische und technische Hilfestellung hinaus auch zu einem Stück Wegbegleitung gekommen ist, ist diese Danksagung für mich durchaus mehr als nur eine bei solcher Gelegenheit ohnehin übliche Verpflichtung.

Für wirksame Hilfe beim Lesen der Korrekturen danke ich meinem Assistenten, Herrn Dr. Klaus-Michael Bull, nicht zuletzt – eher möchte ich dann schon sagen: vor allem – auch meiner Frau. Ihr gilt, was Ausarbeitung und Fertigstellung dieses Kommentars betrifft, deswegen vor allem mein besonderer Dank, weil sie mir in schwieriger Zeit in den zurückliegenden Jahren etwas von dem vermittelt hat, was der Hebräerbrief παρρησία nennt. Ihr sei deshalb auch dieses Buch gewidmet.

Rostock, im Juli 1991   Hans-Friedrich Weiß

Inhalt

Vorwort 5
Literaturverzeichnis 11
Abkürzungsverzeichnis 29

Einleitung 35

§ 1 Der literarische Charakter des Hebräerbriefes 35
§ 2 Die literarische Struktur des Hebräerbriefes 42
§ 3 Grundanliegen und Zielstellung des Hebräerbriefes 51
§ 4 Der Ort des Hebräerbriefes in der Geschichte
    des Urchristentums 60
  1. Das historische Problem 61
    1.1 Die Verfasserfrage 61
    1.2 Die Adressatenfrage 66
    1.2.1 Die Bedeutung der Inscriptio für die Adressatenfrage 67
    1.2.2 Die Adressaten des Hebr: Judenchristen oder Heidenchristen? . . . 70
    1.2.3 Wird im Hebr eine typische oder eine besondere Situation
        vorausgesetzt? 72
    1.2.4 Die Adressaten des Hebr:
        eine Gemeinde oder eine Gemeindegruppe? 75
    1.2.5 Der Ort der Adressaten und die Abfassungszeit des Hebr . . . 76
  2. Das traditionsgeschichtliche Problem 78
    2.1 Gemein-urchristliche Überlieferungen im Hebr 78
    2.2 Der Hebr im Rahmen der Schriften des Neuen Testaments . . 86
§ 5 Der Ort des Hebräerbriefes in der spätantiken
    Religionsgeschichte 96
  1. Das hellenistisch-jüdische Interpretationsmodell 100
  2. Das gnostische Interpretationsmodell 103
  3. Das apokalyptische Interpretationsmodell 107
§ 6 Zur Geschichte der Rezeption des Hebräerbriefes
    in der Alten Kirche 115
§ 7 Zum Text des Hebräerbriefes 127

Auslegung 133

1,1–4,13: Erster Hauptteil. Gottes endgültige Rede in seinem Sohn . . 133

1	1,1-4:	Hinführung zum Thema (Exordium)	133
2	1,5-14:	Die Erhabenheit des Sohnes gegenüber den Engeln	155
3	2,1-4:	Die Verantwortung der Hörer von Gottes Rede .	181
4	2,5-18:	Die Erniedrigung des Sohnes als Grundlegung des Heils	190
4.1	2,5-9:	Das Zeugnis der Schrift	191
4.2	2,10-18:	Weg und Werk des Sohnes (Der Sohn und die Söhne)	202
5	3,1-4,13:	Mahnung zum Glaubensgehorsam	237
5.1	3,1-6:	Die Treue des Hohenpriesters als Basis der Glaubenstreue der Adressaten	238
5.2	3,7-4,11:	Das warnende Beispiel der Wüstenwanderung Israels	254
5.2.1	3,7-11:	Biblische Grundlegung der Mahnung	257
5.2.2	3,12-19:	„Heute, da ihr seine Stimme hört, verhärtet nicht eure Herzen"	261
5.2.3	4,1-11:	Die bleibende Geltung der Verheißung Gottes als Motiv der Mahnung	274
5.3	4,12-13:	Die Wirkungsmacht des Wortes Gottes	284

4,14–10,18: Zweiter Hauptteil. Der christologische Grund der Glaubensparaklese 291

1	4,14-16:	Überleitung zur Entfaltung der Hohenpriester-Christologie	291
2	5,1-10:	Die Voraussetzungen für das Hohepriestertum Jesu	301
3	5,11-6,20:	Vorbereitung der Rede für die „Vollkommenen" .	327
3.1	5,11-6,12:	Mahnung und Warnung der Adressaten	329
3.2	6,13-20:	Die Unverbrüchlichkeit der Verheißung Gottes .	357
4	7,1-10,18:	Die Entfaltung der Hohenpriester-Christologie .	371
4.1	7,1-28:	Der Hohepriester „nach der Ordnung des Melchisedek"	371
4.1.1	7,1-3:	Vorstellung der Gestalt des Melchisedek	373
4.1.2	7,4-10:	Die Überlegenheit des Priestertums „nach der Ordnung des Melchisedek" gegenüber Abraham und dem levitischen Priestertum	388

4.1.3	7,11-19:	Die Nutzlosigkeit des aaronidisch-levitischen Priestertums	392
4.1.4	7,20-28:	Die Überlegenheit des neuen Priestertums	407
4.2	8,1-10,18:	Der Priesterdienst der neuen Heilsordnung	428
4.2.1	8,1-6:	Der alte und der neue Priesterdienst (Exposition)	430
4.2.2	8,7-13:	Die alte und die neue Heilsordnung	443
4.2.3	9,1-10:	Heiligtum und Priesterdienst der ersten Heilsordnung	448
4.2.4	9,11-14:	Grundlegung und Ertrag der neuen Heilsordnung	462
4.2.5	9,15-23:	Die Notwendigkeit des Todes des Mittlers der neuen Heilsordnung	474
4.2.6	9,24-28:	Perspektiven des Priesterdienstes am himmlischen Heiligtum	485
4.2.7	10,1-18:	Die endgültige Wirksamkeit des Opfers Christi ..	497
4.2.7.1	10,1-4:	Das Unvermögen der auf dem Nomos basierenden Kultordnung	499
4.2.7.2	10,5-10:	Der christologische Grund der Negation des alten Opferkults	506
4.2.7.3	10,11-18:	Das einmalige Opfer Christi und seine für immer gültige Wirkung	511

10,19-13,25: Dritter Hauptteil. Die Glaubensparaklese 518

1	10,19-39:	Einleitung der Glaubensparaklese	519
1.1	10,19-25:	Aufforderung zur Wahrnehmung der „im Blut Jesu" begründeten παρρησία	520
1.2	10,26-31:	Warnung vor dem Zornesgericht Gottes	536
1.3	10,32-39:	Erinnerung an den früheren Glaubensstand	543
2	11,1-40:	Das Glaubenszeugnis der Alten	553
2.1	11,1-2:	Das Wesen des Glaubens (Einleitung)	559
2.2	11,3-7:	Die Glaubenszeugen der Urzeit	571
2.3	11,8-22:	Das Glaubenszeugnis der Patriarchen	581
2.4	11,23-31:	Das Glaubenszeugnis in der Geschichte des Mose und des Volkes Israel	601
2.5	11,32-38:	Glaubenszeugnis in Kampf und Martyrium	614
2.6	11,39-40:	Das Glaubenszeugnis der Alten und die Vollendung des Gottesvolkes	624
3	12,1-29:	Ausführung der Glaubensmahnung	629
3.1	12,1-3:	Glaube als Geduld im Leiden – unter christologischem Aspekt	630
3.2	12,4-13:	Glaube als Geduld im Leiden – unter weisheitstheologischem Aspekt	644

3.3	12,14-17:	Mahnung zur Wahrnehmung der Verantwortung füreinander	660
3.4	12,18-24:	Der Heilsstand der Christen (Sinai-Zions-Typologie)	668
3.5	12,25-29:	Anwendung der Sinai-Zions-Typologie im Stile einer Gerichtsparänese	683
4	13,1-17:	Die Gestalt des gottwohlgefälligen Gottesdienstes	697
4.1	13,1-6:	Generelle Mahnungen für das Verhalten der Christen	700
4.2	13,7-17:	Christologische Vertiefung der Mahnung zum gottwohlgefälligen Gottesdienst	708
5	13,18-25:	Der Briefschluß	746
5.1	13,18-21:	Mahnung zur Fürbitte und Segenswunsch	748
5.2	13,22-25:	Persönliches Begleitwort	760

Schlußwort: Rückblick und Ausblick

1. Der Hebräerbrief in der gegenwärtigen exegetischen Diskussion ... 767
2. Zur Frage der theologischen Leistung des Autors des Hebräerbriefes ... 769
3. Zur Frage der Grenzen der theologischen Leistung des Hebräerbriefes ... 778

Exkurse

Die Rezeption der Schrift im Hebräerbrief (zu 1,14) ... 171
Ursprung und Herkunft der Hohenpriester-Christologie im Hebr (zu 2,17f) ... 228
Κατάπαυσις im Hebräerbrief (zu 3,12-19) ... 268
Der irdische Jesus im Hebräerbrief (zu 5,7-10) ... 321
Zur Frage der Ablehnung einer zweiten μετάνοια im Hebräerbrief (zu 6,1ff) ... 347
Zur Rezeption der Gestalt des Melchisedek im frühen Judentum und Christentum (zu 7,1-3) ... 381
Das „Gesetz" im Hebräerbrief (zu 7,11-19) ... 403
Διαθήκη im Hebräerbrief (zu 7,20-28) ... 411
Der „Glaube" im Hebräerbrief (zu 11,1-2) ... 564
Das Abendmahl im Hebräerbrief (zu 13,7-17) ... 726

Register ... 787

Literaturverzeichnis

1. Hilfsmittel

Balz, H./Schneider, G., Exegetisches Wörterbuch zum Neuen Testament I–III, Stuttgart/Berlin/Köln/Mainz 1980–1983
Bauer, W., Griechisch-deutsches Wörterbuch zu den Schriften des Neuen Testaments und der frühchristlichen Literatur, 6. völlig neu bearb. Aufl. hrsg. von K. und B. Aland, Berlin/New York 1988
Blass, F./Debrunner, A., Grammatik des neutestamentlichen Griechisch, 14., völlig neubearbeitete und erweiterte Aufl., bearb. von F. Rehkopf, Göttingen 1976 (Bl.-Debr.-R.)
Kittel, G./Friedrich, G., Theologisches Wörterbuch zum Neuen Testament I–IX, Stuttgart 1933–1979
Lausberg, H., Handbuch der literarischen Rhetorik. Eine Grundlegung der Literaturwissenschaft I–II, München ²1973
Mitteis, L./Wilcken, U., Grundzüge und Chrestomathie der Papyruskunde I–II, Leipzig 1912
Metzger, B. M., A Textual Commentary on the Greek New Testament, London/New York 1975
Moulton, J. H./Milligan, G., The Vocabulary of the Greek New Testament, illustrated from the Papyri and other non-literary Sources, London 1952
Preisigke, F., Wörterbuch der griechischen Papyrusurkunden, bearb. und hrsg. von E. Kiessling, I–II, Berlin 1925/27
Spicq, C., Notes de lexicographie néo-testamentaire I–II (OBO 22/1–2), Fribourg/Göttingen 1978; Supplément (OBO 22/3), Fribourg/Göttingen 1982

2. Forschungsberichte

Bruce, F. F., „To the Hebrews": A Document of Roman Christianity?, in: ANRW II, 25/4, S. 3496–3521
Buchanan, G. W., The Present State of Scholarship on Hebrews, in: J. Neusner (ed.), Christianity, Judaism and Greco-Roman Cults. Studies for M. Smith at Sixty I (New Testament), Leiden 1975, S. 299–330
Feld, H., Der Hebräerbrief (EdF 228), Darmstadt 1985
Ders., Der Hebräerbrief. Literarische Form, geschichtlicher Hintergrund, theologische Fragen, in: ANRW II, 25/4, S. 3522–3601
Grässer, E., Der Hebräerbrief 1938–1963, ThR 30 (1964) S. 138–236
Johnsson, W. G., Issues in the Interpretation of Hebrews, AUSS 15 (1977) S. 166–187
McCullough, J. C., Some Recent Developments in Research on the Epistle to the Hebrews, IrBSt 2 (1980) S. 141–156; 3 (1981) S. 28–45

Zur Auslegungsgeschichte:

Greer, R.A., The Captain of our Salvation. A Study of the Patristic Exegesis of Hebrews (BGBE 14), Tübingen 1974

Hagen, K., Hebrews Commenting from Erasmus to Bèze: 1516–1598 (BGBE 23), Tübingen 1981

3. Bibliographien

Grässer, E., ThR 30 (1964) S. 138–144 (1938–1963)
Feld, H., Der Hebräerbrief (EdF 228), Darmstadt 1985, S. 103–141
Spicq, C., L'épître aux Hébreux I, Paris ²1952, S. 379–407 (bis 1950)
Ders., DBS VII, S. 272–279 (bis 1961)
Ders., L'epître aux Hébreux (SBi), Paris 1977, S. 44–54 (bis 1976)
Vanhoye, A., Art. Hebräerbrief, TRE XIV, S. 503–505

4. Kommentare[1]

Alte Kirche

Cassiodorus Magnus Aurelius, Complexiones in Epistolas Apostolorum, PL 70, p. 1357–1362
Cyrillus Alexandrinus, Explanatio in Epistolam ad Hebraeos, PG 74, p. 853–1006
Ephraem Syrus, Commentarii in Epistolas D. Pauli nunc primum ex armenio in latinam sermonem a Patribus Mechitaristis translati, Venedig 1893, p. 200–242
Johannes Chrysostomus, Enarratio in Epistolam ad Hebraeos, PG 63, p. 9–236
Ps.-Oecumenius, Pauli Apostoli ad Hebraeos Epistola, PG 119, p. 281–456
Theodor von Mopsuestia, Fragmente des Kommentars zum Hebr, PG 66, p. 952–968. Vgl. auch K. Staab, Pauluskommentare aus der griechischen Kirche (NTA 15), Münster 1933, S. 200–212
Theodoret von Kyros, Interpretatio Epistolae ad Hebraeos, PG 66, p. 952–968
Theophylactus, Epistolae D. Pauli ad Hebraeos Expositio, PG 125, p. 185–404

Mittelalter und Reformationszeit

Beza (de Bèze), Th., Epistola Pauli ad Hebraeos (Genf 1556)
Ders., Cours sur les épîtres aux Romains et aux Hébreux (1564–66) d'après les notes de Marcus Widler. Edités par P. Faenkel et L. Perrotet, Genf 1988, S. 199–408
Calvin, J., In epistolam ad Hebraeos commentarius (Genf 1549), in: J. Calvini opera omnia 55 (Corpus Reformatorum 83), Braunschweig 1896, S. 5–198
Erasmus von Rotterdam, D., Novum Instrumentum (Basel 1516). Faks.-Neudruck mit einer Einleitung ... von H. Holeczek, Stuttgart/Bad Cannstatt 1986, S. 584–601 (Annotationes in epistolam Pauli ad Hebraeos)

---

[1] Kommentare werden im folgenden nur in Auswahl aufgeführt. Vgl. im übrigen die entsprechende Bibliographie bei C. Spicq, L'épître aux Hébreux I, S. 379ff, und bei H. Feld, Der Hebräerbrief, S. 103ff. – Auf die hier genannten Kommentare wird im Rahmen der Auslegung nur mit Angabe des Verfassers und der Seitenzahl verwiesen.

GERHARD, J., Commentaria super epistolam ad Hebraeos, Jena 1641
GROTIUS, H., Annotationes in Acta Apostolorum et in Epistolas catholicas, Paris 1646, S. 787-896 (Nachdruck: Stuttgart/Bad Cannstatt 1972)
LUTHER, M., Vorlesung über den Hebräerbrief (1517/18), hrsg. von J. Ficker (Anfänge reformatorischer Schriftauslegung 2), Leipzig 1929
THOMAS von Aquino, In omnes S. Pauli epistolas commentaria II, Turin 1902, S. 257-452 = Super epistolas S. Pauli lectura, ed. R. Cai, II, Rom 1953, S. 335-506

18. Jahrhundert

BENGEL, J. A., Gnomon Novi Testamenti (1742), Stuttgart [8]1891, S. 868-949
CARPZOV, J. B., Sacrae exercitationes in S. Pauli epistolam ad Hebraeos ex Philone alexandrino, Helmstedt 1750
WETTSTEIN, J. J., Novum Testamentum Graecum editionis receptae vol. II, Amsterdam 1752, S. 383-446 (Nachdruck: Graz 1962)

19. Jahrhundert

BIESENTHAL, J. H. R., Epistola Pauli ad Hebraeos cum rabbinico commentario, Berlin 1857
BLEEK, F., Der Brief an die Hebräer I-III, Berlin 1828/1836/1840
BRUCE, A. B., The Epistle to the Hebrews: The First Apology of Christianity, Edinburgh 1899
DAVIDSON, A. B., The Epistle to the Hebrews, Edinburgh 1882
DELITZSCH, F., Commentar zum Briefe an die Hebräer, Leipzig 1857 (Nachdruck: Mit einem Geleitwort von O. Michel, TVG-Reprint, [2]1989)
EDWARDT, Th. C., The Epistle to the Hebrews (The Expositor's Bible), London/New York 1896 ([2]1908)
EWALD, H., Das Sendschreiben an die Hebräer und Jakobos' Rundschreiben übersetzt und erklärt, Göttingen 1870
HOFMANN, J. Chr. K. von, Der Brief an die Hebräer, in: Die hl. Schrift des Neuen Testaments zusammenhängend untersucht V (S. 53-561), Nördlingen 1873
KÄHLER, M., Der Hebräerbrief, Halle 1880; [2]1889
KEIL, K. F., Kommentar über den Brief an die Hebräer, Leipzig 1885
LÜNEMANN, G., Kritisch exegetisches Handbuch über den Hebräerbrief (KEK 13), Göttingen 1855; [4]1878
MCCAUL, J. B., The Epistle to the Hebrews: A Paraphrastic Commentary with Illustrations from Philo, the Targums, the Mishna and Gemara, London 1871
MOULTON, W. F., The Epistle of Paul the Apostle to the Hebrews, London 1878
SCHULZ, D., Der Brief an die Hebräer, Breslau 1818
SODEN, H. v., Der Brief an die Hebräer (HC 3), Freiburg i. Br. 1890; [3]1899
THOLUCK, A., Kommentar zum Brief an die Hebräer, Hamburg 1836; [3]1850
WEISS, B., Kritisch exegetisches Handbuch über den Hebräerbrief (KEK 13), Göttingen 1888; [6]1897
WESTCOTT, B. F., The Epistle to the Hebrews, London 1888; [3]1909 (Nachdruck: Grand Rapids 1970)
WETTE, W. M. L. de, Kurze Erklärung der Briefe an Titus, Timotheus und die Hebräer, Leipzig 1844; [3]1867

20. Jahrhundert

ANDREWS, H.T., Hebrews (The Abington Bible Commentary), New York 1929
ANDRIESSEN, P./LENGLET, A., De Brief aan de Hebreeën, Roermond 1971
ATTRIDGE, H.W., The Epistle to the Hebrews. A Commentary on the Epistle to the Hebrews (Hermeneia), Philadelphia 1989
BONSIRVEN, J., Saint Paul. Épître aux Hébreux (VSal 12), Paris 1943
BOURKE, M.M., The Epistle to the Hebrews (JBC), Englewood Cliffs 1968
BRAUN, H., An die Hebräer (HNT 14), Tübingen 1984
BRUCE, F.F., The Epistle to the Hebrews (NIC), Grand Rapids [5]1977
BUCHANAN, G.W., To the Hebrews. Tradition, Comment and Conclusions (AncB 36), Garden City/New York 1972
CODY, A., Hebrews (A New Catholic Commentary on Holy Scripture), London 1969
DAVIES, J.H., A letter to Hebrews (CBC), Cambridge 1967
DODS, M., A Letter to Hebrews (The Expositor's Greek Testament), New York/London 1910 (S. 219-381)
EVANS, L.H., Hebrews (CC), Waco/Texas 1985
GAYFORD, S.G., The Epistle to the Hebrews (A New Commentary on Holy Scripture), New York 1928
GRÄSSER, E., An die Hebräer (Hebr 1-6) (EKK XVII/1), Zürich-Neukirchen 1990
GRANT, F.C., The Epistle to the Hebrews, New York 1956
GROSHEIDE, F.H., De Brief aan de Hebreeën en de Brief van Jakobus (CNT/K/), Kampen 1927
GUTHRIE, D., The Letter to the Hebrews. An Introduction and Commentary (TNTC 15), Leicester/Grand Rapids 1983
HAERING, Th., Der Brief an die Hebräer, Stuttgart 1925
HAGNER, D.A., Hebrews. A Good News Commentary, San Francisco 1983
HEGERMANN, H., Der Brief an die Hebräer (ThHK 16), Berlin 1988
HÉRING, J., L'épître aux Hébreux (CNT/N/12), Neuchâtel/Paris 1954
DERS., The Epistle to the Hebrews, London 1970
HEWITT, Th., The Epistle to the Hebrews. An Introduction and commentary (TNTC), London [6]1973
HOLLMANN, G., Der Hebräerbrief (SNT 3), Göttingen 1917 (S. 157-219)
HOLTZMANN, O., Der Hebräerbrief, in: DERS., Das Neue Testament nach dem Stuttgarter griechischen Text übersetzt und erklärt II, Gießen 1926 (S. 777-822)
HUGEDÉ, N., Le sacerdoce du Fils. Commentaire de l'épître aux Hébreux, Paris 1983
HUGHES, Ph.E., A Commentary on the Epistle to the Hebrews, Grand Rapids 1977
JAVET, J.S., Dieu nous parla. Commentaire sur l'épître aux Hébreux, Neuchâtel/Paris 1945
JEWETT, R., Letter to the Pilgrims. A Commentary on the Epistle to the Hebrews, New York 1981
KENT, H.A., The Epistle to the Hebrews: A Commentary, Grand Rapids 1972
KUSS, O., Der Brief an die Hebräer (RNT 8), Regensburg 1953; [2]1966
LAUB, F., Hebräerbrief (SKK/NT/14), Stuttgart 1989
LEONARD, W., The Epistle to the Hebrews (CCHS), London 1953
LIGHTFOOT, N.R., Jesus Christ Today: A Commentary on the Book of Hebrews, Grand Rapids 1976

MacRae, G. W., Hebrews (BComm 10), Collegeville MN 1983
März, C.-P., Hebräerbrief (NEB NT 16), Würzburg 1989
Moffatt, J., Hebrews (ICC/NT), Edinburgh 1979
Montefiore, H., A Commentary on the epistle to the Hebrews (BNTC), London 1964
Morris, L., Hebrews (ExpBC 12), Grand Rapids 1981
Nairne, A., The Epistle to the Hebrews (CGTC), Cambridge 1917
Neil, W., The Epistle to the Hebrews (TBC), London 1955; ²1959
Purdy, A. C./Cotton, J. H., The Epistle to the Hebrews (IntB 11), New York 1955 (S. 575-763)
Riggenbach, E., Der Brief an die Hebräer (KNT 14), Leipzig ²/³1922 (Nachdruck der 2./3. ... Aufl. von 1922. Geleitwort von O. Hofius, Wuppertal 1987)
Robinson, T. H., The Epistle to the Hebrews (MNTC), London 1933
Schierse, F. J., Der Brief an die Hebräer (GSL 18), Düsseldorf 1986
Seeberg, A., Der Brief an die Hebräer (Ev.-Theol. Bibliothek - Kommentar zum Neuen Testament), Leipzig 1912
Smith, R. H., Hebrews. Commentary New Testament, Minneapolis 1984
Snell, A., A New and Living Way. An Explanation of the Epistle to the Hebrews, London 1959
Spicq, C., L'épître aux Hébreux I: Introduction, Paris ²1952; II: Commentaire, Paris ³1953 (EtB)
Ders., L'épître aux Hébreux. Traduction, notes critiques, commentaire (SBi), Paris 1977
Stibbs, A. M., Hebrews (The New Bible Commentary), London ³1970 (S. 1191-1221)
Strack, H. L./Billerbeck, P., Kommentar zum Neuen Testament aus Talmud und Midrasch III, München ⁵1969 (S. 671-750)
Strathmann, H., Der Brief an die Hebräer (NTD 9), Göttingen ⁸1963
Strobel, A., Der Brief an die Hebräer (NTD 9/2), Göttingen ¹¹1975
Williamson, R., The Epistle to the Hebrews, London 1964
Wilson, R. McL., Hebrews (NCBC), Grand Rapids 1987
Windisch, H., Der Hebräerbrief (HNT 14), Tübingen ²1931

5. Monographien, Abhandlungen und Aufsätze[2]

Ahlborn, E., Die Septuagintavorlage des Hebräerbriefes, Diss. Göttingen 1966
Andriessen, P., La communauté des ‚Hébreux'. Était-elle-tombée dans le relachement? NRTh 96 (1974) S. 1054-1066
Ders., L'eucharistie dans l'épître aux Hébreux, NRTh 94 (1972) S. 269-277
Ders., En lisant l'épître aux Hébreux (en forme d'une lettre de désaccord à A. Vanhoye), Vaals 1977
Appel, H., Der Hebräerbrief, ein Schreiben des Apollos an Judenchristen der korinthischen Gemeinde, Leipzig 1918
Attridge, H. W., The Uses of Antithesis in Hebrews 8-10, HThR 79 (1986) S. 1-9
Bacon, B. W., The Doctrine of Faith in Hebrews, JBL 19 (1900) S. 12-21

---

[2] Spezielle Literatur, die nur auf einzelne Texte Bezug nimmt, wird im Kommentar am jeweiligen Ort nachgewiesen.

BARNETT, A. E., Paul becomes a Literary Influence, Chicago 1941
BARRETT, C. K., The Eschatology of the Epistle to the Hebrews, in: The Background of the New Testament and its Eschatology. In Honour of C. H. Dodd, Cambridge 1956, S. 363-393
BARTH, M., The Old Testament in Hebrews, in: Current Issues in the New Testament Interpretation. Festschr. O. A. Piper, New York 1962, S. 53-78. 263-273
BERGER, K., Apostelbrief und apostolische Rede. Zum Formular frühchristlicher Briefe, ZNW 65 (1974) S. 190-231
DERS., Hellenistische Gattungen im Neuen Testament, in: ANRW II 25/2, S. 1031-1432, spez. S. 1363-1371
DERS., Formgeschichte des Neuen Testaments, Heidelberg 1984
DERS., Einführung in die Formgeschichte (UTB 1444), Tübingen 1987
BERTRAM, G., Die Himmelfahrt Jesu vom Kreuz aus und der Glaube an seine Auferstehung, in: Festgabe für A. Deißmann, Tübingen 1927, S. 187-217
BIEDER, W., Pneumatologische Aspekte im Hebräerbrief, in: Neues Testament und Geschichte. Festschr. O. Cullmann zum 70. Geb., Zürich/Tübingen 1972, S. 251-259
BIETENHARD, H., Die himmlische Welt im Urchristentum und Spätjudentum (WUNT 2), Tübingen 1951
BLACK, D. A., The Literary Structure of Hebrews: An Evaluation and a Proposal, GThJ 7 (1986) S. 163-177
BLACK, M., The Christological Use of the Old Testament in the New Testament, NTS 18 (1971/72) S. 1-14
BLASS, F., Die rhythmische Komposition des Hebräerbriefes, ThStKr 75 (1902) S. 420-461
BLIGH, J., The Structure of Hebrews, HeyJ 5 (1964) S. 170-177
DERS., Chiastic Analysis of the Epistle to the Hebrews, Oxford 1966
BOLEWSKI, H., Christos archiereus, Diss. Halle 1939
BONSIRVEN, J., Le sacerdoce et le sacrifice de Jésus-Christ d'après l'épître aux Hébreux, NRTh 66 (1939) S. 641-660. 769-786
BORCHERT, G. R., A Superior Book: Hebrews, REx 82 (1985) S. 319-332
BORNHÄUSER, K., Die Versuchungen Jesu nach dem Hebräerbrief, in: Theologische Studien, M. Kähler dargebracht, Leipzig 1905, S. 69-86
DERS., Empfänger und Verfasser des Briefes an die Hebräer (BFchTh 35/3), Gütersloh 1932
BORNKAMM, G., Das Bekenntnis im Hebräerbrief, ThBl 21 (1942) Sp. 56-66 = DERS., Studien zu Antike und Christentum. Ges. Aufs. II (BEvTh 28), München 1963, S. 188-203
BOUSSET, W., Jüdisch-christlicher Schulbetrieb in Alexandria und Rom (FRLANT N. F. 6), Göttingen 1915
BRANDT, W., Die Wortgruppe λειτουργεῖν in Hebräerbrief und Clemens Romanus, JThSB 1930, S. 145-176
BRAUN, H., Qumran und das Neue Testament I (S. 241-278); II (S. 181-184), Tübingen 1966
DERS., Das himmlische Vaterland bei Philo und im Hebräerbrief, in: O. Böcher/K. Haacker (Hrsgg.), Verborum veritas. Festschr. G. Stählin zum 70. Geb., Wuppertal 1970, s. 319-327
DERS., Die Gewinnung der Gewißheit im Hebräerbrief, ThLZ 96 (1971) Sp. 321-330

Ders., Wie man über Gott nicht denken soll. Dargelegt an Gedankengängen Philos von Alexandria, Tübingen 1971
Bristol, L. O., Primitive Christian Preaching and the Epistle to the Hebrews, JBL 68 (1949) S. 89–97
Bruce, F. F., The Kerygma of Hebrews, Interp. 23 (1969) S. 3–33
Ders., ‚To the Hebrews' or ‚To the Essenes'? NTS 9 (1962/63) S. 217–232
Ders., ‚To the Hebrews': A Document of Roman Christianity? in: ANRW II, 25/4, S. 3496–3521
Büchel, C., Der Hebräerbrief und das Alte Testament, ThStKr 79 (1906) S. 508–591
Büchsel, F., Die Christologie des Hebräerbriefes (BFchTh 27/2), Gütersloh 1922
Burch, V., The Epistle the Hebrews: Its Source and Message, London 1936
Caird, G. B., The Exegetical Method of the Epistle to the Hebrews, CJT 5 (1959) S. 44–51
Cambier, J., Eschatologie ou Héllenisme dans l'épître aux Hébreux. Une étude sur μέλλειν et l'exhortation finale de l'épître, Sal. 11 (1949) S. 62–96
Campenhausen, H. v., Die Entstehung der christlichen Bibel (BHTh 39), Tübingen 1968
Carlston, Ch., The Vocabulary of Perfection in Philo and Hebrews, in: Unity and Diversity in New Testament Theology. Festschr. G. E. Ladd, Grand Rapids 1978, S. 133–160
Clarkson, M. E., The Antecedents of the High-Priest Theme in Hebrews, AThR 27 (1947) S. 89–95
Cody, A., Heavenly Sanctuary and Liturgy in the Epistle to the Hebrews. The Achievement of Salvation on the Epistle's Perspectives, St. Meinrad 1960
Combrink, H. J. B., Some Thoughts on the Old Testament Citations in the Epistle to the Hebrews, Neotest. 5 (1971) S. 22–36
Coppens, J., Les affinités qumrâniennes de l'épître aux Hébreux (ALBO sér. 4, fasc. 1), Paris/Louvain 1962
Ders., Le Messianisme sacerdotal dans les écrits du Nouveau Testament, in: La venue du Messie. Messianisme et Eschatologie, RechBib 6 (1962) S. 101–112
Cullmann, O., Die Christologie des Neuen Testaments, Tübingen ³1963
D'Angelo, M. R., Moses in the Letter to the Hebrews (SBL Diss. Ser. 42), Missoula 1979
Dassmann, E., Der Stachel im Fleisch. Paulus in der frühchristlichen Literatur bis Irenäus, Münster 1979 (S. 57–68)
Dautzenberg, G., Der Glaube im Hebräerbrief, BZ 17 (1973) S. 161–177
Davies, J. H., The Heavenly Work of Christ in Hebrews, in: StEv 4 (TU 102), Berlin 1968, S. 384–389
Deichgräber, R., Gotteshymnus und Christushymnus in der frühen Christenheit. Untersuchungen zu Form, Sprache und Stil der frühchristlichen Hymnen (StUNT 5), Göttingen 1967
Deissmann, A., Bibelstudien. Beiträge, zumeist aus den Papyri und Inschriften, zur Geschichte der Sprache, des Schrifttums und der Religion des hellenistischen Judentums und des Urchristentums, Marburg 1895
Ders., Neue Bibelstudien. Sprachgeschichtliche Beiträge, zumeist aus den Papyri und Inschriften, zur Entstehung des Neuen Testaments, Marburg 1897
Ders., Licht vom Osten. Das Neue Testament und die neuentdeckten Texte der hellenistisch-römischen Welt, Tübingen ⁴1923

Descamps, A., La structure de l'épître aux Hébreux, RDT 9 (1954) S. 251-258. 333-338
Dey, L. K. K., The Intermediary World and patterns of Perfection in Philo and Hebrews (SBL Diss. ser. 25), Missoula 1975
Diaz, J. A., La estructura de la Fe, según la Epistola a los Hebreos, CuBi 12 (1956) S. 244-248
Dibelius, M., Der himmlische Kultus im Hebräerbrief, ThBl 21 (1942) S. 1-11 = Ders., Botschaft und Geschichte. Ges. Aufs. II, Tübingen 1956, S. 160-176
Dupont, J., ‚Filius meus es tu'. L'interprétation de Ps. II, 7 dans le Nouveau Testament, RSR 35 (1948) S. 522-543
Dussaut, L., Synopse structurelle de l'épître aux Hébreux. Approche d'analyse structurelle, Paris 1981
Ders., L'Épître aux Hébreux, in: E. Cothenet/L. Dussaut/P. Le Fort/P. Prigent, Les écrits de saint Jean et l'épître aux Hébreux (Pétit Bibliothèque des Sciences Bibliques, Nouveau Testament 5), Paris 1984, S. 283-332
Ellingworth, P., The Old Testament in Hebrews: Exegesis, Method and Hermeneutics, Diss. Aberdeen 1978
Ders./Nida, E. A., A Translator's Handbook on the Letter to the Hebrews, London/New York/Stuttgart 1983
Feld, H., Der Hebräerbrief (EdF 228), Darmstadt 1985
Ders., Der Hebräerbrief: Literarische Form, religionsgeschichtlicher Hintergrund, theologische Fragen, in: ANRW II, 25/4, S. 3522-3601
Fenton, J. C., The Argument in Hebrews, in: StEv 7 (TU 126), Berlin 1982, S. 175-181
Feuillet, A., Les points de vue nouveaux dans l'eschatologie de l'épître aux Hébreux, in: StEv 2 (TU 87), Berlin 1964, S. 369-387
Ders., Une triple préparation du sacerdoce du Christ dans l'Ancien Testament (Melchisédek, le Messis du Ps 110, le Serviteur d'Is. 53). Introduction à la doctrine de l'épître aux Hébreux, Div. 28 (1964) S. 103-136
Filson, F. V., ‚Yesterday'. A Study of Hebrews in the Light of Chapter 13 (STB 2. ser. 4), London 1967
Fiorenza, E., Der Anführer und Vollender unseres Glaubens - zum theologischen Verständnis des Hebräerbriefes, in: J. Schreiner (Hrsg.), Gestalt und Anspruch des Neuen Testaments, Würzburg 1969, S. 262-281
Fitzer, G., Auch der Hebräerbrief legitimiert nicht eine Opfertheologie. Zur Frage der Intention des Hebräerbriefes und seiner Bedeutung für die Theologie, KuD 15 (1969) S. 294-319
Friedrich, G., Beobachtungen zur messianischen Hohepriestererwartung in den Synoptikern, ZThK 53 (1956) S. 265-311 = Ders., Auf das Wort kommt es an. Ges. Aufs. hrsg. von J. H. Friedrich, Göttingen 1978, S. 56-102
Ders., Das Lied vom Hohenpriester im Zusammenhang von Hebr. 4,14-5,10, ThZ 18 (1962) S. 95-115 = Ders., Auf das Wort kommt es an. Ges. Aufs. hrsg. von J. H. Friedrich, Göttingen 1978, s. 279-299
Ders., Die Verkündigung des Todes Jesu im Neuen Testament (Bibl.-theol. Studien 6), Neukirchen 1985
Gilbert, G. H., The Greek Element in the Epistle to the Hebrews, AJTh 14 (1910) S. 521-532
Gloer, W., Homologies and Hymns in the New Testament. Form, Content and Criteria for Identification, PRS 11 (1984) S. 115-132

GNILKA, J., Die Erwartung des messianischen Hohenpriesters in den Schriften von Qumran und im Neuen Testament, RdQ 2 (1959/60), S. 395-426
GOPPELT, L., Typos. Die typologische Deutung des Alten Testaments im Neuen, Gütersloh 1939
DERS., Theologie des Neuen Testaments I-II, Göttingen 1975
DERS., Der erste Petrusbrief (KEK 12/1), Göttingen [8]1978
GORGUES, M., A la droite de Dieu. Résurrection de Jésus et actualisation du Psaume 110:1 dans le Nouveau Testament (EtB), Paris 1978
DERS., Remarques sur la ‚structure centrale' de l'épître aux Hébreux. A l'occasion d'une réédition (d'A. Vanhoye), RB 84 (1977) S. 26-37
GRÄSSER, E., Der Glaube im Hebräerbrief (MThSt 2), Marburg 1965
DERS., Der historische Jesus im Hebräerbrief, ZNW 56 (1965) S. 64-91 = DERS., Text und Situation. Ges. Aufs. zum Neuen Testament, Gütersloh 1973, S. 152-181
DERS., Rechtfertigung im Hebräerbrief, in: J. Friedrich/W. Pöhlmann/P. Stuhlmacher (Hrsgg.), Rechtfertigung. Festschr. E. Käsemann zum 70. Geb., Tübingen/Göttingen 1976, S. 79-93
DERS., Zur Christologie des Hebräerbriefes. Eine Auseinandersetzung mit H. Braun, in: H. D. Betz/L. Schottroff (Hrsgg.), Neues Testament und christliche Existenz. Festschr. H. Braun zum 70. Geb., Tübingen 1973, S. 195-206
DERS., Exegese nach Auschwitz? Kritische Anmerkungen zur hermeneutischen Bedeutung des Holocaust am Beispiel von Hebr 11, KuD 27 (1981) S. 152-163 = DERS., Der Alte Bund im Neuen. Exegetische Studien zur Israelfrage im Neuen Testament (WUNT 35), Tübingen 1985, S. 259-270
DERS., Der Alte Bund im Neuen. Eine exegetische Vorlesung, in: DERS., Der Alte Bund im Neuen (WUNT 35), Tübingen 1985, S. 1-134
DERS., Das wandernde Gottesvolk. Zum Basismotiv des Hebräerbriefes, ZNW 77 (1986) S. 160-179
GYLLENBERG, R., Die Christologie des Hebräerbriefes, ZSTh 11 (1934) S. 662-690
DERS., Die Komposition des Hebräerbriefes, SEÅ 22/23 (1957/58) S. 137-147
HAACKER, K., Der Glaube im Hebräerbrief und die hermeneutische Bedeutung des Holocaust, ThZ 39 (1983) S. 152-165
HABERMANN, J., Präexistenzaussagen im Neuen Testament (EHST. 362), Frankfurt 1990, Kap. 6 und 7
HAERING, Th., Gedankengang und Grundgedanke des Hebräerbriefes, ZNW 18 (1917/18) S. 145-164
HAHN, F., Christologische Hoheitstitel. Ihre Geschichte im frühen Christentum (FRLANT 83), Göttingen 1963, [4]1974
DERS., Das Verständnis des Opfers im Neuen Testament, in: K. Lehmann/E. Schlink (Hrsgg.), Das Opfer Jesu Christi und seine Gegenwart in der Kirche, Freiburg/Göttingen 1983, S. 51-91
HANSON, A. T., Christ in the Old Testament according to Hebrews, in: StEv 2 (TU 87), Berlin 1964, S. 393-407
DERS., The Reproach of the Messiah in the Epistle to the Hebrews, in: StEv 7 (TU 126), Berlin 1973, S. 231-240
HARDER, G., Die Septuagintazitate des Hebräerbriefs, ThViat 1939, S. 33-52
HARVILL, J., Focus on Jesus. Studies in the Epistle to the Hebrews, RQ 22 (1979) S. 129-140

HAY, D. M., Glory at the Right Hand: Ps 110 in Early Christianity (SBL Monogr. Ser. 18), Nashville 1973

HEGERMANN, H., Die Vorstellung vom Schöpfungsmittler im hellenistischen Judentum und Urchristentum (TU 82), Berlin 1961

HENGEL, M., Judentum und Hellenismus. Studien zu ihrer Begegnung unter besonderer Berücksichtigung Palästinas bis zur Mitte des 2. Jh. v. Chr. (WUNT 10), Tübingen ²1973

DERS., Der Sohn Gottes. Die Entstehung der Christologie und die jüdisch-hellenistische Religionsgeschichte, Tübingen ²1977

DERS., Hymnus und Christologie, in: Wort in der Zeit. Festschr. K. H. Rengstorf zum 75. Geb., Leiden 1980, S. 1-23

HÉRING, J., Eschatologie biblique et idéalisme platonique, in: The Background of the New Testament and Its Eschatology. In Honour of C. H. Dodd, Cambridge 1956, S. 444-463

HESSION, R., From Shadow to Substance. A Rediscovery of the Inner Message of the Epistle to the Hebrews, Grand Rapids 1977 (= Vom Schatten zur Wirklichkeit, Marburg 1978)

HIGGINS, A. J. B., Priest and Messiah, VT 3 (1953) S. 321-336

DERS., The priestly Messiah, NTS 13 (1966/67) S. 211-239

HILLMANN, W., Das Wort der Mahnung. Einführung in die Grundgedanken des Hebräerbriefes, BiLe 1 (1960) S. 17-27. 87-99. 157-178. 237-258

HOFIUS, O., Katapausis. Die Vorstellung vom endzeitlichen Ruheort im Hebräerbrief (WUNT 11), Tübingen 1970

DERS., Der Vorhang vor dem Thron Gottes. Eine exegetisch-religionsgeschichtliche Untersuchung zu Hebr 6,19f. und 10,19f. (WUNT 14), Tübingen 1972

DERS., Der Christushymnus Philipper 2,6-11 (WUNT 17), Tübingen 1976

HOLTZ, T., Einführung in die Probleme des Hebräerbriefes, ZdZ 24 (1969) S. 321-327

HORBURY, W., The Aaronic Priesthood in the Epistle to the Hebrews, JSNT 19 (1983) S. 43-71

HOWARD, G., Hebrews and Old Testament Quotations, NT 10 (1968) S. 208-216

HUGEDÉ, N., La sacerdoce du Fils. Commentaire de l'épître aux Hébreux, Paris 1983

HUGHES, G., Hebrews and Hermeneutics. The Epistle to the Hebrews as a New Testament Example of Biblical Interpretation (SNTS.MS 36), Cambridge 1979

HUGHES, PH. E., The Blood of Jesus and His Heavenly Priesthood in Hebrews, BS 130 (1973) S. 99-109. 195-212. 305-314

HURST, L. D., Eschatology and ‚Platonism' in the Epistle to the Hebrews, in: SBL Seminary Papers 23, Chico/Ca 1984, S. 41-74

IMMER, K., Jesus Christus und die Versuchten. Ein Beitrag zur Christologie des Hebräerbriefes, Diss. Halle 1943

JEREMIAS, J., Zwischen Karfreitag und Ostern. Descensus und Ascensus in der Karfreitagstheologie, ZNW 42 (1949) S. 194-201 = DERS., ABBA. Studien zur neutestamentlichen Theologie und Zeitgeschichte, Göttingen 1966, S. 323-331

JOHNSON, W., The Cultus of Hebrews in Twentieth-Century Scholarship, ET 69 (1978) S. 81-84

JOHNSSON, W. G., The Pilgrimage Motif in the Book of Hebrews, JBL 97 (1978) S. 239-251

JONGE, H. J. de, Traditie en exegese: de Hogepriester-christologie en Melchizedek in Hebreeën, TedThT 37 (1983) S. 1-19
KÄSEMANN, E., Das wandernde Gottesvolk. Eine Untersuchung zum Hebräerbrief (FRLANT 55), Göttingen ⁴1961
KATZ, P., The Quotations from Deuteronomy in Hebrews, ZNW 49 (1958) S. 213-223
KISTEMAKER, S., The Psalm Citations in the Epistle to the Hebrews, Amsterdam 1961
KLAPPERT, B., Die Eschatologie des Hebräerbriefs (TEH 156), München 1969
KLINZING, G., Die Umdeutung des Kultus in der Qumran-Gemeinde und im Neuen Testament (StUNT 7), Göttingen 1971
KLOSTERMANN, A., Zur Theorie der biblischen Weissagung und zur Charakteristik des Hebräerbriefs, Nördlingen 1889
KÖGEL, J., Der Begriff τελειουν im Hebräerbrief, in: Theologische Studien, M. Kähler dargebracht, Leipzig 1905, S. 35-68
KÖSTER, H., Die Auslegung der Abraham-Verheißung in Hebräer 6, in: Studien zur Theologie der alttestamentlichen Überlieferungen. Festschr. G. v. Rad, Neukirchen 1961, S. 95-109
DERS., Einführung in das Neue Testament im Rahmen der Religionsgeschichte und Kulturgeschichte der hellenistischen und römischen Zeit, Berlin/New York 1980
KOSMALA, H., Hebräer - Essener - Christen. Studien zur Vorgeschichte der frühchristlichen Verkündigung (StPB 1), Leiden 1959
KÜMMEL, W. G., Einleitung in das Neue Testament, Heidelberg ¹⁷1973
KUSS, O., Der Verfasser des Hebräerbriefs als Seelsorger, TThZ 67 (1958) S. 1-12. 65-80 = DERS., Auslegung und Verkündigung I, Regensburg 1963, S. 329-358
DERS., Der theologische Grundgedanke des Hebräerbriefs. Zur Deutung des Todes Jesu im Neuen Testament, MThZ 7 (1956) S. 1-22 = DERS., Auslegung und Verkündigung I, Regensburg 1963, S. 281-328
LACK, ST., Les ordonnances du culte israélite dans la lettre aux Hébreux, in: J. Coppens/A. Descamp/E. Massaux (edd.), Sacra pagina II. Miscellanea biblica congressus internationalis catholici de re biblica, Paris/Gembloux 1959, S. 390-403
LAUB, F., Bekenntnis und Auslegung. Die paränetische Funktion der Christologie im Hebräerbrief (BU 15), Regensburg 1980
DERS., ‚Schaut auf Jesus' (Hebr 3,1). Die Bedeutung des irdischen Jesus für den Glauben nach dem Hebräerbrief, in: H. Frankemölle/K. Kertelge (Hrsgg.), Vom Urchristentum zu Jesus. Festschr. J. Gnilka, Freiburg i. Br. 1989, S. 417-432
LEANEY, A. R. C., The Aquadah, Paul and the Atonement, in: StEv 7 (TU 126), Berlin 1982, S. 307-315
LINDEMANN, A., Paulus im ältesten Christentum. Das Bild des Apostels und die Rezeption der paulinischen Theologie in der frühchristlichen Literatur bis Marcion (BHTh 58), Tübingen 1979 (S. 233-240)
LOADER, W. R. G., Christ at the Right Hand. Ps CX 1 in the New Testament, NTS 24 (1977/78) S. 199-217
DERS., Sohn und Hoherpriester. Eine traditionsgeschichtliche Untersuchung zur Christologie des Hebräerbriefes (WMANT 53), Neukirchen 1981
LOBUE, F., The Historical Background of the Epistle to the Hebrews, JBL 75 (1956) S. 52-57

LÖVESTAM, E., Son and Saviour. A Study of Acts 13,32-37 (CNT 18), Lund/Copenhagen 1961
LOEWNICH, W. v., Zum Verständnis des Opfergedankens im Hebräerbrief, ThBl 12 (1933) Sp. 167-172
LOHMEYER, E., Kyrios Jesus. Eine Untersuchung zu Philipper 2,5-11 (SHAW.PH 1927/28, 4), Heidelberg 1928
LOHSE, E., Märtyrer und Gottesknecht. Untersuchungen zur urchristlichen Verkündigung vom Sühnetod Jesu Christi (FRLANT 64), Göttingen [2]1963
LUCK, U., Himmlisches und irdisches Geschehen im Hebräerbrief. Ein Beitrag zum Problem des ‚historischen Jesus' im Urchristentum, NT 6 (1963) S. 192-215
LUZ, U., Der alte und der neue Bund bei Paulus und im Hebräerbrief, EvTh 27 (1967) S. 318-336
MACRAE, G. W., Heavenly Temple and Eschatology in the Letter to the Hebrews, Semeia 12 (1978) S. 179-189
MACRAY, J., Atonement and Apocalyptic in the Book of Hebrews, RQ 23 (1980) S. 1-9
MANSON, T. W., The Problem of the Epistle to the Hebrews, BJRL 32 (1949) S. 1-17 = DERS., Studies in the Gospels and Epistles, Manchester 1962, S. 242ff
MANSON, W., The Epistle to the Hebrews. A Historical and Theological Reconsideration, London [5]1966
MARSHALL, J. C., Melchisedek in Hebrews, Philo and Justin Martyr, in: StEv 7 (TU 126), Berlin 1982, S. 339-342
McCOWN, W. G., Ὁ λόγος τῆς παρακλήσεως. The Nature and Function of the Hortatory Sections in the Epistle to the Hebrews, Diss. Union Theological Sem. Virginia 1970
McCULLOUGH, J. C., The Old Testament Quotations in Hebrews, NTS 26 (1979/80) S. 363-379
McNICOL, A., The Relationship of the Image of the Highest Angel to the High Priest Concept in Hebrews, Diss. Vanderbilt University 1974
MEALAND, D. L., The Christology of the Epistle to the Hebrews, MCM 22 (1979) S. 180-187
MÉNÉGOZ, E., La théologie de l'épître aux Hébreux, Paris 1894
MICHEL, O., Zur Auslegung des Hebräerbriefs, NT 6 (1963) S. 189-191
MORA, G., La Carta a los Hebreos camo excrito pastoral, Barcelona 1974
MOXNES, H., Theology in Conflict. Studies in Paul's Understanding of God in Romans (NT.S 53), Leiden 1980
MÜLLER, P. G., ΧΡΙΣΤΟΣ ΑΡΧΗΓΟΣ. Der religionsgeschichtliche und theologische Hintergrund der Christusprädikation (EHS.T 28), Bern/Frankfurt 1973
NASH, R. H., The Notion of Mediator in Alexandrian Judaism and the Epistle to the Hebrews, WThJ 40 (1977/78) S. 89-115
NAUCK, W., Zum Aufbau des Hebräerbriefes, in: W. Eltester (Hrsg.), Judentum, Urchristentum, Kirche. Festschr. für J. Jeremias (BZNW 26), Berlin [2]1964, S. 199-206
NICOLAU, M., La esparanza en la carta a los Hebreos, SBEsp 30 (1972) S. 187-202
NISSILÄ, K., Das Hohepriestermotiv im Hebräerbrief. Eine exegetische Untersuchung (Schriften der Finnischen Exegetischen Gesellschaft 33), Helsinki 1979
NOMOTO, S., Die Hohepriester-Typologie im Hebräerbrief: Ihre traditionsgeschichtliche Herkunft und ihr religionsgeschichtlicher Hintergrund. Diss. Hamburg 1965

DERS., Herkunft und Struktur der Hohepriestervorstellung im Hebräerbrief, NT 10 (1968) S. 10-25
NORDEN, E., Agnostos Theos. Untersuchungen zur Formengeschichte religiöser Rede, Leipzig 1923 (Nachdruck: Darmstadt 1956)
OEPKE, A., Das neue Gottesvolk in Schrifttum, Schauspiel, bildender Kunst und Weltgestaltung, Gütersloh 1950
OVERBECK, F., Zur Geschichte des Kanons, Chemnitz 1880
PADVA, P., Les citations de l'Ancien Testament dans l'épître aux Hébreux, Paris 1904
PETERSON, D., Hebrews and Perfection. An Examination of the Concept of Perfection in the Epistle to the Hebrews (SNTS.MS 47), Cambridge 1982
PLOEG, J. v. d., L'exégèse de l'Ancien Testament dans l'épître aux Hébreux, RB 54 (1947) S. 187-228
POWELL, D. L., Christ as High priest in the Epistle to the Hebrews, in: StEv 7 (TU 126), Berlin 1982, S. 387-399
PRYON, J. W., Hebrews and Incarnational Christology, RTR 40 (1981) S. 44-50
PURDY, A. C., The Purpose of the Epistle to the Hebrews in the Light of the Recent Studies in Judaism, in: Amicitiae Corolla. Festschr. J. R. Harris, London 1933, S. 253-264
REID, R., The Use of the Old Testament in the Epistle to the Hebrews, Diss. Union Theological Seminary 1964
RISSI, M., Die Theologie des Hebräerbriefes. Ihre Verankerung in der Situation des Verfassers und seiner Leser (WUNT 41), Tübingen 1987
ROLOFF, J., Der mitleidende Hohepriester. Zur Frage nach der Bedeutung des irdischen Jesus für die Christologie des Hebräerbriefes, in: G. Strecker (Hrsg.), Jesus Christus in Historie und Theologie. Festschr. für H. Conzelmann zum 60. Geb., Tübingen 1975, S. 143-166
ROSE, C., Verheißung und Erfüllung. Zum Verständnis von ἐπαγγελία im Hebräerbrief, BZ 33 (1989) S. 60-80. 178-191
SAHLIN, H., Emendationsvorschläge zum griechischen Text des Neuen Testaments III, NT 25 (1983) S. 73-88
SAITO, T., Die Mosevorstellungen im Neuen Testament (EHS.T 106), Bern/Frankfurt/Las Vegas 1977
SANDERS, J. T., The New Testament Christological Hymns, Cambridge 1971
SAYDON, P. P., The Master-Idea of the Epistle to the Hebrews, MTh 13 (1961) S. 19-26
SCHAEFER, J. R., The Relationship between Priestly and Servant Messianism in the Epistle to the Hebrews, CBQ 30 (1968) S. 359-385
SCHENK, W., Die Paränese Hebr 13,16 im Kontext des Hebräerbriefes. Eine Fallstudie semiotisch-orientierter Textinterpretation und Sachkritik, STL 39 (1985) S. 73-106
SCHENKE, H. M., Erwägungen zum Rätsel des Hebräerbriefes, in: Neues Testament und christliche Existenz. Festschr. für H. Braun zum 70. Geb., Tübingen 1973, S. 421-437
DERS./FISCHER, K. M., Einleitung in die Schriften des Neuen Testaments II, Berlin 1979
SCHIERSE, F. J., Verheißung und Heilsvollendung. Zur theologischen Grundfrage des Hebräerbriefes (MThS.H 9), München 1955

SCHILLE, G., Erwägungen zur Hohepriesterlehre des Hebräerbriefes, ZNW 46 (1955) S. 81-109
DERS., Die Basis des Hebräerbriefes, ZNW 48 (1957) S. 270-280
SCHILLEBEECKX, E., Christus und die Christen. Die Geschichte einer neuen Lebenspraxis, Freiburg/Basel/Wien 1977 (S. 226-281)
SCHLATTER, A., Der Glaube im Neuen Testament, Stuttgart ⁴1927 (Nachdruck: Darmstadt 1963)
SCHLIER, H., Zur Christologie des Hebräerbriefes, in: DERS., Der Geist und die Kirche. Exegetische Aufsätze und Vorträge IV, Freiburg/Basel/Wien 1980, S. 88-100
SCHMITZ, O., Die Opferanschauung des späteren Judentums und die Opferanschauungen des Neuen Testaments. Eine Untersuchung ihres geschichtlichen Verhältnisses, Tübingen 1910
SCHRAGE, W., Ethik des Neuen Testaments (GNT 4), Göttingen 1982
SCHROEGER, F., Der Verfasser des Hebräerbriefes als Schriftausleger (BU 4), Regensburg 1968
DERS., Das hermeneutische Instrumentarium des Hebräerbriefverfassers, ThGl 60(1970) S. 344-359 = J. Ernst (Hrsg.), Schriftauslegung. Beiträge zur Hermeneutik des Alten und Neuen Testaments, Paderborn 1972, S. 313-329
DERS., Der Gottesdienst der Hebräerbriefgemeinde, MThZ 19 (1968) S. 161-168
SCHÜTZ, H.-G., ‚Kirche' im spät-neutestamentlichen Zeitalter. Untersuchung über das Selbstverständnis des Urchristentums an der Wende vom 1. zum 2. Jahrhundert anhand des 1. Petr, des Hebr und der Pastoralbriefe, Diss. Bonn 1964
SCHULZ, S., Die Mitte der Schrift. Der Frühkatholizismus im Neuen Testament als Herausforderung an den Protestantismus, Stuttgart/Berlin1976 (S. 257-270)
SCHWEIZER, E., Erniedrigung und Erhöhung bei Jesus und seinen Nachfolgern (AThANT 28), Zürich 1955
SCOTT, E. F., The Epistle to the Hebrews: Its Doctrine and Significance, Edinburgh 1922
SEEBERG, A., Der Tod Christi in seiner Bedeutung für die Erlösung. Eine biblisch-theologische Untersuchung, Leipzig 1895
DERS., Der Katechismus der Urchristenheit, Leipzig 1903
SHARP, R. J., Philonism and the Eschatology of Hebrews. Another Book, EAJT 2 (1984) S. 289-298
SIEGFRIED, C., Philo von Alexandria als Ausleger des Alten Testaments. An sich selbst und nach seinem geschichtlichen Einfluß betrachtet, Jena 1875
SILVA, M., Perfection and Eschatology in Hebrews, WThJ 39 (1976/77) S. 60-71
SIMPSON, E. K., The Vocabulary of the Epistle to the Hebrews, EvQ 18 (1946) S. 36-45
SMITH, J., A Priest for Ever. A Study of Typology and Eschatology in Hebrews, London/Sydney 1969
SODEN, H. v., Der Hebräerbrief, JPTh 10 (1884) S. 435-493. 627-656
SOWERS, S. G., The Hermeneutics of Philo and the Hebrews, Zürich 1965
SPICQ, C., Le Philonisme de l'épître aux Hébreux, RB 56 (1949) S. 542-572; 57 (1950) S. 212-242
DERS., Alexandrinismes dans l'épître aux Hébreux, RB 58 (1951) S. 481-502
DERS., La théologie des deux alliances dans l'épître aux Hébreux, RSPhTh 33 (1949) S. 15-30

Ders., Contemplation, théologie et vie morale d'après l'épître aux Hébreux, in: Mélanges J. Lebreton I, Paris 1951, S. 289-300
Ders., L'épître aux Hébreux, in: DBS 7 (1961/62) S. 226-279
Stadelmann, A.. Zur Christologie des Hebräerbriefes in der neueren Diskussion, ThBer 2 (1973) S. 135-221
Stewart, R. A., Creation and Matter in the Epistle to the Hebrews, NTS 12 (1965/66) S. 284-293
Stott, W., The Conception of ‚Offering' in the Epistle to the Hebrews, NTS 9 (1962/63) S. 62-67.
Strobel, A., Untersuchungen zum eschatologischen Verzögerungsproblem auf Grund der spätjüdisch-urchristlichen Geschichte von Habakuk 2,2ff (NT.S 2), Leiden 1961
Swetnam, J., On the Literary Genre of the ‚Epistle' to the Hebrews, NT 11 (1969) S. 261-269
Ders., Form and Content in Hebrews 1-6, Bib 53 (1972) S. 368-385
Ders., Form and Content in Hebrews 7-13, Bib 55 (1974) S. 333-348
Ders., Jesus and Isaac. A Study of the Epistle to the Hebrews in the Light of the Aqedah (AnBib 94), Rom 1981
Synge, F. C., Hebrews and the Scriptures, London 1959
Tasker, R. V. G., The Gospel in the Epistle to the Hebrews, London 1950
Theissen, G., Untersuchungen zum Hebräerbrief (StNT 1), Gütersloh 1969
Thien, F., Analyse de l'épître aux Hébreux, RB 11 (1902) S. 74-86
Thomas, K. J., The Use of the Septuaginta in the Epistle to the Hebrews, Diss. Manchester 1959
Ders., The Old Testament Citations in Hebrews, NTS 11 (1964/65) S. 303-325
Thompson, J. W., The Beginnings of Christian Philosophy: The Epistle to the Hebrews (CBQ.S 13), Washington 1982
Thüsing, W., Kulttheologie im Hebräerbrief, BZ 9 (1965) S. 1-17
Thurén, J., Das Lobopfer der Hebräer. Studien zum Aufbau und Anliegen von Hebräer 13 (AAAbo.H 47/1), Abo 1973
Thyen, H., Der Stil der Jüdisch-Hellenistischen Homilie (FRLANT 65), Göttingen 1955
Toussaint, St. D., The Eschatology of the Warning Passages in the Book of Hebrews, GThJ 3 (1982) S. 67-80
Trobisch, D., Die Entstehung der Paulusbriefsammlung. Studien zu den Anfängen christlicher Publizistik (NTOA 10), Fribourg/Göttingen 1989
Trummer, P., Ein barmherziger Hoherpriester. Das Christusbild des Hebräerbriefes, in: Ders., Aufsätze zum Neuen Testament (GThSt 12), Graz 1987, S. 137-174
Übelacker, W. G., Das Rätsel des Hebräerbriefes und die Bedeutung von Hb 1,1-4 als Exordium, Lund 1986
Ders., Der Hebräerbrief als Appell I: Untersuchungen zu exordium, narratio und postscriptum (Hebr 1-2 und 13,22-25) (CB.NT 21), Lund 1989
Ungeheuer, J., Der große Priester über dem Hause Gottes. Die Christologie des Hebräerbriefes, Diss. Freiburg 1939, Würzburg 1939
Vaganay, L., Le plan de l'épître aux Hébreux, in: Mémorial Lagrange, Paris 1940, S. 269-277
Vanhoye, A., La structure centrale de l'épître aux Hébreux, RSR 47 (1959) S. 44-60

DERS., La structure littéraire de l'épître aux Hébreux, Paris 1963; ²1976
DERS., Les indices de la structure littéraire de l'épître aux Hébreux, in: StEv 2 (TU 87), Berlin 1964, S. 493-509
DERS., De Sacerdotio Christi in Hebraeis. Positio problematis, VD 47(1969) S. 22-30
DERS., Situation du Christ. Hébreux 1-2 (LeDiv 58), Paris 1969
DERS., Trois ouvrages récents sur l'épître aux Hébreux, Bib 52 (1971) S. 62-71
DERS., Discussions sur la structure de l'épître aux Hébreux, Bib 55 (1974) S. 349-380
DERS., Le Dieu de la nouvelle alliance dans l'épître aux Hébreux, BEThL 61 (1976) S. 315-330
DERS., Our Priest is Christ. The Doctrine of the Epistle to the Hebrews, Rom 1977
DERS., La message de l'épître aux Hébreux (CEv 19), Paris 1977
DERS., Literarische Struktur und theologische Botschaft des Hebräerbriefes, in: SNTU 4 (1979) S. 119-147; 5 (1980) S. 18-49
DERS., Prêtres anciens, Prêtre nouveau, selon le Nouveau Testament, Paris 1980
DERS., Homilie für haltbedürftige Christen. Struktur und Botschaft des Hebräerbriefes, Regensburg 1981
DERS., Le Christ récreation de l'homme et réstaurateur de ses droits selon l'épître aux Hébreux, in: E. Boné (ed.), Droits de l'homme. Approche chretienne, Rom 1984, S. 27-45
DERS., Hebräerbrief, in: TRE 14 (1985), S. 494-505
DERS., Structure and Message of the Epistle to the Hebrews (SubBib 12), Rom 1989
VIELHAUER, Ph., Rez. O. Michel, Der Hebräerbrief, in: VuF 1951/52, S. 213-219
DERS., Geschichte der urchristlichen Literatur. Einleitung in das Neue Testament, die Apokryphen und die Apostolischen Väter, Berlin/New York 1975
VÖGTLE, A., Das Neue Testament und die Zukunft des Kosmos (KBANT), Düsseldorf 1970
Vos, G., The Teaching of the Epistle to the Hebrews. Edited and re-written by J. G. Vos, Michigan 1956
VORSTER, W. S., The Meaning of παρρησία in the Epistle to the Hebrews, Neotest. 5 (1971) S. 51-59
WALTER, N., Christologie und irdischer Jesus im Hebräerbrief, in: H. Seidel/K.-H. Bieritz (Hrsgg.), Das Lebendige Wort. Beiträge zur kirchlichen Verkündigung. Festschr. für G. Voigt zum 65. Geb., Berlin 1982, S. 64-82
DERS., ‚Hellenistische Eschatologie' im Frühjudentum - ein Beitrag zur ‚Biblischen Theologie', ThLZ 110 (1985) Sp. 331-348
DERS., ‚Hellenistische Eschatologie' im Neuen Testament, in: E. Gräßer/O. Merk (Hrsgg.), Glaube und Eschatologie. Festschr. für W. G. Kümmel, Tübingen 1985, S. 335-356
WATSON, J. K., L'épître aux Hébreux, CCER 12 (1965) S. 1-20
DERS., L'épître aux Hébreux et l'historicité, CCER 20 (1972) S. 1-13
WEEKS, N., Admonitions and Error in Hebrews, WThJ 39 (1976) S. 72-80
WEISS, B., Der Hebräerbrief in zeitgeschichtlicher Beleuchtung (TU 35/3), Leipzig 1910
WEISS, H.-F., Der Hebräerbrief als Predigttext, in: Wort und Welt. Festschr. für E. Hertzsch zum 65. Geb., Berlin 1968, S. 313-322

WENDLAND, P., Die urchristlichen Literaturformen (HNT 1/3), Tübingen ²/³1912
WENGST, K., Christologische Formeln und Lieder des Urchristentums (StNT 7), Gütersloh 1972
WENSCHKEWITZ, H., Die Spiritualisierung der Kultusbegriffe Tempel, Priester und Opfer im Neuen Testament (Angelos. Beih. 4), Leipzig 1932
WIESER, F. E., Die Abrahamvorstellungen im Neuen Testament (EHS.T 317), Bern/Frankfurt/Las Vegas 1987
WIKGREN, A., Patterns of Perfection in the Epistle to the Hebrews, NTS 6 (1959/60) S. 159-167
WILLIAMS, A. H., An Early Christology: A Systematic and Exegetical Investigation of the Traditions Contained in Hebrews, and of the Implications Contained in their later neglected, Diss. Mainz 1971
WILLIAMSON, R., The Incarnation of the Logos in Hebrews, ET 95 (1983) S. 4-8
DERS., Platonism and Hebrews, SJTh 16 (1963) S. 415-424
DERS., Philo and the Epistle to the Hebrews (ALGHJ 4), Leiden 1970
DERS., The Eucharist and the Epistle to the Hebrews, NTS 21 (1974/75) S. 300-312
DERS., Hebrews and Doctrine, ET 81 (1970) S. 371-376
DERS., The Background of the Epistle to the Hebrews, ET 87 (1976) S. 232-237
WOSCHITZ, K. M., Das Priestertum Jesu Christi nach dem Hebräerbrief, BiLi 54 (1984) S. 139-150
WREDE, W., Das literarische Rätsel des Hebräerbriefes (FRLANT 8), Göttingen 1906
YOUNG, N. H., The Gospel according to Hebrews 9, NTS 27 (1980/81) S. 198-210
ZAHN, Th., Einleitung in das Neue Testament I-II, Leipzig ³1906/07
DERS., Geschichte des neutestamentlichen Kanons I-II, Erlangen 1888-1892
ZIMMERMANN, H., Die Hohepriester-Christologie des Hebräerbriefes, Paderborn 1964
DERS., Das Bekenntnis der Hoffnung. Tradition und Redaktion im Hebräerbrief (BBB 47), Köln/Bonn 1977
ZUNTZ, G., The Text of the Epistles. A Disquistition upon the Corpus Paulinum (SchL 1946), London 1953

Abkürzungsverzeichnis

Die im Kommentar gebrauchten Abkürzungen werden grundsätzlich – soweit dort angezeigt – nach S. SCHWERTNER, Theologische Realenzyklopädie – Abkürzungsverzeichnis, Berlin/New York 1976, zitiert. Dies gilt auch für die Abkürzungen der außerbiblischen, insbesondere frühjüdischen Schriften.

AAAbo.H	Acta academiae Aboensis – Ser. A. Humaniora
ACR	Australian Catholic Record
AJBA	Australian Journal of Biblical Archeology
AJT	American Journal of Theology
AKG	Arbeiten zur Kirchengeschichte
ALBO	Analecta Lovaniensia biblica et orientalia
ALGHJ	Arbeiten zur Literatur und Geschichte des hellenistischen Judentums
ALW	Archiv für Liturgiewissenschaft
AnBib	Analecta biblica
AncB	Anchor Bible
Angelos	Angelos. Archiv für neutestamentliche Zeitgeschichte
ANRW	Aufstieg und Niedergang der Römischen Welt
APF	Archiv für Papyrusforschung
ARW	Archiv für Religionswissenschaft
ASeign	Assembles du Seigneur
AThANT	Abhandlungen zur Theologie des Alten und Neuen Testaments
AThR	Anglican Theological Review
AUSS	Andrews University Seminary Studies
BBB	Bonner Biblische Beiträge
BComm	Bible Commentary
BEThL	Bibliotheca Ephemeridum theologicarum Lovaniensium
BevTh	Beiträge zur evangelischen Theologie
BFChTh	Beiträge zur Förderung christlicher Theologie
BGBE	Beiträge zur Geschichte der biblischen Exegese
BHH	Biblisch-historisches Handwörterbuch
BHTh	Beiträge zur historischen Theologie
Bib.	Biblica
BibNot	Biblische Notizen
BiLe	Bibel und Leben
BiLi	Bibel und Liturgie
BiTod	The Bible Today
BJRL	Bulletin of the John Rylands Library
BNTC	Black's New Testament Commentary
BR	Biblical Research
BS	Bibliotheca sacra
BT.B	Bibliothèque de théologie, 3. sér. théologie biblique

BU	Biblische Untersuchungen
BWANT	Beiträge zur Wissenschaft vom Alten und Neuen Testament
BZNW	Beihefte zur Zeitschrift für die neutestamentliche Wissenschaft
BZ	Biblische Zeitschrift
CB	Coniectanea biblica
CBC	The Cambridge Bible Commentary
CBQ	Catholic Biblical Quarterly
CC	The Communicator's Commentary
CCHS	A Catholic Commentary on Holy Scripture
CCER	Cahiers du cercle Ernest Renan
CEv	Cahiers Évangile
CGTC	Cambridge Greek Testament Commentary
CJT	Canadian Journal of Theology
CNT	Coniectanea neotestamentica
CNT (N)	Commentaire du Nouveau Testament
CNT (K)	Commentaar op het Nieuwe Testament
CoTh	Collectanea theologica
CQR	The Church Quarterly Review
CTJ	Calvin Theological Journal
CTM	Concordia Theological Monthly
CuBi	Cultura bíblica
CV	Communio viatorum
DBS	Dictionnaire de la bible. Supplément
Div	Divinitas
DTT	Dansk teologisk tidsskrift
EAJTh	East Asia Journal of Theology
EB	Echter Bibel
EdF	Erträge der Forschung
EE	Estudios ecclesiásticos
EHS.T	Europäische Hochschulschriften, Reihe 23: Theologie
EKK	Evangelisch-katholischer Kommentar zum Neuen Testament
EstB	Estudios bíblicos
ET	The Expository Times
EtB	Études bibliques
EtEv	Études évangéliques
EThL	Ephemerides theologicae Lovanienses
EtJ	Études juives
EvQ	Evangelical Quarterly
EvTh	Evangelische Theologie
EWNT	Exegetisches Wörterbuch zum Neuen Testament
ExpBC	Expository Bible Commentaries
FGNK	Forschungen zur Geschichte des neutestamentlichen Kanons und der altchristlichen Literatur

FRLANT	Forschungen zur Religion und Literatur des Alten und Neuen Testaments
FV	Foi et vie
GCS	Griechische christliche Schriftsteller der ersten drei Jahrhunderte
GNT	Grundrisse zum neuen Testament
GSL	Geistliche Schriftlesung
GTA	Göttinger Theologische Arbeiten
GThJ	Grace Theological Journal
GThSt	Grazer Theologische Studien
GuL	Geist und Leben
HC	Hand-Commentar zum Neuen Testament
HeyJ	Heytrop Journal
HKAW	Handbuch der klassischen Altertumswissenschaft
HNT	Handbuch zum Neuen Testament
HThR	Harvard Theological Review
HThS	Harvard Theological Studies
HTS	Hervormd theologise studies
HUCA	Hebrew Union College Annual
ICC	International Critical Commentary on the Holy Scriptures
IntB	The Interpreter's Bible
Interp.	Interpretation
IrBSt	Irish Biblical Studies
JBC	The Jerome Bible Commentary
JBL	Journal of Biblical Literature
JETS	Journal of the Evangelical Theological Society
JPOS	Journal of the Palestine Oriental Society
JPTh	Jahrbücher für Protestantische Theologie
JSHRZ	Jüdische Schriften aus hellenistisch-römischer Zeit
JSNT	Journal of the Study of the New Testament
JThSB	Jahrbuch der Theologischen Schule Bethel
Jud.	Judaica
KBANT	Kommentare und Beiträge zum Alten und Neuen Testament
KEK	Kritisch-exegetischer Kommentar über das Neue Testament
KNT	Kommentar zum Neuen Testament
KuD	Kerygma und Dogma
LeDiv	Lectio Divina
MCM	The Modern Churchman
MGWJ	Monatsschrift für Geschichte und Wissenschaft des Judentums
MNTC	The Moffatt New Testament Commentary
MPTh	Monatsschrift für Pastoraltheologie
MTh	Melita Theologica
MThS (H)	Münchener Theologische Studien (Historische Abteilung)
MThSt	Marburger Theologische Studien

MThZ	Münchener Theologische Zeitschrift
MüSt	Münchenschwarzbacher Studien
NCBC	The New Century Bible Commentary
NEB	Die Neue Echter Bibel
NedThT	Nederlands Theologisch Tijdschrift
Neotest.	Neotestamentica
NGWG	Nachrichten der Gesellschaft der Wissenschaften in Göttingen
NHC	Nag Hammadi Codex
NHS	Nag Hammadi Studies
NIC	New International Commentary on the New Testament
NJDTh	Neue Jahrbücher für Deutsche Theologie
NRTh	Nouvelle Revue Théologique
NT	Novum Testamentum
NT.S	Novum Testamentum. Supplement
NTD	Das Neue Testament Deutsch
NTOA	Novum Testamentum et Orbis antiquus
NTS	New Testament Studies
OBO	Orbis biblicus et orientalis
PG	(Migne) Patrologia, ser. Graeca
PL	(Migne) Patrologia, ser. Latina
PRSt	Perspectives in Religious Studies
RAC	Reallexikon für Antike und Christentum
RB	Revue Biblique
RBen	Revue Bénédictine
RdQ	Revue de Qumran
RDT	Revue diocésaine de Tournai
RechBib	Récherches Bibliques
REJ	Revue des études Juives
RestQ	Restoration Quarterly
RevSR	Revue des sciences religieuses
REx	Review and Expositor
RGG	Die Religion in Geschichte und Gegenwart
RNT	Regensburger Neues Testament
RQ	Römische Quartalschrift für christliche Altertumskunde und für Kirchengeschichte
RSPhTh	Revue des sciences philosophiques et théologiques
RSR	Récherches de science religieuse
RThPh	Revue de théologie et de philosophie
RTR	Reformed Theological Review
Sal.	Salesianum
SBB	Stuttgarter Biblische Beiträge
SBEsp	Semana bíblica española
SBi	Sources bibliques
SBL	Society of Biblical Literature

SBT	Studies in Biblical Theology
ScEs	Science et Esprit
SchL	The Schweich Lectures of the British Academy
ScrHie	Scripta Hierosolymitana
SEA	Svensk exegetisk årsbok
SemBib	Sémiotique et Bible
SHAW	Sitzungsberichte der Heidelberger Akademie der Wissenschaften
SJTh	Scottish Journal of Theology
SKK (NT)	Stuttgarter Kleiner Kommentar (Neues Testament)
SNT	Schriften des Neuen Testaments
SNTS	Society of New Testament Studies
SNTU	Studien zum Neuen Testament und seiner Umwelt
StANT	Studien zum Alten und Neuen Testament
StEv	Studia evangelica
STL	Studia Theologica Lundensia
StNT	Studien zum Neuen Testament
StPatr	Studia patristica
StPB	Studia post-biblica
StUNT	Studien zur Umwelt des Neuen Testaments
SubBib	Subsidia biblica
SWJT	Southwestern Journal of Theology
TBC	Torch Bible Commentaries
TEH	Theologische Existenz Heute
ThBer	Theologische Berichte
ThBl	Theologische Blätter
Theol	Theology
ThGl	Theologie und Glaube
ThHK	Theologischer Handkommentar zum Neuen Testament
ThLZ	Theologische Literaturzeitung
ThPQ	Theologisch-praktische Quartalschrift
ThR	Theologische Rundschau
ThStKr	Theologische Studien und Kritiken
ThTo	Theology Today
ThV	Theologische Versuche
ThViat	Theologia viatorum
ThWAT	Theologisches Wörterbuch zum Alten Testament
ThWNT	Theologisches Wörterbuch zum Neuen Testament
ThZ	Theologische Zeitschrift der Universität Basel
TNTC	Tyndale New Testament Commentaries
TRE	Theologische Realenzyklopädie
TThZ	Trierer Theologische Zeitschrift
TU	Texte und Untersuchungen zur altchristlichen Literatur
TynB	Tyndale Bulletin
UDR	The University of Dayton Review
VD	Verbum Domini
VF	Verkündigung und Forschung

VoxEv	Vox evangelica
VSal	Verbum salutis
VT	Vetus Testamentum
WThJ	Westminster Theological Journal
WUNT	Wissenschaftliche Untersuchungen zum Neuen Testament
ZAW	Zeitschrift für die alttestamentliche Wissenschaft
ZdZ	Zeichen der Zeit
ZNW	Zeitschrift für die neutestamentliche Wissenschaft und die Kunde der älteren Kirche
ZSTh	Zeitschrift für systematische Theologie
ZThK	Zeitschrift für Theologie und Kirche
ZZ	Zwischen den Zeiten

Einleitung

§ 1. Der literarische Charakter des Hebräerbriefes[1]

Der Hebr ist ursprünglich (im Osten der alten Kirche) als ein Brief des Apostels Paulus überliefert und als solcher schließlich auch in die kanonische Sammlung der Schriften des Neuen Testaments aufgenommen worden. Ausgangspunkt für die Frage nach der literarischen Eigenart des Hebr ist somit der entsprechende Vergleich mit den Paulusbriefen. Auch wenn man dabei zunächst noch nicht zwischen genuin paulinischen und deuteropaulinischen Briefen unterscheidet, sind die Differenzen auf den ersten Blick offensichtlich, und zwar – wie als erster Origenes festgestellt hat – bereits in sprachlich-stilistischer Hinsicht: „Denn der Sprachcharakter (ὁ χαρακτὴρ τῆς λέξεως) des ‚An die Hebräer' geschriebenen Briefes hat nicht das rhetorisch kunstlose (τὸ ἐν λόγῳ ἰδιωτικόν) des Apostels, der ja von sich selbst bekennt, daß er in der Rede, d.h. im sprachlichen Ausdruck (τῇ φράσει), unerfahren sei (2 Kor 11,6); vielmehr ist der Brief im Gefüge der Sprache (συνθέσει τῆς λέξεως) eher von griechischer Art, wie wohl jeder zugeben wird, der Sprach- und Ausdrucksunterschiede (φράσεων διαφοράς) zu beurteilen versteht"[2]. In der Tat: Schon der im Hebr benutzte Wortschatz, ausgezeichnet durch eine große Zahl von hapax legomena[3], seine offensichtliche, bereits eingangs (1,1–4) hervortretende Neigung zu sorgfältig gegliederten Satzperioden, seine Vorliebe für rhetorische Stilmittel (wie Paronomasie, Parechese, Chiasmus, Stichwortverbindung usw.) sichern dem Hebr eine einzigartige Stellung sowohl im Corpus Paulinum wie auch im urchristlichen Schrifttum insgesamt und weisen sei-

---

[1] Lit.: W. WREDE, Das literarische Rätsel des Hebräerbriefes (FRLANT 8), Göttingen 1906; E. BURGGALLER, Das literarische Problem des Hebr, ZNW 9 (1908), S. 110–131; R. PERDELWITZ, Das literarische Problem des Hebr, ZNW 11 (1910) S. 59–78. 105–123; C. C. TORREY, The Authorship and Character of the So-called Epistle to the Hebrews, JBL 30 (1911), S. 137–156; C. SPICQ, L'Épître aux Hébreux I, S. 4–26; H. THYEN, Der Stil der Jüdisch-hellenistischen Homilie (FRLANT 65), Göttingen 1955; J. SWETNAM, On the Literary Genre of the Epistle to the Hebrews, NT 11 (1969) S. 261–269; Ph. VIELHAUER, Geschichte der urchristlichen Literatur, Berlin-New York 1975, S. 239–245; H. FELD, Der Hebräerbrief (EdF 228), Darmstadt 1985, S. 20–23; M. MCGEHEE, Hebrews, the Letter which is not a Letter, BiTod 24 (1986) S. 213–215; W. G. ÜBELACKER, Der Hebr als Appell, S. 17–40. Vgl. auch L. WILLMS, The Form of the Sermon in Hellenistic Judaism and Early Christianity, HTR 77 (1984) S. 277–299; kritisch dazu: C. C. BLACK II, The Rhetorical Form of the Hellenistic Jewish and Early Christian Sermon: A Response to Lawrence Willms, HTR 81 (1988) S. 1–18.

[2] Origenes, Homil. in Hebr., bei Eusebius, hist. eccl. VI 25,11.

[3] Vgl. die Zusammenstellung bei K. ALAND (Hrsg.), Vollständige Konkordanz zum griechischen Neuen Testament II: Spezialübersichten, Berlin-New York 1978, S. 457f.

nen Verfasser als einen Autor aus, der die rhetorischen Mittel seiner Zeit in souveräner Weise bewußt und gezielt einsetzt, um die Adressaten seines Briefes von Ausrichtung und Ziel seiner Argumentation zu überzeugen[4]. Ein „hinsichtlich der Rede Einfältiger" (2 Kor 11,6) oder auch ein ἄνθρωπος ἀγράμματος im Sinn von Act 4,13 ist er jedenfalls nicht gewesen, selbst wenn er mit dem übrigen urchristlichen Schrifttum oft genug die Sprach- und Stileigentümlichkeit des Semitismus gemeinsam hat[5]. Nimmt man zu alledem noch das Bemühen des Autors hinzu, auch in der Komposition seines Schreibens bestimmte Strukturen der artifiziellen antiken Rhetorik wirksam werden zu lassen, so erscheint das Urteil von A. DEISSMANN vollauf bestätigt, wonach der Hebr als „das erste historisch ermittelbare Dokument christlicher Kunstliteratur" zu gelten hat und in dieser Hinsicht „innerhalb des Urchristentums Epoche gemacht" hat[6]. Genau in diese Richtung weist schließlich auch der Sachverhalt, daß dem Hebr – wiederum im Vergleich mit den Paulusbriefen gesehen – der dialogische Charakter, wie er für die paulinischen Briefe weithin bestimmend ist, im wesentlichen mangelt. Von Anfang an vielmehr – erkennbar vor allem an der kunstvoll gegliederten Satzperiode 1,1–4, mit der der Autor ohne Umschweife sogleich zu seiner theologischen Sache kommt – bestimmt lehrhafte Darlegung den Hebr. Ein Briefpräskript, wie es für die Paulusbriefe charakteristisch ist, hat hier offensichtlich von Anfang an keinen Platz gehabt (und ist dementsprechend auch nicht erst sekundär verloren gegangen)[7].

---

[4] Zu Eigenart von Sprache und Stil des Hebr, insbesondere im Vergleich mit Paulus, vgl. C. SPICQ, I, S. 152ff sowie S. 351–378; S. 152f: „La langue de Hébr. est littéraire et même classique, la meilleure de tout le N.T. ..."; vgl. auch BL.-DEBR.-R. §§ 3.464.485.486.491. In diesem Zusammenhang ist auch auf den Versuch von F. BLASS hinzuweisen, für den Hebr insgesamt eine „rhythmische Komposition" wahrscheinlich zu machen: F. BLASS, Die rhythmische Komposition des Hebr, ThStKr 75, 1902, S. 420–461; DERS., Barnabas. Brief an die Hebräer. Text mit Angabe der Rhythmen, Halle 1903; dazu vgl. A. VANHOYE, La structure littéraire, S. 18f, sowie J. MOFFATT S. LVIff.

[5] So bereits Hebr 1,2 (ἐπ ἐσχάτου τῶν ἡμερῶν) oder beim häufigen adjektivischen Gebrauch des Genetivs (gen. qual.) in 3,12; 4,2.16; 9,5; 12,15; vgl. C. SPICQ I S. 373ff, sowie grundsätzlich zum Thema der Semitismen bzw. Septuagintismen in den Schriften des Neuen Testaments BL.-DEBR.-R. § 4. Insgesamt erklären sich diese Semitismen im Hebr aus der biblischen Überlieferung in Gestalt der LXX, in der der Autor selbst steht und die er in seinem Schreiben bewußt geltend macht.

[6] A. DEISSMANN, Licht vom Osten, Tübingen [4]1923, S. 207 und S. 54f; vgl. auch S. 211f. 213.

[7] So bereits F. OVERBECK, Zur Geschichte des Kanons, Chemnitz 1880, S. 14f. 16, sowie neuerdings wieder F. RENNER, „An die Hebräer", ein pseudepigraphischer Brief, Münchenschwarzbach 1970, der – von der Stellung der Hebr nach Röm in P[46] ausgehend – in Röm 16,25b.26 das ursprüngliche Präskript des Hebr sieht. Kritisch dazu: G. THEISSEN, ThLZ 96 (1971) Sp. 759f; A. VANHOYE, Bib 52 (1971) S. 65–67; zum Problem: H. WINDISCH S. 7f; Ph. VIELHAUER, Geschichte der urchristlichen Literatur, S. 239f. Ganz abwegig ist die Auffassung von D. C. St. WELANDER, Hebrews I 1–3, ET 65 (1953) S. 315, wonach Hebr 1,1–3 der Zusatz eines späteren Redaktors sei, der die verlorengegangene Adresse des Hebr durch eine Zusammenfassung der Grundthese des ganzen Schreibens ersetzt habe. Vgl. auch E. GRÄSSER, ThR

Somit scheint zunächst alles darauf hinzuweisen, daß es sich beim Hebr
– im Unterschied zu den übrigen Paulusbriefen – gar nicht im engeren
Sinn um einen Brief, sondern eher um einen theologischen Traktat, eine
theologische Abhandlung, möglicherweise auch um einen „schriftlich fixierten Lehrvortrag"[8], handelt, auf den – möglicherweise – A. DEISSMANNS
Unterscheidung zwischen „Brief" und „Epistel" anzuwenden wäre. Der
Hebr wäre somit als eine „Epistel" zu bezeichnen, als ein literarisches
Kunstprodukt also, an dem „das brieflich Aussehende nur Ornament" ist,
als solches dann freilich ohne jegliche Bedeutung für den wirklichen literarischen Charakter des Hebr[9]. So scheint der Sachverhalt zunächst klar
und eindeutig zu sein. Das eigentliche Problem – und damit das „literarische Rätsel" des Hebr (W. WREDE) – ist damit jedoch noch gar nicht in
den Blick gekommen. Es besteht darin, daß der Hebr „wie eine Abhandlung beginnt, aber wie ein Brief endet und zwischendurch seine scheinbar
theoretischen Erörterungen immer wieder durch praktische Abzweckungen unterbricht, wie man sie in einem Brief zu schreiben pflegt"[10]. Wie ist
dieser eigenartige „Mischcharakter" und im Zusammenhang damit vor allem der sich vom Corpus des Hebr deutlich abhebende Briefschluß
(13,18–25) zu erklären?

Unter der Voraussetzung, daß in diesem Briefschluß auch über die Erwähnung des Timotheus (V. 23) hinaus mancherlei Paulinismen festzustellen sind und hier
somit eine bewußte Bezugnahme auf das Schlußformular der Paulusbriefe erfolgt,
bestehen zwei Möglichkeiten der Erklärung: Einmal die Annahme, daß es sich hier
um eine sekundäre Hinzufügung handelt, und zwar mit der Absicht, dem ursprünglich anonymen (oder auch unter anderem Namen überlieferten) Schreiben
am Ende doch noch einen paulinischen Stempel aufzuprägen (und auf diese Weise
zugleich seine Aufnahme in das Corpus Paulinum sowie in den Kanon der Schriften des Neuen Testament zu befördern)[11]; zum anderen die Annahme, daß es sich

---

30 (1964) S. 159f. Anders wiederum hält es U. Luz für erwägenswert, „ob eine konkrete
Adresse, die vielleicht ursprünglich mitsamt der Verfasserangabe an der Spitze des Briefes
stand, weggelassen wurde, um den ökumenischen Charakter des Briefes herauszuheben". So
in: Chr. LINK/U. LUZ/L. VISCHER, Sie aber hielten fest an der Gemeinschaft. Einheit der Kirche als Prozeß im Neuen Testament und heute, Zürich 1988, S. 127.

[8] So W. BOUSSET, Jüdisch-christlicher Schulbetrieb in Alexandria und Rom, S. 311f.

[9] A. DEISSMANN, Licht vom Osten, S. 207; zur Unterscheidung „Brief" – „Epistel" ebd., S.
194ff; DERS., Bibelstudien, S. 235–247; vgl. auch W. WREDE, Das literarische Rätsel des Hebr,
S. 38f; P. WENDLAND, Die urchristlichen Literaturformen, S. 372f, u.v.a. bis H. CONZELMANN/
A. LINDEMANN, Arbeitsbuch zum Neuen Testament (UTB 52), Tübingen 1975, S. 298 f.

[10] So E. GRÄSSER, Der Hebr 1938–1963, ThR 30 (1964), S. 159; vgl. W. WREDE, Das literarische Rätsel des Hebr, S. 73: Der Hebr „beginnt als Abhandlung, setzt sich als Brief fort und
endet als paulinischer Gemeindebrief; ebd.: „eine Diatribe, eine Mischung von Abhandlung
und Predigt"; H. WINDISCH S. 8. 123, sowie F. OVERBECK, Zur Geschichte des Kanons, S. 15f.

[11] So F. OVERBECK, Zur Geschichte des Kanons, S. 9ff, bes. S. 16; W. WREDE, Das literarische Rätsel des Hebr, S. 39ff, bes. S. 63f; C. C. TORREY, JBL 30 (1911) S. 149ff; P. WENDLAND,
Die urchristlichen Literaturformen, S. 374; neuerdings: H. THYEN, Der Stil der Jüdisch-hellenistischen Homilie, S. 17; H. KÖSTER, Einführung in das Neue Testament S. 710.

hier um einen vom Autor des Hebr selbst formulierten Nachtrag handelt, mit dem er zu erkennen gibt, daß er sein (im übrigen durchaus eigenständig konzipiertes und ausgeführtes) Schreiben in der Kontinuität der urchristlich-paulinischen Briefliteratur versteht, ohne dabei – ein in der Tat bemerkenswerter Fall urchristlicher Pseudepigraphie! – ausdrücklich den Namen des Paulus für sich in Anspruch zu nehmen[12]. Konkret kommt von diesen beiden Möglichkeiten wohl nur die letztere in Betracht, da bei der ersteren kaum verständlich wäre, warum der spätere Redaktor dem Hebr nicht noch deutlicher den paulinischen Stempel (etwa auch durch Hinzufügung eines Präskripts) aufgeprägt hat[13].

Was aber ist der Hebr nun wirklich: „eine γραφή, ein λόγος oder eine ἐπιστολή?"[14]. Über die traditionellen Alternativen von „Brief – Epistel" oder auch „Brief – Abhandlung" hinaus sind immerhin im Hebr selbst zunächst zwei Ansatzpunkte für eine Antwort gegeben: Einmal die den ganzen Hebr durchziehenden Hinweise auf den „Rede"-Charakter dieser Schrift[15]; zum anderen innerhalb des Briefschlusses die ausdrückliche Kennzeichnung des ganzen voraufgehenden Schreibens als λόγος τῆς παρακλήσεως (13,22). Dementsprechend ist der Hebr insgesamt als eine schriftlich fixierte (und somit von vornherein zum Lesen bestimmte) „Rede" zu bezeichnen, die der Autor einem bestimmten Leserkreis zugesandt hat (13,22: ἐπέστειλα ὑμῖν) und die auf diese Weise zugleich den Charakter eines Briefes erhalten hat. Das Hebr 13,22 gegebene Stichwort λόγος τῆς παρακλήσεως erlaubt darüber hinaus eine noch weitergehende Präzisierung der literarischen Eigenart des Hebr.

Eine „*Mahnrede*" ist der Hebr ja in der Tat insofern, als die ihn bestimmenden christologischen Darlegungen immer wieder durch ermahnende und warnende, sich unmittelbar an die Adressaten wendende Abschnitte unterbrochen werden (2,1–4; 3,1–4,13; 5,11–6,20; 10,19ff). Nicht also allein auf Belehrung der Adressaten kommt es dem Autor dieser Rede an, sondern – im unmittelbaren Zusammenhang damit – auch auf deren Ermahnung, Tröstung und Zurechtweisung. Wenn der Autor dabei das Stichwort παράκλησις benutzt, so nimmt er damit einen Terminus auf, der bereits vor ihm in der Geschichte der Predigt des Urchristentums einen

---

[12] So bereits F. Chr. BAUR, Kirchengeschichte der drei ersten Jahrhunderte I, Tübingen ³1863 (Nachdruck: Leipzig 1969), S. 109; vgl. auch Ph. VIELHAUER, Geschichte der urchristlichen Literatur, S. 240f; H. M. SCHENKE/K. M. FISCHER, Einleitung in die Schriften des Neuen Testaments II, S. 269f; L. DUSSAUT, L'Épître aux Hébreux, S. 327f.

[13] Vgl. H. WINDISCH S. 123f; P. WENDLAND, Die urchristlichen Literaturformen, S. 374f: „Viel Mühe hat er (sc. der Redaktor) sich nicht damit gegeben, die Rolle des Paulus durchzuführen ... Auch die Fiktion der Briefform ist gar nicht durchgeführt"; zum Problem vgl. auch Ph. VIELHAUER, Geschichte der urchristlichen Literatur, S. 240f.

[14] C. SPICQ, L'Épître aux Hébreux I, S. 21.

[15] Vgl. 2,15; 5,11; 6,9; 8,1; 9,5; 11,32. Von daher erklärt sich auch der kommunikative Plural (ἡμεῖς), in dem sich der Autor mit den Adressaten seiner Rede zusammenschließt (2,3; 3,6.14; 4,1ff u. ö.). Zum Rede-Charakter des Hebr vgl. Th. ZAHN, Einleitung in das neue Testament II, Leipzig ³1907, S. 126ff.

zentralen Stellenwert erhalten hat[16]. So hat Röm 12,8 die παράκλησις bzw. ὁ παρακαλῶν neben der Prophetie, Diakonie und „Lehre" (12,6f) bereits eine fest umrissene Aufgabe, ist also in einem bestimmten Sinn schon ein term. techn. der urchristlichen Predigt. Bestätigt wird dies durch das Zeugnis der Pastoralbriefe (1 Tim 4,13; 6,2; 2 Tim 4,2; Tit 1,9; 2,15).

Für den Gebrauch von παράκλησις/παρακαλεῖν sind vor allem drei Merkmale charakteristisch: 1. Grundlegend für die „Ermahnung" ist der Rückbezug auf das Evangelium bzw. auf das Heilsgeschehen[17], speziell bei Paulus in dem Sinn, daß die jeweiligen Adressaten ermahnt werden, durch ihr Handeln dem Stand zu entsprechen, in dem sie – als Getaufte – von Gott her bereits sind[18]. In diesem Sinn umfaßt der Terminus beides: sowohl die Mahnung als auch den Zuspruch, die Tröstung, die den Adressaten der „Paraklese" immer schon auf das hin anspricht, was ihm von Gott bzw. Christus her widerfahren ist[19]. 2. Zwischen παράκλησις/παρακαλεῖν und διδασκαλία/διδάσκειν besteht ein Zusammenhang (Röm 12,8; 1 Tim 4,13), und zwar in dem Sinn, daß die „Ermahnung" selbst lehrhaften Charakter hat. 3. Die παράκλησις kann konkret die Gestalt der Auslegung der Schrift gewinnen[20].

Alle drei Merkmale der „Paraklese" sind – wie unschwer zu erkennen ist – auch für den Hebr bestimmend: 1. Der für den Hebr charakteristische Wechsel von „Lehre" und „Ermahnung" zeigt aufs deutlichste an, daß der Autor seine „Trost- und Mahnrede" ständig im Rückbezug auf das grundlegende Heilsgeschehen vorträgt und von daher seine Tröstung wie auch seine Mahnung und Warnung an die Adressaten begründet; 2. das lehrhaft-didaktische Moment erscheint gerade hier außerordentlich stark betont, und zwar in dem Sinn, daß die christologisch-soteriologische Darlegung die Voraussetzung darstellt für die schlußfolgernde Mahnung; und schließlich 3. „Trost- und Mahnrede" in der Gestalt von Schriftauslegung ist der Hebr in so ausgeprägtem Maß, daß man ihn insgesamt gera-

---

[16] Vgl. zum Ganzen: O. SCMITZ/G. STÄHLIN, ThWNT V, S. 771-798; J. THOMAS, EWNT III, Sp. 54-64, sowie C. J. BJERKELUND, Parakalō, BTN 1, Oslo 1967; U. B. MÜLLER, Prophetie und Predigt im Neuen Testament (StNT 10), Gütersloh 1975, S. 118-130. 162-233; A. GRABNER-HAIDER, Paraklese und Eschatologie bei Paulus (NTA N. F. 4), Münster 1968. Speziell zu Hebr: W. G. ÜBELACKER, Der Hebr als Appell, S. 22ff. 204ff. 211ff.

[17] Paradigmatisch dafür ist bes. 2 Kor 1,4; vgl. auch Röm 12,1: παρακαλῶ δὲ ὑμᾶς ... διὰ τῶν οἰκτιρμῶν κτλ.

[18] Vgl. 2 Kor 6,2: Eph 4.1.

[19] Im Hebr ist in dieser Hinsicht allenfalls insofern zu unterscheiden, als das Substantiv παράκλησις (6,18; 13,22) eher den Aspekt der Tröstung bzw. des Zuspruchs betont, während verbales παρακαλεῖν (3,13; 10,25; 13,19) primär im Sinne von „auffordern, ermahnen" steht. Vgl. W. G. ÜBELACKER, Der Hebr als Appell, S. 210f.

[20] Vgl. Röm 15,4: παράκλησις τῶν γραφῶν sowie 1 Tim 4,13 die Abfolge ἀνάγνωσις - παράκλησις - διδασκαλία. Gleiches gilt auch schon für das hellenistische Judentum. Vgl. 1 Makk 12,9: παράκλησιν ἔχοντες τὰ βιβλία τὰ ἅγια τὰ ἐν ταῖς χερσὶν ὑμῶν sowie Philo, Fug 170; Virt 47.163; SpecLeg IV 131; Agr 84; 2 Makk 15,7-16; C. SPICQ, L'Épître aux Hébreux I, S. 8f; O. MICHEL S. 550-552.

dezu als eine Abfolge von Schriftauslegungen kennzeichnen kann[21]. Von daher gesehen ist die Selbstbezeichnung des Hebr als λόγος τῆς παρακλήσεως in dem Sinne zu präzisieren, daß hier eine biblisch-exegetische Belehrung zum Zweck der „Paraklese" vorgetragen wird[22], wobei der dominierende Aspekt der Schriftauslegung zugleich darauf hinweist, daß die urchristliche „Mahnrede" insgesamt wie auch die des Hebr speziell nicht primär in der Kontinuität der hellenistischen „Rede" schlechthin steht[23], sondern zunächst in der Kontinuität des hellenistisch-jüdischen Synagogenvortrags. Hier hat jedenfalls seit alters die auf Tröstung und Mahnung der Hörer ausgerichtete „erbauliche Predigt" ihren festen Ort im Anschluß an die Schriftlesung[24], und zumal Act 13,15 wie auch Act 15,32 zeigen, daß λόγος τῆς παρακλήσεως geradezu term. techn. sein kann für die an die Lesung von „Gesetz und Propheten" im Synagogengottesdienst sich anschließende Predigt bzw. Homilie. Aufbau und Gliederung der „Mahnrede" in Act 13,16–41 sind dabei gewiß nicht der „Mahnrede" des Hebr einfach an die Seite zu stellen, zumal in Act 13 eine Missionsrede, im Hebr dagegen eine „Mahnrede" an einen bereits längere Zeit bestehenden christlichen Adressatenkreis vorliegt[25]; wohl aber ist hier beiderseits eine Übereinstimmung hinsichtlich der Grundstruktur der Rede gegeben, und zwar sowohl im Blick auf den exegetischen Charakter der Rede als auch im Blick auf das entscheidende Gewicht, das gerade auch in Act 13,38–41 die paränetische Zuspitzung der Rede hat.

Für die Frage nach dem literarischen Charakter des Hebr bedeutet dies, daß hier eine „Mahnrede" nach Art der „jüdisch-hellenistischen Homilie" vorliegt[26], wie sie im Gottesdienst der Diasporasynagoge ihren festen Ort hat[27]. Der den Hebr abschließende Segenswunsch bzw. die Doxologie

---

[21] So H. KÖSTER, Einführung in das Neue Testament, S. 711.

[22] Vgl. bereits E. BURGGALLER, ZNW 9 (1908) S. 110ff: „Erbaulicher Lehrvortrag"; U. B. MÜLLER, Prophetie und Predigt im Neuen Testament, S. 238f; J. SWETNAM, NT 11 (1969) S. 268.

[23] So S. SPICQ, L'Épître aux Hébreux II, S. 437: Rede als „discourse raisonné", mit Verweis auf Act 19,38 und 4 Makk 1,1 (λόγος φιλοσοφώτατος); ähnlich auch A. DEISSMANN, Bibelstudien, S. 242f; H. THYEN, Der Stil der Jüdisch-hellenistischen Homilie, S. 12ff.

[24] Vgl. I. ELBOGEN, Der jüdische Gottesdienst in seiner geschichtlichen Entwicklung, Frankfurt/M. ³1931, S. 196; L. ZUNZ, Die gottesdienstlichen Vorträge der Juden, historisch entwickelt, Berlin 1832, S. 348–350.

[25] Dementsprechend unterscheidet J. SWETNAM, NT 11 (1969), 267f, zwei Grundtypen von „Homilie": Der Terminus κήρυγμα wird benutzt „for a homily which formally proclaimes", der Terminus παράκλησις dagegen „for a homily which formally consoles". Zur Analyse von Act 13,16–41 vgl. K. BERGER, Hellenistische Gattungen im Neuen Testament, ANRW II, 25/2, S. 1363ff, bes. S. 1368.

[26] Zum Ganzen vgl. H. THYEN, Der Stil der Jüdisch-hellenistischen Homilie, passim; zum Hebr: S. 16–18.

[27] Vgl. Philo, Hypothetica I = Eusebius, praeparatio evangelica VIII 7,12f; Prob 81–84; VitCont 31; SpecLeg II 62f; E. SCHÜRER, Geschichte des jüdischen Volkes im Zeitalter Jesu Christi II, Leipzig ⁴1907, S. 526ff, speziell S. 527f.

Hebr 13,20f sind – von daher gesehen – stilgemäßer Abschluß der „Mahnrede". Und nachdem bereits im Jahr 1797 J. BERGER als erster auf den Homilie-Charakter des Hebr aufmerksam gemacht hatte[28], besteht heute ein weitgehender Konsens darüber, daß die literarische Eigenart des Hebr am besten auf diese Weise zu kennzeichnen ist: eine Predigt bzw. eine Homilie, die von ihrem Verfasser – mit einem kurzen Begleitschreiben (13,22-25) versehen – einem bestimmten Adressatenkreis zugesandt worden ist und auf diese Weise ihren Briefcharakter erhalten hat[29].

Mit solcher Bestimmung des literarischen Charakters sind zwar nicht alle Probleme des Hebr gelöst (so z. B. noch nicht das Problem des nichtbrieflichen Anfangs des Hebr); wohl aber ist auf diese Weise nicht zuletzt auch ein Ansatz gewonnen, der gerade auch für die Interpretation der Sache des Hebr unmittelbar bedeutsam ist. Ergänzend muß freilich noch hinzugefügt werden: So gewiß – von 13,22 her gesehen – der Hebr insgesamt als eine Predigt zu kennzeichnen ist, so gewiß ist für diese Predigt von Anfang an die Schriftlichkeit bestimmend. Im Hebr liegt also weder eine tatsächlich einmal (mündlich) gehaltene Predigt vor[30], noch handelt es sich hier um eine sekundäre Zusammenstellung von mehreren ursprünglich selbständigen Homilien oder Lehrvorträgen[31]. Die Art und Weise, in der auch relativ einheitlich und in sich geschlossen erscheinende Partien (wie z.B. 3,7-4,11) in den Gesamtzusammenhang integriert sind, zeigt vielmehr an, daß wir es mit einer von ihrem Verfasser zwar im Predigtstil gehaltenen, aber doch von vornherein gezielt konzipierten Lehr- und Mahnschrift zu tun haben. Der Predigt-Charakter des Hebr in der Kontinuität der jüdisch-hellenistischen Homilie schließt – sofern *diese* Predigt von vornherein als ein literarisches Produkt mit bestimmten literarischen Ansprüchen konzipiert ist – den „Rede"-Charakter des Hebr und mit ihm auch den entsprechenden Gebrauch der Stilmittel der antiken Rhetorik nicht aus, sondern vielmehr ein. So gesehen ist die Frage nach dem literarischen Charakter des Hebr untrennbar verbunden mit der Frage nach seiner literarischen Struktur und Komposition.

---

[28] J. BERGER, in: Göttinger Theol. Bibliothek III/3, 1797, S. 449-459.
[29] Vgl. E. GRÄSSER, ThR 30 (1964) S. 160: „Die Bezeichnung ‚zugesandte Predigt' wird den literarischen Eigenarten unserer Schrift am ehesten gerecht". So auch A. VANHOYE, Art. Hebr, TRE 14, S. 497f, ähnlich aber auch schon F. DELITZSCH S. XIf: „... eine Predigt, welche der Vf. einer besonderen wohlbekannten Zuhörerschaft hält, und am Schlusse verwandelt sich die Predigt, die Paraklêse, ... in einen Brief"; E. BURGGALLER, ZNW 9 (1908) S. 118ff. Demgegenüber freilich neuerdings M. RISSI, Die Theologie des Hebr (WUNT 41), Tübingen 1987, S. 13: „Der Hebr kann auch nicht als Niederschrift einer Predigt bezeichnet werden, sondern besteht aus gelehrten, theologischen Meditationen über die Probleme seiner Leser...".
[30] So die These von W. SLOT, De letterkundige vorm van den Brief an de Hebreeën, Groningen 1912, S. 49ff: Hebr 1,1-13,22 sei eine auf der Grundlage von Ps 94-110 tatsächlich gehaltene Predigt; vgl. auch R. PERDELWITZ, ZNW 11 (1910), S. 59ff; H. WINDISCH, S. 123; H. THYEN, Der Stil der Jüdisch-hellenistischen Homilie, S. 16f.
[31] So W. BOUSSET, Jüdisch-christlicher Schulbetrieb in Alexandria und Rom, S. 311f, im Blick auf die ursprünglich selbständigen „Lehrvorträge" 1,1-2,18; 5,1-20 und 7,1-10,18.

§ 2. Die literarische Struktur des Hebräerbriefes[1]

Unter der Voraussetzung, daß der Autor des Hebr sich bei der Abfassung seines Schreibens der literarischen Gattung der „Rede" bedient hat, ist von vornherein zu erwarten, daß er bei der Komposition dieser „Rede" die Regeln und Gepflogenheiten der antiken Rhetorik befolgt hat, die er bei seinen Adressaten als bekannt voraussetzen konnte. Beim gegenwärtigen Stand der Struktur- und Kompositionsanalyse des Hebr, die durch die entsprechenden Ansätze bei F. THIEN und und L. VAGANAY in Gang gesetzt worden ist und in den Arbeiten von A. VANHOYE und L. DUSSAUT ihren Höhepunkt erreicht hat, besteht darin jedenfalls weitgehende Übereinstimmung, daß eine am Aufbau einiger Paulusbriefe orientierte Gliederung des Hebr in einen „dogmatisch-lehrhaften" (1,1-10,18) und einen „ethisch-paränetischen" Teil (10,19-13,21) dem auf eine planmäßig durchdachte Komposition zielenden Gestaltungswillen des Autors nicht gerecht wird[2]. Die Frage, wie solche Struktur- und Kompositionsanalyse für den Hebr im einzelnen durchzuführen ist, wird zwar nach Ausweis der einschlägigen Literatur gegenwärtig durchaus unterschiedlich beantwortet[3];

---

[1] Lit.: F. THIEN, Analyse de l'épître aux Hébreux, RB 11 (1902) S. 74-86; Th. HAERING, Gedankengang und Grundgedanke des Hebr, S. 145-164; L. VAGANAY, Le plan de l'épître aux Hébreux, S. 269-277; A. DESCAMPS, La structure de l'épître aux Hébreux, S. 251-258. 333-338; R. GYLLENBERG, Die Komposition des Hebr, S. 137-147; W. NAUCK, Zum Aufbau des Hebr, in: Festschr. J. Jeremias, S. 199-206; A. VANHOYE, La structure littéraire de l'épître aux Hébreux; DERS., Les indices de la structure littéraire de l'épître aux Hébreux, DERS., Literarische Struktur und theologische Botschaft des Hebr; J. BLIGH, The Structure of Hebrews; DERS., Chiastic Analysis of the Epistle to the Hebrews; J. SWETNAM, Form and Content in Hebrews 1-6; DERS., Form and Content in Hebrews 7-13; P. ANDRIESSEN, En lisant l'épître aux Hébreux; L. DUSSAUT, Synopse structurelle de l'épître aux Hébreux; F. F. BRUCE, The Structure and Argument of Hebrews, SWJT 28 (1985) S. 6-12; G. E. RICE, Apostasy as a Motif and Its Effect on the Structure of Hebrews, AUSS 23 (1985) S. 29-35; D. A. BLACK, The Literary Structure of Hebrews. - Zur Diskussion vgl. E. GRÄSSER, ThR 30 (1964) S. 160-167; A. VANHOYE, La structure littéraire, S. 11-32; DERS., Discussion sur la structure de l'épître aux Hébreux; J. THURÉN, Das Lobopfer der Hebräer, S. 25-49; H. FELD, Der Hebr, S. 23-29; W. G. ÜBELACKER, Der Hebr als Appell, S. 40-48.

[2] Das Nacheinander von „Lehre" und „Paränese", wie es bei Paulus vor allem in Röm und Gal hervortritt, ist am Grundschema des antiken Briefes orientiert, mit dem Unterschied freilich, daß in den paulinischen Briefen die „narratio" in eine Belehrung der Adressaten über das gegenwärtige und zukünftige Heil, die daran anschließende „petitio" zur apostolischen Paränese umgewandelt wird. Vgl. K. BERGER, Exegese des Neuen Testaments (UTB 658), Heidelberg 1977, S. 69; DERS., ANRW II 25/2, S. 1340. 1348. Darüber hinaus dürfte auf die Gestalt der urchristlichen Briefe aber auch das Vorbild der jüdisch-hellenistischen Missionspredigt eingewirkt haben.

[3] Man vergleiche nur die oben (Anm. 1) genannte Literatur, darüber hinaus aber auch die in den Kommentaren praktizierten unterschiedlichen Gliederungsversuche! Kennzeichnend für den gegenwärtigen Stand der Diskussion ist - von daher gesehen - nach wie vor das Urteil von W. G. KÜMMEL, Einleitung in das Neue Testament, S. 344: „Obwohl der Verf. unzweifelhaft sehr überlegt komponiert, ist die von ihm beabsichtigte Gliederung aber nicht ohne weiteres erkennbar, woraus sich die Vielzahl der vorgeschlagenen Einteilungen erklärt".

Einmütigkeit besteht jedoch zumindest darin, daß solche Analyse für die Frage nach der theologischen Sache des Hebr unmittelbar bedeutsam ist. Die formalen Fragen der Komposition sind hier – wie auch sonst im urchristlichen Schrifttum – als solche zugleich Sachfragen[4]; dies selbstverständlich unter der Voraussetzung, daß bei solcher Analyse nicht von außen her bestimmte Kategorien der antiken Rhetorik an den Hebr herangetragen, sondern die Kriterien für eine sachgemäße Analyse aus dem Hebr selbst gewonnen werden.

Die im Hebr selbst in dieser Hinsicht gesetzten Signale sind jedenfalls deutlich genug und sind dementsprechend auch in der neueren Auslegungsgeschichte herausgearbeitet worden[5]. Sie werden einmal – was die Makrostruktur des Hebr betrifft – durch den für den Hebr charakteristischen ständigen *Wechsel von „Lehre" und „Paränese"* gesetzt, zum anderen – was die Mikrostruktur betrifft – durch bestimmte stilistische und terminologische Akzentsetzungen, durch die die einzelnen Sachabschnitte des Hebr zu einer in formaler Hinsicht kunstvollen, zugleich aber die Argumentationsrichtung des Autors anzeigenden Komposition verbunden und verklammert werden. Die Tatsache, daß der Hebr nicht erst am Ende – von 10,19 an – in einen paränetischen Teil einmündet, sondern sein Wesen als „Trost- und Mahnrede" (13,22) gerade darin besteht, daß die lehrhaft-argumentativen Erörterungen von Anfang an – so bereits in 2,1–4 – durch appellative, sich unmittelbar an die Leser wendende ermahnende Partien unterbrochen werden, ist schon seit langem erkannt und für die Frage nach der Komposition des Hebr fruchtbar gemacht worden[6].

---

[4] Dies gilt zumal dann, wenn bei der Kompositionsanalyse neben den „critères littéraires" zugleich auch „critères conceptuels" Beachtung finden. Vgl. in diesem Sinn: A. Vanhoye, La structure littéraire, S. 11ff; vgl. auch L. Dussaut, L'épître aux Hébreux, S. 289: „Decouvrir une structure, c'est pénétrer aux coeur d'une texte"; J. Swetnam, Bib 53 (1972) S. 385.

[5] Nach dem Vorgang von F. Thien hat hier vor allem die seinerzeit (1940!) in deutschsprachigen Bereich zunächst kaum beachtete Arbeit von L. Vaganay im „Memorial Lagrange" bahnbrechend gewirkt. Die hier formulierten Anregungen und Hinweise, den Schlüssel zur Komposition des Hebr anhand bestimmter „critères littéraires" zu finden, sind zunächst von C. Spicq aufgenommen worden (L'épître aux Hébreux I, S. 4–36, speziell S. 31f), stellen aber auch die Basis für die umfassenden Versuche einer Strukturanalyse von A. Vanhoye und L. Dussaut dar.

[6] So besonders von F. J. Schierse, Verheißung und Heilsvollendung, S. 196ff; R. Gyllenberg, Die Komposition des Hebr, S. 139ff; W. Nauck, Zum Aufbau des Hebr, sowie von O. Michel in seinem Kommentar, hier bes. S. 26f. Vgl. aber auch schon Th. Haering, ZNW 18 (1917/18) S. 148f, sowie die speziellen Untersuchungen zur Funktion der Paränese im Hebr: W. J. McCown, Ὁ λόγος τῆς παρακλήσεως. The Nature and Function of the Hortatory Sections in the Epistle to the Hebrews; St. W. Theron, Paraenesis in the Epistle to the Hebrews, Diss. Pretoria 1984. – Charakteristisch für solchen Wechsel von „Lehre" und „Paränese" im Hebr ist es, daß auch innerhalb primär paränetischer Sektionen auf die christologische Darlegung zurückgegriffen bzw. die lehrhafte Basis geltend gemacht wird (vgl. z. B. 3,2–5 im Kontext von 3,1–4,11 sowie 13,8ff im Kontext von Hebr 13).

Angesichts dessen freilich, daß sich die ermahnenden Abschnitte des Hebr keineswegs allesamt demselben paränetischen Grundanliegen des Autors zuordnen lassen[7], ist mit der Erkenntnis des Wechsels von „Lehre" und „Paränese" allein noch nicht ein in jeder Hinsicht befriedigender Zugang zur literarischen Struktur des Hebr zu gewinnen[8].

Ergänzend zu diesem für die Makrostruktur geltenden Gliederungsprinzip sind somit auch die seine Mikrostruktur bestimmenden *Gliederungssignale* zu beachten, wie sie – nach dem Vorgang von L. Vaganay – zuletzt vor allem A. Vanhoye herausgearbeitet hat[9]. Dementsprechend sind bei der Struktur- und Kompositionsanalyse des Hebr die folgenden Gliederungssignale zu beachten: 1. das Stilmittel der (verschiedene Abschnitte miteinander) verbindenden Stichwörter („mots-crochets"); 2. das Stilmittel der thematischen Vorankündigungen („annonce du sujet"); 3. das Stilmittel der jeweils einen Sachzusammenhang bestimmenden Hauptstichwörter („termes charactéristiques")[10]; und 4. schließlich das Stilmittel der Inklusion, demzufolge ein Sachabschnitt an seinem Anfang und an seinem Ende durch einen bestimmten Terminus „eingeschlossen" wird[11]. Hinzu tritt noch das (von A. Vanhoye bereits als selbstverständlich vorausgesetzte) Stilmittel des Chiasmus, dessen grundlegende Bedeutung für die

---

[7] So ist die Paränese 2,1-4; 3,1-4,11; 10,19ff unmittelbar dem pastoralen Grundanliegen des Hebr zugeordnet, während die Paränese in 5,11ff zunächst speziell der Überleitung zur zentralen christologischen Lehre des Hebr dient.

[8] Ganz am Wechsel von lehrhaften und paränetischen Sektionen ist der Gliederungsvorschlag von J. Swetnam, Bib 55 (1974) S. 343, orientiert: I. 1,1-2,18 (exposition); II. 3,1-6,20 (exhortation); III. 7,1-10,18 (exposition); IV. 10,19-39 (exhortation); 11,1-13,21 (exposition-exhortation). Zur Kritik vgl. A. Vanhoye, Bib 55 (1974) S. 369ff.

[9] L. Vaganay hat seinerzeit zunächst nur auf das Kompositionsmerkmal der „mots-crochets" hingewiesen, die am Ende eines Abschnitts signalisieren, welches Thema im folgenden Abschnitt erörtert werden soll (vgl. die Zusammenstellung bei A. Vanhoye, La structure littéraire, S. 26f). Immerhin hat aber L. Vaganay auf dieser Grundlage bereits eine Gliederung des Hebr vorgenommen, an die sich A. Vanhoye weitgehend anschließen konnte, wenn auch nunmehr bei weitergehender Differenzierung hinsichtlich der „critères littéraires" (a.a.O., S. 37ff). Bemerkenswert bleibt freilich, daß auch die Verbindung von formalen und inhaltlichen Kriterien als solche noch keineswegs zu einem einheitlichen Ergebnis führt. So knüpfen sowohl C. Spicq, wie auch A. Descamps an die Untersuchung von L. Vaganay an, kommen aber gleichwohl bei ihrer Analyse zu gänzlich unterschiedlichen Ergebnissen: Während C. Spicq in seiner thematisch orientierten Gliederung vier Hauptteile des Hebr unterscheidet (1,5-2,18; 3,1-5,10; 7,1-10,18; 10,19-12,29), dabei freilich die Ausrichtung der christologischen Lehre auf die Paränese weitgehend außer Betracht läßt, kommt A. Descamps zu einer Einteilung des Hebr in insgesamt neun (!) Hauptteile (1,5-2,18; 3,1-5,10; 5,11-6,20; 7,1-28; 8,1-10,18; 10,19-39; 11,1-40; 12,1-29; 13,1-19).

[10] Vgl. dazu A. Descamps, RDT 9 (1954) S. 252: „mots thématiques"; A. Vanhoye, La structure littéraire, S. 31.

[11] Vgl. die Zusammenstellung der einzelnen Stilmittel bei A. Vanhoye, StEv II, S. 499ff; Ders., La structure littéraire, S. 37ff. – Speziell zum Stilmittel der „inclusio": H. Lausberg, Handbuch der literarischen Rhetorik I, S. 317 (§ 625), mit Hinweis auf die Definition bei Ps.-Rufin, lex. 9: ἐπαναδίπλωσις est, cum idem verbum in eadem sententia et primum est et extremum ... Latine dicitur inclusio.

Komposition des Hebr bereits J.A. BENGEL erkannt und das dementsprechend J. BLIGH zur Grundlage seiner Analyse des Hebr gemacht hat[12].

Anhand der genannten literarischen Kriterien gewinnt A. VANHOYE eine höchst kunstvoll gegliederte *Komposition* des Hebr, wobei fünf Hauptteile (1,5–2,18; 3,1–5,10; 5,11–10,39; 11,1–12,13; 12,14–13,19) im Sinn des chiastischen Schemas A-B-C-B'-A' einander zugeordnet sind. Von diesen Hauptteilen gruppieren sich der jeweils einfach gegliederte 1. und 2. Hauptteil sowie der jeweils zweifach gegliederte 4. und 5. Hauptteil im Sinn einer „symétrie concentrique" um den seinerseits dreifach gegliederten und durch je eine „exhortation" (5,11–6,20 und 10,19–39) gerahmten zentralen lehrhaften Teil 7,1–10,18. Hier wiederum ordnen sich die beiden Rahmenteile 7,1–28 einerseits und 10,1–18 andererseits symmetrisch um das eigentliche Zentrum 8,1–9,28, das seinerseits ebenfalls nach dem Schema c (8,3–5) – b (8,6–13) – a (9,1–10) – A (9,11–14) – B (9,15–23) – C (9,24–28) chiastisch gegliedert ist[13]. In solcher Anordnung der fünf Hauptteile des Hebr stellt sich zugleich eine bestimmte Zueinanderordnung der drei Hauptthemen des Hebr dar, und zwar wiederum im Sinn einer „symétrie concentrique": I. Eschatologie II. Ecclésiologie III. Sacrifice IV. Ecclésiologie V. Eschatologie[14]. Im Zentrum des Hebr steht somit – i. U. zum Wechsel von „exposé" und „parénèse" in den Rahmenteilen – allein die Lehre („exposé"), ihrerseits freilich wiederum durch eine „exhortation préliminaire" (5,11–6,20) und eine „exhortation finale" (10,19–39) gerahmt.

Der Fortschritt, der mit dieser Art von Strukturanalyse nicht nur im Blick auf formale Kompositionsfragen, sondern zugleich auch im Blick auf das theologische Grundanliegen des Hebr erzielt worden ist, ist unverkennbar. Eindeutig ist damit herausgestellt, daß die christologisch-soteriologischen Darlegungen des Hebr zwar auf Paraklese und Paränese ausgerichtet, aber damit noch keineswegs lediglich eine „Funktion der Paränese" darstellen[15]. Die „Lehre" hat vielmehr im Hebr grundlegende Bedeutung, als Basis nämlich für das Anliegen des Hebr als „Trost- und Mahnrede" (13,22)[16]. Die Streitfrage, worauf im Hebr eigentlich der Ak-

---

[12] J.A. BENGEL, Gnomon Novi Testamenti, S.1144 sowie S.872 (zu Hebr 1,4): „Χιασμός, σχῆμα χιαστόν, decussata oratio, in hac epistola ita frequens est, ut una huius figurae observatio plurimum ad analysin epistola conferat". Vgl. auch A. VANHOYE, La stucture littéraire, S.60ff, sowie N.W. LUND, Chiasmus in the New Testament, Chapell Hill 1942.

[13] Vgl. das „schéma général" bei A. VANHOYE, La structure littéraire, S.59, sowie DERS., TRE 14, S.498f. Speziell zu Hebr 8,1–9,28 vgl. A. VANHOYE, La structure centrale de l'épître aux Hébreux, RSR 47 (1959) S.44–60; M. GOURGUES, Rémarques sur la structure centrale de l'épître aux Hébreux, S.26–37.

[14] Vgl. A. VANHOYE, La structure littéraire, S.238ff; zum Verhältnis von „exposés" und „parénèses": ebd., S.254ff.

[15] So J. SWETNAM, Bib 55 (1974) S.339, Anm.1; vgl. auch F.J. SCHIERSE, Verheißung und Heilsvollendung, S.196f: Die Paränese sei der „Deuterkanon" des Hebr. Kritisch dazu: A. VANHOYE, La structure littéraire, S.256; DERS., TRE 14, S.497f.

[16] Der Basis-Charakter der christologisch-soteriologischen Lehre im Hebr wird eindrück-

zent liegt – auf der „Lehre" oder auf der „Paränese" –, ist damit endgültig entschieden, und zwar nicht im Sinn einer Alternative, sondern im Sinn der Zueinanderordnung[17]: Die „Lehre" ist auf die „Paränese" ausgerichtet, und die letztere ist nichts anderes als Schlußfolgerung aus der ersteren[18].

Gleichwohl bleiben gerade angesichts der von A. VANHOYE (und zuletzt auch von L. DUSSAUT) bis ins Detail durchgeführten Kompositionsanalyse Fragen. Sie stellen sich zunächst – grundsätzlich – bereits im Blick auf die Durchschaubarkeit einer solchen kunstvollen Komposition für die ursprünglichen Leser des Hebr. Selbst wenn man voraussetzt, daß ihnen die hier benutzten Stilmittel geläufig waren, bleibt doch zu fragen, ob die von A. VANHOYE und L. DUSSAUT im Hebr entdeckte, im Grunde höchst artifizielle Komposition für den normalen – um nicht zu sagen: naiven – Leser aus dem Hebr tatsächlich ohne Schwierigkeit ablesbar war. Konkret gilt dies bereits im Blick auf den Gebrauch der Stilmittel der verbindenden Stichwörter und der Vorankündigungen der Themen[19], vor allem aber im Blick auf die von A. VANHOYE im Sinn einer „symétrie concentrique" postulierten Entsprechungen zwischen den einzelnen Sektionen des Hebr. Anlaß zu kritischer Anfrage gibt aber nicht zuletzt auch das Verfahren, den syntaktisch wie sachlich in sich geschlossenen Zusammenhang 4,14–16 zwei unterschiedlichen Sektionen des

---

lich unterstrichen durch die minutiöse Strukturanalyse, wie sie L. DUSSAUT in seiner „Synopse structurelle" vorgelegt hat. Das Ganze des Hebr – verstanden als Niederschlag einer geometrischen und zugleich „hierarchischen" Strukturierung – wird hier in insgesamt sieben Kolumnen (zu je zwei Sektionen) aufgeteilt, die sich über die drei (!) Teile des Hebr (1,1–5,12; 5,13–10,39; 11,1–13,21) nach dem Schema 2 – 3 – 2 verteilen (a.a.O. S. 17f). So gesehen stellt der Hebr ein bis ins einzelne symmetrisch und konzentrisch durchkonstruiertes „Gemälde" dar, gleichsam eine „icône christique" (a.a.O., S. 20. 162f), in deren Zentrum das Χριστὸς δέ (in der Mitte der vierten Kolumne, zu Beginn der 8. Sektion 9,11–28) steht (9,11). Solche Komposition bezeugt nach L. DUSSAUT für den Autor des Hebr „la maîtrise littéraire et le raffinement artistique d'un puissant théologien et d'un génial architecte du texte!" (a.a.O., S. 163). Vgl. auch L. DUSSAUT, L'épître aux Hébreux, S. 285–297, spez. S. 293–297. Zur Kritik vgl. A. VANHOYE, Bib 64 (1983) S. 293–295; C. SPICQ, ThLZ 109 (1984) Sp. 734f, sowie bes. H. FELD, Der Hebr, S. 28f: „Ist es historisch denkbar und realistisch, daß der Verfasser des Hebr beim Entwurf seines Textes nach Art eines bis ins Detail planenden Architekten oder Ikonenmalers vorgegangen ist?"

[17] Vgl. A. VANHOYE, Bib 55 (1974) S. 368, Anm. 2, mit Hinweis auf N. A. DAHL, Interp. 5 (1951) S. 401: „Whether the main emphasis should be placed on the one or the other, however, is a fictive question. The doctrine leads to the exhortation, the exhortation are based on the doctrine".

[18] „Hauptsache" (κεφάλαιον) für die Paränese und Paraklese des Hebr ist es ja gerade, daß „wir einen solchen Hohenpriester haben" (8,1). Vgl. auch A. VANHOYE, La structure littéraire, S. 256: „Ce n'est donc pas l'exposé qui dépend de la parénèse, mais la parénèse qui s'appuie sur l'exposé".

[19] Dafür hier nur ein Beispiel: Hebr 5,9f enthält gewiß eine Vorankündigung des Themas speziell im Blick auf den zentralen Abschnitt 7,1ff. In dem Partizip τελειωθείς von 5,9a jedoch mit A. VANHOYE bereits einen gezielten Hinweis auf die Sektion 10,1–18 und in der Rede vom αἴτιος σωτηρίας αἰωνίου in 5,9b einen thematischen Vorverweis auf die Sektion 8,1–9,28 zu sehen (La structure littéraire, S. 42ff), ist keineswegs überzeugend. Zur Kritik vgl. auch J. THURÉN, Das Lobopfer der Hebräer, S. 41f.

zweiten Hauptteils (3,1–4,14; 4,15–5,10) zuzuordnen und damit zugleich die Schlüsselstellung gerade dieses Abschnitts für die Gesamtkomposition des Hebr in Frage zu stellen[20]. Nicht zu übersehen ist, daß zwischen 4,14–16 einerseits und 10,19ff andererseits eine weitgehende Entsprechung besteht: Dem ἔχοντες οὖν in 4,14 entspricht dieselbe Wendung in 10,19, dem κρατῶμεν τῆς ὁμολογίας in 4,14 das κατέχωμεν τὴν ὁμολογίαν in 10,23, dem προσερχώμεθα μετὰ παρρησίας in 4,14 das προσερχώμεθα μετὰ ἀληθινῆς καρδίας in 10,22[21]. Diese Entsprechungen sind ganz offensichtlich im Sinn des Autors als ein entscheidendes Signal für die Komposition des Hebr zu werten, und zwar im Sinn einer „inclusio", die die beiden Stücke 4,14–16 einerseits, 10,19ff andererseits als den Rahmen für die Entfaltung der zentralen christologischen Lehre in 5,1–10,18 ausweist und die zugleich programmatisch deutlich macht, in welchem Sinn und Maß im Hebr die argumentative Darlegung der christologischen Lehre auf die Ermahnung der Adressaten ausgerichtet ist bzw. die letztere sich als Schlußfolgerung aus der ersteren darstellt[22]. Stellt man darüber hinaus – was den Kontext von 4,14–16 betrifft – in Rechnung, daß der vorangehende Abschnitt 1,1–4,13 durch die „inclusio" der Bezugnahme auf das „Reden" bzw. das „Wort" Gottes in 1,1f einerseits und 4,12f andererseits als eine Einheit ausgewiesen wird, so ergibt sich für den Hebr insgesamt zwanglos eine Gliederung in drei Hauptteile (1,1–4,13; 5,1–10,18; 10,19–13,21) die der von A. VANHOYE vorgenommenen Gliederung in fünf Hauptteile schon deshalb vorzuziehen ist, weil die letztere den Rahmenstücken 4,14–16 und 10,19ff nur eine untergeordnete Bedeutung zuzuerkennen vermag[23].

Umstritten ist bei solcher (auch gegenwärtig noch weithin üblichen) Gliederung in drei Hauptteile allenfalls die Frage der Abgrenzung zwischen dem zweiten und dritten Teil, genauer die Frage, ob die Zäsur zwischen dem zweiten und dritten Teil zwischen 10,18 und 10,19 oder erst zwischen 10,31 und 10,32 zu setzen ist[24].

---

[20] Anlaß für solches Verfahren ist offensichtlich das Bemühen, in den Sektionen 3,1–4,14 einerseits und 4,15–5,10 andererseits das Stilmittel der Inklusion zu entdecken (konkret in 3,1 und 4,14 bzw. in 4,15 und 5,8–10). Vgl. A. VANHOYE, La structure littéraire, S. 39 und S. 40ff sowie S. 104 und S. 105ff, hier bes. S. 106.

[21] Zur Entsprechung zwischen 4,14–16 und 10,19ff vgl. bereits H. v. SODEN S. 9; neuerdings: F. J. SCHIERSE, Verheißung und Heilsvollendung, S. 199f; W. NAUCK, zum Aufbau des Hebr, S. 203f.

[22] Vgl. W. NAUCK, Zum Aufbau des Hebr, S. 204: „Diese beiden Abschnitte bilden den Rahmen, innerhalb dessen über das Hohepriestertum Christi gesprochen wird. Die theologischen Darlegungen werden also eröffnet und beschlossen mit der Feststellung: Wir haben einen Hohenpriester. Aber die Eigenart dieser Rahmenstücke besteht nicht in dieser Feststellung, sondern in dem paränetischen Charakter. Sie ermuntern die Gemeinde, die Konsequenz aus der hohepriesterlichen Funktion Christi zu ziehen".

[23] Gleiches gilt auch – zumindest im Blick auf 4,14–16 – für die neuerdings mehrfach vorgeschlagene Dreiteilung 1,1–6,20; 7,1–10,18; 10,19–13,17. So Ph. VIELHAUER, Geschichte der urchristlichen Literatur, S. 238f; vgl. auch L. GOPPELT, Theologie des Neuen Testaments II, S. 573f; H. M. SCHENKE/K. M. FISCHER, Einleitung in die Schriften des Neuen Testaments II, S. 248f. – Zu den Vorzügen einer Gliederung des Hebr in drei Hauptteile vgl. die Übersicht bei E. GRÄSSER, ThR 30 (1964) S. 162, mit dem abschließenden Urteil: „Die Dreiteilung verdient dabei durchaus den Vorzug, weil im Unterschied zur Fünfteilung hier auch jeder Anschein eines angehängten Schlusses bzw. jeweiliger angehängter Paränesen nach den verschiedenen exposés (VANHOYE) vermieden wird".

[24] Im letzteren Sinn bes. F. J. SCHIERSE, Verheißung und Heilsvollendung, S. 199ff, hier mit

Zugunsten der Abteilung zwischen 10,18 und 10,19ff spricht jedoch wiederum der Sachverhalt, daß die Erinnerung der Adressaten des Hebr an ihre „früheren Tage" (10,32ff) nicht etwa einen neuen Absatz gegenüber 10,19ff markiert, sondern ihrerseits ganz in den mit 10,19 einsetzenden paränetischen Zusammenhang integriert ist[25]. Gleiches gilt dann allerdings auch im Blick auf Hebr 11. Zwar wendet sich dieses Kapitel mit seiner Definition von πίστις zu Beginn und der daran anschließenden Paradigmenreihe – i. U. zur unmittelbaren Anrede an die Leser in 10,32ff einerseits und 12,1ff andererseits – nicht direkt an die Leser und trägt insofern einen gleichsam lehrhaften Charakter. Andererseits ist aber auch nicht zu übersehen, daß die hier vorgetragene „Lehre" i. U. zur christologisch-soteriologischen Lehre im ersten und zweiten Teil ganz in den paränetischen Kontext von 10,19-39 einerseits und 12,1ff andererseits integriert ist. Nicht eigentlich um weitere theologische Grundlegung geht es hier, woran sich dann mit 12,1ff das entsprechende „Mahnwort an die Gemeinde" anschließt[26], sondern um die Explikation und Exemplifizierung jenes Glaubens, von dessen „Fülle" bereits 10,22 die Rede war und der bereits 10,38f anhand von Hab 2,4 im Sinn des Festbleibens und Standhaltens „definiert" worden war. In diesem Sinn ist die „Glaubenslehre" von Hebr 11 integrierender Bestandteil der in 10,19ff begonnenen Paränese. Mit Hebr 11 einen neuen Hauptteil des Hebr beginnen zu lassen, besteht also kein zureichender Grund[27].

Für die Frage nach der Komposition des Hebr hat sich somit der Ansatz bei 4,14-16 und 10,19ff als fruchtbar für ein *Gesamtverständnis des Hebr* als *„Trost- und Mahnrede"* im Sinn von Hebr 13,22 erwiesen. Zu fragen bleibt, ob von hier aus nicht ein noch weitergehendes Verständnis der Komposition des Hebr zu gewinnen ist. Ein Ansatz dafür dürfte jedenfalls in der an die christologische Darlegung 2,5-18 sich anschließenden Paränese 3,1-6 gegeben sein[28]. Hier finden sich in auffälliger Häufung bestimmte Stichwörter, die auch für 4,14-16 und 10,19ff bestimmend sind, so 3,6 die Rede vom „Haus Gottes" (10,21), von der παρρησία (4,16; 10,19), vom κατέχειν (10,23; vgl. 4,14: κρατεῖν), vor allem aber 3,1 die 4,14 und 10,23 wiederkehrende Bezugnahme auf das „Bekenntnis" ὁμολογία.

Geht man davon aus, daß ὁμολογία im Hebr insgesamt den Stellenwert

---

dem Urteil, es sei „wohl der verhängnisvollste Fehler der Hb-Exegese" gewesen, „die Hauptzäsur des Briefes nach 10,18 zu legen" (S. 200); vgl. auch W. NAUCK, Zum Aufbau des Hebr, S. 204; E. GRÄSSER, Der Glaube im Hebr, S. 25.41, demgegenüber aber wiederum S. 36 (10,19-13,25!).

[25] Im Anschluß an 10,31 ist demnach 10,32 zu übersetzen: „Erinnert euch doch vielmehr ...".

[26] So O. MICHEL S. 368f; vgl. auch S. 370: „Kap. 11 bietet die Grundlage für die nachfolgende paränetische Mahnrede" sowie bereits S. 26 und S. 33: Hebr 11 als „Grundlegung eines neuen Hauptteils" im Anschluß an L. VAGANAY und A. VANHOYE.

[27] Vgl. auch R. GYLLENBERG, Die Komposition des Hebr, S. 141: „Kap. 11 ist keine theoretische Auseinandersetzung über das Wesen des Glaubens, sondern vielmehr eine Aufforderung, den Glaubenszeugen des alten Bundes Folge zu leisten ...".

[28] Zur Entsprechung zwischen 3,1-6 und 4,14-16 bzw. 10,19ff vgl. bereits H. v. SODEN S. 9, sowie J. THURÉN, Das Lobopfer der Hebräer, S. 31.33f.

eines „Basisbegriffs" hat[29], so zeichnet sich in der Abfolge 3,1-6 - 4,14-16 - 10,19ff ein ganz bestimmtes Vorgehen des Autors des Hebr ab, und zwar in dem Sinne, daß er sich der Auslegung des (überlieferten) Bekenntnisses im Sinn der im zweiten Hauptteil entfalteten Hohenpriester-Christologie gleichsam schrittweise annähert: über 3,1ff hin zu 4,14-16, um dann endlich im dritten Teil (10,19ff) auf der Basis der zuvor erfolgten Aktualisierung des traditionellen Gemeindebekenntnisses die Adressaten zum Festbleiben im Glauben (und damit auch zum Festhalten am Bekenntnis!) aufzurufen.

Solche Abfolge der Argumentation bestätigt erneut die Zueinanderordnung von „Lehre" und „Paränese" im Hebr: Eben die hier als Auslegung und Aktualisierung des überlieferten Bekenntnisses vorgetragene „Lehre" zielt am Ende darauf ab, die in ihrem Glauben angefochtenen Adressaten des Hebr erneut zum Festhalten am überlieferten Bekenntnis zu motivieren. Mit alledem ergibt sich für die drei Hauptteile des Hebr in ihrer Abfolge ein bestimmtes Gefälle, das dem traditionellen Schema der „Mahnrede" bzw. „Mahnpredigt" insofern entspricht, als dadurch die Adressaten erneut zum Hören von Gottes Wort (1,1-4,13), weiter zum rechten Bekennen des Glaubens (5,1-10,18) und auf dieser Grundlage schließlich zur Bewährung des Gehorsams des Glaubens (10,19-13,21) veranlaßt werden sollen[30].

Der erste Hauptteil (1,1-4,13) hat dabei im Rahmen der (auf das Hören von Gottes Wort abzielenden) „inclusio" von 1,1f einerseits und 4,12f andererseits die Funktion einer Grundlegung und Hinführung der Leser zum eigentlichen Thema. Ein erstes deutliches Signal in dieser Hinsicht wird bereits mit dem sorgfältig gestalteten Exordium (1,1-4) gesetzt, dessen Implikationen in 1,5-14 in einer bestimmten Richtung entfaltet werden. Nach einer kurzen Ermahnung an die Leser (2,1-4) folgt in 2,5-18 eine erste lehrhafte Darlegung, an deren Ende zum ersten Mal der Titel des „Hohenpriesters" auftaucht (2,17f). Daran schließt sich im Sinn einer Schlußfolgerung die Paränese 3,1-6 an, die den unmittelbar zuvor genannten Titel des „Hohenpriesters" mit dem Bekenntnis verbindet, die Adressaten schließlich zum Festhalten (am Bekenntnis) aufruft und folgerichtig in eine Mahnung zum Hören auf Gottes Wort einmündet (3,7-4,11 bzw. 4,13). Der Schlüsseltext 4,14-16 knüpft seinerseits wiederum an die Par-

---

[29] Vgl. G. BORNKAMM, Das Bekenntnis im Hebr, in: Ges. Aufs. II, S. 188-203, bes. S. 188f.
[30] Zur Formulierung der Themen der drei Hauptteile des Hebr in dieser Abfolge vgl. W. NAUCK, Zum Aufbau des Hebr, S. 204-206; vgl. E. GRÄSSER, ThR 30 (1964) S. 166f: „Damit ist ... der Aufbau des Hb als ein zielstrebiger, nicht umkehrbarer Gedankengang erwiesen: es ist der Weg vom Hören zum Bekennen und zum Glauben. Anders ausgedrückt: es ist die methodologische Struktur jeder Predigt!" In der Grundstruktur vergleichbar ist die Gliederung von F. J. SCHIERSE, Verheißung und Heilsvollendung, S. 207-209: „I. Die Gemeinde und das Verheißungswort 1,1-4,13; II. Die Gemeinde und das Verheißungswerk (= Diatheke) 4,14-10,31; III. Die Gemeinde und das Verheißungsziel 10,32-13,25".

änese von 3,1 an und hat insofern für die weitere Ausarbeitung des Grundanliegens des Hebr programmatische Bedeutung, als hier nunmehr ausdrücklich die im Hebr insgesamt intendierte Mahnung an die Adressaten als Schlußfolgerung aus einer bestimmten Auslegung des Bekenntnisses in Erscheinung tritt (ἔχοντες οὖν ... κρατῶμεν κτλ). In diesem Sinn markiert der Textzusammenhang 4,14-16 zugleich die Überleitung zum folgenden zweiten Hauptteil (5,1-10,18), in dem nunmehr im einzelnen ausgeführt wird, was das heißt, „einen großen Hohenpriester zu haben" (4,14)[31]. Das Gewicht dieses Teils für den Hebr insgesamt wird durch die ausführliche einleitende Paränese 5,11-6,20 nachdrücklich hervorgehoben, nachdem bereits zuvor (5,1-10) eine Grundlegung in dem Sinne erfolgt war, daß das überlieferte Bekenntnis zum „Sohn Gottes" in eine Beziehung zu seiner Auslegung in Gestalt einer „Hohenpriester"-Christologie gesetzt wurde. Am Ende der Paränese (6,19f) kehrt der Autor wieder zum Thema der „Hohenpriester"-Christologie zurück und leitet so zugleich zu deren Entfaltung in 7,1-10,18 hinüber. Der schrittweisen Annäherung an diese zentrale Sektion des Hebr im ersten Hauptteil korrespondiert auf der anderen Seite im dritten Hauptteil (10,19-13,21) die schrittweise Entfaltung der Glaubensmahnung, die in 10,19-12,29 zunächst ganz auf die besondere Glaubensanfechtung der Adressaten ausgerichtet ist, um dann schließlich im 13. Kapitel in eine generell-grundsätzliche Paränese einzumünden, die weitgehend dem Stil der urchristlichen Paränese insgesamt entspricht, zugleich aber auch Raum für eigene Akzentsetzungen des Autors läßt (13,8ff). Abgeschlossen wird die „Mahnrede" des Hebr durch eine Benediktion mit Doxologie (13,20f), auf die schließlich mit 13,22-25 noch ein stilgerechter Briefschluß folgt.

Indem somit im ersten Hauptteil des Hebr die Grundlegung und Hinführung zum Thema erfolgt (2,17f; 3,1; 4,14), im zweiten Hauptteil die Entfaltung des Themas und im dritten Hauptteil schließlich seine Anwendung auf die Situation der Adressaten, zeigt sich am Ende – bei aller eigenen Akzentuierung durch den Autor des Hebr – eine gewisse Übereinstimmung mit dem Grundschema der antiken Mahnrede im Sinne der Abfolge von „narratio" (als Beschreibung bzw. Skizzierung des Sachverhalts), „argumentatio" bzw. „probatio" (als Beweisführung, die sich auf Autoritäten beruft und mit Argumenten arbeitet) und „peroratio" (als Anwendung des zuvor Bewiesenen auf die Hörer bzw. Leser)[32]. Charakteristisch für den

---

[31] Durch das Partizip ἔχοντες in 4,14 ergibt sich ein Zusammenhang nicht nur mit 10,19, sondern auch mit ἔχομεν in 8,1.

[32] Zu diesem Schema vgl. K. BERGER, Exegese des Neuen Testaments, S. 43; DERS., Formgeschichte des Neuen Testaments, S. 72, sowie H. LAUSBERG, Handbuch der literarischen Rhetorik I, S. 148f (Tabelle) und S. 150ff; J. MARTIN, Antike Rhetorik. Technik und Methode (HKAW 2. Abt./3. Teil), München 1974, S. 60ff. – Im Griechischen entsprechen der „narratio" die πρόθεσις bzw. διήγησις, der „argumentatio" bzw. „probatio" die πίστις bzw. ἀπόδειξις (πρὸς πείθω) der „peroratio" bzw. „exhortatio" schließlich der ἐπίλογος. Zur Anwendung

Hebr ist demgegenüber nur, daß sein Autor von Anfang an keinen Zweifel daran läßt, worauf er mit seiner Darlegung des gemeinten Sachverhalts („narratio") wie auch mit seiner „Beweisführung" („argumentatio" bzw. „probatio") schließlich hinauswill – auf die „peroratio" nämlich im Sinne der „Gedächtnisauffrischung" und „Affektbeeinflussung" seiner Leser[33]. Nicht zuletzt in diesem Sinn, d.h.: vom traditionellen Grundschema der antiken Mahnrede her gesehen, ist die Bedeutung der Frage nach der formalen Struktur und Komposition des Hebr für die Bestimmung der Absicht und theologischen Zielstellung des Hebr unverkennbar. Das Schwergewicht liegt im Hebr durchaus – wie bereits die sorgfältige Vorbereitung des Themas in der „narratio" des ersten Hauptteils erkennen läßt – auf der „Beweisführung" des zweiten Hauptteils, in deren Verlauf sich der Autor immer wieder an das eigene Urteilsvermögen seiner Adressaten wendet. Gerade dieses Verfahren aber zeigt zugleich an, daß der Autor seine Leser nicht lediglich „belehren", sondern sie vielmehr „überzeugen" will, damit sie ihrerseits in die Lage versetzt werden, aus der „Lehre" die entsprechenden Konsequenzen für ihre Existenz im Glauben zu ziehen. In diesem Sinne erreicht alle „lehrhafte" Darlegung im Hebr erst dort ihr Ziel, wo sie in der konkreten Existenz des Christen zur Bewahrung und Bewährung des Glaubens verhilft.

§ 3. Grundanliegen und Zielstellung des Hebräerbriefes[1]

Grundanliegen und Zielstellung des Hebr bestimmen sich von der literarischen Struktur des Hebr her. D.h.: Wenn im Hebr insgesamt eine „Trost- und Mahnrede" (13,22) in Gestalt einer planvoll durchdachten Komposition vorliegt, für die – formal gesehen – der Wechsel von lehrhafter Darlegung und Paraklese bzw. Paränese und – sachlich gesehen – die Ausrichtung der ersteren auf die letztere bestimmend ist, so ist es ein durchaus praktisch-theologisches, d.h. auf die Glaubenspraxis der Adressaten zielendes Grundanliegen, das den Hebr bestimmt – mit einem Wort:

---

dieses Schemas auf den Hebr vgl. bereits H.v. SODEN S.11; C.C. TORREY, JBL 30 (1911) S. 146; Th. HAERING, ZNW 18 (1917/18) S.153ff, sowie H. WINDISCH S.8; neuerdings K. BERGER, ANRW II 25/2, S.1368.

[33] Zur Zielbestimmung der „peroratio" in diesem Sinn: H. LAUSBERG, Handbuch der literarischen Rhetorik I, S.236ff (§§ 431–442).

[1] Lit.: A. OEPKE, Das neue Gottesvolk, S.17ff; O. KUSS, Der Verfasser des Hebr als Seelsorger; R. WILLIAMSON, Hebrews and Doctrine; H. BRAUN, Die Gewinnung der Gewißheit im Hebr; N. WEEKS, Admonition and Error in Hebrews; C.R. SCHOONHOVEN, The Analogy of Faith and the Intent of Hebrews, in: Scripture, Tradition and Interpretation. Festschr. E.F. HARRISON, Grand Rapids 1978, S.92–110; P.R. JONES, The Figure of Moses as a Heuristic Devise for Understanding the Pastoral Intent of Hebrews, RExp 76 (1979) S.95–107; A.C. PURDY, The Purpose of the Epistle to the Hebrews in the Light of the Recent Studies in Judaism, in: Festschr. J.R. HARRIS; W.G. ÜBELACKER, Der Hebr als Appell, S.32–36.

ein *pastoral-seelsorgerliches Grundanliegen*. In erster Linie geht es hier um Tröstung, Mahnung und Warnung eines in seinem Glauben angefochtenen Adressatenkreises[2]. Eine Abwertung der christologisch-soteriologischen Lehre gegenüber der Paraklese und Paränese ist damit umso weniger gegeben, als gerade sie – die Lehre – die Basis der Paraklese und Paränese darstellt und somit die letztere überhaupt erst ermöglicht[3]. Besonders deutlich tritt dieser Begründungszusammenhang von „Lehre" und Paraklese bzw. Paränese in den für die Komposition des Hebr entscheidenden Schaltstellen 4,14–16 und 10,19ff hervor, sodaß sich – von daher gesehen – auch die Fragestellung erübrigt, ob im Hebr nicht am Ende doch ein bestimmter „Überschuß an Lehre" besteht, der sich als solcher nicht in die pastoral-seelsorgerliche Zielstellung integrieren läßt[4]. Grundsätzlich bedeutet dies, daß für den Hebr zwar ein (im weitesten Sinne) ekklesiologisches Anliegen bestimmend ist, daß aber zugleich bereits die Komposition des Hebr erkennen läßt, in welchem Maße hier der Ekklesiologie die Christologie vorgeordnet ist[5]. Dies wiederum ein Sachverhalt, der nicht zuletzt für die kontroverse Frage unmittelbar bedeutsam ist, ob die „Leitidee" bzw. das „Basismotiv" des Hebr in der Vorstellung vom „wandernden Gottesvolk" *oder* in der für diesen Brief charakteristischen „Hohenpriester"-Christologie gegeben sei[6]. Eine Alternative liegt hier jedenfalls im Sinn des Autors nicht vor.

Dieses pastoral-seelsorgerliche Grundanliegen des Autors, das als solches auf die „Gewinnung der Gewißheit des Glaubens" (H. BRAUN) zielt,

---

[2] Zum pastoral-seelsorgerlichen Grundanliegen des Hebr vgl. bes. O. KUSS, Auslegung und Verkündigung I, S. 330.357f: „Seelsorge aus theologischer Verantwortung", und d.h. konkret: „aus theologischer Lehre und Argumentation"; P. R. JONES, RExp 76 (1979) S. 96, bezeichnet den Hebr „as a model of pastoral theology"; vgl. ebd., S. 103f.

[3] Zum Schwerpunktcharakter der Paränese im Hebr vgl. F. J. SCHIERSE, Verheißung und Heilsvollendung, S. 196f; U. LUCK, Himmlisches und irdisches Geschehen im Hebr, S. 200f; E. GRÄSSER, Der Glaube im Hebr, S. 198f; F. LAUB, Bekenntnis und Auslegung, S. 144ff.

[4] Vgl. in diesem Sinn Ph. VIELHAUER, Geschichte der urchristlichen Literatur, S. 243: Die „Behauptung, der Skopus des Hebr liege in den paränetischen Teilen, bagatellisiert in unzulässiger Weise die theologischen Anstrengungen des Verfassers, deren es in diesem Ausmaß zu paränetischen Zwecken nicht bedurft hätte"; ebd., S. 246f; vgl. auch H. M. SCHENKE/K. M. FISCHER, Einleitung in die Schriften des Neuen Testaments II, S. 259f; H. FELD, Der Hebr, S. 61f.

[5] Vgl. Ph. VIELHAUER, Geschichte der urchristlichen Literatur, S. 245.

[6] Geht man dabei von der Vorordnung der Christologie vor der Ekklesiologie aus, so wäre freilich E. KÄSEMANNS Urteil (Das wandernde Gottesvolk, S. 156), „daß alle Ausführungen des Hebr zwar in der Darstellung des Hohenpriesteramtes Christi gipfeln, ihre tragende ... Basis aber vom Motiv des wandernden Gottesvolkes her empfangen", eher umzukehren. Genau an dieser Stelle haben auch die häufig geäußerten Vorbehalte ihren Ort, das „Basismotiv" des Hebr mit E. KÄSEMANN in der Leitidee vom „Wandernden Gottesvolk" zu sehen. Vgl. die entsprechende Kritik bereits bei M. DIBELIUS, Der himmlische Kultus nach dem Hebr, in: DERS., Botschaft und Geschichte I, S. 164, Anm. 5; vgl. auch A. OEPKE, Das neue Gottesvolk, S. 57ff; O. HOFIUS, Katapausis, S. 116.144ff; A. VANHOYE, Bib 49 (1968) S. 26, u.v.a.

läßt sich paradigmatisch an dem (gerade an den genannten Schaltstellen begegnenden) *Schlüsselbegriff* παρρησία verdeutlichen (3,6; 4,16; 10,19.35). Im Hebr bezeichnet dieser Begriff einmal die „Zuversicht" und „Gewißheit", umschließt in diesem Sinne also gewiß ein „subjektives" Moment, dies nun freilich zugleich – sofern man an der παρρησία „festhalten" (3,6) bzw. sie auch „wegwerfen" kann (10,35) – unter der Voraussetzung, daß solche παρρησία ihrerseits einen festen Grund und in diesem Sinn zugleich einen „objektiven" Charakter hat[7]. „Subjektives" und „Objektives", Paränese (als Appell an die „subjektive" Haltung des Angesprochenen) und Christologie (als Darlegung dessen, was menschlicher Haltung und Entscheidung vorausgeht) verbinden sich hier miteinander. Solchem Gebrauch von παρρησία im Hebr am nächsten kommt Eph 3,12: παρρησία καὶ προσαγωγὴ ἐν πεποιθήσει διὰ τῆς πίστεως αὐτοῦ, und zwar gerade im Sinn der hier betonten christologischen Begründung: ἐν αὐτῷ, „in ihm", „in Christus" also, hat diese παρρησία ihren festen Grund. Zwar läßt das Glaubensverständnis des Hebr – im Unterschied zu Eph 3,12 (πίστις αὐτοῦ) einen unmittelbaren christologischen Bezug vermissen, indem es primär an der „Geduld" (10,36) und am „Festbleiben" (10,39) orientiert ist; mit einem angeblich vor-christlichen Glaubensverständnis hat dies jedoch umso weniger zu tun[8], als im übrigen gerade im Hebr der christologische Rahmen solchen Glaubensverständnisses offensichtlich ist. Wenn es jedenfalls im Hebr in erster Linie darum geht, die Adressaten nicht lediglich im Sinn eines moralischen Appells zur Bewahrung der παρρησία aufzurufen, sondern dieses Ziel nicht anders als auf dem Wege einer neuen Begründung der παρρησία zu erreichen, so gehört die Entfaltung der christologischen Lehre zu solcher Art von Paraklese und Paränese konstitutiv hinzu.

Der *Primat der Christologie* (und Soteriologie) ist in diesem Sinne im Hebr von vornherein (1,1-4!) im Blick. Die sorgfältige, schrittweise vorgehende Vorbereitung der Adressaten auf den zentralen lehrhaften Teil (7,1-10,18) in der Abfolge 1,3 – 2,17f – 3,1 – 4,14-16 – 5,1-10 – 5,11-6,20 läßt – indem dabei das pastorale Grundanliegen stets im Blick bleibt (2,1-4; 3,1-6; 4,14-16; 6,9ff) – deutlich genug erkennen, in welche Richtung der Aussagewille des Autors geht: Eben im Blick auf seine pastoral-seelsorgerliche Zielstellung ist es die „Hauptsache", daß „wir einen solchen Hohenpriester haben" (8,1); und ebenso hat es mit dieser Zielstellung zu tun, wenn der Autor des Hebr im Zentrum seiner christologisch-soteriologischen Argumentation seinen Adressaten die Einmaligkeit und

---

[7] Vgl. zum Ganzen: E. KÄSEMANN, Das wandernde Gottesvolk, S. 23: „Man ‚hat' sie nicht bloß als subjektive Haltung, sondern als Aneignung eines Vorgegebenen"; ebd., S. 156. Weiteres s. u. zu 3,6; 4,16; 10,19.

[8] So H. WINDISCH, S. 106-108; vgl. auch H. KOSMALA, Hebräer – Essener – Christen, S. 97ff, sowie E. GRÄSSER, Der Glaube im Hebr, S. 13ff; kritisch dazu: G. DAUTZENBERG, Der Glaube im Hebr, S. 167, Anm. 19, sowie S. 172ff.

Endgültigkeit der Rede Gottes „im Sohn", also das ἐφάπαξ des Heilsgeschehens vor Augen stellt (7,27; 9,12; 10,10) – mit der Konsequenz dann freilich zugleich, daß es eben dieses „Ein-für-allemal" auch ist, das die Adressaten auf ihren „einmal" gewonnenen Glaubensstand hin anspricht (6,4–6!). Gerade so aber zeigt sich wiederum, daß die christologische Lehre die Basis aller Paraklese und Paränese und die letztere nichts anderes als die Schlußfolgerung aus der ersteres ist: ἔχοντες οὖν ἀρχιερέα μέγαν ..., κρατῶμεν τῆς ὁμολογίας (4,14), an jenem Bekenntnis nämlich, das im Hebr im Sinn des ἐφάπαξ des Heilsgeschehens ausgelegt wird.

Wie aus Hebr 3,1; 4,14–16 und 10,19ff hervorgeht, kann der Autor des Hebr bei alledem bei seinen Adressaten das *Bekenntnis* (in Gestalt einer bestimmten Bekenntnisüberlieferung) als bekannt voraussetzen. Es gehört jedenfalls zu dem in Hebr 6,4f angesprochenen „einmal" erreichten Glaubensstand der Adressaten hinzu bzw. ist möglicherweise sogar identisch mit dem Taufbekenntnis der Adressaten[9]. Dieses Bekenntnis ist die grundlegende „Substanz der Lehrbildung" im Hebr.

Zum Bekenntnis tritt als Instrument seiner Auslegung und Aktualisierung die Schrift des Alten Testaments hinzu[10], deren Kenntnis der Autor bei seinen Adressaten gleichfalls voraussetzen kann. Die Zuordnung der Schrift zum Bekenntnis zeigt sich bereits in Hebr 1,1f: Ausgangspunkt ist die Rede Gottes „im Sohn", und d. h.: Die christologische Bekenntnistradition wird hier „schriftgelehrt", vermittels also einer bestimmten Schriftauslegung entfaltet, in der Perspektive nämlich der eschatologischen „Erfüllung" der Schrift. Gottes „vielfältige" Rede „in den Propheten" ist nunmehr durch seine eschatologisch-endgültige Rede „im Sohn" überboten und erweist sich damit zugleich als „veraltet" (8,13). Was das konkret und im einzelnen für das Verständnis des Alten Testaments im Hebr heißt, ist noch zu erfragen[11]. Von vornherein deutlich ist jedenfalls, daß der Autor des Hebr mit solchem Verfahren bei der Auslegung des Alten Testaments seinerseits bereits in einer urchristlichen Tradition steht, zugleich aber auch hier wieder seine eigenen Akzente setzt, indem er die Schrift konsequent in das ihm eigene theologische bzw. pastorale Grundanliegen einbezieht.

„Biblische Theologie" betreibt er in seinem Schreiben durchweg in der Ausrichtung auf sein pastoral-seelsorgerliches Grundanliegen: sowohl dort, wo er – wie z. B. in 3,7–4,11 – die biblische Überlieferung paränetisch auf die konkrete Situation seiner Adressaten bezieht, als auch dort, wo –

---

[9] S. u. zu 6,4 und 10,22 sowie A. SEEBERG, Der Katechismus der Urchristenheit, S. 142ff; G. BORNKAMM, Das Bekenntnis im Hebr, in: Ges. Aufs. II, S. 189ff.

[10] Anders O. MICHEL S. 76: „... doch ist es (sc. das Bekenntnis) nicht eigentlich Substanz der Lehrbildung. Diese vollzieht sich vielmehr in der Umformung und Ausdeutung alttestamentlicher Texte" – setzt doch aber gerade so das Bekenntnis zu Jesus als „Sohn Gottes" voraus!

[11] S. u. zu 1,1f sowie den Exkurs zu 1,14.

wie bereits in 1,5-14 – der Bezug auf die Schrift zum Zweck der Begründung der Paränese ausgearbeitet wird. Ja, gerade auch im Blick auf Schriftbenutzung und Schriftverständnis kann man vom „didaktischen" Charakter der Mahnrede des Hebr sprechen[12]: Ganz im Sinn seines pastoral-seelsorgerlichen Grundanliegens will und soll der Hebr auch Anleitung der Adressaten sein zu einer ihrer Glaubenssituation angemessenen Lektüre der Schrift. Unter dem hermeneutischen Vorzeichen von Hebr 1,1f gelesen ist die Schrift selbst schon „Mahnrede" an die Adressaten, und zur Entdeckung dieses Potentials der Schrift will der Autor des Hebr mit seiner „Biblischen Theologie" verhelfen.

Die Art und Weise, in der der Autor dieses Grundanliegen konkret ausführt, ist – gerade auch im Vergleich mit den übrigen Briefen des Neuen Testaments gesehen – bemerkenswert: Sein „didaktisches" Bemühen (O. Michel) zeigt sich vor allem darin, daß er „ad hominem" argumentiert, d.h. die Leser durch eine Art logischer „Beweisführung" zu überzeugen versucht. Kennzeichnend dafür ist die mehrfache Hervorhebung der „Denknotwendigkeit" der im Hebr entfalteten Konklusionen[13], in diesem Zusammenhang auch eine gewisse „logische" Terminologie, die sich als solche an das eigene Urteilsvermögen der Adressaten, gleichsam an ihre Rationalität wendet[14].

In Entsprechung zum pastoral-seelsorgerlichen Grundanliegen des Hebr kann somit seine *theologische Zielstellung* so gekennzeichnet werden: Schriftgelehrte Aufarbeitung und Auslegung der Bekenntnisüberlieferung mit dem Ziel, die in ihrem Glaubensstand angefochtenen Adressaten erneut zum Festhalten am Bekenntnis, zur Bewahrung der ihnen gegebenen παρρησία und zum Festbleiben im Glauben zu motivieren. Konkret geschieht dies im Hebr durch die Entfaltung der Bekenntnisüberlieferung im Sinne einer „Hohenpriester"-Christologie, die insofern an der Anfechtungssituation der Adressaten orientiert ist, als sie einen dem überlieferten

---

[12] So bes. O. Michel S.58, Anm. 1, sowie S.77. Zu fragen bleibt, ob der in der Theologiegeschichte des späteren Urchristentums sich abzeichnende Wandel von einem mehr „proklamatorischen" zu einem mehr „didaktischen" Stil zugleich durch das Nachlassen der Naherwartung bedingt ist. Vgl. dazu U.B. Müller, Prophetie und Predigt im Neuen Testament (StNT 10), Gütersloh 1975, S.238f. – Hinzuweisen ist in diesem Zusammenhang auch auf G. Schilles These von einer „katechetischen" Zielstellung des Hebr: Die Basis des Hebr, S. 270-280. Was demnach in Hebr vorliegt, ist eine „Schlußkatechese", die als solche die „Erstlingskatechese" (im Sinne von Hebr 6,1ff) voraussetzt; vgl. dazu auch G. Schille, ZNW 46 (1955) S. 105.109; kritisch dazu bereits O. Michel S. 33f.

[13] Vgl. 7,12; 8,3; 9,16.23 sowie 2,10.17 und 7,26.

[14] Vgl. W.C. Linss, Logical Terminology in the Epistle to the Hebrews, Concordia. Theological Monthly 37 (1966) S.365-369, sowie bereits E.v. Dobschütz, Rationales und irrationales Denken über Gott im Urchristentum. Eine Studie besonders zum Hebr, ThStKr 95 (1923/24) S.235-255, bes. S.247: Der Hebr „steht innerhalb des neuen Testaments ganz isoliert: sein frommes Denken ist rational, d.h. hier überwiegt der Versuch, das Tun Gottes, das Heilswerk Christi als vernunftnotwendig zu erweisen"!

Bekenntnis bereits innewohnenden Aspekt besonders hervorhebt, den Rückbezug nämlich auf den irdischen, und d. h.: auf den leidenden, versuchten und im Leiden gehorsamen Jesus.

Dem „für immer" (εἰς τὸ διηνεκές: 10,12.14) der Geltung des Heilsgeschehens, das im Zusammenhang der „Hohenpriester"-Christologie im ἐφάπαξ besonders betont erscheint, korrespondiert die Bindung dieses Heilsgeschehens an das Einst-einmal des irdischen Jesus, der den Adressaten als der „Anfänger und Vollender des Glaubens" vor Augen gestellt wird: auf ihn vor allem sollen sie ihr Augenmerk richten (12,2). Der im überlieferten Bekenntnis implizierte Bezug auf den irdischen Jesus wird auf diese Weise im Blick auf die hier vorausgesetzte Situation der Adressaten expliziert und zugleich in die für den Hebr charakteristische „Hohepriester"-Christologie integriert[15]. Denn: Als der „mitleidende", in Leiden Geduldige und Gehorsame, ist Jesus der „Hohepriester", als solcher dann freilich nicht nur derjenige, dessen Vorbild es nachzuahmen gilt, sondern zugleich der „Verursacher (αἴτιος) des ewigen Heils", der selbst den Weg zum Heil gebahnt hat (6,20; 10,20). Die theologische Zielstellung des Hebr – die Auslegung und Aktualisierung der Bekenntnisüberlieferung in Entsprechung zur Situation der Adressaten – erweist sich in diesem Sinn als ganz dem pastoral-seelsorgerlichen Grundanliegen zugeordnet.

Von daher gesehen sind Grundanliegen und Zielstellung des Hebr in erster Linie durch die Position, nicht durch die Negation bestimmt. Was hier „negiert" wird und was hier vermittels der Behauptung und Durchführung einer bestimmten Position korrigiert werden soll, ist allenfalls die derzeitige Glaubensschwäche der Adressaten. Höchst fraglich – wenn auch nach wie vor umstritten – ist demgegenüber, ob und inwieweit sich mit diesem auf Position bedachten Grundanliegen im Hebr zugleich ein polemisches oder auch apologetisches Anliegen verbindet, die Glaubensparaklese des Hebr also nicht lediglich allgemeine Ermüdungserscheinungen der Adressaten voraussetzt, sondern zugleich auch eine akute Gefährdung der Adressaten durch eine inner- oder außerchristliche „Irrlehre". Dabei kann davon ausgegangen werden, daß ein gezieltes polemisches Interesse – nach Ausweis zumindest der paränetischen Partien – für den Hebr insgesamt nicht bestimmend ist. Ein Gesamtverständnis des Hebr läßt sich aus dieser Perspektive nicht gewinnen. Abgesehen allenfalls von der sehr allgemeinen Abgrenzung gegen „vielfältige und fremde Lehren" im Rahmen der Schlußmahnungen des Hebr (13,9f), die als solche keineswegs eine Schlüs-

---

[15] Umgekehrt werden auf diese Weise die mythologischen Implikationen der in Hebr entfalteten „Hohenpriester"-Christologie im Sinn der Geschichtlichkeit der Offenbarung korrigiert und erst recht eigentlich christianisiert. Vgl. J. ROLOFF, Der mitleidende Hohepriester, in: Festschr. H. Conzelmann, S. 143–166, spez. S. 158 sowie S. 161.164ff. Bereits hier zeigt sich, daß die Bezugnahme auf die Geschichte Jesu im Rahmen der Christologie des Hebr „nicht biographisch, sondern soteriologisch orientiert" ist. So Ph. VIELHAUER, VF 1951/52, S. 217.

selfunktion für den Hebr hat, geht gerade den paränetischen Partien des Hebr jegliche zielgerichtete polemische Ausrichtung ab. Mögliche implizite Bezugnahmen oder Anspielungen sind damit gewiß nicht von vornherein auszuschließen; nur bringt es solcher Charakter der „Polemik" im Hebr dann mit sich, daß bei der Frage nach der konkreten Gestalt der hier jeweils vorausgesetzten „Irrlehre" über mehr oder minder wahrscheinliche Vermutungen kaum hinauszugelangen ist[16].

Im einzelnen sind in dieser Hinsicht in der neueren Auslegungsgeschichte mehrere Möglichkeiten erwogen worden, angefangen bei einer antijüdischen oder auch anti-ebionitischen über eine antignostische bis hin zu einer anti-frühkatholischen Polemik im Hebr. Was zunächst die letztgenannte betrifft[17], so kann man zwar – auf Grund beispielsweise von Hebr 2,3f und 13,7.17 – auf das für die Entwicklung zur frühkatholischen Kirche des 2. Jahrhunderts untypische Traditions- und Amtsverständnis des Hebr hinweisen, darüber hinaus auch auf eine bestimmte „kultkritische" Einstellung des Hebr, aus der – möglicherweise – auch die merkwürdige Zurückhaltung hinsichtlich ausdrücklicher Bezugnahmen auf die Eucharistie zu erklären ist; dies alles hat jedoch mit einer gezielten Polemik gegen den sog. Frühkatholizismus – etwa in Gestalt der Verbindung von Amt und Tradition bei Lukas oder auch in den Pastoralbriefen – noch nichts zu tun, sondern läßt sich insgesamt durchaus aus dem eigenen positiven Anliegen des Hebr erklären[18].

Grundsätzlich das Gleiche gilt auch hinsichtlich der Auffassung von einem antignostischen Charakter des Hebr. Die für den Hebr charakteristische starke Betonung des Leidens des irdischen Jesus (und damit auch der Geschichtlichkeit Jesu) wie auch die betonte Stellung, die im Hebr der „Opfertod" Jesu hat, darüber hinaus auch das Festhalten an einer „apokalyptischen" Perspektive des christlichen

---

[16] Paradigmatisch in dieser Hinsicht ist bereits Hebr 1,5–14. Die betonte Art und Weise, in der hier – im Anschluß an 1,4 – die Überlegenheit des „Sohnes" gegenüber den Engeln hervorgehoben wird, läßt zunächst auf Polemik gegen eine bestimmte Irrlehre schließen (s. u. zu 1,5–14). In der paränetischen Auswertung jedoch in 2,1–4 wird dieser Aspekt allein in der Mahnung zum Festhalten an der christlichen Heilsverkündigung geltend gemacht. Vgl. dementsprechend auch das zurückhaltende Urteil von G. Theissen, Untersuchungen zum Hebr, S. 79: „Grundsätzlich kann man daher dem Brief einen polemischen Charakter zugestehen. Literarisch verwirklicht sich die Polemik jedoch nur in einigen Anspielungen und einer Schlußmahnung ..."; vgl. auch ebd., S. 87, Anm. 16.

[17] Vgl. dazu Ph. Vielhauer, Rez. zu O. Michel, Der Hebräerbrief, VF 1951/52, S. 213–219, spez. S. 218f. Die These ist positiv aufgenommen worden von E. Grässer, Das Heil als Wort, in: Neues Testament und Geschichte. Festschr. O. Cullmann, Zürich-Tübingen 1972, S. 261–274, spez. S. 268.272ff; Ders., Die Gemeindevorsteher im Hebr, in: Zum Amt des Laien in Kirche und Theologie. Festschr. G. Krause, Berlin 1982, S. 67–89, spez. S. 70; vgl. aber auch G. Theissen, Untersuchungen zum Hebr, S. 106f, der den Argumenten von Ph. Vielhauer noch den Hinweis auf die Bezeichnung Jesu als „Apostel" (3,1) hinzufügt: Dieses Prädikat habe hier „einen polemischen Sinn ... gegen ein frühkatholisches Amtsverständnis, das sich auf die Apostel als die Norm der Tradition und den Ausgangspunkt der Sukzession beruft" (ebd., S. 107).

[18] Vgl. in diesem Sinne auch die kritische Stellungnahme zum Problem bei F. Laub, Bekenntnis und Auslegung, S. 47–50; Ders., Verkündigung und Gemeindeamt, in: SNTU 6/7 (1981/82) S. 169–190, hier bes. S. 174ff sowie S. 186ff (auf Grund des Vergleichs von Hebr mit 1 Clem).

Glaubens – dies alles ist im Hebr nach Ausweis gerade der paränetischen Sektionen zunächst allein der vom Autor gegenüber der Glaubenskrise der Adressaten geltend gemachten Position zugeordnet und verrät weder eine gezielte Stellungnahme gegenüber einer bestimmten gnostischen „Irrlehre"[19] noch – so nach der These von G. THEISSEN – gegen eine Art christlicher „Mysterienfrömmigkeit", bei der infolge eines (mit einer präsentischen Eschatologie verbundenen) „sakramentalistischen" Heilsverständnisses das Problem von Sünde und Sündenvergebung in den Hintergrund getreten ist[20].

Weitaus größere Wahrscheinlichkeit hat demgegenüber – unter der Voraussetzung zumal, daß der Hebr ursprünglich an einstige Juden bzw. Judenchristen gerichtet war – die in der neueren Auslegungsgeschichte häufig vertretene These für sich, daß der Hebr insgesamt das Dokument einer Auseinandersetzung mit dem Judentum sei, wie sie im Urchristentum des ausgehenden 1. Jahrhunderts auch im übrigen eine mehr oder minder bedeutsame Rolle gespielt hat[21]. Diese Auffassung vom polemischen Charakter des Hebr beruft sich darauf, daß vor allem in den lehrhaften Partien des Hebr, insbesondere im zentralen Teil 7,1–10,18, der Autor ausgesprochenermaßen an einem gleichsam exegetischen Nachweis der schlechthinnigen Überlegenheit der durch das Selbstopfer Christi konstituierten „neuen" Heilsordnung gegenüber der „alten" Heils- und Kultordnung interessiert ist. So gesehen wäre der Hebr also im Grunde ein „tractatus contra Judaeos", insofern freilich zugleich an christliche, einst jüdische Adressaten gerichtet, als gerade sie in ihrer gegenwärtigen Glaubenskrise davor bewahrt werden sollen, angesichts einer fortdauernden Anziehungskraft der „alten" Kultordnung wieder in den Schoß ihrer einstigen jüdischen Vergangenheit zurückzukehren[22]. Als Adressaten des Hebr

---

[19] Zum antignostischen Charakter des Hebr vgl.: Ph. VIELHAUER, VF 1951/52, S. 213ff; E. GRÄSSER, Der historische Jesus im Hebr, in: Ges. Aufs. zum Neuen Testament, S. 159f; H. KÖSTER, Einführung in das Neue Testament, S. 712.714. Demgegenüber aber bereits E. GRÄSSER selbst (im Anschluß an A. C. PURDY): Die Basis, die der Hebr für die These einer „antignostischen Polemik" biete, sei „viel zu schmal": ThR 30 (1964) S. 180.

[20] So. G. THEISSEN, Untersuchungen zum Hebr, S. 9.53ff.85–87; speziell zu Hebr 13,9: S. 76ff; kritisch dazu: Ph. VIELHAUER, Geschichte der urchristlichen Literatur, S. 247f; J. THURÉN, Das Lobopfer der Hebräer, S. 13–20; T. HOLTZ, ThLZ 96 (1971) Sp. 347. – Hinzuweisen ist in diesem Zusammenhang auch auf die These von M. RISSI, Die Theologie des Hebr, S. 8ff, wonach es sich bei den Adressaten des Hebr um eine Sondergruppe innerhalb einer Gemeinde handelt, die sich ihrer besonderen pneumatisch-charismatischen Erfahrungen rühmt, auf Grund dieser Erfahrungen zugleich eine „präsentische Eschatologie" vertritt und der gegenüber der Autor des Hebr seinerseits kritisch-polemisch den „eschatologischen Vorbehalt" geltend macht. Jedoch dürfte dieses Bild von der „Front" des Hebr wohl allzusehr der Position der Kontrahenten des Paulus in Korinth nachgestaltet sein.

[21] Es versteht sich von selbst, daß im Zusammenhang dieser These die (freilich sekundäre) Zuschrift des Briefes „an die Hebräer" besondere Bedeutung erhält. Vgl. P. WENDLAND, Die urchristlichen Literaturformen, S. 375, Anm. 1: Diese Überschrift zeige an, daß Hebr sehr frühzeitig bereits „als eine Auseinandersetzung mit dem Judentum über den wahren Schriftsinn" verstanden worden sei. Dies gilt zumal dann, wenn man sie im Sinne von „Gegen die Hebräer" versteht. So F. SYNGE, Hebrews and Scripture, London 1959, S. 43ff: „Gegen die Hebräer", d. h. gegen Juden, die sich bereits auf dem Wege zum christlichen Glauben befinden, jedoch noch nicht den letzten Schritt in dieser Richtung getan haben. Vgl. auch B. P. W. S. HUNT, The Epistle to the Hebrews – An Antijudaic Treatise? StEv II (TU 87) S. 408–410.

[22] In diesem Sinn bereits B. WEISS S. 20ff; DERS., Der Hebr in zeitgeschichtlicher Beleuch-

kämen somit Judenchristen in Palästina oder Jerusalem in Betracht, vielleicht sogar zum christlichen Glauben bekehrte ehemalige Priester, wie sie nach Act 6,7 bereits der Urgemeinde in Jerusalem angehörten[23]. Und das Grundanliegen des Hebr wäre dann dementsprechend die Aufforderung an die Adressaten, auf Grund des hier geführten Beweises für die Überlegenheit der „neuen" gegenüber der „alten" Heilsordnung endlich endgültig mit der jüdischen Vergangenheit zu brechen, mit des Autors eigenen Worten: „aus dem Lager hinauszugehen zu Jesus ..." (13,13).

In neuerer Zeit ist diese These unter dem Eindruck gewisser Berührungen zwischen dem Hebr und dem Schrifttum der jüdischen Gemeinde von Qumran noch in dem Sinne variiert und präzisiert worden, daß der Hebr ursprünglich an einstige essenische Priester (oder doch jedenfalls der Qumran-Gemeinde Nahestehende) gerichtet sei und daß dementsprechend auch die Christologie des Hebr – Christus als der „Hohepriester nach der Ordnung des Melchisedek" – nichts anderes als einen Gegenentwurf gegen die Messianologie der Qumran-Gemeinde darstelle[24]. Freilich ist am Ende auch an diese These die Frage zu stellen, ob und inwieweit sie sich tatsächlich vom Hebr selbst her begründen läßt.

In jedem Falle gilt: In den paränetischen Partien des Hebr läßt sich keinerlei polemische Spitze in solchem „antijüdischen" Sinne erkennen; und was die lehrhaften Partien des Hebr betrifft (und in diesem Zusammenhang vor allem die Entfaltung der Christologie im Zentrum des Hebr), so ist hier an keiner Stelle ein Gegensatz zu einem noch in Gang befindlichen jüdischen Tempel- und Opferkult vorausgesetzt. Die für die „Opfertheologie" des Hebr charakteristische Gegenüberstellung des hohenpriesterlichen Werkes Christi einerseits und des „alten", durch ständige Wiederholung der Opfer ausgezeichneten Kultes andererseits ist nicht aus dem Gegenbild des zur Zeit der Abfassung des Hebr noch in Gang befindlichen Tempelkults in Jerusalem gewonnen, sondern allein aus der Schrift des Alten Testaments[25]. Eigene Anschauung des Autors liegt seiner Darstellung des „alten" Opferkultes jedenfalls nicht zugrunde, und somit ist auch nicht das Judentum zur Zeit der Abfassung des Hebr sein aktueller Hintergrund, sondern allein

---

tung, S. 1ff, u.v.a.; besonders deutlich: S. G. Sowers, The Hermeneutics of Philo and Hebrews, S. 74: „Hebrews is an antijudaic epistle in which the writer argues to convince a Christian congregation through an exposition of several O.T. passings that lapse into Judaism is fatal"; vgl. auch N. Weeks, WThJ 39 (1976) S. 79ff.

[23] So bereits K. Bornhäuser, Empfänger und Verfasser des Hebräerbriefes, S. 1ff. 24f.75, sowie neuerdings auch C. Spicq, I, S. 220ff, bes. S. 231ff; Ders., SBi S. 29ff.

[24] So K. Schubert, Die Gemeinde vom Toten Meer, München–Basel 1958, S. 136f; C. Spicq, RdQ 1 (1959) S. 379, u.a.; kritisch dazu: H. Braun, Qumran und das Neue Testament I, S. 258f; II, S. 181f; F. F. Bruce, NTS 9 (1961/62) S. 217–232. – In diesen Zusammenhang gehört auch die spezielle These von H. Kosmala, Hebräer – Essener – Christen, S. 1ff und S. 31ff, wonach Hebr ursprünglich an dem Christentum nahestehende Angehörige der Qumrangemeinde gerichtet ist, die Jesus noch nicht als den Messias anerkannt haben, sowie die Vermutung von H. Thyen (in: Zeit und Geschichte. Dankesgabe an R. Bultmann zum 80. Geb., Tübingen 1964, S. 100f und S. 121ff), daß mit der Herkunft des Hebr aus einem „täuferisch beeinflußten" (und somit qumrannahen) Christentum sich zugleich die Polemik des Hebr gegen eine „Hohepriester"-Christologie der Täufergemeinde verbinde.

[25] Dagegen spricht auch nicht die Tatsache, daß der alte Opferkult im Hebr im Präsens beschrieben wird (5,1ff; 8,3ff; 9,6ff; 10,1ff). Bei diesem Präsens handelt es sich um das „Tempus der gesetzlichen Vorschrift", wie es auch in Mischna und Talmud gebraucht wird. Vgl. B. Friedmann/H. Graetz, ThJb(T) 7 (1848) S. 338–371.

eine bestimmte Situation innerhalb der christlichen Gemeinde und das ihr gemäße Verständnis der Schrift[26]. Nicht polemisch wird hier argumentiert gegen eine bestimmte Gestalt und Ausprägung des Judentums, sondern schriftgelehrt mit der Absicht, einem christlichen Adressatenkreis die in seiner Situation notwendige Vergewisserung des Glaubens zu gewähren. Daß diese für den Hebr charakteristische Ausrichtung als solche auch gewisse grundsätzliche „Abgrenzungen" in sich schließt, und zwar sowohl gegenüber einem spezifisch gnostischen als auch gegenüber einem spezifisch jüdischen Grundverständnis von Heil und Glauben, versteht sich von selbst, ändert jedoch nichts am grundsätzlich nicht-polemischen Charakter des Hebr. Das, was der Hebr zu seiner Sache zu sagen hat, dient nicht der Destruktion, sondern der Konstruktion, ist also nicht durch eine bestimmte „Irrlehre" bedingt und provoziert, sondern durch eine bestimmte Grundsituation innerhalb der christlichen Gemeinde an ihrem historischen Ort in der Geschichte des Urchristentums – ebenso wie auch die besondere Art und Weise, in der der Autor des Hebr sein Grundanliegen und seine theologische Zielstellung im einzelnen ausführt, bedingt und provoziert ist durch seinen Ort in der Verkündigungs- und Theologiegeschichte des Urchristentums.

§ 4. Der Ort des Hebräerbriefes in der Geschichte des Urchristentums

Wie jede andere Schrift des Neuen Testaments ist der Hebr von seinem Autor angesichts bestimmter Fragestellungen seines Adressatenkreises abgefaßt worden. Und wie für jede andere Schrift des Neuen Testaments gilt auch für den Hebr, daß die Art und Weise, in der hier zu diesen Fragestellungen Stellung bezogen wird, durch die historischen, theologischen und traditionsgeschichtlichen Zusammenhänge bedingt ist, in denen der Autor selbst steht. In diesem Sinn hat die Frage nach dem historischen Ort des Hebr in der Geschichte des Urchristentums – als Frage nach seinem Verfasser und seinem ursprünglichen Adressatenkreis, nach Entstehungszeit und -ort des Hebr wie auch nach den literarischen, theologischen und traditionsgeschichtlichen Zusammenhängen, in denen der Hebr steht – für das Gesamtverständnis des Hebr unmittelbare „hermeneutische Relevanz"[1]. Der Ausgangspunkt für diese Fragestellung ist freilich im Blick auf den Hebr nicht eben sehr günstig, da hier zumindest im Blick auf die Verfasser- und Adressatenfrage bis heute kein allgemeiner Konsens erreicht ist. Nach wie vor scheint F. OVERBECKS Votum zu gelten, wonach der Hebr „vor dem nach seiner historischen Entstehung fragenden Betrachter wie

---

[26] Vgl. E. KÄSEMANN, Das wandernde Gottesvolk, S. 34 sowie S. 10: „Für Hebr ist im allgemeinen eine derart konkret zeitbedingte Ausrichtung antijüdischen Charakters rundweg zu bestreiten"; Ph. VIELHAUER, Geschichte der urchristlichen Literatur, S. 247.

[1] So E. GRÄSSER, ThR 30 (1964) S. 147, DERS., Der Glaube im Hebr, S. 8. 146ff, bes. S. 148 sowie S. 198ff.

ein melchisedekianisches Wesen ohne Stammbaum dasteht. Wer hat ihn geschrieben? Wo und wann ist er geschrieben worden? Und an wen ist er ursprünglich gerichtet gewesen? – Man weiß es nicht"[2].

1. Das historische Problem

1.1. Die Verfasserfrage[3]

Der Hebr ist ursprünglich anonym überliefert, freilich schon in der Zeit der alten Kirche mittelbar oder auch unmittelbar mit dem Namen des Apostels Paulus in Verbindung gebracht worden[4]. Die Frage, wie es dazu kam, kann eindeutig beantwortet werden: Anlaß dafür ist der Briefschluß (13,18-25) gewesen, in dem der Hebr sich selbst das Ansehen eines in der Tradition der paulinischen Briefe stehenden Schreibens gibt[5]. Gleichwohl sind schon bei den ältesten Zeugen für die *Zuschreibung des Hebr an Paulus* angesichts der offensichtlichen Differenzen zwischen Hebr und den übrigen Paulusbriefen Vorbehalte gegen eine unmittelbar paulinische Verfasserschaft laut geworden: nur mittelbar, nämlich in sachlicher Hinsicht, gehe der Hebr auf Paulus zurück, während zumindest für die sprachliche Gestaltung ein anderer verantwortlich sei[6]. Es liegt ganz in der Konse-

---

[2] F. OVERBECK, Zur Geschichte des Kanons, S. 1. Ähnlich auch F. DELITZSCH S. XII: „Der Brief hat Ähnlichkeit mit dem Melchisedek der h. Geschichte, von welchem die Mitte desselben handelt. Mit priesterlich-königlicher Feierlichkeit schreitet er einher, und wie der Melchisedek der h. Geschichte weder Anfang noch Ende hat, so ist auch er ein ἀγενεαλόγητος: wir wissen nicht, woher er kommt und wohin er geht".

[3] Lit.: Neben den Darstellungen der „Einleitung in das Neue Testament" vgl. bes.: B. HEIGL, Verfasser und Adresse des Hebr, Freiburg i. Br. 1905; F. DIBELIUS, Der Verfasser des Hebr, Straßburg 1910; C. C. TORREY, The Authorship and Character of the So-called Epistle to the Hebrews, JBL 30 (1911) S. 137-156; K. BORNHÄUSER, Empfänger und Verfasser des Briefes an die Hebräer; W. LEONARD, Autorship of the Epistle to the Hebrews. Critical Problem and Use of the Old Testament, Rom 1939; K. PIEPER, Verfasser und Empfänger des Hebr, in: Neutestamentliche Untersuchungen. Verzeichnis der Vorlesungen an der Erzbischöflichen Philos.-Theol. Akademie zu Paderborn, Paderborn 1939, S. 46-65. Zur Diskussion vgl. E. GRÄSSER, ThR 30 (1964) S. 145f; H. FELD, Der Hebräerbrief, S. 1-6.

[4] Die ältesten Zeugen sind Pantänus, der Lehrer des Clemens Alexandrinus (Eusebius, hist. eccl. VI 14,4), Clemens Alexandrinus (ebd., VI 14,2f) und Origenes (ebd., VI 25, 11ff). Pantänus und Clemens erklären sich das Fehlen des Namens des Paulus aus der „Bescheidenheit" des Apostels (Eusebius, hist. eccl. VI 14,3f: διὰ μετριότητα). Vgl. J. LEIPOLDT, Geschichte des neutestamentlichen Kanons I, Leipzig 1907, S. 219ff.

[5] Hierzu bedarf es also nicht erst des Umweges über den Kol 4,16 erwähnten Laodizenerbrief. So C. P. ANDERSON, Hebrews among the Letters of Paul, SR 5 (1975) S. 258-266; mit der These, „that the epistle recommanded in Colossians 4:16 is the writing we know as the Epistle to the Hebrews, and that it entered the Pauline Corpus through association with Colossians" (S. 261).

[6] Vgl. neben den oben (Anm. 4) genannten Zeugnissen des Clemens und Origenes auch Severian von Gabala (ed. K. STAAB, Pauluskommentare aus der griechischen Kirche, NTA 15, Münster 1933, S. 345, Z. 21ff): Lukas oder auch Clemens (Romanus) seien die Übersetzer des ursprünglich von Paulus selbst verfaßten Hebr gewesen: διὰ τοῦτο ξένη φράσις.

quenz dieser anfänglichen Vorbehalte, wenn gegenwärtig ein weitgehender Konsens zumindest darin festzustellen ist, daß der Hebr keineswegs als paulinisch zu betrachten ist, und zwar weder in sprachlicher noch auch in sachlich-theologischer Hinsicht[7]. Wer aber ist dann der Verfasser gewesen?

Es besteht aller Anlaß, hinsichtlich der Beantwortung dieser Frage skeptisch zu sein, und zwar trotz – oder vielleicht gerade wegen – der langen Reihe von Namen, die im Zusammenhang dieser Frage seit der Zeit der alten Kirche bis in die neuere und neueste Auslegungsgeschichte hinein genannt worden sind. Sie reicht von Lukas, Clemens Romanus, Barnabas, die schon in der alten Kirche in diesem Zusammenhang genannt worden sind[8], über Apollos, Silas/Silvanus, Judas und Timotheus bis hin zu Aquila und Priskilla[9], neuerdings sogar bis hin zu Maria, der Mutter Jesu.

Wirklich ernsthaft in Betracht kommen dabei aus dieser langen Reihe nur einige wenige Namen, so – neben Lukas und Clemens Romanus – vor allem Barnabas und Apollos[10]. So kann die zuerst von Clemens Alexandrinus bezeugte These von *Lukas* als dem Verfasser des Hebr (oder auch als Übersetzer des ursprünglich von Paulus in hebräischer Sprache verpaßten Hebr!) immerhin auf ein gewisses Maß sprachlicher Verwandtschaft hinweisen[11], was als solches zur Begründung der tatsächlichen lukanischen Verfasserschaft freilich nicht ausreicht. Auch die bereits von Origenes referierte Auffassung, wonach *Clemens Romanus,* der Verfasser des 1 Clem, zugleich der Autor des Hebr gewesen sei, kann mancherlei sprachliche wie auch sachliche Indizien für sich geltend machen[12], scheitert jedoch – von den er-

---

[7] Vgl. zu diesem Konsens E. Grässer, ThR 30 (1964) S. 146f; A. Wikenhauser/J. Schmid, Einleitung in das Neue Testament, Freiburg i. Br. ⁶1973, S. 555. Beim gegenwärtigen Stand der Debatte ist allenfalls noch umstritten, ob Hebr angesichts der nicht zu bestreitenden sachlichen Berührungen mit der paulinischen Theologie der Paulus-Schule zuzurechnen ist. – Zur Position derer, die nach wie vor an der paulinischen Verfasserschaft festhalten (B. Heigl, W. Leonard, A. Vitti u. a.), vgl. A. Wikenhauser/J. Schmid, a.a.O. S. 554f.

[8] Diese drei Namen nebeneinander bereits bei Philastrius, De haer. 61 (89), 1: „Sunt alii quoque …: Barnabas, Lucas, Clemens"; vgl. Clemens Alexandrinus bei Eusebius, hist. eccl. VI 13,6: Barnabas, Clemens und Judas, sowie Origenes bei Eusebius, hist. eccl. VI 25,14: Clemens und Lukas.

[9] Vgl. die Übersicht bei E. Grässer, ThR 30 (1964) S. 146.

[10] Zu Judas, dem Autor des Judasbriefes, als „Redaktor" des Hebr: A. M. Dubarle, Rédacteur et destinataires de l'épître aux Hébreux, RB 48 (1939) S. 506–520; zu Silas/Silvanus: Th. Hewitt S. 26ff; zu Timotheus (auf Grund von Hebr 13,23): J. D. Legg, Our Brother Timothy. A Suggested Solution to the Problem of the Authorship of the Epistle to the Hebrews, EvQ 40 (1968) S. 220–223.

[11] Vgl. Clemens Alexandrinus bei Eusebius, hist. eccl. VI 14,2f. Auch Origenes (Eusebius, hist. eccl. VI 25,14) hat Kenntnis von „gewissen Leuten", die den Hebr dem Lukas zuschreiben. So auch noch H. Grotius, Annotationes ad Novum Testamentum, Praeloquium ad Hebraeos: Lukas habe den Hebr im Auftrag und nach den Angaben des Paulus verfaßt. Vgl. dazu: F. Delitzsch S. 706f; J. Leipoldt, Geschichte des neutestamentlichen Kanons II, S. 153f.

[12] Vgl. Origenes bei Eusebius, hist. eccl. VI 25,14. Nach Eusebius, hist. eccl. III 38,2f ist

heblichen Differenzen ganz abgesehen – am Ende daran, daß die nicht zu bestreitenden Gemeinsamkeiten in Hebr und 1 Clem zum einen aus dem beiden Schriften gemeinsamen Traditionszusammenhang zu erklären sind, zum anderen aber auch daraus, daß 1 Clem seinerseits den Hebr bereits voraussetzt[13].

Durchaus gewichtigere Gründe können demgegenüber für eine Verfasserschaft des Barnabas bzw. des Apollos geltend gemacht werden. Dabei wird die Zuschreibung des Hebr an *Barnabas,* den Missionsgefährten des Paulus, zuerst durch Tertullian bezeugt, und zwar im Sinne der Wiedergabe einer ihm überkommenen Überlieferung, die somit wohl schon in das zweite nachchristliche Jahrhundert zurückreicht[14]. Für diese Zuschreibung spricht mancherlei, so die durch Lukas bezeugte Tätigkeit des Barnabas neben Paulus[15], aus der sich sowohl die Nähe des Hebr zu Paulus als auch seine Distanz zu Paulus erklären ließe; und auch der Hinweis auf die levitische Herkunft des Barnabas (Act 4,36) könnte das besondere Interesse des Hebr am Opferkult verständlich machen[16]. Andererseits reichen jedoch diese Anhaltspunkte nicht aus, um hier zu einem begründeten Urteil zu gelangen, zumal die Kenntnis des Opferkultes, wie sie der Hebr voraussetzt, eben nicht auf eigener Anschauung beruht, sondern aus der Lektüre des Alten Testaments gewonnen ist. Darüber hinaus stellt sich grundsätzlich die Frage, ob derselbe Barnabas, der nach der Darstellung des Lukas (Act 9,27; 11,22) in einer engen Beziehung zur sogen. Urgemeinde in Jerusalem stand, die eher konservative Haltung der Urgemeinde zu Tempelkult und Kultgesetz so radikal preisgegeben haben sollte, wie dies in Hebr tatsächlich geschieht[17]. – Schließlich: Zugunsten der *Apollos*-Hypothese, wie sie z.T. bis heute vertreten wird[18], spricht vor allem das

---

Clemens Romanus lediglich Übersetzer des von Paulus ursprünglich in hebräischer Sprache geschriebenen Hebr gewesen.

[13] S. dazu unten § 4.1.2.5 (S.77) sowie § 6 (S.115f).

[14] Tertullian, De pud. 20: „extat enim et Barnabae titulus ad Hebraeos" mit folgendem Zitat von Hebr 6,4–8. Tertullian fügt hinzu, daß dieser „Barnabasbrief" bei gewissen Gemeinden „in höherem Ansehen" („receptior apud ecclesias") als „jener apokryphe Hirt der Ehebrecher" („illo apocrypho Pastore moechorum"), auf den sich offensichtlich seine Gegner berufen haben.

[15] Vgl. Act 9,27ff; 11,22ff; 13,1–14,28; 15,39 sowie Gal 2,13; 1 Kor 9,6.

[16] Vgl. entsprechend K. BORNHÄUSER, (s.o. Anm.3), S.78ff; H. STRATHMANN S.66f: „Alles, was wir aus der Schrift über ihren Verfasser erschließen können, paßt zu dieser Überlieferung vorzüglich". Zur Abfassung von Hebr durch Barnabas vgl. auch: B. WEISS S.18f; F. DIBELIUS, (s.o. Anm.3); K. PIEPER, (s.o. Anm.3) sowie F. BLASS, (Barnabas) Brief an die Hebräer; kritisch dazu bereits W. WREDE, Das literarische Rätsel des Hebr, S.80f.

[17] Vgl. die Kritik an der Barnabas-Hypothese bei Th. ZAHN, Einleitung in das Neue Testament II, S.153f; E. RIGGENBACH S.XLf; H. WINDISCH S.124f; C. SPICQ, I, S.202, sowie W.G. KÜMMEL, Einleitung in das Neue Testament, S.354f.

[18] Vgl. F. BLEEK, I, S.423–430; H. APPEL, Der Hebr – ein Schreiben des Apollos an Judenchristen der korinthischen Gemeinde; Th. ZAHN, Einleitung in das Neue Testament II, S. 154f. 161f; T.W. MANSON, BJRL 32 (1949) S.1–17; W.F. HOWARD, Interp 5 (1951) S.80–91; C. SPICQ, I, S.209–219; DERS., SBi, S.25–28; F. LOBUE, JBL 75 (1976) S.52–57. Vgl. aber auch schon M. LUTHER, Vorlesung über das 1. Buch Mose (zu Gen 48,20), WA 44, S.709; Predigt zu 1 Kor 3,4f, WA 45, S.389, sowie Kirchenpostille (Epistel zum Christtag, Hebr 1,1–12), WA 10/1, S.143: „Ettliche meynen, sie sey S. Lucas, Ettliche S. Apollo, wie er ynn der schrifft mechtig sey geweßen wider die Juden, Act 18. Es ist yber war, das keyn Epistel mit solcher

Bild, das Act 18,24f von dem alexandrinischen Judenchristen Apollos gezeichnet wird: ein ἀνὴρ λόγιος, als solcher δυνατὸς ὢν ἐν ταῖς γραφαῖς – das stimmt ausgesprochen gut zu dem aus dem Hebr selbst zu gewinnenden Bild des Autors; und die Nähe des Hebr zu Paulus ließe sich dann ebenso mühelos aus der von Paulus selbst bezeugten Zusammenarbeit beider erklären[19]. Apollos könnte somit zumindest als der „Typ" gelten, „als den wir uns wirklich den Verfasser vorstellen"[20]. Gleichwohl bleibt auch diese Hypothese am Ende bloße Vermutung: „Gegen Apollos spricht nichts. Aber irgendein Beweis für seine Verfasserschaft ist durch nichts zu erbringen"[21].

Lediglich deswegen, weil diese Hypothese von der Verfasserschaft des Hebr neuerdings eine interessante Variante gefunden hat, ist abschließend noch auf A. v. HARNACKs originelle, von ihm selbst freilich schon der Kategorie der „Probabilia" zugeordnete Vermutung hinzuweisen, derzufolge an der Abfassung des Hebr eine Frau zumindest mitbeteiligt gewesen ist[22]. HARNACK erschließt dabei aus dem Wechsel zwischen dem „Ich" (13,19.23) und dem „Wir" des Verfassers (13,18.23 sowie 6,1–3.9.11) einen Plural der Autoren und identifiziert dieses „Wir" mit dem im Neuen Testament mehrfach genannten Ehepaar *Aquila und Priskilla,* wobei die letztere – weil an den meisten Stellen vor ihrem Ehemann genannt – im Grunde allein die Verfasserin des Hebr sei[23]. Auch dies ist am Ende bloße Vermutung, zu der nichtsdestoweniger im Anschluß an A. v. HARNACK von R. HARRIS ein Detail hinzugefügt worden ist: Die Tatsache, daß in dem Paradigmenkatalog von Hebr 11 ausdrücklich auf zwei weibliche Glaubenszeugen hingewiesen werde, nämlich Sara und Rahab (11,11.31), sei als Hinweis auf eine „feminisierende" Tendenz im Hebr zu werten und damit zugleich als ein weiteres Argument für die Verfasserschaft der Priskilla[24]. Am (vorläufigen) Ende dieser eher phantasievollen Vermutungen steht schließlich der Versuch von J.M. FORD, auf Grund gewisser Affinitäten des Hebr zu den Kindheitsgeschichten bei Lukas und Matthäus *Maria,* die Mutter

---

gewallt die schrifft furet daß diße, das eyn trefflicher apostolischer man geweßen ist, er sey auch, wer er woll".

[19] Vgl. 1 Kor 1,12; 3,4–6; 4,6; 16,12 sowie Tit 3,13.

[20] So A. WIKENHAUSER/J. SCHMID, Einleitung in das Neue Testament, S. 560.

[21] So H. v. SODEN S. 19. Kritisch zur Apollos-Hypothese: F. DELITZSCH S. XXVIf; Th. ZAHN, Einleitung in das Neue Testament II, S. 155, sowie A. VANHOYE, TRE 14, S. 496

[22] A. v. HARNACK, Probabilia über die Adresse und den Verfasser des Hebr, ZNW 1 (1900) S. 16–41. Kritisch dazu bereits Th. ZAHN, Einleitung in das Neue Testament II, S. 162; C.C. TORREY, JBL 30 (1911) S. 137–145.

[23] Vgl. Act 18,2. 18. 26; Röm 16,3; 1 Kor 16,19 sowie 2 Tim 4,19 (hier jeweils in der Namensform Πρίσκα). Die Tatsache, daß der Absendername Priskilla im Hebr nicht überliefert ist, erklärt A. v. HARNACK aus bewußter sekundärer Tilgung wegen der für Paulus durch 1 Kor 14,34ff bezeugten Vorbehalte gegen „lehrende Frauen in der Kirche" (a.a.O., S. 38ff).

[24] R. HARRIS, Sidelights on New Testament Research, London 1908, S. 154ff, mit der Schußfolgerung (S. 174): „so there ought to be no hesitation in saying positively, what Harnack said doubtfully, that the eleventh chapter has feminized. And if this be correct, the case for the authorship of Priscilla is much strengthened by the removal of some of the strongest objections". Ebenfalls unter Bezugnahme auf gewisse „feminisierende" Tendenzen in Hebr 11 argumentiert R. HOOPIN, Priscilla: Author of the Epistle to the Hebrews and Other Essays, New York 1969, S. 11–116, für die Verfasserschaft der Priskilla. Kritisch zu R. HARRIS bereits C.C. TORREY, JBL 30 (1911) S. 140–145, mit Hinweis auf das eindeutig maskuline „Ich" in Hebr 11, 32: ἐπιλείψει με γὰρ διηγούμενον ὁ χρόνος κτλ. (S. 144).

Jesu, wenn auch nicht unmittelbar als Verfasserin des Hebr, so aber doch als diejenige zu erweisen, die für die Sache des Hebr verantwortlich zeichne[25].

Im Grunde freilich bestätigen solche und ähnliche Versuche, den ungenannten Autor des Hebr zu benennen, nur das schon von ORIGENES in dieser Hinsicht gefällte Urteil: „Wer den Brief (wirklich) geschrieben hat – die Wahrheit weiß Gott allein"[26]. Nicht zuletzt weist aber auch die Vielzahl der unterschiedlichen Zuschreibungsversuche darauf hin, daß die Klärung der Verfasserfrage – in dem Sinne jedenfalls, daß hier am Ende ein bestimmter Name zu nennen ist – für die Frage nach der Sache des Hebr letztlich ohne Belang ist. Dem Urteil M. LUTHERS in dieser Hinsicht ist an sich nichts hinzuzufügen: „Wer sie (sc.: die Epistel des Hebr) aber geschrieben hab, ist unbewust, will auch wol unbewust bleyben noch eyn weyle, da ligt auch nichts an. Uns soll benugen an der lere, die er so bestendiglich aus und ynn der schrift grundet"[27].

Was sich überhaupt über den Verfasser aus dem Hebr selbst ausmachen läßt, ist folgendes: Nach 2,3 rechnet er sich – zusammen mit seinen Adressaten – zur zweiten christlichen Generation, an die das „Wort des Herrn" durch die „Ohrenzeugen", d. h. im Sinne des übrigen urchristlichen Schrifttums: durch die Apostel, vermittelt worden ist. Verfasser wie Adressaten des Hebr gehören also dem „nachapostolischen" Zeitalter an[28]. Darüber hinaus läßt der Hebr insgesamt aufs deutlichste erkennen, daß sein Verfasser ein sprachlich wie theologisch geschulter Mann gewesen ist, der seine Kenntnisse „in rhetoricis" umsichtig und bewußt einsetzt, um seine Adressaten von seiner für sie als notwendig erkannten Position zu überzeugen. Seine Schriftgelehrsamkeit ist offenkundig, ebenso auch sein „didaktisches" Bemühen, die Adressaten daran partizipieren zu lassen und sie zu veranlassen, ihre gegenwärtige kritische Situation im Lichte einer neuen Lektüre des Alten Testaments – ihrer „Heiligen Schrift" – zu bewältigen. Erweist sich der Autor in diesem Zusammenhang als bestens vertraut mit

---

[25] J. M. FORD, The Mother of Jesus and the Authorship of the Epistle to the Hebrews, The University of Dayton Review 11 (1975) S. 49–56, bes. S. 50 und S. 56: „Thus I conclude that Mary, perhaps in conjunction with John and Luke, may have been responsible for the content of Hebrews. Another hand may have been written the Greek style and the title added later". Kritisch dazu: A. VANHOYE, Homilie für haltbedürftige Christen, S. 14.

[26] Origenes bei Euseblius, hist. eccl. VI 25,14: τις δὲ ὁ γράψας τὴν ἐπιστολήν, τὸ μὲν ἀληθὲς θεὸς οἶδεν.

[27] M. LUTHER, Vorrede auf die Epistel an die Hebräer, WA DB 7, S. 344f. Ganz ähnlich urteilen auch J. CALVIN und Th. BEZA; vgl. dazu J. LEIPOLDT, Geschichte des neutestamentlichen Kanons II, S. 145ff.

[28] Dies hat bereits M. LUTHER gesehen, wenn er in seiner Vorrede zum Hebr von Hebr 2,3 her (im Gegensatz zu Gal 1,12!) die nicht-paulinische Verfasserschaft des Hebr begründet: „Da mit wirts klar, das er von den Apsotelln redet als eyn junger, auff den solche lere von den Apostelln gekommen sey, villeicht lange hernach" (WA DB 7, S. 344f); ähnlich wiederum J. CALVIN, Argumentum zum Comm. in epistolam ad Hebraeos (Corpus Reformatorum vol. LXXXVIII, p. 5.6).

der älteren urchristlichen Bekenntnistradition wie auch – was seine Schriftauslegung betrifft – mit der exegetischen Methodik und Praxis des Diasporajudentums, so könnte dies darauf hinweisen, daß er selbst dem *Stand der urchristlichen „Lehrer"* zuzurechnen ist[29]. Fraglich ist demgegenüber, ob er als „Lehrer" zugleich dem Kreis der 13,7.17 erwähnten „Gemeindeleiter" angehört. Jedenfalls macht er seinen Adressaten gegenüber nicht die eigene Autorität, auch nicht die Autorität eines kirchlichen Amtes geltend, sondern viel eher und grundsätzlicher die *Sachautorität von Schrift und Bekenntnis* und mit ihr die Autorität des „lebendigen Wortes" Gottes (4,12). Auch er, der Autor des Hebr, ist – wie seine Adressaten – „Hörer" dieses Wortes und steht so in einer Geschichte des Hörens (2,3!), in deren Verlauf auch er sich in seiner Trost- und Mahnrede mit seinen Adressaten im „Wir" zusammenschließt. So gesehen spricht mancherlei dafür, daß sich in der Anonymität des Hebr ein bewußter Verzicht auf die mit einem bestimmten (apostolischen) Namen verbundene Autorität ausspricht[30]. Die besondere Art und Weise, in der er diese Autorität seinen Adressaten gegenüber zum Zuge bringt – vermittels einer argumentativen Auslegung und Entfaltung der Bekenntnisüberlieferung in Gestalt einer bestimmten Art von Schriftauslegung – setzt auf Seiten der Adressaten ein beträchtliches Maß von Kenntnis der Schrift, aber auch die Bereitschaft voraus, der Argumentation des Autors bereitwillig zu folgen – unter der Voraussetzung jedenfalls, daß sie – die Adressaten – nicht mehr „Unmündige" sind, die als solche noch der Belehrung bedürfen, sondern ihrerseits bereits „Lehrer", die andere an ihrem Erkenntnisstand teilhaben lassen (5,12ff). Wer sind diese Adressaten gewesen, an deren Verstehensvermögen der Autor des Hebr einerseits hohe Ansprüche stellt, denen gegenüber er sich aber andererseits auch der massiven pädagogischen Mittel der Warnung und Drohung bedient?

1.2. Die Adressatenfrage[31]

Ungleich gewichtiger für das Verständnis der Sache des Hebr als die Frage nach dem Verfasser ist die Frage nach den ursprünglichen Adressaten des Hebr, genauer: die Frage nach der hier im Blick auf die Adressaten

---

[29] So bereits P. WENDLAND, Die urchristlichen Literaturformen, S. 373; J. MOFFAT S. XXI. In diese Richtung könnte auch der Umstand weisen, daß für die Tätigkeit der διδάσκαλοι im Urchristentum die Schriftauslegung kennzeichnend ist. Vgl. K. H. RENGSTORF, ThWNT II, S. 148; H. KRAFT, Die Anfänge des geistlichen Amtes, ThLZ 100 (1975) Sp. 81–98, spez. Sp. 93f: Aufgabe der charismatischen Lehrer war die „pneumatische Schriftexegese". Kritisch dazu freilich neuerdings A. F. ZIMMERMANN, Die urchristlichen Lehrer. Studien zum Tradentenkreis der διδάσκαλοι im frühen Christentum (WUNT 2.R. 12), Tübingen 1984, S. 57ff.

[30] Vgl. M. WOLTER, Die anonymen Schriften des Neuen Testaments. Annäherungsversuch an ein literarisches Phänomen, ZNW 79 (1988) S. 1–16, spez. zu Hebr: S. 5.9–11.

[31] Vgl. die oben (Anm. 3) genannte Literatur sowie die Zusammenfassung der Diskussion bei E. GRÄSSER, ThR 30 (1964) S. 147–151, und H. FELD, Der Hebr, S. 6–12.

vorausgesetzten Situation. Wie die Geschichte der Auslegung des Hebr bis in die Gegenwart hinein ausweist, ist das Selbstzeugnis des Hebr in dieser Hinsicht nicht eben sehr präzis und läßt somit unterschiedliche Antworten als möglich erscheinen. Drei Fragen vor allem sind in diesem Zusammenhang umstritten:

1. Welche Bedeutung für die Adressatenfrage hat die zwar nicht ursprüngliche, aber doch schon früh bezeugte Inscription Πρὸς Ἑβραίους?

2. Sind die ursprünglichen Adressaten des Hebr Judenchristen oder Heidenchristen gewesen?

3. Wird im Hebr eine für das nachapostolische Zeitalter insgesamt typische oder eine ganz konkrete, möglicherweise sogar singuläre Situation vorausgesetzt?

Hinzu kommen des weiteren die speziellen Fragen der Abfassungszeit, die Frage nach dem Ort der Adressaten (und des Autors) sowie die im Zusammenhang der dritten obengenannten Fragestellung nicht unwichtige Frage, ob der Hebr ursprünglich überhaupt an eine (in sich geschlossene) Gemeinde oder nicht vielmehr nur an eine Sondergruppe innerhalb einer größeren Gemeinde gerichtet war.

1.2.1. Die Bedeutung der Inscriptio für die Adressatenfrage

Da der Hebr selbst keinerlei direkte Hinweise auf seine ursprünglichen Adressaten erkennen läßt, ist die Adressatenfrage schon von der ältesten Bezeugung des Hebr an mit der Inscriptio Πρὸς Ἑβραίους verbunden gewesen[32]. Freilich besteht heute im wesentlichen Einmütigkeit darüber, daß diese Inscriptio in Analogie zu den entsprechenden Inscriptiones der Paulusbriefe gebildet und somit dem Hebr erst sekundär hinzugefügt worden ist[33]. So gesehen hat sich in ihr bereits ein bestimmtes Gesamtverständnis des Hebr niedergeschlagen und ist sie für die Frage nach den ursprünglichen Adressaten des Hebr faktisch wertlos[34]. Ihre Problematik zeigt sich

---

[32] So bereits Clemens Alexandrinus bei Eusebius, hist. eccl. VI 14,2. 4. Auch in der abendländischen Überlieferung ist Hebr offensichtlich von Anfang an als Brief „An die Hebräer" bekannt (vgl. Tertullian, De pud. 20). Vgl. Th. ZAHN, Einleitung in das Neue Testament II, S. 113: „es fehlt auch jede Spur davon, daß der Hb jemals in einem Teil der Kirche einen anderen Titel getragen ... hätte". Zur Inscriptio selbst vgl. Th. ZAHN, a.a.O., S. 113f; W. WREDE, Das literarische Rätsel des Hebr, S. 78ff; F. F. BRUCE, NTS 9, (1962/63) S. 217–232, spez. S. 231f; E. J. BICKERMANN, Le titre de l'épître aux Hébreux, RB 88 (1981) S. 28–41; H. FELD, Der Hebr, S. 6f.

[33] Gerade so wäre freilich bereits bei der Entstehung dieser Inscriptio für den Hebr die paulinische Verfasserschaft vorausgesetzt. Vgl. W. WREDE, Das literarische Rätsel des Hebr, S. 80. Nach H. THYEN, Der Stil der Jüdisch-hellenistischen Homilie, S. 16, ist die Inscriptio „mit dem Zweck, den Brief in das Corpus Paulinum einzugliedern, hinzugefügt worden".

[34] Vgl. bereits W. WREDE, Das literarische Rätsel des Hebr, S. 78: „Was die alte Kirche über die Empfänger des Hebräerbriefes weiß, ist ausgesprochen in der Überschrift Πρὸς Ἑβραίους", sowie S. 80: „Die Wertlosigkeit des Πρὸς Ἑβραίους ist heute fast allgemein anerkannt"; vgl. auch E. GRÄSSER, ThR 30 (1964) S. 147.

bereits darin, daß die Bezeichnung Ἑβραῖος als solche durchaus mehrdeutig ist[35].

So liegt das spezielle Verständnis von Ἑβραῖος im Sinn des hebräisch- bzw. aramäischsprechenden Juden (oder Judenchristen) – Ἑβραῖος hier also im Gegensatz zum Ἑλληνιστής im Sinn des griechischsprechenden Juden – offensichtlich bereits der altkirchlichen Überlieferung zugrunde, wonach der Hebr ursprünglich (von Paulus) in hebräischer Sprache „an die Hebräer" geschrieben (und erst von Lukas ins Griechische übersetzt) worden sei[36]. Dieses Verständnis von Ἑβραῖος ist jedoch nur eines unter mehreren möglichen. Von den übrigen, z. T. einander überschneidenden Bedeutungsvarianten – so u. a. dem bewußt archaisierenden Gebrauch als Ehrenname für die Juden im Schrifttum der hellenistisch-jüdischen Apologetik[37] – kommt für den Hebr ernsthaft lediglich das (aus der Sicht des Diasporajudentums sich ergebende) Verständnis von Ἑβραῖος im Sinn des aus dem Heiligen Land stammenden Juden (bzw. Judenchristen) in Betracht, wie es durch eine Reihe jüdischer Inschriften bezeugt ist[38], auch hier allerdings – wie insbesondere die Verwendung bei Paulus zeigt[39] – mit einer positiven Wertung verbunden[40].

Fraglich ist bei alledem nur, welche Schlußfolgerungen aus diesen Bedeutungsvarianten hinsichtlich der Adressatenfrage des Hebr zu ziehen

---

[35] Vgl. dazu Th. ZAHN, Einleitung in das Neue Testament II, S. 114f; K. G. KUHN/W. GUTBROD, ThWNT III, S. 366ff. 473ff. 391ff; M. HENGEL, Zwischen Jesus und Paulus, ZThK 72 (1975) S. 151–206, spez. S. 169f; J. WANKE, EWNT I, Sp. 892–894; R. MURRAY, Jews, Hebrews and Christians. Some Neglected Distinctions, NT 24 (1982) S. 194–208; H. FELD, Der Hebräerbrief, S. 6–8.
[36] Clemens Alexandrinus bei Eusebius, hist. eccl. VI 14,2. 4; dazu M. HENGEL, ZThK 72 (1975) S. 165ff, spez. 169f, sowie den entsprechenden Gebrauch in Act 6,1 und den Gebrauch von ʿibrī im rabbinischen Schrifttum. Dazu: K. G. KUHN, ThWNT III, S. 367f.
[37] Dazu vgl.: K. G. KUHN, ThWNT III, S. 368–370; W. GUTBROD, ebd., S. 375f; D. GEORGI, Die Gegner des Paulus im 2. Korintherbrief (WMANT 11), Neukirchen 1964, S. 51–60. Vereinzelt begegnet dieser Gebrauch von Ἑβραῖος auch bei nichtjüdischen Autoren. Dazu: W. GUTBROD, a.a.O., S. 374f; D. GEORGI, a.a.O., S. 57f. Im gnostischen Philippusevangelium (NHC II/3), Logien 6.46, steht Ἑβραῖος zur Bezeichnung der Juden im Gegensatz zu den Χριστιανοί.
[38] Vgl. CIJ I, Nr. 291. 317. 510 sowie Nr. 535: συναγωγὴ Αἰβρέων (Rom); Nr. 718: [συνα]γωγὴ Ἑβρ[αίων] (Korinth). Dazu: A. DEISSMANN, Licht vom Osten, S. 12, Anm. 8; M. HENGEL, ZThK 72 (1975) S. 169f. 178f.
[39] Phil 3,5; 2 Kor 11,22; dazu: W. GUTBROD, ThWNT III, S. 393f; D. GEORGI, Die Gegner des Paulus im 2. Korintherbrief, S. 51ff. Vgl. auch W. BAUER, Wörterbuch zum Neuen Testament, Sp. 429: „Bez. d. Nationalität v. den Juden im Ggs. zu den Heiden ...".
[40] Vgl. F. DELITZSCH S. XXVIIIf; M. HENGEL, ZThK 72 (1975) S. 169f. Dieses Verständnis von Ἑβραῖος in der Überschrift des Hebr verdient jedenfalls den Vorzug vor der von H. KOSMALA, Hebräer – Essener – Christen, S. 345, vorgelegten Hypothese, wonach Ἑβραῖος Sonderbezeichnung für eine bestimmte jüdische Gruppe sei, deren Glieder durch den Hebr erst für den christlichen Glauben gewonnen werden sollen. Ähnlich neuerdings auch R. MURRAY, NT 24 (1982) S. 205: Hebr sei adressiert „to Christians from a dissenting Hebrew background, for whom the Jerusalem temple is not an experienced reality"; ebd.: Autor und Adressaten des Hebr „could belong to a dissenting synagogue in Rome"; vgl. auch F. F. BRUCE, NTS 9 (1962/63) S. 231f.

sind? In der alten-Kirche jedenfalls die Schlußfolgerung, daß der Hebr ursprünglich an Judenchristen in Palästina bzw in Jerusalem gerichtet gewesen sei[41]. Gerade diese Schlußfolgerung ist jedoch keineswegs zwingend. Denn wenn es im Raum des spätantiken Judentums „Synagogen der Hebräer" auch außerhalb Palästinas, in der Diaspora also, gegeben hat (s. o.), so verweist die Inscriptio des Hebr keineswegs schon als solche in den palästinischen Raum – ebensowenig wie aus der Erwähnung der „Leute aus Italien" in 13,24 die Schlußfolgerung gezogen werden kann, daß der Absender des Hebr sich in Italien bzw. Rom befindet[42]. Die Schlußfolgerung ist somit unausweichlich: Zur Frage nach den ursprünglichen Adressaten leistet die sekundäre Inscriptio, zumal sie durch das interne Zeugnis des Hebr in keiner Weise bestätigt wird, keinen unmittelbaren Beitrag.

Damit entfallen aber auch alle neuerlichen Versuche, diese Inscriptio nun doch noch in eine sachliche Beziehung zum Corpus des Hebr zu setzen, so etwa im Sinn der von F. SYNGE erwogenen Möglichkeit, die Inscriptio im Sinne von „Gegen die Hebräer" zu verstehen und von daher zugleich den polemischen Charakter des Hebr zu begründen[43], oder auch im Sinn einer symbolischen Deutung von Ἑβραῖος: Die „Hebräer", das sind die „landlos über diese Erde ziehenden, die himmlische Heimat suchenden Frommen"[44].

Was über die ursprünglichen Adressaten des Hebr und ihre Situation in der Geschichte des Urchristentums im nachapostolischen Zeitalter festzustellen ist, das ist nicht aus der sekundären Inscriptio, sondern allein aus dem Hebr selbst zu erschließen. Dies gilt vor allem im Blick auf die Frage, ob der Autor des Hebr mit seiner Trost- und Mahnrede Judenchristen oder Heidenchristen im Blick gehabt hat.

---

[41] Dies ist auch in der alten alexandrinischen Überlieferung vorausgesetzt wonach der Hebr ursprünglich in hebräischer Sprache abgefaßt worden ist. In die gleiche Richtung weisen auch einige der alten Subskriptionen, die – wie dies in den Kodizes A und P sowie in der Minuskel 81 der Fall ist – im Anschluß an Hebr 13,24 mit der Frage nach den Adressaten zugleich die Frage nach deren Ort verbinden. Vgl. F. DELITZSCH S.700. – Hinzuweisen ist in diesem Zusammenhang auch auf Ps-Clem, Hom. XI 35,4, wo die judenchristliche Gemeinde in Jerusalem als ἡ τῶν Ἑβραίων ἐκκλησία bezeichnet wird.
[42] Zur Problematik der Wendung οἱ ἀπὸ τῆς Ἰταλίας in Hebr 13,24 vgl. bes. C. SPICQ, I, S. 261–265, sowie unten z. St.
[43] F. SYNGE, Hebrews and Scripture, S. 44; dazu oben S. 56ff.
[44] So K. L. SCHMIDT, ThWNT V, S.850, Anm.64 (S.851); E. KÄSEMANN, Das wandernde Gottesvolk, S. 156, Anm. 1; C. SPICQ, I, S. 243ff; DERS., RdQ 1 (1958/59) S. 365ff. Zur Begründung wird auf den sprachlichen Zusammenhang ʿibrī/ʿabar verwiesen bzw. auf die Übersetzung von hebr. אברם העברי (Gen 14,13) in LXX: Αβραμ ὁ περάτης. Vgl. auch 1 Sam 13,7 in der LXX-Version sowie Philo, Migr 20: περάτης γὰρ ὁ Ἑβραῖος ἑρμηνεύεται, und Eusebius, praep. ev. VII 8,20. Demgegenüber hat bereits H. WINDISCH S.7 darauf hingewiesen, daß solches Verständnis von Ἑβραῖος auch im Hebr selbst eine Anspielung auf ein symbolisches Verständnis erwarten ließe.

1.2.2. Die Adressaten des Hebr: Judenchristen oder Heidenchristen?

Obwohl die Inscriptio des Hebr in der neueren Auslegungsgeschichte nur noch gelegentlich als Zeugnis für die Adressatenfrage geltend gemacht wird[45], findet die These vom judenchristlichen Charakter der ursprünglichen Adressaten des Hebr auch heute noch ihre Befürworter[46]. Konkret denkt man dabei an *Judenchristen,* die - möglicherweise infolge eigener priesterlicher Herkunft[47] - noch in den Kategorien des jüdischen „Opferdenkens" befangen sind bzw. noch im Wirkungsbereich des Tempelkults leben und deshalb in der akuten Gefahr des „Rückfalls" in ihre eigene jüdische Vergangenheit stehen[48]. Gelegentlich denkt man auch an eine judenchristliche Minorität bzw. Sondergruppe innerhalb einer größeren Gemeinde[49]. Das Anliegen des Autors ginge dementsprechend dahin, einer akuten Krise in der Geschichte des Judenchristentums zu begegnen, und zwar durch den gleichsam exegetischen Nachweis der schlechthinnigen Überlegenheit des einmaligen Selbstopfers Christi gegenüber allem alten Opferkult. Zumal seit der Entdeckung der Handschriften der jüdischen Gemeinde von Qumran hat diese These eine weitere Konkretion erhalten, und zwar in dem Sinne, daß es sich bei den Adressaten des Hebr um einstige „essenische" Priester oder doch jedenfalls Angehörige dieser Gemeinde gehandelt habe[50].

Zur Begründung dieser These von der jüdischen Herkunft der Adressaten des Hebr wird - abgesehen von der Inscriptio - durchgängig auf den

---

[45] Vgl. z.B. C. Spicq, I, S.220ff; Ders., SBi S.29ff, aber auch E. Riggenbach S. XXIII: „Die judenchristliche Adresse des Briefes ist nicht ein alter Irrtum, sondern eine neuerlich verkannte Wahrheit, zu der man durchaus zurückkehren muß, wenn man nicht auf ein geschichtliches Verständnis des Briefes verzichten will".

[46] Vgl. den Überblick über die neueren Vertreter der These bei W. G. Kümmel, Einleitung in das Neue Testament, S.351f; E. Grässer, ThR 30 (1964) S.148. Zuletzt sind für diese These in ihren Kommentaren eingetreten: F. F. Bruce S.XXIVff; M. M. Bourke S.382; A. Strobel S.82.

[47] Zur Begründung wird u. a. auf Act 6,7 verwiesen. So K. Bornhäuser. Empfänger und Verfasser des Briefes an die Hebräer, S.1ff, bes. S.24f; neuerdings vgl. auch C. Spicq, I, S. 231ff, bes. S.252; Ders., RdQ 1 (1958/59) S.365ff; J. Schmitt, Sacerdoce judaique et hiérarchie ecclésiale dans les premières communautés palestiniennes, RSR 29 (1955) S.250-261, spez. S.260.

[48] So neuerdings wieder St. D. Toussaint, GThJ 3 (1982) S.68 sowie S.70. 74. 80.

[49] So z.B. innerhalb der Gemeinde in Rom. So H. Strathmann S.65f; T. W. Manson, BJRL 32 (1949) S.1-17; oder auch innerhalb der Gemeinde in Korinth. So F. LoBue, JBL 75 (1956) S.54f. Zum Ganzen vgl. E. Grässer, ThR 30 (1964) S.150. Weiteres s.u. S.75.

[50] So als erster Y. Yadin, The Dead Sea Scrolls and the Epistle to the Hebrews, ScrHie 4 (1958) S.36-53. Yadin sieht hier das „missing link movement in Judaism" gegeben, „against the beliefs of which the Epistle is directed" (S. 38). Ähnlich auch K. Schubert, Die Gemeinde vom Toten Meer, München/Basel 1958, S.136f; J. Danielou, Qumran und der Ursprung des Christentums, Mainz 1958, S.148ff, sowie H. Kosmala, Hebräer - Essener - Christen, S. 1-41. Kritisch dazu: E. Grässer, ThR 30 (1964) S.150; H. Feld, Der Hebräerbrief, S.11f; H. Braun, Qumran und das Neue Testament I, S.274ff; F. F. Bruce, NTS 9 (1962/63) S. 217-237.

zentralen Inhalt des Hebr hingewiesen, insbesondere auf die schriftgelehrte Argumentation des Autors, die als solche auf seiten der Adressaten eine intensive Kenntnis der Schrift, und zwar auch in ihren kultgesetzlichen Partien, voraussetze und somit von vornherein auf einstige Juden (oder sogar jüdische Priester) schließen lasse[51].

Gerade dieses Argument für den judenchristlichen Adressatenkreis des Hebr ist jedoch keineswegs beweiskräftig. Auch im Raum des Heidenchristentums steht offensichtlich von Anfang an das Alte Testament als die Heilige Schrift des Urchristentums in hohem Ansehen, und zumal die Paulusbriefe wie auch der dem Hebr nahestehende 1 Clem setzen dementsprechend auch bei heidenchristlichen Lesern ein erhebliches Maß an Schriftkenntnis voraus[52]. Gegen diese These vom judenchristlichen Charakter der Adressaten des Hebr spricht darüber hinaus eindeutig sein internes Zeugnis: Nach Hebr 3,12 stehen die Adressaten nicht in der Gefahr eines „Rückfalls" in ihre jüdische Vergangenheit, sondern in der Gefahr des Abfalls vom Glauben überhaupt. Weiter: Die in Hebr 6,1ff zitierten Topoi der christlichen Elementarbelehrung spiegeln ganz in der Art eines jüdischen „Proselytenkatechismus" bestimmte Topoi der traditionellen jüdischen Heidenmissionspredigt wider[53] und sind somit nur in einem an Heidenchristen gerichteten Schreiben sinnvoll.

Dementsprechend geht man heute weithin mit Recht davon aus, daß der Hebr ursprünglich an *Heidenchristen* gerichtet gewesen ist, und zwar in einer Zeit und Situation, in der die die ältere Geschichte des Urchristentums bestimmenden Spannungen zwischen Juden- und Heidenchristen bereits weitgehend überholt sind. Der Autor schreibt „an Christen als Christen", ohne Rücksicht auf ihre Herkunft aus Judentum oder Heidentum[54]. Da-

---

[51] Vgl. in diesem Sinne bes. E. RIGGENBACH S. XXI–XXIII: „die Art der Beweisführung ist nur Judenchristen gegenüber verständlich" (S. XXII); vgl. auch F. F. BRUCE S. XXIVff; A. STROBEL S. 82.

[52] Vgl. zum Ganzen: H. v. CAMPENHAUSEN, Die Entstehung der christlichen Bibel, hier bes. S. 28–75.

[53] Dies gilt besonders für die „Umkehr von den toten Werken" und den „Glauben an Gott". Dazu: A. SEEBERG, Der Katechismus der Urchristenheit, S. 246ff; G. THEISSEN, Untersuchungen zum Hebräerbrief, S. 53ff. – Die Rede von den „toten Werken" in 6,1 ist also nicht paulinisierend auf die „Werke des Gesetzes" zu beziehen, sondern auf den einstigen Götzendienst im Gegensatz zum „Glauben an (den einen) Gott". Zur Sache vgl. 1 Thess 1,9; Apk 9,20f. sowie Act 17,30f; 20,21. Demgegenüber findet H. KOSMALA, Hebräer – Essener – Christen, S. 30–36, in Hebr 6,1–3 die Grundanschauungen der Essener wieder. Zum einzelnen s. u. z. St.

[54] So W. G. KÜMMEL, Einleitung in das Neue Testament, S. 353, sowie bereits H. v. SODEN S. 15f: „Die Frage der nationalen Vergangenheit spielt überhaupt keine Rolle". Für das Heidenchristentum der Adressaten bereits programmatisch: E. M. ROETH, Epistolam vulgo ad Hebraeos inscriptam non ad Hebraeos, id est Christianos genere Judaeos, sed ad Christianos genere gentile datam esse demonstrare conetur, Frankfurt/M. 1836; vgl. auch die Übersichten bei W. G. KÜMMEL, Einleitung in das Neue Testament, S. 352f; E. GRÄSSER, ThR 30 (1964) S. 148f.

mit ist freilich auch schon eine bestimmte Richtung hinsichtlich der Bestimmung der Situation der Adressaten deutlich: Die Situation des sog. nachapostolischen Zeitalters. Gerade im Blick auf sie stellt sich aber sogleich die weitergehende und präzisierende Frage:

1.2.3. Wird im Hebr eine typische oder eine besondere Situation vorausgesetzt?

Die Antwort auf diese Frage ist naturgemäß vor allem aus den paränetischen Partien des Hebr zu gewinnen. Das Gesamtbild in dieser Hinsicht ist zunächst relativ eindeutig: Nach Ausweis von Hebr 2,3; 10,32ff und 13,7 gehören sowohl der Autor als auch die Adressaten des Hebr der *zweiten und dritten christlichen Generation,* also dem nachapostolischen Zeitalter an. Insbesondere nach Hebr 10,32ff hat es bereits eine Geschichte der Adressaten gegeben: Zurückverwiesen wird auf die „früheren Tage" als eine Zeit des ersten Aufbruchs, eine gleichsam „ideale Urzeit", in der die Adressaten einst allen Anfechtungen und Gefährdungen in Glauben und Geduld begegnet sind. Die Mahnung in 5,12, wonach sie „der Zeit nach" schon Lehrer sein sollten, weist gleichfalls in diese Richtung. In der Gegenwart freilich ist von alledem offensichtlich nicht mehr viel zu spüren: Glaubensmüdigkeit und Leidensscheu vielmehr, ja sogar „Abstumpfung" (5,11; 6,12) bestimmen die Situation und mit alledem zugleich die Gefahr des Abfalls vom Glauben[55]. Mit anderen Worten: Die eschatologische Hoffnung der Adressaten ist erschlafft (10,23.35f); nicht mehr Geduld und den Anfechtungen standhaltender Glaube bestimmen die Haltung der Adressaten, sondern eher ein „Zurückweichen", ja sogar die Gefahr, die παρρησία ihres Glaubens „wegzuwerfen" (10,35-39). Ganz offensichtlich sehen sich die Adressaten getäuscht und enttäuscht in den Erwartungen, die sie einst, in den „früheren Tagen", in ihren Glauben gesetzt hatten. Zweifel an der Gültigkeit der Verheißungen Gottes werden laut (10,23.36) - insgesamt: Die hier für die Adressaten vorausgesetzte Situation ist insofern typisch für das nachapostolische Zeitalter, als sich in ihr das Grundproblem der „Geschichtlichkeit der eschatologischen Existenz" des Christen widerspiegelt[56], und zwar in seiner negativen Gestalt, als Erfahrung nämlich des Widerspruchs zwischen eschatologischer Hoffnung und dem tatsächlichen Verlauf der Geschichte mit ihren Pressionen

---

[55] Vgl. bes. Hebr 2,1; 3,12ff; 6,4ff; 10,25. Eine ganze Reihe von Verben umschreibt diese Gefahr in wechselnden Bildern: ἀποστῆναι (3,12) ἀμελεῖν (2,3); παραρυῆναι (2,1); παραπίπτειν (6,6); ὑστερεῖν (4,1; 12,15); ὑποστέλλεσθαι (10,38); ἀποβάλλειν (1035).

[56] Zur Frage „Eschatologie - Geschichte" als Grundfrage am kirchengeschichtlichen Ort des Hebr vgl. L. GOPPELT, Die apostolische und nachapostolische Zeit (KIG I A), Göttingen 1962, S. 94; E. GRÄSSER, Der Glaube im Hebr, S. 200ff; DERS., ThR 30 (1964) S. 224f. F. LAUB, Bekenntnis und Auslegung, S. 252f. 262f.

für den Glaubenden. In diesem Sinne ist auch der Hebr Dokument für das Problem der „Parusieverzögerung" im Sinne des Problems der „sich dehnenden Zeit"[57].

Angesichts dessen, daß es sich bei alledem um Symptome handelt, die als solche keineswegs nur für die Adressaten des Hebr, sondern für die zweite und dritte christliche Generation im nachapostolischen Zeitalter insgesamt charakteristisch sind, liegt die Schlußfolgerung in der Tat nahe, daß der Hebr gar nicht an einen bestimmten Adressatenkreis gerichtet ist, sondern vielmehr die *Kirche des nachapostolischen Zeitalters insgesamt im Blick* hat, in diesem Sinne also am Ende ein „katholischer" Brief ist[58]. Nicht die einmalige und besondere Situation einer bestimmten Gemeinde steht hier zur Debatte, sondern – wie vor allem M. Dibelius betont hat – die „typischen Erscheinungen einer Christlichkeit, die ihre erste Begeisterung verloren hat"[59]. Ganz ähnlich wie der Eph wäre dann also auch der Hebr eine „Stellungnahme zur gesamttheologischen Situation nach Paulus"[60]. In diese Richtung scheint aber auch das Verfahren des Autors zu weisen, mit dem er jener Krise begegnen möchte, durch Erinnerung nämlich der Adressaten an ihr Bekenntnis vermittels einer jener Krise entsprechenden Auslegung des überlieferten Bekenntnisses als eines „Bekenntnisses der Hoffnung" (10,23). Unbeschadet der besonderen Weise, in der dies im Hebr geschieht, zeichnet sich eine grundsätzliche Übereinstimmung mit dem für das Schrifttum des nachapostolischen Zeitalters insgesamt charakteristischen Prozeß der Bewahrung von Tradition und ihrer Interpretation ab: Rückbindung an die anfängliche Überlieferung des Glaubens und zugleich ihre Anwendung und Ausrichtung auf die eigene Situation wird im Hebr wie auch im übrigen Schrifttum der ausgehenden urchristlichen Zeit als notwendige theologische Aufgabe verstanden[61].

Der besonderen Weise, in der dies im Hebr geschieht, entspricht es, daß das Problem der Parusieverzögerung hier nicht durch den in dieser Zeit

---

[57] Zur Bedeutung des Stichwortes „Parusieverzögerung" für den Hebr: E. GRÄSSER, Der Glaube im Hebr, S. 173, Anm. 141; G. THEISSEN, Untersuchungen zum Hebr, S. 15. 86f. 109f. – Schwerlich lassen sich demgegenüber im Hebr Hinweise darauf finden, daß sich die Adressaten – eine Sondergruppe innerhalb einer Gemeinde – durch einen „geistlichen Hochmut" auszeichneten, der sich auf bestimmten pneumatisch-charismatischen Erfahrungen in der Anfangszeit ihres Glaubens gründete. So M. RISSI, Die Theologie des Hebr, S. 3ff. 8ff.

[58] So P. WENDLAND, Die urchristlichen Literaturformen, S. 375.

[59] M. DIBELIUS, Botschaft und Geschichte II, S. 160 sowie überhaupt S. 160-163. In diesem Sinne auch schon E. REUSS, Geschichte der Heiligen Schriften Neuen Testaments, [6]1887, S. 140: „Der Vf. hat beim Schreiben Tendenzen, nicht einzelne Menschen vor Augen".

[60] So H. KÖSTER, Einführung in das Neue Testament, S. 711.

[61] Charakteristisch dafür ist neben dem Hebr besonders 1 Petr als «épître de la tradition» (C. SPICQ). Vgl. L. GOPPELT, Der erste Petrusbrief (KEK XII/1), Göttingen 1978, S. 44f und 47f.

ohnehin aussichtslosen Versuch der Wiederbelebung einer ursprünglichen Naherwartung gelöst wird[62], sondern dadurch, daß das eschatologische Perfekt im Sinn des ἐφάπαξ des Opfers Christi und der darin begründeten „besseren Hoffnung" (7,19) und „verbürgten Verheißung" (11,39f) geltend gemacht wird. Letztlich allein von daher wird Hoffnung begründet und das Bekenntnis als ein „Bekenntnis der Hoffnung" (10,23), d.h. als ein Hoffnung stiftendes Bekenntnis ausgelegt. Und dem entspricht es wiederum, daß die sog. Naherwartungsaussagen im Hebr (10,25.37) nirgends die Basis der Argumentation darstellen, sondern – in Verbindung mit dem Gerichtsmotiv – allein als Motiv der Paränese in den Blick kommen, konkret also im Sinne der Einschärfung der Verantwortung und der Dringlichkeit der Mahnung und Warnung der Adressaten[63].

Bei alledem ist freilich im Hebr eine *akute Gefährdung* der Adressaten vorausgesetzt, was am Ende nun doch wiederum die Schlußfolgerung nahelegt, daß der Autor des Hebr mit seinem Trost- und Mahnschreiben nicht die Kirche des nachapostolischen Zeitalters schlechthin, sondern einen ganz bestimmten begrenzten Adressatenkreis im Blick hat. Die gezielte Art jedenfalls, in der er insbesondere in 5,11ff; 6,9f und 10,25.32ff auf die konkreten Erfahrungen seiner Leser eingeht, läßt sich mit größerer Wahrscheinlichkeit aus einer bestimmten, einmaligen Situation erklären als aus dem grundsätzlichen Anliegen des Autors, im Blick auf eine „typische" Situation generelle Mahnungen zu formulieren. Diejenigen, die an den genannten Stellen angesprochen werden, sind nicht ein „ideales Publikum", sondern eine sehr konkrete Leserschaft, die hier auf ihre Erfahrungen hin angesprochen werden, und zwar sowohl im Blick auf ihre Vergangenheit wie auch im Blick auf ihre gegenwärtige Glaubenskrise[64]. Nicht zuletzt weist darauf auch der Umstand hin, daß im Hebr offensichtlich gar nicht eine christliche Gemeinde als ganze angesprochen wird, sondern lediglich ein bestimmter Adressatenkreis innerhalb einer Gemeinde.

---

[62] So H. WINDISCH S. 87: „Diese Hoffnung zu beleben, ist ein Hauptanliegen des Verfassers". Vgl. auch G. THEISSEN, Untersuchungen zum Hebr, S. 89f. 96; A. STROBEL S. 85.

[63] Vgl. G. THEISSEN, Untersuchungen zum Hebr, S. 87. 108f; F. LAUB, Bekenntnis und Auslegung, S. 251ff. 264; H. CONZELMANN, Grundriß der Theologie des Neuen Testaments (EETh 2), München 1967, S. 342f. – Von daher gesehen muß auch die These als unwahrscheinlich gelten, daß die futurisch-eschatologischen Aussagen im Hebr eine Korrektiv-Funktion gegenüber einer in einer „Mysterienfrömmigkeit" begründeten präsentischen Eschatologie der Adressaten haben. So G. THEISSEN, a.a.O., S. 97, 100ff, bes. S. 113, sowie M. RISSI, Die Theologie des Hebr, S. 8ff: Für die Adressaten des Hebr sei auf Grund ihrer pneumatisch-charismatischen Erfahrungen eine „schon verwirklichte Eschatologie" bestimmend.

[64] Vgl. E. BURGGALLER, ZNW 9 (1908) S. 116ff. – Zur Kritik an der Auffassung von M. DIBELIUS vgl. A. WIKENHAUSER/J. SCHMID, Einleitung in das Neue Testament, S. 548. 561; O. MICHEL S. 54f. Das Problem in dieser Hinsicht formuliert E. GRÄSSER, ThR 30 (1964) S. 149: „Für ein konkretes Gegenüber ist der Hb eine Spur zu unpersönlich; für ein ideelles Publikum nicht unpersönlich genug".

1.2.4. Die Adressaten des Hebr: eine Gemeinde oder Gemeindegruppe?

Zu den Besonderheiten des Hebr gegenüber den urchristlichen Gemeindebriefen gehört es, daß der Begriff ἐκκλησία hier nirgends im Sinn von „Gemeinde" gebraucht wird, die Adressaten also auch nicht als solche angesprochen werden. Die Vermutung liegt nahe, daß dies im Hebr ganz bewußt geschieht, und zwar deshalb, weil die hier angesprochenen Adressaten nicht in die Gesamtgemeinde ihres Ortes integriert sind, sondern eine *Sondergruppe* in ihr darstellen[65]. Mancherlei im Hebr weist in der Tat in diese Richtung, so vor allem die auffällige Formulierung in 13,24: Wenn die Adressaten hier aufgefordert werden, „ihre (eigenen) Gemeindeleiter und alle Heiligen" zu grüßen, so weist vor allem die letztere Wendung – καὶ πάντας τοὺς ἁγίους – darauf hin, daß hier unterschieden wird zwischen dem Kreis der Adressaten einerseits und der Gesamtheit der Gemeinde andererseits[66]. Gleiches gilt auch für die Mahnung 12,24, „mit allen (sc. übrigen Gliedern der Gemeinde) Frieden zu halten". Darüber hinaus könnte diese Stelle zugleich auch auf den besonderen Charakter jener Adressatengruppe hinweisen. Denn aus dem Kontext (12,25!) geht hervor, daß sie sich in besonderer Weise in einer Glaubenskrise befindet und somit – wie der Autor hier sich sehr drastisch ausdrückt – für die übrige Gemeinde gleichsam eine „Ansteckungsgefahr" darstellt. Daß eben diese Adressaten es dann auch sind, die nach 10,25 nicht mehr an den Gemeindeversammlungen teilnehmen, fügt sich durchaus ins Gesamtbild[67]. Dies alles ist offensichtlich motiviert durch eine allgemeine Glaubenskrise innerhalb dieser Sondergruppe in dem oben beschriebenen Sinne. Fraglich demgegenüber muß bleiben, ob sich der Adressatenkreis des Hebr in diesem begrenzten Sinn auch noch durch bestimmte Sonderanschauungen von der übrigen Gemeinde unterschieden hat[68].

---

[65] Vgl. zur Fragestellung: E. GRÄSSER, ThR 30 (1964) S. 149f. Im übrigen hat schon A. v. HARNACK, ZNW 1 (1900) S. 16ff, vermutet, daß es sich bei den Adressaten des Hebr um eine „Hausgemeinde" handelt. Auch dies könnte im übrigen für den Ort der Adressatengruppe in Rom sprechen (s. dazu unten), da die römischen Christen – wie auch das Fehlen des Stichwortes ἐκκλησία im Röm des Paulus zeigt – ohnehin nicht in einer einheitlichen Gemeinde organisiert waren. Vgl. auch C.-P. MÄRZ S. 19.

[66] So bereits Th. ZAHN, Einleitung in das Neue Testament II, S. 150f; vgl. auch H. WINDISCH S. 47; M. DIBELIUS, Botschaft und Geschichte II, S. 162ff; C. SPICQ, II, S. 438; G. THEISSEN, Untersuchungen zum Hebr, S. 13f; PH. E. HUGHES S. 18; H. BRAUN S. 149 sowie M. RISSI, Die Theologie des Hebr, S. 8–25, spez. S. 24f, sowie S. 117. 123f.

[67] Die Feststellung hinsichtlich des gegenwärtigen Zustandes der Adressaten in 10,25 gibt also keinen Anhaltspunkt für die Auffassung, daß der Terminus ἐπισυναγωγή die besonderen Versammlungen jener Sondergruppe bezeichne. So Th. ZAHN, Einleitung in das Neue Testament II, S. 151; vgl. auch C. SPICQ, I, S. 225.

[68] So H. KOSMALA, Hebräer – Essener – Christen, S. 347ff, sowie zuletzt M. RISSI, Die Theologie des Hebr, S. 8–24.

1.2.5. Der Ort der Adressaten und die Abfassungszeit des Hebr

Über den konkreten Ort, an dem die Adressaten sich befinden, gibt der Hebr selbst keine Auskunft[69]. Der einzige Anhaltspunkt ist die „Grußliste" 13,24 mit der Bemerkung ἀσπάζονται ὑμᾶς οἱ ἀπὸ Ἰταλίας. Diese Notiz ist freilich – wie bereits die alten Subskriptionen zum Hebr zeigen[70] – keineswegs eindeutig, da die fragliche Wendung zwei Deutungen zuläßt: Sowohl die Deutung, daß der Autor aus „Italien" (Rom?) schreibt und die außerhalb Italiens befindlichen Adressaten grüßen läßt, als auch die Deutung, daß zur Zeit der Abfassung „Leute aus Italien" sich beim Autor befinden und ihre Landsleute dort grüßen lassen. Immerhin läßt sich aus dieser Notiz dies entnehmen, daß in jedem Falle eine Beziehung der Adressaten zu Italien bestanden hat. Von hier aus gesehen hat unter allen anderen Möglichkeiten immer noch die Vermutung am meisten für sich, daß der Hebr ursprünglich *an eine Gemeinde in Italien bzw. in Rom* gerichtet war[71]. Dies jedenfalls eine Vermutung, für die auch eine Reihe innerer Gründe geltend gemacht werden kann, so die frühe Bezeugung des Hebr durch 1 Clem, weiter die Übereinstimmung zwischen Hebr und 1 Clem hinsichtlich des Gemeindeamtes der ἡγούμενοι (Hebr 13,7.17.24; 1 Clem 1,3; 5,7 u. ö.) sowie endlich die ausdrückliche Bezugnahme auf die einstige Liebestätigkeit der Adressaten des Hebr (6,10)[72]. Gänzlich offen muß demgegenüber die Frage bleiben, an welchem Ort sich der Autor des Hebr zur Zeit der Abfassung seiner „Mahnrede" befunden hat[73].

Auch hinsichtlich der Abfassungszeit des Hebr läßt sich Eindeutigkeit nicht erreichen, auch wenn die sog. Spätdatierung (in den Jahrzehnten nach 70 n. Chr.) – aufs Ganze gesehen – die besseren Gründe für sich hat.

---

[69] Erwogen worden sind: Jerusalem, Korinth, Ephesus, das Lykos-Tal (Kol!), Antiochien, Cypern sowie Rom. Vgl. die Übersicht bei W. G. KÜMMEL, Einleitung in das Neue Testament, S. 353f.

[70] Vgl. einerseits A P (usw.) ἀπὸ Ῥώμης bzw. ἀπὸ Ἰταλίας, andererseits die Minuskel 1911: ἀπὸ Ἀθήνων. Zur Frage der Deutung der Wendung οἱ ἀπὸ Ἰταλίας vgl. C. SPICQ, I, S. 261-265, sowie unten z. St.

[71] Dazu: Th. ZAHN, Einleitung in das Neue Testament II, S. 147ff; W. G. KÜMMEL, Einleitung in das Neue Testament, S. 354, sowie M. RISSI, Die Theologie des Hebr, S. 11f; F. F. BRUCE, To the Hebrews: A Document of Roman Christianity? S. 3496-3521. P. LAMPE, Die stadtrömischen Christen, S. 60f, macht in diesem Zusammenhang auch auf die Präposition ἀπό (nicht: ἐκ!) in der Wendung οἱ ἀπὸ Ἰταλίας (13,24) aufmerksam, die – nach Ausweis von Mt 21,22; Joh 12,21 und Act 6,9 – zur Bezeichnung der geographischen Herkunft von Personen verwendet wird, die sich nicht dort befinden, wo sie herkommen.

[72] Vgl. entsprechend die Inscriptio zum Römerbrief des Ignatius sowie Herm sim IX 27. Zum Terminus ἐπισυναγωγή in 10,25 vgl. Herm mand XI 9: συναγωγή.

[73] Vgl. auch E. GRÄSSER, ThR 30 (1964) S. 151; M. RISSI, Die Theologie des Hebr, S. 12. Aus der „alexandrinischen" Denk- und Argumentationsweise des Autors kann man jedenfalls nicht schließen, daß Ägypten bzw. Alexandria der Abfassungsort des Hebr war und in diesem Sinne der Hebr „wahrscheinlich das erste direkte Zeugnis des ägyptischen Christentums" ist. So U. WILCKENS, in: W. Pannenberg (Hrsg.), Offenbarung als Geschichte, Göttingen 1961, S. 77.

Das Hauptargument jedenfalls für die Frühdatierung (vor dem Jahre 70) des Hebr – sein besonderes Interesse am Opferkult wie auch sein Schweigen von der Zerstörung des Tempels in Jerusalem[74] – ist keineswegs beweiskräftig, unter der Voraussetzung jedenfalls, daß der Autor bei seiner Beschreibung des Opferkults nicht die konkrete jüdische Kultgemeinde vor Augen gehabt hat, sondern die entsprechenden Ausführungen des Alten Testaments[75]. Darüber hinaus spricht das eigene Zeugnis des Hebr im einzelnen deutlich genug zugunsten der Spätdatierung, und zwar sowohl was das Selbstverständnis des Autors betrifft, wie es sich Hebr 2,3 äußert, als auch was die Ausrichtung seines Schreibens auf die Glaubenskrise seiner Adressaten betrifft. Vorausgesetzt ist hier zwar noch nicht eine unmittelbare Verfolgungssituation, wohl aber – wie insbesondere der Hinweis auf bevorstehende Leiden in 12,4 zeigt – eine Lage der christlichen Gemeinde, in der sich eine Verfolgung für die Zukunft abzeichnet. Dies zumindest könnte darauf hinweisen, daß der Hebr in den Jahren vor Beginn der Christenverfolgung unter dem römischen Kaiser Domitian (81–96) geschrieben worden ist. Bestätigend in dieser Hinsicht tritt noch das Zeugnis des 1 Clem hinzu, in dem der Hebr zum ersten Male zitiert bzw. paraphrasiert wird und der somit den terminus ante quem für die Abfassung des Hebr bestimmt[76]. Aufs Ganze gesehen käme somit für die Abfassungszeit des Hebr immer noch am wahrscheinlichsten die *Zeit zwischen 80 und 90* in Betracht[77]. Daß der Hebr in dieser Zeit einer akuten Gefährdung der Kirche, zu deren Kennzeichen es gehört, im Rückgriff auf die „apostolische Tradition" das Grundbekenntnis der Kirche neu auszurichten und situationsgerecht zu aktualisieren, nicht gänzlich beziehungslos in der gesamt-urchristlichen Verkündigungs- und Theologiegeschichte steht, versteht sich von selbst. Teilt der Hebr mit dem übrigen urchristlichen Schrifttum des nachapostolischen Zeitalters seinen historischen Ort, so partizipiert er auch – ohne daß damit seine eigene „theologische Leistung" geschmälert wird – an den Mitteln, mit denen auch im übrigen urchristli-

---

[74] So das Argument bei B. Weiss S. 30ff; K. Bornhäuser. Empfänger und Verfasser des Briefes an die Hebräer, S. 51f u. a.; die neuere Literatur bei E. Grässer, ThR 30 (1964) S. 151f. – Neuerdings macht A. Vanhoye, TRE 14, S. 497, für die Datierung vor dem Jahre 70 Hebr 10,1–3 geltend: So könne nur formuliert werden, wenn zur Zeit der Abfassung des Hebr der jüdische Tempelkult noch im Gange war. Jedoch ordnet sich die „irreale Hypothese" hinsichtlich der Beendigung des Opferkults in Hebr 10,2 durchaus der (präsentischen) Beschreibung des Opferkults in 10,1ff auf Grund der Schrift ein.

[75] Daran ändert auch nichts, wenn man mit der Möglichkeit rechnet, daß es im palästinischen Judentum auch über das Jahr 70 hinaus Ansätze zu einer Erneuerung des Tempelkults gegeben hat. Dazu: K. W. Clark, Worship in the Jerusalem Temple after A. D. 70, NTS 6 (1959/60) S. 269–280, sowie O. Michel S. 56–58.

[76] S. dazu unten § 6, S. 115f.

[77] Zum gegenwärtigen Stand der Diskussion vgl. E. Grässer, ThR 30 (1964) S. 151f; W. G. Kümmel, Einleitung in das Neue Testament, S. 355; A. Vanhoye, TRE 14, S. 497; M. Rissi, Die Theologie des Hebr, S. 12f.

chen Schrifttum die durch diesen historischen Ort aufgeworfenen Existenzfragen der christlichen Gemeinde beantwortet werden. Den entsprechenden Zusammenhängen ist im folgenden nachzugehen.

2. Das traditionsgeschichtliche Problem

Im Rahmen des im letzten Drittel des ersten nachchristlichen Jahrhunderts entstandenen urchristlichen Schrifttums nimmt der Hebr mit der für ihn charakteristischen Auslegung des überkommenen Gemeindebekenntnisses ohne Frage eine Sonderstellung ein. Daraus kann jedoch nicht die Schlußfolgerung gezogen werden, daß er sich nicht im „Hauptstrom der urchristlichen Theologie bewegt" bzw. „schwerlich auf dem Boden urchristlicher, paulinischer oder gar Jerusalemer Tradition erwachsen" ist[1]. Denn wenn der Autor bereits zu Beginn des zweiten Kapitels (2,3) von dem „Heil" spricht, das „durch die Rede des Herrn seinen Anfang genommen hat und von den damaligen Hörern bei uns verbindlich gemacht worden ist", so gibt er damit selbst zu erkennen, daß er mit seinem eigenen Unternehmen jedenfalls nicht gänzlich beziehungslos in jener Tradition steht, die damals „ihren Anfang genommen hat". Auch wenn er bei der Aneigung und Auslegung dieser Tradition durchaus seine eigenen Wege gegangen ist, versteht er sich selbst ganz in der Kontinuität dieser Tradition; ja mancherlei weist sogar dahin, daß der Hebr – unter traditionsgeschichtlichem Aspekt betrachtet – insgesamt als „gesammelte Tradition" zu verstehen ist[2].

Konkret stellt sich das traditionsgeschichtliche Problem des Hebr in zweierlei Hinsicht dar: 1. im Blick auf die Frage, ob und in welchem Umfang im Hebr grundsätzlich-generell bestimmte Überlieferungen (in Gestalt von „Schultraditionen", überlieferten Formeln usw.) ihren Niederschlag gefunden haben; und 2. im Blick auf die Frage, ob und in welchem Umfang im Hebr direkte Beziehungen zum übrigen urchristlichen Schrifttum festzustellen sind.

2.1. Gemein-urchristliche Überlieferungen im Hebr

Was heißt es konkret, wenn man den Hebr (mit O. MICHEL) als „gesammelte Tradition" bezeichnet? Dabei versteht es sich zunächst von selbst, daß sich der Hebr – wie auch das übrige urchristliche Schrifttum – weithin innerhalb eines biblisch-urchristlichen Traditionszusammenhangs bewegt.

---

[1] So H. M. SCHENKE/K. M. FISCHER, Einleitung in die Schriften des neuen Testaments II, S. 263. – Literatur zum Problem: L. O. BRISTOL, Primitive Christian Preaching and the Epistle to the Hebrews; C. SPICQ, I, S. 93ff. 139ff; E. GRÄSSER, ThR 30 (1964) S. 152–155; Ph. VIELHAUER, Geschichte der urchristlichen Literatur, S. 243–245. 248–250.

[2] So. O. MICHEL S. 369. 548. Zustimmend: E. KÄSEMANN, ThLZ 75 (1950) Sp. 427; Ph. VIELHAUER, VF 1951/52, S. 214; DERS., Geschichte der urchristlichen Literatur, S. 243ff.

Über solche grundsätzlichen Feststellungen hinaus ist jedoch zu fragen, ob solche Zusammenhänge auch im einzelnen konkret greifbar sind – sei es in Gestalt bestimmter „Schultraditionen", die als solche auf die Verwurzelung des Hebr in einem (jüdisch-)urchristlichen „Schulbetrieb" hinweisen (und eventuell sogar auf bestimmte „Vorlagen" schließen lassen, die vom Autor verarbeitet worden sind)[3]; sei es in Gestalt „katechismusartiger" Überlieferungen oder in Gestalt bestimmter „Formeln", die als solche auf eine Kontinuität der Lehre, der Liturgie und des Bekenntnisses im Urchristentum schließen lassen[4]; oder sei es schließlich auch im Sinne einer (literarisch vermittelten) Abhängigkeit des Hebr von literarisch fixierten Quellen.

Bei der Beantwortung dieser und ähnlicher Fragen wird man gut daran tun, die Grenze zwischen der Aufnahme von (mündlichen) Traditionen und der Verarbeitung von (möglicherweise schriftlich fixierten) Vorlagen nicht allzu scharf zu ziehen. Der in der neueren Auslegungsgeschichte besonders von O. MICHEL herausgearbeitete „didaktische" Charakter der Argumentationsweise des Hebr weist ja seinerseits bereits auf die Verwurzelung in einem (jüdisch-) urchristlichen „Schulbetrieb" hin, und das dafür charakteristische Genus der „lehrhaften Homilie" bzw. des „exegetischen Lehrvortrags" entzieht sich – weil im gottesdienstlichen Lehrvortrag der hellenistischen Synagoge verwurzelt – als solches der Alternative von mündlicher Überlieferung einerseits und schriftlich fixierter Vorlage andererseits.

Von daher gesehen besteht von vornherein wenig Wahrscheinlichkeit, für den Hebr in seiner uns vorliegenden Gestalt fest abgrenzbare Vorlagen oder gar Quellenstücke – etwa in Gestalt „exegetischer Lehrvorträge" – aufzuweisen, die der Autor des Hebr sodann bei der Abfassung seines Schreibens in einer Art von „Montage-Technik" sekundär zusammengefügt hätte[5]. Aufs Ganze gesehen wird man jedenfalls von „Vorlagen" im Hebr nur dort sprechen können, wo sich eine Texteinheit sowohl in sprachlich-stilistischer als auch in sachlich-theologischer Hinsicht deutlich von ihrem gegenwärtigen Kontext abhebt und sich dadurch als eine ursprünglich selbständige Einheit ausweist.

Eindeutigkeit in dieser Hinsicht ist dabei vor allem dort gegeben, wo darüber hinaus eine sachliche Spannung zwischen der in Frage stehenden Texteinheit und ihrem jetzigen Kontext besteht. So gesehen wäre dann

---

[3] Vgl. dazu bereits W. BOUSSET, Jüdisch-christlicher Schulbetrieb in Alexandria und Rom, sowie H. WINDISCH S. 98.

[4] Vgl. dazu bereits A. SEEBERG, Der Katechismus der Urchristenheit, Leipzig 1903 (Nachdruck: ThB 26, München 1966); DERS., Die Didache des Judentums und der Urchristenheit, Leipzig 1980.

[5] So die These von W. BOUSSET, Jüdisch-christlicher Schulbetrieb, S. 311f, mit Verweis auf Hebr 5,1-10; 7,1-10,18 sowie auf Hebr 1-2 und 11. Grundsätzlich zustimmend: Ph. VIELHAUER, VF 1951/52, S. 214; DERS., Geschichte der urchristlichen Literatur, S. 243f.

freilich im Blick auf den Hebr allenfalls für den sogen. *Paradigmenkatalog in Hebr 11* eine Vorlage nachweisbar[6], während die midraschartigen Texteinheiten Hebr 3,7–4,11 und Hebr 7 ihrerseits so eng mit ihrem jeweiligen Kontext verbunden sind, daß sich für sie die Annahme ursprünglich selbständiger Vorlagen nicht nahelegt[7]. Zumindest Hebr 11 weist aber mit aller Deutlichkeit darauf hin, daß der Hebr insgesamt in der Kontinuität einer jüdisch-judenchristlichen Schultradition steht, die in der hellenistischen Synagoge ihren Ursprung hat und die wohl auf dem Wege bzw. durch die Vermittlung des hellenistischen Judenchristentums an den Autor des Hebr gelangt ist[8].

Ob sich über Hebr 11 hinaus weitere Texteinheiten als Vorlagen oder doch jedenfalls als dem Autor vorgegebene Traditionsstücke erweisen lassen, wird von Fall zu Fall zu erfragen sein. Entscheidend dabei ist in jedem Falle die Frage nach den Kriterien. Letzteres gilt vor allem im Blick auf die im Hebr rezipierte *christologische Tradition* und in diesem Zusammenhang speziell für die Frage, ob und inwieweit sich im Hebr die hier zweifellos aufgenommene christologische Tradition in Gestalt von bestimmten Formeln oder auch in Gestalt von hymnischen Texteinheiten fixieren läßt[9]. Diese christologische Tradition hat im Hebr gerade auch im Blick auf die Adressaten Basis-Charakter: Im Blick auf sie kann der Autor zunächst Einverständnis mit seinen Adressaten voraussetzen, auf sie hin kann er seine Adressaten ansprechen und von daher auch erwarten, daß sie sich auf seine Auslegung der ihnen bekannten christologischen Tradition einlassen und sich am Ende erneut zum Festhalten am Bekenntnis motivieren lassen. Schon von daher gesehen ist es von vornherein zu erwarten, daß

---

[6] Hier jedenfalls lassen sich eindeutig redaktionelle Bemerkungen des Autors nachweisen (11,39f sowie 11,13ff), mit denen der vorgegebene Paradigmenkatalog in den Kontext der Glaubensparaklese des Hebr integriert wird. Zum einzelnen s. u. z. St.

[7] So ist es bezeichnend, daß speziell im Blick auf Hebr 7 die Frage nach einer „Vorlage" sich neuderdings auf die Frage reduziert, ob eventuell in 7, 2b. 3 eine Vorlage in Gestalt eines ursprünglich selbständig überlieferten „Melchisedek-Hymnus" aufgenommen worden ist. Zum einzelnen s. u. z. St.

[8] Konkret wäre in diesem Zusammenhang an eine Vermittlung durch solche hellenistisch-judenchristlichen Kreise zu denken, wie Lukas sie in Act 6–8 des näheren beschreibt. Von daher ließen sich auch die offensichtlichen Übereinstimmungen zwischen Hebr 11 und Act 7 erklären. Hier liegen jeweils selbständige Ausprägungen derselben (jüdischen) Schultradition vor. Vgl. zu diesen traditions- und theologiegeschichtlichen Zusammenhängen T. W. MANSON, The Problem of the Epistle to the Hebrews; C. SPICQ, I, S. 202f; DERS., L'épître aux Hébreux, Apollos, Jean-Baptiste, les Héllenistes et Qumran, RdQ 1 (1958/59) S. 365–390.

[9] Zur Frage der Kriterien in dieser Hinsicht: J. T. SANDERS, The New Testament Christological Hymns, S. 1–4; W. GLOER, Homologies and Hymns in the New Testament, spez. S. 124–129; K. WENGST, Christologische Formeln und Lieder des Urchristentums; R. DEICHGRÄBER, Gotteshymnus und Christushymnus in der frühen Christenheit. – Speziell für Hebr: A. SEEBERG, Der Katechismus der Urchristenheit, S. 142–151; H. ZIMMERMANN, Das Bekenntnis der Hoffnung, S. 44ff; F. LAUB, Bekenntnis und Auslegung, S. 9ff, sowie E. GRÄSSER, ThR 30 (1964) S. 152ff.

der Autor des Hebr im Zusammenhang seiner Entfaltung und Auslegung der christologischen Bekenntnistradition auf ihm und seinen Adressaten gleichermaßen vorgegebene Formulierungen zurückgreift.

In welchem Maße dies im Hebr tatsächlich der Fall ist, zeigt bereits der Gebrauch der im Urchristentum insgesamt geläufigen christologischen Hoheitstitel im Hebr[10]. Die κύριος-Prädikation wird hier – so z. B. in den formelhaften Wendungen διὰ τοῦ κυρίου (2,3) oder ὁ κύριος ἡμῶν (7,14; 13,20)[11] – ebenso selbstverständlich vorausgesetzt wie die Χριστός-Prädikation, wie sie – wohl nicht zufällig – vor allem im Zentrum des Hebr begegnet[12]. Als selbstverständlich vorausgesetzt erscheint auch die in besonderer Weise mit dem überlieferten Bekenntnis verbundene Prädikation Jesu als „Sohn Gottes". Gerade sie ist für den Autor – wie bereits der Gebrauch des „Sohnes"-Titels im Exordium (1,1–4) zeigt – die Basis für seine Neuauslegung des Bekenntnisses. In formaler Hinsicht ist dies auch daran ablesbar, daß die Bezugnahme auf das überlieferte Bekenntnis der Gemeinde in 4,14 einerseits und 10,23 andererseits den Rahmen darstellt für des Autors eigene Auslegung in 7,1–10,18[13]. Als Basis dafür kann der Autor offensichtlich auch bei seinen Adressaten – insbesondere im Blick auf Ps 2,7 und Ps 110,1 – die christologische Lektüre des Alten Testaments voraussetzen. Eindeutig zu der im Hebr rezipierten christologischen Tradition gehört weiter das Grundschema einer Erniedrigungs- und Erhöhungschristologie, wie es – in Verbindung mit der „Sohnes"-Christologie – analog zu Phil 2,6–11 in der Abfolge Präexistenz – Erniedrigung – Erhöhung programmatisch bereits in 1,1–4 hervortritt, darüber hinaus dann aber auch den grundlegenden christologischen Darlegungen in 2,5ff und 5,5ff zugrundeliegt[14]. Auch entspricht es durchaus dieser bereits traditionellen Erhöhungschristologie, wenn der Autor des Hebr bei seiner Neuauslegung der überkommenen christologischen Tradition zwei Aspekte

---

[10] Vgl. dazu: J. HARVILL, Focus on Jesus; F. HAHN, Christologische Hoheitstitel.

[11] Der Gebrauch von κύριος als christologischer Titel im Hebr ist uneinheitlich. Einmal – so 2,3; 7,14 – bezeichnet κύριος den irdischen Jesus; zum anderen – so 13,20 (vgl. aber auch 2,14) – den erhöhten „Herrn". Gerade so freilich fügt sich der Gebrauch von κύριος im Hebr durchaus dem traditionell-urchristlichen Gebrauch ein. Vgl. F. HAHN, Christologische Hoheitstitel, S. 86ff 91ff; zum Hebr: S. 94 mit Anm. 2.

[12] Im titularen Gebrauch von Χριστός in Hebr 9,11. 14. 24. 28 (vgl. auch 5,5) sieht F. HAHN, Christologische Hoheitstitel, S. 215, eine Nachwirkung der traditionellen, im Urchristentum mit der Heilsbedeutung von Jesu Sterben und Auferstehen verbundenen christologischen Tradition „innerhalb einer sonst sehr anders gearteten Christologie".

[13] Vgl. H. ZIMMERMANN, Das Bekenntnis der Hoffnung, S. 52. Zum Basis-Charakter des „Sohn Gottes"-Bekenntnisses im Hebr vgl. H. ZIMMERMANN, ebd., S. 52ff; F. LAUB, Bekenntnis und Auslegung, S. 15ff, spez. S. 26f; vgl. auch O. MICHEL S. 34; W. R. G. LOADER, Sohn und Hoherpriester, S. 7ff

[14] Zur Entsprechung zwischen Phil 2,6–11 und Hebr 1,1–4 vgl. bes. O. HOFIUS, Der Christushymnus Philipper 2,6–11, S. 15f sowie S. 75–102; J. ROLOFF, Der mitleidende Hohepriester, in: Festschr. H. CONZELMANN, S. 143–166, spez. S. 145. 151f. 156ff; F. LAUB, Bekenntnis und Auslegung, S. 23ff und S. 51ff.

vor allem besonders betont: den Aspekt der Erniedrigung des präexistenten „Sohnes" und der gegenwärtigen Wirksamkeit des Erhöhten[15]. In diesem Sinn ergibt sich gerade auch im Blick auf die dem Hebr eigentümliche Christologie ein eindeutiger Zusammenhang mit der älteren urchristlichen Christologie. Und nicht zuletzt versteht es sich von der dominierenden Stellung jener Erhöhungschristologie her, daß im Hebr die ansonsten für das Urchristentum (insbesondere paulinischer Prägung) sprachlich wie sachlich konstitutive Rede von der „Auferweckung bzw. Auferstehung Jesu von den Toten" – von der einzigen Ausnahme der bezeichnenderweise wiederum eigenformulierten Aussage in 13,20 abgesehen – gänzlich zurücktritt[16].

Umstritten ist bei alledem lediglich, ob auch die „Hohepriester"-Christologie, wie sie im Hebr in programmatischen Zusammenhängen (4,14 und 5,5–10) eng mit der traditionellen „Sohnes"-Christologie verbunden erscheint[17], ansatzweise jedenfalls in der christologischen Tradition vorgegeben war oder erst vom Autor des Hebr selbst entwickelt worden ist. Angesichts dessen, daß sie explizit erst im Hebr in Erscheinung tritt und die Erhöhungsaussage bereits in der dem Hebr vorgegebenen Erhöhungschristologie fest mit Ps 110,1 verbunden gewesen ist, spricht mancherlei in der Tat für die Vermutung, daß es sich bei der „Hohenpriester"-Christologie des Hebr um einen selbständigen Ausbau der traditionellen Erhöhungschristologie durch den Autor selbst handelt. Die Tatsache, daß bereits hier mit Ps 110,1 die Kennzeichnung der gegenwärtigen Wirksamkeit des Erhöhten als eines „Eintretens für uns" vorgegeben war (Röm 8,34), könnte durchaus für den Autor des Hebr den entscheidenden Impuls gegeben haben, seinerseits nunmehr im Bezug auf Ps 110,4 die ihm vorgegebene Erhöhungschristologie im Sinn einer priesterlichen Christologie zu entfalten. Damit ist – selbstverständlich – keineswegs ausgeschlossen, daß er dabei im einzelnen wiederum auf entsprechende Überlieferungen sowohl

---

[15] Zum Aspekt der Erniedrigung vgl. bereits Phil 2,7f; zum Aspekt der gegenwärtigen Wirksamkeit des Erhöhten bereits Röm 8,34 (und dazu bes. Hebr 7,25!). Ein Problem hinsichtlich des Verhältnisses von „Erhöhungsvorstellung und Parusieerwartung" ist damit für Hebr nicht verbunden. Für ihn ist im Zitat von Ps 110,1b (ἕως ἂν θῶ κτλ.) in 1,13 und 10,12f offensichtlich ein „eschatologischer Vorbehalt" hinsichtlich der Einsetzung des Erhöhten in die Weltherrschaft zum Ausdruck gebracht. Zu solchem Verständnis von Ps 110,1b vgl. F. HAHN, Christologische Hoheitstitel, S. 113 sowie S. 131.

[16] Vgl. dazu G. BERTRAM, Die Himmelfahrt Jesu vom Kreuz aus und der Glaube an seine Auferstehung, in: Festschr. A. DEISSMANN, spez. S. 213–215.

[17] Vor allem die Zitatenkombination in Hebr 5,5f (Ps 2,7 und 110,4) zeigt, daß der Autor sich auch an dieser Stelle auf die Basis des Gemeindebekenntnisses bezieht, um sodann im folgenden „den Sinn der Sohnschaft Jesu im Lichte seines Hohenpriestertums zu erhellen". So G. BORNKAMM, in: Ges. Aufs. II, S. 201. Zur Verbindung der „Sohnes"- und der „Hohenpriester"-Christologie im Hebr insgesamt vgl. F. LAUB, Bekenntnis und Auslegung, S. 146f; W. R. G. LOADER, Sohn und Hoherpriester, passim.

im Raum des Judentums wie auch im Urchristentum zurückgegriffen hat[18].

Zur Bestimmung des ursprünglichen *„Sitzes im Leben"* der im Hebr aufgenommenen christologischen Tradition gibt es im Hebr selbst durchaus gewisse Anhaltspunkte[19]. Denn wenn es das Anliegen des Autors ist, die Adressaten seiner Mahnschrift nicht nur generell an ihre „früheren Tage" zu erinnern (10,32), sondern damit zugleich gezielt an das ihnen seit Anfang ihres Christseins geläufige Bekenntnis, so ist es durchaus naheliegend, bei diesem Bekenntnis zunächst an das bei der Taufe der Adressaten gesprochene Bekenntnis zu denken, und dies umso eher, als zumindest in 10,22f im Zusammenhang mit der Mahnung, am Bekenntnis festzuhalten, zugleich auf die Taufe zurückverwiesen wird[20]. Solche Bestimmung des ursprünglichen Ortes der im Hebr rezipierten Bekenntnistradition steht keineswegs der Auffassung entgegen, daß dieses selbe Taufbekenntnis auch über den einmaligen Akt der Taufe hinaus im Gottesdienst der Gemeinde bzw. in der „Gemeindeliturgie" seinen festen Ort gehabt hat, zumal sich ja auch nach Hebr selbst das „Festhalten am Bekenntnis" (10,23) eben in der Gemeindeversammlung (10,25) manifestiert und aktualisiert[21]. Bei alledem versteht es sich freilich gerade für den Hebr von selbst, daß sich solches „Bekennen" nicht im gottesdienstlichen Akt erschöpft und schon gar nicht auf das Festhalten an einer bestimmten Glaubensformel zu beschränken ist. Eindeutig ist vielmehr gerade im Hebr, daß das Be-

---

[18] Für solchen Ansatz der „Hohenpriester"-Christologie des Hebr kommt neben Röm 8,34 (und 1 Joh 2,1) auch dem Zeugnis von 1 Clem besondere Bedeutung zu, und zwar unter der Voraussetzung, daß die Verwendung des Motivs vom „himmlischen Fürsprecher und Helfer", das hier mit dem Titel „Hoherpriester" verbunden ist (36,1ff; 61,3; 64), auf „geprägte liturgische Sprache" zurückgeht. So F. Hahn, Christologische Hoheitstitel, S. 233f. – Zur Frage des Ansatzes der „Hohenpriester"-Christologie des Hebr insgesamt s.u. Exkurs zu 2,17f.

[19] Trotz der Skepsis von H. v. Campenhausen, Das Bekenntnis im Urchristentum, ZNW 63 (1972) S. 210–253, der in diesem Zusammenhang von einem „liturgischen Ratespiel" spricht (S. 234, Anm. 136). Vgl. zum Problem auch F. Laub, Bekenntnis und Auslegung, S. 43f.

[20] Zum Bekenntnis in Hebr als Taufbekenntnis vgl. bereits A. Seeberg, Der Katechismus der Urchristenheit, S. 143ff; weiter: G. Bornkamm, Ges. Aufs. II, S. 189ff; K. Wengst, Christologische Formeln und Lieder, S. 99ff; A. Strobel S. 108. 198 („tauftheologische Prägung" des Bekenntnisses im Hebr); F. Laub, Bekenntnis und Auslegung. S. 42f, u.a. Kritisch dazu: H. v. Campenhausen, ZNW 63 (1972) S. 234. Auf den Sachverhalt selbst könnte immerhin auch der Umstand hinweisen, daß auch im Zusammenhang der Erinnerung der Adressaten an den grundlegenden Anfang ihres Christseins in 6,4ff der „Sohn-Gottes"-Titel auftaucht. Vgl. darüber hinaus 10,29 im Kontext von 10,23ff.

[21] Bei dem Taufbekenntnis von 4,14; 10,23 (und 3,1) handelt es sich also nicht nur um das im Zusammenhang der Taufe abgelegte Bekenntnis. Vgl. G. Bornkamm, Ges. Aufs. II, S. 194; H. Zimmermann, Das Bekenntnis der Hoffnung, S. 45ff, bes. S. 47. In diesem Sinne ist jedenfalls das Gemeindebekenntnis eindeutig vom „kultischen Lobpreis" Gottes zu unterscheiden, zu dem in 13,15 mit dem Stichwort ὁμολογεῖν aufgefordert wird. Anders E. Käsemann, Das wandernde Gottesvolk, S. 105ff, bes. S. 107f. Kritisch dazu G. Bornkamm, a.a.O., S. 194; H. v. Campenhausen, ZNW 63 (1972) S. 233 mit Anm. 128. 134.

kenntnis verpflichtenden Charakter und in diesem Sinn auch eine politische Dimension hat, indem es die Bestimmung der Existenz des Bekennenden durch den im Bekenntnis „Bekannten" einschließt[22]. Das gleichsam objektive Verständnis von ὁμολογία Hebr 3,1; 4,14; 10,23 und das gleichsam subjektive Verständnis von ὁμολογεῖν in Hebr 13,15 sind in diesem Sinn am Ende nur die beiden Seiten derselben Sache, zumal ja auch das letztere, das Verständnis von ὁμολογεῖν in 13,15 im Sinn des „kultischen Lobpreises" Gottes im Gottesdienst der Gemeinde, des christologischen Bezugs nicht entbehrt: δι'αὐτοῦ, „durch ihn", den im Bekenntnis „Bekannten", vollzieht sich dieser Lobpreis Gottes, und dies – wie sogleich Hebr 13,16 deutlich macht – nicht nur am gottesdienstlichen Ort im engeren Sinne.

Besteht somit durchaus die Möglichkeit, die Frage nach dem ursprünglichen „Sitz im Leben" der im Hebr rezipierten Bekenntnistradition verhältnismäßig eindeutig zu beantworten, so ist demgegenüber bei der weiteren Frage nach dem ursprünglichen *historischen* Ort bzw. nach der Herkunft dieser Bekenntnistradition über lediglich generelle Zuweisungen kaum hinauszukommen. Die Kennzeichnung des Hebr als „gesammelte Tradition" (O. MICHEL) mag immerhin schon andeuten, daß die hier rezipierte christologische Tradition – anders als die im Schlußteil des Hebr rezipierte paränetische Tradition[23] – ein komplex-vielschichtiges Phänomen ist, das sich als solches nicht auf einen einheitlichen Ursprung zurückführen läßt. Vielmehr ist im Blick auf die christologische Tradition im Hebr von vornherein damit zu rechnen, daß in die Christologie des Hebr unterschiedliche Traditionslinien einmünden, zu deren Kennzeichnung die traditionelle Unterscheidung „judenchristlich – heidenchristlich" nicht ausreicht.

Konstitutiv ist für den Hebr gewiß zunächst eine judenchristliche Traditionslinie, die freilich nicht einfach als solche etwa auf die „Urgemeinde" zurückgeführt werden kann[24], da sie nach Ausweis von Hebr 1,1–4 bereits ihrerseits eine Verbindung mit einer aus hellenistisch-jüdischen Prämissen entwickelten Sophia-Christologie eingegangen ist. Von daher gesehen kommt es dem tatsächlichen traditionsgeschichtlichen Sachverhalt sicherlich am nächsten, wenn man die im Hebr aufgenom-

---

[22] Zum verpflichtenden Charakter des Bekenntnisses im Hebr: O. MICHEL, S. 174, sowie G. BORNKAMM, Homologia. Zur Geschichte eines politischen Begriffs, Hermes 71 (1936) S. 377–393 = DERS., Geschichte und Glaube 1. Teil, Ges. Aufs. III (BEvTh 48), München 1968, S. 140–156; A. STROBEL S. 122.

[23] Sie steht – wie besonders an Hebr 13 deutlich wird – ganz im Hauptstrom der urchristlichen Paränese.

[24] So M. HENGEL, Der Sohn Gottes, S. 101, mit Verweis auf Lk 1,32; Act 13,33f und Hebr 1,5: „denn hinter allen diesen Aussagen steht eine ältere Traditionsgeschichte". Vgl. auch G. FRIEDRICH, Das Lied vom Hohenpriester im Zusammenhang von Hebr 4,14–5,10, in: Ges. Aufs., hier S. 295.

mene christologische Tradition des näheren als eine „hellenistisch-judenchristliche" Tradition kennzeichnet[25], die freilich in der späteren Zeit des Urchristentums, zur Zeit des Hebr also, längst auch schon seitens des hellenistischen Heidenchristentums rezipiert worden ist. Denn: gerade auch bei seinen heidenchristlichen Adressaten konnte der Autor des Hebr ja mit einem Verständnis der christologischen Grundaussagen rechnen, wie er sie programmatisch bereits im Exordium vorträgt (1,1–4).

So spricht in der Tat mancherlei dafür, daß der Hebr – unter christologischem Aspekt gesehen – auf der Traditionslinie „hellenistisches Judenchristentum" – „hellenistisches Heidenchristentum" einzuordnen ist. Solche Bestimmung des Ortes des Hebr in der Theologiegeschichte des Urchristentums schließt freilich andere für den Hebr relevante Traditionszusammenhänge keineswegs aus, so vor allem nicht die für das Urchristentum von Anfang an konstitutive Traditionslinie einer eschatologischen Heils- und Geschichtsauffassung, wie sie sich – wiederum programmatisch – bereits im Exordium in Hebr 1,2 dokumentiert. Faktisch sind es also durchaus unterschiedliche, z.T. auch divergierende Traditionslinien, die im Hebr miteinander verbunden erscheinen[26]. Sinn und Funktion dieser Verbindung sind im Zusammenhang der „Mahnrede" des Hebr klar und eindeutig: Gerade die „akkumulative" Beschreibung der Einzigartigkeit des „Sohnes", wie sie im Hebr in der Aufnahme und Verbindung ursprünglich unterschiedlicher christologischer Traditionen geschieht[27], ist dem Grundanliegen des Autors zugeordnet, seinen Adressaten gegenüber das überkommene Wort (2,3) als einen λόγος τῆς παρακλήσεως erneut zur Geltung zu bringen.

Gänzlich beziehungslos – oder um mit Hebr selbst zu formulieren: gänzlich „ohne Stammbaum" – steht der Hebr also keineswegs in der urchristlichen Theologiegeschichte. Dieser für jede Auslegung des Hebr grundlegende Sachverhalt ließe sich nun freilich noch weiter verdeutlichen, wenn es gelänge, auch über die bisher genannten Traditionszusam-

---

[25] Zum Stichwort „hellenistisches Judenchristentum" im Zusammenhang der Geschichte der urchristlichen Christologie vgl. F. HAHN, Christologische Hoheitstitel, S. 11f und passim; J. ROLOFF, Der mitleidende Hohepriester, in: Festschr. H. CONZELMANN, S. 145. Auf die „hellenistisch-judenchristliche Gemeinde" führt S. NOMOTO, Herkunft und Struktur der Hohepriestervorstellung im Hebr, auch die für Hebr charakteristische Auslegung der christologischen Tradition zurück.
[26] Vgl. U. LUZ, Der alte und der neue Bund bei Paulus und im Hebr, spez. S. 331: Der Hebr ist das „Resultat der Begegnung zwischen einer weitgehend apokalyptisch geprägten christlichen Tradition und einer nicht primär apokalyptisch bestimmten hellenistisch-jüdischen Umwelt".
[27] Zum Stichwort „akkumulativ" vgl. M. HENGEL, Der Sohn Gottes, S. 90: „Der antike Mensch dachte im Bereich des Mythos gerade nicht analytisch differenzierend wie wir, sondern im Sinne der ‚Vielfalt der Annäherungsweisen' kombinierend und akkumulativ. Je mehr Titel auf den Auferstandenen bezogen wurden, desto angemessener war es möglich, die Einzigartigkeit seines Heilswerkes zu verherrlichen".

menhänge hinaus noch den Zusammenhang des Hebr mit dem übrigen urchristlichen Schrifttum nachzuweisen und am Ende auch auf diese Weise Charakter und Eigenart der dem Hebr zugrundeliegenden Tradition zu präzisieren.

2.2. *Der Hebr im Rahmen der Schriften des Neuen Testaments*

Im Zusammenhang der Frage nach dem Verhältnis des Hebr zu den übrigen Schriften des Neuen Testaments steht seit der Zeit der Alten Kirche die Frage nach dem Verhältnis zwischen Hebr und Paulus bzw. dem Corpus Paulinum an erster Stelle[28]. Sie wird gegenwärtig (fast) durchweg unter der Voraussetzung gestellt, daß der Hebr nicht von Paulus selbst verfaßt worden ist. Da darüber hinaus im Hebr selbst keinerlei eindeutige Anzeichen dafür gegeben sind, daß der Autor des Hebr auf bestimmte unter dem Namen des Paulus überlieferte Briefe Bezug nimmt bzw. bestimmte Paulusbriefe gekannt hat[29], reduziert sich die Fragestellung vor allem auf die spezielle Frage, ob der Hebr in der Kontinuität der paulinischen Schultradition zu verstehen ist. Dabei stehen freilich auch heute noch den Vertretern der Auffassung, daß der Hebr „weder direkt noch indirekt auf Paulus (bzw. einen Paulusschüler) zurückgeführt werden kann"[30], diejenigen gegenüber, die – im einzelnen in mancherlei Variationen – wenigstens mittelbar den Hebr mit Paulus bzw. der auf ihn zurückgehenden Schultradition in Zusammenhang bringen, und sei es auch nur in dem Sinne, daß die „Gedankenwelt" des Hebr „irgendwie ... vom Geiste des Paulus berührt sein" müsse[31]. Trotz dieser unterschiedlichen Auffassungen ist die Sachlage in dieser Hinsicht an sich klar und eindeutig.

Gewisse Übereinstimmungen zwischen *Paulus* und dem Hebr sind in der Tat nicht zu bestreiten. Dies gilt insbesondere im Blick auf die beider-

---

[28] Literatur: H. WINDISCH S. 128–130 (S. 129f: ältere Lit.); A. E. BARNETT, Paul becomes a Literary Influence; C. SPICQ, I, S. 144–168; A. LINDEMANN, Paulus im ältesten Christentum; F. SCHRÖGER, Der Hebr – paulinisch? in: Kontinuität und Einheit. Festschr. F. MUSSNER, Freiburg i. Br. 1981, S. 211–222. Vgl. auch den Überblick über die Forschungslage bei E. GRÄSSER, ThR 30 (1964) S. 186–188; H. FELD, Der Hebr, S. 52–54.

[29] Vgl. H. WINDISCH S. 129; A. LINDEMANN, Paulus im ältesten Christentum, S. 235. 239f. Anders demgegenüber H. v. SODEN S. 3: „Der Verfasser kennt eine grössere Anzahl von Plsbriefen, sicher Rm und I Kor ..., ohne Zweifel auch Gal"; vgl. aber zugleich ebd., S. 7: „Ebensowenig war er Paulus Schüler, obgleich er dessen Lehrweise kennt und sein Lebenswerk voraussetzt. Seine Theologie steht ihm völlig fern". Vgl. auch A. E. BARNETT, Paul becomes literary influence, S. 70: „Pauline influence on Hebrews is clear, and it is literary rather than personal". Kritisch dazu: E. GRÄSSER, ThR 30 (1964) S. 187.

[30] So E. LOHSE, Die Entstehung des Neuen Testaments, Stuttgart 1972, S. 126; ähnlich H. WINDISCH S. 128; A. LINDEMANN, Paulus im ältesten Christentum, S. 234–240, u.v.a.

[31] So W. G. KÜMMEL, Einleitung in das Neue Testament, S. 348. Vgl. auch schon F. DELITZSCH S. 700: Hebr „athmet Pauli Geist, aber redet nicht Pauli Sprache". Ähnlich C. SPICQ, I, S. 155ff, bes. S. 164ff, sowie E. ALEITH, Paulusverständnis in der Alten Kirche (BZNW 18), Berlin 1937, S. 7–10.

seits zentralen Themen der Christologie und der Soteriologie, hier vor allem im Blick auf das beiderseits zentrale Interesse an Leiden und Tod Jesu, wie es der Autor des Hebr im Rahmen des überkommenen christologischen Schemas von Erniedrigung und Erhöhung bekundet; dies gilt aber auch im Blick auf das besondere Interesse, das beide Autoren, der des Hebr ebenso wie Paulus, an den Grundthemen von „Gesetz" und „Glaube" haben. Gerade im Blick aber auf die beiden letztgenannten Themen sind bei näherem Zusehen die entscheidenden Differenzen zwischen Paulus und Hebr offenkundig, was das Thema des „Gesetzes" betrifft, die dem Hebr eigene Konzentration auf das Kult- und Opfergesetz; was das Thema des „Glaubens" betrifft, ein jeweils gänzlich andersartiges Grundverständnis von πίστις, das sich paradigmatisch vor allem in der gänzlich unterschiedlichen Rezeption von Hab 2,4 bei Paulus (Gal 3,11; Röm 1,17) und im Hebr (10,38) darstellt. Bestätigend hinzu treten weiter Momente, so beispielsweise das unterschiedliche Verständnis von δικαιοσύνη und in diesem Zusammenhang nicht zuletzt auch die unterschiedliche Weise der Rezeption der biblischen Abraham-Überlieferung[32]. Von daher gesehen ist der Autor des Hebr gewiß kein Paulusschüler – auch nicht im weitesten Sinne des Wortes – gewesen. Und die vermeintlichen Übereinstimmungen gerade auch hinsichtlich der Grundthemen von Christologie und Soteriologie erweisen sich angesichts solch entscheidender Differenzen als je unterschiedliche Weisen der Rezeption einer beiden gemeinsamen christologisch-soteriologischen Tradition.

Das einzige wirklich stichhaltige Argument für einen gewissen Zusammenhang des Hebr mit Paulus bzw. mit der paulinischen Schultradition ist mit dem Briefschluß des Hebr (13,18f.22–25) gegeben, aber auch hier dann im wesentlichen nur hinsichtlich der Modalitäten des Briefformulars, sodaß man daraus nicht die Schlußfolgerung ziehen kann, „daß der Verfasser sich als echter Schüler des Apostels fühlt und für sein Werk die gleiche Achtung wie für einen Paulus-Brief erstrebt"[33]. Mehr als eine nur lose Zuordnung zum Schüler- und Tradentenkreis des Paulus läßt sich aus dem Briefschluß des Hebr jedenfalls nicht entnehmen.

Das Gesamtbild hinsichtlich des Verhältnisses Paulus – Hebr ist somit eindeutig: Daß der Hebr „zu den Schriften gehört, die an die paulinische Tradition anknüpfen" und daß mit dem Hebr „die Fortführung der Theologie in den paulinischen Gemeinden zur Debatte" steht[34], wird man gerade nicht sagen können. Was der Hebr vielmehr mit Paulus gemeinsam

---

[32] Zur Frage, ob und inweiweit man dennoch vom Thema „Rechtfertigung im Hebräerbrief" sprechen kann, vgl. E. GRÄSSERS gleichnamigen Beitrag in: Festschr. E. KÄSEMANN, spez. S. 83; vgl. auch K. KERTELGE, EWNT I, Sp. 794f.

[33] So E. ALEITH, Paulusverständnis in der Alten Kirche, S. 7; entsprechend argumentieren F. DELITZSCH S. 700, sowie C. SPICQ, I, S. 167f.

[34] So H. KÖSTER, Einführung in das Neue Testament, S. 710f.

hat, ist gerade nicht das Spezifisch-Paulinische, sondern viel eher eine gemein-urchristliche Basis, von der auch Paulus bei der Entfaltung seiner Theologie ausgeht. Beide – Paulus bzw. die Paulusschule wie auch der Autor des Hebr – stehen in der Kontinuität einer – wohl im Raum eines hellenistischen Judenchristentums zu lokalisierenden – Sach- und Sprachtradition, aus der sich nicht zuletzt auch die vielerlei sprachlichen und terminologischen Gemeinsamkeiten erklären lassen[35]. In der Rezeption dieser Tradition gehen sie jedoch gänzlich eigene Wege. In den „Rahmen einer Geschichte der Paulusrezeption" läßt sich der Hebr somit nicht einordnen[36].

Genau dies gilt dann freilich auch speziell im Blick auf das Verhältnis zwischen Hebr und dem (deuteropaulinischen) *Epheserbrief*[37]. Auch hier gibt es eine ganze Reihe (auch wortstatistisch aufweisbarer) sachlicher Übereinstimmungen[38], die jedoch allesamt keineswegs auf einen wie immer auch gearteten direkten Zusammenhang zwischen Hebr und Eph schließen lassen können. Nicht nur daß die hier in Betracht kommenden Einzelelemente jeweils in einen sachlich thematisch ganz anders ausgerichteten Kontext integriert sind; bei näherem Zusehen erweisen sich vielmehr die tatsächlichen und vermeintlichen Übereinstimmungen auch hier wieder als Bestandteile einer gemeinsamen Traditionssprache, die als solche auch auf ein gemeinsames oder doch jedenfalls in mancherlei Hinsicht vergleichbares historisches und theologiegeschichtliches Milieu schließen läßt[39]. So gilt am Ende für das Verhältnis zwischen Hebr und Eph dasselbe, was auch für das Verhältnis zwischen Eph und dem (der paulinischen Schultradition nahestehenden) *1. Petrusbrief* gilt[40], damit zugleich aber auch wiederum für das Verhältnis zwischen dem letzteren und dem Hebr[41]. Auch hier sind die Übereinstimmungen auffällig und weitreichend: Sie beginnen bei einer gemeinsamen Sprache und reichen über sachlich-thematische Berührungen – so z. B. in der Wertung der „Schmähung" bzw. der Leiden Jesu oder auch im Grundverständnis des Glaubens – bis hin zu einer beiden Briefen gemeinsamen Zielrichtung im Sinne der Glaubensparaklese (1 Petr 5,12; Hebr 13,22!). Beide Briefe wollen ihrer erklärten Absicht nach Trost- und Mahnschreiben sein für eine in ihrem Glauben angefochtene Gemeinde, für die sie das überlie-

---

[35] Vgl. F. SCHRÖGER, s. o. (Anm. 28), S. 212: Hebr enthält „so viel Paulinismus, wie von Paulus her ... allgemeinchristliches Gut geworden ist"; ebd., S. 216f.
[36] So. A. LINDEMANN, Paulus im ältesten Christentum, S. 240.
[37] Vgl. dazu bes.: G. SCHILLE, Die Basis des Hebr, S. 278–280, zu Hebr 1f und Eph 1f; A. VANHOYE, L'épître aux Éphésiens et l'épître aux Hébreux, Bib 59 (1978) S. 198–230.
[38] Vgl. z. B. die Entsprechungen zwischen Hebr 9,12. 22 und Eph 1,7; Hebr 10,12. 14 und Eph 5,2; Hebr 2,11; 10,10; 13,11 und Eph 5,6; Hebr 6,6; 10,32 und Eph 1,18 usw.
[39] Vgl. A. VANHOYE, Bib 59 (1978) S. 229: „En conséquence, il faut penser plutôt à une influence provenant du milieu au se transmettent par ce-lui-ci"; vgl. auch G. SCHILLE, ZNW 48 (1957) S. 279.
[40] Dazu: J. GNILKA, Der Epheserbrief (HThK X/2), Freiburg i. B. 1971, S. 22f; L. GOPPELT, Der erste Petrusbrief, S. 48f.
[41] Vgl. dazu: T. E. S. FERRIS, A Comparison of I. Peter and Hebrews, CQR 111 (1930/31) S. 123–127; C. SPICQ, I, S. 139–144; E. G. SELWYN, The First Epistle of St. Peter, London ³1949, S. 463–466; E. GRÄSSER, Der Glaube im Hebr, S. 149–156. 184f; DERS., ThR 30 (1964) S. 195–197.

ferte Bekenntnis bzw. die Überlieferung des Glaubens neu auslegen und aktualisieren[42]. Gerade so aber – angesichts solcher Ausrichtung und Zielstellung – zeigt sich, daß es weniger eine wie immer geartete direkte Beziehung zwischen Hebr und 1 Petr ist, die jene Übereinstimmungen und Gemeinsamkeiten bedingt[43], als vielmehr eine bestimmte kirchengeschichtliche Grundsituation in der Spätzeit des Urchristentums und damit auch eine analoge geistliche Atmosphäre, die in dieser Situation zu strukturell analogen Mitteln zur Bewältigung einer Glaubenskrise greifen läßt[44].

Anders als im Falle des Vergleichs zwischen dem Hebr und dem Corpus Paulinum stellt sich die Frage nach dem Verhältnis zwischen dem Hebr und den *Evangelien* dar[45]. Mit ihr steht vorrangig das Thema der Christologie des Hebr zur Debatte, daneben auch noch speziell das Verhältnis zwischen dem Hebr und dem lukanischen Geschichtswerk bzw. dem Johannesevangelium. Hinsichtlich der Christologie geht es dabei vor allem um zwei Fragen: einmal um die Frage gewisser „Vorstufen" der für den Hebr charakteristischen „Hohenpriester"-Christologie in der Jesusdarstellung der Evangelien; zum anderen um die Frage, ob die für den Hebr im Rahmen seiner Christologie grundlegende Bezugnahme auf den irdischen Jesus seitens des Autors die Kenntnis der Überlieferungen voraussetzt, die in den Evangelien ihren Niederschlag gefunden haben. Vor allem C. SPICQ hat in dieser Hinsicht die Auffassung vertreten, daß die Christologie des Hebr „von der Tradition der Evangelien abhängig ist, und zwar sowohl von der synoptischen als auch von der johanneischen Tradition"[46]. Diese Auffassung bedarf der Überprüfung.

Im Zusammenhang der Frage nach den historischen und traditionsgeschichtlichen Ansätzen der *„Hohenpriester"-Christologie* des Hebr hat zuletzt G. FRIEDRICH die These zu begründen versucht, daß – im Zusammenhang mit der Erwartung eines messianischen Hohenpriesters im spätantiken Judentum – in den synoptischen Evangelien eine ganze Reihe (durch die Redaktion freilich sekundär überdeckter) Hinweise auf Jesus als den „messianischen Hohenpriester" enthalten ist, die – an-

---

[42] Entsprechend bezeichnet W. NAUCK, Freude im Leiden, ZNW 46 (1955) S. 80, Anm. 67, beide Briefe als „angewandte Tradition"; vgl. E. GRÄSSER, Der Glaube im Hebr, S. 153f; L. GOPPELT, Der erste Petrusbrief, S. 348.

[43] Vgl. z. B. T. E. S. FERRIS, CQR 111 (1930/31) S. 127: „I do not see how the condition can be evaded that the Epistle of Peter forms the foundation of the Epistle to the Hebrews". Ausgeschlossen ist in jedem Falle, den in 1 Petr 5,12 genannten Silvanus zum Autor des 1 Peter *und* des Hebr zu machen. So E. G. SELWYN, the First Epistle of St. Peter.

[44] Vgl. dazu bereits H. v. SODEN S. 3, sowie E. G. SELWYN, The First Epistle of St. Peter, S. 464; C. SPICQ, I, S. 142: „la même atmosphère spirituelle"; L. GOPPELT, Der erste Petrusbrief, S. 52: Beide Autoren „gehen eine verwandte Situation mit ähnlichen Mitteln an".

[45] Vgl. dazu bes. C. SPICQ, I, S. 92–138, sowie den Überblick über die Diskussion bei E. GRÄSSER, ThR 30 (1964) S. 188–195.

[46] C. SPICQ, I, S. 94: „C'est partout par sa christologie que l'épître aux Hébreux est dépendante de la tradition évangélique, tant synoptique que johannique".

satzweise jedenfalls – auf Jesus selbst zurückzuführen sind[47]. Einer kritischen Überprüfung des Sachverhalts hält dabei freilich am Ende allein die Prädikation Jesu als ὁ ἅγιος τοῦ θεοῦ (Mk 1,24; Joh 6,69) stand, die als solche durchaus die Spur einer priesterlichen Christologie enthalten kann, als solche aber nur schwerlich in einen Zusammenhang mit der vorzugsweise auf Ps 110 sich gründenden Hohenpriester-Christologie des Hebr gebracht werden kann[48]. Auch das entsprechende Zeugnis des Johannesevangeliums in dieser Hinsicht ist keineswegs eindeutig[49]. Vor allem Joh 17,19 und 19,23 könnten darauf hinweisen, daß der vierte Evangelist ein gewisses Interesse daran gehabt hat, priesterliche Züge in sein Jesusbild einzutragen. Und darüber hinaus zeigt sich auch in der Kennzeichnung Jesu als dessen, der „für die Seinen eintritt" (Joh 17,9; vgl. auch 1 Joh 2,1f), eine gewisse Nähe zu Hebr 7,25; 9,24. Als äußerst fraglich demgegenüber muß dann freilich schon gelten, ob auch Joh 1,14 und 2,13ff gleichfalls in diesem Zusammenhang zu nennen sind und der Autor des Hebr – von daher gesehen – als der Interpret einer spezifisch johanneischen Hohenpriester-Christologie angesehen werden kann, mit der er zwar nicht unmittelbar vom Johannesevangelium abhängig ist, wohl aber sich als mit der „johanneischen Katechese" vertraut erweist[50]. Auch Joh 17,19 und 19,23 können – in ihrem jeweiligen Kontext gesehen – nicht als eindeutige Zeugnisse für eine vom vierten Evangelisten programmatisch ausgeführte Hohepriester-Christologie gelten, die als solche die Voraussetzung für die entsprechende Christologie des Hebr darstellt[51]; und was endlich die Beschreibung der Funktion Jesu in Joh 17,9 und 1 Joh 2,1f betrifft, so ist gerade an diesen Stellen kein unmittelbarer Bezug auf das Amt des Hohenpriesters erkennbar[52]. Insgesamt: von den wenigen und dazu noch höchst zurückhaltenden Andeutungen im Johannesevangelium aus führt offensichtlich keine Verbindungslinie zur Hohenpriester-Christologie des Hebr hinüber.

---

[47] G. Friedrich, Beobachtungen zur messianischen Hohepriestererwartung in den Synoptikern, in: Ges. Aufs., S. 56–102. Als indirekte Zeugnisse dafür werden hier genannt: die Prädikation Jesu als „der Heilige Gottes" (Mk 1,24; vgl. auch Joh 6,69); die Dämonenaustreibungen Jesu (als „Taten des Hohenpriesters"); die Taufe Jesu (als „Weihe des Hohenpriesters"); weiter Mk 12,35; Mt 12,6; Mk 14,58. 61 sowie „möglicherweise" Mk 2,5ff und Mk 1,40ff; 10,13ff; 11,11ff. Zur Rückführung dieser Christologie auf Jesus selbst: a.a.O., S. 97.

[48] Zur Kritik an dieser These: F. Hahn, Christologische Hoheitstitel, S. 235ff; J. Gnilka, Die Erwartung des messianischen Hohenpriesters in den Schriften von Qumran und im Neuen Testament, S. 409–418.

[49] Vgl. dazu: C. Spicq, L'origine johannique de la conception du Christprêtre dans l'épître aux Hébreux, in: Mélanges offerts à M. Goguel, Neuchâtel 1950, S. 258:269; Ders., L' épître aux Hébreux I, S. 121ff; P. Giles, Jesus the High Priest in the Epistle to the Hebrews and the Fourth Gospel, Diss. Manchester 1973/74; O. Cullmann, Die Christologie des Neuen Testaments, S. 105ff.

[50] S. C. Spicq, I, S. 109. 132.

[51] Der Gebrauch von ἁγιάζειν in 17,19 als solcher kann jedenfalls noch nicht als zureichender Hinweis auf eine Hohepriester-Christologie gelten. Vgl. F. Hahn, Christologische Hoheitstitel, S. 235, Anm. 1. Zur Kritik an C. Spicq in dieser Hinsicht vgl. F. Hahn, ebd., S. 234f; J. Coppens, Le messianisme sacerdotal dans les écrits du Nouveau Testament, spez. S. 109ff; E. Grässer, ThR 30 (1964) S. 193.

[52] Vielmehr ist gerade das Besondere des Hebr „der ausgesprochen kultische Rahmen dieser Fürsprechervorstellung"! So O. Michel S. 73; vgl. auch F. Hahn, Christologische Hoheitstitel, S. 233f.

Demgegenüber liegt bei dem betonten Interesse, das der Autor des Hebr im Rahmen seiner Christologie an der Menschlichkeit Jesu bzw. überhaupt am *irdischen Jesus* hat[53], von vornherein die Vermutung nahe, daß in dieser Hinsicht jedenfalls im Hebr u. a. auch bestimmte Überlieferungen verarbeitet worden sind, die auch in den Evangelien ihren Niederschlag gefunden haben. Freilich ist auch hierzu der Befund im Hebr keineswegs eindeutig, sodaß sich von daher auch die gänzlich unterschiedlichen Stellungnahmen zur Fragestellung erklären, so auf der einen Seite die Auffassung, daß von einer Kenntnis der Evangelien und speziell der synoptischen Tradition im Hebr überhaupt nicht die Rede sein kann[54], und auf der anderen Seite die Überzeugung, daß im Hebr eine „reiche Kenntnis der Evangelientradition (einschließlich des Joh) vorliegt"[55]. Solche unterschiedliche Beurteilung des Sachverhalts hat ihren Grund darin, daß die meisten Bezugnahmen auf den irdischen Jesus im Hebr – so z.B. Hebr 2, 9; 2,10ff; 4,15; 12,2f – so allgemein gehalten sind, daß von ihnen weniger auf eine Kenntnis der entsprechenden Überlieferungen in den Evangelien als vielmehr auf eine dem Autor selbst eigentümliche Betonung des Aspektes der Erniedrigung Jesu im Rahmen des überkommenen christologischen Schemas Erniedrigung – Erhöhung geschlossen werden kann. Selbst die vermeintlich historische Notiz Hebr 7,14 zur Herkunft „unseres Herrn aus Juda" läßt sich – worauf bereits die Formulierung ὁ κύριος ἡμῶν hinweist – durchaus aus der Bekenntnis-Überlieferung des Urchristentums ableiten[56]. Gleichwohl könnten zumindest zwei Stellen im Hebr – 5,7f und 13,12 – auf eine tatsächliche Kenntnis der Überlieferung vom irdischen Jesus, speziell der Passionsüberlieferung, hinweisen. An beiden Stellen nämlich wird offensichtlich auf bestimmte Geschehnisse in der Geschichte Jesu Bezug genommen, sodaß sich zumindest die Frage stellt, ob in Hebr 5,7f eine Bezugnahme auf die Gethsemane-Überlieferung (Mk 14,32ff parr, speziell Lk 22,43f und Joh 12,27f), in Hebr 13,12 eine Bezugnahme auf Mk 15,20; Mt 27,32 bzw. Joh 19,20 vorliegt. Auch hier jedoch läßt eine kritische Überprüfung des Sachverhalts am Ende nur die Schlußfolgerung zu, daß der Autor des Hebr an beiden Stellen eine den Evangelien zwar analoge, von ihnen aber letztlich unabhängige Überlieferung aus der Passionsgeschichte aufgenommen hat[57], um sie alsbald wiederum – wie sich besonders deutlich in Hebr 5,7–10 zeigen läßt – ganz in den Kontext der von ihm rezipierten christologischen Tradition einzufügen[58].

So bleibt am Ende nur noch zu fragen, ob über die im engeren Sinne christologischen Zusammenhänge hinaus zwischen dem Hebr und einzelnen Evangelien be-

---

[53] Vgl. neben der entsprechenden Grundlegung Hebr 2,10–18 die weiteren Bezugnahmen vor allem auf den leidenden Jesus: 4,15; 5,7f bis hin zu 12,2f und 13,12. S. u. den Exkurs zu 2,17f.

[54] So z.B. bereits H. v. SODEN S.4; H. WINDISCH S.25–27. 130f, u.a.

[55] So O. MICHEL S. 135; vgl. ebd., S.70f. 76. 508f, sowie bereits F. BÜCHSEL, Die Christologie des Hebr, S. 27. 31ff, u.a.

[56] Vgl. entsprechend Röm 1,3; 2 Tim 2,8. Vgl. auch E. GRÄSSER, Der historische Jesus im Hebr, in: Ges.Aufs., S. 162ff, spez. S. 163f.

[57] Vgl. H. WINDISCH S. 130f; E. GRÄSSER, ThR 30 (1964) S. 189f.

[58] Charakteristisch für Hebr ist auch, daß die historisierende Bemerkung in 13,12 im Kontext lediglich Anknüpfungspunkt ist für eine symbolische Deutung, die auf die konkrete Anfechtung der Adressaten abzielt und damit wieder ganz in den Zusammenhang des pastoralen Grundanliegens des Hebr integriert ist.

sondere Beziehungen festzustellen sind. Speziell im Blick auf *Lukas* bzw. das lukanische Geschichtswerk ist diese Auffassung – was jedenfalls die sprachliche Seite der Sache betrifft – ja bereits in der Alten Kirche vertreten worden[59]. In der neueren Auslegungsgeschichte sind dann freilich auch historische und sachliche Erwägungen hinzugetreten, so insbesondere zur Frage einer Nähe des Hebr zu jenem Typus einer „hellenistisch-judenchristlichen Theologie", wie er sich in Act 7 für den sog. Stephanuskreis darstellt. Da der Hebr seinerseits – wie bereits festgestellt – in der Kontinuität einer hellenistisch-judenchristlichen Traditionslinie steht, ist ein – im einzelnen freilich nicht verifizierbarer – Zusammenhang mit dem hellenistischen Judenchristentum des Stephanuskreises nun zwar durchaus wahrscheinlich; jedoch kann von daher gewiß nicht ein direkter Zusammenhang zwischen dem lukanischen Geschichtswerk und dem Hebr erschlossen werden, in diesem Zusammenhang gewiß auch nicht spezielle Zusammenhänge hinsichtlich der Christologie und Eschatologie[60]. Was jedenfalls speziell in dieser Hinsicht an Berührungen zwischen Lukas und Hebr genannt werden kann – so der beiderseits betonte Rückblick auf das in der Vergangenheit liegende grundlegende Heilsgeschehen, weiter der Ausblick auf die „zweite Erscheinung" des Herrn (Hebr 9,28) sowie die Kennzeichnung der „Zwischenzeit" der Kirche als einer Zeit der Geduld und des standhaltenden Glaubens – macht zugleich wieder offenbar, daß es sich hier um einen Grundtyp von Christologie und Eschatologie handelt, wie er im nachapostolischen Zeitalter keineswegs nur für Lukas und Hebr bestimmend gewesen ist. Bei näherem Zusehen reduzieren sich somit die Übereinstimmungen zwischen Lukas und Hebr ungefähr auf jenes Maß, das auch schon im Blick auf das Verhältnis zwischen Hebr und 1 Petr festzustellen war. Und das heißt: Lassen sich speziell gewisse sprachliche Übereinstimmungen zwischen Lukas und Hebr aus einem annähernd vergleichbaren Bildungsstand beider Autoren erklären, darüber hinaus auch aus einer beiden gleichermaßen geläufigen „Gemeindesprache"[61], so ist es im Blick auf die sachlich-thematischen Berührungen wiederum die in mancherlei Hinsicht analoge Gemeindesituation, die beiderseits eine analoge Ausrichtung des Kerygmas veranlaßt. Sind beide – das lukanische Geschichtswerk wie auch der Hebr – für eine „Gemeinde auf dem weiten Weg" bestimmt, die „unter dem Druck der gesellschaftlichen Situation des Glaubens müde" geworden ist[62], so

---

[59] Zuerst von Clemens Alexandrinus (Eusebius, hist. eccl. VI 14,2f), indem Lukas als der Übersetzer des von Paulus verfaßten Briefes gilt: „Daher kommt es, daß die Sprache des Briefes dieselbe Färbung zeigt wie die der Apostelgeschichte"! Zur Fragestellung insgesamt: C. P. M. Jones, The Epistle to the Hebrews and the Lucan Writings, in: Studies in the Gospels. Essays in Honour of R. H. Lightfoot, London 1955, S. 113–143; E. Grässer, ThR 30 (1964) S. 190–193.

[60] So C. P. M. Jones, s.o. (Anm. 59), S. 125ff, bes. S. 142f, mit der Schlußfolgerung: „St. Luke and Hebrews stand together as forming a solid bloc in distinction from St. Mark and St. Matthew, from St. Paul, and from St. John".

[61] Vgl. L. Goppelt, Theologie des neuen Testaments II, S. 600. W. G. Kümmel, Einleitung in das Neue Testament, S. 355, sieht die sprachlich-stilistischen Übereinstimmungen zwischen Lukas und Hebr ganz allgemein darin begründet, daß „Hb wie der Verf. von Lk-Apg von der Gedankenwelt des späten Heidenchristentums seinen Ausgang nimmt".

[62] So L. Goppelt, Theologie des Neuen Testaments II, S. 599f; vgl. auch G. Theissen, Untersuchungen zum Hebr, S. 106, Anm. 34: „Das Problem der fortgeschrittenen Zeit haben Lk und Hb gemeinsam"; E. Grässer, ThR 30 (1964) S. 192.

versuchen beide Autoren auch – ein jeder freilich auf die ihm besondere Weise – das anstehende Grundproblem der Relation von „Eschatologie und Geschichte" vermittels des Rückbezugs auf die anfängliche, d. h. normsetzende Überlieferung des Glaubens und die der neuen Situation gemäße Auslegung dieser Überlieferung zu bewältigen. Damit hat dann aber auch schon die Übereinstimmung zwischen Hebr und Lukas ihre Grenze erreicht. Denn in der Art und Weise, in der dieser Rückbezug konkret und im einzelnen ausgearbeitet wird, steht der Hebr jedenfalls dem 1 Petr näher als Lukas, der – was die Rückbindung an den grundlegenden Anfang betrifft – weniger an einer Kontinuität der Bekenntnistradition als vielmehr an einem historisch aufweisbaren Kontinuum der Urgeschichte der Kirche interessiert ist und sich somit gerade im Verständnis der Tradition erheblich von Hebr (und 1 Petr) unterscheidet[63]. Auch der Vergleich Lukas – Hebr macht somit am Ende wiederum die Originalität offenbar, mit der im Hebr eine typische Situation des nachapostolischen Zeitalters bewältigt wird.

Grundsätzlich gleiches gilt schließlich auch hinsichtlich der Frage nach einem speziellen Zusammenhang zwischen Hebr und *Johannesevangelium*[64]. Nachdem bereits im 19. Jahrhundert verschiedentlich die Auffassung vertreten worden ist, daß auf der Entwicklungslinie, die vom paulinischen zum johanneischen Christentum führt, der Hebr gleichsam vermittelnd zwischen Paulus bzw. dem Deuteropaulinismus und dem Johannesevangelium stehe[65], ist neuerdings vor allem C. SPICQ für einen Schulzusammenhang zwischen Hebr und Johannesevangelium eingetreten, ja sogar für eine direkte Abhängigkeit des Hebr von der „johanneischen Katechese"[66]. Dabei gilt das Interesse vor allem wieder dem Thema der Christologie, und zwar über die spezielle Fragestellung der Hohenpriester-Christologie hinaus insbesondere der in Hebr wie auch im Vierten Evangelium vorliegenden Präexistenz- und Erhöhungschristologie. Nun sind grundsätzliche Übereinstimmungen speziell in dieser Hinsicht gewiß nicht zu bestreiten; angesichts dessen aber, daß Hebr seinerseits in dieser Hinsicht dem durch Phil 2,6–11 bezeugten hellenistisch-judenchristlichen Grundschema von Erniedrigung und Erhöhung verpflichtet ist und die grundsätzlichen Übereinstimmungen zwischen Hebr und Johannesevangelium bereits in Hebr 1,1–4 und Joh 1,1–18 in sehr unterschiedlicher Ausgestaltung vorliegen, weist auch hier alles weit eher darauf hin, daß beide – sowohl Hebr wie auch das Johannesevangelium – im Traditionszusammenhang desselben christologischen Grundschemas stehen[67]. Auch der Vergleich zwischen Hebr und

---

[63] Vgl. F. LAUB, Bekenntnis und Auslegung, S. 48f.

[64] Vgl. dazu: C. SPICQ, I, S. 103ff und S. 109ff; E. GRÄSSER, ThR 30 (1964) S. 193–195; C. J. A. HICKLING, John and Hebrews: The Background of Hebrews 2.10–18, NTS 29 (1983) S. 112–116; O. CULLMANN, Die Christologie des Neuen Testaments, S. 105ff; DERS., Der johanneische Kreis, Tübingen 1975, S. 58f, sowie F. M. BRAUN, L'arrière-fond judaisme du quatrième évangile et la communauté de l'alliance, RB 62 (1955) S. 5–48, spez. S. 35–38.

[65] So K. R. KÖSTLIN, Der Lehrbegriff des Evangeliums und der Briefe Johannis und die verwandten neutestamentlichen Lehrbegriffe, Berlin 1843, S. 387ff, spez. S. 395 und S. 407; F. Chr. BAUR, Vorlesungen über neutestamentliche Theologie, Leipzig 1864, S. 236; H. J. HOLTZMANN, Lehrbuch der neutestamentlichen Theologie II, Tübingen ²1911, S. 339. Vgl. aber auch C. SPICQ, I, S. 134: „Hébr. constitue un chaînon entre l' élaboration théologique de Saint Paul et cela de Saint Jean".

[66] C. SPICQ, I, S. 109; vgl. auch S. 132f, sowie DERS., DBS VII, S. 224.

[67] Vgl. bereits H. WINDISCH S. 131, sowie J. ROLOFF, in: Festschr. H. Conzelmann, Tübin-

Johannesevangelium bestätigt somit das auch schon im Blick auf das übrige urchristliche Schrifttum gewonnene Ergebnis: Einerseits eine weitgehende Traditionsgebundenheit des Hebr, die sich freilich nicht zur Behauptung bestimmter Schulzusammenhänge oder gar Abhängigkeiten von anderen urchristlichen Schriften verobjektivieren läßt; andererseits aber auch die durchaus eigenständige Aufarbeitung der Tradition im Hebr – also: die eigene theologische Leistung des Autors des Hebr.

Zusammenfassend kann somit gesagt werden: Zur Beantwortung der Frage nach dem Ort des Hebr in der urchristlichen Theologiegeschichte leistet der Vergleich mit dem übrigen urchristlichen Schrifttum nur mittelbar einen Beitrag, indem er einmal mehr die Traditionsgebundenheit des Hebr ans Licht bringt, damit zugleich freilich auch die durchaus eigenständige Art des Umgangs mit der Tradition im Hebr. Gerade so aber ist der Hebr auch Zeugnis einer für das Urchristentum auch am Ausgang des 1. Jahrhunderts noch geltenden *Pluralität unterschiedlicher „Entwicklungslinien"*[68], die sich nicht in das Nacheinander unterschiedlicher Stufen innerhalb eines einlinig verlaufenden Entwicklungsprozesses hinein verrechnen läßt. „Vermittelnden" Charakter hat der Hebr nicht primär in dem Sinne, daß er auf der einen urchristlichen Entwicklungslinie zwischen Paulus bzw. dem Paulinismus einerseits und dem johanneischen Christentum andererseits steht, sondern allenfalls in dem Sinne, daß es sein Grundanliegen ist, die überkommene Tradition des Glaubens einem bestimmten Adressatenkreis in seiner Situation erneut und auf verbindliche Weise zu vermitteln. Gerade so aber erweist sich dann auch die Pluralität, für die der Hebr auf seine Weise Zeuge ist, als eine nur relative Pluralität.

Gemeinsam hat der Hebr mit dem etwa gleichzeitigen urchristlichen Schrifttum die „Methode" der Ausführung des auf Vergewisserung des Glaubens zielenden Grundanliegens: vermittels nämlich der Erinnerung der Adressaten an den Anfang und Grund des Glaubens in Gestalt der Auslegung und Aktualisierung der Überlieferung des Glaubens *und* vermittels der Einschärfung der Konsequenzen, die aus Überlieferung und Aktualisierung des Glaubens für die konkrete Verantwortung des Glaubens in der je eigenen Gegenwart zu ziehen sind[69].

---

gen 1975, S. 154f. Ausdrücklich dagegen freilich C. SPICQ, I, S. 133: Hier gehe es nicht allein um „dieselbe theologische Tradition", sondern vielmehr um „dieselbe geistliche Schule" („la même école de spiritualité"). C. J. A. HICKLING, (s. o. Anm. 64), erweitert im Blick speziell auf Hebr 2,10–18 noch die Liste der von C. SPICQ, vermerkten „affinités", gelangt am Ende jedoch zu dem Ergebnis, daß auf diese Weise erneut deutlich wird, in welchem Maße der Autor des Hebr der christlichen Tradition verpflichtet war (S. 114f).

[68] Zur Kategorie „Entwicklungslinien" im Blick auf die Geschichte des Urchristentums vgl. H. KÖSTER/J. M. ROBINSON, Entwicklungslinien durch die Welt des frühen Christentums, Tübingen 1971.

[69] Dies trifft neben dem Hebr besonders für Grundanliegen und „Methode" des 1 Petr,

Unter der Voraussetzung, daß nicht bereits solche Art des Umgangs mit der Überlieferung des Glaubens per se als „frühkatholisch" qualifiziert werden kann, belegt somit der Hebr – neben dem 1. Petrusbrief, dem lukanischen Geschichtswerk und dem Johannesevangelium – gerade in der Weise, in der hier mit der Überlieferung des Glaubens umgegangen wird, auch in dieser Spätzeit des Urchristentums noch eine relative Offenheit der auf Vergewisserung des Glaubens zielenden theologischen Reflexion. Historisch gesehen steht der Hebr – zusammen mit dem etwa gleichzeitigen urchristlichen Schrifttum – gewiß bereits an der Schwelle des Übergangs von der theologiegeschichtlichen Entwicklung des Urchristentums zur frühkatholischen Kirche[70]. Wenn es aber – wie gegenwärtig mitunter behauptet wird – eine Grundtendenz dieser Übergangszeit ist, daß „nicht Christologie, sondern Ethik ... im Vordergrund" steht, daß „praktisches Christentum mit Tendenz auf Ethisierung" den Ton angibt[71] und daß damit zugleich der Weg zu einer „Leistungsfrömmigkeit beschritten wird"[72], dann kann die besondere Art und Weise, in der gerade der Hebr seine Paränese als Schlußfolgerung aus der Darlegung und Entfaltung der christologisch-soteriologischen Position darbietet, nicht als „frühkatholisch" gekennzeichnet werden[73]. Vielmehr behauptet dann gerade auch der Hebr in dieser Hinsicht wiederum seine Sonderstellung in der urchristlichen Theologiegeschichte am Ausgang des 1. Jahrhunderts.

---

aber auch für das lukanische Geschichtswerk und das Johannesevangelium, hier besonders für die sog. Abschiedsreden, zu.

[70] So E. Grässer, ThR 30 (1964) S. 195.

[71] So J. Becker, Das Problem der Schriftgemäßheit der Ethik, in: Handbuch der christlichen Ethik, Freiburg i. B./Gütersloh 1978, S. 243–269, Zitate: S. 263. J. Becker vermeidet dabei freilich den Begriff „Frühkatholizismus".

[72] So S. Schulz, Neutestamentliche Ethik, Zürich 1987, S. 633ff; vgl. Ders., Die Mitte der Schrift. Der Frühkatholizismus im Neuen Testament als Herausforderung an den Protestantismus, Stuttgart/Berlin 1976, S. 262ff. Solche Einordnung des Hebr ist bei Schulz freilich Konsequenz der Auffassung, daß im Hebr „das theologische Schwergewicht ... nicht auf den dogmatisch lehrhaften, sondern ganz unpaulinisch auf den paränetischen Partien liegt"; die notwendige Schlußfolgerung daraus ist (Die Mitte der Schrift, S. 270): „also (stehen) Christologie und Eschatologie im Dienst der Paränese und (werden) damit zum gesetzlichen Stimulans für die Leistung der Frommen".

[73] Bemerkenswert ist immerhin das Zugeständnis von S. Schulz, Neutestamentliche Ethik, S. 635: „Allerdings darf nicht verkannt werden, daß der Hebräerbrief – wie übrigens alle Deuteropaulinen – durchaus den Indikativ der Heilsgabe, also die vorausgehende Gnade Gottes kennt ...".

§ 5. Der Ort des Hebräerbriefes in der spätantiken Religionsgeschichte[1]

Angesichts des gegenwärtigen Standes der „religionsgeschichtlichen Frage" im Blick auf den Hebr kann man über Sinn und Nutzen dieser Fragestellung gewiß streiten[2]; und dies zumal dann, wenn sie sich in Gestalt der Alternative darstellt, ob der Hebr eher aus einer „biblisch-jüdischen" oder eher aus einer „hellenistisch-gnostischen" Tradition zu verstehen ist und wenn sich mit dieser Alternative zugleich die Auffassung verbindet, daß im Grunde allein „das Jüdische" als eine Art „Reservat legitimen biblischen Denkens" zu gelten hat, während demgegenüber alles „Hellenistische" (oder gar „Gnostische"!) von vornherein dem Verdacht des Illegitimen bzw. des „biblisch Unsachgemäßen" unterliegt[3]. Beim gegenwärtigen Stand der Erforschung der spätantiken Religionsgeschichte kann man zwar davon ausgehen, daß solche vordergründigen Alternativen wie die eben genannte grundsätzlich überholt sind. „Judentum und Hellenismus" (M. Hengel) können heute nicht mehr alternativ gegeneinander ausgespielt werden, sondern stehen in vielfältiger Beziehung zueinander und im Austausch miteinander[4]. Gerade auch im Blick auf den Hebr bedeutet dies, daß auch diese urchristliche Schrift „religionsgeschichtlich in einem komplexen Bezugssystem steht und daß schlichte Alternativen hier nicht genügen"[5], demnach auch nicht mehr die für die Auslegung des Hebr in besonderer Weise bedeutsame Gleichsetzung: „jüdisch (-apokalyptisch)" = „zeitlich-geschichtlich" und „hellenistisch (-gnostisch)" = „räumlich-geschichtslos"[6].

Gleichwohl sind solche und ähnliche Alternativen auch gegenwärtig noch in dem Sinne für die Bestimmung des religionsgeschichtlichen Ortes des Hebr bedeutsam, daß trotz aller Differenzierungen im einzelnen am

---

[1] Vgl. dazu: E. Grässer, ThR 30 (1964) S. 167–186; H. M. Schenke/K. M. Fischer, Einleitung in die Schriften des Neuen Testaments II, S. 263–269; J. W. Thompson, The Riddle of Hebrews, in: Ders., The Beginnings of Christian Philosophy, S. 2–16; J. C. McCollough, IrBSt 2 (1980) S. 142–151; H. Feld, Der Hebr, S. 35–51.

[2] Kritische Vorbehalte in dieser Hinsicht hat zuletzt vor allem F. Laub, Bekenntnis und Auslegung, S. 2ff sowie S. 167f geäußert.

[3] Vgl. E. Grässer, ThR 30 (1964) S. 167. 170f. Zum Problem grundsätzlich: H. Schlier, Der Brief an die Epheser. Ein Kommentar, Düsseldorf ²1958, S. 133, Anm. 1; E. Brandenburger, Fleisch und Geist. Paulus und die dualistische Weisheit (WMANT 29), Neukirchen 1968, S. 28ff

[4] M. Hengel, Judentum und Hellenismus. Studien zu ihrer Begegnung unter besonderer Berücksichtigung Palästinas bis zur Mitte des 2. Jahrhunderts v. Chr. (WUNT 10), Tübingen ²1973.

[5] So Ph. Vielhauer, Geschichte der urchristlichen Literatur, S. 248.

[6] Dementsprechend wird auch im Blick auf Hebr darauf hingewiesen, daß räumliche Kategorien als solche noch nicht als ein Symptom des Hellenismus gelten können, da sie auch in der Apokalyptik ihren Ort haben. Vgl. O. Michel S. 62. 288. 289f; U. Luz, EvTh 27 (1967) S. 330f, sowie M. Hengel, Judentum und Hellenismus, S. 460f.

Ende doch wieder der Versuch gemacht wird, die Pluralität der für den Hebr relevanten religionsgeschichtlichen Linien nach Möglichkeit auf die eine bestimmende Grundlinie zurückzuführen, der gegenüber alle anderen Komponenten allenfalls noch als „Hilfslinien" in Betracht kommen[7]. Dementsprechend kann man auch gegenwärtig noch im Blick auf die Bestimmung des Ortes des Hebr in der spätantiken Religionsgeschichte *drei Grundmodelle* unterscheiden: 1. das hellenistisch-jüdische (repräsentiert vor allem durch C. Spicq); 2. das gnostische (repräsentiert vor allem durch E. Käsemann und E. Grässer) und 3. das jüdisch-apokalyptische Modell (repräsentiert vor allem durch O. Michel und O. Hofius).

Recht und Grenze dieser drei Grundmodelle werden im folgenden jeweils kurz zu erläutern sein, und zwar unter der Voraussetzung, daß die hier anstehenden Probleme sich auf eine „rein religionsgeschichtliche" Weise offenbar nicht lösen lassen, die es sich angelegen sein läßt, vermittels des Aufweises bestimmter Analogien zu einer Genealogie hinsichtlich des religionsgeschichtlichen Ortes des Hebr zu gelangen[8]. Denn: wie bei aller religionsgeschichtlichen Arbeit am Neuen Testament so geht es auch hier im Blick speziell auf den Hebr nicht lediglich um den Aufweis irgendwelcher „Abhängigkeiten", sondern um die Verdeutlichung und Konkretion der Implikationen der theologischen Sicht des Hebr selbst. So gesehen läßt sich dann allerdings die religionsgeschichtliche Frage in bezug auf den Hebr nicht von der Frage nach seinem Ort in der urchristlichen Theologiegeschichte trennen, ebensowenig aber auch von der Frage nach dem eigenen theologischen Grundanliegen des Autors selbst. Denn wenn es zutrifft, daß der Hebr als die „am meisten at'l.-jüd. fundierte Schrift des NT" sich zugleich „als eine fundamental hellenistische Schrift" erwiesen hat[9], so ist diese Verbindung des „Alttestamentlich-Jüdischen" mit dem

---

[7] Vgl. in diesem Sinne O. Michel S. 69f: „Die Frage, ob der Hebr letztlich von der Apokalyptik oder von philonischen Konstruktionen aus denkt, ist keineswegs irrelevant ...: von der Lösung dieser Frage hängt die theologische Möglichkeit ab, Geschichte und Eschatologie in ihrem theologischen Gehalt zu deuten". Ähnlich auch A. Strobel S. 85f: Der Hebr sei das „Zeugnis eines judenchristlichen Urchristentums ..., das das Christusgeschehen hellenistisch ausgesprochen, doch in Wahrheit durchaus apokalyptisch verstanden hat". Auch die Hebr-Interpretation durch O. Hofius ist wesentlich durch die Alternative jüdisch-gnostisch bestimmt. Kritisch dazu: F. J. Schierse, ThRv 70 (1974) S. 212f; E. Grässer, ThZ 32 (1976) S. 309f; Ders., ZNW 77 (1986) S. 163f, sowie bereits E. Käsemann, Das wandernde Gottesvolk, S. 40. 110f.

[8] Zu den Grenzen solchen Verfahrens: C. Colpe, Die religionsgeschichtliche Schule. Darstellung und Kritik ihres Bildes vom gnostischen Erlösermythus (FRLANT 78), Göttingen 1961, S. 194ff, spez. S. 195: „Nicht jede Analogie enthält eine Genealogie": Vgl. auch G. Theissen, Untersuchungen zum Hebr, S. 118; O. Hofius, Katapausis, S. 19.

[9] So E. Grässer, ThR 30 (1964) S. 167. Bereits von daher gesehen kann die religionsgeschichtliche Problematik des Hebr nicht dadurch neutralisiert werden, daß man diesen Brief ausschließlich vom Alten Testament her zu verstehen versucht. So zuletzt M. Rissi, Die Theologie des Hebr, S. 27. 29. 31. 37. 41 u. ö. Das geht zwar dem Selbstverständnis des Autors konform, der bei seinen Ausführungen durchweg auf das Alte Testament zurückgreift,

"Hellenistischen" nicht lediglich historisch-zufällig durch den Ort des Hebr im Raum des spätantiken Synkretismus bedingt, sondern hat durchaus auch mit dem eigenen Grundanliegen des Autors zu tun, ja könnte sich diese Verbindung sogar als das entscheidende Instrument erweisen, mit dem der Autor entsprechend seinem pastoralen Grundanliegen seinen Adressaten die „ein für allemal" geltende Wahrheit und Wirklichkeit des christlichen Bekenntnisses zu vermitteln versucht. In diesem Sinne wäre dann freilich auch von vornherein deutlich, daß mit der religionsgeschichtlichen Frage des Hebr zugleich auch die Sachfrage des Hebr selbst zur Debatte steht.

Paradigmatisch stellt sich dieser (und damit auch der komplexe religionsgeschichtliche) Sachverhalt an der eigenartigen *Eschatologie* des Hebr dar, die – wie zuletzt A. STROBEL mit Recht betont hat – geradezu als „Kriterium der religionsgeschichtlichen Einordnung des Briefes" gelten kann[10]. Das Grundproblem in dieser Hinsicht ist damit gegeben, daß sich in der Eschatologie des Hebr offensichtlich zwei Linien miteinander verbinden: eine gleichsam horizontale oder auch „heilsgeschichtliche" Linie, mit der der Hebr in der Kontinuität der jüdisch-urchristlichen eschatologischen Zeit- und Geschichtsauffassung steht; und eine gleichsam vertikalen Linie, für die die Gegenüberstellung der räumlichen Kategorien himmlisch-irdisch charakteristisch ist und die ihren Ursprung eher in einer hellenistischen bzw. hellenistisch-jüdischen Traditionslinie hat. Mit anderen Worten: Im Hebr ist ein Nebeneinander einer „zeitlich-apokalyptischen" und einer „räumlich-dualistischen" Linie festzustellen, von denen die erste den Hebr – religionsgeschichtlich gesehen – in den Raum der jüdisch-urchristlichen Apokalyptik verweist, während die letztere auf den religionsgeschichtlichen Ursprung des Hebr im Raum des (jüdischen) Hellenismus hinweist[11].

---

dieses aber eben in der Gestalt der LXX benutzt. Mit dem Rückgriff darauf ist aber zugleich das Problem des Hellenismus im Hebr gegeben.

[10] A. STROBEL S. 85. – Literatur zur Eschatologie des Hebr: J. CAMBIER, Eschatologie ou Héllenisme dans l'épître aux Hébreux, Sal 11 (1969) S. 62–96; J. HÉRING, Eschatologie biblique et idéalisme platonique, in: Festschr. C. H. Dodd; C. K. BARRETT, The Eschatology of the Epistle to the Hebrews, in: Festschr. C. H. DODD; A. FEUILLET, Les points de vue nouveaux dans l'eschatologie de l'épître aux Hébreux; G. THEISSEN, Untersuchungen zum Hebr, S. 88–114; B. KLAPPERT, Die Eschatologie des Hebr; J. SMITH, A Priest for Ever, S. 137ff; G. W. MACRAE, Heavenly Temple and Eschatology in the Letter to the Hebrews; R. J. SHARP, Philonism and the Eschatology of Hebrews; L. D. HURST, Eschatology and ‚Platonism' in the Epistle to the Hebrews; N. WALTER, ‚Hellenistische Eschatologie' im Frühjudentum; DERS., ‚Hellenistische Eschatologie' im Neuen Testament, in: Festschr. W. G. Kümmel; H. FELD, Der Hebr, S. 87–89.

[11] Dementsprechend unterscheidet B. KLAPPERT, Die Eschatologie des Hebr, S. 14ff, zwei bzw. drei Interpretationstypen: 1. die „alexandrinisch-hellenistische Interpretation" (J. CAMBIER, E. GRÄSSER); 2. die „gnostische" Interpretation (E. KÄSEMANN) und 3. die „rabbinisch-apokalyptische" Interpretation (O. MICHEL, C. K. BARRETT). Zur Unterscheidung „horizontal-vertikal" vgl. G. W. MACRAE, Semeia 12 (1978) S. 179. 188ff.

Religionsgeschichtlich gesehen kann man den Hebr dementsprechend als „Resultat der Begegnung zwischen einer weitgehend apokalyptisch geprägten christlichen Tradition und einer nicht primär apokalyptisch bestimmten hellenistisch-jüdischen Umwelt" betrachten[12]. Was aber heißt hier „Begegnung"? und: Wie ist das Verhältnis jener beiden Linien zueinander vorzustellen[13]? Die Beantwortung dieser Fragen ist nach wie vor umstritten. Sofern man dabei nicht bei der Feststellung eines letztlich unverbundenen Nebeneinanders beider Linien stehenbleibt[14], sind für die gegenwärtige Gesprächslage zwei Grundpositionen vor allem bestimmend: Einmal die Auffassung, daß die (apokalyptische) Horizontale, wie sie bereits Hebr 1,2 in Erscheinung tritt und sich u.a. auch in einer Naherwartung der Parusie Ausdruck verschafft (10,25.37), die entscheidende Grundlinie darstelle, die vertikale Linie demgegenüber lediglich eine Hilfslinie zur Präzisierung bzw. Radikalisierung jener Grundlinie; und zum anderen die Auffassung, wonach der Hebr insgesamt das Zeugnis einer Transformation der ursprünglichen jüdisch-urchristlichen Horizontale in eine platonische bzw. hellenistisch-jüdische Vertikale sei, damit zugleich aber auch als Dokument einer für die Spätzeit des Urchristentums charakteristischen „Enteschatologisierung" zu gelten hat: Hier geschieht eine Ablösung der für das älteste Urchristentum bestimmenden Zeitbegriffe durch Raumbegriffe[15]. Es versteht sich von selbst, daß sich damit auch die Sachfrage nach der Stellung des Hebr im Kanon des Neuen Testaments stellt[16].

Beide Positionen sind nun freilich in dieser Gestalt dem Sachverhalt im Hebr selbst nicht angemessen. Gegen die erstere spricht der Umstand, daß die „vertikale Eschatologie" vor allem im zentralen Teil des Hebr (8,1–10,18) entfaltet wird und im Sinne des Autors somit gewiß nicht nur

---

[12] So U. Luz, EvTh 27 (1967) S. 331. Kol und Eph sind im übrigen Belege dafür, daß solche Verbindung in der Theologiegeschichte des Urchristentums keineswegs ein Einzelfall war. Vgl. N. Walter, in: Festschr. W. G. Kümmel, S. 342ff.
[13] Zur Fragestellung B. Klappert, Die Eschatologie des Hebr, S. 19: „die Art und Weise der Zuordnung der alexandrinisch-hellenistischen und der futurisch-apokalyptischen Elemente ... stellt das entscheidende Problem bei der Frage nach der Eschatologie des Hebräerbriefes dar"; vgl. auch ebd., S. 21.
[14] So stehen für J. Moffatt S. XXXII. XXXIV. LIV, die Hohepriesterlehre des Hebr und die hier vorliegende traditionelle Eschatologie in einer letztlich unausgeglichenen Spannung zueinander. Vgl. dagegen C. K. Barrett, in: Festschr. C. H. Dodd, S. 365f; E. Grässer, Der Glaube im Hebr, S. 171f.
[15] So E. Grässer, Der Glaube im Hebr, S. 173ff, spez. S. 174. 177. Ähnlich auch J. Cambier, Sal 11 (1969) S. 94: „l'aspect qualitatif, céleste, se substitue à l'aspect temporal, future"; J. Héring, in: Festschr. C. H. Dodd, S. 450ff, sowie zuletzt G. Klein, Art. Eschatologie IV, TRE 10 S. 294: „Prävalenz der Raumkategorie".
[16] Vgl. z. B. U. Wilckens, Das Offenbarungsverständnis in der Geschichte des Urchristentums, in: W. Pannenberg (Hrsg.), Offenbarung als Geschichte (KuD, Beiheft 1), Göttingen 1961, S. 42–90, spez. S. 79f und S. 90.

eine „Hilfslinie" darstellt[17]; und gegenüber der zweiten Position läßt sich geltend machen, daß die „horizontale Eschatologie" im Hebr keineswegs nur innerhalb der paränetischen Partien (mit der Funktion der Verschärfung der Mahnung) zum Zuge kommt, sondern auch innerhalb der zunächst an räumlichen Kategorien orientierten Entfaltung der Hohenpriester-Christologie ihren Ort hat (9,26-28). Auch und gerade hier ist also der zeitliche Aspekt keineswegs gänzlich eliminiert. Der Schritt von der „Apokalyptik" zur „Metaphysik" und damit zu einer schlechthinnigen „Hellenisierung" der älteren jüdisch-urchristlichen Eschatologie ist hier jedenfalls noch nicht getan. Wenn es aber überhaupt zutrifft, daß im Hebr – dem ihm eigenen theologischen und pastoralen Grundanliegen entsprechend – der Hauptakzent auf der Begründung der Glaubensparaklese liegt, dann kommt in der Tat im Ganzen des Hebr den räumlichen Kategorien, die dem Autor zur Ausführung seiner Christologie im Sinn der Gegenüberstellung himmlisch-irdisch dienen, die Prävalenz vor den zeitlichen Kategorien (einschließlich der Naherwartung) zu. Die letzteren werden dabei keineswegs eliminiert, wohl aber ihrerseits einer sich in räumlichen Kategorien aussprechenden, eigentümlich ins „Hellenistische" gewandelten – mit einem Wort: einer „hellenistischen Eschatologie" zugeordnet[18]. Da diese Art von Eschatologie, wie sie im Hebr vorliegt, offensichtlich nur auf einer hellenistischen Traditionslinie zu verstehen ist, ist – gerade auch von der Eschatologie des Hebr her gesehen – der angemessene Ausgangspunkt für die Bestimmung des religionsgeschichtlichen Ortes des Hebr zunächst das hellenistische bzw. hellenistisch-jüdische Interpretationsmodell.

1. Das hellenistisch-jüdische Interpretationsmodell

Nicht nur die Eschatologie des Hebr, vielmehr bereits seine literarische Gestalt, seine Sprache und sein Stil, ebenso aber auch sein Gebrauch des Alten Testaments in Gestalt der LXX und seine Methodik der Schriftauslegung verweisen ihn eindeutig in den Raum des Hellenismus, genauer: in den Raum des durch den Hellenismus geprägten Judentums und Urchristentums. Steht der Hebr – unter traditionsgeschichtlichem Aspekt gesehen – in der Kontinuität eines hellenistischen Judenchristentums, so entsprechend – unter religionsgeschichtlichem Aspekt gesehen – in der Konti-

---

[17] Kennzeichnend ist nicht zuletzt auch der Umstand, daß der Autor des Hebr selbst dort, wo er sich am deutlichsten durch traditionelle apokalyptische Motive bestimmt erweist (Hebr 12,22ff), am Ende (12,25ff) seine Argumentation wiederum in das räumliche Schema der Gegenüberstellung irdisch-himmlisch einmünden läßt. Vgl. E. GRÄSSER, ZNW 77 (1986) S. 169ff; G. THEISSEN, Untersuchungen zum Hebr, S. 92f. 108.

[18] Zu Begriff und Sache einer „hellenistischen Eschatologie" vgl. N. WALTER, ThLZ 110 (1985) Sp. 331-348, spez. zu Hebr: Sp. 335f.339; DERS., in: Festschr. W. G. Kümmel, S. 335-356, spez. zu Hebr: S. 351ff; vgl. auch E. GRÄSSER, ZNW 77 (1986) S. 164f. 178.

nuität des jüdischen Hellenismus. Konkret bedeutet dies, daß das hellenistische Erbe – einschließlich des philosophischen Erbes der platonischen Schultradition – dem Hebr (wie dem gesamten hellenistischen Urchristentum) durch das hellenistische Judentum vermittelt worden ist und daß die spezielle Frage nach dem Platonismus des Hebr nichts anderes als ein Teilaspekt der Frage nach der hellenistisch-jüdischen Tradition im Hebr ist[19]. Und von daher versteht es sich schließlich auch, daß die „dualistischen" Implikationen dieser hellenistischen Traditionslinie dem Hebr immer schon in Gestalt einer monotheistischen Aufbereitung durch den jüdischen Hellenismus vermittelt worden sind[20].

Es bleibt noch die Frage zu beantworten, ob über solche sehr allgemeine Ortsbestimmung hinaus eine noch weitergehende Präzisierung hinsichtlich des religionsgeschichtlichen Ortes des Hebr möglich ist. Dabei muß man es offensichtlich nicht bei der wiederum sehr allgemeinen Feststellung belassen, daß der Hebr – wie bereits H. WINDISCH betont hat[21] – ein „Dokument ausgesprochener LXX-Theologie" ist. In diese Richtung weist zwar bereits die Wortstatistik des Hebr im Vergleich mit der *Septuaginta*[22]; zugleich aber ist auch von vornherein deutlich, daß der Hellenismus des Hebr im einzelnen weit über das hinausgeht, was sich bereits in LXX in dieser Hinsicht abzeichnet. Hier geht der Hebr vielmehr weithin mit jenem jüdischen Hellenismus konform, wie er sich insbesondere im ägyptisch-alexandrinischen Diasporajudentum darstellt. So läßt bereits das Exordium des Hebr – und hier insbesondere die Aussagenreihe Hebr 1,3 – erkennen, in welchem Maße bestimmte christologische Grundaussagen des Hebr bzw. der hier aufgenommenen hellenistisch-judenchristlichen Tradition in der Kontinuität einer Weisheits- und Logostheologie des hellenistischen Judentums stehen[23].

---

[19] Was den „Platonismus" des Hebr betrifft, so kommt hier konkret nur die platonische Schultradition in Betracht, und zwar in Gestalt des Mittleren Platonismus. Vgl. dazu: J.W. THOMPSON, The Beginnings of Christian Philosophy, S. 15f. und S. 41–52; J.P. MEIER, Bib 66 (1985) S. 532f. Kritisch dazu freilich: R. WILLIAMSON, Platonism und Hebrews, ScJTh 16 (1963) S. 415–424, sowie L. D. HURST, Eschatology and ‚Platonism' in the Epistle to the Hebrews.

[20] Schon von daher gesehen ist es unangemessen, den Autor des Hebr selbst als einen „middle-platonic Christian theologian" zu bezeichnen oder im Blick auf Hebr insgesamt von einer „Fusion" zwischen Mittlerem Platonismus und christlicher Glaubenstradition zu sprechen. So J.P. MEIER, Bib 66 (1985) S. 532f; ähnlich C. SCHNEIDER, Geistesgeschichte des antiken Christentums, München 1954, I, S. 326f; II, S. 284. Solcher platonisierenden Interpretation steht bereits die Tatsache entgegen, daß der Autor des Hebr die platonische Ontologie keineswegs ungebrochen rezipiert, sondern sie funktional seinem eigenen Grundanliegen zuordnet, die Adressaten des festen Grundes ihres Glaubens zu versichern. Vgl. in diesem Sinne auch J.W. THOMPSON, The Beginnings of Christian Philosophy, S. 41–52.

[21] H. WINDISCH, S. 132. Zum „hellenistischen Einschlag" im Hebr insgesamt: ebd., S. 131–135.

[22] Vgl. dazu im einzelnen: R. WILLIAMSON, Philo and the Epistle to the Hebrews, S. 11–83.

[23] Zur „Weisheitstheologie" im Hebr, speziell in Hebr 1 und 11 vgl. F. BOVON, Le Christ, la

Die schon seit dem 17. Jahrhundert bis in die neuere Auslegungsgeschichte hinein vertretene Position vom „Alexandrinismus" bzw. „Philonismus" des Hebr ist deshalb nach wie vor von aktueller Bedeutung[24]. Zwar vermögen die in dieser Hinsicht vorhandenen, bis in die gemeinsame Benutzung einer bestimmten Textüberlieferung der LXX reichenden Berührungen nicht einen unmittelbaren Zusammenhang zwischen Philon und Hebr – etwa im Sinn einer Schülerschaft des letzteren im Verhältnis zum ersteren – zu begründen[25], verweisen aber den Hebr in jedem Fall in *ein mit Philon gemeinsames hellenistisch-jüdisches* Milieu, wenn nicht sogar in einen gemeinsamen Traditions- und Schulzusammenhang[26]. Genau dieses Milieu bzw. dieser Schulzusammenhang ist es dann aber auch, die die Differenzen in der Aneignung der gemeinsamen Tradition umso deutlicher hervortreten lassen[27]. Sie bestehen vor allem im jeweils unterschiedlichen Ansatz sowie auch im unterschiedlichen Gefälle der theologischen Reflexion.

Während Philon in seinen Schriften den philosophischen Charakter jüdischer Religion im Sinne einer Synthese zwischen jüdischer Tradition und griechischer Philosophie erweisen will und dementsprechend der Prozeß einer Hellenisierung bei ihm sehr viel konsequenter – um nicht zu sagen: systematischer – zum Tragen kommt, entfaltet der Autor des Hebr bei seiner hellenistischen Interpretation der biblischen Überlieferung und

---

foi et la sagesse dans l'épître aux Hébreux (Hébreux 11 et 1), RThPh 3ᵉ sér. 18 (1968) S. 129-144. spez. S. 134; A. VANHOYE, TRE 14, S. 501f.

[24] Vgl. in diesem Sinne bereits H. GROTIUS, Annotationum in Nov. Test. tom. II, Paris 1646, p. 811; J. B. CARPZOW, Sacrae exercitationes in S. Pauli epistolam ad Hebraeos ex Philone alexandrino, Helmstedt 1750; J. J. WETTSTEIN, Novum Testamentum Graecum, Amsterdam 1752, p. 384. Aus der neueren Literatur ist besonders hinzuweisen auf: C. SIEGFRIED, Philo von Alexandria als Ausleger des Alten Testaments an sich selbst und seinem geschichtlichen Einfluß betrachtet, S. 321-330; C. SPICQ, Le Philonisme de l'épître aux Hébreux, RB 56 (1949) S. 542-572; 57 (1950) S. 212-242; DERS., Alexandrinismes dans e'épître aux Hébreux, RB 58 (1951) S. 481-502; DERS., l'épître aux Hébreux I, S. 39-91; O. MAAR, Philo und der Hebr, Diss. theol. Wien 1964; S. G. SOWERS, The Hermeneutics of Philo and Hebrews; L. K. K. DEY, The Intermediary World and Patterns of Perfection in Philo and Hebrews; R. H. NASH, The Notion of Mediator in Alexandrian Judaism and the Epistle to the Hebrews, sowie die Überblicke über die Diskussion bei: E. GRÄSSER, ThR 30 (1964) S. 177-179; J. C. MCCULLOUGH, IrBSt 2 (1980) S. 143-145; H. FELD, Der Hebr, S. 38-42. Kritisch zum ganzen: R. WILLIAMSON, Philo and the Epistle to the Hebrews, passim.

[25] So E. MÉNÉGOZ, La théologie de l'épître aux Hébreux, S. 198: „un philonien converti aux christianisme"; ähnlich C. SPICQ, I, S. 91; DERS., RdQ 1 (1958/59) S. 365.

[26] Dies gilt zumal dann, wenn man Philon seinerseits als den Repräsentanten einer für das hellenistische Judentum insgesamt charakteristischen Grundtendenz ansieht. Vgl. dazu: E. KÄSEMANN, Das wandernde Gottesvolk, S. 40. 51f; S. G. SOWERS, The Hermeneutics of Philo and Hebrews, S. 72f; H. M. SCHENKE/K. M. FISCHER, Einleitung in die Schriften des Neuen Testaments II, S. 268f u.v.a.

[27] Vgl. dazu H. WINDISCH S. 133; E. KÄSEMANN, Das wandernde Gottesvolk, S. 51f; R. H. NASH, WThJ 40 (1977(78) S. 102ff; H. M. SCHENKE/K. M. FISCHER, Einleitung in die Schriften des Neuen Testaments II, S. 268f.

der urchristlichen Bekenntnistradition das ihm Überkommene von vornherein in Richtung auf sein konkretes theologisches und pastorales Grundanliegen. Für den Ansatz seiner theologischen Reflexion ist – wie wiederum bereits das Exordium (Hebr 1,1–4) erkennen läßt – Gottes endzeitliches und endgültiges Reden „im Sohn" bestimmend. Damit stellt der Autor des Hebr seine Mahnrede unter ein theologisch-christologisches Vorzeichen, das als solches für alles folgende gilt, und zwar auch und gerade für die im Rahmen seiner Eschatologie ausgeführte vertikale Linie. Der für alle Zukunft gültige, endgültige Charakter von Gottes einmaliger Rede „im Sohn" kommt hier bereits in den Blick und schließt damit eine konsequente Transformation der Horizontale in die Vertikale bzw. die schlechthinnige Ablösung von Zeitbegriffen durch Raumbegriffe von vornherein aus. Ob dabei im Hebr im Grundsätzlichen wie auch im einzelnen eine Bindung an das spezifische Erbe der jüdisch-urchristlichen Apokalyptik festzustellen ist, bleibt noch zu fragen (s.u. zu 5.3); schon hier aber ist deutlich, daß der entscheidende Unterschied zwischen Philon und Hebr – was den jeweiligen Ansatz der theologischen Reflexion betrifft – auf Seiten des Hebr nicht primär in einem bestimmten apokalyptischen Koordinatensystem liegt, sondern in der Christologie. So gewiß also der Vergleich des Hebr mit den Schriften Philons im ganzen wie im einzelnen einen Beitrag für die Frage nach dem Ort des Hebr in der spätantiken Religionsgeschichte und speziell in der Geschichte des Frühjudentums zu leisten vermag, so deutlich ist zugleich auch (und beim gegenwärtigen Stand der Forschung auch nicht mehr strittig), daß die besondere Art und Weise, in der der Autor des Hebr jene hellenistisch-jüdische Tradition aufarbeitet, nicht aus dieser Tradition selbst abgeleitet werden kann[28]. Grundsätzlich das Gleiche gilt dann freilich auch für das gnostische Interpretationsmodell des Hebr.

2. Das gnostische Interpretationsmodell

Unter der Voraussetzung, daß zwischen Philon und Hebr auf der Basis beiderseitiger Verwurzelung in einem Milieu des jüdischen Hellenismus ein Schul- oder Traditionszusammenhang besteht, kann innerhalb eines solchen Milieus eine gnostische oder auch nur gnostisierende Tendenz im Sinne eines dualistischen Welt-, Menschen- und Heilsverständnisses jedenfalls nicht von vornherein ausgeschlossen werden. Dementsprechend ist dem seinerzeit vor allem von E. KÄSEMANN unternommenen Versuch, den Hebr über alle vordergründigen Analogien hinaus auf der Basis einer mit Philon gemeinsamen gnostischen Grundtradition zu verstehen, jeden-

---

[28] Vgl. Ch. CARLSTON, in: Festschr. G. E. Ladd, S. 148: „In short, the unknown author of Hebrews lived in the same ‚Platonic' world as Philo. But ... they were citizens of quite different countries".

falls grundsätzlich sein Recht zuzugestehen[29], zumal „gnostische Interpretation" ja auch hier nicht als Zeugnis einer zeitlich und sachlich sekundären Gnostisierung der ursprünglichen christlichen Botschaft verstanden sein will[30], sondern im Rahmen und Zusammenhang des elementaren hermeneutischen Sachverhalts, demzufolge das Evangelium um seiner Dynamis willen im Blick auf konkrete Menschen der Anknüpfung an deren Verstehensvoraussetzungen bedarf[31].

Gleichwohl sind die Probleme einer solchen „gnostischen Interpretation" offensichtlich: Sie beginnen bei den alten, bis in die Gegenwart hinein diskutierten Fragen, was eigentlich als „gnostisch" im engeren Sinne zu gelten hat[32], setzen sich fort bei der Frage nach der zeitlichen Ansetzung der in Betracht kommenden gnostischen Quellen und ihrer Anwendung auf das zeitlich früher fixierte urchristliche Schrifttum und betreffen gegenwärtig vor allem den einst von E. KÄSEMANN bei seiner Interpretation des Hebr noch mit Selbstverständlichkeit vorausgesetzten gnostischen „Urmensch-Erlöser-Mythus". Angesichts dessen, daß sich in der neueren Gnosisforschung immer deutlicher herausgestellt hat, daß ein solcher in sich geschlossener Mythus, wie ihn seinerzeit die Vertreter der „Religionsgeschichtlichen Schule" aus einer Vielzahl zeitlich und örtlich weit auseinanderliegender Quellen rekonstruieren zu können glaubten, im Grunde

---

[29] Zur Frage eines Zusammenhangs zwischen hellenistischem Judentum/Philon und Gnosis vgl. R. McL. WILSON, The Gnostic Problem. A Study of the Relation between Hellenistic Judaism and the Gnostic Heresy, London 1958, S. 30ff. 172ff. 256ff; M. SIMON, Eléments gnostiques chez Philon, in: U. Bianchi (Hrsg.); Le origini dello gnosticismo. Colloquio di Messina 1966 (Suppl. to Numen 12), Leiden 1967, S. 359–376; B. A. PEARSON, Philo and Gnosticism, in: ANRW II 21/1, S. 295–342, sowie E. GRÄSSER, ThR 30 (1964) S. 178f. – Zur Frage einer Philon und Hebr gemeinsamen gnostischen Grundtradition: E. KÄSEMANN, Das wandernde Gottesvolk, S. 40. 51f. 110–116. Zum Problem einer „gnostischen Interpretation" des Hebr insgesamt: E. GRÄSSER, ThR 30 (1964) S. 179–186; J. C. McCULLOUGH, IrBSt 2 (1980) S. 148–150; J. W. THOMPSON, The Beginnings of Christian Philosophy, S. 2–5; H. FELD, Der Hebr, S. 42–48. 49–51.

[30] Genau diese Auffassung, daß eine „gnostische Interpretation" als solche den Hebr bzw. überhaupt die urchristlichen Schriften als Dokumente einer sekundären Gnostisierung betrachte, steht hinter der mitunter vehementen Abweisung aller gnostischen Einflüsse auf das Neue Testament. Vgl. dazu bes. M. HENGEL, Der Sohn Gottes: „Gnostisierung" heißt hier zugleich „Synkretistische Paganisierung des Urchristentums" (S. 34) bzw. „Auslieferung an den paganen Mythos" (S. 113). Vgl. in bezug auf Hebr aber auch schon O. MICHEL S. 516, Anm. 1, und S. 522.

[31] Vgl. in diesem Sinne E. KÄSEMANN, Das wandernde Gottesvolk, S. 113f. 152f.

[32] Auf die Problematik in dieser Hinsicht hat bereits O. MICHEL S. 66f entsprechend hingewiesen. Geht man bei dieser Frage davon aus, daß „Gnosticism is an atmosphere, not a system" (so R. McL. WILSON, The Gnostic Problem, S. 261), steht man zunächst nur wieder bei jenem generellen Zusammenhang von „Gnosis" und „spätantikem Geist" (H. JONAS), der nur schwerlich eine in der späthellenistischen Religionsgeschichte insgesamt sich abzeichnende dualistische Grundtendenz von einem spezifisch gnostischen Welt- und Heilsverständnis unterscheiden läßt. Also: nicht jede dualistische Grundanschauung in der spätantiken Religionsgeschichte kann bereits als solche als gnostisch gelten.

eine sekundäre Abstraktion darstellt bzw. als solcher gar nicht existiert hat[33], ist der gnostischen Interpretation des Hebr – in der Gestalt jedenfalls, in der sie E. KÄSEMANN vertreten hat – das wesentliche Fundament entzogen.

Mit dieser Erkenntnis ist jedoch die Grundfrage einer „gnostischen Interpretation" des Hebr noch keineswegs als solche erledigt. Geht man jedenfalls davon aus, daß dasjenige, was „Gnosis" ausmacht, gar nicht in erster Linie durch einen in sich geschlossenen Urmensch-Erlöser-Mythus konstituiert wird, sondern – auf einer tieferliegenden Ebene gleichsam – durch ein bestimmtes *Welt-, Menschen- und Heilsverständnis*[34], dann stellt sich die Frage nach den Möglichkeiten einer „gnostischen Interpretation" des Hebr genau auf dieser Ebene, konkret also als die Frage, ob und inwieweit sich im Welt- und Menschenverständnis des Hebr und – diesem Welt- und Menschenverständnis komplementär zugeordnet – auch im Grundverständnis von „Heil" und „Erlösung" im Hebr Entsprechungen zu einer spezifisch gnostischen Grundeinstellung aufzeigen lassen, von der her dann auch auf die entsprechenden Vorstellungen und Einstellungen im Hebr ein verdeutlichendes Licht fällt[35].

Konkret und im einzelnen gilt dies – über die Frage hinaus, ob die *Hohepriester-Christologie* des Hebr (und in diesem Zusammenhang insbesondere die in Hebr 7 aufgenommene Melchisedek-Tradition) auf bestimmten gnostischen Prämissen beruht[36] – vor allem im Blick auf zwei für den Hebr charakteristische Motivzusammenhänge. Einmal im Blick auf das Grundmotiv von der „Wanderschaft des Gottesvolkes" auf dem Weg zum

---

[33] Zur (Re-)Konstruktion dieses gnostischen Mythus vgl. E. KÄSEMANN, Das wandernde Gottesvolk, S. 61ff, bes. S. 70 sowie S. 98ff, bes. S. 110f; E. GRÄSSER, ThR 30 (1964) S. 181ff; DERS., Der Glaube im Hebr, S. 112f. – Zur Kritik in dieser Hinsicht grundlegend: C. COLPE, Die religionsgeschichtliche Schule. Darstellung und Kritik ihres Bildes vom gnostischen Erlösermythus (FRLANT 78), Göttingen 1961; H. M. SCHENKE, Der Gott ‚Mensch' in der Gnosis, Berlin 1962; DERS., Die neutestamentliche Christologie und der gnostische Erlöser, in: K. W. Tröger (Hrsg.); Gnosis und Neues Testament, Berlin 1973, S. 205–229, spez S. 210f. – Auch diejenigen, die nach wie vor an E. KÄSEMANNS religionsgeschichtlicher Konzeption festhalten, akzeptieren diese Erkenntnis der neueren Gnosisforschung. Vgl. G. THEISSEN, Untersuchungen zum Hebr, S. 115f; E. GRÄSSER, ZNW 75 (1984) S. 7, Anm. 21; DERS., ZNW 77 (1986) S. 162: „Den ausgebildeten Erlösermythos der späten gnostischen Systeme zum hermeneutischen Schlüssel der Hebr-Exegese zu machen, wird nach dem derzeitigen Stand der Gnosisdebatte niemand mehr für sachgemäß halten".

[34] Vgl. E. BRANDENBURGER, Fleisch und Geist. Paulus und die dualistische Weisheit (WMANT 29), Neukirchen 1968, S. 11; G. THEISSEN, Untersuchungen zum Hebr, S. 116.

[35] In diesem Sinn bestimmt E. GRÄSSER, Die Heilsbedeutung des Todes Jesu in Hebräer 2,14–18, in: Theologia crucis – signum crucis. Festschr. E. Dinkler, Tübingen 1979, S. 182f, die Aufgabe einer gnostischen Interpretation des Hebr. Sachlich-inhaltlich kann man jene gnostische Grundhaltung mit G. THEISSEN, ThLZ 99 (1974) Sp. 428, als einen „akosmischen dualistischen Erlösungsradikalismus" beschreiben. Ähnlich auch F. J. SCHIERSE, Verheißung und Heilsvollendung, S. 35 (im Anschluß an H. JONAS), sowie O. HOFIUS, Katapausis, S. 17.

[36] Vgl. dazu E. KÄSEMANN, Das wandernde Gottesvolk, S. 124ff und S. 129ff; G. THEISSEN, Untersuchungen zum Hebr, S. 13ff und S. 130ff.

Erlösungsziel der κατάπαυσις als Entsprechung zum gnostischen Grundmotiv einer „Himmelsreise der Seele"[37]; Und zum anderen im Blick auf die vor allem Hebr 2,10ff vorliegende Bestimmung der Relation Erlöser/ Erlöste, die - wie es Hebr 2,11 ausdrücklich heißt - gemeinsamen Ursprungs sind (ἐξ ἑνὸς πάντες). Zumindest hier scheint im Hebr - zumal in der Verbindung mit der Vorstellung vom Erlöser als ἀρχηγὸς τῆς σωτηρίας[38] - in der Tat ein der Gnosis analoges Grundverständnis von der συγγένεια des Erlösers und der Erlösten bzw. zu Erlösenden vorzuliegen, also letztlich die anthropologische Grundvorstellung von der „Präexistenz der Seelen" und die damit verbundene dualistische Anthropologie[39]. Daß bei alledem der Autor des Hebr von seinem christologisch-soteriologischen Ansatz her jene gnostischen Prämissen nicht ungebrochen rezipiert, sondern sie - wie sich zumal im Blick auf Hebr 2,10ff zeigen läßt - dem ihn bestimmenden christologischen Ansatz und damit am Ende auch seinem theologischen und pastoralen Grundanliegen zuordnet bzw. sie damit zugleich „entmythologisiert", versteht sich von selbst und ist auch schon von E. KÄSEMANN selbst entsprechend betont worden[40]. Wenn es aber in diesem Zusammenhang vor allem „geschichtlich-personhafte" Kategorien sind, die den Autor des Hebr bei seiner Rezeption jener gnostischen Prämissen bestimmen[41], dann ist auch an dieser Stelle wiederum deutlich, daß für die Frage nach einer „gnostischen Interpretation" des Hebr am Ende dasselbe gilt, was auch schon für die Interpretation des Hebr in der Kontinuität des jüdischen Hellenismus galt: Es ist der weder aus jüdisch-hellenistischen noch aus gnostischen Prämissen ableitbare christologische Denkansatz des Autors, der Ansatz also bei der geschichtlich-personal vermittelten Rede Gottes „im Sohn" (Hebr 1,1f), der die bei der Entfaltung dieses Ansatzes rezipierten religionsgeschichtlichen Prämissen ihrerseits in

---

[37] So E. KÄSEMANN, Das wandernde Gottesvolk, S. 40-58, spez. S. 45: eine „auf dem Motiv der Himmelswanderschaft aufgebaute Erlösungslehre". Zum Motiv der „Himmelsreise" in der Gnosis vgl. auch E. GRÄSSER, Der Glaube im Hebr, S. 105ff; G. THEISSEN, Untersuchungen zum Hebr, S. 124ff.

[38] Zum gnostischen Verständnis von ἀρχηγός in Hebr 2,10 vgl. E. KÄSEMANN, Das wandernde Gottesvolk, S. 79ff.

[39] Zur Deutung von Hebr 2,11 im Sinne des gnostischen συγγένεια-Motivs vgl. E. KÄSEMANN, Das wandernde Gottesvolk, S. 90ff; G. THEISSEN, Untersuchungen zum Hebr, S. 121ff; E. GRÄSSER, s. o. (Anm. 35), S. 173f. 177ff, bes. S. 182f; H. M. SCHENKE, Erwägungen zum Rätsel des Hebr, in: Festschr. H. Braun, spez. S. 426f. - Über Hebr 2,11 hinaus sieht G. THEISSEN auch in Hebr 2,14; 12,9 und 13,3 die Vorstellung von der „Präexistenz des menschlichen Selbst" vorausgesetzt.

[40] E. KÄSEMANN, Das wandernde Gottesvolk, S. 110-116, bes. S. 112: „Unvollziehbar ist christlicher Theologie die Aufnahme des Motivs von der metaphysischen Identität zwischen Erlöser und Erlösten", und d.h. zugleich: „Infolgedessen fehlt auch jegliche Spekulation über die Präexistenz der Seelen ..., also der gesamte Unterbau des gnostischen Mythos" (ebd.).

[41] So J. ROLOFF, Der mitleidende Hohepriester, in: Festschr. H. Conzelmann, S. 161f; vgl. auch E. GRÄSSER, Der historische Jesus im Hebr, in: DERS., Text und Situation, S. 159f.

einen neuen Bezugsrahmen stellt und sie damit allenfalls noch instrumental der Vermittlung der einmal erkannten christologisch-soteriologischen Wahrheit an die Adressaten zugeordnet sein läßt. Mit anderen Worten: Was im Hebr an gnostischen Prämissen wirksam geworden ist, das hat im Gesamtgefüge der Argumentation des Hebr keinen im strengen Sinne konstitutiven Charakter, sondern allenfalls noch den Stellenwert einer Hilfslinie, um die Sache dieses Briefes seinen ursprünglichen Adressaten für sie rezeptabel zu vermitteln.

Die angesichts der *Eschatologie* des Hebr naheliegende Frage, ob es dann auch jene gnostische Hilfslinie ist, die die für den Hebr charakteristische „hellenistische Eschatologie" bedingt hat, ist beim gegenwärtigen Stand der Gnosisforschung – vor allem angesichts dessen, daß es nach Ausweis der gnostischen Handschriften von Nag Hammadi auch eine gnostische Eschatologie bzw. Apokalyptik gegeben hat – zumindest zweifelhaft. Umso größeres Gewicht hat dann freilich für den Hebr insgesamt wie auch speziell für die Eschatologie des Hebr jenes Interpretationsmodell, demzufolge für den Hebr eine bestimmte eschatologische Geschichtsauffassung in der Kontinuität der jüdisch-urchristlichen Apokalyptik bestimmend ist.

3. Das apokalyptische Interpretationsmodell

Forschungsgeschichtlich gesehen verbindet sich mit diesem Interpretationsmodell zugleich eine mehr oder minder deutliche Absage an das „gnostische Interpretationsmodell", die – auch bei gelegentlichem Zugeständnis einer hellenistischen, wenn nicht sogar gnostischen Gestalt der Apokalyptik – am Ende wiederum auf die Alternative Apokalyptik einerseits – Hellenismus/Gnosis andererseits hinausläuft[42]. Die sachliche Vorordnung der Apokalyptik vor allem Hellenistischen oder Gnostischen bleibt dabei in jedem Falle gewahrt: „Das eschatologisch Zukünftige bleibt dem unsichtbar Gegenwärtigen vorgeordnet", und der Hebr ist dementsprechend als „die didaktische Darstellung apokalyptisch-urchristlicher Glaubenserfahrung unter Zuhilfenahme hellenistischer Bildungselemente zu kennzeichnen"[43]. Die Problematik solcher Alternative rückt freilich in dem Maße immer deutlicher ins Licht, in dem sich in der neueren Gnosisforschung herausgestellt hat, daß Apokalyptik einerseits und Gnosis ande-

---

[42] Kennzeichnend dafür ist die Position von A. STROBEL S. 85f, der zwar zugesteht, daß der Hebr „einem geistigen Milieu entstammt, das nur schwache Tendenzen zu einer Gnosis aufweist", andererseits aber auch (und vor allem!) als „Zeugnis eines judenchristlichen Urchristentums zu verstehen ist, das das Christusgeschehen hellenistisch ausgesprochen, doch in Wahrheit durchaus apokalyptisch verstanden hat". Was hinter dem Hebr steht, ist ein „biblisch orientiertes rabbinisches und apokalyptisches Judentum". Vgl. auch O. MICHEL S. 58f. 69f. 520.
[43] So O. MICHEL S. 65; vgl. auch S. 548, Anm. 1.

rerseits im Gesamtrahmen der spätantiken Religionsgeschichte keineswegs gänzlich beziehungslos nebeneinander stehen, sondern sich in mancherlei Hinsicht berühren. So hat es innerhalb der Apokalyptik durchaus auch gnostisierende Tendenzen (in Richtung auf ein dualistisches Welt- und Geschichtsverständnis) gegeben und auf der anderen Seite – zuletzt eindrücklich durch die „Apokalypsen" aus der gnostischen Bibliothek von Nag Hammadi belegt – auch so etwas wie eine gnostische Apokalyptik[44]. Gewiß ist es auch hier wieder ein jeweils unterschiedlicher Ansatz der theologischen Reflexion, der beide Phänomene – jüdisch-urchristliche Apokalyptik einerseits und gnostischen Apokalyptik andererseits – unterscheidet[45]; fraglich bleibt jedoch, ob man angesichts der beiderseits gegebenen Phänomene auch weiterhin von der Voraussetzung ausgehen kann, daß „Jüdisches" und „Gnostisches" als schlechthinnige Alternativen zu betrachten sind[46].

Bei alledem ist keineswegs zu bestreiten, daß der Hebr in dem Sinne jedenfalls in der Kontinuität jüdisch-urchristlicher Apokalyptik steht, daß auch in ihm im einzelnen eine ganze *Reihe traditioneller Topoi* der eschatologischen Geschichtsdeutung des Urchristentums vorliegt. Die noch ausstehende Vollendung des eschatologischen Heils bzw. die endgültig-endzeitliche Einlösung der Verheißung wird durchaus im Stil der traditionellen urchristlichen Apokalyptik beschrieben: Die Christen „warten noch auf das Heil" (9,26), konkret auf die „Auferstehung der Toten" (6,2; 11,35), aber auch auf das künftige Gericht (6,2; 9,27) und das Vergehen der gegenwärtigen Welt (12,26ff). Am Ende erst steht das „Eingehen in die Ruhe" (4,3ff) bzw. in die „Stadt Gottes" (11,10ff; 12,22; 13,14), und zwar für diejenigen, die am Glauben und an der Hoffnung bzw. am „Bekenntnis der Hoffnung" festhalten (3,6.14; 6,11.18; 10,23.35f). Dem allen korrespondiert auch die Christologie: So gewiß nämlich Gottes Reden „im Sohn" am „Ende der Tage" bereits geschehen ist und somit – apokalyp-

---

[44] E. KÄSEMANNS früher Protest gegen eine scharfe Grenzziehung zwischen „Apokalyptik" und „Gnosis" in: ThLZ 75 (1950) Sp. 427f, erfährt von daher eine Bestätigung. – Zum Phänomen einer gnostischen Apokalyptik vgl. jetzt bes. die gnostischen Apokalypsen im Handschriftenfund von Nag Hammadi (NHC V 2–5 sowie NHC VII 3). Zu Charakter und Eigenart dieser gnostischen Apokalyptik vgl. R. HAARDT, Das universaleschatologische Vorstellungsgut in der Gnosis, in: K. Schubert (Hrsg.), Vom Messias zum Christus, Wien 1964, S. 315–336; M. L. PEEL, Gnostic Eschatology and the New Testament, NT 12 (1970) S. 141–165; G. MACRAE, Apocalyptic Eschatology in Gnosticism, in: D. Hellholm (Hrsg.); Apocalypticism in the Mediterranean World and the Near East, Tübingen 1983, S. 317–325; H. G. KIPPENBERG, Ein Vergleich jüdischer, christlicher und gnostischer Apokalyptik, in: ebd., S. 751–768; R. McL. WILSON, TRE 13, S. 538f.

[45] Dies zeigt sich vor allem darin, daß auf Seiten der jüdischen Apokalyptik bei aller auch hier lautwerdenden Skepsis hinsichtlich der Erkennbarkeit des Heilsplanes Gottes (angesichts der im faktischen Verlauf der Geschichte erfahrenden Ferne Gottes) niemals grundsätzlich die Einheit und Einzigkeit des Schöpfergottes in Zweifel gezogen worden ist.

[46] So H. M. SCHENKE, Erwägungen zum Rätsel des Hebr, in: Festschr. für H. Braun, S. 426.

tisch gesprochen – die Wende der Äonen breits heraufgeführt hat, so gewiß steht diese Äonenwende ihrerseits in der Perspektive der „zweiten Erscheinung" Christi (9,28). Mit anderen Worten: So gewiß Gott jetzt schon die „zukünftige Welt" dem Sohn unterworfen hat (2,5), so gewiß gilt doch zugleich: „Jetzt aber ist ihm – wie wir sehen – noch nicht alles untertan gemacht" (2,8). Gemeinsam mit der urchristlichen Apokalyptik ist dem Hebr aber auch die Grundfrage der Apokalyptik, die Frage nämlich nach der Relation von Eschatologie und Geschichte. Denn sofern bei den Adressaten des Hebr die Gültigkeit der Verheißung Gottes angesichts einer heillosen Welt fraglich geworden ist, geht es auch hier letztlich um die „Aporie der Verheißung"[47].

Gleichwohl bleibt bei alledem zu fragen, ob der Hebr wirklich als das Zeugnis einer *Geschichtsauffassung* gelten kann, mit der er gänzlich ungebrochen in der Kontinuität der älteren urchristlichen Apokalyptik steht – und damit zugleich auch im Gegensatz zu „hellenistischer Weisheitslehre und Alexandrinismus"[48]. Mag die Fragestellung, von der der Hebr ausgeht, auch als solche typisch apokalyptisch sein; die Antwort, die der Autor des Hebr gibt, ist es jedenfalls nicht. Ihm geht es in seiner Trost- und Mahnrede angesichts der Glaubensanfechtung seiner Adressaten um die „Einführung einer besseren Hoffnung" (7,19), d.h. um die erneute Begründung der Hoffnung der Christen; und dieses Grundanliegen verwirklicht er dadurch, daß er mit den ihm zu Gebote stehenden Mitteln – und d.h. vor allem: vermittels des Rückbezugs auf die seinen Adressaten bekannte christologische Bekenntnistradition – allen Ausblick auf die Zukunft und die Hoffnung auf die Vollendung des eschatologischen Heils unter das Vorzeichen dessen stellt, was Gott „im Sohn am Ende der Tage" bereits geredet hat (1,2).

Die *Eschatologie* des Hebr ist von daher gesehen eine Eschatologie auf christologischer Basis und in christologischer Perspektive, seine Antwort auf die apokalyptische Grundfrage also eine christologisch zentrierte Antwort. Fragt man nach Recht und Grenze einer „apokalyptischen Interpretation" des Hebr auf der Grundlage des christologischen Basis-Satzes in Hebr 1,1–4, so treten hier bereits Nähe und Distanz zur apokalyptischen Grundstruktur mit aller Eindeutigkeit hervor: Die Nähe zur Apokalyptik, sofern Gott „am Ende der Tage" redet; die Distanz zur Apokalyptik aber auch in dem Sinne, daß hier alles Apokalyptische gleichsam auf einen Punkt konzentriert und reduziert erscheint und damit zugleich zentral christologisch qualifiziert wird. Von hier aus gesehen kann es auch und

---

[47] So W. HARNISCH, Verhängnis und Verheißung der Geschichte. Untersuchungen zum Zeit- und Geschichtsverständnis im 4. Buch Esra und in der syrischen Baruchapokalypse (FRLANT 97), Göttingen 1969, S. 19ff.
[48] So O. MICHEL S. 423f; ähnlich auch B. KLAPPERT, O. HOFIUS und C. K. BARRETT; dazu: J. W. THOMPSON, The Beginnings of Christian Philosophy, S. 5–7.

gerade für diejenigen, die „noch nicht" zu sehen vermögen, daß Gott dem Sohn „alles untertan gemacht hat" (2,8), am Ende nur noch darum gehen, an der von Gott „im Sohn" begründeten „besseren Hoffnung", an dem die Hoffnung begründenden Bekenntnis (10,23) bzw. - wie es Hebr 6,18-20 in metaphorischer Rede ausgeführt wird - an dem „Anker" festzuhalten, der in Jesu Wirken als „Vorläufer für uns" seinen festen Grund hat und von dem her allein παράκλησις zu gewinnen ist. Und wenn an dieser Stelle die Mahnung zum Ergreifen der προκειμένη ἐλπίς unmittelbar mit einem räumlichen Aspekt verbunden erscheint - der „Anker" hat ja dort seinen festen Grund, wohin Jesus als „Vorläufer" bereits hineingegangen ist -, dann ist zugleich offensichtlich, daß die für die „hellenistische Eschatologie" des Hebr charakteristische Verbindung von horizontaler und vertikaler Dimension letztlich im eigenen theologischen Grundanliegen des Autors selbst (und somit nicht primär in irgendwelchen zufälligen synkretistischen Konstellationen der spätantiken Religionsgeschichte) begründet ist. Der vertikale Aspekt hat dabei für dieses Grundanliegen des Autors deshalb entscheidende Bedeutung, weil der Autor eben mit der Gegenüberstellung irdisch-himmlisch deutlich zu machen vermag, an welchem Ort die Hoffnung der Christen auf die endgültige Bestätigung und Einlösung der Verheißung Gottes jetzt schon ihren festen Grund hat. Genau dies deutlich zu machen, ist die „Hauptsache" des Hebr (8,1). Und im Grunde nur dies wird im Hebr im einzelnen ausgeführt, während demgegenüber das, worauf die Hoffnung der Christen sich richtet, unanschaulich bzw. ganz im Rahmen der traditionellen urchristlichen Apokalyptik bleibt. Die Dominanz hat im Hebr - was das eigene Grundanliegen des Autors betrifft - durchaus der räumlich-vertikale Aspekt. Das hat zur Konsequenz, daß der Entwurf eines eschatologischen Zukunftsbildes und die Fixierung des Ablaufs einer Endgeschichte im Hebr kein eigenes Thema sind. Das gilt auch für das Thema der „Naherwartung". Indem der Hinweis auf den „sich nahenden Tag" in Hebr 10,25 im paränetischen Kontext von 10,19ff die Ermahnung der Adressaten zu durchhaltender Glaubenstreue begründet, hat er keinen im eigentlichen Sinne konstitutiven, sondern (in Verbindung mit dem Gerichtsmotiv) allenfalls einen die Paränese verschärfenden, ihre Dringlichkeit unterstreichenden Charakter[49]. Die Frage nach dem „Wann" der Parusie spielt hier keine Rolle, sodaß auch von einer „lebendigen Naherwartung" im Hebr keine Rede sein kann[50], eher dann schon von einer Distanz gegenüber diesem traditionellen Topos urchristlicher Apokalyptik. Genau an der für die traditionelle jüdische und urchristliche Apokalyptik entscheidenden Stelle hat sich im Hebr eine

---

[49] Vgl. G. THEISSEN, Untersuchungen zum Hebr, S. 108f. 113; E. GRÄSSER, Der Glaube im Hebr, S. 178ff; F. LAUB, Bekentnis und Auslegung, S. 251f.

[50] So O. HOFIUS, Katapausis, S. 142; kritisch dazu: F. LAUB, Bekenntnis und Auslegung, S. 252 mit Anm. 220.

Umakzentuierung vollzogen, die die hier vorhandenen apokalyptischen Elemente in ein neues Licht stellt: in das Licht einer Apokalyptik auf christologischer Basis und in christologischer Perspektive. Traditionelle apokalyptische Vorstellungsmuster sind hier nicht mehr dasselbe, was sie ursprünglich waren, wenn im Hebr zum Zwecke der „Einführung einer besseren Hoffnung" alles Gewicht auf dem von Gott „am Ende der Tage im Sohn" gesprochenen Wort liegt und wenn auf dieser Basis Apokalyptisches in ungebrochener Gestalt nur noch im Rahmen der Paränese zum Zug kommt.

Daß bei alledem auch wiederum der traditionsgeschichtliche Ansatz bei der urchristlichen *Erhöhungschristologie* richtungweisende Bedeutung hat, liegt auf der Hand, und dies nicht nur dort, wo man in dieser Art von Christologie als solcher bereits ein Indiz für das Nachlassen der Naherwartung sieht[51]; vielmehr steht der Hebr damit von vornherein in einer Entwicklungslinie der urchristlichen Theologiegeschichte, in der es in erster Linie um die gegenwärtige Wirksamkeit des Erhöhten für die Gemeinde geht – und erst von daher dann auch um die zukünftige Vollendung. Ebenso wie eine „hellenistisch-jüdische" oder auch eine „gnostische" findet somit auch die „apokalyptische Interpretation" des Hebr ihre Grenze am eigenen traditionsgeschichtlichen Ansatz *und* am eigenen theologischen Grundanliegen des Autors des Hebr. Wer so wie er die Erhöhungschristologie zum Ansatz seiner eigenen christologischen Konzeption nimmt und die vertikale Dimension um seines Grundanliegens willen zur Basis seines Trost- und Mahnschreibens macht, den kann man schwerlich noch einen Repräsentanten der urchristlichen Apokalyptik nennen[52], der hat vielmehr – unter religionsgeschichtlichem Aspekt gesehen – Hellenistisches (und eventuell auch Gnostisches) und Apokalyptisches zu einer neuen Einheit verbunden.

Im Zusammenhang einer apokalyptischen Interpretation des Hebr stehen – worauf hier abschießend noch hinzuweisen ist – einige weitere Versuche, den Hebr im Zusammenhang mit bestimmten Richtungen und Gruppierungen innerhalb des Frühjudentums zu verstehen. Dabei kommt allerdings für eine ausgesprochen hellenistische Schrift wie den Hebr die jüdisch-*rabbinische Traditionslinie* von vornherein nur bedingt in Betracht[53]. Was sich hier im Vergleich mit Hebr im einzelnen an Parallelen, darüber hinaus aber auch an Übereinstimmung in der exegetischen Methodik darstellt, bekundet eher einen gemeinjüdischen Traditionszu-

---

[51] Vgl. F. HAHN, Christologische Hoheitstitel, S. 129ff.
[52] Vgl. auch E. GRÄSSER, ZNW 77 (1986) S. 174; N. WALTER, ‚Hellenistische Eschatologie' im Neuen Testament, in: Festschr. W. G. Kümmel, Tübingen 1985, S. 351ff.
[53] Charakteristisch in dieser Hinsicht ist die Tatsache, daß J. H. R. BIESENTHAL seinen rabbinischen Kommentar zum Hebr (Epistola Pauli ad Hebraeos cum rabbinico commentario, Berlin 1857) unter der Voraussetzung abfaßte, daß Hebr eine Übersetzung aus dem Hebräischen ist.

sammenhang, als daß es sich zugunsten eines unmittelbaren Zusammenhangs mit der rabbinischen Traditionsliteratur geltend machen läßt[54].

Anders scheinen die Dinge bei dem seit der Entdeckung der *Qumranschriften* wiederholt unternommenen Versuch zu liegen, den Hebr sachlich, zeitlich und schließlich auch örtlich im Umkreis der Qumran-Gemeinde anzusiedeln[55]. Die entsprechenden Versuche beanspruchen deshalb besonderes Interesse, weil sie nicht lediglich auf den Erweis einzelner Parallelen und Analogien zum Hebr ausgerichtet sind, sondern in erster Linie darauf, gerade auch die besondere, in der urchristlichen Theologiegeschichte singuläre Christologie des Hebr aus den Prämissen der Messianologie jener jüdischen Gruppenbildung und damit zugleich aus einem Judentum esoterischer bzw. nicht-orthodoxer Prägung zu erklären[56]. Nun sind zwar gewisse Analogien in dieser Hinsicht bis hin zur formalen Methodik der Schriftauslegung nicht zu bestreiten; ebensowenig sind aber auch die erheblichen, vor allem im hellenistisch-jüdischen Charakter des Hebr begründeten Differenzen zu übersehen, die – beispielsweise – den „Dualismus" des Hebr von einer grundsätzlich anderen Art sein lassen als den der Qumran-Schriften. Von daher ist es denn auch zu verstehen, daß – nach sorgfältiger Prüfung der insgesamt in Betracht kommenden Entsprechungen[57] – ein anfänglicher Enthusiasmus in dieser Hinsicht bereits seit Beginn der 60er Jahre zunehmend einer nüchternen Betrachtung des Verhältnisses Qumran – Hebr Platz gemacht hat, die die ohne Frage vorhandenen Entsprechungen nicht primär aus einer tatsächlichen direkten Beziehung zwischen Hebr und Qumran-Gemeinde ableitet, sondern aus einer beiden gemeinsamen, jedoch jeweils unterschiedlich zentrierten und ausgerichteten eschatologischen Grundposition[58]. Die Entscheidung über die Frage, welchen Beitrag die vorhande-

---

[54] Von einer „jüdisch-rabbinischen Grundhaltung" des Hebr (im Gegensatz zu einer „hellenistischen Grundhaltung") kann also gerade nicht die Rede sein. Gegen F. SCHRÖGER, Der Verfasser des Hebr als Schriftausleger, S. 287; vgl. aber auch F. RENNER, ‚An die Hebräer' – ein pseudepigraphischer Brief, S. 126; A. STROBEL S. 85

[55] Lit.: F.-M. BRAUN, L'arrière-fond judaique du quatrième évangile et la communauté de l'alliance, RB 62 (1955), S. 5–44, spez. S. 35–38; J. DANIELOU, Les manuscrits de la Mer Morte et les origines du christianisme, Paris 1957, S. 106–109; Y. YADIN, The Dead Sea Scrolls and the Epistle to the Hebrews, ScrHie 4 (1958) S. 36–55; C. SPICQ, RdQ 1 (1958/59) S. 365–390; H. KOSMALA, Hebräer – Essener – Christen, Leiden 1959; F. F. BRUCE, To the ‚Hebrews' or to the ‚Essenes'?; J. COPPENS, Les analogies qumrâniennes de l'épître aux Hébreux (ALBO ser. 4/1), Louvain 1962; H. BRAUN, Qumran und das Neue Testament I, S. 241ff (Katene); II, S. 181ff. – Forschungsberichte: E. GRÄSSER, ThR 30 (1964) S. 171–177; J. C. MCCULLOUGH, IrBSt 2 (1980), S. 145–148; H. FELD, Der Hebr, S. 35–38.

[56] So bereits weit vor der Entdeckung der Qumrantexte D. SCHULZ, Der Brief an die Hebräer, Breslau 1818, S. 67f, der den Hebr in die Nähe der „Essäer" bzw. der „Therapeuten" Philons stellt.

[57] Vgl. dazu bes. J. COPPENS, s. o. (Anm. 55), passim sowie H. BRAUN, Qumran und das Neue Testament I, S. 47f und S. 241ff (Katene).

[58] Hatte F.-M. BRAUN, RB 62 (1955) S. 37, noch geurteilt: „de tous les écrits du Nouveau Testament, l'épître aux Hébreux est celui qui repond le plus plainement aux tendences foncières de la secte", so geht das Urteil von J. COPPENS (s. o. Anm. 55), S. 35, in ganz andere Richtung: „Au total les analogies de l'épître avec les documents de Qumrân ne sont pas de nature à nous faire admettre que l'auteur de l'écrit chrétien connaissait de près les milieux ésséniens …"; ähnlich zuletzt A. VANHOYE, TRE 14, S. 502: „Die Ähnlichkeiten lassen sich ausreichend

nen Entsprechungen im einzelnen zum Verständnis der Sache des Hebr zu leisten vermögen, ist in jedem Falle im Zusammenhang der Auslegung zu fällen.

Grundsätzlich das Gleiche wie für die Frage nach einem besonderen Verhältnis zwischen Hebr und Qumran-Gemeinde gilt auch für die Frage nach einer speziellen Beziehung zwischen Hebr und dem *samaritanischen Schrifttum*. Auch hier gibt es wohl bestimmte gemeinsame Traditionszusammenhänge; die Tatsache aber, daß speziell im Blick auf die Mose-Typologie in Hebr 3,2-5 mancherlei Übereinstimmungen mit Stellung und Funktion der Gestalt des Mose im Schrifttum der Samaritaner, insbesondere im Memar Marqa, bestehen, kann als solche noch nicht die These zureichend begründen, daß der Hebr insgesamt für Samaritaner oder für samaritanische Christen geschrieben worden ist[59].

Im Zusammenhang mit einer „apokalyptischen Interpretation" des Hebr steht schließlich auch der in neuerer Zeit verschiedentlich unternommene Versuch, den Hebr und speziell seine Hohepriester-Christologie auf dem Hintergrund der Esoterik jüdischer *Merkaba-Mystik* zu verstehen[60]. Zur Begründung dieser These wird u. a. darauf hingewiesen, daß auf diese Weise sich nicht nur das Melchisedek-Motiv im Hebr verständlich machen läßt, sondern darüber hinaus auch der ganze, Hebr 7-10 bestimmende Motiv-Komplex, konkret also die „Vorstellung des Himmels als des Alllerheiligsten mit Gottesthron nebst Altar und dem obersten aller Engel Michael/Melchisedek als himmlischem Hohenpriester"[61]. Sieht man dabei jedoch einmal ganz von dem besonderen Problem der zeitlichen Ansetzung der hierfür in Betracht kommenden jüdischen Quellenschriften ab[62], so stellt sich mit diesem Versuch, das religionsgeschichtliche Rätsel des Hebr zu lösen, nur wiederum erneut die weitere Frage nach der Verbindung dieser speziellen Gestalt jüdischer Esoterik, die - was ihre literarische Bezeugung betrifft - fest im rabbini-

---

aus der gemeinsamen Verwurzelung in der biblischen Tradition und dem jüdischen Denken des 1.Jh. n.Chr. erklären".

[59] So R.J.F.TROTTER, Did the Samaritans of the Fourth Century know the Epistle to the Hebrews? Leeds University Oriental Society, Monograph. Ser. 1, 1961; vgl. auch J. MACDONALD, Memar Marqah. The Teaching of Marqah I: The Text (BZAW 84), Berlin 1963, S. XLIII.

[60] So H.M.SCHENKE, Erwägungen zum Rätsel des Hebr, in: Festschr. H.Braun, S.430f. 433f; H.M.SCHENKE/K.M.FISCHER, Einleitung in die Schriften des Neuen Testaments II, S. 264-266; ähnlich auch R.WILLIAMSON, The Background of the Epistle to the Hebrews. Speziell zur „altjüdischen Pargod-Spekulation" als Hintergrund zu Hebr 6,19f und 10,19f: O. HOFIUS, Der Vorhang vor dem Thron Gottes, S.4ff sowie S.95; vgl. auch H.THYEN, EWNT II, Sp.405; W.SCHENK, StTh 39 (1985) S.99. Auch schon O.MICHEL S.67 hatte in diesem Zusammenhang auf „die Hekalot-Schriften und -Fragmente" hingewiesen, und zwar als Zeugnisse einer „apokalyptischen Gnosis" (!). Zur Diskussion vgl. J.C.MCCULLOUGH, IrBSt 2 (1980) S.150f. - Zum Zusammenhang zwischen Merkaba-Mystik und Apokalyptik vgl. I.GRUENWALD, Apocalyptic and Merkavah-Mysticims (AGSU 14), Leiden/Köln 1980; G. STEMBERGER, Geschichte der jüdischen Literatur. Eine Einführung. München 1977, S.100ff.

[61] So H.M.SCHENKE, Erwägungen zum Rätsel des Hebr, in: Festschr. H.Braun, S.434.

[62] Eindeutig literarisch bezeugt ist diese Art esoterischer Merkaba-Mystik erst vom 3. nachchristlichen Jahrhundert an (was selbstverständlich ältere Traditionsstufen bzw. Vorformen nicht ausschließt). Zum Problem hinsichtlich der zeitlichen Ansetzung vgl. G.THEISSEN, Rez. zu O.HOFIUS, Der Vorhang vor dem Thron Gottes, in: ThLZ 99 (1974) Sp.427; A. VANHOYE, TRE 14, S.502.

schen Judentum verankert ist[63], mit der primär durch hellenistisch-jüdische Tradition bestimmten Denk- und Argumentationsstruktur des Hebr[64]. Am Ende bleibt es also auch hier fraglich, ob sich allein auf dieser (in der Geschichte des Judentums nachgewiesenermaßen spät bezeugten) Traditionslinie „der wesentliche Hintergrund des Hebr" (H. M. SCHENKE) aufhellen läßt, zumal dies im letztgenannten Fall nur um den Preis geschieht, daß gegenüber dem zentralen Teil des Hebr (7,1–10,18) die paränetischen Partien abgewertet werden.

In all diesen Versuchen zeigt sich die Grenze einer Betrachtungsweise, die das religionsgeschichtliche Problem des Hebr nach Möglichkeit nur von *einer* religionsgeschichtlichen Grundlinie her zu lösen versucht und dabei außer Betracht läßt, daß das komplexe religionsgeschichtliche Phänomen des Hebr sich nur dann zureichend lösen läßt, wenn es gelingt, die im einzelnen unterschiedlichen religionsgeschichtlichen Linien, die im Hebr wirksam geworden sind, von dem den Hebr bestimmenden Ansatz her und in ihrer Ausrichtung auf die Zielstellung des Hebr hin ins Verhältnis zueinander zu setzen und in diesem Sinn sie zugleich als eine neue Einheit zu begreifen. So gesehen läßt sich dann freilich die eigenartige, insbesondere in der Eschatologie sich äußernde Mittelstellung des Hebr zwischen „Apokalyptik" einerseits und „Hellenismus" bzw. „Gnosis" andererseits gar nicht mehr in erster Linie analytisch, d. h. durch den Aufweis unterschiedlicher religionsgeschichtlicher Grundlinien, erklären, sondern viel eher auf eine *synthetische* Weise: Die für den Hebr charakteristische Verbindung an sich unterschiedlicher religiöser Vorstellungs- und Aussageweisen ist nicht lediglich aus den zufälligen religionsgeschichtlichen Konstellationen zur Zeit der Abfassung des Hebr, faktisch also aus dem synkretistischen Charakter der spätantiken Religionsgeschichte, zu erklären, sondern muß vor allem aus der eigenen theologischen Zielsetzung und dem pastoralen Grundanliegen des Autors des Hebr zum Verstehen gebracht werden. So gesehen kommt dann freilich der religionsgeschichtlichen Fragestellung bei der Auslegung des Hebr gewiß nicht „die Schlüsselfunktion schlechthin" zu[65], wohl aber eine – wie die Auslegung im einzelnen zeigen wird – unentbehrliche Hilfsfunktion, die die theologische Zielsetzung wie auch das pastorale Grundanliegen des Hebr gleichermaßen zu profilieren vermag.

---

[63] G. STEMBERGER, Geschichte der jüdischen Literatur, S. 102.

[64] K. M. FISCHER versuchte das hier gegebene zeitliche und sachliche Problem mit der (freilich nicht begründeten) Annahme zu lösen, daß die spätere Merkaba-Mystik die Fortsetzung „einer ganz bestimmten hellenistisch-jüdischen Tradition" sei. So: H. M. SCHENKE/K. M. FISCHER, Einleitung in die Schriften des Neuen Testaments II, S. 264f; K. M. FISCHER, ThLZ 99 (1974) Sp. 598f: Der Autor des Hebr sei „ein vor seinem Christwerden in den Gedanken jüdischer Merkabah-Mystik aufgewachsener alexandrinischer Jude" gewesen.

[65] So F. LAUB, Bekenntnis und Auslegung, S. 5.

§ 6. Zur Geschichte der Rezeption des Hebräerbriefes in der Alten Kirche[1]

Der Hebr gehört (unter der Voraussetzung jedenfalls, daß im 1. Clemensbrief aus ihm zitiert wird) an sich zu den früh bezeugten Schriften des Neuen Testaments, andererseits aber zugleich zu denjenigen neutestamentlichen Schriften, deren Rezeptionsgeschichte bereits in der Alten Kirche keineswegs einlinig verlaufen ist. Bereits hier haben sich Fragen gestellt, die die weitere Auslegungsgeschichte bestimmt haben und z.T. bis heute bestimmen[2]. Beispielhaft dafür sind bereits die Fragen der ältesten Bezeugung des Hebr im ersten und zweiten Jahrhundert wie auch seiner Stellung in den alten Sammlungen der Paulusbriefe.

Da man – was die erstere Fragestellung betrifft – aus 2 Petr 3,16 wohl nur schwerlich einen gezielten Hinweis auf den λόγος δυσερμήνευτος von Hebr 5,2 entnehmen kann (und damit zugleich auch einen Hinweis auf ein bereits „kanonisches" Ansehen des Hebr), kommt als frühestes Zeugnis für den Hebr nach wie vor die schon von Eusebius vermerkte Bezugnahme auf den Hebr im *1. Clemensbrief* in Betracht, und hier insbesondere das (freie) Zitat von Hebr 1,3ff in 1 Clem 36,2–5[3]. Dies wird zwar bis heute bestritten, und zwar mit Hinweis darauf, daß die Übereinstimmungen zwischen Hebr und 1 Clem – über 1 Clem 36,2–5 hinaus kommen in Betracht: 1 Clem 61,3; 64 sowie 17,1 – lediglich darauf zurückzuführen sind, daß beide – der Hebr wie auch der 1 Clem – an den genannten Stellen unabhängig voneinander einer gemeinsamen (liturgischen?) Überliefe-

---

[1] Lit.: F. OVERBECK, Zur Geschichte des Kanons, Chemnitz 1880, S. 1–70; Th. ZAHN, Geschichte des neutestamentlichen Kanons I, Erlangen 1888, S. 283–302. 576–579. 963–966; DERS., Einleitung in das Neue Testament II, Leipzig ³1907, S. 112–125; J. LEIPOLDT, Geschichte des neutestamentlichen Kanons I, Leipzig 1907, S. 219–232; E. RIGGENBACH S. V–XII; C. SPICQ, I, S. 169–196.

[2] Angesichts dessen bedarf das Urteil von F. RENNER, „An die Hebräer" – ein pseudepigraphischer Brief, wonach der Hebr bereits um 150 n. Chr. ein in der ganzen alten Kirche als paulinisch und kanonisch hochgeschätzter Brief gewesen ist, einer erheblichen Einschränkung. Vgl. auch die Rezension von G. THEISSEN, in: ThLZ 96 (1971) Sp. 759–761.

[3] Eusebius, hist. eccl. III 38,1, stellt fest, daß in 1 Clem nicht nur „viele Gedanken" aus dem Hebr enthalten sind, sondern auch wörtliche Zitate, die nur aus eigener Lektüre des Hebr (αὐτολέξει) gewonnen sein können. – Literatur zum Verhältnis Hebr – 1 Clem: E.J. GOODSPEED, First Clement called forth by Hebrews, JBL 30 (1911) S. 157–160; G. THEISSEN, Untersuchungen zum Hebr, S. 33ff; dazu: A. VANHOYE, Bib 52 (1971) S. 63–65; D.A. HAGNER, The Use of the Old and New Testament in Clement of Rome (NT.S 35), Leiden 1973, S. 179–195; M. MEES, Die Hohepriester-Christologie des Hebr im Vergleich mit dem Ersten Clemensbrief, BZ N.F. 22 (1978) S. 115–124; G.L. COCKERILL, Heb 1,1–14, 1 Clem 36,1–6 and the High Priest Title, JBL 97 (1978) S. 437–440; P. ELLINGWORTH, Hebrews and 1 Clement: Literary Dependence or Common Tradition? BZ N.F. 23 (1979) S. 262–269; K. ALAND, Methodische Bemerkungen zum Corpus Paulinum bei den Kirchenvätern des zweiten Jahrhunderts, in: A.M. Ritter (Hrsg.), Kerygma und Logos. Festschr. C. Andresen, Göttingen 1979, S. 29–48, spez. S. 33–35.

rung folgen[4]. Speziell im Blick auf die Anklänge an Hebr 11,37 in 1 Clem 17,1 sowie im Blick auf die formelhafte Rede von Jesus als ἀρχιερεὺς καὶ προστάτης (τῶν ψυχῶν) ἡμῶν in 1 Clem 61,3 und 64 dürfte dies auch zutreffen[5]; im Blick jedoch auf 1 Clem 36,2–5 liegen die Dinge ganz offensichtlich anders. Hier wird ja nicht nur auf ein Traditionsstück Bezug genommen, das in anderer Gestalt auch in Hebr 1,3ff vorliegt, sondern ein ganzer Sachzusammenhang (einschließlich der in Hebr 1,5ff zusammengestellten Schriftzitate) referiert, der so nur noch im Hebr vorliegt[6]. Dies läßt sich am wahrscheinlichsten immer noch so erklären, daß zumindest an dieser Stelle der 1 Clem dem entsprechenden Zusammenhang im Hebr folgt[7]. Dagegen spricht auch nicht die Tatsache, daß in 1 Clem nicht ausdrücklich auf Hebr 1 Bezug genommen wird, da in 1 Clem auch sonst ohne ausdrückliche Zitationsformel aus anderen Schriften zitiert wird[8]. Mit dem Bezug des 1 Clem auf den Hebr wenigstens an dieser Stelle ist freilich noch keineswegs Anlaß gegeben für die Schußfolgerung, daß der Hebr für den 1 Clem bereits Ansehen und Autorität einer „kanonischen" Schrift besaß[9]. Als solche wird der Hebr in 1 Clem keineswegs geltend gemacht, und gegen eine bereits am Ausgang des 1. Jahrhunderts feststehende „kanonische" Geltung des Hebr – in Rom jedenfalls! – spricht vor allem das weitgehende Schweigen über den Hebr in der abendländischen Kirche des 2. Jahrhunderts.

Sieht man jedenfalls vom singulären Zeugnis des 1 Clem ab, so sind in der frühchristlichen Literatur des 2. Jahrhunderts ausdrückliche, als Zitat gekennzeichnete Bezugnahmen auf den Hebr nicht nachweisbar. Das

---

[4] Eine wesentliche Rolle spielt in diesem Zusammenhang die unvermittelte Einführung des Hohenpriester-Titels in Hebr 2,17 bzw. 3,1 sowie die „liturgisch geprägte Sprache" in 1 Clem 36,1ff; 61,3; 64. Vgl. in diesem Sinne: R. KNOPF, Die Apostolischen Väter I (HNT, Erg.-Bd.), Tübingen 1920, S. 106. 148. 150, sowie E. KÄSEMANN, Das wandernde Gottesvolk, S. 107f; G. THEISSEN, Untersuchungen zum Hebr, S. 33ff, bes. S. 36f; M. MEES, BZ N.F. 22 (1978) S. 118ff, bes. S. 121f; H. M. SCHENKE/K. M. FISCHER, Einleitung in die Schriften des Neuen Testaments II, S. 271f. – Neuerdings versucht D. L. POWELL, Christ as High Priest in the Epistle to the Hebrews, StEv VII (TU 126), Berlin 1982, S. 387–399, spez. S. 388ff, von daher die These zu begründen, daß der Hebr in dieser Hinsicht von 1 Clem abhängig ist; DERS., TRE VIII, S. 114.

[5] Äußerst fraglich ist demgegenüber, ob in 1 Clem 21,9 eine Bezugnahme auf Hebr 4,12 und in 1 Clem 27,1f eine Anspielung auf Hebr 10,23; 11,11 vorliegt. Vgl. dazu: D. A. HAGNER, The Use of the Old and New Testament in Clement of Rome, S. 179ff.

[6] Besonders bemerkenswert ist dabei die Hebr und 1 Clem gemeinsame, vom überlieferten LXX-Text abweichende Gestalt des Zitats aus Ps 103,4 LXX: ὁ ποιῶν ... τοὺς λειτουργοὺς αὐτοῦ πυρὸς φλόγα (gegen LXX: πῦρ φλεγόν).

[7] So auch G. L. COCKERILL, JBL 97 (1978) S. 437–440; P. ELLINGWORTH, BZ N.F. 23 (1979) S. 262–269; A. LINDEMANN, Paulus im ältesten Christentum (BHTh 58), Tübingen 1979, S. 233f.

[8] So z. B. 1 Clem 49,5 aus 1 Kor 13,4–7. Vgl. A. VANHOYE, Bib 52 (1971) S. 63–65.

[9] So F. RENNER, „An die Hebräer" – ein pseudepigraphischer Brief, S. 36; ähnlich C. SPICQ, I, S. 177f; A. VANHOYE, Bib 52 (1971) S. 65. Zur Kritik an solcher Schlußfolgerung aus der Benutzung des Hebr in 1 Clem vgl. bereits F. BLEEK I, S. 90ff.

schließt keineswegs aus, daß in einer Reihe von Fällen *Anklänge* an den Hebr vorhanden sind. Jedoch spricht dies nocht nicht in jedem Fall für die tatsächliche Benutzung des Hebr, sondern erklärt sich zum Teil aus der Kontinuität einer bestimmten gemein-urchristlichen Sprachtradition, an der auf seine Weise auch schon der Hebr teilhat[10]. Ausdrückliche *Zitate* aus dem Hebr sind demgegenüber erst für den Ausgang des 2. Jahrhunderts überliefert, hier dann freilich in einer auffälligen Unterschiedenheit der Beurteilung des Hebr insgesamt im Osten und im Westen der Alten Kirche. Die bereits hier sich andeutenden Probleme um den Hebr treten noch deutlicher im Zusammenhang der Frage nach der Stellung des Hebr in den alten Sammlungen der Paulusbriefe hervor – sofern jedenfalls der Hebr hier überhaupt erwähnt wird[11]. Seine Stellung ist hier äußerst schwankend. Selbst dort also, wo der Hebr als ein Paulusbrief rezipiert worden ist, hat eine weitgehende Unsicherheit über sein Verhältnis zu den übrigen unter dem Namen des Paulus überlieferten Briefen bestanden[12].

Vier Varianten der *Zuordnung des Hebr zum Corpus Paulinum* kommen dabei vor allem in Betracht: 1. die vom 4. Jahrhundert an für die alexandrinische Kirche bezeugte Stellung des Hebr im Anschluß an die Gemeindebriefe, nach 1–2 Thess also[13]; 2. die Zusammenstellung des Hebr mit den

---

[10] Anspielungen auf den Hebr bzw. Bezugnahmen auf eine mit Hebr gemeinsame Sprachtradition finden sich in der christlichen Literatur des 2. Jahrhunderts allenfalls in 2 Clem 1,6; 11,6; 12,1; Ignatius, Eph 16,2; Magn 8,1; Phld 9,1; Sm 8,2; Polyk 6,3; 9,1; 12,2; Barn 1,6; 2,4f; 4,10; 5,1; 14,4; Herm mand IV 3,1; sim IX 13.19; vis II 2,3; IV 2; Justin, Dial 13,1; 34; 67; Apol I 12; 45; 63,5. Vgl. zum einzelnen: Biblia Patristica, Paris 1975/77, I, S. 519–524; II, S. 435–438. Tatsächliche Bezugnahmen auf den Hebr sehen an den genannten Stellen C. SPICQ, I, S. 169ff, sowie K. ALAND, Die Entstehung des Corpus Paulinum, in: DERS., Neutestamentliche Entwürfe (TB 63), München 1979, S. 302–350, spez. S. 325f.

[11] Im Apostolikon des Marcion fehlt der Hebr aus verständlichen Gründen, da „dieser Brief ... Marcion beinahe als Paradebeispiel für die von ihm vorausgesetzte judaistische Verfälschung der ursprünglichen Botschaft des Paulus erscheinen" mußte. So K. ALAND, in: Neutestamentliche Entwürfe, S. 343. Auch im Kanon Muratori wird der Hebr nicht erwähnt, unter der Voraussetzung jedenfalls, daß er mit dem hier erwähnten Laodizenerbrief nicht identifiziert werden kann. Vgl. aber die These von C. P. ANDERSON, Hebrews among the Letters of Paul, SR 5 (1975) S. 258–266, wonach Hebr mit dem Kol 4,16 erwähnten Brief an die Laodizener identisch ist und in Verbindung mit Kol in die Sammlung der Paulusbriefe gelangt ist.

[12] Zur Stellung des Hebr im Corpus Paulinum: Th. ZAHN, Geschichte des neutestamentlichen Kanons II/1, Erlangen/Leipzig 1890, S. 358–362; W. H. P. HATCH, The Position of Hebrews in the Canon of the New Testament, HThR 29 (1936) S. 133–151; C. P. ANDERSON, The Epistle to the Hebrews and the Pauline Letter Collection, HThR 59 (1966) S. 429–438; DERS., Hebrews among the Letters of Paul, SR 5 (1975) S. 258–266; K. ALAND, Die Entstehung des Corpus Paulinum, in: DERS., Neutestamentliche Entwürfe, S. 302–350, spez. S. 325ff; DERS., Methodische Bemerkungen zum Corpus Paulinum bei den Kirchenvätern des zweiten Jahrhunderts, in: Kerygma und Logos (Festschr. C. Andresen), Göttingen 1979, S. 29–48, spez. S. 33–35; H. J. FREDE, Einbindung des Hebr in das Corpus Paulinum, in: Vetus Latina 25/II, Lfg. 3, Freiburg i. B. 1987, S. 1051–1062; D. TROBISCH, Die Entstehung der Paulusbriefsammlung.

[13] So die Stellung des Hebr in den Majuskel-Kodizes ℵ A B C H I K P, in einer Reihe von

großen Gemeindebriefen, im Anschluß also an 1–2 Kor bzw. vor Gal, Eph usw.[14]; 3. die Stellung des Hebr am Ende des Corpus Paulinum überhaupt, gleichsam als eine Art Anhang zum Corpus Paulinum[15], und schließlich 4. die vor allem durch P[46] bezeugte Stellung des Hebr zwischen Röm einerseits und 1–2 Kor andererseits[16]. Von diesen vier Varianten sind die beiden erstgenannten zweifellos als Zeugnis für die im wesentlichen unbestrittene Autorität des Hebr als Paulusbrief zu werten, während die dritte Variante ganz offensichtlich „die natürliche Anordnung für die (war), welche den Hebräerbrief erst nachträglich als paulinisch und kanonisch annahmen, vor allem also für die Occidentalen"[17]. Besondere Aufmerksamkeit gebührt aber auch der letztgenannten Variante: Die gänzlich eigenartige Stellung des Hebr zwischen Röm und 1–2 Kor ist jedenfalls wohl kaum nur infolge der Anwendung des rein formalen Ordnungsprinzips der Paulusbriefe nach deren Umfang zustandegekommen, sondern hat eher sachliche Gründe[18]; und keineswegs abwegig ist in diesem Zusam-

---

Minuskel-Handschriften (31 81 88 usw.; vgl. K. ALAND, in: Neutestamentliche Entwürfe, S. 346; B. M. METZGER, A Textual Commentary on the Greek New Testament, S. 661) sowie in der Peschitta. Hinzu tritt noch das Zeugnis des Athanasius in seinem 39. Osterfestbrief vom Jahr 367 sowie des Canon 60 der Synode von Laodizea „um 360" (so Th. ZAHN, Geschichte des neutestamentlichen Kanons II/1, S. 196).

[14] So die Stellung des Hebr in der koptisch-sahidischen Übersetzung sowie in einer Reihe von Minuskel-Handschriften (1930 1978 1992 2000 2248). Hinzu tritt das entsprechende Zeugnis des Theodor von Mopsuestia. Vgl. dazu Th. ZAHN, Geschichte des neutestamentlichen Kanons II/1, S. 360, Anm. 2; DERS., Das Neue Testament Theodors von Mopsuestia und der ursprüngliche Kanon der Syrer, NKZ 11 (1900) S. 788–806, spez. S. 805f. In der koptisch-sahidischen Version des 39. Osterfestbriefes des Athanasius (ed. L.-Th. Lefort, CSCO 150, S. 19) steht Hebr zwischen Gal und Eph.

[15] So die Stellung des Hebr in den Majuskel-Kodizes D L Ψ 048 056 075 0142, in der Majorität der Minuskel-Handschriften (104 326 330 451 614 usw.) und in der gesamten Vulgata-Überlieferung. Vgl. D. TROBISCH, Die Entstehung der Paulusbriefsammlung, S. 17ff. 21f. Hinzu tritt noch das Zeugnis des Augustinus, De doctr. christ. II 29 (CSEL 80, S. 41). Im Kodex GP fehlt der Hebr, jedoch ist hier im Anschluß an Phlm noch die Überschrift zu einem Laodizenerbrief (Kol 4,16!) überliefert. Vgl. dazu wiederum die These von C. P. ANDERSON, SR 5 (1975) S. 258–266; s. dazu oben Anm. 11.

[16] So die Stellung des Hebr auch in einigen Minuskel-Handschriften (103 455 1961 1964 u.a.); vgl. K. ALAND, in: Neutestamentliche Entwürfe, S. 346. D. TROBISCH, Die Entstehung der Paulusbriefsammlung, S. 24, betrachtet auch P[13] als indirektes Zeugnis für die Stellung des Hebr nach Röm. Am nächsten kommt dieser Anordnung des Hebr die von Th. ZAHN, NKZ 11 (1900) S. 798f, und von W. BAUER, Der Apostolos der Syrer, Gießen 1903, S. 27f, vermutete ursprüngliche Stellung des Hebr bei Efrem: Gal - 1–2 Kor - Röm - Hebr.

[17] So Th. ZAHN, Geschichte des neutestamentlichen Kanons II/1, S. 359.

[18] Was den Umfang betrifft, so ist Hebr wesentlich kürzer als 1 Kor. Vgl. zum Problem K. ALAND, in: Neutestamentliche Entwürfe, S. 327. Zum Prinzip der Anordnung der Paulusbriefe nach ihrem Umfang: ebd., S. 322f. 327f. Besonders hinzuweisen ist neuerdings auf die These von D. TROBISCH, Die Entstehung der Paulusbriefsammlung, S. 15ff. 24ff. 117ff. 134ff, wonach die Stellung des Hebr nach Röm im P[46] (und P[13]?) auf eine ursprüngliche „katholische" Sammlung (von Briefen mit „katholischen" Adressen) zurückgeht, die erst sekundär mit einer ursprünglich nur dreizehn Briefe umfassenden Sammlung zusammengefügt worden ist.

menhang die Vermutung, daß sich in der Stellung des Hebr nach Röm eine Erinnerung an den ursprünglichen historischen Ort des Hebr im Umkreis der römischen Gemeinde erhalten hat[19].

Über diese besondere Zuweisung des Hebr im Rahmen des Corpus Paulinum hinaus bezeugt P[46] aber auch für die östliche (alexandrinische) Kirche um 200 (und damit auch bereits für das 2. Jahrhundert) die Beurteilung und Wertschätzung des Hebr als eines paulinischen Gemeindebriefes. Bestätigend in dieser Hinsicht tritt das entsprechende Zeugnis des *Pantänus*, des Lehrers des Clemens Alexandrinus, hinzu (Eusebius, hist. eccl. VI 14,4) wie auch dann das eigene Zeugnis des *Clemens* in Gestalt einer ganzen Reihe von ausdrücklichen Zitaten aus dem Hebr[20]. Auf derselben Linie liegt auch die Stellungnahme des *Origenes* zum Hebr. Auch wenn er – ähnlich wie auch Clemens Alexandrinus – gewisse Vorbehalte gegen eine unmittelbare Verfasserschaft des Paulus äußert, hindert ihn dies doch nicht daran, aus sachlichen Gründen das Zeugnis der „Alten" für den Hebr als einen Paulusbrief geltend zu machen[21], darüber hinaus aber auch den Hebr oft genug mit Selbstverständlichkeit als einen Paulusbrief zu benutzen[22]. Letzteres gilt in der Folgezeit in der *östlichen Kirche* unbestritten: Ohne Einschränkung und Vorbehalte wird der Hebr als Paulusbrief bzw. als „Heilige Schrift" benutzt[23], wie nicht zuletzt auch Hieronymus

---

[19] S. dazu oben S. 76 (§ 4). Vgl. auch H. J. FREDE, Vetus latina 25/II, Lfg. 3, S. 1056, sowie H. J. D. SPARKS, The Order of the Epistles in P[46], JThSt 42 (1941) S. 180f. – Solche Vermutung ist wesentlich wahrscheinlicher als die von F. RENNER, „An die Hebräer" – ein pseudepigraphischer Brief, wonach in der Vorlage des P[46] Röm und Hebr (vermittels der Doxologie Röm 16,25b-26) unmittelbar miteinander verbunden waren. Kritisch dazu: G. THEISSEN, in: ThLZ 96 (1971) Sp. 760f; A. VANHOYE, Bib 52 (1971) S. 65–67.

[20] Vgl. z. B. Clemens Alexandrinus, Strom. II 8: κατὰ τὸν θεῖον ἀπόστολον (mit Zitat von Hebr 11,1ff); II 12: φησὶν ὁ ἀπόστολος u. ö. vgl. C. SPICQ, I, S. 270f.

[21] So in: Homil. zu Hebr (Eusebius, hist. eccl. VI 25,11-14, spez. 25,13): οὐ γὰρ εἰκῇ οἱ ἀρχαῖοι ἄνδρες ὡς Παύλου αὐτὴν παρέδωκασιν. Hier spiegelt sich offensichtlich ein Streit um die paulinische Verfasserschaft wider. Vgl. F. OVERBECK, Zur Geschichte des Kanons, S. 21ff.

[22] So z. B. im Kommentar zum Johannesevangelium I 22; II 10f.17; X 14; XIII 33.37; XX 32; XXXII 28 sowie Fragment XLVI (zu Joh 3,31): διὸ γέγραπται mit Zitat von Hebr 1,1f). Vgl. C. SPICQ, I, S. 171f.

[23] Vgl. die Belege aus Methodius von Olympos, Amphilochus von Ikonium u a. bei J. LEIPOLDT, Geschichte des neutestamentlichen Kanons I, S. 221f; C. SPICQ, I, S. 172ff. Die Aufzählung des Hebr unter den kanonischen Paulusbriefen im 39. Osterfestbrief des Athanasius zeigt nur noch die Festschreibung einer schon lange zuvor in der östlichen Kirche bestehenden Position an. Nach Severian von Gabala (ed. K. STAAB, Pauluskommentare aus der griechischen Kirche, Münster 1933, S. 345, Z. 12f.) sind es die Häretiker, die – unter Berufung auf die gegenüber Paulus ἄλλη φράσις des Hebr – den Hebr dem Apostel Paulus absprechen. Demgegenüber macht Severian (a.a.O., S. 345, Z. 21ff.) wiederum die Position des Clemens Alexandrinus geltend, wonach Paulus selbst den Hebr in hebräischer Sprache verfaßt habe und erst von Lukas oder Clemens ins Griechische übersetzt worden sei: διὰ τοῦτο ξένη φράσις. Ganz eindeutig in dieser Hinsicht ist das übereinstimmende Votum der syrischen Kirche, angefangen bei Efrem, Isaak von Antiochien, Titus von Bostra, Apollinaris von Laodizea

bezeugt: Der Hebr sei „nicht nur von den Kirchen des Orients, sondern von allen Schriftstellern der griechischen Kirche als ein Brief des Paulus (quasi apostoli Pauli) angenommen"[24]; dies aber nun ganz im Unterschied zur abendländischen Kirche, in der der Hebr bis ins 4. Jahrhundert hinein keineswegs als ein Paulusbrief galt[25].

Die ältesten Bezugnahmen auf den Hebr in der *abendländischen Kirche* sind jedenfalls stets zugleich mit bestimmten Vorbehalten gegen den Hebr hinsichtlich einer paulinischen Verfasserschaft verbunden. Man kennt zwar den Hebr, bestreitet jedoch ausdrücklich seine Abfassung durch Paulus und damit auch seinen kanonischen Charakter[26]. Bemerkenswert in dieser Hinsicht ist vor allem das entsprechende Zeugnis des *Tertullian,* der den Hebr ausdrücklich in einem speziellen thematischen Zusammenhang benutzt. In seiner (bereits in seiner montanistischen Zeit entstandenen) Schrift „De pudicitia" (§ 20) zitiert er Hebr 6,4–8 in einem Kontext, in dem es um die Frage der Nichtvergebbarkeit der Unzucht geht (De pud. §§ 12–19). Angesichts dessen, daß die genannte Stelle aus Hebr 6 sein eigenes Anliegen unterstützt, ist es umso auffälliger, daß Tertullian ausdrücklich den nicht-kanonischen Charakter des Hebr hervorhebt: Nur „zum Überfluß" noch (ex redundantia) fügt er den zuvor aufgeführten Zeugnissen aus den Paulusbriefen auch noch das des Hebr hinzu, und zwar als das „Zeugnis eines Gefährten der Apostel" (comitis apostolorum testimonium), nämlich des Barnabas[27]. Dem Hebr wird somit bei Tertullian „vor-

---

usw. bis hin zu Johannes Chrysostomus, Theodor von Mopsuestia und Theodoret von Kyros. Vgl. W. BAUER, Der Apostolos der Syrer, Gießen 1903, S. 24ff.

[24] Hieronymus, Epist. ad Dardanum 129,3; vgl. auch Epist. 73,4: in epistula ad Hebreaos, quam omnes Graeci recipiunt. Vgl. dazu F. OVERBECK, Zur Geschichte des Kanons, S. 59f.65f.

[25] Vgl. bes. Hieronymus, De vir. illustr. 59: Gaius sub Zephyrino, Romae urbis episcopo ..., Pauli tredecim tantum enumerans, quartum decimam, quae fertur ad Hebraeos, dicit non eius esse; sed apud Romanos usque hodie quasi Pauli epistola non habetur; vgl. auch Epist. 53,9; 129,3; Gaius bei Eusebius, hist. eccl. VI 20,3; Filastrius von Brescia, Div. her. lib. 61 (89), 2; Photius, Bibl. Cod. 48.

[26] So z. B. Stephanos Gabaros bei Photius, Bibl. Cod. 121 (von der Beurteilung des Hebr durch Hippolyt) und bes. Cod. 232: Ἱππόλυτος καὶ Εἰρηναῖος τὴν πρὸς Ἑβραίους ἐπιστολὴν Παύλου οὐκ ἐκείνου εἶναί φασιν. Für Irenäus vgl. auch Eusebius, hist. eccl. V 26, sowie F. OVERBECK, Zur Geschichte des Kanons, S. 33ff; H. v. CAMPENHAUSEN, Die Entstehung der christlichen Bibel, S. 270f. – Im Hauptwerk des Irenäus (adv. haer.) begegnen keine ausdrücklichen Zitate, wohl aber einige Andeutungen, die auf Bekanntschaft mit Hebr schließen lassen, so. z. B. adv. haer. II 30,9 (Hebr 1,3); IV 11,4 (Hebr 10,1). Vgl. dazu A. STIEREN, Approbatio ad opera Sancti Irenaei, Leipzig 1853, p. 246 (R. Massueti Dissertatio III). Anspielungen auf den Hebr gibt es auch in den exegetischen Schriften des Hippolyt, z. B. in Dan. I 17.21; II 19; IV 30s., in seiner „refutatio omnium haeresium" nur im Referat über die Valentinianer: VI 30,9; 32,2.8. Vgl. H. v. CAMPENHAUSEN, Die Entstehung der christlichen Bibel, S. 271.

[27] De pud. 20,1ff: Extat enim et Barnabae titulus ad Hebraeos, a deo satis auctorati viri, ... Et utique receptior apud ecclesias epistola Barnabae illo apocrypho Pastore moechorum. Vgl. dazu: F. OVERBECK, Zur Geschichte des Kanons, S. 35f. 41. 48; H. v. CAMPENHAUSEN, die Entstehung der christlichen Bibel, S. 271f. 320. Zur umstrittenen Frage weiterer Bezugnahmen

züglich bei einigen Gemeinden" (receptior apud ecclesias) ein gewisses Ansehen zugestanden, wobei freilich kaum auszumachen ist, ob sich diese „Gemeinden" im Osten oder im Westen der Alten Kirche befinden[28]. Für Tertullian selbst aber kommt dem Hebr bzw. diesem Barnabasbrief lediglich eine abgeleitete Autorität zu, und seinen Lesern gegenüber sieht er sich zudem noch veranlaßt, ihnen den Hebr überhaupt erst vorzustellen, ohne etwa damit zugleich sein kanonisches Ansehen zu befördern. Kennzeichnend für die abendländische Überlieferung zum Hebr ist es jedenfalls, daß auf die Periode der (im einzelnen unsicheren) ältesten Bezeugungen im 2. und 3. Jahrhundert eine bis ins 4. Jahrhundert hineinreichende *Periode faktischer Ignorierung* des Hebr folgt: „Je bewusster ... von dieser Zeit an die Theologie auf die ‚apostolischen' Autoritäten sich stützt, umso mehr verschwindet der Hebr-Brief im Abendland aus den theologischen Werken"[29].

Angesichts dessen, daß der Hebr – wenn auch unter dem Namen des Barnabas – in der abendländischen Kirche durchaus bekannt war, haben solche deutlichen Vorbehalte gegenüber dem Gebrauch des Briefes in den anstehenden theologischen Debatten ganz offensichtlich *sachliche Gründe*[30]. Dabei ist an erster Stelle wohl an den sog. Bußrigorismus des Hebr zu denken, wie er sich in 6,4–6, darüber hinaus aber auch in 10,26–29 sowie in 12,16f Ausdruck verschafft. Er hat jedenfalls im Zusammenhang einer exegetischen Begründung der entsprechenden Position bei den Montanisten und den Novatianern eine gewisse Rolle gespielt[31]. Darüber hinaus

---

auf den Hebr bei Tertullian vgl. Th. ZAHN, Geschichte des neutestamentlichen Kanons I, S. 294, Anm. 1.

[28] Nach E. RIGGENBACH S. IXf handelt es sich dabei um eine alte römische Tradition, die auch bei Gregor von Elvira, Tractatus Origenis de libris Sacrae Scripturae X, belegt ist. Demgegenüber vermutet Th. ZAHN, Einleitung in das Neue Testament II, S. 118, den Ursprungsort dieser Überlieferung in der Provinz Asien.

[29] So H. v. SODEN S. 2. Kennzeichnend dafür ist u. a. das gänzliche Schweigen über den Hebr bei Cyprian von Karthago sowie im sog. Ambrosiaster, in dem lediglich dreizehn Paulusbriefe kommentiert werden. Zu Cyprian vgl. F. OVERBECK, Zur Geschichte des Kanons, S. 42ff, spez. S. 49f; J. LEIPOLDT, Geschichte des neutestamentlichen Kanons I, S. 226f. Die neuerdings von H. J. FREDE, Vetus latina 25/II, Lfg. 3, S. 1028. 1051f, für Cyprian genannten Belege (Sent. episc. 22; Epist. 11,5; 63,4) vermögen das Bild nicht zu verändern. Auch dort, wo – wie in Epist. 63,4 – die Opfergaben des Abraham an Melchisedek als eine Präfiguration des Abendmahls und darüber hinaus Melchisedek selbst als ein Typus Christi gedeutet werden, wird ausdrücklich von Cyprian lediglich auf Gen 14,18 und Ps 110,3f, nicht auf Hebr 7 Bezug genommen. Vgl. zur Fragestellung H. v. SODEN, Das lateinische Neue Testament in Afrika z. Zt. Cyprians (TU 33), Leipzig 1909, S. 13 sowie S. 614, hier zu Sent. episc. 22 immerhin mit der Bemerkung, daß an dieser Stelle eine Anspielung auf Hebr 12,8 „diskutabel" sei.

[30] Demgegenüber sieht K. ALAND, in: Kerygma und Logos (Festschr. C. Andresen), S. 43, die Zurückhaltung gegenüber dem Hebr in der westlichen Kirche lediglich in dessen nichtpaulinischer Herkunft begründet.

[31] Für die Montanisten vgl. das Zeugnis Tertullians, De pud. 20,1ff, sowie Hieronymus, Adv. Jovin. II 3; dazu H. v. CAMPENHAUSEN, Die Entstehung der christlichen Bibel, S. 270 mit Anm. 120. Für die Novatianer vgl. Epiphanius, Pan. haer. LIX 2,1ff; Ambrosius, De paen. II

sind es aber auch bestimmte christologische Aussagen, die bei gewissen Häretikern die Berufung auf das Zeugnis des Hebr nahegelegt haben, so insbesondere die Berufung auf Hebr 3,2 seitens der Arianer als Zeugnis für das „Geschaffensein" des Sohnes Gottes[32]. Christologischen Gebrauch vom Hebr haben aber auch Theodotus („der Wechsler") und seine Anhänger, die sog. Melchisedekianer, gemacht, indem sie mit Bezugnahme auf Hebr 5,6.10 und Hebr 7 den Melchisedek als die „größte Kraft" (δύναμιν μεγίστην) und somit als „größer als Christus" (μείζονα τοῦ Χριστοῦ) betrachteten[33]. Solche christologische Spekulationen auf Grund des Hebr führen – zumal angesichts ihrer Nähe zur Häresie des Simon Magus (Act 8,9f!) – bereits in die Rezeption des Hebr in der frühchristlichen Gnosis hinein, in der der Hebr insgesamt offensichtlich eine erhebliche Rolle gespielt hat[34].

Somit sind es nicht nur die dem Hebr selbst inhärenten Probleme gewesen, die in der abendländischen Kirche zu Vorbehalten gegen den Hebr geführt haben, sondern zumindest auch die Tatsache einer Rezeption des

---

2,6.10 (mit Bezug auf Hebr 6,4-6!); Filastrius von Brescia, Div. her. lib. 61(89),2f: ... inde non legitur (sc. epistula ad Hebraeos) de paenitentia autem propter Novatianos aeque ...; vgl. dazu J. LEIPOLDT, Geschichte des neutestamentlichen Kanons I, S. 225; K. ALAND, in: Neutestamentliche Entwürfe, S. 330f.

[32] Vgl. Epiphanius, Pan. haer. LXIX 37, sowie Theodoret von Kyros, Praefatio ad Hebraeos (PG 82, Sp. 673c); Athanasius, Or. I contra Arianos (PG 26, Sp. 133 a.b); Filastrius von Brescia, Div. her. lib. 61(89),2f: et quia et factum Christum dicit in ea (Hebr 3,2), inde non legitur.

[33] So nach dem Referat des Hippolyt, Ref. omn. haer. VII 36,1; vgl. auch X 24; Epiphanius, Pan. haer. LV 1,2.4; 5,2; 8,3, mit ausdrücklicher Bezugnahme auf Hebr 7,3; LV 9,15 mit Bezugnahme auf Hebr 5,7 und 7,6. – Zur Sekte der Melchisedekianer vgl. M. FRIEDLÄNDER, La secte de Melchisédec et l'épître aux Hébreux, REJ 5 (1882) S. 1-26. 188-198; 6 (1883) S. 187-199; H. STORK, Die sog. Melchisedekianer (FGNK VIII/2), Leipzig 1928; H. WINDISCH S. 62f; O. MICHEL, ThWNT IV, S. 575.

[34] Von den gnostischen Schriften von Nag Hammadi sind hier vor allem das sog. Evangelium Veritatis (NHC I/3) und der Melchisedek-Traktat (NHC IX/1, p. 1,1-27,10) zu nennen. Zitate aus dem Hebr liegen vor in Evangelium Veritatis 20,10 (Hebr 2,17f), aber wohl auch in den „echo-passages" (S. GIVERSEN) 24,3 (Hebr 1,3); 26,2f (Hebr 4,12); 30,28f (Hebr 6,4f); 38,6ff (Hebr 1,4f). Vgl. dazu S. GIVERSEN, Evangelium Veritatis and the Epistle to the Hebrews, StTh 13 (1959) S. 87-96; E. GRÄSSER, ThR 30 (1964) S. 184f; W. C. van UNNIK, The ‚Gospel of Truth' and the New Testament, in: The Jung Codex, London 1955, S. 79-119; K. H. SCHELKLE, Das ‚Evangelium veritatis' als kanongeschichtliches Zeugnis, BZ N. F. 5 (1961) S. 90f. – Zu NHC IX/1 vgl. H. M. SCHENKE, Die jüdische Melchisedek-Gestalt als Thema der Gnosis, in: K.-W. Tröger (Hrsg.), Altes Testament – Frühjudentum – Gnosis. Neue Studien zu ‚Gnosis und Bibel', Berlin 1980, S. 111-136, spez. S. 127. 130 sowie S. 136 (Nachtrag). Zum Gebrauch des Hebr in den Nag Hammadi-Schriften vgl. im übrigen: BG 32,10; NHC VII/4, p. 117,10; IX/3, p. 33,2; II/3, p. 85.4; 69,24.34; 84,30; 85,19; VII/2 p. 69,22; VII/3, p. 71,13; I/2, p. 15,12; 11,23. Zur Benutzung des Hebr in der gnostischen Schriftauslegung insgesamt: E. H. PAGELS, The Gnostic Paul. Gnostic Exegesis of the Pauline Letters, Philadelphia 1975, S. 141-156. Gnostische Rezeption des Hebr bezeugt auch Hippolyt für die Valentinianer: Ref. omn. haer. VII 30,9; 32,2.8; vgl. auch Clemens Alexandrinus, Excerpta ex Theodoto § 38, sowie Tatian, Or. ad Graecos 6,1; 15,3.4; dazu R. M. GRANT, Tatian and the Bible, StPatr I (TU 63), Berlin 1957, S. 297-306, spez. S. 297f. 303. 305.

Hebr durch bestimmte häretische Gruppen. Gleichwohl hat sich schließlich doch noch in der abendländischen Kirche ein Wandel in dieser Hinsicht vollzogen, dies freilich erst in der zweiten Hälfte des 4. Jahrhunderts, und hier dann ganz eindeutig unter dem bestimmenden *Einfluß der Kirche des Ostens*. Konkret heißt das, daß die Zurückhaltung gegenüber dem Hebr in der Kirche des Westens in dem Maße aufgegeben worden ist, in dem schließlich auch hier der Hebr als ein durch die Autorität des Apostels Paulus legitimierter Brief angesehen worden ist[35]. Zunächst sind es jedenfalls die mit griechischer Tradition und Theologie vertrauten Autoren der abendländischen Kirche wie Hilarius von Poitiers, Lucifer von Calaris, Filastrius von Brescia, Priscillian u. a. gewesen, die den Hebr als einen Paulusbrief betrachteten[36]. *Endgültig durchgesetzt* haben dann schließlich in der abendländischen Kirche die Auffassung vom „apostolischen" (und damit zugleich kanonischen) Charakter des Hebr vor allem Augustinus und Hieronymus, beide jeweils mit ausdrücklicher Berufung auf die entsprechende Tradition der Kirche des griechischen Ostens[37]. Angesichts dieser um 400 auch im Westen an sich eindeutigen Sachlage ist es umso bemerkenswerter, daß sich gewisse Schwankungen und Unsicherheiten in der Beurteilung des Hebr auch in dieser Zeit noch durchgehalten haben. So gilt dem *Augustinus* der Hebr zwar eindeutig als dem Kanon des Neuen Testaments zugehörig[38], andererseits läßt er jedoch die Frage nach dem Verfasser des Hebr offen bzw. bezeichnet ihn ganz allgemein als einen „fidelis dei praedicator, qui scripsit epistolam"[39]. Konkret bedeutet das, daß für Augustinus die Frage der paulinischen bzw. apostolischen Verfasserschaft für die Frage nach dem „kanonischen" Charakter des

---

[35] Vgl. F. OVERBECK, Zur Geschichte des Kanons, S. 50ff; Th. ZAHN, Geschichte des neutestamentlichen Kanons I, S. 288ff; J. LEIPOLDT, Geschichte des neutestamentlichen Kanons I, S. 227ff.

[36] So z. B. Hilarius von Poitiers, der in seinem Tractatus in Ps 129 ein Zitat aus dem Hebr mit der Formel „scriptum est" einführt. Vgl. auch De trin. IV 11: Paulus ad Hebraeos dixit ... Weitere Belege aus den Schriften der genannten Autoren bei F. OVERBECK, zur Geschichte des Kanons, S. 62ff; J. LEIPOLDT, Geschichte des neutestamentlichen Kanons I, S. 227ff.

[37] Vgl. Hieronymus, Epist. 129,3, und bes. Augustinus, De pecc. mer. et remiss. I 27,50: Ad Hebraeos quoque epistola, quanquam nonnullis incerta sit ... magisque me movet auctoritas ecclesiarum orientalium quae hanc etiam in canonicis habent. Entsprechend lauten auch die offiziellen kirchlichen Festlegungen auf der römischen Synode im Jahr 377/78 sowie auf den Konzilien von Hippo (393) – vgl. hier canon 36: Sunt autem canonicae scripturae, ... Pauli Apostoli epistolae tredecim, eiusdem ad Hebraeos una" – sowie von Karthago (397 bzw. 419); vgl. hier Canon 47 bzw. 29: Pauli epistolae quatuordecim. Vgl. C. SPICQ, I, S. 184f.

[38] Vgl. die Zitate aus Hebr in: De pecc. mer. et remiss. I 27.50; II 13,19; 31,50f u. ö.; Contra Julianum (op. imperf.) III 85,2f; 86; Expos. ad Romanos inchoata 19,1f.10; 10,4 u. ö.

[39] So Contra Julianum III 85,4; vgl. auch De civ. dei XVI 22. Zu Augustins Beurteilung des Hebr vgl. O. ROTTMANNER, St. Augustin sur l'auteur de l'épître aux Hébreux, RBen 18 (1901) S. 257–261; A. M. BONNARDIERE, L'épître aux Hébreux dans l'oeuvre de Saint Augustin, REAug 1957 S. 137–162; B. QUINOT, L'influence de l'épître aux Hébreux dans la notion augustinienne du vrai sacrifice, REAug 1962 S. 129–168; H. J. FREDE, vetus latina 25/II, Lfg. 3, S. 1061f. 1068.

Hebr letztlich unerheblich ist. Und ganz auf dieser Linie liegt dann schließlich auch das Urteil des *Hieronymus:* Im Grunde sei es gleichgültig, ja uninteressant, wer den Hebr wirklich geschrieben habe; vielmehr gelte es, den Hebr – ebenso wie die „Offenbarung des Johannes" – als kanonisch zu betrachten und auf solche Weise nicht nur dem kirchlichen Brauch der Gegenwart, sondern auch der Autorität der alten Schriftsteller zu folgen, bei denen ja seit langem schon Zeugnisse aus beiden Schriften als „gleichsam kanonische und kirchliche" benutzt worden sind (quasi canonicis et ecclesiasticis)[40]. Im Klartext heißt dies nichts anderes, als daß hier die Frage nach der Sache des Hebr von der Frage der Verfasserschaft abgetrennt wird und daß somit die kanonische Geltung einer Schrift hinlänglich durch ihren Gebrauch in der Kirche legitimiert erscheint. Das ist in der Tat ein für diese Zeit, in der im übrigen weithin das Kriterium des „Apostolischen" galt, bemerkenswertes Urteil: Die kanonische Autorität einer Schrift ist von der Abfassung durch einen Apostel letztlich unabhängig[41].

Überblickt man jedenfalls die Geschichte der Rezeption des Hebr in der Alten Kirche bis hin zu seiner endgültigen Kanonisierung im 4. Jahrhundert, so wird man zwar sagen können, daß auch der Hebr am Ende auf Grund des Kriteriums „apostolisch = kanonisch", als ein Brief des Apostels Paulus also, in den Kanon der Schriften des Neuen Testaments gelangt ist – und somit „als etwas, was er nicht ist"[42]. Dieses Kriterium ist jedoch im Falle des Hebr keineswegs nur formal gehandhabt worden. Kennzeichnend in dieser Hinsicht ist schon das Urteil des Origenes über den Hebr und zuletzt insbesondere das des Hieronymus. Die *kanonische Wertschätzung* des Hebr in der Alten Kirche hat niemals allein auf seiner „paulinischen Etikette" beruht[43]. Und noch weniger trifft es zu, daß der Hebr lediglich „durch einen historischen Irrtum in den Kanon gelangt" sei und daß dementsprechend die neuerliche Einsicht in den nicht-paulinischen Charakter dieses Briefes notwendig auch Konsequenzen für seine Stellung

---

[40] So Hieronymus, Epist. 129,3. Im Anschluß an die Feststellung, daß der Hebr in der orientalischen Kirche allgemein als ein Paulus-Brief gilt, fährt Hieronymus fort: et nihil interesse, cuius sit, cum ecclesiastici viri sit et cotidie ecclesiarum lectione celebratur. Zur Stelle vgl. F. OVERBECK, Zur Geschichte des Kanons, S. 59f; C. SPICQ, I, S. 185f. Vgl. auch Hieronymus, In Tit 2,2: Relege ad Hebraeos epistolam Pauli apostoli sive cuiuscumque alterius eam esse putas, quia iam inter ecclesiasticas est recepta.

[41] Vgl. die entsprechende Argumentation der griechischen und syrischen Väter (Johannes Chrysostomus, Theodor von Mopsuestia, Theodoret von Kyros) mit Hinweis auf den „geistlichen Nutzen" des Hebr. W. BAUER, Der Apostolos der Syrer, S. 24f, nennt den Hebr „geradezu ein Lieblingsbuch der Syrer". Vgl. auch Th. ZAHN, Geschichte des neutestamentlichen Kanons I, S. 302; C. SPICQ, I, S. 173

[42] So F. OVERBECK, Zur Geschichte des Kanons, S. 70; vgl. auch J. LEIPOLDT, Geschichte des neutestamentlichen Kanons I, S. 232.

[43] So. W. WREDE, Das literarische Rätsel des Hebr, S. 85.

im Kanon des Neuen Testaments nach sich ziehen müsse[44]. Dem widerstreitet eindeutig der vor allem bei Hieronymus erkennbare Ansatz zu einer Betrachtungsweise, die die Sachfrage der kanonischen Geltung einer neutestamentlichen Schrift nicht – oder doch jedenfalls nicht primär – am historischen Urteil über den Verfasser bemißt. Aufs Ganze gesehen ist es weniger die „paulinische Etikette" gewesen, die dem Hebr zu seiner Wertschätzung in der Alten Kirche und schließlich auch zur endgültigen Aufnahme in den neutestamentlichen Kanon verholfen hat, als vielmehr seine tatsächliche Wirkungsgeschichte. Sie dokumentiert sich alsbald und vor allem in der Geschichte der förmlichen Auslegung des Hebr, wie sie mit den „Homilien" des Origenes zum Hebr beginnt[45], in den großen Kommentaren bzw. Homilien des Johannes Chrysostomus, des Theodor von Mopsuestia wie auch – um hier nur die wichtigsten zu nennen – des Theodoret von Kyros ihre Fortsetzung findet[46], um von hier aus in die lateinischen Kommentare der Alten Kirche und des Mittelalters einzumünden[47].

In der Kontinuität dieser Auslegungsgeschichte stehen dann aber auch die vielfältigen Anmerkungen und Kommentierungen zum Hebr im *Zeitalter des Humanismus und der Reformation,* von denen hier – neben den „Annotationes", die Erasmus von Rotterdam seinem „Novum Instrumentum" vom Jahre 1516 beigefügt hat[48] – vor allem die Auslegung des Hebr von MARTIN LUTHER und JOHANNES CALVIN genannt seien[49]. Theodor Beza und – im Übergang bereits zur Neuzeit – Hugo Grotius führen diese aus-

---

[44] So W. MARKSEN, Einleitung in das Neue Testament, Gütersloh ²1964, S. 9 sowie S. 191; DERS., Das Neue Testament als Buch der Kirche, Gütersloh 1966, S. 28ff, bes. S. 30f.

[45] Die Fragmente der Homilien des Origenes zum Hebr sind gesammelt in der Ausgabe von C. H. E. LOMMATZSCH, Origenis opera vol. V, Berlin 1835, p. 297–302.

[46] Zu den altkirchlichen griechischen Kommentaren vgl. E. RIGGENBACH S. LI; C. SPICQ, I, S. 379f; H. FELD, Der Hebr, S. 103f. – Zur Sache der altkirchlichen Auslegung des Hebr: R. A. GREER, The Captain of our Salvation. A Study in the Patristic Exegesis of Hebrews (BGBE 15), Tübingen 1973; H. FELD, Der Hebr, S. 54ff.

[47] Hier ist freilich erst im 6. Jahrhundert als erster der Kommentar des Cassiodor (PL 70, Sp. 1357–1362) zu nennen. Zu den lateinischen Kommentaren insgesamt vgl. E. RIGGENBACH, Historische Studien zum Hebr I: Die ältesten lateinischen Kommentare zum Hebr (FGNK VIII/1), Leipzig 1907; vgl. auch C. SPICQ, I, S. 380ff. – Im Blick auf die weitere Rezeptionsgeschichte des Hebr in der abendländischen Kirche ist es bemerkenswert, daß gewisse Vorbehalte gegenüber dem Hebr auch noch im Mittelalter laut werden, so bei Thomas von Acquin und besonders bei Nikolaus von Lyra. Vgl. dazu J. LEIPOLDT, Geschichte des neutestamentlichen Kanons II, Leipzig 1908, S. 6ff.

[48] H. HOLECZEK (Hrsg.), Erasmus von Rotterdam. Novum Instrumentum. Basel 1516. Faksimile-Neudruck mit einer historischen, textkritischen und bibliographischen Einleitung, Stuttgart/Bad Cannstatt 1986.

[49] M. LUTHER, Vorlesung über den Hebr 1517/18, hrsg. von J. Ficker (Anfänge reformatorischer Schriftauslegung II), Leipzig 1929; J. Calvin, Commentarius in epistolam ad Hebraeos, hrsg. von E. Reuss und A. Erichson (Ioannis Calvini opera quae supersunt omnia, vol. LV), Braunschweig 1896, Sp. 5–198.

legungsgeschichtliche Linie fort, wie sie dann endlich bruchlos in die lange Reihe der neueren und neuesten Kommentare zum Hebr einmündet[50].

Diese Auslegungsgeschichte bekundet seit der Zeit der Alten Kirche – im Grunde bereits von der Zeit an, da im 1. Clemensbrief zum ersten Male ausdrücklich auf den Hebr Bezug genommen worden ist – ein relativ *kontinuierliches Interesse am Hebr* im gesamten Verlauf der Kirchengeschichte bis in die Gegenwart hinein. Diese Auslegungsgeschichte ist ihrerseits Bestandteil der tatsächlichen Wirkungsgeschichte des Hebr, die als solche dann freilich weit über die förmliche Rezeption des Hebr ingestalt von ausdrücklichen Kommentierungen hinausreicht. Sie findet ihren Niederschlag nicht lediglich in der Theologiegeschichte im engeren Sinne, sondern ebenso auch in der Geschichte christlich-kirchlicher Frömmigkeit und Frömmigkeitspraxis, hier beispielsweise auch – wie O. MICHEL dies eindrücklich angezeigt hat[51] – in der neueren Geschichte des Kirchenliedes.

Daß diese (die förmliche Auslegungsgeschichte einschließende) Wirkungsgeschichte des Hebr für die Rezeption dieser eigenartigen Schrift des Neuen Testaments in der Gegenwart von erheblicher *hermeneutischer Relevanz* ist, bedarf – zumal angesichts eines gerade gegenwärtig neu erwachten „wirkungsgeschichtlichen Bewußtseins" im Umkreis der hermeneutischen Frage nach dem Neuen Testament – keiner Frage[52]. Wenn es aber zutrifft, daß im Verlauf jener weiträumigen Wirkungs- und Auslegungsgeschichte die Sache des Hebr im einzelnen jeweils sehr unterschiedlich, zum Teil auch durchaus kritisch akzentuiert worden ist und darüber hinaus auch in mancherlei Hinsicht eine bestimmte kirchliche „Binnensprache" (vom Priestertum und vom Opfer Jesu Christi usw.) befördert hat, bedarf es ebensowenig einer Frage, daß eine Auslegung des Hebr, die zunächst nur nach dem Verstehen des Hebr an seinem ursprünglichen historischen Ort bzw. in seiner ursprünglichen Verkündigungssituation fragt, der theologischen Sache dieses Briefes die ihr gebührende Konkretion und das ihr angemessene Profil zu verleihen vermag.

---

[50] Zu Theodor Beza vgl. J. LEIPOLDT, Geschichte des neutestamentlichen Kanons II, S. 149f; zu H. Grotius: ebd., S. 153f. – Zur Auslegungsgeschichte im Zeitalter der Reformation: K. HAGEN, Hebrews Commenting from Erasmus to Bèze: 1516–1598 (BGBE 23), Tübingen 1981; H. FELD, Der Hebr, S. 56–59. Der von O. MICHEL S. 84–91 vorgelegte Abriß der Geschichte der Auslegung des Hebr offenbart im übrigen den zuletzt von H. FELD, Der Hebr, S. 56, vermerkten Tatbestand, daß „spezielle Studien zur Auslegungs- und Wirkungsgeschichte des Hebr über eineinhalb Jahrtausende hin fast vollständig" fehlen!

[51] O. MICHEL S. 90f.

[52] Zur hermeneutischen Bedeutung der „Wirkungsgeschichte" vgl. bes. H.-G. GADAMER, Wahrheit und Methode. Grundzüge einer philosophischen Hermeneutik, Tübingen ²1965, S. 284ff. – Zur Unterscheidung zwischen Wirkungs- und Auslegungsgeschichte: U. LUZ, Das Evangelium nach Matthäus, 1. Teilband (EKK I/1), Zürich/Neukirchen 1985, S. 78ff.

§ 7. Zum Text des Hebräerbriefes[1]

Die Überlieferung des griechischen Textes des Hebr ist - soweit sie anhand der frühen Textzeugen zurückverfolgt werden kann - von Anfang an mit der Überlieferung des Textes des Corpus Paulinum verbunden. Nur als dessen Bestandteil ist der frühe Text des Hebr zugänglich[2]. Dementsprechend stellen sich die Probleme der Überlieferung des griechischen Textes des Hebr weithin analog zur Textüberlieferung der im Corpus Paulinum gesammelten Briefe dar. Mit anderen Worten: Die Grundfrage und Grundregeln der Textkritik, die für die Paulus-Briefe insgesamt gelten, gelten weithin auch für den Hebr[3]. Damit ist auch schon deutlich, daß der Text des Hebr gemeinsam mit dem des Corpus Paulinum relativ früh und - aufs Ganze gesehen - auch relativ gut bezeugt ist.

Im einzelnen sind für den Text des Hebr an erster Stelle die *Papyrus-Zeugen* zu nennen, die zum Teil bis ins 3. und 4. Jahrhundert zurückreichen und somit einen „frühen Text" repräsentieren, der als solcher noch nicht das Ergebnis einer sekundären Text-Rezension darstellt[4]. Abgesehen von dem zwar frühen (3. Jh.), aber nur ein Textfragment aus Hebr 1,1 enthaltenden P[12], der sich kaum eindeutig in die Textgeschichte einordnen läßt, dem nur Hebr 9,12-19 enthaltenden P[17] aus dem 4. Jahrhundert[5] sowie dem relativ späten, dem 7. Jahrhundert zugehörigen P[79] mit Fragmenten aus Hebr 10[6], sind für den frühen Text des Hebr vor allem zwei Papyri

---

[1] Lit.: H. C. HOSKIER, A Commentary on the Various Readings in the Text of the Epistle to the Hebrews in the Chester-Beatty Papyrus P[46], London 1938; F. W. BEARE, The Text of the Epistle to the Hebrews in P[46], JBL 63 (1944) S. 379-396; G. ZUNTZ, the Text of the Epistles; vgl. dazu R. V. G. TASKER, The Text of the Corpus Paulinum, NTS 1 (1954/55) S. 180-191; F. G. KENYON, Der Text der griechischen Bibel, 2. Aufl. ergänzt und bearb. von A. W. ADAMS, Göttingen 1961; K. ALAND, Studien zur Überlieferung des Neuen Testaments und seines Textes, Berlin 1967; B. M. METZGER, A Textual Commentary on the Greek New Testament, S. 661-678; S. GIVERSEN, The Pauline Epistles on Papyrus, in: S. PEDERSEN (Hrsg.), Die paulinische Literatur und Theologie (Teologiske Studier 7), Århus/Göttingen 1980, S. 201-212; K. und B. ALAND, Der Text des Neuen Testaments, Stuttgart 1982. Vgl. auch J. MOFFATT S. LXIV-LXXIII; C. SPICQ, I, S. 412-432; E. GRÄSSER ThR 30 (1964) S. 156-159.

[2] Dies gilt auch für diejenigen Textfragmente, die jeweils nur Teile aus dem Hebr enthalten. Vgl. für die Papyri: P[12] (Hebr 1,1); P[13] (Hebr 2,14-5,5; 10,8-22; 10,29-11,13); P[17] (Hebr 9,12-19); P[79] (Hebr 10,10-12.28-30) sowie für die Majuskelhandschriften: 0227 (Hebr 11,18f.29); 0228 (Hebr 12,19-21.23-25); 0252 (Hebr 6,2-4.6f) und 0121b (Hebr 1,1-4,3; 12,20-13,25). In diesen Fragmenten liegt jeweils der Rest einer ursprünglich nicht nur den Hebr enthaltenden Abschrift vor.

[3] Vgl. dazu bes. H. LIETZMANN, An die Römer, S. 1-18 (Einführung in die Textgeschichte der Paulusbriefe), sowie G. ZUNTZ, The Text of the Epistles.

[4] Vgl. K. und B. ALAND, Der Text des Neuen Testaments, S. 67ff, sowie C. SPICQ, I, S. 413f.

[5] Nach K. und B. ALAND, Der Text des Neuen Testaments, S. 107, handelt es sich bei P[17] um einen „Mischtext", der als solcher der „Kategorie II" zuzuordnen ist, also den „Handschriften besonderer Qualität, zwar von denen der Kategorie I durch Fremdbeeinflussung ... unterschieden, aber für die Feststellung des ursprünglichen Textes wichtig" (ebd., S. 116).

[6] Vgl. dazu: K. TREU, Neue neutestamentliche Papyri aus der Berliner Papyrussammlung,

wichtig: Der zeitlich in den Ausgang des 3. Jahrhunderts einzuordnende P[13] mit umfangreichen Fragmenten aus Hebr 2,14–5,5; 10,8–22; 10,29–11,13; 11,18–12,17[7] sowie der das gesamte Corpus Paulinum (einschließlich Hebr) umfassende P[46], der zugleich – sofern er einen Text des Hebr um 200 repräsentiert – den ältesten Textzeugen für den Hebr darstellt[8]. Dieser Papyrus hat somit für den Text auch des Hebr besondere Bedeutung, die allenfalls dadurch gemindert wird, daß auch hier schon eine ganze Reihe von Schreibfehlern vorhanden ist[9].

Zum Zeugnis der beiden zuletzt genannten Papyri tritt das bis ins 4. Jahrhundert zurückreichende Zeugnis der großen *Majuskel-Kodizes* hinzu, vor allem das der das gesamte Neue Testament umfassenden Kodizes ℵ (01), A (02), B (03), von denen der letztere den Text des Hebr freilich nur bis Hebr 9,14 enthält. Fast vollständig überliefert ist der griechische Text des Hebr weiterhin im Kodex D[p] (06) aus dem 6. Jahrhundert (Hebr 1,1–13,20) sowie in einer ganzen Reihe späterer Majuskel-Kodizes wie im Kodex K[ap] (018), dem Codex Mosquensis, im Kodex L (020), dem Codex Angelicus, im Kodex P (025), dem Codex Porfirianus, u.a.m., allesamt aus dem 9. Jahrhundert. Nur fragmentarisch dagegen ist der Text des Hebr (wie auch der anderer Paulus-Briefe) in den folgenden Majuskel-Kodizes überliefert: im Kodex B (s. o.), im Kodex C (04, Codex Ephraemi Syri rescriptus, 5.Jh.) mit Hebr 2,11–7,26; 9,15–10,24; 12,16–13,25 sowie in den Kodizes H (015, Codex Coislinianus, 9.Jh.) mit Hebr 1,3–8; 2,1–16; 3,13–18; 4,12f; 10,1–7. 32–39; 12,10–15; 13,24f, M (021, Codex Campianus, 9.Jh.) mit Hebr 1,1–4,3; 12,20–13,25) und N (022 Codex Petropolitanus Purpureus, 6.Jh.) mit Hebr 5,8–6,10[10]. Gar nicht überliefert ist der

---

APF 18 (1966), S. 23–38, spez. S. 37f. Nach K. und B. ALAND, Der Text des Neuen Testaments, S. 111, ist P[79] der „Kategorie II" zuzuordnen (s. o. Anm. 5). Hinzuweisen ist darüber hinaus auch auf den aus dem 4. Jahrhundert stammenden P[89] mit Hebr 6,7–9.15–17 (ed. Pintaudi, ZPE 42 (1981) S. 42–44).

[7] P[13] (= P. Oxyrh. 657) gehört dem alexandrinisch-ägyptischen Texttypus an. Vgl. K. und B. ALAND, Der Text des Neuen Testaments, S. 67. 105 und bes. S. 107: „eine ganze Reihe von Sonderlesarten, oft mit P[46] zusammen, freier Text? Kategorie I". Bereits E. RIGGENBACH S. XLIX betrachtete P[13] neben dem Kodex B als wichtigen Zeugen des alexandrinischen Textes.

[8] Zur Bedeutung von P[46] für die Textgeschichte des Corpus Paulinum vgl. K. u. B. ALAND, Der Text des Neuen Testaments, S. 67ff; P. BENOIT, Le Codex Paulinien Chester Beatty, RB 46 (1937) S. 58–82; H. SEESEMANN, Die Bedeutung des Chester-Beatty-Papyrus für die Textkritik der Paulusbriefe, ThBl 16 (1937) Sp. 92–97; H. C. HOSKIER, A Study of the Chester Beatty Codex of the Pauline Epistles, JThSt 38 (1937) S. 148–163.

[9] Vgl. z. B. die Lesart βασιλεῖς (statt: βασιλείας) Hebr 11,32 sowie die Zusammenstellung von Schreibfehlern bei F. W. BEARE, JBL 63 (1944) S. 382f. Dementsprechend ist auch das Urteil über den tatsächlichen Wert von P[46] für die Überlieferung des Textes der Paulusbriefe keineswegs einhellig. Vgl. einerseits die im Ganzen negative Beurteilung bei M.-J. LAGRANGE, Critique textuelle II: La critique rationale, Paris 1935, S. 473ff. 653ff, und andererseits die Hochschätzung von P[46] im Zusammenhang der Rekonstruktion eines „proto-alexandrinischen" Textes bei G. ZUNTZ, The Text of the Epistles.

[10] Vgl. darüber hinaus die Majuskelhandschriften 0121b (Hebr 1,1–4,3; 12,10–13,25);

Text des Hebr dagegen in der griechisch-lateinischen Bilingue des Kodex G^P (012, Codex Boernerianus, 9.Jh.) sowie im griechischen Textteil des Kodex F^P (010, Codex Augiensis, 9.Jh.)[11].

Die Hauptzeugen für den frühen Text des Hebr sind somit – neben den Papyrus-Zeugen – vor allem die Kodizes B, ℵ und A, in zweiter Linie auch die Kodizes D^P und C. Demgegenüber repräsentieren die den griechischen Text des Corpus Paulinum bezeugenden *Minuskelhandschriften* in ihrer Mehrzahl den bereits aus einer sekundären Textrezension hervorgegangenen sog. byzantinischen Text und kommen somit – nicht zuletzt angesichts ihrer relativ späten zeitlichen Ansetzung (ab 9.Jh.) – weniger für die Frage nach dem ältesten (erreichbaren) Text in Betracht als vielmehr für die Frage nach der Geschichte der Textüberlieferung. Immerhin haben einige unter ihnen in dem Falle eine relative Bedeutung für den frühen Text des Hebr, daß sie mit den älteren Textzeugen zusammengehen und damit zugleich bezeugen, daß auch in der späteren Geschichte der Textüberlieferung mitunter noch eine Konsistenz hinsichtlich der Überlieferung früher Lesarten bestand. Speziell für den Hebr gilt dies insbesondere für die Minuskelhandschriften 33 (9.Jh.) und 1739 (10.Jh.), die in ihrer Qualität durchaus den alten Textzeugen an die Seite zu stellen sind[12], darüber hinaus aber auch für die Minuskelhandschrift 81 (11.Jh.), und zwar vor allem dort, wo sie nicht nur mit den älteren Textzeugen, sondern zugleich mit den Minuskeln 33 und/oder 1739 zusammengeht[13]. Die altkirchlichen Übersetzungen ins Lateinische, Syrische und Koptische bestätigen – aufs Ganze gesehen – das durch die Überlieferung des griechischen Textes gebotene Gesamtbild, kommen insgesamt jedoch weniger als Zeugen für die älteste (erreichbare) griechische Textgestalt des Hebr, als vielmehr als Zeugen für die Textgeschichte des Corpus Paulinum bzw. des Hebr in Betracht[14].

0122 (Hebr 5,8–6,10); 0227 (Hebr 11,18f.29); 0228 (Hebr 12,19–21.23–25); 0252 (Hebr 6,2–4.6f). Vgl. dazu K. u. B. Aland, Der Text des Neuen Testaments, S. 130ff.

[11] Der lateinische Text im Codex F^P entspricht dem der Vulgata. Vgl. K. u. B. Aland, Der Text des Neuen Testaments, S. 119.

[12] Vgl. K. u. B. Aland, Der Text des Neuen Testaments, S. 137. 140 (zur Min. 33); S. 153 (zur Min. 1739). Die Minuskeln 33 und 1739 gehen im Hebr oft miteinander und zugleich mit den älteren Textzeugen zusammen. Vgl. z.B. Hebr 1,8; 2,4.7; 3,4.6; 4,2; 7,6 u.ö. Speziell für das Zusammengehen der Min. 33 mit älteren Textzeugen: 1,12; 2,8.9; 4,3.5.7; 5,12; 6,3.10 u.ö.; für das Zusammengehen der Min. 1739 mit älteren Textzeugen: 1,2; 2,8.9; 4,3.5.7; 5,12; 6,3.10 u.ö.

[13] Min. 81 ist nach K. u. B. Aland, Der Text des Neuen Testaments, S. 141, der Kategorie II zugehörig. Für das Zusammengehen mit den Minuskeln 33 und 1739 vgl. z.B. Hebr 2,4.7 3,6.13; 4,2.3; 5,12; 6,16 u.ö.

[14] Vgl. in diesem Sinne K. Aland (Hrsg.), Die alten Übersetzungen des Neuen Testaments, die Kirchenväterzitate und Lektionare (ANTT 5), Berlin/New York 1972, S. 1 sowie S. 80–92 (B. Fischer). 111f (W. Thiele). 298f (G. Mink). Das gilt auch dann, wenn z.B. die (alt-)lateinische Übersetzung für den Hebr bzw. das Corpus Paulinum bereits durch die griechisch-lateinischen Bilinguen der Kodizes D^P (d), E (e) und F (f) bezeugt ist. – Zur (alt-)lateinischen

Von dieser Übersicht über die Textbezeugung des Hebr her gesehen liegt der griechische Text des Hebr – folgt man jedenfalls der traditionellen Einteilung in bestimmte „Textfamilien" – vor allem in *zwei Textgestalten* vor: In der alexandrinisch-ägyptischen Textgestalt, wie sie vor allem durch P[46] und die Kodizes B, ℵ (usw.) sowie durch die Minuskeln 33 81 und 1739 bezeugt ist, sowie in der byzantinischen Textgestalt, repräsentiert durch die späteren Majuskelkodizes sowie durch die Mehrheit der Minuskelhandschriften. Demgegenüber gestatten es die erhaltenen Textzeugen nicht, eigens einen „Westlichen Text" für den Hebr zu rekonstruieren[15]. Auch wenn man davon ausgeht, daß der sog. byzantinische „Reichstext", wie ihn eine ganze Reihe der späteren Majuskel - sowie die Mehrzahl der Minuskelhandschriften bezeugen[16], und der alexandrinisch-ägyptische Text bei allen Unterschieden im einzelnen „doch auf ganz erhebliche Strecken ... miteinander zusammengehen"[17], bedarf es doch keiner Frage, daß unter den Textzeugen für den Hebr besondere Aufmerksamkeit dem alexandrinisch-ägyptischen Text anhand seiner Hauptzeugen, und hier wiederum dem ältesten (erreichbaren) Textzeugen überhaupt, also dem P[46], gebührt. Wenn überhaupt liegt hier, in der alexandrinisch-ägyptischen Textgestalt, der Hauptzeuge für den „frühen Text" des Hebr vor, im P[46] insbesondere ein Textzeuge aus einer Zeit, in der der Text „sich noch frei entfaltete"[18].

Genau von daher ist wohl auch der Sachverhalt zu erklären, daß P[46] in seiner Textdarbietung einerseits mit den übrigen alexandrinisch-ägyptischen Textzeugen, insbesondere mit Kodex B, zusammengeht (und damit zugleich Alter und Qualität der durch B für das 4. Jahrhundert bezeugten Textgestalt bestätigt)[19], andererseits

---

Textüberlieferung für den Hebr vgl. K. Th. SCHÄFER, Untersuchungen zur Geschichte der lateinischen Überlieferung des Hebr, (RQ.S 23), Freiburg i. B. 1929; H. J. FREDE, Vetus latina 25/II, Lfg. 3, Freiburg i. B. 1987, S. 999–1050, sowie J. MOFFATT S. LXIXf und B. FISCHER, in: K. ALAND (Hrsg.), Die alten Übersetzungen des Neuen Testaments, S. 24ff. – Zum syrischen Text des Hebr: J. MOFFATT S. LXXI; M. BLACK, in: K. ALAND (Hrsg.), Die alten Übersetzungen des Neuen Testaments, S. 139. – Zum koptischen Text: J. MOFFATT S. LXXf; G. MINK, in: K. ALAND (Hrsg.), Die alten Übersetzungen des Neuen Testaments, S. 172ff sowie S. 203. 230. 255.

[15] Hauptzeuge dafür wäre im Falle des Hebr ohnehin nur der Codex Claromontanus (D^p). Zum Problem eines „Westlichen Textes" im Hebr vgl. F. W. BEARE, JBL 63 (1944) S. 381f.

[16] Vgl. K. u. B. ALAND, Der Text des Neuen Testaments, S. 113 (für die Majuskelhandschriften) und S. 140 (für die Minuskelhandschriften).

[17] So K. u. B. ALAND, Der Text des Neuen Testaments, S. 38.

[18] So K. u. B. ALAND, Der Text des Neuen Testaments, S. 67. Zum „frühen Text" des 2. und 3. Jahrhunderts: ebd., S. 60. 67ff. Zur „Konstantinischen Wende" hinsichtlich der Textüberlieferung im 4. Jahrhundert, deren Ergebnis die großen Kodizes (B, ℵ, A usw.) sind, vgl. ebd., S. 74ff.

[19] Vgl. G. ZUNTZ, The Text of the Epistles, S. 39. 43. 93f. 218. 285f. – Für das Zusammengehen von P[46] und B vgl. z. B. Hebr 1,4 (om. τῶν); 3,2 (om. ὅλῳ); 6,2 (διδαχήν); 7,2 (παντὸς [αὐτῷ]); 8,10 (γράφω); 9,11 (P[46]: γεναμένων; B D* 1739: γενομένων).

jedoch mit dem Kodex D[p] gegen die übrigen Zeugen für den alexandrinisch-ägyptischen Text übereinstimmt und somit für das 2. Jahrhundert das Vorhandensein sog. „westlicher" Lesarten in Ägypten bezeugt[20]. Ein spezielles Problem in diesem Zusammenhang ist schließlich auch noch durch die zahlreichen Sonderlesarten des P[46] gegeben[21]. Zwar handelt es sich bei den meisten von ihnen offensichtlich um Fehler bzw. Versehen des Schreibers[22]; jedoch bleibt auch nach deren Abzug noch eine ganze Reihe von Lesarten übrig, die im Zusammenhang der Frage nach dem ältesten erreichbaren Text des Hebr von Fall zu Fall ernsthafte Beachtung verdienen[23]. Insgesamt ist somit das Bild, das speziell P[46] als Zeuge der alexandrinisch-ägyptischen Textgestaltung bietet, keineswegs einheitlich, gerade so aber wiederum kennzeichnend für einen „frühen Text", der als solcher noch nicht einer gleichsam „kirchenamtlichen" Steuerung unterlag. Nichtsdestoweniger wird man sich für seine Lesarten im wesentlichen nur dort entscheiden, wo er mit den anderen gewichtigen Zeugen des alexandrinisch-ägyptischen Textes zusammengeht[24].

Generell kann somit gelten, daß vor allem dort, wo der (von G. ZUNTZ so genannte) „proto-alexandrinische" Text mit Zeugen des sog. Westlichen Textes, vor allem mit dem Kodex D[p], zusammengeht, ein alter und ursprünglicher Text vorliegt, und daß darüber hinaus auch dort, wo an sich spätere Zeugen des sog. byzantinischen Textes mit den Hauptzeugen des „proto-alexandrinischen" Textes zusammengehen, jedenfalls die Wahrscheinlichkeit für die Bewahrung einer alten und ursprünglichen Lesart gegeben ist[25]. Solcher methodischer Grundsatz für die Beurteilung der Textüberlieferung des Hebr im Rahmen des Corpus Paulinum ist je-

---

[20] Vgl. dazu F. W. BEARE, JBL 63 (1944) S. 382. 395f. BEARE notiert hier (im Anschluß an F. G. KENYON) insgesamt zwanzig solcher Lesarten, von denen allerdings als ursprüngliche Lesart nur die in Hebr 11,11 ernsthaft in Betracht kommt: Σάρρα στεῖρα (P[46]D* Ψ latt). Darüber hinaus ist immerhin die Lesart in Hebr 11,13: μὴ λαβόντες (P[46] ℵ[2] D Ψ usw.) gegen μὴ κομισάμενοι (ℵ* usw.; vgl. 10,36) bemerkenswert.

[21] Vgl. dazu F. W. BEARE, JBL 63 (1944) S. 384ff, sowie H. SEESEMANN, ThBl 16 (1937) Sp. 93f.

[22] Vgl. z. B. die Auslassung von τὰ πάντα (nach ὑποτάξαι) in 2,8 sowie die Lesarten γεναμένων (statt: γενομένων) in 9,11 und ἐλάβομεν (statt: λαλοῦμεν) in 6,9.

[23] Aus der von F. W. BEARE, JBL 63 (1944) S. 384ff, zusammengestellten Liste dieser Lesarten sei hier besonders hingewiesen auf die Sonderlesarten in 3,18 (ἀπιστήσασιν); 7,13 (μετέσχεν); 10,1 (καὶ τὴν εἰκόνα); 11,37 (ἐπρίσθησαν); 12,1 (P[46] zusammen mit 1739: εὐπερίσπαστον) sowie 12,15 (ἐν[.]λη).

[24] G. ZUNTZ sieht diese besten Zeugen in dem durch P[46] B Min. 1739 sowie durch die koptischen Übersetzungen und Clemens Alexandrinus und Origenes repräsentierten „proto-alexandrinischen" Text gegeben. Was dabei freilich speziell die koptischen Übersetzungen betrifft, so beurteilt G. MINK (in: K. ALAND, Die alten Übersetzungen des Neuen Testaments, S. 160-229) deren Wert für die Frage nach einem alten alexandrinischen Text wesentlich skeptischer. Vgl. G. MINK, a.a.O., S. 299: „Man kann also sagen, daß die Möglichkeiten, durch den koptischen Text etwas über den griechischen, gar den ‚Urtext' zu erfahren, stark eingeschränkt sind".

[25] So im Anschluß an die Texttheorie von G. ZUNTZ: W. G. KÜMMEL, ThLZ 83 (1958) Sp. 766f, sowie H. CONZELMANN, Der erste Brief an die Korinther (KEK 5), Göttingen ²1981, S. 14.

doch bei der Anwendung auf die Textkritik des Hebr variabel zu handhaben, schließt also die (eklektische!) Entscheidung von Fall zu Fall vom jeweiligen Kontext her nicht aus, sondern ein. Dies gilt nicht zuletzt auch im Blick auf die Frage, ob und inwieweit der überlieferte Text des Hebr gegebenenfalls durch Konjekturen zu verändern ist[26].

---

[26] Zum Problem in dieser Hinsicht vgl. bereits A. v. HARNACK, Studien zur Vulgata des Hebr, in: DERS., Studien zur Geschichte des Neuen Testaments und der Alten Kirche I, Berlin/Leipzig 1931, S. 191–234, spez. S. 191f zu Hebr 2,9f; 4,2; 5,7; 10,1.29; 11,4.37; 12,7. Angesichts dessen, daß Fehler und – möglicherweise – auch „dogmatische Korrekturen" (A. v. HARNACK, a.a.O., S. 235–252) auch schon in der ältesten (erreichbaren) Textüberlieferung nicht von vornherein auszuschließen sind, bestehen hinsichtlich der Möglichkeit von Konjekturen keine prinzipiellen Bedenken. Maßgeblich ist jedoch in jedem Falle der Kontext.

Auslegung

1,1–4,13: Erster Hauptteil
Gottes endgültige Rede in seinem Sohn

1) 1,1–4: Hinführung zum Thema (Exordium)[1]

1 Nachdem Gott einst auf vielgestaltige und mannigfaltige Weise geredet hat zu den Vätern in den Propheten,
2 hat er (jetzt) am Ende dieser Tage zu uns geredet im Sohn,
   den er zum Erben aller Dinge eingesetzt hat,
   durch den er auch die Äonen geschaffen hat,
3 der (da) ist Abglanz der Herrlichkeit (Gottes) und Abdruck seines Wesens,
   der auch das All trägt durch das Wort seiner Macht,
   der (durch sich selbst) eine Reinigung von den Sünden vollbracht hat
   und sich (sodann) zur Rechten der Majestät in der Höhe gesetzt hat,
4 der in dem Maße erhabener geworden ist als die Engel,
   in dem er einen sie überragenden Namen geerbt hat.

Zu Struktur und Tradition:

Mit einem kunstvoll gestalteten Satzgebilde, das – formal wie inhaltlich gesehen – im Neuen Testament insgesamt seinesgleichen sucht, stellt der Autor des Hebr seiner Mahnrede eine Art Ouvertüre (C. Spicq) voran, die den theologischen Horizont umreißt für das, was im folgenden im einzelnen ausgeführt werden soll. Die VV. 1–4 sind in diesem Sinne etwa dem Prolog zum Johannesevangelium vergleichbar und wie dieser von programmatischer Bedeutung. Das ist die stilgemäße Einleitung einer „oratio" im Sinne antiker Rhetorik, ein „exordium" also, in dem es nach den entsprechenden Regeln der Rhetorik darum geht, die Aufmerksamkeit der Leser bzw. Adressaten der Rede von vornherein auf das zu lenken, worauf es dem Autor in seiner Rede insgesamt entscheidend ankommt, und sie somit zugleich zu Thema und Sachverhalt der folgenden Rede hinzuführen[2]. Diese Funk-

---

[1] Lit.: A. Vanhoye, Christologia a qua initium sumit Epistola ad Hebraeos (Hebr 1,2b.3.4), VD 43 (1965) S. 3–14. 49–61. 113–123; E. Grässer, Hebräer 1,1–4. Ein exegetischer Versuch, EKK.V 3, Zürich/Neukirchen 1971, S. 55–91 = Ders., Text und Situation. Ges. Aufsätze zum Neuen Testament, Gütersloh 1973, S. 182–228; D. W. B. Robinson, The Literary Structure of Hebrews 1:1–4, AJBA 2 (1972) S. 178–186; O. Hofius, Der Christushymnus Philipper 2,6–11 (WUNT 17), Tübingen 1976, S. 75ff; J. P. Meier, Structure and Theology in Heb 1,1–14, Bib 66 (1985) S. 168–189; W. G. Übelacker, Der Hebr als Appell, S. 66–139; D. A. Black, Hebrews 1:1–4; A Study in Discourse Analysis, WThJ 49 (1987) S. 175–194. Vgl. Auch F. Laub, Bekenntnis und Auslegung, S. 15–27.
[2] Vgl. bereits J. Calvin, Comm. in epistola ad Hebraeos, in: Corpus reformatorum vol.

tion erfüllt der Eingang des Hebr ohne Frage in hohem Maße, sowohl in sachlich-inhaltlicher als auch bereits in formaler Hinsicht.

Der auf Gottes einstige Rede „in den Propheten" bezugnehmende Partizipialsatz in V. 1 ist vom Hauptsatz in V. 2 deutlich abgesetzt und läßt dessen Aussage – Gottes eschatologische Rede „im Sohn" – um so deutlicher hervortreten, damit dann aber auch die an die Wendung ἐν υἱῷ sich anschließende, das Wesen des „Sohnes" kennzeichnende Reihe von Relativ- und Partizipialbestimmungen, in deren Zusammenhang die als selbständiger Satz (mit verbum finitum) formulierte Aussage in V. 3d („und sich zur Rechten der Majestät in der Höhe gesetzt hat") offensichtlich besonders akzentuiert erscheint[3]. Solche formal-syntaktische Komposition zeigt bereits an, daß das sachlich-inhaltliche Gefälle der ganzen Satzperiode von einer Aussage über Gott (V. 1) und über Gottes Reden „im Sohn" (V. 2) zu Aussagen über den „Sohn" hin verläuft, von der Theo-logie also zur Christologie hin, und daß dementsprechend das Interesse des Autors vor allem an einer näheren Bestimmung des „Sohnes"-Titels besteht. Die Reihe der Relativ- und Partizipialbestimmungen in den VV. 2b-4 stellt ja nichts anderes dar als einen Kommentar zum Titel υἱός in V. 2a. Hier wird kommentiert und präzisiert, was das heißt, daß Gott eschatologisch-endgültig „im Sohn" geredet hat[4].

Im Rahmen dieses Kommentars sind zwei Grundaussagen bereits in formaler Hinsicht besonders akzentuiert: Einmal die als selbständiger Satz formulierte „Erhöhungs"-Aussage in V. 3d (und V. 4), die zudem noch durch die vermittels der Stichworte κληρονόμος (V. 2b) und κληρονομεῖν (V. 4b) hergestellte Einschließung (inclusio) des ganzen Zusammenhangs besonders betont erscheint[5]; und zum anderen die mit dem vorangehenden Partizipialsatz in V. 3c eng verbundene „Erhöhungs"-Aussage in V. 3d. Erfolgt durch die erstgenannte Grundaussage bereits ein Hinweis auf die im Korpus der Mahnrede des Hebr im einzelnen entfaltete „Hauptsache" (8,1!), so wird durch die zweite bereits hier herausgestellt, daß das Vollbringen einer „Reinigung von den Sünden" seinerseits die Grundlage und Voraussetzung darstellt für die „Erhöhung zur Rechten Gottes". In diesem Sinne ist bereits hier, im Exordium des Hebr, das christologisch-soteriologische Grund-

---

LXIII, p. 9: „Hoc exordium ad commendationem doctrinae Christi pertinet". Nach C. Spicq, I, S. 33, ist Hebr 1,1-14 eine „énonciation du sujet, une authentique propositio ou prothèse, selon le canon de la meilleure rhétorique ancienne". Zur Funktion des Exordiums in der antiken Rhetorik vgl. H. Lausberg, Handbuch der literarischen Rhetorik I, S. 147ff; K. Berger, Exegese des Neuen Testaments. Neue Wege vom Text zur Auslegung (UTB 658), Heidelberg 1977, S. 19; W. G. Übelacker, Das Rätsel des Hebr und die Bedeutung von Hb 1,1-14 als Exordium, S. 52ff.

[3] Zur formalen Analyse vgl. J. P. Meier, Bib 66 (1985) S. 168ff, spez. S. 170ff; W. G. Übelacker, Das Rätsel des Hebr und die Bedeutung von Hb 1,1-4 als Exordium, S. 55ff.

[4] Solches Gefälle von der Theo-logie zur Christologie hat im Hebr nicht die Entfernung vom Primat der Theo-logie zur Folge. Am Ende des 1. Hauptteils des Hebr steht in Hebr 4,12f in Korrespondenz zu 1,1f ein „Hymnus" auf das Wort Gottes. Christologie des Hebr ist also Rede von Christus unter der Überschrift der Rede Gottes.

[5] J. P. Meier, Bib 66 (1985) S. 188f, sieht dementsprechend in Hebr 1,2-4 eine „Ring"-Struktur, die in V. 2b von einer Erhöhungsaussage ausgeht und am Ende in V. 3d und V. 4 wiederum zu einer Erhöhungsaussage zurückkehrt: „It is this ring structure that is the key to the movement of the author's Christological thought in 1,2b-4". Zu κληρονόμον (V. 2b) und κεκληρονόμηκεν (V. 4) als „inclusio" der christologischen Aussagen in den VV. 2b-4 vgl. A. Vanhoye, La structure littéraire de l'épître aux Hébreux, S. 68.

thema angezeigt, wie es in der Mahnrede selbst sodann vor allem im zentralen Teil 8,1–10,18 im einzelnen entfaltet wird.

So gesehen handelt es sich im Exordium des Hebr um eine eigene Komposition des Autors, von ihm selbst mit der Absicht gestaltet, den Adressaten seiner Mahnrede von vornherein die absolute Größe und somit auch die schlechthinnige Überlegenheit des „Sohnes" gegenüber allen anderen heilsmittlerischen Größen und Gestalten möglichst nachdrücklich in Erinnerung zu rufen: die Größe und Überlegenheit eben jenes „Sohnes" Gottes, zu dem ja auch sie, die Adressaten des Hebr, sich bekennen. Damit ist aber auch schon darauf hingewiesen, daß alle eigene Gestaltung vor allem der christologischen Aussagenreihe in den VV. 2–4 durch den Autor selbst keineswegs ausschließt, daß diese christologischen Aussagen im einzelnen und als solche weithin in der Kontinuität der traditionellen urchristlichen Christologie stehen. Denn: wenn es im Hebr insgesamt um eine Mahnrede an einen bestimmten Adressatenkreis geht, dann ist von vornherein zu erwarten, daß der Autor zumal im Rahmen einer Hinführung seiner Adressaten zum zentralen Thema seiner Rede ganz bewußt und gezielt auf ihnen bereits bekanntes, also traditionelles Glaubensgut zurückgreift[6].

Über die näheren Kennzeichnungen des Wesens und der Funktion des „Sohnes" in den VV. 2–4 hinaus (s. dazu unten) gilt dies vor allem bereits für die „Sohn"-Prädikation in V. 2a, mit der der Autor auf einen christologischen Titel Bezug nimmt, der den Adressaten zweifellos bereits von ihrem eigenen Bekenntnis her geläufig war (4,14!); darüber hinaus gilt dies aber auch im Blick auf die mit der christologischen Aussagenreihe in den VV. 2–4 fest verbundene, vom Autor noch eigens akzentuierte „Erhöhungschristologie". Sowohl die Bezugnahme auf Ps 110,1 in V. 3d (und auf Ps 2 in V. 2b!) als auch die offensichtliche Entsprechung zwischen V. 4 und Phil 2,9 weisen eindeutig darauf hin, daß der Autor des Hebr mit seiner „Erhöhungschristologie" in der Kontinuität einer bestimmten Christologie steht, wie sie im übrigen Neuen Testament vor allem durch die hymnischen Stücke in Phil 2,6–11 oder auch in 1 Tim 3,16 repräsentiert wird[7].

Bestimmte formale Kennzeichen in Hebr 1,1–4, so vor allem der für die christologischen Aussagen in den VV. 3 und 4 charakteristische, den hymnischen Stücken Phil 2,6–11 und Kol 1,15–20 weitgehend entsprechende Relativ- und Partizipialstil, könnten nun freilich auch für den Hebr darauf hinweisen, daß der Autor sich hier nicht nur auf bestimmte christologische „Traditionen" bezieht, sondern darüber hinaus an dieser Stelle eine bereits formelhaft geprägte Tradition, möglicherweise

---

[6] Vgl. K. BERGER, Exegese des Neuen Testaments, S. 95ff, spez. S. 95: „Traditionsgeschichte hat damit nicht allein für die Produktion eines Werkes Bedeutung, sondern ebenso für die Frage nach der Rezeption"; vgl. auch W. G. ÜBELACKER, Das Rätsel des Hebr und die Bedeutung von Hb 1,1–4 als Exordium, S. 52f. – Zu vergleichen ist hierzu auch das entsprechende Verfahren des Paulus, insbesondere im Römerbrief (1,3f u. ö.).

[7] Zum traditionsgeschichtlichen Zusammenhang zwischen Hebr 1,1–4 und Phil 2,6–11 vgl. bereits E. LOHMEYER, Kyrios Jesus. Eine Untersuchung zu Phil 2,5–11, SHAW.PH 1927/28 = Nachdruck Darmstadt 1961, S. 77–83. Vgl. auch E. KÄSEMANN, Das wandernde Gottesvolk, S. 61ff, spez. S. 66; H. ZIMMERMANN, Das Bekenntnis der Hoffnung, S. 55ff, u. v. a., zuletzt bes. O. HOFIUS, Der Christushymnus Phil 2,6–11, S. 15ff. – Angesichts der offensichtlichen sachlichen Differenzen zwischen Phil 2 und Hebr 1 (bes. was das Fehlen der soteriologischen Aussage in Phil 2 betrifft) handelt es sich an beiden Stellen um eine je eigene Variation desselben Grundschemas.

sogar in Gestalt eines „Hymnus", zitiert[8]. Angesichts dessen freilich, daß in den VV. 1 und 2a wie auch in V. 4 eine für den Autor des Hebr charakteristische Rede- und Argumentationsweise vorliegt und darüber hinaus auch die Aussagen in V. 3c und 3d auf Eigenformulierung durch den Autor zurückgehen, reduziert sich die Frage nach der Übernahme eines „Hymnus" an dieser Stelle auf die christologische Aussagenreihe in V. 2c und V. 3a.b[9], zumal es sich hier im einzelnen um Aussagen handelt, die im Korpus der Mahnrede des Hebr selbst keine wesentliche Rolle mehr spielen. Aber selbst wenn es zuträfe, daß der Autor zumindest an dieser Stelle seines Exordiums auf geprägte hymnische Überlieferung zurückgreift[10], ist doch nicht zu übersehen, daß das Anliegen, das der Autor seinerseits mit diesem Stück im Kontext seiner Mahnrede verfolgt, nicht etwa der hymnische oder kultische Lobpreis ist[11], sondern die theologische Argumentation zum Zwecke der Hinführung der Adressaten zum Thema der Mahnrede.

Was in diesen Versen insgesamt vorliegt, ist in diesem Sinne nichts anderes als eine argumentative Auslegung der Bekenntnistradition der Adressaten, bei der sich der Autor des Hebr weitgehend traditioneller christologischer Aussagen bedient und dabei – möglicherweise – auch ein vorgegebenes literarisches Schema variiert[12]. Der Zweck solchen Verfahrens: Die Adressaten werden gleichsam dort „abgeholt", wo sie sich ihrem Bekenntnis- und Erkenntnisstand nach befinden (oder doch jedenfalls befinden sollten!), und zugleich vermittels einer aktualisierenden Interpretation der Bekenntnisüberlieferung durch den Autor zur erneuten Rezeption der ihnen bekannten Bekenntnisüberlieferung veranlaßt. Das alte, ihnen bereits bekannte Bekenntnis soll ihnen in ihrer Situation der Anfechtung des Glaubens neu durchschaubar gemacht bzw. ihnen auf eine neue Weise vermittelt werden, die doch zugleich in der Kontinuität der urchristlichen Bekenntnistradition steht. Ganz in diesem Sinne werden vom Autor bereits in der theologischen Grundaussage in V. 1 und V. 2a die entsprechenden Akzente gesetzt.

---

[8] So heute fast durchgängig die (im Anschluß an E. NORDEN, Agnostos Theos, Stuttgart ⁴1923 = Nachdruck Darmstadt 1956, S. 380ff) vertretene Auffassung. Vgl. z. B. R. DEICHGRÄBER, Gotteshymnus und Christushymnus in der frühen Christenheit, S. 137ff; J. T. SANDERS, The New Testament Christological Hymns, S. 19f. 92-94; K. WENGST, Christologische Lieder und Formeln des Urchristentums, S. 166ff und S. 175ff; O. HOFIUS, Der Christushymnus Phil 2,6-11, S. 80ff; J. HABERMANN, Präexistenzaussagen, S. 267ff.

[9] So E. GRÄSSER, Text und Situation, S. 194ff; J. DUNN, Christology in the Making, Philadelphia 1980, S. 206ff; O. HOFIUS, Der Christushymnus Phil 2,6-11, S. 80ff; M. RISSI, Die Theologie des Hebr, S. 46f, sowie die oben Anm. 8 genannte Literatur.

[10] Gerade in dieser Hinsicht mehren sich neuerdings die kritischen Stimmen. Vgl. D. W. B. ROBINSON, AJBA 2 (1972) S. 178f; J. FRANKOWSKI, Early Christian Hymns Recorded in the New Testament. A Reconsideration of the Question in the Light of Hebrews 1,3, BZ N. F. 27 (1983) S. 183-194; J. P. MEIER, Bib 66 (1985) S. 524-528, spez. S. 528: Hebr 1,1-4 ist „the composition of our author from start to finish".

[11] So G. BORNKAMM, Das Bekenntnis im Hebr, in: Ges. Aufsätze II, S. 199f, mit Verweis auf Hebr 13,15; vgl. auch U. LUCK, NT 6 (1963) S. 200.

[12] Nach K. BERGER ist dies die literarische Gattung des „Enkomium", die nach dem Schema verfährt: Wer ist es? – Was tat er? – Welchen Ruhm bzw. welchen Namen erlangte er? Diesem Schema lassen sich in der Tat alle Aussagen in Hebr 1,2b-4 zuordnen. Vgl. K. BERGER, ANRW II 25/2, S. 1173ff; DERS., Formgeschichte des Neuen Testaments, Heidelberg 1984, S. 344-346, spez. S. 345; entsprechend zu Phil 2,6-11: ebd., S. 345f; ANRW II 25/2, S. 1183ff, spez. S. 1189f.

Für sich gesehen kann die das Exordium des Hebr einleitende Aussage über das Reden Gottes in **V. 1.2a** als programmatische Grundaussage einer „biblischen Theologie" gelten: Der Gott, der einst „in den Propheten" geredet hat, ist mit dem Gott identisch, der jetzt „im Sohn" geredet hat. Oder mit anderen Worten: Der Gott des Alten Testaments ist mit dem des Neuen Testaments identisch. Gleichwohl liegt auf dieser für den Autor des Hebr – und wohl auch für seine Adressaten – selbstverständlichen Aussage im Kontext des Hebr insgesamt nicht eigentlich der Akzent. Deutlich ist bei alledem vielmehr von vornherein, daß hier unter der Überschrift des „Deus loquutus est" (J. CALVIN) bei grundsätzlicher Wahrung der Identität Gottes doch zwei Perioden des Redens Gottes voneinander unterschieden, ja sogar einander gegenübergestellt werden. Der Hauptakzent in diesem Vordersatz des Exordiums liegt eindeutig auf dem Hauptsatz ἐπ' ἐσχάτου τῶν ἡμερῶν τούτων ἐλάλησεν ἡμῖν ἐν υἱῷ. Nicht mehr das Einst (πάλαι) ist das Entscheidende, sondern das den Hauptsatz bestimmende Jetzt: „am Ende dieser Tage"[13]. In formaler Hinsicht wird diese Unterscheidung bzw. Gegenüberstellung noch durch das in V. 1.2a vom Autor benutzte Stilmittel der Alliteration bzw. Paronomasie unterstrichen: Der (fünfmaligen) Abfolge des π-Anlauts in V. 1 folgt in V. 2a die durch mehrfachen vokalischen Anlaut bestimmte Hauptaussage[14]. Was auf solche Weise herausgestellt werden soll, ist eindeutig: Der eschatologisch-endgültige Charakter von Gottes Rede „im Sohn" – und damit zugleich die eschatologische Überbietung von Gottes einstiger Rede „in den Propheten".

Damit verbindet sich ein weiteres: Die Rede „in den Propheten" ist – wie sogleich zu Beginn von **V. 1** betont herausgestellt wird – auf eine bestimmte Weise, nämlich πολυμερῶς καὶ πολυτρόπως, ergangen. Bei solcher Kennzeichnung von Gottes einstiger Rede kann und mag man fragen, ob zwischen beiden Adverbien zu differenzieren ist (etwa in dem Sinne, daß dabei einmal die Vielfalt der Offenbarungsträger und zum anderen die Mannigfaltigkeit der Offenbarungsweisen hervorgehoben werden

---

[13] Vgl. in diesem Sinne bereits J. CALVIN, Comm. in epistola ad Hebraeos, S. 10: Deus loquutus est Olim per prophetas: Nunc per filium.
        Tunc patribus: Nunc autem nobis.
        Tunc multifariam: Nunc ut in fine temporum.
Vgl. auch E. GRÄSSER, Hebr 1,1–4, in: DERS., Tradition und Situation, S. 204f sowie S. 210: „V. 1 ist die Kontrastfolie, vor der sich das alles versammelnde und überragende Reden Gottes im Sohn scharf abzeichnen soll".

[14] Zum Stilmittel der Alliteration bzw. Paronomasie vgl. E. NORDEN, Antike Kunstprosa I ⁵1958, S. 9, Anm. 1; BL-DEBR.-R. § 488,7. Für den Hebr vgl. auch 2,1.10; 11,4.28. Speziell im Blick auf Hebr 1,1 ist auf die Vorliebe Philons für Alliteration mit dem Anlaut π bzw. mit der Vorsilbe πολυ- zu verweisen: Ebr 170; VitMos I 117; Som I 134 u.ö.; vgl. auch Josephus, Ant X 142, von der „Natur Gottes": ὅτι ποικίλη τέ ἐστι καὶ πολύτροπος sowie die Abfolge ποίκιλος – πολυμερός – πολύτροπος bei Maximus Tyr., Diss. VII 2.

soll[15]) oder ob hier lediglich ein Hendiadyoin vorliegt; wesentlich für den Autor ist dabei im Grunde nur, daß beide Adverbien gleichermaßen die Vorläufigkeit von Gottes einstiger Rede kennzeichnen. Hier – wie auch sonst im Hebr – gilt der Grundsatz des qualitativen Vorzugs der Einzahl bzw. der Einmaligkeit vor der Mehrzahl bzw. Mehrmaligkeit[16]. Eine polemische oder apologetische Absicht spricht sich dabei nicht aus; vielmehr hat solche (relative!) Abwertung von Gottes einstiger Rede nichts anderes zum Ziel, als den Adressaten des Hebr von vornherein die alles überragende Größe von Gottes eschatologischer Rede „im Sohn" ins Bewußtsein zu rücken[17]. Von einer „dualistischen" Gegenüberstellung von „Alt" und „Neu" kann dabei nicht die Rede sein. Beide Seiten der Gegenüberstellung bleiben vielmehr durch die Unterordnung unter das Reden (desselben) Gottes miteinander verbunden, was nicht zuletzt zur Konsequenz hat: Die „Väter", zu denen Gott einst „in den Propheten" geredet hat, sind nun eben auch die Väter der christlichen Adressaten. Was sie mit jenen verbindet, ist Gottes Reden damals und heute, nicht die Tatsache, daß die Adressaten des Hebr ihrer Herkunft nach Judenchristen sind[18].

Sofern Gottes eigenes Reden in diesem Zusammenhang das Entscheidende und Kontinuität zwischen den „Vätern" und „uns" stiftende ist, liegt es auch am nächsten, sein Reden ἐν ταῖς προφήταις bzw. ἐν υἱῷ nicht mittelbar, die Präposition ἐν also nicht instrumental – im Sinn des hebräischen בְּ bzw. בְּיַד- zu verstehen[19], sondern unmittelbar, also lokal: Der Ort gleichsam von Gottes Reden in der Welt sind die Propheten bzw. der „Sohn". Solches lokale Verständnis der Präposition ἐν entspricht jedenfalls der im Hebr zwar nicht im einzelnen entfalteten, aber doch vorausgesetzten Inspirationsauffassung, wonach es Gott selbst bzw. sein Geist ist, der in der Schrift und dementsprechend auch „in" den Propheten als den von ihm autorisierten Sprechern seines Wortes redet[20]. Dabei ist

---

[15] So H. WINDISCH S. 9; vgl. auch E. RIGGENBACH S. 4f; H. BRAUN S. 20.

[16] Vgl. Hebr 7,23f.27; 9,25–28; 10,11–14. Dazu auch F. SIEGERT, Argumentation bei Paulus, gezeigt an Röm 9–11 (WUNT 34), Tübingen 1985, S. 201f.

[17] Vgl. in diesem Zusammenhang auch Hebr 8,13: ἐν τῷ λέγειν καινὴν πεπαλαίωκεν τὴν πρώτην. Vgl. auch E. GRÄSSER, Der Alte Bund im Neuen Testament (WUNT 35), Tübingen 1985, S. 268: „Nach dem programmatischen Eingangssatz 1,1f ist durch das eschatologische Reden Gottes im Sohn das vorgängige Reden Gottes durch die Propheten auf-gehoben im dialektischen Sinn des Wortes"; F. LAUB, Bekenntnis und Auslegung, S. 17.

[18] Die Lesart mit Zusatz von ἡμῶν P[12] P[46c] 181 999 1836 1898 a t v vg[mss] sy[p]) verstärkt diesen Aspekt noch, der sich in Hebr 4,2 in dem καὶ γάρ ἐσμεν -καθάπερ κἀκεῖνοι Ausdruck verschafft. Jedoch liegt in dieser Lesart wohl sekundäre Angleichung an die sonst im Neuen Testament (1 Kor 10,1; Röm 4,1) übliche Redeweise vor. Vgl. H. BRAUN S. 20.

[19] Vgl. in diesem Sinn bes. Act 3,21: ἐλάλησεν ὁ θεὸς διὰ στόματος τῶν ἁγίων προφητῶν sowie Act 3,18; Lk 1,70; Röm 1,2 und die entsprechende formelhafte Redeweise in den Reflexionszitaten des Mt-Evangeliums (τὸ ῥηθὲν διὰ τοῦ προφήτου: Mt 1,22; 2,15.17 u.ö.). Zum Ganzen vgl. G. FRIEDRICH, ThWNT VI, S. 832f.

[20] Damit liegt im Hebr eine Annäherung an eine hellenistische Inspirationslehre im Sinne von 2 Petr 1,21 (vgl. auch 2 Tim 3,16) vor, deren anthropologische Implikationen – der gött-

die Frage, wer und was konkret unter den „Propheten" zu verstehen ist, im Sinn des Hebr wohl in einem umfassenden Sinn zu beantworten: Gemeint sind hier nicht nur die Schriftpropheten im engeren Sinne, sondern insgesamt die von Gott und seinem Geist autorisierten Sprecher und Vollstrecker seines Wortes, so daß zum „prophetischen" Schriftzeugnis in diesem Sinne z.B. auch die in 1,5ff aufgeführten Schriftstellen gehören[21].

Redet Gott selbst jedenfalls unmittelbar „in den Propheten" und „im Sohn", so ist damit für die Adressaten des Hebr ein deutliches Aufmerksamkeitszeichen gesetzt, und dies um so mehr, als Gottes Rede „im Sohn" ἐπ' ἐσχάτου τῶν ἡμερῶν τούτων ergangen ist. Mit dieser Zeitangabe nimmt der Autor des Hebr eine formelhafte biblische (LXX-)Wendung auf, die im Alten Testament zunächst in einem immanent-zeitlichen Sinn steht – באחרית הימים, d.h. „im Danach der Tage", also: „in der folgenden Zeit" –, bereits im Danielbuch (2,28; 10,14) aber im gleichsam technischen Sinn in bezug auf die eschatologische Endzeit gebraucht und in diesem Sinn dann auch ins Urchristentum übernommen worden ist[22]. Damit ist in V. 2 ein an sich eindeutiger Beleg dafür gegeben, daß auch der Hebr in der Kontinuität der gemein-urchristlichen eschatologischen Zeit- und Geschichtsauffassung steht: Die alte Weltzeit ist „am Ende dieser Tage", d.h. in der Endzeit, an ihr Ziel gekommen. Mit Gottes Reden „im Sohn" hat ein Neues begonnen. Gleichwohl setzt der Autor des Hebr auch hier wiederum seine eigenen Akzente – gewiß nicht etwa im Sinne einer rein „präsentischen" Eschatologie; wohl aber im Sinne einer Aktualisierung der sich hier im Anschluß an eine überkommene Wendung aussprechenden Zeit- und Geschichtsauffassung für die Adressaten des Hebr. Sie erfolgt einmal durch die Einfügung des Demonstrativums τούτων in die überkommene Wendung, was nichts anderes heißt, als daß die eigene Gegenwart der Adressaten zu „diesen letzten Tagen" gehört, in denen es entscheidend darauf ankommt, auf Gottes Rede zu hören; zum anderen (und

---

liche Geist treibt die menschliche Vernunft aus – im Hebr jedoch nicht reflektiert werden. Vgl. demgegenüber Philon, SpecLeg III 8; IV 49; Her 259.265; dazu: R. MEYER, ThWNT VI, S. 823.

[21] Am nächsten kommt damit dem Hebr das umfassende, z.B. auch David und Mose einschließende Verständnis von Prophetie in Act 2,30; 3,22; 7,37. Vgl. aber auch das Verständnis von Prophetie bei Philon. Vgl. dazu R. MEYER, ThWNT VI, S. 822.

[22] Zur biblischen Wendung als solcher vgl. Gen 49,1; Num 24,14; Dtn 4,30; 31,29; zu deren eschatologischem Verständnis: Dan 2,28; 10,14 sowie Hos 3,5; Ez 38,16. Vgl. H. SEEBASS, ThWAT I, S. 227f. – Für das Urchristentum vgl. die entsprechenden Wendungen in 2 Petr 3,3; 1 Petr 1,20; Jud 18; Herm sim IX 12,3. Zum Ganzen vgl. G. KITTEL, ThWNT II, S. 695; J. BAUMGARTEN, EWNT II, Sp. 158f, sowie F. MUSSNER, „In den letzten Tagen" (Apg 2,17a), BZ N.F. 5 (1961) S. 263–265. Die nur schwach bezeugte Lesart ἐπ' ἐσχάτων (ψ 629 1245 1518 1852 1908 2298 usw.) spiegelt die variable Lesung der Wendung in LXX und im Neuen Testament wider. Vgl. die entsprechenden Lesarten zu 1 Petr 1,20; 2 Petr 3,3. Sachlich gleichbedeutend ist Hebr 9,26: ἐπὶ συντελείᾳ τῶν αἰώνων. Vgl. M. SILVA, WThJ 39 (1976/77) S. 64f.

im Zusammenhang damit) erfolgt diese Aktualisierung vermittels der unmittelbaren Beziehung von Gottes Rede „im Sohn" auf die Adressaten: ἡμῖν, „zu uns", hat Gott „am Ende dieser Tage" geredet[23]; und d.h.: Gott gewährt damit eine letztmalige Chance, die es entsprechend wahrzunehmen gilt. Mit der Paraklese im Sinne der Tröstung – Gott redet „zu uns im Sohn" – verbindet sich bereits hier im Hebr ganz unmittelbar die Mahnung – und wohl auch die Warnung – an die Adressaten, diese „letzte Chance" nicht leichtsinnig oder gar mutwillig zu versäumen[24].

Diese Chance ist gegeben in Gottes eschatologischer Rede „im Sohn". Gottes Rede ist also „christologische Rede" und wird dementsprechend auch in V. 2bff entfaltet. Bereits **V. 2a** aber ist – programmatisch für den ganzen Hebr – eindeutiges Zeugnis einer christologisch akzentuierten und gebundenen Eschatologie, wie sie auch für das übrige Urchristentum charakteristisch ist. Eine Bezugnahme auf die Verkündigung des irdischen Jesus ist damit entsprechend dem Kontext (V. 3 und 4!) nicht gegeben[25]; vielmehr wird hier – wie alsbald die Entfaltung der christologischen Grundaussage von V. 2a in den VV. 2b-4 zeigt – auf das einmalige, die „Reinigung von den Sünden" bewirkende und die Erhöhung einschließende Heilsgeschehen Bezug genommen. „Sohn", das ist in diesem Sinn also Inbegriff der Christologie und der Soteriologie des Hebr insgesamt, und zwar sowohl hinsichtlich der Anknüpfung dieser Christologie an das überlieferte Gemeindebekenntnis als auch hinsichtlich der besonderen Weise der Auslegung dieses Bekenntnisses im Hebr selbst. Die absolute Rede vom „Sohn", wie sie für V. 2a, aber auch sonst für den Hebr charakteristisch ist (3,6; 5,8; 7,28), könnte als solche Hinweis sein auf eine „feste christologische Verkündigung" im Sinne eines traditionellen, von einer „Sohn Gottes"-Christologie zu unterscheidenden Typus[26]; im Hebr jedoch wird offensichtlich bereits die Gleichsetzung dieser Art von Christo-

---

[23] ἡμῖν ist soziativer bzw. schriftstellerischer Plural, mit dem der Autor sich mit seinen Adressaten zusammenschließt. Vgl. BL.-DEBR.-R. §280; H. THYEN, Der Stil der Jüdisch-Hellenistischen Homilie, S. 90: „kommunikativer Plural". Vgl. entsprechend Hebr 2,1.3; 3,6.14; 4,1ff.

[24] Diese Mahnung wird alsbald in 2,1ff sowie in 3,7ff ausgeführt. Zum paränetischen Verständnis der Aussage in V. 2a vgl. bereits M. LUTHER, Vorlesung über den Hebr, hrsg. von J. Ficker, Scholie zu Hebr 1,2 (S. 1): Instituit itaque Apostolus vehementissimum argumentum (ut dicitur) a minori, sic sc.: Si prophetarum verbum est acceptum, multo magis evangelium Christi suscipiendum est.

[25] Gegen F. J. SCHIERSE, Verheißung und Heilsvollendung, S. 27; N. WALTER, Christologie und irdischer Jesus im Hebr, in: Festschr. G. Voigt, S. 67; W. TRILLING, Jesus von Nazareth – Anfang der Theologie, in: H. Kirchner (Hrsg.), Die Frage nach Jesus Christus im ökumenischen Kontext, Berlin 1980, S. 9-27, spez. S. 22. Kritisch dazu auch: J. MOFFATT S. 4.8; F. LAUB, Bekenntnis und Auslegung, S. 47, Anm. 140.

[26] So O. MICHEL S. 93, Anm. 1. Zum traditionsgeschichtlichen Problem des „Sohnes"-Titels: F. HAHN, Christologische Hoheitstitel, S. 331; H. BRAUN S. 23f (Exkurs: „Sohn und Gottessohn").

logie mit der überlieferten „Sohn Gottes"-Christologie vorausgesetzt[27]. Mit der Rede vom „Sohn" in V. 2a wird für die Adressaten des Hebr an bereits Bekanntes, d. h. an das im Bekenntnis zu Jesus als „Sohn Gottes" Bekannte erinnert, und die folgenden Ausführungen zur christologisch-eschatologischen Grundaussage in V. 2a verbinden dementsprechend traditionelle christologische Redeweise mit der besonderen, für den Hebr charakteristischen Auslegung der christologischen Tradition, um auf diese Weise die Adressaten bei ihrem eigenen Bekenntnisstand zu behaften, sie aber zugleich zu neuen, im Blick auf ihren gegenwärtigen Glaubensstand not-wendigen Erkenntnissen zu führen.

Ganz im Sinne der besonderen Auslegung des überlieferten Gemeindebekenntnisses im Hebr ist es kein Zufall, daß die Reihe der christologischen Aussagen in den VV. 2b-4 zunächst in **V. 2b** mit einer Aussage über die Erhöhung des „Sohnes" eröffnet wird, deren Gewicht schon daran erkennbar ist, daß ihr am Ende dieser Aussagenreihe wiederum eine Erhöhungsaussage (V. 3d und V. 4) korrespondiert[28]. Ist die letztere (V. 3d) im Anschluß an Ps 110,1 formuliert, so nimmt die erstere (V. 2b) auf Ps 2,8 Bezug und setzt im Anschluß an V. 2a jene Konsequenz von Sohnschaft und Erbschaft voraus, wie sie bereits für Ps 2,7f bestimmend ist[29], darüber hinaus aber auch sonst im Urchristentum ihren Ausdruck gefunden hat[30]. Auch in dieser Hinsicht also greift der Autor an dieser Stelle auf einen be-

---

[27] Der Hebr gebraucht die Titel „Sohn" und „Sohn Gottes" ohne erkennbaren Unterschied. Eine gewisse sachliche Nähe zum Gebrauch beider Titel im Joh-Evangelium ist dabei nicht zu übersehen, auch wenn dort über Hebr hinaus die Reflexion zum „Vater-Sohn"-Verhältnis eine besondere Rolle spielt. Vgl. F. HAHN, Christologische Hoheitstitel, S. 331; H. BRAUN S. 23f. – Ein Anklang an Röm 1,3f ist allenfalls hinsichtlich einer „funktionalen" Bedeutung des „Sohnes"-Titels gegeben, nicht hinsichtlich der Davidsohnschaft. Vgl. J. DUPONT, Filius meus es tu, RSR 35 (1948) S. 536; E. GRÄSSER, Hebr 1,1-4, in: Tradition und Situation, S. 212f; E. SCHWEIZER, ThWNT VIII, S. 390, Anm. 387.

[28] Zur Beziehung von V. 2b auf die Erhöhung vgl. O. HOFIUS, Der Christushymnus Phil 2,6-11, S. 76. 92-102; J. P. MEIER, Bib 66 (1985) S. 176f.

[29] Vgl. auch das Zitat Ps 2,7 LXX in 1,5 sowie in Act 13,33 die Weiterführung des Zitats von Ps 2,7 durch Ps 2,8 in einem Teil der handschriftlichen Überlieferung (D it usw.). Wenn in Hebr 1,2b über Ps 2,8 hinaus vom „Erben aller Dinge" (πάντων) die Rede ist, so entspricht dies jener Universalisierung der Verheißung des „Erbes", wie sie bereits im Judentum (im Zusammenhang mit einer Eschatologisierung der Verheißung) zu beobachten ist. Vgl. Dan 12,13 LXX; Sir 44,21; Philon, VitMos I 155; Som I 175 sowie Röm 4,13. Zum Ganzen vgl. J. H. FRIEDRICH, EWNT II, Sp. 737f; H. LANGKAMMER, „Den er zum Erben von allem eingesetzt hat" (Hebr 1,2), BZ N. F. 10 (1966) S. 273-280; DERS., Die Verheißung vom Erbe. Ein Beitrag zur biblischen Sprache, BiLe 8 (1967) S. 157-165. H. LANGKAMMER macht in diesem Zusammenhang auch auf den Gebrauch von τίθημι in Gen 17,5 LXX aufmerksam und vermutet von daher auch für Hebr 1,2 einen „heilsgeschichtlichen" Zusammenhang: Markiert Gen 17,5 den Anfang der „Heilsgeschichte der Erbschaft", so Hebr 1,2 das Ende bzw. die Erfüllung dieser „Heilsgeschichte".

[30] Hier freilich zunächst nicht im Sinne des christologischen Gebrauchs dieses Motivs. Vgl. Gal 4,7; Röm 8,17 sowie Apk 21,7 und demgegenüber dann Mk 12,6f. parr. Vgl. W. FOERSTER, ThWNT III, S. 781ff.

reits vorgegebenen Traditionszusammenhang zurück, auch hier aber wiederum nicht nur infolge einer lediglich formalen Traditionsbindung[31], sondern zugleich wiederum im Sinne des eigenen pastoralen Grundanliegens. Sofern nämlich das Thema der „Erbschaft" im Hebr gerade auch in bezug auf das noch ausstehende „Erbe" der Christen eine bedeutsame Rolle spielt[32], ist die christologische Aussage in V. 2b gerade auch in dieser Hinsicht von grundlegender Bedeutung: Als derjenige, den Gott bereits zum „Erben aller Dinge" eingesetzt hat, ist der „Sohn" zugleich der Garant für das Erlangen der Verheißung des „Erbes" seitens der Christen. Was für ihn, den „Sohn", jetzt schon gilt, das wird dereinst auch für die Christen (als die „Söhne"!) gelten[33]. Die Erhöhungsaussage in V. 2b ist in diesem Sinne durchaus eschatologisch akzentuiert: einmal im Blick auf die Einsetzung des „Sohnes" zum „Erben" unter der Überschrift von Gottes eschatologischer Rede „im Sohn" (V. 2a); zum anderen aber auch im Blick auf das eben dadurch gewährleistete Erlangen des eschatologischen Heils seitens der Christen.

Auf solche eschatologische Aussage folgt mit **V. 2c** unmittelbar eine „protologische" Aussage und mit ihr eine über die erstere Aussage noch hinausführende Erweiterung des christologischen Horizontes des Weges der Christen in der Welt. Beide Aussagen sind im Sinne des Autors - angezeigt durch καί in V. 2c - eng miteinander verbunden: Derjenige, den Gott zum „Erben aller Dinge" eingesetzt hat, ist „auch" - dementsprechend auch! - derjenige, „durch den er die Äonen geschaffen hat". Die Reihenfolge der Aussagen - von der Eschatologie zur Protologie, nicht umgekehrt! - ist keineswegs zufällig. Ausgangs- und Ansatzpunkt der christologischen Reflexion des Autors des Hebr ist die Erhöhung des „Sohnes". Sie ist es ja, die die einzigartige Würdestellung des „Sohnes" begründet und von der aus sich zugleich alle weiteren christologischen Qualifikationen erschließen[34].

In den Rahmen und Horizont solcher Erhöhungschristologie sind somit alle weiteren Aussagen hineingenommen, mit denen der Autor wiederum zunächst einer bestimmten christologischen Tradition folgt. Dies gilt bereits im Blick auf die Aussage der „Schöpfungsmittlerschaft" des „Soh-

---

[31] So G. BORNKAMM, Das Bekenntnis im Hebr, in: Ges. Aufs. II, S. 199; H. BRAUN S. 23: „Liturgisches Material"; dagegen E. GRÄSSER, Hebr 1,1-4, in: Tradition und Situation, S. 191ff, spez. S. 194f.

[32] Vgl. Hebr 1,14; 6,12.17; 9,15; 11,7f. Dabei ist in 1,14 und 9,15 die Rede vom „Erbe" der Christen betont zukünftig ausgerichtet. Vgl. J. H. FRIEDRICH, EWNT II, Sp. 738f.

[33] Vgl. Hebr 2,10. Geht es im Hebr insgesamt um die „Gewinnung der Gewißheit des Heils" (H. BRAUN), so liegt darauf auch im Exordium der Akzent, nicht also auf der Einschärfung des „eschatologischen Vorbehalts" für die Adressaten (im Sinne des „Noch nicht" von 2,8). Gegen E. GRÄSSER, Hebr 1,1-4, in: Tradition und Situation, S. 216.

[34] Vgl. O. MICHEL S. 95; E. GRÄSSER, Hebr 1,1-4, in: Tradition und Situation, S. 214; J. P. MEIER, Bib 66 (1985) S. 178. - Die wohl sekundäre Auslassung des καί (P46 sa^mss bo) verkürzt die Relation beider Sätze zu einem unverbundenen Nebeneinander.

nes". Mit ihr steht der Autor ganz eindeutig in der Kontinuität einer bestimmten christologischen Tradition des Urchristentums, nämlich in der Kontinuität jener Präexistenz- und Schöpfungsmittler-Christologie, wie sie im (hellenistisch-judenchristlichen) Urchristentum unter dem bestimmenden Einfluß der Weisheits- und Logos-Theologie des hellenistischen Judentums ausgebildet worden ist[35]. Von den entsprechenden Aussagen im übrigen Neuen Testament unterscheidet sich die des Hebr lediglich dadurch, daß hier Gottes Handeln „durch den Sohn" besonders betont erscheint[36], darüber hinaus auch dadurch, daß hier – wie dann auch in 11,3 – nicht von der Erschaffung des „Alls" (τὰ πάντα) die Rede ist, sondern von der Erschaffung der „Äonen" (Plural!)[37]. Da die erstere, primär räumlich akzentuierte Redeweise nach Ausweis von V. 3b (φέρων τε τὰ πάντα κτλ) auch dem Hebr nicht fremd ist, ist zu fragen, ob mit dem Plural αἰῶνες an dieser Stelle ein (dem hebr. עוֹלָמִים entsprechender) zeitlicher Aspekt akzentuiert wird. Der Plural „Äonen" wäre in diesem Sinne dann freilich nicht so sehr auf „die übereinander gelagerten Schichten des Weltgefüges" zu beziehen[38], sondern eher auf die Gesamtheit „des vom Zeitlauf Umschlossenen"[39]. Genau auf diese Weise ergibt sich für den Gesamtzusammenhang des Exordiums des Hebr gerade auch im Blick auf die Adressaten ein guter Sinn solcher Redeweise: Denn nicht primär einem bestimmten weltbildhaften Interesse verdankt sich solche Redeweise im Kontext des Hebr, sondern viel eher und mehr dem (auf die Adressaten in ihrer Situation ausgerichteten) christologischen Interesse des Autors. Entscheidend ist vor allem anderen, daß Gottes Reden „im Sohn" und sein Handeln „durch ihn" nun in der Tat „alles" umfaßt, nicht nur im räumlichen,

---

[35] Für das Urchristentum vgl. bes. 1 Kor 8,6; Kol 1,15ff; Joh 1,1ff und die entsprechenden Aussagen zur „Schöpfungsmittlerschaft" der Weisheit bzw. des Logos in Weish 9,1f sowie bei Philon, Migr 6; Sacr 8; SpecLeg I 81 usw. Dazu im einzelnen: H. HEGERMANN, Die Vorstellung vom Schöpfungsmittler im hellenistischen Judentum und im Urchristentum (TU 82), Berlin 1961, S. 110ff; B. L. MACK, Logos und Sophia. Untersuchungen zur Weisheitstheologie im hellenistischen Judentum (StUNT 10), Göttingen 1973.
[36] Dies wird durch die das ἐποίησεν (und damit das Handeln Gottes) akzentuierende Umstellung in D¹ K L P 6 69 81 104 326 1739 usw. noch entschiedener betont.
[37] Vgl. 1 Clem 35,3: ὁ δημιουργὸς καὶ πατὴρ τῶν αἰώνων sowie 55,6 und 61,2.
[38] So E. KÄSEMANN, Das wandernde Gottesvolk, S. 61. Zu den unterschiedlichen Deutungen des Plurals vgl. F. J. SCHIERSE, Verheißung und Heilsvollendung, S. 66–68; A. VANHOYE, VD 43 (1965) S. 8ff. – Die Entsprechung zwischen αἰῶνες und τὰ πάντα (V. 3b) macht es unwahrscheinlich, daß der Plural „Äonen" auf den gegenwärtigen und den zukünftigen Äon (im Sinne der jüdischen Zwei-Äonen-Lehre) zu beziehen ist. Im letzteren Sinne: F. J. SCHIERSE, a.a.O., S. 28; T. HOLTZ, EWNT I, Sp. 111; J. P. MEIER, Bib 66 (1985) S. 178f. Anders wiederum bezieht E. GRÄSSER, Hebr 1,1–4, in: Tradition und Situation, S. 217f, die „Äonen" im Sinne einer „alexandrinischen Kosmologie", wie sie auch in Hebr 11,3 ihren Niederschlag gefunden hat, auf die sichtbare und die unsichtbare Welt.
[39] So E. RIGGENBACH, S. 7; vgl. auch C. SPICQ, SBi, S. 59: „l'ensemble des êtres créés, l'univers et tout ce qu'il renferme". Insoweit entspricht der Plural „Äonen" dem Gebrauch von עוֹלָמִים in der jüdisch-rabbinischen Gottesprädikation רבון כל עולמים (Belege bei Strack-Billerbeck, III, S. 671f).

sondern auch im zeitlichen Sinne; entscheidend ist vor allem anderen, daß Anfang und Ende des Weges der Christen in der Welt bzw. in den „Weltzeiten" in einem christologischen Horizont stehen und damit zugleich aller Welt und allem Weltlichen keine Eigengesetzlichkeit mehr zukommt. In diesem Sinne ist das im Exordium des Hebr zum Ausdruck kommende christologische Interesse des Autors durchaus dem pastoralen Grundanliegen des Hebr insgesamt zugeordnet.

In diesem Kontext sind dann auch die folgenden, das Wesen des „Sohnes" beschreibenden Aussagen in **V. 3** zu verstehen, gleichviel ob der Autor des Hebr dabei auf eine hymnische Vorlage zurückgreift oder – wahrscheinlicher – lediglich auf bestimmte Sachtraditionen. Hier – in V. 3 – wird die theologische Grundaussage von V. 2a weiter entfaltet, und zwar im Sinne der Herausarbeitung der Einzigartigkeit und – damit auch – der Endgültigkeit von Gottes eschatologischer Rede „im Sohn". Ein bestimmtes Gefälle der einzelnen Aussagen in den deutlich voneinander abgehobenen Gliedern von V. 3 ist dabei unverkennbar. Die drei Partizipialsätze in V. 3a–c sind syntaktisch dem Hauptsatz in V. 3d zugeordnet und somit auf ihn hin ausgerichtet. V. 3d ist somit die Zielaussage des ganzen Zusammenhangs, die ihrerseits in V. 4 wiederum durch einen Partizipialsatz kommentiert wird[40]. Mit diesem Gefälle verbindet sich zugleich der auffällige Übergang vom Präsens in V. 3a.b zum Aorist in V. 3c.d: Auf die Beschreibung des (gleichsam zeitlosen) Wesens des „Sohnes" in seinem Verhältnis zu Gott und Welt folgt die Beschreibung seines einmaligen Handelns. Insoweit ist deutlich, daß es sich bei V. 3 um eine wohldurchdachte Komposition des Autors des Hebr handelt. Dies schließt auch hier wiederum nicht aus, daß der Autor des Hebr im einzelnen in formaler wie auch in sachlicher Hinsicht in der Kontinuität der christologischen Tradition des Urchristentums formuliert. Bereits in formaler Hinsicht sind jedenfalls – was vor allem den Relativ- und Partizipialstil in V. 3 betrifft – die Entsprechungen zu Texten wie Phil 2,6–11 und Kol 1,15–20 nicht zu übersehen[41].

In sachlicher Hinsicht gilt dies nicht nur im Blick auf das sowohl hinter Phil 2,6ff als auch hinter Hebr 1,3 stehende christologische Grundschema Präexistenz – Erniedrigung – Erhöhung insgesamt, sondern insbesondere auch im Blick auf die das Wesen des „Sohnes" in seinem Verhältnis zu Gott beschreibende Aussage in **V. 3a**. Daß der Autor hier im Präsens for-

---

[40] Vgl. A. VANHOYE, La structure littéraire, S. 65–68; J. FRANKOWSKI, BZ N.F. 27 (1983) S. 184f.

[41] Zu ὃς ὤν κτλ in V. 3a vgl. Phil 2,6: ὃς ... ὑπάρχων sowie Kol 1,15: ὅς ἐστιν κτλ. E. LOHMEYER, Kyrios Jesus (Nachdruck: Darmstadt 1961), S. 77f, sieht an dieser Stelle im Hebr eine Präzisierung von Phil 2,6 „nach der Seite der metaphysischen Substantialität Christi" gegeben. Der „Gedanke der Gottesgleichheit" sei hier „aus der Unbestimmtheit, die das Wort von dem ‚Sein in göttlicher Gestalt' noch atmete, befreit zu der metaphysischen Bestimmtheit des Sohnes".

muliert, und zwar in einem Kontext, der im übrigen vor allem durch Aorist- und Perfekt-Tempora bestimmt ist (V. 2b.c; V. 3c.d; V. 4), hat seinen Grund darin, daß hier eine Aussage über den „Sohn" gemacht wird, die gleichsam überzeitlich, also grundsätzlich, gilt. Im „Sohn" stellt sich grundsätzlich Gottes Wesen, d.h. - wie es hier heißt - seine δόξα und ὑπόστασις, dar. Diese Aussage ist dem Autor so wichtig, daß er sie - in einer Vielfalt der Annäherungsweisen gleichsam - in Gestalt eines Parallelismus membrorum formuliert: ἀπαύγασμα und χαρακτήρ sind dementsprechend ebenso Synonyma wie δόξα und ὑπόστασις[42]. Eindeutig ist auch, daß sich der Autor des Hebr hier einer Terminologie bedient, die als solche in der Kontinuität der Tradition hellenistisch-jüdischer Sophia- und Logostheologie steht[43]. Ebenso wie im hellenistischen Judentum die Sophia bzw. der Logos Gottes Wesen (in seiner Zugewandtheit zur Welt) „abbilden", so gilt dies auch für den „Sohn". ἀπαύγασμα und χαρακτήρ entsprechen somit vollauf dem Terminus εἰκών, wie er in bezug auf Christus als εἰκὼν τοῦ θεοῦ in 2 Kor 4,4 sowie in Kol 1,15 verwendet wird[44].

---

[42] Dementsprechend ist auch zu τῆς δόξης ein αὐτοῦ zu ergänzen.
[43] Eindeutig ist dies insbesondere für den Terminus ἀπαύγασμα, „Abglanz, Widerschein", von Weish 7,26 her, hier in bezug auf die Weisheit: ἀπαύγασμα γάρ ἐστιν φωτὸς ἀϊδίου ... καὶ εἰκὼν τῆς ἀγαθότητος αὐτοῦ. Philon demgegenüber gebraucht den Terminus im kosmologischen (Plant 50) und im anthropologischen Sinn (Op 146; SpecLeg IV 123) im Rahmen seiner Urbild-Abbild-Lehre. Vgl. R. WILLIAMSON, Philo and the Epistle to the Hebrews, S. 36ff; O. HOFIUS, EWNT I, Sp. 281-283. Sachlich ist zu Hebr 1,3 nichtsdestoweniger vor allem Som I 239 zu vergleichen: „Denn wie diejenigen, die die Sonne nicht sehen können, doch den reflektierten Sonnenstrahl als Sonne ansehen...; so nehmen sie auch das Abbild (εἰκών) Gottes wahr, seinen Engel-Logos, als wäre es er selbst (ὡς αὐτὸν κατανοοῦσιν)". Vgl. F. BOVON, RThPh 101 (1968) S. 139ff. - Grundsätzlich das gleiche gilt auch für den Terminus χαρακτήρ, „Abdruck, Prägebild, Gestalt", den Philon vor allem im Rahmen seiner Anthropologie (im Anschluß an Gen 1,26f!) verwendet (Det 83; Plant 18; Her 230f). Zum einzelnen vgl. A. KÖRTE, Χαρακτήρ. Begriffsgeschichte, Hermes 64 (1929) S. 69-86, sowie bes. U. WILCKENS, ThWNT IX, S. 409ff; H. BALZ, EWNT III, Sp. 1092. - In denselben Raum einer spezifisch griechischen bzw. hellenistisch-jüdischen Sprachgeschichte verweist schließlich auch der hier die (an sich jenseitige) Wirklichkeit Gottes bezeichnende Terminus ὑπόστασις. Vgl. dazu wiederum Philon, Som I 188 (speziell dazu: H. KÖSTER, ThWNT VIII, S. 582); Imm 177; Weish 16,21. Zum Ganzen vgl. H. DÖRRIE, Ὑπόστασις. Wort- und Bedeutungsgeschichte, NAWG 1, Phil.-hist. Kl. 1955,3, Göttingen 1955, S. 35-92; H. KÖSTER, ThWNT VIII, S. 571-588, speziell zu Hebr 1,3: S. 584ff. - Eine Ausnahme in dieser Reihe hellenistisch-jüdischer Termini stellt der Begriff δόξα dar, der in der biblischen Sprachtradition zunächst Gottes Erscheinungsweise in Theophanien bezeichnet (Ex 24,16; 33,18ff; 40,34f). An dieser Stelle im Hebr steht er analog zu φῶς ἀΐδιος in Weish 7,26 zur Bezeichnung des „Lichtwesens" Gottes. Vgl. F. DELITZSCH S. 10. Eine Unterscheidung zwischen ὑπόστασις und δόξα ist in diesem Zusammenhang, in dem es um die vollständige und endgültige Darstellung Gottes im „Sohn" geht, nicht beabsichtigt. Gerade so signalisiert auch hier wieder die Synonymität beider Begriffe die Einbeziehung biblischer Sprachtradition in den Horizont einer hellenistischen bzw. hellenistisch-jüdischen Philosophie. Vgl. H. DÖRRIE, a.a.O., S. 74.
[44] Zur Sache vgl. auch 2 Kor 4,6, wo die Prädikation Christi als εἰκὼν τοῦ θεοῦ von 2 Kor 4,4 ausgeführt wird durch die Rede von der δόξα τοῦ θεοῦ ἐν προσώπῳ Ἰησοῦ Χριστοῦ. -

Diese Konzentration auf die Christologie ist es dann auch, die den Gebrauch solcher Terminologie vom hellenistischen Judentum und insbesondere von Philon unterscheidet. Nicht das Interesse an Anthropologie und Kosmologie ist in diesem Zusammenhang für den Hebr maßgebend, sondern allein das Interesse an dem, von dem es dann alsbald heißt, daß er „eine Reinigung von den Sünden bewirkt und sich zur Rechten Gottes gesetzt hat" (V. 3c.d).

Die Reflexion über das zeitlose Sein und Wesen des „Sohnes" ist sinnvoll nur in der Ausrichtung auf sein Handeln, wie es in V. 3c und d beschrieben wird[45]. Im Rahmen solcher Ausrichtung ist auch die folgende präsentische Aussage in V. 3b φέρων τε τὰ πάντα zu verstehen, mit der vorangehenden Aussage eng verbunden (φέρων τε)[46]; verbunden mit ihr nicht zuletzt auch hinsichtlich der auch hier wiederum aufgenommenen hellenistisch-jüdischen Tradition[47]. Im Unterschied zu Philon freilich, bei dem das vom Logos ausgesagte φέρειν auch im Sinn von „erschaffen" steht[48], betont das Verbum φέρειν im Hebr an dieser Stelle die „das All tragende", d.h. erhaltende Kraft des Wortes des „Sohnes" und steht damit analog zu der entsprechenden Formulierung in Kol 1,17: „... und das All

---

ἀπαύγασμα und χαρακτήρ stehen im übrigen auch im hellenistischen Judentum parallel zu εἰκών. Vgl. Weish 7,25f; Philon, Plant 50 sowie E. KÄSEMANN, Das wandernde Gottesvolk, S. 61f; F. W. ELTESTER, Eikon im Neuen Testament (BZNW 23), Berlin 1958, S. 130ff. 149–151.

[45] Von daher gesehen erledigt sich auch die Frage, ob ἀπαύγασμα hier aktivisch (im Sinne der „Ausstrahlung") oder passivisch (im Sinne des „Abglanzes" bzw. des „Widerscheins") zu verstehen ist. Für ein passivisches Verständnis spricht zwar zunächst das Synonym χαρακτήρ, das das (durch das Gepräge des Stempels entstandene) Abbild bzw. Prägebild bezeichnet (vgl. U. WILCKENS, ThWNT IX, S. 407; H. BALZ, EWNT III, Sp. 1092). Dieser passive „Abglanz"-Charakter, der den „Sohn" in seinem Verhältnis zum „Vater" charakterisiert, schließt jedoch – wie die Fortführung der Seinsaussagen über den „Sohn" im folgenden zeigt – das aktivische Moment keineswegs aus, sondern im Sinne der Christologie des Hebr durchaus ein. Vgl. auch U. WILCKENS, ThWNT IX, S. 411 (mit Anm. 32); H. BRAUN S. 24f. In diesem Sinne ist die Auslegung von Hebr 1,3 durch Johannes Chrysostomus (PG 63, Sp. 22) – φῶς ἐκ φωτός – durchaus angemessen.

[46] Die singuläre Lesart des Kodex B – φανερῶν statt φέρων – hat demgegenüber keinen Anspruch auf Ursprünglichkeit. Allenfalls kommt sie als erleichternde Lesart in Betracht, und zwar im Sinne der Vermeidung einer Wiederholung der Aussage über den Mittler der Schöpfung in V. 2c.

[47] In diese Richtung weist jedenfalls die hier gebrauchte τὰ-πάντα-Formel und die sachliche Nähe der christologischen Aussage des Hebr zur Aussage über die Weisheit in Weish 7,27: καὶ μένουσα ἐν αὐτῇ τὰ πάντα καινίζει (im Anschluß an 7,25f: ἀτμὶς γάρ ἐστιν τῆς τοῦ θεοῦ δυνάμεως). Zum hellenistischen (stoischen) Ursprung der „All"-Formel und deren Nachwirkung im Neuen Testament (1 Kor 8,6; Röm 11,36; Kol 1,16f) vgl. E. NORDEN, Agnostos Theos, S. 240–250; E. GRÄSSER, Hebr 1,1–4, in: Tradition und Situation, S. 221f.

[48] So bes. Her 36: ὁ τὰ μὴ ὄντα φέρων καὶ τὰ πάντα γεννῶν; Mut 256; Som I 241 sowie Plant 8: der Logos als τὸ ἔρεισμα τῶν ὅλων. Weiteres bei R. WILLIAMSON, Philo and the Epistle to the Hebrews, S. 95–103. Zur Sache vgl. auch Weish 1,7: der Geist Gottes als τὸ συνέχον τὰ πάντα; Sir 43,26: ἐν λόγῳ αὐτοῦ σύγκειται τὰ πάντα sowie wiederum Philon, Fug 112.

hat in ihm seinen Bestand"⁴⁹. Auch wenn dies nicht notwendig die Vorstellung von der Regierung bzw. der Herrschaft über „das All" einschließt⁵⁰, wird auf diese Weise doch in jedem Fall im Gegenüber zu einer ansonsten auch im Hebr sich abzeichnenden dualistischen Tendenz nachdrücklich der christologische Horizont aller „Weltlichkeit" herausgestellt, mit der es der Glaube zu tun hat, und zugleich – ganz im Sinne der „Theologie des Wortes" des Hebr – die in der Welt wirksame Kraft des Wortes Gottes, das „im Sohn" Gestalt angenommen hat und auf das es jetzt – „heute" – zu hören gilt⁵¹. Eine im engeren Sinne kosmologische Aussage (über den Bestand der Welt als solcher) ist dabei ebensowenig beabsichtigt wie in der entsprechenden Aussagenreihe in Kol 1,15ff; und nur so ist es auch zu erklären, daß der Autor des Hebr von der „kosmologischen" Aussage von V. 3b alsbald zur soteriologischen Aussage in V. 3c übergeht⁵².

An die Stelle des Präsens tritt nunmehr der Aorist. Im Unterschied also zu den das zeitlose Wesen des „Sohnes" beschreibenden Aussagen in V. 3a

---

⁴⁹ Vgl. dazu bes. Ps-Arist., De mundo c.6 (397b): ἐκ θεοῦ πάντα καὶ διὰ θεοῦ ... συνέστηκεν. Zur Sache vgl. auch Weish 11,24-26 sowie E. LOHSE, Die Briefe an die Kolosser und an Philemon (KEK 9/2), Göttingen 1968, S.92f. Die sachliche Nähe von Hebr 1,3 zu Kol 1,17 ist dabei um so deutlicher, als auch hier analog zu Hebr 1,2c.3a Christus als εἰκών Gottes (Kol 1,15) und als Schöpfungsmittler prädiziert wird. Das läßt auf eine beiden – Hebr und Kol – gemeinsame Tradition schließen. J. FRANKOWSKI, BZ N.F.27 (1983) S. 188, vermutet sogar „a common source". – φέρειν in Hebr 1,3 entspricht somit durchaus dem (vom Namen des Sohnes Gottes ausgesagten) βαστάζειν von Herm sim IX 14,5f: καὶ τὸν κόσμον ὅλον βαστάζει. Eine spezifisch jüdisch-rabbinische Überlieferung (vgl. dazu die Belege mit Gebrauch von סבל bei STRACK-BILLERBECK, III S. 673) kommt hier im Hebr nicht zum Tragen. Vgl. dagegen O. HOFIUS, Der Christushymnus Philipper 2,6-11, S. 81f. In gnostischer Variation begegnet das Motiv in fast wörtlichem Anklang an Hebr 1,3 im Evangelium Veritatis (NHC I 3) p. 24,3, hier vom Logos (šače) ausgesagt: „Er aber trägt das All" (fi ha ptērf). Zur Sache vgl. auch H. HOMMEL, Schöpfer und Erhalter, in: DERS., Sebasmata I, Tübingen 1983, S. 131-177, spez. S. 132-135.

⁵⁰ Zu φέρειν im Sinne von κυβερνᾶν, „leiten, lenken", vgl. bereits Joh. Chrysostomus z. St. (PG 63, Sp.20) sowie Theodoret z. St. (PG 82, Sp.681). Zur Sache vgl. F. BLEEK, II/1, S.71f; K. WEISS, ThWNT IX, S. 61. Im Sinne der Herrschaft des „Sohnes" über die Welt interpretieren auch M. WOLTER, EWNT III, Sp. 1003, und F. LAUB, Bekenntnis und Auslegung, S. 19.

⁵¹ In der Wendung τῷ ῥήματι τῆς δυνάμεως αὐτοῦ steht der gen.qual. semitisierend für ein Adjektiv. Das Possessivpronomen αὐτοῦ ist dabei – vom Kontext her gesehen – auf Christus zu beziehen, nicht – wie es von der hier aufgenommenen jüdischen Tradition her zunächst naheliegt – auf Gott. Im letzteren Sinne B. WEISS S. 45; A. VANHOYE, VD 43 (1965) S. 55. – Die Auslassung von αὐτοῦ in einer Reihe von Handschriften (P⁴⁶ 0121b 6 1739 1881) ist möglicherweise aus der Unsicherheit hinsichtlich der Beziehung des Pronomens zu erklären.

⁵² Ein sachlicher Zusammenhang zwischen V. 3b und V. 3c besteht nicht zuletzt auch darin, daß bereits in V. 3b das Verhältnis des „Sohnes" zur Welt in den Blick kommt. Vgl. E. GRÄSSER, Hebr 1,1-4, in: Tradition und Situation, S.220; J.P. MEIER, Bib 66 (1985) S.183. Gleichwohl markiert der unmittelbare Übergang vom Präsens in V. 3b zum Aorist in V. 3c.d die entscheidende Differenz zur Logostheologie Philons. Was im Rahmen der Logoslehre Philons primär anthropologisch entfaltet wird, ist im Hebr auf das einmalige Geschehen des Kreuzestodes (und der Erhöhung) des „Sohnes" ausgerichtet. Vgl. zu dieser Differenz: U. WILCKENS, ThWNT IX, S. 411.

und b wird nunmehr in V. 3c auf ein einmaliges Geschehen in der Geschichte Bezug genommen. Derjenige, der als der „Sohn" Wesen und Wirklichkeit Gottes selbst repräsentiert, durch den Gott die „Weltzeiten" geschaffen hat und kraft dessen Wort „das All" seinen Bestand hat, ist zugleich derjenige, der „eine Reinigung von den Sünden bewirkt hat"[53]. Hier bereits kommt somit das „Einmal" bzw. „Ein-für-allemal" in den Blick, das der Autor des Hebr sodann im zentralen christologisch-soteriologischen Teil seines Briefes so entschieden betont, hier aber auch schon die kultische Sprache und Redeweise, in der im Hebr das Heilsgeschehen der Rede Gottes „im Sohn" vor allem beschrieben und bezeichnet wird. So gesehen liegt in V. 3c ganz eindeutig eine auf den Autor selbst zurückgehende Formulierung vor[54]. Zwar wird auch hier wieder – sofern hier implizit jedenfalls auf das einmalige Geschehen des Kreuzestodes Jesu Bezug genommen wird – das traditionelle Schema von Erniedrigung und Erhöhung vorausgesetzt, dieses Schema aber doch zugleich in der für den Hebr charakteristischen Weise abgewandelt. Das Motiv der Erniedrigung als solches wird zunächst noch nicht ausgeführt; statt dessen liegt der Akzent zunächst nur auf der Aussage der durch den „Sohn" bewirkten „Reinigung von den Sünden" und damit auf einer soteriologischen Aussage in kultischer Terminologie, die als solche – im Unterschied zur soteriologischen Tradition im übrigen Urchristentum[55] – für den Hebr charakteristisch ist. Denn: eine „Reinigung von den Sünden" zu wirken, ist – wie im zentralen Teil des Hebr im einzelnen ausgeführt wird – priesterliches Amt. Eindeutig ist dabei hier bereits, daß der Autor des Hebr mit solcher Beschreibung des Heilsgeschehens gezielt auf die biblische Sprachtradition, genauer: auf die Sprache der LXX zurückgreift, in der das entsprechende

---

[53] In diesem Sinne ist „der empfindliche Stilbruch nach der zweiten Zeile und das nach den Präexistenzaussagen unvermittelte Auftreten der Motive der Sündentilgung und der Thronbesteigung" (Ph. VIELHAUER, Geschichte der urchristlichen Literatur, S. 45) nicht nur unter traditionsgeschichtlichem Aspekt, sondern auch im Sinne der „Redaktion" des Autors des Hebr bedeutsam. – Die Identität hinsichtlich der kosmischen und der soteriologischen Funktion des „Sohnes" wird im übrigen durch das in einer Reihe von Handschriften (P[46] D* usw.) sekundär eingefügte δι' αὐτοῦ bzw. δι' ἑαυτοῦ noch verstärkt, indem hier bereits auf das Selbstopfer des Hohenpriesters Christus Bezug genommen wird. Zur textkritischen Frage vgl. B. M. METZGER, A Textual Commentary on the Greek New Testament, S. 662; H. BRAUN, S. 29.

[54] Vgl. A. VANHOYE, VD 43 (1965) S. 50: „Formula autem ipsa non est traditionalis, sed mentem auctoris propriam prodit"; J. FRANKOWSKI, BZ N. F. 27 (1983) S. 188; G. THEISSEN, Untersuchungen zum Hebr, S. 50f. Jedenfalls schreibt der Autor hier keinesfalls nur „unter dem Zwang liturgischer Formulierungen". So G. BORNKAMM, Das Bekenntnis im Hebr, in: Ges. Aufs. II, S. 198.

[55] An analogen Aussagen kommen im Neuen Testament – neben 2 Kor 7,1 und 2 Petr 1,9 – lediglich 1 Joh 1,7 in Betracht: καὶ τὸ αἷμα Ἰησοῦ ... καθαρίζει ἡμᾶς ἀπὸ πάσης ἁμαρτίας. Analog zur gemein-urchristlichen Rede von „unseren Sünden" (1 Kor 15,3; Gal 1,4; 1 Petr 3,18 u.ö.) ist wohl die sekundäre Einfügung von ἡμῶν in einigen Handschriften zu verstehen (D[1] H 33 104 326). Vgl. H. BRAUN S. 29.

Wortfeld fest vorgegeben ist[56]. Daß eine solche soteriologische Aussage im Exordium des Hebr programmatischen Charakter hat, steht außer Zweifel. Hier wird das Thema benannt, das im zentralen Teil des Hebr sodann auf Grund von Lev 16 in Gestalt einer typologischen Ausdeutung des Opferrituals des „Versöhnungstages" im einzelnen entfaltet wird. Zu diesem Thema wird an dieser Stelle des Exordiums jedoch nur hingeführt. Und von daher ist es auch zu verstehen, daß an dieser Stelle zunächst weder angegeben wird, wer von den Sünden gereinigt wird, noch auf welche Weise dies geschieht.

Kennzeichnend für den Hebr ist, daß an dieser Stelle vermittels der unmittelbaren syntaktischen Verbindung des Aorist-Partizips ποιησάμενος mit dem Verbum finitum ἐκάθισεν in V. 3d ein grundlegender Sachverhalt in Erscheinung tritt. Entspricht solche syntaktische Verbindung den entsprechenden Formulierungen in 10,12 (προσενέγκας θυσίαν ... ἐκάθισεν) und 12,2 (σταυρὸν αἰσχύνης καταφρονήσας ... κεκάθικεν), so wird auf diese Weise in sachlicher Hinsicht die für den Hebr insgesamt entscheidende Einheit des Heilsgeschehens von (Opfer-)Tod und Erhöhung zur Aussage gebracht. Nicht allein die auf den Tod Jesu bezugnehmende soteriologische Aussage in V. 3c ist also der „Schlüssel zum Verständnis der Christologie" des Hebr[57], sondern die Verbindung dieser Aussage mit der Erhöhungsaussage in V. 3d. Umgekehrt ist es also auch nicht die letztere allein, die das eigentliche Heilsereignis bezeichnet, sodaß die erstere am Ende lediglich eine „Episode" auf dem Wege zur Erhöhung beschreiben würde[58]; vielmehr zeigt bereits die syntaktische Zusammenordnung ποιησάμενος – ἐκάθισεν, daß beide Aussagen im Rahmen der für den Hebr charakteristischen Christologie und Soteriologie untrennbar miteinander verbunden sind. Das Selbstopfer des Hohenpriesters Christus, wie es in V. 3c in den Blick kommt, ist wirksames, d. h. wirklich „reinigendes" Opfer allein in seinem Zusammenhang mit der im Hebr im Sinne des Eintritts des Hohenpriesters in das himmlische Heiligtum interpretierten Erhöhung. Und solche Auslegung der traditionellen Erhöhungsvorstellung kann dann im Hebr sogar zur Konsequenz haben, daß die Erhöhung selbst als Einsetzung des „Sohnes" in das Amt des Hohenpriesters gedeu-

---

[56] Vgl. bes. Lev 16,30 LXX in bezug auf den Versöhnungstag: ἐξιλάσεται περὶ ὑμῶν καθαρίσαι ὑμᾶς ἀπὸ πάσων τῶν ἁμαρτιῶν. Vgl. auch Ex 30,10; Ps 50,4 LXX; Sir 23,10; 38,10. Die Rede von den „Sünden" (Plural) in Hebr 1,3 ist von dieser biblischen Sprachtradition her vorgegeben und somit nicht ein Indiz für den „Übergang zum nachapostolischen Zeitalter". Gegen H. BRAUN S. 29. Ebensowenig ist mit dieser Aussage des Hebr eine besondere Nähe zur Soteriologie der Qumran-Gemeinde gegeben. Vgl. H. BRAUN, Qumran und das Neue Testament I, S. 241f (gegen C. SPICQ, RdQ 1 (1959) S. 367f).

[57] So E. LOHSE, Märtyrer und Gottesknecht, S. 168; vgl. auch E. GRÄSSER, Hebr 1,1–4, in: Tradition und Situation, S. 223f. Dagegen mit Recht H. BRAUN, S. 29f.

[58] So E. GRÄSSER, Hebr 1,1–4, S. 224; vgl. auch H. BRAUN, S. 29f. Kritisch dazu wiederum: O. HOFIUS, Der Christushymnus Phil 2,6–11, S. 85f; J. P. MEIER, Bib 66 (1985) S. 183f.

tet werden kann[59]. Für den Hebr ist es die „Hauptsache", daß „wir einen solchen Hohenpriester haben, der Platz genommen hat zur Rechten Gottes im Himmel" und der als solcher „priesterlicher Diener am (himmlischen) Heiligtum, am wahrhaften Zelt" ist (8,1f). Denn allein so – als der Erhöhte – ist er nunmehr bleibend der „Mittler", der vor Gott für die Seinen eintritt (7,25)[60]. Genau in diesem Sinne – in der unmittelbaren Verbindung der beiden Aussagen in V. 3c und V. 3d – führt der V. 3 zum christologisch-soteriologischen Thema des Hebr hin und sind zugleich alle vorangehenden christologischen Aussagen auf die beiden Aorist-Aussagen in V. 3c und V. 3d hin ausgerichtet[61].

Mit der Erhöhungsaussage in V. 3d als solcher nimmt der Autor dabei offensichtlich – wie dann auch das entsprechende Zitat in V. 13 zeigt – auf *Ps 110,1* Bezug, damit zugleich freilich wiederum auf eine bereits in der älteren urchristlichen Christologie bezeugte Tradition[62]. Von daher erklärt sich wohl auch die vom

---

[59] So Hebr 5,9f.Vgl. aber auch 4,14; 7,26.28. Wir haben es hier mit einer besonderen Interpretation der traditionellen Erhöhungschristologie zu tun, die sich nicht zuletzt auch erheblich von Phil 2,6–11 unterscheidet. Der Kreuzestod Jesu wird im Sinne des Selbstopfers des Hohenpriesters interpretiert, seine Erhöhung im Sinne des Eintritts des Hohenpriesters in das himmlische Heiligtum. Sofern in diesem Sinne Erniedrigung und Erhöhung im Hebr unmittelbar miteinander verbunden werden, erübrigt sich auch die Unterscheidung zwischen „Amtsantritt" und „Proklamation", wie sie E. KÄSEMANN, Das wandernde Gottesvolk, S. 140–151, spez. S.149f, hinsichtlich des Zeitpunktes der Einsetzung Jesu in das Amt des Hohenpriesters vorgeschlagen hat.

[60] Entfaltet wird dies alles freilich erst im Corpus des Hebr. Anhand der besonderen Akzentuierung der Erhöhungsaussage zeigt sich jedoch bereits im Exordium, daß das Hauptinteresse des Autors – ganz im Sinne seines pastoralen Grundanliegens – darin besteht, seinen Adressaten den „Sohn" als denjenigen ins Bewußtsein zu rücken, der ein für allemal das Heilswerk vollendet hat und nunmehr als der zu Gott Erhöhte für sie eintritt. Vgl. E. KÄSEMANN, Der Ruf der Freiheit, Tübingen ⁵1972, S.197; E. GRÄSSER, Hebr 1,1–4, in: Tradition und Situation, S. 224.

[61] Für die traditionell-urchristliche Rede von der „Auferstehung" bzw. „Auferweckung" ist hier grundsätzlich kein Raum, vielmehr schließt die „Erhöhung" unmittelbar an den Kreuzestod an (und gehört gerade so mit ihm zu einer Einheit zusammen!). Allenfalls in Hebr 13,20 könnte noch ein Anklang an die Vorstellung von der „Auferweckung" gegeben sein. Insgesamt liegt der Hebr damit durchaus auf der Linie der traditionellen Erhöhungschristologie von Phil 2,6–11 und 1 Tim 3,16. Vgl. demgegenüber die Verbindung von Auferstehungs- und Erhöhungsaussage in Act 2,30ff; 5,30; Röm 8,34; Kol 3,1; Eph 1,20–22; 2,6. Zum Problem in dieser Hinsicht vgl. E. SCHWEIZER, Erniedrigung und Erhöhung bei Jesus und seinen Nachfolgern, S.68, sowie G. BERTRAM, Die Himmelfahrt Jesu vom Kreuz aus und der Glaube an seine Auferstehung, in: Festschr. A. Deißmann.

[62] Die Aussagen in Röm 8,34; 1 Kor 15,25; Kol 3,1; Eph 1,20; 1 Petr 3,22 sowie Act 2,33f und 5,31 zeigen jedenfalls deutlich genug, daß Ps 110,1 einer der wesentlichen biblischen Bausteine der ältesten urchristlichen Christologie gewesen ist. Vgl. dazu: F. HAHN, Christologische Hoheitstitel, S. 126–132; D. M. HAY, Glory at the Right Hand; J. DUPONT, „Assis à la droite de Dieu". L'interprétation du Ps 110,1 dans le Nouveau Testament, in: E. Dhanis (ed.), Resurrexit, Rom 1974, S. 340–422; M. GOURGUES, A la droite de Dieu; W. R. G. LOADER, Christ at the Right Hand. Dem frühen christologischen Gebrauch von Ps 110,1 im Urchristentum entspricht es, daß im rabbinischen Judentum eine ausdrückliche messianische Deu-

wörtlichen Zitat von Ps 110,1 erheblich abweichende Bezugnahme auf diesen „locus classicus" der urchristlichen Christologie.

Dies gilt insbesondere für die Formulierung ἐν δεξιᾷ anstelle von ἐκ δεξιῶν in Ps 109,1 LXX. Letzteres begegnet im Hebr wie auch im übrigen Neuen Testament nur im wörtlichen Zitat (Hebr 1,13; Act 2,34; Mk 12,36 parr), während die Lesung ἐν δεξιᾷ (Hebr 1,3; 8,1; 10,12; 12,2 sowie Röm 8,34; Kol 3,1; Eph 1,20; 1 Petr 3,22) möglicherweise bereits einen festen Gebrauch der urchristlichen Bekenntnissprache widerspiegelt[63]. Im übrigen freilich besteht bei der Bezugnahme auf Ps 110,1 im Hebr wie auch in der urchristlichen Bekenntnissprache sowohl hinsichtlich der Gottesbezeichnung als auch hinsichtlich der Ortsangabe der Erhöhung keine weiterreichende Übereinstimmung. Auch innerhalb des Hebr differiert hier die Ausdrucksweise. Was die Gottesbezeichnung betrifft, so steht μεγαλωσύνη (1,3) die Formulierung θρόνος τῆς μεγαλωσύνης (8,1) gegenüber; 10,12 steht lediglich ὁ θεός, 12,2 dagegen wiederum ὁ θρόνος τοῦ θεοῦ. Was die Ortsangabe der Erhöhung betrifft, so steht 1,3 ἐν ὑψηλοῖς, 8,1 dagegen ἐν τοῖς οὐρανοῖς, wozu allenfalls Eph 1,20 zu vergleichen ist: ἐν τοῖς ἐπουρανίοις. Zumindest ein Ansatz für die Gottesbezeichnung μεγαλωσύνη in Hebr 1,3 und 8,1 ist in dem in LXX häufig belegten Attribut Gottes gegeben[64]. Der Weg vom Attribut zum „Ersatznamen" für Gott, wie er in Hebr 1,3; 8,1 erreicht ist, wird durch die Gottesbezeichnung δύναμις (mit Bezugnahme auf Ps 110,1!) in Mk 14,62 par Mt 26,64 gewiesen, wo δύναμις für hebr. גבורה bzw. aram. גבורתא steht, was in Dan 2,20 LXX wiederum durch μεγαλωσύνη wiedergegeben wird[65].

Die Traditionsgebundenheit des Hebr in dieser Hinsicht schließt freilich das besondere Interesse des Autors gerade an dieser Schriftstelle keineswegs aus, wie es durch das wörtliche Zitat von Ps 110,1 sowie durch die wiederholten Bezugnahmen darauf in 8,1; 10,12f und 12,2 ausdrücklich belegt wird[66]. Im Unterschied freilich zu 8,1 und 10,12, wo die Bezugnahme auf Ps 110,1 im Zusammenhang der Entfaltung der Hohenpriester-Christologie erfolgt, die Erhöhung also soteriologisch gedeutet wird, geht es hier – im Exordium des Hebr – zunächst nur um den Aspekt der Einset-

---

tung nicht vor der zweiten Hälfte des 3. Jahrhunderts n.Chr. bezeugt ist. Vgl. STRACK-BILLERBECK, III, S.453–457; IV 452f; G. DALMAN, Die Worte Jesu I, Leipzig ²1930, S.234; G. SCHIMANOWSKI, Weisheit und Messias. Die jüdischen Voraussetzungen der urchristlichen Präexistenzchristologie (WUNT 2. Reihe 17), Tübingen 1985, S.136ff.

[63] So O. MICHEL S. 102, Anm. 1; vgl. auch S.104f (im Anschluß an A. SEEBERG); G. DELLING, Die Entfaltung des ‚Deus pro nobis' in Röm 8,31–39, SNTU 4 (1979) S.76–96, spez. S.87f.

[64] Vgl. LXX Ps 78,11; 144,3.6; 150,2; Weish 18,24; Sir 2,18; 18,5; Tob 13,4. 18f; Dan 2,20 sowie dann auch 1 Clem 20,12; 58,1. Dazu C. SPICQ, Notes II, S.546. Zur Ortsangabe ἐν ὑψηλοῖς vgl. Ps 92,4 LXX sowie die Gottesprädikation ὁ ἐν ὑψηλοῖς κατοικῶν Ps 112,4 LXX; Jes 57,15.

[65] הגבורה als Ersatz für den Gottesnamen ist auch in der rabbinischen Literatur belegt: b.Schab 87a.88b; Sifre Num zu 15,31. Vgl. STRACK-BLLERBECK, I, S.1006; G. DALMAN, Die Worte Jesu I, S.164f.

[66] Zur grundlegenden Bedeutung von Ps 110,1 (und 110,4) für das Ganze des Hebr vgl. E. RIGGENBACH S. 14, sowie neuerdings bes. A. STROBEL S. 81f, der in Ps 110 die Grundlage für die Komposition des Hebr sieht. Vgl. auch G.W. BUCHANAN S. XIXff, bes. S. XIX: „The document entitled ‚To the Hebrews' is a homiletical midrash based on Ps 110".

zung des „Sohnes" in die Herrschaft bzw. die Teilhabe des „Sohnes" an der Majestät (μεγαλωσύνη) Gottes. Ganz in diesem Sinn führt denn auch der Zusammenhang unmittelbar zu der der Erhöhungsaussage in V. 3d syntaktisch zugeordneten Aussage in V. 4 hinüber: ἐκάθισεν - γενόμενος. Die letztere stellt also im Zusammenhang des Exordiums insgesamt nichts anderes als eine Ausführung und Konkretion der Erhöhungsaussage dar. Denn der „Name", den der „Sohn" bei seiner Erhöhung „ererbt hat" (und der ihm von da an bleibend zukommt!), ist ja kein anderer als der des Herrschers, mit dem notwendigerweise zugleich die schlechthinnige Überlegenheit des „Sohnes" gegenüber den Engeln gegeben ist[67]. Dies ist zunächst Abschluß und Abrundung der Erhöhungsaussage von V. 3d, darüber hinaus aber zugleich auch Ankündigung des Themas („annonce du sujet") des folgenden Abschnitts 1,5-14[68]. Die Art und Weise der Argumentation zeigt, daß hier - in V. 4 - Eigenformulierung des Autors vorliegt.

Es ist die für den Hebr charakteristische Stilform eines proportionalen bzw. komparativen Denkens[69]: Das Maß der Überlegenheit des „Sohnes" gegenüber den Engeln bestimmt sich nach dem Maß des „Namens", den er im Unterschied zu ihnen erhalten hat. Auch hier ist jedoch das Motiv der Verleihung des „Namens" von der traditionellen Erhöhungschristologie her vorgegeben, und zwar analog zu Phil 2,9-11 im Sinne der Inthronisation in die Herrschaft bzw. der Übereignung der Macht und Herrlichkeit Gottes an den „Sohn"[70]. Bereits vorgegeben ist damit aber auch schon, und zwar in Verbindung mit Ps 110,1, das Motiv der Überlegenheit des Erhöh-

---

[67] E. RIGGENBACH S. 14 verweist zur Verdeutlichung dieser Überlegenheit des „Sohnes" gegenüber den Engeln auch auf den Sachverhalt, daß nach biblisch-jüdischer Tradition die Engel als Diener (Hebr 1,14!) vor dem bzw. um den Thron Gottes *stehen* (1 Reg 22,19; Jes 6,2; Sach 3,7; Dan 7,20; äthHen 39,12; 40,1; syrBar 21,6; Lk 1,19; Apk 7,11; 8,2), während der „Sohn" zur „rechten Gottes *sitzt*" und somit - ähnlich wie die Weisheit als „Throngenossin" Gottes (Weish 9,4) - an der Majestät und Herrschaft Gottes selbst teilhat.

[68] Zum Stichwort ἄγγελος als „mot-crochet" vgl. A. VANHOYE, La structure littéraire, S. 53; E. GRÄSSER, Hebr 1,1-4, S. 193. 226.

[69] In formaler Hinsicht kennzeichnend dafür sind im Hebr die Verbindung τοσούτῳ - ὅσῳ (so auch 3,3; 8,6; 10,25), der Komparativ διαφορώτερος (1,4; 8,6; παρά τινα nach Komparativen: 1,4; 3,3; 9,23; 11,4; 12,24) sowie der im Hebr insgesamt 13mal begegnende Komparativ κρείττων (1,4; 6,9; 7,7.19.22; 8,6; 9,23; 10,34; 11,16.35.40; 12,24). Die Stil- und Argumentationsform der „Synkrisis" (vgl. dazu J. P. MEIER, Bib 66 (1985) S. 173f; K. BERGER, Formgeschichte des Neuen Testaments, S. 222f) ist auch für Philon charakteristisch: Op 140; Her 89; Jos 147; LegGai 278. Vgl. R. WILLIAMSON, Philo and the Epistle to the Hebrews, S. 93-95.

[70] Ὄνομα bezeichnet also hier - wie auch in Phil 2,9-11 - die Würde bzw. die Stellung und Funktion des Herrschers. Zum traditionellen Charakter der Aussage vgl. außer Phil 2,9-11 auch Eph 1,21 und 1 Petr 3,22 sowie Herm sim IX 14,5; 16,5-7. Zur Wendung κληρονομεῖν τὸ ὄνομα vgl. die entsprechenden Wendungen in Prov 3,35 LXX (δόξαν ... κληρονομεῖν); Sir 4,13; 5,15 sowie 1 Makk 2,57 (κληρονομεῖν θρόνον βασιλείας).

ten gegenüber den Engeln[71], das freilich im Hebr – indem es in die für ihn charakteristische Argumentationsweise einbezogen wird – in besonderer Weise akzentuiert erscheint. Wenn dabei in V. 4b vom „Ererben des Namens" im Perfektum die Rede ist (κεκληρονόμηκεν), und zwar analog zum Perfektum in V. 2b (ἔϑηκεν), so tritt damit wiederum das besondere, auf die Fragestellungen der Adressaten zielende Interesse des Autors an solchem Vergleich mit den Engeln hervor: Woran der Autor des Hebr vor allem interessiert ist, ist die möglichst umfassende Herausstellung der alles überragenden und einschließenden Größe und Einzigartigkeit des „Sohnes". Seit der Erhöhung trägt der „Sohn" bleibend solchen „Namen", der ihn von allen weltlichen und nicht-weltlichen Mächten und Wesenheiten unterschieden sein läßt.

Soweit sind Sinn und Funktion der Aussage von V. 4 im Kontext des Exordiums deutlich. Fraglich ist nur noch, welcher „Name" es konkret ist, durch den der „Sohn" sich in so ausgezeichneter Weise von den Engeln unterscheidet. Vom unmittelbaren Kontext her gesehen scheint die Antwort zunächst eindeutig zu sein: Es ist der Name bzw. die Würde des „Sohnes", der bzw. die dem Erhöhten von Gott verliehen worden ist[72]. So freilich stünde die Aussage von V. 4 in einem eindeutigen Widerspruch zu V. 2, wo – wie auch in 5,8 und 7,3 – der „Sohnes"-Titel bereits für den Präexistenten vorausgesetzt erscheint. Wie immer man solche Spannung zwischen einer Präexistenz- und einer Erhöhungschristologie erklären mag[73] – gegen die Gleichsetzung von ὄνομα und „Sohnes"-Name spricht nicht nur die in V. 4 aufgenommene christologische Tradition[74], sondern auch

---

[71] Vgl. neben Phil 2,10 bes. 1 Petr 3,22 sowie Eph 1,21f. In diese Richtung weist auch das Zitat aus Ps 8 in Hebr 2,8, das in Eph 1,22 im Zusammenhang mit der Erhöhungsaussage von 1,20f vorliegt. Zum hier vorliegenden Traditionszusammenhang vgl. E. KÄSEMANN, Das wandernde Gottesvolk, S. 60; L. GOPPELT, Der erste Petrusbrief, S. 261f; W. R. G. LOADER, Sohn und Hoherpriester, S. 15f.

[72] So die meisten der neueren Ausleger bis hin zu H. BRAUN S. 32f; vgl. auch E. GRÄSSER, Hebr 1,1–4, S. 226; J. P. MEIER, Bib 66 (1985) S. 185ff; J. DUPONT, RSR 35 (1948), S. 538ff; O. HOFIUS, Der Christushymnus Phil 2,6–11, S. 92ff.

[73] H. WINDISCH S. 12f spricht hierzu von einer „unauflösbaren Spannung". Zum Problem vgl. E. GRÄSSER, ThR 30 (1964) S. 221f; H. M. SCHENKE/K. M. FISCHER, Einleitung in die Schriften des Neuen Testaments II, S. 252f, sowie jetzt bes. H. BRAUN S. 32f: „Die chronologische Aporie der Hb-Christologie", mit dem Ergebnis: „Man kann diese Aporie nicht auflösen; man kann eben gerade am Beispiel des Hb erkennen ...: Diese Christologie setzt sich aus Elementen zusammen, die einander ausschließen". Entweder versucht man, diese Spannung auf traditionsgeschichtlichem Wege zu erklären (so bereits H. WINDISCH S. 13 und zuletzt bes. J. P. MEIER, Bib 66 (1985) S. 185) oder vermittels der Annahme eines proleptischen Gebrauchs des Sohnestitels vor der endgültigen Inthronisation im Zusammenhang der Erhöhung. So bes. E. KÄSEMANN, Das wandernde Gottesvolk, S. 58ff, sowie neuerdings O. HOFIUS, Der Christushymnus Phil 2,6–11, S. 92ff: Hebr 1,4 rede vom „Offenbarwerden dessen, was zunächst noch verborgen ist".

[74] Der „Name, der über allen Namen ist" ist in Phil 2,9 jedenfalls eindeutig der Name Gottes selbst. Was für die in Phil 2,6ff aufgenommene vorpaulinische Tradition gilt, gilt somit auch für Hebr 1,4 – unter der Voraussetzung jedenfalls, daß auch der Autor des Hebr an die-

der weitere Kontext in 1,5-14. Hier ist nämlich über den zu Beginn (V. 5) genannten „Sohnes"-Namen hinaus insofern eine Steigerung zu beobachten, als im folgenden dem Erhöhten bzw. Präexistenten nicht nur bestimmte Tätigkeiten beigelegt werden, die nach biblischer Überlieferung Gott vorbehalten sind (1,10ff), sondern der Erhöhte auch ausdrücklich als θεός (V. 8f) bzw. als κύριος bezeichnet wird (V. 10). Sofern aber 1,5-14 eindeutig als eine Art Kommentar zu V. 4 zu verstehen ist, liegt es durchaus nahe, den hier genannten Namen im Sinne des Namens Gottes selbst zu verstehen, womit sich nicht zuletzt wiederum an dieser Stelle eine Übereinstimmung mit einer auch sonst im frühen Christentum verschiedentlich belegten Namens-Theologie bzw. -Christologie ergibt[75]. Der „Name", den der „Sohn" bei seiner Erhöhung zu Gott erhalten hat, ist also – zunächst ganz im Sinne der hier aufgenommenen christologischen Tradition – der Name „der über allen Namen ist" (Phil 2,9), der Name des Weltenherrschers also, dem alle himmlischen, irdischen und unterirdischen Mächte huldigen (Phil 2,10). Zwar spielt speziell dieser Aspekt auch im folgenden – im Zitat aus Dtn 32,43 LXX in V. 6 – eine Rolle, ist aber im Hebr nicht eigens betont. Vielmehr ist auch dieser Aspekt im Exordium des Hebr dem Thema und Sachverhalt zugeordnet, zu dem der Autor seine Adressaten von allem Anfang an hinführen will. Eindeutiger und entschiedener als auf diese Weise kann jedenfalls der eschatologisch-endgültige Charakter von Gottes Rede „im Sohn" (V. 2) kaum zur Aussage gebracht werden: In Gottes Rede „im Sohn" kommt niemand anderes als Gott selbst zur Sprache.

---

ser Stelle eine bereits traditionelle Erhöhungschristologie rezipiert. Im Zusammenhang mit 1,5ff ergibt sich hier jedenfalls die Linie υἱός - θεός - κύριος. Vgl. auch H. HEGERMANN, Die Vorstellung vom Schöpfungsmittler im hellenistischen Judentum und Urchristentum, S. 196, sowie bes. J. H. ULRICHSEN, Διαφορώτερον ὄνομα in Hebr. 1,4. Christus als Träger des Gottesnamens, StTh 38 (1984) S. 65-75.

[75] Besonders deutlich wird solche „Namens"-Christologie jetzt durch die koptisch-gnostischen Schriften von Nag Hammadi bezeugt. Vgl. Evangelium Veritatis (NHC I/3) p. 38,4-40,29: „Der Name des Vaters aber ist der Sohn ... Der Vater gab ihm seinen Namen" (usw.). Vgl. dazu: S. ARAI, Die Christologie des Evangelium Veritatis. Eine religionsgeschichtliche Untersuchung, Leiden 1964, S. 62-71; zum religionsgeschichtlichen Ort der Vorstellung: ebd., S. 67ff. Vgl. auch Philippus-Evangelium (NHC II/3) p. 102,5ff: „Einen einzigen Namen spricht man nicht aus in der Welt: den Namen, den der Vater dem Sohne gab. Er ist erhabener als alle (Namen). Das ist der Name des Vaters...". Vgl. aber auch schon Joh 17,6.11.26; Apk 19,12; Eph 1,20f; dazu J. H. ULRICHSEN, StTh 38 (1984) S. 67ff. – Zu den Spuren einer „Namens"-Christologie im ur- und frühchristlichen Schrifttum vgl. J. DANIELOU, Théologie du Judéo-Christianisme, Tournai 1958, S. 119-216; R. LONGENECKER, Some Distinctive Early Christological Motifs, NTS 14 (1967/68) S. 533-536; J. H. ULRICHSEN, StTh 38 (1984) S. 67ff.

2) 1,5–14: Die Erhabenheit des Sohnes gegenüber den Engeln[1]

5 Denn zu welchem von den Engeln hat er jemals gesagt: ‚Mein Sohn bist du, heute habe ich dich gezeugt'; und wiederum: ‚Ich will ihm zum Vater sein, und er soll mir zum Sohne sein'?

6 Wenn er aber wiederum den Erstgeborenen in die Welt einführt, sagt er (bzw. die Schrift): ‚Und es sollen ihm huldigen alle Engel Gottes'.

7 Und zu den Engeln sagt er (bzw. die Schrift) zwar: ‚Der seine Engel zu Winden macht und seine Diener zu Feuerflammen',

8 zum Sohn aber sagt er (bzw. die Schrift): ‚Dein Thron, Gott, besteht in alle Ewigkeit, und der Stab der Gerechtigkeit (ist) das Szepter deiner

9 Herrschaft. (Denn) du hast geliebt Gerechtigkeit und Gesetzlosigkeit gehaßt; deswegen (auch) hat dich, Gott, dein Gott gesalbt mit Freudenöl vor deinen Genossen'.

10 Und (weiter): ‚Du hast am Anfang, Herr, die Erde gegründet, und Werke deiner Hände sind die Himmel;

11 sie (freilich) werden vergehen, du aber bleibst; und sie alle werden alt werden wie ein Kleid,

12 und wie einen Mantel wirst du sie aufrollen, wie ein Kleid, und sie werden gewechselt werden; du aber bist (und bleibst) derselbe, und deine Jahre werden nicht aufhören'.

13 Zu welchem aber von den Engeln hat er jemals gesagt: ‚Setze dich an meine rechte Seite, bis ich deine Feinde zum Schemel deiner Füße mache'?

14 Sind sie (somit) nicht allesamt nichts anderes als im Dienst (Gottes) stehende Geister, (als solche) ausgesandt zur Hilfeleistung um derer willen, die (dereinst) das Heil ererben sollen?

Zu Struktur und Tradition:

Stellung und Funktion dieses Abschnittes sind in seinem Kontext eindeutig zu bestimmen: Das an die Erhöhungsaussage von V. 3d und speziell an V. 4 unmittelbar anschließende begründende bzw. explizierende γάρ in V. 5 läßt den ganzen Zusammenhang bis hin zum wörtlichen Zitat von Ps 110,1 in V. 13 als Begründung und Ausführung der in V. 4 formulierten These erscheinen, woran sich schließlich V. 14 als eine Schlußfolgerung hinsichtlich der Funktion der Engel im Heilsplan Gottes anschließt[2]. Was hier vorliegt, ist ein schriftgelehrter Kommentar bzw. eine

---

[1] Lit.: J. W. THOMPSON, The Structure and Purpose of the Catena in Hebrews 1:5-13, CBQ (1976) S. 325-363 = DERS., The Beginnings of Christian Philosophy: The Epistle to the Hebrews, S. 128-140; J. P. MEIER, Structure and Theology in Heb 1,1-14, Bib 66 (1985) S. 168-189; DERS., Symmetry and Theology in the Old Testament Citations of Heb 1,5-14, Bib 66 (1985) S. 504-533; O. HOFIUS, Der Christushymnus Phil 2,6-11, S. 88ff; F. LAUB, Bekenntnis und Auslegung, S. 52ff; M. RISSI, Die Theologie des Hebr, S. 49-54.

[2] Zum formalen und sachlichen Anschluß von 1,5ff an das Exordium vgl. A. VANHOYE, La structure littéraire, S. 69ff; K. NISSILÄ, Das Hohepriestermotiv im Hebr, S. 22ff, sowie K. BERGER, Formgeschichte des Neuen Testaments, S. 101: „Im Rahmen der epideiktischen Argumentation mit Schriftbeweisen in Hebr 1 hat 1,4 die Funktion einer These (propositio), 1,5-13 die Rolle der Beweise durch exempla, 1,14 ist eine zusammenfassende Auswertung der Beweise (conclusio)".

Art „Schriftbeweis" zum Exordium, wobei der Hauptakzent im Sinne des Autors offensichtlich auf der Erhöhungsaussage hinsichtlich des „Sohnes" liegt. Sie ist es auch, die den „Schriftbeweis" der VV. 5-14 unmittelbar mit dem Exordium verbindet: Die Bezugnahme auf Ps 110,1 in V. 3d einerseits und das ausdrückliche Zitat von Ps 110,1 in V. 13 schließen in der Art einer „inclusio" den ganzen Zusammenhang zu einer formalen und sachlichen Einheit zusammen. Unterstrichen wird dieser Zusammenhang mit dem Exordium durch eine Reihe weiterer Beziehungen sachlicher Art: Der in V. 2a zum ersten Mal genannte Name des „Sohnes", dort bereits (V. 2b) durch die Bezugnahme auf Ps 2,8 präzisiert, wird in V. 5 mit ausdrücklicher Zitierung von Ps 2,7 erneut aufgenommen; die Kennzeichnung der göttlichen Art des „Sohnes", wie sie bereits im Rahmen des Exordiums (V. 2c und V. 3a.b) nachdrücklich erfolgt war, wird vor allem in den VV. 8 und 9 durch die entsprechenden Schriftzitate unterstrichen, wobei dann schließlich auch noch einmal das Motiv der Schöpfungsmittlerschaft von V. 2c in V. 10 seine ausdrückliche biblische Verankerung findet[3]. Über solche sachlichen Beziehungen zum Exordium hinaus ist der Abschnitt 1,5-14 aber auch in sich selbst offensichtlich vom Autor sorgfältig gestaltet worden. Insgesamt dreimal - in V. 5, V. 7 und V. 13 - setzt der Autor mit einer jeweils annähernd gleichlautenden Formel zu einer Gegenüberstellung des „Sohnes" einerseits und der Engel andererseits an, sodaß sich auf diese Weise insgesamt drei antithetische Gegenüberstellungen (1. VV. 5f; 2. VV. 7-12; 3. VV. 13f) nach dem Schema „Sohn"/Engel - Engel/"Sohn" - „Sohn"/Engel, also in chiastischer Anordnung ergeben[4].

So gesehen liegt in diesem Abschnitt ohne Frage eine vom Autor des Hebr selbst bewußt gestaltete Komposition vor. Dies schließt freilich keineswegs aus, daß auch hier wieder - wie bereits im Exordium - weitgehend traditionsgebunden formuliert und argumentiert wird, und zwar sowohl in formaler als auch in sachlicher Hinsicht:

In formaler Hinsicht gilt dies bereits mit Blick auf das Verfahren, die verschiedenen biblischen Bezugnahmen bzw. Zitate durch die Formel (καὶ) πάλιν bzw. durch καί aneinanderzureihen. Damit steht der Autor des Hebr zweifellos in der Kontinuität des entsprechenden Verfahrens beim Geltendmachen der autoritativen biblischen Überlieferung sowohl im Raum des hellenistischen Judentums als auch

---

[3] Aus den fraglos vorhandenen Beziehungen zwischen Exordium und nachfolgendem Schriftbeweis wird man gleichwohl nicht die Schlußfolgerung ziehen können, daß „die Würdeprädikate in V. 2-4 ... Punkt für Punkt in dem Abschnitt V. 5-14 verifiziert" werden. So E. GRÄSSER, Hebr 1,1-4, in: Text und Situation, S. 202f. Ähnlich auch J. P. MEIER, Bib 66 (1985) S. 176ff und S. 529, der in den sieben christologischen Prädikationen in den VV. 2-4 und den sieben (!) Schriftzitaten in VV. 5-13 mit der „numerical" zugleich eine „theological symmetry" gegeben sieht. Dem steht freilich entgegen, daß die Zitate in den VV. 5-13 in erster Linie die Erhöhungsaussage des Exordiums ausführen. So mit Recht auch J. W. THOMPSON, The Beginnings of Christian Philosophy, S. 130f.

[4] Die Antithese wird dabei formal jeweils durch δέ gekennzeichnet: V. 6.8.13, so besonders deutlich durch die Redefigur μέν-δέ in den VV. 7/8, die auch sonst im Hebr häufig zur Gegenüberstellung von alter und neuer Heilsordnung benutzt wird (7,5. 6. 18. 19 u.ö.). Zur chiastischen Anordnung der drei Gegenüberstellungen vgl. A. VANHOYE, La structure littéraire, S. 69ff, hier bes. die schematische Darstellung S. 85. Zum chiastischen Aufbau von 1,5-13 (mit Einbeziehung von 2,6-8a!) vgl. auch M. RISSI, Die Theologie des Hebr, S. 49f.

im Urchristentum⁵. Fraglich muß demgegenüber freilich die in dieser Hinsicht noch einen Schritt weitergehende Hypothese bleiben, wonach der Autor des Hebr auch hinsichtlich der in diesem Abschnitt im einzelnen aufgeführten Schriftzitate eine ihm bereits vorliegende „Testimonienreihe" bzw. ein „Testimonienbuch" benutzt, in dem bereits vor ihm (im Judentum bzw. im Urchristentum) bestimmte Schriftzitate unter einem einheitlichen sachlichen Gesichtspunkt zusammengestellt waren⁶. Das Verfahren als solches wird zwar – zumindest für die in V. 5 zusammengestellten Zitate von Ps 2,7 und 2 Sam 7,14 – für den Bereich des Judentums durch die Schriften der Gemeinde von Qumran bezeugt⁷, läßt sich jedoch für die Gesamtheit der in Hebr 1,5-13 zusammengestellten Zitate nicht wahrscheinlich machen. Allenfalls für die Zitate in V. 5 läßt sich somit ein Rückgriff des Autors auf einen traditionellen christologischen Gebrauch des Alten Testaments im Urchristentum vermuten. Im übrigen jedoch hat der Autor die Schriftzitate in den VV. 6-13 entsprechend dem eigenen hier maßgeblichen Interesse zusammengestellt.

In sachlicher Hinsicht ist demgegenüber die Traditionsgebundenheit des Autors in diesem Abschnitt offenkundig. Dies gilt zunächst bereits grundsätzlich im Blick darauf, daß dieser Textzusammenhang als ein Modellfall dafür gelten kann, in welchem Maße das Urchristentum insgesamt unter der hermeneutischen Voraussetzung einer christologischen Lesart der biblischen Überlieferung bei dem Ausbau seiner Christologie auf die hier bereitliegenden „Bausteine" zurückgegriffen hat. Weitgehend ohne Rücksicht auf die Funktion biblischer Zitate in ihrem ursprünglichen Kontext werden diese Zitate in einen christologischen Kontext eingefügt

---

⁵ Vgl. auch Hebr 2,13; 10,30. Für das hellenistische Judentum vgl. Philon, Her 122; All III 4; für das Urchristentum: 1 Kor 3,20; Röm 15,10ff sowie 1 Clem 10,4.6; 14,5; 15,2f; Barn 6,2.4.

⁶ So zuerst E. HATCH, Essays in Biblical Greek, Oxford 1889, S. 203ff, sowie bes. R. HARRIS, Testimonies I/II, Cambridge 1916/1920. H. THYEN, Der Stil der Jüdisch-Hellenistischen Homilie, S. 65f, stellt die Vermutung an, daß „in den hellenistischen Synagogen Testimonienbücher, d. h. kleine Handbücher, in denen sachlich unter Stichworten geordnet atl Beispiele und Zitate zusammengestellt waren, im Gebrauche gewesen" sind und erklärt von daher auch den Umstand, daß „die Zitate häufig in einer Form wiedergegeben sind, die von unseren LXX-Handschriften mehr oder weniger stark abweicht und dem masoretischen Text oft näher steht". Speziell zu Hebr 1,5ff vgl. R. HARRIS, a.a.O. II, S. 43ff; F.C. SYNGE, Hebrews and Scriptures, S. 17. 53ff; H. MONTEFIORE S. 43f. Kritisch dazu: W.G. KÜMMEL, in: RGG ³V, Sp. 1518f; E. GRÄSSER, ThR 30 (1964) S. 208f; F. SCHRÖGER, Der Verfasser des Hebr als Schriftausleger. S. 43ff; J.P. MEIER, Bib 66 (1985) S. 530.

⁷ So insbesondere durch den Midrasch 4Qflor I 10ff, wo 2 Sam 7,14 und Ps 2 unter eschatologischem Aspekt miteinander kombiniert werden. In formaler Hinsicht ist auch die Zusammenstellung biblischer Zitate in 4Qtest zu vergleichen. Mit diesen Texten hat zwar die Diskussion um die Existenz von Testimoniensammlungen im Judentum neuen Auftrieb erhalten (vgl. dazu H. BRAUN, Qumran und das Neue Testament II, S. 304f); Schlußfolgerungen daraus hinsichtlich eines Zusammenhangs zwischen Qumran-Gemeinde und Hebr, wie sie vor allem C. SPICQ, RdQ 1 (1959) S. 384; DERS., SBi, S. 62, gezogen hat, sind nicht möglich. Der Autor des Hebr steht vielmehr mit solchem Verfahren der Kombination von Schriftzitaten durchaus in der Kontinuität der entsprechenden allgemein-urchristlichen Praxis. Vgl. z. B. Röm 9,25ff; 3,10ff; 1 Petr 2,6ff. – Zu 4Qflor und 4Qtest vgl. H. BRAUN, Qumran und das Neue Testament I, S. 244; II, S. 304f; J.A. FITZMYER, 4Q Testimonia and the New Testament, TS 18 (1957) S. 513-537.

und auf diese Weise dem eigenen christologischen Grundanliegen zugeordnet, und dies mit der gerade an diesem Abschnitt des Hebr zu beobachtenden Konsequenz, daß ursprünglich theo-logische Aussagen in christologische Aussagen „umfunktioniert" werden (s. u. zu VV. 8ff). Darüber hinaus zeigt sich die Traditionsgebundenheit des Autors des Hebr speziell an dieser Stelle auch darin, daß hier ein bestimmtes christologisches Grundschema übernommen und variiert wird, das dem Hebr bereits vorgegeben ist. Eindeutig ist dies jedenfalls im Blick auf die hier im einzelnen anhand der biblischen Überlieferung ausgeführte Überordnung des „Sohnes" über die Engel. Nach Ausweis von Phil 2,9-11; Eph 1,20f und 1 Petr 3,22 wird zumindest in dieser Hinsicht im Hebr an dieser Stelle ein bestimmter Aspekt einer traditionellen Erhöhungschristologie aufgenommen und im einzelnen anhand der biblischen Überlieferung entfaltet. Fraglich ist demgegenüber allerdings wiederum, ob damit zugleich im Hebr ein vorgegebenes Dreistufenschema in der Abfolge von Erhöhung – Präsentation – Inthronisation rezipiert worden ist, wie es sich in 1 Tim 3,16 sowie – nach der These jedenfalls von J. JEREMIAS – in Phil 2,9-11; Mt 28,18-20 und Apk 5,5-14 abzeichnet[8]. Wie vor allem die mit Bezugnahme auf Ps 110,1 formulierten Rahmenaussagen in V. 3d und V. 13 zeigen, hat den Autor des Hebr an diesem Schema in erster Linie das mit der Erhöhung des „Sohnes" verbundene Motiv der Inthronisation interessiert, während das Motiv einer Präsentation (vor den Engeln) im Hebr an dieser Stelle nicht eigens akzentuiert wird.

Welche Absicht der Autor des Hebr selbst mit solchem im Anschluß an die christologische Überlieferung des Urchristentums ausgeführten „Schriftbeweis" verfolgt, ergibt sich aus der Stellung des ganzen Textzusammenhangs im Anschluß an das Exordium. In erster Linie ist es die Absicht einer näheren Bestimmung der eigenen christologischen Position. Gleichwohl stellt sich die Frage, ob sich mit dem allen in Hebr 1,5-14 (und darüber hinaus mit den entsprechenden Aussagen in 2,5 und 2,16) nicht zugleich auch eine bestimmte polemische bzw. apologetische Zielsetzung verbindet, und zwar in dem Sinne, daß der Autor des Hebr vermittels dieser Testimonienreihe einen „Schriftbeweis" dafür zu führen versucht, daß die Engel in der Tat nichts anderes sind als „dienstbare Geister" (V. 14) und als solche – im Vergleich mit dem „Sohn" gesehen – keine eigene soteriologische Funktion haben[9].

Von vornherein auszuschließen ist solche polemische bzw. apologetische Zielstellung für die beiden ersten Kapitel des Hebr jedenfalls nicht. Nicht nur die entsprechenden Akzentsetzungen im Hebr selbst – insbesondere die abgrenzenden Aussagen in 1,14 und 2,5 – könnten in diese Richtung weisen, sondern auch die Tatsache, daß zumindest durch den Kolosserbrief (2,18) das Phänomen einer „Verehrung von Engeln" in christlichen Gemeinden des kleinasiatischen Raums bezeugt ist[10], darüber hinaus aber auch – ursprünglich wohl im Bereich des Juden-

---

[8] J. JEREMIAS, Die Briefe an Timotheus und Titus (NTD 9), Göttingen [11]1975, S. 28f. Vgl. auch E. KÄSEMANN, Das wandernde Gottesvolk, S. 59f. 68f; E. GRÄSSER, Hebr 1,1-4, in: Text und Situation, S. 215. 226. Kritisch dazu: J. W. THOMPSON, The Beginnings of Christian Philosophy, S. 128. 140; M. RISSI, Die Theologie des Hebr, S. 49.

[9] Zur Fragestellung s. bereits oben Einleitung § 3, S. 57 sowie W. LUEKEN, Michael, Göttingen 1898, S. 139ff, spez. S. 145f; O. MICHEL S. 131-133; H. BRAUN S. 45f; F. LAUB, Bekenntnis und Auslegung, S. 52ff.

[10] Dazu vgl. G. BORNKAMM, Die Häresie des Kolosserbriefes, in: DERS., Ges. Aufs. I, Mün-

christentums – das Phänomen einer „Engel-Christologie" bzw. einer „angelomorphen" Christologie[11]. Ob und inwieweit eine solche Christologie oder auch nur eine „Engelverehrung" im Sinne von Kol 2,18 nun freilich als eine vom Autor des Hebr gezielt bekämpfte Position der Adressaten vorausgesetzt werden kann[12], ist schon angesichts dessen höchst fraglich, daß in den die eigene Situation der Adressaten kennzeichnenden paränetischen Partien des Hebr keinerlei Hinweise auf eine akute Gefährdung der Adressaten in dieser Hinsicht gegeben sind[13]. Für die Beurteilung von Stellung und Funktion von Hebr 1,5–14 im Anschluß an das Exordium hat dies zur Konsequenz: Auch die hier im einzelnen anhand der Schrift aufgeführte Gegenüberstellung des „Sohnes" und der Engel ist der christologischen Grundaussage des Exordiums funktional zugeordnet und damit dem Grundthema der Einmaligkeit und Endgültigkeit von Gottes Rede „im Sohn". Das durch die hier rezipierte christologische Tradition vorgegebene Motiv der Unterordnung der Engel gegenüber dem in seine Herrscherstellung inthronisierten „Sohn" wird vom Autor des Hebr aufgenommen, um im Interesse seines auf Paraklese und Paränese der Adressaten gerichteten christologischen Grundanliegens die schlechthinnige Überlegenheit und Einzigartigkeit des „Sohnes" gegenüber allen anderen heilsmittlerischen Instanzen herauszustellen. Mit anderen Worten: Bestimmend für den Autor des Hebr ist auch an dieser Stelle die Behauptung und Begründung der Position, nicht die Negation (im Sinne der Bestreitung einer auf seiten der Adressaten vorauszusetzenden Position)[14]. Wie nicht zuletzt die in 2,1–4 folgende Paränese

---

chen 1963, S. 139–156; E. LOHSE, Der Brief an die Kolosser und an Philemon (KEK 9/2), Göttingen [14]1968, S. 173ff.

[11] Vgl. Herm vis V 2; mand V 1,7; sim V 4,4; VII 1–3; IX 1,3 sowie Justin, Dial. 58,3; 126,1f. 6. Zur Frage einer „Engelchristologie" im frühen Christentum vgl. M. WERNER, Die Entstehung des christlichen Dogmas, Bern/Tübingen [2]1953, S. 302ff; zu Hebr 1,4ff: S. 344f; kritisch dazu: W. MICHAELIS, Zur Engelchristologie im Urchristentum. Abbau der Konstruktion Martin Werners (GBTh 1), Basel 1942; M. HENGEL, Der Sohn Gottes, S. 131f.

[12] So T. W. MANSON, BJRL 32 (1949) S. 12f; G. BORNKAMM, Das Bekenntnis im Hebr, in: DERS., Ges. Aufs. II, S. 198, Anm. 23; R. LONGENECKER, NTS 14 (1967/68) S. 532; J.-A. BÜHNER, Der Gesandte und sein Weg im vierten Evangelium (WUNT 2. Reihe 2), Tübingen 1977, S. 320f; D. GUTHRIE S. 71, u. a. – Angesichts der Rede von den „Söhnen Gottes" in 1QS IV 22; XI 8; 1QH III 22 denkt C. SPICQ, RdQ 1 (1959) S. 377f, an eine anti-qumranische Ausrichtung des Hebr; kritisch dazu H. BRAUN, Qumran und das Neue Testament I, S. 242. 244f. Wiederum anders vermutet W. SCHMITHALS, Neues Testament und Gnosis (EdF 208), Darmstadt 1984, S. 141, eine Stellungnahme gegen die Mittlerschaft der Engel (bei der Gesetzgebung: vgl. Hebr 2,2).

[13] Von hier aus gesehen versteht sich auch die Hypothese von M. RISSI, Die Theologie des Hebr, S. 50f. 54, daß wohl für die in Hebr 1,5ff aufgenommene „Vorlage" ursprünglich eine polemische Ausrichtung bestimmend war, nicht jedoch für den Hebr selbst, oder auch die Auffassung, daß der Autor des Hebr sich an dieser Stelle mit seiner eigenen jüdischen Vergangenheit auseinandersetzt. So H. M. SCHENKE, Erwägungen zum Rätsel des Hebr, in: Festschr. H. Braun, Tübingen 1973, S. 430–432; vgl. auch H. BRAUN S. 46. Wird dabei jedoch als einstige jüdische Position des Autors die „Vorstellung von den Engeln als Priestern des himmlischen Heiligtums" vorausgesetzt (so H. M. SCHENKE, a.a.O., S. 430), so trifft dies für Hebr 1,5ff jedenfalls nicht zu. Hier ist die Erwähnung der Engel noch ganz am traditionellen Schema der Erhöhung des „Sohnes" und der damit notwendig verbundenen Überordnung über die Engel orientiert.

[14] Vgl. in diesem Sinne bereits A. BAKKER, ZNW 32 (1933) S. 259, sowie E. KÄSEMANN, Das wandernde Gottesvolk, S. 259; E. GRÄSSER, Hebr 1,1–4, in: DERS., Text und Situation, S. 226;

zeigt, rückt die Herabsetzung der Engel gegenüber dem „Sohn", wie sie für den voraufgehenden Textzusammenhang bestimmend war, die Einzigartigkeit und Endgültigkeit von Gottes Rede „im Sohn" nur umso schärfer und deutlicher ins Licht.

Die Ausführung der These von V. 4 beginnt der Autor in V. 5 mit einer der für ihn typischen rhetorischen Fragen, die als solche den Leser zur Einstimmung in das Urteil nötigen sollen, daß das Prädikat „Sohn" rechtens allein dem Erhöhten zukommt. Als bestätigendes Zeugnis dafür wird die Schrift, und d.h. im Hebr zugleich: Gottes eigene Rede in der Schrift, geltend gemacht[15], und zwar unter der hermeneutischen Voraussetzung, daß das Schweigen der Schrift hinsichtlich einer entsprechenden Rede Gottes zu den Engeln als solches bereits Beweiskraft für die singuläre Stellung und Würde des „Sohnes" hat[16]. Ohne jeden Kommentar wird dabei als Schriftzeugnis Ps 2,7 (wörtlich LXX) zitiert und damit – ähnlich wie bereits bei der Anpielung auf Ps 2,8 in V. 2 – die bereits traditionelle christologische Deutung von Ps 2 im Urchristentum vorausgesetzt[17]. Solche kommentarlose Zitierung weist darauf hin, daß den Autor hier – wie dann entsprechend auch beim Zitat von 2 Sam 7,14 in V. 5b – lediglich die Tatsache dieses Zeugnisses für die „Sohnschaft" als solche interessiert, nicht jedoch eine mit der Adoptions- bzw. Legitimationsformel von Ps 2,7 ursprünglich verbundene „adoptianische" Christologie[18]. Gleiches gilt auch für die mit dem Zitat verbundenen unterschiedlichen Zeitangaben. Nichts deutet darauf hin, daß der Autor den Aorist εἶπεν in der Einführung des Zitats in V. 5a oder auch das σήμερον im Psalm-Zitat selbst im Sinne einer Terminangabe hinsichtlich der Einsetzung in die „Sohnschaft" verstanden

---

F. LAUB, Bekenntnis und Auslegung, S. 54f, sowie zuletzt M. RISSI, Die Theologie des Hebr, S. 50f. 54.

[15] Vgl. auch Hebr 4,3; 7,21; 8,5.8; 10,30. Eine Alternative zwischen der Schrift oder Gott selbst als Subjekt der Rede besteht dabei für den Hebr nicht, auch wenn der Aorist εἶπεν in V. 5 – im Unterschied zum präsentischen λέγει in den VV. 6 und 7ff – doch wohl eher von der Vorstellung ausgeht, daß Gott selbst es ist, der in Ps 2,7 bzw. 2 Sam 7,14 direkt den „Sohn" anspricht. Vgl. entsprechend auch Hebr 5,5: ὁ λαλήσας πρὸς αὐτόν.

[16] Zum „argumentum e silentio scripturae" vgl. auch Hebr 2,16; 7,2f. Zum entsprechenden Verfahren im rabbinischen Judentum: STRACK-BILLERBECK, III, S. 694; in der hellenistischen Synagoge: Philon, All III 66; Cher 40; Det 177f; vgl. dazu C. SIEGFRIED, Philo von Alexandria als Ausleger des Alten Testaments, S. 179f. 323; C. SPICQ, I, S. 59f. – Im Hebr wird dabei freilich davon abgesehen, daß z. B. in Ps 28,1; 88,7 LXX durchaus von den Engeln als den „Söhnen Gottes" die Rede ist.

[17] Vgl. die Bezugnahme auf Ps 2,7 in der synoptischen Überlieferung von der Taufe Jesu Mk 1,11 parr sowie bes. Act 13,33. Vgl. dazu S. LÖVESTAM, Son and Saviour, S. 8ff; spez. zu Hebr 1,5f: S. 29ff sowie S. 37ff. – Eine unmittelbare Nachwirkung der im Judentum nur vereinzelt belegten messianischen Deutung von Ps 2,7 liegt somit im Hebr nicht vor. Vgl. G. DALMAN, Die Worte Jesu I, Leipzig ²1930, S. 223; E. LOHSE, ThWNT VIII, S. 361.

[18] Zu Ps 2,7 als Adoptions- bzw. Legitimationsformel vgl. H.-J. KRAUS, Psalmen I (BK 15/1), Neukirchen ⁵1978, S. 152f; G. FOHRER, ThWNT VIII, S. 349ff, spez. S. 351; M. HENGEL, Der Sohn Gottes, S. 37–39.

hat[19]; entscheidend ist lediglich, daß hier – in Ps 2,7 – ein eindeutiges Zeugnis für die „Sohnschaft" des Erhöhten vorliegt. Und gleiches gilt dann selbstverständlich auch für das (wiederum wörtlich nach LXX gegebene) Zitat von 2 Sam 7,14 (LXX: 2 Reg 7,14) in V. 5b, hier insbesondere für die futurischen Formulierungen ἔσομαι und ἔσται im Zitat selbst. Die ursprünglich dem davidischen König geltende Natansverheißung von 2 Sam 7,14 bzw. 1 Chron 17,13 (LXX: Paralip I 17,13) wird dabei wiederum selbstverständlich auf Christus bezogen[20]. Dies könnte darauf hinweisen, daß der Autor des Hebr auch mit der christologischen Deutung dieser Stelle bereits in urchristlicher Tradition steht, zumal beide Schriftstellen – Ps 2,7 und 2 Sam 7,14 – hier mit der Anreihungsformel καὶ πάλιν eng miteinander verbunden sind[21]. Gleichwohl geht die Komposition der „Testimonienreihe" in den VV. 5ff zweifellos auf den Autor des Hebr selbst zurück.

Spätestens mit der durch ein gegenüberstellendes δέ eingeleiteten Aussage über die Engel in V. 6 setzt er hier wieder seinen eigenen Akzent, und zwar im Sinne einer die These von V. 4 ausführenden christologischen Deutung von Dtn 32,43 bzw. Ps 96,7 LXX. Das Zitat – als solches wohl ein Mischzitat aus beiden Schriftstellen, in dem der Autor aus naheliegenden Gründen statt von den υἱοὶ θεοῦ von Dtn 32,43 mit Ps 96,7 LXX von den ἄγγελοι spricht[22] – ordnet sich dabei ganz dem Sachzusammenhang der VV. 5–14 ein. Unter der Voraussetzung der für den Autor wiederum

---

[19] In diesem Sinne interpretieren E. KÄSEMANN, Das wandernde Gottesvolk, S. 58f; J. DUPONT, ‚Filius meus es tu'. L'interpretation du Ps II,7 dans le Nouveau Testament, RSR 35 (1948) S. 535ff; S. LÖVESTAM, Son and Saviour, S. 39f. – Zur Auseinandersetzung mit der Auffassung, daß Ps 2,7 in Hebr 1,5 auf die Taufe Jesu zu beziehen sei, vgl. E. KÄSEMANN, a.a.O., S. 59, sowie W. R. G. LOADER, Sohn und Hohepriester, S. 8ff.
[20] Die Tatsache, daß in der Wiedergabe der Natansverheißung in 1 Chron 17,13 gegenüber 2 Sam 7,14 die Strafandrohung beiseitegelassen wird, könnte dafür sprechen, daß der Autor des Hebr hier auf diese Stelle (LXX: Paralip I 17,13) Bezug nimmt.
[21] Eine implizit-christologische Deutung von 2 Sam 7,14–16 liegt – ohne daß 2 Sam 7,14 ausdrücklich genannt wird – in Lk 1,32f und Act 13,23 vor. Vgl. S. LÖVESTAM, Son and Saviour, S. 6f. 10f. Die Tatsache, daß in Act 13,33 alsbald auf Ps 2,7 Bezug genommen wird, könnte auf eine bereits hier vorausgesetzte Verbindung von Ps 2,7 und 2 Sam 7,14 hinweisen. Vgl. in diesem Sinne S. LÖVESTAM, a.a.O., S. 15. 39, sowie M. HENGEL, Der Sohn Gottes, S. 101; M. BLACK, The Christological Use of the Old Testament in the New Testament, spez. S. 4. 14. – Von alledem unberührt bleibt freilich auch die Tatsache, daß im Raum des spätantiken Judentums bisher nur ein einziger Beleg für eine messianische Deutung von 2 Sam 7,14 vorliegt, nämlich in 4Qflor I 10ff, bemerkenswerterweise freilich auch hier in Verbindung mit einer Bezugnahme auf Ps 2 (I 18f), die freilich nach dem Zitat von Ps 2,1f abbricht. Eine hier vorliegende messianische Deutung auch von Ps 2,7 kann somit nur gemutmaßt werden. Vgl. zum Problem: M. BLACK, a.a.O., S. 2f; E. LOHSE, ThWNT VIII, S. 362. Für die rabbinische Literatur ist eine messianische Deutung von 2 Sam 7,14 nicht belegt.
[22] Vgl. aber auch in Dtn 32,43 LXX den Parallelismus πάντες υἱοὶ θεοῦ // πάντες ἄγγελοι θεοῦ. Zur Testgestalt von Dtn 32,43 in V. 6 vgl. P. KATZ, ZNW 49 (1958) S. 217–219. Zur Lesart כל אלהים in 4QDt 32,43 vgl. M. de JONGE/A. S. van der WOUDE, NTS 12 (1965/66) S. 314f; A. J. FITZMYER, TS 18 (1957) S. 566f; H. BRAUN, Qumran und das Neue Testament I, S. 243.

selbstverständlichen christologischen Deutung des (ursprünglich auf Gott zu beziehenden) αὐτῷ gilt Dtn 32,43 hier als ein Zeugnis der Schrift für die Proskynese der Engel vor dem „Sohn", also als ein Zeugnis für die allein dem „Sohn" zukommende göttliche, ja gottgleiche Würdestellung. Solches Verständnis von Dtn 32,43 fügt sich als solches durchaus in das im Kontext bereits von V. 3d her vorausgesetzte Erhöhungs- und Inthronisationsschema ein: Die Proskynese der Engel vor dem „Sohn" in V. 6b entspricht – traditionsgeschichtlich gesehen – dem ὤφθη ἀγγέλοις von 1 Tim 3,16 sowie der entsprechenden Aussage über die Erhöhung und Inthronisation in Phil 2,10[23]. So weist zunächst alles darauf hin, auch V. 6 im Zusammenhang der den Kontext bestimmenden Erhöhungschristologie zu verstehen und in deren Rahmen auf den Vorgang der Erhöhung bzw. Inthronisation zu beziehen, nicht also – wie häufig angenommen – auf die Inkarnation bzw. Geburt Jesu oder auf die Parusie[24]. Dies setzt freilich voraus, daß πάλιν in der Einführung des Zitats nicht adverbiell mit εἰσάγειν zu verbinden und dementsprechend – analog zur Wendung ἐκ δευτέρου in 9,28 – auf die Parusie zu beziehen ist[25], sondern – analog zu der Anreihungsformel καὶ πάλιν in V. 5 – als eine die Argumentation weiterführende Floskel im Sinne von „ferner, weiterhin" zu verstehen ist[26]. Darüber hinaus setzt die Interpretation von V. 6 im Rahmen der den Kontext

---

[23] Vgl. zur Sache auch Apk 5,8ff, hier bes. 5,13, sowie AscJes 11,23: „Alle Engel des Firmaments sahen ihn und beteten ihn an." Der späte Beleg aus hebrHen (10,3), der in diesem Zusammenhang oft genannt wird („This is Metatron, my servant. I have made him into a prince and a ruler over all the princes of my kingdoms and over all the children of heaven ...", nach der Übersetzung von H. ODEBERG, 3 Henoch or the Hebrew Brook of Enoch, Cambridge 1928), kommt dagegen für den Hebr, der an dieser Stelle von der Schrift her argumentiert, nicht in Betracht. Anders E. KÄSEMANN, Das wandernde Gottesvolk, S. 70f; S. LÖVESTAM, Son and Saviour, S. 30f.

[24] Speziell zu Hebr 1,6 vgl.: A. VITTI, Et cum iterum introducit Primogenitum in orbem terrae (Hebr 1,6), VD 14 (1934) S. 306–312. 368–374; 15 (1935) S. 15–21; P. C. B. ANDRIESSEN, La tenue Judéo-Chrétienne de HE I 6 et II 14b–III 2, NT 18 (1976) S. 293–313, spez. S. 293–304; A. V. CERNUDA, La introducione del Primogénito según Hebr 1,6 EstB 39 (1982) S. 107–153; J. P. MEIER, Bib 66 (1985) S. 507f. – Zur Deutung im Sinne der Inkarnation vgl. bereits Johannes Chrysostomus (PG 63, Sp. 21f) und Theodoret (PG 82, Sp. 685) sowie in der neueren Auslegungsgeschichte F. BLEEK, II/1, S. 133f; A. VITTI, VD 14 (1934) S. 310ff; 15 (1935) S. 20f; C. SPICQ, II, S. 17; DERS., Sbi, S. 64; H. MONTEFIORE S. 45f; O. MICHEL, ThWNT VI, S. 881 (anders freilich im Kommentar, S. 113), sowie neuerdings auch wieder A. V. CERNUDA, a.a.O., der mit der Rede vom „Erstgeborenen" in V. 6 eine Anspielung auf Lk 2,7 gegeben sieht und von daher V. 6 im Sinne der Parthenogenese interpretiert! Kritisch zu solcher Auslegung von V. 6 insgesamt: E. RIGGENBACH S. 19; W. R. G. LOADER, Sohn und Hoherpriester, S. 23.

[25] Hingewiesen wird in diesem Zusammenhang auch auf die Wendung πάλιν ἐκ δευτέρου in Act 10,15. Zu dieser Deutung vgl. bereits Gregor von Nyssa, Contra Eunomium II und IV (PG 45, Sp. 504. 633. 638), sowie viele der neueren Ausleger von E. KÄSEMANN, Das wandernde Gottesvolk, S. 60. 68f, bis hin zu A. STROBEL S. 93; H. BRAUN S. 36 und M. RISSI, Die Theologie des Hebr, S. 53. Vgl. auch den Überblick über die unterschiedlichen Deutungsversuche bei W. R. G. LOADER, Sohn und Hoherpriester, S. 23f.

[26] Zu πάλιν in diesem Sinne vgl. – auch was die Stellung im Satzgefüge betrifft – Weish 14,1 sowie Philon, All III 29. Vgl. E. RIGGENBACH S. 19; J. MOFFATT S. 10.

bestimmenden Erhöhungschristologie voraus, daß die Formulierung εἰσάγειν ... εἰς τὴν οἰκουμένην nicht analog zur Wendung εἰσέρχεσθαι εἰς τὸν κόσμον in 10,5 zu verstehen ist, sondern als Ausdruck und Niederschlag einer für die „LXX-Theologie" des Hebr charakteristischen Typologie.

Diese Typologie ist gegeben mit den die Einführung des Zitats in V. 6a bestimmenden Termini πρωτότοκος – εἰσάγειν – οἰκουμένη. Für sie ergibt sich – zumal im Anschluß an die Schriftzitate in V. 5 – von LXX her ein in sich geschlossener Motivzusammenhang. Dabei ist für das Stichwort πρωτότοκος – ein Vorzugswort der LXX[27] – im Zusammenhang mit den Zitaten aus Ps 2,7 und 2 Sam 7,14 insbesondere auf Ps 88,27f LXX zu verweisen. Hier wird der davidische König als πρωτότοκος (υἱός) bezeichnet, und zwar als derjenige, dem die Weltherrschaft verheißen ist. Damit ergibt sich – sofern man in diesem Zusammenhang auch die Bezugnahme auf Ps 2,8 in Hebr 1,2 berücksichtigt – für die VV. 2.5.6 ein übergreifender Motivzusammenhang einer an LXX orientierten Messianologie bzw. Christologie, der es dann auch als keineswegs ungewöhnlich erscheinen läßt, daß der Titel des „Erstgeborenen" hier – im Unterschied zum sonstigen Gebrauch im Neuen Testament (Röm 8,29; Kol 1,15.18; Apk 1,5) – ohne nähere Bestimmung benutzt wird[28]. Dieser an der davidischen Königsideologie orientierte Motivzusammenhang verbindet sich freilich in V. 6a zugleich mit einem anderen, ebenfalls an LXX orientierten Motivzusammenhang: εἰσάγειν ist nämlich in LXX geradezu zum term. techn. geworden für die Hineinführung Israels als des „Erstgeborenen" (!) in das von Gott verheißene Land, wobei das letztere in diesem Zusammenhang eben als das „bewohnte (und kultivierte) Land", also als οἰκουμένη, bezeichnet wird[29].

Was in der Einführung des Zitats von Dtn 32,43 bzw. Ps 96,7 LXX in V. 6a vorliegt, ist somit Ausdruck eines typologischen Denkens: So wie Gott dereinst das Volk Israel in das verheißene Land hineingeführt hat, so gilt dies nunmehr auch für Christus, den „erstgeborenen Sohn" – dies freilich zugleich im Sinne der eschatologischen Überbietung des biblischen Sachverhaltes: Denn die οἰκουμένη, von der der Hebr spricht, ist ja nichts anderes als die οἰκουμένη μέλλουσα (2,5), und d.h. im Sinne des Hebr: die

---

[27] Vgl. O. MICHEL, ThWNT VI, S. 873, sowie L. R. HELYER, The prōtokos Title in Hebrews, SBT 2. Ser. 6 (1976) S. 3–28.

[28] Zu πρωτότοκος als Bezeichnung des messianischen Königs vgl. PsSal 13,9; 18,4. Sachlich am nächsten kommt Hebr 1,6 im urchristlichen Schrifttum Apk 1,5, wo ebenfalls auf Ps 88,27f. 38 LXX Bezug genommen wird. O. MICHEL S. 109. 113f, sieht dementsprechend in Hebr 1,6 den „Nachklang der alten Davidorakel (Ps 2,7; 89,28), die mit der Weissagung 2 Sam 7,14 in Verbindung stehen". Vgl. auch S. LÖVESTAM, Son and Saviour, S. 13f. 96f.

[29] Zu εἰσάγειν in diesem Sinne vgl. Ex 3,8; Dtn 6,10; 11,29; 30,5; 31,20 sowie 4 Esr 6,58. – Zur Bezeichnung des Volkes Israel als πρωτότοκος vgl. Ex 4, 22; Num 11,12; Jer 38,9 LXX; Sir 36,11 sowie O. MICHEL, ThWNT VI, S. 874f; P. C. B. ANDRIESSEN, NT 18 (1976) S. 297f. – Zu οἰκουμένη zur Bezeichnuß des verheißenen Landes vgl. Ex 16,35 sowie P. C. B. ANDRIESSEN, a.a.O., S. 299.

himmlische Welt, in die der „Sohn" bei seiner Erhöhung und Inthronisation bereits eingetreten ist[30]. Die christologische Dimension dieser Aussage (im Sinne einer weiteren Bestimmung der Überlegenheit des „Sohnes" gegenüber den Engeln) ist dabei ebenso deutlich wie deren soteriologische Dimension: Gott selbst hat den „Sohn" bereits in jene Welt – das Land der Verheißung – hineingeführt, wohin die Adressaten des Hebr ihm, dem „Anführer ihres Heils" (2,10), dereinst folgen werden[31].

Solches christologisches (und soteriologisches) Grundanliegen wird auch in den VV.7–12 konsequent weiter verfolgt, die vermittels der auch sonst im Hebr häufig zur Kontrastierung bzw. Dissoziation gebrauchten Redefigur μέν-δέ eng miteinander verbunden sind[32]. Am Anfang steht dabei in V.7 zunächst wiederum eine Aussage über die Engel, die im synthetischen Parallelismus membrorum von Ps 103,4 LXX bereits die Schlußfolgerung der ganzen Testimonienreihe in V.14 in den Blick treten läßt[33]. Im Kontext liegt dabei der Akzent im Psalm-Zitat auf ὁ ποιῶν, d.h.: Gott verfügt über die Engel als seine „Boten", nichts anderes sind sie als seine Diener – eben λειτουργοί oder – wie es dann in V.14 heißt: „dienstbare Geister". In diesem Kontext ist die Ausführung hinsichtlich der konkreten Funktion der Engel – daß Gott sie nämlich zu „Winden" bzw. zu „Feuerflammen" macht – nicht als Hinweis auf eine besondere Art von Angelolo-

---

[30] Zum Verständnis von οἰκουμένη im Sinne der himmlischen Welt vgl. A. VANHOYE, L'οἰκουμένη dans l'épître aux Hébreux, Bib 45 (1964) S.248–253; J.P. MEIER, Bib 66 (1985) S. 507f, sowie G. JOHNSTON, OIKOYMENH and KOΣMOΣ in the New Testament, NTS 10 (1963/64) S.352–360, spez. S.353f.

[31] Solche soteriologische Dimension der christologischen Aussage in V.6 tritt noch deutlicher hervor, wenn man davon ausgeht, daß der den Hebr einleitende Abschnitt 1,5–2,18 im Sinne einer symmetrischen Komposition dem Schlußabschnitt 12,14–13,19 korrespondiert und damit auch der christologische Gebrauch von πρωτότοκος in 1,6 dem „ekklesiologischen" Gebrauch desselben Wortes in 12,23. So A. VANHOYE, Bib 45 (1964) S.248ff; DERS., La structure littéraire, S.59.

[32] Zur Redefigur μέν-δέ vgl. im Hebr auch 3,5f; 7,5f. 8. 18ff; 8,4. 6; 9,23; 10,11f sowie F. SIEGERT, Argumentation bei Paulus gezeigt an Röm 9–11 (WUNT 34), Tübingen 1985, S. 182ff, spez. S.185.

[33] Subjekt der Rede ist hier wohl nicht unmittelbar Gott, sondern die Schrift. Die Präposition πρός hat in diesem Zusammenhang die Bedeutung „in bezug auf". Vgl. entsprechend 2,17; 4,13; 5,1; 6,11. – Die Einfügung von αὐτοῦ in V.7a (D* 1912 d aeth) versteht sich als sekundäre Angleichung an das folgende Zitat von Ps 103,4 LXX. – Der Text von Ps 103,4 LXX wird – abgesehen von der Änderung von πῦρ φλεγόν (LXX) in πυρὸς φλόγα (so auch 1 Clem 36,3) – wörtlich nach LXX zitiert, wo gegenüber dem hebräischen Text das Akkusativ-Objekt vertauscht ist. Nur in dieser LXX-Gestalt ist das Zitat für den Autor des Hebr in seinem Kontext brauchbar. Vgl. demgegenüber Targum Ps 104,4: „Der seine Boten eilend macht wie Wind/seine Diener gewaltig wie flammendes Feuer". Vgl. zum Ganzen F. SCHRÖGER, Der Verfasser des Hebr als Schriftausleger, S.56–59. – Der handschriftlich nur schwach bezeugte Singular πνεῦμα (D 1 326 424 1245 1912 usw.) ist wohl als sekundäre Angleichung an den Singular πυρὸς φλόγα zu verstehen. Zur Vorstellung von Wind- und Feuerengeln im Judentum (und Urchristentum) insgesamt vgl. O. BÖCHER, Dämonenfurcht und Dämonenabwehr. Ein Beitrag zur Vorgeschichte der christlichen Taufe (BWANT 90), Stuttgart 1970, S. 49. 60f.

gie des Hebr zu werten, sondern allein als weiteres Schriftzeugnis für die Inferiorität der Engel gegenüber dem „Sohn". Und dieser Aspekt tritt noch deutlicher hervor, wenn man in diesem Zusammenhang berücksichtigt, daß nach Hebr 12,18 (im Zusammenhang der dort beschriebenen Sinai-Theophanie) das „Feuer" gleichsam die materielle (und somit vergängliche) Welt kennzeichnet. Letztlich gehören also die Engel als „Diener" in dem in V. 7 beschriebenen Sinne der irdischen Welt zu, während der „Sohn" ihnen gegenüber ganz auf die Seite Gottes gehört.

Ganz im Gegensatz zu ihnen steht - formal bezeichnet durch das den Kontrast einleitende δέ in V. 8 - jedenfalls das, was in den VV. 8 und 9 im einzelnen über den „Sohn" ausgeführt wird. Mit dem Zitat von Ps 44,7f LXX wird hier eine ganze Serie von Schriftzitaten eingeleitet, in der - unter der Voraussetzung wiederum einer konsequent christologischen Lesart der Schrift[34] - der „Sohn" unmittelbar angesprochen und auf diese Weise zugleich mit den höchsten Würdeprädikaten versehen wird[35]. Spezielles Thema der VV. 8/9 im Kontext der VV. 5-13 ist die bleibende Herrschaft des „Sohnes" im Unterschied und im Gegensatz zur Veränderlichkeit des Dienstes der Engel. War in V. 3d noch davon die Rede, daß der „Sohn" seinen Ort „zur Rechten" des Thrones Gottes hat, so wird hier nunmehr mit Ps 44,7 LXX von des „Sohnes" eigenem Thron gesprochen und im Zusammenhang damit nun auch der „Sohn" selbst im Vokativ als „Gott" angesprochen. Dies liegt durchaus in der Konsequenz dessen, was zuvor be-

---

[34] Sofern die Heranziehung der Schriftzitate hier - wie in der Testimonienreihe insgesamt - durch die Absicht des Autors bedingt ist, die Überlegenheit des „Sohnes" gegenüber den Engeln evident zu machen, ist eine Einflußnahme der messianischen Deutung von Ps 45 im Targum Ps 45 auf den Hebr nicht wahrscheinlich. Zum Targum Ps 45 vgl. S. H. LEVEY, The Messiah: An Aramaic Interpretation. The Messianic Exegesis of the Targum (MHUC 2), Cincinnati 1974, S. 109ff.

[35] Das Zitat wird zunächst in V. 8a wörtlich nach LXX gegeben. Die Auslassung von τοῦ αἰῶνος (B 33 t Tert) kann schon angesichts der geringen Bezeugung nicht als ursprünglich gelten. In V. 8b wird dem Zitat gegen LXX ein καί vorangestellt, dessen Streichung durch die Handschriften C D²K L (usw.) als sekundäre Angleichung an LXX zu verstehen ist. Bemerkenswert gegenüber LXX ist die durch die Voranstellung des Artikels ἡ ῥάβδος (und gleichzeitige Streichung des Artikels vor ῥάβδος τῆς βασιλείας σου) bewirkte sachliche Akzentverschiebung (Vertauschung von Subjekt und Prädikatsnomen!). Der „Stab der Geradheit" erhält damit das entscheidende Gewicht. Die Lesart der Kodizes D Ψ (usw.) ist demgegenüber wiederum als sekundäre Angleichung an den LXX-Text zu werten. Die an sich gut bezeugte Lesart αὐτοῦ statt σου (P⁴⁶ ℵ B!) ergibt im Anschluß an das Zitat in V. 8a keinen Sinn, es sei denn, man versteht ὁ θεός in V. 8a nicht als Vokativ, sondern als Subjekt („Gott ist dein Thron") oder als Prädikatsnomen („Dein Thron ist Gott"). So K. J. THOMAS, NTS 11 (1964/65) S. 305; dagegen B. M. METZGER, A Textual Commentary on the Greek New Testament, S. 662f. - Die Lesart ἀδικίαν in V. 9 (so ℵ A 2013) folgt der LXX-Lesart des Kodex A, ist aber im Sinne betonter Gegenüberstellung zu δικαιοσύνη eindeutig sekundär gegenüber der meistbezeugten Lesart ἀνομίαν. Zum Ganzen des Textes von Ps 44,7f LXX in Hebr 1,8f vgl. F. SCHRÖGER, Der Verfasser des Hebr als Schriftausleger, S. 60ff; L. C. ALLEN, Psalm 45:7-8 (6-7) in Old and New Testament Settings, in: H. H. Rowdon (ed.), Christ the Lord, Leicester 1982, S. 220-242.

reits in V. 3 und V. 4 zur einzigartigen Würdestellung des „Sohnes" ausgeführt worden war[36], schließt aber im Sinne des Hebr die Unterordnung des „Sohnes" gegenüber dem „Vater" keineswegs aus, sondern vielmehr ein. „Gott" bzw. göttlicher Art ist der „Sohn" im Unterschied zu den Engeln. Er gehört ganz auf die Seite Gottes, was denn auch zur Konsequenz hat, daß sein „Thron", d. h. seine Herrschaft, bleibenden, ja ewigen Bestand hat: εἰς τὸν αἰῶνα τοῦ αἰῶνος[37]. Eben von dieser Herrschaft ist dann auch in V. 8b im Anschluß an Ps 44,8 LXX die Rede. Und d. h., daß ῥάβδος = „Stab, Szepter" hier biblischem Sprachgebrauch entsprechend als Symbol für die (legitime) Herrschaft (βασιλεία) des „Sohnes" steht[38], die hier wie dann auch in V. 9a mit Ps 44,7f LXX betont als eine gerechte Herrschaft gekennzeichnet wird. εὐθύτης meint die „Geradheit" im Sinne der Gerechtigkeit und steht parallel zu δικαιοσύνη in V. 9a[39]. Im Gesamtzusammenhang der Kennzeichnung der Herrschaft des Erhöhten in den VV. 5–13 liegt dabei speziell in den Aorist-Aussagen in V. 9 – „Du hast geliebt Gerechtigkeit und gehaßt Gesetzlosigkeit" usw. – keine gezielte Bezugnahme auf die Geschichte des irdischen Jesus vor[40]. Entscheidend für die Rezeption von Ps 44,7f LXX ist vielmehr für den Autor des Hebr in erster Linie die Aussage über die unvergängliche Herrschaft des „Sohnes" (V. 8a), in diesem Zusammenhang auch die zweimalige Anrede an den „Sohn" als „Gott" (V. 8a und V. 9b), nicht zuletzt aber auch die Aussage hinsichtlich der durch die „Salbung" von seiten Gottes gewonnenen Vorzugsstellung des „Sohnes" παρὰ τοὺς μετόχους (V. 9c). Die letztere Wendung nimmt dabei das παρ' αὐτούς von V. 4b wieder auf und ist dementsprechend unter der Überschrift der These von V. 4 auf die Engel zu beziehen. Durch die „Salbung" (V. 9b), und d. h. im Kontext: durch die Erhöhung, hat der „Sohn", für den Hebr der „Gesalbte" (ὁ Χριστός) schlechthin (3,14; 9,14), eine Würde und Vorzugsstellung erhalten, die ihn grundsätzlich von seinen μέτοχοι unterscheidet[41]. Alle anderen im Zitat

---

[36] So besteht also kein Anlaß, ὁ θεός in V. 8a als Subjekt oder Prädikatsnomen zu verstehen. Vgl. in diesem Sinne bereits B. F. WESTCOTT S. 25, sowie neuerdings K. J. THOMAS, NTS 11 (1964/65) S. 305, und M. J. HARRIS, The translation and Signification of ὁ θεός Hebrews 1:8–9, TynB 36 (1985), S. 129–162, der ὁ θεός in V. 8 als Vokativ versteht, in V. 9 dagegen eher als einen Nominativ: „Therefore God, your God, has annointed you".

[37] Zur kürzeren Lesart εἰς τὸν αἰῶνα (B 33 t Tert) vgl. den entsprechenden Sachverhalt Hebr 13,8 sowie Gal 1,5; Phil 4,20; 1 Tim 1,17; 2 Tim 4,18 und 1 Petr 4,11.

[38] Vgl. auch Ps 109,2 LXX: ῥάβδος δυνάμεώς σου; Ps 124,3 LXX: ῥάβδος = Szepter im Sinne von „Herrschaft". Zur messianischen Deutung des Szepters im Judentum vgl. PsSal 17,24; CD VII 19f.

[39] Vgl. LXX Ps 9,8f; 66,5; 95,10; 97,9 sowie Weish 9,3.

[40] Anlaß dazu bietet (im Zusammenhang mit den Aorist-Tempora in V. 8b) insbesondere der auffällige Anklang von V. 9b (διὰ τοῦτο ἔχρισέν δε ... ὁ θεός σου) an die Erhöhungsaussage Phil 2,9: διὸ καὶ ὁ θεὸς αὐτὸν ὑπερύψωσεν. Dementsprechend wird V. 9a gern auf den Gehorsam des „Sohnes" von Hebr 5,7f bezogen. So u. a. O. MICHEL S. 119f; H. BRAUN S. 40.

[41] μέτοχος, „Genosse, Kompagnon" (o. ä.), steht hier im Zitat von Ps 44,8 LXX sowie im

von Ps 44,7f LXX ausgesprochenen Einzelaussagen haben demgegenüber im Kontext des Hebr kein eigenes Gewicht bzw. werden hier nicht eigens thematisiert.

Gleiches gilt auch für das in **VV. 10–12** mit καί angereihte umfangreiche Zitat aus Ps 101 LXX. Es wird wiederum fast wörtlich nach LXX gegeben. Wo Änderungen gegenüber der LXX-Version vorliegen, gehen diese auf das Konto einer redaktionellen Bearbeitung durch den Autor des Hebr, d. h. sind sie durch das Bemühen bestimmt, das Zitat selbst der vom Autor in diesem Zusammenhang beabsichtigten Grundaussage zuzuordnen[42]. Dabei entspricht der Grundaussage des vorangehenden Zitats aus Ps 44 LXX von der bleibenden und unvergänglichen Herrschaft des „Sohnes" (V. 8a) hier nunmehr die zweimalige Betonung „Du aber bleibst" (V. 11a) und „Du aber bist (und bleibst) derselbe" (V. 12c), sodaß sich für den ganzen Zusammenhang der Zitate in den VV. 8–12 mit V. 8a und V. 12c eine Inclusio ergibt. Die Schöpfungsaussage in V. 10 ingestalt des Zitats von Ps 101,26 LXX, in der wiederum – wie bereits in den voraufgehenden Zitaten – die ursprüngliche Gottesanrede κύριε mit Selbstverständlichkeit auf den „Sohn" bezogen wird[43], hat dementsprechend im Gesamtzusammenhang kein eigenes Gewicht. Sie akzentuiert an dieser Stelle nur einmal mehr die schlechthinnige Weltüberlegenheit des Kyrios – und eben damit wiederum sein bleibendes Wesen im Gegenüber zur Vergänglichkeit aller geschaffenen Dinge. Er, der Kyrios, ist von allem Wandel und von aller Vergänglichkeit der Welt unberührt. Und genau dies ist in diesem Zusammenhang die zentrale Aussage, wie sie sodann in den VV. 11–12 mit Ps 101 LXX formuliert wird: „Sie – d. h. alle geschaffenen Dinge, einschließlich „der Himmel"! – vergehen. Du aber bleibst ..."[44]. Ganz auf der Linie die-

---

Kontext zur Bezeichnung der Engel, also in anderem Sinne als in 3,1. 14. Vgl. C. SPICQ, Notes II, S. 555, Anm. 3.

[42] Dies gilt zunächst für die betonte Voranstellung des σύ an den Anfang des Zitats: „Du (allein) ...". Dem entspricht die Lesung von διαμένεις gegen LXX im Präsens, die von einer Reihe von Textzeugen (D²0121b 365 usw.) sekundär wieder an LXX angeglichen worden ist. Die Einfügung von ὡς ἱμάτιον in das Zitat in V. 12b unterstreicht die beabsichtigte Grundaussage im Sinn der Betonung der Wandelbarkeit und Vergänglichkeit der Welt (in D²Ψ 0121b usw. erfolgt wiederum sekundäre Angleichung an LXX). Vgl. K. J. THOMAS, NTS 11 (1964/65) S. 305f; B. M. METZGER, A Textual Commentary on the Greek New Testament, S. 663. V. 12a schließlich liest Hebr anstelle von ἀλλάξεις (so wiederum die sekundäre Angleichung an LXX bei ℵ* D* usw). mit den Kodizes B und A der LXX: ἑλίξεις, d. h.: „du wirst zusammenrollen". So wird das plastische Bild vom „Zusammenrollen des Mantels" gewonnen. Vgl. dazu auch Jes 34,4 LXX: καὶ ἑλιγήσεται ὁ οὐρανὸς ὡς βιβλίον sowie Apk 6,14.

[43] Der κύριος-Titel wird im Hebr nur 5mal von Jesus gebraucht (1,10; 2,3; 7,14; 12,14; 13,20), 12mal dagegen von Gott selbst, und zwar durchgängig in Schriftzitaten.

[44] Der Vergänglichkeit alles Geschaffenen werden im Hebr offensichtlich auch die Engel zugerechnet. Das braucht freilich nicht zu bedeuten, daß die οὐρανοί, worauf sich αὐτοί in V. 11a zurückbezieht, als solche Metapher für „Engel" sind (So O. MICHEL S. 121 und H. BRAUN S. 42 mit Verweis auf Targum Ps 50,4. 6; Targum Hiob 15,15; vgl. auch STRACK-BILLERBECK, III, S. 680). Allenfalls wäre in diesem Zusammenhang daran zu denken, daß „der

ser Grundaussage liegen denn auch die folgenden Aussagen, in denen das mit V. 11a gegebene Thema der Vergänglichkeit aller geschaffenen Dinge bildhaft variiert wird: zunächst – V. 11b – im Sinne des „Altwerdens" eines Kleides, sodann – V. 12a – im Sinne des „Zusammenrollens" eines Mantels, d. h. im Sinne der auf ein Ende zugehenden Veränderung und Wandelbarkeit : καὶ ἀλλαγήσονται[45]. Worauf der Autor des Hebr mit alledem hinauswill, ist von den Rahmenaussagen in V. 11a und V. 12c her eindeutig: nicht in erster Linie auf die Vorstellung und Lehre einer endzeitlichen Weltvernichtung, sondern auf die erneute positive Betonung der Unwandelbarkeit und Unvergänglichkeit der Herrschaft des „Sohnes"[46]. Genau dieser Position gibt denn auch der Schluß des Zitats aus Ps 101 LXX Ausdruck, und zwar in einer deutlichen Entsprechung zu Hebr 13,8: „Du aber bist (und bleibst) derselbe ..."[47].

Das die ganze Testimonienreihe beschließende wörtliche Zitat von Ps

---

Himmel" bzw. „die Himmel" traditionell auch im Urchristentum als Ort der Engel gedacht sind (Gal 1,8; Mk 13,32; Lk 2,15; 22,43 u.ö.). – Eine bloße Wiederholung der Aussage von V. 2c liegt hier nicht vor, da die christologische Deutung von Ps 101,26–28 LXX die Aussage über die Schöpfungsmittlerschaft von V. 2c noch überbietet. Was die betonte Gegenüberstellung des Vergänglichen und des Bleibenden betrifft, so ist im übrigen bereits an dieser Stelle eine gewisse „dualistische" Tendenz im Hebr nicht zu übersehen, und dies zumal dann, wenn man an dieser Stelle im Einleitungsteil des Hebr eine kompositionelle Entsprechung zum Schlußteil und hier insbesondere zu 12,26–29 mit der Gegenüberstellung der σαλευόμενα und der βασιλεία ἀσάλευτος gegeben sieht. Vgl. A. VANHOYE, La structure littéraire, S. 59. J. W. THOMPSON, The Beginnings of Christian Philosophy, S. 135ff, sieht dementsprechend bereits an dieser Stelle einen Hinweis auf die mittelplatonisch-philonische Traditionslinie, in der der Hebr steht. Dafür könnte auch sprechen, daß γῆ, „Erde" bzw. das Irdische, im Hebr auch sonst die Konnotation des Minderen gegenüber dem Bleibenden hat (vgl. 8,4f; 11,13; 12,25f). Vgl. H. BRAUN S. 41f und bes. S. 42f.

[45] Im Zusammenhang von Ps 101,26–28 LXX und im Kontext von Hebr 1 hat das Verbum ἀλλάσσειν – zumal im Zusammenhang mit den zuvor gebrauchten Bildern – die spezielle Bedeutung der Wechselhaftigkeit und Instabilität. Allein so ist der Gegensatz zu V. 12c sinnvoll: „Du aber (allein) ...". In Analogie zum Sprachgebrauch der LXX (Gen 35,2; 41,14; 45,22; 2 Reg 12,20; 4 Reg 5,5) kommt die Übersetzung: „wie ein Gewand werden sie gewechselt werden" dem Kontext am nächsten. Vgl. A. VÖGTLE, Das Neue Testament und die Zukunft des Kosmos, S. 96f.

[46] Vgl. in diesem Sinne bes. A. VÖGTLE, Das Neue Testament und die Zukunft des Kosmos, S. 94–99, spez. S. 97–99; J. W. THOMPSON, The Beginnings of Christian Philosophy, S. 137. Anders, d. h. im Sinne einer apokalyptischen Interpretation des Zusammenhangs, O. MICHEL S. 121; O. HOFIUS, Katapausis, S. 158.

[47] Vgl. J. P. MEIER, Bib 66 (1985) S. 517f. – Angesichts dessen, daß die entsprechende Aussage in 13,8 im Zusammenhang der Paränese wiederholt wird, kann man zurecht fragen, ob nicht auch bereits hier die Stetigkeit und Unwandelbarkeit des „Sohnes" im Interesse der Tröstung und Mahnung der Adressaten so stark betont wird. Vgl. E. GRÄSSER, Der Glaube im Hebr, S. 23. – Andererseits ist es angesichts solcher Akzentsetzung im Verständnis von Ps 101 LXX im Hebr gänzlich unwahrscheinlich, daß der Autor des Hebr an dieser Stelle in der Kontinuität einer eschatologisch-messianischen Deutetradition von Ps 102 (V. 24!) steht, wie sie sich möglicherweise auch Mk 13,20 abzeichnet (vgl. auch Barn 4,3, hier freilich mit ausdrücklichem Bezug auf äthHen). So B. W. BACON, Heb 1,10–12 and the Septuagint Rendering of Ps 102,23, ZNW 3 (1902) S. 280–285.

109,1 LXX in V. 13 kehrt wieder zum Ausgangspunkt, zur Erhöhungsaussage in V. 3d, zurück und akzentuiert damit erneut das Grundthema, das – von V. 3d und V. 4 her gesehen – den ganzen Textzusammenhang bestimmt. Daß dieses Thema als solches nicht allein für den Hebr konstitutiv ist, sondern in der Geschichte der urchristlichen Christologie bereits gewisse Vorstufen hat, geht zumindest aus der christologischen Interpretation von Ps 110,1 in 1 Kor 15,25(–27) deutlich genug hervor[48]. Im Unterschied allerdings zu 1 Kor 15,25–27 ist dieses an sich traditionelle Thema im Hebr – an dieser Stelle jedenfalls – nicht eigentlich eschatologisch akzentuiert, sondern an der auch die Engel einschließenden, also in der Tat alles überragenden Herrschaft des Erhöhten orientiert[49]. In diesem Sinne hat die der Einleitung des Zitats von Ps 109,1 LXX voranstehende Partikel δέ auch hier wieder adversativen Charakter: Was im Blick auf die Engel niemals (ποτε) in Betracht kam, das gilt allein für den „Sohn": Seine Teilhabe an der Herrschaft Gottes selbst – und damit auch die Anwartschaft auf den endgültigen Sieg über alle seine „Feinde".

Folgerichtig mündet dementsprechend die ganze Testimonienreihe in V. 14 in eine Schlußfolgerung ein, die – als rhetorische Frage formuliert – konsequenterweise nur eine Antwort fordert: In der Tat – nichts anderes als „dienstbare Geister" sind die Engel! Der exklusive Charakter der Aussage wird durch vorangestelltes πάντες noch besonders hervorgehoben: Sie „alle", ohne Ausnahme. Mit der Formulierung λειτουργικὰ πνεύματα ist deutlich ein Rückbezug auf das Zitat von Ps 103,4 LXX in V. 7 gegeben, nur daß πνεύματα hier nunmehr selbstverständlich (gleichsam persönlich gedachte) „Geistwesenheiten" bezeichnet[50]. Werden sie an dieser

---

[48] Auf einen Traditionszusammenhang weist auch der Umstand hin, daß wie in 1 Kor 15,25–27 auch der Hebr im Anschluß an die Bezugnahme auf Ps 110,1 im ersten Kapitel in 2,5ff das Schriftzeugnis von Ps 8 geltend macht.

[49] Das schließt im Hebr die eschatologisch-futurische Dimension dieses Herrschaftsantritts im Sinne der endgültigen Durchsetzung der Christusherrschaft keineswegs aus. Jedoch ist das eschatologische Verständnis des ἕως von Ps 109,1 LXX hier – im Unterschied zu 10,11f – noch nicht bestimmend. Angesichts dessen ist auch die Frage wenig sinnvoll, wer hier konkret unter den „Feinden" von Ps 109,1 LXX zu verstehen ist. Zur Fragestellung vgl. jedoch bereits 1 Clem 36,6: τίνες οὖν οἱ ἐχθροί; οἱ φαῦλοι καὶ ἀντιτασσόμενοι τῷ θελήματι αὐτοῦ. O. MICHEL S. 123f denkt dabei an die dämonischen Mächte im apokalyptischen Endkampf, O. HOFIUS, Der Christushymnus Phil 2,6–11, S. 99f, demgegenüber an die ὑπενάντιοι von Hebr 10,27, d. h. an die vom Glauben Abgefallenen, denen Hebr 6,6–8 das Feuergericht angesagt wird.

[50] Die Bezeichnung der Engel als πνεύματα ist vorbereitet durch die Rede von Gott als „Gott der Geister (πνευμάτων) und allen Fleisches" in Num 16,22; 27,16. Vgl. dazu Hebr 12,6; 2 Makk 3,24; Jos. ant IV 108. Eindeutig belegt ist die Gleichsetzung Engel – „Geister" Jubil 2,2; 15,31f sowie vor allem in äthHen (15,4ff; 60,16ff u. ö.). Vgl. E. SJÖBERG, ThWNT VI, S. 373f. Zum entsprechenden Sachverhalt in Apk (1,4; 3,1; 4,5; 5,6) vgl. E. SCHWEIZER, ThWNT VI, S. 448f. – Für das Qumran-Judentum ist auf die Vorstellung von den „Geistern" (רוחות) in 1QS III 18ff. 1QH I 11; VIII 11f hinzuweisen, die 1QH I 10f mit den Engeln (מלאכים) identifiziert werden. Bemerkenswert in diesem Zusammenhang ist schließlich auch

Stelle ausdrücklich als λειτουργικά = „dienstbar" gekennzeichnet, so ergibt sich auch hier wieder ein Zusammenhang mit der gemeinjüdischen Anschauung von den „Dienstengeln"[51]. Auch hier aber setzt der Autor des Hebr wieder seinen eigenen Akzent: Ihre „Diakonie" nämlich hat eine ganz bestimmte Ausrichtung. Sie geschieht „um derer willen, die dereinst das (endgültige) Heil ererben sollen." An einen speziellen kultischen Dienst der Engel ist dabei offensichtlich nicht gedacht[52], wohl aber an eine bestimmte Funktion dieser Engel im Zusammenhang der „Heilsökonomie" Gottes.

Damit erfährt nun freilich zugleich der ganze voraufgehende Zusammenhang eine Wendung, die so zunächst gar nicht in der Logik der primär christologischen Argumentation in den VV. 5–13 lag. Denn hier – in V. 14 – wird nunmehr den Engeln, die zuvor gegenüber dem „Sohn" entschieden abgewertet worden waren, eine höchst positive soteriologische Funktion zugesprochen: In Hinsicht auf die eschatologische σωτηρία sind sie Diener und Vollstrecker des Willens Gottes selbst. Und dies gilt nun – auch wenn dabei nicht konkret ausgeführt wird, in welchem Sinne hier an eine soteriologische Funktion der Engel gedacht ist – im Sinne des Hebr als „Trost- und Mahnrede" auch und vor allem im Blick auf die Adressaten des Hebr. Denn sie sind es ja, die dereinst „das Heil ererben sollen". Die Darlegung und Kommentierung der grundlegenden christologischen Sachverhalte im Exordium des Hebr und der daran anschließenden Testimonienreihe münden spätestens hier – in V. 14 – in eine auf die Adressaten des Hebr ausgerichtete Soteriologie ein, für deren Grundbegriff, nämlich für den hier zum ersten Male im Hebr gebrauchten Terminus σωτηρία, die eschatologisch-zukünftige Ausrichtung (1,14; 6,9; 9,28) ebenso bestimmend ist wie seine christologische Bindung (2,10; 5,9; 7,25)[53]. Die Unter-

---

bei der Beschreibung der Position der Pharisäer in Act 23,8f das Nebeneinander ἄγγελος – πνεῦμα.

[51] Dabei ist nicht nur an die Vorstellung von den „Dienstengeln" (מלאכי השרת) im rabbinischen Judentum zu denken (dazu: STRACK-BILLERBECK, III, S. 680f.), sondern auch an die entsprechende Redeweise bei Philon: ἄγγελοι λειτουργοί (Virt 74; vgl. auch All III 177f; Gig 12.16; Somn I 141ff). Vgl. auch 1 Clem 34,5.

[52] Das ist schon angesichts der hier vorliegenden Verbindung λειτουργικός - διακονία nicht wahrscheinlich. Zur Sache vgl. H. STRATHMANN, ThWNT IV, S. 238f; C. SPICQ Notes I, S. 479 mit Anm. 5.

[53] Zum (futurisch-)eschatologischen und christologischen Aspekt des Terminus σωτηρία im Hebr vgl. F.J. SCHIERSE, Verheißung und Heilsvollendung, S. 127–131; W. FOERSTER, ThWNT VII, S. 996f; K.H. SCHELKLE, EWNT III, Sp. 787. – Der biblisch-jüdische und urchristliche Traditionshintergrund ist dabei schon vom eschatologischen Aspekt des Terminus her deutlich und wird auch durch die Anspielung auf Jes 45,17 in Hebr 5,9 ausdrücklich betont. Vgl. dazu im einzelnen: W. FOERSTER, ThWNT VII, S. 970ff. Freilich wird dieser traditionelle eschatologische Aspekt im Hebr durch den christologischen Aspekt eigentümlich neu akzentuiert. Sofern nämlich Christus im Hebr der ἀρχηγὸς τῆς σωτηρίας (2,10) bzw. der αἴτιος σωτηρίας αἰωνίου (5,9) ist, stehen die Christen – als diejenigen, die ihm gehorsam sind

brechung der erst in 2,5ff wieder aufgenommenen christologischen Darlegung durch die in dem Abschnitt 2,1-4 eingefügte Paränese an die Adressaten ist in diesem Sinne – zumal auch und gerade die letztere unter dem Leitwort der σωτηρία steht (2,3) – keineswegs eine Abweichung vom eigentlichen Thema des Hebr, sondern vielmehr Ausführung des christologischen Themas der Gegenüberstellung „Sohn"-Engel im Blick auf die Situation und die Fragestellung der Adressaten: Weil der „Sohn", in dem „in diesen letzten Tagen" Gott „zu uns" geredet hat (1,2), den Engeln überlegen ist, deshalb gilt es nun umso mehr, am „Gehörten", d.h. an Gottes „im Sohn" ergangenem Wort, festzuhalten (2,1).

Exkurs: *Die Rezeption der Schrift im Hebräerbrief*[1]

1. Grundsätzliches: Bereits im Einleitungsteil des Hebr (1,1-14), und hier insbesondere in der Testimonienreihe 1,4-13, treten wesentliche Aspekte der Rezeption der Schrift des Alten Testaments programmatisch für den ganzen Hebr hervor. Nicht nur daß Gott selbst einst „zu den Vätern in den Propheten" geredet hat (1,1), ist für den Autor selbstverständlich; vielmehr bewegt sich die Art und Weise, in der er Gottes endgültige Rede „im Sohn" in seinem Trost- und Mahnschreiben auslegt, ganz im Rahmen und Kontext der unmittelbar auf den „Sohn" bezogenen, also unter christologischem Aspekt gelesenen und verstandenen Schrift. Der konstitutive Charakter der Schrift für den Hebr ist dabei – wie paradigmatisch bereits an der Testimonienreihe 1,5-13 deutlich wird – schon in formal-quantitativer Hinsicht ablesbar an der Vielzahl ausdrücklicher Zitate aus der Schrift, darüber hinaus aus der im einzelnen kaum eindeutig fixierbaren Fülle von virtuellen Zitaten und Bezugnahmen auf biblische Texte und Sachverhalte[2], nicht zuletzt aber auch da-

---

(5,9) – bereits auf dem Weg zum Heil. Und genau dazu bedarf es der Paraklese und Paränese.

[1] Lit.: P. PADVA, Les citations de l'Ancien Testament dans l'épître aux Hébreux, Paris 1904; C. BÜCHEL, Der Hebr und das Alte Testament, ThStKr 79 (1906) S. 508-591; J. van der PLOEG, L'exégèse de l'Ancien Testament dans l'épître aux Hébreux, RB 54 (1947) S. 187-228; F. C. SYNGE, Hebrews and Scriptures, London 1959; M. BARTH, The Old Testament in Hebrews. An Essay in Biblical Hermeneutics, in: W. KLASSEN/G. F. SNYDER (ed.), Current Issues in New Testament Interpretation. Essays in Honor of O. A. Piper, London 1962, S. 53-78. 263-273; K. J. THOMAS, The Old Testament Citations in Hebrews, NTS 11 (1964/65) S. 305-325; G. HOWARD, Hebrews and the Old Testament Quotations, NT 10 (1968) S. 208-216; F. SCHRÖGER, Der Verfasser des Hebr als Schriftausleger (BU 4), Regensburg 1968; H. J. B. COMBRINK, Some Thoughts on the Old Testament Citations in the Epistle to the Hebrews, Neotestamentica 5 (1971) S. 22-36; J. C. McCULLOUGH, The Old Testament Quotations in Hebrews, NTS 26 (1979/80) S. 363-379. Vgl. auch den Überblick über die Diskussion bei E. GRÄSSER, ThR 30 (1964) S. 204-214, sowie die entsprechenden Exkurse in den Kommentaren, bes. bei C. SPICQ, I, S. 330-350.

[2] C. SPICQ, I, S. 331, zählt insgesamt 35 ausdrückliche Zitate. Vgl. auch die Aufstellungen bei F. SCHRÖGER, Der Verfasser des Hebr als Schriftausleger, S. 251f; G. HOWARD, NT 10 (1968) S. 209-211. Hinzu kommt freilich noch die große Zahl der virtuellen Zitate bzw. Bezugnahmen, gehäuft vor allem in Hebr 11. Vgl. dazu die Aufstellung bei C. SPICQ, I, S. 332f. – Auffällig bei den ausdrücklichen Zitaten ist der relativ hohe Anteil von Zitaten aus den Psalmen (14 von insgesamt 35!). Dies ist zunächst gewiß darin begründet, daß der Psalter im Ur-

ran, daß der Hebr - als ein Trost- und Mahnschreiben in der Kontinuität der schriftgebundenen Predigt der Diasporasynagoge - sich in weiten Partien geradezu als Schriftauslegung bzw. als Predigt auf Grund bestimmter Texte der Schrift darstellt[3]. So versteht es sich auch von selbst, daß Sprache und Terminologie des Hebr - bis hin zu den ihn prägenden theologischen Stichwörtern (υἱός, ἀρχιερεύς, διαθήκη usw.) - durch die biblische Überlieferung bestimmt sind, ja daß der Hebr gerade auch die für ihn charakteristische Christologie und Soteriologie im wesentlichen im Horizont einer durch die Schrift vorgegebenen Sprache entfaltet.

Offensichtlich ganz bewußt und somit auch programmatisch spricht der Autor des Hebr eine biblische Sprache. Was im Hebr insgesamt vorliegt, ist somit das Zeugnis einer aus biblischen Quellen sich speisenden Theologie - mit einem Wort: Biblische Theologie. Und geschieht dies im Hebr - wie eben bereits sein Einleitungsteil erkennen läßt - in einem gezielten und programmatischen Sinne, so kann daraus durchaus die didaktische Absicht des Autors abgeleitet werden, seine Adressaten auf solche Weise zu einem angemessenen christlichen Verständnis der Schrift anzuleiten: Was es in ihrer, der Adressaten, Situation als Wort Gottes zu hören gilt, das ist im Grunde bereits aus der Schrift ablesbar.

Daß es bei alledem dem Autor des Hebr nicht lediglich um einen vordergründigen „Schriftbeweis" für seine eigene christologisch-soteriologische Grundkonzeption geht, zeigt sich bereits an der Art und Weise, in der im Hebr die Schrift zitiert und damit zugleich die Sache der Schrift zur Geltung gebracht wird. Zitationsformeln wie das sonst im Neuen Testament häufig begegnende καθὼς γέγραπται (o. ä.) fehlen im Hebr. Gleichwohl läßt der Autor von Anfang an (1,1f) keinen Zweifel daran, daß für ihn die Autorität der Schrift zugleich die Autorität Gottes selbst ist. Er - Gott selbst - redet ja in der Schrift, und dies zumeist im Präsens, also im Sinne unmittelbarer Anrede an die gegenwärtigen Hörer und Leser der Schrift[4]. Auf derselben Linie liegt es, wenn als Subjekt der Rede in der Schrift der Hl. Geist genannt wird[5], und die auffällig unbestimmte Redeweise in 2,6 - διεμαρτύρατο δέ

---

christentum insgesamt eine erhebliche Rolle - zumal im Zusammenhang der Christologie - gespielt hat. Vgl. L. VENARD, L'utilisation des Psaumes dans l'épître aux Hébreux, in: Mélanges E. Podachard, Lyon 1945, S. 253-264. Darüber hinaus werden in dieser Hinsicht aber auch vom Autor des Hebr selbst die entsprechenden Akzente gesetzt. Dementsprechend sieht S. KISTEMAKER, The Psalm Citations in the Epistle to the Hebrews, Amsterdam 1961, spez. S. 130, die Schriftbasis des Hebr vor allem in vier Psalm-Zitaten gegeben: Ps 8,4-6; 95,7-11; 110,4 und Ps 40,6-8. Kritisch dazu A. VANHOYE, Bib 45 (1964) S. 122. Vgl. auch P. G. MÜLLER, Die Funktion der Psalmenzitate im Hebr, in: E. Haag/F. L. Hossfeld (Hrsg.), Freude an der Weisung des Herrn. Beiträge zur Theologie der Psalmen. Festschr. H. Groß (SBB 13), Stuttgart 1986, S. 223-246.

[3] Nach H. KÖSTER, Einführung in das Neue Testament, S. 711, ist die Auslegung der Schrift geradezu „der Schlüssel zum Verständnis des Hebr". Sein Aufbau lasse sich als eine „Folge von Schriftauslegungen unter thematischen Gesichtspunkten" verstehen (ebd.). Ähnlich auch H. J. B. COMBRINK, Neotestamentica 5 (1971) S. 31: „Old Testament quotations constitute the framework of this letter".

[4] Vgl. 1,5ff; 3,15; 4,3f; 5,5f; 6,14; 7,21; 8,8; 10,30. Gott selbst ist auch dort der Redende, wo er „in den Propheten" (1,1) oder „in David" (4,7) spricht. Vgl. zum Ganzen F. SCHRÖGER, Der Verfasser des Hebr als Schriftausleger, S. 252f. 286f.

[5] So 3,7; 10,15f, hier innerhalb des Zitats: λέγει κύριος. Vgl. auch 9,8.

πού τις – bestätigt nur die Regel, sofern sich hier geradezu ein Desinteresse an irgendeinem menschlichen Subjekt der Rede in der Schrift dokumentiert[6].

2. *Die Septuaginta als Vorlage:* Die Schrift, die der Autor des Hebr in diesem Sinne als Gottes eigenes Wort rezipiert, ist – wie auch im übrigen Neuen Testament – die griechische Übersetzung des Alten Testaments in Gestalt der Septuaginta (LXX), der Hebr selbst in diesem Sinne also „ein Dokument ausgesprochener LXX-Theologie" (H. WINDISCH). Dies gilt zunächst grundsätzlich-generell, läßt also zunächst noch die Frage offen, nach welcher Vorlage der LXX im Hebr die Schrift zitiert wird[7].

Was die überlieferten (christlichen!) Handschriften betrifft, so kommt dabei vor allem der im Codex Alexandrinus (A) überlieferte Text in Betracht. Dieser Textgestalt steht jedenfalls der im Hebr dargebotene griechische Text des Alten Testaments am nächsten[8], was freilich zugleich heißt, daß die entsprechenden Schriftzitate im Hebr nicht einfach mit dem im Kodex A überlieferten Text identisch sind. Vielmehr gibt es da eine ganze Reihe von Abweichungen[9], für die es im einzelnen wiederum eine Mehrzahl von Erklärungsmöglichkeiten gibt. Dabei kann aus diesen Abweichungen nicht in jedem Falle die Schlußfolgerung gezogen werden, daß der Autor des Hebr jeweils eine andere LXX-Vorlage benutzt hat als die im Kodex A vorliegende. Abweichungen von dieser Vorlage können vielmehr auch durch freies, nicht-wörtliches Zitat oder auch durch bewußte Änderung der Vorlage seitens des Autors des Hebr bedingt sein, und zwar sowohl im Sinne einer formal-syntaktischen Einfügung des Zitats in den jeweiligen Kontext des Hebr als auch im Sinne einer bewußten sachlichen Änderung[10]. Nicht verifizierbar ist demgegenüber die Vermutung, die Abweichungen vom überlieferten LXX-Text seien dadurch zustandegekommen, daß der Autor des Hebr gar nicht unmittelbar aus einer LXX-Vorlage zitiere, sondern aus einem gottesdienstlichen Lektionar der hellenistischen Synagoge[11] oder aus einem ihm vorliegenden „Testimonienbuch"[12].

---

[6] Vgl. auch 7,17; μαρτυρεῖται γὰρ ὅτι κτλ. Unter der Voraussetzung, daß Gott „im Menschen" redet, ist es im Grunde gleichgültig, wer dieser Mensch im konkreten Fall ist.

[7] Vgl. dazu speziell: F. SCHRÖGER, Der Verfasser des Hebr als Schriftausleger, S. 27ff und S. 247ff, sowie K. J. THOMAS, The Use of the Septuaginta in the Epistle to the Hebrews, Diss. Manchester 1959; G. HARDER, Die Septuagintazitate des Hebr, ThViat 1939, S. 33–52; E. AHLBORN, Die Septuagintavorlage des Hebr, Diss. Göttingen 1966.

[8] So bereits F. BLEEK, I, S. 369–375; vgl. auch C. SPICQ, I, S. 335f, sowie K. J. THOMAS, NTS 11 (1964/65) S. 303–325. Zu den Übereinstimmungen des Hebr mit Codex Alexandrinus bzw. Vaticanus gibt F. SCHRÖGER, Der Verfasser des Hebr als Schriftausleger, S. 248f, eine Übersicht.

[9] Vgl. die entsprechenden Aufstellungen bei G. HOWARD, NT 10 (1968) S. 209–211, und bei F. SCHRÖGER, Der Verfasser des Hebr als Schriftausleger, S. 248ff.

[10] Deutlichstes Beispiel dafür ist das Zitat von Hab 2,4 in Hebr 10,37f. Vgl. aber auch 1,10 (Ps 101,26 LXX); 1,12 (Ps 101,28 LXX); 10,8–10 (Ps 39,6–8 LXX); 10,16f (Jer 31,33f) u. ö. Vgl. F. SCHRÖGER, Der Verfasser des Hebr als Schriftausleger, S. 249f; E. GRÄSSER, ThR 30 (1964) S. 205f.

[11] So z. B. V. BURCH, The Epistle to the Hebrews. Its Sources and Message, London 1936. Vgl. auch S. KISTEMAKER, The Psalm Citations in the Epistle to the Hebrews.

[12] So die Vermutung insbesondere zur Testimonienreihe Hebr 1,5–13 (s. o. z. St.). Vgl. bes. F. C. SYNGE, Hebrews and Scriptures, S. 54: „The author has not got the Scriptures in front of him at all. What he has in front of him is a catena of passages, a Testimony Book ... He-

Zweifellos besondere Aufmerksamkeit in diesem Zusammenhang hat denjenigen Schriftzitaten im Hebr zu gelten, bei denen – zugleich mit der Abweichung vom überlieferten LXX-Text – eine Übereinstimmung mit dem hebräischen Bibeltext festzustellen ist[13]. Gilt dies vor allem im Blick auf die Dtn-Zitate im Hebr (1,6; 10,30f; 12,15; 13,5) und ist dabei von vornherein auszuschließen, daß der Autor bei diesen Zitaten speziell unmittelbar auf eine Vorlage in hebräischer Sprache zurückgegriffen hat, so läßt sich zumindest in dieser Hinsicht die Schlußfolgerung nicht umgehen, daß die LXX-Vorlage, die im Hebr benutzt wird, nicht einfach mit den uns überlieferten LXX-Handschriften identisch ist. Vielmehr benutzt der Autor des Hebr für sein griechisches Altes Testament eine Vorlage, die – im Unterschied zu den uns überlieferten LXX-Handschriften der (auch das Neue Testament einschließenden) Kodizes S, B und A – noch den Prozeß einer andauernden Rezensionsarbeit am griechischen Text der Schrift repräsentiert[14]. Von daher dürfte sich wohl auch der Umstand erklären, daß der im Hebr dargebotene Text des Alten Testaments – bei gleichzeitiger Abweichung von dem in den überlieferten LXX-Handschriften überlieferten Text – an einigen Stellen mit dem von Philon von Alexandria benutzten Text der Schrift übereinstimmt (s. dazu unten).

3. Zur Hermeneutik der Schriftauslegung: Grundsätzlich gilt bei alledem, daß der Autor des Hebr seine LXX-Vorlage als die Heilige Schrift der christlichen Gemeinde benutzt, und d. h. in einer Art und Weise der Auslegung, die von vornherein – wie sich insbesondere in der Testimonienreihe 1,5–13 zeigt – keinen Zweifel daran läßt, nach welchem hermeneutischen Kanon hier die Schrift verstanden und ausgelegt wird. Dieser hermeneutische Kanon ist gegeben mit Gottes eschatologischer Rede „im Sohn" (1,2), sodaß das eschatologische Verständnis der Schrift im Hebr immer zugleich – mittelbar oder unmittelbar – ein christologisches Schriftverständnis ist[15]. Unter dem theo-logischen Vorzeichen der Rede Gottes (1,1f) wird die Schrift christologisch gelesen und verstanden, und d. h. konkret: Gott selbst redet in der Schrift zu Christus (1,5ff; 5,5) ebenso wie auch Christus selbst in der Schrift redet (2,12f; 10,5ff). Gottes eigene Rede „im Sohn" eröffnet also ein neues, genauer: das eigentliche Verständnis der Schrift, das seinerseits wiederum einen bestimmten Erkenntnis- und Verstehensprozeß, eine Art „Schriftgnosis",

---

brews expounds them as they stand in the Testimony Book, not as they stand in the Bible". Zum Problem vgl. E. GRÄSSER, ThR 30 (1964) S. 208f.

[13] Vgl. 1,6 (Dtn 32,43); 2,12 (Ps 21,22 LXX); 2,13a (2 Sam 22,3); 5,6 (Ps 109,4 LXX); 10,30 (Dtn 32,35); 12,15 (Dtn 29,17); 13,5 (Dtn 31,6). Dazu: G. HOWARD, NT 10 (1968) S. 209–211; H. J. B. COMBRINK, Neotestamentica 5 (1971) S. 23f.

[14] Aus den Abweichungen einer Reihe von Schriftzitaten im Hebr von den Lesarten der großen LXX-Kodizes S, B und A kann also nicht die Schlußfolgerung gezogen werden, daß der Autor des Hebr als Vorlage für seine Schriftzitate eine „Proto-" bzw. „Ur-Septuaginta" benutzt hat. So K. J. THOMAS, NTS 11 (1964/65) S. 323; vgl. auch H. J. B. COMBRINK, Neotestamentica 5 (1971) S. 24f. 31; F. SCHRÖGER, Der Verfasser des Hebr als Schriftausleger, S. 250f.

[15] Dieses christologische Verständnis der Schrift unterscheidet den Hebr wiederum vom eschatologischen Schriftverständnis in den Qumran-Schriften, dem das Schriftverständnis des Hebr oft an die Seite gestellt wird. Vgl. F. SCHRÖGER, Der Verfasser des Hebr als Schriftausleger, S. 53ff; H. FELD, Der Hebr, S. 33: „Die in der Schrift berichteten Worte und Ereignisse bekommen ihren Sinn erst, wenn sie im Lichte dessen betrachtet werden, was Gott zuletzt durch seinen Sohn geoffenbart und gewirkt hat. Diese hermeneutische Grundhaltung ist exakt die gleiche, wie wir sie in den biblischen Kommentaren von Qumran finden".

hinsichtlich der Schrift in Gang setzt[16]. Unter der Voraussetzung, daß es derselbe Gott ist, der einst „in den Propheten", jetzt aber „im Sohn" gesprochen hat, wird das Zeugnis der Schrift durchgehend als Christuszeugnis geltend gemacht. Mit anderen Worten: Die Schrift wird als Instrument, ja geradezu als „Material" zur Auslegung des Christusbekenntnisses benutzt[17], indem aus der Schrift die unüberholbare Einmaligkeit und Endgültigkeit der Rede Gottes „im Sohn" argumentativ erschlossen und entfaltet wird, so bereits in 1,4-14 die schlechthinnige Überlegenheit des „Sohnes" gegenüber den Engeln als den „dienstbaren Geistern" (1,14) und im zentralen Teil des Hebr (7,10-10,18) sodann vor allem im Sinne der Gegenüberstellung des ständig wiederholten und – deshalb – am Ende nutzlosen Opferdienstes der alten Kultordnung einerseits und des einmaligen und – deshalb – „ein für allemal" geltenden Selbstopfers des Hohenpriesters Christus andererseits.

Wird darüber hinaus im Hebr aber auch in den paränetischen, auf eine Einstellungs- und Verhaltensänderung der Adressaten zielenden Partien auf das Wort Gottes in der Schrift zurückgegriffen – so insbesondere in 3,7ff; 10,26ff und 11,1ff –, so ergibt sich, daß auch die im engeren Sinne christologische „Schriftgnosis" des Hebr mit der Paränese nicht nur eine gemeinsame Argumentationsbasis hat, sondern auch ihrerseits wiederum auf Tröstung, Mahnung und Warnung der Adressaten ausgerichtet ist[18]. Die Schrift – und damit Gott selbst – redet die christliche Gemeinde an, und zwar so unmittelbar, daß – z. B. – das σήμερον von Ps 95,7ff zugleich das „Heute" der christlichen Gemeinde ist (3,7ff) und diese am Ende auch als der Beter des alttestamentlichen Psalms gilt (13,6)[19]. Das schließt auch im Hebr keineswegs das Bewußtsein der zeitlichen Differenz gegenüber dem „alt-testamentlichen" Geschehen aus, so besonders deutlich dort, wo das Verhalten bestimmter Personen aus der Geschichte Israels der christlichen Gemeinde als nachzuahmendes oder warnendes Beispiel vor Augen gestellt wird[20]; gleichwohl ist gerade so wiederum deutlich, daß die Schrift in ihrem Bezug auf die Gegenwart der christlichen Gemeinde verstanden und ausgelegt wird.

Im Grunde ist die Schrift ein christliches Buch, genauer: das die christliche Gemeinde bzw. die Adressaten des Hebr in ihrer gegenwärtigen Glaubensanfechtung anredende Wort Gottes. Dabei ist freilich auch deutlich, daß die durchgängige Bezugnahme auf Gottes Reden in der Schrift im Hebr nicht in erster Linie im Inter-

---

[16] Insofern besteht im Hebr keine Alternative von „eschatologischer Aufdeckung der Schrift" einerseits (O. MICHEL S. 515) und „Schriftgnosis" andererseits (H. KÖSTER, Einführung in das Neue Testament, S. 710ff), die in der Schrift die ihren Voraussetzungen entsprechenden Sachverhalte entdeckt.

[17] H. BRAUN, ThLZ 96 (1971) Sp. 327, sieht im Verfahren des Hebr, die Schrift als Mittel zur Argumentation zugunsten der „Überlegenheit des himmlischen Kultes" zu benutzen, eine „Schein-Argumentation", sofern nämlich ihr Ziel von vornherein feststeht. Vgl. auch T. HOLTZ, ZdZ 23 (1969) S. 324: „Die Schrift begründet nicht die Christologie, aber sie legt sie aus".

[18] In diesem Sinne stellt das christologische Schriftverständnis im Hebr die Voraussetzung für den Gebrauch der Schrift im Zusammenhang der Paränese dar. Vgl. G. HUGHES, Hebrews and Hermeneutics, S. 54ff.

[19] Vgl. auch Hebr 12,5: Die Anrede υἱέ μου aus Prov 3,11f wird unmittelbar auf die Adressaten bezogen: Zu „euch als zu Söhnen" redet die Tröstung und Mahnung der Schrift.

[20] Vgl. innerhalb des Zusammenhangs 3,7-4,11 besonders 3,16-19 sowie 4,11; weiter: 6,12.13-15 sowie den Paradigmenkatalog Hebr 11. Vgl. K. BERGER, Formgeschichte des Neuen Testaments, S. 114f.

esse einer polemischen oder apologetischen Absicht des Autors liegt – beispielsweise im Interesse einer Auseinandersetzung mit dem Judentum um die Frage nach dem rechten Verständnis der Schrift[21] –, sondern im Interesse der Vergewisserung der christlichen Gemeinde hinsichtlich des Fundaments ihres Glaubens[22]. Die Rezeption der Schrift im Lichte von Gottes einmalig-endgültiger Rede „im Sohn" ist ganz dem pastoralen Grundanliegen des Hebr als eines λόγος τῆς παρακλήσεως zugeordnet. Die Autorität, die der Autor des Hebr seinen Adressaten gegenüber geltend macht, ist somit nicht die ihm selbst – etwa als Vertreter und Repräsentant des „kirchlichen Amtes" – eigene Autorität, sondern die Autorität des Wortes und der Rede Gottes, wie sie in der Schrift ihren Niederschlag gefunden hat und – als Rede Gottes „im Sohn" – bereits in der Schrift bezeugt ist. In diesem Sinne verbindet sich mit der Art und Weise der Rezeption der Schrift im Hebr zugleich im Blick auf die Adressaten ein gleichsam didaktisches Anliegen: Wer die Schrift so zu lesen und zu verstehen lernt, wie der Autor des Hebr es seinen Adressaten vorführt, der gewinnt damit auch die Möglichkeit der Vergewisserung seines Glaubens.

4. Zur exegetischen Methodik: Solchem Grundanliegen hinsichtlich des rechten Verstehens der Schrift dient auch die spezielle Methodik, die der Autor des Hebr bei seiner Auslegung der Schrift anwendet[23]. Dabei versteht es sich von selbst, daß er sich mit seiner Methodik der Schriftauslegung zunächst ganz im Rahmen der exegetischen Verfahren bewegt, die an seinem historischen Ort in der Geschichte des Urchristentums auch ansonsten geläufig und üblich waren, und zwar in der Kontinuität der Schriftauslegung im Raum des Judentums. Von daher gesehen ist es auch durchaus angemessen, den Hebr, der sich selbst weithin als Schriftauslegung darstellt, in die Kontinuität der Geschichte der jüdischen Midraschliteratur hineinzustellen. Gerade für den „Midrasch" ist ja – nach jüdischem Verständnis – die aktualisierende, auf die jeweilige Gegenwart bezogene Auslegung der Schrift charakteristisch, „wobei der Bezug zum auszulegenden Bibelvers immer gewahrt bleibt"[24]. Daß dabei – was die jeweilige Art von „Midrasch" betrifft – auch im

---

[21] Eine gezielte Ausrichtung in diesem Sinne ist im Hebr nirgends zu erkennen. Vgl. jedoch S. G. Sowers, The Hermeneutics of Philo and Hebrews, S. 13f. 74, sowie zum Problem: E. Grässer, ThR 30 (1964) S. 211f.

[22] Vgl. auch E. Grässer, ThR 30 (1964) S. 213f; H. v. Campenhausen, Die Entstehung der christlichen Bibel, S. 82f; H. Braun ThLZ 96 (1971) Sp. 325ff.

[23] Dazu speziell: A. B. Michelsen, Methods of Interpretation in the Epistle to the Hebrews, Diss. Chicago 1950; R. Pendall, The Method of the Writer to the Hebrews in Using Old Testament Quotations, EvQ 27 (1955) S. 214–220; G. B. Caird, The Exegetical Method of the Epistle to the Hebrews, CJT 5 (1959) S. 44–51; H. McGaughey, The Hermeneutic Method of the Epistle to the Hebrews, Diss. Boston 1963; F. Schröger, Der Verfasser des Hebr als Schriftausleger; Ders., Das hermeneutische Instrumentarium des Hebr-Verfassers, ThGl 60 (1970) S. 344–359 = J. Ernst (Hrsg.), Schriftauslegung. Beiträge zur Hermeneutik des Alten und Neuen Testaments, Paderborn 1972, S. 313–329; P. Ellingworth, The Old Testament in Hebrews: Exegesis, Method and Hermeneutics, Diss. Aberdeen 1978; J. C. McCullough, IrBSt 3 (1981) S. 31–35.

[24] So K. Berger, Formgeschichte des Neuen Testaments, S. 111f. – Das deutlichste Beispiel in dieser Hinsicht liegt in Hebr 3,7–4,11 vor. Vgl. aber auch 2,6ff; 7,11–28; 12,7–11. Aus alledem kann freilich nicht die Schlußfolgerung gezogen werden, daß der Autor des Hebr speziell der Methodik rabbinischer Exegese verpflichtet sei.

Hebr selbst im einzelnen zu differenzieren ist[25], versteht sich von selbst und korrespondiert zugleich dem Sachverhalt, daß das Erscheinungsbild der im Hebr im einzelnen im Zusammenhang der Midraschexegese angewandten Methodik äußerst vielfältig ist.

Faktisch finden sich hier exegetische Verfahrensweisen, die im Raum des Judentums zunächst ganz unterschiedlichen Gruppierungen eigen sind: im rabbinischen Judentum sowohl als auch in der Qumran-Gemeinde wie auch – nicht zuletzt – in der Schriftauslegung der Diasporasynagoge[26]. Solche Erkenntnis einer Methodenvielfalt in der exegetischen Praxis des Autors des Hebr kann freilich nicht zu der Schlußfolgerung Anlaß geben, daß dem Autor gleichsam das ganze Spektrum der im spätantiken Judentum ausgebildeten exegetischen Methodik zur Verfügung stand, aus dem er sodann je nach Bedarf ausgewählt hätte[27]. Wenn – beispielsweise – im Hebr bestimmte Schlußverfahren benutzt werden, die als solche auch im rabbinischen Schrifttum geläufig sind, so kann daraus noch keineswegs die Schlußfolgerung gezogen werden, daß der Hebr in dieser Hinsicht unmittelbar in der Kontinuität einer spezifisch rabbinischen Schriftauslegung steht[28], zumal zumindest einige der nach rabbinischer Überlieferung auf Hillel zurückgeführten exegetischen Regeln (מדות) als solche keineswegs spezifisch rabbinisch sind, sondern zum exegetischen Instrumentarium des spätantiken Judentums insgesamt (einschließlich der Diasporasynagoge) gehören und darüber hinaus auch der hellenistischen Rhetorik nicht fremd sind[29].

Grundsätzlich das Gleiche gilt auch im Blick auf die häufig vermerkten Analogien hinsichtlich der Art und Weise der Schriftauslegung zwischen dem Hebr und den exegetischen Schriften der Qumran-Gemeinde. So entspricht zwar die konkrete Gestalt der Schriftauslegung z. B. in Hebr 3,7–4,11 oder auch in Hebr 10,5ff dem Typus des sogen. Midrasch-Pescher, wie er vor allem im Habakuk-Kommentar von Qumran (1QpHab) vorliegt: Auf das Zitat der Schriftstelle folgt eine Auslegung, in der wiederum Teile des Zitats wiederholt werden und damit das Zitat insgesamt in den neuen Kontext eingefügt wird[30]. Fraglich muß es aber auch hier

---

[25] Vgl. die entsprechenden Differenzierungen zwischen Homilien- bzw. Predigtmidrasch, Midrasch Pescher usw. bei K. BERGER, Formgeschichte des Neuen Testaments, S. 112. Zur Eigenart des Midrasch in der rabbinischen Literatur vgl. H. L. STRACK/G. STEMBERGER, Einleitung in Talmud und Midrasch, München [7]1982, S. 222ff.

[26] Vgl. die entsprechende Aufstellung bei K. BERGER, Formgeschichte des Neuen Testaments, S. 112f, sowie F. SCHRÖGER, Der Verfasser des Hebr als Schriftausleger, S. 256ff.

[27] So H. BRAUN S. 21. Vgl. auch O. MICHEL S. 354, Anm. 2, der den Autor des Hebr als einen Exegeten „der alexandrinisch-rabbinischen Schule" charakterisiert.

[28] Vgl. in diesem Sinne R. PADVA, Les citations de l'Ancien Testament, S. 102: „L'interprétation biblique de l'auteur est, autant par le fond que par la forme, purement rabbinique". Ähnlich auch F. SCHRÖGER, Der Verfasser des Hebr als Schriftausleger, S. 269ff. 274ff; H. J. B. COMBRINK, Neotestamentica 5 (1971) S. 25f, sowie O. MICHEL S. 354: „Rabbinische Schulung" des Autors.

[29] Zu den Beziehungen zwischen den Middot Hillels und der hellenistischen Rhetorik vgl. H. L. STRACK/G. STEMBERGER, Einleitung in Talmud und Midrasch, S. 27ff; D. DAUBE, Rabbinic Methods of Interpretation and Hellenistic Rhetoric, HUCA 22 (1949) S. 239–264.

[30] Zu diesem Typus des Midrasch vgl. B. GÄRTNER, The Habakkuk Commentary and the Gospel of Matthew, STL 8 (1954) S. 1–24 = J. Ernst (Hrsg.), Das Matthäus-Evangelium, (WdF 525) Darmstadt 1980, S. 174–204, spez. S. 187f; K. BERGER, Formgeschichte des Neuen Testaments, S. 112; F. SCHRÖGER, Der Verfasser des Hebr als Schriftausleger, S. 277ff. – Zum

bleiben, ob aus solcher formalen Analogie auf eine Genealogie Qumran – Hebr geschlossen werden kann, zumal die mit solcher Art von Schriftauslegung verbundene sachliche Übereinstimmung zwischem Qumran und Hebr – beiderseits steht solche Schriftauslegung unter einem eschatologischen Vorzeichen – keineswegs einen Qumran-spezifischen Sachverhalt ausmacht[31].

Besondere Beachtung demgegenüber gebührt dem Zusammenhang des Hebr mit der Diasporasynagoge, und hier insbesondere mit Philon von Alexandria[32]. Er legt sich bereits von der literarischen Gattung des Hebr als „Trost- und Mahnrede" in der Kontinuität der Predigt der Diasporasyagoge her nahe und bestätigt sich auch speziell im Blick auf die exegetische Methodik. Daß hier in der Tat Zusammenhänge bestehen, ist schon angesichts dessen nicht zu bestreiten, daß gewisse Übereinstimmungen zwischen Hebr und Philon bei der Benutzung der Schrift festzustellen sind: Der LXX-Text, der in Hebr 4,4 zitiert wird (Gen 2,2), weicht von dem der Kodizes A und B ab, entspricht aber dem von Philon, Post 64, benutzten Text. Gleiches gilt auch für die LXX-Zitate in Hebr 9,20; 13,5 sowie vor allem für das Zitat von Ex 25,40 in Hebr 8,5[33]. Mit Philon gemeinsam ist dem Hebr auch eine bestimmte Grundstruktur der Schriftauslegung, die sich an der Gegenüberstellung des Himmlischen und des Irdischen orientiert und die im Hebr vor allem in der Gegenüberstellung von alter und neuer Kult- und Heilsordnung in Hebr 8,11–10,18 von grundlegender Bedeutung ist[34].

Auffällig ist bei alledem nur, daß die für Philons Schriftverständnis konstitutive Methodik der allegorischen Schriftauslegung im Hebr nur vereinzelt – so z. B. Hebr 3,6; 9,9; 10,20 – Anwendung findet, also für die exegetische Methodik des Hebr jedenfalls nicht bestimmend ist[35]. Begründet ist dieser Sachverhalt letztlich wohl in dem dem Hebr eigenen hermeneutischen Ansatz beim Verstehen der Schrift als Wort Gottes. Während nämlich Philon – und schon vor und neben ihm

---

Problem vgl. E. GRÄSSER, ThR 30 (1964) S. 174. 210, sowie H. BRAUN, Qumran und das Neue Testament II, S. 183f.

[31] Vgl. E. GRÄSSER, ThR 30 (1964) S. 174; H. BRAUN, Qumran und das Neue Testament II, S. 184; F. F. BRUCE, NTS 9 (1962/63) S. 219–222.

[32] Vgl. dazu bereits J. B. CARPZOV, Sacrae exercitationes in S. Pauli epistolam ad Hebraeos ex Philone Alexandrino, Helmstedt 1750; C. SIEGFRIED, Philo von Alexandria als Ausleger des Alten Testaments, Jena 1875. Neuerdings vgl. bes. S. G. SOWERS, The Hermeneutics of Philo and Hebrews. A Comparison of the Interpretation of the Old Testament in Philo Judaeus and the Epistle to the Hebrews, Zürich 1965; F. SCHRÖGER, Der Verfasser des Hebr als Schriftausleger, S. 282ff. 293 ff.

[33] Zur Einfügung von πάντα in Ex 25,40 vgl. Philon, All III 102. Vgl. K. J. THOMAS, NTS 11 (1964/65) S. 319. – Auffällig ist auch die Übereinstimmung hinsichtlich der Einführung des Zitats in Hebr 2,6. Vgl. dazu Philon, Ebr 61: εἶπε γάρ πού τις sowie Her 181; Fug 61. Vgl. C. SIEGFRIED, Philo von Alexandria als Ausleger des Alten Testaments, S. 322f.

[34] Hinzuweisen ist hier besonders auf die „platonisierende" Auslegung von Ex 25,40 in Hebr 8,5 wie auch bei Philon, All III 102; vgl. auch VitMos II 74.141 sowie Weish 9,8. Dementsprechend urteilt J. W. THOMPSON, The Beginnings of Christian Philosophy, S. 135. 139: „A dualistic reading of the OT is the basis of the author's argumentation".

[35] Vgl. S. G. SOWERS, The Hermeneutics of Philo and Hebrews, S. 137: „its omission in Heb. also means that the writer has excluded Alexandrian hermeneutics par excellence"; H. J. B. COMBRINK, Neotestamentica 5 (1971) S. 25. 32. – Zur Bedeutung der Allegorese für die Schriftauslegung Philons vgl. C. SIEGFRIED, Philo von Alexandria als Ausleger des Alten Testaments, S. 9ff.

die alexandrinisch-jüdische Schriftauslegung (Aristobul, Aristeasbrief) – darauf aus ist, in einem gezielt apologetischen Interesse in der Heiligen Schrift des Judentums die zeitlosen Wahrheiten der griechischen Philosophie zu entdecken, die das Judentum selbst als die „wahre Philosophie" erweisen, ergibt sich für den Hebr vom eschatologisch-christologischen Ansatz seiner Hermeneutik her ein bestimmtes Grundverständnis der Schrift, das – bei allen auch im Hebr festzustellenden „dualistischen" Tendenzen – der Geschichtlichkeit des Redens Gottes verbunden bleibt. Alles, was im Hebr im einzelnen – insbesondere im zentralen Teil 8,1–10,18 – im Sinne einer „dualistischen" Gegenüberstellung des Himmlischen und des Irdischen ausgeführt wird, steht unter dem hermeneutischen Vorzeichen von Gottes Rede „einst" und „jetzt", bleibt also in diesem Sinne einem in der Kontinuität der Geschichte sich manifestierenden Reden Gottes verbunden. Die vertikale Dimension, wie sie vom Hebr vor allem im Rahmen der Auslegung des zentralen Heilsgeschehens im Sinne der Gegenüberstellung des Irdischen und des Himmlischen konstitutiv ist, bleibt – unter der Voraussetzung von Gottes einstiger Rede „in den Propheten" und seiner jetzigen Rede „im Sohn", unter der Voraussetzung also einer Kontinuität der Rede Gottes im Verlauf der Geschichte – der horizontalen Dimension zugeordnet. Eben unter dieser Voraussetzung aber, daß es derselbe Gott ist, der einst „zu den Vätern" und jetzt „zu uns" geredet hat, wird alle Geschichte – als Geschichte des Redens Gottes – als ein Ereignis- und Sinnzusammenhang verstanden, in dem die Geschehnisse von damals und heute nicht zufällig aufeinander folgen, sondern das Alte und Vergangene dem Neuen und Gegenwärtigen zugeordnet ist. Bestimmend für diese Zuordnung sind im Hebr die Kategorien der Entsprechung und der Überbietung.

Die Kategorie der *Entsprechung* findet vor allem im Rahmen der Paränese ihre Anwendung, indem hier – so insbesondere in Hebr 3,7–4,11; 6,12ff, aber auch im 11. Kapitel des Hebr – den christlichen Adressaten bestimmte Verhaltensweisen des Volkes Israel oder auch einzelner Repräsentanten des Volkes Israel, so insbesondere in Hebr 11 das Zeugnis der „Alten", als ermunterndes oder auch als warnendes Beispiel vor Augen gestellt werden. Was damals in der Reaktion von Menschen auf Gottes Wort geschehen ist, hat „heute", da nunmehr Gottes Wort in endgültiger Weise „an uns" ergangen ist, paradigmatische Bedeutung. Die Kategorie der *Überbietung* des Alten durch das Neue hat demgegenüber zunächst vor allem im Zusammenhang der Entfaltung des zentralen christologischen Heilsgeschehens ihren Ort, und zwar im Sinne der Gegenüberstellung von alter und neuer Heilsordnung. Hier erhält dann auch die vertikale Dimension im Sinne der Gegenüberstellung des Irdischen und des Himmlischen im Hebr ihre zentrale Bedeutung, indem sie die eschatologisch-endgültige Überbietung aller einstigen Rede Gottes durch seine Rede „im Sohn" herausstellt – mitsamt den entsprechende Konsequenzen für die Paränese an die durch jene Rede Gottes „im Sohn" bestimmten Adressaten. Im Rahmen des durch Gottes Rede damals und heute gestifteten Sinnzusammenhangs sind also Entsprechung und Überbietung aufeinander bezogen. Und genau dies ist es auch, was die konkrete Anwendung der Kategorie der Entsprechung im Hebr von jenem paragidmatisch-typologischen Schriftverständnis unterscheidet, wie es bereits vor dem Hebr im jüdisch-urchristlichen Traditionsraum seinen festen Ort hat, so insbesondere in der Art einer typologischen Schriftauslegung, wie Paulus sie im Blick auf das Verhalten des Volkes Israel bei seinem Zug durch die Wüste in 1 Kor 10,1–13 nach dem Schema ταῦτα δὲ τυπικῶς συνέβαινεν ἐκείνοις, ἐγράφη δὲ πρὸς νουθεσίαν ἡμῶν (1 Kor 10,11) praktiziert[36]. Der Entsprechung nämlich zwischen dem Verhalten des Volkes Israel damals und dem Verhalten der christlichen Gemeinde heute kommt dadurch eine besondere Qualität und der Paränese damit zugleich auch besondere Dringlichkeit zu, daß diese Entsprechung zwischen Altem und Neuem ihrerseits unter dem Vorzeichen der Überbietung des Alten durch das Neue steht. Auch hier ist es also wiederum der hermeneutische Ansatz des Autors des Hebr bei Gottes eschatologisch-endgültiger Rede „im Sohn", der für die exegetische Methodik im Umgang mit der Schrift die entsprechenden Konsequenzen hat.

Die Überbietung des Alten durch das Neue – im zentralen Teil des Hebr (8,1–10,18) zur Darstellung gebracht in der Gegenüberstellung des Irdischen und des Himmlischen – bringt nicht nur die schlechthinnige Überlegenheit der neuen Heilsordnung gegenüber der alten Kult- und Opferordnung zum Ausdruck, sondern bringt zugleich auch in die die Paränese bestimmende Entsprechung das Moment der Überbietung und mit ihm einen „radikalisierenden" Effekt ein: Nun – unter der Voraussetzung von Gottes endgültiger Rede „im Sohn", unter der Voraussetzung also des ἐφάπαξ des Heilsgeschehens – gilt es umsomehr, die jetzt endgültig gegebene Chance der σωτηρία nicht zu versäumen!

So gesehen handelt es sich bei der „vertikalen Typologie", die der Autor des Hebr zum Zweck der Herausarbeitung der Überbietung des Alten durch das Neue anwendet, gewiß nicht nur um eine „Hilfslinie" im Rahmen einer ansonsten den Hebr bestimmenden „horizontal-heilsgeschichtlichen" Sichtweise[37]; vielmehr ist im Hebr diese „vertikale Typologie" das entscheidende Mittel, eben den eschatologisch-endgültigen Charakter von Gottes Rede „im Sohn" herauszustellen – und von daher alle Paraklese und Paränese an die Adressaten zu begründen. So gewiß diese „vertikale Typologie" ihrerseits wiederum eingebunden ist in die Kontinuität der Rede Gottes in Geschichte und Gegenwart, so deutlich ist freilich andererseits auch, daß von Gottes endgültiger Rede „im Sohn" her im Hebr bestimmte Akzente gesetzt werden, die Gottes einstiges Reden nunmehr nur noch in seiner Ausrichtung auf das durch seine Rede „im Sohn" gesetzte Neue hin gelten lassen. Mit den Worten des Hebr selbst: Die Tatsache, daß Gott mit seiner Rede „im Sohn" eine neue Heilsordnung gesetzt hat, schließt zugleich den „Tadel" hinsichtlich der alten Heilsordnung in sich (8,7f), woraus sich dann wiederum die Schlußfolgerung ergibt, daß allein schon die Rede vom „Neuen" die alte bzw. die „erste Heilsordnung" in den Stand des Veralteten, ja des „Greisenhaften" versetzt, das als solches „dem Untergang nahe" ist (8,13). Und genau auf dieser Linie liegt auch, was im Hebr sodann zum Thema des „Gesetzes" (als der Grundlage der alten Heilsordnung) ausgeführt wird: Im Rahmen und Zusammenhang der „vertikalen Typologie" ist das Gesetz nur noch νόμος ἐντολῆς σαρκίνης (7,15), gerade so aber auch ein Gesetz, das nichts zuwege gebracht hat (7,19). Von Gottes eschatologischer

---

[36] Vgl. dazu entsprechend Hebr 3,7–4,11 sowie R. BULTMANN, Ursprung und Sinn der Typologie als Hermeneutischer Methode, ThLZ 75 (1950) Sp. 205–212 = DERS., Exegetica. Aufsätze zur Erforschung des Neuen Testaments, Tübingen 1967, S. 369–380, spez. S. 376f; K. BERGER, Formgeschichte des Neuen Testaments, S. 112. 114. 159f; G. SCHUNACK, EWNT III, Sp. 899.

[37] So L. GOPPELT, ThWNT III, S. 259; DERS., Typos, S. 200f; DERS. Theologie des Neuen Testaments, S. 578f. – Zum Verhältnis Typologie – Heilsgeschichte vgl. G. SCHUNACK, EWNT III, Sp. 899.

Rede „im Sohn" her gesehen ist es nichts anderes mehr als nur ein „Schatten", als solches nicht mehr an sich und für sich „wesentlich", bedeutsam vielmehr nur noch in der Zuordnung zum Neuen: als schattenhafte Vorausdarstellung „der künftigen Güter" (10,1). Sie, diese „künftigen Güter", die Gottes eschatologische Rede „im Sohn" dargereicht hat, sind das Eigentliche und Wesentliche, ihm gegenüber die durch den νόμος gesetzte alte Kult- und Opferordnung lediglich vorläufig[38].

Spätestens hier zeigt sich, daß die Art von Schriftauslegung, wie sie im Hebr praktiziert wird, am Ende auf eine Art von „Biblischer Theologie" hinausläuft, die – unter dem hermeneutischen Vorzeichen von Gottes endgültiger Rede „im Sohn" – vom Ansatz her nicht mehr daran interessiert ist, der Schrift ihre eigene Stimme zu lassen. Hier, im Hebr, wird die Schrift vielmehr in der Tat als „Altes" Testament gelesen und verstanden, in seiner Zuordnung zum „Neuen" Testament und in seiner Ausrichtung auf die neue Heilsordnung, wie Gott selbst sie durch seine Rede „im Sohn" ein für allemal gesetzt hat. Schriftauslegung, das ist im Hebr nach Maßgabe des hermeneutischen Kanons von Hebr 1,1f nichts anderes als Christusverkündigung. Das Alte ist hier ganz in das Neue hineingenommen. „Schrift" und „Bekenntnis" sind hier nicht mehr zweierlei, sondern bilden eine Einheit, da ja Schriftauslegung nichts anderes ist als eine bestimmte Art von Auslegung des Christusbekenntnisses, um die Leser und Hörer der Botschaft des Hebr auf der Basis von Schrift und Bekenntnis des einmal und damit zugleich des ein für allemal gelegten Fundamentes ihres Glaubens zu vergewissern. In dieser Hinsicht bzw. in dieser Ausrichtung aller Schriftauslegung stimmt der Hebr am Ende ganz mit Paulus überein: „Was immer zuvor geschrieben worden ist, das ist zu unserer Belehrung geschrieben, damit wir ... durch die Tröstung der Schriften die Hoffnung behalten" (Röm 15,4).

3) 2,1–4: Die Verantwortung der Hörer von Gottes Rede[1]

1 Deshalb ist es umso mehr notwendig, daß wir auf das Gehörte achtgeben, damit wir nicht (vom rechten Kurs) abgetrieben werden.
2 Denn wenn (schon) das durch die Engel (von Gott) gesprochene Wort verbindlich geworden ist und (dementsprechend) jede Übertretung und jeder Ungehorsam gerechte Vergeltung erfahren hat –
3 wie werden (dann) wir (der gerechten Vergeltung) entrinnen, die ein solches Heil mißachten, das seinen Anfang in der Verkündigung durch den Herrn genommen hat und (sodann) von den (damaligen) Hörern bei uns bestätigt worden ist,

---

[38] Vgl. M. BARTH, The Old Testament in Hebrews, S. 69: „Whatever is not said about the one Lord, Son, priest, mediator ... is considered an adumbration and vanishing phenomenon"; J. van der PLOEG, RB 54 (1947) S. 227f.
[1] Lit.: E. GRÄSSER, Das Heil als Wort. Exegetische Erwägungen zu Hebr 2,1–4, in: Neues Testament und Geschichte. O. Cullmann zum 70. Geburtstag, Zürich/Tübingen 1972, S. 261–274; P. AUFFRET, Notes sur la structure littéraire d'Hb II.1–4, NTS 25 (1978/79) S. 166–179.

4 (ein Heil nämlich,) zu dem Gott (selbst) ein bestätigendes Zeugnis gegeben hat ingestalt von Zeichen sowohl als auch (in Gestalt von) Wundern wie auch durch vielfältige Machterweise und Zuteilung des Heiligen Geistes gemäß seinem Willen.

Zur Stellung im Kontext

Wenn es überhaupt über 1,14 hinaus noch eines Beweises dafür bedurft hätte, daß die Gegenüberstellung „Sohn"-Engel in der Testimonienreihe 1,5-13 im Kontext des Hebr nicht der Polemik gegen eine angelomorphe Christologie (o. ä.) dient, sondern der Mahnung an die Adressaten zugeordnet ist, so wird dieser Beweis nunmehr durch die an Kapitel 1 unmittelbar anschließende Paränese 2,1-4 gegeben. Mit der vorangehenden Schlußfolgerung 1,14 durch das Stichwort σωτηρία unmittelbar verbunden, stellt sie im Übergang von Kapitel 1 zu Kapitel 2 - auch wenn das Thema der Gegenüberstellung „Sohn"-Engel im folgenden (2,5ff) noch einmal aufgenommen wird - keineswegs eine Abweichung vom eigentlichen Thema dar[2], sondern - ganz im Sinne des pastoralen Grundanliegens des Hebr insgesamt - den Zielpunkt der christologischen Darlegung im Einleitungsteil des Hebr. Einleitendes Διὰ τοῦτο kennzeichnet diesen Textzusammenhang als paränetische Schlußfolgerung aus dem Vorangehenden, und dies umso deutlicher, als hier das kommunikative „Wir" von 1,2 (ἡμῖν), in dem der Autor sich mit seinen Adressaten zusammenschließt, erneut aufgenommen wird (2,1: ἡμᾶς; 2,3: ἡμεῖς) und auf diese Weise die ganze Mahnung als eine für alle Christen verbindliche Mahnung kenntlich gemacht wird. Im Sinne des Autors ist es eine zwingende, eine notwendige Schlußfolgerung (δεῖ) aus allem zuvor Gesagten[3]. Der Zusammenhang mit dem Vorangehenden, insbesondere mit 1,1f, wird dabei durch den erneuten Gebrauch des Verbums λαλεῖν betont: Dem λαλήσας ... ἐν τοῖς προφήταις und ἐλάλησεν ... ἐν υἱῷ von 1,1f entspricht hier - im Anschluß an die Testimonienreihe 1,5-13 - das δι' ἀγγέλων λαληθείς und λαλεῖσθαι διὰ τοῦ κυρίου[4].

Dieser formale Zusammenhang zwischen 1,1f und 2,1-4 signalisiert zugleich einen Sachzusammenhang: Ebenso wie die programmatische Grundaussage in 1,1f ist auch die Paränese 2,1-4 bestimmt durch die Kategorie des Wortes bzw. des Redens Gottes, die letztere im Anschluß speziell an 1,14 darüber hinaus durch den Sachzusammenhang Wort - Hören - Heil. Die Qualität des Hörens bzw. das „Achthaben auf das Gehörte" entscheidet darüber, ob die σωτηρία erlangt werden kann. Was in 1,1f implizit bereits angedeutet war - daß nämlich Gottes endgültiger Rede „im Sohn" auf seiten der Hörer dieser Rede die entsprechende Verantwortung zu entsprechen hat -, wird hier nunmehr ausdrücklich ausgesprochen: Weil

---

[2] Genau umgekehrt argumentiert F.J. SCHIERSE S. 33, der „die geheimnisvolle Darstellung der Inthronisation Christi" in 1,3-13 (!) lediglich als eine „Abschweifung" betrachtet, „die den Hauptgedanken - die endzeitliche Wortoffenbarung Gottes in seinem Sohn - nur unterbrach. Der Brief kehrt also zu seinem eigentlichen Thema zurück und führt es zum Abschluß, wenn er jetzt die Leser bzw. die Hörer mahnt, der Heilsverkündigung aufmerksameres Gehör zu schenken".

[3] Die sekundäre Streichung von V.1 durch einige wenige Handschriften (0121b 1739 1881) ist wohl durch das Anliegen bestimmt, die Paränese noch enger mit der vorangehenden Gegenüberstellung „Sohn"-Engel zu verbinden.

[4] Vgl. A. VANHOYE, La structure littéraire, S. 77. Bemerkenswert ist in diesem Zusammenhang auch die für 1,1 und 2,1 charakteristische π-Alliteration.

Gott „im Sohn" endgültig gesprochen hat, weil dem „Sohn" gegenüber die Engel nichts anderes als „dienstbare Geister" sind (1,14), deshalb gilt es nun umso mehr ... Auch wenn der Autor sich in der Ausführung der Paränese – wie die Auslegung zeigen wird – weithin einer bereits traditionell-urchristlichen Sprache bedient, ist der Abschnitt 2,1-4 sorgfältig gestaltet und fügt sich – formal wie sachlich gesehen – ganz dem eigenen Grundliegen des Autors ein. Die Entfaltung der Grundmahnung von V. 1 in den VV. 2 und 3 erfolgt in chiastischer Abfolge nach dem Schema a-b-b-a. Das durch die Engel gesprochene Wort (a) – die Konsequenz der Übertretung dieses Wortes (b) – die Konsequenz der Vernachlässigung der Heilsbotschaft (b) – die durch den Herrn inaugurierte und bei uns befestigte Heilsbotschaft (a)[5]. Der Hauptakzent liegt dabei im Gesamtgefüge der Paränese auf der umfassenden Kennzeichnung der Heilsbotschaft am Schluß (VV. 3 und 4), durch die den Lesern und Hörern noch einmal nachdrücklich ihre Verantwortung angesichts einer so gearteten, durch Gottes eigenes Zeugnis in ihrer Verbindlichkeit bestätigten Heilsbotschaft vor Augen geführt wird.

Gemein-urchristliche Sprache ist es, wenn in **V. 1** mit dem Verbum προσέχειν zum „Achtgeben" auf das Gehörte aufgefordert wird. Hier bereits zeigt sich eine Grundtendenz urchristlicher Mahnrede in spätapostolischer bzw. nachapostolischer Zeit, angesichts der Situation einer Bedrohung der christlichen Gemeinden von innen und außen zum Festhalten am überlieferten Bekenntnis aufzurufen[6]. Das Verbum προσέχειν gewinnt in solchem Kontext die Bedeutung des „Festhaltens" am Überlieferten, speziell in diesem Zusammenhang darüber hinaus – in der Verbindung der bildhaften Ausdrucksweise des Verbums παραρρεῖν, „abgetrieben werden, vom Kurs abkommen" oder auch „wegdriften"[7] – die Bedeutung „den Kurs halten"[8]. „Auf das Gehörte achtgeben", d. h. also: auf den Kurs (des Schiffes im Sturm) achtgeben, damit man nicht – wie ein steuerloses Schiff abgetrieben wird – den rechten Kurs und somit auch das Ziel verfehlt. Die Analogie zu der entsprechenden bildhaften Rede vom „Schiffbruch" (ἀστοχεῖν) in den Pastoralbriefen (1 Tim 1,6; 6,21; 2 Tim 2,18) wie auch im Epheserbrief (4,14) liegt auf der Hand, mit dem Unterschied nur, daß an dieser Stelle im Hebr nicht speziell – wie in den Pastoralbriefen – die

---

[5] Eine noch weitergehende Strukturanalyse (im Sinne von „trois jeux de symétries concentriques") hat P. AUFFRET, NTS 25 (1978/79) S. 166-179, vorgelegt.

[6] Vgl. Act 8,6 (προσέχειν τοῖς λεγομένοις); 16,14 (προσέχειν τοῖς λαλουμένοις); 2 Clem 19,1 (προσέχειν τοῖς γεγραμμένοις) sowie 2 Petr 1,19. Aber auch schon in LXX (Sir 23,37; 32,33) geht die Bedeutung von προσέχειν, „achtgeben", in die Bedeutung „festhalten" über. Oppositum zu προσέχειν im Hebr ist ἀμελεῖν, „vernachlässigen" (V. 3). Zur Sache der Erinnerung an „das Gehörte" vgl. auch Kol 1,23; Eph 4,21; 1 Tim 1,13; 2,2; 2 Joh 6.

[7] Zu παραρρεῖν im Sinne von „wegdriften" vgl. G.W. BUCHANAN S. 24. Zum übertragenen Gebrauch von παραρρεῖν vgl. auch Prov 3,21 LXX, hier mit dem Oppositum τηρεῖν. Zum hier gebrauchten Bild vgl. auch Philon, Gig 13. Eine qumranspezifische Terminologie liegt hier also nicht vor. Gegen C. SPICQ, RdQ 1 (1959) S. 373; vgl. auch H. BRAUN, Qumran und das Neue Testament I, S. 245.

[8] Zu προσέχειν im Sinne von „ein Schiff (ναῦν) sicher in den Hafen bringen" vgl. LIDDEL/SCOTT, Greek-English Lexicon (1953), S. 1512.

akute Gefährdung der christlichen Gemeinde durch die Irrlehre im Blick ist, sondern generell die Anfechtung des Glaubens der Adressaten durch bestimmte für das nachapostolische Zeitalter typische Ermüdungserscheinungen. Gleichwohl ist deutlich, daß der Autor des Hebr auch hier wieder seine eigenen Akzente setzt. Die gemein-urchristliche Mahnung zum Festhalten am Überlieferten stellt sich hier dar als Mahnung zum Achtgeben auf „das Gehörte" (τὰ ἀκουσθέντα).

Im Kontext des Hebr ist dieses „Gehörte" selbstverständlich auf Gottes Rede „im Sohn" (1,2) bzw. auf die von den Adressaten bereits gehörte Heilsbotschaft zu beziehen, die – wie es sodann in V.3 heißt – von den einstigen Hörern „bei uns befestigt" und damit verbindlich gemacht worden ist. Im Sinne von 13,7 ist es der λόγος τοῦ θεοῦ, der den Adressaten einst von den (inzwischen verstorbenen) Gemeindeleitern (ἡγούμενοι) vermittelt worden ist. Vom Kontext her gesehen besteht also kein Anlaß, „das Gehörte" allein auf die vorangehende Testimonienreihe bzw. auf eine bestimmte Schriftlesung zu beziehen[9]. Im Zusammenhang mit V.3 (ἀκούσαντες) gesehen ist mit τὰ ἀκουσθέντα zweifellos eine Art Tradition gemeint: eben die den Adressaten überkommene Heilsbotschaft. Angesichts dessen freilich, daß die Partizipialbildung τὰ ἀκουσθέντα im urchristlichen Schrifttum gänzlich singulär ist, handelt es sich hier schwerlich um bereits verfestigte, gleichsam technische Traditionsterminologie[10]. Vielmehr deutet sich in solcher Redeweise bereits hier ein ganz bestimmtes, für den Autor des Hebr charakteristisches Traditionsverständnis an.

Grundlegend dafür ist die Begründung der Mahnung von V.1 in den **VV.2 und 3**. Hier wird nunmehr die die vorangehende Testimonienreihe (1,5–13) bestimmende Gegenüberstellung „Sohn"-Engel erneut aufgenommen und in die Mahnung an die Adressaten überführt. Grundlegend bestimmt ist diese Mahnung durch die Kategorie des „Wortes" (V.2) bzw. des Redens (V.3), wobei die in diesen Versen gehäufte Verwendung ursprünglich juridischer Terminologie (V.2: βέβαιος; V.3: βεβαιοῦν; V.4: συνεπιμαρτυρεῖν) die Verbindlichkeit dieses Wortes nachdrücklich unterstreicht. Formal gesehen erfolgt die paränetische Anwendung der Gegenüberstellung „Sohn"-Engel von 1,5–13 in Gestalt des für den Hebr insgesamt charakteristischen Schlußverfahrens a minori ad maius[11], das einer-

---

[9] So W. SLOT, De letterkundige vorm van den brief an de Hebreen, Groningen 1912, der dabei speziell an eine der Homilie des Hebr vorangehende Lesung von Ps 94–110 denkt. Kritisch dazu bereits H. WINDISCH S.17f. Vgl. neuerdings aber auch wieder A. STROBEL S.95, der „das Gehörte" auf die vorangehende Testimonienreihe bezieht.

[10] Es sei denn, man sieht in τὰ ἀκουσθέντα eine Übersetzung von hebr. שְׁמוּעָה bzw. שְׁמוּעֲתָא, die Wiedergabe also eines term. techn., der in der jüdisch-rabbinischen Traditionsliteratur die überlieferte Lehre bzw. die halachische Tradition bezeichnet. Vgl. W. BACHER, Die exegetische Terminologie der jüdischen Traditionsliteratur I, Leipzig 1899, S.189f; II, S.219ff; G. KITTEL, ThWNT I, S.219.

[11] Vgl. Hebr 9,13f; 10,28f; 12,9f. 25. Hierbei handelt es sich um ein Schlußverfahren, das

seits die Entsprechung bzw. die Kontinuität zwischen dem einst „durch die Engel" vermittelten Wort und der jetzt „durch den Herrn" in Gang gesetzten Heilsbotschaft voraussetzt, andererseits aber auch die Überbietung des ersteren durch die letztere hervorhebt. Insofern besteht in der Grundstruktur der Aussage Übereinstimmung mit 1,1f, mit dem Unterschied nur, daß Entsprechung und Überbietung hier nunmehr in die Mahnung und Warnung einmünden: Der größeren Gabe entspricht notwendig auch die härtere Vergeltung – im Falle nämlich einer Vernachlässigung der durch den Herrn inaugurierten Heilsbotschaft[12].

Daß dabei in V.2 mit dem „durch die Engel gesprochenen Wort" ursprünglich – vom Autor des Hebr freilich nicht eigens akzentuiert – das „Gesetz" (νόμος) gemeint ist, versteht sich aus der hier vorausgesetzten jüdischen wie auch urchristlichen Tradition von selbst[13]. Eine Abwertung des Gesetzes ist mit solchem Verweis auf die Vermittlerfunktion der Engel weder im Judentum noch im Urchristentum verbunden; vielmehr wird hier gerade auf diese Weise die Herkunft des Gesetzes von Gott betont[14]. Auch an unserer Stelle wird eben dieses durch Vermittlung der Engel gesprochene Wort (Gottes!) als ein rechtskräftig-verbindliches Wort Gottes gekennzeichnet, sodaß die Übertretung dieses Wortes notwendig die entsprechende „gerechte Vergeltung" nach sich zieht (V.2b)[15]. Eine Gegen-

---

in Gestalt des Schlusses a fortiori auch in der hellenistischen Rhetorik geläufig ist und somit keineswegs auf einen Zusammenhang zwischen Hebr und dem entsprechenden Schlußverfahren im rabbinischen Judentum in Gestalt des sogen. קל וחומר hinweist. Vgl. M.-J. LAGRANGE, Langue, style, argumentation dans l'épître aux Romains, RB 12 (1915) S.216–235, spez. S.235; F. SIEGERT, Argumentation bei Paulus, S.70. 190f.

[12] Zur Struktur und Aussage des Schlußverfahrens vgl. Sifre Dtn 1,1 (ed. L. FINKELSTEIN, Corpus tannaiticum III/3, S.5): „Wenn schon Mirjam, die doch nur gegen ihren jüngsten Bruder gesprochen hat, so bestraft worden ist, um wieviel mehr derjenige, der gegen einen redet, der größer ist als er." Vgl. auch das entsprechende Schlußverfahren Hebr 10,28f; 12,25 sowie 1 Clem 41,4; 2 Clem 6,9.

[13] Es ist traditionell-jüdische Auffassung, daß an der Gesetzgebung am Sinai Engel beteiligt gewesen sind bzw. daß die Übergabe des Gesetzes durch Engel vermittelt worden ist. Vgl. in diesem Sinne bereits Dtn 33,2 LXX sowie Targum Onqelos Dtn 33,2; weiter: Josephus, Ant. XV 136 sowie die Belege aus der rabbinischen Literatur bei STRACK-BILLERBECK, III, S.554–556. Für das Urchristentum vgl. Gal 3,19 und Act 7,38. 53. – Angesichts dieses breit gestreuten Belegmaterials ist es höchst unwahrscheinlich, daß die „Engel" von Hebr 2,2 mit den „Propheten" von Hebr 1,1 zu identifizieren sind. So L.H. SILBERMAN, Prophets/Angels: LXX and Qumran, Psalm 151 and the Epistle to the Hebrews, in: A. Finkel/L. Frizell (ed.), Standing before God. Studies on Prayer in Scriptures and in Tradition with Essays in Honor of J.M. Oesterreicher, New York 1981, S.91–101, mit Verweis auf 11QPs^{a}151, wo anstelle von τὸν ἄγγελον αὐτοῦ (Ps 151,4 LXX) נביאו, d.h. „sein Prophet", gelesen wird.

[14] So besonders bei Josephus, Ant. XV 136. Auf dieser Linie liegen auch die entsprechenden Äußerungen der Stephanusrede Act 7,38. 53, während Gal 3,19 vermittels dieser Anschauung der inferiore bzw. vorläufige Charakter des νόμος gegenüber der ἐπαγγελία betont wird.

[15] Der verbindliche Charakter des Gesetzes wird hier betont, wenn der λόγος als βέβαιος bezeichnet wird (vgl. entsprechend von der διαθήκη 9,17 sowie 2 Petr 1,19) und zugleich ge-

überstellung zwischen dem „Sohn" bzw. dem „Herrn" (V. 3) und Mose ist hier offensichtlich nicht im Blick[16], zumal der Autor des Hebr an dieser Stelle (noch) gar nicht an der Frage des Gesetzes interessiert ist, sondern zunächst noch allein am Wort Gottes. Der mahnende, ja warnende Charakter der Paränese tritt dabei bereits im 1. Glied des Schlußverfahrens mit aller Deutlichkeit hervor. Jede (πᾶσα) Übertretung, jeder Ungehorsam gegenüber dem von Gott selbst „durch die Engel" gesprochenen Wort hat die entsprechende „gerechte Vergeltung" zur Folge. Und dies gilt nun umsomehr im Blick auf die Heilsbotschaft, die „durch den Herrn" einst ihren Anfang genommen hat.

Die in V. 3 formulierte Frage ist im Rahmen des hier angewandten Schlußverfahrens selbstverständlich eine rhetorische Frage: Niemand, der sich der Vernachlässigung der Heilsbotschaft schuldig macht, wird der „gerechten Vergeltung" bzw. dem Zornesgericht Gottes entgehen[17]. Das ist eine äußerst scharfe, nichtsdestoweniger für den Hebr insgesamt keineswegs ungewöhnliche Einschärfung der Verbindlichkeit der christlichen Heilsbotschaft, die im Sinne des Autors freilich durch den besonderen Charakter der σωτηρία, von der hier die Rede ist, durchaus gerechtfertigt ist. Im Unterschied zu jenem durch die Engel vermittelten Wort ist sie ja „durch den Herrn" vermittelt, der den Engeln weit überlegen ist, ist sie also eine τηλικαύτη σωτηρία, die als solche – als ein „so großes Heil" – alle bisherige Rede Gottes überbietet. Das διὰ τοῦ κυρίου markiert dabei den entscheidenden Unterschied, die Überbietung aller bisherigen „Heilsökonomie", während hinsichtlich des „Redens" durchaus Kontinuität und Entsprechung bestehen. Auch und gerade dieses „so große Heil" ereignet sich im Modus des Redens, und zwar in einem Reden, das (einst) „durch den Herrn" seinen Anfang genommen hat.

„Heil", σωτηρία, gewinnt hier über die 1,14 angesprochene futurische Dimension hinaus einen eigentümlichen „präsentischen" Charakter. Von einer Geschichte des „Heils" ist hier ja die Rede, die damals „durch den Herrn" ihren Anfang genommen hat, in der auch und gerade die Adressaten des Hebr stehen – sofern das „Heil" bzw. die Verkündigung der Heils-

---

neralisierend von „jeder Art von Übertretung und Ungehorsam" die Rede ist. – Das Stichwort μισθαποδοσία, eine Sekundärbildung von ἀποδίδωμι μισθόν (Weish 10,17), findet sich nur im Hebr (2,2; 10,35; 11,26), im Sinne von „Bestrafung" nur an dieser Stelle. Zur Sache vgl. auch Röm 3,8: κρίμα ἔνδικον. – Aus dem Aorist ἐγένετο wird man im Sinne des Hebr wohl kaum die Schlußfolgerung ziehen können: „Das Gesetz gilt nicht mehr" (so H. BRAUN S. 48). Im Rahmen des Schlußverfahrens der VV. 2 und 3 ist dies jedenfalls nicht die Zielaussage.

[16] So P. C. B. ANDRIESSEN, NT 18 (1976) S. 304f. Anders in dieser Hinsicht dann freilich 10,28f und 12,25.

[17] Mit dem zukünftigen Zornesgericht Gottes ist das Stichwort ἐκφεύγεσθαι in der traditionellen Sprache jüdischer und urchristlicher Paränese verbunden. Vgl. 2 Makk 6,26; 7,34; 4 Makk 9,32; Röm 2,3; Lk 21,36 sowie Mt 3,7 par; 23,33. Absolut wird das Verbum in diesem „technischen" Sinne auch 1 Thess 5,3 sowie Hebr 12,25 gebraucht.

botschaft „von den damaligen Hörern bei uns befestigt worden ist" – und an deren Ende und Ziel das endgültige „Ererben des Heils" steht (1,14). Ein in diesem Sinne „heilsgeschichtliches" Verständnis von σωτηρία schließt also im Hebr die futurisch-eschatologische Dimension nicht aus, sondern ein[18]. Solche Geschichte des „Heils" wird im Hebr – wie die entsprechende Terminologie gerade in 2,1–4 anzeigt – als eine Geschichte des Wortes verstanden, als ein „Wortgeschehen" gleichsam, das sich in der Geschichte erstreckt[19]. Darin besteht ja gerade die Eigenart der Aussage in V. 3b, daß hier eine zeitliche Differenz gesetzt wird zwischen jenem „Anfang" (ἀρχή) des Heils bzw. der Heilsbotschaft einerseits und der Gegenwart der Adressaten des Hebr andererseits. Es wird zurückgeblickt auf eine Geschichte des „Heils", an deren Anfang grundlegend der „Herr" steht und die sodann durch die (anfänglichen) Hörer des Wortes weitergeführt worden ist – bis hin zu den Adressaten des Hebr. Daß der Anfang dieser Geschichte des „Heils" als einer Geschichte des Wortes Gottes „durch den Herrn" gesetzt ist, schließt im Sinne des Autors des Hebr gewiß auch die Bezugnahme auf den irdischen Jesus ein, ist aber gewiß nicht im Sinne einer unmittelbaren Bezugnahme auf die Verkündigung des irdischen Jesus zu verstehen[20]. Nicht das Wort Jesu selbst ist hier im Blick, sondern Gottes Rede „durch den Herrn" und damit eine durch Gottes Wort konstituierte „Heilsgeschichte", der es auf seiten der „Adressaten" dieser Heilsgeschichte durch das „Hören" bzw. durch Gehorsam zu entsprechen gilt.

Genau diese Konzentration auf die Kategorie des Wortes, des Redens und des ihm entsprechenden Hörens macht auch die Eigenart des hier sich zeigenden Traditionsverständnisses des Hebr aus. Eine Traditionslinie ist in V. 3b eindeutig vorausgesetzt: vom κύριος ausgehend über die ἀκούσαντες bis hin zu den Adressaten. Sofern die letzteren von den „Ersthörern" abgehoben werden, werden die Adressaten des Hebr somit als der zweiten oder dritten Generation des Urchristentums zugehörig gekennzeichnet, als ein Adressatenkreis also der nachapostolischen Zeit, für den in zuneh-

---

[18] Vgl. auch Hebr 9,28. – Zur eschatologischen Dimension von σωτηρία im Hebr vgl. St. D. TOUSSAINT, The Eschatology of the Warning Passages in the Book of Hebrews, GThJ 3 (1982) S. 67–80, spez. S. 68–70.

[19] Zu einer „Theologie des Wortes", wie sie im Hebr insbesondere im ersten Hauptteil (1,1–4,13) zum Tragen kommt, vgl. E. GRÄSSER, Das Heil als Wort, in: Festschr. O. Cullmann (s.o. Anm.1); F. LAUB, Bekenntnis und Auslegung, S. 46–50, sowie bereits W. FOERSTER, ThWNT VII, S. 997.

[20] ἀρχή in Hebr 2,3 steht also nicht analog zu ἀρχή in Mk 1,1 und Act 1,1f. So A. FEUILLET, Le ‚Commencement' de l'Economie Chrétienne d'après Hé II, 3–4; Mc I,1 et Ac I,1–2, NTS 24 (1977/78) S. 163–174. – Zur Beziehung von κύριος auf den irdischen Jesus kann auch auf 7,14 hingewiesen werden. Das ändert jedoch nichts daran, daß der Botschaft des irdischen Jesus im Hebr keinerlei prinzipielle Bedeutung im Rahmen der hier apostrophierten Geschichte des Heils zukommt. Vgl. F. LAUB, Bekenntnis und Auslegung, S. 46f.

mender Entfernung vom „Anfang" die Bewahrung der Tradition des Anfangs zur aktuellen Frage wird. Ganz in diesen für das nachapostolische Zeitalter insgesamt charakteristischen Sachverhalt gehört auch die in V. 1 formulierte Mahnung hinein, „auf das Gehörte achtzugeben". Die in den folgenden VV. 2 und 3 benutzte juridische Terminologie hat dann freilich im Hebr nicht die Funktion, „das Gehörte" – analog etwa zum Grundverständnis der apostolischen Tradition im Sinne eines „depositum fidei" (παραθήκη) in den Pastoralbriefen – als ein tradierbares Rechtsgut zu kennzeichnen, sondern als eine rechtsverbindliche Überlieferung, die nicht anders als auf dem Wege des Redens und Hörens weitergegeben wird. Konkret bedeutet das, daß nach dem Hebr der zur Überbrückung des Abstandes vom Anfang notwendige Traditionszusammenhang in erster Linie nicht durch ein in diesem Zusammenhang eigens hervorgehobenes kirchliches Amt gewährleistet wird, sondern allein durch die Weitergabe bzw. die stets neue Verkündigung der Heilsbotschaft. Die Tradenten selbst sind in diesem durch die Geschichte des „Heils" als einer Geschichte des Wortes konstituierten Traditionszusammenhang nichts anderes als die ἀκούσαντες. Nicht einmal die „Apostel", auf die die Rede von den ἀκούσαντες in V. 3 doch faktisch zu beziehen ist, werden in diesem Zusammenhang ausdrücklich genannt[21]. In den Zusammenhang einer einlinigen Entwicklung zur „frühkatholischen" Kirche hin läßt sich solches Traditionsverständnis des Hebr nicht einordnen[22]; vielmehr belegt solches Traditionsverständnis nachdrücklich, in welchem Maße christliche Gemeinde auch im nachapostolischen Zeitalter noch als „creatura verbi divini" verstanden worden ist.

Was an dieser Stelle im Hebr vorliegt, ist somit ein ursprüngliches, nichts anderes als den Anfang geltend machendes Traditionsverständnis, wie es am Ende auch durch V. 4 bestätigt wird. Hier spricht der Autor endlich von den Begleitumständen des Überlieferungsprozesses. Zu der im Reden und Hören überlieferten und aktualisierten Heilsbotschaft tritt Gottes eigenes Zeugnis bestätigend hinzu. Das Verbum συνεπιμαρτυρεῖν steht dabei – im Zusammenhang mit dem unmittelbar vorangehenden βεβαιοῦν (V. 3b) – wiederum im juridischen Sinne des bestätigenden Zeugnisses bzw. im Sinne der Legitimation[23]. Gleichwohl zeigt die Ausführung der konkreten Gestalt dieses Zeugnisses in V. 4 mit aller Eindeutigkeit an,

---

[21] Vgl. F. LAUB, Verkündigung und Gemeindeamt, SNTU 6/7 (1981/82) S. 173–177, zu Hebr 13,7 bes. S. 175.

[22] Ebensowenig freilich liegt hier eine gezielte Stellungnahme gegen ein „frühkatholisches" Amts- und Traditionsverständnis vor. Gegen E. GRÄSSER, Das Heil als Wort, in: Festschr. O. Cullmann (s. o. Anm. 1), S. 273. Ähnlich G. THEISSEN, Untersuchungen zum Hebr, S. 107. Kritisch zu dieser Position auch F. LAUB, Bekenntnis und Auslegung, S. 47ff, spez. S. 49f.

[23] In diesem Sinne wird 1 Petr 5,12 auch ἐπιμαρτυρεῖν gebraucht. Vgl. auch 1 Clem 23,5; 43,1 sowie Philon, VitMos II 123; Aristeasbrief 191. Sachlich entspricht dem auch συμμαρτυρεῖν in Röm 2,15; 8,26; 9,5. So auch die Lesart des Kodex B in Hebr 2,4.

daß hier ein gleichsam charismatisches Moment zu dem durch Menschen vollzogenen Überlieferungsprozeß hinzutritt, das die Legitimierung dieses Prozesses am Ende wiederum menschlicher Verfügung entzieht. Nicht durch eine menschliche Institution und auch nicht durch eine institutionalisierte „apostolische Sukzession" wird die Kontinuität des Überlieferungsprozesses gewährleistet, sondern am Ende allein „nach Maßgabe des Willens" Gottes[24], der sich – als bestätigendes bzw. legitimierendes Zeugnis – „in Zeichen und Wundern" ebenso manifestiert wie auch „in vielfältigen Machterweisen und Zuteilungen des Heiligen Geistes". Auch hier formuliert der Autor des Hebr wiederum – wie vor allem die entsprechende Aussage Mk 16,20 zeigt – ganz im Sinne der gemein-urchristlichen Tradition. Das gilt im einzelnen über Mk 16,20 hinaus sowohl für die Aufzählung σημεῖα, τέρατα und δυνάμεις als auch für die Rede von den „Zuteilungen des Heiligen Geistes"[25]. Gleichwohl ist aber auch das Grundanliegen deutlich, das der Autor des Hebr selbst mit solcher Rezeption der gemein-urchristlichen Sprache im Kontext seiner „Theologie des Wortes" verfolgt: Weil die Wahrheit und Verbindlichkeit der Heilsbotschaft, die ihren Anfang in Gottes Reden „durch den Herrn" genommen hat, durch Gottes eigenes Zeugnis bestätigt und legitimiert wird, gilt es für die Adressaten der Paränese in 2,1–4 umso mehr, am „Gehörten" festzuhalten, um am Ende nicht das „Heil" zu versäumen. „Selbstevidenz" des Wortes Gottes also, die den Hörer freilich nicht von der Bereitschaft des Hörens bzw. des Gehorsams entbindet, sondern ihn umso dringlicher dazu anhält. Die Paränese von 2,1–4 erhält auf diese Weise ihren nachdrücklichen Abschluß und erfährt zugleich ihre Einordnung in die den ganzen ersten Hauptteil des Hebr (1,1–4,13) bestimmende „Theologie des Wortes".

---

[24] Der Kodex D* präzisiert mit der Lesart θεοῦ τοῦ (statt αὐτοῦ). Zur Sache vgl. auch 1 Kor 12,11.
[25] Zur Entsprechung zwischen Hebr 2,3f und Mk 16,20 vgl. A. FEUILLET, NTS 24 (1977/78) S. 165f. 168f. – In der urchristlichen Überlieferung bilden σημεῖα und τέρατα – auch hier durch τε-καί eng miteinander verbunden – eine Einheit. Vgl. Act 4,30; 5,12; 15,12; Mk 13,22; Joh 4,48. Zur Verbindung mit δύναμις vgl. Act 2,22; 2 Kor 12,12; 2 Thess 2,9. Auch die Verbindung von „Zeichen, Wundern und Machterweisen" mit dem Erweis des Heiligen Geistes ist bereits traditionell urchristlich. Vgl. Röm 15,18f; Gal 3,5; 1 Thess 1,5. – Zum Stichwort μερισμός in diesem Zusammenhang vgl. μερίζειν in Röm 12,3; 1 Kor 7,17; 2 Kor 10,13 sowie zur Sache insgesamt 1 Kor 12,4ff. – Zum „Zeugnis"-Charakter des Geistes im Hebr vgl. auch 10,15 sowie W. BIEDER, Pneumatologische Aspekte im Hebr, in: Festschr. O. Cullmann (s.o. Anm. 1), S. 251–259, spez. S. 253. – Angesichts dessen, daß der Autor des Hebr an dieser Stelle in so ausgesprochenem Maß auf gemeinurchristliche Sprache zurückgreift, ist es zumindest fraglich, ob die speziell in V.4 aufgeführten charismatischen Phänomene allesamt auch noch für die Adressaten des Hebr lebendig-gegenwärtige Erfahrungswirklichkeit waren. Vgl. zur Fragestellung: G. THEISSEN, Untersuchungen zum Hebr, S. 107; F. LAUB, Bekenntnis und Auslegung, S. 49.

4) 2,5–18: Die Erniedrigung des Sohnes als Grundlegung des Heils[1]

Zur Struktur und Stellung im Kontext:

Im unmittelbaren Anschluß an die im adhortativen Stil gehaltene Paränese 2,1–4 beginnt mit V. 5 wiederum ein in formaler Hinsicht in einem argumentativ-lehrhaften Stil gehaltener, in sachlicher Hinsicht durch das Thema der Erniedrigung des Sohnes bestimmter Textzusammenhang, von dem aus der Autor am Ende (VV. 17f) zugleich den Übergang zu seinem Thema der Hohenpriester-Christologie gewinnt. Die Eigenart dieses Abschnitts gegenüber den im Exordium (1,1–4) sowie in der Testimonienreihe (1,5–14) vorangehenden christologischen Darlegungen besteht darin, daß hier nunmehr nicht nur eine bestimmte christologische Position als solche dargelegt wird, sondern in die christologische Darlegung zugleich auch die Adressaten einbezogen werden. Angezeigt wird dies dadurch, daß bereits im ersten Teilabschnitt (2,5–9) im kommunikativen „Wir" in V. 8 (ὁρῶμεν) und in V. 9 (βλέπομεν) mit dem Autor zusammen auch die Adressaten zu Worte kommen und daß sodann im zweiten Teilabschnitt (2,10–18) dem „Sohn" die „Söhne" bzw. die „Brüder" zur Seite treten. So gesehen handelt es sich in 2,5–18 nicht lediglich um eine Fortsetzung der vorangehenden christologischen Darlegungen. Zwar wird das Thema der Gegenüberstellung des „Sohnes" und der Engel auch hier noch weitergeführt (V. 5 und V. 16); jedoch zeichnet sich bereits im „Schriftbeweis" für die in V. 5 formulierte These in den VV. 6–8 die veränderte Perspektive ab.

Im Zusammenhang mit dem bisher die christologische Darlegung bestimmenden Thema der Erhöhung tritt nunmehr auch – anhand von Ps 8,5–7 LXX – das Thema der Erniedrigung in den Blick, mit ihm auch das Thema des Leidens Jesu (!) und damit endlich auch das Thema der Entsprechung „Sohn"-„Söhne" (VV. 10ff). Von daher gesehen ist es auch nur folgerichtig, wenn in V. 16, wo zum letzten Male die Engel genannt werden, an die Stelle der Gegenüberstellung „Sohn"-Engel nunmehr die Gegenüberstellung Engel-"Same Abrahams" tritt. So zeigen im Grunde schon die Rahmenaussagen des Abschnitts – V. 5 einerseits und V. 16 andererseits – das für diesen Abschnitt insgesamt charakteristische Gefälle der Argumentation an, das Gefälle nämlich von der Christologie zur Soteriologie – und damit auch wiederum das Gefälle hin zur Verwirklichung des pastoralen Grundanliegens des Hebr.

Die grundlegende Bedeutung des Abschnitts im Gesamtzusammenhang des Hebr ist somit von vornherein deutlich, und zwar nicht nur deswegen, weil hier am Ende zum ersten Male der für den christologischen Entwurf des Hebr maßgebliche Titel des ἀρχιερεύς auftaucht, sondern vor allem deswegen, weil dieser Titel im Hebr erst genannt wird, nachdem bestimmte Grundvoraussetzungen für sein angemessenes Verständnis geklärt sind. Erst nachdem den Adressaten deutlich gemacht

---

[1] Lit.: A. Seeberg, Zur Auslegung von Hebr 2,5–18, NJDTh 3 (1894) S. 435–461; J. Kögel, Der Sohn und die Söhne. Eine exegetische Studie zu Hebr 2,5–18 (BFChTh 8, H.5/6), Gütersloh 1904: G. W. Gregan, Christ and His People. An Exegetical and Theological Study of Hebrews 2,5–18, VoxEv 6 (1969) S. 54–71; D. G. Miller, Why God became Man. From Text to Sermon on Hebrews 2,5–18, Interp. 23 (1969) S. 408–424. Vgl. auch E. Käsemann, Das wandernde Gottesvolk, S. 75–116; F. J. Schierse, Verheißung und Heilsvollendung, S. 97–108; H. Zimmermann, Das Bekenntnis der Hoffnung, S. 154–168; F. Laub, Bekenntnis und Auslegung, S. 61–104.

worden ist, daß das Bekenntnis zum „Sohn" mit dem Aspekt der Erniedrigung des jetzt Erhöhten zugleich auch die Gleichheit und Schicksalsgemeinschaft des „Sohnes" und der „Söhne" (und die daraus erwachsende Tröstung und Mahnung) einschließt, wird der für den Hebr und seine Christologie charakteristische Titel des „Hohenpriesters" in die Erörterung eingeführt, und zwar nunmehr als notwendige Folgerung aus dem bisher Dargelegten: ὅθεν ὤφειλεν κτλ (V. 17).

Insgesamt ist der Abschnitt 2,5–18 in seinem Kontext fest verankert. Γάρ zu Beginn (V. 5) stellt die Verbindung zur Testimonienreihe 1,5–14, aber auch zur Paränese 2,1–4 her, wobei die „Einschließung" (inclusio) durch die beiden Rahmenverse 5 und 16 zugleich den Argumentationsfortschritt gegenüber 1,5–14 anzeigt. Die Schlußfolgerung (conclusio) am Ende des Abschnitts (VV. 17f) markiert den Übergang (transitio) zu Kapitel 3 hin, wobei insbesondere das Stichwort πιστός aus V. 17 (als eine Art „mot-crochet") die Verbindung zu 3,2ff herstellt. Aber auch innerhalb des Abschnitts ist ein sorgfältig gegliedertes Argumentationsgefälle nicht zu übersehen: Im Anschluß an den überleitenden V. 5 folgt das Schriftzitat (Ps 8,5–7 LXX) mit anschließendem christologischen Kommentar (VV. 6–9). Der ὅπως-Satz am Ende (V. 9b) leitet seinerseits wiederum zum folgenden über, d. h. zu dem primär soteriologisch akzentuierten Teilabschnitt 2,10–16, der durch die beiden christologischen Grundaussagen in V. 10 einerseits und in den VV. 14b. 15 andererseits gerahmt ist. Abgeschlossen wird der ganze Zusammenhang schließlich durch die Schlußfolgerung in den VV. 17. 18, die in der Charakterisierung des „Hohenpriesters" als „barmherzig" und „zuverlässig" (oder auch: „glaubwürdig") das christologische Interesse des Hebr unmittelbar mit seinem auf Tröstung und Mahnung der Adressaten gerichteten pastoralen Grundanliegen verbinden und auf diese Weise zugleich den Ausgangspunkt darstellen für den folgenden Abschnitt 3,1–6, in dem sich – charakteristisch für den Hebr – wiederum christologische Darlegung und Paränese im Blick auf die Adressaten unmittelbar miteinander verbinden. So stellt sich der Abschnitt 2,5–18 insgesamt als ein sorgfältig gegliedertes Ganzes dar, bei dem jeder Schritt der Argumentation vom Autor bewußt bedacht worden ist. Nicht zuletzt ist es dabei für die besondere Art einer „Biblischen Theologie", wie sie im Hebr insgesamt entfaltet wird, charakteristisch, daß am Anfang – im ersten Teilabschnitt 2,5–9 – grundlegend das Zeugnis der Schrift geltend gemacht wird, während im zweiten Teilabschnitt „Weg und Werk des Sohnes" wiederum im Rückgriff auf die Schrift (VV. 12 und 13) bedacht werden.

4.1) 2,5–9: Das Zeugnis der Schrift

5 Nicht den Engeln nämlich hat er (sc. Gott) die zukünftige Welt untertan gemacht, von der wir reden (, sondern dem Sohn).
6 Vielmehr bezeugt da jemand irgendwo (sc. in der Schrift) in folgenden Worten: ‚Was ist der Mensch, daß du seiner gedenkst, oder des Menschen Sohn, daß du dich seiner annimmst?
7 Du hast ihn um ein weniges niedriger gemacht gegenüber den Engeln, mit Herrlichkeit und Ehre hast du ihn (sodann) gekrönt;

8 alles hast du unterworfen unter seine Füße'. Dadurch nämlich, daß er (ihm) ‚alles unterworfen hat', hat er nichts ausgenommen, daß es ihm (etwa) nicht unterworfen wäre. Jetzt jedoch sehen wir noch nicht, daß ihm alles unterworfen ist.
9 Was wir (aber) wahrnehmen, ist Jesus als denjenigen, der für eine kurze Zeit gegenüber den Engeln erniedrigt worden ist, (jetzt aber als denjenigen,) der um seines Todesleidens willen ‚mit Herrlichkeit und Ehre gekrönt ist', damit er durch Gottes Gnade (?) für einen jeden (Menschen) den Tod schmecke.

Mit der betont vorangestellten Negation οὐ γὰρ ἀγγέλοις setzt V. 5 zunächst noch die Linie der Argumentation fort, wie sie im Sinne der Gegenüberstellung des „Sohnes" und der Engel den vorangehenden Zusammenhang bestimmte. Dementsprechend ist zu dem „Nicht den Engeln ..." sinngemäß ein „sondern dem Sohn" zu ergänzen. Das den Satz einleitende γὰρ steht dabei nicht so sehr im Sinne der Begründung, sondern eher im Sinne einer weiteren Verstärkung der vorangehenden Paränese. Auch die Sachaussage von V. 5 liegt als solche zunächst noch ganz auf der Linie der die christologische Argumentation bisher bestimmenden Erhöhungschristologie. In negativer Formulierung wird hier mit dem (im Vorgriff aus Ps 8,7 LXX entnommenen) Aorist ὑπέταξεν die Reihe der Aussagen weitergeführt, in denen von 1,2 an in immer neuer Variation die Herrschaftsstellung des „Sohnes" im einzelnen umschrieben wird. Sofern es in diesem Kontext dem Autor auch hier um die christologische Position geht, ist es gänzlich unwahrscheinlich, daß an dieser Stelle gezielte Polemik gegen eine (vielleicht sogar bei den Adressaten des Hebr bestehende) Auffassung vorliegt, derzufolge Engelmächte über die „gegenwärtige Welt" herrschen[2]. Auffällig ist freilich, daß – im Unterschied zu den bisher vorliegenden Erhöhungsaussagen – an dieser Stelle nun ausgesprochenermaßen die Unterordnung der οἰκουμένη μέλλουσα unter den „Sohn" zum Thema der Rede des Autors wird. „Von ihr" (περὶ ἧς), der „zukünftigen Welt" (und ihrer Unterordnung unter den „Sohn"), redet der Autor. Dies vor allem ist das Thema seiner Rede, während er im folgenden alsbald, was die Unterordnung „des Alls" unter den „Sohn" betrifft, einen eschatologischen Vorbehalt geltend macht (V. 8c).

Ἡ οἰκουμένη ἡ μέλλουσα steht analog zu αἰὼν μέλλων in 6,5 bzw. zur traditionell-jüdischen Rede vom „kommenden Äon" (העולם הבא) und setzt somit die traditionell-jüdische Unterscheidung der beiden „Äonen" voraus. Daß der Autor des Hebr von der οἰκουμένη, nicht vom αἰών spricht,

---

[2] So O. MICHEL S. 136: „Die Negation könnte ... ein verschleierter Protest gegen die Tatsache sein, daß der gegenwärtige Äon in Wirklichkeit den Engeln oder gar dem Teufel ‚übergeben' ist", mit Verweis auf Dtn 32,8 LXX; Gal 4,3 und Herm vis III 4,1. Kritisch zu dieser Auffassung bereits H. WINDISCH S. 19f; vgl. auch H. ZIMMERMANN, Das Bekenntnis der Hoffnung, S. 157f.

ist noch kein Hinweis auf eine spezifische „hellenistische" Redeweise[3], sondern zunächst wohl durch die typologische Rede von der οἰκουμένη in 1,6 bedingt. Bemerkenswert ist freilich, daß an dieser Stelle des Hebr die Zukünftigkeit des „kommenden Äons" mit dem Aorist ὑπέταξεν verbunden ist. Die „Unterordnung" der zukünftigen Welt unter den „Sohn" hat sich also bereits vollzogen! Das ist eine Aussage, die an sich – betrachtet man sie jedenfalls im Zusammenhang mit der insbesondere im Einleitungsteil des Hebr rezipierten traditionellen Erhöhungschristologie – nicht ungewöhnlich ist[4]. Gleichwohl gewinnt sie – im Kontext des Hebr gesehen – ihre besondere Bedeutung. Die „zukünftige Welt" und mit ihr dann auch das „zukünftige Heil" von 1,14 ist hier – unter christologischem Aspekt gesehen – eine bereits jetzt existierende Größe bzw. gehört bereits jetzt zum Herrschaftsbereich des Erhöhten. Was diejenigen, die (erst) in der Zukunft (endgültig) „das Heil ererben werden" (1,14), noch vor sich haben, ist ihnen – sofern sie jedenfalls am Glauben und an der Hoffnung festhalten – von dem „alles", also auch Gegenwart und Zukunft umschließenden Herrschaftsantritt des Erhöhten bereits garantiert, auch wenn für sie – wie V. 8b alsbald differenzierend hinzufügt – gilt: „Jetzt aber sehen wir noch nicht ...". Gerade deshalb aber ist für den Autor die „zukünftige Welt" und ihre Unterordnung unter den „Sohn" das zentrale Thema, „von dem er redet". Die christologisch gleichsam bereits realisierte „zukünftige Welt" verbürgt zugleich die eschatologische σωτηρία für die Adressaten. Und zumal der folgende Teilabschnitt (2,10ff) wird alsbald deutlich machen, daß der „Sohn" durch seine Erhöhung und Inthronisation „eine Machtstellung bekommen hat, die die Söhne einbezieht"[5]. Denn gerade auch für die „Söhne" gilt – wie einst für die Glaubenszeugen der „Alten" –, daß Gott „ihnen (schon) eine Stadt bereitet hat" (11,16), eben die πόλις μέλλουσα (13,14) bzw. – wie es hier heißt – die „zukünftige Welt", in der der „Sohn" jetzt schon der Herr ist.

Als Zeugnis und Bestätigung der Schrift für diesen Sachverhalt wird im folgenden Ps 8,5-7 LXX geltend gemacht. διαμαρτύρεσθαι, eigentlich „beschwören", steht dabei in **V. 6a** im juridischen Sinne der nachdrückli-

---

[3] So O. MICHEL, ThWNT V, S. 160. H. BALZ, EWNT II, Sp. 1232, verweist demgegenüber mit Recht auf „LXX-Sprache".

[4] Vgl. bes. Eph 1,20f, wo das „Sitzen zur Rechten Gottes" des Erhöhten und damit seine Herrschaft „über jede Art von Gewalt" ausdrücklich auf „diesen" und den „kommenden Äon" ausgedehnt wird. Vgl. auch 1 Petr 3,22. Der vom Autor des Hebr aus Ps 8,7 LXX aufgenommene Aorist ὑπέταξεν verbietet es im übrigen, das ἕως ἄν aus Ps 109,1 LXX (1,13) auf eine noch ausstehende Inthronisation zu beziehen. Der in Hebr 1 und 2 im Anschluß an Ps 109 und Ps 8 LXX beschriebene Herrschaftsantritt des Erhöhten ist vielmehr umfassender Art und entzieht sich als solcher der Alternative von „präsentischer" und „futurischer" Eschatologie ebenso wie auch der religionsgeschichtlichen Einordnung in ein „apokalyptisches" Koordinatensystem.

[5] So H. BRAUN S. 52, der darin auch den Gedankenfortschritt in 2,5ff gegenüber dem 1,1-2,4 sieht.

chen Bestätigung und Versicherung, und zwar letztlich ganz unabhängig von der Person, die solches Zeugnis ablegt[6]. Das Zitat aus Ps 8 in V. 6b–8a wird auch hier – wie bereits der vorwegnehmende Gebrauch der ὑπέταξεν in V. 5 zeigte – unter der hermeneutischen Voraussetzung einer christologischen Lesart der Schrift dargeboten, und zwar im wesentlichen wörtlich nach dem überlieferten LXX-Text. Die Änderung von τί in τίς in Ps 8,5a LXX – so die Lesart von P[46] C* P 81 1881 2495 usw. – erklärt sich aus der Überlieferung des LXX-Textes selbst[7], während die Auslassung von Ps 8,7a (καὶ κατέστησας αὐτὸν ἐπὶ τὰ ἔργα τῶν χειρῶν σου) in den Textzeugen P[46] B D[2] (usw.) auf die redaktionelle Bearbeitung des Psalm-Zitats durch den Autor zurückgeht, da dieser Versteil für den folgenden christologischen Kommentar ohne Bedeutung ist. Hier geht es dem Autor ja lediglich um die Abfolge Erniedrigung – Erhöhung/Einsetzung in die Herrschaft[8].

Charakteristisch für den in den VV. 8b/9 folgenden Kommentar des Psalm-Zitats ist der zum Teil wörtliche Rückgriff auf das Zitat selbst, ein exegetisches Verfahren also, das der Autor auch sonst anwendet (3,7–4,11; 10,5–10) und das – formal-methodisch gesehen – in der sogen. Pescher-Methode der Qumranschriften eine Analogie hat[9]. Die Auslegung selbst zeigt, daß für den Autor – unter der Voraussetzung, daß der „Mensch" bzw. „Menschensohn" von Ps 8,5 LXX mit dem „Sohn" identisch ist – aus dem Zitat zunächst lediglich die Aussagen in Ps 8,6 und 7 von Interesse sind, und hier wieder vor allem die Aussage über die Einsetzung des „Menschen" bzw. „Menschensohnes" in die Herrschaft über „alles". Diese Art der Rezeption von Ps 8 ist zugleich Hinweis darauf, daß der Autor des Hebr mit seiner christologischen Deutung von Ps 8 seinerseits bereits in einer urchristlichen Auslegungstradition steht, in der mit der christologischen Deutung von Ps 8 zugleich auch die entsprechende Deutung von Ps 110,1 verbunden war[10]. Mit dieser urchristlichen Tradition hat der Hebr

---

[6] In Act 20,23 ist der Hl. Geist Subjekt des διαμαρτύρεσθαι. Vgl. H. STRAHTMANN, ThWNT IV, S. 518; J. BEUTLER, EWNT II, Sp. 963. – Die unbestimmte Einführung des Schriftzitats entspricht hellenistisch-synagogalem Stil. Vgl. Philon, Ebr 61: εἶπε γάρ που τις; Agr 51; Plant 138; Conf 39 sowie 1 Clem 15,2: λέγει γάρ που; 26,2. Zur Sache vgl. H. ZIMMERMANN, Das Bekenntnis der Hoffnung, S. 158; C. SPICQ, SBi, S. 70.

[7] τίς ist Lesart des Kodex A (LXX). G. ZUNTZ, The Text of the Epistles, S. 48, bevorzugt diese Lesart wegen des folgenden ἄνθρωπος.

[8] Eine ganze Reihe von Handschriften (א A C D* usw.) ergänzt also an dieser Stelle nachträglich im Sinne der Angleichung an den LXX-Text. Vgl. B. M. METZGER, A Textual Commentary on the Greek New Testament, S. 663f; K. J. THOMAS, NTS 11 (1964/65) S. 306.

[9] Vgl. 1QpHab XII 6ff; CD IV 13ff. Vgl. dazu: B. GÄRTNER, STL 8 (1954) S. 12f; H. BRAUN, Qumran und das Neue Testament I, S. 245; II, S. 183f.

[10] Vgl. bes. 1 Kor 15,26–28 und Eph 1,20–22, aber auch Phil 3,21 und 1 Petr 3,22. Vgl. G. DELLING, ThWNT VIII, S. 42f. – Die Selbstverständlichkeit, mit der bereits in 1 Kor 15 beide Psalmen miteinander verbunden werden, läßt vermuten, daß dies bereits in vorpaulinischer Tradition geschehen ist. So auch H. CONZELMANN, Der erste Brief an die Korinther (KEK 5),

die starke Betonung des Motivs der Unterordnung des „Alls" gemeinsam[11]. In der Tat „alles", alles nämlich ohne Ausnahme, hat Gott – wie in V. 8b ausdrücklich hervorgehoben wird – dem „Sohn" untertan gemacht, und das schließt im Hebr dann auch die „zukünftige Welt" ein (V. 5).

Das von einer Reihe von Handschriften (P[46] B usw.) – offensichtlich im Interesse einer sekundären Angleichung an das Psalm-Zitat – ausgelassene αὐτῷ in V. 8b ist im Kontext selbstverständlich zunächst auf den Erhöhten zu beziehen[12]. Gerade im Blick auf ihn gilt nun freilich – was die Leser des Hebr betrifft – die Feststellung von V. 8c: Νῦν δὲ οὔπω κτλ. D. h.: Das, was in der Erhöhung des „Sohnes" bereits geschehen ist, die Unterordnung nämlich aller Dinge „unter seine Füße", das ist irdisch, unter den Bedingungen der christlichen Existenz in der gegenwärtigen Welt, noch nicht anschaulich. Mit diesem „noch nicht" (οὔπω) ist an dieser Stelle gewiß so etwas wie ein „eschatologischer Vorbehalt" gegenüber den vorangehenden Aussagen hinsichtlich der „Unterordnung des Alls" unter den „Sohn" gesetzt, ein „eschatologischer Vorbehalt" jedoch nicht in dem Sinne, daß die Leser des Hebr ihrerseits bereits ganz auf der Seite des Erhöhten zu stehen meinen. Vielmehr verschafft sich in diesem „Jetzt aber sehen wir noch nicht" gerade die Glaubensanfechtung der Adressaten des Hebr ihren Ausdruck, ihre Anfechtung nämlich im Sinne der Wahrnehmung der Diskrepanz zwischen dem Anspruch einer Erhöhungschristologie, die den Erhöhten jetzt bereits als den Welten- und Allherrscher proklamiert, einerseits und den konkreten Erfahrungen des Christen in seiner Situation in der gegenwärtigen Welt andererseits. Das, was in christologischer Hinsicht bereits gegenwärtige und für alle Zukunft geltende Wirklichkeit ist, ist für den Christen „jetzt noch nicht" sicht- und erfahrbar. Und genau von daher stellt sich dann die Grundfrage: Wie ist die im Hebr bisher in immer neuen Variationen proklamierte Welt- und Allherrschaft des Erhöhten mit ihrem alle irdisch-weltlichen Erfahrungen überschreitenden Anspruch zusammenzudenken mit jener unerlösten und unheilvollen Weltwirklichkeit, wie sie gerade auch „jetzt noch" der christlichen Gemeinde widerfährt[13]?

Göttingen ²1981, S. 335. Anders D.-A. KOCH, Die Schrift als Zeugnis des Evangeliums (BHTh 69), Tübingen 1986, S. 244f: Ps 8,7 habe erst „durch Paulus einen festen Platz in der christlichen Überlieferung erhalten". Zur „Psalmenfusion" von Ps 8 und Ps 110 vgl. M. HENGEL, Hymnus und Christologie, in: Wort in der Zeit. Festgabe für K. H. Rengstorf, 1980, S. 2–23, spez. S. 10f; F. HAHN, Christologische Hoheitstitel, S. 131f.

[11] Dies ist Hinweis darauf, daß die christologische Deutung von Ps 8 (in Verbindung mit Ps 110,1) bei der „Unterordnungs"-Aussage von Ps 8,7 angesetzt hat, nicht also bei der Rede vom „Menschensohn" in Ps 8,5. Im letzteren Sinne: C. COLPE, ThWNT VIII, S. 467. Kritisch dazu H. CONZELMANN, Der erste Brief an die Korinther (KEK 5), Göttingen ²1981, S. 336 mit Anm. 107.

[12] Zum Textproblem vgl. H. BRAUN S. 55. – Zur formalen Einleitung der Auslegung von Ps 8,7 in V. 8b mit ἐν τῷ vgl. auch 8,13: ἐν τῷ λέγειν κτλ.

[13] Vgl. zu solcher Fragestellung E. GRÄSSER, Beobachtungen zum Menschensohn in Hebr

Wenn überhaupt, so kann sich der Autor des Hebr von seinem Ansatz her dieser Frage nur vermittels der Christologie stellen, d. h. durch die Ausarbeitung und Entfaltung einer Christologie, die im Rahmen der überkommenen Erhöhungschristologie nicht allein den Aspekt der Erhöhung und des endgültigen Herrschaftsantritts des Erhöhten reflektiert, sondern im Zusammenhang damit auch den Aspekt der Erniedrigung als Voraussetzung gleichsam der Erhöhung. Genau dies geschieht in V. 9, in dem nunmehr der Sichtweise des Zweifels und der Skepsis angesichts konkreter Welterfahrung die Sichtweise des Glaubens gegenübergestellt wird. Charakteristisch für diese Sichtweise ist auch hier wieder der Aspekt der Erhöhung: Das Sehen des Glaubens (βλέπομεν) richtet sich auf denjenigen, der von Gott – wie es hier wiederum im Anschluß an Ps 8,6 LXX heißt – „mit Glanz und Ehre gekrönt worden ist" – dies aber nunmehr unter der Voraussetzung der Erniedrigung des Menschen Jesus, der (allein) „um seines Todesleidens willen" von Gott „mit Glanz und Ehre gekrönt worden ist"!

Es bedarf keiner Frage, daß der Autor des Hebr auch in dieser Hinsicht wiederum zunächst auf ein bereits traditionelles christologisches Grundschema zurückgreift, auf das Schema nämlich von Erniedrigung und Erhöhung, wie es in der Geschichte der urchristlichen Christologie vor allem in Phil 2,8f seinen Niederschlag gefunden hat. Dies gilt auch hinsichtlich der hier – in Hebr 2,9 – vorausgesetzten notwendigen Abfolge von Erniedrigung und Erhöhung: dem διὸ καὶ ὁ θεὸς κτλ in Phil 2,9 entspricht im Hebr das διὰ τὸ πάθημα τοῦ θανάτου, „um des Todesleidens willen" bzw. „auf Grund des Todesleidens"[14]. Und wenn in diesem Zusammenhang Ps 8,6b LXX – „mit Glanz und Ehre hast du ihn gekrönt" – im Hebr im Rahmen des hier rezipierten christologischen Schemas auf die Erhöhung bezogen wird, so liegt solches Verständnis von Ps 8 umso näher, als die Erhöhung ja auch sonst im Urchristentum als ein Vorgang der „Verherrlichung" verstanden worden ist[15].

Gleichwohl ist unverkennbar, daß der Autor des Hebr an dieser Stelle jenes überkommene christologische Grundschema durchaus auf seine Weise, nämlich „bibeltheologisch" auf der Grundlage eben von Ps 8 rezipiert. Denn über alles hinaus, was im übrigen bereits zur Frage einer traditionell-urchristlichen Rezeption von Ps 8 zu sagen war (s. o. S. 194f), fügt sich für den Autor des Hebr das Zitat aus

---

2,6, in: Jesus und der Menschensohn. Festschr. A. Vögtle, Freiburg i. Br. 1975, S. 404–414, spez. S. 406f.

[14] Die Erhöhung wird hier also nicht als Annullierung der Erniedrigung verstanden. Nur als der Erniedrigte vielmehr ist Jesus der Erhöhte. Vgl. in diesem Sinne bereits J. Kögel, Der Sohn und die Söhne, S. 38f; E. Käsemann, Das wandernde Gottesvolk, S. 76 sowie A. Vanhoye, Prêtres anciens, Prêtre nouveau selon le Nouveau Testament, S. 99f. – In der Wendung τὸ πάθημα τοῦ θανάτου ist der Genitiv epexegetischer Genitiv: Das Leiden wird damit als ein im Tod sich vollziehendes Leiden qualifiziert. Vgl. W. Michaelis, ThWNT V, S. 933: Das „Leiden, das im Tod besteht". Vgl. auch J. Kremer, EWNT III, Sp. 3. – Zur Entsprechung zwischen Phil 2 und Hebr 2 vgl. M. Hengel, Hymnus und Christologie, in: Festschr. K. H. Rengstorf, S. 9.

[15] Vgl. 1 Tim 3,16: ἀνελήμφθη ἐν δόξῃ; 1 Petr 1,11. 21; Lk 24,26 sowie Joh 17,5.

Ps 8 nicht zuletzt deswegen in den Kontext seiner Argumentation ein, weil hier in Ps 8,6 von einer Verhältnisbestimmung zwischen den Engeln und dem „Menschen" (in der christologischen Lesart von Ps 8: dem „Sohn") die Rede ist[16] und darüber hinaus die griechische Wendung βραχύ τι in Ps 8,6 LXX – entgegen dem hebräischen מְעַט מֵאֱלֹהִים, „um ein wenig geringer als" – die Möglichkeit gewährte, die Zeit der Erniedrigung „gegenüber den Engeln" im Sinne des „für kurze Zeit" von der (auf die Zeit der Erniedrigung folgenden) Erhöhung abzusetzen[17].

Das Zitat aus Ps 8 LXX ist für den Autor des Hebr im Rahmen seines auf die Fragestellungen der Adressaten (V. 8c!) ausgerichteten pastoralen Grundanliegens deshalb besonders wichtig, weil hier – in Ps 8,5 LXX – vom „Menschen" bzw. vom „Menschensohn" die Rede ist, von jenem Menschen also, den der Autor – unter der hermeneutischen Voraussetzung wiederum der christologischen Lesart der Schrift – in V. 9 sodann mit dem Namen „Jesus" bezeichnet. Dabei bezeichnet der bloße Name „Jesus", wie er hier zum ersten Male im Hebr gebraucht wird, hier wie auch sonst im Hebr (3,1; 4,16; 6,20; 7,22; 10,19; 12,2. 24; 13,12) den irdischen und den leidenden Jesus, eben den „Menschen" Jesus, der als solcher „für eine kurze Zeit" gegenüber den Engeln im Stande der Erniedrigung war. Und genau hier – im Zusammenhang der Rede von der Erniedrigung in V. 9 – kommt nun im Rahmen der Auslegung von Ps 8 auch die Rede vom „Menschen" bzw. vom „Menschensohn" aus Ps 8,5 zum Zuge: Jesus, der Erniedrigte, das ist der „Mensch", der „Menschensohn" von Ps 8,5! Das ist – wenn man so formulieren will – eine „anthropologische" Deutung von Ps 8,5, die aber – sofern es hier ja um Jesus in seiner „menschlichen" Erniedrigung geht! – im Gesamtkonzept des Hebr ihrerseits wiederum unter einem christologischen Vorzeichen steht[18]. Da aber andererseits die Rede vom „Menschen" bzw. vom „Menschensohn" in Ps 8,5 im Sinne des Hebr nun in der Tat auf den Erniedrigten, also auf den „Menschen" Jesus zu beziehen ist, ist die Rede vom υἱὸς ἀνθρώπου in Ps 8,5 LXX ganz im Sinne des hier vorliegenden Parallelismus membrorum als Synonym zu ἄνθρωπος zu verstehen und somit auch nicht als Hinweis darauf zu werten, daß der Autor des Hebr „offenbar ganz präzise An-

---

[16] Das παρ' ἀγγέλους von Ps 8,6 entspricht dem παρ' αὐτούς in Hebr 1,4. Vgl. E. GRÄSSER, in: Festschr. A. Vögtle (s. o. Anm. 13), S. 407f.

[17] Zu βραχύ im Sinne von „für kurze Zeit" vgl. Act 5,34 sowie Lk 22,58 und Hebr 13,22. Zur Sache: J. W. PRYOR, Hebrews and Incarnational Christology, RTR 40 (1981) S. 44–50, spez. S. 44f.

[18] So gesehen ist die Kontroverse um eine anthropologische *oder* eine christologische Deutung von Ps 8,5 dem Hebr nicht angemessen. Vgl. einerseits E. RIGGENBACH, S. 37ff und andererseits H. ZIMMERMANN, Das Bekenntnis der Hoffnung, S. 158. Zur Kontroverse insgesamt: F. J. SCHIERSE, Verheißung und Heilsvollendung, S. 102f; W. R. G. LOADER, Sohn und Hoherpriester, S. 32ff.

schauungen in bezug auf die Menschensohnlehre" gehabt hat[19]. „Menschensohn" ist hier – in der Auslegung von Ps 8 im Hebr – nichts anderes als Kennzeichnung des „Menschen" Jesus in seiner Erniedrigung[20].

Mit der Betonung des Aspektes der Erniedrigung des Menschen Jesus ist hier zunächst der eigentliche Argumentationsfortschritt gegenüber dem vorangehenden Textzusammenhang (1,1–14 und 2,1–4) gegeben, und zwar auch und gerade in der Hinsicht, daß dieser Argumentationsgang sich in Richtung auf die Fragestellungen der Adressaten bewegt. Sie selbst kommen ja hier bereits – inmitten der christologischen Darlegung – zu Wort (V. 8c und V. 9a), und die beiden (unterschiedlichen) Verben des „Sehens" in V. 8c und V. 9a zeigen an, daß dem Autor des Hebr daran vor allem gelegen ist, seinen Adressaten zur rechten Sichtweise zu verhelfen und ihnen auf diese Weise in ihrer Glaubensanfechtung Tröstung und Mahnung zukommen zu lassen. Auch wenn dies hier – wie auch sonst im Hebr – zunächst vermittels der Aufnahme christologischer Tradition geschieht, sind doch – zumal von Ps 8 her gesehen – die eigenen Akzentsetzungen des Autors unverkennbar. So entspricht es jener Glaubensanfechtung der Adressaten, wie sie in V. 8c beschrieben wird, wenn im Rahmen

---

[19] So O. CULLMANN, Die Christologie des Neuen Testaments, S. 193. Ähnlich auch A. J. B. HIGGINS, Menschensohn-Studien (Franz Delitzsch-Vorlesungen 1961), Stuttgart 1965, S. 14f; C. COLPE, ThWNT VIII, S. 467; H. SAHLIN, Adam-Christologie im Neuen Testament, STL 41 (1987), S. 11–32, spez. S. 30. Weitere Vertreter dieser Auffassung bei W. R. G. LOADER, Sohn und Hoherpriester, S. 34ff. – Zur Frage einer „Menschensohn"-Christologie im Hebr insgesamt vgl. G. W. BUCHANAN S. 27. 38–51; P. G. GILES, The Son of Man in the Epistle to the Hebrews, ET 86 (1974/75) S. 328–332; E. GRÄSSER in: Festschr. A. Vögtle (s. o. Anm. 13), S. 404–414; J. COPPENS, Le fils de l'homme dans le dossier paulinien, ETL 52 (1981) S. 309–330, zu Hebr 2,5–9 spez. S. 324ff; DERS., Le fils de l'homme néotestamentaire, Louvain 1981, S. 23–44. – Wenn der Autor des Hebr im Blick auf Ps 8,5 allein an der Aussage der Menschheit Jesu interessiert ist, so kann man aus solcher Auslegung von Ps 8 im übrigen auch nicht die Schlußfolgerung ziehen, daß an dieser Stelle für den Autor des Hebr mit der „Menschensohn-Spekulation" zugleich eine (letztlich auf gnostischen Ursprung zurückzuführende) Lehre vom „Urmenschen" verbindet. So E. KÄSEMANN, Das wandernde Gottesvolk, S. 75ff (im Anschluß an J. KÖGEL, Der Sohn und die Söhne); vgl. auch F. J. SCHIERSE, Verheißung und Heilsordnung, S. 103ff, sowie E. GRÄSSER, in: Festschr. A. Vögtle (s. o. Anm. 13), S. 410ff. Jesus, das ist im Hebr vielmehr durchaus der einmalige Mensch, in diesem Sinne auch nicht „der Mensch schlechthin" bzw. der „exemplarische Mensch", mit dem die „Brüder" bzw. die „Kinder" (2,11ff im Sinne einer gnostischen συγγενεία-Lehre letztlich identisch sind. Wirklich eindeutige Anzeichen für eine vom Autor des Hebr bewußt vollzogene Explikation des soteriologischen Gedankens der „Solidarität des Erlösers mit den Menschen mittels der (gnostischen) Anthropos- und συγγενεία-Lehre" (so E. GRÄSSER, in: Festschr. A. Vögtle (s. o. Anm. 13), S. 411) sind an dieser Stelle im Hebr jedenfalls (noch) nicht gegeben.

[20] Vgl. in diesem Sinne bereits H. v. SODEN, S. 28. Weiter zur Kritik an einer „Menschensohn-Christologie" im Hebr: H. WINDISCH, S. 20; W. R. G. LOADER, Sohn und Hoherpriester, S. 32ff; J. COPPENS, ETL 52 (1981), S. 326ff. Auch E. GRÄSSER, in: Festschr. A. Vögtle (s. o. Anm. 13), S. 409f, weist in diesem Zusammenhang mit Recht darauf hin, daß „Menschensohn", titular gebraucht, stets den Artikel bei sich hat, während der artikellose Gebrauch – so z. B. auch Barn 12,10; Ignatius, Eph 20,2 – nichts anderes als den Menschen Jesus (im Unterschied zum „Sohn Gottes"!) bezeichnet. Vgl. in diesem Sinne auch Justin, Dial. 48f.

der auf Glaubensparaklese ausgerichteten Christologie des Hebr die Erniedrigung des Erhöhten, sein Menschsein, nunmehr besondere Bedeutung gewinnt. Was „wir (jetzt bereits) sehen" (V. 9), ist gewiß der „mit Glanz und Ehre gekrönte" Erhöhte, dies aber unter der Voraussetzung seiner Erniedrigung und damit seiner „Menschlichkeit". Und allein so – unter dieser Voraussetzung – ist der Erhöhte dann auch zugleich der ἀρχηγὸς τῆς σωτηρίας (V. 10), ist er „um seines Todesleidens willen" mit den „Söhnen" solidarisch, wie dann alsbald im zweiten Teilabschnitt (2,10-18) entfaltet wird. Unter der Voraussetzung seiner Erniedrigung ist es der Erhöhte, der sich zu seinen „Brüdern" und „Kindern" bekennt (V. 11), ist er der Garant und der Urheber ihres „ewigen Heils" (5,9).

Entfaltet wird dieser soteriologische Aspekt freilich im einzelnen erst im folgenden Abschnitt 2,10-18[21]. Die Überleitung dazu stellt aber schon der abschließende Finalsatz in V. 9fin her, auf den dann wiederum das ἔπρεπεν γὰρ αὐτῷ in V. 10 Bezug nimmt[22], und der mit finalem ὅπως das Ziel des ganzen Geschehens von Erniedrigung und Erhöhung formuliert. Die Erhöhung des Erniedrigten bringt es an den Tag, daß das „Todesleiden" des Erniedrigten ein Todesleiden ὑπὲρ παντός ist. So gesehen hat der ὅπως-Satz V. 9b kommentierende Funktion. Er legt den im Rahmen des überkommen Schemas von Erniedrigung und Erhöhung besonders akzentuierten Tod Jesu als einen heilsbedeutsamen Tod aus. Und seine in der Auslegungsgeschichte oft kritisch vermerkte Unlogik (im Anschluß an die vorangehenden erhöhungschristologischen Aussagen) erklärt sich am Ende aus der Art und Weise, in der der Autor des Hebr an dieser Stelle Tradition aufnimmt und in den Kontext seiner Argumentation einfügt[23]. Und das heißt im Sinne des Autors: Unter der Voraussetzung, daß dem Erhöhten nunmehr „alles" unterworfen ist (V. 8), gewinnt sein „Todesleiden" (V. 9a) seine Heilsbedeutung ὑπὲρ παντός. Erhöhung ist hier im Hebr in der Tat verstanden als Bestätigung und Inkraftsetzung des „Todesleidens" Jesu hinsichtlich seiner universalen Geltung. Der kosmischen

---

[21] Ganz unwahrscheinlich jedenfalls ist es, daß – wie H. STRAHTMANN, S. 80 und im Anschluß an ihn auch K. NISSILÄ, Das Hohepriestermotiv im Hebr, S. 33, annehmen – bereits in V. 9a in der im Anschluß an Ps 8,6 formulierten Wendung δόξῃ καὶ τιμῇ ἐστεφανωμένον eine Anspielung auf die hohepriesterliche Würde Jesu vorliegt. Kritisch dazu bereits E. KÄSEMANN, Das wandernde Gottesvolk, S. 103.

[22] Vgl. A. VANHOYE, La structure littéraire, S. 74; F. LAUB, Bekenntnis und Auslegung, S. 65f. – Zur Problematik von V. 9b insgesamt: A. v. HARNACK, Zwei alte dogmatische Korrekturen im Hebr, in: DERS., Studien zur Geschichte des Neuen Testaments und der alten Kirche I (AKG 19), Berlin 1931, S. 235-252; zu Hebr 2,9: S. 236-245; J. C. O'NEILL, Hebrews II.9, JThSt 17 (1966) S. 79-82; J. K. ELLIOT, When Jesus was Apart from God. An Examination of Hebrews 2,9, ET 83 (1971/72) S. 339-341; H. ZIMMERMANN, Das Bekenntnis der Hoffnung, S. 159ff; W. R. G. LOADER, Sohn und Hoherpriester, S. 194-196.

[23] Zur „unlogischen" Stellung des Satzes im Kontext vgl. z. B. H. WINDISCH S. 21; A. STROBEL S. 101; H. BRAUN S. 56f. Ihn deshalb als die Glosse eines Späteren zu streichen (so J. C. O'NEILL, HThSt 17 (1966) S. 80f), besteht jedoch kein Anlaß.

Herrscherstellung des Erhöhten entspricht die Universalität der durch ihn inaugurierten σωτηρία. In diesem Sinne ordnet sich der Nachsatz von V. 9 – trotz seiner für den Hebr ungewöhnlichen Terminologie – durchaus dem für den ganzen Argumentationszusammenhang 2,5–18 charakteristischen Gefälle ein, ja stellt er im Übergang zu 2,10ff die Zielaussage der vorangehenden christologischen Erörterung dar. Gerade aus der äußersten Erniedrigung, daraus also, daß der Erniedrigte die Bitternis des Todes „geschmeckt" hat[24], erwächst die Heilsbedeutung dieser Erniedrigung und kann nunmehr der Erhöhte der „Anführer" und der „Urheber des Heils" sein (2,10; 5,9). Im Zusammenhang des Übergangs zu 2,10ff bestimmt sich dann endlich auch die konkrete Bedeutung der der urchristlichen „Sterbeformel" nachgebildeten Wendung ὑπὲρ παντός im Sinne von „zugunsten eines jeden"[25], „zugunsten" eben in dem Sinne, daß der Erhöhte als der „Anführer" für die „Söhne" den Weg zum Heil bahnt und auf diesem Weg vorangeht. Soweit ist die Aussage von V. 9b im Kontext von Hebr 2,5–18 klar. Welche Bedeutung aber hat in diesem Zusammenhang die bereits von der handschriftlichen Überlieferung her umstrittene Wendung χάριτι θεοῦ bzw. χωρὶς θεοῦ?

Die seit altersher umstrittene Frage, welche Lesart als die ursprüngliche zu gelten hat, läßt sich nicht allein von Quantität und Qualität der handschriftlichen Überlieferung her entscheiden. Allein unter diesem Aspekt gesehen ist zunächst gewiß der durch die besten Handschriften (P[46] אB C D usw.) bezeugten Lesart χάριτι θεοῦ der Vorzug zu geben und ist die Lesart χωρὶς θεοῦ demgegenüber ein Minderheitstext, auch wenn diese Textgestalt zumindest durch die Minuskelhandschrift 1739 schon relativ früh bezeugt ist. Auch das Zeugnis der Kirchenväter weist darauf hin, daß diese letztere Lesart frühzeitig schon weit verbreitet gewesen ist[26]. Darüber hinaus kann für ihre Ursprünglichkeit immerhin auch der Umstand geltend gemacht werden, daß sich der Weg von der Lesart χωρὶς θεοῦ zur (sekun-

---

[24] Die Wendung γεύεσθαι θανάτου steht in jüdischer Sprachtradition und entspricht hebr טעם מיחה bzw. aram. טעם מיתותא. Vgl. STRACK-BILLERBECK, I, S. 751f, sowie Mk 9,1 parr; Joh 8,52; EvThom Logion 1. Im Kontext betont sie erneut den Aspekt des „Todesleidens" (V. 9). Vgl. R. LE DÉAUT, Goûter le calice de la mort, Bib 43 (1962) S. 82–86; J. BEHM, ThWNT I, S. 675; H. J. van der MINDE, EWNT I, Sp. 591.
[25] Vgl. entsprechend ὑπὲρ πάντων 1 Tim 2,6 sowie im Hebr selbst: 5,1; 6,20; 7,25; 9,24. Zur traditionellen urchristlichen „Sterbeformel" vgl. H. RIESENFELD, ThWNT VIII, S. 511. 513; E. GRÄSSER, Die Heilsbedeutung des Todes Jesu in Hebräer 2,14–18, in: Theologia crucis – Signum crucis. Festschr. E. Dinkler, Tübingen 1979, S. 165–184, spez. S. 166; M. RISSI, Die Theologie des Hebr, S. 72. 78.
[26] Origenes hat die Lesart χωρὶς θεοῦ in einer Reihe der ihm zur Verfügung stehenden Handschriften vorgefunden. Vgl. Comm. in Jo. I 35: χωρὶς γέ θεοῦ..., ὅπερ ἐν τισι κεῖται τῆς πρὸς Ἑβραίους ἀντιγράφοις ‚χάριτι θεοῦ'. Vgl. auch ebd. XXVIII 18 (14); Hieronymus, Comm. in Gal. 3,10: Christus gratia Dei, sive, ut in quibusdam exemplaribus legitur, absque Deo pro omnibus mortuus est. Weitere Belege aus dem Zeugnis der Kirchenväter bei A. v. HARNACK, Zwei alte dogmatische Korrekturen im Hebr (s. o. Anm. 22), S. 237ff; vgl. auch C. SPICQ, I, S. 419.

dären) Lesart χάριτι θεοῦ jedenfalls leichter und ungezwungener verständlich machen läßt als der umgekehrte Weg[27]. Die Entscheidung für die eine oder die andere der beiden Lesarten ist also weniger vom Gewicht der handschriftlichen Überlieferung her zu fällen, als vielmehr von der Sache ihrer Integration im Kontext her. Zugunsten der Lesart χωρὶς θεοῦ kann unter diesem Aspekt auf das den ganzen Zusammenhang bestimmende Thema der Erniedrigung hingewiesen werden. Durch diese Lesart würde somit die Erniedrigung aufs äußerste gesteigert werden. Die Bitternis des Todes „schmeckt" der Erniedrigte gleichsam „getrennt von Gott", in seiner Gottverlassenheit also[28]. Das wäre zwar auch im Hebr eine singuläre Aussage. Immerhin könnte man aber dazu auf die gleichfalls sehr drastische Betonung der Erniedrigung Jesu in 5,7 hinweisen, zumal dann, wenn man sich dort für die Konjektur οὐκ εἰσακουσθείς entscheidet[29]. Demgegenüber wäre dann die Entstehung der Lesart χάριτι θεοῦ durch eine sekundäre, dogmatisch bedingte Korrektur zu erklären, die jene ursprüngliche harte Aussage durch den Hinweis darauf abmildert, daß hinter dem paradoxen Geschehen der äußersten Erniedrigung Jesu am Ende doch Gott selbst, also: sein Gnadenwillen, steht[30]. Freilich ist es nun gerade diese Grundaussage, die sich ohne Schwierigkeiten in den Kontext des Hebr einfügt. Die Wendung χάριτι θεοῦ wäre dann sachlich im Zusammenhang mit ὑπὲρ παντός zu sehen und damit das Heilsgeschehen des Todes Jesu als eine Gestaltwerdung gleichsam der „Gnade Gottes"[31]. Entscheidend für die Ursprüng-

---

[27] Nach A.v.HARNACK, Zwei alte dogmatische Korrekturen im Hebr (s.o. Anm.22), S. 239f, fordert der textkritische Befund das Urteil, daß χωρίς und χάριτι „gleichwertige Alternativ-Lesarten" sind.

[28] Vgl. zu solchem Verständnis des χωρίς etwa Mk 15,34 sowie Gal 3,13, wo „verflucht" ja nichts anderes heißt als „von Gott verlassen". Vgl. auch A.v.HARNACK, Zwei alte dogmatische Korrekturen im Hebr (s.o. Anm.22), S.242: χωρὶς θεοῦ sei „epexegetische Vertiefung" der „Todesleiden" in V.9a; S.243 mit Hinweis auf Hebr 5,7ff und 13,12f als „schlagende Parallele zu χωρὶς θεοῦ". Vgl. neuerdings auch M.RISSI, Die Theologie des Hebr, S.77f: „‚Ohne Gott' deutet den Tod Jesu als Trennung von Gott".

[29] So A.v.HARNACK, Zwei alte dogmatische Korrekturen im Hebr (s.o. Anm.22), S.244f; vgl. auch J.E.ELLIOT, ET 83 (1971/72) S.339–341, sowie neuerdings bes. H.BRAUN S.57, mit Hinweis auf 5,7ff; 11,26; 12,2; 13,12f. – Gänzlich fernzuhalten vom Hebr ist die altkirchliche Deutung von χωρὶς θεοῦ im Sinne von χωρὶς τῆς θείας φύσεως: Jesus habe also nur hinsichtlich seiner „menschlichen Natur" gelitten! So Theodor von Mopsuestia und Theodoret von Kyros. Vgl. dazu die Belege bei A.v.HARNACK, a.a.O., S.238f, sowie E.RIGGENBACH S.45, Anm.14; H.ZIMMERMANN, Das Bekenntnis der Hoffnung, S.159; C.SPICQ, I, S.419: „Cette interprétation théologique ... est nettement anachronique"! Gegen die Ursprünglichkeit der Lesart χωρὶς θεοῦ macht T.V.G.TASKER, NTS 1 (1954/55) S.184, mit Recht geltend, daß – vorausgesetzt, daß der Autor des Hebr hier tatsächlich den (Erniedrigungs-)Aspekt einer „Trennung von Gott" herausstellen wollte – eher die Formulierung κεχωρισμένος ἀπὸ θεοῦ zu erwarten wäre. Vgl. 7,26: „getrennt von den Sündern".

[30] So A.v.HARNACK, Zwei alte dogmatische Korrekturen im Hebr (s.o. Anm.22), S.244f. Vgl. in seiner Nachfolge auch G.ZUNTZ, The Text of the Epistles, S.34f. 44; O.MICHEL S. 140f; H.BRAUN S.57; J.B.BAUER, EWNT III, Sp.1183f, u.v.a.

[31] Vgl. entsprechend die Übersetzung von E.GRÄSSER, in: Festschr. E.Dinkler (s.o. Anm. 25), S.166: „es war Gottes gnädiger Wille, daß er für jeden den Tod erlitten hat". Damit entfiele auch die Schwierigkeit, χωρὶς θεοῦ in einen sinnvollen Zusammenhang mit dem im Satzgefüge ohne Frage betonten ὑπὲρ παντός zu bringen. Darüber hinaus entspricht solches Verständnis von χάρις durchaus dem auch sonst im Hebr vorherrschenden: vgl. 4,16; 10,29; 12,25; 13,9, an der letztgenannten Stelle auch der instrumentale Dativ χάριτι.

lichkeit der Lesart χάριτι θεοῦ spricht aber vor allem die Weiterführung des Nachsatzes von V. 9b im folgenden V. 10: Im Übergang von 2,5–9 zu 2,10ff wird bereits im Nachsatz V. 9b ein Sachverhalt akzentuiert, der in V. 10 dann sogleich mit der Wendung ἔπρεπεν γὰρ αὐτῷ aufgenommen wird: γάρ in V. 10 bezieht sich eben auf χάριτι θεοῦ zurück, und V. 10 entfaltet bzw. kommentiert somit jenes „Gnadengeschehen", von dem zuvor die Rede war. Das Geschehen, das sich in V. 9 andeutet, ist Gott, genauer: seiner Gnade, „angemessen – denn er ist es ja, der den ἀρχηγός „durch Leiden vollendet" und auf diesem Wege die „vielen Söhne zur Herrlichkeit führt"[32].

Auch wenn auf diese Weise die Frage nach der (sekundären) Entstehung der Lesart χωρὶς θεοῦ am Ende ohne befriedigende Antwort bleibt, ergibt sich unter der Voraussetzung der Ursprünglichkeit der Lesart χάριτι θεοῦ mit dem Finalsatz von V. 9b ein organischer Übergang zu dem folgenden Abschnitt[33]. Was das χάριτι θεοῦ von V. 9 konkret heißt, was es in soteriologischer Hinsicht heißt, daß Gott selbst mit seiner Gnade hinter dem in V. 9 beschriebenen paradoxen Geschehen steht, das wird – wie bereits das den V. 10 einleitende γάρ zeigt – im folgenden im einzelnen entfaltet, und zwar im Sinne der weiteren Ausführung des Aspektes der Erniedrigung des „Sohnes" in ihrer soteriologischen Bedeutung.

4.2) 2,10–18: Weg und Werk des Sohnes (Der Sohn und die Söhne)

10 Denn ihm, um dessen willen das All und durch den das All ist, war es angemessen, daß er (dadurch) viele Söhne zur Herrlichkeit führt, daß er den Anführer ihres Heils durch Leiden vollendet.
11 Sind doch sowohl der Heiligende wie auch die Geheiligten alle aus Einem; (und) aus diesem Grunde schämt er sich auch nicht, sie ‚Brüder' zu nennen,
12 indem er sagt: ‚Verkünden will ich deinen Namen meinen Brüdern/inmitten der Versammlung will ich dich preisen'.
13 Und weiter: ‚Ich will mein Vertrauen auf ihn setzen'; und wiederum: ‚Siehe ich und die Kinder, die Gott mir gegeben hat'.

---

[32] Die von Gottes „Gnade" ausgehende Initiative wird noch stärker betont durch die von A. SEEBERG, NJDTh 3 (1894) S. 445f, vorgeschlagene Konjektur: ὅπως χάρις (!) θεοῦ κτλ. Zum entsprechenden Verständnis von V. 9b bei den alten lateinischen Exegeten vgl. E. RIGGENBACH, Historische Studien zum Hebr (FGNK 8), Leipzig 1907, S. 219. 223.

[33] Unwahrscheinlich ist, daß hier lediglich ein Schreibfehler vorliegt, kaum mehr wahrscheinlich aber auch die Vermutung, daß die Lesart χωρὶς θεοῦ ursprünglich eine das πάντα aus Ps 8,7 einschränkende, nämlich Gott selbst ausnehmende, Randglosse zu V. 8b gewesen sei (sachlich also im Sinne des ἐκτὸς τοῦ ὑποτάξαντος αὐτῷ von 1 Kor 15,27!), die schließlich sekundär durch einen Abschreiber (versehentlich?) in V. 9 Eingang gefunden habe. So zuerst (als Vermutung geäußert!) B. WESTCOTT S. 61–63. Zur Frage vgl. auch E. RIGGENBACH S. 45, Anm. 14 = S. 46; B. M. METZGER, A Textual Commentary on the Greek New Testament, S. 664; W. R. G. LOADER, Sohn und Hoherpriester, S. 195f.

14 Da nun die Kinder teilhaben an Blut und Fleisch, erhielt auch er in gleicher Weise Anteil daran, damit er durch den Tod den zunichte mache, der die Macht über den Tod hat, nämlich den Teufel,
15 und damit er (auf diese Weise) diejenigen befreie, die in Todesfurcht zeit ihres Lebens der Sklaverei verfallen waren.
16 Denn er nimmt sich (ja) doch nicht der Engel an, sondern des ‚Samens Abrahams' nimmt er sich an.
17 Von daher gesehen mußte er in jeder Beziehung den Brüdern gleich werden, damit er (nun wirklich) ein barmherziger und getreuer (glaubwürdiger) Hoherpriester vor Gott würde, um die Sünden des Volkes zu sühnen.
18 Denn (nur) auf Grund dessen, daß er gelitten hat, und zwar als einer, der selbst (im Leiden) der Versuchung ausgeliefert war, ist er (nun auch) in der Lage, denen beizustehen, die der Versuchung ausgesetzt sind.

Zu Struktur und Bedeutung des Abschnitts:

Bereits die Reihe der Konjunktionen in VV. 10–18 (V. 10: γάρ; V. 11; γάρ/δι' ἣν αἰτίαν; V. 14: ἐπεὶ οὖν; V. 16: γάρ; V. 17: ὅθεν; V. 18: γάρ) zeigt, daß der ganze Abschnitt einen in sich geschlossenen Argumentationszusammenhang darstellt, der seinerseits vermittels der Überleitung in V. 9b eng an den vorangehenden Teilabschnitt anschließt. In sachlich-thematischer Hinsicht wird nunmehr das Thema der Erniedrigung, dessen soteriologische Dimension bereits in V. 9b angeklungen war, unter soteriologischem Aspekt entfaltet und auf diese Weise zugleich präzisiert, in welchem Sinne die „Sterbeformel" ὑπὲρ παντός in V. 9b zu verstehen ist. Die Soteriologie also, genauer: die Frage nach den Bedingungen der Möglichkeit des Heils, ist das Grundthema von 2,10–18. Und sofern die Argumentation des Autors am Ende in die für die Christologie und Soteriologie des Hebr gleichermaßen charakteristische Hohepriester-Christologie einmündet (VV. 17f), ist die grundlegende Bedeutung des Abschnitts für den ganzen Hebr offensichtlich.

Dies gilt nicht zuletzt auch im Blick darauf, daß hier zwei von ihrem Ansatz her unterschiedliche Grundtypen von Christologie (und Soteriologie) miteinander verbunden scheinen. Einmal die ἀρχιερεύς-Christologie, die sich aus biblisch-jüdischen Quellen speist und hinsichtlich der mit ihr verbundenen Soteriologie in einem Traditionszusammenhang mit der urchristlichen Sühnopfer-Soteriologie steht, und zum anderen eine ἀρχηγός-Christologie, die als solche von vornherein an der „Schicksalsgemeinschaft" zwischen dem „Sohn" und den „Söhnen" orientiert ist und gerade in dieser Hinsicht das Motiv der Erniedrigung – als eine Station gleichsam auf dem Wege zur Erhöhung – zum Tragen kommen läßt[1]. Es

---

[1] Mit diesen beiden Grundtypen von Christologie und Soteriologie ist demenstprechend wiederum die religionsgeschichtliche Fragestellung in bezug auf den Hebr verbunden. Denn so gewiß die „Hohepriester"-Christologie des Hebr in biblisch-jüdischer Tradition ihre Wurzeln hat, so naheliegend ist es, in der ἀρχηγός-Christologie ein der Gnosis nahestehendes Modell von Christologie und Soteriologie zu sehen. So zuletzt wieder E. GRÄSSER, Die Heilsbedeutung des Todes Jesu in Hebräer 2,14–18, in: Theologia crucis – signum crucis. Festschr. E. Dinkler zum 70. Geb., Tübingen 1979, S. 165–184, spez. S. 178. 180. 182f, mit der Einschränkung freilich, daß es dabei weniger um „aufweisbare Abhängigkeiten" geht, „wohl aber um die Feststellung analoger Erlösungsschemata, von denen her historisch ein verdeutlichendes Licht auf einzelne Begriffe und Anschauungen fällt" (ebd., S. 182).

macht nun freilich die Eigenart des in 2,10–18 vorgelegten christologisch-soteriologischen Entwurfs aus, daß jene ἀρχηγός-Christologie im Gefälle der Argumentation zwar in die ἀρχιερεύς-Christologie einmündet, dabei aber doch insofern für die letztere konstitutiv ist, als der Autor des Hebr allein auf diese Weise zu der Zielaussage V. 17 gelangen kann, daß der hier zum ersten Male im Hebr genannte „Hohepriester" nicht ein „Hoherpriester" schlechthin, sondern eben ein „barmherziger und getreuer bzw. glaubwürdiger Hoherpriester" ist, der als solcher – im Leiden selbst der Versuchung unterworfen – nunmehr auch den ihrerseits in Versuchung Geratenen beizustehen vermag (V. 18). Das ist in der Tat eine bemerkenswerte Akzentsetzung, die das pastoral-seelsorgerliche Grundanliegen, das der Autor auch und gerade im Zusammenhang der Entfaltung seiner christologischen „Lehre" im Blick hat, wiederum nachdrücklich hervortreten läßt.

Bei alledem ist zumal in diesem Abschnitt das Bemühen des Autors unverkennbar, seine Adressaten vermittels einer an ihr eigenes Urteilsvermögen sich wendenden Argumentation zur Zustimmung zu bewegen und ihnen auf diese Weise die gleichsam „parakletische" Dimension seiner christologischen Darlegungen durchsichtig und einsichtig zu machen. Von einem „Rationalismus" des Hebr zu sprechen, besteht freilich angesichts dessen umso weniger Anlaß, als gerade an dieser Stelle von vornherein deutlich ist, unter welcher Voraussetzung die logisch-folgerichtigen Ableitungen angefangen bei dem ἔπρεπεν γὰρ αὐτῷ in V. 10 bis hin zu dem ὅθεν ὤφειλεν in V. 17 vorgetragen werden: Von V. 9b her nämlich unter der Voraussetzung der χάρις θεοῦ, unter der Voraussetzung also der freien und unverfügbaren „Gnade Gottes". Ist diese Voraussetzung einmal gegeben (und wird sie auch seitens der Adressaten anerkannt), so ergibt sich von daher alles weitere in der Tat mit „logischer Notwendigkeit".

Die logisch-argumentierende Gedankenführung zeigt sich bereits in den den V. 10 einleitenden, betont vorangestellten ἔπρεπεν γὰρ αὐτῷ, mit dem formal und sachlich die Wendung χάριτι θεοῦ aus V. 9b aufgenommen und weitergeführt wird. Von dem, was Gott „angemessen ist", ist hier die Rede. Und das, was Gott „angemessen" ist, ergibt sich – notwendig – aus seiner Gnade[2]. Logisches Subjekt des Satzes ist also eindeutig Gott; denn er ist es ja, der den „Anführer des Heils" – wie es hier analog zu V. 9a heißt – „durch Leiden vollendet". Dementsprechend ist auch der Relativsatz δι' ὅν ... δι' οὗ trotz des formalen Anklangs an 1,2 (δι' οὗ) nicht auf Christus, sondern auf Gott zu beziehen. Formal wie auch inhaltlich gesehen nimmt der Autor des Hebr damit eine bereits traditionelle urchristliche Gottesprädikation auf, die ihrerseits wiederum auf einen hellenistisch-

---

[2] In dem ἔπρεπεν αὐτῷ spricht sich somit eine gewisse Rationalität der Argumentation aus, und zumal dann, wenn man den „hellenistischen" Hintergrund solcher Argumentationsweise beachtet, wie sie häufig auch bei Philon begegnet: All I 48, Conf 175; 179; 180; Fug 66; vgl. auch Josephus, c.Ap. II 68; Ps-Clem Hom V 26,3; POxy I 33[II 18]. Vgl. C. SPICQ, SBi, S. 72: „prépô, verbe technique de la théodicée hellénistique". Zu τὸ πρεπόν als Wert- und Normbegriff vgl. M. POHLENZ, τὸ πρεπόν. Ein Beitrag zur Geschichte des griechischen Geistes, NGWG.PH 1933, S. 53–92, spez. S. 71ff.

stoischen bzw. hellenistisch-jüdischen Traditionshintergrund verweist[3]. Durch die Einstellung in den neuen Kontext gewinnt jene (ursprünglich monistisch-pantheistisch akzentuierte) stoische „Allmachtsformel" freilich eine andersartige Funktion: Die ursprünglich „kosmisch" ausgerichtete Rede vom „All" (τὰ πάντα) erscheint nunmehr – vom ὑπὲρ παντός von V. 9b her gesehen – soteriologisch ausgerichtet, und zwar auf die Eröffnung eines universalen Heilsweges hin.

Genau dies ist im Sinne des Autors des Hebr Gott „angemessen", und in diesem Sinne auch geht die Richtung der Argumentation von dem in Gottes Gnade begründeten ὑπὲρ παντός von V. 9b über die Gottesprädikationen im Relativsatz V. 10a hin zu den „vielen Söhnen" in dem Gottes Heilsabsicht formulierenden Partizipialsatz V. 10b[4]. Auch hier schließt sich der Autor zunächst wieder an eine traditionell-urchristliche Redeweise an. Die Bezeichnung der Christen als „Söhne" oder auch als „Kinder" (Gottes), aber auch die Umschreibung des eschatologischen Heilsziels mit dem Stichwort δόξα, das ist im Urchristentum keineswegs ungewöhnlich[5]. Gleichwohl setzt der Autor des Hebr auch an dieser Stelle wieder seine eigenen Akzente. Denn eben mit der Bezeichnung des eschatologischen Heilsziels εἰς δόξαν erfolgt im Kontext von 2,5–18 ja offensichtlich zugleich ein Rückbezug auf die christologische Aussage in V. 9a: Heilsziel ist also, daß die „Söhne" dereinst an derselben „Herrlichkeit" teilhaben, die der „Sohn" durch seine Erhöhung bereits erlangt hat. Die Rede von den „Söhnen" gewinnt im Kontext des Hebr ihre spezifische Eigenart dadurch, daß dem Autor des Hebr entscheidend daran gelegen ist, die „Schicksalsgemeinschaft" des „Sohnes" und der „Söhne" und mit ihr zugleich die heilsbegründende und heilsmittlerische Funktion des „Sohnes" im Interesse der „Söhne" herauszustellen. Als der „Sohn" ist er der „Anführer des Heils" für die „Söhne"!

Bei alledem ist freilich vom Kontext (V. 9b) wie auch von der Einleitung des Satzes V. 10 her deutlich, daß nicht der „Sohn" selbst, sondern Gott

---

[3] Vgl. bes. Röm 11,36; 1 Kor 8,6 sowie Kol 1,16; Eph 4,6. Für Philon vgl. Spec Leg I 208f; Cher 125–127. Zum Ganzen vgl. E. Norden, Agnostos Theos, S. 240ff. 347f (S. 242: „eine Art Bekenntnisformel der stoischen Theologie"); H. Hommel, Pantokrator, in: Ders., Sebasmata. Studien zur antiken Religionsgeschichte und zum frühen Christentum (WUNT 31), Tübingen 1983, S. 131–177, spez. S. 145ff.

[4] In dem durch πᾶς, πάντες, πάντα geprägten Kontext und insbesondere im Zusammenhang mit der Formel ὑπὲρ παντός in V. 9b ist πολλοί nicht exklusiv, sondern inklusiv-verallgemeinernd zu verstehen. Vgl. entsprechend πολλοί im Sinne von πάντες in Mk 10,45 (1 Tim 2,6!); 14,24 sowie Röm 5,12ff; 8,29. Zum „inkludierenden" Sprachgebrauch von πολλοί vgl. J. Jeremias, ThWNT VI, S. 536. 541.

[5] Zu δόξα als Bezeichnung des eschatologischen Heilsgutes vgl. Röm 8,18. 21. 30; 2 Kor 3,18; Kol 1,27; 3,4; dazu G. Kittel, ThWNT II, S. 253; H. Hegermann, EWNT I, Sp. 838f. – Zur Bezeichnung der Christen als „Söhne" bzw. „Kinder" Gottes vgl. bereits Röm 8,14. 16. 21 (hier in Verbindung mit δόξα!); 1 Joh 3,1f. 10; 5,2 sowie Hebr 12,5ff; dazu E. Schweizer, ThWNT VIII, S. 392f; F. Hahn, EWNT III, Sp. 925f.

das logische Subjekt des Satzes ist. Denn obwohl der terminologische Zusammenhang ἄγειν-ἀρχηγός wie auch die formale Kongruenz des Kasus ἀγαγόντα – τὸν ἀρχηγόν zunächst auf Christus als logisches Subjekt des Partizipialsatzes hinweist[6], ist es nicht nur die Rede von den „Söhnen" (Gottes!), sondern vor allem die Logik des ganzen Zusammenhangs, die am Ende Gott selbst als Subjekt auch des ἄγειν im Partizipialsatz gelten läßt. Er – Gott – ist es, der „viele Söhne zur Herrlichkeit führt"[7] – und vor allem: er – Gott – ist es, der dieses Ziel dadurch erreicht, daß er „den Anführer ihres Heils durch Leiden vollendet". Der Infinitivsatz V.10b bezeichnet somit das Mittel bzw. den Weg, auf dem Gott jenes Heilsmittel erreicht; der Partizipialsatz das Ziel dieses Weges. Und stehen die beiden Verben in beiden Sätzen, das Partizip ἀγαγόντα und der Infinitiv τελειῶσαι, im Aorist, so sind sie beide auch auf denselben Vorgang und auf dasselbe logische Subjekt zu beziehen. Trotz der auf den ersten Blick auffälligen Inkongruenz der Kasus (ἔπρεπεν αὐτῷ einerseits und ἀγαγόντα andererseits)[8] ist also der Partizipialsatz V.10b als eine Beschreibung von Gottes Handeln anzusehen und ordnet sich unter der Überschrift des χάριτι θεοῦ von V.9b ganz in den theo-logisch bestimmten Zusammenhang von V.10 ein. Um der „Söhne" willen, um sie zur Herrlichkeit und damit zum Heil zu führen, ist es Gott „angemessen", den Sohn „durch Leiden zu vollenden" und ihn auf diesem Wege zum „Anführer ihres Heils" werden zu lassen. Dies ist zunächst die zentrale Aussage, die im folgenden im einzelnen entfaltet wird. Der Weg zum Heil führt durch das Leiden hindurch. Der Rückbezug auf die christologische Aussage von V.9a ist eindeutig, eindeutig aber auch, daß das „Todesleiden" des Sohnes auch hier nicht lediglich als ein Durchgangsstadium auf dem Wege zur „Vollendung" gilt, sondern als die notwendige Bedingung für diese „Vollendung", die letztere aber auch als die Voraussetzung dafür, daß der „Vollendete" (τελειωθείς) zum Begründer (αἴτιος) eines „ewigen", d.h. für alle Zeit und

---

[6] Die Tätigkeit des ἀρχηγός ist das ἄγειν der Söhne zur „Herrlichkeit". So unter den neueren Auslegern bes. E. KÄSEMANN, Das wandernde Gottesvolk, S.89; E. GRÄSSER, Der Glaube im Hebr, S.209; U. BORSE, EWNT I, Sp.59. – Zum ingressiven Verständnis des Aorists ἀγαγόντα vgl. G. DELLING, ThWNT I, S.486 mit Anm.3; demgegenüber versteht P.G. MÜLLER, ΧΡΙΣΤΟΣ ΑΡΧΗΓΟΣ, S.286, Anm.9, den hier vorliegenden Aorist als einen „resultativen Aorist"; also: „den Endpunkt der Führung am Ziel erreichen".

[7] Vgl. in diesem Sinne bereits F. BLEEK II/1, S.292ff; H. WINDISCH S.21 sowie F. SCHEIDWEILER, Hermes 83 (1955) S.229f, der statt ἀγαγόντα die Lesung ἀγαγεῖν διδόντα vorschlägt, d.h.: „Gott gab, den Sohn zu führen". Statt eines ingressiven Verständnisses des Aorists ἀγαγόντα schlägt H. KRÄMER, Zu Hebräer 2, Vers 10, WuD 3 (1952) S.102–107, spez. S.104f, ein das bloße ἄγειν intensivierendes „konfektives" Verständnis vor: ἀγαγεῖν hieße dann: „hintragen" (zum Ziel) im Unterschied zu ἄγειν = „führen, geleiten".

[8] Solche Inkongruenz ist keineswegs ungewöhnlich. Als Beifügung zum Subjekt eines Infinitivsatzes kann das Partizip durchaus in den Akkusativ treten. Vgl. Act 25,27 sowie Lk 1,73f; Act 11,12; 15,22; Bl.-DEBR.-R. §410; H. KRÄMER, WuD 3 (1952) S.102–107, spez. S. 106f.

Zukunft gültigen Heils geworden ist (5,9). Das hierbei von Gott als Subjekt ausgesagte τελειοῦν ist im Kontext - zumal von V. 9a her - eindeutig auf die Erhöhung des Sohnes zu beziehen. Zu fragen bleibt gleichwohl, ob der Autor des Hebr nicht auch hier wieder mit der Wahl gerade dieses Terminus einen eigenen Akzent gegenüber der ihm bereits überkommenen Erhöhungschristologie gesetzt hat. Erhöhung als „Vollendung"! Schließt das nicht zugleich ein für den Hebr charakteristisches Verständnis der Erhöhung in sich?

Neben den Substantiva τελειότης (6,1), τελειωτής (12,2), τελείωσις (7,11) und dem Adjektiv τέλειος (5,14) gehört vor allem das Verbum τελειοῦν zu den Vorzugswörtern des Hebr[9]. Im einzelnen wird es im Hebr in unterschiedlichen Zusammenhängen gebraucht: Einmal christologisch im engeren Sinne, nämlich von Gottes Handeln am Sohn: 2,10; 5,9; 7,28; zum anderen soteriologisch, nämlich vom Handeln des Sohnes an den „Brüdern": 10,14; und hinzu tritt die Verwendung innerhalb des kultisch geprägten Zusammenhangs 7,1-10,18, hier im Sinne der Gegenüberstellung der „Unvollkommenheit" der alten Kultordnung des Gesetzes und der „Vollkommenheit" der neuen Heilsordnung (7,11.19; 9,9; 10,1.14), sowie endlich die besondere Anwendung von τελειοῦν in 11,40 und 12,23. Generell gilt im Blick auf den im einzelnen vielfältigen Gebrauch allenfalls, daß τελειοῦν (usw.) im Hebr bereits von 1,1-4 her gesehen unter einem eschatologischen Vorzeichen steht und dementsprechend auch eschatologisch akzentuiert ist[10]. Dies schließt jedoch keineswegs aus, daß die konkrete Bedeutung jeweils durch den Kontext konstituiert wird, wobei freilich von vornherein die Bedeutung ausscheidet, wonach mit τελειοῦν der Endpunkt einer moralischen oder auch einer „sittlich-religiösen" Entwicklung bezeichnet wird. Nicht der Sohn selbst „vollendet" oder „vervollkommnet sich"; vielmehr wird er von Gott „vollendet" (2,10; 5,9f; vgl. auch das Passivum 7,28); und dasselbe gilt auch im Blick auf das Handeln des Hohenpriesters an den „Geheiligten" (10,14)[11]. Ist damit eine bestimmte Grundrichtung des Verständnisses von τελειοῦν im Hebr bereits benannt, so stellt sich gleichwohl die Frage, ob die konkrete Bedeutung im Hebr jeweils ausschließlich

---

[9] Vgl. dazu: J. KÖGEL, Der Begriff τελειοῦν im Hebr, in: Theologische Studien. Festschr. M. Kähler, Leipzig 1905, S. 35-68; Th. HAERING, Über einige Grundgedanken des Hebr, MPTh 17 (1920/21) S. 260-276; E. RIGGENBACH, Der Begriff der τελείωσις im Hebr, NKZ 34 (1923) S. 184-195; Th. HAERING, Noch ein Wort zum Begriff τελειοῦν im Hebr, NKZ 34 (1923) S. 386-389; O. MICHEL, Die Lehre von der christlichen Vollkommenheit nach der Anschauung des Hebr, ThStKr 106 (1934/35) S. 333-353; E. KÄSEMANN, Das wandernde Gottesvolk, S. 82-90; M. DIBELIUS, Der himmlische Kultus nach dem Hebr, in: DERS., Botschaft und Geschichte II, Tübingen 1956, S. 160-176, spez. S. 165ff; P. J. du PLESSIS, ΤΕΛΕΙΟΣ. The Idea of Perfection in the New Testament, Kampen 1959, S. 206-233; A. WIKGREN, Patterns of Perfection in the Epistle to the Hebrews, NTS 6 (1959/60) S. 154-167; Ch. CARLSTON, The Vocabulary of Perfection in Philo and Hebrews, in: Unity and Diversity in the New Testament Theology. Essays in Honour of G. E. Ladd, Grand Rapids 1978, S. 133-160.

[10] Vgl. dazu jetzt besonders M. SILVA, Perfection and Eschatology in Hebrews, WThJ 39 (1976/77) S. 60-71.

[11] Hier zeigt sich auch der entscheidende Unterschied zu Philon, für den durchweg gilt: „the ethical note is all-pervasive". So Ch. CARLSTON, a. (Anm. 9) a.O., S. 144; vgl. auch S. 148 sowie G. DELLING, ThWNT VIII, S. 81.

durch den Kontext bestimmt wird oder ob sich bei aller Differenzierung im einzelnen doch für alle in Betracht kommenden Stellen eine gleichbleibende Grundbedeutung wahrscheinlich machen läßt. Für ersteres läßt sich vor allem die offensichtlich unterschiedliche Bedeutung in 2,10 (5,9f; 7,28) einerseits und 11,40 andererseits geltend machen. Steht dort τελειοῦν eindeutig zur Bezeichnung der Erhöhung bzw. „Verherrlichung" (2,9)[12], so in 11,40 zur Bezeichnung des Sachverhalts, daß die Glaubenszeugen der „Alten" noch nicht ans Ziel der Verheißung gelangt sind. In dem kultisch geprägten Kontext der Kapitel 7 bis 10 dagegen erhält τελειοῦν zumindest in 7,11.19; 9,9; 10,1.14 – analog dem entsprechenden Gebrauch in LXX[13] – seine kultische Bedeutung, und zwar im Sinne der Befähigung zur Ausübung des Kultes und damit der Begründung der Möglichkeit, sich Gott zu nahen bzw. zu ihm „hinzutreten"[14]. Auch im Hebr spiegelt sich somit noch der Sachverhalt wider, daß die Wortgruppe τελειοῦν (usw.) an sich polyvalent ist und somit über die konkrete Bedeutung erst durch den jeweiligen Kontext entschieden wird[15]. Ein durchgängig kultisches Verständnis von τελειοῦν im Hebr läßt sich also nicht wahrscheinlich machen[16]. Das schließt freilich nicht aus, daß – auch abgesehen von der eindeutig kultischen Verwendung im Kontext von 7,1-10,18 – auch bei der christologischen und soteriologischen Verwendung von τελειοῦν eine gewisse Nähe zum Bereich des Kultischen festzustellen ist, so vor allem dann, wenn τελειοῦν in 2,10f und 10,14 im Zusammenhang mit dem seinerseits eindeutig kultisch bestimmten Terminus ἁγιάζειν gebraucht wird[17]; oder auch in 5,9f, wenn hier das zunächst wie in 2,10 auf die Erhöhung zu beziehende passive Partizip τελειωθείς im folgenden durch προσαγορευθείς κτλ. weitergeführt wird. Eine Nähe zum Kultischen ist hier zweifellos gegeben; jedoch kann daraus nicht die Schlußfolgerung gezogen werden, daß das Verbum hier – wie auch in 2,10 – mit der „Priesterweihe" bzw. mit der Einsetzung ins Priesteramt identisch sei[18]. Zwar interpretiert der Autor des Hebr die mit dem Verbum τελειοῦν zur Aussage gebrachte Erhöhungsvorstellung in Richtung auf seine Hohepriester-Christologie, differenziert aber am

---

[12] Vgl. in diesem Sinne bereits Theophylakt, PG 125, Sp. 212: τελείωσιν δὲ ἐνταῦθα νόει τὴν δόξαν ἣν ἐνδοξάσθη sowie M. SILVA, WThJ 39 (1976/77) S.65.

[13] Vgl. Ex 29,9.29.33.35; Lev 4,5; 8,33; 16,32; Num 3,3; 2 Makk 2,9; 4 Makk 7,15; Sir 34 (31), 10 sowie Philon, All III 45; VitMos II 149. Dazu G. DELLING, ThWNT VIII, S.81f.

[14] Vgl. die Verbindung τελειοῦν-ἐγγίζειν (τῷ θεῷ) in Hebr 7,19 sowie die entsprechende Verbindung mit προσέρχεσθαι in 10,1.

[15] Vgl. in diesem Sinne bereits J. KÖGEL (s.o. Anm.9), S.59; weiter: F. LAUB, Bekenntnis und Auslegung, S.71f; D. PETERSEN, Hebrews and Perfection, S.23-66; M. RISSI, Die Theologie des Hebr, S.79.

[16] Gegen Th. HAERING, MPTh 17 (1920/21) S.266f. M. DIBELIUS (s.o. Anm.9), S.163ff, entwickelt diese These unter der Voraussetzung, daß der Hebr insgesamt das christliche Heil „in der Form eines großartigen, Erde und Himmel umfassenden Kultmysteriums" darstelle, was dann konsequenterweise auch das durchgängige Verständnis von τελειοῦν im Sinne von „weihen" bedinge. Auch nach K. PRÜMM, Bib 44 (1963) S.91, ist die „kultische Sinnspitze" im Hebr die „bezeichnendste und wichtigste"; vgl. auch H. HÜBNER, EWNT III, Sp.827f.

[17] Vgl. den entsprechenden Zusammenhang τελειοῦν-ἁγιάζειν in Ex 29,33. Zum kultischen Charakter von ἁγιάζειν im Hebr vgl. auch 9,13; 10,10.29 sowie unten zu 2,11. E. KÄSEMANN, Das wandernde Gottesvolk, S.88, übersetzt dementsprechend ἁγιάζειν – mit Verweis auf 1 Kor 6,11; 7,14; Eph 5,26 und Joh 17,19 – durch „weihen".

[18] So zu 2,10 und 5,9f M. DIBELIUS (s.o. Anm.9), S.169ff. Kritisch dazu mit Recht F. LAUB, Bekenntnis und Auslegung, S.140ff.

Ende doch wieder zwischen Erhöhung einerseits und Einsetzung in das Amt des Hohenpriesters andererseits. Τελειοῦν im Sinne der Erhöhung ist in 5,9 und 7,28, vom Kontext her gesehen aber auch in 2,10, mit dem Titel des „Sohnes" verbunden, zunächst aber noch nicht mit der Einsetzung in das Amt des Hohenpriesters.

Im Blick speziell auf V. 10 bedeutet dies: Im Zusammenhang mit dem hier vorliegenden Bild des Weges „durch Leiden (hindurch)" wird mit τελειοῦν das Ziel bzw. die Vollendung des Weges bezeichnet. Die παθήματα sind also die notwendige Voraussetzung für die Vollendung des Weges. Und solchem Grundverständnis von τελειοῦν im Sinne der Zielangabe des Weges entspricht es, wenn an dieser Stelle – um der Solidarität des „Sohnes" und der „Söhne" willen – zunächst der Titel ἀρχηγός und noch nicht der Titel ἀρχιερεύς benutzt wird. Denn ἀρχηγός heißt derjenige, der selbst den Weg „durch Leiden hindurch" geht und auf Grund der „Vollendung" dieses Weges nun seinerseits auch diejenigen zu „vollenden" vermag (10,14), die ihm auf diesem Weg folgen. Der ἀρχηγός ist in diesem Sinne zugleich der „Vorläufer" (6,20: πρόδρομος) und der „Wegbereiter" (10,20), gerade so aber auch für diejenigen, die ihm gehorsam sind, ein „Verursacher ewigen Heils" (5,9). In dem Weg Jesu, den Gott ihn „durch Leiden zur Vollendung führt", stellt sich somit zugleich das Werk Jesu dar: Der „Anführer" auf dem Wege zum Heil ist zugleich der „Verursacher" des Heils.

Mit ἀρχηγός begegnet im Hebr an dieser Stelle (V. 10) zum ersten Male ein christologischer Titel, der – obwohl er im Hebr nur zweimal als solcher belegt ist (2,10; 12,2) – für die Christologie und Soteriologie des Hebr von entscheidender Bedeutung ist. Wenngleich der Bedeutungsumfang von ἀρχηγός an sich relativ umfassend ist[19], ist die spezielle Bedeutung des Titels im Hebr vom jeweiligen Kontext her eindeutig: ἀρχηγός, das ist im Hebr der „Anführer" und Vorläufer bzw. Wegbereiter (6,20; 10,20), in diesem Sinne aber zugleich auch der „Urheber" und Begründer des Heils (5,9), letzteres auf Grund dessen, daß er den Seinen auf ihrem Wege vorangegangen ist bzw. ihnen ihren Weg gebahnt hat[20]. In diesem

---

[19] Vgl. P.-G. Müller, EWNT I, Sp. 392: „Der semasiologische und lexikographische Befund aus der Profangräzität ergibt für den Ausdruck ein äußerst polyvalentes Bedeutungsspektrum auf der Basis von ‚der Erste sein, an der Spitze stehen, führend sein'". Zum Titel ἀρχηγός im einzelnen vgl. G. Delling, ThWNT I, S. 485f; E. Käsemann, Das wandernde Gottesvolk, S. 79–82; P.-G. Müller, ΧΡΙΣΤΟΣ ΑΡΧΗΓΟΣ. Der religionsgeschichtliche und theologische Hintergrund einer neutestamentlichen Christusprädikation (EHS.T 28), Bern/Frankfurt 1973; G. M. M. Pelser, Die Begrip Archegos in die brief aan die Hebreers. HTS 28 (1972) S. 86–98; G. Friedrich, Die Verkündigung des Todes Jesu im Neuen Testament (Biblisch-theol. Studien 6), Neukirchen ²1982, S. 156–175; J. J. Scott, Archēgos in the Salvation History of the Epistle to the Hebrews, JETS 29 (1986) S. 47–54.

[20] Wenn in 2,10 von der „Vollendung" des ἀρχηγός die Rede ist und auch in 12,2 ἀρχηγός und τελειωτής miteinander verbunden werden, so ist hier jeweils ein Anklang an die Gegenüberstellung von „Anfang" (ἀρχή) und „Ende" (τέλος) jedenfalls nicht auszuschließen: Damit

Sinne verbindet sich im Hebr mit diesem Titel – charakteristisch für die Christologie des Hebr insgesamt – ein ethisch-paränetisches Moment – Jesus als der „Anführer" ist das Vorbild für diejenigen, die ihm auf seinem Wege nachfolgen – mit einem soteriologischen Moment: Auf Grund dessen, daß Jesus selbst den Weg „durch Leiden zur Vollendung" gegangen ist und auf diesem Wege den Glauben bis zum Ende und Ziel bewahrt und bewährt hat (12,2), ist er zugleich Wegbereiter des Heils für die Seinen (10,20) bzw. „Vorläufer" ὑπὲρ ἡμῶν (6,20)[21]. Was den Titel ἀρχηγός bei alledem vor dem Titel ἀρχιερεύς auszeichnet, ist seine Verbindung mit der Vorstellung einer Schicksals- und Solidargemeinschaft des „Anführers" und Wegbereiters mit denen, die ihm auf seinem Wege folgen. Dieser Weg ist für beide – den „Anführer" und seine Nachfolger bzw. für den „Sohn" und die „Söhne" – derselbe; und ebenso ist für beide auch das Ziel des Weges dasselbe: die Teilhabe nämlich der „Söhne" an jener „Herrlichkeit", mit der der „Sohn" als der Erhöhte bereits „gekrönt" ist (V. 9). Zwar gilt auch für den Gebrauch von ἀρχηγός bei Lukas (Act 3,15; 5,31) grundsätzlich dasselbe[22] – mit dem charakteristischen Unterschied nur, daß im Hebr der Titel – schon von V. 10 her gesehen – untrennbar mit dem Aspekt des Leidens verbunden ist. „Durch Leiden hindurch" – darauf liegt in V. 10 der Akzent – wird der ἀρχηγός „vollendet". Der ἀρχηγός-Titel ist im Hebr also zunächst vom traditionellen christologischen Schema von Erniedrigung und Erhöhung zu verstehen[23], wobei der Autor des Hebr seinerseits freilich insbesondere das Motiv der Erniedrigung im Sinne des Leidens akzentuiert und – im Zusammenhang mit ihm – das Motiv der Teilhabe des „Sohnes" an der irdischen Existenz der „Söhne" (V. 14). Insgesamt also verbindet sich im Hebr mit dem Titel ἀρχηγός eine Gesamtkonzeption, die als solche allein aus spezifisch christlichen Prämissen abzuleiten ist und der gegenüber die Frage nach der religionsgeschichtlichen

---

ergäbe sich nicht zuletzt auch ein Rückbezug auf die σωτηρία in 2,3, die „ihren Anfang im Reden durch den Herrn genommen hat". ἀρχή würde somit bereits in 2,3 nicht nur den (zeitlichen) Anfang, sondern damit zugleich die Grundlegung und Eröffnung des Weges zum Heil bezeichnen.

[21] Zur Verbindung beider Aspekte vgl. bereits F. BÜCHSEL, Die Christologie des Hebr, S. 63–65, sowie neuerdings F. LAUB, Bekenntnis und Auslegung, S. 159ff.

[22] Vgl. auch Act 26,33 sowie 2 Clem 20,5. Der Terminus ἀρχηγός schließt hier also durchaus auch das Moment des „Anfängers" bzw. „Erstlings" in sich. Vgl. entsprechend 1 Kor 15,20.23; Kol 1,18. Die Übereinstimmung im Gebrauch des Titels bei Lukas und im Hebr könnte auf die gemeinsame Verwurzelung in einer „hellenistischen Christologie" hinweisen (vgl. dazu G. DELLING, ThWNT I, S. 485f; P.-G. MÜLLER, EWNT I, Sp. 393f), kaum jedoch auf eine Lukas und Hebr gemeinsame „liturgische Tradition". Gegen H. ZIMMERMANN, Das Bekenntnis der Hoffnung, S. 161f; P.-G. Müller, EWNT I, Sp. 393: „eine gemeinsame liturgische Tradition..., die ihrerseits eine geprägte Formel archaischer Christologie aus der hellenistischen Gemeinde vermuten läßt".

[23] Vgl. dazu im einzelnen: P.-G. MÜLLER, ΧΡΙΣΤΟΣ ΑΡΧΗΓΟΣ S. 291ff. 307; S. NOMOTO, Die Hohepriester-Typologie im Hebr, S. 22ff; F. LAUB, Bekenntnis und Auslegung, S. 75f.

Herkunft des Titels allenfalls noch gewisse Teilaspekte zu verdeutlichen vermag.

Der Begriff ἀρχηγός als solcher ist zunächst in der griechisch-hellenistischen Sprachtradition beheimatet. Schon von daher gesehen verbieten sich alle Versuche, ihn einlinig auf eine biblische Traditionslinie zurückzuführen[24]. Gleiches gilt auch für die Herleitung des Titels aus der jüdischen Apokalyptik und (in diesem Zusammenhang auch) aus der Qumran-Gemeinde[25]. Am wahrscheinlichsten demgegenüber muß noch immer die Herleitung des Titels aus einem „Gnosis-nahen" Umfeld erscheinen[26]. Zwar wird in den überlieferten gnostischen Texten selbst der Titel als solcher nur selten benutzt, jedoch ist ein in mancherlei Hinsicht analoges Grundschema – so insbesondere was die gemeinsame Herkunft und das gemeinsame Schicksal des Erlösers und der zu Erlösenden betrifft – unverkennbar, so z.B. wenn in der sogen. Naassenerpredigt bei Hippolyt (Ref. V 7,30) der mit Hermes identifizierte „Adamas" als ψυχαγωγὸς καὶ ψυχοπομπὸς καὶ ψυχῶν αἴτιος bezeichnet wird oder in Corp. Herm. I 26 der zur Erlösung führende Mystagoge der καθοδηγός genannt wird[27]. Wird darüber hinaus im Hebr das Werk des ἀρχηγός als ein Zunichtemachen des Todesverhängnisses beschrieben (V. 15) und ist sodann – hier freilich bereits in Verbindung mit dem Titel des „Hohenpriesters" – in 4,14 von einem „Durchschreiten der Himmel" die Rede, so ist eine gewisse Nähe zu einer der Gnosis zumindest nahestehenden Soteriologie unverkennbar[28]. Noch

---

[24] So zuletzt bes. P.-G. MÜLLER, ΧΡΙΣΤΟΣ ΑΡΧΗΓΟΣ, passim; DERS., EWNT I, Sp. 393: Im Titel ἀρχηγός sei das Credo der Herausführung aus Ägypten „christologisch-titular transponiert". Dementsprechend ist der Erhöhte der „eschatologische Anführer des neuen Volkes Gottes auf seinem Exodus in die Doxa der Auferstehung". G. JOHNSON, Christ as Archegos, NTS 27 (1981) S. 381–385, verweist demgegenüber für den biblischen Ursprung von ἀρχηγός auf die Titel נָשִׂיא (Num 13,2f; 16,2) bzw. שַׂר (Jdc 5,15; 1 Chron 26,26; Neh 2,(12)9; Jes 30,4). Also: ἀρχηγός, d.h.: „prince", „Fürst".

[25] Für die Ableitung des Titels aus der Apokalyptik vgl. bes. O. MICHEL S. 144f, freilich ohne Angabe von Belegen, andererseits aber auch mit Hinweis auf „gnostische Denkvoraussetzungen". – Für die Ableitung aus dem Qumran-Judentum verweist C. SPICQ, RdQ 1 (1959) S. 379f, auf 1QM 15,4; 16,13; 18,5; 19,11, wo der „Hauptpriester" (הכהן הראש) im eschatologischen Endkampf zugleich die Funktion des נָשִׂיא wahrnimmt. Kritisch dazu H. BRAUN, Qumran und das Neue Testament I, S. 246; DERS., Hebr, S. 58, sowie P.-G. MÜLLER, ΧΡΙΣΤΟΣ ΑΡΧΗΓΟΣ, S. 149–171.

[26] Dazu vgl. bes. E. KÄSEMANN, das wandernde Gottesvolk, S. 79–82. 92f; E. GRÄSSER, Der Glaube im Hebr, S. 95f. 209f; DERS., Die Heilsbedeutung des Todes Jesu in Hebräer 2,14–18, S. 180. 183; H. BRAUN S. 58f, sowie bereits H. WINDISCH S. 45; M. DIBELIUS, Der himmlische Kultus nach dem Hebr, S. 164f; F.J. SCHIERSE, Verheißung und Heilsvollendung, S. 105f; E. LOHSE, Märtyrer und Gottesknecht, S. 166f.

[27] Weitere Belege (OdSal und mandäische Literatur) bei E. KÄSEMANN, Das wandernde Gottesvolk, S. 81, und bei H. BRAUN S. 58f. – Kritisch dazu wiederum O. HOFIUS, Der Vorhang vor dem Thron Gottes, S. 89ff.

[28] Bezeichnend in dieser Hinsicht ist der Sachverhalt, daß Autoren, die sich im übrigen entschieden gegen eine „gnostische" Deutung des Hebr aussprechen, zumindest an dieser Stelle eine gewisse Nähe zur Gnosis konzedieren. Vgl. z.B. L. GOPPELT, Theologie des Neuen Testaments, S. 583; F. LAUB, Bekenntnis und Auslegung, S. 67. – Der Titel als solcher ist in gnostischen Texten freilich nur selten belegt und auch dann nur in biblischen Zitaten. Vgl. z.B. NHC II p. 229,21 (Jer 3,4); VIII p. 139,27; 140,4 (Act 3,15). Umso deutlicher ausgeprägt ist die mit dem Titel des „An- und Wegführers" verbundene Sache, so z.B. im „Evangelium

eindeutiger wäre dann freilich ein Zusammenhang der ἀρχηγός-Christologie des Hebr mit einem gnostischen „Erlösermythus", wenn an unserer Stelle nicht nur das Motiv des gemeinsamen Schicksals des Erlösers und der zu Erlösenden – in der Sprache des Hebr: des „Sohnes" und der „Söhne" – vorläge, sondern mit ihm zugleich auch das Motiv einer gemeinsamen Abkunft des „Sohnes" und der „Söhne".

Genau in diese Richtung scheint nun freilich auch der Begründungssatz zu V. 10 in V. 11 zu weisen: ἐξ ἑνὸς πάντες, d.h. sowohl der ἁγιάζων als auch die ἁγιαζόμενοι. Obwohl hier zunächst zwischen dem „Sohn" als dem „Heiligenden" und den „Söhnen" als den „Geheiligten" eindeutig unterschieden wird, liegt der Akzent doch im Kontext ganz eindeutig auf der Feststellung der gemeinsamen Abkunft beider. Als diejenigen, die ihre Abkunft „alle aus Einem" haben, werden der „Heiligende" und die „Geheiligten" zwar unterschieden, durch τε-καί aber zugleich wiederum aufs engste miteinander verbunden. Dies geschieht an dieser Stelle in einer Weise wie sonst nirgends im Neuen Testament: „Nirgendwo wird Jesus ... im N.T. mit uns in dieser Weise auf die gleiche Stufe gestellt. Nirgendwo wird die Frucht seines Lebens und Sterbens deshalb auf uns übertragen, weil er ein Typ unseres Geschlechtes sei"[29]. Freilich handelt es sich auch hier offensichtlich nicht um eine einfache Übernahme der gnostischen Vorstellung von der συγγένεια zwischen dem Erlöser und den zu Erlösenden, jedenfalls nicht in dem Sinne, daß vermittels dieser Vorstellung die gemeinsame himmlische Abkunft des „Sohnes" und der „Söhne" behauptet wird[30]. Denn ganz im Unterschied zu dieser Vorstellung wird im Hebr an dieser Stelle die Gemeinsamkeit und Solidarität des „Sohnes" und der „Söhne" gerade hinsichtlich der Niedrigkeit des Leidens betont.

Zum Verständnis der Wendung bieten sich zunächst zwei Möglichkeiten vor allem an: Eine anthropologische Deutung und eine theologische Deutung. Die erstere geht von Act 17,26 aus: ἐξ ἑνὸς πᾶν ἔθνος ἀνθρώπων, bezieht also den „Einen", von dem hier die Rede ist, auf den Urmenschen Adam[31]. Nur eine Variante dieser Deutung ist es, wenn jener „Eine" – mit Hinweis vor allem auf V. 16 – mit Abraham identifiziert

---

veritatis", NHC I, p.19,17f; 22,20ff. Zur Frage, wie weit hier bereits die urchristliche Christologie bzw. sogar die des Hebr vorausgesetzt ist, vgl. S. ARAI, Die Christologie des Evangelium Veritatis, Leiden 1964, S. 120ff; O. HOFIUS, Der Vorhang vor dem Thron Gottes, S. 92f; P.-G. MÜLLER, ΧΡΙΣΤΟΣ ΑΡΧΗΓΟΣ, S. 382ff.

[29] So E. KÄSEMANN, Das wandernde Gottesvolk, S. 77, mit der Schlußfolgerung: „Möglich wird die Einbeziehung des Menschen in das Heilswerk des Menschensohnes erst dort, wo man in den Bahnen des Mythos den Urmenschen als Repräsentanten der gefallenen und erlösungsbedürftigen Himmelsteile versteht"!

[30] Gegen E. KÄSEMANN, Das wandernde Gottesvolk, S. 57f, speziell zu 2,10: S. 89ff, bes. S. 92f; vgl. auch die entsprechende Beurteilung der Sachlage bei F. J. SCHIERSE, E. GRÄSSER, H. BRAUN u. a.: s. o. Anm. 26. Zum Motiv der συγγένεια in der Gnosis vgl. E. KÄSEMANN, a.a.O., S. 90–95; H. BRAUN S. 60f sowie O. BETZ, VuF 21 (1976) S. 54f.

[31] Vgl. O. PROCKSCH, ThWNT I, S. 113; E. RIGGENBACH S. 51ff; S. NOMOTO, Die Hohepriester-Typologie im Hebr, S. 25f, u. a.

wird³². Nach der theologischen Deutung gilt Gott selbst als der „Eine", von dem her beide – der „Sohn" und die „Söhne" – ihre Herkunft und Abstammung haben. Dies wäre zwar eine ungewöhnliche Formulierung, die sich jedoch gleichwohl auf einer biblisch-jüdischen Traditionslinie im Sinne einer Schöpfungsaussage verstehen ließe (und zudem jene anthropologische Deutung im Sinne von Act 17,26 keineswegs ausschlösse)³³.

Die durchaus eigene Akzentsetzung, die die fragliche Wendung im Kontext von 2,10–18 hat, ist jedoch mit beiden Deutungsversuchen als solchen nicht getroffen. Hier nämlich steht die Herkunftsangabe ἐξ ἑνός in einem Zusammenhang mit dem im vorangehenden V. 10 betonten Leidensmotiv (διὰ παθημάτων) sowie mit der Schlußfolgerung δι' ἣν αἰτίαν in V. 11b. Im Sinne des Autors artikuliert also das ἐξ ἑνὸς πάντες die Voraussetzung dafür, daß der „Sohn" sich zu den „Söhnen" als zu seinen „Brüdern" bekennt. Damit sind Sinn und Bedeutung der Wendung im Kontext von Hebr 2 eindeutig: Was mit ihr im Blick ist, ist die Verbundenheit von „Sohn" und „Söhnen" im Raum des Menschlichen, genauer noch: ihre Solidarität in Niedrigkeit und Leiden. Die hier – in dieser Wendung – sich äußernde „Anthropologie" liegt ganz auf der Linie jener Christologie, wie sie sodann alsbald in V. 14 zur Aussage gebracht wird: Die Teilhabe an „Blut und Fleisch" ist es, was dem „Sohn" – in diesem Falle nun dem irdischen Jesus – und den „Söhnen" von ihrer Abkunft her gemeinsam ist. Und was die „Herkunftsbezeichnung" ἐξ ἑνὸς πάντες in V. 11 im Kontext im Blick hat, ist gar nicht in erster Linie die Herkunft bzw. Abstammung als solche, sondern die daraus notwendig erwachsende Schicksals- und Solidargemeinschaft im Leiden und im Versuchtsein im Leiden (V. 18)³⁴.

Auf diese Weise ergibt sich nunmehr auch ein nahtloser Übergang zur Schlußfolgerung in V. 11b: „Eben deswegen schämt er sich (auch) nicht ...". D.h.: Die Bruderschaft des „Sohnes" mit den „Söhnen" ist Ausdruck und Bewährung jener Solidarisierung, wie sie sich mit dem ἐξ ἑνὸς πάντες

---

³² So jetzt M. Rissi, Die Theologie des Hebr, S. 60. 120, mit Verweis auf V. 16 sowie auf 6,13–15 und 11,12.
³³ So bereits E. W. Bullinger, Figures of Speech used in the Bible explained and illustrated, London/New York 1898, S. 80: ἐξ ἑνὸς πάντες sei Ellipse für ἐξ ἑνὸς [πατρὸς] πάντες [υἱοί]. Vgl. auch P.-G. Müller, ΧΡΙΣΤΟΣ ΑΡΧΗΓΟΣ, S. 239: das „atlich-jüdische Prinzip des universalen Schöpfertums Gottes". Gegen das Verständnis des ἐξ ἑνός im Sinne einer Schöpfungsaussage vgl. auch E. Käsemann, Das wandernde Gottesvolk, S. 90f, hier freilich wiederum unter der Voraussetzung, daß die fragliche Wendung aus gnostischen Prämissen zu verstehen sei: „bei Gott ist nicht nur das Ziel, sondern auch die ursprüngliche Heimat der Erlösten. Und das kann man nicht einfach von der Schöpfung verstehen...". Vgl. auch E. Grässer, Die Heilsbedeutung des Todes Jesu in Hebräer 2,14–18, S. 168f.
³⁴ Angesichts dessen kann man sogar fragen, ob εἷς in der Wendung ἐξ ἑνός überhaupt personal oder nicht vielmehr neutrisch zu interpretieren ist. Vgl. A. Vanhoye, Situation du Christ, S. 333; F. Laub, Bekenntnis und Auslegung, S. 77–80; O. Hofius, Der Vorhang vor dem Thron Gottes, S. 93.

von V. 11a Ausdruck verschafft hat[35]. Negiertes ἐπαισχύνεσθαι steht hier – wie auch 11,16 oder auch Mk 8,38; Röm 1,16 – für positives „Sich-Bekennen"[36], und konkret geschieht dieses „Bekenntnis" zu den „Brüdern" im gehorsamen Aufsichnehmen des Leidens, also in der existentiellen Solidarisierung mit den „Brüdern"[37]. Darin erweist sich der „Sohn" als der ἀρχηγός der „Söhne", daß er sich in seiner Erniedrigung und in seinem Leiden zu den „Söhnen" als zu seinen „Brüdern" bekennt.

Ebenso deutlich ist nun aber auch, daß Gleichheit und Solidarität des „Sohnes" und der „Söhne" die Unterschiedenheit des ersteren von den letzteren nicht aus-, sondern einschließt: Das ἐξ ἑνὸς πάντες gilt ja nicht einfach für schlechthin Gleichgestellte, sondern für den ἁγιάζων einerseits und die ἁγιαζόμενοι andererseits. Hier verbindet sich in V. 11a der Aspekt spezifischer Verbundenheit von „Sohn" und „Söhnen" unmittelbar mit dem Aspekt einer spezifischen Verschiedenheit. Der ἀρχηγός, als solcher auf seinem Wege zur „Vollendung" (V. 10) solidarisch mit seinen „Brüdern", ist zugleich der ἁγιάζων, dessen Aufgabe es ist, die „Unheiligen" in den Stand der „Heiligung" zu versetzen, er also der „Heiligende" und sie – die „Brüder" – die „Geheiligten".

Der Terminus ἁγιάζειν, der ursprünglich – analog dem hebr. קדש – den Vorgang der Aussonderung aus dem profanen Bereich bzw. der Zuordnung von Personen und Sachen an Gott als den „Heiligen" schlechthin bezeichnet[38], wird im Hebr insgesamt im ursprünglichen kultischen Sinne verwendet, bezeichnet also hier – wie dann auch in 9,13 und 13,12 – das priesterliche Handeln Christi. Besonders deutlich zeigt sich dies dort, wo der Terminus im Kontext der Entfaltung der Hohen-

---

[35] δι' ἣν αἰτίαν, d. h.: διὰ ταύτην αἰτίαν, was wiederum dem lateinischen quamobrem entspricht. Vgl. Weish 18,18; Philon, Op 100; 2 Tim 1,6. 12; Tit 1,13. – E. GRÄSSER, Die Heilsbedeutung des Todes Jesu in Hebräer 2,14–18, S. 169, kehrt die Abfolge von V. 11a (ἐξ ἑνὸς πάντες) – V. 11b (δι' ἣν αἰτίαν) gerade um, wenn er bemerkt: „‚Bewogen durch die himmlische Bruderschaft' nimmt der Sohn an Blut und Fleisch Anteil" (usw.). Dagegen E. SCHWEITZER, Erniedrigung und Erhöhung bei Jesus und seinen Nachfolgern, S. 31: „Durch den Akt des ‚Anführers', der sich zu ihnen bekennt, entsteht erst die Bruderschaft"!

[36] Vgl. 2 Tim 1,8.12.16; O. MICHEL S. 150f; A. HORSTMANN, EWNT I, Sp. 101. Solche Bekenntnissprache wird im übrigen durch Targum Onqelos Gen 49,8 (ed. A. Sperber, The Bible in Aramaic I, Leiden 1959, S. 85) bereits für das Judentum bezeugt. Gen 49,8 wird hier folgendermaßen paraphrasiert: „Juda, du hast bekannt und dich nicht geschämt".

[37] Zum Motiv der „Bruderschaft" vgl. auch Röm 8,29. Gemeinsam mit Hebr 2,10f ist dieser Stelle, daß „im Geschick des Sohnes das der Vielen mitgesetzt ist". So P. v. d. OSTEN-SAKKEN, Römer 8 als Beispiel paulinischer Soteriologie (FRLANT 112), Göttingen 1975, S. 281. Insofern entspricht die Christusprädikation πρωτότοκος Röm 8,29 dem Titel ἀρχηγός in Hebr 2,10. Im Unterschied freilich zu dem in Hebr 2,10f betonten Aspekt der Niedrigkeit und des Leidens ist in Röm 8,29f gerade der Aspekt der „Verherrlichung" betont.

[38] Zum kultischen Charakter von ἁγιάζειν in LXX und im Hebr vgl. O. PROCKSCH, ThWNT I, S. 112ff; R. ASTING, Die Heiligkeit im Urchristentum (FRLANT 46), Göttingen 1930, S. 247ff; E. KÄSEMANN, Das wandernde Gottesvolk, S. 88f; H. BRAUN S. 60: ἁγιάζειν meint: „kultischen Charakter verleihen". Zur entsprechenden Auslegungsgeschichte von Johannes Chrysostomus bis Thomas von Acquin vgl.: J. C. DHÔTEL, La sanctification du Christ d'après Hébreux II,11, RSR 47 (1959) S. 515–543; 48 (1960) S. 420–452.

priester-Christologie in den Kapiteln 9 und 10 speziell mit dem Opfer des Hohenpriesters Christus verbunden wird, so vor allem in 10,10: „Wir sind durch das Opfer des Leibes Jesu Christi ein für allemal geheiligt worden" (vgl. entsprechend 10,14.29). Ἁγιάζειν in diesem Sinne gewinnt – was den Ertrag des „Heiligens" betrifft – zugleich die Bedeutung des „Reinigens" (sc. von den Sünden) und entspricht somit dem hebr. טהר: Das „Heiligen" geschieht zur „Reinigung" (9,13f). Sofern „heiligen" und „reinigen" das Proprium des Amtes des Priesters ist, der – selbst vom profanen Bereich abgesondert – das Volk „reinigt", ist an dieser Stelle im Hebr der Vorgriff auf die zum ersten Male in V. 17 ausdrücklich genannte Hohepriester-Christologie unverkennbar.

Weil die Eigenart der Christologie des Hebr gerade darin besteht, die im (Hohen-)Priesteramt begründete Unterschiedenheit gegenüber den „Laien" bzw. gegenüber dem Volk aufs engste mit der Gleichheit und Verbundenheit des „Sohnes" und der „Söhne" zu verbinden, wird im Anschluß an V. 11, der als solcher bereits beide Aspekte zur Sprache bringt, zunächst noch der Aspekt der Verbundenheit des „Sohnes" und der „Söhne" weiter im einzelnen ausgeführt und erst dann, wenn in dieser Hinsicht hinreichend Klarheit und Eindeutigkeit erzielt worden ist, der letzte Schritt zur Hohenpriester-Christologie getan (V. 17).

Dabei entspricht es wiederum der für den Hebr charakteristischen „Schrift-Gnosis", wenn in den **VV. 12/13** zur Bestätigung der „Bruderschaft" zwischen dem „Sohn" und den „Söhnen" das entsprechende Zeugnis der Schrift geltend gemacht wird. Dies geschieht – in formaler Hinsicht – ganz ähnlich wie bereits in der Testimonienreihe 1,5-13 in Gestalt einer mit der Formel καὶ πάλιν aneinandergereihten Abfolge von Schriftzitaten. Dabei folgt – geht man von V. 11 als These aus – in chiastischer Anordnung zunächst in V. 12 ein „Schriftbeweis" für die Bezeichnung der „Söhne" als „Brüder", daran anschließend in V. 13(b) eine Bestätigung der Schrift für die Kennzeichnung der „Söhne" als „Kinder" (παιδία), woran sich dann wiederum in V. 14 die Verhältnisbestimmung zwischen den „Kindern" und dem „Sohn" anschließt[39]. Kennzeichnend für das Schriftverständnis im Hebr ist es auch hier wieder, daß – indem λέγων als Einleitung des Zitats sich auf οὐκ ἐπαισχύνεται in V. 11 zurückbezieht – Christus selbst in der Schrift spricht, sodaß – von V. 11 her gesehen – die Aussage der Schrift selbst eine Art Bekenntnis-Charakter erhält[40]. Dies gilt insbesondere für das dem zweiten Teil von Ps 22 (VV. 23-32), also ei-

---

[39] Zum Schriftzitat in den VV. 12/13 vgl. F. DOORMANN, Deinen Namen will ich meinen Brüdern verkünden (Hebr 2,11-13), Bile 14 (1973) S. 245-252; F. LAUB, Bekenntnis und Auslegung, S. 81-83.

[40] Sofern das „Bekenntnis" zu den „Söhnen" als den „Brüdern" von der Schrift her begründet wird, liegt hier kein Rekurs auf „Evangelientradition" (Mt 28,10; Joh 20,17) vor. Gegen O. MICHEL S. 158; A. STROBEL S. 103. Gleiches gilt auch für die ganz anders ausgerichtete ἀδελφός-Bezeichnung bei Philon, SpecLeg II 73; Corp Herm. I 32. Vgl. H. WINDISCH S. 22.

nem „Danklied", entnommene Zitat in V. 12[41], in dem der Autor des Hebr bewußt anstelle von διηγήσομαι (Ps 21,23 LXX) ἀπαγγελῶ liest (und damit noch mehr als in LXX den Parallelismus zu ὑμνήσω betont). Dieses ἀπαγγέλλειν umschreibt im Kontext des Hebr den bekennenden Lobpreis bzw. die bekennende Verkündigung des Namens des Gottes, der durch die „Vollendung" des „Sohnes" die Voraussetzung geschaffen hat, „viele Söhne zur Herrlichkeit zu führen", und ist somit Ausführung des Bekenntnisses des „Sohnes" zu den „Söhnen" als seinen „Brüdern"[42]. Im Kontext des Hebr hat dieses Zitat also die primäre Funktion des Zeugnisses des „Sohnes" selbst für seine Solidarität mit den „Söhnen"[43]. Grundsätzlich das Gleiche gilt auch für das in V. 13a sich unmittelbar anschließende Zitat von Jes 8,17 LXX: Ebenso wie der Gott lobpreisende Beter von Psalm 22 ist der „Sohn" auf Gottes Hilfe angewiesen (V. 12); ebenso wie die „Brüder" setzt auch er sein Vertrauen auf Gott[44]. Und endlich: Das ἐγὼ καὶ τὰ παιδία aus Jes 8,18 LXX in V. 13b betont abschließend noch einmal die Verbundenheit des „Sohnes" mit den „Söhnen"[45]. Alle drei hier gegebenen Zitate bezeugen somit nichts anderes als die Solidarität des „Sohnes" mit den „Söhnen", bezeugen, in welchem Maße der „Sohn" am Weg und Schicksal der „Söhne" teilhat.

Ganz in diesem Sinne zieht V. 14, seinerseits mit dem Stichwort τὰ παιδία unmittelbar an das vorangehende Jesaja-Zitat anknüpfend, die entsprechende Schlußfolgerung: „Da nun also ‚die Kinder' an Blut und Fleisch teilhaben, hat auch er (selbst) – der Sohn nämlich – ohne Unter-

---

[41] Da der Autor des Hebr hier nur aus dem 2. Teil von Ps 22, nicht aus dem Klagelied Ps 22,1–22, zitiert, ist nicht anzunehmen, daß er mit seinem christologischen Verständnis von Ps 22 in der Tradition des christologischen Gebrauchs von Ps 22,1ff in der Passionsüberlieferung der Evangelien steht. Gegen F. SCHRÖGER, Der Verfasser des Hebr als Schriftausleger, S. 89; S. KISTEMAKER, The Psalm Citations in the Epistle of the Hebrews, S. 148.

[42] Parallel zu ὑμνεῖν bzw. als Ausführung des „Bekenntnisses" von V. 11 ist ἀπαγγέλλειν hier noch nicht term. techn. für die Predigt des Evangeliums. Gegen F. BLEEK I, S. 359; K. J. THOMAS, The Use of the Septuaginta in the Epistle to the Hebrews, S. 39–42; DERS. NTS 11 (1964/65) S. 306; H. J. B. COMBRINK, Neotestamentica 5 (1971) S. 29. Hingewiesen wird dabei auf den technischen Gebrauch von ἀπαγγέλλειν in 1 Kor 14,25; 1 Thess 1,9; 1 Joh 1,2f.

[43] Durchaus fraglich ist es demgegenüber, ob darüber hinaus noch weitere Einzelmomente aus den Schriftzitaten in der theologischen Reflexion des Hebr eine Rolle spielen, so z. B. in christologischer Hinsicht die formale Parallele zu Ps 22,23 in Joh 17,16 (vgl. O. MICHEL S. 154) oder in ekklesiologischer Hinsicht das Stichwort ἐκκλησία aus Ps 22,23 (vgl. H. ZIMMERMANN, Das Bekenntnis der Hoffnung, S. 163).

[44] Vgl. A. VANHOYE, Situation du Christ, S. 344f. – Die durch wiederholtes καὶ πάλιν vollzogene Trennung des Zitats von Jes 8,18 zeigt an, daß dem Autor des Hebr gerade auch das Zitat von Jes. 8,17 wichtig gewesen ist, nicht lediglich Jes 8,18 (so O. KUSS S. 43).

[45] Die Beziehung der παιδία von Jes 8,18 auf die „Kinder Christi" – unter der Voraussetzung wiederum des gnostischen Erlösermythus, nach dem die zu Erlösenden nur dadurch Söhne Gottes werden, daß sie zuvor die Söhne bzw. Kinder des Erlösers werden (so E. KÄSEMANN, Das wandernde Gottesvolk, S. 92f; vgl. auch H. BRAUN S. 63f) – geht an der Funktion der Schriftzitate als Ausführung des „Bekenntnisses" des Sohnes zu seinen „Brüdern" (V. 11) vorbei. Im Anschluß an V. 11 steht παιδία aus Jes 8,18 für die „Brüder" des Sohnes.

schied daran teil."223e Gemeinschaft des Sohnes mit den „Kindern", seine Teilhabe an ihnen, stellt die Voraussetzung dar für das Heilswerk des Sohnes, wie es sodann im Finalsatz von V. 14b sowie in V. 15 beschrieben wird[46]. Die Struktur der Aussage ist dabei dieselbe wie bereits in V. 10: Verbundenheit und Schicksalsgemeinschaft des Sohnes und der Söhne sind die Bedingung für das Heilswerk des Sohnes als ἀρχηγός. Oder anders: Ist der Sohn wirklich der „Bruder" der Söhne, dann muß auch er – wie diese – „an Blut und Fleisch teilhaben"[47].

Κοινωνεῖν und μετέχειν stehen hier synonym für eine Inkarnationsaussage im Sinne der uneingeschränkten Gleichheit des Sohnes und der „Kinder". Darauf liegt jedenfalls im Kontext der Akzent: als Bedingung der Möglichkeit des Heils, nicht also auf einer Unterschiedenheit des Sohnes von den „Kindern"; und das Adverb παραπλησίως gibt in diesem Zusammenhang nicht einem bestimmten „christologischen Vorbehalt" oder einer Abschwächung jener Gleichheit Ausdruck[48], sondern – entsprechend dem κατὰ πάντα von V. 17 – gerade der Vollständigkeit jener Gleichheit, ist also zu übersetzen: „ganz ebenso" oder auch „ohne Unterschied"[49]. Solche Beschreibung der „vollständigen" Solidarität und Gleichheit zielt nun freilich als solche schon auf die soteriologische Aussage in V. 14b und V. 15. Denn die Formel αἷμα καὶ σάρξ beschreibt ja die Natur des Menschen in ihrer Schwachheit, Vergänglichkeit, ja Todesverfallenheit, letztlich also die Unheilsituation des Menschen, und geht in diesem Sinn über die (die Schwachheit der Kreatur im Gegenüber zu Gott betonende) jüdische Formel בשר ודם noch hinaus[50]. Was sich hier, in den VV. 14 und 15, äußert, ist eine grundsätzlich negative Sicht der menschlichen Existenz in der Welt als eine von der Macht des Todes – und damit von der Macht des Teufels! – beherrschte Existenz[51]. Die ausdrückliche Betonung der Gleichheit des

---

[46] Zur Eigenart der hier vorliegenden Beschreibung des Heilswerkes des Sohnes vgl. bes. E. Grässer, Die Heilsbedeutung des Todes Jesu in Hebräer 2,14–18; K. Nissilä, Das Hohepriestermotiv im Hebr, S. 20–42; F. Laub, Bekenntnis und Auslegung, S. 83–87.

[47] τῶν αὐτῶν ist dementsprechend auf „Blut und Fleisch" zu beziehen. Die Lesart τῶν αὐτῶν παθημάτων (D* b d usw.) ist demgegenüber sekundär aus V. 10 entstanden.

[48] So H. Windisch S. 23: „in ähnlicher Weise"; weiter in diesem einschränkenden Sinne: F. J. Schierse, Verheißung und Heilsvollendung, S. 105; C. Spicq, Notes II, S. 664f (anders noch C. Spicq, II, S. 43: „sans aucune différence"!) sowie – unter der Voraussetzung wiederum des gnostischen Mythus – E. Grässer, Die Heilsbedeutung des Todes Jesu in Hebräer 2,14–18, S. 170f.

[49] Vgl. C. Spicq, II, S. 43: „sans aucune différence". Vgl. auch Arrian, Exped. VII 1,6: σὺ δὲ ἄνθρωπος ὤν, παραπλήσιος τοῖς ἄλλοις; Josephus, Vita 187; weitere Belege bei C. Spicq, Notes II, S. 664f.

[50] Vgl. Sir 14,18; 17,31; Strack-Billerbeck I, S. 730f. In yBer 9,13b, 33 steht die Formel „Fleisch und Blut" für „ein Mensch".

[51] Solche negative Sicht, wie sie sich im Verständnis von σάρξ im Hebr insgesamt widerspiegelt (vgl. auch 7,16; 9,13f; 12,9), ist als solche allerdings keineswegs spezifisch gnostisch. Vgl. zur Sache E. Schweizer, Die hellenistische Komponente im neutestamentlichen Sarx-Begriff, in: Ders., Neotestamentica, Zürich/Stuttgart 1963, S. 29–48, hier bes. S. 40ff zum ent-

Sohnes und der Söhne im Sinne einer Teilhabe an der Todesverfallenheit ist jedenfalls die Voraussetzung für die soteriologische Aussage in V. 14b. Der ἵνα-Satz zeigt dabei an, daß die Inkarnation (und damit die Erniedrigung) des „Sohnes" auf sein Leiden und seinen Tod hin verstanden ist – eben damit aber auch auf sein Erlösungswerk hin. Das Menschsein des „Sohnes", als solches in seinem Leiden und Sterben kulminierend, hat selbst soteriologische Bedeutung. Denn: „durch den Tod", vermittels seines Todes, „entmachtet er denjenigen, der Macht hat über den Tod".

Der Tod Jesu – als Heilstod – wird hier also im Sinne eines Geschehens der Befreiung aus der Knechtschaft verstanden und in diesem Sinne auch ausdrücklich in V. 15 beschrieben. Was sich auf diese Weise hier darstellt, ist ganz offensichtlich ein anderer Typus von Soteriologie als derjenige, der sich dann alsbald in V. 17 mit der Christologie vom „Hohenpriester" verbindet[52]. Für die Vorstellung von einer Sühnung der Sünden oder einer Reinigung von den Sünden ist im Rahmen dieser Soteriologie kein Ort – wie überhaupt der Autor des Hebr zumindest an dieser Stelle den engeren Raum eines biblisch-jüdischen wie auch eines traditionell-urchristlichen Denkens verlassen zu haben scheint. Was der in V. 14 und V. 15 sich artikulierenden Anthropologie und Soteriologie zugrundeliegt, ist ein bestimmtes, im Grunde gemein-spätantikes Existenzverständnis: Menschliche Existenz steht als solche unter der Herrschaft des Todes; Todesfurcht lastet auf ihr wie ein Verhängnis: „zeit ihres Lebens" sind die Menschen „der Sklaverei verfallen" (V. 15)[53]. Insgesamt also ein Lebensgefühl der spätantiken Welt, dem sich am Ende auch das Judentum nicht zu entzie-

---

sprechenden Sachverhalt bei Philon; DERS., ThWNT VII, S. 121 (Philon). 142 (Hebr). – Aus der Voranstellung von αἷμα – so auch Eph 6,12; Joh 1,13 – kann wohl kaum die Schlußfolgerung gezogen werden, daß auf diese Weise die besondere Wertigkeit des „Blutes" Christi hervorgehoben werden soll. So C. SPICQ, II, S. 43; DERS., SBi, S. 75; O. MICHEL S. 159f u. a. Dagegen mit Recht E. GRÄSSER, Die Heilsbedeutung des Todes Jesu in Hebräer 2,14–18, S. 172, Anm. 25: „Solche Gedanken sind reine Eisegese".

[52] αἷμα in V. 14a hat also mit einer Sühnevorstellung nichts zu tun. Zum besonderen Typus von Soteriologie an dieser Stelle vgl. auch R. GYLLENBERG, ZSTh 11 (1934) S. 677f. 689; A. M. VITTI, Ut per mortem destrueret ... diabolum, VD 15 (1935) S. 312–318; E. KÄSEMANN, Das wandernde Gottesvolk, S. 143f; E. LOHSE, Märtyrer und Gottesknecht, S. 165. 167f. Diese Art von Soteriologie unterscheidet sich deutlich auch von Paulus, der zwar auch von einer „Entmachtung" (καταργεῖν) des Todes sprechen kann (1 Kor 15,26), dies jedoch im Unterschied zum Hebr im Rahmen des „Dreiklangs" (O. MICHEL S. 160f) von Gesetz, Sünde und Tod. Vgl. auch H. ZIMMERMANN, Das Bekenntnis der Hoffnung, S. 165.

[53] Das Schicksalhafte dieser Sklaverei tritt im Hebr an dieser Stelle noch deutlicher hervor, wenn man μετέχειν, κράτος ἔχειν und ἔνοχος in Beziehung zueinander setzt: „Teilhabe an Blut und Fleisch", d. h. im Machtbereich des Todes sein – und damit zugleich: in der Furcht vor dem Tode der Sklaverei verfallen sein. Zur Sache vgl. bes. die entsprechenden Aussagen bei Philon, LegGai 17; Rer 275, bes. Prob 22 (Übersetzung nach K. Bormann): „er nahm nämlich an, daß nichts so sehr von Natur aus den Geist knechtet wie die Furcht vor dem Tod ...".

hen vermochte⁵⁴, ein Lebensgefühl aber auch, das speziell im Hebr seine besondere Akzentuierung noch dadurch erhält, daß solcher Todesfurcht, wie sie hier beschrieben wird, auch und gerade der „Sohn" sich nicht zu entziehen vermochte (5,7!). Auch wenn in V.14b in diesem Zusammenhang der „Machthaber" über den Tod ausdrücklich als der Teufel (διάβολος) identifiziert wird und somit zumindest an dieser Stelle jüdische Tradition nachwirkt⁵⁵, kann darin doch wohl nicht ein Anzeichen dafür gesehen werden, daß hier der „spätjüdisch(-rabbinische) Dreiklang von Satan, Todesengel und bösem Trieb" nachwirkt⁵⁶. Viel eher ist an dieser Stelle des Hebr nun in der Tat von einer gewissen Nähe zu einer „gnostisch-dualistischen" Weltanschauung zu reden⁵⁷. Spezifisch jüdische bzw. urchristliche Tradition kommt erst wieder in V.17 zum Tragen, während die VV.14/15 zunächst eine existentielle Erfahrung der spätantiken Welt artikulieren, an der gewiß auch und gerade die Adressaten des Hebr in ihrer Glaubensanfechtung Anteil hatten. Umso notwendiger also, ihnen unter solchen konkreten Bedingungen ihrer Existenz den Weg aus solcher Unheilssituation heraus zu weisen: das Heils- und Erlösungsgeschehen unter diesen Bedingungen verstanden als ein Entmachtungs- und Befreiungsgeschehen. Die Macht des Herrschers über den Tod, die Macht des Teufels, wird zunichte gemacht (V.14) - und damit zugleich geschieht Befreiung (ἀπαλλάσσειν) aus der Sklaverei der Furcht vor dem Tode (V.15)⁵⁸. Auf

---

⁵⁴ Vgl. z. B. Sir 40,1ff; 41,1ff. - Zum Ganzen dieses Lebensgefühls vgl. E. SCHWEIZER, Das hellenistische Weltbild als Produkt der Weltangst, in: DERS., Neotestamentica, Zürich/Stuttgart 1963, S.15-27; H. JONAS, Gnosis und spätantiker Geist I (FRLANT 51), Göttingen ²1954, S.146ff; C. SPICQ, SBi, S.75f, sowie bereits H. WINDISCH S.23: „Hier wird wirklich einmal im NT das Daseinsverständnis für die Lehre vom Werk Christi fruchtbar gemacht".
⁵⁵ Zur Verbindung von „Teufel" und „Tod" in jüdischer Tradition vgl. Weish 2,24; Ass. Mos. 10,1; 1QH III 28; rabbinische Belege bei STRACK-BILLERBECK, I, S.144f. - Da καταργεῖν im Hebr nur hier, relativ häufig dagegen im Corpus Paulinum gebraucht wird (in bezug auf den Tod: 1 Kor 15,26; 2 Tim 1,10; in bezug auf die „Mächte": 1 Kor 2,6; 15,24; vgl. auch 2 Thess 2,8), könnte hier durchaus ein Hinweis auf einen Traditionszusammenhang Paulus - Deuteropaulinismus - Hebr gegeben sein. Vgl. H. ZIMMERMANN, Das Bekenntnis der Hoffnung, S.164f.
⁵⁶ So O. MICHEL S.160, mit Verweis auf (späte!) rabbinische Belege nach STRACK-BILLERBECK, I, S.144. Kritisch dazu auch H. ZIMMERMANN, Das Bekenntnis der Hoffnung, S.165.
⁵⁷ Vgl. in diesem Sinne bes. E. KÄSEMANN, Das wandernde Gottesvolk, S.99ff; E. GRÄSSER, Die Heilsbedeutung des Todes Jesu in Hebräer 2,14-18, S.172ff; E. LOHSE, Märtyrer und Gottesknecht, S.165f; vgl. aber auch O. MICHEL S.160: „Hier bahnt sich ein neues Menschen- und Weltverständnis an, das aus dem Hellenismus zu begreifen ist". Dem entspricht auch das Heilsverständnis an dieser Stelle: „Heil", das ist hier nicht in erster Linie Erlösung von Schuld und Sünde, sondern Erlösung „von der Entfremdung menschlicher Existenz". So N. WALTER, Geschichte und Mythos in der urchristlichen Präexistenzchristologie, in: H. H. Schmid (Hrsg.), Mythos und Rationalität, Gütersloh 1988, S.224-234, spez. S.229f.
⁵⁸ Der Sprachgebrauch des Hebr liegt damit ganz auf der Linie jener festen Verbindung von ἀπαλλάσσειν und δουλεία im Sinne der Befreiung aus der Sklaverei, wie sie für das hellenistische Judentum durch Philon (SpecLeg I 77) und Josephus (Ant. XI 270; XIII 363) bezeugt ist. Vgl. aber auch Weish 12,2. Von daher gesehen ist es ganz unwahrscheinlich, an die-

welche Weise dies konkret geschieht, wird durch die knappe Wendung διὰ τοῦ θανάτου in V. 14 eher nur angedeutet als wirklich im einzelnen ausgeführt. Ob es sich dabei um eine traditionell-urchristliche oder gar paulinische Wendung (Röm 5,8; Kol 1,22) handelt, ist für den Hebr ohne Belang. Entscheidend ist für ihn – und dies zumal im Blick auf seine im Glauben verunsicherten Adressaten – vor allem, daß hier wiederum Leiden und Tod – als die gleichsam äußerste Verdichtung der Teilhabe an „Blut und Fleisch" – als der Wendepunkt erscheinen, an dem die Macht des Herrschers über den Tod gebrochen wird und alle die menschliche Existenz bisher bestimmende Todesfurcht ihr definitives Ende erfährt[59]. Von jetzt an gilt, daß der Tod auf seiner eigenen Domäne besiegt worden ist, und zwar „durch den Tod" dessen, den Gott „durch Leiden vollendet hat" (V. 10) und der eben auf diesem Wege für die „Söhne" und „Brüder" zum „Anführer des Heils" geworden ist.

Im Rahmen des von V. 10 an hier vorausgesetzten christologischen Modells der ἀρχηγός-Christologie ist dies eine in sich stimmige soteriologische Aussage, die als solche keineswegs der Ergänzung durch ein anderes soteriologisches Modell bedarf, nämlich der Konkretion der Wendung διὰ τοῦ θανάτου (V. 14) durch die Vorstellung vom Sühnetod des „Sohnes"[60]. Diese kommt erst in V. 17 im Zusammenhang mit der Hohenpriester-Christologie zum Tragen und hat dort auch ihren ursprünglichen Ort. Hier dagegen gilt zunächst: „Des Erlösers Teilhabe am Schicksal von Welt und Mensch ist des Todes Tod"[61], indem er – der Erlöser – gleichsam eine

---

ser Stelle im Hebr eine typologische Anspielung auf die Befreiung Israels aus der Sklaverei in Ägypten zu sehen. So P. C. B. ANDRIESSEN, NT 18 (1976) S. 306–308, mit Verweis auf die Passa-Homilie des Melito von Sardes: „Es ist Christus, der uns befreit hat von der Sklaverei der Welt wie vom Lande Ägypten; wir sind freigemacht von der Sklaverei des Teufels wie von der Macht des Pharao ...".

[59] Insofern liegt hier eine Joh 12,31 analoge Aussage vor (vgl. 16,11), einschließlich der entsprechenden Konsequenz Joh 12,32: κἀγὼ ἐὰν ὑψωθῶ ἐκ τῆς γῆς, πάντας ἑλκύσω πρὸς ἐμαυτόν. Vgl. H. BRAUN S. 65. Zur Sache vgl. bereits J. A. BENGEL, Gnomon Novi Testamenti, S. 882: διὰ τοῦ θανάτου, per mortem. Paradoxon. Jesus mortem passus vicit: diabolus mortem vibrans succubuit.

[60] Zum Problem vgl. H. WINDISCH S. 23: Bei der Wendung „durch den Tod" sei „entweder an die Sühnung der Sünden ... oder an die Überschreitung seiner (sc. des Teufels) Machtbefugnisse" gedacht. Zur Verbindung der Wendung mit dem „Sühnetod" vgl. F. J. SCHIERSE, Verheißung und Heilsvollendung, S. 105; W. R. G. LOADER, Sohn und Hoherpriester, S. 113f; C. SPICQ, II, S. 45; DERS., SBi, S. 75.

[61] So E. GRÄSSER, Die Heilsbedeutung des Todes Jesu in Hebräer 2,14–18, S. 177, hier wiederum unter der Voraussetzung einer spezifisch gnostischen Soteriologie. Vgl. bereits E. KÄSEMANN, Das wandernde Gottesvolk, S. 99ff, sowie neuerdings H. BRAUN S. 65f. Zwar ist die Nähe des hier vorausgesetzten soteriologischen Modells zur Gnosis nicht zu übersehen; wenn jedoch für den ganzen Zusammenhang, in dem im Hebr dieses Modell entwickelt wird, das Motiv der συγγένεια gerade nicht konstitutiv ist, stellt sich die Frage, ob hier tatsächlich eine Genealogie Gnosis – Hebr vorliegt oder nicht vielmehr lediglich eine Analogie, die als solche ihren Grund in einem für das späthellenistische Zeitalter insgesamt charakteristischen

Bresche schlägt in die die Welt umgebende und einschließende Todesmauer und sich damit als der ἀρχηγός erweist, der für die „Söhne" aus ihrem Versklavtsein unter die Macht des Todes einen Weg bahnt.

Relativ unvermittelt kehrt der Autor mit dem Begründungssatz V. 16 noch einmal – zum letzten Mal im Hebr – zum Thema der Engel, mit ihm zugleich aber auch wieder zu einer traditionell-biblischen Sprache zurück. An die Stelle des soteriologischen Terminus des „Befreiens" von V. 15 tritt nunmehr der biblischer Sprachtradition entnommene Terminus ἐπιλαμβάνεσθαι im Sinne von „sich (jemandes) annehmen". Aber auch das Thema der Engel wird nun nicht mehr wie bisher (1,5-13 und 2,5) im Sinne der Gegenüberstellung „Sohn"-Engel weitergeführt, sondern unter der Voraussetzung der soteriologischen Ausrichtung der christologischen Darlegungen von 2,5ff im Sinne einer Gegenüberstellung der Engel einerseits und des „Samens Abrahams" andererseits[62]. „Same Abrahams", das ist hier offensichtlich Synonym für diejenigen, die bisher in 2,10ff die „Söhne" bzw. die „Brüder" und „Kinder" genannt worden sind, und zwar auf Grund einer typologischen Anspielung auf Jes 41,8f LXX. Daß der Terminus „Same Abrahams" dabei die christliche Gemeinde bezeichnet, wird hier offensichtlich für die Adressaten als selbstverständlich vorausgesetzt, wie nicht zuletzt auch das den Satz einleitende bekräftigende δήπου zeigt[63]. Dabei besagt die Bezugnahme auf Jes 41,8f im Sinne eines typologischen Schriftverständnisses: So wie Gott sich einst Israels (als des „Samens Abrahams") „angenommen hat", so jetzt der „Sohn" des „Samens Abrahams", d. h. der „Söhne", – nicht aber der Engel, die ja als „dienstbare Geister" selbst im Dienste des Heils stehen (1,14) und somit der Macht des Todes nicht ausgeliefert sind. Die „Söhne" bzw. die „Kinder" bedürfen als Wesen von „Blut und Fleisch" (V. 14) solcher „Annahme", und zwar der „Annahme" nicht nur im Sinne der „Befreiung" (V. 15) oder der „Hilfe" (V. 18), sondern – als deren Voraussetzung – bereits im Sinne des Eintritts des Erlösers und Helfers in die solidarische Schicksalsgemeinschaft mit ihnen[64]. Schon im μετέχειν τῶν αὐτῶν (V. 14) geschieht also

---

Erlösungsbewußtsein hat. Zur Unterscheidung zwischen Genealogie und Analogie in dieser Hinsicht vgl. auch E. GRÄSSER, a.a.O., S. 182f.

[62] Zur Gegenüberstellung οὐ – ἀλλά vgl. im Hebr auch 5,4.5; 9,24; 10,39; 12,18.22; 13,14.

[63] δήπου steht hier im Sinne von „doch wohl". Vgl. Bl.-DEBR.-R. §441,7 mit Anm. 7: „Bei dieser Berufung auf das auch bei den Lesern vorhandene Wissen liegt eine gewisse Milderung, aber auch Bekräftigung einer Behauptung". Zur Anwendung von „Same Abrahams" auf das empirische Israel vgl. Lk 1,55; Act 7,5f; Gal 3,16; 2 Kor 11,22; Röm 4,13.16; zur Anwendung auf das „neue" Gottesvolk der Christen: Gal 3,29; Röm 4,16.18; 9,7. Letzterer Sprachgebrauch wird im Hebr vorausgesetzt. Vgl. U. KELLERMANN, EWNT III, Sp. 631. Ein Hinweis auf die Adressaten als Judenchristen (im genealogischen Sinne) ist damit nicht gegeben.

[64] Vgl. in diesem Sinne bereits M. LUTHER in seiner Glosse zu V. 16 (hrsg. von J. Ficker, S. 10f): „sed semen Abrahae apprehendit, i. e. carnem de semine Abrahae induit et assumpsit"; vgl. auch Scholien z. St. (hrsg. von J. Ficker, S. 32). Vgl. auch G. DELLING, ThWNT IV, S. 9:

jene „Annahme", was sodann in V. 17 durch das κατὰ πάντα τοῖς ἀδελφοῖς ὁμοιωθῆναι erneut aufgenommen wird.

In diesem Sinne markiert V. 16 sowohl den Abschluß des zuvor unter christologischem Aspekt erörterten Engel-Themas als auch den Wendepunkt von der die VV. 10–15 bestimmenden ἀρχηγός-Christologie zu der in den VV. 17/18 zum ersten Male im Hebr ausdrücklich benannten ἀρχιερεύς-Christologie: Weil der „Anführer ihres Heils" (V. 10) „sich ihrer annimmt", deshalb gilt nun auch notwendig ... (V. 17). Und mündet die Schlußfolgerung in V. 17a in V. 17b alsbald in einen Finalsatz ein, der nunmehr den „Hohenpriester" zum Subjekt hat, so ist damit endlich auch deutlich, was beide Grundtypen der Christologie und Soteriologie im Sinne des Hebr miteinander verbindet: eben die Solidarität des „Sohnes" mit den „Söhnen" und „Brüdern". Was in V. 14 vom ἀρχηγός im Sinne der „Teilhabe an Blut und Fleisch" ausgesagt worden war, wird in V. 17 im Zusammenhang der „Hohenpriester"-Christologie durch das κατὰ πάντα ὁμοιωθῆναι aufgenommen. Das Thema der Menschlichkeit und Niedrigkeit ist auch für die ἀρχιερεύς-Christologie konstitutiv.

Schon von daher gesehen ist die zentrale Bedeutung der VV. 17/18 als Abschluß der christologisch-soteriologischen Grundlegung in 2,5–18 deutlich. Sie besteht darin, daß hier einmal – wie das den V. 17 einleitende ὅθεν anzeigt – eine Schlußfolgerung (conclusio) gezogen wird, die im Sinne des Autors für den ganzen vorangehenden Zusammenhang gilt; zugleich aber erfolgt an dieser Stelle – zum anderen – auch der Übergang zu den folgenden Kapiteln des Hebr[65]. Schlußfolgerung insofern, als hier die den vorangehenden Zusammenhang bestimmende ἀρχηγός-Christologie in die ἀρχιερεύς-Christologie einmündet; Übergang (transition) insofern, als die hier zum ersten Mal ausdrücklich benannte ἀρχιερεύς-Christologie von nun an alle weitere christologische Argumentation des Hebr bestimmt[66].

ἐπιλαμβάνεσθαι, d. h.: „jemand (helfend) fest an sich ziehen und dadurch in die Schicksalsgemeinschaft aufnehmen"; H. BRAUN S. 68. Ein sachlicher Unterschied zu ἀντιλαμβάνεσθαι in Jes 41,9 ist damit nicht gegeben. Vgl. Sir 4,11: Die Weisheit „nimmt sich derer an (ἐπιλαμβάνεται), die sie suchen". Vgl. auch R. HELBING, Kasussyntax der Verben bei den Septuaginta, Göttingen 1928, S. 126f. 127f, sowie die Bezugnahme auf Jes 41,8f bzw. 42,1 in Lk 1,54f.

[65] Vgl. A. VANHOYE, La structure littéraire, S. 81f. 84; DERS., Le Christ, grandprêtre selon Hébr 2,17–18, NRTh 91 (1969) S. 449–474, sowie C. SPICQ, SBi, S. 77.

[66] Von daher gesehen ist es zu wenig, in V. 17 im Verhältnis zum voraufgehenden Zusammenhang lediglich eine dem bislang gnostisch bestimmten Kontext „sekundär hinzugefügte christliche Bestimmung" zu sehen. So E. GRÄSSER, Die Heilsbedeutung des Todes Jesu in Hebräer 2,14–18, S. 179, im Anschluß an E. KÄSEMANN, Das wandernde Gottesvolk, S. 100. Vielmehr ist die in den VV. 10ff entwickelte ἀρχηγός-Christologie ihrerseits bereits durch V. 11 (Stichwort ἁγιάζειν!) auf die ἀρχιερεύς-Christologie ausgerichtet, bringt aber in die letztere wiederum den für den Hebr entscheidenden Aspekt der Solidarität des Hohenpriesters mit den „Brüdern" ein.

Das den V. 17 einleitende ὅθεν ὤφειλεν betont dabei abschließend (und zugleich zum Thema der Hohenpriester-Christologie überleitend) die Notwendigkeit, ja Unabdingbarkeit der Solidarität des „Sohnes" mit seinen „Brüdern"[67]. Sie stellt die Voraussetzung, ja die Grundlegung des Heilsgeschehens dar. Und in diesem Sinne wird im Hebr an dieser Stelle durchaus eine Antwort gegeben auf die Frage nach der Notwendigkeit der „Menschwerdung Gottes": Um den „Brüdern" und „Kindern" in ihrer Leidens- und Anfechtungssituation wirklich und wirksam beistehen und helfen zu können und um sie aus ihrer Unheilssituation ins Heil zu führen – deshalb mußte der „Anführer ihres Heils", deshalb mußte der „Hohepriester", der das Volk „vor Gott" vertritt, „den Brüdern in jeder Hinsicht gleichwerden"[68]. Schon von daher gesehen ist deutlich, daß die Wendung κατὰ πάντα in V. 17 die vollständige Gleichheit betont. Und ganz in diesem Sinne ist auch ὁμοιωθῆναι zu verstehen[69], wenngleich das Motiv des „Gleich-" bzw. „Ähnlichwerdens" als solches bereits traditionell-urchristlich ist und dem Hebr wohl auf dem Wege der bereits in V. 9 vorausgesetzten Erniedrigungs- und Erhöhungschristologie zugekommen ist[70]. Eine „doketische" Christologie ist hier jedenfalls nicht wirksam; vielmehr wird mit der Formulierung „er mußte in jeder Hinsicht den Brüdern gleichwerden" im Kontext gerade auf die Niedrigkeit des „Sohnes", auf sein Leiden (V. 10) und seinen Tod (V. 14) abgehoben – mit alledem zugleich auch auf sein „Versuchtsein" im Leiden (V. 18); und ganz in diesem Sinne ist denn auch die Aussage der „Inkarnation" in V. 17a ihrerseits bereits ausgerichtet auf die soteriologische Aussage in V. 17b in Gestalt eines Finalsatzes, die nur unter der Voraussetzung jenes ὁμοιωθῆναι κατὰ πάντα sinnvoll ist.

Es liegt auf der Hand, daß dies alles auch seine Konsequenzen hat für das christologische Verständnis des Titels ἀρχιερεύς, der an dieser Stelle zum ersten Male im Hebr benutzt wird und dementsprechend – was seine Stellung und Funktion im Hebr betrifft – in erster Linie synchron, d.h. von seinem Kontext im Hebr her, zu verstehen ist. Denn wie auch immer man die Fragen nach dem traditions- und religionsgeschichtlichem „Hin-

---

[67] ὅθεν ὤφειλεν, d.h. also: „Daraus ergibt sich mit zwingender Notwendigkeit ...". Vgl. die entsprechende „rationale" Argumentation in 3,1; 7,25; 8,3; 9,18; 11,19 sowie in 5,3.12. Vgl. A. VANHOYE, NRTh 91 (1969), S. 449f; F. LAUB, Bekenntnis und Auslegung, S. 87f: „eine geradezu verstandesmäßig begründbare Bedingung für das Hohepriestersein".

[68] Sofern diese Notwendigkeit hier so stark betont erscheint, liegt hier in der Tat eine Beantwortung der Frage „Cur deus homo" vor. So bereits H. WINDISCH S. 23; vgl. auch D. G. MILLER, Interp. 23 (1969) S. 408–424; C. SPICQ, SBi, S. 69; E. GRÄSSER, Die Heilsbedeutung des Todes Jesu in Hebräer 2,14–18, S. 165.

[69] Zur Verbindung κατὰ πάντα - ὅμοιος vgl. Artemidor, Oneirocrit. I 13: παῖδα αὐτῷ γενήσεσθαι ὅμοιον κατὰ πάντα; TestNaphl 1,8; TestJos 18,4. Zur Sache vgl. H. WINDISCH S. 24: „Die Identität ist vollkommen gedacht".

[70] Vgl. Phil 2,7; Röm 8,3 sowie im Blick auf die Verbindung κοινωνεῖν-ὁμοιωθῆναι in Hebr 2,14.17: Sir 13,1. Zur Sache vgl. F. LAUB, Bekenntnis und Auslegung, S. 84f.

tergrund" dieses Titels im einzelnen beantworten mag (s. dazu den Exkurs zu 2,18), so sind doch durch die Stellung von V. 17 im Kontext von 2,5-18 die entscheidenden Akzente hinsichtlich des Verständnisses des Titels bereits in dem Sinne gesetzt, daß hier nicht von einem „Hohenpriester" schlechthin die Rede ist, sondern eben von demjenigen, der „den Brüdern in jeder Hinsicht gleichgeworden ist" und der deshalb auch ein „barmherziger und treuer (bzw. glaubwürdiger) Hoherpriester" ist. Gerade dort also, wo im Hebr zum ersten Male ausdrücklich die eigene Auslegung des überlieferten Gemeindebekenntnisses durch den Autor in den Blick kommt, zeigt sich zugleich, daß nicht irgendeine christologische Esoterik für den Autor bei dieser Auslegung bestimmend gewesen ist, sondern nichts anderes als das auf die Glaubensparaklese der in ihrem Glauben angefochtenen Adressaten zielende pastorale Grundanliegen des Autors[71].

Dies schließt nicht aus, sondern ein, daß die nähere Beschreibung der Funktion des Hohenpriesters in V. 17b zunächst noch ganz im Rahmen der entsprechenden biblischen Überlieferung verbleibt. Traditionell-biblische Redeweise jedenfalls ist es, wenn hier - wie dann auch wieder in 5,1 - die Wendung τὰ πρὸς τὸν θεόν wie auch in Ex 4,16; 18,29; Dtn 31,27 sowie in Röm 15,17 die vermittelnde Stellung des Hohenpriesters zwischen Gott und dem Volk umschreibt. Gleiches gilt auch für den Gebrauch des Verbums ἱλάσκεσθαι - in LXX zumeist in der Gestalt des Kompositums ἐξιλάσκεσθαι - in bezug auf „die Sünden"[72]. Grundlegende Aufgabe und Funktion des Priesters bzw. Hohenpriesters ist es ja, die Sünden des Volkes zu „sühnen", sie „vor Gott" unwirksam zu machen und auf diese Weise am Ende Gott zu versöhnen. Wenn im Hebr an dieser Stelle allerdings ausdrücklich von einer Sühnung der Sünden des „Volkes" die Rede ist, so ist hier schon ein Hinweis darauf gegeben, daß der Autor des Hebr speziell das Sühneritual des „Versöhnungstages" von Lev 16 im Blick hat, ein Sühnegeschehen also mit umfassender Wirkung[73]. Es ist charakteri-

---

[71] Ganz in diesem Sinn spricht bereits J. KÖGEL, Der Sohn und die Söhne, S. 96, Anm. 1, in bezug auf das Motiv der „Barmherzigkeit" als vom „konstitutiven Element" des Hohenpriestertums Christi im Hebr. Vgl. auch E. KÄSEMANN, Das wandernde Gottesvolk, S. 151f.

[72] Vgl. dazu: C. H. DODD, The Bible and the Greeks, Cambridge ²1951, S. 82-95; L. MORRIS, The Use of ἱλάσκεσθαι etc. in the Greek Bible, ET 62 (1950/51) S. 227-233; D. HILL, Greek Words and Hebrew Meaning (SNTS.MS 5), Cambridge 1967, S. 23-48; R. R. NICOLE, ἱλάσκεσθαι Revisited, EvQ 49 (1977) S. 173-177; K. GRAYSTON, ΙΛΑΣΚΕΣΘΑΙ and Related Words in LXX, NTS 27 (1980/81) S. 640-656. Für den Hebr ist der LXX-Sprachgebrauch bestimmend, nicht der Philons, bei dem sich auch hier eine Tendenz vom Kultischen zum Ethischen hin abzeichnet. Vgl. F. BÜCHSEL, ThWNT III, S. 316. - Das dem griechischen (ἐξ-) ἱλάσκεσθαι entsprechende hebr. Verbum כפר (pi.) steht seinerseits weithin parallel zu מהר (pi.) und קדש (pi.). Sofern die beiden letztgenannten Verben in LXX durch καθαρίζειν und ἁγιάζειν übersetzt werden (vgl. z. B. Lev 16,19 im Anschluß an Lev 16,17 sowie J. HERRMANN, ThWNT III, S. 306f), ergibt sich für den Hebr ein übergreifender Stichwort- und Sachzusammenhang zwischen 1,3 (9,14) und 2,11 (9,13) einerseits sowie 2,17 andererseits.

[73] Dieser für den Hebr charakteristische Zusammenhang von ἱλάσκεσθαι mit dem Kultri-

stisch für das Schriftverständnis des Autors, mit welcher Selbstverständlichkeit hier – wie dann entsprechend auch in 4,9; 13,12 sowie in den biblischen Zitaten 8,10 und 10,30 – der ursprünglich das „alte" Gottesvolk bezeichnende Terminus λαός auf die christliche Gemeinde bezogen wird, ohne daß dabei noch ausdrücklich das Verhältnis zwischen dem „alten" und dem „neuen" Gottesvolk reflektiert wird[74]. Auffällig gegenüber der biblischen „Vorlage" ist nur, daß im Hebr sich das Verbum ἱλάσκεσθαι mit dem Akkusativ-Objekt τὰς ἁμαρτίας verbindet, während in LXX ἐξιλάσκεσθαι meist mit περί oder ἱλάσκεσθαι – seltener – mit Dativ-Objekt verbunden erscheint[75]. Bei dem Akkusativ τὰς ἁμαρτίας in V. 17 handelt es sich um einen Akkusativ der Beziehung, woraus freilich nicht die Schlußfolgerung zu ziehen ist, als direkten Akkusativ zu ἱλάσκεσθαι sei an dieser Stelle ein τὸν θεόν zu ergänzen[76]. Gerade dies – daß Gott nämlich das Objekt der Sühnehandlung ist – wäre für den Hebr wie für das Neue Testament insgesamt gänzlich uncharakteristisch. Hier gilt vielmehr: Christus, der Hohepriester – und damit letztlich Gott selbst – ist das Subjekt der Sühnehandlung und der daraus resultierenden Versöhnung.

Wird an dieser Stelle der traditionelle biblische Sprachgebrauch zur Beschreibung der Funktion des Hohenpriesters ohne ausdrückliche Vorbehalte und Variationen ins Christologische gewendet, so liegt umso deutlicher der Akzent in V. 17b auf der Kennzeichnung des Hohenpriesters als ἐλεήμων καὶ πιστός. Der Hohepriester, der nach dem Hebr die sühnende

---

tual des Versöhnungstages macht es auch unwahrscheinlich, daß an dieser Stelle des Hebr bereits eine Mose-Typologie vorliegt. Gegen P. C. B. ANDRIESSEN, NT 18 (1976) S. 309f.

[74] Einen Widerspruch zur Anwendung von λαός auf das Volk Israel (so Hebr 5,3; 7,5.11.27; 9,7.19) bedeutet dies umso weniger, als der biblische Terminus im Hebr im typologischen Sinne verwendet wird. „Also ist, wenn von λαός die Rede ist, mag auch zunächst Israel gemeint sein, damit zuletzt doch stets auf die christliche Gemeinde gezielt" (H. STRATHMANN, ThWNT IV, S. 54). Zum ekklesiologischen Gebrauch von λαός im übrigen Urchristentum vgl. H. STRAHTMANN, ThWNT IV, S. 53; H. FRANKEMÖLLE, EWNT II, Sp. 837–848; speziell zu Hebr vgl. auch A. OEPKE, Das neue Gottesvolk, S. 57–74; A. VANHOYE, NRTh 91 (1969) S. 469f. Zu beachten ist bei alledem, daß im Hebr – wie auch im übrigen Neuen Testament – nirgends ausdrücklich vom „neuen Gottesvolk" im Sinne der Ablösung des „alten Gottesvolkes" gesprochen wird. Vgl. H. FRANKEMÖLLE, EWNT II, Sp. 847.

[75] Zu ἐξιλάσκεσθαι περί vgl. Ex 32,30; Lev 4,20.26; 5,10.13 u. ö. sowie Lev 16,6ff. – Zu ἱλάσκεσθαι mit Dativ-Objekt vgl. LXX Ps 24,11; 64,4; 77,38; 78,9, hier freilich nicht vom Handeln des Priesters, sondern von der Bitte um Sündenvergebung oder um Erlaß der Schuld durch Gott. Vgl. K. GRAYSTON, NTS 27 (1980/81) S. 647f. Eine Ausnahme vom Sprachgebrauch im Sinne des Hebr macht nur Sir 3,3.30; 20,28; 28,5. Vgl. dazu F. BÜCHSEL, ThWNT III, S. 315; K. GRAYSTON, NTS 27 (1980/81), S. 648f. – Zur Verbindung von ἐξιλάσκεσθαι mit dem Akkusativ-Objekt ἁμαρτίαν vgl. auch W. DITTENBERGER, Sylloge, Nr. 379 (p. 1042,16); dazu: A. DEISSMANN, Neue Bibelstudien, S. 52. Zum Sachverhalt speziell in Hebr 2,17: K. GRAYSTON, NTS 27 (1980/81) S. 652f; A. VANHOYE, NRTh 91 (1969) S. 466f; M. HENGEL, The Atonement. The Origins of the Doctrine in the New Testament, London 1981, S. 50f.

[76] So B. WINER, Grammatik des neutestamentlichen Sprachidioms, Leipzig [7]1867, § 34, 4a. Zur Sache vgl. E. RIGGENBACH S. 61, Anm. 59. Gott als Objekt des (ἐξ-)ἱλάσκεσθαι auch bei Josephus, Ant. VI 124; VIII 112; Bell. V 19 sowie in 1 Clem 7,7; Herm vis I 2,1.

und versöhnende Funktion ausübt, ist ein „barmherziger und treuer" Hoherpriester. Affektlosigkeit – in dem Sinne etwa, wie Philon das Wesen des Hohenpriesters beschreibt[77] – ist jedenfalls nicht die Sache dieses Hohenpriesters. Beide Adjektive stehen vielmehr im Kontext für die Bewährung der Solidarität dieses Hohenpriesters mit seinen „Brüdern". Er ist ihnen „in jeder Hinsicht gleichgeworden, damit er sich auf diese Weise als ein barmherziger und treuer Hoherpriester" erweise. Dabei liegt es von der Sache her zunächst nahe, das Adjektiv ἐλεήμων auf das Verhalten des Hohenpriesters gegenüber den „Brüdern" bzw. gegenüber den Menschen zu beziehen, das Adjektiv πιστός dagegen auf die Bewährung der „Treue" gegenüber Gott[78]. Ganz im Sinne der Glaubensparaklese des Hebr trägt dabei die dem Verbum betont vorangestellte Kennzeichnung des Hohenpriesters als „barmherzig" zunächst den Hauptakzent.

Was konkret diese „Barmherzigkeit" ist, wird alsbald in V. 18 – mit erläuterndem γάρ angeschlossen – ausgeführt, und zwar im Sinne wiederum der Solidarität mit den „Brüdern" in Leiden und Versuchung: Als einer, der selbst im eigenen Leiden der Versuchung ausgeliefert war, ist er nunmehr seinerseits imstande, „den Versuchten Hilfe zu leisten"[79]. Die naheliegende Frage, worin diese „Hilfe", von der dann auch noch einmal in 4,16 die Rede ist, konkret besteht, wird hier ausdrücklich noch nicht beantwortet. Im Kontext von 2,5–18 ist aber auch hier wiederum zunächst an

---

[77] SpecLeg I 115f (Übersetzung nach I. Heinemann): Zu den Pflichten des Hohenpriesters gehört es, „daß er Herr werde über seine Trauer und alle Zeit ein Leben ohne Seelenschmerz führe. Denn das Gesetz will, daß er über Menschennatur hinausgehoben werde, daß er der göttlichen sich nähere und recht eigentlich eine Mittelstellung zwischen beiden einnehme ...". „Mitleid" im Sinne von Hebr 4,15 verträgt sich also nicht mit der Amtsführung des Hohenpriesters. Vgl. C. Spicq, SBi, S.77; H. Braun S.70; K. Nissilä, Das Hohepriestermotiv im Hebr, S.41f. – Die gänzlich ungnostische Aussage im gnostischen Evangelium veritatis (NHC I 2, p. 20,10ff), wonach „der barmherzige und treue Jesus geduldig (war), während er die Leiden trug", setzt offensichtlich Hebr 2,17f voraus. Vgl. S. Arai, Die Christologie des Evangelium Veritatis, Leiden 1964, S.93f; S. Giversen, Evangelium Veritatis and the Epistle to the Hebrews, STL 13 (1959) S.87. 92.

[78] So hat H. Windisch S. 24f bereits vorgeschlagen, πιστός mit τὰ πρὸς τὸν θεόν zu verbinden und zu ἐλεήμων ein τὰ πρὸς τοὺς ἀνθρώπους zu ergänzen. Vgl. entsprechend Josephus, Ant. IX 236: εὐσεβὴς μὲν τὰ πρὸς τὸς θεόν, δίκαιος δὲ τὰ πρὸς τοὺς ἀνθρώπους. Dem steht jedoch entgegen, daß die Wendung τὰ πρὸς τὸν θεόν in Hebr 2,17 auf die Tätigkeit des Hohenpriesters zu beziehen ist. Vgl. A. Vanhoye, NRTh 91 (1969) S.464f.

[79] Das (präsentische!) δύναται bezeichnet in diesem Zusammenhang nicht die psychische Prädisposition zum „Helfen" infolge gleicher existentieller Erfahrung (etwa im Sinne von Vergil, Aen I 630: haud ignora mali, miseris succurrere disco, d.h.: „nicht unkundig des Schlimmen lerne ich, den Elenden Hilfe zu leisten"), sondern im Kontext von 2,10–18 das „Vermögen" des ἀρχηγός, seine δύναμις gleichsam, als derjenige, den Gott „durch Leiden hindurch vollendet hat" (V. 10), den Seinen den Weg zum Heil zu bahnen. Demgegenüber blickt der Aorist πειρασθείς auf die Geschichte des Irdischen zurück. Vgl. A. Vanhoye, NRTh 91 (1969) S.471f. Bemerkenswert in diesem Zusammenhang ist auch das Perfektum πέπονθεν: Aus dem einmaligen Leiden damals entsteht eine fortdauernde Hilfe, eben im Sinne von 4,16 die εὔκαιρος βοήθεια. Vgl. C. Spicq, SBi, S.79; A. Vanhoye, a.a.O., S. 472.

die heilsmittlerische Tätigkeit des „Anführers des Heils" von V. 10 zu denken. „Den Versuchten helfen", das hieße dann also: sie auf dem Wege ihres Leidens und ihres Versuchtseins im Leiden zur σωτηρία zu führen[80].

Wenn dabei in V. 18a vermittels der Formulierung ἐν ᾧ γὰρ πέπονθεν αὐτὸς πειρασθείς – d. h.: „dadurch, daß er gelitten hat, ist er selbst der Versuchung ausgeliefert gewesen" – ein unmittelbarer Zusammenhang zwischen „Leiden" und „Versuchung" hergestellt wird, so ist hier wiederum die christologische Aussage ausgerichtet auf die konkrete Art der „Versuchung" der Adressaten des Hebr. Dementsprechend geht es hier nicht lediglich um „allgemein-menschliche" Versuchungen, sondern um solche, die mit dem Leiden des Christen als Christen gegeben sind[81]. Und im Sinne des Hebr heißt das zugleich: Zwischen Leiden und Versuchungen des Hohenpriesters, von dem hier die Rede ist, und Leiden und Versuchung seiner „Brüder" besteht ein Verhältnis der Entsprechung: Seine, dieses Hohenpriesters Leiden und Versuchungen sind gleichsam der „Prototyp der christlichen Anfechtungen"[82], so wie sie jetzt die Adressaten des Hebr bestimmen und in ihrem Glauben verunsichern.

Ist damit das Motiv der „Barmherzigkeit" des Hohenpriesters aus V. 17 durch seine nähere Ausführung in V. 18 eindeutig dem pastoralen Grundanliegen des Hebr zugeordnet, so ist die entsprechende Frage hinsichtlich des Motivs der „Treue" des Hohenpriesters aus V. 17 offensichtlich nicht gleichermaßen eindeutig zu beantworten. Eindeutig ist zunächst nur, daß es sich bei der Prädikation des Hohenpriesters als πιστός in V. 17 nicht lediglich um eine zufällige Reminiszenz an die entsprechende biblische Aussage vom ἱερεὺς πιστός in 1 Reg 2,35 LXX handelt, sondern um eine im

---

[80] Verbindet sich somit an dieser Stelle das Motiv des „Helfers" mit dem ἀρχηγός-Motiv, so weist auch dies wiederum auf eine gewisse Nähe zur gnostischen Soteriologie hin, wie sie in den „Oden Salomos" und in der Literatur der Mandäer vorliegt. Vgl. dazu (mit den entsprechenden Belegen) E. KÄSEMANN, Das wandernde Gottesvolk, S. 55–57; H. BRAUN S. 76. Jedoch gilt auch hier wieder: Was im Hebr die „Helferschaft" Jesu begründet, sein eigenes Versuchtsein im Leiden, das fällt in der gnostischen „Helfer"-Vorstellung gerade aus! Vgl. entsprechend H. BRAUN S. 76: „Die Gnosisnähe des Helfers Jesus ist also nicht komplett".

[81] Vgl. dazu bereits K. BORNHÄUSER, Die Versuchungen Jesu nach dem Hebr, S. 75 f; F. LAUB, Bekenntnis und Auslegung, S. 95.

[82] So E. KÄSEMANN, Das wandernde Gottesvolk, S. 142, sowie bereits K. BORNHÄUSER, Die Versuchungen Jesu nach dem Hebr, S. 74. Von daher gesehen ist dann freilich zwischen dem δύναται βοηθῆσαι in V. 18 einerseits und dem vom „menschlichen Hohenpriester" in 5,2 ausgesagten Vermögen zum μετριοπαθεῖν deutlich zu unterscheiden. In 5,2 geht es ja gerade nicht um die Solidarität des Hohenpriesters mit den „unwissenden und in Irrtum befindlichen Menschen", sondern um den (psychologischen) Sachverhalt des Verständnis-habens. Die Ausrichtung des Versuchtseins Jesu auf sein Vermögen, den Versuchten nun seinerseits zu helfen, in 2,18 macht zugleich auch den entscheidenden Unterschied zur synoptischen Überlieferung von der Versuchung Jesu (Mk 14,32ff parr) aus. Im Hebr hat in dieser Hinsicht offensichtlich eine eigene Überlieferung Aufnahme gefunden. Vgl. R. S. BARBOUR, Gethsemane in the Tradition of the Passion, NTS 16 (1969/70) S. 231–251, spez. S. 234; H. BRAUN S. 75.

Sinne des Autors des Hebr ebenfalls programmatische Aussage: Was πιστός in bezug auf den Hohenpriester Christus heißt, wird ja alsbald in 3,2ff im einzelnen ausgeführt. Von „Treue" ist hier zunächst die Rede, und zwar im Sinne der Treue des Hohenpriesters Christus Gott gegenüber (3,2). Freilich geschieht dies im Zusammenhang von 3,1-6 in einem Kontext, der seinerseits wiederum - wie vor allem aus 3,1 und 3,6 hervorgeht - auf Paraklese und Paränese an die Adressaten ausgerichtet ist. Von daher gesehen ist vorauszusetzen, daß bereits in V. 17 mit der Kennzeichnung des Hohenpriesters als „treu" - hier zunächst noch im Rahmen der Christologie - eine paränetische Dimension in Ausrichtung auf die Adressaten in den Blick kommt. Von der „Treue" ist hier die Rede im Sinne durchhaltender Treue in Leiden und Anfechtung, von der Treue gewiß zunächst und zuerst des Hohenpriesters Christus. Gerade so aber zeigt sich im Hebr auch an dieser Stelle wiederum, in welchem Maße und Sinne alle Paraklese und Paränese hier ihrerseits christologisch gebunden und begründet ist. Die Treue des Hohenpriesters Christus, als solche bewährt und bewahrt in der Solidarität und Schicksalsgemeinschaft mit den „Brüdern", hat für diejenigen, die ihrerseits in der Versuchung und Anfechtung der ἀπιστία stehen (3,19), die Mahnung zur Konsequenz, ihr Augenmerk gerade in dieser Situation der Anfechtung umso mehr auf diesen „treuen" Hohenpriester zu richten (3,1).

Also: Was ihn - diesen Hohenpriester - mit den „Brüdern" verbindet, seine Solidarität mit ihnen und die hier von ihm bewährte Treue, ist zugleich dasjenige, was sie - die „Brüder" - ihr Augenmerk auf ihn richten, sich an ihm orientieren läßt. Als der „barmherzige" und als der „treue" Hohepriester ist er für sie somit zugleich der „glaubwürdige" Hohepriester[83]. Die christologische Darlegung 2,5-18 mündet in diesem Sinne folgerichtig in 3,1ff in die unmittelbar an die Adressaten sich wendende Paraklese und Paränese ein.

Exkurs: *Ursprung und Herkunft der Hohenpriester-Christologie*[1]

Nachdem bereits in Hebr 1,3 (Stichwort καθαρισμός) und in 2,11 (Stichwort ἁγιάζειν) eine bestimmte kultische Terminologie zur Umschreibung des Heilswer-

---

[83] Auf diesen Aspekt der Bedeutung von πιστός im Sinne von „digne de foi" hat vor allem A. VANHOYE wiederholt aufmerksam gemacht: Jesus ‚fidelis' ei, qui fecit eum, VD 45 (1967) S. 291-305; DERS., Bib 55 (1974) S. 357; DERS., NRTh 91 (1969) S. 463f; DERS., La structure littéraire, S. 90 mit Anm. 2; vgl. auch F. LENTZEN-DEIS, Bib 60 (1979) S. 289. Freilich schließt diese Bedeutungsvariante die Grundbedeutung „treu" nicht aus. Die Voraussetzung für die „Glaubwürdigkeit" des Hohenpriesters ist ja eben seine „Treue".

[1] Lit.: F. BÜCHSEL, Die Christologie des Hebr, S. 63-74; A. BOLEWSKI, Christos Archiereus, Diss. Halle 1939; E. KÄSEMANN, Das wandernde Gottesvolk, S. 107f, 124-140; G. SCHRENK, ThWNT III, S. 265-284; S. NOMOTO, Die Hohepriester-Typologie im Hebr. Ihre traditionsgeschichtliche Herkunft und ihr religionsgeschichtlicher Ursprung, Diss. Hamburg 1965; DERS., Herkunft und Struktur der Hohepriester-Vorstellung im Hebr, NT 10 (1968) S.

kes Christi benutzt worden ist, wird der Titel ἀρχιερεύς in 2,17 zwar nicht gänzlich unvorbereitet[2], aber doch relativ unvermittelt in die christologisch-soteriologische Argumentation des Hebr eingeführt. Wenn es dabei an dieser Stelle das Hauptanliegen des Autors ist, diesen Hohenpriester als einen „barmherzigen und treuen" Hohenpriester zu kennzeichnen (V. 17) und darüber hinaus sein Wirken mit seinem Leiden und Versuchtsein zu verbinden (V. 18), legt sich die Vermutung nahe, daß der Titel „Hoherpriester" gar nicht vom Autor des Hebr selbst zuerst auf Christus bezogen worden ist[3], sondern bereits traditionell vorgegeben und somit den Adressaten des Hebr bereits bekannt gewesen ist, ja vielleicht sogar – worauf immerhin die Rede vom „Hohenpriester unseres Bekenntnisses" in 3,1 hinweisen könnte – ursprünglicher Bestandteil des überlieferten Gemeinde-Bekenntnisses war[4]. Das Thema der für den Hebr in besonderer Weise charakteristischen Hohenpriester-Christologie stellt sich damit zunächst als ein traditionsgeschichtliches Problem innerhalb der Geschichte der urchristlichen Christologie dar.

1. Das traditionsgeschichtliche Problem[5]: Hinsichtlich der Hypothese, daß der Autor des Hebr mit seiner Hohenpriester-Christologie seinerseits auf dem Boden bzw. in der Kontinuität einer älteren urchristlichen Tradition steht, hat sich gegenwärtig ein weitgehender Konsens ergeben[6]. Umstritten ist dabei allenfalls noch, ob

---

10–25; H. ZIMMERMANN, Die Hohepriester-Christologie des Hebr, Paderborn 1969; G. THEISSEN, Untersuchungen zum Hebr, S. 33–52; U. KELLERMANN, EWNT I, Sp. 394–397; H. J. de JONGE, Traditie en exegese: de hogepriester-christologie en Melchizedek in Hebreeën, NedThT 37 (1983) S. 1–19. Zur Diskussionslage: E. GRÄSSER, ThR 30 (1964) S. 214–233; H. FELD, Der Hebr, S. 76–82.

[2] Also nicht „völlig abrupt"! So E. KÄSEMANN, Das wandernde Gottesvolk, S. 124; vgl. auch H. BRAUN, S. 69. Vgl. dagegen K. NISSILÄ, Das Hohepriestermotiv im Hebr, S. 34f; A. VANHOYE, Prêtres anciens, Prêtre nouveau selon le Nouveau Testament, S. 103f; J. SWETNAM, Bib 53 (1972) S. 371f. – Von 1,3 und 2,11 her kann man sogar sagen, daß der ganze Einleitungsteil des Hebr auf die entsprechende Schlußfolgerung in 2,17f ausgerichtet ist.

[3] Etwa im Sinne einer von Ps 110,1 zu Ps 110,4 fortschreitenden Exegese. So E. LOHSE, Märtyrer und Gottesknecht, S. 168f; F. SCHRÖGER, Der Verfasser des Hebr als Schriftausleger, S. 120ff, spez. S. 126; S. NOMOTO, Die Hohepriester-Typologie des Hebr, S. 73, u. a. Gegen solche Ableitung spricht jedoch bereits der Tatbestand, daß in Ps 110,4 gar nicht von ἀρχιερεύς, sondern vom ἱερεύς die Rede ist. Dies spricht dafür, daß der Autor des Hebr Ps 110,4 nach dem hermeneutischen Kanon einer ihm überkommenen „Hohenpriester"-Christologie auslegt. Vgl. W. R. G. LOADER, Sohn und Hoherpriester, S. 220–222.

[4] So bereits A. SEEBERG, Der Katechismus der Urchristenheit, S. 145ff; vgl. auch E. KÄSEMANN, Das wandernde Gottesvolk, S. 164f; H. ZIMMERMANN, Das Bekenntnis der Hoffnung, S. 29f. 47ff. 109; F. LAUB, Bekenntnis und Auslegung, S. 27f (S. 27, Anm. 1: weitere Lit.); H. BRAUN S. 71f; M. RISSI, Die Theologie des Hebr S. 9f. 55f. – Erwogen wird in diesem Zusammenhang auch, ob in 5,1–10 eine „Vorlage" im Sinn einer überlieferten „Hohenpriester-Homologie" vorgegeben ist. So G. SCHILLE, Erwägungen zur Hohenpriesterlehre des Hebr, ZNW 46 (1955) S. 81–109.

[5] Vgl. speziell zu dieser Fragestellung: S. NOMOTO (s. o. Anm. 1); M. E. CLARKSON, The Antecedents of the High-Priest-Theme in Hebrews, AThR 27 (1946) S. 89–95; O. MOE, Das Priestertum Christi im Neuen Testament außerhalb des Hebr, ThZ 2 (1947) S. 335–338; O. CULLMANN, Die Christologie des Neuen Testaments, S. 82–107; F. HAHN, Christologische Hoheitstitel, S. 231–241.

[6] Vgl. dazu E. GRÄSSER, ThR 30 (1964) S. 216–223; F. LAUB, Bekenntnis und Auslegung, S. 27ff; W. R. G. LOADER, Sohn und Hoherpriester, S. 221f.

es sich bei dieser Tradition speziell um eine fest geprägte Bekenntnis-Tradition[7] oder um eine liturgische Tradition handelt, die als solche ihren ursprünglichen „Sitz im Leben" im urchristlichen Kultus bzw. Gottesdienst gehabt hat[8]. Setzt man bei alledem den bereits in der „Einleitung" (§ 4.2) dargelegten Sachverhalt voraus, daß der Hebr mit seiner Christologie insgesamt in der Kontinuität einer älteren urchristlichen Erhöhungschristologie steht, so liegt es in der Tat nahe, in diesem Zusammenhang speziell auch die Hohepriester-Christologie des Hebr – was jedenfalls ihren Ansatz betrifft – aus einer dem Hebr vorauf gehenden urchristlichen Traditionsbildung abzuleiten, konkret also als Entfaltung bestimmter kultisch-priesterlicher Implikationen der urchristlichen Erhöhungschristologie zu verstehen[9].

Der entsprechende Sachverhalt im übrigen urchristlichen Schrifttum ist nun freilich keineswegs eindeutig und rechtfertigt somit keineswegs das Urteil, „daß die Idee des Hohenpriestertums Christi zu dem eisernen Bestand des Schriftbeweises der apostolischen Männer gehört hat"[10]. Die Tatsache, daß im Urchristentum offensichtlich von Anfang an – insbesondere zur Aussage der Heilsbedeutung des Todes Jesu als „Sühnetod" o. ä. – kultische Terminologie benutzt worden ist, läßt als solche noch nicht den Rückschluß auf die Vorstellung von einem (hohen-)priesterlichen Amt Christi zu. Entscheidend in dieser Hinsicht ist vielmehr erst der jeweilige Kontext, in dem jeweils eine ursprünglich kultische Terminologie benutzt wird. So läßt sich – z.B. – aus dem Gebrauch des ursprünglich kultischen Terminus ἁγιάζειν im sogen. hohenpriesterlichen Gebet Jesu in *Joh 17,17.19* als solchem noch nicht die Schlußfolgerung ziehen, daß der Textzusammenhang insgesamt ursprünglich einen kultischen „Sitz im Leben" hatte und in diesem Sinne eine Art Vorstufe für die explizite „Hohepriester"-Christologie des Hebr repräsentiere[11].

---

[7] So z.B. G. SCHILLE, ZNW 46 (1955) S. 84ff; W. R. G. LOADER, Sohn und Hoherpriester, S. 221f; G. FRIEDRICH, Beobachtungen zur messianischen Hohepriestererwartung in den Synoptikern, in: DERS., Auf das Wort kommt es an. Ges. Aufsätze, Göttingen 1978, S. 56–102, spez. S. 58f.

[8] So bereits R. KNOPF, Die Lehre der zwölf Apostel. Die zwei Clemensbriefe (HNT, Erg.-Bd. I), Tübingen 1920, S. 106, sowie E. KÄSEMANN, Das wandernde Gottesvolk, S. 107f; S. NO-MOTO, Die Hohepriester-Typologie im Hebr, S. 45f; G. THEISSEN, Untersuchungen zum Hebr, S. 33ff; J. ROLOFF, Der mitleidende Hohepriester, in: Festschr. H. Conzelmann, Tübingen 1975, S. 163f; F. LAUB, Bekenntnis und Auslegung, S. 35f. – Beide Momente, das bekenntnishafte und das liturgische, werden miteinander verbunden bei F. J. SCHIERSE, Verheißung und Heilsvollendung, S. 200 („ein feierliches, kultisch-liturgisches Christus-Bekenntnis"), und B. KLAPPERT, Die Eschatologie des Hebr, S. 36.

[9] Vgl. F. HAHN, Christologische Hoheitstitel, S. 233; F. LAUB, Bekenntnis und Auslegung, S. 29ff; E. GRÄSSER, ThR 30 (1964) S. 223, sowie E. SCHILLEBEECKX, Christus und die Christen. Die Geschichte einer neuen Lebenspraxis, Freiburg/Basel/Wien 1977, S. 246ff, spez. S. 247f.

[10] So O. MOE, Das Priestertum Christi im Neuen Testament außerhalb des Hebr, ThZ 2 (1947) S. 335–338, Zitat: S. 338. Vgl. auch G. FRIEDRICH (s. o. Anm. 7), S. 58f. Kritisch dazu: E. GRÄSSER, ThR 30 (1964) S. 216f; H. BRAUN S. 72.

[11] Vgl. das zurückhaltende Urteil in dieser Hinsicht bei R. SCHNACKENBURG, Das Joh-Evangelium III (HThKzNT IV/3), Freiburg 1975, S. 229f. – Zur Fragestellung im Blick auf die synoptischen Evangelien und das Johannesevangelium s. o. Einleitung § 4.2 (S. 89f) sowie die kritischen Stellungnahmen zum Vorhandensein einer priesterlichen Christologie in diesen Schriften bei J. GNILKA, RdQ 2 (1959/60) S. 409–418; E. GRÄSSER, ThR 30 (1964) S. 193ff. 217; F. HAHN, Christologische Hoheitstitel, S. 231ff; N. HUGEDÉ, La sacerdoce du fils, S. 211–230.

Auch die an sich auffällige Übereinstimmung zwischen *Röm 8,34* und Hebr 7,25, wo in beiden Fällen die Funktion des „zur Rechten Gottes" Erhöhten als ein „Eintreten für uns" beschrieben wird, vermag am Ende nicht die Auffassung zu stützen, daß an der erstgenannten Stelle so etwas wie ein traditionsgeschichtlicher Ansatz für die „Hohepriester"-Christologie des Hebr gegeben sei[12], da solche Beschreibung der Funktion des Erhöhten in Röm 8,34 nicht in einem durch kultische, sondern durch juridische Terminologie bestimmten Kontext ihren Ort hat und dementsprechend weniger ein im engeren Sinne priesterliches Handeln bezeichnet, sondern eher die „Fürsprache" des Rechtsbeistands im Verfahren des Endgerichts[13]. Auch bestimmte historisch-theologiegeschichtliche Erwägungen, so z.B. in dem Sinne, daß der Ursprung der „Hohepriester"-Christologie des Hebr in ehemaligen priesterlichen Kreisen des Judenchristentums bzw. – genauer noch – im Umkreis der Gruppe christgewordener Priester von Act 6,7 zu suchen sei[14], bleiben angesichts der Fehlanzeige entsprechender Hinweise im Hebr selbst reine Vermutung. So bleibt – was unmittelbare Vorstufen der „Hohepriester"-Christologie des Hebr im älteren oder gleichzeitigen Urchristentum betrifft – am Ende nur noch der Hinweis auf den *1. Clemensbrief.* Freilich: Der spezielle Hinweis darauf, daß der „Hohepriester"-Titel hier (36,1; 61,3; 64) jeweils in einem durch liturgischen Stil bestimmten Kontext begegnet (und somit auf eine bereits traditionelle liturgische Verwendung dieses Titels schließen läßt)[15], wird durch das literarische Abhängigkeitsverhältnis zwischen Hebr und 1 Clem wiederum relativiert und läßt somit nicht die zunächst naheliegende Schlußfolgerung zu, daß der Autor des Hebr bei der Entfaltung der ihm eigenen Christologie bereits auf einen festen liturgischen Gebrauch des „Hohepriester"-Titels im Urchristentum zurückgreifen konnte[16].

Was Ursprung und Genesis der „Hohepriester"-Christologie des Hebr betrifft, ist somit weniger mit direkten Vorformen solcher Christologie in der Theologiegeschichte des Urchristentums zu rechnen, sondern mit größerer Wahrscheinlichkeit mit einem bestimmten *Umfeld,* innerhalb dessen es sich nahelegt, am Ende – wie dies im Hebr geschehen ist – auch Christus selbst eine priesterliche bzw. hohepriesterliche Funktion beizulegen. Ein solches Umfeld war im Urchristentum bereits vor der Abfassung des Hebr speziell dort gegeben, wo zur Deutung des Todes Jesu als Heilsgeschehen eine letztlich aus biblischer Tradition herzuleitende kultische Terminologie benutzt worden ist. Konkret bedeutet das, daß ein tradi-

---

[12] So U. WILCKENS, Der Brief an die Römer (Römer 6-11)(EKK VI/2), Zürich/Neukirchen 1980, S.174, Anm.784, und zwar unter der Voraussetzung, daß die „Doppelung von Erhöhung und Intercessio" in Röm 8,34 „aus der Kontamination von Ps 110,1.4 entstanden" sei. Vgl. auch O. MICHEL, Der Brief an die Römer (KEK IV), Göttingen [14]1978, S.282; M. HENGEL, Hymnus und Christologie, in: Wort in der Zeit. Festgabe für K.H. Rengstorff, Leiden 1980, S.11f.

[13] Vgl. entsprechend die Rede vom „Parakleten" in 1 Joh 2,1f.

[14] So M.E. CLARKSON, AThR 27 (1946) S.89–95, spez. S.95.

[15] Vgl. entsprechend auch Ignatius, Phld 9,1 sowie Polykarp, Phil 12,2; Mart Pol 14,3. Zur Sache vgl. bereits R. KNOPF (s.o. Anm.8), S.106; W.R.G. LOADER, Sohn und Hoherpriester, S.237f.

[16] So R. KNOPF (s.o. Anm.8) S.106; E. KÄSEMANN, Das wandernde Gottesvolk, S.107f. 124f.; S. NOMOTO, NT 10 (1968) S.12; G. THEISSEN, Untersuchungen zum Hebr, S.37; H. BRAUN S.72.

tionsgeschichtlicher Ansatz für die explizite „Hohepriester"-Christologie des Hebr vor allem dort gegeben ist, wo der (aus Lev 16 stammende) kultische Terminus ἱλαστήριον zur Deutung des Todes Jesu Verwendung fand[17], wo der Tod Jesu als ein (Gott dargebrachtes) „Opfer" (προσφορά bzw. θυσία) interpretiert worden ist[18] und – im Zusammenhang damit – das Heilswerk Christi insgesamt im Sinne der Eröffnung eines „Zugangs" (προσαγωγή) der Christen zu Gott verstanden worden ist[19]. Nicht zuletzt ist in diesem Zusammenhang aber auch auf die in einer ganzen Reihe von neutestamentlichen Schriften sich abzeichnende Tendenz hinzuweisen, auch der christlichen Gemeinde selbst bestimmte priesterliche Prädikate beizulegen[20]. Wie immer man das sachliche Gewicht einer solchen kultisch-priesterlichen Christologie und Ekklesiologie in der Theologiegeschichte des Urchristentums bemessen mag – in jedem Fall war hier in terminologischer wie auch in sachlicher Hinsicht ein traditionsgeschichtliches Umfeld vorgegeben, innerhalb dessen der weitergehende Schritt zu einer expliziten „Hohenpriester"-Christologie, wie sie schließlich im Hebr entfaltet worden ist, am Ende nur als folgerichtig erscheint.

2. *Das religionsgeschichtliche Problem*[21]: Die Tatsache, daß der Autor des Hebr bei seiner Entfaltung einer „Hohenpriester"-Christologie durchgängig auf die entsprechenden biblischen Überlieferungen zurückgreift[22], schließt die Anknüpfung an bestimmte Auslegungstraditionen innerhalb des Judentums in dieser Hinsicht keineswegs aus. Eine Wahrscheinlichkeit, daß der Hebr gerade auch in dieser Hinsicht in der Kontinuität jüdischer Tradition steht, ist insbesondere dort gegeben, wo bereits im Judentum Titel und Funktion des „Hohenpriesters" mit bestimmten Personifikationen der Wirkungsweisen Gottes („Hypostasen") oder sogar mit ei-

---

[17] So bereits in vorpaulinischer Überlieferung in Röm 3,25 (s. dazu die Kommentare). Vgl. aber auch 1 Joh 2,2; 4,10. Dazu insgesamt: M. HENGEL, The Atonement. The Origins of the Doctrine in the New Testament, London 1981, S. 50f.

[18] Vgl. bes. Eph 5,2. Dazu: F. HAHN, Das Verständnis des Opfers im Neuen Testament, in: Das Opfer Jesu Christi und seine Gegenwart in der Kirche, Freiburg/Göttingen 1983, S. 75f, sowie zur Entsprechung zwischen Eph und Hebr in dieser Hinsicht A. VANHOYE, Bib 59 (1978) S. 222f.

[19] So Eph 2,18; 3,12; vgl. auch Röm 5,2; 1 Petr 3,18. Dazu: M. HENGEL, The Atonement, S. 52.

[20] Vgl. in diesem Sinne bereits Röm 12,1f sowie bes. 1 Petr 2,4f und Apk 1,6; 5,10; 20,6. Dazu im einzelnen: A. VANHOYE, Prêtres anciens, Prêtre nouveau selon le Nouveau Testament, S. 267ff; G. KLINZING, Die Umdeutung des Kultus in der Qumrangemeinde und im Neuen Testament, S. 213ff; N. HUGEDÉ, La sacerdoce du fils, S. 218ff.

[21] Lit.: G. SCHRENK, ThWNT III, S. 265ff; E. KÄSEMANN, Das wandernde Gottesvolk, S. 124-140; A. J. B. HIGGINS, Priest and Messiah, VT 3 (1953) S. 321-336; DERS.; The Priestly Messiah, NTS 13 (1966/67) S. 211-239; J. COPPENS, Le messianisme sacerdotal, RechBib 6 (1962) S. 101-112; J. GNILKA, Die Erwartung des messianischen Hohenpriesters in den Schriften von Qumran und im Neuen Testament, RdQ 2 (1959/60) S. 395-426; J. R. SCHÄFER, The Relationship between Priestly and Servant Messianism, CBQ 30 (1968) S. 359-386, sowie H. BRAUN, Qumran und das Neue Testament II, S. 75-78. 181f (Lit); DERS., An die Hebräer, S. 71-74.

[22] Speziell zum biblischen Hintergrund der Hohenpriester-Christologie des Hebr vgl. A. FEUILLET, Une triple préparation du sacerdoce du Christ dans l'Ancien Testament (Melchisédek, le Messie du Ps 110, le Serviteur d'Is 53). Introduction à la doctrine de l'épître aux Hébreux, Div. 28 (1964) S. 103-136; N. HUGEDÉ, La sacerdoce du fils, S. 177-210.

ner „messianischen" Gestalt verbunden worden sind. In der Tat ist in dieser Hinsicht im nachbiblischen Judentum eine ganze Reihe entsprechender Modelle vorhanden und damit auch zumindest die Möglichkeit gegeben, daß der Autor des Hebr die ihm eigene Art von „Hohenpriester"-Christologie im Anschluß an eines (oder mehrere?) dieser Modelle entfaltet hat.

Angesichts dessen, daß im Hebr die „Hohepriester"-Christologie ihrerseits in das Schema der Gegenüberstellung irdisch-himmlisch einbezogen ist, liegt es von vornherein nahe, auch an dieser Stelle einen Ursprungszusammenhang mit jenen Überlieferungen im Raum des jüdischen Hellenismus zu vermuten, wie sie insbesondere bei Philon hervortreten[23]. In der Tat gibt es hier – bei *Philon* – eine in sich geschlossene Konzeption vom „Hohenpriester", die nach dem auch sonst bei ihm üblichen exegetischen Verfahren aus einer allegorischen Exegese der Gewänder des Hohenpriesters, seines Eintritts in das „Allerheiligste" wie auch aus der Person des Hohenpriesters als solcher gewonnen wird. Von besonderem Interesse ist dabei die Verbindung des Titels des Hohenpriesters mit dem Logos[24] sowie – im Blick speziell auf die Aussage der Sündlosigkeit des Hohenpriesters in Hebr 4,15 und 7,26 – die Qualifizierung des Hohenpriesters als ἀμίαντος und ἄμωμος[25]. Gewisse Analogien zur Christologie des Hebr sind somit nicht zu bestreiten, zumal ein Traditionszusammenhang mit der hellenistisch-jüdischen Logos- (und Weisheits-)Theologie auch sonst für den Hebr (1,3!) charakteristisch ist. Andererseits lassen jedoch die offenkundigen Differenzen vor allem hinsichtlich der bei Philon stark hervortretenden kosmologischen Akzentuierung und der im Hebr demgegenüber umso deutlicher betonten soteriologischen Ausrichtung auch in dieser Hinsicht weniger an einen direkten Zusammenhang zwischen Philon und dem Hebr denken, als vielmehr an eine jeweils unterschiedliche Ausgestaltung einer beiden – Philon und dem Hebr – gemeinsamen Tradition[26].

Eine gänzlich eigenartige, mit der Christologie des Hebr letztlich nicht vergleichbare Ausprägung hat die biblische Tradition vom Hohenpriester in der Messianologie der jüdischen Gemeinde von *Qumran* gefunden, hier speziell in der endzeitlichen Erwartung von zwei messianischen Gestalten, dem „Messias aus Aa-

---

[23] Vgl. speziell zu Philon: G. SCHRENK, ThWNT III, S. 272–274; H. A. WOLFSON, Philo II, Cambridge/Mass. 1948, S. 335. 345; H. HEGERMANN, Die Vorstellung vom Schöpfungsmittler im hellenistischen Judentum und Urchristentum, S. 47ff; R. WILLIAMSON, Philo and the Epistle to the Hebrews, S. 409–434, sowie E. KÄSEMANN, Das wandernde Gottesvolk, S. 125. 133f.

[24] Vgl. in diesem Sinne Gig 52 (mit Bezug auf Lev 16,2. 34!); Migr 102; All III 82; Sacr 119 u. ö.; vgl. G. SCHRENK, ThWNT III, S. 273. Wichtig ist vor allem Fug 108: „Denn wir sind der Meinung, daß mit dem Hohenpriester gar nicht ein Mensch, sondern der göttliche Logos gemeint ist, der (als solcher) an keinem Vergehen teilhat". Vgl. auch SpecLeg I 116.

[25] ἀμίαντος: Fug 118; SpecLeg I 113; ἄμωμος: Somn II 185. Zur Sündlosigkeit des Logos-Hohenpriesters vgl. Fug 108.117; SpecLeg I 230; II 185.

[26] Zur kosmologischen Interpretation der Vorstellung vom Logos-Hohenpriester vgl. bes. die entsprechende Deutung der Gewänder des Hohenpriesters: All III 119f; VitMos II 119ff; Fug 108ff; Somn II 83ff; Migr 202ff u. ö. Dazu: H. HEGERMANN, Die Vorstellung vom Schöpfungsmittler, S. 47ff, sowie E. KÄSEMANN, Das wandernde Gottesvolk, S. 125. Nur vereinzelt wird von Philon ausdrücklich die soteriologische Funktion des Logos-Hohenpriesters vermittels der Vorstellung vom ἱκέτης betont. Vgl. z. B. Her 205f; Migr 122; Conf 174.

ron" und dem „Messias aus Israel"[27]. Nachdem in der Anfangszeit nach der Entdeckung der Qumranschriften verschiedentlich der Versuch gemacht worden ist, auch in dieser Hinsicht einen direkten Zusammenhang zwischem Qumrangemeinde und Hebr nachzuweisen[28], ist im Verlauf der weiteren Forschungsgeschichte mit Recht an die Stelle anfänglicher Euphorie zunehmend eine eher skeptische Betrachtungsweise getreten[29], begründet vor allem darin, daß in der Hohenpriester-Christologie des Hebr schon vom Ansatz her gerade jener Aspekt gänzlich ausfällt, der für die Messianologie der Qumrangemeinde konstitutiv ist: die levitische bzw. aaronidische Herkunft und Legitimation des priesterlichen Messias.

Grundsätzlich das gleiche gilt auch im Blick auf die Messias-Lehre der „*Testamente der Zwölf Patriarchen*": Der eschatologische „neue" Priester, den Gott nach der Entweihung des irdischen Tempels und Priestertums am Ende erwecken wird (TestLevi 14-17) und der am Endgericht teilhaben wird (TestLevi 18,2-4), ist auch hier selbstverständlich kein anderer als der Priester aus dem Stamme Levi. Darüber hinaus bleibt die Funktion dieses eschatologischen Priesters auf den Raum des Irdischen beschränkt (TestLevi 5,1f). Anders dagegen verhält es sich mit Stellen aus den TestXII wie TestRub 6,8, wo vom ἀρχιερεὺς Χριστός die Rede ist, und TestSim 7,1f, bei denen es sich freilich eindeutig um sekundäre christliche Interpolationen handelt[30].

Fällt somit die Vorstellung von einem eschatologischen Priestertum in den TestXII als Zeugnis für eine Vorstufe der Hohenpriester-Christologie des Hebr aus, so steht die Vorstellung von einem himmlischen Priestertum, wie sie sowohl in der jüdischen *Apokalyptik* als auch im *rabbinischen Judentum* sowie schließlich auch im Zusammenhang jüdischer Henoch-Tradition ihren Niederschlag gefunden hat[31], offensichtlich wiederum in einer gewissen Nähe zur Hohenpriester-Christologie des Hebr. Nicht zu übersehen ist aber auch, daß es sich hierbei keineswegs um einen einheitlichen, in sich geschlossenen Traditionszusammenhang handelt, in den sich am Ende auch der Hebr mit seiner Hohenpriester-Christologie einordnen ließe. Die Uneinheitlichkeit der entsprechenden Vorstellungen vom himmlischen Priestertum zeigt sich vielmehr bereits darin, daß sie im einzelnen mit unterschied-

---

[27] Vgl. dazu 1QS IX 11; 1QSa II 11-14; CD XII 23f; XIV 19; XIX 10f; XX 1. Zur „Zwei-Messias"-Lehre der Qumrangemeinde im einzelnen: J. GNILKA, RdQ 2 (1959/60) S. 396-405; H. BRAUN, Qumran und das Neue Testament II, S. 75-78; A. S. van der WOUDE, Die messianischen Vorstellungen der Gemeinde von Qumran, Assen 1957.

[28] So besonders von Y. YADIN, The Dead Sea Scrolls and the Epistle to the Hebrews, ScrHie 4 (1958) S. 36-55; H. KOSMALA, Hebräer – Essener – Christen, S. 76ff. Weitere Literatur bei H. BRAUN, Qumran und das Neue Testament II, S. 181f.

[29] Vgl. z. B. J. GNILKA, RdQ 2 (1959/60) S. 396ff; F. F. BRUCE, NTS 9 (1962/63) S. 222ff; J. COPPENS, Les affinités qûmraniennes de l'épître aux Hébreux, NRTh 84 (1962) S. 128-141. 257-282; H. BRAUN, Qumran und das Neue Testament II, S. 181f; F. HAHN, Christologische Hoheitstitel, S. 232f.

[30] Zu den genannten Stellen vgl. J. BECKER, Untersuchungen zur Entstehungsgeschichte der Testamente der Zwölf Patriarchen (AGaJU 8), Leiden 1969, S. 197ff. 333f; DERS., Die Testamente der zwölf Patriarchen (JSHRZ III/1), Gütersloh 1974, S. 38f, 45, sowie A. J. B. HIGGINS, NTS 13 (1966/67) S. 223ff, der – ausgehend von der christlichen Interpolation TestLevi 18,6-9 – auch TestLevi 18,2-4 als christlich interpoliert betrachtet (a.a.O., S. 225f. 229. 230f).

[31] Vgl. dazu H. WINDISCH S. 70f; E. KÄSEMANN, Das wandernde Gottesvolk, S. 126ff; A. J. B. HIGGINS, NTS 13 (1966/67) S. 211-214.

lichen Personen verbunden sind: So u. a. mit Elia/Pinchas, der (vor Gott) „steht und Sühne schafft"[32], mit dem Erzengel Michael, der am Altar im vierten Himmel (זבול) Opfer darbringt[33], sowie endlich mit Henoch-Metatron[34].

Aufs Ganze gesehen ist es somit ein relativ *breites Spektrum eschatologischer und messianologischer Vorstellungen,* das sich in den unterschiedlichen Richtungen und Gruppierungen des nachbiblischen Judentums im Anschluß jeweils an die biblische Überlieferung vom (Hohen-)Priestertum artikuliert. Zwar kommt ein Teil dieser Vorstellungen als Vorstufe der Hohenpriester-Christologie des Hebr bereits aus Gründen ihrer relativ späten zeitlichen literarischen Fixierung nicht unmittelbar in Betracht, so vor allem die in der rabbinischen Literatur sowie im 3. Henochbuch bezeugten Vorstellungen[35]. Immerhin bezeugen aber auch sie wiederum die Breite des Umfeldes einer bestimmten priesterlichen Eschatologie und Messianologie im spätantiken Judentum und damit eine bestimmte zeitgeschichtliche Atmosphäre, in deren Wirkungs- und Ausstrahlungsbereich die Anwendung von (hohen-)priesterlichen Kategorien u. a. auch auf die Artikulierung und Auslegung des traditionellen christlichen Bekenntnisses durchaus „im Raume stand". Ebenso deutlich freilich auch bezeugt dieses breite Spektrum einer priesterlichen Eschatologie und Messianologie im Raum des Judentums die Grenzen einer „rein religionsgeschichtlichen" Betrachtungsweise, die allzu schnell darauf aus ist, aus bestimmten religionsgeschichtlichen Analogien auf eine einlinige religionsgeschichtliche Genealogie zu schließen. Denn: die in dieser Hinsicht offensichtlich im gesamten Bereich des spätantiken Judentums verbreiteten Überlieferungen – angefangen bei Philon von Alexandria über die Schriften der Gemeinde von Qumran bis hin zur rabbinischen Literatur sowie zu den Zeugnissen einer „jüdischen Mystik" – lassen sich nicht auf das eine ursprüngliche Grundmodell reduzieren bzw. als sekundäre Individuationen eines einzigen Grundmodells verstehen, sondern allenfalls als Auspra-

---

[32] Zur Vorstellung des endzeitlichen Hohenpriestertums des Elia (und zu seiner Identifizierung mit Pinchas) vgl. STRACK-BILLERBECK, IV/1, S. 462f. 789–792; J. JEREMIAS, ThWNT II, S. 935; E. KÄSEMANN, Das wandernde Gottesvolk, S. 127. Besonders ist dabei auf Sifre Num § 131 (48b) zu Num 25,12 hinzuweisen, wo ausdrücklich das Priestertum des Elia betont wird: „(Das bedeutet:) er hat bis heute nicht (damit) aufgehört, sondern steht (immerfort) da und schafft Sühne bis die Toten auferstehen werden". Zu Elia als dem eschatologischen Hohenpriester (כהנא רבא) als Vorläufer des königlichen Messias (Mal 3,23!) vgl. auch TPsJ zu Ex 6,18; 40,9; Dtn 30,4 sowie bBB 121b. Dazu: S. H. LEVEY, The Messiah: An Aramaic Interpretation. The Messianic Exegesis of the Targum (MHUC 2), Cincinnati 1974, S. 15f.

[33] So bHag 12b und die Parallelüberlieferungen bMen 110a; bZev 62a (STRACK-BILLERBECK, III, S. 532); vgl. auch äthHen 40,4ff; 40,9; 68,4. Dazu: W. LUEKEN, Michael. Eine Darstellung und Vergleichung der jüdischen und der morgenländisch-christlichen Tradition vom Erzengel Michael, Göttingen 1898, S. 30f; E. KÄSEMANN, Das wandernde Gottesvolk, S. 126.

[34] Vgl. Jub 4,25; Num.r. 12 (zu Num 7,1) sowie bes. hebrHen 25; 43,2. Dazu: H. ODEBERG, 3 Enoch or The Hebrew Book of Enoch, Cambridge 1928 (Nachdruck: New York 1973), S. 79ff. 114ff. 142ff; E. KÄSEMANN, Das wandernde Gottesvolk, S. 129. 138f; A. MURTONEN, The Figure of Meṭaṭrôn, VT 3 (1953) S. 409–411 („Meṭaṭrôn, a kind of counterpart of Jesus"!); A. J. B. HIGGINS, VT 3 (1953) S. 322f; DERS., NTS 13 (1966/67) S. 212ff.

[35] Zum Problem in dieser Hinsicht vgl. E. KÄSEMANN, Das wandernde Gottesvolk, S. 131f. 138f. – Speziell zur Gestalt des Metatron: H. BIETENHARD, Die himmlische Welt im Urchristentum und Spätjudentum, S. 143ff; A. J. B. HIGGINS, VT 3 (1953) S. 323; DERS., NTS 13 (1966/67) S. 213.

gung der entsprechenden biblischen Überlieferung unter jeweils unterschiedlichen historischen und religionsgeschichtlichen Bedingungen[36].

Für die Hohepriester-Christologie des *Hebr* bedeutet dies alles konkret, daß sie nicht als solche aus der einen oder anderen Gestalt priesterlicher Eschatologie oder Messianologie im Raum des Judentums abzuleiten, sondern mit weit größerer Wahrscheinlichkeit auf dem Hintergrund jenes im zeitgenössischen Judentum (und Urchristentum!) vorgegebenen Umfeldes zu verstehen ist. Sieht man jedenfalls zunächst noch von dem speziellen Problem einer in Hebr 7,1ff rezipierten Melchisedek-Tradition ab (s. dazu unten zu 7,1ff), ist die besondere Weise der Entfaltung einer Hohenpriester-Christologie im Hebr selbst aus den Prämissen der jüdischen priesterlichen Eschatologie und Messianologie – welcher Provenienz auch immer – nicht ableitbar. Was der Hebr in dieser Hinsicht mit den entsprechenden Vorstellungen und Erwartungen im Bereich des Judentums gemeinsam hat – so vor allem den Ansatz beim irdischen (Hohen-)Priestertum –, ist von der sowohl im Hebr wie auch im Judentum aufgenommenen biblischen Überlieferung her vorgegeben.

Im übrigen jedoch gehen die Wege dort auseinander, wo der Hebr seine „Hohepriester-Messianologie" als Christologie ausarbeitet und damit in das im Raum des Judentums vorgegebene entsprechende Umfeld spezifisch christliche Aspekte zur Geltung bringt. Dies gilt einmal im Blick auf das Thema des Selbstopfers Christi, durch das der Autor des Hebr die entsprechenden „Vorgaben" aus dem Bereich des Urchristentums erweitert hat[37]. Und dies gilt zum anderen auch (und vor allem!) im Blick auf die Einbeziehung des irdischen, d.h. des leidenden und im Leiden gehorsamen Jesus in die Hohepriester-Christologie des Hebr, wie sie grundlegend und wegweisend bereits in der Rede vom „barmherzigen" Hohenpriester in 2,17f deutlich wird: Der im Leiden Gehorsame (und auf diesem Wege Erhöhte) und – zugleich – der sich selbst als Opfer Darbringende ist – wie vor allem die programmatischen Aussagen in 5,9f und 9,12 erkennen lassen – im Sinn des Hebr derjenige, der eine „ewige", für alle Zeit geltende „Erlösung" verursacht hat. Ob der Autor des Hebr auf diese Weise seinerseits gezielt die Vorstellung von einem „rein himmlischen Hohenpriester" zu korrigieren versucht hat[38], ist fraglich; keine Frage ist jedoch, daß gerade an dieser Stelle die Ausrichtung der Hohenpriester-

---

[36] Vgl. demgegenüber A. MURTONEN, VT 3 (1953) S.411, der hinter der Gestalt des Metatron und den analogen Aussagen über Christus „a certain, coherent prototype" vermutet. Hinzuweisen ist in diesem Zusammenhang aber auch schon auf den Versuch von E. KÄSEMANN, Das wandernde Gottesvolk, S.128ff. 135ff, die Doppelung von Messias und Hohempriester in den genannten jüdischen Quellen als Prädikate des „Urmenschen" und die im einzelnen unterschiedlichen priesterlichen Gestalten im Judentum letztlich als unterschiedliche Ausprägungen bzw. als „Inkarnationen" des einen (gnostischen) Urmensch-Erlösers zu verstehen. Zur Kritik an dem von E. KÄSEMANN auf Grund der Arbeit von B. MURMELSTEIN, Adam, ein Beitrag zur Messiaslehre, WZKM 35 (1928) S.242–275; 36 (1929) S.51–86, vorgetragenen Rekonstruktionsversuch vgl. G. THEISSEN, Untersuchungen zum Hebr, S.44ff. 119f; vgl. auch f. LAUB, Bekenntnis und Auslegung, S.201f; W.R.G. LOADER, Sohn und Hoherpriester, S.228f.

[37] Zu dieser Modifikation der Hohenpriester-Tradition im Hebr vgl. G. THEISSEN, Untersuchungen zum Hebr, S.44ff, spez. S.47.

[38] So H.M. SCHENKE/K.M. FISCHER, Einleitung in die Schriften des Neuen Testaments II, S.252f, spez. S.253.

Christologie des Hebr auf die konkrete Anfechtungssituation seiner Adressaten besonders deutlich in Erscheinung tritt. Im Rahmen und Zusammenhang solcher soteriologisch-paränetischen Ausrichtung hat die weitere Entfaltung der Hohenpriester-Christologie im Hebr in Richtung auf den Hohenpriester „nach der Ordnung des Melchisedek" anhand von Ps 110,4 eindeutig eine funktionale Bedeutung, und zwar im Sinne einer biblisch-exegetischen Fundierung der bleibenden bzw. „ewigen" Geltung der durch das Selbstopfer des Hohenpriesters Christus gewirkten „Erlösung" (5,9; 9,12). Schon dies ist Hinweis darauf, daß die Entfaltung der traditionellen, auf Ps 110,1 basierenden Erhöhungschristologie in Richtung auf Ps 110,4 ganz im eigenen Interesse der Christologie und Soteriologie des Hebr liegt und somit auch letztlich als die eigene theologisch-exegetische Leistung des Autors des Hebr zu gelten hat[39]. Denn er hat damit die Möglichkeit gewonnen, in die ältere urchristliche christologische Tradition, in der er selbst zusammen mit seinen Adressaten steht, nunmehr auch und gerade die kultisch-priesterliche Tradition seiner Bibel zu integrieren, gerade so aber auch seine Adressaten und Leser zu einer Lesart der Bibel anzuleiten, die für die Situation der Anfechtung des Glaubens, in der sie stehen und zu deren Bewältigung die bloße Erinnerung an das überkommene Gemeindebekenntnis offensichtlich nicht mehr ausreicht, unmittelbar bedeutsam ist.

5) 3,1–4,13: Mahnung zum Glaubensgehorsam[1]

Zur Struktur und Stellung im Kontext:

Auf die christologische Grundlegung 2,5–18 folgt - mit ihr durch schlußfolgerndes ὅθεν (3,1) verbunden - in dem Abschnitt 3,1–4,13 wiederum ein paränetischer Teil, der - aufs Ganze gesehen - dem pastoralen Grundanliegen des Hebr entsprechend die Mahnung der Adressaten zum Glaubensgehorsam und zur Glaubenstreue zum Inhalt hat.

Wie bereits die Paränese 2,1–4 ist auch dieser Abschnitt in formaler Hinsicht durch den „Wir"-Stil gekennzeichnet (3,6.14.19; 4,1.3.11), erscheint jedoch demgegenüber dadurch noch besonders akzentuiert, daß hier zum ersten Male im Hebr die Adressaten unmittelbar in der 2. Person pluralis angesprochen werden (3,1.12) und in diesem Zusammenhang zugleich zum ersten Male im Hebr eine explizite ekklesiologische Aussage gemacht wird (3,6). In seiner paränetischen Ausrichtung auf die Adressaten ist der ganze Textzusammenhang in sich geschlossen, setzt seinerseits freilich - wie bereits das konsekutive ὅθεν in 3,1 anzeigt - die christologische Grundlegung in 2,5–18 voraus und mündet auf der anderen Seite in den mit wiederum schlußfolgerndem οὖν anschließenden Abschnitt 4,14–16 ein, der seinerseits wiederum auf das Stichwort ὁμολογία in 3,1 zurückgreift und zugleich - charakteristisch für den Hebr insgesamt - Christologie und Paränese unmittelbar miteinander verbindet. In sich selbst ist die Paränese in 3,1–4,13 deutlich in insgesamt drei Unterabschnitte gegliedert - 3,1–6; 3,7–4,11; 4,12–13 -, die ihrerseits wie-

---

[39] S. u. zu Hebr 7,1ff sowie H. BRAUN S. 74: „Die Benutzung der jüd Tradition vom himmlischen Hohenpriester erfolgt im Hb selbständig".

[1] Lit.: D. R. DERWELL, Rebellion, Rest and the Word of God. An Exegetical Study of Hebrews 3:1–4:13, Diss. Duke University 1973.

derum eng miteinander verbunden sind: der zweite Unterabschnitt 3,7-4,11 mit dem ersten (3,1-6) durch διό in 3,7 und der dritte Unterabschnitt 4,12-13 mit dem zweiten durch das die voraufgehende Mahnung zum Glaubensgehorsam begründende bzw. verschärfende γάρ in 4,12.

In sachlicher Hinsicht ist bei alledem eine zunehmende Verschärfung der Mahnung nicht zu übersehen. Während sich im ersten Unterabschnitt 3,1-6 die am Ende in Gestalt eines Bedingungssatzes ausgesprochene Mahnung (3,6b) noch unmittelbar mit dem Verweis auf den „Heilsstand" der Adressaten als „Teilhaber himmlischer Berufung" (3,1) und als „Haus Christi" (3,6) verbindet, kommt im zweiten Abschnitt (3,7-4,11) in Gestalt einer midraschartigen Auslegung von Ps 95,7-11 bereits sehr deutlich und unüberhörbar ein warnender Grundton zum Tragen (3,12f.19; 4,1.11). Dem entspricht schließlich auch der Schlußabschnitt 4,12-13, mit dem sich - im Gesamtzusammenhang von Hebr 1,1-4,13 gesehen - mit dem Rekurs auf das Wort Gottes der Kreis zur Bezugnahme auf Gottes Reden im Exordium des Hebr hin schließt, in dem jedoch nunmehr - durch den unmittelbaren Kontext bedingt - im Unterschied zum Exordium vor allem der kritische Aspekt des Wortes Gottes und seiner Wirkungsmacht betont erscheint. So gesehen handelt es sich in dem Abschnitt 3,1-4,13 insgesamt um einen Modellfall für die christologisch begründete Paränese des Hebr, um einen Modellfall nicht zuletzt auch in dem Sinne, daß die Paränese ihrerseits im Rückgriff auf bestimmte biblische Texte und Themen ausgeführt wird. Paradigmatisch für solches Verfahren des Autors des Hebr ist in besonderer Weise bereits der den ganzen Text- und Sachzusammenhang einleitende erste Unterabschnitt 3,1-6.

5.1) 3,1-6: Die Treue des Hohenpriesters als Basis der Glaubenstreue der Adressaten[2]

1 Daher, heilige Brüder, (die ihr) Teilhaber (seid) der himmlischen Berufung, richtet eure ganze Aufmerksamkeit auf den Apostel und Hohenpriester unseres Bekenntnisses, (nämlich) auf Jesus,

2 der treu ist dem (gegenüber), der ihn geschaffen hat – wie (einst) auch Mose in seinem (ganzen) Haus (treu gewesen ist).

3 Denn dieser (sc. Jesus) ist einer größeren Herrlichkeit gewürdigt worden, (und zwar) nach Maßgabe dessen, daß derjenige größere Ehre hat als das Haus, der es erbaut hat.

4 Jedes Haus nämlich wird von irgendeinem (Baumeister) erbaut. Derjenige aber, der alles (bzw. das All) erbaut hat, ist Gott.

---

[2] Lit.: C.W. OTTO, Der Apostel und Hohepriester unseres Bekenntnisses, Leipzig 1861; T. SAITO, Die Mosevorstellungen im Neuen Testament, S. 95ff; M.R. D'ANGELO, Mose in the Letter to the Hebrews, S. 65ff; P. AUFFRET, Essai sur la structure littéraire et l'interprétation d'Hébreux 3,1-6, NTS 26 (1979/80) S. 380-396; A. VANHOYE, Prêtres anciens, Prêtre nouveau selon le Nouveau Testament, S. 114ff; DERS., L'oracle de Natan dans l'épître aux Hébreux, in: L. Provera (Hrsg.), Gésu apostolo e sommo sacerdote. Studi biblici in memoria di Ballamini teodorico, Casel Monferato 1984, S. 146-152; G.B. CAIRD, Hebrews 3,1-6. Son by Appointment, in: W.C. Weinrich (Hrsg.), The New Testament Age. Essays in Honour of Bo Reicke, Macon GA 1984, S. 73-81; E. GRÄSSER, Mose und Jesus. Eine Auslegung von Hebr 3,1-6, ZNW 75 (1984) S. 2-23 = DERS., Der Alte Bund im Neuen, S. 290-311.

5 Und Moses zwar war ‚treu in seinem ganzen Haus' als ein ‚Dienender' zum Zeugnis für das, was (dereinst noch) gesagt werden soll;
6 Christus aber (ist treu, und zwar) als Sohn (‚der als solcher) über seinem Haus (steht). Dessen Haus sind wir – sofern wir die Zuversicht und den Ruhmestitel der Hoffnung (bis ans Ende fest) bewahren.

Zur Eigenart des Abschnitts:

Die Eigenart von 3,1–6 gegenüber 3,7–4,11 und 4,12f besteht in dem, was man seinen „Mischcharakter" genannt hat[3], „Mischcharakter" insofern, als die Mahnung an die Adressaten, wie sie in V.1 und in V.6b formuliert wird, im Zentrum des Abschnitts ganz unmittelbar mit dem Rückverweis und Rückbezug auf die Christologie verbunden erscheint, konkret mit dem Rückbezug auf ein bestimmtes Verhalten Jesu als des „Apostels und Hohenpriesters unseres Bekenntnisses" (3,2–6a). Damit ist bereits deutlich, daß auch an dieser Stelle wiederum Mahnung nicht als Appell an die eigenen Möglichkeiten der Adressaten vorgetragen wird, sondern in Gestalt der Aufforderung, sich in seinem eigenen Verhalten am Verhalten Jesu selbst auszurichten und von daher Grund und Maß für das eigene Verhalten zu gewinnen. Christologie gewinnt hier als solche paränetischen Charakter. So gesehen ist der eigentümliche „Mischcharakter" dieses Abschnitts kein Zufall, sondern signalisiert die im Sinne des Autors des Hebr notwendige Ausrichtung der Christologie auf die Paränese ebenso wie die Rückbindung aller Paränese an die Christologie[4]. So gesehen sind aber auch die christologischen Darlegungen in den VV. 2–6a ganz in den (an sich) paränetischen Kontext integriert, was wiederum zur Konsequenz hat, daß die hier vorgenommene Gegenüberstellung Christus – Mose nicht eigenes Thema – etwa im Sinne einer gezielt-polemischen Abwertung des Mose[5] oder auch im Sinne einer Bestimmung der „heilsgeschichtlichen" Relation Mose – Christus – ist, sondern im paränetischen Kontext – wie bereits das (aus 2,17 übernommene) Stichwort πιστός zeigt – lediglich die alle Vor-Bilder überragende Treue des „Sohnes" herausstellen will[6]. Auch hier wird biblische Überliefe-

---

[3] So J. THURÉN, Das Lobopfer der Hebräer, S. 33f; vgl. auch B. KLAPPERT, Die Eschatologie des Hebr, S. 45, Anm. 96.
[4] E. GRÄSSER, Der Alte Bund im Neuen, S. 291f, spricht in diesem Sinne von Hebr 3,1–6 „als Drehscheibe zwischen der christologischen Grundlegung in Kap. 1+2 und der großen Paränese in Kap. 3+4 … Einerseits bleibt die Christologie in 3,1–6 Thema und wird weiter vertieft, andererseits will der Text als Grundlegung und Vorbereitung auf 3,7–19 gelesen werden …".
[5] So vermutet C. SPICQ, RdQ 1 (1959) S. 365ff, an dieser Stelle wiederum gezielte Polemik gegen das Mosebild der Qumran-Gemeinde. Zur Problematik in dieser Hinsicht insgesamt vgl. W. R. G. LOADER, Sohn und Hoherpriester, S. 76f; E. GRÄSSER, Der Alte Bund im Neuen, S. 290f.
[6] Vgl. in diesem Sinne auch E. GRÄSSER, Der Alte Bund im Neuen, S. 293: „Nicht zu einem dogmatischen Grundsatzkapitel über das Verhältnis von mosaischer und christlicher Heilsökonomie setzt unser Verfasser an – dafür ist die Erwähnung viel zu beiläufig –, sondern zu einer grundsätzlichen Paränese …" sowie S. 300: „Bei der Moseparallele als solcher hat unser Verfasser allein die argumentative Kraft des Vergleichs und keineswegs eine aktuelle Polemik vor Augen. Das Verhältnis des Mose zu Christus ist nicht Thema, sondern Mittel für den paränetischen Zielgedanken, daß der ‚Ruhm der Hoffnung' (V. 6) in der Treue des Soh-

rung argumentativ im Sinne einer komparativen Methode zugunsten einer auf Paränese ausgerichteten Christologie eingesetzt.

Der christologische Charakter der hier vorliegenden Paränese tritt – bestimmend für alles folgende – bereits in V. 1 hervor. Die Paränese des Imperativs κατανοήσατε ergibt sich – wie das einleitende ὅθεν anzeigt – als logisch-notwendige Folgerung aus den vorangehenden christologischen Darlegungen, mit denen die VV. 1–6 ihrerseits durch eine Reihe von Stichwörtern verbunden sind[7]. Darüber hinaus ist die Paränese in V. 1 selbst christologisch ausgerichtet, als Mahnung nämlich, alles Augenmerk auf Jesus (!) zu richten, nicht also primär auf den Erhöhten, sondern auf jenen „Jesus", der – wie es zuvor hieß (2,17) – „den Brüdern in jeder Hinsicht gleichgeworden ist" und sich gerade so als ein „barmherziger und treuer bzw. glaubwürdiger Hoherpriester" erwiesen hat[8]. Daß solche Ausrichtung der Betrachtung auf Jesus zugleich den Appell in sich schließt, daraus die entsprechenden Schlußfolgerungen für das eigene Verhalten zu ziehen, versteht sich für den Autor des Hebr von selbst. Aus der „eingehenden Betrachtung" (des Verhaltens) Jesu folgt notwendig das im Bedingungssatz von V. 6b geforderte „Festhalten an der (in Jesus begründeten) Zuversicht und am Ruhmestitel der Hoffnung" – ganz ebenso, wie in 12,2f das „Aufblicken auf Jesus" und die Entsprechung zur „Geduld" Jesu seitens der Adressaten eine Einheit darstellen.

Die Ausrichtung auf Jesus vermag die Adressaten zum Festhalten am Bekenntnis, zum Festhalten an ihrer Zuversicht und Hoffnung zu motivieren und damit zugleich vor dem Abfall vom „lebendigen Gott" zu bewahren (V. 12)[9]. Um eine bloße „Vorbildethik" – in dem Sinne, daß die Adressaten des Hebr hier lediglich dazu ermahnt werden, sich am Beispiel Jesu

---

nes einen guten Grund hat". Ähnlich auch F. LAUB, Bekenntnis und Auslegung, S. 90f; R. WILLIAMSON, Philo and the Epistle to the Hebrews, S. 45f.

[7] An erster Stelle ist dabei das Stichwort πιστός zu nennen, das von 2,17 her auch diesen Zusammenhang bestimmt. Vgl. aber auch die Stichwörter ἀδελφός (2,11.17), ἅγιος (2,11: ἁγιαζόμενοι), κλῆσις (2,11: καλεῖν), μέτοχος (2,14: μετέχειν), δόξα (2,7.9f) und τιμή (2,7). Vgl. A. VANHOYE, La structure littéraire, S. 87f; P. AUFFRET, NTS 26 (1979/80) S. 381f.

[8] Das absolute Ἰησοῦς steht auch hier wieder – wie bereits in 2,9 – zur Betonung der Menschlichkeit des „Sohnes" in dem in 2,11–14.17 näher ausgeführten Sinn. Vgl. F. LAUB, Bekenntnis und Überlieferung, S. 90ff, spez. S. 93; E. GRÄSSER, Der Alte Bund im Neuen, S. 299.

[9] κατανοεῖν bezeichnet in diesem Sinne an dieser Stelle (wie auch in 10,24!) ein intensives „Betrachten", das als solches ein entsprechendes Verhalten zur Folge hat. Am nächsten kommt solchem Verständnis von κατανοεῖν im Hebr der entsprechende Gebrauch des Verbums in Lk 12,24.27: „auf etwas hinblicken" (und daraus die entsprechenden Schlußfolgerungen ziehen). Vgl. auch 1 Clem 24,1; 34,5; 47,5. Auch wenn der Gebrauch von κατανοεῖν im Hebr somit zunächst „in der visuellen Sphäre" liegt (so J. BEHM, ThWNT IV, S. 971), ist damit ein gewisses „rationales" Moment nicht ausgeschlossen. Vgl. E. GRÄSSER, Der Alte Bund im Neuen, S. 298: „Es meint die reflektierende, schlußfolgernde Wahrnehmung, das Denken, das Erfassen eines Gegenstandes oder einer Sache, das für das eigene Urteil bzw. Verhalten nicht folgenlos bleibt ... Aus der verständigen Betrachtung soll ein ‚vernünftiger' Schluß gezogen werden". Zum Ganzen vgl. J. BEHM, ThWNT IV, S. 971f.

zu orientieren – handelt es sich dabei umso weniger, als ja schon von 2,17f her deutlich ist, daß jenes „Aufmerken" auf Jesus als solches auch eine soteriologische Dimension hat: Der Jesus, von dem hier die Rede ist, ist ja eben der „Hohepriester", der als solcher „die Sünden des Volkes gesühnt hat" (2,17) und in diesem Sinne zugleich den Versuchten zu helfen imstande ist (2,18)[10]. Gleichwohl besteht – wie eben der Zusammenhang zwischen V. 1 und 2,10–18 zeigt – ein wesentliches Anliegen des Autors des Hebr darin, im Interesse seines pastoralen Grundanliegens die existentielle Gleichgestalt des „Sohnes" und der „Söhne" bzw. „Brüder" zu betonen und von daher seine Glaubensparänese zu begründen.

Dem entspricht die auffällig breit ausgeführte Anrede an die Adressaten als „heilige Brüder" und „Teilhaber der himmlischen Berufung". In der Häufung der Attribute geht sie über alles hinaus, was ansonsten im Hebr wie auch in der übrigen urchristlichen Briefliteratur in dieser Hinsicht überliefert ist[11]. Hier soll offensichtlich – was das Selbstverständnis der Adressaten betrifft – von vornherein ein besonderer Akzent gesetzt werden. Dementsprechend sind Sinn und Bedeutung solcher Anrede nicht primär aus den Prämissen der jüdisch-urchristlichen Tradition zu verstehen[12], sondern zunächst aus dem Kontext im Hebr selbst. In diesem Sinne ist bereits die Anrede ἀδελφοὶ ἅγιοι (im Anschluß an 2,10–18!) eindeutig christologisch akzentuiert: „Brüder" sind also die Adressaten nicht nur im Verhältnis untereinander, sondern zugleich als diejenigen, denen der „Sohn" selbst „Bruder" geworden ist (2,17); und: „Heilige" sind sie als diejenigen, die durch ihn „geheiligt" sind (2,11), sodaß sie auf diese Weise bereits jetzt auf die Seite Gottes bzw. auf die Seite des „Sohnes" gehören.

Als „Heilige" bzw. als „Brüder" dessen, der ihnen selbst zum „Bruder" geworden ist, sind sie „Teilhaber des Christus" (V. 14) bzw. „Teilhaber der himmlischen Berufung"[13]. Daß der Autor des Hebr mit seiner Rede von der „himmlischen Berufung" seinerseits bereits in einer urchristlichen Tradition steht, kann aus analogen Wendungen wie Phil 1,23 (ἡ ἄνω κλῆσις

---

[10] Vgl. F. LAUB, Bekenntnis und Auslegung, S. 93f. sowie S. 96, Anm. 158: Der Weg des Hohenpriesters Jesus ist „für die Glaubenden heilsbegründend und exemplarisch zugleich".

[11] Ansonsten findet sich im Hebr nur die Anrede der Adressaten als ἀδελφοί (3,12; 10,19; 13,22). In der urchristlichen Briefliteratur ist allenfalls die varia lectio in 1 Thess 5,27 vergleichbar: πᾶσιν τοῖς ἁγίοις ἀδελφοῖς (P[46vid] ℵ[2] A usw.).

[12] Vgl. z. B. den Versuch von H. KOSMALA, Hebräer – Essener – Christen, S. 44ff, die Anrede in 3,1 aus qumran-essenischer Tradition zu erklären, oder auch den Versuch E. KÄSEMANNS, Das wandernde Gottesvolk, S. 96f, speziell die Anrede μέτοχοι mit der gnostischen συγγένεια-Vorstellung in Verbindung zu bringen. Kritisch dazu F. LAUB, Bekenntnis und Auslegung, S. 95, Anm. 157.

[13] Vgl. auch E. GRÄSSER, Der Alte Bund im Neuen, S. 293: „Solche Bruderschaft ... beschreibt keinerlei subjektive Befindlichkeiten, sondern den objektiven Heilsstand der sub contrario jetzt schon Geretteten"; ebd., S. 296: „Die Anrede ‚heilige Brüder, Teilhaber himmlischer Berufung' faßt als ‚Seinsbestimmung der Glaubenden' den Ertrag der voraufgehenden Abschnitte zusammen".

τοῦ θεοῦ) oder 2 Tim 1,9 (κλῆσις ἁγία) geschlossen werden. Andererseits ist aber deutlich, daß der Autor des Hebr selbst an dem Attribut ἐπουράνιος ein besonderes Interesse hat. Bezeichnet ἐπουράνιος in 8,5; 9,23; 11,26 und 12,22 das „im Himmel befindliche", so an unserer Stelle die Qualität gleichsam der „Berufung", nämlich ihre Herkunft wie auch ihr Ziel[14]. Verbindet sich zumindest in 8,5 mit diesem Terminus zugleich der Gegensatz zum „Irdischen"[15], so schließt er offensichtlich auch an unserer Stelle eine „dualistische" Komponente in sich[16]. Im Kontext tritt sie noch deutlicher hervor, wenn man sieht, daß die „Teilhabe an der himmlischen Berufung", von der hier im Blick auf die Adressaten die Rede ist und die in V. 14 sodann als „Christusteilhabe" beschrieben wird, ihrerseits wiederum der „Teilhabe" des „Sohnes" an „Blut und Fleisch" der Söhne korrespondiert (2,14). Tritt damit noch einmal die Gegenüberstellung des „Himmlischen" und des „Irdischen" („Blut und Fleisch") hervor, so im Rahmen jener christologisch-anthropologischen Korrespondenz freilich zugleich auch die christologische Vermittlung des Gegensatzes „himmlisch-irdisch": Weil der „Sohn" an „Blut und Fleisch" der Söhne teilhat (2,14), weil er selbst „den Brüdern in jeder Hinsicht gleichgeworden ist" (2,17), ist das „Himmlische" nunmehr für die „Söhne" und „Brüder" nicht mehr das schlechthin Jenseitige und damit zugleich die Grenze zwischen dem „himmlischen" und dem „irdischen" Bereich durchbrochen oder doch jedenfalls relativiert. Durch christologische Vermittlung zwischen dem „Irdischen" und dem „Himmlischen" haben die Adressaten – als „Teilhaber Christi" (V. 14) – jetzt bereits teil an der „himmlischen Berufung"[17].

Findet sich nun freilich dieselbe Terminologie wie hier auch in 6,4 und dort in einem durch die Bezugnahme auf die Taufe bestimmten Zusam-

---

[14] Vgl. entsprechend die Auslegung von V. 1 durch Euthymius Zigabenus (hrsg. von N. Kalogeras, Athen 1887): „Denn vom Himmel her (οὐρανόθεν) beruft uns Gott zu sich, und zum Himmlischen (εἰς τὰ ἐπουράνια) seid ihr berufen". – Ein Zusammenhang der Rede von der „Berufung" in 3,1 mit 1,1f läßt sich dagegen nicht wahrscheinlich machen. Gegen K. NISSILÄ, Das Hohepriestermotiv im Hebr, S. 48: „Das Sprechen Gottes durch seinen Sohn enthält die himmlische Berufung".

[15] Vgl. bes. die Gegenüberstellung ἐπὶ γῆς – τὰ ἐπουράνια in 8,4f; vgl. weiter 11,13.16 sowie 1 Kor 15,40.48.

[16] So J. W. THOMPSON, The Beginnings of Christian Philosophy, S. 92f; vgl. auch H. BRAUN S. 77 sowie E. GRÄSSER, Der Alte Bund im Neuen, S. 295f: „Der die Eschatologie des Alexandrinismus beherrschende kosmologische Dualismus ‚irdisch-himmlisch'" ist im Gesamtkontext des Hebr jedenfalls wahrscheinlicher als der Versuch einer Herleitung der „Dualismen" des Hebr aus der jüdischen Apokalyptik. Im letzteren Sinne O. MICHEL, EWNT II, Sp. 117f, sowie J.-A. BÜHNER, Der Gesandte und sein Weg im 4. Evangelium (WUNT 2. Reihe 2), Tübingen 1977, S. 378ff, spez. S. 399f.

[17] Bestimmt sich die konkrete Bedeutung von μετέχειν und μέτοχος im Hebr jeweils vom Kontext her (vgl. C. SPICQ, Notes II, S. 555), so spricht der Kontext von 3,1. 14 – von 2,10ff her gesehen – eher für die Übersetzung von μέτοχος im Sinne von „Gefährten, Genossen" als für eine ontologische Partizipation. Vgl. H. BALZ, EWNT II, Sp. 1034f; O. HOFIUS, Katapausis, S. 215, Anm. 819. Zum Ganzen vgl. auch H. HANSE, ThWNT II, S. 831ff.

menhang, so liegt es auch im Blick auf 3,1 nahe, die Teilhaberschaft an der „himmlischen Berufung" eben in der Taufe begründet zu sehen[18]. Zur christologischen Vermittlung der Diastase „himmlisch-irdisch" tritt damit – als deren Konkretion – eine „sakramentale" Vermittlung hinzu, sodaß die Aktualisierung jener christologischen Vermittlung – zumal in der Situation der Anfechtung des Glaubens im Raum des Irdischen – am Ende nicht anders geschieht als in Gestalt der Erinnerung der Adressaten an ihren einst durch die Taufe vermittelten Heilsstand.

Daß in diesem Zusammenhang auf das „Bekenntnis" verwiesen wird, versteht sich für den Autor des Hebr offensichtlich von selbst. Ist dabei ausdrücklich von „unserem Bekenntnis" die Rede, so ist damit vorausgesetzt, daß es sich bei dem „Bekenntnis", auf das hin hier die Adressaten angesprochen werden, um eine ihnen bereits bekannte, mit dem Autor des Hebr gemeinsame Größe handelt, in diesem Sinne dann freilich auch um das Bekenntnis im objektiven Sinne, d.h. in einer bestimmten Gestalt dessen, was „bekannt" wird[19].

Solches „objektive" Verständnis von ὁμολογία in 3,1 entspricht insofern dem Grundverständnis von ὁμολογία im Hebr, als hier die Adressaten auch sonst zum „Festhalten am Bekenntnis" aufgerufen werden (4,14; 10,23)[20]. Oppositum dazu ist die ἀντιλογία (12,3). Nach 10,23 gilt es, „unverändert" (ἀκλινῆ) an diesem Bekenntnis festzuhalten. Hier geht es also in der Tat um eine „confessio invariata", die es als solche zu bewahren gilt. Für den Autor des Hebr versteht es sich dabei von selbst, daß zwischen „objektivem Bekenntnis" (in Gestalt einer bestimmten Bekenntnisformel) und „subjektivem Bekennen" keine Alternative besteht. Das Verbum κατέχειν – 10,23 in bezug auf das „Bekenntnis" gebraucht – wird in 3,6 und 3,14 auch für das („subjektive") Festhalten an der „Zuversicht" des Glaubens gebraucht. Die Mahnung in bezug auf das den Adressaten des Hebr bereits bekannte „Bekenntnis" (in Gestalt einer bestimmten Bekenntnisformel) schließt also zugleich die Mahnung zum konkreten existentiellen Vollzug des „Bekennens" in sich. Nur so vermag ja das überlieferte Bekenntnis für die Adressaten zur Grundlage ihrer eigenen Hoffnung zu werden (10,23). Und genau in diesem Sinne geht das Grundanliegen des Hebr auch dahin, vermittels einer bestimmten Auslegung und Aktualisierung des überlieferten, den Adressaten bereits bekannten Bekenntnisses, sie – die Adressaten – erneut zum aktuellen „Bekennen" zu motivieren bzw. zu ermutigen.

---

[18] Vgl. C. SPICQ, Notes II, S. 557f., sowie E. GRÄSSER, Der Alte Bund im Neuen, S. 294: „Der Begriff faßt zusammen, was 6,4f als Merkmale der Getauften auflistet".

[19] Beim Verständnis von ὁμολογία im Hebr ist also vom Verbum ὁμολογεῖν in 13,15 auszugehen. So im Anschluß an E. KÄSEMANN, Das wandernde Gottesvolk, S. 105ff, neuerdings wiederum M. RISSI, Die Theologie des Hebr, S. 47f.

[20] Zu ὁμολογία im Hebr vgl.: A. SEEBERG, Der Katechismus der Urchristenheit, S. 142ff; G. BORNKAMM, Das Bekenntnis im Hebr, in: DERS., Ges. Aufsätze II, S. 188–203; J. CASTELVECCHI, La homologia en la carta a los Hebraeos, CiFe 19, (1963) S. 329–369; K. H. SCHÄFER, ΚΡΑΤΕΙΝ ΤΗΣ ΟΜΟΛΟΓΙΑΣ (Hbr 4,14), in: Festschr. J. Kardinal Höffner, Köln 1972, S. 59–70; H. ZIMMERMANN, Das Bekenntnis der Hoffnung, S. 44–52; F. LAUB, Bekenntnis und Auslegung, S. 9–50.

Nach Ausweis von 4,14 ist diese den Adressaten des Hebr bekannte ὁμολογία vorgegeben in der Gestalt des Bekenntnisses zu Jesus als dem „Sohn Gottes". Von daher ist es auch zu verstehen, daß im Kontext von 3,1 ausdrücklich auf Christus als den „Sohn" Bezug genommen wird (3,6). Darüber hinaus weist der unmittelbare Kontext der Mahnung zum „Festhalten am Bekenntnis" in 10,23 (10,22!) deutlich genug darauf hin, daß es sich bei der ὁμολογία im Hebr konkret um das am Anfang des Christseins der Adressaten stehende Taufbekenntnis handelt[21]. Das schließt den liturgischen Gebrauch dieses Bekenntnisses im Gottesdienst der Gemeinde keineswegs aus, sondern vielmehr ein, da ja das aktuelle „Bekennen" der Gemeinde in nichts anderem besteht, als in der stets neuen Auslegung und Aktualisierung des überlieferten Taufbekenntnisses[22].

Um Auslegung und Aktualisierung des überlieferten Bekenntnisses geht es auch in Hebr 3,1, wenn der Autor hier die Aufmerksamkeit seiner Adressaten auf Jesus als den „Apostel und Hohenpriester unseres Bekenntnisses" lenkt. Die Verbindung beider christologischer Titel mit „unserem Bekenntnis" besagt also als solche keineswegs, daß die Titel ἀπόστολος und ἀρχιερεύς bereits durch eine hier aufgenommene Bekenntnistradition vorgegeben sind[23]. Gegen diese Auffassung spricht im Blick jedenfalls auf den Titel „Hoherpriester" der Umstand, daß der Autor in dieser Hinsicht eindeutig auf den unmittelbaren Kontext (2,17f bzw. überhaupt 2,5-18) zurückgreift. In 3,2ff erfolgt ja nichts anderes, als die Ausführung der These von der „Treue" des Hohenpriesters in 2,17. Grundsätzlich das Gleiche dürfte dann aber auch im Blick auf die im Hebr (wie auch im Neuen Testament insgesamt) singuläre Prädikation Jesu als ἀπόστολος gelten. Dabei ist es freilich unwahrscheinlich, daß der Autor des Hebr mit ihr auf die Kennzeichnung Jesu als Bringer des Wortes Gottes in 1,1-2,4 zurückverweist[24]. Durchaus wahrscheinlicher ist es demgegenüber, den Titel „Apostel" in seinem christologischen Gebrauch an dieser Stelle aus dem unmittelbaren Kontext zu verstehen, d.h. aus der schriftgelehrten

---

[21] Für die Beziehung des „Bekenntnisses" auf den Anfang des Christseins der Adressaten spricht nicht zuletzt auch die Gestalt der Mahnung in 3,14: τὴν ἀρχὴν ... κατάσχωμεν. Zu ὁμολογία in 3,1; 4,14; 10,23 als Taufbekenntnis vgl. auch A. SEEBERG, Der Katechismus der Urchristenheit, S. 143ff, sowie G. BORNKAMM, Das Bekenntnis im Hebräerbrief, S. 189ff.

[22] Vgl. H. ZIMMERMANN, Das Bekenntnis der Hoffnung, S. 46f; E. GRÄSSER, Der Alte Bund im Neuen, S. 298, sowie die grundsätzlichen Erwägungen zur Frage des „Sitzes im Leben" urchristlicher Bekenntnissätze von H. v. CAMPENHAUSEN, Das Bekenntnis im Urchristentum, ZNW 63 (1972) S. 210-253, spez. S. 231-234.

[23] So zuletzt vor allem H. ZIMMERMANN, Das Bekenntnis der Hoffnung, S. 47ff, spez. S. 49. Kritisch dazu: E. GRÄSSER, Der Alte Bund im Neuen, S. 297. Zum Problem vgl. auch J. SWETNAM, Bib 53 (1972) S. 370ff.

[24] So zuletzt bes. E. GRÄSSER, Der Alte Bund im Neuen, S. 296: „Mit dem Aposteltitel wird also auf 1,1-2,4 zurückgeblickt, mit dem Hohepriestertitel auf die in 2,17f gezogene Quintessenz aus 2,5-18". Vgl. aber auch schon J. A. BENGEL, Gnomon, S. 885: „Apostolum ...: eum, qui Dei causam apud nos agit ... et archisacerdotum: qui causam nostram apud Deum agit", H. v. SODEN S. 10; K. H. RENGSTORFF, ThWNT I, S. 424; J. SWETNAM, Bib 53 (1972) S. 369ff; F. LAUB, Bekenntnis und Auslegung, S. 28f.

Argumentation, wie sie für den auf V. 1 folgenden Textzusammenhang bestimmend ist[25].

So ist nicht zu übersehen, daß bereits an jener Stelle der Schrift (LXX: 1 Reg 2,35), auf die der Autor sich in 2,17 offensichtlich bezieht, im Zusammenhang mit der Rede vom ἱερεὺς πιστός das Motiv vom οἶκος begegnet (1 Reg 2,35: καὶ οἰκοδομήσω αὐτῷ οἶκον πιστόν), jenes Motiv also, das in 3,2ff alsbald unter ausdrücklicher Bezugnahme auf Num 12,7 aufgenommen wird[26]. Hier liegt im Rahmen der schriftgelehrten Argumentation des Autors des Hebr offenbar eine Kontamination verschiedener Schriftstellen vor, bei der es darum geht, das Thema der „Treue" des Hohenpriesters von 2,17 exemplarisch darzustellen, und zwar auf Grund von Num 12,7 an der Gestalt bzw. dem Verhalten des Mose, der seinerseits nun nach biblischer Überlieferung in seinem Verhältnis zum Volk Gottes als der „Gesandte" Gottes (!) gilt, und dies nun wiederum gerade als derjenige, „den Gott geschaffen hat" (1 Reg 12,6.8). Der Zusammenhang zwischen der „Sendung" und der „Treue" (des Moses) gegenüber dem, „der ihn geschaffen hat", wie er an unserer Stelle vorliegt, ist also von der biblischen Überlieferung her vorgegeben und in Gestalt einer Mose-Christus-Typologie auf Jesus übertragen worden[27].

Für den Autor des Hebr liegt somit bereits von 2,17 her an unserer Stelle ein exegetischer Zusammenhang vor, der den singulären christologischen Gebrauch des Terminus „Apostel" in V. 1 verständlich macht,

---

[25] Solche Erklärung aus dem Kontext hat jedenfalls den Vorrang gegenüber den Versuchen, den christologischen Gebrauch des Apostel-Titels als solchen aus bestimmten traditionsgeschichtlichen Voraussetzungen innerhalb des Urchristentums - so z. B. aus der johanneischen Sendungschristologie als einer „Vorbereitung" des christologischen Gebrauchs von ἀπόστολος im Hebr (so C. SPICQ, Notes, Suppl., S. 62f; DERS., SBi, S. 80f; vgl. auch H. BRAUN S. 78) - oder aus bestimmten religionsgeschichtlichen Prämissen abzuleiten, so u. a. aus einer spezifisch gnostischen „Gesandten"-Christologie (so E. KÄSEMANN, Das wandernde Gottesvolk, S. 95ff; W. SCHMITHALS, Das kirchliche Apostelamt. Eine historische Untersuchung, FRLANT 79, Göttingen 1961, S. 125; H. BRAUN S. 78; kritisch dazu jetzt auch E. GRÄSSER, Der Alte Bund im Neuen, S. 296f) oder aus der gelegentlich in der rabbinischen Literatur vorliegenden Bezeichnung der Priester als שליח (z. B. bQid 23b; bYom 19a) bzw. des Hohenpriesters als des „Bevollmächtigten des Gerichtshofes" (Mischna Yoma I 5: שליח בית דין). Vgl. dazu K. H. RENGSTORFF, ThWNT I, S. 419; J.-A. BÜHNER, Der Gesandte und sein Weg im 4. Evangelium, S. 325f und S. 270, Anm. 4; DERS., EWNT I, Sp. 350. Anders wiederum H. KOSMALA, Hebräer - Essener - Christen, S. 76ff, mit Verweis auf Mal 3,1; 1 Reg 14,6. - Ebensowenig kann aus dem singulären Gebrauch des Apostelstitels im christologischen Sinne im Hebr auf eine gezielte Polemik gegen ein „frühkatholisches Amtsverständnis" geschlossen werden, „das sich auf die Apostel als die Norm der Tradition beruft". So G. THEISSEN, Untersuchungen zum Hebr, S. 107; vgl. auch E. GRÄSSER, Die Gemeindevorsteher im Hebr, in: Vom Amt des Laien in Kirche und Theologie. Festschr. G. Krause, Berlin 1982, S. 79; H. BRAUN S. 78. - Zur Frage des Verständnisses von ἀπόστολος aus dem Kontext vgl. J. SWETNAM, Bib 53 (1972) S. 371ff; K. NISSILÄ, Das Hohepriestermotiv im Hebr, S. 49ff.

[26] Vgl. M. R. D'ANGELO, Moses in the Letter to the Hebrews, S. 84ff. - Hinzuweisen ist in diesem Zusammenhang auch auf die bereits 1,5 zitierte Natan-Weissagung 2 Sam 7,14, in deren Kontext (V. 16) es heißt: καὶ πιστωθήσεται ὁ οἶκος αὐτοῦ. Vgl. die entsprechende Version 1 Paralip 17,13; καὶ πιστώσω αὐτὸν ἐν οἴκῳ μου. Vgl. dazu M. R. D'ANGELO, a.a.O., S. 70ff.

[27] Zum Motiv der „Sendung" des Mose vgl. Ex 3,10ff; 5,22; 7,16. Vgl. zur Sache M. R. D'ANGELO, Moses in the Letter to the Hebrews, S. 145f; P. R. JONES, RExp 76 (1979) S. 97f.

ebenso aber auch den unmittelbaren Übergang von V. 1 zum Beispiel des Mose in VV. 2–5. Eine späte Analogie zu diesem exegetischen Zusammenhang ist im Schrifttum der Samaritaner überliefert, wenn Mose hier schließlich ausdrücklich als „Gesandter" Gottes (שליח) bezeichnet wird, und zwar ebenfalls mit ausdrücklicher Bezugnahme auf Num 12,7[28]. Freilich bedeutet dies nicht, daß im Hebr an dieser Stelle eine gezielte Polemik gegen ein solches Mosebild im Raum des Judentums vorliegt[29]. Der vom Autor des Hebr geführte Nachweis der Überlegenheit des „Sohnes" gegenüber Mose, der nur „Diener im Hause Gottes" ist, ist vielmehr ganz in den paränetischen Zusammenhang integriert, indem die Grund- und Hauptlinie der Argumentation von 2,17 an über die Aussagen zum Thema der „Treue" in 3,2ff folgerichtig bis hin zur abschließenden Paränese in V. 6 verläuft. Die „Treue", die Jesus als „Apostel und Hoherpriester" erwiesen hat, als der „Sohn" zugleich dem „Diener" Mose grundsätzlich überlegen, soll die Adressaten des Hebr, indem sie ihr Augenmerk allein auf diesen Jesus richten, zur eigenen Glaubenstreue bzw. zum Festhalten an der παρρησία ihres Glaubens motivieren[30].

Dem von 2,17 an hier vorausgesetzten biblisch-exegetischen Zusammenhang ist zunächst in besonderer Weise V. 2 verpflichtet, indem es hier um die Entsprechung zwischen Jesus und Mose geht: ὡς καὶ Μωϋσῆς. Dementsprechend hat auch die Gottesprädikation ὁ ποιήσας αὐτόν in diesem Zusammenhang – in Entsprechung zu 1 Regn 12,6 – ihren Ort im Rahmen der Mose-Typologie und somit auch keine speziell christologische Aussage (etwa im Sinne der Menschwerdung Jesu oder auch im Sinne seiner Einsetzung zum „Apostel und Hohenpriester") zum Inhalt. Hier geht es vielmehr allein um die Frage nach der „Treue" des von Gott Beauftragten und Gesandten, des „Apostels", gegenüber dem Auftraggeber bzw. Sendenden. In dieser Hinsicht besteht – wie V. 2 klar betont – durchaus Gleichheit zwischen Mose und Jesus. Die einst von Mose erwiesene und

---

[28] Vgl. Memar Marqah III 6 (ed. J. MacDonald, p. 74,6f); IV 4 (p. 90,5) sowie IV 1.6; V. 3. Vgl. dazu: P. C. B. ANDRIESSEN, NT 18 (1970) S. 313; J. E. FOSSUM, The Name of God and the Angel of the Lord (WUNT 36), Tübingen 1985, S. 144ff; K. BERGER/C. COLPE, Religionsgeschichtliches Textbuch zum Neuen Testament (NTD Textreihe 1), Göttingen 1987, S. 157. 300.

[29] So J. MACDONALD, Memar Marqah I, S. XLIII; DERS. The Theology of the Samaritans, London 1964, S. 42; J. E. FOSSUM, The Name of God and the Angel of the Lord, S. 144ff, spez. S. 150f. – Gleiches gilt auch für die Frage einer Polemik des Hebr gegen das Mosebild der Qumran-Gemeinde. Vgl. dazu: H. KOSMALA, Hebräer – Essener – Christen, S. 44ff; C. SPICQ, II, S. 62ff; DERS., RdQ 1 (1959) S. 377. 379. Kritisch dazu H. BRAUN, Qumran und das Neue Testament I, S. 248f. Grundsätzlich gegen ein polemisches Verständnis von Hebr 3,1ff vgl. bereits C. W. OTTO, Der Apostel und Hohepriester unseres Bekenntnisses, S. 38; H. WINDISCH S. 28 sowie neuerdings E. GRÄSSER, Der Alte Bund im Neunen, S. 300; F. LAUB, Bekenntnis und Auslegung, S. 90f.

[30] Also: „Achtet auf diesen Hohenpriester – und haltet fest an der Hoffnung"! So F. LAUB, Bekenntnis und Auslegung, S. 96f; vgl. E. GRÄSSER, Der Alte Bund im Neunen, S. 299f.

bewährte Treue wird hier in keiner Weise herabgesetzt. Der Autor des Hebr macht hier vielmehr durchaus das biblische Zeugnis als solches geltend. Dem entspricht auch die (wohl sekundäre) Einfügung von ὅλῳ in die bereits hier vorliegende Anspielung auf Num 12,7[31], darüber hinaus aber auch die Beziehung des Possessivpronomens αὐτοῦ auf Gott, nicht auf Jesus[32].

Mit V. 3 jedoch tritt alsbald in Gestalt einer für den Hebr auch im übrigen charakteristischen Argumentationsweise an die Stelle der Entsprechung zwischen Mose und Jesus die Überbietung des ersteren durch den letzteren: Gott selbst hat Jesus einer „größeren Herrlichkeit" als Mose gewürdigt[33], und zwar nach Maßgabe (καθ' ὅσον) des allgemeinen Erfahrungssatzes, daß derjenige, der „das Haus gebaut hat", größere Ehre zu beanspruchen hat als das von ihm errichtete Haus selbst. Mit solcher Argumentationsweise wendet sich der Autor offensichtlich wiederum an das eigene Urteilsvermögen seiner Adressaten: Sie sollen nunmehr – was das Verhältnis Jesus – Mose betrifft – die entsprechende Schlußfolgerung ziehen: „Christus verhält sich zu Mose wie der Erbauer des Hauses zum Hause selbst"[34]. Für Mose als „Diener" gilt ja nach dem Schriftzeugnis von Num 12,7, daß er zum „Haus" gehört: ἐν ὅλῳ τῷ οἴκῳ. Damit ist an sich die Voraussetzung geschaffen für die in den VV. 5f folgende Gegenüberstellung von Mose und Jesus nach der für den Hebr charakteristischen Dissoziation Μωϋσῆς μέν – Χριστὸς δέ.

Gleichwohl fügt der Autor, bevor er dann in diesen beiden Versen das Ziel seiner Argumentation erreicht, in V. 4 noch einen Zwischensatz ein, der – mit γάρ unmittelbar an V. 3 angeschlossen – offenbar die Funktion

---

[31] So die Lesart der Kodizes ℵ A C D (usw.), im Sinne offenbar sekundärer Angleichung an LXX Num 12,7. Vgl. B. M. METZGER, A Textual Commentary on the Greek New Testament, S. 664.

[32] Vgl. entsprechend auch Hebr 10,21; οἶκος τοῦ θεοῦ. Anders (im Sinne der Beziehung des αὐτοῦ auf Christus) bereits F. BLEEK, II/1, S. 385, sowie neuerdings J. SWETNAM, Bib 53 (1972) S. 377; A. T. HANSON, StEv II, S. 394ff, spez. S. 396. 397f. – Nichts deutet im übrigen darauf hin, daß an dieser Stelle im Hebr ein „rabbinischer Lehrzusammenhang" aufgenommen worden ist. Gegen O. MICHEL S. 170f. Zur Betonung der Treue des Mose in der rabbinischen Überlieferung vgl. bes. Sifre Numeri § 103 zu Num 12,7 sowie die weiteren Belege bei STRACK-BILLERBECK, III, S. 683; W. BACHER, Die Agada der Tannaiten II, Straßburg 1890, S. 179, sowie M. R. D'ANGELO, Moses in the Letter to the Hebrews, S. 113ff.

[33] ἠξίωται ist hier passivum divinum. – Das Motiv der δόξα ist wiederum vom biblischen Zusammenhang her vorgegeben: vgl. Num 12,8! Insofern liegt hier keineswegs ein „überraschender Wechsel" von πιστός zu δόξα" vor, der – wie K. NISSILÄ, Das Hohepriestermotiv im Hebr, S. 44, meint – erst im Rückgriff auf 2,9 zu erklären ist. Vgl. auch A. VANHOYE, La structure littéraire, S. 91f. – Die Reihenfolge οὗτος δόξης ist in der Textgeschichte unsicher. Die Voranstellung von οὗτος (so: P46 ℵ A B C D usw.) soll zweifellos die Überlegenheit Christi gegenüber Mose stärker betonen. Demgegenüber ist die Umkehrung der Reihenfolge bei P13 0121b (usw.) wohl als (sekundäre) stilistische Korrektur zu verstehen. Vgl. P. AUFFRET, NTS 26 (1979/80) S. 384f. – Zur Argumentation mit der Wendung καθ' ὅσον im Hebr vgl. auch 7,20; 9,27.

[34] So O. MICHEL S. 176; vgl. auch H. WINDISCH S. 29.

hat, die bereits dort vorliegende argumentatio ad hominem noch weiterzuführen. Dementsprechend wird in V. 4 zunächst wieder auf die generelle Erfahrung verwiesen, daß „jedes Haus" einen Erbauer hat, und daran sodann die entsprechende theologische Aussage angeschlossen, daß derjenige, der „das All geschaffen hat", Gott ist. Damit wird nicht nur die im jüdischen Hellenismus geläufige Gleichsetzung von οἶκος und κόσμος bzw. τὰ πάντα sowie eine hier geläufige Gottesbezeichnung vorausgesetzt[35], sondern (im Zusammenhang mit V. 3) zugleich auch eine Argumentationsweise, die im Zusammenhang des kosmologischen „Gottesbeweises" im jüdischen Hellenismus eine bedeutsame Rolle spielt: „Denn in dem Maße, in dem der Besitzer über seinem Besitz steht, steht auch der Schöpfer über dem (von ihm) Geschaffenen ..."[36]. In diesem Sinne vermögen zwar die VV. 3b und 4 durchaus noch der Logik des hier durchgeführten Vergleichs zwischen Jesus und Mose zugute kommen[37]; ganz abgesehen jedoch von der gewissen Konfusion, die mit der Argumentation von V. 4 in den Zusammenhang kommt – nach V. 3b gilt offensichtlich Jesus, der „Sohn", als der Erbauer des Hauses, während nach V. 4 Gott selbst der Schöpfer des Alls ist[38] –, bleibt am Ende die Frage, ob die mit V. 4 gegebene Ausweitung der Argumentation ins Kosmologische hinein tatsächlich noch dem förderlich ist, worauf der Autor in diesem Zusammenhang doch eigentlich hinaus will: nicht jedenfalls auf einen „Beweis" für die Existenz eines göttlichen Weltschöpfers nach der Analogie eines menschlichen Baumeisters, sondern auf die ekklesiologische Deutung des „Hauses" in V. 6[39]!

---

[35] Zur Gleichsetzung οἶκος – κόσμος vgl. bes. Philon, Post 5; Plant 50; Somn I 185. Zum Ganzen vgl. R. WILLIAMSON, Philo and the Epistle to the Hebrews, S. 109ff, spez. S. 111. – Die Einfügung des Artikels τὰ (πάντα) durch die Zeugen des sog. Mehrheitstextes (C³D¹ usw.) entspricht der geläufigen hellenistisch-jüdischen Gottesbezeichnung. Vgl. Weish 9,1f; 11,24; 13,4; 4 Makk 2,21; Philon, Op 149; Aet 39.41.

[36] So Philon, Plant 68; vgl. auch Migr 193; All III 97–100; Cher 126f, aber auch schon Platon, Tim 28 C sowie Justin, Apol I 20; Ps.-Clem, Hom. X 19,2.

[37] Vgl. E. GRÄSSER, Der Alte Bund im Neuen, S. 303f: „Möglicherweise folgt unser Verfasser mit ihm (sc. diesem Analogieschluß) einer bei Philo vorgegebenen Form des komparativen Argumentes, nämlich nicht einer ‚one-to-one comparison, but a comparison from analogy'". So nach L. K. K. DEY, The Intermediary World and Patterns of Perfection in Philo and Hebrews, S. 167f.

[38] Als gänzlich unwahrscheinlich muß es jedenfalls gelten, mit einer Reihe altkirchlicher Exegeten (Theodoret, Cyrill, Oecumenius, Theophylakt) das artikellose θεός auf Christus zu beziehen. Vgl. auch W. R. G. LOADER, Sohn und Hoherpriester, S. 77; E. GRÄSSER, Der Alte Bund im Neuen, S. 304, Anm. 72: „Mit V. 4b soll nicht gesagt werden, daß Jesus Gott ist, sondern daß er auf die Seite Gottes gehört, Mose aber auf die Seite des Volkes". Hebr 3,4 kann in diesem Sinne nicht als eine „Beweisstelle für die Gottheit Jesu Christi" gelten. So A. STEBLER, ThPQ 76 (1923) S. 461–468. – Zur Problematik der Argumentation in V. 4 vgl. auch J. SWETNAM, Bib 53 (1972) S. 375–378, sowie J. M. KASTNER, Moses im Neuen Testament, Diss. München 1967, S. 243: „Der ganze Vers macht den Eindruck eines Zwischengedankens, der Unstimmigkeiten in die Beweisführung ... bringt".

[39] Die Frage nach der Stringenz der Argumentation an dieser Stelle stellt sich noch deutlicher, wenn man berücksichtigt, daß in der in 3,2ff aufgenommenen biblischen Überlieferung

In diesem Sinne jedenfalls ziehen die VV. 5 und 6 das Fazit der ganzen Argumentation, indem zunächst in **V. 5** - im wörtlichen Anschluß an Num 12,7 LXX - Mose „zwar" (μέν) als treu „im" Haus Gottes und (somit) als „Diener" (θεράπων) herausgestellt wird[40], Jesus dagegen (δέ) als der „Sohn", der als solcher „über das Haus" gesetzt ist. Die nähere Kennzeichnung des Dienstes des Mose εἰς μαρτύριον τῶν λαληθησομένων, d. h. „zur (rechtskräftigen) Bezeugung dessen, was Gott dereinst (durch ihn) reden wird" (passivum divinum!), ist im Zusammenhang zunächst wiederum von Num 12,7f her zu verstehen (Num 12,8: στόμα κατὰ στόμα λαλήσω αὐτῷ). Dadurch also bewährte Mose einst seine Treue seinem Auftraggeber gegenüber, daß er Gottes Rede mit der Autorität des Zeugen (Num 12,8!) dem Volke Israel übermittelte. Im Kontext des Hebr ist diese Funktion des Mose auf die Tora zu beziehen, und zwar auf die Tora als Typus von Gottes Reden „im Sohn"[41].

Nur so ist es jedenfalls zu verstehen, daß sich in **V. 6a** an die Aussage über Funktion und Dienst des Mose (V. 5) unmittelbar die christologische Aussage anschließt und diese wiederum unmittelbar in eine ekklesiologische Aussage einmündet, die ihrerseits - in Gestalt des Bedingungssatzes in V. 6b - als solche paränetisch ausgerichtet ist. Als der „Sohn" (ὡς υἱός) steht Christus - nun also nicht mehr „Jesus" wie noch in V. 1[42] - über (ἐπί) dem „Haus Gottes"[43]. Und „dessen Haus (also: das Haus Gottes) sind wir", die „Brüder" also der christlichen Gemeinde bzw. die „Teilhaber der himmlischen Berufung" (V. 1)[44]. Die Wendung zur Ekklesiologie hin, die

---

(1 Chr 17,7ff) das „Haus" bereits traditionell für das Volk Israel steht. Vgl. Sv. AALEN, Reign and House in the Kingdom of God in the Gospels, NTS 8 (1961/62) S. 215-240, bes. 233ff, spez. zu Hebr 3,2ff: S. 236f. - Zur entsprechenden Überlieferung im Urchristentum vgl. Eph 2,19; 1 Tim 3,15; 1 Petr 4,17.

[40] Vgl. dazu Ex 4,10; 14,31; Num 11,1; 12,7; Dtn 30,24; Weish 10,16; 18,21. - Bemerkenswert ist die häufige Bezeichnung des Mose als θεράπων in 1 Clem 4,12; 43,1 (= Num 12,7!); 51,3.5; vgl. auch Barn 14,4.

[41] Vgl. auch 11,26 sowie E. GRÄSSER, Der Alte Bund im Neuen, S. 304; H. BRAUN S. 82f. - Das kann freilich nicht bedeuten, daß Mose etwa mit Christus gesprochen oder gar ihn selbst gesehen hat! So A. T. HANSON, StEv II, S. 397; vgl. auch M. R. D'ANGELO, Moses in the Letter to the Hebrews, S. 151ff.

[42] Der Wechsel von absolutem Ἰησοῦς (V. 1) zu Χριστός (V. 6) ist durchaus zu beachten. Wenn von der Herrschaftsstellung des „Sohnes" über dem „Haus Gottes" die Rede ist, wird nicht mehr auf den erniedrigten „Jesus" Bezug genommen. Χριστός steht hier also - wie dann auch in V. 14 - im titularen Sinne zur Bezeichnung des erhöhten und verherrlichten Jesus. Vgl. A. VANHOYE, La structure littéraire, S. 91.

[43] Zur Bezeichnung des Herrschaftsverhältnisses durch ἐπί c.acc. vgl. W. BAUER, Wörterbuch zum Neuen Testament, Sp. 571 (unter III 1 b a), sowie Hebr 10,21. Zur Unterscheidung „Sohn" - „Diener" vgl. auch Joh. 8,35: Im Unterschied zum „Sklaven" bleibt der „Sohn" „für immer" im Hause. Sv. AALEN, NTS 8 (1961/62) S. 237, sieht hier eine Anspielung auf 1 Chr 17,14.

[44] Das Relativpronomen οὗ (so die Lesart von P[13] ℵ B C usw.) ist somit auf das unmittelbar vorangehende αὐτοῦ zu beziehen. Vgl. auch 10,21: οἶκος θεοῦ. Dasselbe gilt auch für die durch P[46] D* Min. 1739 relativ gut bezeugte Lesart ὅς οἶκος: „welches Haus wir sind". We-

die bisherige Argumentation an dieser Stelle erfährt, steht dabei durchaus in der Kontinuität des hier von Num 12,7 her aufgenommenen exegetischen Zusammenhangs[45]: An die Stelle des Volkes Israel als „Haus Gottes" in Num 12,7 tritt nunmehr die christliche Gemeinde als „Haus Gottes". Mit dieser ekklesiologischen Position verbindet sich im Hebr freilich nicht eine Negation im Sinne einer Substitionstheorie der „heilsgeschichtlichen" Ablösung des alten Gottesvolkes durch das neue Gottesvolk[46]. Der christologische Charakter solcher Ekklesiologie ist gleichwohl vom Kontext her deutlich. Denn das „Haus Gottes", von dem hier die Rede ist, ist das „Haus", „über" dem Christus als der „Sohn" steht, so daß die „Hausgenossen" dieses Hauses zugleich die „Teilhaber des Christus" sind (V.14). Freilich entspricht es nun auch dem paränetischen Grundanliegen, wie es der Autor des Hebr im Gesamtzusammenhang von 3,1–4,13 verfolgt, wenn in V.6b die indikativische Feststellung und Versicherung des „wir sind" (ἐσμέν) alsbald unter einen Vorbehalt bzw. unter eine Bedingung gestellt werden: Dieses „wir sind" hat sein Recht und seine Gültigkeit nur unter der Voraussetzung, daß „wir an der Zuversicht (sc. des Glaubens) ... festhalten"[47]. Was „wir" geworden sind (V.14: γεγόναμεν) und jetzt sind, das beschreibt nicht einen ein für allemal gewordenen Zustand und schon gar nicht einen ein für allemal erworbenen Besitz der christlichen Gemeinde, sondern vielmehr das (dynamische) Geschehen der Bewahrung und Bewährung eines Treueverhältnisses zu dem, der „über das Haus" gesetzt ist.

Zugleich zeigt die unmittelbare Verbindung einer christologischen und einer ekklesiologischen Aussage mit einer auf ein bestimmtes Handeln und Verhalten der Adressaten zielenden Mahnung in **V.6b** wiederum die christologische Grundstruktur der Paränese des Hebr an. D.h.: Die für

---

gen ihrer sprachlichen Härte könnte es sich dabei um die ursprüngliche Lesart handeln, die erst sekundär in das elegantere οὗ verbessert worden ist. Vgl. bereits J.A. BENGEL, Gnomon, S. 886: „Haec lectio vetustissima", sowie G. ZUNTZ, The Text of the Epistles, S. 92f; H. BRAUN S. 83. Anders: C. SPICQ, I, S. 419; B.M. METZGER, A Textual Commentary on the Greek New Testament, S. 664f.

[45] Von daher gesehen verbietet sich auch die Deutung von οἶκος im Sinne einer „gnostisch gedachten himmlischen Wesenheit". So H. BRAUN S. 83 (im Anschluß an H. Schlier, E. Käsemann, Ph. Vielhauer). Vgl. demgegenüber jetzt E. GRÄSSER, Der Alte Bund im Neuen, S. 305f, sowie bereits O. MICHEL, ThWNT V, S. 129.

[46] Das ἡμεῖς steht hier also nicht im Sinne des selbstbewußten „Wir" der Christen gegenüber den Juden: „Wir" – also: nicht die Juden! Vgl. aber O. MICHEL S. 178. – Zum metaphorischen Gebrauch von „Haus" in bezug auf das Volk Israel vgl. neben Num 12,7 auch Hos 8,1; 9,8. 15; Sach 9,8; Jer 12,7 sowie 1QS V 6; VIII 5.9; IX 6; CD III 19; 1QH VII 8f. Zum Ganzen der urchristlichen Oikos-Christologie vgl. O. MICHEL, ThWNT V, S. 128–131, sowie M. RISSI, Die Theologie des Hebr, S. 14f. 117f.

[47] Die Lesart ἐάνπερ (P[46] ℵ[2] A C D[2] usw.) statt ἐάν (P[13] B D* P 0121b usw.) ist wohl als sekundäre Angleichung an V.14 zu verstehen. Gleiches gilt auch für die Einfügung μέχρι τέλους βεβαίαν (ℵ A C D usw.). Vgl. G. ZUNTZ, The Text of the Epistles, S. 33; B.M. METZGER, A Textual Commentary on the Greek New Testament, S. 665.

pologie besteht im Blick speziell auf die „Treue" des Mose darin, daß die christliche Gemeinde als „Haus Gottes" denjenigen „über sich" hat, der seinerseits „Treue" bewährt hat und auf diese Weise ein für die christliche Gemeinde „glaubwürdiger" Hoherpriester geworden ist (2,17; 3,2ff). So gesehen ist auch für diesen Text- und Sachzusammenhang des Hebr das Motiv des Vorbildes Christi bestimmend: Weg und Verhalten Jesu (!) stellen das Exempel dar, an dem Weg und Verhalten der Christen sich ausrichten sollen. Solche Orientierungshilfe für die Adressaten des Hebr steht freilich – wie aus dem Übergang von 2,17f zu 3,1ff deutlich ist – ihrerseits unter einem soteriologischen Vorzeichen: Die Adressaten werden aufgefordert, ihr Augenmerk auf den zu richten und ihr Verhalten an dem auszurichten, der – als einer, der selbst im Leiden der Versuchung unterworfen war – „den Versuchten Beistand zu leisten vermag" (2,18). Also: Das im Bedingungssatz von V.6b geforderte Handeln und Verhalten der Adressaten steht unter dem christologisch-soteriologischen Vorzeichen, das im folgenden dann freilich in erster Linie im Sinne der mit ihm gesetzten verpflichtenden Konsequenzen entfaltet wird. In weitgehender Entsprechung zu V.14 wird dieses Handeln und Verhalten in V.6b als ein „Festhalten" an der παρρησία bzw. am καύχημα τῆς ἐλπίδος beschrieben[48]. Damit begegnen hier zum ersten Mal im Hebr zwei Termini, die für das pastorale Grundanliegen des Autors ebenso charakteristisch sind wie auch für das Grundverständnis von „Glauben" im Hebr. Der Terminus παρρησία wird im Hebr jeweils an Stellen gebraucht, die für das pastorale Grundanliegen dieses Briefes von besonderer Bedeutung sind (4,16; 10,19.35), und ist deshalb jeweils fest in den Kontext integriert. Die spezifische Bedeutung des Terminus bestimmt sich somit im Hebr jeweils primär von seinem Kontext her (und damit zugleich erst in sekundärer Hinsicht durch seine Bedeutungsgeschichte)[49].

Grundlegend für das Verständnis von παρρησία im Hebr sind vor allem drei Sachverhalte:

---

[48] κατέχειν, d.h. „festhalten" (was man bereits hat), also „bewahren". Dieses „bewahrende" Moment tritt dann bes. in V.14 hervor. Vgl. weiter 10,23. Das Nebeneinander von παρρησία und καύχησις in 2 Kor 7,4 kann wohl kaum als zureichendes Indiz für den „Paulinismus" des Hebr an dieser Stelle gewertet werden. Vgl. aber O. MICHEL S.178, Anm.3: Gemeinsamer Traditionszusammenhang?

[49] Zur Bedeutungsgeschichte vgl. H. SCHLIER, ThWNT V, S.869–884; H. BALZ, EWNT III, Sp.105–112, sowie E. PETERSON, Die Bedeutungsgeschichte von παρρησία, in: Zur Theorie des Christentums I. Festschr. R. Seeberg, Leipzig 1929, S.283–297; H. JAEGER, Παρρησία et fiducia, in: StPatr I (TU 63), Berlin 1957, S.221–239; W.C. van UNNIK, De semitische achtergrond van παρρησία in het NT, in: DERS., Sparsa Collecta II, Leiden 1980, S.290–306; P. JOÜON, Divers sens de παρρησία dans le Nouveau Testament, RSR 30 (1940) S.239–242; St. B. MARROW, Parhesia in the New Testament, CBQ 44 (1982) S.431–446. Speziell zu Hebr vgl. W.S. Vorster, The Meaning of παρρησία in the Epistle to the Hebrews, in: Neotestamentica 5 (1971) S.51–59; E. GRÄSSER, Der Glaube im Hebr, S.16f. 96–99.

1. An allen Stellen, an denen der Terminus im Hebr vorkommt, steht er in einem Zusammenhang mit der ὁμολογία der christlichen Gemeinde (3,6; 4,16; 10,19) und bezeichnet in diesem Zusammenhang – zumal in der Verbindung mit dem Verbum κατέχειν in 3,6 – das öffentliche und standhafte Eintreten für die Sache des Glaubens, das Gegenteil also zur Verzagtheit und zur Furcht vor dem offenen Bekenntnis. In diesem Sinne gewinnt παρρησία die Bedeutung von „Zuversicht" als ein Merkmal des Glaubens bzw. ist παρρησία im Hebr im Grunde mit πίστις und μακροθυμία austauschbar[50]. Sofern παρρησία somit das freimütige Eintreten für den Glauben bzw. für das Bekenntnis einschließt, ist der Zusammenhang mit der ursprünglichen „politischen" Bedeutung des Terminus noch am deutlichsten.

2. Ebenso deutlich ist für das Verständnis von παρρησία im Hebr freilich auch der Sachverhalt, daß mit diesem Terminus nicht nur eine „subjektive" Haltung des Menschen im Blick ist. Sofern nämlich im Kontext jeweils sehr deutlich auf das abgehoben wird, was die Christen bereits sind bzw. bereits erlangt haben (3,1; 4,14; 10,19), ist der παρρησία im Hebr offensichtlich stets zugleich ein gleichsam „objektiver" Charakter eigen, und zwar im Sinne der Ermächtigung zur Zuversicht – sofern nämlich diese Zuversicht in Gottes Heilshandeln in Jesus Christus ihren festen und unumstößlichen Grund hat[51]. Παρρησία, das ist dementsprechend nichts anderes als die (subjektive) „Aneignung eines Vorgegebenen"[52]. Das zeigt sich in der Verbindung des Terminus mit κατέχειν (3,6) bzw. – als Gegensatz dazu – mit ἀποβάλλειν (10,35) ebenso deutlich wie auch in 4,16, wo παρρησία geradezu die durch das hohepriesterliche Werk Jesu (4,14) gewonnene Ermächtigung zum ungehinderten Zutritt zum Thron Gottes bezeichnet[53].

3. Im Sinne des Hebr ist mit solchem gleichsam „objektiven" Charakter der παρρησία zugleich ihr eschatologischer Charakter gegeben. Das zeigt sich nicht erst im Zusammenhang mit der Ausrichtung des „Festhaltens" auf das „Ende" in 3,14 (μέχρι τέλους) sowie am Zusammenhang zwischen παρρησία und dem „Be-

---

[50] Vgl. 4,3; 6,11; 11,6f. Zur Sache: E. GRÄSSER, Der Glaube im Hebr, S. 17; DERS., Der Alte Bund im Neuen, S. 307f, sowie bereits E. KÄSEMANN, Das wandernde Gottesvolk, S. 23. – In dieser Hinsicht ist im übrigen wiederum der Zusammenhang mit dem Verständnis von παρρησία in der hellenistischen Diasporasynagoge offensichtlich, auch wenn hier die ursprüngliche rechtlich-politische Bedeutung des Terminus noch stärker in Erscheinung tritt als im Hebr. Vgl. z. B. Philon, Her 5.14.21. Vgl. auch E. GRÄSSER, Der Glaube im Hebr, S. 97f.

[51] Vgl. St. B. MARROW, CBQ 44 (1982) S. 440f: Das dem Hebr eigentümliche Moment im Gebrauch des Terminus ist darin gegeben, daß παρρησία „is ... founded on the saving event itself and set within an eschatological context".

[52] So E. KÄSEMANN, Das wandernde Gottesvolk, S. 23; vgl. auch H. SCHLIER, ThWNT V, S. 882; E. GRÄSSER, Der Glaube im Hebr, S. 17; DERS., Der Alte Bund im Neuen, S. 307f; F. J. SCHIERSE, Verheißung und Heilsvollendung im Hebr, S. 166ff; J. W. THOMPSON, The Beginnings of Christian Philosophy, S. 32f. 93.

[53] Vgl. auch die analog strukturierte Aussage in 10,19 sowie auch die Verbindung von παρρησία und προσαγωγή (zu Gott) in Eph 3,12 sowie 1 Joh 3,21. Angesichts dessen legt sich die Vermutung nahe, daß wir es hier mit einem möglicherweise in einem liturgischen Zusammenhang verwurzelten festen urchristlichen Topos zu tun haben, den der Autor des Hebr auf seine Weise variiert hat. Vgl. J. GNILKA, Der Epheserbrief (HThK 10/2), Freiburg i. Br. ²1977, S. 178.

kenntnis der Hoffnung" in 10,19ff, sondern bereits an unserer Stelle (3,6), indem hier die Mahnung zum „Festhalten" an der παρρησία fortgeführt wird durch die Wendung καύχημα τῆς ἐλπίδος. Daraus ist zu entnehmen, daß παρρησία und ἐλπίς für den Autor des Hebr untrennbar zusammengehören[54], die „Hoffnung" aber, indem hier vom καύχημα τῆς ἐλπίδος die Rede ist, wiederum nicht lediglich eine „subjektive" Haltung des Menschen als solchen bezeichnet. Vielmehr zeigt gerade die Verbindung von ἐλπίς mit καύχημα an, daß auch und gerade die Hoffnung des Christen am „objektiven" Charakter seiner παρρησία teil hat. Καύχημα steht hier ja nicht in erster Linie im Sinne des (subjektiven) Aktes eines „Sichrühmens", sondern bezeichnet den Gegenstand des „Rühmens" des Christen, dasjenige also, „worauf wir stolz sind zu hoffen", den „Ruhmestitel" der Hoffnung gleichsam – und damit zugleich den Grund dieser Hoffnung[55]. Genau daran gilt es „festzuhalten" und auf diese Weise „bis zum Ende" zu bewahren und zu bewähren, was allem Tun und Verhalten des Christen bereits vorgegeben ist. In eine reine Vorbild-Ethik hinein läßt sich solche christologisch begründete Paränese nicht verrechnen.

In diesem Sinne fügt sich der Bedingungssatz V. 6b ganz dem Gesamtanliegen der christologisch(-soteriologisch) strukturierten Paränese des Hebr ein und ist in seinem Kontext am besten so zu paraphrasieren: „... dessen Haus sind wir – unter der Bedingung jedenfalls, daß wir an der uns (vor allem unseren Tun) eröffneten Zuversicht und – damit auch – an dem (uns vorgegebenen) Ruhmestitel unserer Hoffnung festhalten". Im Rückbezug auf V. 1 formuliert: Das Festhalten an der παρρησία und am καύχημα τῆς ἐλπίδος und das Festhalten am „Bekenntnis" – nach 10,23: das „Bekenntnis der Hoffnung"![56] – sind ein und dasselbe. Wie dieses „Festhalten" konkret geschehen soll, wird im folgenden (3,7-4,11) den Adressaten am Paradigma der Wanderung des Volkes Israel durch die Wüste vor Augen geführt.

---

[54] Zur Synonymität von παρρησία und ἐλπίς im Hebr vgl. auch 6,11.18; 7,19; 10,23 sowie E. GRÄSSER, Der Glaube im Hebr, S. 17.
[55] So W. BAUER, Wörterbuch zum Neuen Testament, Sp. 866. Vgl. auch E. KÄSEMANN, Das wandernde Gottesvolk, S. 23; E. GRÄSSER, Der Alte Bund im Neuen, S. 308. – Die oft erörterte Frage, ob sich mit der Wendung καύχημα τῆς ἐλπίδος ein spezifisch kultischer Sinn verbindet (vgl. in diesem Sinne E. GRÄSSER, Der Glaube im Hebr, S. 17, Anm. 31; O. MICHEL S. 179, sowie bereits R. BULTMANN, ThWNT III, S. 653, Anm. 48, mit Verweis auf 1 Clem 34,5 sowie die Reihe εὐχαριστία - παρρησία - ὕμνος - καύχημα in ActAndr 1), ist angesichts des Zusammenhangs zwischen παρρησία und ὁμολογία im Hebr zwar bedenkenswert, trägt jedoch zum Gesamtverständnis der Paränese von Hebr 3,1-6 im Rahmen des pastoralen Grundanliegens des Hebr nichts Wesentliches aus. Vgl. neuerdings auch E. GRÄSSER, Der Alte Bund im Neuen, S. 308f.
[56] Vgl. E. GRÄSSER, Der Glaube im Hebr, S. 17, Anm. 31, zur Austauschbarkeit von καύχημα τῆς ἐλπίδος (3,6) und ὁμολογία τῆς ἐλπίδος (10,23) sowie bereits F. BLEEK II/1, S. 418.

5.2) 3,7–4,11: Das warnende Beispiel der Wüstenwanderung Israels[1]

Stellung im Kontext, Struktur und Tradition:

1. Als eine auf die christliche Gemeinde bezogene *Auslegung von Ps 95,7-11* stellt dieser Abschnitt einen in sich geschlossenen Zusammenhang dar, der gleichwohl mit dem Kontext der Paränese 3,1-4,13 eng verbunden ist. Das einleitende διό (3,7) kennzeichnet ihn als Ausführung der im Bedingungssatz von 3,6b enthaltene Paränese, und zwar in Gestalt einer Mahnung und Warnung der christlichen Gemeinde angesichts des biblischen Paradigmas der Wüstenwanderung des Volkes Israel. Die Mahnung zum Festhalten an der παρρησία (3,6b) gerät hier zur Mahnung zum Gehorsam gegenüber dem „heute" ergehenden Wort Gottes und damit zugleich zur Mahnung, angesichts der Kontrastfolie des Verhaltens Israels in der Wüste die „heute" noch einmal gegebene Chance des Heils nicht zu versäumen. Der Zusammenhang mit dem vorangehenden Abschnitt 3,1-6 zeigt sich dabei vor allem in V. 14, der in seinen beiden Teilen – sowohl im Aussagesatz (V. 14a) als auch im damit verbundenen Bedingungssatz (V. 14b) – den entsprechenden Aussagen in V. 1 und V. 6 korrespondiert. Darüber hinaus ist der ganze Textzusammenhang mit dem Vorangehenden durch die Warnung vor ἀπιστία (VV. 12.19; vgl. auch die variae lectiones in 4,6.11) verbunden, womit offensichtlich das Stichwort πιστός aus 2,17 und 3,2ff aufgenommen wird, nicht zuletzt aber auch durch die die in V. 6 ausgesprochene Mahnung ausführenden Imperative (VV. 12f) und Kohortative (4,1.11)[2]. Dem mahnenden und warnenden Grundton, der für den ganzen Abschnitt bis hin zur abschließenden Mahnung in 4,11 bestimmend ist, entspricht es schließlich, wenn in 4,12f – mit γάρ an 3,7-4,11 angeschlossen – am Ende der kritische Aspekt des Wortes Gottes besonders betont erscheint[3].

2. *Komposition und Struktur* des Abschnitts sind klar und übersichtlich. Unter der hermeneutischen Voraussetzung, daß in der Schrift Gottes Geist selbst zu Worte kommt (und das σήμερον von Ps 95,7 somit das damalige, gleichsam historische „Heute" der Situation Israels in der Wüste transzendiert!), folgt auf das Zitat von Ps 95,7-11 (LXX: Ps 94) in den VV. 7-11 eine midraschartige homiletische Auslegung, in der Gottes Anrede an das Volk Israel unmittelbar auf die Adressaten des Hebr bezogen wird (VV. 12ff)[4]. Dabei liegt der Akzent in den VV. 12-19 zu-

---

[1] Lit.: E. Käsemann, Das wandernde Gottesvolk, S. 5-58; A. Vanhoye, Longue marche ou accès toute proche? Le contexte biblique de Hébreux 3,7-4,11, Bib 49 (1968) S. 9-26; H. W. Attridge, ‚Let us strive to enter that rest'. The Logic of Hebrews 4:1-11, HThR 73 (1980) S. 279-288; J. W. Thompson, The Katapausis Motif in Hebrews, in: Ders., The Beginnings of Christian Philosophy, S. 81-100. Vgl. auch H. Zimmermann, Das Bekenntnis der Hoffnung, S. 129-145; F. Laub, Bekenntnis und Auslegung, S. 246-253.

[2] Zu fragen bleibt, ob auch mit dem durch den biblischen Text der Auslegung vorgegebenen Stichwort πειρασμός (V. 8f = Ps 95,8) vom Autor bewußt eine Verbindung zur „Versuchungs"-Terminologie in 2,18 intendiert ist. So R. S. Barbour, Gethsemane in the Tradition of the Passion, NTS 16 (1969/70) S. 231-251, spez. S. 246, Anm. 4: „The whole section Heb. III,7-IV,13 is a kind of haggadic midrash on the peirasmos theme, based on Ps. XCV".

[3] A. Vanhoye, La structure littéraire, S. 92ff, sieht hier (mit 4,12f) in der Relation zur Rede von Gottes „Stimme" in 3,7-11 eine „inclusio" gegeben.

[4] K. Berger, Formgeschichte des Neuen Testaments, S. 113, kennzeichnet Hebr 3,7-4,11

nächst auf dem σήμερον aus Ps 95,7 (3,7.13.15; vgl. aber auch 4,7), während im folgenden Teilabschnitt 4,1-10 von Ps 95,11 her vor allem das Motiv der κατάπαυσις im Mittelpunkt der exegetischen Betrachtung steht. Über Ps 95 hinaus wird aber auch auf jene biblischen Zusammenhänge Bezug genommen, die ihrerseits bereits in Ps 95 rezipiert worden sind[5]. Eine gewisse Akzentverschiebung von 3,12-19 zu 4,1-10 hin ist bei alledem nicht zu übersehen, woraus freilich nicht die Schlußfolgerung gezogen werden kann, daß in 3,12ff in erster Linie die Drohung und Warnung, in 4,1ff bzw. 4,3ff dagegen primär die „Verheißung" Gottes im Vordergrund stehe[6]. Dringliche Mahnung ist vielmehr – wie neben 4,1 vor allem 4,6 zeigt – auch noch für den zweiten Teilabschnitt der Auslegung von Ps 95 bestimmend, und dem entspricht es, wenn abschließend der Ertrag der ganzen Auslegung in 4,11 wiederum in Gestalt einer Mahnung und Warnung zur Aussage gebracht wird. Zumal von daher gesehen ist deutlich, in welchem Maße hier eine bestimmte biblische Überlieferung (und mit ihr zugleich wohl auch ein bestimmter exegetischer Traditionszusammenhang) ganz in das konkrete pastorale Grundanliegen des Hebr integriert worden ist: Unter der Voraussetzung einer weitgehenden Situationsgleichheit des Volkes Israel damals und der christlichen Gemeinde heute wird das Verhalten Israels in der Zeit seiner Wanderung durch die Wüste als (warnendes) „Beispiel" (4,11: ὑπόδειγμα) für eine analoge Situation der christlichen Gemeinde verstanden, womit sich zugleich auch ein analoges Grundverständnis von Glauben bzw. Unglauben als Gehorsam bzw. Ungehorsam gegenüber dem Wort bzw. der „Stimme" Gottes (Ps 95,7) verbindet[7].

Was die Auslegung von Ps 95 im Hebr von der biblischen Überlieferung unterscheidet, ist – wie besonders die Wendung μέχρι τέλους in 3,14 anzeigt – die eschatologische Ausrichtung der Glaubensparänese auf das Ziel der Wanderung des Gottesvolkes, die Ausrichtung also auf die κατάπαυσις (Ps 95,11). Gleichwohl wird diese Zielangabe hier nicht zum eigenen Thema. Was insbesondere im 4,3ff dazu im einzelnen ausgeführt wird, verbleibt vielmehr – wie die abschließende Mahnung in 4,11 zeigt[8] – ganz im Rahmen der Mahnung und Warnung. Bemerkenswert ist schließlich auch noch, daß mit dem hier ausgeführten typologischen Schriftgebrauch – Typologie in dem Sinne, daß am Typus bzw. Antitypus des durch die Wüste wandernden Israel die Möglichkeiten und Gefährdungen christlicher Glaubensexistenz aufgezeigt werden – auch hier nicht eine bestimmte „heilsgeschichtliche" Theorie im Sinne einer Ablösung des „alten" Gottesvolkes durch

---

als einen „Homilienmidrasch", weil in der Auslegung selbst immer wieder auf Zitate aus dem „Predigttext" zurückgegriffen wird: 3,15; 4,3.7.

[5] So bes. in 3,16ff auf Ex 17,1ff und Num 14,22ff. Vgl. zum Ganzen auch A. VANHOYE, Bib 49 (1968) S. 18ff.

[6] So bereits E. RIGGENBACH S. 76. 95 sowie O. MICHEL S. 182; H. ZIMMERMANN, Das Bekenntnis der Hoffnung, S. 131f; J. SWETNAM, Bib 53 (1972) S. 378. J. W. THOMPSON, The Beginnings of Christian Philosophy, S. 92, schlägt dementsprechend die Gliederung der Auslegung von Ps 95 in die beiden Teilabschnitte 3,12-4,2 und 4,3-11 vor.

[7] Vgl. 3,12; 4,2f.6.11 sowie besonders die Verbindung von „Ungehorsam" und „Unglaube" in 3,18f. – Bereits an dieser Stelle zeigt sich, in welchem Maße das Grundverständnis von „Glaube" im Hebr von der biblischen Überlieferung her geprägt ist.

[8] Auch die indikativische Aussage εἰσερχόμεθα in 4,3 schließt im Kontext wiederum die Mahnung bzw. die Bedingung in sich: „Nur als solche, die den Glauben bewahrt haben ..."! Vgl. dementsprechend auch die Lesart (A C usw.) im Kohortativ: εἰσερχώμεθα.

das „neue" Gottesvolk der christlichen Gemeinde verbunden ist. Selbst wenn zumindest in 4,9 das Würdeprädikat ὁ λαὸς τοῦ θεοῦ mit Selbstverständlichkeit auf die christliche Gemeinde bezogen wird[9], geschieht dies unter der hermeneutischen Voraussetzung, daß die Schrift der Niederschlag von Gottes Rede im Geist ist (3,7), die als solche auch die Christen anspricht, nicht jedoch im Sinne eines exklusiven Anspruchs des „neuen" Gottesvolkes gegenüber dem „alten" Gottesvolk. Beide befinden sich vielmehr angesichts der „Stimme" Gottes in der gleichen Situation – genauer: in der gleichen Gefahr, das von Gott verheißene Heilsziel der Glaubenswanderung durch Unglauben bzw. Ungehorsam zu verfehlen – mit dem Unterschied „nur", daß Gottes eschatologisches Reden „im Sohn" (1,2) die Christen bereits zu „Teilhabern des Christus" hat werden lassen (3,14). In diesem Sinne steht auch die Mahnung und Warnung in 3,7–4,11 ihrerseits unter einem christologisch-soteriologischen Vorzeichen, dies dann freilich auch mit der Konsequenz, daß den Christen nunmehr umso größere Verantwortung auferlegt ist, das Heil, das für sie „im Sohn" seinen Anfang genommen hat (2,3), am Ende nicht infolge ihres Ungehorsams oder sogar infolge ihres „Abfalls vom lebendigen Gott" (3,12) zu versäumen.

3. Die Tatsache, daß der Autor des Hebr bei seiner Auslegung von Ps 95 ganz bestimmte *Adressaten* seiner „Mahnrede" im Blick hat, die er in ihrer Situation durch die Gefahr des Abfalls vom Glauben bedroht sieht[10], schließt freilich nicht aus, daß er hier auf seine Weise ein biblisches Grundthema variiert und aktualisiert, das bereits vor ihm in der Glaubensgeschichte des Judentums wie auch des Urchristentums eine gewichtige Rolle gespielt hat.

Mancherlei weist in der Tat darauf hin, daß der Hebr seinerseits mit seiner Auslegung von Ps 95 in der Kontinuität eines Prozesses der Aktualisierung hinsichtlich des Verhaltens Israels während seiner Wüstenwanderung bzw. im Prozeß einer Aktualisierung des Exodus-Themas steht, der sich bereits in Ps 95 selbst, darüber hinaus aber auch in einer ganzen Reihe weiterer Psalmen niedergeschlagen hat. Hier bereits werden das Exodus-Thema bzw. bestimmte Details daraus im Sinne der Mahnung und Warnung aufgenommen und zugleich im Sinne des σήμερον aus Ps 95,7 aktualisiert[11]. Innerhalb der jüdischen Überlieferung ist dabei vor allem auf die paränetische Aktualisierung des Themas in der Rede des Josua bei Ps.-Philon, Antiquitates Biblicae 20,3f, hinzuweisen. In diesen exegetischen Traditionszusammenhang gehören innerhalb des Neuen Testaments auch 1 Kor 10,1–12

---

[9] Vgl. entsprechend auch 2,17 sowie 13,12.

[10] Bemerkenswert in diesem Zusammenhang ist die durchgängige Argumentation des Autors mit dem unbestimmten τις bzw. τινες (3,12.13.16.17.18; 4,1.6.11). Kann man daraus die Schlußfolgerung ziehen, daß nur einige (wenige) aus dem Kreis der Adressaten in der akuten Gefahr des Abfalls vom Glauben stehen? Deutlich ist aber andererseits auch die Befürchtung des Autors, daß die Glaubensschwäche jener wenigen viele andere „beflecken" könnte (12,15!).

[11] Zur Traditionsgeschichte des Exodus-Themas insgesamt vgl. S. HERRMANN/F. DEXINGER/H. W. KUHN, in: TRE X, S. 732–745. – Auffällig vor allem ist die häufige Bezugnahme auf dieses Thema in den Psalmen: Ps 77,15–21; 78,10–55; 80,9–17; 105,23–45; 106,7–14; 114,1–8; 138,8f; 136,10–25. Speziell zu Ps 95,7–11 als ein vor Verstockung warnendes prophetisches „Mahnwort" vgl. H. J. KRAUS, Psalmen II (BK.AT XV/2), Neukirchen ⁵1978, S. 831f: „Als Typos einer von Jahwe abgewandten Verhaltensweise wird die Wüstengeneration dargestellt" (mit Bezugnahme auf Ex 17,1ff und Num 20,1ff).

hinein, wo ebenfalls bestimmte Details des Exodus-Themas zum Zwecke der Mahnung und Warnung der christlichen Gemeinde (10,11: ἐγράφη δὲ πρὸς νουθεσίαν ἡμῶν) benutzt werden[12], sowie Jud 5, wo die entsprechenden Motive (aus Num 14,19–37) wiederum der Polemik gegen Irrlehrer zugeordnet erscheinen[13]. Von daher gesehen ist es durchaus wahrscheinlich, daß hier im Urchristentum ein geläufiger Topos der biblisch-jüdischen Tradition aufgenommen und in Entsprechung zum jeweiligen Sachanliegen variiert und aktualisiert worden ist[14].

Die eigenen Akzente, die dabei der Autor des Hebr gesetzt hat, sind gleichwohl unverkennbar. Während der hier aufgenommene exegetische Traditionszusammenhang in 1 Kor 10,1–12 zum Zweck der Warnung der Adressaten vor unangebrachter Heilssicherheit eingebracht wird (und dementsprechend in der Warnung endet: „Wer zu stehen meint, sehe zu, daß er nicht falle"), hat er im Hebr im Kontext einer „Mahnrede" an in die Anfechtung des Glaubens geratene Adressaten die Funktion, die Notwendigkeit der Bewahrung des Glaubens einzuschärfen. Charakteristisch für den Hebr ist darüber hinaus in diesem Zusammenhang die für ihn auch im übrigen typische schriftgelehrte Argumentation, mit der insbesondere im zweiten Teilabschnitt seiner Auslegung von Ps 95 den Adressaten das Ziel ihrer Glaubenswanderung vor Augen gestellt wird – auch dies freilich wiederum einmündend in die Mahnung und Warnung von 4,11, wo noch einmal in den beiden Stichwörtern κατάπαυσις und ἀπείθεια das Hauptanliegen des ganzen Abschnitts 3,7–4,10 zusammengefaßt erscheint.

5.2.1) 3,7–11: Biblische Grundlegung der Mahnung

7 Deshalb (gilt für euch) nach Maßgabe dessen, was der Heilige Geist sagt: ‚Heute, wenn ihr seine Stimme hört,
8 (so) verhärtet nicht eure Herzen wie (einst) beim Aufstand (gegen Gott) am Tage der Versuchung in der Wüste,
9 da eure Väter (mich) versuchten in (ihrem) Mißtrauen[15], obwohl sie (doch) meine Werke (an ihnen) sahen
10 vierzig Jahre (lang). Deswegen (auch) ergrimmte ich gegen dieses Geschlecht

---

[12] Mit 1 Kor 10 hat der Hebr nicht zuletzt auch das eschatologische Schriftverständnis gemeinsam: Vgl. Hebr 1,2 und 1 Kor 10,11. Vgl. H. W. ATTRIDGE, HThR 73 (1980) S. 284f, sowie zum eschatologischen Schriftverständnis im Urchristentum insgesamt: T. HOLZ, Zur Interpretation des Alten Testaments im Neuen Testament, ThLZ 99 (1974) Sp. 19–31, spez. zu 1 Kor 10,11: Sp. 26.
[13] Vgl. dazu im einzelnen: G. SELLIN, Die Häretiker des Judasbriefes, ZNW 77 (1986) S. 206–225, spez. S. 212f.
[14] Zur Rezeption des Exodus-Themas in der urchristlichen Literatur insgesamt vgl. H. W. KUHN, in: TRE X, S. 741–745. Nach F. F. BRUCE, NTS 9 (1962/63) S. 220, handelt es sich hier sogar um einen „commonplace in the church of the first century". Vgl. aber auch schon C. CLEMEN, The Oldest Christian Sermon (Hebrews III and IV), Exp. 5 (1896) S. 392–400, sowie H. W. ATTRIDGE, HThR 73 (1980) S. 286f.
[15] Zur Übersetzung von ἐν δοκιμασίᾳ durch „in (ihrem) Mißtrauen (gegen mich)" vgl. O. HOFIUS, Katapausis, S. 129 mit Anm. 797 (S. 213). Solche freie Übersetzung des Zitats aus Ps 95 ist im Kontext des Hebr durchaus gerechtfertigt, da die bes. in Ps 95,9f offenbar werdende Haltung Israels ja gerade aus Unglauben bzw. mangelndem Vertrauen zu Gottes Verheißung resultiert. – Zum Hap. leg. δοκιμασία vgl. C. SPICQ, Notes Suppl.-Bd., S. 161f.

und sprach: Immerzu verfallen sie im Herzen der Verirrung, (und) sie erkannten nicht meine Wege (bzw. die Wege, die ich sie geführt habe).
11 Und so[16] schwur ich in meinem Zorn: Ganz gewiß nicht[17] sollen sie eingehen in meine Ruhe'.

Das dem Psalm-Zitat in V. 7a vorangestellte διό ist formal-syntaktisch wie auch sachlich in Verbindung mit dem Imperativ σκληρύνητε aus Ps 95,7 zu lesen und steht somit (im Anschluß an V. 6 bzw. als Schlußfolgerung aus V. 6) eher im konsekutiven als im begründenden Sinne: „Deshalb also gilt (auch) für euch ..."[18]. Dem Schriftverständnis des Hebr entsprechend wird die Aussage der Schrift somit ganz unmittelbar als Anrede an die christliche Gemeinde verstanden. „Heute", jetzt also, in der eigenen Gegenwart der christlichen Gemeinde, gilt es auf Gottes Stimme und Ruf zu hören, weil in der Schrift Gottes „Heiliger Geist" zu Worte kommt[19]. Mit solcher Auffassung von der „Inspiration" der Schrift steht der Autor des Hebr ganz in der Kontinuität des jüdisch-urchristlichen Schriftverständnisses[20], wobei speziell an dieser Stelle das präsentische λέγει noch die Aktualität der Mahnung der Schrift für ihre gegenwärtigen Leser und Hörer unterstreicht. Gleichwohl ist damit keineswegs einem schlechterdings zeitlosen Verständnis der Schrift Ausdruck gegeben, zumal im Blick speziell auf die von der Wüstengeneration Israels verfehlte Chance des Hörens auf Gottes Rede in 4,3 das Perfektum εἴρηκεν benutzt wird. Also: Was Gott damals zum Volk Israel gesagt hat, das gilt – als Rede Gottes bzw. als Rede des „Heiligen Geistes" – auch heute für die christliche Gemeinde; und somit bezeichnet auch das σήμερον von Ps 95,7 nicht lediglich das gleichsam historische „Heute" der Situation des Volkes Israel da-

---

[16] Zu ὡς als konsekutive Konjunktion („und so" oder auch „daher") wie auch im Zitat von Ps 95,11 in 4,3 vgl. E. RIGGENBACH S. 83, Anm. 17 sowie W. BAUER, Wörterbuch zum Neuen Testament, Sp. 1793 (unter IV 2).

[17] Die Konjunktion εἰ steht hier – hebr. אִם entsprechend – im Sinne der nachdrücklichen Verneinung („gewiß nicht") bzw. im Sinne einer Schwurformel, bei der gewöhnlich der Nachsatz („so will ich nicht Gott sein" o. ä.) weggelassen wird. Vgl. E. RIGGENBACH S. 84, Anm. 18; BL.-DEBR.-R. § 454,6, sowie entsprechend Num 14,30; Dtn 1,35; Jes 62,8; Ps 132,3 und Mk 8,12.

[18] Die Beziehung von διό auf den Imperativ von Ps 95,7 (μὴ σκληρύνητε) ist in jedem Falle sinnvoller, als die zuerst von F. BLEEK II/1, S. 425f, geäußerte Vermutung, wonach διό mit dem Imperativ βλέπετε in V.12 zu verbinden und dementsprechend das ganze Zitat Ps 95,7–11 in den VV. 7b–11 als Parenthese zu verstehen sei. So auch E. RIGGENBACH S. 76f sowie neuerdings auch O. HOFIUS, Katapausis, S. 127. Kritisch dazu bereits F. DELITZSCH S. 115f sowie neuerdings H. BRAUN S. 86.

[19] Sachlich entspricht es dem, wenn nach 4,3 Gott selbst im Wort der Schrift „geredet hat" (εἴρηκεν) oder wenn nach 4,7 Gott ἐν Δαυίδ (als dem Autor von Ps 95!) redet (Präsens). Vgl. auch Act 4,25 und Mk 12,36: David (als Autor von Ps 110,1) redet „im Heiligen Geist".

[20] Vgl. entsprechend Act 4,25; 28,25; Mk 12,36. Zum entsprechenden Schriftverständnis im Judentum vgl. STRACK-BILLERBECK, II, S. 135; IV/1, S. 415–451 (Exkurs: „Der Kanon des Alten Testaments u. seine Inspiration", hier spez. S. 435ff); E. SCHWEIZER, ThWNT VI, S. 380f.

mals, sondern behält seine aktuelle Bedeutung auch über jenes Damals hinaus für die christliche Gemeinde. Auch für sie gilt nunmehr: Auf das „Heute" des Hörens des Wortes Gottes kommt es an! Unter dieser hermeneutischen Voraussetzung wird das folgende Zitat aus Ps 95 in seiner mahnenden und warnenden Grundintention (nicht also in allen seinen Einzelaussagen!²¹) typologisch auf die gegenwärtige Anfechtungssituation der Adressaten des Hebr angewendet.

Bei der Zitierung von Ps 95,7–11 (LXX: Ps 94) in **V. 7b–11** folgt der Autor im wesentlichen dem überlieferten LXX-Text. Wo kleinere Abweichungen davon vorliegen, gehen sie entweder auf entsprechende Varianten in der Überlieferung des LXX-Textes selbst zurück[22] oder sind sie in der Geschichte der Überlieferung des Hebr-Textes sekundär wiederum an den LXX-Text angeglichen worden[23].

Sieht man von weiteren unwesentlichen Textvarianten ab – so z. B. das attische εἶδον statt des hellenistischen εἴδοσαν in V. 9 sowie εἶπον statt εἶπα in V. 10 –, so liegt eine wirklich bemerkenswerte Sachvariante allein in den VV. 9/10, d. h. im Zitat von Ps 95,9f vor[24]. Hier werden eindeutig gegen die Textüberlieferung der LXX die „vierzig Jahre" in einen Zusammenhang mit dem vorangehenden Satz: καὶ εἶδον (εἴδοσαν) τὰ ἔργα μου gebracht und des weiteren durch die Einfügung von διό das Motiv für das „Ergrimmen" Gottes gegen „dieses Geschlecht" genannt: „... da eure Väter (mich) versuchten ..., obwohl sie (doch) meine Werke (an ihnen) sahen vierzig Jahre lang". εἶδον τὰ ἔργα μου in V. 9 steht damit sachlich parallel zu V. 10: οὐκ ἔγνωσαν τὰς ὁδούς μου, d. h.: Das Volk Israel ist in der Zeit seiner Wüstenwanderung wohl Augenzeuge dessen gewesen, was Gott an ihm gewirkt hat, ist aber darüber doch nicht zur entsprechenden (Glaubens-)Erkenntnis gelangt[25].

---

[21] Voraussetzung ist allerdings, daß der Passus des Psalmzitats, in dem davon die Rede ist, daß Israel die „Werke Gottes" gesehen hat (Ps 95,9f), für die christlichen Leser und Hörer angesichts der Seinsaussagen über die Christen in 3,1.6.14 eine besondere Aktualität gewinnt. S. u. zu 3,7–11.
[22] Vgl. in V. 9 die Einfügung von με nach ἐπείρασαν in einer Reihe von Textzeugen (א² D¹ K L P Ψ 0121b usw.) entsprechend dem Kodex A der LXX sowie in V. 10 die Lesart αὐτοὶ δέ nach Kodex S A der LXX statt καὶ αὐτοί (LXX Kodex B).
[23] So in V. 9 die Lesart ἐν δοκιμασίᾳ statt der ursprünglichen LXX-Lesart ἐδοκίμασαν (P¹³ P⁴⁶ א* A B C D* P 0121b usw.), die durch die Textzeugen f v vg Ambr sowie (mit Einfügung von με) durch die Textzeugen א² D² K L (usw.) wiederum an den LXX-Text angeglichen wird. Vgl. dazu J. McCullough, NTS 26 (1979/1980) S. 370; H. Braun S. 88. Vgl. auch die Lesart in V. 10: τῇ γενεᾷ ταύτῃ statt ἐκείνῃ (C D² K L P usw.) und dazu: J. McCullough, a.a.O., S. 371; H. Braun S. 88.
[24] Hier liegt also nicht nur eine Änderung aus formal-stilistischen Gründen vor, etwa um eine „proportionierte Stichen-Einteilung" zu erreichen. So E. Ahlborn, Die Septuagintavorlage des Hebr, S. 120; A. Vanhoye, La structure littéraire, S. 93; H. Braun S. 88.
[25] Vgl. z. St. O. Hofius, Katapausis, S. 128f, mit der Vermutung, daß die Änderung gegenüber dem LXX-Text durch eine (implizite) Bezugnahme auf Num 14,24f bedingt ist. Vgl. auch J. McCullough, NTS 26 (1979/80) S. 371f. – Im Kontext des Hebr ist im übrigen ein-

Solche bewußte Änderung des LXX-Textes an dieser Stelle ist umso bemerkenswerter, als der Autor des Hebr nach Ausweis von V. 17 („Welchen jedoch hat er vierzig Jahre lang gezürnt?") die ursprüngliche Lesart der LXX von Ps 95,10 durchaus gekannt hat. Die davon abweichende Lesart in den VV. 9/10 ist deshalb nicht anders als aus dem Anliegen einer Aktualisierung der biblischen Überlieferung im Blick auf die christlichen Leser und Hörer zu verstehen. Indem hier der biblische „Text der Predigt" zitiert wird, wird er zugleich interpretiert bzw. aktualisiert, indem im Kontext des Zitats aus Ps 95 ja auch und gerade die Adressaten des Hebr auf das hin angesprochen werden, was sie an Gottes Wirken und Zuwendung zu ihnen bereits „gesehen" bzw. erfahren haben: eben als „Teilhaber der himmlischen Berufung" (3,1) bzw. als „Teilhaber des Christus" (3,14). Umso unverständlicher ist es – jedenfalls für den Autor des Hebr –, daß nun auch das Verhalten der Adressaten – analog zum Verhalten Israels in der Zeit seiner Wüstenwanderung – durch „Verhärtung des Herzens", durch den „Aufstand gegen Gott" und durch Mißtrauen hinsichtlich der Verheißung Gottes gekennzeichnet ist, womit notwendig – wiederum analog zum Schicksal Israels in der Wüste – auch für die christlichen Adressaten des Hebr die akute Gefahr des endgültigen Verlustes der Verheißungen Gottes bzw. – wie es dann im Rahmen der Auslegung von Ps 95 in V. 12 heißt – des „Abfalls vom lebendigen Gott" heraufbeschworen wird.

Die Auslegung selbst wird dann freilich nicht allein auf der Grundlage von Ps 95 ausgeführt, sondern ist ihrerseits bis in Einzelheiten hinein durch jene biblischen Traditionszusammenhänge bestimmt, die Ps 95 selbst im Blick hat, also vor allem durch Ex 17 und Num 14[26]. Im ersten Gang dieser Auslegung in 3,12–19 steht dabei zunächst das σήμερον von Ps 95,7 im Mittelpunkt der Betrachtung. Ziel dieser Betrachtung in dem durch die Inclusio der Stichworte βλέπειν und ἀπιστία V. 12 einerseits und V. 19 andererseits als in sich geschlossener Zusammenhang ausgewiesenen Abschnitt[27] ist die V. 19 formulierte Einsicht: καὶ βλέπομεν κτλ., deren Konsequenz für die Adressaten des Hebr alsbald in 4,1ff herausgestellt wird.

---

deutig, daß die „Werke Gottes" hier als „Heilswerke" gelten, die Zeit der „Vierzig Jahre" somit auch als Zeit der Erfahrung von Heil von Gott her. Demgegenüber werden Ez 29,11–13; CD XX 14f die Vierzig Jahre – entsprechend Hebr 3,17 – als Zeit des Zornes Gottes verstanden. Zur Qumran-Analogie zu Hebr 3,17 vgl. F. F. BRUCE, Qumran and Early Christianity, NTS 2 (1955/56) S. 176–190, spez. S. 184; C. SPICQ, RdQ 1 (1959) S. 374f; kritisch dazu: H. BRAUN, Qumran und das Neue Testament I, S. 251.

[26] Vgl. zum einzelnen: A. VANHOYE, Bib 49 (1968) S. 9–26; O. HOFIUS, Katapausis, S. 117ff und S. 124ff.

[27] Zum Stilmittel der Inclusio in 3,12–19 vgl. A. VANHOYE, La structure littéraire, S. 95f. Fraglich freilich bleibt, ob man mit A. VANHOYE in dieser Komposition eine „symétrie concentrique" sehen darf, bei der jeweils die VV. 16/14; 17/13; 18f/12 einander entsprechen.

5.2.2) 3,12–19: „Heute, da ihr seine Stimme hört, verhärtet nicht eure Herzen"

12 (So) sehet (nun) zu, Brüder, daß (ja) nicht bei einem unter euch ein böses ungläubiges Herz da sei („das sich) im Abfall vom lebendigen Gott (erweist).
13 Vielmehr ermahnt (und tröstet) einander jeden Tag, solange (noch) das ‚Heute' genannt wird (d.h.: dauert), damit nicht einer von euch durch den Betrug der Sünde ‚verhärtet' werde –
14 denn wir sind (ja doch) Teilhaber des Christus geworden, unter der Voraussetzung (jedenfalls), daß wir die anfängliche Zuversicht (des Glaubens) bis ans Ende fest bewahren.
15 Wenn es (in der Schrift) heißt: ‚Heute, wenn ihr seine Stimme hört, so verhärtet eure Herzen nicht wie (einst das Volk Israel) bei dem Aufstand (gegen Gott)',
16 (so sollten wir fragen:) Wer waren denn diejenigen, die (zunächst) hörten und (dann) sich (gegen Gott) auflehnten? Waren es (am Ende) nicht doch alle, die – von Mose geführt – aus Ägypten auszogen?
17 Welchen denn zürnte er vierzig Jahre lang? Waren es nicht diejenigen, die gesündigt hatten (gegen Gott), deren ‚Gebeine in der Wüste fielen'?
18 Welchen denn hat er geschworen, daß sie nicht ‚eingehen sollten in seine Ruhe', es sei denn denen, die (ihm) ungehorsam waren?
19 Und so sehen wir (nun), daß sie um ihres Unglaubens willen nicht (in seine Ruhe) hineingehen konnten.

Die Auslegung von Ps 95,7–11 beginnt in V. 12 mit einer Mahnung an die Adressaten, die in terminologischer Hinsicht insgesamt der hier rezipierten biblischen Überlieferung verpflichtet ist, gleichwohl jedoch die akute Gefährdung des Adressatenkreises des Hebr deutlich genug in den Blick treten läßt. Βλέπειν steht dabei – dem Kontext entsprechend – im paränetischen Sinne von „achtgeben", im Zusammenhang mit folgendem μήποτε sogar im Sinne von „sich hüten". Der Inhalt der Mahnung und Warnung schließt sich unmittelbar an die biblische Überlieferung an, auf die hier Bezug genommen wird. So ist bereits die Rede vom „bösen Herzen des Unglaubens" im Rückbezug auf das Stichwort καρδία aus Ps 95,8 formuliert, nimmt aber zugleich auch die entsprechenden Formulierungen aus dem Buche Numeri auf[28]. Ebenso ist die Rede vom „Abfall" (von Gott) von jenem biblischen Zusammenhang her vorgegeben[29], und dasselbe gilt schließlich auch im Blick auf die Rede vom „lebendigen Gott", die als solche generell in der biblisch-jüdischen wie auch in der urchristli-

---

[28] Vgl. Num 32,9 sowie Dtn 1,28. Zur Wendung καρδία πονηρὰ ἀπιστίας (im Gegensatz zur ἀληθινὴ καρδία von Hebr 10,22) vgl. Jer 16,12; 18,12; Bar 1,22; 2,8 sowie die Rede vom „bösen Herzen" in 4 Esr 3,20ff; 4,4.30; 7,92. Auch das Stichwort ἀπιστία ist vom biblischen Traditionszusammenhang her vorgegeben; vgl. Num 14,11 sowie Dtn 1,32; 9,23; A. VANHOYE; Bib 49 (1968) S. 19f; O. HOFIUS, Katapausis, S. 124ff. 131.
[29] Vgl. bes. Num 14,9: ἀλλὰ ἀπὸ τοῦ κυρίου μὴ ἀποστάναι γίνεσθε sowie Dtn 32,15; Jos 22,18.23.29. Zu ἀποστῆναι in Verbindung mit καρδία vgl. Num 32,9; Dtn 1,28; Jos 17,5. Zur Konstruktion in Hebr 3,12 vgl. PsSal 9,1: ἐν τῷ ἀποστῆναι αὐτοὺς ἀπὸ τοῦ κυρίου.

chen Tradition üblich[30], speziell an dieser Stelle aber möglicherweise in bewußter Anknüpfung an Num 14,21 (ζῶ ἐγὼ καὶ ζῶν τὸ ὄνομά μου) bzw. Num 14,28 (ζῶ ἐγώ, λέγει κύριος) formuliert ist. Wird diese Gottesbezeichnung in der jüdischen wie auch in der urchristlichen Tradition gezielt polemisch benutzt – „lebendig" ist Gott im Gegensatz zu den „toten Götzen"[31] –, so ergibt sich von daher für den Hebr, daß der „Abfall vom lebendigen Gott" hier jedenfalls nicht – unter der Voraussetzung ursprünglich jüdischer Adressaten des Hebr – im Sinne eines „Rückfalls ins Judentum" zu verstehen ist, sondern eben im Sinne der ἀπιστία, also des Abfalls vom Glauben[32], der als Abfall vom „lebendigen" Gott das Verfehlen des Ziels der Verheißung Gottes notwendig zur Konsequenz hat. Auch wenn der Autor des Hebr sich – was die tatsächliche Gefährdung seiner Adressaten in dieser Hinsicht betrifft – relativ zurückhaltend und unbestimmt äußert (ἔν τινι ὑμῶν), zeigen doch die Imperative in V. 12 (und V. 13) deutlich genug an, daß die Adressaten sehr dringlich der Mahnung bedürfen, „heute" (σήμερον) auf Gottes Wort zu hören.

Der Imperativ βλέπετε (V. 12) wird in V. 13 durch den Imperativ παρακαλεῖτε (P[13]: παρακαλέσατε) aufgenommen und im Sinne der Aufforderung weitergeführt, „täglich einander zu ermahnen"[33], d. h. sich innerhalb des Adressatenkreises bzw. der Gemeinde füreinander verantwortlich zu wissen[34]. Die Dringlichkeit dieser Mahnung wird dabei nicht nur durch καθ' ἑκάστην ἡμέραν – d. h.: „täglich", „von Tag zu Tag"[35], schulden die

---

[30] Vgl. auch Hebr 9,14; 10,31; 12,22 sowie im Alten Testament: Dtn 5,26; 1 Sam 17,26.36; 2 Sam 7,27; Jer 10,10; 12,36. Zur Gottesbezeichnung als solcher vgl. H. J. KRAUS, Der lebendige Gott. Ein Kapitel biblischer Theologie, EvTh 27 (1967) S. 169-200; W. STENGER, Die Gottesbezeichnung ‚Lebendiger Gott' im Neuen Testament, TrThZ 87 (1978) S. 61-69; S. KREUZER, Der lebendige Gott. Bedeutung, Herkunft und Entwicklung einer alttestamentlichen Gottesbezeichnung (BWANT 6.F. 16), Stuttgart 1983.

[31] Vgl. 2 Reg 19,4. 16; Jes 37,4. 17; Dan 6,21; Jub 21,4f; Sib III 763; JosAs 8,5f; 11,10 sowie 1 Thess 1,9; Act 14,15. Zur Sache ist auch Hebr 9,14 zu vergleichen. Dazu W. STENGER, TrThZ 87 (1978) S. 64. Fast wörtlich wie Hebr 3,12 die Formulierung in Herm vis II 3,2; III 7,2. – Hebr 10,31 wird mit dieser Gottesprädikation die „majestätisch-fordernde" Seite Gottes umschrieben. Vgl. auch 1 Tim 3,15; S. KREUZER, Der lebendige Gott, S. 377f.

[32] Vgl. 1 Tim 4,1: ἀποστήσονταί τινες ἀπὸ τῆς πίστεως. In diesem Sinne ist für das Glaubensverhältnis des Hebr von vornherein das Moment der Treue und des Feststehens konstitutiv.

[33] ἑαυτούς steht hier für das reziproke ἀλλήλους. Vgl. 1 Thess 5,11: παρακαλεῖτε ἀλλήλους; Kol 3,13 sowie 1 Thess 5,13; Mk 9,50; BL.-DEBR.-R. § 287.

[34] Vgl. auch Hebr 10,25; 13,19.22. Da es sich bei dieser Mahnung bereits um „apostolische Mahnung" handelt (1 Thess 5,11), kann aus ihr nicht die Schlußfolgerung auf eine Unterbewertung des kirchlichen Amtes im Hebr (etwa im Sinne einer „antifrühkatholischen" Tendenz) gezogen werden. Vgl. aber O. MICHEL S. 188.

[35] Ein Hinweis auf eine tägliche Gemeindeversammlung (10,25) kann aus dieser Angabe wohl kaum entnommen werden. Gegen H. WINDISCH S. 31; O. MICHEL S. 188; O. HOFIUS, Katapausis, S. 132 (mit Hinweis auf Act 2,42.46). Vielmehr erklärt sich die Wendung καθ' ἑκάστην ἡμέραν aus der Exegese des σήμερον von Ps 95,7: „Heute", d. h. im Sinne des Autors

Adressaten einander die „mutua consolatio" - unterstrichen, sondern vor allem auch durch ausdrückliche Terminierung: „... solange (noch) das ‚Heute' dauert"[36]. Auf der Mahnung zur Wahrnehmung der „heute" noch gewährten Chance liegt ja im ganzen Zusammenhang (3,15; 4,7!) der Hauptakzent. Es gilt also, eine befristete Zeit zu nutzen, und zwar - wie spätestens aus 10,25 deutlich wird - die durch den „sich nahenden Tag" befristete Zeit. Hier wird also sehr deutlich ein eschatologischer Akzent gesetzt: „Heute" ist noch gleichsam eine Gnadenfrist gegeben, und wird sie im Gehorsam gegen Gottes Wort wahrgenommen, dann wird auch der „Betrug der Sünde" - konkret: das Betrogenwerden um das Ziel der Verheißung Gottes - nicht zur Wirkung kommen.

Worin der „Betrug der Sünde" besteht, geht aus dem Zusammenhang klar hervor: in der „Verhärtung des Herzens", wie sie sich im Ungehorsam gegen Gottes Wort bzw. im Unglauben darstellt[37]. So gesehen kann man ἁμαρτία - als konkrete „Tatsünde" verstanden - an dieser Stelle durchaus mit der ἀπιστία bzw. ἀπείθεια identifizieren. Gleichwohl ist die Art und Weise, in der hier vom „Betrug der Sünde" die Rede ist, bemerkenswert. Die „Sünde" (Singular!) ist es, die den Menschen betrügt bzw. - wie es dann in 12,1 heißt - den Menschen „umstrickt" - und ihn somit zu Fall bringt! Ganz ähnlich wie bei Paulus - zum betrügerischen Handeln der Sünde vergleiche man nur Röm 7,11! - gilt die Sünde hier als eine personifizierte, gleichsam transsubjektive Macht, die ihre Opfer betrügt und umstrickt und der es sich deshalb zu erwehren gilt (12,4)[38]. Zu ihrem Wesen gehört es, daß sie einen nur vorübergehenden „Genuß" gewährt (11,25) - am Ende aber führt sie in den Tod (3,17).

Angesichts solcher akuten Gefährdungen der Adressaten ist es dann freilich - bevor in der Auslegung von Ps 95 fortgefahren wird - umso notwendiger, die Adressaten noch einmal an das zu erinnern, was ihnen vor allem ihren Tun und Verhalten immer schon gewährt ist: Mit der Aussage (und Mahnung!) von V. 14 wird jedenfalls im Rahmen des hier vorgegebenen biblischen Traditionszusammenhangs ein christologischer Akzent ge-

---

des Hebr auch: „täglich" soll die „mutua consolatio" geschehen. Zur Sache vgl. auch Barn 19,10.

[36] Zu ἄχρις οὗ im Sinne von „solange noch" vgl. G. THEISSEN, Untersuchungen zum Hebr, S. 89; H.-J. RITZ, EWNT I, Sp. 450. - καλεῖσθαι steht hier im Sinne von „genannt werden" (H. BRAUN S. 95: „fast im Sinne von ‚sein'"). Die Lesart καλεῖτε (A C 104 1241 usw.) stellt zwar formal eine Reihe der Imperative βλέπετε - παρακαλεῖτε - καλεῖτε her, ergibt jedoch im Zusammenhang sachlich keinen Sinn.

[37] Das aus Ps 95,7 vorgegebene Stichwort σκληρύνω gewinnt im Kontext des Hebr die konkrete Bezeichnung des Ungehorsams gegen Gottes Wort.

[38] Vgl. A. STROBEL S. 113: „Der Christusglaube ist nicht nur sittliche Aufgabe, sondern auch Bewährung in einem Kampf, in dem Machtverhältnisse entschieden werden". Zur hier vorliegenden Vorstellung von der „Sünde" als einer transsubjektiven Macht vgl. jetzt bes. G. RÖHSER, Metaphorik und Personifikation der Sünde. Antike Sündenvorstellungen und paulinische Hamartia (WUNT 2.R.25), Tübingen 1987, speziell zu Hebr 3,13: S. 166.

setzt, der in seinem paränetischen Kontext freilich weniger den allen Imperativen vorausgehenden Indikativ der Heilszusage als solchen zur Geltung bringt, sondern seinerseits wiederum unmittelbar mit einer Mahnung verbunden ist und auf diese Weise zugleich die Mahnung unterstreicht und verschärft: Als „Teilhaber des Christus", die wir (durch die Taufe?) bereits „geworden sind" (γεγόναμεν), erweisen wir uns nur unter der Bedingung, daß „wir die anfängliche Zuversicht (des Glaubens) bis ans Ende fest bewahren"! Μέτοχοι τοῦ Χριστοῦ, das ist – auch von 3,1 her gesehen – eine besonders betonte „Würdebezeichnung" der Christen, die durchaus der in 6,4 entspricht: Die Christen (als die Getauften!) sind „Teilhaber des Heiligen Geistes". Nicht also nur eine „Genossenschaft" – etwa im Sinne der „Hausgenossenschaft" von V. 6 – ist hier im Blick[39]; denn von V. 1 her gesehen schließt der Terminus μέτοχος ja die (in der Taufe begründete) „Teilhabe" an der „himmlischen Welt" ein[40]. Maßgebender Kontext für das angemessene Verständnis von μέτοχος in V. 14 sind die christologischen Grundaussagen von 2,10ff: Die Christen werden so als diejenigen gekennzeichnet, die die „Brüder" des „Sohnes" sind und in diesem Sinne an ihm „teilhaben", daß sie ihm, dem „Anführer des Heils", auf dem Wege zu dem (durch ihn verbürgten!) Heil nachfolgen. Seiner „Teilhabe" an ihnen (2,14) korrespondiert ihre „Teilhabe" an ihm. Ein Mißverständnis dieser Aussage im Sinne einer gleichsam naturhaften Anteilhabe der „Söhne" an der Substanz des „Sohnes" wird ausgeschlossen, indem der Seinsaussage von V. 14a sogleich ein eine Mahnung implizierender Bedingungssatz (V. 14b) beigefügt wird. Das heißt: Das Sein der Christen als „Teilhaber des Christus" verwirklicht sich nicht anders als dadurch, daß sie die ἀρχὴ τῆς ὑποστάσεως bis ans Ende fest bewahren – und gerade so nun auch ihrerseits den Weg gehen, den Jesus selbst als „Anfänger und Vollender des Glaubens" bereits gegangen ist (12,2)[41].

Was mit der Formulierung ἀρχὴ τῆς ὑποστάσεως im Kontext konkret gemeint ist, zeigt sich zunächst von der analogen Formulierung in V. 6 her: Es geht hierbei um das Festhalten der von den Adressaten des Hebr seit Anfang ihres Christseins erwiesenen παρρησία[42]. Von daher gesehen steht ὑπόστασις hier im Sinne von Fe-

---

[39] Der Verweis auf die 4 Esr 7,28; 14,9 genannten „Genossen des Messias" trägt zur Erklärung von Hebr 3,14 nichts aus. Gegen G. Hanse, ThWNT II, S. 830; O. Michel S. 189; H. Balz, EWNT II, Sp. 1035.

[40] Vgl. J. W. Thompson, The Beginnings of Christian Philosophy, S. 94: „Μέτοχοι τοῦ Χριστοῦ in 3:14 obviously refers to the church's relationship to the transcendent world". Ebd. zur Frage, ob und inwieweit mit dem Terminus μέτοχος im Hebr bereits eine bestimmte philosophische Tradition zum Zuge kommt. Vgl. auch E. Grässer, Der Glaube im Hebr, S. 99f.

[41] βεβαίαν gehört syntaktisch zu τὴν ἀρχήν, ist also nicht Adverb zu κατέχειν. D. h.: Die ἀρχή ist als eine „feste" bzw. rechtsverbindliche festzuhalten. Zur Sache vgl. G. Hanse, ThWNT II, S. 832: „Die Teilhaftigkeit an Christus ist hineingestellt in den Zeitraum zwischen den Äonen"; E. Grässer, Der Glaube im Hebr, S. 18.

[42] Sofern ἀρχή im Gegensatz zu μέχρι τέλους steht, ist damit eindeutig die κατ' ἀρχὴν ὑπό-

stigkeit, Zuverlässigkeit, besser noch: im Sinne des festen Standes - eben im Gegensatz zu dem durch Ungehorsam und Unglauben bewirkten „Abfall vom lebendigen Gott" (V. 12): Ὑπόστασις also im Gegensatz zum ἀποστῆναι (V. 12) bzw. zur ὑποστολή von 10,39[43].

Ebensowenig freilich wie bei der in V. 6 angemahnten παρρησία geht es bei der ὑπόστασις in V. 14 lediglich um eine subjektive Haltung seitens der Adressaten. Auf einen gleichsam objektiven Charakter der ὑπόστασις weist auch hier - wie bereits in V. 6 - die Verbindung mit κατέχειν, „festhalten", hin, sodaß es - von daher gesehen - als durchaus angemessen erscheint, ἀρχὴ τῆς ὑποστάσεως mit „die anfängliche Glaubensgrundlage" (als Fundament der Glaubenszuversicht der Christen) zu übersetzen[44]. Von hier aus würde sich durchaus auch eine sachliche Beziehung zur Verwendung von ὑπόστασις in 1,3 und 11,1 ergeben, ohne daß freilich daraus die Schlußfolgerung zu ziehen wäre, daß an allen drei Stellen im Hebr dieselbe konkrete Bedeutung von ὑπόστασις vorauszusetzen ist[45].

Im Blick zunächst auf unseren Vers heißt dies, daß hier im Gebrauch des Terminus zur Bezeichnung der „Glaubensgrundlage" durchaus auch etwas von jener theologisch-christologischen Wirklichkeit im Blick ist, die derselbe Terminus in 1,3 bezeichnet[46]. So gesehen hat im Blick auf V. 14 auch jene altkirchliche Auslegungstradition ihr (relatives!) Recht, wie sie

---

στασις gemeint, also die von den Adressaten des Hebr am Anfang ihres Christseins erwiesene Glaubenstreue. Vgl. entsprechend 10,32ff die Erinnerung der Adressaten an die „frühen Tage" ihres Christseins sowie die Rede von der πρώτη πίστις in 1 Tim 5,12 und von der ἀγάπη ἡ πρώτη in Apk 2,11. Die Lesart πίστεως anstatt ὑποστάσεως in Min 424 ist also sachlich durchaus angemessen. Vgl. auch Johannes Chrysostomus, PG 63,56: τὴν πίστιν λέγει. Zur Entsprechung παρρησία/ἐλπίς (3,6) - ὑπόστασις (3,14) vgl. auch den Sprachgebrauch der LXX: Ruth 1,12; Ez 19,5; Ps 38,8 sowie Josephus, Ant XVIII 24; 2 Kor 9,4; 11,17: Vgl. auch E. KÄSEMANN, Das wandernde Gottesvolk, S. 19f. 23; H. DÖRRIE, ZNW 46 (1955) S. 201f; E. GRÄSSER, Der Glaube im Hebr, S. 16. 18.

[43] Vgl. A. SCHLATTER, Der Glaube im Neuen Testament, S. 614ff; O. HOFIUS, Katapausis, S. 133f: „Es geht um das Festhalten an der Ausgangslage, ... um das Beharren bei der einmal gewählten Ausgangsposition". Zur Gegenüberstellung von ὑπόστασις und ἀποστῆναι vgl. auch H. DÖRRIES, ZNW 46 (1955) S. 201; E. GRÄSSER, Der Glaube im Hebr, S. 18.

[44] So A. STROBEL S. 114. Den „objektiven" Charakter der ὑπόστασις in V. 14 betont auch H. KÖSTER, ThWNT VIII, S. 586: Hier wird aufgefordert „zum Festhalten an dem, was den Glauben begründet". Vgl. in diesem Zusammenhang auch das Stichwort βέβαιος, ein Vorzugswort des Hebr (2,2; 6,19; 9,17).

[45] Zur Bedeutungsgeschichte von ὑπόστασις insgesamt vgl. H. DÖRRIE, Ὑπόστασις. Wort- und Bedeutungsgeschichte, NGWG.PH 1955/3, S. 35-92; DERS. Zu Hebr 11,1, ZNW 46 (1955) S. 196-202; H. KÖSTER, ThWNT VIII, S. 571-588; J. W. THOMPSON, The Beginnings of Christian Philosophy, S. 94ff; C. SPICQ, Notes II, S. 910-912; H. W. HOLLANDER, EWNT III, Sp. 972f. Vor allem H. DÖRRIE, ZNW 46 (1955) S. 201f, macht mit Recht darauf aufmerksam, daß der „Bedeutungsumfang des Wortes ... so groß (ist), daß es vom selben Autor in verschiedener Ausprägung verwandt werden kann"; vgl. auch H. BRAUN, S. 96.

[46] Vgl. J. SWETNAM, Bib 53 (1972) S. 378f: „For ὑπόστασις in Hebr 3,14 means basically the reality of God which lies hidden beneath the transitory and shadowy appearances of the present world". Vgl. auch J. W. THOMPSON, The Beginnings of Christian Philosophy, S. 94, sowie den Versuch von H. KÖSTER, ThWNT VIII, S. 584-587, ὑπόστασις in Hebr 1,3; 3,14 und 11,1 durchgängig im Sinne von „Wirklichkeit Gottes" zu verstehen.

sich bereits in der Textgeschichte in der Lesart ὑποστάσεως αὐτοῦ, d. h.: τοῦ Χριστοῦ niedergeschlagen hat[47]. Freilich hat sie insofern nur ein relatives Recht, als sich im paränetischen Kontext von Hebr 3 die Bedeutung von ὑπόστασις ja eben nicht auf einen theologisch-christologischen Sachverhalt als solchen reduzieren läßt[48], sondern im Sinne des Autors des Hebr mit dem Verweis auf die (objektive) „Glaubensgrundlage" zugleich die konkrete Glaubenshaltung der Adressaten, ihren „festen Stand", in den Blick treten läßt. In diesem Sinne steht dann freilich die Mahnung zum Festhalten an der „anfänglichen Glaubensgrundlage" (V. 14) bzw. zum Festhalten an der παρρησία (V. 6) sachlich analog zur Mahnung zum Festhalten am „Bekenntnis der Hoffnung" (10,23). Allein so, d. h. in diesem das subjektive Moment einschließenden Sinne, steht ὑπόστασις in V. 14 als „fester Stand" (A. SCHLATTER) im unmittelbaren Kontext dann auch als Gegensatz zum ἀποστῆναι in V. 12 einerseits und als Gegensatz zum ἁμαρτάνειν, zum ἀπειθεῖν und zur ἀπιστία in den VV. 16-19 andererseits.

Was die Adressaten als „Teilhaber des Christus" am Anfang ihres Christenstandes bewiesen haben, das sollen sie nun auch μέχρι τέλους, „bis ans Ende" festhalten und bewahren, und zwar – wie die weitere Auslegung von Ps 95,7f in den VV. 15-19 zeigt – durch ihren Gehorsam gegen Gottes Wort bzw. durch ihren Glauben. Um dies den Adressaten in seiner Dringlichkeit einzuschärfen, wird in V. 15 noch einmal Ps 95,7 zitiert: wiederum im Sinne unmittelbarer Anrede an die Adressaten des Hebr[49]; und dementsprechend haben die in den VV. 16-18 folgenden rhetorischen Fragen die Funktion, die Adressaten des Hebr angesichts bestimmter Details aus der biblischen Überlieferung von der Wanderung Israels durch die Wüste zu der für sie selbst unmittelbar bedeutsamen Einsicht zu führen[50], daß es die Auflehnung gegen Gott (V. 16) in Gestalt des Ungehorsams und des Unglaubens (V. 18) gewesen ist[51], die die Wüstengeneration Israels damals

---

[47] So die Textzeugen A 5 88 122 usw. Vgl. auch die Vulgata-Übersetzung „initium (d: principium) substantiae eius". D. h.: Die Christen haben Anteil an der „Substanz" Christi! So auch die altkirchliche Auslegung (Johannes Chrysostomus, Theodor von Mopsuestia, Theodoret von Kyros u. a.). Vgl. E. RIGGENBACH S. 69, Anm. 32.

[48] So neuerdings J. SWETNAM, Bib 53 (1972) S. 378-383, der ἀρχὴ τῆς ὑποστάσεως als „the beginning of God's presence" in der Sendung des Sohnes (vgl. in 2,3!) und in der Eucharistie (!) verstehen möchte.

[49] Infolge der Einfügung der Parenthese von V. 14 ist die syntaktische Stellung des erneuten Zitats aus Ps 95 in V. 15 zunächst nicht ganz deutlich. Versteht man die Wendung ἐν τῷ λέγεσθαι als Einführungsformel für das Zitat für sich, so empfiehlt sich die Übersetzung bzw. sinngemäße Ergänzung: „Wenn es also heißt: ..., so ist zu fragen: ...". Vgl. E. RIGGENBACH S. 92; O. HOFIUS, Katapausis, S. 135; H. BRAUN S. 98.

[50] Καί am Anfang von V. 19 steht im konsekutiven Sinne: „Und wo sehen wir ...". Vgl. BL.-DEBR.-R. § 442,2.

[51] Die konkrete Gestalt der „Sünde" in V. 17 ist im Kontext selbstverständlich der Ungehorsam gegen Gottes Wort. Dem entspricht sachlich die sekundäre Korrektur von ἁμαρτήσασιν in ἀπειθήσασιν durch A 47. Die Lesart ἀπιστήσασιν (P[46] lat sa) statt ἀπειθήσα-

das Ziel der Verheißung Gottes nicht erreichen ließ[52]. Der **V. 19** verstärkt solche Zielaussage der Auslegung von Ps 95 noch, wenn sich der Autor des Hebr hier nicht mit der entsprechenden Feststellung des Faktums begnügt, sondern ausdrücklich hervorhebt: „Und (so) kommen wir zu der Einsicht, daß sie nicht hineingelangen *konnten* ...". Am Ende des Satzes stehendes δι' ἀπιστίαν verleiht der Benennung der Ursache für solches Geschick darüber hinaus noch ein besonderes Gewicht. Mit solcher Einsicht in das Geschick des Volkes Israel damals ist dann freilich auch schon die entsprechende Schlußfolgerung für die christlichen Leser und Hörer der Schrift und der in ihr ergehenden „Stimme" Gottes gegeben: Φοβηθῶμεν οὖν (4,1).

Spätestens an dieser Stelle – im Übergang von 3,19 zu 4,1 – tritt an die Stelle eines distanziert-zuschauenden Betrachtens geschichtlicher Vergangenheit seitens der christlichen Leser und Hörer der Schrift das existentiell betroffene „Wir" der Christen, die das Geschick der Wüstengeneration des Volkes Israel nunmehr als warnendes Beispiel auf die eigene Glaubensexistenz applizieren. Die Betrachtung des Geschicks der „Anderen" verwandelt sich – so jedenfalls das Anliegen des Autors bei seiner Auslegung von Ps 95 – in die „Furcht", nun auch seinerseits durch Ungehorsam, Mißtrauen und Unglauben die „heute" noch gebotene Chance des Heils zu versäumen.

In diesem Sinne ist der folgende Teilabschnitt 4,1-11 in der Klammer der beiden Kohortative 4,1 und 4,11 eng mit dem vorangehenden Abschnitt 3,12-19 verbunden und auch seinerseits durch einen mahnenden und warnenden Grundton bestimmt (4,2f.6.11). Eine gewisse Akzentverschiebung gegenüber 3,12-19 ist gleichwohl nicht zu übersehen: Im Blick auf den Weg der christlichen Adressaten des Hebr tritt nunmehr stärker als bisher die Kennzeichnung des Zieles dieses Weges ins Zentrum der

---

σιν in V. 18 entspricht der Austauschbarkeit von ἀπιστία und ἀπείθεια im ganzen Kontext. Vgl. entsprechend 4,6.11 sowie F. W. BEARE, JBL 63 (1944) S. 386.

[52] Sofern die Hauptstichwörter von V. 12 und V. 13 auch in den VV. 17-19 wieder begegnen, gilt auch für diese Verse, daß der Autor des Hebr zur Ausgestaltung seiner Paränese über Ps 95 hinaus die weiteren biblischen Zusammenhänge der Exodustradition aufnimmt, so insbesondere Num 14. Ist in V. 16a das Motiv des Ungehorsams (παρεπίκραναν) noch von Ps 95,8 her vorgegeben (παραπικρασμός), so ist bereits in V. 16b die Bezugnahme auf das Exodusmotiv in Num 14,2ff. 13.19.22 eindeutig. Gleiches gilt im Blick auf V. 17 für das Stichwort ἁμαρτάνειν – vgl. dazu Num 14,40 (und Dtn 1,41) – sowie für die Wendung τὰ κῶλα ἔπεσεν ἐν τῇ ἐρήμῳ; vgl. dazu Num 14,29.32. Und was endlich V. 18 betrifft, so zunächst wiederum Ps 95,8 aufgenommen wird, so ist auch hier zumindest durch das Stichwort ἀπειθεῖν der Bezug auf Num 14,43 (vgl. auch Dtn 1,26) gegeben. Vgl. zum Ganzen A. VANHOYE, Bib 49 (1968) S. 9-26; O. HOFIUS, Katapausis, S. 135-137. – Für den Hebr ist es offensichtlich von besonderer Wichtigkeit, daß es die gesamte Wüstengeneration gewesen ist, die sich durch Ungehorsam und Unglauben ausgezeichnet hat: vgl. V. 16: ἀλλ' οὐ πάντες ... sowie 4,6. 8. Vgl. H. BRAUN S. 98: „Hb meint die Totalität der Auszugsgeneration". Dem entspricht es, daß die „Vierzig Jahre" aus Ps 95 jetzt – anders als noch zunächst in V. 10 – die Dauer des Zornes Gottes umfassen.

exegetischen Betrachtung, und zwar anhand des durch den „Predigttext" des ganzen Zusammenhangs vorgegebenen Stichwortes κατάπαυσις (Ps 95,11). Was jene, denen einst (πρότερον) als Ziel ihres Weges das „Eingehen in die Ruhe" verkündet worden ist (4,6), infolge ihres Ungehorsams und Unglaubens nicht erlangt haben, das gilt nunmehr als Verheißung für die christliche Gemeinde (4,1), als eine Verheißung freilich, die sich - wie einst für das Volk Israel - auch für die christliche Gemeinde unmittelbar mit der Verpflichtung zum Gehorsam gegen Gottes Wort verbindet.

Exkurs: Κατάπαυσις im Hebr[53]

1. Κατάπαυσις im Kontext von Hebr 3,7-4,11 (synchroner Aspekt):
Der Befund im Hebr ist zunächst insofern eindeutig, als die Bezeichnung des Zieles der Verheißung Gottes (und damit des eschatologischen Heilsgutes) durch die Wendung εἰσέρχεσθαι εἰς τήν κατάπαυσιν im Kontext von Hebr 3,7-4,11 von Ps 95,11 her vorgegeben ist und im Hebr auch nur in diesem Zusammenhang begegnet, so zunächst im Zitat von Ps 95,11 in 3,11 und daran anschließend sodann in der Auslegung in 3,18f; 4,1.3.6.10. Die Logik der exegetischen Argumentation geht dabei in die Richtung, daß das Ziel der Verheißung Gottes von der Wüstengeneration Israels infolge ihres Ungehorsams nicht erreicht worden ist (3,19; 4,6.8) und daß Gott selbst dementsprechend - „in David" (als dem Autor von Ps 95) redend (4,7) - „wiederum einen Tag bestimmt hat", sodaß die einst dem Volke Israel gegebene Verheißung nunmehr auch für die Christen in Geltung bleibt (4,1.3 sowie 4,9: ἄρα ἀπολείπεται) - unter der Voraussetzung jedenfalls, daß der Hinweis auf das abschreckende Beispiel des Verhaltens Israels in der Wüste nunmehr bei den Adressaten des Hebr die entsprechende Wirkung zeitigt (4,11).

Bei alledem ist im Hebr als selbstverständlich vorausgesetzt - und in diesem Sinne versteht der Autor bereits Ps 95,11 -, daß κατάπαυσις nicht mehr im vordergründig-irdischen Sinne das Erbland Kanaan bezeichnet, in dem das Gottesvolk „Ruhe vor allen seinen Feinden" finden und „in Sicherheit" (μετὰ ἀσφαλείας) wohnen wird[54]. Das durch die biblische Überlieferung vorgegebene Stichwort κατάπαυσις bezeichnet im Hebr vielmehr das Ziel der Verheißung Gottes in einem transzendent-eschatologischen Sinne, genauer: den Zielort der Verheißung Gottes als den Ort des eschatologischen Heils[55]. Gerade in dieser lokalen Bedeutung ent-

---

[53] Lit.: G.v.RAD, Es ist noch eine Ruhe vorhanden dem Volke Gottes, ZZ 11 (1933) S. 104-111 = DERS., Ges. Studien zum Alten Testament, München ⁴1971, S.101-108; J.FRANKOWSKI, Requies. Bonum promissum populi Dei in Vetero Testamento et in Judaismo (Hebr 3,7-4,11), VD 43 (1965) S.124-149. 225-260; O.HOFIUS, Katapausis. Die Vorstellung vom endzeitlichen Ruheort im Hebr (WUNT 11), Tübingen 1970; H.A.LOMBARD, Κατάπαυσις in the Letter to the Hebrews, Neotestamentica 5 (1971) S.60-71; J.W.THOMPSON, The Katapausis Motif in Hebrews, in: DERS., The Beginnings of Christian Philosophy, S.81-102; A. E.NIELSEN, Sabbatsmotivet i Hebraeerbrevet, DTT 49 (1986) S.161-176; vgl. auch E.KÄSEMANN, Das wandernde Gottesvolk, S.40-45; G.THEISSEN, Untersuchungen zum Hebr, S. 124-129; C.SPICQ, II, S.95-104; H.BRAUN S.90-93; ST.D.TOUSSAINT, The Eschatology of the Warning Passages in the Book of the Hebrews, GThJ 3 (1982) S.67-80, spez. S.70-74.

[54] Dtn 12,10; vgl. auch Dtn 25,19 sowie Jos 1,15; 3 Reg 8,56.

[55] Die lokale Bedeutung von κατάπαυσις wird im Hebr - entsprechend der biblischen Überlieferung - vor allem durch die Verbindung mit dem Verbum εἰσέρχεσθαι (3,11;

spricht die κατάπαυσις in Hebr 3,7-4,11 den wechselnden Bildern vom eschatologischen Heilsort, wie sie auch im übrigen im Hebr gebraucht werden: so der οἰκουμένη μέλλουσα (2,5), der himmlischen Polis (11,10.16; 12,22; 13,14), dem himmlischen Vaterland (11,11.14) wie auch der βασιλεία ἀσάλευτος (12,28)[56]. Mit diesem für den Hebr offensichtlich grundlegenden lokalen Aspekt ist keineswegs eine Alternative zum Verständnis von κατάπαυσις im Sinne der Bezeichnung des Zustandes des eschatologischen Heils gegeben, sofern ja für denjenigen, der in jenen Ort der „Ruhe" hineingelangt ist, zugleich - wie auch für Gott selbst - gilt: αὐτὸς κατέπαυσεν ἀπὸ τῶν ἔργων αὐτοῦ[57]. Mit dieser in 4,10 ausdrücklich hergestellten theologischen Ortsbestimmung ist zugleich ein weiteres Charakteristikum der κατάπαυσις-Vorstellung im Hebr benannt: Von Gottes eigener „Ruhe" ist ja bereits in Ps 95,11 die Rede (εἰς τὴν κατάπαυσίν μου), und dementsprechend kann dann auch nach der hermeneutischen Regel des Analogieschlusses das Stichwort κατάπαυσις in Ps 95,11 in eine Beziehung gesetzt werden zum Sabbatmotiv bzw. zur Rede von Gottes „Ruhe" am 7. Schöpfungstag in Gen 2,2 (4,4f)[58].

Die Konsequenzen solcher theo-logischen Ortsbestimmung im Blick auf das eschatologisch-zukünftige Ziel der Verheißung Gottes sind deutlich: Sofern nämlich das eschatologische Ziel der Wanderschaft des Gottesvolkes nunmehr in Gottes eigener „Ruhe" am 7. Schöpfungstag (4,4: ἡ ἑβδόμη) gleichsam sein Urbild hat, bezeichnet κατάπαυσις nicht mehr nur den zukünftigen Ort der „Ruhe", auf den das Gottesvolk im Gehorsam gegen Gottes Wort zugeht, sondern zugleich den jenseitigen Ruheort, an dem Gott selbst immer schon ist - mit den Worten von Hebr 12,22 also die „Stadt des lebendigen Gottes", das „himmlische Jerusalem", und somit auch jene himmlische Polis, die Gott denen, die „auf Erden Fremdlinge" sind (11,13), schon „bereitet hat" (11,16), nämlich eben am 7. Schöpfungstag, als er selbst „von allen seinen Werken ruhte" (4,4)[59].

Zwar deutet sich in Hebr 3,7-4,11 an keiner Stelle an, daß die κατάπαυσις im eben beschriebenen Sinne - als ein jetzt schon „vorhandener" himmlisch-jenseitiger Heilsort - mit dem himmlisch-jenseitigen Heiligtum gleichzusetzen ist, in das

---

4,1.3.11) angezeigt. Zu εἰσέρχεσθαι mit lokalem Objekt im Hebr vgl. auch 6,20; 9,12.25 sowie 10,19.

[56] Vgl. E. KÄSEMANN, Das wandernde Gottesvolk, S. 18f; J. W. THOMPSON, The Beginnings of Christian Philosophy, S. 99f; M. RISSI, Die Theologie des Hebr, S. 18f.

[57] Vgl. J. W. THOMPSON, The Beginnings of Christian Philosophy, S. 100: „Κατάπαυσις is, therefore, not only a place; it is also a status. The transcendent world at God's side is the place of rest". Kritisch zu der von O. HOFIUS, Katapausis, S. 28, behaupteten Alternative von Ort und Zustand vgl. H. ZIMMERMANN, Das Bekenntnis der Hoffnung, S. 138f. 141; J. FRANKOWSKI, VD 43 (1965) S. 124f.

[58] Die hermeneutische Regel, nach der der Autor des Hebr hier verfährt, ist im rabbinischen Schrifttum unter dem Namen der Gezera schawa bekannt. Sie entspricht in der hellenistischen Rhetorik der Regel der σύγκρισις πρὸς ἴσον, sodaß aus dem exegetischen Verfahren im Hebr nicht die Schlußfolgerung gezogen werden kann, der Autor des Hebr sei an dieser Stelle speziell der rabbinischen Hermeneutik verpflichtet. - Zu den Beziehungen der rabbinischen Auslegungsregeln zur hellenistischen Rhetorik vgl. jetzt H. L. STRACK/G. STEMBERGER, Einleitung in Talmud und Midrasch, München [7]1982, S. 26ff, spez. S. 28. - Gänzlich anders interpretiert S. KISTEMAKER, The Psalm Citations, S. 36, demzufolge die Verbindung von Ps 95,11 und Gen 2,2 bereits durch die Liturgie des Synagogengottesdienstes am Sabbat vorgegeben sei. Kritisch dazu: O. HOFIUS, Katapausis, S. 177 (Anm. 323).

[59] Vgl. O. HOFIUS, Katapausis, S. 55f; F. LAUB, Bekenntnis und Auslegung, S. 247. 249f.

der „Hohepriester" der Christen „hineingegangen" ist (6,20; 9,12; 10,19)[60]; gleichwohl ist deutlich genug, was die hier angesprochenen Adressaten trotz ihrer weitgehenden Entsprechung zum „alten" Gottesvolk (4,2: καθάπερ κἀκεῖνοι) von diesem unterscheidet: das christologische Vorzeichen nämlich, unter dem von 3,1–6 (und 3,14) her die ganze Mahnrede steht. Angesprochen sind hier die Christen eben als die „Teilhaber Christi" (3,14), als die „Teilhaber der himmlischen Berufung" (3,1). Auf diese Weise aber rückt die noch ausstehende Verheißung des eschatologischen „Eingehens in die Ruhe" nun doch schon in einen Zusammenhang mit dem προσέρχεσθαι μετὰ παρρησίας, zu jenem Zugang also zum „Thron der Gnade", zu dem dann alsbald 4,16 aufruft, und zwar wiederum unter dem christologischen Vorzeichen des ἔχοντες οὖν ἀρχιερέα von 4,14. Also: Das Ziel der Verheißung Gottes, die κατάπαυσις Gottes selbst, liegt noch vor den Adressaten, ist also noch nicht erreicht, wirkt aber nichtsdestoweniger als eine jenseitige, bereits jetzt in der himmlischen Welt „bereitliegende" Größe umso stärker als Motivation, die „heute" (noch!) gewährte Chance zum Gehorsam gegen Gottes Wort wahrzunehmen und in Glauben und Gehorsam an der so begründeten παρρησία (3,6) bzw. an der „anfänglichen Glaubensgrundlage" bis ans Ende festzuhalten (3,14).

In diesem Sinne ist die Vorstellung von der κατάπαυσις ganz in das paränetische Grundanliegen von Hebr 3,7–4,11 integriert und in diesem Kontext aus sich selbst verständlich. Gleichwohl ist unübersehbar, daß sich mit dieser Vorstellung im Hebr eine gewisse „dualistische" Welt- und Heilssicht verbindet, mit ihr zugleich auch eine „dualistische" Lesart der biblischen Überlieferung[61], die im Hebr zwar nicht eine schlechthin akosmische Haltung im Sinne einer grundsätzlichen Absage an alles Irdische zur Folge hat, immerhin aber die Frage aufwerfen läßt, ob der Autor des Hebr mit seiner eschatologischen Konzeption von der κατάπαυσις nicht seinerseits bereits in einer bestimmten religionsgeschichtlichen Tradition steht, in der sich gleichfalls eine dualistische Tendenz hinsichtlich der Vorstellung vom himmlisch-jenseitigen Ruheort abzeichnet.

2. *Das religionsgeschichtliche Problem (diachroner Aspekt):* Die Vorstellung von einem himmlischen Ruheort – sowohl im Sinne einer jenseitigen Größe als auch im Sinne einer eschatologischen Erwartung wie endlich auch in der Verbindung von lokalem und temporalem Aspekt – ist am konkreten historischen Ort des Hebr in der spätantiken Religionsgeschichte keineswegs singulär[62]. Die Wahrscheinlichkeit von direkten Beziehungen zwischen einer bestimmten Ausprägung dieser Vorstellung im Raum der spätantiken Religionsgeschichte und ihrer besonderen Gestalt im Hebr wird man freilich nicht schon dort behaupten können, wo lediglich Analogien hinsichtlich einzelner Elemente aufweisbar sind.

---

[60] Gegen O. HOFIUS, Katapausis, S. 53f, der auf diese Weise den Midrasch zu Ps 95 in Hebr 3,7–4,11 fest in den Gesamtzusammenhang des Hebr integrieren möchte. Vgl. auch H. ZIMMERMANN, Das Bekenntnis der Hoffnung, S. 138f.

[61] Dies betont bes. J.W. THOMPSON, The Beginnings of Christian Philosophy, S. 99ff, gegen die einseitig „apokalyptische" Interpretation der κατάπαυσις-Vorstellung des Hebr durch O. HOFIUS.

[62] Vgl. zum einzelnen die oben Anm. 53 genannte Literatur sowie bes. J.W. THOMPSON, The Beginnings of Christian Philosophy, S. 81: „The category belongs to general experience and is often used metaphorically. It is used metaphorically for salvation throughout the literature of antiquity".

Wenn für die besondere Ausprägung der Vorstellung im Hebr die exegetische Ableitung aus der Schrift der LXX im Horizont einer dualistischen Lesart der Schrift konstitutiv ist, liegt es von vornherein nahe, den „Hintergrund" für die κατάπαυσις-Theologie des Hebr in der Praxis der Schriftauslegung im hellenistischen Judentum zu sehen.

Dieser Ableitungsversuch hat jedenfalls die Priorität gegenüber dem Versuch, die Eigenart der κατάπαυσις-Theologie des Hebr mittelbar oder unmittelbar aus einer spezifisch gnostischen ἀνάπαυσις-Theologie abzuleiten[63]. Ganz abgesehen von der bemerkenswerten Tatsache, daß in gnostischen Texten – jetzt durch die Schriften von Nag Hammadi weit über das einst von E. Käsemann zusammengestellte Material hinaus eindrücklich belegt[64] – im Blick auf die jenseitige göttliche Lichtwelt stets von der ἀνάπαυσις die Rede ist, steht der Hebr mit seiner κατάπαυσις-Theologie insofern doch der biblisch-jüdischen Traditionslinie näher, als hier alle Aussagen über die κατάπαυσις als Ort und Zustand des eschatologischen Heils in der Bindung an die Schrift bzw. als Schriftauslegung vorgetragen werden.

Zwar wird die Schrift im Hebr ihrerseits unter einer dualistischen Voraussetzung gelesen[65]; was aber den Hebr gleichwohl aufs engste mit der biblisch-jüdischen Tradition in dieser Hinsicht verbindet, ist jene theo-logische Qualifizierung der κατάπαυσις, wie sie bereits in Ps 95 selbst vorausgesetzt ist[66], darüber hinaus sich aber vor allem in der Verbindung von Ps 95 und Gen 2,2 in Hebr 4,3–5 dokumentiert. Ganz in diesem Sinne wird – auch hier übrigens in dualistischer Weise – in der hellenistisch-jüdischen Schrift „Joseph und Aseneth" Gott in einem Gebet folgendermaßen angesprochen: σὺ καὶ τὴν παρθένην ταύτην εὐλόγησον ... καὶ εἰσελθέτω εἰς τὴν κατάπαυσίν σου ἣν ἡτοίμασας τοῖς ἐκλεκτοῖς σου, καὶ ζησάτω ἐν τῇ αἰωνίᾳ σου ζωῇ εἰς τὸν αἰῶνα χρόνον[67]. Die Bezugnahme auf Ps 95,11 ist hier

---

[63] So bes. E. Käsemann, Das wandernde Gottesvolk, S. 40–45; E. Grässer, Der Glaube im Hebr, S. 106f; H. Braun S. 91–93. Für eine mittelbare Ableitung aus der Gnosis (über Philon von Alexandrien) plädiert G. Theissen, Untersuchungen zum Hebr, S. 124–129. Zur Kritik an der gnostischen Interpretation der κατάπαυσις-Theologie des Hebr vgl. O. Hofius, S. 91ff und S. 151.

[64] Von den gnostischen Schriften von Nag Hammadi sind in diesem Zusammenhang besonders zu nennen das Thomasevangelium (NHC II,2), Logion 60, sowie das sog. Evangelium Veritatis (NHC I,3 und XII,2), p. 22,2ff; 42,37ff. Vgl. dazu S. Giversen, Evangelium Veritatis and the Epistle to the Hebrews, STl 13 (1954) S. 87–96, spez. S. 93ff; Ph. Vielhauer, ΑΝΑΠΑΥΣΙΣ. Zum gnostischen Hintergrund des Thomasevangeliums, in: Apophoreta. Festschr. E. Haenchen, Berlin 1964, S. 281–299 = Ders., Aufsätze zum Neuen Testament (TB 31), München 1965, S. 215–234; J. Helderman, Die Anapausis im Evangelium Veritatis (Nag Hammadi Studies 18), Leiden 1984; O. Hofius, Katapausis, S. 75ff; J. W. Thompson, The Beginnings of Christian Philosophy, S. 88f.

[65] Dies wertet H. Braun S. 91. 93 als Kriterium für den gnostischen Charakter der κατάπαυσις-Theologie des Hebr. Vgl. auch G. Theissen, Untersuchungen zum Hebr, S. 128f, hier zugleich kritisch zur apokalyptischen Interpretation durch O. Hofius.

[66] Vgl. dazu G. v. Rad, ZZ 11 (1933) S. 104–111, sowie H. J. Kraus, Psalmen II (BK 15/2), Neukirchen ³1966, z. St.: „Ruhe" (מנוחה) in Ps 95,11 meint die Ruhe des „Landbesitzes", zugleich aber auch Gottes Ruhe selbst, ein „Heilsziel" also, „das nicht material, sondern personal, nämlich in Gott selbst seinen Grund und seine Mitte hat".

[67] So JosAs 8,9. Wenn JosAs 22,13 mit Bezug auf Jes 66,1 LXX (vgl. auch Act 7,49; Barn 16,2) vom τόπος τῆς καταπαύσεως ἐν τοῖς ὑψίστοις die Rede ist und dieser Ort darüber hinaus noch genauer ὑπὲρ πείρας τοῦ ἑβδόμου οὐρανοῦ lokalisiert wird (vgl. auch JosAs 15,7: τό-

ebenso deutlich wie auch – auf Grund von Ps 95,11 – die theo-logische Qualifizierung des eschatologisch-jenseitigen Heilsortes als Heilszustand (ζωὴ αἰώνιος)[68]. Eine Verwurzelung der κατάπαυσις-Theologie des Hebr und der Schrift „Joseph und Aseneth" im gleichen Milieu der Schriftauslegung des hellenistischen Judentums ist – von daher gesehen – durchaus wahrscheinlich.

Im eschatologisch-zukünftigen Sinne begegnet die Deutung von Ps 95,11 (in Verbindung mit Dtn 12,9f und Ps 132,14) im übrigen auch in der rabbinischen Traditionsliteratur, wenn hier die κατάπαυσις bzw. die מנוחה von Ps 95,11 mit dem „kommenden Äon" (העולם הבא) gleichgesetzt[69] und darüber hinaus die Erwartung eines endzeitlichen Ortes der „Ruhe" mit der Erwartung des endzeitlichen Sabbats verbunden wird[70] oder auch umgekehrt der „Sabbat Gottes" (Gen 2,2) das Urbild darstellt für den „kommenden Äon"[71]. Zwar wird man auch in dieser Hinsicht keinen unmittelbaren Traditionszusammenhang zwischen den rabbinischen Zeugnissen und der κατάπαυσις-Theologie des Hebr behaupten können, wohl aber zeigt sich hier ein umfassender exegetischer Traditionszusammenhang in einer im einzelnen unterschiedlichen Ausprägung, der die im Hebr hergestellte Verbindung von Ps 95,11 und Gen 2,2 bzw. von κατάπαυσις und Sabbat (4,9: σαββατισμός) als Zeugnis eines im Gesamtbereich des spätantiken Judentums durchaus geläufigen exegetischen Verfahrens erscheinen läßt.

In diesen exegetischen Traditionszusammenhang gehört auch und nicht zuletzt Philon von Alexandrien hinein mit der für ihn selbstverständlichen Verbindung

---

πος τῆς ἀναπαύσεως ... ἐν τοῖς οὐρανοῖς), so scheint hier zunächst der lokale Aspekt im Vordergrund zu stehen. So auch Chr. BURCHARD, Joseph und Aseneth (JSHRZ II/4), Gütersloh 1983, S. 651, Anm. m: „wohl kein Zustand, sondern metonymisch der himmlische ‚Ort der Ruhe'". Das schließt jedoch nicht den „zuständlichen" Aspekt aus, zumal JosAs 22,13 das „Hineingehen in die Ruhe", d. h. an den Ort der Ruhe, zugleich des näheren als „Leben in der Ewigkeit" gekennzeichnet wird. Heilsort und Heilszustand bezeichnet ἀνάπαυσις übrigens auch in Weish 4,7; Δίκαιος δὲ ... ἐν ἀναπαύσει ἔσται. Zu den genannten Belegen aus JosAs vgl. O. HOFIUS, Katapausis, S. 30. 67; D. SÄNGER, Antikes Judentum und Mysterien. Religionsgeschichtliche Untersuchungen zu Joseph und Aseneth (WUNT 2.R 5), Tübingen 1980, S. 198. 219.

[68] Vgl. E. GRÄSSER, Das wandernde Gottesvolk. Zum Basismotiv des Hebr, ZNW 77 (1986) S. 266f.

[69] Vgl. Tos. Sanh 13,10 und die parallelen Überlieferungen (bSanh 110b; ySanh X 29c,5), die sich unter dem Namen des R.Aqiba bis ins 1. nachchristliche Jahrhundert zurückführen lassen. Zur eschatologischen Deutung von Ps 95 im rabbinischen Schrifttum insgesamt vgl. O. HOFIUS, Katapausis, S. 44ff; J. FRANKOWSKI, VD 43 (1965) S. 230ff. – In diesen Zusammenhang gehört auch – wenn auch hier ohne direkte Bezugnahme auf Ps 95 – die Kennzeichnung der künftigen Welt des Heils als „locus requietionis" in 4 Esr 7,36-38; vgl. auch 7,88-95; 8,52 sowie syrBar 73,1; 85,9-11; äthHen 39,4f; 54,3; dazu: J. FRANKOWSKI, VD 43 (1965) S. 225ff; O. HOFIUS, Katapausis, S. 60ff. 91ff, der insbesondere in 4 Esr den „schlechterdings zwingenden Beweis" gegeben sieht, daß die κατάπαυσις-Theologie des Hebr „im eschatologisch-apokalyptischen Denken des antiken Judentums" verwurzelt ist (S. 91 und S. 96). Kritisch dazu: G. THEISSEN, Untersuchungen zum Hebr, S. 128f.

[70] So z. B. mTam VII 4, mit Bezug auf Ps 92,1: „Ein Psalm, ein Lied für den kommenden Äon (לעתיד לבא), für die Welt, die ganz Sabbat und Ruhe (שבת ומנוחה) sein wird zum ewigen Leben". Vgl. auch PRE 18 (9b); TFrag Ex 20,2; ARN 1 (1c); BerR 17 (12a); 44 (12d); dazu: O. HOFIUS, Katapausis, S. 111f; M. RISSI, Die Theologie des Hebr, S. 19.

[71] So BerR 17 (12a). Vgl. auch Hippolyt, In Dan. IV 23,5: τὸ σάββατον τύπος ἐστὶν καὶ εἰκὼν τῆς μελλούσης βασιλείας τῶν ἁγίων.

des Motivs der „Ruhe" (ἀνάπαυσις) und des Sabbats, auch wenn dieser Traditionszusammenhang bei ihm wiederum in einer besonderen, gleichsam psychologischen Ausprägung vorliegt, nämlich in Verbindung mit einer durch den Pythagoräismus inspirierten Spekulation über den Zahlenwert der ἑβδομάς und der μονάς[72].

Als spätere Zeugnisse für eine bereits traditionelle Verbindung von κατάπαυσις – ἑβδομάς – Sabbat ist schließlich auch noch auf den Barnabasbrief (15,1-7) sowie auf die pseudoklementinischen Homilien (XVII 9,3-10,1) hinzuweisen[73], Zeugnisse zugleich dafür, daß wir es in dieser Hinsicht mit einem relativ breit aufgefächerten Sach- und Traditionszusammenhang zu tun haben, an dem auch der Hebr auf seine Weise partizipiert – auf seine Weise, d. h. aber: Jener Sach- und Traditionszusammenhang wird hier unmittelbar aus der Schrift entwickelt. Und genau dies verbindet den Hebr eher mit der exegetischen Überlieferung des Judentums als mit einer spezifisch gnostischen ἀνάπαυσις-Theologie, bei der im übrigen ein Zusammenhang mit den entsprechenden exegetischen Traditionen des Judentums ebenfalls nicht von vornherein von der Hand zu weisen ist[74].

In welchem Maße demgegenüber im Hebr jener Sach- und Traditionszusammenhang in den Kontext integriert ist, zeigt im einzelnen vor allem der Abschnitt 4,1-11. Der theologische Aspekt, unter dem hier das Zur-Ruhe-Kommen des Gottesvolkes in Analogie (4,10: ὥσπερ) zu Gottes eigener Ruhe am 7. Schöpfungstag gesehen wird, läßt sich weder in „spezifisch gnostische" noch auch in „spezifisch apokalyptische" Kategorien verrechnen, sondern unterstreicht und verstärkt – im Gesamtkontext des Hebr gesehen – nur einmal mehr die Mahnung an die Adressaten, die ihnen jetzt noch gewährte Chance des Glaubensgehorsams nicht zu versäumen und auf diesem Wege – dem Weg der Glaubenswanderschaft des Gottesvolkes – am Ende Gottes eigener Sabbatruhe teilhaftig zu werden.

---

[72] Zur Verbindung ἀνάπαυσις-Sabbat vgl. Abr 28-30; Fug 174. Zur psychologischen Deutung der „Ruhe": Imm 12: αὕτη δ' ἡ κατάστασίς ἐστιν ἑβδομάδος, ἀναπαυομένης ἐν θεῷ ψυχῆς καὶ περὶ μηδὲν τῶν θνητῶν ἔργων ποιουμένης. Zur ἀνάπαυσις-Theologie Philons insgesamt vgl. E. KÄSEMANN, Das wandernde Gottesvolk, S. 42f; G. THEISSEN, Untersuchungen zum Hebr, S. 125-127; J. HELDERMANN, Die Anapausis im Evangelium Veritatis, S. 58-60; H. A. LOMBARD, Neotestamentica 5 (1971) S. 61f. Vgl. auch E. GRÄSSER, Der Glaube im Hebr, S. 106f, zu Abr 28-30: „Diese Tradition erklärt die Auswechselbarkeit von κατάπαυσις und σαββατισμός in Hb 4,10f".
[73] In Barn 15,1-7 liegt – im Unterschied zu Hebr – eine eindeutig apokalyptische Variante der κατάπαυσις-Theologie vor, und zwar im Anschluß an Gen 2,1. Vgl. dazu H. WINDISCH, Der Barnabasbrief (HNT, Erg.-Bd. III), Tübingen 1920, S. 382ff; G. THEISSEN, Untersuchungen zum Hebr, S. 124f; O. HOFIUS, Katapausis, S. 113f. – Ps-Clem, Hom XVII 9,3-10,1, ordnet sich demgegenüber mit der Bezeichnung Gottes selbst als ἀνάπαυσις (9,3; 10,1) mehr in den Zusammenhang der gnostischen ἀνάπαυσις-Theologie ein. Vgl. O. HOFIUS, Katapausis, S. 76 mit Anm. 688 (S. 206).
[74] Eindeutig ist dieser Zusammenhang im Referat des Hippolyt, Ref. VI 32,8, über die Valentinianer mit Anspielung auf Gen 2,2: ἔστι γὰρ ἑβδομὰς καὶ κατάπαυσις. Vgl. auch Ref. VIII 14,1: ἑβδόμη κατάπαυσις καὶ σάββατον ἀπὸ τῆς ἑβδομάδος γέγονε. Wenn darüber hinaus in Ref. VI 32,2 vom ἀρχιερεὺς ὁ μέγας (Hebr 4,14!) und in Ref. VI 32,9 von der ὀγδοάς als dem „himmlischen Jerusalem" (Hebr 12,2!) die Rede ist, so liegt zumindest an dieser Stelle ein Zusammenhang zwischen Hebr und gnostischer ἀνάπαυσις-Theologie vor. Vgl. O. HOFIUS, Katapausis, S. 31f; J. HELDERMAN, Die Anapausis im Evangelium Veritatis, S. 207.

5.2.3) 4,1–11: Die bleibende Geltung der Verheißung Gottes als Motiv der Mahnung

1 So laßt uns nun mit Furcht darauf bedacht sein, daß ja nicht jemand von euch – angesichts dessen, daß die Verheißung (Gottes), in seine Ruhe einzugehen, (noch immer) in Geltung ist – erfunden wird, (auf dem Weg zum Ziel) zurückzubleiben.
2 Denn auch wir haben (doch) gleichwie auch jene das Evangelium (der Verheißung) empfangen. Aber das gehörte Wort (Gottes) hat jenen keinen Nutzen gebracht, weil es sich bei ihnen nicht vermittels des Glaubens mit den Hörern verbunden hat.
3 Wir freilich, die wir Glauben erwiesen haben, gelangen in die Ruhe hinein – nach Maßgabe dessen, was er gesagt hat: ‚So schwur ich in meinem Zorn: sie sollen gewiß nicht in meine Ruhe hineingelangen'; und doch waren ‚die Werke' seit Grundlegung der Welt getan (bzw. fertig).
4 Denn er (sc. Gott) hat irgendwo (bzw. an einer bestimmten Stelle der Schrift) folgendes über den siebenten Tag gesagt: ‚und Gott ruhte am siebenten Tag von allen seinen Werken',
5 und an dieser Stelle wiederum: ‚sie sollen gewiß nicht in meine Ruhe hineingelangen'.
6 Da es nun also (noch) übrig ist, daß gewisse Leute in sie hineingelangen, und diejenigen, die zuvor das Evangelium der Verheißung empfangen hatten, um ihres Ungehorsams willen nicht (in sie) hineingelangt sind,
7 setzt er (sc. Gott) wiederum einen Tag, ein (neues) Heute, fest, indem er in David nach einer so langen Zeit (wiederum) spricht, (und zwar) in Entsprechung zu dem, was zuvor (schon) gesagt worden ist: ‚Heute, wenn ihr seine Stimme hört, verhärtet nicht eure Herzen'.
8 Denn wenn Josua sie (damals) wirklich zur Ruhe gebracht hätte, würde er ja nicht danach (noch) von einem anderen Tag reden.
9 Also bleibt (noch) eine Sabbatruhe für das Volk Gottes in Geltung.
10 Denn wer in seine Ruhe hineingelangt ist, hat auch (seinerseits) Ruhe gefunden von seinen Werken – wie auch Gott (selbst) von den seinigen.
11 So laßt uns nun mit Eifer darauf bedacht sein, in jene Ruhe hineinzugelangen, damit nicht jemand nach demselben Beispiel des Ungehorsams zu Fall komme.

Zur Gedankenführung

Durch jeweils eine Mahnung (im Sinne einer „inclusio") gerahmt, erweist sich der Abschnitt 4,1–11 als eine Einheit. Die Logik des Argumentationsganges ist aus den beiden Mahnungen in V. 1 und V. 11 ablesbar: Ergibt sich die erstere (V. 1) als Schlußfolgerung aus der Einsicht von 3,19 bzw. aus dem vorausgehenden Rückblick auf den Ungehorsam der Wüstengeneration Israels[75], so setzt die zweite und abschließende (V. 11) als Schlußfolgerung aus dem vorangehenden Abschnitt ihrerseits den zuvor geführten Nachweis voraus, daß die Verheißung Gottes trotz oder gerade wegen seines Urteils über das Wüstengeschlecht Israels auch „heute"

---

[75] In diesem Sinne ist das schlußfolgernde οὖν in V. 1 (wie dann auch in V. 11) ein typisches „οὖν-paraeneticum". So W. NAUCK, ZNW 49 (1958) S. 134f. Vgl. auch Hebr 4,14.16; 10,19.22.35; 13,15.

noch in Geltung ist (und somit auch noch für die christliche Gemeinde „übrig" ist)[76]. Drohende Mahnung, die als solche an die „Furcht" der Adressaten appelliert (V.1), und verheißende Mahnung, die als solche den „Eifer" der Adressaten beflügeln soll (V.11), verbinden sich hier zu einer Einheit und lassen so auch diesen Teilabschnitt fest in seinen paränetischen Kontext integriert erscheinen. Gleichwohl werden hier über die bisher vorgetragene Mahnung (3,12f) auch neue Akzente gesetzt, und zwar einmal hinsichtlich der hier im Hebr zum ersten Male begegnenden Rede von der „Verheißung" Gottes und zum anderen hinsichtlich der näheren Bestimmung des Zieles der Verheißung Gottes, der κατάπαυσις.

Während die in V.1 ausgesprochene Mahnung im unmittelbaren Anschluß an die in 3,19 formulierte Einsicht noch ganz auf der Linie der zuvor bereits formulierten Mahnung (3,12f) liegt[77], wird mit dem darin eingefügten Nebensatz (gen. abs.) ein neuer Akzent gesetzt, der als solcher zunächst wiederum ganz in den Kontext integriert ist und in diesem Sinne an dieser Stelle weniger einen positiv-verheißenden, als vielmehr einen die Mahnung verschärfenden Charakter hat: Weil jene „Verheißung" Gottes, die einst dem Volk Israel galt, auch für die christliche Gemeinde noch gilt, gilt es nun umso mehr, „mit Furcht darauf bedacht zu sein ...". Angesichts dessen, daß die Wüstengeneration Israels wegen ihres Unglaubens das Ziel der Verheißung Gottes nicht zu erreichen vermochte (3,19), sollen die christlichen Adressaten des Hebr nun geradezu in Furcht geraten[78], nun nicht auch ihrerseits wiederum das Ziel der Glaubenswanderschaft zu verfehlen: μήποτε δοκῇ τις κτλ. Das Verbum δοκεῖν steht dabei – anders als in 10,29; 12,11 – im forensischen Sinne, d.h. im Kontext: „als einer erscheinen/erfunden werden"[79]. Ebenso vom Kontext her bestimmt sich die Bedeutung von ὑστερεῖν: In Entsprechung zu 3,12 und 3,19 ist dabei primär an den „Mangel" an Glauben gedacht, der schließlich den Abfall von Gott zur Folge hat (3,12). Eben solcher „Mangel" an Glauben ist es aber auch, der den davon Betroffenen auf dem Wege der Glaubenswanderschaft „zurückbleiben" läßt. Ὑστερεῖν ist in diesem Sinne oppositum zu εἰσελθεῖν εἰς τὴν κατάπαυσιν, bezeichnet also konkret das Verfehlen des Ziels der Verheißung Gottes[80].

---

[76] Vgl. dementsprechend die Schlußfolgerungen ἐπεὶ οὖν ἀπολείπεται in V.6 und ἄρα ἀπολείπεται in V.9.

[77] Vgl. dazu die weitgehende formale und sachliche Entsprechung zwischen 4,1 und 3,12: Φοβηθῶμεν – μήποτε – τις ἐξ ὑμῶν – ὑστερηκέναι (4,1) βλέπετε – μήποτε – ἔν τινι ὑμῶν – ἀποστῆναι (3,12). Vgl. A. VANHOYE, La structure littéraire, S.100.

[78] Φοβηθῶμεν ist hier ingressiver Aorist. Vgl. Bl.-DEBR.-R. § 337,1.

[79] „Forensische" Bedeutung von δοκεῖν, d.h.: Das Verbum weist „auf den Befund hin, der sich am Tage des Gerichts ergeben könnte". So E. RIGGENBACH S.96. Zu solcher Bedeutung von δοκεῖν vgl. Platon, Polit. 299 C; Phaidros 113 D; Prov 17,28; 27,14 sowie häufig bei Philon (H. BRAUN S.103). Vgl. auch J. MOFFATT S.50; O. HOFIUS, Katapausis, S.217 (Anm. 849).

[80] Zu ὑστερεῖν im Sinne von „zu spät kommen, versäumen" (z.B. den gesetzten Termin) vgl. Hab 2,3 LXX; Philon, Agr 85; Jos 182; VitMos II 233 sowie U. WILCKENS, ThWNT VIII,

Solche Mahnung ist nunmehr umso dringlicher, als die Verheißung Gottes nach V. 2 auch jetzt noch für die christliche Gemeinde in Geltung steht: Wir haben „gleichwie jene das Evangelium (der Verheißung) empfangen". Dieses Motiv ist dabei wohl kaum bereits durch den hier vorliegenden biblischen Traditionszusammenhang (Ps 95; Num 14) vorgegeben[81], sondern vom Autor des Hebr selbst aus Ps 95,11 erschlossen – unter der hermeneutischen Voraussetzung nämlich, daß hier der „heilige Geist" zur christlichen Gemeinde spricht: Israel einst hat das Ziel der Verheißung Gottes wegen seines Unglaubens und Ungehorsams nicht erreicht – also bleibt die Verheißung Gottes für diejenigen „übrig" bzw. in Geltung, bei denen sich – anders als damals bei der Wüstengeneration des Volkes Israel – das Hören des Wortes Gottes mit dem entsprechenden Glauben verbindet.

Bei alledem sind die VV. 1 und 2 über die im Kontext von 3,7–4,11 formulierte Mahnung hinaus insofern für den Hebr insgesamt von entscheidender Bedeutung, als sich hier – nach der programmatischen Aussage in 1,1f zum ersten Male wieder – ein bestimmtes Grundverständnis vom Wort Gottes äußert, und zwar in einem Vergangenheit, Gegenwart und Zukunft übergreifenden Sinne, das Verständnis nämlich des Wortes Gottes als ἐπαγγελία. Eben als „Verheißung" gilt Gottes Wort in gleicher Weise für „jene" damals wie auch für die christliche Gemeinde heute[82]. Dies ist nicht nur eine Aussage über die Entsprechung der Situation des Volkes Israel damals und der christlichen Gemeinde heute, sondern zugleich auch eine theologische Aussage: Gottes Wort ist damals und heute ein und dasselbe Wort[83]; zwischen dem Wort Gottes damals und heute besteht Kontinuität, wobei nunmehr – im Unterschied zu der ebenfalls programmatischen Aussage in 1,1f – Gottes Wort ausdrücklich als ein Wort

---

S. 594; G. SCHNEIDER, EWNT III, Sp. 978. Zu ὑστερεῖν als Synonym zu ἀποστῆναι (3,12) und ἀπειθεῖν (3,18) vgl. E. GRÄSSER, Der Glaube im Hebr, S. 107f. Das Bild vom Zurückbleiben auf dem Weg bestimmt auch den Gebrauch von ὑστερίζειν bei Philon, Fragmenta ed. Mangey II 656. Vgl. E. GRÄSSER, a.a.O., S. 108; J. W. THOMPSON, The Beginnings of Christian Philosophy, S. 98.

[81] Gegen A. VANHOYE, Bib 49 (1968) S. 33f, der in diesem Zusammenhang auf Num 14,31 und Dtn 1,35. 39 hinweist: Nicht das Wüstengeschlecht Israels selbst, wohl aber dessen Nachkommen (παιδία) „werden das Land in Besitz nehmen".

[82] Zu ἐπαγγελία im Hebr vgl. J. SCHNIEWIND/G. FRIEDRICH, ThWNT II, S. 580ff; A. SAND, EWNT II, Sp. 38f; E. KÄSEMANN, Das wandernde Gottesvolk, S. 11–19; F. J. SCHIERSE, Verheißung und Heilsvollendung im Hebr, S. 133–141; O. MICHEL S. 76f. 192f. Zu ἐπαγγελία bzw. zum Theologumenon „Verheißung und Erfüllung" (als „Basismotiv" des Hebr!) vgl. neuerdings bes. C. ROSE, Verheißung und Erfüllung. Zum Verständnis von ἐπαγγελία im Hebr, BZ N.F. 33 (1989) S. 60–80. 178–191.

[83] Vgl. E. KÄSEMANN, Das wandernde Gottesvolk, S. 12: „Identität des neuen Gotteswortes mit der alttestamentlichen Verheißung". E. GRÄSSER, Der Glaube im Hebr, S. 13f, spricht im Blick auf die Aussage in V. 2a sogar von einer „heilsgeschichtlichen Einheit", die freilich „durch die diakritische Funktion der πίστις zerteilt worden" ist; Vgl. auch O. MICHEL S. 192.

der „Verheißung" gekennzeichnet wird: Gott ist derjenige, der die Verheißung gegeben hat – ὁ ἐπαγγειλάμενος (6,13; 10,23; 11,11).

Kennzeichnend für dieses Grundverständnis vom Wort Gottes ist die in V.2 vorliegende Verbindung des Stichwortes ἐπαγγελία mit dem Verbum εὐαγγελίζεσθαι, wobei letzteres im Kontext die Bedeutung hat: „die Verheißung empfangen". Evangelium – das Substantiv εὐαγγέλιον fehlt bezeichnenderweise im Hebr – ist hier also grundlegend als „Verheißung" verstanden, in diesem Sinne zugleich in eschatologischer Ausrichtung – denn: Dies gilt sowohl für Hebr 1,1f wie auch für alle anderen Stellen, an denen im Hebr der Terminus ἐπαγγελία begegnet, daß die endgültige Einlösung und Verwirklichung der Verheißung Gottes noch aussteht, und zwar auch und gerade für die christliche Gemeinde[84]. Genau in diesem Sinne ist dann freilich das Grundthema der Verheißung Gottes, wie es in 4,1f zum ersten Male im Hebr anklingt und fortan den ganzen Hebr bestimmt (6,12ff; 7,6; 8,6; 9,15; 10,36; 11,9f.33.39), von vornherein dem pastoralen Grundanliegen des Hebr zugeordnet.

Der Hinweis darauf, daß auch für die christliche Gemeinde noch die in Ps 95,7ff formulierte Verheißung Gottes in Geltung ist, begründet nur umsomehr die Mahnung der Adressaten zum Glaubensgehorsam, damit sie auf diese Weise endlich „die Verheißung erlangen" (10,36; vgl. 11,39). Mit solchem Grundverständnis von ἐπαγγελία steht der Autor des Hebr seinerseits nicht nur schlechthin in der Kontinuität jüdischer Tradition[85], sondern hat er – bzw. haben seine Adressaten – Teil an der Grundfrage jüdischer Apokalyptik als Frage nach der Treue Gottes zu seiner Verheißung trotz entgegenstehender Erfahrung des tatsächlichen Verlaufs der Geschichte[86]. Dem entspricht die im Hebr ausdrücklich betonte Treue Gottes zu seinem Verheißungswort, verdichtet insbesondere in der formelhaften Wendung πιστὸς ὁ ἐπαγγειλαμένος (10,23; 11,11)[87], wobei freilich

---

[84] Dem entspricht im Hebr die Rede vom κληρονομεῖν τὰς ἐπαγγελίας (6,12; vgl. 6,17) vom κομίζειν τὴν ἐπαγγελίαν (10,36; 11,39) sowie vom λαμβάνειν τὰς ἐπαγγελίας (11,13) bzw. τὴν ἐπαγγελίαν (9,15). Zur eschatologischen Ausrichtung der ἐπαγγελία im Hebr vgl. E. KÄSEMANN, Das wandernde Gottesvolk, S. 11f.

[85] Ἐπαγγελία ist zwar nicht-biblischer Terminus, spielt aber in der Sprache des hellenistischen Judentums eine gewisse Rolle. Vgl. z.B. 3 Makk 2,10; PsSal 12,6; TestJos 20,1; Josephus, Ant. II 219. Vgl. J. SCHNIEWIND/G. FRIEDRICH, ThWNT II, S. 575ff, hier auch zum Gebrauch des Terminus in den jüdischen Apokalypsen (4 Esr und syrBar). Zum entsprechenden Belegmaterial im rabbinischen Schrifttum vgl. ebd., S. 576, sowie STRACK-BILLERBECK, III, S. 207–209.

[86] Zu dieser „Grundfrage der Apokalyptik" vgl. bes. syrBar 21,25: „Alsbald zeige deine Herrlichkeit und schiebe nicht hinaus, was du verheißen hat" sowie W. HARNISCH, Verhängnis und Verheißung der Geschichte (FRLANT 97), Göttingen 1969. Für das Judentum versteht sich dabei von selbst der Zusammenhang von „Gesetz" und „Verheißung". Vgl. dazu syrBar 46,6; 57,2; 59,2; 2 Makk 2,17f; PsSal 12,6; 14,10. Zur Sache der Treue Gottes zu seinen Verheißungen an Israel vgl. auch Röm. 3,2ff; 9,6.

[87] Vgl. zur Sache auch Hebr 6,17. Ἐπαγγελία gewinnt in solchem Kontext die Bedeutung von „Versprechen, Zusage, Gelöbnis"; vgl. auch Hebr 7,6; 8,6; 11,17.

in 4,1f dieser theologische Aspekt der Verheißung und mit ihm auch der Verweis auf die christologische Verbürgung der Verheißung Gottes (8,6; 9,15) noch ganz zurücktritt hinter der Mahnung, die „heute" noch gewährte Chance des Gehorsams gegen Gottes Verheißungswort nicht zu versäumen. Denn: Nur auf dem Wege des Glaubensgehorsams, der Langmut (6,12) und der Geduld (10,36) kann das Ziel der Verheißung Gottes erreicht werden – wie eben am „Vorbild" des Verhaltens Israels in der Wüste ablesbar ist: Das Hören des Wortes Gottes allein hat „jenen" ebensowenig genutzt wie es auch nunmehr der christlichen Gemeinde Nutzen bringt – sofern sich das Hören nicht mit dem Glaubensgehorsam „verbindet".

Die vom Autor an dieser Stelle seiner Mahnung benutzte Ausdrucksweise ist zumindest ungewöhnlich, worauf bereits die offensichtlichen Unsicherheiten in der Geschichte der Textüberlieferung hinweisen[88]. Die intendierte Sachaussage ist nichtsdestoweniger deutlich: Vom Kontext her gesehen meint die Wendung ὁ λόγος τῆς ἀκοῆς jedenfalls das von den Israeliten damals „gehörte Wort" bzw. das Wort Gottes, auf das es zu hören gilt[89], das sich bei ihnen freilich, die nur „hörten" (3,16), nicht mit dem Glaubensgehorsam verband (3,18f). Um die notwendige Einheit von Wort – Hören – Glaube/Gehorsam also geht es hier, wobei die Verbindung von ἀκοή und πίστις im Urchristentum nichts Ungewöhnliches ist[90]. Gleichwohl läßt der in solchem Zusammenhang ungewöhnliche Terminus συγκεράννυμι, den der Autor hier wohl bewußt benutzt, die besondere Akzentsetzung in dieser Aussage nicht übersehen: Auf die unauflösliche Verbindung von Hören des Wortes Gottes und Glaube im Sinne der Treue und Standhaftigkeit des Glaubens kommt es hier – wie im Hebr insgesamt – dem Autor an[91].

Der V. 3 zieht daraus zunächst die positive Schlußfolgerung[92], daß (nur)

---

[88] Die auf den Akkusativ ἐκείνους zu beziehende Lesart συγκεκερασμένους (P¹³ P⁴⁶ A B C D* usw.) ist dabei eindeutig die lectio difficilior gegenüber der (syntaktisch auf ὁ λόγος τῆς ἀκοῆς zu beziehenden) Lesart συγκεκερασμένος (ℵ b d usw.) und somit wohl ursprünglich. Von ihr her allein ist dann auch die erleichternde Lesart τοῖς ἀκουσθεῖσιν (1912 usw.) bzw. die Konjektur τοῖς ἀκούσμασιν (F. BLEEK, II/1, S. 509) zu verstehen. Vgl. B. M. METZGER, A Textual Commentary on the New Testament, S. 665. Die Entscheidung für die breit bezeugte Lesart τοῖς ἀκούσασιν ist demgegenüber eindeutig, da mit ihr das Partizip ἀκούσαντες von 3,16 wieder aufgenommen wird.

[89] Vgl. zur Wendung auch 1 Thess 2,13.

[90] Vgl. 1 Thess 2,13; Gal 3,2.5; Röm 10,14ff.

[91] E. GRÄSSER, Der Glaube im Hebr, S. 14f. 18, macht zur Frage der „unauflöslichen Verbindung" auf die ursprüngliche gleichsam „chemische" Dimension im Gebrauch des Verbums συγκεράννυμι aufmerksam. Vgl. dazu z. B. Dan 4,23; 2 Makk 15,39; Philon, Op 146; Cher 127. Zum übertragenen Gebrauch des Verbums im Sinne von Hebr 4,2 vgl. Philon, Mut 200 (von Mose): δύο οὐσίας κερασμένος ... τὸ ἀκούειν τῷ πράττειν ἕνωσις.

[92] Der schlußfolgernde Charakter der präsentischen Aussage in V. 3 wird (sekundär) noch eigens durch die (an die analogen Aussagen in V. 1 und V. 11 angelehnte) Lesart οὖν (ℵ A C usw.) – in den Kodizes A C usw. dazu noch in Verbindung mit dem Kohortativ εἰσερχώμεθα

die πιστεύσαντες, d. h. hier: diejenigen, die Glauben bewiesen haben, „in die Ruhe gelangen" (werden). Die präsentische Formulierung εἰσερχόμεθα steht hier bewußt, um die Verbindlichkeit der Aussage zu betonen: „In die Ruhe gelangen wir ganz gewiß – unter der Voraussetzung jedenfalls, daß wir Glauben bewiesen haben"[93], unter der Bedingung also des allen Versuchungen standhaltenden Glaubens[94]. Nicht freilich lediglich um bestimmte „anthropologische" Sachverhalte und Verhaltensweisen geht es hier, sondern auch und zugleich – was das Thema der Verbindlichkeit betrifft – um die Verbindlichkeit der Verheißung und Zusage Gottes selbst: Gott selbst hat ja den Schwur geleistet (Ps 95,11). Was aber dem Psalmzitat entsprechend zunächst angesichts des Ungehorsams Israels in negativer Hinsicht gilt, gilt für diejenigen, die den Glaubensgehorsam bewahren und bewähren, jedenfalls auch in positiver Hinsicht: Eben ihnen gilt die durch Gottes Schwur bestätigte Zusage des „Eingehens in die Ruhe", wie sie in Ps 95,11 vorliegt und hier noch einmal wörtlich zitiert wird[95]. In einem Zusammenhang mit der Betonung der Verbindlichkeit der Zusage Gottes steht dann jedenfalls auch die am Ende von V. 3 beinahe beiläufig in Gestalt eines gen. abs. angefügte, zunächst recht unvermittelt erscheinende Bezugnahme auf Gen 2,2.

Die hier im Anschluß an eine exegetische Tradition des Judentums vorausgesetzte, in den **VV. 4 und 5** sodann – als Begründung zu V. 3b – aus-

---

– unterstrichen. Vgl. B. M. METZGER, A Textual Commentary on the Greek New Testament, S. 665f; H. BRAUN S. 108.

[93] Die Lesart εἰσερχώμεθα (A C usw.) hebt demgegenüber wiederum das paränetisch-adhortative Moment der Aussage hervor. Im Kontext der Paränese besagt das ursprüngliche Präsens jedenfalls nichts im Sinne einer „präsentischen" Eschatologie über ein jetzt schon erfolgendes „Eingehen in die Ruhe". Gegen A. VANHOYE, Bib 49 (1968) S. 24. 25f: „c'est cette perception d'une réalité déjà présente dans la foi ...". Vgl. auch A. STROBEL S. 116; H.-G. SCHÜTZ, „Kirche" in spät-neutestamentlicher Zeit, S. 62.

[94] Vgl. zur Sache auch Hebr 10,36 und 6,12. Von hier aus gesehen ist es durchaus angemessen, das Partizip πιστεύσαντες im Sinne eines Konditionalsatzes aufzulösen. So O. MICHEL S. 194.

[95] Die Formel zur Einleitung des Schriftzitats in V. 3 καθὼς εἴρηκεν hat im Kontext wohl Gott selbst zum Subjekt, während die entsprechende Formel in V. 4 εἴρηκεν γάρ που – der Aussage über Gott in Gen 2,2 entsprechend – eher die Schrift zum Subjekt hat: „Denn es heißt (sc. in der Schrift) an einer Stelle ...". Vgl. G. KITTEL, ThWNT IV, S. 111. – Bei der Einführung des Zitats in V. 5 ist zu ἐν τούτῳ ein τόπῳ zu ergänzen: „an diesem (Ort) wiederum ...". Vgl. entsprechend Hebr 5,6: καὶ ἐν ἑτέρῳ (τόπῳ) λέγει. Mit der unbestimmten Zitateinführung V. 4 benutzt der Autor wie bereits in 2,6 eine im hellenistischen Judentum übliche Weise der Einführung von Schriftzitaten. Vgl. Philon, Ebr 61; Plant 90; Congr 176 sowie oben zu Hebr 2,6. Dem Sprachgebrauch bei Philon entspricht auch in V. 4 die elliptische Rede περὶ τῆς ἑβδόμης statt τῆς ἡμέρας τῆς ἑβδόμης (so dann im Zitat von Gen 2,2 in V. 4). Vgl. Philon, Abr 28; VitMos II 209.215.263. Bemerkenswert in diesem Zusammenhang ist auch, daß die Gestalt des Zitats aus Gen 2 in V. 4 mit der Einfügung von ὁ θεὸς ἐν vor τῇ ἡμέρᾳ τῇ ἑβδόμῃ (gegen LXX!) der Zitationsweise Philons (Post 64) entspricht. Zur Übereinstimmung im LXX-Text zwischen Hebr und Philon (bei gleichzeitiger Differenz in der Auslegung von Gen 2,2) vgl. K. J. THOMAS, NTS 11 (1964/65) S. 307f.

drücklich vollzogene Verbindung des κατάπαυσις-Motivs in Ps 95,11 und Gen 2,2 will dabei im Kontext des Hebr nicht nur dem an sich traditionellen Gedanken Ausdruck geben, daß Gottes eigene Ruhe am 7. Schöpfungstag zeichenhaft bzw. urbildlich für die eschatologische Vollendung steht; vielmehr will der Autor des Hebr mit dieser Verbindung beider Schriftstellen – wie die Schlußfolgerung οὖν ἀπολείπεται in V. 6 zeigt – einmal die Verbindlichkeit der auch „heute" noch geltenden Zusage Gottes unterstreichen, zum anderen aber auch zugleich vermittels des mit adversativem καίτοι = „obschon, obwohl doch" eingeleiteten Nebensatzes in V. 3c einen mahnenden und warnenden Akzent setzen[96]: Denn wenn die eschatologische „Ruhe" schon seit „Grundlegung der Welt"[97], als Gott sein Schöpfungswerk abgeschlossen hatte (τῶν ἔργων γενηθέντων), für die πιστεύσαντες gleichsam bereitsteht und anhand der Verbindung von Ps 95,11 mit Gen 2,2 als Gottes eigene Ruhe gekennzeichnet wird[98], gewinnt der Ungehorsam der Wüstengeneration Israels damals verschärftes Gewicht – damit aber auch die Mahnung an die gegenwärtigen Adressaten des Wortes Gottes, nun endlich das „Heute" des Wortes Gottes und damit die „heute" noch gewährte Chance des Heils wahrzunehmen.

Beides also verbindet sich hier: der Hinweis auf die immer noch bestehende Geltung der Zusage Gottes und die damit gegebene Dringlichkeit der Mahnung zum Glaubensgehorsam. Dem entspricht schließlich auch die Weise, in der in V. 6 die Schlußfolgerung formuliert wird. Das Verbum ἀπολείπεσθαι, hier in bezug auf die Geltung der Verheißung Gottes gebraucht, betont dabei weniger die Unumstößlichkeit dieser Geltung als vielmehr den Aspekt, daß die Verheißung Gottes noch „übrig" ist, noch gilt, und impliziert in diesem Sinne zugleich die Mahnung zum Gehorsam des Glaubens angesichts der noch verbleibenden Frist[99]. Möglicherweise ist auch die merkwürdig unbestimmte Rede von den τινές im folgenden A.c.I.-Satz dadurch bestimmt: Nur für „gewisse Leute", also nur für diejenigen, die Glauben bewahren und bewähren, bleibt jene Verheißung vom „Eingehen in die Ruhe" noch in Kraft. Mit V. 6 erfolgt im Kontext dann freilich zugleich auch eine Wendung zum Folgenden hin und damit zu einem erneuten Beweisgang für die von Gott selbst erneuerte Geltung der

---

[96] Adversatives καίτοι mit folgendem gen. abs. ist in den Papyri (vgl. BL.-DEBR.-R. §425,1) wie auch bei Josephus, Ant. II 321; V 36, belegt.

[97] Die traditionell-urchristliche Wendung ἀπὸ καταβολῆς κόσμου steht hier wie auch in 9,26 im temporalen Sinne: „Seit damals bereits ...". Vgl. auch Mt 13,35; Lk 11,50. Ihr entspricht – ebenfalls im temporalen Sinne – die Wendung πρὸ καταβολῆς κόσμου (Joh 17,24; Eph 1,4; 1 Petr 1,20). Vgl. F. HAUCK, ThWNT III, S. 623; O. HOFIUS, EWNT II, Sp. 630f.

[98] Vgl. H.W. ATTRIDGE, HThR 73 (1980) S. 282, Anm. 8: „The force of this remark is to emphasize that the divinely promised ‚rest' ... is not primarily a future reality ..., but a feature of God's own existence which precedes and stands outside of human history". Vgl. ebd., S. 283, Anm. 14.

[99] Vgl. C. SPICQ, Notes I, S. 141: Cette valeur de survie au de ‚reste', d'acquisition définitive est celle d'Hébr. IV, 6,9 ...", mit Verweis auf Polybios VI 58,9: ἐλπὶς ἀπολείπεται σωτηρίας.

Verheißung. Die Schlußfolgerung (οὖν) mit dem einleitenden ἐπεί ist jedenfalls zugleich Ausgangspunkt für die weitere paränetische Argumentation.

Der erneute Rückverweis auf diejenigen, denen „früher" schon (πρότερον) die Verheißung Gottes zuteilgeworden ist, die jedoch das Ziel der Verheißung infolge ihres Ungehorsams bzw. Unglaubens (so P⁴⁶א* lat) nicht erreichten, dient zugleich der Begründung dafür, daß Gott selbst, nach solanger Zeit „in David" sprechend[100], erneut „einen Tag bestimmt", ein neues „Heute" also im Sinne von Ps 95,7: V. 7[101].

Im Zusammenhang dieser Argumentation ist der irreale Bedingungssatz in V. 8 ein für den Hebr typisches, an das logische Urteilsvermögen seiner Leser sich wendendes „argumentum ad hominem": Daraus, daß Josua einst das Volk Israel – wie eben Ps 95,11 zeigt – nicht im wirklichen Sinne zur „Ruhe" gebracht hat[102], wird geschlossen, daß Gott „danach" (μετὰ ταῦτα), d.h. nach dem Mißerfolg des Josua, erneut einen „anderen Tag" im Sinne des σήμερον von Ps 95,7 bestimmt hat. Bei alledem ist für den Autor des Hebr im Kontext seiner Überlegungen die selbstverständliche Voraussetzung, daß die κατάπαυσις, von der die Schrift redet, nichts mit dem irdischen „Erbland" Kanaan zu tun hat[103].

Die wahre und wirkliche κατάπαυσις ist für ihn vielmehr – wie nunmehr in V. 9 unter der Voraussetzung der Kontamination von Ps 95,11 und Gen 2,2 in den vorangehenden Versen geschlußfolgert werden kann (ἄρα) – Gottes eigene Sabbatruhe. So tritt nunmehr an die Stelle der Rede von der κατάπαυσις die Rede vom σαββατισμός, von der „Sabbatruhe", die – als eine theo-logische und eschatologische Größe – alle irdischen Er-

---

[100] Die Zeitangabe μετὰ τοσοῦτον χρόνον bezieht sich dabei auf die Zeit nach der Wüstenwanderung Israels, also auf die Zeit von Mose bis David, wobei als „Autor" von Ps 95 David, „in ihm" jedoch letztlich Gott selbst, vorausgesetzt ist. ἐν Δαυίδ steht hier im selben Sinne wie ἐν προφήταις bzw. ἐν υἱῷ in 1,1f.

[101] Zu ὁρίζειν ἡμέραν vgl. Act 17,26 sowie 17,31: ἔστησεν ἡμέραν vom Gerichtstag; Herm vis II 2,5. – καθὼς προείρηται in V. 7 ist nicht Zitationsformel (wie καθὼς εἴρηκεν in V. 3, woran die Textzeugen B 1739 1881 mit der Lesart προείρηκεν wiederum sekundär angleichen), sondern Rückverweis auf das Zitat von Ps 95,7f in 3,7f.15: „wie zuvor schon gesagt worden ist".

[102] Für den Namen „Josua" benutzt der Autor des Hebr die von LXX her vorgegebene Gestalt Ἰησοῦς (Ex 17,13; Jos 1,1.10; 7,45). Eine Typologie oder Anti-Typologie auf Grund der Gleichheit des Namens „Jesus" ist damit freilich nicht im Blick. Einige wenige Minuskelhandschriften (131 222 285 315 usw.) tun nichtsdestoweniger ein übriges, um die „törichte Verwechslung mit der Person des Herrn" durch die Beifügung von „Jesus, Sohn Nuns" vollends auszuschließen. Vgl. E. RIGGENBACH S. 107, Anm. 81.

[103] Stellen wie Dtn 12,9f; 31,7; Jos 1,15; 21,44; 22,4 (vgl. auch Act 7,45), wo davon die Rede ist, daß Gott selbst sein Volk im Lande Kanaan „zur Ruhe gebracht hat" (vgl. z.B. Jos 22,4: νῦν δὲ κατέπαυσεν κύριος ὁ θεὸς ἡμῶν τοὺς ἀδελφοὺς ἡμῶν), sind deshalb für den Hebr ohne Belang. Auch eine Bezugnahme auf Num 14,23. 30f.38 liegt hier wohl nicht vor. Gegen O. HOFIUS, Katapausis, S. 137f. Vgl. auch H. WINDISCH S. 34 (mit Verweis auf Hebr 11,13–16): „Das irdische Kanaan hat für Hebr gar keine Bedeutung".

wartungen und Heilsvorstellungen überschreitet und eben in diesem Sinne das Endziel der Verheißung Gottes für sein Volk darstellt. „Volk Gottes" (ὁ λαὸς τοῦ θεοῦ) ist dabei für den Autor selbstverständlich die christliche Gemeinde, sie aber in der Kontinuität des „alten" Gottesvolkes, an das einst die Verheißung Gottes ergangen ist (VV. 2 und 6). Ein Unterschied gemacht wird hier lediglich hinsichtlich der Reaktion auf Gottes Wort: Die mit ihm gegebene Chance des Heils, die einst vom „alten" Gottesvolk nicht wahrgenommen worden ist (3,19; 4,2. 6), gilt es nunmehr umso mehr seitens der christlichen Gemeinde als des „neuen" Gottesvolkes wahrzunehmen. Unübersehbar ist in diesem Zusammenhang aber auch, daß im Unterschied zur bisherigen Argumentation nunmehr gegenüber der Mahnung und Warnung die Kennzeichnung der Position des Zieles der Verheißung Gottes mehr in den Vordergrund rückt. Kennzeichnend dafür ist die im Hebr selbst wie auch im übrigen urchristlichen Schrifttum singuläre Rede vom σαββατισμός[104]. Sie setzt in diesem Zusammenhang nicht nur die traditionelle biblisch-jüdische Verbindung von κατάπαυσις und Sabbat voraus[105], sondern definiert zugleich auch - wie alsbald V. 10 deutlich macht - die κατάπαυσις von Ps 95,11 als die Teilhabe an Gottes eigener „Ruhe". Als σαββατισμός ist die κατάπαυσις nicht mehr nur der Ort, sondern zugleich auch der Zustand der „Ruhe"[106].

Das Anliegen von V. 10 ist es jedenfalls, diesen theo-logischen Aspekt der Verheißung der „Ruhe" betont herauszustellen, damit aber auch noch einmal den schlechthin jenseitigen Charakter dieses Heilszieles: „Ruhe" also abseits und jenseits aller irdischen ἔργα[107]! Was für Gott selbst gilt – daß er am 7. Schöpfungstag „von allen seinen Werken ruhte" (Gen 2,2) -,

---

[104] Das Substantiv σαββατισμός, seinerseits eine Ableitung von σαββατίζειν = „den Sabbat begehen/feiern" (LXX Ex 16,30; Lev 23,32; 26,34f; 2 Makk 6,6), ist - neben Hebr 4,9 - nur noch bei Plutarch, De superstitione 3, hier im Sinne von „Sabbatfeier", sowie im frühchristlichen Schrifttum belegt. Vgl. Justin, Dial. 23,3; Mart. Petri et Pauli 1; Const. Apost. II 36,2; Epiphanius, Pan. haer. XXX 2,2. Vgl. dazu O. HOFIUS, Katapausis, S. 103–105; DERS., EWNT III, Sp. 521–523, sowie E. LOHSE, ThWNT VII, S. 34f.

[105] Zur Verbindung κατάπαυσις - Sabbat s. o. Exkurs zu 3,19 sowie Ex 34,21; 35,2 und 2 Makk 15,1: Der Sabbat ist ἡ τῆς καταπαύσεως ἡμέρα. Vgl. auch Philon, Cher 87, und Josephus, c.Ap. II 27, wo σάββατον für griechische Leser durch ἀνάπαυσις erklärt wird (Josephus, a.a.O.: ἀνάπαυσίς ἐστιν ἀπὸ παντὸς ἔργου!).

[106] Insofern betont O. HOFIUS, Katapausis, S. 106, mit Recht, daß κατάπαυσις und σαββατισμός im Hebr nicht einfach identisch sind. Vgl. zum Definitionscharakter von σαββατισμός auch H. W. ATTRIDGE, HThR 73 (1980) S. 283f.

[107] Diese „Werke" schließen die entsprechenden „Mühen" mit ein. Vgl. Apk 14,13: ἀναπαήσονται ἐκ τῶν κόπων αὐτῶν sowie Josephus, c.Ap. II 27 (s. o. Anm. 105). Ein „Jenseitsideal" (so H. WINDISCH S. 35) ist es somit in jedem Falle, dem der Autor des Hebr hier huldigt: Die κατάπαυσις als „ein rein himmlisches Gut, dem das wandernde Gottesvolk entgegenzieht" (so E. LOHSE, ThWNT VII, S. 35). Als ein rein „quietistisches" Ideal (so O. HOLTZMANN S. 787) braucht es freilich umso weniger zu gelten, als in jüdischer Tradition jedenfalls die Sabbatruhe die Dimension der Freude und des Lobpreises Gottes in sich schließt. Vgl. Jub 2,21; 50,9; 2 Makk 8,27; LibAnt 11,8 sowie O. HOFIUS, Katapausis, S. 108–110; DERS., EWNT III, Sp. 522f.

das gilt auch für denjenigen, der ans Ziel der Verheißung Gottes gelangt ist. Die an sich das schon erreichte Ziel bezeichnenden Aoriste in V. 10 (εἰσελθών, κατέπαυσεν) betonen in diesem Zusammenhang wiederum die unbedingte Gültigkeit der Verheißung Gottes – und motivieren auf diese Weise nur umso mehr die den ganzen Zusammenhang abschließende Mahnung in V. 11[108]: Weil dies unbedingt gilt, „also laßt uns nun umso mehr ...". Den „Eifer" also der Adressaten soll die vorausgehende theologische Akzentuierung der κατάπαυσις-Verheißung befördern, nicht mehr in erster Linie ihre „Furcht". An die Stelle des Φοβηθῶμεν von V. 1 tritt nunmehr der Kohortativ σπουδάσωμεν, an die Stelle der Warnung der Aufruf zum „Eifer", als solcher die positive Qualifizierung des Verheißungszieles voraussetzend. Die gemein-urchristliche Mahnung zum „Eifer" wird hier dem Kontext entsprechend variiert[109], nicht zuletzt auch in der Hinsicht, daß das die Paränese des ganzen Zusammenhangs bestimmende σήμερον von Ps 95,7 dem σπουδάζειν das zeitliche Moment der Eile – im Sinne gleichsam des „Auskaufens" der noch verbleibenden Frist (Kol 4,5!) – beilegt[110]. Mit der (vertikalen) Jenseitigkeit des Heilszieles der κατάπαυσις verbindet sich somit auch hier wiederum eine eschatologische Akzentsetzung im Sinne der temporalen Horizontale. Und dem entspricht es auch, wenn abschließend noch einmal die Warnung vor dem „Beispiel des Ungehorsams", das einst Israel in der Wüste gegeben hat, die Mahnung an die Adressaten unterstreicht und verschärft[111]. Ὑπόδειγμα steht dabei im Sinne des abschreckenden Beispiels, des Warnzeichens – zunächst also ganz analog zur Verwendung des Terminus im jüdischen Hellenismus wie auch im Urchristentum[112] –, während das Verbum πίπτειν im Kontext von Hebr 3,7–4,11 das Zufallkommen speziell im Sinne des Abfalls vom Glauben bzw. vom „lebendigen Gott" (3,12) im Blick hat[113].

---

[108] Zum gnomischen bzw. futurischen Aorist vgl. BL.-DEBR.-R. § 333. In V. 10 ist zudem der Aorist κατέπαυσεν zunächst vom Gen-Zitat her vorgegeben. Vgl. A. VANHOYE, La structure littéraire, S. 98f.

[109] Zu σπουδάζειν in der urchristlichen Paränese vgl. Eph 4,3; 2 Tim 2,15; 2 Petr 1,10; 3,14 sowie G. HARDER, ThWNT VII, S. 564ff.

[110] Vgl. entsprechend bereits Vulgata Hebr 4,11: „festinemus ergo ...".

[111] Zur Wortstellung ἐν τῷ αὐτῷ τις ὑποδείγματι vgl. BL.-DEBR.-R. §473,2. τῆς ἀπειθείας steht betont am Ende des Satzes.

[112] Vgl. Josephus, Bell. II 397 sowie Bell. I 374; VI 103; Philon, Conf 64; Her 256; Jak 5,10; Jud 7; 2 Petr 2,6; 1 Clem 5,1; dazu: C. SPICQ, Notes II, S. 907–909; H. SCHLIER, ThWNT II, S. 32f. – Zur Lesart τῆς ἀπιστίας (P46 104 1611 2005 lat sa) s. o. zu 3,18. Die singuläre Lesart τῆς ἀληθείας (D*) ist allenfalls aus einer Verlesung von ΑΠΕΙΘΕΙΑΣ zu ΑΛΗΘΕΙΑΣ zu erklären.

[113] Zu πίπτειν im Sinne von „Zufallkommen" vgl. Hebr 6,6 (παραπίπτειν) sowie PsSal 3,5. 10; Röm 11,11.22; 1 Kor 10,12. Vgl. dazu E. PALZKILL, EWNT III, Sp. 215; C. SPICQ, Notes II, S. 692, Anm. 3. Die Präposition ἐν in Verbindung mit πίπτειν (vgl. LXX Ps 140,10) bezeichnet hier die Art und Weise des „Fallens": „damit niemand nach demselben Beispiel ...". Eine implizite Bezugnahme auf Num 14,19.23 (vgl. Hebr 3,17!) ist dabei nicht auszuschließen. Vgl. O. HOFIUS, Katapausis, S. 138f.

Mit dem den V. 1 aufnehmenden und variierenden V. 11 schließt sich zunächst der Kreis der Paränese von Hebr 3,7–4,11. Nichtsdestoweniger sieht sich der Autor veranlaßt, abschließend noch ein weiteres Mal die Mahnung an seine Adressaten zu unterstreichen, und zwar durch eine in sich geschlossene Reflexion über den Charakter des „Wortes Gottes".

5.3) 4,12–13: Die Wirkungsmacht des Wortes Gottes[1]

12 **Denn lebendig ist das Wort Gottes und wirkungskräftig und schärfer als jedes zweischneidige Schwert, durchdringend bis zur Scheidung von Seele und Geist, Gelenken und Mark, und urteilend über Gedanken und Gesinnungen des Herzens.**
13 **Und kein Geschöpf ist verborgen vor ihm; alles vielmehr ist unverhüllt und preisgegeben vor den Augen dessen, demgegenüber wir Rechenschaft schuldig sind.**

Zur Funktion und Eigenart:

Der erste Hauptteil des Hebr wird abgeschlossen durch eine Reflexion über die Wirkungsmacht des Wortes Gottes, die als solche – durch γάρ mit dem unmittelbar vorangehenden Zusammenhang 3,7–4,11 verbunden – in ihrem näheren Kontext zunächst die Funktion hat, die Dringlichkeit der Paränese von 3,7–4,11 zu unterstreichen. Ὁ λόγος τοῦ θεοῦ, d. i. dementsprechend zunächst nichts anderes als die „Stimme" Gottes von Ps 95 bzw. der λόγος τῆς ἀκοῆς, das Gehorsam fordernde Wort Gottes von V. 2, also das einst an Israel ergangene Wort Gottes, unter dessen Forderung auch „heute" noch die christliche Gemeinde steht. Der Stellung dieser Reflexion am Ende einer Mahnung an die christliche Gemeinde entspricht es, wenn hier vor allem der „kritische" Charakter des Wortes Gottes (V. 12: κριτικός) betont wird. Im Zusammenhang mit der voraufgehenden Paränese gelesen, besagen also die VV. 12 und 13: „Laßt uns also allen unseren Eifer daran setzen..." (V. 11) – „und dies um so mehr, als ja das Wort Gottes ein lebendiges und wirkungskräftiges Wort ist ... „(V. 12f)[2]. Gott selbst – der „lebendige Gott" von 3,12 – ist ja in diesem Wort wirksam, das „Wort Gottes" also gleichsam eine personhafte

---

[1] Lit.: H. Clavier, Ο ΛΟΓΟΣ ΤΟΥ ΘΕΟΥ dans l'épître aux Hébreux, in: New Testament Essays. Studies in Honour of T. W. Manson, ed. by A. J. H. Higgins, Manchester 1959, S. 81–93; G. W. Trompf, The Conception of God in Hebrews 4:12–13, STL 25 (1971) S. 123–132; P. Proulx/L. Alonso-Schökel, Heb 4,12–13: Componentes y estructura, Bib 54 (1973) S. 331–339; J. Swetnam, Jesus as λόγος in Hebrews 4,12–13, Bib 62 (1981) S. 214–224; H. Hegermann, Das Wort Gottes als aufdeckende Macht. Zur Theologie des Wortes Gottes im Hebr, in: Das lebendige Wort. Beiträge zur kirchlichen Verkündigung. Festschr. G. Voigt zum 65. Geb., Berlin 1982, S. 83–98. Vgl. auch R. Williamson, Philo and the Epistle to the Hebrews, S. 386–409; M. Rissi, Die Theologie des Hebr, S. 121f; E. Grässer, Hebräer 4,12–13. Etüde für einen Kommentar, in: D.-A. Koch/G. Sellin/A. Lindemann (Hrsgg.), Jesu Rede von Gott und ihre Nachgeschichte im frühen Christentum. Beiträge zur Verkündigung Jesu und zum Kerygma der Kirche. In: Festschr. W. Marxsen zum 70. Geb., Gütersloh 1989, S. 332–343.

[2] Zu dem in diesem Sinne verbindenden Charakter von γάρ in V. 12 vgl. auch 2,16.18 und 5,1. Vgl. auch J. Swetnam, Bib 62 (1981) S. 219: „the effectivness of the λόγος is adduced as the reason for sparring no effort to enter into the rest".

Größe, eine „Hypostase" Gottes, die als solche die Funktion Gottes selbst ausübt, wie insbesondere aus V. 13 aus dem unmittelbaren Übergang von der Rede über das „Wort" Gottes zur Rede von Gott selbst deutlich wird: ἐνώπιον αὐτοῦ bzw. τοῖς ὀφθαλμοῖς αὐτοῦ, d.h. ja: „vor Gott" (selbst), „vor seinen Augen". Um erneute Einschärfung der Verantwortung der Hörer dem Wort Gottes gegenüber also geht es hier.

In diesem Sinne ist die Reflexion über die Wirkungsmacht des Wortes Gottes fest in ihren Kontext integriert. Andererseits bedarf es aber auch keiner Frage, daß das „Wort Gottes", von dem in paränetischer Zuspitzung und Aktualisierung an dieser Stelle die Rede ist, kein anderes Wort ist als dasjenige Wort, das Gott „am Ende der Tage im Sohn gesprochen hat" (1,1f) und das dort bereits, im Exordium des Hebr, die Mahnung an die Leser implizierte, die „am Ende der Tage" gegebene letzte Chance des Glaubensgehorsams nicht zu versäumen. Nicht zuletzt zeigt sich der Sachzusammenhang zwischen Hebr 1,1ff einerseits und 4,12f andererseits darin, daß der Autor an beiden Stellen zur näheren Ausführung seiner „Theologie des Wortes Gottes" auf bestimmte Zusammenhänge der Weisheitstheologie des hellenistischen Judentums zurückgreift (s. u. zur Einzelexegese). Zumal von daher gesehen ist auch deutlich, daß das „Wort Gottes", über dessen „kritischen" Charakter hier am Ende des ersten Hauptteils des Hebr nachgedacht wird, für den Autor des Hebr ein christologisch gefülltes und akzentuiertes Wort ist – wenngleich auch als solches nicht schlechthin mit dem „Sohn" von 1,1ff identisch[3]. Anzeichen für eine Logos-Christologie (im Sinne des johanneischen Prologs) sind jedenfalls im Hebr nicht gegeben. Wohl aber erfährt der erste Hauptteil des Hebr, im Exordium (1,1–4) mit einer grundsätzlich-programmatischen Aussage über Gottes eschatologische Rede „im Sohn" begonnen, hier am Ende eine wirkungsvolle Abrundung: Was es mit Gottes eschatologischer Rede „im Sohn" im Blick auf die konkrete Anfechtungssituation auf sich hat, wird hier in paränetischer Zuspitzung und Aktualisierung ausgeführt, eben in der Herausarbeitung des „kritischen" Charakters des „Wortes Gottes" wie auch darin, daß die dringliche Mahnung zur Selbstprüfung von 3,12f hier ihre theologische Zuspitzung erhält: Selbstprüfung angesichts jenes Wortes Gottes, das bis in Innerste des Menschen hinein alles offenlegt...

So sehr die VV. 12 und 13 in diesem Sinne mit dem vorangehenden, paränetisch ausgerichteten ersten Hauptteil des Hebr verbunden sind, so deutlich unterscheiden sie sich auch in stilistischer Hinsicht zumal von dem unmittelbar vorangehenden Textzusammenhang (3,7–4,11). So könnte die auffällig große Anzahl von Hapax Legomena in diesen beiden Versen (τόμος, δίστομος, διικνεῖσθαι, ἁρμός, μυελός, κριτικός, τραχηλίζειν) – wie verschiedentlich vermutet worden ist – darauf hinweisen, daß der Autor des Hebr an dieser Stelle – was jedenfalls die Aufzählung der Wirkungselemente des Wortes Gottes betrifft – auf ein ursprünglich selbständiges Traditionsstück, vielleicht sogar auf einen bereits traditionellen Logos-

---

[3] So bereits die altkirchliche Auslegung seit Origenes, In 1 Thess; De princ. I 3,1; Clemens Al., Protrept. 27,2; Ambrosius, De spirit.s. II 11; De fide IV 7; vgl. auch J. A. CRAMER, Catenae Graecorum Patrum in Novum Testamentum VII, Oxford 1844, S. 459–462, hier u. a. mit dem Versuch (im Zusammenhang mit einer Josua-Jesus-Typologie in der Auslegung von V. 9) μάχαιρα in V. 12 analog der Rede vom Beschneidungsmesser (Jes 5,2f) auf die Beschneidung als Typos für die Taufe zu beziehen! – Kritisch zur christologischen Deutung vgl. bereits F. BLEEK II/1, S. 558ff; E. RIGGENBACH, S. 111f; G. W. TROMPF, STL 25 (1971) S. 123ff.

Hymnus zurückgreift[4]. Nun ist gewiß nicht zu bestreiten, daß der Autor mit der hier vorliegenden Kennzeichnung des Wortes Gottes seinerseits in einer bestimmten Sprachtradition steht; andererseits jedoch lassen sich aus der bloßen Aneinanderreihung der Attribute des Wortes Gottes in V. 12, die in V. 13 sodann in die Rede von Gott selbst übergeht, keine eindeutigen Anzeichen für einen hymnischen Charakter dieses Stückes entnehmen[5]. Wahrscheinlicher ist es also, daß es sich in diesem „Preislied" auf die Wirkungsmacht des Wortes Gottes um eine vom Autor des Hebr selbst komponierte Einheit handelt, die - wie oben dargelegt - als solche ganz in den Kontext des ersten Hauptteils des Hebr integriert ist.

Die Wirkungsmacht des Wortes Gottes wird in V. 12 zunächst ganz in der Kontinuität biblisch-jüdischer Sprachtradition beschrieben: „Lebendig" ist das Wort Gottes wie Gott selbst (3,12) - aber: als „lebendiges" und in diesem Sinne zugleich wirkungsmächtiges Wort wird es an dieser Stelle in seinem Kontext nicht primär im heil- und lebenstiftenden Sinne betrachtet[6], sondern eben in seiner „kritischen" Funktion - bildlich gesprochen: es wirkt „schärfer als jedes zweischneidige Schwert". Solche Redeweise ist in biblisch-jüdischer Tradition durchaus geläufig[7], sodaß - von hier aus gesehen - keinerlei Anlaß besteht, in solcher Kennzeichnung des Wortes eine gezielte Bezugnahme auf den λόγος τομεύς in der Logoslehre Philons zu sehen[8]. Bei Philon liegt in dieser Hinsicht vielmehr eher eine

---

[4] So die Kennzeichnung des Stücks bei W. NAUCK, Festschr. J. Jeremias, S. 205f; vgl. auch E. GRÄSSER, Text und Situation, S. 203f; H. BRAUN, S. 117. 122. O. MICHEL S. 197f findet hier sogar ein zweistrophiges „Gedicht".

[5] Analogien in der übrigen ur- und frühchristlichen Hymnodik sind nicht vorhanden, sodaß es - von daher gesehen - auch kaum möglich ist, einen „Sitz im Leben" für solche Art von „Logos-Hymnus" zu bestimmen. Vgl. auch H. HEGERMANN, in: Festschr. G. Voigt, S. 83: Die „poetische Formgebung" sei dem Autor des Hebr selbst zuzuschreiben. „Wir haben hier dieselbe gedrängte, geschliffene und hochgebildete Sprache, die den Autor auch sonst kennzeichnet, zumal an betonten Stellen seiner Schrift".

[6] Die Lesart ἐναργής (B Hier^pt) beruht entweder auf einem Schreibfehler oder will bereits hier das ἀφανής von V. 13 sachlich zum Zuge bringen: ἐναργής = „evidens". Zum Aspekt der Wirkungsmacht des Wortes Gottes, wie sie hier durch das Adjektiv ἐναργής gekennzeichnet wird, vgl. auch 1 Thess 2,13: λόγος τοῦ θεοῦ, ὃς καὶ ἐνεργεῖται ἐν ὑμῖν.

[7] Vgl. Jes 27,1; 34,5; 49,2; LXX Ps 56,5; 63,4. Vgl. auch Eph 6,17. In dieser Tradition hat auch die metaphorische Rede vom „zweischneidigen" Schwert ihren Ursprung. Vgl. Prov 5,4; Jdt 3,16. Für das Urchristentum vgl. Eph 6,17; Apk 19,15.21. Dementsprechend ist dann Hebr 11,34 von den στόματα (Plural!) des Schwertes die Rede. Zur Metapher vom Schwert des Wortes im hellenistischen Raum vgl. Ps.-Phokylides 124; Diogenes Laertius V 82 sowie E. PLÜMACHER, EWNT II, Sp. 980.

[8] Zu Philons Lehre vom λόγος τομεύς vgl. Her 130-140.225.234-236; LegAll III 171; Cher 28; Post 159 sowie C. SIEGFRIED, Philo von Alexandrien als Ausleger des alten Testaments, S. 325f; R. WILLIAMSON, Philo and the Epistle to the Hebrews, S. 391ff. - Während Philon an dieser im Anschluß an Gen 15,10 und im Rückgriff auf platonische Tradition (vgl. Platon, Kratylos 412 D-413 C; Sophistes 242 C-243 A; 252 B; 253 C/D sowie H. HEGERMANN, in: Festschr. G. Voigt, S. 86-88) entwickelten Vorstellung ein zentrales Interesse im Rahmen seiner Kosmologie und Anthropologie hat, begegnet die metaphorische Rede vom „zertrennenden" Charakter des Wortes Gottes im Hebr lediglich in der Zuspitzung auf die Existenz des Menschen angesichts seiner Begegnung mit dem Wort Gottes. Biblische Überlieferung ist

Art sekundärer Hellenisierung der ursprünglich biblisch-jüdischen Auffassung vom (eschatologischen) Gerichtsschwert Gottes vor[9], die auch im Hebr an dieser Stelle im Hintergrund stehen dürfte, zumal wenn im folgenden bei der näheren Kennzeichnung der Wirkungsmacht von Gottes Wort dessen bloßlegende und aufdeckende Macht besonders betont erscheint. Gleichwohl sind bestimmte Zusammenhänge zwischen den Attributen des Wortes Gottes in V. 12 und der hellenistisch-jüdischen Tradition an dieser Stelle nicht von der Hand zu weisen. So wird in Weish 7,22ff jedenfalls die Wirksamkeit der Sophia in einer Weise beschrieben, die der Beschreibung der Wirkungsmacht des Wortes Gottes an unserer Stelle zumindest in der Sache nahekommt[10].

Ein Zusammenhang zwischen Hebr und der Weisheitstheologie des hellenistischen Judentums ist dabei um so wahrscheinlicher, als er – im Blick speziell auf Weish 7! – bereits für das Exordium des Hebr (1,3!) vorauszusetzen war. Gerade auch in dieser Hinsicht besteht offensichtlich zwischen Hebr 1,1–4 und 4,12f ein Korrespondenzverhältnis. Andererseits ist der Unterschied hinsichtlich der Rezeption jüdisch-hellenistischer Weisheitstheologie an beiden Stellen ebenso deutlich: Was dort – in Hebr 1,1–4 – im Rahmen christologischer Grundaussagen anhand der Sophia als einer kosmischen Größe ausgeführt wurde, findet sich an unserer Stelle in einer unmittelbar existentiellen Ausrichtung auf den Menschen als den Hörer des Wortes Gottes, also gleichsam in anthropologischer Zuspitzung. Genau in diese Richtung weist dann ja auch die eigenartige Beschreibung der Schärfe des Schwertes im Sinne seiner „durchdringenden" (διϰνούμενος) und somit alles offenlegenden Wirkung in V. 12b. Konkret bedeutet dies, daß aus den Begriffspaaren „Seele und Geist" und „Gelenke und Mark" nicht eine bestimmt Anthropologie ableitbar ist[11], sondern lediglich die bis

---

hier also in einem sehr viel unmittelbareren Sinne wirksam als bei Philon. Zur Unterscheidung Philon – Hebr in dieser Hinsicht vgl. E. RIGGENBACH S. 112, Anm. 95; R. WILLIAMSON, Philo and the Epistle to the Hebrews, S. 391ff (kritisch zu C. SPICQ).
[9] Vgl. dazu Weish 18,15f; Jes 49,2; 1QM XIX 11; 1QH VI 29; Apk 1,16; ῥομφαία δίστομος; 19,15.21. Rabbinisches Belegmaterial bei STRACK-BILLERBECK, III, S. 687f. Vgl. auch H. HEGERMANN, in: Festschr. G. Voigt, S. 88f. – Im übrigen klingt auch noch bei Philon in dieser Hinsicht der traditionelle biblisch-jüdische Gerichtsaspekt an. Vgl. Her 201f sowie Cher 28; Her 130f.
[10] Vgl. bes. Weish 7,23f vom „Geist" der Weisheit: παντοδύναμον, πανεπίσϰοπον ϰαὶ διὰ πάντων χωροῦν πνευμάτων ... διήϰει δὴ ϰαὶ χωρεῖ διὰ πάντων. Vgl. auch Weish 1,6.10 sowie dazu H. HEGERMANN, in: Festschr. G. Voigt, S. 85f; G. W. TROMPF, STL 25 (1971) S. 129f.
[11] Im Zusammenhang mit ἁρμοί und μυελοί läßt das Begriffspaar ψυχή – πνεῦμα an dieser Stelle jedenfalls keinen Rückschluß auf eine „typisch gnostische" Anthropologie zu. ψυχή und πνεῦμα werden hier ja nicht qualitativ unterschieden. Gegen G. THEISSEN, Untersuchungen zum Hebr, S. 43. 63. Auch die im gnostischen Apokryphon Johannis (NHC III, p. 22,19–24,22) vorliegende Anthropologie mit der Aufzählung „Knochen-Seele – Sehnen-Seele – Fleisch-Seele – Mark-Seele – Blut-Seele – Haut-Seele – Haar-Seele" – vgl. dazu G. THEISSEN, a.a.O., S. 63, Anm. 30 – läßt keinerlei spezifisch-gnostische Anthropologie erkennen, die als „Hintergrund" für die Wortwahl in Hebr 4,12 in Betracht käme. Vgl. auch H. BRAUN S.

ins Innerste des Menschen reichende, alles durchdringende Wirkungsmacht des Wortes Gottes möglichst bildhaft und drastisch zur Aussage gebracht wird. Nicht nur auf den körperlichen Bereich beschränkt sie sich; vielmehr ist sie „kritisch", d. h. entscheidend und urteilend auch in bezug auf die „Gedanken und Gesinnungen des Herzens", reicht also hin bis zu dem, was normalerweise vor Welt und Menschen verborgen ist[12]. Um die aufdeckende Macht des Wortes Gottes geht es hier, wie in V. 13 als Ergebnis jener „kritischen" Funktion des Wortes formuliert wird: „und kein Geschöpf ist verborgen vor ihm". Κτίσις bezeichnet in diesem Zusammenhang selbstverständlich in erster Linie den Menschen als „Geschöpf" im Unterschied und Gegensatz zu seinem „Schöpfer". Dies gilt auch hinsichtlich des betont vorangestellten πάντα im folgenden Satzglied: Nichts also, was geschaffen ist, ist „vor ihm" – und d. h. im Kontext: „vor Gott" (selbst) – verborgen[13]. Der Topos des Nichtverborgenseins der Kreatur vor ihrem Schöpfer ist an sich gut jüdisch[14]; gleichwohl liegt hierauf im Sinne des Autors wohl ein besonderer Akzent, wie in V. 13b die nochmalige Wiederholung und Verschärfung der Grundaussage von V. 13a zeigt: Als Wiederaufnahme von κτίσις (V. 13a) eignet auch πάντα ein primär anthropologischer Charakter: „Alles" am Menschen, auch (und gerade) das, was die „Gedanken und Gesinnungen seines Herzens" betrifft, liegt vor „seinen (d.h.: vor Gottes) Augen nackt und entblößt". Damit erfährt der Grundgedanke des „Offenbarseins" aller Kreatur vor Gott – an sich ein traditioneller jüdischer Topos – eine äußerste Zuspitzung: γυμνός steht hier für das Entblößt- und Preisgegebensein, wie eben das ungewöhnliche Verbum τραχηλίζειν anzeigt.

Die Wiedergabe in der lateinischen Textüberlieferung (it vg) mit „aperta" ordnet sich zwar dem Sinnzusammenhang ein, läßt jedoch den besonderen Sinngehalt des Partizipiums nicht zur Genüge hervortreten. Denn τραχηλίζειν ist ursprünglich Terminus der Opfersprache, im passiven Partizip mit der speziellen Bedeutung „entblößt" – wie der Hals des Opfertieres bei seiner Schlachtung! Ohne Frage

---

119. – Ein eigenes anthropologisches Interesse zeigt sich erst in der sekundären Anpassung der Stelle an die anthropologische Dichotomie von ψυχή und σῶμα in einigen Minuskelhandschriften (2 38 257 547 usw.).

[12] Vgl. entsprechend die Aussage von Gott in 1 Clem 21,9: ἐρευνητὴς ἐννοιῶν καὶ ἐνθυμήσεων sowie 1 Clem 21,3 das Begriffspaar ἔννοιαι – διαλογισμοί.

[13] Mit dem anthropologischen Gebrauch von κτίσις steht der Autor des Hebr ganz in der Kontinuität der jüdisch-urchristlichen Tradition. Κτίσις entspricht dabei hebr. בריאה. Vgl. W. FOERSTER, ThWNT III, S. 1015f. Zu κτίσις im anthropologischen Sinne im Neuen Testament vgl. Mk 16,15; Kol 1,23 sowie bes. 1 Petr 2,13: ἀνθρωπίνη κτίσις.

[14] Die nächste Parallele ist äthHen 9,5: „Du hast alles geschaffen, und die Macht über alles liegt bei dir; alles ist vor dir enthüllt und offenbar; du siehst alles, und nichts vermag sich vor dir zu verbergen". Vgl. auch 2 Makk 3,34 (ἀφανής) sowie Philon, Cher 17; Imm 29; Somn I 90f.

steht das passive Partizip hier im übertragenen Sinn, im Kontext aber doch in der Bedeutung: „bloßgelegt" – und somit dem Zugriff Gottes wehrlos preisgegeben[15].

Angesichts solcher Zuspitzung des Grundgedankens des Offenbartseins des Menschen (und aller seiner Handlungen und Gedanken) vor Gott ist es dann freilich wenig sinnvoll, in der den V. 13 abschließenden Wendung πρὸς ὅν ἡμῖν ὁ λόγος lediglich eine rhetorische Floskel im Sinne etwa von „Davon handelt unsere Rede" oder „Darauf bezieht sich unsere Rede" (o. ä.) zu sehen[16]. Vielmehr ist πρὸς ὅν (nicht: περὶ οὗ, so bei Philon) unmittelbar auf das Vorangehende, also auf die Rede von Gott zu beziehen, sodaß vom Kontext her diese abschließende Wendung am besten im Sinne einer Verstärkung des Gewichts des eben Gesagten zu verstehen ist: „auf ihn (sc.: auf diesen Gott und sein Wort) bezieht sich unsere Rede" oder noch besser dem Kontext gemäß (in dem es ja letzlich um die Einschärfung der Verantwortung gegenüber Gottes Wort geht!): „vor dem es an uns ist, Rechenschaft abzulegen"[17].

Auf diese Weise wird am Ende des ersten Hauptteils des Hebr (1,1–4,13) ein äußerst kritischer Akzent gesetzt: Nicht der heilstiftende Charakter des Wortes Gottes wird hier betont, sondern sein kritisch-bloßlegender Charakter – und dem entsprechend auch die Verantwortung, die dem Hörer dieses Wortes auferlegt ist. Ein Gegensatz oder Widerspruch zur grundsätzlich-programmatischen Reflexion über Gottes Reden „im Sohn" im Exordium des Hebr (1,1–4) ist freilich damit um so weniger gegeben, als ja bereits dort, in 1,1f, in die Betonung des eschatologischen Charakters von Gottes Reden „im Sohn" die Mahnung an die Adressaten, auf diese Rede Gottes nun auch wirklich zu hören, eingeschlossen war. Am Ende des ersten Hauptteils des Hebr tritt diese Mahnung (und Warnung!) in Entsprechung zum Grundanliegen des Hebr nun ausdrücklich hervor, und zwar im Sinne der Einschärfung der Verantwortung der christlichen Gemeinde dem „heute" an sie ergehenden Wort Gottes gegen-

---

[15] Vgl. in diesem Sinne bereits E. RIGGENBACH S. 115, Anm. 7; H. WINDISCH S. 36f sowie neuerdings H. HEGERMANN, in: Festschr. G. Voigt, S. 89. Auch dann, wenn man nicht technische Opfersprache voraussetzt, sondern den „übertragenen" Gebrauch von τραχηλίζειν bei Philon (Cher 78; VitMos I 297; Her 274) und Josephus (Bell. IV 375) bevorzugt, ist der Aspekt des wehrlosen Ausgeliefertseins gegeben.

[16] Vgl. entsprechend Hebr 2,5: περὶ ἧς λαλοῦμεν. In diesem Sinne bes. C. SPICQ, I, S. 53, mit Verweis auf die entsprechende Wendung bei Philon: περὶ οὗ νῦν ὁ λόγος ἐστίν (Det 13; LegAll II 24.65; III 76). Vgl. auch Weish 6,9 sowie R. WILLIAMSON, Philo and the Epistle to the Hebrews, S. 407f. Anders jetzt C. SPICQ, SBi S. 91.

[17] So neuerdings – weil der Gedanke der Rechenschaftslegung vor Gott vom Kontext her impliziert ist – H. BRAUN S. 121f. Vgl. aber bereits G. KITTEL, ThWNT IV, S. 104, sowie H. HEGERMANN, in: Festschr. G. Voigt, S. 91: „Vor ihm haben wir Rede zu stehen"; C. SPICQ, SBi S. 91, mit Verweis auf Lk 16,2; λόγον ἀποδιδόναι = „Rechenschaft ablegen". Sachlich entspricht dem aber auch der Übersetzungsvorschlag von W. BAUER, Wörterbuch zum Neuen Testament, Sp. 946: „... mit dem wir es zu tun haben", nämlich in seiner Eigenschaft als Richter.

über. Zumal im Anschluß an die Schlußmahnung des Midrasch zu Ps 95 in 4,11 geht es also in 4,12f – zumal wenn man diese beiden Verse im Gesamtkontext des ersten Hauptteils des Hebr betrachtet – nicht um das Gerichtswort Gottes schlechthin, sondern um die zur rechten Entscheidung, zur rechten Einstellung (und zum rechten Handeln) rufende Funktion des Wortes Gottes – und gerade so um eine Funktion des Wortes Gottes, die seinen heilstiftenden Charakter nicht etwa außer Betracht läßt, sondern gerade unterstreicht[18]. Die „Theologie des Wortes Gottes" im Hebr hat durchaus diese beiden Seiten: Wort Gottes, d.i. sowohl das heilbegründende, heilstiftende Wort, wie Gott es „im Sohn" ein für allemal gesprochen hat, als auch das bis in die Tiefen menschlicher Existenz eindringende, das alles offen- und bloßlegende Wort, dem der Hörer Gehorsam zu leisten schuldig ist – nicht um des Gehorsams willen, sondern um seines Heils willen. Es sind – wie hier am Ende des ersten Hauptteils des Hebr deutlich wird – die zwei Seiten derselben Sache: Glaubensparaklese – im Sinne der Tröstung der im Glauben Angefochtenen – und Glaubensparänese – im Sinne der Mahnung und Warnung – verbinden sich hier unmittelbar, denn am Ende geht es um nichts anderes als darum, die „am Ende der Zeit" (1,2), im eschatologischen „Heute" gewährte Chance des Heils, der κατάπαυσις, nicht durch Unglauben und Ungehorsam zu versäumen. Genau diese Grundrichtung aller Argumentation im Hebr bestimmt dann auch – nunmehr freilich sehr viel deutlicher „indikativisch" formuliert – das an die Reflexion zur Wirkungsmacht des Wortes Gottes anschließende Stück 4,14–16, mit dem der Autor zum zweiten, zentralen Hauptteil seiner Trost- und Mahnrede überleitet und das zugleich den ganzen weiteren Aufbau des Hebr in nuce widerspiegelt.

---

[18] Zur Sache vgl. H. HEGERMANN, in: Festschr. G. Voigt, S. 89ff, der diesen Zusammenhang von Heils- und Gerichtswort auch schon in der hier aufgenommenen jüdisch-hellenistischen Überlieferung (Weish 7,22ff) begründet sieht: „Hebr 4,12f bewegt sich auch da, wo die unwiderstehliche Macht des Wortes Gottes ausgesagt wird, das Verborgenste des Menschen schonungslos aufzudecken, in den Gedanken und Sprache einer Theologie der Heilsmacht des weltdurchwaltenden Schöpfers. Das Aufdecken ist nicht auf ein Verwerfungsgericht hin festgelegt…" (a.a.O., S. 89f). Oder auch: „Das Wort Gottes deckt auf, um zu helfen und zu retten" (a.a.O., S. 90). Vgl. auch H. BRAUN S. 121.

4,14–10,18: Zweiter Hauptteil
Der christologische Grund der Glaubensparaklese

1) 4,14–16: Überleitung zur Entfaltung der Hohenpriester-Christologie[1]

14 Da wir nun einen ‚großen Hohenpriester' haben, der durch die Himmel hindurchgeschritten ist, Jesu (nämlich), den Sohn Gottes, so laßt uns (um so mehr) das Bekenntnis ergreifen!
15 Denn wir haben (ja) nicht einen Hohenpriester, der nicht mit unseren Schwachheiten mitleiden könnte, (vielmehr einen,) der versucht ist in jeder Hinsicht gemäß seiner Gleichheit (mit uns) – (dies freilich) ohne Sünde.
16 So laßt uns also hinzutreten mit Zuversicht zum Gnadenthron (Gottes), damit wir Barmherzigkeit empfangen und Gnade finden zu rechtzeitiger Hilfe.

Zur Stellung und Funktion im Kontext

Auf die typologisch aus Ps 95 abgeleitete Paränese in 3,7–4,11 bzw. 3,7–4,13 folgt in 4,14–16 – durch schlußfolgerndes οὖν angeschlossen – eine christologisch begründete Mahnung, die als solche – im Unterschied zum vorangehenden Text- und Sachzusammenhang – ganz auf Glaubensparaklese im Sinne der Tröstung und Vergewisserung der Adressaten ausgerichtet ist. Der Übergang dazu erscheint zunächst unvermittelt, zumal οὖν in V. 14 seinen schlußfolgernden Charakter nicht allein im Blick auf 3,7–4,13 hat[2], sondern den gesamten vorangehenden Zusammenhang des ersten Hauptteils des Hebr (1,1–4,13) aufnimmt, der im Rahmen der inclusio von 1,1f und 4,12f eine in sich geschlossene Einheit darstellt. Im Blick speziell auf die VV. 14 und 15 ist dabei der Sachzusammenhang mit 2,17f und 3,1 besonders deutlich: Dies gilt einmal im Blick auf die Grundbegriffe ὁμολογία und ἀρχιερεύς in 3,1 und 4,14f, zum anderen vor allem im Blick auf die analogen Aussagen über den „Hohenpriester" in 2,17f und 4,14f. Dem δυνάμενος συμπαθῆσαι in 4,15 entspricht sachlich ἐλεήμων in 2,17; dem πεπειρασμένος κατὰ πάντα in 4,15 αὐτὸς πειρασθείς in 2,18; dem καθ' ὁμοιότητα in 4,15 κατὰ πάντα ὁμοιωθῆναι in 2,17, und schließlich findet auch die Wendung εἰς εὔκαιρον βοήθειαν in 4,16 ihre Entsprechung im δύναται βοηθῆσαι in 2,18[3]. Gleichwohl wird in 4,14–16 nicht nur

---

[1] Lit.: G. FRIEDRICH, Das Lied vom Hohenpriester im Zusammenhang von Hebr 4,14–5,10, ThZ 18 (1962) S. 95–115 = DERS., Auf das Wort kommt es an. Ges. Aufsätze, zum 70. Geb. hrsg. von J.H. Friedrich, Göttingen 1978, S. 279–299; W. SCHENK, Hebräerbrief 4,14–16. Textlinguistik als Kommentierungsprinzip, NTS 26 (1979/80) S. 242–252. Vgl. auch H. ZIMMERMANN, Das Bekenntnis der Hoffnung, S. 168–176; K. NISSILÄ, Das Hohepriestermotiv im Hebr, S. 55–74.
[2] Anders J. SWETNAM, Bib 62 (1981) S. 216. 222, allerdings unter der Voraussetzung, daß die Rede vom „Wort Gottes" in 4,12f christologisch zu verstehen sei. Kritisch dazu auch W. SCHENK, NTS 26 (1979/80) S. 244.
[3] Zur Auflistung der Entsprechungen zwischen 4,14f und 2,17f; 3,1 vgl. G. FRIEDRICH, in:

auf bereits zuvor Gesagtes zurückgegriffen. Vielmehr geschieht hier zugleich Hinführung zu dem, was im folgenden im einzelnen entfaltet wird, und zwar sowohl hinsichtlich der Auslegung der ὁμολογία im Sinne der „Hohenpriester"-Christologie (5,1-10 und 7,1-10,18) als auch hinsichtlich der darauf sich gründenden Paränese (10,19ff). Die formalen und sachlichen Korrespondenzen zwischen 4,14-16 einerseits und 10,19ff andererseits sind jedenfalls nicht zu übersehen: Dem ἔχοντες οὖν ἀρχιερέα μέγαν in 4,14 entspricht in 10,19.21 ein ἔχοντες οὖν ... ἱερέα μέγαν; dem κρατῶμεν τῆς ὁμολογίας in 4,14 entspricht in 10,23 ein κατέχωμεν τὴν ὁμολογίαν und schließlich dem προσερχώμεθα μετα παρρησίας in 4,16 in 10,22 das προσερχώμεθα ... ἐν πληροφορίᾳ πίστεως[4]. Von diesen Entsprechungen her gesehen erweist sich nicht nur der zentrale Teil des Hebr als eingeschlossen in die beiden Randstücke 4,14-16 einerseits und 10,19ff andererseits, sondern verdichtet sich in 4,14-16 in nuce das den Hebr als ganzen bestimmende Strukturprinzip einer christologisch begründeten Glaubensparaklese: ἔχοντες οὖν - προσερχώμεθα. Die christologische Begründung erfolgt dabei im einzelnen in Gestalt der Explikation der „Hohenpriester"-Christologie in 5,1ff (und speziell dann in 7,1-10,18), während die auf dieser Basis sich gründende Paraklese und Paränese schließlich in dem mit 10,19 beginnenden dritten Hauptteil des Hebr im einzelnen ausgeführt wird[5].

Der christologischen Begründung der Glaubensparaklese entspricht es, wenn in V. 14 der betonte Hinweis darauf vorsteht, was die Christen „haben": ἔχοντες οὖν. Denn gerade auch im Blick auf die Anfechtungssituation der Adressaten des Hebr gilt es, aus diesem „Besitz" der Christen die entsprechenden Schlußfolgerungen für das eigene Verhalten zu ziehen. Im vorangehenden Text- und Sachzusammenhang entspricht dem ἔχοντες von V. 14 sachlich die Kennzeichnung der Christen als „Teilhaber der himmlischen Berufung" (3,1) bzw. als „Teilhaber des Christus" (3,14) wie andererseits im nachfolgenden zweiten Hauptteil des Hebr das den „Glaubensbesitz" der Christen umschreibende ἔχοντες in 8,1 und 10,21 wiederkehrt[6]. Dabei besteht an unserer Stelle im Sinne des Autors zwischen dem „Haben" der Christen und ihrem Bekenntnis offensichtlich ein unauflöslicher Zusammenhang: Es ist ein „Haben" gleichsam im „Modus

---

Ges. Aufsätze, S. 295f; W. SCHENK, NTS 26 (1979/80) S. 244f, sowie A. VANHOYE, La structure littéraire, S. 106f.

[4] Vgl. zum Ganzen W. NAUCK, in: Festschr. J. Jeremias, S. 203f; G. FRIEDRICH, in: Ges. Aufsätze, S. 297. Angesichts dieser vom Autor des Hebr zweifellos beabsichtigten Entsprechungen erscheint es als gänzlich unwahrscheinlich, daß V. 14 - als inclusio zu 3,1 - noch zum vorangehenden Abschnitt gehört, in dem das Thema der „Treue" des Hohenpriesters (2,17) entfaltet wird, während der Abschnitt 4,15-5,10 das Thema der „Barmherzigkeit" des Hohenpriesters (2,17) zum Gegenstand hat. So A. VANHOYE, La structure littéraire, S. 39. 104; DERS., Bib 55 (1974) S. 356ff. Kritisch dazu: J. SWETNAM, Bib 53 (1972) S. 383ff; J. THURÉN, Das Lobopfer der Hebräer, S. 41. 45f; F. LAUB, Bekenntnis und Auslegung, S. 106, Anm. 183.

[5] Zur Schlüsselstellung von Hebr 4,14-16 für den Hebr insgesamt vgl. bereits H. v. SODEN, Der Hebr, JPTh 10 (1884) S. 477f.

[6] Ἔχειν wird im Hebr auch in bezug auf die Heilsgüter gebraucht. Vgl. 6,19; 10,19.34; 12,1; 13,10.14.

des Bekenntnisses"[7], genauer noch: im Modus des „Ergreifens" des Bekenntnisses bzw. des Festhaltens am Bekenntnis. Was der Christ „hat", das hat er als Getaufter, als „Teilhaber" an Christus (3,14). Dieses „Haben" schließt in diesem Sinne immer zugleich das „Teilhaben" an dem ein, was der „große Hohepriester" seinerseits erst bewirkt hat – als der „Verursacher einer ewigen, d. h. einer endgültigen Errettung" (5,9) bzw. als der „Anführer zum Heil" (2,10). Bei alledem geht es hier – wie auch sonst im Hebr – nicht primär um das, was der einzelne Christ „hat", sondern um den „Besitz" der christlichen Gemeinde. Das diesen Abschnitt bestimmende „Wir", in dem der Autor des Hebr sich mit seinen Adressaten zusammenschließt, ist ein „ekklesiales Wir". Der einzelne Christ kommt hier nur als Angehöriger der Gemeinde bzw. als derjenige in den Blick, der in der Gefahr des Abfalls vom Glauben steht (3,12f; 4,1.11: τις). Umso stärkeres Gewicht gewinnen angesichts dieser Gefahr die großen, alle Paraklese und Paränese begründenden christologischen Aussagen, wie sie programmatisch für alles Weitere im Hebr gerade für diesen Abschnitt bestimmend sind.

Der „große Hohepriester", der „durch die Himmel hindurchgeschritten ist" und als solcher mit Jesus (!), dem „Sohn Gottes" des überlieferten Glaubensbekenntnisses, identisch ist. Was hier – wiederum programmatisch für den ganzen Hebr – geschieht, ist Auslegung und Aktualisierung des überlieferten Gemeindebekenntnisses, um den Adressaten auf diese Weise die Aktualität des ihnen bereits bekannten und von ihnen „bekannten" Bekenntnisses gerade in ihrer Anfechtungssituation zu erkennen zu geben. Das Epitheton μέγας zu ἀρχιερεύς ist dementsprechend im Kontext des Hebr nicht einfach aus der bloß formalen Übernahme einer bereits traditionellen (hellenistisch-)jüdischen Bezeichnung des Hohenpriesters zu erklären[8], sondern primär aus der Absicht des Autors, von vornherein – wie dies bereits in 2,17 durch die Epitheta ἐλεήμων und πιστός geschah – die Unvergleichlichkeit gerade dieses Hohenpriesters gegenüber jedem ἀρχιερεὺς ἐξ ἀνθρώπων (5,1) herauszustellen. „Groß" ist dieser Hohepriester, weil er allein „durch die Himmel hindurchgeschritten ist".

Das ist – entsprechend der Aussage in 8,1 – eine eindeutige Bezugnahme auf die „Himmelfahrt" bzw. „Erhöhung" dieses Hohenpriesters. Ort der „Erhöhung" ist demnach – was das hier vorausgesetzte Weltbild betrifft – ganz so wie nach 7,26 ein Ort jenseits „der Himmel". Solche Ortsbestimmung läßt zunächst – religionsgeschichtlich gesehen – an analoge Vorstellungen von einem Gefüge mehrerer übereinander gelagerter „Himmel" etwa im Bereich der jüdischen Apolakyptik

---

[7] Vgl. W. SCHENK, NTS 26 (1979/80) S. 246: „Das, was man ‚hat', hat man im Modus des Bekenntnisses".
[8] Vgl. 1 Makk 13,42; Philon, Somn I 214.219; II 183; LegGai 306: ὁ μέγας ἱερεύς. Letzteres entspricht biblischem Sprachgebrauch im Sinne wörtlicher Übersetzung von hebr. הכהן הגדול. Vgl. Sach 6,11; Num 35,25; Jos 20,6 u. ö. Vgl. G. SCHRENK, ThWNT III, S. 266.

denken⁹; wenn demgegenüber aber im Hebr selbst, so in 8,1, der Ort der „Erhöhung" als Ort ἐν τοῖς οὐρανοῖς gekennzeichnet wird, so zeigt sich alsbald, daß aus solchen und ähnlichen Aussagen des Hebr keineswegs auf ein in sich konsistentes „Weltbild" des Hebr geschlossen werden kann. Offensichtlich sind weltbildhafte Aussagen für den Autor variabel – Hauptsache nur, daß vermittels solcher variabler Aussagen die Unvergleichlichkeit eines „solchen Hohenpriesters" (8,1) hervorgehoben wird, der als der „über die Himmel Erhöhte" für die Seinen der „Verursacher eines ewigen Heils" geworden ist (5,9)¹⁰.

Dieser „Hohepriester" wird nun in V. 14 ausdrücklich mit dem überlieferten Bekenntnis zu Jesus (!) als dem „Sohn Gottes" in Zusammenhang gebracht, dieses Bekenntnis also als ein den Adressaten bereits bekanntes vorausgesetzt, während die Aufforderung zum aktuellen „Ergreifen" dieses Bekenntnisses von der Auslegung im Sinne der „Hohenpriester"-Christologie her motiviert wird. Eben hier zeigt sich, daß für den Autor des Hebr die „Hohepriester"-Christologie das entscheidende Instrument darstellt, um seine Adressaten erneut zum „Ergreifen" des ihnen bereits bekannten Bekenntnisses zu motivieren. Dabei ist vom Gesamtkontext des Hebr her gesehen ganz eindeutig, daß mit dem κρατεῖν in V. 14 nicht der „Griff" nach einem Neuen, den Adressaten bislang Unbekannten, gemeint ist. Κρατεῖν steht hier vielmehr durchaus analog zu κατέχειν in 10,23, zum „Festhalten" also am Bekenntnis¹¹. Und doch meint dieses „Ergreifen" mehr als nur ein gleichsam konservatives „Festhalten" am Überkommenen. „Ergriffen" bzw. aktualisiert werden sollen vielmehr die im bereits überlieferten Bekenntnis gegebenen „Potenzen". Und dies geschieht im Hebr vermittels der Auslegung von den Adressaten bereits bekannten „Be-

---

⁹ Vgl. slHen 3ff; grBar 2ff; TestLev 3; AscJes 7ff sowie Eph 4,10: ὁ ἀναβὰς ὑπεράνω πάντων τῶν οὐρανῶν.

¹⁰ Offen muß wohl die Frage bleiben, ob bereits an dieser Stelle auf den „Gang des Hohenpriesters in das Allerheiligste am Versöhnungstag" angespielt wird. So O. HOLTZMANN S. 789, sowie neuerdings bes. M. RISSI, Die Theologie des Hebr, S. 39. 56: „Das Hindurchschreiten durch die Himmel muß streng vom Heiligtumsbild und dem priesterlichen Amt des Christus her verstanden werden ... Der Hohepriester ist schon im Himmel gedacht und schreitet dort durch das Heiligtum hindurch". Nach K. GALLING, Durch die Himmel hindurchgeschritten (Heb 4,14), ZNW 43 (1950/51) S. 263f, ist hier im Hebr die Auffassung des Josephus (Bell. V 212–214) von der kosmischen Symbolik des Tempelvorhangs (als εἰκὼν τῶν ὅλων) vorausgesetzt. Vgl. auch A. STROBEL S. 122f. Kritisch dazu mit Recht H. BRAUN S. 124.

¹¹ Vgl. entsprechend auch κατέχειν in 3,6.14. Das Verbum κρατεῖν wird sonst im Neuen Testament oft in Verbindung mit Traditionsbegriffen gebraucht, also im Sinne von „festhalten". Vgl. Mk 7,3.8 (9,10); Kol 2,19; 2 Thess 2,15; Apk 2,13.25; 3,4 sowie 2,14f. Dies spricht eindeutig gegen die Auffassung von H. KOSMALA, Hebräer – Essener – Christen, S. 7f, wonach κρατεῖν in Hebr 4,14 entsprechend seiner Grundthese von den (nicht-christlichen) Adressaten des Hebr ein (erstmaliges) „Ergreifen" bezeichnet. Andererseits erfaßt die von E. GRÄSSER, Der Glaube im Hebr, S. 32, formulierte Alternative: Der Hebr „will konservieren, nicht missionieren" nur unzureichend das im Hebr in dieser Stelle gemeinte. Zum Problem vgl. auch P. v. d. OSTEN-SACKEN, EWNT II, Sp. 777f; K. Th. SCHÄFER, ΚΡΑΤΕΙΝ ΤΗΣ ΟΜΟΛΟΓΙΑΣ (Hbr 4,14), in: Festschr. J. Kardinal Höffner, Köln 1971, S. 59–70, spez. S. 63f.

kenntnis-Sätzen" in Richtung auf eine bestimmte „Hohepriester"-Christologie, nicht lediglich vermittels der Wiederholung und Einschärfung des bereits „Bekannten".

Diese Richtung gibt in aller wünschenswerten Eindeutigkeit der V. 15 an, und zwar bereits in der Formulierung: „Denn wir haben (ja) nicht einen Hohenpriester …". Mit dieser Negation wird nicht etwa eine falsche „Hohepriester"-Christologie abgewehrt[12]; vielmehr wird auf diese Weise von vornherein klargestellt, daß der „Hohepriester", von dem hier in Auslegung des überlieferten Bekenntnisses die Rede ist, nicht - wie es dann später in 7,26 heißt - ein „von den Sündern schlechthin getrennter Hoherpriester" ist, sondern ein mit den „Versuchten" solidarischer Hoherpriester, als solcher zugleich „in der Lage, mit unseren Schwachheiten mitzuleiden". Das „Vermögen" (δυνάμενος) zur „Sympathie" hat dabei seinen Grund nicht - worauf der ursprünglich stoische Terminus „Sympathie" schließen lassen könnte - seinen Grund in einer bloß „mitleidigen" Gesinnung, sondern - wie bereits von 2,18 (πέπονθεν αὐτὸς πειρασθείς) her deutlich ist und in V. 15b alsbald hinzugefügt wird - in der Solidarität derselben Erfahrung, im „Versuchtsein in jeder Hinsicht gemäß seiner Gleichheit (mit uns)"[13]. Und es ist genau dieses „Mitleiden", das dann auch nicht bei der „mitleidigen" Betrachtung des Leidensgenossen stehenbleibt, sondern sich aufmacht, dem Leidenden und Versuchten zu „helfen" (2,18; vgl. auch 4,16).

Was es dabei konkret mit „unseren Schwachheiten" auf sich hat, ist vom engeren und weiteren Kontext her eindeutig: Angesprochen ist hier konkret die „Schwachheit" des mangelnden Gehorsams gegen Gottes Wort (3,7-4,11), die „Schwachheit" der Glaubensanfechtung unter den Bedingungen der Wanderschaft des Gottesvolkes - mit einem Wort: jene besondere und zugleich doch typische „Schwachheit", die aus der besonderen Situation der Adressaten des Hebr erwächst. Und gleiches gilt dann entsprechend auch im Blick auf das Versuchtsein jenes Hohenpriesters selbst, der „in jeder Hinsicht wie wir" versucht worden ist. Nicht also ein Vorbehalt hinsichtlich der Menschlichkeit Jesu spricht sich im καθ' ὁμοιότητα aus, sondern gerade seine vollständige „Gleichheit" mit dem Menschen, wie dies bereits in 2,17 (κατὰ πάντα τοῖς ἀδελφοῖς ὁμοιωθῆναι) betont herausgestellt worden ist[14]. Was in diesem Zusammenhang die konkrete

---

[12] Etwa im Sinne einer doketischen, das Leiden und Versuchtsein Jesu leugnenden (gnostischen?) Christologie. Vgl. H. WINDISCH S. 37: „… klingt wie Abwehr einer falschen Lehre". Vgl. auch A. SEEBERG S. 49; O. MICHEL S. 207.
[13] Gegen W. MICHAELIS, ThWNT V, S. 935: „mehr eine Gesinnung denn eine Tat"; vgl. auch W. SCHENK, NTS 26 (1979/80) S. 247. Zur „valeur active" des συμπαθεῖν vgl. C. SPICQ, Notes II, S. 842f.
[14] Vgl. O. CULLMANN, Die Christologie des Neuen Testaments, S. 94f: „… vielleicht die kühnste Behauptung des absolut menschlichen Charakters Jesu …, die sich im Neuen Testament findet".

Gestalt des Versuchtseins Jesu betrifft, so ist auch hier – wie bereits in 2,17 – nicht lediglich an allgemein-menschliche Versuchungen gedacht, sondern insbesondere an jene Versuchungen, in denen Jesus sich als der Prototyp der besonderen Anfechtungen christlicher Existenz in der Welt erwiesen hat: Versuchungen also der Preisgabe der παρρησία, des Ungehorsams gegen Gottes Wort und Willen, wie sie aus der Anfechtung im Leiden erwachsen[15].

Vor allem Hebr 5,7f wird alsbald zeigen, welche Art von Versuchung hier konkret im Blick ist – in jedem Falle nicht jene spezifisch „messianischen" Versuchungen von Mk 1,12f oder Mt 4,1ff par, die ja gerade nicht aus der Solidarität mit den „Brüdern" erwachsen[16]. Die Linie, die in dieser Hinsicht im Hebr von 2,18 her über 4,15 und 5,7f bis hin zu 12,2f führt, zeigt jedenfalls eindeutig genug, in welcher Weise im Hebr das Bild des irdischen, und d.h.: des leidenden und selbst versuchten Jesus der im Glauben angefochtenen Gemeinde vor Augen gestellt wird, damit sie sich an seinem Gehorsam (5,7f) und an seiner Geduld im Leiden (12,2f) ausrichte und im Blick auf ihn (3,1; 12,2f) die ihr notwendige Glaubenszuversicht gewinne.

Eben auf diesen von Jesus selbst in aller Versuchung erwiesenen Gehorsam, auf seine ὑπομονή im Leiden, ist schließlich auch die den V. 15 abschließende Wendung χωρὶς ἁμαρτίας zu beziehen. Im Text- und Sachzusammenhang von πεπειρασμένον abhängig will sie im Kontext des Hebr nicht eine abstrakte dogmatische Theorie von der „Sündlosigkeit" Jesu etablieren (und auf diese Weise zugleich die eben zuvor betonte „Gleichheit" Jesu mit der allgemein-menschlichen Versuchlichkeit am Ende doch wiederum relativieren)[17], sondern ganz pragmatisch den Adressaten Mut machen, sich am Vorbild Jesu zu orientieren, der – als der „mit-leidende" Hohepriester – angesichts der Versuchung im Leiden dem „Betrug der

---

[15] Vgl. dazu K. BORNHÄUSER, Die Versuchungen Jesu nach dem Hebr, in: Theol. Studien. M. Kähler ... dargebracht, Leipzig 1905, S. 69–86, spez. S. 75ff; E. KÄSEMANN, Das wandernde Gottesvolk, S. 142: „Die Anfechtungen Jesu im Hebr sind Prototyp der christlichen Anfechtungen und bestehen nicht in sittlichen Gefahren, sondern in der Verlockung zum Abfall von der eschatologischen Hoffnung"; F. LAUB, Bekenntnis und Auslegung, S. 109f.

[16] Vgl. auch H. WINDISCH S. 38: „der sog. Versuchungsgeschichte Mc 1,13; Mt 4,1–11 par steht Hebr ganz fern"; O. CULLMANN, Die Christologie des Neuen Testaments, S. 94f; N. WALTER, in: Festschr. G. Voigt, S. 68. Anders O. MICHEL S. 208: „damit gibt Hebr im Anschluß an die Evangelien ... eine eigene Deutung der Geschichte Jesu".

[17] So neuerdings auch wieder C. SPICQ, SBi, S. 92f: χωρὶς ἁμαρτίας sei als Korrektiv gegenüber der zuvor betonten völligen „Gleichheit" zu verstehen! Eine Infragestellung der „Menschlichkeit" Jesu ist für den Autor des Hebr mit diesem „Zusatz" nicht gegeben; vielmehr ist er im Zusammenhang der paränetischen Implikationen der christologischen Aussagen in V. 15 geradezu notwendig. Vgl. auch R. WILLIAMSON, ET 86 (1974–1976) S. 4f und S. 7: „The author of Hebrews did not intend to speak of Jesus' sinlessness in a way that excluded the human experience of sinning within a struggle against temptation". Grundsätzlich zur Frage einer „doketistischen" Implikation eines Dogmas von der „Sündlosigkeit" Jesu vgl. Th. LORENZMEIER, EvTh 31 (1971) S. 452f.

Sünde" (3,13) nicht erlegen ist, sondern im Leiden gerade „Gehorsam" gelernt hat" (5,7f), die Versuchung also bestanden hat[18]. Ἁμαρτία bezeichnet somit an dieser Stelle ganz konkret die „Sünde" des Ungehorsams (3,18), und die ganze Aussage liegt damit ganz auf der Linie des traditionellen Grundschemas von Erniedrigung und Erhöhung, wie es bereits in Phil 2,6-11 seinen Niederschlag gefunden hat: Als der „Sündlose", d. h. als der im Leiden Gehorsame, ist Jesus erhöht bzw. „vollendet" worden – und damit zugleich denen, die ihm nun ihrerseits Gehorsam erweisen, ein „Verursacher ewigen Heils" geworden (5,9).

Das Motiv der „Sündlosigkeit" Jesu begegnet auch über den Hebr hinaus im Neuen Testament in relativ breiter Streuung und zugleich in je unterschiedlicher Akzentsetzung[19]. Am stärksten im Sinne einer Aussage hinsichtlich des „Wesens" Jesu ist es im Johannesevangelium und im 1. Johannesbrief akzentuiert, indem es hier – wie Joh 8,46 in seinem Kontext wie auch 1 Joh 3,5 im Kontext von 3,7ff zeigt – in den Rahmen des johanneischen Dualismus bzw. in die spezifisch johanneische Christologie einbezogen wird: Als derjenige, der seinen Ursprung in Gott selbst hat, mit dem „Vater" eins ist (10,30), ist Jesus als der Offenbarer Gottes notwendig derjenige, „an dem keine Sünde ist" (1 Joh 3,5). Demgegenüber trägt das Motiv in seiner soteriologischen Verwendung in 2 Kor 5,21 und 1 Petr 3,18 sehr viel deutlicher einen gleichsam existentiellen Akzent: Jesu „Sündlosigkeit" ist nicht – sozusagen zwangsläufig – die Konsequenz aus seiner göttlichen Natur, sondern besteht konkret in seinem Tun und Verhalten, in seinem Gehorsam (Röm 5,19; Phil 2,8). Von hier aus wird das Motiv in 1 Petr 2,22ff – in V. 22 mit Zitat von Jes 53,9 – schließlich auch paränetisch entfaltet[20]. Genau auf dieser Linie des existentiellen Charakters der „Sündlosigkeit" Jesu liegt auch die Aussage in Hebr 4,15 (s. o.). Auf einer anderen Ebene demgegenüber liegen die Aussagen über die „Sündlosigkeit" des Hohenpriesters in Hebr 7,26 (κεχωρισμένος ἀπὸ τῶν ἁμαρτωλῶν) bzw. über

---

[18] Insofern impliziert die christologische Aussage in V. 15 zugleich ein paränetisches Motiv im Blick auf die Glaubensanfechtung der Adressaten des Hebr. Vgl. W. SCHENK, NTS 26 (1979/80) S. 251; W. R. G. LOADER, Sohn und Hoherpriester, S. 124f, sowie E. GRÄSSER, ZNW 56 (1965) S. 72, Anm. 45: Motiv der „Sündlosigkeit" Jesu sei im Hebr „primär Entfaltung des Motivs der ὑπακοή des Präexistenten". In diesem Sinne bezieht sich die Wendung „ohne Sünde" in der Tat auf das „Ende eines Prozesses" und bezeichnet nicht „a permanent condition". So R. WILLIAMSON, ET 86 (1974-1976) S. 5; vgl. auch S. 7: „the sinlessness of Jesus was achieved and not innate".
[19] Vgl. dazu: H. WINDISCH S. 39f; O. MICHEL S. 212f; R. A. STEWART, The Sinless High-Priest, NTS 14 (1967/68) S. 126-135; R. WILLIAMSON, Hebrews 4,15 and the Sinlessness of Jesus, ET 86 (1974-1976) S. 4-8. Zum Problem grundsätzlich: Th. LORENZMEIER, Wider das Dogma von der Sündlosigkeit Jesu, EvTh 31 (1971) S. 452-471; dazu: H. GOLLWITZER, Zur Frage der Sündlosigkeit Jesu, EvTh 31 (1971) S. 496-507. Zur späteren Ausgestaltung des Motivs vgl. W. BAUER, Das Leben Jesu im Zeitalter der Apokryphen, Tübingen 1909, S. 329-333.
[20] Vgl. L. GOPPELT, Der erste Petrusbrief (KEK XII/1), Göttingen 1978, S. 207ff, speziell S. 207 mit Anm. 52: „... nicht ein Dogma über Jesu Wesen, sondern eine soteriologische Aussage". Vgl. entsprechend für Hebr H. WINDISCH S. 39: „Die Sündlosigkeit, die der Verfasser Jesus zuschreibt, war also nicht die einfache Folge seiner göttlichen Natur, sondern das Ergebnis bewußter Entscheidung und angespannten Kampfes, vgl. 5,7-9 12,2-4 ...".

die Fehllosigkeit der Opfertiere in Hebr 9,14. An diesen Stellen bewegt sich der Autor des Hebr zunächst ganz im Raum von traditionellen biblisch-jüdischen Vorstellungen[21]. Insbesondere die Aussage des „Getrenntseins" des Hohenpriesters „von den Sündern" in 7,26 ist – wie aus 7,27f hervorgeht – notwendiges Element der Ausführung einer „Hohenpriester"-Christologie in Hebr 7,1–10,18. Der Hebr korrespondiert auch hier wiederum zunächst mit der entsprechenden Anschauung Philons von der „Sündlosigkeit" des Logos-Hohenpriesters[22], wobei freilich auch hier wieder zugleich die besondere Gestalt der „Hohenpriester"-Christologie des Hebr deutlich wird: Im Kontext des Hebr ist der „sündlose" Hohepriester, von dem in 7,26 die Rede ist, kein anderer als der „barmherzige", seinen „Brüdern gleichgewordene" Hohepriester (2,17f). Die entscheidende Differenz zu Philon besteht also darin, daß das an sich traditionelle Motiv der „Sündlosigkeit" im Hebr nicht einfach aus einer bestimmten traditionellen Messias-Dogmatik übernommen wird[23], sondern seine konkrete Gestalt „aus der Geschichte Jesu" gewinnt[24]. Und genau an dieser Stelle setzt dann auch der Autor des Hebr die seinem pastoralen Grundanliegen entsprechenden Akzente.

Das „ohne Sünde" des Hebr ist an der konkreten Geschichte Jesu als einer Geschichte der Überwindung der Anfechtung des Glaubens orientiert und in diesem Sinne dann auch zugleich auf die besondere Situation der Glaubensanfechtung der Adressaten des Hebr ausgerichtet. So ergibt sich aus der christologischen Aussage in V. 15 mit innerer Notwendigkeit die entsprechende Schlußfolgerung im Blick auf das Verhalten der Adressaten in **V. 16**:προσερχώμεθα οὖν μετὰ παρρησίας. Denn: Die Zuversicht der Christen ist ja eine begründete Zuversicht, die ihren gleichsam objektiven Grund im „Haben" eines solchen „Hohenpriesters" hat, wie er in den VV. 14 und 15 des näheren beschrieben worden ist. „Subjektive" Haltung und „objektive" Begründung dieser Haltung stellen auch hier wieder – wie bereits in 3,6 – im Begriff παρρησία eine Einheit dar. Begründete Glaubenszuversicht ist es, was den Adressaten des Hebr nötig ist – und von daher bestimmen sich auch Sinn und Bedeutung des Terminus προσέρχεσθαι mit der Richtungsangabe τῷ θρόνῳ τῆς χάριτος[25]. Das heißt: Auf dem

---

[21] Zu 9,14 vgl. Ex 29,1; Lev 22,17–25; Ez 43,22f sowie 1 Petr 1,19; dazu L. GOPPELT, Der erste Petrusbrief, S. 122f.

[22] Vgl. Fug 108: Der Logos-Hohepriester ist πάντων οὐχ ἐκουσίων μόνον, ἀλλὰ καὶ ἀκουσίων ἀδικημάτων ἀμέτοχος. Vgl. weiter SpecLeg I 113.230; Somn II 185f sowie R. A. STEWART, NTS 14 (1967/68) S. 131ff; G. W. BUCHANAN S. 81ff; C. SPICQ, RB 56 (1949) S. 220f.

[23] Hinzuweisen ist in diesem Zusammenhang – über die entsprechenden Aussagen Philons zum Logos-Hohepriester hinaus – vor allem auf PsSal 17,36f (καθαρὸς ἀπὸ ἁμαρτίας), während an der in diesem Zusammenhang oft genannten Stelle TestLev 18,9 lediglich vom „Aufhören der Sünde" in der Zeit der Herrschaft des endzeitlichen Priesters die Rede ist. Vgl. dazu R. A. STEWART, NTS 14 (1967/68) S. 128f.

[24] So M. RISSI, ThZ 11 (1955) S. 44. Vgl. auch S. NOMOTO, Die Hohepriester-Typologie im Hebr, S. 51f; F. LAUB, Bekenntnis und Auslegung, S. 111.

[25] Angesichts der ganz analogen Verbindung von προσαγωγή und παρρησία in Eph 3,12 läßt sich für diesen Zusammenhang ein traditioneller Topos (liturgischer Sprache?) vermu-

Wege zum „Thron Gottes" gibt es nun kein Hindernis mehr, „offen" und „freimütig" vielmehr ist den Christen der „Zugang" zu diesem Thron gewährt. Angesichts dessen, daß im Hebr auch sonst der Terminus προσέρχεσθαι in seinem ursprünglich kultischen Sinn gebraucht wird[26], liegt es zunächst nahe, ihn auch an dieser Stelle „kulttheologisch" zu verstehen, ihn also auf das „Hinzutreten" der Gemeinde (zum Thron Gottes) im Gottesdienst zu beschränken[27]. Solcher spezifischer Gebrauch des Terminus ist angesichts dessen, daß dem Autor des Hebr offensichtlich auch an einem regelmäßigen Besuch der Gemeindeversammlung seitens der Adressaten gelegen ist (10,25!), gewiß nicht auszuschließen. Jedoch steht προσέρχεσθαι gerade an dieser Stelle (und entsprechend auch in 10,22) wohl nicht nur in diesem „kultischen" Sinn. Was damit konkret gemeint ist, ergibt sich vielmehr aus dem engeren und weiteren Kontext: nämlich die vertrauensvolle und zuversichtliche Hinwendung zu Gott in der Erwartung „rechtzeitiger Hilfe". In diesem Sinne umgreift jenes „Hinzutreten" – als „Konsequenz und Antwort auf das Heilshandeln Christi" – in der Tat die ganze christliche Existenz[28], ist also geradezu Umschreibung jener Glaubenshaltung, zu der der Autor des Hebr seine Adressaten mit seiner christologisch begründeten Glaubensparaklese motivieren möchte. Um Glaubensparaklese geht es hier also, und zwar als notwendige Konsequenz aus der Heilswirklichkeit, in der die Christen ja bereits als die „Habenden" (ἔχοντες) stehen. So gesehen ist die Sachparallele zu Röm 5,2 offensichtlich: δι' οὗ καὶ τὴν προσαγωγὴν ἐσχήκαμεν ... εἰς τὴν χάριν ταύτην κτλ,[29] zumal auch im Hebr an unserer Stelle der Akzent auf der Kennzeichnung des Thrones Gottes als „Thron der Gnade" liegt. Gottes Thron, in 8,1 als

---

ten. Vgl. J. GNILKA, Der Epheserbrief (HThK X/2), Freiburg i.B. ²1977, S. 178. Zur Sache vgl. auch 1 Clem 2,3 sowie zum Motiv des „Zugangs" (zu Gott) Röm 5,2; Eph 2,18.

[26] So bes. Hebr 10,1. Προσέρχεσθαι bezeichnet in diesem Sinne das „Hinzutreten" des Priesters zum Altar (LXX Lev 9,7f; 21,17; 22,3; Num 18,3) bzw. den durch den Priester vermittelten Zugang des Volkes zu Gott (LXX Ex 16,9; Lev 9,5; Jer 7,16; Sir 1,28). Vgl. auch 1 Petr 2,4f, hier zugleich mit dem Motiv eines „allgemeinen Priestertums" der christlichen Gemeinde verbunden, das freilich im „Wir" von Hebr 4,16 nicht programmatisch im Blick ist. Gegen O. MOE, Der Gedanke des allgemeinen Priestertums im Hebr, ThZ 5 (1949) S. 161–169, spez. S. 168 (zu Hebr 10,19ff): Dieser Gedanke stelle „das Ziel der breiten Ausführung über das Hohepriestertum Christi" dar!

[27] Zum kultischen Verständnis von προσέρχεσθαι im Hebr vgl. J. SCHNEIDER ThWNT II, S. 682: „Rein kultisch ist das Wort in Hebr und 1 Pt gebraucht"; E. CATALUCCI, Hoi proserchomenoi tō theō. Studio teologico del verbo ‚proserchomai' nella lettera agli Ebrei, Rom 1956; W. THÜSING, BZ 9 (1965) S. 1–17; F.J. SCHIERSE, Verheißung und Heilsvollendung, S. 165ff; K. NISSILÄ, Das Hohepriester-Motiv im Hebr, S. 71f; E. PALZKILL, EWNT III, Sp. 395f; M. RISSI, Die Theologie des Hebr, S. 97ff.

[28] So E. FIORENZA, in: Gestalt und Anspruch des Neuen Testaments, S. 279f. Vgl. auch E. GRÄSSER, Der Glaube im Hebr, S. 109; F. LAUB, Bekenntnis und Auslegung, S. 265ff, sowie bereits H. KOSMALA, Hebräer – Essener – Christen, S. 123f.

[29] Was das δι' οὗ von Röm 5,2 bzw. das διὰ τοῦ κυρίου ἡμῶν Ἰησοῦ Χριστοῦ von Röm 5,1 in sich schließt, wird in Hebr 4,14f entfaltet. Vgl. entsprechend δι' αὐτοῦ in Hebr 7,25, δι' αὐτοῦ in Eph 2,18 und ἐν ᾧ in Eph 3,18.

„Thron der Majestät (Gottes)" qualifiziert, als der Thron des Herrschers und Richters also, ist durch den Hohenpriester Jesus, der „zur Rechten des Thrones der Majestät" erhöht worden ist (8,1), zu einem „Thron der Gnade" geworden, zu einem Ort also, von dem „Erbarmen" und gnädige Hilfe ausgehen[30].

Tritt die christliche Gemeinde an ihn heran, macht sie also von ihrer begründeten Glaubenszuversicht Gebrauch, so kann sie gerade in ihrer konkreten Anfechtung „rechtzeitige Hilfe" erwarten. Der den V. 16 abschließende Finalsatz, als solcher wiederum ganz dem pastoralen Grundanliegen des Hebr zugeordnet, entfaltet dies in chiastischer Gestalt: Die beiden finiten Verbformen rahmen nach dem Schema a – b – b – a die Substantive ἔλεος καὶ χάριν ein[31]. Schon von daher gesehen ist zwischen ἔλεος und χάρις sachlich nicht zu unterscheiden, zumal beide Begriffe bereits traditionell fest miteinander verbunden sind[32] und ihnen an unserer Stelle auch dieselbe Wirkung zugeschrieben wird: εἰς εὔκαιρον βοήθειαν. Ob dabei im Hebr an dieser Stelle wiederum eine spezifisch hellenistische Tradition zum Zuge kommt, erscheint angesichts dessen als fraglich, daß zumindest die Verbindungen εὑρεῖν ἔλεος und εὑρεῖν χάριν dem Sprachgebrauch der LXX entsprechen[33]. Eindeutig ist eine hellenistische Nuance lediglich in der Verbindung von βοήθεια und καιρός zu der Wendung εἰς εὔκαιρον βοήθειαν[34]. Worauf solche „rechtzeitige Hilfe" abzielt, ergibt sich aus dem Gesamtkontext des Hebr: Die „rechte Zeit", in der Hilfe vonnöten ist, ist die Zeit der Anfechtung des Glaubens, die „Hilfe" dementsprechend eine den Glauben stärkende und neu motivierende Hilfe – mit anderen Worten: Es ist die „Hilfe", die das „Zurückbleiben" von 4,1, das Versäumen des „Heute" von Ps 95 verhindert (3,13). Worin sie konkret besteht, wird an dieser Stelle nicht ausdrücklich gesagt, was freilich an dieser Stelle –

---

[30] Diesen Thron deswegen mit Christus gleichzusetzen (so H. ZIMMERMANN, Das Bekenntnis der Hoffnung, S. 174f), besteht schon angesichts dessen kein Anlaß, daß θρόνος in 8,1; 12,2 im Rahmen der Erhöhungschristologie des Hebr stets den Thron Gottes selbst bezeichnet. Daß dieser Thron ein „Thron der Gnade" ist, ist freilich christologisch begründet.

[31] Dieser Chiasmus wird aufgelöst, indem der Kodex B εὕρωμεν (als Pleonasmus) streicht. Vgl. G. ZUNTZ, The Text of the Epistles, S. 41.

[32] Vgl. Weish 3,9; 4,15 sowie Philon, Imm 74–76. Vgl. auch die Verbindung χάρις – ἔλεος – εἰρήνη in den Präskripten der Pastoralbriefe: 1 Tim 1,2; 2 Tim 1,2; Tit 1,4 (varia lectio) sowie in 2 Joh 3.

[33] Zu εὑρίσκειν ἔλεος vgl. Gen 19,19; Num 11,15; Jdc 6,17 sowie Philon, Imm 115 und 2 Tim 1,18; zu εὑρίσκειν χάριν vgl. Gen 6,8; 18,3 u. ö.; Philon, Imm 74.104.111; All III 77f sowie Lk 1,30; Act 7,46. „Hellenistische Tradition" sieht hier E. GRÄSSER, Der Glaube im Hebr, S. 109, gegeben; vgl. auch O. MICHEL S. 210. Ἔλεος λαμβάνειν ist freilich in LXX nicht belegt. Vgl. aber Philon, SpecLeg I 308; Jos 255; VitMos I 86; Mut 133. Zur Verbindung von χάρις mit λαμβάνειν vgl. auch Joh 1,16.

[34] Vgl. die Anrufung des Serapis bei Aristides, In Serap. 45,15: σε γὰρ δὴ πᾶς τις ἐν παντὶ καιρῷ βοηθὸν καλεῖ, Σάραπι; W. DITTENBERGER, Or. 762,11: βοηθείτω κατὰ τὸ εὔκαιρον; Syll. 693,12: τότε ὁ δῆμος ὁ Ῥωμαίων τῶι δήμωι τῶι Μηθυμαίων βοηθείτω ὡς ἂν ἦ εὔκαιρον. Vgl. C. SPICQ, Notes I, S. 319 mit Anm. 1.

liest und versteht man sie im Kontext des Hebr insgesamt – auch gar nicht notwendig ist. Ist doch eben der Hebr selbst mit seinem pastoralen Grundanliegen, die Adressaten in der Erinnerung an das, was sie bereits „haben", erneut in die Grundbewegung eines zuversichtlichen Glaubens hineinzunehmen, genau aus dieser Absicht entstanden, den Adressaten solche „rechtzeitige Hilfe" zu gewähren.

Vor aller weiteren Konkretion in dieser Hinsicht ist es dem Autor zunächst wichtig, den festen Grund der seinen Adressaten nötigen Glaubenszuversicht möglichst deutlich und eindeutig aufzuzeigen. Dies geschieht in einem ersten Anlauf – als Ausführung zu 4,14ff – in dem anschließenden Abschnitt 5,1–10 in Gestalt der Darlegung der grundlegenden Voraussetzungen für das Hohepriestertum Jesu.

2) 5,1–10: Die Voraussetzungen für das Hohepriestertum Jesu[1]

1 Jeder Hohepriester nämlich, der von Menschen genommen wird, wird für Menschen eingesetzt im Blick auf das Verhältnis zu Gott, damit er Gaben und Opfer darbringe für die Sünden (d.h.: zur Tilgung der Sünden);
2 und dabei ist er in der Lage, mit den Unwissenden und Irrenden mitzufühlen, weil ja auch er selbst mit Schwachheit behaftet ist
3 und um dieser (Schwachheit) willen genötigt ist, ebenso wie für das Volk so auch für sich selbst Opfer zu Sühnung der Sünden darzubringen.
4 Auch eignet keiner sich selbst die Würde (des Amtes des Hohenpriesters) an, sondern (er empfängt sie) als von Gott Berufener – so wie auch Aaron.
5 So hat auch der Christus nicht sich selbst die Würdestellung gegeben, Hoherpriester zu werden, vielmehr hat es derjenige getan, der zu ihm gesagt hat: ‚Mein Sohn bist du, heute habe ich dich gezeugt',
6 wie er auch an einer anderen Stelle (sc. der Schrift) sagt: ‚Du bist ein Priester in Ewigkeit gemäß der Ordnung Melchisedeks'.
7 Er, der in seinen Fleischestagen Bitten und Flehen mit lautem Geschrei und unter Tränen dem dargebracht hat, der ihn aus (oder: vor?) dem Tod erretten konnte, und erhört worden ist auf Grund seiner Gottesfurcht;
8 er lernte, wenngleich er Sohn war, an dem, was er erlitt, den Gehorsam,
9 und zur Vollendung gebracht, wurde er allen, die ihm gehorchen, ein Verursacher ewigen Heils,
10 von Gott ernannt zum Hohenpriester gemäß der Ordnung Melchisedeks.

---

[1] Lit.: G. SCHILLE, Erwägungen zur Hohenpriesterlehre des Hebr, ZNW 46 (1955) S. 97–109; G. FRIEDRICH, Ges. Aufsätze (s.o. Anm. 1 zu 4,14–16); J. ROLOFF, Der mitleidende Hohepriester. Zur Frage nach der Bedeutung des irdischen Jesus für die Christologie des Hebr, in: G. Strecker (Hrsg.), Jesus Christus in Historie und Theologie. Neutestamentl. Festschr. H. Conzelmann, Tübingen 1975, S. 143–166; A. VANHOYE, Situation et significance de Hébr. 5,1–10, NTS 22 (1976/77) S. 445–486; DERS., Prêtres anciens, Prêtre nouveau selon le Nouveau Testament, S. 136–166; M. BACHMANN, Hohepriesterliches Leiden. Beobachtungen zu Hebr 5,1–10, ZNW 78 (1987) S. 244–266. Vgl. weiter: H. ZIMMERMANN, Das Bekenntnis der Hoffnung, S. 176–180; K. NISSILÄ, Das Hohepriestermotiv im Hebr, S. 79–112; F. LAUB, Bekenntnis und Auslegung, S. 113–143; H. FELD, Der Hebr, S. 71–76.

Stellung und Funktion im Kontext:

Sie werden einerseits durch einleitendes γάρ (V. 1), andererseits durch die Bezugnahme auf Ps 110,4 in V. 6 und V. 10 bestimmt. Für den Abschnitt ist somit ebenso der Rückbezug auf 4,14–16 charakteristisch wie auch der Vorgriff auf die Entfaltung der „Hohenpriester"-Christologie im Anschluß an Ps 110,4 im 7. Kapitel. Im Argumentationsgang des Hebr stellt er – so gesehen – keine in sich geschlossene thematische Einheit dar, sondern hat eine Übergangsfunktion zu 7,1–10,18 hin – dies freilich zugleich im Sinne einer Grundlegung, sofern hier nämlich die grundlegende Voraussetzung für die spätere Entfaltung der „Hohenpriester"-Christologie dargelegt wird: Der Hohepriester „nach der Ordnung Melchisedeks" (Ps 110,4) ist kein anderer als der irdische Jesus, der „in seinen Fleischestagen" durch sein Leiden Gehorsam gelernt hat. Insofern werden hier nicht nur die allgemeinen, sondern die sehr besonderen, für den Hebr spezifischen Voraussetzungen des Hohenpriestertums Jesu geklärt, und zwar auch hier wiederum nicht nur im Sinne der „Menschlichkeit" dieses Hohenpriesters, sondern auch – damit zugleich – im Sinne seiner Solidarität mit den „Brüdern", wie sie programmatisch bereits in 2,17f und 4,15 angeklungen war[2].

In sich ist der Abschnitt klar gegliedert: Auf die Beschreibung des menschlichen Instituts des Hohenpriesters in den VV. 1–4 folgt in den VV. 5–10 die Applikation auf Christus, wobei beide Teilabschnitte nicht zuletzt auch durch den Tempuswechsel vom Präsens zum Aorist klar voneinander getrennt sind. Die „Überschrift" über dem zweiten Teilabschnitt – οὕτως καὶ ὁ Χριστός – gibt zu erkennen, daß zwischen beiden Abschnitten das Verhältnis einer Entsprechung besteht, und zwar offensichtlich in chiastischer Anordnung (nach dem auch sonst im Hebr häufig benutzten Schema a–b–b–a): Die Mitte des Ganzen stellt die Entsprechung zwischen V. 4 einerseits und VV. 5f andererseits dar, während die VV. 1–3 (mit der zentralen Aussage in V. 2) ihre Entsprechung in den VV. 7f finden[3]. Bei näherem Zusehen zeigt sich freilich, daß die Entsprechung zwischen beiden Abschnitten nur sehr relativer Art ist und den Aspekt der Überbietung bzw. Unvergleichlichkeit keineswegs ausschließt. Das zeigt sich spätestens in den VV. 2 und 3, wenn hier die „Schwachheit" des menschlichen Hohenpriesters als Begründung für die Notwen-

---

[2] Diesen Zusammenhang von 5,1–10 mit 2,17f und 4,15 betont auch A. VANHOYE, und zwar in dem Sinne, daß in 5,1–10 (wie bereits in 4,15!) das Motiv von der Barmherzigkeit aus 2,17 ausgeführt wird. Vgl. A. VANHOYE, La structure littéraire, S. 105ff; DERS., NTS 22 (1976/77) S. 454f. 456. Zur Sache vgl. auch G. SCHRENK, ThWNT III, S. 279; K. NISSILÄ, Das Hohepriestermotiv im Hebr, S. 85f.

[3] Vgl. dazu bereits F. DELITZSCH, S. 169. Zum einzelnen der Entsprechung vgl. bes. K. NISSILÄ, Das Hohepriestermotiv des Hebr, S. 79–81; M. BACHMANN, ZNW 78 (1987) S. 249–254. M. DIBELIUS, in: Botschaft und Geschichte II, S. 169f, hat in Hebr 5,1–10 insgesamt sieben Merkmale der Entsprechung gefunden, die sich freilich bei näherem Zusehen auf drei reduzieren: auf die Entsprechung zwischen 5,1 und 5,9f; auf die (auf 4,15 zurückweisende) Aussage in 5,3 und ihre christologische Entsprechung in 5,7f sowie auf die Entsprechung zwischen 5,3 und 5,5f. Hinzu kommt allenfalls noch die freilich sehr lose Entsprechung zwischen 5,1 (ὑπὲρ ἀνθρώπων) und 5,9 (αἴτιος σωτηρίας αἰωνίου). Sie würde dann freilich wiederum die chiastische Anordnung der Entsprechungen bestätigen. Nach dem Schema a–b–c/c–b–a entsprechen in diesem Sinne einander: V. 1//V. 9; V. 2//VV. 7f; V. 4//VV. 5f. – Zur Kritik an M. DIBELIUS vgl. G. FRIEDRICH, in: Ges. Aufsätze, S. 279–281; M. BACHMANN, ZNW 78 (1987) S. 251, Anm. 21.

digkeit genannt wird, daß dieser Hohepriester auch für sich selbst bzw. um seiner Sünden willen Opfer vor Gott darbringen muß (V. 3; vgl. entsprechend 7,27). Worauf diese „Entsprechung" insgesamt im Sinne des Autors des Hebr abhebt, ist die „Menschlichkeit" des Hohenpriesters - und damit eben das Spezifikum der „Hohenpriester"-Christologie des Hebr: Der „Hohepriester" des Hebr ist ein „mit-leidender Hoherpriester", der nur und allein als solcher - d.h.: als derjenige, der im Leiden selbst Gehorsam gelernt hat (V. 8) - für die Seinen zum „Verursacher eines ewigen Heils" geworden ist (V. 9). Dieses Thema der „Menschlichkeit" des Hohenpriesters ist Thema bereits des ersten Teilabschnitts, und zwar im Anschluß an die sachlich entsprechende Aussage in 4,14[4]. Was also faktisch - im Kontext des Hebr - in den VV. 1-4 vorliegt, ist nichts weniger als eine gleichsam objektive Beschreibung des (menschlichen) Hohenpriester-Instituts auf Grund der entsprechenden biblisch-jüdischen Tradition, sondern seinerseits bereits von jenem Leitbild des Hohenpriestertums Christi her gestaltet, auf das der Autor mit diesem Abschnitt insgesamt hinauswill.

So gesehen liegt in 5,1-10 ein insgesamt vom Autor des Hebr selbst gestaltetes Stück vor. Das schließt auch hier im einzelnen den Rückgriff auf „Tradition" nicht aus. Vor allem gilt dies im Blick auf die VV. 5-10, die nach Form und Inhalt - wie bereits das Exordium des Hebr (1,1-4) - dem literarischen Schema des „Enkomion" entsprechen, und zwar in der Abfolge „Wesen" (VV. 5f) - „Tat" (VV. 7 bis 9) - „Ruhm" (V. 10)[5]. Die weitere Frage, ob und inwieweit darüber hinaus für die VV. 5-10 eine „Vorlage" - etwa in Gestalt einer „Hohenpriester-Homologie" - rekonstruiert werden kann[6], ist wirklich eindeutig nicht zu beantworten. Eindeutig ist nur, daß der Autor des Hebr selbst gerade diesen Abschnitt unter Benutzung bestimmter christologischer Überlieferungen besonders sorgfältig gestaltet hat - und auf diese Weise den grundlegenden Stellenwert dieses Abschnitts im Gesamtzusammenhang des Hebr deutlich zu erkennen gibt.

Im einzelnen beginnt der Abschnitt mit einer Beschreibung des menschlichen Hohenpriester-Instituts, die durchweg im Präsens gehalten ist, d.h.: Hier wird ausgeführt, was generell - gemäß den entsprechenden gesetzlichen Vorschriften - für jeden ἀρχιερεὺς ἐξ ἀνθρώπων gilt[7]. Voran steht in V. 1 eine knappe Beschreibung von Art und Funktion des Hohenpriesters:

---

[4] Das den Abschnitt einleitende, seinerseits auf 4,15 zurückgreifende explikative γάρ ist insofern für den ganzen Zusammenhang 5,1-10 bestimmend. Vgl. F. DELITZSCH S. 170.

[5] So K. BERGER, Einführung in die Formgeschichte (UTB 1444), Tübingen 1987, S. 74-76. Zum literarischen Schema des „Enkomion" insgesamt: DERS., Hellenistische Gattungen im Neuen Testament, ANRW II 25/2, S. 1173-1195. 1232-1239.

[6] Vgl. dazu die entsprechenden Versuche von G. SCHILLE, ZNW 46 (1955) S. 97-109, der für die VV. 5 und 7-10 eine „Hohepriester-Homologie" rekonstruiert, und G. FRIEDRICH, in: Ges. Aufsätze, S. 279-299, der in den VV. 7-10 ein „Lied vom Hohenpriester" entdeckt. Kritisch dazu: E. GRÄSSER, ThR 30 (1964) S. 154f; K. Deichgräber, Gotteshymnus und Christushymnus, S. 174f. Vgl. auch das Referat über die entsprechende Diskussion bei K. NISSILÄ, Das Hohepriestermotiv im Hebr, S. 81ff.

[7] Dieses Präsens läßt also keinen Rückschluß darauf zu, daß zur Zeit der Abfassung des Hebr das Hohepriester-Institut bzw. der Tempelkult in Jerusalem noch in Geltung stand, sondern ist ein „Präsens des überzeitlichen Instituts" (so H. BRAUN S. 131) bzw. der grundsätzlich geltenden gesetzlichen Vorschrift.

Er wird eingesetzt τὰ πρὸς θεόν, d. h., um die Dinge „im Verhältnis zu Gott" zu regeln, konkret also ἵνα προσφέρῃ κτλ.[8] Die Terminologie, derer sich der Autor dabei bedient, ist – bis hin zur Zusammenstellung δῶρα – θυσίαι – durchweg traditionell[9]. Dem Autor kommt es bei alledem vor allem auf den sühnenden Charakter der Opfergaben an: ὑπὲρ ἀνθρώπων, „zugunsten der Menschen", werden sie vom Hohenpriester dargebracht, und dieses ὑπὲρ ἀνθρώπων steht im Zusammenhang mit der Einsetzung des Hohenpriesters ὑπὲρ ἀνθρώπων, sodaß hier also bereits das für den Hebr entscheidende Motiv der Menschlichkeit des Hohenpriesters in den Blick kommt: ἐξ ἀνθρώπων – ὑπὲρ ἀνθρώπων – ὑπὲρ ἀνθρώπων[10].

Spätestens in V. 2 tritt die besondere, am Anliegen des Autors orientierte Ausrichtung der Beschreibung des hohenpriesterlichen Amtes eindeutig hervor: Das „Mitgefühl" mit den „Unwissenden und Verirrten" gehört jedenfalls nicht zu den Kriterien des hohenpriesterlichen Amtes schlechthin; vielmehr handelt es sich dabei um eine Eintragung in das traditionelle Bild vom Hohenpriester, wie sie der Autor des Hebr von seiner Christologie her gewonnen hat, von seinem Bild des „mit-leidenden" Hohenpriesters her (2,17f; 4,15)[11]. Zwischen den christologischen Aussagen in 2,17f und 4,15 einerseits und den generellen Aussagen über den Hohenpriester in 5,2 besteht somit ein gewisses Maß an Parallelität: dem δυνάμενος συμπαθῆσαι von 4,15 entspricht hier das μετριοπαθεῖν δυνάμενος[12]. Und d. h.:

---

[8] Vgl. entsprechend Hebr 8,3: εἰς τὸ προσφέρειν ... καθίσταται sowie die Beschreibung des hohenpriesterlichen Amtes 2,17: τὰ πρὸς τὸν θεὸν εἰς τὸ ἱλάσκεσθαι κτλ.

[9] Zu καθιστάναι als term. techn. für die Einsetzung des Hohenpriesters in sein Amt vgl. 1 Makk 10,20; 2 Makk 14,13; 4 Makk 4,16, Philon, VitMos II 109; Josephus, Ant. XII 360 sowie Hebr 8,3. – Zur Wendung τὰ πρὸς (τὸν) θεόν vgl. LXX Ex 4,16; 18,19; Dtn 31,27; Philon, Migr 81; Josephus, Ant. IX 236 sowie Röm 15,17; Hebr 2,17. – Zu προσφέρειν als term. techn. für das Darbringen von Opfern: LXX Lev 2,14; 21,8; Philon, SpecLeg I 116 sowie Hebr 8,3 u. ö. – Zur Zusammenstellung δῶρα – θυσίαι vgl. Lev 2,14; Arist 234; Hebr 8,3; 9,9.

[10] Dieses „zugunsten der Menschen" tritt noch deutlicher hervor, wenn man berücksichtigt, daß LXX Ex 28,1.3; 29,1 das Amt des Aaron als ein ἱερατεύειν μοι (Gott) beschrieben wird. Vgl. A. VANHOYE, NTS 22 (1976/77) S. 446f: „L'auteur d'Hébreux insiste sur la solidarité du grand prêtre avec les hommes...". So gesehen geht freilich auch das ἐξ ἀνθρώπων im Sinne des Hebr über eine generelle Beschreibung der menschlichen Herkunft des Hohenpriesters hinaus und gewinnt im Kontext des Hebr zugleich christologische Bedeutung im Sinne des ἐξ ἑνὸς πάντες von 2,11. Vgl. F. LAUB, Bekenntnis und Auslegung, S. 113f.

[11] Vgl. J. ROLOFF, in: Festschr. H. Conzelmann, S. 249f; F. LAUB, Bekenntnis und Auslegung, S. 115 mit Anm. 208; K. NISSILÄ, Das Hohepriestermotiv im Hebr, S. 95.

[12] συμπαθεῖν und μετριοπαθεῖν sind somit in einem bestimmten Maße Synonyma. Dies schließt dann freilich aus, daß μετριοπαθεῖν an dieser Stelle als Terminus der griechisch-hellenistischen philosophischen Ethik steht. Hier bezeichnet das Verbum das „maßvolle Mitfühlen", „maßvoll" im Sinne des rechten Maßes zwischen übermäßigem Affekt einerseits und der ἀπάθεια andererseits, welche letztere das eigentlich Erstrebenswerte ist. So gebraucht z. B. auch Philon das Wort: Die μετριοπάθεια ist bei ihm die Haltung des „Fortgeschrittenen" (Aaron), die ἀπάθεια dagegen die des „Vollkommenen" (Mose). Die μετριοπάθεια steht somit im Gegensatz einerseits zum θύμος, andererseits zur ἀπάθεια (All III 129ff; vgl. auch Abr 257: μετριοπαθεῖν bezeichnet τὸ μέσον; weiter: Virt 195; Jos 26). Zum philosophischen

Weil der ἀρχιερεὺς ἐξ ἀνθρώπων „selbst mit Schwachheit behaftet ist", vermag er auch, ein gewisses Maß an „Mitgefühl" für die „Unwissenden und Verwirrten" aufzubringen. Andererseits freilich ist auch die Differenz nicht zu übersehen, die hier bereits terminologisch ihren Ausdruck findet: Jenes Maß an „Sympathie", das in 4,15 durch den Zusatz „versucht in jeder Hinsicht" noch besonders betont erschien, wird durch den Terminus μετριοπαθεῖν nicht erreicht. Das gilt auch dann, wenn man durch diesen Terminus nicht lediglich eine Art „gebändigten Zornaffektes" ausgedrückt sieht[13]. In jedem Fall ist es eine distanziertere Betrachtungsweise, die sich hier ausspricht, als solche schon auf die (sodann im 7. Kapitel ausgeführte) Gegenüberstellung des aaronidischen Hohenpriestertums und des Hohenpriestertums Jesu hinweisend. Wirkliche Solidarität mit den Schwachen und Versuchten, die aus eigenem Versuchtsein „in jeder Hinsicht" erwächst, hat hier nicht ihren Ort[14]. Charakteristisch dafür ist schließlich auch, daß sich das „Mitgefühl" des irdischen Hohenpriesters nur auf ein bestimmtes Maß von Verfehlungen erstreckt, auf diejenigen nämlich, die in Unwissenheit bzw. irrtümlich begangen worden sind und somit überhaupt sühnbar sind[15]. Noch deutlicher tritt die Differenz in dem Begründungssatz ἐπεὶ καὶ αὐτὸς περίκειται ἀσθένειαν hervor, mit dem zunächst – wiederum in gewisser Entsprechung zu 4,15 – die Fähigkeit des irdischen Hohenpriesters zum μετριοπαθεῖν begründet wird: „selbst mit Schwachheit behaftet"[16], vermag er es, „Mitgefühl" aufzubringen.

Gebrauch des Verbums vgl. H. WINDISCH S. 41; C. SPICQ, Notes II, S. 563ff. Zur Verwendung der Wortgruppe speziell bei Philon: W. MICHAELIS, ThWNT V, S. 938; R. WILLIAMSON, Philo and the Epistle to the Hebrews, S. 25ff; R. H. NASH, WThJ 40 (1977/78) S. 107f; E. K. SIMPSON, The Vocabulary of the Epistle to the Hebrews, EvQ 18 (1946) S. 36f; M. EMINYAN, A Note on Christian Affectivity, MTh 37 (1986) S. 1–12.

[13] So H. BRAUN S. 132, im Anschluß an E. J. YARNOLD, ΜΕΤΡΙΟΠΑΘΕΙΝ apud Heb 5,2, VD 38 (1960) S. 149–155: μετριοπαθεῖν = „iram cohibere". Gegen solche Auffassung spricht jedoch der Sachverhalt, daß μετριοπάθεια im hellenistischen Gebrauch synonym zu πραΰτης stehen kann, so bei Plutarch, De frat. amore 18. Vgl. auch Philon, SpecLeg III 96: μετριοπαθής steht synonym zu ἐπιεικής.

[14] Vgl. J. ROLOFF, in: Festschr. H. Conzelmann, S. 150: „Denn während sich Christus ... ganz auf die Seite der schuldigen Brüder stellt, ... hält der Aaronide nur ‚die rechte Mitte' in seinen Gefühlen gegenüber den ‚Unwissenden und Irrenden' ...".

[15] Hier ist die traditionelle biblische Unterscheidung zwischen den Sünden בִּשְׁגָגָה, den Unwissenheitssünden, und den Sünden בְּיָד רָמָה, den Sünden „mit erhobener Hand", also den bewußten und willentlichen Sünden, vorausgesetzt. Zu den ersteren vgl. Lev 4,2 (LXX: ἀκουσίως); 4,13 (LXX: ἀγνοεῖν ἀκουσίως); 5,15; Num 15,25.27ff. sowie Philon, fr. (ed. Mangey II, S. 451): ἀκουσίως καὶ κατ' ἄγνοιαν; vgl. auch Hebr 9,7. Zu den letzteren: Num 15,30 (LXX: ἐν χειρὶ ὑπερηφανίας). Diese Unterscheidung wird im Hebr im übrigen auch 10,26 vorausgesetzt.

[16] Zur Sache vgl. auch Hebr 7,28: ἀρχιερεῖς ἔχοντες ἀσθένειαν. Zur Konstruktion von περικεῖσθαι mit dem Akkusativ vgl. Act 28,20 sowie BL.-DEBR.-R. § 154,4. Die Ausdrucksweise „von Schwachheit umgeben" (wie von einem Gewand) könnte an sich darauf hinweisen, daß „Schwachheit" (hier im Sinne der Sündhaftigkeit) gleichsam zur natürlichen Ausstattung des Hohenpriesters ἐξ ἀνθρώπων (wie der Menschen überhaupt) gehört. Vgl. F. DE-

V. 3 zeigt alsbald, in welchem Sinne hier von der „Schwachheit" des menschlichen Hohenpriesters die Rede ist: „Schwachheit", das meint hier des Hohenpriesters eigene Sündhaftigkeit. Die Schwachheit dieses Hohenpriesters entspricht „unseren Schwachheiten" (4,15) und steht somit im Gegensatz zu jenem Hohenpriester, der – wenngleich „in jeder Hinsicht versucht wie wir" – der Sünde nicht erlegen ist (4,15). Aus solcher Schwachheit des irdischen Hohenpriesters folgt jedenfalls mit Notwendigkeit (δι' αὐτὴν ὀφείλει)[17], daß er nicht nur „für das Volk", sondern auch „für sich selbst" (περὶ αὐτοῦ bzw. ἑαυτοῦ, so ℵ A C D² usw.) Opfer zur Sühnung der Sünden darbringen muß[18]. Dabei entspricht die Unterscheidung zwischen den Opfern für den Hohenpriester selbst und für das Volk (in dieser Reihenfolge!) wiederum der biblischen Tradition[19], ohne daß daraus notwendig auf die speziell am „Versöhnungstag" darzubringenden Opfer geschlossen werden könnte.

V. 4 endlich nennt den zweiten wesentlichen Gesichtspunkt hinsichtlich der Entsprechung zwischen dem irdisch-menschlichen Hohenpriester und dem Hohenpriestertum Jesu: Die Einsetzung bzw. Berufung durch Gott selbst, wobei an dieser Stelle zur Betonung der Position die Negation vorangestellt wird[20]. Das irdische, also das aaronidische Hohepriestertum gilt demnach durchaus als eine von Gott selbst gestiftete Institution. Τις, das ist nicht „irgendeiner", sondern der Hohepriester in der legitimen Nachfolge des Aaron (καθώσπερ καὶ Ἀαρών)[21]. Dies ist eine Argumentation al-

---

LITZSCH S. 176: „angeborene Schwäche". Freilich macht es die Eigenart der „Sündenlehre" des Hebr aus, daß zwar die konkrete Anfechtungssituation des Menschen sehr drastisch beschrieben wird, deren anthropologische Voraussetzungen jedoch – abgesehen von eher formelhaften Aussagen wie in 3,15; 5,2 bzw. traditionell-biblischen Formulierungen – nicht eigens reflektiert werden.

[17] Die parallele Aussage 7,28 zeigt, daß ὀφείλει nicht eine „Verpflichtung vor dem Gesetz" bzw. dem „gesetzlichen Zwang" meint (so E. RIGGENBACH S. 127; vgl. auch O. MICHEL S. 218), sondern – analog zu ἀνάγκην ἔχειν in 7,27 – die logische Notwendigkeit.

[18] Vgl. auch 7,27. – Προσφέρειν περὶ ἁμαρτιῶν steht hier für das Darbringen von „Sündopfern". Περὶ ἁμαρτιῶν ist also hier – wie in LXX περὶ ἁμαρτίας bzw. ἁμαρτιῶν – term. techn. für das „Sündopfer". Vgl. LXX Lev 9,7; 14,19; 16,3.9; Num 8,8 u. ö. – Die Lesart ὑπὲρ ἁμαρτιῶν (C³ D² usw.) ist sekundäre Angleichung an V.1 (ὑπὲρ ἀνθρώπων) und belegt zudem die Austauschbarkeit der Präpositionen περί und ὑπέρ. Vgl. H. RIESENFELD, ThWNT VI, S. 54.

[19] Vgl. Lev 9,7: καὶ ἐξίλασαι περὶ σεαυτοῦ καὶ τοῦ οἴκου σου; 16,6.17.24 (hier in bezug auf den „Versöhnungstag"); Philon, Her 174; VitMos II 153; Ebr 129; SpecLeg I 228 sowie mYom III 8. Zu dieser Reihenfolge vgl. auch Hebr 7,27: πρότερον - ἔπειτα sowie 9,7.

[20] Zur Gegenüberstellung „Sich selbst die Ehre nehmen – von Gott berufen" vgl. die entsprechende Argumentation in BemR 18,9 (zu Num 16,35): „So sprach auch Mose zu ihnen: ,Wenn mein Bruder Aaron selbst die Würde an sich gerissen hätte, tätet ihr recht, wenn ihr euch darüber aufhieltet. Jetzt aber hat Gott sie ihm gegeben – Er, dem Größe, Macht und Herrschaft gehört'". Vgl. auch die Gegenüberstellung εἰληφέναι – δέδοσθαι bei Dio Cassius 64,2,1. Λαμβάνειν steht an dieser Stelle im negativen Sinne des ἁρπάζειν von Phil 2,6. So bereits Procopius (PG 87/2, p. 2180 C).

[21] Die Streichung von καθώσπερ καὶ Ἀαρών in P¹³ ist wohl sekundär, möglicherweise zur

lein von der Schrift her, die dementsprechend von der vielfachen Entartung dieses Instituts in seiner Geschichte gänzlich absieht. Davon, daß oft genug in dieser Geschichte in der Tat durchaus „jemand die Würde (dieses Amtes) sich selbst genommen hat"[22], wird hier keinerlei Notiz genommen. Zumal hier zeigt sich einmal mehr: Nicht das Institut in seiner historischen Vorfindlichkeit ist hier im Blick, sondern allein die entsprechende Weisung der Tora[23].

Nach dem Schema καθώσπερ (V. 4) – οὕτως beginnt mit V. 5 der Nachweis der Entsprechung auf der christologischen Seite, und zwar zunächst in unmittelbarer Entsprechung zur Aussage über das aaronidische Hohepriestertum in V. 4. Auch hier wird – wie bereits in V. 4 – um der Betonung der Position willen die negative Aussage vorangestellt: οὐχ ἑαυτὸν ἐδόξασεν γενηθῆναι ἀρχιερέα entspricht genau der Aussage von V. 4 hinsichtlich des aaronidischen Hohenpriestertums[24]. Nicht unrechtmäßig also hat „der Christus" sich selbst die Amtswürde des Hohenpriesters beigelegt, sie gleichsam usurpiert, sondern Gott selbst hat ihn in diese Würde eingesetzt, und zwar als derjenige, „der zu ihm gesprochen hat...". Die Gottesbezeichnung ὁ λαλήσας πρὸς αὐτόν entspricht zwar zunächst wiederum dem καλούμενος ὑπὸ τοῦ θεοῦ in V. 4, trägt hier jedoch, indem nunmehr auch der Inhalt der „Berufung" ausdrücklich als unmittelbare Anrede Gottes genannt wird, einen sehr viel stärkeren Akzent: Jetzt erst ist der Autor bei seinem eigentlichen Thema[25]. Schon von daher gesehen ist deutlich: Im

---

Milderung der dem Abschreiber zu stark betonten Entsprechung. Vgl. entsprechend die Lesart von d e: „non quemadmodum Aaron". Dazu: E. RIGGENBACH S. 128, Anm. 39; H. BRAUN S. 135.

[22] Vgl. dazu im einzelnen: J. JEREMIAS, Jerusalem zur Zeit Jesu. Kulturgeschichtliche Untersuchungen zur neutestamentlichen Zeitgeschichte II B, Göttingen ²1958, S. 15; G. SCHRENK, ThWNT III, S. 268f.

[23] Vor allem auf Ex 28,1ff dürfte hier Bezug genommen sein, zumal auch hier (28,2) von der τιμή, d. h. von der „Ehre" bzw. Würde des Amtes die Rede ist. Vgl. auch Num 3,10; 18,1 sowie Josephus, Ant. III 188–192.

[24] Hier liegt also eine Aaron-Christus-Typologie vor, der dann freilich alsbald im Kap. 7 der Nachweis der Inferiorität des aaronidischen Priestertums folgt. Vgl. G. W. E. NICHOLSBURG, RAC, Suppl.-Lfg. 1/2, Stuttgart 1985, S. 6ff. (ἑαυτὸν) δοξάζειν (nur hier im Hebr) hat im Kontext die Bedeutung „sich die Würdestellung bzw. das Amt des Hohenpriesters unrechtmäßig bzw. selbstherrlich aneignen". Auch hier – wie bereits V. 4 – dürfte Ex 28,1ff im Hintergrund stehen: δόξα bezeichnet dort (28,2) neben τιμή (vgl. V. 4!) das Amt des Hohenpriesters. Vgl. auch 2 Makk 14,7: ... δόξαν (λέγω δὴ τὴν ἀρχιερωσύνην) sowie Sir 45,23. Zum Nebeneinander von δόξα und τιμή vgl. auch Hebr 2,9; 3,3 in bezug auf die Erhöhung Jesu. Noch näher an Phil 2,6–11 herangeführt wird der ganze Zusammenhang, wenn man mit Th. LESCOW, ZNW 58 (1967) S. 233, οὐχ ἑαυτὸν ἐδόξασεν in V. 5 „als ein ἑαυτὸν ἐταπείνωσεν via negationis, also als Litotes" versteht. Vgl. auch J. THURÉN, NT 13 (1971) S. 142f.

[25] Da der Autor des Hebr bei alledem zunächst von der Entsprechung zwischen dem „Hohenpriester aus Menschen" und dem „Hohenpriester nach der Ordnung Melchisedeks" ausgeht (und zudem auch hier wieder grundsätzlich von der Schrift her argumentiert), ist es unwahrscheinlich, daß hier polemisch bzw. apologetisch gegen Leser (priesterliche Legitimisten?) Stellung bezogen wird, die allein das aaronidische Priestertum als legitim betrachten. Im

Grunde geht es hier bereits gar nicht mehr um den exegetischen Nachweis der Entsprechung, sondern letztlich allein um die unendliche Überlegenheit des Hohenpriestertums Christi gegenüber allem menschlich-irdischen Hohenpriestertum, wie sie dann alsbald in Hebr 7 im Sinne der ausdrücklichen Gegenüberstellung κατὰ τὴν τάξιν Μελχισέδεκ - οὐ κατὰ τὴν τάξιν Ἀαρών (7,11) entfaltet wird.

Die beiden als unmittelbare Anrede Gottes eingeführten Schriftzitate in V. 5 und V. 6 wollen nicht nachträglich eine Art „Schriftbeweis" für die These von V. 5 antreten, sondern stehen im Sinne des Autors als unmittelbarer Ausdruck der Einsetzung Christi in seine Würdestellung als „Sohn" und als „Hohepriester"[26]. Beide Zitate - Ps 2,7 und Ps 110,4 - haben für die Christologie des Hebr insgesamt grundlegende Bedeutung, das erstere bereits von der im Hebr rezipierten christologischen Tradition her (s. o. zu 1,5), das zweite insbesondere für die eigene Auslegung der christologischen Tradition[27]. In diesem Sinne geht die Kombination beider Zitate in den VV. 5 und 6 auf den Autor selbst zurück[28], ja stellt sie in seinem Sinne - im Anschluß an die Nebeneinanderordnung der beiden Titel υἱὸς τοῦ θεοῦ und ἀρχιερεύς in 4,14 - die entscheidende Schaltstelle dar, an der der Autor des Hebr - seinerseits von der überlieferten „Sohn-Gottes"-Homologie herkommend - nunmehr zur Entfaltung der ihm eigenen Hohenpriester-Christologie übergeht. In diesem Sinne steht das beide Zitate miteinander verbindende καθώς hier nicht lediglich zur formalen Aneinanderreihung der Zitate, sondern bezeichnet zugleich das für die Christologie des Hebr entscheidende Gefälle: Ebenso wie auf Grund eines Gottespruches bereits für das überkommene Glaubensbekenntnis galt, daß Jesus der „Sohn Gottes" ist, so gilt auch auf Grund eines Gottespruches, daß er - dieser „Sohn Gottes" - „Priester nach der Ordnung Melchisedeks" ist. Das überlieferte Bekenntnis und seine Auslegung im Hebr stehen somit im Grunde auf derselben Stufe ihrer theologischen Wertigkeit: Beide haben

---

So F. M. BRAUN, RB 62 (1955) S. 35f; G. FRIEDRICH, in: Ges. Aufsätze, S. 101f. Kritisch dazu: H. BRAUN, Qumran und das Neue Testament I, S. 252f.

[26] Subjekt der Rede im zweiten Zitat (Ps 110,4) in V. 6 ist, entsprechend der Einführung des ersten Zitats (Ps 2,7) in V. 5, wiederum Gott selbst: „So wie er auch an einem anderen Ort (sc. der Schrift) sagt ...". Zur Wendung καὶ ἐν ἑτέρῳ λέγει vgl. auch Act 13,35; Barn 15,2 sowie die Wendung καὶ ἐν ἑτέρῳ τόπῳ λέγει 1 Clem 8,4; 29,3; 46,3. Die Unbestimmtheit der Stellenangabe ist wiederum Hinweis darauf, daß es dem Autor des Hebr allein auf Gottes eigene Rede ankommt.

[27] Beide Zitate werden wörtlich nach LXX gegeben. Lediglich im Zitat von LXX Ps 109,4 wird das εἶ nach σύ ausgelassen. So auch im Zitat von LXX Ps 109,4 in Hebr 7,17.27. Dementsprechend ist die Einfügung von εἶ in P[46] P 629 (usw.) sekundäre Angleichung an den LXX-Text.

[28] Vgl. demgegenüber den Versuch von G. SCHILLE, ZNW 46 (1955) S. 96ff, spez. S. 98. 104. 108f, bereits für V. 5 ein insgesamt die VV. 5.7-10 umfassendes „Christuslied" zu rekonstruieren. Kritisch dazu: G. FRIEDRICH, in: Ges. Aufsätze, S. 282f; K. NISSILÄ, Das Hohepriestermotiv im Hebr, S. 81f; K. DEICHGRÄBER, Gotteshymnus und Christushymnus, S. 174f: Hebr 5,5-10 sei eine „gelehrte theologische Deduktion" des Autors selbst.

ihren Grund in Gottes eigener Rede zum „Sohn" bzw. zum „(Hohen-) Priester". In diesem Sinne geht das Gefälle der Argumentation des Autors von den VV. 5 und 6 über die Erhöhungsaussage in den VV. 9 und 10 (und 6,20) hin zu 7,1ff – dies freilich auch hier wieder unter der in den VV. 7 und 8 ausgeführten grundlegenden Voraussetzung, daß derjenige, den Gott selbst zum „Sohn" und „Hohenpriester" eingesetzt hat, kein anderer ist als derjenige, „der in den Tagen seines Fleisches…" durch sein Leiden Gehorsam gelernt hat.

Es ist ein Sachverhalt von entscheidender Bedeutung, daß der Autor des Hebr an der Schwelle gleichsam der Entfaltung seiner Hohenpriester-Christologie noch einmal an dieser Stelle, und zwar in einer alle bisherigen Hinweise auf den irdischen und leidenden Jesus übertreffenden Weise, auf den Gehorsam Jesu im Leiden zu sprechen kommt. Diese grundlegende Voraussetzung der hohenpriesterlichen Würde Jesu gewinnt im Hebr jedenfalls ein so starkes Gewicht, daß die naheliegende Frage, wann eigentlich jene Einsetzung zum „Sohn" und zum „Hohenpriester" erfolgt ist, für den Autor des Hebr ohne wesentliche Bedeutung ist.

Zwar weist mancherlei zunächst darauf hin, daß der *Titel „Sohn Gottes"* ursprünglich im Hebr bereits mit dem Präexistenten (1,2.5; vgl. auch 4,14 sowie 5,8), der Titel „Hoherpriester" dagegen primär mit der „Erhöhung" verbunden ist. So jedenfalls eindeutig in 5,9f (vgl. entsprechend 7,28; 8,1 sowie 6,19f). Anders jedoch stellen die Dinge sich in 9,11ff dar, wo Christus bereits als „Hoherpriester" in den Tod geht. In 5,5f wiederum korrespondiert (V. 6: καθώς) die Einsetzung in das Amt des Hohenpriesters mit der Verleihung des Sohnesnamens[29], fallen also Verleihung des Sohnesnamens und Einsetzung ins Amt des Hohenpriesters „im gleichen Akt zusammen"[30], während nach 5,8 der „Sohn" es ist, der auf Grund seines Leidens „Gehorsam gelernt hat", die Sohneswürde also bereits dem irdischen Jesus zu eigen ist. Eine Systematisierung bzw. Zueinanderordnung dieser divergierenden Aussagen – etwa in dem Sinne, daß „das Hohepriester-Prädikat, das schon auf Grund seiner Tradition dem Erhöhten zugehörte, … weitgehend proleptisch auf den Irdischen angewendet wird"[31] – erscheint kaum möglich, auch nicht auf traditionsgeschichtlichem Wege, d.h. vermittels der Annahme, daß der ambivalente Sachverhalt im Hebr auf eine sekundäre Verbindung ursprünglich unterschiedlicher christologischer Traditionen zurückzuführen sei[32]. Eher ist dann schon anzu-

---

[29] Vgl. E. KÄSEMANN, Das wandernde Gottesvolk, S. 59; J. DUPONT, RSR 35 (1948) S. 538f.

[30] So E. KÄSEMANN, Das wandernde Gottesvolk, S. 59. Vgl. auch S. LÖVESTAM, Son and Saviour, S. 31-37, spez. S. 35. 37.

[31] So J. ROLOFF, in: Festschr. H. Conzelmann, S. 151, im Anschluß an E. KÄSEMANN, Das wandernde Gottesvolk, S. 59. Vgl. auch E. GRÄSSER, ThR 30 (1964) S. 222.

[32] So bes. G. SCHILLE, ZNW 46 (1955) S. 96f „Derartige Aussagen setzen ein Stadium der Traditionsgeschichte voraus, in welchem Christus erst durch seinen Tod bzw. präzis seit seiner Erhöhung ,Hoherpriester' wurde". – Zur Diskussion der Frage insgesamt vgl. E. GRÄSSER, ThR 30 (1964) S. 221f; U. LUCK, NT 6 (1963) S. 204f. H. BRAUN S. 32f spricht in dieser Hinsicht von einer „Aporie" im Hebr; vgl. auch S. 72. Speziell zum Problem in Hebr 5,4-6 vgl. F. LAUB, Bekenntnis und Auslegung, S. 120ff.

nehmen, daß der Autor des Hebr gerade durch jene eigenartige und an sich unsystematische Verschränkung in dieser Hinsicht zum Ausdruck bringt, daß der Weg des irdischen Jesus – sein Leidens- und Gehorsamsweg – konstitutiv ist für das angemessene Verständnis der Erhöhung als Einsetzung in das Amt des Hohenpriesters[33]. Abseits aller Neigung zu einer nachträglichen Systematisierung bzw. unbeschadet einer hier im Hebr zweifellos zu konstatierenden Unausgeglichenheit der „Vorstellungen" kommt es dem Autor des Hebr – zumal im Zusammenhang mit seinem pastoralen Grundanliegen – darauf an, daß der von Gott selbst Berufene nur und nicht anders als der Erniedrigte und im Leiden Gehorsame der „Sohn" und der „Hohepriester" ist – und nur auf dem Wege des „Lernens" des Gehorsams für diejenigen, die ihrerseits ihm Gehorsam zuteil werden lassen, zum „Verursacher ewigen Heils" geworden ist.

Dieser Aspekt – die „Erniedrigung" als die grundlegende Voraussetzung der „Erhöhung" – ist dem Autor so wichtig, daß er ihn in den die theologische Grundlegung in den VV. 5 und 6 kommentierenden und präzisierenden VV. 7–10 in einer höchst eigenartigen, in manchen Formulierungen geradezu anstößigen Weise im einzelnen ausführt. Der Hauptakzent in dem (syntaktisch einen einzigen Satz bildenden) Gefüge liegt dabei zweifellos am Ende auf der Inthronisationsaussage in den VV. 9 und 10 – dies aber eben unter der Voraussetzung der Identität des Erhöhten und Inthronisierten mit dem Erniedrigten, der „in seinen Fleischestagen...". Eben in diesem Sinne sind die VV. 7–10 grundlegend für die Christologie des Hebr[34].

---

[33] Vgl. U. LUCK, NT 6 (1963) S. 205: „Der Weg zur Erhöhung und Einsetzung in das Amt ist damit ein Vorgang, der zum Verständnis der Erhöhung dazugehört ... Wenn V. 8 also sagt: er lernte, obwohl er der Sohn war, auf Grund seines Leidens Gehorsam, dann ist das nicht nur ein proleptischer Gebrauch, sondern es erklärt sich daraus, daß hier das im Bekenntnis ausgesprochene Sohn-Sein entfaltet und zugleich das hohepriesterliche Handeln dargestellt werden soll". Vgl. auch F. LAUB, Bekenntnis und Auslegung, S. 99. 121.

[34] Vgl. U. LUCK, NT 6 (1963) S. 203; K. BERGER, Einführung in die Formgeschichte, S. 75f. – Die Literatur zu Hebr 5,7–10 ist fast unübersehbar. Besonders seien die folgenden Arbeiten (in chronologischer Abfolge) genannt: A. v. HARNACK, Zwei alte dogmatische Korrekturen im Hebr, in: SPAW.PH 5 (1929) S. 69–73 = DERS., Studien zur Geschichte des Neuen Testaments und der alten Kirche I (AKG 19), Berlin 1931, S. 246–252; J. JEREMIAS, Hebr 5,7–10, ZNW 44 (1952/53) S. 107–111; A. STROBEL, Die Psalmengrundlage der Gethsemane-Parallele Hebr 5,7ff, ZNW 45 (1954) S. 252–266; M. RISSI, Die Menschlichkeit Jesu nach Hebr 5,7–8, ThZ 11 (1955) S. 28–45; R. E. OMARK, The Saving of the Savior. Exegesis and Christology in Hebrews 5,7–10, Interp. 12 (1958) S. 39–51; G. BRAUMANN, Hebr 5,7–10, ZNW 51 (1960) S. 278–280; Th. BOMAN, Der Gebetskampf Jesu, NTS 10 (1963/64) S. 261–273; Th. LESCOW, Jesus in Gethsemane bei Lukas und im Hebr, ZNW 58 (1967) S. 215–239; E. BRANDENBURGER, Text und Vorlagen von Hebr 5,7–10. Ein Beitrag zur Christologie des Hebr, NT 11 (1969) S. 190–224; J. THURÉN, Gebet und Gehorsam des Erniedrigten (Hebr 5,7–10 noch einmal), NT 13 (1971) S. 136–146; Ch. MAURER, ‚Erhört wegen der Gottesfurcht', Hebr 5,7, in: Neues Testament und Geschichte. Festschr. O. Cullmann, Zürich/Tübingen 1972, S. 275–284; P. ANDRIESSEN, Angoisse de la mort, NRTh 96 (1974) S. 282–292: J. ROLOFF, Der mitleidende Hohepriester. Zur Frage nach der Bedeutung des irdischen Jesus für die Christologie des Hebr, in: Festschr. H. Conzelmann, S. 148–158; H.-Th. WREGE, Jesusgeschichte und Jüngergeschick

In der chronologischen Abfolge der hier geschilderten Geschehnisse ordnen sich die einzelnen Aussagen in VV. 7-10 zunächst wiederum – wie besonders die Entsprechung des Gehorsamsmotivs in V. 8 zu Phil 2,8 erkennen läßt – in das traditionelle Schema von „Erniedrigung und Erhöhung" ein[35], lassen zugleich aber in der besonderen Betonung und Ausgestaltung des Motivs der Erniedrigung unverkennbar die eigene Handschrift des Autors des Hebr ans Licht treten[36]. Im Anschluß an die grundlegende theologische Aussage über die Berufung bzw. Einsetzung Jesu zum „Sohn" und „Hohenpriester" sind die VV. 7ff an die VV. 5 und 6 sinngemäß so anzuschließen: „Und dieser ‚Sohn' und ‚Hohenpriester' ist kein anderer als derjenige, der in seinen Fleischestagen...". An die Stelle des die überzeitliche Institution kennzeichnenden Präsens (VV. 1-4) tritt nunmehr der auf ein einmaliges Geschehen in der Geschichte bezugnehmende Aorist, und damit zugleich gewinnt das πεπειρασμένον κατὰ πάντα von 4,15 bzw. das ὁμοιωθῆναι κατὰ πάντα τοῖς ἀδελφοῖς von 2,17 eine Anschaulichkeit, die über alles hinausgeht, was ansonsten im Hebr zum Thema der Erniedrigung ausgeführt wird. Das sachliche Gewicht, das dieser Ausführung des Themas der Erniedrigung im Sinne des Autors zukommt, ist – in formaler Hinsicht – bereits daraus ablesbar, daß der Autor die Reihe der für diesen Zusammenhang charakteristischen Partizipien (προσενέγκας, εἰσακουσθείς) in V. 8 zunächst in ein Verbum finitum (ἔμαθεν ... τὴν ὑπακοήν) einmünden läßt, um erst dann – auf diesem Funda-

---

nach Joh 12,20-33 und Hebr 5,7-10, in: Der Ruf Jesu und die Antwort der Gemeinde. Festschr. J. Jeremias, Göttingen 1970, S. 259-288; A. Vanhoye, Situation et signification de Hébreux V. 1-10, NTS 23 (1977) S. 445-456. Vgl. auch H. Zimmermann, Das Bekenntnis der Hoffnung, S. 60-79; F. Laub, Bekenntnis und Auslegung, S. 123-143, sowie die Überblicke zur Forschungsgeschichte bei E. Grässer, ThR 30 (1964) S. 189f. 219ff; E. Brandenburger, a.a.O., S. 191ff; H. Zimmermann, a.a.O., S. 60ff.

[35] Vgl. J. Roloff, in: Festschr. H. Conzelmann, S. 151f.

[36] Dies gilt auch dann, wenn der Relativ- und Partizipialstil der VV. 7-10 sowie die auffällige Häufung von Hapax legomena insbesondere in V. 7 (δέησις, ἱκετηρία, κραυγή, εἰσακούειν; vgl. auch αἴτιος in V. 9 und προσαγορεύειν in V. 10) darauf hinweisen könnten, daß der Autor des Hebr hier nicht nur auf eine bestimmte Tradition hinsichtlich der „Versuchung Jesu" zurückgreift, sondern in den VV. 7-10 insgesamt eine Vorlage, vielleicht sogar ein ihm überkommenes „Lied vom Hohenpriester" zitiert. Zu den formalen Kriterien für solche Vermutung sowie zur Differenzierung zwischen „Vorlage" und redaktioneller Gestaltung durch den Autor des Hebr vgl. G. Schille, ZNW 46 (1955) S. 97ff; G. Friedrich, in: Ges. Aufsätze S. 283ff; E. Brandenburger, NT 11 (1969) S. 218ff, sowie neuerdings M. Rissi, Die Theologie des Hebr, S. 63ff, spez. S. 66f. – Zum ursprünglichen „Sitz im Leben" dieser Vorlage im Taufgottesdienst: G. Friedrich, a.a.O., S. 284ff; G. Braumann, ZNW 51 (1960) S. 278ff; H. Zimmermann, Das Bekenntnis der Hoffnung, S. 69ff. – Andererseits ist freilich nicht zu übersehen, daß der Autor des Hebr die hier aufgenommene Tradition bzw. Vorlage ganz seinem eigenen Grundanliegen zugeordnet hat. Zweifel gegenüber der Annahme, daß in diesen Versen eine „Vorlage" zitiert wird, sind also durchaus angebracht. Vgl. in diesem Sinne: U. Luck, NT 6 (1963) S. 196f; F. Laub, Bekenntnis und Auslegung, S. 125f; W. R. G. Loader, Sohn und Hoherpriester, S. 107ff; K. Nissilä, Das Hohepriestermotiv im Hebr, S. 84; K. Deichgräber, Gotteshymnus und Christushymnus, S. 174ff, sowie H. Braun, S. 148.

ment gleichsam – eine zweite Reihe von Partizipien anzufügen, die nunmehr auf die Erhöhung bezugnehmen (τελειωθείς, προσαγορευθείς).

Ganz in diesem Sinne läßt bereits die den V. 7 einleitende Wendung ὅς ἐν ταῖς ἡμέραις τῆς σαρκός αὐτοῦ die vom Autor gerade an dieser Stelle beabsichtigte Anschaulichkeit überaus deutlich ans Licht treten: Derjenige, von dem hier die Rede ist – der „Sohn" und „Hohepriester" – ist wirklich „den Brüdern in jeder Hinsicht gleichgeworden" (2,17) und hat als solcher Teil an „Blut und Fleisch der Kinder" (2,14), wobei die Wendung „in seinen Fleischestagen" in V. 7 zumal im Zusammenhang mit dem folgenden zugleich die Konnotation der Schwachheit und des Vergänglichen hat. Genau dies wird ja in V. 7 am Versuchtsein des irdischen Jesus in seinem Todesleiden dargelegt. Die äußerst anschauliche, ja drastische Weise, in der dies hier geschieht[37], legt von vornherein die Vermutung nahe, daß hier an ein ganz bestimmtes Geschehnis in „seinen Fleischestagen" gedacht ist, das als solches im Sinne des Autors des Hebr freilich zugleich paradigmatisch für seine Sicht des ganzen Weges des irdischen Jesus ist[38]. Denn dies gilt ja für den Hebr und seine Sichtweise des irdischen Jesus insgesamt: Ausschließlich unter diesem Aspekt, dem Aspekt des Leidens und des Versuchtseins, kommt hier – wie sich bereits in 2,17f und 4,15 zeigte – das „Gleichgewordensein" des „Sohnes" mit seinen „Brüdern" (2,17) in den Blick.

In ihrem Sachgehalt scheint die hier geschilderte Szene am ehesten jener zu entsprechen, die in der *Gethsemane-Überlieferung* der synoptischen Evangelien (Mk 14,32–42 parr) ihren Niederschlag gefunden hat. An einem direkten literarischen oder auch nur traditionsgeschichtlichen Zusammenhang mit den Evangelien zu denken, verbietet jedoch die gänzlich eigenartige Gestaltung der Szene im Hebr von der alttestamentlichen Überlieferung her. Wahrscheinlicher ist es also, daß der Autor des Hebr hier auf eine von den Evangelien grundsätzlich unabhängige Überlieferung zurückgreift, die das Geschehnis der „Versuchung Jesu" in der Kontinuität biblischer Sprachtradition formuliert hat. Die Wortwahl vor allem in V. 7 (δέησις, κράζειν, δάκρυον, εἰσακούειν) ist jedenfalls ganz eindeutig durch die Sprache der biblischen Klagepsalmen (und insbesondere durch die in Ps 116 – LXX Ps 114/115 – gebrauchte Terminologie) geprägt, und zwar bis hin zur Wendung ἐν ταῖς ἡμέραις μου (LXX Ps 114,2) und zur Bitte um Errettung aus dem Tod (LXX Ps 114,1ff, spez. 114,8)[39]. Begegnet solche Sprache aber auch außerhalb des Psal-

---

[37] Sie entspricht durchaus dem pastoralen Grundanliegen des Hebr. Vgl. U. LUCK, NT 6 (1963) S. 196f. – Zur Drastik der Ausdrucksweise vgl. R. WILLIAMSON, Philo and the Epistle to the Hebrews, S. 51–64; O. CULLMANN, Die Christologie des Neuen Testaments, S. 95f.

[38] Zum paradigmatischen Charakter der hier geschilderten Szene vgl. F. LAUB, Bekenntnis und Auslegung, S. 127f; N. WALTER, in: Festschr. G. Voigt, S. 68f; H. BRAUN S. 141. Vgl. aber auch schon M. LUTHER, Scholien z. St. (ed. J. Ficker, S. 60f): „... i.e. quod ‚dies' collective accipiuntur pro toto vitae suae tempore, in cuius parte se obtulit", sowie neuerdings M. RISSI, Die Theologie des Hebr, S. 67f.

[39] Vgl. neben LXX Ps 114/115 aber auch LXX Ps 21,25 (κράζειν / εἰσακούειν); LXX Ps 30,23 (εἰσακούειν – δέησις – κράζειν); LXX Ps 38,13 (δέησις-δάκρυον). Zum Nachweis der

ters zur Kennzeichnung des Gebetes „in tiefer Not"[40], so legt sich die Schlußfolgerung nahe, daß die einzelnen Aussagen in V. 7 sich gar nicht in erster Linie bewußter schriftgelehrter Arbeit auf Grund einzelner Schriftstellen (insbesondere aus dem Psalter) verdanken, sondern daß hier vielmehr ganz generell das traditionelle biblische Schema des notleidenden, vom Tode bedrohten Beters seinen Niederschlag gefunden hat[41], zu dem nicht zuletzt auch die Hoffnung auf denjenigen gehört, der „aus dem Tode" zu erretten vermag. Von daher gesehen würde dann freilich die Wendung ἐκ θανάτου in V. 7 nicht lediglich die Errettung „vor dem Tod" bzw. aus Todesfurcht, sondern in der Tat die Errettung „aus dem Tod" bzw. aus dem Herrschaftsbereich des Todes im Blick haben[42].

Insgesamt ergibt sich somit für die einzelnen Aussagen in V. 7 ein einheitlicher, durch biblische Sprach- und Sachtradition geprägter Motivzu-

---

„Psalmengrundlage" von V. 7 vgl. A. STROBEL, ZNW 45 (1954) S. 252ff; DERS., Hebr S. 127f, aber auch schon M. DIBELIUS, Die Formgeschichte des Evangeliums, S. 213f; DERS., Gethsemane, in: DERS., Botschaft und Geschichte I, Tübingen 1953, S. 258-271, spez. S. 260ff; H. WINDISCH S. 130f: „die LXX-Exegese ... hat hier die geschichtliche Überlieferung ganz überschattet". Vgl. neuerdings auch E. SCHWEIZER, TRE XVI, S. 694, sowie die ausführliche Diskussion der „Gethsemaneparallele" von Hebr 5,7 bei R. FELDMEIER, Die Krisis des Gottessohnes. Die Gethsemaneerzählung als Schlüssel der Markuspassion (WUNT 2.R. 21), Tübingen 1987, S. 50-63.
[40] Vgl. z. B. die Verbindung κραυγή - μετὰ δακρύων in 3 Makk 3,16; 5,7-9; zur Verbindung δέησις - ἱκετηρία vgl. Hi 40,27; Philon, Cher 47 sowie die von Th. BOMAN, NTS 10 (1963/64) S. 266f, aufgeführten Belege für den biblischen Topos von „lautem Geschrei und Tränen" (Ex 3,7.9; Num 12,13; Jdc 3,9.15; 4,3; 6,7; 10,10 u. ö.) als Kennzeichen für das Gebet „in tiefer Not". Vgl. Th. LESCOW, ZNW 58 (1967) S. 236f; K. BERGER, Formgeschichte des Neuen Testaments, S. 314: Jesus, „der ideale Beter".
[41] Vgl. O. LINTON, Hebreerbrevet och den historiske Jesus, SvTK 26 (1950) S. 333-345, spez. S. 338ff; Th. BOMAN, NTS 10 (1963/64) S. 266f, sowie K. BERGER/C. COLPE, Religionsgeschichtliches Textbuch zum neuen Testament (NTD Textreihe Bd. 1), Göttingen 1987, S. 302: „Geschrei und Tränen in Verbindung mit Opfermetaphorik für das Gebet gehören zur Ausstattung des zeitgenössischen Bittgebets". - Solcher einheitlicher biblischer Traditionszusammenhang läßt es auch unwahrscheinlich erscheinen, daß an dieser Stelle im Hebr eine Bezugnahme auf die jüdische Aqeda-Tradition vorliegt. So bereits E. LOHSE, Märtyrer und Gottesknecht, S. 91; O. MICHEL S. 221, sowie zuletzt bes. J. SWETNAM, Jesus und Isaac, S. 182-184. Die Verbindung von „Weinen und lautem Geschrei", wie sie in (dem sehr späten!) Jalkut Schim'oni I § 101 (zu Gen 22,9) vorliegt (vgl. STRACK-BILLERBECK, III, S. 688), ist ihrerseits wiederum Zeugnis für jene Tradition, die auch im Hebr ihren Niederschlag gefunden hat. Gar keinen Anhaltspunkt am Text des Hebr hat die These von J. SWETNAM (a.a.O.), wonach Jesus darum bittet, nicht aus dem Tod errettet zu werden – um auf diese Weise zu „ergänzen", was an Leiden Isaaks noch fehlt.
[42] Vgl. M. BACHMANN, ZNW 78 (1987) S. 259: „Jesus bittet den, der ihn aus der bannenden, knechtenden Wirkung des Todes zu retten vermöchte". - Die Hoffnung bzw. Gewißheit, daß Gott „aus dem Tod" zu erretten vermag, hat bereits im Alten Testament ihren Niederschlag gefunden. Vgl. bes. Prov 23,14: Τὴν ψυχὴν αὐτοῦ ἐκ θανάτου ῥύσῃ; Hi 33,30; Hos 13,14; LXX Ps 29,4; 48,16; 85,13; Sir 51,12. - Zur partizipialen Gottesbezeichnung ὁ δυνάμενος im Urchristentum - hier zumeist in Doxologien gebraucht - vgl. Röm 16,25; Eph 3,20; Jud 24 sowie Jak 4,12; Herm mand XII 6,3. Vgl. R. DEICHGRÄBER, Gotteshymnus und Christushymnus, S. 176. - Um einen Reflex der Gebetsanrede πάντα δυνατά σοι in Mk 14,36 handelt es sich in V. 7 schwerlich. Vgl. aber Th. LESCOW, ZNW 58 (1967) S. 237f.

sammenhang, den der Autor des Hebr an dieser Stelle bewußt einsetzt, um seinen Lesern den „Sohn und Hohenpriester" in seiner tiefsten Erniedrigung als den „in jeder Hinsicht wie wir Versuchten" (4,15) vor Augen zu stellen[43]. Fraglich bleibt bei alledem lediglich, ob in der Rede vom „Darbringen" (προσφέρειν) von „Gebet und Flehen", die als solche in der hier aufgenommenen biblischen Überlieferung keine Grundlage hat, eine beabsichtigte Entsprechung zum kultischen Gebrauch des Verbums im Sinne des Darbringens von Opfergaben in 5,1.3 vorliegt. Träfe dies zu[44], so wäre damit der deutlichste Hinweis auf die redaktionelle Gestaltung der Überlieferung von V. 7 durch den Autor des Hebr gegeben. Da sich jedoch andererseits eine Entsprechung zwischen dem Gebrauch von προσφέρειν in 5,1.3 und 5,7 kaum als sinnvoll erweisen läßt, liegt es näher, das Verbum an dieser Stelle in dem auch anderweitig belegten unkultischen Sinne des „Darbringens" von Gebeten (o. ä.) zu verstehen[45].

Das den V. 7 abschließende passive Partizip εἰσακουσθείς (ἀπὸ τῆς εὐλαβείας) trägt im Gesamtzusammenhang der VV. 7-10 einen besonderen Akzent. Steht es in diesem Zusammenhang in der Reihe der folgenden Partizipien τελειωθείς (V. 9) und προσαγορευθείς (V. 10), so ist es im Rahmen des hier rezipierten Schemas von Erniedrigung und Erhöhung nicht wiederum punktuell auf ein bestimmtes Geschehen „in den Tagen seines Fleisches" (und eine hierbei geschehene „Erhöhung") zu beziehen[46], son-

---

[43] Was die Drastik bei der Schilderung der Szene betrifft, besteht am ehesten noch eine Analogie zu Lk 22,43f. Vgl. O. MICHEL S. 221: „Der Realismus der Angst wird in Lk und Hebr besonders betont". Daraus läßt sich jedoch kaum auf einen (traditionsgeschichtlichen) Zusammenhang zwischen Lukas und Hebr schließen. Vgl. zur Frage bes. C. P. M. JONES, The Epistle to the Hebrews and the Lucan Writings, in: Studies in the Gospels. Essays in Memory of R. H. Lightfoot, S. 121; Th. LESCOW, ZNW 58 (1967) S. 215-239.

[44] Προσφέρειν stünde dann - entsprechend zu V.3 - im Sinne des Darbringens von Opfern „für die eigenen Sünden"; vgl. 7,27. So K. NISSILÄ, Das Hohepriestermotiv im Hebr, S. 100: „Jesu Opfer ... ist eine typologische Parallele zu dem Opfer für die eigenen Sünden"; vgl. auch S. 110; Th. BOMAN, NTS 10 (1963/64) S. 268; J. ROLOFF, in: Festschr. H. Conzelmann, S. 156: „Dieses Flehen und Bitten ist der Dienst des wahren Hohenpriesters für die Seinen" bzw. „ein Akt inklusiver Stellvertretung" (ebd.). Davon ist jedoch in V. 7 gerade nicht die Rede, „Beten und Flehen" sind vielmehr lediglich Äußerungen des Versuchtseins Jesu. Vgl. auch F. LAUB, Bekenntnis und Auslegung, S. 129f.

[45] So bei Josephus, Bell. III 353 (προσφέρειν εὐχήν); TestLev 3,8; TestGad 7,2 vom Darbringen von Hymnen sowie Achilles Tatius VII 1,3 (προσφέρειν δέησιν). Vgl. E. RIGGENBACH S. 131, Anm. 46; G. FRIEDRICH, Ges. Aufsätze, S. 280f. Anders wiederum J. THURÉN, NT 13 (1971) S. 145.

[46] Es ist wiederum die Auffassung vom Bezug auf die Gethsemane-Szene (wenn auch in Gestalt einer besonderen, von den synoptischen Evangelien unabhängigen Quelle), die A. v. HARNACK, Studien zur Geschichte des Neuen Testaments und der alten Kirche I, S. 245-252, zu der Konjektur genötigt hat, vor εἰσακουσθείς die Negation οὐκ einzufügen - denn: Jesus ist ja nach der Gethsemane-Überlieferung gerade nicht erhört worden! Zustimmend dazu: R. BULTMANN, ThWNT II, S. 751; E. GRÄSSER, ThR 30 (1964) S. 220f (mit Darstellung der Diskussion). Vgl. auch H. WINDISCH S. 43: „Die Konjektur ... ist durchaus erwägenswert. Wirklich befriedigend ist sie ebensowenig wie der überlieferte Text". In einer gewissen Nähe

dern auf die Erhöhung des „Sohnes". Das hat Konsequenzen auch für die seit alters umstrittene Wendung ἀπὸ τῆς εὐλαβείας. Εὐλάβεια bezeichnet hier dann nicht mehr die Angst bzw. Todesfurcht, von deren Äußerung zuvor in V.7 die Rede war (sodaß zu übersetzen wäre: „erhört aus seiner Todesfurcht heraus" bzw. „weg von der Angst")[47], sondern im Vorgriff bereits auf V.8 (und parallel zu ὑπακοή dort) die „Gottesfurcht"[48]. Also: Von dem, der „aus dem Tode (bzw. aus Todesfurcht) zu erretten vermag", ist der Versuchte erhört worden, und zwar wegen seiner Gottesfurcht, infolge seines Gehorsams[49]. Denn – wie V.8 alsbald erläuternd und zugleich verstärkend hinzufügt – „obwohl er der Sohn ist, lernte er aus dem, was er erlitt, den Gehorsam"[50]. Solches Verständnis von V.7 ordnet sich durchaus den grundlegenden christologischen Aussagen von 2,9ff und 4,5 ein: Das „Todesleiden" des Sohnes (2,9) – mit den Worten von V.7: seine „Gottesfurcht" bzw. sein Gehorsam im Todesleiden – ist die Voraussetzung für seine Erhöhung, ja noch mehr: Gerade dort, wo der Sohn Gehorsam bis ins Leiden und Sterben hinein bewährt, geschieht von Gott her „Erhörung" – und damit „Erhöhung"[51]. Damit ist ein Gesamtverständnis

---

zu A. v. HARNACKS Lösungsversuch steht der Vorschlag von P. ANDRIESSEN, NRTh 96 (1974) S. 282–292, die Wendung ἀπὸ τῆς εὐλαβείας im zeitlichen Sinne zu verstehen und das „Erhörtwerden" somit auf die Auferstehung bzw. Erhöhung zu beziehen: „Exaucé après avoir enduré l'angoisse de la mort" (S. 289ff). Vgl. dazu bereits P. ANDRIESSEN/A. LENGLET, Bib 51 (1970) S. 208–212.

[47] So neuerdings auch wieder M. BACHMANN, ZNW 78 (1987) S. 259. So gesehen wären die δεήσεις, ἱκετηρίαι usw. gleichsam die Folgeerscheinungen der εὐλάβεια. So A. v. HARNACK, Studien zur Geschichte des neuen Testaments und der alten Kirche I, S. 246f. Zu εὐλάβεια im Sinne von „Todesfurcht" vgl. Stobaios, Ecl I 49,69: τῇ τοῦ θανάτου εὐλαβείᾳ.

[48] Zu εὐλάβεια in diesem Sinne vgl. Prov 24,28; Sir 7,29; 18,27; 23,18 (R. BULTMANN, ThWNT II, S. 749f) sowie εὐλαβής bei Lukas (Lk 2,25; Act 2,5; 8,2; 22,12), hier jeweils zur Kennzeichnung der „Frommen" im jüdischen Sinne. In dieselbe Richtung weist übrigens auch der Gebrauch von εὐλάβεια bzw. εὐλαβεῖσθαι im Hebr selbst: 11,7; 12,28. Zum Verständnis von εὐλάβεια im Sinne von „Gottesfurcht" vgl. bereits M. LUTHER, Scholien z. St. (ed. J. Ficker, S. 63f): „reverentia, pietas"; weiter: J. JEREMIAS, ZNW 44 (1952/53) S. 107–111, sowie bes. Chr. MAURER, ‚Erhört wegen der Gottesfurcht', Hebr 5,7, in: Festschr. O. Cullmann, S. 275–284; H. W. ATTRIDGE, ‚Heard because of his reverence' (Heb 5:7), JBL 98 (1979) S. 90–93; C. SPICQ, Sbi, S. 97 (Synonym zu εὐσέβεια); H. BALZ, EWNT II, Sp. 197f. – H. W. ATTRIDGE führt solches Verständnis von εὐλάβεια im Hebr auf Philon zurück. Vgl. Her 22.29 (im Kontext von Her 1–29): „Thus the opening chapters of Philo's tractate Quis Heres provide the proper background for understanding the description of the prayer of Jesus in Heb 5:7" (a.a.O., S. 93).

[49] Zu ἀπό c.gen. im Sinne von „wegen, infolge von" vgl. W. BAUER, Wörterbuch zum Neuen Testament, Sp. 173 (V 1); G. SCHNEIDER, EWNT I, Sp. 300; BL.-DEBR.-R. § 210,1. Zur Sache vgl. R. E. OMARK, Interp. 12 (1958) S. 43ff, sowie bereits A. VITTI, Exauditus est pro sua reverentia, VD 14 (1934) S. 86–92. 108–114.

[50] Zum Zusammenhang zwischen V.7 und V.8 vgl. auch Chr. MAURER, in: Festschr. O. Cullmann, S. 283, der in V.7 eine „wenn nicht gerade untergeordnete, so doch beigeordnete, partizipiale Interpretation der entscheidenden Aussage von V.8" sieht.

[51] Vgl. R. E. OMARK, Interp. 12 (1958) S. 48: „The answer to prayer was given in death, a

des Passus gewonnen, daß dem christologischen und – zugleich – pastoralen Grundanliegen des Hebr insgesamt entspricht: Nur als derjenige, der in der Situation der äußersten Anfechtung selbst „Gottesfurcht" bewährt und Gehorsam gelernt hat (V. 8), vermag der „Sohn und Hohepriester" ein „Verursacher des ewigen Heils" für diejenigen zu sein, die nun ihrerseits ihm gehorsam sind (V. 9). Oder anders formuliert: Wie Gott ihn, den Gottesfürchtigen und Gehorsamen, „aus dem Tod errettet hat" (V. 7), vermag er nun auch seinerseits für die ihm Gehorsamen das Amt des σωτήρ auszuüben (V. 9)[52]. Aber dies eben ist im Hebr sowohl in christologischer als auch – von daher – in Hinsicht auf das pastorale Grundanliegen entscheidend: In Leiden und Versuchtsein durch Leiden gilt es, Gehorsam zu lernen!

Aus diesem Grunde fällt im Sachzusammenhang der VV. 7–10 auf die Aussage von V. 8 entscheidendes Gewicht, auch wenn seine syntaktische Stellung im Kontext auf den ersten Blick keineswegs eindeutig und dementsprechend bis heute umstritten ist[53]. Wirklich eindeutig ist dabei in formal-syntaktischer Hinsicht zunächst nur, daß konzessives καίπερ hier im Vordersatz steht: „Obwohl/Wenngleich er der Sohn ist..."[54]; eindeutig ist darüber hinaus aber auch in sachlicher Hinsicht, daß mit der Aussage über den Leidensgehorsam des Sohnes ein für die Christologie wie auch für das

---

death which meant life for himself and others, a death which meant exaltation and glory, as John 12:32 implies...".

[52] Zur Korrespondenz σῴζειν (V. 7) – σωτηρία (V. 9) vgl. A. VANHOYE, La structure littéraire, S. 109f; R. E. OMARK, Interp. 12 (1958) S. 48; H. BRAUN, S. 142. 147. Diese Korrespondenz bzw. Verklammerung ist wiederum ein Hinweis auf die Gestaltung des Zusammenhangs durch den Autor, der allenfalls in V. 7, nicht jedoch in den VV. 8–10 auf geprägte Tradition zurückgreift.

[53] Dabei wird u. a. auf den „Bruch" im sprachlich-logischen Gefüge zwischen V. 7 und V. 8 hingewiesen. So J. ROLOFF, in: Festschr. H. Conzelmann, S. 152ff; E. BRANDENBURGER, NT 11 (1969) S. 195: „Hier ist der eigentliche neuralgische Punkt des Textes". E. BRANDENBURGER erklärt diesen „Bruch" durch die Vermutung, daß der Autor des Hebr in den VV. 7–10 zwei unterschiedliche Traditionsstücke nebeneinander gestellt hat, nämlich V. 7 einerseits und VV. 8–10 andererseits (S. 199ff); vgl. auch H. ZIMMERMANN, Das Bekenntnis der Hoffnung, S. 65f.

[54] Das ist zwar ungewöhnlich, aber keineswegs unmöglich. Vgl. den entsprechenden Nachweis anhand von LXX-Belegen (Prov 6,8; 2 Makk 4,34; 4 Makk 3,10.15; 4,13; 15,24) bei J. JEREMIAS, ZNW 44 (1952/53) S. 108, Anm. 4. Zu konzessivem καίπερ mit folgendem Partizip vgl. Phil 3,4; Hebr 7,5; 12,17; 2 Petr 1,12; Apk 17,8 (varia lectio) sowie BL.-DEBR.-R. § 425,1; E. BRANDENBURGER, NT 11 (1969) S. 194, Anm. 1; S. 220, Anm. 1. – Gegen A. v. HARNACK, Studien zur Geschichte des neuen Testamentes und der alten Kirche I, S. 248, der καίπερ ὢν υἱός als Apodosis noch zu V. 7 nimmt und als weiteres Argument für seine Konjektur wertet, vgl. auch F. SCHEIDWEILER, Καίπερ nebst einem Exkurs zum Hebr, Hermes 83 (1955) S. 220–230, spez. S. 226: „Er wurde nicht (!) erhört, obwohl er der Sohn war". Die mit καίπερ in der Protasis gegebene „Aporie" kann nach M. RISSI, Die Theologie des Hebr, S. 65, „nur verursacht sein durch die Verwendung einer Vorlage, die vom Verfasser ihrem ursprünglichen Zweck entfremdet und einem neuen dienstbar gemacht wurde". Vgl. entsprechend die Rekonstruktion dieser „Vorlage": S. 66f, in der καίπερ ὢν υἱός als Apodosis zu μετὰ κραυγῆς ἰσχυρᾶς καὶ δακρύων προσενέγκας zu stehen kommt.

pastorale Grundanliegen des Hebr entscheidender Akzent gesetzt wird: Die Voraussetzung bzw. Bedingung für die „Erhörung" von Gebet und Flehen des Versuchten wie auch für seine Erhöhung wird hier vermittels des Gehorsamsmotivs ausgeführt. Gleichwohl wäre dem sachlichen Gewicht dieses „Zwischensatzes" im Kontext nicht zureichend Rechnung getragen, wollte man ihn im übergreifenden Gefüge der Partizipien εἰσακουσθείς – τελειωθείς – προσαγορευθείς lediglich im Sinne einer Parenthese (und damit nur als Erläuterung zu εὐλάβεια) verstehen[55]. Vielmehr wird mit V. 8 im Gefüge der Partizipienreihe, die allesamt – als „passiva divina" – Gottes Handeln am Sohn beschreiben, insofern ein für die Christologie des Hebr entscheidender Akzent gesetzt, als hier gleichsam der Brückenschlag erfolgt zwischen den in den VV. 5 und 6 noch nebeneinanderstehenden Prädikationen „Sohn" und „Hoherpriester". Die Paradoxie des Leidens des „Sohnes" – „obwohl er der Sohn ist"! – ist die Bedingung nicht nur für seine „Vollendung" (V. 9), sondern auch für seine Einsetzung in das Amt des „Hohenpriesters" (V. 10). Wenn dabei das durch das überkommene Schema von Erniedrigung und Erhöhung vorgegebene Gehorsamsmotiv (Phil 2,8) durch die in der Antike weitverbreitete Parechese παθεῖν – μαθεῖν variiert wird[56], so offenbart dies nicht nur die im Hebr auch sonst zu beobachtende Neigung zu einem „literarischen" Stil kunstvoller Prosa, sondern betont zugleich einmal mehr den vom Autor beabsichtigten Kontrast[57]: Eine allgemein-menschliche Erfahrungsweisheit, der traditionelle Topos von der pädagogischen Wirksamkeit von Not und Leiden[58], gilt nun auch und gerade für den, der doch eigentlich – als der „Sohn" – ganz auf die Seite Gottes gehört. Auch und gerade dieser „Sohn" ist – in Solidarität mit den Menschen als seinen „Brüdern" (2,10ff) – einem „Lernprozeß" unterworfen, in dem es „Gehorsam zu lernen" gilt[59].

---

[55] So J. JEREMIAS, ZNW 44 (1952/53) S. 109f; vgl. auch G. FRIEDRICH, in: Ges. Aufsätze, S. 292. Kritisch dazu: E. BRANDENBURGER, NT 11 (1969) S. 194f.
[56] In V. 8 steht ἀφ' ὧν für ἀπὸ τούτων ἅ. Die Belege für diese Parechese reichen von Aischylos, Agamemnon 177 (τὸν πάθει μάθος θέντα κυρίως ἔχειν), Sophokles, Trach. 143, und Aesop, Fab. 370 (παθήματα τοῖς ἀνθρώποις μάθησιν γίνεται) über Herodot, Hist. I 207 (τά δέ μοι παθήματα ... μαθήματα γέγονεν) bis hin zu Philon, Her 73; Fug 138; Somn II 107; VitMos II 55.280; SpecLeg IV 29. Zur Sache vgl. aber auch schon die biblische Weisheitsliteratur: Prov 3,1ff; 15,5; Koh 7,2; Hi 32,19; 36,15 sowie Sir 34,10. – Zum Topos insgesamt vgl. J. COSTE, Notion grecque et notion biblique de la souffrance éducatrice (A propos d'Hébreux 5,8), RSR 43 (1955) S. 481–523; H. DÖRRIE, Leid und Erfahrung. Die Wort- und Sinnverbindung παθεῖν – μαθεῖν im griechischen Denken, AAWLM.L 1956, Nr. 5.
[57] Vgl. E. BRANDENBURGER, NT 11 (1969) S. 202f: „An diesem Kontrast hängt hier alles...", mit Verweis auf „die gleiche Paradoxie des Heilsgeschehens" in Phil 2,7f (vgl. Hebr 2,14f). Vgl. auch J. ROLOFF, in: Festschr. H. Conzelmann, S. 154; J. COSTE, RSR 43 (1955) S. 518ff.
[58] Vgl. bes. Philon, All III 137: Not und Mühe führen zum Gehorsam bzw. zur Unterwerfung unter den Willen Gottes. Die für Hebr 5,8 bestimmenden Stichwörter begegnen hier freilich nicht. Von daher gesehen besteht hier keineswegs eine besondere Affinität des Hebr zu Philon. Gegen J. COSTE, RSR 43 (1955) S. 518.
[59] Die naheliegende Frage, ob das ἔμαθεν von V. 8 voraussetzt, daß Jesus selbst einen Weg

Daher gilt dem Hebr die „Erhöhung", von der nunmehr in V. 9 die Rede ist[60], nicht lediglich als der zustehende Lohn für den zuvor Gott erwiesenen Gehorsam, sondern als Konstituierung der Heilswirksamkeit des Gehorsams des Gottessohnes. Als derjenige, der selbst im Leiden Gehorsam erlernt hat, ist er nunmehr für diejenigen, die ihm gehorsam sind, ein „Verursacher ewigen Heils" geworden. Hier ist also nicht nur der traditionelle Topos vom Erziehungsleiden in den christologischen Kontext integriert; vielmehr zeigt sich spätestens in V. 9, in welchem Maße hier traditionelle Erniedrigungs- und Erhöhungschristologie auf das pastorale Grundanliegen des Hebr ausgerichtet wird. Mit der christologischen Aussage geht es hier zugleich um eine soteriologische Aussage[61]. Und auf dieser soteriologischen Aussage liegt in V. 9 auch der eigentliche Akzent: Als der auf dem Wege des Gehorsams „Vollendete" ist er αἴτιος σωτηρίας αἰωνίου „geworden". Ἐγένετο: Das zweite Verbum finitum im syntaktischen Zusammenhang der VV. 7–10 zeigt als solches in der Reihe der Partizipien das Gewicht der Aussage an. Und das soteriologische Gewicht dieser Aussage ist am christologischen Titel αἴτιος σωτηρίας αἰωνίου ablesbar. Denn: αἴτιος, das ist in diesem Zusammenhang ja nicht nur – analog zu ἀρχηγός in 2,10 – der „Anführer" oder Wegbereiter, sondern eben auch : „Verursacher", „Begründer" also „ewigen", endgültigen „Heils"[62], und zwar als der von

---

von anfänglichem Ungehorsam zum endlichen Gehorsam gegangen ist – so M. RISSI, ThZ 11 (1955) S. 43 –, liegt sicherlich nicht im Blickfeld des Hebr, vielmehr ist hier bereits das sodann in V. 9 im Blick auf die Adressaten explizit hervortretende Gehorsamsmotiv bestimmend. Vgl. bereits Theophylakt, PG 125, p. 245 A, sowie R. E. OMARK, Interp. 12 (1958) S. 47. Immerhin: „Anders als von einer notvollen inneren Entwicklung Jesu im Todesleiden auf den Gehorsam hin läßt das ἔμαθεν ... ungekünstelt sich nicht deuten". So H. BRAUN S. 145; ebd.: „Das Nebeneinander des πιστὸν ὄντα und des ἔμαθεν geht nicht restlos auf". Zum Problem in dieser Hinsicht vgl. bereits Johannes Chrysostomus (Cramer, Catenae, p. 480); Theophylakt, PG 125, p. 244 D, sowie J. COSTE, RSR 43 (1955) S. 481f. Zum Verständnis des ἔμαθεν im Sinne eines „Lernprozesses" vgl. zuletzt M. BACHMANN, ZNW 78 (1987) S. 256: „prozeßhaftes Solidarischsein Christi"; S. 264: „ein duratives Geschehen". Vgl. auch F. BÜCHSEL, Die Christologie des Hebr, S. 32f; O. CULLMANN, Die Christologie des neuen Testaments, S. 92f und S. 96: „Diese Wendung (sc.: ἔμαθεν) ... setzt eine innermenschliche Entwicklung seiner Person voraus".

[60] Im Zusammenhang mit εἰσακουσθείς (V. 7) wie auch auf der Basis des hier rezipierten Schemas von Erniedrigung und Erhöhung ist τελειωθείς in V. 9 eindeutig auf die Erhöhung zu beziehen. Vgl. entsprechend Phil 2,9 sowie Hebr 2,10; 7,28.

[61] In diesem Sinne kann man sagen, daß der Ausgang des Leidens Jesu – sein Gehorsam im Leiden – einen „doppelten Effekt" hat. So C. SPICQ, SBi, S. 98f.

[62] Der Titel αἴτιος erhält seine konkrete Bedeutung vom Kontext her. Das schließt jedoch nicht aus, daß der Autor des Hebr mit ihm auf eine Prädikation zurückgreift, die bereits traditionell – und zwar nicht nur im religiösen Bereich (Polybios I 43,2!), – eine Rolle gespielt hat. Bemerkenswert ist vor allem, daß Philon, Agr 96, von der Schlange des Mose ganz so formuliert wie Hebr: αἴτιος σωτηρίας γενόμενος. Vgl. auch SpecLeg I 252; Virt 202; VitCont 56 sowie Josephus, Ant. XIV 136; Bell. IV 318. Freilich wird αἴτιος ganz ähnlich auch im politischen Sinne gebraucht, so bes. bei Polybios, I 43,2: αἴτιος γενόμενος τῆς σωτηρίας; 40,16; 43,8 sowie IX 33,6: αἴτιος δ' ἐγένετο τοῖς Ἕλλησι τῆς ἐλευθερίας. Vgl. weiter Plutarch,

Gott in das Amt des „Hohenpriesters" Eingesetzte. Für den Hebr freilich ist es charakteristisch, daß die mit der Prädikation αἴτιος verbundene soteriologische Christologie sich zugleich mit einer Christologie verbindet, die den Erhöhten und „Vollendeten" als den im Leiden Gehorsamen zum Vorbild werden läßt, an dem die Adressaten sich ausrichten sollen. Christologische Argumentation verbindet sich hier ganz unmittelbar mit paränetischer Intention[63]. Besonders deutlich zeigt sich dies an der Verklammerung von V. 9 mit V. 8 durch das Gehorsamsmotiv: Der ὑπακοή Jesu (V. 8) korrespondiert in V. 9 das ὑπακούειν der Christen, was im Zusammenhang nichts anderes heißen kann als: Ihren Gehorsam sollen die Adressaten ausrichten an dem, der selbst den Weg des Gehorsams gegangen ist. Also: „Man gehorcht ihm, indem man wie er gehorcht"[64].

Welche Gestalt dieser Gehorsam der Christen im Sinne des Autors konkret haben soll, geht aus dem Kontext mit aller Eindeutigkeit hervor: Es ist - wie bei Jesus - der Gehorsam in Leiden und Anfechtung, dies aber nun eben in der Ausrichtung auf ihn (3,1; 12,2f). Daß bei alledem im Hebr gerade auch das Beispiel Jesu als motivierende Kraft zur Überwindung der Anfechtung des Glaubens auf seiten der Adressaten (und in diesem Sinne auch das Prinzip einer „Vorbildethik"!) geltend gemacht wird, läßt sich im Blick auf unsere Stelle ebensowenig bestreiten wie auch im Blick auf 12,2f: Ebenso wie der „Sohn" - so auch ihr![65] Im Rückblick auf 3,7-4,11 gesehen heißt das zugleich, daß die Ausrichtung am Beispiel Jesu den „Eifer" der Leser beflügeln soll, nicht mehr dem „Beispiel des Ungehorsams" zu folgen, das Israel einst gegeben hat (4,11). Gleichwohl macht gerade die christologisch-soteriologische Aussage in V. 9 deutlich, daß Jesus hier den Lesern nicht nur als der „exemplarische Repräsentant einer neuen Lebensmöglichkeit" vor Augen gestellt wird[66], sondern zugleich als der Begründer einer neuen Lebenswirklichkeit, die für die Adressaten - als Getaufte -

---

Themist. VII 4; W. Dittenberger, Sylloge, p. 485,69. Zum Ganzen vgl. R. WILLIAMSON, Philo and the Epistle to the Hebrews, S. 84-88. Zu σωτηρία αἰώνιος vgl. entsprechend 9,12 (αἰωνία λύτρωσις); 9,15 (αἰώνιος κληρονομία) sowie LXX Jes 45,17 (σωτηρία αἰώνιος).

[63] Zur paränetischen Orientierung des Zusammenhangs vgl. F. LAUB, Bekenntnis und Auslegung, S. 134ff. 144ff; W. R. G. LOADER, Sohn und Hoherpriester, S. 101ff, sowie M. BACHMANN, ZNW 78 (1987) S. 254ff, bes. S. 257: „Der Leidensprozeß, von dem in V. 8 die Rede ist, ist derjenige, durch den Jesus mit den Menschen verbunden ist".

[64] So H. BRAUN S. 147. Zur Verklammerung von V. 8 und V. 9 durch das Stichwort ὑπ - ακοή - ὑπακούειν vgl. A. VANHOYE, La structure littéraire, S. 109f; R. E. OMARK, Interp. 12 (1958) S. 47.

[65] Zum Vorbild- bzw. Beispielmotiv im Hebr insgesamt vgl. E. GRÄSSER, Der Glaube im Hebr, S. 156-158; spez. zu 5,8f: DERS., Tradition und Situation, S. 169. kritisch dazu: F. LAUB, Bekenntnis und Auslegung, S. 148ff. - Hinzuweisen ist in diesem Zusammenhang darauf, daß das Prinzip einer Vorbildethik auch über den Hebr hinaus dem Urchristentum keineswegs fremd gewesen ist. Vgl. z. B. die paränetische Applizierung des Gehorsamsmotivs von Phil 2,6-11 im Kontext (2,12ff) sowie 1 Petr 2,21ff: Christus als „Leitbild" (V. 21: ὑπογραμμός). Vgl. dazu L. GOPPELT, Der erste Petrusbrief, S. 199ff.

[66] So J. ROLOFF, in: Festschr. H. Conzelmann, S. 165.

bereits bestimmend ist und die es im Glaubensgehorsam nur jeweils neu zu aktualisieren gilt. Der in V. 9 (implizit) geforderte Gehorsam der Adressaten hat am zuvor dargelegten Gehorsam des „Sohnes" also nicht lediglich sein Maß und seine Norm, sondern zugleich – und zuallererst! – seinen Grund. Eine Alternative in dieser Hinsicht gibt es für den Hebr jedenfalls nicht[67]. Vielmehr macht die Verbindung des christologisch-soteriologischen Aspektes mit dem ethisch-paränetischen Aspekt (unter Einschluß des Vorbildmotivs) gerade die Eigenart des christologischen Entwurfs des Hebr aus.

Der Übergang von V. 9 zu **V. 10** zeigt dann aber noch einmal an, daß für den Autor des Hebr – gerade im Interesse der Wirksamkeit seiner „Mahnrede" – der christologisch-soteriologische Aspekt schlechterdings grundlegend ist: „Verursacher eines ewig-endgültigen Heils" (V. 9) ist der von Gott „Vollendete" als der von ihm „als Hoherpriester Benannte". Die Reihe der passiven Partizipien, die allesamt auf die Erhöhung zu beziehen sind, findet ihr Ende und Ziel in der „Benennung" Jesu als „Hoherpriester nach der Ordnung Melchisedeks" und eröffnet damit zugleich die weitere Entfaltung des „Sohnes"-Bekenntnisses im Sinne der „Hohenpriester"-Christologie in Hebr 7,1–10,18[68]. Mit dem Verbum προσαγορεύειν, „benennen, ernennen", nimmt der Autor die entsprechende Redeweise von der (öffentlichen) Einsetzung in ein Amt im hellenistischen Judentum auf[69]. Daß der ἱερεύς von Ps 110,4 (V. 6) zugleich der ἀρχιερεύς ist, macht die Eigenart des Hebr aus, der bei den Adressaten die bereits von 2,17f; 3,1 und 4,14 her bekannte Bezeichnung Jesu als „Hoherpriester" voraussetzt und nunmehr dazu übergeht, die Besonderheit des Hohenpriestertums Jesu auf der Grundlage von Gottes eigener Rede in Ps 110,4 (V. 6) zu entfalten. Die Entsprechung zum Hohenpriestertum des Aaron (VV. 4f) wird nunmehr überboten und in den Schatten gestellt durch das Hohepriestertum „nach der Ordnung" bzw. nach der Weise des Priestertums des Melchisedek[70]. Damit ist der Autor zu seinem eigenem und eigentlichen Thema gelangt.

---

[67] Zum Problem in dieser Hinsicht: E. GRÄSSER, Tradition und Situation, S. 168f, sowie bes. J. ROLOFF, in: Festschr. H. Conzelmann, S. 158, Anm. 48: „Ethisches und Soteriologisches (liegen) hier untrennbar ineinander: als Hoherpriester in die Situation der Menschen eintretend, praktiziert er stellvertretend für sie ein Verhalten, das einerseits diese Situation verändert, andererseits aber nun – im Zeichen dieser veränderten Situation – von allen nachvollzogen werden kann". Vgl. auch F. LAUB, Bekenntnis und Auslegung, S. 139, Anm. 272.
[68] Zu 5,9f als „annonce du sujet" für 7,1ff vgl. A. VANHOYE, La structure littéraire, S. 42ff und S. 109f; DERS., Bib 55 (1974) S. 358f, sowie F. LENTZEN-DEIS, Bib 60 (1979) S. 289f.
[69] Zu προσαγορεύειν im Sinne der Namensverleihung bzw. der Einsetzung in eine bestimmte Funktion vgl. 1 Makk 14,40; 2 Makk 4,7; 10,9; 14,37; Philon, Agr 66; Abt 121; VitMos II 109.112 u. ö.; Josephus, Ant. XV 293; Bell. III 35; c. Ap. I 250.
[70] In der Wendung κατὰ τὴν τάξιν bezeichnet τάξις zunächst die priesterliche „Ordnung". Vgl. Hebr 7,11: κατὰ τὴν τάξιν Ἀαρών; 2 Makk 9,18; Arist 69; Philon, VitMos II 174 sowie

Exkurs: *Der irdische Jesus im Hebräerbrief*[1]

Ansatz- und Ausgangspunkt für die dem Hebr eigene Neuausrichtung des überlieferten Gemeindebekenntnisses ist – traditionsgeschichtlich gesehen – das (Tauf-) Bekenntnis zu Jesus als dem „Sohn Gottes", der – als der Präexistente – ganz auf die Seite Gottes gehört. Der Hebr knüpft damit eindeutig an ein bestimmtes christologisches Schema an, das mit seinen drei Stufen von Präexistenz, Erniedrigung und Erhöhung innerhalb des Neuen Testaments seinen deutlichsten Ausdruck im Christuslied von Phil 2,6–11 gefunden hat und in dieser Gestalt ohne Frage Ausdruck eines „Christus-Mythus" ist[2]. Bereits in dem für die Christologie des Hebr grundlegenden Abschnitt 2,5–18, darüber hinaus aber insbesondere auch in 5,7–10, verbindet sich jedoch mit jenem „Mythus" vom Herabstieg und Hinaufstieg des Erlösers ein auffälliges Interesse des Autors des Hebr am irdischen Jesus, wie es in dieser Art in den Briefen des Neuen Testaments sonst nirgends hervortritt[3]. „Anführer des Heils" für die „Söhne" ist der „Sohn" nur als derjenige, der seine „Vollendung" auf dem Wege eigenen Leidens erlangt hat (2,10). Entsprechend wird schon in 2,11ff außerordentlich stark die „Teilhabe" des „Sohnes" an der irdischen Existenz der „Söhne" und „Kinder" hervorgehoben, und seinen (vorläufigen) Höhepunkt erreicht solches Interesse bereits in 2,17f, wenn hier ausdrücklich betont wird, daß der „barmherzige Hohepriester" nur als derjenige, der selbst gelitten hat und (in seinem Leiden) versucht worden ist, den Versuchten (der christlichen Gemeinde) beizustehen vermag. Zwar hat bereits das im Hebr rezipierte traditionelle christologische Schema mit dem Motiv der Erniedrigung einen Ansatzpunkt für

---

den entsprechenden Sprachgebrauch in den Papyri. Dazu: F. PREISIGKE, Wörterbuch der griechischen Papyrusurkunden II, Sp. 575–577; J. J. MOULTON/G. MILLIGAN, The Vocabulary of the Greek Testament, S. 625. Im Hebr selbst wird die Wendung in 7,15 aber auch im Sinne von κατὰ τὴν ὁμοιότητα, „ganz wie, nach der Art" o. ä. interpretiert. Vgl. J. A. FITZMYER, ‚Now this Melchizedek ...' (Heb 7,1), CBQ 25 (1963) S. 305–321, spez. S. 308f; P. ELLINGWORTH, Just like Melchizedek, BiTr 28 (1977) S. 236–239; R. BERGMEIER, EWNT III, Sp. 797f.

[1] Lit.: F. BÜCHSEL, Die Christologie des Hebr, S. 27–62; H. WINDISCH S. 25–28 (Exkurs); U. LUCK, Himmlisches und irdisches Geschehen im Hebr. Ein Beitrag zum Problem des ‚historischen Jesus' im Urchristentum, NT 6 (1963) S. 192–215; E. GRÄSSER, Der historische Jesus im Hebr, ZNW 56 (1965) S. 63–91 = DERS., Tradition und Situation. Ges. Aufs., S. 152–181; J. ROLOFF, Der mitleidende Hohepriester. Zur Frage nach der Bedeutung des irdischen Jesus für die Christologie des Hebr, in: Festschr. H. Conzelmann, S. 143–166; N. WALTER, Christologie und irdischer Jesus im Hebr, in: Festschr. G. Voigt, S. 64–82; F. LAUB, Bekenntnis und Auslegung, S. 104ff. 137ff. 144ff; W. R. G. LOADER, Sohn und Hoherpriester, S. 122ff; G. HUGHES, Hebrews and Hermeneutics, S. 75ff.

[2] Zur Präexistenz vgl. 1,2f; 5,5; zur Erniedrigung: 2,9; 10,5–7; zur Erhöhung: 1,3f.7ff; 2,5–9; 5,9f. – Zum traditionsgeschichtlichen Zusammenhang mit Phil 2,6–11: E. LOHMEYER, Kyrios Jesus. Eine Untersuchung zu Phil 2,5–11, SHAW.PH 1927/28, Nr. 4, Heidelberg 1928, S. 77ff; U. LUCK, NT 6 (1963) S. 194ff. 213f; J. ROLOFF, in: Festschr. H. Conzelmann, S. 145ff; O. HOFIUS, Der Christushymnus Philipper 2,6–11, S. 75ff. – Zum „mythischen" Charakter des Schemas vgl. bes. H. WINDISCH S. 25: „Auch der Hebr könnte zu der Rede Anlaß geben, daß die urchristliche Theologie keinen historischen Jesus, sondern nur ein wunderbar über die Erde gehendes mythisches Christuswesen kannte".

[3] Vgl. J. F. MCFADYEN, The Message of the Epistles: Hebrews, ET 45 (1933/34) S. 313: „Outside of the Gospels, no New Testament writer gives Jesus a loftier place in the economy of God; and on the other hand, no New Testament writer so strongly insists that Jesus, the heavenly high priest, had once been Jesus of Nazareth".

solche Akzentsetzung dargeboten; faktisch aber kommt die besondere Akzentuierung dieser „Zwischenstufe" zwischen Präexistenz und Erhöhung, vor allem die Art und Weise, in der im Hebr diese „Zwischenstufe" den Charakter der Grundlegung für die Erhöhung zugewiesen erhält, einer Neuinterpretation jenes traditionellen christologischen Schemas gleich.

Indem Menschlichkeit und Leidensweg des Erniedrigten als Bedingung der Möglichkeit der Erhöhung gelten, „erhält das, was nach dem Rahmenschema kaum mehr als eine Episode auf dem Weg des Gottessohnes von der Präexistenz zur Erhöhung zu sein brauchte, ein neues Gewicht"[4], indem hier erst – im Hebr – die Phase der Erniedrigung des Gottessohnes als solche zum Thema wird. Kennzeichnend für dieses zentrale Interese am „irdischen Jesus" ist bereits die für den Hebr charakteristische häufige Rede von „Jesus", die schon in 2,9 ausdrücklich auf den Erniedrigten bezogen ist. „Jesus", d. h. eben der irdische Jesus, ist der „Apostel und Hohepriester unseres Bekenntnisses" (3,1), der „Sohn Gottes" (4,14), der „Bürge einer besseren Heilsordnung" (7,22), und zwar als derjenige, der „durch sein Blut" den Weg ins Heiligtum gebahnt hat (10,19f; 12,24; 13,12); „Jesus" vor allem als der Leidende, als der im Leiden Gehorsame (5,7-10; 10,5-10), auf den die Christen – wollen sie ihre Glaubensanfechtung bestehen – ihr Augenmerk richten sollen (3,1; 12,2 sowie bereits 2,9), zu dem sie „aus dem Lager hinausgehen" sollen (13,12f). Auch und gerade im unmittelbaren Zusammenhang mit der dem Hebr eigentümlichen „Hohenpriester"-Christologie begegnet solcher Rückverweis auf den irdischen Jesus[5], sodaß – von daher gesehen – mancherlei dafür spricht, daß bereits der programmatische Eingang des Hebr (1,1ff) – Gott „hat zu uns geredet im Sohn" – zumindest auch jene Phase der Erniedrigung des Präexistenten mit im Blick hat[6].

Bereits dieser summarische Überblick über die konkreten Bezugnahmen auf den irdischen Jesus im Hebr zeigt mit aller Eindeutigkeit, daß das besondere Interesse am irdischen Jesus im Hebr im Grunde theologisch, genauer: christologisch bzw. soteriologisch motiviert ist – ablesbar daraus, daß alle entsprechenden Bezugnahmen ihrerseits dem christologisch-soteriologischen (und damit auch dem paränetisch-pastoralen) Grundanliegen des Hebr zugeordnet sind. Ein im engeren Sinne historisches Interesse an Gestalt und Geschichte Jesu zeigt sich hier – wie auch sonst im Neuen Testament – nirgends[7], sodaß – dementsprechend – der „Quellen-

---

[4] So J. ROLOFF, in: Festschr. H. Conzelmann, S. 146. Vgl. auch S. 151f zu 5,5-10, sowie U. LUCK, NT 6 (1963) S. 195f. 205f. 211; F. LAUB, Bekenntnis und Auslegung, S. 104ff.

[5] Vgl. 2,17f sowie bes. 5,7 im Kontext von 5,5-10; weiter: 6,20; 10,19-21. Solches Interesse am irdischen Jesus würde im Hebr noch deutlicher hervortreten, wenn sich wahrscheinlich machen ließe, daß der Autor den Titel „Hoherpriester" bereits aus der christologischen Tradition des Urchristentums übernommen hat: Kennzeichnete er dort (Röm 8,34!) den Erhöhten, so liegt dem Autor des Hebr gerade daran, seinen Hohenpriester als den „barmherzigen Hohenpriester" herauszustellen, als einen Hohenpriester also, der selbst gelitten hat und versucht worden ist (2,17f). Vgl. J. ROLOFF, in: Festschr. H. Conzelmann, S. 163f.

[6] Umstritten ist, ob damit auch (wie auch schon in 2,3f) auf die Verkündigung des irdischen Jesus Bezug genommen wird. So J. ROLOFF, in: Festschr. H. Conzelmann, S. 159; N. WALTER, in: Festschr. G. Voigt, S. 67.

[7] Auch nicht in 2,3f, wo der Rückbezug auf die ἀρχή der Heilsverkündigung in der „Rede des Herrn" ihrerseits Ausdruck eines theologisch orientierten Traditionsgedankens ist. Ebensowenig zeigt sich in der singulären Bezugnahme auf die Herkunft Jesu aus dem Stamm Juda

wert" des Hebr für die Frage nach dem „historischen Jesus" gleich Null ist, in jedem Falle im Detail nicht über das hinausgeht, was auch ansonsten aus den Schriften des Neuen Testaments in dieser Hinsicht zu erkennen ist[8]. Von daher gesehen kann man im Blick auf den Hebr (und seine Aussageabsicht) weder ein „uneinheitliches Nebeneinander von Metaphysik und Historie" konstatieren noch einen „Hiatus zwischen der spekulativen Konstruktion von oben, die auf den präexistenten, weltschaffenden Sohn, und der geschichtlichen von unten, welche auf das Leben Jesu führt"[9]. Aber auch die einst besonders von H. WINDISCH vertretene Auffassung, wonach der „Christusglaube des Hebr ... von einer kultisch-dogmatischen Spekulation getragen" sei, die als solche „eine geschichtliche Überlieferung völlig in sich aufgesogen hat"[10], berücksichtigt zwar den Aspekt der Zuordnung der Überlieferung vom irdischen Jesus zum christologisch-soteriologischen Grundanliegen des Hebr, geht aber insofern an diesem Grundanliegen vorbei, als es dem Autor des Hebr im Rahmen seiner Neuinterpretation der von ihm rezipierten christologischen Tradition doch gerade darauf ankommt, die theologische Notwendigkeit der Bezugnahme auf den irdischen Jesus im Rahmen der Entfaltung seiner Christologie herauszuarbeiten: Es „mußte so sein" (ὤφειλεν), daß der Gottessohn „den Brüdern in jeder Hinsicht gleich wurde" – damit er eben auf diese Weise sich für sie als ein „barmherziger und glaubwürdiger Hoherpriester" darstelle (2,17)[11]. Nur als derjenige, der selbst gelitten hat und im Leiden versucht worden ist, vermochte er den ihrerseits Versuchten zur Hilfe zu werden (2,18); und „Verursacher eines ewig-endgültigen Heils" ist der „Vollendete" für die Seinen nur als derjenige, der selbst im Leiden Gehorsam gelernt hat (5,7-10). Das hier vorliegende „geschichtliche Verständnis" des traditionellen Bekenntnisses (F. BÜCHSEL) steht seinerseits ganz im Dienste der Neuausrichtung und Aktualisie-

---

in 7,14 ein historisches Interesse des Autors. Gerade diese „historische" Notiz ist vielmehr ganz in die christologische Beweisführung von Hebr 7 integriert: Das Priesteramt Jesu ist von „anderer Ordnung" – und damit auch von anderer Qualität – als das auf Aaron zurückgehende Priesteramt. Dies schließt nicht aus, daß für den Autor des Hebr die Herkunft Jesu aus dem Stamm Juda ein historisches Faktum ist – nur: dieses Faktum kommt hier – im Kontext von Hebr 7 – allein in seiner „theologischen Bedeutsamkeit" zur Geltung. Vgl. N. WALTER, in: Festschr. G. Voigt, S. 67 mit Anm. 18 (S. 78). – Zum theologischen Interesse des Hebr am „historischen Jesus" grundsätzlich vgl. F. BÜCHSEL, Die Christologie des Hebr, S. 36f, sowie bes. E. GRÄSSER, Tradition und Situation, S. 159: „Alles, was dabei über den Fleischgewordenen gesagt wird, ist nicht biographisch, sondern christologisch orientiert"; vgl. ebd., S. 179f.

[8] J. ROLOFF, in: Festschr. H. Conzelmann, S. 165, vermerkt in diesem Zusammenhang mit Recht, daß die konkreten Daten, die im Hebr „über das Erdenwirken Jesu" genannt werden, „in keiner Weise eine detaillierte Kenntnis der Jesusüberlieferung verraten", sie bleiben vielmehr „im Rahmen allgemeiner und sehr schematischer Vorstellungen, wie man sie wohl für das gesamte Urchristentum voraussetzen darf".

[9] So H. J. HOLTZMANN, Lehrbuch der neutestamentlichen Theologie II, Tübingen ²1911, S. 337; vgl. auch A. SCHWEGLER, Geschichte des nachapostolischen Zeitalters, Leipzig 1844, II, S. 287ff; dazu: F. BÜCHSEL, Die Christologie des Hebr, S. 34f; J. ROLOFF, in: Festschr. H. Conzelmann, S. 144f.

[10] So H. WINDISCH, S. 27; dazu bereits F. BÜCHSEL, Die Christologie des Hebr, S. 34f.

[11] Vgl. F. BÜCHSEL, Die Christologie des Hebr, S. 36: „Dieses ἔπρεπεν (2,10) und ὤφειλεν sind die tragenden Grundpfeiler alles dessen, was der Hebräerbrief über den geschichtlichen Jesus sagt".

rung des überlieferten Gemeindebekenntnisses bzw. ist dieser Neuausrichtung funktional zugeordnet[12].

So gesehen scheidet freilich von vornherein die Auffassung aus, wonach das Interesse des Hebr am irdischen Jesus in irgendeiner Weise polemisch bedingt sei, konkret also gegen eine (doketische) Irrlehre gerichtet sei, die den für den christlichen Glauben notwendigen Bezug auf die Geschichte zu verlieren drohte[13]. Denn keineswegs nur auf das „Daß" der Geschichtlichkeit Jesu ist das Interesse des Hebr am irdischen Jesus konzentriert, sondern in einem bestimmten Sinne auch und gerade auf das „Wie" der Geschichtlichkeit Jesu. Das ἅπαξ bzw. ἐφάπαξ des hohenpriesterlichen Wirkens Jesu (7,27; 9,12.26.28) schließt das gehorsame Leiden des irdischen Jesus ein bzw. setzt es voraus. Und dies gilt im Hebr in einem so grundsätzlichen Sinne, daß im Blick speziell auf den Zeitpunkt der Einsetzung Jesu zum „Hohenpriester" die Frage entstehen kann, ob – entsprechend der hier rezipierten christologischen Überlieferung – diese Einsetzung erst mit der Erhöhung „zur Rechten Gottes" erfolgt (5,10; 6,19f; 7,26; 8,1) oder ob bereits der irdische Jesus – als der Leidende, Versuchte und im Leiden Gehorsame – als „Hoherpriester" zu gelten hat (2,17f; 4,15; 7,27; 9,1ff; 10,5–10)[14]. Für den Autor des Hebr selbst ist dies gewiß keine Frage gewesen, denn weil Christus als der „Hohepriester" sich selbst als Opfer darbringt (7,27), Priester und Opfer zugleich ist, gehört für ihn zum hohenpriesterlichen Wirken des Erhöhten (7,25; 9,24) die irdische Phase der Erniedrigung und des Leidens notwendig hinzu, setzt also die Passivität der Einsetzung zum „Hohenpriester" durch Gott (5,10; 6,20) die Aktivität des irdischen Jesus im Sinne des „sündlosen" Bestehens der Versuchung (4,15) und im Erlernen des Gehorsams im Leiden (5,8) bzw. im Tun des Willens Gottes (10,5ff) notwendig voraus[15]. Nicht anders als „durch Leiden" gelangt er zur „Vollendung" (2,10). Und

---

[12] Insofern liegt hier in der Tat ein geschichtliches, d.h. auf einen konkreten Geschichtsverlauf bezogenes Verständnis des traditionellen „Sohn-Gottes"-Bekenntnisses vor. Vgl. dazu bereits F. BÜCHSEL, Die Christologie des Hebr, S.7f, der die für den Hebr charakteristische Verbindung von „metaphysische(n) und geschichtliche(n) Aussagen über den Sohn" schon in Hebr 1,1ff dokumentiert sieht; vgl. auch ebd., S.16f.

[13] So E. GRÄSSER, Tradition und Situation, S.179f, der zusammenfassend schlußfolgert: „Für den rückwärts gewandten Glauben lag die Bedeutung Jesu tatsächlich nicht in seiner Lehre oder in seinem Tun. Sondern: Jesu Gekommensein war selbst das entscheidende Ereignis" (S.180, mit Bezug auf R. BULTMANN, Theologie des Neuen Testaments, S.43); und weiter: „Ihm (sc. dem Autor des Hebr) lag daran, Offenbarung als Geschichte festzuhalten ... Darin, in der Geschichtlichkeit der Offenbarung, sah er – wie Paulus – das Fundament seiner Theologie". Kritisch dazu: J. ROLOFF, in: Festschr. H. Conzelmann, S.147. 165.

[14] Zum Problem in dieser Hinsicht vgl. bereits E. RIGGENBACH S.62, Anm.60, sowie S.138; E. KÄSEMANN, Das wandernde Gottesvolk, S.140ff, spez. S.149f. – Vordergründig erklärt sich diese im Hebr ausdrücklich nicht reflektierte Spannung zunächst aus einer Spannung zwischen Tradition und Interpretation. D.h.: Der Autor des Hebr hat die überkommene Konzeption vom Wirken des Erhöhten (als Hoherpriester?) in dem Sinne erweitert, daß er seinerseits nunmehr auch den irdischen Jesus in seine Hohepriester-Lehre einbezieht. Vgl. F. HAHN, Christologische Hoheitstitel, S.233.

[15] Zur „Aktivität" Jesu vgl. auch 12,2, wo wiederum gilt, daß die „Geduld" Jesu und seine Verachtung der „Schande" (des Kreuzes) die Voraussetzung für seine Erhöhung darstellen. Vgl. in diesem Sinne bereits F. BÜCHSEL, Die Christologie des Hebr, S.47f, sowie J. ROLOFF, in: Festschr. H. Conzelmann, S.164: Das „Eintreten des himmlischen Hohenpriesters für die Menschen" beruht „auf dem Werk des irdischen Jesus ... Das Scharnier zwischen beiden Be-

sofern gerade dieses Bild vom irdischen Jesus ganz an der konkreten Glaubensanfechtung der Adressaten des Hebr orientiert ist, ist das Interesse des Hebr am irdischen Jesus ganz in die christologische Reflexion – speziell in die Reflexion des „Hohenpriesters"-Amtes Jesu – einbezogen, gerade so aber auch wiederum in das auf Paraklese und Paränese der Adressaten zielende pastorale Grundanliegen des Hebr. Ja noch mehr: Christologisch gesehen vermittelt der Hebr mit der für ihn charakteristischen „Hohenpriester"-Christologie die Spannung zwischen dem Gottessohn, der ganz von Gott her kommt und auf die Seite Gottes gehört, und dem Irdischen, der als solcher ganz auf der Seite der Menschen steht[16].

In diesem Sinne verbindet sich mit dem christologischen Interesse am irdischen Jesus im Hebr zugleich ganz unmittelbar das Interesse am irdischen Jesus im Sinne der Glaubensparaklese. Genau in diese Richtung weist nicht zuletzt auch der auffällige Sachverhalt, daß die Bezugnahmen auf den irdischen Jesus vor allem innerhalb der „Rahmenstücke" zur Entfaltung der „Hohenpriester"-Christologie begegnen, in Zusammenhängen also, in denen eine Verbindung von Christologie und Glaubensparaklese hergestellt wird, so in 4,14-5,10 (und 6,19f) einerseits und 10,19ff (und 12,2f) andererseits. Zugleich ist bemerkenswert, daß gerade in diesen Zusammenhängen eine Vorläufer- bzw. Wegbereiter-Christologie eine Rolle spielt, eine Art von Christologie also, die als solche von vornherein mit dem Vorläufer und Wegbereiter diejenigen im Blick hat, die „ihm gehorsam sind" (5,9) bzw. sich auf den von ihm gebahnten Weg begeben (10,19f). Gerade in diesem Zusammenhang zeigt die Art und Weise, in der hier jeweils vom irdischen Jesus, konkret: von seinem Versuchtsein (2,18; 4,15), von seinem Gehorsam im Leiden (5,7ff), in 12,2f schließlich von seiner Rolle als ἀρχηγὸς καὶ τελειωτὴς τῆς πίστεως die Rede ist, daß hier jeweils die nähere Bezeichnung des Verhaltens Jesu an der konkreten Anfechtungssituation der Adressaten des Hebr und damit am Weg der christlichen Gemeinde in der Welt orientiert ist oder doch jedenfalls in einer auffälligen Parallelität zur Beschreibung der Anfechtungssituation der Adressaten steht: Das Versuchtsein der Adressaten entspricht dem Versuchtsein Jesu selbst[17]. Ausdrücklich betont wird die Solidarität Jesu mit den Seinen[18], damit zugleich aber auch (und von daher besonders akzentuiert) die Mahnung an die Adressaten, in ihrer Anfechtungssituation ihr Augenmerk nur umso mehr auf diesen „Sohn und

---

reichen wird in 5,10; 9,12 sichtbar: Durch die einmalige geschichtliche Vollendung seines irdischen Weges hat Jesus eine ,ewige Erlösung geschaffen' ...". N. WALTER, in: Festschr. G. Voigt, S. 66, versucht dem eigenartigen Befund im Hebr hinsichtlich der Einsetzung zum Hohenpriester dadurch gerecht zu werden, daß er vom „Hohenpriester auf der Grenze zwischen Himmel und Erde" spricht; vgl. ebd., S. 71. 74: „auf der Grenze zwischen irdischer und himmlischer Existenz" – dies nach N. WALTER zugleich die Differenz des Hebr gegenüber der traditionellen, auf das Wirken des Erhöhten begrenzten Hohenpriester-Christologie.

[16] Vgl. N. WALTER, in: Festschr. G. Voigt, S. 74.
[17] Vgl. 2,18 sowie 5,7ff; 12,2f sowie F. LAUB, Bekenntnis und Auslegung, S. 150; W. R. G. LOADER, Sohn und Hoherpriester, S. 93ff, spez. S. 99 und S. 111: „Dies ist die Christologie eines Seelsorgers"; N. WALTER, in: Festschr. G. Voigt, S. 71ff.
[18] Vgl. wiederum 4,15, hier bes. das Stichwort συμπάσχειν, darüber hinaus aber auch schon 2,11ff. – Zum Stichwort „Solidarität" vgl. E. LOHSE, Märtyrer und Gottesknecht, S. 170; F. LAUB, Bekenntnis und Auslegung, S. 115, letzterer mit dem Hinweis darauf, daß „die Solidarität des Hohepriesters mit den von ihm vor Gott Vertretenen" im Hebr „normatives Gewicht" habe und somit nicht allein aus den in 5,1-3 formulierten Bedingungen des irdischen Priestertums abzuleiten sei. Vgl. auch J. ROLOFF, in: Festschr. H. Conzelmann, S. 164f.

Hohenpriester" zu richten, der – als der „barmherzige Hohepriester" (2,17) – „Anfänger und Vollender" jenes Glaubens ist, zu dessen Bewährung sie gerade in der Anfechtung durch Leiden aufgerufen werden (12,2f)[19].

In diesem Sinne ist der Entfaltung der Christologie im Hebr – und zwar insbesondere dort, wo in diesem Zusammenhang auf den irdischen Jesus zurückverwiesen wird – zweifellos eine ethische Komponente inhärent. Der irdische Jesus – als derjenige, der Geduld und Gehorsam im Leiden bewahrt und bewährt hat – wird hier in der Tat den Lesern des Hebr als „Vorbild" vor Augen gestellt, das es „nachzuahmen" gilt[20]. Andererseits jedoch: Daß solcher Verweis auf „Jesus" – im Kontext des Hebr insgesamt gesehen – nicht in einer reinen „Vorbild-Ethik" aufgeht, so daß am Ende im Hebr in dieser Hinsicht „wohl viel Stoff für einen Moralismus, nicht aber für die Predigt der iustificatio impii gegeben" wäre[21], versteht sich von selbst und ist – in der Auseinandersetzung vor allem mit E. GRÄSSER – neuerdings immer wieder mit Recht betont worden[22]. Gerade als derjenige, der die Versuchung bestanden und im Leiden Gehorsam gelernt hat, ist dieser Jesus des Hebr ja „Anführer des Heils" (2,10), der „Vorläufer für uns" (6,19), der Wegbereiter (10,19) und in diesem Sinne dann auch „Verursacher ewigen Heils" (5,9). So gewiß also der irdische Jesus im Hebr den Adressaten als ein Vorbild des Tuns und Verhaltens – als „moralisches" Vorbild – vor Augen gestellt wird, so gewiß ist hier das „Vorbildhafte" an Jesus seinerseits „in das Umfassende des christologisch-soteriologischen Geschehens" eingefügt[23]. Vorbild für die christliche Gemeinde, an dem sie sich ausrichten soll, ist Jesus hier vielmehr zugleich als „Urbild" der Gemeinde, an dem sich auszurichten gar nicht in erster Linie der Weg einer „gesetzlichen imitatio" ist, sondern zuallererst das Ergreifen der durch diesen Jesus erschlossenen „neuen Lebensmöglichkeit"[24]. So gesehen kann man sagen, daß der für den Hebr

---

[19] In solcher Zuordnung des Interesses am irdischen Jesus bzw. an der „Einheit von irdischem Leben und Tod des Christus" zur Glaubensparaklese des Hebr ist auch die entscheidende Differenz gegeben gegenüber der neuerdings von M. RISSI, Die Theologie des Hebr S. 59ff, vertretenen Position, derzufolge die „Einheit des irdischen und himmlischen Christus" im Hebr polemisch-korrigierend eine Dimension der Christologie akzentuiert, „die in der Christologie der Leser verlorengegangen ist. Ihre realisierte Eschatologie ist zu einer Himmelseschatologie geworden" (S. 59; vgl. auch S. 80f).

[20] Vgl. 12,2f, hier bes. den Imperativ ἀναλογίσασθε, der im Kontext den Adressaten nicht nur die „Beachtung" oder „Erwägung" des Schicksals Jesu bedeutet, sondern auch das „Sichausrichten" am Vorbild Jesu.

[21] So E. GRÄSSER, Tradition und Situation, S. 179, Anm. 110, der auch im übrigen den pära- netischen Aspekt des Verweises auf den irdischen Jesus im Hebr stark betont. Vgl. ebd., S. 179: Der Autor des Hebr „hat das Verhalten des irdischen Jesus für die Paränese ausgewertet und damit die christliche Vorbildethik forciert"; weiter vgl. ebd., S. 161 sowie DERS., ThR 30 (1964) S. 189: „Die Hervorhebung der Menschlichkeit Jesu schließlich ist ein Stück seines theologisch-paränetischen Programms"; S. 235. – Zum Ganzen einer „Vorbild-Ethik" im Hebr vgl. A. SCHULZ, Nachfolgen und Nachahmen (StANT 6), München 1962, S. 201ff. 296ff; W. SCHRAGE, Ethik des Neuen Testaments (GNT 4), Göttingen 1982, S. 304. Im übrigen ist auch in dieser Hinsicht die Nähe des Hebr zum 1 Petr (2,21!) unverkennbar. Vgl. dazu: W. SCHRAGE, a.a.O., S. 259f.

[22] Vgl. J. ROLOFF, in: Festschr. H. Conzelmann, S. 147; F. LAUB, Bekenntnis und Auslegung, S. 137-140 sowie S. 145, Anm. 287; N. WALTER, in: Festschr. G. Voigt, S. 72.

[23] So F. LAUB, Bekenntnis und Auslegung, S. 137; vgl. auch S. 139f.

[24] So J. ROLOFF, in: Festschr. H. Conzelmann, S. 165. – Zum Vorbild- und Urbild-Motiv

in besonderer Weise charakteristische Rückbezug auf den irdischen Jesus (und insbesondere auf das Verhalten des irdischen Jesus in Leiden und Anfechtung!) ganz in das christologische wie auch in das pastorale Grundanliegen des Hebr integriert ist. Die „Glaubwürdigkeit" (2,17) des Hohenpriesters, von dem dann alsbald im einzelnen in 7,1ff die Rede sein wird, für die in ihrem Glauben angefochtenen Adressaten des Hebr ist in hohem Maße davon abhängig.

3) 5,11–6,20: Vorbereitung der Rede für die „Vollkommenen"[1]

Zur Stellung und Funktion im Kontext:

Mit dem Abschnitt 4,14–5,10 und speziell mit 5,10 ist im Aufbau der Mahnrede des Hebr der Punkt erreicht, an dem es nunmehr gilt, das zuvor bereits grundsätzlich bezeichnete christologisch-soteriologische Grundthema im einzelnen zu entfalten. Wenn dies in 5,11ff trotz der voraufgehenden Ankündigung des Themas noch nicht geschieht, so ist die Ursache für solches Zögern des Autors ganz offensichtlich in der gegenwärtigen Verfassung des Adressatenkreises zu suchen, die eine entsprechende Vorbereitung auf jene „lange und (für diejenigen, die ‚träge im Hören' geworden sind) nicht leicht verständliche Rede" erforderlich macht, wie sie dann endlich in 7,1ff – als eine „feste Speise für die Vollkommenen" (5,14) – folgen wird. Solche Art von „Schriftgnosis" bedarf also zunächst noch einmal des eindringlichen Appells an den Glaubens- und Erkenntnisstand der Adressaten. In diesem Sinne handelt es sich in 5,11–6,20 wiederum um ein paränetisches Zwischenstück im Hebr, das als solches durch die direkte Anrede an die Adressaten gekennzeichnet ist. Zugleich ist dieser Abschnitt eines der wenigen Stücke im Hebr, das – in Umrissen wenigstens – die konkrete Situation der Adressaten erkennen läßt:[2] „Stumpf und träge (νωθρός) im Hören" sind sie geworden (5,11). Und der Autor, der im übrigen oft genug sich mit seinen Adressaten im „Wir" der Christen zusammenschließt (2,1-4; 3,6ff u.ö.), betont an dieser Stelle sehr nachdrücklich seine Distanz zu den Adressaten, auch wenn er – wie sodann am Ende der Paränese sich zeigt – durchaus noch der Hoffnung ist, eben durch seine Mahnrede seine Hörer bzw. Leser erneut zu dem entsprechenden „Eifer" zu motivieren (6,11f). Um dies zu erreichen, bedarf es freilich zunächst noch einer harten Rede, sodaß die Mahnung in 5,11ff – zunächst jedenfalls – vor allem durch den Hinweis auf die Unmöglichkeit einer erneuten Umkehr (6,4-6) den Charakter einer Drohrede ge-

---

vgl. E. GRÄSSER, Der Glaube im Hebr, S.60f. (zu 12,2f); DERS., Tradition und Situation, S. 162. 181.
[1] Lit.: D.G. PETERSON, The Situation of the ‚Hebrews' (5,11-6,12), RTR 35 (1976) S. 14-21; C. SPICQ, L'Epître aux Hébreux et Philon: Un cas d'insertion de la littérature sacrée dans la culture profane du 1er siècle (Hébr. V,11-VI,20) et le ‚De sacrificiis Abelis et Caini' de Philon, ANRW II, 25/4, S. 3602-3618.
[2] Vgl. D.G. PETERSON, RTR 35 (1976) S. 14-21; A. VANHOYE, La structure littéraire, S. 116, überschreibt den Abschnitt 5,11-6,12: „Les dispositions des auditeurs". Hier wird – wie auch sonst im Hebr – ein bestimmter Adressatenkreis angesprochen, für den nach Ausweis von 6,11 (ἕκαστος ὑμῶν) insgesamt eine akute Glaubensschwäche bestimmend ist.

winnt, die erst am Ende (6,9ff) wieder in einen versöhnlicheren Ton einmündet und mit dem Verweis auf gewisse tatsächliche Verdienste der Adressaten (6,10) die Hoffnung des Autors auf eine entsprechende Wirkung seiner Mahnung in den Blick treten läßt[3].

Im Gesamtzusammenhang des Abschnitts 5,11–6,20 bilden somit die Verse 5,11–6,12 eine Einheit für sich, formal vom folgenden Teilabschnitt 6,12–20 bereits durch die Anrede an die Adressaten in der 2. Person abgehoben, sachlich durch das Thema der „Trägheit im Hören" bestimmt: Das Stichwort νωθρός in 5,11 und 6,12 stellt für den eingeschlossenen Textzusammenhang eine „inclusio" her[4]. Solche „Stumpfheit" bzw. „Trägheit" der Adressaten meint dabei konkret – wie insbesondere 6,12 deutlich macht – wiederum die Glaubensschwäche der Adressaten. Ihr stellt der Autor in dem Abschnitt 6,13–20 – um seine Mahnung nunmehr auch positiv zu unterstreichen – nicht nur das Vorbild des Abraham entgegen (6,13–15), sondern – damit zugleich – auch den gleichsam objektiven Charakter der „Hoffnung" der Christen (6,18f). So gesehen liegt in 6,13–20 wiederum ein in einem lehrhaft-darlegenden Stil gehaltenes Stück vor, das freilich – wie das Stichwort παράκλησις in 6,18, darüber hinaus aber auch das Stichwort ἐλπίς in 6,11 und 6,18 anzeigt – ganz dem paränetisch-parakletischen Zusammenhang zugeordnet ist. Solcher Verbindung von lehrhafter Darlegung (insbesondere in 6,12–17) und Paränese bzw. Paraklese entspricht es schließlich auch, daß der Autor des Hebr sich in diesem Abschnitt wieder – im Unterschied zum Vorangehenden – mit den Adressaten im ekklesialen „Wir" zusammenschließt (6,18f) und in 6,19f endlich wieder zum Thema von 5,10, d. h. zu seinem christologisch-soteriologischen Grundthema zurücklenkt[5]. Der „Hohepriester nach der Ordnung des Melchisedek" ist als der „Vorläufer für uns in das Innere des (Tempel-)Vorhangs hineingegangen".

In diesem Sinne ist der Abschnitt 5,11–6,20 insgesamt sowohl hinsichtlich seiner formalen Gestaltung als auch hinsichtlich seiner Sachaussage auf den Autor des Hebr selbst zurückzuführen. Dies schließt jedoch auch hier wiederum nicht aus, daß er insbesondere im ersten Teilabschnitt (5,11–6,12) – wie insgesamt die hier benutzte „hellenistische" Terminologie, darüberhinaus aber auch speziell die Gegenüberstellung der „Unmündigen" und der „Vollkommenen" in 5,12b–14 zeigt – seinerseits in einer bereits technisch gewordenen Sprach- und Sachtradition steht, wie sie im Raum des hellenistischen Judentums vor allem bei Philon bezeugt ist[6].

---

[3] Der Aufbau der Mahnrede 5,11–6,12 (mit den beiden Unterabschnitten 5,11–6,8 und 6,9–11) entspricht im übrigen einem Predigtschema, wie es nach Ausweis von SifDev § 342 (ed. Friedmann 141b) auch für das rabbinische Judentum bezeugt ist: „Da Mose den Israeliten harte Worte vortrug ..., ließ er seiner Rede Trostworte folgen ... Von ihm lernten es alle anderen Propheten, die den Israeliten anfangs harte Worte vortrugen und daraufhin tröstende Worte folgen ließen". Vgl. auch E. STEIN, Die homiletische peroratio im Midrasch, HUCA 8/9 (1931/32) S.353–371; O. MICHEL S.230, Anm. 1.

[4] Vgl. A. VANHOYE, La structure littéraire, S.115.

[5] A. VANHOYE, La structure littéraire, S.124, kennzeichnet dementsprechend 6,20 als „reprise de l'annonce de la première section".

[6] Vgl. dazu den Versuch von C. SPICQ, ANRW II, 25/4, S. 3607ff, für Hebr 5,11–6,12 insgesamt eine „harmonie de mentalité et de vocabulaire" mit Philon (S.3617), speziell mit Philons Schrift „De sacrificiis Abelis et Caini" nachzuweisen. Speziell zur Gegenüberstellung der „Unmündigen" und der „Vollkommenen" in Hebr 5,12b–14 vgl. ebd., S.3611f, sowie bereits

Auf Traditionsgebundenheit weist hier schon der Sachverhalt hin, daß der Autor des Hebr selbst einen durchaus anderen Begriff von „Vollkommenheit" als den hier vorliegenden hat (s. o. zu 2,10 und 5,9). Ob diese Sprach- und Sachtradition freilich – mit E. KÄSEMANN – als eine spezifisch gnostische zu bezeichnen ist, ist angesichts der weiten Verbreitung des Motivs in der spätantiken Philosophie- und Religionsgeschichte höchst fraglich[7]. Gegen ein Verständnis des Abschnitts im Sinne der Vorbereitung einer „Geheimlehre", die als solche nur für Esoteriker gilt, spricht jedenfalls eindeutig der Tatbestand, daß ein „geheimer" Charakter des λόγος δυσερμήνευτος hier gerade nicht ausdrücklich hervorgehoben wird[8]. Und vor allem: die „Vollkommenheit", von der hier (6,1) die Rede ist, stellt keineswegs die Bedingung dar für ein angemessenes Verständnis des λόγος τέλειος von Hebr 7,1ff; vielmehr hat gerade dieser selbst im Kontext des Hebr die Funktion, die Adressaten aus ihrer gegenwärtigen Glaubensschwäche bzw. „Unmündigkeit" herauszuführen und sie erneut zur πληροφορία τῆς ἐλπίδος ἄχρι τέλους (6,11) zu motivieren. Die in 6,4 – jedenfalls implizit – vorliegende Erinnerung an die einmalige „Erleuchtung" (in der Taufe?) gewinnt im Rahmen solcher Struktur der Paränese ohne Frage besonderes Gewicht: das grundlegende Gewicht nämlich der Mahnung, an dem festzuhalten bzw. das zu aktualisieren, was den eigentlichen und letzten (auch letztgültigen!) Grund christlicher Existenz ausmacht[9]. So schließt also bereits die Mahnung und Warnung in 5,11–6,12 die Paraklese in sich, deren „objektiver" Grund – im Übergang zum folgenden Zentrum des Hebr – in 6,13–20 aufgezeigt wird. „Vollkommenheit" besteht dementsprechend für den angefochtenen Glauben der Adressaten in nichts anderem als darin, sich dieses Grundes zu vergewissern. Unser Abschnitt ist in diesem Sinne ein Musterbeispiel dafür, in welchem Maße und Sinne im Hebr eine ursprünglich „hellenistische" Sprach- und Sachtradition dem pastoralen Grundanliegen des Autors zugeordnet bzw. in den Dienst der Glaubensparänese und -paraklese gestellt wird.

3.1) 5,11–6,12: Mahnung und Warnung der Adressaten

5,11 Darüber haben wir eine lange und (für euch) nicht leicht zu verstehende Rede vorzutragen, da ihr (ja) – was das Hören (sc.: des Wortes Gottes) betrifft – stumpf (und träge) geworden seid.

5,12 Denn ihr, die ihr (doch eigentlich) von der (Länge der) Zeit her gesehen (bereits) Lehrer sein müßtet, habt es (gleichwohl) wiederum nötig, daß man euch hinsichtlich der Anfangsgründe der Reden Gottes belehrt – ja ihr seid (wiederum) der Milch bedürftig und nicht der festen Nahrung.

E. KÄSEMANN, Das wandernde Gottesvolk, S. 123f, hier freilich unter der Voraussetzung, daß Philon seinerseits als ein Zeuge für einen spezifisch gnostischen Sprachgebrauch gelten kann.

[7] Nach E. KÄSEMANN, Das wandernde Gottesvolk, S. 117–124, ist Hebr 5,11–6,12 stilgemäße Einleitung zu einer für Esoteriker bestimmten gnostischen Offenbarungsrede. So bes. S. 123f mit Hinweis u. a. auf den gnostischen Naassenerhymnus (bei Hippolyt, Ref. V 8,29): Allein die „vollkommenen Gnostiker" sind in der Lage, „diese Geheimnisse" zu hören.

[8] Vgl. J. W. THOMPSON, The Beginnings of Christian Philosophy, S. 31. 39; P. J. du PLESSIS, ΤΕΛΕΙΟΣ, S. 209 (gegen E. KÄSEMANN); M. RISSI, Die Theologie des Hebr, S. 69f.

[9] Vgl. bereits 3,1.6.14, wo sich jeweils ebenfalls mit der Mahnung an die Adressaten zugleich der Rückverweis auf das verbindet, was sie bereits „geworden sind" (γεγόναμεν).

5,13 Jeder nämlich, der (nur) Milch trinkt, der ist unkundig (und unerfahren) hinsichtlich der ‚praktischen Vernunft' (wörtlich: der ‚Lehre der Gerechtigkeit') – er ist nämlich (noch immer) ein unmündiges Kind.
5,14 Den Vollkommenen demgegenüber gebührt feste Nahrung, denen (nämlich), die infolge der Fertigkeit geübte Sinneswerkzeuge haben zur (angemessenen) Unterscheidung des Guten und des Bösen.
6,1 Deshalb laßt uns also die Anfangsgründe der Verkündigung von Christus hinter uns lassen und uns der Vollkommenheit zuwenden, (d. h.) nicht wiederum den Grund legen, was die Abkehr von toten Werken und den Glauben an Gott,
6,2 die Lehre von Taufen und Handauflegung, Auferstehung der Toten und ewigem Gericht betrifft.
6,3 Und dies werden (bzw. wollen) wir tun – sofern Gott es zuläßt.
6,4 Denn unmöglich ist es, daß diejenigen, die einmal erleuchtet worden sind, die (als solche) die himmlische Gabe geschmeckt haben und des Heiligen Geistes teilhaftig geworden sind
6,5 und (die) das gute Wort Gottes sowie die Kräfte des zukünftigen Äons gekostet haben
6,6 und (gleichwohl) abgefallen sind, (es ist unmöglich, sie) wiederum zur Umkehr zu erneuern – sind diese doch solche, die – was sie selbst anlangt – den Sohn Gottes (erneut) kreuzigen und zum Gespött machen.
6,7 Denn ein Land, das den häufig auf es niederkommenden Regen getrunken hat und brauchbares Gewächs hervorgebracht hat für jene, um derentwillen es auch bebaut worden ist, (solches Land) erhält Anteil am Segen von Gott;
6,8 bringt es aber Dornen und Disteln hervor, so taugt es zu nichts und ist es dem Fluch nahe, dessen Ende das Verbrennen ist.
6,9 Gleichwohl sind wir im Blick auf euch, Geliebte, vom Besseren und dem Heil Dienlichen überzeugt – auch wenn wir so (hart) reden.
6,10 Denn Gott ist ja doch nicht ungerecht, daß er das von euch Getane und (eure) Liebe vergäße, die ihr erwiesen habt gegenüber seinem Namen, als ihr den Heiligen dienstbar wart und (auch jetzt noch) dienstbar seid.
6,11 Wir aber wünschen es dringend, daß ein jeder von euch denselben Eifer erweise zur vollen Entfaltung der Hoffnung bis zum Ende,
6,12 damit ihr nicht träge werdet, Nachahmer vielmehr derjenigen, die durch Glauben und Geduld die verheißenen Güter ererben.

„Darüber" (περὶ οὗ) – so setzt der Autor in V. 11 neu ein –, d. h. über das in V. 10 genannte Thema – genauer wohl: über Jesus als den „Hohenpriester nach der Ordnung des Melchisedek"[10] –, gilt es nun eine „lange Rede" vorzutragen[11], die zugleich – angesichts mangelnder Hörbereit-

---

[10] Die Wendung περὶ οὗ im letzteren Sinne würde somit ein maskulines Verständnis von οὗ voraussetzen und somit auf 7,1ff vorausverweisen.
[11] Zur Wendung πολὺς ὁ λόγος vgl. Philon, Her 133.221 sowie bes. Dionysios Halicarnassensis, AntRom I 23: περὶ ὧν πολὺς ἂν εἴη λόγος ...; ders., De Comp. VIII 46: περὶ ὧν καὶ πολὺς ὁ λόγος. Vgl. auch Origenes, Comm. in Jo. 1,21 (in Anspielung auf Hebr 5,11?): ὁ περὶ ψυχῆς λόγος πολὺς καὶ δυσερμήνευτος ὤν. Vgl. J. W. THOMPSON, The Beginnings of Christian Philosophy, S. 31. In Act 15,32; 20,2 wird die Wendung (in Verbindung mit παρακαλεῖν) für die christliche Predigt gebraucht.

schaft und Aufnahmefähigkeit der Adressaten – als eine „nicht leicht zu verstehende" Rede gekennzeichnet wird. Nicht also am (esoterischen) Charakter dieser Rede selbst liegt es, daß sie „schwer verständlich" ist[12], sondern an den Adressaten dieser Rede, genauer: an ihrer „Stumpfheit" und „Trägheit", was das Hören des Wortes Gottes betrifft[13]. Die entsprechende Feststellung in 5,11 – νωθροὶ γεγόνατε – steht zwar zur Warnung in 6,12 – ἵνα μὴ νωθροὶ γένησθε – in einer gewissen Spannung. Doch handelt es sich dabei für den Autor nicht um einen Widerspruch. Vielmehr offenbaren sich gerade in dieser Spannung das Bemühen ebenso wie die Hoffnung des Autors, eben vermittels dieser „langen Rede" die Hörer aus ihrer Trägheit und Schwerhörigkeit herauszuführen und sie erneut zum rechten Hören, d.h. zum Glaubensgehorsam, zu motivieren (6,9–12)[14].

Um eine Feststellung hinsichtlich des gegenwärtigen Standes im Adressatenkreis handelt es sich dementsprechend auch in **V. 12**: Von der Dauer des Christseins der Adressaten her gesehen (seit ihrer Taufe also!) sollten sie sich eigentlich schon im fortgeschrittenen Stadium der Befähigung zum „Lehrer" befinden. Jedoch ist gerade das Gegenteil der Fall: Statt andere zu belehren, haben sie es ihrerseits nötig, aufs neue belehrt zu werden[15]. Wird der gegenwärtige Glaubens- und Erkenntnisstand der Adressaten auf diese Weise beschrieben, so ist auch deutlich, daß διδάσκαλος

---

[12] Vgl. demgegenüber für die Gnosis die bei Hippolyt, Ref. V 8,38 als βαθεία καὶ δυσκατάληπτος gekennzeichnete „Erkenntnis des vollkommenen Menschen". Vgl. auch N. WALTER, EWNT II, Sp. 137; H. BRAUN S. 150. – Zum Verbaladjektiv δυσερμήνευτος vgl. Philon, Somn I 186; Artemidor, Oneirocr. IV 66 sowie J.W. THOMPSON, The Beginnings of Christian Philosophy, S. 31.

[13] Zur Wendung „stumpf/träge im Hören" vgl. Heliodor V 1,5: νωθρότερος ὢν τὴν ἀκοήν (hier von der altersbedingten Schwerhörigkeit). Im übertragenen Sinn – von der „Trägheit" in bezug auf Lernen und Denken – wird νωθρός außerordentlich häufig verwendet. Vgl. z.B. Platon, Theait. 144 B; Polybios IV 8,5; Epiktet, Diss. I 7,30; LXX Prov 22,24; Sir 4,29; 11,12; 1 Clem 34,1. Vgl. zum Ganzen: C. SPICQ, Notes II, S. 589–591; DERS., ANRW II, 25/4, S. 3610 mit Anm. 37.39; J.W. THOMPSON, The Beginnings of Christian Philosophy, S. 29: „Νωθροὶ … ταῖς ἀκοαῖς was a common expression for mental obtuseness".

[14] Von daher gesehen besteht keine Nötigung, ἐπεί in V. 11 (analog zu 9,26; 10,2; vgl. auch Röm 3,6; 11,6.22; 1 Kor 5,10 u.ö.) im „elliptischen" Sinn (entsprechend lateinischem alioquin bzw. quod nisi ita esset) zu verstehen: „denn sonst bzw. andernfalls („autrement") wäret ihr ja abgestumpft zu hören". So P. ANDRIESSEN/A. LENGLET, Bib 51 (1970) S. 213. Vgl. dazu D. G. PETERSON, RTR 35 (1976) S. 14f.

[15] Enklitisches τινα (so Ψ 33 usw.) bezeichnet das Subjekt zum Inf. διδάσκειν (A.c.i.), also: „Ihr habt es nötig, daß irgendeiner/man euch belehrt", während τίνα (so die meisten Textzeugen) als Fragepronomen auf στοιχεῖα zu beziehen ist, also: „welche die Anfangsgründe sind …". Zwischen beiden Lesarten ist vom Kontext her zu entscheiden, und zwar für enklitisches τινα, weil allein so der vom Autor beabsichtigte Kontrast zum Ausdruck kommt: Diejenigen, die selbst schon Lehrer sein sollten, bedürfen noch der Belehrung. Vgl. B.M. METZGER, A Textual Commentary, S. 66. – Die Lesart διδάσκεσθαι (Min 462 usw.) ist wiederum aus der Lesart τίνα entstanden: „Ihr habt es nötig, daß ihr belehrt werdet, welches die Anfangslehren sind". – Zur Wendung χρείαν ἔχειν vgl. 1 Thess 4,9; 5,1 sowie bes. 1 Joh 2,27: οὐ χρείαν ἔχετε ἵνα τις διδάσκῃ ὑμᾶς. Welcher Art diese „Belehrung" der Adressaten ist, ergibt sich aus dem Kontext: vgl. V. 12b und bes. 6,1f.

und διδάσκειν nicht auf das spezielle Amt des „Lehrers" in den urchristlichen Gemeinden zu beziehen ist, sondern lediglich als oppositum zur in V. 13 folgenden Kennzeichnung der Adressaten als „unmündiger Kinder" steht[16]. Und die στοιχεῖα τῆς ἀρχῆς κτλ. bezeichnen dementsprechend in diesem Zusammenhang und Kontext im pädagogisch-didaktischen Sinn die „Grund- und Anfangslehren" bzw. den Elementarunterricht[17], dies freilich – im Kontext wiederum – im christlichen Sinne. Sie sind also identisch mit der grundlegenden christlichen Anfangsunterweisung, von der sodann in 6,1f die Rede ist. Mit anderen Worten: Der Katechumenatsunterricht bzw. die Taufunterweisung der Adressaten ist hier im Blick[18].

Bei alledem bedient der Autor des Hebr sich einer Redeweise, die in der pädagogischen Unterweisung der griechisch-hellenistischen Antike bereits zu einem feststehenden Topos geworden war. Dies gilt vor allem im Blick auf die metaphorische Gegenüberstellung von „Milch" und „fester Speise" in V.12b, mit der sich sogleich in den VV.13/14 die ebenso traditionelle Gegenüberstellung der νήπιοι und der τέλειοι verbindet. Hier liegt ein fester Motivzusammenhang vor, der auch sonst im Neuen Testament seinen Niederschlag gefunden hat[19], in der besonderen Weise aber, in der er im Hebr aufgenommen worden ist, seine Herkunft aus dem Raum griechisch-hellenistischer Pädagogik noch deutlich erkennen läßt[20]. Von daher gese-

---

[16] Zum „unspezifischen Gebrauch" von διδάσκαλος in V. 12 vgl. bereits J. A. BENGEL, Gnomon, S. 895: „vocabulum non muneris, sed facultatis"; D. G. PETERSON, RTR 35 (1976) S. 16f, sowie A. F. ZIMMERMANN, Die urchristlichen Lehrer. Studien zum Tradentenkreis der διδάσκαλοι im frühen Urchristentum (WUNT 2. R.12), Tübingen 1984, S. 209f. – Die Schlußfolgerung, daß der Hebr „nicht an einen engeren Kreis von Amtsträgern gerichtet ist" (ebd., S. 210), besteht insofern zu Recht, als in V. 12 ja vorausgesetzt wird, daß im Grunde jeder Christ – bei entsprechender Dauer seines Christseins – imstande sein sollte, das Amt bzw. die Funktion des „Lehrers" wahrzunehmen.

[17] Vgl. den entsprechenden Gebrauch von (τὰ) στοιχεῖα bei Platon, Theait. 106 A.B; Cornutus, Theol. Graec. 14 (στοιχεῖον παιδείας); Xenophon, Memorab. II 11; Plutarch, De puer. educat. 16,2; Seneca, Epist. 88,20 sowie Origenes, Comm. in Jo. 1,1. Weiteres zu solchem Sprachgebrauch bei G. DELLING, ThWNT VII, S. 678ff; speziell zu Hebr 5,12: S. 687. – Angesichts des Kontextes von Hebr 5,12 muß der Versuch von N. WEEKS, Admonition and Error in Hebrews, WThJ 39 (1976/77) S. 72–80, als abwegig erscheinen, die στοιχεῖα an dieser Stelle analog zu Kol 2,8.20 und Gal 4,3 als term. techn. einer im Hebr bekämpften Irrlehre zu verstehen. Unwahrscheinlich ist auch die Vermutung, daß ἀρχή in V. 12 auf LXX Ps 109,3 Bezug nimmt. S. M. KILEY, Melchizedek's Promotion to ἀρχιερεύς and the Translation of ta stoicheia tēs archēs, SBL Seminary Paper Series 25 (1986) S. 236–245.

[18] Vgl. E. KÄSEMANN, Das wandernde Gottesvolk, S. 120 (mit Verweis auf 6,4); E. PLÜMACHER, EWNT III, Sp. 666.

[19] Vgl. 1 Kor 3,1f; Eph 4,13f; 1 Petr 2,2 sowie Ignatius, Trall 5,2f. Vgl. dazu: G. BERTRAM, ThWNT IV, S. 918ff; zu Hebr 5,12–14: S. 921f; W. GRUNDMANN, Die ΝΗΠΙΟΙ in der urchristlichen Paränese, NTS 5 (1959/60) S. 188–205; zu Hebr 5,12–14: S. 192ff; W. THÜSING, ‚Milch' und ‚feste Speise' (1 Kor 3,1f. und Hebr 5,11–6,3). Elementarkatechese und theologische Vertiefung in neutestamentlicher Sicht, TThZ 76 (1967) S. 233–246. 261–280; S. LEGASSE, EWNT II, Sp. 1142f.

[20] Zur Gegenüberstellung „Milch – feste Speise" vgl. bes. Epiktet, Diss. II 16,39: οὐ θέλεις

hen hat in diesen Versen im Hebr mit der entsprechenden Terminologie zugleich eine bestimmte pädagogische Theorie ihren Niederschlag gefunden, in deren Zusammenhang τέλειος in 5,14 und τελειότης in 6,1 selbstverständlich in einem speziellen Sinne stehen: „Vollkommen" ist hier derjenige, der infolge entsprechender „Übung" (V. 14) imstande ist, „Lehre" nicht nur seinerseits zu rezipieren, sondern sie auch an andere zu vermitteln[21]. Solche pädagogische Theorie erfährt ihre weitere Konkretion dadurch, daß in V. 13 das vorgegebene Stichwort νήπιος durch ἄπειρος erläutert wird[22], was wiederum antithetisch zu γεγυμνασμένος in V. 14 steht. Demgegenüber werden die τέλειοι in V. 14 als solche gekennzeichnet, die (infolge ihrer Übung) zu einer bestimmten „Haltung" (ἕξις) bzw. Fertigkeit gelangt sind und auf diese Weise die „Sinnesorgane" (αἰσθητήρια) besitzen, die sie zur „Unterscheidung von Gut und Böse" befähigen. Ἕξις bezeichnet hier eindeutig die infolge bestimmter Übung und Gewöhnung bereits erworbene Fertigkeit, einen Zustand also, nicht mehr den Lernprozeß der Übung[23]. Auf solche bereits erworbene Fertigkeit hebt auch das passive Partizip γεγυμνασμένος ab. Und daß αἰσθητήρια in diesem Zusammenhang weniger die „Sinnesorgane" im eigentlichen Sinne als vielmehr im übertragenen Sinn das (sittliche) Unterscheidungsvermögen (bei rechtem Gebrauch der Sinnesorgane!) meint, versteht sich angesichts der hier vorliegenden Beziehung auf die „Unterscheidung von Gut und Böse" von selbst[24].

ἤδη ὡς τὰ παιδία ἀπογαλακτισθῆναι καὶ ἅπτεσθαι τροφῆς στερεωτέρας; II 24,9; Philon, Agr 9, auch hier im Sinne der Gegenüberstellung νήπιος/γάλα - τέλειος / τὰ ἐκ πυρῶν πέμματα („festes Backwerk"); Migr 29.46; Congr 19.154 u. ö. Direkte Abhängigkeit des Hebr von Philon in dieser Hinsicht ist angesichts der allgemeinen Verbreitung des Motivs in der Spätantike unwahrscheinlich. Vgl. R. WILLIAMSON, Philo and the Epistle to the Hebrews, S. 277ff, spez. S. 306–308 (gegen C. SPICQ). Vgl. dagegen neuerdings wiederum C. SPICQ, ANRW II, 25/4, S. 3612f, zu Hebr 5,14: „Vocabulaire et notion sont essentiellement philoniens". Zum Ganzen vgl. auch J. W. THOMPSON, Hebrews 5:11–14 and Greek Paideia, in: DERS., The Beginnings of Christian Philosophy, S. 17–40, spez. S. 39f.

[21] Vgl. W. R. G. LOADER, Sohn und Hoherpriester, S. 84f. – In diesem Sinn besteht hier auch ein deutlicher Unterschied zu der (an die Tora gebundenen) „Vollkommenheits"-Terminologie in der Qumran-Gemeinde. Vgl. dazu: G. DELLING, ThWNT VIII, S. 73f; B. RIGAUX, Révélation des mystères et perfection à Qumran et dans le Nouveau Testament, NTS 4 (1957/58) S. 237–262; H. BRAUN, Qumran und das Neue Testament I, S. 254f.

[22] Zur Kennzeichnung des „Unmündigen" als ἄπειρος vgl. auch Philon, Agr 160. Zur Entwicklung von der Unerfahrenheit zur Vollkommenheit: ebd. 158–160. Vgl. auch Philon, All I 35: ἄπειρος τῆς ἀρετῆς sowie J. W. THOMPSON, The Beginnings of Christian Philosophy, S. 22. 35. – Sinngemäß, jedoch textgeschichtlich sekundär, fügen D* d e Origenes zu νήπιος ein ἀκμήν, „noch", ein.

[23] Zu ἕξις in diesem Sinne vgl. Philon, All III 220; Albinos, Didask. 26 sowie W. BAUER, Wörterbuch zum Neuen Testament, Sp. 546; M. KILEY, A Note on Hebrews 5:14, CBQ 42 (1980) S. 501–503; H. BRAUN S. 155f. Demgegenüber G. SCHNEIDER, EWNT II, Sp. 17: „infolge der Gewöhnung".

[24] Vgl. G. DELLING, ThWNT I, S. 187f; zu Hebr 5,14: S. 188; R. WILLIAMSON, Philo and the Epistle to the Hebrews, S. 44f, sowie J. W. THOMPSON, The Beginnings of Christian Philoso-

Damit ergibt sich für unsere Stelle im Anschluß an jene Theorie griechisch-hellenistischer Pädagogik ein klares Zweistufenschema im Sinne des Fortschritts vom Stande des unmündigen Kindes zur Reife des „vollkommenen" Erwachsenen[25], ein Schema, das der Autor des Hebr hier zunächst als solches rezipiert, um es dann erst in 6,1 in einen spezifisch christlichen Kontext einzufügen[26]. Die Anwendung auf die eigene Sache erfolgt erst dort – und dies hat zur Konsequenz, daß weder der λόγος δικαιοσύνης (V. 13), hinsichtlich dessen die „Unmündigen" noch „unerfahren" sind, noch das in V. 14 parallel dazu stehende Vermögen der „Unterscheidung von Gut und Böse" als solches mit dem Inhalt und Gegenstand der „langen und schwer verständlichen Rede" zu identifizieren sind, die der Autor im folgenden seinen Lesern vorzutragen beabsichtigt. Im Rahmen der pädagogischen Theorie, die hinter der in den VV. 13 und 14 gebrauchten Terminologie steht, handelt es sich hier vielmehr zunächst um eine gleichsam allgemeine Wahrheit, die den Lesern des Hebr lediglich ihr Defizit an Verstehensvermögen vor Augen führen soll. Der λόγος δικαιοσύνης[27] (V. 13), der in V. 14 sodann hinsichtlich seines Inhalts des näheren als Vermögen zur „Unterscheidung von Gut und Böse" beschrieben wird, bezeichnet somit im Kontext weder – ganz generell – die Norm bzw. das Prinzip der „Gerechtigkeit"[28] noch – in einem speziellen theologischen Sinne – die „Belehrung über das Wirken Gottes"[29] oder die „Lehre vom Zustand des Getauften als δίκαιος"[30], sondern viel eher – ganz im Sinne

---

phy, S. 36f, mit Verweis auf die Parallele bei Galenus, De diagnosc. puls. III 2: ὃς μὲν γὰρ ... τὸ αἰσθητήριον ἔχῃ γεγυμνασμένου ἱκανῶς ...; Plutarch, Quaest. conv. IV 5. So gesehen könnte ἕξις in diesem Zusammenhang durchaus auch die „Altersstufe" bezeichnen (so H. WINDISCH S. 48), zumal die Fähigkeit zur „Erkenntnis des Guten und Bösen" auch sonst an ein bestimmtes Alter gebunden ist. Vgl. Philon, Prob 83 sowie 1QSa I 10f.

[25] Vgl. bes. Eph 4,13f: εἰς ἄνδρα τέλειον, εἰς μέτρον ἡλικίας.

[26] Insofern besteht hier ein deutlicher Unterschied zum Gebrauch der entsprechenden Terminologie in 1 Kor 3,1f, wo das pädagogische Schema des Fortschreitens von der Unmündigkeit zur Vollkommenheit von Paulus sogleich in die Antithese σαρκικός – πνευματικός einbezogen wird.

[27] Es ist somit auch keineswegs notwendig, an dieser Stelle – unter der Voraussetzung der Gleichsetzung der „festen Nahrung" mit der „langen und schwer verständlichen Rede" von 5,11 – von drei statt zwei „Stufen des Aufstiegs" zu sprechen. So H. P. OWEN, The ‚Stages of Ascent' in Hebrews V. 11–VI. 3, NTS 3 (1956/57) S. 243–253: Der λόγος δικαιοσύνης stelle (als Bezeichnung einer „praktisch-ethischen Lehre": S. 244f) nur eine vorläufige zweite Stufe dar, die alsdann durch die Lehre für die „Vollkommenen" in Hebr 7,1ff noch überboten werde. Kritisch dazu: J. W. THOMPSON, The Beginnings of Christian Philosophy, S. 35, Anm. 66; W. R. G. LOADER, Sohn und Hoherpriester, S. 87f.

[28] So H. P. OWEN, NTS 3 (1956/57) S. 244f.

[29] So G. DELLING, ThWNT VIII, S. 78; vgl. auch W. GRUNDMANN, NTS 5 (1958/59) S. 193: „Wort vom Recht Gottes".

[30] So E. KÄSEMANN, Das wandernde Gottesvolk, S. 120, mit Verweis auf Polyk 3,3: ἐντολὴ δικαιοσύνης; Barn 5,4: ὁδὸς δικαιοσύνης sowie 2 Petr 2,21. In keinem Fall ist die Wendung „paulinisch", d. h. im Sinne einer „Lehre von der Rechtfertigung", zu verstehen. So noch G.

der vom stoischen Philosophen Mark Aurel getroffenen Unterscheidung zwischen λόγος ὀρθός und λόγος δικαιοσύνης – die „praktische Vernunft" (im Unterschied zur „theoretischen Vernunft" des λόγος ὀρθός)[31]. Grundsätzlich das Gleiche gilt schließlich auch im Blick auf die διάκρισις καλοῦ τε καὶ κακοῦ in V. 14: Gemeint ist auch hier nicht ein spezifisch „geistliches Unterscheidungsvermögen"[32] oder gar das Vermögen zur Unterscheidung von „rechter und falscher Lehre"[33], sondern – viel schlichter – das sittliche Urteils- und Unterscheidungsvermögen, wie es nach der hier rezipierten (stoischen?) pädagogischen Theorie der τέλειος infolge entsprechender Übung seiner „Wahrnehmungsorgane" (αἰσθητήρια) zu gewinnen vermag[34].

Die Leser des Hebr werden hier also – wie dies auch sonst im Rahmen der für den Hebr charakteristischen rationalen Argumentation geschieht – auf eine ihnen einsichtige allgemeine Erfahrungswahrheit hin angesprochen, aus der dann endlich in 6,1 die auf ihre besondere Situation bezugnehmende Schlußfolgerung gezogen wird: Διὸ ἀφέντες ... φερώμεθα. Das διό in 6,1 – „deshalb (also)" – markiert in diesem Sinn die Kehre zur „eigentlich christlichen" Anwendung des zuvor zunächst im Rahmen einer bestimmten pädagogischen Theorie Dargelegten auf die Leser des Hebr[35]. Aus dem, was ganz allgemein für den Raum der menschlichen Erfahrung gilt (5,13f), gilt es nunmehr für die Leser die entsprechende Schlußfolgerung zu ziehen, also: endlich von der „Anfangslehre von Christus" bzw. vom „Anfang der Christuslehre"[36] zur „Vollkommenheit", d. h. zum Verstehen der höchsten Stufe christlicher Lehre fortzuschreiten, wie sie so-

DELLING, ThWNT I, S. 188. Zum Problem vgl. W. R. G. LOADER, Sohn und Hoherpriester, S. 85f.

[31] Vgl. Mark Aurel, Εἰς ἑαυτόν XI 1,5. Vgl. dazu C. SPICQ, ANRW II, 24/5, S. 3611, Anm. 47. Nach Philon, Ebr 33, ist der Unmündige des λόγος ὀρθός unkundig. Vgl. J. W. THOMPSON, The Beginnings of Christian Philosophy, S. 23.

[32] So O. MICHEL S. 237.

[33] So W. R. G. LOADER, Sohn und Hoherpriester, S. 85, Anm. 30.

[34] Zur Sache vgl. Philon, Congr 18, sowie C. SPICQ, ANRW II, 25/4, S. 3613, Anm. 54.

[35] Es ist also durchaus nicht so, daß die Paränese des Hebr an dieser Stelle „eigentlich mit 5,14 abbrechen" müßte. So O. MICHEL S. 237: „daß sie es in Wirklichkeit nicht tut, kann keine Auslegung des Hebr richtig erklären". Vgl. demgegenüber bereits E. RIGGENBACH S. 146f, sowie H. WINDISCH S. 49: „διό bedeutet also: Weil ihr der Zeit nach reif sein müßtet und es sich für die Reife so geziemt...". – Hinsichtlich ihrer Anwendung unterscheidet sich die Art und Weise der Rezeption jener pädagogischen Theorie im Hebr sehr deutlich von der bei Philon, der in dieser Hinsicht ganz in der Kontinuität des Ideals der ἐγκύκλιος παιδεία steht. Vgl. Congr 154; Agr 9; Ebr 33 u. ö. sowie J. W. THOMPSON, The Beginnings of Christian Philosophy, S. 22f. 29ff. 35ff.

[36] Die sprachlich eigenartige, in ihrem Sinngehalt nichtsdestoweniger eindeutige Formulierung ὁ τῆς ἀρχῆς τοῦ Χριστοῦ λόγος erklärt sich am besten aus der Verbindung von λόγος ἀρχῆς („Anfangsunterricht") und λόγος τοῦ Χριστοῦ, wobei der Genitiv τοῦ Χριστοῦ hier lediglich die Funktion hat, diesen „Anfangsunterricht" als einen christlichen zu qualifizieren. Gemeint ist also die christliche Anfangskatechese, die als solche sachlich den στοιχεῖα von 5,12 entspricht. Vgl. H. BRAUN S. 157.

dann in 7,1ff dargelegt werden wird. Solchen Fortschritt bezeichnet die rhetorische Wendung ἀφέντες – φερώμεθα[37], ebenso wie der Verzicht auf eine erneute eingehende Darlegung der „Grundlehren" des Glaubens (θεμέλιον) durch eine gebräuchliche literarisch-rhetorische Wendung zum Ausdruck gebracht wird[38]. Jedenfalls wird der Inhalt und Gegenstand jener „Grundlehre" im folgenden (VV. 1b.2) lediglich durch eine Aufzählung bestimmter Lehrtopoi eher nur angedeutet als im einzelnen ausgeführt. Formal geschieht dies in einer Aneinanderreihung von Genitiven in drei Begriffspaaren, wobei deren erstes (μετάνοια – πίστις) unmittelbar von θεμέλιον abhängig ist, das zweite und dritte dagegen vom Genitiv διδαχῆς[39]. Angesichts dessen, daß jene „Grund- bzw. Elementarlehre" in V. 1 ausdrücklich als ein λόγος τοῦ Χριστοῦ (gen. obj.) gekennzeichnet wird, fällt um so mehr auf, daß die im folgenden im einzelnen aufgeführten Bestandteile dieser Lehre – von 6,4 her gesehen ja doch wohl die Bestandteile der Katechumenats- bzw. Taufunterweisung – allesamt eines unmittelbar christlichen bzw. christologischen Bezugs entbehren und somit eher in den Raum des Judentums als in den des Christentums verweisen[40].

---

[37] Vgl. z. B. Euripides, Andromache 391f: ἀλλὰ τὴν ἀρχὴν ἀφεὶς πρὸς τὴν τελευτὴν ὑστέραν οὖσαν φέρῃ; Plutarch, An seni sit gerend. resp. 18, sowie H. BRAUN S. 157: ἀφίημι steht hier im Sinne eines rhetorischen Topos: „ein Thema liegen lassen". Das bedeutet gewiß nicht, daß die Adressaten des Hebr die „Anfangsgründe" ihres Glaubens „beiseitelassen" sollen (vgl. J. C. ADAMS, NTS 13 (1966/67) S. 381). Dem Autor kommt es hier ja nicht auf ein „Weglassen", sondern auf den Fortschritt zur „Vollkommenheit" hin an. Vgl. D. G. PETERSON, RTR 35 (1976) S. 19.

[38] Zur Wendung θεμέλιον καταβάλλεσθαι, wörtlich: „den Grund begründen, ein Fundament legen" (vgl. 1 Kor 3,10: τιθέναι θεμέλιον) vgl. Philon, Cher 101 sowie SpecLeg II 110. Zur sachlichen Differenz Philon – Hebr.: R. WILLIAMSON, Philo and the Epistle to the Hebrews, S. 121f.

[39] Solche formale Differenzierung zwischen den drei Begriffspaaren tritt noch deutlicher durch die an sich gut bezeugte Lesart διδαχήν (P[46] B d) hervor. Vgl. die entsprechende Übersetzung bei H. v. SODEN S. 48: „indem wir nicht abermals als Fundament der Umkehr von todten Werken und des Glaubens auf Gotteseinsenken die Lehre von Taufen und Handauflegung …". Zum Textproblem vgl. E. RIGGENBACH S. 149, Anm. 94. Gleichwohl dürfte der Akkusativ διδαχήν erst sekundär sein, um die Aneinanderreihung der Genitive zu vermeiden. Vgl. B. M. METZGER, A Textual Commentary, S. 666; anders jetzt wieder H. BRAUN S. 160: „… nicht die Lehre (vorbringen) über …".

[40] H. WINDISCH S. 49 spricht hierzu von Stücken des „jüdischen Proselytenkatechismus". Vgl. bereits F. DELITZSCH S. 225: „sammt und sonders nur synagogale fundamentalia"; F. F. BRUCE, NTS 9 (1962/63) S. 224ff; D. G. PETERSON, RTR 35 (1976) S. 17ff. J. C. ADAMS, Exegesis of Hebrews VI.1f, NTS 13 (1966/67) S. 378–385, versucht das hier vorliegende Problem – unter Hinweis auch auf Hebr 2,3 – durch das Verständnis des Genitivs τοῦ Χριστοῦ in 6,1 als eines gen. subj. zu lösen (S. 381ff). Das hat zur Konsequenz, daß die im folgenden genannten Lehrtopoi den Inhalt und Gegenstand dessen darstellen, was „Christ himself" – konkret also: der historische Jesus! – gelehrt hat. Daraus ergibt sich als Konsequenz wiederum im Blick auf die Adressaten des Hebr: „they have accepted the message of Jesus, but not his person and work. Their faith is in what he said, not what he did" (S. 384). Zum Verständnis des Genitivs τοῦ Χριστοῦ als gen. subj. vgl. auch A. SEEBERG, Der Katechismus der Urchristenheit,

Dieser eigenartige Sachverhalt ist zunächst gewiß dadurch zu erklären, daß der Autor auch an dieser Stelle – notwendigerweise, da er ja einen christlichen „Elementarunterricht" kennzeichnen will – auf Tradition zurückgreift. Diese Tradition hat ihren ursprünglichen „Sitz im Leben" eindeutig in der präbaptismalen Unterweisung des Urchristentums bzw. in der urchristlichen Missionstheologie. So gesehen ist dann freilich der „jüdische Charakter" der Aufzählung in den VV. 1b.2 als solcher noch keineswegs ein Indiz dafür, daß der Autor des Hebr seine noch in jüdischen Anschauungen befangenen Adressaten seinerseits erst zum christlichen Glauben führen will[41]; vielmehr belegt er einmal mehr den auch ansonsten im Neuen Testament zu beobachtenden Sachverhalt, daß das Urchristentum insgesamt im Rahmen seiner Missionspredigt für die Heiden bzw. im Zusammenhang seiner „Elementarkatechese" (W. THÜSING) weitgehend an die „Missionspredigt" der Diasporasynagoge angeknüpft hat[42].

Was hier vorliegt, ist also eine traditionelle „missionstheologische" Terminologie. Insbesondere gilt dies im Blick auf das erste hier vorliegende Begriffspaar, d. h. im Blick auf die Verbindung von μετάνοια und πίστις (im Sinne des „Glaubens an Gott")[43]. Μετάνοια ist in dieser Verbindung ein spezifisch missionstheologischer Terminus, bezeichnet also die „Umkehr" bzw. „Abkehr" (oder auch „Bekehrung"!) weg „von den toten Werken" (sc.: des Götzendienstes) und – damit zugleich – die Hinwendung zur Verehrung des wahren und einen Gottes[44].

In einem Sachzusammenhang mit den den Anfang der christlichen Existenz kennzeichnenden „Artikeln" von „Umkehr" und „Glauben" in V. 1b

---

S. 248f.; W. R. G. LOADER, Sohn und Hoherpriester, S. 91. – Entscheidend gegen solche Lösungsversuche spricht freilich der Kontext von 6,1–3, konkret vor allem die Tatsache, daß in V. 4 (mit begründendem γάρ) auf die Taufe der Adressaten zurückverwiesen wird und – sofern dabei wiederum das Stichwort μετάνοια auftaucht (V. 6) – die vorangehenden Lehrstücke in der Tat als die Bestandteile der Katechumenatsunterweisung ausgewiesen werden.

[41] So die Grundthese zum Hebr insgesamt von H. KOSMALA, Hebräer – Essener – Christen, speziell S. 31ff zu 6,1–3.

[42] Vgl. G. SCHNEIDER, Urchristliche Gottesverkündigung in hellenistischer Umwelt, BZ N. F. 13 (1969) S. 59–75 = DERS., Lukas, Theologe der Heilsgeschichte. Aufsätze zum lukanischen Doppelwerk (BBB 59), Königstein/Bonn 1985, S. 280–296, hier spez. S. 287f; E. BRANDENBURGER, Pistis und Soteria. Zum Verstehenshorizont von ‚Glaube' im Urchristentum, ZThK 85 (1988) S. 165–193, spez. S. 167f. 191f.

[43] Zur Konstruktion von μετάνοια mit ἀπό c.gen. vgl. Act 8,22. Zu πίστις ἐπὶ θεόν vgl. πιστεύειν ἐπί τινα: Act 9,42; 11,17; 16,31; 22,19; Röm 4,5.24 sowie Weish 12,2.

[44] Zu diesen Grundthemen der urchristlichen Heidenmissionspredigt vgl. Act 17, 30f; 20,21 (ἡ εἰς θεὸν μετάνοια); 26,20; 1 Thess 1,8f; 1 Clem 7,5. Vgl. auch Mk 1,15 sowie die Verbindung von μετάνοια und πιστεύειν ἐπὶ θεόν in Weish 11,23; 12,2. Dazu: E. BRANDENBURGER, ZThK 85 (1988) S. 167f. 191f. – Die „toten Werke" im Gegensatz zur wahren Gottesverehrung (vgl. Hebr 9,14) meinen primär den Götzendienst, der notwendig in den Tod führt. Dem entspricht die Kennzeichnung des Götzenbildes als τὸ νεκρόν in Weish 13,18; JosAs 11,8; 12,5. Vgl. auch G. THEISSEN, Untersuchungen zum Hebr, S. 54; H. BRAUN S. 160; D. LÜHRMANN, Glaube im frühen Christentum, Gütersloh 1976, S. 73. Mit dem Götzendienst sind freilich auch die „toten Werke" im moralischen Sinne verbunden. Vgl. Röm 1,24ff sowie die Kennzeichnung der vorchristlichen Existenz der Heiden als eine „tote" Vergangenheit Eph 2,5; Kol 2,13.

steht dann auch das dritte – eschatologische – Begriffspaar in V. 2: „Auferstehung der Toten" und „ewiges Gericht", das sind wiederum zunächst traditionelle Topoi der „Missionspredigt" des Diasporajudentums, sie haben aber ebenso bzw. von daher auch ihren Ort in der urchristlichen Missionspredigt[45]. Nicht ganz so eindeutig läßt sich freilich das zweite, auf die „Lehre von den Taufen (Plural!) und von der Handauflegung" bezugnehmende Begriffspaar (V. 2a) der traditionell-urchristlichen Missionspredigt zuordnen. Die hier vorausgesetzte unmittelbare Verbindung von „Taufe und Handauflegung" – die letztere offensichtlich ein Ritus zur Vermittlung der Geistesgabe bei der Taufe – ist zwar auch im Urchristentum ansonsten nicht ungewöhnlich. So werden z. B. Act 8,16f und 19,5f Taufe und Handauflegung miteinander verbunden, sodaß – von daher gesehen – der Hebr an dieser Stelle durchaus auf eine traditionelle Praxis des Urchristentums Bezug nehmen könnte[46]. Ungewöhnlich ist aber in jedem Falle der hier in bezug auf die Taufe gebrauchte Plural βαπτισμοί, scheint er doch zunächst darauf hinzuweisen, daß der Autor des Hebr an dieser Stelle gar nicht speziell von der (christlichen) Taufe spricht, sondern eher ganz allgemein von bestimmten rituellen Waschungen bzw. Lustrationsriten, wie sie etwa auch für bestimmte Gruppierungen innerhalb des Judentums üblich waren und in diesem Sinne auch im Neuen Testament bezeugt sind[47]. Immerhin erwähnt ja der Hebr selbst im Zusammenhang seiner Beschreibung des alttestamentlichen Kultes im Kap. 9 solche – dort freilich

---

[45] Für das Judentum vgl. Sib IV 179–184; 4 Esr 7,32f; für das Urchristentum: Act 17,3f; Apk 20,12f; Barn 5,6f; Polyk 7,1. In der hier vorliegenden Verbindung erscheint die „Auferstehung der Toten" als „Auferstehung zum Gericht" (vgl. Joh 5,29). Das Gericht (κρῖμα) wird durch das Attribut αἰώνιος als Endgericht bzw. als endgültiges Gericht qualifiziert. Der hier vorliegende Traditionszusammenhang ist in diesem Sinne durchaus „apokalyptisch" geprägt. Vgl. H. BRAUN S. 162f sowie U. WILCKENS, Die Missionsreden der Apostelgeschichte (WMANT 5), Neukirchen ²1963, S. 81ff.

[46] Zum Ritus der „Handauflegung" im Sinne der Kraftübertragung (zum Zwecke der Heilung oder auch zur Vermittlung des göttlichen Segens) vgl. Chr. MAURER, ThWNT VIII, S. 161ff, der freilich im Blick auf Hebr 6,2 an eine „Amtsübertragung" (im Sinne von 1 Tim 4,14; 2 Tim 1,6) denkt (a.a.O., S. 162). Dagegen mit Recht H. BRAUN S. 161f. Zum Problem vgl. weiter C. SPICQ, Notes I, S. 268f; J. K. PARATT, The Laying of Hands in the New Testament, ET 80 (1969) S. 210–214; E. LOHSE, Die Ordination im Spätjudentum und im Neuen Testament, Göttingen 1951, S. 71; W. BIEDER, in: Festschr. O. Cullmann, S. 253f.

[47] Vgl. Mk 7,4; Lk 11,38. Der Terminus βαπτισμός (im Singular) in bezug auf die christliche Taufe ist nur Kol 2,12 belegt, aber auch hier korrigieren die Handschriften ℵ* A C D² (usw.) in das geläufigere βάπτισμα. Βαπτισμός in bezug auf die Johannestaufe: Josephus, Ant. XVIII 117. – Zur jüdischen Praxis der Waschungen vgl. STRACK-BILLERBECK, I, S. 695–705, speziell für die Qumran-Gemeinde: H. BRAUN, Qumran und das Neue Testament II, S. 1–29. – H. KOSMALA, Hebräer – Essener – Christen, S. 33f, sieht in Hebr 6,2 dementsprechend wieder einen Zusammenhang mit den Reinigungsbädern gegeben, wie sie im Rahmen der „eschatologischen Heiligkeits- und Geisteslehre" der Qumran-Gemeinde eine gewichtige Rolle gespielt haben (1QS III 2–9; IV 20–22; V 13f; CD X 10–13; XI 1). Vgl. auch F. F. BRUCE, NTS 9 (1961/62) S. 224–227.

zugleich als δικαιώματα σαρκός gekennzeichnete! – διάφοροι βαπτισμοί (9,10). Sie sind freilich in 6,2 ganz offensichtlich nicht gemeint, zumal der ausdrückliche Rückbezug auf die christliche Taufe in 6,4ff es nahelegt, daß die kurz zuvor erfolgende Erwähnung der βαπτισμοί ebenfalls auf die Taufe zu beziehen ist. Will man dabei zur Erklärung der Pluralform nicht schon hier den erst später bezeugten Taufritus eines dreimaligen Untertauchens voraussetzen[48], so könnte hier eine „Lehre von den Taufen" (und der Handauflegung) gemeint sein, in der es um die Eigenart und Besonderheit der christlichen Taufe gegenüber den kultischen Reinigungsriten in Judentum (und Heidentum?) und insbesondere gegenüber der Johannestaufe ging[49]. Eine gewisse polemische Implikation solcher „Lehre von den Taufen" ist gewiß nicht auszuschließen; jedoch erlaubt die an dieser Stelle vorgegebene Formulierung andererseits auch nicht die Schlußfolgerung, daß unter den Adressaten des Hebr die akute Gefahr bestand, die Taufe mehrfach zu vollziehen bzw. an sich vollziehen zu lassen[50].

Auf der Aufzählung der Katechismusstücke in den VV. 1b.2 liegt ja im Kontext des Hebr gerade nicht der Akzent. In ihrer gegenwärtigen Anfechtung bedürfen die Adressaten des Hebr vielmehr eben der „festen Nahrung" (5,14), die als solche die „Anfangslehren" (5,12; 6,1) zwar voraussetzt, sie aber doch zugleich als ein anfängliches Stadium auf dem Glaubens- und Erkenntnisweg der Christen erscheinen läßt. Im Sinne des Autors ist es demgegenüber für die Adressaten an der Zeit, auf dieser „Grundlage" (V. 1) zur „vollkommenen" Glaubenserkenntnis fortzuschreiten und auf diesem Wege zugleich die gegenwärtige Glaubensanfechtung zu überwinden.

Dementsprechend ist das den V. 3 einleitende τοῦτο gewiß nicht auf die zuvor genannten Lehrstücke zu beziehen, sondern auf die Aufforderung von V. 1: ἀφέντες ... φερώμεθα. Ποιήσομεν in V. 3 steht somit analog zu φερώμεθα in V. 1 und kündigt erneut die Ausführung der „Lehre der Voll-

---

[48] So bereits H. WINDISCH S. 50 sowie zuletzt H. BRAUN S. 161. Ausdrücklich belegt ist ein solcher Taufritus freilich erst bei Tertullian, Adv. Prax. 26. Vgl. aber immerhin auch schon Did 7,3: Unter der Voraussetzung, daß nicht genügend Wasser zum Untertauchen vorhanden ist, gilt die Regel: ἔκχεον εἰς τὴν κεφαλὴν τρὶς ὕδωρ εἰς ὄνομα πατρὸς κτλ.
[49] So bereits E. RIGGENBACH S. 151f sowie O. MICHEL S. 239; C. SPICQ, SBi, S. 103f; vgl. auch G. DELLING, Die Taufe im neuen Testament, Berlin 1963, S. 80f; W. BIEDER, EWNT I, Sp. 468. – C. SPICQ, SBi, S. 103f, sieht an dieser Stelle – was speziell die Abgrenzung gegenüber der Johannestaufe betrifft – wiederum einen Hinweis auf die Autorschaft des Apollos gegeben (vgl. Act 18,25). – Angesichts der Verbindung von Taufe und Geistverleihung, wie sie in 6,4 vorausgesetzt erscheint, ist es demgegenüber äußerst unwahrscheinlich, den Plural βαπτισμοί auf die Unterscheidung zwischen Wasser- und Geisttaufe zu beziehen. So A. SEEBERG, Der Katechismus der Urchristenheit, S. 250ff, sowie neuerdings G. THEISSEN, Untersuchungen zum Hebr, S. 54f.
[50] So in der altkirchlichen Auslegung z. B. Athanasius, Ep. IV ad Serap. 13. Vgl. E. RIGGENBACH S. 151.

kommenheit" in 7,1ff an[51]. Dabei versteht es sich für den Autor des Hebr von selbst, daß der durch seine Paränese an die Adressaten intendierte Fortschritt seinerseits wiederum unter der Generalklausel des ἐάνπερ ἐπιτρέπῃ ὁ θεός steht[52].

Obwohl nunmehr im Argumentationsgang des Autors endlich der Punkt erreicht scheint, die „vollkommene Lehre" im einzelnen darzulegen, tritt nochmals eine Verzögerung ein und mündet die bisherige Paränese an die Adressaten in 6,4–8 in eine Warnung ein, die an Schärfe alles übertrifft, was bisher im Hebr in dieser Hinsicht laut geworden ist. Mit einem kategorischen ἀδύνατον beginnt jedenfalls in V.4 eine an die VV.1–3 unmittelbar anknüpfende (γάρ) und formalsyntaktisch zunächt bis V.6 reichende Mahnung und Warnung, die in der Auslegungsgeschichte des Hebr bereits in der alten Kirche eine in mancherlei Hinsicht durchaus ambivalente Wirkungsgeschichte ausgelöst hat[53]. Ἀδύνατόν (ἐστιν) d.h.: Es ist ein schlechthin gültiges Gesetz[54], daß derjenige, der „einmal" bereits die μετάνοια im Sinne der Hinwendung zu Gott (6,1f) vollzogen hat, nicht noch ein weiteres Mal – nach seinem Abfall vom Glauben – zur μετάνοια

---

[51] Die sekundäre Angleichung ποιήσωμεν (A C D P usw.) an φερώμεθα bringt dies noch deutlicher zum Ausdruck. Vgl. B.M. METZGER, A Textual Commentary, S.666f.

[52] Bei der abschließenden Wendung handelt es sich um einen in der Antike weitverbreiteten Topos, der auch im Neuen Testament seinen Niederschlag gefunden hat: vgl. 1 Kor 4,19; 16,7. Zur Sache vgl. auch Röm 1,10; Act 18,21 sowie Diog 10,4 und die sogen. conditio Jacobaea Jak 4,15. Vgl. A. DEISSMANN, Neue Bibelstudien, S.80; M. DIBELIUS, Der Brief des Jakobus (KEK 15), Göttingen [11]1964, S.278, mit Hinweis auf Minucius Felix, Oct. 18,11, der der Wendung „si deus dederit" als „vulgi naturalis sermo" bezeichnet. Weitere Belege aus der antiken Literatur bei M. DIBELIUS, a.a.O., S.278, Anm.3. – So gesehen ist V.3 jedenfalls Abschluß der Paränese von 5,11–6,3 und nicht sekundärer „Zusatz oder die Randbemerkung eines Theologen ..., der den ersten leisen Protest gegen den Rigorismus des Hebräerbriefes anmeldete". So F. SCHEIDWEILER, Hermes 83 (1955) S.228f.

[53] Lit. zu 6,4–6: B. COLLINS, Tentatur nova interpretatio Hebr. 5,11–6,8, VD 26 (1948) S. 144–151. 193–206; C.E. CARLSTON, Eschatology and Repentance in the Epistle to the Hebrews, JBL 78 (1959) S.296–302; Ph.E. HUGHES, Hebrews 6,4–6 and the Peril of Apostasy, WThJ 35 (1972/73) S. 137–155; R. NICOLE, Some Comments on Hebrews 6,4–6 and the Doctrine of Perseverance of God with the Saints, in: Studies in Honour of M.C. Tennecy, Grand Rapids 1975, S.355–364; V.D. VERBRUGGE, Towards a New Interpretation of Hebrews 6:4–6, CTJ 15 (1980) S.61–73; L. SABOURIN, Crucifying Afresh for one's Repentance (Hebrews 6:4–6), Bibl. Theol. Bull. 6 (1976) S.264–271; P. PROULX/L.A. SCHÖKEL, Hebr 6, 4–6: εἰς μετάνοιαν ἀνασταυροῦντες, Bib 56 (1975) S. 193–209; J.C. MCCOULLOUGH, IBSt 3 (1981) S.39–42. Weitere Lit. s.u. zum Exkurs.

[54] Solche apodiktische Wendung geht – wie bereits Johannes Chrysostomus zur Stelle vermerkt hat (bei Cramer, Catenae Graecorum Patrum, p.501) – über Negationen wie οὐ πρέπει, οὐδὲ συμφέρει, οὐδὲ ἔξεστιν weit hinaus. Vgl. entsprechend Herm sim IX 26,6: ἀδύνατον γάρ ἐστι σωθῆναι τὸν μέλλοντα νῦν ἀρνεῖσθαι τὸν κύριον ἑαυτοῦ sowie Plutarch, De Stoic. repugn. 11: τῷ μὴ δυναμένῳ κατορθοῦν ἀδύνατόν ἐστι μὴ ἁμαρτάνειν. Vgl. auch Hebr 6,18; 10,4; 11,6 sowie A. KAWAMAURA, Adýnaton in Hebrews 6,4, AnJapB 10 (1984) S.91–100. Zur Konstruktion ἀδύνατόν (ἐστι) mit Infinitiv vgl. auch Weish 16,15; 2 Makk 4,6; Josephus, Ant. V 109 sowie 1 Clem 27,2.

gelangen kann. ῞Απαξ, „einmal", steht hier im Gegensatz zu πάλιν in V. 6 und signalisiert sogleich zu Beginn der Mahnung, daß das (für die Adressaten bereits zurückliegende) Geschehen der „Erleuchtung" einen endgültigen Charakter hat, also „ein für allemal" gilt. Damit tritt an dieser Stelle zum ersten Male im Hebr – zu vergleichen ist darüber hinaus noch Hebr 10,26–31 und 12,14–17 – jener sogen. Bußrigorismus des Hebr in den Blick, der in der Geschichte der alten Kirche im Rahmen der Kontroversen um die „Bußdisziplin" mancherlei Nachwirkungen gehabt hat und darüber hinaus bis in die Gegenwart hinein eines der am schwersten wiegenden Probleme des Hebr aufgibt[55]. Daß für den Autor des Hebr selbst auf dieser Aussage ein besonderes Gewicht liegt, ist bereits aus der Reihe der Aorist-Partizipien ablesbar, von denen die in den VV. 4 und 5 zunächst in immer neuen Wendungen umschreiben, was die Adressaten mit ihrer (ersten und grundlegenden) μετάνοια an Heilserfahrungen gewonnen haben. Im ganzen kommt es dabei dem Autor offensichtlich darauf an, eine möglichst umfassende Beschreibung des gegenwärtigen Heilsstandes der Christen zu geben, um von daher die Adressaten um so wirkungsvoller auf das hin anzusprechen, was sie im Begriffe sind preiszugeben – falls sie jedenfalls in ihrer gegenwärtigen Glaubensschwäche verharren oder am Ende sogar von daher zum „Abfall vom lebendigen Gott" (3,12) „fortschreiten". Was hier vorliegt, ist somit gewiß nicht nur Erinnerung an das vergangene Geschehen von „Bekehrung" (und Taufe), andererseits aber doch – wie eben die Aorist-Partizipien anzeigen – Rückverweis auf die „einmal" vollzogene Grundlegung jenes Heilsstandes, die ihrerseits – wie dann alsbald in 7,1–10,18 im einzelnen ausgeführt werden wird – ihren Grund im ἐφάπαξ des christologischen Heilsgeschehens hat[56]. In diesem Sinne steht das erste Partizip ἅπαξ φωτισθέντες grundlegend-programmatisch voran, während die weiteren Partizipien in den VV. 4 und 5 im einzelnen entfalten, was an Heilsgaben mit jener „einmaligen Erleuchtung" vermittelt worden ist[57].

---

[55] Vgl. z.B. C. SPICQ, SBi, S. 105: „Un des textes les plus redoutables de l'Écriture!". Vgl. demgegenüber jedoch W. PESCH, Der Ruf zur Entscheidung, Leipzig 1965, S. 64: „Die Bekehrungspredigt des Hebräerbriefes ist nicht so problematisch – und auch nicht so wichtig"!

[56] Ganz anders demgegenüber der Versuch von N. WEEKS, Admonition and Error in Hebrews, WThJ 39 (1976/77) S. 77ff, Hebr 6,4ff (unter der Voraussetzung, daß die Partizipien in den VV. 4 und 5 die Wunder beschreiben, die Israel in der Wüstenzeit erfahren hat!) im antihäretischen Sinne zu verstehen: „What is declared to be ‚impossible'? What is impossible is the revivification of Judaism" (S. 79).

[57] Allenfalls bleibt zu fragen, ob durch die formale Art der Aufzählung für ein bestimmtes Glied ein besonderer Akzent gesetzt wird. So M. RISSI, Die Theologie des Hebr, S. 5f, der aus dem Umstand, daß die Aussage über die Teilhabe am Hl. Geist in V. 4 durch καί umschlossen wird (im Unterschied zu den anderen, lediglich mit enklitischem τε aneinandergereihten Gliedern der Aufzählung), eine besondere Betonung dieser Aussage schlußfolgert: „Durch den Geist wird erlebt, was diese vier Wirklichkeiten anzeigen" (S. 5).

Dabei hat der Autor mit seiner Rede von den „Erleuchteten" in V. 4 (und in 10,32) seinerseits an einer in der spätantiken Philosophie und Religionsgeschichte weit verbreiteten „Lichtmetaphysik" teil, in deren Rahmen „Licht" ebenso das Ziel der rational-philosophischen Erkenntnis wie auch das Heil im religiösen Sinne, ja die „Heilssphäre" schlechthin bezeichnet[58]. Gleichwohl begegnet diese allgemeinspätantike Lichtmetaphysik im Hebr insofern in einer besonderen Ausprägung, als hier die den Adressaten widerfahrene „Erleuchtung" an ein bestimmtes einmaliges Geschehen in der Vergangenheit gebunden erscheint. „Erleuchtung", das meint hier konkret den Vorgang der „Bekehrung" (μετάνοια), und zwar als die Wendung von der Finsternis zum Licht. In diesem Sinne freilich zeichnet sich die hier gebrauchte Terminologie weder durch eine besondere Nähe zur entsprechenden Terminologie in der Qumran-Gemeinde noch auch durch eine spezielle Analogie zur Sprache der Gnosis aus[59], sondern steht sie in der Kontinuität der traditionellen jüdisch-urchristlichen „Bekehrungssprache"[60], wie sie auch sonst im Neuen Testament ihren Niederschlag gefunden hat: „Erleuchtung", das ist die Bekehrung zum christlichen Glauben[61].

Auf dieses grundlegende Datum der einmaligen Erleuchtung ihrer gegenwärtigen Existenz werden die Adressaten hier mit allem Nachdruck zurückverwiesen, grundlegend nun aber auch im Sinne der Einmaligkeit jenes Geschehens – woraus sich dann notwendig die Verantwortung der Adressaten im Blick auf ihren derzeitigen Glaubensstand ergibt. Sofern hier mit dem ἅπαξ so betont auf ein einmaliges Geschehen in der Vergangenheit verwiesen wird, ist es durchaus naheliegend, bei dem hier im Blick stehenden Geschehen nicht nur generell an den Akt der „Bekehrung" zu denken, sondern auch speziell an die Taufe der Adressaten, auf die hin der Autor seine Leser zumindest in Kap. 10 ausdrücklich anspricht (10,22.32).

---

[58] Vgl. dazu im einzelnen: H. CONZELMANN, ThWNT IX, S. 319ff; DERS., ThWNT VII, S. 434ff; F. N. KLEIN, Die Lichtterminologie bei Philon von Alexandrien und in den hermeneutischen Schriften, Leiden 1962. Weitere Lit. bei H. CONZELMANN, a.a.O.

[59] Zur Qumran-Nähe dieser Terminologie im Hebr vgl. H. KOSMALA, Hebräer – Essener – Christen, S. 117ff, mit Verweis vor allem auf 1QH IV 5f.23. Vgl. auch O. MICHEL S. 241, Anm. 2: „es handelt sich hier zunächst um Bekehrungssprache der Chabura"; L. GOPPELT, Der erste Petrusbrief, S. 153 mit Anm. 67 (zu 1 Petr 2,9). Kritisch dazu: H. BRAUN, Qumran und das neue Testament I, S. 25f; DERS., An die Hebräer, S. 164. – Zur gnostischen Lichtmetaphysik vgl. H. CONZELMANN, ThWNT VII, S. 434ff; IX, S. 324ff. Wenn in diesem Raum das Stichwort der „Erleuchtung" u.a. auch die Bekehrung beschreibt (so z.B. Corp. Herm. I 27-32; dazu: H. CONZELMANN, ThWNT IX, S. 327), so liegt auch hier traditionelle jüdische Bekehrungssprache vor.

[60] Zu dieser „Bekehrungssprache" im Diasporajudentum vgl. Röm 2,19: der Jude als φῶς τῶν ἐν σκότει. Vgl. weiter Philon, Virt 179f; Abr 70; JosAs 8,10f; 15,13. Besonders wichtig in diesem Zusammenhang sind Stellen wie Test Gad 5,7; Philon, Virt 179f; Quaest. in Gen. II 42, wo die „Erleuchtung" jeweils mit der μετάνοια verbunden wird.

[61] Vgl. bes. Act 26,18: ἀποστρέφειν ἀπὸ σκότους εἰς φῶς; 1 Thess 5,4f; Eph 5,8, hier in das Schema „Einst-Jetzt" eingezeichnet; 1 Petr 2,9 sowie bes. 2 Kor 4,6: Die Bekehrung zum christlichen Glauben ist „Erleuchtung" (φωτισμός) in Analogie zum Geschehen der Schöpfung. Vgl. auch Kol 1,12f; Eph 1,18; 3,9; 2 Tim 1,10 sowie 1 Clem 59,2; 2 Clem 1,4; Barn 14,5f.

Eine „technische" Taufterminologie, wie sie dann für das 2. Jahrhundert im Zusammenhang mit dem Motiv der „Erleuchtung" durch Justin ausdrücklich bezeugt wird[62], liegt zwar im Hebr noch nicht vor. Jedoch markiert unsere Stelle in jedem Falle eine Station auf dem Wege dahin[63].

Mit dem Partizip γευσάμενοι - seinerseits mit dem folgenden Partizip μέτοχοι γενηθέντες durch τε-καί eng verbunden - beginnt die Entfaltung des durch die einmalige „Erleuchtung" gewonnenen Heilsstandes. Dabei betont das Verbum γεύεσθαι, „kosten, schmecken", hier gewiß die persönliche Erfahrung des Heils[64]. Die naheliegende Frage, ob dabei vom Autor speziell (auch) an das Abendmahl gedacht ist, muß - angesichts dessen jedenfalls, daß das Verbum hier im übertragenen Sinn steht - offenbleiben[65]. Worin die „himmlische Gabe" konkret besteht, wird nicht eigens ausgeführt - es sei denn, man bezieht die durch τε - καί ohnehin eng verbundenen beiden Partizipien γευσάμενοι und μέτοχοι γενηθέντες auch in sachlicher Hinsicht aufeinander und sieht dementsprechend die „himmlische Gabe" als mit der Gabe des „Heiligen Geistes" (im Zusammenhang mit

---

[62] Justin, Apol. I 61,12; 65,1; vgl. auch Dial. 122,5. Zu dieser technischen Terminologie vgl. H. CONZELMANN, ThWNT IX, S. 349; J. YSEBAART, Greek Baptismal Terminology, 1962, S. 158-178. Speziell zu Hebr 6,4 vgl. E. KÄSEMANN, Das wandernde Gottesvolk, S. 119: „φωτίζεσθαι ist prägnanter Ausdruck der Taufterminologie in der jungen Kirche"; H. CONZELMANN, ThWNT IX, S. 347: „Es ist dabei an die Taufe gedacht. Doch liegt noch kein prägnanter Gebrauch des Verbums und keine feste Taufterminologie vor".

[63] Gleiches gilt auch für die entsprechende Terminologie im Kontext der Taufparänese in Kol 1,12ff; Eph 5,8.14; 1 Petr 2,9. Vgl. dazu H. CONZELMANN, ThWNT IX, S. 347ff sowie S. 349, Anm. 406. Bemerkenswert in diesem Zusammenhang ist, daß auch das Verbum ἀνακαινίζειν aus Hebr 6,4 später mit dem Taufgeschehen in Verbindung gebracht worden ist. Vgl. ActThom 132 sowie J. BEHM, ThWNT III, S. 453f. Hier ist dann im übrigen bereits jener Stand der Auslegung der „Bußlehre" des Hebr erreicht, an dem Hebr 6,4 im Sinne einer ausdrücklichen Verwerfung der zweiten Taufe (!) gewertet wird. - Unangemessen angesichts der Formulierung in Hebr 6,4-6 ist jedenfalls die von M. RISSI, Die Theologie des Hebr, S. 6, behauptete Alternative: „Die Erleuchtung konstituiert den Beginn der christlichen Existenz, sie allein und nicht die Taufe".

[64] Vgl. bereits 2,9: „den Tod schmecken", d.h.: den Tod erfahren. Vgl. J. BEHM, ThWNT I, S. 675; L. GOPPELT, Der erste Petrusbrief, S. 137 (zu 1 Petr 2,3): „Sie haben ‚gekostet', d. h. durch Erfahrung erkannt...". Aus der Notiz bei Josephus, Bell. II 158, wonach die „Essener" diejenigen mit ihren Lehren in Bann hielten, die „einmal (ἅπαξ!) von ihrer Weisheit gekostet haben", kann für Hebr 6,4 wohl kaum eine spezifisch essenische Tradition erschlossen werden. So L. GOPPELT, Der erste Petrusbrief, S. 137; vgl. auch H. KOSMALA, Hebräer - Essener - Christen, S. 118f. - Zu γεύεσθαι im übertragenen Sinn vgl. auch Philon, VitMos I 190 (γεύεσθαι ὁσιότητος); Somn I 165; II 149; 1 Clem 36,2 sowie vom „Schmecken der zukünftigen Welt" bBB 15b; 17a. In den zuletzt genannten Belegen findet der proleptische Charakter solchen „Schmeckens" - i.S. der Prolepse des künftigen Eschaton - seinen besonders deutlichen Ausdruck.

[65] Gleiches gilt auch für 1 Petr 2,3. Vgl. J. BEHM, ThWNT I, S. 675; L. GOPPELT, Der erste Petrusbrief, S. 138. Anders in bezug auf Hebr 6,4: G. BORNKAMM, Ges. Aufs. II, S. 130, sowie G. THEISSEN, Untersuchungen zum Hebr, S. 56ff, mit dem Hinweis darauf, daß γεύεσθαι auch term. techn. für den Genuß von Opferfleisch sein kann und darüber hinaus Act 20,11 und Lk 14,24 „auf das Abendmahl bezogen wird" (S. 58, Anm. 13). Vgl. auch S. SCHULZ, Die Mitte der Schrift, S. 265.

der Taufe!) gegeben[66]. Daß die Christen „des Heiligen Geistes teilhaftig geworden sind", läge dann auf derselben Linie wie die entsprechenden Aussagen in 3,1 („der himmlischen Berufung teilhaftig") und 3,14 („Teilhaber des Christus sind wir geworden"), und es würde auf diese Weise noch einmal daran erinnert, in welchem Maße die Christen – und somit auch die Adressaten des Hebr – auf Grund und infolge ihrer Taufe bereits durch die Kräfte der „himmlischen Welt" bestimmt sind[67].

Der übertragene Gebrauch von γεύεσθαι in diesem Zusammenhang wird durch V. 5 bestätigt: Die „einmal Erleuchteten" sind zugleich diejenigen, die „Gottes gutes Wort" – dasjenige, was ansonsten im Neuen Testament als „Evangelium" bezeichnet wird[68] – „geschmeckt haben" und mit ihm zugleich (τε – καί!) die (jetzt bereits wirksamen) „Kräfte der zukünftigen Welt"[69]. Das Wort Gottes, den Adressaten des Hebr einst von den ἡγούμενοι nahegebracht (13,7), wird auf diese Weise als ein machtvoll wirksames Wort gekennzeichnet – ebenso wie das Wort der Verkündigung, das einst „durch den Herrn seinen Anfang genommen hat" (2,3f). Sofern in diesem Wort die „Kräfte der zukünftigen Welt" wirksam werden, erweist sich Gottes Wort und Rede (ῥῆμα!) – wie dies programmatisch bereits im Exordium (1,2) herausgestellt worden war – als ein eschatologisches Phänomen, als ein Wort also, das Zukunft eröffnet, kurz: ein Wort der „Verheißung" des „treuen", zu seinen Verheißungen stehenden Gottes (10,23), das als solches nun freilich nicht lediglich auf die ferne, noch ausstehende Einlösung der Verheißung Gottes verweist, sondern schon jetzt die diesem Wort Gehorsamen die „Kräfte der zukünftigen Welt" erfahren läßt: als ein „Vorgeschmack" gleichsam des Kommenden[70]. Die den Hebr insgesamt kennzeichnende „Theologie des Wortes" findet auch hier, in diesem an sich in mancherlei Hinsicht problematischen Zu-

---

[66] In der lukanischen Apostelgeschichte gilt die Gabe des „Hl. Geistes" im Zusammenhang mit der Taufe als die „Gabe" (δωρεά) Gottes schlechthin: Act 2,38; 8,20; 10,45; 11,17. Vgl. auch Barn 1,2.

[67] Auch hier ist dann wieder an den bereits in 6,2 vorausgesetzten Zusammenhang zwischen Taufe und Geistverleihung (durch Handauflegung) zu denken. Im Zusammenhang mit 3,1.14 gesehen besteht für das in 6,4 gebrauchte μέτοχος keine Beziehung zu dem in 1 Kor 10,17.21 im Rahmen der Abendmahlsterminologie gebrauchten μετέχειν. Gegen G. THEISSEN, Untersuchungen zum Hebr, S. 58.

[68] Zur Wendung θεοῦ ῥῆμα in V. 5 vgl. Eph 6,17; 1 Petr 1,25 (Jes 40,8f) sowie Röm 10,17: ῥῆμα Χριστοῦ. Καλὸν ῥῆμα ist traditionell-biblische Wendung. Vgl. LXX Jes 21,45; 23,15; Sach 1,13; Jer 33,14. Zur Verbindung mit γεύεσθαι vgl. Philon, Fug 137f; All III 161.169.173, hier jeweils vom „Manna" von Ex 16 als der himmlischen Speise für die Seele, wobei das ῥῆμα θεοῦ jeweils mit dem λόγος θεῖος identifiziert wird. Vgl. Ph. E. HUGHES, WThJ 35 (1972/73) S. 141f.

[69] Vgl. die analoge Rede vom „Schmecken (טעם) von der kommenden Weltzeit" in bBB 115b.17a. Dazu: K. BERGER/C. COLPE (Hrsg.), Religionsgeschichtliches Textbuch zum Neuen Testament (NTD, Textreihe Bd. 1), Göttingen 1987, S. 302.

[70] Zur Sache vgl. Barn 1,7: ἐγνώρισεν γὰρ ἡμῖν ὁ δεσπότης ... τὰ παρεληλυθότα καὶ τὰ ἐνεστῶτα, καὶ τῶν μελλόντων δοὺς ἀπαρχὰς ἡμῖν γεύσεως.

sammenhang, einen deutlichen Ausdruck, auch hier wiederum nicht im Sinne einer abstrakten theologischen Theorie, sondern in der Ausrichtung auf die konkrete Situation der Adressaten.

Der umfassende Charakter des mit Bekehrung und Taufe gewonnenen Heilsstandes ist damit hinreichend gekennzeichnet, auf diese Weise aber zugleich auch die Zielaussage des ganzen Zusammenhangs in V. 6 wirksam vorbereitet: Wenn das gilt, was in den VV. 4 und 5 zum gegenwärtigen Heilsstand der Christen im einzelnen ausgeführt worden ist, dann ist es in der Tat „unmöglich", diejenigen, die trotz alledem – καί zu Beginn von V. 6 steht im Kontext im Sinne von „und dennoch"! – vom Glauben abfallen, „noch einmal (πάλιν) zur Umkehr zu erneuern"[71]. Die hier vorliegende Verbindung von ἀνακαινίζειν und μετάνοια als solche ist wiederum bereits von der auch sonst in 6,1ff rezipierten Tradition vorgegeben[72]; πάλιν jedoch markiert den Unterschied zu dieser Tradition. Denn um die wiederholte „Erneuerung zur Umkehr" geht es hier – und diese ist ausgeschlossen für die παραπεσόντες, für die vom Glauben Abgefallenen. Nicht den in dieser Hinsicht bereits eingetretenen Kasus auf seiten der Adressaten hat der Autor dabei im Blick; vielmehr will er die Adressaten auf diese Weise mit allem Nachdruck auf die ihnen in ihrer Glaubensschwäche drohende Gefahr aufmerksam machen. Das durch Bekehrung und Taufe gewonnene Heil, das er in den VV. 4 und 5 in immer neuen Wendungen so beredt beschrieben hat, hat auch seine Kehrseite – oder anders: Größe und Qualität dieses Heils stellen den „Geheilten" auch um so mehr in die Verantwortung für den „einmal" gewonnenen Heilsstand.

Daß das Verbum παραπίπτειν in diesem Kontext nicht das „Sündigen" schlechthin bezeichnet[73], sondern – wie auch ἁμαρτάνειν in 10,26 – die spezielle Sünde des Abfalls von Glauben und Gehorsam (4,11) und damit des „Abfalls vom lebendigen Gott" (3,12), versteht sich dabei von selbst[74].

---

[71] J. A. SPROULE, Παραπεσόντες in Hebrews 6:6, GThJ 2 (1981) S. 327–332, betont mit Recht, daß das Partizip παραπεσόντες in die Reihe der mit τε-καί verbundenen Partizipien in VV. 4f gehört und somit nicht konditional zu übersetzen ist. – Die Frage nach dem Subjekt jener „Erneuerung zur Umkehr" wird offengelassen, zumal es hier ja um die Feststellung der Unmöglichkeit eines solchen Unterfangens geht. Vgl. dagegen H. WINDISCH S. 51: „Subjekt von ἀνακαινίζειν ist der christliche διδάσκαλος". V. D. VERBRUGGE, CTJ 15 (1980) S. 70f, sieht an dieser Stelle die für Menschen (nicht also für Gott!) gegebene Unmöglichkeit betont.

[72] Vgl. JosAs 15,7 sowie Herm sim VIII 6,3; IX 14,3. – In der alten Kirche ist ἀνακαινίζειν alsbald auf die Taufe bezogen worden. Vgl. Barn 6,11; Act Thom 132 sowie J. BEHM, ThWNT III, S. 453f. Dazu hat gewiß der Umstand beigetragen, daß das Substantiv ἀνακαίνωσις in Tit 3,5 Taufterminus ist und das Verbum ἀνακαινοῦν (Kol 3,10) wie auch das Synonym ἀνανεοῦν (Eph 4,22f) im Zusammenhang der Taufparänese gebraucht werden.

[73] Παραπίπτειν steht in LXX oft synonym mit ἁμαρτάνειν. Vgl. Weish 6,9; 12,2; Ez 14,13; 15,8; 18,24; 20,27; 22,4. Vgl. auch W. MICHAELIS, ThWNT VI, S. 171. – Der Hinweis auf die nicht vergebbare „Sünde wider den Heiligen Geist" von Mk 3,25f parr trägt zum Verständnis der Sache im Hebr nichts aus. Vgl. E. GRÄSSER, ThR 30 (1964) S. 232: „So wird nur ein Rätsel mit einem anderen Rätsel erklärt"!

[74] Vgl. in diesem Zusammenhang auch die Übersetzung von hebr. מעל in LXX durch πα-

„Abfall", d. h. hier aber auch: radikaler Bruch mit jener Heilserfahrung, wie sie zuvor in den VV. 4 und 5 beschrieben worden ist. Konkret denkt der Autor dabei – ähnlich wie Herm sim IX 26,6 – an eine „Verleugnung des Herrn", genauer noch: an die Preisgabe des Bekenntnisses zu Jesus als „Sohn Gottes", wobei im Kontext die besondere Art dieses Bekenntnisses – Bekenntnis nämlich zum leidenden und gekreuzigten Jesus als „Sohn Gottes" – eigens akzentuiert erscheint. Darauf verweisen jedenfalls die beiden folgenden Partizipien ἀνασταυροῦντες und παραδειγματίζοντες, die je auf ihre Weise die Leidensgeschichte des irdischen Jesus im Blick haben, sie aber zugleich – an dieser Stelle nun freilich im negativen Sinne – auf die Adressaten bzw. die ihnen drohende Gefahr applizieren. Überaus drastisch wird auf diese Weise das Gewicht des (möglichen) Abfalls der Adressaten vom Glauben betont: Mit dem Abfall vom Glauben laden die Abtrünnigen die Schuld auf sich, „für sich (ἑαυτοῖς) den Sohn Gottes zu kreuzigen" und ihn (damit) „öffentlich zum Gespött zu machen". Mit anderen Worten: Der Abfall vom Glauben hat – über den Verlust der Heilsgüter hinaus – eine christologische Dimension bzw. steht seinerseits in einem christologischen Horizont, innerhalb dessen dann nicht zuletzt auch das ἅπαξ von V. 4 seinen Ort hat. Zunächst aber: ἑαυτοῖς, „für sich selbst" (dat. incomm.), und d. h.: „zu ihrem eigenen Schaden", werden die Abtrünnigen am Tode des „Sohnes Gottes" und seiner Schmähung schuldig. Sie stellen sich selbst außerhalb des Raumes der Heilswirkung dieses Kreuzestodes. Die beiden Verben ἀνασταυροῦν und παραδειγματίζειν stehen dabei in einem engen Zusammenhang: Die Kreuzigung ist zugleich die öffentliche Schmähung des „Sohnes Gottes"[75]. Hier wird also nicht etwa die Kreuzigung des „Sohnes Gottes" wiederholt[76], und ebensowenig liegt hier eine Erinnerung an die „Schuld der Juden" am Tode Jesu im Blickfeld des

---

ῥαπίπτειν und ἀποστῆναι. Vgl. einerseits Ez 14,13 usw. (s. o. Anm. 73) und andererseits Paralip II 26,18; 28,19.22; 29,6; 30,7 (ἀποστῆναι ἀπὸ κυρίου) sowie 2 Makk 1,7.

[75] Das die beiden Partizipien verbindende καί hat somit epexegetischen Charakter. Vgl. P. PROULX/L. A. SCHÖKEL, Bib 56 (1975) S. 202, sowie bereits H. WINDISCH S. 51: „Hendiadyoin". – Den öffentlichen Charakter der mit παραδειγματίζειν bezeichneten „Schmähung" bestätigen die biblischen Belege: Num 25,4; Jer 13,22; Ez 18,17; vgl. auch PsSal 2,12.

[76] Ἀνασταυροῦν hat in allen überlieferten Belegen (Polybios, Plutarch, Josephus; vgl. dazu J. SCHNEIDER, ThWNT VII, S. 584f) stets die Bedeutung „ans Kreuz bringen/schlagen" bzw. „(hinauf-)kreuzigen", nicht also: „wiederkreuzigen". So dann freilich schon die altkirchliche Auslegung von Hebr 6,6, offensichtlich bei Beziehung des πάλιν (V. 6a) auch auf ἀνασταυροῦν. Vgl. Tertullian, Pud. 9,11; Origenes, In Jo. 8,40 (IV 341f); Epiphanius, Pan. 59,2,5 sowie auch Vulgata: „rursum crucifigentes". Dazu: A. M. VITTI, Rursum crucifigentes, VD 22 (1942) S. 174–182. Die Versuche von P. PROULX/L. A. SCHÖKEL, Bib 56 (1975) S. 193–209, und L. SABOURIN, Bibl. Theol. Bull. 6 (1976) S. 264–271, das Partizip ἀνασταυροῦντες mit μετάνοια zu verbinden (P. PROULX, a.a.O., S. 201: „removar crucificando de nuera para el arrepentiniento"), vermögen nicht zu überzeugen. Dagegen sprechen bereits die analogen Formulierungen in Kol 3,10 (ἀνακαινούμενον εἰς ἐπίγνωσιν); Mt 3,11 (βαπτίζειν εἰς μετάνοιαν); Röm 2,11 (ἄγειν εἰς μετάνοιαν); 1 Clem 57,1 (παιδεύεσθαι εἰς μετάνοιαν). Vgl. H. W. KUHN, EWNT I, Sp. 221f.

Autors⁷⁷. Vielmehr liegt der Akzent an dieser Stelle lediglich darauf, den Lesern des Hebr das Gewicht der für sie akuten Verfehlung möglichst drastisch vor Augen zu führen. Mit ihrem (möglichen) Abfall vom Glauben stehen sie außerhalb der Heilsgemeinde – dort also, wo das Kreuz Jesu allein Gespött und Schande verursacht⁷⁸. Es ist genau diese christologische Dimension des Abfalls vom Glauben, in deren Konsequenz die auch für den Hebr ungewöhnliche Schärfe der hier vorgetragenen Mahnung und Warnung liegt bzw. die den sogen. Bußrigorismus des Hebr bedingt.

Exkurs: *Zur Frage der Ablehnung einer zweiten* μετάνοια *im Hebr*⁷⁹

Gleichviel, ob mit den Aorist-Partizipien in den VV. 4 und 5 ganz allgemein auf den Anfang des Christseins der Adressaten oder konkret und gezielt auf deren Taufe Bezug genommen wird – das Grundproblem ist deutlich: Das ἅπαξ, das „Einst-einmal", jenes Geschehens am Anfang des Christseins der Adressaten, hat einen für alle Zeit verpflichtenden Charakter – und macht dementsprechend einen erneuten Zugang zur μετάνοια „unmöglich". Entscheidend für das angemessene Verständnis dieser in der Tat rigorosen Aussage ist zunächst die Einsicht, daß sie als solche ganz auf die besondere Anfechtungssituation der Adressaten des Hebr ausgerichtet und somit auch ganz in die paränetische Intention des Hebr integriert ist. An dieser Stelle – wie dann auch in 10,26ff und 12,17 – geht es also nicht um eine Frage der „Kirchenzucht", wie mit denjenigen Christen zu verfahren ist, die bereits vom Glauben abtrünnig geworden sind (im Sinne der „lapsi" der späteren Christenverfolgungen) und – möglicherweise – um erneute Aufnahme in die christliche Gemeinde nachsuchen. So gesehen ist es ein Anachronismus, die besonderen Fragestellungen der altkirchlichen Bußdisziplin bereits an den Hebr heranzutragen⁸⁰.

---

⁷⁷ Gegen H. KOSMALA, Hebräer – Essener – Christen, S. 29.
⁷⁸ Vgl. bes. 12,2. – Wird derselbe Sachverhalt, um den es hier geht, in 10,29 als ein καταπατεῖν τὸν υἱὸν τοῦ θεοῦ bzw. als ein „Gemeinmachen des Bundesblutes" gekennzeichnet, so könnte hier eine Bezugnahme speziell auf die Abendmahlsfeier vorliegen, vielleicht sogar eine Anspielung auf das „Anathema der urchristlichen Abendmahlsliturgie". So G. BORNKAMM, Ges. Aufs. I, S. 129f, sowie G. THEISSEN, Untersuchungen zum Hebr, S. 56ff, spez. S. 58f. 66f. Auszuschließen ist das gewiß nicht, jedoch wird solcher besondere Bezug zumindest an dieser Stelle, an der es im umfassenden Sinne um Gewinn oder Verlust des mit Bekehrung und Taufe gewonnenen Heils geht, nicht eigens thematisiert.
⁷⁹ Lit.: Exkurse in den Kommentaren, bes. C. SPICQ, II, S. 167-178; H. WINDISCH S. 52-56; H. BRAUN S. 170-173. Vgl. weiter: E. GRÄSSER, ThR 30 (1964) S. 231-233 (ältere Lit.); H. WINDISCH, Taufe und Sünde im ältesten Christentum bis auf Origenes, Tübingen 1908, S. 294-312; M. GOGUEL, La doctrine de l'impossibilité de la seconde conversion dans l'Epître aux Hébreux, Paris 1931; P. POSCHMANN, Paenitentia secunda. Die kirchliche Buße im ältesten Christentum bis Cyprian und Origenes, Bonn 1940; L. GOPPELT, Theologie des Neuen Testaments, S. 591-596, sowie I. GOLDHAHN-MÜLLER, Die Grenze der Gemeinde. Studien zum Problem der Zweiten Buße im Neuen Testament unter Berücksichtigung der Entwicklung im 2. Jahrhundert bis Tertullian (GTA 39), Göttingen 1989, S. 75-114.
⁸⁰ Vgl. in diesem Sinne H. v. CAMPENHAUSEN, Kirchliches Amt und geistliche Vollmacht in den ersten drei Jahrhunderten (BHTh 14), Tübingen ²1963, S. 244f (Anm. 4). 246, sowie C.

Das kategorische ἀδύνατον von Hebr 6,4–6 steht – im Kontext des Hebr insgesamt – vielmehr im Dienste der Mahnung und Warnung an die Adressaten, ihre gegenwärtig sie bestimmende Anfechtung und Glaubensschwäche zu überwinden, hat also eine in diesem Sinne positive paränetische Funktion. Um Mahnung an potentielle Apostaten geht es hier[81], in diesem Sinne allenfalls bestimmten Bußmahnungen vergleichbar, wie sie sich auch sonst in Judentum und Urchristentum finden[82]. Gleichwohl wird man im Blick speziell auf unseren Text davon ausgehen müssen, daß es sich hier nicht nur um eine Weiterführung und Zuspitzung eines bereits vorgegebenen „bußrigoristischen" Ansatzes handelt, auch nicht lediglich um eine (Über-?)Reaktion auf die besondere Situation der Adressaten[83], sondern um einen Grund-Satz der Paränese, der sich letztlich aus der eigenen theologischen Position des Hebr ergibt[84]. Nicht nur also primär eschatologisch – „eschatologisch" im Sinne der „Naherwartung"! – ist der „Bußrigorismus" des Hebr be-

---

E. CARLSTON, JBL 78 (1959) S.296.301f, der in diesem Zusammenhang auch auf den grundsätzlichen Unterschied zwischen Hebr einerseits und dem bis in Einzelheiten ausgearbeiteten „Disziplinarsystem" der Qumran-Gemeinde aufmerksam macht. Vgl. auch H. BRAUN, Qumran und das Neue Testament I, S.256: „Qumran hat die Kasuistik der Bestrafung (1QS 6,24–7,25) viel detaillierter durchgebildet".

[81] Nach M. RISSI, Die Theologie des Hebr, S. 114f, ist es – zufolge seiner Grundkonzeption von der konkreten Situation der Adressaten des Hebr (s. dazu: S. 3–25) – gerade nicht die Glaubensschwäche, sondern viel eher „der Reichtum ihres anfänglichen geistlichen Lebens, der sie betört hat". Dementsprechend ist das „Hauptproblem" der Adressaten des Hebr „ihre Unwilligkeit, auf das Wort vom Erdenwirken und Tod des Christus-Hohenpriesters zu hören".

[82] Auch hier besteht durchaus kein Mangel an „rigoristischen" Aussagen und Mahnungen, angefangen bei Ez 18,21ff über Sir 34(31),30f; Sib I 167ff; Philon (All III 213; SpecLeg I 139) und die rabbinische Literatur (mYom VIII 9; weitere Belege bei STRACK-BILLERBECK, III, S. 689f) bis hin zu den jüdischen Apokalypsen (syrBar 85,12; äthHen 50,2; 4 Esr 7,112ff) und zu den Schriften der Qumran-Gemeinde (1QS II 11ff; VII 17.22–24; VIII 21ff u.ö.). Für das Urchristentum vgl. z.B. 1 Kor 10,1–12; Mk 3,28f parr; Mt 25,10ff; 1 Joh 5,16; 2 Petr 2,20f. Vgl. L. GOPPELT, Theologie des Neuen Testaments, S.594: „So steht der Hebräerbrief auch mit dieser zugespitzten Aussage durchaus im Rahmen eines sachlichen neutestamentlichen Kontexts"; H. BRAUN S. 171f: „Die Entwicklung strebt einer festen moralisierenden Grenzziehung zu, was die Vergebbarkeit von Sünden nach der Taufe anlangt. In diese Entwicklung reiht der Hb sich ein. Neu an ihm ist der nun grundsätzliche Charakter der Ablehnung der zweiten Buße für schwere Sünden". – Besonders instruktiv im Blick auf Hebr 6,4–6 ist – was die formale Struktur der Mahnung betrifft – Philon, Det 149: Hier von der „Seele", die sich von dem ὀρθὸς λόγος, ihrem rechtmäßigen Mann, getrennt hat und damit eine „Witwe der Erkenntnis" (ἐπιστήμης) geworden ist: „Die aber einmal (ἅπαξ) geschieden und verstoßen wurde, die ist wie ein Geächteter bis in alle Ewigkeit verjagt, ohne in das alte Haus zurückkehren zu können (ἐπανελθεῖν ἀδυνατοῦσα)".

[83] Vgl. in diesem Sinne die historische Erklärung des Bußrigorismus des Hebr bereits durch M. LUTHER, Hebr-Vorlesung, Scholien z. St. (ed. J. Ficker, S. 69,15ff): Es sei die Notlage (necessitas) der Urkirche, die den „Apostel" an dieser Stelle zu einem so „rigiden" Vorgehen zwinge! Vgl. auch E. LOHSE, Märtyrer und Gottesknecht, S. 182, Anm. 1; L. GOPPELT, Theologie des neuen Testaments, S. 593; J. BECKER, TRE VII, S. 451.

[84] Insofern ist die Alternative, die „Bußlehre" des Hebr sei nicht „dogmatisch", sondern „paränetisch" bedingt, unangemessen. Gegen E. GRÄSSER, ThR 30 (1964) S.232; vgl. DERS., Der Glaube im Hebr, S. 196; J. BEHM, ThWNT IV, S. 1001; L. GOPPELT, Theologie des Neuen Testaments, S. 592f.

dingt[85]; begründet ist er vielmehr bzw. als Konsequenz ergibt er sich aus dem zentralen Aspekt der Christologie und Soteriologie des Hebr. Das heißt: Das nicht wiederholbare „Einmal" der μετάνοια in Hebr 6,4-6 ergibt sich notwendig aus dem für Christologie und Soteriologie des Hebr grundlegenden ἐφάπαξ des Heilswerkes des Hohenpriesters Christus (7,27; 9,12.26.28). Dies zeigt sich – hier im Blick insbesondere auf die Auswirkung dieses Heilswerkes auf die Christen – vor allem in 10,10: „Durch das Opfer des Leibes Jesu Christi sind wir ein für allemal (ἐφάπαξ) geheiligt"[86]. Und dem entspricht dann – negativ – die Aussage in 10,26, daß für diejenigen, die – zeitlich gesehen – „nach der Erkenntnis der Wahrheit" wiederum bewußt in Sünde fallen, „kein Raum mehr ist für ein Sündopfer". Von daher versteht es sich auch, daß der Autor im Zusammenhang seiner Mahnung an die Adressaten die in jenem christologischen ἐφάπαξ begründete Heilsgabe und Heilserfahrung so außerordentlich stark betont (6,4f) und – auf der anderen Seite – am Ende der Mahnung (6,6) ebenso deutlich die christologische Dimension eines Abfalls vom Glauben herausstellt. Gerade in diesem Sinne nämlich schließt die Mahnung und Warnung – bei aller ihrer Schärfe – am Ende doch auch wieder die Paraklese in sich: den Verweis nämlich auf das „ein für allemal" gelegte Fundament des christlichen Glaubens, an das zu erinnern – besser noch: das zu er-innern – das Grundanliegen des Hebr insgesamt ausmacht.

Stellt man den „Bußrigorismus" des Hebr in diesem Sinne in den Zusammenhang seines pastoralen Grundanliegens hinein, so zeigt sich nur um so deutlicher, daß ein Verständnis von Hebr 6,4-6 im Sinne einer (aus dem Kontext herausgelösten) generellen Anweisung zur Bußdisziplin bzw. Kirchenzucht notwendig zu einem legalistischen Verständnis der Stelle führt. Dann – wenn dies geschieht – ist Hebr 6,4-6 in der Tat jener „harte Knoten", von dem einst M. LUTHER in seiner Vorrede zum Hebr (vom Jahre 1522) sprach, und dann dokumentiert sich hier in der Tat eine „Bußlehre", die „wider alle Evangelien und Episteln St. Pauli" ist[87]. Ein Indiz dafür, daß der Autor des Hebr selbst in dieser Hinsicht „gesetzlich denkt"[88], ist hier solange jedenfalls nicht gegeben, solange man der ursprünglichen

---

[85] Analog etwa dem der Qumran-Gemeinde. Vgl. dazu H. KOSMALA, Hebräer – Essener – Christen, S. 27. 29; G. THEISSEN, Untersuchungen zum Hebr, S. 59; E. GRÄSSER, Der Glaube im Hebr, S. 194, sowie bereits H. WINDISCH S. 53f. Gegen diese Auffassung spricht vor allem die Tatsache, daß weder in Hebr 6 noch auch in 10,26ff und 12,16f der Hinweis auf die Nähe der Parusie eine motivierende Rolle spielt, darüber hinaus aber auch die Überlegung, daß das hier erörterte Problem (wie auch in 1 Joh 5,6; 2 Petr 2,20f!) viel eher Indiz einer nachlassenden Naherwartung ist, Indiz einer Zeit also in der Geschichte des Urchristentums, in der angesichts der Parusieverzögerung die Frage nach der Sünde der getauften Christen akut wurde. Vgl. E. GRÄSSER, Der Glaube im Hebr, S. 195f; J. BECKER, TRE VII, S. 451: „Das Problem bricht auf, weil die vita christiana eine durative Erstreckung erhält".

[86] Vgl. in diesem Sinne besonders J. BONSIRVEN S. 97: „Unique est le sacrifice du Seigneur, unique aussi l'acte par lequel les fidèles participient au sang rédempteur", sowie C. E. CARLSTON, JBL 78 (1959) S. 301: „If no further sacrifice is possible, no further sin is forgivable". Vgl. auch E. GRÄSSER, ThR 30 (1964) S. 232f; DERS., Der Glaube im Hebr, S. 195; Ph. E. HUGHES, WThJ 35 (1972/73) S. 153; D. W. C. van WYK, HTS 28 (1972) S. 153-155.

[87] M. LUTHER, Vorrede zum Hebr (WA, Deutsche Bibel VII/2, S. 344): „Über das hatt sie eyn harten knotten, das sie am 6. und 10. cap. stracks verneynet unnd versagt die pus den sunden nach der tauffe ..., wilchs widder alle Euangeli und Episteln Sanct Pauli ist...".

[88] So R. BULTMANN, Theologie des Neuen Testaments, S. 114. Zur „Gesetzlichkeit" des Hebr in dieser Hinsicht vgl. neuerdings bes. S. SCHULZ, Die Mitte der Schrift, S. 264f: „Dieser

Intention der Aussage von Hebr 6,4-6 im Gesamtzusammenhang der Paränese (und Paraklese!) des Hebr folgt. Allenfalls darin, daß im Hebr an dieser Stelle das christologisch-soteriologische ἐφάπαξ nunmehr gleichsam punktuell in eine Beziehung zum einmaligen Akt von Umkehr und Taufe gesetzt wird, erfolgt hier eine gewisse Begrenzung der alle christliche Existenz tragenden Gnade und deutet sich hier bereits im Hebr selbst ein gleichsam statisches Verständnis von Umkehr und Taufe an, das ein Mißverständnis der Mahnung des Hebr im Sinne einer generellen kasuistischen Anweisung für die Bußdisziplin der Kirche zumindest zu begünstigen geeignet war[89]. Genau in diese Richtung aber bewegte sich alsbald die Auslegungs- und Wirkungsgeschichte von Hebr 6,4-6 in der alten Kirche[90].

Ob überhaupt und inwieweit in dieser Hinsicht traditionsgeschichtliche oder vielleicht sogar literarisch vermittelte Zusammenhänge zwischen Hebr und der Apokalypse des Pastor Hermae bestehen, ist zwar nicht eindeutig auszumachen (und dementsprechend auch umstritten)[91]. Das Grundproblem in dieser Hinsicht ist aber auch im Pastor Hermae offensichtlich, wenngleich in einer gegenüber dem Hebr bemerkenswerten Variation: Nach Herm mand IV 3,1f gibt es – zunächst ganz analog zu Hebr 6,4-6 – „keine andere Buße als die von damals, da wir ins Wasser hinabstiegen und Vergebung unserer früheren Sünden empfingen". Zugleich aber wird an dieser rigoristischen Auffassung nunmehr die Korrektur angebracht, daß Gott in seiner Barmherzigkeit noch einmal – wenn auch nur bis zu einem „festgesetzten Tag" (Herm vis II 2,4f) – die Möglichkeit einer zweiten Umkehr gewähre (Herm mand IV, 2,3-6; vgl. auch Herm sim IX 26,6), dies aber nur

---

Gesetzlichkeit zufolge wird vom Hebräerbrief die Unmöglichkeit der zweiten Buße proklamiert...". Vgl. auch J. BECKER, TRE VII, S. 451: „Doch wird bei dieser Lösung die Gnade als Glaubensgrund verkürzt zugunsten eines Rigorismus, der in der Alten Kirche weiter erörtert wurde".

[89] Vgl. L. GOPPELT, Theologie des Neuen Testaments, S. 594, der hier im Hebr den „Unterton einer qualitativen Begrenzung der Gnade" sieht – mit der Konsequenz, daß „Glaube" im Hebr „nicht als Nachvollzug der Taufbuße, sondern als ihre Folge, d. h. als eine „Haltung" verstanden wird, „die durchgehalten oder aufgegeben wird". Ähnlich, was das Glaubensverständnis im Hebr betrifft, bereits E. GRÄSSER, Der Glaube im Hebr, S. 196ff, spez. S. 197.

[90] Vgl. dazu im einzelnen: H. v. CAMPENHAUSEN, Kirchliches Amt und geistliche Vollmacht in den ersten drei Jahrhunderten, S. 234ff; G. A. BENRATH, TRE VII, S. 452ff, sowie L. GOPPELT, Theologie des neuen Testaments, S. 594f.

[91] Charakteristisch dafür ist, daß neuerdings R. STAATS, TRE XV, S. 105, in dieser Hinsicht lediglich die Differenz zwischen Hebr und Pastor Hermae betont bzw. sogar von einem (zwar „nicht zu verallgemeinernden") „tatsächlich vorhandenen Gegensatz zur Buß- und Tauflehre des Hebräerbriefes" spricht, während noch L. GOPPELT, Christentum und Judentum im ersten und zweiten Jahrhundert (BFChTh.M 55), Gütersloh 1954, S. 242, Anm. 1, im Anschluß an Th. ZAHN davon ausgeht, daß in Herm mand IV 3,1f „eine vom Hbr herkommende Lehrtradition" aufgenommen sei, ebd.: „Zugehörigkeit zur selben Gemeindetradition". Vgl. auch H. BRAUN, S. 172: „Hermas modifiziert den Hb-Rigorismus, vielleicht bewußt antithetisch, ausdrücklich". Zum Problem vgl. auch H. WINDISCH S. 54f; M. DIBELIUS, Der Hirt des Hermas (HNT, Erg.-Bd.), Tübingen 1923, S. 511, sowie L. GOPPELT, Theologie des Neuen Testaments, S. 594f. – Zur „Bußlehre" des Pastor Hermae vgl. K. RAHNER, Die Bußlehre des Hirten des Hermas, ZKTh 77 (1935) S. 385-431; J. BEHM, ThWNT IV, S. 1003f; B. POSCHMANN, Paenitentia secunda, S. 134-205; H. v. CAMPENHAUSEN, Kirchliches Amt und geistliche Vollmacht in den ersten drei Jahrhunderten, S. 239f; L. GOPPELT, Die apostolische und nachapostolische Zeit (KIK A), Göttingen 1962, S. 94f. 118; G. A. BENRATH, TRE VII, S. 452f.

im Sinn einer Konzession an die Schwachheit der Menschen (Herm mand IV 3,4). Im Prinzip also behält jene ursprüngliche rigoristische Auffassung auch im Sinne des Pastor Hermae ihr Recht (Herm mand IV 3,2; sim IX 18 sowie VI 1-4 und VIII 1ff).

Unverkennbar ist bei alledem – was die Bußauffassung des Pastor Hermae betrifft – eine Entwicklung gegenüber dem Hebr, in deren Verlauf zunehmend aus einer christologisch-soteriologisch begründeten Mahnung, die ihre Adressaten zugleich auf die „Einmaligkeit" ihrer Heilserfahrung hin ansprach, am Ende nun doch ein pädagogisch-gesetzliches Bußsystem wird, das jene Mahnung aus ihrem ursprünglichen Zusammenhang herauslöst und zu einer an und für sich geltenden kasuistischen Bestimmung für den Umgang mit rückfälligen Sündern werden läßt. Ein Verständnis von Hebr 6 in diesem Sinne ist jedenfalls schon für das zweite Jahrhundert in der rigoristisch-enthusiastischen Bewegung des Montanismus erreicht, in der Hebr 6,4-6 kasuistisch als eine Vorschrift verstanden wird, daß „schweren Sünden" die Vergebung zu verweigern sei, weil allein die „Taufbuße" gilt[92]. Und ganz in dieselbe Richtung geht schließlich auch die wiederum auf Hebr 6,4-6 sich stützende Bußlehre und -praxis der Novatianer, nunmehr im dritten Jahrhundert angesichts der Probleme, die für die „Kirchenzucht" mit der Vielzahl der „lapsi" in den beginnenden Christenverfolgungen gestellt wurden[93].

Die Reaktion der frühkatholischen Kirche auf die Inanspruchnahme von Hebr 6,4-6 für eine rigoristische, letztlich nicht praktikable Bußdisziplin durch den Montanismus und die Novatianer war dann freilich kaum weniger problematisch, sofern nämlich Hebr 6 nunmehr speziell auf die Taufe bezogen und für das Verfahren mit den „lapsi" von Hebr 6 her lediglich die Möglichkeit einer zweiten Taufe, nicht die einer wiederholten Umkehr, bestritten wurde[94]. Diese Lösung des Problems ist dann für die folgenden Jahrhunderte der Kirchengeschichte bestimmend geblieben. Ein Nachklang dazu findet sich schließlich auch noch bei M. LUTHER, wenn er in den Scholien seiner Hebr-Vorlesung vom Jahre 1517/18 – ganz im Unterschied zu seiner späteren äußerst kritischen Stellungnahme in der Vorrede zum Hebr vom Jahre 1522 – zu Hebr 6,4 mit Verweis auf 2 Kor 12,21 gegen die Novatianer die Möglichkeit einer zweiten μετάνοια verteidigt – und im übrigen den Rigorismus des Hebr selbst gleichsam historisch erklärt und somit auch relativiert: Die ganz konkrete Notlage der Urkirche sei es gewesen, die zu solch scharfen Vorgehen gegen die „lapsi" zwang.

Die Mahnung und Warnung an die Adressaten des Hebr als potentielle Apostaten hat mit V.6 noch nicht ihr Ende erreicht. Vielmehr schließt der

---

[92] Vgl. bes. Tertullian, De pud. 20, wo Hebr 6,4-6 ausdrücklich gegen die „laxere" Bußlehre des Pastor Hermae geltend gemacht wird, sowie De pud. 5. Zu Tertullians (montanistischer) Bußlehre vgl. Ph. E. HUGHES, WThJ 35 (1972/73) S. 145ff; H. v. CAMPENHAUSEN, Kirchliches Amt und geistliche Vollmacht in den ersten drei Jahrhunderten, S. 243ff; G. A. BENRATH, TRE VII, S. 453ff.

[93] Vgl. dazu die entsprechenden Referate bei Epiphanius, Pan. 59,2; Ambrosius, De paenitentia II 2; Hieronymus, Ad Jovin. II 3.

[94] So bes. Johannes Chrysostomus, Hom. zu Hebr 6,4: τί οὖν; ἐκβέβληται ἡ μετάνοια; οὐχ ἡ μετάνοια, μὴ γένοιτο, ἀλλ' ὁ διὰ λουτροῦ πάλιν ἀνακαινισμός. Ähnlich auch in der Catene zu Hebr 10,26 (ed. J. A. Cramer, p. 237f.). Vgl. auch Philastrius, haer. 61 (89); Ambrosius, De paen. II 10; Athanasius, Ep. IV ad Serap. 9.13 sowie H. WINDISCH S. 55f.

Autor in den **VV. 7 und 8** darüber hinaus noch eine Gerichtsparänese an, die – als „Ernte"-Gleichnis formuliert – im Unterschied zu den vorangehenden Versen nun wiederum ganz im traditionellen Stil der jüdisch-urchristlichen Mahnung gehalten ist. Das einleitende γάρ stellt dabei heraus, daß ebenso notwendig – also: gleichsam naturnotwendig! – wie beim unfruchtbaren Land, das – obwohl dem fruchtbringenden Regen ausgesetzt[95] – lediglich „Dornen und Disteln" hervorbringt, die ins Feuer geworfen werden, auch der Abfall vom Glauben den Fluch bzw. das Gericht Gottes nach sich ziehen wird[96]. Das Gleichnis als solches ist durchweg in biblisch-jüdischer Sprachtradition formuliert[97], seine Aussagerichtung im Kontext des Hebr nichtsdestoweniger eindeutig: Zwar wird mit dem bildhaft-konkreten Charakter dieser Gerichtsparänese gegenüber den VV. 4–6 ein neuer Akzent gesetzt, gerade so aber der Adressatenkreis des Hebr noch einmal unüberhörbar auf seine Verantwortung hinsichtlich der ihm durch Umkehr und Taufe bereits vermittelten Heilsgabe (V. 4) hin angesprochen, konkret also auf die notwendige „Bewährung" (V. 8: Stichwort ἀδόκιμος!) des Glaubens im Sinne der Glaubenstreue und des Glaubensgehorsams hin[98], in diesem Zusammenhang aber auch – und nicht zuletzt – auf

---

[95] Trotz der Rede von der „gebärenden Erde" (γῆ τίκτουσα) in V. 7 steht hier wohl kaum die Vorstellung vom „Regen" als dem männlichen Prinzip, von der „Erde" entsprechend als dem weiblichen Prinzip im Hintergrund. Vgl. dazu STRACK-BILLERBECK, III, S. 690f, sowie F. DELITZSCH S. 236f. Zum Gebrauch von τίκτειν an dieser Stelle vgl. bereits Aischylos, Coeph 127: γαῖαν αὐτήν, ἣ τὰ πάντα τίκτεται, sowie Philon, Op 132.

[96] Zur Konstruktion ἧς τὸ τέλος vgl. 2 Kor 11,15; Phil 3,19, weiter Röm 3,8; 6,21 sowie G. DELLING, ThWNT VIII, S. 55. Die Wendung εἰς καῦσιν hat zunächst innerhalb des Bildes ihre Funktion, sofern „Dornen und Disteln" vom Bauern verbrannt werden (vgl. in diesem Sinne auch Ex 22,5; LXX Ps 117,12 sowie Mt 3,10.12; 13,40), steht hier im Kontext einer Gerichtsparänese aber zugleich auch als geläufige Metapher für das Zornesgericht Gottes. Vgl. dazu Jes 66,24; Sir 7,14 sowie im Neuen Testament: Mt 3,10.12; 5,22; 13,42.50; 18,8f; 25,41; 2 Thess 1,8; 2 Petr 3,7; Jud 7,23 und Hebr 10,27. Vgl. R. WILLIAMSON, Philo and the Epistle to the Hebrews, S. 236f.

[97] Zu V. 7 vgl. bes. Gen 1,11f; Dtn 11,11. Zur Verbindung ἄκανθα – τρίβολοι in V. 8 vgl. Gen 3,17f; Hos 10,8. Zur Wendung εἰς καῦσιν vgl. Jes 40,16; 44,15; Dan 7,11; zur Gegenüberstellung εὐλογία – κατάρα vgl. Dtn 11,28f. Ein bewußter Bezug auf LXX Jes 5,1–7 läßt sich dagegen kaum wahrscheinlich machen. Gegen F. D. VERBRUGGE, CTJ 15 (1980) S. 64f. – In der synoptischen Überlieferung hat solche Bildrede zwar ebenfalls ihren festen Ort (vgl. bes. Mt 7,16; 13,3ff.7); daß an dieser Stelle im Hebr jedoch eine bewußte Fortführung der Gleichnisrede Jesu vorliege (so G. DELLING, ThWNT IV, S. 11; vgl. auch A. STROBEL S. 139), ist um so weniger anzunehmen, als das Bildmaterial vom guten bzw. unfruchtbaren Land auch im jüdischen Hellenismus metaphorisch – so z. B. für das „Land der Tugend" – eingesetzt wird. Vgl. Philon, Somn II 170; Migr 55; All I 47ff; III 248f u. ö. Vgl. dazu C. SPICQ, ANRW II, 25/4, S. 3614f mit Anm. 62. Aber auch angesichts der weiten Verbreitung der Bildrede ist ein spezieller Traditionszusammenhang Philon – Hebr in dieser Hinsicht unwahrscheinlich. Vgl. R. WILLIAMSON, Philo and the Epistle to the Hebrews, S. 233–241 (gegen C. SPICQ). – Zur Verwendung der Metapher im rabbinischen Schrifttum vgl. A. VANHOYE, Héb 6:7–8 et le mashal rabbinique, in: W. C. Weinrich (Hrsg.), The New Testament Age. Essays in Honour of Bo Reicke, Macon GA 1984, S. 517–532.

[98] Das Stichwort ἀδόκιμος spricht also über die „Bildhälfte" des Gleichnisses hinaus insbe-

die notwendigen „Früchte" des Glaubens hin, die unter der Verheißung des Segens (εὐλογία), genauer: der Segensgabe Gottes stehen[99].

Gerade so führt die Mahnung und Warnung in den VV. 4–8 unmittelbar zum folgenden Teilabschnitt 6,9–12 hinüber, in dem der Autor seine Adressaten sogar auf das von ihnen vorzuweisende „Werk der Liebe" hin anspricht (V. 10). Der Umschlag im Ton der Rede in 6,9–12 gegenüber 6,4–8 ist bemerkenswert: An die Stelle einer grundsätzlichen und ganz unpersönlich gehaltenen überaus scharfen Mahnung und Warnung, an deren Ende sogar die Nähe (V. 8: ἐγγύς) des Zornesgerichtes Gottes heraufbeschworen wird, tritt nunmehr ein in der direkten Anrede an die Adressaten gehaltenes nahezu seelsorgerlich wirkendes Zureden, das auch Raum läßt für die Anerkennung gewisser Verdienste der Adressaten. Als „Geliebte (Brüder)" (ἀγαπητοί) sogar werden sie – im übrigen nur dies eine Mal im Hebr![100] – angeredet, so also als spüre der Autor des Hebr selbst, daß ein Fortfahren in derselben Tonart wie bisher (6,4–8) bei seinen Adressaten am Ende gar nicht den an sich gewünschten Erfolg der Mahnrede zeitigen würde[101].

Das den V. 9 einleitende δέ ist dementsprechend stark akzentuiert: „Gleichwohl", also: „auch wenn wir so reden", „sind wir doch in bezug auf euch überzeugt ..."[102]. Obwohl es nach dem vorangehenden Zusammenhang (6,4–8) beinahe so erscheinen mag, daß die Adressaten ganz unmittelbar vor dem endgültigen Abfall vom Glauben stehen, ist der Autor nunmehr im Blick auf denselben Adressatenkreis doch wiederum „vom Besseren und dem (somit) dem Heil Dienlichen" überzeugt[103]. In diesem Sinne kann er dann auch in V. 10 sogar auf die „Werke" (ἔργον) der Adressaten

---

sondere von der „Bewährung" des Glaubens. Vgl. zu δοκιμή, δόκιμος und ἀδόκιμος in diesem Sinne: Röm 5,3f, hier besonders die Verbindung ὑπομονή – δοκιμή, sowie 1 Kor 9,27; 2 Kor 13,5–7; Tit 1,16.

[99] Als Oppositum zu κατάρα (V. 8) steht εὐλογία (V. 7) außerhalb der Metapher vom „Segen", nicht also vom „reichen Ertrag" des Landes. So W. BAUER, Wörterbuch zum Neuen Testament, Sp. 638f; H. BRAUN S. 175.

[100] Statt dessen liest ein Teil der Textzeugen (א * Ψ 0122 usw.) offensichtlich in sekundärer Angleichung an die sonst im Hebr übliche Anrede (3,1.12; 10,19; 13,22): ἀδελφοί.

[101] Vgl. in diesem Sinne bereits M. LUTHER, Hebr-Vorlesung, Scholie zu 6,9 (ed. J. Ficker, S. 70): „Neque enim sic sunt increpandi peccatores, ut vulnerentur tantum et in desperationem urgeantur, sed etiam rursus fovendi, ut animentur ad obedientiam". Vgl. aber auch 13,22!

[102] Zur Formulierung vgl. Röm 15,14: πέπεισμαι δὲ ... περὶ ὑμῶν.

[103] Τὰ κρείσσονα steht hier somit nicht in dem sonst für Hebr typischen Sinn (1,4; 7,7.19.22; 8,6; 11,16.35.40; 12,24), sondern ist konkret an dieser Stelle auf die vorangehende Warnung zu beziehen, also auf Bewährung des Glaubens und Fruchtbringen (VV. 7f). Vgl. D. G. PETERSON, RTR 35 (1976) S. 20f. – Zur Konstruktion von ἔχεσθαι mit Genitiv vgl. BL.-DEBR.-R. § 170,3; 170,5. Vgl. auch W. BAUER, Wörterbuch zum Neuen Testament, Sp. 675: „Was zum Heil gehört", mit Verweis auf Philon, Agr 101: τὰ ἀρετῆς ἐχόμενα; Josephus, Ant. X 204: οὐδὲν ἀνθρωπίνης σοφίας ἐχόμενον; c.Ap. I 83 sowie die lateinische Übersetzung in der altlatein. Überlieferung: „adhaerentia salutis" (r) bzw. „proximiora saluti" (d). Vgl. E. RIGGENBACH, S. 162, Anm. 35.

Bezug nehmen, konkret also auf die von ihnen erwiesene „Liebe" (ἀγάπη)[104], die ihrerseits wiederum ihre Ausprägung gefunden hat im vergangenen wie auch im gegenwärtigen Dienst an den „Heiligen" (διακονήσαντες - διακονοῦντες). Angesichts dessen, daß ἅγιος auch im Hebr (3,1; 13,24) die Christen generell bezeichnet, erhält dieser „Dienst" innerhalb des Hebr selbst seine Konkretion in 10,32-34, ist also auf das „Liebeswerk" in der im Hebr im Blick stehenden Gemeinde zu beziehen, innerhalb deren die Adressaten einen bestimmten Kreis für sich bilden[105]. Dieser Rückbezug auf den (auch jetzt noch anhaltenden!) Eifer der Adressaten zumindest in dieser Hinsicht klingt - weil Gott selbst ja doch nicht so „ungerecht" sein kann, solches „Werk" einfach zu vergessen[106], und die Adressaten ja selbst ihr „Liebeswerk" nicht anders als „in seinem Namen" getan haben und auch jetzt noch tun[107] - wie eine „Versicherung" (O. MICHEL) des Autors gegenüber seinen Adressaten, in sachlicher Hinsicht durchaus analog der Versicherung der Treue Gottes zu seiner Verheißung in 10,23. Daß Gott nicht „vergessen" wird, ist demnach im Sinne des Autors eher Ausdruck seiner Treue, als daß hier ein Lohn- oder Verdienstgedanke im vordergründigen Sinn seinen Niederschlag gefunden hätte[108].

---

[104] Ἔργον und ἀγάπη sind hier Hendiadyoin. Anders 1 Thess 1,3, wo zwischen ἔργον τῆς πίστεως und κόπος τῆς ἀγάπης unterschieden wird. Danach ergänzen D² und der „Mehrheitstext" an unserer Stelle. Die Lesart ἥν (ἐνεδείξασθε) bieten die Textzeugen P⁴⁶ B² (usw.) statt der sprachlich eleganteren Kasusattraktion ἧς.

[105] „Heilige" werden hier also nicht die Angehörigen der Jerusalemer „Urgemeinde" genannt, sodaß die „Liebeswerke" der Adressaten des Hebr auf die Kollekte der paulinischen Gemeinden für die „Armen" dort zu beziehen wären! (vgl. Röm 15,25.31; 1 Kor 16,1; 2 Kor 8,4; 9,1.12). So J. A. BENGEL, Gnomon, S. 899; A. SEEBERG S. 68; C. SPICQ, SBi, S. 111; A. STROBEL S. 140. Auch kann aus der besonderen Hervorhebung der ἀγάπη in der Inscriptio von Ignatius, Röm (προκαθημένη τῆς ἀγάπης) - vgl. auch Herm sim IX 27 sowie Eusebius, hist. eccl. IV 23,10 - schwerlich ein Schluß hinsichtlich der Lokalisierung der Adressaten des Hebr in der römischen Gemeinde gezogen werden. Vgl. H. WINDISCH S. 57.127; H. BRAUN S. 180f.

[106] Zur Konstruktion - konsekutiver Infinitiv ohne ὥστε, ἐπιλανθάνεσθαι mit Genitiv (vgl. auch 13,2.16) - vgl. BL.-DEBR.-R. §§ 391,4; 175,4; L. RADERMACHER, Neutestamentliche Grammatik, Tübingen ²1925, S. 121.

[107] Die Wendung εἰς τὸ ὄνομα αὐτοῦ soll dabei offensichtlich dem Umstand Ausdruck geben, daß die Adressaten ihr „Liebeswerk" gleichsam in der Richtung auf Gott bzw. seinen Namen hin tun, also: „gegenüber seinem Namen" bzw. „im Gedanken an seinen Namen". Die Wendung entspricht damit weniger der hellenistischen Geschäftsformel „auf Rechnung von"/"auf das Konto von" (vgl. dazu: A. DEISSMANN, Bibelstudien, S. 143ff; H. BIETENHARD, ThWNT V, S. 244f; S. 295), sondern eher der hebr. Wendung לְשֵׁם im kausalen und finalen Sinn: „um Gottes willen" und „zur Ehre Gottes". Vgl. mAv II 12: „Und alle deine Werke sollen geschehen ‚um Gottes willen' (לְשֵׁם שָׁמַיִם); vgl. mAv II 2; mBer IV 1. Vgl. H. BIETENHARD, ThWNT I, S. 267.273. - Die „Liebeswerke" der Adressaten des Hebr stehen somit in einem umfassenden theologischen Horizont: als Ausdruck der Liebe zu „seinem Namen". Vgl. LXX Ps 5,12: οἱ ἀγαπῶντες τὸ ὄνομά σου sowie Ps 68,37. Vgl. L. HARTMAN, EWNT II, Sp. 1271. In sachlicher Hinsicht sind hierzu durchaus Stellen wie Sir 47,8; 1 Kor 10,31 und Kol 3,17 zu vergleichen.

[108] Kein „Verdienstgedanke" jedenfalls in dem Sinne, daß Gottes „Gerechtigkeit" darin besteht, den Adressaten des Hebr ihr „Liebeswerk" sozusagen „anzurechnen"! Vgl. H. WIN-

Das in V. 11 artikulierte dringliche Verlangen des Autors, daß die Adressaten, und zwar „jeder von euch", nun auch - konsequenterweise - solchen „Eifer" hinsichtlich ihrer Hoffnung zeigen sollen (ἐνδείκνυσθαι), steht zunächst noch in einer gewissen Analogie zur Feststellung von V. 10: ἐνεδείξασθε, geht aber letztlich über den „Liebesdienst", von dem hier die Rede war, noch hinaus. Immerhin: Ein Ansatz für die Hoffnung des Autors in dieser Hinsicht ist auf seiten der Adressaten gegeben: „Eifer", σπουδή, haben sie (schon); er ist jedoch - angesichts eines Defizits an Hoffnung seitens der Adressaten - über die „Liebe" hinaus auf die „Hoffnung" zu lenken. Das den V. 11 einleitende δέ bezeichnet dabei das „darüber hinaus" des Wunsches des Autors. Das für den Hebr entscheidende Stichwort ἐλπίς steht bei alledem - wie sogleich V. 12 zeigen wird - ganz im Sinne von πίστις, und in 10,22 kann dementsprechend analog zur πληροφορία ἐλπίδος (V. 11) von der πληροφορία πίστεως die Rede sein[109]. In der Ausrichtung aber auf das τέλος - ἄχρι τέλους - ist der Glaube als solcher Hoffnung, und um deren „Vollmaß", um die volle Bewährung der (subjektiven!) Hoffnung geht es hier, nicht also primär um die endzeitliche „Erfüllung der Hoffnung" (im Sinne der „res sperata")[110].

Mit dem betont am Ende von V. 11 stehenden ἄχρι τέλους kommt dann freilich auch dasjenige in den Blick, worauf jene (subjektive) Hoffnung sich richtet, eben die „res sperata", und die Mahnung zum „Eifer" hinsichtlich der Hoffnung an dieser Stelle entspricht somit zugleich der Mahnung von 4,11: „So laßt uns nun allen unseren Eifer daran setzen, in jene ‚Ruhe' hineinzugehen". Konkret geschieht dies freilich - wie bereits im Zusammenhang von 3,7-4,11 - in einem bestimmten menschlichen Verhalten, durch den Glaubensgehorsam bzw. - wie alsbald V. 12 darlegt -

---

DISCH S. 57, aber auch F. J. SCHIERSE, Verheißung und Heilsvollendung, S. 205, Anm. 19: Die „Verdienstlichkeit des christlichen Handelns" sei hier als selbstverständlich vorausgesetzt! Zum Problem in dieser Hinsicht vgl. auch E. GRÄSSER, Der Glaube im Hebr, S. 26, Anm. 75, sowie bereits E. RIGGENBACH, S. 162. C. SPICQ, SBi, S. 111, weist wiederum darauf hin, daß das Tridentinum sich bei der Definition der „Verdienste für die guten Werke" ausdrücklich auf Hebr 6,10 (und 10,35) berief.

[109] Vgl. dementsprechend die Textvarianten: πίστεως (I 18 67 a*) sowie die Kontamination πίστεως τῆς ἐλπίδος (33). Vgl. E. GRÄSSER, Der Glaube im Hebr, S. 26, Anm. 77. Zur Sache vgl. G. W. MACRAE, Semeia 12 (1978) S. 192ff, sowie den Exkurs zu Hebr 11,1.

[110] Vgl. G. DELLING, ThWNT VI, S. 309: „volle Bewährung der Endhoffnung in gläubiger Geduld". Demgegenüber wird in 10,22 (im Anschluß an die christologisch-soteriologischen Darlegungen in 7,1-10,18!) die volle Gewißheit des Glaubens akzentuiert. Vgl. G. DELLING, a.a.O., S. 309; E. GRÄSSER, Der Glaube im Hebr, S. 26f; H. BRAUN S. 180: „Vollmaß der Durchhaltung der Hoffnung"; andererseits jedoch H. HÜBNER, EWNT III, Sp. 255: „Eifer zur völligen Entfaltung der Hoffnung" sowie H. KÖSTER, Die Auslegung der Abraham-Verheißung in Hebräer 6, in: Studien zur Theologie der alttestamentlichen Überlieferungen. Festschr. für G. v. Rad, Neukirchen 1961, S. 97f, der πληροφορία parallel zu ὁμολογία (10,23!) als „Hinweis auf den Inhalt der Hoffnung" versteht, was konkret heißt: Die „Fülle der Hoffnung" ist Jesus, der „Sohn Gottes".

„durch Glauben und Geduld"[111]. Das Hendiadyoin πίστις - μακροθυμία hier nimmt das Stichwort ἐλπίς von V. 11 auf und präzisiert es im Sinne des ausdauernden und geduldigen Glaubens. Μακροθυμία steht hier also nicht von der „Langmut" Gottes, sondern - wie auch V. 15 (μακροθυμεῖν) oder Jak 5, 7f. - von menschlicher Standhaftigkeit und Ausdauer[112]. Solches „subjektive" Verständnis von ἐλπίς steht keineswegs im Widerspruch zu deren „objektivem" Charakter, zumal für den Hebr die Hoffnung der Christen ja ihrerseits sich auf einen tragfähigen Grund stützt (s. u. zu 6,18-20). Und somit geht es an dieser Stelle auch nicht lediglich um einen bloßen Appell an das Verhalten der Adressaten, sondern - betrachtet man solche Mahnung in ihrem Kontext (6,13ff!) - letztlich auch hier wieder um die Begründung der Gewißheit von Hoffnung und Glauben der Christen. Das „Stumpfwerden" (νωθρὸς γίγνεσθαι), vor dem der Autor des Hebr seine Leser bewahren möchte, besteht jedenfalls - noch über deren Trägheit im Hören (5,11) hinaus - in ihrem Defizit an „Zuversicht" (3,6) und „Geduld" (10,35f) - mit einem Wort: Ihre Heilsgewißheit ist ins Wanken geraten - und damit ist die Gefahr der ἀπιστία, der Abfall schließlich vom Glauben zur akuten Gefahr geworden. Dem versucht der Autor dadurch entgegenzuwirken, daß er den Adressaten eine neue Orientierung - im Grunde ist es ja die alte! - vermittelt, und zwar zunächt dadurch, daß er ihnen Vorbilder der für sie jetzt notwendigen Glaubenshaltung vor Augen stellt: „Nachahmer" sollen sie werden, und das heißt: Sie sollen sich in ihrer ganzen Existenz am Vorbild jener ausrichten, die auf dem Wege der Bewährung ihres durchhaltenden Glaubens „Erben der Verheißung" geworden sind. Die Glaubenstreue ist also - daran ist hier kein Zweifel - die Bedingung für die endgültige Inbesitznahme (κληρονομεῖν) dessen, was den Inhalt der Verheißungen Gottes ausmacht[113] - denn: Daß man allein

---

[111] Dieses Verhalten wird in 3,14 - analog zu unserer Stelle - im Sinne des „Festhaltens" (κατέχειν) an der ἀρχὴ τῆς ὑποστάσεως μέχρι τέλους umschrieben (vgl. auch 3,6). Obwohl der Autor des Hebr sich mit dem hier artikulierten Grundverständnis von „Glaube" und „Hoffnung" zunächst ganz auf der biblisch-jüdischen Traditionslinie bewegt, ist zumindest im Blick auf den Gebrauch des Terminus σπουδή eine gewisse „Hellenisierung" unverkennbar. Vor allem in der Stoa - und entsprechend auch bei Philon - bezeichnet das Adjektiv σπουδαῖος den Weisen und Vollkommenen, der als solcher an der Tugend (ἀρετή) teilhat. Philon, All III 67; Somn II 302, spricht eben in diesem Sinne auch vom „Eifer" des Abraham (vgl. G. HARDER, ThWNT VII, S. 560f. 564; C. SPICQ, Notes II, S. 822f). Als fraglich erscheint es jedoch, aus solchem „stoischen" Sprachgebrauch die Schlußfolgerung zu ziehen, daß nunmehr auch im Hebr, der dieses Stichwort nur an zwei Stellen aufnimmt (4,11 und 6,11) der „Glaube" bzw. die „Hoffnung" als eine „Tugend" in jenem stoischen Sinne verstanden wird. So E. GRÄSSER, Der Glaube im Hebr, S. 120f.

[112] Zum Nebeneinander πίστις - μακροθυμία vgl. auch Barn 2,2; Ignatius, Eph 3,1; 1 Clem 62,2; 64; Herm sim IX 15,2 sowie die „Tugendkataloge" Gal 5,22; 2 Tim 3,10; vgl. auch Kol 1,11: μακροθυμία neben ὑπομονή. Zur Sache vgl. E. GRÄSSER, Der Glaube im Hebr, S. 28 mit Anm. 83.

[113] Vgl. entsprechend 6,15: ἐπιτυγχάνειν τῆς ἐπαγγελίας sowie 6,17: κληρονόμοι τῆς ἐπαγγελίας.

durch ausharrenden Glauben zum „Erben" der Verheißung Gottes wird, das gilt - wie das präsentische Partizip κληρονομούντων anzeigt - generell - auch und gerade für die Adressaten des Hebr![114] Dem abschreckenden Beispiel des Ungehorsams und Unglaubens (4,11) treten hier nunmehr die nachahmenswerten Vorbilder des Glaubens gegenüber und damit zugleich der für den Hebr in besonderer Weise charakteristische Gedanke einer „imitatio fidei"[115].

Im einzelnen wird eine ganze Reihe solcher Vorbilder im großen Glaubenskapitel Hebr 11 genannt werden; hier dagegen begnügt der Autor sich damit, zunächst insbesondere auf das Paradigma des Abraham hinzuweisen (V. 13: γάρ), gerade mit diesem Beispiel aber doch zugleich anzeigend, daß es bei der hier geforderten „imitatio fidei" nicht einfach um eine jedermann „erschwingliche Tugend" (E. GRÄSSER) geht, sondern daß das hier geforderte Verhalten des Menschen seinerseits wiederum bei Gott selbst einen festen Grund hat: Gerade der Glaube als Glaubenstreue, als ausharrender und durchhaltender Glaube, korrespondiert als solcher der Treue Gottes selbst oder auch - wie es im folgenden Teilabschnitt im einzelnen ausgeführt wird - dem einst von Gott selbst geleisteten Schwur.

3.2) 6,13-20: Die Unverbrüchlichkeit der Verheißung Gottes[1]

13 Denn als Gott dem Abraham die Verheißung gab, schwor er - da er nichts Höheres hatte, bei dem er schwören konnte - bei sich selbst,
14 indem er sprach: ‚Ganz gewiß will ich dich segnen und dich reichlich mehren'.
15 Und so erlangte er, der geduldig ausharrte, die Verheißung.
16 Denn Menschen schwören (gemeinhein) bei dem, der höher ist (als sie), und der Schwur ist (bzw. dient) ihnen zur Bestätigung als Ende jeder Gegenrede.

---

[114] In dieser Hinsicht - nicht freilich in der konkreten Ausführung - liegt die Argumentation im Hebr zunächst ganz auf der Linie der Fragestellung in Philons Traktat „Wer der Erbe der göttlichen Dinge sei?" (Rer). Vgl. aber auch den Rückbezug auf den Glauben des Abraham in Röm 4,20f, auf den Glaubensgehorsam Abrahams in 1 Clem 10,1ff sowie PsSal 12,6: καὶ ὅσιοι κυρίου κληρονομήσαισαν ἐπαγγελίας κυρίου.
[115] Die Aufforderung zur „Nachahmung" der biblischen Frommen findet sich in der urchristlichen Literatur nur im Hebr (und in 1 Clem 17,1). Vgl. demgegenüber 13,7 von der „Nachahmung" des Glaubens der ἡγούμενοι. Dem Aufruf zur μίμησις in V.12 entspricht in 12,1 im Anschluß an Kap.11 das τοιγαροῦν καὶ ἡμεῖς. Zur Sache einer „imitatio fidei" im Hebr vgl. E. GRÄSSER, Der Glaube im Hebr S. 28. 121-125; A. SCHULZ, Nachfolgen und Nachahmen (StANT 6), München 1962, S. 188. 316f; H.D.BETZ, Nachfolge und Nachahmung Jesu Christi im Neuen Testament (BHTh 37), Tübingen 1967, S.173ff.
[1] Lit.: H. KÖSTER, Die Auslegung der Abraham-Verheißung in Hebräer 6, in: Studien zur Theologie der alttestamentlichen Überlieferungen. Festschr. G. v. Rad, Neukirchen 1961, S. 95-109; O.HOFIUS, Die Unabänderlichkeit des göttlichen Heilsratschlusses, ZNW 64 (1973) S.134-143; H.MOXNESS, Theology in Conflict. Studies in Paul's Understanding of God in Romans (NT.S LIII), Leiden 1980, S. 141-146. 183-185; E. GRÄSSER, Der Glaube im Hebr, S. 31-35; F.LAUB, Bekenntnis und Auslegung, S. 244-246.

17 Deshalb (aber) hat sich Gott, weil er den Erben der Verheißung in (noch) höherem Maße die Unverbrüchlichkeit seines Willens erweisen wollte, durch einen Schwur verbürgt,
18 damit wir durch zwei unveränderliche Geschehnisse, bei denen Gott sich (doch) unmöglich als Lügner erweisen konnte, eine wirkungskräftige Ermutigung haben – wir (nämlich), die wir unsre Zuflucht (dazu) genommen haben, die (uns) dargebotene Hoffnung zu ergreifen.
19 Sie (sc.: diese Hoffnung) haben wir wie einen sicheren und festen Anker für die Seele, der hineinreicht bis in das Innere des Vorhangs,
20 wohin als ein Vorläufer für uns Jesus hineingegangen ist, der ,nach der Ordnung des Melchisedek' ein Hoherpriester in Ewigkeit geworden ist.

Stellung und Funktion im Kontext:

Der Teilabschnitt 6,13-20 ist mit dem vorangehenden Abschnitt 6,9-12 eng verbunden: Formal durch einleitendes γάρ, das hier nicht eigentlich im begründenden, sondern im (den V. 12) ausführenden Sinn steht: „Denn auch" bzw. „nämlich"; in sachlicher Hinsicht durch erneute Aufnahme der bereits den V. 12 bestimmenden Stichwörter ἐπαγγελία (VV. 13.15.17), μακροθυμία (V. 15) und κληρονομεῖν (V. 17)[2]. Dies bedeutet: Die generelle Aussage über die Vorbilder des Glaubens in V. 12 wird nunmehr im besonderen an der Gestalt des Abraham exemplifiziert, wobei der Autor an dieser Stelle (wie im übrigen dann auch in 11,8ff) auf seine Weise jene jüdischen und urchristlichen Überlieferungen aufnimmt, in denen Gestalt und Geschichte Abrahams seit altersher ein besonderer Status als Vorbild und Leitbild des Glaubens zukommt[3]. Gleichwohl zeigt die Art der Ausführung zu V. 12 an unserer Stelle alsbald, daß das Anliegen des Autors des Hebr sich keineswegs darin erschöpft, den Abraham seinen Lesern lediglich als ein herausragendes Beispiel des Glaubens zur „Nachahmung" zu empfehlen. Denn schon zu Beginn (VV. 13-15) ruht der Akzent gar nicht in erster Linie auf einem bestimmten tugendhaften Verhalten des Abraham selbst, sondern vielmehr auf einem bestimmten Tun und Verhalten Gottes selbst, das seinerseits überhaupt erst den Grund für das entsprechende Verhalten des Abraham darstellt (V. 15: καὶ οὕτως!). Schon hier zeigt sich, daß es an dieser Stelle für den Autor des Hebr in erster Linie um den Sachverhalt der unverbrüchlichen Geltung der Verheißung Gottes geht, um die Treue also Gottes zu seiner Verheißung (10,23; 11,11). Dieser theologische Aspekt tritt in unserem Abschnitt spätestens von V. 16 an beherrschend ins Zentrum, womit dann zugleich auch der Übergang zur Anwendung des zunächst an Abraham exemplifierten Sachverhalts auf die christliche Gemeinde gewonnen wird (VV. 18-20). In

---

[2] Zu diesen Stichwörtern als „mots-crochets" vgl. A. VANHOYE, La structure littéraire, S. 120f; H. BRAUN, S. 183.
[3] Für das Neue Testament vgl. bes. Gal 3 bzw. Röm 4 sowie Jak 2,20-24. Zum Ganzen vgl. O. BETZ, EWNT I, Sp. 3-7 (Sp. 3f: Lit.); K. BERGER, TRE I, S. 372-382 (S. 381f: Lit.); H. MOXNESS, Theology in Conflict, S. 117ff; J.R. LORD, Abraham. A Study in Ancient Judaism and Christian Interpretation, Ann Arbor 1968; R. BABEL, La foi d'Abraham dans le Nouveau Testament, Fribourg 1970; G. BAUMBACH, Abraham unser Vater. Der Prozeß der Vereinnahmung Abrahams durch das frühe Christentum, Theol. Versuche 16 (1986) S. 37-56; W. BAIRD, Abraham in the New Testament. Tradition and New Identy, Interp. 42 (1988) S. 367-379.

diesem Sinne mündet die Paränese der VV. 11 und 12 (und mit ihr der ganze Sachzusammenhang 5,11-6,12) wiederum in eine knappe bildhafte Darlegung des theologischen bzw. christologischen Grundes für die Glaubensgewißheit der Christen ein, mit der der Autor endlich wieder zu seinem in 5,10 verlassenen Thema des Hohenpriestertums „nach der Ordnung des Melchisedek" zurückkehrt (V. 20).

Im Blick zunächst auf das an V. 12 unmittelbar anknüpfende Beispiel des Abraham stellen die VV. 13-15 eine in sich geschlossene Einheit dar, und zwar in Gestalt eines Kommentars zu Gen 22,16f: Auf Gen 22,16 (LXX: κατ' ἐμαυτοῦ ὤμοσα) jedenfalls wird in V. 13 Bezug genommen, und in V. 14 wird wörtlich LXX Gen 22,17 als eigene Rede Gottes (λέγων) zitiert. Bereits die Art der Konstruktion in V. 13 zeigt dabei an, worauf der Autor mit seinem Kommentar zu Gen 22 hinaus möchte: gar nicht zuerst auf Abraham als Beispiel ausharrenden Glaubens, sondern auf den Charakter der Zusage Gottes selbst. Die Zusage der Verheißung an Abraham – die Formulierung ἐπαγγειλάμενος ὁ θεός klingt deutlich an die entsprechende Gottesprädikation in 10,23 und 11,11 an – erfolgt nämlich in Gestalt des Schwures Gottes καθ' ἑαυτοῦ, was in V. 14 durch wörtliches Zitat von Gen 22,17, also durch Gottes eigene Rede, bestätigt wird[4]. Die Konzentration auf Gottes Tun und Verhalten zeigt sich also nicht erst darin, daß in V. 15 – mit καὶ οὕτως an die VV. 13 und 14 angeschlossen – wiederum vom Glauben des Abraham die Rede ist, sondern bereits in V. 13, und hier insbesondere in der Reflexion über die Eigenart jenes Schwures Gottes. Wenn es hier heißt, daß Gott – da er ja schlechterdings nichts „über sich hat" – „bei sich selbst schwört", so bedeutet dies im Kontext, daß Gott damit die höchste Art von Schwur leistet, die es überhaupt gibt. Die konkrete Absicht, die der Autor des Hebr mit solcher Überlegung im Kontext verfolgt, zeigt sich spätestens in den VV. 16 und 17. Gleichwohl ist offensichtlich, daß er mit solcher Reflexion der Eigenart von Gottes eigenem Schwur zunächst in einer bestimmten jüdischen Überlieferung steht, die ihren wohl deutlichsten Niederschlag – im Grunde ganz analog zu Hebr 6,13-15 – wiederum bei Philon gefunden hat.

Im Anschluß an das Zitat von Gen 22,16f heißt es bei Philon: „Gut ist es, daß die Verheißung (ὑπόσχεσις) durch einen Schwur bekräftigt wird (βεβαιοῦν: vgl. Hebr 6,16!), und zwar durch einen Gott angemessenen Schwur (ὅρκῳ θεοπρεπεῖ). Du siehst nämlich, daß Gott nicht bei etwas anderem schwört, da ja nichts größer (κρεῖττον) ist als er, sondern bei sich selbst (καθ' ἑαυτοῦ), der (doch) das Beste aller Wesen ist"[5]. Selbst wenn vergleichbare Aussagen hinsichtlich der Eigenart von

---

[4] Im Blick auf die Sachaussage sind also Partizip und Verbum finitum vertauscht, sodaß zu übersetzen ist: „Gott nämlich gab dem Abraham die Verheißung, indem er schwor...". Vgl. BL.-DEBR.-R. § 339,1.

[5] Philon, All III 203. Vgl. auch Abr 273; Somn I 12 sowie Quaest in Gen IV 180 (καὶ κατὰ τίνος ἂν ὤμοσεν ὁ θεός, ὅτι μὴ ἑαυτοῦ) und bes. Sacr 90-93, wozu neuerdings C. SPICQ, ANRW II 25/4, S. 3615f, vermerkt: „Or c'est exactement la pensée de Hébr. VI,13-18".

Gottes Schwören auch in der rabbinischen Literatur vorliegen[6], gehen die (auch terminologischen) Übereinstimmungen zwischen Philon und Hebr 6 an dieser Stelle so weit, daß in jede Falle an eine beiden gemeinsame exegetische Tradition zu denken ist[7].

Die eigenen Akzente, die der Autor des Hebr an dieser Stelle setzt, sind nichtsdestoweniger – zumal im Vergleich mit Philon gesehen – unverkennbar. Sie zeigen sich bereits im Zitat von Gen 22,17 in V. 14: Im Anschluß an die Bekräftigungsformel εἰ μήν, „fürwahr, ganz gewiß"[8], liegt für den Autor des Hebr der Akzent so sehr auf Gottes eigener Zusage, daß der Inhalt dieser Zusage – die zahlreiche Nachkommenschaft Abrahams – für ihn im Grunde ganz gleichgültig ist. Analog zu εὐλογήσω σε liest er πληθυνῶ σε, ersetzt also τὸ σπέρμα σου durch bloßes σε[9]. An der Frage der Nachkommenschaft Abrahams ist er nicht interessiert; entscheidend für ihn ist vielmehr allein die durch Gottes Schwur verbürgte unverbrüchliche Geltung der Zusage Gottes an Abraham.

Erst nachdem dies klar herausgestellt worden ist, kann dann auch – auf solcher Basis gleichsam – in V. 15 vom ausdauernden Glauben des Abraham die Rede sein: καὶ οὕτως κτλ.[10]. Das Verbum ἐπιτυγχάνειν nimmt da-

---

[6] Vgl. bes. bBer 32a (mit Bezug auf Ex 32,13): „Was heißt: bei dir? R. El'azar hat gesagt: Mose sprach vor Gott: ‚Herr der Welt, wenn du geschworen hättest bei Himmel und Erde, so würde ich sagen: Wie der Himmel und die Erde vergehen, so vergeht auch dein Schwur; nun aber hast du ihnen bei deinem großen Namen geschworen: Wie dein großer Name lebt und besteht in alle Ewigkeit, so bleibt auch dein Schwur in alle Ewigkeit bestehen"; vgl. auch ShemR 44,8 (zu Ex 32,13) sowie das von O. Hofius, ZNW 64 (1973) S. 141ff, aus der rabbinischen Literatur zusammengestellte Material.

[7] Die Tatsache, daß Philon seinerseits – entsprechend dem Grundanliegen seiner ganzen Schriftstellerei – auch in diesem Zusammenhang spekulativ-philosophisch verfährt und sich darin sehr deutlich vom Hebr unterscheidet, ist keineswegs ein Argument gegen einen solchen durch eine hellenistisch-jüdische exegetische Tradition vermittelten Zusammenhang. Gegen O. Hofius, ZNW 64 (1973) S. 140. Zu den Übereinstimmungen Philon – Hebr im einzelnen vgl. H. Köster, in: Festschr. G. v. Rad, S. 98ff; H. Moxness, Theology in Conflict, S. 141ff, stellt auch Philon selbst schon mit seiner Auslegung von Gen 22,16f in einen solchen exegetischen Traditionszusammenhang hinein, unter der Voraussetzung jedenfalls, daß es sich bei dem Motiv von Gottes Schwur (Gen 22,16f) um „a popular motif in Jewish tradition" handelt (S. 141).

[8] Der Hebr schließt sich mit der Lesart εἰ μήν (korrekt: εἶ μήν) an die Lesart des Kodex A von Gen 22,17 an, während die übrigen Textzeugen an dieser Stelle (ältere?) ἦ μήν lesen. So auch die Lesart von Ψ und „Mehrheitstext" zu Hebr 6,14. Entsprechend liest Kodex A auch in Gen 42,16; Num 14,23. Vgl. J. M. McCullough, NTS 26 (1979/80) S. 373. – Zu dieser auch in den Papyri belegten Versicherungsformel vgl. A. Deissmann, Neue Bibelstudien, S. 33–36; J. H. Moulton/G. Milligan, The Vocabulary of the New Testament, S. 182; G. Stählin, Zum Gebrauch von Beteuerungsformeln im Neuen Testament, NT 5 (1962) S. 115–143, spez. S. 122ff, sowie BL.-DEBR.-R. §§ 24,2; 441,1.

[9] Vgl. aber J. M. McCullough, NTS 26 (1979/80) S. 347: „No change of meaning is involved; it is simply a stylistic improvement".

[10] A. Seeberg S. 71 umschreibt dementsprechend: „Unter diesen Umständen ist Abraham geduldig gewesen...", um so deutlich zu machen, daß die Absicht des Autors an dieser Stelle

bei das κληρονομεῖν von V. 12 wieder auf und damit – in sachlicher Hinsicht – den notwendigen Zusammenhang von Bewahrung des Glaubens und „Ererben" bzw. „Erlangen" der Verheißung Gottes. Im Unterschied freilich zur generell-grundsätzlichen Formulierung dieses Zusammenhangs in V. 12 (part. praes.!) wird hier nun ausdrücklich festgestellt, daß Abraham infolge seiner Glaubenstreue die Verheißung Gottes bereits erlangt hat: ἐπέτυχεν (Aorist!). Damit ergibt sich unbestreitbar ein Widerspruch zu 11,13 (und 11,39), wo zusammenfassend im Blick auf die bis dahin (einschließlich Abrahams) genannten Glaubenszeugen festgestellt wird: μὴ λαβόντες τὰς ἐπαγγελίας! Dieser Widerspruch erklärt sich nun freilich kaum von daher, daß der Autor des Hebr in 6,15 einerseits und 11,13 andererseits unterschiedliche Traditionen rezipiert hat[11], sondern eher aus der unterschiedlichen Absicht, die der Autor selbst in Hebr 6 und in Hebr 11 verfolgt: Während es im 11. Kapitel um die Mahnung an die Christen zum ausdauernden Glauben auf dem noch nicht ans Ziel gekommenen Weg geht, geht es im 6. Kapitel – unter der Überschrift von V. 13 – darum, daß es letztlich allein an der unverbrüchlichen Geltung der Verheißung Gottes selbst liegt, wenn deren Ziel erreicht werden soll. Von daher gesehen bestätigt am Ende auch der Aorist ἐπέτυχεν lediglich die Geltung der Zusage Gottes[12].

Auch die folgende Argumentation zeigt, worauf es dem Autor in diesem Zusammenhang eigentlich ankommt. Die Bezugnahme auf das Beispiel Abrahams ist mit V. 15 abgeschlossen. Was von den VV. 13–15 her noch weiter im Blick ist, ist nunmehr nur noch die Reflexion über den die Gültigkeit der Zusage Gottes bestätigenden Schwur Gottes. Diesem Grundgedanken dient in **V. 16** zunächt auch die Bezugnahme auf die bei „Menschen" übliche Rechtspraxis des Schwörens. Sie bereits, bei der der Schwur κατὰ τοῦ μείζονος üblich ist, steht im Dienste der „Bestätigung" (εἰς βεβαίωσιν) eines Sachverhalts, und zwar mit dem Ziel der Beendigung jeglicher Einrede[13]. Was freilich schon für die Praxis des Schwörens unter

---

nicht in erster Linie darin besteht, daß man durch Geduld die Verheißung erlangt; vielmehr „soll gezeigt werden, daß Abrahams Geduld ihre Grundlage an der Verheißung hatte, die Gott aus Rücksicht auf den Menschen bei sich selbst beschworen hat". Vgl. auch E. GRÄSSER, Der Glaube im Hebr, S. 32. Letztlich also hat die Glaubenstreue des Abraham darin ihren Grund, daß Gott selbst „treu" ist (10,23).

[11] So H. KÖSTER, in: Festschr. G. v. Rad, S. 104f; vgl. auch U. LUZ, EvTh 27 (1967) S. 334, Anm. 60. Auch davon, daß V. 15 nur eine „partielle" Verwirklichung der Verheißung im Blick hat, im Sinne nämlich der „reichen Nachkommenschaft" des Abraham (so H. BRAUN S. 186), wird im Text selbst nichts angedeutet.

[12] Vgl. bereits E. RIGGENBACH S. 169f; F. LAUB, Bekenntnis und Auslegung, S. 245, Anm. 148. Zum Problem vgl. jetzt auch G. BAUMBACH, Theol. Versuche 16 (1986) S. 47f.

[13] Die Stichwörter ἀντιλογία und βεβαίωσις sind eindeutig Termini der Rechtssprache. Das erstere bezeichnet die „Einrede" im Rechtsprozeß, das letztere die „rechtsgültige Bestätigung" (vgl. entsprechend 7,7 sowie 2,2f). Εἰς βεβαίωσιν ist geradezu Garantieformel: Ein Eid bestätigt die Rechtsgültigkeit eines Sachverhalts, garantiert also etwas. Zur Terminologie vgl.

„Menschen" gilt, gilt um so mehr noch – περισσότερον[14] – für Gottes eigenen Schwur. Sofern dieses περισσότερον in V. 17 die Gegenüberstellung der menschlichen Schwurpraxis „bei einem Höheren" (V. 16) und des Schwures Gottes „bei sich selbst" (V. 13) voraussetzt, liegt in den VV. 16 und 17 ein klarer Schluß a minori ad maius vor, mit dem der Autor sich wiederum an das eigene Urteilsvermögen seiner Adressaten wendet[15]. Rechtsterminologie bestimmt auch hier wieder die Argumentation des Autors. Kennzeichnend dafür ist der Gebrauch des Verbums μεσιτεύειν, das an dieser Stelle nicht im Sinne des μεσίτης (8,6; 9,15; 12,24) steht, sondern in einem speziell rechtlichen Sinne: „sich verbürgen, garantieren"[16]. Gleiches gilt auch für das Adjektiv ἀμετάθετος, das hier die technische Bedeutung von „unabänderlich, garantiert" hat[17].

Was der Autor des Hebr mit solcher Rechtssprache im Kontext bezweckt, ist – zumal im Blick auf den Finalsatz V. 18 – eindeutig: Die Herausstellung des unabänderlichen Ratschlusses Gottes, der Treue Gottes zu

---

A. DEISSMANN, Bibelstudien, S. 100–105; F. PREISIGKE, Wörterbuch der griechischen Papyrusurkunden I, Sp. 136f, mit Verweis auf BGU 1143,20: ἄνευ κρίσεως καὶ πάσης ἀντιλογίας und Giss 53,5: χωρὶς πάσης ἀντιλογίας; L. MITTEIS/U. WILCKEN, Grundzüge und Chrestomathie der Papyruskunde II/1, S. 188ff. 269 (zu βεβαίωσις). Auch Philon, All III 203, bezieht sich auf die allgemein-menschliche Schwurpraxis; vgl. auch Somn I 12: „Was an bestimmten Sachverhalten (πράγματα; vgl. Hebr 6,18!) zweifelhaft ist, wird durch einen Eid entschieden. (Denn) auf diese Weise erlangt das Unbeständige (τὰ ἀβέβαια) Gültigkeit (βεβαιοῦν), und das Unglaubwürdige (τὰ ἄπιστα) erhält Glaubwürdigkeit (πίστις)". Vgl. weiter Plant 82; Abr 273; Decal 86; SpecLeg II 10.

[14] Περισσότερον steht hier im adverbiellen Sinn. Vgl. entsprechend περισσοτέρως in 2,1; 13,19 sowie die varia lectio des Kodex B zu V. 17.

[15] Möglich ist auch die Übersetzung: „um so nachdrücklicher hat Gott ... sich durch einen Eid verbürgt". Wahrscheinlicher ist aber die Verbindung des adverbiellen περισσότερον mit dem unmittelbar folgenden Partizip βουλόμενος (ὁ θεός), d. h.: „Auf welche Weise Gott, der noch nachdrücklicher den Erben der Verheißung die Unwandelbarkeit seines Ratschlusses zeigen wollte ...".

[16] Zu μεσιτεύειν als term. techn. des Pfandrechts vgl. L. MITTEIS/U. WILCKEN, Grundzüge und Chrestomathie der Papyruskunde II/1, S. 31; F. PREISIGKE, Wörterbuch der griechischen Papyrusurkunden II, Sp. 77; W. BAUER, Wörterbuch zum Neuen Testament, Sp. 1002; A. OEPKE, ThWNT IV, S. 603. 624, sowie bereits E. RIGGENBACH S. 173, Anm. 65. – Bemerkenswert ist in diesem Zusammenhang auch, daß im Hebr auch im Gebrauch des Substantivs μεσίτης die ursprünglich rechtliche Bedeutung noch anklingt, wenn in 7,22 Christus - analog zu μεσίτης in 8,6; 9,15; 12,24 - als ἔγγυος κρείττονος διαθήκης bezeichnet wird. Zu ἔγγυος als Synonym zu μεσίτης vgl. A. OEPKE, ThWNT IV, S. 624; D. SÄNGER, EWNT II, Sp. 1012, sowie C. SPICQ, Notes II, S. 550f: μεσίτης als „Garant, Bürge" bei Josephus, Ant. IV 133; Diodor Sic. IV 54,7; P. London II 251, Nr. 370, Z. 6.9.14. Vgl. auch Josephus, Ant. XX 62: μεσιτεία im Sinne von „Bürgschaft" (neben ὅρκοι!).

[17] Zu ἀμετάθετος als Rechtsterminus vgl. bes. den Sprachgebrauch der Papyri, z. B. P. Oxy I 75,15: (διαθήκη), ἐφ᾽ ᾗ ἀμεταθέτῳ ἀμφότεροι ἐτελεύτησαν; III 482,35; 636,12 und dazu: L. MITTEIS/U. WILCKEN, Grundzüge und Chrestomathie der Papyruskunde II/1, S. 241; demgegenüber ebd. II/2, S. 345 (Nr. 304, Z. 3): μεταδιατίθεσθαι καὶ ἀκυροῦν τὴν διαθήκην ταύτην. Vgl. auch F. PREISIGKE, Sammelbuch griechischer Urkunden aus Ägypten I/II, Berlin 1915/1922, Nr. 5112,40; 5113,3; 5114,20: ἐπὶ βεβαίῳ καὶ ἀμεταθέτῳ λόγῳ, d. h.: „auf feste und unwiderrufliche Abmachung"; DERS., Wörterbuch der griechischen Papyrusurkunden I, Sp. 67.

seiner Verheißung, und zwar ganz im Sinne seines pastoralen Grundanliegens. Kein Zufall ist es dementsprechend, daß nicht nur in V. 18 das in dieser Hinsicht entscheidende Stichwort παράκλησις benutzt wird, sondern auch die zunächst so abstrakt erscheinende Argumentation des Autors hier (V. 18) wiederum in das „Wir" der christlichen Gemeinde einmündet, die – von V. 18 her gesehen – im Grunde auch schon in V. 17 im Blick war, wenn der Autor hier – in Entsprechung zum generell-grundsätzlichen κληρονομεῖν in V. 12 – von den „Erben der Verheißung" sprach[18]. Dies alles schließt nicht aus, daß der Autor des Hebr seinerseits mit alledem in der Kontinuität eines traditionell-jüdischen bzw. urchristlichen Theologumenons steht, das bereits im Alten Testament seinen Niederschlag gefunden hat (Num 23,19 u. ö.) und von daher in breiter Streuung und unterschiedlicher Variation in den verschiedenen Strömungen und Gruppierungen des Judentums begegnet[19]. Worauf dieser an sich traditionelle Topos im Kontext des Hebr ausgerichtet ist, zeigt der Finalsatz V. 18 (als Zielaussage des ganzen Zusammenhangs von V. 13 an): Auf zwei unabänderlichen πράγματα, d. h. „Tatsachen"[20], „in denen" (ἐν οἷς) – wie auch hier wieder in Aufnahme eines traditionell biblisch-jüdischen Topos formuliert wird[21] – „Gott keinesfalls lügen kann", beruht die Hoffnung der Christen

---

[18] Dieser Bezug auf die Christen als „Erben der Verheißung" wird durch die Minuskelhandschrift 69 noch verstärkt, wenn hier vor κληρονόμοις noch ein κλητοῖς eingefügt wird.

[19] Neben Num 23,19, worauf sich viele der späteren beziehen, vgl. für das Alte Testament (LXX): 2 Reg 7,28; Ps 32,4; 88,35f; Jes 45,23; hinsichtlich der βουλή Gottes: Ps 32,11; Prov 19,21 u. ö. Von daher gesehen ist das Urteil von O. HOFIUS, ZNW 64 (1973) S. 138, wohl begründet, „daß im Alten Testament bereits die einzelnen, in Hebr 6,17f zu einem Ganzen gefügten Bausteine bereitliegen". Bei O. HOFIUS, a.a.O., auch die entsprechenden Belege aus dem Raum des Judentums, insbesondere für die Qumran-Gemeinde, in deren Schriften (1QS III 16; 1QH XV 14 u. ö.) sich dieser Topos mit einer Prädestinationslehre verbindet (S. 140f), sowie für das rabbinische Judentum (S. 141ff). Für das letztere ist vor allem auf BemR 20,20 (zu Num 23,19) hinzuweisen: „Gott ist nicht ein Mensch, daß er lügen könnte ... Er kann nicht zurücktreten vom Schwur, den er (einst) den Vätern geleistet hat". Vgl. auch H. MOXNESS, Theology in Conflict, S. 168f. – Gleichwohl ist auch hier wiederum – wie bereits für Hebr 6,13-15 – auf Philon hinzuweisen, auch wenn bei ihm i. U. zum Hebr dieser Topos mit der für ihn charakteristischen Vorstellung von der „Unveränderlichkeit" Gottes im philosophischen Sinne verbunden ist. Vgl. die Paraphrase von Num 23,19 in VitMos I 283 sowie bes. Imm 26: μένει δὲ ἐφ' ὧν ἐξ ἀρχῆς ἐβουλεύσαντο οὐδὲν αὐτῶν μετατιθείς. Vgl. dazu O. HOFIUS, ZNW 64 (1973) S. 140f; H. MOXNESS, Theology in Conflict, S. 143f. – Zum Weiterwirken des Topos im Urchristentum vgl. auch Röm 3,3f; 9,6; 11,29, hier freilich in anderer Ausrichtung als im Hebr; vgl. H. MOXNESS, a.a.O., S. 56ff.

[20] Πρᾶγμα, „Begebenheit, Tatsache", von Gottes Taten nur vereinzelt in LXX. Vgl. Jes 25,1: θαυμαστὰ πράγματα; Jud 11,6. Philon wiederum spricht in Her 63.66 von θεῖα πράγματα, die als solche ἀσώματα bzw. νοητά sind. Charakteristischer Terminus für die Taten Gottes ist πρᾶγμα in der LXX-Tradition jedenfalls nicht. Vgl. Chr. MAURER, ThWNT VI, S. 639. In einer „argumentatio ad hominem" wie der hier im Hebr vorliegenden hat dieser an sich vordergründig-"pragmatische" Terminus nichtsdestoweniger durchaus seinen Ort, sofern der Autor hier seinen Lesern ja gerade anhand der Schrift deutlich machen will, daß Gottes Zusage an zwei gleichsam aufweisbaren Geschehnissen ihre Sicherheit hat.

[21] Vgl. LXX Ps 88,36; Hi 24,25 sowie (zum kategorischen ἀδύνατον in Hebr 6,18) bes.

– und damit auch ihre παράκλησις. Diese zwei „Tatsachen" sind – dem Kontext zufolge – die Verheißung Gottes und der diese Verheißung garantierende Schwur Gottes[22]. Zu fragen bleibt nur, ob sie dieselben sind, von denen zuvor im Anschluß an Gen 22,16f im Blick speziell auf Abraham die Rede war[23], oder ob hier – bei der Anwendung der Argumentation nunmehr auf die christliche Gemeinde – an eine spezielle Verheißung für die Christen bzw. an einen besonderen Schwur Gottes zu denken ist[24]. Ausdrücklich wird darüber an dieser Stelle nichts geäußert, was wohl darin begründet ist, daß es dem Autor hier zunächst um die unverbrüchliche Geltung der Verheißung Gottes als solcher geht. Ihr Urbild gleichsam haben die δύο πράγματα zunächst an der durch einen Schwur bestätigten Verheißung Gottes an Abraham.

Eine eigene christliche – genauer: christologische – Präzisierung in dieser Hinsicht erfolgt dann erst im Zusammenhang der Entfaltung der Hohenpriester-Christologie in Hebr 7,1ff, wo dann freilich sehr nachdrücklich im Gegenüber zum irdischen Priesterinstitut auf den Schwur Gottes von Ps 110,4 Bezug genommen wird: ὤμοσεν κύριος καὶ οὐ μεταμεληθήσεται (7,21)[25]. Hier dagegen – im Rahmen der Paränese von 5,11–6,20 – genügt zunächst die Erinnerung der Leser an ein Handeln Gottes, in dem sich bereits an Abraham die unbedingte Zuverlässigkeit seines „Heilsratschlusses" erwiesen hat. Eben daran sollen die Christen nunmehr eine „starke Tröstung und Ermutigung haben"[26], und zwar als solche, die in ihrer gegenwärtigen Glaubensanfechtung „ihre Zuflucht dazu nehmen, an dem vor (ihnen) liegenden Hoffnungsgut festzuhalten". Die Christen als

---

Philon, VitMos I 283: οὐχ ὡς ἄνθρωπος ὁ θεὸς διαψευσθῆναι δύναται; Ebr 139: ὁ ἀψευδὴς θεός (vgl. Tit 1,2); Congr 101; SpecLeg I 89. Für das Urchristentum vgl. Tit 1,2; 1 Joh 1,10; 5,10 sowie zu Hebr 6,18 bes. 1 Clem 27,2: οὐδὲν γὰρ ἀδύνατον παρὰ τῷ θεῷ εἰ μὴ τὸ ψεύδεσθαι.

[22] Wenig wahrscheinlich ist, daß im Verweis auf die „zwei Tatsachen" der biblisch-jüdische Rechtsgrundsatz nachwirkt, wonach nur jene Rede als rechtsgültig anerkannt werden kann, die ἐπὶ στόματος δύο μαρτύρων beruht (Dtn 19,15). Vgl. dazu im Neuen Testament: Mt 18,16; Joh 8,16–18; 2 Kor 13,1 sowie G. STÄHLIN, NT 5 (1962) S. 142.

[23] So die meisten Ausleger seit B. WEISS S. 165; E. RIGGENBACH S. 173f bis hin zu O. MICHEL S. 252f; vgl. auch O. HOFIUS, ZNW 64 (1973) S. 136.

[24] Viele Ausleger – so bereits F. DELITZSCH S. 256; H. v. SODEN S. 55f u. a., neuerdings auch H. KÖSTER, in: Festschr.G. v. Rad, S. 105–107; W. R. G. LOADER, Sohn und Hoherpriester, S. 143f; F. LAUB, Bekenntnis und Auslegung, S. 244f – denken bereits hier an einen Bezug auf Ps 110,4 (Hebr 5,6 und bes. 7,21.28) oder auch an den „zweifachen Eidschwur" von Hebr 5,5f (Ps 2,7; 110,4). So F. SCHRÖGER, Der Verfasser des Hebr als Schriftausleger, S. 128f; G. SCHILLE, ZNW 46 (1955) S. 105f.

[25] So gesehen liegt an dieser Stelle auch nicht eine „typologische" Schriftauslegung in dem Sinne vor, daß Verheißung und Eid Gottes gegenüber Abraham „zum Typus Jesu und dessen, was mit ihm gegeben ist", werden. So H. KÖSTER, in: Festschr. G. v. Rad, S. 106f; vgl. auch F. LAUB, Bekenntnis und Auslegung, S. 244f.

[26] Vgl. entsprechend 12,5 sowie den Zusammenhang παράκλησις – ἐλπίς in Röm 15,4; 2 Thess 2,16. Vgl. auch E. GRÄSSER, Der Glaube im Hebr, S. 32.

die καταφυγόντες²⁷, das ist hier – wie auch das ekklesiologische „Wir" des ἔχωμεν anzeigt – geradezu ein Kennzeichen des Christseins²⁸, das freilich auch hier wieder zugleich eine Mahnung an die Leser in sich schließt: Nicht anders als im κρατεῖν vollzieht sich dieses „Zufluchtnehmen", d. h. im „Ergreifen" bzw. im „Festhalten" (an) der den Christen dargebotenen Hoffnung²⁹. Sofern dieses „Festhalten" die Hoffnung zum Gegenstand hat, meint ἐλπίς hier das gleichsam objektive Hoffnungsgut, die „res sperata", die zwar gegenwärtig noch „vor" (προ-) den Christen liegt³⁰, gerade so aber – wie dann sogleich V. 19 zeigt (ἣν ... ἔχομεν) – zugleich einen Grund hat, der schon gelegt ist. Προκειμένη im Blick auf diese Hoffnung, d. h. also: „vorliegend" in einem zweifachen Sinn, „vorausliegend" nämlich im futurischen Sinn – und doch zugleich: „vorhanden", weil nämlich durch Gottes Verheißung und Schwur verbürgt. Kol 1,5 bietet dazu eine unmittelbare Parallele: ἡ ἐλπὶς ἡ ἀποκειμένη ὑμῖν ἐν τοῖς οὐρανοῖς³¹. Der

---

[27] Das Aorist-Partizip καταφυγόντες kann hier durchaus den Sachverhalt zum Ausdruck bringen wollen, daß das „Haben" der Ermutigung seinerseits das „Zufluchtnehmen" voraussetzt (Aorist also im Sinne der Vorzeitigkeit gegenüber dem „Haben". Vgl. BL.-DEBR.-R. § 339,1). Gerade so formuliert es dann freilich auch einen Sachverhalt, der zugleich einen paränetischen Aspekt bei sich hat: Die Leser werden aufgefordert, „ihre Zuflucht zu nehmen". καταφεύγειν wird an dieser Stelle singulär mit einem Infinitiv (κρατῆσαι) verbunden, sonst zumeist mit den Präpositionen ἐπί, εἰς, πρός. Vgl. LXX Ps 142,9; Jes 10,3; 54,15; 55,5; Jer 27,5; Act 14,6 sowie bes. Philon, Sacr 70f.93 (τοῦ πιστευθῆναι χάριν ἀπιστούμενοι καταφεύγουσιν ἐφ' ὅρκων ἄνθρωποι). Vgl. dazu C. SPICQ, Notes I, S. 420–422, DERS., ANRW II, 25/4, S. 3616f, Anm. 69, sowie H. BRAUN S. 190.
[28] Vgl. C. SPICQ, Notes I, S. 421f; DERS., SBi, S. 114, der in solcher Kennzeichnung des Christseins zugleich wiederum einen Hinweis auf die Existenz der Christen als der „exilés et des pérégrinants sur cette terre" gegeben sieht. Vgl. DERS., Vie chrétienne et pérégrination selon le Nouveau Testament, Paris 1972, S. 59f. - Zur Verwendung von καταφεύγειν im Asylrecht vgl. bes. Philon, SpecLeg III 130, wo vom Asylort eine βεβαιοτάτη ἀσφάλεια für den Zufluchtnehmenden (τῷ καταφυγόντι) ausgesagt wird. Vgl. C. SPICQ, a.a.O.
[29] Κρατεῖν steht hier - wie bereits in 4,14 - nicht vom „Ergreifen" im Sinne der „Erstzuwendung" (H. BRAUN S. 190), sondern im Kontext eindeutig im Sinne von „festhalten" (an einem den Lesern bereits bekannten Sachverhalt). Vgl. demgegenüber wiederum H. KOSMALA, Hebräer – Essener – Christen, S. 7f; vgl. aber auch E. RIGGENBACH S. 175, Anm. 71; H. WINDISCH S. 58f; O. MICHEL S. 253. Kritisch dazu E. GRÄSSER, Der Glaube im Hebr, S. 32: „Auch mit dieser Wendung umschreibt Hb exakt die Haltung des Glaubens. Sie ist auf das Festhalten gerichtet, nicht auf das Ergreifen ... Das allein entspricht auch der Gesamtintention des Hb: er will konservieren, nicht missionieren". Vgl. ebd., Anm. 108, sowie O. HOFIUS, Der Vorhang vor dem Thron Gottes, S. 85.
[30] Ἐλπίς in diesem „objektiven" Sinn im Neuen Testament auch Röm 8,24; Kol 1,5; Tit 2,13. Vgl. R. BULTMANN, ThWNT II, S. 529f; B. MAYER, EWNT I, Sp. 1072ff, sowie speziell zu Hebr 6,18: E. GRÄSSER, Der Glaube im Hebr, S. 32f; O. HOFIUS, Der Vorhang vor dem Thron Gottes, S. 85f.
[31] Ἀπόκειμαι hat hier dieselbe doppelte Bedeutung wie πρόκειμαι in Hebr 6,18: „bereitliegen" im Sinne des Hoffnungsgutes, das die Christen zeitlich noch vor sich haben, aber doch zugleich auch das Hoffnungsgut, das den Christen bereits fest zugesagt, ihnen gleichsam garantiert ist. Vgl. E. LOHSE, Die Briefe an die Kolosser und an Philemon (KEK 9/2), Göttingen ¹⁴1968, S. 47f, spez. S. 48: „so ist den Christen ein Hoffnungsgut zugesprochen, das für sie schon am rechten Ort verwahrt wird". Daß das Partizip προκειμένη die „Hoffnung" nicht

„subjektive" Aspekt der Hoffnung ist damit auch an dieser Stelle keineswegs ausgeschlossen[32]; aber den „Eifer" der Adressaten in dieser Hinsicht – was das „Vollmaß der Hoffnung" betrifft (V. 11) – möchte der Autor ja gerade dadurch beflügeln, daß er ihnen den Grund ihrer (subjektiven) Hoffnung vor Augen stellt.

Damit ist im Übergang von der Paränese des Abschnitts 5,11–6,20 zur christologischen Entfaltung in 7,1ff der Punkt erreicht, an dem nunmehr ausdrücklich von der Begründung der Hoffnung der Christen die Rede ist: Das ihnen gewährte „Hoffnungsgut" haben sie (ἔχομεν)[33] – wie V. 19 es im Bilde formuliert – „wie einen sicheren und festen Anker der Seele", als den Grund also, der ihrer „Seele" Halt und Sicherheit gewährt. Ließ bereits in V. 18 die Rede vom „Zufluchtnehmen" die ständige Gefährdung der Existenz des Christen in den Blick treten, so geschieht dies nunmehr noch deutlicher und eindrücklicher vermittels der metaphorischen Rede vom „Anker der Seele". Ohne diesen „Anker" ist christliche Glaubensexistenz „ohne Sicherheit und haltlos"[34]. Dabei bedient sich der Autor auch hier wieder einer im Raum des (jüdischen) Hellenismus geläufigen Sprache, und zwar sowohl hinsichtlich des Begriffspaares ἀσφαλής – βέβαιος[35] als auch hinsichtlich der Metapher vom „Anker der Seele"[36]. Vor allem Philon ist an dieser Stelle wieder zu nennen, der dieses Bild auf jene Menschen anwendet, die keinen wahren Gottesglauben haben und deshalb „wie schwankende Schiffe" auf dem Meer hin- und hertreiben und „niemals in den Hafen einlaufen und ihren sicheren Anker in der Wahrheit finden"[37]. Geht es dem Autor des Hebr an dieser Stelle – wie insgesamt in

---

nur als das für die Zukunft verheißene Heilsgut qualifiziert, sondern zugleich vom „Vorhandensein" dieser Hoffnung spricht, zeigt vor allem der Fortgang der Argumentation in V. 19: ἦν ... ἔχομεν. Vgl. W. BAUER, Wörterbuch zum Neuen Testament, Sp. 1417: „das vorhandene Hoffnungsgut", mit Verweis auf Josephus, Ant. I 14: εὐδαιμονία πρόκειταί τινι παρὰ θεοῦ. Vgl. auch E. GRÄSSER, Der Glaube im Hebr, S. 32f.

[32] Vgl. E. GRÄSSER, Der Glaube im Hebr, S. 33, Anm. 111. Zur Sache s.o. zu 3,6.

[33] Die Lesart ἔχωμεν (D a vg^mss) betont – falls nicht lediglich Angleichung an ἔχωμεν in V. 18 vorliegt – wiederum stärker den paränetisch-adhortativen Charakter des ganzen Zusammenhangs: „das Hoffnungsgut, das wir haben sollen".

[34] Zur Sache vgl. auch 2,1! Der Mahnung zum προσέχειν dort entspricht hier die zum κρατεῖν (V. 18). Man vgl. in diesem Zusammenhang überhaupt das in der hellenistischen Popularphilosophie gebräuchliche (und von daher auch von Philon übernommene) Bild vom Schiffbruch, das im Neuen Testament in 1 Tim 1,19 seinen Niederschlag gefunden hat. Vgl. dazu M. DIBELIUS, Die Pastoralbriefe (HNT 13), Tübingen ³1955, S. 27.

[35] Vgl. dazu Weish 7,23; Philon, Her 314; Congr 141; Conf 106; Cher 103; Ign Sm 8,2; Polybios XII 25,2. Weiteres bei C. SPICQ, SBi, S. 115; H. BRAUN S. 191; E. GRÄSSER, Der Glaube im Hebr, S. 33.

[36] Die Rede von der ψυχή an dieser Stelle kann – trotz 12,3 (vgl. auch 13,17) – wohl kaum als Hinweis darauf gewertet werden, daß die „Seele" im Hebr als „das gefährdete Organ" des Menschen angesehen wird. Gegen O. HOFIUS, Der Vorhang vor dem Thron Gottes, S. 87. Gegen solche Deutung spricht bereits der Umstand, daß in Hebr 3,7–4,11 (im Anschluß an Ps 95) ganz analog von der καρδία gesprochen wird. Vgl. auch 4,12; 10,22; 13,9.

[37] Decal 67. Vgl. auch Sacr 90 und dazu C. SPICQ, ANRW II, 25/4, S. 3615f. Zum übertra-

seiner Mahnrede – eben um das „Festwerden" der Glaubensexistenz des Christen im Gegensatz zu seinem unsteten Umhergetriebensein (2,1!), so entspricht das Bild vom „Anker" als Metapher für Sicherheit und Bewahrung in ausgezeichneter Weise dem pastoralen Grundanliegen des Hebr. Was aber in V. 19 zunächst noch von dem den Christen gewährten „Hoffnungsgut" galt, gleitet in V. 19b unversehens in eine andere, nämlich christologische Dimension hinüber: Der „Anker", von dem hier die Rede ist, reicht nun auf einmal in das „Innere des Vorhangs" hinein[38], in das „Jesus hineingegangen ist". Die geläufige Metapher vom „Anker der Seele" verbindet sich also mit der für den Hebr charakteristischen Vorstellung vom himmlischen Heiligtum, in das Jesus – als der „Hohepriester nach der Ordnung des Melchisedek" – bereits eingetreten ist, und zwar als der „Vorläufer für uns". Dies ist eine höchst eigenwillige Bildkombination, für den Autor nichtsdestoweniger sinnvoll und sachgemäß, weil auf diese Weise das den Christen gewährte „Hoffnungsgut" nunmehr endgültig als ein christologisch begründetes qualifiziert wird[39], zugleich aber auch die mit dem Stichwort ἐλπίς in V. 18 angedeutete eschatologische Dimension sich hier unmittelbar mit der räumlichen Dimension des (jenseitigen) himmlischen Heiligtums verbindet. Eben hier – und nirgendwo anders – hat der „Anker" der den Christen gewährten Hoffnung seinen „sicheren und festen" Grund: im himmlischen Heiligtum bzw. – wie unter deutlicher Bezugnahme auf Lev 16,2.12.15 formuliert wird – im „Inneren des Vorhangs", d. h. im „Allerheiligsten" des Zeltheiligtums[40].

---

genen Gebrauch des Bildes vom „Anker" vgl. auch Epiktet, fr. 30 (89): οὔτε ναῦν ἐξ ἑνὸς ἀγκυρίου οὔτε βίου ἐκ μιᾶς ἐλπίδος ὁρμιστέον; Heliodor, Aeth. IV 19,9; VII 15 (πᾶσα ἐλπίδος ἄγκυρα); VIII 6,9. Weitere Belege bei C. Spicq, Ἄγκυρα et πρόδρομος dans Hébr. VI, 19–20, STL 3 (1950) S. 185–187; Ders., SBi, S. 115; P. Stumpf, RAC I, Sp. 440ff, spez. Sp. 441f; H. Almquist, Plutarch und das Neue Testament, S. 128f.

[38] Das vom „Anker" ausgesagte εἰσέρχεσθαι steht hier im (statischen) Sinn des „Hineinreichens" i. U. zum (dynamischen) „Hineingehen" des in V. 20 von Jesus ausgesagten εἰσῆλθεν. Das hier benutzte Bild sollte freilich nicht in dem Sinne überzogen werden, daß es nunmehr dieser „Anker" ist, der die Christen „nach sich zieht". So H. Windisch S. 59; vgl. auch E. Riggenbach, S. 176. Dagegen mit Recht O. Hofius, Der Vorhang vor dem Thron Gottes, S. 87f. Auf die durch das „Hineingehen" Jesu ausgelöste Bewegung – Jesus als „Vorläufer für uns"! – geht der Autor erst in V. 20 ein.

[39] Gleichwohl erscheint es als fraglich, die Metapher vom „Anker" auf Jesus selbst zu beziehen. So H. Windisch S. 59; vgl. auch E. Käsemann, Das wandernde Gottesvolk, S. 147, Anm. 3; E. Grässer, Der Glaube im Hebr, S. 34, sowie bes. C. Spicq, STL 3 (1950) S. 185f; Ders., SBi, S. 116. Kritisch dazu: O. Michel S. 253, Anm. 6; F. Laub, Bekenntnis und Auslegung, S. 183, Anm. 30 (S. 184).

[40] Vgl. auch Ex 26,33 sowie Philon, Gig 53: τὸ ἐσωτάτω καταπέτασμα. Der Vorhang in V. 19 ist demnach – wie auch in 10,20 – das δεύτερον καταπέταυμα von Hebr 9,3, also der „Vorhang" vor dem Allerheiligsten des Zeltheiligtums (Ex 26,31ff), und zwar i. U. zum Vorhang vor dem „Heiligen" (Ex 26,37; 36,37). Philon, VitMos II 101; Gig 53, unterscheidet in dieser Hinsicht zwischen καταπέτασμα und κάλυμμα. Zu καταπέτασμα als Metapher für das Heiligtum vgl. G. E. Rice, Hebrews 6:19. Analysis of Some Assumptions concerning katapetasma, AUSS 25 (1987) S. 65–71.

Die Begründung dafür wird in V. 20 endlich ausdrücklich christologisch formuliert: Dorthinein ist ja bereits Jesus gegangen (Aorist εἰσῆλθεν), er als der „Hohepriester nach der Ordnung des Melchisedek". Damit endlich ist der Autor wieder bei dem in 5,10 zunächst verlassenen zentralen Thema angelangt. Ebenso aber wie sich in 10,19ff mit dem Rückbezug auf dieses Thema zugleich eine Art von Christologie verbindet, die in Jesus den „Wegbereiter" für die Seinen sieht (10,20), so ist auch hier derjenige, der „in das Innere des Vorhangs hineingegangen ist und damit „in Ewigkeit" zum „Hohenpriester nach der Ordnung des Melchisedek" geworden ist (γενόμενος), zugleich der πρόδρομος ὑπὲρ ἡμῶν. Damit begegnet auch hier wieder im Hebr eine bestimmte christologische Grundkonzeption, die der primär an der Priester- und Kultordnung des Alten Testaments orientierten Hohenpriester-Christologie nicht ohne weiteres zuzuordnen ist und deshalb wieder bestimmte traditionsgeschichtliche und – vor allem – religionsgeschichtliche Probleme aufwirft[41].

Das Substantiv πρόδρομος – im adjektivischen Sinn: „vorauslaufend" – begegnet in der Anwendung auf Jesus im Hebr wie auch im übrigen Neuen Testament nur an dieser Stelle. Vom Bild des „Vor-Läufers" her gesehen könnte eventuell ein Zusammenhang mit der Metapher vom „Anker" (V.19) gegeben sein, indem πρόδρομος eine Art nautischen term. techn. darstellt für das Erkundungsschiff, das der nachfolgenden Flotte den Weg weist[42]. Zur Erklärung des christologischen Sachgehalts trägt jedoch solche (an sich durchaus mögliche) Ableitung nichts aus. Näher liegt es dann schon, über den Terminus als solchen hinaus auf eine gewisse sachliche Entsprechung zur johanneischen Christologie zu verweisen, insbesondere auf Joh 14,2f: πορεύομαι ἑτοιμάσαι τόπον ὑμῖν, d. h. auf die Vorstellung, daß der Erlöser für die Seinen nicht nur den Weg, sondern auch einen Ort (im Himmel) bereitet[43]. Genau dieser Typus von Christologie findet sich ja auch im Hebr selbst, hier mit dem Titel des ἀρχηγός verbunden (2,10; 12,2) und darüber hinaus auch noch in einer Annäherung an das Bild vom „Laufen": In dem ihnen verordneten „Wettkampf" sollen die Christen „laufen" (τρέχειν), und zwar im Aufblick auf Jesus als den ἀρχηγὸς τῆς πίστεως (12,1f). Der ἀρχηγός ist hier faktisch der πρό-

---

[41] Vgl. O. MICHEL S. 254: „Zum priesterlich-sakralen Denken will er (sc. der Begriff πρόδρομος) an sich nicht recht passen". Einig ist man sich heute nur darin, daß „eine einleuchtende Antwort auf die Frage, woher der Begriff ... im Hb stammt, noch gesucht werden muß". So O. BAUERNFEIND, ThWNT VIII, S. 235; vgl. auch O. HOFIUS, Der Vorhang vor dem Thron Gottes, S. 94.

[42] So die Erklärung von C. SPICQ, STL 3 (1950) S. 185-187; DERS., SBi, S. 116f. Vgl. auch E. GRÄSSER, Der Glaube im Hebr, S. 116, Anm. 302. Solcher Sprachgebrauch läge dann auf derselben Ebene wie die bei Polybios XII 20,7 belegte militärische Verwendung von πρόδρομος für die der eigentlichen Streitmacht vorausgeschickten Kundschafter. Vgl. auch Weish 12,8: Gott sendet (zum Gericht) „Hornissen" als πρόδρομοι τοῦ στρατοπέδου.

[43] Vgl. auch Joh 17,24. O. MICHEL S. 254 sieht in Joh 14,2f sogar eine „Paralleltradition" zu Hebr 6,20; vgl. auch C. SPICQ I, S. 124; DERS., SBi, S. 116. H. WINDISCH S. 59 verweist in diesem Zusammenhang auch auf Ps-Clem, Hom. III 62, wo von einem ὁδηγός im Zusammenhang mit dem Eingang (εἴσοδος) in die „Heilige Stadt" die Rede ist.

δρομος, der „Vorläufer" und – damit zugleich – der Wegbereiter „für uns"[44]. Da zumindest mit dem Titel ἀρχηγός, wie er in 2,10ff und 12,1ff benutzt wird, sich das Motiv einer Schicksalsgemeinschaft des Erlösers mit den Seinen verbindet, stellt sich nunmehr auch im Blick auf die Bezeichnung Jesu als „Vorläufer" die Frage, ob auch hier eine spezifisch gnostische Christologie bzw. Soteriologie vorauszusetzen ist[45]. Mit der Beantwortung dieser Frage wäre darüber hinaus auch eine Antwort auf die Frage verbunden, ob das in V. 19 zum ersten Male im Hebr begegnende Bild vom „Vorhang" – was ja zunächst naheliegt – allein aus den entsprechenden biblischen Prämissen (Lev 16) zu verstehen ist oder ob dieses Bild nicht seinerseits wiederum auf die ebenfalls gnostische Vorstellung einer „Mauer" bzw. „Scheidewand" zurückverweist, die die himmlische Welt des göttlichen Pleroma von der irdischen Welt trennt[46].

Wenn hier überhaupt religionsgeschichtliche Zusammenhänge anzunehmen sind (s. bereits oben zu 2,10ff), ist freilich auch hier wieder zu beachten, daß das – möglicherweise – ursprünglich „gnostische" Motiv im Hebr in einer speziellen Reduktion und Konzentratin vorliegt: Als πρόδρομος wird hier ausdrücklich „Jesus" (!) genannt und auf diese Weise wiederum – wie bereits in 3,1 und 4,14 – auf den irdischen Jesus Bezug genommen, im Sinne des Hebr also auf den „Versuchten" (4,15), der durch sein Leiden „Gehorsam gelernt hat" (5,8) und auf diesem Wege zum „Verursacher des ewigen Heils" geworden ist (5,9). Ganz anders also als beim spezifisch gnostischen Motiv der συγγένεια, bei dem es wesentlich um die gemeinsame himmlische Abkunft des Erlösers und der zu Erlösenden geht[47], wird hier die Verbundenheit Jesu und der Seinen lediglich hinsichtlich gemeinsamer Leidenserfahrung thematisiert. Zugleich aber wird dieser Jesus nicht einfach „unser Vorläufer" genannt, sondern betont als der πρόδρομος ὑπὲρ ἡμῶν deklariert. Dabei handelt es sich offenbar um eine ganz bewußte Akzentsetzung – gleichviel ob mit dem

---

[44] Vgl. wiederum 10,21 sowie F. LAUB, Bekenntnis und Auslegung, S. 154f: „was auf der Ebene des Erniedrigungs- und Erhöhungsschemas mit ἀρχηγός über den Sohn ausgesagt wird, das wird auf der Ebene der Hohepriesteranschauung mit πρόδρομος formuliert". Zur sachlichen Entsprechung von ἀρχηγός und πρόδρομος vgl. auch E. GRÄSSER, Der Glaube im Hebr, S. 36; O. HOFIUS, Der Vorhang vor dem Thron Gottes, S. 89ff.

[45] So E. KÄSEMANN, Das wandernde Gottesvolk, S. 52ff. 79ff, bes. S. 81f; vgl. auch E. GRÄSSER, Der Glaube im Hebr, S. 34.112, Anm. 284; DERS., in: Festschr. E. Dinkler, S. 177f; E. LOHSE, Märtyrer und Gottesknecht, S. 166; H. BRAUN S. 193. Kritisch dazu (was vor allem das aus den gnostischen Quellen beigebrachte Belegmaterial betrifft) O. HOFIUS, Der Vorhang vor dem Thron Gottes, S. 89ff.

[46] So E. KÄSEMANN, Das wandernde Gottesvolk, S. 135 und bes. S. 145ff: Der „Vorhang" in V. 19 nimmt „die Stelle ein, welche in Eph 2,14 dem μεσότοιχον τοῦ φραγμοῦ und im gnostischen Mythos der himmlischen bzw. dämonischen Grenzmauer zukommt". Vgl. auch E. GRÄSSER, Der Glaube im Hebr, S. 34, Anm. 115; S. 111, Anm. 280, sowie R. GYLLENBERG, ZSTh 11 (1934) S. 675; F. J. SCHIERSE, Verheißung und Heilsvollendung, S. 36f; H. BRAUN, S. 191f. – Zur Sache in dieser Hinsicht vgl. bereits 4,14: „durch die Himmel hindurchgeschritten"! Kritisch zu dieser Auslegung wiederum O. HOFIUS, Der Vorhang vor dem Thron Gottes, S. 28ff, bes. S. 46f; dazu wiederum H. BRAUN S. 192: „Aber die unjüdische Dualismus-Sättigung des Übernommenen, von Hofius wohl vermerkt, bringt jene gnostische Unwelthaftigkeit zustande, die auch hinter dem ‚Vorhang' des Hb steht".

[47] Vgl. dazu E. KÄSEMANN, Das wandernde Gottesvolk, S. 57f. 91ff; E. GRÄSSER, in: Festschr. E. Dinkler, S. 177f; G. THEISSEN, Untersuchungen zum Hebr, S. 122f, sowie oben zu 2,10f.

ὑπὲρ ἡμῶν auf die Formelsprache der urchristlichen Soteriologie Bezug genommen ist oder nicht[48]. Betont wird auf diese Weise, daß der πρόδρομος, von dem hier die Rede ist, sich von den Seinen, die ihm auf seinem Wege nachfolgen, doch wiederum in dem Sinne unterscheidet, daß er „für sie", d.h.: „zu ihren Gunsten", „in das Innere des Vorhangs" eingetreten ist. Das mit dem Titel des „Vorläufers" verbundene soteriologische Konzept wird auf diese Weise im Kontext von Hebr 6,19f wiederum dem „priesterlichen" Handeln des „Hohenpriesters nach der Ordnung des Melchisedek" zugeordnet[49].

Es ist genau diese im Gebrauch des πρόδρομος-Titels an dieser Stelle sich abzeichnende Ambivalenz – einerseits ist Jesus der „Vorläufer" bzw. Wegbereiter für die Seinen; andererseits ist er – als der priesterlich Handelnde – der „Vorläufer für uns" –, die dem christologischen Grundanliegen des Hebr entspricht. Zum „Hohenpriester nach der Ordnung des Melchisedek" ist Jesus nicht anders „geworden" (γενόμενος) als dadurch, daß er als der „Vorläufer für uns" in das Heiligtum „hineingegangen" ist[50], d. h.: als derjenige, der seinerseits erst durch sein Leiden „Gehorsam gelernt hat" (5,8). Damit verdichtet sich an dieser Stelle noch einmal jenes christologisch-soteriologische Grundanliegen des Hebr, wie es sich bereits in 2,10–18; 4,14f und 5,7–10 äußerte. Der „Hohepriester", von dem der Hebr spricht, ist ein zutiefst menschlicher „Hoherpriester", gerade so aber auch nicht schlechthin ein ἀρχιερεὺς ἐξ ἀνθρώπων (5,1), sondern – wie durch die Voranstellung der entsprechenden Wendung aus Ps 110,4 in V. 20b besonders betont wird – ein „Hoherpriester nach der Ordnung des Melchisedek" – und als solcher ein Hoherpriester εἰς τὸν αἰῶνα. Und dies letztere steht hier nicht nur als bloßes Zitat aus Ps 110,4 betont am Ende, sondern gibt auch schon – im Übergang zu 7,1ff – den Blick frei auf die „ewige" Gültigkeit des Werkes dieses Hohenpriesters. Mit seinem Werk ist dem „Anker der Seele" für immer, endgültig ein fester Grund gegeben (V. 19)[51]. Er – dieser Hohepriester – ist in der Tat αἴτιος σωτηρίας αἰωνίου (5,10). Mit dem christologischen Grundanliegen des Hebr verbindet sich an dieser Stelle zugleich sein pastorales Grundanliegen im Sinne einer auf solcher Art von Christologie sich gründenden Paraklese und Paränese[52]. Auf

---

[48] Vgl. in diesem Sinne immerhin das ὑπὲρ πάντων in 2,9! Andere Bedeutung hat demgegenüber das ὑπὲρ ἡμῶν in 9,24 (vgl. auch 7,25: ὑπὲρ αὐτῶν) im Kontext der Wirksamkeit des himmlischen Hohenpriesters vor Gott. Zur Unterscheidung in dieser Hinsicht vgl. O. BAUERNFEIND, ThWNT VIII, S. 235.
[49] Zur Zuordnung des πρόδρομος zum Hohenpriester-Motiv vgl. O. MICHEL S. 254; A. STROBEL S. 135 sowie bes. K. NISSILÄ, Das Hohepriestermotiv im Hebr, S. 119f.
[50] Der „Eintritt" in das Heiligtum markiert also den Zeitpunkt, an dem der πρόδρομος zum „Hohenpriester geworden ist" (γενόμενος). Vgl. entsprechend das προσαγορευθείς in 5,10. Vgl. J.W. THOMPSON, The Beginnings of Christian Philosophy, S. 117.
[51] Vgl. bereits G. HOLLMANN S. 466: „Mit Nachdruck wird aus Ps 110,4 das ‚auf ewig' hinzugefügt. Die Hoffnung, die sich an ihn klammert, geht ganz sicher, ist geborgen für Zeit und Ewigkeit". Vgl. auch E. GRÄSSER, Der Glaube im Hebr, S. 34.
[52] Solchen unmittelbaren Zusammenhang von Christologie und Paraklese bzw. Paränese

diese Weise ist zugleich noch einmal ein hermeneutisches Vorzeichen für das angemessene Verstehen der nunmehr endlich folgenden „Rede für die Vollkommenen" gesetzt: Christologie, „Lehre von Christus", wird hier entfaltet, zugegebenermaßen im Stile eines λόγος πολὺς καὶ δυσερμήνευτος (5,11), seinerseits freilich ausgerichtet auf eine „starke (und wirksame) Ermutigung" (V. 18) und in diesem Sinne den festen Grund für den „Anker der Seele" darlegend (V. 19).

4) 7,1–10,18: Die Entfaltung der Hohenpriester-Christologie

4.1) 7,1–28: Der Hohepriester „nach der Ordnung des Melchisedek"[1]

Stellung und Funktion im Kontext:

Im unmittelbaren Anschluß (V. 1: γάρ) an die Bezugnahme auf Ps 110,4 in 6,20 handelt es sich in diesem Kapitel – formal gesehen – um eine Art „Midrasch" zu diesem Psalmvers, auf den im Zusammenhang der exegetischen Argumentation im folgenden immer wieder – z.T. ausdrücklich (7,15–17.20f) – zurückgegriffen wird. Zur näheren Erläuterung der Sachaussage von Ps 110,4 wird freilich alsbald entsprechend einem im Judentum allgemein üblichen exegetischen Verfahren eine weitere Schriftstelle – Gen 14,17–20 – hinzugezogen, in der die Gestalt des Priesterkönigs Melchisedek ebenfalls eine gewisse Rolle spielt[2]. In sachlicher Hinsicht

---

im Hebr an dieser Stelle betont auch G. E. RICE, The Chiastic Structure of the Central Section of the Epistle to the Hebrews, AUSS 19 (1981) S. 243–246, wenn er in 6,19f im Verhältnis zu 7,1–10,18 und 10,19–39 einen Chiasmus gegeben sieht: 6,19 korrespondiert 10,19–39; 6,20 korrespondiert 7,1–10,18.

[1] Lit.: G. SCHILLE, Erwägungen zur Hohepriesterlehre des Hebr, ZNW 46 (1955) S. 81–109; G. L. COCKERILL, The Melchizedek Christology in Hebrews 7:1–28, Union theol. Seminary in Virginia, Th.Diss. 1976; J. W. THOMPSON, The Conceptual Background and Purpose of the Midrash in Hebrews 7, NT 29 (1977) S. 209–223 = DERS., The Beginnings of Christian Philosophy, S. 116–127; R. LONGENECKER, The Melchizedek Argument of Hebrews, in: R. A. Guelich (Hrsg.), Unity and Diversity in New Testament Theology. Festschr. G. E. Ladd, Grand Rapids 1978, S. 161–185; P. ELLINGWORTH, ‚Like the Son of God': Form and Content in Hebrews 7,1–10, Bib 64 (1983) S. 255–262; N. CASALINI, Ebr 7,1–10: Melchisedek prototipo di Christo, FrancLA 34 (1984) S. 149–190. Vgl. auch H. ZIMMERMANN, Bekenntnis der Hoffnung, S. 79–110. 145–153; F. LAUB, Bekenntnis und Auslegung, S. 236–243; W. R. G. LOADER, Sohn und Hoherpriester, S. 144–148; A. VANHOYE, Prêtres anciens, Prêtre nouveau selon le Nouveau Testament, S. 171–187; M. RISSI, Die Theologie des Hebr, S. 81–90.

[2] Die Hinzuziehung von Gen 14 kann somit nicht Anlaß sein, Hebr 7 insgesamt als einen Midrasch zu dieser Schriftstelle zu bezeichnen. Gegen J. A. FITZMYER, ‚Now this Melchizedek...' (Heb 7,1), CBQ 25 (1963) S. 305–321. – Zum Midrasch-Charakter von Hebr 7 vgl. J. A. FITZMYER, a.a.O., S. 305f; F. SCHRÖGER, Der Verfasser des Hebr als Schriftausleger, S. 156f. („Midrasch-Pescher") J. W. THOMPSON, The Beginnings of Christian Philosophy, S. 116. Allerdings bedeutet solche formale Kennzeichnung von Hebr 7 nicht, daß sich der Autor hier einer spezifisch rabbinischen Auslegungsmethodik bediente. Vielmehr weist bereits die Etymologie zum Namen „Melchisedek" in V. 2 eher in den Raum des jüdischen Hellenismus.

hat Hebr 7 im Blick auf die in 8,1ff ausgeführte „Hauptsache" (8,1) vorbereitenden Charakter. Ausgehend von dem Schriftzeugnis in Ps 110,4 (und Gen 14) versucht der Autor des Hebr hier, die besondere und einmalige Weise des Hohenpriestertums Christi exegetisch aufzuweisen, und zwar im Sinne der schlechthinnigen Überlegenheit der Person des Hohenpriesters „nach der Ordnung des Melchisedek" gegenüber dem levitisch-aaronidischen Priestertum wie auch im Sinne der Überlegenheit des das Priestertum „nach der Ordnung des Melchisedek" begründenden Schwures Gottes (Ps 110,4) gegenüber dem das levitisch-aaronidische Priestertum konstituierenden Gesetz.

In dieser Hinsicht und Ausrichtung geht Hebr 7 weit über das hinaus, was bisher im Hebr (2,17f; 3,1; 4,14f; 5,1-10) zu diesem Thema z.T. nur eben angedeutet, z.T. aber auch schon in bestimmten Einzelheiten ausgeführt worden ist (5,1-10). Dies gilt einmal im Blick auf den Vergleich mit dem levitisch-aaronidischen Priestertum, zum anderen und vor allem aber in der Hinsicht, daß die besondere Art des Hohenpriestertums Christi eben an der geheimnisvollen Gestalt des Priesterkönigs Melchisedek dargelegt wird. Daß dabei Ps 110,4 vor allem das Leitmotiv sowohl für die Auslegung von Gen 14 wie auch für das ganze Kapitel hergibt, zeigt sich schon daran, daß im Grunde von Anfang an, hier im Anschluß an die Bezugnahme auf Ps 110,4 in 6,20, der Akzent auf dem εἰς τὸν αἰῶνα von Ps 110,4 liegt. Darin, in der „Ewigkeit" also dieses Priestertums, besteht die Überlegenheit des Hohenpriestertums Christi gegenüber dem levitisch-aaronidischen Priestertum, und darauf läuft dementsprechend auch der ganze exegetische Argumentationsgang in Hebr 7 hinaus. Auch in formaler Hinsicht bildet die Wendung „in Ewigkeit" die „inclusio" für das ganze Kapitel: 6,20 einerseits und 7,28 andererseits[3].

Selbstverständliche Voraussetzung der Auslegung von Ps 110,4 ist für den Autor dabei das christologische Verständnis von Ps 110, das es dann auch mit sich bringt, daß in V.3 nicht – wie ja zunächt zu erwarten wäre – der „Sohn Gottes" mit Melchisedek, sondern gerade umgekehrt Melchisedek dem „Sohn Gottes" verglichen wird. Schon von daher gesehen ist die Argumentation im ganzen Kapitel durch die Absicht bestimmt, möglichst eindeutig und eindrücklich die christologische Position herauszustellen, während Polemik oder Apologetik gegenüber einer kritischen Betrachtung des Hohenpriestertums Christi – etwa im Sinne des Anstoßes an der nicht-priesterlichen Herkunft Jesu (7,14!) seitens legitimistischer Gruppierungen in Judentum und Judenchristentum[4] – in diesem Kapitel nicht erkennbar sind. Die kritische Betrachtung des levitisch-aaronidischen Priestertums (und des dieses Priestertum begründenden Gesetzes!) hat hier lediglich die positive Funktion, die Einzigartigkeit eines Hohenpriestertums „nach der Ordnung des Melchi-

---

[3] Das an 6,20 anschließende οὗτος γάρ führt also insbesondere die Wendung εἰς τὸν αἰῶνα (am Schluß von 6,20) aus bzw. kennzeichnet das folgende als exegetische Begründung dafür.

[4] Zu einer polemischen bzw. apologetischen Tendenz in dieser Hinsicht vgl. bereits A. SEEBERG S.74. Neuerdings denkt man dabei gern an eine „anti-qumranische" Frontstellung des Hebr. So C. SPICQ, G. FRIEDRICH u.a. Kritisch dazu: H. BRAUN, Qumran und das Neue Testament I, S.258ff. Insbesondere spielt dabei 11QMelch eine Rolle, und zwar in dem Sinne, daß der Autor des Hebr speziell gegenüber der hier vorliegenden „Melchisedek-Theologie" seine eigene Auffassung von Melchisedek als „the precedent and prototype of a greater high-priesthood" geltend gemacht habe. So R. LONGENECKER, in: Festschr. G.E. LADD, S. 161-185.

sedek" herauszustellen, im Sinne von 7,28 also den „Sohn", der „in Ewigkeit vollendet" und deshalb auch imstande ist, εἰς τὸ παντελές „zu erretten" (7,25).

Solche Aussagerichtung wird in Hebr 7 in einer bemerkenswerten Konsequenz von Gedankenführung und Argumentation vorgetragen: Nach einer Art „Vorstellung" der Gestalt des Melchisedek in 7,1-3 wird in dem einleitenden Abschnitt 7,4-10 zunächst die Überlegenheit des Priestertums des Melchisedek gegenüber Abraham und damit auch (7,9!) gegenüber dem levitischen Priestertum aufgewiesen. In dem folgenden Hauptabschnitt 7,11-25 werden nunmehr - wiederum auf der exegetischen Grundlage von Ps 110,4 - die beiden „Priestertümer" des Levi bzw. Aaron und des Melchisedek einander gegenübergestellt (7,11-19) und die Überlegenheit des letzteren aufgezeigt (7,20-25). Der Schlußabschnitt des Kapitels - 7,26-28 - stellt demgegenüber - formal wie sachlich gesehen - eine Einheit für sich dar. Im Rückgriff auf frühere Aussagen zum Thema im Hebr (4,14f; 5,1-10, hier bes. 5,9f) wird hier im Sinne einer „conclusio" die christologisch-soteriologische Summe des ganzen Kapitels gezogen und damit zugleich der Übergang („transition") zum folgenden Text- und Sachzusammenhang (8,1-9,28) hergestellt[5].

4.1.1) 7,1-3: Vorstellung der Gestalt des Melchisedek[6]

1 Dieser Melchisedek nämlich, ‚König von Salem, Priester des höchsten Gottes, der dem Abraham begegnete, als er zurückkehrte von der Niederwerfung der Könige, und der ihn (sc.: Abraham) segnete,
2 dem auch Abraham den Zehnten von allem' zuteilte – zuerst bedeutet er (bzw. sein Name) in Übersetzung: König der Gerechtigkeit, dann aber auch ‚König von Salem', d.h. König des Friedens –
3 vaterlos, mutterlos, ohne Stammbaum, der (als solcher) weder einen Anfang der Tage noch ein Lebensende hat, gleichgestaltet (bei alledem) dem Sohne Gottes – (dieser Melchisedek) bleibt ein Priester für immer.

Was das heißt (in 6,20): Ein Hoherpriester „nach der Ordnung des Melchisedek", und zwar als ein Hoherpriester „in Ewigkeit" (6,20), das wird nunmehr im Sinne einer „Vorstellung" von Gestalt und Geschichte des Melchisedek anhand von Gen 14,17-20 ausgeführt: Οὗτος γὰρ ὁ Μελχισέδεκ ... Einleitendes γάρ in V. 1 hat im Anschluß an 6,20 kommentierenden Charakter - „Dieser Melchisedek nämlich ..." - und ist somit nicht formaler Hinweis auf einen „geprägten Prädikationsstil" in 7,1-3 insgesamt[7].

---

[5] Vgl. dazu bes. A. VANHOYE, La structure littéraire, S. 134-136. O. MICHEL, S. 259, schlägt demgegenüber eine noch weitergehende Gliederung in insgesamt sieben Abschnitte vor: 7,1-3.4-10.11-14.15-19.20-22.23-25.26-28.

[6] Lit.: s.o. Anm. 1 sowie J. A. FITZMYER, ‚Now this Melchizedek ... (Heb 7,1), CBQ 25 (1963) S. 305-321; N. CASALINI, Una ‚Vorlage' extra-biblica in Ebr 7,1-3? (Verifica dell regioni dell'ipotesi), FrancLA 34 (1984) S. 109-149.

[7] Vgl. dazu E. NORDEN, Agnostos Theos, S. 163ff, bes. S. 164, sowie S. 177ff, bes. S. 187f. Erst dort, wo - wie bei den von E. NORDEN, a.a.O., genannten Beispielen - das οὗτος mehrfach begegnet, kann man von einem geprägten Stil sprechen. Auch die Partizipien in der Wie-

Das Schriftzeugnis neben Ps 110,4 für Gestalt und Geschichte des Melchisedek – Gen 14,17–20 – wird nach LXX zitiert, freilich nur auszugsweise, so daß die Akzente, die der Autor des Hebr an dieser Stelle setzen möchte, umso deutlicher hervortreten[8]. Kennzeichnend ist vor allem, daß die Verba finita der Vorlage von Gen 14 vom Autor in Partizipien (συναντήσας, εὐλογήσας) umgesetzt werden. Damit liegt im syntaktischen Gefüge der VV. 1–3 ein besonderer Akzent auf der (vom Autor selbst so formulierten!) „Zuteilung" des Zehnten durch Abraham an den Priesterkönig Melchisedek[9], woran dann sogleich der eigene Kommentar des Autors in VV. 4ff anknüpft. Im Gesamtzusammenhang von Kapitel 7 wird damit freilich nur ein Nebenakzent gesetzt: Auch jenes vom Autor selbst formulierte ἐμέρισεν in V. 2a hat seinen syntaktischen Ort ja nur innerhalb eines Relativsatzes (ᾧ καὶ δεκάτην κτλ). Worauf der Autor des Hebr bei seiner Auslegung von Ps 110,4 in Verbindung mit Gen 14 vor allem hinauswill, ist – sieht man dabei von der Etymologie des Namens „Melchisedek" in V. 2b ab – das Thema der „Ewigkeit" des Hohenpriesters „nach der Ordnung des Melchisedek".

Eigentlicher Zielpunkt der Vorstellung des Melchisedek in den VV. 1–3 ist also die Aussage in V. 3, auf die hin denn auch die ganze syntaktische Konstruktion der VV. 1–3 ausgerichtet ist. Hier endlich findet sich das den Zusammenhang regierende Verbum finitum, und zwar im formal-syntaktischen Anschluß an die Einleitung in V. 1 – also: Οὗτος γὰρ ὁ Μελχισέδεκ ... μένει ἱερεὺς εἰς τὸ διηνεκές. Gen 14,17–20 hat in diesem Zusammenhang lediglich eine Nebenfunktion bzw. wird vom Autor der Grundaussage von Ps 110,4 zugeordnet. An Gestalt und Geschichte des Melchisedek selbst ist der Autor des Hebr offensichtlich nur insoweit interessiert, als das entsprechende biblische „Material" (Gen 14) die Grundaussage von der „Ewigkeit" des Hohenpriestertums „nach der Ordnung des Melchisedek" von Ps 110,4 zu begründen bzw. zu unterstreichen vermag[10]. Diesem

---

dergabe des Zitats aus Gen 14 (συναντήσας, εὐλογήσας) weisen nicht in diese Richtung (vgl. E. NORDEN, a.a.O., S. 166ff), da sie sich aus dem eigenen Anliegen des Autors erklären (s. u. zur Auslegung).

[8] Zur Gestalt des Zitats aus Gen 14 gegenüber der LXX-Vorlage vgl. F. SCHRÖGER, Der Verfasser des Hebr als Schriftausleger, S. 130ff. – Infolge der verkürzten Wiedergabe von 14,17–20 läßt sich die Frage nach der Ursprünglichkeit der Lesarten ὁ (P[46] C* usw.) oder ὅς (א A B C usw.) συναντήσας in V. 1 nicht von der Überlieferung des LXX-Textes her entscheiden. Immerhin läßt sich die Lesart ὅς als sekundäre Dittographie leicht aus der wohl ursprünglichen Lesart ὁ ableiten. – Die Einfügung ὅτε ἐδίωξεν τοὺς ἀλλοφύλους κτλ. durch die Minuskelhandschriften 456.460 versteht sich als sekundäre Angleichung des Hebr-Textes an LXX Gen 14,16.

[9] Im Zitat des Hebr ist an dieser Stelle gegenüber LXX Gen 14,20 (καὶ ἔδωκεν αὐτῷ δεκάτην ἀπὸ πάντων) ausdrücklich noch das Subjekt der Zehntabgabe, Abraham, benannt, was durch Josephus, Ant. I 181, als eine „zeitgenössische Interpretation" ausgewiesen wird. Vgl. J. A. FITZMYER, CBQ 25 (1963) S. 318f.

[10] Vgl. A. VANHOYE, La structure littéraire, S. 128f; F. LAUB, Bekenntnis und Auslegung,

Sachverhalt entspricht es dann auch, daß von V. 11 an die entsprechende Wendung aus Ps 110,4 – εἰς τὸν αἰῶνα – immer deutlicher ins Zentrum der exegetischen Argumentation rückt (VV. 16f.23–25.27f). Hier ist – zumal im Vergleich mit der in der religiösen Umwelt des Hebr z. T. ausufernden Melchisedek-Tradition gesehen – eine bemerkenswerte Konzentration festzustellen. Zugespitzt formuliert: Die τάξις des Priestertums des Melchisedek interessiert den Autor des Hebr, nicht Gestalt und Geschichte des Melchisedek als solche[11]. Und ist das Ziel der exegetischen Argumentation des Autors einmal erreicht, so tritt die Gestalt des Melchisedek selbst alsbald wieder in das Dunkel jener Vorgeschichte zurück, aus der sie der Autor des Hebr lediglich zum Zwecke seiner im Dienste der Christologie stehenden Beweisführung hervorgeholt hatte. Zumindest hier – im Falle des Melchisedek – ist die Schrift in der Tat nur mehr „Material zur Auslegung Jesu", das als solches – wie im Sachzusammenhang der VV. 1–3 vor allem V. 3 zeigt (ἀφωμοιωμένος δὲ τῷ υἱῷ τοῦ θεοῦ) – von vornherein der christologischen Aussageabsicht des Autors selbst zugeordnet ist und somit – im Blick jedenfalls auf Gestalt und Geschichte des Melchisedek – auch keinen Raum für irgendwelche „heilsgeschichtlichen" Zusammenhänge läßt[12].

Nicht gänzlich solcher Konzentration des exegetischen Interesses auf die Christologie läßt sich freilich die Etymologie des Namens „Melchisedek" zuordnen, wie sie der Autor in **V. 2b** nach Art einer Aufzählung (πρῶτον μέν – ἔπειτα δέ) vorträgt. Zwar stellt sie der Schriftgelehrtheit des Autors ein entsprechendes Zeugnis aus, hat jedoch im Blick auf die Christologie des Hebr bzw. im Kontext von Hebr 7 keine eigene Aussagefunktion. An dieser Stelle in Hebr 7 zeigt sich zuerst, daß der Autor des Hebr – was seine Melchisedek-„Typologie" betrifft – bestimmte Traditionen benutzt, die im Falle der hier zum Ausdruck gebrachten Etymologie wohl wiederum in den Raum des jüdischen Hellenismus zurückweisen[13]. Gleich-

---

S. 40. 239f. Dies bedeutet, daß der Autor des Hebr sich gar nicht an der von Gen 14,18 her vorgegebenen Verbindung von Königtum und Priestertum interessiert zeigt. Vgl. J. van der Ploeg, RB 54 (1947) S. 213f.

[11] Vgl. J. W. Thompson, The Beginnings of Christian Philosophy, S. 118. 120. Bemerkenswert ist in diesem Zusammenhang, daß der Autor des Hebr gewisse Aspekte der Melchisedek-Überlieferung von Gen 14 gar nicht betont, die in der altkirchlichen Exegese alsbald christologisch aufgearbeitet worden sind, so z. B. im Sinne der eucharistischen Deutung von Brot und Wein in Gen 14,18. Vgl. dazu C. Spicq, II, S. 208, Anm. 2; J. A. Fitzmyer, CBQ 25 (1963) S. 320f mit Anm. 61; O. Michel S. 259: „Eine Fülle von exegetischen Möglichkeiten, die man an diese Begegnung hätte anschließen können, bleibt unbenutzt".

[12] Gegen A. Strobel S. 147. – Zum Grundproblem einer „christologisch-dualistischen" Lesart des Alten Testaments im Hebr vgl. H. Braun, ThLZ 96 (1971) Sp. 325–327; J. W. Thompson, The Beginnings of Christian Philosophy, S. 127.

[13] Ἑρμηνεύειν heißt in diesem Zusammenhang „übersetzen", also ὅ ἐστιν (V. 2): „was übersetzt bedeutet". Eigene hebräische Sprachkenntnisse seitens des Autors setzen diese „Übersetzungen" des Namens Melchisedek freilich nicht voraus, sondern viel eher den Zusammen-

wohl bleibt es dabei, daß im folgenden von solcher Etymologie keinerlei Gebrauch gemacht wird – ganz im Unterschied zu den Aussagen über die „Herkunft" des Melchisedek im V. 3, denen im Zusammenhang der VV. 1–3 ganz offensichtlich das besondere Interesse des Autors gilt, und zwar auch dann, wenn sich für bestimmte einzelne Aussagen in diesem Vers wiederum – wie bereits für die Etymologie in V. 2b – bereits traditionelle Vorstellungen nachweisen lassen.

Was die Aussageabsicht des Autors des Hebr betrifft, so ist für ihn der Haupt- und Schlußsatz des ganzen Zusammenhangs – „(Dieser Melchisedek nämlich) bleibt Priester für immer" – der eigentliche Zielpunkt, dem auch – wie der Zwischensatz μήτε ἀρχὴν κτλ zeigt – die den V. 3 einleitenden Prädikationen „vaterlos, mutterlos, ohne Stammbaum" zugeordnet sind. Ihm, dem Autor des Hebr, geht es also an dieser Stelle um die Herausstellung der Position der „Ewigkeit" des Hohenpriesters „nach der Ordnung des Melchisedek", nicht also darum, in polemischer Wendung gegen jüdische (oder judenchristliche) „Legitimisten" das „Ärgernis des Gesetzes an Melchisedek" herauszustellen[14]. Nicht um einen Makel des Priestertums „nach der Ordnung des Melchisedek" geht es hier – wer keinen aufweisbaren „Stammbaum" hat, ist als Priester illegitim! –, sondern gerade um die Unvergleichlichkeit des melchisedekianischen Priestertums gegenüber allem anderen Priestertum – denn: Wer (wie Melchisedek) „ohne Vater, ohne Mutter, (also:) ohne Stammbaum" ist, der ist damit – gleichsam „automatisch" – ein „Priester für immer", ein Priester „in Ewigkeit", der läßt sich nicht in die Genealogien und Kontinuitäten dieser irdischen Welt einfügen.

Ebenso deutlich wie die Aussageabsicht, die der Autor des Hebr mit diesem „Enkomion" auf Melchisedek im Kontext seiner christologischen Argumentation verfolgt, ist freilich auch, daß die in V. 3 genannten Würdeprädikationen ἀπάτωρ, ἀμήτωρ und ἀγενεαλόγητος nicht einfach als solche aus Ps 110,4 bzw. aus Gen 14 ableitbar sind. Wenig wahrscheinlich ist also, daß der Autor sie aus der eigenen Auslegung dieser beiden Schriftstellen gewonnen hat, und sei es auch nur vermittels des hermeneutischen Grundsatzes „e silentio scripturae": „Quod non in Thora, non in mundo"[15]. Gegen solche Erklärung spricht vor allem die Tatsache, daß zumin-

---

hang mit einer exegetischen Tradition im hellenistischen Judentum, die bei Philon und Josephus ihren Niederschlag gefunden hat. Vgl. Philon, All III 79: καὶ Μελχισεδὲκ βασιλέα τε τῆς εἰρήνης – Σαλὴμ τοῦτο γὰρ ἑρμηνεύεται – καὶ ἱερέα ἑαυτοῦ πεποίηκεν ὁ θεός ... καλεῖται γὰρ βασιλεὺς δίκαιος sowie Josephus, Ant. I 180; Bell. VI 438. Zu dieser Etymologie vgl. J. A. FITZMYER, CBQ 25 (1963) S. 311ff; F. SCHRÖGER, Der Verfasser des Hebr als Schriftausleger, S. 133–135.

[14] So O. MICHEL S. 262. Dieses „Ärgernis" bestünde darin, daß das Priestertum des Melchisedek, weil „ohne Stammbaum", illegitim wäre. Vgl. dazu Num 3,1ff, bes. 3,10 sowie Num 16 und 18.

[15] Zu diesem exegetischen Grundsatz, der sowohl im rabbinischen Judentum (vgl. STRACK-

dest die beiden Prädikationen ἀπάτωρ und ἀμήτωρ ganz allgemein in der antiken Welt – sowohl im griechisch-hellenistischen Raum als auch im Bereich des Judentums – die Bedeutung von „divine predictions" (J.W. THOMPSON) haben, also jeweils die göttliche Herkunft und Wesenart bezeichnen[16]. Gleiches gilt entsprechend auch für die Prädikation ἀγενεαλόγητος, wie der anschließende partizipiale „Kommentarsatz" μήτε ἀρχὴν ἡμερῶν ἔχων κτλ zeigt, der auch seinerseits wiederum Parallelen im Raum einer „hellenistischen Theologie" hat[17].

Damit ergibt sich für V. 3 ein relativ in sich geschlossener Motivzusammenhang einer „hellenistischen Theologie", der im Sinne des Autors als solcher eindeutig auf die den V. 3 abschließende Aussage hinführt: μένει ἱερεὺς εἰς τὸ διηνεκές. Mit ihr kehrt der Autor wieder zum Ausgangspunkt seiner Schriftauslegung, zu Ps 110,4, zurück, umschreibt nunmehr aber – was im Kontext einer „hellenistischen Theologie" nicht verwunderlich ist – das LXX-Griechische εἰς τὸν αἰῶνα aus Ps 110,4 in hellenistischer Weise mit εἰς τὸ διηνεκές[18] und unterstreicht mit dem Stichwort μένειν ein weiteres Mal die besondere Art des Priestertums, von dem hier die Rede ist. Denn: Das Stichwort μένειν trägt im freien Zitat von Ps 110,4 am Ende von V. 3 ohne Zweifel einen besonderen Akzent, sofern μένειν auch sonst

---

BILLERBECK, III, S. 694f) als auch im hellenistischen Judentum Anwendung gefunden hat (vgl. Philon, All II 55; Ebr 14; Det 48), vgl. C. SIEGFRIED, Philo von Alexandria als Ausleger des Alten Testaments, S. 179f; C. BÜCHEL, Der Hebr und das Alte Testament, S. 575f; R. WILLIAMSON, Philo and the Epistle to the Hebrews, S. 444f; J. A. FITZMYER, CBQ 25 (1963) S. 316. Kritisch dazu: E. KÄSEMANN, Das wandernde Gottesvolk, S. 134; H. BRAUN S. 196. – Zur Bezugnahme auf Ps 110,4 in V. 3 vgl. auch M. J. PAUL, The Order of Melchizedek (Ps 110:4 and Hebr 7:3), WThJ 69 (1987) S. 195-211.

[16] Vgl. u. a. Julius Pollux, Onomast. III 26 (III 2,4): ὁ οὐκ ἔχων μητέρα ἀμήτωρ, καθάπερ ἡ Ἀθηνᾶ, καὶ ὁ οὐκ ἔχων πατέρα ἀπάτωρ, ὡς ὁ Ἥφαιστος. Weiter: Platon, Symp. 180 D: ἀμήτωρ von Aphrodite; Philon, Op 100: ἀμήτωρ von Nike. Vgl. dazu: G. SCHRENK, ThWNT V, S. 1021f; J. W. THOMPSON, The Beginnings of Christian Philosophy, S. 118f; H. BRAUN S. 197. Für den Bereich des Judentums ist auf LXX Jes 53,8 zu verweisen: τὴν γενεὰν αὐτοῦ (sc.: Gottes) τίς διηγήσεται; ApkAbr 17,9 (als Anrede an Gott): „Vaterloser, Mutterloser, Unerzeugter"; ShemR 29 (88d) von Gott: „Ich habe keinen Vater". Für Philon vgl. auch Her 61f, wo der Name „Sara" allegorisch als ἡ ἀμήτωρ ἀρχή gedeutet wird; weiter: Ebr 61; VitMos II 210; dazu: G. SCHRENK, ThWNT V, S. 1022; R. WILLIAMSON, Philo and the Epistle to the Hebrews, S. 20-23.

[17] Vgl. bes. die sogen. Aion-Inschrift von Eleusis (bei W. Dittenberger, Sylloge Inscriptionum Graecarum, Nr. 1125 = Aristoteles, De Caelo I 9, p. 283 B,26): ἀρχὴν μὲν καὶ τελευτὴν οὐκ ἔχων τοῦ παντὸς αἰῶνος sowie die Beschreibung Gottes bei Plutarch, De E apud Delphos 20: οὐ γεγονὸς οὐδ' ἐσόμενον, οὐδ' ἀρξάμενον οὐδὲ παυσόμενον. Dazu: J. W. THOMPSON, The Beginnings of Christian Philosophy, S. 119f.

[18] Vgl. auch Hebr 10,1.12.14 sowie die bei W. BAUER, Wörterbuch zum Neuen Testament, Sp. 387, genannten Belege. Bei Philon verbindet sich mit διηνεκές besonders das Moment der Beständigkeit. Vgl. Sacr 94; VitMos II 135, Abr 26 (τὸ διηνεκὲς καὶ τέλειον) sowie auch 1 Clem 24,1.

im Hebr die unwandelbare Existenz der himmlischen Dinge bezeichnet[19], in diesem Sinne also dem hellenistischen, auf die räumliche Gegenüberstellung irdisch-himmlisch abhebenden Gebrauch des Verbums näher steht als dem urchristlichen[20]. Die spätestens an dieser Stelle naheliegende Frage, ob auf solche Weise nun nicht am Ende doch allzu hohe Aussagen über Gestalt und Priestertum des Melchisedek selbst gemacht werden, wird vom Autor des Hebr sogleich beantwortet, und zwar mit dem kommentierenden Partizipialsatz ἀφωμοιωμένος δὲ τῷ υἱῷ τοῦ θεοῦ. Nichts deutet darauf hin, daß das diesen Satz einleitende (adversative) δέ die (polemische) Antithese gegenüber einer bestimmten „Melchisedek-Theologie" anzeigt[21]; wohl aber liegt hier eine eindeutige Relativierung der „göttlichen" Würde des Melchisedek vor, und zwar in dem Sinne, daß die Gestalt des Melchisedek nun ihrerseits in einen Bezug zum „Sohn Gottes", also zu Christus, gesetzt wird. Denn – wie bereits J. A. BENGEL zur Stelle vermerkt hat –: „Non dicitur: Filius Dei assimilatur Melchisedeko, sed contra. Nam filius Dei est antiquior et archetypus". Melchisedek, auf den bzw. dessen Priestertum hier Bezug genommen wird, um an ihm die Überlegenheit des Hohenpriestertums des „Sohnes Gottes" ins rechte Licht zu rücken[22], erscheint nunmehr seinerseits als derjenige, der dem „Sohn Gottes gleichgestaltet ist"![23] Die „Ewigkeit" seines, des Melchisedek, Priestertums hat also – an und für sich gesehen – gar keine eigene Realität, sondern nur im Bezug zum „Sohn Gottes"[24]. Und dementsprechend gibt es

---

[19] So bes. 7,23 (von Christus): διὰ τὸ μένειν αὐτοῦ εἰς τὸν αἰῶνα: Vgl. auch 10,34; 12,27; 13,14.

[20] Zum theologischen und christologischen Gebrauch von μένειν im übrigen Urchristentum vgl. 1 Kor 3,14; 13,13; 2 Kor 3,11; 9,9 (= LXX Ps 111,9); 1 Petr 1,23.25 (= LXX Jes 40,8); Joh 12,34 sowie H. HÜBNER, EWNT II, Sp. 1003. Zum Gebrauch im Hebr ist wiederum besonders auf die Gottesprädikation ὁ μένων bzw. ἡ μονή bei Philon zu verweisen: Somn II 221; 237 sowie bes. Op 100: τὸ γὰρ μήτε γεννῶν μήτε γεννώμενον ἀκίνητον μένει. Zur Frage einer hier nachwirkenden platonischen Tradition vgl. J. W. THOMPSON, The Beginnings of Christian Philosophy, S. 51. 121. 125f. Vgl. auch zur Sache J. CAMBIER, Sal. 11 (1949) S. 62–96, spez. S. 95: μένειν in Hebr bezeichne die „stabilité des réalités célestes".

[21] So bes. M. de JONGE/A. S. van der WOUDE, NTS 12 (1965/66) S. 361ff: δέ zeige an, daß Melchisedek im Sinne des Hebr-Autors lediglich eine dem „Sohn Gottes" gegenüber inferiore Engelgestalt sei! Zum korrigierenden Charakter dieses Einschubes in eine „Vorlage" vgl. auch G. SCHILLE, ZNW 46 (1955) S. 87; H. ZIMMERMANN, Das Bekenntnis der Hoffnung, S. 96.

[22] Vgl. entsprechend Hebr 7,15: Ein „anderer Priester" wird eingesetzt, und zwar κατὰ τὴν ὁμοιότητα Μελχισέδεκ.

[23] Zur Art der Argumentation vgl. G. THEISSEN, Untersuchungen zum Hebr, S. 24: „Die Argumentation dreht sich im Kreise"! – Zu ἀφομοιοῦν im Sinne von „abbilden" oder auch „ähnlich/gleichmachen" vgl. Platon, Krat. 427 C; Weish 13,14; EpJer 4,62.70 sowie J. SCHNEIDER, ThWNT V, S. 198.

[24] Bereits hier deutet sich etwas von dem an, was dann in 10,1 in bezug auf das „Gesetz" ausgesagt wird: σκιὰν ἔχων τῶν μελλόντων ἀγαθῶν. Vgl. auch O. MICHEL, ThWNT IV, S. 575; J. W. THOMPSON, The Beginnings of Christian Philosophy, S. 120; P. ELLINGWORTH, Bib. 64 (1983) S. 257f. 261f.

für den Autor des Hebr am Ende nur einen Hohenpriester, dessen Priestertum „für immer" Bestand hat: das des „Sohnes Gottes". Für das christologische Anliegen, das der Autor in diesem Zusammenhang verfolgt, ist solche Zuordnung des Melchisedek zum „Sohn Gottes" ausreichend. Ein weitergehendes Interesse an der Bestimmung der Relation Melchisedek – „Sohn Gottes" – etwa im Sinne einer Identifizierung beider Gestalten[25] – kommt hier nicht zum Zuge.

Solche Konzentration auf das eigene Thema der Christologie schließt nun freilich nicht aus, daß der Autor des Hebr in diesen Versen seinerseits nicht nur auf eine bestimmte „Melchisedek-Tradition" zurückgreift, sondern möglicherweise in diesem Zusammenhang auch eine „Vorlage" (in Gestalt eines „Melchisedek-Hymnus"?) zitiert[26]. Einhelligkeit der Auffassungen in dieser Hinsicht ist zwar bis heute nicht erreicht, jedoch gibt es im vorliegenden Text in der Tat einige Indizien, die in diese Richtung weisen könnten. Als formaler Hinweis auf einen „hymnischen" Charakter jener „Vorlage" werden dabei genannt: „Gliederung, Artikellosigkeit, Partizipialstil, Alliteration und Adjektivhäufung"[27]. Bei näherem Zusehen redu-

---

[25] Vorbild dafür könnte immerhin die Identifizierung des Melchisedek mit dem Logos bei Philon, All III 79f, sein. – Zur Identifizierung Melchisedek – „Sohn Gottes" vgl. A. T. HANSON, Christ in the Old Testament according to Hebrews, StEv II (TU 87), Berlin 1964, S. 398ff, spez. S. 400: „Melchizedek was the Christ pre-incarnate"; ebd., S. 402: „Melchizedek is identical with Christ"! DERS., Jesus Christ in the Old Testament, London 1965, S. 55–72; DERS., StEv VII (TU 126), Berlin 1982, S. 236. 238; A. STROBEL S. 149: „ohne Zweifel" sei hier „Melchisedek mit Christus in einer Art realtypologischer (philosophisch-spekulativer) Betrachtung identifiziert"! Zur Fragestellung vgl. auch P. ELLINGWORTH, Bib. 64 (1983) S. 255f. 262, mit der Folgerung: „any answer" (auf die Frage nach dem Verhältnis Melchisedek – „Sohn Gottes") „must contain elements of speculation". Vgl. im übrigen bereits Epiphanius, Haer. LV 1,7 (gegen die „Melchisedekianer", die in Melchisedek eine Inkarnation des „Sohnes Gottes" sahen): εἰ δὴ ἀφομοιοῦμαι τῷ υἱῷ τοῦ θεοῦ, οὐκ ἴσος τυγχάνει τῷ υἱῷ τοῦ θεοῦ! – Nach wie vor umstritten ist die Frage, ob es angemessen ist, hinsichtlich der hier mehr angedeuteten als ausgeführten Bestimmung des Verhältnisses Melchisedek – „Sohn Gottes" von einer „Typologie" zu sprechen. Vgl. G. WUTTKE, Melchisedek, der Priesterkönig von Salem (BZNW 5), Gießen 1927, S. 51f (zur altkirchlichen Auslegung von Hebr 7,3); J. SCHNEIDER, ThWNT V, S. 198; F. SCHRÖGER, Der Verfasser des Hebr als Schriftausleger, S. 137f, aber auch die Vorbehalte in dieser Hinsicht bei L. GOPPELT, Typos, S. 197ff. In jedem Falle ist es eine Typologie besonderer Art, die hier vorliegt, die also für einen „heilsgeschichtlichen" Zusammenhang Melchisedek – „Sohn Gottes" keinen Raum läßt (gegen A. STROBEL S. 147). Eher schon ist es eine „vertikale" Typologie, wie sie im Hebr dann auch im 8,5 und 10,1 zum Ausdruck kommt, gerade so aber wiederum eine eigentümlich „dualistische" Lesart der Schrift im Hebr zutage treten läßt.

[26] Für eine „Vorlage" an dieser Stelle sprechen sich u. a. aus: G. WUTTKE, Melchisedek, S. 6. 11. 13; G. SCHILLE, ZNW 46 (1955) S. 81ff, spez. S. 84–87; G. THEISSEN, Untersuchungen zum Hebr, S. 20ff, spez. S. 24f; H. ZIMMERMANN, Das Bekenntnis der Hoffnung, S. 79ff. 93ff. 145ff; P. ELLINGWORTH, Bib. 64 (1983) S. 259ff; M. RISSI, Die Theologie des Hebr, S. 84ff. Kritisch dazu: R. DEICHGRÄBER, Gotteshymnus und Christushymnus, S. 176–178; F. LAUB, Bekenntnis und Auslegung, S. 31ff; N. CASALINI, FrancLA 34 (1984) S. 109–149.

[27] So G. THEISSEN, Untersuchungen zum Hebr, S. 21. – Nicht zu den Indizien für eine „Vorlage" (in 7,1–25!) kann der Wechsel von ἀρχιερεύς (6,20) zu ἱερεύς (7,1ff) gezählt wer-

ziert sich freilich die Frage nach einer „Vorlage" in 7,1–3 im wesentlichen auf V. 3 – unter der Voraussetzung jedenfalls, daß die VV. 1 und 2 auf die eigene Gestaltung der „Vorlage" von Gen 14 durch den Autor zurückgehen. Im Blick speziell auf die freie Gestaltung des Zitats aus Gen 14 – Partizipien anstelle von finiten Verben – ist dies ohnehin deutlich (s. o. zur Exegese); und was die Etymologie des Namens „Melchisedek" in V. 2b betrifft, so erscheint die formale Aneinanderreihung der beiden Möglichkeiten in dieser Hinsicht (πρῶτον μέν – ἔπειτα δέ) in der Tat eher „akademisch" denn wirklich „poetisch"[28]. Was in den VV. 1–3 somit für eine (hymnische) Vorlage überhaupt noch übrig bleibt, ist am Ende nur V. 3a mit seinen adjektivischen und partizipialen Prädikationen, während bereits in V. 3b mit der Zuordnung des Melchisedek zum „Sohn Gottes" wieder der Autor selbst bzw. im letzten Teil des Verses seine eigene Bearbeitung der „Vorlage" von Ps 110,4 zu Worte kommen[29]. Lediglich im Blick auf die adjektivischen und partizipialen Prädikationen in V. 3a ist einigermaßen deutlich daß sie vom Autor des Hebr jedenfalls nicht aus eigener Exegese von Ps 110,4 bzw. Gen 14 gewonnen sind[30] und somit – möglicherweise – einem vom Autor an dieser Stelle übernommenen „Hymnus" entstammen. Als Indiz dafür könnte immerhin die dreifache Alliteration ἀ-πάτωρ (usw.) sowie der Chiasmus (nach dem Schema a – b – b – a) im anschließenden kommentierenden Partizipialsatz (ἀρχὴν ἡμερῶν – ζωῆς τέλος) gelten[31]. Religionsgeschichtlich gesehen verweist die Anwendung dieser „divine predictions" (J. W. THOMPSON) auf Melchisedek auf eine „Vorlage", die – da sie als solche zunächst nichts „Spezifisch-Christliches" an sich hat – im Raum des (eine „hellenistische Theologie rezipierenden) jü-

---

den. Gegen G. SCHILLE, ZNW 46 (1955) S. 81–94. Daß in 7,1–25 ständig vom ἱερεύς die Rede ist, erklärt sich aus dem an Ps 110,4 anschließenden exegetischen Charakter des ganzen Zusammenhangs. Vgl. auch A. VANHOYE, NRTh 91 (1969) S. 455f; H. BRAUN S. 71.

[28] So G. THEISSEN, Untersuchungen zum Hebr, S. 21. – Zur Aufnahme einer exegetischen Tradition in V. 2b s. o. zur Exegese.

[29] Daß in V. 3b der Zwischensatz ἀφωμοιωμένος κτλ. auf das Konto der Redaktion des Autors geht, wird heute einhellig zugestanden. Darauf könnte immerhin auch der Gebrauch des Artikels in einem Kontext hinweisen, der ansonsten durch Artikellosigkeit gekennzeichnet ist. Vgl. G. THEISSEN, Untersuchungen zum Hebr, S. 21. 23; P. ELLINGWORTH, Bib. 64 (1983) S. 261f; M. RISSI, Die Theologie des Hebr, S. 90.

[30] S. o. zu V. 3. Anders neuerdings freilich N. CASALINI, FrancLA 34 (1984) S. 109–149.

[31] Vgl. immerhin auch R. DEICHGRÄBER, Gotteshymnus und Christushymnus, S. 174–176, der die adjektivischen Prädikationen in V. 3 zunächst als ein „Ergebnis schriftgelehrter Exegese" (des Autors des Hebr) betrachtet, dann aber doch zugesteht: „Von einem Hymnus kann keine Rede sein, lediglich in V. 3 ... finden wir eine Reihe hymnischer Prädikate" (S. 177). In jedem Falle handelt es sich bei dieser Überlieferung, wie sie im Hebr vorliegt, nur noch um ein Fragment. Ein vollständiger Hymnus oder auch eine „hymnische Homologie" (G. SCHILLE), der bzw. die auch noch V. 26 einschließt (so O. MICHEL S. 278; H. ZIMMERMANN, Das Bekenntnis der Hoffnung, S. 93ff; M. RISSI, Die Theologie des Hebr, S. 86f), läßt sich hier nicht mehr eindeutig rekonstruieren.

dischen Hellenismus ihren Ursprungsort hat[32]. Darauf verwies ja auch schon die in V. 2 vorgetragene Etymologie zum Namen des Melchisedek. Gerade im Vergleich aber mit der (im einzelnen höchst vielfältigen) Rezeption der Gestalt des Melchisedek im Raum des Judentums wie auch des frühen Christentums tritt die für den Hebr charakteristische Konzentration auf die christologische Dimension der Gestalt des Melchisedek nur noch deutlicher hervor.

Exkurs: *Die Rezeption der Gestalt des Melchisedek im frühen Judentum und Christentum*[33]

Die Gestalt des „Priesterkönigs" Melchisedek hat – ganz offensichtlich um des sie umgebenden Geheimnisses willen – faktisch in allen (uns bekannten) Parteien und Richtungen des frühen Judentums Anlaß zu z.T. weitreichenden Überlegungen und Spekulationen gegeben. Dabei ist in diesem Zusammenhang auf die Auslegung von Gen 14 und Ps 110,4 in der *rabbinischen* Traditionsliteratur nicht im einzelnen einzugehen[34]. Für den Hebr speziell ist sie nur insofern bedeutsam, als hier – in einer gewissen Gegenläufigkeit zum Hebr – die Tendenz unverkennbar ist, den Melchisedek, der seinerseits mit Sem, dem Sohn des Noah, identifiziert wird[35], in die Linie Noah – Sem – Abraham – Aaron einzugliedern und auf diese Weise ihn seinerseits dem Abraham (und Aaron) zuzuordnen – ganz anders also,

---

[32] Zum ursprünglich jüdischen Charakter der „Vorlage" für V. 3 vgl. G. THEISSEN, Untersuchungen zum Hebr, S. 25: „Der Hymnus enthält nichts spezifisch Christliches. Vielleicht stammt er aus jenen hellenistisch-jüdischen Kreisen, von denen Philo seine Melchisedektradition übernommen hat"; vgl. auch P. ELLINGWORTH, Bib. 64 (1983) S. 261. G. SCHILLE, ZNW 46 (1955) S. 86, demgegenüber vermutet eine bereits christliche Überlieferungsgeschichte der für Hebr 7 postulierten hymnischen Vorlage.

[33] Lit.: Neben den entsprechenden Exkursen in den Kommentaren (bes. H. WINDISCH S. 61–63; C. SPICQ, II, S. 203–214; H. BRAUN S. 136–140) vgl. O. MICHEL, ThWNT IV, S. 573–575; F. SCHRÖGER, EWNT II, Sp. 997–999; G. THEISSEN, Untersuchungen zum Hebr, S. 17–20. 135–152; H. FELD, Der Hebr, S. 49–51, sowie die spezielle Literatur zum Thema: G. WUTTKE, Melchisedek, der Priesterkönig von Salem (BZNW 5), Gießen 1927; M. SIMON, Melchizedek in the Polemic Between Jews and Christians, RHPhR 17 (1937) S. 58–93 (vgl. DERS., Mélchisédek dans la polémique entre Juifs et Chrétiens et dans la légende, in: Récherches d'histoire judéo-chrétienne, Paris 1962, S. 102–124); M. DELCOR, Melchizedek from Genesis to the Qumran Texts and the Epistle to the Hebrews, JSJ 2 (1971) S. 115–135; J. T. MILIK, Milkî-sedeq et Milkî-reša' dans les anciens écrits juifs et chrétiens, JJS 23 (1972) S. 95–144; F. L. HORTON, The Melchizedek Tradition. A Critical Examination of the Sources to the Fifth Century A. D. and in the Epistle to the Hebrews (MSSNTS 30), Cambridge 1976; J. C. MARSHALL, Melchizedek in Hebrews, Philo and Justin Martyr, StEv VII (TU 126), Berlin 1982, S. 339–342; C. GIANOTTO, Melchisedek e la sua tipologia. Traditioni judaiches christiane e gnostiche (sec. II a. C. – sec. III d. C.) (RivBib., Suppl. 12), Brescia 1984; vgl. dazu: N. CASALINI, Ancora su Melchizedek, FrancLA 35 (1985) S. 107–130.

[34] Vgl. dazu: STRACK-BILLERBECK, IV/1, S. 252f. 460–465; V. APTOWITZER, Melchizedek in den Sagen der Agada, MGWJ 70 (1926) S. 93–113; G. WUTTKE, Melchisedek, der Priesterkönig von Salem, S. 18ff; O. MICHEL, ThWNT IV, S. 573; G. THEISSEN, Untersuchungen zum Hebr, S. 135 (zu bNed 32b); Th. WILLI, Melchisedek. Der alte und der neue Bund im Hebr im Lichte der rabbinischen Tradition über Melchisedek, Jud. 42 (1986) S. 158–170.

[35] Vgl. TgJeruš I zu Gen 14,18 sowie Tg zu 1 Chr 1,24.

als dies in Hebr 7,4ff geschieht. In dieselbe Richtung geht es, wenn Ps 110,4 in BerR 46 (29a) ausdrücklich auf Abraham bezogen oder wenn nach bNed 32b dem Melchisedek das Priestertum entzogen und dem Abraham übertragen wird[36]. Von besonderem Interesse für den Hebr ist dabei allenfalls, daß in der Targumliteratur der Priester Sem (= Melchisedek) den Dienst eines „Hohenpriesters" tut (כהנת רבתא bzw. כהנא רבא)[37]. Eine „messianische" Deutung von Ps 110,4 begegnet dagegen in der rabbinischen Literatur erst relativ spät, im 3. nachchristlichen Jahrhundert, und kommt somit als Traditionshintergrund für die „Melchisedek-Christologie" des Hebr kaum in Betracht[38].

Gleiches gilt auch im Blick auf die (von den Kirchenvätern überlieferten) Nachrichten über die Rezeption der Gestalt des Melchisedek bei den *Samaritanern*. Wenn – beispielsweise – Eusebius (praep. ev. IX 17) mit Berufung auf des Alexander Polyhistor Werk Περὶ Ἰουδαίων bzw. auf Ps.-Eupolemos überliefert, daß Abraham beim Heiligtum der Stadt auf dem Berge Garizim „von Melchisedek, der ein Priester Gottes war und als König herrschte, Geschenke empfangen" habe, so ist ganz offensichtlich, daß solche Nachricht die besondere Kultstätte der Samaritaner legitimieren soll[39].

Ein besonderes Interesse demgegenüber speziell im Blick auf Hebr 7,1-3 hat seit seiner Entdeckung der in den Umkreis der *Qumran-Gemeinde* gehörende eschatologische Midrasch 11QMelch gefunden, nachdem im übrigen zuvor schon von einer Reihe von Forschern (Y. YADIN, F. F. BRUCE, H. KOSMALA u. a.) ein Zusammenhang zwischen der Messianologie der Qumran-Gemeinde und der Christologie des Hebr vermutet worden war[40]. Hier jedenfalls – in 11QMelch – wird

---

[36] Zur Frage polemischer Implikationen in bNed 32b (gegenüber Hebr?) vgl. J.J. PETU-CHOWSKI, The Controversial Figure of Melchizedek, HUCA 28 (1957) S.127-136, spez. S.129; L. GINZBERG, The Legends of the Jews V, S.226, Anm.104; O. MICHEL, ThWNT IV, S.574; H. BRAUN S.138f sowie J. MAIER, Jüdische Auseinandersetzung mit dem Christentum in der Antike (EdF 177), Darmstadt 1982, S.123f.

[37] So in TgJeruš II und Tg Neofiti. Vgl. dazu: R. LE DÉAUT, Le titre de Summus Sacerdos donné à Melchisedek, RSR 50 (1962) S.222-229, spez. S.223-225.

[38] Vgl. bes. in ARN 34 (9a) die Deutung von Sach 4,14 auf den Hohenpriester Aaron und den Messias mit der Schlußfolgerung aus Ps 110,4, daß der Messias dem eschatologischen Hohenpriester übergeordnet sei. Vgl. dazu: STRACK-BILLERBECK, IV/1, S. 452. 457. 463f, sowie A.J. B. HIGGINS, VT 3 (1953) S.324f. 335, Anm.3.

[39] Vgl. zur Stelle: N. WALTER, Fragmente jüdisch-hellenistischer Historiker (JSHRZ I/2), Gütersloh 1976, S. 142; G. THEISSEN, Untersuchungen zum Hebr, S.130f. - Vgl. auch Epiphanius, Haer. LV 6,1: Melchisedek wird mit Sem, dem Sohn Noahs, identifiziert. Vgl. G. THEISSEN, a.a.O., S. 17f: Gen 14,17ff gilt bei den Samaritanern als „Gründungslegende des Kultes am Garizim"; ebd., S.130ff; H. ZIMMERMANN, Das Bekenntnis der Hoffnung S.87f.

[40] Vgl. F. M. CROSS, Die antike Bibliothek von Qumran, Neukirchen 1967, S. 198f. Kritisch dazu: F. HAHN, Christologische Hoheitstitel, S.232ff; A.J. B. HIGGINS, NTS 13 (1966/67) S. 231ff, spez. S.232f; H. BRAUN, Qumran und das Neue Testament I, S.258-260. - Speziell zur Frage eines Zusammenhangs zwischen 11QMelch und Hebr: J. CARMIGNAC, Le document de Qumran sur Melkisédeq, RdQ 7 (1970) S.343-378, spez. S.371-375; F.L. HORTON, The Melchizedek Tradition, S.64-82. 152-170; A.S. van der WOUDE, Melchisedek als himmlische Erlösergestalt in den neugefundenen eschatologischen Midraschim aus Qumran Höhle XI, OTS 14 (1965) S.354-373; M. de JONGE/A. S. van der WOUDE, 11QMelchizedek and the New Testament, NTS 12 (1965/66) S.301-326. Vgl. auch G. THEISSEN, Untersuchungen zum Hebr, S.135-143; W.R.G. LOADER, Sohn und Hoherpriester, S.217-220; M. DELCOR, JSJ 2

Melchisedek als eine Art himmlischer Engel bzw. Erlösergestalt vorgestellt, die – vergleichbar dem Erzengel Michael in 1QM[41] – gemeinsam mit den Engeln in der Endzeit an Belial und seinem „Los" das Gericht Gottes vollzieht (11QMelch II 13f). Mit dieser Funktion des Melchisedek ist nun freilich in 11QMelch möglicherweise auch die eines eschatologischen Priesters verbunden, wenn es hier (II 7f) heißt, daß am „Tage der Versöhnung (Lev 25,9) die Entsündigung für alle Söhne Gottes und die Menschen des Loses des Melchisedek" geschehen wird[42]. Was jedoch mit diesem (in sich keineswegs eindeutigen) Beleg gewonnen ist, ist allenfalls ein weiteres Zeugnis dafür, „daß sich die verschiedenen jüdischen Gruppen jeweils auf ihre Weise mit der geheimnisvollen Gestalt des M beschäftigt haben"[43], in keinem Falle jedoch ein unmittelbares Vorbild für die Rezeption der Gestalt des Melchisedek im Hebr.

Näher an die Sache des Hebr führt dann schon die Version der Melchisedek-Rezeption in der esoterischen Überlieferung der jüdischen *„Merkabah-Mystik"* heran. Hier findet sich die Vorstellung, daß Melchisedek – Michael den Dienst des Hohenpriesters im himmlischen Heiligtum versieht[44]. Vor allem H.-M. Schenke hat zuletzt in diesen Überlieferungen den „Hintergrund der Melchisedek-Christologie des Hebr" sehen wollen[45]. Zu einiger Skepsis in dieser Hinsicht veranlaßt jedoch nicht nur die Tatsache, daß die für diese Überlieferung sprechenden Belege allesamt erst sehr spät anzusetzen sind, sondern auch der Umstand, daß der Aspekt des priesterlichen Dienstes des Michael-Melchisedek in der in Hebr 7,3 aufgenommenen Tradition gerade keine Rolle spielt.

(1971) S. 126f; R. Longenecker, in: Festschr. G. E. Ladd, S. 172ff. – J. Carmignac, a.a.O., S. 373, betrachtet sogar „le raisonnement de l'épître aux Hébreux" als „exactement le même que celui que nous avons constaté dans notre document". Vgl. ebd., S. 377f.

[41] Vgl. 1QM XIII 10.14f.– Zur Verbindung Melchisedek – Michael in der rabbinischen Literatur vgl. W. Lueken, Michael, S. 30f. 146f. – Für 11QMelch vgl. A. A. van der Woude, OTS 14 (1965) S. 370f; H. M. Schenke, in: Festschr. H. Braun, S. 430f.

[42] Vgl. dazu E. Puech, Notes sur le manuscrit de XIQMelkîsédq, RdQ 12 (1987) S. 483–513, spez. S. 512: „En 11QMelkîsédeq, ce personnage est clairement considéré comme le grand prêtre de la liturgie céleste au Yôm Kippûr puisque exécutant les jugements divins, il fait l'Expiation définitive (LKPR, col. II,8) signifiant le pardon divin des transgressions passées pour ceux de son lot".

[43] So H.-M. Schenke/K. M. Fischer, Einleitung in die Schriften des Neuen Testaments II, S. 251. Vgl. aber A. A. van der Woude, OTS 14 (1965) S. 372f; M. de Jonge/A. A. van der Woude, NTS 12 (1965/66) S. 318ff, spez. S. 321f. 323. Kritisch dazu A. J. B. Higgins, NTS 13 (1966/67) S. 238f; F. Schröger, Der Verfasser des Hebr als Schriftausleger, S. 139–142; H. Zimmermann, Das Bekenntnis der Hoffnung, S. 89–91; F. Laub, Bekenntnis und Auslegung, S. 38ff. 240f. – Grundsätzlich das Gleiche gilt auch für das sogen. Genesis-Apokryphon (1QGenAp XXII 14–17), das lediglich eine Paraphrase von Gen 14,18–20 enthält.

[44] Zu Michael als Hoherpriester vgl. bHag 12b sowie bShab 62a; bMen110a. Vgl. dazu W. Lueken, Michael, S. 30f. Die Gleichsetzung mit Melchisedek ist freilich nur Jalqut חדשה 115,3 belegt. Vgl. W. Lueken, a.a.O., S. 31. Auf die Benutzung von „Geheimtradition" in diesem Zusammenhang hat im übrigen bereits E. Käsemann, Das wandernde Gottesvolk, S. 134, hingewiesen.

[45] H.-M. Schenke, in: Festschr. H. Braun, S. 430ff; Ders., Die jüdische Melchisedek-Gestalt als Thema der Gnosis, in: K. W. Tröger (Hrsg.), Altes Testament – Frühjudentum – Gnosis, Berlin 1980, S. 111–136, spez. S. 111f; vgl. auch H.-M. Schenke/K. M. Fischer, Einleitung in die Schriften des Neuen Testaments II, S. 264–266.

Wenn diese Tradition bzw. Vorlage nun freilich in den Raum des jüdischen Hellenismus zurückverweist, ist von vornherein zu erwarten, daß die Rezeption des Melchisedek-Themas durch *Philon* für den Hebr von besonderer Bedeutung ist[46]. Die dafür in Betracht kommenden Belege bei Philon sind zwar nicht eben sehr zahlreich. Ausdrücklich auf Melchisedek bzw. auf die Nachrichten über ihn in Gen 14 – nicht dagegen auf Ps 110,4! – wird Bezug genommen in All III 79–82; Abr 235f und Congr 98f. Hier – insbesondere in All III 79–82 – zeigt sich, in welchem Maß Philon die Gestalt des Melchisedek mit dem „Logos" gleichgesetzt[47] – und damit auf seine Weise wiederum vermittels allegorischer Schriftauslegung in den Gesamtzusammenhang seiner Lehre von der Erkenntnis Gottes einbezogen hat[48]. Die Differenz zur Rezeption der Melchisedek-Tradition im Hebr ist also auch hier wieder offensichtlich. Was Philon gleichwohl in dieser Hinsicht mit dem Hebr verbindet, ist der hermeneutische Horizont, innerhalb dessen bei beiden die (im einzelnen unterschiedlichen) den Melchisedek betreffenden Aussagen stehen. Bei Philon wie auch im Hebr signalisiert die Gestalt des Melchisedek bzw. die in Gen 14 überlieferte Episode einen sie transzendierenden Sachverhalt von „bleibender" Bedeutung (Hebr 7,3: μένει!).

Was von Philon her gesehen für den Hebr interessant ist, betrifft also gar nicht bestimmte einzelne Vorstellungen, sondern viel eher – und grundsätzlicher – das „Klima" einer bestimmten Art von Schriftauslegung bzw. „Schriftgnosis", der – was vor allem die bei beiden in diesem Zusammenhang wirksame Gegenüberstellung irdisch-himmlisch betrifft – gewisse „dualistische" Implikationen nicht abzusprechen sind[49]. Wird darüber hinaus im Hebr selbst alles das, was in 7,1–3 auf so geheimnisvolle Weise beginnt, von vornherein (5,11ff!) als eine Art „Lehre für die Vollkommenen" gekennzeichnet, so ist die Vermutung, daß der Hebr seinerseits mit seiner Art von Rezeption der Melchisedek-Tradition in der Nähe einer spezifisch gnostischen „Schriftgnosis" steht, jedenfalls nicht von vornherein auszu-

---

[46] Vgl. G. THEISSEN, Untersuchungen zum Hebr, S. 20. 27: „Die nächsten Parallelen zu Hebr 7,3 finden sich jedoch bei Philo". Zum einzelnen vgl. G. WUTTKE, Melchisedek, S. 11. 14ff; H. WINDISCH S. 61f; E. KÄSEMANN, Das wandernde Gottesvolk, S. 133f; J. W. THOMPSON, The Beginnings of Christian Philosophy, S. 116–127. – Kritisch gegen einen Zusammenhang Philon – Hebr in dieser Hinsicht: R. WILLIAMSON, Philo and the Epistle to the Hebrews, S. 434–449; J. L. MARSHALL, StEv VII, S. 341f.

[47] Damit gewinnen für das Melchisedek-Thema bei Philon auch diejenigen Stellen Bedeutung, an denen das Wirken des Logos als das eines Priesters bzw. Hohenpriesters dargestellt wird. Vgl. Somn I 215: Der Logos-Hohepriester nimmt am Tempel des Kosmos die Funktion eines Mittlers zwischen der Welt der Ideen und den Menschen wahr. Vgl. Somn II 189; Fug 108.

[48] Vgl. hierzu bes. All III 79–82: Die von Gen 14 vorgegebenen Stichworte βασιλεύς und ἱερεύς werden auf den Logos bzw. den νοῦς bezogen. Vgl. auch Congr 98f: Melchisedek ist ὁ τὴν αὐτομάθη καὶ αὐτοδίδακτον λαχὼν ἱερωσύνην und in diesem Sinne zugleich „das Prinzip der Vernunft, das in jeden Menschen gelegt ist". So G. WUTTKE, Melchisedek, S. 16.

[49] Vgl. in diesem Sinne bes. J. W. THOMPSON, The Beginnings of Christian Philosophy, S. 127: „The dualistic reading of the OT, the use of hellenistic terminology in 7:3, and the focus on the abiding of the exalted one have their closest analogies in the work of Philo". – A. STROBEL S. 149f vermutet für Hebr 7,1–3 ein „gemeinsames philonisch-alexandrinisches Schuldenken"; vgl. bereits H. WINDISCH S. 61: „gemeinsame exegetische Tradition", sowie G. THEISSEN, Untersuchungen zum Hebr, S. 27; F. LAUB, Bekenntnis und Auslegung, S. 32f.

schließen⁵⁰. Doch gilt auch dies wiederum eher im Blick auf die grundsätzliche Art und Weise des Umgangs mit der Schrift (die ihrerseits unter einem bestimmten hermeneutischen „Vorzeichen" gelesen und ausgelegt wird) als im Blick auf die einzelnen „Vorstellungen", die im Rahmen einer Melchisedek-Rezeption in der frühchristlichen *Gnosis* begegnen. In dieser Hinsicht erweist sich ja bereits von der zeitlichen Ansetzung der Quellen her ein direkter Zusammenhang Gnosis – Hebr (oder auch schon: Gnosis – Philon!) als unwahrscheinlich. Dies gilt sowohl im Blick auf bestimmte „Adamschriften" (christlich-jüdischer Herkunft), in denen E. KÄSEMANN seinerzeit (1938) eine Identität des Melchisedek mit dem „Urmenschen" Adam (als Voraussetzung der Melchisedek-Christologie des Hebr) bezeugt fand⁵¹, als auch im Blick auf die relativ häufigen Bezugnahmen auf Melchisedek in späten gnostischen Schriften wie der „Pistis Sophia"⁵². Die Art und Weise, in der hier die Gestalt des Melchisedek ganz und gar in eine gnostische Soteriologie integriert ist, schließt einen Zusammenhang mit dem Hebr von vornherein aus und läßt solche Art von Melchisedek-Rezeption allenfalls wiederum als ein weiteres Zeugnis für die Fortdauer einer Melchisedek-Tradition gelten, die in diesen (und anderen) gnostischen Texten auf besondere Weise ihren Niederschlag gefunden hat. Dies gilt auch und vor allem für den Melchisedek-Traktat aus der gnostischen Bibliothek von Nag Hammadi (NHC IX/1, p. 1,4–27,5)⁵³. In diesem Traktat hat Melchisedek, der „Priester des höchsten Gottes" (p. 15,9ff; vgl. auch p. 26,2ff), die Funktion des Offenbarungsträgers und -mittlers. Sein Verhältnis zu „Jesus Christus, dem Sohne Gottes", der – wie es hier (p. 1,4f) heißt – „sich durch mich (sc.: Melchisedek) offenbart", läßt sich angesichts des fragmentarischen Charakters des

---

⁵⁰ Vgl. dazu bes. E. KÄSEMANN, Das wandernde Gottesvolk, S. 129–134, aber immerhin auch O. MICHEL S. 263: Hebr 7,1-3 sei „als Ansatz zur Gnosis gut zu begreifen, nicht aber als eigene gnostische Spekulation"! Zum Problem in dieser Hinsicht vgl. G. THEISSEN, Untersuchungen zum Hebr, S. 130–152.

⁵¹ Vgl. dazu die sogen. Syrische Schatzhöhle (ed. C. Bezold I-III, Leipzig 1883/1888), das sogen. Christliche Adambuch des Morgenlandes (ed. A. Dillmann, JWB 5, 1852/53, S. 1–144) sowie den auf Melchisedek bezugnehmenden Anhang zu slHen (ed. N. Bonwetsch, TU 44/2, Leipzig 1922, S. 107ff. – Zur Auswertung dieser Schriften für den Hebr vgl. bereits F. J. JÉRÔME, Das geschichtliche Melchisedek-Bild und seine Bedeutung im Hebr, Diss. Straßburg 1920, S. 10ff; kritisch dazu: G. THEISSEN, Untersuchungen zum Hebr, S. 130; S. G. SOWERS, The Hermeneutics of Philo and Hebrews, S. 124, Anm. 93. Schon von ihrer späten zeitlichen Ansetzung her gesehen kommen diese Schriften für die Rekonstruktion der hinter dem Hebr liegenden Melchisedek-Tradition nicht in Betracht, sondern sind eher ihrerseits Zeugnisse einer über den Hebr hinaus wirksamen Melchisedek-Legende. Vgl. dazu H.-M. SCHENKE, in: K. W. Tröger (Hrsg.), Altes Testament – Frühjudentum – Gnosis, S. 131–133.

⁵² Vgl. C. SCHMIDT/W. TILL, Koptisch-gnostische Schriften I (GCS), Berlin 1954, S. 21,4. 6.31; S. 22,6. 15; S. 125,24. 34; S. 212,6. 10 u. ö. Vgl. dazu: G. WUTTKE, Melchisedek, S. 28f; E. KÄSEMANN, Das wandernde Gottesvolk, S. 130f; H.-M. SCHENKE, in: K. W. Tröger (Hrsg.), Altes Testament – Frühjudentum – Gnosis, S. 135.

⁵³ Text in der Facsimile-Edition of the Nag Hammadi Codices..., Codices IX and X, Leiden 1977, S. 5–31; Übersetzung: B. A. PEARSON, in: J. M. ROBINSON, The Nag Hammadi Library in English, Leiden 1977, S. 399–403; H.-M. SCHENKE, in: K. W. Tröger (Hrsg.), Altes Testament – Frühjudentum – Gnosis, S. 115–123. Dazu: J. HELDERMAN, Melchisedeks Wirkung. Eine traditionsgeschichtliche Untersuchung eines Makrokomplexes in NHC IX 1,1–27,10, in: J.-M. Sevrin (ed.), The New Testament in Early Christianity (BEThL 81) Leuven 1989, S. 335–362.

Textes freilich kaum eindeutig bestimmen. An der Stelle jedoch, wo zumindest eine Andeutung in dieser Hinsicht gemacht wird[54], scheint nun freilich eben die Verhältnisbestimmung Melchisedek – Sohn Gottes in Hebr 7,3 vorausgesetzt zu sein[55], ohne daß damit die besondere Gestalt der Melchisedek-Rezeption in NHC IX/1 insgesamt und als solche auf Hebr 7,3 reduziert werden könnte[56]. In jedem Falle aber dokumentiert dieser gnostische Traktat bereits die Auslegungs- und Wirkungsgeschichte des Hebr.

Gleiches gilt dann schließlich auch im Blick auf die im einzelnen wiederum vielfältige Rezeption der Melchisedek-Tradition in der *Alten Kirche,* hier insbesondere für die (gnostische?) Sekte der „Melchisedekianer"[57]. Hier gilt Melchisedek am Ende sogar als eine Inkarnation des „Sohnes Gottes" (Epiphanius, Haer. LV 7, 3f; LXVII 7), des Heiligen Geistes[58], ja sogar Gottes selbst (Epiphanius, Haer. LV 9,11. 14f). Ausgangspunkt für solche Aussagen sind fast durchweg die „divine predictions" in Hebr 7,3, was zugleich ausschließt, daß der Autor des Hebr sich seinerseits bereits an dieser Stelle gegen solche oder ähnliche Auffassungen abgrenzte[59]. Besonderes Interesse in diesem Zusammenhang gebührt sicherlich auch dem in der alten Kirche verschiedentlich bezeugten Verständnis des Melchisedek als einer Engelgestalt, die dem Abraham erschienen ist[60]. Hier zeigt sich offen-

---

[54] Vgl. p. 15,12: „Ich bin Melchisedek ... Ich weiß, daß ich wahrlich (nur) [das Bild?] vom wahren Hohenpriester des höchsten Gottes bin...". Vgl. zur Stelle H.-M. SCHENKE, in: K. W. Tröger (Hrsg.), Altes Testament – Frühjudentum – Gnosis, S. 127.

[55] Zur Frage der Benutzung von Hebr 7 in NHC IX 1 vgl. B. A. PEARSON, The Figure of Melchizedek in the First Tractate of the Unpublished Coptic-Gnostic Codex IX from Nag Hammadi, in: Studies in the History of Religions (Numen. SHR 31), Leiden 1975, S. 200–208; DERS., in: J. M. ROBINSON, The Nag Hammadi Library in English, S. 399; K. W. TRÖGER, Die Bedeutung der Texte von Nag Hammadi für die moderne Gnosisforschung, in: DERS. (Hrsg.), Gnosis und Neues Testament. Studien aus Religionswissenschaft und Theologie, Berlin 1973, S. 13–76, spez. S. 67f: In NHC IX 1 handele es sich um eine „gnostische Metamorphose" der „aus dem Hebräerbrief bekannte(n) Analogie zwischen Melchisedek und Jesus"; H.-M. SCHENKE, in: K. W. Tröger (Hrsg.), Altes Testament – Frühjudentum – Gnosis, S. 127. 130. 136.

[56] Vgl. H.-M. SCHENKE, in: K. W. Tröger (Hrsg.), Altes Testament – Frühjudentum – Gnosis, S. 130: „wenngleich die spezifische Relation des Melchisedek zu Jesus nicht ohne Einfluß des Hebr vorgestellt werden kann, so ist doch die besondere ‚Farbe', mit der die Gestalt des Melchisedek an sich hier gemalt ist, aus dem Hebr in keiner Weise ableitbar".

[57] Vgl. dazu: Hippolyt, Ref. VII 36; X 24; Ps.-Tertullian, Adv.omn.haer. 8; Filastrius, Div.her.lib. 52; Epiphanius, Haer. LX sowie G. WUTTKE, Melchisedek, S. 29ff. 43ff; H. STORK, Die sogen. Melchesedekianer, Leipzig 1928; O. MICHEL, ThWNT IV, S. 575f; M. de JONGE/ A. S. van der WOUDE, NTS 12 (1966/67) S. 323–326; H. BRAUN S. 139f. Zum Zusammenhang Hebr – Melchisedekianer vgl. auch J. E. FOSSUM, The name of God and the Angel of the Lord (WUNT 36), Tübingen 1985, S. 183f.

[58] So Hierakas, ein Schüler des Origenes. Vgl. Epiphanius, Haer, LV 5,2, sowie die Hierakiten: Epiphanius, Haer. LXVII 3,2f.

[59] So M. FRIEDLÄNDER, Melchisédec et l'épître aux Hébreux, REJ 5 (1882) S. 1–26. 188–198; 6 (1883) S. 187–199; DERS., Der vorchristliche jüdische Gnostizismus, Leipzig 1898, S. 28ff.

[60] Vgl. Ambrosius, De fide III 11; Hieronymus, Epist. 73,2 (von Origenes und Didymus); Cyrill von Alexandria, Glaphyra in Gen. (PG LXIX, p. 84 D). Vgl. dazu F. J. JÉRÔME, Das geschichtliche Melchisedek-Bild, S. 23–58; M. de JONGE/A. S. van der WOUDE, NTS 12 (1965/ 66) S. 325f.

sichtlich ein (traditionsgeschichtlicher) Zusammenhang mit der (älteren) jüdischen Melchisedek-Spekulation (in 11QMelch)[61]. Solche Verflechtungen der altkirchlichen und der christlich-gnostischen Melchisedek-Spekulation mit der des Judentums erweisen einmal mehr das Vorhandensein eines breiten Umfeldes der Melchisedek-Rezeption in der Geschichte des frühen Judentums und Christentums, in das ohne Frage auch der Hebr mit seiner Art von Rezeption dieser Tradition hineingehört.

Die Tatsache, daß der Autor des Hebr – soweit hier überhaupt ein eindeutiges Urteil am Platze ist – in der Theologiegeschichte des Urchristentums der erste gewesen ist, der – exegetisch von Ps 110,4 ausgehend – ganz bewußt und programmatisch einen Zusammenhang zwischen jener Melchisedek-Tradition und seiner christologischen Reflexion hergestellt hat[62], wird dadurch nicht geringer geachtet – ebensowenig wie der Sachverhalt, daß diese Melchisedek-Tradition im Hebr – im Vergleich mit den anderweitigen Bezeugungen dieser Tradition gesehen – in einer bemerkenswerten Reduktion und Konzentration auf das Thema der „Ewigkeit" des Hohenpriesters „nach der Ordnung des Melchisedek" rezipiert und speziell in diesem Sinne dem Grundthema der Christologie zugeordnet worden ist. Genau darauf konzentriert sich das Interesse des Autors des Hebr an der Gestalt des Melchisedek. „Melchisedek", das ist im Hebr nicht mehr – aber auch nicht weniger – als „das Signum für die Überweltlichkeit und die ewige Dauer des Hohenpriestertums Jesu"[63]. Und was der Hebr in dieser Hinsicht mit der jüdischen Melchisedek-Tradition gemeinsam hat, ist das Interesse an ihm als einer „Legitimationsfigur", die als solche der Legitimation des Priestertums des „Sohnes Gottes" gegenüber dem aaronidisch-levitischen Priestertum dient[64] – genauer: dem exegetischen Nachweis der Überlegenheit des Priestertums des „Sohnes Gottes" gegenüber einem Priestertum und Opferwesen, das im Irdischen befangen bleibt und dessen kultische Verrichtungen eben deswegen am Ende „nutzlos" bleiben (7,18). Genau um diese Überlegenheit des Priestertums des „Sohnes Gottes" geht es im folgenden. Die exegetischen Grundlagen in dieser Hinsicht werden – zunächst in der Auslegung von Gen 14,17-20 – in 7,4-10 gelegt. Das entscheidende Stichwort dafür ist mit der Wendung εἰς τὸν αἰῶνα von Ps 110,4 her vorgegeben.

---

[61] Vgl. auch H.-M. SCHENKE, in: K. W. Tröger (Hrsg.), Altes Testament – Frühjudentum – Gnosis, S. 112.
[62] Vgl. A. J. B. HIGGINS, VT 3 (1953) S. 335f; DERS., NTS 13 (1966/67) S. 236.
[63] So H. BRAUN, Qumran und das Neue Testament I, S. 259.
[64] Zu solchem Verständnis der Melchisedek-Tradition im Hebr vgl. bes. C. GIANOTTO, Melchisedek e la sua tipologia, S. 121-149.

4.1.2) 7,4–10: Die Überlegenheit des Priestertums „nach der Ordnung des Melchisedek" gegenüber Abraham und dem levitischen Priestertum

4 Seht doch, wie groß dieser (Melchisedek) ist, dem (sogar) Abraham, der Patriarch, den Zehnten von der (Kriegs-)Beute gab!
5 Und nun haben zwar diejenigen von den Söhnen Levis, die das Priesteramt übernahmen, ein Gebot, gemäß dem Gesetz das Volk, d. h. ihre (eigenen) Brüder, zu verzehnten, obwohl sie (doch) aus der Lende Abrahams hervorgegangen sind;
6 derjenige aber, der nicht von ihnen abstammt – der hat dem Abraham die Abgabe des Zehnten auferlegt und (darüber hinaus) denjenigen, der im Besitz der Verheißungen ist, gesegnet.
7 Ohne jede Widerrede gilt nun aber, daß das Geringere von dem Höheren gesegnet wird.
8 Und hier (einerseits) nehmen sterbliche Menschen die Zehntabgaben, dort aber (andererseits) derjenige, von dem bezeugt ist, daß er lebt.
9 Und sozusagen ist auf dem Wege über Abraham auch Levi, der (doch) die Zehntabgaben empfängt, das Zehntgebot auferlegt worden;
10 denn er (sc.: Levi) war ja noch in der Lende des Vaters (Abraham), als ihm Melchisedek begegnete.

Bereits in formal-stilistischer Hinsicht ist hier der Unterschied zu 7,1-3 deutlich: An die Stelle eines Prädikationsstiles, der zumindest in V. 3 einer gewissen Feierlichkeit nicht entbehrte, tritt nunmehr – in der Auslegung des zuvor gegebenen Zitats aus Gen 14 – ein exegetisch-argumentierender Stil. Bereits im einleitenden Imperativ – θεωρεῖτε – kommt wieder der „Lehrer" zu Wort, der seine Adressaten zur rechten „Einsicht" in die Konsequenzen des in 7,1-3 Dargelegten für das Thema des Priestertums auffordert[65]. Diese Konsequenzen betreffen im einzelnen das Motiv der „Zehntabgabe" (VV. 4ff) und des „Segens" (V.7) aus Gen 14, vor allem aber das Motiv der „Größe" des Melchisedek gegenüber Abraham, dem „Patriarchen", das in den VV. 4ff – im Rückbezug insbesondere auf V. 3 – im Sinne des „ewigen Lebens" des Melchisedek ausgeführt wird (V.8 sowie bereits V.6).

Mit ausdrücklichem Bezug auf Gen 14,20[66] werden die Adressaten in V. 4 zunächst auf die „Größe" des Melchisedek gegenüber Abraham aufmerksam gemacht: θεωρεῖτε πηλίκος οὗτος ... Das ist rhetorisch-didakti-

---

[65] Bemerkenswert im Blick auf 7,4ff ist u. a., daß hier die in 7,1f genannte Melchisedek-Episode als ein Ereignis vergangener Geschichte vorausgesetzt erscheint. Das zeigt sich spätestens in 7,11 (τίς ἔτι χρεία κτλ.) wo eindeutig auf das zeitliche Nacheinander von levitischem Priestertum und Priestertum „nach der Ordnung des Melchisedek" abgehoben wird, also von Melchisedek und von Abraham als geschichtlichen Gestalten die Rede ist. Auch hier zeigt sich wiederum die Differenz zu der eigentümlich „geschichtslosen" Rezeption der Melchisedek-Tradition bei Philon – ebenso freilich auch eine Differenz zum spekulativen Charakter der Melchisedek-Prädikationen in V.3. Vgl. G. WUTTKE, Melchisedek, S.7. 13.
[66] Gen 14,20 wird nunmehr – im Unterschied zu V. 2 – mit der Wendung δεκάτην ἔδωκεν wörtlich zitiert.

scher Stil⁶⁷, der an das eigene Urteilsvermögen der Adressaten appelliert, und zwar in dem Sinne, daß die Größe und Überlegenheit des Melchisedek gegenüber Abraham aus der in Gen 14 geschilderten Abgabe des Zehnten an Melchisedek durch Abraham notwendig zu folgern ist. Nicht zuletzt durch die Beifügung ἔδωκεν ἐκ τῶν ἀκροθινίων (gegenüber Gen 14,20: ἀπὸ πάντων!) wird die Bedeutung dieses Geschehens betont: Den „besten Teil" seiner Beute hat Abraham an Melchisedek abgeführt! Gleiches gilt auch für die betont ans Ende des Satzes gestellte Appositon ὁ πατριάρχης. Abraham also nicht als Individuum, sondern als der „Stammvater", der als solcher zugleich seine Nachkommenschaft repräsentiert, in diesem Falle οἱ ἐκ τῶν υἱῶν Λευί (V. 5)⁶⁸. Damit ist die Überschrift für das folgende formuliert.

Der in V. 5 folgende – mit exegetischem καί eingeleitete – Satz entfaltet dies, und zwar in zweimaliger Gegenüberstellung des Priestertums der Leviten (V. 5: οἱ μέν vgl. V. 8: ὧδε μέν) und des Priestertums des Melchisedek (V. 6: ὁ δέ; vgl. V. 8: ἐκεῖ δέ)⁶⁹. Nochmaliges exegetisches καί in V. 9 faßt abschließend zusammen und nennt nunmehr auch ausdrücklich die Voraussetzung für den unmittelbaren Übergang von Abraham in V. 4 zu den Leviten in V. 5: δι' Ἀβραὰμ καὶ ὁ Λευί (vgl. entsprechend V. 10 sowie zur Sache bereits V. 5). Im Rahmen der ersten Gegenüberstellung (VV. 5–7) wird in V. 5 zunächst die Position der Leviten bzw. des levitischen Priestertums gekennzeichnet: Mit dem Empfang (λαμβάνοντες) ihres Priesteramtes (ἱερατεία) haben sie zugleich auf der Grundlage bzw. nach Maßgabe der Tora (κατὰ τὸν νόμον) das spezielle Gebot (ἐντολή) empfangen⁷⁰,

---

⁶⁷ Vgl. 4 Makk 14,13: θεωρεῖτε δὲ πῶς πολύπλοκός ἐστιν ἡ τῆς φιλοτεκνίας στοργή sowie Gal 6,11.
⁶⁸ Ὁ πατριάρχης bezeichnet hier den „Stammvater" schlechthin, während sonst neben Abraham auch Isaak und Jakob als „Patriarchen" genannt werden (4 Makk 7,19; 16,25; vgl. auch Hebr 11,17ff) oder auch Jakobs Söhne als die „zwölf Patriarchen" (Act 7,8.9). Sachlich entspricht dem die Rede „Abraham, unser Vater": Act 7,2; Röm 4,1; Joh 8,39. Vgl. dazu: J. JEREMIAS, ThWNT I, S. 7f; J. LECUYER, Abraham notre Père, Paris 1955; H. WERNER, Abraham. Der Erstling und Repräsentant Israels, Göttingen 1965.
⁶⁹ Die „klassischen" Stil verratende Gegenüberstellung οἱ μέν – ὁ δέ bestimmt das ganze Kapitel 7: 7,20f.23f. Vgl. auch 7,28. Vgl. BL.-DEBR.-R. §§ 250 und 447,2.
⁷⁰ Konkret ist an dieser Stelle die Anweisung Num 18,21 im Blick. Zwar ist dort nicht ausdrücklich davon die Rede, daß die Leviten „das Priesteramt empfangen"; jedoch ergibt sich dies der Sache nach aus dem Kontext, in dem (Num 18,21ff) vom (priesterlichen) Dienst der Leviten am Zeltheiligtum die Rede ist. Somit kann aus Hebr 7,5 nicht die Schlußfolgerung gezogen werden, daß bei der Beschreibung des levitisch-aaronidischen Priestertums in 7,4ff eine spezielle Kenntnis „priesterlicher Tradition" (über die entsprechende biblische Überlieferung hinaus!) vorauszusetzen sei. Gegen W. HORBURY, The Aaronic Priesthood in the Epistle to the Hebrews, JSNT 9 (1983) S. 43–71, spez. S. 50ff. - Ἐντολή bezeichnet in V. 5 ganz in Übereinstimmung mit dem biblischen Sprachgebrauch das einzelne Gebot der Tora, die Konkretion also des νόμος. So auch 7,16.18; 9,19. Vgl. entsprechend die Differenzierung νόμος – ἐντολή in LXX Ex 16,28; 24,12 u. ö. sowie für das Neue Testament: Röm 7,8-13; 13,9f; 1 Kor 7, 19; Eph 2,15 (ὁ νόμος τῶν ἐντολῶν). Dazu: M. LIMBECK, EWNT I, Sp. 1122f. 1124f. – Unterschieden wird im Hebr im übrigen auch zwischen ἱερατεία im Sinne des konkreten Prie-

das Volk mit der Zehntabgabe zu belegen[71]. Die Präzisierung des „Volkes" im Sinne der „eigenen Brüder" signalisiert bereits, was dann am Ende durch den mit καίπερ eingeleiteten Partizipialsatz ausdrücklich betont erscheint: „obwohl doch auch sie von Abraham abstammen"[72] und dementsprechend den Leviten an sich gleichgestellt sein sollten. Es handelt sich hier also um ein besonderes Privileg der Leviten.

Umso stärkeres Gewicht angesichts dessen gewinnt dann freilich das ὁ δέ in V. 6. Wenn bei alledem ausdrücklich auf die Tora verwiesen wird (κατὰ τὸν νόμον)[73], auf der anderen Seite der Gegenüberstellung in V. 6 aber zugleich dem levitischen Priestertum derjenige kontrastiert wird, der seine Herkunft nicht auf Abraham bzw. Levi zurückführen kann, so deutet sich hier schon jene kritische Betrachtung des νόμος an, wie sie sodann in den Schlußfolgerungen der VV. 11ff ausdrücklich zur Aussage gebracht wird. In diesem Kontext nimmt freilich auch die Formulierung ὁ μὴ γενεαλογούμενος nicht lediglich die Prädikation ἀγενεαλόγητος von V. 3 erneut auf, sondern gewinnt hier die spezielle Bedeutung der Nicht-Abstammung vom Geschlecht Levi. Derjenige also, der nach den Kriterien der Tora gar nicht Priester sein darf – gerade er ist es, der den Abraham, den Stammvater des levitischen Priestertums, mit der Zehntabgabe belegt und ihn, den Träger der Verheißungen Gottes, „gesegnet" hat[74]. Das ist – wie in diesem Zusammenhang die Perfekta anzeigen – ein Sachverhalt von bleibender Bedeutung. Und genau dies setzt nun auch die Überlegenheit des Melchisedek gegenüber dem Abraham (und dem levitischen Priestertum) voraus, denn es ist ja normalerweise – wie V. 7 im Stile eines generell geltenden und somit unwidersprechlichen Grundsatzes formuliert – stets das „Geringere", das „vom Höheren/Besseren gesegnet wird". Präsentisches εὐλογεῖται wie auch die Neutra τὸ ἔλαττον / τὸ κρεῖττον zeigen dabei an, daß es sich hier um eine allgemeingültige Regel handelt. Angesprochen ist also

---

steramtes bzw. Priesterdienstes (vgl. Lk 1,9) und ἱερωσύνη (7,11.12.24) im Sinne der Institution des Priestertums. Vgl. G. Schrenk, ThWNT III, S. 248. 251f. – Zur Wendung τὴν ἱερατείαν λαμβάνειν vgl. Philon, Plant 63: λαβεῖν ἱερωσύνην.

[71] Ἀποδεκατοῦν, wörtlich: „den Zehnten entrichten" (LXX Gen 28,22; Dtn 14,22, hier in Verbindung mit δεκάτη), entspricht also dem δεκάτην δίδωμι in V. 4 (= Gen 14,20). Vgl. auch Mt 23,23 par Lk 11,42. Auch bei diesem „Gebot" ist wohl konkret an Num 18,21 gedacht.

[72] Ἐξέρχεσθαι ἐκ τῆς ὀσφύος ist traditionell biblische Umschreibung für die leibliche Abstammung. Vgl. Gen 35,11; 2 Chr 6,9; Act 2,30 sowie entsprechend Hebr 7,10. Dazu: H. Seesemann, ThWNT V, S. 496.

[73] Die Wendung κατὰ (τὸν) νόμον häufig in LXX (Num 6,21; 9,3.12.14; Dtn 4,8; 17,11; 24,8 u.ö.) und auch im übrigen Neuen Testament (Lk 2,22.39; Joh 18,31; 19,7; Act 22,12; 23,3; 24,14; Phil 3,5).

[74] Zu beachten ist, daß an dieser Stelle gegen den LXX-Wortlaut die Aktivität des Melchisedek betont wird: δεδωκάτωκεν. Die Lesart εὐλόγησεν (A C P usw.) ist sicher sekundär, da Angleichung an LXX Gen 14,19. Dem Autor des Hebr kommt es demgegenüber ja gerade darauf an, mit den hier gebrauchten Perfektformen die bleibende Geltung des damals Geschehenen zu betonen. Vgl. BL.-DEBR.-R. § 342,2.

auch hier wieder das eigene Urteilsvermögen der Leser. Und weil es sich dabei um Selbstverständliches handelt, ist auch jeder Widerspruch, jede „Einrede" (ἀντιλογία) ausgeschlossen[75]. Was das an sich unbestimmte τὸ κρεῖττον im Kontext konkret meint, ist freilich klar und eindeutig (und dementsprechend auch für die Leser einsichtig). Τὸ κρεῖττον, das ist ja gerade das Kennzeichen des eschatologisch Neuen gegenüber dem Alten[76] und schließt gegenüber dem „Geringeren" (τὸ ἔλαττον) den Gegensatz des Lebens gegenüber dem Tod in sich.

In diesem Sinne argumentiert V. 8: Auf der einen Seite (ὧδε) sind es „sterbliche Menschen", die „den Zehnten in Empfang nehmen"; auf der anderen Seite (ἐκεῖ) steht jener, von dem „bezeugt" wird, daß „er lebt"[77]. Mit dieser „Bezeugung" wird nun freilich nicht mehr auf Gen 14 Bezug genommen, sondern auf die das Wesen des Melchisedek kennzeichnende Aussage in V. 3: „Er lebt", das kennzeichnet hier in der Tat denjenigen, der „keinen Anfang der Tage noch ein Ende des Lebens hat", der Priester „bleibt in Ewigkeit" (V. 3). Im weiteren Argumentationsgang von Kap. 7 korrespondiert dieser Aussage also die entsprechende Gegenüberstellung in V. 16 wie auch das πάντοτε ζῶν in V. 26. Mit anderen Worten: Das solche Aussage über Melchisedek bestätigende „Zeugnis" (der Schrift) ist – wie dann auch die „Bezeugung" der Aussage von V. 16 durch das Zitat in V. 17 zeigt – in Ps 110,4 gegeben[78]. Damit wird hier zum ersten Mal im 7. Kapitel die Gegenüberstellung des melchisedekianischen und des levitischen Priestertums in den Gegensatz von Leben und Tod (und damit zugleich auch in die Gegenüberstellung himmlisch-irdisch) eingezeichnet, in einen nahezu „dualistischen" Gegensatz also, der dann vor allem für die folgenden Abschnitte 7,11ff und 7,20ff bestimmend ist.

---

[75] Vgl. 6,16; πάσης ἀντιλογίας πέρας sowie den entsprechenden Sprachgebrauch in den Papyri: s. o. zu 6,16. Konkret widerspricht dieser Grundsatz freilich jüdischer Auffassung. Vgl. bMeg 15a (vgl. STRACK-BILLERBECK III S. 695).

[76] Vgl. in diesem Sinne dann bes. 7,19.22. Vgl. auch 8,6; 9,23; 10,34; 11,35 sowie bereits 1,4 und 6,9.

[77] Die rhetorische Figur ὧδε μέν – ἐκεῖ δέ im Sinne von „einerseits – andererseits" entspricht der Gegenüberstellung οἱ μέν – ὁ δέ in VV. 5/6. Vgl. A. VANHOYE, La structure littéraire, S. 127f. Dementsprechend kann man aus dem ὧδε nicht entnehmen, daß z. Zt. der Abfassung des Hebr die Institution des levitischen Priestertums noch besteht. Gegen A. STROBEL S. 152. – Zu Form und Sache der Gegenüberstellung vgl. Philon, Somn II 231: κατὰ μὲν τὸ θνητόν – κατὰ δὲ τὸ ἀθάνατον. Vgl. J. W. THOMPSON, The Beginnings of Christian Philosophy, S. 121f.

[78] Zu μαρτυρούμενος ὅτι vgl. Philon, All III 228. – Logisches Subjekt des „Zeugnisses" ist zunächst die Schrift (in Gestalt von Ps 110,4), so dann wohl auch in V. 17. Bei alledem ist freilich im Hebr – wie im übrigen auch bei Philon (vgl. z. B. All III 46.208) – mit diesem Zeugnis das des Hl. Geistes (10,15) bzw. Gottes eigenes Zeugnis identisch (11,2.4f.39). Vgl. H. STRATHMANN, ThWNT IV, S. 501; J. BEUTLER, EWNT II, Sp. 960. Eine Argumentation „e silentio scripturae" liegt also auch hier nicht vor (gegen H. BRAUN S. 204), ebensowenig auch eine Bezugnahme auf eine „apokryphe" Überlieferung, sodaß der Autor an dieser Stelle selbst seine Abhängigkeit von „apokryphen Melchisedektraditionen" andeuten würde. So G. THEISSEN, Untersuchungen zum Hebr, S. 30. Zur Frage vgl. bereits F. BLEEK, II/2, S. 341.

In den VV. 9/10 endlich spricht der Autor abschließend ausdrücklich aus, was zwar nicht ausdrücklich durch die Schrift selbst bezeugt wird, wohl aber – wie bereits der Übergang von Abraham (V. 4) zu Levi (V. 5) anzeigte – in ihrem Zeugnis impliziert ist. Eben dies will die rhetorische Wendung ὡς ἔπος εἰπεῖν besagen:[79] Sozusagen „durch Abraham", d. h. in der Gestalt des Abraham (bei seiner Begegnung mit Melchisedek), ist zugleich auch Levi, dem Empfänger der Zehntabgabe seitens des Volkes, die Zehntpflicht auferlegt worden. Und wie dieses „durch Abraham auch Levi" konkret zu denken ist, trägt begründend (γάρ) V. 10 nach: Von jener „Begegnung" zwischen Melchisedek und Abraham, von der in Gen 14 erzählt wird, war auch schon Levi gleichsam mitbetroffen, er, der damals „in der Hüfte des Vaters" war. Πατήρ steht hier – wie ὁ πατριάρχης in V. 4 – noch einmal für Abraham als den „Stammvater", der zugleich die Gesamtheit seiner Nachkommenschaft repräsentiert[80]. Antijüdische Polemik ist bei solcher Relativierung bzw. „Herabsetzung" des Abraham gegenüber Melchisedek nicht im Spiel; vielmehr zeigt gerade der folgende Abschnitt, in welchem Sinn und Maß alle (im Sinne des Autors aus dem Zeugnis der Schrift selbst zu entfaltende!) Kritik an Abraham bzw. am levitischen Priestertum letztlich – was die Argumentationsrichtung des Autors angeht – nur der Begründung und Herausstellung der eigenen christologischen Position, genauer noch: der „Einführung einer besseren Hoffnung" zugeordnet ist, durch die die Adressaten in den Stand und das Vermögen gesetzt werden sollen, in ihrer gegenwärtigen Anfechtungssituation an die Stelle der Erfahrung der Ferne Gottes die Erfahrung der „Nähe zu Gott" treten zu lassen (V. 19).

4.1.3) 7,11–19: Die Nutzlosigkeit des aaronidisch-levitischen Priestertums

11 Wenn also eine Vollendung durch das levitische Priestertum (erreicht worden) wäre – hat doch das Volk darüber (oder: auf dieser Grundlage) gesetzliche Weisung erhalten –, was wäre es (dann) noch nötig, ‚nach der Ordnung des Melchisedek' einen anderen Priester einzusetzen und (ihn) nicht ‚nach der Ordnung des Aaron' zu benennen?!

---

[79] Diese formelhafte Wendung besagt also nicht, daß der Autor sich seiner Sache nicht ganz sicher ist! – Zum absoluten Infinitiv nach ὡς, wie ihn diese Wendung belegt, vgl. BL.-DEBR.-R. § 391,6. Auch Philon benutzt diese Wendung, um auf die Implikationen bestimmter Sachverhalte aufmerksam zu machen. Vgl. Op 13.107; SpecLeg II 63; III 206; IV 133; Plant 158; Ebr 51; Cher 31 u. ö. Vgl. C. SPICQ, I, S. 42f; R. WILLIAMSON, Philo and the Epistle to the Hebrews, S. 103–109, hier bes. zum Gebrauch der Wendung in der antiken Literatur, bes. bei Platon.

[80] Zur Wendung ἐν τῇ ὀσφύϊ τοῦ πατρός vgl. bereits V. 5 (s. o. z. St.). – Sachlich gesehen liegt die Vorstellung von Abraham als „Stammvater" auf derselben Ebene wie die Adam-Christus-Typologie Röm 5,12–21 und 1 Kor 15,21f.45. Vgl. E. SCHWEIZER, ThWNT VII, S. 1070.

12 Denn wenn eine Veränderung des Priestertums eintritt, so erfährt notwendig auch das (dieses Priestertum konstituierende) Gesetz eine Veränderung.
13 Denn derjenige, von dem dies gesagt ist, der gehört zu einem anderen Stamm, aus dem niemand sich mit dem Altar befaßt hat.
14 Ist es doch offenkundig, daß aus dem Stamm Juda unser Herr hervorgegangen ist; (dies aber ist) ein Stamm, im Blick auf den Mose nichts hinsichtlich der Priester hat verlauten lassen.
15 Und noch viel deutlicher ist (die Sache), wenn nach der Art des Melchisedek ein anderer Priester eingesetzt wird,
16 der nicht gemäß dem Gesetz einer fleischlichen Bestimmung, sondern gemäß der Kraft unzerstörbaren Lebens (Priester) geworden ist.
17 Denn es wird (ja) bezeugt: ‚Du bist ein Priester in Ewigkeit nach der Ordnung des Melchisedek'.
18 So geschieht nun die Aufhebung eines zuvor ergangenen Gebotes wegen seiner Schwachheit und Nutzlosigkeit –
19 hat doch das Gesetz nichts zur Vollendung gebracht –, (dafür) aber erfolgt die Einführung einer besseren Hoffnung, durch die wir Gott (zu) nahen vermögen.

Struktur und Stellung im Kontext:

Im Zusammenhang von Hebr 7 stellen die VV. 11–19 eine in sich geschlossene Einheit dar. Ablesbar ist dies bereits aus der durch die Stichworte τελείωσις (V. 11) und τελειοῦν (V. 19) angezeigten Inclusio, darüber hinaus auch aus der syntaktischen Verbindung der einzelnen Aussagen in diesem Abschnitt durch ständig wiederkehrendes γάρ (VV. 12.13.14.17.18.19). In sachlicher Hinsicht ist der Argumentationsfortschritt gegenüber 7,4–10 deutlich erkennbar: Nicht nur, daß Gen 14 jetzt keine Rolle mehr spielt und damit auch nicht mehr die Gestalt des Melchisedek als solche, sondern nur noch – im ausdrücklichen Rückbezug wiederum auf Ps 110,4 – die besondere Weise seines Priestertums; darüber hinaus ist der Abschnitt vor allem auch durch den Argumentationszusammenhang zwischen der „Ordnung" des Priestertums des Melchisedek und dem Gesetz (als Kultgesetz) bestimmt: Wird das Stichwort τελείωσις in V. 11 zunächst auf das levitische Priestertum bezogen, so steht am Ende in V. 19 das Verbum τελειοῦν in bezug auf das Gesetz. Freilich ist in dieser Hinsicht doch zugleich auch ein Zusammenhang mit dem vorangehenden Abschnitt gegeben: Die Verbindung Priestertum – Gesetz deutete sich ja schon in V. 5 an, wird aber nunmehr – in 7,11–19 – im einzelnen ausgeführt. Auch die negativ-kritischen Aussagen über das Priestertum (und das dieses Priestertum konstituierende Gesetz) verbinden beide Abschnitte miteinander; sie steigern sich freilich noch erheblich in 7,11–19, sodaß die eingangs angedeutete μετάθεσις des Gesetzes (V. 12) am Ende schließlich zur ἀθέτησις des Gesetzes gerät (V. 19). Im engeren Sinne polemisch ist dies freilich auch hier nicht gemeint. Die ganze negative Aussagenreihe hinsichtlich des Gesetzes (insbesondere in den VV. 16–19) hat vielmehr – wie vor allem V. 19 anzeigt – lediglich die Funktion, die am Ende des ganzen Zusammenhangs formulierte Position entsprechend herauszustellen, eben die „Einführung einer besseren Hoffnung..." (V. 19). Auch hier wieder also, inmitten von lehrhaft-christologischen Darlegungen, ist der Autor des Hebr ganz unmittelbar bei dem pastoralen Grundanliegen seiner Mahnrede.

Dem Anrede-Charakter seiner Darlegungen jedenfalls entspricht es, daß der Autor die in V. 11 enthaltene Argumentation hinsichtlich der Unvollkommenheit des levitischen Priestertums in Gestalt eines (im Nachsatz in eine rhetorische Frage einmündenden) Bedingungssatzes formuliert und auf diese Weise zu erkennen gibt, daß er auch hier wieder zunächst an das eigene Einsichts- und Urteilsvermögen seiner Leser appelliert. Οὖν zu Beginn von V. 11 leitet also nicht eine Schlußfolgerung aus dem vorangehenden Abschnitt ein, sondern will von vornherein auf die diesem Bedingungssatz selbst innewohnende Logik aufmerksam machen: „Wenn nun ...". Auch wenn ein ἄν in der Apodosis fehlt, ist doch vom Kontext her eindeutig, daß hier ein irrealer Bedingungssatz vorliegt: „Wenn nun durch das levitische Priestertum eine τελείωσις bewirkt worden wäre ..." – tatsächlich aber ist dies ja gerade nicht der Fall![81] Die Logik des Satzes hat dabei – ebenso wie schon die entsprechende Argumentation in 4,8 oder dann auch in 8,7 – ein gleichsam historisches Argument zur Prämisse: Die Tatsache, daß – zeitlich gesehen – nach der Installierung des levitischen Priestertums ein „anderer Priester" (von Gott) eingesetzt worden ist[82], ein Priester nämlich „nach der Weise des Melchisedek" und (somit) nicht „nach der Weise des Aaron"[83], dies allein schon hat Beweiskraft für die These, daß das Priestertum „nach der Weise des Aaron", also das levitische Priestertum, und seine Kultausübung keine „Vollendung" bewirkt hat – und somit nun auch die Notwendigkeit (χρεία) für ein „anderes" Priestertum besteht![84] Also: Die „neue" bzw. spätere Einsetzung erweist als solche die „alte" und frühere als „schwach und nutzlos" (V. 18), ja hebt sie

---

[81] Vgl. entsprechend V.19 inbezug auf das Gesetz. – Zu V. 11 als Irrealis vgl. BL.-DEBR.-R. § 360,2. Entscheidend für das Verständnis als Irrealis ist – trotz des Fehlens ἄν im Nachsatz – der Kontext bzw. die Sache der Argumentation, um die es hier geht. Vgl. entsprechend auch die Argumentation in 4,8; 8,7. Zum Fehlen eines ἄν in irrealen Bedingungssätzen im Koine-Griechischen vgl. L. RADERMACHER, Neutestamentliche Grammatik, S. 158ff. 202. Ein Verständnis im Sinne eines Realis wäre sinngemäß nur möglich in einem schlußfolgernden und damit einschränkenden Sinn: „Wenn wirklich – wie man glaubt ...". Vgl. BL.-DEBR.-R. § 372,1. Zur Art und Sache der Argumentation vgl. auch Gal 2,21: „Denn wenn (sc.: was ja eben nicht der Fall ist!) durch das Gesetz Gerechtigkeit (erlangt werden könnte), dann wäre Christus umsonst gestorben".

[82] Der Zeitpunkt der Einsetzung jenes „anderen" Priesters wäre dann – unter der Voraussetzung davidischer „Verfasserschaft" von Ps 110 – mit der Zeit des Königs David gegeben. Vgl. die entsprechende Argumentation in 4,7f. Vgl. A. T. HANSON, StEv II, S. 398. Zur zeitlichen Argumentation vgl. auch 7,28: μετὰ τὸν νόμον, d. h.: „(zeitlich) nach dem Gesetz". – Die Andersartigkeit des Priestertums „nach der Weise des Melchisedek" wird hier bewußt mit ἕτερος (und nicht mit ἄλλος!) bezeichnet: Ἕτερος schließt adversativ den Gegensatz in sich: ἕτερον ἱερέα καὶ οὐ κτλ.! Vgl. Act 7,18; Röm 7,4 sowie dann auch Hebr 7,13.15. Vgl. C. SPICQ II, S. 188f.; DERS., SBi, S. 125; K. HAACKER, EWNT II, Sp. 166.

[83] Die Wendung κατὰ τὴν τάξιν Ἀαρών ist Analogiebildung zu Ps 110,4: κατὰ τὴν τάξιν Μελχισέδεκ. Ist dabei im Kontext von dem das Priestertum konstituierenden Gesetz die Rede (VV. 11/12), so nähert sich τάξις der Bedeutung „Anordnung" an. Entsprechend gebraucht Josephus, c.Ap. II 151, τάξις synonym zu νόμος.

[84] Zur Wendung τίς ἔτι χρεία vgl. Sextus Emp., Ad log II 343.

überhaupt auf (8,13!). In welchem Sinne das (nur hier im Hebr begegnende) Stichwort τελείωσις steht, bestimmt sich vom Kontext her, und d. h. im Rahmen der inclusio dieses Abschnitts: von der Aussage über das Gesetz in den VV. 18/19 her. Also: Das levitische Priestertum bzw. das dieses Priestertum konstituierende Gesetz hat nicht das „Ziel" (τέλος) erreicht, das es erreichen sollte, nämlich das ἐγγίζειν τῷ θεῷ (V. 19). Sich Gott „nähern", das ist – innerhalb des „kultischen" Kontextes dieser Verse jedenfalls – das Vorrecht des (von seinen Sünden gereinigten!) Priesters. So gesehen steht τελείωσις hier nicht nur im Sinne von „Vollendung", sondern eignet diesem Terminus zumindest an dieser Stelle zugleich auch eine kultische Konnotation[85].

Bei alledem ist hier bereits durch die inclusio der VV. 11 und 19 ein Zusammenhang zwischen Priestertum und Gesetz vorausgesetzt. Er wird durch die (die Wendung κατὰ νόμον in V. 5 aufnehmende) Parenthese im Bedingungssatz von V. 11 ausdrücklich noch einmal hervorgehoben. Das Anliegen dieser Parenthese besteht im Kontext darin, die Ausssage über die μετάθεσις des Gesetzes in V. 12 vorzubereiten, und zwar jenes Gesetzes, das seinerseits das levitische Priestertum konstituiert: Νόμος steht hier also vom Kultgesetz (wie bereits in V. 5). Von solchem Kontext her bestimmt sich dann auch in V. 11 die fragliche Wendung ἐπ' αὐτῆς νενομοθέτηται: Ἐπ' αὐτῆς hier also nicht – worauf zunächst ἐπί mit Genitiv hinweisen könnte – im Sinne von „auf der Grundlage" (sc. des levitischen Priestertums) „hat das Volk das Gesetz empfangen"[86], sondern gerade umgekehrt: „darüber" (sc. das levitische Priestertum betreffend) „hat das Volk gesetzliche Weisung empfangen"[87]. Allein diese Zuordnung jedenfalls entspricht dem „nach Maßgabe des Gesetzes" von V. 5 und macht zu-

---

[85] Vgl. G. Delling, ThWNT VIII, S. 86; zu τελειοῦν in V. 19: ebd., S. 83; H. Balz, EWNT III, Sp. 829; H. Zimmermann, Das Bekenntnis der Hoffnung, S. 103f; D. Peterson, Hebrews and Perfection, S. 108ff. – Die ursprünglich kultische Bedeutung von τελειοῦν (in LXX) – dazu: G. Delling, ThWNT VIII, S. 86 – ist damit keineswegs ausgeschlossen, geht es doch hier um die „Vollendung" im Sinne des „vollkommenen" Priestertums, das das levitische Priestertum in seiner Vorläufigkeit jedenfalls nicht darstellte.

[86] So W. Bauer, Wörterbuch zum Neuen Testament, Sp. 1072; BL.-Debr.-R. § 234,7; W. Gutbrod, ThWNT IV, S. 1083, u.v.a., neuerdings auch wieder C. Spicq, SBi, S. 124; H. Braun, S. 205.

[87] Die Lesarten αὐτῇ (D² M; vgl. auch 8,6!) bzw. αὐτήν (Min. 6 614 al) sind in diesem Sinn zweifellos erleichternde Lesarten. Jedoch ist auch ἐπί c. gen. (in Verbindung mit νομοθετεῖν!) in dieser Bedeutung bei Philon belegt: SpecLeg II 35 sowie I 235. Vgl. H. W. Hollander, Hebrews 7.11 and 8.6: A Suggestion for the Translation of nenomothetētai epi, BiTr 30 (1979/80) S. 244–247, spez. S. 246f. – Das Perfekt νενομοθέτηται bringt die fortdauernde Geltung der (einmaligen) Gabe des Gesetzes zum Ausdruck (vgl. entsprechend 8,6 von der καινὴ διαθήκη), während die Lesart im Plusquamperfekt νενομοθέτητο (D² Ψ M) möglicherweise als sekundäre Angleichung an das Imperfekt ἦν zu erklären ist. – Νομοθετεῖν, im Neuen Testament nur hier (und 8,6), häufig dagegen bei Philon: All III 142; Post 143; Ebr 64; auch von den Gesetzen = τὰ νομοθετηθέντα, so Det 52; Migr 91; SpecLeg I 198; vgl. auch Josephus, Ant. III 317.

gleich die Schlußfolgerung in V. 12 verständlich, daß mit einer „Veränderung" des Priestertums zugleich auch eine „Veränderung" des dieses Priestertum konstituierenden Gesetzes gegeben ist. Unter der Voraussetzung der Zusammengehörigkeit von Priestertum und Gesetz ist das eine notwendige, ja zwingende Schlußfolgerung[88]. Eine „Veränderung" des Priestertums, wie sie zuvor in V. 11 als notwendig erwiesen worden ist, bringt notwendig auch eine „Veränderung" des Gesetzes mit sich. Und μετάθεσις, das meint hier im Kontext nicht nur eine relative (sich innerhalb gleichsam der zu verändernden Größe ereignende) „Veränderung", sondern schließt zugleich – viel radikaler – die ἀθέτησις, d. h. die Ablösung des Gesetzes, in sich[89]. Konkret also: Die Ablösung des levitischen Priestertums mitsamt dem dieses Priestertum konstituierenden Gesetz durch das „andere" Priestertum „nach der Weise des Melchisedek"!

Wirklich nachvollziehbar (und somit auch für die Leser einsichtig) ist solche Beweisführung im Grunde nur unter der in V. 3 bereits formulierten und in den VV. 4–10 anhand von Gen 14 exegetisch ausgeführten Voraussetzung, daß jenes „andere" Priestertum als solches ein „ewiges" Priestertum ist und sich dadurch wesenhaft vom levitischen Priestertum unterscheidet, während doch nach der Auffassung des Judentums eben das levitische Priestertum selbst ein für alle Zeit eingesetztes Priestertum ist, Melchisedek also, der für sich keinen „Stammbaum" aufzuweisen hat (V. 3), legitimerweise gar nicht Priester sein kann[90]. So ist denn auch die in V. 13

---

[88] Ἐξ ἀνάγκης steht hier also – im Unterschied zu 2 Kor 9,7 – von der logischen Folgerichtigkeit und belegt erneut die Rationalität der Argumentation im Hebr. Vgl. entsprechend 8,3 sowie 9,16.23. Damit entspricht Hebr dem „hellenistischen" Gebrauch von ἀνάγκη bzw. der Wendung ἐξ ἀνάγκης, wie er auch bei Philon (Post 4: ἀκολουθεῖ δὲ ἐξ ἀνάγκης; ebd. 19; All III 200; Op 72.132 u. ö.) wie auch bei Plutarch (De E apud Delphos 19) belegt ist. Vgl. A. STROBEL, EWNT I, Sp. 187.189f; H. BRAUN, S. 208; W. C. LINSS, CTM 37 (1966) S. 365–369.

[89] Μετάθεσις wird im Zusammenhang der Frage nach der „Veränderlichkeit" Gottes gebraucht: vgl. Hebr 6,17 sowie Ps-Aristoteles, De mundo 6 (400 B 29): ὁ θεός, οὐδεμίαν ἐπιδεχόμενος διόρθωσιν ἢ μετάθεσιν. Von der „Veränderung" der Gesetze: Platon, Minos 7 (316 C): μετατιθέμενοι τοὺς νόμους. Das Moment der Umwandlung, des Übergangs – und damit der „Ablösung" – ist dabei durchaus eingeschlossen. So auch der Gebrauch im jüdischen Hellenismus: 2 Makk 11,24; Philon, Gig 66 (neben μεταβολή); Josephus, Ant. XII 387; c.Ap.I 286; Arist 160. Zum Ganzen vgl. Chr. MAURER, ThWNT VIII, S. 162.

[90] Vgl. in diesem Sinne die Auslegung von Gen 14,20 in Jub 13,25f: „... für Abraham und seine Nachkommen den Zehnten der Erstlinge des Herrn, und der Herr machte es zu einer ewigen Satzung, daß sie ihn den vor ihm dienenden Priestern geben sollten ... Und dies Gesetz hat keine zeitliche Beschränkung; vielmehr hat Er für die Geschlechter auf immer angeordnet, daß sie dem Herrn den Zehnten von allem gäben ..."; vgl. auch 32,1f: „Da träumte Levi, man hätte ihn zum Priester des höchsten Gottes eingesetzt und gemacht, ihn und seine Söhne für immer ...", sowie den entsprechenden Traum des Levi in TestLev 8,1ff, bes. 8,3: „Von jetzt an sei ein Priester, du und dein Samen". Wenn demgegenüber in TestLev 8,14 ein „König aus Juda" (vgl. Hebr 7,14!) genannt wird, der „ein neues Priestertum schaffen wird nach der Art der Völker für alle Völker", so handelt es sich hier eindeutig um eine sekundäre christliche Interpolation. Vgl. J. BECKER, Die Testamente der zwölf Patriarchen (JSHRZ III/

für den Grund-Satz von V. 12 gegebene „historische" Begründung ihrerseits wiederum nur unter der Voraussetzung einer dezidiert christologischen Leseart der Schrift akzeptabel, konkret also unter der Voraussetzung, daß „dieses" (ταῦτα) – das also, was bisher über den Priester „nach der Weise des Melchisedek" gesagt worden ist[91] – ἐφ' ὅν d. h.: in bezug auf Christus, „gesagt wird" (λέγεται), im Grunde also nur ihn meint. Und er, der in V. 14 sodann „unser Herr" genannt wird, kommt nun ja in der Tat – was seine Herkunft betrifft – aus einem „anderen Stamm, von dem keiner sich mit dem (Dienst am) Altar befaßt hat", also aus nicht-priesterlichem Stamm[92]. „Nach Maßgabe des Gesetzes" (V. 5) ist sein Priestertum also ebensowenig legitim wie das des Melchisedek. Dies alles bekümmert aber den Autor des Hebr gar nicht, weil ja das „andere" Priestertum, von dem hier die Rede ist, das Priestertum „nach der Weise des Aaron" mitsamt dem es konstituierenden Gesetz als überholt und „veraltet" erweist (8,13).

V. 14 endlich begründet bzw. präzisiert: Der „andere Stamm", aus dem „unser Herr hervorgegangen ist", ist der Stamm Juda, ein Stamm also, in bezug auf den (εἰς ἣν φυλήν) Mose nichts hinsichtlich des Priestertums gesagt hat[93]. Mit der einleitenden Wendung πρόδηλον γάρ (ἐστιν), „Denn es ist offenkundig", seit alters also bekannt[94], nimmt der Autor auf ein gemeinsames Wissen der Christen (und damit auch seiner Leser) Bezug und

---

1), Gütersohn 1974, S. 53, Anm.; DERS., Untersuchungen zur Entstehungsgeschichte der Testamente der Zwölf Patriarchen (AGJU 8), Leiden 1969, S. 277ff.

[91] Die unpersönliche Form λέγεται läßt die Möglichkeit offen, daß der Autor sich auf das (ταῦτα) zurückbezieht, was er selbst zuvor dargelegt hat. Angesichts dessen aber, daß er im Kontext mehrfach ausdrücklich auf das Zeugnis der Schrift (als Gottes Zeugnis) verweist (V. 8 und V. 17), ist auch hier der Bezug auf die Schrift, genauer: auf Ps 110,4, wahrscheinlich. Vgl. Mk 9,11f: γέγραπται ἐπί.

[92] Die (leibliche) Herkunft wird hier mit μετέχειν (mit Genitiv), „teilhaben" im Sinne von „zugehören", bezeichnet. Vgl. auch 2,14. Μετέχειν in Verbindung mit φυλή auch bei W. DITTENBERGER, Orientis Graeci Inscriptiones, p. 56,31, belegt. Vgl. C. SPICQ, Notes II, S. 558, Anm. 4; H. HANSE, ThWNT II, S. 831. – Bemerkenswert ist auch hier wieder die Reihe der Perfekta μετέσχηκεν – προσέσχηκεν – ἀνατέταλκεν (V. 14), die durch P[46] (u. a.) z. T. in Aoristformen umgewandelt werden. Die Abfolge μετέσχηκεν – προσέσχηκεν in V. 13 ist möglicherweise durch die Vorliebe des Autors für Paronomasie bedingt (vgl. auch 5,8). Sie wird – sekundär – verstärkt durch die Lesart μέτεσχεν bzw. μετέσχηκεν statt προσέσχηκεν (K P 1912 al). Vgl. B. M. METZGER, A Textual Commentary on the Greek New Testament, S. 667. – Προσέχειν, „sich befassen", steht hier analog zu παρεδρεύειν θυσιαστηρίῳ in 1 Kor 9,13. Vgl. auch Josephus, Ant. XI 308: προσιέναι τῷ θυσιαστηρίῳ.

[93] Vgl. entsprechend V. 13b: ἀφ' ἧς οὐδεὶς κτλ.. Lediglich stilistische Veränderungen bzw. Verbesserungen bieten die Lesarten, die – wie P[46] ℵ * usw. – die Reihenfolge der Wörter im Relativsatz umstellen. Die Lesarten dagegen, die dabei anstelle von περὶ ἱερέων ein περὶ ἱερωσύνης lesen (ℵ[2] usw. und Ψ usw.), gleichen sekundär an ἱερωσύνη in V. 11 und V. 12 an. Vgl. H. BRAUN S. 210.

[94] Zu dieser in der griechisch-hellenistsichen Literatur wie auch im jüdischen Hellenismus geläufigen Wendung (auch ohne ὅτι) vgl. 2 Makk 3,17; 14,39; Philon, Gig 39; Josephus, Vita 22.212; Arist 133 sowie 1 Tim 5,24f. Vgl. W. BAUER, Wörterbuch zum Neuen Testament, Sp. 1410; J. H. MOULTON/G. MILLIGAN, The Vocabulary of the Greek New Testament, S. 538f.

dementsprechend auch mit der Formulierung ὁ κύριος ἡμῶν auf das gemeinsame Bekenntnis der Christen[95]. Darüber hinaus setzt offensichtlich auch die Rede vom „Hervorgehen" (ἀνατέλλειν) „unseres Herrn aus Juda" eine bestimmte traditionell-urchristliche Messianologie voraus, ist also nicht lediglich Umschreibung der irdischen Abkunft Jesu[96]. Wirklich zum Tragen kommt diese alte christologische Überlieferung jedoch an dieser Stelle – wie auch sonst im Hebr – nicht[97]. Im Zusammenhang der Argumentation ist sie vielmehr nur eine Station auf dem Wege des Nachweises, daß das Priestertum „unseres Herrn" von gänzlich anderer Qualität als das der levitischen Priester ist.

Zunächst offensichtlich ist dem Autor hier diese Abgrenzung wichtig, noch nicht die (damit verbundene) Darlegung der christologischen Position. Sie erfolgt erst in den VV. 15–17 und wird hier nun nicht mehr aus der Bezugnahme auf ein historisches Datum erhoben, sondern wiederum aus Ps 110,4[98]. Zudem macht der Autor selbst mit der (die voraufgehende historische Reminiszenz überbietenden) Wendung περισσότερον ἔτι κατάδηλόν ἐστιν, „noch viel deutlicher ist (jedoch)"[99], darauf aufmerksam, daß das zuvor Gesagte im Zusammenhang seiner Argumentation lediglich relativen Stellenwert hat. Viel wichtiger für ihn bzw. für die Darlegung seiner christologischen Position ist der erneute Bezug auf Ps 110,4 und da-

---

[95] Im Hebr selbst steht dieses Bekenntnis freilich nicht im Zentrum. Vgl. aber immerhin 2,3 sowie bes. 13,20: ὁ κύριος ἡμῶν'Ἰησοῦς, eine Stelle, die freilich insgesamt durch urchristliche Traditionssprache bestimmt ist. Von 13,20 her ist wohl auch die sekundäre Einfügung von Ἰησοῦς in V.14 zu verstehen (Min. 104 365 pc).

[96] Vgl. entsprechend ἀνατέλλειν bzw. ἀνατολή in Mt 4,16 (Jes 9,1); Lk 1,78; 2 Petr 1,19 sowie in der biblisch-jüdischen Messianologie: Num 24,17; Jes 58,10; 60,1; Jer 23,5; Mal 4,2 (3,20); Sach 3,8; 6,12; TestDan 5,20; TestNapht 8,2; TestGad 8,1, hier freilich zumeist im Sinne des „Aufgehens" des Messias aus dem Geschlecht Davids. Philon, Conf 62f, wendet Sach 6,12 wiederum auf den Logos an. – Zur Herkunft Jesu aus Juda vgl. Mt 1,2f par Lk 3,33; Mt 2,6 (Mi 5,1.3); Apk 5,5 sowie 1 Clem 32,2. Zum Ganzen vgl. E. GRÄSSER, in: Text und Situation, S.163f.

[97] Dies gilt auch für die Vermutung von E. GRÄSSER, in: Text und Situation, S.163f, daß der Autor des Hebr an dieser Stelle „mit seiner Formulierung das urchristliche Bekenntnis zur Davidsohnschaft Jesu aufzunehmen" scheint (mit Hinweis auf Röm 1,3; 2 Tim 2,8 usw.). Vgl. auch Th.H. ROBINSON S.99.

[98] Von daher gesehen ist es unangemessen, im Blick auf die Argumentation in V.14 von einem vom Autor des Hebr beabsichtigten „Thatsachenbeweis" (so H.v.SODEN S.58) oder auch von einem „historischen Beweis" für die eigene christologische Position zu sprechen (so E. RIGGENBACH S.197). Zum Problem in dieser Hinsicht vgl. auch E. GRÄSSER, in: Text und Situation, S.163ff sowie S.165: Der Autor legitimiert hier „das Kerygma vom Hohenpriester Christus mit einem historischen Phänomen"! ebd. aber auch die Einschränkung: „Schließlich läßt Hebr sein Verfahren, eine historische Notiz zur Stütze eines christologischen Beweisganges heranzuziehen, auch nur einen Augenblick lang gelten". Vgl. auch F. BÜCHSEL, ThWNT IV, S.340: „Also die Schrift ist der Beweis, nicht die entsprechende Tatsache der Geschichte Jesu".

[99] Κατάδηλόν ἐστιν entspricht πρόδηλόν (ἐστιν) in V.14 (s.o. Anm. 94). Zur Wendung vgl. bes. P.Lips. 64 (= Mitteis/Wilcken, Chrestomathie I/2, S.333 = Nr. 281, Z.28.33.37): τοῦτό τε κατάδηλον; H. BRAUN S.210f.

mit letztlich wiederum die Herausstellung des „ewigen" Charakters des „anderen" Priestertums „nach der Weise (κατὰ τὴν ὁμοιότητα!) des Melchisedek". Die in V. 14 sich andeutende „zeitlich-historische" Argumentationsweise wird überboten (περισσότερον ἔτι) und abgelöst durch eine gleichsam „meta-historische" Argumentationsweise, und zwar im Sinne der Gegenüberstellung „fleischlich-vergänglich" einerseits und „ewig", also „unauflöslich/unvergänglich", andererseits[100]. Im Verhältnis zu V. 14 gesehen heißt das: Sein eigentliches Fundament und seine eigentliche Legitimation hat das Priestertum dessen, von dem hier die Rede ist, gar nicht darin, daß er einem „anderen Stamm", einem an sich nicht-priesterlichen Stamm, zugehört (V. 14), sondern in einer das levitische Priestertum übertreffenden höheren „Ordnung", die - als eine „Ordnung" κατὰ τὴν ὁμοιότητα Μελχισέδεκ - durch die „Kraft unzerstörbaren Lebens" gekennzeichnet ist. „Nach der Weise des Melchisedek", d. h. also: „gemäß der Kraft unzerstörbaren Lebens", wie eben durch Ps 110,4 - „Du bist ein Priester in Ewigkeit..." - ausdrücklich „bezeugt" wird (V. 17)[101]. Die Gestalt des Melchisedek selbst spielt hier am Ende gar keine Rolle mehr, alles Gewicht liegt vielmehr nur noch auf der „Weise" (ὁμοιότης) seines Priestertums[102] - und damit auf dem εἰς τὸν αἰῶνα von Ps 110,4 bzw. dem hier installierten „anderen" Priestertum. Ihm gegenüber beruht das levitische Priestertum - entsprechend dem bereits in V. 12 hergestellten Zusammenhang zwischen Priestertum und Gesetz - nur auf einem νόμος ἐντολῆς σαρκίνης, auf dem „Gesetz einer Vorschrift" also [103], die nur „Fleischli-

---

[100] Σάρκινος steht hier im Sinne von „vergänglich" im Gegensatz zu ἀκατάλυτος, „unzerstörbar, unvergänglich" (als Kennzeichen der göttlichen Welt). Vgl. 4 Makk 10,11 (von den von Gott verhängten Strafen). Philon gebraucht καταλύειν entsprechend von der irdischen Welt, so bes. All I 32. Vgl. auch J. W. THOMPSON, The Beginnings of Christian Philosophy, S. 123; F. BÜCHSEL, ThWNT IV, S. 339.

[101] Δύναμις ζωῆς ἀκαταλύτου ist also Umschreibung für εἰς τὸν αἰῶνα aus Ps 110,4. Zur Sache vgl. bereits V. 3 und V. 8. - Das logische Subjekt des unpersönlichen μαρτυρεῖται in V. 17 ist entsprechend der direkten Rede in Ps 110,4 (vgl. auch V. 21) Gott selbst (pass. divinum). Zur (sekundären) aktivischen Lesart μαρτυρεῖ (C P² K L usw.) wäre dementsprechend Gott als Subjekt zu ergänzen. Die Einfügung von εἶ im Anschluß an σύ (P⁴⁶ D¹ K P usw.) erklärt sich aus sekundärer Angleichung des Zitats an den LXX-Text. Vgl. J. C. McCULLOUGH, NTS 26 (1979/80) S. 372f.

[102] Da in V. 17 sodann wieder von der τάξις des Melchisedek die Rede ist, kann aus dem unvermittelten Übergang von der Wendung κατὰ τὴν τάξιν M. (V. 11) zur Wendung κατὰ τὴν ὁμοιότητα M. in V. 15 nicht auf eine beabsichtigte Akzentverschiebung in der Sache geschlossen werden. Beide Wendungen geben vielmehr in gleicher Bedeutung das hebr. על־דברתי aus Ps 110,4 wieder. Vgl. J. SCHNEIDER, ThWNT V, S. 190.

[103] Mit der Formulierung νόμος ἐντολῆς wird hier - entsprechend dem traditionell-biblischen Sprachgebrauch - dieselbe Differenzierung zwischen νόμος und ἐντολή vorausgesetzt wie bereits in V. 5 (s. dort). Νόμος steht also auch hier für das Kultgesetz insgesamt, während ἐντολή dem unmittelbaren Kontext entsprechend das spezielle Gebot meint, das die Belange der priesterlichen Genealogie regelt. Vgl. H. ZIMMERMANN, Das Bekenntnis der Hoffnung, S. 105ff. - Der Vorschlag von H. SAHLIN, NT 25 (1983) S. 84, ἐντολῆς in V. 16 in Entsprechung zu ἀνατέλλειν (V. 14) zu emendieren in ἀνατολῆς (und somit auf die „fleischliche" Herkunft

ches", im Gegensatz zur „Kraft unzerstörbaren Lebens" also nur Irdisches und (somit) Vergängliches anordnet und regelt[104], in diesem Sinne dann freilich auch selbst der Sphäre des Irdisch-Vergänglichen zugehört. Und seinen „fleischlichen" Charakter erweist dieses Gesetz bzw. diese „Vorschrift" eben darin, daß sie nur sterbliche Menschen zu Priestern einsetzt (V. 8!)[105], darüber hinaus aber auch darin, daß sie – dementsprechend – lediglich eine „Reinigung des Fleisches" zu bewirken vermag (9,13).

Mit solcher Kennzeichnung gewinnen die Aussagen über das Gesetz an dieser Stelle eine Schärfe und Zuspitzung, die über all das hinausführt, was bisher bereits (VV. 5.11.12) zum Thema des Gesetzes gesagt worden ist. Gleichwohl geht es dem Autor des Hebr auch hier wiederum nicht um eine Absage an das Gesetz als solches; vielmehr erfolgt auch hier wieder solche „Gesetzeskritik" unter dem hermeneutischen Vorzeichen der bereits erfolgten (γέγονεν!) Einsetzung des „anderen" Priesters „nach der Weise des Melchisedek"[106]. Genau dies gilt es auch im Blick nunmehr auf die Gegenüberstellung in den VV. 18/19 zu beachten, in denen die Reihe der Aussagen zum Gesetz in den VV. 5.11.12.16 ihren Höhe- und Zielpunkt erreicht[107]. Nicht mehr nur von einer „Veränderung" des Gesetzes wie in V. 12 ist hier die Rede, sondern nunmehr geradezu von seiner ἀθέτησις, von einer Annullierung des „zuvor ergangenen Gebotes"[108],

---

Jesu zu beziehen), gewährt der „Randaussage" von V. 14 ein zu starkes Gewicht gegenüber der eigentlichen Aussage in den VV. 15/16 und läßt zudem den Sachzusammenhang hinsichtlich des νόμος zwischen V. 16 und den VV. 18/19 außer Betracht.

[104] Statt σαρκίνη, wörtlich: „aus fleischlichem Stoff", lesen die meisten späteren handschriftlichen Zeugen (C³ D¹ usw.) das der Sache angemessenere σαρκική, „nach Art des Fleisches". Im Kontext ist gleichwohl mit der ursprünglichen Lesart (P⁴⁶ ℵ B C* D* usw.) ein abwertender Aspekt verbunden. Σάρκινος an dieser Stelle im Kontext also: „der fleischlich-vergänglichen Sphäre zugehörig". Zur Austauschbarkeit von σαρκικός und σάρκινος vgl. auch Röm 7,14; 1 Kor 3,1.3. Vgl. dazu BL.-DEBR.-R. § 113,2 sowie zur Sache J. W. THOMPSON, The Beginnings of Christian Philosophy, S. 122f; E. SCHWEIZER, ThWNT VII, S. 101.144 (zu V. 16); A. SAND, EWNT III, Sp. 547f.

[105] Hier – in V. 8 – dieselbe Gegenüberstellung wie in V. 16. Vgl. aber auch wiederum die Gegenüberstellung in den VV. 23/24 (hier zugleich mit der Gegenüberstellung „Viele – Einer" verbunden) sowie in V. 28.

[106] Der Zeitpunkt des γέγονεν ist auch hier wieder – vgl. bereits 5,9f. sowie 7,26.28 – die Erhöhung. Damit erledigt sich auch die Frage, „wie dieser ‚Sohn' dann doch zeitweilig hat ‚tot' sein können" (so H. WINDISCH S. 65) bzw. wie sich die Rede von der „Kraft unzerstörbaren Lebens" in V. 16 mit dem Geschehen des Sterbens Jesu vermitteln lasse. Zur Fragestellung vgl. auchF. BÜCHSEL, ThWNT IV, S. 340f, sowie H. BRAUN S. 212: „Diese Aporie wurzelt ... in der Grundstruktur der Hb-Christologie".

[107] Γάρ in V. 18 hat dementsprechend schlußfolgernden Charakter, d. h.: „auf diese Weise also geschieht einerseits (μέν) ..., andererseits aber (δέ) zugleich auch...".

[108] Προαγοῦσα ἐντολή, d. h.: zeitlich vor dem Zeugnis von Ps 110,4 ergangen. – Ἀθέτησις steht hier im ursprünglich rechtlichen Sinne. Dementsprechend ἀθέτησις γίνεται, also: „es erfolgt die Erklärung der Ungültigkeit". Der juristische Fachterminus steht synonym zu ἀκύρωσις. Vgl. bes. BGU 44,16: εἰς ἀθέτησιν καὶ ἀκύρωσιν (vgl. Gal 3,15) sowie die entsprechende Formel εἰς βεβαίωσιν Hebr 6,16. Zum entsprechenden Sprachgebrauch in den Papyri

nicht mehr nur vom „fleischlichen" Charakter jenes Gebotes (V. 16), sondern geradezu von seiner „Schwäche und Nutzlosigkeit", wobei durch die neutrische Ausdrucksweise – τὸ αὐτῆς ἀσθενὲς καὶ ἀνωφελές – solche Eigenschaft des Gesetzes als eine ihm wesenseigene gekennzeichnet wird[109]. Dies ist Anlaß genug, hier am Ende des Argumentationsganges noch einmal in einer Parenthese einzufügen, was bereits zu Beginn (V. 11) betont worden ist: Das Gesetz hat – infolge seiner „Schwäche und Nutzlosigkeit" – „nichts zur Vollendung gebracht", das also gerade nicht bewirkt, was es eigentlich doch bewirken sollte: die Ermöglichung des ἐγγίζειν τῷ θεῷ. Aber bei alledem: Nicht primär auf solcher negativen Kennzeichnung des Gesetzes liegt hier der Akzent, sondern – wie im Grunde stets in solchen durch die rhetorische Figur μέν-δέ gekennzeichneten Gegenüberstellungen – auf dem Nachsatz: Der „Einführung einer besseren Hoffnung" ist das Gesetz funktional – d.h. also: gerade in seiner „Schwäche und Nutzlosigkeit"! – zugeordnet. Und hier, in diesem Nachsatz in V. 19 zeigt sich nun auch endgültig, daß das vom Gesetz ausgesagte ἀθέτησις γίνεται seinerseits die Folge des γέγονεν von V. 16 ist. Damit aber mündet die Negation in bezug auf das Gesetz wiederum in die Position ein: In der durch μέν-δέ gekennzeichneten Gegenüberstellung korrespondieren ἀθέτησις und ἐπεισαγωγή einander, und d.h.: Mit der Absage an das Gesetz – genauer: an das „zuvor ergangene fleischliche Gebot" – erfolgt zugleich (γίνεται) die „Einführung einer besseren Hoffnung", die als solche das bewirkt, wozu sich jenes Gebot als untauglich erwiesen hat: das Sich-Gott-Nahen. An die Stelle des Gebotes bzw. des Gesetzes tritt also die „bessere Hoffnung"[110].

Noch wichtiger aber in diesem Zusammenhang: Hier schlägt wieder – noch ganz im Zusammenhang der „lehrhaften" Argumentation – das pastorale Grundanliegen des Hebr durch, ablesbar bereits aus dem Gebrauch der ersten Person Pluralis ἐγγίζομεν. Denn eben darauf ist ja das Anliegen des Hebr gerichtet: auf die „Einführung einer besseren Hoffnung", d.h.

---

vgl. A. DEISSMANN, Neue Bibelstudien, S. 55f und S. 102ff; J.H. MOULTON/G. MILLIGAN, The Vocabulary of the Greek New Testament, S. 12 (Belege!); F. PREISIGKE, Wörterbuch der griechischen Papyrusurkunden I, Sp. 29.51; C. SPICQ, Notes I, S. 47, sowie Chr. MAURER, ThWNT VIII, S. 158–160.

[109] Vgl. C. SPICQ, SBi, S. 126f, sowie 1 Kor 1,25; Gal 4,9. – Die „Schwäche" (und damit auch die „Nutzlosigkeit") dieses Gebotes besteht – vom Kontext her gesehen – darin, daß es sterbliche Menschen zu Priestern einsetzt. Vgl. 7,8.23 sowie 7,28. Die „Nutzlosigkeit" des Gesetzes wird – entgegen der biblisch-jüdischen Tradition – auch innerhalb des Neuen Testaments nur hier ausdrücklich behauptet. Auch Tit 3,9 gelten lediglich die „Streitereien" um das Gesetz als „nutzlos und vergeblich".

[110] Insofern dient also nicht das Gesetz selbst der „Einführung" jener „besseren Hoffnung" (so H. BRAUN S. 213). Angesichts der Gegenüberstellung ἀθέτησις – ἐπεισαγωγή gilt eher umgekehrt: Die mit dem γέγονεν gegebene „Einführung einer besseren Hoffnung" bringt ihrerseits erst die „Schwäche und Nutzlosigkeit" des Gesetzes ans Licht und bewirkt somit dessen Annullierung!

einer begründeten und verbürgten Hoffnung, die als solche auch zum Ziel führt[111]. Was es mit dieser Hoffnung konkret auf sich hat, wird in einem durch kultisch-priesterliche Sprache bestimmten Kontext durchaus angemessen in biblischer Sprachtradition mit dem kultisch-priesterlichen Terminus ἐγγίζειν τῷ θεῷ umschrieben. Das Vorrecht der Priester ist es ja, sich „Gott zu nahen" bzw. zum Altar „hinzuzutreten" (προσέρχεσθαι)[112]. Was aber einst – nach Maßgabe der alten, „zuvor ergangenen" Kultordnung – nur ein Vorrecht der für den kultischen Dienst bestellten Priester gewesen ist, ist jetzt gleichsam ein „Grundrecht" der ganzen christlichen Gemeinde geworden. Seinen Grund hat dieses „Grundrecht" eben in der „Einführung einer besseren Hoffnung" – „besser" insofern, als nunmehr an die Stelle der alten, in V. 16 als „fleischlich" gekennzeichneten Kultordnung ein neues, ein „ewiges" Priestertum getreten ist. Die Hoffnung, von der hier die Rede ist, ist also eine christologisch begründete Hoffnung. Dementsprechend tritt an die Stelle des δι' ἧς in V. 19 in V. 25 ein δι' αὐτοῦ. Und weil diese Hoffnung ihren „Anker" im „Inneren des Vorhangs" hat, wohinein Jesus als der „Vorläufer für uns" bereits gegangen ist (6,18–20), deshalb ist dieses ἐγγίζομεν Ausdruck einer christologisch begründeten Glaubenszuversicht (παρρησία!), wie sie sich bereits 4,16 äußerte: Zwischen Gott und den Menschen gibt es von jetzt an – auf Grund des „ewigen" Priestertums Jesu – keine unüberschreitbare Schranke mehr. Gottes „Thron" ist ja nunmehr ein „Thron der Gnade". Die Feststellung der VV. 18/19, daß mit der Annullierung des „zuvor ergangenen Gebotes" zugleich die „Einführung einer besseren Hoffnung" erfolgt, bezeichnet somit die Zielaussage (conclusio) des ganzen Argumentationsganges der VV. 11–19, leitet aber zugleich wiederum zur weiteren Entfaltung der christologischen Position in den VV. 20–28 über („transition").

---

[111] Durchaus erwägenswert ist in diesem Zusammenhang die Vermutung, daß in der (im Neuen Testament nur hier begegnenden) Wortbildung ἐπ-εισαγωγή – entsprechend dem verbalen ἐπ-εισάγειν, „außerdem/darüber hinaus (noch) einführen" – auch für den Autor des Hebr das über das „zuvor ergangene Gebot" Hinausführende dieser Hoffnung anklingt. Vgl. A. SEEBERG S. 87: „Über-Einführung", „Einführung" also eines Neuen, das über das Alte weit hinausführt. Vgl. formal den Gebrauch von ἐπεισαγωγή bei Josephus, Ant. XI 196 (von der „Einführung" einer zweiten Frau) sowie entsprechend den Gebrauch von ἐπεισάγεσθαι in P. Eleph. I 8 (usw.). Vgl. J. H. MOULTON/G. MILLIGAN, The Vocabulary of the Greek New Testament, S. 231.

[112] Zu ἐγγίζειν in diesem Sinne vgl. Ex 19,22: οἱ ἱερεῖς οἱ ἐγγίζοντες κυρίῳ τῷ θεῷ sowie Ex 24,2; 34,30; Lev 10,3; Ez 42,13; 43,19 u. ö.; Jak 4,8. Dazu: H. PREISKER, ThWNT II, S. 330f. – Zu προσέρχεσθαι im selben Sinne vgl. bes. Hebr 4,16 (s. o. z. St.); 7,25; 10,1.22 sowie den entsprechenden Sprachgebrauch bei Philon, Imm 8; Sacr 12; dazu: J. SCHNEIDER, ThWNT II, S. 681f. Im Unterschied zum Gebrauch von ἐγγίζειν bei Philon im Sinne der „Hinwendung zu dualistischer Erkenntnis" (H. BRAUN S. 214) – vgl. Cher 18; Imm 161; Migr 132 u. ö. – verbleibt der Hebr hier durchaus in der Kontinuität der biblischen Sprachtradition.

Exkurs: *Das „Gesetz" im Hebräerbrief*[113]

Sofern mit der „Einführung einer besseren Hoffnung" von Hebr 7,18f zugleich die Annullierung des „zuvor ergangenen Gebotes" verbunden ist, kann man schlußfolgern, daß auch im Hebr - ganz wie bei Paulus (Röm 10,4) - mit dem Heilshandeln Gottes in Jesus Christus das „Ende des Gesetzes" gegeben ist[114]. In die gleiche Richtung weist im Hebr die Reflexion über das Nacheinander von erster und zweiter διαθήκη in 8,6ff, die in 8,13 schließlich in den Satz einmündet, daß die zweite und neue διαθήκη die erste als „veraltet" erweist, sowie auch die mit einem kategorischen „Es ist unmöglich" eingeleitete Absage an das Opfergesetz in 10,4. Gleichwohl tritt an den genannten Stellen im Hebr auch schon die Differenz zur paulinischen „Gesetzestheologie" hervor, die Beschränkung nämlich der Gesetzesfrage im Hebr speziell auf das das Priestertum bzw. den priesterlichen Kult konstituierende Gesetz[115]. Dementsprechend begegnet das Stichwort νόμος (wie auch das dieses Gesetz spezifizierende Stichwort ἐντολή) im Hebr - mit der Ausnahme von 10,28 - nur im Zusammenhang der zentralen Darlegungen der christologisch-soteriologischen Position des Hebr in 7,1-10,18, nicht jedoch im Rahmen der Entfaltung der Paränese[116]. Bereits daraus ist ablesbar, daß die einst den Apostel Paulus bewegende Grundfrage - die Frage nach einer vermittels der „Werke des Gesetzes" seitens des Menschen zu erbringenden „eigenen Gerechtigkeit" und damit die Frage nach der Tora als „soteriologischem Prinzip" - für den Autor des Hebr wie auch für seine Leser keine existentielle Frage mehr gewesen ist[117]. Eher

---

[113] Lit.: W. GUTBROD, ThWNT IV, S. 1071-1073; H. HÜBNER, EWNT II, Sp. 1170f; S. G. SOWERS, The Hermeneutics of Philo and Hebrews, S. 97-105; M. R. d'ANGELO, Moses in the Letter to the Hebrews, S. 201-205; U. LUZ, in: R. Smend/U. Luz, Gesetz (Biblische Konfrontationen), Stuttgart 1981, S. 112-116; H. RÄISÄNEN, Paul and the Law (WUNT 29), Tübingen 1983, S. 207-210. Vgl. auch H. WINDISCH, S. 65f; G. BORNKAMM, Wandlungen im alt- und neutestamentlichen Gesetzesverständnis, in: DERS., Geschichte und Glaube 2. Teil. Ges. Aufs. Bd. IV (BEvTh 53), München 1971, S. 73-119, spez. S. 116f; L. GOPPELT, Theologie des Neuen Testaments, S. 589f.

[114] Mit Paulus (Gal 3,19!) vergleichbar ist auch Hebr 2,2, wo mit dem „durch Engel gesprochenen Wort" wiederum das Gesetz gemeint ist, dies aber nun - wie bereits terminologisch durch den Gebrauch von λόγος angezeigt wird - in seiner Zuordnung zum Wort Christi (s. o. z. St.). Zu den Berührungen zwischen Paulus und Hebr hinsichtlich des Gesetzesverständnisses vgl. W. GUTBROD, ThWNT IV, S. 1072.

[115] Vgl. entsprechend Hebr 7,5.11f.16.18.28; 8,4; 9,1.19.22; 10,1.8. - Auch die an den LXX-Sprachgebrauch anschließende Unterscheidung zwischen νόμος und ἐντολή (vgl. M. LIMBECK, EWNT I, Sp. 1122) bestätigt diesen Sachverhalt: Ἐντολή bezeichnet im Hebr das einzelne, einen bestimmten kultischen Sachverhalt regelnde „Gebot" als Konkretion des Kultgesetzes. Gegen W. GUTBROD, ThWNT IV, S. 1071. Vgl. zur Sache auch L. GOPPELT, Theologie des Neuen Testaments, S. 589.

[116] Dies schließt die (für den Autor und seine Adressaten offensichtlich selbstverständliche) Geltung des Gesetzes als „Moralgesetz" für die christliche Gemeinde keineswegs aus. Vgl. entsprechend im Rahmen der Paränese: 2,2f; 10,28.36; 12,25. Dem entspricht es auch, daß die Schrift des Alten Testaments auch als „Beispielbuch für die Paränese" benutzt wird, so vor allem 3,7ff und 11,1ff. Vgl. W. SCHRAGE, Ethik des Neuen Testaments (GNT 4), Göttingen 1982, S. 304; S. SCHULZ, Neutestamentliche Ethik (Zürcher Grundrisse zur Bibel), Zürich 1987, S. 633f.

[117] Charakteristisch dafür ist nicht zuletzt auch die gänzlich unpolemische, unbefangene Rede des Hebr von den „guten Werken" (10,24; vgl. auch 6,10). Den Autor des Hebr deswe-

theoretisch bzw. „akademisch" wird hier - im Hebr - das Thema des Gesetzes erörtert, als Stilmittel gleichsam zur Entfaltung der eigenen christologisch-soteriologischen Position des Autors im Sinne der Einmaligkeit und Endgültigkeit des neuen Priesterinstituts gegenüber der „Schwäche und Nutzlosigkeit" des die alte Kultordnung konstituierenden Gesetzes. Noch über die Position des Paulus hinaus gilt also für den Hebr, daß das Thema des Gesetzes dem „eigentlichen" Thema des Hebr, dem Thema der Christologie und Soteriologie zugeordnet ist.

Paradigmatisch dafür ist bereits das Bild, das sich in dieser Hinsicht aus dem 7. Kapitel des Hebr ergibt: Hier wird zunächst noch ganz auf der horizontalen Zeitlinie argumentiert. Die Inferiorität und Ineffizienz des levitischen Priestertums und damit auch - nach dem Grundsaz von V. 12 - des dieses Priestertum konstituierenden Gesetzes erweist sich bereits dadurch, daß - zeitlich gesehen - nach diesem Priestertum ein „anderer" Priester, der Priester „nach der Weise des Melchisedek", eingesetzt worden ist (VV. 11-16). Mit dieser gleichsam „horizontalen" Betrachtungsweise verbindet sich freilich bereits hier eine gleichsam die „horizontale" Dimension überschreitende „metaphysische" Beurteilung des Gesetzes: Das durch das Gesetz (und seine Gebote) konstituierte Priestertum wird dem „anderen" Priestertum „nach der Weise des Melchisedek" als einem „ewigen" und unvergänglichen Priestertum gegenübergestellt und kommt damit im Sinne der Argumentation des Autors des Hebr notwendig (ἐξ ἀνάγκης) auf der Seite des nur Vorläufigen bzw. Vergänglichen zu stehen[118]. Der „fleischlich"-vergängliche Charakter des Gesetzes erweist sich dabei nicht nur darin, daß dieses Gesetz „sterbliche" (V. 8), als solche „mit Schwachheit behaftete" Menschen (V. 28) in das Priesteramt einsetzt, sondern (dadurch!) auch in der Effizienz der durch dieses Gesetz installierten Kultordnung: Als eine ἐντολὴ σαρκίνη vermag es - ganz im Gegensatz zu dem „gemäß der Kraft unzerstörbaren Lebens" installierten „anderen" Priestertum - lediglich eine „Reinigung des Fleisches" zu bewirken, nicht aber eine „Reinigung des Gewissens", die doch allein zum rechten Gottesdienst befähigt (9,13f; vgl auch 9,9). Die „Schwäche und Nutzlosigkeit" eines solchen Gesetzes liegt damit offen zutage. Von diesem Gesetz kann es dann in der Tat nur noch heißen: οὐδὲν ἐτελείωσεν (VV. 18f).

Eine Aussage über das Gesetz wie bei Paulus: Das Gesetz ist „heilig" und „geistlich", „ich" aber bin es, der „fleischlich" ist (Röm 7,12. 14), erweist sich hier als unmöglich[119]. Eindeutig ist bei alledem freilich auch: Solche scharfe Betonung der Schwäche und Unzulänglichkeit des Gesetzes ist im Hebr nicht Symptom eines grundsätzlichen, möglicherweise gegen „judaisierende" Neigungen der Adressaten ankämpfenden „Antinomismus", sondern erklärt sich insgesamt aus der konse-

---

gen schon der „Gesetzlichkeit" zu bezichtigen (so S. SCHULZ, Die Mitte der Schrift, S. 262ff), hieße freilich, den Hebr allzu vordergründig am Maßstab eines abstrakten Paulinismus zu bemessen.

[118] Vgl. neben 7,8.16 auch 9,1 und 9,10: Die δικαιώματα λατρείας, d.h. die den priesterlichen Kult regelnden Gebote, sind nichts anderes als δικαιώματα σαρκός.

[119] Vgl. W. GUTBROD, ThWNT IV, S. 1072: „... ist bei Paulus das Gesetz dadurch schwach, daß der Mensch es nicht tut, so im Hb darum, weil der Mensch es tut". Vgl. auch U. LUZ, Gesetz, S. 113: „Bei Paulus liegt das Negative am Menschen ... Im Hebräerbrief aber liegt das Negative am Gesetz selbst. Es konnte kein Heil schaffen ..."; H. RÄISÄNEN, Paul and the Law, S. 209.

quenten Zuordnung des Themas des Gesetzes zum Grundthema der Christologie und Soteriologie. Die Negation hinsichtlich des Gesetzes dient im Hebr der christologisch-soteriologischen Position bzw. – genauer – dazu, die Größe und die Endgültigkeit des wahren Priestertums Christi entsprechend ins Licht zu rücken. Genau deswegen werden in 7,18f die ἀθέτησις des „zuvor ergangenen Gebotes" und die „Einführung einer besseren Hoffnung" unmittelbar miteinander verbunden: Indem nach dem Zeugnis der Schrift ein „anderer" Priester von Gott eingesetzt wird, geschieht zugleich die Annullierung des „zuvor ergangenen Gebotes". Mit der Position selbst, mit der „Einführung einer besseren Hoffnung", hat das Gesetz als solches bei alledem nichts zu tun. Es wird der christologischen Position lediglich als deren „dunkler Hintergrund" zugeordnet, als die „Folie" gleichsam, von der sich dann umso deutlicher und heller das durch jenes „andere" Priestertum endgültig gewirkte Heil abhebt[120].

Genau dies gilt es auch über Hebr 7 hinaus im Blick auf die folgenden Kapitel des Hebr zu beachten. Die bereits hier – in Hebr 7 – sich abzeichnende „metaphysische" Betrachtungsweise hinsichtlich des „fleischlich"-vergänglichen Charakters des Gesetzes findet darin ihre Fortsetzung und Entfaltung, daß die Gegenüberstellung von „altem" und „neuem" Priestertum, wie sie im 7. Kapitel zunächst auf der horizontalen Zeitlinie erfolgt ist, nunmehr in eine „vertikale" Betrachtungsweise einmündet, in die Gegenüberstellung nämlich des Irdischen und des Himmlischen. Das κατὰ νόμον von 7,5 gilt nunmehr im Blick auf das irdische Priestertum (8,4: ἐπὶ γῆς), und zwar im Gegensatz zu den ἐπουράνια (8,5), im Gegenüber also zum Priesterdienst am wahren „himmlischen Heiligtum", das „der Herr, nicht ein Mensch, aufgerichtet hat" (8,2). Wenn der Autor des Hebr dabei den irdischen Priesterdienst als ein λατρεύειν ὑποδείγματι καὶ σκιᾷ τῶν ἐπουρανίων kennzeichnet (8,5), als einen „abbild-" und „schattenhaften" Dienst, und wenn er – dementsprechend – schließlich das dieses irdische Priestertum konstituierende Gesetz als ein Gesetz beurteilt, das lediglich „einen Schatten der zukünftigen Güter hat" (10,1), also nicht mehr darstellt als die „schattenhafte" Vor-Abbildung der eigentlichen Heilswirklichkeit, so ist hier – im Raum des jüdischen Hellenismus! – die Feststellung eines Zusammenhangs mit dem Urbild-Abbild-Schema in der platonischen Schultradition zumindest nicht abwegig. Zwar könnte nun gerade dieser Zusammenhang darauf hinweisen, daß dem Gesetz im Hebr – trotz aller negativen Aussagen über das Gesetz im einzelnen – am Ende nun doch eine – wenn auch gewiß nur relative! – positive Funktion zukommt: eben als einer „schattenhaften" Vorausdarstellung der eigentlichen Heilswirklichkeit[121]; gleichwohl dominiert

---

[120] Allein in diesem (negativen) Sinne kann man also von einer „irdischen Zeugnisfunktion" des Gesetzes im Hebr sprechen. So U. Luz, EvTh 27 (1967) S. 332. „Zeugnis" freilich auch hier wieder für die alles Irdische überbietende Wirksamkeit des neuen Priestertums. Vgl. H. Räisänen, Paul and the Law, S. 208f.

[121] Vgl. dazu immerhin 9,9: Die πρώτη σκηνή ist eine παραβολὴ εἰς τὸν καιρὸν τὸν ἐνεστηκότα. Vgl. entsprechend H. Zimmermann, Das Bekenntnis der Hoffnung, S. 118; H. v. Campenhausen, Die Entstehung der christlichen Bibel, S. 83f: „Die Beurteilung ist dennoch nicht rein negativ. Die alten überholten Veranstaltungen enthalten gerade in ihrer Unvollkommenheit einen ständigen Hinweis auf die künftige wahre Versöhnung in Christus, die jetzt verwirklicht ist ...; das Gesetz wird gleichsam zur Vorform dessen, was der Glaube verkündigt". Kritisch dazu: A. Lindemann, Paulus im frühen Christentum, S. 237f.

auch hier wieder am Ende die negative Betrachtungsweise. Das Gesetz „hat" eben nur den „Schatten", weshalb denn auch von ihm gilt (in Entsprechung zu 7,18): οὐδέποτε δύναται τοὺς προσερχομένους τελειῶσαι! (10,1). Auch hier dominiert also am Ende die „antitypische" Zuordnung von Urbild und Abbild[122], eine Betrachtungsweise also, die schließlich wiederum auf die grundsätzliche Infragestellung der Wirksamkeit des „alten" Kultes und des ihn konstituierenden Gesetzes hinausläuft (10,2-4!). Auch hier ist das Gesetz nur „schattenhaftes" Abbild, dem als solchen ein ontologisches Defizit eignet. Auch hier ist das Gesetz nicht mehr als die dunkle Folie, von der sich umso heller und deutlicher Gestalt und Wesen der eigentlichen, durch das „andere" Priestertum erschlossenen Heilswirklichkeit abheben.

Die wenigen Stellen im Hebr, die sich solcher Grundlinie im Verständnis des Gesetzes nicht einfügen, vermögen jene bemerkenswerte Einheitlichkeit im Gesetzesverständnis des Hebr nicht zu beeinträchtigen, geschweige denn zu korrigieren[123]. Eben diese Einheitlichkeit ist es dann aber auch, die das Grundverständnis des Gesetzes im Hebr sehr deutlich von dem des Paulus unterscheidet und die „Gesetzestheologie" des Hebr als eine durchaus eigenständige theologische Leistung seines Autors ausweist. Trotz gewisser Analogien zur „Gesetzestheologie" des Paulus ist also die „Gesetzestheologie" des Hebr weder eine Ergänzung der paulinischen Konzeption[124] noch auch nur deren „Modifizierung"[125]. Denn: Einer „Ergänzung" bedurfte die paulinische Auffassung vom Gesetz nicht, da hier stets das Gesetz als Ganzes (einschließlich also des Kult- und Ritualgesetzes!) im Blick ist; und gegen die These von einer „Modifizierung" der paulinischen „Gesetzestheologie" durch den Hebr spricht ganz entschieden die Tatsache, daß die Gesetzeslehre des Hebr – wie eben der Sachzusammenhang von 7,1-10,19 zeigt – durchaus aus den dem Hebr eigenen Prämissen erwachsen ist, nämlich aus der christologischen Deutung von Ps 110,4 und dem daraus folgenden „Schriftbeweis" zugunsten des nach Ps 110,4 von Gott selbst eingesetzten „anderen" Priestertums im Gegenüber zu dem „zuvor ergangenen Gebot". Schriftgelehrte, exegetische „Gesetzestheologie" wird hier betrieben – und dies alles wiederum im Dienste des chri-

---

[122] Vgl. G. BORNKAMM, Ges. Aufs. Bd. IV, S. 116; U. LUZ, Gesetz, S. 115: Indem der Autor das Heil „in Begriffen beschreibt, die Realität dem Abbild opponieren, Himmlisches Irdischem gegenüberstellen ..., erweist er sich als Platoniker, der die dualistischen Tendenzen des Mittelplatonismus auf seine Weise vorwegnimmt". Vgl. die entsprechende Beurteilung des ganzen Midrasch von Hebr 7 bei J. W. THOMPSON, The Beginnings of Christian Philosophy, S. 116-127.

[123] Es handelt sich dabei vor allem um Hebr 10,28, wo die Nichtbeachtung (ἀθετεῖν!) des „Gesetzes des Mose" und die Verächtlichmachung des „Sohnes Gottes" in einem Schlußverfahren „a minori ad maius" miteinander verbunden werden (vgl. auch 2,2f), sowie um den entsprechenden Gebrauch von νομοθετεῖν in bezug auf die „besseren Verheißungen" in 8,6. Beide Ausnahmen erklären sich jedoch jeweils aus ihrem Kontext (s. u. zu 8,6 und 10,28).

[124] So H. WINDISCH S. 66: „So ergänzt die Theorie des Hebr die des Paulus in erwünschter Weise, wird doch erst hier der Ausgleich mit dem mosaischen Opferritual gegeben, das Paulus (als Diasporajude?) fast ganz ignoriert hatte".

[125] So H. HÜBNER, EWNT II, Sp. 1170f. Vgl. demgegenüber zur Frage des Verhältnisses Paulus – Hebr im Blick auf das Gesetzesverständnis C. SPICQ, II, S. 228-230; A. LINDEMANN, Paulus im frühen Christentum, S. 237f: „... es gibt hier keine Analogie, sondern einen qualitativen Umschlag"; H. RÄISÄNEN, Paul and the Law, S. 209f.

stologisch-soteriologischen Grundanliegens des Hebr, um der „Einführung einer besseren Hoffnung" willen. In Hebr 7,20ff tritt dies - wiederum im Rückbezug auf Ps 110,4 - mit aller Eindeutigkeit in der Ausrichtung auf die abschließende These in V. 28 hervor.

4.1.4) 7,20–28: Die Überlegenheit des neuen Priestertums

20 Und dementsprechend, daß (dies) nicht ohne eidliche Versicherung (geschehen ist) - sind doch die einen ohne eidliche Versicherung Priester geworden,
21 er dagegen unter eidlicher Versicherung durch denjenigen, der zu ihm gesagt hat: ‚Geschworen hat der Herr und er wird (deshalb) seinen Entschluß nicht ändern: Du (bist) Priester in Ewigkeit' –
22 dementsprechend ist (nun) auch Jesus einer besseren Heilsordnung Bürge geworden.
23 Und sind jene in der Vielzahl Priester geworden, weil sie durch den Tod am Bleiben gehindert wurden,
24 so hat dieser demgegenüber, weil er in Ewigkeit bleibt, ein unwandelbares Priestertum.
25 Daher ist er auch imstande, für immer diejenigen zu erretten, die durch ihn zu Gott hinzutreten - er, der allezeit lebt, um für sie (vor Gott) einzutreten.
26 Ein solcher Hoherpriester nämlich geziemte uns (auch): Heilig, ohne Schlechtigkeit, unbefleckt, getrennt von den Sündern und (am Ende) in überhimmlische Höhe erhoben.
27 (Ein solcher Hoherpriester,) der nicht dazu gezwungen ist - wie die (levitischen bzw. irdischen) Hohenpriester - zunächst für die eigenen Sünden Opfer darzubringen und dann (erst) für die (Sünden) des Volkes. Eben dies hat er nämlich ein für allemal getan, als er sich selbst (als Opfer) dargebracht hat.
28 Denn das Gesetz setzt Menschen zu Hohenpriestern ein, die (als solche) Schwachheit (an sich) haben; das Wort der eidlichen Versicherung (Gottes) dagegen (‚die) nach dem Gesetz (ergangen ist,) einen Sohn, der in Ewigkeit vollendet ist.

Im Rahmen der durch das Stichwort ὀρκωμοσία bezeichneten „inclusio" stellen die VV. 20–28 gegenüber den vorangehenden VV. 11–19 wiederum eine in sich geschlossene Einheit dar, innerhalb derer man noch zwischen den Teilabschnitten 7,20–25 und 7,26–28 unterscheiden kann. Der Teilabschnitt 7,26–28 beschließt dabei im Sinne einer „conclusio" das ganze 7. Kapitel, leitet aber zugleich auch (im Sinne einer „transition") zum 8. Kapitel über[126]. Im Abschnitt insgesamt fährt der Autor in seinem Bemühen fort, von Ps 110,4 her exegetisch die schlechthinnige Überlegenheit des Priestertums „nach der Ordnung des Melchisedek" gegenüber

---

[126] Vgl. A. VANHOYE, La structure littéraire, S. 129. 133f. 137, der freilich diesen Abschnitt nochmals unterteilt: 7,20–22 und 7,23–25. Diese beiden Teilabschnitte erweisen sich jedoch gegenüber 7,26–28 als eine Einheit, indem hier noch einmal die bisher bereits die die Argumentation bestimmende Gegenüberstellung nach dem Schema οἱ μέν - ὁ δέ aufgenommen wird.

dem levitischen Priestertum nachzuweisen. Dabei tritt nunmehr zunächst (VV. 20-22) der Schwur, die eidliche Versicherung Gottes aus Ps 110,4 in den Mittelpunkt seines Interesses. In diesem Sinn wird bereits zu Beginn (V. 20) betont exklusiv formuliert: οὐ χωρὶς ὁρκωμοσίας (sc.: ist die Einsetzung des neuen Priestertums erfolgt)[127]. Formal gesehen stellen die VV. 20-22 dabei eine syntaktische Einheit dar, deren Konstruktion durch das im Hebr auch sonst (1,4; 3,3; 8,6) übliche proportionale Denkschema bestimmt ist: καθ' ὅσον (V. 20) - κατὰ τοσοῦτο (V. 22). In den Rahmen dieser Proportion ist zur Erläuterung der These von V. 20a eine Parenthese eingefügt, in der vermittels der Redefigur οἱ μὲ - ὁ δέ wiederum die Gegenüberstellung von altem und neuem Priestertum variiert wird. Damit fügen sich auch die VV. 20-22 dem das ganze Kapitel bestimmenden Verfahren ein (vgl. bereits 7,5f.8.18f sowie dann auch 7,23f.28), lassen nunmehr aber sehr viel deutlicher als bisher die christologische Position hervortreten. Ganz analog zum zweiten Argumentationsgang in den VV. 23-25 liegt auch hier der Akzent auf dem zweiten Teil der Entsprechung, d.h. auf V. 22. Daß für den Autor an dieser Stelle der Schwur Gottes solch entscheidende Bedeutung gewinnt, ist wiederum in seinem Interesse an der „Ewigkeit" des neuen Priestertums begründet. Ganz in Entsprechung zunächst zu 6,13ff geht es auch hier um die Unveränderlichkeit der Zusage Gottes, eben damit aber nunmehr auch - im Blick speziell auf das durch Gottes Rede in Ps 110,4 installierte Priestertum - um die „Ewigkeit" des neuen Priestertums. Dementsprechend wird das Zitat aus Ps 110 hier auch verkürzt gegeben: Der Akzent liegt im Sinne des Autors auf dem καὶ οὐ μεταμεληθήσεται und dem (daraus folgenden) σὺ ἱερεὺς εἰς τὸν αἰῶνα[128]. Der Verweis auf das neue Priestertum als ein Priestertum „nach der Ordnung des Melchisedek" steht hier - im Unterschied zum vorangehenden Argumentationsgang (VV. 11-19) - nicht mehr zur Debatte[129]. Aus solchem Interesse des Autors erklärt sich auch die betont exklusive Formulierung οὐ χωρὶς ὁρκωμοσίας zu Beginn[130], ebenso aber auch die Gestaltung

---

[127] Sinngemäß ist also zu οὐ χωρὶς ὁρκωμοσίας in V. 20 zu ergänzen: ἱερεὺς γέγονεν. Zum Fehlen des Verbums vgl. bereits V. 19. Zu γέγονεν vgl. V. 22 sowie γεγονότες in V. 20b.

[128] Die in Ps 110,4 durch οὐ μεταμεληθήσεται betonte „Unveränderlichkeit" der Zusage bzw. des Schwures Gottes ist für den Autor die Voraussetzung für die „Ewigkeit" des neuen Priestertums. Zur Formulierung in Ps 110,4 vgl. auch Jer 20,16; Num 23,19; 1 Reg 15,29; Sach 8,14 sowie Jer 4,28; für das Neue Testament: Röm 11,29. Philon gestaltet den biblischen Sachverhalt wiederum zu einer Lehre von der „Unveränderlichkeit" Gottes aus. Vgl. bes. seinen Traktat „Quod deus sit immutabilis", hier bes. § 26, sowie VitMos I 283. Vgl. J.W. THOMPSON, The Beginnings of Christian Philosophy, S. 124.

[129] Dies hat freilich viele Abschreiber des Textes nicht gehindert, den V. 21 gebotenen Text von Ps 110,4 nachträglich doch wieder an das bereits V. 17 gebotene Zitat bzw. an die LXX-Vorlage anzugleichen, und zwar sowohl was die Einfügung der Wendung „nach der Ordnung des Melchisedek" betrifft (so ℵ² A D usw.), als auch durch Einfügung von εἶ nach σύ (so P⁴⁶ D¹ K P usw.). Vgl. entsprechend bereits zum Zitat in V. 17.

[130] Sie entspricht dem positiv formulierten μετὰ ὁρκωμοσίας in V. 21, betont aber nichtsde-

der Einleitung des Zitats von Ps 110,4 in V. 21 als direkte Gottesrede. Und aus solcher Akzentsetzung erklärt sich schließlich auch die erneute Gegenüberstellung von altem und neuem Priestertum in V. 20b und V. 21a im Sinne des χωρὶς ὁρκωμοσίας einerseits und des μετὰ ὁρκωμοσίας andererseits. Ersteres (in bezug auf das alte bzw. irdische Priestertum) ist dabei offensichtlich – im Sinne eines „argumentum e silentio scripturae" – aus dem Schweigen der Schrift über eine diesbezügliche Handlung Gottes bei der Installierung des levitischen Priestertums erschlossen[131], während für letzteres ausdrücklich Ps 110,4 geltend gemacht wird, und zwar betont als Gottes eigene Rede[132].

Nachdem auf diese Weise die Eingangsthese von V. 20a exegetisch abgesichert ist, kann in **V. 22** die Proportion zu Ende geführt werden: „Diesem Sachverhalt entsprechend (auch) ..."[133]. Die Aussage in V. 22 hat somit den Charakter einer Schlußfolgerung, mit der sich der Autor wieder an das Urteilsvermögen seiner Adressaten wendet: Wenn die in V. 20a genannte conditio sine qua non – „in keinem Falle ohne eidliche Versicherung" – erfüllt ist (was ja konkret in V. 20b und V. 21 geschieht), dann ergibt sich daraus geradezu zwingend, daß Jesus „Bürge einer besseren διαθήκη" geworden ist, womit wiederum zugleich vorausgesetzt wird, daß jene alte, durch das Kultgesetz konstituierte Ordnung ebenfalls eine διαθήκη, wenn auch von minderer Qualität war[134]. Auffällig bei der Formulierung dieser Schlußfolgerung ist die betonte Stellung des (absoluten!) Ἰησοῦς am Ende des Satzes, und zwar im Zusammenhang mit dem Perfekt

---

stoweniger zu Beginn des Argumentationsganges exklusiv die Unerläßlichkeit des Schwures Gottes. In diesem Sinne liegt hier keine Litotes vor. Gegen H. BRAUN S. 214. Zum Gebrauch der „Litotes" im Neuen Testament vgl. F. REHKOPF, Grammatisches zum Griechischen des Neuen Testaments, in: Der Ruf Jesu und die Antwort der Gemeinde. Festschr. für J. Jeremias zum 70. Geb., Göttingen 1970, S. 213-225, spez. S. 220-225; BL.-DEBR.-R. § 495,2. – Ὁρκωμοσία – vgl. auch V. 28: ὁ λόγος τῆς ὁρκωμοσίας – bezeichnet die Handlung des Eides und faßt somit das ὤμοσεν κύριος καὶ οὐ μεταμεληθήσεται aus Ps 110,4 zusammen. Vgl. den entsprechenden Gebrauch von ὁρκωμοσία in LXX 1 Esr 8,90; Ez 17,18f sowie bei Josephus, Ant. XVI 163. Vgl. J. SCHNEIDER, ThWNT V, S. 464f. Das Neutrum ὁρκωμόσιον ist in Papyri und Inschriften belegt. Vgl. dazu J. M. MOULTON/G. MILLIGAN, The Vocabulary of the Greek New Testament, S. 458.

[131] Zur conjugatio periphrastica εἰσὶν ἱερεῖς γεγονότες in V. 20b (vgl. auch V. 23) vgl. Act 21,33; Lk 5,1 sowie BL.-DEBR.-R. § 352,3.

[132] Μετὰ ὁρκωμοσίας entspricht der Wendung μεθ' ὅρκον Lev 5,4; Num 30,11; Mt 14,7; 26,72 (μετὰ ὅρκον); 1 Clem 8,2.

[133] Die Lesart τοσοῦτον (א² D² usw.) statt τοσοῦτο (P⁴⁶ א* A B C D usw.) versteht sich als (sekundäre) Angleichung an das die Proportion einleitende καθ' ὅσον (V. 20). Καί ist textgeschichtlich nicht eindeutig überliefert. Setzt man als ursprüngliche Textgestalt die von P⁴⁶א² (usw.) voraus, so könnte καί sekundär unter Einfluß von 8,6 eingefügt worden sein (ὅσῳ καί). Vgl. G. ZUNTZ, The Text of the Epistles, S. 211; H. BRAUN S. 216. In jedem Falle unterstreicht καί die Notwendigkeit der in V. 22 vorgetragenen Folgerung.

[134] Vgl. C. SPICQ, SBi, S. 127: „le sacerdoce avec serment est au sacerdoce sans serment ce que la nouvelle alliance est à l'ancienne". Die Minderwertigkeit der alten „Ordnung" erhellt bereits aus der Gegenüberstellung von Mehrzahl und Einzahl in V. 20b: οἱ μέν – ὁ δέ.

γέγονεν, das (ebenso wie bereits das Perfekt in V. 16) auf die Erhöhung zu beziehen ist. „Jesus" in Person gleichsam, und d. h. im Hebr: „Jesus" mit seiner Existenz, mit seinem Leiden, seinem Versuchtsein und seinem Sterben „bürgt" – nunmehr als der Erhöhte – für die unwiderrufliche Geltung der „besseren" διαθήκη, garantiert also deren unumstößliche Wirklichkeit für die Gegenwart der Adressaten, damit aber auch – und dies wiederum in besonderer Weise im Blick auf die Anfechtung der Adressaten – deren zukünftige Vollendung. Das Stichwort ἔγγυος – hapax legomenon im Hebr wie im Neuen Testament insgesamt – hat dabei eindeutig eine rechtliche Konnotation: „Bürge" ist derjenige, der mit seiner Person, mit seiner ganzen Existenz für die „Leistung" eines anderen eintritt[135]. Von daher gesehen liegt es nahe, im Kontext der VV. 20–22 auch die Termini ὁρκωμοσία und διαθήκη im rechtssprachlichen Sinne zu verstehen[136]. Διαθήκη wäre demnach hier zunächst die „Anordnung" oder die „Verfügung" (Gottes), die insofern eine „bessere" ist, als sie sowohl die voraufgehende „Verfügung" κατὰ νόμον ἐντολῆς σαρκίνης übertrifft als auch sich von ihr durch den ausdrücklich in Ps 110,4 benannten „Schwur" Gottes unterscheidet. Gegenstand und Inhalt der διαθήκη wären dann im Kontext ganz konkret eben die Einsetzung des neuen Priestertums durch Gott. Und jener „Schwur" Gottes selbst wäre dann – ganz entsprechend zu 6,16f[137] – als die rechtsgültige und rechtsverbindliche Bestätigung der von Gott verfügten neuen „Anordnung" zu verstehen, eine schlechthin verbindliche Bestätigung, wie sie dem „voraufgehenden Gebot" (V. 18) und der darauf gegründeten διαθήκη mangelte. In diesem Sinne kommt bereits hier – ganz in Entsprechung zur Korrespondenz von ἀθέτησις und ἐπεισαγωγή in V. 19 – das Thema der Ablösung der „ersten" bzw. „alten" διαθήκη durch die „zweite" bzw. „neue" διαθήκη in den Blick, das sodann in den beiden folgenden Kapiteln des Hebr im einzelnen entfaltet wird. Zumal dort – in Hebr 8 und 9 – wird sich dann auch der Terminus διαθήκη, der hier (V. 22) zum ersten Male im Hebr ganz unvermittelt auftaucht, als einer der theologischen Grundtermini der „biblischen Theologie" des Hebr erweisen.

---

[135] Vgl. den entsprechenden Gebrauch von ἔγγυος in den Papyri und Inschriften. Dazu: F. PREISIGKE, Wörterbuch der griechischen Papyrusurkunden I, Sp. 410; J. H. MOULTON/G. MILLIGAN, The Vocabulary of the Greek New Testament, S. 179; C. SPICQ, Notes, Suppl., S. 185–190, spez. S. 187ff; zu Hebr 7,22: S. 189f. Zum griechischen Bürgschaftsrecht insgesamt vgl. L. MITTEIS/U. WILCKEN, Grundzüge und Chrestomathie der Papyruskunde II/1, S. 264ff.

[136] Zu διαθήκη im rechtlichen Sinn der „testamentarischen Verfügung" vgl. bes. 9,16f. sowie Gal 3,15.17. Zur Verbindung ὁρκωμοσία – διαθήκη vgl. immerhin auch Ez 17,18f.: ἠτίμωσεν ὁρκωμοσίαν τοῦ παραβῆναι διαθήκην.

[137] Eine Beziehung zwischen 6,16ff einerseits – der Schwur Gottes als Bestätigung der Verheißung Gottes an Abraham – und 7,22 andererseits – der Schwur Gottes als Bestätigung der διαθήκη – wird sodann in 8,6 hergestellt, wenn hier die διαθήκη als „auf besseren Verheißungen gegründete" gekennzeichnet wird.

Exkurs: Διαθήκη *im Hebräerbrief*[138]

Von 33 Belegen für διαθήκη im Neuen Testament insgesamt entfallen auf den Hebr allein 17 Belege. Angesichts dessen, daß die meisten von ihnen sich auf den zentralen Teil 7,1-10,18 konzentrieren (darüber hinaus begegnet der Terminus nur noch 10,29; 12,24 und 13,20), kann der Hebr insgesamt geradezu als Dokument einer „διαθήκη-Theologie" bezeichnet werden[139]. Gleichwohl stellt sich die Frage, ob der Autor des Hebr solche Art von Theologie gleichsam eigenständig aus dem Ansatz einer „biblischen Theologie" entwickelt hat oder mit ihr seinerseits bereits in einer bestimmten Traditionslinie der urchristlichen Theologiegeschichte steht, die sich – möglicherweise – bis auf die älteste urchristliche Überlieferung vom letzten Mahl Jesu zurückführen läßt[140]. Auch dies würde jedoch zunächst noch nichts hinsichtlich des Grundverständnisses von διαθήκη im Hebr besagen, das ja hier – wie auch anderswo! – primär durch seinen Kontext bestimmt ist und damit eine durchaus eigenständige und eigenartige Variation jener älteren urchristlichen Tradition keineswegs ausschließt.

Diese Eigenart – und damit auch die Problematik – der διαθήκη-Theologie des Hebr ist damit gegeben, daß der Autor des Hebr sich an den meisten Stellen bei seinem Verständnis von διαθήκη auf den Sprachgebrauch der LXX bezieht, wo der

---

[138] Lit.: E. RIGGENBACH, Der Begriff ΔΙΑΘΗΚΗ im Hebr, in: Theologische Studien, Th. Zahn dargebracht, Leipzig 1908, S. 289-316; J. BEHM, Der Begriff ΔΙΑΘΗΚΗ im Neuen Testament, Leipzig 1912; DERS., ThWNT II, S. 106-137, spez. zu Hebr: S. 133-135; E. LOHMEYER, Diatheke, Leipzig 1913; L. G. de FONSELA, Διαθήκη, foedus an testamentum? Bib. 8 (1927) S. 31-50. 161-181. 290-319. 418-441; 9 (1928) S. 26-40. 143-160; C. SPICQ, II, S. 286-299; DERS., La théologie des deux alliances dans l'épître aux Hébreux, RSPhTh 33 (1949) S. 15-30; A. JAUBERT, La notion d'alliance dans le Judaisme aux abords de l'ère chrétienne (PatSor 6), Paris 1963; DIES., RAC XI, Sp. 977-996, spez. Sp. 986f; J. de VUYST, ‚Oud en Nieuw Veband' in de Brief aan de Hebreeën, Kampen 1964; dazu: J. SWETNAM, Diathēkē in the Septuagint Account of Sinai: A Suggestion, Bib 47 (1966) S. 438-444; DERS., A suggested Interpretation, CBQ 27 (1965) S. 373-390; A. VANHOYE, De instauratione novae dispositionis, VD 44 (1966) S. 113-130; DERS., Le Dieu de la nouvelle alliance dans l'épître aux Hébreux, BEThL 61 (1976) S. 315-330; U. LUZ, Der alte und der neue Bund bei Paulus und im Hebr, EvTh 27 (1967) S. 318-336, spez. S. 328ff; G. D. KILPATRICK, Διαθήκη in Hebrews, ZNW 68 (1977) S. 263-265; E. KUTSCH, Neues Testament – Neuer Bund? Eine Fehlübersetzung wird korrigiert, Neukirchen 1978; J. J. HUGHES, Hebrews IX 15ff and Galatians III 15ff. A Study in Covenant Practice and Procedure, NT 21 (1979) S. 27-96; J. C. MCCULLOUGH, IBSt 3 (1981) S. 35-39; E. GRÄSSER, Der Alte Bund im Neuen. Eine exegetische Vorlesung, in: DERS., Der Alte Bund im Neuen. Exegetische Studien zur Israelfrage im Neuen Testament (WUNT 35), Tübingen 1985, S. 1-134, spez. S. 95-115; H. HEGERMANN, EWNT I, Sp. 718-725, spez. Sp. 723-725; H. BRAUN S. 217f; E. KUTSCH, TRE VII, S. 397-410, spez. zu Hebr: S. 406f.

[139] So H. HEGERMANN, EWNT I, Sp. 723. Vgl. aber auch schon G. Vos, Hebrews – the Epistle of the Diatheke, PTR 13 (1915) S. 587-632; 14 (1916) S. 1-61, sowie C. SPICQ, RSPhTh 13 (1949) S. 15-30.

[140] Vgl. bes. die Rede vom αἷμα τῆς διαθήκης Mk 14,24 par Mt 26,28 (im Anschluß an Ex 24,8) und dazu die Zitate von Ex 24,8 in Hebr 9,20 sowie die formelhafte Rede vom αἷμα τῆς διαθήκης in 10,29; 13,20. Zur καινὴ διαθήκη in der urchristlichen Abendmahlsüberlieferung (1 Kor 11,25; Lk 22,20) vgl. Hebr 9,15; 12,24: Jesus als der „Mittler" der καινὴ bzw. νέα διαθήκη. Dementsprechend das Urteil von H. HEGERMANN, EWNT I, Sp. 723: „entwickelt im Zusammenhang mit Herrenmahltraditionen". Vgl. auch J. J. HUGHES, NT 21 (1979) S. 55f. 91f.

griechische Terminus διαθήκη für das hebräische ברית steht[141], andererseits aber zugleich – zumindest an einer Stelle (9,16f) – eindeutig auf den gemein-hellenistischen, d.h. auf den rechtssprachlichen Gebrauch des Terminus zurückgreift: διαθήκη also im Sinne von „letztwillige Verfügung" bzw. „Testament" versteht[142]. Die Grundfrage angesichts dieses ambivalenten Sachverhalts lautet somit: διαθήκη im Hebr – heißt das (entsprechend dem hebr. ברית) „Bund" oder (entsprechend dem hellenistischen Sprachgebrauch) „Testament"? oder anders: Ist die διαθήκη-Theologie des Hebr in der Kontinuität einer biblischen „Bundestheologie" zu verstehen oder in der Tradition hellenistischer Rechtssprache? Zunächst stellt sich diese Frage speziell im Blick auf Hebr 9,15ff, zumal hier offensichtlich beide Traditionslinien unmittelbar miteinander verbunden erscheinen: 9,16f wird eindeutig (bis in die Terminologie hinein!) hellenistisches Testamentsrecht geltend gemacht, während in 9,15.18f, im unmittelbaren Kontext also, διαθήκη konform zur biblischen Sprachtradition verstanden wird[143]. Immerhin dürfte schon dieser merkwürdige „Austausch" zwischen einem „hellenistischen" und einem „biblischen" Verständnis von διαθήκη im Hebr darauf hinweisen, daß – im Sinne des Autors selbst jedenfalls – jener Grundfragestellung nicht alternativ beizukommen ist, auch wenn gegenwärtig die Tendenz ganz überwiegend dahingeht, den Terminus διαθήκη im Hebr in erster Linie aus der biblischen (und urchristlichen) Sprachtradition zu verstehen und in diesen Zusammenhang dann am Ende auch die „hellenistische" Redeweise speziell in 9,16f einzubeziehen[144].

---

[141] So bes. deutlich dort, wo im Hebr (8,7ff; 9,20; 10,16) ausdrücklich auf die entsprechenden LXX-Texte selbst zurückgegriffen wird (Ex 24,8 und Jer 38,31ff). Vgl. aber auch den Bezug auf Ex 24,8 in 10,29; 13,20. – Zum Gebrauch von διαθήκη in LXX vgl. E. LOHMEYER, Diatheke, S. 5ff. 78ff; J. BEHM, ThWNT II, S. 128f; A. JAUBERT, La notion d'alliance, S. 311ff; J.J. HUGHES, NT 22 (1979) S. 29ff; E. KUTSCH, Neues Testament – Neuer Bund?, S. 58ff. 86; DERS., TRE VII, S. 398–401.

[142] Vgl. bes. die „erbrechtliche" Terminologie in 9,16f: ὁ διαθέμενος, βέβαιος, ἰσχύειν, φέρεσθαι, darüber hinaus aber auch die rechtliche Terminologie im engeren und weiteren Kontext von 7,22 sowie wiederum 6,13ff (dazu: C. SPICQ, RSPhTh 33 (1949) S. 20f). Für Paulus vgl. entsprechend Gal 3,15.17 und dazu: E. BAMMEL, NTS 6 (1959/60) S. 313–319; J.J. HUGHES, NT 21 (1979) S. 66ff. – Zum Gebrauch von διαθήκη in der hellenistischen Rechtssprache insgesamt vgl. J. BEHM, ThWNT II, S. 127; W.D. FERGUSON, The legal Terms Common to the Macedonian Inscriptions and the New Testament, Chicago 1913, S. 42ff; J.H. MOULTON/G. MILLIGAN, The Vocabulary of the Greek New Testament, S. 148f.

[143] Vgl. die entsprechende Fragestellung speziell im Blick auf Hebr 9,15ff: A. CARR, Covenant or Testament? A Note on Heb. 9:16,17 Reconsidered, ET 7 (1909) S. 347ff; K.M. CAMPBELL, Covenant or Testament? EvQ 44 (1972) S. 107–111; P. COUTRTIAL. La portee de diathècè en Hébreux 9: 16–17, EtEv 36 (1976) S: 36–43; H. BOURGOIN, Alliance ou Testament? CCER 25 (1977) S. 18–25. – Bemerkenswert in diesem Zusammenhang ist auch der Versuch Philons, seinen Lesern den biblischen Sachverhalt von διαθήκη auf dem Wege über das griechische Verständnis von διαθήκη im Sinne von „Testament" deutlich zu machen, so bes. Mut 51–58.

[144] So hat z.B. nach J. BEHM, ThWNT II, S. 133f, Hebr 9,16f in einem in sich geschlossenen biblisch-theologischen Kontext lediglich die Funktion eines „argumentum ad hominem", und zwar wegen der formalen Analogie Tod – Testament (vgl. entsprechend Paulus, Gal 3,15ff: κατὰ ἄνθρωπον λέγω!). Ähnlich neuerdings auch H. HEGERMANN, EWNT I, Sp. 724f. Zur Übersetzung διαθήκη = „covenant" auch in 9,15ff vgl. auch G.D. KILPATRICK, ZNW 68 (1977) S. 265; J.J. HUGHES, NT 21 (1979) S. 27ff, bes. S. 59ff. 66. Anders, nämlich im Sinne der hellenistisch-rechtlichen Redeweise bereits E. LOHMEYER, Diatheke, S. 94ff. Eindeutig in

Nun bedarf es zunächst gewiß keiner Frage, daß der Autor des Hebr mit seinem Grundverständnis von διαθήκη in biblischer Sprachtradition steht – genauer freilich: in der griechischen Sprachtradition der LXX. Deutlich und eindeutig genug weist in diese Richtung der Sachverhalt, daß im Hebr – wie bereits in LXX – mit Selbstverständlichkeit eine Beziehung zwischen der („ersten" bzw. „alten") διαθήκη und dem νόμος vorausgesetzt wird[145]. Gleichwohl ist nicht zu übersehen, daß bereits in LXX selbst mit der Übersetzung des hebräischen ברית durch griechisches διαθήκη bestimmte neue Akzente gesetzt worden sind, die den im Hebr – darüber hinaus aber auch bei Philon! – festzustellenden rechtssprachlichen Gebrauch von διαθήκη im Sinne von „Testament" zumindest ermöglichen, wenn nicht sogar nahelegen – das Vertändnis nämlich von διαθήκη im Sinne einer freien, von Gott allein ausgehenden „Anordnung", „Verfügung", „Setzung" oder auch „Stiftung" (dispositio)[146]. Zwischen dem Gebrauch von διαθήκη in der hellenistischen Rechtssprache einerseits und in LXX andererseits gibt es also durchaus Verbindungslinien! Denn die Frage, warum LXX das hebräische ברית vorzugsweise nicht durch griechisches συνθήκη, „Vertrag", „Bund", sondern mit διαθήκη übersetzt haben[147], ist doch wohl in dem Sinne zu beantworten, daß auf solche Weise der autoritative, einseitig von Gott her gesetzte Charakter des „Bundes" entschieden hervorgehoben werden sollte, und zwar ganz im Sinne von LXX Ex 24,8: ... τῆς διαθήκης, ἧς ἐνετείλατο ... ὁ θεός.

Διαθήκη, das meint also die von Gott gesetzte „Ordnung", und zwar sowohl im Sinne der „Rechtsordnung" als auch im Sinne der „Heilsordnung"![148] Daß auf diese Weise ein dem hebräischen ברית selbst inhärenter Aspekt durchaus sachgemäß weitergeführt wird[149], ist ebenso deutlich wie die Tatsache, daß gerade im

---

dieser Hinsicht ist das Votum von A. DEISSMANN, Licht vom Osten, S. 286f, mit Verweis nicht nur auf den Sprachgebrauch der Papyri und Inschriften, sondern auch auf die griechischen Leser des Hebr.: „Kein Mensch in der Mittelmeerwelt der ersten Jahrhunderte n. Chr. (konnte) auf den Gedanken kommen, ... in dem Wort διαθήκη den Begriff ‚Bund' zu finden".

[145] Vgl. bes. 9,1: Die δικαιώματα λατρείας der πρώτη (διαθήκη); 9,4: αἱ πλάκες τῆς διαθήκης; 9,18f sowie bereits 7,22 (im Anschluß an 7,18f!). Vgl. entsprechend LXX Ex 34,28; Dtn 9,9.11; Ex 24,7; 4 Reg 23,2 sowie Paralip II 25,4 (κατὰ τὴν διαθήκην τοῦ νόμου κυρίου); Sir 39,8 (ἐν νόμῳ διαθήκης); 42,2.

[146] Vgl. A. VANHOYE, De instauratione novae dispositionis, VD 44 (1966) S. 113-130; DERS., BEThL 41 (1976) S. 318ff.

[147] Zur Fragestellung vgl. G. QUELL, ThWNT II, S. 106; A. JAUBERT, La notion de l'alliance, S. 311ff.

[148] Vgl. auch J. BEHM, ThWNT II, S. 129; A. JAUBERT, La notion d'alliance, S. 312: „disposition de salut" und ebd.: „C'est cet aspect souverain de l'institution divine, qui ..."; E. KUTSCH, Neues Testament – Neuer Bund? S. 58. 86; J. H. MOULTON/G. MILLIGAN, The Vocabulary of the Greek New Testament, S. 148f.

[149] Vgl. dazu bes. die These von E. KUTSCH, Neues Testament – Neuer Bund?, passim; DERS., Art. bᵉrit, in: THAT I, Sp. 339-352, für διαθήκη (wie auch schon für Hebr. ברית!) durchgehend die Übersetzung „Setzung", „Verfügung" (Gottes) wahrscheinlich zu machen. Kritisch dazu: Chr. LEVIN, Die Verheißung des neuen Bundes in ihrem theologiegeschichtlichen Zusammenhang ausgelegt (FRLANT 137), Göttingen 1985, S. 119ff und S. 269, Anm. 8. Den Anordnungs- bzw. Verfügungscharakter der διαθήκη in LXX und Hebr betonen neuerdings sehr stark auch E. GRÄSSER, Der Alte Bund im Neuen, S. 4f, und W. BAUER, Wörterbuch

Hebr dieser Aspekt in besonderer Weise betont wird[150]. In welchem Maße sich dieser theo-logische Aspekt mit dem rechtlichen Aspekt – διαθήκη als „letztwillige Verfügung" – verbinden konnte, bezeugt ganz analog zu Hebr 9,15ff auf seine Weise auch wieder Philon: Er versteht διαθήκη einerseits im Anschluß an die Sprachgewohnheiten seiner Zeit als das „Testament" (SpecLeg II 16; Mut 51ff), andererseits aber zugleich auch als einen Erweis der Gnade Gottes, also im Sinne einer einseitigen Verfügung Gottes bzw. einer von Gott ausgehenden „Heilsordnung": Die διαθήκη Gottes ist πλήρης χαρίτων[151].

Trotz der angesichts von Hebr 9,15–17 nicht zu bestreitenden Nähe zur hellenistischen Rechtssprache liegt das Grundverständnis von διαθήκη im Hebr somit durchaus auf der Linie der biblischen Tradition: διαθήκη, das bezeichnet im Hebr die von Gott ausgehende Anordnung und Verfügung, die sich – als die κρείττων διαθήκη (7,22; 8,6) bzw. als die καινή bzw. als νέα διαθήκη (8,7ff; 9,15) – zugleich als eine „Heilsordnung" erweist und in diesem Sinne eine „bessere Hoffnung" begründet (7,19). Gerade so aber stellt sich die „διαθήκη-Theologie" des Hebr wiederum als ein λόγος τῆς παρακλήσεως für einen im Glauben angefochtenen Adressatenkreis dar, auch wenn – jedenfalls im Zusammenhang von Hebr 7,1–10,18 – kein ausdrückliches Anzeichen dafür gegeben ist, daß sich diese Art von „διαθήκη-Theologie" in einem (traditionsgeschichtlichen) Zusammenhang mit der älteren urchristlichen Überlieferung vom „Herrenmahl" entwickelt hat[152] oder daß der Autor des Hebr mit ihr speziell in der Kontinuität der paulinischen Tradition steht[153]. Vielmehr deutet alles darauf hin, daß der Autor des Hebr die für ihn charakteristische „διαθήκη-Theologie" primär aus der ihm eigenen „Schrift-Theologie" entwickelt hat, worauf nicht zuletzt der Umstand hinweist, daß er in 7,22 und 8,6 im Rahmen der Gegenüberstellung zur „alten Heilsordnung" zunächst von der κρείττων διαθήκη spricht und erst, nachdem er zum exegetischen Erweis der Untauglichkeit der πρώτη διαθήκη LXX Jer 38,31ff zitiert hat, von der καινή διαθήκη (8,13; 9,15; 12,24).

So gesehen steht dann aber auch die mit der Entfaltung der eigenen Position

---

zum Neuen Testament, Sp. 366f. Gleichwohl spricht sich E. Grässer dafür aus, es bei der geläufigen Übersetzung mit „Bund" zu belassen (a.a.O., S.7).

[150] Vgl. bes. 8,6: Die κρείττων διαθήκη beruht auf der Anordnung der „besseren Verheißungen" Gottes, sowie das Zitat von Ex 24,8 in Hebr 9,20: ἧς ἐνετείλατο πρὸς ὑμᾶς ὁ θεός. Vgl. E. Kutsch, Neues Testament – Neuer Bund?, S. 96ff, bes. S. 102 sowie S. 106f. Dagegen spricht auch nicht die Tatsache, daß der Autor in 8,7ff u. a. ausdrücklich auf das Verhalten Israels gegenüber der von Gott gesetzten „Ordnung" Bezug nimmt (8,9f = Jer 38,31f), also mit der Sache dieser „Ordnung" eine gewisse „Doppelseitigkeit" des Verhältnisses Gott – Israel gegeben sieht. Im selben Zusammenhang wird ja auch wiederum die zunächst von Gott ausgehende Initiative betont: συντελέσω, ἐποίησα, διαθήσομαι.

[151] So Philon, Somn II 223f. (im Anschluß an Gen 6,18); vgl. auch Mut 51ff. Zur Verbindung διαθήκη – χάρις vgl. auch Sacr 57; dazu: A. Jaubert, La notion d'alliance, S. 418f. Zum Verständnis von διαθήκη bei Philon insgesamt vgl. J. Behm, ThWNT II, S. 131; A. Jaubert, a.a.O., S. 314f. 375ff. 437ff.; E. Kutsch, Neues Testament – Neuer Bund?, S.78ff. Vgl. auch H. Hegermann, EWNT I, Sp. 725, zu 9,15–17: „Für das damalige Sprachgefühl war dieser Übergang offenbar ohne Probleme, vgl. Gal 3,15–17 und Philo, Mut 51f u.ö.".

[152] Vgl. H. Hegermann, EWNT I, Sp. 723f: „obwohl direkte Bezugnahmen fehlen"! vgl.auch J.J. Hughes, NT 21 (1979) S. 52ff, bes. S. 55f. 91f.

[153] Zum Verhältnis Paulus – Hebr in dieser Hinsicht vgl. U. Luz, EvTh 27 (1967) S.318–336.

verbundene Relativierung und Abwertung der πρώτη διαθήκη nicht etwa im Dienste einer aktuellen Polemik – beispielsweise im Sinne einer „kritischen Absage an jüdisch-alexandrinische Interpretationen, nach welchen gerade in, mit und unter solchen symbolischen Kultvollzügen wirkliches, ‚himmlisches' Heil zugewendet wird"[154], oder im Sinne einer Opposition gegen die „Theologie des Neuen Bundes" in der Qumrangemeinde[155] –, vielmehr ist jene Relativierung und Abwertung ihrerseits wiederum der exegetischen Beweisführung für die eigene Position funktional zugeordnet: Der ewig-endgültige Charakter der „besseren Heilsordnung" wird umso deutlicher ins Licht gerückt, wenn die Leser des Hebr – anhand ihrer Bibel, die recht zu lesen der Autor sie anleiten will – des vorläufig-vergänglichen Charakters der „alten" Heilsordnung ansichtig geworden sind. Genau dies ist auch die Absicht, die der Autor mit dem in den VV. 23–25 folgenden Argumentationsgang verfolgt.

Noch einmal – wie schon in der VV. 3.8.16f – wird im Argumentationsgang der VV. 23–25 der Aspekt der „Ewigkeit" des Priestertums von Ps 110,4 aufgenommen, zunächst wiederum im Sinne der Gegenüberstellung zum levitischen Priestertum, darüber hinaus jedoch – da der Autor sich nunmehr dem Ende seiner Beweisführung für das Hohepriestertum Jesu anhand von Ps 110,4 nähert – zugleich verbunden mit einer Schlußfolgerung (V. 25: ὅθεν), die Wesen und Wirksamkeit der von Gott durch Ps 110,4 gestifteten „besseren Heilsordnung" beschreibt. Dabei tritt im Rahmen der Gegenüberstellung in den VV. 23/24 ein Aspekt zusätzlich in Erscheinung, der bisher schon implizit in den für das ganze Kapitel charakteristischen Gegenüberstellungen οἱ μέν-ὁ δέ (VV. 5f.20f; vgl. auch V. 8) angelegt war: Die Gegenüberstellung nämlich der Mehrzahl bzw. Vielheit auf der einen Seite (οἱ μὲν πλείονες) und der Einzahl bzw. Einzigkeit auf der anderen Seite (ὁ δέ). Die erstere ist dabei Symptom der Unvollkommenheit des levitischen Priestertums[156], einer notwendigen Unvollkommenheit, weil nämlich begründet in der Sterblichkeit der Repräsentanten des alten Priestertums: Eben durch ihren Tod werden sie daran gehindert, ihren priesterlichen Dienst „bleibend" wahrzunehmen![157] – und dies nach

---

[154] So H. HEGERMANN, EWNT I, Sp. 724.
[155] So A. JAUBERT, La notion d'alliance, S. 448. Vgl. auch C. SPICQ, RdQ 1 (1959) S. 384f. Kritisch dazu: H. BRAUN, Qumran und das Neue Testament I, S. 261f, bes. S. 262: Hebr „polemisiert nicht gegen eine Einstellung konkreter Empfänger, er polemisiert in unkonkret-schriftgelehrter Argumentation"; ebd., S. 274 zu Hebr 13,20.
[156] Vgl. entsprechend 10,1f: Das immer wiederholte κατ' ἐνιαυτόν des priesterlichen Handelns am Versöhnungstag schließt als solches aus, daß die „Hinzutretenden" vollendet werden.
[157] Zu παραμένειν ist dementsprechend sinngemäß zu ergänzen: τῇ ἱερωσύνῃ αὐτῶν. So bereits Ps-Oecumenicus (PG 119, p. 375 B). Vgl. formal entsprechend Josephus, Ant. IX 273 von den Priestern: ἵνα ἀεὶ τῇ θρησκείᾳ παραμένωσι. Παραμένειν steht hier also im Sinne von „bei einer Betätigung bleiben bzw. ausharren". So auch Diodor Sic. II 29,5, von den Studierenden, die bei ihren Studien „bleiben". In den Papyri steht das Verbum im Sinne von „(am Leben) bleiben". Vgl. J. H. MOULTON/G. MILLIGAN, The Vocabulary of the Greek New Testament, S. 488. Vgl. auch F. HAUCK, ThWNT IV, S. 582; H. BRAUN, S. 218f.

V. 24 nun wiederum im Gegensatz zu dem „Einen" Repräsentanten des neuen Priestertums, der – weil für ihn ein μένειν εἰς τὸν αἰῶνα charakteristisch ist – ein „unvergängliches Priestertum innehat"[158]. Das aus Ps 110,4 gewonnene (μένειν) εἰς τὸν αἰῶνα des neuen Priestertums hat damit – wiederum notwendigerweise – auch eine ἀπαράβατος ἱερωσύνη zur Folge, ein „unvergängliches, unwandelbares Priestertum"[159].

Daraus ergibt sich V. 25 die entsprechende soteriologische Schlußfolgerung (ὅθεν)[160]: Das Vermögen nämlich (δύναται) des Repräsentanten des neuen Priestertums, eine „Erlösung für immer" zu wirken. Σῴζειν εἰς τὸ παντελές entspricht der Rede von der σωτηρία αἰώνιος in 5,9. In diesem Sinne geht es hier gewiß auch um eine „vollständige" und „vollkommene" Erlösung[161]; gleichwohl dürfte im Kontext, in dem ansonsten Zeitbegriffe dominieren (εἰς τὸν αἰῶνα, πάντοτε), die Wendung εἰς τὸ παντελές primär im zeitlichen Sinn zu verstehen sein[162]: Das „durch ihn", den Repräsentanten des neuen Priestertums, für die „zu Gott Hinzutretenden" gewährte Heil ist das eschatologisch-endgültige Heil. Richtet sich das „rettende" Handeln des neuen Priesters dabei auf die προσερχόμενοι τῷ θεῷ, so entspricht das wiederum der für den Hebr insgesamt charakteristischen Beschreibung des Heilsgeschehens[163], ohne daß wegen der hier benutzten ur-

---

[158] Für fast durchgängig bezeugtes ἱερωσύνην liest D* – ohne Unterschied der Bedeutung – ἱερατείαν. Zu μένειν εἰς τὸν αἰῶνα vgl. bereits 7,3: μένειν εἰς τὸ διηνεκές. Zu μένειν bzw. μονή im Sinne der Unveränderlichkeit Gottes (im Gegensatz zur Veränderlichkeit der Welt) vgl. Philon, Somn II 221.237. Vgl. J. W. THOMPSON, The Beginnings of Christian Philosophy, S. 125f sowie S. 51.121.

[159] Die Bedeutung des selten belegten ἀπαράβατος bestimmt sich vom Kontext her eindeutig in diesem Sinne, in Entsprechung also zu μένειν εἰς τὸν αἰῶα. Vgl. den entsprechenden Sprachgebrauch in der stoischen philosophischen Sprache (vom „Schicksal") bei Plutarch, Mark Aurel u. a. Dazu: J. SCHNEIDER, ThWNT V, S. 738f; H. BRAUN S. 219f; C. SPICQ, SBi, S. 128f. – In den Papyri begegnet ἀπαράβατος wiederum als term. techn. der Rechtssprache, auch hier also für „unwandelbare" rechtliche Setzungen (bei Verträgen o. ä.). So bes. PLond III 1015,12: ἄτρωτα καὶ ἀσάλευτα καὶ ἀπαράβατα. Vgl. J. H. MOULTON/G. MILLIGAN, The Vocabulary of the Greek New Testament, S. 53; F. PREISIGKE, Wörterbuch der griechischen Papyrusurkunden I, Sp. 155 f. – Zur Verbindung von ἀπαράβατος und μένειν vgl. Epiktet, Diss. II 15,1: ἀπαραβάτως ἐμμένειν. Von diesem Vergleichsmaterial her gesehen besteht kein Anlaß, mit W. L. LORIMER, Hebrews VII. 23f, NTS 13 (1966/67) S. 386f, ein angeblich korruptes ἀπαράβατος durch ἀμετάβατος, „not passing to another", zu ersetzen. Vgl. auch H. BRAUN S. 220, sowie P. ELLINGWORTH, The unshakable Priesthood: Hebrews 7.24, JSNT 23 (1985) S. 125f.

[160] Zu schlußfolgerndem ὅθεν im Hebr vgl. auch 2,17; 3,1; 8,3; 9,18 sowie BL.-DEBR.-R. § 451,6.

[161] Zu παντελής im Sinne von „vollständig, gänzlich" vgl. 3 Makk 7,16; Philon, Agr 94.96; Migr 2, hier jeweils in Verbindung mit σωτηρία. Vgl. auch Josephus, Ant. I 267; III 264.274: εἰς τὸ παντελές, sowie G. DELLING, ThWNT VIII S. 68; H. BRAUN S. 220. In diesem Sinne nimmt die Wendung auch den Gedanken der τελείωσις von 7,11.19.28 auf.

[162] Also im Sinne von „für immer". Vgl. W. DITTENBERGER, Orientis Graeci Inscriptiones Selectae, p. 642,2: εἰς τὸ παντελὲς αἰώνιον τειμήν; PLond III 1164,11: ἀπὸ τοῦ νῦν εἰς τὸ παντελές. Vgl. J. W. THOMPSON, The Beginnings of Christian Philosophy, S. 126; H. BRAUN S. 220.

[163] Zu προσέρχεσθαι (τῷ θεῷ) vgl. 4,16; 10,1.22; 11,6; 12,18.22 sowie das sachlich entspre-

sprünglich kultischen Terminologie solches „Hinzutreten zu Gott" auf einen christlichen Kult bzw. auf den Gottesdienst der christlichen Gemeinde einzuschränken wäre. Προσέρχεσθαι τῷ θεῷ bezeichnet hier vielmehr – wie bereits in 4,16 – die zuversichtliche Hinwendung zu Gott, ist Ausdruck der den Christen bestimmenden παρρησία, ja geradezu Umschreibung des Glaubens (10,22!) – dies nun freilich wiederum auf christologischer Grundlage: δι' αὐτοῦ, „durch ihn", den neuen Priester, ist jener Zugang zu Gott erschlossen und gewährt, also ein priesterlich vermittelter Zugang zu Gott[164], sodaß sich bereits hier etwas von dem andeutet, was sodann in 8,6 mit dem Stichwort μεσίτης bezeichnet wird[165]. Mit dem das δύναται σῴζειν wie auch das δι' αὐτοῦ von V. 25a erläuternden Partizipialsatz πάντοτε ζῶν κτλ. in V. 25b erfolgt freilich eine noch weitergehende Präzisierung: die „Mittlerschaft" des neuen Priesters besteht nicht nur in der (einmaligen) Begründung einer „besseren Hoffnung" (V. 19); die „Bürgschaft" Jesu für die „bessere Heilsordnung" (V. 22) erweist sich vielmehr auch darin, daß er, der – als der zu Gott Erhöhte – „jederzeit lebt", für diejenigen (stellvertretend) „eintritt" (sc.: vor Gott), die „zu Gott hinzutreten". Ja, das „immerwährende Leben" des Erhöhten ist geradezu darauf ausgerichtet, hat darin sein Ziel (finales εἰς τὸ κτλ.), daß er „für sie eintritt". Das Motiv des εἰς τὸν αἰῶνα aus Ps 110,4, das bisher schon das ganze Kapitel bestimmte (VV. 3.8.15.24), wird also nunmehr auf das Wirken des erhöhten Priesters in der Gegenwart bezogen, und zwar auf sein ununterbrochenes gegenwärtiges Wirken. Das πάντοτε seines „Lebens" gilt auch für sein ἐντυγχάνειν ὑπὲρ αὐτῶν[166]. Konkret vollzieht sich solches ἐντυγχάνειν in der „Fürsprache" bzw. „Fürbitte" (ἔντευξις!) des Priesters für diejenigen, die er vor Gott „vertritt", ebenso aber auch in der „Fürsprache" des Anwalts für seine Mandanten vor Gericht[167]. Beide Mo-

---

chende ἐγγίζειν τῷ θεῷ in 7,19. Zum ursprünglich kultischen Charakter von προσέρχεσθαι vgl. Ex 16,9; Lev 9,5; 21,17f sowie oben zu 4,16.

[164] Vgl. entsprechend auch Röm 5,2: δι' οὗ καὶ τὴν προσαγωγὴν ἐσχήκαμεν sowie Eph 3,12: ἐν ᾧ ἔχομεν τὴν παρρησίαν καὶ προσαγωγήν.

[165] Insoweit ist V. 25 also zunächst noch ganz in den bisherigen Argumentationszusammenhang integriert, sodaß von daher gesehen wenig Wahrscheinlichkeit besteht, daß der Autor in diesem Vers bereits (in ursprünglicher Verbindung mit V. 3!) eine traditionelle „Vorlage" in Gestalt eines „Melchisedek-Hymnus" aufgenommen hat. Gegen G. THEISSEN, Untersuchungen zum Hebr, S. 23ff. – Zum bereits hier anklingenden μεσίτης-Motiv vgl. K. NISSILÄ, Das Hohepriester-Motiv im Hebr, S. 165.

[166] Vgl. entsprechend 9,24: Christus ist „in den Himmel eingetreten", νῦν ἐμφανισθῆναι τῷ προσώπῳ τοῦ θεοῦ ὑπὲρ ἡμῶν sowie BGU I 246,12: ἰδότες ὅτι νυκτὸς καὶ ἡμέρας ἐντυγχάνω τῷ θεῷ ὑπὲρ ὑμῶν. Vgl. J. H. MOULTON/G. MILLIGAN, The Vocabulary of the Greek New Testament, S. 219; H. BRAUN S. 221: „Jesu ‚leben' ist nicht Selbstzweck".

[167] Für V. 25 von besonderem Interesse ist, daß der Hohepriester für das Volk Fürbittte leistet: vgl. 2 Makk 15,12 sowie Josephus, Ant. XI 326: παραγγείλας οὖν ἱκεσίαν τῷ λαῷ καὶ θυσίαν τῷ θεῷ. Zum Logos als ἱκέτης, „Fürsprecher", bei Philon vgl. Her 205; Migr 122. – Zu ἐντυγχάνειν ὑπέρ als Funktion des Priesters im Judentum vgl. R. LE DEAUT, Aspects de l'intercession dans le judaisme ancien, JSJ 1 (1970) S. 35–57, spez. S. 46–48; N. JOHANSSON, Parakletoi

mente sind im Hebr vom Kontext her gegeben, das priesterliche in diesem Kapitel ohnehin, aber auch das der rechtlichen Sphäre entstammende, letzteres insbesondere von V. 22 her: Der „Bürge" ist ja zugleich der „Anwalt" bzw. „Rechtsvertreter"! Darüber hinaus dürfte beides – das priesterlich-kultische wie auch das rechtliche Moment – auch schon von der älteren urchristlichen Tradition her vorgegeben sein, die der Autor des Hebr ganz offensichtlich an dieser Stelle aufnimmt.

Die Beschreibung der gegenwärtigen Wirksamkeit des neuen Priesters für die Seinen, wie sie hier vorliegt, gehört jedenfalls in einen traditionsgeschichtlichen Zusammenhang mit 1 Joh 2,1 – παράκλητον ἔχομεν πρὸς τὸν πατέρα Ἰησοῦν Χριστὸν δίκαιον[168] – und vor allem mit der entsprechenden Aussage in Röm 8,34. Die hier sich zeigende weitgehende Übereinstimmung kann nicht anders erklärt werden als durch einen gemeinsamen Traditionshintergrund für Röm 8,34 und Hebr 7,25. Ebenso wie in Hebr 7,25 wird in Röm 8,34 das ἐντυγχάνειν ὑπὲρ ἡμῶν (mit Bezugnahme auf Ps 110,1!) als gegenwärtige Wirksamkeit des Erhöhten gekennzeichnet. Ebenso wie in Hebr 7,25 steht der Gebrauch von ἐντυγχάνειν in Röm 8,34 in einem durch Rechtssprache, in Röm 8,31ff speziell durch das Thema des Rechtsstreites bestimmten Kontext. Und schließlich: Ebenso wie in Hebr 7,25 hat auch in Röm 8,31–39 das Motiv des ἐντυγχάνειν ὑπέρ die Funktion einer Vergewisserung der Gemeinde. Eine unmittelbare Abhängigkeit des Hebr von Paulus liegt an dieser Stelle gleichwohl nicht vor, da Paulus seinerseits mit der Reihenfolge Tod – Auferweckung – Erhöhung (Ps 110,1) – Intercessio bereits vorgegebene urchristliche Bekenntnissprache aufnimmt[169]. Traditionell vorgegeben für den Hebr ist in jedem Falle die Verbindung der Vorstellung einer himmlischen „Intercessio" mit der Erhöhungsvorstellung (auf Grund von Ps 110,1) sowie der geprägte Sprachgebrauch von ἐντυγχάνειν im Sinne des „Eintretens für ..."[170].

– Vorstellungen von Fürsprechern für die Menschen vor Gott, Lund 1940, S. 173f; St. LYONNET, Expiation et intercession, Bib 40 (1959) S. 885–901; 41 (1960) S. 158–167. – Zu ἐντυγχάνειν in der Rechtssprache vgl. A. DEISSMANN, Bibelstudien, S. 117f; F. PREISIGKE, Wörterbuch der griechischen Papyrusurkunden I, Sp. 501f; J. H. MOULTON/G. MILLIGAN, The Vocabulary of the Greek New Testament, S. 219.
[168] Zu παράκλητος in 1 Joh 2,1 vgl. J. BEHM, ThWNT V, S. 809f; A. G. JAMES, Jesus our Advocate. A free Exposition of I John II.1,2, ET 39 (1928) S. 473–475, sowie die Kommentare. Zum Ganzen vgl. O. BETZ, Der Paraklet (AGSU 2), Leiden 1963.
[169] Zur Frage vorpaulinischer Tradition in Röm 8,34 (und damit auch zur Frage traditioneller Terminologie in Hebr 7,25) vgl. O. BAUERNFEIND, ThWNT VIII, S. 244; F. HAHN, Christologische Hoheitstitel, S. 233f; H. PAULSEN, Überlieferung und Auslegung in Römer 8 (WMANT 43), Neukirchen 1974, S. 141ff. 168ff; M. GOURGUES, A la droite de dieu, S. 48ff, spez. S. 53–57; G. DELLING, Die Entfaltung des ‚Deus pro nobis' in Römer 8,31–39, SNTU 4 (1979) S. 76–96, spez. S. 86ff; M. HENGEL, Hymnus und Christologie, Festgabe für K. H. Rengstorff, S. 1–23, spez. S. 11f.
[170] Vgl. neben Röm 8,34 auch Röm 8,27: ἐντυγχάνειν ὑπὲρ ἁγίων vom Hl. Geist sowie Röm 8,26: ὑπερεντυγχάνειν. Zu ἐντυγχάνειν ὑπὲρ ἡμῶν vgl. BGU I 146,12 (s. o. Anm. 166) sowie ἐντυγχάνειν περί τινος bei Polybios IV 76,9. Zum Ganzen O. BAUERNFEIND, ThWNT VIII, S. 243f; C. SPICQ, Notes I, S. 245f. Vgl. entsprechend 1 Tim 2,1: ἔντευξις ... ὑπὲρ πάντων ἀνθρώπων; vgl. 1 Tim 4,5. Dazu: C. SPICQ, a.a.O., S. 246f.

Das eigene Interesse des Autors des Hebr an dieser Tradition besteht darin, daß mit ihr am Ende eines Argumentationszusammenhangs – unmittelbar vor der das ganze Kapitel beschließenden „conclusio" (VV. 26–28) und damit besonders betont – noch einmal ein Aspekt der Christologie und Soteriologie hervorgehoben wird, der dem Autor im Zusammenhang seines pastoralen Grundanliegens in besonderer Weise am Herzen lag: der Aspekt nämlich der bis in die Gegenwart der in ihrem Glauben angefochtenen Adressaten andauernden gegenwärtigen Wirksamkeit des Heilsmittlers. Derjenige, der auf Grund seines Leidens und Sterbens zum „Bürgen" für die neue und bessere Heilsordnung geworden ist (V. 22), ist als der „zur Rechten Gottes Erhöhte" zugleich derjenige, der die Sache der angefochtenen Gemeinde vor Gott vertritt, der in diesem Sinne die „bessere Hoffnung" der Christen nicht nur einst einmal begründet hat (V. 19), sondern sie darüber hinaus andauernd gewährleistet – eben als der, „der immerzu lebt, um für sie einzutreten" (V. 25). Spätestens hier mündet wiederum Christologie in die Paraklese der christlichen Gemeinde ein[171]. Und dementsprechend ist es dann auch kein Zufall, daß in der „conclusio" des ganzen Kapitels nunmehr wiederum ausdrücklich das „Wir" der christlichen Gemeinde hervortritt: Τοιοῦτος γὰρ ἡμῖν ἔπρεπεν κτλ. (V. 26).

Mit einer zusammenfassenden Beschreibung der schlechthinigen Überlegenheit des neuen Priestertums, wobei der „neue" Priester nun wiederum ausdrücklich als „Hoherpriester" bezeichnet wird, schließt das 7. Kapitel in den VV. 26–28. Das diese „conclusio" einleitende τοιοῦτος bezieht sich in diesem Sinne nicht nur auf die nachstehenden Prädikationen, sondern nimmt zugleich auch Bezug auf die vorangehende Darlegung: ein „solcher Hoherpriester", wie bereits zuvor im einzelnen dargelegt worden ist. Auch im übrigen wird in der „conclusio" der VV. 26–28 auf den vorangehenden Zusammenhang zurückgegriffen. So klingt in V. 27 noch einmal das Motiv von Einheit und Vielheit aus VV. 23f nach, während in V. 28 noch einmal das Thema des Schwures Gottes aus VV. 20f aufgenommen wird, und dies wiederum im Zusammenhang mit dem Motiv der „Vollendung" aus den VV. 11 und 19. Zumal die abschließende Gegenüberstellung ὁ νόμος γάρ – ὁ λόγος δέ in V. 28 hat deutlich einen das ganze Kapitel resümierenden Charakter, ebenso aber auch schon die Aufzählung der das neue Priestertum bzw. „solchen Hohenpriester" kennzeichnenden Qualitäten in V. 26. Innerhalb dieser „conclusio" ist in stilistischer Hinsicht der Unterschied zwischen V. 26 einerseits und den VV. 27f andererseits offensichtlich: Während die letzteren noch ganz durch den argumentierenden Stil der Gegenüberstellung bestimmt sind, wie er bereits zuvor für das 7. Kapitel kennzeichnend war, zeichnet den V. 26 ein „Prädika-

---

[171] Vgl. J. W. Thompson, The Beginnings of Christian Philosophy, S. 126f: „Christology and metaphysics in this midrash are made serviceable to the concrete needs of the community".

tionsstil" aus, wie er in diesem Kapitel zuerst in V. 3 begegnete[172]. Dieser besondere Stil läßt freilich – wie dies auch schon für V. 3 galt – zunächst nur auf das besondere Interesse des Autors an einer sorgfältigen sprachlichen Gestaltung dieser Formulierung schließen (und somit noch nicht auf eine vom Autor an dieser Stelle wieder aufgenomme „hymnische Vorlage"!)[173]. Im einzelnen stehen diese Prädikationen jedenfalls allesamt in einem Zusammenhang mit den bisherigen Darlegungen des Autors des Hebr zum Hohenpriestertum Christi und sind in diesem Sinn fest in den Kontext integriert[174].

Für **V. 26** wird der Zusammenhang mit dem Vorangehenden nicht nur durch das einleitende γάρ, „nämlich", angezeigt, sondern auch durch τοιοῦτος[175]: ein „so beschaffener" Hoherpriester also, wie er zuvor in der Gegenüberstellung zum alten levitischen Priestertum beschrieben worden ist. Charakteristisch für den Hebr ist dabei insbesondere die Argumentation mit ἔπρεπεν (ἡμῖν): „ein solcher Hoherpriester ist uns denn auch gemäß". So wie es nach 2,10 das „Gottgemäße" gibt, so nunmehr das „uns Gemäße". Typisch für einen „anthropozentrischen Standpunkt" des Hebr (H. WINDISCH) ist solche Redeweise ebensowenig wie für die rationale oder gar „rationalistische" Denkweise des Hebr – denn: So wie es nach 2,10 Gott und seinem Wesen „angemessen" ist, den „Anführer des Heils zu vollenden", so ist es nunmehr – vom Menschen aus gesehen, der als sol-

---

[172] Zu diesen stilistischen Differenzen vgl. K. NISSILÄ, Das Hohepriestermotiv im Hebr, S. 114ff, zu V. 26 bes. S. 115f: V. 26b „gehört mit seinem asyndetischen Aufbau, dem Partizipialstil, dem Alpha privativum und seinem Rhythmus zur Kunstprosa des Hebr, und zwar in ihrer besten Form".

[173] Seit H. WINDISCH S. 67 in bezug auf die VV. 26–28 (insgesamt!) von einem „kleinen Hymnus" gesprochen hat, ist in neuerer Zeit zumindest im Blick auf V. 26 (in Verbindung mit V. 3!) verschiedentlich die Auffassung von einer „hymnischen Vorlage" vertreten worden, so bes. von G. THEISSEN, Untersuchungen zum Hebr, S. 22ff, der aus den analogen Stileigentümlichkeiten in V. 3 und V. 26 (Alpha privativum!) auf die ursprüngliche Zusammengehörigkeit beider Verse geschlossen hat (zur Rekonstruktion der Vorlage bes. S. 24f). Vgl. auch H. ZIMMERMANN, Das Bekenntnis der Hoffnung, S. 79ff, spez. S. 93–97 (7,1–3.26 als Vorlage); H. M. SCHENKE/K. M. FISCHER, Einleitung II, S. 250f (7,3.25 als Vorlage); Ph. VIELHAUER, Geschichte der urchristlichen Literatur, S. 244; M. RISSI, Die Theologie des Hebr, S. 86f (7,3.26. 25b als Vorlage). Ganz anders wiederum G. SCHILLE, ZNW 46 (1955) S. 84, der auf Grund der Differenzierung im Gebrauch von ἱερεύς und ἀρχιερεύς in 7,1–25 gegenüber 6,20 einerseits und 7,26ff andererseits gerade in V. 26 die Feder des Autors des Hebr am Werke sieht! – Auch ein „Bekenntnis"-Stil (so O. MICHEL S. 278) ist für V. 26 nicht bestimmend, eher dann schon eine „Beziehung zur Homologie" (s. H. ZIMMERMANN, a.a.O., S. 109f), um deren „Weiterführung und Vertiefung" es freilich im Hebr insgesamt geht.

[174] Gegen die Annahme einer „hymnischen Vorlage" für V. 26b vgl. R. DEICHGRÄBER, Gotteshymnus und Christushymnus, S. 178; F. LAUB, Bekenntnis und Auslegung, S. 33; K. NISSILÄ, Das Hohepriestermotiv im Hebr, S. 114f.

[175] Zu τοιοῦτος im zurückverweisenden Sinn vgl. auch 11,14; 12,3; 13,16, anders jedoch 8,1. Eine gewisse Analogie zu V. 26 stellt die Beschreibung des unweltlichen Wesens des Hohenpriesters bei Philon, Somn I 218 dar, zu der es abschließend (Somn I 219) heißt: ὁ μὲν δὴ μέγας ἀρχιερεύς ... τοιοῦτος ἡμῖν ἀναγεγράφθω. Vgl. auch H. BRAUN S. 222.

cher des „Heils" bedarf! – „uns angemessen", einen Hohenpriester zu „haben" (4,14; 8,1), der – im Unterschied zu allen bisherigen „Heilsordnungen" – „für immer" und somit auch endgültig – εἰς τὸ παντελές – „Heil" zu vermitteln vermag (V. 25). Das heißt: In einem soteriologisch bestimmten Kontext (V.25!) bringt dieses ἔπρεπεν ἡμῖν weniger eine logische, als vielmehr eine „Heils"-Notwendigkeit zur Aussage, und zwar eine Heilsnotwendigkeit nunmehr insbesondere im Blick auf die Adressaten des Hebr in ihrer Glaubensanfechtung und Glaubensschwäche. „Uns" ist ein solcher Hoherpriester notwendig. Um das also, was „wir" brauchen, was „wir" nötig haben, geht es hier[176]. Auch die folgenden Adjektive und Partizipien, die im einzelnen das Wesen dieses Hohenpriesters beschreiben, stehen – wie alsdann der Anschluß von V. 27 an V. 26 zeigt – in Ausrichtung auf die Wirksamkeit des Dienstes dieses Hohenpriesters und stellen in diesem Sinne wiederum sein besonderes Wesen gegenüber dem irdischen, levitischen Priestertum heraus. Dabei nimmt der Autor mit den Adjektiven ὅσιος, ἄκακος und ἀμίαντος zunächst Prädikate auf, die den besonderen Status des Priesters während seines Dienstes am Kultheiligtum kennzeichnen: Ὅσιος, „rein, heilig", meint also den ausgesonderten Stand des Priesters, ἄκακος, „abseits der Bosheit", dementsprechend weniger die eigene moralische Integrität des Priesters, als vielmehr sein (räumliches) Getrenntsein von der κακία und – synonym dazu – ἀμίαντος, „unbefleckt", die kultische Reinheit des Priesters, sein Getrenntsein von den „Befleckungen" im Raum der Profanität[177]. In die Reihe dieser Prädikationen zur Kennzeichnung des priesterlichen Dienstes ordnet sich zunächst auch die Partizipialbestimmung κεχωρισμένος ἀπὸ τῶν ἁμαρτωλῶν ein: „Getrennt von den Sündern", auch dies bezeichnet zunächst die (räumliche) Absonderung des Priesters von seiner profanen Umwelt während der Zeit seines Dienstes am Heiligtum[178].

Keine Frage ist aber auch, daß alle diese Prädikationen in der Anwendung auf den Hohenpriester, von dem hier die Rede ist, einen über ihren ursprünglich „relativen" Charakter hinausgehenden „absoluten" Stellenwert gewinnen. Gelten sie doch nunmehr in einem grundsätzlichen Sinne, nicht mehr nur für die begrenzte Zeit der Absonderung des (irdischen)

---

[176] Vgl. H. BRAUN S. 222: „Solch ein Hoherpriester war ja auch das Richtige für uns"; ebd.: ἔπρεπεν bezeichnet die „Kongruenz zwischen der Art des Hohenpriesters und dem Bedürfnis der Menschen".
[177] Vgl. H. WINDISCH S. 68. Bemerkenswert ist auch hier wieder die Nähe solcher Terminologie zum hellenistischen Judentum bzw. zu Philon: Zu ὅσιος vgl. VitMos II 108; SpecLeg I 274f; Josephus, Ant. XIX 332; zu ἄκακος vgl. Philon, SpecLeg I 105; zu ἀμίαντος vgl. Philon, Fug 117f: ὁ ἀμίαντος ἀρχιερεύς; SpecLeg I 113; 249f; Somn II 185; 2 Makk 14,36; 15,34. Vgl. auch C. SPICQ, SBi, S.131f; H. BRAUN S. 222f.
[178] Vgl. mYom I 1 sowie STRACK-BILLERBECK, III, S.696. Besonders ist aber auch hier wieder auf Philon zu verweisen, so vor allem auf SpecLeg I 230: Der wahrhaftige Hohepriester ist ἀμέτοχος ἁμαρτημάτων. Vgl. auch Fug 108: Der Logos-Hohepriester ist πάντων οὐχ ἑκουσίων μόνον, ἀλλὰ καὶ ἀκουσίων ἀδικημάτων ἀμέτοχος; SpecLeg I 114.

Priesters von seiner profanen Umwelt. Und dies gilt zumal für die Prädikation des Hohenpriesters als „getrennt/abgesondert von den Sündern", die an dieser Stelle parallel zur folgenden Partizipialbestimmung steht: „Getrennt von den Sündern" ist dieser Hohepriester nämlich als „der über die Himmel Erhöhte"![179] Hinsichtlich des in dieser Erhöhungsaussage vorausgesetzten Weltbildes – die „Himmel" gehören hier offenbar noch zum kosmischen Bereich! – besteht eine gewisse Entsprechung zur Aussage in 4,14, wonach der Erhöhte „die Himmel durchschritten" hat[180]. An der Stimmigkeit eines bestimmten Weltbildes ist der Autor des Hebr jedoch nicht eigens interessiert[181]; Sinn und Funktion dieser Aussage, in der alle in V. 26 vorangehenden Prädikationen aufgipfeln, ist im Kontext vielmehr die entsprechende Vorbereitung der in V. 27 folgenden Aussage über den Opferdienst des „so beschaffenen" Hohenpriesters: Als der „über die Himmel Erhöhte", als derjenige also, der alles Irdisch-Welthafte überschritten hat, ist er zugleich derjenige, „der es nicht nötig hat ..." (V. 27).

Die in der Prädikationenreihe in V. 26 noch einmal nachdrücklich betonte Überlegenheit des „so beschaffenen" Hohenpriesters gegenüber allem irdischen Priestertum ist es also, die den in V. 27 dargelegten Sachverhalt notwendig zur Folge hat: Dieser Hohepriester ist – als der Erhöhte – nicht genötigt, „täglich" (und damit letztlich wirkungslose!) Opfer darzubringen; vielmehr: ἐφάπαξ, also: „einmal" und damit endgültig, hat er dies

---

[179] Indem somit die erste Partizipialbestimmung durch die folgende interpretiert wird, nimmt das κεχωρισμένος geradezu die Bedeutung von „Entrücktsein" an. Vgl. E. RIGGENBACH S. 211; H. WINDISCH S. 68: „nur jenseits der Himmel ist man wirklich geschieden von den Sündern"! Vgl. entsprechend Philon, Fug 62: οὐρανὸν μὲν ἀγαθῷ, τὰ δὲ περίγεια κακῷ. Zu κεχωρισμένος κτλ. als Ortsbezeichnung vgl. H. ZIMMERMANN, Das Bekenntnis der Hoffnung, S. 97. – Ein Widerspruch zu der in 2,14–18 und 4,15 stark betonten „Menschlichkeit" des Hohenpriesters (vgl. H. BRAUN S. 223: „Der ‚Freund von Zöllnern und Sündern' Mt 11,19 par Mk 2,16f scheint hier versunken"!) ist damit um so weniger gegeben, als hier das Wesen des Hohenpriesters primär unter dem Aspekt der Wirksamkeit seines Opferdienstes betrachtet wird: Als derjenige, der „getrennt ist von den Sündern", hat er es nicht nötig... (V. 27).

[180] Vgl. entsprechend Eph 4,10: ὁ ἀναβὰς ὑπεράνω πάντων οὐρανῶν. Die mit der ἀνάβασις des Erlösers ursprünglich verbundene (gnostische?) Vorstellung vom „Siegeszug" des Erhöhten (im Sinne der Unterwerfung der kosmischen Mächte) erscheint dabei freilich im Hebr – im Unterschied zu Eph – nicht eigens betont. Anders O. MICHEL S. 280f: „So klingt Eph 4,10 und Hebr 7,26 wie ein apokalyptisch-gnostisches Zeugnis vom Siegeszug des Erhöhten...". Zur Unterscheidung zwischen Eph und Hebr in dieser Hinsicht vgl. F. TRAUB, ThWNT V, S. 528; H. ZIMMERMANN, Das Bekenntnis der Hoffnung, S. 97f. – Zum Erhöhtsein des „Menschensohnes" „über den Himmeln" in der christlichen Gnosis vgl. jetzt die gnostische Petrusapokalypse: NHC VII/3, p. 71,10. Vgl. H. BRAUN S. 224.

[181] Einen Widerspruch zwischen der Aussage in V. 26 und der in 8,1 – ἐκάθισεν ... ἐν τοῖς οὐρανοῖς – hat er jedenfalls nicht gesehen. Anders H. BRAUN S. 224, der um des Ausgleichs beider Aussagen willen für V. 26 an die „unteren Himmel" denkt. Vgl. in diesem Sinne bereits O. HOFIUS, Der Vorhang vor dem Thron Gottes, S. 51: Im Hebr liege „eine doppelte Verwendung des Ausdrucks οἱ οὐρανοί vor: in 4,14; 7,26 bezeichnet er die niederen Sphären der Himmelswelt, in 8,1; 9,23; 12,23.25 hingegen die gesamte Himmelswelt". Vgl. ebd., S. 67–69; F. TRAUB, ThWNT V, S. 527; F. LAUB, Bekenntnis und Auslegung, S. 172ff.

getan. Dieser Gegensatz καθ' ἡμέραν – ἐφάπαξ ist der Hauptgegensatz, der alle anderen Gegensätze in sich schließt: einmal, daß jeder irdische Hohepriester zunächst für sich selbst und dann erst für das Volk Opfer darzubringen genötigt ist, was angesichts der Prädikationenreihe von V. 26 für den Hohenpriester der Christen ja gerade nicht zutrifft; und zum anderen den Gegensatz, daß die irdischen Hohenpriester überhaupt „Opfer (Plural!) darbringen", während der Hohepriester der Christen „sich selbst als Opfer dargebracht hat"[182]. Er, der „so beschaffene" Hohepriester, also: Priester und Opfer in einem! An dieser Position vor allem ist dem Autor gelegen, weshalb er sie auch – von den Gepflogenheiten des irdischen Hohenpriestertums auch in syntaktischer Hinsicht abgesetzt – in einem eigenen Satz formuliert: τοῦτο γὰρ ἐποίησεν ἐφάπαξ κτλ. Angesichts solcher Hervorhebung der Position stellen die Notwendigkeiten des irdischen Hohenpriestertums im Grunde nur noch die Folie dar für das, was hier eigentlich zu sagen ist. Ja, man kann sagen, daß von jenem ἐφάπαξ her zu jenen irdischen „Notwendigkeiten" nur noch ein distanziertes Verhältnis besteht[183], sodaß der Autor des Hebr seinerseits es an dieser Stelle gar nicht mehr für notwendig hält, den alten, durch jenes ἐφάπαξ überholten irdischen Priester- und Opferdienst korrekt bzw. historisch zutreffend zu beschreiben!

Zunächst von daher – vom primären Interesse des Autors an der christologischen Position her – versteht sich wohl auch der offensichtliche „Irrtum" hinsichtlich der Beschreibung der Opferpraxis des alten Hohenpriestertums in V. 27a[184]. Die ausdrückliche Differenzierung nämlich zwischen den Opfern, die die irdischen Hohenpriester zunächst (πρότερον) „für ihre eigenen Sünden" und sodann erst (ἔπειτα) „für die des Volkes" darbringen (vgl. entsprechend bereits 5,3 sowie 9,7), läßt an dieser Stelle zunächst an die entsprechende Opferhandlung am sogen. Versöhnungstag" יום הכפורים bzw. יום כפור) denken. In dem in Lev 16 beschriebenen Ritual wird jedenfalls hinsichtlich des „Versöhnungstages" ganz entsprechend unterschieden: Zunächst opfert der Hohepriester „für sich und sein Haus" (Lev

---

[182] Ἀναφέρειν ist hier – synonym mit προσφέρειν (5,1.3; 8,3f; 10,1f.11f; 11,4) – term. techn. für das „Darbringen" von Opfern. Vgl. entsprechend LXX Lev 17,5; Jes 57,6; 1 Makk 4,53; 2 Makk 1,18; 2,9 u.ö. Vgl. K. WEISS, ThWNT IX, S. 62 (LXX); zu Hebr 7,27: S. 63; J. KREMER, EWNT I, Sp. 226f; C. SPICQ, Notes I, S. 92, Anm. 5. – Die Lesart προσενέγκας (א A usw.) statt des ursprünglichen ἀνενέγκας (P[46] B D usw.) versteht sich als sekundäre Angleichung an das im folgenden (8,3f; 9,14.25.28; vgl. aber auch schon 5,7) vorherrschende προσφέρειν.

[183] Ἀνάγκη meint hier die im irdischen Charakter dieses Priestertums begründete Notwendigkeit. Also: weil die hier dargebrachten Opfer (Plural!) letztlich nichts bewirken, deshalb müssen sie „täglich" dargebracht werden. – Zur Wendung ἀνάγκην ἔχειν vgl. den entsprechenden Sprachgebrauch in den Papyri (POxy VII 1061,4; PFlor 278 IV,23; dazu: J. H. MOULTON/G. MILLIGAN, The Vocabulary of the Greek New Testament, S. 31f) sowie Josephus, Ant. XVI 290; Vita 171; für das Neue Testament vgl. Lk 14,18; 1 Kor 7,37; Jud 3.

[184] Vgl. dazu im einzelnen H. WINDISCH S. 68f; STRACK-BILLERBECK, III, S. 696–700; O. MICHEL S. 281–283 (Überblick über die unterschiedlichen Deutungsversuche); E. LOHSE, Märtyrer und Gottesknecht, S. 172f.

16,6.11), sodann „für das Volk" (Lev 16,16.18). Dieses Opferritual ist aber auf den „Versöhnungstag" beschränkt, wird also nur einmal im Jahresablauf vollzogen, während mit dem nach Hebr 7,27 „täglich" zu vollziehenden Opfer eigentlich nur das sogen. Tamidopfer gemeint sein kann, für das nun freilich gerade nicht die hier – in V. 27 – vorausgesetzte Reihenfolge gilt, sondern gerade umgekehrt: zuerst für das Volk und dann erst für den Hohenpriester[185]. Angesichts dessen, daß der Autor selbst – wie aus 9,7.25 sowie aus 10,1ff hervorgeht – durchaus darum gewußt hat, daß die Reihenfolge „für den Hohenpriester – für das Volk" im Opferritual nur „einmal im Jahr", also am Versöhnungstag, ihren Ort hat, ist ein Irrtum ausgeschlossen[186]. Ausgeschlossen ist aber auch, daß diese Ungenauigkeit in der Beschreibung des alten Opferdienstes in der mangelnden Anschauung des Autors vom Tempelkult in Jerusalem begründet sei[187]. Die bis ins Jahr 70 n. Chr. andauernde Opferpraxis am Tempel in Jerusalem (und die darauf bezugnehmenden Erörterungen in den Mischnatraktaten Joma und Tamid) sind für den Autor des Hebr gewiß nicht die „Quelle" seiner Ausführungen gewesen, wohl aber die entsprechenden Weisungen im „Gesetz" selbst[188], die er nun freilich im Lichte des für den neuen Priester- und Opferdienst geltenden ἐφάπαξ liest – und dementsprechend nun auch seinerseits die Akzente setzt. Von daher gesehen ist die Ungenauigkeit in der Beschreibung der alten Opferpraxis in V. 27a durchaus am wahrscheinlichsten aus der die Gegenüberstellung von V. 27 bestimmenden Absicht des Autors zu erklären, vermittels des an sich inkorrekten καθ' ἡμέραν (statt eines κατ' ἐνιαυτόν wie in 9,7.25; 10,1.3) den Kontrast zwischen dem alten und dem neuen Priester- und Opferdienst nur umso deutlicher hervortreten zu lassen[189].

Der Hohepriester, von dem der Hebr reden möchte, hat es gerade nicht nötig, wie einst der Hohepriester der alten Kultordnung „Tag für Tag", also immer wieder bzw. in andauernder Wiederholung Opfer darzubringen[190], wobei schon die Notwendigkeit ständiger Wiederholung Symptom

---

[185] Zum Tamid-Opfer, das nur ausnahmsweise – z. B. an Festtagen – vom Hohenpriester selbst dargebracht wurde, vgl. Sir 45,14; mTam VII 3; STRACK-BILLERBECK, III, S. 696–700, sowie Philon, SpecLeg III 131: εὐχὰς δὲ καὶ θησίας τελῶν καθ' ἑκάστην ἡμέραν; Josephus, Ant. III 257.

[186] Etwa im Sinne einer Verwechslung des jährlichen Opfers am Versöhnungstag mit dem täglichen Speiseopfer für den Hohenpriester nach Lev 6,12ff. Dieses Speiseopfer fand im Anschluß an das tägliche Brandopfer statt, dessen sühnende Kraft dem Volke zugute kam. Ausgeschlossen ist damit aber auch die Vermutung von K. BIESENTHAL, Epistola Pauli ad hebraeos cum rabbinico commentario, wonach – unter der Voraussetzung freilich der Übersetzung des Hebr aus dem hebräischen bzw. aramäischen Original – an dieser Stelle ein ursprüngliches יומא יומא, d. h.: jeweils am Versöhnungstag, im Sinne eines „Tag für Tag" mißverstanden worden sei. Vgl. B. F. WESTCOTT S. 196.

[187] So H. WINDISCH S. 69: „Damit ist der Hinweis gegeben, daß der Verfasser das jüdische Opferwesen nur aus der Thora, nicht aus konkreter Anschauung oder gar aus eigener Betätigung kennt". Vgl. auch O. MICHEL S. 283; H. BRAUN S. 225.

[188] So ist das ἅπαξ τοῦ ἐνιαυτοῦ in 9,7 direkt aus dem „Gesetz", nämlich aus Ex 30,10, gewonnen. Weiteres s. u. zu 8,3 und 9,1ff.

[189] Vgl. in diesem Sinne bereits H. WINDISCH S. 68f; weiter: E. LOHSE, Märtyrer und Gottesknecht, S. 173; F. SCHRÖGER, Der Verfasser des Hebr als Schriftausleger, S. 156 mit Anm. 1, sowie C. SPICQ, SBi, S. 132f.

[190] Zu καθ' ἡμέραν im Sinne von „immer wieder" vgl. 3,13; 10,11 sowie 1 Kor 15,31; 2 Kor

ist für die Unzulänglichkeit, ja Nutzlosigkeit solchen Opferkultes (V. 19). Vielmehr: Das, was jene Opfer bewirken sollen, die „Entsündigung" des Volkes (10,4), dies (τοῦτο) hat der neue Hohepriester ἐφάπαξ getan, indem er sich selbst zum Opfer dargebracht hat. Damit tritt nunmehr an die Stelle des Präsens der ständigen Wiederholung der Opfer, die Menschen Gott darbringen, der auf ein einmaliges Geschehen bezugnehmende Aorist: ἐποίησεν ... ἑαυτὸν ἀνενέγκας[191], mit dem der Autor des Hebr sich ganz auf dem geschichtlichen Fundament christlichen Glaubens befindet und von dem her er nun auch die ihm eigene „Theologie der Einmaligkeit" (A. WINTER) entwickelt[192]. Aus der bisher geltend gemachten biblischen Grundlage der Argumentation, Ps 110,4, ist dies nun nicht mehr exegetisch ableitbar: Das Selbstopfer dieses Hohenpriester – er also (aktiver) Priester und (passives) Opfer zugleich! – als ein einmaliges Geschehen in der Vergangenheit, das als solches freilich zugleich – im Gegensatz zu den vielen (und somit nutzlosen) Opfern des alten Priesterdienstes – für alle Zeit gilt und somit eschatologisch-endgültigen Charakter hat. Worin dieses Selbstopfer besteht, wird an dieser Stelle, an der es zunächst noch im Kontext des 7. Kapitels um die betonte Herausstellung des ἐφάπαξ geht, noch nicht im einzelnen ausgeführt. Spätestens Hebr 9,11ff jedoch zeigt dann im einzelnen, in welchem Sinne und Maße mit diesem Adverb ein Stichwort genannt ist, das für die Christologie und die Soteriologie des Hebr gleichermaßen von grundlegender Bedeutung ist[193]. Jenes „Gott hat am Ende der Tage im Sohn gesprochen" von Hebr 1,2 findet hier, in diesem ἐφάπαξ, gleichsam seine äußerste Konzentration und Zuspitzung. Charakteristisch für den Hebr ist dabei die in dieses ἐφάπαξ eingeschlossene (und im Kontext auch ausdrücklich ausgesprochene) Gegenüberstellung zum καθ' ἡμέραν bzw. πολλάκις (10,11f) des alten Opferkults. Eben

---

11,28; Th. ZAHN, Einleitung in das Neue Testament II, S. 159f. (Anm. 14); M. RISSI, Die Theologie des Hebr, S. 73.

[191] Vgl. entsprechend 9,14; 10,12 sowie 5,7 und im Gegensatz dazu wiederum das Präsens in bezug auf den alten Opferkult: 5,1ff; 10,1ff. Vgl. A. VANHOYE, VD 37 (1959) S. 34f; W. STOTT, NTS 9 (1962/63) S. 65.

[192] Dies gilt auch dann, wenn das ἐφάπαξ bereits vor dem Hebr in der Theologiegeschichte des Urchristentums eine gewisse Rolle gespielt hat. Vgl. Röm 6,10 sowie 1 Petr 3,18. An beiden Stellen steht (ἐφ-)ἄπαξ im Sinne des die Wirkung des Heilstodes Jesu einschließenden „ein für allemal". Die Stellung innerhalb der zusammenfassenden Darlegung über den „Heilsweg Christi" in 1 Petr 3,18-22 läßt den Schluß zu, daß es sich in 3,18 bereits um kerygmatische Tradition handelt. Vgl. L. GOPPELT, Der erste Petrusbrief (KEK 12/1), Göttingen 1978, S. 239ff; O. MICHEL S. 325, Anm. 1.

[193] Vgl. neben 7,27 auch 9,12.26-28 sowie – als Konsequenz aus dem christologischen (ἐφ-)ἄπαξ – 6,4; 10,2.10. Dazu grundsätzlich: A. WINTER, Ἅπαξ, ἐφάπαξ im Hebräerbrief. Eine exegetisch-bibeltheologische Studie zur Theologie der Einmaligkeit, Diss. Rom 1969; D. J. C. van WYK, Die betekenis van hapax en efhapax in die Hebreerbrief, HTS 28 (1972) S. 153-164; H. BALZ, EWNT I, Sp. 276f.

in diesem Kontext bzw. in dieser Gegenüberstellung präzisiert ἐφάπαξ das ἐποίησεν von V. 27 nicht nur im Sinne der Einmaligkeit und Unwiederholbarkeit dieses Geschehens[194], sondern – damit zugleich – auch im Sinne des „Ein für allemal", im Sinne also der Endgültigkeit jenes Geschehens. Genau in diesem Sinne schließt das ἐφάπαξ auch in V. 27 schon den entsprechenden soteriologischen Aspekt in sich: Das so gekennzeichnete Selbstopfer des neuen Hohenpriesters bewirkt nun endlich auch jene τελείωσις, die das levitische Priestertum mit seinem Opferdienst nicht zu erbringen vermochte (7,11.19; 10,1ff – und demgegenüber 10,14!). Nunmehr ist der Grund gelegt für eine αἰωνία λύτρωσις, für eine für alle Zeit geltende „Erlösung" (9,12; vgl. bereits 5,9).

Bevor dieses ἐποίησεν ἐφάπαξ von V. 27 im folgenden in diesem Sinne im einzelnen entfaltet wird, wird in **V. 28** der Ertrag des 7. Kapitels noch einmal unter Bezugnahme auf Ps 110,4 zusammengefaßt[195], und zwar wiederum zunächst im Sinne der das ganze Kapitel bestimmenden Gegenüberstellung des die alte Kult- und Heilsordnung konstituierenden Gesetzes und des die neue Heilsordnung konstituierenden „Eideswortes" Gottes, in Verbindung damit aber auch im Sinne der Gegenüberstellung von „Menschen" einerseits und vom „Sohn" andererseits. Konkret heißt dies im Sinne des Autors: „Schwachheit" (und Nutzlosigkeit!) auf der einen, „Vollendung" auf der anderen Seite. Die Konsequenz solcher Sichtweise: Der νόμος, auch hier wiederum das die alte Kultordnung konstituierende Gesetz, kommt nunmehr endgültig auf der Seite des Irdisch-Vergänglichen zu stehen. Denn: Nur Menschen – vgl. bereits 5,1! – setzt dieses Gesetz zu (Hohen)priestern ein, die als solche – vgl. bereits 5,2! – „schwach" und somit auch sterblich sind (VV. 8 und 23)[196]. Im Zusammenhang mit der voraufgehenden Argumentation (VV. 18f) heißt das freilich zugleich: Dieses Gesetz, das nichts zur „Vollendung" gebracht hat, ist selbst schwach und nutzlos! Und gerade so steht es auch im Gegensatz (δέ!) zum λόγος τῆς ὁρκωμοσίας von Ps 110,4, der – zeitlich gesehen – „nach dem Gesetz" ergangen ist – und gerade so die Schwäche und Nutzlosig-

---

[194] Ἐφάπαξ ist in der griechischen Sprache zunächst nur in der Bedeutung „auf ein Mal, mit einem Male" belegt. Vgl. 1 Kor 15,6 sowie den entsprechenden Gebrauch in den Papyri (PLond 483,88; 1708,242; PFlor II 158,10: ἁπάπαξ). Vgl. J. H. MOULTON/G. MILLIGAN, The Vocabulary of the Greek New Testament, S. 269. Andererseits kann auch ἅπαξ im jeweilige Kontext die Bedeutung „ein für allemal" annehmen, so z. B. LXX Ps 88,36; Josephus, Ant. IV 140; Bell. II 158; Philon, Ebr 198. Vgl. zum ganzen: C. SPICQ, Notes I, S. 113, sowie die oben Anm. 193 genannte Literatur.

[195] Γάρ signalisiert an dieser Stelle also nicht eine weitere Begründung im Argumentationsgang von Kapitel 7, sondern hat resumierenden Charakter: „Das Gesetz nämlich...".

[196] Zu καθίστημι als term. techn. für die „Einsetzung" von Priestern s. o. zu 5,1; vgl. auch 8,3. – Die Wendung ἀσθένειαν ἔχειν bezeichnet die Hinfälligkeit der menschlichen Natur und entspricht somit der Wendung περίκειται ἀσθένειαν in 5,2: Vgl. Platon, Leg 854 A: ἡ τῆς ἀνθρωπίνης φύσεως ἀσθένεια.

keit des Gesetzes ans Licht gebracht hat[197]. Das „Eideswort" Gottes aber von Ps 110,4 hat nicht schwache und sterbliche Menschen zu Priestern (Plural!) eingesetzt, sondern den (einen!) „Sohn", und zwar als den „in Ewigkeit Vollendeten". Mit der Rede vom „Sohn" in Verbindung mit Ps 110,4 wird hier über das 7. Kapitel hinaus noch einmal auf jene Verbindung von „Sohn" und „Hoherpriester" zurückgegriffen, wie sie im Hebr zum ersten Mal in 5,5ff auf der Grundlage von Ps 2,7 und Ps 110,4 vorlag. Gleiches gilt aber auch für das Motiv der „Vollendung" in V. 28: Es hat hier nicht nur seinen Ort in der Gegenüberstellung zur Nutzlosigkeit des Gesetzes (V. 19), sondern schließt den Rückgriff auf das einmalige Geschehen der Erhöhung in 5,9 (Aorist τελειωθείς!) ebenso in sich wie den Vorgriff auf den durch die Erhöhung bewirkten Zustand (Perfekt τετελειωμένον!), wie er sich bereits in V. 25 andeutete: „als einer, der immerzu lebt, um für sie (vor Gott) einzutreten". Der zu Gott Erhöhte, der τελειωθείς von 5,9, der ὑψηλότερος τῶν οὐρανῶν γενόμενος von V. 26, ist zugleich der „in Ewigkeit Vollendete", und d.h. im Kontext: „der zum priesterlichen Dienst vor Gott (im himmlischen Heiligtum) Instandgesetzte"[198]. So gesehen hat jedoch V. 28 nicht nur die Funktion einer „conclusio" zu (5,1–10 und) Kapitel 7, sondern zugleich auch die Funktion einer Überleitung (transition) zum folgenden zentralen Teil des Hebr bzw. zu der in 8,1 so bezeichneten „Hauptsache" des Hebr. Denn hier – konkret zunächst in 8,1f – wird nunmehr sogleich beides aufgenommen und miteinander verbunden: Sowohl der τελειωθείς von 5,9, der als solcher den Platz „zur Rechten Gottes" eingenommen hat (8,1), als auch der τετελειωμένος von 7,28, der als solcher „in Ewigkeit" seinen priesterlichen Dienst im himmlischen Heiligtum versieht (8,2). Die soteriologischen Implikationen einer solchen Erhöhungs- und Hohenpriesterchristologie deuteten sich im Rahmen der christologischen Argumentation im 7. Kapitel bereits an (7,19.22.25). Sie im einzelnen auszuführen, und zwar wiederum – wie bisher bereits – im Rahmen der Gegenüberstellung zur alten Kult- und Heilsordnung, ist die zentrale Sache der folgenden Kapitel (8,1–10,18).

---

[197] Zur Logik der Argumentation vgl. 7,11f sowie bereits 4,8 und 8,7f. – Sofern der λόγος τῆς ὁρκωμοσίας durch die Einsetzung des Sohnes zum Hohenpriester bereits verwirklicht worden ist, geht es hier nicht um die Gegenüberstellung von „Gesetz" und „Verheißung". Gegen K. NISSILÄ, Das Hohepriestermotiv im Hebr, S. 139f, mit Verweis auf die Abrahamsverheißung (Gen 22,16f) in Hebr 6,13ff. Vgl. aber auch schon E. RIGGENBACH S. 216.
[198] So G. DELLING, ThWNT VIII, S. 84. Vgl. auch O. MICHEL S. 284: „Vollendet", d.h. hier: Der „Sohn" hat auf Grund seines Selbstopfers „die Vollmacht und Würde empfangen, die ihn zum Sohn und Priester vor Gott beruft"; K. NISSILÄ, Das Hohepriestermotiv im Hebr, S. 136.

4.2) 8,1–10,18: Der Priesterdienst der neuen Heilsordnung

Stellung und Funktion im Kontext:

Im Anschluß an den im 7. Kapitel geführten exegetischen Nachweis der Überlegenheit des neuen Priestertums von Ps 110,4 gegenüber dem alten levitischen Priestertum folgt nunmehr in einem in sich geschlossenen thematischen Zusammenhang der zentrale christologische Teil des Hebr, der mit seinen soteriologisch ausgerichteten Darlegungen am Ende (10,11ff) folgerichtig wiederum in die unmittelbar an die Adressaten sich wendende Paraklese und Paränese einmündet: Ἔχοντες οὖν ... παρρησίαν ... καὶ ἱερέα μέγαν κτλ. in 10,19ff leitet die Schlußfolgerung aus dem τοιοῦτον ἔχομεν ἀρχιερέα von 8,1, aus der „Hauptsache" (κεφάλαιον) des Hebr ein. Das „Haben" eines solchen (Hohen-)Priesters stellt also gleichsam die „inclusio" des Abschnittes 8,1–10,18 dar.

Die grundlegende Bedeutung dieses zentralen Abschnitts für das Anliegen des Hebr insgesamt wird bereits zu Beginn (8,1) angezeigt, wenn hier (mit betonter Voranstellung!) vom κεφάλαιον ἐπὶ τοῖς λεγομένοις die Rede ist. Damit ist für den Leser des Hebr das entsprechende Signal gesetzt, daß hier nunmehr im einzelnen entfaltet wird, worauf es dem Autor in seiner Trost- und Mahnrede vor allem ankommt: auf die Begründung bzw. „Einführung einer besseren Hoffnung" für die Christen bzw. die in ihrem Glauben angefochtenen Adressaten. „Hauptsache" bei alledem, was im Hebr in Gestalt einer „Rede" ausgeführt wird, ist es, daß die Adressaten „einen solchen Hohenpriester haben", der seinen Ort „zur Rechten des Thrones Gottes" hat und der in dieser Position „immerzu lebt, um für die Seinen (vor Gott) einzutreten" (7,25). Hier, an dieser Stelle, da die Aufmerksamkeit der Adressaten auf diese „Hauptsache" gelenkt werden soll, hat noch einmal das „Wir" der christlichen Gemeinde seinen Ort, während im übrigen die Einheitlichkeit des ganzen Abschnittes 8,1–10,18 nicht zuletzt darin besteht, daß dieses „Wir" (und damit auch die unmittelbare Anrede an die Adressaten) ganz zurücktritt hinter einen Stil lehrhaft-didaktischer Darlegung[1]. Erst von 10,19 an, hier wiederum mit der direkten Anrede ἀδελφοί, ändert sich der Stil: Ein Ἔχοντες οὖν – seinerseits das ἔχομεν von 8,1 erneut aufnehmend – steht programmatisch am Beginn der Paraklese und Paränese und kennzeichnet dies als Schlußfolgerung aus den vorangehenden lehrhaften Darlegungen[2]. Genau dies ist ja charakteristisch für den Hebr

---

[1] Diese Einheitlichkeit des Abschnitts wird neuerdings bestritten von M. Rissi, Die Theologie des Hebr, S. 56–59, und zwar durch die These, daß der Autor des Hebr im 8. Kapitel zunächst die „Hauptsache" der „Himmels- und Hoheitschristologie" seiner Adressaten referiere, um sie sodann in 9,1 bis 10,18 kritisch vom Tod Jesu her zu korrigieren. Die Wendung ἐπὶ τοῖς λεγομένοις in 8,1 ist dementsprechend nicht auf den vorangehenden Zusammenhang zu beziehen, sondern auf die Meinung der Leser des Hebr. Nun ist zwar zuzugeben, daß in Hebr 8 in der Tat zunächst nicht vom Tod des Hohenpriesters die Rede ist, sondern nur von seiner Erhöhung „zur Rechten Gottes". Dieses (vermeintliche) Defizit wird jedoch durch den Kontext von Hebr 8, insbesondere durch den Rückbezug in 8,1 auf 7,26–28, ausgeglichen. Und vor allem: Der zentrale Stellenwert der Erhöhungsaussage für den Autor des Hebr selbst wird bereits durch die entsprechende Aussage im Exordium (1,1–4) erwiesen.

[2] Die Abfolge der Abschnitte 8,1–10,18 und 10,19ff entspricht in der Struktur ganz dem Abschnitt 4,14–16, der in nuce das „Programm" des Hebr enthält (s. o. zu 4,14–16). Das Verbum ἔχειν hat im Hebr offensichtlich überhaupt seinen spezifischen Ort im Übergang von

und sein pastoral-seelsorgerliches Grundanliegen: Die „Rahmung" der Darlegung christologischer und soteriologischer „Lehre" durch das „Wir" der Gemeinde, also die Ausrichtung der „Lehre" auf die Paraklese und Paränese der Gemeinde. Sofern es in 8,1-10,18 in diesem Sinne um die „Hauptsache" des Hebr geht, ist - zumal angesichts des im Hebr auch sonst üblichen Verfahrens - gerade für diesen Abschnitt von vornherein eine sorgfältige Komposition zu erwarten, die jene in 8,1 zunächst nur kurz angedeutete „Hauptsache" umso deutlicher hervortreten läßt.

Im Blick auf die Makrostruktur des Abschnitts ist dabei zunächst die Beobachtung entscheidend[3], daß auch hier - wie bereits im 7. Kapitel - die Position des Priestertums der neuen Heilsordnung in ihrer Einmaligkeit und Endgültigkeit vermittels der Gegenüberstellung zur Negation, d.h. zum alten, auf der Grundlage des „Gesetzes" beruhenden Priestertum gewonnen wird. Diese „Sachstruktur" des Abschnitts tritt schon im 8. Kapitel hervor, wenn hier bereits in V. 2 („...der Herr, nicht ein Mensch") diese Gegenüberstellung in den Blick tritt, in den VV. 3-5 sodann im einzelnen entfaltet wird, um davon dann umso wirksamer - V. 6: Νυνὶ δέ! - die Überlegenheit des Priesterdienstes der neuen Heilsordnung abzuheben und schließlich in den VV. 7-13 anhand von Jer 31 (LXX: Jer 38) schriftgelehrt zu vertiefen[4]. In diesem Sinne eignet dem 8. Kapitel im Gesamtzusammenhang des Abschnitts 8,1-10,18 der Charakter einer „Exposition" im Blick auf jene „Hauptsache", um die es dem Autor geht. Jene Grundstruktur der Gegenüberstellung von altem und neuem Priesterdienst bestimmt freilich über das 8. Kapitel hinaus auch den Zusammenhang 9,1-10,18[5], und zwar im Sinne einer (auch in der formalen Komposition sich abzeichnenden) zweifachen Ausführung der Exposition in 9,1-28 einerseits und 10,1-18 andererseits: In beiden Teilabschnitten steht der Verweis auf die alte Kult- und Heilsordnung jeweils an erster Stelle (9,1-10 und entsprechend 10,1-4); beide Male folgt - in der Gegenüberstellung dazu - die Darlegung der Vorzüge bzw. der Überlegenheit der neuen Heilsordnung (9,11-14 und entsprechend 10,5-10); und in beiden Fällen wird der Argumentationsgang mit der Darlegung der soteriologischen Konsequenzen abgeschlossen (9,15ff und entsprechen 10,11ff). Eine gewisse Parallelität hinsichtlich der Aussagenreihen in 9,1-28 und 10,1-18 ist somit nicht zu übersehen[6]. Gleichwohl wird im letzteren Teilabschnitt - und hier speziell in 10,11f - über das 9. Kapitel hinausgehend (und im Rückbezug zugleich auf die grundlegende Erhöhungsaussage in 8,1!) nunmehr

---

der lehrhaften Darlegung zur Paraklese und Paränese: vgl. neben 4,14 und 8,1 bzw. 10,19 auch 6,18f und 12,1.

[3] Vgl. dazu bes. A. VANHOYE, La structure littéraire, S. 138ff; DERS., La structure centrale de l'épître aux Hébreux (Hébr 8,1-9,28), RSR 47 (1959) S. 44-60, sowie M. GOURGUES, A la droite de dieu, S. 110ff.

[4] Zur Frage der Abgrenzung der beiden Teilabschnitte im 8. Kapitel 8,1-5 und 8,7-13 und der beide Abschnitte verbindenden Stellung von V. 6 vgl. A. VANHOYE, La structure littéraire, S. 142f.

[5] Im Blick speziell auf 8,1-9,28 spricht A. VANHOYE, La structure littéraire, S. 139, von einem „Diptychon", „dont le premier panneau concerne les anciens sacrifices rituels, et le second, le sacrifice personnel du Christ".

[6] Sie wird dadurch noch besonders akzentuiert, daß 9,28 (mit dem zusammenfassenden οὕτως und dem eschatologischen Ausblick auf die „zweite Parusie" Christi) sich wie ein Abschluß des ganzen Zusammenhangs liest. - Zur Parallelität der beiden Abschnitte 9,1-28 und 10,1-18 vgl. auch M. GOURGUES, A la droite de dieu, S. 111ff, spez. S. 114.

ausdrücklich der soteriologische „Ertrag" der im 9. Kapitel vorangehenden christologischen Darlegungen formuliert, das ἐφάπαξ von 9,11ff also im Sinne seiner „für immer" (εἰς τὸ διηνεκές) geltenden Heilswirkung definiert, woraus sich dann folgerichtig die Darlegung der entsprechenden Konsequenzen hinsichtlich der Paraklese und Paränese der Adressaten ergibt (10,19ff).

Darüber hinaus sind aber auch innerhalb des Abschnitts 8,1-9,28 bestimmte Entsprechungen nicht zu übersehen[7]: So korrespondieren hinsichtlich der Gegenüberstellung des himmlischen und des irdischen Kultes 8,2-5 und 9,23-28 einander, weiter auch hinsichtlich der Gegenüberstellung von alter und neuer Heilsordnung 8,6-13 und 9,15-22 und schließlich hinsichtlich der Gegenüberstellung des Opfers beider Heilsordnungen 9,1-10 und 9,11-14. Geht es dabei jeweils im ersten Abschnitt um die Negation, im zweiten Abschnitt dagegen jeweils um die Position, so ergibt sich für 8,1-9,28 eine chiastische Gliederung, und zwar nach dem Schema a - b -c/C - B - A. Also: a (8,3-5) - b (8,6-13) - c (9,1-10) -/C (9,11-14) - B (9,15-22) - A (9,23-28)[8]. Im Sinne einer „konzentrischen Symmetrie" (A. VANHOYE) liegt dabei der Hauptakzent innerhalb dieser chiastischen Komposition eindeutig auf dem zentralen Abschnitt c/C (9,1-10/9,11-14) und hier wiederum, da es ja dem Autor bei alledem um die betonte Herausstellung der christologisch-soteriologischen Position geht, vor allem auf dem (durch betont am Anfang stehendes Χριστὸς δέ eingeleiteten) Abschnitt 9,11-14. In diesem Χριστὸς δέ - in Verbindung selbstverständlich mit dem ἐφάπαξ von 9,11-14 - ist in der Tat die „Mitte" des Hebr gegeben[9]. Daraus, aus dieser christologischen Mitte, ergibt sich alles weitere, was im Hebr dargelegt wird, und zwar sowohl die entsprechenden soteriologischen Konsequenzen, wie sie bereits in 9,14 in den Blick treten, als auch die entprechenden Konsequenzen hinsichtlich der Paraklese und Paränese der Adressaten, wie sie dann in 10,19ff entfaltet werden.

4.2.1) 8,1-6: Der alte und der neue Priesterdienst (Exposition)

1 Die Hauptsache aber bei dem, was (hier) dargelegt wird: Wir haben einen solchen Hohenpriester, der sich zur Rechten des Thrones der Majestät in den Himmeln gesetzt hat,
2 (und zwar als) ein Diener am Heiligtum und am wahren (= wirklichen) Zelt(-Heiligtum), das der Herr, nicht ein Mensch, errichtet hat.
3 Jeder Hohepriester nämlich wird eingesetzt, um Gaben und Opfer darzubringen. Daher ist es (auch) notwendig, daß auch dieser etwas hat, was er darbringen kann.
4 Wenn er nun auf Erden wäre, (so) wäre er auch nicht Priester, da (hier) ja schon solche sind, die nach Maßgabe des Gesetzes Opfer darbringen.
5 Sie (freilich) verrichten ihren priesterlichen Dienst an einem Abbild und Schatten der himmlischen Dinge - dementsprechend (jedenfalls), daß Mose, als er das Zelt(-Heiligtum) errichten wollte, die Weisung (von Gott) erhielt: ‚Siehe zu' - (so) heißt es nämlich (sc.: in der Schrift) - ‚daß du alles gemäß dem Urbild machst, das dir auf dem Berg gezeigt wurde'.

---

[7] Vgl. bes. A. VANHOYE, La structure littéraire, S. 140ff.
[8] Vgl. die Übersicht bei A. VANHOYE, La structure littéraire, S. 161.
[9] So auch das Ergebnis der „analyse structurelle" des Hebr durch L. DUSSAUT, Synpose strucutrelle de l'épître aux Hébreux, hier bes. S. 73.

6 Nun aber hat er (sc.: Christus) einen priesterlichen Dienst erlangt, der in dem Maße vorzüglicher ist (sc.: als der irdische Priesterdienst), in dem er auch einer besseren Heilsordnung Mittler ist, die (als solche) in besseren Verheißungen ihre (gesetzliche) Grundlage hat.

Durch betont vorangestelltes Κεφάλαιον δὲ ἐπὶ τοῖς λεγομένοις setzt der Autor in V. 1 (nach 7,26) noch einmal einen besonderen Akzent hinsichtlich der Rezeption seiner Darlegungen seitens seiner Adressaten: Bei alledem, was zuvor bereits dargelegt worden ist wie auch im folgenden „gesagt" werden wird[10], sollen sie die „Hauptsache", das zuallererst Entscheidende, nicht aus dem Auge verlieren[11], das sie ja schon „haben", was gleichsam gemeinsamer Besitz aller Christen ist, was aber zugleich doch auch die Grundlage darstellt für die eigenen Ausführungen des Autors (wie sich sogleich im Übergang von V. 1 zu V. 2 zeigen wird). Κεφάλαιον, „Hauptsache", meint hier also sowohl das den Adressaten bereits Bekannte - ihr Bekenntnis nämlich zum Erhöhten - als auch dasjenige, was der Autor seinerseits dem bereits „Bekannten" als eigene Auslegung des Bekenntnisses hinzufügt. Dies also ist für die Adressaten die „Hauptsache" bzw. - vom Autor her gesehen - der Zielpunkt, die Krönung seiner Darlegungen[12]: Einen „solchen Hohenpriester" brauchen sie (7,26) - und nunmehr (8,1): „wir haben" ihn ja schon! Das überlieferte Bekenntnis zur „Erhöhung" Christi, das der Autor im Hebr insgesamt im Anschluß an Ps 110,1 zur Bekenntnis-Grundlage gewählt hat[13], akzentuiert ja zunächst als solches nur den Aspekt des Herrschaftsantrittes im Sinne der Teilhabe an der Herrschaft Gottes[14]. Hier dagegen wird nunmehr die traditionelle Er-

---

[10] Ἐπὶ τοῖς λεγομένοις bezieht sich also nicht nur auf das zuvor Dargelegte, sondern - als Partizip Präsens - auf die „laufende Darstellung" (so H. BRAUN S. 227) und damit auch auf all' das, was der Autor im folgenden zur Sprache bringen wird. - Der Formulierung in V. 1 kommt am nächsten Isokrates IV 149: κεφάλαιον δὲ τῶν εἰρημένων. Zur Verbindung von κεφάλαιον und λέγειν vgl. auch Demosthenes, Or. XIII 36; Philon, Mut 106: τὸ μὲν κεφάλαιον εἴρηται.

[11] Κεφάλαιον (als subst. Neutrum des Adjektivs κεφάλαιος) in diesem Sinn häufig in der griechisch-hellenistischen wie auch in der jüdisch-hellenistischen Literatur. Vgl. z. B. Platon, Phaidon 95 B; Leges I 643 D; Epiktet, Diss. I 24,20; Josephus, Ant. XVII 93; c. Ap. I 219; Philon, Fug 7.166; All II 202; Somn I 235 u. ö. Zum entsprechenden Gebrauch in den Papyri vgl. J. H. MOULTON/G. MILLIGAN, The Vocabulary of the Greek New Testament, S. 342; zum Ganzen vgl. bes. R. WILLIAMSON, Philo and the Epistle to the Hebrews, S. 123-129.

[12] Zur Bedeutung von Κεφάλαιον im Sinne von „crown" bzw. „crowning affirmation" vgl. R. WILLIAMSON, Philo and the Epistle to the Hebrews, S. 127f.

[13] Vgl. programmatisch bereits 1,3 sowie - jeweils im Anschluß an Ps 110,1 - 1,13; 10,12f; 12,2. Zur Sache vgl. auch 2,9f; 4,14; 5,9. In 8,1 entspricht die Ortsangabe ἐν τοῖς οὐρανοῖς der Wendung ἐν ὑψηλοῖς in 1,3. So auch die Lesart von 33 vg^m Eus in 8,1. - Zur Frage eines Widerspruchs im „Weltbild" gegenüber 7,26 (und 4,14) s. o. zu 7,26.

[14] So bes. Phil 2,6-11. Dieser Aspekt ist im übrigen auch im Hebr nicht ausgeschlossen. Gerade in 8,1 - vgl. aber auch 12,2 - symbolisiert ja der „Thron" Gottes seine Herrschaft. Vgl. auch die Rede vom „Thron der Gnade" in 4,16 sowie die stereotype Gottesbezeichnung ὁ καθήμενος ἐπὶ τοῦ θρόνου in Apk 4,9f; 5,1; 6,16; 7,10; 21,5. Zum Ganzen vgl. D. SÄNGER,

höhungsaussage auf Grund von Ps 110,1 von der Auslegung von Ps 110,4 her im Sinne des Beginns eines priesterlichen Handelns des Erhöhten interpretiert. Dementsprechend gilt nunmehr also: „Hauptsache" im Blick auf das den Adressaten „Angemessene" (7,26) ist, daß sie „einen solchen Hohenpriester haben", der als der „zur Rechten Gottes" Erhöhte priesterlichen Dienst am (himmlischen) Heiligtum versieht. Erhöhung, ihrerseits bereits Inhalt des überlieferten Bekenntnisses, wird hier im Sinne des Eingangs des Erhöhten als des Hohenpriesters in das himmlische Heiligtum interpretiert[15]. Das ist Auslegung der Bekenntnistradition im gezielten Rückgriff auf biblische Überlieferung und Sprache.

In terminologischer Hinsicht steht der Autor des Hebr mit der die traditionelle Erhöhungsaussage von V. 1 weiterführenden Aussage in V. 2 eindeutig in der Kontinuität der Sprache der LXX: λειτουργός ist hier – ebenso wie auch in 10,11 – Bezeichnung desjenigen, der priesterlichen Dienst versieht[16]; τῶν ἁγίων – hier wie auch 10,19 Genitiv zu τὰ ἅγια – dementsprechend Bezeichnung des (Zelt-)Heiligtums des Alten Testaments[17]. Die nähere Unterscheidung zwischen τὰ ἅγια (als Bezeichnung dieses Heiligtums insgesamt) und τὰ ἅγια τῶν ἁγίων (als Bezeichnung eines bestimmten Teils dieses Heiligtums), wie sie dann in 9,2f vorliegt, spielt an dieser Stelle noch keine Rolle[18]. Hier geht es dem Autor zunächst nur darum, durch den exegetischen Zusatz καὶ τῆς σκηνῆς τῆς ἀληθινῆς das Heiligtum, an dem der Hohepriester von V. 1 seinen „liturgischen" Dienst versieht, als das „wahre", und das heißt – wie im folgenden alsbald deut-

EWNT II, Sp. 387–391. Zu μεγαλωσύνη als Umschreibung des Gottesnamens bzw. der „Majestät" Gottes s. o. zu 1,3.

[15] Vgl. entsprechend bereits 6,19f sowie 9,24: Der „Eingang" in das himmlische Heiligtum ist „Eingang" εἰς αὐτὸν τὸν οὐρανόν. Im Vergleich mit 8,1f gesehen ist die variable Terminologie in dieser Hinsicht bemerkenswert. Was die Auslegung der traditionellen Erhöhungsaussage betrifft, so besteht für den Hebr in der Tat eine „polyvalence du symbole de la session à la droite". So M. GOURGUES, A la droite de dieu, S. 119.

[16] Vgl. entsprechend auch den Terminus λειτουργία in 8,6; 9,21 sowie Lk 1,23; Röm 15,16. Vgl zum Zusammenhang mit dem Sprachgebrauch der LXX: H. STRATHMANN, ThWNT IV, S. 225ff, spez. S. 227 und S. 232f.; H. BALZ, EWNT II, Sp. 859; C. SPICQ, Notes I, S. 480f: „Evidement Hébr. emprunte le mot leitourgos au vocabulaire du Septante"; DERS., SBi, S. 136f. Vgl. auch W. BRANDT, Die Wortgruppe λειτουργεῖν im Hebr und Clem Rom, JThSB 1930 S. 145–176.

[17] Vgl. auch 9,12.24f; 10,19; 13,11. Zum LXX-Sprachgebrauch vgl. A. D. SALOM, TA HAGIA in the Epistle to the Hebrews, AUSS 5 (1967) S. 59–70; A. CODY, The Heavenly Sanctuary and Liturgy in the Epistle to the Hebrews. S. 168f; H. BRAUN S. 228. – Die formale Parallele bei Philon, All III 143: λειτουργὸς τῶν ἁγίων (vgl. auch Fug 93: ἡ τῶν ἁγίων λειτουργία) kommt für Hebr 8,2 nicht in Betracht, da hier vom „Verwalter der heiligen Dinge" die Rede ist.

[18] Anders O. HOFIUS, Der Vorhang vor dem Thron Gottes, S. 56ff, spez. S. 59f, der hier bereits einen „Biblizismus" im Sinne der Unterscheidung zwischen τὸ ἅγιον und ἡ σκηνὴ τοῦ μαρτυρίου in Lev 16,20 gegeben sieht, wobei τὸ ἅγιον das „Allerheiligste" bezeichnet. Ungeklärt bleibt so jedoch, warum der Autor des Hebr an dieser Stelle dann nicht wörtlich nach Lev 16,20 τὸ ἅγιον formuliert. Vgl. auch A. D. SALOM, AUSS 5 (1967) S. 62 zu Hebr 9,8.

lich wird – zugleich als das „himmlische" Heiligtum im Unterschied und Gegensatz zum irdischen Heiligtum zu kennzeichnen[19]. Seinen Ort hat dieses Heiligtum – wie auch sein „Liturg" – ἐν τοῖς οὐρανοῖς (V. 1); und „errichtet" ist dieses Heiligtum – wie der den V. 2 abschließende Relativsatz noch einmal präzisierend hinzufügt – somit nicht von Menschen, sondern vom κύριος, und das heißt hier: von Gott selbst[20]. Mit dieser Gegenüberstellung „der Herr, nicht ein Mensch" kommt hier bereits jener Gegensatz zwischen irdischem und himmlischem Heiligtum in den Blick, wie er dann im folgenden alsbald im einzelnen ausgeführt wird[21]. Welcher Art konkret jener „Dienst" des Hohenpriesters am himmlischen Heiligtum ist, läßt sich zunächst allenfalls aus 7,26 (und 9,24) erschließen. Vom Gesamtzusammenhang des Hebr her ist aber auch hier schon deutlich, daß dieser Dienst am himmlischen Heiligtum das einmalige Selbstopfer jenes Hohenpriesters voraussetzt, ja darin geradezu seine Grundlage hat[22].

Die Ausführung der These von V. 2 in den VV. 3–5 zeigt freilich, daß der Autor an dieser Stelle zunächst nur an der Herausstellung des „wahren" Charakters dieses himmlischen Priesterdienstes interessiert ist. Dies geschieht hier wiederum vermittels der Gegenüberstellung zum irdischen Priesterdienst, wobei der Autor hier nun freilich – im Unterschied zu seinen Darlegungen im 7. Kapitel – in der Kontinuität einer gleichsam „vertikalen Typologie" steht, wie sie vor allem im Diasporajudentum alexandrinischer Prägung ihren Niederschlag gefunden hat: Das „wahre", das himmlische Heiligtum ist seinerseits das „Urbild" des irdischen Heilig-

---

[19] Zu σκηνή zur Bezeichnung des Zeltheiligtums in der Wüste vgl. LXX Ex, Lev, Num passim, hier oft in Verbindung mit λειτουργεῖν bzw. λειτουργία (z. B. Num 4,28.30 u. ö.). Vgl. W. MICHAELIS, ThWNT VII, S. 372.376; J. A. BÜHNER, EWNT III, Sp. 601f. – Zu ἀληθινός zur Bezeichnung des „wirklich Seienden" im (dualistischen) Gegensatz zum Irdischen vgl. R. BULTMANN, ThWNT I, S. 250f; F. J. SCHIERSE, Verheißung und Heilsvollendung, S. 48f; H. BRAUN S. 229f.

[20] Hier liegt offenbar eine Anspielung auf LXX Num 24,6 vor: καὶ ὡσεὶ σκηναί, ἃς ἔπηξεν κύριος, hier freilich von den Zelten Jakobs (Num 24,5). Der Gebrauch von πήγνυμι, „ein Zelt aufschlagen/errichten", entspricht dem LXX-Sprachgebrauch: Vgl. Ex 33,7; 38,26; Jos 18,1 u. ö.; Philon, All II 54. Im übertragenen Sinn kann das Verbum auch von der Tätigkeit Gottes als Schöpfer der Welt gebraucht werden. So Herm vis I 3,4: πήξας τὸν οὐρανὸν καὶ θεμελιώσας τὴν γῆν.

[21] Sachlich entspricht dieser Gegenüberstellung die Rede vom „nicht mit Händen gemachten Zelt" in 9,1. Vgl. auch 9,24. – Zur Gegenüberstellung „der Herr, nicht ein Mensch" vgl. auch die bei Philon geläufige Gegenüberstellung vom Bauwerk Gottes und dem („mit Händen gemachten") Bauwerk von Menschen: Op 142; VitMos II 51.88 u. ö.

[22] Vgl. nur die Abfolge in 1,3: καθαρισμὸν .. ποιησάμενος ... ἐκάθισεν sowie in 10,12: προσενέγκας θυσίαν ... ἐκάθισεν. – Zum Ganzen vgl. J. H. DAVIES, The Heavenly Work of Christ in Hebrews, StEv IV (TU 102) 1968, S. 384–389; M. GOURGUES, A la droite de dieu, S. 117f; W. R. G. LOADER, Sohn und Hoherpriester, S. 148ff; L. SABOURIN, Liturgie du sanctuaire et de la tente véritable, NTS 18 (1971/72) S. 87–90; DERS., Sacrificium et liturgia in epistola ad Hebraeos, VD 46 (1968) S. 235–257, spez. S. 242f; Der priesterliche Dienst des Erhöhten besteht in antitypischer Entsprechung zum irdischen Hohenpriester (9,25) im „Hineingehen" in das Allerheiligste (6,19f; 9,12).

tums, das letztere also nicht mehr als ein „Abbild" des ersteren[23]. Symptomatisch in dieser Hinsicht ist vor allem das relativ einheitliche Wortfeld, das in diesen Versen (wie dann auch im folgenden) die Argumentation des Autors kennzeichnet: ὑπόδειγμα (8,5; 9,23), σκιά (8,5; 10,1), τύπος (8,5), ἀντίτυπος (9,24), εἰκών (10,1). Auch die Verwendung des Adjektivs ἀληθινός (8,2) im Sinne von „wahrhaftig = eigentlich" weist in diese Richtung, nicht zuletzt aber auch die Art und Weise der Auslegung von Ex 25,40 in V. 5[24]. Gleichwohl ist auch hier wieder der Unterschied zwischen dem jüdischen Hellenismus und Hebr deutlich genug: Was bei Philon etwa der Entfaltung einer bestimmten Kosmologie dienstbar gemacht wird – der Kosmos ist gleichsam des „Abbild" des himmlischen Heiligtums! –, ist im Hebr in der Ausrichtung des ganzen Argumentationsganges auf die These in V. 6 wiederum nur Stil- und Argumentationsmittel zum Erweis der schlechthinnigen Überlegenheit der „neuen" bzw. „besseren Heilsordnung". Im Dienst dieses Argumentationszieles, also der christologischen Position, steht entsprechend auch die (zugegebenermaßen ein wenig „bemüht" erscheinende) Argumentation in den VV. 3–5 mit ihrem erneuten Rückverweis auf Art und Wesen der alten Kultordnung.

Einleitendes γάρ in V. 3 signalisiert – ähnlich wie auch in 5,1 im Anschluß an 4,14–16 – jedenfalls, daß die folgenden Ausführungen insofern integrierender Bestandteil der Argumentation sind, als sie die christologische Aussage von V. 2 verdeutlichen, und zwar im Sinne der Notwendigkeit des himmlischen Priesterdienstes des Erhöhten. Auch hier wieder also eine der dem Hebr eigenen (und zugleich eigentümlichen) Argumentationsweisen, als solche von dem allgemein und grundsätzlich geltenden „Axiom" ausgehend, daß „jeder Hohepriester" – gleichviel also ob irdischer oder himmlischer Art – in sein Amt zum Zwecke der „Darbringung von Opfern und Gaben" eingesetzt wird (Präsens καθίσταται!). Aus diesem Grundsatz leitet sich die in V. 3b formulierte „Notwendigkeit" ab (ὅθεν ἀναγκαῖον): „Auch dieser" (Hohepriester) – der in V. 1 und 2 genannte Hohepriester nämlich! – muß logischerweise „etwas haben", was er als Opfer darbringen kann. Was das τι ... ὃ προσενέγκῃ in bezug auf „diesen" Hohenpriester konkret meint, steht hier noch nicht zur Debatte. Des-

---

[23] Vgl. bes. Weish 9,8: εἶπας οἰκοδομῆσαι ναὸν ...μίμημα σκηνῆς ἁγίας, ἣν προητοίμασας ἀπ' ἀρχῆς sowie das dem platonischen Urbild-Abbild-Schema verpflichtete reiche Belegmaterial bei Philon, hier bes. Det 160: ἡ δὲ Μωυσέως σκηνὴ ... μίμημα καὶ ἀπεικόνισμα τῆς θείας ἐκείνης ὑπάρχουσα sowie VitMos II 74ff.141; SpecLeg I 66ff; Somn I 206.215; Congr 116f; Plant 50. Vgl. dazu U. FRÜCHTEL, Die kosmologischen Vorstellungen bei Philo von Alexandrien (ALGHL 2), Leiden 1968, S. 69ff.175; F.J. SCHIERSE, Verheißung und Heilsvollendung, S. 19ff. – Zum entsprechenden rabbinischen Belegmaterial (mit häufiger Bezugnahme auf Ex 15,17) vgl. STRACK-BILLERBECK, III, S. 700–702.

[24] Vgl. bes. 9,24: ἀντίτυπα τῶν ἀληθινῶν. – Die Vorstellung von einem himmlischen Heiligtum als „Urbild" des irdischen ist zwar im spätantiken Judentum insgesamt verbreitet (s. o. Anm. 23); die im Hebr in diesem Zusammenhang benutzte Terminologie verweist jedoch eindeutig in den Bereich des jüdischen Hellenismus.

halb auch die ganz unbestimmte Ausdrucksweise, die allenfalls in dem Aorist-Konjuntiv προσενέγκῃ für den Leser des ganzen Zusammenhangs einen Rückverweis auf das Aorist-Partizip ἀνενέγκας in 7,27 (und somit eine Bezugnahme auf das Selbstopfer Christi) in sich schließt[25]. Diese „Darbringung" aber gehört nun im Sinne des Autors des Hebr eben nicht auf die Seite des irdischen Priesterdienstes, sondern auf die Seite der himmlischen „Liturgie" des „zur Rechten Gottes" Erhöhten! Eine Spannung oder gar ein Widerspruch zu der im Hebr ansonsten sehr deutlich betonten Einmaligkeit des Selbstopfers Christi – im Sinne der zeitlichen Abfolge καθαρισμὸν ... ποιησάμενος – ἐκάθισεν (1,3) bzw. προσενέγκας – ἐκάθισεν (10,12) – ist hier für den Autor jedenfalls nicht gegeben. Sein Anliegen ist es vielmehr, das hohepriesterliche Werk Christi in seiner Gesamtheit (und Einheit!) von Selbstopfer und Erhöhung allem irdischen Priester- und Opferdienst als eine himmlische „Liturgie" gegenüberzustellen und eben auf diese Weise seine Endgültigkeit herauszustellen[26].

Diesem Anliegen ist auch die eigenartige Argumentationsweise in V. 4 zuzuordnen:[27] Der „wahre" Hohepriester, von dem hier die Rede ist, kann ja im Grunde gar nicht Priester ἐπὶ γῆς gewesen sein – denn: Hier, „auf Erden", gibt es ja schon solche (Priester)[28], die „nach Maßgabe des Gesetzes" Opfer darbringen, gemäß jenem „Gesetz" also, das sich nach 7,18f als „schwach und nutzlos" erwiesen hat. Also – so die unausgesprochene Schlußfolgerung – ist das hier gemeinte Hohepriestertum notwendig eines von nicht-irdischer, himmlischer Art! „Auf Erden" ist ja die Stelle des

---

[25] Vgl. auch 10,12: προσενέγκας. In diesem Sinne vertritt freilich der Konj. Aor. nicht einfach einen Ind. Fut.! So E. RIGGENBACH S. 223, Anm. 21 (mit Verweis auf Mk 14,14; Act 22,16). Vgl. auch BL.-DEBR.-R. § 379,2.

[26] Somit besteht keine Notwendigkeit, das in V. 3b vom himmlischen Hohenpriester ausgesagte προσφέρειν auf den andauernden priesterlichen Dienst des Erhöhten vor Gott zu beziehen, also auf eine „Selbstdarstellung des Erhöhten vor Gott" oder auf ein fortdauerndes „Geltendmachen der im Sterben vollzogenen Selbsthingabe". So E. RIGGENBACH S. 223. Vgl. auch die weiteren Auslegungsversuche in dieser Hinsicht bei W. R. G. LOADER, Sohn und Hoherpriester, S. 148f; F. LAUB, Bekenntnis und Auslegung, S. 204–206. Eine Spannung bleibt hier allenfalls insofern bestehen, als die „dynamische", sich in zeitlichen Kategorien aussprechende Beschreibung des hohepriesterlichen Werkes des Erhöhten in einen Widerspruch gerät zu dem hier übernommenen „statisch"-lokalen Modell der Gegenüberstellung von Irdischem und Himmlischem. Diese „Spannung" wäre dann freilich ihrerseits erneut ein Hinweis darauf, daß das, was der Autor des Hebr vermittels dieses Modells ins rechte Licht rücken will, im Grunde alle überkommenen Deutekategorien durchbricht.

[27] Vgl. H. WINDISCH S. 72: „Ein seltsamer, aufs erste völlig dunkler Gedanke". Zur Argumentationsweise mit εἰ μὲν οὖν als solcher vgl. 7,11. Ein Bruch im Gedankengang, der auf Benutzung von Tradition an dieser Stelle schließen läßt, liegt hier jedenfalls nicht vor. Gegen G. SCHILLE, ZNW 46 (1955) S. 90f, der auch hier wieder im Wechsel von ἀρχιερεύς (8,1-3) zu ἱερεύς (8,4) ein Indiz für die Benutzung einer (von 8,4 bis 9,10 reichenden!) Tradition gegeben sieht. Vgl. auch H. ZIMMERMANN, Das Bekenntnis der Hoffnung, S. 110ff: Zur „Tradition" in Hebr 8 gehören die VV. 4 und 6a sowie 7-13.

[28] Die Einfügung von τῶν ἱερέων (ἑτέρων) in den Handschriften D¹ K L Ψ usw. ist sekundärer, gleichwohl sachgemäßer Kommentar.

Priestertums gleichsam schon „besetzt" – vor allem aber, wie endlich V. 5 alsbald hinzufügt: Diejenigen, die „auf Erden" und „gemäß dem Gesetz" ihren priesterlichen Dienst tun, sind „solche" (οἵτινες)[29], die (nur!) „einem Abbild und Schatten der himmlischen Dinge dienen"[30]. Ontologisch gesehen kommt also die eigentliche Wahrheit und Wirklichkeit nicht diesem irdischen Priesterdienst zu, sondern allein dem himmlischen, dem „wahren" Priesterdienst. Die Unterlegenheit der irdischen Kultordnung, die in Hebr 7 im Anschluß an Ps 110,4 im Rahmen einer „horizontalen" Typologie, d. h. anhand des zeitlichen Nacheinanders von levitischem Priestertum und Priestertum „nach der Ordnung des Melchisedek" zur Aussage gebracht worden ist, wird nunmehr im Rahmen einer „vertikalen" Typologie ausgeführt: Der „gemäß dem Gesetz" und „auf Erden" sich vollziehende Priester- und Opferdienst geschieht – in seinem Verhältnis zu den „himmlischen Dingen" gesehen – nur in „abbild- und schattenhafter" Weise. Wie die entsprechende Aussage 9,23f zeigt, sind die ἐπουράνια auf das Heiligtum ἐν τοῖς οὐρανοῖς (V. 2) bzw. auf das „wahre", also das himmlische „Zelt" (V. 2) zu beziehen, sind also Ortsangabe im dualistischen Gegenüber zum Irdischen[31].

Ὑπόδειγμα und σκιά bezeichnen hier dementsprechend das schattenhafte Abbild der eigentlichen „himmlischen" Realität, das als solches min-

---

[29] Οἵτινες steht hier im qualifizierenden Sinn: Als diejenigen, die ihren Opferdienst „nach Maßgabe des Gesetzes" versehen (V. 4), sind sie „solche, die ...". Vgl. entsprechend von den „Opfern" 10,8 sowie 10,11. Vgl. BL.-DEBR.-R. §293,2b; E. RIGGENBACH, S. 224, Anm. 26: „Das Pronomen weist wie 9,2; 10,8.11; 12,5 auf eine Beschaffenheit, die im Wesen des in Rede Stehenden begründet ... ist".

[30] Λατρεύειν hier – wie auch 9,14; 12,28 – mit Dativ-Objekt; d. h.: „sie dienen dem Abbild und Schatten", was dann freilich zugleich heißt: „auf abbild- und schattenhafte Weise". Der Terminus λατρεύειν unterscheidet sich an dieser Stelle nicht von λειτουργεῖν als term. techn. für den priesterlichen Kult- und Opferdienst. Vgl. auch 9,9; 10,2; 13,10 sowie λατρεία in 9,1.6. Auch hier besteht Übereinstimmung mit dem entsprechenden Sprachgebrauch der LXX. Vgl. H. STRAHTMANN, ThWNT IV, S. 60; H. BALZ, EWNT II, Sp. 849.850f. – Demgegenüber steht λατρεύειν in 9,14; 12,28 im weiteren Sinn des neuen Gottesdienstes. Vgl. auch 1 Clem 45,7.

[31] Entsprechend wird 11,16 „das Himmlische" (τὸ ἐπουράνιον) als „das Bessere" gekennzeichet. Vgl. dazu wiederum den Gebrauch von κρείττων in 8,6 und 9,23. Solches Verständnis von ἐπουράνιος liegt ganz auf der Linie der Gegenüberstellung der ἐπίγεια und der ἐπουράνια bei Philon, Jos 147: „In dem Maß, in dem sich bei uns (sc.: in der irdischen Welt) die Wachenden von den Schlafenden unterscheiden, unterscheiden sich im Blick auf das Ganze des Kosmos die himmlischen Dinge (τὰ οὐράνια) von den irdischen (τῶν ἐπιγείων)". Daß den „himmlischen Dingen" im Hebr auch eine eschatologische Dimension eignet, zeigt sich in 12,22, wenn dort vom „himmlischen Jerusalem" die Rede ist. In 8,5 demgegenüber (und entsprechend auch in 9,23f) kommt keine spezifisch „apokalyptische" Denkweise zum Ausdruck. Gegen O. MICHEL, EWNT II, Sp. 117. Als ein „streng eschatologischer Begriff" (so H. TRAUB, ThWNT V, S. 541) kann τὰ ἐπουράνια also im Hebr nicht gelten, was freilich auf der anderen Seite auch nicht heißen kann, daß der Autor des Hebr in dieser Hinsicht aus dem „Sprachschatz gnostisierender Spekulation" schöpft. Gegen F. J. SCHIERSE, Verheißung und Heilsvollendung, S. 45f.

derer Qualität und Realität gegenüber seinem „Urbild" ist[32]. Das ist eine Redeweise, mit der der Autor des Hebr eindeutig in der Kontinuität des Urbild-Abbild-Schemas in der platonischen Schultradition steht, in jener Tradition also, wie sie am historischen Ort des Hebr im hellenistischen Judentum alexandrinischer Prägung vor allem von Philon vertreten wurde[33]. In Übereinstimmung mit dieser Tradition steht nicht zuletzt auch die biblische Begründung für den „abbild- und schattenhaften" Charakter des irdischen Priester- und Opferdienstes anhand von Ex 25,40. Das besondere Gewicht dieser Begründung wird bereits durch die das LXX-Zitat einleitende Formel καθὼς κεχρημάτισται hervorgehoben: „Nach Maßgabe der Weisung, die (dem) Mose erteilt worden ist ..."[34]. Das Passivum κεχρημάτισται ist hier eindeutig ein „passivum divinum", also: Gott selbst hat dem Mose diese Weisung erteilt[35]. Was inhaltlich gesehen in V. 5 vorliegt, ist eine Deutung von Ex 25,40, die ein hellenistisch-dualistisches Verständnis der biblischen Wendung κατὰ τὸν τύπον im Sinne des Urbild-Abbild-Schemas voraussetzt. Das heißt: τύπος, in LXX Übersetzung für hebr. תבנית und ursprünglich lediglich als eine Art Modell bzw. „Bauvorlage" für die σκηνή verstanden, der als solcher gar keine eigene Realität zukommt, erhält hier nunmehr die Aufwertung zum (eigens für sich seienden!) Vor- und Urbild, im Verhältnis zu dem dem irdischen Abbild nur „schattenhafte" Realität zukommt![36].

---

[32] Vgl. dementsprechend bes. 9,23f! sowie in 10,1 die Gegenüberstellung von σκιά und εἰκών (und dazu wiederum Kol 2,17). Vgl. H. SCHLIER, ThWNT II, S. 33; O. HOFIUS, EWNT III, Sp. 606.

[33] Biblische Grundlage dafür ist bei Philon Gen 1,27 (κατ' εἰκόνα) oder Ex 25,40 (κατὰ τὸ παράδειγμα). Vgl. All III 96.102. Zu σκιά (neben παράδειγμα) im Verhältnis zum „Urbild" vgl. Somn I 206; Plant 27; Migr 12; All III 96.102. Zum einzelnen vgl. S. SCHUZ, ThWNT VII, S. 398f (Philon) und S. 401 (Hebr 8,5; 10,1); R. WILLIAMSON, Philo and the Epistle to the Hebrews, S. 142ff.

[34] Ἐπιτελεῖν steht hier – synonym zum ποιεῖν im Zitat Ex 25,40 – im Sinn von „errichten, herstellen". Vgl. R. MAHONEY, EWNT II, Sp. 105.

[35] Zu χρηματίζειν im Sinne von „Weisung geben/erteilen" bzw. – passivisch – „Weisung empfangen" vgl. auch 11,7; 12,28. Die Art des Gebrauchs des Verbums im übrigen Neuen Testament (Mt 2,12.22; Act 10,22) weist darauf hin, daß es sich bei den damit bezeichneten Vorgängen um ein Offenbarungsgeschehen handelt. Vgl. B. REICKE, ThWNT IX, S. 470. Von einer Instruktion des Mose durch Gott im Zusammenhang mit der σκηνή spricht auch Josephus, Ant. III 212. – Da in V. 5 Gott logisches Subjekt ist, ist es auch möglich, Gott selbst – nicht die Schrift – als Subjekt des in das Ex-Zitat eingefügten φησί zu betrachten.

[36] Solche Auslegung steht deutlich im Widerspruch zur ursprünglichen Intention der Aussage von Ex 25,40, die ja gerade darauf abzielt, mit der Weisung Gottes an Mose die Größe und Bedeutung des (irdischen) Zeltheiligtums hervorzuheben! – Zur Wendung κατὰ τὸν τύπον in Ex 25,40 vgl. auch Ex 26,30; Num 8,4: κατὰ τὸ εἶδος sowie Ex 27,8: κατὰ τὸ παραδειχθέν σοι. Zum Verständnis von Ex 25,40 in V. 5 im platonisierenden Sinn vgl. S. G. SOWERS, The Hermeneutics of Philo and Hebrews, S. 105f; W. MICHAELIS, ThWNT VII, S. 376f; L. GOPPELT, Tpos, S. 59–62; DERS., ThWNT VIII, S. 257f; R. H. NASH, WThJ 40 (1977/78) S. 99f.

Ob man aus solcher „dualistischen" Lesart von Ex 25,40 auf einen direkten Zusammenhang des Hebr mit Philon schließen kann, ist gewiß fraglich[37]; wenn jedoch in der Rede des „Hellenisten" Stephanus in Act 7,44 eine ganz analoge Auslegung von Ex 25,40 vorliegt und zudem noch der LXX-Text von Ex 25,40 in Hebr 8,5 hinsichtlich des Zusatzes πάντα mit dem von Philon überlieferten Text von Ex 25,40 übereinstimmt[38], ist die Schlußfolgerung kaum zu umgehen, daß an dieser Stelle jedenfalls eine dem Hebr und Philon gemeinsame exegetische Tradition vorliegt, in der die biblische Überlieferung in einer eigentümlich „hellenistisch-dualistischen" Weise gelesen und rezipiert wird: Der τύπος von Ex 25,40 ist das „wahrhaftige Zelt" von V. 2, das letztere also das „eigentlich seiende" Urbild, demgegenüber das irdische Zeltheiligtum nicht mehr darstellt als lediglich ein „schattenhaftes" Abbild. Jene (mit Philon gemeinsame) „exegetische Tradition" schließt – selbstverständlich – die entscheidende Differenz in der konkreten Aneignung der Tradition zwischen Philon und Hebr nicht aus. So steht bei dem ersteren in Entsprechung zu seinem Grundanliegen, das Judentum als „die wahre Philosophie" zu erweisen, der metaphysisch-ontologische bzw. der kosmologische Aspekt des platonischen Urbild-Schemas programmatisch im Vordergrund, während im Hebr jene „dualistische" Lesart von Ex 25,40 ihrerseits wiederum ganz dem christologisch-soteriologischen Grundanliegen zugeordnet erscheint[39].

Die Abwertung und Relativierung des irdischen Priester- und Opferdienstes vermittels des Urbild-Abbild-Schemas geschieht – wie spätestens V. 6 zeigt – zu keinem anderen Zweck als zu dem der entschiedenen Betonung der eigenen christologisch-soteriologischen Position: Die himmlische λειτουργία des zu Gott erhöhten Hohenpriesters ist allem irdischen Priester- und Opferdienst vorgeordnet und unendlich überlegen. V. 6 stellt

---

[37] Vgl. einerseits C. SPICQ, I, S. 73f; J. W. THOMPSON, The Beginnings of Christian Philosophy, S. 113 u. ö.; A. STROBEL S. 164; R. H. NASH, WThJ 40 (1977/78) S. 99f; H. BRAUN S. 232 („die Vorstellung ist Plato nahe, dem Hb vermittelt über Philo"!). 234; andererseits aber L. GOPPELT, ThWNT VII, S. 259: „Mit dieser Spekulation (sc.: Philons) berührt sich der Hebräerbrief offensichtlich in der Grundvorstellung, er ist jedoch in der Ausgangsstellung wie in der Terminologie von ihr unabhängig".
[38] Vgl. All III 102: κατὰ τὸ παράδειγμα τὸ δεδειγμένον σοι ἐν τῷ ὄρει πάντα ποιήσεις. Die Varianten bei Philon gegenüber LXX Ex 25,40 erklären sich – was vor allem die Einfügung von πάντα betrifft – wohl aus einer Kontamination von Ex 25,40 und Ex 25,9: καὶ ποιήσεις μοι κατὰ πάντα κτλ., darüber hinaus aber vor allem daraus, daß τύπος bei Philon im übrigen vor allem das „Abbild" bezeichnet. Vgl. R. M. D'ANGELO, Moses in the Letter to the Hebrews, S. 214ff, spez. S. 219f. – Fraglich bleibt, ob man aus der Aorist-Lesart δειχθέντα in Hebr 8,5 statt der Perfektform τὸν δεδειγμένον in LXX Ex 25,40 die Schlußfolgerung ziehen kann, daß nach der Auffassung des Hebr das himmlische Heiligtum angesichts des νυνὶ δέ von V. 6 „jetzt" nicht mehr den τύπος des irdischen Heiligtums darstellt. So K. J. THOMAS, NTS 11 (1964/65) S. 309. Anders erklärt E. AHLBORN, Die Septuaginta-Vorlage des Hebr, S. 42–44, die Aoristform des Hebr aus einer dem Origenes nahestehenden LXX-Tradition. Vgl. zum Problem auch S. G. SOWERS, Hermeneutics of Philo and Hebrews, S. 105f.
[39] Vgl. C. T. FRITSCH, TO ANTITYΠON, in: Studia biblica et semitica Th. Chr. Vriezen dedicata, Wageningen 1966, S. 100–107, spez. S. 102f: „redemption, not cosmology is the main interest of the author of Hebrews", hier freilich im Zusammenhang der Auffassung, daß die Gegenüberstellung von himmlischem und irdischem Priesterdienst speziell in Hebr 9,24 auf das Alte Testament als solches zurückgeführt wird (S. 102f. 106).

in diesem Sinn den Zielpunkt des ganzen Argumentationsgangs dar: Nachdem – unter dem Vorzeichen der christologischen Aussagen in den VV. 1/2 – schon von vornherein deutlich war, daß der erneute Rekurs auf das irdische Priestertum in den VV. 3–5 lediglich eine die christologische Position verdeutlichende Funktion hatte, wird nunmehr die Überlegenheit des Hohenpriestertums des Erhöhten ausdrücklich herausgestellt: Das Stichwort λειτουργία in V. 6 nimmt das Stichwort λειτουργός von V. 2 auf und wird zugleich vermittels der für den Hebr charakteristischen „komparativen" Argumentation[40] als ein vom irdischen weit unterschiedener (διαφορώτερος) und „besserer" Priesterdienst gekennzeichnet. Das den V. 6 einleitende Νυνὶ δέ bzw. Νῦν δέ (P[46] B D) verleiht dieser Position entsprechendes Gewicht und hat im Anschluß an V. 5 zunächst schlußfolgernden Charakter: „Nun aber ..."[41]. Der (hypothetisch) erwogenen Möglichkeit eines irdischen Priestertums Jesu (V. 4: μέν!) wird nunmehr der wirkliche Sachverhalt gegenübergestellt (V. 6: δέ!), der bereits in der voraufgehenden Erörterung impliziert war. Wenn nun freilich dieses Νυνὶ δέ in V. 6 – im Unterschied zu den die Institution kennzeichnenden Präsensformen in V. 3 und V. 5 – mit dem Perfektum τέτυχεν verbunden wird[42], darüber hinaus aber auch in 9,26 νυνὶ δέ mit der Zeitangabe „einmal am Ende der Äonen" verbunden ist, so ist der zeitliche, genauer: der eschatologische Aspekt auch für das Νυνὶ δέ in V. 6 jedenfalls nicht auszuschließen. Das heißt: Seitdem der Hohepriester, von dem hier die Rede ist, seinen „Dienst" erlangt bzw. angetreten hat (τέτυχεν), gilt das Perfekt im Sinne der „Dauer des Vollendeten", gilt also ein eschatologisch „Neues" gegenüber dem „Alten"[43]. Auf diese Weise mündet die „vertikale" Typologie, die bisher in V. 2 und in den VV. 3–5 die Argumentation bestimmte, am Ende – im deutlichen Unterschied zu Philon – wiederum in die „horizontale" Typologie des zeitlichen Nacheinanders des alten und des neuen Priesterdienstes ein. Und dies geschieht deshalb, weil der endgültige Charakter des neuen Priesterdienstes – vom ἐφάπαξ von 7,27 her gesehen – gar nicht anders als in zeitlichen Kategorien zur Aussage gebracht werden kann.

---

[40] Vgl. in diesem Sinne bereits 1,4; 7.20.22 sowie 10,25.

[41] Zum logischen Verständnis des νυνὶ δέ in V. 6 vgl. bereits Ps-Oecumenicus z. St.: ἐπειδὴ μή ἐστιν ἐν τῷ γῇ, ἀλλ᾽ ἐν τῷ οὐρανῷ. Vgl. auch G. STÄHLIN, ThWNT IV; S. 1101f; W. RADL, EWNT II, Sp. 1180: „ohne oder fast ohne Zeitbedeutung"; C. SPICQ, II, S. 238; H. BRAUN S. 236.

[42] Die variae lectiones τέτευχεν (B D² 365 usw.) und τετύχηκεν (P Ψ 6.33 usw.) stellen demgegenüber nur Dialektunterschiede dar. Vgl. W. BAUER, Wörterbuch zum Neuen Testament, Sp. 1653; BL.-DEBR.-R. § 101,78. Der eigenen Sprache des Hebr entspricht am besten das hellenistisch häufig belegte τέτυχεν. Vgl. G. ZUNTZ, The Text of the Epistles, S. 119f.

[43] Vgl. L. GOPPELT, ThWNT VIII, S. 259. Eine zeitliche Abfolge wird im übrigen auch in der Unterscheidung zwischen „erster" und „zweiter" Heilsordnung in V. 7 vorausgesetzt. Vgl. F. SIEGERT, Argumentation bei Paulus, gezeigt an Römer 9–11 (WUNT 34), Tübingen 1985, S. 223: „V. 6ff. läßt mit einem νῦν δέ diese platonische Typologie ‚umkippen' in eine horizontal-zeitliche".

Denn: Eine christologische Interpretation und Rezeption des platonischen Urbild-Abbild-Schemas schließt als solche den Bezug auf die Geschichte ein[44]. Und sofern es dem Autor des Hebr im Blick auf seine Adressaten in diesem Zusammenhang darauf ankommt, vermittels jener „vertikalen" Typologie möglichst überzeugend herausstellen, was von jetzt an (νυνὶ δέ!) gilt bzw. was „wir (jetzt) haben" (V. 1: ἔχομεν), stellt die „vertikale" Typologie in ihrer Ausrichtung auf die Zielaussage von V. 6 in der Tat lediglich eine „Hilfslinie" das[45], ist sie nichts anderes als ein Argumentationsmittel zur Kennzeichnung des „vorzüglicheren Priesterdienstes" und der „besseren Heilsordnung", die „jetzt" für die Christen in Kraft getreten ist.

In diesem Sinne betonen die Komparative in V. 6 nicht nur eine relative, sondern letztlich – da sie ja unter dem eschatologischen Vorzeichen des νυνὶ δέ stehen – die absolute Überlegenheit des neuen Priesterdienstes und der neuen Heilsordnung. Und dies gilt nicht erst nur im Blick auf deren tatsächliche Wirkung (s. dazu 10,1–18!), sondern bereits im Blick auf deren Begründung. In dem Maße nämlich hat der neue Hohepriester „einen vorzüglicheren Priesterdienst erlangt", in dem (ὅσῳ) er der „Mittler einer besseren Heilsordnung" ist, die sich als solche auf „bessere Verheißungen gründet"[46]. Das Verbum νομοθετεῖν hebt im Kontext von V. 6 – im Unterschied zu 7,11! – nicht auf die „gesetzliche" Grundlage der neuen Heilsordnung ab, sondern auf deren Anordnungscharakter von Gott her[47]. „Besser" ist die neue Heilsordnung, weil sie ihren Grund in den „besseren Verheißungen" Gottes selbst hat, genauer und konkret: in den (in V. 8 mit

---

[44] Vgl. das analoge Verfahren in Kol 2,17: Die kultischen Gebote (2,16) sind lediglich σκιὰ τῶν μελλόντων, die eigentliche Wirklichkeit aber ist Christus selbst. Hier liegt ebenfalls eine christologisch-eschatologische Variation und Korrektur des Urbild-Abbild-Schemas vor. Vgl. S. SCHULZ, ThWNT VII, S. 400; E. SCHWEIZER, Der Brief an die Kolosser (EKK), Zürich/Neukirchen 1976, S. 120. O. MICHEL S. 293 spricht in diesem Zusammenhang von einem „apokalyptischen Realismus" des Hebr gegenüber Philon, S. 291, Anm. 2 (= S. 292) sogar von einer „eschatologisch-zeitlichen Geschichtstheologie" des Hebr. Zur Korrektur der platonisierenden Implikationen des Urbild-Abbild-Schemas in Hebr 8 vgl. bes. R. H. NASH, WThJ 40 (1977/78) S. 102ff, spez. S. 103f.

[45] So L. GOPPELT, ThWNT VIII, S. 259; DERS., Typos, S. 200ff. Wenn dann freilich alsbald in 8,7–13 dargelegt wird, daß die Setzung der „neuen" Heilsordnung am Ende auf die Absage an die „alte" hinausläuft (V. 13!), muß es als fraglich erscheinen, die Typologie des Hebr an dieser Stelle ausdrücklich als eine „heilsgeschichtliche" zu bezeichnen (s. L. GOPPELT, Typos, S. 201) oder in diesem Zusammenhang überhaupt von einer „heilsgeschichtlichen Kontinuität" zu sprechen (so L. GOPPELT, ThWNT VIII, S. 259); vgl. auch K. NISSILÄ, Das Hohepriestermotiv im Hebr, S. 154.

[46] Das wiederum qualifizierende Relativpronomen ἥτις, „eine solche, die" oder auch: „insofern, als", kann sich im Zusammenhang auch auf λειτουργία beziehen. Gleichwohl spricht der vom Autor offensichtlich beabsichtigte Gleichklang κρείττων διαθήκη - κρείττονες ἐπαγγελίαι eher für die Beziehung auf διαθήκη. Vgl. W. GUTBROD, ThWNT IV, S. 1083.

[47] Zu νομοθετεῖν ἐπί im Sinne von „einrichten, anordnen, festlegen auf Grund von ..." s. o. zu 7,11 sowie W. GUTBROD, ThWNT IV, S. 1083; G. SCHNEIDER, EWNT II, Sp. 1158; H. W. HOLLANDER, Hebrews 7,11 and 8,6, BiTr 30 (1979) S. 244–247, spez. S. 246f. Anders H. WINDISCH S. 73: „Auch die neue Stiftung stellt eine Art Gesetz dar".

LXX als Gottes eigene Rede eingeführten) Verheißungen Gottes von Jer 31,31ff (LXX: Jer 38,31ff). So bestätigt sich hier erneut der Anordnungscharakter der διαθήκη: Sie ist von Gott gesetzte und verfügte Ordnung und Stiftung des Heils. Vor allem aber: Was in Jer 31,31 für die Zukunft verheißen worden war: „Siehe, es kommen Tage, spricht der Herr ...", das ist durch Gottes Reden „im Sohn in den letzten Tagen" endgültig Wirklichkeit geworden bzw. das ist - in der Sprache von V.6 - durch den zu Gott erhöhten Hohenpriester und seinen priesterlichen Dienst „jetzt" rechtskräftig und unumstößlich „vermittelt" und verbürgt worden. Derjenige, der den allen irdischen Priesterdienst weit überragenden priesterlichen Dienst „erlangt hat", ist als solcher zugleich der „Mittler einer besseren Heilsordnung"[48].

Die spezielle Bedeutung von μεσίτης im Hebr ist von vornherein dadurch bestimmt, daß der Terminus sowohl in 8,6 als auch in 9,15 und 12,24 in einem festen Zusammenhang mit dem Terminus διαθήκη vorliegt[49]. Schon von daher gesehen hat der Terminus im Hebr auch seinerseits teil am Anordnungscharakter der διαθήκη und bezeichnet somit weniger den Vermittler zwischen zwei (gleichberechtigten) Rechts- oder Vertragsparteien[50], als vielmehr - ähnlich wie der Terminus ἔγγυος in 7,22 - den Garanten bzw. Bürgen für die Geltung der von Gott verfügten Heilsordnung. Auf diese Weise entspricht das Verständnis von μεσίτης im Hebr zunächst durchaus dem der hellenistischen Rechtssprache[51], während eine

---

[48] Zu μεσίτης im Hebr vgl. J. BEHM, Der Begriff διαθήκη im Neuen Testament, S. 77-97; H. WINDISCH S. 73; A. OEPKE, ThWNT IV, S. 602-629, spez. S. 623f; D. SÄNGER, EWNT II, Sp. 1010-1012; C. SPICQ, Notes II, S. 549-552; ; DERS., Art. médiation, in: DBS V, S. 1020-1083; R. H. NASH, The Notion of Mediator in Alexandrian Judaism and the Epistle to the Hebrews, WThJ 40 (1977/78) S. 89-115.
[49] Speziell die 12,24 vorliegende Verbindung „Mittler der neuen Heilsordnung" - „Blut der Besprengung" läßt an einen Zusammenhang mit der urchristlichen Abendmahlsüberlieferung, speziell an 1 Kor 11,25 denken: ἡ καινὴ διαθήκη ... ἐν τῷ ἐμῷ αἵματι. Vgl. in diesem Sinne bereits E. RIGGENBACH S. 228 sowie neuerdings F. LANG, Abendmahl und Bundesgedanke im Neuen Testament, EvTh 35 (1975), S. 524-538, spez. S. 528; S. KIM, The Son of Man as the Son of God (WUNT 30), Tübingen 1983, S. 48f. Gleichwohl ist zu beachten, daß dieser Zusammenhang im Hebr jedenfalls nicht eigens akzentuiert wird.
[50] Zur Verbindung μεσίτης - διαθήκη in diesem Sinn vgl. LXX Hi 9,33: ὁ μεσίτης ἡμῶν ... διακονῶν ἀνὰ μέσον ἀμφοτέρων; Lev 26,46; vgl. auch Gen 17,2 sowie Philon, Her 206. - Im Hebr ist in diesem Zusammenhang jedenfalls nicht an eine Mittlerfunktion in dem Sinne gedacht, daß der zu Gott Erhöhte - als ein „barmherziger Hoherpriester" (2,17) gleichsam ἀνὰ μέσον zwischen Gott und den Menschen stehend - seinem eigenen Wesen nach „sowohl am Göttlichen als auch am Menschlichen Anteil" hat. Gegen K. NISSILÄ, Das Hohepriestermotiv im Hebr, S. 160f; vgl. auch F. F. BRUCE S. 151; R. H. NASH, WThJ 40 (1977/78) S. 115, sowie 1 Tim 2,5: Der „Mensch" Jesus Christus ist μεσίτης θεοῦ καὶ ἀνθρώπων.
[51] Vgl. auch den rechtlichen Gebrauch von μεσιτεύειν in 6,17. Zum Verständnis von μεσίτης im Sinne des „Bürgen" in der hellenistischen Rechtssprache vgl. Diodor Sic. IV 54,7; PLond II 254, Nr. 370,6.9.14; Josephus, Ant. IV 133 sowie A. OEPKE, ThWNT IV S. 603.606; C. SPICQ, Notes II, S. 550f; Suppl. S. 189, Anm. 4; D. SÄNGER, EWNT II, Sp. 1012. - Zu der im einzelnen mehrdeutigen Verwendung von μεσίτης in der hellenistischen Rechtssprache vgl.

antitypische Beziehung zu der im Bereich des Judentums verschiedentlich belegten Vorstellung von Mose als „Mittler des Bundes" oder des Gesetzes[52] oder auch von den Engeln als Mittlerwesen bzw. als Fürsprecher der Menschen vor Gott im Hebr nicht zum Tragen kommt[53]. Das rechtliche Grundverständnis von μεσίτης im Hebr wird nicht zuletzt auch durch 9,15ff bestätigt, wenn an dieser Stelle ausdrücklich der Terminus διαθήκη im Sinne einer testamentarischen Verfügung festgelegt erscheint und in diesem Zusammenhang auch der Tod des μεσίτης eingeordnet wird. Damit – wie dann auch durch die Verbindung der „Mittlerschaft" Jesu mit dem „Blut der Besprengung" in 12,24 – ist zugleich auch der Hinweis darauf gegeben, auf welche Weise Jesus als der μεσίτης die Gültigkeit der „neuen Heilsordnung" garantiert: als der Hohepriester nämlich, der sich selbst ein für allemal als Opfer dargebracht hat (7,27) und nunmehr – als der zu Gott Erhöhte – seinen priesterlichen Dienst am himmlischen Heiligtum verrichtet (8,1f.6). So erscheint im Hebr die „Mittlerschaft" Jesu, die in ihrem Grundverständnis zunächst von der Sphäre des Rechts her geprägt ist, am Ende wiederum der Hohenpriester-Christologie zugeordnet[54]: Als der Hohepriester ist er Garant und Bürge der „besseren Heilsordnung" (7,22; 8,6), die als solche der „alten" bzw. der „ersten" Heilsordnung weit überlegen ist.

Eben um diese Überlegenheit der auf „besseren Verheißungen" sich gründenden „besseren Heilsordnung" gegenüber der „alten" bzw. „ersten" Heilsordnung geht es im folgenden, an V. 6 mit begründendem γάρ unmittelbar angeschlossenen Abschnitt 8,7-13. Recht und Notwendigkeit der Reihe von Komparativen in V.6 werden nunmehr exegetisch begründet, nämlich aus Gottes eigener Rede in Jer 31,31ff (LXX: Jer 38,31ff). In diesem Sinne markiert V.6 im Kontext des 8. Kapitels nicht nur den Zielpunkt der voraufgehenden Argumentation, sondern zugleich den Übergang zum folgenden Teilabschnitt.

A. OEPKE, ThWNT IV, S. 603f; C. SPICQ, Notes II, S. 550ff; F. PREISIGKE, Wörterbuch der griechischen Paryrusurkunden II, Sp. 77f.

[52] Vgl. Lev 26,46; AssMos 1,14; 3,2; Philon, VitMos II 166 (μεσίτης καὶ διαλλακτής) sowie Gal 3,19. Vgl. dazu H. SCHLIER, Der Brief an die Galater (KEK 7), Göttingen [12]1962, S. 159f; C. SPICQ, Notes II, S. 551f.

[53] Vgl. Philon, Somn I 142f; TestDan 6,2: als ein παραιτούμενος ist der Engel μεσίτης θεοῦ καὶ ἀνθρώπων. Belege aus dem rabbinischen Schrifttum bei STRACK-BILLERBECK, II, S. 30f; III, S. 512f; A. OEPKE, ThWNT IV, S. 619. – Philon, SpecLeg I 116, spricht immerhin von einer Art „Mittler"-Funktion des irdischen Hohenpriesters: Nach dem Gesetz soll er sich über die menschliche Natur hinaus erheben, sich der göttlichen Natur annähern und auf diese Weise eine Mittelstellung zwischen beiden (μεθόριον ἀμφοῖν) einnehmen, „damit die Menschen durch einen Mittler (διὰ μέσου τινος) die Gnade Gottes erflehen". Von dieser singulären Aussage her gibt es jedoch keinen Zusammenhang mit der „Mittler"-Theologie des Hebr. Zu Konvergenz und Divergenz der μεσίτης-Vorstellung im Hebr und bei Philon vgl. R. H. NASH, WThJ 40 (1977/78) S. 95ff. 105ff.

[54] Vgl. D. SÄNGER, EWNT II, Sp. 1012: „Hebr begreift die Mittlerschaft Jesu Christi als eine Funktion seines wahren hohenpriesterlichen Wirkens"; O. CULLMANN, Die Christologie des Neuen Testaments, S. 88: „Der Titel μεσίτης, ein terminus technicus der Rechtssprache, ... stellt nur eine Variante zum Begriff des Hohenpriesters dar".

4.2.2) 8,7–13: Die alte und die neue Heilsordnung[55]

7 Denn wenn jene erste (Heilsordnung) ohne Tadel gewesen wäre, so wäre (ja) nicht Platz für eine zweite (Heilsordnung) gesucht worden.
8 (Sie) tadelnd nämlich spricht er zu ihnen: ‚Siehe, es kommen Tage, spricht der Herr, da werde ich für das Haus Israel und das Haus Juda eine neue Heilsordnung in Kraft setzen,
9 nicht gemäß der Heilsordnung, die ich (einst) mit ihren Vätern getätigt habe an dem Tage, da ich sie an ihrer Hand nahm, um sie aus dem Land Ägypten hinauszuführen; denn sie sind (damals) nicht bei meiner Heilssetzung geblieben, und (deswegen) habe ich sie auch vernachlässigt – spricht der Herr.
10 Denn dies ist die Heilsordnung, die ich für das Haus Israel verfügen werde nach jenen Tagen – spricht der Herr: Ich gebe meine Weisungen in ihren Sinn, und in ihre Herzen will ich sie hineinschreiben; und ich werde ihr Gott sein, und sie werden mein Volk sein.
11 Und ganz gewiß wird keiner mehr seinen Genossen und keiner seinen Bruder mehr belehren (müssen) und sagen: Erkenn (doch) den Herrn! Denn sie alle werden mich (dann) kennen, vom Kleinsten bis zum Größten unter ihnen.
12 Denn gnädig werde ich sein gegen ihre Unrechtstaten, und ihrer Sünden werde ich gewiß nicht mehr gedenken'.
13 Indem er (sc.: Gott) von einer ‚neuen' (Heilsordnung) spricht, hat er die erste zur veralteten erklärt; was aber veraltet ist und greisenhaft, (das) ist (notwendig auch) dem Untergang nahe.

Formal gesehen ist der Abschnitt klar gegliedert: Im Zentrum steht das wörtliche Zitat von Jer 31,31–34 (LXX: Jer 38,31–34), seinerseits gerahmt durch die beiden VV. 7 und 13, die das Zitat in einem bestimmten Sinne „kommentieren". Inhaltlich gesehen hat dieser „Kommentar" im Anschluß an V. 6 die Funktion einer biblischen Begründung (V. 7: γάρ) der Komparative hinsichtlich der „neuen Heilsordnung" in V. 6: „Besser" ist sie, weil – wie eben aus Jer 31 (38) zu erkennen ist – die „erste" Heilsordnung nicht „untadelig" gewesen ist. Voraussetzung der Argumentation in den beiden kommentierenden Rahmenversen ist das im Hebr bereits in 4,8 und 7,11 angewandte Schlußverfahren[56]: Allein aus der Tatsache, daß in Jer 31 (38) eine „neue Heilsordnung" verheißen wird, wird der unzulängliche Charakter der „alten" bzw. „ersten" Heilsordnung erschlossen! Und im Grunde allein darum geht es auch in diesem Zusammenhang zunächst. Die Position hinsichtlich der in Jer 31 (38) verheißenen „neuen Heilsordnung", wie sie in Jer 38,33f (= VV. 10–12) ausführlich beschrieben wird, kommt hier – im Unterschied zum erneuten Rekurs auf Jer 31 (38) in 10,15–18 – gar nicht in den Blick. Was den Autor hier zunächst an dieser „prophetischen Weissagung" interessiert, ist lediglich der aus ihr zu erschließende „Tadel" hinsichtlich der πρώτη διαθήκη bzw. – noch radikaler –

---

[55] Lit.: Chr. WOLFF, Jeremia im Frühjudentum und Urchristentum (TU 118), Berlin 1976; J.-P. MICHAUD, Le passage de l'Ancien ou Nouveau selon l'épître aux Hébreux, ScES 35 (1983) S. 33–52; Chr. LEVIN, Die Verheißung des neuen Bundes in ihrem theologiegeschichtlichen Zusammenhang ausgelegt (FRLANT 137), Göttingen 1985.
[56] Vgl. auch 11,15. Dies ist zugleich der entscheidende Einwand gegen die Auffassung, daß in 8,7–13 ein Traditionsstück vorliegt. Gegen H. ZIMMERMANN, Das Bekenntnis der Hoffnung, S. 112.

die Tatsache, daß durch Gottes Rede von einer „neuen Heilsordnung" die „erste" zur „alten", d. h.: zur „veralteten" (und damit überholten) Ordnung erklärt worden ist (V. 13)[57].

Die Art der Argumentation in V. 7 entspricht nicht nur in formaler, sondern auch in sachlicher Hinsicht der in 7,11: Dem ἄμεμπτος hier entspricht dort das Stichwort τελείωσις[58], sodaß hier wie dort das Urteil gefällt wird, daß die „erste" Heilsordnung ihr Ziel nicht erreicht hat (7,19!). Denn wäre dies der Fall gewesen, so wäre ja nicht – so die Argumentation des Autors – „Platz" (Wirkungsraum) „für eine zweite gesucht worden"[59]. Das ist keineswegs nur eine „verhüllte Kritik" an jener „ersten" Heilsordnung[60]. Vielmehr ist sie selbst Gegenstand des „Tadels" Gottes! Dies jedenfalls besagen nicht nur die Rahmenverse 7 und 13, sondern auch die (an das Stichwort ἄμεμπτος in V. 7 anknüpfende) Einleitung des Jeremia-Zitats in V. 8. Denn von der Feststellung in V. 7 her, daß „jene erste (Heilsordnung)" selbst „nicht ohne Tadel" gewesen ist, richtet sich der in V. 8 ausgesprochene „Tadel" Gottes ja nicht nur – wie zunächst die Lesart αὐτούς (א* A D* usw.) nahelegt – auf die Angehörigen des „Hauses Israel und Juda", sondern zumindest auch auf „jene erste (Heilsordnung)" selbst![61] Gerade in dieser Hinsicht unterscheidet sich ja die Auslegung von Jer 31 (38) im Hebr von der ursprünglichen, primär den Ungehorsam der Israeliten akzentuierenden Aussageintention von Jer 31 (38). Und entscheidend ist dabei für den Autor des Hebr, daß solche Abwertung der „ersten" Heilsordnung zugunsten der in Jer 31 (38) verheißenen „neuen Heilsordnung" durch Gott selbst erfolgt: λέγει in der Einleitung des Zitats

---

[57] So gesehen besteht in der Tat ein gewisses Mißverhältnis zwischen dem ausführlichen Zitat aus Jer 31 und dem sehr knappen Kommentar dazu in den VV. 7 und 13. Vgl. Chr. LEVIN, Die Verheißung des neuen Bundes. S. 270.

[58] Vgl. auch LXX Gen 17,1; Hi 1,1.8; 2,3; 9,20; 12,4, wo ἄμεμπτος für hebr. תָּם bzw. תָּמִים steht. Vgl. G. BERTRAM, ThWNT IV, S. 576.

[59] Vgl. entsprechend τόπον εὑρεῖν in 12,17 (Weish 12,10), hier im Sinne von „Gelegenheit finden". Zum übertragenen Gebrauch von τόπος im Sinne von „Raum (für etwas) = Gelegenheit" vgl. H. KÖSTER, ThWNT VIII, S. 191. 200. 206 (zu Hebr 8,7): „Was ‚gesucht' wird, ist das göttliche Handeln, das einen neuen Bund schafft". Vgl. auch G. HAUFE, EWNT III, Sp. 878; E. GRÄSSER, Der Alte Bund im Neuen, S. 107, Anm. 438; H. BRAUN S. 238: „es ist ein Platzbedürfnis da für die zweite Stiftung, also war es nichts Rechtes mit der ersten". – Die Lesart ἑτέρας (B*) statt δευτέρας bedeutet keine Sinnverschiebung; sie unterstreicht allenfalls die Andersartigkeit der neuen Heilsordnung. Bei der Lesart δεύτερος (Min 365) handelt es sich demgegenüber wohl nur um einen Schreibfehler.

[60] So E. RIGGENBACH S. 230f.; vgl. auch O. MICHEL S. 294f, mit Verweis auf Röm 7,14; W. GRUNDMANN, ThWNT IV, S. 577.

[61] Dies spricht entschieden zugunsten der Lesart αὐτοῖς (P46 א2 B D2 usw.), sodaß zu übersetzen ist: „Denn (sie, d. h. die erste Heilsordnung) tadelnd spricht er zu ihnen". So J. L. P. WOLMARANS, The Text and Translation of Hebrews 8,8 ZNW 75 (1984) S. 139–144. Anders (zugunsten der Lesart αὐτούς) B. M. METZGER, A Textual Commentary on the Greek New Testament, S. 667. Vermittelnd H. BRAUN S. 239: „αὐτούς die abgefallenen Israeliten V. 9, aber daneben auch die Setzung selber, siehe V. 7". Vgl. auch C. SPICQ, I, S. 424.

in V. 8 nimmt ja die Wendung λέγει κύριος aus Jer 31 (38),31 auf und hat somit Gott selbst zum Subjekt[62]. Das Passivum νενομοθέτηται von V. 6 erfährt hier seine theologische Präzisierung.

Das in den VV. 8–12 gegebene Zitat von Jer 31 (38),31–34 selbst folgt im wesentlichen dem (kritisch rekonstruierten) LXX-Text. Die meisten Abweichungen davon erklären sich aus belegbaren Textvarianten der LXX-Überlieferung selbst, insbesondere aus den entsprechenden Lesarten des Codex Alexandrinus (A)[63].

Dies gilt im einzelnen für die Lesart λέγει κύριος in den VV. 8.9.10 anstelle von φησίν κύριος im LXX-Text; für die Lesart κἀγώ (V. 9) statt καὶ ἐγώ (LXX Jer 38,32); für die Lesart διδούς (V. 10) statt διδοὺς δώσω (LXX Jer 38,33) sowie für die Lesart ἐπιγράψω (V. 10) statt γράψω (LXX Jer 38,33; vgl. entsprechend auch die Lesart von P⁴⁶ B Ψ). Bei der Lesart καρδίαν (so ℵ* K usw.) in V. 10 statt καρδίας handelt es sich um Angleichung an das parallele διάνοιαν. Auch die Lesart πλησίον (P 81 104 365 usw.) statt πολίτην in V. 11 ist bereits durch die Textüberlieferung der LXX vorgegeben. Insgesamt steht somit der Hebr mit seiner Wiedergabe des LXX-Textes von Jer 38 speziell in der Tradition des Codex Alexandrinus. Die weiteren Abweichungen vom (überlieferten) LXX-Text – so in V. 8: ἐπὶ τὸν οἶκον statt τῷ οἴκῳ; in V. 9: ἐποίησα statt διεθέμην; in V. 11: ἀπὸ μικροῦ ἕως statt ἀπὸ μικροῦ αὐτῶν καὶ ἕως (vgl. entsprechend D¹ usw.) sowie in V. 12 die Einfügung καὶ τῶν ἀνομιῶν αὐτῶν in Entsprechung zu 10,17 (ℵ² A usw.) – sind sachlich ohne Belang. Allenfalls im Blick auf die (freilich auch durch den Symmachus-Text Jer 38,31 bezeugte) Hebr-Lesart συντελέσω in V. 8 (statt LXX: διαθήσομαι) bleibt zu fragen, ob hier eine bewußte Änderung der LXX-Vorlage durch den Autor des Hebr vorliegt, um auf diese Weise den „vollendenden" Charakter der neuen Heilsordnung herauszustellen. Andererseits steht das Verbum συντελεῖν in Verbindung mit διαθήκη auch in LXX (Jer 41,8.15) durchaus im Sinne von „ausführen, herstellen"[64]. Auch hier handelt es sich also eher um eine stilistische Variante als um eine gezielte Abweichung von dem dem Hebr vorliegenden LXX-Text.

Angesichts dessen, daß der Autor des Hebr das Jeremia-Zitat durch die beiden Rahmenaussagen V. 7 und V. 13 ganz in den Kontext seiner Argumentation einbezogen hat, ist die naheliegende Frage, ob er mit dem (an dieser Stelle erstmals im Urchristentum vorliegenden ausdrücklichen) Rekurs auf die Verheißung von Jer 31 seinerseits bereits in einer urchristlichen Tradition steht, vielleicht sogar speziell in der urchristlichen Abend-

---

[62] Vgl. entsprechend 1,5; 4,3; 5,5f; 6,13; 7,21; 8,5; 10,30.
[63] Zur Gestalt des Jeremia-Zitats in Hebr 8,8–12 vgl. K. J. THOMAS, NTS 11 (1964/65) S. 310f; F. SCHRÖGER, Der Verfasser des Hebr als Schriftausleger, S. 162ff; Chr. WOLFF, Jeremia im Frühjudentum und Urchristentum, S. 143f; J. C. McCULLOUGH, NTS 26 (1979/80) S. 364–367.
[64] Vgl. W. BAUER, Wörterbuch zum Neuen Testament, Sp. 1580 (mit Belegen). Anders C. BÜCHEL, Der Hebr und das Alte Testament, S. 525; K. J. THOMAS, The Use of the Septuagint in the Epistle to the Hebrews, S. 99ff; DERS., NTS 11 (1964/65) S. 310f. Zum Ganzen vgl. auch J. v. d. PLOEG, RB (1947) S. 217f.

mahlstradition (1 Kor 11,25; Lk 22,20)[65], schlechterdings nicht eindeutig zu beantworten. Gleiches gilt auch im Blick auf die neuerdings erörterte Frage nach einem Zusammenhang zwischen dem Hebr und jener Art von „Bundestheologie", die in den Qumran-Schriften (CD VI 19; VIII 21; XIX 33f) ihren Niederschlag gefunden hat. Während nämlich im Hebr in diesem Zusammenhang allein von der Schrift her argumentiert wird (VV.7 und 13), begegnet die Rede vom „Neuen Bund" in den Qumran-Schriften (ohne erkennbaren Bezug auf Jer 31!) nur in Gestalt der technischen Wendung vom „Eintreten in den Neuen Bund" (בא בברית החדשה), also im Sinne des Eintritts in die Gemeinde. Schon von daher gesehen ist eine Abhängigkeit des Hebr von dieser besonderen jüdischen Tradition ebenso unwahrscheinlich wie auch eine gezielte Polemik des Hebr gegen die „Bundestheologie" der Qumran-Gemeinde[66]. Die bestimmte Art und Weise der Verwendung von Jer 31 (38) im Hebr dokumentiert somit viel eher die für den Hebr insgesamt charakteristische „LXX-Theologie" des Autors selbst, zumal an unserer Stelle die im Jeremia-Zitat im Definitionsstil (V.10: αὕτη ἡ διαθήκη κτλ.) aufgezählten Vorzüge der neuen Heilsordnung – konkret: die Verinnerlichung des Gesetzes (Jer 31,33), die unmittelbare Gotteserkenntnis (Jer 31,33) sowie die Vergebung der Sünden (Jer 31,34) – im eigenen Kommentar des Autors des Hebr gar nicht aufgenommen werden[67]. Was ihn hier zunächst interessiert, ist lediglich der im Jeremia-Zitat ausgesprochene „Tadel" am Verhalten der „Väter" wie auch an der alten bzw. ersten Heilsordnung selbst. Und dadurch allein, daß Gott selbst in Jer 31 (38) von einer „neuen Heilsordnung" gesprochen hat, erweist sich die „erste" Heilsordnung als eine veraltete, als eine unbrauchbar gewordene – und damit als letztlich überholt. Obwohl der Autor des Hebr die Verheißung von Jer 31 (38) selbstverständlich in einer christologischen Perspektive liest, steht das Thema der „Erfüllung" dieser Verheißung an dieser Stelle noch nicht zur Diskussion.

---

[65] In diesem Sinne bereits E. RIGGENBACH S.228; H. WINDISCH S.74; F. SCHRÖGER, Der Verfasser des Hebr als Schriftausleger, S.167 (u.a.). Zurückhaltender in dieser Hinsicht: O. MICHEL S.295. Zum Problem vgl. jetzt bes. Chr. WOLFF, Jeremia im Frühjudentum und Urchristentum, S.145f, der gerade auch in der Rede von der καινὴ διαθήκη in der urchristlichen Abendmahlsüberlieferung nicht einen bewußten Rückgriff auf Jer 31 sieht, sondern „eine selbständige, bewußt antithetische Formulierung zum Sinaibund". Vgl. auch ebd., S.131–134.

[66] Zum einzelnen der (nicht durch Jer 31 bestimmten) „Bundestheologie" von Qumran vgl. Chr. WOLFF, Jeremia im Frühjudentum und Urchristentum, S.124–130. Kritisch zu den Versuchen von F.M.BRAUN, J.CARMIGNAC, C.SPICQ u.a., an dieser Stelle einen Zusammenhang zwischen Qumran und dem Hebr zu sehen, vgl. H.BRAUN, Qumran und das Neue Testament I, S.261f.

[67] Allenfalls daraus, daß der Autor des Hebr sein Zitat in V.12 mit Jer 31 (38),34 beschließt, läßt sich die Andeutung einer Position entnehmen: Wie bereits aus 1,3 sowie 2,17 hervorgeht, hat die im Jeremia-Buch angekündigte endzeitliche „Vergebung der Sünden" ja gerade auch im Hebr entscheidendes Gewicht. Vgl. K. NISSILÄ, Das Hohepriestermotiv im Hebr, S.164f; Chr. WOLFF, Jeremia im Frühjudentum und Urchristentum, S.144f. Ausdrücklich in diesem Sinn wird Jer 31 (38),34 jedoch erst in Hebr 10,15ff rezipiert.

Das in V. 13 angewandte Schlußverfahren ist in diesem Sinne jedenfalls eindeutig: Allein schon die Rede Gottes von einer „neuen Heilsordnung" läßt die erste Heilsordnung als antiquiert gelten. Das Reden Gottes – ἐν τῷ λέγειν, d. h.: „indem er von der neuen Heilsordnung spricht"! – hat hier also nicht lediglich konstatierenden, sondern geradezu vollziehenden Charakter. Indem Gott so redet, gehört die erste Heilsordnung nunmehr der Vergangenheit an, hat Gott selbst sie zur „alten gemacht": πεπαλαίωκεν![68]. Diese Qualifizierung – besser wohl: Disqualifizierung! – unterstreichend, fügt die sentenzartige Formulierung in V. 13b noch hinzu: „Was aber veraltet und greisenhaft ist, das ist (bekanntlich auch) nahe dem Verschwinden", das gehört also dem Bereich des Irdisch-Vergänglichen an[69]. Dem entspricht es dann auch, daß im folgenden Abschnitt 9,1–10 die kultischen Anordnungen jener „ersten" Heilsordnung als δικαιώματα σαρκός gekennzeichnet werden, die als solche lediglich begrenzte Geltung haben (9,10). Zugleich machen aber auch die an die exegetische Beweisführung von 8,1–13 (mit οὖν) anschließenden Darlegungen im 9. Kapitel deutlich, daß das zunächst nur in der Negation verbleibende Urteil über die „erste" Heilsordnung nicht etwa durch ein akutes polemisches Interesse des Autors bestimmt ist; die auf dem Wege der Schriftauslegung, nicht aber aus der eigenen Anschauung des Tempelkults in Jerusalem gewonnene Absage an die veraltete und überholte „erste" Heilsordnung ordnet sich vielmehr – wie spätestens an der Gegenüberstellung εἶχε μὲν οὖν [καὶ] ἡ πρώτη (διαθήκη) – Χριστὸς δέ in 9,1 und 11 sich zeigt – am Ende wiederum dem positiven Grundanliegen des Hebr zu, vermittels der Gegenüberstellung von „alter" und „neuer" Heilsordnung den eschatologisch-endgültigen Charakter der letzteren seinen Lesern möglichst ein- und ausdrücklich vor Augen zu stellen. Diese „neue Heilsordnung" bringt endgültig zum Ziel und zur Vollendung, was die „erste" Heilsordnung nicht vermocht hat. Also: Diese wird durch jene abgelöst. Dies im einzelnen anhand der Schrift aufzuzeigen, ist das Anliegen des Autors im folgenden Abschnitt

---

[68] Da παλαιοῦν außerhalb von Hebr und LXX nur passivisch belegt ist, liegt in der aktivischen Verwendung an dieser Stelle wohl wiederum LXX-Sprachgebrauch vor (Jes 62,55; Hi 9,5; Thr 3,4). Hier bereits verbindet sich mit παλαιός bzw. παλαιοῦν (als Wiedergabe des hebr. בלה) eine Abwertung, und bereits hier kommt es zu einer eschatologischen Akzentuierung. Vgl. H. SEESEMANN, ThWNT V, S. 714. – Zur Art der Argumentation in V. 13 vgl. die Auslegung von Gen 12,1f bei Philon, Her 277f: Gott hätte dem Abraham „doch nicht ein gewissermaßen neues, junges Volk und Geschlecht gegeben, wenn er ihn nicht vollständig von dem alten hätte trennen wollen".

[69] Vgl. W. BAUER, Wörterbuch zum Neuen Testament, Sp. 1226: παλαιοῦν pass.: „alt werden (und zwar oft m.d. Nebensinn des Verbrauchtwerdens" (Belege: ebd.); also: παλαιούμενα = „unbrauchbar Gewordenes" (ebd.). – Ἐγγὺς ἀφανισμοῦ, „nahe dem Untergang", ist hier – dem Kontext entsprechend – Qualitätsurteil, schließt also nicht einen zeitlichen Aspekt in sich, und zwar weder im Sinne der bevorstehenden Katastrophe des Tempels in Jerusalem noch in dem Sinne, daß ἐγγύς auf die Zeit zu beziehen ist, in der jene Prophezeiung an Jeremia erging.

9,1–10,18, und zwar zunächst (9,1–10) im Blick auf die πρώτη διαθήκη: τὴν πρώτην (διαθήκην) in V. 13 leitet über zur näheren Beschreibung der Institution und der Modalität der πρώτη (διαθήκη) in 9,1ff.

4.2.3) 9,1–10: Heiligtum und Priesterdienst der ersten Heilsordnung[1]

1 Nun besaß zwar auch die erste (Heilsordnung) Vorschriften für den priesterlichen Dienst sowie das weltliche Heiligtum.
2 Denn das erste Zelt ist errichtet worden, in welchem sich der Leuchter, der Tisch und die Auflage für die Brote befanden, welches ‚Heiliges‘ genannt wird.
3 Hinter dem zweiten Vorhang aber (befindet sich) das Zelt (genauer: der Teil des Zeltes), das ‚Allerheiligstes‘ heißt,
4 das einen goldenen Räucheraltar enthält und die Lade der Stiftung, ringsum mit Gold beschlagen, darin ein goldener Krug, der das Manna enthält, und der Aaronstab, der gesproßt hat, und die Tafeln der Stiftung (Gottes);
5 darüber aber die Cheruben der Herrlichkeit (Gottes), die den Sühnedeckel überschatten. Darüber brauchen wir jetzt (aber) nicht im einzelnen zu reden.
6 Seitdem dies so eingerichtet war, gehen die Priester ständig in das erste Zelt hinein, um (dort) ihren priesterlichen Dienst zu verrichten;
7 in den zweiten (Raum des Zeltes) aber (geht nur) einmal im Jahr allein der Hohepriester (hinein), (und zwar) nicht ohne Blut, das er für seine eigenen wie auch für die (unwissentlichen) Verfehlungen des Volkes darbringt.
8 Damit zeigt der Heilige Geist an, daß der Zugang zum Heiligtum noch nicht offenbar geworden ist, solange noch das erste Zelt Bestand hat,
9 welches (Zelt) ein Gleichnis ist für die (nunmehr) eingetretene Zeit, sofern ihm (jenem ersten Zelt) entsprechend Gaben und Opfer dargebracht werden, die (allesamt) nicht imstande sind, im Blick auf das Gewissen den Kultdiener zu vollenden,
10 beruhen sie (sc. jene Opfer und Gaben) doch nur auf (Geboten von) Speisen und Getränken und verschiedenen kultischen Waschungen: Fleischessatzungen (also), die (als solche) nur bis zum Termin der richtigen Anordnung erlassen sind.

Stellung und Funktion im Kontext:

Im Kontext der Kapitel 8 und 9 ist die nunmehr folgende Beschreibung des irdischen Heiligtums und seines Priesterdienstes von vornherein auf die Gegenüberstellung zum neuen und endgültigen Priesterdienst des „Christus" (9,11ff) ausgerichtet. Dabei stellen die beiden Unterabschnitte 9,2–5 und 9,6–10 jeweils eine

---

[1] Lit.: O. MOE, Das irdische und himmlische Heiligtum. Zur Auslegung von Hebr 9,4f, ThZ 9 (1953) S. 23–29; J. SWETNAM, On the Imagery and Significance of Hebrews 9,9–10, CBQ 28 (1966) S. 155–173; O. HOFIUS, Das „erste" und das „zweite" Zelt. Ein Beitrag zur Auslegung von Hebr 9,1–10, ZNW 61 (1970) S. 271–277; J. W. THOMPSON, Hebrews 9 and Hellenistic Conception of Sacrifice, in: DERS., The Beginnings of Christian Philosophy, S. 103–115: vgl. auch H. ZIMMERMANN, Das Bekenntnis der Hoffnung, S. 181–188; W. R. G. LOADER, Sohn und Hoherpriester, S. 161–166.

syntaktische Einheit dar, von der sich umso stärker das Gegenbild abhebt: Betont vorangestelltes Χριστὸς δέ in V. 11 nimmt das μέν von V. 1 auf und relativiert damit zugleich alles, was zuvor in den VV. 2-10 über die kultischen Einrichtungen der ersten Heilsordnung im einzelnen ausgeführt worden ist. Mag zunächst in den VV. 2-5 auch eine gewisse Neigung zur Darstellung im Detail bestehen, so läßt doch die diesen ersten Teilabschnitt abschließende Wendung in V. 5b alsbald erkennen, daß das Interesse des Autors an allen diesen Dingen nur sehr relativer Art ist. Dies gilt in besonderer Weise sodann auch für den zweiten Teilabschnitt (VV. 6-10), der durch entsprechende Zwischenbemerkungen des Autors in den VV. 8 und 9, nicht zuletzt auch durch die in V. 10 ausdrücklich ausgespochene Terminierung der Geltungsdauer der Kultvorschriften bzw. durch deren Kennzeichnung als „Fleischessatzungen", bereits unmittelbar zur Darlegung der christologischen Position in den VV. 11ff hinüberleitet. Wenn dabei das Stichwort δικαιώματα in V. 1 und V. 10 die „inclusio" des ganzen Abschnitts darstellt, so kann das Anliegen des ganzen Zusammenhangs (in seiner Ausrichtung auf 9,11ff) geradezu darin gesehen werden, die kultischen Vorschriften, von denen hier die Rede ist, als δικαιώματα σαρκός zu erweisen.

Grundlage für die Beschreibung des irdischen Heiligtums und seines Priesterdienstes, mit der der Autor mehrfach auf den vorangehenden Abschnitt (8,3-5) zurückgreift[2], sind dabei durchweg die entsprechenden biblischen Zusammenhänge. Seine „Anschauung" von den hier beschriebenen Dingen hat der Autor des Hebr also nicht am Tempelkult in Jerusalem gewonnen. Sie ist vielmehr durchaus schriftgelehrter Art, darüber hinaus auch durchaus typisch für den Autor, sodaß – von daher gesehen – der Rückgriff auf eine „Vorlage" oder Tradition gerade an dieser Stelle ganz unwahrscheinlich ist[3]. Im übrigen sind Aufbau und Gliederung des Abschnitts klar und übersichtlich: V. 1 formuliert die Überschrift für den ganzen Abschnitt: Von den Anordnungen des Priesterdienstes und vom irdischen Heiligtum der „ersten" (Heilsordnung) ist hier die Rede, was im folgenden (in chiastischer Anordnung) entfaltet wird, in den VV. 2-5 hinsichtlich des irdischen Heiligtums, in den VV. 6-10 sodann hinsichtlich der für dieses Heiligtum geltenden Kultvorschriften. Der zweite Teilabschnitt ist mit dem ersten durch die erneute Aufnahme der Stichwörter λατρεία (V. 1) und κατασκευάζειν (V. 2) in V. 6 eng verbunden.

Der die Überschrift formulierende V. 1 knüpft mit οὖν wie auch mit der Formulierung ἡ πρώτη unmittelbar an 8,13 an, sodaß zur letzteren Formulierung nicht (mit einer Reihe von Minuskelhandschriften) σκηνή, sondern ganz eindeutig διαθήκη zu ergänzen ist. „Auch" (καί) sie, jene „erste Heilsordnung", hatte bestimmte kultische Satzungen sowie „das weltliche

---

[2] Vgl. 9,1 mit 8,4; 9,2 mit 8,5; 9,9 mit 8,3.5. Vgl. auch A. VANHOYE, La structure littéraire, S. 146f.

[3] So wiederum G. SCHILLE, ZNW 46 (1955) S. 90f, mit der Begründung, daß in dem Abschnitt 9,4-9,10 gegenüber dem ἀρχιερεύς-Titel in 8,3 einerseits und 9,11 andererseits die ἱερεύς-Prädikation bestimmend sei. Dagegen spricht jedoch die ausdrückliche Unterscheidung zwischen den „Priestern" in V. 6 und dem „Hohenpriester" in V. 7, mit der der Autor offensichtlich an dieser Stelle schon die christologische Aussage in V. 12 vorbereitet.

Heiligtum"⁴. Vermittels des (textgeschichtlich überwiegend bezeugten) καί soll hier offenbar eine gewisse Entsprechung behauptet werden zwischen der „ersten" und der „zweiten" Heilsordnung, die ja nach 8,6 gleichfalls eine gleichsam „gesetzliche" Grundlage hat. Da diese Entsprechung jedoch – wie bereits die Rede vom „weltlichen" Heiligtum anzeigt – nur unter Vorbehalt gilt, ist die (sekundäre) Streichung das καί durch die Schreiber von P[46] B (usw.) aus sachlichen Gründen zu erklären. Welche „Satzungen" für den priesterlichen Dienst der Autor hier konkret im Blick hat, wird sich alsbald in VV. 6ff zeigen⁵. Was demgegenüber zunächst das Heiligtum der „ersten Heilsordnung" betrifft, so wird bereits hier, noch in der Überschrift des folgenden Abschnitts, durch das Prädikat κοσμικόν eine Wertung vorgenommen⁶. Im Kontext gesehen – man vergleiche nur 8,4: ἐπὶ γῆς! – schließt dieses Prädikat ja als solches bereits den Gegensatz zum „himmlischen", zu dem „nicht mit Händen gemachten" Heiligtum ein, das als solches „nicht von dieser Schöpfung" ist (9,11.24; vgl. auch bereits 8,2). Dieses weltlich-irdische Heiligtum ist also „Antityp" zum wahren himmlischen Heiligtum (9,24) – und als solches von vergänglicher Art. Irgendeine „kosmische" Tempelsymbolik, wie sie verschiedentlich im hellenistischen Judentum im Sinne einer Darstellung des Kosmos im Tempel zu Jerusalem entwickelt worden ist⁷, ist hier also nicht im Blick⁸. Gleichwohl läßt der Autor des Hebr es sich im folgenden angelegen sein, Anlage und Inventar dieses „weltlichen" Heiligtums relativ ausführlich zu beschreiben, ohne daß dabei freilich eine bestimmte Funktion dieser Beschreibung im Kontext deutlich wird. Daß dem Autor selbst dies am Ende bewußt wird, zeigt die abschließende Bemerkung in V. 5b: „Doch ist darüber jetzt gar nicht im einzelnen zu reden", womit all das, was soeben noch im einzelnen beschrieben worden ist, alsbald wiederum relativiert erscheint⁹.

---

⁴ Das Imperfekt εἶχεν betont im linearen Sinn die mit den Kultsatzungen gegebene Grundlage der „ersten" Heilsordnung. Es wird in V. 2 abgelöst durch den auf die (einmalige) „Einrichtung" des Heiligtums zurückblickenden Aorist κατεσκευάσθη, während sodann in den VV. 6ff wiederum – wie bereits in 5,1ff; 8,3-5 sowie in 10,1-4 – das die Institution kennzeichnende Präsens vorherrscht.

⁵ Λατρεία bezeichnet hier – vgl. bes. V. 6! – den kultischen Dienst der Priester, δικαίωμα dementsprechend im technischen Sinne die Kultsatzung. Das entspricht wiederum dem LXX-Sprachgebrauch (vgl. dazu: G. SCHRENK, ThWNT II, S. 224f.)

⁶ Zur prädikativen, nicht attributiven Stellung von κοσμικός vgl. E. RIGGENBACH S. 238f: Prädikative Adjektive deuten „zuweilen einen Kontrast oder eine Einschränkung" an. Vgl. auch BL.-DEBR.-R. § 270.

⁷ Vgl. Josephus, Ant. III 122ff, bes. § 123: Die σκηνή ist μίμησις τῆς τῶν ὅλων φύσεως; weiter III 180; Bell. IV 324; V 212 sowie die kosmologische Aufarbeitung der Tempeltradition bei Philon, SpecLeg I 66; VitMos II 67ff, bes. 77f.88. Vgl. dazu U. FRÜCHTEL, Die kosmologischen Vorstellungen bei Philo von Alexandrien (ALGHL 2), Leiden 1968, S. 69ff.

⁸ Vgl. J. W. THOMPSON, The Beginnings of Christian Philosophy, S. 105; O. HOFIUS, Der Vorhang vor dem Thron Gottes, S. 61.

⁹ Zum rhetorischen Charakter der Wendung λέγειν κατὰ μέρος vgl. Platon, Theait. 157 B;

Grundlage für diese Beschreibung des „weltlichen" Heiligtums in den VV. 2-5 sind die entsprechenden biblischen Darlegungen, und zwar insbesondere in Ex 25 und 26[10]. Wenn dabei in V. 2 sowie in V. 4 die Dreizahl der Ausstattungsstücke im ersten bzw. im zweiten Zelt betont wird, in V. 4 darüber hinaus auch die Tatsache, daß die Kultgegenstände im zweiten Zelt aus Gold bestehen, so könnte dies immerhin darauf hinweisen, daß dem Autor in diesem Zusammenhang daran gelegen ist, die (relative!) Vollkommenheit und Pracht des irdischen Heiligtums herauszustellen.

Im einzelnen sind bei dieser Beschreibung der Ausstattung des irdischen Heiligtums einige Besonderheiten gegenüber der biblischen Vorlage bemerkenswert: Die Ausstattung des ersten Raumes des Zeltheiligtums wird in VV. 2/3 mit der Dreizahl von Leuchter - Tisch - Brotauflage angegeben[11]. Das entspricht hinsichtlich der Dreizahl zwar der biblischen Überlieferung[12], nicht jedoch hinsichtlich der hier genannten Gegenstände: τράπεζα und πρόθεσις τῶν ἄρτων bezeichnen nach biblisch-jüdischer Überlieferung ein und denselben Gegenstand[13], während der (goldene) Räucheraltar (θυμιατήριον) - nach Ex 30,1ff sowie nach dem Zeugnis des Philon und Josephus Ausstattungsstück des ersten Raumes des Heiligtums! - vom Autor des Hebr - vgl. V. 4 - in das „Allerheiligste", in den zweiten Raum also des Zeltheiligtums verlegt wird[14]. Hier liegt offensichtlich ein (möglicherweise aus der Kombination von Ex 30,6f.36f und Ex 40,5.26 zu erklärendes) Mißverständnis des Autors vor, zumal die in V. 2 genannte Anordnung weder aus der eigenen Absicht des Autors noch aus einer entsprechenden jüdischen Überlieferung erklärt

---

Soph. 246 C; Polybios I 4,6; III 19,11 u. ö., sowie Philon, Her 221, in bezug auf den Leuchter im Tempel: „eine lange Beschreibung über jede Einzelheit muß auf ein weiteres Mal verschoben werden"; Praem 67; Josephus, Ant. XII 245 sowie W. BAUER, Wörterbuch zum Neuen Testament, Sp. 1025.

[10] Vgl. zum einzelnen St. LACK, Les ordonnances du culte israélite dans le lettre aux Hébreux, Sacra Pagina 2 (1959) S. 394-403.

[11] Κατασκευάζειν steht hier nicht nur zur Bezeichnung der Errichtung des Zeltes (so auch Philon, VitMos II 89; Her 112, vom Tempel), sondern zugleich im speziellen Sinn seiner Einrichtung bzw. Ausstattung. Vgl. W. BAUER, Wörterbuch zum Neuen Testament, Sp. 850; H. BALZ, EWNT II, Sp. 662.

[12] Vgl. Ex 25,23ff.30ff; 39,16f; LXX 3 Reg 7,34f; 1 Makk 4,50f und bes. Philon, Her 266: τριῶν ὄντων ἐν τοῖς ἁγίοις σκεύων, λυχνίας, τραπέζης, θυμιατηρίου. Vgl. auch VitMos II 101ff; Josephus, Ant. VIII 194; c. Ap. II 106. Die Umkehrung der Reihenfolge „Leuchter - Tisch" gegenüber Ex 25 erklärt sich demnach aus der durch Philon, Her 266, bezeugten jüdischen Tradition. Hier - wie auch bei Josephus, Bell. II 388 - spricht sich in der Voranstellung des „Leuchters" möglicherweise eine besondere Wertschätzung dieses Kultgeräts im Sinne einer kosmischen Symbolik aus.

[13] Vgl. Ex 25,30; 39,17; LXX Paralip. I 28,16; II 29,18; 1 Makk 1,22: ἡ τράπεζα τῆς προθέσεως, wobei πρόθεσις in diesem Falle die kultische Verrichtung bezeichnet. Vgl. Ex 40,4; 2 Makk 10,3; Philon, SpecLeg II 161.

[14] Θυμιατήριον bezeichnet an sich (vgl. LXX Paralip. II 26,19; Ez 8,11) das Werkzeug zum Räuchern, das „Rauchfaß", steht hier jedoch im Hebr im Anschluß an den entsprechenden Sprachgebrauch bei Philon (Her 266; VitMos II 94.101.105; SpecLeg I 231) und Josephus (Ant. III 147.198; Bell. V 218) für den Räucheraltar. Zu dessen Vergoldung vgl. Ex 30,3-5; Josephus, Ant. III 198. Dementsprechend korrigieren in V. 2 auch die Textzeugen B sa[mss] durch Einfügung von καὶ τὸ χρυσοῦν θυμιατήριον in Entsprechung zu V. 4.

werden kann¹⁵. Demgegenüber geht die ausführliche Beschreibung der Kultgeräte im sogen. „Allerheiligsten", dem zweiten Raum des Zeltheiligtums, in V. 4 und 5a im wesentlichen der biblischen Überlieferung konform¹⁶, mit der Differenz nur, daß als Inhalt der „Lade" neben den „Tafeln" – nach biblischer Überlieferung der einzige Inhalt der Lade¹⁷ – auch noch der „Mannakrug" sowie der „Aaronstab" genannt werden. Handelt es sich dabei um eine schriftgelehrte Schlußfolgerung aus Ex 16,33f und Num 17,18.25, möglicherweise mit der Absicht, auch hier wieder – wie bereits in V. 2 – die Dreizahl der Ausstattungsstücke zu erreichen? Unverkennbar besteht jedenfalls ein gewisses Interesse des Autors, Pracht und Vollkommenheit (Dreizahl!) dieses „weltlichen" Heiligtums hervorzuheben, wozu dann freilich umso schärfer die faktische Wirkungslosigkeit des an diesem Heiligtum praktizierten Kultes im Kontrast steht. Allenfalls auf dem an letzter (und damit hervorgehobener?) Stelle genannten ἱλαστήριον – hier das auf der „Lade" liegende Sühnegerät¹⁸ – könnte im Sinne des Autors ein besonderer Akzent liegen, sofern ja mit diesem „Sühnegerät" der Endzweck der ganzen Einrichtung des Zeltheiligtums in den Blick kommt, jener Endzweck also, von dem dann im folgenden (V. 7!) insbesondere im Blick auf den kultischen Dienst des Hohenpriesters am „Versöhnungstag" die Rede ist. Im übrigen jedoch läßt sich im Blick auf die hier genannten Kultgegenstände keinerlei Ansatz zu einer symbolischen Deutung seitens des Autors des Hebr erkennen¹⁹. Auch die alles Voraufgehende wiederum relativierende Schlußbemerkung V. 5b spricht entschieden gegen alle Neigung, in der Benennung der einzelnen Kultgegenstände in den VV. 2–5 zugleich ein eigenes Interesse des Autors des Hebr an einer bestimmten Kultsymbolik zum Ausdruck kommen zu sehen.

Anders demgegenüber verhält es sich offensichtlich bei der vom Autor selbst betont herausgearbeiteten Unterscheidung zwischen „erstem" und

---

¹⁵ Gänzlich singulär ist jedenfalls die Überlieferung in syrBar 6,7 wo unter den Kultgegenständen im „Allerheiligsten" auch der „Räucheraltar" genannt wird. Vgl. dementsprechend auch Apk 8,3, wo freilich nicht zwischen den beiden Teilen des Heiligtums unterschieden wird.

¹⁶ Zur (mit Gold überzogenen) „Lade" vgl. Ex 25,10–16.21; 37,1–5 (LXX: 38,1–4) sowie bes. Philon, VitMos II 95: ἡ δὲ κιβωτός ... κεχρυσουμένη πολυτελῶς ἔνδοθέν τε καὶ ἔξωθεν. Zu den „Tafeln" als Inhalt der Lade vgl. Ex 25,26; Dtn 10,1ff; zur Formulierung πλάκες διαθήκης: Dtn 9,9.11; LXX 3 Reg 8,9; zu den Χερουβίν, die (als Träger der Doxa Gottes) das „Sühnegerät beschatten": Ex 25,17ff (25,20: συσκιάζοντες); 38,6–8; LXX 3 Reg 6,22ff; 8,6f; Philon, VitMos II 97.

¹⁷ Vgl. Dtn 10,3–5; LXX 3 Reg 8,9; Paralip. II 5,10; Josephus, Ant. III 138; IV 304; XVIII 104; Philon, Fug 100; Mut 43; VitMos II 97.

¹⁸ Vgl. Ex 25,16ff; 31,7; 35,11ff; 38,5ff; Lev 16,2.13–15; Num 7,89; Philon, Cher 25; Her 166; Fug 100f; VitMos II 95–97.

¹⁹ Etwa in dem Sinne, daß sich hinter der Nennung des Mannakruges und des Aaronstabes in V. 4 ein Hinweis auf die Entsprechung von Urzeit und Endzeit verbirgt (O. MICHEL S. 302) oder daß die Erwähnung der „Cheruben" in V. 5 die Bekanntschaft des Autors des Hebr mit jüdischen Merkaba-Spekulationen (im Anschluß an Ez 1 und 10) verrät (H. WINDISCH S. 76; O. MICHEL S. 303f; A. STROBEL S. 170). Dagegen zuletzt H. BRAUN S. 252. Dies gilt auch für die Vermutung von H. S. CAMACHO, The Altar of Incense in Hebrews 9:3f, AUSS 24 (1986) S. 5–12, daß in diesen Versen eine Anspielung auf das Weihrauchritual am Versöhnungstag vorliegt.

„zweitem" Zelt in den VV. 2 und 3-5. Die Unterscheidung zwischen dem „Heiligen" und dem „Allerheiligsten" geht zwar zunächst durchaus der biblischen Vorlage konform, in der - nach Ex 26,33 - ausdrücklich zwischen τὸ ἅγιον einerseits und τὸ ἅγιον τῶν ἁγίων andererseits unterschieden wird. Ungewöhnlich gegenüber der entsprechenden biblischen Überlieferung ist freilich die nur hier begegnende artikellose Form Ἅγια und Ἅγια Ἁγίων, die vom Autor des Hebr hier für die beiden Teile des Zeltheiligtums nahezu wie ein Eigenname gebraucht wird[20]; ungewöhnlich ist aber auch, daß mit dieser (an sich durch die biblische Vorlage vorgegebenen) Unterscheidung hier - wie dann auch in den VV. 6 und 7 - die ausdrückliche Unterscheidung zwischen „erstem" und „zweitem Zelt" verbunden ist[21]. Ein Mißverständnis seitens des Autors - in dem Sinne, daß er hier tatsächlich an zwei Zelte gedacht hätte - ist ausgeschlossen, da ansonsten im Hebr (8,5; 9,23) von der σκηνή im Singular gesprochen wird und auch in V. 3 zu erkennen ist, daß „erstes" und „zweites Zelt" durch einen Vorhang voneinander getrennt sind, also lediglich zwei voneinander getrennte Räume innerhalb desselben Zeltheiligtums sind[22]. Jene ausdrückliche Unterscheidung liegt also offensichtlich im eigenen Interesse des Autors. Eine gewisse Analogie dazu gibt es zwar im hellenistischen Judentum bei Philon und Josephus, diese freilich in einer gleichsam „kosmologischen" Variante: In der Trennung der beiden Teile des irdischen Heiligtums stellt sich die Trennung zwischen Himmel und Erde dar, sodaß der Vorhang zwischen dem „Heiligen" und dem „Allerheiligsten" - nach Hebr 9,3 das δεύτερον καταπέτασμα[23]. - die Grenze bzw. Scheidewand zwischen Himmel und Erde symbolisiert[24]. Solche Art von „Kultsymbolik" ist nun frei-

---

[20] Vgl. dementsprechend die sekundäre Hinzufügung der Artikel in V. 2 und V. 3 durch B bzw. ℵ² B D¹ usw. - Zur artikellosem ἅγια τῶν ἁγίων vgl. LXX Paralip. I 6,34; II 35,15; Ps 19,3; 21,4; Philon, VitMos II 114.

[21] Die Unterscheidung zwischen „erstem" und „zweitem Zelt" bei Josephus, c. Ap. II 12 ist für Hebr 9,2.3 ohne Belang, da hier das „erste Zelt" das von Mose errichtete Zeltheiligtum meint, das „zweite Zelt" demgegenüber den salomonischen Tempel. Anders dagegen Josephus, Bell. V 193-195, wo im Blick auf den Herodes-Tempel (τὸ ἱερόν) zwischen dem πρῶτον ἱερόν (äußerer Tempelvorhof) und dem δεύτερον ἱερόν (innerer Teil des Tempels) unterschieden wird. Vgl. auch Bell. V 208f: ὁ πρῶτος οἶκος für die Vorhalle des Tempels. Vgl. dazu O. HOFIUS, ZNW 61 (1970) S. 274f.

[22] Vgl. O. HOFIUS, ZNW 61 (1970) S. 274f; DERS., Der Vorhang vor dem Thron Gottes, S. 57. 61. - Zum „Vorhang" zwischen dem ersten und dem zweiten Zelt vgl. Ex 26,31-36; Philon, VitMos II 101 (κάλυμμα) sowie Hebr 6,19; Mt 27,51.

[23] Der „zweite Vorhang" von V. 3 ist nach Ex 26,33 der Vorhang ἀνὰ μέσον τοῦ ἁγίου καὶ ἀνὰ μέσον τοῦ ἁγίου ἁγίων im Unterschied zum Vorhang vor dem „Heiligen". Vgl. Ex 26,31ff.37; 27,21; 35,12; 40,5; Num 3,10; 1 Mak 4,51; Sir 50,5. Entsprechend unterscheidet Philon, VitMos II 101, zwischen dem „äußeren" und dem „inneren Vorhang" (κάλυμμα); vgl. auch VitMos II 87; SpecLeg I 171.231; Josephus, Ant. VIII 75.90; XII 250; Bell. V 212.219, sowie O. HOFIUS, Der Vorhang vor dem Thron Gottes, S. 57, Anm. 61; DERS., EWNT II, Sp. 656f.

[24] Vgl. bes. Josephus, Ant. III 123.180f. Philon, VitMos II 81f, überträgt diese Symbolik in

lich dem Hebr nicht eigen. Vielmehr zeigt bereits die in der Nennung des ἱλαστήριον aufgipfelnde Aufzählung der Kultgeräte des „Allerheiligsten" in V. 5, darüber hinaus auch die in 6,19 zutage tretende „Vorhang"-Symbolik, daß für den Autor des Hebr mit der ihm eigenen betonten Unterscheidung zwischen „erstem" und „zweitem Zelt" eine primär soteriologisch akzentuierte Kultsymbolik verbunden ist. So gesehen hat freilich die Beschreibung von Anlage und Ausstattung des irdischen Heiligtums in den VV. 2-5 ihrerseits schon vorbereitenden Charakter für den unmittelbar anschließenden Abschnitt, in dem es ganz offensichtlich nicht mehr nur um eine möglichst korrekte Beschreibung des kultischen Dienstes (λατρεία) der Priester bzw. des Hohenpriesters am irdischen Heiligtum geht, sondern zugleich um dessen Hinweischarakter auf den priesterlichen Dienst der neuen Heilsordnung, wie er dann endlich in 9,11ff im einzelnen dargestellt wird.

Das sachliche Schwergewicht des Teilabschnitts 9,6-10 gegenüber dem vorangehenden ist bereits daraus ablesbar, daß sich hier mit der darstellenden Beschreibung des Priesterdienstes der alten Heilsordnung (VV. 6/7) zugleich eine bestimmte Wertung verbindet (VV. 8-10). Die **VV. 6 und 7** nehmen dabei – im Rückblick auf das „so ausgestattete" irdische Heiligtum – speziell auf den priesterlichen Dienst im „ersten" und „zweiten Zelt" Bezug und zwar im Sinne einer Gegenüberstellung: εἰς μὲν τὴν πρώτην σκηνήν (V. 6) – εἰς δὲ τὴν δευτέραν (V. 7). Damit ist von vornherein deutlich, daß der Hauptakzent in dieser Beschreibung auf dem priesterlichen Dienst des Hohenpriesters liegt, wie er in V. 7 beschrieben wird. Nähere Angaben über die Art und Weise des kultischen Dienstes der Priester sind in diesem Zusammenhang ohne Interesse. Hierzu genügt es, in V. 6 festzustellen, daß sie ihre „priesterlichen Aufgaben verrichten"[25]. Von Interesse ist dabei allenfalls, daß die dies διὰ παντός (χρόνου), also „beständig, immer wieder" tun (und dazu noch in der Mehrzahl: οἱ ἱερεῖς!) – ganz im Unterschied also zum Hohenpriester, der „allein" (μόνος) und nur „einmal im Jahr" (ἅπαξ τοῦ ἐνιαυτοῦ) „in das zweite" (Zelt) hineingeht. Auch wenn beide Momente – sowohl das „allein" des Hohenprie-

---

den Rahmen einer platonisch inspirierten dualistischen Weltanschauung, in der „Äußeres" und „Inneres", Sinnenwelt (τὰ αἰσθητά) und Geisteswelt (τὰ νοητά), Sinnlichkeit (αἴσθησις) und Vernunft (νοῦς) einander gegenüberstehen. Im Blick auf das Heiligtum heißt das: Das „Heilige" ist Hinweis auf die Sinnenwelt, das „Allerheiligste" demgegenüber Hinweis auf die Welt der Ideen. Vgl. F.J. SCHIERSE, Verheißung und Heilsvollendung, S. 29f. Zur kosmischen Deutung des (zweiten) Vorhangs vgl. R. GYLLENBERG, ZSTh 11 (1934) S. 674f; E. KÄSEMANN, Das wandernde Gottsvolk, S. 144ff, bes. S. 145; O. HOFIUS, ZNW 61 (1970); DERS., Der Vorhang vor dem Thron Gottes, S. 52ff.

[25] Vgl. dazu im einzelnen: Ex 30,7ff; Lev 24,3. – In der Verbindung mit λατρεία steht ἐπιτελεῖν hier – anders als in 8,5 – im Sinne der kultischen Verrichtungen. Das entspricht dem Sprachgebrauch des hellenistischen Judentums. Vgl. Philon, Somn I 214 (ἐπιτελεῖν λειτουργίας); 215 (εὐχὰς καὶ θυσίας ἐπιτελεῖν); SpecLeg I 98.297; II 167; VitMos II 14; Josephus, Ant. I 58; XIV 260; Bell. I 153; II 409; Arist 186.

sters als auch das „einmal im Jahr" – schon in biblisch-jüdischer Tradition miteinander verbunden werden[26], ist doch offensichtlich, daß es dem Autor des Hebr selbst vor allem darauf ankommt: Einer „allein" und er nur „einmal"! Die „historische Tatsache", daß jenes „Hineingehen" des Hohenpriesters in den zweiten Raum des Heiligtums am Versöhnungstag mehrfach geschah[27], interessiert hier ebensowenig wie die in Lev 16,2–16 dargelegten Einzelheiten des Dienstes des Hohenpriesters am Versöhnungstag.

In der Konzentration auf das Wesentliche ist vielmehr diese Beschreibung des Priesterdienstes der alten Heilsordnung bereits transparent für das, worum es dem Autor des Hebr in diesem Zusammenhang eigentlich geht. Dies gilt auch (und gerade!) im Blick auf die jene Beschreibung abschließende Feststellung, daß das Hineingehen des Hohenpriesters in das „Allerheiligste" am Versöhnungstag „nicht ohne Blut" geschieht. „Blut", das ist also die notwendige Opfergabe, die der Hohepriester am Versöhnungstag „für seine eigenen wie auch für die (Unwissenheits-)Sünden des Volkes darbringt"[28]. „Nicht ohne Blut"! das heißt: οὐ χωρίς stellt die conditio sine qua non heraus, den „Blut-Kanon" gleichsam im Sinne von Lev 16,14f, wie ihn der Autor selbst schließlich in 9,22 formuliert. Da dieser „Blut-Kanon" im nachbiblischen Judentum je später desto mehr relativiert worden ist[29], zeigt sich gerade hier wieder, daß der Autor des Hebr nicht bestimmte Sühnepraktiken des Judentums vor Augen hat, sondern die entsprechende biblische Überlieferung selbst[30]. Auf welche Weise im einzelnen sich solcher Opferdienst des Hohenpriesters vollzieht, ist im Zusammenhang des Hebr wiederum ohne Belang; vielmehr wird hier die ganze Opfer- und Sühnehandlung des Hohenpriesters am Versöhnungstag auf eine kurze, zusammenfassende Formel gebracht, die gerade in ihrer Kürze und Prägnanz einen wirksamen Gegensatz darstellt zur „entsprechenden" christologischen Aussage, wie sie dann alsbald in V. 12 formuliert wird.

---

[26] Vgl. Ex 30,10; Lev 16,34; 3 Makk 1,11. Zur Verbindung mit μόνος in bezug auf den Hohenpriester: Josephus, Bell. V 236: εἰσῄει δ' ἅπαξ κατ' ἐνιαυτὸν μόνος; Philon, LegGai 306: ἅπαξ τοῦ ἐνιαυτοῦ ὁ μέγας ἱερεὺς εἰσέρχεται ... μόνον; SpecLeg I 72.

[27] Nach Lev 16,12ff geschieht dies zweimal; so auch Philon, LegGai 307; nach mYom I 1–4; VII 4 sogar viermal. Vgl. STRACK/BILLERBECK, III, S. 741.

[28] Von 5,2f und 7,27 her gesehen steht ἀγνόημα an dieser Stelle für ἁμαρτία, bezeichnet also nicht nur die „Unwissenheitssünden" im engeren Sinne. Vgl. entsprechend auch Sir 23,2; Tob 3,3; 1 Makk 13,39. Vgl. W. SCHMITHALS, EWNT I, Sp. 50.

[29] Hier gibt es neben dem „Blut" auch noch andere „Sühnemittel". Vgl. E. LOHSE, Märtyrer und Gottesknecht, S. 20ff; O. BÖCHER, EWNT I, Sp. 89f. Auffällig ist an dieser Stelle die Differenz zwischen Hebr und Philon, der im Blick auf Lev 16 das „Blut" entweder allegorisiert (All II 56; SpecLeg I 205) oder gar nicht erwähnt (Ebr 136 u. ö.). – Zur sühnenden bzw. reinigenden Kraft des „Blutes" als „Fundamentalsatz antiker Religion" vgl. H. WINDISCH S. 82ff (zu 9,22) und S. 90ff; H. BRAUN S. 256f.

[30] Vgl. neben Lev 16,14 auch Ex 29,20f; Lev 3,2.8.12 u. ö.; zur Sühnekraft des Blutes: Lev 17,11.

Gerade in solcher Typisierung und Konzentration zeigt sich, in welchem Maße die Beschreibung des Priesterdienstes der „ersten" Heilsordnung, wie sie in den VV. 6 und 7 vorliegt, ihrerseits schon ausgerichtet ist auf die „entsprechende" Darstellung der „zweiten" Heilsordnung in den VV. 11ff.

Ausdrücklich wird der Bezug zwischen beiden Heilsordnungen endlich in **V. 8** hergestellt: Die zuvor beschriebene „erste" Heilsordnung steht – als eine „erste", der eine „zweite" nachgeordnet ist! – nicht für sich selbst und in sich selbst. Vielmehr wird mit ihr, wie sie in der Schrift beschrieben wird, ein Hinweis, ja eine „Offenbarung" des Hl. Geistes gegeben auf eine andere, sie überbietende Wirklichkeit! Dies heißt zunächst negativ: Hinweis auf ein „Noch-nicht" hinsichtlich des „Offenbarwerdens des Zugangs zum Heiligtum", ein „Noch-nicht" also, das solange gilt, solange der „Zugang zum Heiligtum" noch nicht wirklich und wirksam eröffnet worden ist und in diesem Sinne „das erste Zelt noch Bestand hat". Dies ist eine in der Tat merkwürdig-geheimnisvolle Art der Schriftauslegung, in die durch die Bezugnahmen auf den „Zugang zum Heiligtum" und auf das „erste Zelt" noch zusätzlich Verstehensschwierigkeiten hineingebracht werden. Gleichwohl liegt hier nicht aktuelle Polemik gegen ein bestimmtes andersartiges Schriftverständnis oder auch gegen ein bestimmtes jüdisches Verständnis der hier beschriebenen Kultordnung vor[31], sondern auch hier wieder Anleitung der Leser des Hebr zu einem im Sinne des Autors angemessenen Verständnis der Schrift, konkret also: Anleitung dazu, die Aussagen der Schrift hinsichtlich der „ersten" Kult- und Heilsordnung in ihrer auf die „zweite" Heilsordnung verweisenden Bedeutung zu verstehen. Solches Verständnis der Schrift erschließt sich freilich nicht aus der Schrift als solcher, nicht unmittelbar und gleichsam voraussetzungslos, sondern nur auf dem Wege einer Art „pneumatischer" Schriftauslegung, bei der dem Hl. Geist selbst die Funktion des „Offenbarens" bzw. des Aufdeckens (des an sich verborgenen Sinnes) der Schrift zukommt.

Das Verbum δηλοῦν hat in diesem Zusammenhang technisch-exegetische Bedeutung: „offenbar machen" eines in der Schrift verborgenen Geheimnisses[32], einer in der Schrift verborgenen Wahrheit, die sich als solche

---

[31] C. SPICQ, RdQ 1 (1959) S. 375–377, verweist hierzu wiederum auf die Rede vom „Versöhnungstag" in den Qumran-Schriften (CD VI 19; 1QpHab XI 6f; 1QS X 4 u. ö.) und sieht speziell in der Rede vom καιρὸς ὁ ἐνεστηκώς in Hebr 9,9 eine Anspielung auf den „Versöhnungstag" der Qumran-Gemeinde. Kritisch dazu bereits H. BRAUN, Qumran und das Neue Testament I, S. 262f.

[32] Vgl. entsprechend Hebr 12,22 in bezug auf die Auslegung von Hag 2,6.21. Auch hier wird im Hebr wiederum jüdisch-hellenistischer Sprachgebrauch vorausgesetzt, demzufolge δηλοῦν eine bestimmte Art von Schriftauslegung (im Anschluß an die exegetische Methodik der Stoa! vgl. Cornutus, Theol. Graeca 6.33) bezeichnet. Vgl. bei Philon, Fug 157; Migr 85, die Formel ὡς δηλοῖ τὸ λόγιον; Josephus, Ant. III 187 (hier in bezug auf die Deutung der Kleidung des Hohenpriesters). Zur Verbindung Geist Gottes – δήλωσις: Philon, SpecLeg IV 49. Ganz auf dieser Linie liegt auch die Verwendung von δηλοῦν in Barn 9,9; 17,1 für die al-

nicht unmittelbar erschließt, sondern im Grunde erst unter der Voraussetzung, daß jene verborgene Wahrheit ihrerseits bereits Wirklichkeit geworden ist. So gesehen stehen die Aussagen, durch die in den VV. 8-10 die Gegebenheiten der „ersten" Kult- und Heilsordnung in einen Bezug zu der sodann in den VV. 11ff des näheren beschriebenen „zweiten" Heilsordnung gesetzt werden, allesamt ihrerseits schon unter dem hermeneutischen Vorzeichen des Χριστὸς δέ von V. 11. Erst von daher erweist sich der vorläufige Charakter der „ersten" Kult- und Heilsordnung – und mit ihm das „Noch-nicht" hinsichtlich des „Offenbarwerdens des Zugangs zum Heiligtum", den ja erst Christus wirksam eröffnet hat (10,19f!).

Erst von daher erschließt sich auch der – vom Autor sodann in V. 9 mit dem Stichwort παραβολή bezeichnete – Hinweischarakter der „ersten" Kult- und Heilsordnung. Sie, diese „erste" Ordnung also gleichnishafte Vorausdarstellung jener eigenlichen und zugleich endgültigen Wirklichkeit, die im Χριστὸς δέ von V. 11 Gestalt gewonnen hat. Τὰ ἅγια (in der Verbindung τὴν τῶν ἁγίων ὁδόν) bezeichnet hier (im Gegenüber zum „ersten Zelt") das „Allerheiligste"[33]. Und das heißt: Solange dieses „erste Zelt (noch) Bestand hat"[34], solange also die das erste Zeltheiligtum konstituierende Kultordnung noch in Geltung ist, die da vorschreibt, daß als einziger der Hohepriester „einmal im Jahr" Zutritt zum „Allerheiligsten" hat – solange steht das „erste Zelt", in das die Priester „beständig" hineingehen (V. 6), noch dem „Zugang zum Allerheiligsten" im Wege[35]. Das ist – zugegebenermaßen – ein nicht auf den ersten Blick einsichtiger Argumentationsgang, insgesamt am Ende nur verständlich und nachvollziehbar unter der Vorraussetzung, daß der Autor des Hebr bereits bei seiner Beschrei-

---

legorische Schriftauslegung. Aber auch zur jüdischen und frühchristlichen Apokalyptik gibt es in dieser Hinsicht Verbindungslinien: Vgl. LXX Dan 2,5ff; 7,16 wo das Verbum hinsichtlich der Deutung von Träumen und Visionen benutzt wird. 1 Petr 1,11f steht dementsprechend das (vom Hl. Geist ausgesagte) δηλοῦν parallel zu ἀποκαλύπτειν, und in der Hermas-Apokalypse bezeichnet es das Amt des „angelus interpres". Vgl. R. BULTMANN, ThWNT II, S. 61f; G. SCHUNACK, EWNT I, Sp. 707f.

[33] Der Genitiv τῶν ἁγίων ist hier selbstverständlich gen. obj. (der Richtung) von τὰ ἅγια. Vgl. entsprechend 10,19: ἡ εἴσοδος τῶν ἁγίων. Vom „Weg der Heiligen" – so E. KÄSEMANN, Das wandernde Gottesvolk, S. 19 – ist hier also nicht die Rede. Vgl. M. VÖLKEL, EWNT II, Sp. 1204. Die eigenartige Rede vom „Offenbarwerden" – φανεροῦσθαι – dieses Weges ins Heiligtum versteht sich wohl von der vom Autor bereits hier gesetzten christologischen Akzentuierung: Das „Offenbarwerden" des Weges ist für ihn ja mit dem christologisch-soteriologischen πεφανέρωται von 9,26 gegeben. Durch diese „Offenbarung" geschieht die Eröffnung des Weges in das Heiligtum: 10,19f! Vgl. O. HOFIUS, Der Vorhang vor dem Thron Gottes, S. 62f.

[34] Zu στάσιν ἔχειν im Sinne von „Bestand haben, vorhanden sein" vgl. Plutarch, Symp. VIII 9,1: ἔχειν γένεσιν καὶ στάσιν. Vgl. C. SPICQ, Notes II, S. 827.

[35] Eine gewisse Analogie zu solchem Verständnis des ersten Raumes im irdischen Zeltheiligtum ist bei Josephus Ant. III 123.184, gegeben, wo die Unzugänglichkeit des „Allerheiligsten" im Tempel (!) als Hinweis darauf gedeutet wird, daß den Menschen der Zugang zum Himmel verwehrt ist. Vgl. O. HOFIUS, ZNW 61 (1970) S. 276; DERS., Der Vorhang vor dem Thron Gottes, S. 63.

bung des irdischen Zeltheiligtums (VV. 2-5) und des hier sich vollziehenden priesterlichen Dienstes (VV. 6-10) jenes Geschehen im Blick hat, von dem er an dieser Stelle eigentlich sprechen will: von dem nämlich, was Christus bewirkt hat, als er „ein für allemal" in das (himmlische!) Heiligtum hineingegangen ist und auf diese Weise zugleich den Zugang zum (himmlischen!) „Allerheiligsten" eröffnet hat (9,11ff; 10,19f). Genau auf diese Weise kommt nun aber in diesen Zusammenhang, der zunächst an der Gegenüberstellung von irdischem und himmlischem Heiligtum orientiert ist, der zeitliche Aspekt eines Nacheinanders von zwei unterschiedlichen Kult- und Heilsordnungen hinein, von denen die „erste" durch ihr Unvermögen bzw. durch die Unwirksamkeit der ihr zufolge dargebrachten „Opfer und Gaben" gekennzeichnet ist (V. 9), die andere und „zweite" dagegen durch die durch sie bewirkte αἰωνία λύτρωσις (V. 12).

Dieses Nacheinander hat der Autor offensichtlich auch im Blick, wenn er in dem zu Beginn von V. 9 in den Satz- und Sachzusammenhang der VV. 8-10 parenthetisch eingefügten Relativsatz jenes „erste Zelt" als eine παραβολή[36], d. h. als einen „vorbildlichen" Hinweis auf die „gegenwärtige Zeit" verstehen lehrt[37], um sodann endlich in V. 10 die mit dem „ersten Zelt" verbundenen kultischen Anordnungen und Satzungen als „Fleischessatzungen" zu qualifizieren, die als solche lediglich bis zu einem bestimmten Termin gelten, also nur vorläufigen Charakter haben. Bei allen Schwierigkeiten (und wohl auch Unklarheiten!) der Argumentation im einzelnen ist ihr „Gefälle" auf die sodann im folgenden Abschnitt bezeichnete Christus-Wirklichkeit eindeutig. Παραβολή ist in diesem Zusammenhang - ebenso wie auch in 11,19 - Terminus eines typologischen Schriftverständnisses[38], das die Aussagen der Schrift hinsichtlich der alten Kult- und Heilsordnung abbild- und gleichnishaft versteht in der Richtung und Beziehung auf dasjenige, was in und durch Christus eschatologisch-endgültig verwirklicht worden ist. Von daher gesehen fällt das zeitliche Nach-

---

[36] Vgl. entsprechend die kommentierende, also sekundäre Einfügung von πρώτη nach ἥτις bei D* d e. Daß mit dem „ersten Zelt" in V. 8 zugleich die ihr entsprechende Kultordnung im Blick ist, zeigt die Fortsetzung in V. 9: καθ' ἥν κτλ. (nicht: καθ' ὅν mit D² und dem „Mehrheitstext"!). Zum Verständnis des Relativsatzes ἥτις κτλ. in V. 9a als Parenthese vgl. bereits H. WINDISCH S. 77 sowie J. MOFFATT S. 148; H. KÖSTER, HThR 55 (1962) S. 312.

[37] So gesehen besteht kein Anlaß, die Rede vom καιρὸς διορθώσεως - analog zu V. 9a - in eine Beziehung zum „zweiten Zelt" von V. 7 zu setzen. Gegen G. THEISEN, Untersuchungen zum Hebr, S. 105. Kritisch dazu O. HOFIUS, Der Vorhang vor dem Thron Gottes, S. 63, Anm. 93. - Zu ὁ καιρὸς ὁ ἐνεστηκώς im Sinne von „gegenwärtige Zeit" vgl. Polybios I 60,9; XXI 3,3; Josephus, Ant. XVI 162 sowie F. PREISIGKE, Wörterbuch der griechischen Papyrusurkunden I, Sp. 491f. In sachlicher Hinsicht ist auch die Wendung ὁ νῦν καιρός bei Paulus (Röm 3,26; 8,18; 11,5; 2 Kor 8,14) zu vergleichen.

[38] Zu παραβολή in diesem Sinne: W. BAUER, Wörterbuch zum Neuen Testament, Sp. 1238; F. HAUCK, ThWNT V, S. 748; L. GOPPELT, Typos, S. 214f („vorbildlicher Hinweis"); G. HAUFE, EWNT III, Sp. 36; G. W. BUCHANAN S. 250f; vgl. auch J. P. MICHAUD, ‚Parabole' dans l'épître aux Hébreux, SemBib 46 (1987) S. 19-34.

einander der „ersten" und der „zweiten" Kult- und Heilsordnung, das der Autor hier im Blick hat, keineswegs mit dem Nacheinander des καιρὸς ἐνεστηκώς von V. 9 und des καιρὸς διορθώσεως von V. 10 in eins zusammen, sodaß das Nacheinander beider καιροί im Sinne des Nacheinanders von zwei „Äonen" zu interpretieren wäre[39]. Mit der Parenthese zu Beginn von V. 9 will der Autor vielmehr anzeigen, daß die zuvor gegebene Beschreibung der alten Kultordnung ihrerseits transparent ist für jene Heilswirklichkeit, die sodann im folgenden Abschnitt unter der Überschrift des Χριστὸς δέ des näheren beschrieben wird. In dieser Zuordnung der beiden Kult- und Heilsordnungen gesehen steht παραβολή hier durchaus im Sinne von ὑπόδειγμα von 8,5 (9,23; 10,1) bzw. im Sinne von ἀντίτυπος von 9,24.

Der καιρὸς ἐνεστηκώς, der „Zeitpunkt" also, der (jetzt!) „gegenwärtig geworden ist" (Perfekt!), ist somit mit der Zeit, in der das Unvermögen der alten Kult- und Heilsordnung, damit aber auch der „Weg ins (himmlische) Allerheiligste" bereits „offenbar geworden ist", identisch – derselbe Zeitpunkt also, der in V. 10 der καιρὸς διορθώσεως genannt wird[40]. Das „erste Zelt" und die mit ihr installierte Kultordnung verweisen also insofern auf die „gegenwärtige (eschatologische) Zeit", als ihm bzw. ihr entsprechend (καθ' ἥν) „Gaben und Opfer" dargebracht werden[41], die das, was sie eigentlich bewirken sollen, nicht zu Wege bringen. Also: Eben durch ihr Unvermögen verweist die Kultordnung des „ersten Zeltes" über sich selbst hinaus auf die „gegenwärtige Zeit" als den Kairos der „Aufrichtung" (διόρθωσις) einer neuen Kult- und Heilsordnung, ist sie Gegenbild gleichsam, ja sogar „Schatten" dieser neuen Heilsordnung. Das Unvermögen der alten Kult- und Heilsordnung in soteriologischer Hinsicht wird dabei

---

[39] So z. B. F. J. Schierse, Verheißung und Heilsvollendung, S. 31f; E. Grässer, Der Glaube im Hebr, S. 161f; G. Theissen, Untersuchungen zum Hebr, S. 69f; O. Hofius, ZNW 61 (1970) S. 276f; J. Baumgarten, EWNT II, Sp. 577f. Dieses „apokalyptische" Verständnis der beiden καιροί in Hebr 9,9f beruft sich auf die Rede vom αἰὼν ἐνεστώς in Gal 1,4 sowie auf die Gegenüberstellung ἐνεστῶτα – μέλλοντα in 1 Kor 3,22; Röm 8,38. Vgl. aber auch Philon, Plant 114; Josephus, Ant. VII 391: τὰ ἐνεστηκότα – τὰ μέλλοντα; Barn 17,2: περὶ τῶν ἐνεστώτων ἢ μελλόντων.

[40] So bereits F. Delitzsch S. 372f; E. Riggenbach S. 250; neuerdings: S. Nomoto, Die Hohepriester-Typologie im Hebr, S. 189f; F. Laub, Bekenntnis und Auslegung, S. 193f. – Wollte man den καιρὸς ἐνεστηκώς auf die (gegenwärtige) Situation der Adressaten des Hebr beziehen, in der sie durch die noch bestehende alte Kultordnung angefochten sind (so W. R. G. Loader, Sohn und Hoherpriester, S. 166), so wäre παραβολή gänzlich untypologisch zu verstehen und in V. 9 statt καθ' ἥν in der Tat besser καθ' ὅν (d. h.: κατὰ τὸν καιρὸν ἐνεστηκότα) zu lesen.

[41] Καθ' ἥν κτλ. ist im Kontext (über die vorangehende Parenthese hinweg) auf die πρώτη σκηνή zu beziehen. Gleichwohl läßt sich – auch ohne für V. 9b eine Tradition vorauszusetzen! (so H. Zimmermann, Das Bekenntnis der Hoffnung, S. 187) – ein Zusammenhang mit der Parenthese herstellen, wenn man den Textzusammenhang etwa so paraphrasiert: Die πρώτη σκηνή stellt insofern einen Verweis auf die gegenwärtige Zeit dar, als „nach ihrer Maßgabe" Gaben und Opfer dargebracht werden ...

– dem Kontext entsprechend – ganz in kultisch-priesterlichen Kategorien zur Aussage gebracht: „Gaben und Opfer", wie sie jener Kultordnung entsprechend dargebracht werden, sind nicht imstande, den Kultdiener „hinsichtlich des Gewissens zu vollenden" (und ihn damit zum rechten Gottesdienst zu befähigen)[42].

Der Akzent bei solcher Kennzeichnung der Unwirksamkeit der alten Kultordnung liegt auf der adverbiellen Wendung κατὰ συνείδησιν. Steht συνείδησις im Kontext (V. 10 sowie VV. 13f) im Gegensatz zu σάρξ, so ist hier zunächst an den Gegensatz „Inneres - Äußeres" gedacht[43]: Die Befähigung des Kultdieners zum rechten Gottesdienst vermögen die „Gaben und Opfer" der alten Kultordnung also nur im Sinne einer äußerlichen Reinigung zu leisten, in diesem Sinne nicht vollständig und schon gar nicht endgültig. Warum dies notwendig so ist, fügt V. 10 alsbald erläuternd hinzu. Betont vorangestelltes μόνον, „lediglich, nur", stellt hier von vornherein den inferioren Charakter jener Kultgebote heraus, auf denen die in V. 9 genannten „Gaben und Opfer" beruhen. Denn solche Kultgebote sind gemeint, wenn der Autor hier formuliert, daß die Verrichtungen der alten Kultordnung lediglich „auf Speisen, Getränke und verschiedenen Waschungen" beruhen[44]. Vermutlich denkt der Autor dabei an die entsprechenden Riten und Satzungen, wie sie für den priesterlichen Dienst

---

[42] Zu λατρεύειν zur Bezeichnung des Kultdieners vgl. bereits 8,5 sowie 9,14; 10,2; 13,10 und entsprechend die Wendung τὰς λατρείας ἐπιτελεῖν in 9,6. – Τελειοῦν steht in diesem Kontext eindeutig im kultischen Sinn der Befähigung zum priesterlichen Dienst. Vgl. G. DELLING, ThWNT VIII, S. 83; H. HÜBNER, EWNT II, Sp. 827. Nichtsdestoweniger bleibt dabei – wiederum von Kontext her gesehen! – der Aspekt der „Vollendung" bzw. des „Zum-Ziele-Bringens" durchaus erhalten.

[43] Κατὰ συνείδησιν dient in V. 9 nicht nur zur Kennzeichnung des „inneren Menschen", sondern schließt auch das Wissen des Menschen um seine Sünde ein (10,2: συνείδησις ἁμαρτιῶν!). Nur so kann V. 14 dann von einer „Reinigung des Gewissens" oder auch 10,22 vom „bösen Gewissen" die Rede sein (vgl. dagegen 13,18 sowie 1 Petr 3,16.21). In diesem Sinne verbindet sich mit der Gegenüberstellung σάρξ - συνείδησις im Hebr nicht eine dualistische Anthropologie. Vgl. C. SPICQ, Notes II, S. 856; E. SCHWEIZER, ThWNT VII, S. 142: „Jedenfalls steht das Äußere nicht einem Inneren gegenüber, das des Menschen eigene Möglichkeit bezeichnet". Anders in dieser Hinsicht liegen die Dinge bei Philon, bei dem συνείδησις synonym zu ψυχή bzw. πνεῦμα λογικόν steht. Vgl. SpecLeg I 203.270; Praem 84 u.ö.; dazu: Chr. MAURER, ThWNT VII, S. 911; J.W. THOMPSON, The Beginnings of Christian Philosophy, S. 114. Zur dualistischen Interpretation der Gegenüberstellung σάρξ - συνείδησις im Hebr vgl. J.W. THOMPSON, a.a.O., S. 108f, sowie F.J. SCHIERSE, Verheißung und Heilsvollendung, S. 119 (zu Hebr 12,7-11): Der Mensch gehöre „seinem πνεῦμα, seiner eigenen συνείδησις nach, wesentlich zur himmlisch-unsichtbaren Schöpfung"! Zu 9,9 (und 14) vgl. Chr. MAURER, ThWNT VII, S. 917; H.-J. ECKSTEIN, Der Begriff Syneidesis bei Paulus (WUNT 2. Reihe 10), Tübingen 1983, S. 306. Vgl. auch G.S. SELBY, The Meaning and Function of συνείδησις in Hebrews 9 and 10, RestQ 28 (1985/86) S. 145-154.

[44] Zu ἐπί c. dat. im Sinne von „auf Grund von" vgl. bereits 7,11; 8,6 sowie 9.15.17; Bl.-DEBR.-R. §235,3. – Zur Verbindung βρῶμα - πόμα vgl. LXX 2 Esr 3,7; TestRub 2,7; Arist 128 (νομοθεσία περί τε τῶν βρωτῶν καὶ ποτῶν; 1 Kor 10,3f sowie das Begriffspaar βρῶσις - πόσις Röm 14,17; Kol 2,16.

hinsichtlich der βρώματα Lev 10,12ff; 11,2ff, hinsichtlich der πόματα Lev 10,9 sowie hinsichtlich der βαπτισμοί Lev 16,23ff genannt werden[45]. Was er selbst mit dieser Aufzählung zur Aussage bringen will, ist vom Kontext her eindeutig: Nur um äußerliche Verrichtungen handelt es sich bei alledem, eben nur um „Fleischessatzungen"[46]. Damit erfolgt eine abschließende Wertung: Die die alte Kult- und Heilsordnung konstituierenden δικαιώματα λατρείας (V. 1) sind allesamt nichts anderes als „fleischliche" Satzungen. Der Genitiv σαρκός qualifiziert diese Satzungen als der irdischen und vergänglichen Welt zugehörig und betont so ihren defizitären Charakter, ganz analog der Kennzeichnung des Kultgesetzes in 7,16 als νόμος ἐντολῆς σαρκίνης. Endgültiges Heil vermögen solcherlei Satzungen wie auch die ihnen entsprechenden kultischen Verrichtungen als solche nicht zu bewirken, mit den eigenen Worten des Hebr: Zu bewirken vermögen sie nur eine „Reinigung des Fleisches", nicht die des „Gewissens"(9,13f)[47]. Als der irdischen und vergänglichen Welt zugehörig haben sie notwendig auch nur relative, zeitlich begrenzte Geltung. Sie sind gleichsam „Interimssatzungen" (H. BRAUN), „auferlegt" (ἐπικείμενα) nur „bis zum Termin der Aufrichtung" der neuen Heilsordnung. Nur um eine „Verbesserung" oder „Reform" – so die Bedeutung von διόρθωμα in Act 24,2 – handelt es sich dabei gewiß nicht[48]. Das Stichwort διόρθωσις signalisiert hier vielmehr (in der Verbindung mit καιρός!) die „Aufrichtung der eschatologischen Heilsordnung" (E. KÄSEMANN), die - analog dem Gebrauch von διορθοῦν in LXX Jes 62,7 von der eschatologischen Wiederherstellung Jerusalems – für immer in Geltung bleibt[49]. Der Termin der „Aufrichtung" dieser Heils-

---

[45] Vgl. auch Ex 29,4; Lev 6,20; Num 8,7 sowie die διάφοροι ἁγνεῖαι der Essener bei Josephus, Bell. II 159.

[46] Die variae lectiones καὶ δικαιώματα σαρκός (א² B) bzw. καὶ δικαιώμασιν σαρκός (D² K L Ψ) sind offensichtlich durch das Anliegen bestimmt, syntaktisch zu glätten, indem die (asyndetisch beigefügte) Apposition am Ende von V. 10 der vorangehenden Aufzählung zugeordnet wird. Vgl. B. M. METZGER, A Textual Commentar on the Greek New Testament, S. 668.

[47] Vgl. E. KÄSEMANN, Das wandernde Gottesvolk, S. 36; E. SCHWEIZER, ThWNT VII, S. 142. 144; J. W. THOMPSON, The beginnings of Christian Philosophy, S. 105: „Because these institutions are material, they are not efficacious". Die alten Kultsatzungen kommen in 9,1–10 also nur unter negativ-kritischem Aspekt zur Sprache und allein in dieser Hinsicht als παραβολή. Von daher gesehen ist es ganz unwahrscheinlich, daß der Autor bei der Aufzählung in V. 10 mit dem Begriffspaar βρῶμα – πόμα das christliche Abendmahl im Blick hat, mit der Erwähnung der βαπτισμοί entsprechend die christliche Taufe (so J. SWETNAM, CBQ 28 (1966) S. 155 bis 173) oder sogar an dieser Stelle polemisch gegen eine bestimmte Auffassung von Abendmahl und Taufe in der christlichen Gemeinde Stellung nimmt (so G. THEISSEN, Untersuchungen zum Hebr, S. 70f; kritisch dazu: H. BRAUN S. 261. 263).

[48] Zu διόρθωσις im Sinne von „Verbesserung" (o. ä.) vgl. Platon, Leg. I 624 A; Polybios I 35,6f; II 56,14; III 118,12; Philon, Sacr 27; Josephus, Bell. I 389; II 449; c. Ap. II 183. Vgl. auch C. SPICQ, SBi, S. 151f. Dem Hebr am nächsten kommt die Wendung χρόνος κατορθώσεως bei Philon, Op 59, hier freilich in Bezug auf die günstige Jahreszeit für Saat und Ernte.

[49] Vgl. E. KÄSEMANN, Das wandernde Gottesvolk, S. 30. Sachlich entspricht dem eschatolo-

ordnung entspricht also dem νυνὶ δέ von 8,6 und 9,26 und ist für den Hebr untrennbar mit dem Zeitpunkt verbunden, an dem Christus als „ein Hoherpriester der ‚wirklichen' (und somit auch verwirklichten!) Heilsgüter aufgetreten ist" (V. 11). Was es im einzelnen und konkret mit diesem καιρὸς διορθώσεως im Unterschied und im Gegensatz zur alten Kult- und Heilsordnung auf sich hat, wird im nunmehr folgenden Abschnitt – der formalen und sachlichen Mitte des Hebr insgesamt – unter der Überschrift des Χριστὸς δέ ausgeführt.

4.2.4) 9,11–14: Grundlegung und Ertrag der neuen Heilsordnung[1]

11 Als aber Christus auftrat als Hoherpriester der wirklichen (Heils-) Güter, ist er durch das größere und vollkommenere Zelt, das nicht mit Händen gemacht, das heißt nicht von dieser Schöpfung ist,
12 auch nicht vermittels des Blutes von Böcken und Kälbern, vielmehr vermittels seines eigenen Blutes ein für allemal in das Heiligtum hineingegangen und hat (auf diese Weise) eine ewige Erlösung erlangt.
13 Denn wenn (schon) das Blut von Böcken und Stieren sowie die Asche der (roten) Kuh, die die Verunreinigten besprengt, zur Reinheit des Fleisches heilig macht,
14 um wieviel mehr wird (dann) das Blut des Christus, der kraft ewigen Geistes sich selbst Gott als untadeliges Opfer dargebracht hat, unser Gewissen von den toten Werken reinigen zum (rechten) Dienst für den lebendigen Gott.

Stellung und Funktion im Kontext:

Durch betont vorangestelltes Χριστὸς δέ vom vorangehenden Zusammenhang (V. 1: εἶχε μέν!) abgehoben folgt nunmehr endlich die Darlegung der christologischen und soteriologischen Position und damit die nähere Bezeichnung des καιρὸς διορθώσως von V. 10, der die Zeit der Geltungsdauer der alten, faktisch unwirksamen Kultordnung begrenzt. Was sie – jene alte Kultordnung – nicht vermochte (V. 9), das bringt die unter dem Vorzeichen des Χριστὸς δέ stehende neue Heilsordnung zuwege. Das ist zwar ein Grundgedanke, der bisher schon – insbesondere im 7. Kapitel (7,15.19.22.26–28) – die Argumentation im Hebr bestimmt hat, der aber hier nunmehr im Gegenüber zur voraufgehenden zusammenfassenden Beschreibung der alten Kultordnung seine zentrale Aussage findet. Insbesondere in 9,11f verdichtet sich in einem Satzgefüge das christologische Grundanliegen des Hebr, in der für den Hebr kennzeichnenden Weise insofern, als auch hier wieder die Hohepriester-Christologie als Auslegung und Aktualisierung des traditionellen Christusbekenntnisses in Erscheinung tritt[2]; in der für den Hebr kennzeichnenden

---

gischen Verständnis der Wendung im Hebr die Rede vom καιρὸς εὐδοκίας in LXX Ps 68,11 sowie vom καιρὸς δεκτός bzw. der ἡμέρα σωτηρίας in LXX Jes 49,8. Vgl. dazu 2 Kor 6.2.
[1] Lit.: J. W. THOMPSON, Hebrews 9 and Hellenistic Concepts of Sacrifice, in: DERS., The Beginnings of Christian Philosophy, S. 103–115; K. GRAYSTON, Salvation proclaimed: III. Hebrews 9,11–14, ET 93 (1981/82) S. 164–168; H. ZIMMERMANN, Das Bekenntnis der Hoffnung, S. 188–195; F. LAUB, Bekenntnis und Auslegung, S. 185–200.
[2] Symptomatisch dafür ist, daß bis zu 9,28 hin die zentralen Aussagen mit dem Χριστός-

Weise aber auch insofern, als die christologische Grundaussage in 9,11 und 12 ihrerseits wiederum auf die soteriologische Aussage in 9,13 und 14 ausgerichtet ist. Die zentrale Stellung des Abschnitts im Hebr insgesamt wird darüber hinaus nicht nur durch die gezielte Kontrastierung zur voraufgehenden Beschreibung der alten Kultordnung (im Sinne der antithetischen Korrespondenz εἶχε μέν (V.1) – Χριστὸς δέ (V.11) angezeigt, sondern auch durch die zahlreichen Querverbindungen zum vorangehenden Teil des Hebr[3]. Und endlich: An die Stelle des Präsens bei der Beschreibung der alten Kultordnung (9,6.7.9; vgl. aber auch schon 5,1ff sowie 8,3–5), das als solches im Hebr immer zugleich die ständige Wiederholung des Opferkultes signalisiert, tritt nunmehr der auf ein einmalig-endgültiges Geschehen, auf das ἐφάπαξ des Eintritts des Hohenpriesters Christus in das (himmlische) Heiligtum zurückverweisende Aorist – mit der Konsequenz, daß sich aus dem εἰσῆλθεν ἐφάπαξ (V.12) notwendig die dadurch bewirkte „ewige", also für alle Zeit geltende „Erlösung" ergibt[4].

In sich ist der Abschnitt 9,11–14 klar gegliedert: Zwei Satzperioden folgen aufeinander, deren erste (9,11f) das heilskonstituierende Geschehen selbst in kultischen Kategorien beschreibt, die zweite dagegen (9,13f), durch erläuterndes bzw. weiterführendes γάρ eingeleitet, dessen Heilseffizienz. Die Überleitung von der ersten zur zweiten Satzperiode wird dabei am Ende von V.12 durch das Stichwort αἰωνία λύτρωσις angezeigt. Konstitutiv für beide Satzperioden in ihrem Verhältnis zu 9,1–10 ist ihr antithetischer Parallelismus: Die Beschreibung des Heilswerkes des Hohenpriesters Christus in Entsprechung zum kultischen Handeln des irdischen Hohenpriesters am Versöhnungstag verbindet sich unmittelbar mit dem Grundgedanken der Überbietung der alten durch die neue Heilsordnung bzw. der Gegenüberstellung beider Kult- und Heilsordnungen. Kennzeichnend dafür sind – neben dem einleitenden Χριστὸς δέ – die Komparative in V.11 sowie das in den VV.13f angewandte Schlußverfahren. Dem Kontrast zwischen den „Zelten" (V.11) entspricht dabei der Kontrast hinsichtlich der Vermittlung des Heils „durch Blut" (V.12), der in den VV.13f vermittels eines Schlußverfahrens a minori ad maius in soteriologischer Hinsicht ausgeführt wird. Vorausgesetzt ist bei alledem bereits von 8,2ff und 9,1ff her die Gegenüberstellung des irdischen und des himmlischen Heiligtums, die an dieser Stelle nun freilich nicht aufgenommen und ausgeführt wird, um im einzelnen nunmehr auf der Seite der Position eine Art Architektur des himmlischen Heiligtums zu entwerfen, sondern allein mit dem Ziel, den endgültigen, eine „ewige Erlösung" wirkenden Charakter der neuen Heilsordnung herauszustellen. So gesehen ist die Zielrichtung der Argumentation in diesem Abschnitt insgesamt eindeutig, auch wenn – wie vor allem V.11 zeigt – gewisse Unstimmigkeiten in der Ausführung der Argumentation nicht zu übersehen sind.

Titel verbunden sind: 9,11.14.28. Zum titularen Gebrauch von Χριστός im Hebr vgl. auch 3,14; 5,5; 6,1; 11,26 (hier jeweils ὁ Χριστός) sowie 3,6; 10,10. Vor allem 9,11–28 zeigt sich, daß auch für den Hebr der Χριστός-Titel fest mit dem Tod Jesu als Heilsgeschehen verbunden ist. Vgl. F. HAHN, Christologische Hoheitstitel, S.215; DERS., EWNT III, Sp.1162f, sowie W. GRUNDMANN, ThWNT IX, S.558f; A. VANHOYE, La structure littéraire, S.148f.

[3] Vgl. 9,11 mit 4,14; 9,12 mit 2,17; 5,1; 7,27; 8,2 und endlich 9,13f mit 4,16; 7,25; 10,22.

[4] Vgl. auch 9,24.28 sowie A. VANHOYE, La structure littéraire, S.148: „Les présents de répétition ... font places à des aoristes ... de l'unique action efficace".

Der Eingang von **V. 11** erscheint wie eine Überschrift zum folgenden: Dem irdischen Hohenpriester der alten Kultordnung (V. 7) wird nunmehr „Christus" gegenübergestellt, der als ein ἀρχιερεὺς τῶν γενομένων ἀγαθῶν „aufgetreten" bzw. „in Erscheinung getreten ist" (Aorist!). Von der Sachparallele in 1,4 her gesehen (κρείττων γενόμενος τῶν ἀγγέλων) ist bei dem mit dem Aorist-Partizip παραγενόμενος bezeichneten Zeitpunkt zunächst wiederum an die Erhöhung zu denken, die freilich im Hebr hier wie auch sonst keine Alternative zum Zeitpunkt des Todes Jesu darstellt. Auch hier wird also – wie bereits in 1,3f – auf das Heilswerk Christi insgesamt in der Einheit von (Opfer-)Tod und Erhöhung zurückverwiesen[5]. Dabei gebraucht der Autor an dieser Stelle doch wohl bewußt und gezielt das Kompositum παραγίγνεσθαι im Sinne einer Verstärkung des bloßen γίγνεσθαι: In der Präposition παρά, die im Hebr ansonsten vorzugsweise im Zusammenhang mit Komparativen gebraucht wird[6], deutet sich die Überbietung des irdischen Hohenpriestertums an. Über dieses hinaus, mehr und anders als dieses ist Christus als Hoherpriester „in Erscheinung getreten"[7], als ein Hoherpriester nämlich τῶν γενομένων ἀγαθῶν. Der im Partizip παραγενόμενος implizierte Komparativ gegenüber dem irdischen Hohenpriestertum hat also Konsequenzen auch im Blick auf den Charakter der durch den Hohenpriester Christus vermittelten „Heilsgüter"[8].

Der Logik des Zusammenhangs zufolge geht es hier nämlich – in der Gegenüberstellung zum irdischen Hohenpriestertum und zur alten, faktisch unwirksamen Kultordnung – nicht um die erst zukünftigen (μέλλοντα) Heilsgüter, sondern vielmehr um das durch Christus bereits verwirklichte und in Geltung gesetzte Heil. Die Lesart τῶν γενομένων ἀγαθῶν (P[46] B D* 1739 usw.) ist somit die dem Kontext allein entsprechende Lesart, nicht die (wohl sekundär aus 10,1 eingetragene) Lesart τῶν μελλόντων κτλ. (ℵ A D² usw.)[9]. Um welche „Heilsgüter" es sich dabei handelt, wird im

---

[5] Von daher gesehen verbietet sich die Auffassung, daß im Hebr die „Himmelfahrt" als „das eigentliche Heilsereignis" eine „soteriologische Eigenbedeutung" gewinnt. Gegen E. GRÄSSER, Text und Siuation, S. 224f; vgl. aber auch schon M. DIBELIUS, Botschaft und Geschichte II, S. 172.

[6] Vgl. 1,4; 3,3; 9,23; 11,4; 12,24 sowie BL.-DEBR.-R. § 185,5.

[7] Zu παραγίγνεσθαι allgemein im Sinne von „auftreten, ankommen" vgl. Mt 3,1 (vom Täufer); Lk 12,51 (von Jesus); 1 Makk 4,46 (von einem Propheten). Dazu: W. BAUER, Wörterbuch zum Neuen Testament, Sp. 1240; H. BALZ, EWNT III, Sp. 39f; C. SPICQ, SBi, S. 152f.

[8] Τὰ ἀγαθά als Bezeichnung der (von Gott kommenden) „Heilsgüter" bzw. des eschatologischen Heils auch in 10,1 sowie Röm 8,28 (τὸ ἀγαθόν); 10,15 (Jes 52,7). Vgl. W. GRUNDMANN, ThWNT I, S. 15. Τὸ ἀγαθόν kann auch im hellenistischen Raum das „Heil" im religiösen Sinn bezeichnen: Vgl. Corp. Herm. I 26; W. Dittenberger, Sylloge, S. 289,11ff u. ö.; dazu: W. GRUNDMANN, ThWNT I, S. 12. Dem Hebr am nächsten kommt die Rede von τὰ ἐσόμενα bzw. τὰ ἐλπιζόμενα ἀγαθά bei Josephus, Ant. II 27f, sowie von den ἀγαθὰ γενόμενα καὶ παρόντα, den „zuteilgewordenen und vorhandenen Gütern", bei Philon, All III 86.

[9] Vgl. C. SPICQ, I, S. 424. Zum Textproblem speziell vgl. J. M. BOVER, La variantes μελλόντων y γενομένων en Hebr 9,11, Bib 32 (1951) S. 232–236; K. NISSILÄ, Das Hohepriestermotiv im Hebr, S. 179f; B. M. METZGER, A Textual Commentary on the Greek New Testa-

folgenden (V. 12: αἰωνία λύτρωσις sowie V. 14) ausgeführt. Zunächst aber liegt in den VV. 11 und 12 der Akzent auf der Kennzeichnung der Vermittlung des Heils in den der Beschreibung der alten Kultordnung entsprechenden kultischen Kategorien. Konkret bedeutet dies, daß der vom Hohenpriester Christus beschrittene Weg zum „ewigen Heil" (V. 12) – räumlich gesehen – „durch das größere und vollkommenere Zelt" hindurch in das Heiligtum – genauer: in das „Allerheiligste"[10] – geführt hat. „Größer" und „vollkommener" ist dieses Zelt, sofern es „nicht mit Händen gemacht" ist, also letztlich – als das himmlische Heiligtum! – gar nicht mehr „dieser Schöpfung" zugehört. Das hier im Blick stehende Zeltheiligtum ist also – als das „wahre", d. h. himmlische Heiligtum – nicht von Menschen, sondern von Gott selbst errichtet worden (8,2). Solche Gegenüberstellung des Irdischen und des Himmlischen, in die hier auch die „Schöpfung" (αὕτη ἡ κτίσις), die irdische Welt also (im Sinne des von Menschen errichteten!), einbezogen ist, entbehrt nicht einer gewissen dualistischen Akzentsetzung: Auf der einen, der irdischen Seite steht das „mit Händen gemachte", also von Menschen errichtete Heiligtum (8,2!); auf der anderen Seite das „nicht mit Händen gemachte", also von Gott selbst errichtete himmlische Heiligtum[11].

Solcher räumlichen Gegenüberstellung des irdischen und des himmlischen Heiligtums entspricht es, daß die Präposition διά in V. 11 eindeutig im räumlichen Sinn zu verstehen ist: „durch das größere und vollkommenere Zelt (hindurch)" ist der Hohepriester Christus in das Heiligtum eingetreten (V. 12)[12]. Mit der Unterscheidung zwischen dem „Zelt" (V. 11)

---

ment, S. 668. Für die Ursprünglichkeit der Lesart μελλόντων wird zumeist auf 10,1 verwiesen, darüber hinaus aber auch darauf, daß in 9,10 vom „zukünftigen Äon" die Rede war (zur Problematik solcher Auslegung von 9,10 s. o. z. St.). So E. Riggenbach S. 257; H. Zimmermann, Das Bekenntnis der Hoffnung, S. 189f. Gerade 10,1 spricht jedoch für die Ursprünglichkeit der Lesart γενομένων, da dort vom Gesetz als dem „Schatten der zukünftigen Güter", also von einer „schattenhaften" Vorausdarstellung der in Christus verwirklichten „Güter" die Rede ist! Auf eine Vermittlung zwischen beiden Lesarten läuft der Emendationsvorschlag von H. Sahlin, NT 25 (1983) S. 84, hinaus, statt γενομένων ein γεννωμένων zu lesen: die „in statu nascendi befindlichen Güter".

[10] Dementsprechend ergänzt der Kodex P in V. 12 durch sachgemäß: εἰς τὰ ἅγια τῶν ἁγίων.

[11] Vgl. auch 9,24: οὐ γὰρ εἰς χειροποίητα εἰσῆλθεν ἅγια Χριστός. Dem entspricht der Gebrauch von χειροποίητος im übrigen Neuen Testament, hier meist in bezug auf den Tempel in Jerusalem: Mk 14,58; Act 7,48; vgl. auch Act 17,24; in bezug auf die Beschneidung: Kol 2,11; Eph 2,11. Philon, VitMos II 88, gebraucht das Adjektiv vom Tempel in Jerusalem im Kontrast zum Heiligtum (ἱερόν) des Kosmos, während in LXX damit die Götzenbilder bezeichnet werden: Lev 26,1; Jes 46,6; Weish 14,8; vgl. auch Sib III 606.618. Zum Ganzen vgl. E. Lohse, ThWNT IX, S. 426; W. Rebell, EWNT III, Sp. 1112f, sowie J. W. Thompson, The Beginnings of Christian Philosophy, S. 106f (Anm. 21): „Χειροποίητος, which is parallel to κοσμικός in 9:1, has a pejorative connotation throughout Jewish Literature".

[12] Vgl. K. Grayston, ET 93 (1981/82) S. 166. Die sich so ergebende Inkonzinnität im Gebrauch der Präposition διά c. gen. in V. 12 ist im Hebr keineswegs ungewöhnlich: vgl. 10,20

und dem „Heiligtum" (V. 12) als dem zweiten Raum des Zeltheiligtums orientiert sich der Autor offensichtlich wieder an der biblischen Vorlage seiner Argumentation, konkret also an der bereits in 9,6f vorgenommenen Unterscheidung zwischen „erstem" und „zweitem Zelt"[13]. Diese Unterscheidung ist an dieser Stelle eindeutig in das dualistische Rahmenkonzept einer qualitativen Unterscheidung und Gegenüberstellung von irdischem und himmlischem Heiligtum eingetragen. Gleichwohl ist bemerkenswert, daß diese Unterscheidung und Gegenüberstellung auch hier nicht im einzelnen im Sinne einer Topographie des himmlischen Heiligtums im Gegenüber zum irdischen Heiligtum ausgeführt wird, sondern nur eben angedeutet wird. Sie hat auch hier nur gleichsam instrumentale Bedeutung, um vermittels solcher Unterscheidung nur umso deutlicher die für alle Zeit geltende und in diesem Sinne endgültige Heilseffizienz der neuen Heilsordnung herauszustellen (V. 12). Die in V. 11 vorliegenden, auch im Hebr singulären Aussagen über das himmlische Heiligtum sind somit ganz in das christologisch-soteriologische Gefälle der Argumentation integriert, und es besteht somit auch kein Anlaß, diese Aussagen einem bestimmten „Weltbild" des Autors zuzuordnen, etwa in dem Sinne, daß das „größere und vollkommenere Zelt" von V. 11 mit den οὐρανοί von 4,14 bzw. 7,26 zu identifizieren ist, durch die der Hohepriester Christus „hindurchgegangen" (4,14) bzw. über die hinaus er erhöht worden ist (7,26)[14].

---

sowie 3,14; 13.15.21f. Zum Problem in dieser Hinsicht vgl. N. YOUNG, NTS 27 (1980/81) S. 202f; O. HOFIUS, Der Vorhang vor dem Thron Gottes, S. 67, Anm. 110, und S. 81f (zu 10,20).

[13] Vgl. Ph. E. HUGHES, The Meaning of the „True Tent" and the „Greater and More Perfect Tent", BS 130 (1973) S. 305-314, spez. S. 311ff. Zu den zwei Teilen des himmlischen Heiligtums in Entsprechung zum „ersten" und „zweiten Zelt" des irdischen Heiligtums vgl. W. MICHAELIS, ThWNT VII, S. 377. Anders O. HOFIUS, Der Vorhang vor dem Thron Gottes, S. 65-67, der σκηνή in V. 11 auf das Zeltheiligtum insgesamt bezieht, τὰ ἅγια in V. 12 auf den inneren Teil desselben.

[14] So P. ANDRIESSEN, Das größere und vollkommenere Zelt (Hebr 9,11), BZ N.F. 15 (1971) S. 76-92, spez. S. 83ff. Vgl. bereits E. KÄSEMANN, Das wandernde Gottesvolk, S. 148, Anm. 3: σκηνή in V. 11 bezeichne „wie in 4,14 die unteren Regionen des Himmels"; K. NISSILÄ, Das Hohepriestermotiv im Hebr, S. 181ff, sowie F. LAUB, Bekenntnis und Auslegung, S. 172ff, zum Problem der „Uneinheitlichkeit der Aussagen über das sogenannte himmlische Heiligtum". Gleiches gilt auch für die Versuche, διά in V. 11 - analog zu V. 12 - instrumental zu verstehen und von daher das „Zelt" auf das „Fleisch" Jesu zu beziehen (vgl. 10,20! so F. J. SCHIERSE, Verheißung und Heilsvollendung, S. 55ff; DERS., Der Brief an die Hebräer, S. 81) oder auch auf den „Leib Christi". Im letzteren Sinne bereits die griechischen Väter (Johannes Chrysostomus bei J. A. Cramer, Catenae graecorum patrum, S. 222f; Theophylakt, PG 125, p. 305 A, u. a.), J. CALVIN (Corpus Reformatorum vol. LXXXIII, Sp. 109f) und J. A. BENGEL, Gnomon, S. 909. Vgl. neuerdings aber auch die Deutung auf den verherrlichten Leib Christi bei A. VANHOYE, ‚Par la tente plus grande et plus parfait ...' (He 9,11), Bib 46 (1965) S. 1-28, sowie auf den eucharistischen Leib Christi bei J. SWETNAM, The greater and the More Perfect Tent. A Contribution to the Discussion of Hebrews 9,11, Bib 47 (1966) S. 91-106, spez. S. 104-106; DERS., CBQ 28 (1966) S. 162. 171; DERS., CBQ 32 (1970) S. 214-221 (auf Grund der Parallele „durch das größere ... Zelt" in V. 11 und „durch sein Blut" in V. 12). Zur Diskussion und

In welchem Maße die Gegenüberstellung von irdischem und himmlischem Heiligtum, wie sie zunächst für V. 11 bestimmend gewesen ist, ihrerseits wiederum in unserem Abschnitt in den soteriologisch ausgerichteten Kontext integriert ist, zeigt sich jedenfalls vor allem in **V. 12**: Hier wird nunmehr über alle räumlich-dualistischen Kategorien und alle Andeutungen einer himmlischen Topographie hinaus der entscheidende Unterschied zwischen der alten und der neuen Heilsordnung benannt. Er besteht in der Art und Weise der Vermittlung von Heil und Erlösung, was in den hier die Argumentation bestimmenden kultischen Kategorien heißt: im Vollzug des Opfers. Es ist geschehen οὐδὲ διὰ ..., διὰ δὲ ... Ebenso eindeutig wie die Präposition διά in V. 11 im räumlichen Sinne des „durch (hindurch)" steht, so hier in V. 12 im instrumentalen Sinne: „Durch", d.h. „vermittels, kraft" des Blutes von „Böcken und Kälbern" in das Allerheiligste einzutreten, ist Sache des irdischen Hohenpriesters gewesen (9,7)[15]; für den Hohenpriester Christus dagegen (δέ!) ist das διὰ τοῦ ἰδίου αἵματος charakteristisch, das dem ἐν αἵματι von 9,25 bzw. dem ἐν τῷ αἵματι von 10,19 entspricht. „Vermittels" also seines „eigenen Blutes", und d.h. wiederum: nicht mit „fremden" Blut, mit Blut von „Böcken und Kälbern"! Dies dann freilich zugleich der entscheidende Unterschied im Vollzug des Opfers zwischen dem alten und dem neuen Hohenpriestertum: Der Vollzug des Opfers „durch sein eigenes Blut" ist es, der an die Stelle des „einmal im Jahr" beim Hineingehen des irdischen Hohenpriesters in das Heiligtum (9,7) das ἐφάπαξ, das „Ein für allemal", treten läßt[16].

Wird dabei in V. 12 der Eingang in das Allerheiligste unmittelbar mit der Wendung „durch sein eigenes Blut" verbunden, so zeigt sich hier erneut, daß der Eingang in das Heiligtum nicht allein auf die „Himmelfahrt" bzw. die Erhöhung zu beziehen ist, sondern auch zugleich die Bezugnahme auf das einmalige Geschehen der „Selbsthingabe" Jesu (V. 14) einschließt. Dementsprechend wiederum ist hier bei der Wendung „durch sein eigenes Blut" nicht eigentlich die Substanz des Blutes im Blick, sondern das Geschehen des Todes Jesu. „Blut", das heißt auch hier: hingegebenes, als Opfer dargebrachtes Leben[17]. Dieses Einst-einmal des Todes

---

Kritik der verschiedenen Interpretationsversuche vgl. M. Gourgues, A la droite de Dieu, S. 116, Anm. 95 und 96; F. Laub, Bekenntnis und Auslegung, S. 185ff; H. Braun S. 265.

[15] Die Zusammenstellung τράγοι καὶ μόσχοι - vgl. entsprechend V. 19 sowie V. 13 (und 10,4): τράγοι καὶ ταῦροι - geht auf die Zusammenstellung μόσχος - χίμαρος im Opferritual von Lev 16,14f zurück, wo μόσχος das Opfer für die Sünden des Hohenpriesters selbst, χίμαρος das Opfer für die Sünden des Volkes ist. Wie im Hebr steht auch bei Philon, Post 70; Plant 61; Her 179, für χίμαρος (Lev 16,15) τράγος.

[16] Vgl. entsprechend die Gegenüberstellung in 7,27 und 10,11ff. - Εἰς τὰ ἅγια in V. 12 entspricht εἰς τὴν δευτέραν σκηνήν in V. 7. Vgl. auch die Rede von der τῶν ἁγίων ὁδός in V. 9 sowie V. 25; N. H. Young, NTS 27 (1980/81) S. 199f.

[17] Vgl. entsprechend V. 15: θανάτου γενομένου. Zu αἷμα als symbolische Bezeichnung für den Tod vgl. L. Morris, The Biblical use of the Term ‚Blood', JThSt N.S. 3 (1952) S. 216-227; 6 (1955) S. 77-82; F. Laub, Bekenntnis und Auslegung, S. 196f.

bzw. der Selbsthingabe Jesu schließt nun aber zugleich – im Gegensatz wiederum zur faktischen Unwirksamkeit des Opferkultes der alten Heilsordnung – das „Ein für allemal" in sich. Aus dem εἰσῆλθεν ἐφάπαξ folgt dann somit notwendig, daß derjenige, der sich selbst als Opfer dargebracht hat, eine „ewige", d. h. für alle Zeit geltende „Erlösung" erlangt hat. „Ἐφάπαξ und αἰωνία λύτρωσις entsprechen sich gegenseitig"[18]. Daß der Autor des Hebr mit der Rede von der αἰωνία λύτρωσις an dieser Stelle – ebenso wie mit der Rede von der αἰώνιος σωτηρία in 5,9 – in der Kontinuität biblischer Sprache steht, versteht sich von selbst[19]; was jedoch speziell an dieser Stelle mit dem Terminus λύτρωσις konkret gemeint ist, bestimmt sich wiederum vom unmittelbaren Kontext her. Die messianisch-politische Komponente, die sich Lk 1,68; 2,38, darüber hinaus aber auch Lk 24,21, mit dem Terminus λύτρωσις verbindet, scheidet also für den Hebr an dieser Stelle von vornherein aus[20]. Näher an den spezifischen Gebrauch des Terminus im Hebr führt dann schon 1 Petr 1,18f heran, zumal hier die Rede vom „Erlöstwerden" – ἐλυτρώθητε – ebenfalls mit der Rede vom „Blut Christi" verbunden ist. Während jedoch in 1 Petr 1,18f noch das Bild vom „Loskauf" („aus dem eitlen, von den Vätern überkommenen Wandel") wirksam ist, ist dieser an sich traditionell-christliche Terminus im (kultischen) Kontext des Hebr ganz an der sühnenden und reinigenden Wirkung des Selbstopfers des Hohenpriesters Christus orientiert. Dementsprechend wird er in V. 15 in der Rede von der ἀπολύτρωσις „von den Übertretungen" erneut aufgenommen, und insbesondere die an V. 12 unmittelbar anschließenden VV. 13/14 zeigen endgültig, daß der diesem Terminus innewohnende Aspekt der „Befreiung" im Hebr zunächst im speziell kultischen Sinn der „Reinigung" (V. 14) zur Geltung kommt[21].

Ausgeführt und erläutert wird diese spezielle Bedeutung von λύτρωσις

---

[18] So E. RIGGENBACH S. 262. Wie der Aorist εἰσῆλθεν nimmt auch das Aorist-Partizip εὑράμενος auf dasselbe einmalige heilsbegründende Geschehen in der Vergangenheit Bezug. Vgl. C. SPICQ, SBi, S. 154: „les aoristes eisèlthen et euramenos expriment comme une seule et même action". Zur Form und Bedeutung des „attischen Mediums" von εὑρίσκειν vgl. W. BAUER, Wörterbuch zum Neuen Testament, Sp. 659; Bl.-DEBR.-R. § 310,1. Sofern dieses „Erlangen" im Kontext (V. 14!) nicht allein auf Christus zu beziehen ist, sondern zugleich soteriologische Bedeutung hat, ist eine Ergänzung durch ἡμῶν, „für uns, uns zugunsten" an dieser Stelle durchaus angemessen. Vgl. H. WINDISCH S. 78.

[19] Ebenso wie im Blick auf 5,9 ist auch für 9,12 zunächst an Jes 45,17 zu denken: Gott wirkt für sein Volk die „ewige Erlösung". Vgl. bes. die Auslegung von Jes 45,17 in Midrasch Tehillim Ps 31 § 2 (119a) mit der Gegenüberstellung einer „Erlösung durch Fleisch und Blut" und der „ewigen Erlösung" von Jes 45,17. Dazu: STRACK-BILLERBECK, III, S. 741.

[20] Zur politischen Dimension von λύτρωσις in Lk 1,68; 2,38 vgl. F. BÜCHSEL, ThWNT IV, S. 353; K. KERTELGE, EWNT II, Sp. 904f. Gleiches gilt auch im Blick auf die Rede von einer „ewigen Erlösung" im Gegensatz zur Vernichtung des „Volkes des Frevels" in 1QM XV 1; XVIII 11 sowie I 12. Vgl. H. BRAUN, Qumran und das Neue Testament I, S. 263f.

[21] In diesem Sinne kommt an dieser Stelle mit dem Terminus λύτρωσις nicht die Befreiung aus der Sklaverei der Todesfurcht von 2,15 zum Tragen. Gegen K. NISSILÄ, Das Hohepriestermotiv im Hebr, S. 184.

in den VV. 13/14 wiederum anhand der Gegenüberstellung der Heilseffizienz der alten und der neuen Heilsordnung, und zwar formal in Gestalt eines Schlußverfahrens a minori ad maius. Zur näheren Kennzeichnung des „minus" auf seiten der alten Kult- und Opferordnung nimmt der Autor in V. 13 freilich nicht nur auf die bereits in V. 12 genannten Sühnemittel des Versöhnungstages – das „Blut von Böcken und Kälbern" – Bezug, sondern fügt im Anschluß an Num 19 auch noch die „Asche der roten Kuh" (σποδὸς δαμάλεως) hinzu, die nach Num 19,9f.13 zur Bereitung des ὕδωρ ῥαντισμοῦ (zur Reinigung der durch Leichenberührung Verunreinigten) benutzt wurde. Diesem Ritus entsprechend wird im Hebr auch hier von der „Asche der Kuh" ein ῥαντίζειν der Verunreinigten ausgesagt[22]. Solche Ergänzung des Kultrituals am Versöhnungstag von Lev 16 ist weder durch Unkenntnis des Autors des Hebr bedingt noch durch eine Tendenz zur Verallgemeinerung bzw. durch das Bemühen, die alte Kultordnung insgesamt auf der Minus-Seite zu verbuchen, sondern hat offenbar typologische Gründe[23]: Das Anliegen des Autors des Hebr ist in diesem Zusammenhang – wie dann auch die Kennzeichnung des „Blutes" Jesu als αἷμα ῥαντισμοῦ in 12,24 sowie in 10,22 die (hier auf die Taufe bezogene) Rede von der „Besprengung" zeigen – offensichtlich auf den Akt der „Besprengung" von unreinen Menschen gerichtet, die auf solche Weise Anteil an der Heilswirkung des Sühnemittels erhalten.

In diesem Sinne ist das Referat des alten Kultrituals in V. 13 von vornherein auf die Darstellung des „maius" der neuen Heilsordnung ausgerichtet. Dies gilt nicht zuletzt auch im Blick auf den im Rahmen des hier vorliegenden Schlußverfahrens zugestandenen relativen Effekt der in V. 13 genannten Sühne- und Reinigungsmittel: Darin jedenfalls ist die alte Kultordnung bzw. sind die durch sie angeordneten rituellen Vollzüge eine Art Vorausdarstellung der „zukünftigen Güter" (10,1) oder auch ein „Gleichnis" in bezug auf die jetzt angebrochene Zeit (9,9), daß sie – tatsächlich! – „die Reinheit des Fleisches" bewirken. Im Sinne des Hebr freilich heißt dies: eben nur sie! Was also nach jüdischer Auffassung durchaus in einem positiven Sinne zu verstehen ist – die „Reinigung des Fleisches" und mit ihr die Befähigung zur Teilnahme am Kult[24] –, gerät im Kontext

---

[22] Ῥαντίζειν steht in 9,19.21 von der „Besprengung" mit Blut, im übertragenen Sinne dagegen von der Taufe 10,22. Vgl. C.-H. HUNZINGER, ThWNT VI, S. 979 sowie S. 981.

[23] Vgl. C.-H. HUNZINGER, ThWNT VI, S. 982; H. BALZ, EWNT III, Sp. 499: Durch die Verbindung der Sühnemittel von Lev 16 mit denen von Num 19 „kann die Besprengung der Kultgeräte im Heiligtum ... mit der von Menschen ... zusammengesehen werden und insgesamt als Sühnemittel, das nur Reinheit des Fleisches bewirkt, dem Blut Christi gegenübergestellt werden ..."

[24] Vgl. Philon, SpecLeg I 261ff; III 205ff (zu Num 19,11) sowie bes. 1QS III 8f: „Und wenn er seine Seele demütigt unter die Gebote Gottes, wird sein Fleisch gereinigt werden, daß man ihn mit Reinigungswasser besprenge und daß er sich heilige durch Wasser der Reinheit". Sofern „Reinigung" und „Heiligung" hier miteinander verbunden sind, handelt es sich

des Hebr und speziell im Kontext des hier angewandten Schlußverfahrens alsbald wiederum auf die Minus-Seite: Nur eine „äußerliche" Reinigung und Reinheit wird auf solche Weise bewirkt, nicht aber eine Reinigung und Reinheit des „Gewissens" - und somit auch nicht die rechte „Vollendung" im Sinne der Befähigung zum kultischen Dienst (9,9), die als solche auch das (Sünden-)"Bewußtsein" des Menschen vor Gott umfaßt und ihn allein auf diese Weise zum rechten Gottesdienst instand setzt (V. 14). So schließt die im hier vorliegenden Schlußverfahren sich aussprechende Überbietung zugleich wiederum die Gegenüberstellung von alter und neuer Heilsordnung in sich, wobei die Gegenüberstellung von σάρξ und συνείδησις an dieser Stelle erneut die entsprechende Gegenüberstellung in den VV. 9/10 aufnimmt und die Rede von der einmaligen Selbstdarbringung Christi in V. 14 den Gegensatz zur ständig wiederholten Darbringung von „Gaben und Opfern" in V. 9 sowie zu den in V. 13 genannten Sühne- und Reinigungsriten markiert[25]. Hier läuft alles auf die Herausstellung der alles Vorangehende überbietenden Wirkung des „Blutes" Christi hinaus. Das „Blut des Christus, der ... sich selbst als ein untadeliges Opfer Gott dargebracht hat", bewirkt - wie das logische Futur καθαριεῖ anzeigt - notwendig die „Reinigung des Gewissens"[26], und zwar „weg von (ἀπό) den toten Werken"[27], die den Menschen von Gott trennen, also zugleich: „hin (εἰς) zum wahren Gottesdienst". Die durch das „Blut des Christus" gewirkte Reinigung ist somit auch im Hebr durchaus im „kultischen" Sinne zu verstehen: als Befähigung nämlich εἰς τὸ λατρεύειν θεῷ ζῶντι - im Gegensatz also wiederum zur faktischen Unwirksamkeit der im Rahmen der alten Kultordnung dargebrachten „Gaben und Opfer" (9,9). Stehen dabei an dieser Stelle die „toten Werke" im Gegensatz zur Verehrung des „lebendigen Gottes", so dürfte bei ihnen - wie auch schon bei der Gegenüberstellung „tote Werke" - „Glaube an Gott" in 6,1 - zunächst an den Götzendienst gedacht sein[28]. Dies schließt freilich im Sinne des Au-

---

bei solchen Riten gerade nicht nur um eine bloß äußerliche Reinigung. Entsprechend ist 1QS IV 20f von der „Tilgung des Geistes des Frevels aus dem Inneren des Fleisches" (!) die Rede.

[25] Vgl. auch die Gegenüberstellung σάρξ - συνείδησις in 1 Petr 3,21, hier im Zusammenhang der Taufparänese (und dazu wiederum Hebr 10,22). Vgl. W. NAUCK, Die Tradition und der Charakter des ersten Johannesbriefes (WUNT 3), Tübingen 1957, S. 51f. - Auch Philon, Cher 95, spricht von einer nur äußerlichen, allein den Leib betreffenden Reinigung durch „Bäder" (usw.), die nicht in der Lage sind, die „Leidenschaften der Seele" zu beseitigen.

[26] Die Lesart ἡμῶν (A D* K P usw.) ist der Lesart ὑμῶν (א D² usw.) als ursprüngliche Lesart vorzuziehen, da die 2. Person Plural im Hebr nur in der Paränese an die Adressaten ihren Ort hat. Vgl. B. M. METZGER, A Textual Commentary on the Greek New Testament, S. 668.

[27] Zu καθαρίζειν ἀπό (für einen Genitiv der Trennung: BL.-DEBR.-R. § 180,1) vgl. Lev 16,30; Josephus, Ant. IX 138; c. Ap. II 205; 2 Kor 7,1; 1 Joh 1,7.9; Herm sim VII 2; vis II 3,1.

[28] Zu diesem polemischen Akzent der traditionell-biblischen Gottesbezeichnung „lebendiger Gott" - „lebendig" nämlich im Gegensatz zu den „toten Götzen"! - vgl. auch 1 Thess 1,9; Act 14,15; R. DEICHGRÄBER, Gotteshymnus und Christushymnus, S. 99, sowie oben zu 3,12.

tors die Beziehung solcher „Werke" zur „Sünde" (3,13!) keineswegs aus, zumal ja auch „unser Gewissen" im Sinne des Hebr durchaus auch mit dem „Bewußtsein der Sünden" zu tun hat (10,2), mit dem Wissen des Menschen also um seine Ferne vom „lebendigen Gott"[29].

Insgesamt ist dies – im Zentrum des Hebr – eine Deutung und Auslegung des mit dem Namen (und Titel!) „Christus" verbundenen Heilsgeschehens in kultischen Kategorien, aus der sodann in 10,19ff im Blick auf die Adressaten des Hebr die entsprechenden Schlußfolgerungen gezogen werden, und zwar auch hier wieder im kultischen Sinne: Was durch das „Blut des Christus" bewirkt worden ist, und zwar im Gegensatz zur alten Kult- und Heilsordnung „ein für allemal", ist ein neues Gottesverhältnis, in kultischen Kategorien ausgedrückt: das freie und ungehinderte „Hinzutreten" zu Gott (10,22). Spätestens hier, in 10,19ff, im Ansatz aber auch schon in der Schlußwendung in V.14, zeigt sich wieder, daß gerade auch die zentralen christologischen und soteriologischen Ausführungen in unserem Abschnitt im Kontext des pastoralen Grundanliegens des Hebr ganz auf die (erneute) Gewinnung dieses neuen Gottesverhältnisses seitens der Adressaten ausgerichtet sind.

Das hier – in 9,11–14 – im einzelnen beschriebene Heilswerk Christi konstituiert ein neues Gottesverhältnis und mit ihm zugleich einen neuen „Gottesdienst", der als solcher die durch die alte Kultordnung gesetzten Grenzen überschreitet: Das „Hinzutreten" zum lebendigen Gott" ist nun nicht mehr nur Privileg der „beamteten" Priesterschaft, sondern der ganzen Gemeinde des Hohenpriesters Christus – aber: Diese Gemeinde ist nun auch nicht mehr eine Gemeinde von Priestern. Vielmehr hat alles priesterliche Handeln, sofern es in der Darbringung von Opfern mit dem Zweck einer Reinigung von den Sünden besteht, im ἐφάπαξ des Eingangs des Hohenpriesters Christus in das (himmlische) Heiligtum sein Ziel und Ende gefunden[30]. Das ist – im ganzen des Neuen Testament bzw. des ur-

---

Diesem Sachzusammenhang entspricht auch die (sekundäre) Einfügung καὶ ἀληθινῷ (A P 93 104 usw.).

[29] Dementsprechend sieht Philon, SpecLeg I 202–204, das „reine Gewissen" des Priesters in seinem „von jedem Vorwurf freien, mit den Gesetzen und Vorschriften der Natur übereinstimmenden Lebenswandel" gegeben. – Eine „rechtfertigungstheologische Interpretation" des ganzen Zusammenhangs gibt E. Käsemann, Das wandernde Gottesvolk, S.155: „Um die Trennung (sc. des Menschen von Gott) aufzuheben, treibt das schlechte Gewissen ... den Menschen in die Anstrengungen der ἔργα νεκρά" – aber: „gerade das schlechte Gewissen (verhaftet) mit seinen Bemühungen, Gott auf dem Weg der Werke genugzutun, den Menschen immer stärker an die sarkisch-kosmische Sphäre ...". Vgl. auch E. Grässer, in: Festschr. E. Käsemann, S.88f: „Das ist in der Diktion und in der Intention die klassische paulinische Rechtfertigungslehre – mit dem einzigen Unterschied, daß der Hebr nicht am νόμος, sondern am jüdischen Kultus demonstriert ...".

[30] Vgl. M. Dibelius, in: Botschaft und Geschichte II, S.175: „die Größe der Priester- und Mittler-Idee ... und der Glanz kultischer Sprache ... erhalten im Hebräerbrief ... eine ausschließliche Beziehung; Opfer, Weihe, Eingang und Priesterdienst Jesu Christi im Himmel

christlichen Schrifttums gesehen - eine durchaus eigene und eigenständige „biblisch-theologische" Deutung des Heilsgeschehens, die freilich - wie dies auch bei den anderen Deutungen des Heilsgeschehens im übrigen Neuen Testament der Fall ist - nicht ausschließt, daß sich der Autor des Hebr dabei bestimmter „Bausteine" bedient, die von der älteren oder auch gleichzeitigen christologischen und soteriologischen Tradition her bereits vorgegeben waren. Dies gilt im einzelnen sowohl im Blick auf die für unseren Abschnitt charakteristische formelhafte Rede vom „Blut Christi"[31] als auch für die Rede von seiner „reinigenden" Wirkung[32], nicht zuletzt aber auch im Blick auf die Rede des Hebr vom „Selbstopfer" Christi für das spezielle Motiv vom „fehllosen" (ἄμωμος) Opfer[33].

Fraglich im ganzen Zusammenhang bleibt am Ende nur die im Hebr wie auch sonst im Neuen Testament gänzlich singuläre Wendung διὰ πνεύματος αἰωνίου in V.14: „kraft ewigen Geistes" hat Christus sich selbst als ein „fehlloses" Opfer dargebracht[34]. Sofern diese Wendung hier in einem unmittelbaren Zusammenhang mit der Selbstdarbringung Christi steht, erscheint es unangemessen, in ihr eine grundsätzliche Aussage über die (göttliche) Natur Christi zu sehen, in dem Sinne etwa, daß Christus auf diese Weise als der „Geistträger" schlechthin gekennzeichnet werden soll oder daß πνεῦμα αἰώνιον Christi eigenen Geist bezeichnet[35]. Vielmehr

---

sind das einzige Kultmysterium, das für Christen noch Geltung hat. Dies aber ist einmalig und schließt jede Nachahmung und jede Wiederholung aus ..."

[31] Vgl. neben der entsprechenden Formel in der urchristlichen Abendmahlsüberlieferung (1 Kor 11,25 parr) Röm 3,25; 5,4 sowie die dem Hebr nahestehenden Wendungen ἐν τῷ αἵματι τοῦ Χριστοῦ in Eph 2,13 und ῥαντισμὸς αἵματος Ἰησοῦ Χριστοῦ in 1 Petr 1,2; dazu wiederum Hebr 12,24. Vgl. E. LOHSE, Märtrer und Gottesknecht, S. 138-141.

[32] Vgl. bes. 1 Joh 1,7: καὶ τὸ αἷμα Ἰησοῦ τοῦ υἱοῦ αὐτοῦ καθαρίζει ἡμᾶς ἀπὸ πάσης ἁμαρτίας. Zur Frage eines Traditionszusammenhangs zwischen Hebr und 1 Joh (und 1 Petr) vgl. W. NAUCK, Die Tradition und der Charakter des ersten Johannesbriefes (WUNT 3), Tübingen 1957, S. 50ff, der diese Vorstellung „im Vorstellungskreis urchristlicher Taufunterweisung" ortet (S. 51).

[33] Hier zeigt sich erneut das dynamische, nicht substantielle Verständnis vom „Blut" Christi im Hebr. „Blut", d.h. Selbstopfer, Selbsthingabe. - Ἄμωμος (hebr.: תמים) ist term. techn. der biblischen Opfersprache (vgl. Ex 29,1.38; Lev 22,17-25 u.ö.) und von daher in die soteriologische Sprache des Urchristentums übernommen worden. Vgl. bes. 1 Petr 1,19. Im Hebr gewinnt diese „Fehllosigkeit" ihre Konkretion in den Aussagen über das Hohepriestertum Christi: vgl. 4,15; 7,26 (ἀμίαντος).

[34] Die Lesart ἁγίου (א² D* P 81 usw.) versteht sich als sekundäre Angleichung der singulären Rede vom „ewigen Geist" an die im Urchristentum sonst übliche Ausdrucksweise. - Zur Stelle speziell vgl. J.J. MCGRATH, ,Through the Eternal Spirit'. A Historical Study of the Exegesis of Hebrews 9:13-14, Rom 1961; A. VANHOYE, Esprit éternel et feu du sacrifice en He 9,14, Bib 64 (1983) S. 263-274.

[35] So bereits B.F. WESTCOTT, z. St.; vgl. auch F. BÜCHSEL, Die Christologie des Hebr, S. 49f; E. RIGGENBACH S. 266f: Der „ewige Geist" sei der „wirksame Grund ... des Personlebens" des irdischen Jesus. Vgl. auch O. HOFIUS, Katapausis, S. 181, Anm. 359 (im Anschluß an J. Jeremias): Es handele sich hier um eine Aussage über „das im Tode vom Leibe getrennte πνεῦμα Jesu"; C. SPICQ, SBi, S. 155: „la personne ou la nature divine de Jésus".

wird hier vermittels dieser Wendung offensichtlich wiederum die Differenz zur Kult- und Opferpraxis des irdischen Hohenpriestertums herausgestellt, gehört also auch diese Wendung in den Rahmen der für das ganze 9. Kapitel des Hebr charakteristischen Typologie. Dabei ist im Sinne des Autors freilich weniger der Sachverhalt im Blick, daß die alte Opferpraxis nach Lev 6,5f διὰ πυρός geschieht[36]; vielmehr wird auf diese Weise noch einmal die wahre, d. h.: die „geistliche" Dimension des hier beschriebenen Geschehens betont, die als solche – vom „ewigen" Geist ist die Rede! – alle Grenzen überschreitet und sprengt, die der alten Kult- und Opferordnung durch ihre Rechtsgrundlage in Gestalt von „Fleischessatzungen" gesetzt waren, Grenzen sowohl der zeitlichen Geltung (V. 10) als auch der faktischen Wirkung bzw. Unwirksamkeit (V. 9). In diesem Sinne impliziert die pneumatologische Aussage in V. 14 durchaus den (dualistischen!) Gegensatz von „Fleisch" und „Geist", jenen Gegensatz also, der sich bereits in 7,16 in der Gegenüberstellung „gemäß dem Gesetz des fleischlichen Gebotes" – „gemäß der Kraft unzerstörbaren Lebens" aussprach[37]; oder mit den Worten des Hebr selbst: Was sich in der alten Kultordnung und Opferpraxis als eine „Offenbarung des Heiligen Geistes" ankündigte (9,8), das ist im Selbstopfer Christi Wirklichkeit geworden – was unter soteriologischem Aspekt konkret heißt: Während jene alte Kultordnung nur eine „Reinheit des Fleisches" zu wirken vermochte, bewirkt das „kraft ewigen Geistes" dargebrachte Selbstopfer Christi notwendig eine „ewige", für alle Zeit geltende „Erlösung". Καιρὸς διορθώσεως, „Termin der Aufrichtung" der neuen Heilsordnung (V. 10), das heißt also: Von nun an gilt eine neue Perspektive, die Perspektive einer „ewigen Erlösung" und Befreiung (V. 12) – und mit ihr auch die Perspektive eines neuen Gottesdienstes (V. 14).

---

[36] So in bemerkenswerter Einmütigkeit bereits die altkirchliche Auslegung (Johannes Chrysostomus, Ps.-Oecumenicus, Theophylakt u.a.), aber auch die Auslegung durch Erasmus, Zwingli und Luther. Vgl. dazu A. VANHOYE, Bib 64 (1983) S. 263ff, der seinerseits in diesem Zusammenhang auf die Möglichkeit einer Typologie zwischen Hebr 9,14 und LXX 1 Esr 6,23 verweist: Der Tempel in Jerusalem ist der Ort, ὅπου ἐπιθύουσιν διὰ πυρὸς ἐνδελεχοῦς.

[37] Vgl. G. SCHRENK, ThWNT III, S. 281: „So tritt an die Stelle der in sarkischer Sphäre bleibenden Opfer das pneumatische, das durch den Geist der Ewigkeit vollgültig und unvergleichlich wird"; E. SCHWEIZER, ThWNT VI, S. 445; H. ZIMMERMANN, Das Bekenntnis der Hoffnung, S. 194f, sowie K. NISSILÄ, Das Hohepriestermotiv im Hebr, S. 188f, der die Wendung „kraft des ewigen Geistes" als einen „unmittelbaren Hinweis auf die opfertheologische Qualität ἄμωμος" betrachtet; „als ein im Geist dargebrachtes Opfer – ohne sarkische Begrenzungen – ist das Opfer Jesu ‚untadelig' ..." Gerade so ergibt sich hier wiederum eine Analogie zum Verständnis der „ewigen Erlösung" von Jes 45,17 in Midrasch Tehillim Ps 31 §2 (119a): „Weil eure Erlösung (einst) durch Fleisch und Blut geschah ..., währte sie nur eine kurze Zeit (wörtlich: war sie nur eine ‚Erlösung für die Stunde'); aber in Zukunft erlöse ich euch durch mich selbst, der ich lebe und fortbestehe. Und d. h.: ich werde euch eine in Ewigkeit dauernde Erlösung bereiten – wie es heißt ... (Jes 45,17)". S. bereits oben Anm. 19.

Diese durch das in den VV. 11-14 dargelegte Heilsgeschehen eröffnete neue Perspektive ist auch im folgenden, mit διὰ τοῦτο direkt an die VV. 11-14 anschließenden Abschnitt 9,15-22 im Blick.

4.2.5) 9,15-23: Die Notwendigkeit des Todes des Mittlers der neuen Heilsordnung[1]

15 Und darum ist er (auch) Mittler einer neuen Heilsordnung, damit – nachdem sein Tod erfolgt ist zur Erlösung von den zur Zeit der ersten Heilsordnung geschehenen Übertretungen – die Berufenen die Zusage des ewigen Erbes erlangen.
16 Denn wo (auch immer) ein Testament vorliegt, muß notwendig (zunächst) der Tod des Testators beigebracht werden.
17 Denn ein Testament ist (ja nur) bei Toten (d.h.: im Falle des eingetretenen Todes) rechtskräftig, da es niemals Rechtskraft erlangt, solange der Testator (noch) lebt.
18 Daher ist (denn) auch die erste (Heilsordnung) nicht ohne Blut eingeweiht (und in Geltung gesetzt) worden.
19 Denn nachdem ein jedes Gebot gemäß dem Gesetz durch Mose dem ganzen Volk mitgeteilt worden war, nahm er das Blut der Kälber und der Böcke mitsamt Wasser und roter Wolle und Ysop und besprengte das Buch selbst und das ganze Volk
20 mit den Worten: ‚Dies ist das Blut der Heilsordnung, die Gott für euch verfügt hat'.
21 Aber auch das Zeltheiligtum wie auch alle Kultgeräte besprengte er in gleicher Weise mit Blut.
22 Und fast alles wird nach Maßgabe des Gesetzes mit Blut gereinigt, ja ohne Blutvergießen gibt es keine Vergebung.
23 So besteht also die Notwendigkeit, daß die Abbilder zwar der Dinge in den Himmeln durch solcherlei Dinge gereinigt werden, die himmlischen Dinge selbst aber durch Opfer, die besser sind als diese.

Stellung und Funktion im Kontext:

Mit seiner Eigenaussage ist der Abschnitt 9,15-23 fest in seinen Kontext integriert. V. 15 hat dabei zunächst die Funktion der Überleitung vom vorangehenden Zusammenhang (9,11-14) zum folgenden (9,16ff), indem hier – unter Rückgriff auf 8,6ff und zugleich im Anschluß an 9,11-14[2] – der Heilsertrag des Todes des Heilsmittlers neu formuliert wird, damit zugleich aber vermittels der entsprechenden Terminologie (διαθήκη, κληρονομία) ein rechtlicher Aspekt ins Spiel gebracht

---

[1] Lit.: J. SWETNAM, A Suggested Interpretation of Hebrews 9.15-18, CBQ 27 (1965) S. 373-390; J.J. HUGHES, Hebrews IX.15ff and Galatians III.15ff. A Study in Covenant Practice and Procedure, NT 21 (1979) S. 27-96, spez. S. 28-66; H. ZIMMERMANN, Das Bekenntnis der Hoffnung, S. 195-198; G. BERENYI, La portée de διὰ τοῦτο en He 9,15, Bib 69 (1988) S. 108-112.

[2] Zur Entsprechung zwischen Hebr 8,6-13 und 9,15-22 vgl. A. VANHOYE, La structure littéraire, S. 152f; G. BERENYI, Bib 69 (1988) S. 110f.

wird, der im folgenden (9,16f) als solcher zunächst im Sinne einer rechtlichen Begründung der Notwendigkeit des Todes des Heilsmittlers ausgeführt wird. Daran schließt sich unmittelbar in den VV. 18-22 eine kultgesetzliche Begründung der Notwendigkeit des Todes des Heilsmittlers an, die schließlich in V. 23 – unter Voraussetzung wiederum der Gegenüberstellung von irdischem und himmlischem Opferkult – in die entsprechende Schlußfolgerung einmündet. Mit ihr ist zugleich der Übergang zum Abschnitt 9,24-28 gegeben. Das die beiden Teilabschnitte – 9,16f und 9,18-22 – verbindende ὅθεν (V. 18) zeigt dabei an, daß für den Autor des Hebr rechtliches und kultgesetzliches Verständnis des Todes des Heilsmittlers in der Sache durchaus konvergieren. Was ihn an dem 9,16f rezipierten Testamentsrecht primär interessiert, ist die durch den Tod des Testators hergestellte Inkraftsetzung des Testaments. Und genau von daher (ὅθεν) ergibt sich für ihn auch die Verbindung zum kultischen „Bundesritual" von Ex 24,3-8³. Geht es bei alledem um den Erweis der Notwendigkeit des Todes des Heilsmittlers, so liegt auch hier wieder ein Beispiel für eine auch sonst für den Hebr charakteristische „argumentatio ad hominem" vor.

Mit der Wendung καὶ διὰ τοῦτο schließt V. 15 unmittelbar an den vorangehenden Zusammenhang (9,11-14) an, richtet jedoch mit der Neuformulierung des Heilsertrages des Todes des Heilsmittlers diesen Abschnitt zugleich auf die folgende Erörterung der Notwendigkeit seines Todes aus. So gesehen kann man die vor allem in der neueren Auslegung umstrittene Frage, ob διὰ τοῦτο rückbezüglich auf 9,11-14 oder vorverweisend auf den ὅπως-Satz in V. 15 zu verstehen ist, nicht im Sinne einer Alternative beantworten⁴. Mit καί an den vorangehenden Zusammenhang anschließendes διὰ τοῦτο läßt sich im Kontext zunächst gar nicht anders als im Rückbezug auf 9,11-14 verstehen. Also: „Und darum (sc.: weil er ein für allemal sich selbst als Opfer dargebracht hat!) ist er Mittler einer neuen Heilsordnung ..."⁵; nicht aber: „Und deswegen ..., damit ...", was bedeuten würde, daß διὰ τοῦτο lediglich einer Verstärkung des Gewichts des ὅπως-Satzes dient⁶. Sofern jedoch das in 9,11-14 beschriebene Heilsgeschehen als solches soteriologisch ausgerichtet ist, ist mit der (schlußfolgernden) Feststellung der „Mittlerschaft" hinsichtlich der „neuen Heilsordnung" in V. 15a zugleich wiederum die Aussage der soteriologischen

---

³ Vgl. J. SWETNAM, CBQ 27 (1965) S.373f.389f, sowie E. GRÄSSER, Der Alte Bund im Neuen, S.98: „Wichtig an diesem rechtsterminologischen Gebrauch von Diatheke ist, daß er zu dem theologischen hin offen ist".
⁴ Zum Problem in dieser Hinsicht vgl. J. SWETNAM, CBQ 27 (1965) S.386; H. BRAUN S.272 sowie zuletzt G. BERENYI, Bib 69 (1988) S.108-112.
⁵ Zu rückbezüglichem διὰ τοῦτο vgl. auch 2,1. Zu 9,15 vgl. bes. G. BERENYI, Bib 69 (1988) S.112: „Précisément à cause de ce sacrifice supérieur (v.14), διὰ τοῦτο, le Christ est médiateur d'une alliance nouvelle (v.15), le caractère de nouveauté totale étant assuré par la supériorité de l'offrande".
⁶ Für dieses Verständnis von διὰ τοῦτο im Kontext wird meist auf die (vermeintliche!) syntaktische Analogie δι' ἕν ... ὅπως bei Xenophon, Cyrop II 1,21, hingewiesen, wo freilich διά c.acc. und ὅπως gar nicht unmittelbar miteinander verbunden sind. Zur Kritik vgl. G. BERENYI, Bib 69 (1988) S.108f.

Zielrichtung dieser „Mittlerschaft" verbunden, διὰ τοῦτο in diesem Sinne also letztlich nach beiden Seiten hin – rückverweisend und vorverweisend zugleich – an- und ausgelegt.

In der (aus 9,11–14) schlußfolgernden Feststellung der „Mittlerschaft" greift V. 15 dabei – terminologisch gesehen – über 9,11–14 hinaus auf 8,6ff zurück. Dem entspricht auch die Rede von der ἐπαγγελία in V. 15b (in Entsprechung zu 8,6). Zugleich aber wird nunmehr die Grundaussage von 8,6ff im Anschluß an 9,11–14 in dem Sinne weitergeführt, daß die „Mittlerschaft" hinsichtlich der „neuen Heilsordnung" ausdrücklich mit dem „geschehenen Tod" des Heilsmittlers verbunden wird. Der gen. abs. θανάτου γενομένου, formuliert im Aorist-Partizip, verweist dabei wiederum auf das einmalige Geschehen des Todes Jesu bzw. auf das ἐφάπαξ von 9,12 (und belegt somit erneut das bereits dort vorausgesetzte „dynamische" Verständnis der Rede vom „Blut des Christus" in V. 14). Der Zusammenhang mit V. 14 speziell zeigt sich darüber hinaus auch darin, daß sich ebenso wie dort nunmehr auch in V. 15 mit der christologischen Aussage – „Mittler einer neuen Heilsordnung" – im anschließenden ὅπως-Satz eine soteriologische Aussage verbindet und endlich auch hinsichtlich der letzteren eine Entsprechung zu V. 14 besteht: Dem καθαρίζειν ἀπό dort entspricht hier die Ausrichtung des Todes des Heilsmittlers auf die ἀπολύτρωσις, der Rede von den „toten Werken" dort hier die Rede von den „Übertretungen" (sc.: des Gesetzes) und schließlich der Zielangabe der „Reinigung" in V. 14 im Sinne des rechten Gottesdienstes in V. 15 die Zielangabe im Sinne des λαμβάνειν τὴν ἐπαγγελίαν[7].

Ἀπολύτρωσις – ursprünglich die Freigabe gegen Lösegeld oder auch der Loskauf eines Gefangenen oder Sklaven[8] – steht hier in der Verbindung mit παράβασις eindeutig im Sinne der durch den Tod des Heilsmittlers bzw. das „Blut des Christus" (V. 14) gewirkten Sündenvergebung. Das ist an sich gemein-urchristlicher Sprachgebrauch[9], der freilich vom Autor des Hebr alsbald in dem Sinne besonders akzentuiert wird, daß diese Sündenvergebung – wie ja auch schon die Rede von den „Übertretungen", des Gesetzes nämlich, anzeigt – speziell in einen Zusammenhang mit der „ersten" Heilsordnung gebracht wird[10]. Eine Einschränkung der durch den

---

[7] Aus diesem Zusammenhang zwischen V. 14 und V. 15 schlußfolgert S. Kim, The ‚Son of Man' as the Son of God (WUNT 30), Tübingen 1983, S. 67: „So it is most interesting to see how all the concepts and ideas found in Mk 10.45 and the sayings at the Last Supper appear here together: atonement, redemption (ἀπολύτρωσις), the new covenant, the people of God, and the blessing of the Kingdom of God".

[8] So auch noch bei Philon, Congr 109; Prob 114, und Josephus, Ant. XII.27. Vgl. zum einzelnen F. Büchsel, ThWNT IV, S. 354–359; K. Kertelge, EWNT I, Sp. 332.

[9] Vgl. neben Röm 3,24f; 1 Kor 1,30 bes. die Erläuterung von ἀπολύτρωσις durch die Apposition ἄφεσις τῶν ἁμαρτιῶν in Kol 1,24; Eph 1,7 sowie ἄφεσις in Hebr 9,22; 10,18. Dem entspricht die Verbindung ἀπόλυσις – ἄφεσις bei Philon, SpecLeg I 215. In Hebr 11,35 dagegen steht ἀπολύτρωσις noch im ursprünglichen Sinn der „Freilassung" von Gefangenen.

[10] Ἐπί c. dat. ist hier – wie auch in V. 26 – im zeitlichen Sinn zu verstehen, anders also als

Tod des Heilsmittlers gewirkten Sündenvergebung ist damit um so weniger gegeben, als solche eigenartige Redeweise ihren Ort wiederum im Horizont der für den Hebr charakteristischen Gegenüberstellung von alter und neuer bzw. „erster" und „zweiter" Heilsordnung hat. Eben das, was die „erste" nicht zu wirken imstande war (9,9f), das hat nunmehr Christus durch seinen Tod gewirkt. Mit ihm hat die Zeit der ἀπολύτρωσις begonnen und ist in Geltung gesetzt worden, was Gott selbst einst verheißen hat (LXX Jer 38,34): ὅτι ἵλεως ἔσομαι ταῖς ἀδικίαις αὐτῶν κτλ. (8,12).

Auf solche Weise bzw. unter dieser Voraussetzung „empfangen" nun aber auch – dies nunmehr die soteriologische Ausführung dessen, worin konkret die „Mittlerschaft" Christi besteht – „die Berufenen die Verheißung des ewigen Erbes"[11]. Im Kontext von 8,1–10,18 ist mit der Kennzeichnung des durch den Tod Christi gewirkten Heils als Empfang der „Verheißung des ewigen Erbes" nun freilich nicht in erster Linie – möglicherweise angesichts bestimmter „enthusiastischer" Neigungen der Adressaten – ein „eschatologischer Vorbehalt" markiert[12], sondern gerade die unverbrüchliche Geltung der „Verheißung" – besser noch: der Zusage – Gottes für die „Berufenen", für jene also, die in 3,1 geradezu „Teilhaber der himmlischen Berufung" genannt werden. Die „Berufung" der Christen – hier also: der Adressaten des Hebr – hat einen festen unumstößlichen Grund und – von ihm her – zugleich eine für alle Zukunft geltende Perspektive des Glaubens und der Hoffnung. Das „ewige Erbe", das keinem Wandel mehr unterworfene Heil, ist ihnen auf Grund des „geschehenen Todes" des Heilsmittlers für alle Zeit gewiß. Ganz offensichtlich um diese Gewißheit bei den Adressaten aus ihrer eigenen Lebenspraxis heraus anschaulich zu machen, bedient sich der Autor im folgenden (VV. 16f) jenes rechtlichen Potentials, das bereits in V. 15 mit den Stichworten διαθήκη und κληρονομία, im Zusammenhang damit aber auch mit der Wendung θανάτου γενομένου verbunden war. Zwischen dem theologischen und dem rechtlichen Verständnis von διαθήκη besteht für den Autor ein un-

---

in 8,6; 9,10.17: „auf Grund von". Vgl. H. BRAUN S. 272. Anders BL.-DEBR.-R. § 235,3. Eine Anspielung auf das Bundesritual, bei dem „über den Opfertieren" der Bund rechtskräftig wird, liegt hier noch nicht vor. Gegen A. JAUBERT, RAC XI, Sp. 987.

[11] Sprachlich ist an sich die Beziehung des Genitivs τῆς αἰωνίου κληρονομίας sowohl auf „die Berufenen" als auch auf die „Verheißung" möglich. In der Sache besteht kein Unterschied. Gleichwohl spricht für die letztgenannte Beziehung (auf die „Verheißung"), daß auch sonst im Hebr die Verbindung von „Erbe" und „Verheißung" begegnet: 6,12.17. Das „ewige", für alle Zeit gültige „Erbe" macht also den Gegenstand der „Verheißung" aus, das „Verheißungsgut" gleichsam. – Zu λαμβάνειν τὴν ἐπαγγελίαν vgl. 11,13 sowie entsprechend 6,12 (κληρονομεῖν τὴν ἐπαγγελίας); 6,15 (ἐπιτυγχάνειν τὰς ἐπαγγελίας); 10,36 und 11,39 (κομίζειν τὴν ἐπαγγελίαν).

[12] Zum eschatologischen Charakter der Wortgruppe κληρονομία / κληρονόμος / κληρονομεῖν vgl. im übrigen Neuen Testament: Act 20,32; Gal 3,18; Kol 3,24; Eph 1,14.18; 5,5; 1 Petr 1,4, in Hebr selbst 1,14. Vgl. dazu W. FOERSTER, ThWNT III, S. 786; J. H. FRIEDRICH, EWNT II, Sp. 738f.

mittelbarer Zsammenhang. „Heilsordnung" ist die διαθήκη gerade auch als „Testament", d. h. als die durch den „geschehenen Tod" in Geltung gesetzte letztwillige Verfügung. Und das „Erbteil" (κληρονομία), welches das Testament für die Erben bestimmt, ist nur unter der Voraussetzung den Erben unwiderruflich zugesprochen, daß der Tod des Testators eingetreten ist.

Die VV. 16 und 17 begründen (γάρ) diese Notwendigkeit am Testamentsrecht selbst und sind – so gesehen – zunächst allgemeingültige Sätze des Testaments- und Erbrechts[13]. Ὅπου γὰρ διαθήκη, d. h. also: „Denn wo auch immer ein Testament aufgesetzt wird"; und die „Notwendigkeit", von der hier im Nachsatz die Rede ist, ist somit zunächst die durch das Testamentsrecht gegebene Notwendigkeit. Rechtliche Terminologie ist auch im übrigen für diese beiden Verse bestimmend: ὁ διαθέμενος ist in diesem Sinne der „Erblasser" bzw. der Testator[14]; θάνατον φέρεσθαι meint in diesem Zusammenhang die „Beibringung" des Nachweises über den „erfolgten Tod" des Testators[15], und dementsprechend steht in V. 17 βέβαιος im Sinne von „rechtskräftig, rechtsgültig"[16], ἰσχύειν im Sinne von „Rechtskraft haben"[17]. Der hier vorliegende einheitliche rechtliche Motivzusammenhang ist dem Autor nun freilich nicht nur aus Gründen einer formalen „argumentatio ad hominem" wichtig, sondern – wie dann auch

---

[13] Vgl. entsprechend den Wechsel von „Heilsordnung" zu „Testament" bei Philon, Mut 51f, sowie Gal 3,15.17f, wo Paulus solche Redeweise ausdrücklich als „menschliche" (κατὰ ἄνθρωπον) kennzeichnet. Vgl. dazu E. GRÄSSER, Der alte Bund im Neuen, S. 56ff, bes. S. 58f. – Dem stehen nach wie vor die Versuche gegenüber, διαθήκη im Hebr insgesamt – unter Einschluß von 9,16f – einheitlich im Sinne von „Bund" zu verstehen. So nach dem Vorgang von B. F. WESTCOTT S. 298ff neuerdings: G. D. KILPATRICK, Διαθήκη in Hebrews, ZNW 68 (1977) S. 263–165; J. J. HUGHES, NT 21 (1975) S. 28–66. Entschieden gegen solche Versuche spricht freilich V. 17b: Zumindest bei dem Satz ἐπεὶ μήποτε κτλ. wird ganz eindeutig das Erb- und Testamentsrecht vorausgesetzt. Vgl. E. GRÄSSER, a.a.O., S. 98. Zum Problem vgl. weiter: C. G. de VILLAPADIANA, Alianza o Testamento? Ensayo de Nueva Interpretacion a Hebreos IX, 15–20, in: AnBib 18 (1963) S. 153–160; K. M. CAMPBELL, Covenant or Testament? Hebrews 9:16,17 Reconsidered, EvQ 44 (1972) S. 107–114; P. COURTHIAL, La portée de diathèce en Hébreux 9,16–17, EtEv 36 (1976) S. 36–43; H. BOURGOIN, Alliance ou Testament?, CCER 25 (1977) S. 18–25.

[14] Vgl. W. BAUER, Wörterbuch zum Neuen Testament, Sp. 381, mit Hinweis auf BGU 448,24; P. Oxy. 99,9.15; W. Dittenberger, OGIS 509,6.16. Vgl. auch E. RIGGENBACH, Der Begriff ΔΙΑΘΗΚΗ im Hebr, in: Theologische Studien. Festschr. Th. Zahn, Leipzig 1908, S. 292f.

[15] Vgl. W. BAUER, Wörterbuch zum Neuen Testament, Sp. 1706; K. WEISS, ThWNT IX, S. 60; M. WOLTER, EWNT III, Sp. 1003, sowie F. FIELD, Notes on the Translation of the New Testament, Cambridge 1899, S. 229f. – Zu φέρειν im Sinne von „beibringen" vgl. auch Act 25,18; Joh 18,29; 2 Petr 2,11 sowie W. BAUER, a.a.O.

[16] Zu βέβαιος als Rechtsterminus vgl. bereits 6,16 sowie A. DEISSMANN, Bibelstudien, S. 104ff.

[17] Vgl. bes. P. Tebt. II 286,7: νομὴ ἄδικος οὐδὲν ἰσχύειν sowie ἰσχύειν in Gal 5,6. Vgl. W. BAUER, Wörterbuch zum Neuen Testament, Sp. 778; J. H. MOULTON/G. MILLIGAN, The Vocabulary of the Greek New Testament, Sp. 308. – Die Lesart μὴ τότε (א* D*) statt μήποτε ist sekundäre Korrektur im Sinne der Homophonie τότε – ὅτε. Die Negation μή steht hier im Sinn der Frage: „etwa".

der unmittelbare Übergang zu VV. 18ff zeigt – gerade auch aus theologischen Gründen. Hier werden im Sinne des Autors nicht lediglich Rechtssätze formuliert, vielmehr wird hier zugleich auch theologisch argumentiert, und zwar im Sinne einer Antwort auf die Frage: „Cur deus homo?" oder genauer: Warum das Leiden, warum der Tod Jesu als des Heilsmittlers?[18] Und die Betonung der Notwendigkeit dieses Todes ist dem Autor so wichtig, daß er bei der Anwendung jenes rechtlichen Sachverhaltes auf den hier im Blick stehenden theologischen Sachverhalt sogar die logische Unstimmigkeit in Kauf nimmt, daß derjenige, der bisher als „Mittler" und „Bürge" der neuen Heilsordnung galt (7,22; 8,6; 9,15), nun auf einmal als der Testator selbst (ὁ διαθέμενος) gilt, während doch – wenn man jedenfalls im hier angezogenen Bild bleibt – Gott selbst es eigentlich ist, der die διαθήκη „verfügt" hat (8,6.8.10). Im Kontext, d.h. im Anschluß an V.15, ist das Anliegen, das der Autor mit seiner Argumentation in den VV. 16f verfolgt, gleichwohl deutlich: „Notwendig" ist der Tod des Heilsmittlers nicht lediglich in einem formal-rechtlichen Sinne, sondern primär deswegen, weil allein auf Grund seines „erfolgten Todes" (V.15) die „neue Heilsordnung" nun auch wirklich „rechtskräftig" vermittelt worden ist und auf diese Weise hinsichtlich der Geltung der Verheißung Gottes für die „Berufenen" ein unumstößliches Fundament gelegt worden ist. In diesem Sinne fügt sich die zunächst so vordergründig erscheinende „argumentatio ad hominem" in den VV. 16f ganz dem pastoralen Grundanliegen des Hebr ein und ist sie ausgerichtet auf die Fundierung und Bestärkung der Heils- und Zukunftsgewißheit der Adressaten[19].

Allein so ist auch der unmittelbare Übergang von der Rechtssprache in den VV. 16f zur kultischen Sprache in den **VV. 18–22** zu verstehen. Hier kehrt der Autor wieder zu jener typologischen Betrachtungsweise zurück, die bisher bereits seine Argumentation bestimmte, die er jedoch durchaus in einem Sachzusammenhang mit der rechtlichen Argumentation in den VV. 16f sieht. **V.18**: ὅθεν οὐδέ, d.h.: Weil der zuvor formulierte Rechtssatz generell gilt, gilt der Grundsatz der Notwendigkeit des Todes auch für das Zustandekommen oder – wie es V. 18 heißt – für die „Einweihung" der πρώτη διαθήκη[20]. Dem „allein im Todesfalle" dort (V.17) entspricht

---

[18] Vgl. in diesem Sinne bereits E. RIGGENBACH S.275. Vgl. neuerdings auch A. STROBEL S. 180f und bes. E. GRÄSSER, Der alte Bund im Neuen, S.98.
[19] Bei dem rechtssprachlichen „Exkurs" in den VV. 16f handelt es sich also keineswegs um eine Abweichung vom Thema. Vielmehr ist er insofern in den Kontext integriert, als er einer Verstärkung des Grundgedankens von V.15 dient, wonach nur auf Grund des Todes des „Mittlers" die neue Heilsordnung in Kraft tritt. Vgl. K. M. CAMPBELL, EvQ 44 (1972) S.111; J. SWETNAM, CBQ 27 (1965) S.389f.
[20] Ἐγκαινίζειν, „inaugurieren, initiieren", von einem Weg: 10,20, im Sinne von „einweihen" (in bezug auf den Tempel): 1 Makk 4,36.54.57; 5,1; LXX 2 Esr 6,16f; 22,27; Dan 3,2; Philon, Congr 114, sowie Joh 10,22: τὰ ἐγκαίνια vom Fest der Tempelweihe. Vgl. C. SPICQ, Notes I, S.221f. – Das Perfekt ἐγκεκαίνισται bringt dabei an dieser Stelle den Aspekt des „Ingangset-

hier nunmehr der Grundsatz des οὐ χωρὶς αἵματος[21]. In diesem Sinne zeigt das den V. 18 einleitende „Daher auch nicht" einmal mehr an, daß es dem Autor in den VV. 16–22 insgesamt nur um den einen Beweisgang für die Notwendigkeit des Todes des Heilsmittlers geht. Schriftgrundlage dafür ist dabei nunmehr in den VV. 19–21 der in Ex 24,3–8 beschriebene, von Mose vollzogene Ritus der „Einweihung" der πρώτη διαθήκη und in diesem Zusammenhang vor allem die in V. 20 ausdrücklich zitierte Bezugnahme auf das αἷμα τῆς διαθήκης von Ex 24,8. Eben dieses Zitat zeigt, worauf es dem Autor in diesem Zusammenhang eigentlich ankommt: Zunächst wohl gar nicht – worauf die Veränderung im Zitat von Ex 24,8 gegenüber LXX zunächst hinweisen könnte – auf eine direkte Anspielung auf das (im Hebr auch sonst nicht thematisierte) Abendmahl der christlichen Tradition[22], sondern auf den in Ex 24 beschriebenen „Blutritus", in dem der Autor des Hebr nun freilich weniger einen „Verpflichtungsritus" – so ursprünglich in Ex 24 – erblickt, als vielmehr einen Sühne- und Reinigungsritus – und eben damit eine Entsprechung zu dem ein für allemal vom Heilsmittler dargebrachten Selbstopfer[23]. Dies ist jedenfalls der Zielpunkt der Argumentation auf Grund von Ex 24 im Sinne des Autors, was zugleich bedeutet, daß eine Mose-Christus-Typologie – im Sinne etwa von Hebr 3,2ff – an dieser Stelle nicht im Blick ist[24]. – Die Art und Weise, in der in den VV. 19–21 im einzelnen auf den in Ex 24,3–8 beschriebenen „Einweihungsritus" Bezug genommen wird, zeigt freilich gewisse Abweichungen von der biblischen Vorlage.

Insgesamt drei Akte werden dabei unterschieden: 1. die Verlesung der gesetzlichen Vorschriften durch Mose (V. 19a); 2. die Besprengung des Buches und des Volkes mit dem Blut der Opfertiere (V. 19b) und 3. endlich die Besprengung des Zeltes und des Kultgeräts (V. 21). Das entspricht zwar im ganzen dem Ablauf des

---

zens" (einer Institution in ihrer weiterwirkenden Funktion) besonders deutlich zum Ausdruck. Vgl. BL.-DEBR.-R. § 342,5.

[21] Vgl. bereits 9,7. Der Übergang von θάνατος in den VV. 15 und 16 zu αἷμα in V. 18 weist wiederum darauf hin, daß αἷμα im Hebr den Tod bezeichnet.

[22] Statt LXX Ex 24,8: ἰδοὺ τὸ αἷμα τῆς διαθήκης liest Hebr – möglicherweise in Anlehnung an urchristliche Abendmahlssprache (Mt 26,28!) – τοῦτο τὸ αἷμα κτλ. Hierin sieht man weithin ein Indiz für einen gezielten Bezug des Hebr auf das Abendmahl. So bereits J. JEREMIAS, Die Abendmahlsworte Jesu, Göttingen ³1963, S. 162, Anm. 2; vgl. auch O. MICHEL S. 319f; C. SPICQ, II, S. 264; DERS., SBi, S. 158; G. THEISSEN, Untersuchungen zum Hebr, S. 72; J. J. HUGHES, NT 21 (1979) S. 55f; A. VANHOYE, Prêtres anciens, Prêtre nouveau selon le Nouveau Testament, S. 227f; E. GRÄSSER, Der Alte Bund im Neuen, S. 111f, u.a. Jedoch liegt an dieser Stelle allenfalls eine Reminiszenz in dieser Hinsicht vor, die im Ganzen des Hebr theologisch nicht zum Tragen kommt. – Durch die Stellung von ὁ θεός am Ende des Satzes (gegen LXX) wird die Autorität der „Setzung" Gottes unterstrichen. Fraglich ist demgegenüber, ob dies auch für die Lesart ἐνετείλατο (gegenüber LXX: διέθετο) gilt. So F. BLEEK, II/2, S. 576; F. SCHRÖGER, Der Verfasser des Hebr als Schriftausleger, S. 269; H. BRAUN S. 277f.

[23] Zu solcher „neuen" Lesart von Ex 24,8 im Hebr vgl. E. KUTSCH, TRE VII, S. 406f (mit Verweis auf die Paraphrase von Ex 24,8 in TO und TPsJ).

[24] Vgl. aber R. M. d'ANGELO, Moses in the Letter to the Hebrews, S. 243ff.

in Ex 24,3–8 geschilderten Ritus; während jedoch in Ex 24,5 lediglich von „Brandopfern" und „Stieren" (μοσχάρια) die Rede ist, spricht der Autor des Hebr in V. 19 – offensichtlich in Bezugnahme auf den Opferritus am Versöhnungstag (V. 12!) – vom „Blut der Kälber und Böcke"[25]. Auch bei der Nennung von „Wasser, scharlachroter Wolle und Ysop" in V. 19 liegt eine über Ex 24 hinausgehende Bezugnahme (auf Lev 14,4f und Num 19,6?) vor. Ebensowenig ist in Ex 24 von einer Besprengung des „Buches" (sc.: des Gesetzes) die Rede[26]. Und endlich: auch bei der in V. 21 erwähnten Besprengung des Zeltes und des Kultgeräts handelt es sich um eine – auch von Josephus (Ant. III 204–207) und Philon (VitMos II 146) bezeugte – Kombination der Kultvorschriften von Ex 40,9–11 und Lev 8,10–12, die in Ex 24 selbst gar keinen Anhaltspunkt hat.

Solche auffällige Freiheit im Referat der Riten, die mit der Einweihung der πρώτη διαθήκη verbunden waren, erklärt sich nicht daraus, daß der Autor des Hebr an dieser Stelle aus dem Gedächtnis referiert oder einer bestimmten jüdischen Auslegungstradition folgt, sondern viel eher aus der Absicht, die er mit diesem Rekurs auf den Initiationsritus der „ersten Heilsordnung" verfolgt: Entscheidend ist für ihn bei diesem „Referat" in erster Linie der Ritus der Besprengung mit Blut (und die dadurch bewirkte Reinigung). Der in Ex 24 beschriebene Ritus wird hier durch Bezugnahme auf weitere analoge Riten gleichsam vervollständigt und erhält damit eine für das Wesen der „ersten Heilsordnung" insgesamt geltende generelle Bedeutung.

Die Kombination des in Ex 24 beschriebenen Ritus mit anderen in der Schrift bezeugten Besprengungsriten unterstützt und begründet auch die in V. 22 gegebene Schlußfolgerung: Aus dem zuvor beschriebenen Sachverhalt kann man nunmehr ersehen, daß „fast alles – wie es das Gesetz vorschreibt[27] – durch Blut gereinigt wird"[28]. Dabei liegt in dieser Schlußfolgerung der Hauptakzent im Kontext auf der Wendung ἐν αἵματι, „durch Blut"[29]. Diese „Blutregel" gilt nach Maßgabe des die „erste Heils-

---

[25] Die den Zusatz καὶ τῶν τράγων tilgende Lesart (P[46] ℵ[2] K L Ψ usw.) erklärt sich möglicherweise aus sekundärer Angleichung an Ex 24,5, während die Lesart τῶν μόσχων καὶ τῶν τράγων ihre Entsprechung in V. 12 hat. Vgl. G. Zuntz, The Text of the Epistles, S. 54f; B. M. Metzger, A Commentary on the Greek New Testament, S. 668f.

[26] Τὸ βιβλίον steht hier für die Tora-Rolle bzw. die Gesetzbücher. Vgl. entsprechend LXX Dtn 27,26; 28,58.61; 29,20 u. ö.; Gal 3,10; Philon, Somn II 175; Josephus, Ant. IV 194; vgl. auch Ex 24,7: τὸ βιβλίον τῆς διαθήκης. Vgl. dazu G. Schrenk, ThWNT I, S. 616; H. Balz, EWNT I, Sp. 522.

[27] Zur Wendung κατὰ τὸν νόμον vgl. 7,5; demgegenüber κατὰ νόμον: 7,16; 8,4; 10,8.28. So auch die Lesart von ℵ* D[2] an dieser Stelle.

[28] Das Adverb σχεδόν, „beinahe, fast", ist mit πάντα zu verbinden. Vgl. Philon, Op 17; Josephus, Ant. I 18; Act 13,44; 19,26. Die Trennung von πάντα ist durch die hier beabsichtigte Betonung von ἐν αἵματι bedingt. Das Verbum καθαρίζειν steht wiederum im Präsens der generell geltenden Kultregel.

[29] Wie der exklusiv formulierte Schlußsatz in V. 22b zeigt, liegt dem Autor an der grundsätzlichen Geltung der „Blutregel" im Sinne eines „Blutkanons". Mit dem das πάντα einschränkenden σχεδόν wird lediglich darauf Rücksicht genommen, daß es auch nicht-blutige

ordnung" konstituierenden Gesetzes zunächst gewiß nur für diese, im Sinne der typologischen Entsprechung zwischen „erster" und „zweiter" Heilsordnung aber auch und gerade für die letztere. Eben dies entsprechend zu betonen, ist das Anliegen des in Gestalt einer generell geltenden Regel formulierten Schlußsatzes in V. 22: „Und (in der Tat!): ohne Ausgießen von Blut gibt es keine Vergebung (sc.: von Sünden)". So gewiß der Autor des Hebr damit einen Grund-Satz der „Sühne-Theologie" der πρώτη διαθήκη zitiert, wie er z. B. Lev 17,11 begegnet und sodann vor allem in der rabbinischen Traditionsliteratur seinen Niederschlag gefunden hat[30], so gewiß formuliert er damit zugleich eine allgemeingültige Regel, die – zumal von der entsprechenden Argumentation in VV. 16f her gesehen – nun auch für die „Einweihung" bzw. Inkraftsetzung der „neuen Heilsordnung" gilt[31]. Auch sie – und mit ihr eine wirksame und wirkliche „Vergebung der Sünden" – geschieht nicht „ohne das Ausgießen von Blut"[32]. In diesem Sinn wird in V. 22b bereits die positive Seite der Entsprechung zwischen „erster" und „zweiter" Kult- und Heilsordnung angedeutet: Die Notwendigkeit des alle Kultregeln der „ersten Heilsordnung" überbietenden eschatologischen bzw. „himmlischen" Blutvergießens, das – geschehen im Opfertod des Mittlers der „neuen Heilsordnung" – nun endlich wirklich die ἄφεσις bewirkt[33].

Der folgende **V. 23** macht schlußfolgernd (οὖν) die Überbietung in der

---

Opfer gegeben hat. Vgl. H. WINDISCH S. 83; A. VANHOYE, Mundatio per sanguinem Heb 9,22.23, VD 43 (1963–65) S. 177f.

[30] Vgl. bes. bYom 5a: „Es gibt keine Sühne es sei denn durch Blut". Vgl. auch bZev 26b: „Sobald das Blut den Altar erreicht, erfolgt Vergebung (sc.: der Sünden bzw. Übertretungen)"; weiter: bZev 6a; bMen 5b; 93b (dazu: STRACK-BILLERBECK, III, S. 742) sowie Philon, SpecLeg I 205. Zum „Blutkanon" im Alten Testament insgesamt vgl. G. KEDAR-KOPFSTEIN, ThWAT II, Sp. 248–266; H. CHRIST, Blutvergießen im Alten Testament (Theol. Diss. 12), Basel 1977; O. BÖCHER, EWNT I, Sp. 88–93, sowie C. SPICQ, II, S. 271–285; E. LOHSE, Märtyrer und Gottesknecht, S. 20ff; H. WINDISCH S. 82–84 sowie S. 91: „Hier bleibt die Grundvoraussetzung dieses Opferwesens unerschüttert in Geltung".

[31] Insofern handelt es sich hier nicht nur um eine „vorchristliche Kultregel" (so O. MICHEL S. 321), die als solche dann freilich in der Tat im Widerspruch stünde zu der ebenso kategorisch formulierten Aussage von 10,4: ἀδύνατον γὰρ κτλ. Zur vermeintlichen Antinomie bzw. „gedanklichen Spannung" zwischen 9,22 einerseits und 10,4 andererseits vgl. E. RIGGENBACH S. 281, Anm. 63; O. MICHEL S. 321.

[32] Mit dem Terminus αἱματεκχυσία – wohl einer eigenen Wortbildung des Autors des Hebr – wird im kultischen Kontext von Hebr 9 auf den Akt des „Ausgießens von Blut" (ἐκχεῖν bzw. ἐκχύννειν τὸ αἷμα) am Altar des Zeltheiligtums Bezug genommen. Vgl. Ex 29,12; Lev 4,7ff; 8,15; 9,9. Ἔκχυσις αἵματος steht demgegenüber in LXX (3 Reg 18,28; Sir 27,15) vom gewaltsamen „Blutvergießen". Zur Wortbildung αἱματεκχυσία im Hebr vgl. T. C. G. THORNTON, The Meaning of αἱματεκχυσία in Hebrews 9,22, JThSt 15 (1964) S. 63–65; R. WILLIAMSON, Philo and the Epistle to the Hebrews, S. 114. Anders wiederum bezeichnet πρόσχυσις τοῦ αἵματος in Hebr 11,28 das Besprengen bzw. Bestreichen der Türpfosten mit Blut.

[33] Ἄφεσις absolut auch Mk 3,29. Gemeint ist selbstverständlich im Kontext (9,22a.26; 10,4.11.18) die ἄφεσις τῶν ἁμαρτιῶν bzw. τῶν παραπτωμάτων. Vgl. entsprechend V. 15: ἀπολύτρωσις τῶν παραβάσεων. Vgl. A. VANHOYE, VD 43 (1963–65) S. 178.

Entsprechung von alter und neuer Heilsordnung ausdrücklich zum Thema („conclusio") und leitet damit zugleich zur Darstellung der Position in den VV. 24ff hinüber („transition")[34]: „So besteht nun also die Notwendigkeit...". Die Sachproblematik solcher Argumentation – zumal in der Anwendung auf jenes Opfer, um das es hier dem Autor des Hebr eigentlich geht! – ist offensichtlich: Auch wenn man einräumt, daß der allgemeingültige Satz in V. 22b vom Autor letztlich vom „geschehenen Tod" Christi her gewonnen ist, ist doch nicht zu übersehen, daß hier die Gefahr akut wird, diesem „einmaligen" Tod seinen Ärgernischarakter zu nehmen und ihn durch seine Einbeziehung in einen logisch-diskursiven Argumentationsgang gleichsam „rational einsichtig" zu machen![35] Von dem aus den entsprechenden „Geboten nach Maßgabe des Gesetzes" (V. 19) gewonnenen, exklusiv geltenden „Blutkanon" von V. 22b her gilt das Ἀνάγκη οὖν (ἐστίν) von V. 23 gewiß zwar zunächst – im Rahmen der „ersten Heilsordnung" – für die (irdischen) „Abbilder (τὰ ὑποδείγματα) der in den Himmeln befindlichen Dinge"[36]. Für sie gilt zunächst, daß „Reinigung" (V. 22a) und „Vergebung" (V. 22b) „entsprechend dem Gesetz" (V. 22a) τούτοις, d. h.: „durch diese" (Dinge und Mittel, die zuvor genannt worden waren) bzw. „auf solche Weise", erfolgen[37].

Über die „erste Heilsordnung" hinaus bzw. in Entsprechung zu ihr gilt dieser „Blutkanon" von V. 22b nun aber auch für die „himmlischen Dinge selbst", für die ἐπουράνια, die – wie sodann aus V. 24 hervorgeht – nicht nur (in Entsprechung zu V. 21) auf das himmlische Heiligtum und seine Kultgeräte zu beziehen sind, sondern vor allem auf das Hineingehen des Hohenpriesters Christus in das himmlische, „nicht mit Händen gemachte" Heiligtum[38]. Daß im Rahmen dieser Entsprechung von irdischen und himmlischen Dingen bzw. im Rahmen der Entsprechung von Urbild und Abbild unter der Überschrift des Ἀνάγκη οὖν (ἐστίν) auch die ἐπουράνια

---

[34] Vgl. A. VANHOYE, La structure littéraire, S. 151ff. Der Schlußfolgerungscharakter von V. 23 rechtfertigt es, diesen Vers noch zum vorangehenden Zusammenhang der VV. 15ff zu stellen. Vgl. auch A. VANHOYE, a.a.O., S. 153; K. NISSILÄ, Das Hohepriestermotiv im Hebr, S. 199f.

[35] Vgl. zum Problem in dieser Hinsicht bereits H. WINDISCH S. 79 sowie E. KÄSEMANN, Der Ruf der Freiheit, Tübingen ⁵1972, S. 197f; U. LUZ, EvTh 34 (1974) S. 118; O. MICHEL S. 322, Anm. 2.

[36] Ὑπόδειγμα bezeichnet hier – wie bereits 8,5 (in Verbindung mit σκιά) – das schattenhafte „Abbild", die Kopie gleichsam der himmlischen Wirklichkeit. S. o. zu 8,5 sowie H. SCHLIER, ThWNT II, S. 33; C. SPICQ, Notes II, S. 908f. A. VANHOYE, VD 43 (1963–65) S. 187, übersetzt: „praefigurationes".

[37] Im weiteren Kontext ist dabei auch an die δικαιώματα λατρείας von 9,1.10 zu denken. Vgl. A. VANHOYE, VD 43 (1963–65) S. 183.

[38] Anders A. VANHOYE, VD 43 (1963–65) S. 187ff, der die ἐπουράνια auf die Christen (!) als die „Teilhaber der himmlischen Berufung" bezieht (3,1! vgl. auch 6,11; 12,22f). Zunächst jedoch handelt es sich im hier noch geltenden Kontext der irdisch-abbildhaften Ordnung um die Reinigung von „Sachen": τὰ ἐπουράνια steht analog zu τὰ ὑποδείγματα.

einer „Reinigung" bedürfen, ist in der Tat ein eigenartiger Gedanke[39], als solcher am Ende nur von daher zu verstehen, daß auch hier noch die Darstellung des irdischen „Abbildes" in den VV. 19-22 die Aussagen über das „Urbild" bestimmt[40], Anzeichen zugleich dafür, daß der Autor des Hebr dem logischen Zwang eines konsequent durchgeführten Entsprechungsgedankens unterliegt. Dies gilt nicht zuletzt auch im Blick auf den (dem τούτοις in bezug auf die alte Kultordnung entsprechenden) Plural θυσίαις in V. 23b. Auch wenn man ihn nicht auf eine tatsächliche Mehrzahl von Opfern, sondern auf die „Kategorie des Opfers" bezieht[41], bleibt doch eine erhebliche Spannung zu jenen Aussagen im Kontext (9,25ff; 10,12.14!), in denen nun gerade die Einmaligkeit des von Christus dargebrachten Selbstopfers herausgestellt wird. Andererseits erscheint nun freilich der logische Zwang einer konsequenten Durchführung des Entsprechungsgedankens zumal in V. 23 dadurch durchbrochen, daß der Autor hier wiederum – in Aufnahme des bereits in 8,2ff und 9,11ff wirksamen Schemas der Gegenüberstellung irdisch-himmlisch – mit der Entsprechung die Überbietung des Irdischen durch das Himmlische verbindet: Es sind „größere und bessere Opfer als diese" (sc.: Opfer und Riten der alten Kultordnung)[42], von denen er eigentlich reden will. Und in der Tat: sie, diese „besseren Opfer" (und damit auch „die himmlischen Dinge" insgesamt), sind ja auch die „eigentlichen" Dinge, die eigentliche Wirklichkeit, der gegenüber die irdischen Dinge der „ersten" Heils- und Kultordnung nur abgeleitete, abbildhafte Bedeutung haben, nur „Gegenbilder der wahren Wirklichkeit" darstellen (V. 24!).

So gesehen ist es eine eigenartig „gegenläufige" Argumentation, deren sich der Autor des Hebr hier bedient: Einerseits wird jenes Heilsgeschehen, um dessen Auslegung und Aktualisierung es ihm in seinem Trost- und Mahnschreiben insgesamt geht, zum Zwecke der Aktualisierung ganz in Entsprechung zu den Kultriten der alten bzw. ersten Heilsordnung und

---

[39] Er ist kaum dadurch zu umgehen, daß man bei καθαρίζειν in V. 23 an eine Art „Einweihung" (im Sinne von V. 18) denkt (so G. LÜNEMANN S. 302f; kritisch dazu bereits E. RIGGENBACH S. 283) oder an die (apokalyptische) Vorstellung vom Sturz des Satans aus dem Himmel (so F. BLEEK, II/2, S. 588, mit Verweis auf Lk 10,18; Joh 12,31 und Apk 12,1-7; kritisch dazu wiederum E. RIGGENBACH S. 283; vgl. auch O. MICHEL S. 323f).

[40] Vgl. H. WENSCHKEWITZ, Die Spiritualisierung der Kultusbegriffe Tempel, Priester und Opfer im neuen Testament, S. 204; H. WINDISCH S. 85. A. VANHOYE löst das Problem durch Beziehung der „himmlischen Dinge" auf die Christen. S. o. Anm. 38.

[41] Vgl. bereits E. RIGGENBACH S. 283: „Plural der Kategorie"; A. SEEBERG S. 106: „Plural der Gattung". Zum Problem vgl. auch A. VANHOYE, VD 43 (1963-65) S. 183f; N. H. YOUNG, NTS 27 (1980/81) S. 206: „The plural (θυσίαις) being attraced to the τούτοις with which it contrasts".

[42] Zur Formulierung des Komparativs vgl. bereits 1,4: κρείττων ... παρ' αὐτούς sowie 7,22. Παρά c.acc. bei Komparativen im Hebr auch 3,3; 11,4; 12,24. Vgl. BL.-DEBR.-R. § 185,5. Charakteristisch für die Formulierung des Überbietungsgedankens ist auch hier wieder der Gebrauch der rhetorischen Figur τὰ μὲν κτλ. – αὐτὰ δὲ κτλ.

dem sie konstituierenden Gesetz (einschließlich des hier geltenden „Blutkanons"!) gesehen; andererseits aber wird zugleich jene alte bzw. erste Kult- und Heilsordnung ganz im Lichte des mit dem Namen und Titel Χριστός verbundenen Heilsgeschehens gesehen. Lediglich „Abbild", „Gegenbild der wahren (Heils-)Wirklichkeit" ist die alte Kultordnung, und der Rekurs auf sie dient am Ende nur der (die Adressaten möglichst überzeugenden) Herausstellung der schlechthinnigen Überlegenheit und Endgültigkeit der „neuen Heilsordnung". Sie allein ist für die Adressaten maßgeblich; sie allein Grundlegung ihres Glaubens und ihrer Hoffnung. Genau davon handelt der folgende Abschnitt 9,24-28.

4.2.6) 9,24–28: Perspektiven des Priesterdienstes am himmlischen Heiligtum

24 Denn nicht in ein mit Händen gemachtes Heiligtum, ein Gegenbild des wahren (Heiligtums), ist Christus hineingegangen, sondern in den Himmel selbst, um jetzt vor dem Angesicht Gottes für uns zu erscheinen.
25 Auch (ist er) nicht (hineingegangen), um oftmals sich selbst (als Opfer) darzubringen, wie der (irdische) Hohepriester alljährlich in das Heiligtum mit fremdem Blut hineingeht;
26 denn sonst hätte er (ja) oftmals leiden müssen seit Grundlegung der Welt; nun aber ist er einmal am Ende der Weltzeiten offenbar geworden zur Aufhebung der Sünde durch sein (eigenes) Opfer.
27 Und wie es den Menschen vorbehalten ist, einmal zu sterben, danach aber das Gericht,
28 so wird auch Christus, einmal als Opfer dargebracht, um die Sünden vieler zu tragen, zum zweiten Male ohne (Beziehung zur) Sünde erscheinen denen zum Heil, die ihn erwarten.

Stellung und Funktion im Kontext:

Die „applicatio" der zuvor – in V. 22 – formulierten Kultregel „ad liturgiam Christi" erfolgt im Abschnitt 9,24-28[43], in V. 24 zunächst im Sinn einer begründenden Weiterführung des Komparativs von V. 23. In V. 24 wie auch in den folgenden Versen geschieht dies weitgehend im Rückgriff auf 8,3-6 und 9,11ff[44]. Charakteristisch dafür ist, daß auch hier wieder – wie bereits im Übergang von 9,6ff zu 9,11ff – an die Stelle des zeitlosen Präsens der Kultregel (V. 22) der auf ein einmaliges Geschehen in Zeit und Geschichte bezugnehmende Aorist tritt und darüber hinaus dem πολλάκις bzw. κατ' ἐνιαυτόν der alten Kultordnung – wie bereits in 9,12 – das ἅπαξ des Selbstopfers Christi gegenübergestellt wird[45]. Dies alles zeigt, z.T. bis in

---

[43] So A. VANHOYE, VD 43 (1963–65) S. 182.
[44] Vgl. die Zusammenstellung der Entsprechung zwischen 8,3-6; 9,11ff einerseits und 9,24ff andererseits bei A. VANHOYE, La structure littéraire, S. 156f.
[45] Von daher gesehen ist der Plural hinsichtlich der in 9,19ff genannten Reinigungsmittel bzw. Opfer zugleich Hinweis auf „das Ungenügende und Mangelhafte der alten Ordnung".

die Formulierung hinein, Entsprechung zu 9,11ff, setzt aber doch zugleich die unmittelbar vorangehenden Deduktionen voraus. Über alle Redundanz im Rückbezug auf das Vorangehende hinaus werden hier gleichwohl neue Akzente gesetzt, und zwar hinsichtlich der aus dem einmaligen Selbstopfer Christi bzw. seinem einmaligen Eintritt in das himmlische Heiligtum sich ergebenden Perspektiven. Sie eröffnen sich einmal hinsichtlich der Gegenwart der Adressaten (V. 24), zum anderen aber auch darüber hinaus im Blick auf ihre eschatologische Hoffnung und Erwartung (V. 28).

Für **V. 24** ist – von V. 23 her – zunächst wiederum (wie bereits in 8,5: s. dort) die Gegenüberstellung des Irdischen und des Himmlischen bestimmend: Das „mit Händen gemachte", also das irdische Heiligtum (ἅγια)[46] wird in diesem Sinn das „Gegenbild" (ἀντίτυπα) des „wahren", d.h. des himmlischen Heiligtums genannt[47], „gegenbildlich" nämlich im Gegenüber zum τύπος im Sinne des (himmlischen) Ur- und Vorbildes. Die Formulierung (τὰ) ἀντίτυπα (ἅγια) korrespondiert somit der Rede von den ὑποδείγματα τῶν ἐν τοῖς οὐρανοῖς in V. 23. Das Ur- und Vorbild des „gegenbildlichen", des irdischen Heiligtums hat seinen Ort „in den Himmeln" (V. 23). Dem entspricht die Aussage, daß Christus „in den Himmel selbst", und d.h. wiederum: in das himmlische Heiligtum, den Ort der Anwesenheit Gottes[48], „hineingegangen ist". Dies alles zeigt an, daß hier – wie bereits in der analogen Formulierung V. 12 – eine gleichsam vertikale Typologie vorliegt[49], die als solche – nicht zuletzt auch schon in terminologischer Hinsicht – wiederum im Umfeld (platonisch-)philonischer Tradition ihren Ort hat[50]. Die entscheidende Differenz zur Anwendung desselben

---

So O. MICHEL S. 323. Vgl. demgegenüber (im Unterschied auch zu V. 23!) den Singular διὰ τῆς θυσίας αὐτοῦ in V. 26.

[46] Artikelloses ἅγια bezeichnet hier – vgl. demgegenüber τὰ ἅγια V. 25 – das Heiligtum insgesamt. Vgl. A.P. SALOM, TA ΑΓΙΑ in the Epistle to the Hebrews, AUSS 5 (1967) S. 38f.

[47] Vgl. bereits in 8,2 die Rede vom „wahren Zeltheiligtum, das der Herr, nicht ein Mensch aufgerichtet hat" sowie 8,5. Der Gegensatz zum irdischen Zeltheiligtum wird in V. 24 bereits durch die Wortfolge im Satzgefüge zum Ausdruck gebracht, vor allem durch die betont vorangestellte Negation. Also: „(Eben) nicht in ein mit Händen gemachtes Heiligtum ist Christus hineingegangen, sondern (ganz im Gegenteil) in den Himmel selbst".

[48] Vgl. bes. V. 24b: Im Himmel „erscheint" Christus „vor dem Angesicht Gottes". Zur Formulierung vgl. LXX Ps 41,3: καὶ ὀφθήσομαι τῷ προσώπῳ θεοῦ. Vgl. N.H. YOUNG, NTS 27 (1980/81) S. 204.

[49] „Vertikal" im Unterschied zu einer „horizontalen" Typologie, wie sie z.B. 1 Petr 3,21 vorliegt, und zwar hinsichtlich der Taufe als ἀντίτυπον der Errettung des Noah aus der Flut. Vgl. dazu L. GOPPELT, Der erste Petrusbrief, S. 256.

[50] Vgl. W. BAUER, Wörterbuch zum Neuen Testament, Sp. 151: „nach platonischer Lehre v.d. sinnl. Erscheinungswelt im Ggs. zu den wahrhaften, himmlischen Urbildern (dem αὐθεντικόν)". Vgl. auch L. GOPPELT, ThWNT VIII, S. 248: „Im Neuplatonismus, nicht bei Plato selbst, bezeichnet ἀντίτυπος die sinnliche Erscheinungswelt im Gegensatz zur himmlischen Ideenwelt". H. BRAUN S. 282 sieht in V. 24 denselben „metaphysisch-dualistischen" Gebrauch des Terminus wie bei Plotin, Enn. II 9,6. – Zu ἀληθινός als feststehendem Attribut der urbildlichen, himmlischen Welt bzw. als Bezeichnung des „wirklich Seienden" vgl. R. BULTMANN, ThWNT I, S. 250f. Zur Sache vgl. auch 2 Clem 14,3: Die σάρξ ist ἀντίτυπος τοῦ πνεύματος,

Grundschemas bei Philon besteht im Hebr wiederum darin, daß das traditionelle Entsprechungsschema „himmlisches Urbild" – „irdisches Abbild" nicht im Dienst einer „vertikal entworfenen, kosmologischen Heilslehre" steht, sondern in typologischer Funktion das eschatologisch-endgültige und somit unüberbietbare Opfer des Hohenpriesters Christus herausstellen soll[51], und zwar auch hier wieder – wie im Grund auch schon in V.12 – in der Ausrichtung der christologischen Aussage auf deren soteriologische Effizienz für die Adressaten.

Ganz in diesem Sinne mündet die Aussage von V.24a über das hohepriesterliche Werk Christi in V.24b in eine soteriologische Aussage ein, die das gegenwärtige Wirken des ins himmlische Heiligtum hineingegangenen Hohenpriesters „für uns" umschreibt. Auch und gerade dort, wo der Autor des Hebr – offensichtlich auch mit einer gewissen Freude am Detail – sein zentrales „dogmatisches" Anliegen zum Zuge bringt, behält er also sein pastorales Grundanliegen durchaus im Blick: Der Eintritt Christi ins himmlische Heiligtum, dereinst durch sein Selbstopfer vollzogen, hat eine bis ins „Jetzt" hineinreichende „Heilsbedeutung". Denn dazu letztlich ist er als der Hohepriester ins himmlische Heiligtum hineingegangen, um „jetzt für uns" – also: „uns zugute"! – „vor dem Angesicht Gottes in Erscheinung zu treten". Ἐμφανίζειν (τινί) heißt hier zunächst nichts anderes als „sichtbar werden", im Medium: „erscheinen, sich offenbaren", und wird in diesem Sinn in hellenistisch-jüdischer Tradition offenbarungstheologisch gebraucht[52]. Im Kontext von Hebr 9 aber steht der Terminus eher in einem kultisch-soteriologischen Sinn: So wie der irdische Hohepriester einmal im Jahre (V.7) in das Allerheiligste des Zeltheiligtums eintritt (und somit „vor Gottes Angesicht" erscheint), so verrichtet nunmehr auch Christus, der wahre, himmlische Hohepriester, seinen himmlischen Priesterdienst[53]. Was damals mit dem Eintritt ins himmlische Heiligtum begonnen hat, gilt auch „jetzt" noch. Das damals – bei jenem Eintritt ins Heiligtum – vor Gott geltend gemachte Selbstopfer Christi gilt in der Tat „ein für allemal". In diesem die Perspektiven dieses Selbstopfers

---

der letztere also zugleich τὸ αὐθεντικόν. Vgl. J.W. THOMPSON, The Beginnings of Christian Philosophy, S. 48ff. 135f.

[51] Vgl. G. SCHUNACK, EWNT III, Sp. 900f, sowie CHR. T. FRITSCH, TO ANTITYΠON, in: Studia biblica et semitica Theodoro Christiano Vriezen dedicata, Wageningen 1966, S. 100–107, spez. S. 103: „redemption, not cosmology, is the main interest of the author of Hebrews".

[52] Vgl. LXX Ex 33,13: ἐμφάνισόν μοι σεαυτόν; 33,18 (Lesart B), Weish 1,2; Philon, All III 27.101 (Ex 33,13); Josephus, Ant I 223; Bell VI 47 sowie Joh 14,21f. Zur Sache vgl. R. BULTMANN, ThWNT IX, S.7; A. SAND, EWNT I, Sp. 1091f.

[53] Vgl. R. BULTMANN, ThWNT IX, S.8, sowie bereits 8,2: Der „zur Rechten Gottes" Erhöhte ist λειτουργός am himmlischen Heiligtum. Vgl. E. LOHSE, ThWNT VI, S. 778: „Damit ist die Ausdrucksweise, mit der im AT das Erscheinen im Tempel bezeichnet wurde, auf das himmlische Heiligtum übertragen worden". Auf einen entsprechenden Beleg aus den Papyri verweist J. POUILLOUX, La forteresse de Rhamnonte, Paris 1954, S. 24, Anm. 9: ἐμφανίζει λελιτουργηκέναι ἐν τῷ ἱερῷ. Vgl. dazu C. SPICQ, SBi, S. 160.

aufzeigenden Abschnitt kommt es dem Autor des Hebr genau auf dieses „Jetzt" an. Im Zusammenhang mit der Aussage in V. 26 gesehen ist es geradezu Ausdruck einer präsentischen Eschatologie: Seit dem Eintritt Christi ins himmlische Heiligtum ist die Zeit der christlichen Gemeinde durch dieses eschatologische „Jetzt" bestimmt. Diese Zeit ist für die christliche Gemeinde – und somit auch für die Adressaten des Hebr – in einem endgültigen Sinne Heilszeit, als solche dadurch bestimmt, daß diese Gemeinde nun nicht mehr sich selbst überlassen ist, sondern gerade auch „jetzt" Christus als der himmlische Hohepriester – wie das betont am Ende des Satzes stehende ὑπὲρ ἡμῶν zeigt – „für sie" heilwirksam tätig ist. Sofern es sich also bei jenem „Erscheinen" Christi „vor dem Angesicht Gottes" um einen heilswirksamen, „für uns" geschehenden Vorgang handelt, besteht zwischen dem ἐμφανισθῆναι ὑπὲρ ἡμῶν in V. 24 und dem ebenfalls vom himmlischen Hohenpriester in 7,25 ausgesagten ἐντυγχάνειν ὑπὲρ αὐτῶν zweifellos ein sachlicher Zusammenhang. „Vor dem Angesicht Gottes erscheinen", das heißt also im (kultischen) Kontext von V. 24: Christus, der himmlische Hohepriester, macht vor Gott sein Selbstopfer geltend und steht damit „für uns" ein (7,25)[54].

Den endgültigen Charakter der durch den Eintritt Christi ins himmlische Heiligtum inaugurierten Heilszeit betont in der für den Hebr charakteristischen Weise wiederum V. 25: Mit οὐδ' ἵνα knüpft er syntaktisch wie auch sachlich an V. 24a an: οὐ γὰρ ... εἰσῆλθεν, d. h.: „auch nicht (ist er in das Heiligtum hineingegangen), damit er sich selbst oftmals und wiederholt (als Opfer) darbringe..."[55]. Eintritt in das Heiligtum und Selbstopfer Christi gehören also zu einer Einheit zusammen, ja: der Eintritt in das Heiligtum geschieht bzw. ist geschehen in der Weise des Selbstopfers Christi[56]. Wird dabei in V. 25b noch einmal – zur Erläuterung des πολλάκις – auf die für das irdische Hohepriestertum geltende Kultregel (Präsens: εἰσέρχεται!) verwiesen, so ist auch hier wieder bzw. noch das Schema

---

[54] Vgl. C. SPICQ, SBi, S. 160: „on dirait que le Christ vient ‚exploiter' près de son Père le sacrifice de la croix, en faire valoir les mérites". Sieht man diese Funktion des himmlischen Hohenpriesters in einem Zusammenhang mit dem Motiv der „Mittler"-schaft Christi (8,6; 9,15), so gewinnt ὑπὲρ ἡμῶν hier zugleich die Dimension der „Stellvertretung": „Für uns", d. h.: „an unserer Stelle" erscheint Christus „vor dem Angesicht Gottes", sodaß „wir" nunmehr „durch ihn" ungehinderten Zugang zu Gott haben (7,25; vgl. auch 4,16). Vgl. K. NISSILÄ, Das Hohepriestermotiv im Hebr, S. 206; H. ZIMMERMANN, Das Bekenntnis der Hoffnung, S. 200.

[55] Προσφέρειν bezieht sich auch hier wieder typologisch auf die Opferdarbringung am Versöhnungstag (Lev 16), auch wenn dort nur in Lev 16,9 das Verbum προσφέρειν für die Opferhandlung des Hohenpriesters gebraucht wird. Vgl. demgegenüber jedoch Lev 9,9ff. Vgl. zum Problem W. STOTT, The Conception of ‚Offering' in the Epistle to the Hebrews, NTS 9 (1962/63) S. 62–67; N. H. YOUNG, NTS 27 (1980/81) S. 207ff. – Zur Beziehung von προσφέρειν auf den Tod Christi vgl. V. 27 und V. 28; dazu N. H. YOUNG, a.a.O., S. 208f: „Here προσφέρω is synonymous with ἀποθνῄσκω".

[56] Vgl. entsprechend 7,27: ἑαυτὸν ἀνενέγκας. In V. 28 wird derselbe Sachverhalt passivisch zur Aussage gebracht: Christus ist „einmal (von Gott?) dargebracht worden".

der Gegenüberstellung des Irdischen und des Himmlischen bestimmend: Irdischer Priesterdienst, als solcher ja lediglich „Kopie" des himmlischen, ist notwendig mit dem Makel des πολλάκις, der (alljährlichen) Wiederholung behaftet, darüber hinaus aber auch damit, daß der irdische Hohepriester eben nur „mit fremdem Blut" – im Gegensatz zum διὰ τοῦ ἰδίου αἵματος von V. 12! – in das Heiligtum einzutreten vermag[57]. Derlei gilt nun aber für das wahre Hohepriestertum Christi gerade nicht, vor allem nicht jenes πολλάκις des irdischen Priesterdienstes!

Das Absurde solcher Vorstellung von der Notwendigkeit einer mehrmaligen Wiederholung des Selbstopfers Christ will offensichtlich der hypothetische Zwischensatz **V. 26a** zum Ausdruck bringen: ‚Wenn dies tatsächlich so wäre, dann hätte er ja oftmals seit Grundlegung der Welt leiden müssen'! Die Rede vom παθεῖν Christi führt hier die vorangehende Rede von seinem „Eingang" ins himmlische Heiligtum (V. 24) bzw. von seiner „Selbstdarbringung" (V. 25) fort. Leiden – Tod – Eintritt ins himmlische Heiligtum, der letztere nach 8,1 mit der Erhöhung identisch, verdichten sich hier also – wie auch sonst im Hebr – zu einem einzigen Vorgang[58], der im Sinne des Autors zugleich ein einmaliger Vorgang ist – alles andere wäre absurd! Sinnvoll im Kontext ist der hypothetische Satz von V. 26a also nur, um jenes für das irdische Priestertum geltende πολλάκις in bezug auf das Hohepriestertum Christi ad absurdum zu führen[59]. Um so schärfer und deutlicher wird solcher Vorstellung in **V. 26b** die Wirklichkeit entgegengesetzt: „Jetzt aber einmal am Ende der Weltzeit...''! Im Gegensatz also (δέ!) zum πολλάκις von V. 26a nunmehr das νυνὶ ἅπαξ. Und die Ausrichtung der hypothetischen Zwischenbemerkung von V. 26a auf die die Wirklichkeit beschreibende Aussage in V. 26b zeigt nicht zuletzt auch die Korrespondenz der beiden (geprägten) Wendungen ἀπὸ καταβολῆς κόσμου (V. 26a) und ἐπὶ συντελείᾳ τῶν αἰώνων (V. 26b)[60]. Gerade durch sie

---

[57] Τὰ ἅγια bezeichnet hier selbstverständlich das „Allerheiligste". In diesem Sinne auch die (sekundäre) Ergänzung τῶν ἁγίων bei ℵ² sa^mss (usw.). Die Präposition ἐν steht in der Wendung ἐν αἵματι ἀλλοτρίῳ – entsprechend dem διά c.gen. in V. 12 und 13,12 im instrumentalen Sinn, ebenso in den entsprechenden Wendungen in 10,19 und 13,20. Vgl. BL.-DEBR.-R. § 198,2: Dativus sociativus, „zur Bezeichnung der begleitenden Umstände" (beim Eintritt des Hohenpriesters in das Heiligtum).

[58] Vgl. auch 13,12: Die Heiligung des Volkes „durch sein Blut" geschieht im Leiden Jesu. Leiden und Sterben Jesu werden auch sonst im Urchristentum als eine Einheit betrachtet: 1 Petr 2,21; 3,18. Vgl. auch die Lesart 1908 sa zu Hebr 9,26: ἀποθανεῖν statt παθεῖν.

[59] Vgl. demgegenüber die von Hippolyt, Ref. IX 14,1, für die judenchristliche Gruppe der Elchesaiten bezeugte Vorstellung von der mehrfachen Wiederkehr des Erlösers in die Geschichte. Dazu: G. STRECKER, Das Judenchristentum in den Pseudoklementinen (TU 70), Berlin 1958, S. 145-153, spez. S. 151, Anm. 1; G. P. LUTTIKHUIZEN, The Revelation of Elchasai (Texte und Studien zum Antiken Judentum 8), Tübingen 1985, S. 64f. 212f.

[60] Ähnlich wie bei der Wendung πρὸ καταβολῆς κόσμου (Eph 1,4; 1 Petr 1,20; Joh 17,24) handelt es sich bei der Wendung ἀπὸ καταβολῆς κόσμου um eine im Urchristentum geläufige formelhafte Zeitbestimmung in jüdischer Tradition. Vgl. Mt 13,35; 25,34; Lk 11,50; Apk 13,8; 17,8 sowie Röm 1,20: ἀπὸ κτίσεως κόσμου. Für das Judentum vgl. AssMos 1,14: ab in-

wird die eschatologisch-endgültige Qualität der „Offenbarung" Christi nachdrücklich herausgestellt, in V. 26b vor allem akzentuiert durch betont vorangestelltes νυνὶ δέ, das einen Einschnitt im Ablauf von Zeit und Geschichte markiert, dem als solchen im Sinne des Autors „Offenbarungs"-Charakter zukommt, dies nun aber – wie die Perfektform πεφανέρωται in V. 26b anzeigt – über jenes einmalige Geschehen von einst hinaus. Das „Jetzt aber" des Offenbarungsgeschehens gilt also auch und gerade für die eigene Gegenwart der Adressaten. Gewiß ist das Geschehen jener „Offenbarung" untrennbar mit dem einmaligen Eintritt des Hohenpriesters Christus in das himmlische Heiligtum (V. 24), also mit seiner „Selbstdarbringung" (V. 25) bzw. mit seinem „Leiden" (V. 26a) verbunden, also – wie es hier nunmehr im Singular heißt (im Unterschied zu V. 23!) – mit seinem Opfer; sofern es sich jedoch bei alledem um ein „himmlisches", alles Irdische überschreitendes Geschehen handelt, eröffnet sich von jenem „Einst-einmal" her zugleich eine alle Gegenwart (und Zukunft!) umgreifende Perspektive.

Geht es dem Autor des Hebr – im Blick auf seine Adressaten – eben um diese (soteriologische) Perspektive, so ist es auch von daher zu verstehen, daß er mit dem νυνὶ δὲ ἅπαξ von V. 26b in einen Zusammenhang, der bisher in erster Linie durch die vertikale Gegenüberstellung des Irdischen und des Himmlischen bestimmt war, nunmehr ein neues und anderes Moment einbringt, eine horizontal-eschatologische Betrachtungsweise nämlich, mit der er – auf seine Weise wiederum – ein bestimmtes traditionell-urchristliches Schema variiert und in den Kontext seines pastoralen Grundanliegens einfügt. Keiner Frage jedenfalls bedarf es, daß die Gegenüberstellung „seit Grundlegung der Welt" – „am Ende der Weltzeiten" in V. 26 terminologisch wie sachlich der Gegenüberstellung πρὸ καταβολῆς κόσμου – ἐπ' ἐσχάτου τῶν χρόνων in 1 Petr 1,20 entspricht. Ebenso in Übereinstimmung mit 1 Petr steht der Gebrauch des Verbums φανεροῦν in V. 26. Mit anderen Worten: Der Autor des Hebr nimmt an dieser Stelle ein traditionelles Revelationsschema auf[61], das er – ebenso wie dies auch in

---

itio orbis terrarum sowie die entsprechende Wendung קדם בריאת עולם in der rabbinischen Literatur (MTeh Ps 10 § 1; Ps 74 § 1; Ps 93 § 3). Die ursprüngliche Bedeutung von καταβολή, „Grundlegung" (sc. eines Fundamentes) zeigt sich noch in 2 Makk 2,29: Gott als ἀρχιτέκτων τῆς ὅλης καταβολῆς. Vgl. auch Josephus, Ant XII 64 sowie zum Ganzen O. Hofius, EWNT II, Sp. 630f. – Ebenfalls geprägte Wendung in jüdischer Tradition ist συντέλεια τῶν αἰώνων und von daher in unterschiedlicher Variation im Urchristentum geläufig: Mt 13,39f.49; 24,3; 28,20. Vgl. aber auch 1 Kor 10,11: τέλη τῶν αἰώνων. Für die jüdische Tradition vgl. LXX Dan 9,26f; 11,27.35; 12,13; TestLev 10,2; TestSeb 9,9. Zu συντέλεια als apokalyptischem term. techn. vgl. G. Delling, ThWNT VIII, S. 66.

[61] Es ist das auf die christliche Verkündigung bezogene Schema Einst verborgen – Jetzt offenbar, wie es im Neuen Testament vor allem in der deuteropaulinischen Tradition eine Rolle spielt: Röm 16,25–27; Kol 1,26f; Eph 3,4f.9f; Tit 1,3. Vgl. dazu: R. Bultmann/D. Lührmann, ThWNT IX, S. 5f; D. Lührmann, Das Offenbarungsverständnis bei Paulus und in paulinischen Gemeinden (WMANT 16), Neukirchen 1965, S. 124–133.

1 Petr geschieht – christologisch gebraucht. Im Unterschied zu 1 Petr 1,20 liegt dieses Schema allerdings im Hebr in einer verkürzten Gestalt vor: Die traditionell mit ihm verbundene Wendung ἀπὸ bzw. πρὸ καταβολῆς κόσμου spielt in V. 26 nur noch im hypothetischen Zwischensatz (V. 26a) eine Rolle; um so mehr Gewicht fällt demgegenüber auf die christologisch-soteriologische Aussage in V. 26b[62]. Dabei wird durch betont vorangestelltes νυνὶ δέ (in Verbindung mit der Wendung „am Ende der Weltzeiten"!) nicht lediglich – im Sinne des νῦν von V. 24 – die Gegenwart der Adressaten des Hebr als eschatologische Heilszeit, sondern zunächst und vor allem – das νῦν von V. 24 einschließend – die Zeit seit dem (an sich vergangenen) „Offenbarwerden" Christi als eschatologische Vollendungszeit qualifiziert[63]. „Jetzt aber...", das ist die Heilszeit, die mit dem Selbstopfer Christi begonnen hat. Dies hier so entschieden zu betonen, liegt ganz in der durch sein pastorales Grundanliegen bestimmten Aussageabsicht des Autors. Dementsprechend kommt es ihm ja gerade darauf an, die in ihrem Glaubensstand angefochtenen Adressaten an jenes „Einst-einmal" zu erinnern, das als solches zugleich das eschatologisch-endgültige „Ein für allemal" in sich schließt. Das hier von Christus ausgesagte ἅπαξ seines „Offenbarwerdens" entspricht also dem ἐφάπαξ des Eingangs Christi in das himmlische Heiligtum von V. 12 und hat in diesem Sinne eschatologischen Charakter. Dies gilt – was den Gebrauch von φανεροῦν betrifft – zwar auch schon für das hier rezipierte traditionelle Revelationsschema, erhält jedoch im Hebr seine besondere Akzentuierung wiederum durch den Gegensatz der „Erscheinung" Christi zur alten Kult- und Heilsordnung.

Das νυνὶ δέ ... πεφανέρωται in V. 26 steht im Gegensatz zum μήπω πεφανερῶσθαι von V. 8! Und Modus dieser „Erscheinung" Christi ist im Hebr – solchem Kontext zufolge – nicht etwa die Menschwerdung bzw. Inkarnation[64], sondern der Eintritt Christi ins himmlische Heiligtum, genauer: sein Leiden und Sterben bzw. – in kultischer Sprache – sein Selbstopfer. Dem ἅπαξ πεφανέρωται von V. 26 entspricht somit auch das ἅπαξ προσενεχθείς von V. 28. Also: Charakteristisch für den Hebr ist es, daß „Opfer" und „Offenbarung" unmittelbar miteinander verbunden werden[65] – und das hat zur (notwendigen!) Konsequenz, daß solche „Offenbarung"

---

[62] Vgl. G. DELLING, ThWNT VIII, S. 67. Zur Sache vgl. auch 8,6: Νυνὶ δέ ... τέτυχεν.
[63] Νυνὶ δέ hat in Verbindung mit der Zeitangabe ἐπὶ συντελείᾳ τῶν αἰώνων durchaus zeitlichen, nicht logischen Sinn. Gegen E. RIGGENBACH S. 287.
[64] Vgl. in diesem Sinne 1 Tim 3,16: ἐφανερώθη ἐν σαρκί. So u.a. E. RIGGENBACH S. 287; O. MICHEL S. 325, Anm. 1. Kritisch dazu L. GOPPELT, Der erste Petrusbrief, S. 125f. Ein Präexistenzgedanke ist hier jedenfalls im Hebr nicht angedeutet. Gegen H. WINDISCH S. 86.
[65] Vgl. dazu bes. J. SWETNAM, Sacrifice and Revelation in the Epistle to the Hebrews: Observations and Surmises on Hebrews 9,26, CBQ 30 (1968) S. 227-234, hier auch (S. 228ff) zu der Frage, ob diese Verbindung auch außerhalb des Hebr für das Urchristentum bezeugt ist. Vgl. dazu immerhin Röm 3,21-26 unter der „Überschrift" von 3,21: Νυνὶ δέ ... πεφανέρωται sowie Apk 4,1.

geschehen ist bzw. ausgerichtet ist auf die ἀθέτησις τῆς ἁμαρτίας. Die Präposition εἰς steht hier also – wie dann auch in V. 28 – im finalen Sinne: Das Ziel, die Finalität der „Offenbarung" Christi ist – weil sie „durch sein Opfer" geschieht! – die Beseitigung bzw. Aufhebung der Sünde. Dies ist nach V. 26 „einmal" geschehen. In diesem Sinne trägt das ἅπαξ an dieser Stelle ein „temporales" Moment in sich: „Einmal" im Unterschied und Gegensatz zum „oftmals" des irdischen Hohenpriestertums; sofern aber dieses „temporale" Moment im Hebr an dieser Stelle zugleich eschatologisch qualifiziert wird – „Jetzt aber einmal am Ende der Weltzeiten"! –, schließt es zugleich eine „modale" Dimension in sich[66]: Durch diese „Offenbarung" bzw. „durch sein Opfer" wird ein für allemal, endgültig die ἀθέτησις τῆς ἁμαρτίας gewirkt. Dies ist eine bemerkenswerte Feststellung im unmittelbaren wie auch im weiteren Kontext des Hebr, auf der nichtsdestoweniger in V. 26b der Akzent liegt: Ἀθέτησις, das meint ja in der Tat die „Aufhebung", die Annullierung der „Sünde" gleichsam[67]! Und bemerkenswert ist diese Feststellung nicht zuletzt auch im Blick auf den Singular ἁμαρτία[68]. Hier geschieht offensichtlich mehr als nur die Vergebung einzelner „Sünden". Vielmehr: „Die Sünde" schlechthin wird durch jenes Offenbarungs- bzw. Opfergeschehen aus ihrem angestammten Herrschaftsbereich vertrieben. Die Rechtmäßigkeit ihrer Herrschaft über den Menschen ist nunmehr endgültig außer Kraft gesetzt[69]. Was im Raum des Judentums erst für die Endzeit erwartet wird – die Vernichtung der Sünde (und die Vernichtung der Sünder!)[70] –, das ist im Sinne des Hebr von jener „Offenbarung" her schon in Geltung gesetzt!

Paraklese – im Sinne der zusprechenden Erinnerung an die soteriologische Perspektive, die sich von jenem Offenbarungsgeschehen her auftut – und Paränese verbinden sich auch und gerade hier wieder unmittelbar miteinander, die letztere im Kontext des Hebr in dem konkreten Sinne, daß die Adressaten in ihrer Glaubensschwäche nicht am Ende doch wieder

---

[66] Zur Unterscheidung temporal/modal vgl. K. NISSILÄ, Das Hohepriestermotiv im Hebr, S. 208f. Der soteriologischen Ausrichtung der christologischen Aussage in V. 26 entspricht in 1 Petr 1,20 die Wendung δι' ὑμᾶς, darüber hinaus der Verweis auf das „Blut Christi" in 1 Petr 1,18. In formaler und sachlicher Hinsicht ist auch 1 Joh 3,5 zu vergleichen: Der Sohn Gottes ist „erschienen" (ἐφανερώθη), ἵνα τὰς ἁμαρτίας ἄρῃ. Vgl. auch 1 Joh 3,8.

[67] Zum rechtlichen Terminus ἀθέτησις vgl. bereits 7,18 sowie 6,16: εἰς βεβαίωσιν als opp. zu εἰς ἀθέτησιν. Vgl. den entsprechenden Sprachgebrauch in den Papyri (BGU I 44; PAmh II 111,19f; PTebt II 397,13). Dazu: A. DEISSMANN, Bibelstudien, S. 228f; DERS., Neue Bibelstudien, S. 55f; J. H. MOULTON/G. MILLIGAN, The Vocabulary of the Greek New Testament, S. 12; F. PREISIGKE Wörterbuch der griechischen Papyrusurkunden I, S. 29.

[68] Die Lesart ἁμαρτιῶν (D* Augustinus) ist sekundäre Angleichung an V. 28, wo der Plural ἁμαρτίας durch die Anspielung auf Jes 53,12 bedingt ist.

[69] Zumindest hier zeigt sich – ähnlich wie bereits in der Rede vom „Betrug der Sünde" in 3,12 – ein übergreifendes, nahezu personales Verständnis von „Sünde" im Hebr. Vgl. C. SPICQ, SBi, S. 161.

[70] Vgl. TestLev 18,9; PsSal 17,36. Zur endzeitlichen Vernichtung der Sünder vgl. PsSal 17,26. 41 sowie äthHen 62,10–12.

dem „Betrug der Sünde" anheimfallen (3,13), die doch eigentlich gar kein Recht mehr auf sie hat. Es ist genau diese paränetische Perspektive, die in den beiden abschließenden VV. 27/28 nun auch explizit zum Zuge kommt. Hier ist der Autor ganz offensichtlich darum bemüht, den bisher dargelegten „dogmatischen" Sachverhalt seinen Lesern auch „existentiell" nahezubringen, in V. 27 zunächst in Gestalt einer für den Hebr insgesamt typischen „argumentatio ad hominem". Also: das (den Adressaten des Hebr fragliche!) „Einmal" des Opfers Christi hat – so die Argumentation des Autors – durchaus eine gewisse Entsprechung in einem bestimmten Grundsachverhalt der menschlichen Existenz. Und diese Entsprechung geht im Sinne des Autors so weit, daß er beide Seiten der Entsprechung – den christologischen und den anthropologischen Sachverhalt – durch das (ihm auch sonst geläufige) Analogieverfahren verbindet: καθ' ὅσον ... οὕτως καί[71]. So gesehen steht die Aussage in V. 27 nicht für sich – im Sinne etwa einer Betonung des notwendigen Nacheinanders von Tod und Gericht –, sondern hat im Kontext lediglich eine argumentativ-verdeutlichende Funktion hinsichtlich des christologischen ἅπαξ. Auch für sich selbst gesehen formuliert sie ja – was jedenfalls das „Sterben" betrifft – lediglich eine allgemeine anthropologische Wahrheit, die Einsicht nämlich in ein Grundgesetz menschlicher Existenz überhaupt, wie sie in breiter Streuung im Zeitalter des Hellenismus auch außerhalb des jüdisch-christlichen Bereichs artikuliert worden ist[72]. Die Verbform ἀπόκειται bezeichnet dementsprechend das allen Menschen unausweichliche Geschick: „Sterben", das gehört notwendig, ja schicksalhaft zum Menschsein hinzu[73]. Die Adressaten werden hier also auf ihnen Bekanntes und Selbstverständliches hin angesprochen, und nur unter der Voraussetzung dieser Kenntnis ist dann auch die Schlußfolgerung bzw. die Entsprechung für sie stimmig: οὕτως καὶ ὁ Χριστός (V. 28). Mit der Kenntnis jener allgemein-menschlichen Wahrheit wird bei den in jüdisch-christlicher Tradition stehenden Adressaten freilich auch das Wissen um die notwendige Abfolge von Tod und Gericht vorausgesetzt, ein Sachverhalt also, der nach Hebr 6,2 – hier

---

[71] Vgl. das entsprechende Verfahren in 3,3 und 7,20. Zur Bedeutung der Wendung im Sinne von „ebenso wie – so auch" vgl. W. BAUER, Wörterbuch zum Neuen Testament, Sp. 1187.

[72] Der Formulierung in V. 27 besonders nahe steht die Inschrift: ὡς εἰδώς, ὅτι πᾶσι βροτοῖς τὸ θανεῖν ἀπόκειται (Epigrammata Graeca ex lapidibus conlecta, ed. G. Kaibel, Berlin 1878, S. 416,6). Vgl. auch 4 Makk 8,11: ἀποθανεῖν ἀπόκειται sowie Josephus, Bell V 355. Hier handelt es sich also offensichtlich um einen terminologisch geprägten Zusammenhang, den der Autor des Hebr seinerseits lediglich durch Einbringung des (vom Kontext her vorgegebenen) ἅπαξ besonders akzentuiert. Zu dem dem Menschen auferlegten Schicksal oder auch Gesetz des Sterbens vgl. für die griechisch-hellenistische Überlieferung z.B. Platon, Gorgias 523 A (weitere Belege bei H. BRAUN S. 285) sowie für die biblisch-jüdische Überlieferung z.B. Gen 3,19; LXX Ps 38,5; Koh 3,2.19; Sir 10,11; 11,19.

[73] Vgl. entsprechend die Vulgata-Übersetzung: „Statutum est hominibus semel mori..." sowie C. SPICQ, SBi, S. 161: „C'est une disposition providentielle inéluctable".

im Sinne der Abfolge von „Auferstehung von den Toten" und „ewigem Gericht" - zum katechetischen Grundwissen der Adressaten gehört[74].

Die spezielle Frage, ob bei dieser Abfolge das „Gericht" unmittelbar nach dem Tode des einzelnen oder - wahrscheinlicher - erst im Zusammenhang eines apokalyptischen Endgeschehens seinen Ort hat, ist für den Autor hier ohne Belang. Gleichwohl deutet sich bereits hier mit dem Verweis auf das Endgericht jener futurisch-eschatologische Sachverhalt an, der dann schließlich in V. 28 auf der christologischen Seite der Entsprechung explizit zur Aussage gelangt. Für die christologische Aussage ist jedenfalls charakteristisch, daß sich hier mit der ganz auf der Linie des bisherigen Argumentationsganges liegenden Betonung der Einmaligkeit des Sterbens bzw. des Opfertodes des Christus unmittelbar der Verweis auf die „zweite Erscheinung", auf die Parusie Christi also, verbindet. Hinsichtlich der auf das Sterben bzw. den Opfertod Christi bezugnehmenden Aussage formuliert der Autor dabei zunächst noch ganz im Sinne der biblisch-urchristlichen Tradition, im Rückbezug nämlich auf LXX Jes 53,12 (καὶ αὐτὸς ἁμαρτίας πολλῶν ἀνήνεγκεν)[75]: Das (Selbst-)Opfer Christi zielt auf bzw. bewirkt das „Wegschaffen der Sünde der Vielen". Ἀναφέρειν, in LXX wie auch im Neuen Testament ansonsten zumeist terminus technicus der Opfersprache[76], steht hier - analog zur Formulierung εἰς ἀθέτησιν κτλ. in V. 26 - im Sinne des „Wegtragens" bzw. der „Wegnahme" der Sünden[77], entspricht also dem αἴρειν τὰς ἁμαρτίας von 1 Joh 3,5 bzw. - noch genauer - dem ἀναφέρειν τὰς ἁμαρτίας ἡμῶν von 1 Petr 2,24[78]. Ganz in Ent-

---

[74] Vgl. dazu die entsprechenden Aussagen in der jüdischen Überlieferung: Dan 12,2; 4 Esr 7,69; 14,35 sowie bes. mAv IV 22: „Die Geborenen sind bestimmt zu sterben, die Gestorbenen wieder aufzuleben, die (nach dem Tode) Lebendigen gerichtet zu werden". Für die entsprechende urchristliche Tradition vgl. die Verbindung ἀνάστασις-κρίσις Lk 16,22f; Joh 5,29 (Dan 12,2!) sowie Barn 5,7; Polyk 7,1.

[75] Vgl. bes. 1 Petr 2,24 sowie J. JEREMIAS, ThWNT VI, S. 545. - Sofern der Rückbezug auf Jes 53,12 in Hebr 9,28 durch urchristliche Überlieferung bereits vorgegeben ist, kann von dieser Stelle her nicht auf eine bewußte oder vielleicht sogar programmatische Verbindung von Hoherpriester- und „Gottesknechts"-Christologie geschlossen werden. Gegen W. GRUNDMANN, Sohn Gottes, ZNW 47 (1956) S. 113-133, spez. S. 125; O. CULLMANN, Die Christologie des Neuen Testaments, S. 90f; J. GNILKA, RdQ 2 (1959/60) S. 420f, sowie A. STROBEL S. 187f. Kritisch dazu bereits E. GRÄSSER, ThR 30 (1964) S. 218f.

[76] In LXX bezeichnet ἀναφέρειν (neben προσφέρειν) fast durchweg das „Darbringen" des Opfers bzw. den Opfervollzug (meist für hebr. hif'il עלה). Vgl. z.B. Lev 17,5; Jes 57,6; 2 Makk 1,18; 2,9 u. ö.; vgl. dazu K. WEISS, ThWNT IX, S. 62. Dem entspricht weitgehend auch der Sprachgebrauch im Neuen Testament. Vgl. z. B. 1 Petr 2,5; Jak 2,21 (ἀναφέρειν θυσίαν) sowie Hebr 7,27; 13,15. Vgl. auch J. KREMER, EWNT I, Sp. 226f.

[77] Die Bedeutung von ἀναφέρειν im Sinne von „wegtragen, wegnehmen" ist an dieser Stelle im Hebr im Kontext jedenfalls wahrscheinlicher als die (vom hebr. נשא in Jes 53,12 her an sich auch mögliche) Bedeutung „tragen, auf sich nehmen". Im letzteren Sinne: W. BAUER, Wörterbuch zum Neuen Testament, Sp. 125; F.W. GINGRICH, Contributions to New Testament Lexicography, NTS 9 (1962/63) S. 9. Anders H.W. WOLFF, Jesaja 53 im Urchristentum, Göttingen ²1950, S. 105.

[78] Hier mit Zitat von Jes 53,12. Hier hat freilich ἀναφέρειν im Unterschied zu Hebr 9,28

sprechung zu Jes 53,12 steht dabei πολλοί im inklusiven Sinne: Das einmalige Opfer des Einen bewirkt die Beseitigung der Sünden aller, hat also umfassende Geltung[79]. Eben dieses einmalige Geschehen selbst – nach V. 26 ein eschatologisch-endgültiges Geschehen – wird nunmehr seinerseits wiederum in einen umfassenden eschatologischen Horizont hineingestellt. Ja, formal-syntaktisch gesehen: Das einmalige Selbstopfer Christi stellt hier die Grundlage und Voraussetzung dar für die „zweite Erscheinung" Christi, die – wie die hier gebrauchte Terminologie anzeigt[80] – mit der Parusie Christi identisch ist.

Der für den ganzen Zusammenhang bestimmende Rückblick auf das „Einmal" des Selbstopfers Christi, auf seine „erste Erscheinung" gleichsam, eröffnet also im Sinne des Autors zugleich eine eschatologische Perspektive, in der nun auch wieder die Adressaten des Hebr ihren Ort haben: als diejenigen nämlich, „die ihn zum (endgültigen) Heil erwarten". So gewiß bei alledem zumal im Hebr bereits jene „erste Erscheinung" – wie in diesem Zusammenhang vor allem V. 26 zeigt – eschatologisch akzentuiert war, so gewiß schließt doch im Sinne des Hebr die durch jene „erste Erscheinung" etablierte „präsentische" Eschatologie nicht den „futurisch-eschatologischen" Ausblick auf die Parusie Christi aus, mit dem der Autor des Hebr wiederum an der gemein-urchristlichen Parusieerwartung teilhat (s. o.). Freilich setzt er auch hier wieder seine eigenen Akzente. Dies gilt nicht nur im Blick auf den singulären Gebrauch des Terminus ὀφθῆναι für die „Erscheinung" der Parusie[81], sondern auch für die wiederum im Neuen

---

dadurch eine spezielle Bedeutung erhalten, daß es bildlich im Sinne des „Hinauftragens" der Sünden „an das Holz" (sc. des Kreuzes) verstanden wird. Vgl. dazu: L. GOPPELT, Der erste Petrusbrief, S. 209f; K. WEISS, ThWNT IX, S. 63; J. KREMER, EWNT I, Sp. 227. – Der Plural ἁμαρτίας versteht sich in Hebr 9,28 vom Jesaja-Zitat her, steht also nicht in Spannung zum Singular in V. 26.

[79] Inklusives πολλοί auch Mk 10,45 par; 14,24 par. Zu solchem Gebrauch von πολλοί (in Entsprechung zum hebr. רבים) in Jes 53,12 vgl. J. JEREMIAS, ThWNT VI, S. 537; zum entsprechenden Gebrauch im Neuen Testament: ebd., S. 540ff, spez. S. 544f; G. NEBE, EWNT III, Sp. 316f. – Anders H. BRAUN S. 286: „Nicht ‚alle'... vgl. ‚viele Söhne' 2,10".

[80] Ἀπεκδέχεσθαι steht hier – wie auch sonst im Neuen Testament – im technischen Sinn der Parusieerwartung. Vgl. 1 Kor 1,7; Phil 3,20; Gal 5,5 sowie bes. Röm 8,19.23.25. Direkter Einfluß der paulinischen Überlieferung auf den Hebr kann daraus wohl kaum erschlossen werden. Gegen W. GRUNDMANN, ThWNT II, S. 55; M. E. GLASWELL, EWNT I, Sp. 989f. – Für den Hebr ist in diesem Zusammenhang auch auf den christologischen Gebrauch von ἐκδέχεσθαι in 10,13 zu verweisen. Gemein-urchristlich ist auch das futurisch-eschatologische Verständnis von σωτηρία an dieser Stelle (wie auch in Hebr 1,14; 2,3.10; 5,9; 6,9). Vgl. bes. 1 Petr 1,5; Röm 13,11 u. ö. Dazu: K. H. SCHELKLE, EWNT III, Sp. 785-787; speziell zu Hebr: F. J. SCHIERSE, Verheißung und Heilsvollendung, S. 127-130; B. KLAPPERT, Die Eschatologie des Hebr, S. 41f.

[81] Obwohl die hier gebrauchte Terminologie im Neuen Testament singulär ist – ὀφθῆναι wird ansonsten nur in bezug auf die „Erscheinung" des Auferstandenen benutzt (Lk 24,34; Act 9,17; 13,31; 26,16; 1 Kor 15,5; 1 Tim 3,16) –, ist doch durch die Verbindung mit der adverbiellen Wendung ἐκ δευτέρου (vgl. dazu auch Mk 14,72 par; Joh 9,24; Act 10,15; 11,9) eindeutig der Bezug auf die Parusie gegeben. Vgl. in diesem Zusammenhang immerhin auch

Testament singuläre Auffassung, daß diese „zweite Erscheinung" χωρὶς ἁμαρτίας geschehen wird. Im Verhältnis zur „ersten Erscheinung" gesehen, wie sie in V. 26 beschrieben worden ist, heißt dies: Die „zweite Erscheinung" wird nicht mehr εἰς ἀθέτησιν ἁμαρτίας geschehen, da dies, die „Beseitigung der Sünde", ja damals schon ein für allemal geschehen ist[82]! So gesehen schließt dann freilich die Wendung χωρὶς ἁμαρτίας im Zusammenhang des Ausblicks auf die endzeitliche Parusie zugleich – ganz im Sinne der Warnung von 6,4–6! – die Mahnung an diejenigen in sich, die „ihn erwarten". Denen jedenfalls, die ihn standhaft im Glauben erwarten[83], wird er zur σωτηρία erscheinen, nicht also εἰς κρίσιν.

Solche positive Akzentsetzung im Rahmen des eschatologischen Ausblicks am Ende des Abschnitts 9,24–28 entspricht durchaus dem pastoralen Grundanliegen des Hebr, schließt aber im Blick auf die Adressaten um so deutlicher zugleich die Mahnung in sich: Angesichts ihrer Glaubensschwäche bedürfen sie der Erinnerung an die im einmaligen Selbstopfer Christi begründete (gegenwärtige!) Heilswirklichkeit. Zugleich aber werden sie im eschatologischen Ausblick auf die Parusie auf ihre Verantwortung für die noch vor ihnen liegende Wegstrecke hin angesprochen. Und hierfür kommt es eben auf ein qualifiziertes „Warten" an, auf das Warten in Geduld und im Festhalten an der Hoffnung des Glaubens. In diesem Sinne schließt zumal der V. 28 bereits jene Glaubensmahnung in sich, die dann alsbald in 10,19ff im einzelnen ausgeführt werden wird; und in diesem Sinne fügen sich die Grundaussagen der VV. 24–28 insgesamt ganz dem pastoralen Grundanliegen des Hebr ein: Sowohl die Erinnerung an das alles Heil grundlegende „Einmal" des Opfertodes des Hohenpriesters Christus als auch der Ausblick auf die „zweite Erscheinung", die nicht mehr „zur Aufhebung der Sünde", sondern zur Verwirklichung des endgültigen Heils geschehen wird. Nicht zuletzt fügt sich in dieses pastorale Grundanliegen aber auch der für die „Zwischenzeit" geltende Verweis von V. 24 ein, daß Christus – als der himmlische Hohepriester – „für uns" vor

---

den eschatologischen Gebrauch von ὁρᾶν in Mk 13,26 par; 14,62 par sowie 1 Joh 3,2; Apk 1,7; 22,4. – Mit solcher Rede von der endzeitlichen Parusie befindet sich der Hebr bereits auf dem Wege zur Rede vom zweimaligen Kommen Christi, wie sie sich im 2. Jahrhundert sodann vor allem bei Justin findet. Vgl. Apol I 52,3 sowie Dial 14,8; 40,4; 110,2; 118,2.

[82] Χωρὶς ἁμαρτίας steht hier also für οὐκέτι εἰς ἀθέτησιν κτλ. (und hat somit mit derselben Wendung in 4,15 nichts gemein!). Vgl. bereits Euthymius z. St.: χωρὶς ἁμαρτίας·τουτέστι μηκέτι ἀναφέρων ἁμαρτίας ·οὐ γὰρ ἱλασμοῦ καιρὸς ὁ τότε, ἀλλὰ κρίσεως καὶ ἀνταποδόσεως sowie neuerdings C. SPICQ, SBi, S. 162: „sans péché", d.h.: „sans être sacrifié pour le péché". Zur exegetischen Diskussion vgl. F. DELITZSCH S. 444; H. WINDISCH S. 86; K. NISSILÄ, Das Hohepriestermotiv im Hebr, S. 213f; H. BRAUN S. 286.

[83] Ἀπεκδέχεσθαι bezeichnet hier also eine bestimmte Qualität des „Wartens", die sekundär, jedoch der hier gemeinten Sache durchaus angemessen, durch den Zusatz διὰ πίστεως (A P 81 2495 usw.) unterstrichen wird. Einen spezifisch „paulinischen Charakter" trägt dieser Zusatz also keineswegs. Gegen H. BRAUN S. 287; vgl. auch schon E. RIGGENBACH S. 292, Anm. 97.

Gott in Erscheinung tritt. Das ist Glaubensparaklese, die die Adressaten des Hebr gleichsam in einen umfassenden Horizont des Heils einweist – zugleich aber auch Glaubensparänese, die die Adressaten dazu aufruft und ermahnt, dem ihnen eröffneten Horizont des Heils nun auch durch das „Vollmaß des Glaubens" (10,22) zu entsprechen.

Wenn der Autor des Hebr im Anschluß an den eschatologischen Ausblick in V. 28 gleichwohl noch nicht die in diesem Vers implizierte Mahnung an die Adressaten im einzelnen ausführt, sondern im folgenden Abschnitt 10,1–18 noch einmal in einem weiteren Durchgang das jenen Horizont des Heils begründende Geschehen akzentuiert, so ist solches Verfahren der deutlichste Hinweis darauf, daß es ihm in V. 28 nicht darum ging, den Adressaten einen „eschatologischen Vorbehalt" (im Blick auf die noch ausstehende endgültige Verwirklichung des Heils) einzuschärfen[84]. Ihr, der Adressaten, Defizit besteht ja gerade nicht in einem alle irdische Realität überspringenden eschatologischen Enthusiasmus, sondern in der durch das Übergewicht der irdischen Realität bedingten Unanschaulichkeit des Heils. Ganz in diesem Sinne folgt mit dem Abschnitt 10,1–18 ein erneuter Argumentationsgang mit dem Ziel, den Adressaten – wiederum von der Schrift her – den für sie „durch das Opfer des Leibes Jesu Christi" (10,10) eröffneten Raum des Heils anschaulich und nachvollziehbar zu machen.

4.2.7) 10,1–18: Die endgültige Wirksamkeit des Opfers Christi[1]

Stellung und Funktion im Kontext:

Wenngleich mit (weiterführendem) γάρ (V. 1) zunächst unmittelbar an den vorangehenden Sachzusammenhang des 9. Kapitels anschließend, stellt der Abschnitt 10,1–18 – in formaler Hinsicht angezeigt durch die inclusio προσφέρειν (V. 1) – προσφορά (V. 18)[2] – einen in sich geschlossenen Sinnzusammenhang dar. Mit dem eschatologischen Ausblick in 9,27f hat der christologische Argumentationsgang

---

[84] Bereits H. WINDISCH S. 87 hat in V. 26 (wie dann auch in 12,22–24) Anzeichen für eine „enthusiastische" Position im Hebr gesehen. Zur Sache vgl. neuerdings: G. THEISSEN, Untersuchungen zum Hebr, S. 94f: „So sprechen die futurischen Aussagen in den darstellenden Teilen alle einen eschatologischen Vorbehalt aus"; speziell zu V. 28: „Das klingt so, als korrigiere der Verfasser die erste Aussage" (in V. 26). Ähnlich sieht auch H. ZIMMERMANN, Das Bekenntnis der Hoffnung, S. 204, in V. 28 die gezielte Korrektur seitens des Autors des Hebr angesichts der traditionellen Aussage von der Erhöhung Christi und seiner Proklamation zum Hohenpriester, die als solche durch bestimmte „enthusiastische" Implikationen geprägt ist.

[1] Zum Versuch einer Unterscheidung zwischen Tradition und Redaktion in 10,1–18 vgl. H. ZIMMERMANN, Das Bekenntnis der Hoffnung, S. 116ff; vgl. auch G. SCHILLE, ZNW 46 (1955) S. 91ff.

[2] Vgl. A. VANHOYE, La structure littéraire, S. 162ff. Im Nachtrag (S. 268) vermerkt A. VANHOYE: „Entre la dernière phrase de la section centrale (9,27–28) et la première de cette section-ci (10,1), le passage est abrupt".

von Hebr 9 ja zunächst einen gewissen Abschluß erreicht. Wenn nun der Autor in 10,1ff noch einmal zu einer Gegenüberstellung der alten, sich auf dem Nomos gründenden Kult- und Opferordnung und des einmaligen Opfers Christi anhebt, zudem aber auch noch für den ganzen Abschnitt – wie oben (in der Einleitung zu 8,1–10,18) bereits vermerkt (S. 429) – eine gewisse Entsprechung im Argumentationsgang zu Kapitel 9 nicht zu übersehen ist, so erweckt dieser nun folgende Abschnitt auf den ersten Blick den Eindruck einer bloßen Wiederholung bzw. Variation dessen, was im Grunde bereits zuvor ausgeführt worden ist. Gänzlich neue Akzente werden hier – sieht man einmal von dem christologischen „Midrasch" zu Ps 40 in 10,5ff ab – in der Tat nicht mehr gesetzt. Vielmehr hat der Abschnitt 10,1–18 – worauf u. a. auch die Rückbezüge auf die Kapitel 7 und 8 des Hebr hinweisen[3] – faktisch einen summierenden Charakter hinsichtlich des ganzen, mit Kapitel 7 beginnenden Sachzusammenhangs, summierend vor allem in dem Sinne, daß hier – wiederum im ständigen Gegenüber zum Unvermögen der alten, auf dem Nomos sich gründenden Kult- und Opferordnung – noch einmal und zugleich abschließend die endgültige Wirkung des einmaligen Opfers Christi betont herausgestellt wird[4].

Das Proprium dieses Abschnitts besteht demnach darin, das ἐφάπαξ von 9,11ff (und 7,27!) anhand der Stichworte τελειοῦν (VV. 1.14) und ἄφεσις (VV. 4.11.18) soteriologisch zu entfalten und damit zugleich – worauf nicht zuletzt die betonte „Wir"-Aussage in V. 10 hinweist – die Überleitung zu schaffen für die Applikation der zentralen christologisch-soteriologischen „Lehre" des Hebr auf die Situation und Existenz der Adressaten in 10,19ff[5]. Der Verlauf der Argumentation läßt solche Ausrichtung im einzelnen deutlich genug erkennen: Wird im ersten Teilabschnitt 10,1–4 zunächst noch einmal betont das Unvermögen der auf dem Nomos basierenden alten Kult- und Opferordnung herausgestellt, so demgegenüber im zweiten Teilabschnitt 10,5–10 (in Gestalt eines Midrasch zu Ps 40) die Notwendigkeit der neuen Kult- und Heilsordnung, durch die die alte nunmehr zugleich aufgehoben wird (V. 9). Läßt dabei V. 10 bereits den Aspekt der Applikation der ganzen lehrhaft-darlegenden Argumentation auf Situation und Existenz der Adressaten in den Blick treten, so folgt in 10,11–14 noch einmal eine abschließende Gegenüberstellung der beiden Kult- und Heilsordnungen: Das einmalige Opfer Christi hat – sowohl in christologischer (V. 12) als auch in soteriologischer Hinsicht (V. 14) – notwendig ein εἰς τὸ διηνεκές zur Folge – und damit notwendig auch jene „Vollendung", die die alte Kult- und Opferordnung nicht zu erbringen vermochte. Diese Position wird schließlich im letzten Teilabschnitt 10,15–18 noch einmal mit ausdrücklichem Bezug auf LXX Jer 38,33f in ihrer Konsequenz für die alte Kultordnung dargetan: Dort, wo die Weissagung des Propheten zur Erfüllung gekommen ist, bedarf es nun keiner Opfer mehr für die Reinigung von der Sünde (V. 18).

---

[3] Zu 10,1 vgl. 7,19; zu 10,11:7,27; zu 10,1:8,5; zu 10,15ff:8,10ff. Vgl. A. VANHOYE, La structure littéraire, S. 162ff.

[4] Vgl. C. SPICQ, SBi, S. 163: „cette section n'est donc pas un développement nouveau; c'est une récapitulation – les grecs disaient un épanodos". Vgl. dazu H. LAUSBERG, Handbuch der literarischen Rhetorik I, §§ 432 und 798.

[5] Vgl. A. VANHOYE, La structure littéraire, S. 171: „La perspective propre à notre section est celle de la nouvelle et éternelle alliance ou, si l'on préfère, celle de la sanctification de l'Eglise, fruit perpétuel de l'unique sacrifice du Christ."

4.2.7.1) 10,1–4: Das Unvermögen der auf dem Nomos basierenden Kultordnung

1 Weil nämlich das Gesetz (nur) den Schatten der künftigen (Heils-)Güter hat, nicht (aber) die ‚Gestalt der Dinge‘ selbst, (deshalb) kann es niemals vermittels derselben Opfer, die man Jahr für Jahr darbringt, für immer die (zum Opferkult) Hinzutretenden vollenden.
2 Denn hätte sonst nicht die Darbringung (der Opfer) aufhören müssen, wenn diejenigen, die den kultischen Dienst verrichten, als solche, die einmal gereinigt worden sind, kein Sündenbewußtsein mehr hatten?
3 (In Wirklichkeit) aber kommt mit ihnen (sc.: den Opfern) nur Jahr für Jahr Erinnerung an die Sünden zustande.
4 Denn unmöglich ist es (ja), daß das Blut von Kälbern und Böcken eine (wirkliche) Beseitigung der Sünden bewirkt.

Im Rahmen der inclusio οὐδέποτε δύναται (V. 1) – ἀδύνατον γάρ (V. 4) bilden die VV. 1–4 eine in sich geschlossene Einheit[6]. Bestimmend für sie ist der Gedanke des Unvermögens der alten, auf dem Nomos beruhenden Kult- und Opferordnung, eines Unvermögens, das im Wesen des Nomos begründet ist. „Jahr für Jahr"[7], also ständig wiederholt dargebrachte Opfer können als solche nicht bewirken, was sie bewirken sollen: eine „für immer" gültige „Vollendung" derjenigen, die zum Opferaltar „hinzutreten"[8]. Das Verbum τελειοῦν steht im Kontext eindeutig im kultischen Sinn, konkret also im Sinne der durch das Opfer bewirkten (bzw. nicht bewirkten!) „Reinigung" (von den Sünden)[9].

Solche Reinigung vermag jedoch das Gesetz (und die auf ihm sich grün-

---

[6] Gegen A. VANHOYE, La structure littéraire, S. 162f, der für die VV. 1–3 (!) eine inclusio durch die Wendung κατ' ἐνιαυτόν gegeben sieht. Gegen solche Abgrenzung spricht jedoch eindeutig der schlußfolgernde Charakter von V. 4.

[7] Die Wendung κατ' ἐνιαυτόν zeigt an, daß auch hier wieder (zunächst) an das Opfer des Versöhnungstages gedacht ist. Vgl. entsprechend bereits 9,7.25 sowie im vorliegenden Abschnitt V. 4: „Kälber und Böcke" sind nach 9,12 die Opfer am Versöhnungstag. Entscheidend bei diesem „Jahr für Jahr" ist im Sinne des Autors des Hebr die Wiederholung des Opfers. Nur deshalb kann im Hebr in dieser Hinsicht ganz unbefangen vom „jährlichen" Opfer am Versöhnungstag zum „täglichen" (Tamid-)Opfer gewechselt werden (7,27; 10,11).

[8] Die Wendung εἰς τὸ διηνεκές, „gänzlich, für immer", ist, wie dann V. 14 zeigt, snytaktisch dem Infinitiv τελειῶσαι zuzuordnen. Die eigenartige Stellung im Satzgefüge erklärt sich aus der Aussageabsicht des Autors: εἰς τὸ διηνεκές steht im Gegensatz zum (ebenso betont vorangestellten) κατ' ἐνιαυτόν. Und dies heißt sachlich: Die „Jahr für Jahr" dargebrachten Opfer haben notwendigerweise nur begrenzte, nicht „für immer" gültige Wirkung.

[9] Vgl. V. 2, weiter V. 4: ἀφαιρεῖν ἁμαρτίας sowie V. 11: περιελεῖν ἁμαρτίας. Vgl. D. PETERSON, Hebrews and Perfection, S. 146f. – Die Lesart δύνανται (א A C D¹ P usw.) hat entweder θυσίαι zum Subjekt oder die Priester, die die Opfer darbringen, von denen jedoch im Hebr sonst nirgends gesagt wird, daß sie die „Hinzutretenden" (Nicht-Priester!) „vollenden" bzw. „weihen". Vgl. demgegenüber 9,9 und 10,2. Die ursprüngliche Lesart δύναται (P⁴⁶ D* H K L usw.) bleibt dagegen bei ὁ νόμος als Subjekt des ganzen Satzes. Vgl. B. M. METZGER, A Textual Commentary on the Greek New Testament, S. 669; H. BRAUN S. 290 sowie D. PETERSON, Hebrews and Perfection, S. 145 mit Anm. 126. 127 (S. 265).

dende Kult- und Opferordnung) „niemals" zu wirken. Die Ursache dafür nennt V. 1: Dieses Unvermögen ist im Wesen des Gesetzes selbst begründet, in seinem „schattenhaften" Charakter nämlich. Solche Begründung der Unvollkommenheit des Gesetzes führt noch über den in 7,19 formulierten (pragmatischen) Satz hinaus, daß das Gesetz „nichts zur Vollendung gebracht hat", indem hier nunmehr zum Zwecke einer abschließenden Beurteilung der „Schwäche und Nutzlosigkeit" des Gesetzes (7,18) das bereits aus 8,5 und 9,23f bekannte Urbild-Abbild-Schema auch für das Gesetz in Anschlag gebracht wird. Denn genau darum geht es in V. 1a: Nur den „Schatten", die (notwendig unvollkommene, und vor allem: nicht eigenständige!) „Abschattung" der „kommenden Güter" hat das Gesetz, nicht also – wie es hier heißt – die εἰκὼν τῶν πραγμάτων, die „Gestalt der Dinge" selbst, die mit den „kommenden Gütern" identisch ist. Dies ist eine höchst eigenartige Formulierung, die der Autor hier gewählt hat, eigenartig vor allem insofern, als sich in ihr die „Vertikale", die Gegenüberstellung von Urbild und Abbild, von „Schatten" und Wirklichkeit, unmittelbar mit der „Horizontalen", dem (zeitlichen) Nacheinander von vorläufiger „Abschattung" und „kommenden", d. h.: zukünftigen „Gütern" verbindet. Was dabei zunächst die „Vertikale" betrifft, so kann man durchaus sagen, daß der philosophisch-weltanschauliche „Gesamthintergrund" der Formulierung in V. 1a „plato-nahe", besser wohl: „philon-nahe" ist[10]. „Schattenhafte" Abbildung des Urbildes, der eigentlich seienden Realität, das setzt ja voraus, daß jenes Urbild als solches bereits (vorhanden) ist, nur eben (noch) nicht sichtbar ist, sodaß der „Schatten" seinerseits die Funktion hat, auf jenes Urbild hinzuweisen. Der „Schatten" ist ja jenem Urbild zugeordnet, dessen Schatten er wirft bzw. abbildet. In diesem Sinne geht es in V. 1 gewiß nicht um eine radikale Abwertung des Nomos, wohl aber um seine Relativierung[11]: Nur und nicht anders als in seiner Relation zur eigentlichen Wirklichkeit hat er sein Wesen – eben als „Schatten" dieser Wirklichkeit. Genau dies hat aber nun zur notwendigen Konsequenz, daß das Gesetz (und die darauf sich gründende Kult- und Opferordnung) als solches nicht die wirkliche „Reinigung" und „Vollendung" zu schaffen vermag. Es ist bzw. – wie es hier heißt – es „hat" ja nur den „Schatten", sein Wesen also letztlich gar nicht in sich selbst[12]!

---

[10] So H. BRAUN S. 289 mit Verweis auf 8,5. Dafür spricht auch der entsprechende Gebrauch von σκιά (neben ὑπόδειγμα) in 8,5. Vgl. auch 9,23f sowie den Gebrauch von σκιά (im Gegensatz zu σῶμα!) bei Philon, Conf 190; Migr 12 (σκιὰ σωμάτων ἢ μίμημα ἀρχετύπων); Rer 72; All III 96. 99f; Josephus, Bell II 28 sowie in Kol 2,17. Vgl. O. HOFIUS, EWNT III, Sp. 605f. Speziell zu Philon: S. SCHULZ, ThWNT VII, S. 398.

[11] Vgl. S. SCHULZ, ThWNT VII, S. 400f, zu Kol 2,17 und Hebr 10,1. Zur letzteren Stelle spricht S. SCHULZ, S. 401, von einer „polemischen Relativierung", in 8,5 „ausdrücklich durch das Zitat des mosaischen Schriftwortes gestützt".

[12] Möglicherweise spricht sich solche Relativierung des Gesetzes auch darin aus, daß es „nur einen Schatten hat" (σκιὰν γὰρ ἔχων), d. h.: aufzuweisen hat, also nicht einmal der

Dieses „Wesen selbst" – und damit auch das Vermögen, wirklich „Reinigung" und „Vollendung" herzustellen – ist vielmehr allein jener eigentlichen Wirklichkeit vorbehalten, die hier – zunächst wiederum ganz allgemein – mit τὰ μέλλοντα ἀγαθά, im Sinne also der zukünftig-eschatologischen „Heilsgüter", bezeichnet wird[13]. Der Nomos somit: die „Vor-Abschattung", die „Vor-Abbildung" gleichsam der eschatologischen Heilsgüter, die nun freilich – das ist schon von 9,11 her eindeutig – mit den durch den Hohenpriester Christus gewirkten ἀγαθά identisch sind. Τὰ μέλλοντα ἀγαθά, das sind also die γενόμενα ἀγαθά von 9,11, die durch das hohepriesterliche Werk Christi realisierten „Heilsgüter". Die explizite Kennzeichnung dieser „Heilsgüter" in diesem christologischen Sinn hat hier jedoch, da es zunächst noch um die Relativierung des Nomos als des Prinzips der alten Kultordnung geht, noch nicht ihren Ort. Und genau damit hängt offensichtlich auch die eigenartig vage, in sich keineswegs eindeutige Bezeichnung des „Wesens der Dinge" durch die Formulierung αὐτὴν τὴν εἰκόνα τῶν πραγμάτων zusammen. Bereits hier zeigt sich, daß die These von der Nähe des Hebr zur platonischen bzw. philonischen Tradition nur mit entsprechender Einschränkung gilt[14].

Die Problematik dieser Formulierung hat offensichtlich auch schon der Schreiber des P[46] empfunden, wenn er das zweifellos ursprüngliche οὐκ αὐτήν kurzerhand durch καί ersetzt und auf diese Weise zu erkennen gibt, daß εἰκών – in Übereinstimmung mit dem Sprachgebrauch der philosophischen Tradition[15] – analog zu σκιά als „Abbild" zu verstehen ist[16]. Das scheint eine verblüffend einfache Lösung des Problems zu sein, die gerade so freilich nur wiederum die Schwierigkei-

---

Schatten „ist". Vgl. G. KITTEL, ThWNT II, S. 383: ἔχειν, d. h. hier: „Das Gesetz hat nur mit der σκιά, nicht aber mit dem Wesen der Dinge zu tun". Sein Wesen hat es also nur in einem abgeleiteten Sinne.

[13] S. o. zu 9,11, S. 464, Anm. 8. Vgl. auch Kol 2,17: σκιὰ τῶν μελλόντων.

[14] H. BRAUN S. 289 fügt dementsprechend seiner Feststellung: „Der Gesamthintergrund von 10,1 ist plato-nahe" alsbald auch die Einschränkung hinzu: „Diese Terminologie ist freilich dem gewöhnlichen Griechisch fremd".

[15] Zu εἰκών im Sinne von „Abbild" vgl. die weitgehende Synonymität von σκιά und εἰκών bei Platon, Polit VI 509 E: λέγω δὲ τὰς εἰκόνας πρῶτον μὲν τὰς σκιάς; weiter Polit VI 510 E. Ganz auf dieser Linie liegt auch der Sprachgebrauch bei Philon, All III 96: Gott selbst ist παράδειγμα („Vorbild") τῆς εἰκόνος, ἣν σκιὰν νυνὶ κέκληκεν. Vgl. auch All III 99f; Op 69 u. ö. Dies schließt freilich bei Philon nicht aus, daß die εἰκών ihrerseits wiederum für andere Dinge zum „Vorbild" (παράδειγμα) werden kann. So z. B. All III 96 (mit Bezug auf Gen 1,27: κατ' εἰκόνα). In der Formulierung am nächsten kommt Hebr 10,1 Platon, Kratylos 439 A: Die „Namen" der Dinge gelten hier als die εἰκόνες τῶν πραγμάτων, mit dem Unterschied wiederum nur zu Hebr 10,1, daß εἰκών bei Platon auch hier das „Abbild" meint. Vgl. entsprechend Plotin, Enn. VI 6,6: τοῦτο δ' ἐστὶν οὐκ εἰκόνα τοῦ πράγματος, ἀλλὰ τὸ πρᾶγμα αὐτό. Zum Ganzen vgl. F. W. ELTESTER, Eikon im Neuen Testament (BZNW 23), Berlin 1958, S. 23ff; H. KUHLI, EWNT I, Sp. 945; C. SPICQ, Notes, Suppl., S. 202ff.

[16] So nach P[46] jetzt auch F. SEN, Se recupera la verdadera lectura de un texto uny citado, CuBi 24 (1967) S. 165–168, spez. S. 168. – Zur Lesart des P[46] vgl. G. ZUNTZ, The Text of the Epistles, S. 20–23; P. BENOIT, RB 46 (1937) S. 66; F. W. BEARE, JBL 63 (1944) S. 387–389; B. M. METZGER, A Textual Commentary on the Greek New Testament, S. 669; H. BRAUN S. 288f.

ten dieser Formulierung offenbar macht. Denn im Sinne des Autors des Hebr ist ja εἰκὼν τῶν πραγμάτων ganz zweifellos im Gegensatz zu σκιά zu verstehen, bezeichnet also – wie besonders αὐτήν anzeigt – jenes „Wesen der Dinge", das in Kol 2,17 – hier ebenfalls im Gegenüber zur σκιά – mit σῶμα bezeichnet wird. Und wenn der Autor des Hebr entgegen dem sonst üblichen Sprachgebrauch zur Bezeichnung des „Wesens der Dinge" nun gerade den Terminus εἰκών gewählt hat, dann ist dies offensichtlich bewußt geschehen, und zwar deshalb, weil dieser Terminus für den Autor des Hebr den Aspekt des „Bildhaften", genauer: der sichtbaren Darstellung des an sich unsichtbaren „Wesens", in sich birgt – ebenso wie für den Autor des Kolosserbriefes (2,17) der Terminus σῶμα[17]. Von daher gesehen empfiehlt sich für die Wendung εἰκὼν τῶν πραγμάτων die Übertragung: Gestaltwerdung bzw. Verwirklichung der „Dinge" oder auch: (sichtbare) Manifestation der „Dinge", d.h. der durch Christus bereits verwirklichten Heilsgüter. Das ist ein Sprachgebrauch von εἰκών, der keineswegs singulär ist[18], im übrigen aber vor allem auch in einer Beziehung steht zu jenem christologischen Verständnis von εἰκών, wie es im Neuen Testament – außer in 2 Kor 4,4 – am deutlichsten in Kol 1,15 seinen Niederschlag gefunden hat: Christus selbst ist das „Abbild" (εἰκών), die Manifestation des „unsichtbaren Gottes", seine leibhafte Gestaltwerdung gleichsam[19]. Der Unterschied zu solchem unmittelbar christologischen Verständnis von εἰκών im Hebr 10,1 ist nur: Im Kontext des Hebr, in dem es ja um die Frage der Wirksamkeit des Opfers geht, erscheint jenes christologische Verständnis in soteriologischer Ausrichtung. Die πράγματα, von denen hier die Rede ist, sind ja im Kontext mit den μέλλοντα ἀγαθά identisch. Εἰκὼν τῶν πραγμάτων also: Gestaltwerdung, Manifestation der eschatologischen Heilsgüter[20].

Auch hier gilt also wiederum: So gewiß sich der Autor des Hebr an dieser Stelle einer Sprache und Terminologie bedient, die als solche in die Nähe der platonischen und (philonischen) Überlieferung weist, so gewiß auch erscheint hier diese Terminologie ganz in den christologisch-escha-

---

[17] Vgl. J. JERVELL, Imago Dei. Gen. 1,26f im Spätjudentum, in der Gnosis und in den paulinischen Briefen (FRLANT 76), Göttingen 1960, S. 224 (zu Kol 2,17): „Gegensatz zu σκιά ist σῶμα, was hier heißen muß, daß die Verwirklichung der Dinge schon in Christus da ist. Σῶμα steht hier synonym mit εἰκών, was ein Vergleich mit Hebr 10,1zeigt...".
[18] Zu εἰκών im Sinne von „Aussehen, Gestalt" vgl. W. BAUER, Wörterbuch zum Neuen Testament, Sp. 448f und bes. Plotin, Enn. V. 8, wo εἰκών die „sichtbare Manifestation" bezeichnet, sowie W. DITTENBERGER, OGIS, S. 90,5: εἰκών im Sinne von „Verkörperung". Vgl. auch H. KLEINKNECHT, ThWNT II, S. 386; H. KUHLI, EWNT I, Sp. 945; D. PETERSON, Hebrews and Perfection, S. 145.
[19] Vgl. H. KLEINKNECHT, ThWNT II, S. 386: „Sichtbar- und Offenbarwerdung des Wesens"; C. SPICQ, Notes, Suppl., S. 208f (zu Kol 1,15): „l'accent est à la fois sur l'égalité, sinon l'identité (on dira: consubstantiel) de l'eikon avec l'original..."; O. MICHEL S. 330, Anm. 2: εἰκών bezeichnet hier „die unmittelbare Präsenz des Abgebildeten" und hat somit „den höchsten Grad der Wirklichkeit".
[20] CHR. MAURER, ThWNT VI, S. 639, verweist in diesem Zusammenhang auf Philons Rede von den πράγματα ἀσώματα, θεῖα, νοητά (Somn I 53). Sofern die πράγματα von Hebr 10,1 freilich mit Christus (und seinem Opfer) bereits manifest geworden sind, sind sie gerade nicht ἀσώματα! Zu πρᾶγμα im Gegensatz zu σκιά vgl. Philon, Imm 177; Plant 27.

tologischen Kontext des Hebr einbezogen[21]. Zunächst freilich ist dies im unmittelbaren Kontext des Abschnitts 10,1–4 nur implizit geschehen. Der Hauptakzent liegt hier zunächst noch ganz auf der Relativierung des Nomos bzw. der darauf sich gründenden Kult- und Opferordnung. Ganz in diesem Sinne wird in V. 2 das Unvermögen der alten Kult- und Opferordnung vermittels einer für die rationale Argumentationsweise des Autors charakteristischen rhetorischen Frage unterstrichen[22]: Daraus, daß man nicht damit aufgehört hat, Opfer darzubringen, wird auf deren faktische Unwirksamkeit geschlossen. Ja, die ständige Wiederholung der Opferdarbringung ist geradezu Beweis der Unfähigkeit und Unwirksamkeit des ganzen Opferinstituts. Weil diese Opfer ständig wiederholt werden, können sie gar nicht eine „einmalige" (und damit endgültige!) „Reinigung" bewirken[23] – und somit auch nicht eine Tilgung der συνείδησις ἁμαρτιῶν. Vom näheren Kontext her gesehen ist mit συνείδησις hier konkret das „Sündenbewußtsein" gemeint: Derjenige, der „Sündenopfer" darbringt, weiß auch – dies ist damit vorausgesetzt – um seine „Sünden"[24]. Querverbindungen zum Gebrauch von συνείδησις im übrigen Hebr (9,9.14; 10,22; 13,18) sind damit nicht ausgeschlossen[25]. Dies gilt insbesondere im Blick auf den forensischen Aspekt, der dem Verständnis von συνείδησις im gesamten hellenistisch-jüdischen Raum und insbesondere bei Philon und

---

[21] So verstanden ist Hebr 10,1 dann freilich nicht mehr im Sinne jener „metaphysischen Ordnung und Stufenfolge" zu verstehen, derzufolge „der Erlöser oder das Himmlische einerseits sich als Abbild des göttlichen Wesens" darstellt, das – andererseits – zugleich „die Vorbildlichkeit für die Erlösten oder das Irdische in sich schließt". So E. Käsemann, Das wandernde Gottesvolk, S. 62. Vgl. auch H. Braun S. 289.

[22] V. 2 begründet die programmatische Aussage von V. 1. So verbietet sich die Annahme von G. Schille, ZNW 46 (1955) S. 93, daß V. 2 im Rahmen einer hier vom Autor aufgenommenen Tradition unmittelbar an 9,10 anknüpft und 10,2–10 somit den Schlußteil einer „Lehrtradition" darstellt, die mit 8,4 begonnen hat. – Zur Logik des Satzes vgl. bereits 4,8. Zu ἐπεί mit der Bedeutung „denn sonst" vgl. BL.-DEBR.-R. § 360,7; 414,9. Zu διὰ τό zur Angabe des Grundes vgl. 7,23.24. Jedenfalls kann aus der irrealen Hypothese von V. 2 nicht entnommen werden, daß der Opferkult zur Zeit der Abfassung des Hebr noch im Gange war. Gegen A. Vanhoye, Homilie für haltbedürftige Christen, S. 15; Ders., TRE XIV, S. 497. Die Auslassung des οὐκ (H* 614 630 usw.) verändert (ohne Änderung des Sinnes) den Fragesatz zu einem Aussagesatz, ähnlich die Ersetzung von ἄν durch κἄν (P46 365 usw.). Vgl. BL.-DEBR.-R. § 374,6; G. Zuntz, The Text of the Epistles, S. 45f.

[23] Im Unterschied zu 10,22 ist dabei an dieser Stelle nicht an die „einmalige Reinigung" durch die Taufe gedacht. Gegen Chr. Maurer, ThWNT VII, S. 917; vgl. E. Grässer, Der Glaube im Hebr, S. 161. Das ἅπαξ in V. 2 ergibt sich vielmehr aus der Logik der Sache selbst: Eine Wiederholung der Opferhandlung schließt als solche die „einmalige" (und endgültige!) Reinigung aus.

[24] Zur Wendung συνείδησις ἁμαρτιῶν vgl. entsprechend Philon, SpecLeg II 49 (συνείδησις ἀδικημάτων) sowie Virt 124; Det 146. Vgl. auch den entsprechenden Gebrauch von συνιστορεῖν in Arist 243.260.

[25] So besonders zu 9,14, wo ebenfalls das Stichwort „Reinigung" mit συνείδησις verbunden ist. Vgl. auch 10,22.

Paulus eigen ist[26]. Das „Sündenbewußtsein" ist zugleich das „böse Gewissen" (10,22), das den Menschen vor Gott anklagt und verurteilt. Gerade so aber zeigt sich erneut, daß der Nomos bzw. die auf ihm sich gründende „iterative" Opferordnung diejenigen, die (zum Opferaltar) „hinzutreten", niemals zu „vollenden" vermag (V. 1).

Was durch das ständige Darbringen von Opfern allenfalls geleistet wird, ist nach V. 3 die „Jahr für Jahr" erneuerte ἀνάμνησις ἁμαρτιῶν[27]. Ἀνάμνησις steht dabei an dieser Stelle gewiß nicht nur im „subjektiven" Sinne. Vielmehr geschieht durch die ständig wiederholten Opferhandlungen geradezu eine „Er-innerung", eine Vergegenwärtigung der Sünden gleichsam[28]. Nicht also eine „Beseitigung", die ἀθέτησις der Sünde (9,26) wird auf diese Weise bewirkt, nicht Entlastung, sondern ganz im Gegenteil: Belastung und Anklage[29]. Was nach LXX Num 5,15 lediglich für das Speiseopfer und „Fluchwasser" gilt – daß dadurch nämlich die Schuld einer des Ehebruchs Verdächtigen erwiesen werden soll –, das wird hier offensichtlich verallgemeinert.

Eine gewisse Analogie solcher Auffassung zu bestimmten Aussagen bei Philon (unter Berufung auf Num 5,15!) ist nicht zu übersehen[30]. Aber auch hier: Was bei Philon lediglich ausnahmsweise, nämlich für die Opferhandlung der „Ungerechten

---

[26] Für das hellenistische Judentum vgl. bes. Weish 17,10; Philon, Imm 100; Det 146; SpecLeg I 235; IV 6; Jos 262 und bes. Decal 87 und dazu: Chr. MAURER, ThWNT VII, S. 908. 910ff; H.-J. ECKSTEIN, Der Begriff Syneidesis bei Paulus (WUNT 2.R. 10), Tübingen 1983, S. 121ff.

[27] Ἀλλά zu Beginn von V. 3 knüpft sachlich an V. 1b an: ἐν αὐταῖς bezieht sich also auf ταῖς αὐταῖς θυσίαις in V. 1. V. 2 ist demnach eine Zwischenbemerkung zur weiteren Absicherung der Argumentation. – Die Wendung ἀνάμνησις ἁμαρτιῶν bezieht sich möglicherweise auf LXX Num 5,15. Hier ist die Rede von einer θυσία μνημοσύνης ἀναμιμνήσκουσα ἁμαρτίαν, bei der es sich freilich um ein spezielles Speiseopfer handelt, nicht also um das Opfer am Versöhnungstag.

[28] C. SPICQ, SBi, S. 165, spricht hier sogar von einer „manifestation" bzw. – unter Verweis auf Lk 22,19; 1 Kor 11,24.26 – von einer „commemoratio". Da ἀνάμνησις jedoch in Hebr 10,3 einen gänzlich anderen Kontext hat als in der urchristlichen Abendmahlsüberlieferung, kann aus dem Gebrauch des Terminus im Hebr nicht auf die gezielte Abwehr eines falschen Abendmahlsverständnisses geschlossen werden. Gegen C. SPICQ, I, S. 317; G. THEISSEN, Untersuchungen zum Hebr, S. 72, Anm. 15.

[29] Solche Bedeutung von ἀνάμνησις im Kontext spricht gegen eine hier vom Autor beabsichtigte Anspielung auf das vom Hohenpriester am Versöhnungstag gesprochene „Sündenbekenntnis" (Lev 16,21; vgl. auch mYom IV 2). Gegen O. MICHEL S. 334; A. STROBEL S. 190.

[30] Vgl. VitMos II 107: Das Opfer des Unwissenden bzw. des Ungerechten bewirkt keine λύσις ἁμαρτημάτων, sondern lediglich deren ὑπόμνησις. Vgl. auch Plant 108 (mit Bezug auf Num 5,15). Andererseits ist Philon durchaus der Meinung, daß das in der rechten Weise dargebrachte Opfer eine παντελὴς ἀμνηστία (SpecLeg I 242) bzw. eine „gänzliche Vergebung aller Sünden" (SpecLeg I 215) zu wirken imstande ist. Eine Spannung der Aussage von Hebr 10,4 zu der in 9,13 (die als solche auf die Benutzung von Tradition in 10,3f hinweisen könnte (so H. ZIMMERMANN, Das Bekenntnis der Hoffnung, S. 119) ist nicht gegeben, da ja auch nach 9,13 die Opfer der alten Kultordnung nicht die „Wegnahme" der Sünde, sondern lediglich eine „Reinigung des Fleisches" bewirken.

und Unheiligen", gilt, das wird im Hebr nunmehr generell-grundsätzlich auf alle auf dem Nomos beruhenden Opferhandlungen bezogen und in besonderer Weise auch auf das Opferritual des Versöhnungstages. Der Gegensatz zu Philon (und zur gesamten „Opfertheologie" des Judentums!) ist hier jedenfalls offenkundig, denn – so Philon, SpecLeg I 215 – „es wäre ja einfältig (zu meinen), daß die Opfer lediglich eine Erinnerung an die Sünden (ὑπόμνησις ἁμαρτημάτων) bewirken und sie nicht gänzlich in Vergessenheit bringen"!

Auf der (gegenüber dem jüdischen Hellenismus generalisierenden und radikalisierenden) Linie einer Kritik an allem Opferwesen schlechthin liegt dann endlich auch die den Argumentationsgang von 10,1–4 abschließende kategorische These von V. 4, wonach das „Blut von Kälbern und Böcken" – gemeint ist also auch hier wieder die Opferhandlung am Versöhnungstag – ganz und gar nicht imstande ist, „Sünden zu beseitigen"[31]. Als Abschluß und zugleich Zielpunkt der Argumentation von 10,1–4 ist dies – auch wenn man die entsprechenden Ansätze zu einer kritisch-differenzierenden Betrachtung des Opferwesens bereits in der biblischen Prophetie wie dann auch im jüdischen Hellenismus in Rechnung stellt[32] – in der Tat die (bislang) eindeutigste und schärfste Negation des Nomos und der auf ihn sich gründenden Opferordnung[33]. Im Hebr ist sie freilich nicht nur Konsequenz jener jüdisch-hellenistischen Tradition und von daher gesehen ein „radikaler, aufklärerischer Gedanke" (H. WINDISCH), vielmehr ergibt sie sich notwendig aus dem eigenen christologischen Ansatz des Hebr, in dessen Konsequenz also nicht nur eine „Verinnerlichung" oder „Spiritualisierung" des alten Opferkults liegt[34], sondern letztlich dessen

---

[31] Die Artikellosigkeit der Substantiva unterstreicht noch die grundsätzliche Geltung der These. – Ἀφαιρεῖν mit αἷμα als Subjekt (vgl. entsprechend 10,11: περιελεῖν mit θυσία als Subjekt) steht hier nicht im Sinne der „Vergebung" der Sünden, die nach biblischer Überlieferung Gott selbst zum Subjekt hat (vgl. Ex 34,7.9; Num 14,18; Sach 3,4; Sir 47,11), sondern vom „Wegschaffen, Wegnehmen" bzw. von der Tilgung der Sünden durch den Opferkult. Vgl. entsprechend Lev 10,17; Jes 27,9; Jer 11,15. – Die Umstellung der Abfolge ταύρων καὶ τράγων bei P^{46} ℵ 326 1881 (usw.) erklärt sich aus der Angleichung an 9,13.

[32] Der Gehorsam gegen Gottes Gebot wird hier kritisch von einer vordergründigen Kultobservanz abgesetzt. Vgl. z. B. 1 Sam 15,22f; Hos 6,6; Jes 1,10ff; Mi 6,6ff; Jer 6,20; 7,21ff; Ps 40,7–9 u. ö. Diese „opferkritische" Linie setzt sich auch im hellenistischen Judentum fort: vgl. Philon, Plant 107f; VitMos II 108; SpecLeg I 271f; Arist 234; Josephus, Ant VI 141ff. Gleichwohl wird auch im Bereich des hellenistischen Judentums an der Rechtmäßigkeit und Notwendigkeit des Opferkults festgehalten.

[33] Vgl. C. SPICQ, SBi, S. 165: „dicté presque brutalement"! ebd.: „la condamnation la plus radicale de l'ancienne loi et de son culte".

[34] Ein „aufklärerischer" Impuls zeigt sich bei dieser Kritik am traditionellen Opferkult insofern, als das hellenistische Judentum in dieser Hinsicht an einer für das hellenistisch-römische Zeitalter insgesamt charakteristischen Grundtendenz teilhat. Vgl. in diesem Zusammenhang auch den hellenistischen Hintergrund der Rede des Paulus von der λογικὴ λατρεία und dem sich damit verbindenden Opferverständnis in Röm 12,2. Vgl. dazu H. LIETZMANN, An die Römer (HNT 8), Tübingen ^{3}1928, S. 108f, mit Verweis auf Corp. Herm. I 31; XIII 17–19.21 sowie auf Philon, SpecLeg I 201ff.

Aufhebung durch das eine, für alle Zeiten geltende Opfer Christi (10,9. 18!). Aller alte Opferkult, im Hebr vor allem repräsentiert durch das Opferritual des Versöhnungstages[35], kennt ja nur das „Blut von Kälbern und Böcken" als Sühne- und Reinigungsmittel. Und damit ergibt sich für den Autor des Hebr zugleich der Gegensatz zum „eigenen Blut" Christi - also: οὐδὲ δι' αἵματος τράγων καὶ μόσχων, διὰ δὲ τοῦ ἰδίου αἵματος (9,12). Allein dieses „eigene Blut" Christi vermag wirklich und wirksam „die Sünden wegzuschaffen". Mit diesem Verständnis der kategorischen Aussage von V. 4 im Kontext von Hebr 9 ist dann auch der Übergang gegeben von der abschließenden Herausstellung der Negation hinsichtlich der auf dem Nomos beruhenden Kult- und Opferordnung zur Darstellung der christologischen Position in 10,5ff.

4.2.7.2) 10,5-10: Der christologische Grund der Negation des alten Opferkults

5 Darum sagt er (auch) bei seinem Eintritt in die Welt: ‚Opfer und Darbringung (von Opfern) hast du nicht gewollt; einen Leib aber hast du mir bereitet.
6 An Ganzopfern und Opfern für die Sünde hast du kein Wohlgefallen (gezeigt).
7 Damals sprach ich: Siehe, ich bin gekommen – in der Buchrolle (nämlich) steht von mir geschrieben –, um zu tun, Gott, deinen Willen.'
8 Indem er zuerst (wörtl.: weiter oben) sagt: ‚Opfer und Gaben' und ‚Ganzopfer und Sündopfer hast du nicht gewollt und hast (daran) auch kein Wohlgefallen gezeigt', die (doch allesamt) gemäß dem Gesetz dargebracht werden,
9 hat er sodann gesagt: ‚Siehe, ich bin gekommen, um deinen Willen zu tun'. Er hebt das Erste auf, um das Zweite in Kraft zu setzen (sc.: das Tun des Willens Gottes);
10 in diesem Willen sind wir geheiligt durch die Darbringung des Leibes Jesu Christi (, und zwar) ein für allemal.

Formal gesehen handelt es sich in diesem Abschnitt um eine Art Midrasch zu LXX Ps 39,7-9, bei dem auf das Zitat des biblischen Textes (VV. 5b-7) eine Auslegung folgt (VV. 8f), in deren Verlauf die für die Auslegung maßgeblichen Partien des biblischen Textes erneut aufgenommen werden[36].

---

[35] Vgl. im Zusammenhang von 10,1-4: κατ' ἐνιαυτόν (V. 3) in Entsprechung zu Lev 16,34: ἅπαξ τοῦ ἐνιαυτοῦ. Sofern sich für den Hebr im Opfer des Versöhnungstages das Opferwesen der alten Kultordnung insgesamt verdichtet, hat der Grundsatz von V. 4 im Sinne des Hebr prinzipielle Bedeutung für alle Opfer, die mit Tierblut dargebracht werden.

[36] Vgl. entsprechend wiederum die sogen. „Pescher-Methode" in der Schriftauslegung der Qumran-Gemeinde. Dazu: B. GÄRTNER, The Habakuk Commentary and the Gospel of Matthew, STL 8 (1954) S. 13f; S. KISTEMAKER, The Psalms Citations in the Epistle to the Hebrews, S. 88; F. SCHRÖGER, Der Verfasser des Hebr als Schriftausleger, S. 176; H. BRAUN, Qumran und das Neue Testament I, S. 264. J. BLANK, Vom Urchristentum zur Kirche, München 1982, S. 165, nennt diesen Abschnitt das „Introitus-Gebet Jesu".

Von geringfügigen Abweichungen abgesehen folgt der Autor des Hebr der überlieferten LXX-Version von Ps 39. Das gilt vor allem zunächst im Blick auf die (für das hier praktizierte christologische Verständnis des Psalms entscheidende) Lesart σῶμα (statt ὠτία, so LXX Kodex G sowie Aquila, Symmachus und Theodotion), mit der der Hebr den Kodizes B S A der LXX folgt[37]. Die weiteren Abweichungen vom überlieferten LXX-Text erklären sich aus dem Anliegen, das der Autor des Hebr selbst mit dem Zitat aus diesem Psalm verfolgt. So sind die gegenüber dem LXX-Text sekundären Pluralbildungen in V. 6 (ὁλοκαύματα gegenüber der Lesart im Singular bei P[46] D usw. sowie LXX Kodex A) wie auch in V. 8 (gegenüber der Lesart im Singular bei ℵ[2] D[2] usw.) wohl durch die Absicht bedingt, den generell-grundsätzlichen Charakter der hier erfolgenden Absage an alle Arten von Opfer zu betonen[38]. Genau damit hängt auch die Lesart οὐκ εὐδοκήσας in V. 6 statt des ursprünglichen οὐκ ᾔτησας zusammen. Von Bedeutung für die eigene Rezeption des Psalms seitens des Autors ist auch die Auslassung von ἐβουλήθην aus LXX Ps 39,9 in V. 7, wodurch der Infintivsatz τοῦ ποιῆσαι κτλ am Ende des Zitats unmittelbar von ἰδοὺ ἥκω abhängig gemacht wird und somit den Zweck des „Kommens" bezeichnet. Schließlich dient die Umstellung gegenüber LXX Ps 39,9 im Infinitivsatz in V. 7 offensichtlich der Hervorhebung des (Tuns des) Willens Gottes[39].

In sachlicher Hinsicht sind nach Ausweis der im Rahmen der Auslegung wiederholten Zitate zwei Aspekte für den Autor besonders wichtig: Einmal (V. 8: ἀνώτερον, „weiter oben", im Psalm-Zitat nämlich) die Absage Gottes selbst an alle Arten von Opfern, die „gemäß dem Gesetz dargebracht werden" (V. 8); und zum anderen (V. 9: τότε) das Motiv des Tuns des Willens Gottes. Beide Aspekte werden in V. 9b zueinander ins Verhältnis gesetzt, während schließlich in V. 10 und die (nunmehr positiv gewendete!) Verbindung des Opfer- und des Gehorsamsmotivs zusätzlich noch aus LXX Ps 39,7 das σῶμα-Motiv einbezogen wird: διὰ τῆς προσφορᾶς τοῦ σώματος κτλ. Damit ist dann auch zugleich die Zielaussage erreicht, auf die der Autor mit seiner christologischen Auslegung von LXX Ps 39 von Anfang an hinauswollte.

Das den Abschnitt einleitende διό in V. 5 will das folgende nicht lediglich als einen „formalen Schriftbeweis" für die in V. 4 ausgesprochene These kennzeichnen, sondern hervorheben, daß beide Abschnitte – 10,1–4 und 10,5–10 – in sachlicher Hinsicht aufs engste miteinander verbunden sind. Im Blick speziell auf die These von V. 4 heißt das, daß sie nicht aus sich selbst, sondern nur als ein christologisch begründetes Urteil verständlich ist. In diesem Sinne steht διό hier nicht nur im (formal) weiterführenden, sondern in der Tat im begründenden Sinne: Die Absage an alle Arten

---

[37] Zu fragen bleibt freilich, ob es sich bei der Lesart σῶμα bereits um eine (sekundäre christliche!) Lesart im überlieferten LXX-Text handelt. Vgl. F. SCHRÖGER, Der Verfasser des Hebr als Schriftausleger, S. 174; H. BRAUN S. 294.

[38] Anders E. AHLBORN, Die Septuagintavorlage des Hebr, S. 123–125, der die Pluralbildungen auf den oberägyptischen LXX-Text zurückführt.

[39] Vgl. zum Ganzen: F. SCHRÖGER, Der Verfasser des Hebr als Schriftausleger, S. 172ff; J. C. MCCULLOUGH, NTS 26 (1979/80) S. 369; J. VAN DER PLOEG, RB 54 (1947) S. 220ff.

von (Tier-)Opfern, wie sie bereits hier, in V. 4, ausgesprochen war, wird nunmehr in **V. 6 und 8** in einen theologisch-christologischen Horizont gerückt: Es ist eine Absage, die Gott selbst ausgesprochen hat[40], und zwar im Munde dessen, der selbst seinen „Leib" als Opfer dargebracht hat. Genau durch diese bereits in V. 5 zum Ausdruck gebrachte Verbindung des theologischen und des christologischen Aspekts gibt der Autor zu erkennen, daß es ihm hier keineswegs nur (wiederum) um die Negation der alten, auf dem Gesetz beruhenden Kult- und Opferordnung geht[41], sondern die Negation in dieser Hinsicht ihrerseits auf die Position ausgerichtet ist, ja hier erst ihr Ziel erreicht. In V. 9b wird dies denn auch auf die Formel gebracht: „Er hebt das Erste (alles auf dem Gesetz beruhende Opferwesen) auf, damit er das Zweite in Kraft setze"[42]. Τὸ πρῶτον, das ist also der von Gott selbst verworfene Opferkult, dasjenige zugleich, was in LXX Ps 39,7 „zuerst" gesagt worden ist (V. 8: ἀνώτερον); und τὸ δεύτερον, das ist das in LXX Ps 39,8 „sodann" (V. 9: τότε) gesagte, unter der Überschrift des ganzen Psalm-Zitats in V. 5a also die eigene Rede Jesu: „Siehe, ich bin gekommen, deinen Willen zu tun"[43].

In welchem Sinne der Autor des Hebr dieses „Gekommensein" verstanden hat, sagt die Einleitung des Zitats deutlich genug: Die Wendung εἰσέρχεσθαι εἰς τὸν κόσμον umschreibt zunächst nichts anderes als die „Menschwerdung" Jesu, im Sinne der Christologie des Hebr also die Menschwerdung des Präexistenten[44]; und σῶμα aus dem Psalm-Zitat (39,7) ist dementsprechend zunächst auf den (von Gott geschaffenen bzw. „bereiteten") Leib des irdischen Jesus zu beziehen. Solche Rede vom „irdischen Jesus" ist freilich auch hier in den Gesamtzusammenhang der Christologie

---

[40] Vgl. entsprechend LXX Ps 50,18; Hos 6,6 (Mt 9,13; 12,7); Jer 14,12.

[41] Zur Wendung κατὰ (τὸν: D usw.) νόμον in V. 8b vgl. 7,5; 9,19. Charakteristisch an dieser Stelle ist wiederum das Präsens der Institution προσφέρονται. – Zu den gegenüber LXX Ps 39,7 sekundären Pluralbildungen in V. 8 s. o. S. 507. Die Handschriften ℵ² D² (usw.) gleichen wiederum an den LXX-Text an. Im übrigen will offensichtlich schon die Aufzählung der Opferarten in Ps 40,7 die Gesamtheit der Opfer umreißen.

[42] Die Entgegensetzung ἀναιρεῖν und ἱστάνειν entspricht terminologisch wie sachlich der Gegenüberstellung καταργεῖν – ἱστάνειν in Röm 3,31. Vgl. H. BRAUN S. 298. Beide Termini haben im übrigen wiederum eine deutliche rechtliche Konnotation, ἀναιρεῖν im Sinne der „Aufhebung" (von Gesetzen, Testamenten, Anklagen o. ä.), ἱστάνειν demgegenüber im Sinne der „Inkraftsetzung", letzteres so auch schon in der biblischen Literatur: vgl. Ex 6,4; 1 Makk 2,27, hier jeweils in bezug auf die διαθήκη. Vgl. W. BAUER, Wörterbuch zum Neuen Testament, Sp. 107f; H. BRAUN S. 298f.

[43] Christus ist somit nicht nur Subjekt des λέγει in V. 5a, sondern auch Subjekt aller „Redeformen" in 10,5–9: τότε εἶπον (V. 7); ἀνώτερον λέγων (V. 8); τότε εἴρηκεν (V. 9). Zur Wendung ἀνώτερον λέγω im Sinn des Rückverweises auf eine frühere Stelle (eines Buches) vgl. Polybios III 1,1; Josephus, c.Ap. II 18.

[44] Εἰσερχόμενος ist hier also nicht Anklang an die Messiasbezeichnung ὁ ἐρχόμενος (so C. SPICQ, II, S. 304), sondern steht analog der jüdisch-rabbinischen Wendung בא לעולם im Sinne von „Geborenwerden". Vgl. dazu STRACK-BILLERBECK, II, S. 358; G. DALMAN, Die Worte Jesu I, Leipzig ²1930, S. 141. Vgl. auch Joh 1,9; 3,19; 6,14; 11,27. Im Kontext des Hebr hat εἰσερχόμενος seinen Anhalt am ἰδοὺ ἥκω von LXX Ps 39,9.

(und Soteriologie) des Hebr einbezogen[45]. Im Blick auf LXX Ps 39 heißt das nach **V. 7/9a** konkret: Das „Tun des Willens Gottes" oder – wie man im Sinne des Hebr auch sagen kann – der Gehorsam des Menschgewordenen gegenüber dem Willen Gottes geschieht im Leiden und Sterben Jesu (5,8!), was im Sinne des Hebr zugleich heißt: darin, daß Christus den „Leib", den Gott „ihm bereitet hat", als Opfer darbringt (V. 10)[46]. Mit dem σῶμα aus LXX Ps 39,7 (V. 5b) ist also im Sinne des Hebr bereits der „Leib" von V. 10 im Blick, genauer: die προσφορὰ τοῦ σώματος Ἰησοῦ Χριστοῦ. Das „Kommen" des Menschgewordenen „in die Welt" ist von vornherein ausgerichtet auf den einen „Punkt" aus dem Leben Jesu, auf den es im Hebr am Ende allein ankommt: das einmalige Selbstopfer Christi. So gesehen handelt es sich bei dieser Lesart von Ps 40 (LXX: Ps 39) wiederum um ein Musterbeispiel für eine konsequent christologische Lektüre des Alten Testaments (als „Altes" Testament!). Lektüre und Auslegung von LXX Ps 39 sind von vornherein (V. 5a!) christologisch angelegt und ausgerichtet[47] – mit der Konsequenz zugleich, daß bei solcher Lektüre des Alten Testaments selektiv verfahren wird: Nur diejenigen Aussagen aus dem Psalm werden benutzt, die sich dem christologischen Konzept des Autors des Hebr einfügen lassen[48].

Der Schlüssel zu solcher Lesart des Alten Testaments ist dabei an unserer Stelle in **V. 9b** gegeben: Die Aufhebung des „Ersten", der alten, auf dem Gesetz beruhenden Kult- und Opferordnung (V. 8), geschieht am Ende um der In-Geltung-Setzung des „Zweiten" willen. Und das „Zweite", das ist nichts anderes als das Selbstopfer Christi, mit dem der Menschgewordene den Willen Gottes erfüllt. Hier – in V. 9b – liegt im

---

[45] Daß bei solcher christologischen Deutung auch das (im Sinne des Autors in Parenthese zu lesende) ἐν κεφαλίδι βιβλίου γέγραπται περὶ ἐμοῦ aus LXX Ps 39,8 auf die Rede der Schrift von Christus bezogen wird, versteht sich von selbst. – Κεφαλίς bezeichnet ursprünglich das Ende einer Buchrolle, dann aber auch diese selbst. Vgl. Ez 2,9; 3,1–3; LXX 2 Esr 6,2 sowie G. SCHNEIDER, EWNT II, Sp. 708. In Ps 40(39) ist damit zunächst das Gesetz gemeint, im Hebr dagegen die Schrift insgesamt oder doch jedenfalls der Psalter als „Christusbuch". Zur Sache des περὶ ἐμοῦ vgl. Mk 14,21; Lk 7,27; 24,44; Act 13,29; Joh 5,39.46.

[46] In der „Darbringung des Leibes" (als Opfer) kulminiert also gleichsam das Leben Jesu. Vgl. H. ZIMMERMANN, Das Bekenntnis der Hoffnung, S. 124. In diesem Sinne handelt es sich bei der Auslegung von LXX Ps 39 im Hebr keineswegs um eine „Spiritualisierung" des Opfergedankens, die sich als solche aus den entsprechenden jüdischen Traditionen ableiten ließe. Gegen H. WENSCHKEWITZ, Die Spiritualisierung der Kultusbegriffe, S. 24–45. Kritisch dazu auch G. KLINZING, Die Umdeutung des Kultus in der Qumran-Gemeinde und im Neuen Testament, S. 221.

[47] Die jüdische Tradition vom „leidenden Gerechten" ist dabei nicht aufgenommen, dagegen ganz offensichtlich das traditionelle urchristliche Schema von Erniedrigung und Erhöhung. Vgl. E. SCHWEIZER, Erniedrigung und Erhöhung bei Jesus und seinen Nachfolgern (AThANT 28), Zürich 1955, S. 58f.

[48] Dementsprechend findet schon die unmittelbare Fortsetzung von LXX Ps 39,9 im Hebr keine Aufnahme mehr. Gleiches gilt auch für das Sündenbekenntnis in Ps 39,13 sowie – selbstverständlich! – für die Beziehung des „Tuns des Willens Gottes" in Ps 39,10f auf den Lobpreis Gottes in der Festversammlung.

Grunde dasselbe Schema vor wie bereits in 7,18f: Die Außerkraftsetzung des „schwachen und nutzlosen Gebotes" schließt als solche zugleich die „Einführung einer besseren Hoffnung" in sich. Und kommt dort (7,18f) bereits mit der Absage an die alte Kult- und Opferordnung zugleich die „Hoffnung" der Adressaten des Hebr in den Blick, so auch hier mit der christologischen Aussage zugleich die soteriologische Perspektive, die sich für die Adressaten aus dem Selbstopfer Christi ergibt.

Aufhebung des „Ersten" um der Inkraftsetzung des „Zweiten" willen (V. 9b), das heißt also konkret: Inkraftsetzung des „Willens Gottes", den der Menschgewordene „durch das Opfer seines Leibes" getan hat: V. 10. Der „Wille Gottes", von dem da im Psalm die Rede war, ist also nicht nur christologisch bestimmt – sofern der Menschgewordene diesen Willen gehorsam getan hat –, sondern zugleich soteriologisch ausgerichtet: er ist „Heilswille" Gottes, „in welchem Willen", „kraft dessen wir geheiligt sind..."[49]. Von daher gesehen ist der unvermittelte Wechsel vom argumentativen Stil der vorangehenden Verse zum bekenntnishaften „Wir"-Stil in V. 10 keineswegs ein Anzeichen dafür, daß der Autor des Hebr in V. 10 auf „Tradition" zurückgreift[50]. V. 10 ist vielmehr im Sinne des Autors selbst die Zielaussage des ganzen Zusammenhangs. Und die Funktion dieses Verses im Zusammenhang besteht auch gar nicht in erster Linie darin, nun endlich ausdrücklich eine Antwort auf die (bisher offene) Frage zu geben, worin nun eigentlich der Gehorsam des Menschgewordenen gegenüber dem Willen Gottes bestanden hat: in der Darbringung nämlich (des Opfers) seines „Leibes"[51]. Entscheidend im Sinne des Autors ist vielmehr auch hier wieder die Ausrichtung der christologischen Aussage von der „Darbringung des Leibes Jesu Christi" auf das, was dadurch gewirkt worden ist: Jene „Heiligung" nämlich[52], die „durch" dieses Opfer „ein für alle-

---

[49] Zur Wendung ἐν ᾧ θελήματι vgl. entsprechend δι' ἣν αἰτίαν in 2,11; 2 Tim 1,6.12; Tit 1,13 sowie Act 7,20; 26,7. Dazu: BL.-DEBR.-R. § 293,12.

[50] Gegen G. SCHILLE, ZNW 46 (1955) S. 92; vgl. auch H. ZIMMERMANN, Das Bekenntnis der Hoffnung, S. 40. 219f. – Allenfalls die im Hebr ungewöhnliche „volle" Bezeichnung Ἰησοῦς Χριστός könnte an dieser Stelle auf Tradition zurückverweisen, die sich freilich als solche kaum fixieren ließe. Demgegenüber ist der unvermittelte Übergang zum „Wir"-Stil für den Hebr durchaus charakteristisch. Vgl. z. B. 3,6-14; 4,1ff; 7,25f.

[51] Προσφορά bezeichnet hier – wie dann auch in den VV. 14 und 18 – den Akt der „Darbringung". Die Rede vom „Opfer des Leibes Jesu Christi" an dieser Stelle ist im Hebr singulär (dementsprechend auch die von D* gebotene Lesart αἵματος, die an 9,12 angleicht!). Im Kontext ist sie jedoch von LXX Ps 39,7 vorgegeben. Somit besteht auch kein Anlaß, im Vergleich von V. 5 mit V. 20 für den Hebr zwischen σῶμα und σάρξ zu differenzieren. So E. KÄSEMANN, Das wandernde Gottesvolk, S. 146f: „‚Leib' heißt er, sofern er dem Vollzug des Selbstopfers Christi dient, ... ‚Fleisch' ist er aber, insofern er dem Bereich des Irdischen zugeordnet bleibt". Kritisch dazu: U. LUCK, NT 6 (1963) S. 210, Anm. 4; F. LAUB, Bekenntnis und Auslegung, S. 181f. In dem durch LXX Ps 39,7 vorgegebenen Sinn liegt hier dann freilich auch ein anderes „Leib"-Verständnis vor als in 10,22 und 13,3.11.

[52] Ihr entspricht die Rede von der „Reinigung" (9,13; 10,29; 13,12, hier jeweils vom „Blut" Christi ausgesagt) und von der „Vollendung" (10,14).

mal" in Kraft und Geltung gesetzt worden ist. Von daher gesehen hat hier die Formulierung ἡγιασμένοι ἐσμέν – gegenüber der sonstigen Rede von den ἁγιαζόμενοι (2,11; 10,14) – durchaus ihren Sinn: „Wir sind..."! d. h.: „Wir" jetzt, „Wir" in der Gegenwart, stehen in der Wirkungsgeschichte jenes Geschehens von damals. Und ganz in diesem Sinne umreißt das betont am Ende des Satzes stehende ἐφάπαξ, das sonst im Hebr primär christologisch akzentuiert erscheint (7,27; 9,12. 26–28), auch die Perspektive der Christen als der durch jenes Opfergeschehen damals „Geheiligten"[53]. Es ist genau dieser christologische *und* soteriologische Aspekt des ἐφάπαξ, der im folgenden Abschnitt 10,11–18 noch einmal den Adressaten nachdrücklich vor Augen gestellt wird.

4.2.7.3) 10,11–18: Das einmalige Opfer Christi und seine für immer gültige Wirkung

11 Und (so) tut (nun) zwar jeder Priester täglich stehend seinen Dienst, indem er dieselben Opfer oftmals darbringt, die (ja doch) niemals Sünden beseitigen können;
12 dieser dagegen hat ein einziges Opfer für Sünden dargebracht und hat sich (dann) für immer zur Rechten Gottes niedergesetzt,
13 im übrigen (die Zeit) erwartend, bis seine Feinde zum Schemel seiner Füße niedergelegt worden sind.
14 Denn durch ein einziges Opfer hat er für immer die Geheiligten vollendet.
15 Zeugnis (davon) gibt uns aber auch der Heilige Geist; denn nachdem er gesagt hat:
16 ‚Dies ist die Heilsordnung, die ich' für sie ‚nach jenen Tagen setzen werde, spricht der Herr: Ich gebe meine Gesetze in ihre Herzen und werde sie in ihren Sinn schreiben
17 und werde ihrer Sünden' und ihrer gesetzlosen Taten ‚gewiß nicht mehr gedenken'.
18 Wo aber Vergebung dieser (Sünden und gesetzlosen Taten) ist, da gibt es (auch) nicht mehr Darbringung (von Opfern) für (die) Sünde.

Stellung und Funktion im Kontext:

Der Abschnitt 10,11–18 formuliert die Summe aller christologisch-soteriologischen Erörterungen sowohl in 7,1–28 als auch in 8,1–10,10, und zwar unter dem Aspekt des einmal geschehenen Opfers Christi und seiner – dementsprechend – „ein für allemal" geltenden Wirkung. Dabei wird mit dem die VV. 11–14 bestimmenden christologischen und soteriologischen εἰς τὸ διηνεκές auf die entsprechende Wendung im 7. Kapitel (7,3.17.21.24.28), insbesondere auf 7,24 (σῴζειν εἰς τὸ παντελές) zurückgegriffen, mit dem „Zeugnis" der Schrift bzw. des Hl. Geistes in den VV.15–17 auf das 8. Kapitel, wobei nunmehr freilich – unter der Voraussetz-

---

[53] Vgl. entsprechend die Rede von den ἅπαξ κεκαθαρισμένοι in V.2. Auf προσφορά beziehen ἐφάπαξ: P.E. HUGHES S.399; C. SPICQ, II, S.306; DERS., SBi, S.167; D.E. PETERSON, Hebrews and Perfection, S.118.

zung der Erörterungen in 9,1-10,10 - der Hauptakzent auf der in Christus erfüllten Verheißung von Jer 31 (LXX: Jer 38) liegt. Das in den VV. 11-14 vom Selbstopfer Christi ausgesagte εἰς τὸ διηνεκές hat - von daher gesehen - notwendig die Feststellung οὐκέτι προσφορὰ περὶ ἁμαρτίας zur Folge (V. 18).

Was zunächst in den **VV. 11/12** ausgeführt wird, liegt noch ganz auf der Linie des bisher schon Bekannten: Noch einmal setzt der Autor hier vermittels der schon in den vorangehenden Kapiteln (7,18ff; 8,4ff; 9,1.11) geläufigen rhetorischen Figur μέν-δέ zu einer Gegenüberstellung an: Ebenso wie bereits in 10,1 ist auch hier wieder von „denselben Opfern" die Rede, die ständig bzw. „oftmals" dargebracht werden, entsprechend auch vom Unvermögen dieser Opfer (οὐδέποτε δύνανται: 10,1.11), die Sünden (P[13]: die Sünde) wirklich „wegzunehmen". Charakteristisch für diesen Zusammenhang ist auch hier wieder das (zeitlose) „Präsens der Kultregel" (προσφέρων - δύνανται), dem auch die präsentische Bedeutung des Perfekts ἕστηκεν entspricht: „Jeder Priester (sc.: der alten Kultordnung) steht Tag für Tag..." (nicht also nur „Jahr für Jahr"!). Umso wirksamer hebt sich von solcher knappen Skizzierung des Wesens der alten Kult- und Opferordnung die Formulierung der Position in V. 12 ab: Im Gegensatz zu „jedem Priester" nunmehr „dieser (eine)"[54], der das „eine Opfer" (μίαν betont vorangestellt!) dargebracht hat - mit der entsprechenden Wirkung: εἰς τὸ διηνεκές. Bei alledem wird die Reihe der bisher bereits bekannten und geläufigen Gegenüberstellungen von altem und neuem Priestertum noch angereichert durch die Gegenüberstellung ἕστηκεν (V. 11) - ἐκάθισεν (V. 12). Der Autor benutzt in diesem Zusammenhang also die traditionelle, im Anschluß an Ps 110,1 formulierte Erhöhungsaussage, um auf eine weitere entscheidende Differenz zwischen altem und neuem Priestertum aufmerksam zu machen: Der am Ende nutzlosen Geschäftigkeit der am Opferaltar „stehenden" Priester steht das „eine Opfer" dessen gegenüber, der sich - nachdem er dies „eine Opfer" dargebracht hat - alsbald „zur Rechten Gottes gesetzt hat"[55], dies ein Gegensatz, der noch schärfer hervortritt, wenn man der Formulierung ἕστηκεν καθ' ἡμέραν in V. 11 entsprechend in V. 12 die Formulierung εἰς τὸ διηνεκές ἐκάθισεν gegenüberstellt: Christus „hat sich für immer zur Rechten Gottes gesetzt".

Solche Beziehung der Wendung εἰς τὸ διηνεκές auf die Erhöhungsaus-

---

[54] Vom „Priester" - nicht vom „Hohenpriester" (so A C P usw. in sekundärer Angleichung an 8,3 und 5,1) - ist hier die Rede, weil der Autor mit der Bezugnahme auf den täglichen Dienst der Priester den Gegensatz zum einmaligen Opfer Christi besonders hervorheben will. So gesehen ist die Rede vom „Priester" an dieser Stelle kein Indiz für Verwendung von Tradition in Hebr 10. Gegen G. SCHILLE, ZNW 46 (1955) S. 91ff. - Im Unterschied zu 8,5 und 10,2 wird der tägliche Dienst der Priester hier als ein λειτουργεῖν bezeichnet. Das entspricht durchaus dem LXX-Sprachgebrauch. Vgl. G. DELLING, ThWNT IV, S. 285ff; H. BALZ, EWNT II, Sp. 859.

[55] Vgl. entsprechend 1,3: καθαρισμὸν ... ποιησάμενος ἐκάθισεν. Die Lesart ἐκ δεξιῶν (A 104) versteht sich als sekundäre Angleichung an LXX Ps 109,1. S. o. zu 1,13.

sage bedeutet – wie dann sogleich V. 14 zeigen wird – im Sinne des Autors keineswegs eine Alternative zu der „für immer" geltenden Wirkung des „einen Opfers" Christi, sondern schließt diesen (soteriologischen) Aspekt durchaus ein, ja die an sich ambivalente Stellung der Wendung εἰς τὸ διηνεκές zwischen der Opferaussage in V. 12a und der Erhöhungsaussage in V. 12b könnte ihrerseits wiederum auf den für den Hebr insgesamt charakteristischen Sachverhalt aufmerksam machen, daß Christologie hier nicht anders als in soteriologischer Ausrichtung, konkret also: im Horizont der Frage nach dem „Heil" der Christen entfaltet wird. Immerhin zeigt der folgende **V. 13**, daß der Erhöhungsaussage in V. 12b ein besonderes Gewicht zukommt. Hier wird – man vgl. bereits 1,13! – gleichsam die Fortsetzung der Erhöhungsaussage von V. 12 nach LXX Ps 109,1 zitiert und damit kommt nun in der Tat in den ganzen Zusammenhang ein neuer Akzent hinein: ein eschatologischer Akzent nämlich im Sinne der (jetzt noch ausstehenden) endgültigen Unterwerfung der „Feinde" am Ende der Zeit. Der adverbielle Akkusativ τὸ λοιπόν steht dementsprechend an dieser Stelle im temporalen Sinne: „im übrigen", d.h.: „in Zukunft"[56]. Im Unterschied freilich zu 2,8 und der dort im Anschluß an Ps 2,7 formulierten „Unanschaulichkeit des Heils" aus der Perspektive der christlichen Gemeinde – Νῦν δὲ οὔπω ὁρῶμεν – kommt hier die jetzt noch ausstehende Unterwerfung der Feinde (zunächst) allein unter christologischem Aspekt in den Blick! Und unter diesem Aspekt gesehen besagt V. 13 in der Tat zunächst nicht mehr als dies: Der Erhöhte hat sich „für immer zur Rechten Gottes gesetzt" (V. 12) – und kann dementsprechend „im übrigen", was also die Zukunft betrifft, gleichsam in Ruhe „erwarten, bis daß seine Feinde zum Schemel seiner Füße gelegt worden sind"[57].

Die „gegenwärtige Kampfsituation der Gemeinde", die seitens der Adressaten des Hebr erfahrene „Unanschaulichkeit des Heils" (2,8!), scheint hier zunächst gar nicht im Blick zu sein[58]. Freilich würde sich solche „nur christologische" Aussage dem Gesamtgefälle der Christologie des Hebr nur schwerlich einfügen lassen. Und in der Tat bringt der den V. 13 begründend (γάρ!) weiterführende **V. 14** nun auch alsbald wiederum die (soteriologische) Wendung zur christlichen Gemeinde bzw. zu den Adressaten hin: Das durch das „eine Opfer" gewirkte εἰς τὸ διηνεκές gilt

---

[56] Vgl. 1 Kor 7,29; 2 Tim 4,8 sowie Gal 6,17. Dazu: W. BAUER, Wörterbuch zum Neuen Testament, Sp. 974: H. FENDRICH, EWNT II, Sp. 890.

[57] Vgl. O. KUSS S. 142: „in majestätischer Ruhe warten"; K. NISSILÄ, Das Hohepriestermotiv im Hebr, S. 225. – Da es hier um die grundsätzliche Perspektive vom ἐφάπαξ des Opfers Christi her geht, ist hier nicht an konkrete „Feinde" (im Blick auf die Adressaten des Hebr) gedacht. S. o. zu 1,13. – Zu ἐκδέχεσθαι im eschatologischen Sinne vgl. auch 11,40; Jak 5,7 sowie Josephus, Ant XI 328.

[58] Vgl. zur Frage O. MICHEL S. 341; M. E. GLASSWELL, EWNT I, Sp. 989: „Das Ps-Zit. beschafft den christologischen Hintergrund und die Erklärung für die Konfliktsituation, in der die Kirche sich selber in ihrer eigenen Zeit des Wartens vorfindet".

für die „Geheiligten" – also gilt für sie auch die in V. 13 herausgestellte christologische Perspektive. Und die in V. 13 zunächst nur in bezug auf den Erhöhten umrissene eschatologische Perspektive betrifft nunmehr auch sie: Durch das „eine Opfer" des Erhöhten haben auch sie teil an der „für immer", für alle Zukunft geltenden Perspektive des Heils. Das „eine Opfer" Christi bewirkt und eröffnet einen auch die eschatologische Vollendung einschließenden Horizont. So gesehen hat V. 14 den Charakter einer Zielaussage[59], dies freilich nicht nur im Blick auf den Begründungszusammenhang mit (V. 12 und) V. 13, sondern zugleich im Blick auf 10,1–18 insgesamt. Hier schließt sich nunmehr der Kreis zu V. 1 ein: Was das Gesetz und die darauf beruhende Kult- und Opferordnung nicht vermochten – die „Vollendung" nämlich derer, die (zum Opferaltar) „hinzutreten" (V. 1b) –, eben dies hat Christus „durch das Opfer seines Leibes" (V. 10) bzw. durch „ein Opfer" bewirkt: τετελείωκεν εἰς τὸ διηνεκές (V. 14). Der Akzent liegt dabei durchaus auf dem Perfekt τετελείωκεν. Also: Durch das „eine Opfer" Christi ist (damals) eine für alle Zeiten wirksame „Vollendung" geschaffen worden, eine „Vollendung" für die (durch dieses Opfer) „Geheiligten"[60]. In der Tat: durch dieses Perfekt wird hier die Dauer des „Vollendeten" ausgesagt. Was dabei konkret mit τελειοῦν (parallel zu ἁγιάζειν in V. 10!) gemeint ist, ergibt sich aus dem Kontext: Die Befähigung nämlich zum rechten Gottesdienst[61], ein neues Gottesverhältnis damit zugleich, das gekennzeichnet ist durch die „Reinigung des Gewissens" (9,14; vgl. 10,2), durch die „Reinigung von den Sünden" (10,2) bzw. – wie dann alsbald das Zeugnis des Hl. Geistes in Jer 31 (LXX: Jer 38) zeigen wird – durch „Vergebung" (der Sünden: V. 18); ein Gottesverhältnis also, das nicht mehr durch die Sorge bestimmt ist, sich vermittels entsprechender Opfer immer wieder und immer aufs Neue das Heil zu beschaffen. Genau dieses Gottesverhältnis ist es, was – vom einmaligen Opfer Christi her – die Gegenwart der Christen als der „Geheiligten" ausmacht bzw. – im Blick auf die Adressaten des Hebr – ihr Gottesverhältnis ausmachen sollte. In diesem Sinne, im Blick also speziell auf die Adressaten des Hebr, haben die Feststellungen in den VV. 11–14 bereits unmittelbar mit den ent-

---

[59] Vgl. A. VANHOYE, La structure littéraire, S. 167: „conclusion"; K. NISSILÄ, Das Hohepriestermotiv im Hebr, S. 233ff.

[60] P46 liest an dieser Stelle statt ἁγιαζομένους: ἀνασωζομένους. Das ist wohl lediglich Schreibvariante. – Angesichts der sachlichen Parallelität der Aussagen in V. 10 und V. 14 läßt sich aus V. 14 kaum eine genaue Verhältnisbestimmung von τελειοῦν und ἁγιάζειν gewinnen. Vgl. jedoch K. NISSILÄ, Das Hohepriestermotiv im Hebr, S. 233ff, spez. S. 236: τελειοῦν sei in diesem Zusammenhang ein „perfektisch-eschatologischer", ἁγιάζειν dagegen ein „präsentisch-eschatologischer Begriff"; vgl. zum Problem auch O. MICHEL S. 341; D. E. PETERSON, Hebrews and Perfection, S. 149ff, spez. S. 151–153. Beide Termini stehen vielmehr im Hebr unverbunden nebeneinander.

[61] Τελειοῦν steht auch hier wieder in Übereinstimmung mit LXX im kultischen Sinn. Vgl. dazu G. DELLING, ThWNT VIII, S. 81. 83; H. HÜBNER, EWNT III, Sp. 827.

sprechenden Konsequenzen zu tun, wie sie der Autor des Hebr alsbald im 3. Hauptteil seiner „Trost- und Mahnrede" (10,19ff) im einzelnen ausführt. Zuvor jedoch wird vom Autor noch einmal das Zeugnis der Schrift geltend gemacht, zunächst gewiß im Sinne der Unterstreichung der „für immer" geltenden Wirkung des „einen Opfers" Christi, zum anderen aber auch schon im Sinne einer kräftigen Warnung an die Adressaten: mit jenem „für immer" ist auch ein „nicht mehr" gesetzt (V. 18).

Das Zeugnis der Schrift wird in V. 15 als ein μαρτυρεῖν gekennzeichnet, als eine rechtsgültige Bestätigung also (des zuvor Ausgeführten)[62], die „auch der Heilige Geist" (in der Schrift) gibt. Ist das Zeugnis der Schrift als solches zugleich Zeugnis des Hl. Geistes, so versteht es sich für den Autor des Hebr von selbst, daß dieses Zeugnis „uns" (ἡμῖν) gilt, also unmittelbar auf die christliche Gemeinde zu beziehen ist. Zu „uns" spricht der Hl. Geist in der Verheißung des Propheten Jeremia, zu denen also, für die – vom einmaligen Opfer Christi her – die Erfüllung jener Verheißung gilt. Was im Futurum des μνησθήσομαι von LXX Jer 38,34 ausgesprochen ist, ist für die Christen – von Christus her – ja bereits Gegenwart geworden. Genau dies soll nunmehr auch das Zeugnis der Schrift zeigen, mit dem der Autor am Ende des ganzen Sachzusammenhangs 8,1–10,18 wiederum auf dessen Anfang (8,7–13) zurückgreift[63]. Ausdrücklich zitiert werden dabei nunmehr in den VV. 16/17 nur noch jene Partien aus Jer 31 (LXX: Jer 38), die für den inzwischen erreichten Stand der Argumentation wichtig sind, nämlich die VV. 33 und 34. Diese beiden Verse aus Jer 31 bzw. 38 werden im wesentlichen in Übereinstimmung mit dem (überlieferten) LXX-Text zitiert. Sachlich bedeutsam, weil auf bewußte eigene Gestaltung durch den Autor zurückgehend, sind lediglich die folgenden Differenzen: die Änderung des ursprünglichen τῷ οἴκῳ Ἰσραήλ in πρὸς αὐτούς in V. 16 (anders noch 8,10); die wohl im verallgemeinernden Sinne zu verstehende Erweiterung von καὶ τῶν ἁμαρτιῶν αὐτῶν von Jer 31(38),34 durch καὶ τῶν ἀνομιῶν αὐτῶν in V. 17 (anders noch 8,12) sowie endlich die Umwandlung von μνησθῶ von Jer 31(38),34 in μνησθήσομαι in V. 17 (anders noch 8,12)[64]. Darüber hinaus wird vom Autor des Hebr noch dadurch ein besonderer Akzent hinsichtlich des Zitates gesetzt, daß die das

---

[62] Zu μαρτυρεῖν im Sinne von „(rechtsgültig) bezeugen" vgl. bereits Hebr 7,8.17 sowie 11,2.4.5.32; Act 13,22; 15,8. Dazu: J. BEUTLER, EWNT II, Sp. 960. Zur Wendung μαρτυρεῖ δὲ καί vgl. Philon, All III 4.129; Cher 124.
[63] Bemerkenswert ist übrigens, daß die Abfolge der Bezugnahme auf Ps 110 und Jer 31 auch im 8. Kapitel vorliegt: 8,1ff und 8,6ff.
[64] Vgl. demgegenüber wiederum die Lesart μνησθῶ (P46 ℵ2 D2) als sekundäre Angleichung an LXX. Die weiteren Veränderungen im Zitat von Jer 31(38) gegenüber dem überlieferten LXX-Text insbesondere in V. 16 (vgl. wiederum 8,10) sind ohne sachliche Bedeutung. Vgl. dazu im einzelnen: F. SCHRÖGER, Der Verfasser des Hebr als Schriftausleger, S. 177f; K.J. THOMAS, The Use of the Septuagint in the Epistle to the Hebrews, S. 311; Chr. WOLFF, Jeremia im Frühjudentum und Urchristentum (TU 118), Berlin 1976, S. 144f.

Zitat einleitende Wendung μετὰ γὰρ τὸ εἰρηκέναι (V. 15) innerhalb des Zitats im λέγει κύριος von Jer 31(38),33 (V. 16) ihre Fortsetzung findet und auf diese Weise der erste Teil des Zitats (V. 33) lediglich die Einleitung darstellt: Dem Autor des Hebr geht es an dieser Stelle – im Unterschied zum entsprechenden Zusammenhang im 8. Kapitel – nicht mehr in erster Linie um die Stiftung der „neuen Heilsordnung" als solche, sondern vor allem um deren Konsequenzen. Daß Gott eine „neue Heilsordnung" setzt, das hat – vor allem – zur Konsequenz: „und ihrer Sünden wie auch ihrer Gesetzwidrigkeiten will ich (gewiß) nicht mehr gedenken"[65]. Die starke Negation οὐ μὴ ... ἔτι vor allem ist es, die den Autor des Hebr an dieser Stelle interessiert. Sie entspricht in der Sache genau dem soteriologischen εἰς τὸ διηνεκές von V. 14, ja ist im Sinne des Autors geradezu rechtsgültige Bestätigung der „für immer" geltenden Wirkung des einmaligen Opfers Christi durch Gottes eigene Rede (V. 16: λέγει κύριος) bzw. durch das Zeugnis des Hl. Geistes.

Die Aussage von V. 17 ist im Kontext des Hebr eindeutig genug. Deshalb kann sich der Autor bei seiner eigenen Kommentierung von Jer 31(38),34 ganz kurz fassen: **V. 18** bringt dementsprechend nur noch eine Schlußfolgerung, die in ihrer Knappheit wie auch in ihrer Präzision dem Verfahren des Autors in 8,13 durchaus vergleichbar ist. Die biblische Rede, daß Gott im Rahmen der „neuen Heilsordnung" aller Sünde und Gesetzwidrigkeit „nicht mehr gedenken wird", wird nunmehr in die urchristlich geläufige Rede von der ἄφεσις (τούτων, sc.: ἁμαρτιῶν) übersetzt und zugleich schlußfolgernd argumentiert: Da, wo dies ein für allemal geschehen ist – durch das einmalige Opfer Christi nämlich –, da gilt nun auch das οὐ μὴ ... ἔτι von Jer 31(38),34, also: οὐκέτι προσφορὰ περὶ ἁμαρτίας. Und das heißt im Blick auf den Kontext von Hebr 7,1–10,18 insgesamt: Da ist die alte Kult- und Opferordnung mit ihren ständig wiederholten Opferdarbringungen definitiv an ihr Ende und Ziel gekommen. Das heißt aber über solche Negation hinaus zugleich: Da ist nunmehr auch – und wiederum: ein für allemal! – der Zugang zum „Allerheiligsten" eröffnet worden (V. 19!) und damit ein neues, nicht mehr durch Opferhandlungen vermitteltes Gottesverhältnis gestiftet. Alle Arten von Opfer seitens des Menschen vor und für Gott sind nun überflüssig geworden – um so dringlicher dann freilich auch die Notwendigkeit, aus dem, was durch das

---

[65] Nicht einmal die Verheißung vom „Geben der Gesetze in ihre Herzen..." findet – wenngleich noch zitiert – das Interesse des Autors. Vgl. Chr. LEVIN, Die Verheißung des neuen Bundes in ihrem theologiegeschichtlichen Zusammenhang ausgelegt (FRLANT 137), Göttingen 1985, S. 268. Solche Akzentsetzung bei der Rezeption von Jer 31(38),33f tritt noch deutlicher hervor in der Lesart einer Reihe von Minuskelhandschriften (104 323 945 usw.), die erst unmittelbar vor V. 17 ein ὕστερον λέγει bzw. ein τότε εἴρηκεν (so: 2495 usw.) als Fortführung des μετὰ τὸ εἰρηκέναι von V. 15 einfügen. Hierbei handelt es sich jedoch ganz offensichtlich um eine sekundäre Verdeutlichung. Vgl. H. BRAUN S. 304.

einmalige Opfer Christi gewirkt worden ist, für die eigene Existenz die entsprechenden Konsequenzen zu ziehen. In diesem Sinne führt das οὐκέτι von V. 18 unmittelbar zum folgenden Abschnitt 10,19ff hinüber, schließt aber im Zusammenhang der jene Konsequenzen betreffenden Paränese zugleich auch schon eine Warnung in sich: Das οὐκέτι von V. 18 kann auch bedeuten, daß nunmehr auch kein „Sündenopfer" mehr „übrigbleibt" (V. 26!).

10,19–13,25: Dritter Hauptteil
Die Glaubensparaklese[1]

Mit der direkten Anrede der „Brüder" (10,19) zu Beginn des dritten Hauptteils des Hebr ist ein deutliches Signal gesetzt: An die Stelle des bisher (vor allem den vorangehenden Abschnitt 7,1–10,18) bestimmenden Stils lehrhafter Argumentation und Darlegung tritt nunmehr die direkte Anrede der Adressaten und mit ihr auch – wie bereits in den voraufgehenden paränetischen Partien des Hebr – das ekklesiologische „Wir", in dem sich der Autor des Hebr mit seinen Adressaten zusammenschließt. Dies alles ist ein deutliches Anzeichen dafür, daß nunmehr der Aspekt der Applikation des zuvor Dargelegten auf die Hörer bzw. Adressaten der „Mahnrede" des Hebr bestimmend ist. Gewiß läßt sich nicht alles, was in diesem in sich vielfach gegliederten und in formaler wie auch in sachlicher Hinsicht keineswegs einheitlichen Schlußteil des Hebr im einzelnen ausgeführt wird, unmittelbar auf das Konto von Paränese und Paraklese verbuchen; kennzeichnend für diesen Schlußteil ist jedoch, daß auch die eher lehrhaft-darlegenden Partien in ihm ihrerseits auf Paränese und Paraklese ausgerichtet sind bzw. jeweils der Unterstreichung von Paränese und Paraklese dienen. Dies bedeutet für diesen Abschnitt insgesamt: Unter der Überschrift des (auf die vorangehenden christologisch-soteriologischen Darlegungen in 7,1–10,18 zurückgreifenden) Ἔχοντες οὖν ... προσερχώμεθα von 10,19ff – und damit zugleich in Entsprechung zur programmatischen Zusammenfassung des Grundanliegens des Hebr in 4,14–16[2] – werden nunmehr die Konsequenzen dargelegt und ausgeführt, die sich für die Adressaten aus der (in 4,14 und 10,19 durch ἔχοντες οὖν gekennzeichneten) Position des (einst) einmal erreichten Glaubensstandes ergeben: Das, was „wir haben" (8,1), gilt es nunmehr auch in der entsprechenden Haltung und Praxis des Glaubens zu bewahren und zu bewähren.

Angesichts der Glaubenssituation der Adressaten, die – bezeichnend für diesen Schlußteil des Hebr – hier in ihren Umrissen doch einigermaßen konkret in den Blick tritt, bedeutet dies: Mahnung, Warnung, aber auch Erinnerung an einen einst bereits erreichten Glaubensstand haben in dieser Glaubensparaklese ihren notwendigen und angemessenen Ort. So gesehen erreicht hier das pastorale Grundanliegen der „Mahnrede" des Hebr sein Ziel und seine konkrete Ausrichtung auf die Adressaten; so gesehen entspricht der Schlußteil des Hebr aber auch in hohem Maße dem, was nach den Regeln der antiken literarischen Rhetorik dem Schlußteil

---

[1] Vgl. C. Spicq, SBi, S. 169: „La foi persévérante" als Überschrift zu 10,19–12,29. Die Abgrenzung mit 12,29 erklärt sich daraus, daß mit Kapitel 13 eine sehr allgemein gehaltene Paränese beginnt, die (zunächst!) keinen direkten Bezug auf die Situation der Adressaten erkennen läßt. Dies ändert sich jedoch schon spätestens von 13,7 an. Zur Stellung und Funktion von 10,19–13,25 in der Komposition des Hebr insgesamt s. o. S. 47ff (Einleitung, § 2).

[2] S. dazu oben S. 47f (Einleitung, § 2) sowie S. 291ff zu 4,14–16. Vgl. ebd. zum Rahmen-Charakter von 4,14–16 einerseits und 10,19ff andererseits für den zentralen christologisch-soteriologischen Hauptteil des Hebr (5,1–10 und 7,1–10,18).

der „oratio", dem ἐπίλογος bzw. der „peroratio" als Aufgabe zukommt: „Affektbeeinflussung" nämlich und zugleich „Gedächtnisauffrischung"[3]. Mit dem Unterschied nur: „brevitas" – nach den Regeln antiker Rhetorik die „Haupt-virtus der peroratio"[4] – ist nun eben nicht die Tugend der „Mahnrede" des Hebr (trotz der gegenteiligen Versicherung des Autors in 13,22: διὰ βραχέων ἐπέστειλα ὑμῖν!). Vielmehr erachtet es der Autor des Hebr offensichtlich auch in diesem Schlußteil seiner Rede für notwendig, eben um der „Affektbeeinflussung" und „Gedächtnisauffrischung" seiner Adressaten willen die Paränese und Paraklese am jeweiligen Ort durch eher wiederum lehrhaft-darlegende oder auch „narrative" Abschnitte anzureichern, um auf diese Weise die Mahnung und Warnung zu unterstreichen und – vor allem – im Zusammenhang der Mahnung und Warnung der Adressaten immer wieder an das „ein für allemal" schon gelegte Fundament ihres Glaubens zu erinnern. Dieser für den gesamten Schlußteil des Hebr zutreffende Sachverhalt tritt besonders deutlich – und in bestimmtem Sinne auch programmatisch – im ersten Teilabschnitt 10,19–39 hervor.

1) 10,19–39: Einleitung der Glaubensparaklese

Stellung und Funktion im Kontext:

Der erste Teilabschnitt des Schlußteils des Hebr wird dem Grundanliegen der „peroratio" der antiken Rhetorik in besonderer Weise gerecht und stellt in diesem Sinne zugleich eine Art Einleitung (und Grundlegung!) der Glaubensparaklese dar. „Affektbeeinflussung" und „Gedächtnisauffrischung" verbinden sich hier unmittelbar miteinander, wenn der Autor des Hebr seine Adressaten hier nunmehr zunächst auffordert, nun ihrerseits endlich die Konsequenzen zu ziehen aus dem, was sie im Grunde ja schon längst „haben" (10,19–25), sie in diesem Zusammenhang u.a. auch – ein für die urchristliche Paränese und Paraklese insgesamt typisches Verfahren – an ihr Getauftsein erinnert (10,22), gerade von daher dann aber auch die Warnung anschließt (10,26–31), das einmal erlangte Heil nicht leichtsinnig zu verspielen, um dann endlich den ganzen Zusammenhang in eine ausdrückliche Erinnerung an den einst schon erreichten Glaubensstand der Adressaten einmünden zu lassen (10,32ff), die an ihrem Ende wiederum (10,36–39) die Mahnung zum Glauben hervorkehrt. In diesem Sinne liegt in 10,19–39 ein deutlich in drei Teilabschnitte gegliederter Textzusammenhang vor, der am Anfang (10,22) wie auch an seinem Ende (10,38f) das Thema des Glaubens akzentuiert und auf diese Weise zugleich die Ankündigung („annonce") des Grundthemas des folgenden Abschnittes (11,1–12,3) enthält[5].

---

[3] S. dazu bereits oben S.50f (Einleitung, §2) sowie bes. H. LAUSBERG, Handbuch der literarischen Rhetorik I, §§ 431–442 (S. 236ff).

[4] So H. LAUSBERG, Handbuch der literarischen Rhetorik I, § 440 (S. 240); vgl. auch § 297 (S. 169f).

[5] A. VANHOYE, La structure littéraire, S. 173ff, spez. S. 182, unterscheidet dementsprechend im Blick auf den dritten Teilabschnitt von 10,19–39 ausdrücklich zwischen 10,32–35 einerseits und 10,36–39 andererseits. Gegen solche weitergehende Differenzierung spricht jedoch das den Textzusammenhang 10,32–39 als eine Einheit ausweisende Stichwort ὑπομονή in

1.1) 10,19–25: Aufforderung zur Wahrnehmung der „im Blut Jesu" begründeten παρρησία[6]

19 Da wir nun, Brüder, eine Ermächtigung haben zum Eingang in das Heiligtum durch das Blut Jesu,
20 (einen Eingang,) den er für uns eingeweiht hat als einen neuen und lebendigen Weg durch den Vorhang hindurch, das ist (durch) sein Fleisch,
21 und (da wir nun haben) einen großen Priester über dem Haus Gottes –
22 (deshalb) laßt uns (nunmehr) hinzutreten mit wahrhaftigem Herzen in der Fülle des Glaubens, als solche (nämlich), die besprengt (und gereinigt) sind an den Herzen vom bösen Gewissen und am Leibe gebadet mit reinem Wasser;
23 (und) laßt uns festhalten am Bekenntnis der Hoffnung als einem unwandelbaren, denn zuverlässig ist (ja doch) der, der die Verheißung gab,
24 und laßt uns aufeinander achtgeben zur Ansporung von Liebe und guten Werken,
25 indem (bzw.: sodaß) wir nicht (mehr) unsre (Gemeinde-)Versammlung verlassen, wie es bei einigen (unter euch) üblich geworden ist, laßt uns vielmehr (einander) ermahnen – und dies um so mehr, als ihr den Tag sich nahen seht.

Der eine einzige Satzperiode darstellende Abschnitt ist formal und inhaltlich strukturiert durch die Schlußfolgerung aus dem vorangehenden Zusammenhang (ἔχοντες οὖν) und die daraus sich ableitenden Kohortative προσερχώμεθα (V. 22), κατέχωμεν (V. 23) und κατανοῶμεν (V. 24), die am Ende (V. 25) schließlich durch die beiden Partizipien μὴ ἐγκαταλείποντες und παρακαλοῦντες aufgenommen und weitergeführt werden[7]. Alles also, was sich in diesen Aufforderungen an die Adressaten an Paränese ausspricht, hat Schlußfolgerungscharakter im Verhältnis zu der zuvor im zentralen Teil des Hebr dargelegten christologisch-soteriologischen Position. Der Zusammenhang mit dem vorangehenden Teil des Hebr zeigt sich dabei zunächst in der bis hin zu V. 22 bestimmenden kultischen Terminologie[8], vor allem aber bereits in V. 19 im doppelten Objekt zu ἔχοντες: παρρησίαν (V. 19) und ἱερέα μέγαν (V. 21). Diese zweifache Objektangabe mag auf den ersten Blick merkwürdig, vielleicht sogar „befremdlich" erscheinen (O. MICHEL), hat aber gleichwohl maßgebliche Bedeutung für die nähere Bestimmung des hier – wie auch schon in 4,16 – begegnen-

---

V. 36 (vgl. bereits V. 32). Zur Abfolge der drei Teilabschnitte in 10,19–39 vgl. auch H. ZIMMERMANN, Das Bekenntnis der Hoffnung, S. 216f; H. BRAUN S. 305.

[6] Lit.: N.A. DAHL, A New and Living Way. The Approach to God according to Hebrews 10,19–25, Interp. 5 (1951) S. 401–412; Th. W. LEWIS, The Theological Logic in Hebrews 10,19–12,29, Drew University, Ph.Diss. 1965; O. GLOMBITZA, Erwägungen zum kunstvollen Ansatz der Paränese im Brief an die Hebräer X 19–25, NT 9 (1967) S. 132–150; G. M. M. PELSER, A Translation Problem. Heb. 10:19–25, Neotestamentica 8 (1974) S. 43–53. Vgl. auch H. ZIMMERMANN, Das Bekenntnis der Hoffnung, S. 203–210; K. NISSILÄ, Das Hohepriestermotiv im Hebr, S. 245–254.

[7] Zur Strukturanalyse von 10,19–25 vgl. auch A. VANHOYE, La structure littéraire, S. 173–177; G. M. M. PELSER, Neotestamentica 8 (1974) S. 44–46.

[8] Vgl. dazu A. VANHOYE, La structure littéraire, S. 173f.

den Terminus παρρησία. Παρρησία *und* ἱερεὺς μέγας als „Objekt" des „Habens" seitens der Christen: Damit ist von vornherein deutlich, daß hier gar nicht in erster Linie von einer (subjektiven) Haltung des Menschen die Rede ist, zu der der Mensch sich aus eigenem Vermögen aufzuschwingen vermag, sondern eher von einer dem Menschen zuallererst eröffneten Glaubenshaltung. Παρρησία, das bezeichnet also in diesem syntaktischen und sachlichen Kontext – da ja das „subjektive" Moment in jedem Falle hinzugehört – die begründete Zuversicht, die (subjektive) Aneignung von etwas (objektiv) Vorgegebenem[9] oder – genauer noch – die Ermächtigung zur Zuversicht des Glaubens[10]. In V. 9 heißt das konkret: Ermächtigung zur εἴσοδος τῶν ἁγίων, zum „Eintritt in das Heiligtum", und zwar in jenen innersten Teil des Heiligtums, der allein dem Hohenpriester vorbehalten ist[11].

Gewirkt worden ist solche „Ermächtigung" zum Eintritt ins Heiligtum ἐν τῷ αἵματι Ἰησοῦ, „vermittels des Blutes Jesu" also, was im Kontext zugleich heißt: Das „Noch nicht" von 9,8 ist nunmehr vergangen! Der Sachzusammenhang mit den zentralen christologisch-soteriologischen Darlegungen in 8,1–10,18 ist damit offenkundig, und zwar nicht nur im Blick speziell auf 9,8, sondern auch und vor allem im Blick auf die zentrale christologische Aussage von 9,12: „durch sein eigenes Blut ist er ein für allemal in das Heiligtum hineingegangen"[12]. Was dort freilich zunächst von Christus allein ausgesagt worden war, wird nunmehr – im Rahmen der Applikation von Christologie und Soteriologie auf die Adressaten bzw. die christliche Gemeinde – auch von diesen ausgesagt: Auch sie sind nunmehr im Besitz der Ermächtigung, den Weg zu gehen, den Christus bzw. – wie es hier nicht zufällig heißt – „Jesus" als erster gegangen ist.

---

[9] So E. KÄSEMANN, Das wandernde Gottesvolk, S. 23. Vgl. entsprechend auch die „objektive" Rede vom ἀποβάλλειν τὴν παρρησίαν in V. 38 sowie vom κατέχειν παρρησίαν in 3,6. Ein ähnliches Verständnis von παρρησία liegt auch Eph 3,12 vor, wenn hier παρρησία neben προσαγωγή zu stehen kommt. Zur „objektiven" Bedeutung von παρρησία s. o. zu 3,6 sowie N. A. DAHL, Interp. 5 (1951) S. 403; G. M. M. PELSER, Neotestamentica 8 (1974) S. 46f. – Sofern der Terminus παρρησία in diesem Sinne fest im Kontext des Hebr verwurzelt ist, besteht keinerlei Anlaß, statt des einhellig bezeugten παρρησία an dieser Stelle πάρεσιν (im Sinne des „Zutritts" zum Heiligtum) zu lesen. Gegen H. SAHLIN, Emendationsvorschläge zum griechischen Text des Neuen Testaments III, NT 25 (1983) S. 85.

[10] E. RIGGENBACH S. 312f weist in diesem Zusammenhang auf Sir 25,25 hin, wo in einer varia lectio für (ursprüngliches) παρρησία ein ἐξουσία gelesen wird. Dies könnte auf eine gewisse Synonymität beider Begriffe hinweisen.

[11] Vgl. A. P. SALOM, AUSS 5 (1967) S. 69f; G. M. M. PELSER, Neotestamentica 8 (1974) S. 46. – Vom engeren und weiteren Kontext her gesehen muß es als gänzlich abwegig erscheinen, mit O. GLOMBITZA, NT 9 (1967) S. 133f, τὰ ἅγια auf die „Heilsgüter" zu beziehen. – Zu εἴσοδος als techn. Terminus für das „Hineingehen" in den Tempel vgl. Philon, SpecLeg I 261; Josephus, Ant XIX 332.

[12] Dementsprechend sieht K. NISSILÄ, Das Hohepriestermotiv im Hebr, S. 245ff, in 10,19–21 eine Zusammenfassung der bisherigen Betrachtung des Hohenpriestertums Christi (S. 246).

Solche „Weg"-Terminologie, wie sie dann insbesondere auch noch für V. 20 bestimmend ist, ist ein deutlicher Hinweis darauf, daß es dem Autor des Hebr gerade an dieser Schaltstelle seiner „Mahnrede", im Übergang von der lehrhaften Explikation zur Applikation auf die Adressaten, darauf ankommt, die lehrhaft-christologischen Aussagen von 9,11ff seinen Lesern nun auch gleichsam existentiell zu vermitteln. Dies geschieht in 10,19ff in der Weise, daß der Autor seinen Lesern zu erkennen gibt: Der Weg, den einst der Hohepriester Christus gegangen ist, ist zugleich ihr eigener Weg, auf dem ihnen der irdische Jesus, als solcher in der Schicksalsgemeinschaft mit den „Brüdern" (2,10ff), vorangegangen ist, er also zugleich der Wegbereiter für ihren „Eintritt in das Heiligtum". Mit anderen Worten: Die Hohepriester-Christologie, wie sie im vorangehenden Teil des Hebr im einzelnen entfaltet worden ist, wird hier im Interesse ihrer Ausrichtung auf die konkrete Glaubensexistenz der Adressaten unmittelbar mit jener anderen christologischen Grundkonzeption verbunden, wie sie im ersten Hauptteil des Hebr in der Kennzeichnung als ἀρχηγός (2,10ff) und unmittelbar vor der Entfaltung der Hohenpriester-Christologie in der Bezeichnung Jesu als πρόδρομος ὑπὲρ ἡμῶν sich aussprach (6,19f), in beiden Fällen – wie auch an unserer Stelle – in der ausdrücklichen Bezugnahme auf den irdischen Jesus.

Der „durch das Blut Jesu" eröffnete Weg in das Heiligtum wird in V. 20 in einem die These von V. 19 erläuternden Relativsatz des näheren gekennzeichnet: „den er für uns/uns zugunsten eingeweiht hat ...". Das hier gebrauchte Verbum ἐγκαινίζειν steht in dem von kultischen Vorstellungen bestimmten Kontext zunächst selbstverständlich seinerseits auch im kultischen Sinne der „Einweihung": eben „durch das Blut Jesu" ist ja diese „Einweihung" erfolgt. Damit entspricht sie der „nicht ohne Blut" erfolgten „Einweihung" der alten Kult- und Heilsordnung von 9,18[13]. Was dort freilich durch das Perfekt ἐγκεκαίνισται zur Aussage gebracht worden war: die Installierung der alten Kult- und Opferordnung als einer andauernden Institution, das gilt nun auch – wenngleich in V. 20 durch den auf den einst geschehenen Tod Jesu bezugnehmenden Aorist zur Aussage gebracht – für den „durch das Blut Jesu" „eingeweihten" Weg. Denn: einen Weg „einweihen", d. h. ja nicht nur: ihn für sich selbst erstmalig gehen, sondern zugleich auch: ihn – als Wegbereiter gleichsam bzw. als „Vorläufer" (6,20) – für die auf diesem Weg Nachfolgenden bahnen und eröffnen. Was ganz in diesem Sinne in 6,20 mit der Formulierung πρόδρομος ὑπὲρ ἡμῶν zur Aussage gebracht worden war, besagt hier der dat.comm. ἡμῖν: „für uns/uns zugunsten" hat Jesus diesen Weg eröffnet. Die nähere Kenn-

---

[13] Im kultischen Sinne wird ἐγκαινίζειν auch 1 Makk 4,36.54.57; 5,1 von der „Einweihung" des Tempels in Jerusalem gebraucht. C. SPICQ, Notes I, S. 221f, beurteilt – von daher gesehen – den Sprachgebrauch in Hebr 9,18 und 10,20 als „un beau cas de septantisme". Vgl. auch N. A. DAHL, Interp. 5 (1951) S. 403. 405.

zeichnung dieses Weges als „neu" (πρόσφατον) und „lebend(ig)" (ζῶσαν) will dabei diesen Weg nicht nur schlechthin als einen „Heilsweg" charakterisieren, der – als ein „lebendiger Weg" – zum Leben führt[14], sondern schließt im Kontext der Kapitel 8 und 9 auch wiederum den Gegensatz zum „Alten" bzw. „Veralteten" (8,13!) ein: Gerade im Gegenüber zur alten Kult- und Heilsordnung (und nicht zuletzt auch angesichts des μήπω von 9,8!) ist es ein „neuer", ein „noch nicht dagewesener" Weg, „neu" also im temporalen wie auch im qualitativen Sinne[15], als solcher alles Vorangehende in den Stand des „Alten" versetzend und „lebendig" in dem Sinne, daß er seinerseits nicht „veraltet" (8,13!). „Neu" und „lebendig" in diesem (eschatologisch-endgültigen) Sinne ist dieser Weg als der Weg, der „durch den Vorhang" hindurchführt.

Die Wendung διὰ τοῦ καταπετάσματος ordnet sich als solche ganz in den Kontext der kultischen Vorstellungswelt ein, wie sie bisher bereits die Darlegungen des Hebr bestimmte: Der „Weg" von V. 20 ist ja eben die εἴσοδος τῶν ἁγίων (V. 19), der „Vorhang" dementsprechend also der Vorhang vor dem inneren Raum des Heiligtums[16]. Im Rahmen der für die Hohepriester-Christologie des Hebr konstitutiven Vorstellung vom himmlischen Heiligtum als Urbild des irdischen bedeutet dies nichts anderes, als daß nunmehr – nach dem Vor-Gang Jesu – der Weg frei ist zu jenem Ort, an dem Gott selbst anwesend ist (9,24; vgl. bereits 4,16!). Was bisher – gemäß der alten Kult- und Heilsordnung – den Priestern bzw. dem Hohenpriester – „einmal im Jahr"! – vorbehalten war und was am Ende die alte Kult- und Heilsordnung überhaupt nicht zu wirken vermochte, dazu besteht nunmehr „durch das Blut Jesu" die „Ermächtigung" für die christliche Gemeinde insgesamt. Und konsequenterweise ergibt sich dann alsbald aus jener Feststellung der Eröffnung des Weges in das Heiligtum die (wiederum in kultischer Terminologie artikulierte) Aufforderung an die christliche Gemeinde: προσερχώμεθα (V. 22).

Bei alledem ist offensichtlich, daß das hier benutzte Bild vom Weg in das Heiligtum „durch den Vorhang" hindurch mit der Vorstellung verbunden ist, daß dieser „Vorhang" – bisher jedenfalls – ein Hindernis auf dem Wege ins Heiligtum (als den Ort der Anwesenheit Gottes) darstellte[17],

---

[14] Vgl. G. M. M. PELSER, Neotestamentica 8 (1974) S. 48; O. HOFIUS, Der Vorhang vor dem Thron Gottes, S. 83. – Im Unterschied zu Joh 14,6 gilt hier freilich nicht Jesus selbst als „Weg"! Anders J. B. CARPZOW, Sacrae exercitationes in S. Pauli epistolam ad Hebraeos ex Philone alexandrino, S. 466: „Addit ζῶσαν, quia Prodromus noster ipse ὁδός est καὶ ζωή".

[15] Auch bei dem Terminus πρόσφατος, im Hebr wie im Neuen Testament insgesamt hapax legomenon, handelt es sich um einen Septuagintismus. Vgl. bes. Koh 1,9: οὐκ ἔστιν πᾶν πρόσφατον ὑπὸ τὸν ἥλιον, wo πρόσφατος im Sinne von „noch nicht dagewesen" steht. Zu πρόσφατος im Gegensatz zum „Alten" vgl. Sir 9,10 sowie Herm sim IX 2,2.

[16] Vgl. entsprechend wiederum 6,19: τὸ ἐσώτερον τοῦ καταπετάσματος und dazu Lev 16,2.12.15 sowie Philon, Gig 53.

[17] Vgl. E. RIGGENBACH S. 315: Der „Vorhang" ist „die Scheidewand, die den Zutritt dazu (sc. zum Allerheiligsten) verwehrt cf Ex 26,33"; C. SPICQ, II, S. 316.

das Jesus als Wegbereiter „für uns" beseitigt bzw. durchbrochen hat. Solche Vorstellung verbleibt jedoch als solche durchaus im Rahmen jener kultischen Vorstellungswelt, wie sie der Autor des Hebr bereits in den vorangehenden Kapiteln aus der entsprechenden biblischen Überlieferung zum Ausgangspunkt seiner christologisch-soteriologischen Darlegung genommen hat. Das bedeutet im Blick auf die mit dem Bild vom „Vorhang" in der neueren Auslegungsgeschichte verbundene religionsgeschichtliche Problematik, daß die hier vom Autor des Hebr entwickelte Vorstellung vom „Heilsweg" keineswegs ihrerseits notwendig mit bestimmten religionsgeschichtlichen Prämissen verbunden ist bzw. erst von daher das ihr eigene Profil gewinnt.

Dies gilt einmal für die von Philon entwickelte kosmische Tempel- und Vorhang-Symbolik, derzufolge das καταπέτασμα eine Art Trennwand darstellt zwischen dem κόσμος αἰσθητός einerseits und dem κόσμος νοητός andererseits[18]; das gilt zum anderen aber auch im Blick auf die in der (christlichen!) Gnosis entwickelte und in vielfältiger Weise ausgeführte Vorstellung von einer kosmisch-dämonischen Trennmauer, die die irdische Welt hermetisch von der himmlischen Welt des Pleroma abschließt und die der gnostische Erlöser als der Wegbereiter des a-kosmischen Heils für die Seinen durchbrochen hat[19]. Ganz abgesehen nämlich von der Frage, ob es in dieser Hinsicht in der (vor- und frühchristlichen) Gnosis tatsächlich so etwas wie eine „Schultradition" gegeben hat[20]; und ganz abgesehen auch von der Tatsache, daß zumindest ein Teil der in diesem Zusammenhang in Betracht kommenden gnostischen Zeugnisse ihrerseits bereits die im Hebr entwickelte Konzeption voraussetzen[21]: Gegen solche Ableitung der in Hebr 10,19f entwickelten Vorstellung vom „Heilsweg" spricht vor allem der Sachverhalt, daß mit der Orts- und Richtungsangabe des Weges „durch den Vorhang" hindurch an unserer Stelle keineswegs die Vorstellung von einer vom Erlöser zu durchbrechenden kosmisch-dämonischen Barriere verbunden ist.

Rätselhaft in dem kultischen Kontext, in dem der Autor des Hebr hier den „durch Jesu Blut" eröffneten Heilsweg beschreibt, ist somit gar nicht

---

[18] Vgl. VitMos II 74ff sowie Quaest in Ex II 91.94. Dazu: U. FRÜCHTEL, Die kosmologischen Vorstellungen bei Philo von Alexandrien (ALGHL 2), Leiden 1968, S. 75ff; O. HOFIUS, Der Vorhang vor dem Thron Gottes, S. 23.
[19] Zur „gnostischen" Interpretation von V. 20 vgl. E. KÄSEMANN, Das wandernde Gottesvolk, S. 135. 145ff; F.J. SCHIERSE, Verheißung und Heilsvollendung, S. 36f; E. GRÄSSER, Der Glaube im Hebr, S. 110f; H. BRAUN S. 307f.
[20] So E. KÄSEMANN, Das wandernde Gottesvolk, S. 135.
[21] Dies gilt besonders im Blick auf die entsprechenden Belege aus den gnostischen Schriften von Nag Hammadi (zusammegestellt bei E. GRÄSSER, Der Glaube im Hebr, S. 37, Anm. 132, und S. 111, Anm. 280). Die Logien 76 und 125 aus dem Philippusevangelium (NHC II/3) setzen jedenfalls den Hebr bereits voraus. Vgl. R. McL. WILSON, The New Testament in the Nag Hammadi Gospel of Philipp, NTS 9 (1963/64) S. 291-299, spez. S. 292; vgl. auch O. HOFIUS, Der Vorhang vor dem Thron Gottes, S. 32ff, spez. S. 35 sowie S. 46, Anm. 119, hier auch (S. 28ff und S. 46-48) eine Kritik an der „gnostischen" Interpretation von Hebr 10,20 überhaupt.

in erster Linie die Wendung διὰ τοῦ καταπετάσματος, sondern vielmehr die sie erläuternde Apposition τοῦτ' ἔστιν τῆς σαρκὸς αὐτοῦ.

Was in der Auslegungsgeschichte bisher in dieser Hinsicht an Interpretationsvorschlägen vorgelegt worden ist, gleicht einem „Labyrinth" (P. ANDRIESSEN/A. LENGLET) und läßt es als durchaus verständlich erscheinen, sich der Problematik dieser Stelle dadurch zu entziehen, daß man sie kurzerhand zur „exegetischen Glosse" eines späteren Redaktors des Hebr erklärt[22]. Die Grundfrage ist: Welcher Art ist die Beziehung, die hier offensichtlich - worauf bereits die Kasuskongruenz hinweist - zwischen dem „Vorhang" einerseits und dem „Fleisch" Jesu andererseits hergestellt werden soll? Von der Kasuskongruenz her gesehen ist offenbar in Entsprechung zur Wendung διὰ τοῦ καταπετάσματος auch zu τῆς σαρκὸς αὐτοῦ ein διά c.gen. zu ergänzen. Solche „Brachylogie" ist an sich durchaus möglich[23]; fraglich ist dabei nur, was das in bezug auf die Sarx Jesu bedeutet: „durch das Fleisch (Jesu) hindurch" analog zu „durch den Vorhang hindurch"? Dies wäre eine im Hebr gänzlich singuläre Vorstellung: Jesu Sarx somit nämlich eine Art Durchgangsstadium, wenn nicht sogar eine Art Trennwand (zwischen irdischer und himmlischer Welt?), die es zu überwinden gilt[24]? Näher liegt es dann schon, auch für diese Stelle im Hebr - analog zu 9,11f - einen „inkonzinnen" Gebrauch der Präposition διά vorauszusetzen, einmal nämlich - in bezug auf den „Vorhang" - im räumlichen Sinne („durch den Vorhang hindurch"); und zum anderen - in bezug auf die Sarx Jesu - im instrumentalen Sinne („vermittels seines Fleisches")[25]. Solches Verständnis der fraglichen Wendung würde sich jedenfalls durchaus dem

---

[22] So zuerst C. HOLSTEN, Exegetische Untersuchung über Hebräer 10,20, Bern 1875, S. 15. Vgl. neuerdings: J. HERING S. 98; G. W. BUCHANAN S. 168; E. SCHWEIZER, ThWNT VII, S. 743; H.-M. SCHENKE, in: Festschr. H. Braun, S. 426f, sowie W. SCHMITHALS, Neues Testament und Gnosis (EdF 208), Darmstadt 1984, S. 142f. - Zur Stelle (und ihrer Auslegungsgeschichte) im einzelnen vgl.: E. KÄSEMANN, Das wandernde Gottesvolk, S. 145ff; O. HOFIUS, Inkarnation und Opfertod nach Hebr 10,19f., in: Festschr. J. Jeremias, Göttingen 1970, S. 132-141; DERS., Der Vorhang vor dem Thron Gottes, S. 76ff; P. ANDRIESSEN/A. LENGLET, Quelques passages difficiles de l'Epître aux Hébreux, Bibl 51 (1970) S. 207-220; J. JEREMIAS, Hebräer 10:20: τοῦτ' ἔστιν τῆς σαρκὸς αὐτοῦ, ZNW 62 (1971) S. 131; N. H. YOUNG, Τοῦτ' ἔστιν τῆς σαρκὸς αὐτοῦ (Heb 10,20): Apposition, Dependent or Explicative? NTS 20 (1973/74) S. 100-104, sowie F. LAUB, Bekenntnis und Auslegung, S. 179ff; W. R. G. LOADER, Sohn und Hoherpriester, S. 177ff.

[23] Vgl. C. SPICQ, II, S. 316, sowie O. HOFIUS, Der Vorhang vor dem Thron Gottes, S. 81; DERS., in: Festschr. J. Jeremias, S. 136, mit Verweis auf Justin, Dial 118,3.

[24] Vgl. in diesem Sinne bereits E. RIGGENBACH S. 315: „Die σάρξ d.h. die irdisch-menschliche Natur, die der Herr bei seiner Menschwerdung angenommen hatte (2,14), bildete für ihn in gewissem Sinne eine Schranke seiner Beziehung zu Gott"! „in gewissem Sinne", heißt das: im gnostischen Sinne? so jedenfalls dann E. KÄSEMANN, Das wandernde Gottesvolk, S. 146. Vgl. auch R. GYLLENBERG, ZSTh 11 (1934) S. 675, sowie zuletzt bes. H. BRAUN S. 307f. Vgl. aber auch O. MICHEL S. 345: „Das Fleisch ist geradezu letztes Hindernis auf dem Weg zu Gott"!

[25] Zum „inkonzinnen" Gebrauch der Präposition διά vgl. J. JEREMIAS, ZNW 62 (1971) S. 131; O. HOFIUS, in: Festschr. J. Jeremias, S. 136f; DERS., Der Vorhang vor dem Thron Gottes, S. 67, Anm. 110; G. B. WINER, Grammatik des neutestamentlichen Sprachidioms, Leipzig [7]1867, S. 382f; BL.-DEBR.-R. § 233,8 sowie H. ZIMMERMANN, Das Bekenntnis der Hoffnung, S. 206.

Kontext im engeren und weiteren Sinne einfügen: (διὰ) τῆς σαρκὸς αὐτοῦ entspräche dann dem (ebenfalls instrumentalen) ἐν τῷ αἵματι Ἰησοῦ in V. 19, darüber hinaus aber auch der Art und Weise, in der im Hebr ansonsten von der Sarx Jesu die Rede ist: im Blick nämlich auf die irdische Existenz Jesu, die – als eine Existenz in Leiden und Versuchtsein – die Voraussetzung und den Ermöglichungsgrund darstellt für das Selbstopfer des Hohenpriesters Christus[26]. Die in diesem Zusammenhang mitunter erörterte Frage, ob die Sarx Jesu dabei auf die Inkarnation oder auf den Opfertod Jesu zu beziehen sei[27], geht insofern an der hier gemeinten Sache vorbei, als ja im Hebr die irdische Existenz Jesu, seine „Teilhabe an Blut und Fleisch" (2,14), ganz auf seinen (Opfer-)Tod hin ausgerichtet ist[28].

In diesem Zusammenhang ist nicht zu übersehen, daß es bei der fraglichen Wendung am Ende von V. 20 im Sinne des Autors wohl nicht lediglich um ein spezielles Interpretament zur unmittelbar voraufgehenden Wendung „durch den Vorhang (hindurch)" geht, sondern zugleich wiederum um die nähere Kennzeichnung des Weges, den Jesus „durch sein Blut" eröffnet hat[29]. So gesehen handelt es sich bei der Erläuterung von „Vorhang" durch die Sarx Jesu gewiß um eine gewagte Deutung, die sich jedoch – sieht man sie jedenfalls im Gesamtzusammenhang der VV. 19 und 20 – durchaus der besonderen Art, in der im Hebr insgesamt die Christologie und Soteriologie auf die Fragestellung der Adressaten ausgerichtet ist, zuordnen läßt. Gerade an dieser Stelle (10,19ff) – im Übergang von der „explicatio" zur „applicatio" – ist dem Autor in besonderer Weise daran gelegen, seinen Adressaten zu verstehen zu geben, daß derjenige, der „durch sein Blut" für sie den Heilsweg „eingeweiht" bzw. eröffnet hat – der „Hohepriester" –, kein anderer ist als derjenige, der mit ihnen „in den Tagen seines Fleisches" solidarisch war. Die Bezugnahme auf die Sarx Jesu steht somit auch und gerade an dieser Stelle im Dienst der Applikation der vorausgehenden christologischen Darlegung auf die Adressaten

---

[26] Vgl. 2,17f im Anschluß an 2,14ff sowie 5,7-10. Zur Sache vgl. bes. O. Hofius, Der Vorhang vor dem Thron Gottes, S. 81-84, sowie M. Rissi, Die Theologie des Hebr, S. 42f.

[27] Im ersteren Sinne unterscheidet O. Hofius, in: Festschr. J. Jeremias, S. 132ff, strikt zwischen V. 19 und V. 20. Kritisch dazu bereits J. Jeremias, ZNW 62 (1971) S. 131. Vgl. aber wiederum O. Hofius, Der Vorhang vor dem Thron Gottes, S. 82f. – Im letzteren Sinne die meisten Ausleger seit M. Luther, Scholien zu Hebr 10,19 (ed. J. Ficker S. 106,15ff). Vgl. bes. E. Käsemann, Das wandernde Gottesvolk, S. 148: „Gerade der Opfertod, in dem Jesus seinen Fleischesleib Gott darbringt, ist als Durchbruch durch das hindernde καταπέτασμα zugleich die εἴσοδος in den Himmel"!

[28] Vgl. immerhin auch O. Hofius, in: Festschr. J. Jeremias, S. 132, Anm. 1, und S. 133ff; Ders., Der Vorhang vor dem Thron Gottes, S. 82, sowie F. Laub, Bekenntnis und Auslegung, S. 180. 185.

[29] Für diese weitere Deutung spricht auch der Umstand, daß die Wendung τοῦτ ἔστιν auch sonst im Hebr (2,14; 7,5; 11,16; 13,15; vgl. auch 9,2) keineswegs stets auf den unmittelbar voranstehenden Zusammenhang zu beziehen ist, sondern – in diesem Falle – auf den ganzen vorangehenden Relativsatz. Vgl. P. Andriessen/A. Lenglet, Bib 51 (1970) S. 214f; O. Hofius, in: Festschr. J. Jeremias, S. 137. 138, Anm. 30; W. R. G. Loader, Sohn und Hoherpriester, S. 176ff, sowie M. Rissi, Die Theologie des Hebr, S. 42f.

und ihre Anfechtung im Glauben: Der Weg des Heils, der der christlichen Gemeinde aufgetan worden ist, ist der Weg des Selbstopfers des Hohenpriesters Christus, gerade so aber auch und zugleich der Weg, den Jesus – der irdische Jesus – in Leiden und eigenem Versuchtsein gegangen ist. Im Kontext des Hebr wie auch am historischen Ort des Hebr ist das sicherlich nicht eine gezielt anti-gnostische Aussage, wohl aber Ausdruck und Niederschlag einer zutiefst nichtgnostischen Position des Autors: Die Sarx Jesu also nicht das Hindernis auf dem Weg zu Gott, das es zu überwinden gilt, sondern die heilsnotwendige Bedingung für die Eröffnung des Weges zum Heil. Ohne dieses (διὰ) τῆς σαρκὸς αὐτοῦ gilt auch nicht das ἐν τῷ αἵματι Ἰησοῦ (V. 19).

Als zweites Akkusativ-Objekt zum einleitenden Partizip ἔχοντες wird neben παρρησίαν (V. 19) in **V. 21** der „große Priester über dem Haus Gottes" genannt. War mit dem ersten Akkusativ-Objekt παρρησίαν (im Sinne von „Ermächtigung"!) der „Ort" im Blick, von dem die christliche Gemeinde herkommt, so mit dem zweiten die Gegenwart der christlichen Gemeinde: Sie „hat" einen „großen Priester" gleichsam über sich, der „für sie vor Gott in Erscheinung tritt" (9,24; vgl. 7,25). Ἱερεὺς μέγας, das ist zunächst wiederum traditionell-biblische Bezeichnung des „Hohenpriesters"[30]. Die Verbindung mit dem „Haus Gottes" läßt in dem durch kultische Vorstellungen bestimmten Kontext zunächst an eine Tempel-Symbolik denken: „Haus Gottes" wäre dann also der Tempel, und zwar als der Ort, an dem Gott wohnt bzw. gegenwärtig ist[31]. Solche Art, von der christlichen Gemeinde zu sprechen, ist im Urchristentum durchaus nicht ungewöhnlich[32], im Hebr jedoch nicht eigens akzentuiert. Hier wird vielmehr – wie bereits in 3,6 – die ekklesiologische Deutung des Bildes vom „Haus Gottes" als selbstverständlich vorausgesetzt[33]. Mit ihr wird zugleich die Brücke geschlagen zum „Wir" der christlichen Gemeinde, wie es von V. 22 an zunächst ingestalt von drei Kohortativen zu Worte kommt. Diese Kohortative formulieren nunmehr die Konsequenz aus dem, was die christliche Gemeinde „hat" (V. 19): Ἔχοντες οὖν ... προσερχώμεθα.

In **V. 22** wirkt dabei noch der die VV. 19–21 bestimmende kultische Kontext nach, wenn die notwendige Verwirklichung des Heilsbesitzes mit dem Terminus προσέρχεσθαι bezeichnet wird. Wie bereits in 4,16 (s. dort)

---

[30] Vgl. Lev 21,10; Num 35,28; Sach 6,11 sowie die Kombination ἀρχιερεὺς μέγας in Hebr 4,14.

[31] Vgl. die entsprechende Verbindung in Sach 6,11ff. Οἶκος bezeichnet hier den Tempel in Jerusalem. Vgl. G. W. BUCHANAN S. 169.

[32] Hier freilich im Sinne der Rede von der Gemeinde als ναός, d. h. als „Wohnstätte des Hl. Geistes": 1 Kor 3,16f; 2 Kor 6,16 sowie Eph 2,21. Vgl. dazu O. MICHEL, ThWNT V, S. 128.

[33] Zur ekklesiologischen Verwendung des Bildes vgl. auch 1 Petr 4,17, auch hier im Anschluß an biblische Sprache (dazu: L. GOPPELT, Der erste Petrusbrief, S. 311), sowie 1 Tim 3,15, wo dieses Bild freilich eher von der antiken Hausordnung her entworfen ist.

ist damit ursprünglich das „Hinzutreten" (des Priesters) zum Opferaltar gemeint, und dementsprechend ist auch hier zum Kohortativ ein τῷ θεῷ (7,25; 11,6) bzw. ein τῷ θρόνῳ τοῦ θεοῦ (4,16) zu ergänzen. „Zu Gott" bzw. „zum Thron der Gnade hinzutreten", das ist die konkrete Verwirklichung der „Zuversicht", zu der die christliche Gemeinde „durch das Blut Jesu" ermächtigt worden ist. Dabei ist auch hier wieder – wie bereits in 4,16 – vorausgesetzt, daß das, was einst im Rahmen der alten Kultordnung lediglich ein Vorrecht des Priesters bzw. Hohenpriesters war, nunmehr zum Recht der ganzen christlichen Gemeinde als des „Hauses des großen Priesters" Christus geworden ist. Im engeren kultischen Sinne wird freilich der Terminus προσέρχεσθαι nun nicht mehr gebraucht. Die den Kohortativ in V. 22 begleitende Umstandsbestimmung μετὰ κτλ. macht vielmehr deutlich, daß es hier im Grunde um eine Aufforderung zur Glaubenszuversicht geht: Mit „wahrhaftigem Herzen" sollen die Adressaten des Hebr „hinzutreten", was nichts anderes heißt als „in der Fülle des Glaubens". Nicht also um bestimmte kultische Betätigung geht es hier, auch nicht nur und ausschließlich um Gebet und Gottesdienst, sondern – wie nicht zuletzt die an der traditionell vorgegebenen Trias πίστις – ἐλπίς – ἀγάπη orientierten Kohortative in den VV. 22–25 insgesamt anzeigen[34] – um das Ganze der christlichen Existenz, um einen „Gottesdienst" also im weitesten Sinne des Wortes.

Bei alledem ist nicht zu übersehen, daß die in V. 22 genannten Begleitumstände des „Hinzutretens" durchaus auf die besondere Situation der Glaubensanfechtung der Adressaten zielen. Ihre Anfechtung ist ja gerade die καρδία πονηρὰ ἀπιστίας, die am Ende zum „Abfall vom lebendigen Gott" führt (3,12). Im Gegensatz also zum „bösen Herzen" meint die καρδία ἀληθινή das ganze und ungeteilte Herz[35], das als solches erst „Fülle und Vollmaß des Glaubens" ermöglicht. Damit begegnet an dieser Stelle zum ersten Mal im Schlußteil des Hebr jener Begriff, der für den ganzen folgenden Zusammenhang von grundlegender Bedeutung ist: Πίστις, „Glaube", gewiß zunächst im Sinne einer bestimmten Grundhaltung, zu der der Autor seine Adressaten auffordert, „Glaube" also durchaus im Sinne des „subjektiven" Glaubens, der Glaubenshaltung – gerade so aber wiederum begründet in dem, was allem „subjektiven" Tun und Verhalten vorgegeben ist. Genau auf dieses Vorgegebene nehmen die beiden dem Kohortativ syntaktisch zugeordneten Perfekt-Partizipien ῥεραντισμένοι

---

[34] Die Abfolge πίστις (V. 22) – ἐλπίς (V. 23) – ἀγάπη (V. 24) spiegelt die entsprechende, bereits bei Paulus formelhaft in Erscheinung tretende Trias wider. Vgl. 1 Thess 1,3; 5,8; 1 Kor 13,13 sowie Kol 1,4f; Eph 1,3ff; 1 Tim 6,11; 2 Tim 3,10.15–18. Zur Traditionsgeschichte dieser Trias vgl. H. CONZELMANN, Der erste Korintherbrief, S. 279f.

[35] Vgl. LXX Jes 38,3, hier für hebr לב שלם, sowie TestDan 5,3. Καρδία ist in diesem Zusammenhang nicht lediglich anthropologischer Terminus, sondern bezeichnet das Personzentrum des Menschen in seiner Relation zu Gott. Vgl. A. SAND, EWNT II, Sp. 617.

und λελουσμένοι Bezug[36]. Auch mit ihnen sind zunächst wieder bestimmte kultische Vollzüge im Blick, nämlich die im Rahmen der alten Kultordnung vorgeschriebenen, für das „Hinzutreten" des Priesters zum Altar unerläßlichen Vollzüge der Reinigung[37]. Hier freilich bezeichnen sie zunächst jene ein für allemal gewirkte „Besprengung" und „Abwaschung", wie sie nach 9,13f durch „Christi Blut" gewirkt worden sind, und zwar gerade auch in bezug auf das „Gewissen" (9,14): eine „Besprengung" also „weg vom bösen Gewissen", von der συνείδησις ἁμαρτιῶν (10,2)[38]. Der Akkusativ der Beziehung τὰς καρδίας vermerkt dabei ausdrücklich, daß die hier gemeinte „Besprengung" nicht nur eine äußerliche Reinigung bewirkt, nach 9,13 die Reinigung des „Fleisches", sondern mitten ins Personzentrum des Menschen hinein wirkt. Was die alte Kultordnung mit allen ihren kultischen Vollzügen nicht zu erbringen vermochte (9,9.13f; 10,2-4),ist hier an sein Ziel gelangt. Daß dabei beide Partizipien im Perfekt formuliert sind, hat durchaus seine Bedeutung: Sie weisen in diesem Sinne auf ein einmaliges Geschehen in der Vergangenheit zurück, das gleichwohl – was seine Auswirkung betrifft – auch und gerade jetzt, in der Gegenwart, noch in Geltung ist, „Dauer des Vollendeten" also im eigentlichen Sinne! Indessen geht es dem Autor des Hebr an dieser Stelle nicht nur um ein Geltendmachen dessen, was im „Blut Christi" ein für allemal seinen Grund

---

[36] Sofern beide Partizipien durch καί gleichgeordnet sind, kann aus dem Nacheinander der beiden Akkusative der Beziehung τὰς καρδίας und τὸ σῶμα nicht auf eine Unterscheidung zwischen „innerer" und „äußerer" Reinigung geschlossen werden wie sie bei Josephus, Ant XVIII 117, im Zusammenhang seiner Schilderung der Johannestaufe vorliegt, hier im (hellenistischen) Sinn der Unterscheidung zwischen ψυχή und σῶμα. Vgl. entsprechend auch Philon, Plant 162; Cher 95; SpecLeg I 257f. Demgegenüber sollen die anthropologischen Begriffe καρδία und σῶμα an unserer Stelle eher den umfassenden Charakter der Reinigung hervorheben, von der hier die Rede ist.

[37] Zu ῥαντίζειν vgl. LXX Ex 29,21; Lev 8,30; Num 19,1ff sowie C.-H. HUNZINGER, ThWNT VI, S. 979f; H. BALZ, EWNT III, Sp. 498f. - Zu λούειν vgl. LXX Ex 29,4; 40,12; Lev 8,6 und bes. Lev 16,4: καὶ λούσεται ὕδατι πᾶν τὸ σῶμα αὐτοῦ, worauf hier offensichtlich Bezug genommen wird (und damit wiederum auf den für den Versöhnungstag vorgeschriebenen Reinigungsritus).

[38] In der für den Hebr (10,22; 13,18) wie auch für andere „Spätschriften" des Neuen Testaments (Pastoralbriefe und 1. Petrusbrief) charakteristischen Verbindung von συνείδησις mit bestimmten Attributen (ἀγαθή, καθαρά, καλή, πονηρά) kann man – im Vergleich mit der Rede des Paulus vom „Gewissen" – das Symptom einer späteren Entwicklung sehen (so E. GRÄSSER, Der Glaube im Hebr, S. 118f: „Symptom einer fortgeschrittenen Christenheit, die sich mehr und mehr das Begriffsgut der bürgerlichen Moral aneignet"; vgl. auch G. LÜDEMANN, EWNT III, Sp. 724f). Davon unberührt bleibt jedoch, daß der Autor des Hebr vermittels solcher Rede vom „Gewissen" nichts anderes als die bis ins Innerste des Menschen reichende Wirkungskraft des Blutes Christi (und damit auch der Taufe!) verdeutlichen will. Bemerkenswert ist im übrigen speziell im Blick auf Hebr 10,22 der Zusammenhang von καρδία und συνείδησις. Ist das „Herz" hier vielleicht sogar der Sitz des Gewissens? Gerade so würde der Autor des Hebr dann freilich wiederum in seine „hellenistische" Redeweise biblische Tradition einbringen. Vgl. zum Problem jetzt H.-J. ECKSTEIN, Der Begriff Syneidesis bei Paulus (WUNT 2.R.10), Tübingen 1983, S. 107ff und S. 318f.

hat, sondern zugleich – wie besonders das zweite Partizip λελουσμένοι τὸ σῶμα ὕδατι καθαρῷ anzeigt[39] – um jenes einmalige Geschehen in der Vergangenheit der Adressaten, in und mit dem ihnen die Wirkung des „Blutes Christi" ganz konkret zugeeignet worden ist.

An ihr Getauftsein also werden hier die Adressaten erinnert, worauf nicht zuletzt die entsprechende „technische" Terminologie im übrigen Urchristentum hinweist[40]. Das hier sich abzeichnende Grundverständnis der Taufe ist – auch wenn es sich im Kontext zunächst typologisch an der alten Kultordnung und ihren Vorschriften für den Dienst des Priesters ausrichtet – weniger an einem Verständnis der Taufe im Sinne der kultischen Befähigung des Priesters orientiert[41], als vielmehr an der in der Taufe geschehenen Zueignung des Heils, die hier – im kultischen Kontext – auf kultische Weise ausgesagt wird: „Besprengung" mit dem „Blut Christi" und „Waschung" des Leibes „mit reinem Wasser" bewirken – haben bewirkt! – die Reinigung von „Herz" und „Gewissen" – also: „Vergebung der Sünden" (10,18). Ein solches Taufverständnis erwächst organisch aus den voraufgehenden christologisch-soteriologischen Darlegungen, steht – auch terminologisch gesehen – im engsten Zusammenhang damit und verleiht so dem übergeordneten Kohortativ ein besonderes Gewicht.

Konkret stellt sich dieses „Hinzutreten" ganz im Sinne von 4,14 im „Festhalten am Bekenntnis" dar, zu dem in V. 23 der zweite Kohortativ aufruft. Das Verbum κατέχειν steht hier also analog zum κρατεῖν von 4,14 und ist – wie auch sonst im Urchristentum – somit geradezu technischer Terminus für das Bewahren der Glaubenstradition, hier speziell der ὁμολογία[42]. Daß dabei an das (gottesdienstliche) Gemeindebekenntnis gedacht ist, versteht sich von selbst. Dieser Gemeindebezug des Bekenntnisses wird durch die (wohl sekundäre) Einfügung von ἡμῶν (א² lat sy^P) noch verstärkt: es ist „unser Bekenntnis", gerade so aber auch – von V. 22 her gesehen – das Taufbekenntnis (wie bereits in 4,14!). Soweit bewegt sich die Redeweise des Autors an dieser Stelle zunächst ganz auf traditionellen Bahnen. Demgegenüber wird nun freilich hinsichtlich der Ausrichtung traditioneller Bekenntnissprache auf die Adressaten des Hebr ein gewichtiger Akzent gesetzt, wenn jenes überlieferte Gemeinde- und Taufbekenntnis ausdrücklich als ein „Bekenntnis der Hoffnung" bezeichnet wird, als ein

---

[39] Wenn dabei die Reinigung „mit reinem Wasser" besonders betont wird, so ist dies offensichtlich durch die Bezugnahme auf Ez 36,25–27 bedingt: καὶ ῥανῶ ἐφ' ὑμᾶς ὕδωρ καθαρόν κτλ..

[40] Vgl. bes. Eph 5,26; Tit 3,5 sowie Joh 13,10. Dazu: M. VÖLKEL, EWNT II, Sp. 892f. – Als Bezugnahme auf die Taufe sind im übrigen beide Partizipien zu verstehen. Gerade so stellt diese Aussage ein eindrückliches Beispiel für ein Verständnis der Taufe im Sinne der „Zueignung des Heils" dar. Vgl. G. DELLING, Die Taufe im Neuen Testament, Berlin 1963, S. 102f; C.-H. HUNZINGER, ThWNT VI, S. 983.

[41] So O. MOE, ThZ 5 (1949) S. 162f. 165. Vgl. auch O. HOFIUS, Katapausis, S. 133.

[42] Zur Sache vgl. auch 3,14. Zu κατέχειν im Sinne der Bewahrung der Glaubensüberlieferung vgl. auch 1 Kor 11,2; 15,2 sowie Lk 8,15.

Bekenntnis also, das („unsere") Hoffnung begründet und an dem „festzuhalten" nicht hoffnungslos werden läßt. So tritt nunmehr zum „Glauben" (V. 22) die „Hoffnung" hinzu: Die „Fülle des Glaubens" bewährt und bewahrheitet sich im „Festhalten am Bekenntnis", das dem Glauben zu seiner Erstreckung in die Zukunft bzw. – wie es in 6,11 von der „Fülle der Hoffnung" heißt – „bis ans Ende" (ἄχρι τέλους) verhilft. In diesem Sinne meint jenes „Festhalten am Bekenntnis" gewiß nicht lediglich das Festhalten und Bewahren einer „Satzwahrheit"[43]. Denn sofern dieses Bekenntnis – als ein „Bekenntnis der Hoffnung" – den Grund des Glaubens und der Hoffnung der Christen zur Aussage bringt, hat das „Festhalten" an ihm immer zugleich existentielle Bedeutung für das Erreichen des „Vollmaßes des Glaubens" selbst. Hoffnung zu haben ist – zumal für den Hebr – wesentliches Merkmal und Kennzeichen des Glaubens, Hoffnung aber eben als eine begründete und somit auch verläßliche Hoffnung, die ihren Anhalt an Gott selbst hat. Denn er ist es ja, der – wie am Ende von V. 23 alsbald begründend hinzugefügt wird – treu zu seiner Verheißung steht: πιστὸς γὰρ ὁ ἐπαγγειλάμενος. Damit rückt das, was bisher in 10,19ff im Sinne der Tauferinnerung wie auch im Sinne der Aufforderung zum „Festhalten am Bekenntnis" auf christologischer Basis zur Aussage gebracht worden war, seinerseits wiederum in einen theo-logischen Kontext ein.

Am Ende hat all das, was im Hebr als Glaubensparaklese und Glaubensparänese ausgeführt wird, seinen Grund in Gottes eigener Verheißungstreue. Schon von daher gesehen ist offensichtlich, daß der Autor des Hebr an dieser Stelle nicht lediglich ein traditionell geläufiges urchristliches Theologumenon zitiert[44]. Der begründende Verweis auf Gottes eigene Treue zu seiner Verheißung hat vielmehr im Kontext zentrale Bedeutung. Dies gilt bereits im Blick auf die Frage, ob mit „Hoffnung" an dieser Stelle der „subjektive" Akt des Glaubensvollzugs oder der „objektive" Gegenstand der Hoffnung gemeint ist. Eine Alternative in dieser Hinsicht ist jedenfalls durch den hier vorliegenden Begründungszusammenhang überholt: Gerade um die „objektive" Befestigung des „subjektiven" Glaubens bzw. der „subjektiven" Hoffnung der Adressaten geht es ja hier dem Autor! Mit den Worten bereits von 6,11: Der eigene „Eifer" der Adressaten, zum „vollen Maß der Hoffnung" zu gelangen, soll gerade durch den Verweis auf die Verbürgung ihrer Hoffnung in Gottes Verheißungstreue befördert und beflügelt werden[45]. Konsequenzen hat dieser Verweis auf

---

[43] So K. Th. SCHÄFER, in: Festschr. Kardinal Höffner, S. 64: „Festhalten an einer dogmatischen Aussage". Vgl. demgegenüber H. BRAUN S. 313, hier freilich mit dem Zusatz: „Hb bedenkt freilich nicht, daß der letztlich gleiche Inhalt, um wirklich derselbe zu bleiben, immer neu formuliert werden muß ...". Gerade dies letztere geschieht ja im Hebr!
[44] Vgl. 1 Thess 5,24: πιστὸς ὁ καλῶν ὑμᾶς sowie 1 Kor 1,9; 10,13; 2 Kor 1,18; 2 Thess 3,3; 2 Tim 3,13.
[45] Dieser „Eifer" ist in diesem Sinne gewiß nicht nur eine menschliche „Tugend". Gegen

Gottes eigene Verheißungstreue aber auch im Blick auf das Bekenntnis selbst. Es ist jedenfalls kein Zufall, daß im Begründungszusammenhang mit Gottes Treue dieses Bekenntnis als ἀκλινῆ, d. h. als „unwandelbar" und „verläßlich" gekennzeichnet wird[46]. Gerade so erweist es seinen grundlegenden Charakter für Glauben und Hoffnung der Adressaten. Und endlich: Konsequenzen hat der Verweis auf Gottes Verheißungstreue am Ende auch für die Glaubenshaltung der Adressaten selbst: Ihre Treue im „Festhalten am Bekenntnis" soll sich an Gottes Treue orientieren und ihr damit auch korrespondieren: Weil Gott selbst treu zu seiner Verheißung steht, ist auch die christliche Gemeinde als aus dieser Treue Gottes lebend ihrerseits zur „Bekenntnistreue" verpflichtet. Glaube und Hoffnung seitens der Adressaten des Hebr sind im Grunde nichts anderes als Antwort auf Gottes Treue – genauso wie auch nach 6,13f schon Glaube und Geduld des Abraham und Gottes Verheißungstreue einander entsprachen[47].

Der dritte in der Reihe der Kohortative wendet sich in V. 24 endlich dem Stichwort ἀγάπη zu und damit dem konkreten Verhalten der Adressaten untereinander, das – wie es hier den Anschein hat – durch ein Defizit an „Liebe und guten Werken" gekennzeichnet ist. Auch in dieser Hinsicht hat es unter den Adressaten nach Ausweis von 6,10 einmal andere Verhältnisse gegeben. Mangel an Glaube und Hoffnung hat also zumindest im Sinne des Autors notwendig auch ein Defizit in dieser Hinsicht zur Folge. Angesichts dessen dementsprechend nunmehr die Aufforderung, „aufeinander zu achten", sich nicht gegenseitig aus dem Blick zu verlieren, um auf diese Weise (einander) „zu Liebe und guten Werken anzutreiben". Der hier vom Autor benutzte Begriff παροξυσμός belegt wiederum die Neigung zu „hellenistischer" Sprache, wobei allerdings der hier mit diesem Begriff verbundene positive Sinn in der griechisch-hellenistischen Literatur eher mit dem Verbum παροξύνειν verbunden ist[48], während das Substantiv eher im negativen Sinn von „Erbitterung, Anreizung (zum Streit) o. ä. steht[49]. Mehr in der Kontinuität der urchristlichen

---

E. GRÄSSER, Der Glaube im Hebr, S. 119–121. Zu dem (in diesem Sinne!) „objektiven" Charakter der „Hoffnung" im Hebr vgl. bereits 3,6; 6,18; 7,19 sowie 11,1.

[46] Der Akkusativ (!) ἀκλινῆ ist also auf ὁμολογία zu beziehen, nicht adverbiell auf κατέχειν. Vgl. die entsprechende Konstruktion in 3,14: ἀρχὴν ... βεβαίαν κατάσχωμεν. Zu βέβαιος als Synonym zu ἀκλινής vgl. auch Philon, SpecLeg II 2; Praem 30.169; LegGai 1 sowie R. WILLIAMSON, Philo and the Epistle to the Hebrews, S. 31–36.

[47] Auch Philon wiederum kennt solche Korrespondenz des Verhaltens Gottes und der Menschen. Vgl. Mut 166.182; Abr 268ff.273; Migr 44. Vgl. H. MOXNESS, Theology in Conflict, S. 160ff. 184.

[48] Vgl. Xenophon, Mem III 3,13: φιλοτιμία ἥπερ μάλιστα παροξύνει πρὸς τὰ καλὰ καὶ ἔντιμα sowie Isokrates, Ad Demonicum 46: μάλιστα δ' ἂν παροξυνθείης ὀρέγεσθαι τῶν καλῶν ἔργων; Josephus, Ant XVI 125.

[49] So im Neuen Testament Act 15,39. Weitere Belege bei W. BAUER, Wörterbuch zum Neuen Testament, Sp. 1271; H. SEESEMANN, ThWNT V, S. 855; H. BALZ, EWNT III, Sp. 101.

Sprachtradition wiederum steht dabei die Rede von der „Liebe und den guten Werken", wobei die letzteren offensichtlich die Konkretion der ersteren darstellen. Ebenso wie bereits in 3,12f wird auch hier also zur Wahrnehmung gegenseitiger Verantwortung aufgerufen und zu entsprechendem Verhalten derer, die gemeinsam im „Haus Gottes" (V. 21) wohnen.

Dem „ekklesiologischen" Charakter dieser Mahnung an die Adressaten entspricht ihre Fortführung und Konkretion in V. 25: Die beiden Partizipien μὴ ἐγκαταλείποντες – ἀλλὰ παρακαλοῦντες sind syntaktisch dem Kohortativ κατανοῶμεν (V. 24) zugeordnet und führen somit aus, worin konkret jenes „Aufeinander-Achten" vor allem bestehen soll. Die Wendung καθὼς ἔθος τισίν – „so wie es bei einigen (unter euch) üblich geworden ist"[50] – zeigt dabei an, daß hier nunmehr die besondere Situation der Adressaten angesprochen wird, die Tatsache nämlich, daß nicht mehr alle der Adressaten des Hebr sich zur (Gemeinde-)"Versammlung" halten. In der biblisch-jüdischen Sprachtradition gesehen, steht das hier gebrauchte Verbum ἐγκαταλείπειν durchaus in einem negativen Sinne: Nicht nur vom Verlassen der Gemeinschaft ist hier die Rede, sondern zugleich vom Abfall vom Glauben[51]! Auffällig in diesem Zusammenhang ist angesichts dessen nur die im Neuen Testament singuläre Bezeichnung der Gemeindeversammlung als ἐπισυναγωγή. Die naheliegende Frage, warum der Autor des Hebr an dieser Stelle gerade diesen Terminus gewählt hat, ist wirklich eindeutig kaum zu beantworten. Fraglich jedenfalls ist es, ob sich mit dieser Bezeichnung einer „Versammlung" von Christen ein bestimmtes ekklesiologisches Programm verbindet, sei es in dem Sinne, daß die christliche Gemeinde auf diese Weise bewußt – wie in Jak 2,2 – in der Kontinuität der „Synagoge" gesehen wird[52], sei es in dem Sinne, daß der Autor an dieser Stelle gezielt eine „profane" Ausdrucksweise bevorzugt hat, um auch auf diese Weise wiederum grundsätzlich dem Verständnis der christlichen Gemeinde im Sinne einer „Kultgemeinschaft" entgegenzutreten[53]. Eher an

---

Die Vulgata übersetzt: „in provocatione caritatis". Die Konjektur ἐκ παροξυσμοῦ (P[46]) ist angesichts der vorwiegend negativen Bedeutung des Wortes durchaus verständlich, wenngleich eindeutig sekundär. Vgl. auch die von O. GLOMBITZA, NT 9 (1967) S. 143, vorgeschlagene Paraphrase: „Laßt uns einander brüderliche Hilfestellung gewähren gegen (εἰς!) Gereiztheit, gegen Bitterkeit". Dazu: H. ZIMMERMANN, Das Bekenntnis der Hoffnung, S. 208f.

[50] Zur Wendung als solcher vgl. 1 Makk 10,89; 2 Makk 13,4; Arist 311; Josephus, Ant XX 28; Joh 19,40; Act 25,10; MartPol 9,2; 13,1; 18,1.

[51] Vgl. C. SPICQ, SBi, S. 173: „c'est une désertion". Das Verbum gibt in LXX hebr. עזב wieder. Vgl. Hebr 13,5 im Zitat von Dt 31,6.8 sowie Jos 1,5; Josephus, Ant IV 203f; VIII 271; XII 269 (vom Verlassen der πάτριον θρησκεία); Did 16,2; Barn 4,10; Herm sim IX 26,3.

[52] Zu Jak 2,2 vgl. M. DIBELIUS, Der Brief des Jakobus (KEK 15), Göttingen [11]1964, S. 165–167.

[53] So bes. M. DIBELIUS, in: Botschaft und Geschichte II, S. 174: „Es fällt ja auf, wie unfeierlich und unpriesterlich der Hebräerbrief von der ‚Versammlung' der Christen redet". A. DEISSMANN, Licht vom Osten, Tübingen [4]1923, S. 81, vermag freilich nur einen Beleg für die

die hier gemeinte Sache dürfte demgegenüber jener eschatologische Gebrauch von ἐπισυναγωγή (und ἐπισυνάγειν) heranführen, wie er in 2 Makk 2,7 im Blick auf die eschatologische Sammlung Israels (aus der Zerstreuung) sowie in 2 Thess 2,1 – hier in Verbindung mit dem Verweis auf die „Parusie unseres Herrn Jesus Christus" – im Blick auf die eschatologische „Versammlung zu ihm hin" vorliegt[54]. Von daher gesehen würde es sich an unserer Stelle um das Zeugnis einer eschatologisch akzentuierten Ekklesiologie handeln, die in dieser Gestalt im Hebr freilich nur an dieser Stelle vorliegt. Insgesamt freilich wird ein eschatologisches Verständnis der in diesem Terminus sich aussprechenden Ekklesiologie im Kontext davon abhängen, welches Gewicht man dem „eschatologischen Ausblick" am Ende von V. 25 einräumt (s. u.).

Zunächst jedoch ist offensichtlich, daß die hier im Blick auf den Adressatenkreis des Hebr vermerkte Mangelerscheinung als solche symptomatisch für eine Christenheit ist, „die ihre erste Begeisterung verloren hat"[55]. Durchaus verständlich angesichts dessen ist in diesem Zusammenhang auch, daß die Adressaten des Hebr wenig später an ihre „früheren Tage" erinnert werden (10,32ff). Der Hebr und seine Adressaten repräsentieren damit in der Geschichte des Urchristentums einen Stand, der für ein bestimmtes Entwicklungsstadium von Gruppen und Gemeinden in der Entfernung von ihrem Anfang und Ursprung durchaus typisch ist[56]. Was der Autor des Hebr dem entgegensetzt, ist – wie bereits in 3,13 – die gegenseitige Paraklese[57], die – im Kontext gesehen – ihrerseits aus der Parresia erwächst, zu der die Christen im Sinne des Hebr ermächtigt worden sind (V. 19).

profane Bedeutung von ἐπισυναγωγή beizubringen (Inscr. Graecae XII 3 Suppl., Nr. 1270), hier im Sinne der Sammlung von Geld, also ohne jeden Bezug zu Hebr 10,25.

[54] Vgl. auch den Gebrauch von ἐπισυνάγειν im Mk 13,27 par; Mt 23,37. Dazu: W. Schrage, ThWNT VII, S. 840. – Im Schrifttum der Qumran-Gemeinde (1QS V 7; 1QSa I 1; 1QM III 4) wird hebr. אסף für das Zusammenkommen der Gemeindeglieder zur Versammlung gebraucht. Zur Frage einer Beziehung zu Hebr 10,25 vgl. H. Kosmala, Hebräer – Essener – Christen, S. 347ff; H. Braun, Qumran und das Neue Testament I, S. 126.

[55] So M. Dibelius, in: Botschaft und Geschichte II, S. 161. Jedenfalls kann aus Hebr 10,25 nicht die Schlußfolgerung gezogen werden, daß bei den Adressaten des Hebr die Neigung einer Hinwendung zu anderen „Versammlungen" (z. B. im Raum des Judentums) oder gar zu einer anderen Religion bestanden hat. „Der Gegensatz zwischen der eigenen und einer fremden Gemeinde liegt dem Zusammenhang ganz fern" (E. Riggenbach S. 323). Zum Problem vgl. auch W. Schrage, ThWNT VII, S. 841 mit Anm. 11, sowie neuerdings M. Rissi, Die Theologie des Hebr, S. 9. 21, der im Zusammenhang seiner Konzeption von den Adressaten des Hebr vermutet, daß bei ihnen die Neigung bestand, die „Versammlung" der Gesamtgemeinde zugunsten eines „frommen Konventikels der Gleichgesinnten" zu vernachlässigen" (S. 21).

[56] Vgl. die entsprechenden Mahnungen im frühchristlichen Schrifttum: Did 16,2; Barn 4,10; Herm sim IX 26,3, aber auch im Judentum, hier bes. mAv II 4: „Sondere dich nicht von der Gemeinde ab"! vgl. auch bBer 6b; 8a; bTaan 11a sowie Strack-Billerbeck, III, S. 743.

[57] In Entsprechung zu 3,13 fügen einige Handschriften (33 103 1610 1908 u. a.) sachlich zutreffend, wenngleich sekundär zu παρακαλοῦντες ein ἑαυτούς ein.

Zusätzlich zu dieser christologisch-soteriologischen Begründung der Mahnung setzt der Autor am Ende von V. 25 freilich noch einen neuen Akzent: Die gegenseitige Mahnung und Tröstung der Adressaten ist um so mehr notwendig, als sie – wie hier indikativisch festgestellt wird – „den Tag sich nahen sehen". Dies ist eine Art „eschatologischen Ausblicks" am Ende des Abschnitts, der – betrachtet man die hier gebrauchte Terminologie für sich – zunächst ganz in der Kontinuität der urchristlichen Naherwartung steht. Sowohl das Verbum ἐγγίζειν als auch die absolute Rede von „dem Tag" haben jedenfalls im Rahmen urchristlicher Naherwartung ihren festen Ort[58]. Gleichwohl wäre es nicht angemessen, für den Hebr daraus die Schlußfolgerung zu ziehen, daß solche Naherwartung hier unmittelbar der Begründung der Paränese dient oder daß der Hebr seinerseits noch ganz ungebrochen in der Kontinuität der älteren urchristlichen Naherwartung steht[59]. Die hier vorgetragene Paränese hat vielmehr – von V. 19 her gesehen – ihren Grund in der christologisch-soteriologisch fundierten Parresia der Christen. Und im Verhältnis zu ihr gesehen hat dieser eschatologische Ausblick am Ende von V. 25 – wie bereits die Art der Formulierung erkennen läßt: „und dies um so mehr ..." – die Funktion einer zusätzlichen Unterstreichung der Paränese, und zwar im Sinne des Gerichtsaspektes. Im Zusammenhang nämlich mit der in 10,26ff sich unmittelbar anschließenden Droh- und Gerichtsrede gesehen ist der „Tag" bereits in V. 25 nichts anderes als der „Tag des Gerichts"[60], und der eschatologische Ausblick an dieser Stelle liegt damit ganz auf der Linie der entsprechenden eschatologischen Mahnungen in 2,2f; 6,7f wie dann auch in 12,14ff und 12,26ff.

Für die Frage nach Funktion und Stellenwert der eschatologischen Naherwartung im Hebr bedeutet dies: Sie hat im Hebr dort ihren Ort, wo es die aus der christologisch-soteriologischen Begründung des Heils erwachsenden Verpflichtungen einzuschärfen gilt. Gerade und zumal angesichts dessen, was der Christ „durch das Blut Jesu" erlangt hat (V. 19), betrifft ihn notwendig auch die Unmittelbarkeit des Gerichts, steht für ihn „der Tag" als der „Tag des Gerichts" unmittelbar bevor[61]. So gesehen deutet

---

[58] Zu ἐγγίζειν vgl. bes. Röm 13,12 sowie 1 Petr 4,7; Jak 5,8; Lk 21,28; zu absolutem ἡ ἡμέρα: Röm 2,16; 13,12; 1 Kor 3,13; 1 Thess 5,4; 2 Petr 1,19; Barn 7,9. Dazu: G. DELLING, ThWNT II, S. 954f; W. TRILLING, EWNT II, Sp. 301. Von Joel 1,15; 4,14; Ob 15; Zeph 1,7.14; Jes 13,6 her gesehen ist das traditionell biblischer Sprachgebrauch.

[59] So H. PREISKER, ThWNT II, S. 331; vgl. auch O. MICHEL S. 349. Zum Thema einer „Naherwartung" im Hebr insgesamt vgl. G. THEISSEN, Untersuchungen zum Hebr, S. 88ff und S. 106ff.

[60] Vgl. die Rede von der ἡμέρα κρίσεως in 2 Petr 2,9; 3,9; Jud 6; 1 Joh 4,17 sowie von der ἡμέρα ὀργῆς in Röm 2,5. Zur Sache vgl. F. LAUB, Bekenntnis und Auslegung, S. 251: „Nicht im Enthusiasmus der Naherwartung greift die Parusie in das Leben der Glaubenden ein, sondern durch den Gerichtsernst". Als Ziel der Hoffnung der Christen steht hier „der Tag" jedenfalls nicht im Blick. Gegen C. SPICQ, SBi, S. 174.

[61] Vgl. K. BERGER, Hermeneutik des Neuen Testaments, Gütersloh 1988, S. 420: „Die Prä-

sich in V. 25b – als Übergang zum folgenden Abschnitt[62] – erneut etwas vom „Rigorismus" des Hebr an. Die Begründung und Ausführung dafür bringt die Droh- und Gerichtsrede in 10,26–31.

1.2) 10,26–31: Warnung vor dem Zornesgericht Gottes[1]

26 Denn wenn wir vorsätzlich sündigen nach dem Empfang der Erkenntnis der Wahrheit, bleibt kein Opfer mehr für die Sünden übrig,
27 vielmehr (nur noch) ein furchtbares Warten auf (das) Gericht und (die) Glut von Feuer, das die Widersacher (Gottes) verzehren wird.
28 (Denn) wenn jemand das Gesetz des Mose nicht beachtet, stirbt er ohne Erbarmen auf (das Zeugnis von) zwei oder drei Zeugen hin.
29 Einer um wieviel ärgeren Strafe, meint ihr, wird derjenige würdig sein, der den Sohn Gottes mit Füßen getreten hat und das Blut der (neuen) Heilsordnung für gemein erachtet hat, durch das er (doch) geheiligt worden ist, und sich über den Geist der Gnade erhoben hat?
30 Wir kennen ja doch den, der gesagt hat: ‚Mir gehört die Rache, ich werde vergelten'; und wiederum: ‚Richten wird der Herr sein Volk'.
31 Furchtbar (nämlich) ist es, in die Hände des lebendigen Gottes zu fallen!

Stellung und Funktion im Kontext:

Der Zusammenhang des Abschnitts mit dem in V. 25 vorangehenden eschatologischen Ausblick ist so eng wie möglich. Das einleitende γάρ läßt den folgenden Zusammenhang als Ausführung der mit der Rede vom Gerichtstag in V. 25 eröffneten Thematik erscheinen. Was hier vorliegt, ist dementsprechend eine in ihrer Schärfe kaum noch zu überbietende Drohrede[2], als solche durch die „inclusio" vermittels des Stichwortes φοβερός am Anfang (V. 27) und am Ende (V. 31) sehr eindeutig akzentuiert[3]. Diese Drohrede bewegt sich – sachlich-inhaltlich gesehen – zunächst ganz auf der Linie dessen, was bereits in 6,4–8 zur Frage der Unmöglichkeit einer zweiten Buße ausgeführt worden ist. Auch hier folgt auf die These in V. 26 – wobei das οὐκέτι hier dem ἀδύνατον in 6,4 entspricht – in den VV. 27–31

---

senz des Heiles ... bringt es mit sich, daß Christen es auf Schritt und Tritt mit dem letztgültigen Gegensatz zu tun haben".

[62] Zu V. 25b als „mot-crochet" im Übergang zu 10,26ff vgl. A. VANHOYE, La structure littéraire, S. 177.

[1] Zur Frage des hier wiederum vorliegenden „Rigorismus" des Hebr s. o. zu 6,4ff. – Speziell zu 10,26ff vgl. ST. D. TOUSSAINT, The Eschatology of the Warning Passages in the Book of the Hebrews, GThJ 3 (1982) S. 67–80, spez. S. 75–79, sowie G. THEISSEN, Untersuchungen zum Hebr, S. 56ff; H. ZIMMERMANN, Das Bekenntnis der Hoffnung, S. 211ff.

[2] Auch hierzu ist auf eine Entsprechung zu den Gepflogenheiten der antiken Rhetorik hinzuweisen, nämlich die auf die „Bewegung" der Adressaten zielende δείνωσις. Vgl. dazu H. LAUSBERG, Handbuch der literarischen Rhetorik I, § 257, 3c (S. 143f). Vgl. auch K. NISSILÄ, Das Hohepriestermotiv im Hebr, S. 254f.

[3] Vgl. zur „inclusio" A. VANHOYE, La structure littéraire, S. 178.

die Androhung des Gerichts. Die Differenz zu 6,4-8 besteht darin, daß hier nunmehr die christologisch-soteriologischen Darlegungen von Hebr 7-10 vorausgesetzt werden und dementsprechend die notwendige Konsequenz des Sündigens „nach dem Empfang der Erkenntnis der Wahrheit" (V. 26a) in der Sprache des Opfers zur Aussage gebracht wird (V. 26b). „Sünde" heißt hier also konkret nicht mehr nur Mißachtung des „Sohnes Gottes" (6,6 und 10,29), sondern zugleich Verachtung des αἷμα τῆς διαθήκης, jenes Blutes also, durch das der Eingang ins himmlische Heiligtum für die Christen eröffnet (V. 19f) und eine „neue Heilsordnung" begründet worden ist. Und weil durch das einmalige Opfer Christi ein für allemal „Vergebung der Sünden" gewirkt worden ist, gilt das οὐκέτι von V. 18 nunmehr konsequenterweise auch im Falle des Sündigens „nach dem Empfang der Erkenntnis der Wahrheit" (sc.: von jener endgültigen Wirksamkeit des Opfers Christi). Das οὐκέτι von V. 26 stellt somit gleichsam die Kehrseite der in V. 18 bezeichneten soteriologischen Position dar. Hier zeigt sich über 6,4ff hinaus noch einmal, in welchem Maße und Sinne der „Rigorismus" des Hebr unmittelbar aus der christologisch-soteriologischen Position des Autors erwächst – und zugleich: in welchem Maße und Sinne dieser „Rigorismus" seinerseits den Adressaten die grundlegende Bedeutung der christologisch-soteriologischen Position für ihre Existenz als Christen bewußt machen soll.

Der V. 26 formuliert die These, die sich – im Sinne des Autors notwendig – aus dem οὐκέτι von V. 18 ergibt: Es „bleibt kein Sündopfer mehr übrig", wenn „wir nach dem Empfang der Erkenntnis der Wahrheit (noch) vorsätzlich sündigen". Mit dieser Art der Rede vom „Sündigen" wird die biblisch-jüdische Unterscheidung zwischen vorsätzlich-willentlichen Sünden und (den aus Unkenntnis erwachsenen) Unwissenheitssünden vorausgesetzt[4]. Solche vorsätzliche Sünde ist im Sinne des Autors – von 6,4ff her gesehen – der Abfall vom Glauben bzw. vom „lebendigen Gott" (3,12f), eine Verfehlung, die in V. 29 dann alsbald im christologischen Sinne präzisiert wird. Solche Sünde führt – wie hier in aller Härte und Eindeutigkeit festgestellt wird – unweigerlich ins Gericht und somit ins Verderben. Ein wenig gemildert wird solche harte Rede allenfalls dadurch, daß hier der Autor den Adressaten nicht lediglich (bereits geschehene!) Schuld zuweist, sondern – sich im ekklesiologischen „Wir" mit den Adressaten zusammenschließend – auf eine Gefahr und Versuchung aufmerksam macht, der am Ende alle Christen ausgesetzt sind. Nicht also von einem bereits eingetre-

---

[4] Biblische Grundlage dafür ist Num 15,22-31: Dem ἑκουσίως des Hebr entspricht hier das „mit erhobener Hand" (ביד רמה) von Num 15,30. Die unwillentlichen Sünden werden dagegen in Num 15,24.27 mit der Wendung לִשְׁגָגָה bzw. בִּשְׁגָגָה (LXX: ἀκουσίως) bezeichnet. Vgl. im Hebr zu den letzteren auch 5,2 und 9,7 sowie die entsprechende Unterscheidung im Schrifttum der Qumran-Gemeinde (1QS VII 3; VIII 17.22.24.26; IX 1; dazu: H. KOSMALA, Hebräer – Essener – Christen, S. 119f) und bei Philon, Imm 128: τὰ μὲν ἀκούσια τῶν ἀδικημάτων..., τὰ δὲ ἑκούσια; Fug 86: διαφορὰ ἑκουσίων καὶ ἀκουσίων; weiter: Fug 75f; Post 10f; SpecLeg II 196 u. ö.

tenen Kasus ist hier die Rede, sondern von einer Möglichkeit, die – vom Autor her gesehen – bei den Adressaten freilich naheliegt[5].

Mit der (im Hebr singulären) Kennzeichnung der Adressaten bzw. der Christen überhaupt als derjenigen, die „die Erkenntnis der Wahrheit" empfangen haben, bedient der Autor sich einer wohl schon formelhaften Terminologie, die auch sonst im Urchristentum – so insbesondere in den Pastoralbriefen – den durch die Hinwendung zum christlichen Glauben bewirkten „Erkenntnisstand" bezeichnet[6]. Gleichwohl ist dieser an sich traditionellen Redeweise im Kontext des Hebr eine präzise Bedeutung eigen. Dies gilt bereits im Blick auf den mit der Formulierung μετὰ τὸ λαβεῖν bezeichneten Zeitpunkt des „Empfangs" jener Erkenntnis (in der Vergangenheit der Adressaten!): Von 6,4 (ἅπαξ φωτισθέντες!), aber auch von 10,22 her gesehen dürfte dabei durchaus wiederum an die Taufe gedacht sein[7]. Präzise Bedeutung hat im Kontext des Hebr aber auch die (einst in der Taufe erkannte) „Wahrheit": Sie ist die Wahrheit des den Adressaten bekannten und von ihnen bekannten (Tauf-)Bekenntnisses: nicht zufällig ist im Kontext (V. 29) vom „Sohn Gottes" die Rede[8]. Es ist zugleich auch die Wahrheit jenes Bekenntnisses, das der Autor des Hebr vermittels seiner Auslegung seinen Adressaten auf seine Weise neu nahezubringen versucht: nicht zufällig ist im Kontext (V. 29) im Rückbezug auf jene Auslegung vom „Blut" die Rede, das die „neue Heilsordnung" begründet. So gewiß bei alledem – zumal im Rahmen jener Auslegung des überlieferten Bekenntnisses in den voraufgehenden Kapiteln 7–10 – auch ein „rationales Moment..." mitschwingt[9], lediglich um ein „theoretisches Wissen" geht es bei der Erkenntnis dieser Wahrheit nicht. Vielmehr ist die Absicht des Autors ja gerade darauf gerichtet, diese Wahrheit seinen Adressaten als eine ihre Glaubensexistenz als Ganze bestimmende Wahrheit nahezubringen: Christliche Glaubensexistenz ist als solche nichts anderes als Bestätigung und Betätigung dieser Wahrheit. Und somit – so die Logik der Argumen-

---

[5] Dies soll hier das präsentische Partizip ἁμαρτανόντων zum Ausdruck bringen. In diesem Sinne kann man übersetzen: „Vorausgesetzt, daß wir bewußt und willentlich sündigen...".

[6] Vgl. 1 Tim 2,4; 2 Tim 2,25; 3,7; Tit 1,1 sowie 1 Tim 4,3. Zum formelhaft-technischen Charakter der Wendung vgl. R. BULTMANN, ThWNT I, S. 706; M. DIBELIUS, ΕΠΙΓΝΩΣΙΣ ΑΛΗΘΕΙΑΣ, in: DERS., Botschaft und Geschichte II, S. 1–13, spez. S. 1–3; E. GRÄSSER, Der Glaube im Hebr, S. 136ff, sowie H. ZIMMERMANN, Das Bekenntnis der Hoffnung, S. 211f.

[7] Auf diesen Zusammenhang könnte im übrigen in V. 29 auch noch die ausdrückliche Erwähnung des „Geistes" hinweisen, und zwar in Entsprechung wiederum zu 6,4, darüber hinaus aber auch der Aorist ἡγιάσθη. Vgl. in diesem Sinne auch M. DIBELIUS, in: Botschaft und Geschichte II, S. 5, der in diesem Zusammenhang auch auf den Gebrauch der Wendung „Erkenntnis der Wahrheit" in den Pastoralbriefen für die „Bekehrung" (μετάνοια) zum christlichen Glauben hinweist (a.a.O., S. 5). Vgl. auch W. HACKENBERG, EWNT II, Sp. 63f.

[8] Solche Bestimmung der „Wahrheit" von V. 26 schließt im Sinne des Autors des Hebr gewiß auch die Kenntnis der elementaren Grundlehren des Glaubens ein, wie sie bereits in 6,1f genannt worden sind. Vgl. A. SEEBERG S. 117; C. SPICQ, SBi, S. 175: „la profession de foi orthodoxe précise et immuable".

[9] So E. GRÄSSER, Der Glaube im Hebr, S. 137; vgl. auch S. 142.

tation des Autors – gilt auch: Wer hinter diese einst gewonnene Wahrheit zurückfällt, wer dieser Wahrheit nichts mehr zutraut, für den bleibt nunmehr konsequenterweise auch nichts mehr „übrig" von jenem „Sündopfer", das der Hohepriester Christus ein für allemal dargebracht hat[10].

„Übrigbleibt" dann – falls das eintritt, was der Autor im Blick auf seine Adressaten befürchtet – nur noch eine „furchtbare Erwartung des Gerichts": V. 27. Wohlgemerkt: nicht erst dieses Gericht als solches – hier im Anschluß an das apokalyptische Wort von Jes 26,11 als ein „verzehrendes Feuer vorangestellt[11] – ist „furchtbar" und furchterregend, gewährt also keine heilvolle Zukunft mehr, sondern bereits seine „Erwartung" (ἐκδοχή). Solches Zornes- und Unheilsgericht wirft gleichsam schon seine Schatten voraus. – Sowohl in sachlicher Hinsicht als auch im Blick auf die an der biblischen Sprachtradition orientierte Redeweise liegt ganz auf dieser Linie die weitere Verschärfung der Drohrede in den VV. 28 und 29, hier nun wiederum ingestalt eines Schlußverfahrens a minori ad maius.

Dabei wird zunächst in V. 28 die Geltung des Rechtssatzes von Dtn 17,6 (in hier verkürzter Gestalt) als selbstverständlich vorausgesetzt[12]. Ist dort konkret vom Vergehen des Götzendienstes die Rede, so gerät nun auch das hier (in V. 26) im Blick stehende Vergehen seinerseits unter das Vorzeichen des Götzendienstes, das als solches schärfste Strafe nach sich zieht: „ohne Erbarmen" – wie der Autor ausdrücklich zum Zitat hinzufügt – wird diese Strafe ergehen![13] und – so nunmehr die Logik der Argumentation im hier angewandten Schlußverfahren – gilt dies schon im Blick auf den Verstoß gegen das „Gesetz des Mose"[14] – um wieviel mehr im Blick auf jenes Vergehen, das hier in Frage steht.

---

[10] Zu ἀπολείπεσθαι, „übrig bleiben", vgl. bereits 4,6.9, dort freilich im positiven Sinn. Vgl. W. BAUER, Wörterbuch zum Neuen Testament, Sp. 189; C. SPICQ, Notes I, S. 141. Die Verbindung περὶ ἁμαρτιῶν ... θυσία in V. 26 entspricht προσφορὰ περὶ ἁμαρτίας in V. 18, ist also term. techn. für das „Sündopfer", in LXX oft in der Kurzform περὶ ἁμαρτίας: Lev 5,6ff; 6,25; 7,27; 10,6.8. Vgl. auch Röm 8,3. Diesem Sprachgebrauch entspricht auch die Lesart von P⁴⁶ D* (in sekundärer Angleichung an LXX). – Zur Logik der Argumentation vgl. C. E. CARLSTON, JBL 78 (1959) S. 301: „If no further sacrifice is possible, no further sin is forgivable".

[11] LXX Jes 26,11 kommt jedenfalls der Formulierung in V. 27 am nächsten: ζῆλος λήμψεται λαὸν ἀπαίδευτον, καὶ νῦν πῦρ τοὺς ὑπεναντίους ἔδεται. Vgl. aber auch Zeph 1,18. In der biblischen Überlieferung wird des öfteren der „Eifer" (ζῆλος) Gottes mit dem „Feuer" (-Gericht) verbunden. Vgl. Dtn 4,24 (dazu: Hebr 12,29); LXX Ps 78,5; Ez 38,19, aber auch Philon, Imm 60.

[12] In bezug darauf gilt also der 7,18 für das Kultgesetz formulierte Grundsatz nicht! – Ἐπί c. dat. steht schon im LXX-Zitat zur Angabe des Grundes: „auf Grund der Anklage von zwei oder drei Zeugen". Vgl. BL.-DEBR.-R. § 235,3. Zur Zeugenschaft vgl. auch Num 35,30; Dtn 19,15.

[13] Bei dem Zusatz καὶ δακρύων (D*) handelt es sich möglicherweise um sekundäre Eintragung aus 12,17.

[14] Ἀθετεῖν bezeichnet hier – im Unterschied zu ἀθέτησις in 7,18 – den Verstoß gegen das Gesetz im konkreten Fall. Vgl. Jes 24,16; Ez 22,16; Mk 7,9. Formal und sachlich analog argumentiert der Autor in 2,2 und 12,25. Auch dort ist Ausgangspunkt des Schlußverfahrens der Verweis auf Mose bzw. den durch ihn vermittelten νόμος.

Mit **V. 29** erfolgt die Anwendung des Schlußverfahrens ganz in diesem Sinne. Durch Einfügung von δοκεῖτε appelliert der Autor dabei an das eigene Urteilsvermögen seiner Adressaten: eine um wieviel schlimmere Strafe wird sie treffen! Angesichts dessen, daß bereits in V. 27 von dem von Gott vollzogenen Gericht die Rede war, ist das Passivum ἀξιωθήσεται ebenso als ein passivum divinum auf Gottes strafendes Handeln im Endgericht zu beziehen[15]. Nach dem Vorsatz von V. 28 ist freilich die nunmehr in V. 29 im Blick stehende Strafe im Grunde gar nicht mehr vorstellbar – im Grunde ebenso unvorstellbar freilich auch wie das hier des näheren bezeichnete Vergehen. Drei Partizipialkonstruktionen werden aufgeboten, um ein und dasselbe Vergehen möglichst umfassend und eindringlich zu beschreiben: die bewußte und willentliche Preisgabe nämlich des einst in der Taufe zugeeigneten Heils. Darauf weist jedenfalls die an erster Stelle genannte „Verächtlichmachung" – wörtlich: „mit Füßen treten"! – des „Sohnes Gottes" hin, womit – da der Titel „Sohn Gottes" im Kontext selbst nicht verankert ist – hier wie bereits in 6,6 auf das Taufbekenntnis der Adressaten Bezug genommen wird[16]. Bei dem an zweiter Stelle genannten Vergehen des „Profanierens"[17] des „Blutes der neuen Heilsordnung" wird ausdrücklich hinzugefügt, daß der hier Angesprochene ja (einst) „durch dieses Blut geheiligt worden ist". Die Aorist-Formulierung verweist auch hier wieder auf das einmalige Geschehen der „Heiligung" in der Taufe zurück[18]. Die durch die Taufe vermittelte „himmlische Gabe", von der schon in 6,4 die Rede war, wird hier nunmehr – unter Voraussetzung des in 8,1–10,18 ausgeführten – im Sinne der „durch das Blut Jesu" (V. 19) gewirkten „Heiligung" präzisiert.

In diesem Sinne liegt die Wendung τὸ αἷμα τῆς διαθήκης, für sich betrachtet – wie das wörtliche Zitat in 9,20 zeigt – ein Biblizismus im Anschluß an Ex 24,8, durchaus auf der Linie der bisher im Hebr vorgetrage-

---

[15] Zu ἀξιοῦν mit gen.pretii (BL.-DEBR.-R. § 179,3) vgl. auch 3,3 sowie 2 Thess 1,5.11; 1 Tim 5,17. Die Verbindung von ἀξιοῦν bzw. ἄξιος mit τιμωρία im Rahmen solchen Schlußverfahrens ist bereits traditionell. Vgl. Philon, Fug 84: „Denn wenn diejenigen (schon), die die sterblichen... Eltern schmähen, dem Tod überantwortet werden – welcher (um wieviel schwereren) Strafe muß man diejenigen für wert (τίνος ἀξίους χρὴ νομίζειν τιμωρίας), die es wagen, den Vater und Schöpfer des Alls zu lästern". Vgl. auch SpecLeg II 255: πόσης ἄξιος τιμωρίας.

[16] Vgl. in diesem Sinne bereits A. SEEBERG, Der Katechismus der Urchristenheit, S. 146f. 195. 260. – Καταπατεῖν steht hier – entsprechend zu παραδειγματίζειν in 6,6 – im Sinne der äußersten Verachtung, die sich in bewußter Verleugnung des Glaubens ausspricht. Vgl. auch den Gebrauch des Verbums in Jes 26,6; Mi 7,10; Dan 8,10; Mt 5,13; 7,6.

[17] Κοινός steht im Kontext im Gegensatz zu ἅγιος (ἐν ᾧ ἡγιάσθη); κοινὸν ἡγεῖσθαι dementsprechend im Sinne von „profanieren", konkret: die Wirkung des Opfertodes nicht mehr als „heiligend" gelten lassen. Vgl. H. BRAUN S. 323: „Der Abgefallene behandelt also als unheilig, was ihn heiligmacht".

[18] Zum Verständnis der Taufe als „Heiligung" vgl. 1 Kor 6,11; dazu H. CONZELMANN, Der erste Brief an die Korinther, S. 136: „die Verknüpfung des Empfangs der Heiligkeit mit der Taufe ist durchschnittliche Gemeindeanschauung".

nen christologisch-soteriologischen Darlegungen. Eine ausdrückliche Bezugnahme auf das Abendmahl liegt hier also nicht vor[19]. Schließlich spricht auch das an dritter Stelle genannte Vergehen der Schmähung des „Geistes der Gnade" – unter der Voraussetzung jedenfalls der bereits traditionell-urchristlichen Verbindung von Taufe und Geistmitteilung – für die Beziehung auf die Verachtung der Taufgnade[20]. Die Position des hier sich abzeichnenden Grundverständnisses von Taufe wird an dieser Stelle als den Adressaten bekannt vorausgesetzt. Als solche kommt sie hier nicht in den Blick. Der Autor ist an dieser Stelle lediglich daran interessiert, seinen Adressaten möglichst drastisch vor Augen zu stellen, was sie – von der Gefahr des Abfalls vom Glauben bedroht – preisgeben werden – falls der in V. 26 zu Beginn genannte Kasus eintreten sollte.

Dementsprechend folgt denn auch in V. 30 zum Zwecke der weiteren Unterstreichung der Warnung eine Art Schriftbeweis, mit dem sich – zusammen mit der daran anschließenden eigenen Schlußfolgerung des Autors (V. 31) – das in diesem Abschnitt gezeichnete dunkle Bild abrundet. Die Einführung des Schriftzitats – „Wir kennen ja doch den, der gesagt hat…" – läßt das Bemühen des Autors erkennen, an dieser Stelle nicht nur an eine vordergründige Bibelkenntnis der Adressaten zu appellieren, sondern an ihr eigenes, gleichsam existentielles „Wissen" um die Verantwortung, die sie für ihre Existenz als Christen vor Gott, dem Richter, tragen. In solchem „Wissen" spricht sich also zugleich auch eine Glaubenserfahrung aus. Von Gott als dem Richter (im Endgericht!) jedenfalls sprechen die folgenden beiden, mit πάλιν aneinandergereihten Zitate. Wird dabei im ersten Zitat (Dtn 32,35) gegen den LXX-Text ἐμοί bzw. ἐγώ betont vorangestellt, so entspricht das durchaus der eigenen Aussageabsicht des Autors und weist somit nicht notwendig auf eine hier benutzte andere Vorlage der griechischen Bibel zurück[21]. Formal gesehen schließt sich der Autor mit dem zweiten Zitat (Dtn 32,36) an die LXX-Vorlage an[22], ver-

---

[19] Dagegen spricht vor allem der auf ein einmaliges Geschehen in der Vergangenheit zurückweisende Aorist ἡγιάσθη. Anders G. THEISSEN, Untersuchungen zum Hebr, S. 60f, der – jedenfalls „wahrscheinlich" – in 10,26ff (wie auch in 6,4ff und 12,14ff) eine freie Wiedergabe von „Topoi der Abendmahlsmahnung" sieht.

[20] Πνεῦμα τῆς χάριτος ist wiederum Biblizismus. Vgl. Sach 12,10 sowie TestJud 24,26; CD V 11f. Dazu: H. BRAUN, Qumran und das Neue Testament I, S. 266.

[21] Auffällig ist immerhin, daß auch im hebr. Text von Dtn 32,35 (vgl. auch TO Dtn 32,35) das Personalpronomen betont vorangestellt ist und daß dieselbe Gestalt des Zitats auch in Röm 12,19 vorliegt, dort noch mit dem Zusatz λέγει κύριος, den (von daher?) einige Handschriften auch in Hebr 10,30 eintragen (א² A D² K L usw.). Gehen Hebr und Röm an dieser Stelle jeweils doch auf eine beiden gemeinsame Vorlage der griechischen Bibel zurück? Zur Fragestellung vgl. P. KATZ, ZNW 49 (1958) S. 219f; K. J. THOMAS, NTS 11 (1964/65); D.-A. KOCH, Die Schrift als Zeugnis des Evangeliums (BHTh 69), Tübingen 1986, S. 246, Anm. 37.

[22] Nach dem vorangehenden Zitat von Dtn 32,35 versteht es sich von selbst, daß der Autor an dieser Stelle Dtn 32,36 (und nicht LXX Ps 134,14!) zitiert. Entsprechend der LXX-Vorlage ergänzen einige Handschriften (D 81 104 629 1739 usw.) zu Beginn des Zitats ein ὅτι.

steht freilich κρίνειν im Kontext seiner Drohrede im negativen Sinne des Gerichtes Gottes an „seinem Volk" und in diesem Sinne Dtn 32,35f insgesamt als Warnung an die christliche Gemeinde.

Die „Summe" des ganzen Textzusammenhangs wird schließlich mit V. 31 in eigenen Worten formuliert, wobei das Stichwort φοβερὸν (ἐστίν) zu Beginn in Entsprechung zu V. 27 noch einmal den bedrohlichen Grundton der ganzen Rede in den VV. 26-31 hervorhebt. Auffällig dabei ist vor allem, daß der Autor des Hebr nun auch gerade an dieser Stelle die von ihm auch sonst (3,12; 9,14; 12,22) aus biblisch-jüdischer und urchristlicher Tradition übernommene Rede vom „lebendigen Gott" mit dem Stichwort φοβερός verbindet. Nicht auszumachen ist, ob der Autor des Hebr an dieser Stelle ein traditionelles „apokalyptisches Mahnwort" zitiert[23]. Durchaus wahrscheinlich aber demgegenüber, daß er die in dieser Verbindung liegende Spannung ganz bewußt und gezielt eingesetzt hat: Der „lebendige Gott", der als solcher allein über „Leben" (und Heil!) verfügt, ist als solcher zugleich der Richter im Endgericht, sein Wort also gerade als „lebendiges Wort" (4,12!) das scheidende und richtende Wort. Wer es mit dem „lebendigen Gott" zu tun hat - wie die Adressaten des Hebr von ihrer Taufe her - hat es nicht nur mit dem heil- und lebenschaffenden Gott zu tun, sondern auch mit dem richtenden, in ausweglose Unheil führenden Gott! Mit dieser apodiktischen Feststellung am Ende des Abschnitts hat die Drohrede des Autors an die vom Abfall vom „lebendigen Gott" bedrohten Adressaten (3,12!) ihren Höhepunkt erreicht. Im Blick auf das Endgericht gibt es nun nichts mehr hinzuzufügen.

Die Gefahr, in der die Adressaten in ihrer Glaubensmüdigkeit stehen, ist ihnen drastisch genug vor Augen gestellt. Gleichwohl bleiben hier - wie auch bereits zu 6,4-8 - Fragen grundsätzlicher Art: „Schrecklich ist es, in die Hände des lebendigen Gottes zu fallen", nicht also - wie die Rede vom „Fallen in Gottes Hände" in biblischer Tradition verheißt[24] - in die Hände seines Erbarmens, sondern in die Hände des erbarmungslosen Richters (V. 27). Ist hier am Ende nicht doch die Grenze dessen erreicht (oder vielleicht schon überschritten), was ein sich für seine Adressaten verantwortlich wissender Prediger diesen als Mahnung und Warnung zumuten darf? Das eine jedenfalls ist es, den von akuter Glaubensschwäche bedrohten Adressaten mit allem Nachdruck ihre Verantwortung für ihren Heilsstand einzuschärfen; ein anderes jedoch demgegenüber, sie - wenngleich in bester Absicht - durch die Beschreibung eines ausweglosen und erbarmungslosen Gerichtes zu schrecken. Die (an sich den Gepflogenheiten der Rhetorik entsprechende) δείνωσις gewinnt hier offensichtlich ein gewisses Ei-

---

[23] So O. MICHEL S. 355 mit Verweis auf slHen 39,8. Vgl. auch 2 Makk 6,26 sowie bBer 28b. Gänzlich unwahrscheinlich ist auch, daß hier ein Rückbezug auf Jesusüberlieferung vorliegt (Mt 10,28; Lk 12,51). Zum Problem vgl. auch W. STENGER, TThZ 87 (1973) S. 63.

[24] Vgl. LXX 2 Reg 24,14; Paralip I 21,13; Sir 2,18 sowie Josephus, Ant VIII 323.

gengewicht und gerät in Gefahr, das „eigentliche" Anliegen des Autors, seine Adressaten zum Festhalten an ihrem Glaubensstand zu bewegen, zu verdunkeln. Fast hat man den Eindruck, daß der Autor solche Gefahr und Grundproblematik seiner Mahnrede selbst gespürt hat, wenn er im folgenden, von der voraufgehenden Drohrede durch adversatives δέ deutlich abgesetzten Abschnitt alsbald einen ganz anderen Ton der Mahnung anschlägt. Der durch diese Drohrede erzielte „pathetisch-erschreckende Effekt" wird hier – im folgenden Abschnitt 10,32ff – jedenfalls alsbald abgelöst (und damit auch relativiert) durch die appellativ-ermunternde Anrede an die Adressaten: „Erinnert euch doch demgegenüber (δέ) an die früheren Tage...".

1.3) 10,32–39: Erinnerung an den früheren Glaubensstand

32 Erinnert euch doch demgegenüber an die früheren Tage, in denen ihr als (soeben in der Taufe) Erleuchtete einen harten Leidenskampf bestanden habt,
33 einesteils in Schmähungen und Bedrängnissen (öffentlich) zur Schau gestellt, anderenteils zu Genossen derer geworden, denen es so ergangen ist.
34 Denn (damals) habt ihr auch mit den Gefangenen gelitten, und den Raub eurer Habe freudig auf euch genommen in der Erkenntnis, daß ihr (für euch selbst) einen besseren und bleibenden Besitz habt.
35 So werft also (auch jetzt) nicht eure Zuversicht weg (wie einen wertlosen Besitz), die ja (doch) eine große Belohnung hat.
36 Geduldiges Standhalten nämlich tut euch not, damit ihr als diejenigen, die den Willen Gottes haben, (am Ende schließlich) das Verheißungsgut erlangt.
37 Denn (nur) noch ‚eine ganz kleine Weile' ist es, (und dann) ‚wird kommen, der da kommen soll, und wird nicht ausbleiben';
38 ‚mein Gerechter aber wird leben auf Grund von Glauben', und ‚wenn er zurückweicht, habe ich kein Wohlgefallen an ihm'.
39 Wir aber gehören nicht zu denen, die zurückweichen zu (ihrem) Verderben, sondern zu denen, die Glauben bewahren zur Bewahrung der Seele.

Stellung und Funktion im Kontext:

Wenn der Autor des Hebr auf die Drohrede 10,16–31 nunmehr eine Erinnerung der Adressaten an ihren früheren Glaubensstand folgen läßt, so entspricht er damit – formal gesehen – dem in der antiken Rhetorik geläufigen εἶδος πρακτικόν der „Gedächtnisauffrischung" (ἀνάμνησις)[1]. Ganz im Gegensatz zu der vorangehenden, eher abschreckenden Drohrede hat diese Erinnerung an das einstige Verhalten der Adressaten ermunternden Charakter: Die einst in einer Bewährungssituation bewiesene Standhaftigkeit des Glaubens und der Geduld soll auf diese Weise gleichsam reaktiviert werden. In diesem Sinne ist die Erinnerung an die „früheren Tage" ihrerseits schon auf die unmittelbar daran anschließende Glaubensmahnung

---

[1] Vgl. dazu H. LAUSBERG, Handbuch der literarischen Rhetorik I § 434 (S. 237f); K. NISSILÄ, das Hohepriestermotiv im Hebr, S. 255f.

ausgerichtet: „So werft nun also eure Zuversicht nicht weg..." (VV. 35-39)[2]. Auch heute noch, in der gegenwärtigen Situation der Adressaten, gilt es jene Geduld zu beweisen (V. 36), die die Adressaten einst bewiesen haben (V. 32). Ob und inwieweit diese gegenwärtige Anfechtungssituation der Adressaten konkret wiederum durch die in VV. 32-34 im einzelnen benannten Umstände, also durch Pression und Verfolgung der Christen von außen her, bestimmt ist, ist aus diesem Textzusammenhang nicht unmittelbar zu entnehmen, läßt sich aber von der Ausführung der Glaubensparänese in 12,2ff her durchaus vermuten. So gesehen wäre dann unser Abschnitt zugleich einer der wenigen im Hebr, die die besondere Anfechtungssituation der Adressaten des Hebr in Umrissen in den Blick treten lassen.

Die Erinnerung der Adressaten an ihre „früheren Tage"[3], wie sie mit V. 32 eingeleitet wird, nimmt zunächst mit dem Aorist-Partizip φωτισθέντες – wie bereits 6,4 – auf das einmalige Geschehen der Taufe Bezug: Damals jedenfalls, als Neophyten gleichsam, haben sie ihren Glauben standhaft in einem „harten Leidenskampf" bewährt. Wie dies konkret geschehen ist, wird in den beiden folgenden VV. 33/34 ausgeführt. Zur näheren Kennzeichnung dieser Bewährungssituation greift der Autor auch hier wieder auf (jüdisch-)urchristliche Überlieferung zurück. Die den ganzen Zusammenhang VV. 32-34 bestimmenden Stichwörter πάθημα – θλῖψις – ὀνειδισμός haben jedenfalls hier bereits ihre Geschichte, für die sich – zumal in Verbindung mit dem Stichwort χαρά in V. 34 – anhand von 1 Petr 4, 13f eine urchristliche „Verfolgungstradition" erschließen läßt[4]. Darüber hinaus sind in jüdischer und frühchristlicher Tradition aber auch die Stichwörter ἄθλησις (V. 32) und θεατρίζεσθαι (V. 33) – mitunter in Verbindung mit ὑπομονή bzw. ὑπομένειν – in übertragenem Gebrauch im Zusammenhang mit Verfolgung und Leiden durchaus geläufig[5]. Dies will nicht besagen, daß im Hebr auch an dieser Stelle wiederum nur eine für

---

[2] Angesichts des in sich geschlossenen Zusammenhangs der VV. 32-39 erscheint es nicht gerechtfertigt, mit A. VANHOYE, La structure littéraire, S. 179ff, zusätzlich noch zwischen den Teilabschnitten 10,32-35 und 10,36-39 zu unterscheiden.

[3] Von den „früheren Tagen" wird hier wiederum in biblischer Sprachtradition gesprochen. Vgl. Num 6,12; Dtn 4,32; LXX Ps 142,5 sowie Jdt 8,18.

[4] Vgl. auch 1 Petr 1,6; Jak 1,2.12; Mt 5,11f; Lk 6,22f sowie W. NAUCK, Freude im Leiden. Zum Problem einer urchristlichen Verfolgungstradition, ZNW 46 (1955) S. 68-80, spez. S. 72; L. GOPPELT, Der erste Petrusbrief, S. 297ff.

[5] Zum Stichwort ἄθλησις vgl. im hellenistisch-jüdischen Schrifttum 4 Makk 6,10; 17,15f; Philon, All III 201; Sacr 86; Congr 162; Mut 84; Somn I 170; SpecLeg II 98; Imm 13 (in Verbindung mit ὑπομονή); Cher 80f; dazu: R. WILLIAMSON, Philo and the Epistle to the Hebrews, S. 19f; vgl. auch 1 Thess 2,3; 1 Clem 5,1. Zum Ganzen vgl. G. KITTEL, ThWNT III, S. 42f; J. W. THOMPSON, The Beginnings of Christian Philosophy, S. 63f. – Für den Gebrauch von θεατρίζεσθαι im entsprechenden Zusammenhang vgl. Philon, In Flacc 72; LegGai 368; Josephus, c.Ap. I 43 (ἐν θεάτροις ὑπομένοντες) sowie die Metapher vom „Schauspiel" in der stoischen Diatribe im Zusammenhang der Schilderung des Leidens des Weisen (Seneca, Provid II 9.11; Epist 64,4-6; Epiktet, Diss II 19,25; III 22,59) und im entsprechenden Sinn auch bei Paulus: 1 Kor 4,9; dazu: H. BRAUN, Exegetische Randglossen zum I. Korintherbrief, in: DERS., Ges. Studien zum neuen Testament und seiner Umwelt, Tübingen 1962, S. 186ff.

die Spätzeit des Urchristentums insgesamt typische Situation beschrieben wird (M. DIBELIUS). Die bewußte und gezielte Rezeption von Tradition in dieser Hinsicht weist vielmehr darauf hin, daß der Autor des Hebr die besondere Situation der Adressaten in einen übergreifenden, letztlich alle Christen umfassenden Zusammenhang einbeziehen will: Was sie, die Adressaten des Hebr, an Leiden, Schmähung und Bedrängnis betrifft, ist kein „Ausnahmezustand", sondern – vom Schicksal des „Anführers und Vollenders des Glaubens" (12,2) her gesehen – das dem Glauben gemäße. Im übrigen aber weist die konkrete Ausführung des „Leidenskampfes" der Adressaten in den VV. 33f darauf hin, daß der Autor hier nicht lediglich von einer typischen, sondern von der besonderen Bewährungssituation seiner Adressaten spricht. Zumindest hier liegt also eine konkrete Anwendung jener älteren urchristlichen „Verfolgungstradition" vor[6]. Dementsprechend wird in V. 33 mit dem adverbiellen τοῦτο μέν – τοῦτο δέ deutlich zwischen zwei von jener Bewährungssituation betroffenen Gruppen unterschieden: Die eine hat am eigenen Leibe „Schmähungen und Bedrängnisse" erfahren, während die andere sich mit den so betroffenen solidarisiert hat[7]. V. 34, mit καὶ γάρ unmittelbar angeschlossen, präzisiert weiter, und zwar im Sinne des „Mitleidens" mit den „Gefangenen" als den unmittelbar von Verfolgung Betroffenen, wobei dieses Mit-Leiden wohl nicht nur die Teilnahme am Geschick jener meint, sondern auch – im Sinne von Phil 4,14 – die tätige Teilgabe, die Unterstützung also der leidenden Glaubensgefährten[8]. Dies jedenfalls läßt sich daraus erschließen, daß den letzteren – im Zusammenhang offensichtlich mit ihrer Verfolgung – ihre Habe geraubt worden ist[9].

Verhaftung und Gefangenschaft gehören also zu den in V. 33 genannten „Schmähungen und Bedrängnissen"[10], damit im Zusammenhang auch die hier als „Beraubung" (!) gekennzeichnete Konfiskation des Vermögens[11]. Fraglich ist, ob man daraus die Schlußfolgerung ziehen kann, daß

---

[6] Vgl. W. NAUCK, ZNW 46 (1955) S. 80, Anm. 67: Hebr 10,32ff liege eine auf eine bestimmte Situation „angewandte Tradition" vor.

[7] Ἀναστρέφεσθαι, sonst im Neuen Testament (2 Kor 1,12; 1 Tim 3,15; 4,12; Hebr 13,7.15) ganz allgemein den „Wandel" der Christen kennzeichnend, steht hier (in Verbindung mit dem auf V. 32 zurückweisenden οὕτως) im Sinne des geduldigen Verhaltens. Vgl. J. BAUMGARTEN, EWNT I, Sp. 223f. – Zur Wendung κοινωνοὶ γίγνεσθαι vgl. Josephus, Ant V 322.

[8] Vgl. F. HAUCK, ThWNT III, S. 808. – Ein konkretes Beispiel solcher Solidarität der Christen mit den gefangenen Glaubensgenossen gibt – wenn auch in satirischer Spiegelung – Lucian von Samosata, De Peregrini Morte 12f. Vgl. auch unten zu 13,8.

[9] So gesehen liegt hier wiederum ein Chiasmus nach dem Schema a-b-b-a vor. Vgl. T. W. LEWIS, NTS 22 (1975/76) S. 89; C. SPICQ, SBi, S. 179.

[10] Die Lesart δεσμίοις (A D* H usw.) entspricht dem Sinnzusammenhang am besten. Demgegenüber spricht sich in der Lesart δεσμοῖς μου (א D² usw.) die Absicht aus, den Hebr dem Apostel Paulus zuzuschreiben. Vgl. entsprechend Phil 1,7.13f.17 sowie Kol 4,18.

[11] Zur Wendung ἁρπαγὴ τῶν ὑπαρχόντων vgl. Polybios IV 17,4 (ἁρπαγὰς τῶν ὑπαρχόντων) sowie 4 Makk 4,10 (ἡ τῶν χρημάτων ἁρπαγή).

unter den Adressaten des Hebr – was im übrigen durchaus wahrscheinlich ist – sich vermögende (und damit in sozialer Hinsicht höher gestellte) Christen befunden haben[12]; eindeutig ist dagegen, daß jene Verbindung von Verhaftung und Konfiskation des Vermögens bereits ein strafrechtlich legitimiertes und organisiertes Vorgehen von (städtischen?) Behörden gegen die Christen voraussetzt – und damit dann wohl die Zeit der Verfolgung der Christen unter dem römischen Kaiser Domitian (81–96)[13]. Dem Autor des Hebr ist bei alledem insbesondere die Grundeinstellung wichtig, die seine Adressaten einst in dieser Bewährungssituation unter Beweis gestellt haben: „mit Freude", bereitwillig also, haben sie damals alle Bedrängnisse auf sich genommen, und dies in der Erkenntnis des Glaubens (γινώσκοντες), über einen „besseren und bleibenden" (also: himmlischen!) Besitz zu verfügen, der als solcher alle irdische Habe relativiert[14]. Die Gegenüberstellung des Plurals τὰ ὑπάρχοντα und des Singulars ὕπαρξις ist dabei durchaus beabsichtigt: Die Vielzahl des irdischen Besitzes ist von minderem Wert gegenüber der Einzahl der „bleibenden" Habe der Christen[15]. Erinnerung an die „früheren Tage" ist – von daher gesehen – zugleich Erinnerung an die einst bewährte Erkenntnis hinsichtlich des „bleibenden" und unvergänglichen „Besitzes", eine Erkenntnis, die es auch in der Gegenwart der Adressaten erneut zu bewähren gilt.

In diesem Sinne ergibt sich aus dem Rückblick auf die anfängliche Zeit des Christseins der Adressaten notwendig und folgerichtig die Schlußfolgerung in V. 35: Werft also diesen „Besitz" nicht weg (wie man wertloses Gut wegwirft!), wahrt vielmehr den „Besitzstand" eures Glaubens – konkret also: Bewahrt auch jetzt die den Christen gewährte παρρησία. Das ist mehr als die vordergründige Mahnung, ja nur den Mut nicht zu verlieren[16]. Das für den Hebr charakteristische Stichwort παρρησία bezeichnet auch hier wieder – wie bereits 3,6 und 10,19 – die begründete Zuversicht der Christen, in diesem Sinne also in der Tat ihren bleibenden Besitz, den

---

[12] Zur Fragestellung vgl. zuletzt P. LAMPE, Die stadtrömischen Christen in den ersten beiden Jahrhunderten (WUNT 2.R.18), Tübingen 1986, S. 63, Anm. 181.

[13] Vgl. Eusebius, hist.eccl. III 17. – Nach Th. MOMMSEN, Römisches Strafrecht, Leipzig 1899, S. 1006, ist nach römischem Recht Konfiskation des Vermögens stets mit einer anderen Strafe verbunden. Zur geschichtlichen Einordnung der im Hebr (und in 1 Petr?) vorausgesetzten Konfliktsituation vgl. L. GOPPELT, Der erste Petrusbrief, S. 60ff.

[14] Vgl. dementsprechend die sekundäre Hinzufügung zu ὕπαρξιν: ἐν οὐρανοῖς (א[2] D[2] usw.) sowie zur Sache 11,16; Phil 3,20. „Bleibend" ist dieser Besitz, weil er nicht zu den irdischen Dingen gehört, die als solche „erschüttert" werden (12,27). Im Zusammenhang des von γινώσκοντες abhängigen A.c.I. ist allein die Lesart ἑαυτούς (P[13.46] א A usw.) sinnvoll, während die Lesarten ἑαυτοῖς (D) bzw. ἐν ἑαυτοῖς (1881 usw.) den Aspekt des „inneren" Besitzes betonen: „ihr habt bei euch selbst".

[15] Zur Gegenüberstellung vgl. auch Mt 6,19 par Lk 12,33 (worauf hier freilich nicht angespielt wird! Gegen O. MICHEL S. 359, Anm. 3); Herm sim I 8f sowie Philon, Praem 104. Dazu: J. W. THOMPSON, The Beginnings of Christian Philosophy, S. 65f.

[16] So der Gebrauch der Wendung ἀποβάλλειν τὴν παρρησίαν bei Dio Chrys XVII (34) 39. Vgl. E. GRÄSSER, Der Glaube im Hebr, S. 98.

es nicht leichtfertig preiszugeben gilt, und dies umso weniger, als das notwendige Festhalten an der παρρησία „eine große Belohnung" hat. Präsentisches ἔχει im Blick auf den zukünftigen Sachverhalt der noch ausstehenden „Lohngabe" hat versichernde bzw. bestätigende Bedeutung. Denn der Gott, der – als der μισθαποδότης (11,6) – den Lohn geben wird, steht ja treu zu seiner Verheißung (10,23). Damit wird auch hier wieder – charakteristisch für den Hebr – in einen Zusammenhang, der zunächst (V. 34) an der Gegenüberstellung von Irdischem und Himmlischem orientiert ist, ein futurisch-eschatologischer Akzent gesetzt: μισθαποδοσία, das ist die gerechte Vergeltung im Endgericht, hier im positiven Sinn der Gabe des Lohnes[17].

Worin diese Gabe besteht, ist aus dem engeren und weiteren Kontext zu erschließen. Von V. 36 her gesehen besteht sie im Gut der Verheißung, das als solches mit der endzeitlichen σωτηρία bzw. mit dem „ewigen Erbteil" (9,15) identisch ist. Der Lohngedanke bzw. Vergeltungsgedanke wird dabei an dieser Stelle – wie auch sonst im Hebr (2,2; 6,10; 11,6.26) – als selbstverständlich vorausgesetzt[18]. Hier gibt es in jüdischer wie auch in gemein-urchristlicher Tradition einen festen Tun-Ergehenszusammenhang, der freilich keineswegs notwendig mit einem Verdienstgedanken verbunden ist. Der hier verheißene Lohn hat es ja nicht mit der Einlösung eines Rechtsanspruches des Menschen vor Gott zu tun, sondern steht seinerseits unter dem theologischen Vorzeichen der endgültigen Einlösung der Verheißung Gottes, auf die im Hebr sich aller Glaube und alle Geduld ausrichten[19]. Und nicht zuletzt: Auch an dieser Stelle bezeichnet die παρρησία, der solcher Lohn verheißen ist, nicht lediglich eine Haltung, zu der der Mensch sich als solcher aufzuschwingen vermag; παρρησία steht vielmehr auch hier wieder – wie in V. 19 – im Sinne der (christologisch) begründeten Zuversicht: Das, was die Christen bereits „haben", sollen sie nicht leichtfertig „wegwerfen".

Was für die Adressaten zum Festhalten an solcher παρρησία notwendig ist, führt V. 36 aus: die ὑπομονή, der in Anfechtung geduldig standhaltende Glaube also. So ergibt sich für den ganzen Zusammenhang der VV. 35-39 ein Sachzusammenhang der für das Grundanliegen des Hebr insgesamt bestimmenden Stichwörter παρρησία – ὑπομονή – πίστις, bei dem das Stichwort παρρησία nicht zufällig voransteht. Denn die „subjektive" Weise, an der παρρησία festzuhalten, ist eben die ὑπομονή, die Geduld an-

---

[17] Im negativen Sinne der Strafvergeltung: 2,2. Zur Sache vgl. 2 Tim 4, 7f. Die Wortbildung ist nur im Hebr belegt: 2,2; 11,26. Vgl. entsprechend die Bezeichnung Gottes als μισθαποδότης (11,6). Vgl. H. PREISKER, ThWNT IV, S. 700.

[18] Zum Ganzen vgl. G. BORNKAMM, Der Lohngedanke im Neuen Testament, in: DERS., Ges. Aufs. II, S. 69-92; H. PREISKER, ThWNT IV, S. 705f. 733; W. PESCH, EWNT II, Sp. 1064f; F. J. SCHIERSE, Verheißung und Heilsvollendung, S. 130-132.

[19] Zum theologischen Charakter des Lohngedankens im Hebr vgl. H. PREISKER, ThWNT IV, S. 706; G. BORNKAMM, Ges. Aufs. II, S. 88f.

gesichts der Anfechtung des Glaubens durch Leiden (V. 32), die Standhaftigkeit und Ausdauer des Glaubens im Gegensatz zu Kleinmut und „Zurückweichen" (V. 39). Der in den anschließenden Finalsatz eingefügte Partizipialsatz τὸ θέλημα τοῦ θεοῦ ποιήσαντες benennt in diesem Sinne nicht nur die Bedingung für das endliche „Erlangen" der Verheißung Gottes, sondern betont noch einmal das aktivische Verständnis von ὑπομονή[20]: „geduldig" sich verhalten, das eben ist in der Situation der Adressaten des Hebr die konkrete und notwendige Weise, „den Willen Gottes zu tun". Auch hier zeigt sich noch einmal der Zusammenhang mit dem Lohngedanken von V. 35: κομίζεσθαι wird auch sonst im Urchristentum im technischen Sinn für das „Erlangen" des endzeitlichen Lohnes gebraucht[21]. Speziell für den Hebr ist dabei freilich nicht zu übersehen, daß solcher Lohngedanke, wie er sich hier artikuliert, in einen spezifisch christlichen Zusammenhang integriert ist: Mit ihrem Tun des Willens Gottes entsprechen die Christen ja ihrerseits dem Tun des Willens Gottes durch Jesus selbst, indem er „das Opfer seines Leibes" dargebracht (10,7–10) und so den Christen einen neuen Weg eröffnet hat (10,19f), auf dem sie ihm in Gehorsam und Geduld im Leiden nachfolgen.

Die in V. 37 mit γάρ unmittelbar anschließende Zitatenkombination aus Jes 26,20 und Hab 2,3 hat in diesem Kontext die Funktion, die Adressaten im Blick auf die von ihnen geforderte Geduld zu ermutigen. „Naherwartung", wie sie hier im Anschluß an die Schrift zur Aussage gebracht wird, hat mit der Gewißheit des Glaubens um die endgültige Einlösung der Verheißung Gottes zu tun, ist hier also ebensowenig eigenes Thema wie die Frage der Parusieverzögerung[22]. Nicht primär um einen bestimmten chronologischen Sachverhalt geht es hier, sondern um den theologischen bzw. christologischen Sachverhalt des „Er kommt gewiß". Die Beteuerungsformel von V. 23 erhält hier ihre Bestätigung aus dem Zeugnis der Schrift. Und die Änderungen, die der Autor des Hebr bei seinem Gebrauch von Jes 26,20 und Hab 2,3 an seiner LXX-Vorlage vorgenommen hat[23], zeigen im

---

[20] Vgl. den entsprechenden Gebrauch von ὑπομονή im jüdischen Hellenismus: 4 Makk 1,11; 5,23; 9,8.30; 17,4.33; Philon, VitMos II 184; Imm 13; Mut 153.197; Sacr 46; Prob 26 sowie C. Spicq, Notes, Suppl., S. 659. 660f.– Zur geprägten Wendung ποιεῖν τὸ θέλημα τοῦ θεοῦ vgl. LXX Ps 39,9; 102,11; 2 Makk 1,3; 4 Makk 18,16; Mt 7,21; 12,50; 22,31; Eph 6,6; 1 Joh 2,17 u. ö.

[21] Vgl. 2 Kor 5,10; Kol 3,25; Eph 6,8 sowie 1 Petr 1,9 und Hebr 11,39. Im Hebr steht κομίζεσθαι (im positiven Sinne) synonym mit ἐπιτυγχάνειν (6,15) und ἐπιλαμβάνειν (11,13.33). Vgl. auch die Verbindung κομίζεσθαι μισθόν 2 Makk 8,33.

[22] Vgl. dazu – speziell im Blick auf den Gebrauch von Hab 2,3f in Hebr 10,37f und seine Vorgeschichte – A. Strobel, Untersuchungen zum eschatologischen Verzögerungsproblem auf Grund der spätjüdisch-urchristlichen Geschichte von Habakuk 2,2ff. (NT.S II), Leiden/Köln 1961.

[23] Vgl. dazu im einzelnen: E. Ahlborn, Die Septuagintavorlage des Hebr, S. 89–95; F. Schroeger, Der Verf. des Hebr als Schriftausleger, S. 182–187; K. J. Thomas, NTS 11 (1964/65) S. 316; J. C. McCulough, NTS 26 (1979/80) S. 376f.

einzelnen sehr deutlich, in welchem Maße hier die biblische Überlieferung
– wie auch sonst im Hebr ohne Rücksicht auf ihre ursprüngliche Aussageabsicht – dem eigenen paränetischen Grundanliegen zugeordnet wird.

Dies gilt bereits im Blick auf den Beginn des Zitats aus Jes 26,20: Das vom Autor betont vorangestellte ἔτι soll das μικρὸν ὅσον ὅσον von Jes 26,20 noch unterstreichen: „Nur noch eine ganz kurze Zeit nämlich..."[24]. Entgegen der ursprünglichen Aussage von Jes 26,20, wo vom alsbaldigen Vorübergehen von Gottes Zorn die Rede ist[25], wird hier nur der Gedanke der alsbald bevorstehenden Wende akzentuiert, um auf diese Weise den beiden folgenden Futura aus Hab 2,3 die entsprechende Dringlichkeit zu verleihen. Aber auch hier, beim Zitat von Hab 2,3, verändert der Autor des Hebr die LXX-Vorlage entsprechend seinem Anliegen: Die LXX-Konstruktion ἐρχόμενος ἥξει (für hebr. בא יבוא) wird aufgelöst, das Partizip mit dem Artikel versehen und somit personal verstanden: „Der Kommende wird kommen". Konkret bedeutet dies: ὁ ἐρχόμενος ist hier – wie auch in der urchristlichen Überlieferung von der Botschaft des Täufers – zum messianischen Titel geworden[26]. Durch anschließendes καὶ οὐ χρονίσει wird im Sinne des Autors des Hebr die Gewißheit dieses „Kommens" noch unterstrichen und auf diese Weise der Aufruf der Adressaten zu geduldiger Glaubenstreue motiviert: Die noch vor ihnen liegende Zeitspanne, in der sie Geduld zu bewähren haben, ist begrenzt – und somit auch zu bewältigen[27].

In diesem Sinne sind die Zitate aus der Schrift in V. 37 ganz in den Zusammenhang des pastoralen Grundanliegens des Hebr integriert: Ermutigung der Adressaten zu durchhaltender Glaubenstreue ist nunmehr ihre eigentliche Aussage, nicht also der Versuch, bestimmten Ermüdungserscheinungen hinsichtlich der Parusieverzögerung entgegenzutreten[28].

---

[24] Zu ἔτι γάρ vgl. 7,10 sowie 1 Kor 3,3. Zur Wendung μικρὸν ὅσον, „ein klein wenig": Philon, All II 69. Verdoppelung von ὅσον in Verbindung mit μικρόν in LXX Jes 26,20 ist Umschreibung des Superlativs „in kürzester Zeit". Vgl. B. WINER, Grammatik des neutestamentlichen Sprachidioms, Leipzig [7]1867, § 36,3, Anm. 1; BL.-DEBR.-R. § 304,4.
[25] In diesem Sinne wird Jes 26,20 in 1 Clem 50,4 vollständig zitiert.
[26] Vgl. Mt 11,3 par Lk 7,19f; Joh 1,15.27 sowie das Zitat von LXX Ps 117, 26 in Mk 11,19 par Lk 19,38. Vgl. dazu J. SCHNEIDER, ThWNT II, S. 666f; T. SCHRAMM, EWNT II, Sp. 139f. Zu vergleichen ist hier auch der christologische Gebrauch von ἥκειν: Mt 24,50; Apk 2,25; 3,9 u.ö.; dazu T. SCHRAMM, EWNT II, Sp. 284f.
[27] Vgl. D.-A. KOCH, Der Text von Hab 2,4b in der Septuaginta und im Neuen Testament, ZNW 76 (1985) S. 68–85, spez. S. 76f.
[28] Insofern wird Hab 2,3 in Hebr 10,37 anders gebraucht als im Raum des Judentums, wo diese Schriftstelle tatsächlich im Zusammenhang der eschatologischen Verzögerung eine Rolle gespielt hat. Neben bSan 97b ist hier besonders auf 1QpHab VII 5ff zu verweisen, wo Hab 2,3 auf die Dehnung der Zeit gedeutet wird: „Seine Deutung ist, daß sich die letzte Zeit in die Länge zieht, und zwar weit hinaus über alles, was die Propheten gesagt haben..." (VII 7f). Das οὐ χρονίσει bzw. לא יארך aus Hab 2,3 wird dementsprechend auf die „Männer der Wahrheit", die „Täter des Gesetzes" bezogen, „deren Hände nicht müde werden im Dienst der Wahrheit" (VII 9ff). Vgl. dazu (sowie zur Frage eines Zusammenhangs zwischen 1QpHab und Hebr) H. KOSMALA, Hebräer – Essener – Christen, S. 97ff; A. STROBEL, Untersuchungen zum eschatologischen Verzögerungsproblem S. 79–86.

Grundsätzlich das Gleiche gilt auch für die Art der Benutzung des Zitats von Hab 2,4 in V. 38, wie bereits die Umstellung der beiden Vershälften von Hab 2,4a und 4b gegenüber der LXX-Vorlage anzeigt. Betont voran steht nunmehr in V. 38 jenes Verhalten, dem allein die eschatologische ζωή verheißen ist und das allein der in V. 37 betonten Gewißheit des Kommens „des Kommenden" entspricht: die πίστις. Ihre Kehrseite, das ὑποστέλλεσθαι, wird nachgestellt[29], woran sich dann endlich in V. 39 die Eigenaussage des Autors chiastisch anschließt.

Das Zitat von Hab 2,4 erfolgt – abgesehen von der Umstellung der beiden Vershälften – wörtlich nach der LXX-Vorlage. Hab 2,4a wird wörtlich zitiert, während bei dem für den Autor des Hebr entscheidenden Satz von Hab 2,4b entgegen der LXX-Vorlage das Possessivpronomen μου zu δίκαιος (statt zu ἐκ πίστεως) gestellt wird[30]. Auf diese Weise erhält die Wendung ἐκ πίστεως den Akzent: „Für meinen Gerechten gilt, daß er durch (seinen) Glauben das Leben erlangen wird". Ἐκ πίστεως steht also adverbiell zu ζήσεται, und Subjekt der πίστις ist der δίκαιος. Nicht mehr also von der Treue (πίστις) Gottes ist hier die Rede; vielmehr bezeichnet πίστις nunmehr die Art und Weise, in der der Mensch das eschatologische Heilsgut, die ζωή, gewinnen wird. Damit ist auch die entscheidende Differenz zu Verständnis und Gebrauch von Hab 2,4 bei Paulus deutlich. Beide, Paulus wie auch der Autor des Hebr, ordnen dasselbe Schriftzitat in jeweils unterschiedlicher Weise ihrem jeweiligen Grundanliegen zu[31]. Konkret heißt das: Im Unterschied zu Paulus wird im Hebr Hab 2,4 nicht dem Thema der „Rechtfertigung aus Glauben" zugeordnet, sondern dem Thema der „Vollendung der Gerechten"[32]. Ebenso deutlich ist aber auch, daß der Autor des Hebr mit seinem Verständnis von Hab 2,4 dem ursprünglichen Sinn dieser Schriftstelle (im hebräischen Text!) näher steht als Paulus. Ganz analog zur ursprünglichen Aussage von Hab 2,4 bezeichnet πίστις auch im Hebr die durchhaltende Treue des Glaubens: „Aber der Gerechte wird leben durch seine Treue/auf Grund seiner Treue". Was den Hebr in dieser Hinsicht mit der aktualisierenden Auslegung von Hab 2,4 im Schrifttum der Qumran-Ge-

---

[29] Diese Umstellung ist also nicht nur durch die Absicht bestimmt, den Wechsel des Subjekts von ὁ ἐρχόμενος (V. 37) zu ὁ δίκαιος (V. 38) deutlich zu machen (da sonst ja „der Kommende" als Subjekt des ὑποστείληται in V. 38b gelten würde!). Vgl. A. STROBEL, Untersuchungen zum eschatologischen Verzögerungsproblem, S. 82; DERS., Hebr S. 206; F. SCHROEGER, Der Verf. des Hebr als Schriftausleger, S. 182.

[30] Der Kodex D* und einige andere Handschriften gleichen sekundär wieder an die LXX-Vorlage an. Der durch P[13] D[2] H[C] (usw.) bezeugte Kurztext (ohne μου) dürfte durch sekundäre Angleichung an das Hab-Zitat in Röm 1,17 bzw. Gal 3,14 zu erklären sein. Gegen T. W. MANSON, The Argument of Prophecy, JThS 46 (1945) S. 135. Zur Frage der LXX-Vorlage (und ihr Verhältnis zum MT) für Hebr 10,38 vgl. D.-A. KOCH, ZNW 76 (1985) S. 70–74.

[31] Anders A. STROBEL, Hebr S. 205; J. CARMIGNAC, La doctrine de justice et Jésus Christ, Paris 1957, S. 105–107. Kritisch dazu: E. GRÄSSER, Der Glaube im Hebr, S. 43f; H. BRAUN, Qumran und das Neue Testament I, S. 266, sowie neuerdings D.-A. KOCH, Die Schrift als Zeugnis des Evangeliums. Untersuchungen zur Verwendung und zum Verständnis der Schrift bei Paulus (BHTh 69), Tübingen 1986, S. 127ff: Hebr ist zwar unabhängig von Paulus – aber: Hab 2,4 hat durch Paulus „einen festen Platz in der urchristlichen Überlieferung erhalten".

[32] So A. LINDEMANN, Paulus im ältesten Christentum (BHTh 58), Tübingen 1979, S. 236 (im Anschluß an E. GRÄSSER).

meinde (1QpHab VIII 1ff) verbindet, ist im Grunde allein das biblische Grundverständnis von πίστις bzw. אמונה im Sinne von „Treue", nicht jedoch die qumranspezifische Präzisierung von אמונה im Sinne der Treue zum „Lehrer der Gerechtigkeit"[33].

Was im Kontext des Hebr an dieser Stelle konkret mit πίστις gemeint ist, ergibt sich aus dem zweiten Teil des Zitats (Hab 2,4a) in V. 38b: „Aber wenn er zurückweicht...". Πίστις steht also im Gegensatz zur ὑποστολή (V. 39), zum „Zurückweichen", und somit im Sinne des „Standhaltens", während des ὑποστέλλεσθαι im konkreten Kontext der Adressaten des Hebr auch das Moment des „Sich-versteckens" in sich schließt[34], das sich in der Verleugnung der ὁμολογία (V. 23) ebenso bekundet wie im Verlassen der Gemeindeversammlung (V. 25). In diesem Sinne steht das Zitat von Hab 2,4a an dieser Stelle im Hebr gewiß auch im Sinne einer Warnung. Von dem, der da „zurückweicht" (und sich versteckt), heißt es ausdrücklich im Zitat: οὐκ εὐδοκεῖ κτλ. Jedoch liegt im Kontext an dieser Stelle der Akzent nicht auf solcher Warnung. Vielmehr geht es dem Autor hier darum, im Interesse seiner Mahnrede möglichst konkret die Position des Glaubens zu umreißen: „Glaube" eben im Sinne der „Geduld" in Leiden und Bedrängnis, im Sinne des Festhaltens an Bekenntnis (V. 23) und παρρησία (VV. 19.35), Glaube also im biblisch-jüdischen Sinne des Festbleibens und Standhaltens – kurz: im Sinne der Treue des Glaubens, die den Gehorsam gegenüber dem Verheißungswort Gottes selbstverständlich einschließt.

Als ein „Rückfall" in ein im Grunde „vorchristliches" Glaubensverständnis ist dies alles um so weniger zu beurteilen, als die Akzentuierung von πίστις in diesem traditionell-biblischen Sinne für den Autor angesichts der Glaubensanfechtung seiner Adressaten das in dieser Situation notwendige Wort ist. In einer Situation, wie sie in VV. 32ff vorausgesetzt wird, gewinnt jene biblische Traditionslinie entscheidende Bedeutung, zumal vom christologischen Kontext der Glaubensmahnung des Hebr ohnehin deutlich ist, daß auch und gerade dieser Glaube christlicher Glaube ist: Die vom Autor im Anschluß an das Zitat von Hab 2,3f geforderte Treue des Glaubens richtet sich ja auf „den Kommenden" (V. 37); ihren Grund hat solche Treue des Glaubens – von VV. 19f her gesehen – in der „durch das Blut Jesu" gewährten „Ermächtigung" (παρρησία); und schließlich: spätestens in 12,1ff wird auch ausdrücklich wieder der christologische Bezug des Glaubens herausgestellt.

---

[33] Zur Auslegung von Hab 2,4 in 1QpHab vgl. A. STROBEL, Untersuchungen zum eschatologischen Verzögerungsproblem, S. 82f. 174f, sowie H. BRAUN, Qumran und das Neue Testament I, S. 169–171 (mit weiterer Lit.), speziell zum Vergleich des Gebrauchs von Hab 2,4 in 1QpHab und bei Paulus.
[34] Zu dieser Bedeutung von ὑποστέλλειν vgl. Philon, SpecLeg I 5; IV 77 sowie K. H. RENGSTORF, ThWNT VII, S. 599. Fraglich muß bleiben, ob man aus solcher Bedeutung des Verbums die Schlußfolgerung ziehen kann, daß der Autor des Hebr bei seiner Anspielung auf Jes 26,20 in V. 37 zugleich den ganzen Kontext im Auge gehabt hat, insbesondere die Formulierung ἀποκρυβήθι μικρὸν ὅσον ὅσον. So T. A. LEWIS, ‚And if he shrinks back' (Heb. X. 38b), NTS 22 (1975/76) S. 88–94.

Es ist genau dieser christliche Aspekt, der im eigenen Kommentar des Autors des Hebr zum Zitat von Hab 2,4 am Ende der Glaubensmahnung in V. 39 zum Tragen kommt: Das ἡμεῖς, das hier nun wieder zu Worte kommt, ist das bekennende „Wir" der christlichen Gemeinde. Es hat im Hebr dort seinen Ort, wo das zur Aussage gebracht wird, was „wir haben" bzw. was „wir sind", und zwar im Gegensatz zu denen, die „zurückweichen", die sich vor dem öffentlichen Bekenntnis verstecken, an denen Gott „kein Wohlgefallen hat" und deren Ende die ἀπώλεια ist, das Verderben im Endgericht. „Wir aber" – so der Autor im chiastischen Anschluß an das Zitat von Hab 2,4 – „sind nicht solcherlei Leute", „unsere Art ist nicht das Zurückweichen und Sich-Verstecken"; „wir" sind vielmehr solche, deren Art die πίστις ist, die am Bekenntnis (und damit an ihrem Grund und Fundament) festhaltende Treue[35] – und „unsere" Bestimmung (εἰς) ist dementsprechend die περιποίησις ψυχῆς, die „Bewahrung der Seele". Im Kontext – als oppositum zu ἀπώλεια – bezeichnet diese Formulierung wiederum das eschatologische Heil, also die σωτηρία, dies auch hier freilich wiederum in hellenistischer Ausdrucksweise. Urchristliche Eschatologie wird auch hier wieder ins Hellenistische übersetzt[36]. Gleichwohl liegt damit an dieser Stelle nicht der Akzent auf der Gegenüberstellung von „Seele" und „Leib" im Sinne einer dualistischen Anthropologie[37]. Entscheidend für die Aussageabsicht in V. 39 ist vielmehr lediglich die bekenntnishafte Betonung der Position, die für die Christen bestimmend ist: „Wir aber sind Leute des Glaubens...". Daß diese Darlegung der Position im Sinne des Autors als solche zugleich die Mahnung zum Standhalten im Glauben, zur Treue und damit zur „Fülle des Glaubens" (V. 23) in sich schließt, versteht sich im Kontext von 10,19ff von selbst. Charakteristisch für diesen ganzen Zusammenhang des Hebr ist jedoch, daß solche Mahnung nicht anders ergeht als in der Erinnerung an den (früheren) Stand im Glauben und damit zugleich im Hinweis darauf, welche Wirklichkeit des Heils den Christen zuallererst „durch das Blut Jesu" erschlossen worden ist. Diese Wirklichkeit ist wirklich und wirksam allein im standhaltenden Glauben. Grund genug für den Autor, im folgenden dieses Thema des Glaubens noch weiter zu entfalten.

---

[35] Die Genitive ὑποστολῆς und πίστεως sind in Verbindung mit εἶναι Genitive der Zugehörigkeit zur Bezeichnung einer bestimmten Art von Menschen. Vgl. BL.-DEBR.-R. § 162,8.

[36] Vgl. besonders die Definition von σωτηρία im Sinne von περιποίησις ἀβλαβής bei Ps-Platon, Defin 415 C, sowie die Wendung περιποιεῖσθαι τῆς ψυχῆς bei Xenophon, Cyrop IV 4,10, darüber hinaus aber auch den Gebrauch von περιποιεῖσθαι in LXX: Jes 31,5; Jer 31,36 (opp. zu ἀπόλλυμι); Ez 13,18f; Prov 6,32; 1 Makk 6,44 (synonym mit σώζειν). Für das Neue Testament vgl. 1 Thess 5,9: περιποίησις σωτηρίας. Zum Ganzen vgl. C. SPICQ, Notes II, S. 687–689. Περιποίησις ψυχῆς in Hebr 10,39 steht analog zu σωτηρία ψυχῶν in 1 Petr 1,9. Vgl. G. DAUTZENBERG, Σωτηρία ψυχῶν (1 Petr 1,9), BZ N. F. 8 (1964) S. 262–276.

[37] Gegen H. BRAUN S. 335: „Das σῶμα bleibt für das Jenseits im Hb außer Betracht".

2) 11,1–40: Das Glaubenszeugnis der Alten[1]

Stellung und Funktion im Kontext:

Sowohl in formal-stilistischer als auch in sachlicher Hinsicht hebt sich das 11. Kapitel des Hebr aus dem Kontext von 10,32-39 einerseits und 12,1ff andererseits als eine in sich geschlossene Einheit heraus. An die Stelle des appellativen, sich unmittelbar an die Adressaten wendenden Stiles der Glaubensparänese, wie er im Kontext insbesondere im „Ihr" und „Wir" von 10,32ff und 12,1ff hervortritt, tritt hier wiederum ein Stil sachlich-lehrhafter Darlegung. Ihm entspricht es, wenn in V. 1 dem ganzen Kapitel eine Art Definition von πίστις voransteht, der sodann in V. 2 und in den VV. 3ff. Überschrift und Ausführung folgen. Erst ganz am Ende der Ausführung des Themas in chronologischer Abfolge kommt in V. 40 wieder das ekklesiologische „Wir" in den Blick. Es ist genau dieser besondere Stil von Hebr 11, der die Frage nach Stellung und Funktion dieses Kapitels im Ganzen des Hebr und speziell im Zusammenhang der Glaubensparänese von 10,19-13,25 aufwirft. Die Antwort, die durch den Hebr selbst auf diese Frage gegeben wird, ist so eindeutig wie nur möglich. Denn trotz der offensichtlichen Eigenart dieses Kapitels gegenüber seinem unmittelbaren Kontext steht seine enge Verbindung mit seinem Kontext außer Frage. So ist das das ganze Kapitel in formaler Hinsicht strukturierende Stichwort πίστις durch die die Glaubensparänese von 10,19ff zunächst abschließende These in 10,39 vorgegeben.

Die das 11. Kapitel eröffnende Definition schließt unmittelbar an 10,39 an: „Dieser Glaube aber…"[2]. Schon von daher gesehen ist offensichtlich, daß Hebr 11 dem Thema der Glaubensparänese zugeordnet ist, in diesem Sinne also keine eigene Lehre entfaltet, sondern der Ausführung bzw. Vertiefung dessen dient, was im Hebr bereits bisher unter πίστις verstanden worden ist: πίστις eben im Sinne der ausharrenden Treue des Glaubens. So bleibt das, was in Hebr 11 am Glaubenszeugnis der „Alten" exemplifiziert und demonstriert wird, ganz auf der Linie der in 10,19ff begonnenen Glaubensparaklese und Glaubensparänese. Und noch deut-

---

[1] Lit.: H. THYEN, Der Stil der Jüdisch-Hellenistischen Homilie, S. 111ff; G. SCHILLE, Katechese und Taufliturgie. Erwägungen zu Hebr 11, ZNW 51 (1960) S. 112-131; E. GRÄSSER, Der Glaube im Hebr, S. 45-57; F. BOVON, Le Christ, la foi et la sagesse dans l'épître aux Hébreux (Hébr XI et I), RThPh 101 (1968) S. 129-144; F. SCHROEGER, Der Verf. des Hebr als Schriftausleger, S. 211-225; R. NEUDECKER, Die alttestamentliche Heilsgeschichte in lehrhaftparänetischer Darstellung. Eine Studie zu Sap 10 und Hebr 11, Diss. Innsbruck 1970/71; G. C. MORGAN, Triumphs of Faith. Expositions of Hebrews 11, Grand Rapids 1973; H. MOXNESS, Theology in Conflict (NT.S LIII), Leiden 1980, S. 178-190; R. T. KENDALL, Believing God. Studies on Faith in Hebrews 11, Grand Rapids 1981; J. W. THOMPSON, Faith in Hebrews, in: DERS., The Beginnings of Christian Philosophy, S. 69-75; E. GRÄSSER, Exegese nach Auschwitz? Kritische Anmerkungen zur hermeneutischen Bedeutung des Holocaust am Beispiel von Hebr 11; KuD 27 (1981) S. 152-163 = DERS., Der Alte Bund im Neuen, S. 259-270; M. R. COSBY, The Rhetorical Composition and Function of Hebrews 11 in Light of Example-Lists in Antiquity, Diss. Emory/Atlanta 1985; M. R. MILLER, What is the Literary Form of Hebrews 11, JETS 29 (1986) S. 414-418.

[2] Vgl. E. GRÄSSER, Der Glaube im Hebr, S. 45: Ἔστιν δὲ πίστις, das ist „eine Art Epexegese"; DERS., Der Alte Bund im Neuen, S. 261f.

licher zeigt sich dies im anschließenden 12. Kapitel, wenn hier nunmehr die im 11. Kapitel voraufgehende Zeugenreihe ausdrücklich auf die Adressaten des Hebr appliziert wird (12,1!) und hier wiederum – nunmehr in christologischer Ausrichtung (12,1–3) – die für den Kontext von Hebr 11 entscheidenden Stichwörter πίστις und ὑπομονή erneut aufgenommen werden. In diesem Sinne ist das 11. Kapitel – gerade in seiner Eigenart gegenüber seinem Kontext – fest in den Zusammenhang der Glaubensparänese integriert. Die „Lehre", die hier dargeboten wird, ist der Glaubensparänese und Glaubensparaklese zugeordnet und dient ihrer „heilsgeschichtlichen" Vertiefung[3]. An dem hier im einzelnen ausgeführten Glaubenszeugnis der „Alten" sollen die Adressaten des Hebr lernen, was in ihrer Lage der Glaubensanfechtung und Glaubensmüdigkeit notwendig ist (10,36!), und zugleich sollen sie anhand der ihnen vorgeführten Zeugenreihe erkennen, daß sie mit ihrem standhaltenden Glauben bereits in der Kontinuität einer Geschichte des Glaubens stehen, an deren Ende das Erlangen der Verheißung Gottes steht (11,40). Ebenso deutlich ist aber auch, daß der Autor des Hebr mit solchem Verfahren einer Exemplifizierung seines Grundverständnisses von πίστις am Glaubenszeugnis der „Alten" seinerseits in der Kontinuität einer bestimmten biblisch-jüdischen Tradition steht, die – im religiösen Umfeld des Hebr – insbesondere im Schrifttum des hellenistischen Judentums ihren Niederschlag gefunden hat.

Zu Tradition und Redaktion

Im Zusammenhang aktueller Glaubensmahnung auf das Beispiel der „Alten" in der Form einer Paradigmenreihe bzw. eines Paradigmenkatalogs zu verweisen, gehört zu den festen Gewohnheiten insbesondere in der jüdisch-hellenistischen Literatur[4]. Angesichts dessen, daß es in solchen Paradigmenreihen fast stets – ebenso wie in Hebr 11 – um Glaubensparänese geht, wobei „Glaube", „Geduld" und „Hoffnung" weitgehend synonym sind, ist ein Traditionszusammenhang zwischen hellenistischem Judentum und Hebr auch in dieser Hinsicht unverkennbar.

So verweist *Philon* – im einzelnen in unterschiedlichen thematischen Zusam-

---

[3] Dies vor allem ist zu bedenken gegenüber den neuerlichen Versuchen, mit Hebr 11 einen neuen „lehrhaften" Teil des Hebr beginnen zu lassen, der erst mit 12,1ff in eine Paränese einmündet. So u. a. O. MICHEL S. 26.368f; A. VANHOYE, La structure littéraire, S. 183ff.

[4] Vgl. dazu bereits W. WREDE, Untersuchungen zum Ersten Klemensbrief, Göttingen 1891, S. 70ff; P. DREWS, Untersuchungen über die sogen. clementinische Liturgie im VIII. Buch der apostolischen Konstitutionen, Tübingen 1906, S. 23ff; H. WINDISCH, S. 98f, sowie C. SPICQ, I, S. 19–21; II, S. 334f, und H. THYEN, Der Stil der Jüdisch-Hellenistischen Homilie, S. 18. 75ff. 111ff, der Hebr 11 als ein „ausgeprägtes Beispiel für die hellenistische Manier der Beweisführung" betrachtet (S. 76f). Zur Gattungsbezeichnung „Paradigmenkatalog" vgl. K. BERGER, in: ANRW II 25/2, S. 1145ff, spez. S. 1147; DERS., Formgeschichte des Neuen Testaments, S. 29. 113. 153. – Über den Bereich des hellenistischen Judentums hinaus ist auch auf Sir 44–50, 4 Esr 7,106ff sowie auf bestimmte „numerische Schemata" ähnlicher Art in der rabbinischen Literatur zu verweisen. Vgl. dazu W. S. TOWNER, The Rabbinic ‚Enumeration of Scriptural Examples'. A Study of a Rabbinic Pattern of Discourse with Special Reference to Mekhilta d'Rabbi Ishmael (StPB 22), Leiden 1973, S. 82ff. 224ff; M. RISSI, Die Theologie des Hebr, S. 107. – Zur literarischen Gattung der „Paradigmenreihe" in der antiken Rhetorik vgl. P. LAMPE, Die stadtrömischen Christen in den ersten beiden Jahrhunderten (WUNT 2. R. 18), Tübingen 1987, S. 180f (Belege!).

menhängen – die Leser seiner Schriften immer wieder auf die entsprechenden biblischen Paradigmen und kommt insbesondere in Praem 11 mit dem hier stereotyp wiederholten ἐλπίδι in formaler wie in sachlicher Hinsicht der Paradigmenreihe von Hebr 11 besonders nahe[5]. – Instruktives Vergleichsmaterial in dieser Hinsicht läßt sich auch den *Makkabäerbüchern* entnehmen. So wird 1 Makk 2,51–61 eine Paradigmenreihe mit der Aufforderung an die Leser eingeleitet, der „Taten der Väter" zu gedenken (2,51), und am Ende der Paradigmenreihe steht – ganz analog zu Hebr 12,1ff – die Schlußfolgerung: „Und so sollt auch ihr (die Geschichte) von Geschlecht zu Geschlecht bedenken, daß alle, die ihre Hoffnung auf ihn setzen, (im Glauben) nicht schwach werden". Daß das Beispiel des Abraham, von dem es hier (2,52) ausdrücklich heißt: εὑρέθη πιστός, in diesem Zusammenhang eine besondere Rolle spielt, versteht sich für solche Art von Paradigmenreihen von selbst. Noch deutlicher ist die formale und sachliche Nähe zu Hebr 11 in 4 Makk 16,18ff: Hier wird die Mahnung „um Gottes willen alle Mühsal geduldig zu ertragen", mit dem Hinweis auf das Beispiel Abrahams, Davids (usw.) unterstrichen und daraus schließlich die Schlußfolgerung gezogen: „So sollt nun also auch ihr, die ihr (doch) denselben Glauben an Gott habt, nicht betrübt sein" (16,22). – Auf die Herkunft der in Hebr 11 aufgenommenen Tradition aus dem hellenistischen Judentum verweist schließlich auch der „Hymnus auf das Wirken der Weisheit im Stil der alttestamentlichen Geschichtspsalmen" in *Weish 10f*[6], der nicht nur in formaler Hinsicht (Stereotypie der Versanfänge!) eine Parallele zu Hebr darstellt, sondern zugleich auf den weisheitlichen Hintergrund der in Hebr 11 aufgenommenen Tradition hinweist[7]. – In die gleiche Richtung weist auch die Aufnahme und Weiterführung dieser Tradition in der ur- und frühchristlichen Literatur. Dies gilt einmal für *Act 7*, wo durch wiederholtes τοῦτον bzw. οὗτος (7,35ff) zumindest Ansätze zu einer Paradigmenreihe gegeben sind[8], zum anderen aber vor allem für den *1. Clemensbrief*. Besonders zu nennen ist hier die Paradigmenreihe 1 Clem 4,1ff sowie die 1 Clem 9–12 ausgeführte Reihe der Glaubensbeispiele, in der die einzelnen Paradigmen ebenso wie in Hebr 11 vermittels einer stereotypen Einleitungsformel aneinandergereiht werden[9]. Da das Grundschema der Paradigmenreihe in 1 Clem

---

[5] Für Philon vgl. auch Virt 198ff; Sacr 5f; Rer 260ff sowie Cher 12.

[6] So die Kennzeichnung von Weish 10f durch D. GEORGI, Weisheit Salomos (JSHRZ III.4), Gütersloh 1980, S. 436. Zu Weish 10 vgl. auch R. NEUDECKER, Die Alttestamentliche Heilsgeschichte in lehrhaft-paränetischer Darstellung; A. SCHMITT, Herkunft und Bedeutung der Beispielreihe in Weish 10, BZ N.F. 21 (1977) S. 1–22.

[7] Vgl. F. BOVON, RThPh 101 (1968) S. 129–144; zu Hebr 11 in weisheitlicher Tradition spez. S. 134. 137f. Bereits O. MICHEL S. 371, Anm. 1, vermerkt zu Hebr 11 „chokmatischen Stil".

[8] Vgl. dazu H. THYEN, Der Stil der Jüdisch-Hellenistischen Homilie, S. 19f. Zu den (durch gemeinsame Tradition bedingten) Zusammenhängen zwischen Act 7 und Hebr 11 vgl. auch O. MICHEL, S. 422f; speziell zu Abraham als Paradigma in diesem Zusammenhang: H. MOXNESS, Theology in Conflict, S. 178ff, spez. S. 179f.

[9] Vgl. 1 Clem 9,4: Νῶε πιστὸς εὑρεθείς; 10,1: Ἀβραὰμ ... πιστὸς εὑρέθη; 10,7 (in bezug auf Abraham): διὰ πίστιν bzw. δι' ὑπομονῆς. Vgl. auch 1 Clem 31; 45,2ff; 55,3ff. – Zur unterschiedlichen Akzentsetzung in den Paradigmenreihen in Hebr und 1 Clem vgl. G. THEISSEN, Untersuchungen zum Hebr, S. 99f. – In der frühchristlichen Literatur ist in diesem Zusammenhang auch auf Jak 2,20ff; 5,10ff sowie auf Const. Apost. VIII 12,22ff zu verweisen.

jedoch im einzelnen ganz anders ausgeführt wird als im Hebr, ist an dieser Stelle weniger an eine direkte literarische Abhängigkeit des 1 Clem von Hebr 11 zu denken, als vielmehr an die jeweils unterschiedliche Ausgestaltung desselben traditionellen Grundmusters bzw. an die jeweils selbständige Bearbeitung einer „Schultradition" jüdisch-hellenistischer Herkunft[10].

Ihren ursprünglichen „Sitz im Leben" hat diese Tradition wohl im „Lehrbetrieb" des hellenistischen Judentums gehabt[11]. Da solcher „Lehrbetrieb" seinerseits auf die Aktualisierung des Zeugnisses der Schrift für die jeweilige Gegenwart ausgerichtet ist, bedeutet dies keineswegs eine Alternative zum Gebrauch solcher Paradigmenreihen in Predigt (und Liturgie?) des Synagogengottesdienstes[12]. Der wohl deutlichste Beleg dafür, daß solche Paradigmenreihen bereits traditionell im Zusammenhang der Glaubensparaklese und -paränese benutzt worden sind, ist jedenfalls mit 4 Makk 16,18ff gegeben – und dem entspricht es wiederum, daß die in Hebr 11 ausgeführte Reihe der Glaubenszeugen eben mit denen der Makkabäerzeit schließt (11,35b–38).

Genau dieser eigenartige Sachverhalt in Hebr 11 ist es nun aber auch, der dafür spricht, daß hier nicht nur ein bestimmtes traditionelles Grundschema der Glaubensmahnung aufgenommen worden ist, sondern darüber hinaus auch eine (schriftliche) *Vorlage,* die der Autor des Hebr seinerseits seinem eigenen Anliegen entsprechend redaktionell bearbeitet hat[13]. Eben in diese Richtung weist im Blick auf Hebr 11 eine unverkennbare Spannung zwischen Tradition und Redaktion, die als solche zugleich das Kriterium für die Unterscheidung zwischen „Vorlage" einerseits und redaktioneller Bearbeitung durch den Autor des Hebr darstellt. Bei solcher Unterscheidung kann man davon ausgehen, daß die Reihe der Paradigmen als solche (einschließlich der sie jeweils einleitenden Formel πίστει!) der Vorlage

---

[10] So bereits W. BOUSSET, Jüdisch-Christlicher Schulbetrieb in Alexandria und Rom, Göttingen 1915, S. 312; vgl. auch M. DIBELIUS, ThR 3 (1931) S. 228f; H. WINDISCH S. 98 sowie Ph. VIELHAUER, Geschichte der urchristlichen Literatur, S. 243f.

[11] So W. BOUSSET, Jüdisch-Christlicher Schulbetrieb in Alexandria und Rom, S. 312; Ph. VIELHAUER, Geschichte der urchristlichen Literatur, S. 244; P. LAMPE, Die stadtrömischen Christen in den ersten beiden Jahrhunderten, S. 181.

[12] Zur Relativierung der Alternative („Lehrbetrieb"-)Predigt – Liturgie vgl. H. THYEN, Der Stil der Jüdisch-Hellenistischen Homilie, S. 28ff, sowie bereits P. DREWS, Untersuchungen über die sog. clementinische Liturgie im VIII. Buch der apostolischen Konstitutionen, S. 19. 23ff; vgl. auch E. KÄSEMANN, Das wandernde Gottesvolk, S. 118, Anm. 1. Jedenfalls wird man aus dem „Wir" in Hebr 11,3 kaum schließen können, daß Hebr 11 seinen ursprünglichen „Sitz im Leben" in einer urchristlichen Taufliturgie gehabt hat. so G. SCHILLE, ZNW 51 (1960) S. 126ff; kritisch dazu auch F. BOVON, RThPh 101 (1968) S. 133f. – Aus „Wortwahl und Wortstellung" in Hebr 11 kann auch nicht die Schlußfolgerung gezogen werden, daß hier „ursprünglich ein feierlicher Hymnus auf den Glauben gegeben war". So O. MICHEL S. 372. Bei dem in Hebr 11 den einzelnen Paradigmen vorangestellten πίστει handelt es sich vielmehr um die rhetorische Stilform der „Anaphora", die auch in Prosatexten Anwendung findet (vgl. z. B. Philon, Praem 11; 2 Kor 6,4–7; Röm 10,14f sowie Act 3,25f; 7,35ff). Vgl. BL.-DEBR.-R. § 491.

[13] Vgl. E. KÄSEMANN, Das wandernde Gottesvolk, S. 117; H. THYEN, Der Stil der Jüdisch-Hellenistischen Homilie, S. 18; G. SCHILLE, ZNW 51 (1960) S. 112ff, sowie bereits H. WINDISCH S. 98.

zuzurechnen ist, während die grundsätzlichen Verallgemeinerungen, wie sie - angezeigt jeweils durch ein οὗτοι πάντες - in 11,13-16 und in 11,39f vorliegen, auf das Konto der Redaktion durch den Autor des Hebr gehen. Genau in diese Richtung weist auch das in diesen redaktionellen Zusätzen benutzte Vokabular, das als solches dem Hebr eigentümlich ist[14].

Von daher gesehen ergibt sich für die Unterscheidung zwischen Vorlage und *redaktioneller Bearbeitung* in Hebr das folgende Bild: Die in V. 1 der ganzen Paradigmenreihe vorangestellte Definition von πίστις geht als solche ohne Zweifel auf den Autor des Hebr zurück. Hier gibt er programmatisch sein Grundverständnis von „Glauben" zu erkennen - und damit zugleich, in welchem Sinne er die (von seiner Vorlage vorgegebene) die einzelnen Paradigmen einleitende Formel πίστει versteht. Der Zusammenhang zwischen der Definition von V. 1 und der Vorlage wird - wiederum vom Autor selbst - ausdrücklich mit V. 2 hergestellt: ἐν ταύτῃ, d.h.: für solchen (im V. 1 definierten) Glauben steht das Zeugnis der „Alten". Passivisches μαρτυρεῖν in V. 2 einerseits und V. 39 andererseits läßt darüber hinaus diese beiden Verse als eine redaktionelle Klammer der ganzen folgenden Paradigmenreihe erscheinen, woran sich dann in 12,1ff mit dem Rückverweis auf die „Wolke der Zeugen" die Anwendung auf die christliche Gemeinde anschließt. Auch der die Paradigmenreihe selbst einleitende, von ihr sich durch die „Wir"-Aussage unterscheidende V. 3 dürfte - nicht zuletzt auch angesichts der hier benutzten Terminologie (τὸ βλεπόμενον!) - nicht bereits der Vorlage, sondern dem Autor des Hebr zuzuweisen sein[15]. Typische, für den Hebr charakteristische Sprach- und Stilelemente weisen auch den (den Zusammenhang zwischen V. 5 und V. 7 unterbrechenden) V. 6 der redaktionellen Bearbeitung der Vorlage durch den Autor des Hebr zu, und zwar im Sinne eines Kommentars zum Stichwort εὐαρεστεῖν in V. 5. Gleiches gilt auch für den Kommentar in V. 26 im Rahmen des Mose-Paradigmas (VV. 23-29), der als solcher wiederum durch ein für den Hebr charakteristisches Vokabular bestimmt ist. Und endlich: Für die Zuweisung der verallgemeinernden Reflexionen in 11,13-16 und 11,39f an den Autor des Hebr spricht nicht nur das hier jeweils benutzte Vokabular (s.o.), sondern auch die hier nicht zu übersehende sachlich-inhaltliche Spannung zur Eigenaussage der Paradigmenreihe der Vorlage.

Die Tendenz der Vorlage ging offensichtlich dahin, das Verdienst des Glaubens der „Alten" herauszustellen und damit auch die Tatsache, daß die „Alten" durch den von ihnen bewährten Glauben die Verheißung Gottes erlangt haben![16] Demgegenüber betont der Autor des Hebr jedoch in V. 13, daß dies gerade nicht geschehen ist, und fügt in VV. 39f noch hinzu, daß dies - und damit auch die „Vollendung" - erst im Verein mit „uns", den Christen, geschehen wird. Der Autor des Hebr prägt damit seiner Vorlage eine Aussage auf, die ihr zuvor nicht eigen war, aber nun doch zugleich jene (jüdische) Vorlage für die christliche Gemeinde „les-

---

[14] Vgl. dazu die Aufstellung bei G. THEISSEN, Untersuchungen zum Hebr, S. 99.

[15] Anders E. KÄSEMANN, Das wandernde Gottesvolk, S. 117: „Die Feststellung 11,3... erklärt sich am ehesten von einer vorliegenden und festgeprägten Vorlage aus, die der Verfasser des Hebr. getreulich übernahm ...".

[16] Vgl. entsprechend 6,12.15 sowie 11,33. Offensichtlich ist darüber hinaus auch der Widerspruch hinsichtlich der Entrückung bzw. des Todes Henochs zwischen V. 5 einerseits und V. 13 andererseits.

bar" und nachvollziehbar macht: Sie, die Christen, sollen sich gemeinsam mit jenen Zeugen verstehen als auf dem Wege befindlich zum endgültigen Erlangen der Verheißung, als auf dem Wege zur noch ausstehenden „Vollendung" (V. 40). In diesem Sinne handelt es sich bei der Redaktion der Vorlage durch den Autor des Hebr um eine „eschatologische" Redaktion, bei der aber auch hier wieder - so besonders in den VV. 13-16 - die für die Eschatologie des Hebr charakteristischen Akzente gesetzt werden: Obwohl die „Alten" - wie es hier heißt (V. 13) - das Ziel der Verheißungen Gottes nur „von ferne geschaut haben", wird hier nicht nur im Sinne von V. 40 ein eschatologischer Vorbehalt hinsichtlich der noch ausstehenden Einlösung der Verheißungen Gottes ausgesprochen; vielmehr ist dieses Ziel ihnen jetzt schon als das himmlische Vaterland von Gott „bereitet" und damit auch jetzt schon verbürgt. Mit der Definition von V. 1 gesprochen: Das „Erhoffte" ist das jetzt noch nicht Sichtbare, deswegen aber nicht weniger wirklich. Solche Ausführung hinsichtlich der „Alten" in den VV. 13-16 schließt im Sinne des Autors selbstverständlich zugleich die entsprechende Paränese und Paraklese für die Adressaten des Hebr in sich: Sie sollen sich angesichts des hier dargelegten Glaubenszeugnisses der „Alten" in einer Geschichte des Glaubens stehend verstehen, die am Ende - hier unter besonderer Betonung der Bewährung und Bewahrung des Glaubens in Verfolgung und Leiden (VV. 33ff) - in ihre eigene Geschichte einmündet, deren Ende und Ziel - unter der Voraussetzung, daß auch sie wie einst die „Alten" Glauben bewahren - aber doch schon von Gott selbst fest verbürgt ist (V. 16). In diesem Sinne ist die in Hebr 11 benutzte Vorlage ganz dem Grundanliegen des Autors, der Glaubensparaklese für die christliche Gemeinde, zugeordnet und mündet mit der die Paradigmenreihe abschließenden grundsätzlichen Reflexion in den VV. 39f folgerichtig in die Ausführung der Glaubensparaklese an die christliche Gemeinde in 12,1ff ein.

Zu Aufbau und Gedankenführung

Hinsichtlich des Aufbaus und des Gedankengangs ist Hebr 11 leicht überschaubar: Den Rahmen für die eigentliche Paradigmenreihe bilden die VV. 1 und 2 einerseits und 39f andererseits. Die mit V. 3 bzw. V. 4 beginnende Paradigmenreihe ist zunächst allein durch die chronologische Abfolge bestimmt. Dabei heben sich die folgenden Einheiten heraus: Die Zeugen der Urzeit (VV. 3 bzw. 4-7); das Zeugnis des Abraham bzw. der Patriarchen (VV. 8-22), dieses durch den Kommentar des Autors zu seiner Vorlage (VV. 13-16) besonders akzentuiert; weiter das Zeugnis des Mose (VV. 23-29), dem noch zwei weitere Zeugnisse aus der Frühgeschichte Israels beigefügt werden (VV. 30f). Diesen im einzelnen ausgeführten Glaubenszeugnissen gegenüber erscheinen die in den VV. 32-38 beigefügten Zeugen - zumal unter der Überschrift von V. 32a! - eher als ein summarischer Nachtrag. Gleichwohl ist er für das Grundanliegen, das der Autor in diesem Kapitel mit der redaktionellen Bearbeitung seiner Vorlage verfolgt, insofern bedeutsam, als hier insbesondere jene Zeugen genannt werden, die ihr Glaubenszeugnis - als Martyrium! - durch Leiden und Tod bewährt haben. Damit ist bereits der Übergang zur entsprechenden Glaubensmahnung an die Christen in 12,1ff vorbereitet.

2.1 11,1–2: Das Wesen des Glaubens (Einleitung)

1 Es ist der Glaube aber eine Befestigung dessen, worauf man hofft; (und) ein Beweis für die Dinge, die man nicht sieht.
2 In diesem (Glauben) nämlich haben die Alten (ihr) Zeugnis erlangt.

Im unmittelbaren Anschluß an das Stichwort πίστις 10,38f formuliert der Autor in V. 1 zunächst eine Definition, die für die mit V. 3 beginnende, durch stereotyp vorangestelltes πίστει gekennzeichnete Paradigmenreihe die Grundlegung darstellt. Es ist die einzige ausdrückliche Definition von πίστις im Neuen Testament, als solche stilgemäß durch vorangestelltes ἔστιν δέ sowie durch den artikellosen Gebrauch von πίστις, ὑπόστασις und ἔλεγχος gekennzeichnet[1]. Dabei bedarf es keiner Frage, daß diese Definition nicht das Wesen des Glaubens schlechthin kennzeichnen will. Was hier vorliegt, ist nicht eine abstrakte oder absolute Definition die als solche eine „erschöpfende Aufzählung aller Merkmale" darbietet, „die dem Begriff des Glaubens im religiösen Sinne zukommen"[2], sondern eine Bestimmung des Wesens des Glaubens, wie sie der Autor des Hebr angesichts der Glaubensanfechtung seiner Adressaten für notwendig hält[3]. Die Tatsache, daß „Glaube" hier gar nicht eigentlich theologisch bzw. christologisch, sondern eher nur „anthropologisch" definiert wird, ist – von daher gesehen – nicht erstaunlich. Denn: was vom Kontext her (10,19ff!) in erster Linie in Frage steht, ist ja gerade dasjenige, was der Glaube – im Kontext des Hebr selbstverständlich: christlicher Glaube! – bei den Glaubenden bewirkt (oder doch jedenfalls bewirken sollte): Standhaftigkeit nämlich, die sich durch die Unanschaulichkeit des Gegenstandes des Glaubens nicht beirren läßt, sondern darum weiß, daß der Glaube am Ende seine Gewißheit in sich selbst trägt. In diesem Sinne ist für die hier vorliegende Definition zunächst die Akzentuierung der (subjektiven) Grundhaltung der Glaubenden bestimmend. Glaubensgewißheit – das will der Autor seinen Adressaten mit dieser Definition verdeutlichen – ist im Wesen des Glaubens selbst begründet, und um so wichtiger ist es, daß die Adressaten sich in ihrer Glaubensanfechtung auf dieses Wesen des Glaubens besinnen.

---

[1] Vorangestelltes ἔστιν δέ leitet auch sonst im Neuen Testament eine Erklärung bzw. Definition ein. Vgl. Lk 8,11; 1 Tim 6,6; 1 Joh 1,5 sowie Joh 17,3. Für Philon vgl. Imm 87; All III 211; Congr 79.
[2] So E. Riggenbach S. 340. Vgl. aber Thomas von Acquin, Summa II, VI 4,1: definitio apostoli includit omnes alios definitiones de fide datas! Anders bereits J. Calvin, Comm. in epistolam ad Hebraeos, z. St.: neque enim hic de tota fidei natura disserit apostolus, sed partem elegit suo instituto congruentem.
[3] Vgl. bereits A. Schlatter, Der Glaube im Neuen Testament, S. 523, Anm. 1: „Daß der Glaube gerade so und nicht anders beschrieben wird, ist durch das Bedürfnis der Leser bedingt". Zur Frage des Definitionscharakters von Hebr 11,1 vgl. auch O. Michel S. 372f; R. Williamson, Philo and the Epistle to the Hebrews, S. 309ff. 314; H. Braun, S. 337f; M. Rissi, Die Theologie des Hebr, S. 107f.

Durch solche Absicht und Ausrichtung der Definition ist auch die hier gewählte Terminologie bedingt: Glaube, das ist ὑπόστασις im Blick auf das, was der Glaubende erhofft[4], und zugleich: ἔλεγχος im Blick auf das, was der Glaubende (jetzt noch) nicht sieht. Solche Definition des Glaubens ist in zweifacher Hinsicht bemerkenswert: Einmal im Blick auf die Bestimmung dessen, worauf dieser Glaube sich richtet; und zum anderen im Blick auf die Bestimmung des Glaubens als ὑπόστασις und ἔλεγχος.

(1.) Glaube richtet sich auf „das Erhoffte" – und damit zugleich auf das „Nichtsichtbare". Das sind zunächst sehr abstrakt erscheinende Bestimmungen des Gegenstandes des Glaubens. Gleichwohl ist vom Gesamtkontext des Hebr deutlich, was damit konkret gemeint ist: Die οἰκουμένη μέλλουσα von 2,5 bzw. die πόλις μέλλουσα von 13,14 ebenso wie die κατάπαυσις von 4,1ff bzw. das „ewige Erbe" von 9,15. Mit dem Nebeneinander von „Erhofftem" und „Nichtsichtbaren" in V. 1a und V. 1b werden dabei auch hier wieder in der für den Hebr charakteristischen Weise horizontale und vertikale Dimension des Glaubens miteinander verbunden: Glaube erstreckt sich in die (eschatologische) Zukunft, hat aber doch – damit zugleich – mit den (jenseitigen!) „nicht-sichtbaren Dingen" zu tun. In diesem Sinne ist „das Erhoffte" nicht ein nur zukünftiges Gut, sondern vielmehr etwas, was jetzt schon in der himmlischen Welt für die Glaubenden gleichsam „bereitliegt"[5]. Das „Erhoffte" ist mit dem (noch-)"Nichtsichtbaren" identisch (11,7!), und von daher gesehen gehört es im Sinne des Hebr zum Wesen des Glaubens, daß er im Raum des Unanschaulichen verbleibt.

(2.) Gerade hier aber – im Raum des Unanschaulichen – gewährt dieser Glaube Gewißheit, ist der Glaube – wie M. LUTHERS Übersetzung formuliert – eine „gewisse Zuversicht". Genau dies will der Autor seinen Adressaten verdeutlichen: Seine Gewißheit trägt der Glaube in und bei sich selbst – eben als ὑπόστασις und ἔλεγχος. Mit diesen beiden Stichwörtern bedient der Autor sich einer ausgesprochenermaßen „hellenistischen", um nicht zu sagen: philosophischen Terminologie. Dies gilt vor allem für ὑπόστασις als einem „Begriffswort" der antiken philosophischen Sprache[6],

---

[4] Bei der singulären Lesart ἀπόστασις (P¹³) handelt es sich wohl um einen Schreibfehler.

[5] Vgl. entsprechend 11,13.16 die Gegenüberstellung des Irdischen und des Himmlischen sowie 9,23 und 12,18.22. Dazu E. GRÄSSER, Der Glaube im Hebr, S. 51, Anm. 222, sowie S. 126–128; J. W. THOMPSON, The Beginnings of Christian Philosophy, S. 73f. Die Negation οὐ beim Partizip βλεπόμενον steht für ein ἀ-privativum; also: οὐ βλεπόμενον = τὰ ἀόρατα. Vgl. BL.-DEBR.-R. §§ 426,1; 430. Vgl. auch die Gegenüberstellung τὰ βλεπόμενα – τὸ μὴ βλεπόμενον in 2 Kor 4,18. – Den „nicht sichtbaren Dingen" des Hebr entsprechen bei Philon die θεῖα πράγματα (Rer 1) als ἀσώματα und νοητὰ πράγματα (Rer 63). Auch hier ist wieder die entscheidende Differenz zwischen Hebr und Philon offensichtlich: Zwar kann auch Philon den „Glauben an Gott" als πλήρωμα χρηστῶν ἐλπίδων bezeichnen (Abr 268); faktisch freilich fällt die Zukunftsdimension des Glaubens bei Philon gänzlich aus. Wenn er von den „erhofften Dingen" (τὰ ἐλπισθέντα) spricht (Sacr 53; Post 97; vgl. auch Josephus, Bell IV 85), so meint er damit irdische Güter.

[6] Vgl. dazu H. DÖRRIE, Ὑπόστασις. Wort- und Bedeutungsgeschichte, NGG 1955, S.

ebenso aber auch für die Verbindung πραγμάτων ἔλεγχος, nach E. GRÄSSER im gesamten Hebr sogar die „griechischste aller griechischen Begriffskombinationen"[7]. Eine gewisse „Rationalität" der Sprache und Argumentation des Autors ist also auch hier nicht zu übersehen, ebensowenig aber auch, daß der Autor solche Sprache und Terminologie bewußt einsetzt, um auf diese Weise möglichst eindeutig seinen Adressaten den Gewißheit gewährenden Charakter des Glaubens zu vermitteln. Dabei weist der unmittelbare Kontext des Gebrauchs von ὑπόστασις in V. 1 zunächst eher auf die subjektive Haltung des Glaubens hin[8]: ὑπόστασις steht hier im Gegensatz zu ὑποστολή (10,39) – ähnlich wie in 3,14, wo ὑπόστασις im Gegensatz zum ἀποστῆναι (3,12) steht. Von daher gesehen liegt es nahe, ὑπόστασις mit „fester Stand", „Standhalten" o. ä. zu übersetzen, was sich so freilich außerhalb des Hebr nicht belegen läßt[9]. Freilich hat wohl auch der Autor des Hebr gerade diesen Begriff schwerlich gewählt, um damit nur die „subjektive" Haltung des Glaubens zu kennzeichnen. Dagegen spricht bereits der Umstand, daß hier mit ὑπόστασις ein Begriff erneut aufgenommen wird, der in 1,3 Wesen und Wirklichkeit Gottes selbst bezeichnete. Von daher gesehen spricht alles dafür, daß dieser Terminus an dieser Stelle – analog zu ἔλεγχος in V. 1b – den gleichsam objektiven Charakter des Glaubens zur Aussage bringen will. Und d. h.: Genauso wie Christus nach 1,3 den „Abdruck" der Wirklichkeit Gottes darstellt, hat es nach 11,1 der Glaube (als die Haltung des Glaubenden!) mit Wesen und Wirklichkeit des „Erhofften" zu tun, ist er – der Glaube – die Darstellung dieser Wirklichkeit. Schon jetzt also, im Stande des Glaubens, der sich als Hoffnung auf „das Erhoffte" ausrichtet, gewinnt dieses „Erhoffte" den Charakter der Wirklichkeit für den Glaubenden – und gewährt eben so auch die Grundlage für den festen Stand der Glaubenden[10]. In diesem Sinne

---

35–92 = DERS., Platonica Minora, München 1976, S. 13–69; H. KÖSTER, ThWNT VIII, S. 574ff (S. 571, Anm.: Lit.); J. W. THOMPSON, The Beginnings of Christian Philosophy, S. 70ff.

[7] E. GRÄSSER, Der Glaube im Hebr, S. 126, mit Hinweis auf Demosthenes (44,15: τὸ πρᾶγμα τὸν ἔλεγχον δώσει), Epiktet (Diss III 10,11: ἔνθα ὁ ἔλεγχος τοῦ πράγματος, ἡ δοκιμασία τοῦ φιλοσοφοῦντος) u. a.

[8] Speziell zu ὑπόστασις in Hebr 11,1 vgl. H. DÖRRIE, Zu Hebr 11,1, ZNW 46 (1955) S. 196–202; E. GRÄSSER, Der Glaube im Hebr, S. 46ff. 99ff; H. KÖSTER, ThWNT VIII, S. 584f; C. SPICQ, Notes II, S. 590ff.

[9] Vgl. H. DÖRRIE, ZNW 46 (1955) S. 197, Anm. 5: „Die meisten Deutungen von Hebr 11,1 legen ὑπόστασις einen Gefühlswert unter, den es erweislich nie hat"; ebd.: „Das πρῶτον ψεῦδος war diese (sc.: die subjektive) Fehldeutung"; vgl. auch H. KÖSTER, ThWNT VIII, S. 585f; E. GRÄSSER, ThR 30 (1964) S. 228f. – Immerhin ist in diesem Zusammenhang wiederum auf Philon, Conf 31, zu verweisen: Die πίστις vermittelt eine βεβαιοτάτη διάθεσις (sc. τῆς ψυχῆς). Vgl. dazu E. GRÄSSER, Der Glaube im Hebr, S. 127f; J. W. THOMPSON, The Beginnings of Christian Philosophy, S. 56ff.

[10] In diesem Sinne ist im Blick auf Hebr 11,1 die wörtliche Bedeutung von ὑπόστασις (im Sinne des latein. substantia!) keineswegs ausgeschlossen. Vgl. M. A. MATHIS, Does ‚Substantia' mean ‚Realization' or ‚Foundation' in Hebrews 11,1?, Bib 3 (1922) S. 79–87; vgl. auch E. GRÄSSER, Der Glaube im Neuen Testament, S. 48f; F. PORSCH, EWNT I, Sp. 1043: „Wirklich-

steht der Gebrauch von ὑπόστασις hier zugleich in der Nähe der juridischen Verwendung in den Papyri: Der Glaube gewährt die Bürgschaft, die Garantie im Blick auf die Wirklichkeit der erhofften Dinge[11]. Genau in dieselbe Richtung weist auch der Gebrauch von ἔλεγχος in V. 1b. Denn in der Verbindung mit πράγματα steht ἔλεγχος hier nicht nur im (subjektiven) Sinne des „Überführtseins" bzw. des Nichtzweifelns, sondern darüber hinaus durchaus im „objektiven" Sinne des Beweises. Der Glaube ist der Beweis, garantiert den Beweis im Blick auf die Realität der „unsichtbaren Dinge"[12]. Daß sie, die „unsichtbaren Dinge", wirklich sind, erschließt sich allein dem Glauben. Genau dieser Sachverhalt ist es auch, der den Hebr auch an dieser Stelle von allem vordergründigen Rationalismus trennt: Der Beweis hinsichtlich der Realität der „unsichtbaren Dinge" liegt ja nicht außerhalb des Glaubens, sondern in ihm selbst. Er, der Glaube als solcher, ist Beweis – und trägt somit seine Sicherheit, seine Gewißheit und seine Zuversicht – als eine „gewisse Zuversicht" (M. LUTHER) – in sich selbst. Außerhalb des Glaubens gibt es solche Gewißheit nicht – was dann zugleich heißt: die Unanschaulichkeit dessen, worauf der Glaube sich richtet und ausstreckt, kann nicht anders bewältigt werden als durch den Glauben selbst... Diese Grunderfahrung des Glaubens will der Autor gemäß seinem pastoralen Grundanliegen seinen Adressaten vermitteln. Und so beläßt er es an dieser Stelle auch nicht bei dieser relativ abstrakten Definition, sondern verbindet mit ihr zugleich den Verweis darauf, daß die Adressaten mit solchem Glauben immer schon in einer Geschichte stehen, in der solcher Glaube vielfältig bewahrt und bewährt worden ist.

Mit ἐν ταύτῃ (τῇ πίστει) γάρ schließt V. 2 jedenfalls unmittelbar an die Definition von V. 1 an: „In eben diesem Glauben nämlich"/"kraft solchen Glaubens nämlich..."[13]. Für alle in der folgenden Paradigmenreihe genannten Zeugen ist also der in V. 1 definierte Glaube bestimmend gewesen – und nur so haben sie auch ihr „Zeugnis erlangt" bzw. sind sie nunmehr Zeugen des Glaubens auch für die Christen. In diesem Sinne ist V. 2 Überleitung zur Ausführung der These von V. 1 in der Paradigmenreihe der

---

keitsgrundlage". Zum Verständnis von ὑπόστασις analog zu Hebr 1,3 vgl. H. DÖRRIE, ZNW 46 (1955) S. 99f; H. KÖSTER, ThWNT VIII, S. 584. 586; H. WEDER, TRE XV, S. 486f. – In die gleiche Richtung geht auch der Versuch von O. BETZ, ὑπόστασις in Hebr 11,1 im Anschluß an Jes 28,16 im Sinne von θεμέλιον zu verstehen: Firmness in Faith: Hebrews 11,1 and Isaiah 28,18, in: B. P. Thompson (ed.), Scripture: Meaning and Method. Festschr. A. T. Hanson, Hull 1987, S. 92–113.

[11] So C. SPICQ, II, S. 337: „(la) foi est garantie de ce qui est espéré"; DERS., Notes II, S. 910ff, spez. S. 911ff, mit Verweis auf POxy I 138,26; 1981,2f; 2478,28 u. ö.; vgl. auch J. H. MOULTON/G. MILLIGAN, The Vocabulary of the New Testament, S. 659f (Belege aus den Papyri); H. W. HOLLANDER, EWNT III, Sp. 973; M. RISSI, Die Theologie des Hebr, S. 107f.

[12] Vgl. E. GRÄSSER, Der Glaube im Hebr, S. 126–128; H. DÖRRIE, ZNW 46 (1955) S. 202; C. SPICQ, SBi, S. 182: ἔλεγχος, d. h.: „démonstration".

[13] Ἐν ταύτῃ (τῇ πίστει) steht hier analog zum instrumentalen Dativ πίστει in 11,3ff; vgl. bes. 11,4: πίστει..., δι' ἧς sowie 11,39: διὰ τῆς πίστεως.

VV. 3ff, dies freilich in einem grundlegenden Sinn: Durch V. 2 wird diese Paradigmenreihe nicht nur als Ausführung der These in V. 1 gekennzeichnet; vielmehr wird durch sie zugleich die Gültigkeit der These von V. 1 bestätigt[14]. Πρεσβύτερος steht dabei zunächst zur Bezeichnung der „Alten" bzw. der Vorfahren[15]. Nicht erst der folgende Paradigmenkatalog freilich zeigt, daß diesen „Alten" als Glaubenszeugen eine Vorzugsstellung zukommt. Schon in V. 2 wird ja von ihnen ausgesagt, daß sie nicht nur – kraft ihres Glaubens – Zeugnis abgelegt, sondern zugleich auch – passivisch! – „Zeugnis erlangt haben": ἐμαρτυρήθησαν! Dieses Passivum könnte zunächt darauf hinweisen, daß hier vom Zeugnis der Schrift die Rede ist. Damit ist jedoch – wie spätestens V. 4 deutlich macht – zugleich Gottes eigenes Zeugnis gemeint[16].

Also: Zeugen des Glaubens sind die „Alten", die im folgenden Paradigmenkatalog genannt werden, als von Gott „bezeugte" (und somit bestätigte) Zeugen. Gott selbst ist es, der ihren Glauben bestätigt und sie auf Grund der Bewährung ihres Glaubens als „gerecht" (V. 4) und (somit) ihm „wohlgefällig" (VV. 5f) anerkannt hat. Und gilt dies, wie sodann am Ende des Kapitels sich zeigt, gerade auch im Blick auf den Übergang vom passivischen μαρτυρηθέντες (V. 39) zum aktivischen μάρτυρες (12,1), so zeigt sich bereits hier, in welchem Maße die durch passivisches μαρτυρεῖν in V. 2 und V. 39 bezeichnete Klammer grundlegende Bedeutung für das ganze Kapitel hat: Die Zeugenreihe steht damit von vornherein unter einem (schrift-)theologischen Vorzeichen. Sie ist in diesem Sinne mehr und anderes als eine zufällige Sammlung von Beispielen oder Vorbildern für die Tugend des Glaubens. Vielmehr werden hier die Adressaten des Hebr um ihres eigenen Glaubens willen auf eine Geschichte des Glaubens verwiesen, deren Kontinuität gar nicht in erster Linie durch ein entsprechendes Verhalten von Menschen gesetzt und gewährleistet wird, sondern durch Gottes eigenes Zeugnis. Dieses Zeugnis Gottes, wie es in der Schrift ergeht, ist als solches rechtsgültiges und somit verbindliches Zeugnis[17] –

---

[14] Mit Recht spricht E. GRÄSSER, Der Glaube im Hebr, S. 53, im Blick auf V. 2 von einer „hermeneutischen Schlüsselstellung"; DERS., Der Alte Bund im Neuen, S. 262; vgl. auch G. SCHILLE, ZNW 51 (1960) S. 44; A. SCHLATTER, Der Glaube im Neuen Testament, S. 526f.

[15] Vgl. entsprechend Josephus, Ant XIII 226.292, sowie G. BORNKAMM, ThWNT VI, S. 654; J. ROHDE, EWNT III, Sp. 358.

[16] Vgl. A. SCHLATTER, Der Glaube im Neuen Testament, S. 527. – Angesichts dessen, daß Philon ganz ähnlich vom „Zeugnis der Schrift vor Gott" spricht (All II 47.55; III 46.142.228; Abr 270), liegt es nahe, an dieser Stelle auch für den Hebr an den „exegetischen Sprachgebrauch der hellenistischen Synagoge" zu denken. So O. MICHEL S. 380, Anm. 1. Vgl. auch Act 13,22; 15,8 sowie 1 Clem 17,1f; 18,1; 19,1; 30,7; 47,4.

[17] Vgl. Philon, All III 208: Gott ist sich selbst μαρτυρία βεβαιοτάτη. Zur Rechtsverbindlichkeit dieses Zeugnisses vgl. E. KÄSEMANN, Das wandernde Gottesvolk, S. 38: „Im Hebr. ist das Bibelwort seine (sc.: des Zeugnisses) Trägerin, welche einen Menschen rechtsgültig in die Reihe der Glaubenszeugen einordnet".

und gewinnt gerade so für die christliche Gemeinde und ihr Glaubenszeugnis im eigentlichen Sinne grundlegende Bedeutung.

Exkurs: *Der „Glaube" im Hebräerbrief*[18]

Die ausdrückliche Definition von πίστις in Hebr 11,1, aber auch schon die Statistik des Vorkommens des Substantivs πίστις im Hebr insgesamt weisen darauf hin, daß dem Begriff wie auch der Sache des „Glaubens" im Hebr grundlegende Bedeutung zukommen[19]. Dies könnte zunächst ein Anzeichen dafür sein, daß im Hebr – ähnlich wie bei Paulus oder auch im 4. Evangelium – eine „Theologie des Glaubens" entfaltet wird, mit der der Hebr seinerseits wiederum in der Kontinuität der Glaubensgeschichte des Urchristentums steht[20]. In der Tat gibt es in dieser Hinsicht mancherlei Konvergenzen mit dem übrigen urchristlichen Schrifttum, insbesondere mit Paulus und den deuteropaulinischen Briefen[21]. Bei näherem Zusehen zeigen sich jedoch alsbald Differenz und Eigenart des Grundverständnisses von „Glaube" im Hebr, die sich – bei aller Abhängigkeit des Hebr vom gemeinchristlichen Sprachgebrauch – doch nicht einfach in diesen hinein verrechnen lassen. Besonders deutlich tritt diese Eigenart des Verständnisses von „Glaube" im Hebr eben in der Definition von Hebr 11,1 hervor, und zwar besonders dann, wenn man davon ausgeht, daß die hier vorgetragene Definition nicht das Wesen von „Glaube" schlechthin beschreiben will, sondern gezielt die konkrete Glaubensanfechtung der Adressaten des Hebr im Blick hat. Nicht also aus dem Vergleich mit Paulus und seiner „Theologie des Glaubens" (im Kontext seiner Rechtfertigungstheologie!) ist πίστις im Hebr zu verstehen, sondern zunächst und vor allem aus dem literarischen und historischen Kontext des Hebr selbst[22].

---

[18] Lit.: B. W. BACON, The Doctrine of Faith in Hebrews, JBL 19 (1900) S. 12–21; A. SCHLATTER, Der Glaube im Neuen Testament, Stuttgart ⁴1927, S. 520–536; E. KÄSEMANN, Das wandernde Gottesvolk, S. 19–27; J. A. DIAZ, La estructura de la Fe según la Epistola a los Hebreos, CuBi 1956 S. 244–248; E. GRÄSSER, Der Glaube im Hebr, passim; G. DAUTZENBERG, Der Glaube im Hebr, BZ N. F. 17 (1973) S. 161–177; D. LÜHRMANN, Pistis im Judentum, ZNW 64 (1973) S. 19–38; DERS., Glaube im frühen Christentum, Gütersloh 1976, S. 70–77; J. W. THOMPSON, Faith in Hebrews, in: DERS., The Beginnings of Christian Philosophy, S. 53–80; K. HAACKER, Der Glaube im Hebr und die hermeneutische Bedeutung des Holocaust, ThZ 39 (1983) S. 152–165; M. RISSI, Die Theologie des Hebr, S. 104–113; E. BRANDENBURGER, Pistis und Soteria. Zum ‚Verstehenshorizont' von Glaube im Urchristentum, ZThK 85 (1988) S. 165–198. Vgl. weiter die Exkurse bei H. WINDISCH S. 106–108; C. SPICQ, II, S. 371–381, sowie E. GRÄSSER, ThR 30 (1964) S. 227–231 (Lit.).

[19] Insgesamt 32mal begegnet das Subst. πίστις im Hebr, davon 24mal in Hebr 11. Meist (31mal) wird es absolut gebraucht. Die einzige Ausnahme ist 6,1: πίστις ἐπὶ θεόν. Das Verbum πιστεύειν begegnet demgegenüber nur 2mal (4,3; 11,6).

[20] Zur Kennzeichnung des Hebr als Dokument einer „Theologie des Glaubens" vgl. O. KUSS, MThZ 7 (1956) S. 257; C. SPICQ, DBS VII, S. 227. Dementsprechend sieht P. P. SAYDON, The Master-Idea of the Epistle to the Hebrews, MTh 13 (1961) S. 19–26, die „Master-Idea" des Hebr im Thema des Glaubens gegeben.

[21] Auf sie hat bereits R. BULTMANN, ThWNT VI, S. 205ff, unter der Überschrift „Der gemeinchristliche Sprachgebrauch" aufmerksam gemacht. Konkret ist in diesem Zusammenhang vor allem auf die „situationslose" Rede vom Glauben in Hebr 6,1 und 11,6 zu verweisen. Vgl. E. BRANDENBURGER, ZThK 85 (1988) S. 175.

[22] Der Vergleich zwischen Paulus und Hebr in dieser Hinsicht wird fast ausnahmslos zu-

Für den Hebr geht es in diesem Sinne bei der Frage des „rechten Glaubens" ganz konkret um die Frage nach der „Vermittlung von Bekenntnis und Erfahrung"[23]. Für die Adressaten des Hebr gilt ja: Ihre Erfahrung von Leiden und Verfolgung und daraus erwachsender Anfechtung läßt sich für sie nicht mehr mit dem traditionellen Christusbekenntnis vermitteln. Angesichts dieser gerade in 10,32ff offenbar werdenden Glaubensschwäche kommt es dem Autor des Hebr darauf an, vermittels seiner Neuauslegung der Homologie seine Adressaten erneut zum „Vollmaß des Glaubens" (10,22) bzw. zum Festhalten an der Homologie (10,23) zu motivieren.

Schon von daher gesehen ist allem vordergründigen Bemessen des Grundverständnisses von πίστις im Hebr am Maßstab der paulinischen „Theologie des Glaubens" eine deutliche Grenze gesetzt – und zugleich: schon von daher gesehen erscheint es nicht als gänzlich abwegig, wenn im Hebr – auf den ersten Blick jedenfalls – eher eine Anthropologie oder (gar!) Psychologie des Glaubens als wirklich eine Theologie des Glaubens vorgetragen wird. In der Tat: mancherlei im Hebr – zumal in den Kapiteln 10 und 11 – weist in diese Richtung. Im Blick speziell auf den engen Zusammenhang, der im Hebr zwischen „Glaube" und „Hoffnung" besteht, scheint zwar zunächst noch spezifisch paulinische Tradition nachzuwirken. Während bei Paulus jedoch die Hoffnung neben dem Glauben durchaus noch eigenes Gewicht hat, indem sie sich auf ein endgültig-abschließendes Handeln Gottes ausrichtet, der Glaube es dagegen in erster Linie mit dem bereits zurückliegenden Heilsgeschehen zu tun hat, ist der Glaube im Hebr als solcher Hoffnung. Er hat es als solcher mit der Verheißung Gottes bzw. – im Sinne von Hebr 11,1 – mit dem „Erhofften" zu tun, blickt also als solcher nach vorn und ist so auch die einzig angemessene Haltung für diejenigen, die auf dem Wege der Glaubenswanderung noch unterwegs sind[24]. Das Ärgernis des Glaubens liegt dementsprechend im Hebr nicht – wie bei Paulus – in der Überwindung des durch das Kreuz gesetzten „Skandals" im Gehorsam des Glaubens, sondern – offensichtlich vordergründiger – in der die Glaubensanfechtung auslösenden Unanschaulichkeit

---

ungunsten des Hebr durchgeführt. Vgl. dazu bereits W.G. KÜMMEL, Der Glaube im Neuen Testament, seine katholische und reformatorische Deutung, ThBl 16 (1937) Sp. 209-221 = DERS., Heilsgeschehen und Geschichte. Ges. Aufsätze 1933-1964 (MThSt 3), Marburg 1965, S. 67-80. Gilt jedenfalls Paulus als „der eigentliche Prediger des Glaubens" im Neuen Testament (so W.G. KÜMMEL, a.a.O., S.73), so muß im Blick auf den Hebr nahezu notwendig „ein gefährliches Abrücken von dem bei Jesus, Paulus und Johannes vorliegendem Glaubensverständnis" konstatiert werden (a.a.O., S.74). In eben diese Richtung geht auch das Votum von E. GRÄSSER, der im Verständnis des Hebr vom „Glauben" insgesamt eine Depravation des älteren und ursprünglichen christlichen Glaubensverständnisses erblickt, und zwar besonders dort, wo „infolge einer Ablösung der Pistis als einer soteriologischen Kategorie" (Der Glaube im Hebr, S.215f) der Glaube „in die Reihe erschwinglicher Tugend eingestellt" und auf diese Weise zugleich der Schritt zum „Flachsinn von Pistis" getan worden ist (a.a.O., S. 28f). Kritisch zu solcher Beurteilung des Glaubensverständnisses im Hebr bes. G. DAUTZENBERG, BZ N.F. 17 (1973) S.172ff; vgl. auch D. LÜHRMANN, ZNW 64 (1973) S. 38.

[23] So D. LÜHRMANN, Glaube im frühen Christentum, S.72; vgl. auch S.74. 77 sowie für das Alte Testament: S. 34f; DERS., RAC XI, Sp. 75-77.

[24] Vgl. in diesem Sinne bes. Hebr 3,6 und 3,14. Zum Ganzen (einschließlich der Differenz zu Paulus in dieser Hinsicht) vgl. E. KÄSEMANN, Das wandernde Gottesvolk, S. 20f; E. GRÄSSER, Der Glaube im Hebr, S. 115-117; J.W. THOMPSON, The Beginnings of Christian Philosophy, S. 72f.

des Heils bzw. in der „Verzögerung der Heilsvollendung"[25]. Bei aller gemein-urchristlichen Basis des Glaubensverständnisses sind also die Akzente im Hebr durchaus anders gesetzt als bei Paulus. Am deutlichsten zeigt sich dies in der Art und Weise, in der im Hebr (10,38f) Hab 2,4 ausgelegt wird: Ganz im Unterschied zu Paulus (Gal 3,11f; Röm 1,17) wird πίστις hier als Oppositum zu ὑποστολή, im Sinne also der durchhaltenden Treue und Bewährung des Glaubens verstanden, durchaus synonym somit mit μακροθυμία (6,12.15) und ὑπομονή (10,35f; 12,2f). Bewahrung und Bewährung des Glaubens, der sich auch durch ihm entgegenstehende Erfahrungen nicht entmutigen läßt und in bedrohlicher Situation nicht zurückweicht, stehen hier im Zentrum der „Theologie des Glaubens", und es ist offensichtlich, daß solche Akzentuierung des Glaubens in der Situation, in die hinein der Autor des Hebr seine Glaubensmahnung formuliert, das Gebot der Stunde darstellt.

Ebenso deutlich ist aber auch, daß der Hebr sich mit solchem Grundverständnis von „Glaube" zunächst ganz auf der Linie eines biblisch-jüdischen Glaubensverständnisses bewegt. Denn wenn „Glaube" in dieser Tradition primär die Bedeutung von „Zuversicht gewinnen" oder „Vertrauen bewahren" hat, „und zwar angesichts einer höchst bedrohlichen Situation, die scheinbar nur Raum zum Verzagen frei läßt", so ist solches Verständnis von „Glaube" mit dem des Hebr nahezu deckungsgleich[26]. Eben auf dieser Linie liegt auch das speziell in Hebr 11 sich bekundende Glaubensverständnis der „Alten", so insbesondere die nähere Bezeichnung des Glaubens des Abraham und der Sara: Glaube also im Sinne des Zutrauens, des Sich-Verlassens auf Gottes Zusage, des Nicht-Zweifelns an dieser Zusage (11,11f). Und dem entspricht schließlich auch das Grundverständnis von πίστις im Sinne des Gehorsams gegen Gottes Wort, wie es der Glaubensmahnung in Hebr 3,7–4,11 im Anschluß an Ps 95 und Num 14 zugrundeliegt[27].

Gleichwohl ist es nicht unmittelbar dieses biblische Verständnis von „Glaube", von dem her der Autor des Hebr seine Theologie des Glaubens entwickelt. In diese Richtung jedenfalls weisen nicht nur der Sachverhalt, daß „Glaube" – was zumindest die entsprechende Terminologie betrifft – nicht ein „Grundwort altte-

---

[25] So E. KÄSEMANN, Das wandernde Gotttesvolk, S. 20. Zum Motiv des Gehorsams des Glaubens im Hebr vgl. bes. 3,7–4,11, hier bes. 3,12.18f. sowie E. KÄSEMANN, a.a.O., S. 19f; E. GRÄSSER, Der Glaube im Hebr, S. 69f.

[26] So die Bestimmung des alttestamentlichen Glaubensverständnisses bei H. WILDBERGER, ‚Glauben' im Alten Testament, ZThK 65 (1968) S. 129–159, Zitat S. 157; vgl. DERS., ‚Glauben'. Erwägungen zu האמן (VT.S 16), Leiden 1967, S. 284–290; DERS., ThAT I (1971), Sp. 177–209, spez. Sp. 187–193; vgl. auch A. JEPSEN, ThWAT I, S. 320ff, bes. S. 328ff zu Jes 7,9; 28,16; G. WALLIS, Alttestamentliche Voraussetzungen einer biblischen Theologie, geprüft am Glaubensbegriff, ThLZ 113 (1988) Sp. 1–13, spez. Sp. 9, sowie D. LÜHRMANN, Glauben im frühen Christentum, S. 34 sowie S. 43 und S. 75.

[27] Vgl. bes. 3,16ff sowie die Anwendung in 4,11. Vgl. A. JEPSEN, ThWAT I, S. 326f und S. 332: „Der Unglaube, der Zweifel an Gottes Zusage, führt die Wüstengeneration ... in den Tod: das Sich-verlassen auf Gottes Wort hat mit Existenz zu tun ..."; E. GRÄSSER, Der Glaube im Hebr, S. 84f. – Zur Frage des alttestamentlichen Erbes im Glaubensverständnis des Hebr vgl. R. BULTMANN, ThWNT VI, S. 205ff; E. GRÄSSER, a.a.O., S. 79ff, spez. S. 85: „Der Hb wurzelt mit den wesentlichen Strukturelementen seines Glaubensbegriffes – und zwar mehr als alle ntl. Schriften sonst – im AT...".

stamentlicher Theologie" ist[28], sondern auch gewisse „hellenistische" Implikationen des Verständnisses von „Glaube" im Hebr.

Die entsprechende biblische Tradition ist dem Hebr vielmehr durch das Judentum vermittelt worden, und zwar durch die Glaubenstheologie des jüdischen Hellenismus[29]. Auffällig in dieser Hinsicht ist – bei allen im einzelnen notwendigen Differenzierungen – die besondere Affinität des Verständnisses von πίστις im Hebr zum Grundverständnis von πίστις bei Philon. Er ist jedenfalls der einzige jüdische Schriftsteller in griechischer Sprache, bei dem das Stichwort πίστις – im deutlichen Unterschied etwa auch zu Josephus – einen ähnlich zentralen Stellenwert hat wie im Hebr[30]. Die Affinität Philon – Hebr zeigt sich im einzelnen in dem Zusammenhang von πίστις – ἐλπίς – παρρησία – ὑπομονή ebenso[31] wie in der in Hebr 3,14 vorausgesetzten Verbindung von πίστις und βεβαιότης[32], vor allem aber in der insbesondere in Hebr 11 hervortretenden Ausrichtung des Glaubens auf das Nichtsichtbare, d. h. auf die himmlische Welt (und damit auf Gott selbst)[33]. Hier, in der Kennzeichnung des Glaubens als ein Sich-Verlassen allein auf das Unsichtbare (und somit allein Beständige!) – im Gegenüber zu allem Sichtbaren, das als solches wandelbar und vergänglich ist –, zeichnet sich auch im Hebr wiederum eine gewisse dualistische Tendenz ab, die für Philons Weltanschauung jedenfalls konstitutiv ist: „Glaube", πίστις, wird bei ihm ja geradezu als Abkehr von der Welt des Gewordenen und Wandelbaren verstanden – und somit als die Haltung des Menschen, die ihm allein στάσις, Beständigkeit, in allem Wandel der sichtbaren

---

[28] Vgl. A. JEPSEN, ThWAT I, S. 331–333. Als eindeutige Belege zur positiven Aussage des Glaubens werden hier nur genannt: Gen 15,6; Ex 4,31; 14,31; Ps 106,12; 119,66; Jon 3,5; Jes 7,9 (2 Chron 20,20); Jes 28,16. Zum Problem in dieser Hinsicht vgl. G. WALLIS, ThLZ 113 (1988) Sp. 9: „In dieser Hinsicht ist das gesamte Alte Testament ein Buch des Glaubens, wenn dieser Begriff auch so selten verwendet wird, daß man ihm die Qualität eines Theologumenons nicht zugestehen möchte".

[29] Vgl. bes. E. GRÄSSER, Der Glaube im Hebr, S. 94. Zum einzelnen ebd., S. 95ff: „Das hellenistische Erbe"; vgl. auch J. W. THOMPSON, The Beginnings of Christian Philosophy, S. 53ff.

[30] Zu πίστις bei Philon vgl.: M. PEISKER, Der Glaubensbegriff bei Philo, Diss. Breslau 1936; R. BULTMANN, ThWNT VI, S. 202f; H. THYEN, Die Probleme der neueren Philo-Forschung, ThR 23 (1955) S. 230–246, spez. S. 237–242; D. LÜHRMANN, ZNW 64 (1973) S. 29ff; J. W. THOMPSON, The Beginnings of Christian Philosophy, S. 56ff; H. BRAUN, Wie man über Gott nicht denken soll. Dargelegt an den Gedankengängen Philos von Alexandria, Tübingen 1971, S. 79ff. – Zu den Beziehungen zwischen Philon und Hebr in dieser Hinsicht vgl. E. GRÄSSER, Der Glaube im Hebr, S. 94.95ff; J. W. THOMPSON, a.a.O., S. 61ff; C. SPICQ, I, S. 76ff; H. BRAUN, Hebr S. 107f. Bei diesen Beziehungen handelt es sich freilich weniger um einen unmittelbaren „Philonismus" des Hebr (so mit Recht die Kritik an C. SPICQ bei R. WILLIAMSON, Philo and the Epistle to the Hebrews, S. 309ff) als vielmehr um gemeinsame Teilhabe an einer bestimmten „Atmosphäre" des jüdischen Hellenismus. Vgl. in diesem Sinn auch E. GRÄSSER, a.a.O., S. 145f, sowie J. W. THOMPSON, a.a.O.

[31] Vgl. dafür Philon, Migr 44; All III 164; Rer 21; Sacr 130; Ebr 94; Cher 78; Mut 197 u. ö.; dazu: E. GRÄSSER, Der Glaube im Hebr, S. 97–99. 103. 116f; E. KÄSEMANN, Das wandernde Gottesvolk, S. 48f.

[32] Vgl. bes. Philon, Conf. 31: Die πίστις ist die βεβαιοτάτη διάθεσις; Abr 268: Der „Glaube an Gott" ist ein ἀψευδὲς καὶ βέβαιον ἀγαθόν; weiter: Praem 30; Plant 70.82; Virt 226; Quaest in Gen IV 17.

[33] Vgl. 11,27 und dazu Philon, Migr 44; vgl. auch E. KÄSEMANN, Das wandernde Gottesvolk, S. 49.

Welt gewährt[34]. Auch wenn bei alledem die Differenzen gegenüber dem Hebr – so u. a. in der Ausrichtung des Glaubens im Hebr auf eine eschatologische Zukunft – unverkennbar sind, steht doch außer Frage, daß im Hebr ganz analog zu Philon eine „hellenistische" Interpretation der biblischen Glaubenstradition vorliegt, die die Sicherheit und Gewißheit des Glaubens letztlich im allein wirklichen, dieser sichtbaren Welt jenseitigen Sein Gottes begründet sein läßt und in diesem Sinne schließlich auch der Tradition des Platonismus verhaftet ist[35]. Die angesichts dessen naheliegende Frage, ob damit der Autor des Hebr – wie auch Philon – am Ende nicht doch den Raum eines ursprünglich biblischen Glaubensverständnisses verlassen hat[36], wird sich nur in dem Maße zureichend beantworten lassen, in dem sich für den Hebr erweisen läßt, daß der Glaube der Christen seine Gewißheit nicht (allein) aus einer bestimmten „hellenistischen" Erkenntnistheorie gewinnt, sondern von einem – wie immer gearteten – spezifisch christlichen Fundament her.

Zunächst freilich weist im Hebr alles in die Richtung, daß im Grundverständnis von πίστις im Hebr ein in der Tat vor-christliches Glaubensverständnis in hellenistisch-jüdischer Tradition seinen Niederschlag gefunden hat[37]. Symptomatisch dafür ist jedenfalls die Tatsache, daß πίστις im Hebr fast durchweg ohne eine Angabe des Objekts des Glaubens steht, in diesem Sinne also gar nicht eigentlich „Christusglaube" ist. Nur zweimal erscheint dieses Prinzip durchbrochen (6,1 und 11,6), gerade hier aber wiederum in Übereinstimmung mit der (hellenistisch-)jüdischen Tradition: Vom „Glauben an Gott" schlechthin ist hier die Rede (6,1) bzw. vom Glauben, „daß Gott ist..." (11,6). Auch und gerade Hebr 11 insgesamt bestätigt solches vorchristliches Glaubensverständnis, wenn hier die Christen mit ihrem Glauben in eine vor-christliche Geschichte des Glaubens hineingestellt werden, an deren Ende dann zwar auch Jesus selbst zu stehen kommt, er nun aber doch wiederum als derjenige, der denselben Glauben bis ans Ende in Geduld bewährt hat (12,2), den einst auch die „Alten" bewährt haben. „Christusglaube" und „Heilsglaube" – im Sinne der „fides iustificans et salvificans" des Paulus – ist dies alles offensichtlich nicht. Wenn vom Glauben im Hebr vielmehr – auch dies ist symptomatisch für den Hebr – nur in den paränetischen Partien, also im Sinne der Glaubensmahnung, die Rede ist, zeigt sich hier viel eher ein Verständnis von „Glaube" im Sinne einer Verhaltensweise bzw. Haltung des Menschen, ein gleichsam „ethi-

---

[34] Vgl. für Philon: Praem 28.30; All III 89; Rer 92f.; Abr 263–268 und bes. Mut 201: Der πίστις πρὸς θεόν entspricht die ἀπιστία πρὸς τὸ γενητόν. Zum dualistischen Charakter solchen Glaubensverständnisses vgl. R. BULTMANN, ThWNT VI, S. 202f: „Die πίστις ist die Haltung der Entweltlichung in einem rein negativen Sinn".

[35] Vgl. J. W. THOMPSON, The Beginnings of Christian Philosophy, S. 77: „Hebrews and Philo place it (sc.: die Existenz des Glaubenden in der Fremde) within a similar dualistic context which is influenced by Platonic thought"; vgl. auch S. 78f und S. 80 (zu Hebr 11,1.27).

[36] In diesem Sinne E. GRÄSSER, Der Glaube im Hebr, S. 134: „wenn die Gewißheit des Glaubens gemessen wird an dem Maß der Gewißheit, die das Schauen verleiht, dann bewegt sich die Explikation der Pistis offensichtlich nicht mehr im Raume biblischen Glaubensverständnisses, sondern ist gesteuert von den ... Erkenntnistheorien helln.-philosophischer Provenienz". Kritisch dazu G. DAUTZENBERG, BZ N. F. 17 (1973) S. 170f; vgl. aber auch E. GRÄSSER selbst: a.a.O., S. 136, Anm. 424.

[37] Zum vorchristlichen Verständnis von Glaube im Hebr vgl. B. W. BACON, JBL 19 (1900) S. 13; G. DAUTZENBERG, BZ N. F. 17 (1973) S. 171; H. BRAUN S. 106f sowie S. SCHULZ, Die Mitte der Schrift, S. 261f.

sches" Glaubensverständnis[38], dem dazu noch – zumindest von 11,1.3.6.27 her gesehen – ein bestimmter „rationaler" Zug eigen ist[39]. Von hier aus ist der Schritt offensichtlich nicht mehr weit, πίστις im Sinne Philons als eine Tugend des Menschen zu verstehen[40]. Und angesichts dessen ist die Frage kaum zu umgehen, ob bei solcher „Ethisierung" und – vielleicht sogar – „Intellektualisierung" am Ende nicht doch dasjenige ganz unter den Horizont geraten ist, was für das gemein-urchristliche und insbesondere für das paulinische Verständnis von „Glaube" einst zuallererst grundlegend gewesen ist: Das Bezogensein des Glaubens auf seinen Gegenstand und – damit – auf seinen Ursprung und (bleibenden) Grund?

Nun ist gewiß keine Frage, daß für das Verständnis von πίστις im Hebr insofern ein christologisches Defizit festzustellen ist, als eine unmittelbare Beziehung des Glaubens auf Christus fehlt. „Glaube", das bezeichnet im Hebr in der Tat in erster Linie jene Haltung des Menschen – genauer: des Christen –, die in aller Anfechtung standhaft bleibt. Mit den Worten des 1. Petrusbriefes (1,7): das δοκίμιον τῆς πίστεως, die Bewährung des Glaubens steht hier an erster Stelle, und in diesem Sinne hat der Hebr zugleich an einem Grundverständnis von „Glaube" teil, das für das sogen. nachapostolische Schrifttum insgesamt charakteristisch ist[41]. Genausowenig wie für den 1. Petrusbrief beispielsweise kann dies jedoch auch für den Hebr bedeuten, daß der Glaube hier allein auf den „subjektiven" Glauben (im Sinne der fides qua creditur) reduziert und damit in eine Reihe „erschwinglicher Tugenden" eingefügt worden ist (E. GRÄSSER). In einem „Brief" jedenfalls, der bereits in seinem Exordium (1,1–4) – als Fundament also für alles weitere – mit einer christologischen Zentralaussage anhebt, kann πίστις schwerlich ohne jeden christologischen Bezug verstanden sein – auch wenn eine Beziehung zwischen „Glaube" und „Christus" nicht ausdrücklich hergestellt wird. Immerhin: zur Glaubensmahnung des Hebr gehört auch – auch wenn dabei das Stichwort πίστις als solches nicht begegnet – die Mahnung, sich in seinem ganzen Sein und Verhalten an ihm, an Christus, und auf ihn hin auszurichten[42]. Zur Glaubensmahnung des Hebr gehört – weiter – auch die Mahnung, am Bekenntnis festzuhalten: gerade darin bewährt sich der Glaube, ja erweist sich die „Fülle des Glaubens" (10,22f). Es gibt im Hebr also durchaus eine (freilich nicht ausdrücklich ausgeführte) Bezie-

---

[38] Vgl. dazu E. GRÄSSER, Der Glaube im Hebr, S. 63; G. THEISSEN, Untersuchungen zum Hebr, S. 101; W. SCHENK, EWNT II, Sp. 1155: „ethischer Glaubensbegriff, als solcher nicht spezifisch christlich".

[39] Vgl. dazu bes. 11,3: πίστει νοοῦμεν (Vulgata: fide intellegimus). Ist der Glaube hier zum Instrument des νοῦς geworden? Vgl. A. SCHLATTER, Der Glaube im Neuen Testament, S. 521; E. GRÄSSER, Der Glaube im Hebr, S. 145 sowie S. 215 (zu 11,27): Zu fragen sei, ob der Autor des Hebr „nicht einen intellektuellen Zug in die Pistis einträgt, mit dem er die Grenze der Rechtgläubigkeit überschreitet"! Ähnlich S. SCHULZ, Die Mitte der Schrift, S. 261; H. BRAUN, S. 106.

[40] Nach Philon ist die πίστις die „Königin der Tugenden" (Abr 270), die „vollkommenste" (Rer 91) und die „festeste" der Tugenden (Virt 216), die als solche Gott selbst bewundert (Abr 273). Zum entsprechenden Sachverhalt im Hebr vgl. E. KÄSEMANN, Das wandernde Gottesvolk, S. 49; E. GRÄSSER, Der Glaube im Hebr, S. 29. 117ff. 191f; C. SPICQ, II, S. 70. 371; H. BRAUN S. 106f.

[41] Vgl. dazu E. GRÄSSER, Der Glaube im Hebr, S. 149ff, spez. S. 152f.

[42] Vgl. bes. die entsprechende Mahnung zum κατανοεῖν (3,1), zum ἀφορᾶν (12,2) sowie zum ὑπακούειν (5,9), die ja als solche auch Glaubensmahnung ist.

hung zwischen Glaube und Christusbekenntnis, die als solche primär durch den Kontext der Glaubensmahnung hergestellt wird.

Alle Glaubensmahnung, wie sie insbesondere in 10,19ff vorgetragen wird, steht bereits von 1,1-4 her unter dem Vorzeichen der Rede Gottes in Christus, und Grundanliegen des Autors ist es ja geradezu, der Glaubenskrise seiner Adressaten vermittels einer neuen Auslegung und Aktualisierung des überlieferten Christusbekenntnisses zu begegnen. Der Weg des Glaubens, auf dem der Autor seine Adressaten erneut in Gang setzen will, ist - im Blick auf 10,19ff von 7,1-10,18 her - nicht lediglich ein Weg menschlicher Tugend, sondern der neue und heilvolle Weg, den Jesus „durch sein Blut" eröffnet hat (10,19f). Und der „Anfänger und Vollender des Glaubens", an dessen Vorbild die Adressaten sich orientieren sollen (12,2f), ist ja kein anderer als der „Anführer des Heils" (2,10), der „Verursacher einer ewigen Errettung" (5,9), der „Vorläufer für uns", an dem die Hoffnung der Christen - wie an einem „Anker" - ihren Anhalt und Grund hat (6,19f). Die Mahnung von 12,2f, sich am Vorbild des geduldigen Glaubens Jesu auszurichten, schließt also - zumindest von 7,1-10,18 her gesehen - durchaus eine soteriologische Dimension in sich - ebenso wie umgekehrt diese soteriologische Grunddimension, wie sie zentral in 7,1-10,18 entfaltet wird, ihren existentiellen, die Adressaten in ihrer Anfechtung unmittelbar angehenden Charakter dadurch gewinnt, daß der Jesus, von dem hier die Rede ist, selbst den Weg des Glaubens gegangen ist, in diesem Sinne also in der Tat ein „barmherziger" Hoherpriester ist, „den Brüdern in jeder Hinsicht gleich geworden" - bis hin zur Versuchung im Leiden (2,17f). Hier liegt im Hebr in der Tat eine „Neubestimmung des Glaubens vom Leidensgeschick Jesu her" vor[43], die der von Paulus insbesondere in den Korintherbriefen entfalteten existentiellen „theologia crucis" durchaus vergleichbar ist. Damit ist dann aber auch endgültig deutlich, daß die Glaubensmahnung des Hebr insgesamt und speziell die Mahnung von 10,35, die παρρησία, die „gewisse Zuversicht" des Glaubens, nicht leichtfertig preiszugeben, durchaus mehr und anderes ist als eine „flachsinnige" Mahnung, nur ja nicht den Mut zu verlieren. Um begründete Zuversicht geht es ja hier, nicht lediglich um den Appell an die Adressaten, eigenes Durchhaltevermögen zu bewähren. Wenn es denn also zutrifft, daß im Hebr - was sein pastorales Grundanliegen betrifft - die „Gewinnung der Gewißheit" (des Glaubens) im Zentrum steht[44], dann ist jedenfalls von 10,19ff her eindeutig, daß die „Fülle des Glaubens", die sich im Festhalten am Bekenntnis erweist, nicht durch ein tugendhaftes Verhalten zu gewinnen ist, zu dem der Mensch sich aus seinen eigenen Potenzen heraus aufzuschwingen vermag; sie, die „Fülle des Glaubens", hat vielmehr zuallererst ihren Grund in dem, was zuvor - insbesondere in 7,1-10,18 - in christologisch-soteriologischer Hinsicht entfaltet worden ist. Und von daher hat denn auch die sich unmittelbar an die Adressaten wendende Glaubensmahnung des Hebr konstitutiv den Charakter der Schlußfolgerung (10,19ff) - und allein so vermag denn auch der Glaube im Sinne des Hebr ὑπόστασις hinsichtlich des „Erhofften" und ἔλεγχος hinsichtlich des „Nicht-Sichtbaren" zu sein (11,1). Mit einem Wort: πίστις im Hebr, das ist im christologisch-soteriologischen Kontext das Bleiben in

---

[43] So D. LÜHRMANN, Glaube im frühen Christentum, S.77; ebd.: Beide, Paulus und der Hebr, legen „die Vermittlung zwischen Bekenntnis und Erfahrung" in das Geschick Jesu selbst.

[44] So H. BRAUN, Die Gewinnung der Gewißheit im Hebr, ThLZ 96 (1971) Sp.321-330.

jenem Raum des Heils, der durch das Heilswerk des Hohenpriesters Christus eröffnet und erschlossen worden ist; und dieses Bleiben erweist sich im geduldigen und beharrlichen Festhalten an dem Bekenntnis, das diesen Hohenpriester und sein Heilswerk zu seinem Inhalt und Gegenstand hat[45].

In diesem Sinne ist es eine durchaus eigene Theologie des Glaubens, die im Hebr ihren Niederschlag gefunden hat; eine Theologie des Glaubens, die sich – wie besonders Hebr 11 anzeigt – zweifellos mehr als andere urchristliche Konzeptionen vom Glauben in der Kontinuität biblisch-jüdischer Tradition versteht, die aber – im Gesamtkontext des Hebr gesehen – darin vor allem an der gemein-urchristlichen Geschichte des Glaubens teilhat, daß alle Mahnung zum Glauben ihrerseits auf jenen Grund des Glaubens zurückgreift, der vor aller standhaltenden Glaubenstreue des Menschen im Indikativ des heilsmittlerischen Wirkens des Hohenpriesters Christus gelegt ist. Die veränderten Akzentsetzungen gegenüber der ursprünglichen biblischen wie auch gegenüber der älteren urchristlichen Tradition – insbesondere was die Rezeption hellenistisch-jüdischen Erbes betrifft – sind bei alledem offensichtlich. Um einen „Abfall vom Ursprung" bzw. um ein „gefährliches Abrücken von dem bei Jesus, Paulus und Johannes vorliegenden Glaubensverständnis" (W. G. KÜMMEL) handelt es sich dabei um so weniger, als im Hebr gerade auch dieses „hellenistische Erbe" seinerseits ganz in einen christologisch-soteriologischen Kontext integriert ist, der aller menschlichen Tugend des Glaubens zuallererst ihren unverrückbaren Grund gewährt[46].

2.2) 11,3–7: Die Glaubenszeugen der Urzeit

3 Durch Glauben gelangen wir zur Erkenntnis, daß die Äonen durch Gottes Reden bereitet sind, sodaß aus dem, was nicht wahrnehmbar ist, das Sichtbare entstanden ist[1].
4 Durch Glauben hat Abel ein größeres (besseres) Opfer als Kain Gott dargebracht; durch (welchen) Glauben er (auch) das Zeugnis erlangt hat, ein Gerechter zu sein, indem Gott (selbst) über seinen Opfergaben Zeugnis ablegte; und durch

---

[45] Vgl. D. LÜHRMANN, ZNW 64 (1973) S. 37: Glaube im Hebr ist „die Haltung dessen, der auf dem von Jesus als dem Sohn und Hohenpriester erschlossenen Weg ist". Zur Einbeziehung des Glaubensverständnisses des Hebr ist sein christologisch-soteriologisches Konzept vgl. auch F. LAUB, Bekenntnis und Auslegung, S. 163–165 (Anm. 303: gegen E. GRÄSSER); M. RISSI, Die Theologie des Hebr, S. 104f.

[46] G. DAUTZENBERG, BZ N. F. 17 (1973) S. 172ff, verweist gegenüber der These von E. GRÄSSER von einem „ursprünglich einheitlichen christologischen Glaubensbegriff im Urchristentum" auf die anfängliche Uneinheitlichkeit des urchristlichen Glaubensverständnisses: „Der Hebr ist ein Zeugnis für eine andere, ebenfalls in die Anfänge des Urchristentums zurückreichende Glaubenstradition"; ebd. (S. 166): „Beide (sc.: Hebr und Paulus) stellen verschiedene Ausprägungen einer breiten biblischen Tradition über den Glauben dar"; ähnlich D. LÜHRMANN, ZNW 64 (1973) S. 38. Vgl. jedoch immerhin auch E. GRÄSSER, Der Glaube im Hebr, S. 218: „Der christologische Entwurf als ganzer ersetzt eine ausführliche Erörterung des Glaubens im spezifisch christlichen Sinn"!

[1] Die Lesart im Plural τὰ βλεπόμενα (D² Ψ usw.) ist als sekundäre Angleichung an den Plural τὰ πράγματα οὐ βλεπόμενα in V. 1 bzw. an die Rede von den φαινόμενα in V. 3 zu erklären.

ihn (sc.: den Glauben) redet er (auch jetzt noch), obwohl er (doch längst) gestorben ist.
5 Durch Glauben ist Henoch entrückt worden, sodaß er den Tod nicht sah; und er war nicht zu finden, weil Gott (selbst) ihn entrückt hat. Denn vor seiner Entrückkung ist ihm das Zeugnis zuteil geworden, daß er Gott wohlgefallen hat.
6 Ohne Glauben aber ist es unmöglich, (Gott) zu gefallen; denn wer (immer) zu Gott hinzutritt, muß glauben, daß er ist und (daß er) denen, die ihn suchen, ein (gerechter) Vergelter ist.
7 Durch Glauben hat Noah, dem eine Weisung hinsichtlich der Dinge, die noch nicht sichtbar waren, zuteilgeworden ist, als ein frommer Mann eine Arche zur Errettung seines Hauses angefertigt; durch (welchen) Glauben er (auch) die (Dinge der) Welt gering achtete; und er wurde (so) gemäß dem Glauben ein Erbe der Gerechtigkeit.

Mit V. 3 beginnt die mit formelhaftem πίστει eingeleitete Reihe der Glaubenszeugen, zunächst aber noch gar nicht (im Sinne der hier rezipierten Vorlage) mit dem Zeugnis der „Alten", sondern mit dem für den Hebr selbst charakteristischen „Wir" der christlichen Gemeinde: „Durch Glauben gelangen wir zur Erkenntnis". Die Aussage von V. 3 ist somit noch nicht der in Hebr 11 benutzten Vorlage zuzurechnen, sondern vom Autor des Hebr selbst formuliert, weil für das hier im Blick stehende Glaubenszeugnis natürlicherweise kein Zeuge aus der Urzeit beigebracht werden kann[2]. Zugleich wird auf diese Weise die ganze folgende, im übrigen chronologisch verfahrende Reihe der Glaubenszeugen der „Alten" von vornherein in den Horizont der Betrachtung der christlichen Gemeinde eingerückt. Formelhaft voranstehendes πίστει steht dabei selbstverständlich im Sinne der Definition von V. 1: Was es mit dem Glauben als ὑπόστασις und ἔλεγχος auf sich hat, wird nunmehr ausgeführt, und zwar zunächt und zuerst im Blick auf die Schöpfung der Welt. Hinsichtlich dieses Urgeschehens heißt dies, daß solcher Glaube eine bestimmte „Erkenntnis" bzw. Einsicht in sich schließt.

Mit dem Stichwort νοεῖν nimmt der Autor an dieser Stelle wiederum hellenistische Begrifflichkeit auf[3], die hier jedoch ganz in den Kontext in-

---

[2] So läßt also das „Wir" in V. 3 nicht auf eine „im Stil des Credo" beginnende Vorlage schließen. Gegen G. SCHILLE, ZNW 51 (1960) S. 113f. – Ebensowenig läßt sich von Weish 10,1 her wahrscheinlich machen, daß Paradigmenreihen wie die in Hebr 11 traditionellerweise bereits mit einer Bezugnahme auf die Schöpfung begannen. Gegen H. BRAUN S. 341 (mit Hinweis auf Philon, Praem 9); vgl. auch F. BOVON, RThPh 101 (1968) S. 142f, sowie bereits P. DREWS, Untersuchungen über die sogen. clementinische Liturgie im VIII. Buch der apostolischen Konstitutionen, S. 33 (mit Hinweis auf Const. Apost. VIII 12,7ff); A. SEEBERG S. 121. 130f; E. KÄSEMANN, Das wandernde Gottesvolk, S. 117f.

[3] Vgl. neben dem Gebrauch von νοεῖν im Schrifttum des hellenistischen Judentums im Zusammenhang einer „theologia naturalis" (Weish 13,4; Philon, All I 38; III 99; vgl. auch Röm 1,20) besonders den Gebrauch von νόησις und νοεῖν im Corpus Hermeticum, hier bes. V 2: νόησις γὰρ μόνον ὁρᾷ τὸ ἀφανές sowie die Verbindung von νοεῖν und πιστεύειν IX 10: τὸ γὰρ νοῆσαί ἐστιν τὸ πιστεῦσαι, ἀπιστῆσαι δὲ τὸ μὴ νοῆσαι. Vgl. dazu auch 1 Clem 27,3. Bei

tegriert ist. In der Verbindung mit πίστει bezeichnet νοεῖν hier das Erkenntnisvermögen bzw. das Verstehen des Glaubens, der sich als solcher – ganz im Sinne der Definition von V. 1! – nicht an das Sicht- und Aufweisbare hält[4]. Gegenstand solcher Glaubenserkenntnis ist die Erschaffung der Welt durch Gottes Rede bzw. Wort. Der vom Hauptverbum νοοῦμεν abhängige A.c.I.-Satz κατηρτίσθαι ... θεοῦ[5] bewegt sich dabei hinsichtlich seiner Sachaussage noch ganz auf der Linie einer biblisch-jüdischen Schöpfungstheologie. Die betont nachgestellte Wendung ῥήματι θεοῦ könnte sogar darauf hinweisen, daß hier eine bewußte Anspielung auf das in der Schöpfungsgeschichte von Gen 1 sich ständig wiederholende καὶ εἶπεν ὁ θεὸς καὶ ἐγένετο vorliegt[6]. Auch das Verbum καταρτίζειν ist biblisch (LXX) als Schöpfungsterminus belegt[7], und in jüdischer Sprachtradition steht schließlich auch – wie bereits Hebr 1,2 – die hebräischem עולמים entsprechende Rede von den „Äonen". Der Plural soll dabei offensichtlich betont das Gesamtgefüge der geschaffenen und erfahrbaren Welt bezeichnen: eben dasjenige in seiner Gesamtheit, was in V. 3b sodann mit dem Terminus τὸ βλεπόμενον bezeichnet wird[8]. Der Hauptakzent im Infinitiv-

---

Plotin, Enn. V 8,11, ist der νοῦς das Subjekt des Glaubens. Vgl. dazu: E. GRÄSSER, Der Glaube im Hebr, S. 129.

[4] Insofern liegt hier ein deutlicher Unterschied zum Gebrauch von νοεῖν im Rahmen einer „theologia naturalis" vor: Nach Hebr 11,3 ist es ja der Glaube, der zu solcher Einsicht und Erkenntnis gelangt, während in Röm 1,20 (und der hier aufgenommenen Tradition) dem νοῦς als solchem die (freilich nicht wahrgenommene) Möglichkeit zugestanden wird, die Wirklichkeit Gottes aus der „vernünftigen" Anschauung der sichtbaren Dinge zu erschließen. Das liegt durchaus auf der Linie von Corp. Herm V 2 (s. o. Anm. 3).

[5] Die Konstruktion dieses Satzes (und auch der folgenden Sätze) mit vorangestelltem πίστει und Verbum finitum läßt den Übersetzungsvorschlag von K. HAACKER, Creatio ex auditu. Zum Verständnis von Hebr 11,3, ZNW 60 (1969) S. 279–281, als ganz unwahrscheinlich gelten: „Durch Glauben ist, wie wir erschließen, die Welt durch Gottes Wort geschaffen worden..." (S. 280). Anders wiederum will A. G. WIDDESS, A Note on Hebrews XI,3, JThSt 10 (1959) S. 327–329, πίστει zum Infinitiv κατηρτίσθαι ziehen. Also: Gott schuf im Glauben durch das Wort ... Die Beziehung des πίστει auf Gottes Schaffen steht jedoch im Widerspruch zum Verständnis des formelhaften πίστει im übrigen Kapitel. Kritisch dazu auch E. GRÄSSER, ThR 30 (1964) S. 229.

[6] Zur Sache vgl. auch LXX Ps 32,9; Jes 48,13; Weish 9,1; Jub 12,4 sowie für das rabbinische Judentum die geläufige partizipiale Gottesbezeichnung: שאמר והיה העולם. Zum Ganzen der „Schöpfung durch das Wort" vgl. H.-F. WEISS, Untersuchungen zur Kosmologie des hellenistischen und palästinischen Judentums (TU 97), Berlin 1966, S. 216ff; vgl. auch R. A. STEWART, Creation and Matter in the Epistle to the Hebrews, NTS 12 (1965/66) S. 284–293, spez. S. 289f; M. RISSI, Die Theologie des Hebr, S. 29f.

[7] Vgl. LXX Ps 73,16; 88,38 sowie 39,7 (zitiert in Hebr 10,5) sowie Herm vis II 4,1; mand I 1 (καταρτίζειν neben κτίζειν und ποιεῖν); Barn 16,6.

[8] Vgl. sachlich entsprechend Kol 1,16: τὰ πάντα. An die himmlisch-unsichtbare bzw. an die (ebenfalls noch unsichtbare!) zukünftige Welt (im Sinne einer Zwei-Äonen-Lehre) ist dabei also im Hebr ebensowenig gedacht (gegen F. J. SCHIERSE, Verheißung und Heilsvollendung, S. 75; O. MICHEL S. 381; T. HOLTZ, EWNT I, Sp. 211) wie an die Dualität von κόσμος αἰσθητός und κόσμος νοητός im Sinne Philons. Gegen R. A. STEWART, NTS 12 (1965/66) S. 288f. Vgl. demgegenüber E. KÄSEMANN, Das wandernde Gottesvolk, S. 61: „die übereinander

satz von V.3a liegt jedoch eindeutig auf der Wendung ῥήματι θεοῦ: Durch Gottes „Reden" (allein!) ist die Welt geschaffen worden. Die Macht und Kraft der Rede Gottes wird hier – wie entsprechend bereits in 1,2 – betont.

Die Bedeutung bzw. Konsequenz solcher Schöpfung durch das Wort nennt V. 3b: εἰς τὸ μὴ κτλ. leitet hier also – anders als sonst im Hebr (2,17; 7,25; 8,3 u. ö.) – nicht einen Final-, sondern einen Konsekutivsatz ein[9]: Gottes Reden hat (notwendig!) zur Folge, daß… Der Sinn- und Sachgehalt des Infinitivsatzes im Kontext ist an sich klar: Alles Geschaffene und Sichtbare (τὸ βλεπόμενον) hat seinen Grund im Nicht-Wahrnehmbaren bzw. Unsichtbaren, „aus" dem Gottes schöpferisches Reden die Welt der „Phänomene" hat hervorgehen lassen. Das Sicht- und Wahrnehmbare ist also dem Unsichtbaren gegenüber sekundär. Dementsprechend ist die Negation μή – hier zunächst mit dem Infinitivsatz als ganzem verbunden – speziell zum Partizip φαινομένων zu ziehen: ἐκ μὴ φαινομένων. Also: „sodaß aus dem, was nicht in Erscheinung getreten ist (d.h. im Kontext: aus dem „Nicht-Sichtbaren" von V. 1b!), das Sichtbare hervorgegangen ist"[10]. Daß der Autor des Hebr mit solcher Redeweise die bisher den V. 3 bestimmende biblische Sprachtradition verläßt und zur „hellenistischen" bzw. dualistischen Redeweise von V. 1 zurückkehrt, ist offensichtlich[11]; ebenso offensichtlich ist aber auch die Absicht, die den Autor bei solcher „hellenistischen" Redeweise im Kontext seiner Glaubensmahnung bestimmt: Die Erkenntnis des Glaubens greift über die Welt der Phänomene, die als solche ein Sekundäres und Abgeleitetes darstellt, auf den letzten Grund wahren Seins, auf das Unsichtbare – und damit letztlich auf Gott selbst – zurück. Über das Sicht- und Wahrnehmbare hinaus hält sich der Glaube ans Unsichtbare, an „die Kräfte und Dinge der unsichtbaren Welt"[12] – und ge-

---

gelagerten Schichten des Weltgefüges", sowie H. SASSE, ThWNT I, S. 204: „Welträume", mit Hinweis auf Tob 13,18: „Gepriesen sei der Gott, der alle Äonen (πάντας τοὺς αἰῶνας) erhöht".

[9] Vgl. BL.-DEBR.-R. § 402,2.

[10] Vgl. entsprechend Vulgata: „ex invisibilibus" sowie 2 Makk 7,28: οὐκ ἐξ ὄντων ἐποίησεν αὐτὰ ὁ θεός. Zur Stellung der Negation vor der Präposition vgl. BL.-DEBR.-R. § 433,4. Zur Sache vgl. A. SCHLATTER, Der Glaube im Neuen Testament, S. 527f; M. RISSI, Die Theologie des Hebr, S. 31. Für die Beziehung der Negation auf den ganzen Infinitivsatz tritt K. HAAKKER, ZNW 60 (1969) S. 280, Anm. 7, ein. Die Sachaussage wäre damit freilich dieselbe. Vgl. H. BRAUN, S. 342.

[11] Vgl. E. GRÄSSER, Der Glaube im Hebr, S. 128f; „Auch dieser Satz ist wie kaum ein zweiter im Hb von philosophischer Tradition geprägt". Das gilt vor allem für die im Neuen Testament singuläre Rede von den φαινόμενα, die die ontologische Differenz zwischen Sichtbarem und Unsichtbarem in platonischer Tradition (Polit X 596 E!) voraussetzt. Diese Tradition dürfte auch hier wieder durch das hellenistische Judentum an den Hebr vermittelt worden sein. Vgl. z.B. Philon, Op 16; Rer 270; All III 17; SpecLeg I 18; Conf 172; Migr 105.179.

[12] So die Übersetzung von (τὰ) φαινόμενα bei F.J. SCHIERSE, Verheißung und Heilsvollendung, S. 73.

winnt von daher letztlich sein Stand- und Beharrungsvermögen. In diesem Sinne ist die (indikativische) Aussage von V. 3: „Kraft unseres Glaubens erkennen wir..." ganz in den Kontext der Glaubensmahnung integriert. Eben von solchem Erkenntnisvermögen des Glaubens sollen ja im Sinne des Autors nun auch die Adressaten des Hebr Gebrauch machen, indem sie (angesichts ihrer Anfechtung durch die Unanschaulichkeit des Heils!) ihr Vertrauen und ihre Zuversicht nicht auf die Welt der Phänomene setzen, sondern auf den Gott, dessen mächtiges und kraftvolles Wort „das Sichtbare aus dem Nicht-wahrnehmbaren" hervorgehen läßt[13]. So gesehen liegt hier – in V. 3b – weder eine Überführung von Theo-logie in Philosophie bzw. Kosmogonie vor noch eine eigenthematische Aussage zum Ursprung der Welt (im Sinne einer „creatio ex nihilo"!)[14], sondern der betonte Hinweis der Adressaten darauf, woran sie sich mit ihrem Glauben (und dem ihm gegebenen Erkenntnisvermögen) zu halten haben: an Gott selbst und sein wirkungsmächtiges Wort. In diesem Sinne schließt dann freilich auch die in V. 3b im Anschluß an eine bestimmte philosophische Tradition vorgenommene statisch-ontologische Unterscheidung von Sichtbarem und Unsichtbarem den Blick auf eine dynamische – durch Gottes Reden gewirkte – Geschichte des Glaubens nicht aus, sondern im Sinne des Autors des Hebr gerade ein.

Mit der biblischen Überlieferung von Kain und Abel wird in V. 4 dafür das erste Beispiel aus der Reihe der Glaubenszeugen der „Alten" genannt. Das Zeugnis der Schrift, auf das dabei Bezug genommen wird, ist zunächst – was die am Anfang stehende Aussage über den Vollzug des Opfers betrifft – mit LXX Gen 4,3ff gegeben. Auch die Feststellung in V. 4, daß – über das Zeugnis der Schrift hinaus bzw. in ihm – Gott selbst „Zeugnis abgelegt hat über seinen Gaben", entspricht – abgesehen von der Einführung des Stichwortes μαρτυρεῖν – der Aussage der Schrift in LXX Gen 4,4: καὶ ἐπεῖδεν ὁ θεὸς ἐπὶ Ἄβελ καὶ ἐπὶ τοῖς δώροις αὐτοῦ[15]. Daß

---

[13] Solche Glaubensmahnung liegt im übrigen ganz auf der Linie der Bemerkung Philons, Op 45, wonach es das Wesen der „geschaffenen" Menschen ausmacht, daß sie „mehr auf die Erscheinungen (τοῖς φαινομένοις) als auf Gott ihr Vertrauen setzen". C. SPICQ, S.78f, nennt Hebr 11,3 dementsprechend „une séquence philonienne". Kritisch dazu freilich: R. WILLIAMSON, Philo and the Epistle to the Hebrews, S. 312f. 381f; E. GRÄSSER, Der Glaube im Hebr, S. 129f. – Zur Sache vgl. bes. E. GRÄSSER, ThR 30 (1964) S.229 (im Anschluß an A. SCHLATTER, Der Glaube im Neuen Testament, S. 528): „Wer die Äonen als Schöpfungstat Gottes erkennt, hat darin ‚die Kraft des Glaubens erlebt'".

[14] Zum Problem in dieser Hinsicht vgl. H.WINDISCH S.99; E.GRÄSSER, Der Glaube im Hebr, S.55; H.-F.WEISS, Untersuchungen zur Kosmologie des hellenistischen und palästinischen Judentums, S.143ff; Ph.E.HUGHES, La création selon Héb. 11:3, BTB 2 (1972) S. 64-77; H.P.OWEN, NTS 5 (1958/59) S.139, sowie H.BRAUN S.342.

[15] Ἐπεῖδεν steht Gen 4,4 im Sinne der wohlwollenden bzw. bestätigenden Betrachtung. Durch die Bezugnahme auf LXX erklären sich auch die variae lectiones in V. 3: Die Auslassung von τῷ θεῷ (P[13]) als sekundäre Angleichung an den LXX-Text. Die Lesart αὐτοῦ τοῦ θεοῦ (P[13.46] ℵ[2] D[2] usw.) ist zwar die sinnvollste, unterliegt aber angesichts der Übereinstim-

Abel – im Unterschied zu seinem Bruder Kain – ein „besseres Opfer" dargebracht hat[16], ist zwar so nicht in LXX Gen 4 überliefert, läßt sich jedoch der Sache nach daraus erschließen. Anders dagegen verhält es sich mit der zusätzlichen Feststellung, daß Abel „durch Glauben" bzw. „kraft Glaubens" sein Opfer dargebracht hat und daß er dementsprechend „auf Grund seines Glaubens" (δι' ἧς) von der Schrift bzw. von Gott als ein „Gerechter" bezeugt und bestätigt worden ist[17]. Hier wird eindeutig die weitere Entfaltung der Abeltradition in der jüdischen Auslegung von Gen 4 vorausgesetzt[18], so insbesondere hinsichtlich der Kennzeichnung Abels als eines „Gerechten"[19], während seine Einbeziehung in die Reihe der Zeugen für den Glauben hier nicht nachweisbar ist. Immerhin ist hier offensichtlich ein Zusammenhang zwischen „Glaube" und „Gerechtigkeit" vorausgesetzt: Das „bessere Opfer" Abels gilt als Zeichen bzw. Erweis seines Glaubens, und auf Grund dessen, im Sinne eines analytischen Urteils also, wird dem Abel die Bestätigung als δίκαιος zuteil. Von daher gesehen liegt hier ebensowenig ein Anklang an die paulinische Rechtfertigungstheologie vor wie bei der Verbindung von „Glaube" und „Gerechtigkeit" in 11,7 und 11,33[20]. Im Schlußteil von V. 4 liegt demgegenüber – wie auch ein Vergleich mit 12,24 zeigt – zunächst wieder eine Bezugnahme auf LXX Gen 4,10 vor: φωνὴ αἵματος ... βοᾷ πρός με ἐκ τῆς γῆς. Aber auch hier wird

---

mung mit Gen 4,4 dem Verdacht sekundärer Angleichung an LXX gegenüber der (freilich nur sehr schwach durch sekundäre Korrekturen zu P[13] und z bezeugten) Lesart αὐτῷ τοῦ θεοῦ. Demgegenüber beruht die an sich gut bezeugte Lesart αὐτοῦ τῷ θεῷ (א* AD* usw.) offensichtlich auf einer Umkehrung des Zeugnisses: Abel legt „vor Gott" Zeugnis ab. Vgl. zum Ganzen: B. M. METZGER, A Textual Commentary on the Greek New Testament, S. 671f; H. BRAUN S. 344.

[16] Πλείονα θυσίαν bezeichnet im Kontext selbstverständlich das „bessere", nicht lediglich das „größere" Opfer. Vgl. entsprechend πλεῖον in Mt 5,20; 6,25; 12,41f. Zur Sache vgl. auch Philon, Sacr 14.88. Die Konjektur ἡδίονα, ein „angemessenes" Opfer, ist durch die Lesart bei Justin, Dial 29, veranlaßt: τὰς θυσίας ἥδιον ... μαρτυρηθέντι ὑπὸ τοῦ θεοῦ. Vgl. dazu J. D. MAYNARD, Justin Martyr and the Text of Hebrews XI,4, Exp. 1909, S. 163–171; G. ZUNTZ, The Text of the Epistles, S. 285.

[17] Möglich ist freilich auch die Beziehung von δι' ἧς auf das Opfer des Abel. So C. SPICQ, II, S. 342 (mit Verweis auf Johannes Chrysostomus und Theophylakt). Eine Sinnvariante ist damit jedoch nicht gegeben, da ja eben das Opfer Abels seinen Glauben unter Beweis stellt.

[18] Vgl. dazu: V. APTOWITZER, Kain und Abel in der Agada, den Apokryphen, der hellenistischen, christlichen und muhammedanischen Literatur (Veröffentl. der Alexander Kohut Memorial Foundation), Wien/Leipzig 1922, S. 37–43; K.-G. KUHN, ThWNT I, S. 6f. – R. Le DEAUT, Traditions targumiques dans le Corpus Paulinienne, Bib 42 (1961) S. 28–48, spez. S. 30–36, führt die Agada über Kain und Abel auf die entsprechende Überlieferung der Targumim zurück. Vgl. auch P. GRELOT, Les targums du Pentateuque. Etude comparative d'après Genèse IV,3–16, Sem. 9 (1959) S. 59–89.

[19] Vgl. dazu: Josephus, Ant I 53; TanB בלק 16; Mt 23,35; 1 Joh 3,12 sowie Ps-Clem Hom II 16,3.

[20] Zur Differenz Paulus – Hebr an dieser Stelle vgl. A. SCHLATTER, Der Glaube im Neuen Testament, S. 525f; E. GRÄSSER, Der Glaube im Hebr, S. 55f; DERS., Rechtfertigung im Hebr, in: Rechtfertigung. Festschr. E. Käsemann zum 70. Geb., Tübingen/Göttingen 1976, S. 79–93, spez. S. 81ff; K. KERTELGE, EWNT I, Sp. 794f.

wieder im Sinne der Einbeziehung Abels in die Zeugenreihe ein neuer Akzent gesetzt: Die biblische Überlieferung vom „Schreien" des Blutes Abels (nach Vergeltung!)[21] wird zu einem Zeugnis des Glaubens Abels. Und in diesem Sinne geht es nun gar nicht mehr um die „Stimme des Blutes", die da ruft, sondern Abel selbst „redet noch" (über seinen Tod hinaus)[22], und dies „kraft seines Glaubens". Wenn dabei die Formulierung des Satzes – ἀποθανών (Aorist) ἔτι λαλεῖ (Präsens) – den Kontrast zwischen „Gestorbensein" und „Noch-reden" besonders betont[23], so deutet sich hier zumindest an, daß der Glaube am Ende auch eine den Tod überwindende Kraft in sich trägt.

In diese Richtung weist auch das zweite, V. 5 genannte Beispiel des Henoch: „Kraft (seines) Glaubens ist Henoch entrückt worden, sodaß er den Tod nicht sah"[24]. Biblische Grundlage dafür ist LXX Gen 5,24, woraus (nach Kodex A) z. T. wörtlich zitiert wird. Im Unterschied zu der reichen haggadischen Überlieferung, die sich im Judentum gerade mit der Gestalt des Henoch verbunden hat[25], wird hier freilich – entsprechend der Einstellung Henochs in die Paradigmenreihe – der biblischen Überlieferung lediglich das Motiv des Glaubens hinzugefügt. Dies geschieht nicht nur vermittels des einleitenden πίστει, sondern im Zusammenhang damit auch vermittels der die „Entrückung" begründenden Feststellung der „Gottwohlgefälligkeit" des Henoch: „Denn vor seiner Entrückung..."[26]. Diese Feststellung erhält durch passivisches μεμαρτύρηται besonderes Gewicht: In der Schrift (Gen 5,22.24!) – und damit durch Gott selbst – ist „bezeugt" (und somit bestätigt) worden, daß Henoch „Gott wohlgefällig war".

„Gott wohlgefallen", heißt nun aber nichts anderes als Glauben[27]. So je-

---

[21] Vgl. dazu Jub 4,3; Philon, Det 48; Mt 23,35 sowie äthHen 22,5-7; 47,1; E. STAUFFER, ThWNT I, S. 625; R. Le DEAUT, Bib 42 (1961) S. 35f.

[22] Gegenüber dem λαλεῖ der wichtigsten Textzeugen (P[13.46] א A usw.) ist die Lesart λαλεῖται (D K L Ψ) kaum sinnvoll. Immerhin ersetzt auch Philon, Det 48, das „Rufen" des Blutes Abels von Gen 4,10 durch ein διαλέγεσθαι Abels selbst: πῶς γὰρ ὁ μηκέτ' ὢν διαλέγεσθαι δύνατος; vgl. R. Le DEAUT, Bib 42 (1961) S. 35.

[23] Auch Philon, Det 48, hebt die Paradoxie hervor, daß Abel „zwar ausgetilgt wurde und (dennoch) lebt", was im folgenden psychologisch gedeutet wird: ἀνῄρηται μὲν ἐκ τῆς τοῦ ἄφρονος διανοίας, ζῇ δὲ τὴν ἐν θεῷ ζωὴν εὐδαίμονα. Vgl. dazu R. WILLIAMSON, Philo and the Epistle to the Hebrews, S. 322f.

[24] Der substantivierte Infinitiv τοῦ μὴ κτλ. steht hier im konsekutiven Sinn: vgl. BL.-DEBR.-R. § 400,5. Zur Wendung „den Tod nicht sehen" vgl. LXX Ps 88,44; Lk 2,26. 1 Clem 9,3 dagegen verbindet diese Aussage mit ηὑρίσκετο aus Gen 5,24: καὶ οὐχ εὑρέθη αὐτῷ θάνατος.

[25] Vgl. dazu: H. ODEBERG, ThWNT II, S. 553ff (X, S. 1079: weitere Lit.), sowie P. GRELOT, La légende d'Henoch dans les apocryphes et dans la Bible, RevSR 46 (1958) S. 3-26. 181-210.

[26] Einige Handschriften (א[2] D[2] usw.) fügen sinngemäß zu τῆς μεταθέσεως ein αὐτοῦ hinzu. Zum ursächlichen Zusammenhang von „Gottwohlgefälligkeit" und „Entrückung" vgl. auch Sir 44,16; Weish 4,10.14; äthHen 1,2 sowie 1 Clem 9,3.

[27] Eine Brücke zum Glaubensthema ergibt sich durch die auch in Hebr 6,1 vorausgesetzte Verbindung von μετάνοια und πίστις sowie durch das von der jüdischen Henochtradition

denfalls fügt der Autor des Hebr mit einem der für ihn charakteristischen ἀδύνατον-Sätze in V. 6 alsbald erläuternd hinzu[28]. Der Glaube gilt hier geradezu als die conditio sine qua non, um „Gott zu gefallen". Auf die These in V. 6a folgt in V. 6b deren Begründung bzw. Erläuterung (γάρ), die das durch die LXX-Vorlage vorgegebene εὐαρεστεῖν τῷ θεῷ in das für den Hebr charakteristische προσέρχεσθαι τῷ θεῷ überführt[29] und zugleich den Glauben, von dem hier die Rede ist, hinsichtlich seines Gegenstandes präzisiert. Zwei „Artikel" gleichsam (H. WINDISCH z. St.) hat dieser Glaube: Er richtet sich darauf, „daß Gott ist" (ὅτι ἔστιν), also auf die Existenz des (unsichtbaren) Gottes, darüber hinaus auch darauf, daß dieser Gott „denjenigen, die ihn suchen, ein (gerechter) Vergelter wird"[30]. Das ist ein merkwürdig blasses, um nicht zu sagen: rationalistisches Verständnis von Glauben, das sich hier Ausdruck verschafft[31]! Nicht einmal mehr der Aspekt des Standhaltens und Festbleibens, der kurz zuvor noch so stark betont war (10,38f), scheint hier noch im Blick zu sein. Andererseits ist aber auch nicht zu übersehen, daß die hier gegebene Präzisierung des Glaubens hinsichtlich seines Gegenstandes durchaus mit der in V. 1 vorgetragenen Definition zu tun hat. Auch die Bestimmung des Glaubens in V. 6 darf also ebensowenig wie die in V. 1 aus ihrem Kontext herausgelöst und als eine „absolute" Definition von „Glaube" betrachtet werden. Jedenfalls entspricht der Aussage in V. 1b, wenn der Glaube sich nach V. 6 auf

---

vorgegebene Motiv von Henoch als ὑπόδειγμα μετανοίας. So Sir 44,16. Vgl. auch Weish 4,7–5,14; Philon, Quaest in Gen I 82–86; Abr 17–26; Praem 15–18. Zum Ganzen vgl. D. LÜHRMANN, Henoch und die Metanoia, ZNW 66 (1975) S. 103–116. Ansonsten gilt Henoch im Judentum wiederum als Typus des „Gerechten". Vgl. z. B. Jub 10,17; 4 Esr 5,22; TestLev 10,5; TestDan 5,6; TestBenj 9,1; äthHen 1,2.

[28] Vgl. 6,4.18; 10,4. Darüber hinaus sprechen auch die terminologischen Übereinstimmungen mit Hebr insgesamt für einen kommentierenden Zusatz des Autors zu seiner Vorlage. Vgl. G. THEISSEN, Untersuchungen zum Hebr, S. 99. – Zum Inf.Aor. nach ἀδύνατον vgl. BL.-DEBR.-R. § 338,2.

[29] Dieses Verbum steht an dieser Stelle ebensowenig in einem spezifisch kultischen Sinne wie das folgende ἐκζητεῖν. Gegen O. MICHEL S. 386, der V. 6 als unmittelbare Weisung an die Christen verstehen möchte: „der Glaube ist von Gott verordnete Voraussetzung für den, der am Gottesdienst teilnimmt". Angesichts einer gewissen Analogie der Aussage zu 6,1 wie auch angesichts dessen, daß ἐκζητεῖν (mit Gott als Objekt) in LXX Ps 13,2; 52,3 (vgl. auch Dtn 4,29f) in Verbindung mit der Rede des „Toren" begegnet, die da meinen: οὐκ ἔστιν θεός, ist dann schon eher an ein (ursprünglich) „missionstheologisches" Verständnis von πιστεύειν an dieser Stelle zu denken. So E. BRANDENBURGER, ZThK 85 (1988) S. 291.

[30] Vgl. entsprechend auch Ps-Clem Hom II 12,3; Rec II 36. Auch Philon kennt im übrigen zwei Grundartikel des Glaubens: neben der ὕπαρξις Gottes im Unterschied zu Hebr dann freilich die πρόνοια Gottes: vgl. Op 170 (πρῶτον μὲν ὅτι ἔστι τὸ θεῖον καὶ ὑπάρχει) sowie Virt 215f. Dies entspricht dann freilich genau der Auffassung der „Philosophen", die – nach Epiktet, Diss II 14,11 - sagen, ὅτι μαθεῖν δεῖ πρῶτον τοῦτο, ὅτι ἔστι θεὸς καὶ προνοεῖ τῶν ὅλων. Vgl. R. WILLIAMSON, Philo and the Epistle to the Hebrews, S. 352f; H. BRAUN, S. 348f.

[31] Vgl. entsprechend die sachkritischen Bemerkungen bei E. GRÄSSER, Der Glaube im Hebr, S. 56f: „rationalistische, ja gesetzliche Grundeinstellung"; S. 130: „Hb 11,6 ist in seiner Rationalität ohnegleichen im NT"; S. 134; vgl. auch H. BRAUN S. 348f.

die Existenz des (unsichtbaren) Gottes richtet[32]; und was den „2. Artikel" in V. 6 betrifft, so hat die Ausrichtung des Glaubens auf Gott als den gerechten „Vergelter" wiederum mit dem Glauben als ὑπόστασις ἐλπιζομένων zu tun, sofern darin jedenfalls ein eschatologischer Aspekt eingeschlossen ist. Solche Kennzeichnung Gottes entspricht darüber hinaus auch dem weiteren Kontext, zumal die „Vergeltung", die hier im Blick ist, ja keineswegs nur negativ – im Sinne der Strafandrohung bei versäumtem Glauben (2,2!) – zu verstehen ist, sondern – von 10,35 her gesehen – durchaus auch die „Belohnung" für die im Glauben bewährte παρρησία einschließt.

In welchem Maße und Sinne die hier vorgeführte Reihe der Glaubenszeugen in der Tat die in V. 1 gegebene Definition ausführt, zeigt sich auch an dem in V. 7 folgenden Beispiel des Noah: Obwohl die Reihenfolge Henoch – Noah durch jüdische Tradition vorgegeben ist[33] und in Judentum und Urchristentum oft genug auf das Beispiel des Noah verwiesen wird[34], fügt sich die Aussage von V. 7 dem Kontext des Hebr in einem Maße ein, daß begründeter Anlaß zu der Annahme gegeben ist, auch hier sei das (an sich durch Tradition bzw. Vorlage vorgegebene) Beispiel des Noah vom Autor des Hebr weitgehend überarbeitet worden. Dafür spricht jedenfalls schon der Gebrauch von χρηματίζειν für die Weisung Gottes an Noah[35], weiter die offensichtliche Beziehung zwischen dem Inhalt dieser Weisung (τὰ μηδέπω βλεπόμενα) und der Definition des Glaubens als ἔλεγχος hinsichtlich der πράγματα οὐ βλεπόμενα in V. 1[36] sowie schließlich auch die Rede von Noah als dem „Erben" (der „Glaubensgerechtigkeit")[37]. Biblisch-jüdische Noah-Überlieferung ist hier ganz in den Kontext des Hebr als Glaubensmahnung und speziell in den Zusammenhang des „Glaubens-

---

[32] Vgl. die entsprechende Ausführung am Beispiel des Mose: 11,27. Das Problem eines „Agnostizismus" steht dabei im Hebr nicht zur Debatte (gegen E. Grässer, Der Glaube im Hebr, S. 133), da es hier nicht um die Frage geht, ob Gott „ist" oder „nicht ist", sondern – wie eben das Beispiel Noahs zeigt – um die Frage der Bewährung des Glaubens. Glaube im Sinne des Hebr rechnet mit Gott (ὅτι ἔστιν) auch und gerade dort, wo nach dem Urteil der Welt (V. 7!) angesichts des „Noch-nicht-Sichtbaren" nicht mit ihm zu rechnen ist.

[33] Vgl. Jub 10,17: Beide, Henoch und Noah, gelten als „vollkommen in ihrer Gerechtigkeit"; weiter: Sir 44,16f sowie 1 Clem 9,3f.

[34] O. Michel S. 388 spricht im Blick auf V. 7 mit Recht vom „festen Glied einer Schultradition". Das gilt speziell im Blick auf den traditionellen Topos der „Gerechtigkeit" Noahs. S. dazu unten.

[35] Χρηματισθείς ist hier passivum divinum. Zu χρηματίζειν im Sinne von „eine Weisung" bzw. „eine Offenbarung erhalten" vgl. auch Hebr 8,5 und 12,25. Das entspricht biblisch-jüdischem Sprachgebrauch (LXX Jer 33,2; 36,23; 37,2; Philon, VitMos II 283; Cher 17; Det 143; Josephus, Ant III 212; V 42; X 13; XI 327f), der auch im Urchristentum nachgewirkt hat (Mt 2,12.22; Act 10,22). Vgl. B. Reicke, ThWNT IX, S. 470; H. Balz, EWNT III, Sp. 1136.

[36] Dies gilt auch dann, wenn bei den „Dingen, die (jetzt) noch nicht sichtbar sind" in V. 7 zunächst ganz konkret an die Ereignisse der Flutkatastrophe gedacht ist. Gerade hier bewährt sich ja der Glaube als ἔλεγχος hinsichtlich der πράγματα οὐ βλεπόμενα.

[37] Zu κληρονόμος (usw.) als Vorzugswort des Hebr vgl. 1,4.14; 6,12.17; 9,15; 11,8; 12,17.

kapitels" Hebr 11 integriert worden. Zugrunde liegt dabei zunächst das entsprechende biblische Zeugnis von Noah in Gen 6 und 7, das hier freilich in der Konzentration auf das Verhalten des Noah gegenüber der Weisung Gottes referiert wird. Konkret bedeutet dies, daß das formelhaft vorangestellte πίστει die beiden passiven Partizipien des Satzes regiert. Πίστει χρηματισθείς d.h. also: Im Stande des Glaubens hat Noah einst die Weisung „hinsichtlich der noch nicht sichtbaren Dinge" empfangen (Gen 6,14ff), und mit diesem Glauben war für ihn zugleich der „Beweis" für die Wahrheit der Weisung Gottes gegeben. Auch für das zweite Partizip εὐλαβηθείς, das die Reaktion des Noah auf Gottes Weisung umschreibt, ist die Zuordnung zu πίστει konstitutiv. Dementsprechend bezeichnet εὐλαβεῖν im Kontext selbstverständlich nicht die Furcht Noahs vor der nahen Flutkatastrophe, sondern ganz im Gegenteil seine Gottesfurcht bzw. seinen Glaubensgehorsam, den er mit dem Bau der Arche unter Beweis gestellt hat[38].

Die Wendung δι' ἧς in V.7b ist ebenso auf den Glauben Noahs zu beziehen, und Glaube, wie Noah ihn bewiesen hat, heißt hier also konkret: „die Welt verurteilen"! Im Kontext gesehen meint dies freilich nicht (in der Befolgung des „weisheitseschatologischen Grundsatzes" von Weish 4,16), daß der „Gerechte" die „Gottlosen verurteilt"[39], sondern – wiederum von V.1 her gesehen – die „Verurteilung" bzw. Geringschätzung der Welt des Sichtbaren. Glaube wird auch hier – ganz im Sinne von V.1 – als die Haltung dessen beschrieben, der sich nicht an das Sichtbare hält, sondern an das Unsichtbare (und allein Beständige) – und von daher zugleich sein Standvermögen gewinnt. Dem entspricht endlich auch die „Vergeltung" bzw. der Lohn (V.6) für solchen Glauben: κατὰ πίστιν, „nach Maßgabe solchen Glaubens", ist Noah „Erbe der Gerechtigkeit" geworden. Damit wird auch hier zunächst wieder an das entsprechende biblische Zeugnis angeknüpft. Nach Gen 6,9 war Noah ja „ein gerechter Mensch, vollkommen in seiner Generation", dazu noch „Gott wohlgefällig" (vgl. Gen 7,1). Jedoch ist nicht zu übersehen, daß solche Kennzeichnung des Noah bereits in der biblisch-jüdischen Auslegungstradition einen Akzent hinsichtlich einer Beispielfunktion des Noah erhalten hat[40]. Schon von daher gese-

---

[38] Zu εὐλάβεια im Sinne von „Gottesfurcht" in LXX vgl. R. BULTMANN, ThWNT II, S. 749f; H. BRAUN S. 350f. – Σωτηρία in bezug auf das „Haus" Noahs (Gen 7,1) steht hier selbstverständlich konkret im Sinne der Errettung aus der Flutkatastrophe. Vgl. entsprechend σώζειν in Mt 8,25; 14,30; Act 27,20.

[39] So W. SCHENK, EWNT II, Sp. 640f.

[40] Vgl. dazu bereits Ez 14,14.20 sowie Sir 44,17; Weish 10,4.6; Jub 10,17; slHen 35,1; Philon, Migr 125 (ἐναργέστατον δὲ παράδειγμα Νῶε ὁ δίκαιος); Abr 27; Rer 260; Congr 90; Quaest in Gen I 97; II 11; Josephus, Ant I 75.99. Diese Linie setzt sich bis ins Urchristentum fort, wo die Flutgeschichte als Typus des Endgerichts (Lk 17,26f par Mt 24,37–39; 2 Petr 3,6) bzw. die Errettung Noahs aus der Flut als Typus der Taufe betrachtet wird (1 Petr 3,20f). Der Verwendung des Noah-Beispiels in Hebr 11,7 am nächsten kommt der Verweis auf Noah als κῆρυξ δικαιοσύνης in 2 Petr 2,5; vgl. dazu auch 1 Clem 7,6; 9,4 sowie Josephus, Ant

hen ist es höchst unwahrscheinlich, daß die Rede von der κατὰ πίστιν δικαιοσύνη in V. 7 als ein Nachklang paulinischer Rechtfertigungstheologie zu verstehen ist[41]. Eindeutig geht vielmehr aus V. 7 hervor, daß – ganz analog zum Zeugnis hinsichtlich der „Gerechtigkeit" des Abel in V. 4 – die dem Noah von Gott zugesprochene Gerechtigkeit auf einem analytischen Urteil Gottes beruht: Voraussetzung und Bedingung dieser „Gerechtigkeit" ist der von Noah durch sein Verhalten angesichts der Weisung Gottes unter Beweis gestellte Glaube. Der für Paulus in diesem Zusammenhang konstitutive Gegensatz von „Glaube" und „Werken (des Gesetzes)" liegt hier – wie auch sonst im Hebr – gänzlich außer Betracht. Besonders deutlich zeigt sich dies auch am nunmehr folgenden Beispiel des Abraham, das – biblisch gesehen – nicht an Gen 15,6 ausgerichtet ist, sondern an jenen biblischen Belegen, die das Verhalten des Abraham, seine Glaubenstreue und seinen Glaubensgehorsam, ins rechte Licht rücken.

2.3) 11,8–22: Das Glaubenszeugnis der Patriarchen[1]

8 Im Glauben war Abraham, als der Ruf (Gottes) an ihn erging, gehorsam, an einen Ort hinauszuziehen, den er zum Erbe nehmen sollte. Und er zog hinaus, obgleich er nicht wußte, wohin er kommt.
9 Im Glauben wohnte er im Lande der Verheißung als in einem fremden (Land), in Zelten hausend zusammen mit Isaak und Jakob, den Miterben derselben Verheißung.
10 Erwartete er doch die Stadt, die (allein feste) Fundamente hat, (weil) deren Baumeister und Erbauer Gott (selbst) ist.
11 Im Glauben empfing er, zusammen mit Sara, die unfruchtbar war, auch Kraft zur Zeugung (wörtl.: zum Erguß des Samens), und (dies) trotz des (hohen) Lebensalters, da er den für zuverlässig hielt, der die Verheißung gab.

I 74 und die Ausführung der Umkehrpredigt Noahs in Jub 7,20. Vgl. zum Ganzen: J. P. LEWIS, A Study of the Interpretation of Noah and the Flood in Jewish and Christian Literature, Leiden 1968.
[41] Dies gilt auch dann, wenn man die Wendung κατὰ πίστιν als eine hellenistisch geläufige Umschreibung eines gen.poss. versteht (vgl. BL.-DEBR.-R. § 224,1) und auf diese Weise eine formale Parallele zur Wendung δικαιοσύνη πίστεως in Röm 4,11.13 erhält.
[1] Lit.: L. F. MERCADO, The Language of Sojourning in the Abraham Midrash in Hebrews 11:8–19. Its Old Testament Basis, Exegetical Traditions and Function in the Epistle to the Hebrews, Diss. Cambridge/Mass. 1967; DERS., HThR 60 (1967) S. 494f (Summary). Speziell zu Abraham: O. SCHMITZ, Abraham im Spätjudentum und Urchristentum, in: Aus Schrift und Geschichte. Festschr. A. Schlatter, Stuttgart 1922, S. 99–123; S. SANDMEL, Philo's Place in Judaism. A Study of Conception of Abraham in Jewish Literature, New York 1971; G. MAYER, Aspekte des Abrahambildes in der hellenistisch-jüdischen Literatur, EvTh 32 (1972) S. 118–127; H. MOXNESS, Theology in Conflict, S. 178ff; F. WIESER, Die Abrahamvorstellungen im Neuen Testament (EHS.T. 317), Bern/Frankfurt/M. (usw.) 1987, S. 113ff; O. BETZ, EWNT I, Sp. 3–7; R. MARTIN-ACHARD/K. BERGER, TRE I, S. 364–387.

12 Deswegen auch sind sie (als Nachkommen) von einem Einzigen erzeugt worden, und dies von einem (bereits) Erstorbenen, (so viele) wie die Sterne des Himmels an Zahl und wie der unzählbare Sand am Ufer des Meeres.

13 Gemäß dem Glauben sind diese alle gestorben, ohne daß sie die Verheißungen erlangt haben. Sie haben sie vielmehr (nur) von ferne gesehen und (gleichsam) begrüßt, (auf solche Weise) bekennend, daß sie (nur) Fremdlinge und Beisassen sind auf Erden.

14 Denn diejenigen, die solches sagen, geben (ja) zu erkennen, daß sie die (eigentliche) Heimat noch suchen.

15 Und wenn sie an jene (Heimat), aus der sie (einst) ausgezogen waren, gedacht hätten, hätten sie (ja noch) Gelegenheit gehabt um umzukehren.

16 Nun aber strecken sie sich aus nach der besseren (Heimat), nämlich nach der himmlischen. Deswegen scheut sich Gott (auch) nicht, als ihr Gott angerufen zu werden; hat er ihnen doch (schon) eine Stadt bereitet.

17 Im Glauben hat Abraham den Isaak (als Opfer) dargebracht, als er auf die Probe gestellt wurde, und er gab den einzigen Sohn (als Opfer) hin, der (doch) die Verheißungen übernommen hatte,

18 (und) zu dem gesagt worden war: ‚In Isaak soll deine Nachkommenschaft genannt werden'.

19 (Und er tat dies) in der Überzeugung, daß Gott mächtig ist, auch aus Toten zu erwecken, weshalb er ihn auch gleichsam (gleichnishaft?) wieder empfing.

20 Im Glauben und (das heißt:) im Blick auf die zukünftigen Dinge hat Isaak den Jakob und den Esau gesegnet.

21 Im Glauben hat Jakob als Sterbender einen jeden der Söhne Josephs gesegnet und ‚hat sich geneigt über die Spitze seines Stabes'.

22 Im Glauben gedachte Joseph bei seinem Ende des Auszugs der Söhne Israels und gab Anweisung hinsichtlich seiner Gebeine.

Zur Abraham-Tradition

Die in V. 8–12 vorliegende Erwähnung des Abraham als Glaubenszeuge im Anschluß an Abel, Henoch und Noah ist bereits durch die Vorlage für Hebr 11 vorgegeben. Aus dieser Tradition ist es auch zu erklären, daß der Gestalt des Abraham in dieser Paradigmenreihe im Unterschied zu den zuvor genannten Glaubenszeugen ein relativ breiter Raum eingeräumt wird[2]. Das entspricht durchaus der außerordentlichen Hochschätzung von Gestalt und Geschichte des Abraham in der gesamten jüdischen, darüber hinaus aber auch in der ur- und frühchristlichen Literatur[3]. Hier wird Abraham seit langem schon vor allem als Beispiel des Glaubens hervorgehoben[4]. Von daher gesehen ist es auch kein Zufall, daß der Autor

---

[2] Das entspricht dem Sachverhalt in Sir 44,16ff; Zu Henoch und Noah vgl. hier 44,16–18; zu Abraham: 44,19–23.

[3] S. dazu die oben Anm. 1 genannte Literatur.

[4] Vgl. in diesem Sinne bes. Sir 44,20: καὶ ἐν πειρασμῷ εὑρέθη πιστός; ebenso (mit Bezugnahme auf Gen 15,6): 1 Makk 2,52 sowie Philon, Abr 268–276; Rer 90–95. Zu Abraham als τῆς εὐσεβείας ἀπόδειξις vgl. Abr 61f; Virt 214ff; Migr 43ff. Philon nimmt dabei verschiedentlich ausdrücklich Bezug auf Gen 15,6 (Virt 44.216; Praem 27; Rer 70), während diese Schriftstelle in der Abraham-Rezeption des Hebr – ganz im Unterschied zu Paulus! – keine Rolle spielt. Vgl. zum Sachverhalt: H. MOXNESS, Theology in Conflict, S. 195ff; E. GRÄSSER, Recht-

des Hebr bereits in 6,12ff relativ ausführlich auf Abraham als Beispiel von πίστις und μακροθυμία eingegangen ist, an dem auch die Adressaten des Hebr sich ausrichten sollen. Durchaus auf der Linie solcher Glaubensmahnung liegt auch die Abraham-Rezeption in Hebr 11[5]. Im Zusammenhang der hier aufgenommenen Vorlage erhält die Ausführung des Abraham-Paradigmas (über seine quantitative Breite hinaus) dadurch besondere Bedeutung, daß der Autor des Hebr sich eigens an dieser Stelle zu einer Kommentierung seiner Vorlage veranlaßt gesehen hat (VV. 13-16), deren besonderes Anliegen es ist, das zuvor über Abraham (wie auch über die vor ihm genannten Glaubenszeugen) Ausgeführte für die Adressaten in einer bestimmten Weise transparent für deren Glaubensexistenz werden zu lassen. Angesichts dieser Ausrichtung auch und gerade des Abraham-Paradigmas gewinnt das Verhalten bzw. der Glaubensgehorsam Abrahams in den einzelnen Stationen seiner Geschichte, wie sie im folgenden ausgeführt werden (V. 8 - V. 9 - VV. 11f - VV. 17-19), für die Adressaten des Hebr besondere Bedeutung: An Gestalt und Geschichte Abrahams ist in besonderer Weise zu „lernen", was „Glaube" konkret und wirklich heißt, standhaltende Treue nämlich und unverrückbares Zutrauen zu Gottes Verheißung in allen Anfechtungen und Versuchungen.

In V. 8 geht es dabei zunächst um den Glaubensgehorsam (πίστει ... ὑπήκουσεν), den Abraham bei seiner „Berufung" (καλούμενος) zum Auszug aus seiner ursprünglichen Heimat bewiesen hat. Biblische Grundlage dafür ist LXX Gen 12,1-4, hier freilich in äußerster Verkürzung wiedergegeben, sodaß der von Abraham bewiesene Glaubensgehorsam um so stärker akzentuiert erscheint. Dies gilt insbesondere im Blick auf die Verbindung des passiven Partizips καλούμενος, hinter dem - als einem passivum divinum - der Ruf Gottes selbst steht, mit dem Verbum finitum ὑπήκουσεν. Hier wird betont, daß Abraham dem Ruf Gottes umgehend gefolgt ist: „Als Berufener hat er Gehorsam geleistet"![6] Auf ähnliche Weise wird der Glaubensgehorsam des Abraham am Ende von V. 8 hervorgehoben, wenn hier ausdrücklich betont wird, daß Abraham, als ihn der Ruf Gottes zum Exodus aus der alten Heimat erreichte, noch gar nicht wußte, wohin ihn dieser Ruf führen wird: Der „Ort, den er zum Erbe empfangen sollte",

---

fertigung im Hebr, in: Rechtfertigung. Festschr. E. Käsemann, Tübingen/Göttingen 1976, S. 84. Zur Abraham-Rezeption im Urchristentum (in Kontinuität und Diskontinuität zur jüdischen) vgl. bes. Paulus, Gal 3 und Röm 4, andererseits aber auch Jak 2,20ff. Eine gemeinsame Traditionsgrundlage in dieser Hinsicht ist für Hebr 11 und Act 7,2ff zu vermuten. Vgl. dazu: H. MOXNESS, Theology in Conflict, S. 179f.

[5] Vgl. H. MOXNESS, Theology in Conflict, S. 183-185. 189.
[6] Vgl. entsprechend Philon, Abr 66: ἅμα τῷ κελευσθῆναι μετανίστατο, d.h.: „zugleich mit dem Befehlsempfang...'"! Dazu C. SPICQ, SBi, S. 186: „Le participe présent kaloúmenos souligne le synchronisme parfait avec l'acte intérieur de consentement immédiat...". Die gut bezeugte Lesart ὁ καλούμενος (P[46] A D* 33.1739 usw.) nimmt möglicherweise auf die Namensänderung Gen 17,5 Bezug. Vgl. C. SPICQ, I, S. 427f; H. BRAUN S. 352f. - Zum Glaubensgehorsam des Abraham vgl. neben Gen 12,4; 22,18; 26,5 bes. Philon, Rer 8; Abr 60; Josephus, Ant I 225.233 sowie 1 Clem 10,1f.

war ihm noch nicht bekannt[7]. Gerade so aber ist das Verhalten Abrahams eine deutliche Demonstration des Glaubens, für den Autor des Hebr durchaus eine Demonstration des in V. 1 definierten Glaubens: Abraham läßt sich gehorsam auf den Ruf Gottes ein, obwohl das verheißene (und erhoffte!) Erbe noch gar nicht im Blick war.

Gleiches gilt auch für die weitere Station auf dem Wege der Glaubenswanderung Abrahams, die in V. 9 genannt wird: Auch Kanaan, das „Land der Verheißung", das Abraham nach V. 8 „zum Erbteil nehmen sollte", war nicht etwa Ziel und Erfüllung der Verheißung Gottes; vielmehr hat er auch und gerade hier – zusammen mit Isaak und Jakob als den „Mit-Erben derselben Verheißung"[8] – „als in einem fremden Land (und somit nur) in Zelten gehaust". Dieses Motiv des Fremdseins und der Wanderschaft entspricht zunächst durchaus der biblischen Überlieferung (für Abraham: Gen 12,8; 13,3ff; 18,1ff; für Isaak: Gen 26,25; für Jakob: Gen 31,25; 33,19; 35,26), erscheint hier jedoch vermittels der (im Anschluß an LXX) benutzten Terminologie παροικεῖν und κατοικεῖν außerordentlich stark betont[9].

Nicht mehr als eine Durchgangsstation auf der Glaubenswanderung Abrahams also ist sein Aufenthalt im „Lande der Verheißung" gewesen, Station nur auf dem Wege zu jener „Stadt", die – wie V. 10 (nunmehr in Abweichung von der biblischen Vorlage) begründend hinzufügt – auch Abraham als das endgültige Ziel seiner Glaubenswanderung noch „erwartete". Glaube, bisher in den VV. 8 und 9 als der die Exodus- und Unterwegsexistenz akzeptierende und ihr standhaltende Glaube beschrieben, erhält nunmehr gleichsam eine eschatologische Ausrichtung: Glaube also als „Erwartung" (ἐκδέχεσθαι)[10], als solcher ausgerichtet auf „Erhofftes" (V. 1!), bisher nicht Eingelöstes. Gegenstand und Ziel dieser alle vorläufig-irdischen Provisorien des Hausens in Zelten überschreitenden Erwartung

---

[7] Die Unbestimmtheit dieses „Ortes" – εἰς τόπον, d.h.: „an einen (unbestimmten) Ort" – verwischt die Einfügung des Artikels τόν bei ℵ² D¹ (usw.).

[8] Μετά bezeichnet hier selbstverständlich nicht die Gleichzeitigkeit Abraham-Isaak-Jakob, sondern stellt heraus, daß das, was für Abraham (als den Stammvater des Geschlechts) gilt, auch für seine „Mit-Erben" Isaak und Jakob gilt.

[9] Παροικεῖν εἰς heißt wörtlich: „als Fremder auswandern"; in Verbindung mit ἐν: „als Fremder (ohne Bürgerrecht) wohnen". Vgl. für Abraham: Gen 20,1; 21,23.34; 24,37; 26,3 sowie Mt 2,23; 4,13; Act 2,5. In bezug auf Abraham wiederum: Act 7,4. Dazu: K.L. SCHMIDT, ThWNT V, S. 841f; H. BALZ, EWNT III, Sp. 98f. – Κατοικεῖν (von Abraham): Gen 13,12. Vor allem Philon benutzt diese Terminologie, um diejenigen zu bezeichnen, die fern der himmlischen Heimat auf Erden als Fremdlinge ihr Dasein fristen. Angesichts bestimmter Entsprechungen zwischen Philon und Hebr kann man hier von einem beiden gemeinsamen „pattern" sprechen, „based on a exegetical tradition about the language of sojourning". So C.F. MERCADO, HThR 60 (1967) S. 495. Im Unterschied zu Hebr verbindet sich bei Philon freilich mit dieser Terminologie der seine Anthropologie bestimmende Leib-Seele-Dualismus. Vgl. Conf 78f (Gen 23,4); ebd. 81; Rer 267 (Gen 15,13); Agr 65.

[10] Vgl. auch schon 6,11ff, wo die Glaubenstreue Abrahams unter den Aspekt der „Fülle der Hoffnung" gestellt wird. – Zu ἐκδέχεσθαι im eschatologischen Sinn vgl. Jak 5,7. Vgl. auch G. THEISSEN, Untersuchungen zum Hebr, S. 104f; M.E. GLASWELL, EWNT I, Sp. 989.

und Hoffnung ist jene „Stadt", die – im Gegensatz zu jenen „Zelten" – allein feste und unumstößliche „Fundamente hat, (weil!) deren Werkmeister und Erbauer Gott (selbst) ist". Die nähere Kennzeichnung dieser „Stadt", wie sie hier vorgenommen wird, entspricht in der Sache durchaus dem, was der Autor des Hebr selbst in den VV. 13-16 kommentierend in seine Vorlage einbringt (und ist dementsprechend wohl auch auf ihn selbst zurückzuführen). Von daher (VV. 13-16) gesehen ist dann freilich die „Stadt", von der in V. 10 die Rede ist, als solche nicht eine schlechthin zukünftige Größe, sondern jene „himmlische Stadt", die Gott ihnen (sc.: den Patriarchen) bereitet hat" (V. 16), die also jetzt schon existiert: als von Gott selbst errichtete Stadt, „Stadt des lebendigen Gottes" also, wie es sodann in 12,22 heißt, bzw. das „himmlische Jerusalem" (ebd.). In diese Richtung einer schon hier, in V. 10, sich abzeichnenden Gegenüberstellung des Irdischen und des Himmlischen weist im übrigen auch die vom Autor des Hebr in diesem Zusammenhang benutzte Terminologie hin. Mit der Rede von der πόλις wie auch mit der Rede von Gott als τεχνίτης καὶ δημιουργός liegt hier ein ganzes Wortfeld vor, das als solches eindeutig auf den hellenistischen bzw. – genauer – hellenistisch-jüdischen Hintergrund solcher Redeweise hinweist[11].

Insgesamt erhält auf diese Weise die in V. 10 zunächst ausgesprochene zeitlich-eschatologische „Erwartung" – typisch wiederum für die Eschatologie des Hebr – eine eigentümliche räumliche Färbung: Das an sich zukünftige Ziel, auf das Abraham bei seiner Glaubenswanderung zugeht, ist jetzt bereits – jenseits des Irdischen – existent. Ein bestimmtes dualistisches Grundschema, wie es im Raum des hellenistischen Judentums vor allem bei Philon seinen Ausdruck gefunden hat[12], ist auch hier – im Hebr – nicht zu übersehen. Irdisches Unbehaustsein, die irdische Welt als die „Fremde" (V. 9), einerseits, die himmlische Stadt bzw. das himmlische „Vater-

---

[11] Die Sache einer „himmlischen Stadt" bzw. des „himmlischen Jerusalem" ist an sich auch in jüdischer und urchristlicher Apokalyptik belegt: Vgl. bes. 4 Esr 4,1ff; 7,26; 8,52; 10,27 sowie Apk 21,14.19. Dazu im einzelnen: H. STRAHTMANN, ThWNT VI, S. 525. 530; O. MICHEL S. 394f; J. C. DE YOUNG, Jerusalem in the New Testament, Kampen 1960, S. 103ff und S. 117ff. – Zur himmlischen Polis bei Philon vgl. Conf 78; All III 33; Somn I 46.181; II 250; Rer 26f.82. 274 u.ö.; dazu: H. BRAUN, Das himmlische Vaterland bei Philo und im Hebr, in: O. Böcher (Hrsg.), Verborum Veritas, Festschr. G. Stählin, Wuppertal 1970, S. 319-327; DERS., Hebr, S. 356f. – Zu τεχνίτης als Gottesbezeichnung im hellenistischen Judentum vgl. Weish 13,1 (vgl. auch 8,6; 14,2: Die Sophia als τεχνῖτις); Philon, Op 135; Mut 31; entsprechend zu δημιουργός vgl. 2 Makk 4,1; Philon, Op 36.138; Josephus, Ant I 155. Dazu R. WILLIAMSON, Philo and the Epistle to the Hebrews, S. 49ff. 372ff. Eine sachliche Unterscheidung zwischen beiden Termini, wie O. MICHEL S. 393f vermutet, ist hier nicht im Blick. Auch Philon gebraucht sie nebeneinander: Mut 29; Rer 133.225. Vgl. R. WILLIAMSON, Philo and the Epistle to the Hebrews, S. 46-51.
[12] Hier freilich wiederum mit einem anthropologischen Leib-Seele-Dualismus verbunden. Vgl. H. BRAUN, in: Festschr. G. Stählin, S. 319ff. 323ff; F. LAUB, Bekenntnis und Auslegung, S. 247f. 257ff. – Zum Ursprung dieses dem Hebr und Philon gemeinsamen „pattern" (C. F. MERCADO) im (mittleren) Platonismus vgl. J. W. THOMPSON, The Beginnings of Christian Philosophy, S. 75-77.

land" (V. 14) andererseits stehen einander gegenüber, und der Glaube ist in dieser irdischen Welt somit nicht nur auf die eschatologische Zukunft hin ausgerichtet, sondern – damit zugleich – auch auf das „Jenseits": Die zukünftige bzw. – wie es dann 13,14 heißt – die „kommende Stadt", auf die hin die Glaubenden unterwegs sind, ist zugleich die jenseitige himmlische Stadt, die Gott denen „bereitet hat", die ihn als „ihren Gott anrufen" (V. 16). Ist Abraham auf solche Weise für den Autor des Hebr (und damit auch für die Adressaten des Hebr) zum „Zeugen des Jenseitsglaubens" geworden?[13] – dies nun freilich gerade nicht! Denn das, was den Hebr in dieser Hinsicht etwa von Philon unterscheidet, ist ja gerade der Umstand, daß der Autor des Hebr bei aller Rezeption (hellenistisch-jüdischer) räumlicher Kategorien seinerseits durchaus an der Erstreckung des Glaubens auf eine zeitlich-eschatologische Zukunft festhält[14].

Hier wird wieder deutlich, daß die Rezeption der räumlichen (und somit auch dualistischen !) Gegenüberstellung des Irdischen und des Himmlischen im Hebr im Gesamtzusammenhang seiner Glaubensparaklese und -paränese eine ganz bestimmte Funktion hat: Die Erinnerung nämlich der Adressaten daran, daß – wie einst schon der Glaube Abrahams – auch ihr Glaube (als ein Glaube, der sich auf der noch vor ihnen liegenden Wegstrecke in standhaltender Treue bewähren soll!) jetzt bereits ein festes und unumstößliches Fundament hat: in der „kommenden Stadt" (13,14) nämlich, die Gott jetzt schon „bereitet hat" (V. 16 bzw. V. 10). Auf diese Weise wird in einem Zusammenhang, in dem der Glaube zunächst nur unter anthropologischem Aspekt akzentuiert erscheint – Glaube als Haltung oder sogar als Tugend des Menschen –, durch die Aussage von V. 10 ein deutlicher theologischer Akzent gesetzt[15]. Der hier beschriebene Glaube hat – sofern er sich nur auf Gottes eigene „Stadt" ausrichtet – im Gegenstand seiner „Erwartung" ein festes Fundament und trägt somit – wiederum von V. 1 her gesehen – seine Gewißheit in sich selbst: Er ist als solcher ein „Überführtsein von den Dingen, die man nicht sieht".

Die in den folgenden VV. 11 und 12 beschriebene weitere Station auf dem Glaubensweg des Abraham illustriert dies wiederum auf andere, von der biblischen Überlieferung her vorgegebene Weise. Hier ist freilich zunächst überhaupt fraglich, ob eigentlich noch vom Glaubenszeugnis des

---

[13] So G. BAUMBACH, Abraham unser Vater. Der Prozeß der Vereinnahmung Abrahams durch das frühe Christentum, ThV 16 (1986) S. 48f.

[14] F. J. SCHIERSE, Verheißung und Heilsvollendung, S. 121ff, spricht in diesem Zusammenhang vom „eschatologischen Realismus" des Hebr gegenüber Philon. Zur „eschatologischen Differenz" zwischen Hebr und Philon vgl. H. BRAUN, in: Festschr. G. Stählin, S. 323ff; F. LAUB, Bekenntnis und Auslegung, S. 259f; H. MOXNESS, Theology in Conflict, S. 182. Speziell im Blick auf diese „differente Stellung zur Zeit" (H. BRAUN) gibt es im Hebr dann auch wieder gewisse Analogien zur Apokalyptik, so im Blick auf V. 10 die Aussage 4 Esr 10,27: „Eine Stadt war erbaut, und es zeigte sich ein Ort mit gewaltigen Fundamenten".

[15] Vgl. H. MOXNESS, Theology in Conflict, S. 182: „The description of God in 11:10... in fact serves as a guarantee for the hope in an heavenly city". Sachlich entspricht dem in V. 11b die Korrespondenz zwischen Gottes Treue und Abrahams Glauben.

Abraham oder nicht vielmehr von dem der Sara die Rede ist, die Philon immerhin ausdrücklich bei seiner Auslegung von Gen 18,12 als ein Beispiel des Glaubens neben Abraham nennt[16]. Auch wenn der überlieferte Text καὶ αὐτὴ Σάρρα nunmehr – analog zu Philon – auch Sara in die Reihe der Glaubenszeugen einzubeziehen scheint, dürfte doch schon der hier zugrundeliegende biblische Sachverhalt – Gen 18,12, – gegen solche Lesart von V. 11 sprechen. Vor allem aber ist es der unmittelbare Kontext, der Rückgriff nämlich auf Abraham im ἀφ' ἑνός von V. 12, der solches Verständnis von V. 11 ausschließt. Und endlich: gegen Sara als Subjekt des Satzes spricht nicht zuletzt auch der Wortlaut von V. 11 selbst[17]: Daß Sara, wie es hier in der Textgestalt von P[46] D* Ψ (usw.) vorausgesetzt wird, die Fähigkeit (δύναμις) εἰς καταβολὴν σπέρματος empfangen hat, ist deshalb schon ausgeschlossen, weil die Wendung καταβολὴ σπέρματος nach gemein-hellenistischem Sprachgebrauch ausschließlich die sexuelle Funktion des Mannes bezeichnet[18]. Sinnvoll ist der Satz also nur mit Abraham, nicht mit Sara, als Subjekt[19]. Die Bezugnahme auf Sara als eine sekundäre Glosse einfach zu streichen[20], verbietet sich freilich angesichts der in dieser Hinsicht einhelligen Textüberlieferung. So bleibt am Ende nur übrig, die fragliche Wendung in V. 11 im Sinne eines dat.soc. zu verstehen: αὐτῇ

---

[16] Philon, Mut 166; Abr 112f; All III 218; Quaest in Gen IV 17. Vgl. dazu H. MOXNESS, Theology in Conflict, S. 161f. 183, Anm. 213.

[17] Zur Textproblematik in V. 11 vgl. bes. M. BLACK, Critical and Exegetical Notes on Three New Testament Texts: Hebrews XI.11, Jude 5, James I.27, in: Apophoreta. Festschr. E. Haenchen (BZNW 30), Berlin 1964, S. 39–45 = DERS., die Muttersprache Jesu. Das Aramäische in den Evangelien und in der Apostelgeschichte (BWANT 115), Stuttgart 1982, S. 83–89: „Ergänzende Bemerkungen zu Hebr 11,11 und dem Zustandssatz im Hebr", hier auch zur Geschichte der Auslegung. – Das Verständnisproblem in dieser Hinsicht zeigt sich bereits in der handschriftlichen Überlieferung. Dabei kann davon ausgegangen werden, daß die vom Text von Nestle/Aland abweichenden Lesarten – einschließlich der an sich gut bezeugten Lesart (P[13] ℵ A D[2] usw.), die στεῖρα an dieser Stelle ausläßt – sekundär-erläuternden Charakter haben. Dies gilt sicherlich auch von der Lesart P 104 365 (usw.), die ein οὖσα einfügt, damit aber immerhin auf die Möglichkeit aufmerksam macht, die Bezugnahme auf Sara an dieser Stelle als einen Umstands- bzw. Zustandssatz zu verstehen: „obwohl sie, Sara, (bisher) unfruchtbar war". Vgl. M. BLACK, Die Muttersprache Jesu, S 86f, sowie B. M. METZGER, A Textual Commentary on the Greek New Testament, S. 672; H. BRAUN S. 358f.

[18] Καταβολὴ σπέρματος ist term. techn. für die emissio seminis seitens des Mannes, der auf seiten der Frau die ὑποδοχή entspricht. Vgl. dazu: Epiktet, Diss I 13,3; Philon, Op 132; Ebr 211; Cher 49. Weitere Belege bei W. BAUER, Wörterbuch zum Neuen Testament, Sp. 830f; vgl. auch M. BLACK, Die Muttersprache Jesu, S. 84; O. HOFIUS, EWNT II, Sp. 631.

[19] Kriterium für die Beantwortung der Frage ist die Logik der Erzählung von V. 11 im Kontext der VV. 8–12. Sie spricht eindeutig für Abraham als Subjekt des Satzes. Eine allegorische Auslegung im Sinne Philons (Abr 99ff: Sara steht hier für die „Tugend" bzw. die Sophia) liegt hier jedenfalls nicht vor. Gegen S. G. SOWERS, The Hermeneutics of Philo and Hebrews, S. 134ff; C. SPICQ SBi, S. 188. Kritisch dazu: R. WILLIAMSON, Philo and the Epistle to the Hebrews, S. 328ff. – Aus der Auffassung, daß Sara Subjekt des Satzes ist, ergeben sich die sekundären Zusätze: εἰς τὸ τεκνῶσαι (D* P 81 usw.) und ἔτεκεν (ℵ[2] D[2] usw.).

[20] So G. ZUNTZ, The Text of the Epistles, S. 16, Anm. 4.34.170; H. WINDISCH S. 101: „eine Glosse..., die versehentlich in den Text geraten ist".

Σάρρα, d. h.: „gemeinsam mit Sara (d. h.: in Geschlechtsgemeinschaft mit ihr) empfing Abraham die Kraft..."[21] oder – noch wahrscheinlicher – die ganze Wendung als einen Zustandssatz[22]. Der Sinn der Bezugnahme auf Sara und ihre Unfruchtbarkeit im Kontext wäre dann jedenfalls eindeutig. Erneut wird auf diese Weise Abrahams Glaube gegen allen Augenschein und gegen alle Normalität hervorgehoben: „Obwohl Sara unfähig war zu gebären, empfing doch Abraham im Glauben die Kraft..."[23], und dies dazu noch „entgegen der Zeit des Lebensalters", dessen Kairos normalerweise – wie im übrigen auch Philon betont[24] – gar nicht mehr mit Zeugungs- und Gebärfähigkeit rechnen läßt. Daß dies alles nur unter dem Aspekt des Glaubens gilt, betont auf seine Weise wiederum der begründende Schlußsatz in V. 11: ἐπεὶ πιστὸν ἡγήσατο κτλ. Mit ihm wird in einem Zusammenhang, der zunächst nur von einem bestimmten Verhalten Abrahams redete, wiederum – wie bereits in V. 10 – ein theo-logischer Akzent gesetzt: πίστις, die Haltung des Menschen, hat es als solche mit der πίστις Gottes zu tun, der „treu" (πιστός) zu seiner Verheißung steht[25]. Und „Glaube" auf seiten des Menschen, d. h. dementsprechend: an Gottes eigener Treue festhalten, der die Verheißung gegeben hat (ὁ ἐπαγγειλάμενος) und zu ihr steht. Der Glaube von seiten des Menschen korrespondiert also der Treue Gottes. Dies gilt wie einst für Abraham so auch jetzt für die Christen (10,23!), auch wenn im Rahmen der Paradigmenreihe von Hebr 11 bei der Verheißung Gottes, von der hier die Rede ist, zunächst ganz konkret an die Verheißung der Nachkommenschaft des Abraham in Gen 22,17; 32,13 bzw. 12,1ff gedacht ist. **V. 12** beschreibt in diesem Sinne im Anschluß an die entsprechenden biblischen Aussagen[26] die gleichsam

---

[21] So bereits E. RIGGENBACH S. 359f; vgl. auch O. MICHEL S. 396; F. F. BRUCE S. 302; H. BRAUN S. 358f, mit Streichung von στεῖρα (nach P[13] א A D[2] usw.); M. RISSI, Die Theologie des Hebr, S. 109. Zur Sache vgl. BL.-DEBR.-R. § 194,2; M. BLACK, Die Muttersprache Jesu, S. 86.

[22] M. BLACK, Die Muttersprache Jesu, S. 86ff. BLACK verweist in diesem Zusammenhang auch auf den „bibelgriechischen" Charakter dieser Konstruktion (S. 87f). Vgl. den „bibelgriechischen" Zustandssatz in Hebr 3,10 (Zitat von LXX Ps 94,10). Dazu: M. BLACK, a.a.O., S. 88.

[23] Hier liegt im Hebr ganz offensichtlich eine Röm 4,20f weitgehend analoge Aussage vor (Röm 4,20: ἐνεδυναμώθη τῇ πίστει), die – wie dann auch die Aussage in Hebr 11,12 – auf eine gemeinsame Traditionsgrundlage für Paulus und für den Hebr schließen läßt. In Hebr ist an dieser Stelle nur insofern ein eigener Akzent gesetzt, als δύναμις hier speziell die Zeugungsfähigkeit Abrahams bezeichnet.

[24] Philon, Abr 111: „Denn da sie bereits über das Alter hinaus waren (ὑπερ ἡλικίας γεγονότες), hatten sie wegen ihres hohen Alters die Hoffnung auf die Geburt eines Kindes schon aufgegeben". Vgl. auch Abr 195 sowie Röm 4,19.

[25] Vgl. entsprechend Philon, Mut 166, hier freilich ohne Gebrauch von ἐπαγγελία: ὁ δ' ὑποσχόμενος..., ᾧ πιστεύειν ἀναγκαῖον. Vgl. auch Mut 182 (mit Verweis auf den θεὸς πιστός von Dtn 32,8); All III 218; Migr 44; Abr 268.273. Dazu H. MOXNESS, Theology in Conflict, S. 161f; H. BRAUN, Wie man über Gott nicht denken soll, S. 82ff.

[26] Vgl. bes. Gen 22,17 (Dan 3,36) sowie Gen 13,16; 15,5; Ex 32,13; Dtn 1,10; 10,22. E. AHLBORN, Septuagintavorlage des Hebr, S. 37ff, betont den Zitat-Charakter von V. 12b; vgl. auch J. McCULLOUGH, NTS 26 (1979/80) S. 372f.

notwendige Folge des von Abraham bewiesenen Glaubens[27], wobei auch hier wieder der unerhört-wunderbare Charakter der Einlösung der Verheißung Gottes stark betont erscheint: ἀφ' ἑνός, „aus dem Einen", der – wie hier noch einmal ausdrücklich hinzugefügt wird – bereits „erstorben", also nicht mehr zeugungsfähig war[28], sind die Vielen hervorgegangen[29]. Der „Eine" auf der einen, die Menge (πλῆθος) der Vielen auf der anderen Seite, die letzteren schier unzählbar „wie die Sterne am Himmel oder der Sand am Ufer des Meeres"!

Die bereits in den VV. 6 und 10f sich andeutende, das Glaubenszeugnis der „Alten" für die christlichen Leser aktualisierende Tendenz tritt in den folgenden VV. 13-16 ausdrücklich hervor. In diesem „Kommentar" zur Paradigmenreihe seiner Vorlage zieht der Autor des Hebr eine Art Zwischenbilanz. Sie ist ihm so wichtig, daß er mit ihr den ursprünglichen, von seiner Vorlage her vorgegebenen Zusammenhang zwischen den VV. 8-12 einerseits und VV. 17-19 unterbricht. Das Motiv dafür ist deutlich: Zumal in den voraufgehenden Versen ist ein Grundsachverhalt des Glaubens beschrieben worden, der den Abraham in besonderer Weise als Zeugen für die im Hebr in Frage stehende Glaubenshaltung der christlichen Adressaten erscheinen läßt: als den Prototyp nämlich einer Glaubenswanderschaft, die ihr endgültiges Ziel noch nicht erreicht hat.

Οὗτοι πάντες in V. 13 meint in diesem Sinne wohl weniger die Gesamtheit der in der Paradigmenreihe von V. 4 an genannten Glaubenszeugen (Abel, Henoch, Noah usw.), als vielmehr speziell die in VV. 8ff genannten: Abraham und – mit ihm – Isaak und Jakob[30]. Κατὰ πίστιν, „nach Maßgabe des Glaubens", nimmt das für „diese alle" geltende πίστει der Vorlage auf; damit wird jedoch – zunächst unerwarteterweise, aber doch ganz im Sinne der vom Autor des Hebr seiner Vorlage aufgeprägten Tendenz – die Feststellung verbunden, daß „diese alle gestorben sind", was zugleich heißt,

---

[27] Διό ist „konsekutiv koordinierende Konjunktion". Vgl. BL.-DEBR-R. § 451,5.11. Beigefügtes καί verstärkt noch in dieser Hinsicht; also: notwendige Folge.

[28] Die entsprechende Aussage Röm 4,19 (τὸ ἑαυτοῦ σῶμα [ἤδη] νενεκρωμένον) zeigt, daß Paulus und der Hebr hier eine beiden gemeinsame Abraham-Tradition aufnehmen (s.o. zu V. 11) und je auf ihre Weise in den Argumentationszusammenhang einbeziehen. – Das der Zwischensatz einleitende καὶ ταῦτα kann explikativ verstanden werden: „und zwar sogar…" (Vgl. BL.-DEBR.-R. §§ 425,1; 442,18), aber auch (in Verbindung mit dem Partizip) im Sinne von „obgleich" (vgl. BL.-DEBR.-R. § 290,7). In jedem Falle hat es im Kontext die Funktion, den paradox-wunderhaften Charakter dieses Geschehens hervorzuheben.

[29] Nicht eindeutig ist zu entscheiden, ob ursprünglich ἐγεννήθησαν – „sie sind gezeugt worden" (ℵ D² usw.) – oder ἐγενήθησαν – „sie sind geworden/entstanden" (P⁴⁶ A D* usw.) – zu lesen ist. Die Präposition ἀπό c.gen. (ἀφ' ἑνός) stimmt eher zu γίγνεσθαι. In der Sache ist kein Unterschied.

[30] Damit relativiert sich auch der Widerspruch zwischen V. 13 (ἀπέθανον οὗτοι πάντες) und V. 5 (τοῦ μὴ ἰδεῖν θάνατον). Anders D. LÜHRMANN, ZNW 66 (1975) S. 115: V. 13a ist gezielte Stellungnahme des Autors des Hebr gegen die in V. 5 aufgenommene Henoch-Tradition.

daß sie alle „die Verheißungen (Gottes) nicht erlangt haben"![31] Dieses Motiv des „noch nicht" ist dem Autor so wichtig, daß er es am Ende des Kapitels noch einmal wiederholt: οὐκ ἐκομίσαντο τὴν ἐπαγγελίαν (V. 39). Eine gewisse Spannung zu der die Paradigmenreihe bisher bestimmenden Ausrichtung (VV. 11f!) und darüber hinaus zur ausdrücklichen Feststellung von 6,15, daß Abraham „die Verheißung erlangt hat", ist nicht zu übersehen. Sie, diese Spannung, erklärt sich freilich nicht nur aus dem unterschiedlichen Anliegen von Tradition und Redaktion[32], sondern auch aus der jeweils unterschiedlichen Akzentuierung in 6,13–15 einerseits und 11,13.39 andererseits: Während dort (6,13–15) das Thema der Zuverlässigkeit der Zusage Gottes zur Erörterung stand, geht es hier, in Kapitel 11, um das Thema der Bewährung der Glaubensexistenz bis ans Ende.

Unter diesem „eschatologischen" Aspekt kann für den Autor des Hebr auch die Einlösung der Verheißung der Nachkommenschaft an Abraham nur als eine vorläufige gelten. Der Hoffnungs- und Erwartungscharakter des Glaubens (V. 10!) wird auf diese Weise in V. 13 stark betont, und in diesem Sinne greift der Kommentar des Autors – auch in terminologischer Hinsicht – viel mehr auf die VV. 8–10 als auf die VV. 11 und 12 zurück. Wenn dabei die Wendung κατὰ πίστιν adverbiell mit ἀπέθανον verbunden wird, so gilt dieses Sterben ja eben nicht als ein Scheitern aller Hoffnungen hinsichtlich der Verheißung Gottes, sondern viel eher als ein Ausdruck der Glaubenshaltung, für die die Verheißung Gottes auch am Tod nicht ihre Grenze hat. Und die beiden folgenden Partizipien μὴ λαβόντες ..., ἀλλὰ ... ἰδόντες machen dementsprechend alsbald deutlich, daß der Glaube des Abraham und seiner „Mit-Erben" als solcher die endgültige Einlösung der Verheißung Gottes durchaus im Blick hat (ἰδόντες), wenn auch nur „von ferne" (πόρρωθεν)[33] – so wie der Wanderer auf seinem Weg das in der Ferne am Horizont auftauchende Ziel seiner Wanderung sieht. Mit einer Vision des Abraham (und seiner „Mit-Erben") im Stile der Apokalyptik hat solche Sichtweise kaum etwas zu tun[34]; vielmehr fügt sie sich ganz in das den Zusammenhang bestimmende Bild von der Glaubenswan-

---

[31] Zur Verbindung von λαμβάνειν mit ἐπαγγελία vgl. auch Act 2,33; Gal 3,14; H. BRAUN S. 362f. – Die Lesart κομισάμενοι statt λαβόντες (ℵ* I P 33 38 81 usw.) ist sekundäre Angleichung an 10,36; 11,39. Die Lesart προσδεξάμενοι (A) dagegen ergibt nur bei gleichzeitiger Streichung der Negation einen Sinn, die nochmalige Betonung nämlich des Erwartungscharakters des Glaubens der Väter.

[32] So H. MOXNESS, Theology in Conflict, S. 185: „Heb 11:11–12 belongs traditionally to the same tradition as 6:13–15".

[33] Zur Verbindung des Ortsadverbiums πόρρωθεν mit Verben des Sehens vgl. auch Philon, Somn I 66, hier in bezug auf Gott: ὁρᾶν μακρόθεν neben πόρρωθεν θεωρεῖν. Vgl. auch Sophokles, Trach 1004: θαυμ' ἂν πόρρωθεν ἴδοιμει sowie BL.-DEBR.-R. § 34,8.

[34] Gegen O. MICHEL S. 398 mit Verweis auf BerR 48 (28a) – Gott hat dem Abraham die „Tage des Messias" offenbar gemacht – und auf syrBar 4,1–6: Gott hat bereits dem Adam, dann aber auch dem Abraham und dem Mose den „bereits bereiteten" himmlischen Tempel „gezeigt".

derschaft ein. Kennzeichnend für diese Sichtweise ist freilich auch, daß die hier beschriebene Weise der Glaubensexistenz nicht nur unter dem negativen Aspekt des Noch-nicht (μὴ λαβόντες) bzw. des „von ferne" (πόρρωθεν) betrachtet, sondern zugleich positiv beschrieben wird. „Von weitem sehen", das heißt hier zugleich: die Verheißungen (bzw. deren endgültige Einlösung) „begrüßen", sie „willkommen heißen"[35]. Sie, die Patriarchen, haben ihre Glaubensexistenz im Stande der Erwartung also nicht nur eben ertragen; sie haben sie vielmehr auch bejaht – indem sie nämlich „bekannten, daß sie Fremdlinge und Beisassen sind auf Erden".

Ὁμολογεῖν steht in diesem Zusammenhang nicht im technischen Sinn christlicher Bekenntnissprache[36], sondern eher im allgemeinen Sinn der (bewußten) Einwilligung und Zustimmung. Bei gleichzeitiger Aufnahme des Motivs der Fremdlingschaft von V. 9 wird solche Glaubensexistenz nunmehr zunächst im Anschluß an LXX Gen 23,4 (πάροικος καὶ παρεπίδημος ἐγώ εἰμι μεθ' ὑμῶν) beschrieben[37], zugleich aber durch die Hinzufügung eines ἐπὶ τῆς γῆς ins Grundsätzliche ausgeweitet: Existenz des Glaubens „auf Erden" ist als solche Existenz in der Fremdlingschaft. Solche Bezeichnung der Glaubensexistenz hat ihren Ansatz bereits in der biblischen Überlieferung selbst und ist von daher auch im Urchristentum rezipiert worden[38]; das im Hebr an dieser Stelle vorliegende einheitliche Wortfeld ξένος – παρεπίδημος – πατρίς – πόλις weist jedoch über die biblische Vorlage (Gen 23,4) hinaus in den Raum einer „dualistischen" Rezeption des biblischen Motivs von der Fremdlingschaft der Patriarchen im jüdischen Hellenismus[39], indem im folgenden (VV. 14–16) zum zeitlichen Aspekt der

---

[35] Zu ἀσπάζεσθαι im Sinne von „willkommen heißen" o.ä. vgl. W. BAUER, Wörterbuch zum Neuen Testament, Sp. 234. Dem Gebrauch des Verbums an dieser Stelle am nächsten kommt Josephus, Ant VI 82; VII 187: τοὺς λόγους ἀσπασάμενος. Zur Verbindung mit πόρρωθεν vgl. auch Platon, Charm 153 B. – Wenn einige Minuskelhandschriften (1518 pc) nach ἰδόντες zusätzlich noch καὶ πεισθέντες einfügen, wird einmal mehr der positive Charakter jenes „Sehens" des Glaubens hervorgehoben: „und sie waren (davon) überzeugt".

[36] Anders O. MICHEL S. 398; DERS., ThWNT V, S. 207. – Da im folgenden ὅτι-Satz eine Bezugnahme auf Gen 23,4 vorliegt, ist auch die Übersetzung „ausdrücklich erklären" möglich. So O. HOFIUS, EWNT II, Sp. 1257. Vgl. entsprechend Philon, Op 25 (mit Bezug auf Gen 1,27).

[37] Die Wendung οἱ ... τοιαῦτα λέγοντες in V. 14 weist darauf hin, daß der ὅτι-Satz in V. 13 ein Zitat von Gen 23,4 enthält.

[38] Vgl. die entsprechende Tendenz bereits in LXX Ps 38,13; ὅτι πάροικος ἐγώ εἰμι παρὰ σοὶ καὶ παρεπίδημος καθὼς οἱ πατέρες μου. Vgl. auch LXX Ps 118,19; Lev 25,23. – Für das Urchristentum vgl. in dieser Hinsicht: Phil 3,20; Eph 2,12.19; 1 Petr 1,1; 2,11 sowie Diog 5,5.9; Herm sim I 1.

[39] S. bereits oben zu V. 10. Speziell zum entsprechenden Sachverhalt bei Philon vgl. H. BRAUN (s. o. Anm. 11); R. WILLIAMSON, Philo and the Epistle to the Hebrews, S. 326ff. Speziell zum Gebrauch von παρεπίδημος bei Philon und im Hebr: C. SPICQ, Notes II, S. 671; H. BALZ, EWNT III, Sp. 89f. – Bei Philon wird das Thema der Fremdlingschaft auf Erden bzw. der Wanderung zur himmlischen Heimat wiederum auf der Grundlage eines Leib-Seele-Dualismus abgehandelt: Vgl. Cher 120f; Agr 65; Somn I 181; Rer 267f u. ö.; dazu: G. STÄHLIN, ThWNT V, S. 26f.

Erstreckung des Glaubens auf sein (eschatologisches) Ziel hin der räumliche Aspekt der Gegenüberstellung des Irdischen (V. 13) und des Himmlischen (V. 16) hinzutritt.

V. 14 präzisiert in diesem Sinne die vorangehende Aussage: Diejenigen, die „solches sagen" (Gen 23,4!), und zwar im Sinne der bewußten Einwilligung in ihre Fremdlingschaft „auf Erden" (V. 13), geben damit zu erkennen (ἐμφανίζουσιν), daß sie noch nicht ans Ziel gelangt sind, sondern ihr wahres und eigentliches „Vaterland (erst noch) suchen"[40]. Ἐπιζητεῖν bzw. ζητεῖν (P⁴⁶D* 629 usw.), „trachten nach", steht hier – wie auch 13,14 – im Sinne der gezielten Ausrichtung der ganzen Existenz auf das Ziel der Glaubenswanderung. Und das Stichwort πατρίς bezeichnet dementsprechend den Gegensatz zur Fremdlingschaft „auf Erden" (V. 13), dies freilich nun nicht mehr nur im Sinne des zukünftigen „Vaterlandes", sondern – wie V. 16 alsbald weiter präzisierend hinzufügt – im Sinne des jenseitig-"himmlischen" Vaterlandes[41].

Zuvor jedoch wird in V. 15 noch einmal in einer für den Hebr charakteristischen Weise der intensive Charakter des (ἐπι-)ζητεῖν von V. 14 unterstrichen. Mit dem hier vorliegenden (irrealen) Bedingungssatz wendet sich der Autor wiederum – wie bereits 4,8; 7,11; 8,7 und 10,2 – an das Urteilsvermögen seiner Leser. Die Imperfekte ἐμνημόνευον und εἶχον haben in diesem Zusammenhang durchaus ihre eigentliche Bedeutung: Das Sinnen und Trachten der Väter – so die Logik der Argumentation – war so sehr auf jenes himmlische „Vaterland" gerichtet, daß sie gar nicht mehr ständig (Impf.!) jenes Land in Sinn und Gedächtnis hatten[42], von dem sie einst ausgezogen waren (Aorist!)[43], und dementsprechend auch nicht von der ständig gebotenen (εἶχον!) Möglichkeit Gebrauch machten, dorthin zu-

---

[40] Auffällig in V. 14 und V. 16 gegenüber V. 13 (und V. 15) ist der Wechsel vom Aorist zum Praesens. Nur um den Gebrauch des „Praesens historicum" (BL.-DEBR.-R. § 321) dürfte es sich dabei nicht handeln. Vielmehr will der Autor des Hebr auf diese Weise die „Gegenwartsbedeutung" der hier an den Vätern demonstrierten Glaubenshaltung für die Adressaten des Hebr herausstellen: Auch und gerade für sie gilt ja, daß sie „hier – ‚auf Erden' – keine bleibende Stadt haben", sondern „die zukünftige Stadt suchen" (13,14).

[41] Auch hier ist der Anschluß an die entsprechende jüdisch-hellenistische Terminologie deutlich. Vgl. bes. wiederum Philon, Agr 95; Rer 27; dazu: F. LAUB, Bekenntnis und Auslegung, S. 257ff. Vgl. aber auch die Rede vom „himmlischen Vaterland" im Bereich des (nichtjüdischen) Hellenismus, so bei Diogenes Laertius II 3,7 (zu Anaxagoras); Epiktet, Diss II 23,38 sowie bei Aelius Aristides, Or 43,18.

[42] Zu μνημονεύειν in Sinne vom „"(etwas) im Sinne bzw. im Gedächtnis haben" vgl. R. LEIVESTAD, EWNT II, Sp. 1071f; C. SPICQ, Notes II, S. 470. Die schwach bezeugte Aorist-Lesart (33 104 usw.) ist sekundäre Angleichung an die Aoristverben in V. 13 und V. 15, verfehlt jedoch die mit dem Imperfekt intendierte Sachaussage. Gleiches gilt auch für die Präsens-Lesart (P⁴⁶ ℵ* D* Ψ usw.) in Angleichung an V. 14 und V. 16. Von der Satzlogik her ist das Impf. in der Protasis wie auch in der Apodosis des Bedingungssatzes gefordert.

[43] Die Lesart ἐξῆλθον (ℵ² D² Ψ usw.) anstelle von ἐξέβησαν ist wohl aus sekundärer Angleichung an ἐξελθεῖν in V. 8 zu erklären.

rückzukehren⁴⁴. Daß sie dies nicht taten, ist im Sinne des Autors des Hebr der deutlichste Beweis dafür, daß sie nichts anderes mehr als das eigentliche und wahre Ziel ihrer Glaubenswanderung im Blick hatten.

Νῦν δέ zu Beginn des folgenden Satzes V. 16 bezeichnet dementsprechend die logische Folge der Beweisführung von V. 15: Sie „streckten sich aus" – wie es hier in nochmaliger Steigerung des (ἐπι-)ζητεῖν von V. 14 heißt – „nach einem Besseren" (sc.: als jenem irdischen Heimatland), nämlich – wie hier nun ausdrücklich präzisiert wird (τοῦτ' ἔστιν) – nach dem „Himmlischen" (Vaterland), d. h. nach jener „Stadt", die allein feste Fundamente hat, weil Gott selbst sie erbaut hat (V. 10). Es ist wohl kaum ein Zufall, daß der Autor des Hebr hier mit dem Verbum ὀρέγεσθαι einen Terminus (technicus?) benutzt, der in der stoischen Lebensphilosophie – bei Epiktet vor allem – die Lebenshaltung des „Weisen" bezeichnet und den auch Philon aufgenommen hat, um die Haltung und Einstellung desjenigen zu kennzeichnen, der „nach nichts von den irdischen Dingen trachtet" bzw. sich – so dann auch Abraham – nach der πρὸς θεὸν συγγένεια ausstreckt⁴⁵. Es ist nicht zu übersehen, daß – zumal von dieser Sprach- und Sachtradition her gesehen – die Beschreibung der Glaubensexistenz der Väter (und damit auch der Adressaten des Hebr) eine „asketische" Akzentsetzung im Sinne der Enthaltung von den irdischen bzw. weltlichen Dingen erhält. Gleichwohl ist es offensichtlich nicht das Anliegen des Autors, diesen Aspekt hinsichtlich seiner anthropologischen Konsequenzen im einzelnen auszuführen. Viel wichtiger ist ihm im Zusammenhang seiner Glaubensparaklese der theologische Aspekt, wie er am Schluß seines Kommentars in V. 16b vorliegt⁴⁶. Weil die Väter sich in ihrer Glaubensexistenz ganz auf das wahre himmlische Vaterland ausgerichtet

---

⁴⁴ Zur Sache vgl. bes. Philon, Abr 86f: „Welcher andere (sc. als Abraham) hätte es nicht unangenehm empfunden, wenn er ... zur Auswanderung aus der Heimat gezwungen wurde ...? Wer wäre nicht umgekehrt und wieder heimgeeilt..., wäre nicht schleunigst dem gegenwärtigen Mangel entflohen, hätte es nicht für Torheit gehalten, für unbekannte Güter bekannte Übel zu wählen? Nur dieser (Abraham) war offenbar anders geartet...". – Καιρός steht hier im Sinne der (bestimmten) Zeit, die eine Chance bzw. Gelegenheit gewährt, häufig – wie auch hier – in der Verbindung mit ἔχειν belegt. Vgl. im Neuen Testament Gal 6,10; 2 Kor 16,1 sowie weitere Belege bei W. BAUER, Wörterbuch zum Neuen Testament, Sp. 801 (unter 2.); G. DELLING, ThWNT VII, S. 457.
⁴⁵ So Philon, Somn I 140: μηδενὸς μὲν τῶν περιγείων ... ὀρεχθεῖσαι bzw. Virt 218; vgl. auch Abr 96; Migr 58; Gig 35. Zum Gebrauch von ὀρέγεσθαι bzw. ὄρεξις bei Epiktet: Diss I 21,1; IV 1,84; 4,16. Dazu: H. W. HEIDLAND, ThWNT V, S. 449; C. SPICQ, Notes II, S. 626f. Im Neuen Testament (1 Tim 3,1) steht ὀρέγεσθαι synonym mit ἐπιθυμεῖν. So auch bei Josephus, Vita 70.
⁴⁶ Hier besteht ein wesentlicher Unterschied zu Philon, der die Fremdlingschaft der Seele (!) auf Erden letztlich in ihrer himmlisch-jenseitigen Herkunft begründet sieht. Vgl. Somn I 140.181; Cher 120; Conf 78. Dazu H. BRAUN S. 367. Dieser Begründungszusammenhang fällt im Hebr aus. Anders freilich H. BRAUN, a.a.O.: „Hb denkt also an die Präexistenz der Seele (siehe 2,11 2,14)". So auch E. GRÄSSER, ZNW 77 (1986) S. 175f; W. SCHENK, STL 39 (1985) S. 75 mit Anm. 10 (S. 99f).

(und damit zugleich ihr Vertrauen auf Gottes Treue zu seiner Verheißung bekundet) haben, deshalb (διό) entspricht Gott ihrem „Bekenntnis" (V. 13) nunmehr mit seinem Bekenntnis. Οὐκ ἐπαισχύνεται αὐτούς, das ist – wie auch schon in 2,11 – Bekenntnisterminologie: „er schämt sich ihrer nicht", d. h. positiv: Er bekennt sich zu ihnen[47], was hier konkret heißt: er läßt sich von ihnen als „ihr Gott" anrufen, als der „Gott Abrahams, Isaaks und Jakobs" (Ex 3,6)[48]. Damit ist dann aber auch endgültig deutlich, daß es dem Autor des Hebr bei der Beschreibung der Glaubensexistenz der Väter (und damit auch der Christen!), wie sie hier vorliegt, gar nicht primär und absolut um bestimmte anthropologische Qualifikationen (im Sinne etwa von Askese und Weltentsagung) geht, sondern in erster Linie um die Relation Mensch–Gott und somit um die theologische Qualifizierung der Glaubensexistenz. Mit der Gottesbezeichnung θεὸς αὐτῶν verbindet sich hier ja zugleich die bindende, für alle Zeit geltende Zusage einer besonderen Gottesbeziehung – ganz analog derjenigen, die Philon im Zusammenhang seiner Auslegung von Ex 3,15 auf seine Weise zur Aussage gebracht hat: Daß Gott – wie es hier heißt – „seinen eigenen Namen mit ihnen (sc.: den Israeliten) verbunden hat" – Gott also als der „Gott Abrahams, Isaaks und Jakobs" – das ist geschehen, damit sie „zu Bitten und Flehen ihre Zuflucht nehmen können und nicht ohne gute Hoffnung bleiben". Im Kontext von Hebr 11 aber vor allem: Dieser Gott, der sich „ihr Gott" nennen läßt, ist zugleich der Gott, der Abraham (und seine Mit-Erben) berufen hat (V. 8: καλούμενος).

In V. 16b schließt sich der Kreis zu V. 8 hin: Gott als derjenige, der sich „anrufen" läßt (ἐπικαλεῖσθαι: V. 16), ist zugleich der „Berufende" (passivum divinum καλούμενος: V. 8). Damit liegt hier nicht nur in formaler Hinsicht eine „Einschließung" (inclusio) vor[49]; auf diese Weise wird vielmehr alles das, was in den VV. 8–16 über das Verhalten von Menschen, vorzüglich des Abraham, in bestimmten Bewährungssituationen als Vorbild für die Glaubensexistenz der Christen ausgeführt wird, in einen theologischen Horizont hineingerückt: Der Gott, der als der Berufende am Anfang der Glaubensexistenz und Glaubenswanderung steht (V. 8), ist immer auch derjenige, der das Ende und Ziel dieser Wanderung verbürgt – denn (γάρ): ἡτοίμασεν ... αὐτοῖς πόλιν! Der Anschluß dieses Satzes mit γάρ an die vorangehende Zusage einer besonderen Gottesbeziehung bedeutet, daß hier nunmehr die Begründung, der Beweis gleichsam, für Gottes

---

[47] Vgl. entsprechend Mk 8,38 und dazu wiederum Lk 12,8 und Mt 10,32. Vgl. O. MICHEL, ThWNT V, S. 207, Anm. 27; DERS., Zum Sprachgebrauch von ἐπαισχύνομαι in Röm 1,16, in: Glaube und Ethos. Festschr. G. Wehrung, Stuttgart 1940, S. 36–53; A. HORSTMANN, EWNT I, Sp. 101.
[48] Vgl. auch Gen 28,13; Ex 3,13ff, spez. 3,15; 4 Makk 7,19; 16,25 sowie Philon, Gig 64: „Wenn der Gott der Welt... in besonderer Weise sein (sc.: des Abraham) Gott ist", so folgt daraus die Notwendigkeit (ἐξ ἀνάγκης), daß auch Abraham selbst zu Gott gehört.
[49] Vgl. A. VANHOYE, La structure littéraire, S. 187.

Bekenntnis zu den Vätern formuliert wird. Und dieser „Beweis" trägt nicht nur ein Versprechen für eine noch ferne Zukunft in sich. Vielmehr gilt: Jetzt schon „hat er ihnen eine Stadt bereitet", die himmlische Stadt nämlich, das himmlische Vaterland, jene Stadt also, die Gott selbst gebaut hat (V. 10)[50]. Jetzt also schon ist der Glaube an dieses (noch nicht sichtbare) Ziel seiner Wanderschaft gewiesen, dieses Ziel – und damit das eschatologische Heil – ihm also gewiß. In die für die VV. 13–16 charakteristische Konzentration auf eine auf Zukunft ausgerichtete Glaubensexistenz ist damit auch hier wieder die „vertikale" Dimension des Glaubens hineingenommen – um auf solche Weise wiederum Raum zu schaffen für die Gewißheit des Glaubens, der noch im Raum des Unanschaulichen und Nicht-sichtbaren verharrt, gleichwohl jedoch den „Beweis" der „nicht-sichtbaren Dinge" in sich trägt (V. 1!). Die Transparenz dieser Aussagen für die christlichen Adressaten des Hebr ist unmittelbar evident – denn: Wer so wie die Väter seine gegenwärtige Existenz auf Erden als Fremdlingschaft versteht und bejaht, der kann – weil Gott selbst ja schon das Ziel der Glaubenswanderung „bereitet hat" – auch des guten Endes seiner Wanderung gewiß sein[51].

Mit den folgenden, das Glaubensbeispiel der Väter herausstellenden VV. 17–22 kehrt der Autor des Hebr offensichtlich wieder zur Paradigmenreihe seiner Vorlage zurück. Die hier in chronologischer Abfolge zusammengestellten Paradigmen wirken auf den ersten Blick einigermaßen uneinheitlich, um nicht zu sagen: unsystematisch. Immerhin besteht ein Sachzusammenhang auch mit dem voraufgehenden Teil der Vorlage. Kam dort nämlich bereits in den VV. 11f die auch an Tod und „Erstorbensein" des Menschen sich bewährende Macht Gottes in den Blick, so werden nunmehr vor allem in dieser Hinsicht die entsprechenden Akzente gesetzt, und zwar sowohl in den noch Abraham betreffenden Passagen des Abschnitts (V. 19!)[52] als auch dort, wo sodann im Blick auf Isaak und Jakob speziell die Stunde

---

[50] Ἑτοιμάζειν, in LXX Hab 2,12 synonym mit οἰκοδομεῖν πόλιν, bezeichnet in biblisch-urchristlicher Sprache sowohl das Schöpferhandeln Gottes (LXX Ps 64,7; Jer 8,15; Prov 3,19; 8,27 u. ö.) als auch sein heilschaffendes Handeln (Ex 23,20; 1 Kor 2,9; Lk 2,30f; Mt 25,34; Joh 14,2 sowie Did 10,5; 1 Clem 34,8; 35,3; 2 Clem 14,5). Dazu: W. GRUNDMANN, ThWNT II, S. 702f.

[51] Analoge Aussagen, daß Gott jetzt schon das himmlische Jerusalem bzw. den himmlischen Tempel „bereitet" hat, liegen vor allem in der jüdischen und urchristlichen Apokalyptik vor (syrBar 4,3; Apk 21,2; vgl. auch 12,6). Dem Hebr besonders nahe steht dabei 4 Esr 8,52: „Denn für uns ist die kommende Welt bereitet..., die Stadt erbaut, die Ruhe zugerüstet". Gleichwohl ist damit noch kein Indiz für das ungebrochene Nachwirken einer spezifisch „apokalyptischen" Tradition im Hebr gegeben (so O. HOFIUS, Katapausis, S. 92), zumal die sich hier aussprechende Vorstellung auch im Raum des jüdischen Hellenismus ihren Ausdruck gefunden hat: vgl. bes. JosAs 8,9: „und sie (sc.: die Jungfrau) gehe hinein in diese Ruhe (κατάπαυσις), die du deinen Auserwählten bereitet hast...". Darüber hinaus verweist die im Hebr in diesem Zusammenhang gebrauchte Terminologie eindeutig in den Raum des jüdischen Hellenismus.

[52] Zur Entsprechung zwischen den VV. 11f und 18f vgl. A. VANHOYE, La structure littéraire,

des Todes bzw. das über den Tod hinausweisende Vermächtnis der Väter zum Beispiel des sichbewährenden Glaubens genommen wird. Und wie bereits im voraufgehenden Abschnitt ist dann auch hier nicht nur von Glaubensgehorsam und Glaubenstreue der Väter (als einer „Tugend" von Menschen) die Rede, sondern - ganz im Sinne des voraufgehenden Abschnitts - zugleich auch von der in allen Bewährungssituationen des Glaubens sich durchhaltenden Treue Gottes zu seiner Zusage[53].

In den VV. 17-19 wird zunächst noch einmal das Glaubensbeispiel des Abraham hervorgehoben, und zwar anhand der „Opferung Isaaks", die bereits in jüdischer Abraham-Tradition einen besonderen Stellenwert erhalten hatte[54]. Wie schon das wörtliche Zitat von Gen 21,12 in V. 18 zeigt, folgt der Verweis auf das Beispiel des Abraham zunächst der entsprechenden biblischen Vorlage in Gen 22, setzt aber doch zugleich sehr deutliche eigene Akzente, die den paradoxen Charakter dieses Geschehens hervortreten lassen. Zwei Aspekte werden in den VV. 17-19 besonders hervorgehoben: In den VV. 17f zunächst der bedingungslose Glaubensgehorsam Abrahams, in V. 19 sodann seine Glaubenszuversicht[55].

Passivisches πειραζόμενος in V. 17 nimmt Bezug auf die aktivische Formulierung in LXX Gen 22,1: ὁ θεὸς ἐπείραζεν τὸν Ἀβραάμ. Die Bezeichnung des Isaak als μονογενής (statt LXX Gen 22,2: ἀγαπητός) geht bereits auf die jüdische Auslegungstradition zurück[56]. Auffällig ist vor allem, daß hier - im Unterschied zur biblischen Überlieferung - für die aus Abrahams Glaubensgehorsam erwachsene Absicht, den „Einziggeborenen" als Opfer darzubringen, die vollzogene Handlung steht: προσενήνοχεν ... προσέφερεν. Dabei läßt sich das Imperfekt προσέφερεν immerhin noch als ein Imperfekt „de conatu" verstehen, also: „er wollte als Opfer darbrin-

---

S. 187f: δύναμις (V. 11) entspricht δυνατός (V. 19), und καὶ ταῦτα νενεκρωμένον (V. 12) entspricht καὶ ἐκ νεκρῶν (V. 19). Vgl. auch H. MOXNESS, Theology in Conflict, S. 186f.

[53] Vgl. H. MOXNESS, Theology in Conflict, S. 187: „It is the faithfulness of God towards his words more than the obedience of Abraham which is the concern of Heb 11:17-19".

[54] Unter den zehn „Versuchungen" bzw. Erprobungen, denen nach jüdischer Überlieferung der Glaube Abrahams ausgesetzt war (vgl. Jub 17,17; 19,8f; mAv V 3), gilt traditionellerweise die „Opferung Isaaks" als die Glaubensprobe par excellence: vgl. z.B. Jub 17,18; 4 Makk 16,20-22; Ps-Philon, Ant.Bibl. 18,5; 32,1-4 und wiederum Philon, Abr 167ff, hier bes. 170.175; 192ff; Imm 4 (hier in Verbindung mit Gen 15,6), für das Neue Testament vgl. Jak 2,21. Zum Ganzen vgl. K. BERGER, TRE I, S. 374f; T. VEIJOLA, Das Opfer des Abraham - Paradigma des Glaubens aus dem nachexilischen Zeitalter, ZThK 85 (1988) S. 129-164. - Der Bezugnahme im Hebr auf diesen traditionell-jüdischen Topos besonders nahe kommt der entsprechende Verweis in den Paradigmenreihen von Sir 44 (V. 20) und 1 Makk 2 (V. 52): ἐν πειρασμῷ εὑρέθη πιστός. Das in V. 17 vorangestellte πίστει entspricht somit ganz der vorchristlich-jüdischen Abraham-Tradition. Vgl. auch H. MOXNESS, Theology in Conflict, S. 186f.

[55] Vgl. T. VEIJOLA, ZThK 85 (1988) S. 162.

[56] Μονογενής findet sich zur Bezeichnung Isaaks bei Aquila (Gen 22,2) und Symmachus (Gen 22,12). Vgl. auch Josephus, Ant I 222; Philon, Imm 4 (ἀγαπητὸς καὶ μόνος); Abr 168.196; Somn I 194.

gen"[57]; anders jedoch verhält es sich mit dem Perfekt προσενήνοχεν, das in jedem Falle die bereits vollzogene Handlung bezeichnet. Ob sich darin bereits das Vorbildhafte des Glaubensgehorsams des Abraham andeuten soll[58], sei dahingestellt. In jedem Falle aber tritt auf diese Weise das Paradox-Widersinnige dieses Geschehens besonders deutlich ans Licht: Derjenige, „der die Verheißungen (hinsichtlich seiner Nachkommenschaft) empfangen hat", nach V. 18 konkret die Verheißung von Gen 21,12[59], bringt den einzigen Träger dieser Verheißung dem Gott als Opfer dar, der selbst diese Verheißung gegeben hatte! Gottes Weisung an Abraham, Isaak als Opfer darzubringen, steht im Widerspruch zu seiner eigenen Verheißung bzw. stellt sie radikal in Frage. Aus solchem Widerspruch und Widersinn vermag am Ende – wie V. 19 alsbald hinzufügt – nur die Erwägung oder besser: die Überzeugung des Glaubens (πίστει ... λογισάμενος) herauszuführen, daß Gottes Verheißung auch gegen den Tod in Kraft und Geltung bleibt.

Der V. 19 stellt in diesem Sinn mit dem „Bekenntnis" Abrahams zu der den Tod überwindenden Macht Gottes den Höhepunkt der VV. 17–19 dar. Bei alledem wird auch hier im ὅτι-Satz von V. 19 die von der Vorlage her vorgegebene biblisch-jüdische Traditionslinie nicht verlassen. Die Kennzeichnung Gottes als δυνατός, „mächtig, stark", ist in LXX durchaus geläufig[60], und die Rede von dem Gott, „der die Toten bzw. von den Toten auferweckt" ist (in Gestalt einer partizipialen Gottesbezeichnung) im nachbiblischen Judentum zu einer feststehenden Bekenntnisaussage geworden[61]. Solchen Glauben, solches Grundvertrauen auf Gottes Macht, hat einst Abraham ἐν πειρασμῷ gegen allen Augenschein bewiesen (Sir 44,20; 2 Makk 2,52!), Glauben nun freilich nicht im Sinne blinden Glaubensgehorsams, sondern im Sinne der Glaubenszuversicht zu dem Gott, „der die Toten lebendig macht". Und die daraus folgende (ὅθεν) „Rückgabe" des Isaak an Abraham ist dementsprechend auch weniger die Belohnung der Glaubenstat des Abraham als vielmehr die (notwendige!) Folge

---

[57] So BL.-DEBR.-R. § 326,1; vgl. auch § 327,1. – Kaum eindeutig läßt sich die Auslassung des Namens Abraham in einem Teil der Textüberlieferung in V. 17a erklären. Möglicherweise hängt sie mit der Unterbrechung des ursprünglichen Zusammenhangs der VV. 8–12/ 17ff durch den Kommentar in den VV. 13–16 zusammen. Vgl. B. M. METZGER, A Textual Commentary on the Greek New Testament, S. 673.

[58] So BL.-DEBR.-R. § 342,6. Vgl. immerhin auch den Aorist ἀνενέγκας Jak 2,21.

[59] Vgl. auch Gen 17,19; 18,10.14. Zitiert wird Gen 21,12 wörtlich nach LXX (vgl. auch Röm 9,7). Im Kontext ist die Einleitung des Zitats πρὸς ὃν ἐλαλήθη auf Gottes Rede (in der Schrift) zu beziehen. Vgl. entsprechend 3,5 und 5,5.

[60] Vgl. LXX Ps 44,6.8; 23,8; 88,9; Zeph 3,17, weiter: Philon, Virt 168 (ὁ δυνατώτατος) sowie Lk 1,49; Röm 4,21; 11,23. Die Lesart δύναται (A D¹ Ψ usw.) erklärt sich möglicherweise aus sekundärer Angleichung an 7,25: σῴζειν ... δύναται.

[61] Vgl. 2 Makk 7,28; syrBar 48,8; JosAs 8,3. 9; Schᵉmone Esre, 2. Benediktion, sowie entsprechend in jüdischer Tradition: Röm 4,17; 2 Kor 1,9. Vgl. auch Philon, Migr 122.

solchen unbedingten Vertrauens auf die Macht und Kraft Gottes[62]. In diesen hier insgesamt vorgegebenen biblisch-jüdischen Traditions- und Motivzusammenhang läßt sich auch die (adverbiell zu ἐκομίσατο gehörende) Wendung ἐν παραβολῇ einbeziehen: in dem Sinne nämlich, daß Abraham seinen Sohn „gleichsam" aus Gottes Hand zurückerhalten hat, als „gleichnishaften" Hinweis darauf, daß Gott derjenige ist, „der Macht (genug) hat, von den Toten aufzuerwecken"[63]. Höchst fraglich, ja unwahrscheinlich demgegenüber ist es, in der Wendung ἐν παραβολῇ – unter der Voraussetzung, daß sie einen Zusatz des Autors des Hebr zu seiner Vorlage darstellt – den Hinweis auf ein typologisches Verständnis des ganzen Geschehens zu sehen, und zwar im Sinne eines Hinweises auf die Auferweckung Jesu Christi von den Toten[64] oder sogar im Sinne der christlichen Rezeption der (vorchristlich-jüdischen) Aqeda-Tradition in Gestalt einer Isaak-Christus-Typologie[65]. Gegen solche Deutung spricht jedoch bereits der Umstand, daß diesem Zusammenhang nun in der Tat keinerlei Hinweis auf das Sterben Jesu in Analogie zum „Opfertod" des Isaak entnommen werden kann und darüber hinaus auch das Verständnis der „Rückgabe" Isaaks an Abraham im Sinne der Auferstehung Jesu schon deshalb nicht wahrscheinlich ist, weil die partizipiale Gottesbezeichnung „der die Toten lebendig macht" (o. ä.) nun gerade nicht zu den Eigenheiten der Rede des Hebr von Gott gehört[66]. Im Kontext geht es hier – auch dem Au-

---

[62] Zu ὅθεν (καί) im Sinne der notwendigen (logischen) Folge vgl. 7,25; 9,18 sowie 2,17: ὅθεν ὤφειλεν. – Κομίζεσθαι steht hier im Sinne von „(zurück)erhalten, (zurück)empfangen", aus der Hand Gottes nämlich. Vgl. Josephus, Ant I 236; Bell II 153; Philon, Jos 210.231. Zum Motiv der „Rückgabe" Isaaks an Abraham vgl. Philon, Abr 177 (ἀντιχαρίζεσθαι); Ps-Philon, Ant.Bibl. 18,5.

[63] Vgl. dazu die Rezeption von Gen 22,12 in der rabbinischen Auslegungstradition, so in PRE 31 (16b): „Als er (Gott) sprach: ‚Strecke deine Hand nicht gegen den Knaben aus (Gen 22,12), kehrte die Seele in seinen Leib zurück, und er band ihn los, und Isaak stand auf seinen Füßen. Da erkannte Isaak (!) die Auferstehung der Toten auf Grund der Tora, daß nämlich dereinst die Toten wieder aufleben werden. In jener Stunde hob er an und sprach: ‚Gepriesen sei Gott, der die Toten lebendig macht...'" (vgl. Sch^emone Esre, 2. Benediktion). Vgl. auch L. GOPPELT, Typos, S. 212: „schattenhafte Vorabbildung der zukünftigen Totenauferstehung"; E. RIGGENBACH S. 365: „ἐν παραβολῇ ist also dem Sinne nach zu ergänzen durch ἀναστάσεως...", F. HAUCK, ThWNT V, S. 748.

[64] So bereits Theodoret z. St.: ἐν παραβολῇ, τουτέστιν ὡς ἐν συμβόλῳ καὶ τύπῳ τῆς ἀναστάσεως. Daran anschließend: C. SPICQ, II, S. 354f; G. SCHILLE, ZNW 51 (1960) S. 118. Kritisch dazu: E. RIGGENBACH S. 365f; H. BRAUN S. 372 sowie H. MOXNESS, Theology in Conflict, S. 187. 189.

[65] Zur frühen Auslegungsgeschichte in diesem Sinne vgl. E. RIGGENBACH S. 366, Anm. 44. Neuerdings vgl. bes. J. DANIELOU, La type d'Isaac dans le christianisme primitif, Bib 28 (1947) S. 363–393, spez. S. 370; P. GRELOT, Bib 42 (1961) S. 459; J. E. WOOD, Isaac-Typology in the New Testament, NTS 19 (1967/68) S. 583–589, spez. S. 588f; J. SWETNAM, Jesus und Isaac. A Study of the Epistle to the Hebrews in the Light of the Aqeda (AnBib 94), Rom 1981, S. 86–129; S. 128: „Abrahams offering of Isaac in sacrifice and his receiving Isaac both was a mysterious foreshadow of the sacrificial death and resurrection of Jesus"!

[66] Vgl. die entsprechende Kritik dieser Deutung bereits bei E. RIGGENBACH S. 366; vgl.

tor des Hebr selbst – in der Tat nur um den besonderen Kasus der von Abraham bewährten Glaubenstreue, der – am Ende wiederum ganz im Sinne der Definition des Glaubens von V. 1 – wider allen Augenschein am einmal gegebenen Verheißungswort Gottes nicht zweifelt und seine Glaubenszuversicht ganz auf den setzt, der am Ende auch imstande ist, „von den Toten aufzuerwecken".

Durchaus auf dieser Linie, wenn auch im einzelnen nicht so breit ausgeführt (und deshalb wohl auch nicht in dem Maße überzeugend), liegen auch die in den VV. 20-22 vorgeführten Paradigmen der Patriarchen Isaak, Jakob und Joseph. Auch ihr Glaube richtet sich – wie die im folgenden genannten Beispiele zeigen wollen – über den Tod hinaus auf das Weiterwirken und die endgültige Verwirklichung der Verheißung Gottes. Ganz in diesem Sinne hat es nach V. 20 der Glaube Isaaks mit den „zukünftigen Dingen" (μέλλοντα) zu tun. „Im Glauben", d.h. auch hier: in der Hoffnung und Zuversicht auf das, was künftig von Gott verwirklicht werden soll, hat er die Segenshandlung an Jakob (und Esau!) vollzogen (Gen 27,27ff)[67]. Die auf die Eröffnung von Zukunft für die Verheißungsträger gerichtete Handlung steht hier so sehr im Mittelpunkt der Betrachtung, daß demgegenüber die biblische Überlieferung von der Konkurrenz zwischen Jakob und Esau um den Segen für den Erstgeborenen ganz außer Betracht bleibt bzw. sich allenfalls in der Reihenfolge Jakob (Gen 27,27ff) – Esau (Gen 27,39f) andeutet.

Was für Isaak galt, gilt nach V. 21 auch für Jakob[68]. Es ist ein Erweis seines Glaubens, wenn er als Sterbender (ἀποθνῄσκων) „einen jeden von den Söhnen Josephs segnete" und auf diese Weise eben sein Vertrauen zu dem Gott bekundete, dessen Macht auch am Tod des Verheißungsträgers keine Grenze hat (V. 19!). Auch hier bleibt – infolge der Reduktion und Konzentration auf die Segenshandlung als solche – die besondere Problematik der biblischen Grundlage der Szene (Gen 48,13ff und 17ff) ganz außer Betracht. Auffällig, ja merkwürdig erscheint in diesem Zusammenhang lediglich der hier vorliegende ausdrückliche Bezug auf Gen 47,31 in der LXX-Version: καὶ προσεκύνησεν κτλ. Erklärbar (im Rahmen der Vorlage für Hebr 11) ist dieser Zusatz zur zuvor genannten Segenshandlung wohl nur daraus, daß – neben der Sterbe- und Segensszene von Gen 48 – auch

---

auch H. HEGERMANN, ThLZ 109 (1984) Sp. 442f; H. BRAUN S. 372; M. RISSI, Die Theologie des Hebr, S. 110. Zur Auslegungsgeschichte in dieser Hinsicht: M.-L. GUBLER, Die frühesten Deutungen des Todes Jesu (OBO 15), Fribourg/Göttingen 1977, S. 336-375 (Lit.!), spez. zu Hebr: S. 340f.

[67] Das in einigen Handschriften (ℵ D² Ψ usw.) wohl aus erleichternden Gründen ausgelassene καί ist am besten im epexegetischen Sinn zu verstehen: „Im Glauben, d.h.: in bezug auf die künftigen Dinge". Vgl. H. BRAUN S. 373: „καί unterstreicht die Zukunftsgerichtetheit von Isaaks Glauben"; G. ZUNTZ, The Text of the Epistles, S. 211: „even upon future...".

[68] Auch Philon, Sobr 26f, stellt die Segenshandlungen Isaaks und Jakobs in einen Zusammenhang.

die (in dieser Gestalt nur in LXX[69]) Gen 47,31 überlieferte Szene als ein Zeichen der Bewährung des Glaubens des Jakob angesehen worden ist. So gesehen hat diese Szene dann freilich nichts mit einer „Anbetung des Stabes" zu tun[70]. Wenig wahrscheinlich ist auch, daß der „Stab" hier als ein Symbol für die Glaubenswanderschaft der Patriarchen steht oder daß hier auf eine spezielle Haggada hinsichtlich des „Stabes" Jakobs in jüdischer Überlieferung zurückgegriffen wird[71]. Am besten fügt sich der fragliche Satz aus LXX Gen 47,31 in den Kontext ein, wenn er im Sinne einer Weiterführung des vorangehenden εὐλόγησεν verstanden wird: als erneuter Ausdruck nämlich vertrauensvoller Fügung in den Willen Gottes, der auch über den Tod hinaus zu der einmal gegebenen Verheißung steht[72].

Fragloses Vertrauen hinsichtlich der Verwirklichung der Zusage Gottes bestimmt nach V. 22 schließlich auch die Haltung des Joseph, der sterbend (τελευτῶν) des „Auszugs der Söhne Israels (aus Ägypten) gedenkt". Μνημονεύειν steht im Zusammenhang dieser Szene dann freilich nicht im Sinne der „Erinnerung", die auf Vergangenes zurückblickt, sondern gerade im hoffnungsvollen Ausblick auf Zukünftiges. Wenn im selben Zusammenhang auch betont wird, daß Joseph zugleich in dieser Situation Anweisung gab im Blick auf das Begräbnis seiner Gebeine im verheißenen Land (Gen 50,24f)[73], so wird damit noch einmal unterstrichen, in welchem Maße auch und gerade diese Sterbeszene über sich selbst (und den Tod

---

[69] Die LXX-Lesart von Gen 47,31 ist aus der Verlesung von hebr מִטָּה „Lager" (so MT) in מַטֶּה, „Stab, Stecken" entstanden. Korrekt im Sinn des hebr. Textes übersetzt 3 Reg 1,47: καὶ προσεκύνησεν ὁ βασιλεὺς ἐπὶ τὴν κοίτην αὐτοῦ.

[70] „Anbetung des Stabes" in dem Sinne, daß der „Stab" - als „Szepter" verstanden (vgl. Hebr 1,8 = LXX Ps 44,7) - den messianischen König symbolisiert! So J. Heller, Stabesanbetung? (Hebr 11,21 - Gen 47,31), CV 16 (1973) S. 257-265, spez. S. 262f; vgl. auch J. M. Nützel, EWNT III, Sp. 422. Solche Deutung ist schon deshalb ausgeschlossen, weil ἐπί bei προσκυνεῖν (nach 3 Reg 1,47) nicht das Objekt, sondern den Ort bzw. die Richtung der Proskynese bezeichnet. Vgl. auch S. Bartina, Jacob ‚adoró sobre la punta de su bastón' (Gn XLVII,31; Hebr XI,21), EE 1963 S. 243-247.

[71] Vgl. O. Michel S. 405. Zur haggadischen Überlieferung vom „Stab Jakobs" vgl. PRE 40 (Strack-Billerbeck, III, S. 746); dazu: O. Michel S. 404, Anm. 6. Zu den unterschiedlichen Deutungsversuchen seit der Zeit der Kirchenväter vgl. E. Riggenbach S. 367f; J. Heller, CV 16 (1973) S. 260ff.

[72] Vgl. auch C. Schneider, ThWNT VI, S. 969: Das Gebet in der Beugung über den Stab ist „Zeichen der Demut vor Gott"; ähnlich A. Strobel S. 219f; H. Balz, EWNT III, Sp. 496.

[73] Konkret ist bei dieser knappen Notiz der Vorlage etwa an die entsprechende Weisung Josephs an seine Brüder und Söhne in TestJos 20 zu denken: „Ihr aber sollt meine Gebeine (τὰ ὀστᾶ μου) mit euch nehmen. Denn wenn ihr die Gebeine dorthin hinaufbringt (sc.: in das verheißene Land), wird Gott mit euch sein". Hinter dieser Notiz steht eine breite Überlieferung, die ihren Niederschlag in den Targumim (bes. TPsJ), bei Josephus (Ant II 7f. 318f) sowie in der rabbinischen Literatur gefunden hat. Vgl. aber auch Act 7,15f. Dazu im einzelnen: Strack-Billerbeck, II, S. 672ff (zu Act 7), sowie zuletzt: M. Wilcox, The Bones of Joseph: Hebrews 11,22, in: B. P. Thompson (ed.), Scripture: Meaning and Method, Festschr. A. T. Hanson, Hull 1987, S. 114-130.

Josephs!) auf zukünftige Verwirklichung der Verheißung hinausweist[74]. Der Autor des Hebr seinerseits konnte den auf diese Weise in seiner Vorlage beschriebenen Glauben des Joseph durchaus als eine weitere Illustration des in V. 1 definierten Glaubens ansehen: als Beschreibung und Bezeichnung eines Glaubens nämlich, der die Gewißheit hinsichtlich des Noch-nicht-Sichtbaren in sich selbst trägt. Für solchen Glauben, wie Joseph ihn bewiesen hat, ist das Erhoffte in der Tat schon eine Wirklichkeit, derer man „gedenkt". Auffällig bei diesem Glaubensbeispiel des Joseph ist allenfalls, daß hier nicht – wie in der biblischen Vorlage der Szene (Gen 50,24) – von einem „Hinausführen" (ἀνάγειν) der Brüder Josephs „aus diesem Land (Ägypten) in das Land, das Gott unseren Vätern Abraham, Isaak und Jakob zugeschworen hat" die Rede ist, sondern das Stichwort ἔξοδος gebraucht wird. „Exodus", das ist in LXX term. techn. für den „Auszug" Israels aus Ägypten[75], der als solcher fest mit dem Namen des Mose verbunden ist. Ganz in diesem Sinne kommt am Ende der den Glauben der Patriarchen herausstellenden Paradigmenreihe bereits ihre Fortsetzung in den VV. 23ff mit Mose in den Blick: Das Ἰωσὴφ τελευτῶν (V. 22) wird durch das Μωϋσῆς γεννηθείς in V. 23 aufgenommen und weitergeführt[76].

2.4) 11,23–31: Das Glaubenszeugnis in der Geschichte des Mose und des Volkes Israel[1]

23 Im Glauben wurde Mose nach seiner Geburt drei Monate lang von seinen Eltern verborgen gehalten, weil sie sahen, daß das Kind wohlgestaltet war, und sie hatten keine Furcht vor dem Erlaß des Königs.
24 Im Glauben verweigerte es Mose, als er erwachsen geworden war, ein Sohn der Tochter des Pharao genannt zu werden,
25 vielmehr zog er es vor, die Mißhandlungen des Volkes Gottes zu ertragen, als einen zeitweiligen Genuß der Sünde zu haben;
26 und er erachtete (so) die Schmach Christi für einen größeren Reichtum als die Schätze Ägyptens. Denn er richtete seinen Blick auf die Vergeltung (Gottes).

---

[74] So in seinen Zusammenhang eingefügt, wäre dann freilich μνημονεύειν durch „erwähnen, von etwas (περί) reden" zu schwach übersetzt. Im letzteren Sinne: BL.-DEBR.-R. § 175; R. LEIVESTAD, EWNT II, Sp. 1071f; vgl. auch W. BAUER, Wörterbuch zum Neuen Testament, Sp. 1062f. – Eine „Erinnerung" an die Verheißung von Gen 15,13-16 liegt hier schwerlich vor. Vgl. C. SPICQ, Notes, Suppl., S. 470, Anm. 5.
[75] Vgl. LXX Ex 19,1; Num 33,38; Ps 104,38; 113,1, weiter: Josephus, Ant III 305; V 72; VIII 61, Philon, VitMos I 105.122; II 248; Migr 15.
[76] Zum Übergang von 11,17-22 zu 11,23ff in diesem Sinne vgl. A. VANHOYE, La structure littéraire, S. 189.
[1] Lit.: J. M. KASTNER, Mose im Neuen Testament, Diss. München 1967, S. 256-265; R. WILLIAMSON, Philo and the Epistle to the Hebrews, S. 469-480; T. SAITO, Die Mosevorstellungen im Neuen Testament (EHS.T.106), Bern (usw.) 1977, S. 103ff; M. R. d'ANGELO, Moses in the Letter to the Hebrews, S. 17-64.

27 Im Glauben verließ er Ägypten ohne Furcht vor dem Zorn des Königs. Denn er hielt stand als einer, der den unsichtbaren (Gott) sieht.
28 Im Glauben hat er das Passa und die Bestreichung (der Türpfosten) mit Blut ausgeführt, damit nicht der Verderber ihre Erstgeburt anrühre.
29 Im Glauben durchschritten sie das Rote Meer als (gehe es) durch trockenes Land, während die Ägypter, als sie dies versuchten, (vom Meer) verschlungen wurden.
30 Im Glauben stürzten die Mauern von Jericho ein, nachdem sie sieben Tage lang umkreist worden waren.
31 Im Glauben ging Rahab, die Hure, nicht zugrunde zusammen mit den Ungehorsamen, weil sie die Kundschafter in Frieden aufgenommen hatte.

Zur Rezeption der Mose-Tradition

Es entspricht der herausragenden Stellung, die Mose im nachbiblischen Judentum (wie auch im Urchristentum) einnimmt, daß ihm in der Reihe der Glaubenszeugen von Hebr 11 – neben Abraham – ein besonderer Raum eingeräumt wird[2]. Dabei ist – was die Aufnahme des Mose-Paradigmas im Urchristentum betrifft – eine gewisse Entsprechung zwischen unserer Stelle und dem entsprechenden Teil der Stephanusrede von Act 7 (VV. 17ff) festzustellen[3]. Sofern diese Entsprechung – wie der Vergleich von Hebr 11,23 mit Act 7,20 und von Hebr 11,24f mit Act 7,23 zeigt – bis ins Detail reicht, besteht zweifellos ein traditionsgeschichtlicher Zusammenhang zwischen Stephanusrede und Hebr 11; darüber hinaus ergibt sich daraus aber auch, daß das Mosebild, wie es in Hebr 11 und in Act 7 seinen Niederschlag gefunden hat, in hellenistisch-jüdischer Tradition steht[4]. Die Differenzen in der Art und Weise der Mose-Rezeption von Hebr 11 und Act 7 sind dabei durch den jeweils unterschiedlichen thematischen Kontext bedingt, die Eigenart der Mose-Rezeption in Hebr 11 also durch die Einbeziehung von Gestalt und Geschichte des Mose in die Reihe der Glaubenszeugen. Das das ganze Kapitel bestimmende πίστει stellt auch hier – im Blick auf Mose – das hermeneutische Prinzip dar für die konkrete Gestalt der Mose-Rezeption in (der Vorlage von) Hebr 11. Das sonst im Judentum wie auch im Neuen Testament (einschl. Act 7) die Rezeption der Mose-Tradition bestimmende Thema der Vermittlung des Gesetzes kommt dementsprechend im Hebr nicht zum Tragen[5].

Charakteristisch für die besondere Gestalt der Mose-Rezeption in Hebr ist wei-

---

[2] Dazu im einzelnen: J. JEREMIAS, ThWNT IV, S. 854–878; G. FITZER, EWNT II, Sp. 1109–1114 (1109: Lit.); H. CAZELLES (u.a.), Moise homme de l'alliance, Paris 1955 = F. Stier/ E. Beck (Hrsg.), Mose in Schrift und Überlieferung, Düsseldorf 1963.
[3] Zur Mose-Rezeption in Act 7 vgl. F. HAHN, Christologische Hoheitstitel, S. 382ff, sowie die Kommentare zu Act 7, bes. G. SCHNEIDER, HThK V/1, S. 457ff. Speziell zur Mose-Jesus-Typologie in Act 7: F. HAHN, a.a.O., S. 384f.
[4] Vgl. dazu C. P. M. JONES, The Epistle to the Hebrews and the Lucan Writings, in: Studies in the Gospels. Essays in Memory of R. H. Lightfoot, S. 123f. – Repräsentiert wird diese hellenistisch-jüdische Mosetradition vor allem durch 4 Makk, Josephus und Philon. Vgl. dazu M. R. d'ANGELO, Moses in the Letter to the Hebrews, S. 27ff. Speziell zum Mosebild bei Philon: B. BOTTE, Das Leben von Moses bei Philo, in: F. STIER/E. BECK (Hrsg.), Mose in Schrift und Überlieferung, S. 173–181; R. WILLIAMSON, Philo and the Epistle to the Hebrews, S. 469ff.
[5] S. bereits oben zu 3,1–6.

ter, daß hier auf bestimmte Episoden aus der Vita des Mose Bezug genommen wird, die - so vor allem in den VV. 24-26 - mit seinem Verhältnis zum „Volk Gottes" (V. 25) zu tun haben. Von daher versteht sich auch der unmittelbare Übergang zu V. 29, wo an die Stelle des Beispiels des Mose das Glaubensbeispiel des ganzen Volkes tritt und damit zugleich der Übergang zu weiteren Beispielen aus der Geschichte Israels geschaffen ist (VV. 30f).

Insbesondere ist nicht zu übersehen, daß in dem dem Mose gewidmeten Abschnitt der Paradigmenreihe ein besonderer Akzent gesetzt ist: Was hier - an Gestalt und Geschichte des Mose verdeutlicht - hinsichtlich des übergeordneten Themas des Glaubens zum Ausdruck kommt, ist im wesentlichen das Standvermögen des Glaubens im Gegenüber zu den weltlich-irdischen Mächten, wie sie hier durch den „König" bzw. durch den Pharao repräsentiert werden. Damit zugleich - weil Glaube sich also im Widerstand bewährt - schließt der Glaube als solcher die Bereitschaft in sich, Leiden und Schmähung, ja Verfolgung zu ertragen oder sich doch jedenfalls mit den Leidenden - wie dies bereits Mose getan hat (V. 25!) - zu solidarisieren. Es ist offenkundig, daß die Paradigmenreihe der Vorlage gerade in dieser Hinsicht nahezu unmittelbar transparent ist für die vom Autor des Hebr selbst intendierte Glaubensmahnung an die Adresse seiner Leser. Und zumal von daher gesehen ist es auch kein Zufall, daß die Leiden und Schmähungen, die einst Mose auf sich genommen hat, in diesem Zusammenhang audrücklich als die „Schmach Christi" bezeichnet werden (V. 26). Und so mag man sogar fragen, ob der Titel βασιλεύς, wie er hier (V. 23 und V. 27) zur Bezeichnung des Pharao gebraucht wird, nicht zugleich transparent ist für den römischen Kaiser, in dessen Regierungszeit auch die im Hebr auf seiten der Adressaten vorausgesetzte Anfechtungssituation fällt[6].

Ganz auf der Linie solcher Rezeption von Gestalt und Geschichte des Mose im Interesse konkreter Glaubensmahnung liegt es jedenfalls, wenn in den VV. 23ff zunächst das Motiv der Furchtlosigkeit des Glaubens betont wird, in **V. 23** zunächst im Blick auf das Verhalten der Eltern des Mose anhand von Ex 2,2f[7]: Glaube stellt sich als Furchtlosigkeit dar - in diesem konkreten Falle angesichts des Erlasses des Königs, alle männlichen Neugeborenen der „Hebräer" zu ertränken[8]. Zur Begründung solchen furchtlosen Verhaltens der Eltern wird - in Übereinstimmung mit

---

[6] Vgl. K. WENGST, Pax romana. Anspruch und Wirklichkeit, München 1986, S. 172; ebd., S. 171: „Der Verfasser entdeckt den Konflikt seiner eigenen Zeit in den Geschichten von Mose wieder". Insbesondere zu 11,24-26 als Paränese an die Adresse der Christen: ebd., S. 171-173. Vgl. auch M. R. d'ANGELO, Moses in the Letter to the Hebrews, S. 33ff: „Moses the Martyr, example of Christians"; vgl. weiter S. 62-64.
[7] Im Unterschied zum hebr. Text, in dem nur die Mutter des Mose genannt wird, ist bereits in LXX von den Eltern des Mose die Rede (Ex 2,2); so dann auch die weitere hellenistisch-jüdische Überlieferung: Josephus, Ant II 218; Philon, VitMos I 9 (οἱ γόνεις). Zu οἱ πατέρες im Sinne von „Eltern" vgl. W. BAUER, Wörterbuch zum Neuen Testament, Sp. 1281; G. SCHRENK, ThWNT V, S. 948f. - Τρίμηνος steht für μῆνες τρεῖς in Ex 2,2; so auch Act 7,20.
[8] Vgl. LXX Ex 1,22: συνέταξεν δὲ Φαραω κτλ. Zur Bezeichnung des Erlasses des Pharao als διάταγμα vgl. Weish 1,17; Philon, VitMos I 8f. Nur eine Sprach-, keine Sachvariante bieten einige Textzeugen (A 110 623) mit δόγμα.

der biblischen Vorlage Ex 2,2 – die „Schönheit", das Wohlgestaltetsein (ἀστεῖον) des Knaben geltend gemacht. Dies geschieht hier durchaus im Sinne einer theologischen Akzentsetzung; denn: „Schönheit", das heißt (nach der hier rezipierten jüdisch-hellenistischen Tradition) zugleich: Gottwohlgefälligkeit[9]. Äußere Gestalt, „Schönheit" im weltlich-irdisch ausweisbaren Sinne gilt hier als Zeichen des Erwähltseins von Gott – zugegebenermaßen eine auf den ersten Blick recht vordergründige Betrachtungsweise, die aber immerhin – in diesem Falle auf seiten der Eltern des Mose – ein bestimmtes „Sehen" (εἶδον) voraussetzt, jenes „Sehen des Glaubens" nämlich, das hinter der äußeren Erscheinungsgestalt eben einen (an sich unsichtbaren) theologischen Sachverhalt wahrnimmt. Und genau dies letztere ist es, was die Eltern des Mose das Edikt des Pharao mißachten ließ. Also in der Tat: Glaube überwindet die Furcht vor irdischer Macht[10].

Hier – wie dann auch in V. 27 am Beispiel des Verhaltens des Mose selbst – fügt sich solches Beispiel des Glaubens ganz in das Grundanliegen der aktuellen Glaubensmahnung ein, wie der Autor des Hebr es mit diesem Kapitel verfolgt. Dies gilt in besonderer Weise auch für die unter der Überschrift des πίστει in V. 24 eine syntaktische und sachliche Einheit darstellenden VV. 24–26. Der neue Gesichtspunkt, der hier hervortritt, ist die freudige Preisgabe weltlich-irdischer Bindungen zugunsten der Solidarisierung mit dem „Volk Gottes" in seinem Leiden: Zeugenschaft des Glaubens hier also durchaus schon im Sinne des Martyriums[11]! Der

---

[9] Vgl. Num 22,32, hier allerdings ἀστεῖος in bezug auf den Weg vor Gott, sowie Act 7,20. Philon, VitMos I 9.15.27, spricht von der „Wohlgestalt" des Knaben, d.h. von seinen körperlichen und geistigen Vorzügen, während Josephus, Ant II 224ff, ihn sogar als einen Knaben von göttlicher Gestalt kennzeichnet. Vgl. J. M. KASTNER, Moses im Neuen Testament, S. 258; M. R. d'ANGELO, Moses in the Letter to the Hebrews, S. 39f. Zum Stichwort ἀστεῖος vgl. auch C. SPICQ, Notes I, S. 152f.

[10] Entsprechend beschreibt Ps-Philon, Ant.Bibl. 9,3ff, das Verhalten des Vaters des Mose, Amram: aquiescens praeceptis regis (9,5). Josephus, Ant II 212–215.219, präzisiert noch weiter, wenn er das Motiv für die Glaubenstat des Amram in einem Traum gegeben sieht, der ihm Kunde von der zukünftigen Rolle seines Sohnes gab. Vgl. dazu M. R. d'ANGELO, Moses in the Letter to the Hebrews, S. 40f. Demgegenüber erscheint das Aussetzen des Kindes durch die Eltern bei Philon, VitMos I 10f, als Ausdruck ihrer Furcht (φοβηθέντες). – Dem Glaubensthema bzw. dem Motiv der Solidarisierung des Mose mit seinen „Brüdern" ist auch im „westlichen" Zusatz zu V. 23 (D* 1827 d e vg^mss) die in der biblischen Vorlage (Ex 2,11–15) sich durchaus ambivalent darstellende Tötung eines Ägypters durch Mose zugeordnet: „Im Glauben tötete der erwachsene Mose den Ägypter, indem er die Demütigung seiner Brüder betrachtete". Vgl. entsprechend Act 7,23–28; Philon, VitMos I 44 sowie M. R. d'ANGELO, Moses in the Letter to the Hebrews, S. 43f; B. M. METZGER, A Textual Commentary on the Greek New Testament, S. 673f.

[11] Entsprechend überschreibt M. R. d'ANGELO, Moses in the Letter to the Hebrews, S. 27, den ganzen Zusammenhang 11,23–27: „Moses the Martyr". – Die Transparenz dieser Szene für die Anfechtungssituation der Adressaten des Hebr ist so auffällig, daß hier eindeutig eine redaktionelle Bearbeitung der Vorlage durch den Autor des Hebr anzunehmen ist. Dafür spricht auch die für den Hebr charakteristische Terminologie. Zu ὀνειδισμός (V. 26) vgl.

Glaube des inzwischen erwachsenen (μέγας γενόμενος) Mose bewährt sich darin, daß er die ihm (als Adoptivsohn der Tochter des Pharao) zuteilwerdenden Privilegien bereitwillig zugunsten seiner Solidarität mit dem Volk Gottes preisgibt[12]. Der in diesem Zusammenhang (V. 24) gebrauchte starke Ausdruck ἠρνήσατο – er „verleugnete" – läßt das hier beschriebene Verhalten des Mose geradezu als ein Bekenntnis zum Volk Gottes erscheinen[13]. Die komparativischen Formulierungen in V. 25 (μᾶλλον ἑλόμενος) und V. 26 (μείζονα πλοῦτον ἡγησάμενος) unterstreichen die Bereitwilligkeit der Absage des Mose an irdische Machtstellung (V. 24) und irdischen Reichtum (V. 26)[14], die ihrerseits unter den grundsätzlich negativen Aspekt des flüchtigen und „sündhaften" (!) Genusses gerückt werden[15]. Die hier genannte ἁμαρτία hat also eine ganz konkrete Gestalt: die Verweigerung nämlich der Solidarität mit dem unter Mißhandlungen leidenden „Volk Gottes"[16]. Es ist gewiß kein Zufall, daß an dieser Stelle ausdrücklich vom „Volk Gottes", nicht nur – wie in der biblischen Vorlage Ex 2,11 – von den „Brüdern" des Mose bzw. von den „Söhnen Israels" die Rede ist. „Volk Gottes", das ist vielmehr eine Größe, die nicht dort ihren Ort hat, wo irdische Macht und irdischer Reichtum herrschen.

10,33; 13,13; zu μισθαποδοσία (V. 26) vgl. 2,2; 10,35; 11,6. Vgl. M. R. d'ANGELO, Moses in the Letter to the Hebrews, S. 33f.

[12] Auch hier bezieht sich die Darstellung auf die entsprechende biblische Überlieferung in Ex 2. Zu μέγας γενόμενος vgl. Ex 2,11 sowie Act 7,23 und Josephus, Ant II 239. Zur Adoption des Mose durch die Tochter des Pharao vgl. Ex 2,10 sowie Act 7,21 und Philon, VitMos I 19. Zu den rechtlichen Konsequenzen dieser Adoption: ebd. I 32 sowie Josephus, Ant II 231. Die hier vorliegende Ausgestaltung der biblischen Überlieferung liegt ganz auf der Linie der hellenistisch-jüdischen Mose-Haggada, wie sie bei Philon, VitMos I 32, in Erscheinung tritt: „Er aber, obwohl er... für den Tochtersohn des mächtigen Königs galt, ... lag mit Eifer der Lehre seines Hauses und seiner Vorfahren ob...".

[13] Zu ἀρνεῖσθαι im Sinne von „zurückweisen, ablehnen" vgl. C. SPICQ, Notes, Suppl., S. 64f. Zu ὁμολογεῖν als Antonym zu ἀρνεῖσθαι vgl. Josephus, Ant VI 151 sowie W. SCHENK, EWNT I, Sp. 369f; M. R. d'ANGELO, Moses in the Letter to the Hebrews, S. 46. – Das Kompositum συγκακουχεῖν ist hap. leg. Zum Simplex κακουχεῖν vgl. 11,37 (neben ὑστερεῖν und θλίβειν) und 13,3.

[14] Die Rede von den „Schätzen Ägyptens" in V. 26 beschreibt sprichwörtlich den sagenhaften Reichtum der Pharaonen. Vgl. M. R. d'ANGELO, Moses in the Letter to the Hebrews, S. 47: „a commonplace in rabbinic literature". Welcher Art diese Schätze sind, führt Philon, VitMos I 152f, aus, auch hier wieder unter dem Aspekt, daß Mose solchen materiellen Reichtum, an dem „Gefallen zu haben im Grunde Armut der Seele" ist, verachtet hat. „Ägypten" steht bei Philon, Agr 64.88f; Rer 255, überhaupt für die materiellen Güter der Welt bzw. für das „Reich des Körpers".

[15] Zur Formulierung πρόσκαιρος ἁμαρτίας ἀπόλαυσις vgl. Josephus, Ant II 51: πρόσκαιρος τῆς ἐπιθυμίας ἡδονή. Zu dem ein „dualistisches Bezugssystem" (H. BRAUN S. 379) einschließenden Adjektiv πρόσκαιρος im Sinne von „irdisch-vergänglich, vorübergehend" im Gegensatz zu αἰώνιος bzw. ἀΐδιος vgl. bes 2 Kor 4,18, hier zugleich mit dem Gegensatz Sichtbar-Unsichtbar verbunden.

[16] Vgl. Johannes Chrysostomus (bei J. A. CRAMER, Catenae Graecorum Patrum in Novum Testamentum, p. 253): ἁμαρτίαν εἶπεν, τὸ μὴ θελῆσαι τοῖς ἄλλοις συγκακουχθῆναι. Vgl. auch K. WENGST, Pax romana, München 1986, S. 172.

Solche Kennzeichnung des Verhaltens des Mose, wie sie hier vorliegt, steht zunächst durchaus in der Kontinuität einer bestimmten „martyrologischen" Tradition des Judentums, die bis ins frühchristliche Schrifttum hinein (2 Clem) bezeugt ist und im 4. Makkabäerbuch ihren deutlichsten Niederschlag gefunden hat: Mehr (μᾶλλον) als die σωτηρία πρόσκαιρος ihrer Söhne liebte die Mutter die rechte Frömmigkeit (εὐσέβεια), die nach Gottes Verheißung die „Rettung zum ewigen Leben" gewährt[17]. Im Hebr freilich erhält diese – in auffälliger terminologischer Übereinstimmung mit V. 25 auch bei Josephus vorliegende[18] – Überlieferung spätestens mit V. 26 einen eigenen Akzent, der über die jüdische Tradition hinausführt und am Ende auch das in V. 24 und 25 geschilderte Verhalten des Mose nicht lediglich in einem Akt der Solidarisierung mit seinem Volk begründet erscheinen läßt: Den irdischen „Schätzen Ägyptens" zieht Mose nämlich den „größeren Reichtum" vor, der im ὀνειδισμὸς τοῦ Χριστοῦ besteht. Diese Formulierung als solche ist zwar biblischen Ursprungs[19]; im Kontext des Hebr jedoch, der an anderer Stelle ausdrücklich von den παθήματα, θλίψεις und ὀνειδισμοί spricht, die die christlichen Adressaten erdulden müssen (10,32); der diese selben Adressaten ausdrücklich zur Solidarität mit denen, die „Böses erleiden", aufruft (13,3: μιμνῄσκεσθε ... τῶν κακουχουμένων) und darüber hinaus das Ertragen solcher Leiden als ein „Tragen seiner, Jesu, Schmähung" kennzeichnet (13,13), handelt es sich in V. 26 zweifellos nicht lediglich um eine zufällige Reminiszenz jüdischer Messianologie, die mit dem Auftreten des „zweiten Mose" bestimmte Leidenszüge verbindet[20].

Hier, in diesem Kontext, handelt es sich um eine bewußte und gezielte christologische Aussage, in diesem Sinne dann freilich zugleich um einen Kommentar des Autors des Hebr zu seiner Vorlage. Dies bedeutet freilich zugleich, daß an dieser Stelle des Paradigmenkatalogs im Sinne des Autors des Hebr nicht lediglich das Glaubensbeispiel und -vorbild des Mose als

---

[17] 4 Makk 15,2. Vgl. 15,8: πρόσκαιρος σωτηρία; 15,13: πρόσκαιρος φιλοτεκνία sowie G. Delling, ThWNT III, S. 465.

[18] Ant II 50f, hier in bezug auf das Verhalten des Joseph in der Potiphar-Episode: Ungerechtes Leiden hat Joseph einem ἀπολαύειν τῶν παρόντων vorgezogen (εἵλετο μᾶλλον ἢ κτλ.! vgl. Hebr 11,25: μᾶλλον ἑλόμενος). Im selben Zusammenhang ist bei Josephus (Ant II 51) auch von dem „vergänglichen Genuß" die Rede, den die sexuelle Begierde gewährt. Vgl. entsprechend vor Mose: Ant IV 42 sowie 2 Makk 6,14. Zu dieser Überlieferung im einzelnen vgl. M. R. d'Angelo, Moses in the Letter to the Hebrews, S. 28ff.

[19] Vgl. LXX Ps 88,51f: μνήσθητι, κύριε, τοῦ ὀνειδισμοῦ τῶν δούλων σου ... οὗ ὠνείδισαν τὸ ἀντάλλαγμα τοῦ Χριστοῦ σου. Vgl. auch LXX Ps 68,10 (Röm 15,3 christologisch interpretiert!). Dazu: J. M. Kastner, Moses im Neuen Testament, S. 261f; M. R. d'Angelo, Moses in the Letter to the Hebrews, S. 48ff; H.-W. Kuhn, in: ANRW II 25/1, S. 770f: A. T. Hanson, The Reproach of the Messiah in the Epistle to the Hebrews, in: StEv VII (TU 126), Berlin 1973, S. 231-240, spez. S. 231ff.

[20] Vgl. dazu J. Jeremias, ThWNT IV, S. 867. Zum Leiden des Mose am Unverständnis des Volkes vgl. Act 7,25ff.35.39ff sowie 7,51-53. Dazu: J. Jeremias, a.a.O., S. 869. 873.

solches beschworen wird; vielmehr wird hier das, was sich in der Geschichte des Glaubens, in der auch die Adressaten des Hebr sich verstehen sollen, vorzeiten schon begeben hat, entschlossen unter ein christologisches Vorzeichen gestellt: Das konkrete Verhalten des Mose damals ist eine Art Vorausdarstellung jener Geschichte des Glaubens, die in Christus zu ihrem Ziel gelangt ist[21] – Grund genug für den Autor des Hebr, alle vorangehende Geschichte des Glaubens bereits unter einem christologischen Vorzeichen zu betrachten und – vor allem – seine Adressaten dazu zu ermutigen, ihre eigene Leidens- und Anfechtungssituation nunmehr auch christologisch, d.h. vom Zentrum ihres Bekenntnisses her, zu bewältigen. Um die Transparenz der Geschichte des Glaubens von damals für die aktuelle Glaubensmahnung des Hebr geht es auch hier – besonderer Erwägungen hinsichtlich einer geheimnisvollen Identität des Mose mit dem präexistenten Christus oder einer vom präexistenten Christus selbst erlittenen Schmach bedarf es hier nicht[22]. Solcher auf Glaubensparänese und -paraklese zielende Impetus wird am Ende in V. 36 noch verstärkt, wenn hier – als Begründung (γάρ) für das zuvor geschilderte Verhalten des Mose und zugleich in einer für den Hebr (10,35; 11,6!) typischen Weise – nachgetragen wird, daß Mose bei alledem „seinen Blick auf die Vergeltung bzw. Belohnung richtete". Genau dies sollen ja auch die Adressaten des Hebr selbst tun, indem sie den Verlust ihrer irdischen Habe mit Freuden in Kauf nehmen und ihr Augenmerk auf eine „bessere", nämlich „bleibende Habe" richten (10,34f). Der Mose der Vorlage der Paradigmenreihe wird hier geradezu als ein „idealer Christ" verstanden![23]

Das in diesem Zusammenhang benutzte Verbum ἀποβλέπειν schließt – ähnlich wie ἀφορᾶν in 12,2 – ein exklusives Moment in sich: die Abwendung, das „Absehen", zugleich von (ἀπό!) allem Irdisch-Sichtbaren[24]. In

---

[21] In diesem Sinne kann man hier von einer Mose-Christus-Typologie sprechen. Vgl. J. JEREMIAS, ThWNT IV, S. 867; T. SAITO, Die Mosevorstellungen im Neuen Testament, S. 103ff; M.R. d'ANGELO, Moses in the Letter to the Hebrews, S. 34.53; H.-W. KUHN, in: ANRW II 25/1, S. 771. – Angesichts dessen, daß 1 Petr 4,13f dasselbe Wortfeld vorliegt (auch in der gleichen paränetischen Ausrichtung!), ist es wahrscheinlich, daß die Rede vom ὀνειδισμὸς τοῦ Χριστοῦ bereits urchristlich traditionell ist. Vgl. L. GOPPELT, Der erste Petrusbrief, S. 305, Anm. 27, sowie S. 298, Anm. 7. Der Titel Χριστός ist hier – wie auch sonst im Urchristentum – fest mit dem Aspekt des Leidens verbunden. Vgl. F. HAHN, EWNT III, Sp. 1163. Eine Beziehung zur Rede des Paulus von den „Leiden Christi" (2 Kor 1,5; Phil 3,10) liegt hier jedoch nicht vor.
[22] Zur Auslegung in diesem Sinne vgl. bereits F. DELITZSCH S. 569ff; E. RIGGENBACH S. 371 sowie neuerdings A.T. HANSON, Jesus Christ in the Old Testament, London 1965, S. 72-75; DERS., in: StEv VII (TU 126), Berlin 1973, S. 233. Kritisch dazu: O. MICHEL S. 409 und S. 410, Anm. 3.
[23] So T. SAITO, Die Mosevorstellungen im Neuen Testament, S. 106.
[24] C. SPICQ, Notes I, S. 130, schägt als Übersetzung vor: „considère fixement et comme exclusivement". Vgl. entsprechend Philon, SpecLeg I 293, sowie die Gegenüberstellung bei Josephus, Ant XX 61; Bell II 311; P.Straßb. 305,6.

diesem Sinn geht es dann freilich bei dem Hinweis auf den von Gott gewährten „Lohn" nicht um einen vordergründigen Utilitarismus, sondern letztlich um eine erneute Einschärfung des bereits in V. 1 definierten Grundprinzips des Glaubens, der sich nicht auf das Irdisch-Sichtbare – im Sinne des hier vorgetragenen Beispiels also auch nicht auf irdische Macht und irdische Reichtümer – richtet, sondern auf das Nicht-Sichtbare, das Erhoffte, das Gott dem allen Anfechtungen standhaltenden Glauben verheißen hat (10,35)[25].

In diesem Sinne besteht hier ein Sachzusammenhang mit der das furchtlose Handeln des Mose begründenden Aussage in **V. 27**. Hier wird noch einmal der bereits in V. 23 herausgestellte Zusammenhang von Glaube und Furchtlosigkeit aufgenommen und auf die Ex 2,14f bzw. Ex 2,11-15 geschilderte Episode aus dem Leben des Mose bezogen[26]: Die Tatsache, daß Mose „Ägypten verläßt"[27], wird als ein Verhalten des Glaubens bzw. der Furchtlosigkeit des Mose vor dem Zorn des Pharao interpretiert, der darauf aus war, Mose zu töten (Ex 2,15). Sein Glaube verlieh dem Mose den festen Stand, solche Absicht des Pharao nicht zu fürchten. Solche Aufarbeitung der biblischen Überlieferung steht nun freilich in erheblicher Spannung zu dieser selbst, in der an dieser Stelle (Ex 2,14) ja gerade die Furcht des Mose hervorgehoben (ἐφοβήθη δὲ Μωϋσῆς) und sein „Verlassen" Ägyptens geradezu als eine Flucht vor dem Pharao dargestellt wird (Ex 2,15)[28]. Dieser Widerspruch zur biblischen Vorlage ist nur so zu erklären, daß der Autor des Hebr bzw. seine Vorlage hier in einer bestimmten Auslegungstradition steht, für die die Tendenz bestimmend ist, das Ex 2,11ff geschilderte Tun und Verhalten des Mose entgegen der biblischen Überlieferung in einem anderen Licht erscheinen zu lassen und auf diese

---

[25] Nach Weish 10,17 ist es die „Weisheit", die „den Frommen den Lohn ihrer Mühen und Leiden erstattet" (ἀπέδωκεν ὁσίοις μισθὸν κόπων αὐτῶν). Hier geht es also (entsprechend der Zusammensetzung des Wortes aus ἀποδίδωμι und μισθός!) um die Gabe des Lohnes, die Gott gibt. Vgl. M. R. d'ANGELO, Moses in the Letter to the Hebrews, S. 47f.

[26] Angesichts der Abfolge der in den VV. 23-29 geschilderten Ereignisse ist eindeutig, daß mit V. 27 auf die Ex 2,11-15 beschriebene Episode Bezug genommen wird, also nicht auf den Exodus der „Söhne Israels" insgesamt (Ex 5-14). Vgl. dazu Hebr 11,22. Der letztere kommt erst in V. 29 in den Blick. Anders E. RIGGENBACH S. 372f; H. MONTEFIORE S. 204; J. M. KASTNER, Moses im Neuen Testament, S. 264, sowie M. R. d'ANGELO, Moses in the Letter to the Hebrews, S. 53ff.

[27] Κατέλιπεν in V. 27 entspricht dem ἀνεχώρησεν δὲ Μωϋσῆς ἀπὸ προσώπου Φαραω von Ex 2,15. Zu καταλείπειν im Sinne von „verlassen" (eines Landes oder Ortes) vgl. Mt 4,13; P.Tebt. 327,27, hier freilich auch mit dem Unterton von „im Stich lassen". Vgl. F. PREISIGKE, Wörterbuch der griechischen Papyrusurkunden I, Sp. 755; C. SPICQ, SBi, S. 193.

[28] Johannes Chrysostomus hat das hier vorliegende Problem dadurch zu lösen versucht, daß er κατέλιπεν auf die Flucht des Mose vor dem Pharao bezog, μὴ φοβηθείς dagegen auf den Exodus des Volkes Israel aus Ägypten. Vgl. J. M. KASTNER, Moses im Neuen Testament, S. 263, Anm. 716 (S. 376). Zu den unterschiedlichen Lösungsversuchen vgl. C. SPICQ, II, S. 359; H. BRAUN S. 382.

Weise zugleich dem Verhalten des Mose exemplarische Bedeutung zu verleihen[29]. Letzteres gilt vor allem im Blick auf den Schlußsatz von V. 27, mit dem die Begründung für das furchtlose Verhalten des Mose angesichts des Zornes des Pharao gegeben wird: „Standhaftigkeit" (καρτερεῖν bzw. καρτερία) ist die entscheidende Frucht bzw. Tugend des Glaubens, der sein Beharrungsvermögen aus dem Sehen „des Unsichtbaren" gewinnt[30].

Mit solcher Kennzeichnung des Glaubens steht der Hebr bzw. die hier benutzte Vorlage wiederum in der Kontinuität einer hellenistisch-jüdischen Tugendlehre, die ursprünglich – so jedenfalls von 4 Makk her gesehen – in einem martyrologischen Kontext ihren Ort hat[31]. Besonders zu beachten ist in diesem Zusammenhang, daß Philon wie auch Josephus ein besonderes Interesse daran haben, Mose als Paradigma für die Tugend der „Standhaftigkeit" (καρτερία) herauszustellen, und zwar eben in der besonderen Situation seiner „Flucht" vor den Nachstellungen des Pharao[32]. Ein Zusammenhang zwischen V. 27 und jener hellenistisch-jüdischen Auslegungstradition ist damit evident. Aber auch die (im Hebr nur hier begegnende) Gottesbezeichnung ὁ ἀόρατος geht eindeutig auf hellenistisch-jüdische Redeweise von Gott zurück (und ist von hier aus auch in das paulinische und nachpaulinische Urchristentum gelangt)[33]. Eine typisch „hellenistische" Gottesbezeichnung ist sie deshalb, weil sie die Gegenüberstellung bzw. den Dualismus „sichtbar – unsichtbar" voraussetzt.

---

[29] Zu solcher „interpretation by contradiction" (M. R. d'ANGELO, Moses in the Letter to the Hebrews, S. 57) vgl. Philon, VitMos I 44ff sowie bes. All III 12ff mit Bezug auf Ex 2,15: „Denn es heißt: Mose wich zurück (ἀνεχώρησεν) vom Antlitz des Pharao... und nicht: er floh (φεύγει) vor dem Pharao". Vgl. auch Josephus, Ant II 254f. Dazu M. R. d'ANGELO, a.a.O., S. 56ff, mit der Schlußfolgerung: „Seemingly in the apologetic atmosphere of Jewish-Hellenistic preaching the flight of Moses has taken on a positive exemplary function" (S. 58). Vgl. auch R. WILLIAMSON, Philo and the Epistle to the Hebrews, S. 473–475. Gelegentlich spricht freilich Philon auch von der Flucht des Mose wie auch von seiner Furcht: VitMos I 12.73; vgl. auch Josephus, Ant II 256; Act 7,29; 1 Clem 4,10.

[30] Damit ist vorausgesetzt, daß ἐκαρτέρησεν nicht in der Verbindung mit dem Partizip ὁρῶν aufgeht – „er hatte den Unsichtbaren dauernd vor Augen" (so: W. BAUER, Wörterbuch zum Neuen Testament, Sp. 823; H. BALZ, EWNT II, Sp. 624; H. BRAUN S. 383) –, sondern eigene Bedeutung hat: „Als einer, der den Unsichtbaren gleichsam sah, hielt er stand"! Vgl. auch E. RIGGENBACH S. 373; H. WINDISCH S. 104; W. GRUNDMANN, ThWNT III, S. 620. Zum absoluten Gebrauch von καρτερεῖν vgl. auch Hi 2,9; Sir 2,2.

[31] Vgl. 4 Makk 9,9.28; 10,1.11 sowie 13,11; 14,9; 2 Makk 7,17. Das Nomen καρτερία begegnet 4 Makk 16,14 in einem Hebr 11,27 analogen Kontext: διὰ καρτερίαν τὸν τύραννον ἐνίκησας. Dazu: M. R. d'ANGELO, Moses in the Letter to the Hebrews, S. 32f.

[32] Für Philon vgl. All III 11–14; hier bes. III 11 die Anweisung an die Seele, vor Gott „den männlichen und (somit) Standhaftigkeit (καρτερία) übenden Verstand" als Opfer darzubringen, woran III 12 unmittelbar anschließt: διὰ τοῦτο καὶ Μωϋσῆς ... φεύγει τὸν ... Φαραώ (Ex 2,15). VitMos I 154 erscheint καρτερία in einer den Mose kennzeichnenden Tugendliste. Vgl. auch Josephus, Ant II 256f sowie M. R. d'ANGELO, Moses in the Letter to the Hebrews, S. 30f.

[33] Zur Vermittlung dieser hellenistischen Rede von Gott an das Urchristentum durch das hellenistische Judentum bes. Röm 1,20 sowie Kol 1,15 und 1 Tim 1,17. Vgl. weiter 1 Tim 6,15f; Joh 1,18; 5,37; 6,46; 1 Joh 4,12.20.

Gott ist – aus der „Sicht" des dem irdisch-welthaften verhafteten Menschen – prinzipiell „unsichtbar"[34]. Dieses Prinzip wird auch an dieser Stelle des Hebr nicht außer Kraft gesetzt: Denn: nur „gleichsam" – ὡς ὁρῶν! –, also nur in einem relativen Sinn, nicht im absoluten Sinn einer unmittelbaren Gottesschau, hat Mose „den Unsichtbaren" gesehen. In diesem ὡς, „gleichsam", deutet sich also die Paradoxie dieses Sehens an – als ein „Sehen" des Glaubens[35], das – im Sinne des Autors des Hebr jedenfalls – gewiß nicht punktuell auf die Erscheinung Gottes vor Mose im Dornbusch (Ex 3,1ff; Num 12,8) zu beschränken ist. Hier wird vielmehr paradigmatisch an Mose die „Natur des Glaubens" verdeutlicht[36], der aus dem „Sehen des Unsichtbaren" sein Stand- und Beharrungsvermögen gewinnt. Und in diese Sinne ist es gar keine Frage, daß die hier – zunächt in der Vorlage von Hebr 11 – geschilderte Szene aus der Vita des Mose auf ihre Weise wiederum die eigene Definition des Autors des Hebr in V. 1 illustriert. Hier, in V. 27, wird ein weiteres Besipiel dafür gegeben, was das konkret heißt: Glaube als ἔλεγχος, als Überzeugt- und Überführtsein von den „Dingen, die nicht sichtbar sind", zuallererst von der Wirklichkeit des „unsichtbaren" Glaubens.

Als ein Beispiel für den Glauben als Grundvertrauen auf rettendes und verschonendes Handeln Gottes steht auch die in V. 28 folgende Notiz über den Vollzug des Passa-Opfers und die (daran sich anschließende) Besprengung (der Türpfosten) mit Blut, mit der wiederum auf die biblische Überlieferung in Ex 12 zurückgegriffen wird[37], ohne daß dabei freilich ein

---

[34] Zum hellenistischen Charakter dieser Gottesbezeichnung vgl. R. BULTMANN, Exegetica, S. 192f; E. GRÄSSER, Der Glaube im Hebr, S. 134f; J. W. THOMPSON, The Beginnings of Christian Philosophy, S. 73.79. Charakteristisch ist, daß sie in LXX noch nicht begegnet, um so häufiger aber bei Philon: Sacr 133; Dec 120; SpecLeg I 20.46; LegGai 290; Quaest in Ex II 37. Vgl. auch Josephus, Ant VII 346.

[35] Nicht also ein „Sehen" vermittels der Vernunft! Im letzteren Sinne vgl. bes. Röm 1,20 sowie Ps-Aristoteles, De mundo 399 A. Ganz anders ausgerichtet als Hebr 11,27 ist Philons Diktum ἀόρατος ὢν ὡς ἂν ὁρατός – „unsichtbar und gleichsam doch sichtbar" – in Migr 183. Hier geht es darum, daß Gott (τὸ ὄν) nur im Widerschein, in Wahrheit jedoch nirgends in Erscheinung tritt. Vgl. H. BRAUN S. 383. In diesem Sinne betont Philon auch immer wieder den nur relativen Charakter des Sehens des unsichtbaren Gottes durch Mose. Vgl. Mut 6ff (zu Ex 20,21; 33,13); VitMos I 158 (zu Ex 20,21). Dazu: M. R. d'ANGELO, Moses in the Letter to the Hebrews, S. 60. 62. Das alles hindert Philon im übrigen nicht, den Mose als ὁ τῆς ἀειδοῦς φύσεως θεάτης καὶ θεόπτης zu bezeichnen: Mut 7. In der Sache führen bes. die Ausführungen in VitMos I 65ff zu Ex 3,1ff nahe an Hebr 11,27 heran: Die Erscheinung Gottes vor Mose von Ex 3 ist es, die des Mose und des Volkes Israel Furchtlosigkeit beim bevorstehenden Auszug aus Ägypten begründet. Vgl. bes. VitMos I 69.73. – Zur Paradoxie des ὡς ὁρῶν in V. 27 als eines „Sehens des Glaubens" vgl. E. GRÄSSER, Der Glaube im Hebr, S. 52, Anm. 227; H. BRAUN S. 383.

[36] So M. LUTHER, Hebr-Vorlsg., Glosse zu Hebr 11,27 (hrsg. von J. Ficker, S. 56): „Haec enim est fidei natura,... videre, quod non videt".

[37] Obwohl die Wendung ποιεῖν τὸ πάσχα bereits Ex 12,48 das Begehen des Festes bezeichnet (vgl. entsprechend Num 9,2; Dtn 16,1; Jos 5,20 u. ö.; Mt 26,18 sowie J. JEREMIAS, ThWNT V, S. 896, Anm. 7), ist sie hier zunächst auf die Einsetzung der Passahandlung, d. h. auf die

christologischer Bezug herausgearbeitet wird[38]. Auffällig allenfalls in einem Kontext, der im übrigen durchweg durch das Aorist-Tempus bestimmt ist, ist das Perfekt πεποίηκεν in V. 28. Damit wird offensichtlich auf die bleibende Institution des Passa-Festes hingewiesen (Ex 12,14!). Ein (typologischer) Verweis auf das Opfer Christi, das im Hebr ja gerade nicht als ein Passa-Opfer dargestellt wird, ist hier nicht im Blick[39]. Vielmehr zeigt auch der den V. 28 abschließende Finalsatz, daß es hier zunächst lediglich um die Bewahrung des Gottesvolkes damals geht. Was über diese einmalige Situation hinaus an diesem Beispiel die Adressaten des Hebr angeht, ist allein das Motiv des Glaubens, im konkreten Fall hier: des Glaubens, der auf Gottes Bewahrung und Verschonung vertraut. Der Bezug auf die biblische Überlieferung ist auch hier deutlich: der Bezug nämlich auf die Ankündigung der Vernichtung der „Erstgeburt" in Ägypten durch Gott selbst (Ex 11,5; 12,12f). Auch in der biblischen Vorlage ist in diesem Zusammenhang bereits von dem (in Gottes Auftrag handelnden) „Verderber" (ὁ ὀλοθρεύων) die Rede, den Gott „nicht in eure Häuser hineingehen läßt, um (euch) zu schlagen" (Ex 12,23). Somit verbleibt auch die knappe Notiz in V. 28 ganz auf der Linie der biblischen Vorlage: Bereits hier ist der ὀλοθρεύων eine persönliche Gestalt[40]; θιγγάνειν, hier selbstverständlich im feindlichen Sinn von „antasten", nimmt πατάσσειν von Ex 12,23 auf, und αὐτῶν – syntaktisch τὰ πρωτότοκα zuzuordnen, also: „ihre Erstgeborenen"[41] – ist im Kontext eindeutig auf das Volk Gottes zu beziehen.

Mit dem Handeln „aus Glauben" des Mose ist auch hier – wie bereits V. 25 – das Volk Gottes im Blick, und damit ist zugleich der Übergang ge-

---

Schlachtung des Passalamms, durch Mose zu beziehen (Ex 12,8ff). Vgl. J. JEREMIAS, ThWNT V, S. 897. Der Ritus der Besprengung der Türpfosten mit dem Blut der geschlachteten Lämmer wird Ex 12,7.22ff freilich nicht als πρόσχωσις τοῦ αἵματος bezeichnet. προσχέειν meint Ex 24,6; 29,16; Lev 9,12 u. ö. die Besprengung des Altars mit dem Blut der Opfertiere.

[38] Vgl. dagegen 1 Kor 5,7. Diesem Defizit des Hebr wird freilich in der altkirchlichen Auslegung alsbald abgeholfen. Vgl. bereits Johannes Chrysostomus (Cramer, Catenae, p. 254). Dazu: C. SPICQ, II, S. 359f; H. BRAUN S. 384.

[39] Gegen A. STROBEL S. 222, der das Perfekt πεποίηκεν als ein „Perfekt der Allegorie" versteht. Vgl. aber auch C. SPICQ, II, S. 354; DERS., SBi, S. 194; G. SCHILLE, ZNW 51 (1960) S. 125.

[40] Der ὀλοθρεύων (vgl. 1 Kor 10,10: ὀλοθρευτής) ist also eine Art „Engel des Verderbens", der (im Auftrag Gottes) das Strafgericht vollzieht. Vgl. LXX 3 Reg 21,12.15: ἄγγελος (κυρίου) ἐξολεθρεύων; Weish 18,22: ὁ κολάζων; 18,25: ὁ ὀλεθρεύων sowie den „Engel des Verderbens" (מלאכי חבל) in 1QS IV 12; CD II 6. Zum Ganzen vgl. J. SCHNEIDER, ThWNT V, S. 168ff, bes. S. 171.

[41] Θιγγάνειν ist üblicherweise – so auch Hebr 12,20 – mit Genitiv verbunden (vgl. BL.-DEBR.-R. § 170,1), sodaß V. 28 – von daher gesehen, zu übersetzen wäre: „damit derjenige, der die Erstgeborenen verdirbt, sie (αὐτῶν) nicht antaste". So auch die meisten Kommentare. Ist der ὀλοθρεύων jedoch eine feststehende Größe, so ist die Konstruktion mit Akkusativ (vgl. Ex 19,12) vorzuziehen: „damit der Verderber ihre (der Israeliten) Erstgeborenen nicht antaste". So zuletzt auch H. BRAUN S. 385f.

geben zu **V. 29**, in dem nunmehr das Volk Israel selbst zum Subjekt des Glaubens wird. Von einem Glaubenszeugnis bzw. Glaubensbeispiel Israels ist hier die Rede, mit ihm zugleich aber auch hier wieder vom rettenden Handeln Gottes an seinem Volk: „Als ginge es durch trockenes Land[42], durchzogen sie das Rote Meer...". Die entsprechende biblische Überlieferung – Ex 14,15ff, speziell 14,16.22.29 – wird auch hier dem Glaubensthema zugeordnet: Der Glaube allein bewirkt und erfährt das Wunder des Durchzugs durchs Rote Meer, während die (ungläubigen!) Ägypter bei dem entsprechenden Versuch alsbald vom zurückflutenden Wasser „verschlungen" werden[43]. Die betonte Herausarbeitung des Glaubensmotivs zeigt sich an dieser Stelle nicht zuletzt auch darin, daß der Glaube hier gleichsam der Begleitumstand des Durchzugs ist, nach Ex 14,31 dagegen erst die Folge der erfahrenen Bewahrung: εἶδεν δὲ Ἰσραηλ ... καὶ ἐπίστευσαν τῷ θεῷ.

Der Zusammenhang von Glaube und Erfahrung des wunderbaren Handelns Gottes gilt schließlich auch für das in **V. 30** genannte weitere Beispiel für den Glauben des Volkes Israel. Im Unterschied zur biblischen Vorlage (Jos 6) wird dabei Josua gar nicht genannt. Durch die nachgestellte Zeitangabe – „über sieben Tage hinweg"[44] – soll offensichtlich eigens die Ausdauer des Glaubens der Israeliten betont werden, auf den hier denn auch das wunderbare Geschehen selbst zurückgeführt wird. Das entspricht durchaus der Einbeziehung der Jericho-Episode in die Gesamtthematik von Hebr 11 und steht jedenfalls nicht in einem Gegensatz zu 2 Makk 12,15, wo ausdrücklich betont wird, daß letztlich allein Gott, der „große Herrscher der Welt", das wunderbare Geschehen gewirkt hat.

Eher zufällig angereiht endlich wirkt die wiederum ganz knappe Erwähnung der Rahab als Glaubenszeugin in **V. 31**. Sie entspricht im wesentlichen wiederum der biblischen Überlieferung[45], die an dieser Stelle sekun-

---

[42] Vgl. Philon, VitMos II 254: ὡς ἐπί ξηρᾶς ἀτραποῦ; I 179. – Die Auslassung von γῆς in D² und der Mehrheit der Minuskelhandschriften ist sekundäre Korrektur nach LXX Ex 14,29: διὰ ξηρᾶς. Zur Auslassung des Substantivs vgl. BL.-DEBR.-R. § 241,2.

[43] Πεῖραν (τινός) λαμβάνειν ist traditionelle hellenistisch-jüdische Ausdrucksweise: LXX Dtn 28,56; Philon, Abr 251; SpecLeg I 106; Jos 37; VitMos I 306 u. ö. Vgl. C. SPICQ, Notes, Suppl., S. 548f. Je nach dem Kontext überwiegt dabei entweder die mehr aktivische Bedeutung: „ein Experiment (mit etwas) machen" oder die mehr passivische Bedeutung: „eine Erfahrung (mit etwas) machen". Vgl. W. BAUER, Wörterbuch zum Neuen Testament, Sp. 1290. Im letzteren Sinn steht die Wendung in V. 36, während V. 29 eher das aktive Moment betont erscheint. Vgl. Josephus, Ant II 341: Die Ägypter nehmen die Verfolgung auf ὡς οὐδὲν οὐδ' αὐτῶν πεισομένων εἶναι; Philon, VitMos I 178. Das Relativpronomen ἧς ist dabei selbstverständlich auf den ganzen in V. 29a geschilderten Vorgang zu beziehen, also: „die entsprechende Erfahrung" bzw. „der entsprechende Versuch".

[44] Ἐπί mit Akkusativ benennt die Zeitdauer: „während". Vgl. Josephus, Ant V 25: ἐπὶ ἡμέρας ἕξ. Die Zahl „Sieben" steht hier lediglich für eine runde Zahl, also ohne tiefere symbolische Bedeutung. Gegen A. STROBEL S. 222.

[45] Vgl. Jos 2,1ff; 6,17.22ff. Zum Motiv der gastfreundlichen Aufnahme der „Kundschaf-

där dem Glaubensthema zugeordnet wird. Immerhin kann speziell diese Betrachtungsweise aus Jos 2,8ff erschlossen werden, wenn die Heidin Rahab dort ein Bekenntnis zum Gott Israels spricht (2,11), der die zukünftige Landnahme des Volkes Israel gewährleistet (und in diesem Sinne seine Verheißung verwirklicht). Daß an dieser Stelle in der Paradigmenreihe von Hebr 11 eine Heidin, dazu noch eine πόρνη[46], als Beispiel des Glaubens genannt wird, hängt offenbar damit zusammen, daß – wie nicht zuletzt auch der entsprechende Verweis auf die Rahab in Jak 2,25 sowie in der Paradigmenreihe 1 Clem 9–12 (12,1–8) zeigt – auch schon in der jüdischen Tradition die „Hure Rahab" als ein besonders bemerkenswertes Beispiel des Glaubens gegolten hat[47]. An unserer Stelle wird dieses Thema des Glaubens darüber hinaus noch dadurch besonders akzentuiert, daß der Glaube der Rahab im Gegensatz steht zum Unglauben bzw. zum Ungehorsam (τοῖς ἀπειθήσασιν), der als solcher das „Verderben" (συναπώλετο) nach sich zieht, der Glaube dementsprechend die σωτηρία[48]. Damit klingt auch hier eine bestimmte Terminologie an, die auch im übrigen für die Glaubensmahnung des Hebr charakteristisch ist und somit auch dieses Beispiel transparent sein läßt für die Glaubensanfechtung der Adressaten des Hebr. Mit dem Beispiel der Rahab ist die Reihe der namentlich genannten Glaubenszeugen zunächst abgeschlossen. Im folgenden (VV. 32ff) verfährt der Autor des Hebr – bevor er in den VV. 39f zum

---

ter" vgl. Josephus, Ant V 323, sowie das entsprechende Stichwort φιλοξενία bzw. φιλόξενος in 1 Clem 12,1.3.

[46] Das Epitheton ἡ πόρνη ist bereits Jos 2,1; 6,17.23.25 fest mit Rahab verbunden. Vgl. auch Jak 2,25; 1 Clem 12,1. Demgegenüber fehlt es bei Josephus, Ant V 8.30, und auch der Zusatz ἐπιλεγομένη zu Hebr 11,31 (א* syʰ usw.) – so auch 1 Clem 12,1 – soll offensichtlich den anstößigen Charakter dieses Beinamens mildern. Vgl. G. ZUNTZ, The Text of the Epistles, S. 218f.

[47] Vgl. bes. 1 Clem 12,1: διὰ πίστιν καὶ φιλοξενίαν ἐσώθη Ῥαὰβ ἡ πόρνη, wo zuvor dieselbe Wendung auf Abraham (10,7) und Lot (11,1) angewendet wurde. Wenn Jak 2,25 demgegenüber – im Kontext von Jak 2,14ff – das Verhalten der Rahab als ein Beispiel für die Rechtfertigung ἐξ ἔργων herausgestellt wird, so bedeutet dies im Sinne des Jak selbstverständlich keinen Gegensatz zum Glauben der Rahab. – Zur Frage einer jüdischen Rahab-Tradition als Voraussetzung der Rezeption der Gestalt der Rahab im Urchristentum vgl. M. DIBELIUS, Der Brief des Jakobus (KEK 15), Göttingen ¹¹1964, S. 204–206; G. M. TUCKER, The Rahab Saga, in: J. M. EFIRD (ed.), Studies in honour of W. F. Stinespring, Durham 1972, S. 66–86. Die bei STRACK-BILLERBECK, I, S. 20f; III, S. 747, zusammengestellten Belege aus der rabbinischen Literatur – Rahab als Proselytin, als Werkzeug des Heiligen Geistes oder sogar als Stammutter von Priestern und Propheten (vgl. dazu G. KITTEL, ThWNT III, S. 3) – tragen nichts zur Frage einer (jüdischen) Vorlage oder Tradition hinsichtlich der Rahab als Glaubenszeugin aus.

[48] Vgl. 1 Clem 12,1: διὰ πίστιν ... ἐσώθη Ῥαὰβ ἡ πόρνη sowie Josephus, Ant V 26.30. Zum Stichwort des Ungehorsams (des Glaubens) im Hebr vgl. 3,18, wo P[46] wie auch 11,31 ἀπιστήσαντες liest, sowie den Wechsel ἀπειθεῖν-ἀπιστία in 3,18f bzw. δι' ἀπιστίαν-δι' ἀπείθειαν in 3,19; 4,6. Entsprechend auch Act 14,1f; Jak 3,36; 1 Petr 2,7f. Vgl. dazu R. BULTMANN, ThWNT VI, S. 11; P. BLÄSER, EWNT I, Sp. 284f.

Abschluß der Paradigmenreihe und in 12,1ff zu ihrer Anwendung auf die Adressaten kommt – nur noch summarisch, setzt aber doch gerade hier auch bestimmte Akzente, die im Blick auf die konkrete Anfechtung der Glaubensexistenz der Adressaten offensichtlich von besonderer Aktualität sind.

2.5) 11,32–38: Glaubenszeugnis in Kampf und Martyrium

32 Und was soll ich noch (darüber hinaus) sagen? Denn es wird mir die Zeit fehlen, (im einzelnen noch) von Gideon zu erzählen, von Barak, Simson, Jephta, von David wie auch von Samuel und von den Propheten,
33 die (allesamt) durch Glauben Königreiche bezwangen, Taten der Gerechtigkeit vollbrachten, in den Besitz von Verheißungsgütern gelangten, Löwenrachen stopften,
34 Feuerskraft auslöschten, zweischneidigen Schwertern entrannen, Kraft in Schwachheit erhielten, stark im Krieg wurden, Schlachtreihen von Fremden in die Flucht schlugen.
35 Da empfingen Frauen durch Auferstehung ihre Toten zurück; andere dagegen wurden gefoltert und nahmen die (ihnen angebotene) Freilassung nicht an, damit sie (dereinst) einer besseren Auferstehung teilhaftig würden.
36 Andere wiederum erfuhren Verspottung und Geißelung, dazu noch Fesseln und Gefängnis;
37 sie wurden gesteinigt, zersägt, starben den Tod durch das Schwert, irrten umher in Schaffellen, Ziegenhäuten – verlassen, bedrängt, Übles erleidend –
38 ihrer (aller) war die Welt nicht wert – in Wüsten umherirrend und auf Bergen, in Höhlen und Erdspalten...

In formaler Hinsicht ist der Stilbruch bei dem hier vorliegenden Sieges- und Märtyrerkatalog[1] gegenüber der vorangehenden Paradigmenreihe offensichtlich. Auf eine rhetorische Überleitung (V. 32) folgt hier nunmehr eine nur noch summarische Aufzählung von heroischen Taten und Leiden, die dem übergreifenden Thema von Hebr 11 lediglich durch die Wendung διὰ πίστεως zu Beginn von V. 33 zugeordnet ist. Ein gewisser chronologischer Anschluß an die vorangehende Paradigmenreihe mit Rahab als letztem Beispiel ist immerhin in V. 32 mit dem Anfang bei der Zeit der „Richter" Israels gegeben. Andererseits aber ist ein Bemühen des Autors, vermittels dieses Katalogs den zeitlichen Anschluß an seine eigene Zeit herzustellen, nicht zu erkennen. Eine eindeutige Gliederung innerhalb des Katalogs ist nicht festzustellen[2]. Allenfalls sind im Ganzen des Abschnitts die Akzente insofern unterschiedlich gesetzt, als zunächst in einem Siegeskatalog (VV. 33.34)

---

[1] So die Kennzeichnung von 11,32–38 bei G. SCHILLE, ZNW 51 (1960) S. 119; vgl. auch E. GRÄSSER, Der Glaube im Hebr, S. 55.

[2] Dies gilt sowohl im Blick auf die V. 32b genannten Namen als auch im Blick auf die ihnen in VV. 33 und 34 zugeschriebenen Taten. Eine paarweise Gliederung (V. 32b) oder auch „drei Gruppen von insgesamt neun Gliedern" (VV. 33. 34) lassen sich dabei nicht ausmachen. Gegen E. RIGGENBACH S. 376f; O. MICHEL S. 415. Zum Problem in dieser Hinsicht vgl. A. VANHOYE, La structure littéraire, S. 189–191.

bestimmte heroische Taten aufgezählt werden, während im ausführlicheren Schlußteil (V.35 und VV.36-38) das geduldige Ertragen von Leiden im Mittelpunkt steht³. Zumal in diesem letzteren martyrologischen Teilabschnitt ist denn auch eine sachliche Nähe zum eigenen paränetischen Anliegen des Autors des Hebr zu erkennen, der ja auch seinerseits seine Adressaten vermittels dieses Katalogs zu einem in Leiden und Anfechtung durchhaltenden Glauben ermutigen will. Demgegenüber wirkt der erste Teilabschnitt mit seiner Wertung von kriegerischen Taten als Zeugnis des Glaubens im Zusammenhang eines solchen Anliegens des Autors geradezu als befremdlich. Eben dieser Umstand – darüber hinaus gewiß auch hier wieder die Tatsache, daß diesem Katalog jeglicher christologische bzw. überhaupt christliche Bezug abgeht – ist das entscheidende Argument dafür, daß der Autor des Hebr auch an dieser Stelle nicht nur bestimmte biblisch-jüdische Überlieferungen aufnimmt, sondern – ähnlich wie bereits in der vorangehenden Paradigmenreihe – einer Vorlage folgt, die freilich von der zuvor benutzten Vorlage nicht nur in formaler Hinsicht zu unterscheiden ist.⁴ Im Unterschied zu ihr nämlich geht die Zuordnung der Vorlage für 11,32-38 zum Rahmenthema des Glaubens vermittels der Wendung διὰ πίστεως (V.33; vgl. auch V.39) auf den Autor des Hebr selbst zurück. Im übrigen ist eine redaktionelle Bearbeitung der Vorlage durch den Autor lediglich in der einleitenden rhetorischen Bemerkung (V. 32a) zu erkennen, darüber hinaus allenfalls noch in der Gegenüberstellung zweier Arten von „Auferstehung" in V.35.

Die den V. 32 einleitende rhetorische Frage gibt einer gewissen Verlegenheit des Autors Ausdruck:⁵ Zu solch ausführlicher Darstellung, wie sie bisher bestimmend war, fehlt dem Autor die Zeit. Dementsprechend folgt nunmehr nur noch eine summarische Aufzählung von Namen, Taten und Verhaltensweisen. Ein bestimmtes Ordnungsprinzip bei der Nennung der Namen in V.32b ist nicht zu erkennen⁶. Auffällig ist allenfalls die enge Verbindung des David (durch τε καί) mit Samuel und den Propheten, wor-

---

³ V.35 hat dabei zwischen beiden unterschiedlich akzentuierten Teilabschnitten eine Übergangsfunktion, und zwar durch die Gegenüberstellung von irdischer und „besserer", d.h. zukünftiger Auferstehung (ἄλλοι δέ), wobei die letztere zugleich zum martyrologischen Teil des Katalogs überleitet. Vgl. A. VANHOYE, La structure littéraire, S.191f; M. RISSI, Die Theologie des Hebr, S.112.
⁴ Es sei denn, man erwägt die Möglichkeit, daß der Autor des Hebr selbst die bisher (im Paradigmenkatalog) benutzte Vorlage von V.32 an gekürzt hat. Auf zwei unterschiedliche Vorlagen führt auch M.RISSI, Die Theologie des Hebr, S.105ff, Hebr 11 zurück, wobei den Ausführungen in 11,32ff eine Art Materialsammlung zugrundeliegt (S.112).
⁵ λέγω ist hier deliberativer bzw. dubitativer Konjunktiv: „Was noch soll ich sagen?" Vgl. BL.-DEBR.-R. § 366. Vgl. aber auch den Indikativ τί ποιοῦμεν Joh 11,47 im selben Sinn. – Zur (geläufigen) rhetorischen Frage vgl. Demosthenes 18,296: ἐπιλείψει με λέγονθ' ἡ ἡμέρα; Philon, Sacr 27: ἐπιλείψει με ἡ ἡμέρα λέγοντα sowie Somn II 63; LegGai 323; SpecLeg IV 238; in Verbindung mit διηγεῖσθαι: VitMos I 213. Dazu: R. WILLIAMSON, Philo and the Epistle to the Hebrews, S.316f. – Die Umstellung der Reihenfolge με γάρ (P¹³·⁴⁶ D² usw.) ist stilistische Glättung.
⁶ Erst in einigen späteren Handschriften (D Ψ usw.) wird durch die Einfügung von τε καί der Versuch gemacht, die hier genannten Namen in zwei Gruppen zusammenzufassen. Zur Auflistung der entsprechenden Lesarten vgl. H. BRAUN S.390f.

aus zu schließen ist, daß er, David, ebenso wie die Propheten als Träger des Geistes Gottes gilt[7]. Gerade sie, die Propheten, werden freilich am Ende von V. 32 nur ganz summarisch erwähnt, und auch die in VV. 33/34 folgende Aufzählung von Glaubenstaten des in V. 32 genannten Personenkreises erfolgt lediglich andeutend, sodaß es nur ungefähr gelingen kann, die einzelnen Bezugnahmen anhand der entsprechenden biblischen Überlieferung im einzelnen nachzuweisen[8]. Auch hier ist - abgesehen von der generellen Kennzeichnung als Glaubenstaten - ein sachlich-thematisches oder auch historisch-chronologisches Ordnungsprinzip nicht erkennbar. Dabei versteht es sich immerhin von selbst, daß die zu Beginn (V.33: κατηγωνίσαντο βασιλείας)[9] und zu Ende der Aufzählung genannten kriegerischen Taten (V. 34: παρεμβολὰς ἔκλιναν ἀλλοτρίων) mit den in V. 32 genannten Richtern bzw. mit David in Verbindung zu bringen sind.[10] Für die hier benutzte Vorlage wie auch für den Autor des Hebr selbst ist dabei offensichtlich selbstverständliche Voraussetzung, daß solche kriegerische Taten durchaus als „Taten der Gerechtigkeit" gelten (oder doch jedenfalls neben ihnen bestehen) können. Dies gilt insbesondere im Blick auf jene Taten des Aufrichtens von „Gerechtigkeit", wie sie von David überliefert sind.[11] Ebenfalls in solchen „polemischen" Zusammenhang gehören auch

---

[7] Vgl. 3,7 und 4,7. Als dem „Autor" von Ps 95 ist David mit Gottes Geist begabt. - Zur Eröffnung der Reihe der Propheten mit Samuel vgl. Act 3,24: καὶ πάντες οἱ προφῆται ἀπὸ Σαμουηλ καὶ τῶν καθεξῆς.

[8] Dies geschieht ausführlich erst in der alten georgischen Version zu Hebr 11,33-38. Vgl. dazu: M. VAN ESBROECK, Hébreux 11,33-38 dans l'ancienne version géorgienne, Bib 53 (1972) S. 43-64, hier bes. den Überblick S. 55f (mitsamt Vergleich mit dem in armenischer Sprache überlieferten Kommentar des Ephrem zu den Paulusbriefen). Von besonderem Interesse ist, daß hier auch Abraham wiederum in die Reihe der Glaubenszeugen einbezogen wird (Gen 14 zu V. 33: „sie bezwangen Königreiche"; Gen 21,1f zu V.33: „sie erlangten Verheißungen"; Gen 14,10-12 zu V. 34: „sie wurden mächtig") und andererseits die Reihe dieser Glaubenszeugen bis hin zu Johannes dem Täufer geführt wird (Mt 3,4 zu V. 37: „sie gingen umher in Ziegenhäuten").

[9] Die Lesart βασιλεῖς statt βασιλείας (P[46]) ist wohl lediglich durch Verschreibung zustandegekommen. - Zu καταγωνίζεσθαι im Sinne von „niederkämpfen, bezwingen" vgl. Josephus, Ant VII 53; X 6; XIII 169.

[10] An welche siegreichen Kämpfe hier konkret zu denken ist, ist - da die „Richter" und David in der Geschichte Israels ohnehin als „Kriegshelden" gelten - ohne Belang. Für David vgl. z.B. die Siegesliste 2 Reg 8. Zu ἰσχυροὶ ἐν πολέμῳ (V. 34) vgl. auch Sir 46,1 (von Josua): κραταιὸς ἐν πολέμῳ sowie (von Gott selbst) LXX Ps 23,8: κύριος δυνατὸς ἐν πολέμῳ. Zu παρεμβολὰς ἔκλιναν vgl. Jdc 7,22. Zu ἔκλιναν vgl. LXX Ps 45,7: ἔκλιναν βασιλεῖαι. Zu παρεμβολαὶ ἀλλοτρίων vgl. LXX 1 Reg 17,46: παρεμβολαὶ ἀλλοφύλων; vgl. auch LXX 1 Paralip 11,15; 1 Makk 4,30. - παρεμβολή (V. 34) steht hier - im Unterschied zu Hebr 13,11.13 - im militärischen Sinne von „Schlachtreihen" o. ä. Vgl. 1 Makk 3,3; 5,28. Wird in 1 Makk 1,38; 2,7; 15,38 zugleich von den Heiden als den ἀλλότριοι gesprochen, so könnte dies darauf hinweisen, daß die am Ende von V. 34 genannten kriegerischen Taten konkret auf die Zeit der Makkabäerkriege zu beziehen sind. So bereits F. DELITZSCH S. 585. Kritisch dazu jedoch E. RIGGENBACH S. 378, Anm. 90.

[11] Vgl. LXX 2 Reg 8,15: ποιῶν κρίμα καὶ δικαιοσύνην ἐπὶ πάντα τὸν λαὸν αὐτοῦ sowie 1 Reg 12,4.23 (von Samuel). Speziell an die Verschonung Sauls durch David (1 Sam

das „Starkwerden im Krieg", das Empfangen von „Macht aus (ἀπό) Schwachheit" (V. 34)¹² und dem Kontext zufolge wohl auch das „Erlangen von Verheißungen" (bzw. von Verheißungsgütern)¹³. Allenfalls in den drei Gliedern ἔφραξαν στόματα λεόντων (V. 33), ἔσβεσαν δύναμιν πυρός und ἔφυγον στόματα μαχαίρης (V. 34), die im Rahmen der Aufzählung der VV. 33 und 34 eine gewisse Einheit darstellen, scheint sich bereits jener martyrologische Aspekt anzudeuten, der sodann im zweiten Abschnitt des Katalogs den Hauptakzent trägt. Dies gilt um so mehr, wenn hier - wie sich zumindest für die beiden ersten Glieder wahrscheinlich machen läßt - konkret an bestimmte Geschehnisse in der Geschichte Daniels und seiner Freunde gedacht ist. So wird mit der Formulierung „sie stopften Löwenrachen" (V. 33) eindeutig auf Dan 6,18ff, insbesondere auf Dan 6,23, Bezug genommen, mit dem Unterschied zur biblischen Vorlage nur, daß das, was im Danielbuch von Gott ausgesagt wird (Θ 6,23: ὁ θεὸς ... ἐνέφραξεν τὰ στόματα κτλ.), hier nunmehr als eigenes Handeln des Glaubenszeugen dargestellt wird.¹⁴ Das zweite Glied (V. 34: „sie löschten Feuerskraft aus") ist dementsprechend auf die wunderbare Bewahrung der Freunde Daniels vor „Feuersglut" zu beziehen, von der Dan 3,17 - wiederum als von einer Tat Gottes - berichtet¹⁵. Das dritte Glied - „sie entrannen zweischneidigen Schwertern" (V.34)¹⁶ - ist dann freilich wieder so allgemein formuliert, daß eine Beziehung auf die Geschichte Daniels und seiner Freunde

---

24,18-20; 2 Sam 26,21-25) dürfte dabei nicht gedacht sein. Vgl. aber Josephus, Ant VI 290 (284) sowie LXX 1 Reg 24,18.

[12] Wenn Mose bei Philon, VitMos I 69 (im Rahmen einer allegorischen Deutung der Dornbuschszene von Ex 3) im Blick auf den bevorstehenden Auszug aus Ägypten sagt: μὴ ἀναπίπτετε, τὸ ἀσθενὲς ὑμῶν δύναμίς ἐστιν, so ist dies keine Parallele zum ἐδυναμώθησαν ἀπὸ ἀσθενείας in Hebr 11,34. Im Hebr geht es an dieser Stelle wirklich darum, daß die Schwachheit von Menschen im entscheidenden Augenblick des Kampfes durch Gott in δύναμις verwandelt wird. Vgl. entsprechend die Fortsetzung: ἐγενήθησαν ἰσχυροὶ ἐν πολέμῳ. - 1 Clem 55,3 betont ausdrücklich, daß das δυναμοῦσθαι durch Gottes Gnade geschieht, und zwar in bezug auf Frauen(!), die infolge dessen „viele mannhafte(!) Taten" vollbringen.

[13] Ἐπιτυγχάνειν ἐπαγγελιῶν meint im Hebr - vgl. bereits 6,15 und im Kontext von 11,33ff zumal! - nicht nur den Empfang einer Zusage von Gott, sondern die Einlösung und Verwirklichung der Verheißungen Gottes. Sofern dabei an Geschehnisse gedacht ist wie z.B. die Jdc 4,14; 6,14; 7,7; 2 Reg 7,4ff geschilderten, gibt es keinen Widerspruch zum abschließenden Urteil des Autors in V. 39. Vgl. E. KÄSEMANN, Das wandernde Gottesvolk, S. 17.

[14] Vgl. entsprechend das passivum divinum 1 Makk 2,60: Δανιηλ ... ἐρρύσθη ἐκ στόματος λεόντων.

[15] Vgl. Dan 3,49-51.88.94; 1 Makk 2,59; 3 Makk 6,6; Josephus, Ant X 214f sowie 1 Clem 45,7.

[16] Auffällig ist dabei die Rede von den στόματα (Plural!) μαχαίρης, was gewiß nicht lediglich als Analogiebildung zu στόματα λεόντων (V. 33) zu erklären ist. Gegen E. RIGGENBACH S. 378, Anm. 88; J. MOFFATT S. 186. Hier handelt es sich vielmehr um die zwei Schneiden des Schwertes. Vgl. Hebr 4,12: δίστομος; Jdc 3,16; Prov 5,4: μάχαιρα δίστομον; LXX Ps 149,6; Sir 21,3: ῥομφαία δίστομον. An letzterer Stelle wird auf diese Weise die verderbenbringende Kraft des Schwertes betont, gegen die es keine Heilung gibt. Vgl. O. HOFIUS, Στόματα μαχαίρης Hebr 11,34, ZNW 62 (1971) S.129f. Zum Singular στόμα μαχαίρης vgl. Gen 34,26; Jos 19,47; LXX 2 Reg 15,14; Lk 21,24.

ebensogut möglich ist wie auf die entsprechenden Geschehnisse in der Geschichte der Propheten Elia und Elisa (1 Reg 19,1ff; 2 Reg 6,14ff.31ff) oder in der Geschichte Davids (1 Sam 19,10.12; 21,11ff; 23,13). Daß es bei alledem um Taten und Erfahrungen des Glaubens geht, steht für den Autor des Hebr außer Frage – ebenso aber auch, daß alle eigene Aktivität und „Leistung" der hier apostrophierten Glaubenshelden letztlich auf Gott selbst zurückgehen: Von ihm her haben sie ja – worauf insbesondere die passivischen Formulierungen in V. 34 hinweisen – „Kraft aus (ihrer) Schwachheit empfangen", sind sie „stark geworden im Krieg"[17], ganz zu schweigen davon, daß sich bei alledem Verwirklichung von „Verheißungen" Gottes ereignet hat (V. 33).

Dieser theologische Aspekt ist vor allem für **V. 35** bestimmend, wenn hier nunmehr die Bewahrung der Glaubenshelden mit der (von Gott gewirkten) „Auferstehung" in Verbindung gebracht wird. War mit der Bezugnahme auf Daniel und seine Freunde in den VV. 33 und 34 der Kreis der in V. 32 ausdrücklich genannten Glaubenszeugen bereits überschritten worden[18], so gilt dies nunmehr vor allem für die Aussage von V. 35 wie auch für die folgenden Verse. Im Blick auf V. 35 bedeutet dies nun freilich nicht, daß hier der Kreis der Glaubenszeugen ausdrücklich durch Frauen erweitert wird[19]; wohl aber geht es auch hier um weitere Dokumentation bestimmter Erfahrungen von Glaubenstreue, zu denen – im Rückblick auf die in der Bibel dokumentierte Glaubensgeschichte – nun eben auch die Erfahrung der den Tod überwindenden Macht Gottes gehört. Nach der entsprechenden biblischen Überlieferung ist diese Erfahrung, das Zurückerhalten „ihrer Toten" – vor allem Frauen zuteil geworden, so insbesondere der Witwe in der Geschichte der Auferweckung ihres Sohnes durch den Propheten Elia (1 Reg 17,17ff) und der Sunamitin in der entsprechenden Elisa-Geschichte von 2 Reg 4,18ff[20]. „Auferstehung", das meint in dieser biblischen Überlieferung freilich zunächst nur die Rückkehr der Toten ins irdische Leben. In einer Zeit aber, in der – in jüdischer Glaubenstradition – schon längst die Hoffnung auf eine den Tod schlechthin überwindende (zukünftige) „Auferstehung der Toten" lebendig war, ist die hier

---

[17] Konkret könnte hier eine Bezugnahme auf Jdc 16,28 (Simson), auf Jes 38,16 (Hiskia) oder auch auf Jdt 13,7 vorliegen.

[18] Es sei denn, man rechnet auch Daniel noch zu den am Ende von V. 32 summarisch erwähnten „Propheten". Nach der „Kanon"-Einteilung von LXX wäre dies durchaus denkbar, da hier das Buch Daniel – im Unterschied zum hebräischen Kanon – die Prophetenbücher abschließt.

[19] Die Lesart γυναῖκες (als Subjekt zu ἔλαβον) ist die einzig sinnvolle Lesart, die Lesart γυναῖκας (Akkusativ!) als Objekt zu ἔλαβον (א* A D usw.) demgegenüber sinnlos und wohl nur als Verschreibung zu erklären. Vgl. BL.-DEBR.-R. § 46,3. – Zu Frauen (Judith und Esther) als Glaubenszeugen vgl. dann 1 Clem 55,3-6.

[20] Zur Formulierung „Frauen erhielten ihre Toten (zurück)" vgl. LXX 3 Reg 17,23: καὶ ἔδωκεν αὐτὸν τῇ μητρὶ αὐτοῦ sowie 4 Reg 4,36: καὶ εἶπεν Ελισαιε Λάβε τὸν υἱόν σου.. – Ἐξ ἀναστάσεως steht hier im kausalen Sinn: „auf Grund, durch". Vgl. Röm 1,4; Act 26,23.

zunächst beschriebene Glaubenserfahrung allenfalls von relativer bzw. hinweisender Bedeutung. Ihr wird dementsprechend in V. 35b – durch δέ deutlich den Unterschied hervorhebend – eine andere und „bessere" Art von „Auferstehung" gegenübergestellt[21] – oder doch jedenfalls die Hoffnung darauf.

Die „anderen" Glaubenszeugen, von denen nunmehr die Rede ist, zeichneten sich in ihre Glaubenshaltung dadurch aus, daß sie – obwohl sie gefoltert wurden – nicht die Möglichkeit einer Befreiung aus ihrem Martyrium wahrgenommen haben – und dies nun eben in der gewissen Hoffnung auf jene „bessere" Auferstehung, die Auferstehung nämlich zum „ewigen Leben"! Schon von der hier benutzten Terminologie her sind jene ἄλλοι von V. 35b eindeutig zu identifizieren: Die mit dem Verbum τυμπανίζειν bezeichnete Art der Folterung ist genau die in 2 Makk 6,19.28 erwähnte[22], und ebenso wird dort (2 Makk 6,22) die den Märtyrern unter der Bedingung der Verleugnung ihres Glaubens angebotene „Freilassung" mit dem Verbum ἀπολύειν bezeichnet[23]. Was in V. 35 von den „anderen" Glaubenszeugen berichtet wird, ist demnach eindeutig auf das Martyrium des Eleasar und seiner Brüder zu beziehen, wie es 2 Makk 6,18-7,42 im einzelnen beschrieben wird[24]. Und die Schriftgemäßheit der Schilderung in V. 35b erweist sich schließlich auch dadurch, daß aus demselben biblischen Zusammenhang auch die Erwartung einer „besseren" Auferstehung (als lediglich einer Rückkehr ins irdische Leben) entnommen wird: „Du Missetäter" – so die Rede des zweiten Bruders an den König – „befreist (ἀπολύεις) uns zwar vom irdischen Leben; der König der Welt aber wird uns, die wir gestorben sind für seine Gesetze, aufstehen lassen zum ewigen Leben"[25]. Im Rahmen der Aufzählung der Glaubenszeugen und ihrer Glaubenstaten in den VV. 32-38 ist damit der martyrologische Aspekt und mit ihm das Thema des Glaubens im Sinne geduldigen, aber doch hoff-

---

[21] Vgl. entsprechend die Gegenüberstellung des irdischen und des „besseren" (himmlischen) Vaterlandes: 11,13-16. Zumal dieses für den Hebr insgesamt charakteristische überbietende κρείττων spricht dafür, daß auch an dieser Stelle der Autor des Hebr die in VV. 33ff benutzte Vorlage redaktionell überarbeitet hat.

[22] Im gleichen Sinn steht ἀντιτυμπανίζεσθαι 3 Makk 3,27; Josephus, c.Ap. I 148. In 4 Makk 5,32 wird das 2 Makk 6 als τύμπανον bezeichnete Folterinstrument τροχός, „Rad", genannt. Vgl. 4 Makk 5,3: τροχίζεσθαι, „gerädert werden", sowie Philon, Flacc 85. Zum Ganzen vgl. E. C. E. OWEN, JThSt 30 (1929) S. 259-266.

[23] 2 Makk 6,22: ἵνα τοῦτο πράξας ἀπολυθῇ τοῦ θανάτου. Vgl. 6,30. Zur ἀπολύτρωσις im Sinne der Freilassung aus der Gefangenschaft vgl. Philon, Prob 114; Arist 12.33. Zur Sache vgl. auch 2 Makk 7,24-29; 4 Makk 6,14f.27; 10,1 sowie F. BÜCHSEL, ThWNT IV, S. 354.357; K. KERTELGE, EWNT I, Sp. 332.

[24] Vgl. auch 4 Makk 5,1ff, wo ausdrücklich auch der durchhaltende Glaube der Märtyrer betont wird: 7,18ff; vgl. 2 Makk 7,40.

[25] So 2 Makk 7,9. Zur Sache vgl. auch 2 Makk 7,14.23.36; 4 Makk 16,25; 18,23 sowie Philon, Post 39: Dem Leben unter den Gottlosen ist der Tod mit Frommen (μετ' εὐσεβῶν) vorzuziehen: „diejenigen nämlich, die so sterben, wird das unsterbliche Leben erwarten, diejenigen jedoch, die auf jene Weise leben, der ewige Tod".

nungsvollen Ertragens von Leiden und Martyrium ins Zentrum getreten. Alle weiteren Verweise auf das Glaubenszeugnis der „Alten" in den VV. 36–38 – angefangen bei den hier im einzelnen aufgezählten unterschiedlichen Arten von Zwangsmaßnahmen und Martyrien bis hin zur Beschreibung der Rand- und Außenseiterexistenz der Glaubenszeugen in V. 38 – sind diesem Thema zugeordnet, einem Thema damit aber auch, das für die eigene Glaubenssituation und Glaubensanfechtung der Adressaten des Hebr unmittelbar transparent ist.

Das summarische, jeweils nur andeutende Verfahren der Aufzählung in den VV. 36–38 läßt jedenfalls das Grundanliegen – Bewahrung und Bewährung des Glaubens in Grenzsituationen – höchst drastisch hervortreten, auch wenn sich die hier im einzelnen genannten Leidensumstände – eben infolge solchen summarischen Verfahrens – kaum eindeutig in die biblische Überlieferung einordnen lassen. Nicht einmal eine geordnete chronologische Abfolge ist zu erkennen[26]. Deutlich ist lediglich: Zwar sind auch hier Zeugen bzw. Märtyrer des Glaubens im Blick, nunmehr jedoch wiederum „andere" (ἕτεροι) als die zuvor in V. 35 erwähnten ἄλλοι. Der ursprüngliche „dualische" Aspekt von ἕτερος im Unterschied zu ἄλλος[27] dürfte dabei wohl kaum noch eine Rolle spielen, zumal ja im Katalog insgesamt die prinzipielle Gleichheit der hier genannten Glaubenszeugen vorausgesetzt ist. Im Anschluß an V. 35 ist also am besten zu übersetzen: „Wiederum andere aber...". Ein chronologischer Anschluß an die zuvor (V. 35) genannten Glaubenszeugen aus der Makkabäerzeit ist mit diesem neuen Ansatz in V. 36 jedenfalls nicht gegeben. Die hier benutzte Terminologie könnte vielmehr darauf hinweisen, daß hier noch einmal vom Glaubenszeugnis bzw. vom Martyrium bestimmter Propheten die Rede ist, die „Verspottung und Geißelung (usw.) über sich ergehen lassen mußten"[28]. Das Stichwort ἐμπαιγμός begegnet jedenfalls (in der verbalen Form ἐμπαίζοντες) auch hinsichtlich der „Verspottung" der Propheten in LXX 2 Paralip 36,16, die Stichworte δεσμοί und φυλακή in bezug auf den Propheten Asa in LXX 2 Paralip 16,10 bzw. in bezug auf den Propheten Micha in LXX 3 Reg 22,27[29]. Gleiches könnte auch – zum Teil jedenfalls –

---

[26] In sachlicher Hinsicht steht die Aufzählung in den VV. 36–38 – was das Ertragen von Leiden als Glaubenszeugnis betrifft – dem 4 Makk nahe, nicht so sehr Philon, in dessen Schriften – abgesehen allenfalls von Flacc 73,ff – dieses Thema nicht ausdrücklich reflektiert wird. Zum Vergleich mit Philons „theology of suffering" vgl. J. W. THOMPSON, The Beginnings of Christian Philosophy, S. 77f.

[27] Vgl. dazu BL.-DEBR.-R. § 306,3.

[28] Πεῖραν λαμβάνειν steht hier – im Unterschied zu V. 29 – in diesem passivischen Sinn. Vgl. Josephus, Ant II 60 sowie H. WINDISCH S. 104.

[29] Vgl. aber auch Jer 20,1ff. Dementsprechend vermutet H. J. SCHOEPS, Die jüdischen Prophetenmorde, SyBu 2 (1943) = DERS., Aus frühchristlicher Zeit, Tübingen 1950, S. 126–143, spez. S. 141f, für Hebr 11,36–38 insgesamt eine Nachwirkung des traditionellen Topos von der Verfolgung und Ermordung der Propheten, wie er dann auch in der urchristlichen Polemik gegenüber dem Judentum eine Rolle gespielt hat (1 Thess 2,15; Mt 23,23ff; Act 7,52 so-

auf den in V. 37 und V. 38 sich anschließenden Leidenskatalog zutreffen, der – sofern hier zunächst Blutzeugen genannt werden – gegenüber V. 36 noch eine weitere Steigerung bringt[30]. Dabei gehört die Erwähnung der „Steinigung" (ἐλιθάσθησαν) im Urchristentum bereits zur normalen Ausstattung solcher aus jüdischer Tradition übernommener Leidenskataloge[31]. Der Vorgang der Steinigung eines Propheten läßt sich hier noch relativ eindeutig in der biblischen Überlieferung festmachen: Hier könnte jedenfalls auf die Steinigung des Propheten Sacharja (᾿Αζάρια) nach LXX 2 Paralip 24,20f Bezug genommen sein. Je weiter aber in der Aufzählung der Widerfahrnisse der Glaubenszeugen fortgefahren wird, desto undeutlicher werden die entsprechenden Bezüge zur biblischen Überlieferung.

Dies gilt insbesondere im Blick auf die in V. 37 an zweiter Stelle genannte Tötungsart ἐπρίσθησαν: „sie sind zersägt worden". Konkret dafür in Betracht kommt lediglich die legendäre Überlieferung vom Martyrium des Jesaja, wie sie in der gleichnamigen apokryphen Schrift im 5. Kapitel ihren Niederschlag gefunden hat[32].

Die gerade an dieser Stelle äußerst verworrene handschriftliche Überlieferung zeigt die Probleme an, die offensichtlich von Anfang der Textüberlieferung an mit dem Verständnis dieses ungewöhnlichen Verbums verbunden gewesen sind. Bereits die mehrfach bezeugte Lesart ἐπειράσθησαν, ἐπρίσθησαν (א L P usw.) bzw. umgekehrt (P[13] A D* usw.) dürfte aus dem Versuch zu erklären sein, das fragliche ἐπρίσθησαν durch geläufigeres ἐπειράσθησαν zu erläutern[33]. In einem Zusammenhang, der im übrigen vom Martyrium mit tödlichem Ausgang handelt, ergibt ἐπειράσθησαν jedoch schwerlich einen Sinn. Ernsthafte Beachtung demgegenüber ver-

---

wie Mk 12,1ff. Vgl. auch O. H. STECK, Israel und das gewaltsame Geschick der Propheten (WMANT 23), Neukirchen 1967, S. 263, Anm. 3 (S. 264). Andererseits trifft das V. 36 geschilderte z.T. auch auf die Märtyrer der Makkabäerzeit zu: vgl. 1 Makk 9,26; 2 Makk 7,7.10 (ἔμπαιγμος bzw. ἐμπαίζειν); 6,30; 7,1.37; 9,11 sowie 4 Makk 6,3.6; 9,12 (μάστιξ bzw. μαστιγοῦν). Vgl. aber auch die Schilderung des Pogroms in Alexandria bei Philon, Flacc 73ff, hier bes. 85: Ἰουδαῖοι μαστιγούμενοι, κρεμάμενοι, τροχιζόμενοι, κατακιζόμενοι κτλ.; 3 Mak 5,22.

[30] Bereits in V. 36 hatte ἔτι δέ in der Aufzählung der Leiden eine steigernde Funktion: „darüber hinaus aber auch (noch)…". Vgl. ἔτι δέ in LXX Ps 15,9 (= Act 2,26); 2 Makk 8,30; 9,7; 12,2 sowie W. BAUER, Wörterbuch zum Neuen Testament, Sp. 639f: ἔτι δέ steht „von dem, was zu Vorhandenem noch hinzukommt".

[31] Vgl. Mt 21,35; 23,37, weiter den Leidenskatalog 1 Clem 45,4f: ἐδιώχθησαν δίκαιοι … ἐφυλακτάνθησαν … ἐλιθάσθησαν … ἀπεκτάνθησαν sowie Philon, Flacc 85 (s. o. Anm. 29).

[32] MartJes 5,1f.11-14. Die Legende ist auch in der rabbinischen Literatur überliefert: ySanh X 28c, 37-41; bSanh 103b; bJeb 49b. Vgl. auch die Marginalnote im Cod. Reuchlinianus zum jerusalemischen Prophetentargum zu Jes 66,1 (ed. A. Sperber, The Bible in Aramaic III, Leiden 1962, S. 129f) sowie die entsprechende Überlieferung im frühchristlichen Schrifttum: Justin, Dial 120,5; ActPaul 49; Tertullian, De patientia 14 u. ö. sowie das gnostische Testimonium veritatis (NHC IX 3, p. 41,1). Wahrscheinlich geht diese Legende auf die Notiz 2 Reg 21,16 zurück.

[33] Ἐπειράσθησαν könnte dabei ursprünglich eine erläuternde Marginalnotiz sein, die sekundär in den Text gelangt ist. F. DELITZSCH S. 590 vermutet aber an dieser Stelle ein Dittographie. Vgl. zum Problem: B. M. METZGER, A Textual Commentary on the Greek New Testament, S. 674. Vgl. auch T. V. G. TASKER, NTS 1 (1954/55) S. 184f.

dient die Lesart ἐπρήσθησαν (Ψ), „sie wurden verbrannt", zumal diese Art von Martyrium von Philon im Rahmen eines Leidenskatalogs ebenfalls neben der Tötungsart der Steinigung genannt wird[34]. Freilich könnte es sich bei dieser (nur vereinzelt bezeugten) Lesart um einen Itazismus handeln, sodaß am Ende doch die zuerst durch P[46] bezeugte lectio difficilior ἐπρίσθησαν den Vorzug verdient[35].

Eindeutiger demgegenüber verhält es sich mit der im folgenden genannten Tötungsart ἐν φόνῳ μαχαίρης (ἀπέθανον), „(sie starben den Tod) durch das Schwert". Das ist eine Wendung, die aus LXX Ex 17,13; Num 21,24; Dtn 13,16; 20,13 eindeutig als ein „Septuagintismus" zu erweisen ist, ohne daß es nun freilich möglich ist, diese ganz generelle Aussage über das Martyrium bestimmter Glaubenszeugen des näheren zu identifizieren. Auch hier handelt es sich wohl um einen bereits feststehenden Topos der martyrologischen Überlieferung (hinsichtlich des Schicksals der Propheten?)[36].

Die nunmehr noch folgende Aufzählung ergänzt die bisherige Darstellung noch dahingehend, daß zu Bild und Status des Glaubenszeugen nicht nur – gegebenenfalls – der gewaltsame Ausgang seines irdischen Lebens gehört, sondern auch schon seine ganze irdische Existenz: Mangel leiden (ὑστερούμενοι), alle Arten von Not und Bedrängnis (θλιβόμενοι), das Ertragen von Ungemach (κακουχούμενοι) gehören dazu ebenso wie der äußere Habitus und die Bekleidung dessen, der sein Leben unstet „in Wüsten, auf Bergen, in Höhlen und Erdlöchern" zubringt, an weglosem und unwohnlichem Ort also. Charakteristisch für das hier sich darstellende Existenzverständnis ist insbesondere auch der Gebrauch von πλανᾶσθαι, „umherirren", an dieser Stelle (V.38). Dem Kontext entsprechend steht das Verbum hier im eigentlichen Sinne des unbehausten Umherirrens, ist aber – zumal im Sinne des Autors des Hebr – zugleich auch ein Bild für die Glaubensexistenz der Zeugen der „Alten" ebenso wie seiner eigenen Adressaten: „Fremdlinge auf Erden" (V.13) sind sie ja, sodaß in diesem Sinn ein „dualistischer" Ansatz im Verständnis von πλανᾶσθαι nicht zu übersehen ist[37]. Ob die zur näheren Kennzeichnung solcher Glaubensexi-

---

[34] Flacc 174: Κατετελεύθησάν τινες καὶ ζῶντες οἱ μέν ἐνεπρήσθησαν. Zur Sache vgl. auch 2 Makk 6,11.

[35] Zum Textproblem insgesamt vgl. F. DELITZSCH S. 589ff; A. DEBRUNNER, Über einige Lesarten des Chester Beatty Papyrus des Neuen Testaments, CNT 11 (1947) S.33–49, spez. S. 45; C. SPICQ, I, S. 429; A. VANHOYE, La structure littéraire, S. 192f, sowie G. ZUNTZ, The Text of the Epistles, S. 47f.

[36] Vgl. dazu bereits LXX 3 Reg 19,20: καὶ τοὺς προφήτας σου ἀπέκτειναν ἐν ῥομφαίᾳ; LXX Jer 33,23; Josephus, Ant X 38; für das Urchristentum: Mt 23,31.34.37; Act 7,52; 1 Thess 2,15.

[37] In der Gnosis wird solches Grundverständnis menschlicher Existenz in der Welt weiter ausgebaut, indem das irdische Leben schlechthin als πλάνη gilt. Vgl. H. BRAUN, ThWNT VI, S. 241f; DERS., ‚Der Fahrende', in: DERS., Ges. Studien zum Neuen Testament und seiner Umwelt, Tübingen 1962, S. 1–7, spez. S.7: „Das gnostische Verständnis des irdischen Lebens als einer Bewegung im Vorläufigen und im Irrtum schlechthin schattet sich ab".

stenz in den VV. 37 und 38 vorliegenden Einzelaussagen bestimmten konkreten biblischen Gestalten und Episoden zugeordnet werden können, ist dabei durchaus fraglich.

So könnte bei der Kennzeichnung der Bekleidung der Glaubenszeugen ἐν μηλώταις, „in Schaffellen" (V. 37), eine Anspielung auf die Kleidung des Propheten Elia in LXX 3 Reg 19,13 (ἐν τῇ μηλώτῃ αὐτοῦ) vorliegen[38]. Demgegenüber findet sich die Bezeichnung ἐν αἰγείοις δέρμασιν, „in Ziegenhäuten", nicht in der biblischen Überlieferung, während 1 Clem 17,1 beide Bekleidungsweisen – ἐν μηλώταις und ἐν αἰγείοις δέρμασιν – ausdrücklich mit Elia, Elisa (bzw. den Propheten insgesamt) in Verbindung bringt und die Adressaten zugleich ausdrücklich zur Nachahmung dieser Vorbilder ermahnt[39]. Endlich kann auch die Aussage vom „Umherirren in Wüsten (usw.)"[40] biblisch verifiziert werden: Sie wäre dann entweder auf David (LXX 1 Reg 24,2) oder wiederum auf Elia zu beziehen (LXX 3 Reg 18,4.13: ἐν σπηλαίῳ; 19,4: ἐν τῇ ἐρήμῳ), kann aber auch mit entsprechenden Aussagen in 2 Makk in Verbindung gebracht werden[41]. Andererseits begegnet der Topos LXX Ps 106,4 aber auch schon ganz allgemein vom Leben des Frommen, den Gott dereinst aus der Hand seines Feindes befreien wird: ἐπλανήθησαν ἐν τῇ ἐρήμῳ ἐν ἀνύδρῳ ... πεινῶντες καὶ διψῶντες[42].

Viel wichtiger jedoch als die Zuordnung der einzelnen Aussagen in den VV. 37 und 38 zur biblischen oder nachbiblisch-jüdischen Überlieferung ist im Blick auf das Grundanliegen, das der Autor des Hebr mit dieser Aufzählung verfolgt, daß sich in alledem, was hier im einzelnen benannt wird, ein Nonkonformismus gegenüber der Welt darstellt, die Rand- und Außenseiterexistenz der Glaubenszeugen[43], ja geradezu ihre „unweltliche" Existenz, die nach der eigenen Auffassung des Autors des Hebr – wie bereits 11,13 zeigte – konstitutiv zur Glaubensexistenz hinzugehört. Genau diesem Grundverständnis der Glaubensexistenz entspricht auch die die Aufzählung von Lebensumständen zu Beginn von V. 38 unterbrechende (und deshalb wohl auf den Autor des Hebr zurückgehende) programmatische Zwischenbemerkung: ὧν οὐκ ἦν ἄξιος ὁ κόσμος. Mag sich solches Urteil – sofern es ja eben die Mächte und Repräsentanten der „Welt" sind,

---

[38] Vgl. 19,19; 4 Reg 2,8.13f sowie MartJes 2,10: „Sie waren alle mit einer Felltracht bekleidet, und sie waren alle Propheten".

[39] Unter der Voraussetzung der Benutzung des Hebr in 1 Clem liegt damit 1 Clem 17,1 ein erster Versuch vor, die Andeutungen des Hebr biblisch zu verifizieren. Vgl. D. A. HAGNER, The Use of Old and New Testament in Clemens of Rome, S. 186f; K. BEYSCHLAG, Clemens Romanus und der Frühkatholizismus (BHTh 35), Tübingen 1966, S. 217ff. 334. – Zur Wendung ἐν αἰγείοις δέρμασιν als solcher vgl. P. Fay 107,2f: δέρματα αἴγει. Vgl. F. PREISIGKE, Wörterbuch der Papyrusurkunden I, Sp. 30.

[40] Bei der Lesart ἐν (statt ἐπί) ἐρημίαις (Δ Ψ usw.) handelt es sich um eine stilistische Glättung.

[41] So z.B. mit 2 Makk 2,28f (εἰς γὰ ὄρη/εἰς τὴν ἔρημον); 5,27 (εἰς τὴν ἔρημον/ἐν τοῖς ὄρεσιν); 6,11 (εἰς τὰ σπήλαια); 9,33 (εἰς τὸν ἔρημον); 10,6 (ἐν τοῖς ὄρεσιν καὶ ἐν τοῖς σπηλαίοις). Vgl. auch Josephus, Ant XII 271f.274f.

[42] Vgl. auch PsSal 17,17: ἐπλανῶντο ἐν ἐρήμοις.

[43] Vgl. K. WENGST, Handeln aus Ohnmacht, in: Einwürfe 5 (1988) S. 37f.

die den Glaubenszeugen all das hier genannte Ungemach zufügen – zunächst aus dem unmittelbaren Kontext ergeben, so spricht sich hier doch zugleich – in gewisser Entsprechung zu V. 7, demzufolge der Glaube notwendig eine „Verurteilung der Welt" mit sich bringt – ein grundsätzliches Urteil aus. Im Sinne des Autors des Hebr besteht dieses Urteil gewiß nicht in einer grundsätzlichen Absage an die Welt. Denn nicht die Welt in ihrem Sein, sondern in ihrem Verhalten, genauer: im Verhalten ihrer Repräsentanten, ist jener Glaubenszeugen nicht „wert"[44]. Wohl aber spricht sich in dieser Zwischenbemerkung ein grundsätzliches Urteil in dem Sinne aus, daß das „Sehen des Glaubens" am Ende doch über die Welt – als Welt des Sicht- und Aufweisbaren – hinausgeht: zum „himmlischen Vaterland" hin (V. 14), zur „Stadt Gottes" hin (V. 10), die Gott selbst den Zeugen des Glaubens schon „bereitet hat" (V. 16). So bleibt zwar die Welt der Ort der Bewahrung und Bewährung des Glaubens – und doch richtet sich dieser Glaube zugleich auf das Nicht-Sichtbare, auf das Erhoffte damit auch, was im Sinne der Definition von V. 1 sein Wesen ausmacht. Jene Zwischenbemerkung in V. 38 zeigt somit einmal mehr an, in welchem Maße und Sinne die Paradigmenreihe von Hebr 11 und insbesondere der Leidenskatalog an ihrem Ende auf die konkrete Glaubenssituation und Glaubensanfechtung der Adressaten des Hebr ausgerichtet sind. Gleichwohl ist damit noch nicht das letzte Wort hinsichtlich der Applikation der in diesem Zusammenhang vom Autor benutzten Vorlage auf die Adressaten gesprochen. Dies geschieht vielmehr erst in Gestalt des „eschatologischen Vorbehalts", wie er in den VV. 39 und 40 im Rückblick auf die Paradigmenreihe insgesamt ausgesprochen wird, darüber hinaus aber vor allem in Gestalt der ausdrücklichen Anwendung der Paradigmenreihe bzw. der hier vorgeführten „Wolke der Zeugen" auf die Adressaten in 12,1ff.

2.6) 11,39–40: Das Glaubenszeugnis der Alten und die Vollendung des Gottesvolkes

39 Und diese alle, obwohl sie in ihrem Glaubenszeugnis (von Gott) bestätigt worden sind, haben die (endgültige) Verheißung (Gottes) nicht erlangt,
40 weil Gott im Blick auf uns etwas Besseres vorgesehen hat, damit sie (nämlich) nicht ohne uns zur Vollendung gelangen sollten.

Beide Verse stellen den Abschluß bzw. die conclusio des im 11. Kapitel zuvor ausführlich dargelegten Glaubenszeugnisses der „Alten" dar (V. 2). In **V. 39** bereits wird dies durch verschiedene Signale angezeigt. Das Parti-

---

[44] In diesem Sinne ist das Verständnis von „Welt" im Hebr (11,7.38), auch wenn die πίστις hier als solche eine Distanz zum „Sichtbaren" in sich schließt, ebensowenig wie bei Philon „streng dualistisch orientiert". Gegen J. W. THOMPSON, The Beginnings of Christian Philosophy, S. 76. Zur Frage eines Dualismus im Hebr vgl. auch R. WILLIAMSON, Philo and the Epistle to the Hebrews, S. 268–276 sowie S. 328.366.

zip μαρτυρηθέντες entspricht im Sinne einer inclusio dem gleichen Partizip in V. 2; mit der Wendung διὰ τῆς πίστεως wird noch einmal die entsprechende Wendung in V. 33 bzw. das formelhafte πίστει der Paradigmenreihe der VV. 3–31 aufgenommen; und schließlich blickt die Eingangsformulierung Καὶ οὗτοι πάντες auf die ganze Paradigmenreihe zurück und entspricht darüber hinaus dem kommentierenden Zusatz des Autors zu seiner Vorlage in V. 13 (οὗτοι πάντες)[1]. Solcher Stellung und Funktion dieser beiden Verse entsprechend erwartet man hier nun endlich eine ausdrückliche Anwendung der Zeugenreihe auf die Adressaten des Hebr. Sie erfolgt tatsächlich an dieser Stelle zunächst freilich nur in einer sehr relativen bzw. relationalen Weise[2]. Obwohl nämlich noch einmal (V. 2) ausdrücklich festgestellt wird, daß „diese alle", die zuvor im einzelnen genannt worden sind, von Gott in ihrem Glaubenszeugnis „bestätigt worden sind"[3], gilt nun doch – über alle vorläufig-irdische Verwirklichung bestimmter Verheißungen Gottes (V. 33) hinaus – auch am Ende der Reihe der Glaubenszeugen, was bereits im Zusatz des Autors zu seiner Vorlage in V. 13 betont worden war: οὐκ (!) ἐκομίσαντο τὴν ἐπαγγελίαν! Eine unmittelbare Applikation der Paradigmenreihe auf die christliche Gemeinde bzw. auf die Adressaten des Hebr, wie sie – nach dem Schema: „Wie einst sie, so nunmehr auch ihr" – in analogen jüdischen Paradigmenreihen erfolgt[4], ist dem Autor des Hebr offensichtlich nicht möglich. Hier steht er vielmehr – was eine angemessene christliche Rezeption betrifft – in einer bestimmten Spannung zu seiner (jüdischen) Vorlage[5]. Konkret bedeutet das, daß die Anwendung der Paradigmenreihe auf die christliche Gemeinde im Sinne jenes τοιγαροῦν καὶ ἡμεῖς von 12,1 erst dann legitim und angemessen ist, wenn zuvor noch ein bestimmter Sachverhalt hinsichtlich der endgültigen Verwirklichung der Verheißung Gottes geklärt worden ist. Eben darum geht es dem Autor in den VV. 39 und 40.

---

[1] Insofern entspricht das von einigen Handschriften (P[46] 1739 1881 usw.) nicht gelesene οὗτοι der Logik des ganzen Zusammenhangs, könnte freilich gerade deshalb sekundärer Zusatz (im Anschluß an V. 13!) sein. Vgl. E. Riggenbach S. 382, Anm. 2; G. Zuntz, The Text of the Epistles, S. 33f; H. Braun S. 400. Am abschließenden Charakter von V. 39 ändert sich damit nichts.

[2] „Relational", d.h. hier: Die „Vollendung" der Glaubenszeugen der „Alten" in einen Bezug zu „uns" (V. 40) setzend.

[3] Zum theologischen Verständnis des passiven Partizips μαρτυρηθέντες s.o. zu V. 2.

[4] Vgl. 1 Makk 2,61ff im Anschluß an die Paradigmenreihe 2,51ff; 4 Makk 16,22f im Anschluß an die Paradigmenreihe 16,18ff. Vgl. auch 1 Clem 4,7ff; 5,1ff und bes. 17,1: μιμηταὶ γενήσεσθε κἀκείνων sowie in Hebr selbst 6,12 im Zusammenhang mit dem im folgenden (6,13ff) genannten Abraham-Beispiel.

[5] Vgl. E. Käsemann, Das wandernde Gottesvolk, S. 118: „... wie kann man vorher mit solcher Energie Sieg und Not der Zeugen aufweisen, um dann damit zu schließen, daß jene die Vollendung nicht erlangten und gleichsam vor der offenen Tür stehen bleiben mußten? Es scheint doch so, als sei hier die frühere Tradition gewaltsam umgebogen und einem anderen Zweck dienstbar gemacht". Vgl. auch G. Theissen, Untersuchungen zum Hebr, S. 99; H. Braun S. 392.

Mit der in V. 39 genannten Verheißung Gottes – Singular, nicht Plural![6] – hat es somit eine besondere Bewandtnis, und zwar auch und gerade im Unterschied zu jenen „Verheißungen" (Plural!), die zuvor als bereits verwirklichte Verheißungen genannt worden waren[7]. Ἐπαγγελία in V. 39 also in einem sehr prägnanten Sinne, nämlich für die Verheißung Gottes schlechthin, für seine eschatologisch-endgültige Verheißung, die als solche nicht in bestimmten vorläufig-irdischen Verheißungen (und ihrer Verwirklichung) aufgeht. Daß die hier genannte Verheißung solche eschatologische Dimension in sich schließt, ist zumindest von 10,36 (und 9,15) her eindeutig: Verwirklichung dieser Verheißung, das heißt nichts anderes als das Erlangen des „ewigen Erbteils" (9,15) bzw. das „Eingehen" in die eschatologische Katapausis (4,1)[8]. Hier wird also im Gegenüber zu jeder Gestalt vorläufig-irdischer Verwirklichung bestimmter Zusagen Gottes – ein „eschatologischer Vorbehalt" geltend gemacht, der – gerade auch im Blick auf die Rezeption des Glaubenszeugnisses der „Alten" für eine christliche Gemeinde! – für den Autor des Hebr zugleich einen „christologischen Vorbehalt" in sich schließt. Denn: die eschatologisch-endgültige Einlösung der Verheißung Gottes ist für den Hebr – bereits von 1,1f, aber auch vom ἐφάπαξ des Opfers des Hohenpriesters Christus her gesehen – am Ende nur unter christologischem Vorzeichen denkbar. Konkret heißt das: Von einer Anwendung der Paradigmenreihe der „Alten" auf die Christen kann erst dann sachgemäß die Rede sein, wenn zugleich deutlich ist, daß die πίστις, zu deren Bewahrung und Bewährung im Anschluß an die Paradigmenreihe nunmehr auch die christlichen Adressaten des Hebr aufgerufen werden, mit Jesus als dem ἀρχηγὸς καὶ τελειωτὴς τῆς πίστεως zu tun hat (12,2) und in diesem Sinne christologisch bestimmt ist. Es ist also nicht nur der eschatologische Aspekt (der noch nicht eingetretenen endgültigen Verwirklichung der Verheißung Gottes), der das οὐκ ἐκομίσαντο hinsichtlich der Glaubenszeugen der „Alten" bedingt, sondern auch und zugleich der die Theologie des Hebr tragende Grundaspekt der Christologie. Dies zeigt sich nicht erst in 12,1ff, sondern bereits in V. 40.

Hier, in V. 40, erscheinen jedenfalls beide Aspekte – der eschatologische und der christologische – unmittelbar miteinander verbunden, indem sie

---

[6] Die Plural-Lesart (A I usw.) ist wohl als sekundäre Angleichung an den Plural in V. 13 zu erklären, wo er freilich sinngemäß durch den Kontext – die Verheißungen Gottes an die Patriarchen (VV. 8ff) – bedingt ist.

[7] Vgl. V. 32 sowie 6,15 von Abraham. Von diesen beiden Stellen her gesehen zeigt sich auch eine offensichtlich bewußte Differenzierung in der Terminologie: Ἐπιτυγχάνειν wird gebraucht, wo von der vorläufig-irdischen Verwirklichung bestimmter Zusagen Gottes die Rede ist, während λαμβάνειν (9,15; 11,13) und κομίζειν τὴν ἐπαγγελίαν (10,36; 11,39) eschatologische Bedeutung haben.

[8] Zum eschatologischen Charakter von ἐπαγγελία in V. 39 vgl. F.J. SCHIERSE, Verheißung und Heilsvollendung, S. 134: ἐπαγγελία, das ist „das noch nicht verwirklichte Hoffnungsgut". Vgl. S. 165 zu 11,39f: „Das ganze Glaubenskapitel ist daraufhin (sc.: auf das eschatologische Motiv in V. 39) ausgerichtet".

beide mit Gottes providentia, mit seinem auf die eschatologische „Vollendung" gerichteten Heilsplan, verbunden werden. Der gen. abs. τοῦ θεοῦ προβλεψαμένου hat - im Verhältnis zur Feststellung von V. 39 gesehen - eindeutig begründenden Charakter: „weil" bzw. „auf Grund dessen, daß Gott...". Das Verbum προβλέπεσθαι steht hier im Sinne des „Vorsatzes" Gottes, der Verlauf und Ziel der Heilsgeschichte nicht nur „vorhersieht", sondern auch die entsprechende Wirklichkeit setzt[9]. Dieser „Heilsvorsatz" Gottes betrifft zunächst - wie betont vorangestelltes περὶ ἡμῶν anzeigt[10] - „uns", d. h. die Christen bzw. die Adressaten des Hebr, mit denen sich der Autor hier wieder - nach 10,39 (bzw. 11,3) zum erstenmal wieder - im ekklesiologischen „Wir" zusammenschließt. Von daher gesehen ist das κρεῖττόν τι, „das gewisse Bessere", das Gottes providentia für die christliche Gemeinde „vorgesehen" hat, im Kontext eindeutig auf die eschatologisch-endgültige Verwirklichung der Verheißung Gottes zu beziehen. Der Komparativ κρεῖττον steht dabei - im Kontext der „komparativen Theologie" des Hebr - gewiß durchaus im Sinne der Überbietung des „Alten" durch das „Neue", schließt jedoch als solcher die Kontinuität im Verhältnis zwischen „alt" und „neu" ein. Das „Bessere" ist demnach nicht ein absolut „Neues", sondern ist am Ende mit der „alten" Heilsverheißung an „die Alten" identisch, nunmehr aber in der „neuen", christologisch verbürgten Qualität. So gesehen ist das „Bessere", das der Autor hier zunächst noch ganz zurückhaltend als „ein gewisses Bessere" bezeichnet, nicht etwas, das die Glaubenszeugen der „Alten" von der endgültigen Verwirklichung der Verheißung Gottes ausschließt, sondern sie vielmehr - wie der abschließende, das Ziel der ganzen Argumentation formulierende Finalsatz zeigt - einschließt.

Ein „besseres" Heil für die Christen als das den „Alten" zukommende ist also mit κρεῖττόν τι nicht gemeint. Vielmehr geht die Argumentation des Autors gerade dahin, daß die „Alten" nur deswegen einst noch nicht

---

[9] In diesem Sinne entspricht προβλέπεσθαι an dieser Stelle dem προγινώσκειν bzw. dem προορίζειν von Röm 8,29. Vgl. aber auch schon LXX Ps 36,13 (von Gott): προβλέπει ὅτι ἥξει ἡ ἡμέρα αὐτοῦ sowie Barn 3,6; 6,14.

[10] Περὶ ἡμῶν zeigt in diesem Sinne in der Tat eine „Ehrenstellung" der Christen gegenüber den „Alten" an. So H. WINDISCH S. 106, vgl. aber auch schon Johannes Chrysostomus (bei J. A. Cramer, Catenae Graecorum Patrum, p. 257): οὐκ ἐκείνοις ἠδίκησεν, ἀλλ' ἡμᾶς ἐτίμησεν. Und sofern das „gewisse Bessere" von V. 40 seine christologischen Implikationen hat, gilt gewiß auch die Erklärung von J. A. BENGEL, Gnomon, S. 928: Non modo non sine nobis consummati sunt, sed illi potius nobiscum, quam nos cum illis - also: „sie vielmehr mit uns als wir mit jenen"! Daraus kann jedoch nicht die Schlußfolgerung gezogen werden, daß die Väter, „damit das Endheil für sie überhaupt möglich wird, auf die Einbeziehung in die neutestamentliche Gemeinde warten" müssen! (so H. BRAUN S. 401). Der Kontext der Aussage von V. 40 zeigt vielmehr, daß dieser Aspekt - die Frage nach dem Heil der „Väter" - ganz anders als bei Paulus in Röm 9-11 (dazu: H. BRAUN S. 401) im Hebr nicht zum Thema geworden ist. Hier, im Hebr, geht es vielmehr darum, den im Dienst aktueller Glaubensparänese stehenden Rückblick auf das Glaubenszeugnis der „Alten" für Christen in ihrer Glaubenskrise anwendbar zu machen.

„die Verheißung erlangt haben", weil sie nach dem Vorsatz Gottes „nicht ohne uns", was ja zugleich heißt: „zusammen mit uns", zur „Vollendung" kommen sollten. In diesem Sinne ist das μὴ χωρὶς ἡμῶν von V. 40, an der Übergangsstelle von der Paradigmenreihe von Hebr 11 zu ihrer Anwendung auf die christliche Gemeinde formuliert, eine der bemerkenswertesten Aussagen des ganzen Kapitels. Sie, die „Alten", „nicht ohne uns", das setzt – zumal wenn man χωρίς exklusiv versteht („unter Ausschluß von uns") – gewiß die Überlegung voraus, daß – falls die „Alten" damals schon an das endgültige Ziel der Verheißung gelangt wären – die Christen ja von jener „Vollendung" ausgeschlossen wären. Andererseits heißt dieses „sie nicht ohne uns" zugleich, daß in derselben, durch Gottes providentia auf ein Ziel gerichteten Geschichte der Verheißung und des darin sich bewährenden Glaubens, wie sie in Hebr 11 anhand der Glaubenszeugen der „Alten" nachgezeichnet worden ist, numehr auch die Christen stehen. Hier gibt es in der Tat die *eine* Geschichte der Verheißung, in die (auch) die Christen hineingenommen sind, und die *eine* Geschichte des Glaubens, in der auch die Christen – wie einst die „Alten" – ihren Glauben zu bewähren haben. „Nicht ohne uns", das heißt also: „Wir", die Christen, sind in eine Geschichte hineingenommen, in der „die Alten" bereits vor uns in Leiden und Anfechtung ihren Glauben bewährt haben. Und doch steht die Bewährung des Glaubens, um die es für die Christen heute geht, unter dem Vorzeichen jenes „Besseren", das Gott „für uns vorgesehen hat". Dieses „Bessere", von dem hier die Rede ist, schließt in diesem Sinne beides in sich: Kontinuität und zugleich Diskontinuität.

Auf das vorangehende κρεῖττον bezogen hat der den V. 40 abschließende Finalsatz explikative Bedeutung („damit sie nämlich nicht ohne uns …"), behält aber doch auch seine finale Bedeutung: Sofern dieser Finalsatz abhängig ist von Gottes προβλέπεσθαι, beschreibt er die Ausrichtung der providentia Gottes auf das Ziel gemeinsamer „Vollendung". Sie, die „Alten", „nicht ohne uns", das heißt also auch: „sie gemeinsam mit uns" oder auch: „wir", die Christen, „gemeinsam mit ihnen"[11]. Der Gott, der einst zu den „Alten" gesprochen hat – wenn zu ihnen auch „auf vielfältige Weise" –, ist ja derselbe, der „im Sohn" endgültig zu „uns" gesprochen hat (1,1f). Wenn es aber zutrifft, daß für den Autor des Hebr – eben von 1,1f her gesehen – die endgültige Verwirklichung der Verheißung Gottes nur unter christologischem Vorzeichen denkbar ist (s. o. zu V. 39), dann bleibt am Ende nur noch zu fragen, ob nicht auch hier – wie auch sonst im Hebr – jenes (christologisch-soteriologische) κρεῖττόν τι[12] mit der Überbietung

---

[11] Es ist also durchaus sachgemäß, wenn Erasmus in seiner Paraphrase zum Hebr das μὴ χωρὶς ἡμῶν durch ein „simul" wiedergibt. Vgl. auch Johannes Chrysostomus, PG 63, p. 192: μὴ κατὰ μέρος, d. h.: „nicht vom anderen getrennt".

[12] Zum christologisch-soteriologischen κρείττων im Hebr vgl. 7,19.22; 8,6; 9,23 sowie

des „Alten" zugleich seine „Aufhebung" in sich schließt? - „Aufhebung" freilich in dem Sinne, daß das „Alte" ins „Neue" und „Bessere" hinein „aufgehoben" ist, das „Geringere" ins „Bessere" gleichsam einmündet. Und grundsätzlich Gleiches würde dann auch für das „Vollendetwerden" gelten, weil „Vollendung" im Hebr untrennbar an Gottes eschatologisch-endgültiges Reden und Handeln „im Sohn" gebunden ist[13].

Ausdrücklich zur Sprache gebracht wird dieser christologisch-soteriologische Aspekt freilich erst dann, wenn zwischen dem Glaubenszeugnis der „Alten" und dem der Christen unter dem Vorzeichen der providentia Dei eine „heilsgeschichtliche" Beziehung hergestellt worden ist. Eben diese „heilsgeschichtliche" Beziehung aber kann im Sinne des Autors des Hebr - was die noch offene Frage nach der endgültigen Verwirklichung der Verheißung Gottes (und damit nach deren „Vollendung") betrifft - nicht absehen von dem, der selbst in Person auf dem Weg der Anfechtung im Leiden ἀρχηγός und τελειωτής des Glaubens geworden ist. Genau dies macht ja das Neue für die Christen im Rahmen und Zusammenhang der mit den „Alten" gemeinsamen Geschichte der Verheißung und des Glaubens aus. Ganz in diesem Sinn kommt es dann freilich auch bei der Anwendung der Paradigmenreihe von Hebr 11 auf die Adressaten des Hebr darauf an, den Blick nicht nur auf das hier im einzelnen vorgeführte Glaubensbeispiel der „Alten" zu richten, sondern auch - und vor allem! - auf Jesus, den „Anführer und Vollender des Glaubens" (12,2). Der „Alten" *und* der Christen „Vollendung" geschieht erst dort, wo der Glaube, von dem im ganzen 11. Kapitel des Hebr die Rede war, seine „Vollendung" in Jesus und seinem Weg ans Kreuz gefunden hat.

3) 12,1-29: Ausführung der Glaubensmahnung

Stellung und Funktion im Kontext:

Das 12. Kapitel des Hebr ist im einzelnen durch eine bemerkenswerte Vielfalt der Themen und Argumentationsweisen ausgezeichnet. Gleichwohl ist es integrierender Bestandteil der mit 10,19 einsetzenden Glaubensparaklese und -paränese. Wie bereits in 10,19-39 schließt sich auch hier wieder der Autor im ekklesiologi-

---

10,36; 11,16.35. Dagegen aber O. MICHEL S. 421: Das V. 40 absolut gebrauchte κρεῖττόν τι sei lediglich „Ausdrucksmittel" für das, „was über das irdische Heil hinausgeht".

[13] Auch hier hätte dann τελειοῦν nicht nur eschatologische Bedeutung - im Sinne der „Erreichung des jenseitigen Verheißungsziels" (so F.J. SCHIERSE, Verheißung und Heilsvollendung, S. 156) -, sondern auch einen christologischen Bezug. Vgl. G. DELLING, ThWNT VIII, S. 84. Zu beachten ist an dieser Stelle - im Übergang also zu Hebr 12! - auch der Stichwortzusammenhang mit 12,2: τελειωτής. Zur Sache vgl. E. GRÄSSER, Der Glaube im Hebr, S. 61: „Denn darin liegt das ‚Bessere' (11,40), das Gott für uns vorgesehen hat: daß Christus eben nicht nur exemplarisch gezeigt hat, wie man es macht, daß man ans Ziel gelangt, sondern als τελειωθείς selber ans Ziel führt...".

schen „Wir" mit seinen Adressaten zusammen bzw. redet sie in der zweiten Person des Plural direkt an. Der Zusammenhang mit der vorangehenden indirekten Glaubensmahnung vermittels des Verweises auf das Glaubenszeugnis der „Alten" wird durch unmittelbar an das 11. Kapitel anschließendes τοιγαροῦν καὶ ἡμεῖς (12,1) angezeigt. Von daher gesehen liegt im 12. Kapitel – zumindest was seinen Anfang betrifft (12,1–3) – die Applikation der Paradigmenreihe von Kapitel 11 auf die Adressaten des Hebr vor, charakteristischerweise an dieser Stelle jedoch alsbald ergänzt durch die Ausrichtung der Aufmerksamkeit der Adressaten auf Jesus (!) als ἀρχηγὸς καὶ τελειωτὴς τῆς πίστεως. An dieser Stelle (12,1–3) wird somit die Mahnung zur Bewahrung und Bewährung des Glaubens erneut, und zwar christologisch begründet. In sachlicher Hinsicht ist dabei – im Rückbezug auf 10,32ff – die Konkretion des Glaubensthemas im Sinne der Geduld in Leiden und Anfechtung bestimmend, die in 12,2f zunächst unter christologischem, in 12,4–11 sodann unter weisheitstheologischem Aspekt erörtert wird. Durchgehend tritt dabei die Absicht des Autors hervor, den jeweils dargelegten Sachverhalt unmittelbar auf die Leser seiner Mahnrede zu beziehen. Ganz in diesem Sinne wird bereits in 12,3 sowie dann auch in 12,12f die entsprechende Mahnung (im Sinne einer Schlußfolgerung aus dem zuvor dargelegten Sachverhalt) an die Leser formuliert.

In den folgenden Abschnitten, 12,14–17 und 12,25–29, verbindet sich – ähnlich wie bereits in 10,26–31 – die Mahnung mit der Warnung, die einmal gegebene Chance, auf dem Weg der Bewährung bzw. Geduld des Glaubens das Ziel der Verheißung Gottes zu erlangen, nicht leichtfertig zu versäumen. Eingeschaltet in solche Mahnung und Warnung ist in 12,18–24 ein gleichsam indikativischer Textzusammenhang, der vermittels einer Gegenüberstellung von „Sinai" (V.18) und „Zion" (V.22) offensichtlich die Funktion hat, im Kontext der Glaubensmahnung die Dringlichkeit der im Kapitel ansonsten ausgesprochenen Mahnung und Warnung noch einmal mehr zu unterstreichen. In diesem Sinn ist auch dieser „indikativische" Abschnitt ganz in das paränetische Grundanliegen des ganzen Kapitels integriert. Kennzeichnend für diesen Gesamtduktus des Kapitels sind schließlich auch die beiden Schlußverse 12,28f, die zwar erneut den indikativischen Aspekt aufnehmen (V.28), gerade diesen Aspekt jedoch alsbald wiederum in eine dezidiert „autoritäre" theo-logische Aussage einmünden lassen. Das letzte Wort im Zusammenhang der Glaubensmahnung des 12. Kapitels hat – ähnlich wie bereits 10,30f – der Gott – „unser Gott" (V. 29) ! –, der ein „verzehrendes Feuer" ist.

3.1) 12,1–3: Glaube als Geduld im Leiden – unter christologischem Aspekt[1]

1 So wollen nun auch wir, die wir eine solche Wolke von Zeugen um uns haben, indem wir alle Beschwerung und die leicht anhaftende Sünde ablegen, mit Geduld (bzw. Ausdauer) in dem uns bevorstehenden Wettkampf laufen,

---

[1] Lit.: E.B. HORNING, Chiasmus, Creedal Structure, and Christology in Hebrews 12:1–2, BR 23 (1978) S.37–48; F. LAUB, Bekenntnis und Auslegung, S.154–161; K. NISSILÄ, Das Hohepriestermotiv im Hebr, S.256–263; P. ELLINGWORTH, New Testament Text and Old Testament Context in Heb.12.3, in: E.A. Livingstone (ed.), Studia Biblica 1978 = JSNT, Suppl. 3 (1980) S.89–95; D.A. BLACK, A Note on the Structure of Hebrews 12,1–2, Bib 68 (1987) S. 543–551.

2 indem wir unseren Blick (fest) auf den Anfänger (bzw. Anführer) und Vollender des Glaubens, (nämlich auf) Jesus, richten, der um der vor ihm liegenden Freude willen das Kreuz geduldig ertrug, die (damit verbundene) Schande verachtete und sich zur Rechten des Thrones Gottes niedergelassen hat.
3 Richtet eure Aufmerksamkeit doch auf den, der solche Anfeindung vonseiten der Sünder gegen sich geduldig ertragen hat, damit (auch) ihr nicht ermattet, kraftlos geworden an euren Seelen.

Die VV. 1–3 stellen – durch das Stichwort ὑπομονή bzw. ὑπομένειν miteinander verbunden – eine in sich geschlossene sachlich-thematische Einheit dar. So werden in V. 1 zunächst die Adressaten zur Geduld in dem ihnen bevorstehenden Kampf aufgerufen, während in V. 2 ihre Aufmerksamkeit auf die von Jesus selbst im Leiden bewährte Geduld gerichtet wird. V. 3 schließlich setzt beide Aspekte zueinander in Beziehung[2]. Innerhalb dieses Abschnittes bilden die VV. 1f wiederum eine (chiastisch gegliederte) syntaktische Einheit mit nur einem finiten Verb, das Zweck und Zielsetzung der ganzen folgenden Glaubensmahnung benennt: καὶ ἡμεῖς ... δι' ὑπομονῆς τρέχωμεν.

Die syntaktische Struktur von V. 1 entspricht formal derjenigen von 4,14–16 und 10,19ff: „Als solche (also), die wir haben ..., laßt uns ...". Das ist – auch über den Hebr hinaus[3] – eine für die Paränese charakteristische Satzstruktur, in der sich der (indikativische) Rückverweis auf das, was „wir haben", unmittelbar mit der (imperativischen) Aufforderung verbindet, aus jenem „Haben" die entsprechende Schlußfolgerung für das eigene Tun und Verhalten abzuleiten. Im Unterschied allerdings zu 4,14–16 und 10,19ff hat das ἔχειν an dieser Stelle nicht – oder doch jedenfalls primär nicht – einen bestimmten christologisch-soteriologischen Sachverhalt zum Gegenstand, sondern dem Kontext entsprechend die „Wolke von Zeugen" von Kapitel 11. Motiviert wird somit die Mahnung zur Geduld an die Adressaten nicht eigentlich christologisch bzw. soteriologisch (wie in 4,14–16 und 10,19ff), sondern zunächst nur durch den Verweis auf das Glaubensbeispiel der Zeugen von Kapitel 11. Dies gilt – entsprechend dem Gefälle der vorangehenden Paradigmenreihe auf 11,36ff hin – insbesondere hinsichtlich des in Leiden und Anfechtung zu bewährenden Glaubens[4].

---

[2] Vgl. M. Gourgues, A la droite de Dieu, S. 120f; A. Vanhoye, La structure littéraire, S. 197f.

[3] Vgl. Philon, Prob 71: ἔχοντες οὖν ... οὐκ ἐροθριῶμεν; Plant 131: μαθόντες οὖν ... μελετῶμεν sowie bes. 1 Clem 33,8: ἔχοντες οὖν τοῦτον τὸν ὑπογραμμὸν ἀόκνως προσέλθωμεν ... Dazu: H. Thyen, Der Stil der Jüdisch-Hellenistischen Homilie, S. 92f. – Zu dem (im Neuen Testament nur hier und 1 Thess 4,8 beggnenden) schlußfolgernden τοιγαροῦν im Sinn eines „οὖν - paraeneticum" vgl. W. Nauck, ZNW 49 (1958) S. 134f; BL.-DEBR.-R. § 451,3.

[4] Vgl. ganz entsprechend 1 Clem 33,8 (s. o. Anm. 3) sowie 17,1 (s. o. zu 11,37). Von daher gesehen zeigt der Begriff μάρτυς in Hebr 12,1 den semantischen Umwandlungsprozeß vom „Zeugen" zum Märtyrer" an. Vgl. dazu K. Silvola, ,Todistajain pilvi', Hb 12:1, TAiK 84

Das für die Adressaten des Hebr verpflichtende Gewicht dieser Zeugenreihe wird dabei besonders betont, wenn hier von der „so großen uns umgebenden Wolke von Zeugen" die Rede ist. Νέφος dient bereits in der griechischen Literatursprache zur Bezeichnung einer großen Menschenmenge[5]. Durch die Hinzufügung von τοσοῦτον bzw. τηλικοῦτον (א* I) wird dieser Aspekt noch verstärkt[6]. Die Adressaten sollen sich also in der sie „umgebenden" Menge der Zeugen gleichsam aufgehoben wissen[7]. Mit dem, was ihnen jetzt widerfährt bzw. bevorsteht, stehen sie nicht allein, sondern immer schon in einer Geschichte der Bewährung des Glaubens, die – worauf schon 11,3 und 11,39 hingewiesen worden ist – die Verheißung der „Bestätigung" des Glaubenszeugnisses durch Gott in sich trägt. In diesem Sinne eignet dem Rückverweis auf die „Wolke von Zeugen" an dieser Stelle durchaus auch ein „indikativischer" Aspekt, der als solcher freilich zunächst noch ganz auf der Linie der entsprechenden jüdischen, insbesondere der in Kapitel 11 vorausgesetzten martyrologischen Tradition aus dem Raum des hellenistischen Judentums liegt.

Die Schlußfolgerung in V. 1 entspricht in diesem Sinne durchaus derjenigen von 4 Makk 16,22: „Auch ihr also, die ihr denselben Glauben an Gott habt, sollt nicht unwillig sein …". Auch die Aufforderung zur ὑπομονή, die das in Kapitel 11 entfaltete Verständnis von πίστις präzisiert, hat in 4 Makk (17,7.10.12.17) ihren Ort. Und angesichts dessen, daß im selben Zusammenhang in 4 Makk (17,11ff) die Metapher vom sportlichen Wettkampf (ἀγών) als Bild für den Kampf, den der Glaubende in der Welt zu bestehen hat, breit ausgeführt wird, spricht alles dafür, daß auch die entsprechende Redeweise des Autors des Hebr in V. 1b primär aus eben dieser martyrologischen Tradition des Judentums zu erklären ist[8]. Mit alle-

---

(1979) S. 114–120, sowie H. v. CAMPENHAUSEN, Die Idee des Martyriums in der alten Kirche, Göttingen 1936, S. 10ff (zur Entstehung des „martyrologischen Zeugenbegriffs"); N. BROX, Zeuge und Märtyrer (StANT 5), München 1961.

[5] Vgl. z. B. Homer, Ilias IV 274f; Herodot VIII 109: νέφος τοσοῦτον ἀνθρώπων; Ps-Callisth I 2,2; Philon, LegGai 226 sowie W. BAUER, Wörterbuch zum Neuen Testament, Sp. 1086.

[6] Vgl. BL.-DEBR.-R. § 64,9 sowie Hebr 2,3: τηλικαύτη σωτηρία.

[7] Περικεῖσθαι ist hier zunächst durch das Bild von der „umgebenden" Menschenmenge bedingt. Vgl. Herodian VII 9,1: τὸ περικείμενον πλῆθος. Zur Frage, ob sich hier bereits das am Ende von V. 1 aufgenommene Bild vom sportlichen Wettkampf (ἀγών) andeutet, s. u. Anm. 8.

[8] Vgl. auch 4 Makk 6,16; 9,23f. Unmittelbare Einwirkung des Gebrauchs der Metapher bei Paulus (1 Kor 9,24–27; Gal 5,7; Phil 1,30; 2,16; 3,12–14; vgl. auch 2 Tim 2,5; 4,7f) liegt hier also nicht vor. – Zum Gebrauch der Metapher in der griechisch-hellenistischen Literatur vgl. Platon, Gorg 526 D. E.; Phaidr 247 B und bes. Epiktet, Diss I 24,1f; II 18,27; III 22,51.57; 25,2f; Ench 29.51. Zum Ganzen vgl. E. STAUFFER, ThWNT I, S. 135ff; V. C. G. PFITZNER, Paul and the Agon Motif. Traditional Athletic Imagery in the Pauline Literature (NT. S. 16), Leiden 1967; G. DAUTZENBERG, EWNT I, Sp. 60.63, sowie F. F. BRUCE, NTS 9 (1962/63) S. 230f. – Zu τρέχειν ἀγῶνα als Metapher für das Bestehen von Gefahren vgl. Herodot VIII 102; Dionysius Hal VII 48; Euripides, Orest 869; Elektra 889 u. ö. – Τρέχειν vom sportlichen Wettlauf: Philon, Mut 117; Somn I 171; 1 Kor 9,24 u. ö. – In solchem Zusammen-

dem ist freilich auch schon deutlich, daß jener „indikativische" Aspekt, der in der Rede des Autors von der „uns umgebenden Wolke von Zeugen" zum Ausdruck kommt, als solcher schon ganz auf den entsprechenden Imperativ ausgerichtet ist, konkret also auf die Aufforderung an die Adressaten des Hebr, dem Beispiel jener Glaubenszeugen nunmehr ihrerseits zu folgen. Und dies umsomehr, als ja der Kampf, von dem hier (V. 1b) die Rede ist, unausweichlich ist. Die nähere Kennzeichnung des ἀγών als προκείμενος ἡμῖν schließt also - was von V. 4 her gesehen (οὔπω!) ohnehin selbstverständlich ist - nicht nur die Ausrichtung auf den noch „bevorstehenden Kampf" in sich[9], sodann zugleich auch den Aspekt der Notwendigkeit, ja Unausweichlichkeit dieses Kampfes: er ist „uns", also den Adressaten (wie überhaupt den Christen!), gleichsam aufgegeben bzw. verordnet[10]. In den Zusammenhang solcher metaphorischen Rede von dem „uns", den Christen, „bevorstehenden" und zugleich „obliegenden" Kampf gehört schließlich auch der den Modus dieses ἀγών erläuternde Partizipialsatz: ὄγκον ἀποθέμενοι κτλ. So wie der Läufer im sportlichen Wettkampf alle ihn am Laufen hindernde „Last" ablegt, so soll auch der Christ in dem ihm auferlegten Glaubenskampf verfahren. Und diese „Last" ist - wie der mit (epexegetischem) καί angefügte Zusatz präzisiert - nichts anderes als die ihm „leicht anhaftende" bzw. die ihn „leicht umstrickende (und schließlich zu Fall bringende) Sünde": τὴν εὐπερίστατον ἁμαρτίαν[11].

---

hang des Wettkampfes lassen sich auch μάρτυς (vom Zuschauer, der von der Tribüne „Zeuge" des ἀγών in der Arena ist! vgl. 4 Makk 17,14; 1 Kor 4,9) und περικεῖσθαι (von der Menge der die Kämpfer in der Arena „umgebenden" Menschen!) verstehen. Vgl. F. DELITZSCH S. 599f; H. STRATHMANN S. 143; DERS., ThWNT IV, S. 495; C. SPICQ, II, S. 383f; DERS., SBi, S. 199f. Gegen solche Ausweitung des hier benutzten Bildes spricht jedoch der Gebrauch von μάρτυς im Kontext von Hebr 12,1. In keinem Falle wird mit μάρτυς hier der unbeteiligte Zuschauer bezeichnet. S. auch oben Anm. 4; zu περικεῖσθαι s. u. Anm. 9 und 10.

[9] Vgl. 6,18: προκειμένη ἐλπίς sowie 12,2: προκειμένη χαρά.

[10] Hier nähert sich die Bedeutung von προκεῖσθαι der von ἐπικεῖσθαι an. Vgl. 1 Clem 7,1: ὁ αὐτὸς ἡμῖν ἀγὼν ἐπίκειται. - Zur Verbindung προκεῖσθαι - ἀγών vgl. auch Herodot VII 11,3; IX 60,1: ἀγῶνος μεγίστου προκειμένη; Epiktet, Diss III 25,3; Josephus, Ant XIX 92.

[11] Auch Philon, Post 48, spricht vom „Ablegen (ἀπόθεσις) der willentlichen und unwillentlichen Sünden (ἀδικημάτων)", bestimmt jedoch diese „Last" (ὄγκος) im Anschluß an die platonische Tradition (Platon, Leg XII 959 C) im Sinne eines ὄγκος σωματικός (Congr 96; Det 27; Somn I 43; All III 47) bzw. ὄγκος σαρκικός (Sacr 63). Vgl. C. SPICQ, Notes II, S. 598-600. Anders wiederum wird die Metaphorik vom „Ablegen" (eines Gewandes) in der urchristlichen Paränese gebraucht. Vgl. Röm 13,12; Kol 3,8; Eph 4,22.25; 1 Petr 2,1; Jak 1,21; 1 Clem 57,2. - Das hapax legomenon εὐπερίστατος, Verbaladjektiv von περίστημι, ergibt in der Verbindung mit ἁμαρτία einen guten Sinn: „leicht umgarnend, umstrickend". Vgl. die Umschreibung bei BL.-DEBR.-R. § 117,3: ἡ ῥᾳδίως περισταμένη ἁμαρτία sowie J. KUDASIEWICZ, Circumstans peccatum (Heb 12,1), CoTh 46 (1976) S. 127-140. Deshalb bedeutet die Lesart εὐπερίσπαστος (P[46] 1739), Verbaladjektiv von περισπᾶν, „leicht ablenkend" oder auch „leicht abzulegen" (vgl. LIDDELL-SCOTT, Dictionary, S. 726: „easy to pull away") weniger eine wirkliche Erleichterung als vielmehr (in der letztgenannten Bedeutung) eine sekundäre Angleichung an die Metaphorik vom Ablegen eines Gewandes beim sportlichen Wettkampf. Zum Problem vgl. B. F. WESTCOTT S. 393f; F. W. BEARE, JBL 63 (1944) S. 290f; B. M. METZGER,

Solche Charakteristik der verführerischen Macht der Sünde liegt durchaus auf der Linie der Rede vom „Betrug der Sünde" (3,13) und ist somit keineswegs moralisierend gemeint. Die „Sünde" ist es ja, die nach 3,12 den Christen am Ende zum Abfall vom Glauben verführt, die ihm also in seinem Glaubenskampf in unversöhnlichem Antagonismus gegenübersteht (12,4!)[12].

Spätestens an dieser Stelle – angesichts des in V. 4 ausdrücklich benannten Antagonismus wie auch angesichts der akuten Glaubenskrise der Adressaten des Hebr – stellt sich die Frage: Ist der Rückverweis auf die „Wolke von Zeugen" von Kapitel 11 (als Beispiele und Vorbilder eines geduldig standhaltenden Glaubens) wirklich eine zureichende Motivation, auf dem einmal angetretenen „Lauf" des Glaubens bis ans Ende und Ziel „in Geduld" durchzuhalten? – oder bedarf es hier nicht am Ende doch noch einer weiterreichenden und tiefergreifenden Motivation? Genau darum geht es dem Autor des Hebr offensichtlich, wenn er in V. 2 mit dem an die Mahnung von V. 1 unmittelbar anschließenden Partizipialsatz ἀφορῶντες κτλ. den entscheidenden Begleitumstand für das geduldige und zielgerichtete „Laufen" des Glaubens benennt. So gesehen ist bisher – in V. 1 – nur die eine Seite der Sache in den Blick genommen. Die andere Seite: Der konzentrierte, sich durch nichts anderes beirren lassende „Aufblick" auf Jesus als den „Anfänger und Vollender des Glaubens".

Das hier gebrauchte Verbum ἀφορᾶν hat mit einem „distanzierte(n) und abwägende(n) Betrachten des Objekts mit vorbehaltener Entscheidung" gewiß nichts zu tun[13]. Im Kontext hat es vielmehr durchaus exklusive Bedeutung, und zwar in dem Sinne, daß es mit dem Ab-Sehen von allem, was die konzentrierte Betrachtung hindert, zugleich die Orientierung an dem, worauf der Blick sich richtet, einschließt – ganz so wie nach Josephus (Ant XII 431) die Kampfgefährten des Judas Makkabäus allein auf ihren Feldherrn blicken (πρὸς μηδένα τὸ λοιπὸν ἀφορᾶν ἔχοντες) – mit der Konsequenz, daß sie, nachdem er im Kampf gefallen ist, die Flucht ergreifen[14]! Von der Notwendigkeit solchen „Aufblicks" haben also auch die „Alten"

A Commentary on the Greek New Testament, S. 675; C. SPICQ, Notes I, S. 325f; H. BRAUN S. 403. Sehr anschaulich beschreibt Johannes Chrysostomus, Hom. II zu 2 Kor, die „umgarnende" Macht der Sünde: εὐπερίστατος γὰρ ἡ ἁμαρτία, πάντοθεν ἱσταμένη, ἔμπροσθεν, ὄπισθεν, καὶ οὕτως ἡμᾶς καταβάλλουσα.

[12] So besteht auch kein zureichender Anlaß, die Lesart εὐπερίσπαστος vorzuziehen, und zwar in Verbindung mit der emendatio von ἁμαρτίαν in ἀπαρτίαν: „das leicht abzulegende Gepäck". So A. VACCARI, Heb 12,1: lectio emendatior, Bib 39 (1958) S. 471-477. Damit liegt nur wiederum ein Versuch vor, die fragliche Wendung sekundär durch Zuordnung zum Bild vom „Ablegen der Last" zu erleichtern.

[13] Gegen E. GRÄSSER, Der Glaube im Hebr, S. 123.

[14] Vgl. auch Josephus, Ant VIII 290: πρὸς τὸ θεῖον ἀφορῶν καὶ μηδὲν μήτε πράττων μητ' εὐνοούμενος; Bell II 410; c. Ap. II 166; Epiktet, Diss II 19,29; 16,42; III 26,11; IV 1,170 sowie bes. Plutarch, Cato Maior XIX 7: Die römischen Senatoren richten ihren Blick auf Cato wie die Passagiere eines Schiffes während des Sturmes auf den Steuermann blicken. Zur exklusi-

schon gewußt, u.a. auch die Märtyrer in 4 Makk (17,10), als „sie ihren Blick (allein) auf Gott richteten und (auf diese Weise) alle Folterungen bis zum Tod geduldig ertrugen".

Charakteristisch für den Hebr ist, daß an dieser Stelle sich der Blick der Christen in einer durchaus vergleichbaren Situation der Bewährung des Glaubens auf „Jesus" richtet, auf den irdischen Jesus! Dies bedeutet, daß an dieser Stelle nunmehr endlich das „Unterscheidend-Christliche" in den Blick kommt, und zwar in dem Sinne, daß aller Rückblick auf das Glaubenszeugnis der „Alten" erst dann wirklich – und wirksam! – zum Tragen kommt, wenn er einhergeht mit der Orientierung an Jesus. In diesem Sinn hat der Partizipialsatz von V. 2a im Satzgefüge der VV. 1f zweifellos zentrale Bedeutung, wofür nicht zuletzt auch die formale, nämlich chiastische Struktur beider Verse spricht: Zu beiden Seiten von V. 2a begegnen dieselben Stichwörter: ὑπομονή in V. 1 einerseits, ὑπομένειν in V. 2b andererseits, wodurch zugleich ein „parallelismus between us and Jesus" hergestellt wird[15]. Hier also, mit V. 2a, erfolgt eindeutig die Wendung zur Christologie hin. Gleichwohl bleibt auch hier zunächst noch die Frage: Handelt es sich dabei wirklich um einen christologischen Fundierungszusammenhang hinsichtlich der in V. 1 zunächst in jüdischer Tradition formulierten Paränese, um die entscheidende Begründung also der Glaubensmahnung aus der Christologie (und Soteriologie)? – oder geht es am Ende nicht auch hier wiederum lediglich um ein Beispiel oder Vorbild des Glaubens, an dem die Christen sich nunmehr in ihrem Verhalten orientieren sollen? Im letzteren Fall wäre der „Jesus" von V. 2 auch seinerseits – wenn auch als „krönendes Beispiel" – der zuvor genannten Reihe von Beispielen des Glaubens zuzuordnen[16]. Die entscheidende Frage im Blick auf die christologische Aussage in V. 2 ist dementsprechend: Ist hier im Sinne des Autors allein der (ethisch-)paränetische Aspekt bestimmend oder (auch) der christologisch-soteriologische Aspekt[17]?

Geht man zunächst vom unmittelbaren Kontext aus (VV. 1–3), so ist die Antwort zunächst eindeutig: Der „Glaube", von dem in V. 2a die Rede ist,

---

ven Bedeutung von ἀφορᾶν vgl. die Übersetzung bei LIDDELL-SCOTT, Dictionary, S. 292: „look away from all others at one".

[15] So B.E. HORNING, BL 23 (1978) S. 40ff, spez. S. 45: „These two verses are pivotal, not only as a bridge between chapter 11 and 12, but also as they link the christology of Hebrews to its basic paraenetic message ...". Vgl. auch N.W. LUND, Chiasmus in the New Testament, Chapel Hill 1942, S. 40f.

[16] Vgl. H. KOSMALA, Hebräer – Essener – Christen, S. 10, E. GRÄSSER, Der Glaube im Hebr, S. 58.60f: Jesus hat „in der Weise geglaubt ..., wie die πρεσβύτεροι c. 11 geglaubt haben: er hat in Anfechtung und Schmach στάσις bewahrt. Das stellt ihn ... in eine Linie mit den μάρτυρες von c. 11 und läßt ihn wie diese zum Vorbild für die Leser werden". Vgl. auch S. 60, Anm. 280, sowie A. SCHLATTER, Der Glaube im Neuen Testament, S. 531.

[17] Zur Fragestellung vgl. F. LAUB, Bekenntnis und Auslegung, S. 157ff, hier (S. 159f) allerdings mit Zurückweisung solcher Alternative. Vgl. auch E. GRÄSSER, Der Glaube im Hebr, S. 61, Anm. 284.

ist nicht eigentlich Christusglaube, sondern Jesu eigener Glaube, konkret: die „Geduld", die Jesus selbst einst in seinem Kreuzesleiden bewährt hat (V. 2: ὑπέμεινεν σταυρόν). Und es ist somit derselbe Glaube, an dem in Geduld festzuhalten die Adressaten des Hebr in V. 1 aufgefordert worden sind. Auf den irdischen, und d. h. im Sinne des Hebr: auf den leidenden Jesus wird hier verwiesen, und demzufolge sind denn auch die beiden hier Jesus beigelegten Titel ἀρχηγός und τελειωτής zunächst auf den Weg des Glaubens zu beziehen, den Jesus einst vom Anfang bis zum Ende „in Geduld" (V. 1: δι' ὑπομονῆς) gegangen ist[18] – und eben auf diese Weise zum Beispiel und Vorbild für die Adressaten des Hebr geworden ist, die sich ja noch auf diesem Weg befinden[19]. Jesus ist hier also in der Tat der „Anfänger und Vollender des Glaubens", derjenige, der den Glauben „bis zum Ende" (3,14: μέχρι τέλους) bewahrt hat: τελειωτής also, d. h. „derjenige, der den Glauben zur Vollendung gebracht hat"[20], und gerade so Vorbild für die Christen, auf das sie ihren Blick konzentrieren sollen[21]. Ganz in diesem Sinne werden die Adressaten ja dann auch in V. 3 ausdrücklich aufgerufen, mit ihrem eigenen Verhalten dem zu „entsprechen" (ἀναλογίζεσθαι!), der solche „Geduld (im Leiden) bewiesen hat".

So gewiß nun freilich die Rede von Jesus als „Anfänger und Vollender des Glaubens" – im engeren Kontext der Glaubensmahnung von Hebr 10,19–12,29 betrachtet – den Glauben Jesu unter ethisch-paränetischen Aspekt betrachtet und Jesus selbst in seinem Tun und Verhalten den Christen als Vorbild vor Augen stellt, so gewiß gewinnt solche Prädikation Jesu – im weiteren Kontext des Hebr gesehen – doch zugleich auch eine christologisch-soteriologische Dimension. Der ἀρχηγὸς τῆς πίστεως ist ja – nach Hebr 2,10 – zugleich der ἀρχηγὸς τῆς σωτηρίας, „den Gott durch Leiden vollendet hat"! Von daher gesehen ist eine soteriologische Komponente im Grundverständnis von ἀρχηγός im Hebr nicht zu übersehen[22].

---

[18] Vgl. J. A. BENGEL, Gnomon, S. 928: Fidei princeps et consummator dicitur, quia ipse fidem Patri ab initio ad exitum praestitit (mit Verweis auf 2,13). Zu beachten ist in diesem Zusammenhang auch, daß beide Titel, indem sie nur einen Artikel haben, zu einer Einheit verbunden sind. Vgl. G. JOHNSTON, NTS 27 (1981) S. 384, Anm. 1.

[19] Entsprechend ist 3,14 von ἀρχή und τέλος des Glaubensweges der Christen die Rede.

[20] So G. DELLING, ThWNT VIII, S. 87. Τελειωτής ist nomen agentis (mit aktivischer Bedeutung). Vgl. C. SPICQ, II, S. 386 („une signification transitive") sowie G. DELLING, a. a. O., S. 80.

[21] Ganz in diesem Sinn verwendet auch Epiktet, Diss IV 1, 170, das Verbum ἀφορᾶν: εἰς ταῦτα ἀφόρα τὰ παραδείγματα (Diogenes und Sokrates), εἰ θέλεις ἐλευθερός εἶναι. Zum Vorbild-Gedanken in V. 2 vgl. E. GRÄSSER, Der Glaube im Hebr, S. 58.60f; 123 (mit Hinweis auf 1 Petr 2,18ff; 3,14ff; Jak 5,11f); A. SCHULZ, Nachfolgen und Nachahmen (StANT 6), München 1962, S. 294; G. DELLING, ThWNT VIII, S. 87, Anm. 3: „Der Gedanke des Vorbilds ist schon von dem Relativsatz in 12,2 her nicht ausschaltbar".

[22] Der ἀρχηγός ist hier also – ebenso wie in Act 5,31 (auch hier in Verbindung mit einer Erhöhungsaussage) – zugleich der σωτήρ. Vgl. W. R. G. LOADER, NTS 24 (1977/78) S. 207; DERS., Sohn und Hoherpriester, S. 19f. Zur Mehrdeutigkeit von ἀρχηγός im Hebr vgl. H. WINDISCH S. 109; G. FRIEDRICH, die Verkündigung des Todes Jesu im Neuen Testament, S. 160ff; F. LAUB, Bekenntnis und Auslegung, S. 155ff, spez. S. 159f.

Ἀρχηγός, das ist also nicht nur der „Anfänger" des Glaubens, sondern zugleich auch der „Anführer"[23], der den Weg des Glaubens bereitet hat (10,20), der den Christen als der πρόδρομος ὑπὲρ ἡμῶν (6,20) auf dem Weg des Glaubens vorangegangen ist und der – als der von Gott „Vollendete" – „denen, die ihm gehorchen", zum „Verursacher bzw. Urheber ewigen Heils" geworden ist (5,9). So gesehen bleibt das in 12,2 gebrauchte Bild vom ἀρχηγός auch noch im Zusammenhang mit der hier benutzten Metaphorik vom Wettkampf verständlich, schließt aber doch zugleich eine soteriologische Dimension in sich. In diesem Sinne kann man durchaus auch im Blick auf den Hebr sagen: Das Vorbild des Glaubens ist zugleich der „Grund des Glaubens"[24]; und: das eine ist er nicht ohne das andere. Denn darin besteht ja gerade die dem Hebr eigene Christologie, daß derjenige, der „durch das Opfer seines Leibes" (10,10) – den „Grund des Glaubens" legt, als solcher zugleich der „Zeuge des Glaubens" ist, der selbst den Weg des Glaubens bis ans Ende gegangen ist[25]. So gewinnt an dieser Stelle schließlich auch der (nur hier im Hebr gebrauchte) Titel des τελειωτής seine soteriologische Bedeutung: Allein als derjenige, der den Weg des Glaubens „vollendet hat", bis zu seinem Ende gegangen ist, ist Jesus der „Anführer" und „Verursacher des Heils" (5,9).

Der in Geduld zu bewährende Glaube, zu dem die Adressaten des Hebr in 12,1ff aufgerufen werden, ist also alles andere als eine Tugend, zu der sich der Mensch aus eigenem Vermögen aufzuschwingen vermag, sondern hat – was jedenfalls die Christen betrifft – von seinem Ansatz her mit der Christologie (und der Soteriologie) zu tun, zwar nicht ausdrücklich im Sinne des „Glaubens an Jesus", wohl aber im Sinne des Glaubens, der sich an Jesus, dem „Anfänger/Anführer und Vollender des Glaubens orientiert. Kurz gesagt: ἀφορᾶν εἰς Ἰησοῦν, das ist die Weise des Hebr, den Glauben christologisch zu präzisieren. Diese christologische Implikation der Aussage von V.2a tritt in dem V.2b anschließenden Relativsatz noch deutlicher hervor: ὅς ... ὑπέμεινεν ... κεκάθικεν. Er liest sich wie eine christologische Formel, nicht nur wegen des relativischen Anschlusses an V.2a, sondern auch wegen der hier wiederum vorliegenden stereotypen Abfolge Kreuz – Erhöhung, in der – wie auch sonst im Hebr (1,3; 2,10; 5,8f) –die

---

[23] Ἀρχηγός in diesem Sinn entspricht der Rolle und Bedeutung des στρατηγός, zu dem seine Soldaten „aufblicken": Josephus, Ant XII 431.

[24] So (im Anschluß offenbar an G.EBELING) A.STROBEL S.230. Vgl. aber auch schon A. SCHLATTER, Der Glaube im Neuen Testament, S.531f; F.BÜCHSEL, Die Christologie des Hebr, S.64, sowie G.DELLING, ThWNT VIII, S.87; K.NISSILÄ, Das Hohepriestermotiv im Hebr, S. 261f. – Zu den soteriologischen Implikationen von ἀρχηγός in Hebr 12,2 vgl. auch E.GRÄSSER, Der Glaube im Hebr, S.61: „nicht nur ein pures signifikatives Vorbild ..., sondern ein Urbild ..."; DERS., Der Alte Bund im Neuen, S.269; DERS., ZNW 56 (1965) S.71 („Archetyp"), sowie A.WIKGREN, NTS 6 (1959/60) S.166; G.DELLING, ThWNT I, S.486.

[25] Vgl. G.EBELING, Wort und Glaube I, Tübingen ²1962, S.317: „Vielmehr ist Grund des Glaubens allein Jesus als Zeuge des Glaubens in dem prägnanten Sinne des ‚Anführers und Vollenders des Glaubens'."

Auferstehungs- bzw. Auferweckungsaussage keinen Ort hat[26]. Spätestens hier zeigt sich endgültig, daß der Glaubenskampf Jesu nicht lediglich eine Fortsetzung des in Leiden und Anfechtung bewährten Glaubenszeugnisses der „Alten" von Kapitel 11 ist. Hier ist vielmehr von dem die Rede, dessen „Vollendung" des Glaubens – ganz im Unterschied zu der zuvor genannten „Wolke von Zeugen" – das „Sitzen zur Rechten des Thrones Gottes" in sich schließt. Im Kontext der die VV. 1–3 bestimmenden Glaubensmahnung liegt dabei allerdings auch hier wieder der Hauptakzent auf der im Leiden bewährten Geduld Jesu, während demgegenüber die Erhöhung „zur Rechten Gottes" lediglich als die Konsequenz der von Jesus bewiesenen Geduld in den Blick kommt. In der Reihe der nach demselben christologischen Schema gestalteten Aussagen des Hebr kommt V. 2 so der Aussage in 5,8f (mit der Abfolge ἔμαθεν ὑπακοήν – τελειωθείς) am nächsten, während gegenüber 1,3 der (Kreuzes-)Tod Jesu hier nur unter dem Aspekt der „Schande" in den Blick kommt. Dem entspricht es auch, daß die soteriologische Dimension des Todes Jesu, von der man im Blick auf den Hebr ohnehin nur in dem besonderen Sinn der unmittelbaren Verbindung von Opfertod und Erhöhung (als Eintritt des Hohenpriesters in das himmlische Heiligtum!) sprechen kann, an dieser Stelle nicht eigens akzentuiert wird. Das Kreuz Jesu ist hier jedenfalls nicht „Symbol des (hohenpriesterlichen) Opfertodes Jesu"[27], sondern Zeichen der „Schande", der äußersten Erniedrigung: Geduldiges Aufsichnehmen des Kreuzes (ὑπέμεινεν), das heißt hier konkret: die „Schande für nichts achten"[28]. Auch wenn σταυρός zur Bezeichnung des Todes Jesu nur an dieser Stelle im Hebr begegnet, ist solche Beurteilung des Todes Jesu – wie vor allem die Synonymität von παραδειγματίζειν und ἀνασταυροῦν in 6,6 zeigt – dem Hebr auch sonst nicht fremd[29] und stimmt darüber hinaus mit dem Urteil der gesamten spätantiken Welt über diese (von den Römern vorzugsweise an Sklaven

---

[26] Zum formelhaften Charakter der Aussage in V. 2b vgl. bes. die Wendung ἐν δεξιᾷ ... κεκάθικεν und dazu 8,1. Vgl. auch E. B. HORNING, BR 23 (1978) S. 39f. 45: „a creedal formula"; E. GRÄSSER, Der Alte Bund im Neuen, S. 269: „Diese den christologischen Hymnen des Neuen Testaments entsprechende Figur beherrscht auch 12,2". Jedoch wird man von solchen Beobachtungen her schwerlich eine „Vorlage" für V. 2b erschließen können. Gegen D. A. BLACK, Bib 68 (1987) S. 543–551; M. RISSI, Die Theologie des Hebr, S. 70f. „Unkultische Terminologie" für das Todesgeschehen ist jedenfalls kein Argument in dieser Hinsicht, da der Hebr auch sonst (2,9f) „unkultisch" vom Tode Jesu redet.
[27] Gegen K. NISSILÄ, Das Hohepriestermotiv im Hebr, S. 258f, mit Interpretation der Wendung „der das Kreuz erduldete" im Sinne von „der das Opfer darbrachte".
[28] Zu καταφρονεῖν (mit Gen.) im Sinne von „für nichts achten" bzw. „nicht fürchten" vgl. 4 Makk 13,9 sowie in bezug auf das Verachten des Todes: Epiktet, Diss IV 1,70f; Diodor Sic. V 29,9; Philon, Prob 30; LegGai 236; Diog 1,1; 10,7 (θανάτου καταφρονεῖν im Gegensatz zu θάνατον φοβεῖσθαι). Vgl. auch C. SPICQ, Notes, Suppl., S. 376.
[29] Vgl. auch die Rede vom ὀνειδισμός in bezug auf Leiden und Sterben Christi in 11,26 und 13,13. Dazu H.-W. KUHN, Die Kreuzesstrafe während der frühen Kaiserzeit, in: ANRW II 25/1, S. 768ff; DERS., EWNT III, Sp. 641f.

und Aufständischen vollstreckte) Art der Hinrichtung überein[30]. Umso deutlicher demgegenüber wird hier der Kontrast herausgestellt: Eben derjenige, der geduldig das Kreuz auf sich genommen hat, ist doch zugleich (und als solcher!) derjenige, „der sich zur Rechten des Thrones Gottes gesetzt hat". Dies ist wiederum eine der für den Hebr charakteristischen Erhöhungsaussagen im Anschluß an LXX PS 109,1, die dem aktivisch verstandenen τελειωτής von V. 2a – den Glauben bzw. die Geduld bis zum Ende bewahren – den Aspekt der alle irdische Leidenszeit überschreitenden „Vollendung" hinzufügt[31].

Solche Erhöhungsaussage ist im Zusammenhang mit der Erniedrigungsaussage ὑπέμεινεν σταυρόν κτλ. im Kontext der Glaubensmahnung von 12,1ff freilich nicht nur im engeren Sinne christologisch zu verstehen, sondern schließt in dem über Kreuz und Schande hinausgehenden Blick auch für die Adressaten ein paränetisches Potential in sich: Wer sich in eigener Anfechtung des Glaubens am Glaubensweg Jesu orientiert, der wird damit auch zur Hoffnung über Leiden und Tod hinaus motiviert[32]. In solchen paränetischen, zu Mut und Geduld ermunternden Kontext ist schließlich auch die Wendung ἀντὶ τῆς προκειμένης αὐτῷ χαρᾶς einzubeziehen, die als solche freilich zunächst keineswegs eindeutig ist. Ἀντί mit Genitiv kann sowohl „anstatt, an Stelle von" als auch „um willen" heißen. Die Entscheidung für die eine oder andere Möglichkeit ist vom Kontext her zu fällen[33]. Der traditionsgeschichtliche Kontext, so vor allem die Nähe zum traditionellen Schema von Erniedrigung und Erhöhung, wie es in Phil 2,6–8 vorliegt, spricht dabei zunächst für das Verständnis von ἀντί im Sinne von „anstatt". Also: „anstatt der ihm (als dem Sohn Gottes!) zustehenden Freude ...", der „Freude" nämlich des εἶναι ἴσα θεῷ (Phil 2,6).

---

[30] Vgl. bes. Cicero, In Verrem II 5,165: „crudelissimum taeterrimumque supplicium"; Philon, Flacc 72. Zu 12,2 vgl. C. Spicq, Notes, Suppl., S. 376: „L'accent n'est pas sur la souffrance, mais sur l'humiliation de la supplice réservé aux esclaves et aux criminels ...". Vgl. auch die Verbindung von „Kreuz" und „Schande" bei Achilles Tatios II 37,3 sowie den Gebrauch von αἴσχιστος bei Kelsos (Origenes, c.Cels. VI 10). Zu den genannten Stellen sowie zur Frage der Beurteilung der Strafe der Kreuzigung in der antiken Welt insgesamt vgl. M. Hengel, Mors turpissima crucis, in: Festschr. E. Käsemann, S. 125–185; Ders., La crucifixion dans l'antiquité et la folie du message de la croix, Paris 1981; H.-W. Kuhn, Die Kreuzesstrafe während der frühen Kaiserzeit. Ihre Wirklichkeit und Wertung in der Umwelt des Urchristentums, in: ANRW II, 25/1, S. 648–793.

[31] Im Sinne des κάθου ... ἕως ... von 1,13 könnte jedenfalls das Perfekt κεκάθικεν von 12,2 ein duratives Perfekt sein. Demgegenüber steht sonst im Hebr (1,3; 8,1; 10,12), in der Lesart des P[46] auch in 12,2, der Aorist ἐκάθισεν.

[32] Vgl. entsprechend 6,18f: Die προκειμένη ἐλπίς der Christen hat ihren Grund darin, daß Jesus als der „Vorläufer für uns ins Innere des Vorhangs hineingegangen ist". Zum (impliziten) paränetischen Aspekt der Erhöhungsaussage von V. 2 vgl. M. Gourgues, A la droite de Dieu, S. 121f und bes. S. 124: „la droite de Dieu devient le lieu-témoin pour l'espérance des croyants, l'horizon manifestant le sens de leur ‚course', la motivation de leur persévérance".

[33] Vgl. H. Frankemölle, EWNT 1, Sp. 259f; anders J. Schneider, ThWNT VII, S. 577: „Die Entscheidung, wie der Satz zu verstehen ist, liegt bei ἀντί".

Statt dieser „Freude" hat der Gottessohn die Erniedrigung gewählt - und deswegen (διό) hat Gott ihn schließlich erhöht (Phil 2,9)[34]. Solche Deutung ergibt jedoch im Kontext der Glaubensmahnung von 12,1ff kaum einen Sinn, da sie die paränetische Dimension der christologischen Aussage im Blick auf die Adressaten des Hebr von vornherein ausschließt. Analog zur futurischen Verwendung von προκεῖσθαι in der Wendung προκειμένη ἐλπίς in 6,18f wie auch in der Wendung προκείμενος ἀγών in 12,1 liegt es somit näher[35], die „vor ihm liegende" bzw. „ihm in Aussicht gestellte Freude" auf die Erhöhung zu beziehen und dementsprechend ἀντί im Sinne von „um willen" zu übersetzen[36]. Das heißt: „um der ihm in Aussicht gestellten Freude willen nahm er geduldig das Kreuz auf sich ...". Diese „Freude" wäre dann also gleichsam der eschatologische „Lohn" für das geduldige Ertragen des Kreuzes[37], dies ein Motiv, das sich nicht nur - im Sinne des διό von Phil 2,9 - dem traditionellen christologischen Schema von Erniedrigung und Erhöhung einfügt, sondern gerade auch dem paränetischen Kontext der VV. 1-3: Die „in Aussicht gestellte Freude", das ist gleichsam der Kampfpreis, der für den Läufer im Wettkampf ausgesetzt ist und den Jesus, der „Anfänger und Vollender des Glaubens", auf dem auch von den Adressaten des Hebr noch zu gehenden Weg schon errungen hat.

Auch wenn der ganze Zusammenhang keinen Zweifel an der entscheidenden Differenz zwischen Jesus und den ihm auf seinem Wege Nachfolgenden läßt[38], ist doch die paränetische Implikation der christologischen

---

[34] So J. B. NISIUS, Zur Erklärung von Hebr 12,2, BZ 14 (1917) S. 44-61; K. BORNHÄUSER, in: Theol. Studien M. Kähler dargebracht, S. 78ff; J. SCHNEIDER, ThWNT VII, S. 577; P. ANDRIESSEN/A. LENGLET, Bib 51 (1970) S. 215-220; P. ANDRIESSEN, La joie du Christ. Traduction des Hébreux 12,2b: ‚Renonçant à la joie qui lui revenait', NRTh 107 (1975) S. 424-438; C. SPICQ, II, S. 387; DERS., SBi, S. 201 (mit Hinweis auf den Gebrauch von ἀντί in Lk 11,11 und 2 Kor 8,9).

[35] Damit ergäbe sich auch hier wieder ein Zusammenhang mit der Metapher vom Wettkampf. Προκεῖσθαι wird jedenfalls in der griechisch-hellenistischen Literatur häufig in bezug auf den Kampreis (ἆθλον) gebraucht, der für den Sieger im Wettkampf „ausgesetzt" bzw. „in Aussicht gestellt" ist. Vgl. Herodot IV 101; Xenophon, Cyrop. II 3,2.5; VII 1,7; Polybios III 62,6; Diodor Sic. XV 60,1; Josephus, Ant VIII 208.301; XV 269; XIX 131; Philon, Congr 159; Mut 48 u.ö. Vgl. in diesem Sinne bereits F. BLEEK, II/2, S. 268f; H. WINDISCH, S. 110.

[36] Vgl. ἀντί in 12,26 (hier mit gen.pretii: BL.-DEBR.-R. § 208,2). Zu dieser Deutung vgl. bereits F. DELITZSCH, S. 606ff, sowie neuerdings: P. BONNARD, La joie du Christ. Traduction des Hébreux 12,2b: ‚C'est en vue de la joie que Jésus endura la croix', NRTh 107 (1975) S. 415-423; H. FRANKEMÖLLE, EWNT I, Sp. 260; H. BALZ, EWNT III, Sp. 378; H. BRAUN, S. 405; M. RISSI, Die Theologie des Hebr, S. 71.

[37] Zu χαρά im eschatologischen Sinn vgl. Jub 23,29; 1QS IV 7; 1QH XIII 6; XVIII 15; 1QM I 9; Mt 25,21; 1 Petr 1,8; 4,13 sowie Röm 14,17; 15,13. Vgl. auch H. CONZELMANN, ThWNT IX, S. 354f.359ff, sowie K. BERGER, EWNT III, Sp. 1089, zu Hebr 12,2: „das Leiden des Christus als Vorstufe zu der vor ihm liegenden Freude".

[38] Diese Differenz wird nicht nur durch die soteriologischen Implikationen der Prädikation Jesu als ἀρχηγός und τελειωτής bezeichnet, sondern auch durch den unterschiedlichen

Aussage in V. 2b offensichtlich – und dies umso mehr, als ja bereits in 10,34 im Blick auf die Adressaten das Wissen um eine „bessere und bleibende Habe" als paränetisches Motiv geltend gemacht und auch das entsprechende Verhalten des Mose in 11,26 mit dem Ausblick auf die „Gabe des Lohnes" motiviert worden ist[39]. So gesehen liegt es durchaus in der Logik der christologischen Aussage von V. 2, wenn nunmehr in V. 3 ausdrücklich die Beziehung zwischen dem erwiesenen Verhalten Jesu und dem von den Adressaten des Hebr geforderten Verhalten hergestellt wird. Γάρ hat dementsprechend im Anschluß an V. 2 nicht eigentlich begründenden, sondern eher folgernden Sinn, was denn auch durch die durch einige Minuskelhandschriften (42 51 255) sowie durch einige alte Übersetzungen (d e syp ar) bezeugte Lesart οὖν (statt γάρ) ausdrücklich gemacht wird[40]. Die Aufforderung der Adressaten zum ἀναλογίζεσθαι scheint dabei zunächst nur die Aufforderung zum ἀφορᾶν in V. 2 in einem bestimmten Sinn zu präzisieren: Das „Aufblicken zu Jesus" (V. 2) gilt konkret vor allem der „Betrachtung" seiner Geduld im Leiden[41]. Im Anschluß an die Rede vom Vorbild, das zuvor den Lesern vor Augen geführt worden ist, dürfte der Autor des Hebr jedoch das (in der biblischen Gräzität seltene)[42] Wort an dieser Stelle ganz bewußt gewählt haben, um den besonderen Charakter solcher „Betrachtung" hervorzuheben. Er ist gegeben mit dem aus einem Vergleich bzw. aus einem In-Beziehung-Setzen erwachsenden „Bedenken"[43], das zu einem entsprechenden Verhalten führt. Im Kontext von Hebr 12,1–3 heißt das konkret: Die Leser werden aufgefordert, ihre gegenwärtige Glaubenssituation in eine Beziehung zum Weg Jesu zu set-

---

Gebrauch von προκεῖσθαι in V. 1 und V. 2: einmal (V. 1) in bezug auf den Wettkampf, den die Christen noch zu bestehen haben; zum anderen (V. 2) in bezug auf die „Freude", die Jesus als der Erhöhte bereits erlangt hat. Vgl. A. VANHOYE, La structure littéraire, S. 197f: „La répétition du participe de πρόκειμαι est en effet significative: elle souligne la différence des situations initiales". Vgl. auch H. BRAUN, S. 405f.

[39] So gesehen ist das μᾶλλον ἑλόμενος von 11,25 auch kein Indiz für die Übersetzung von ἀντί in 12,2 im Sinne von „anstatt". Gegen P. ANDRIESSEN/A. LENGLET, Bib 51 (1970) S. 215–220.

[40] Zu γάρ im Sinne der (folgernden) Weiterführung vgl. W. BAUER, Wörterbuch zum Neuen Testament, Sp. 305. Vgl. auch 1 Kor 1,26: D F G lesen οὖν statt γάρ.

[41] Dementsprechend betonen H. WINDISCH, S. 110 und O. MICHEL, S. 436 den „meditativen" Charakter dieses „Betrachtens". Ganz anders freilich E. GRÄSSER, Der Glaube im Hebr, S. 62, der wiederum stark den rationalen Aspekt betont: „Stellt vernünftige Erwägungen und Betrachtungen an"! Vgl. S. 123: ἀφορᾶν und ἀναλογίζεσθαι seien Verben, „die das distanzierte und abwägende Betrachten des Objekts mit vorbehaltener Entscheidung ausdrücken". S. bereits oben zu V. 2.

[42] Vgl. 3 Makk 7,7; PsSal 8,7; Josephus, Ant IV 312; 1 Clem 38,3.

[43] Vgl. Platon, Theait 186 A: ἀναλογιζομένη ἐν ἑαυτῇ τὰ γεγονότα καὶ παρόντα πρὸς τὰ μέλλοντα (in der Übersetzung von LIDDEL-SCOTT, Dictionary, S. 111: „calculate the past and the present in comparison with the future"); Polit X 618 C; Aristoteles, Polit 1320 b 20: ἀναλογίζεσθαί τι πρός τι. Vgl. J. A. BENGEL, Gnomon, S. 929: comparatione instituta cogitate.

zen, sie als „analog" zu erkennen und aus solchem vergleichenden Erwägen die entsprechende Schlußfolgerung im Blick auf die eigene Situation zu ziehen – also: mit ihrem Verhalten dem Verhalten Jesu zu entsprechen. Der vorbildhafte Charakter des Verhaltens Jesu wird dabei durch das Perfekt-Partizip ὑπομεμνηκότα betont[44] und im Rückbezug auf V. 2 – τοιαύτην ἀντιλογίαν – ergänzend noch die „Geduld" Jesu des näheren im Sinne des geduldigen Ertragens des „Widerstreites seitens der Sünde gegen sich selbst" beschrieben[45]. Im Zusammenhang mit dem „schändlichen" Kreuzestod Jesu (V. 2) sind die ἁμαρτωλοί konkret die Repräsentanten des Widerstreites gegen Jesus, also die für seine Passion und seine Hinrichtung Verantwortlichen[46]. Ἀντιλογία steht dementsprechend nicht nur im Sinne des Widerspruchs, sondern des Widerstreites, ja der Feindschaft gegen Jesus, wie sie sich in der Passion und in der Hinrichtung Jesu aufs äußerste verdichtet hat[47].

Zweck und Ziel der (vergleichenden) Erwägung, zu der die Adressaten aufgefordert werden, nennt der abschließende ἵνα-Satz, und zwar im Sinne einer Ermutigung der Adressaten. Die akute Gefahr ihrer Situation sind „Ermattung" (κάμνειν) und Mutlosigkeit (ἐκλυόμενοι). Die beiden

---

[44] Zum Perfekt zur Bezeichnung des „bleibenden Vorbildes" vgl. BL.-DEBR.-R. § 342,6.
[45] Die (freilich nur relativ schwach bezeugte) Lesart εἰς ἑαυτόν (A P 104 326 1241) gibt im Zusammenhang zweifellos den besten Sinn (auch in der Form αὐτόν: D² Ψ * usw.) – ganz im Unterschied zu den Lesarten εἰς αὐτούς (P¹³·⁴⁶ℵ² usw.) und ἑαυτούς (ℵ* D*), die allenfalls einen Sinn geben, wenn man mit H. v. SODEN S. 94 annimmt, „dass Jesus das Opfer nicht eines Widerspruchs gegen ihn, sondern eines ... Widerspruchs der Menschen gegen sich selbst, so gegen ihr besseres Ich wie gegen ihren wahren Vortheil, war ..."; vgl. auch A. SEEBERG S. 132. Zum Text- und Sachproblem vgl. C. SPICQ, I, S. 429f; F. F. BRUCE S. 345, Anm. 5, und S. 355; B. M. METZGER, A Commentary on the Greek New Testament, S. 675; H. BRAUN S. 407. P. ELLINGWORTH, JSNT, Suppl.-Ser. 3 (1980) S. 89–95, versucht das Problem durch die Vermutung einer Anspielung auf Num 17,3 zu lösen: τῶν ἁμαρτωλῶν τούτων ἐν ταῖς ψυχαῖς αὐτῶν, d. h. „... der Sünder auf Kosten ihres eigenen Lebens"! Er verweist in diesem Zusammenhang darauf, daß der betreffende Teil des Buches Numeri auch ansonsten im Hebr (Num 14: Hebr 3,12–4,11; Num 12,17: Hebr 3,5 usw.: S. 91f) eine besondere Rolle spielt. Ἀντιλογία wäre dann eine Anspielung auf Israels Rebellion bei Meriba – unter der Voraussetzung freilich, daß Christus in seiner Präexistenz im Sinne des Hebr der κύριος ist, gegen den Israel einst rebelliert hat (S. 93). Dieser Lösungsversuch ist jedoch von allzuviel Voraussetzungen abhängig, als daß er als wahrscheinlich gelten könnte.
[46] Bei dem hier vorliegenden Gebrauch von ἁμαρτωλοί handelt es sich möglicherweise um traditionell-jüdischen Sprachgebrauch. Vgl. 1 Makk 1,34: ἔθνος ἁμαρτωλόν, ἄνδρες παράνομοι; Gal 2,15 sowie bes. Mk 14,41. Zu ἁμαρτωλός zur Bezeichnung der „gesetzlosen Heiden" vgl. K. H. RENGSTORF, ThWNT I, S. 329; P. FIEDLER, EWNT I, Sp. 159.
[47] Vgl. E. RIGGENBACH, S. 392. Da τοιαύτη sich auf V. 2b zurückbezieht, sind hier Passion und Kreuz Jesu im Blick, nicht eine andere „in den Evangelien erzählte Episode" (so O. CULLMANN, Christologie, S. 96), sodaß der Schluß erlaubt wäre, der Autor des Hebr benutze hier „Tradition aus dem Leben Jesu". So (fragend) H. BRAUN, S. 407. – Zu ἀντιλογία im Sinn von „Anfeindung, Auflehnung" (o. ä.) vgl. Jud 11 (Num 16); Num 27,14; Dtn 32,51; 33,8; LXX Ps 80,8.

hier benutzten Verben sind weitgehend synonym[48], wobei freilich an dieser Stelle zumindest beim Gebrauch von κάμνειν wiederum die im Kontext (V. 1) benutzte Metapher vom (sportlichen) Wettlauf bestimmend sein könnte[49]. Eben darum geht es ja, daß die Adressaten beim „Laufen" (V. 1) auf ihrem Glaubensweg nicht „ermatten"! Im Gefüge des Finalsatzes soll dabei das Partizip ἐκλυόμενοι das vorangehende (übergeordnete) Verbum κάμνειν präzisieren. Also: „damit ihr nicht (beim Laufen) ermattet", als solche nämlich, „die mutlos geworden sind an ihren Seelen". Mutlosigkeit (und damit auch Kraftlosigkeit) ist somit das auslösende Moment für das „Ermatten" der Adressaten in ihrem Lauf[50], was im übrigen durch die schon sehr früh bezeugte Lesart im Perfekt ἐκλελυμένοι (P[13.46] D*.[2] 1739 usw.) nur noch unterstrichen wird: Die Mutlosigkeit, der die Adressaten anheimgefallen sind, hat anhaltende Wirkung – bis hin zum „Ermatten" beim Laufen.

Die zuerst in V. 1 aufgenommene Metapher vom (sportlichen) Wettkampf bzw. Wettlauf erscheint dem Autor des Hebr offensichtlich in besonderer Weise geeignet zu sein, seine Adressaten in ihrer Glaubensanfechtung erneut zu durchhaltendem Glauben zu motivieren. Auch der folgende Abschnitt jedenfalls bleibt – in der Klammer von V. 4 einerseits und VV. 12f andererseits – der Metapher vom Wettkampf verbunden und ist darüber hinaus auch noch durch bestimmte Stichwörter mit dem vorangehenden Abschnitt verbunden[51]. Auch hier geht es um Glaubensmahnung im Sinne der Ermahnung zur ὑπομονή im Leiden. Freilich tritt hier – im Unterschied zu 12,1-3 – die christologische Begründung und Ausrichtung der Paränese zugunsten einer „Paraklese" (V. 5) zurück, die sich als solche ganz im Rahmen einer durch die biblisch-jüdische Tradition vorgegebenen Sinndeutung des Leidens bewegt. Die akute Gefährdung der Adressaten in ihrem Glaubensstand ist offensichtlich so weit fortgeschritten, daß der Autor sich aller ihm zur Verfügung stehenden Mittel bedient, um seine Leser erneut zum Festbleiben im Glauben bzw. zu bleibender Geduld in der Anfechtung des Glaubens zu motivieren.

---

[48] Vgl. die Verbindung κάμνειν-ἐκλύεσθαι bei Aristoteles, Rhet. III 9, 1049b sowie 4 Makk 7,13. Ἐκλύεσθαι ist dabei speziell mit dem Aspekt der Mutlosigkeit verbunden und wird in diesem Sinne auch für mutlos gewordene Soldaten gebraucht: Josephus, Ant XVII 263; vgl. auch Epiktet, Diss II 19,20 sowie weitere Belege bei C. Spicq, Notes I, S. 228f; zu κάμνειν: ebd., S. 400-402.

[49] In diesem Zusammenhang benutzt auch Philon das Verbum κάμνειν: Migr 133.220 (ἐπίμενε μὴ κάμνων); Post 31, vgl. auch Josephus, Ant II 290; Vita 209 sowie C. Spicq, Notes I, S. 401f.

[50] Von daher gesehen spricht die Logik des Satzes – trotz der traditionell vorgegebenen Verbindung von κάμνειν mit ψυχή: LXX Hi 10,1; Diodor Sic. XX 96,3; Herm mand VIII 10) – dafür, die Wendung ταῖς ψυχαῖς ὑμῶν mit ἐκλυόμενοι zu verbinden, und zwar in der Bedeutung: „in eurem Innersten mutlos geworden". Vgl. dazu die Verbindung von ἐκλύεσθαι mit ψυχή bei Polybios XX 4,7; XXIX 17,4; XXXIX 18,7; Diodor Sic. XX 1,4; Philon, Jos 61; Decal 122 sowie entsprechend Dtn 20,3 und Josephus, Ant XVII 263.

[51] Vgl. ἐκλύεσθαι in V. 3 und V. 5 sowie ὑπομένειν in VV. 1-3 und V. 7. Vgl. A. Vanhoye, La structure littéraire, S. 199.

3.2) 12,4–13: Glaube als Geduld im Leiden – unter weisheitstheologischem Aspekt[1]

4 (Denn) ihr habt (ja) noch nicht bis aufs äußerste im Kampf gegen die Sünde widerstanden.
5 Und ihr habt die tröstliche Mahnung vergessen, die zu euch als zu Söhnen spricht: ‚Mein Sohn, achte nicht die Züchtigung des Herrn gering und laß dich nicht entmutigen, wenn du von ihm zurechtgewiesen wirst!
6 Denn wen der Herr liebt, den züchtigt er; (und) er geißelt einen jeden Sohn, den er annimmt'.
7 Zum Zweck der Züchtigung (also) sollt ihr geduldig (euer Leiden) ertragen; als Söhne behandelt euch Gott. Denn: wo ist ein Sohn, den (sein) Vater nicht züchtigt?
8 Wenn ihr (also) ohne Züchtigung seid, an der (doch) alle teilbekommen haben, dann seid ihr ja (geradezu) Bastarde und nicht (legitime) Söhne.
9 Weiter: Unsere fleischlichen Väter (zwar) hatten wir als Zuchtmeister und haben uns (ihnen) gefügt. Sollten wir uns dann nicht um vieles mehr dem ‚Vater der Geister' unterordnen und (auf diese Weise) das Leben erlangen?
10 Diese nämlich übten nur für wenige Tage – so wie sie es für gut hielten – die Züchtigung aus; jener aber zu unserem (wahren) Nutzen, damit wir Anteil erhalten an seiner Heiligkeit.
11 Jede Art von Züchtigung aber scheint für den Augenblick zwar nicht Freude, sondern Betrübnis zu sein; später aber gewährt sie denen, die durch sie geübt worden sind, die Friedensfrucht der Gerechtigkeit.
12 Darum richtet (nun) auf die entkräfteten Hände und die gelähmten Knie
13 und schafft gerade Spuren für eure Füße, damit das, was lahm ist, sich nicht verrenkt, sondern vielmehr heil wird.

Der vorliegende, in sich geschlossene Abschnitt wird gerahmt durch eine auf die Situation der Adressaten bezugnehmende Feststellung (V. 4) einerseits und die ihr entsprechende Mahnung (VV. 12f) andererseits, die beide noch immer die zuvor (VV. 1–3) benutzte Metapher vom Wettkampf bzw. Wettlauf variieren. Was innerhalb dieses Rahmens im einzelnen an Paränese (und Paraklese: V. 5!) ausgeführt wird, unterscheidet sich in sachlicher Hinsicht ganz wesentlich von der in den VV. 1–3 unter christologischem Aspekt vorgetragenen Glaubensmahnung. Mit ausdrücklicher Bezugnahme auf Prov 3,11f (VV. 5f) nimmt der Autor des Hebr hier nunmehr einen zentralen Topos der biblisch-jüdischen Leidenstheologie auf, der sowohl in jüdischer Weisheitstheologie[2] als auch im jüdischen Hellenismus seine

---

[1] Lit.: W. JENTSCH, Urchristliches Erziehungsdenken. Die Paideia Kyriu im Rahmen der hellenistisch-jüdischen Umwelt (BFChTh 45/3), Gütersloh 1951, S. 161–168; G. BORNKAMM, Sohnschaft und Leiden. Hebräer 12,5–11, in: Judentum, Urchristentum, Kirche. Festschr. J. JEREMIAS (BZNW 26), Berlin 1960, S. 188–198 = DERS., Ges. Aufsätze IV (BEvTh 53), München 1971, S. 214–224; dazu: O. MICHEL, NT 6 (1963) S. 190f.; A. VANHOYE, La souffrance éducatrice. He 12,5–7, 11–13, ASeign II, N° 52, Brüssel/Paris 1974, S. 61–66; ST. P. LOGAN, The Background of paideia in Hebrews, Diss. Southern Baptist Seminary 1986.

[2] Vgl. neben Prov 3,11f: Hi 5,17 und bes. Weish 12,20–22; dazu: G. BERTRAM, ThWNT V, S. 604f. – Zur biblischen Grundlage des Topos vgl. Dtn 8,5; 11,2; 2 Sam 7,14; Jer 20,30; 31,18. Für das Neue Testament vgl. Apk 3,19. Der Sache nach begegnet der Topos im übri-

besondere Ausprägung gefunden hat³. Mit seiner Rezeption dieses Topos steht der Hebr eindeutig - und ungebrochen! - in dieser Tradition. Leiden - so dieser Topos - dient, als Züchtigung von seiten Gottes verstanden, der Erziehung und ist in diesem Sinne nicht Strafe oder Zeichen der Gottferne, sondern - ganz im Gegenteil - Zeichen der Nähe, ja der Liebe des Vaters zu seinen Söhnen. Dieser Topos wird hier - wie der „Kommentar" des Autors zum vorangestellten Zitat aus dem Proverbienbuch zeigt⁴ - vorbehaltlos rezipiert. Aus dem Zitat wird das entscheidende Stichwort παιδεία aufgenommen und vermittels eines Vergleiches zwischen menschlicher und göttlicher „Erziehung" ausgeführt. So gesehen ist für diesen Kommentar zu Prov 3,11f eine durchaus rational zu nennende Argumentation charakteristisch: Von den „normalen" weltlich-irdischen Gegebenheiten in dieser Hinsicht her wird auf die gemeinte theologische Sache hin geschlossen und damit das Argument gewonnen, das am Ende unmittelbar in die entsprechende Mahnung an die Adressaten einmündet (V.12: διό).

Sieht man diese Art der Argumentation in ihrem Verhältnis zur vorangehenden Art von Glaubensmahnung in den VV. 1-3, so ist ganz eindeutig ein Nach- und Nebeneinander von (affektiver) christologischer Argumentation einerseits und einer an das rationale Verstehen der Adressaten sich wendenden, bestimmte Erfahrungswerte aufnehmenden Argumentation festzustellen⁵, wobei die letztere der Sache nach ganz auf der Ebene der biblisch-jüdischen Tradition verbleibt. Allenfalls

---

gen auch in der griechisch-philosophischen Tradition (vgl. z.B. Platon, Gorg 524D-527A), doch ist vom Zitat Prov 3,11f her eindeutig, daß der Hebr in dieser Hinsicht in biblisch-jüdischer Tradition steht.

³ Vgl. Philon, Det 144ff und Congr 172.175ff, wo ebenfalls Prov 3,11f zitiert wird und daraus die entsprechenden paränetischen Schlußfolgerungen gezogen werden. Vgl. bes. Congr 177: „Für so schön also gilt die Strafe und Zurechtweisung, daß durch sie das Bekenntnis zu Gott zur Verwandtschaft (συγγένεια) mit Gott wird". Zu vergleichen ist in diesem Zusammenhang auch die entsprechende martyrologische Tradition in den Makkabäerbüchern, bes. 4 Makk 10,10: διὰ παιδείαν καὶ ἀρετὴν θεοῦ ταῦτα πάσχομεν sowie 2 Makk 6,12-27; 7,33, hier - wie in Hebr 12 - im Rahmen einer Paraklese (6,12: παρακαλῶ οὖν ..., λογίζεσθαι δὲ τὰς τιμωρίας μὴ πρὸς ὄλεθρον, ἀλλὰ πρὸς παιδείαν τοῦ γένους ἡμῶν εἶναι). Ganz wie Hebr 12,10 spielt hier (2 Makk 6,16) auch die Ausrichtung der παιδεία auf τὸ συμφέρον eine Rolle. Vgl. weiter die Verbindung ἐπίπληξις - παιδεία in 2 Makk 7,33 sowie PsSal 3,4; 7,9; 8,26; 13,7-10; 14,1; 18,4f.

⁴ Aus dem formalen kommentierenden Verfahren des Autors des Hebr auf eine „typisch qumranische pescher-Auslegung" zu schließen (H. BRAUN S. 410) besteht kein zureichender Grund. Aus Prov 3,11f wird hier lediglich das Stichwort der παιδεία aufgenommen, im übrigen jedoch ganz eigenständig verfahren. Zum Problem vgl. auch B. GÄRTNER, STL 8 (1954) S. 12f; H. BRAUN, Qumran und das Neue Testament II, S. 184.

⁵ Anders F. LAUB, Bekenntnis und Auslegung, S. 158: „Das παιδεία-Motiv ... wächst ... organisch aus der christologischen Aussage 12,2.3a heraus und hat in ihr seine sachlich-objektive Begründung". O. MICHEL S. 440 demgegenüber spricht (kritisch gegen G. BORNKAMM, Ges. Aufs. IV, S. 221ff) von einem „Nebeneinander von Jesustradition ... und chokmatischer Schriftauslegung"; DERS., NT 6 (1963) S. 190f. Gegen O. MICHEL ist freilich mit G. BORNKAMM daran festzuhalten, daß die in biblisch-jüdischer Weisheitstheologie (wie auch in der jüdischen Apokalyptik) mit der Frage nach dem Sinn des Leidens verbundene Theodizeefrage im Hebr keine Rolle spielt. Für den Hebr ist diese letztere Frage in der Tat von der Christologie her beantwortet: Das Leiden des Christen ist als ein Leiden im Aufblick auf Leiden und Sterben Jesu (12,2f) nicht nur sinnvoll, sondern auch notwendig. Vgl. G. BORNKAMM, a.a.O., S. 220f.

implizit kann man hier von einem christologischen Bezug sprechen, sofern nämlich auch diese „weisheitstheologische" Argumentation von den VV. 1-3 her ihrerseits unter einem christologischen Vorzeichen steht – und damit im Sinne des Autors gewiß auch unter dem Vorzeichen des ἔπαθεν-ἔμαθεν von 5,8f[6]. Eine „Konkurrenz" zwischen beiden Argumentationsweisen besteht also für den Hebr nicht. Eher wird man sagen können, daß der rationalen Argumentation in diesen Versen im Verhältnis zur „spezifisch christlichen" Argumentation den VV. 1-3 eine ergänzende Funktion zukommt, und zwar im Sinne einer ausgeführten „argumentatio ad hominem". Bestimmte christologische „Eintragungen" – etwa von 2,5-18 her – sind also von diesem Textzusammenhang fernzuhalten[7].

Ausgangspunkt der in diesen Versen vorliegenden „argumentatio ad hominem" ist in V. 4 einleitend eine Feststellung im Blick auf die gegenwärtige Situation der Adressaten und ihre Glaubensverfassung: „Ihr habt noch nicht ...". An und für sich betrachtet ist diese Feststellung in zweierlei Richtung deutbar, was sich schon an der vom Autor offensichtlich betont vorangestellten Wendung μέχρις αἵματος zeigen läßt. Im Wortsinn verstanden ist sie gleichbedeutend mit der Wendung μέχρι θανάτου[8], woraus dann zu schließen wäre, daß es bei den bereits 10,32ff erwähnten παθήματα der Adressaten noch nicht zum Blutopfer bzw. Martyrium (im Sinne von 11,36ff) gekommen ist, daß aber – im Zusammenhang mit bevorstehenden schärferen Repressionen seitens staatlicher bzw. städtischer Behörden gegenüber den Christen – aller Anlaß besteht, die Adressaten im Blick auf ihr künftiges Glaubensverhalten zu entsprechendem Einsatz zu mobilisieren. Οὔπω, „noch nicht", wäre somit auf die noch ausstehende, aber doch auch schon unmittelbar bevorstehende Bewährung des Glaubens zu beziehen. Andererseits könnte die Wendung μέχρις αἵματος, im übertragenen Sinne verstanden, darauf hinweisen, daß die Adressaten auch bisher schon noch gar nicht „bis aufs äußerste" widerstanden haben – eben weil sie schon angesichts dessen, was ihnen bisher widerfahren ist, „mutlos" geworden sind (V. 3!). So gesehen und verstanden handelte es sich an dieser Stelle um eine durchaus kritische Bemerkung des Autors im Blick auf den gegenwärtigen, ein Defizit hinsichtlich der Bewährung des Glaubens anzeigenden Stand der Adressaten. Angesichts dessen, daß der Autor des Hebr auch im übrigen in seiner Mahnrede höchste Sorge um den Glaubensstand seiner Adressaten erkennen läßt, ist dies letztere durchaus wahrscheinlicher als die zuerst erwogene Möglichkeit. Also: „Ihr

---

[6] Vgl. G. BORNKAMM, Ges. Aufs. IV, S. 221f; F. LAUB, Bekenntnis und Auslegung, S. 158f.
[7] Gegen G. BORNKAMM, Ges. Aufs. IV, S. 222ff. – Zu solcher christologischen Eintragung gehört auch, in der Abänderung der LXX-Vorlage beim Zitieren von Prov 3,11f – υἱέ μου statt einfachem υἱέ (entsprechend sodann die sekundäre Angleichung an LXX bei D* 81 614 usw.) – einen Hinweis auf Jesus als „den Sohn" zu sehen. Gegen A. STROBEL S. 233.
[8] Vgl. 2 Makk 13,14: ἀγωνίσασθαι μέχρι θανάτου; Josephus, Bell II 141; Apk 12,11 sowie Phil 2,8.30.

habt auch bisher schon nicht das äußerste eingesetzt"[9]! Für diese Deutung spricht nicht nur die Fortsetzung in V. 5: „Und ihr habt vergessen ...", sondern auch schon die in V. 4 vorliegende Charakterisierung des bereits jetzt notwendigen Widerstandes als eines Kampfes gegen die Sünde. Das hierfür benutzte Verbum ἀνταγωνίζεσθαι nimmt dabei erneut die Metapher vom ἀγών von V. 1 auf. Bei der jetzt notwendigen Bewährung des Glaubens geht es nicht um den Widerstand gegen irdisch-weltliche Mächte, sondern – viel schärfer und hintergründiger noch – um einen „Antagonismus" (!) πρὸς τὴν ἁμαρτίαν[10]. Sie, die „Sünde", ist es, die die Christen in der Anfechtung ihres Glaubens mutlos werden läßt. Auch hier wiederum – wie bereits 3,13 – tritt „die Sünde" den Kämpfenden als eine gleichsam persönliche Macht gegenüber, sie „leicht umstrickend" (V. 1), sodaß sie am Ende ihrem „Betrug", ihrer Täuschung, anheimfallen (3,13)[11], einer Täuschung gewiß auch in dem Sinne, daß man irdischen Besitz und eine – nach irdisch-weltlichen Maßstäben – gesicherte Existenz für wichtiger erachtet als die den Glaubenden zugesagte, jetzt freilich (noch) nicht sichtbare „bessere Habe" (10,34). Im Bildkreis der Metapher vom Wettkampf gesehen ist es also konkret die Sünde der Trägheit und der Ermattung im Wettlauf, die die Adressaten am Ende das Ziel (der Verheißung Gottes) verfehlen, ja sie sogar dem Abfall vom Glauben anheimfallen läßt (3,12f).

Daß sich in alledem Kritik am gegenwärtigen Verhalten der Adressaten äußert, zeigt spätestens **V. 5/6**. Den unmittelbaren Anschluß an V. 4 kann man verdeutlichen, wenn man frei übersetzt: „Obwohl ihr noch gar nicht bis aufs äußerste widerstanden habt ... (V. 4), habt ihr doch jetzt schon die Mahnung vergessen ..." (V. 5). Die παράκλησις, das ist hier konkret der tröstliche und zugleich ermahnende Zuspruch der Schrift[12]. Sie wird auch hier – wie dies auch sonst im Hebr geschieht – als unmittelbare Anrede an

---

[9] Vgl. E. GRÄSSER, Der Alte Bund im Neuen, S. 266, Anm. 26; ebd., S. 266: „Aber ein Blutzeugnis wird nicht erwähnt und ist somit nicht aktuell". Zur Fragestellung vgl. O. MICHEL S. 437. Im letzteren Sinn jetzt auch C.-P. MÄRZ S. 76: „'bis aufs Blut' spricht nicht vom Martyrium, sondern vom bedingungslosen Einsatz".

[10] Die Präposition ἀντι- (im Kompositum ἀντ-αγωνίζεσθαι) betont dabei zusätzlich die unversöhnliche Schärfe des Widerstreites. Vgl. Josephus, c. Ap. I 56. Die Lesart ἀγωνίζεσθαι (P[13.46] 2495 usw.) kann als sekundäre Angleichung an ἀγών (V. 1) verstanden werden.

[11] Die Übereinstimmung mit der Darstellung des Kampfes der jüdischen Märtyrer in 4 Makk 17,11ff sind bemerkenswert: Auch hier ist von einem „Antagonismus" die Rede (17,13f); auch hier finden sich die Verben ἀγωνίζεσθαι sowie προ- und ἀνταγωνίζεσθαι im Rahmen der Metapher vom ἀγών (θεῖος!). Vgl. auch 2 Makk 13,14 (s. o. Anm. 8). Wenig wahrscheinlich ist, daß das Verbum ἀντικαθίστημι ebenfalls dem Bildkreis vom Wettkampf zuzuordnen ist. So bereits J. A. BENGEL, Gnomon, S. 929: „A cursu venit ad pupilatum, ut Paulus l.c."; C. SPICQ, Notes I, S. 103; DERS., SBi, S. 201, findet hier – analog zu 1 Kor 9,24–26 – eine Anspielung auf den Faustkampf des Boxers.

[12] Διαλέγεσθαι vom „Reden" der Schrift auch bei Philon, All III 118: ὁ ἱερὸς λόγος ... διαλέγεται οὕτως (Zitat Ex 28,26). Von Gottes Reden in der Schrift All III 101; von Gottes Reden zu den Menschen: All III 104; Fug 76; Ebr 101.

die Christen geltend gemacht: „Zu euch" (ὑμῖν) redet die „Paraklese" von Prov 3,11f, und zwar als zu „Söhnen" (ὡς υἱοῖς). Auch wenn im folgenden (VV. 8ff) das Verhältnis Gott-Mensch mit dem Verhältnis Vater-Sohn verglichen wird, steht ὡς hier doch nicht nur im vergleichenden Sinn („gleichsam wie zu Söhnen"); vielmehr wird hier die Anrede aus Prov 3,11, durch beigefügtes μου noch verstärkt, unmittelbar auf die Adressaten bezogen und gewinnt in diesem Zusammenhang prädikative Bedeutung: Die hier Angesprochenen *sind* „Söhne Gottes"[13]! Abgesehen von der Beifügung von μου, das den Anredecharakter des Zitats noch unterstreicht[14], wird Prov 3,11f in den VV. 5 und 6 wörtlich nach LXX (S A) zitiert[15]. Das Zitat entspricht dem eigenen Anliegen des Autors des Hebr insofern, als hier bereits ausdrücklich gegen eine Entmutigung durch Leiden Stellung bezogen wird. Die Mahnung μηδὲ (P[13]: καὶ μή) ἐκλύου aus Prov 3,11 nimmt dabei im Kontext des Hebr ἐκλυόμενοι aus V. 3 auf, nunmehr freilich in dem Sinne, daß solcher „Entmutigung" – der akuten Gefahr der Adressaten des Hebr – bereits die Herkunft des Leidens entgegengestellt wird. Alle leidhaften Widerfahrnisse und aller Widerstreit (V. 3: ἀντιλογία), die die Christen erfahren, sind unter dem Aspekt der παιδεία κυρίου zu verstehen und führen – so betrachtet – nicht vom „Herrn" fort, sondern sind – ganz im Gegenteil – Zeichen der Liebe Gottes zu seinen Söhnen. Es ist demnach nicht etwa die „Sünde", die diese Leiden verursacht! Allenfalls ist sie es, die die entsprechende Paraklese der Schrift in Vergessenheit geraten läßt. Primär dieses Schriftzitat – und selbstverständlich auch der Kontext der Erfahrung der Adressaten – ist es denn auch, das die spezielle Bedeutung von παιδεία bzw. παιδεύειν in den folgenden Versen bestimmt: παιδεία also nicht im Sinne des klassisch-griechischen Bildungsideals, sondern – ganz auf der Linie der biblisch-jüdischen Weisheit (als Übersetzung von hebr. מוסר bzw. יִסַּר!) – die „Zurechtweisung", die „Züchtigung". Mit den Worten von Prov 3 selbst: παιδεύειν, das heißt konkret: ἐλέγχειν, ja auch μαστιγοῦν, schmerzhafte Zurechtweisung also, gerade so aber doch wiederum „Erziehung": zielgerichtete Zurechtweisung also. Ganz so

---

[13] Vgl. entsprechend V.7: ὡς υἱοῖς ὑμῶν. Zur Sache vgl. G. BORNKAMM, Ges. Aufsätze IV, S. 223. Philon, Congr 177, macht im Anschluß an das Zitat von Prov 3,11f ausdrücklich die besondere Beziehung der Glaubenden zu Gott im Sinne der Vater-Sohn-Beziehung geltend (τί γὰρ οἰκειότερον υἱῷ πατρός ἢ υἱοῦ πατρί), mit dem Unterschied nur zu Hebr 12,5ff, daß bei ihm das „Bekenntnis zu Gott" in der „Züchtigung" die Gottesverwandtschaft erst entstehen läßt: συγγένεια γίνεται.

[14] Auch der hebr. Text liest בְּנִי. Hier – wie auch sonst oft im Proverbienbuch (1,8.10; 2,1; 3,1 usw.) – bezeichnet „Sohn" konkret den Schüler. In diesem Sinne ist die Anrede „Lehrstil". So O. MICHEL S. 438. Anders J. McCULLOUGH, NTS 26 (1979/80) S. 377f: Der Zusatz μου verschiebe die Anrede des Lehrers an den Schüler zu der des Vaters an den Sohn.

[15] Vgl. auch das Zitat von Prov 3,12 in 1 Clem 56,4. Philon, Congr 177, dagegen folgt der Lesart des Kodex B von Prov 3,12: ἐλέγχει (statt παιδεύει); Apk 3,19 wird beides miteinander verbunden: ἐλέγχω καὶ παιδεύω.

also wie auch in 4 Makk 10,10: διὰ παιδείαν ... θεοῦ ταῦτα πάσχομεν[16]. Solchem Grundverständnis von παιδεία folgt der Autor des Hebr, wenn er in seinem Kommentar zu Prov 3,11f schon zu Beginn formuliert: εἰς παιδείαν ὑπομένετε (sc.: die Leiden) und sodann in V. 11 die παιδεία mit der λύπη in Zusammenhang bringt.

Der Kommentar des Autors zu Prov 3,11f stellt von Anfang an die Beziehung zwischen dieser Art von „Erziehung" und seinem eigenen paränetischen Anliegen her. Mit ὑπομένετε in **V. 7** wird das übergreifende thematische Stichwort der Glaubensmahnung in 12,1ff insgesamt aufgenommen. Diesem Kontext entsprechend liegt hier ein Imperativ oder doch jedenfalls ein Indikativ in imperativischer Ausrichtung vor. Es wird – wie bereits zuvor in den VV. 1–3 – zu geduldigem Aufsichnehmen von Leiden aufgefordert, nun aber unter dem Aspekt, daß alles Leiden und alle Anfechtung den Adressaten εἰς παιδείαν widerfahren[17] und daß solche Einsicht in eine übergreifende Finalität alles Leiden „ertragen" läßt. Denn – so die Logik der Argumentation im Anschluß an das Zitat von Prov 3,11f – wenn ihr zu dieser Einsicht gelangt, dann tritt auch an die Stelle der Entmutigung die Einsicht, daß „Gott euch gerade so als seinen Söhnen begegnet" (προσφέρεται)[18]. Dem Bemühen des Autors, seinen Lesern die Notwendigkeit des Zusammenhangs zwischen παιδεία κυρίου einerseits und der Relation Vater-Sohn andererseits deutlich zu machen, dient in V. 7 schließlich auch der begründende (γάρ) Hinweis auf die ihnen geläufige zwischenmenschliche Erfahrung: Hier gibt es ja – normalerweise – in der Tat keinen Sohn, für den es nicht zuträfe, daß sein Vater ihn „züchtigt". Die Allgemeingültigkeit dieser Norm wird durch artikelloses υἱός und πατήρ noch unterstrichen[19]. Gilt dies nach **V. 8** nun aber auch in dem Sinne, daß „alle (Söhne) – πάντες betont vorangestellt! – solcher παιδεία „teilhaftig geworden sind"[20],

---

[16] Zum Zusammenhang παιδεία – ἔλεγχος vgl. auch LXX Ps 6,2; 37,2; 140,5 (= 1 Clem 56,5); Jer 2,19; Prov 6,23 sowie Sir 18,13. Zum Zusammenhang παιδεία – μάστιγξ vgl. Sir 23,2 sowie 2 Makk 6,30.

[17] Dem εἰς παιδείαν entspricht 2 Makk 6,12 πρὸς παιδείαν. Vgl. auch 4 Makk 10,10: διὰ παιδείαν. – Die nur schwach bezeugte Lesart εἰ statt εἰς (Ψ 104 326 usw.) identifiziert demgegenüber die Paideia mit dem Leiden, während es doch im Zusammenhang gerade darum geht, das Leiden der Christen in den übergreifenden Zusammenhang der παιδεία κυρίου einzufügen.

[18] Zu προσφέρειν im Passivum mit Dativ, „jemandem begegnen", vgl. Josephus, Bell VII 254.263; Philon, Ebr 69; Jos 47; W. BAUER, Wörterbuch zum Neuen Testament, Sp. 1442; K. WEISS, ThWNT IX, S. 68.69. Προσφέρεται mit Gott als Subjekt nimmt παραδέχεται aus Prov 3,12 auf.

[19] Dies gilt unabhängig davon, ob man τίς substantivisch – „wer nimmt die Stellung eines Sohnes ein" – oder adjektivisch – „welcher Sohn existiert" – versteht. Das letztere Verständnis findet in der Lesart von ℵ² D usw. seinen Ausdruck, wenn hier ἐστίν eingefügt wird.

[20] Im Unterschied zu 3,14 steht μέτοχοι hier adjektivisch: „teilhaftig (werden)". Vgl. 6,4. Gegensatz dazu ist: χωρὶς παιδείας εἶναι. Vgl. Dio Chrys IV 31: γίνεσθαι μέτοχον παιδείας; Josephus, c.Ap. I 73: ἀνὴρ τῆς Ἑλληνικῆς μετεσχηκὼς παιδείας, d. h.: „ein Mann, teilhaftig der griechischen Bildung"; Sir 51,28: μετάσχετε παιδείας sowie C. SPICQ, Notes II, S. 557, Anm. 3.

dann ist aus der Abwesenheit der „Züchtigung" bei den Adressaten logischerweise auch auf die Abwesenheit legitimer Sohnschaft zu schließen – denn: um den νοθός, den Bastard bzw. illegitimen Sohn, kümmert sich der Vater normalerweise nicht[21]! So gesehen sind also Leiden im Sinne der „Züchtigung" geradezu Bestätigung der Sohnschaft und ganz und gar nicht Anlaß zur Entmutigung. Für sich betrachtet bzw. nach den Normen eines antiken Patriarchalismus ist dies alles gewiß eine in sich schlüssige Argumentation[22].

Die Grenze solcher Art von „Beweisführung", die aus zwischenmenschlichen bzw. gesamtgesellschaftlichen „Normalitäten" theologische Schlußfolgerungen zieht, ist gleichwohl dort erreicht, wo man die Aussage von V. 8 nunmehr generell auf die vom Autor intendierte Sache bezieht, also das Gegebensein von παιδεία (im Sinne schmerzhafter Züchtigung) schlechthin als Beweis und Bestätigung für das Gegebensein der Sohnschaft im Verhältnis zu Gott betrachtet. Jedenfalls scheint der Autor des Hebr selbst das im Grunde Unangemessene solcher Art von „Beweisführung" zu spüren, wenn er in den folgenden VV. 9-11 zwar in seinen Bemühen um eine „argumentatio ad hominem" fortfährt (V. 9: εἶτα, „sodann"), nunmehr jedoch an die Stelle des reinen Vergleichs zwischen menschlicher und göttlicher παιδεία eine antithetische Gegenüberstellung (nach dem Schema μέν – δέ) treten läßt. Ausgangspunkt der Beweisführung ist dementsprechend auch in V. 9 zunächst die im „Wir"-Stil vorgetragene (und somit an die eigene Erfahrung der Adressaten appellierende) allgemeinmenschliche Erfahrung der Erziehung von Kindern durch ihre Väter, die „fleischlich"-irdischen Väter also. Der παιδευτής ist auch hier eher der „Zuchtmeister" als der „Pädagoge" (im modernen Verstand!)[23]. Diese Ebene der Betrachtung wird jedoch alsbald überholt und überboten durch die Gegenüberstellung „unserer fleischlichen Väter" einerseits und des (einen) πατὴρ τῶν πνευμάτων andererseits im Rahmen des Schlußverfahrens a minori ad maius: Wenn schon – wie die Erfahrung zeigt – den irdischen Vätern der Respekt ihrer Kinder gilt[24] – um wieviel mehr ist es demgegen-

---

[21] Zu νόθος im juristischen Sinne, „unehelich, illegitim" (im Gegensatz zu γνήσιος) vgl. Josephus, Ant V 233: παῖδες δὲ ἦσαν αὐτῷ γνήσιοι μὲν ἑβδομήκοντα ..., νόθος δὲ εἷς ἐκ παλλακῆς; Philon, Migr 94f: οἱ νόθοι καὶ ἐκ παλλακῶν; Det 21; Imm 121; Sobr 8 u. ö. Zur Frage der Rechtsstellung der νόθοι vgl. C. SPICQ, II, S. 394; DERS., SBi, S. 203f, sowie H. BRAUN S. 413f mit dem Hinweis darauf, daß der νόθος nach römischem Recht nicht der patria potestas unterstand und somit auch von seinem Vater nicht gezüchtet werden darf.

[22] H. WINDISCH S. 111 spricht sogar von einem „treffenden Beweis für die Notwendigkeit des Leidens". Vgl. auch Dio Chrys IV 31: „Zeus-Söhne" werden diejenigen genannt, die einen großen Anteil an Paideia erhalten haben.

[23] So (von Gott) auch Hos 5,2; PsSal 8,29. Zur Synonymität παιδευτής - παιδαγωγός vgl. C. SPICQ, Notes II, S. 639-641. Anders, im Sinne des „Lehrers", Röm 2,20: παιδευτὴς ἀφρόνων neben διδάσκαλος νηπίων. Vgl. G. BERTRAM, ThWNT V, S. 621f; H. BALZ, EWNT III, Sp. 7.

[24] Die Imperfekte εἴχομεν und ἐνετρεπόμεθα lassen erkennen, daß der Autor hier (zusammen mit seinen Adressaten) nicht nur auf die vergangene Zeit zurückblickt, sondern zugleich

über (δέ)[25] notwendig, sich dem himmlischen Vater, dem „Vater der Geister", bedingungslos zu unterwerfen. Gegenüber dem ἐντρέπεσθαι von V. 9a (in bezug auf die „fleischlichen" Väter) soll das ὑποτάσσεσθαι in V. 9b (in bezug auf den „Vater der Geister") zweifellos eine Überbietung und Steigerung herausstellen: sich bedingungslos (möglicherweise auch: willentlich) unterwerfen[26]. Dort also nur „Respekt" (oder auch: ängstliches Sichfügen), hier dagegen strikte und bewußte Unterordnung. Es ist ganz offensichtlich: „Hb will eine begrenzte mit einer totalen Unterordnung kontrastieren" (H. BRAUN), wobei – selbstverständlich – nur der letzteren die Verheißung des (ewigen) Lebens gegeben ist: καὶ ζήσομεν, d. h.: „und so (unter dieser Voraussetzung bzw. Bedingung!) werden wir das (ewige) Leben erlangen"[27]. Auch diese Folgerung ist im Rahmen des hier angewandten Schlußverfahrens in sich durchaus verständlich, auch wenn sie wiederum merkwürdig an irdisch-weltlicher Normalität orientiert zu bleiben scheint. Gleichwohl zeigt insbesondere die auffällige Bezeichnung Gottes als πατὴρ τῶν πνευμάτων erneut die Absicht des Autors an, die Überbietung, ja die Antithese gegenüber allen irdischen Vätern zur Aussage zu bringen. Sofern sich in dieser Gegenüberstellung die Antithese von σάρξ und πνεῦμα ausspricht, ist dies im Hebr zwar singulär, im Kontext jedoch durchaus sinngemäß: Irdische und himmlische Sphäre werden so einander gegenübergestellt, wie dies im Hebr ja auch sonst geschieht. Gänzlich ungewöhnlich und singulär im Hebr wie überhaupt im Neuen Testament ist gleichwohl die Rede von Gott als dem πατὴρ τῶν πνευμάτων[28].

ein normales Verhalten bezeichnen will. Vgl. C. SPICQ, II, S. 394: „c'est l'usage courant"! Zu ἐνετρεπόμεθα ist sinngemäß αὐτοῖς (die Väter nämlich) zu ergänzen. Ἐντρέπεσθαι wörtlich: „in Scheu und Ehrfurcht begegnen" (vgl. Lk 18,2.4: ἐντρέπεσθαι in bezug auf Menschen, φοβεῖσθαι in bezug auf Gott), hier aber – im Zusammenhang mit ὑποτάσσεσθαι in V. 9b – besser im Sinne von Mt 21,37: „respektieren". Vgl. A. VANHOYE, La structure littéraire, S. 201f; C. SPICQ, SBi, S. 204; H. BRAUN S. 414, der freilich – wohl um den Unterschied zu ὑποτάσσεσθαι deutlicher werden zu lassen – übersetzt: „ängstlich nachgeben".

[25] Μέν in V. 9a erfordert an sich das entsprechende δέ in V. 9b (vgl. BL.-DEBR.-R. § 447,2a). Fehlt es bei ℵ* A (usw.), so handelt es sich hier um die lectio difficilior (und damit um die ursprüngliche Lesart). Vgl. G. ZUNTZ, The Text of the Epistles, S. 189.

[26] Im Rahmen des hier angewandten Schlußverfahrens ist es angemessen, das Futur ὑποταγησόμεθα im Sinne der notwendigen Unterwerfung zu verstehen: „Um wieviel mehr sind wir (logischerweise) gehalten ...". Zu ὑποτάσσεσθαι (mit Dativ) gegenüber Gott vgl. LXX Ps 36,7; 61,2.6; 2 Makk 9,12; Jak 4,7, aber auch Epiktet, Diss III 24,65. Zur Frage einer bewußten, willentlichen Unterwerfung vgl. C. SPICQ, SBi, S. 204.

[27] Die Wendung klappt in dem Vers, dessen beide Glieder chiastisch aufgebaut sind, merkwürdig nach. Im ersten Glied gibt es zu ihr keine Entsprechung. Liegt hier eine Reminiszenz an 10,38 (Hab 2,4) vor: ζήσεται? Dann freilich wäre „Unterordnung" unter Gott hier eine weitere Umschreibung für das, was im Hebr mit „Glaube" gemeint ist. – Zu der Vorstellung, daß die παιδεία das Leben bzw. die ἀφθαρσία, „Zuchtlosigkeit" (ἀπαιδευσία) dagegen den Tod bringt, vgl. Philon, Ebr 140.

[28] Vgl. dazu neben den Kommentaren: G. SCHRENK, ThWNT V, S. 1016 (bes. Anm. 416); E. SCHWEIZER, ThWNT VII, S. 142; O. MICHEL, EWNT III, Sp. 129f; R. DEICHGRÄBER, Gottes-

Eine (auf den Autor des Hebr selbst zurückgehende) Analogiebildung zur Formulierung πατέρες τῆς σαρκὸς ἡμῶν liegt hier nicht vor. Da aber der Hebr auch im übrigen eine (im Neuen Testament bemerkenswerte!) Zurückhaltung gegenüber der Rede von Gott als „Vater" zeigt[29], steht von vornherein zu vermuten, daß der Autor an dieser Stelle eine bereits traditionelle Gottesprädikation übernommen hat. In der Tat gibt es in der biblisch-jüdischen Überlieferung einige analoge Gottesprädikationen, die für die besondere Prägung, die die Gottesbezeichnung πατὴρ τῶν πνευμάτων in Hebr 12,9 in ihrem Kontext gewonnen hat, freilich allesamt nur bedingt in Betracht kommen. So verbindet die Gottesbezeichnung θεὸς τῶν πνευμάτων καὶ τῆς πάσης σαρκός von LXX Num 16,22 und 27,16 miteinander, was im Hebr in der hier vorliegenden Gegenüberstellung „fleischlich – geistlich" bzw. „irdisch – himmlisch" gerade getrennt erscheint[30]. Eindeutig von dieser biblischen (LXX-)Tradition ist die entsprechende Gottesbezeichnung in 1 Clem 59,3 (εὐεργέτης πνευμάτων καὶ θεὸς πάσης σαρκός) und 64,1 (δεσπότης τῶν πνευμάτων καὶ κύριος πάσης σαρκός) abhängig, sicherlich auch die inschriftlich bezeugte Anrufung Gottes als κύριος τῶν πνευμάτων καὶ πάσης σαρκός am Anfang der sog. Rachegebete von Rheneia[31]. Vergleichbar mit Hebr 12,9 dagegen ist allenfalls die in den „Bilderreden" des äthiopischen Henochbuches, also im Bereich der jüdischen Apokalyptik, häufig – mehr als hundertmal! – begegnende Gottesbezeichnung „Herr der Geister": „Heilig, heilig, heilig ist der Herr der Geister. Er erfüllt die Erde mit Geistern" (äthHen 39,12). Hier – wie auch in 2 Makk 3,24 (ὁ τῶν πνευμάτων καὶ πάσης ἐξουσίας δυνάστης)[32] – ist freilich schon die Tendenz erkennbar, mit solcher Prädikation eine Hoheitsaussage über Gott (und die seinem Lebenskreis zugeordneten „Geister") zu machen, nicht mehr also – wie in der von Num 16,22; 27,16 herkommenden Tradition – Gott als den Lebensspender für die menschliche σάρξ zu charakterisieren[33]. Insgesamt ist hier also eine Wandlung von

---

hymnus, S. 95; S. UHLIG, Das Äthiopische Henochbuch (JSHRZ V/6), Gütersloh 1984, S. 575f. – Die nur durch die Minuskel 440 bezeugte Lesart πατὴρ τῶν πνευματικῶν bzw. πατὴρ τῶν πατέρων (Min 88 489 642 1241) ist offensichtlich aus dem Bemühen zu erklären, diese ungewöhnliche Gottesbezeichnung im Kontext einsichtiger zu machen.

[29] Die Ausnahme (neben 12,9): Im Zitat von 2 Sam 7,14 in 1,5 wird Gott im christologischen Sinn „Vater" genannt.

[30] Vgl. auch Jub 10,3. Zur Verbindung von πνεῦμα und σάρξ vgl. bes. den hebr. Text von Num 16,22; 27,16: אלהי הרוחת לכל־בשר. Die „Geister" sind hier die von Gott ausgehenden Wirkungsmächte, die dem Fleisch das Leben geben, Gott dementsprechend der „Gott aller Lebensgeister", der Leben spendet.

[31] W. DITTENBERGER, Sylloge inscriptionum Graecarum, 1181,1-3. Dazu: A. DEISSMANN, Licht vom Osten, S. 351-362, spez. S. 354f; vgl. auch K. PREISENDANZ, Papyri Graecae Magicae II, S. 66f (P. Lond 46, 467): θεὸς θεῶν, ὁ κύριος τῶν πνευμάτων.

[32] Bemerkenswert ist, daß die Inschrift von Rheneia in ihrem Anfang (ἐπικαλοῦμαι καὶ ἀξιῶ τὸν θεὸν τὸν ὕψιστον) ihrerseits wiederum 2 Makk 3,31 nahesteht (ἐπικαλέσασθαι τὸν ὕψιστον). Vgl. A. DEISSMANN, Licht vom Osten, S. 355. Apk 22,6 (ὁ κύριος ὁ θεὸς τῶν πνευμάτων τῶν προφητῶν) handelt es sich demgegenüber „wahrscheinlich (um) eine Erweiterung der in den Bilderreden des Henoch-Buchs ständig vorkommenden Bezeichnung für Gott", und zwar in Richtung auf „das spezifische Interesse der Apok. an der Prophetie". So W. BOUSSET, Die Offenbarung Johannis (KEK 16), Göttingen 1906, S. 455f.

[33] Diese „anthropologische" Linie hält sich vom hebr. Text von Num 16,22; 27,16 her in den Targumim (TPsJ z. St.), in der rabbinischen Literatur (bNid 31a; BemR 19: vgl. STRACK-BILLERBECK, III, S. 747f) wie auch in den Qumranschriften (1QS III 25; 1QH X 8) durch. Vgl.

der Anthropologie zur Theologie hin festzustellen, die sich wohl kaum traditionsgeschichtlich als eine sekundäre „Verkürzung" der „ursprünglichen" Gottesbezeichnung von Num 16,22; 27,16 erklären läßt[34].

Im Kontext des Hebr ist von den ursprünglichen anthropologischen Implikationen jener Gottesbezeichnung nichts mehr zu spüren[35]. Πνεῦμα bzw. πνεύματα hat hier, im Hebr, nichts mit dem von Gott in den Menschen gesetzten Lebensprinzip zu tun, eher dann schon mit den „Geistern" (Geistwesen), die die himmlische Welt Gottes bevölkern, mit jenen „Geistern" also, die im Hebr (1,14) λειτουργικὰ πνεύματα genannt werden[36]. Aber auch dieser Aspekt erscheint in Hebr 12,9 nicht eigens betont. Hier geht es vielmehr im Rahmen des Schlußverfahrens allein um die Kennzeichnung der Lebenssphäre des Menschen als σάρξ und der Lebenssphäre Gottes als πνεῦμα, letztlich also um die Opposition der irdischen Väter und des „himmlischen" Vaters. Um diese Opposition zur Aussage zu bringen, hat sich der Autor des Hebr an dieser (einen) Stelle – möglicherweise – einer traditionellen Gottesbezeichnung bedient, diese aber – ohne die ihr eigenen pneumatologischen bzw. angelologischen Implikationen eigens zu akzentuieren – ganz in seinen Kontext und das hier benutzte Schlußverfahren integriert.

Die Aussagerichtung in V. 9 ist in jedem Falle deutlich: Wenn schon die irdischen Väter, als solche der Sphäre der σάρξ zugehörig, nach den in der irdischen Welt geltenden Normen respektiert werden – um wieviel mehr ist dann Gott gegenüber, dessen Lebenssphäre das πνεῦμα ist, „Unterordnung" notwendig, die das „Leben" zur Folge hat bzw. – wie es dann V. 10b heißt – die „Teilhabe an seiner – Gottes – Heiligkeit". Damit wird bereits am Ende von V. 9 ein Gesichtspunkt geltend gemacht, der sodann vor allem das Thema von V. 10 ausmacht: Die Frage nämlich nach dem „Nutzen" solcher παιδεία. Diese Frage wird im Anschluß an V. 9 auch hier in-

---

auch H. WINDISCH S. 111: „πνεύματα werden hier Menschengeister sein, die Gott geschaffen hat".

[34] So O. MICHEL, EWNT III, Sp. 129f: eine „aus der palästinischen Tradition (Num 16,22; 27,16) stammende Verkürzung". Allenfalls bliebe zu fragen, ob die Wiedergabe des hebr. ל von Num 16,22; 27,16 durch καί in LXX bereits einen Schritt auf dem Weg zur Verabsolutierung der Gottesbezeichnung „Gott bzw. Herr der Geister" darstellt.

[35] Gegen H. BRAUN S. 415. Daß „die σάρξ ... vom irdischen Vater (stammt), die geistige Existenz vom πατὴρ τῶν πνευμάτων" (ebd.), wird hier gerade nicht gesagt, und noch weniger klingt hier – wie bereits 2,4 – die „Syngeneia" im Sinne einer gnostischen bzw. gnostisierenden Anthropologie an (ebd.: „Die Präexistenz des menschlichen Ichs wird sichtbar"!). Vgl. auch G. THEISSEN, Untersuchungen zum Hebr, S. 122, O. HOFIUS, Vorhang, S. 93, Anm. 265.

[36] Vgl. in diesem Sinne: A. DEISSMANN, Licht vom Osten, S. 355; W. BAUER, Wörterbuch zum Neuen Testament, Sp. 1357; E. SCHWEIZER, ThWNT VII, S. 108.142; J. KREMER, EWNT III, Sp. 284; M. RISSI, Die Theologie des Hebr, S. 27f.

gestalt einer Gegenüberstellung der Erziehung der irdischen Väter einerseits (οἱ μέν) und des himmlischen Vaters andererseits (ὁ δέ) abgehandelt, und zwar im Sinne einer weiteren Begründung (γάρ!) des in V.9 vorangehenden Schlußverfahrens und speziell der am Ende von V.9 formulierten Verheißung des „Lebens". Die Gegenüberstellung σάρξ - πνεῦμα aus V.9 wird auch hier vorausgesetzt bzw. im gegenüberstellenden οἱ μέν - ὁ δέ ausdrücklich aufgenommen[37]. Das Gewicht des Satzes ruht dabei - im Unterschied zu V.9 - ganz auf der Herausstellung des Effektes der göttlichen παιδεία, während die Beschreibung der Erziehung seitens der irdischen Väter in V.10a, was die Wertung ihres Nutzens betrifft, relativ zurückhaltend bleibt. Nicht eigentlich abgewertet wird sie. Dies liegt auch gar nicht im Interesse des Autors, dessen ganze Argumentation ja auf der Anerkennung des (relativen!) Nutzens aller menschlich-irdischen Erziehung beruht (VV. 8.9a!). Charakteristisch für solche Argumentation ist jedoch die Betonung des nur relativen bzw. vorläufigen Nutzens dieser Art von Erziehung in V.10a: Eben nur „für wenige Tage" haben die irdischen Väter ihr Amt als „Erzieher" ausgeübt, für die Zeit der Prozedur also der παιδεία[38]; und dazu noch: Was sie dabei getan haben, das geschah (nur) „nach ihrem eigenen Gutdünken"[39]. Ganz anders demgegenüber die göttliche παιδεία: Was hier geschieht, das geschieht zum wahren „Nutzen": ἐπὶ τὸ συμφέρον.

Damit greift der Autor ein Stichwort auf, das in der stoischen Lebensphilosophie und in der entsprechenden Pädagogik eine entscheidende Rolle spielt[40], von

---

[37] Anders freilich als in V.9 lassen sich die beiden Aussagen in V.10 kaum in ein formal und sachlich entsprechendes Verhältnis zueinander setzen. Dies gilt auch für die älteren (F. DELITZSCH S.621f; H.v.SODEN S.98) und neueren Versuche, für V.10 einen Chiasmus im Verhältnis von V.10a zu V.10b wahrscheinlich zu machen. So A. VANHOYE, La structure littéraire, S.203; W.JENTSCH, Urchristliches Erziehungsdenken, S.164f; G.SCHUNACK, EWNT I, Sp. 824.

[38] Zu πρὸς ὀλίγας ἡμέρας im Sinne der Angabe einer kurzen, befristeten Zeit vgl. Gen 29,20; LXX Ps 108,8; 1 Makk 7,50, Weish 16,6 sowie 4 Makk 15,27: πρὸς ὀλίγον χρόνον; Jak 4,14: πρὸς ὀλίγον. Πρός mit Akk. ist in diesem Zusammenhang in V.10 (wie dann auch in V.11) zeitlich, nicht - in Entsprechung zu ἐπί in V.10b - final zu verstehen. Vgl. BL.-DEBR.-R. § 239,4.

[39] D.h. zugleich: Wer nur „nach eigenem Gutdünken" verfährt, dem mangelt es an Zielstrebigkeit (und damit auch am „Nutzen"!) der pädagogischen Bemühung. Insofern besteht hier eine Entsprechung zwischen κατὰ τὸ δοκοῦν αὐτοῖς (V.10a) und ἐπὶ τὸ συμφέρον (V. 10b). Vgl. A. VANHOYE, La structure littéraire, S.203: Während die erstere Wendung die „incertitude de toute pédagogie humaine" herausstellt, wird durch die letztere die „sûreté de l'intervention divine" betont. - Zur Wendung κατὰ τὸ δοκοῦν αὐτοῖς vgl. Thukydides I 84,2: παρὰ τὸ δοκοῦν ἡμῶν; Diodor Sic. XIX 9,1: αὐτῷ τὸ δοκοῦν sowie W. BAUER, Wörterbuch zum Neuen Testament, Sp. 406.

[40] Dazu im einzelnen: W.JENTSCH, Urchristliches Erziehungsdenken, S.43ff; K. WEISS, ThWNT IX, S.74f.

daher aber auch in den jüdischen Hellenismus Eingang gefunden hat[41]. Τὸ συμφέρον, das ist in dieser Tradition dasjenige, was dem Menschen „zum Besten" dient, also: τὸ ἀγαθόν schlechthin und damit das Ziel aller philosophischen (und pädagogischen) Bemühung[42]. Daß in dieser Hinsicht ein Zusammenhang zwischen Stoa bzw. jüdischem Hellenismus einerseits und dem Hebr andererseits besteht, ist umso deutlicher, als auch in der Stoa im Zusammenhang der Frage, was dem Menschen auf dem Wege zu seinem wahren Menschsein „nützlich" ist, die παιδεία ihren Ort hat, und zwar auch hier die Erziehung im Sinne des „probare et indurare", im Sinne also der Züchtigung (!)[43]. Andererseits offenbart solche Übereinstimmung doch zugleich auch die entscheidende Differenz: Während am Ende und Ziel solcher παιδεία in der Stoa der „Weise" als der autarke, frei über sich selbst verfügende Mensch steht, wird das Ziel der göttlichen Erziehung im Hebr mit der „Teilnahme an seiner (Gottes) Heiligkeit" umschrieben.

„Teilhabe" (μέτοχος) an der göttlichen παιδεία (V. 8) zielt auf „Teilnahme" (μεταλαμβάνειν) an Gottes Heiligkeit. Auch wenn im folgenden V. 11 sodann von der „Frucht der Friedfertigkeit (und) der Gerechtigkeit" die Rede ist, die die göttliche Erziehung am Ende vermittelt, geht es bei dieser „Teilnahme" im Sinne des Hebr doch weniger um die „rectitude morale", die „moralische Vollkommenheit", sondern um die Teilhabe am „Leben" gleichsam auf der Seite Gottes (V. 9)[44]. „Leben" im eschatologischen Sinn, daß heißt also: „Teilnahme an Gottes Heiligkeit". Das eschatologische Heil – als letztes Ziel aller göttlichen Paideia – wird ganz im theologischen Sinn beschrieben. Am Ende kommt der Christ auf dem Wege der göttlichen Paideia auf der Seite Gottes selbst zu stehen[45]! Die die vorangehenden Verse bestimmende Gegenüberstellung irdisch-himmlisch erreicht hier unter dem Aspekt des Zieles der Paideia ihren Höhepunkt.

Demgegenüber legt **V. 11** wiederum den Akzent auf eine bestimmte Verhaltensweise als „Frucht" der göttlichen Paideia. Einen Widerspruch zur Bestimmung des Zieles der Paideia Gottes in V. 10 bedeutet dies umso we-

---

[41] Vgl. 2 Makk 4,5: τὸ σύμφορον κοινῇ καὶ κατ' ἰδίαν; 11,15; 4 Makk 5,11 sowie bei Philon (Abr 18.256; Cher 13; Congr 137 u. ö.) die Synonymität von καλός, ἀγαθός und συμφέρον. Dazu: K. WEISS, ThWNT IX, S. 76.

[42] Vgl. bes. Epiktet, Diss IV 7,8f sowie I 22,1; II 7,4 (dazu: K. WEISS, ThWNT IX, S. 75) sowie Philon (s. o. Anm. 41).

[43] Vgl. Seneca, Provid IV 7: Hos itaque deus quos probat, quos amat, indurat, recognoscit, exercet; vgl. auch ebd., I 6; II 2 sowie wiederum Prov 3,11f.

[44] Vgl. C. SPICQ, II, S. 396, zu V. 11: „δικαιοσύνη ... peut désigner l'acquisition de la vertu, la rectitude morale et l'union à Dieu (cf. ἁγιότης V. 10), mais plus sûrement la béatitude éternelle" sowie K. WEISS, ThWNT IX, S. 80 (mit Anm. 18).

[45] Das Substantiv ἁγιότης ist in der biblischen Sprachtradition relativ selten belegt (2 Makk 15,2; 2 Kor 14,2 als varia lectio). Vgl. O. PROCKSCH, ThWNT I, S. 115. Hinsichtlich der damit bezeichneten Sache – Gottes „Heiligkeit" im Gegenüber zu Mensch und Welt – steht es gleichwohl fest in der Kontinuität biblischer Rede von Gott. Vgl. O. PROCKSCH/K. G. KUHN, ThWNT I, S. 90ff; H. BALZ, EWNT I, Sp. 38ff sowie R. ASTING, Die Heiligkeit im Urchristentum, Göttingen 1930.

niger, als Teilhabe an Gottes „Heiligkeit" nach urchristlichem Verständnis ja die „Heiligkeit" des Wandels des Christen nicht aus-, sondern gerade einschließt[46]. Die Brücke zu solchem konkreten Verständnis von „Heiligkeit" wird hier freilich nicht ausdrücklich geschlagen; statt dessen appelliert die Logik der Argumentation in V. 11 wiederum an die generell einsichtige Erfahrungswahrheit, daß Sinn und tatsächlicher Effekt eines bestimmten Geschehens für den davon Betroffenen normalerweise erst im Nachhinein (ὕστερον) offenbar werden[47]. Was für den Betroffenen „für den Augenblick" (πρὸς τὸ παρόν) nur Anlaß zur Betrübnis (λύπη) zu geben scheint[48], erweist sich erst später, und zwar für die durch παιδεία „Geübten", als gut und nützlich. Dieser Sachverhalt gilt für „alle Erziehung", im Sinne des Autors also für die menschliche Erziehung ebenso wie für die παιδεία Gottes. Hier gibt es ein grundlegend Gemeinsames, wenngleich der Autor bei alledem selbstverständlich primär die göttliche Paideia im Blick hat.

Bemerkenswert ist, daß hier nun nicht mehr die die VV. 9 und 10 bestimmende Gegenüberstellung menschlich-göttlich weitergeführt wird[49]. Die (zeitliche!) Gegenüberstellung πρὸς μὲν τὸ παρόν – ὕστερον δέ bringt demgegenüber zunächst nichts anderes als einen Erfahrungs- bzw. Erkenntniszuwachs im Prozeß der Paideia zum Ausdruck, steht also auch nicht im eschatologischen Sinn (der Anspielung auf das apokalyptische Zwei-Äonen-Schema)[50]. Im Prozeß der Paideia bedarf es nämlich tatsächlich einer gewissen (auch im sportlichen Wettkampf notwendigen) „Übung"[51], um der „Frucht" teilhaftig zu werden, die dieser Prozeß am

---

[46] Vgl. bes. 1 Petr 1,15f: „Aber nach Maßgabe der Heiligkeit dessen, der euch berufen hat, werdet auch ihr heilig in eurem ganzen Wandel" (mit begründendem Zitat von Lev 19,2!), aber auch die gut bezeugte varia lectio zu 2 Kor 1,12 (P[46] ℵ* A B usw.): ἐν ἁγιότητι καὶ εἰλικρινείᾳ ... ἀνεστράφημεν ἐν τῷ κόσμῳ κτλ. „Heiligkeit" ist hier die gestaltende Kraft des „Wandels in der Welt".

[47] Klassisch formuliert begegnet diese allgemeine Wahrheit im Referat des Diogenes Laertius, V 1,18, zu Aristoteles: τῆς παιδείας ἔφη τὰς μὲν ῥίζας εἶναι πικράς, γλυκεῖς δὲ τοὺς καρπούς. Vgl. auch Philon, Congr 160.175; Quaest in Gen III 25 sowie Weish 3,5.

[48] Δοκεῖν steht hier im ursprünglichen griechischen Sinne, d.h. im Sinn des Gegensatzes von „Wirklichkeit" und „Schein", wie er auch in der jüdischen Weisheitsliteratur, so z.B. in Weish 3,1, seinen Niederschlag gefunden hat. Vgl. G. SCHUNACK, EWNT I, Sp. 823. – Zu πρὸς τὸ παρόν im Sinn von „für jetzt, für den Augenblick" vgl. Thukydides II 22; Platon, Leg V 736 A sowie Josephus, Ant V 69; entsprechend κατὰ τὸ παρόν 3 Makk 3,11. Vgl. W. BAUER, Wörterbuch zum Neuen Testament, Sp. 1261.

[49] Dies geschieht erst sekundär (durch Angleichung an die VV. 9 und 10) mit der Lesart πᾶσα μὲν παιδεία (ℵ* P 33 1881 usw.). Tatsächlich jedoch steht ursprüngliches δέ (P[13.46] ℵ[2] A D[2] usw.) am Anfang von V. 11 kopulativ bzw. als Übergangspartikel. Vgl. BL.-DEBR.-R. § 447,1.

[50] Gegen O. MICHEL S. 445; vgl. aber auch E. GRÄSSER, Der Glaube im Hebr, S. 158, sowie U. WILCKENS, ThWNT VIII, S. 593, Anm. 17: „Der weisheitliche Lehrtopos ‚Erziehung durch Leiden' hat hier eschatologischen Horizont erhalten".

[51] Epiktet, Diss II 18,27f, gebraucht γυμνάζεσθαι in Verbindung mit ἀγών. Vgl. ebd. III 12,7 u.ö., sowie Philon, Sacr 78; VitMos I 48 und 1 Tim 4,7.

Ende erbringt. Insgesamt ist es also eine durchaus profane Terminologie, deren sich der Autor des Hebr hier bedient. Und λύπη und χαρά stehen dementsprechend hier im durchaus profanen Sinn der Erfahrung von „Betrüblichem" und „Erfreulichem", wiederum also nicht in einem theologisch oder gar apokalyptisch qualifizierten Sinn[52]. Und endlich: auch die Metapher von der „Frucht" (der Paideia) hat traditionellerweise bereits in solchem pädagogischen Zusammenhang ihren Ort, ist also nicht als solche schon Indiz für die bewußte Aufnahme biblisch-urchristlicher Sprache[53].

Die nähere Kennzeichnung der „Frucht" freilich, die die Paideia Gottes gewährt, zeigt an, daß es dem Autor keinerlei Schwierigkeit bereitet, am Ende seiner Darlegungen zum Thema des Erziehungsleidens unvermittelt von bisher benutzter profaner Sprache zu geprägter biblischer Sprache überzugehen und auf diese Weise zugleich zu erkennen zu geben, daß die allgemein-menschliche Erfahrungswahrheit von V. 11 als solche transparent ist für einen bestimmten theologischen Sachverhalt: Die Paideia Gottes (!) ist es, die am Ende über alle „augenblickliche" λύπη hinaus χαρά gewährt, und zwar ingestalt einer „Friedensfrucht der Gerechtigkeit"[54]. Dies ist nunmehr eindeutig biblische Sprache, und zwar speziell wiederum in weisheitlicher Tradition: Das Zitat von Prov 3,11f steht am Anfang des ganzen thematischen Zusammenhangs, die offensichtliche Anspielung auf Prov 3,9 (καρποὶ δικαιοσύνης) an dessen Ende. Auch die Verbindung von εἰρήνη mit δικαιοσύνη, als solche fest in biblisch-urchristlicher Sprachtradition verwurzelt[55], dürfte an dieser Stelle in einem weisheitlich geprägten Kontext gleichfalls aus weisheitlicher Tradition übernommen sein. Eindeutiger Beleg dafür ist der Jakobusbrief, der in einem ebenfalls weisheitlich bestimmten Kontext (3,17!) von der „Frucht der Gerechtigkeit" spricht, die „in Frieden denen gesät ist, die Frieden stiften" (3,18). Wenn

---

[52] Χαρά steht hier also in anderem Sinne als im christologischen Kontext von V. 2. Anders O. MICHEL S. 446, der auch hier wieder die Gegenüberstellung von λύπη und χαρά apokalyptisch interpretiert: „Die gegenwärtige Weltzeit steht noch im Zeichen der Züchtigung, des Leidens, aber die zukünftige weist auf die Freude und die Überwindung des Leidens hin". Demgegenüber geht es in V. 11 doch gerade darum, daß zumindest für den „Geübten" und Erfahrenen auch jetzt schon die „Frucht" der Paideia Gottes sicht- und erfahrbar ist. Zum Genitiv der Eigenschaft λύπης bzw. χαρᾶς εἶναι vgl. auch 10,39.

[53] Zum entsprechenden Diktum des Aristoteles s.o. Anm.47. Zum Gebrauch der Metapher in der biblisch-urchristlichen Sprache vgl. V. HAUCK, ThWNT III, S. 617; H.TH. WREGE, EWNT II, Sp. 619–623.

[54] Der nachgestellte Genitiv δικαιοσύνης ist Gen. der Apposition (vgl. BL.-DEBR.-R. § 167), der den καρπὸς εἰρηνικός des näheren beschreibt, und zwar als eine „Frucht", die im Tun der „Gerechtigkeit" besteht. Zur Verbindung καρπὸς δικαιοσύνης vgl. auch Phil 1,11; Jak 3,18; Herm sim IX 19,2. Von LXX Lev 26,4; Ez 34,27 her gesehen ist auch die Verbindung καρπὸν ἀποδιδόναι ein Biblizismus.

[55] Vgl. bes. LXX Jes 32,17: Die „Werke der Gerechtigkeit" bestehen in der εἰρήνη. Weiter: Jes 9,6; 48,18; 54,13f; 60,17; Ps 72,3; 85,11; für das Neue Testament: Röm 14,17. Zum Ganzen: G. QUELL, ThWNT II, S. 178ff; K. KOCH, THAT II, Sp. 511ff; C. SPICQ, Notes, Suppl., S. 227–229.

der Autor des Hebr in V. 14 sodann aus der durch die Paideia Gottes gewährten „Frucht" die Schlußfolgerung zieht: εἰρήνην διώκετε μετὰ πάντων, so gibt er damit zu erkennen, daß für ihn – wie auch für Jak 3,18 – in der Wendung καρπὸς εἰρηνικὸς ... δικαιοσύνης der Akzent auf εἰρηνικός liegt und daß – was angesichts des weisheitlichen Hintergrundes von Hebr 12,5–11 ohnehin naheliegt – die „Frucht", von der hier die Rede ist, nicht in erster Linie die eschatologische „Frucht" meint[56], sondern diejenige „Frucht", die sich in einem entsprechenden Tun, im διώκειν εἰρήνην bzw. im ποιεῖν εἰρήνην (Jak 3,18) der durch Gottes Paideia „Geübten" auswirkt[57].

An die Paraklese der VV. 5ff in Gestalt einer Erinnerung der Adressaten an die παιδεία κυρίου schließt sich in den beiden folgenden Versen – durch schlußfolgerndes διό verbunden – die Paränese an. Im Grunde war sie ja schon in V. 11 im Blick. Denn gerade den Adressaten des Hebr fehlt es ja offensichtlich an der „Übung" in der παιδεία κυρίου, und gerade sie sind es ja auch, die „für jetzt" nur die λύπη im Blick haben, das ὕστερον δέ jedoch ganz aus den Augen verloren haben. Deshalb (διό) ergeht an sie nun in V. 12 ausdrücklich die Mahnung, „die entkräfteten Hände und die lahmgewordenen Knie" wieder „aufzurichten". Solche Redeweise steht ganz offensichtlich wiederum im Zusammenhang mit der seit Beginn des 12. Kapitels wirksamen Metapher vom Wettkampf (V. 1). Denn zur „Übung" (V. 11) wie auch zur Ausdauer (ὑπομονή: V. 1) in diesem Wettlauf gehört es ja, müde gewordene Glieder erneut aufzurichten und zu stärken. Solche in hellenistischer Diatribe geläufige Metapher wird nunmehr aus biblischer bzw. weisheitlicher Sprachtradition des näheren aufgefüllt und damit zugleich auf die besondere Situation und Verfassung der Adressaten bezogen. Die Rede von den „entkräfteten Händen" und den „lahmgewordenen Knien" ist jedenfalls wörtlich aus Jes 35,3 bzw. Sir 25,23 entnommen[58], hier nunmehr verbunden mit der entsprechenden

---

[56] Dieser Zusammenhang zwischen V. 11 und V. 14 macht es unmöglich, δικαιοσύνη und εἰρήνη lediglich als eschatologische Heilsgaben zu verstehen, die als solche „den neuen Äon und die zukünftige Vollendung" kennzeichnen. Gegen O. MICHEL S. 446; vgl. S. 447: „Hinter dem Bild und der Sprache der Weisheit" stehe „die eschatologische Verheißung und die Anschauung der Apokalyptik". Vgl. auch C. SPICQ, II, S. 396; DERS., SBi, S. 205: „La justice est ici la béatitude éternelle ..., terme ultime de l'éducation par Dieu".

[57] Die von H. WINDISCH S. 111 beigebrachte Parallele von Epikur (Fragment 119 = Clemens Al., Strom VI 24,10): δικαιοσύνης καρπὸς μέγιστος ἀταραξία belegt im Grunde nur die entscheidende Differenz zum Hebr: An der Stelle der εἰρήνη μετὰ πάντων von Hebr 12,14 steht bei Epikur die ἀταραξία des auf sich selbst gestellten Weisen!

[58] LXX Jes 35,3: ἰσχύσατε, χεῖρες ἀνειμέναι καὶ γόνατα παραλελυμένα. Wörtlich wie Hebr: Sir 25,23. Vgl. aber auch Hi 4,3f. Zu χεῖρες παρειμέναι vgl. auch Sir 2,12; Jer 6,24; 27,15.43; Ez 21,12; 27,27; Zeph 3,16; Josephus, Ant XIII 343; 1QpHab VII 11f, hier jeweils mit παραλύεσθαι in bezug auf die Hände gebraucht. Zu γόνατα παραλελυμένα vgl. auch PsSal 8,5: παρελύθη γόνατά μου. Die Partizipien παρειμέναι und παραλελυμένα stehen hier – wie auch

Mahnung des „Wiederaufrichtens" (ἀνορθώσατε)[59]. Es gilt also, nach Möglichkeit wieder jenen Stand herzustellen, wie ihn der Autor im Blick auf die Adressaten für deren „frühere Tage", zu Beginn also ihres ἀγών, rühmt: Damals „seid ihr in einem großen Leidenskampf geduldig und ausdauernd gewesen" (10,32).

Demselben Anliegen endlich dient auch der in V. 13 im Anschluß an Prov 4,26 (ὀρθὰς τροχίας ποίει σοῖς πόσιν) formulierte Imperativ[60]: Sie sollen so laufen, daß sie auf ihrem Weg nicht ins Stolpern kommen – oder noch besser: Ihre Laufspur soll geradeaus, zielgerichtet verlaufen, nicht auf „krummen Wegen", die nur vom Kurs auf das Ziel hin abbringen. Also: „Richtet euren Weg geradeaus ..."[61]. Und dies alles soll geschehen, „damit das, was (schon) lahm ist, nicht ganz und gar verrenkt, sondern vielmehr geheilt wird". „Lahmheit", Stagnation, macht also jetzt schon den beklagenswerten Zustand der Adressaten aus. Solches Krankheitsbild verbindet sich hier freilich wiederum mit dem Bild vom Weg, und dementsprechend dürfte ἐκτρέπειν hier nicht nur im (medizinischen) Sinne von „verrenken" stehen[62], sondern zumindest auch im Sinne von „sich abwenden" bzw. „vom Weg abkommen"[63]. „Heilung", wie es dann am Schluß heißt, besteht also darin, daß die „Lahmen" aus dem Kreis der Adressaten des Hebr wieder auf den rechten und geraden Weg gebracht werden[64].

Jes 35,3 und Sir 25,23 – in adjektivischem Sinn (BL.-DEBR.-R. § 97,7), so dann auch 1 Clem 34,1.4.

[59] Ἀνορθοῦν steht Lk 13,13 im (medizinischen) Sinn des „Wiederaufrichtens" einer Gelähmten. Vgl. auch Act 15,16 (im Zitat von Am 9,11f) neben ἀνοικοδομεῖν. Im Kompositum ἀνορθοῦν akzentuiert ἀνά also die Wiederherstellung des ursprünglichen Zustandes. So auch bei Philon, Virt 3, vom „Wiederaufrichten" eines Gefallenen: πεσόντα ἀνόρθωσαν.

[60] Die beiden Lesarten ποιεῖτε (P[46] ℵ* P usw.) und ποιήσατε (ℵ[2] A D usw.) sind von der Bezeugung her gleichgewichtig. Doch dürfte es sich bei der zweiten (Imp. des Aorist) um sekundäre Angleichung an den Imp. Aorist ἀνορθώσατε (V. 12) handeln. Vgl. BL.- DEBR.-R. § 487,9; H. BRAUN S. 421.

[61] Τροχία, wörtlich: „Bahn, Wagenspur", klingt an τρέχειν (V. 1) an, ist also am besten zu übersetzen: „Laufspur". Zu den τροχίαι ὀρθαί vgl. auch Prov 4,11.27; im Gegensatz zu den καμπύλαι τροχίαι: Prov 2,15 (hier neben τρίβαι σκολίαι). Τροχία wird Prov 4,11.27 parallel zu ὁδός gebraucht. In diesem Zusammenhang kann auch vom „Geraderichten" (ὀρθοτομεῖν) der „Wege" die Rede sein, „damit der Fuß nicht stolpere" (Prov 3,6). Zur ὀρθὴ ὁδός vgl. auch LXX Jer 38,9; Prov 12,15; 14,12; 16,25 sowie die paränetische Deutung des Bildes in Herm mand VI 1,2–4: τὸ γὰρ δίκαιον ὀρθὴν ὁδὸν ἔχει, τὸ δὲ ἄδικον στρεβλὴν κτλ.

[62] Dafür könnte immerhin der Gegensatz sprechen: ἰαθῇ δὲ μᾶλλον. Vgl. H. BRAUN S. 422: „Ein besserer Gegensatz zu ἰᾶσθαι ist aber ein konkreter physischer Defekt". Zu ἐκτρέπειν als term. techn. der antiken Medizin vgl. die Belege (Hippokrates usw.) bei W. BAUER, Wörterbuch zum Neuen Testament, Sp. 497; C. SPICQ, Notes I, S. 235f; H. BALZ, EWNT I, Sp. 1030.

[63] Vgl. Xenophon, An IV 5,15; Philon, Imm 164; Josephus, Bell I 614; Ant IV 290; VIII 251; XIII 290 sowie bes. Philon, SpecLeg II 23: Diejenigen, die den rechten Weg nicht sehen, „geraten auf Abwege" (εἰς ἀνοδίας ἐκτρέπονται).

[64] Vgl. ganz entsprechend im Referat des Josephus über die Pharisäer (Ant XIII 290): εἴ τι

Wie dies auch sonst im Hebr mehrfach betont wird (3,12; 4,1.11; 10,24), trägt die Gemeinde als ganze Verantwortung dafür. Die in den folgenden Versen sich anschließende Mahnung entfaltet genau diesen Aspekt, verbindet ihn aber zugleich wiederum mit einer der für die Glaubensmahnung des Hebr charakteristischen Warnungen (V. 17).

3.3) 12,14–17: Mahnung zur Wahrnehmung der Verantwortung füreinander

14 Nach Frieden trachtet mit allen und nach der Heiligung, ohne die keiner den Herren wird sehen können,
15 (und tut dies,) indem ihr eure Aufmerksamkeit darauf richtet, daß nicht jemand (unter euch) abkomme von der Gnade Gottes, damit nicht eine bittere Wurzel aufgehe und Beschwernis (unter euch) bewirke und durch sie viele (unter euch) befleckt werden;
16 damit nicht in Unzüchtiger oder gemeiner Mensch wie Esau (unter euch) sei, der (einst) für ein einziges Gericht sein Erstgeburtsrecht preisgab.
17 Ihr wißt doch, daß er, der danach noch den Segen erben wollte, verworfen worden ist. Denn er fand keine Möglichkeit zur Umkehr (mehr), obwohl er sie unter Tränen suchte.

Im Rahmen der Glaubensmahnung des 12. Kapitels folgt nunmehr die Mahnung an die Adressaten, die Verantwortung füreinander innerhalb der Gemeinde wahrzunehmen. Der Einsatz mit der direkten Aufforderung, auf den „Frieden mit allen" bedacht zu sein, erscheint zunächst unvermittelt, ist jedoch bereits vorbereitet durch die nähere Beschreibung der aus der Paideia Gottes erwachsenden „Frucht" als καρπὸς εἰρηνικός in V. 11. Auch daran anschließendes διώκετε ... καὶ τὸν ἁγιασμόν bezieht sich auf den vorangehenden Zusammenhang (V. 10) zurück[1].

Die den **V. 14** einleitende Mahnung „Nach Frieden trachtet mit allen" ist – sowohl was den Gebrauch von διώκειν[2] als auch was ihre umfassende

---

βλέπουσιν αὐτὸν ἁμαρτάνοντα καὶ τῆς ὁδοῦ τῆς δικαίας ἐκτρεπόμενον εἰς αὐτὴν ἐπαναγαγεῖν καὶ ἐπανορθοῦν.

[1] Vgl. A. VANHOYE, Homilie für haltbedürftige Christen, S. 51, der auf den vorausweisenden Stichwortzusammenhang χάρις in V. 15 und V. 28 hinweist (als inclusio für den Abschnitt 12,14–29), darüber hinaus aber auch noch von dem 13,20 wiederkehrenden Stichwort εἰρήνη von V. 14 her 12,14–13,18 als eine Einheit betrachtet. Vgl. DERS., La structure littéraire, S. 205ff.

[2] Διώκειν steht hier zunächst – wie bereits im biblisch-jüdischen und urchristlichen Sprachgebrauch – im Sinne von „trachten (nach etwas)", durchaus synonym also mit ζητεῖν. Vgl. LXX Ps 33,15 = 1 Petr 3,11 sowie mAv I 12b. Zum entsprechendem Gebrauch im griechisch-hellenistischen Sprachraum vgl. W. BAUER, Wörterbuch zum Neuen Testament, Sp. 404; O. OEPKE, ThWNT II, S. 233; O. KNOCH, EWNT I, Sp. 817. Bereits traditionell ist auch εἰρήνη als Objekt: LXX Ps 33,15; Röm 14,19 (τὰ τῆς εἰρήνης); 2 Tim 2,22. Daneben oft auch δικαιοσύνη bzw. τὸ δίκαιον als Objekt: Dtn 6,20; Prov 15,9; Sir 27,8; Josephus, Ant VI 263; Röm 9,30; 1 Tim 6,11. Vgl. auch 1 Thess 5,15 (τὸ ἀγαθόν); Röm 12,13 (τὴν φιλοξενίαν).

Ausrichtung („mit allen"!) betrifft[3] – fest in der traditionellen urchristlichen Paränese verwurzelt. Gleiches gilt auch für die Verwendung des Stichwortes ἁγιασμός, das in der urchristlichen Taufparänese seinen festen Ort hat[4], darüber hinaus aber auch – wie vor allem Hebr 10,10 zeigt – in den theologischen Gesamtzusammenhang des Hebr fest integriert ist: Von 10,10 her gesehen steht die paränetische Verwendung von ἁγιασμός (im Sinne der „Selbstheiligung"!) unter der Voraussetzung des „Geheiligtseins" der Christen „durch das einmalige Opfer des Leibes Jesu Christi"[5]. Ihren eigenen und besonderen Charakter gewinnt diese zunächst durchaus traditionelle Mahnung im Hebr einmal durch die außerordentliche Verschärfung, die sie in V. 14b erfährt, zum anderen aber auch – und vor allem – durch die sie konkretisierenden Ausführungsbestimmungen in den VV. 15 und 16. Insbesondere von diesem Kontext her gesehen ist auch deutlich, daß die Wendung μετὰ πάντων in V. 14 nicht etwa als Beleg für ein umfassendes Friedenskonzept des Hebr gelten kann, sondern durchaus „gemeindebezogen" ist, und zwar ganz im Sinne der im Hebr vorausgesetzten Gemeindesituation: Nach dem „Frieden mit allen" sollen die Adressaten trachten, also nach dem Frieden mit der Gesamtheit der Gemeinde (13,24!); und solche Mahnung gilt insbesondere für diejenigen, an die sich die in den VV. 12 und 13 vorangehende Mahnung richtete. „Alle", das ist also die Gesamtgemeinde im Unterschied zur Sondergruppe der Adressaten des Hebr, die zur Absonderung von der Gesamtgemeinde neigt (10,25!)[6]. Gewicht und Schärfe zugleich erhält diese Mahnung dadurch, daß ihr bzw. dem durch sie angemahnten Verhalten vermittels des nachgestellten Relativsatzes οὗ χωρὶς οὐδεὶς κτλ geradezu Heilsnotwendigkeit zugemessen wird. „Den Herrn sehen", das ist hier – wie auch sonst im Neuen Testament[7] – Umschreibung des eschatologischen Heils, und die

---

[3] Vgl. Röm 12,18: „Haltet Frieden mit allen Menschen"; 1 Thess 5,15: „Trachtet nach dem, was gut ist für alle"; anders dann 2 Tim 2,22: „Trachte nach ... Frieden mit denen, die den Herrn anrufen". Von daher gesehen ist es nicht zwingend, daß in Hebr 12,14 eine bewußte Anspielung auf LXX Ps 33,15 vorliegt. Gegen H. Braun S. 423.

[4] Vgl. bes. Röm 6,19.22 sowie den Zusammenhang Taufe – ἁγιασμός 1 Petr 1,2. Zur paränetischen Verwendung von ἁγιασμός vgl. 1 Thess 4,3ff; 2 Thess 21,3; 1 Tim 2,15 und dazu R. Asting, Die ‚Heiligkeit' im Urchristentum (FRLANT 46), Göttingen 1930, S. 247ff; O. Procksch, ThWNT I, S. 174f; H. Balz. EWNT I, Sp. 41f.

[5] Vgl. auch 10,14.29 sowie 13,12. Ein Gegensatz zu Paulus ist hier also nicht gegeben. Vgl. aber H. Braun S. 423: „Aber anders als bei Paulus stehen im Hb Gabe und Aufgabe unparadox nebeneinander".

[6] Zur Sache s. o. Einleitung § 4: 1.2.4. Vgl. auch 2 Tim 2,22; 1 Thess 5,23: „Trachtet nach dem Guten untereinander und für alle" sowie 1 Clem 2,2.

[7] Vgl. Mt 5,8: 1 Joh 3,2; Apk 22,4 sowie 1 Kor 13,12 (hier jeweils vom Sehen Gottes); für Hebr vgl. 9,28, hier in Verbindung mit σωτηρία (im Sinn des noch ausstehenden eschatologischen Heils) und mit Christus als Objekt bzw. Subjekt des ὀφθήσεται. Die Frage, ob κύριος in 12,14 theo- oder christologisch zu verstehen ist, wird (mit Hinweis auf den theologischen

conditio sine qua non dafür ist das in V. 14a geforderte Verhalten: „Außerhalb" (χωρίς) solchen Verhaltens gilt kategorisch: οὐδεὶς ὄψεται! Durch solchen „eschatologischen Ausblick" gerät die Mahnung von V. 14a unversehens zur Warnung, das durch die „Heiligung" von seiten Gottes gewonnene Heil (10,10!) nicht leichtfertig zu verspielen, indem die mit der Mahnung von V. 14a auferlegte Verpflichtung versäumt wird.

Das Partizip ἐπισκοποῦντες in V. 15, syntaktisch dem Imperativ διώκετε in V. 14a zuzuordnen, präzisiert, in welchem Sinne es konkret auf „Frieden" und „Heiligung" bedacht zu sein gilt: eben indem man „aufeinander achtet"[8]. Diese der Gemeinde und speziell den Adressaten auferlegte Sorge- und Aufsichtspflicht wird angesichts der akuten Gefährdung des Kreises der Adressaten im folgenden unter negativem Aspekt entfaltet: Vorzugsweise gilt es darauf zu achten, „daß nicht einer ...". Drei μή τις-Sätze folgen in diesem Sinne aufeinander, die freilich nicht je unterschiedliche Mangelerscheinungen auf seiten der Adressaten des Hebr benennen, sondern in einem Zusammenhang miteinander stehen. Die entscheidende Gefahr für die Adressaten des Hebr besteht demnach darin, daß einzelne Gemeindemitglieder „von der Gnade Gottes abkommen" und dadurch am Ende die ganze Gemeinde (οἱ πολλοί) Schaden erleidet (V. 15b)[9], dies ein Geschehen, das – biblisch gesprochen – der einst von Esau praktizierten leichtfertigen Preisgabe seines Erstgeburtsrechts gleichkäme (V. 16). Dementsprechend ist es Aufgabe und Verpflichtung der Adressaten, darauf zu achten, daß auch nicht einer aus ihrem Kreis der Gefahr des ὑστεροῦν ἀπὸ

Kontext 12,5ff) meist im ersteren Sinn beantwortet (vgl. so bereits Vulgata: sine qua nemo videbit Deum; weiter z.B.: R. BULTMANN, Untersuchungen zum Johannesevangelium, ZNW 29 (1930) S. 178.184 = DERS., Exegetica, Tübingen 1967, S. 183.189; W. MICHAELIS, ThWNT V, S. 367, Anm. 239; H. BRAUN S. 424). Dem steht jedoch nicht nur Hebr 9,28 entgegen, sondern auch die sonstige Verwendung von κύριος im Hebr: Κύριος wird hier – abgesehen allenfalls von 8,2 – von Gott selbst nur in LXX-Zitaten gebraucht (1,10; 7,21; 8,8–10.11; 10,16.30; 12,5f; 13,6), ansonsten in bezug auf den irdischen Jesus (2,3; 7,14) und den Auferstandenen bzw. Erhöhten (13,20). Ist 12,14 futurisch vom „Sehen des Herrn" die Rede, liegt es nahe, κύριος hier auf den „wiederkommenden Herrn" zu beziehen, der sich nach 9,28 „zum zweiten Male sehen lassen wird". Vgl. zum Problem F. HAHN, Christologische Hoheitstitel, S. 94, Anm. 2; J.A. FITZMYER, EWNT II, Sp. 815f.819.

[8] Zur Verbindung des Partizips mit dem vorangehenden Imperativ vgl. BL.-DEBR.- R. § 468,5. In sachlicher Hinsicht bedeutsam ist, daß hier im Unterschied zu 1 Petr 5,2, wo die Aufforderung zum ἐπισκοπεῖν ausdrücklich an die „Presbyter" ergeht, dem Kreis der Adressaten insgesamt, nicht also nur einem bestimmten kirchlichen Amt, die „Aufsichtspflicht" auferlegt wird. Die Mahnung in V. 14 entspricht somit der von 3,12, die sich auch dort an die „Brüder" insgesamt richtet. Auf derselben Linie liegen auch die Mahnungen im „Wir"-Stil in 4,1.11 und 10,24.

[9] Der Zusammenhang zwischen dem ersten und dem zweiten μή τις-Satz würde in formaler Hinsicht noch deutlicher hervortreten, wenn sich bereits für V. 15a eine Anspielung auf Dtn 29,17 wahrscheinlich machen ließe. So P. KATZ, ZNW 49 (1958) S. 214, mit Hinweis auf die Formulierung in Dtn 29,17a: μή τίς ἐστιν ἐν ὑμῖν ..., τίνος ἡ διάνοια ἐξέκλινεν ἀπὸ κυρίου τοῦ θεοῦ ἡμῶν.

τῆς χάριτος τοῦ θεοῦ erliegt. Denn: „abkommen von der Gnade Gottes"[10], das käme am Ende ja dem Abfall vom Glauben gleich! Obwohl im Hebr hier – wie auch an den anderen Stellen, an denen das Stichwort χάρις begegnet (4,16; 10,29; 12,28; 13,9) – keine eigene „Theologie der Gnade" entfaltet wird, gilt hier doch die „Gnade Gottes" gleichsam als der Lebensraum der christlichen Gemeinde, den es nicht zu verlassen gilt. In diesem Sinn entspricht die hier negativ formulierte Mahnung der Sache nach durchaus der Mahnung von Act 13,43, „bei der Gnade Gottes zu bleiben"[11]. Und dies gilt es umso mehr und umso eher, als ja durch die entsprechende Mangelerscheinung bei einigen wenigen – worauf im zweiten μή τις-Satz hingewiesen wird – am Ende die „vielen", die ganze Gemeinde also, in Mitleidenschaft gezogen würden – ganz so also wie ein Gift ansteckende Wirkung hat[12]. Soweit ist die Aussageabsicht in V.15b deutlich. Auch das in diesem Zusammenhang im Anschluß an LXX Dtn 29,17 benutzte Bild von der „bitteren", d.h. giftigen Wurzel"[13], die als solche eine bittere bzw. giftige Frucht hervorbringt, durch die „viele" vergiftet werden, ist im Kontext eindeutig. Die um sich greifende Gefahr des Abfalls vom Glauben wird auf diese Weise in einem plastischen und drastischen Bild zum Ausdruck gebracht[14]. Problematisch in diesem Zusammenhang ist lediglich das Verbum finitum ἐνοχλῇ, das im Kontext zunächst im

---

[10] In Verbindung mit ὑστερεῖν bezeichnet ἀπό c. Gen. die Entfernung von etwas, also: „abkommen von etwas". Vgl. Koh 6,2; Josephus, Ant VI 235 sowie W. BAUER, Wörterbuch zum Neuen Testament, Sp. 1692; BL.-DEBR.- R. § 180,6; R. HELBING, Die Kasussyntax der Verba bei den Septuaginta, Göttingen 1928, S. 173. Eigenartig ist die Konstruktion mit Partizip statt mit Verbum finitum. Zu ergänzen ist dabei ἐστιν bzw. ᾖ (vgl. LXX Dtn 29,17). Ausgeschlossen ist in jedem Falle die Verbindung mit ἐνοχλῇ, das in V.15b in einem eigenen Satz seinen Ort hat.

[11] Vgl. auch Röm 5,2; 1 Petr 5,12: „Stehen in der Gnade" und andererseits Gal 5,4: „aus der Gnade herausfallen".

[12] Μιαίνειν steht hier also nicht im Sinne der kultischen Befleckung (so F. HAUCK, ThWNT IV, S. 647), sondern von dem vom „bitteren Sproß" (Dtn 29,17) ausgehenden und andere ansteckenden Gift. „Beflecktwerden" also im Sinne von „Angestecktwerden". – Ob in diesem Zusammenhang διὰ ταύτης (ℵ D usw.) statt δι' αὐτῆς (P46 A usw.) bzw. οἱ πολλοί (ℵ A usw.) statt πολλοί (P46 D usw.) zu lesen ist, macht keinen sachlichen Unterschied aus. Διὰ ταύτης und οἱ πολλοί wäre jedenfalls die bestimmtere Ausdrucksweise.

[13] Der Genitiv πικρίας ist ein gen. qual. und steht für das Adjektiv. Vgl. BL.-DEBR.-R. § 165,3. Ῥίζα πικρίας heißt also: „bittere, giftige Wurzel". Wahrscheinlicher ist jedoch – zumal in der Verbindung mit ἄνω φύουσα – die Übersetzung von ῥίζα im Sinne von „Sproß" oder „Schößling" (einer Pflanze). So wohl schon LXX Dtn 29,17 (im Unterschied zum hebr. Text!). Vgl. CHR. MAURER, ThWNT VI, S. 987; zu Hebr 12,15: S. 990; H. BRAUN S. 425.

[14] Vgl. C. SPICQ, SBi, S. 297: „La métaphore de Dt 29 ... est suggestive: les fruits amers d'une plante vénéneuse, qui lève peu à peu et immanquablement, peuvent empoisonner une foule". Der Ansatz zur bildlichen Verwendung von πικρία ist bereits in der biblisch-jüdischen Überlieferung gegeben: Vgl. neben Dtn 29,17f auch Dtn 32,32 (mit Anspielung auf 29,17); 1QH IV 14f: „Eine Wurzel, die Gift und Wermut hervorbringt, ist in ihren Plänen" sowie Act 8,23. Zum übertragenen Gebrauch von πικρία (usw.) in LXX vgl. W. MICHAELIS, ThWNT VI, S. 122f.

Sinne von „Schaden stiften" (o. ä.) zu übersetzen ist[15] – unter der Voraussetzung jedenfalls, daß dies auch die ursprüngliche Lesart ist.

Eben dies ist jedoch keineswegs sicher. Gegen ἐνοχλῇ als ursprüngliche Lesart kann bereits geltend gemacht werden, daß in den beiden analogen μή τις-Sätzen (V. 15a und V. 16a) ein finites Verb fehlt. Vor allem aber spricht gegen die Ursprünglichkeit von ἐνοχλῇ die (freilich singuläre!) Lesart des P[46]: ενχ/./λη, die sinnvollerweise nur zu ἐν χολῇ ergänzt werden kann[16], und zwar in Übereinstimmung mit LXX Dtn 29,17 (S B²): μή τίς ἐστιν ἐν ὑμῖν ῥίζα ἄνω φύουσα ἐν χολῇ καὶ πικρίᾳ, d. h.: „in Galle und Bitterkeit". Diese Lesart paßt an sich – sieht man von der Wendung ῥίζα πικρίας in Hebr 12,15 (gegen Dtn 29,17!) ab – gut in den Kontext, und für ihre Ursprünglichkeit spricht u. a. auch der Umstand, daß χολή, „Galle", und πικρία, „Bitterkeit", auch sonst in der biblischen Überlieferung häufig in Verbindung miteinander begegnen (Dtn 32,32; Thr 3,15.19; Prov 5,4 sowie Act 8,23: χολὴ πικρίας). Nun wird zwar die Lesart ἐνοχλῇ auch von einigen LXX-Handschriften (B* A F*) geboten; jedoch hat P. Katz schon mit Recht darauf hingewiesen, daß ein Verbum finitum ἐνοχλῇ in Dtn 29,17 nach vorausgehendem μή τίς ἐστιν ἐν ὑμῖν sinnlos ist[17]. Gerade dieses ἐστιν fehlt jedoch im Zitat von Dtn 29,17 im Hebr. Das ist offensichtlich darin begründet, daß im Hebr-Zitat gegenüber dem ursprünglichen LXX-Text eine „syntactical tranformation" (P. Katz) eingetreten ist: Der μή τις-Satz in V. 15b ist ein Finalsatz und als solcher – ebenso wie die beiden anderen μή τις-Sätze (V. 15a und V. 16b) – syntaktisch von ἐπισκοποῦντες abhängig, während es sich bei den beiden μή τις-Sätzen in Dtn 29,17 um Hauptsätze (P. Katz: „principal sentences") handelt. Genau diese Differenz zwischen Hebr 12,15 und seiner LXX-Vorlage könnte nun aber darauf hinweisen, daß in der Lesart ἐνοχλῇ nicht eine frühe Textverderbnis (anstelle des ursprünglichen ἐν χολῇ!) vorliegt, die (mit P. Katz) entsprechend zu korrigieren wäre, sondern eine bewußte Änderung der LXX-Vorlage durch den Autor des Hebr[18]. Durch sie wäre dann freilich auch ursprünglich im LXX-Text nach ἐν χολῇ stehendes καὶ πικρίᾳ sinnlos geworden, das nunmehr sinngemäß mit ῥίζα verbunden wird: ῥίζα πι-

---

[15] Ἐνοχλεῖν ist in seinem Gebrauch keineswegs auf die Bedeutung „Unordnung schaffen" (so W. Bauer, Wörterbuch zum Neuen Testament, Sp. 540) festgelegt. Der Autor des Hebr hat es jedenfalls vom Bild des „giftigen Sprosses" her verstanden (und damit auch in einer gewissen Entsprechung zum kommentierenden μιαίνειν!). Somit ergibt sich hier die spezielle Bedeutung: „Schaden stiften" (durch um sich greifende Ansteckung). Philon, VitMos II 24, gebraucht ἐνοχλεῖν in einem durch die Kategorie der „Unreinheit" bestimmten Kontext, also im Sinne von „verunreinigen" (vgl. auch Lk 6,18). Damit ergibt sich eine weitere Beziehung zu μιαίνειν. Vgl. H. Braun S. 425.

[16] So P. Katz, The Quotations from Deuteronomy in Hebrews, ZNW 49 (1958) S. 213–223, spez. S. 213–217. – Zum Textproblem vgl. auch W. Michaelis, ThWNT VI, S. 124, Anm. 13; E. Ahlborn, Septuagintavorlage, S. 55–59; F. Schroeger, Der Verfasser des Hebr als Schriftausleger, S. 205, Anm. 1.

[17] ZNW 49 (1958) S. 213f.

[18] Die Tatsache, daß einige LXX-Handschriften (B A*) ebenfalls ἐνοχλῇ lesen (obwohl auf diese Weise eine sinnlose Satzkonstruktion entsteht) spräche keineswegs dagegen; vielmehr könnte diese Lesart ihrerseits durch den Hebr veranlaßt sein (LXX ist nur in von Christen geschriebenen Handschriften überliefert!).

κρίας. Aus dieser Lesart des Hebr würde sich auch die in einigen LXX- Handschriften (A F) vorliegende Lesart ῥίζα πικρίας ἄνω φύουσα ἐν χολῇ καὶ πικρίᾳ erklären.

Die spezielle Problematik der Differenz zwischen dem Dtn-Zitat in V. 15 und seiner Rezeption im Hebr kann somit nicht punktuell von den handschriftlich bezeugten Lesarten ἐνοχλῇ bzw. ἐν χολῇ her gelöst werden, sondern allein von der Gesamtheit der Abweichungen vom LXX-Text her. Sie aber spricht nicht für eine zufällige Textverderbnis, sondern eher für eine bewußte Gestaltung der LXX-Vorlage durch den Autor des Hebr, mit der er – charakteristisch für sein Schriftverständnis – die überkommene biblische Mahnung in den Kontext seiner eigenen Mahnrede eingefügt und auf seine Adressaten hin ausgerichtet hat. Grundsätzliche Übereinstimmung mit der ursprünglichen biblischen Mahnung bleibt dabei gleichwohl bestehen, im Sinne nämlich der Anwendung der Metapher von dem „bitteren" bzw. giftigen „Sproß" auf die Gefahren, die aus dem (Götzendienst bzw. dem) Abfall vom Glauben für die ganze Gemeinde erwachsen. Ein „apokalyptisches Geheimnis" – etwa im Sinne eines Gegenbildes zur „messianischen Erwartung" vom „Sproß Isais" von Jes 11,1.10 – ist hier also nicht angedeutet[19].

Von welcher Art die von jenem „giftigen Sproß" ausgehende „Beflekkung" bzw. Ansteckung ist, führt der dritte μή τις-Satz in V. 16 aus: Wenn dabei gleich zu Beginn der πόρνος, der „Unzüchtige" bzw. sexuell Ausschweifende, genannt wird, so könnte dies durchaus mit einem bestimmten übertragenen Verständnis von πικρία in V. 15 zusammenhängen. Πικρία nämlich als traditionelle Metapher für einen unmoralischen Lebenswandel[20]. Desgleichen ergibt sich hier ein Zusammenhang mit dem Verbum μιαίνειν in V. 15, sofern dieses auch die sexuelle „Befleckung" zur Aussage bringt[21]. Gleichwohl geht es an dieser Stelle im Hebr gar nicht primär um eine allgemeine Warnung vor „Unzucht", wie sie in der urchristlichen Tradition vor allem in den sog. Lasterkatalogen fest verankert ist[22]; und ebensowenig geht es an dieser Stelle bei der Zusammenstellung πόρνος-βέβηλος um eine Warnung vor „niedriger Gesinnung" im Sinne der Irrlehre, wie sie – auch hier im Zusammenhang mit dem Stichwort βέβηλος –

---

[19] Vgl. Mt 2,23. Gegen O. MICHEL S. 454f; vgl. auch CHR. MAURER, ThWNT VI, S. 990.

[20] Vgl. LXX Am 6,12, wo von der Verkehrung des καρπὸς δικαιοσύνης εἰς πικρίαν die Rede ist. Weiter: LXX Ps 9,28 (= Röm 3,14); Philon, Ebr 223; VitMos I 172; Prob 90 sowie Eph 4,31; Barn 19,7; Did 4,10.

[21] Zu μιαίνειν speziell in diesem Sinne vgl. Jud 8; 2 Petr 2,10; Herm mand IV 1,9; sim V 7,2–4. Vgl. auch μίασμα: Jdt 13,16; Philon, SpecLeg I 281 sowie besonders Test Benj 8,2: μιασμός neben πορνεία im Gegensatz zur διάνοια καθαρά.

[22] Vgl. Röm 1,29 (v.l.); 2 Kor 12,21; Gal 5,19; Eph 5,3; Kol 3,5; 1 Tim 1,10 sowie Mk 7,21 parr. Zu πόρνος als Bezeichnung eines lasterhaften Menschen vgl. 1 Kor 5,10f; 6,9; Eph 5,5; 1 Tim 1,10; Apk 21,8; 22,15 sowie auch Hebr 13,4. Zum Ganzen vgl. F. HAUCK/S. SCHULZ, ThWNT VI, S. 592f.

für die Pastoralbriefe charakteristisch ist[23]; vielmehr geht es hier zunächst nur um jene besondere Art von „Unzucht" und „niedriger Gesinnung", wie sie sich in der in V. 16b im Anschluß an Gen 25,33f geschilderten Handlungsweise des Esau bekundet hat: Er, der um eines vordergründigen Vorteils willen sein Erstgeburtsrecht preisgegeben hat, wird denen als abschreckendes Beispiel vor Augen gestellt, die in der akuten Gefahr sind, um der Bewahrung ihrer irdischen Habe willen ihren „bleibenden Besitz" leichtfertig zu verspielen (10,34!).

Was dabei an dieser Stelle konkret über das Verhalten des Esau gesagt wird, schließt sich – was jedenfalls den Relativsatz in V. 16b betrifft – im wesentlichen an die entsprechende biblische Überlieferung von Gen 25, 29–34 und 26,34f an, läßt sich jedoch – insbesondere was die bereits stereotype Kennzeichnung des Esau als πόρνος und βέβηλος (V. 16a) betrifft[24] – nicht allein aus ihr ableiten. Hier wird vielmehr bereits eine bestimmte Esau-Legende bzw. Esau-Haggada vorausgesetzt, wie sie sich im Bereich des Judentums in relativ breiter Streuung findet und in der zunehmend die Tendenz einer negativen Beurteilung Esaus festzustellen ist[25]. Speziell die Prädikation als πόρνος geht auf eine entsprechende jüdische Auslegungstradition zu Gen 26,34 zurück[26], hat aber im Kontext des Hebr weniger speziell die sexuelle „intemperantia" (Gen 26,34) im Blick, als vielmehr – zusammen mit βέβηλος[27] – die Neigung zum Abfall vom Glauben

---

[23] Vgl. 1 Tim 4,7; 6,20; 2 Tim 2,16 sowie C. Spicq, Notes I, S. 187f. In der Anwendung auf Personen steht βέβηλος bereits traditionell neben ἀνόσιος (3 Makk 2,2.14; 1 Tim 1,9), ἄνομος (Ez 21,25) und – bei Philon – neben ἀκάθαρτος und ἀνίερος (SpecLeg I 150; Sacr 138). Philon ist es auch, der βέβηλος neben πορνή gebraucht: Fug 114; SpecLeg I 102; vgl. auch SpecLeg I 150 sowie C. Spicq, Notes I, S. 186–188.

[24] Πόρνος und βέβηλος begegnen in Verbindung miteinander PsSal 2,11.13. Vgl. auch Philon, SpecLeg I 102; Fug 114; 1 Tim 1,9f. – Angesichts dessen, daß es sich hier um eine durch Tradition geprägte Verbindung handelt, spielt πόρνος in V. 16a wohl kaum auf περνάναι, „verkaufen" (V. 16b!), an. Gegen E. Riggenbach S. 406; O. Michel S. 456 mit Anm. 4.

[25] Neben der Esau-Tradition in der rabbinischen Literatur (insbesondere im Midrasch Bereshit Rabba! vgl. dazu Strack-Billerbeck, III, S. 748f; W. Bacher, Die Agada der palästinensischen Amoräer I, S. 280) und im Jubiläenbuch (15,30; 35,13f) ist für den Hebr besonders auf Philon zu verweisen, dem Esau als der Typus des unvernünftigen und boshaften Menschen gilt, so z. B. als ἀσκητὴς τῶν αἰσχίστων im Gegensatz zu Jakob als ἀσκητὴς τῶν καλῶν (Migr Abr 153), als ὁ κακίας θιασώτης (Det 45; vgl. auch Sacr 81.120.135, All III 2; Quaest in Gen IV 242). Speziell zur Unvernunft Esaus vgl. Congr 175: ὁ ἄφρων Ἡσαῦ sowie ebd. 61; Fug 39; Sobr 26; Sacr 17. Vgl. aber auch Jub 15,30 und bes. 35,13f: „Denn dieser verübte viele schlimme Werke, und keine Gerechtigkeit ist an ihm ..."; weiter: 1Q18 II 2f und dazu H. Braun, Qumran und das Neue Testament I, S. 268f. Auch Ps-Clem., Hom. II 16,6, wird Esau als der ἀσεβής schlechthin gekennzeichnet. Zum Ganzen vgl. H. Odeberg, ThWNT II, S. 957f; C. Spicq, II, S. 400f.; Ders., Notes I, S. 187, Anm. 1; H. Braun S. 426f.

[26] Vgl. Jub 25,1; 35,14, die entsprechende rabbinische Überlieferung (bei Strack-Billerbeck, III, S. 748f.) sowie Philons Rede von der „intemperantia" des Esau (Quaest in Gen IV 174.201; vgl. auch IV 230 und Virt 208).

[27] S. o. Anm. 24 sowie die Verwendung von βέβηλος im Sinne von „abtrünnig, götzendienerisch" in 3 Makk 2,2 (neben ἀνόσιος); 4,16; 7,15.

bzw. zur Preisgabe der „bleibenden Habe" (10,34) um irgendwelcher vordergründiger Vorteile willen. Was das Beispiel des Esau in dieser Hinsicht betrifft, wird dabei im Relativsatz von V. 16b auf Gen 25,33f zurückgegriffen[28]. Gleichwohl ist die Erzählung der Geschichte des Esau hier bereits für die Adressaten des Hebr unmittelbar transparent, die ja selbst wenig später (V. 23) als πρωτότοκοι bezeichnet werden.

Die in diesem Sinne in V. 16 implizierte Mahnung an die Adressaten des Hebr wird in V. 17 durch den Hinweis auf das weitere Schicksal des Esau verschärft. Der Autor appelliert dabei an die Kenntnis der Adressaten: ἴστε γάρ also: „Ihr wißt ja doch ..."! Damit wird freilich auch hier wieder eine Auslegungstradition vorausgesetzt, die sich so auf die biblische Vorlage in Gen 27,30ff nicht zurückführen läßt. Von einer „Verwerfung" Esaus (ἀπεδοκιμάσθη) ist hier jedenfalls nicht ausdrücklich die Rede[29], auch von den „Tränen" Esaus nur im Zusammenhang der Verweigerung eines zweiten Segens durch Isaak, nicht aber – wie hier – als Begleiterscheinung des Bemühens des Esau um die Möglichkeit der μετάνοια[30]. Auch wenn in der jüdischen Auslegungstradition für das Motiv der „Reue" Esaus ein Ansatz gegeben scheint[31], so ist doch andererseits deutlich, daß auch hier wiederum eine Auslegung und Anwendung der biblischen Esau-Überlieferung vorliegt, die nach dem hermeneutischen Kanon der eigenen Konzeption des Autors des Hebr von der μετάνοια verfährt. Dementsprechend kümmert es den Autor des Hebr wenig, daß die μετάνοια des Esau – im Kontext der biblischen Überlieferung gesehen – allenfalls in seiner Reue, besser noch: in seinem nachträglichen Bedauern über seinen vorschnellen Verzicht bestanden hat[32]; und solche Art von Reue auf den Versuch Esaus zu beziehen, den Isaak am Ende doch noch umzu-

---

[28] LXX Gen 25,33: ἀπέδοτο δὲ Ησαυ τὰ πρωτοτόκια τῷ Ιακωβ. Die Lesart des P[46] (und der Itala-Lesarten a z) τὰς πρωτοτοκείας gibt keine Änderung des Sinnes, sondern spiegelt lediglich eine Unsicherheit in der Schreibung wider. Zur Schreibung τὰ πρωτοτόκια vgl. neben LXX Gen 25,31-34 auch Gen 27,36 sowie Philon, All II 47. – Zu medialem ἀποδίδωμι, „verkaufen", vgl. auch Act 7,9 (Gen 37,28) sowie W. BAUER, Wörterbuch zum Neuen Testament, Sp. 180. – Ἀντί c.gen. steht hier für den sonst bei medialem ἀποδίδωμι üblichen gen.pretii. Vgl. z.B. Xenophon II 3,48: οἱ δραχμῆς ἂν ἀποδόμενοι τὴν πόλιν sowie BL.-DEBR.-R. § 208,2.

[29] Vgl. allenfalls Gen 27,38: κατανυχθέντος δὲ Ισαακ ἀνεβόησεν φωνὴν Ησαυ καὶ ἔκλαυσεν.

[30] Vgl. Gen 27,38 sowie 27,34, darüber hinaus auch Jub 26,29.32; Josephus, Ant I 275. – Zur Wendung μετὰ δακρύων, „unter Tränen", vgl. Act 20,19.31; Mk 9,24 (v.l.) und Hebr 5.7.

[31] So bei Philon, Virt 208, wonach Esau alsbald „Reue" über seinen vorschnellen Verzicht empfand: μετανοεῖν εὐθὺς ἐφ' οἷς ἐξέστη.

[32] S.o. Anm.31. Vgl. J. MOFFATT S. 211: μετάνοια sei hier nichts anderes als „simply regret for a bad bargain"; O. MICHEL S.458f. Insofern besteht hier in der Tat ein Unterschied zum Verständnis von μετάνοια in 6,4-6, dies freilich nicht im Sinne des Autors des Hebr! Vgl. C. E. CARLSTON, JBL 78 (1959) S.297: „the parallelism with Esau's case ... breaks down completely: the whole point of the allusion to Esau is that a single act may have irrevocable consequences"; vgl. S. 298f.

stimmen, bietet der Hebr schon gar keinen Anlaß[33]. Was den Autor des Hebr an dieser Geschichte allein interessiert, ist im Grunde die durch Esaus Verhalten ein für allemal verpaßte Gelegenheit: „Danach" (μετέπειτα) gab es eben keinen τόπος μετανοίας mehr – weil Gott selbst keine Gelegenheit mehr gab[34]! Also gilt das ἀπεδοκιμάσθη, die Verwerfung durch Gott, endgültig. Es gibt also – und dafür steht im Sinne des Hebr das Beispiel Esau – ein irreversibles „Zu spät", an dem am Ende auch alle Anstrengung des Menschen (καίπερ μετὰ δακρύων ἐκζητήσας αὐτήν!) nichts mehr zu ändern vermag. Das μετέπειτα in V. 17 entspricht somit dem πάλιν von 6,6 – damit aber auch dem οὐκέτι von 10,26! In diesem Sinne liegt das, was hier am Beispiel Esaus gezeigt wird, ganz auf der Linie von 6,4–6 und 10,26 und steht im 12. Kapitel des Hebr im Anschluß an die VV. 14f ganz im Dienst der Glaubensmahnung an die Adressaten, die einmal – jetzt und endgültig – gebotene Chance nicht – wie einst Esau dies getan hat – leichtfertig zu verspielen. Auch hier wieder wird – wie bereits 6,4–6 und 10,26 – ein „Kontrapunkt zu der Heilsbotschaft" gesetzt[35], die im folgenden Abschnitt (12,18–24) den Adressaten in eindringlicher bilderreicher Sprache vor Augen geführt wird – auch hier dann freilich wieder mit dem Unterton: Für sie, die ja schon „hinzugetreten sind ..." (V. 22), gilt die am Beispiel des Esau illustrierte Warnung umso mehr!

3.4) 12,18–24: Der Heilsstand der Christen (Sinai-Zion-Typologie)[1]

18 Ihr seid ja doch nicht zu einem betastbaren (Berg) und zu brennendem Feuer hinzugetreten und zu Nebel und Finsternis und Sturm,
19 zu Posaunenschall und Wortesstimme, der sich die Hörenden verweigerten, sodaß ihnen kein (weiteres) Wort (mehr) hinzugetan wurde.
20 Denn sie konnten nicht ertragen, was ihnen aufgetragen worden war: Selbst wenn (nur) ein Tier den Berg berührt, soll es gesteinigt werden.
21 Und so furchtbar war die Erscheinung, daß Mose sprach: ‚Voller Furcht bin ich' und Zittern.

---

[33] Gegen C. SPICQ, SBi, S. 208; vgl. dazu H. BRAUN S. 429; J. VAN DER PLOEG, RB 54 (1947) S. 225f.

[34] Τόπος steht hier – wie auch 8,7 – im Sinne von „Raum" = „Gelegenheit". Dem entspricht die Wendung τόπον διδόναι in Weish 12,10; Sir 4,5; Röm 12,19; Eph 4,27. Vgl. auch den juridischen Gebrauch bei T. Livius XLIV 10,2: paenitentiae reliquens locum; Plinius d. J., Epist X 96,2: detur paenitentiae venia.

[35] So E. GRÄSSER, Der Glaube im Hebr, S. 196f.

[1] Lit.: E. KÄSEMANN, Das wandernde Gottesvolk, S. 27–32; F. J. SCHIERSE, Verheißung und Heilsvollendung, S. 171–184; J. W. THOMPSON, The Eschatology of Hebrews: A Study of 12: 18–29, JBL 94 (1975) S. 580–587 = DERS., The Beginnings of Christian Philosophy, S. 41–52; A. VANHOYE, BEThL 41 (1976) S. 320ff; J. CASEY, Eschatology in Hebrews 12: 14–29. An Exegetical Study, Diss. Löwen 1977. Speziell zu 12,22–24: W. J. DUMBRELL, The Spirits of Just Men Made Perfect, EvQ 48 (1976) S. 154–159.

22 Vielmehr seid ihr hinzugetreten zum Berge Zion, (und) zur Stadt des lebendigen Gottes, dem himmlischen Jerusalem, und zu Myriaden von Engeln, zur Festversammlung
23 und Gemeinde der Erstgeborenen, die aufgeschrieben sind im Himmel, und zu Gott, dem Richter aller, und zu den Geistern der vollendeten Gerechten
24 und zum Mittler der neuen Heilsordnung und zum Blut der Besprengung, das kräftiger redet als Abel(s Blut).

Stellung und Funktion im Kontext:

Im Rahmen der Glaubensparänese des 12. Kapitels stellen die VV. 18-24 stilistisch wie sachlich eine in sich geschlossene Einheit dar, als solche strukturiert durch das Schema οὐ γάρ - ἀλλά und damit durch die Gegenüberstellung der alten Sinai-Ordnung (VV. 18-21, unter der Überschrift: οὐ γὰρ προσεληλύθατε) und der neuen Zion-Ordnung (VV. 22-24, unter der Überschrift: ἀλλὰ προσεληλύθατε). Sofern die hier direkt angesprochenen Adressaten des Hebr nach V. 22 zur letzteren gehören, handelt es sich hier um einen heilsindikativischen Zusammenhang, der nachdrücklich den Heilsstand der Christen betont, zugleich aber im Rahmen der Glaubensparänese von VV. 14f einerseits (ἐπισκοποποῦντες μή τις κτλ.) und V. 25 andererseits (βλέπετε μή κτλ.) fest in den paränetischen, auf Glaubensmahnung zielenden Kontext integriert ist. Die in bilderreicher, biblisch gesättigter Sprache vorgetragene Beschreibung des „mysterium tremendum" der alten Sinaiordnung und - demgegenüber - des „mysterium fascinosum" der neuen Zionsordnung ist im Kontext darauf ausgerichtet, den Lesern mit der Kennzeichnung der Größe und Herrlichkeit ihres Heilsstandes die Dringlichkeit ihrer Verpflichtung ins Bewußtsein zu rücken. Begründung des Imperativs durch den Indikativ heißt dementsprechend hier: Verschärfung des Imperativs durch den Indikativ. Allein so ergibt sich auch der vom Autor des Hebr - wie das einleitende γάρ (V. 18) zeigt - beabsichtigte Zusammenhang mit der am Beispiel des Esau verdeutlichten Warnung in VV. 16f: Hier, in den VV. 18-24, wird vom Autor einmal mehr betont, was für die Adressaten des Hebr auf dem Spiele steht, wenn sie - wie es V. 15 hieß - „von der Gnade Gottes abkommen". Sofern der Abschnitt in diesem Sinne fest in seinen Kontext integriert ist, stellt er keineswegs den „gedanklichen Höhepunkt" des ganzen Hebr dar[2], auch wenn die Sprache, die der Autor hier anschlägt, im ganzen Hebr ihresgleichen sucht.

In rhetorischer Hinsicht ist es ein geradezu „panegyrischer" Stil (V. 22!), dessen sich der Autor hier befleißigt, bereits in formaler Hinsicht wirksam unterstrichen durch das Fehlen aller Artikel. Außerordentlich wortreich und in ständiger Anspielung auf die biblische Vorlage werden die Schrecken der alten, für die Adressaten nicht mehr geltenden Sinaiordnung geschildert[3], ebenso wortreich dann aber auch in Gestalt einer Aufzählung die Vorzüge der für die Adressaten bereits in Geltung

---

[2] So F.J. SCHIERSE, Verheißung und Heilsvollendung, S. 171f: „Man darf ihn wohl ohne Übertreibung als rhetorische Glanzleistung und gedanklichen Höhepunkt bezeichnen"; DERS., Der Brief an die Hebräer, S. 133; vgl. auch A. VÖGTLE, Das Neue Testament und die Zukunft des Kosmos, S. 76; P. RH. JONES, RExp 76 (1979) S. 100: „the quintessence of the entire epistle"; S. 101: „Chapter 12: 18-24 enjoys the climatic position of the entire book."

[3] Vgl. Justin, Dial 67,9: ἡ δὲ παλαιὰ διαθήκη ... μετὰ φόβου καὶ τρόμου διετάγη τοῖς πατράσιν ὑμῶν ...

befindlichen neuen Heilsordnung, der Zionsordnung[4]. Die Sprache des ganzen, im Hebr singulären Abschnitts ist fast durchweg traditionell geprägt, zunächst in den VV. 18–21 durch die entsprechenden biblischen Reminiszenzen (insbesondere aus Ex 19 und Dtn 4f), in den VV. 22–24 sodann durch die Aneinanderreihung ursprünglich apokalyptischer Motive, die am Ende schließlich (V. 24) wiederum in die für den Hebr selbst charakteristische kultische Beschreibung der christologisch-soteriologischen Wirklichkeit der neuen Heilsordnung einmündet. Charakteristisch für den Hebr – und insofern gegenüber der traditionellen Sprache des Abschnitts „redaktionell" – sind aber auch die „Überschriften", unter denen beide Beschreibungen der alten bzw. der neuen Ordnung einander gegenübergestellt werden: οὐ γὰρ προσεληλύθατε (V. 18) und ἀλλὰ προσεληλύθατε (V. 22)[5].

V. 18 zeigt jedoch schon, daß der Autor des Hebr am Ende auch in dieser Hinsicht im Traditionszusammenhang biblischer Sprache steht. Hier nämlich – wie auch bei der folgenden Beschreibung der Schrecken der Gottesoffenbarung am Sinai – handelt es sich um eine Bezugnahme auf LXX Dtn 4,11, wo das Verbum προσέρχεσθαι mit dem alten Gottesvolk als Subjekt seinen ursprünglichen Ort hat: καὶ προσήλθατε καὶ ἔστητε ὑπὸ τὸ ὄρος[6]. Insgesamt steht damit zunächst das alte Gottesvolk im Mittelpunkt der Betrachtung, während Mose erst am Schluß genannt wird, hier dann freilich zugleich als derjenige, der ein abschließendes Urteil über den furchterregenden Charakter der Ereignisse am Sinai formuliert (V. 21). Die in V. 18 vorliegende, die einzelnen Naturphänomene aufzählende Beschreibung der Gottesoffenbarung am Sinai hält sich – aufs Ganze gesehen – an die entsprechende biblische Überlieferung[7], ist aber doch als

---

[4] Die Perfekte deuten die Endgültigkeit des προσέρχεσθαι an. Die Aufzählung in beiden Aussagereihen ist relativ locker, eine Gliederung im Siebenerschema also kaum möglich. Vgl. aber O. MICHEL S. 462f. Allenfalls für die VV. 22f läßt sich eine Gliederung in zwei Dreiergruppen feststellen.

[5] Vgl. entsprechend 4,16; 7,25; 10,22; 11,6.

[6] Vgl. auch Dtn 5,23: καὶ προσήλθετε πρός με sowie (in der Anrede an Mose) Dtn 5,27: πρόσελθε σὺ καὶ ἤκουσον. Sofern es hier um das „Hinzutreten" zum Berg Sinai geht (Dtn 4,11), ist es verständlich, daß einige Handschriften (D K P Ψ usw.) analog zu Hebr 12,22 (Σιὼν ὄρει) sekundär ὄρει ergänzen: „zu einem betastbaren Berg". Zum sekundär-erläuternden Charakter der Lesart vgl. B. M. METZGER, A Textual Commentary on the Greek New Testament, S. 675. Anliegen des Autors ist es jedoch, die ganze folgende Beschreibung der Sinai-Theophanie unter den Aspekt des „Betastbaren" zu stellen und damit dieses Geschehen als minderwertig gegenüber der „neuen Heilsordnung" darzustellen. Von daher gesehen ist es nicht möglich, das Partizip ψηλαφωμένῳ punktuell mit dem folgenden πυρί zu verbinden. So bereits Johannes Chrysostomus (J. A. Cramer, Catenae Graecorum Patrum in Novum Testamentum VII, p. 267): τὸ ψηλαφώμενον πῦρ πρὸς τὸν ἀψηλάφητον θεόν sowie zuletzt H. BALZ, EWNT III, Sp. 1195f: die „bedrohliche Materialität des Feuers".

[7] Zu πῦρ κεκαυσμένον, „angezündetes, brennendes Feuer", vgl. Dtn 4,11; zu γνόφος, ζόφος (bzw. σκότος: P46א2 D2 usw.), θυέλλα sowie φωνὴ ῥημάτων vgl. die entsprechende Aufzählung σκότος, γνόφος, θυέλλα, φωνὴ μεγάλη in Dtn 4,11 sowie 4,12: φωνὴ ῥημάτων und Dtn 5,22f; zu σάλπιγγος ἦχῳ vgl. Ex 19,16: φωνὴ τῆς σάλπιγγος ἤχει μέγα; 19,19: αἱ φωναὶ τῆς σάλπιγγος sowie 19,13; 20,18. Vgl. auch Philon, Dec 33.44.46. Speziell zu γνόφος vgl. R. WILLIAMSON, Philo and the Epistle to the Hebrews, S. 41f.

ganze unverkennbar darauf ausgerichtet, die Theophanie selbst auf schreckenerregende Naturphänomene zu reduzieren: Nur die natürlichen, sinnlich wahrnehmbaren Geschehnisse werden geschildert[8]. Dahinter tritt die Erscheinung Gottes selbst gänzlich zurück. Nicht ein einziges Mal wird bei dieser Beschreibung der Sinai-Theophanie Gott genannt. Lediglich in den VV. 19 und 20 wird mit Wendungen wie φωνὴ ῥημάτων, οἱ ἀκούσαντες, λόγος, τὸ διαστελλόμενον der Inhalt der Gottesoffenbarung am Sinai angedeutet. Man muß angesichts dessen den Eindruck gewinnen: Das hier geschilderte Geschehen ist gar keine Theophanie im eigentlichen Sinne[9]. Der entscheidende Akzent in dieser Hinsicht wird bereits zu Beginn mit dem Partizip ψηλαφώμενος gesetzt, das der Autor allen weiteren an der biblischen Darstellung orientierten Detailaussagen voranstellt und mit dem er somit zugleich sie alle in einem bestimmten Sinne qualifiziert. Das schließt nicht aus, daß dieses Partizip konkret auch auf den „Berg" der Gotteserscheinung zu beziehen ist, zumal in V. 20 sodann (mit Bezugnahme auf Ex 19,12f) ausdrücklich vom „Berühren des Berges" die Rede ist. Gleichwohl gilt, daß hier nicht nur der Berg Sinai als solcher, sondern das ganze Geschehen am Sinai unter diesen Aspekt gestellt wird. Das „Betastbare", das ist das mit Händen greifbare, mit den menschlichen Sinnen wahrnehmbare – kurz: „Betastbar" ist das, was „irdisch" ist, was „auf Erden" (ἐπὶ γῆς: V. 25!) ist[10], und zwar – wie alsbald die andere Seite der Gegenüberstellung zeigt (VV. 22ff) – im Gegensatz zu dem, was „himmlisch" ist, und das heißt im Kontext zugleich: im Gegensatz zu jenem Geschehen, von dem dann in den VV. 22–24 in bezug auf die Christen die Rede ist. Was hier vorliegt, ist somit eine durchaus dualistische Interpretation des Gegenübers von alter und neuer Heilsordnung, die in ihrer die Sinai-Theophanie auf sinnlich wahrnehmbare Phänomene reduzierenden Tendenz noch über das hinausgeht, was bereits zuvor im Hebr, beispielsweise in 8,7–13, hinsichtlich des Gegenübers von alter und neuer Heilsordnung festgestellt worden war.

Offensichtlich ist, daß der Autor des Hebr mit solch abwertender Kennzeichnung der alten Heilsordnung seinerseits in der Kontinuität einer dualistischen Metaphysik steht, wie sie bereits bei Platon, darüber hinaus aber

---

[8] Besonders deutlich zeigt sich das an dem Gegensatz κεκαυσμένον πῦρ, „angezündetes Feuer" in V. 18 und πῦρ καταναλίσκον in V. 29. Vgl. F. J. SCHIERSE, Verheißung und Heilsvollendung, S. 176.

[9] Anders O. MICHEL S. 460: „In beiden Reihen und Bildern bietet Sich Gott selbst dar" sowie C. SPICQ, II, S. 403f; DERS., SBi, S. 208f. Kritisch dazu A. VANHOYE, BEThL 41 (1976) S. 320f: „L'auteur d'Hébreux n'accepte pas de présenter l'événement du Sinaï comme une théophanie au plein sens du terme".

[10] Zum konkret-gegenständlichen Charakter von ψηλαφᾶν vgl. LXX Ps 113,15; 134,17; Lk 24,39 sowie 1 Joh 1,1. E. NORDEN, Agnostos Theos, S. 14f, spricht hier sogar von einer „materialistischen Ausdrucksweise". Vgl. auch E. C. SELWYN, On ψηλαφάω in Hebrews 12,18, JThSt 12 (1911) S. 133f; W. BAUER, Wörterbuch zum Neuen Testament, Sp. 1779f; J. W. THOMPSON, The Beginnings of Christian Philosophy, S. 45ff.

auch im jüdischen Hellenismus bei Philon vorliegt: Was „betastbar" bzw. berührbar (ἁπτός) ist, gehört als solches in die Sphäre des Sinnlich-Wahrnehmbaren[11]. Solche abwertende Tendenz ist im Sinne des Autors des Hebr auch bestimmend für das Wort- bzw. Redegeschehen am Sinai, das – im Anschluß an Dtn 4,12 – in **V. 19** beschrieben wird. Vom Inhalt dieses Geschehens ist hier – auch wenn die ῥήματα in V. 19 sicherlich auf die Kundgabe der Gebote Gottes (Dtn 4,12) zu beziehen sind – ausdrücklich nicht die Rede. Der Akzent liegt vielmehr auch hier wieder allein auf der Erscheinungsseite des Geschehens, konkret also auf der den menschlichen Sinnen wahrnehmbaren φωνὴ ῥημάτων. Und auch hier wieder: Von der „Stimme" ist hier die Rede, auch von dem, was sie verlauten läßt (ῥήματα), nicht jedoch von Gott als dem, der da redet. Und was das alte Gottesvolk als Augen- und Ohrenzeugen jenes Geschehens betrifft (οἱ ἀκούσαντες), so weist das Urteil über sie wiederum zum Negativen: Sie „verbaten" es sich, das heißt: „sie lehnten es ab, sodaß ihnen kein weiteres Wort (von Gott) hinzugefügt wurde". Was in der biblischen Erzählung als Ausdruck der Demut des Menschen vor Gott galt (Dtn 5,25; 18,16f; vgl. auch Ex 20,19f), wird hier – wie vor allem die Verwendung von παραιτεῖσθαι in V. 25 zeigt – als eine bewußte Abweisung jener φωνὴ ῥημάτων gewertet[12], als solche freilich bedingt durch den sinnenfälligen Schrecken der Ohrenzeugen. Also: nur als ein schreckenerregendes Geschehen wird hier die Sinai-Theophanie wahrgenommen.

Genau auf dieser Linie liegt dann auch der in **V. 20** folgende Begründungssatz: οὐκ ἔφερον γὰρ κτλ.[13] Τὸ διαστελλόμενον, „das Aufgetragene, das Gebot"[14], ist im Kontext zunächst auf die ῥήματα von V. 19 zu beziehen, meint aber an dieser Stelle – im Zusammenhang mit der anschließenden Bezugnahme auf Ex 19,12f – ein ganz bestimmtes Gebot, das Verbot

---

[11] Vgl. J. W. Thompson, The Beginnings of Christian Philosophy, S. 45 „ψηλαφώμενος is used ... as a code-word for ‚earthly' in a metaphysical sense". Vgl. in diesem Sinne Platon, Phaid 99 E; Tim 28 B; 31 B; Philon, Cher 57.73; Post 20. Gott ist demgegenüber ἀψηλάφητος. Vgl. P. Paris. Graec. 2316, fol. 435ʳ (zitiert bei R. Reitzenstein, Poimandres, Leipzig 1906, S. 186, Anm. 4) sowie Ignatius, Pol 3,2. – Eine Ausnahme in dieser Hinsicht ist bei Philon Mose, wie die entsprechende Etymologie des Namens „Mose" in Mut 126 zeigt: Mose ist derjenige, der „stets das Göttliche (τὰ θεῖα) betastet und in Händen hält". Vgl. zum Ganzen J. W. Thompson, a.a.O., S. 45f, mit Hinweis darauf, daß Philon seinerseits bei seiner Beschreibung der Sinai-Theophanie (Dec 33; Quaest in Ex II 47) gerade darauf bedacht ist, den „materiellen" Charakter der biblischen Überlieferung möglichst zu reduzieren (a.a.O., S. 47).

[12] Zu παραιτεῖσθαι im Sinne von „abwenden, ablehnen" (vgl. V. 25!) vgl. G. Stählin, ThWNT I, S. 195; H. Balz, EWNT III, Sp. 54; H. Braun S. 432.

[13] Zu φέρειν im Sinne von „geduldig tragen, ertragen" vgl. LXX Jer 51,22; Röm 9,22, hier jeweils von Gott; vom Menschen: τὴν μαλακίαν (Jes 53,3; 1 Clem 16,3); τὸν ὀνειδισμόν (Ez 34,29; Hebr 13,13). Vgl. K. Weiss, ThWNT IX, S. 58.61.

[14] Διαστέλλειν wird medial in LXX häufig zur Bezeichnung der Weisung Gottes gebraucht. Vgl. Jdt 11,12: ὅσα διεστείλατο αὐτοῖς ὁ θεὸς τοῖς νόμοις; Ez 3,18ff; vgl. auch Arist 131 sowie K. H. Rengstorf, ThWNT VII, S. 591; G. Schneider, EWNT I, Sp. 751. Zum passiven Partizip vgl. 2 Makk 14,28: τὰ διεσταλμένα (von einem Vertrag).

nämlich, bei Strafe der Steinigung den Berg (Sinai), die Stätte der Gottesoffenbarung, zu berühren. Was nach Ex 19,12f jedoch für Tier (LXX: κτῆνος, das Haustier) und Mensch gilt, wird hier in freier Wiedergabe der biblischen Vorlage[15] zunächst nur auf das Tier (θηρίον) beschränkt: κἂν θηρίον, das heißt: „auch wenn (schon nur) ein Tier ...", um wieviel mehr – so die unausgesprochene Folgerung – dann ein Mensch! Auch hier wird gegenüber der biblischen Vorlage ein neuer Akzent gesetzt, und zwar offensichtlich mit der Absicht, den schreckenerregenden Charakter jenes Geschehens am Sinai noch zu steigern.

Der V. 21 resümiert dementsprechend: Was da in der Sinai-Theophanie „in Erscheinung getreten ist" (τὸ φανταζόμενον), „war so furchterregend", so „phantastisch", daß Mose, der hier nunmehr am Ende der Beschreibung der Sinai-Theophanie die ἀκούσαντες von V. 19 repräsentiert[16], gar nicht anders als mit dem – durch den Zusatz καὶ ἔντρομος noch verstärkten[17] – Schreckensruf reagieren konnte: ἔκφοβός εἰμι. Das ist zwar wörtliches Zitat von LXX Dtn 9,19; während dort aber der Schrecken des Mose durch die Anbetung des Goldenen Kalbes seitens der Israeliten motiviert ist, wird er hier wiederum auf die Sinai-Theophanie bzw. die dabei sich ereignenden Begleitumstände bezogen. Insgesamt liegt hier also eine durchaus eigene Deutung des Sinai-Geschehens vor, die dem Autor des Hebr Gelegenheit gibt, von der düsteren Negativfolie des in den VV. 18–21 beschriebenen Geschehens umso deutlicher und wirkungsvoller die Position abzuheben: ἀλλὰ προσεληλύθατε! So gesehen handelt es sich bei der in den VV. 18–21 vorliegenden Beschreibung der Sinai-Theophanie nicht etwa um eine polemisch bedingte Herabsetzung. Die Negation steht hier vielmehr eindeutig im Dienste der Position und ist dieser funktional zugeordnet.

Formal gesehen wird diese Position in den **VV. 22–24** in Gestalt einer aufzählenden, unterschiedliche Aussagen lose aneinanderreihenden Beschreibung der für die Christen geltenden Heilswirklichkeit dargestellt. Die Frage, ob dabei ein bestimmtes Gliederungsprinzip waltet, ist kaum eindeutig zu beantworten[18]. Inhaltlich gesehen ist diese Aufzählung – ab-

---

[15] Außer θηρίον, wofür in LXX κτῆνος steht, ist jedes einzelne Wort in V. 20b aus Ex 19,12f entnommen. Die Einfügung ἢ βολίδι κατατοξευθήσεται in einigen wenigen Minuskelhandschriften will die Bezugnahme auf Ex 19,13 vervollständigen und ist dementsprechend sekundär. Vgl. F. SCHRÖGER, Der Verfasser des Hebr als Schriftausleger, S. 208f.

[16] Die Gestalt des Mose wird an dieser Stelle nicht besonders gegenüber dem Volk Israel hervorgehoben. Vgl. demgegenüber Philon, Mut 126 (s. o. Anm. 11).

[17] Ἔντρομος, „(vor Furcht) zitternd", begegnet auch Act 7,32 zur Kennzeichnung der Reaktion des Mose auf die Theophanie am Dornbusch (Ex 3). Zur Verbindung von ἔκφοβος und ἔντρομος vgl. 1 Makk 13,2 sowie die Wendung μετὰ φόβου καὶ τρόμου: 2 Kor 7,15; Phil 2,12; Eph 6,5. Die v. l. ἔκτρομος (א D*) soll offensichtlich den Gleichklang mit ἔκφοβος hervorheben. Vgl. BL.-DEBR.-R. § 120,2.

[18] Möglich ist eine paarweise Anordnung der einzelnen, jeweils durch καί verbundenen Glieder, womit sich ein „gegliedertes Stück von vier Doppelzeilen" ergäbe. So G. THEISSEN,

gesehen allenfalls von dem am Ende stehenden Hinweis auf den „Mittler der neuen Heilsordnung" (V. 24) - singulär im Hebr. Das gilt nicht nur im Blick auf die einzelnen Aussagen als solche; vielmehr könnte gerade auch der „panegyrische" Stil der ganzen Aussagenreihe auf einen durch Tradition vorgegebenen Zusammenhang hinweisen, der seinen ursprünglichen „Sitz im Leben" - möglicherweise - in der Liturgie bzw. im Gottesdienst der christlichen Gemeinde hatte[19]. Charakteristisch für die Rezeption dieser Tradition im Hebr ist freilich, daß die einzelnen Aussagen des Zusammenhangs, die ihren ursprünglichen Ort in der Bildersprache der biblischen Eschatologie bzw. der jüdischen Apokalyptik haben, hier nun nicht mehr eine in der Zukunft liegende Heilswirklichkeit umschreiben, sondern unter dem Vorzeichen des ἀλλὰ προσεληλύθατε (V. 22) eine Heilswirklichkeit beschreiben, zu der die hier angesprochenen Christen jetzt schon „hinzugetreten sind", und zwar - wie das hier benutzte Perfekt anzeigt - definitiv und endgültig. So gesehen handelt es sich an dieser Stelle um das eindeutige Zeugnis einer „realisierten" Eschatologie im Hebr[20]. Was ansonsten im Hebr (4,16; 10,22) mit dem Kohortativ προσερχώμεθα, „laßt uns hinzutreten", ausgesagt wird, erscheint hier auf einmal in den Status der Vollendung gerückt. Andererseits zeigt freilich die in diesen Versen benutzte Terminologie an[21], daß es hier - gerade auch im Gegenüber zur zuvor beschriebenen Sinai-Theophanie - im Grunde gar nicht um das temporal-eschatologische Schema Gegenwart-Zukunft geht, sondern eher um eine Art „hellenistischer Eschatologie" im Sinne des räumlichen Gegenübers des Irdischen und des Himmlischen, in das nun auch - typisch für die Eschatologie des Hebr - ursprünglich apokalyptische Motive einbezogen werden: Nicht mehr um die irdische Lokalität des Zionsberges geht es hier, sondern eben um die „Stadt des lebendigen Gottes", die als solche mit dem „himmlischen Jerusalem" identisch ist - ganz im Gegen-

---

Untersuchungen zum Hebr, S. 65. Vgl. aber auch schon O. Michel S. 462, Anm. 3, der der siebenfachen Beschreibung der Sinaitheophanie die achtfache Beschreibung der Herrlichkeit der neuen Heilsordnung in wiederum vier Paaren gegenüberstellt.

[19] So bereits E. Käsemann, Das wandernde Gottesvolk, S. 27ff spez. S. 31f; daran anschließend u. a. G. Theissen, Untersuchungen zum Hebr, S. 64ff; E. Grässer, Der Glaube im Hebr, S. 182f; vgl. auch P. R. Jones, RExp 76 (1979) S. 100f, sowie neuerdings M. Rissi, Die Theologie des Hebr, S. 101f, der in der hier benutzten, im Hebr singulären Terminologie, darüber hinaus in der für den Hebr ungewöhnlichen Rede von der διαθήκη νέα (V. 24), einen Hinweis auf eine vom Autor benutzte „Vorlage" gegeben sieht.

[20] Vgl. dementsprechend G. Theissen, Untersuchungen zum Hebr, S. 88: „Das Ende ist vorweggenommen". Dies gilt nach G. Theissen freilich nicht für den Autor des Hebr selbst; vielmehr gehört diese „enthusiastisch-präsentische Eschatologie" zu einer Art von sakramentaler bzw. „mysterienhafter Frömmigkeit", mit der der Autor des Hebr sich gerade auseinandersetzt. Dazu zusammenfassend G. Theissen, a.a.O., S. 85ff.

[21] So besonders die Verweise auf das „himmlische Jerusalem" (V. 22) und die „Gemeinde der Erstgeborenen, aufgeschrieben in den Himmeln" (V. 23). Ἐπουράνιος (V. 22) und ἐν οὐρανοῖς (V. 23) stehen im Kontext im Gegensatz zum Irdisch-"betastbaren" von V. 18. Vgl. J. W. Thompson, The Beginnings of Christian Philosophy, S. 48.

satz wiederum zum „betastbaren" Phänomen der Sinai- Theophanie. Und was dort den Augen- und Ohrenzeugen nur zum Schaden gereichte, soll hier nunmehr die Christen ihres einmal-endgültig gewonnenen Heilsstandes gewiß machen: Sie sind ja schon zu jener transzendenten Heilswirklichkeit „hinzugetreten"! Der Zugang dazu ist ihnen bereits eröffnet, was im Sinne des Autors des Hebr keineswegs ausschließt, daß die Christen – jetzt im Glauben noch auf dem Wege – sich auf die „zukünftige Stadt" ausrichten (13,14). Entscheidend, ja grundlegend ist für den Autor des Hebr – gerade auch im Blick auf die „präsentisch-eschatologische" Aussage in V. 22 – die Perspektive, die für die Christen ein für allemal eröffnet worden ist. Sie, die Christen, gehen ihren Weg des Glaubens auf die „zukünftige Stadt" hin unter der Voraussetzung des „Ihr seid ja schon hinzugetreten" von V.22, unter der Voraussetzung also des bereits verbürgten Heils. So gesehen spricht in diesem ἀλλὰ προσεληλύθατε durchaus der Autor des Hebr selbst, ist dieses Perfekt also nicht Ausdruck einer „enthusiastisch-präsentischen Eschatologie", mit deren Position der Autor sich hier auseinandersetzt[22].

Allenfalls bleibt an dieser Stelle noch zu fragen, wo und wie die Christen – und mit ihnen die Adressaten des Hebr – dieses „Ihr seid ja schon hinzugetreten" konkret erfahren. Geschieht dies – wie verschiedentlich angenommen wird[23] – im Gottesdienst der christlichen Gemeinde? – unter der Voraussetzung, daß der Autor des Hebr an dieser Stelle eine kultisch-liturgische Überlieferung aufgenommen hat? Konkret würde das heißen, daß das Verbum προσέρχεσθαι auch hier – wie bereits 4,16 und 10,22 – in seiner ursprünglichen kultischen Bedeutung steht, das heißt im Sinne des „Hinzutretens" zum Gottesdienst der Gemeinde, in dem – und daraus würde sich dann auch das Perfekt an dieser Stelle erklären – eine Art proleptischer Vorwegnahme der (an sich) noch ausstehenden Heilsvollendung geschieht[24]. Gegen solche „gottesdienstliche" Interpretation der VV.22–24 spricht freilich der ganze Kontext: Ist dieser im übrigen durch die Glaubensparänese bestimmt, so liegt es viel näher, auch in und gerade an dieser Stelle wiederum eine Konkretion jenes Grundverständnisses von Glauben zu sehen, wie es bereits in der Definition von 11,1 vorlag: Mit der Taufe der Adressaten ist ein Geschehen in Gang gesetzt worden, das ihnen jetzt bereits den „Hinzutritt" bzw. den Zugang gewährt zur himmlisch-transzendenten Heilswirklichkeit, die als solche zu den „erhofften",

---

[22] Gegen G. THEISSEN, Untersuchungen zum Hebr, S.85ff (s.o. Anm.20).
[23] Vgl. die oben, Anm.19, genannte Literatur.
[24] So P.R.JONES, RExp 76 (1979) S.101, und bes. E.GRÄSSER, Der Glaube im Hebr, S.182f: Der Kult der Gemeinde ist „die besondere Art des Hb, die sog. präsentische Eschatologie neu und für seine Zeit gültig zu formulieren" (S.183). Noch näher versucht G.THEISSEN, Untersuchungen zum Hebr, S.65f (vgl. S.74.103), zu präzisieren, indem er das Perfekt in der Abendmahlsfeier bzw. in einem bestimmten Abendmahlsverständnis der Adressaten des Hebr begründet sein läßt. Vgl. auch S.SCHULZ, Die Mitte der Schrift, S.267f: „Der Abendmahlskult vermittelt mysterienhaft die himmlischen Kräfte und Gaben, versetzt seine Teilnehmer schon jetzt in die himmlische Versammlung und umgreift Himmel und Erde, so daß die jenseitige und künftige Welt in ihnen gegenwärtig ist und die Feiernden schon jetzt zur Himmelswelt gehören" (S.268).

jetzt noch „nicht sichtbaren Dingen" gehört. Προσεληλύθατε, das heißt also: „Ihr seid (schon) hinzugetreten", im Glauben nämlich, für den – als ὑπόστασις und ἔλεγχος im Sinne von 11,1 – das „Erhoffte" und das „Nichtsichtbare" jetzt schon die seinen Weg bestimmende Wirklichkeit ist. Eine Alternative zu jener kultischgottesdienstlichen Interpretation ist damit keineswegs gesetzt. Vielmehr schließt solches „Hinzutreten" im Glauben das gottesdienstliche προσέρχεσθαι ja gerade ein – und damit auch die bei den Adressaten in Frage stehende Teilnahme an den Gemeindeversammlungen (10,25). Was in den VV. 22–24 somit beschrieben wird, ist die für den Glauben (im Sinne von 11,1) bereits zugängliche Heilswirklichkeit, als solche bezeichnet mit unterschiedlichen traditionellen Bildern und Motiven, denen allesamt die Lokalisierung „im Himmel" eigen ist.

Im Gegenüber zu den irdischen und (somit) „betastbaren" Phänomenen des Sinai-Geschehens steht in V. 22a nicht zufällig der „Zionsberg" voran, er nun aber – im Verein mit der „Stadt des lebendigen Gottes" und dem „himmlischen Jerusalem" – nicht mehr als eine irdische Lokalität, sondern ein Symbolwort für das eschatologisch-jenseitige Heil: Ort der Gegenwart Gottes, eben: „Stadt des lebendigen Gottes". Der Zusammenhang mit den entsprechenden eschatologischen Vorstellungen und Erwartungen der jüdischen und urchristlichen Apokalyptik ist hier offensichtlich, besonders deutlich in diesem Falle die Nähe der Ausdrucksweise zu Apk 3,12: Das „neue Jerusalem" ist die „Stadt Gottes" bzw. der „Zionsberg" (Apk 14,1), hier freilich – im Unterschied zu Hebr 12,22 – „vom Himmel herabsteigend". Dem wiederum entspricht die jüdisch-apokalyptische Erwartung eines in der Endzeit vom Himmel auf die Erde herabkommenden „himmlischen Jerusalem", das gleichwohl – wie auch Hebr 11,16 – schon jetzt von Gott im Himmel bereitet ist[25]. Ebenso deutlich wie dieser relativ einheitliche apokalyptische Traditionszusammenhang ist aber auch die eigene Akzentsetzung hinsichtlich dieses traditionellen Motivs im Hebr durch das betont vorangestellte προσεληλύθατε: Die Christen, seit ihrer Taufe an den Zionsberg „herangetreten", sind jetzt schon – paulinisch gesprochen – die Kinder des „oberen Jerusalem"[26]. Dieses Jerusalem ist im Sinne

---

[25] Vgl. syrBar 4,2–6; 4 Esr 7,26; 8,56; 13,36 sowie Apk 21,2. Zu dieser Vorstellung im einzelnen vgl. P. Volz, Die Eschatologie der jüdischen Gemeinde, Tübingen 1934, S. 373–375.411–413; G. Fohrer, ThWNT VII, S. 324f; K. L. Schmidt, Jerusalem als Urbild und Abbild, ErJb 18 (1950) S. 207–248, spez. S. 209–211; H. Bietenhard, Die himmlische Welt im Urchristentum und Judentum, Tübingen 1951, S. 192–204, spez. zum Hebr: S. 200f; A. Vanhoye, La città futura, la Gerusalemm celeste, Parola Spirito e Vita 8 (1983) S. 214–226. Diese Vorstellung steht ihrerseits wiederum in der Kontinuität einer seit der exilischen und nachexilischen Prophetie vielfach bezeugten Zions- und Jerusalems-Eschatologie, in der der Zionberg bzw. Jerusalem – als Ort der Gegenwart Gottes – symbolisch für das eschatologische Heil steht. Vgl. dazu: G. Fohrer, ThWNT VII, S. 311f; F. Stolz, THAT II, Sp. 543–551; H. Balz, EWNT III, Sp. 588f.

[26] Gal 4,25f. Zur „präsentisch-eschatologischen" Interpretation von Hebr 12,22 und Gal 4,25f. vgl. E. Lohse, ThWNT VII, S. 336f.; L. Hartman, EWNT II, Sp. 438f, sowie H. Schlier, Der Brief an die Galater (KEK 7), Göttingen [12]1962, S. 223f.

des Hebr das „himmlische" Jerusalem und als solches die wahre Heilswirklichkeit im Gegensatz zu allem Irdischen (VV. 18–21), das allenfalls Abbild und „Schatten" jener wahren Wirklichkeit ist (8,5; 10,1). Das alles ist zwar dem traditionellen Motiv nach „apokalyptische" Eschatologie; was aber daraus im Hebr geworden ist, ist nicht mehr eigentlich „apokalyptische", sondern vielmehr eine „hellenistische" Eschatologie, eine gleichsam „vertikale" Eschatologie, die als solche eher an der Kategorie des Raumes orientiert ist als an der der Zeit (und Geschichte)[27].

Von der grundlegenden theologischen Bestimmung des Ortes her, wie sie V. 22a zunächst in der Abfolge von „Zionsberg", „Stadt des lebendigen Gottes", „himmlisches Jerusalem" gegeben worden ist, verstehen sich auch die **V. 22b und 23** folgenden Begriffspaare als (annähernder!) Versuch einer Beschreibung der himmlischen Heilswirklichkeit. Auch hier greift der Autor wieder auf traditionelle apokalyptische Bilder zurück. Um eine „exakte" Beschreibung des „himmlischen Jerusalem" (im Sinne einer himmlischen Topographie) handelt es sich hier jedenfalls nicht. Wesentlich ist dem Autor hier nur, daß die Christen jetzt schon „im Kontakt" zu den Lebenskräften der himmlischen Welt stehen. Die traditionellen Bilder werden also dazu benutzt, die jenseitig-himmlische Heilswirklichkeit als einen Ort der „Festfreude" (πανήγυρις) zu beschreiben, und zwar ganz im Gegensatz zu jenem Ort des Schreckens, als der zuvor die irdische Realität des Geschehens am Sinai dargestellt worden ist.

„Myriaden von Engeln" gehören in jüdischer und urchristlicher Apokalyptik traditionell zur Ausstattung der himmlischen Welt: „Engel" als der himmlische Hofstaat gleichsam, der zum Dienst und Lobpreis Gottes bereitsteht[28]. Letzteres würde sich an dieser Stelle noch deutlicher unter der Voraussetzung zeigen, daß die beiden Dative μυρίασιν (ἀγγέλων) und πανηγύρει nicht asyndetisch nebeneinanderstehen, sondern der zweite Dativ entweder als Apposition zu μυρίασιν ἀγγέλων gehörte oder – syntaktisch noch besser – als der den Genitiv μυρίων (sic) ἀγγέλων regierende Dativ zu gelten hätte. Also: „Ihr seid hinzugetreten ... zur Festversammlung von Myriaden von Engeln"[29]. Πανήγυρις wäre dann freilich ebenso-

---

[27] Zum Stichwort „hellenistische Eschatologie" (im Unterschied zu einer „apokalyptischen" Eschatologie) vgl. N. WALTER, Hellenistische Eschatologie im Frühjudentum – ein Beitrag zur „Biblischen Theologie"? ThLZ 110 (1985) Sp. 331–348, spez. zu Hebr 12,22: Sp. 335.339; DERS., Hellenistische Eschatologie im Neuen Testament, in: E. Gräßer/O. Merk (Hrsg.), Glaube und Eschatologie. Festschr. W. G. Kümmel zum 80. Geb., Tübingen 1985, S. 335–356, spez. S. 340f.341: „vertikale Eschatologie"; vgl. auch E. GRÄSSER, ZNW 77 (1986) S. 165f.

[28] Vgl. bes. LXX Dan 7,10: äthHen 1,9; 14,22; 40,1; Jud 14; Apk 5,11. Zum Dienstmotiv hinsichtlich der Engel vgl. Hebr 1,14 sowie 1,6 (Dtn 32,43; LXX Ps 96,7).

[29] Zu πανηγύρει als Apposition zu μυρίασιν ἀγγέλων vgl. E. RIGGENBACH S. 415f; O. MICHEL S. 463; H. SEESEMANN, ThWNT V, S. 719; J. MOFFATT S. 118; H. MONTEFIORE S. 231; R. WILLIAMSON, Philo and the Epistle to the Hebrews, S. 68f, sowie C. SPICQ, II, S. 406; DERS., Notes II, S. 462. Anders (πανηγύρει καὶ ἐκκλησία κτλ.) H. WINDISCH S. 112; H. BALZ,

wenig wie ἐκκλησία πρωτοτόκων auf das irdische Gottesvolk zu beziehen, sondern auf die Gott lobpreisende himmlische Festversammlung[30].

Gehört die in V. 23 sich unmittelbar anschließende Verbindung ἐκκλησία πρωτοτόκων in diesem Sinne mit πανηγύρει zu einem Paar zusammen, so geht es auch hier nicht um eine Umschreibung der (irdischen!) Wirklichkeit der Kirche, sondern wiederum um eine Bezeichnung der Bewohner der himmlischen „Stadt Gottes" bzw. des himmlischen Gottesvolkes[31]. Ebenso wie im Falle von πανήγυρις hat der Autor des Hebr - möglicherweise auch schon der von ihm hier rezipierte Traditionszusammenhang - mit ἐκκλησία einen zunächst die biblische Volksversammlung bzw. Volksgemeinde bezeichnenden Begriff in die himmlische Welt übertragen: ἐκκλησία also ein Synonym zu πανήγυρις. Dies gilt auch dann, wenn nach dem Sprachgebrauch der LXX πανήγυρις eher die kultische Festversammlung bezeichnet, während für ἐκκλησία ursprünglich eher eine politisch-rechtliche Akzentsetzung bestimmend ist[32]. In jedem Falle unterscheidet sich damit die Verwendung des Terminus ἐκκλησία im Hebr (2,12 und 12,23) sehr deutlich vom spezifisch ekklesiologischen Gebrauch im übrigen Neuen Testament[33]. Und noch deutlicher tritt auf diese Weise der eigenartige Sachverhalt hervor, daß die Adressaten des Hebr nirgends in diesem Mahnschreiben als „Kirche" bzw. „Gemeinde" angesprochen wer-

---

EWNT III, Sp. 22; H. BRAUN S. 436: „πανήγυρις meint vielmehr die ἐκκλησία der Glaubenden". Die zweite Möglichkeit - πανηγύρει als den Genitiv μυρίων ἀγγέλων regierender Dativ - setzt die entsprechende Emendation des (hier an sich einheitlich überlieferten) Textes voraus. Vgl. H. SAHLIN, NT 25 (1983) S. 85. Vgl. aber auch die singuläre (ursprüngliche) Lesart des Kodex D μυρίων ἁγίων, wobei ἅγιος hier i.S. von „Engel" steht. Dazu wiederum vgl. Jud 14 (= äthHen 1,9; vgl. auch 12,2; 14,23.25; 39,5; 47,2).

[30] Πανήγυρις bezeichnet in LXX ursprünglich - oft neben ἑορτή! - die kultische Festversammlung des Volkes Israel (Am 5,21; Hos 2,13; 9,5; Ez 46,11; vgl. auch Josephus, Bell V 230; Philon, VitMos II 159). Bei Philon, All II 208; Agr 91.117; Flacc 118, wirkt in dieser Hinsicht aber auch die griechisch-hellenistische Sprachtradition nach, in der πανήγυρις die Festversammlung anläßlich sportlicher Wettkämpfe bezeichnet. Vgl. R. WILLIAMSON, Philo and the Epistle to the Hebrews, S. 64-70. Wenn die Tätigkeit dieser „Festversammlung der Engel" im Lobpreis Gottes besteht, ist diese Sprachtradition auch für Hebr 12,22 (wie auch schon für LXX!) nicht auszuschließen. Vgl. in diesem Sinne C. SPICQ, La panégyrie du Hébr XII,22, STL 6 (1953) S. 33-38, spez. S. 36f; DERS., Notes II, S. 642-646, spez. S. 646.

[31] So E. KÄSEMANN, Das wandernde Gottesvolk, S. 28; C. SPICQ, II, S. 407; DERS., SBi, S. 210; H. MONTEFIORE S. 229-232. Zum Terminus ἐκκλησία vgl. LXX Ps 88,6: ἐκκλησία ἁγίων. Kaum zu beantworten - aber wohl auch nicht i.S. des Autors des Hebr! - ist die Frage, in welchem Sinne sich diese „Gemeinde" von der zuvor genannten „Festversammlung" unterscheidet.

[32] Vgl. C. SPICQ, STL 6 (1953) S. 31, sowie O. MICHEL S. 464. Beide Aspekte lassen sich nach biblischem Verständnis ohnehin nicht strikt voneinander abheben, wie insbesondere das Zitat LXX Ps 21,23 in Hebr 2,12 zeigt: Innerhalb der „Volksversammlung" (ἐν μέσῳ ἐκκλησίας) hat der Lobpreis Gottes seinen Ort. Vgl. auch Dtn 31,30; Jdc 20,2.

[33] Vgl. K. L. SCHMIDT, ThWNT III, S. 516: ἐκκλησία in Hebr 2,12 und 12,23 korrespondiert in LXX dem hebr. קהל, der Versammlung bzw. dem Aufgebot des Gottesvolkes. Vgl. auch L. ROST, ThWNT III, S. 532, Anm. 90.

den. Andererseits ist es aber gerade in diesen Versen das Anliegen des Autors, durch die Anrede „Ihr seid ja schon hinzugetreten ..." die Diastase irdisch-himmlisch gleichsam „durchlässig" zu machen bzw. zu relativieren und sie so daran zu erinnern, daß sie jetzt schon - auch wenn noch auf dem Wege zur himmlischen Polis (13,14) - im Glauben an der himmlischen Welt teilhaben (6,4f).

Die „Versammlung der Erstgeborenen" ist im Hebr mehr und anderes als lediglich eine auf den Himmel beschränkte „Gemeinde" im Gegenüber zur irdischen Gemeinde. Die Beziehung von πρωτότοκος auf „Engel" wäre jedenfalls ungewöhnlich[34]; und gegen sie spricht vor allem der Zusatz ἀπογεγραμμένων ἐν οὐρανοῖς: „Versammlung der Erstgeborenen, die - bzw. deren Namen - im Himmel aufgeschrieben sind". Hier liegt ganz eindeutig eine Anspielung vor auf die in biblisch-jüdischer Tradition weitverbreitete Vorstellung von der Aufzeichnung der zum (ewigen) Leben bestimmten Menschen (!) in die himmlischen Bücher bzw. in das „Buch des Lebens"[35]. Die Ausdrucksweise ist merkwürdig ambivalent: Einerseits ist die „Gemeinde der Erstgeborenen" - im Zusammenhang mit V. 22 gesehen - eine himmlische Versammlung; andererseits ist sie - im Zusammenhang mit dem Zusatz „aufgeschrieben in den Himmeln" - doch auf Menschen zu beziehen. Solche Ausdrucksweise läßt sich kaum auf einen Begriff bringen, sie bleibt vielmehr eigentümlich „in der Schwebe" zwischen Himmel und Erde. Gleichwohl dürfte sie doch auch dem Anliegen des Autors an dieser Stelle entgegenkommen: Will er doch seinen Adressaten deutlich machen, daß gerade sie, die sich noch immer auf dem Wege zur himmlischen Polis befinden (13,14) und auf diesem Weg den Pressionen ihrer irdischen Existenz ausgesetzt sind, doch auch jetzt schon an der Heilswirklichkeit des „himmlischen Jerusalem" teilhaben, daß sie gleich-

---

[34] E. KÄSEMANN, Das wandernde Gottesvolk, S. 28, Anm. 4, kann für die Gleichsetzung πρωτότοκοι = Engel lediglich auf die Bezeichnung von Engelwesen als πρωτόκτιστοι bei Clemens Alexandrinus, Exc. ex Theodoto 27,3ff hinweisen. Vgl. auch A. SEEBERG S. 138. Auch die durchaus unterschiedliche Verwendung von πρωτότοκος im Hebr selbst (1,6; 11,28) trägt zum näheren Verständnis von 12,23 nichts bei. Vgl. W. MICHAELIS, ThWNT VI, S. 882; C. SPICQ, Notes II, S. 772.

[35] Dementsprechend die Schlußfolgerung von O. MICHEL S. 464f: „Damit ist nachgewiesen, daß die ‚Gemeinde der Erstgeborenen' nicht aus Engeln, sondern aus Menschen gebildet ist"; ebd.: „eine apokalyptische Würdebezeichnung der Gemeinde Jesu"; vgl. auch H. WINDISCH S. 113f; E. RIGGENBACH S. 416; W. MICHAELIS, ThWNT VI, S. 882; J. LECUYER, Ecclesia primitiorum, AnBib 17/18, Rom 1963, S. 161-168, sowie bes. J. A. BENGEL, Gnomon, S. 934: „Hinc patet ... quia in coelis descripti sunt, ipsos non esse in coelis". - Zur Vorstellung der Eintragung in die himmlischen Bücher vgl. Ex 32,32f; Jes 4,3; Ps 69,29; Dan 7,10; 12,1; äthHen 47,3; 98,3f; 104,1; 108,3; Jub 19,9; 30,22; 36,10, aber auch die „philosophische" Variante der Vorstellung bei Philon, Gig 61: ἐγγραφέντες ἀφθάρτων ⟨καὶ⟩ ἀσωμάτων ἰδεῶν πολιτεία. Für das Urchristentum vgl. Lk 10,20; Phil 4,3; Apk 3,5 (= Ex 32,32f); 13,8; 17,8 u. ö. Zur Vorstellung insgesamt: P. VOLZ, Die Eschatologie der jüdischen Gemeinde im neutestamentlichen Zeitalter, Tübingen 1934, S. 290-292; G. SCHRENK, ThWNT I, S. 618f; STRACK-BILLERBECK, II, S. 169ff.

sam Heimatrecht haben in der himmlischen Festversammlung und der „Versammlung der Erstgeborenen". Im Sinne des Autors wäre es dann also die Paradoxie seiner Eschatologie, die in der Ambivalenz der Aussage der VV. 22f ihren Ausdruck fände: Die Paradoxie, daß diejenigen, die jetzt noch auf dem Wege des Glaubens zur „Stadt des lebendigen Gottes", zum „himmlischen Jerusalem" sind, doch zugleich jetzt schon der „Gemeinde der Erstgeborenen" zugehören, deren Namen „im Himmel aufgeschrieben sind"[36].

Eine Heils-, nicht eine Gerichtsaussage ist im Kontext der VV. 22–24 auch mit der folgenden Aussage verbunden: „Ihr seid schon hinzugetreten ... zu dem Gott, der Gericht über alles hält (bzw. halten wird)"[37]. Zumal im Anschluß an die vorangehende Wendung („aufgeschrieben im Himmel") ist dies wiederum eine Aussage in apokalyptischer Tradition. Denn das Endgericht ergeht nach jüdisch-apokalyptischer Auffassung ja auf der Grundlage der entsprechenden Eintragungen in die himmlischen Bücher[38]. Ebenso wird auch in der paarweisen Zusammenordnung „Gott, der Richter aller" und „Geister der vollendeten Gerechten" ein bereits traditioneller apokalyptischer Motivzusammenhang vorausgesetzt. Gott, der „Richter" ist es ja gerade, der den „Gerechten" die Vollendung gewährt, deren „Geister" das „himmlische Jerusalem" bevölkern[39]. Auf wen diese Bezeichnung im Kontext des Hebr konkret zu beziehen ist, ist kaum auszumachen, zumal der Autor sich hier ganz offensichtlich an eine apokalyptische Tradition anschließt, die lediglich hinsichtlich ihrer Gesamtausrichtung, nicht aber im Detail in das Ganze des Hebr integriert ist[40]. Gerade aber in

---

[36] Zur Paradoxie der Aussage in VV. 23f vgl. C. K. BARRETT, The Eschatology of the Epistle to the Hebrews, in: Festschr. C. H. Dodd (1956) S. 365; W. J. DUMBRELL, EvQ 48 (1976) S. 159, sowie J. ROLOFF, EWNT I, Sp. 1011: Die „Gemeinde der Erstgeborenen" ist „die irdische Gemeinde, sie aber in ihrem unmittelbaren Bezug auf die himmlische gottesdienstliche Versammlung"; vgl. auch H. LANGKAMMER, EWNT III, Sp. 461f.

[37] Aus der Wortstellung kann nicht die Übersetzung „(zu) dem Richter, dem Gott aller" (A. STROBEL S. 240) abgeleitet werden. Πάντων gehört vielmehr der Sache nach eindeutig zu κριτῇ, da der Gerichtsgedanke auch den Kontext in V. 23 bestimmt. Vgl. H. BRAUN S. 438.

[38] Vgl. Dan 7,10: καὶ κριτήριον ἐκάθισε καὶ βίβλοι ἠνεῴχθησαν sowie Dan 12,1f; äthHen 47,3; 108,3.

[39] Insbesondere im äthiopischen Henochbuch (22,3ff; 108,3) gelten die Verstorbenen – darunter auch Abel (22,7; vgl. Hebr 12,24!) – als „Geister" (πνεύματα), unter denen „die Gerechten" wiederum eine besondere Gruppe darstellen (22,9; vgl. auch 39,4f; 41,8; 47,1ff; 70,4f; 106,11 sowie bes. 103,3f: „und die Geister, die in Gerechtigkeit gestorben sind, werden leben..."; nach äthHen 103,2 sind „die Gerechten" in das „heilige Buch eingetragen"). – Das Passiv τετελειωμένων umschreibt wie auch sonst im Neuen Testament die Aktivität Gottes, also: es sind die von Gott, dem Richter, vollendeten! So ist auch der Unterschied zur rabbinischen Rede von den „vollkommenen Gerechten" deutlich (bHul 89a; SifDev § 40 zu Dtn 11,12 v.l.). Vgl. aber Vulgata: „et spiritus iustorum perfectorum"!

[40] In diesem Sinne sind die einzelnen Aussagen in VV. 22f auch nicht zu einem in sich geschlossenen „apokalyptischen Weltbild" systematisierbar; hier bleiben vielmehr Spannungen zwischen Tradition und Redaktion. Vgl. auch E. KÄSEMANN, Das wandernde Gottesvolk, S. 28, Anm. 3: „12,22ff (scheint) einer anderen Tradition als 11,13.39f zu entstammen". Eben

dieser Ausrichtung, als bildhafte Umschreibung nämlich der himmlischen Heilswirklichkeit, ordnet sich solche traditionelle Ausdrucksweise durchaus dem Kontext des Hebr ein[41]. Sind die Christen bereits „hinzugetreten" zu Gott, dem „Richter", der als solcher „den Gerechten Vollendung gewährt", dann trägt das ganze Begriffspaar im Kontext des Hebr eindeutig einen positiven, nicht primär einen „kritischen" Akzent. Nicht Furcht vor Strafe ist es, die diejenigen bestimmt, die zu diesem Gott schon „hinzugetreten" sind, sondern eher doch die παρρησία gegenüber demjenigen, der auf dem „Thron der Gnade" (4,16) sitzt[42]. Die unmittelbar anschließende Mahnung (VV.25ff) macht ohnehin deutlich, daß gerade auch diese betont apokalyptische Herausarbeitung des Heilsstandes der Christen als solche schon die entsprechende Paränese impliziert.

Dies gilt schließlich auch für die diese Beschreibung des Heilsstandes der Christen abschließende Aussage von V.24: Mit ihr verläßt der Autor den zuvor „zitierten" apokalyptischen Traditionszusammenhang und kehrt wieder zu seinem eigenen Thema zurück, wie er es im zentralen christologisch-soteriologischen Teil seiner Mahnrede bereits entfaltet hat[43]. Als solche, die zu Jesus, dem „Mittler der neuen Heilsordnung" hin-

---

von 11,39f her ist im übrigen deutlich, daß die „Geister der vollendeten Gerechten" jedenfalls nicht mit den Glaubenszeugen der „Alten" identisch sind. Zum Problem vgl. W.J. DUMBRELL, EvQ 48 (1976) S. 154–159, bes. S. 157f; M. SILVA, WThJ 39 (1976/77) S. 69f; H. BRAUN S. 439.

[41] Es besteht also kein Anlaß, die ganze Wendung καὶ πνεύμασι δικαίων τετελειωμένων mit H. SAHLIN, NT 25 (1983) S. 85, als einen sekundären Zusatz (als Interpretament nämlich zu ἐκκλησία πρωτοτόκων) auszuscheiden. – Die im Hebr gänzlich singuläre Wendung hat schon in der handschriftlichen Überlieferung Anlaß zu (sekundären) Korrekturen gegeben, so zu der – möglicherweise – „trinitarischen" Korrektur (VV.22–24: Gott – Geist – Jesus) des Kodex D*, dessen Schreiber den Plural πνεύμασι durch den Singular πνεύματι ersetzt hat. Entsprechend kommentiert dann Thomas von Aquin (Super epistolas S. Pauli lecturae): „accessitis ad spiritum sanctum, qui facit perfectos in iustitia"; vgl. H. WINDISCH S. 114. Unwesentliche Schreibvarianten sind demgegenüber die Lesarten τελείων δεδικαιωμένοις (‫א‬*) und δικαίων τεθεμελιωμένων (? D*), wobei die letztere möglicherweise aus einem Hörfehler beim Diktat entstanden ist.

[42] So gesehen besteht keine Notwendigkeit, auch den Begriff κριτής als solchen mit einem positiven Akzent zu versehen: „Richter" also (im Sinne des LXX-Sprachgebrauchs: 1 Reg 24,16; Ps 7,12; 67,6; 74,8; Jes 30,18 u.ö.) in der Bedeutung „Retter" oder „Helfer" (so E. RIGGENBACH S. 417; O. MICHEL S. 466) oder auch als der „Anwalt der Bedrängten" (so W. SCHENK, EWNT II, Sp. 796). Zur Sache vgl. auch C. SPICQ, II, S. 408; DERS., SBi, S. 210, sowie A. STROBEL S. 240: „Zur Diskussion steht nicht die allgemeine Wahrheit ‚zu Gott, dem Richter aller', sondern die andere, daß man auch (!) vor einen Richter tritt, den ‚Gott aller' ist".

[43] Zum Thema des „Mittlers der neuen Heilsordnung" vgl. 7,20ff; 8,6ff; 9,15ff; zu αἷμα ῥαντισμοῦ vgl. 9,11ff, bes. 9,13f. Wenn dabei hier von der διαθήκη νέα, statt wie bisher von der καινὴ διαθήκη, die Rede ist, so macht das keinen sachlichen Unterschied aus. Νέος heißt zwar ursprünglich unter zeitlichem Aspekt „neu, frisch", hinsichtlich der διαθήκη also: „eben erst ergangen bzw. begründet" (so E. KÄSEMANN, Das wandernde Gottesvolk, S. 29, Anm. 3; O. MICHEL S. 468, Anm. 3; G. SCHNEIDER, EWNT II, Sp. 1137); jedoch ist fraglich, ob dieser Unterschied im Hebr wie überhaupt im späteren griechischen Sprachgebrauch noch eine Rolle spielt. So wird z.B. TestLev 8,14 καινός und νέος ohne erkennbaren Unterschied gebraucht, und gleiches gilt auch für die Sprache der Papyri: P. Petr III 80: Πτολεμάϊς ἡ καινή

zugetreten sind, stehen die Christen im Raum dieser „neuen Heilsordnung", für die durch das „Blut der Besprengung", d. h. durch den Opfertod Jesu, zuallererst der Rechtsgrund zum προσέρχεσθαι gelegt worden ist. Dabei liegt an dieser Stelle bei dem Begriffspaar „Mittler der neuen Heilsordnung" - „Blut der Besprengung" der Akzent zweifellos auf dem zweiten Glied: Das „Blut der Besprengung" ist es, das „auf bessere Weise als (das des) Abel redet". Damit wird auch hier wieder eine typologische Gegenüberstellung geltend gemacht, die im Kontext des Hebr, speziell im Kontext von Hebr 11 und 12, durch den Verweis auf das Glaubenszeugnis des Abel in der Paradigmenreihe von Hebr 11 (V. 4) veranlaßt ist[44]. Auch dort war ja bereits auf das „Reden" (λαλεῖν) des Abel Bezug genommen worden, d. h. auf die Klage des von seinem Bruder erschlagenen Abel, die in der jüdischen Auslegungstradition zu Gen 4,10 auch mit dem Vergeltungsruf des Blutes Abels in Verbindung gebracht worden ist[45]. Dieses λαλεῖν des getöteten Abel wird hier nunmehr der „Rede" des Blutes Jesu gegenübergestellt. Der Komparativ κρεῖττον παρά steht dabei entweder substantivisch („Besseres reden", so jedenfalls die Lesart des P[46]: κρείττονα) oder adverbiell („auf bessere Weise"). In jedem Falle wird durch solche, für den Hebr insgesamt charakteristische „komparative" Redeweise die absolute, genauer: die eschatologisch-endgültige Überlegenheit des Blutes Jesu bzw. seiner „Rede" herausgestellt. Es geht hier also nicht lediglich um die relative Überlegenheit einer deutlicheren Rede. Konkret also: Das Blut Abels, das ist der offene, nach Vergeltung rufende Klageschrei. Das Blut Jesu dagegen ist das „Blut der Besprengung", dem als solchen im eschatologisch-endgültigen Sinne eine „reinigende" Wirkung eignet[46]. Solche

---

und ebd. 72(b)[16]: Πτολεμαΐς ἡ νέα. Vgl. J. H. MOULTON/G. MILLIGAN, The Vocabulary of the Greek Testament, S. 314.424.

[44] Wenig wahrscheinlich ist es demgegenüber, daß mit μεσίτης in V. 24 eine Gegenüberstellung zu Mose (V. 21) angedeutet werden soll. So P. R. JONES, RExp 76 (1979) S. 101. Eine „Mittler"-Funktion hat Mose in VV. 18-21 ja gerade nicht. Vgl. auch H. BRAUN S. 439.

[45] Auf Abels Blut bezieht auch die Lesart des P[46] das λαλεῖν in V. 24: παρὰ τὸ (αἷμα τοῦ) Ἄβελ. Jedoch dürfte angesichts des apokalyptischen Motivzusammenhangs, der hier schon in V. 23 vorausgesetzt war (und auffällige Übereinstimmungen vor allem mit äthHen zeigte!), speziell auch angesichts der entsprechenden Aussage zu Abel in äthHen 22,5ff, eher das Reden des „Geistes" Abels im Blick sein. Damit wäre auch eine Erklärung dafür gegeben, daß im Anschluß an die in VV. 22f entfaltete apokalyptische Beschreibung der Himmelswelt hier noch einmal das Motiv vom „Reden" Abels auftaucht. Damit freilich zugleich die Auffassung ausgeschlossen, wonach durch den Komparativ κρεῖττον dem Blut Abels (wie auch dem der Märtyrer) eine gewisse sühnende Kraft beigemessen wird, die dann freilich durch die Wirkung des Blutes Jesu weit übertroffen wird. So A. SEEBERG S. 139 mit Verweis auf 4 Makk 6,28 und 17,21f, da entsprechende Aussagen in bezug auf Abels Blut nicht überliefert sind. Vgl. aber auch C. SPICQ, SBi, S. 211. Speziell an targumische Tradition als Hintergrund zu Hebr (11,4 und) 12,24 denkt R. LE DEAUT, Bib 42 (1961) S. 30ff, spez. S. 35f.

[46] Vgl. entsprechend die Rede vom „reinigenden Blut" in 9,13. Der Wendung αἷμα ῥαντισμοῦ in V. 24 liegt die entsprechende biblische Wendung מֵי נִדָּה von Num 19,9.13.20f zugrunde; vgl. auch 1 QS III 9 sowie 1 Petr 1,2: εἰς ῥαντισμὸν αἵματος Ἰησοῦ Χριστοῦ. Dazu:

„bessere Rede" des Blutes Jesu steht im Kontext von Hebr 12,18-24 freilich nicht nur der „Rede" des Blutes Abels gegenüber, sondern auch der in den VV. 18-21 beschriebenen Sinai-Ordnung, und dies umso mehr, als ja auch für sie – VV. 19f! – die Kategorie des Wortes bzw. des Redens bestimmend war. Also: Die Rede des Blutes Jesu überbietet – als Begründung der „neuen Heilsordnung"! – die φωνὴ ῥημάτων am Sinai, jene „Stimme" also, die die Hörer nicht zu ertragen vermochten. Für den Autor des Hebr versteht es sich dabei von selbst, daß hinter der φωνὴ ῥημάτων am Sinai ebenso wie hinter dem λαλεῖν des Blutes Jesu Gott selbst steht. Daß aber Gottes „Reden" im Blut Jesu der einst am Sinai geschehenen φωνὴ ῥημάτων weit überlegen ist, zeigt sich ja gerade darin, daß von Gott selbst im Zusammenhang der Beschreibung der Sinai-Theophanie ausdrücklich gar nicht die Rede war. Gottes Reden damals war also im Grunde gleichsam uneigentliche Rede. Erst jetzt, im Blut Jesu, redet Gott auf „bessere", d. h. auf eigentliche und eschatologisch-endgültige Weise.

In diesem Sinne entspricht die typologische Gegenüberstellung an dieser Stelle in sachlicher Hinsicht durchaus der Gegenüberstellung des zweifachen Charakters von Gottes Reden in Hebr 1,1f. Wenn dies aber gilt, dann erwächst aus dem durch Gottes Rede im Blut Jesu gewonnenen Heilsstand, wie er in den VV. 22-24 so überaus farbenreich beschrieben worden ist, notwendig die Mahnung und Aufforderung, solche Rede Gottes nicht gering zu achten – und so am Ende des schon gewonnenen Heils wieder verlustig zu gehen. In diesem Sinn schließt die Mahnung und Warnung, wie sie im folgenden (VV. 25-29) im einzelnen ausgeführt wird, unmittelbar an die VV. 22-24 bzw. 18-24 an.

3.5) 12,25-29: Anwendung der Sinai-Zions-Typologie im Stile einer Gerichtsparänese

25 Sehet (also) zu, daß ihr den nicht abweist, der (da) redet. Denn wenn jene (schon) nicht (dem Zorn Gottes) entronnen sind, die (damals) den abwiesen, der auf Erden Weisung gab – um wieviel mehr gilt dies für uns, wenn wir uns von dem vom Himmel her (Redenden) abwenden!
26 Dessen Stimme war es ja, die damals die Erde zum Wanken brachte; jetzt aber ist die Verheißung gegeben, die (da) sagt: ‚Noch einmal werde ich zum Wanken bringen', nicht allein ‚die Erde', sondern auch ‚den Himmel'.
27 Dies ‚noch einmal' aber weist hin auf die Veränderung dessen, was erschüttert wird, als das, was erschaffen worden ist, damit (am Ende) bestehen bleibe, was nicht erschüttert werden kann.

L. GOPPELT, Der erste Petrusbrief (KEK 12/1), Göttingen [8]1978, S.83f; C.-H. HUNZINGER, ThWNT VI, S.978. 981; H. BALZ, EWNT III, Sp. 500.

28 Deshalb laßt uns, die wir ein unerschütterliches Reich empfangen, dankbar sein und in Dankbarkeit in einer Gott wohlgefälligen Weise unseren Dienst tun, in (der notwendigen) Scheu und Furcht.
29 Denn unser ‚Gott ist ein verzehrendes Feuer'.

Im unmittelbaren Rückbezug auf den in der voraufgehenden Theophanie-Szene redenden Gott (V. 25: τὸν λαλοῦντα!) wird hier nunmehr die in den indikativischen Aussagen der VV. 22–24 implizierte Paränese ausgeführt. Die Rahmenaussagen des Abschnitts charakterisieren diese Paränese eindeutig als Gerichtsparänese: Einerseits (V. 25) ist vom „Entkommen" (aus dem Zornesgericht) die Rede, und andererseits (V. 29) wird Gott am Ende der Paränese in äußerster Zuspitzung als ein (im Feuergericht) „verzehrendes Feuer" gekennzeichnet. Ganz in diesen Rahmen integriert ist eine nochmals auf die Sinai-Zions-Typologie bezugnehmende Auslegung von Haggai 2,6 (VV. 26f), die zunächst zwar noch den Verheißungscharakter der Weissagung des Propheten für die christliche Gemeinde hervorhebt (V. 27), solche Verheißung jedoch – dem Kontext entsprechend – alsbald wieder in die Mahnung zur Verantwortung der Adressaten für einen jener Verheißung gemäßen Gottesdienst einmünden läßt (V. 28).

Wie bereits in 3,12 setzt auch hier die Mahnung in **V. 25** mit einem apodiktischen βλέπετε μή ein. Das ist zunächst traditioneller paränetischer Stil, der – wie insbesondere 1 Kor 10,12 zeigt – speziell in der Gerichtsparänese seinen Ort hat[1]. Mit den folgenden Wörtern ist der Autor jedoch schon bei seinem eigenen Thema: Der Zusammenhang mit dem vorangehenden Abschnitt wird jedenfalls durch den Akkusativ τὸν λαλοῦντα ebenso hergestellt wie durch das sich daran anschließende Schlußverfahren a minori ad maius. In sachlich-thematischer Hinsicht liegt auch hier wieder Glaubensparänese vor: Kennzeichen des Glaubens ist der Gehorsam gegenüber „dem Redenden"; Kennzeichen des Unglaubens demgegenüber die „Abweisung" des Redenden. Mit dem (vom Imperativ βλέπετε abhängigen) Konjunktiv παραιτήσησθε wird auf das Verhalten der Israeliten am Sinai zurückverwiesen (V. 19b). Konkret bedeutet das, daß die Scheu und Furcht, die die Israeliten nach Ex 20,19 wie auch den Mose (V. 19) angesichts der schreckenerregenden Umstände der Sinai-Theophanie bestimmten, und die daraus resultierende Bitte (παραιτεῖσθαι!), nicht noch weitere Rede hinzuzufügen, trotz des Zugeständnisses von V. 20 (οὐκ ἔφερον) als Ungehorsam und Verweigerung Gottes Rede gegenüber interpretiert werden. Genau davor sollen ja die Adressaten des Hebr sich hüten.

Daß mit „dem Redenden" bzw. dem, der – wie es in V. 25b heißt – „Weisung gibt", niemand anderes als Gott selbst gemeint ist, versteht sich vom Kontext her (V. 19!) von selbst. Bemerkenswert ist immerhin, daß auf solche Weise hier – wie bereits zuvor (VV. 18–21) – von diesem Gott nur

---

[1] Vgl. auch Herm mand V 2,8 sowie die bloßen Imperative βλέπετε in Mk 4,24; 12,38; 13,9. Zur Konstruktion vgl. BL.-DEBR.-R. § 461,2.

indirekt die Rede ist. Umso wirksamer tritt dann am Ende der ganzen Paränese dieser Gott aus solcher verhüllenden Redeweise hervor – dann freilich (V. 29) als ein Gott, der ein „verzehrendes Feuer" ist, ganz im Sinne also jenes „Gottesbildes", das bereits die Beschreibung der Sinai-Theophanie in V. 18 bestimmte. Das „mysterium tremendum", wie es einst die Sinai-Theophanie kennzeichnete, ist keineswegs überholte Vergangenheit, sondern wird – wie das entsprechende Schlußverfahren in V. 25b alsbald deutlich macht – auch für die Christen in Geltung gesetzt. In diesem Sinne handelt es sich in diesem Schlußverfahren a fortiori nicht lediglich um eine Erläuterung (γάρ!) der den Abschnitt einleitenden Mahnung, sondern zugleich um deren Verschärfung und Zuspitzung[2].

Hier – wie auch schon in 2,2f – ist der Gerichtsgedanke bestimmend: Die Mahnung des Autors an die Adressaten zielt darauf, dem Zorn Gottes bzw. seinem Zornes- und Strafgericht zu „entkommen" (ἐκφεύγειν)[3]. Und durchgeführt wird solche Mahnung hier unter der Voraussetzung der bereits für die VV. 18–24 grundlegenden Gegenüberstellung des Irdischen und des Himmlischen: Wenn schon ἐπὶ γῆς – um wieviel mehr dann ἀπ' οὐρανῶν![4] Die Ortsbezeichnung ἐπὶ γῆς ist demnach auf τὸν χρηματίζοντα zu beziehen, und die Herkunftsbezeichnung ἀπ' οὐρανῶν dementsprechend auf denjenigen, der „von der Himmelswelt her" redet bzw. Weisung gibt[5]. Bei betonter Identität des „Redenden" gilt eben doch zugleich

---

[2] Dies bedeutet, daß dem Schlußverfahren in V. 25b nicht eine Mose-Christus-Typologie entnommen werden kann, indem man τὸν χρηματίζοντα (ἐπὶ γῆς) auf Mose, τὸν ἀπ' οὐρανῶν (χρηματίζοντα) auf Christus bezieht. Gegen J. MOFFATT S. 219f; W. MANSON S. 159; G. BERTRAM, ThWNT VII, S. 721; B. REICKE, ThWNT IX, S. 470. Τὸν λαλοῦντα auf Jesus zu beziehen (so A. T. HANSON, StEv II, S. 402–405), bietet die Rede vom „sprechenden" Blut Jesu in V. 24 keine zureichende Begründung. Hinter der „Rede" des Blutes Jesu steht auch dort Gott selbst als Redender.

[3] Zu ἐκφεύγειν ist hier – wie auch 2,3 – τὴν ὀργὴν τοῦ θεοῦ (o. ä.) zu ergänzen. Vgl. entsprechend 1 Thess 5,3; Röm 2,3. – Der vorliegende Text ist in V. 25 einhellig überliefert und in sich verständlich, so daß es hier nicht der erheblichen Korrekturen und Konjekturen bedarf, die H. SAHLIN, NT 25 (1983) S. 85f, vorgeschlagen hat: εἰ γὰρ ἐκεῖνοι οὐκ ἐξέφυγον τὸν χρηματίζοντα, πολὺ μᾶλλον ἡμεῖς, οἱ τὸν ἐπ' οὐρανῶν ἀποκαλυφθέντα ἀποστρεβόμενοι, οὐδέποτε δυνησόμεθα ἐκφυγεῖν οὗ ἡ φωνὴ κτλ. Jedenfalls läßt sich die besonders am Ende von V. 25 einigermaßen elliptische Ausdrucksweise mühelos aus dem Kontext ergänzen und gibt nicht das Recht zu einer targumartigen, zugleich bestimmte apokalyptische Akzente setzenden Paraphrase.

[4] Zur Gegenüberstellung vgl. auch Eph 3,15: ἐν οὐρανοῖς – ἐπὶ γῆς sowie 1 Kor 15,47: ἐκ γῆς – ἐξ οὐρανοῦ. Die Lesart ἀπ' οὐρανοῦ (Singular) ist zwar durchaus sinnvoll, aber zu schwach und spät bezeugt (0121b und Minuskelhandschriften), als daß sie als ursprünglich gelten könnte.

[5] Ἐπὶ γῆς bezeichnet also nicht den Modus der Abweisung seitens der Israeliten. Daß dies (im Zusammenhang mit dem „Goldenen Kalb", Ex 32,1ff?) „auf Erden" geschah, versteht sich ohnehin von selbst. – Die Umstellung der Reihenfolge τὸν ἐπὶ γῆς (χρηματίζοντα) – so p[46]ℵ[2]Ψ usw. – dient der (sekundären) Verdeutlichung der richtigen Beziehung von ἐπὶ γῆς. Noch eindeutiger in dieser Hinsicht ist die nur von einigen Minuskelhandschriften (104 629 usw.) gebotene Lesart: παραιτησάμενοι τὸν ἐπὶ γῆς χρηματίζοντα. Die eigenartige Voranstel-

die Gegenüberstellung irdisch-himmlisch, wie sie auch sonst im Hebr vorausgesetzt wird, hier nunmehr freilich konkret ausgerichtet auf die Unmöglichkeit, bei Abweisung des „Redenden" seinem Zornesgericht zu entgehen. Obwohl man aus dem Gebrauch des Verbums χρηματίζειν an dieser Stelle entnehmen kann, daß der Autor damit den inspirierten bzw. den Offenbarungscharakter von Gottes Rede auch schon im Blick auf die Sinai-Theophanie herausstellen will[6], hält sich doch auch hier die eigentümlich „irdische" Interpretation der Sinai-Theophanie von VV. 18-21 durch. Denn nach der ursprünglichen biblischen Darstellung ergeht Gottes Rede am Sinai ja ausdrücklich vom Himmel her: ἐκ τοῦ οὐρανοῦ λελάληκα πρὸς ὑμᾶς[7]. Davon freilich ist hier nicht die Rede. Das ἐκ τοῦ οὐρανοῦ von Ex 20,22 bzw. das ἀπ' οὐρανῶν bleibt vielmehr dem Gegenbild der Sinai-Theophanie vorbehalten, das hier - analog zu dem ἐπὶ γῆς „Redenden" - in der Kurzformel τὸν ἀπ' οὐρανῶν (χρηματίζοντα) zusammengefaßt ist.

Zusammengefaßt ist damit alles, was in den VV. 22-24 im einzelnen ausgeführt worden war - damit aber auch wieder derjenige bezeichnet, der „im Sohn" eschatologisch-endgültig „zu uns geredet hat" (1,1f). Dies alles nunmehr aber zum Zwecke der Einschärfung der gegenüber der Sinai-Theophanie und der dort und damals ergangenen Rede Gottes „um vieles größeren" (πολὺ μᾶλλον) Verantwortung. Das im Blick nunmehr auf die Christen gebrauchte ἀποστρέφεσθαι, „sich (gänzlich) von jemandem abwenden" bzw. „etwas verwerfen", bedeutet in diesem Sinne zugleich eine Steigerung und Verschärfung gegenüber dem von den Israeliten damals ausgesagten παραιτεῖσθαι und kommt durchaus dem ἀποστῆναι ἀπὸ θεοῦ ζῶντος von 3,12 gleich, ist also Terminus des Abfalls vom Glauben[8]. Ein wenig abgemildert wird solche scharfe Redeweise allenfalls dadurch, daß der Autor hier im Blick auf seine Leser nicht die bereits eingetretene „Abwendung" feststellt, sondern zunächst nur auf die drohende Gefahr in dieser Hinsicht aufmerksam macht und solche Gefahr - wie das „gemeinchristliche" ἡμεῖς in V. 25b anzeigt - als alle Christen angehend hinstellt.

Der syntaktisch und sachlich an V. 25 unmittelbar anschließende **V. 26**

---

lung von ἐπὶ γῆς im ursprünglichen Text (p[46c]א * A C usw.) erklärt sich aus der vom Autor hier beabsichtigten Betonung des irdischen Charakters der Sinai-Theophanie.

[6] Vgl. E. Käsemann, Das wandernde Gottesvolk, S. 29: „χρηματίζειν als Terminus für inspirierte Verkündigung und Proklamation ... Wie am Sinai, so vollzieht sich auch auf dem Berge Zion eine göttliche Proklamation, die jene irdische schon um ihres himmlischen Charakters willen überragt"; B. Reicke, ThWNT IX, S. 470. Freilich läßt sich das Verbum χρηματίζειν hier - wie auch schon in LXX - auch synonym mit λαλεῖν verstehen, ist also am besten - wie auch schon in 8,5 - mit „Weisung geben" zu übersetzen. Anders dagegen in 11,7: „Weisung empfangen". Vgl. H. Balz, EWNT III, Sp. 1136.

[7] So LXX Ex 20,22. Vgl. auch Dtn 4,36; 2 Esr 19,13 sowie Philon, Dec 46; SpecLeg II 189.

[8] Zu ἀποστρέφεσθαι mit Akkusativ bzw. mit ἀπό, „sich von jemandem abwenden", als Terminus des Abfalls vom Glauben vgl. die entsprechende Verwendung mit Akkusativ: LXX Jer 15,6; 2 Tim 1,15; Tit 1,14; mit ἀπό: Num 32,15; Jes 22,26.29; Sir 46,11; mit Genitiv: Philon, Gig 45. Vgl. G. Bertram, ThWNT VII, S. 719.721.

führt die Gegenüberstellung ἐκεῖνοι - ἡμεῖς von V. 25b fort, indem nunmehr der „damals" und „jetzt" Redende selbst zu Worte kommt, greift damit zugleich aber auch auf das „Damals" (τότε) der Geschehnisse am Sinai zurück (VV. 18-21). Die φωνή des „Redenden" ist also die φωνὴ ῥημάτων von V. 19, und die in den VV. 18f beschriebenen Begleitumstände der Sinai-Theophanie werden nunmehr mit der „die Erde erschütternden Stimme" Gottes in Verbindung gebracht. Dabei nimmt der Autor mit dem Verbum σαλεύειν ein Wort der biblischen Sprachtradition auf, das dort vorzugsweise im Zusammenhang mit Gottes Machterweis im Wort bzw. im Zusammenhang mit Gottes Zornesoffenbarung gebraucht wird[9]. Dies, die „Erschütterung" der Erde, gilt für „damals" (τότε); für „jetzt aber" (νῦν δέ), d. h. für die Zeit der christlichen Gemeinde, gilt eine „Verheißung" Gottes, und zwar jene eschatologische Verheißung, wie sie Gott selbst im Buche des Propheten Haggai gegeben hat: Haggai 2,6. Sind in der Einleitung des Zitats ἐπήγγελται und λέγων miteinander verbunden, so ist eindeutig Gott selbst das logische Subjekt des Passivums ἐπήγγελται (passivum divinum) wie auch Subjekt des aktiven Partizips λέγων[10]. „Verheißung" ist dieses Prophetenwort, weil es - im Sinne des Autors des Hebr jedenfalls - auf das „Bleiben" dessen abzielt, was „nicht erschüttert" wird. Die Einführung des Zitats als „Verheißung" entspricht dabei an sich durchaus dem ursprünglichen Charakter von Hag 2,6 als einer eschatologischen Heilsansage für Israel: Das „Beben" von Himmel und Erde, Meer und Festland ist hier bildlicher Ausdruck für den Sturz der Weltmacht Babylon[11]. Die Art und Weise freilich, in der nunmehr im Hebr diese eschatologische Verheißung rezipiert und interpretiert wird, nämlich unter betonter Hervorhebung des ἔτι ἅπαξ aus dem Prophetenzitat (V. 27), entfernt sich beträchtlich vom ursprünglichen Sinn des Zitats im Kontext des Prophetenbuches. Hier, im Hebr, wird Hag 2,6 nach einem eigenen hermeneutischen Kanon rezipiert und interpretiert. Was solche Interpretation mit dem Zitat selbst verbindet, ist im Grunde nur noch die eschatologische

---

[9] So im Zusammenhang mit der Sinai-Theophanie in Ex 19,18, wo LXX freilich übersetzen: καὶ ἐξέστη πᾶς ὁ λαός (!) σφόδρα. Auf die hier geschilderte Szene bezieht sich also der Hebr nicht, wohl aber auf die besonders in den Psalmen begegnende Terminologie: LXX Ps 17,8; 59,4; 76,19; 81,5; 95,9-11; 96,4; 98,1; 113,7. Vgl. auch Hab 3,6; Sir 16,18 sowie (mit dem synonymen σείειν!): LXX Ps 67,8f; Jdc 5,4f (γῆ ἐσείσθη, καὶ ὁ οὐρανὸς ἐξεστάθη ... ὄρη ἐσαλεύθησαν ἀπὸ προσώπου κυρίου). Zur Beschreibung der apokalyptischen Endereignisse wird σαλεύειν Mk 13,25 parr gebraucht. „Unerschütterlich" dagegen sind diejenigen, die auf Gottes Seite stehen: LXX Ps 15,8; 16,8; 29,7; 45,6; 54,23; 61,3; 111,6; 120,3; 124,1. Zum Ganzen vgl. G. BERTRAM, ThWNT VII, S. 66f; H. BALZ, EWNT III, Sp. 534f.

[10] Zum Passivum ἐπήγγελται vgl. auch Röm 4,21. Zu Gott als Subjekt des Partizips λέγων vgl. Hag 2,6: τὰ δὲ λέγει κύριος παντοκράτωρ.

[11] Vgl. H. W. WOLFF, Dodekapropheton 6. Haggai (BK.AT XIV/6), Neukirchen 1986, S. 50-66. - Zu σείειν im eschatologischen Sinn in bezug auf „Himmel und Erde" vgl. auch Jes 13,13; Joel 2,10; in bezug auf die Erde: Jes 24,18; Nah 1,5.

Deutung – „Eschatologie" freilich auch hier wieder im Sinne des Hebr![12] „Eschatologisch" wird Hag 2,6 gewiß auch im Hebr verstanden. Darauf weist sowohl das dem Zitat betont vorangestellte „Jetzt aber" hin als auch das vom Autor ausdrücklich rezipierte ἔτι ἅπαξ, „noch einmal", aus dem Zitat selbst (V. 27). Nimmt man freilich zur Kenntnis, worauf dieses „noch einmal" im Sinne des Autors des Hebr abzielt (V. 27), erweist es sich schon als äußerst fraglich, ob man diese Stelle wirklich als eindeutigen Ausdruck einer eschatologischen Naherwartung im Hebr in Anspruch nehmen kann[13]. „Apokalyptische" Eschatologie ist das jedenfalls nicht, was hier am Ende steht (V. 27), viel eher demgegenüber wieder jene besondere Art einer „hellenistischen Eschatologie", wie sie auch sonst für den Hebr charakteristisch ist.

Die entsprechenden Akzente werden dabei bereits durch die Art der Zitierung von Hag 2,6 gesetzt. Es ist ja ein sehr freies, im Grunde schon interpretierendes Zitat, das hier vorliegt. Die ursprüngliche Reihenfolge τὸν οὐρανὸν καὶ τὴν γῆν wird bei gleichzeitiger Einfügung von οὐ μόνον-ἀλλά (καί) umgekehrt und das Zitat auf diese Weise dem Anliegen des Auslegers bzw. dem Kontext des Hebr zugeordnet[14]. Das heißt: Gegenüber dem Geschehen von „damals" gilt „nunmehr" (νῦν δέ): „Nicht nur die Erde, sondern auch den Himmel" wird Gott „erschüttern". Ein kosmisches, „Erde" und „Himmel" umfassendes Geschehen wird angekündigt[15]. Auch dies könnte – da Erdbeben und ähnliche Naturphänomene ja zum traditionellen Arsenal der Beschreibung von Endereignissen gehören[16] – zunächst wiederum auf die positive Aufnahme einer spezifisch apokalypti-

---

[12] Zur Frage der Rezeption von Hag 2,6 im Hebr vgl. F. SCHRÖGER, Der Verfasser des Hebr als Schriftausleger, S. 190ff, bes. S. 194; F. J. SCHIERSE, Verheißung und Heilsvollendung, S. 171ff; A. VÖGTLE, Das Neue Testament und die Zukunft des Kosmos, S. 76–89; J. W. THOMPSON, The Eschatology of Hebrews: A Study of 12:18–29, in: DERS., The Beginnings of Christian Philosophy, S. 41–52, spez. S. 48ff; F. LAUB, Bekenntnis und Auslegung, S. 253–257; E. GRÄSSER, ZNW 77 (1986) S. 169–174.

[13] So G. THEISSEN, Untersuchungen zum Hebr, S. 93 und S. 108; O. HOFIUS, Katapausis, S. 142. – A. VANHOYE, Bib 45 (1954) S. 250–253, versucht anhand von LXX Ps 95,9–11 eine Beziehung zwischen den μὴ σαλευόμενα („les réalitées eschatologiques") und der οἰκουμένη (μέλλουσα) von Hebr 1,6 und 2,5 herzustellen. Im Sinne der Entsprechung von Urzeit und Endzeit (Wüste – Zion) wird Hag 2,6 in Verbindung mit Ps 68,9 im Midrasch Tanchuma B (Debarim § 1) interpretiert.

[14] Vgl. J. McCULLOUGH, NTS 26 (1979/80) S. 377. Die Lesart σείσω (Futurum) ergibt sich logisch aus dem ἔτι ἅπαξ von Hag 2,6 und ist auch in der Textüberlieferung besser bezeugt (P46 ℵ A C usw.) als die (aus Hag 2,21 eingedrungene) präsentische Lesart σείω (D Ψ usw.).

[15] Ὁ οὐρανός im Haggai-Zitat bezeichnet gleichsam den „materiellen" Himmel bzw. das Firmament (Mk 13,24f; vgl. C. SPICQ, II, S. 411) im Unterschied zum „spirituellen" Himmel, von dem her Gott redet, bzw. zum „Himmel selbst" (Hebr 9,24). Vgl. A. VÖGTLE, Das Neue Testament und die Zukunft des Kosmos, S. 86; O. HOFIUS, Der Vorhang vor dem Thron Gottes, S. 52.70f, sowie H. BRAUN S. 442f.

[16] Vgl. für die jüdische Apokalyptik: syrBar 59,3; 4 Esr 6,13–16; 10,26; dazu: J. W. THOMPSON, The Beginnings of Christian Philosophy, S. 44–48f; für die urchristliche Apokalyptik: Mk 13,8.25 parr sowie Apk 6,12; 8,5; 11,13; 16,18.

schen Tradition im Hebr hinweisen[17]. Und nicht zuletzt in diesem Zusammenhang: Der hermeneutische Terminus δηλοῦν in V. 27 ist ja geradezu terminus technicus einer eschatologischen Schriftauslegung, als solcher gebraucht in bezug auf das Offenbarwerden eschatologischer Geheimnisse[18]. Andererseits findet sich δηλοῦν als hermeneutischer Terminus auch in der griechisch-hellenistischen und – von daher – auch in der hellenistisch-jüdischen Literatur[19]. Vor allem aber: die Art und Weise, in der Hag 2,6 in V. 27 tatsächlich ausgelegt wird, liegt keineswegs auf der Linie jüdischer und urchristlicher Apokalyptik, sondern ist viel eher wiederum Indiz für eine „dualistische" Interpretation, die als solche durchaus dem entspricht, was bereits in den VV. 18–24 hinsichtlich einer hellenistischen Interpretation apokalyptischer Tradition festzustellen war.

Im Blick auf V. 27 gilt dies vor allem für die diese Auslegung von Hag 2,6 bestimmende Gegenüberstellung von τὰ σαλευόμενα – τὰ μὴ σαλευόμενα. Werden die ersteren dabei zugleich ὡς πεποιήμενα, als „geschaffene Dinge", bezeichnet[20], so ist offensichtlich, daß auch hier wieder der den ganzen Kontext bestimmende Gegensatz irdisch-himmlisch aufgenommen wird: Auf der einen Seite die „geschaffenen" und somit veränderlichen Dinge; auf der anderen Seite diejenigen, zu deren Wesen es gehört, daß sie „nicht erschüttert" werden, also beständig sind. Dies letztere ein deutlicher Verweis wiederum auf die Welt bzw. die „Stadt Gottes", die allein „feste Fundamente" hat (11,10!), also nicht zu „erschüttern" ist –

---

[17] Vgl. A. VÖGTLE, Das Neue Testament und die Zukunft des Kosmos, S. 77: „V. 26b verheißt also die eschatologische, mit dem Gericht verbundene Erschütterung von Himmel und Erde. Soweit ist man sich einig"! Ist Hebr 12,26 also ein apokalyptischer „Katastrophentext" (ebd.)? Vgl. in diesem Sinne bes. O. MICHEL S. 472f: „Das Erdbeben ist ein Kennzeichen für die Endkatastrophe"; S. 474: „apokalyptische, kosmische Katastrophe"; ebd., Anm. 1: „eine totale Katastrophe"; weiter vgl. in diesem Sinne O. HOFIUS, Katapausis, S. 57 mit Anm. 359 (S. 181f), aber auch E. KÄSEMANN, Das wandernde Gottesvolk, S. 29: „die Parusie offenbart sich ja noch unheilvoller als die Epiphanie am Sinai ..."

[18] Vgl. bes. 1 Petr 1,11f: δηλοῦν neben ἀποκαλύπτειν. Vgl. auch den häufigen Gebrauch von δηλοῦν in apokalyptischen Schriften wie Dan 2,5ff; 7,16 und Herm mand IV 3,3; VI 2,10; sim V 4,1f; VI 4,3; VIII 1,11; vis III 8,10; 12,3. Vgl. dazu G. SCHUNACK, EWNT I, Sp. 707f.

[19] Zu δηλοῦν als hermeneutischem Terminus in der Stoa vgl. Cornutus, Theologia Graeca 6.33. Philon gebraucht bei seiner Schriftauslegung δηλοῦν formelhaft in der Wendung ὡς δηλοῖ τὸ λόγιον: Migr 85; Fug 157. Im Barnabasbrief (9,8; 17,1) steht δηλοῦν für die allegorische Auslegung des Alten Testaments. Vgl. R. BULTMANN, ThWNT II, S. 61; A. VÖGTLE, Das Neue Testament und die Zukunft des Kosmos, S. 86, Anm. 86, und S. 87. Im Hebr wie auch im 1 Petr ist dabei vorausgesetzt, daß es sich um geistgewirkte Auslegung handelt (Hebr 9,8!).

[20] Ὡς steht hier in einem die σαλευόμενα qualifizierenden Sinne, d. h.: „sofern sie geschaffen sind". Passives Partizip von ποιεῖν im Sinne des (von Gott) „Geschaffenen" im Hebr nur an dieser Stelle. Sachlich ist zu vergleichen der gen. qual. ταύτης τῆς κτίσεως in Hebr 9,11. Vgl. J. W. THOMPSON, The Beginnings of Christian Philosophy, S. 49. Zu ποιεῖν als Bezeichnung der Schöpfertätigkeit Gottes vgl. Act 4,24 (Ex 20,11); 14,15 (Ex 20,11); Apk 14,7 sowie H. BRAUN, ThWNT VI, S. 460.

ganz im Gegensatz zu allem „Geschaffenen", das – als Irdisches – zugleich vergänglich ist. Hier wird man ganz unmittelbar an die entsprechende „dualistische" Sichtweise Philons erinnert: Auf der einen Seite Gott als der unveränderlich „Stehende" (ἑστώς); auf der anderen Seite τὰ κλονούμενα καὶ σαλευόμενα[21]. Der Sachzusammenhang mit den VV. 22ff zeigt sich gerade hier wieder sehr deutlich, wenn man beachtet, daß nach LXX Ps 45,5–7 und 124,1 das „Nichterschüttertwerden" gerade das Kennzeichen der πόλις θεοῦ bzw. des ὄρος Σιων ist[22]. Bei allem Zusammenhang mit der biblisch-jüdischen (und apokalyptischen!) Tradition liegt hier am Ende doch eine ganz eigene, eben eine hellenistische bzw. „dualistische" Auslegung von Hag 2,6 vor, „dualistisch" insofern, als das „Geschaffene", das als solches immer zugleich dem Gesetz der Veränderung unterliegt, eindeutig abgewertet wird[23]. Dies gilt am Ende auch im Blick auf das vom Autor des Hebr besonders betonte ἔτι ἅπαξ aus Hag 2,6: τὸ δὲ ἔτι ἅπαξ, d. h.: „Was aber das ‚Noch einmal' (aus Hag 2,6) betrifft, so gilt ..."[24]. Dieses „Noch einmal" schließt zwar als solches einen zeitlichen Aspekt in sich. „Noch einmal", das heißt also: „nur noch einmal", ist also in diesem Sinne Hinweis auf ein noch ausstehendes eschatologisches Geschehen. Gleichwohl ist das, was dieses „Noch einmal" aus Hag 2,6 im Sinne der Auslegung des Hebr konkret „bedeutet" (δηλοῖ), nicht im Sinne einer kosmischen Endkatastrophe im Stil der traditionellen jüdischen und urchristlichen Apokalyptik zu verstehen, sondern „offenbart" (δηλοῖ) die μετάθεσις τῶν σαλευομένων, und zwar mit dem Ziel, daß das, was nicht „erschüttert" werden kann, „bleibe". Das heißt: Am Ende werden sich gegenüber allem „Geschaffenen" (und somit Vergänglichem) allein τὰ μὴ σαλευόμενα als „bleibend" und unvergänglich erweisen. So gesehen geht es bei dem hier anvisierten Ziel (ἵνα μείνῃ κτλ.) weniger um ein zeitliches Ende im Sinne eines apokalyptischen Endgeschehens bzw. im Sinne einer „totalen Katastrophe" (O. MICHEL) als vielmehr um eine logische Finalität: Am

---

[21] So All III 38. Vgl. auch Somn I 158. Dazu: G. BERTRAM, ThWNT VII, S. 68; J. W. THOMPSON, The Beginnings of Christian Philosophy, S. 50ff (mit Verweis auf gnostische Texte!) sowie M. A. WILLIAMS, The Immovable Race. A Gnostic Designation and the Theme of Stability in Late Antiquity (Nag Hammadi Studies 29), Leiden 1985, S. 17f: „The contrast between the shakable, created order and the unshakable, eternal order belongs to the dualistic metaphsics of Platonism".

[22] Vgl. auch LXX Ps 29,7f; 54,23; 61,3; 65,9; 111,6; 120,3.

[23] Dem entspricht bei Philon, All III 101, die Gegenüberstellung γενητός – ἀγένητος, wobei letzteres allein als μόνιμος, βέβαιος und ἀΐδιος gilt. Zur Interpretation von Hebr 12,26f in diesem Sinne vgl. J. W. THOMPSON, The Beginnings of Christian Philosophy, S. 50–52; F. LAUB, Bekenntnis und Auslegung, S. 255f; H. BRAUN, ThWNT VI, S. 461; DERS., Hebr, S. 444f; E. GRÄSSER, ZNW 77 (1986) S. 169ff, sowie F. J. SCHIERSE, Verheißung und Heilsvollendung, S. 174: Der „heilsgeschichtliche Gegensatz von damals und jetzt" (V. 26) geht in „räumlich-metaphysische Kategorien" auf.

[24] Vgl. das formell entsprechende Verfahren bei der Auslegung von LXX Ps 67,19 in Eph 4,9: τὸ δὲ ἀνέβη (aus Ps 67,19) τί ἐστιν.

Ende werden sich allein die μὴ σαλευόμενα, also die himmlische Welt Gottes, die „Stadt des lebendigen Gottes", das „himmlische Jerusalem", kurz: τὰ ἐπουράνια, als das erweisen, was alles „Geschaffene" – im Sinne des traditionellen biblischen Weltbildes: „Erde und Himmel" (V. 26) – bei weitem übertrifft[25]. In solchen nicht-apokalyptischen, vielmehr „dualistischen" Zusammenhang ordnet sich schließlich auch das hier offensichtlich bewußt gewählte Stichwort μετάθεσις ein.

Nach wie vor ist umstritten, in welchem Sinn μετάθεσις an dieser Stelle im engeren wie auch im weiteren Kontext des Hebr zu verstehen ist. Zur Diskussion stehen zwei Bedeutungsmöglichkeiten: „Verwandlung, Umwandlung" oder „Vernichtung"[26]. Geht man dabei vom eigenen Sprachgebrauch des Hebr aus, so ist die letztgenannte Bedeutung – μετάθεσις also im Sinne der kosmischen Katastrophe – von vornherein ausgeschlossen, damit aber auch jeder Versuch, aus V. 27 so etwas wie eine Theorie vom „Weltuntergang" abzuleiten[27]. Aber auch die sogen. „Umwandlungs- bzw. Verwandlungshypothese" (A. Vögtle) ist – im Kontext des Hebr jedenfalls – nicht unbedenklich: Wer in dem Maße wie der Hebr an der Diastase irdisch-himmlisch interessiert ist, kann kein unmittelbares Interesse an einer „Verwandlung" des Irdischen ins Himmlische haben, ja im Grunde widerspricht sie dem Grundanliegen des Hebr als eines λόγος τῆς παρακλήσεως, seine Adressaten gerade nicht am Irdischen, sondern an ihrer ὕπαρξις μένουσα (10,34) zu orientieren. Der eigene Sprachgebrauch des Hebr weist denn auch in eine andere Richtung.

Sieht man von der speziellen Bedeutung ab, die verbales μετετέθη in 11,5 (aufgrund von Gen 5,29) im Sinne der „Entrückung" des Henoch, im Sinne also einer Ortsveränderung, hat, weist im übrigen der Sprachgebrauch des Hebr eindeutig auf die Bedeutung von μετάθεσις im Sinne von „Veränderung" hin: τὸ ἀμετάθετον τῆς βουλῆς αὐτοῦ in 6,17 meint die „Unveränderlichkeit" des Ratschlusses Gottes, die νόμου μετάθεσις in 7,12

---

[25] Vgl. N. Walter, ThLZ 110 (1985) Sp 344 (Anm. 21): „Das apokalyptische Motiv der kosmischen Endkatastrophe wird aufgegriffen; doch dient die erwartete Erschütterung der Elemente des Kosmos in der ganz hellenistischen Sicht des Hebräerbriefes nicht der Bereitung einer tabula rasa für eine neue Welt, sondern dem Erweis der Unerschütterbarkeit der ewigen, himmlischen Welt".

[26] Zum Überblick über die exegetische Diskussion vgl. A. Vögtle, Das Neue Testament und die Zukunft des Kosmos, S. 77ff; H. Braun S. 444. C. Spicq, SBi, S. 213, bezieht μετάθεσις wiederum auf die „transposition des alliances".

[27] Dazu A. Vögtle, Das Neue Testament und die Zukunft des Kosmos, S. 81ff. Μετάθεσις wird dabei – im Gegensatz zu μένειν – als ein „Verschwinden" des Geschaffenen gedeutet, entsprechend also zu ἀπώλεια. So H. Windisch S. 115; vgl. auch F. J. Schierse, Verheißung und Heilsvollendung, S. 174; G. Theissen, Untersuchungen zum Hebr, S. 92.121, mit der Schlußfolgerung: „Eine solche Sicht der Schöpfung steht der Gnosis näher als der Apokalyptik"! Neuerdings auch H. Braun S. 443: „ἔτι ἅπαξ: die abschließende, alles Geschaffene betreffende Katastrophe"; S. 444: „Also bringt die μετάθεσις die Schöpfung zum Verschwinden"; und ebd. (gegen A. Vögtle): „Hb redet implizit doch vom Ende der Schöpfung". Daran besteht jedoch im Kontext gerade nicht das Interesse des Autors; ihm kommt es – dem Finalsatz entsprechend – allein auf das an, was „bleibt".

die „Veränderung" des Kultgesetzes, die sich notwendig im Zusammenhang mit der Veränderung des Priestertums vollzieht. Genau in diesem Sinne läßt sich – so jedenfalls nach dem Schriftverständnis des Autors des Hebr – aus dem „Noch einmal" von Hag 2,6 erschließen, daß die „geschaffenen Dinge" als solche, als irdische also, dem Zwang der „Veränderung" und der Unbeständigkeit unterliegen – ganz im Gegensatz zur Beständigkeit und Unwandelbarkeit der μὴ σαλευόμενα, d.h. der himmlischen Dinge. Die letzteren allein sind „bleibender" Natur. Das ist weniger „apokalyptisch", als vielmehr „hellenistisch" gedacht und bewegt sich ganz auf der Linie, die auch für Philon bestimmend ist: Das μένειν ist allein der Welt Gottes vorbehalten, die μετάθεσις dagegen wesenhaftes Kennzeichen der geschaffenen, irdischen Welt[28].

Nicht zuletzt in diesem Zusammenhang zeigt auch der ἵνα-Satz in V. 27, auf den die Argumentation des Autors (und damit in seinem Sinne auch die Weissagung des Propheten!) hinausläuft, daß hier gar kein eigenes Interesse an irgendwelchen Geschehnissen der Endzeit im Sinne der Apokalyptik besteht, sondern am Ende allein das Interesse an einer Finalität, die auf das „Bleiben" Gottes und der an der Welt Gottes Partizipierenden ausgerichtet ist. Der temporale Aspekt spielt bei alledem nur insofern eine Rolle, als sich die hier angesprochenen Adressaten ihrerseits ja noch auf dem Weg zu jenem Ziel befinden. Aber wiederum: Gerade deswegen – letztlich also wiederum in seelsorgerlich-paränetischer Ausrichtung – wird ihnen vor Augen geführt, woran allein sie sich auf ihrer Glaubenswanderschaft orientieren sollen: Am „Bleibenden" nämlich, an dem also, was nicht dem Zwang der „Veränderung" alles Geschaffenen unterliegt.

An und für sich betrachtet zeichnet sich hier ein „metaphysisches Denken" ab, „das nicht mehr vom faktischen Vergehen der Welt, sondern von ihrer prinzipiellen Vergänglichkeit spricht"[29]; im Kontext gesehen jedoch ist dieses „metaphysical statement" (J.W. THOMPSON) seinerseits die Grundlage für die mit διό als Schlußfolgerung an V.27 anschließende Anwendung auf die Adressaten in **V.28.** Der den Gerichtsgedanken voraussetzenden Mahnung und Warnung von V.25 wird hier gleichsam ein „positives Korrelat" (E. RIGGENBACH) zur Seite gestellt. Die Sachaussage ist klar und eindeutig: Als solche, die eine βασιλεία ἀσάλευτος „empfangen"

---

[28] Vgl. für Philon bes. Imm 26: μένειν im Gegensatz zu μετατιθέναι! Zu μένειν zur Bezeichnung der Unveränderlichkeit Gottes: Somn II 221; vom „göttlichen Logos": Fug 13; vgl. auch All III 100; Det 75. Dazu E. GRÄSSER, Der Glaube im Hebr, S.174f; J.W. THOMPSON, The Beginnings of Christian Philosophy, S.51; A. VÖGTLE, Das Neue Testament und die Zukunft des Kosmos, S.86f.

[29] So G. THEISSEN, Untersuchungen zum Hebr, S.108, sowie ebd.: „Zu dem urchristlichen Bild von der Äonenwende treten neue gedankliche Kategorien: der Gegensatz zwischen Himmlischem und Irdischem, der auch als Gegensatz von Urbild und Abbild (10,1 u.ö.) ... begegnet". Vgl. auch J.W. THOMPSOM, The Beginnings of Christian Philosophy, S.50f: „Such a conception of the end-time is unknown in the Jewish apocalyptic texts which speak of the final catastrophe".

(Präsens!) – im Glauben nämlich, der für den Glaubenden die Wirklichkeit des Nichtsichtbaren setzt, und nicht in der Erwartung lediglich dieses „unerschütterlichen Reiches"![30] –, haben die Christen allen Anlaß zur Dankbarkeit, einer Dankbarkeit freilich, die das, was sie „empfangen" hat, im entsprechenden „Gottesdienst" bekundet und bewährt. Die idiomatische Wendung χάριν ἔχειν, „dankbar sein"[31], hat im Anschluß an voraufgehendes διό kohortative Bedeutung: „wir sollen (Gott) dankbar sein" bzw. „uns als dankbar erweisen" (ἔχωμεν!); und entsprechendes gilt dann auch für den „Gottesdienst": λατρεύωμεν[32].

Für die Christen ist es also nach V. 28 ein Charakteristikum ihrer Existenz als Glaubende, daß sie in einer dauernden Beziehung stehen zu jener Welt Gottes, die – im Gegensatz zu allem Veränderlichen und Wandelbaren der irdischen Welt – hier nunmehr eine βασιλεία ἀσάλευτος genannt wird. Mit dieser auch im Hebr singulären Formulierung wird wiederum ursprünglich apokalyptische Begrifflichkeit aufgenommen, zugleich aber neu akzentuiert. Daß man die βασιλεία empfängt und (somit) an der endzeitlichen Herrschaft Gottes teilhat, ist Hoffnung der Apokalyptik[33]; hier aber, im Hebr, ist es nicht mehr einfach die kommende und für die Zukunft erwartete βασιλεία, sondern eben die „unerschütterliche", gegenüber allen Wandlungen und Veränderungen der irdischen Welt „bleibende" und unveränderliche „Herrschaft" Gottes, die die Christen „empfangen" und an der sie teilhaben: „Bleibendes" also in aller Wandelbarkeit der irdischen Welt! In der Kennzeichnung dieser βασιλεία als ἀσάλευτος setzt sich zunächst wiederum die „metaphorische" Linie von V. 27 her fort. Ἀσάλευτος bezeichnet in diesem Sinne – von V. 27 her gesehen – nicht die ewige Dauer der βασιλεία im Sinne von Dan 7,14 (καὶ ἡ βασιλεία αὐτοῦ, ἥτις οὐ μὴ φθαρῇ), sondern deren Stabilität und Unveränderlichkeit: ἀσά-

---

[30] Das Präsens-Partizip παραλαμβάνοντες steht in diesem Sinne zeitlos, nicht jedenfalls im Sinne der Naherwartung, daß die Christen jetzt unmittelbar im Begriffe stehen, das „unerschütterliche Reich" zu „empfangen".

[31] Zu χάριν ἔχειν (τινί), „jemandem dankbar sein", vgl. Josephus, Ant II 339, IV 316; 1 Tim 1,12; 2 Tim 2,13; POxy 113,13; Xenophon, Anabasis II 15,1ff; Epiktet, Diss IV 7,9; CorpHerm VI 4. Gegenüber dieser allgemein geläufigen Wendung wäre es gänzlich ungewöhnlich, an dieser Stelle (mit Verweis auf 12,15!) im Sinne von χάριν (κατ-)ἔχειν, „an der Gnade festhalten", zu verstehen. Gegen C. SPICQ, II, S. 413; DERS., SBi, S. 213. A. VANHOYE, La structure littéraire, S. 209, möchte auf diese Weise den ganzen Abschnitt 12,15-29 als eine „inclusio" verstehen. – Zu χάρις im Sinne von „Dank" vgl. im Neuen Testament 1 Kor 10,30; 15,57; 2 Kor 2,14; 8,16; 9,15; Röm 6,17 sowie K. BERGER, EWNT III, Sp. 1101.

[32] Die Lesart ἔχωμεν (P[46c] A C D usw.) ist in diesem Sinne der Präsens-Lesart (P[46*] ℵ K P usw.) vorzuziehen, ebenso die Lesart λατρεύωμεν (A D L usw.) oder auch λατρεύσωμεν (P[46] bo) der Lesart λατρεύομεν (ℵ ψ usw.).

[33] Hier hat auch das Verbum παραλαμβάνειν seinen Ort. Vgl. Dan 7,18: καὶ παραλήμψονται τὴν βασιλείαν ἅγιοι ὑψίστου καὶ καθέξουσιν τὴν βασιλείαν. Dieselbe Verbindung wird auch profan vom Herrschaftsantritt gebraucht: Dan 6,1.29; 2 Makk 4,7; 10,11; Arist 36; Josephus, Ant XV 16.

λευτος also im Sinne von ἀμετάθετος³⁴. Für diese βασιλεία ist letztlich die Kategorie der Zeit ohne Belang. Allein um ihre Stabilität und Unveränderlichkeit geht es hier³⁵ – gerade so aber auch darum, daß diejenigen, die an ihr teilhaben, nunmehr auch für ihre Glaubensexistenz inmitten der Wandlungen und Veränderungen der irdischen Welt ein bleibendes Fundament und damit auch einen festen Stand gewinnen.

Die im Sinne des Autors notwendige Schlußfolgerung daraus lautet: ἔχωμεν χάριν, Dankbarkeit also, die – wie anschließendes (instrumentales) δι' ἧς sogleich deutlich macht – sich als solche bekundet und erweist. Dankbarkeit also als Grundhaltung, die notwendig ein bestimmtes Verhalten der Christen zur Konsequenz hat, ja, sich in solchem Verhalten darstellt. Das ἔχειν χάριν findet seine Fortsetzung bzw. bekundet sich im λατρεύειν εὐαρέστως τῷ θεῷ. Mit solcher Konkretion der „Dankbarkeit" des Christen nimmt der Autor des Hebr auch hier wieder zunächst kultische Terminologie auf, sowohl was das λατρεύειν als auch was das εὐαρέστως betrifft³⁶. Das Adverb εὐαρέστως präzisiert das λατρεύειν, zu dem hier aufgerufen wird, im Sinne des wahren Gottesdienstes. Sieht man jedoch diese Aufforderung am Schluß des 12. Kapitels des Hebr im Zusammenhang mit dem folgenden Kapitel, so wäre es gewiß eine Verengung, diesen „Gottesdienst" von V. 28 auf die gottesdienstliche „Danksagungsfeier" oder auch auf den kultischen Lobpreis im Gemeindegottesdienst einzuschränken³⁷. Ganz abgesehen vielmehr von dem unmittelbaren Übergang von 12,28f zu den sehr konkreten Mahnungen in 13,1ff hat die „Wohlgefälligkeit" des Gottesdienstes der Christen – nach Ausweis insbesondere von 13,16 und 13,21! – ihr Maß am konkreten Tun des Willens Gottes (13,21)³⁸. Dies heißt dann aber zugleich: Solcher Gottesdienst soll prakti-

---

³⁴ Vgl. J. W. THOMPSON, The Beginnings of Christian Philosophy, S. 52. Besonders deutlich in dieser Hinsicht ist Inscr. Magn. 116,26f.: ἀ(σ)άλευτο(ν) καὶ ἀμετάθετον τὴν περὶ τούτων διάταξιν (J. H. MOULTON/G. MILLIGAN, The Vocabulary of the Greek New Testament, S. 83); vgl. auch Philon, VitMos II 14.

³⁵ Vgl. E. GRÄSSER, Der Glaube im Hebr, S. 175f.

³⁶ Λατρεύειν bezeichnet ursprünglich (in LXX) den priesterlichen Kult- und Opferdienst (so auch Hebr 9,1.9). Und auch εὐάρεστος hat ursprünglich (im Sinne der Rede vom Opfer, das Gott „wohlgefällig" ist) im kultischen Zusammenhang seinen Ort. Vgl. Röm 12,1; Phil 4,8 und Hebr 13,16.

³⁷ So F. J. SCHIERSE, Verheißung und Heilsvollendung, S. 182; vgl. S. 183f: Gottesdienst als „kultische Vorausdarstellung" des Eschaton, sowie S. 193 (mit Verweis auf 4,14; 10,23). Vgl. auch O. MICHEL S. 477; A. STROBEL S. 243, der das „Wir" in V. 28 dementsprechend als „liturgisches Wir" versteht; C. SPICQ, SBi, S. 213.

³⁸ Vgl. entsprechend εὐάρεστος τῷ θεῷ in Röm 14,18; 2 Kor 5,9f; Kol 3,20; Eph 5,10. Dazu W. FOERSTER, ThWNT I, S. 456; H. BALZ, EWNT II, Sp. 187: „εὐ. ist ein umfassender Leitbegriff der paränetischen Sprache, der das Prüfen des Willens Gottes in der jeweiligen Situation zur Aufgabe des Glaubenden macht". W. SCHENK, Die Paränese Hebr 13,16 im Kontext des Hebr, STL 39 (1985) S. 73–106, spricht in diesem Zusammenhang von einer „Ethik der Dankbarkeit" im Hebr: „Es dürfte richtig sein, dass die ganze Paränese von Hebr 13 als Entfaltung des ‚Laßt uns dankbar sein' von 12,28 anzusehen ist" (S. 90).

ziert werden μετὰ εὐλαβείας καὶ δέους, „mit Furcht und Scheu (vor Gott)"[39]. Im paränetischen Kontext will dies gewiß besagen: in der Verantwortung vor dem richtenden (und strafenden!) Gott soll solcher Gottesdienst praktiziert werden: Gottesfurcht also als paränetisches Motiv![40] Damit schließt sich hier der Kreis hin zu V. 25, aber darüber hinaus auch zu VV. 18ff hin. Alles, was im Rahmen der VV. 18 und 28f zum gegenwärtigen Heilsstand der Christen gesagt worden ist (VV. 22-24!) und was auch noch in den VV. 26f als eine „Verheißung" (!) für die christliche Gemeinde geltend gemacht worden ist, steht seinerseits im Dienste der Mahnung und Warnung, den einmal gewonnenen Heilsstand nicht preiszugeben. Und gerade die Wendung μετὰ εὐλαβείας καὶ δέους in V. 28 setzt in dieser Hinsicht noch einen weiteren, sehr deutlichen Akzent: Hier geht es um „Furcht und Scheu" nicht nur schlechthin vor dem „Numinosen", sondern ganz konkret vor Gott, dem Richter[41]. Also: Furcht vor dem richtenden Gott ist die auch dem Christen angemessene Haltung!

Ein drohender Ton ist unüberhörbar, und er verschärft sich noch, wenn **V. 29** schließlich - solche Gottesfurcht begründend - noch hinzufügt: Auch „unser", der Christen Gott ist ein „verzehrendes Feuer"! Das ὁ θεός σου der LXX (Dtn 4,24 bzw. 9,3) wird hier betont in ein ὁ θεὸς ἡμῶν umgesetzt. Und ebenso hat einleitendes καὶ γάρ im Rahmen der den ganzen Kontext von V. 18 an bestimmenden Typologie Israel/Kirche betonende Bedeutung[42], und zwar nicht nur im Sinne der Identität Gottes („auch unser Gott" - wie einst der Gott Israels!), sondern (unter der Voraussetzung des Schlußverfahrens von V. 25) in einem noch verschärfenden Sinn: Was einst für das Volk Israel „nur" im Blick auf das Furcht und Schrecken verbreitende πῦρ κεκαυσμένον (V. 18) galt, das gilt nunmehr für die Christen im Blick auf den Gott, der als solcher ein „verzehrendes Feuer" ist.[43] Πῦρ καταναλίσκον, das ist hier bildliche Umschreibung für den „eifernden"

---

[39] Die Wendung ist sowohl in der Reihenfolge der Wörter als auch hinsichtlich des Wortbestandes selbst recht unterschiedlich überliefert. Möglicherweise ist dies daraus zu erklären, daß hier eine (mitunter auch anders überlieferte!) geprägte Wendung vorliegt. Zumindest die Lesart μετὰ αἰδοῦς καὶ εὐλαβείας (K L Ψ sowie die meisten Minuskelhandschriften) ist so auch bei Philon, LegGai 352, überliefert; vgl. auch Mut 201. Bei der Lesart αἰδοῦς (statt δέους. So ℵ² D² P usw.) liegt eventuell eine Verschreibung (aus καὶ δέους) vor. Das Gewicht der besten Bezeugung (P⁴⁶ℵ * A C D usw.) hat in jedem Falle die Lesart μετὰ εὐλαβείας καὶ δέους für sich.

[40] Vgl. H. BALZ, ThWNT IX, S. 211f, mit Hinweis auch auf 1 Petr 1,17. Vgl. auch 3,2.16.

[41] Vgl. vor allem die Verbindung von εὐλαβεία bzw. δέος mit φόβος bei Philon, All III 113; Virt 24; Rer 23; VitMos II 251; LegGai 325 sowie die Verbindung εὐλαβούμενος und „Furcht (δέος) vor Strafen" in SpecLeg IV 6. Sachlich entspricht die Verbindung εὐλαβεία - δέος in Hebr 12,28 durchaus der Wendung μετὰ φόβου καὶ τρόμου in 2 Kor 7,15; Phil 2,12; Eph 6,5; vgl. auch 1 Kor 2,3 sowie H. BRAUN S. 446f. Für Hebr selbst ist auch auf 12,21 (Mose) zu verweisen.

[42] Die Lesart des Codex D* - κύριος statt καὶ - ist aus sekundärer Angleichung an LXX Dtn 4,24 bzw. 9,3 zu erklären.

[43] Zur „inclusio" durch das Stichwort πῦρ vgl. A. VANHOYE, La structure littéraire, S. 209.

Gott, „eifernd" gegen diejenigen, die die von ihm gesetzte διαθήκη vergessen und zum Götzendienst abfallen; „Feuer", das ist hier zugleich Symbol für die unnahbare Majestät Gottes[44], bildlicher Ausdruck aber auch – wie bereits in 10,27 – für das Gericht Gottes[45]. Dies alles verbindet sich hier miteinander – und bleibt am Ende von Hebr 12 zunächst das letzte Wort. „Unser", der Christen Gott, das ist hier nicht (mehr) der nahe Gott, zu dessen „Thron der Gnade" die Christen in der Zuversicht des Glaubens „hinzutreten", sondern vielmehr der ferne, auf Unnahbarkeit bedachte Gott: eben ein „verzehrendes Feuer", dem allzu nahe zu treten sich von selbst verbietet. Was mit diesem Gottesbild im Kontext des Hebr konkret gemeint und beabsichtigt ist, ist offensichtlich: „Unser", der Christen Gott ist und bleibt derjenige, der Rechenschaft fordert hinsichtlich der „Wohlgefälligkeit" des Gottesdienstes der Christen (V. 28). Welche konkrete Gestalt solche „Wohlgefälligkeit" des Gottesdienstes der Christen haben soll, wird das 13. Kapitel des Hebr alsbald im einzelnen ingestalt sehr konkreter Mahnungen ausführen. Gleichwohl stellt sich an dem so akzentuierten Ende des 12. Kapitels die Sachfrage, ob die hier geforderte „Ethik der Dankbarkeit" (W. SCHENK) sich an dieser Stelle des Hebr jedenfalls zu einem „Ethos" verselbständigt hat, das unter dem Diktat der Schrecken des Strafgerichts Gottes steht und bei dem das indikativische (und zu entsprechendem Handeln motivierende) προσεληλύθατε von V. 22 ebenso wie die χάρις τοῦ θεοῦ von V. 15 am Ende aus dem Blick geraten ist? Kehrt der Autor hier am Ende des 12. Kapitels nicht doch zu dem überwundenen Status von V. 18 zurück, so daß am Ende auch für die Christen (noch) der Schreckensruf des Mose gilt: ἔκφοβός εἰμι καὶ ἔντρομος (V. 21)?[46]

Umso wichtiger ist angesichts dieser Sachfrage an den Hebr: Überzeugungskraft der Glaubensparänese ist am Ende nicht aus der Warnung vor Gottes Strafgericht zu gewinnen, sondern allein aus der Zuordnung solcher Mahnung und Warnung zum christologischen Indikativ, wie er sich

---

[44] Vgl. Dan 7,9; 10,6; äthHen 14,19.22; syrBar 21,6; Apk 11,5; im Hebr selbst vgl. 1,7 (LXX Ps 10,3,4) sowie 12,18. Dazu: F. LANG, ThWNT VI, S. 934ff. 941; V. HAMP, ThWAT I, S. 459ff, sowie J. G. HEINTZ, Le Feu ,dévorant', un symbole du triomphe divin dans l'Ancien Testament ..., in: Le Feu dans le Proche-Orient antique. Colloque de Strasbourg 1972, Leiden 1973, S. 63–78; H. LICHTENBERGER, EWNT III, Sp. 479ff.

[45] So außerordentlich häufig in der biblisch-jüdischen Tradition. Vgl. die Belege bei F. LANG, ThWNT VI, S. 934f (Altes Testament); S. 937f (Apokalyptik); S. 938 (Qumran). Für das Neue Testament vgl. Mt 3,10 par; 25,41; 1 Kor 3,13.15; 2 Thess 1,8; 2 Petr 3,7 sowie Hebr 6,8; 10,27. Dazu: F. LANG, a.a.O., S. 941ff.

[46] Vgl. G. THEISSEN, Untersuchungen zum Hebr, S. 86: „Die Grundstimmung des Hb ist ... das Erschrecken vor der göttlichen Majestät, vor jener dunklen und lodernden Gewalt, die er gerne im Bilde des Feuers beschwört". Zur Sachproblematik vgl. H. BRAUN S. 447: „Hb müßte 1J 4,17f widersprechen ..."; S. 448: „Die Exegesegeschichte kritisiert den Hb indirekt; durch umdeutende Abschwächung"! sowie bes. W. SCHENK, STL 39 (1985) S. 90: „Dennoch ist dies eine Dankbarkeit im Rahmen der Strafgerichtsschrecken"! – entsprechend dann S. 90ff zur „Problematik einer Ethik der Dankbarkeit".

im 12. Kapitel zumindest zu seinem Anfang, in 12,1-3, andeutet. Von daher gesehen ist es gewiß auch kein Zufall, daß die Umsetzung der am Ende von Hebr 12 in so scharfer Gestalt ausgesprochenen Mahnung und Warnung in konkrete Glaubensparänese in Hebr 13 ihrerseits wiederum die Beziehung zum christologischen Indikativ herstellt (13,7ff).

4) 13,1-17: Die Gestalt des gottwohlgefälligen Gottesdienstes[1]

Stellung und Funktion im Kontext:

Sowohl in formal-stilistischer als auch in sachlich-thematischer Hinsicht stellt das 13. Kapitel des Hebr keineswegs eine in sich geschlossene Einheit dar. Das gilt nicht erst im Blick auf den Übergang von 13,17 zum Briefschluß 13,18ff, der in dieser Gestalt als Abschluß einer stilgemäß komponierten Mahn- und Trostrede (13,22) zunächst nicht zu erwarten ist, sondern auch schon im Blick auf den Teilabschnitt 13,1-17. Lose aneinander gereihte Mahnungen im Stile der traditionellen urchristlichen Paränese in 13,1-6 werden spätestens mit 13,8 abgelöst durch eher thematische, vorzüglich christologisch orientierte Ausführungen, die – zu einem Teil jedenfalls – mehr oder weniger deutlich auf die zentrale christologische Lehre des Hebr (7,1-10,18) Bezug nehmen, am Ende jedoch (13,17) wiederum in direkte Paränese an die Adressaten einmünden (und damit zugleich zum Briefschluß 13,18ff überleiten). Zu fragen bleibt – von daher gesehen –, in welchem Verhältnis dieses so eigenartig strukturierte Kapitel zu jener Glaubensparaklese und -paränese steht, wie sie im dritten Hauptteil des Hebr insgesamt und insbesondere im 12. Kapitel vorgetragen wird.

Die für den Text- und Sachzusammenhang 13,1-17 gewählte Überschrift „Die Gestalt des gottwohlgefälligen Gottesdienstes" gibt auf diese Frage eine Antwort in dem Sinne, daß Hebr 13 die Ausführung bzw. Konkretion des Stichwortes vom „gottwohlgefälligen Gottesdienst" darstellt, wie es ausdrücklich in 12,28 formuliert war. Solche Zuordnung des 13. Kapitels zum 12. Kapitel ist – auf den ersten Blick jedenfalls – nicht selbstverständlich, da das Thema und Stichwort des „Gottesdienstes" im 13. Kapitel ja erst in V.15 wieder auftaucht und – darüber hinaus – der Übergang von Hebr 12 zu Hebr 13 – schon unter formal-stilistischem Aspekt gesehen – einigermaßen unvermittelt erscheint. War der Teilabschnitt 12,18-29 durch eine Art „homiletischer" Erörterung bestimmter biblischer Themen bestimmt, so folgt nunmehr – zunächst jedenfalls in 13,1-6 – eine lockere Aneinanderreihung einzelner Mahnungen, in 13,7ff sodann eher thematisch orientierte Ausführungen, die allesamt – abgesehen allenfalls von 13,9-11 – kaum irgendeine Beziehung auf die konkrete Absicht und Zielstellung des Hebr erkennen lassen, umso eher dagegen – was jedenfalls die Mahnungen 13,1-6 betrifft – Berührungen mit der traditionellen Paränese der urchristlichen Briefliteratur aufweisen.

Der Übergang von Hebr 12 zu Hebr 13 erscheint somit wie der Übergang in ein

---

[1] Lit.: F.V. FILSON, ‚Yesterday'. A Study of Hebrews in the Light of Chapter 13 (SBT. Sec. Ser. 4), London 1967; J. THURÉN, Das Lobopfer der Hebräer. Studien zum Aufbau und Anliegen von Hebräerbrief 13 (AAAbo. H 47, Nr. 1), Abo 1973; A. VANHOYE, La question littéraire des Hébreux XIII, 1-6, NTS 23 (1976/77) S. 121-139.

anderes literarisches Genus: An die Stelle einer „Homilie" tritt nunmehr der Stil eines „Briefes"[2]. Welche Konsequenzen sich aus solchem Stilbruch für die Beurteilung von Hebr 13 im Verhältnis zum übrigen Hebr ergeben, ist nach wie vor umstritten. Übereinstimmung besteht immerhin darin, daß die Tragweite wortstatistischer Analysen in dieser Hinsicht nicht zu überschätzen ist. Auch wenn im Ergebnis solcher Analysen der eigene Charakter von Hebr 13 nur umso deutlicher hervortritt (und in diesem Zusammenhang u. a. auch ein – im Verhältnis zum übrigen Hebr gesehen – relativ hohes Maß an „Paulinismen" festzustellen ist)[3], kann doch aus alledem nicht die Schlußfolgerung gezogen werden, daß in diesem letzten Kapitel des Hebr ein sekundärer Nachtrag zu einem ursprünglich nur die Kapitel 1-12 umfassenden Hebr vorliegt[4]. Die Eigenart von Hebr 13 in dieser Hinsicht (und speziell auch die „Paulinismen" dieses Kapitels) erklären sich vielmehr relativ einfach und zwanglos aus der Teilhabe dieses Kapitels an der traditionellen, gemein-urchristlichen Paränese. Gleichwohl wird auch gegenwärtig noch vielfach an der Auffassung festgehalten, daß Hebr 13 insgesamt nichts anderes sei als ein mit dem eigentlichen Corpus des Hebr (1-12) nur lose verbundener „Anhang" (o.ä.)[5].

Ohne den zugegebenermaßen abrupten stilistischen Übergang von Kapitel 12 zu 13,1ff wie auch die besondere Traditionsgebundenheit von Kapitel 13 zu bestreiten, gibt es jedoch andererseits ganz offensichtlich auch eine ganze Reihe von Motiven und Themen, die Hebr 13 mit dem Corpus von Hebr 1-12 verbinden und dieses Kapitel sogar als eine Entfaltung und Konkretion speziell von Hebr 12 erscheinen lassen[6]. Konkrete Mahnungen im Stil der gemein-urchristlichen Paränese gibt es ja auch schon in Hebr 12 (V.14!). Vor allem aber: Die an sich durchaus traditionelle Paränese in 13,1ff wird vorzugsweise mit Verben des „Bleibens" (V.1), des „Nicht-Vergessens" (VV.2.16), des „Gedenkens" (V.3) und des „Sich-Erinnerns" (V.7) vorgetragen, als Mahnung also an einen bereits etablierten Kreis von Adressaten, der als solcher von den hier angemahnten Verhaltensweisen schon Kenntnis hat, dem diese Verhaltensweisen jedoch aus gegebenem Anlaß wieder er-

---

[2] So O. Michel S.478, Anm.2: „Übergang der Predigt in eine lockere Form paränetischer Sprache und schließlich in die Briefform"; C. Spicq, II, S.415: „Cette brusque transformation ...". Vgl. auch C.C. Torrey, The Authorship and Character of the So-called ‚Epistle to the Hebrews', JBL 30 (1911) S.137-156, S.149: „The transition from noble imagery and sutained reasoning to this formless jumble of rather commonplace admonitions is so abrupt as to be painful"; A. Vanhoye, NTS 23 (1976/77) S.121.

[3] Vgl. dazu C.R. Williams, A Word-Study of Hebrews 13, JBL 30 (1911) S.129-136, spez. S.135f; C. Spicq, L'authenticité du chapitre XIII de l'épître aux Hébreux, CNT 11 (1947) S. 226-236. F. Filson, ‚Yesterday', S.22-25, weist in diesem Zusammenhang auch auf eine ebenso in anderen Briefen des Neuen Testaments beggenende „fourfold structure" in Hebr 13 hin. Vgl. auch C. Spicq, SBi, S.215.

[4] So noch C.C. Torrey, JBL 30 (1911) S.137-156, der zumindest die VV.1-7.16-18.22-25 für sekundäre Zusätze hält. Nach E.D. Jones, The Authorship of Hebrews XIII, ET 46 (1934/35) S.562-567, ist dieses Kapitel insgesamt ursprünglich der Schluß eines Briefes des Paulus an die Gemeinde in Korinth gewesen. Vgl. auch W. Wrede, Das literarische Rätsel des Hebr, S.68f. Kritisch dazu: F.F. Bruce S.386f; F. Filson, ‚Yesterday', S.15ff; J. Thurén, Das Lobopfer der Hebräer, S.50f, sowie E. Grässer, ThR 30 (1964) S.156.

[5] So u.a. B.F. Westcott S.XLIXf; O. Kuss S.215; C. Spicq, II, S.415; Ders., SBi, S.214. Zum Problem vgl. bes. J. Thurén, Das Lobopfer der Hebräer, S.51-53: „Hbr 13 ein Nachtrag?"; O. Michel S.478f.

[6] Vgl. dazu bes. F. Filson, ‚Yesterday', S.27ff: „The Key Themes of Chapter 13".

neut in Erinnerung gebracht werden müssen. Genau dies gilt nun aber nicht lediglich für diese Verhaltensweisen als solche, sondern auch – oder besser: mehr noch! – für deren Motivierung. Und zumal in dieser Hinsicht ist es auch für die Paränese von Hebr 13 charakteristisch, daß der Autor im unmittelbaren Zusammenhang mit seinen konkreten Mahnungen wiederum auf grundlegende christologische Sachverhalte zu sprechen kommt, die – in der Art, wie sie hier vorgetragen werden – eindeutig die zentrale christologisch-soteriologische Argumentation von Hebr 1–12 voraussetzen (13,10–14!) und ihrerseits wiederum die konkrete Mahnung an die Adressaten begründen (13,13: τοίνυν; 13,15: δι' αὐτοῦ οὖν). Und schließlich: Zwischen Hebr 12 und Hebr 13 besteht vor allem insofern ein Zusammenhang, als die das Kapitel 12 abschließende Mahnung zu einem „gottwohlgefälligen Gottesdienst" (12,28) auch in Hebr 13 keineswegs aus dem Blick kommt: Kultische Terminologie hinsichtlich des wahren Gottesdienstes der Christen bestimmt jedenfalls die VV.15 und 16, ja erscheint hier in besonderer Weise akzentuiert[7]. Die „Grundparänese" in 12,28 einerseits und 13,15f andererseits stellt somit den Rahmen dar für alle in diesem Kapitel ansonsten vorgetragene Paränese, so daß – von daher gesehen – die letztere geradezu als Entfaltung und Konkretion jener „Grundparänese" gelten muß[8].

Auch das 13. Kapitel hat in diesem Sinne Anteil an jener „Erinnerung" der Adressaten, wie sie den ganzen Hebr als „Trost- und Mahnrede" bestimmt: Erinnerung an das, was die Adressaten – als Getaufte – immer schon sind und was es auch und gerade unter belastenden Bedingungen des Glaubens nicht zu vergessen gilt; Erinnerung damit zugleich aber auch an das, was sich aus solchem Sein des Christen als Konsequenz für das konkrete Verhalten und Handeln ergibt. Ganz in diesem Sinne steht das „Vergeßt nicht" in 13,2 und 13,16 in einer ganz konkreten paränetischen Ausrichtung, eine Grundmahnung, die die einzelnen Mahnungen, wie sie im übrigen in diesem Kapitel vorgetragen werden, rahmt und sich in V.16 („an solcher Art von Opfern hat Gott Wohlgefallen") auf die Grundparänese von 12,28 zurückbezieht. Ganz in diesem Sinne wird aber auch in diesem letzten Kapitel des Hebr dasjenige noch einmal zur Geltung gebracht, was alles konkrete Tun und Verhalten der Christen zuallererst motiviert: Διὸ καὶ Ἰησοῦς … τοίνυν ἐξερχώμεθα (13,13). Die sachlich-theologische Grundstruktur des Hebr als „Trost- und Mahnrede" insgesamt stellt sich so noch einmal in seinem letzten Kapitel dar[9],

---

[7] Entsprechend möchte J. THURÉN, Das Lobopfer der Hebräer, S.247 (und passim), die Mahnung von 13,15f als „Zielpunkt" von 13,1–21 verstehen.

[8] Zu 13,1ff als Entfaltung von 12,28 vgl. bes. J. THURÉN, Das Lobopfer der Hebräer, S. 53ff.211.221f und S. 234f: Das Kapitel ist „eine systematisch aufgebaute Ermahnung, einen wohlgefälligen Gottesdienst zu feiern". Vgl. auch A. VANHOYE, NTS 23 (1976/77) S.138. – Zu 12,14–13,18 (sic!) als einem in sich geschlossenen Zusammenhang vgl. A. VANHOYE, a.a.O., S. 139; DERS., La structure littéraire, S. 205ff sowie S. 269: „entre le culte (12,28) et la vie concrète (13,1–6), il ne doit plus y avoir séparation, mais identification. Ce point sera explicitement confirmé en 13,16".

[9] Woraus indes nicht die Schlußfolgerung gezogen werden kann, daß dieses Kapitel den „Schlüssel" zum Hebr insgesamt darstellt bzw. daß die Kapitel 1–12 im Grunde nur dies Schlußkapitel „vorbereiten"! So J. THURÉN, Das Lobopfer der Hebräer, S.55f (zu F. FILSON, ‚Yesterday') und S. 246f: „Hbr 1–12, Entfaltung von Hbr 13". Solche Auffassung scheitert bereits daran, daß der Rückbezug auf den christologischen Grund der Paränese in 13,10ff seinerseits die Entfaltung der Hohenpriester-Christologie in Hebr 5,1–10,18 voraussetzt und im

in diesem Zusammenhang dann am Ende auch – im Übergang insbesondere von V. 7 zu V. 8 – der christologische Charakter des Glaubens im Hebr: „Christologischer Charakter" des Glaubens insofern, als dieser Glaube sich in seinem Festbleiben sich nicht selbst verdankt, sondern demjenigen sich verdankt, der – wie es in V. 8 heißt – „gestern und heute und in Ewigkeit derselbe ist".

Was die Ausführung solcher christologisch-paränetischen Grundstruktur betrifft, so lassen sich in Hebr 13 zwei Abschnitte zunächst voneinander unterscheiden: einmal die das Kapitel einleitende Aneinanderreihung einzelner Mahnungen in 13,1–6 und zum anderen der durch die Mahnung hinsichtlich der „Gemeindevorsteher" (ἡγούμενοι) gerahmte Abschnitt 13,7–17. Davon deutlich abgesetzt ist der Briefschluß 13,18–25, in dem der Autor schließlich auf die eigenen Belange in seinem Verhältnis zu seinen Adressaten zu sprechen kommt[10].

4.1) 13,1–6: Generelle Mahnungen für das Verhalten der Christen

1 Die Bruderliebe soll bleiben.
2 Gastfreundschaft sollt ihr nicht vergessen, denn durch sie haben einige, ohne es zu erkennen, (sogar) Engel beherbergt.
3 Gedenkt, gleichsam als Mitgefangene, der Gefangenen; der Notleidenden als solche, die selbst (noch) im Leibe sind.
4 Ehrbar soll die Ehe unter (euch) allen sein, und das Ehebett ohne Befleckung, denn die Unzüchtigen und Ehebrecher wird Gott richten.
5 Frei von Geldgier soll der Wandel sein, indem man sich mit dem begnügt, was (gerade) zur Verfügung ist. Er selbst hat doch gesagt: ‚Gewiß nicht werde ich dich aufgeben, und nimmermehr will ich dich verlassen',
6 sodaß wir voller Zuversicht sagen können: ‚Der Herr ist mir Helfer. Und (so) will ich keine Furcht haben. Was (schon) wird mir ein Mensch antun (können)?!'

Die in V. 1 beginnende Reihe einzelner Mahnungen zum Verhalten der Christen läßt – sieht man allenfalls von einer Beziehung zwischen V. 3 und 10,34 ab – zunächst keinerlei Bezug auf die konkrete Situation der Adressaten des Hebr erkennen, sondern ist ganz im Stil und Sinn der traditionellen gemeinurchristlichen Gemeindeparänese gehalten. „Usuelle", nicht „aktuelle" Mahnung liegt hier vor[11].

Kontext von Hebr 13,1–17 auf die Paränese ausgerichtet ist. Vgl. auch F. LAUB, Bekenntnis und Auslegung, S. 270, Anm. 259.

[10] Formal gesehen läßt sich anhand der Stichworte ἀναστροφή (V. 1) und ἀναστρέφεσθαι (V. 18) auch eine den Abschnitt 13,1–18 rahmende inclusio feststellen. Daraus kann jedoch nicht die Schlußfolgerung gezogen werden, daß auch V. 18 noch zum vorangehenden Abschnitt 13,1–17 gehört (so A. VANHOYE, La structure littéraire, S. 211; J. THURÉN, Das Lobopfer der Hebräer, S. 71), da mit V. 18 eindeutig – im Unterschied zur vorangehenden Gemeindeparänese – im Rahmen des Briefschlusses die eigene Rechenschaftslegung des Autors beginnt.

[11] Vgl. M. DIBELIUS, Die Formgeschichte des Evangeliums, S. 234ff spez. S. 240: „didaktische Gewohnheit"; speziell zu Hebr 13,1–17: DERS., ThR 3 (1931) S. 209: „ein Stück der üblichen urchristlichen Paränese, das vom Verfasser nicht geschaffen, sondern übernommen und gelegentlich kommentiert wird (am deutlichsten in 13,10–15)". Vgl. weiter A. SEEBERG, Der Katechismus der Urchristenheit, S. 9ff; J. THURÉN, Das Lobopfer der Hebräer, S. 57ff, spez.

Daraus ist – formal gesehen – das unverbundene Nebeneinander der einzelnen Mahnungen zu erklären[12], in sachlicher Hinsicht darüber hinaus auch ihr gemeindebezogener bzw. gemeindeinterner Charakter. Letzteres zeigt sich bereits in den VV. 1–3, die – sofern die knappe einleitende Mahnung zur „Bruderliebe" (V. 1) in den VV. 2–3 entfaltet wird – eine sachliche Einheit darstellen.

Der Imperativ μενέτω in V. 1 setzt dabei die Gegebenheit der „Bruderliebe" im Adressatenkreis des Hebr voraus, ermahnt aber zugleich – was angesichts gewisser Abspaltungstendenzen in der Gemeinde des Hebr möglicherweise nicht ganz inaktuell ist – zum Festhalten an solcher Tugend. In Entsprechung zur Mahnung zur „Bruderliebe" in der übrigen urchristlichen Briefliteratur, wo die φιλαδελφία im Sinne des ἀλλήλους ἀγαπᾶν präzisiert wird[13], gilt sie für den Raum der christlichen Gemeinde, die im Hebr – wie auch sonst im Urchristentum – als eine „Bruderschaft" (ἀδελφότης) der Glaubenden verstanden wird[14]. Diese Begrenzung schließt freilich – was den Kontakt mit Christen aus anderen Gemeinden betrifft – eine gewisse Offenheit und Durchlässigkeit der Grenzen der Gemeinde nicht aus.

In diesem Sinne ist die in V. 2 folgende Mahnung, „die Gastfreundschaft nicht zu vergessen", notwendige Konkretion der Grundmahnung von V. 1. Auch im Blick auf sie gilt, daß die Verbindung von φιλαδελφία und φιλοξενία – worauf zumindest Röm 12,10.13 hinweist – in der urchristlichen Paränese bereits traditionell ist[15]. So kann aus dieser Mah-

---

S. 67f; A. VANHOYE, NTS 23 (1976/77) S. 133f; K. BERGER, in: ANRW II 23/2, S. 1348–1350; DERS., Formgeschichte des Neuen Testaments, S. 141f.

[12] Auch hier wird verschiedentlich der Versuch gemacht, eine kunstvolle Gliederung nachzuweisen. So besonders von A. VANHOYE, NTS 23 (1976/77) S. 123f, der – vom dreimaligen γάρ in V. 2, V. 4 und V. 5 ausgehend – zu einer Gliederung in drei Sinnabschnitte gelangt. Indes wird dieser Versuch dadurch relativiert, daß die jeweils mit γάρ eingeleiteten Sätze in V. 2b, V. 4b und V. 5b in sachlicher Hinsicht auf je unterschiedlicher Ebene liegen: Was in V. 2b gleichsam anthropologisch begründet wird, wird in V. 4b und V. 5b (in wiederum unterschiedlicher Akzentsetzung!) theologisch begründet. Noch weniger überzeugend ist die von J. THURÉN, Das Lobopfer der Hebräer, S. 208, vorgeschlagene Gliederung in „zwei Doppelmahnungen" (VV. 1f und V. 3), „zwei Doppelwarnungen" (V. 4 und V. 5a) und zwei Zitate (V. 5b und V. 6). Kritisch dazu bereits A. VANHOYE, a.a.O., S. 122f.

[13] So 1 Thess 4,9 und 1 Petr 1,22. Entsprechend Röm 12,10: ἡ φιλαδελφία ἀλλήλους. Vgl. auch die Tugendkataloge in 1 Petr 3,8 und 2 Petr 1,7 (φιλαδελφία neben ἀγάπη); 1 Clem 47,5; 48,1 sowie 2 Makk 15,14: φιλάδελφος ist derjenige, der „für sein eigenes Volk" eintritt. Neben κοινωνία steht φιλαδελφία bei Philon, Virt 80; vgl. auch Quaest in Gen IV 200 sowie Hebr 13,16. Im engeren Sinn der Liebe der „Brüder" untereinander steht φιλαδελφία in 4 Makk 13,23.26; 14,1. Vgl. auch Philon, LegGai 87; Josephus, Ant IV 26 sowie den entsprechenden hellenistischen Sprachgebrauch, z. B. bei Plutarch, De fraterno amore (II 478 A – 492 D). Zum Ganzen vgl. H. v. SODEN, ThWNT I, S. 146; E. PLÜMACHER, EWNT III, Sp. 1014f.

[14] Zu ἀδελφότης vgl. 1 Petr 2,17; 5,9. Dazu L. GOPPELT, Der erste Petrusbrief, S. 129f.

[15] Vgl. auch Kol 3,1ff; Eph 5,1ff. Zur Mahnung zur φιλοξενία vgl. 1 Petr 4,8f (neben ἀγάπη); 1 Tim 3,2; 5,20f; Tit 1,8 sowie 1 Clem 10,7; 11,1; 12,1.13. Zur Sache vgl. auch Röm 16,1f.

nung nicht die Schlußfolgerung gezogen werden, daß speziell beim Adressatenkreis des Hebr ein Defizit in dieser Hinsicht bestanden hat[16]. Bei der Motivierung dieser Mahnung in V. 2b wird – zunächst sehr vordergründig und somit auch ganz im Unterschied zu den Begründungen in V. 4b und V. 5b – an die Einsicht in die Zweckmäßigkeit des geforderten Verhaltens appelliert: „Es könnte ja immerhin sein, daß ihr auf diese Weise einen Engel (Gottes) als Gast aufnehmt"![17] Immerhin wird so an dieser Stelle wiederum ein eigener, für den Hebr typischer Akzent gesetzt, indem ein bestimmter Aspekt der biblisch-jüdischen Tradition für die Paränese fruchtbar gemacht wird. Mit unbestimmten τινες wird hier offensichtlich auf das entsprechende Verhalten des Abraham (Gen 18,2ff) oder des Lot (Gen 19,1ff), vielleicht auch auf das des Tobias (Tob 5,4ff) angespielt[18]. Der Gedanke einer Belohnung solchen Verhaltens wird dabei zwar nicht ausdrücklich ausgesprochen, ist aber in dieser Motivierung durchaus eingeschlossen[19].

Entfaltung und Konkretion der Grundmahnung von V. 1 ist schließlich auch in V. 3 die Mahnung zum „Gedenken an die Gefangenen und Mißhandelten". Im Kontext des Hebr – wie überhaupt im Urchristentum – geht es dabei um ein durchaus tätiges „Gedenken", das – ganz im Sinne von Mt 25,36! – die aktive Solidarität mit den Gefangenen und Mißhandelten einschließt (und zwar durchaus im Wissen um die möglichen Konsequenzen solcher Solidarisierung in der jeweils konkreten Bedrohungssituation!). Wenngleich solche besondere Mahnung – nach Ausweis wiederum von Röm 12,13 – in der urchristlichen Paränese nicht singulär ist, ist doch zumindest an dieser Stelle ein Bezug zur konkreten Situation der Adressaten des Hebr gegeben: Bereits in 10,34 war ja im Zusammenhang

---

[16] Gleiches gilt auch für die Vermutung, daß es hier speziell um die gastfreundliche Aufnahme von verfolgten Brüdern geht. So (mit Hinweis auf 10,32ff) J. THURÉN, Das Lobopfer der Hebräer, S. 209 mit Anm. 715.

[17] Διὰ ταύτης bezeichnet also die Ausübung der Gastfreundschaft. Bemerkenswert in V. 2 ist in formaler Hinsicht der Chiasmus in der Abfolge φιλοξενία – ἐπιλανθάνεσθε – ἔλαθον – ξενίσαντες nach dem Schema a-b-b-a (vgl. A. VANHOYE, NTS 23 (1976/77) S. 124f) sowie die klassisch-griechische Konstruktion ἔλαθον mit Partizip (ξενίσαντες). Vgl. dazu BL.-DEBR.-R. §§ 414,5; 435,1; H. BRAUN S. 450f.

[18] Für letzteres Beispiel könnte immerhin der Umstand sprechen, daß die Verbindung von ἔλαθον mit einem Partizip ebenfalls in Tob 12,13 begegnet: οὐκ ἔλαθές με ἀγαθοποιῶν. Vgl. J. THURÉN, Das Lobopfer der Hebräer, S. 209. In 1 Clem wird ausdrücklich auf Abraham (10,7), Lot (11,1) sowie auch auf Rahab (12,1.3) als Beispiele der Gastfreundschaft verwiesen; bei Philon, Abr 107, aufgrund von Gen 18,24 auf Abraham als Beispiel der φιλανθρωπία (im Gegensatz zur Ungastlichkeit der Ägypter! vgl. Weish 19,14). Abr 114 wird das „gastfreundliche Wesen" (τὸ φιλόξενον) Abrahams als πάρεργον der „größten Tugend", der θεοσέβεια, gekennzeichnet. Nach Virt 105 schließlich gehört die φιλοξενία entsprechend dem mosaischen Gebot zu den Äußerungen der Philanthropie speziell im Blick auf die μέτοικοι. Vgl. auch Josephus, Ant I 196ff.

[19] Ausdrücklich genannt wird der „Lohn" für Abraham, Lot und Rahab in 1 Clem 10,7; 11,1; 12,1.

der Erinnerung der Adressaten an ihre „früheren Tage" ausdrücklich vom „Mitleiden mit den Gefangenen" die Rede. Das „Sich-Erinnern" im Status (ὡς) des „Mitgebundenseins" erweist sich also konkret in der κοινωνία mit denen, die solches erleiden (10,33!), das heißt: in einer Gemeinschaft, die sich in der εὐποιΐα an den von solchem Schicksal Betroffenen äußert[20]. Da das zweite Glied der Mahnung in synonymem Parallelismus zum ersten steht, ist bei den κακουχούμενοι nicht schlechthin an „Notleidende" zu denken, sondern ganz konkret an solche, die um ihres Glaubens willen der Mißhandlung ausgesetzt sind[21]. Noch deutlicher wird solche Mahnung auf die (von jener Mißhandlung noch nicht unmittelbar betroffenen) Adressaten durch die (parallel zu ὡς συνδεδεμένοι in V. 3a stehende) Wendung ὡς καὶ αὐτοὶ κτλ. ausgerichtet: Als solche, die „selbst" noch ἐν σώματι, in leiblicher Existenz (und somit ebenso wie jene an ihrem Leib verletzbar!), sind, sollen sie der unmittelbar Betroffenen „gedenken", in „Sympathie" (10,34) und Solidarität mit ihnen, so jedenfalls, als erführen sie das Schicksal jener am eigenen Leibe![22]

Sachlich-thematisch unvermittelt, gerade so aber wiederum typisch für die urchristliche Spruchparänese, schließt sich in V. 4 eine wiederum im synonymen Parallelismus formulierte generelle Mahnung zur Ehe- und Sexualmoral an: „Bei allen (ohne Ausnahme! nicht also: „in jeder Hinsicht") soll die Ehe in Ehren stehen ..."[23]. Es gibt im Hebr keinerlei Hin-

---

[20] Vgl. bereits 10,33f sowie 13,16. Die Wendung ὡς συνδεδεμένοι erklärt sich also aus dem dem Hebr eigenen κοινωνία-Motiv (10,33; 13,16) und hat somit nicht das paulinische Motiv vom „Leib Christi" zur Voraussetzung. Gegen O. MICHEL S. 481; dazu: J. THURÉN, Das Lobopfer der Hebräer, S. 209f. Für Paulus vgl. Röm 12,13: ταῖς χρείαις τῶν ἁγίων κοινωνοῦντες, τὴν φιλοξενίαν διώκετε. Ein eindrückliches Beispiel solchen (für die Christen charakteristischen!) Verhaltens nennt Lukian, De morte Peregrini 12f. Vgl. dazu W. L. LANE, Unexpected Light on Hebrews 13:1-6 from a Second Century Source, PRSt 9 (1982) S. 267-274 (Übersetzung des genannten Textes: S. 272).

[21] Vgl. die κακουχούμενοι im Märtyrerkatalog 11,37 (neben θλιβόμενοι). Zur Sache vgl. auch 10,33 sowie das von Mose in 11,25 ausgesagte συγκακουχεῖσθαι mit den vom Volk Israel in Ägypten erlittenen Mißhandlungen. Vgl. J. THURÉN, Das Lobopfer der Hebräer, S. 210.

[22] Auch hier spielt das „Leib-Christi"-Motiv im Sinne des Paulus (trotz des sachlichen Anklangs an 1 Kor 12,26) keine Rolle, ebensowenig aber auch eine gnostische Vorstellung vom „Leib" als „Exponent der Materie"! Gegen E. KÄSEMANN, Das wandernde Gottesvolk, S. 54. Vgl. auch F. J. SCHIERSE, Verheißung und Heilsvollendung, S. 105: „Im Leibe sein (13,3) wird als quälende, zwanghafte Gefangenschaft empfunden, aus der man Befreiung erhofft"; G. THEISSEN, Untersuchungen zum Hebr, S. 63.122, sieht dementsprechend in 13,3 (wie in 2,11.14 und 12,9!) einen Beleg für die im Hebr vorausgesetzte „Präexistenz des menschlichen Selbst"! vgl. aber auch O. MICHEL S. 481. Kritisch dazu: O. HOFIUS, Der Vorhang vor dem Thron Gottes, S. 77. Jedoch geht es hier gar nicht um eine „Befreiung" aus der leiblichen Existenz, sondern lediglich um das „Sein im Leib" als Bedingung der Möglichkeit der κοινωνία im Leiden. Hebr 13,3 liegt in diesem Sinn auf derselben Ebene wie die Antwort auf die Frage nach dem Nutzen der Verwandtschaft (συγγένεια) im hellenistisch-jüdischen Aristeasbrief (§ 241): ἐὰν ... κακοπαθῶμεν ὡς αὐτοί, φαίνεται τὸ συγγενὲς ὅσον ἰσχύον ἐστί.

[23] Analog zum Imperativ μενέτω in V. 1 ist in V. 4 (und V. 5) ἔστω zu ergänzen. Vgl. BL.-DEBR.-R. § 128,10. – Γάμος, im Neuen Testament sonst von der Hochzeitsfeier gebraucht,

weis darauf, daß dieses Thema durch bestimmte Probleme und Fragestellungen auf seiten der Adressaten des Hebr, so beispielsweise durch „ehefeindliche" bzw. generell asketische Neigungen der Adressaten[24], bedingt ist. Durchaus wahrscheinlicher handelt es sich auch hier vielmehr um einen Bestandteil der traditionellen jüdischen und urchristlichen Paränese, in der gerade dieses Thema seit jeher einen hohen Stellenwert hat, und zwar sowohl im Blick auf die Hochschätzung der Ehe als solche als auch im Blick auf die Abgrenzung gegenüber dem „lasterhaften" Heidentum. Die Warnung vor der πορνεία steht hier traditionell im Zusammenhang mit der Warnung vor dem Götzendienst[25]. Ganz in diesem Sinne wird auch bereits in der biblisch-jüdischen Tradition das Stichwort ἀμίαντος, „unbefleckt", in Verbindung mit der Warnung vor der (götzendienerischen) „Unzucht" benutzt[26]; und ebenso traditionell ist auch die diese Warnung mit Hinweis auf das Endgericht verschärfende Begründung in V. 4b (γάρ)[27].

Ebenfalls aus der hier rezipierten paränetischen Tradition ist zunächst der wiederum ganz unvermittelte Übergang zur Warnung vor Geld- bzw. Habgier in V. 5 zu verstehen. Sie entspricht jedenfalls der in der urchristlichen Paränese mehrfach in Verbindung mit der Warnung vor „Unzucht"

---

steht nur hier im Sinne der „Ehe". Das entspricht dem Sprachgebrauch der Papyri (vgl. J. H. MOULTON / G. MILLIGAN, The Vocabulary of the Greek New Testament, S. 121) und im hellenistischen Judentum (Weish 14,24.26; Philon, SpecLeg I 138; Josephus, Ant III 274; IV 245; Vita 4). Vgl. W. BAUER, Wörterbuch zum Neuen Testament, Sp. 303. Zu κοίτη im sexuellen Sinne („Beischlaf") vgl. auch Röm 9,10; 13,13. – In formaler Hinsicht liegt auch hier ein Chiasmus nach dem Schema a (τίμιος) – b (γάμος) – b (κοίτη) – a (ἀμίαντος) vor. Zumal von da aus gesehen ist deutlich, daß κοίτη hier den ehelichen Beischlaf bezeichnet.

[24] So F. DELITZSCH S. 667. Vgl. dagegen H. WINDISCH S. 117 sowie die Stellungnahme gegen die κωλύοντες γαμεῖν in 1 Tim 4,3. Möglicherweise ist durch solches Verständnis von V. 4 auch die Ersetzung des ursprünglichen γάρ in V. 4b durch ein adversatives δέ bedingt (C D² Ψ usw.).

[25] Von daher ist es auch zu verstehen, daß in 1 Thess 4,3ff die Mahnung, sich der πορνεία zu enthalten, an der Spitze der Reihe von Mahnungen steht. Für den entsprechenden Sachverhalt in den Lasterkatalogen der urchristlichen Paränese vgl. Gal 5,19ff; 1 Kor 5,9f; 6,9f.13ff; Kol 3,5f; Eph 5,3f; 1 Tim 1,9f. Zum Ganzen vgl. K. NIEDERWIMMER, Askese und Mysterium (FRLANT 113), Göttingen 1975, S. 67ff, spez. S. 73f. K. NIEDERWIMMER erörtert Hebr 13,4 bezeichnenderweise unter der Überschrift „Nachwirkungen des judenchristlichen Sexualrigorismus" (a.a.O., S. 162ff).

[26] Vgl. LXX Gen 49,4 (von Ruben): μιαίνειν in Verbindung mit κοίτη; Weish 3,13: ἀμίαντος – κοίτη sowie Paralip I 5,1; TestRub 1,6; Weish 14,26; Philon, SpecLeg I 138. – In Hebr 7,26 steht ἀμίαντος demgegenüber zur Bezeichnung der kultischen Reinheit des Hohenpriesters. Vgl. auch 1 Petr 1,4 und Jak 1,27 (hier von der „reinen und unbefleckten Gottesverehrung").

[27] Vgl. entsprechend 1 Thess 4,6 (im Zusammenhang mit 4,3!); Kol 3,6: δι' ἃ ἔρχεται ἡ ὀργὴ τοῦ θεοῦ; Eph 5,5; 1 Kor 6,9f. Zur Motivierung des Handelns durch Hinweis auf das Endgericht vgl. auch Hebr 10,27.30f. – Die Lesart δέ statt γάρ (C D² Ψ usw.) ist möglicherweise aus der analogen Formulierung in 1 Kor 5,13 eingedrungen.

begegnenden Warnung vor „Habgier" (πλεονεξία)[28], liegt jedoch im Hebr an dieser Stelle nichtsdestoweniger in einer besonderen Akzentuierung vor: Gewarnt wird hier vor einer Sinnesart und der daraus erwachsenden Lebensweise (τρόπος)[29], die auf Geld, Besitz und Eigennutz bedacht ist. Wenn ihr hier im Hebr die „Genügsamkeit", das Sichbegnügen mit dem „Gegebenen" bzw. „Vorhandenen" (τοῖς παροῦσιν) gegenübergestellt wird[30], so zeigt sich hier – wie entsprechend auch in den Pastoralbriefen des Neuen Testaments[31] – zunächst eine typische „hellenistische" Rezeption jener urchristlichen Tradition. Ἀφιλάργυρος, ἀφιλαργυρία sind geläufige Stichwörter hellenistischer Tugendtafeln[32]; und die Warnung vor der φιλαργυρία, der „Wurzel allen Übels" (1 Tim 6,10), und – ihr entsprechend – die Mahnung zur „(Selbst-)Genügsamkeit" (αὐτάρκεια)[33] gehören zu den stereotypen Sentenzen im Umkreis einer kynisch-stoischen Lebensphilosophie[34]. Ganz analog zu 1 Tim 6,6–10 wird also auch hier zunächst der für diese Art hellenistischer Philosophie charakteristische Gegensatz von φιλαργυρία und αὐτάρκεια vorausgesetzt, im Grunde also eine in jener Zeit durchaus geläufige Sentenz benutzt, wenn die Adressaten aufgefordert werden, „sich's an dem (jetzt) Gegebenen genug sein zu lassen" – so fast wörtlich auch bei Xenophon: οἷς τὰ παρόντα ἀρκεῖ[35]. Mit der

---

[28] Vgl. 1 Thess 4,3.6; 1 Kor 5,10f; 6,9f.; Kol 3,5; Eph 5,3.5. Hier hat die Verbindung von πορνεία und πλεονεξία (mit dem Götzendienst!) offensichtlich eine bestimmte jüdische Gruppenmoral zum Hintergrund. Vgl. TestLevi 14,5f; TestJuda 19,1; TestRub 4,6 sowie 1 QS IV 9ff; CD IV 15ff. Dazu: J. Thurén, Das Lobopfer der Hebräer, S. 213–215.

[29] Τρόπος in diesem Sinne auch 1 Reg 25,33; 2 Makk 5,22; 15,12; Xenophon, Cyr. VIII 3,49 sowie Did 11,8; W. Bauer, Wörterbuch zum Neuen Testament, Sp. 1649f; H. Braun S. 454. Der τρόπος ἀφιλάργυρος wäre damit „das spezifisch christliche Betragen". So P. Lampe, Die stadtrömischen Christen, S. 183, Anm. 195.

[30] Τὰ παρόντα bedeutet hier: „das Vorhandene" bzw. „das, was jetzt zur Verfügung steht". Vgl. 12,11: πρὸς τὸ παρόν. Die nur schwach bezeugte Lesart ἀρκούμενος (P46c 0121b usw.) bezieht das Partizip erleichternd auf voraufgehendes ὁ τρόπος, da der Plural ἀρκούμενοι sich allein aus den Adressaten der Paränese erschließen läßt.

[31] Ἀφιλάργυρος im Tugendkatalog 1 Tim 3,3; vgl. auch Did 15,1; Polyk 5,2; φιλάργυρος im Lasterkatalog 2 Tim 3,2. Vgl. auch die Sentenz 1 Tim 6,10: Die φιλαργυρία als die ῥίζα πάντων τῶν κακῶν sowie Polyk 4,1.

[32] Vgl. z. B. POxy 33 II 9–11: τὸ μὲν πρῶτον ἦ⟨ν⟩ φιλόσοφος, τὸ δεύτερον ἀφιλάργυρος, τ⟨ὸ⟩ τρίτον φιλαγαθός; Sammelbuch 8267,44 (C. Spicq, Notes I, S. 169): ἀρετή τε καὶ φιλαγαθία καὶ ἀφιλαργυρία πρόδηλος γένηται. Dazu: C. Spicq, Notes I, S. 53f.169; A. Deissmann, Licht vom Osten, S. 67.

[33] Das Partizip ἀρκούμενοι hat hier also imperativische Bedeutung. Vgl. BL.-Debr.-R. § 468,2b; 468,5. Vgl. entsprechend Röm 12,9ff; Kol 1,12; 3,9ff; Eph 4,1ff sowie Hebr 12,15.

[34] Zur Warnung vor der φιλαργυρία (als Symptom der Unfreiheit) und zum Gegensatz φιλαργυρία – αὐτάρκεια in der kynisch-stoischen Popularphilosophie vgl. G. A. Gerhard, Phoinix von Kolophon, Leipzig 1909, S. 57ff, spez. S. 61f; H. Almquist, Plutarch und das Neue Testament, Uppsala 1946, S. 127f; H. Braun S. 454f, sowie die zahlreichen hellenistischen Parallelen zur Sentenz von 1 Tim 6,10 bei M. Dibelius, Die Pastoralbriefe (HNT 13), Tübingen ³1955, S. 66; C. Spicq, Notes I, S. 53, Anm. 5.

[35] Conviv. IV 42. Vgl. auch Cyr. VIII 4,6; Anab VII 7,36; Demokrit, fr. 191; Epiktet, Diss.

„Selbst-Genügsamkeit" (Autarkie) im ursprünglich stoischen Sinne hat solche Maxime im Hebr gleichwohl nicht mehr als den Wortlaut gemein. Denn (V. 5b: γάρ!) die Freiheit dazu gewinnt nach dem Hebr der Mensch nicht im Rückgang auf sich selbst, in der Beschränkung also auf das, was ihm zur Verfügung steht und worüber er verfügen kann (τὰ ἐφ' ἡμῖν!), sondern durch den bzw. im Vertrauen auf den, der „selbst (und ein für allemal gültig!) gesagt hat: ..."[36]

Die an sich hellenistisch-stoische Maxime von V.5a wird in diesem Sinne durch das anschließende begründende Bibel-Zitat – genauer: durch die ein für allemal geltende Rede Gottes selbst (Perfekt εἴρηκεν!) – unter ein biblisch-theologisches Vorzeichen gestellt, und das dem Schriftzitat betont vorangestellte αὐτός, „er selbst", in eigener Person, stellt – ebenso wie dann auch die gehäuften Negationen im Zitat selbst – die Verbindlichkeit der Zusage Gottes heraus[37], und zwar als Voraussetzung und Grundlage für die in V.6 wiederum im Rückbezug auf die biblische Überlieferung sich artikulierende Antwort der christlichen Gemeinde: Ihre Glaubenszuversicht (θαρρεῖν) – im Gegensatz zu aller „Furcht"[38] – gewinnen die Christen aus der Zusage Gottes selbst, als Konsequenz (ὥστε!) seiner Zusage. Spätestens hier wird die „allgemeine Wahrheit" der zuvor formulierten hellenistisch-stoischen Lebensweisheit eingebunden in den Rahmen des Gesprächs zwischen Gott und Mensch, eingebunden in die allem Verhalten und Tun des Menschen vorausgehende Zusage Gottes (V.5b) und die ihr gemäße Antwort der Gemeinde (V.6).

Charakteristisch auch hier wieder für die „biblische Theologie" des Hebr, daß beides, die Zusage Gottes sowohl als auch die Antwort der Ge-

---

I 1,27; weitere Belege bei W. BAUER, Wörterbuch zum Neuen Testament, Sp. 215.1262; G. KITTEL, ThWNT I, S. 464; H. BRAUN S. 455.

[36] Das hier vorliegende Zitat ist möglicherweise eine Kombination aus LXX Gen 28,15 und Dtn 3,6.8 (vgl. auch Dtn 4,31; Paralip I 28,2; Jes 41,9). Gen 28,15 (οὐ μή σε ἐγκαταλίπω) könnte dabei – wie die Formulierung in der 1. Person vermuten läßt – die Grundlage darstellen, die durch Dtn 3,6.8 entsprechend angereichert worden ist. Noch wahrscheinlicher ist jedoch, daß hier Jos 1,5 wörtlich in der Gestalt zitiert wird, wie sie auch bei Philon, Conf 166, vorliegt. Zum Problem der Schriftgrundlage für Hebr 13,5 vgl. E. AHLBORN, Septuagintavorlage, S. 59–61; P. KATZ, Hebrews XIII,5. The Biblical Source of the Quotation, Bib 33 (1952) S. 523–525; DERS., ZNW 49 (1958) S. 220f; C. SPICQ, Notes I, S. 54, Anm. 2; J. THURÉN, Das Lobopfer der Hebräer, S. 217f.

[37] Der Absicht, die der Autor mit diesem Zitat verfolgt, entspricht die Lesart ἐγκαταλίπω (D* 2 35 81 177 206 usw.) besser als die an sich gut bezeugte Lesart – λείπω (P46 ℵ A C D² usw.). Vgl. BL.-DEBR.-R. § 365,1: οὐ μή mit Konj. Aor.: „die bestimmteste Form der verneinenden Aussage über Zukünftiges". Freilich kann es sich angesichts des Itazismus hier auch um einen Schreibfehler handeln.

[38] Zum Gegensatz θαρρεῖν – φοβεῖσθαι vgl. Mk 6,50 par. Diese Stelle entspricht auch insofern sachlich Hebr 13,6, als hier wie dort die Gewißheit der Gegenwart und des Beistandes Gottes (LXX Ps 117,6!) den Glaubensmut begründet. Vgl. C. SPICQ, Notes I, S. 370. Entsprechend auch Philon, VitMos II 252: ἀλλὰ θαρρεῖτε ... προσδοκεῖτε τὴν ... ἐκ θεοῦ βοήθειαν; Josephus, Ant VII 266; VIII 293.373.

meinde, in biblischer Redeweise erfolgt: die erstere ingestalt einer Rede Gottes selbst, von Philon (Conf 166) als ein „Spruch des barmherzigen Gottes" gekennzeichnet, die letztere ingestalt eines Zitats aus dem Psalter, als dessen Beter dem Autor des Hebr hier die christliche Gemeinde gilt[39]. Durch diese biblische Begründung erhält die an sich traditionelle Warnung vor der φιλαργυρία bzw. – positiv – die Mahnung zur „Genügsamkeit" zweifellos einen über das Gewicht der vorausgehenden Mahnungen hinausreichenden, besonderen Akzent. Ob sie im Blick auf die besondere Situation der Adressaten des Hebr mit der Mahnung in 10,34 in einem Zusammenhang steht, ist allerdings fraglich. Offensichtlich ist jedenfalls, daß die Mahnungen in 10,34 einerseits und 13,5f andererseits jeweils in unterschiedliche Richtung gehen: Während in 10,34 die freudige Bereitschaft gefordert wird, die Konfiszierung des irdischen Besitzes hinzunehmen, geht es in 13,5f um die Warnung vor allem Bedachtsein auf Eigenes im Gegensatz zur Genügsamkeit – und: „Furcht vor Vermögensverlust" ist ja gewiß nicht „mit Geldgier identisch"[40]. Was gleichwohl Hebr 13,5f mit 10,34 (und 10,35f!) verbindet: Unumstößliches Fundament aller Glaubenszuversicht des Christen – hier, in 13,6, durch das Stichwort θαρρεῖν bezeichnet, dort, in 10,35, durch das Stichwort παρρησία – ist Gottes eigene Zusage. Sie allein macht den „bleibenden Besitz" des Christen aus (10,34) und begründet und ermöglicht somit auch die entsprechende Haltung des Christen zu allen irdischen – und damit vergänglichen Besitztümern. In diesem Sinne mündet die Reihe unterschiedlicher Mahnungen in 13,1-6 am Ende (V.6) wiederum in die Bindung aller Mahnung und Warnung an Gottes eigene Zusage ein. Das, was hier weithin im Anschluß an überliefertes paränetisches Gut vorgetragen wird, hat also durchaus mit der Glaubensparänese und Glaubensparaklese in dem für den Hebr charakteristischen Sinn zu tun. Von daher gesehen ist es kein Zufall, daß die Glaubensparänese des 13. Kapitels des Hebr im folgenden (13,7ff) nicht nur alsbald wieder ausdrücklich den „Glauben" thematisiert (V.7), sondern auch – und im Zusammenhang damit! – das christologische Fundament der Zusage Gottes benennt (V.8 !).

---

[39] Vgl. Röm 8,36; 2 Kor 4,13. Daraus, daß im Hebr sonst der biblische Psalter vorzugsweise christologisch verstanden wird, kann freilich nicht die Schlußfolgerung gezogen werden, daß auch hier das „Ich" aus LXX Ps 117,6 zunächst christologisch zu verstehen sei: Christus gleichsam als Repräsentant der Gemeinde! So J. THURÉN, Das Lobopfer der Hebräer, S. 218-220. – Bis auf das (sekundär in Angleichung an die LXX-Vorlage wiederum getilgte) καί wird Ps 117,6 hier wörtlich nach LXX zitiert.
[40] So J. THURÉN, Das Lobopfer der Hebräer, S.217. Anders H. BRAUN S.456: „Hb denkt vielleicht an eine erneute Besitzantastung wie 10,34".

4.2) 13,7–17: Christologische Vertiefung der Mahnung zum gottwohlgefälligen Gottesdienst[1]

7 Gedenkt eurer Gemeindeleiter, die euch (einst) das Wort Gottes predigten. Den Ausgang ihres Wandels sollt ihr betrachten und (so) ihren Glauben nachahmen.
8 Jesus Christus: gestern und heute – (und) derselbe auch in Ewigkeit!
9 Laßt euch nicht durch vielfältige und fremde Lehren (vom Wege) abbringen. Denn gut ist es, daß durch Gnade das Herz gefestigt wird – nicht (aber) durch (bestimmte) Speisen, die denen, die sich daran hielten, keinen Nutzen einbrachten.
10 Wir (nämlich) haben einen Altar, von dem die Diener des Zeltes zu essen keine Vollmacht haben.
11 Denn die Leiber der Tiere, deren Blut als Sündopfer durch den Hohenpriester in das Heiligtum gebracht wird, werden außerhalb des Lagers verbrannt.
12 Deshalb hat auch Jesus, damit er durch sein eigenes Blut das Volk heilige, außerhalb des Tores gelitten.
13 So laßt nun auch uns aus dem Lager hinausgehen zu ihm – als solche, die seine Schmähung tragen.
14 Denn wir haben hier nicht eine bleibende Stadt, vielmehr die zukünftige suchen wir.
15 Durch ihn (also) wollen wir Gott allenthalben ein Lobopfer darbringen, die Frucht der Lippen nämlich, die seinen Namen bekennen.
16 Die Wohltätigkeit und die Gemeinschaft (untereinander) sollt ihr nicht vergessen. Denn an solcher Art von Opfern hat Gott Wohlgefallen.
17 Gehorcht euren Gemeindeleitern und fügt euch (ihnen). Sie sind es ja doch, die für eure Seelen wachen – als solche, die Rechenschaft ablegen, damit sie dies mit Freude tun und nicht unter Seufzen. Denn dies wäre für euch ohne Nutzen.

Formal gesehen setzt sich in diesem Abschnitt die Reihe der Mahnungen fort, die in V. 1 begann, so jedenfalls in den VV. 7.9.15f und 17. Im Rahmen der auf die „Gemeindeleiter" (ἡγούμενοι) bezugnehmenden inclusio der VV. 7 und 17 stellen diese Verse gleichwohl nicht nur in formaler Hinsicht eine Einheit für sich dar. Seinen besonderen Akzent im Rahmen der Schlußparänese des Hebr erhält der Abschnitt in sachlicher Hinsicht vielmehr dadurch, daß in einem unmittelbaren Zusammenhang mit den einzelnen Mahnungen hier noch einmal in einer für den Hebr charakteristischen Weise der theologische bzw. christologische Grund aller Paränese zur Aussage gebracht wird (VV. 8–14). Dabei entspricht es dem paränetischen Kontext, daß dies im Zusammenhang mit der für solche Art von „Schlußparänese" typischen Warnung vor „Irrlehren" geschieht (V. 9) und daß die christologisch-soteriologischen Darlegungen der VV. 10–12 ihrerseits alsbald wieder in die ingestalt einer Schlußfolgerung formulierte Mahnung an die Adressaten einmün-

---

[1] Lit.: F. J. SCHIERSE, Verheißung und Heilsvollendung, S. 184–195; H. KÖSTER, Outside the Camp: Hebrews 13,9–14, HThR 55 (1962) S. 299–315; J. W. THOMPSON, Outside the Camp: A Study of Hebrews 13,9–14, CBQ 40 (1978) S. 178–186 = DERS., The Beginnings of Christian Philosophy, S. 141–151; D. LÜHRMANN, Der Hohepriester außerhalb des Lagers (Hebr 13,12), ZNW 69 (1978) S. 178–186.

den (V. 13: τοίνυν; V. 15: δι' αὐτοῦ οὖν)[2]. In diesem Sinne stellt sich in diesem Abschnitt noch einmal abschließend die Grundstruktur des Hebr als einer „Trost- und Mahnrede" dar, konkret also in formaler Hinsicht: der ständige Wechsel zwischen christologisch-soteriologischen Darlegungen einerseits und Glaubensparänese andererseits; und in sachlicher Hinsicht: die Begründung der letzteren in der ersteren[3].

Mahnungen zu einem angemessenen Verhalten gegenüber denen, die in der Gemeinde und für die Gemeinde Verantwortung tragen, gehören traditionellerweise zur Schlußparänese in den Briefen des Neuen Testaments[4]. Solchem Verfahren entspricht auch die Schlußparänese des Hebr, wenn der Autor mit V. 7 – ohne daß zuvor schon irgendeinmal eine Andeutung in dieser Hinsicht gemacht worden ist! – auf die „Gemeindeleiter" zu sprechen kommt – genauer: auf das den Adressaten angemessene Verhalten ihnen gegenüber. Konkret geschieht dies an dieser Stelle keineswegs nur im Stile der traditionellen Gemeindeparänese, sondern in einer für den Hebr besonderen Weise. So zeigt schon die Funktionsbezeichnung der „Amtsträger" als ἡγούμενοι diese Besonderheit an, darüber hinaus aber auch die Art und Weise, in der hier Autorität und Vorbild der Amtsträger gegenüber den Adressaten geltend gemacht werden: „Gedenkt eurer ἡγούμενοι ...". Ähnlich wie bereits in 10,32ff werden auch hier wieder die Adressaten des Hebr – als Angehörige einer bereits etablierten Gemeinde! – auf ihre Geschichte hin angesprochen. Hier haben die ἡγούμενοι eine gewichtige, ja grundlegende Rolle gespielt, indem sie den Adressaten einst – wie es hier in Aufnahme eines in der urchristlichen Missionssprache geläufigen Sprachgebrauchs heißt – „das Wort Gottes verkündigt haben"[5]. Der Aorist ἐλάλησαν weist dabei auf ein in der Vergangenheit liegendes Geschehen zurück; und da dem Autor des Hebr auch sonst daran gelegen ist, im Rahmen der Glaubensparänese seine Adressaten an ihre Anfangszeit zu erinnern (10,32ff!), dürfte die Aufforderung zum „Gedenken" an die (damaligen) ἡγούμενοι an dieser Stelle durchaus die Begrün-

---

[2] Sofern die christologischen Ausführungen in VV.10ff an die generelle Mahnung vor „fremden Lehren" (V.9) anschließen, stellt sich die Frage, ob hier auf eine konkrete Gefährdung der Adressaten des Hebr Bezug genommen wird. Vgl. in diesem Sinne M. RISSI, Die Theologie des Hebr, S.23: „Das ist die Gefahr der Leser, die sich in ihr ‚Lager' zurückgezogen haben". D. h., daß hier eine Paränese an die Angehörigen einer Sondergruppe im Gegenüber zu den Leitern der Gesamtgemeinde gegeben wird. Zum Problem in dieser Hinsicht s. o. Einleitung, § 4 (S.75).

[3] Vgl. J.W. THOMPSON, The Beginnings of Christian Philosophy, S.142.144; D. LÜHRMANN, ZNW 69 (1978) S.186.

[4] Vgl. bes. 1 Thess 5,12f; Röm 12,6ff sowie 1 Petr 5,1ff. Zum Ganzen der Entsprechungen zwischen Hebr 13 und 1 Thess 4f vgl J. THURÉN, Das Lobopfer der Hebräer, S.57ff und S. 68f.

[5] Zu λαλεῖν τὸν λόγον τοῦ θεοῦ als fester Wendung der urchristlichen Missionsverkündigung vgl. bes. den lukanischen Sprachgebrauch (Act 4,29.31; 8,25; 11,19; 13,46; 14,25; 16,6.36) sowie Phil 1,14 und Mk 2,2; 4,33; 8,32. Dazu: H. HÜBNER, EWNT II, Sp.828.

der jener Gemeinde im Blick haben, zu der die Adressaten des Hebr gehören[6]. Die Mahnung, dieser ἡγούμενοι zu gedenken, setzt somit nicht nur – wie dann besonders die Gehorsamsforderung in V. 17 sowie die ausdrückliche Unterscheidung zwischen ἡγούμενοι und ἅγιοι in V. 24 zeigen – die Unterscheidung zwischen kirchlichem Amt und Gemeinde bzw. Adressaten des Hebr voraus, sondern auch die Autoritätsstellung des den Adressaten vertrauten (und somit zugleich fest umrissenen) Amtes der ἡγούμενοι. Charakteristisch in dieser Hinsicht ist schließlich auch, daß im Hebr lediglich das Verhalten der Adressaten gegenüber diesen Amtsträgern zur Rede steht, nicht Dienst und Verhalten der ἡγούμενοι selbst. Von daher gesehen spricht mancherlei dafür, daß der Hebr am Ort seiner Adressaten bereits eine relativ festgefügte „Ordnung des kirchlichen Amtes" voraussetzt[7].

So gesehen besteht hinsichtlich des Amtes der ἡγούμενοι im Hebr auch ein deutlicher Unterschied zur (gleichfalls partizipialen) Amtsbezeichnung der προϊστάμενοι in 1 Thess 5,12 (und Röm 12,8). Dort ist προϊστάμενος – seinerseits in einer Reihe von Partizipien stehend[8] – eher noch eine bloße Funktionsbezeichnung, während ἡγούμενος in Hebr 13 demgegenüber bereits den Charakter eines Titels hat und sich insofern im Hebr bereits eine gegenüber den Paulusbriefen fortgeschrittene Entwicklung in der Geschichte der Gemeindeverfassung widerspiegelt. Gleichwohl wird man – von daher gesehen – nicht sagen können, daß im Hebr in diesem Sinne bereits eine „frühkatholische Hochschätzung des Amtes" festzustellen bzw. hier bereits eine „hierarchisch strukturierte Gemeinde" vorauszusetzen sei[9]. Sofern hier nämlich überhaupt von einer „heilsmittlerischen Funktion" des kirchlichen Amtes die Rede sein kann, so ist diese Funktion im Hebr doch ganz

---

[6] Fraglich muß bleiben, ob sie mit den ἀκούσαντες von 2,3 gleichzusetzen sind, da es sich dort um eine grundsätzliche, nicht nur für die Adressaten des Hebr geltende Aussage handelt. Vgl. F. LAUB, SNTU 6/7 (1981/82) S. 171. Zur Frage der Begründung der Gemeinde des Hebr durch die ἡγούμενοι vgl. J. MOFFATT S. 230; E. GRÄSSER, in: Festschr. G. Krause, S. 70.73–76.

[7] Zum Amt der ἡγούμενοι im Hebr vgl. R. KNOPF, Das nachapostolische Zeitalter, Tübingen 1905, S. 181f; F. BÜCHSEL, ThWNT II, S. 909f; H. KOSMALA, Hebräer – Essener – Christen, S. 282–290; C. PERROT, L'Epître aux Hébreux, in: J. Delorme (ed.), Le ministère et les ministères selon le Nouveau Testament, Paris 1974, S. 118–138; C. SPICQ, Notes I, S. 348–352; A. VANHOYE, Prêtres anciens, Prêtre nouveau, S. 256–259; F. LAUB, Verkündigung und Gemeindeamt. Die Autorität der ἡγούμενοι Hebr 13,7.17.24, SNTU 6/7 (1981/82) S. 169–190; E. GRÄSSER, Die Gemeindevorsteher im Hebr, in: H. Schröer/G. Müller (Hrsg.), Vom Amt des Laien in Kirche und Theologie. Festschr. G. Krause, Berlin 1982, S. 67–84.

[8] κοπιῶντες – προϊστάμενοι – νουθετοῦντες. Vgl. Röm 12,8: ὁ μεταδιδούς – ὁ προϊστάμενος – ὁ ἐλεῶν sowie 1 Tim 3,4f; 5,17. Zum nicht-titularen Charakter von προϊστάμενοι in 1 Thess 5,12f vgl. M. DIBELIUS, An die Thessalonicher I II. An die Philipper (HNT 11), Tübingen ²1925, S. 26; J. ROHDE, Urchristliche und frühkatholische Ämter, Berlin 1976, S. 44.

[9] So zuletzt T. SCHRAMM, EWNT II, Sp. 280; vgl. auch H. ZIMMERMANN, Das Bekenntnis der Hoffnung, S. 12f; F. BÜCHSEL, ThWNT II, S. 909. „Hierarchische Struktur der Gemeinde" würde konkret heißen, daß die ἡγούμενοι des Hebr bereits eine heilsmittlerische Position und Funktion zwischen der Gemeinde und Christus innehaben. Solche Funktion haben die (προ-)ἡγούμενοι freilich eindeutig erst in 1 Clem 1,3; 21,6. Vgl. F. LAUB, SNTU 6/7 (1981/82) S. 186f; E. GRÄSSER, in: Festschr. G. Krause, S. 80ff.

eindeutig an die allem kirchlichen Amt übergeordnete Autorität des „Wortes Gottes" gebunden: Als diejenigen, die selbst „gehört haben" (2,3: ἀκούσαντες), haben die ἡγούμενοι den Adressaten des Hebr einst „das Wort Gottes gesagt". Ihre, der ἡγούμενοι, Autorität den Adressaten gegenüber hat ihre Legitimation allein in der ihnen übergeordneten Autorität des „Wortes Gottes". Eine „formal-rechtliche" Legitimation gibt es für sie nicht[10]. Auch das im Umfeld einer „frühkatholischen" Hochschätzung des Amtes angesiedelte Thema der „apostolischen Tradition" spielt im Hebr insgesamt wie auch speziell an dieser Stelle keine Rolle. Charakteristischerweise bleibt im Hebr der Titel ἀπόστολος Christus vorbehalten (3,1), und dort, wo sich im Hebr (2,3f) ein „Traditionsgedanke" abzeichnet, geschieht dies wiederum in der für die „Wort-Theologie" des Hebr bezeichnenden Weise: Die „Traditionsträger" sind die ἀκούσαντες![11]. Was sich anhand von V.7 (und V.17) hinsichtlich der Stellung und Funktion des kirchlichen Amtes konkret ausmachen läßt, ist lediglich dies, daß es sich beim Amt der ἡγούμενοι (Plural!) um eine Art Leitungsgremium handelt (V. 24: πάντες οἱ ἡγούμενοι!), bei dem weder eine Auffächerung in unterschiedliche Funktionen erkennbar noch auch eine Identifizierung mit der ansonsten im Urchristentum bezeugten episkopalen oder presbyterialen Ämterordnung möglich ist[12]. Auffällig demgegenüber ist vor allem schon die Amtsbezeichnung ἡγούμενοι als solche. Der Autor des Hebr benutzt damit einen Titel bzw. eine Funktionsbezeichnung, der bzw. die in besonderer Weise die Autorität und das Ansehen des so bezeichneten Amtsträgers betont, zugleich aber auch ursprünglich im profanen Bereich seinen Ort hat: „ὁ ἡγούμενος est le chef ..., celui qui possède une superiorité quelconque"[13]. Dies gilt – über den entsprechenden Sprachgebrauch der Inschriften und Papyri hinaus – auch für den Sprachgebrauch in LXX und im hellenistischen Judentum, in dessen Tradition offensichtlich auch

---

[10] Vgl. F. LAUB, SNTU 6/7 (1981/82) S.177.189: „... obwohl im Zusammenhang von 13,17 ein deutliches Interesse an einer Stärkung ‚kirchlicher' Autorität und ihrer Respektierung spürbar wird, ist die Argumentation theologisch, man könnte auch sagen pastoraltheologisch und nicht ‚kirchenrechtlich' ...".

[11] Zur Zuordnung des Amtsverständnisses im Hebr zu einer „Theologie des Wortes" vgl. bes. E. GRÄSSER, in: Festschr. G. Krause, S.78ff, aber auch F. LAUB, SNTU 6/7 (1981/82) S. 175ff und S.188ff. Demgegenüber bezieht H. SCHÜRMANN, „... und Lehrer". Die geistliche Eigenart des Lehrdienstes und sein Verhältnis zu anderen geistlichen Diensten im neutestamentlichen Zeitalter, in: DERS., Orientierungen am Neuen Testament. Exegetische Aufsätze III, Düsseldorf 1978, S.116–156, spez. S.149f, μνημονεύειν in Hebr 13,7 auf das Bewahren der durch die ἡγούμενοι vermittelten Paradosis. Noch weiter geht in dieser Hinsicht P.G. MÜLLER, Der Traditionsprozeß im Neuen Testament, Freiburg i.B. 1982, S.258ff, der in 13,7 „ausdrücklich die Traditionsfrage" angeschnitten sieht (S.258; vgl. auch S.260).

[12] Sekundär demgegenüber ist die Gleichsetzung der ἡγούμενοι mit den ἐπίσκοποι bei Johannes Chrysostomus, Hom. 24,1 (zu 13,7), bzw. mit den πρεσβύτεροι bei J. ROHDE, Urchristliche und frühkatholische Ämter, S.57. Dagegen wird Act 15,22 ausdrücklich zwischen den „Aposteln und Presbytern" einerseits und den ἄνδρες ἡγούμενοι andererseits unterschieden. Ἡγούμενος wird hier – wie auch Lk 22,26 (hier im Gegensatz zum διακονῶν) – noch nicht titular gebraucht, sondern (in Verbindung mit ἄνδρες!) als partizipiale Funktionsbezeichnung. Vgl. F. LAUB, SNTU 6/7 (1981/82) S.185. Zur Unterscheidung der (προ-)ἡγούμενοι von den „Presbytern" vgl. auch 1 Clem 1,3; 21,6 sowie Arist 310; Josephus, Ant XII 108.

[13] So C. SPICQ, Notes I, S.348. Belege für den ἡγούμενος als „le chef d'associations diverses" aus den Papyri und Inschriften: ebd., S.350f. Zur Herkunft des Begriffs aus der „profanen Amts- und Verwaltungssprache" vgl. F. LAUB, SNTU 6/7 (1981/82) S.170.182ff.

die Verfassung der Gemeinde des Hebr steht[14]. Eine „hierarchische" Struktur des kirchlichen Amtes deutet sich also in dieser ursprünglich profanen und im einzelnen vielfältig gebrauchten Amtsbezeichnung nicht an, eher vielmehr dann schon eine bewußte Absage an ein (das Hohepriestertum Christi vermittelndes) Priestertum innerhalb der christlichen Gemeinde[15]. Sofern jedenfalls der jeweilige Kontext darüber entscheidet, was ἡγούμενος konkret bedeutet, ist im Hebr ein hierarchisch-priesterlicher Charakter des gemeindeleitenden Amtes ausgeschlossen. Die Autorität der ἡγούμενοι gegenüber der Gemeinde gründet allein im „Wort Gottes", das jene Amtsträger zwar einst der Gemeinde verkündigt haben, dessen Hörer aber auch sie einst gewesen sind (2,3). Ihr, dieser Amtsträger, Glaube ist deshalb kein anderer als der Glaube der Gemeinde bzw. - im konkreten Falle des Hebr - der Adressaten. Nur so können ja auch die letzteren dazu aufgefordert werden, dem einst von den ἡγούμενοι unter Beweis gestellten Glauben nachzueifern.

Damit deutet sich hier eine tiefere Gemeinsamkeit zwischen den kirchlichen Amtsträgern und den Adressaten des Hebr an, die die besonders in den VV. 17 und 24 betonte Gegenüberstellung von kirchlichen Amtsträgern einerseits und Gemeinde andererseits am Ende wiederum relativiert. Die Autorität der Gemeindeleiter wird lediglich im Rahmen der Glaubensparänese geltend gemacht, in diesem Sinne also in erster Linie dort, wo es gerade um das Gemeinsame beider Seiten geht – konkret: um die Bewahrung und Bewährung des Glaubens. Eben dieser Glaube ist es ja, den die hier apostrophierten ἡγούμενοι bis an den „Ausgang ihres Wandels" bewahrt haben, und die genaue „Betrachtung" solchen Vorbildes soll nunmehr auch den Adressaten des Hebr zu eigener Verantwortung und Bewährung des Glaubens verhelfen[16]. Glaube ist ablesbar am „Wandel", an der Lebensführung im umfassenden Sinne, und hat so gerade in seiner

---

[14] Ἡγούμενος dient hier fast durchweg zur Bezeichnung politisch-gesellschaftlicher (Dtn 1,13; Ez 43,7; Dan 6,2f; Sir 17,17; 41,17) bzw. militärischer Führungsämter (1 Makk 9,30; 14,16). Dies gilt auch für Sir 33,19 (οἱ ἡγούμενοι ἐκκλησίας neben μεγιστᾶνες λαοῦ) sowie für Act 7,10 (Joseph als ἡγούμενος ἐπ' Αἴγυπτον). Lediglich in 1 Makk 14,41 liegt eine Verbindung des politischen Amtes des ἡγούμενος mit dem Amt des Hohenpriesters vor; vgl. aber auch Philon, SpecLeg IV 190: ὁ τῶν ἱερέων ἔξαρχος καὶ ἡγεμών. Insgesamt spiegelt sich somit in LXX der für ἡγούμενος generell geltende Sachverhalt wider: „Das dem ἡγούμενος zufallende Amt kann hinsichtlich der Aufgaben ganz verschieden sein (gubernatorisch, administrativ, militärisch, pädagogisch, priesterlich). Nur in der Struktur liegt es fest: Es ist ein autoritatives Amt". So E. GRÄSSER, in: Festschr. G. Krause, S. 69.

[15] In diesem Sinne bereits M. DIBELIUS, in: DERS., Botschaft und Geschichte II, S. 174f, sowie neuerdings E. GRÄSSER, in: Festschr. G. Krause, S. 76ff. Daraus kann freilich nicht die Schlußfolgerung gezogen werden, daß im Hebr an dieser Stelle eine gezielte Polemik gegen ein „frühkatholisches" Verständnis von Tradition und Amt vorliegt. Gegen E. GRÄSSER, a.a.O., S. 79f (im Anschluß an P. VIELHAUER, VuF 1951/52, S. 219).

[16] Ἀναθεωρεῖν schließt hier das Moment der genauen und wiederholenden (ἀνα -), also eine Art kontemplativer Betrachtung in sich, die das „Betrachtete" auf die Konsequenzen für die eigene Lebensführung hin bedenkt. Vgl. Diodor Sic. XII 15,1: ἀναθεωρούμενος καὶ μετ' ἀκριβείας ἐξεταζόμενος. Sachlich entspricht ἀναθεωρεῖν damit dem ἀφορᾶν bzw. ἀναλογίζεσθαι von 12,2f.

ganz konkreten Darstellung exemplarische Bedeutung. Dies ist ein Gedanke, der dem Neuen Testament auch ansonsten nicht fremd ist[17], ebensowenig wie der im Hebr an dieser Stelle akzentuierte Gedanke der „Nachahmung", wie er insbesondere bei Paulus im ausdrücklichen Verweis auf die eigene Lebensführung und Existenzweise seine Ausprägung gefunden hat[18]. In diesem Sinne ist im Hebr an dieser Stelle nicht das auch in der griechisch-hellenistischen Ethik begegnende μίμησις-Motiv in seiner allgemeinen Gestalt vorausgesetzt[19], sondern bereits eine bestimmte Ausprägung dieses Motivs, wie sie im hellenistischen Judentum vorliegt. Hier jedenfalls findet sich das Motiv der „Nachahmung" bereits in der Konzentration auf das Thema der Bewährung des Glaubens[20], worauf es ja auch im Hebr an dieser Stelle – wie auch schon in Hebr 6,12 – ausgerichtet ist. Und von dieser Tradition her besteht auch schon eine Verbindung des Themas der Bewährung des Glaubens mit dem Märtyrertum des Glaubens, die offensichtlich auch im Hebr vorausgesetzt ist, wenn hier so ausdrücklich die „Betrachtung" des Vorbildes der ἡγούμενοι seitens der Adressaten auf den „Ausgang des Wandels" der Gemeindeleiter gerichtet wird[21]. Eben das Motiv einer „imitatio fidei" in dieser Gestalt macht auch die Eigenart des Themas der „Nachahmung" im Hebr gegenüber Paulus aus und entspricht damit zugleich dem Grundverständnis von πίστις als einer vom Christen in Leiden und Anfechtung zu bewährenden Haltung, wie es auch im übrigen für den Hebr charakteristisch ist. Und es ist genau dieses Grundverständnis des Glaubens im Hebr, das nunmehr auch Menschen, die ihren Glauben in ausweglose Situation bewährt haben, den Adressaten als nachahmenswerte Vorbilder vor Augen stellen läßt, um sie ihrerseits zu eigener Bewährung des Glaubens zu motivieren[22]. Genau dies

---

[17] Vgl. 1 Kor 1,12 sowie bes. 1 Petr 3,1. Weiter: 1 Petr 2,12; 1 Tim 3,15. Zur Sache vgl. C. SPICQ, Notes I, S. 85–88, spez. S. 86: „La vie dans la foi est un temoignage persuasif". Ἀναστροφή meint hier also konkret den „Wandel im Glauben".

[18] Vgl. 1 Kor 4,16f; 11,1; 1 Thess 1,6; Phil 3,7 sowie 2 Thess 3,7.9. Sachlich ist auch die „Erinnerung" an Jesus Christus 2 Tim 2,8 zu vergleichen, der 2,9f sogleich der Hinweis auf das Beispiel des Paulus folgt.

[19] Anders dagegen 3 Joh 11: μὴ μιμοῦ τὸ κακὸν ἀλλὰ τὸ ἀγαθόν. Vgl. dazu Demokrit, fr. 39: ἀγαθὸν εἶναι χρὴ ἢ μιμεῖσθαι. Vgl. W. MICHAELIS, ThWNT IV, S. 663; E. GRÄSSER, Der Glaube im Hebr, S. 121f.

[20] Vgl. bes. 4 Makk 9,23; 13,9, hier im Sinne der „Nachahmung" der Glaubenshaltung der jüdischen Märtyrer. Zum Motiv der „Nachahmung" des Lebenswandels vgl. auch Philon, Congr 69f; VitMos I 158; Sacr 65.68 sowie Marcus Aurelius Antoninus, τὰ εἰς ἑαυτόν XI 25 (von den Epikuräern).

[21] Ἔκβασις zur Bezeichnung des „Ausgangs" des Lebens (Weish 2,17) ist „un euphémisme classique de la mort" (C. SPICQ, II, S. 421), wobei freilich im Kontext des Hebr zugleich der Ertrag des „Wandels" mit im Blick ist, dasjenige also, „worauf etwas hinausläuft" (H. BRAUN S. 458). Vgl. entsprechend Weish 11,14; 1 Kor 10,13 sowie W. BAUER, Wörterbuch zum Neuen Testament, Sp. 478f. Zu einer eigenen literarischen Gattung des „exitus illustrium virorum" als Vorbild für die Nochlebenden vgl. K. BERGER, ANRW II, 25/2, S. 1257–1259.

[22] Vgl. W. MICHAELIS, ThWNT IV, S. 668: „Was den Glauben in diesem Falle vorbildlich

war ja auch schon das Anliegen der Paradigmenreihe von Hebr 11 (12,1: τοιγαροῦν καὶ ἡμεῖς!), so daß am Ende nunmehr auch die eigenen ἡγούμενοι der Gemeinde des Hebr in jener Reihe der Glaubenszeugen von Hebr 11 zu stehen kommen[23].

Von der hellenistisch-jüdischen Tradition her gesehen, in der der Hebr mit seiner Anwendung des μίμησις-Motivs steht, kann es somit als durchaus angemessen erscheinen, auch hier wiederum von einem Verständnis des Glaubens als einer „Tugend" zu sprechen[24]. Andererseits aber sollte vor einem allzu vordergründigen Verständnis des μίμησις-Motivs bzw. des Verständnisses von πίστις im Hebr – etwa im Sinne „popularphilosophischer Tugendlehre"[25] – der schon in 12,1ff sich abzeichnende Umstand bewahren, daß die hier wie auch sonst im Hebr geforderte Bewährung des Glaubens ihrerseits durchaus in einem christologischen Bezugsrahmen steht. Dies gilt freilich nicht nur im Blick auf 12,1ff, sondern auch und gerade für unsere Stelle: Entscheidende Bedeutung in dieser Hinsicht hat der zunächst so unvermittelt erscheinende Übergang von der Mahnung in V. 7 zu der (offensichtlich programmatischen) christologischen Aussage in V. 8.

Geht man davon aus, daß es sich in dem Abschnitt 13,7–17 insgesamt nicht nur um eine zufällige Aneinanderreihung unterschiedlicher Mahnungen handelt, sondern um eine bewußte Komposition von zum Teil traditionellen paränetischen Stoffen mit eigenakzentuierten Aussagen des Autors des Hebr, bedarf auch der Übergang von V. 7 zu V. 8 einer entsprechenden Erklärung. Sie kann am Ende nur in der Richtung gesucht und gefunden werden, daß vermittels des Übergangs vom paränetischen Verweis auf das Vorbild des Glaubens von V. 7 zur christologischen Grundaussage in V. 8 am Ende nun doch ein christologischer Bezug des Glaubens herausgestellt werden soll. Gewiß erhält auf diese Weise der Glaube von V. 7 nicht nachträglich sein christologisches „Objekt", so daß Glaube im Sinne des Hebr nun doch noch – ganz im paulinischen Sinne – als „Christusglaube" zu definieren wäre. Wohl aber wird an diesem Übergang von V. 7 zu V. 8 unübersehbar darauf aufmerksam gemacht, daß der Glaube, den Menschen in ihrer Existenz bzw. in ihrem „Wandel" zu bewähren haben (V. 7), seinen Anhalt hat an dem, der „derselbe" war, ist und bleibt (V. 8). Von einem Glauben ist hier, in V. 7, also die Rede, der unter der Zusage des „Jesus Christus" steht – und in diesem Sinne dann auch unter einem christologischen Vorzeichen bzw. auf einem christologischen Fundament. Gerade als standhaltender Glaube, als feste Glaubens-

---

macht, ist, daß er auch im Tod bewährt wurde ...; das Vorbild ist nicht Schema, sondern Aufruf, im eigenen Leben und Sterben ebenfalls den Glauben zu bewähren".

[23] Vgl. F. LAUB, SNTU 6/7 (1981/82) S. 172f; E. GRÄSSER, in: Festschr. G. Krause, S. 74f.

[24] Vgl. bes. Philon, Sacr 65: Die πρώτη ἀρετή der „Anfänger" ist es, „dem Lehrer nachzustreben – sofern es überhaupt möglich ist, einen Vollkommenen nachzuahmen (μιμεῖσθαι)".

[25] So E. GRÄSSER, Der Glaube im Hebr, S. 123–125 sowie S. 28f: Die Vorstellung einer „imitatio fidei" im Hebr „besagt ... nichts über einen etwaigen Tiefsinn von Mimesis in Hb (der nicht vorhanden ist!); es besagt aber einiges über den Flachsinn von Pistis im Hb ..."!

haltung, entspricht der Glaube im Sinne des Hebr jenem festen Grund, der ihm in der „Selbigkeit" Jesu Christi vorgegeben ist[26]. Die christologische Aussage von V. 8 hat in diesem Sinne in ihrem Kontext – wie dies auch für die Christologie des Hebr insgesamt der Fall ist – eine ganz bestimmte Funktion im Sinne der Vergewisserung des Glaubens, womit ihr grundsätzlich-programmatischer Charakter keineswegs bestritten, sondern nur noch unterstrichen wird.

Für sich genommen klingt V. 8 wie eine Bekenntnisaussage[27], deren grundsätzlicher Charakter durch das im Kodex D beigefügte (liturgische) ἀμήν noch unterstrichen wird. Unmittelbar analoge christologische Aussagen fehlen freilich in der urchristlichen Bekenntnistradition. Formal wie sachlich gesehen entspricht die Aussage von V. 8 am ehesten noch der in der „Offenbarung des Johannes" mehrfach, hier allerdings im Sinne einer Gottesprädikation gebrauchten sog. Dreizeitenformel ὁ ὢν καὶ ὁ ἦν καὶ ὁ ἐρχόμενος[28], die ihrerseits auf biblisch-jüdische Überlieferung zurückgeht und dort der Aussage der Zeit- und Weltüberlegenheit bzw. der „Ewigkeit" Gottes dient[29]. In formaler Hinsicht ganz ähnliche „Dreizeitenformeln" gibt es freilich auch in der griechisch-hellenistischen Überlieferung, auch hier mit der Absicht, die Zeit- und Weltüberlegenheit Gottes auszusagen. Ein besonders eindrückliches Beispiel in dieser Hinsicht ist in der sog Aion-Inschrift gegeben: Αἰὼν ὁ αὐτὸς ἐν τοῖς αὐτοῖς ἀεὶ φύσει θείαι μένων κόσμος τε εἷς κατὰ τὰ αὐτά, ὁποῖός ἐστι καὶ ἦν καὶ ἔσται[30]. Zusammenhänge zwischen dieser hellenistischen Weise, von Gott zu reden, und der entsprechenden jüdischen Tradition in der Auslegung von Ex 3,14 sind wohl kaum auszuschließen[31]. Gleichwohl ist zu fragen, ob nun auch die christologische „Formel" in Hebr 13,8 in diese theologische Traditionslinie einzuordnen, d.h. als eine sekundäre christologische Variation einer ursprünglichen Gottesprädikation zu verstehen ist[32]. Gewiß besagt die (in LXX dem hebräischen לעולמים entsprechende) Wendung εἰς τοὺς αἰῶνας in V. 8

---

[26] Vgl. E. GRÄSSER, Der Glaube im Hebr, S. 29f: „Dem festen Glaubensgrund entspricht auf seiten der Leser die feste Glaubenshaltung".

[27] Vgl. E. STAUFFER, Die Theologie des Neuen Testaments, Stuttgart ³1947, S. 61f: eine „urchristliche Glaubensformel"; O. MICHEL S. 490.494: „Wir haben es also in V. 8 mit dem ‚Credo' der Vorsteher zu tun" (?).

[28] Vgl. Apk 1,4.8; 4,8; 11,27; 16,5. Zum Terminus „Dreizeitenformel" vgl. O. WEINRICH, ARW 19 (1916–19) S. 178. Vgl. auch W. C. van UNNIK, NTS 9 (1962/63) S. 93f.

[29] Dem entspricht es, daß in Apk 1,8; 4,8; 11,17 im Zusammenhang mit dieser Formel Gott als παντοκράτωρ bezeichnet wird. Zur entsprechenden jüdischen Tradition vgl. LXX Ex 3,1ff sowie die Paraphrase in TPsJ: אנא הוא דהוינא ועתיד; weiter TPsJ zu Dtn 32,39 und ShemR 69c (zu Ex 3,14). Dazu: F. BÜCHSEL, ThWNT II, S. 397.

[30] Vgl. dazu O. WEINRICH, Aion in Eleusis, ARW 19 (1916–19) S. 174–190, mit weiteren Belegen wie z. B. Pausanias X 12,5: Ζεὺς ἦν, Ζεὺς ἐστί, Ζεὺς ἔσσεται. Vgl. zum Ganzen auch M. P. NILSSON, Geschichte der griechischen Religion II, München ²1962, S. 482f; F. BÜCHSEL, ThWNT II, S. 397f.

[31] Vgl. F. BÜCHSEL, ThWNT II, S. 397f; H. KRAFT, Die Offenbarung des Johannes (HNT 16a), Tübingen 1974, S. 31.

[32] So H. WINDISCH S. 117; K. BORNHÄUSER, Empfänger und Verfasser des Briefes an die Hebräer, S. 39: „Deckformel für den nicht auszusprechenden Jahwenamen"; O. MICHEL S. 490f.

auch, daß „Jesus Christus" – wie sich für die Erhöhungschristologie des Hebr von selbst versteht – an Gottes „Ewigkeit" teilhat; jedoch ist im Hebr an dieser Stelle ja nicht eigentlich die Gottheit und Weltüberlegenheit Jesu Christi das Thema, sondern seine „Selbigkeit" (ὁ αὐτός) in allem Wandel und Wechsel der Zeiten. Und gegen die Zugehörigkeit der christologischen Formel von V. 8 zu jener die Absolutheit Gottes aussagenden Formeltradition spricht vor allem auch die Art und Weise, in der hier – unter Aufnahme einer genuin biblischen Wendung[33] – diese „Selbigkeit" Jesu Christi zur Aussage gebracht wird: ἐχθὲς καὶ σήμερον, das meint ja nicht die schlechthinnige, gleichsam absolute Zeit- und Weltüberlegenheit, sondern – im Kontext des Hebr jedenfalls – seine Zeitüberlegenheit in einem ganz bestimmten Sinne. „Derselbe" bleibt Jesus Christus im Ablauf und Wechsel des „Gestern" und „Heute". Erst in der abschließenden (wiederum biblischen) Wendung εἰς τοὺς αἰῶνας, die durch die Zwischenstellung der Christusprädikation ὁ αὐτός von den beiden anderen Zeitangaben betont abgehoben ist, weitet sich der Horizont über alles Zeitliche und Weltliche hinaus. Was im Blick auf die „Selbigkeit" Jesu Christi „gestern und heute" galt und gilt, das wird auch für alle Zukunft gelten, eben: εἰς τοὺς αἰῶνας. Und endlich: auch die Christusprädikation ὁ αὐτός selbst erklärt sich nicht aus jener hellenistischen oder auch jüdischen Formeltradition, sondern aus den Voraussetzungen, die in dieser Hinsicht im Hebr selbst gegeben sind: σὺ δὲ ὁ αὐτὸς εἶ, so heißt es bereits zu Beginn im Hebr (1,12) im Zitat von LXX Ps 101,28, und im Sinne des Hebr heißt dies zugleich: σὲ δὲ διαμένεις (1,11 mit Zitat von LXX Ps 101,27). „Du aber bleibst", nämlich in allem Wandel und Wechsel von Zeit und Welt.

Was von daher gesehen das Verständnis der christologischen „Formel" von V. 8 im Kontext des Hebr (und speziell im Kontext von Hebr 13) betrifft, so ist deutlich, daß hier gar nicht in erster Linie eine „dogmatische" Aussage hinsichtlich des Gegenstandes bzw. Inhalts der πίστις von V. 7 im Interesse des Autors liegt[34]. Wohl aber ist es in diesem Kontext im Interesse des Autors, auch an dieser Stelle noch einmal auf das Fundament des Glaubens aufmerksam zu machen – und damit seinen Adressaten erneut einzuschärfen, woran sie sich mit ihrem Glauben (als einer Haltung von Menschen!) zu halten haben. Auf der Ebene der Hohenpriester-Christologie des Hebr entspricht diese christologische Grundaussage dem vom Hohenpriester in 7,24 ausgesagten μένειν εἰς τὸν αἰῶνα bzw. dem πάντοτε ζῶν von 7,25. Und dementsprechend sind die Zeitangaben in V. 8 allesamt

---

[33] Zur Wendung ἐχθὲς καὶ σήμερον vgl. LXX Ex 5,14; 2 Reg 15,20; Sir 38,22; 1 Makk 9,44.
[34] Anders E. RIGGENBACH S. 435; A. SEEBERG S. 142 u. a. Kritisch dazu E. GRÄSSER, Der Glaube im Hebr, S. 29, Anm. 89: „Aber unser Vf will gar nicht auf das verweisen, *was* die ἡγούμενοι geglaubt haben, sondern *wie* sie geglaubt haben!" Zu diesem „Wie" gehört freilich auch hinzu, daß ihr Glaube – ebenso wie auch der der Adressaten des Hebr – seinen Anhalt und Grund in der „Selbigkeit" Jesu Christi hat. Von diesem Zusammenhang der VV. 7–9 her gesehen kommt an dieser Stelle, was die Funktion der ἡγούμενοι betrifft, nicht (primär) ihre Verantwortung für die rechte Lehre in den Blick. Vgl. auch V. 17. Gegen eine unmittelbar „dogmatische" Interpretation von V. 8 wendet sich auch schon J. A. BENGEL, Gnomon, S. 945: „Non solum innuitur doctrina de Christo, sed ipse Jesus Christus, de quo agit doctrina fidei".

auf den Erhöhten bzw. den himmlischen Hohenpriester zu beziehen[35], der für die Seinen eintritt und so ihrem Glauben ein in aller Zukunft unumstößliches Fundament ist. Galt dies „gestern" schon für die einstigen Leiter der Gemeinde (wie auch für die Adressaten des Hebr in ihren „früheren Tagen"), so auch „heute" für die Adressaten des Hebr in ihrer gegenwärtigen Situation der Glaubensanfechtung – und daran wird sich auch in aller Zukunft nichts ändern ... In diesem Sinne ist die christologische „Formel" von V. 8 fest in ihren Kontext integriert – denn: „extra eum (sc.: Christum) nulla est fidei stabilitas"[36]. Sofern also überhaupt in V. 8 eine Bekenntnistradition zugrundeliegt, handelt es sich hier doch um eine in der Tat situationsgerechte Anwendung dieser Tradition auf die Glaubensanfechtung der Adressaten: Jener „stabilitas" ihres Glaubensgrundes sollen sie mit der Standhaftigkeit ihres Glaubens entsprechen!

Das Gefälle der Mahnung (wie auch des Trostes!) setzt sich auch im folgenden V. 9 fort, hier vor allem in der Formulierung καλὸν ... βεβαιοῦσθαι τὴν καρδίαν (V. 9b). Solcher Kontext hat dann freilich auch Konsequenzen für das Verständnis der „Lehren" (διδαχαί), von denen hier die Rede ist (V. 9a). Betrachtet man diese Warnung vor den „vielfältigen und fremden Lehren" zunächst für sich, so liegt die Vermutung nahe, daß der Autor des Hebr sich auch an dieser Stelle wieder einem durchaus traditionellen Verfahren der urchristlichen Briefparänese anschließt, der geprägten Tradition nämlich des sog. „Ketzerschlusses" (K. BERGER), wie er zumindest für die spätere urchristliche Briefliteratur fast durchgängig charakteristisch ist[37]. Auch der bildliche Gebrauch des Verbums παραφέρεσθαι, wie er über V. 9 hinaus im Judasbrief (V. 12) bzw. in 2 Petr 2,17 vorliegt, könnte in dieselbe Richtung weisen: Darauf kommt es an, daß die Adressaten nicht vom rechten Weg des Glaubens „fortgerissen werden", also: nicht abweichen vom rechten Glauben (im Sinne der „rechten Lehre"!)[38]. Und schließlich hat der Hebr mit der traditionell-urchristli-

---

[35] Ἐχθές ist also nicht auf die Präexistenz (so die altkirchliche Exegese) oder auf den irdischen Jesus und demgegenüber erst σήμερον auf den Erhöhten zu beziehen. Kritisch dazu bereits E. RIGGENBACH S. 435, Anm. 85. So ginge ja gerade das verloren, was der Autor in V. 8 den Adressaten ins Bewußtsein rücken will: das feste und bleibende Fundament des Glaubens.

[36] So J. CALVIN, Comm. in Epist. ad Hebraeos, zu 13,9, hier zugleich mit der Entgegenstellung: Wo diese „stabilitas" fehlt, regieren „innumerae agitationes". CALVIN betont in diesem Zusammenhang auch zu Recht, daß mit der christologischen Formel von V. 8 nicht eine Aussage über das „Wesen" (essentia) Christi gemacht wird: „quia non disputatur an aeternus fuerit apud patrem, sed qualis fuerit eius notitia inter homines" (ebd., zu 13,8).

[37] K. BERGER, Formgeschichte des Neuen Testaments, S. 142f. Vgl. entsprechend Röm 16,17f; 2 Thess 3,19f; 1 Tim 6,20f; Tit 3,9–11; Jak 5,19f; 2 Petr 3,17; Jud 22f; 1 Joh 5,16f.

[38] Vgl. entsprechend περιφέρεσθαι (παντὶ ἀνέμῳ τῆς διδασκαλίας) in Eph 4,14 (sowie die Lesart K L Ψ usw. zu Hebr 13,9!). Sachlich entspricht παραφέρεσθαι in V. 9 dem in der Mahnung μήποτε παραρυῶμεν in 2,1 benutzten Bild. Auf derselben Linie liegt die Rede vom „Schiffbruch" des Glaubens in 1 Tim 1,19.

chen Ketzerpolemik zunächst auch die generell abqualifizierende Redeweise von der „Irrlehre" als von „vielfältigen (und somit vieldeutigen!) und fremden Lehren" gemeinsam[39]. Gleichwohl bleibt am Ende die Frage, ob von dieser äußerst allgemeinen Mahnung und Warnung her sich die Auffassung begründen läßt, daß auch der Hebr (insgesamt!) als das Dokument einer gezielten Auseinandersetzung zwischen Orthodoxie und Heterodoxie zu gelten hat, wie sie für das etwa gleichzeitige urchristliche Schrifttum am Ausgang des 1. Jahrhunderts weithin bestimmend ist. Aus der Formulierung von V. 9a als solcher läßt sich jedenfalls eine auf eine bestimmte (christliche) Irrlehre zielende Polemik nicht entnehmen, eher dann schon eine Paränese, die wiederum – in Entsprechung zum Kontext – auf das Festbleiben und Standhalten im Glauben ausgerichtet ist. In diese letztere Richtung weist jedenfalls der unmittelbare Kontext der Mahnung von V. 9a: Dies gilt bereits im Blick auf das hier benutzte Verbum παραφέρεσθαι, „fortgerissen werden", „fort" nämlich von dem in V. 8 benannten Anhalt und Fundament des Glaubens. Auch die Kennzeichnung der „Lehren" in V. 9a als ποίκιλος weist in dieselbe Richtung: „Vielfältig", das heißt ja zugleich „vieldeutig", und „vielfältig" in diesem Sinne sind solcherlei (menschliche) „Lehren" eben im Gegensatz zur „Selbigkeit" – und damit Eindeutigkeit! – Jesu Christi[40]. Und endlich: Charakteristisch in diesem Sachzusammenhang ist auch, daß jenen „Lehren" nicht dadurch entgegengetreten wird, daß etwa die „apostolische Tradition" (und in diesem Zusammenhang dann auch die Lehrautorität des kirchlichen Amtes) kritisch geltend gemacht wird[41], sondern allein dadurch, daß auf die Notwendigkeit einer „Befestigung des Herzens" verwiesen wird.

An Festigkeit und Standhalten im Glauben ist – sofern man überhaupt davon sprechen will – der „Traditionsgedanke" des Hebr orientiert, nicht (oder doch jedenfalls nicht primär) an der Bewahrung der „rechten Lehre". Entscheidend ist das „Festwerden des Herzens" im Gegensatz zum „Fortgerissenwerden" (sc.: vom rechten Wege) durch vieldeutige Lehren. Und so ist es gewiß auch kein Zufall, daß an dieser Stelle ausdrücklich die καρδία genannt wird, das „Herz" nämlich als die Personmitte des Menschen, die all sein Verhalten und Tun bestimmt[42]. Ein „befestigtes

---

[39] Die diese (Irr-)„Lehren" kennzeichnenden Adjektive ποίκιλος und ξένος stehen hier selbstverständlich „sensu malo", ποίκιλος entsprechend also auch im Sinne von „vieldeutig", ξένος im Sinne von „andersartig" (= unsachgemäß). Vgl. entsprechend Herm sim VIII 6,5: διδαχαὶ ἕτεραι (v. l.: ξέναι!) im Sinne von διδαχαὶ μωραί sowie Ignatius, Trall 6,1. Vgl. dazu G. STÄHLIN, ThWNT V, S. 31.

[40] Vgl. bereits O. HOLTZMANN, ZNW 10 (1909) S. 251f.

[41] So in Diog 11,1, wo sich die Versicherung οὐ ξένα ὁμιλῶ mit der Versicherung der Treue zur apostolischen Paradosis verbindet: ἀλλὰ ἀποστόλων γενόμενος μαθητής ... τὰ παραδοθέντα ἀξίως ὑπηρετῶ.

[42] Zu καρδία in diesem Sinne vgl. bereits 3,8ff.12; 4,7.12; 8,10; 10,16.22. Ähnlich wie Hebr 13,9 spricht auch Paulus in 1 Thess 3,13 vom στηρίζειν τὰς καρδίας. Vgl. auch

Herz" und Glaube, das gehört zusammen, während andererseits eine καρδία πονηρά notwendig in den Unglauben (ἀπιστία) führt (3,12). In diesem Sinne trägt der mit der formelhaften Wendung καλὸν γάρ (ἐστιν) eingeleitete Satz im Gesamtgefüge von V. 9 den Hauptakzent. Und καλόν (ἐστιν), das meint in diesem Zusammenhang nicht lediglich – wie in 1 Kor 7,1.8.26 – einen Ratschlag im Sinne der Nützlichkeit eines bestimmten Verhaltens, sondern die notwendige Bedingung für die Standhaftigkeit des Glaubens, nicht also nur das für das Heil „Nützliche", sondern das für das Heil Notwendige, das Heilsame schlechthin[43].

Solche notwendige „Befestigung des Herzens" (und damit des Glaubens) ist nun freilich nicht in die Möglichkeiten des Menschen selbst gestellt, sondern geschieht „durch Gnade" (χάριτι) – wie auf der anderen Seite der „Mangel an Gnade Gottes" (im Falle des Esau) zur Preisgabe des Erstgeburtsrechtes um eines billigen und vergänglichen irdischen Vorteils (ἀντὶ βρώσεως) führt (12,15f). Ein Bezug dieser „Gnade" zur „rechten Lehre" – wie in der Formulierung in 2 Tim 2,1f (ἐνδυνάμου ἐν τῇ χάριτι) – ist damit nicht ausgesprochen, wenngleich vom Kontext her (V. 8!) deutlich ist, daß solches Gnadengeschehen seinerseits durchaus einen christologischen Grund hat[44]. Der Akzent liegt somit in V. 9 ebenso auf dem βεβαιοῦσθαι (als dem Ziel jenes Gnadengeschehens) wie auf dem instrumentalen χάριτι (als dem Weg zum Ziel) – und dies umso mehr, als ja in V. 9c der Position des χάριτι die Negation οὐ βρώμασιν gegenübertritt. Zwei einander ausschließende Wege zur „Befestigung des Herzens" und zur Vergewisserung des Glaubens stehen damit einander gegenüber: Der eine (χάριτι), bei dem die Vergewisserung des Glaubens letztlich allein Gottes Sache ist; und der andere (βρώμασιν), bei dem das Erreichen dieses Ziels durch ein περιπατεῖν ἐν βρώμασιν[45], d.h. durch den Vollzug bestimmter (kultischer) Praktiken, durch das Handeln des Menschen also gewährlei-

---

2 Thess 2,17; 3,5. – βεβαιοῦν in Verbindung mit πίστις auch in Kol 2,17: βεβαιούμενοι τῇ πίστει.

[43] Vgl. bereits M. LUTHER, Hebr-Vorlsg., Glosse zu 13,9: „Optimum est ...". O. MICHEL S. 497 versteht καλόν (ἐστιν) hier sogar im Sinne einer grundsätzlichen „Lehrentscheidung" (vgl. auch S. 494), und zwar im Sinne der Gegenüberstellung χάριτι – οὐ βρώμασιν. S. dazu unten. Philon, SpecLeg II 166, unterscheidet ausdrücklich zwischen καλόν (ἐστιν) und ὠφελιμόν (ἐστιν): πρῶτον μὲν ὅτι καλόν, ἔπειτα δὲ ὅτι ὠφελιμόν ..., vgl. aber Ebr 139: καλὸν καὶ σύμφορον (ἐστιν). Vgl. auch Sir 46,10; Josephus, Ant IV 210.

[44] Vgl. entsprechend 6,19f: Daß der „Anker der Seele" ἀσφαλής und βεβαία ist, hat darin seinen Grund, daß er ins „Innere des Vorhangs" hineinreicht, in das Jesus hineingegangen ist.

[45] Das Relativum ἐν οἷς, d.h.: ἐν βρώμασιν, ist nicht mit οὐκ ὠφελήθησαν (vgl. LXX Ps 88,23; Sir 24,26: ὠφελεῖν ἐν!) zu verbinden, sondern mit περιπατεῖν und bezeichnet die Art und Weise des „Wandels". Vgl. entsprechend περιπατεῖν ἐν ὁδοῖς δικαιοσύνης (Prov 8,20), ἐν σοφίᾳ (Kol 4,5), ἐν ἁμαρτίαις (Eph 2,2; Kol 3,7). Dazu: R. BERGMEIER, EWNT III, Sp. 178. Die Lesart περιπατήσαντες (א² C D² Ψ usw.) ist sekundäre Angleichung an den Aorist ὠφελήθησαν.

stet erscheint[46]. Im Sinne des Hebr gewährt allein der erstere das, was er verspricht, während es vom anderen Weg (bzw. von denen, die auf solche Weise „wandeln") heißt: οὐκ ὠφελήθησαν, „sie hatten keinen Nutzen davon" (Aorist!)[47]. Der Kontext, insbesondere das die Heilsgewißheit der Christen aussprechende ἔχομεν in V. 10, läßt nun zwar erkennen, daß es dem Autor des Hebr auch hier wiederum in erster Linie auf die Herausstellung der Position ankommt; gleichwohl wirft die Gegenüberstellung χάριτι - βρώμασιν (als Begründung zu der den V. 9 einleitenden Warnung vor den „vielfältigen Lehren"!)[48] die Frage auf, ob nicht wenigstens an dieser Stelle des Hebr mit der Herausstellung der Position zugleich eine gezielte Negierung einer andersartigen Position, in diesem Sinne also nun doch ausdrückliche Polemik gegen eine für die Adressaten des Hebr aktuelle „Irrlehre" verbunden ist[49].

Stellt also jenes περιπατεῖν ἐν βρώμασιν - in der Gestalt etwa der Beobachtung bestimmter Speisegebote[50] - eine akute Gefahr für die Adressaten des Hebr dar? Träfe dies zu, so würde freilich die einigermaßen rätselhafte, den gemeinten Sachverhalt lediglich andeutende Art und Weise der Polemik des Autors kaum zu einer wirklich eindeutigen Klärung des Sachverhalts beitragen. Entsprechend breit gefächert sind denn auch die in der Auslegungsgeschichte geäußerten Vermutungen hinsichtlich der konkreten Gestalt der vom Autor des Hebr hier bekämpften „Irrlehre": Sie reichen von der hier als Irrweg apostrophierten Teilnahme der Adressaten des Hebr an jüdischen oder auch heidnischen Opfermahlzeiten, an Kultmahlen des Diasporajudentums, an „synkretistisch" beeinflußten Mahlzeiten kultischen Charakters, von der Beobachtung jüdischer oder auch synkretistischer Speisegebote (möglicherweise asketischen Charakters, im Sinne nämlich der Enthaltung von „unreinen" Speisen)[51] bis hin zu der in der neueren Auslegungsgeschichte am

---

[46] Die Antithese χάριτι - βρώμασιν ist nicht an der Antithese von „Gnade" und „Werken" im Sinne des Paulus orientiert, da χάριτι hier lediglich das „Mittel" zur Befestigung des Glaubens bezeichnet, nicht im paulinischen Sinn den „Heilsweg" schlechthin. Vgl. bereits B. Weiss S. 353; E. Grässer, Der Glaube im Hebr, S. 30, Anm. 95. Dementsprechend bezeichnet auch βρώμασιν nicht den „Heilsweg", vielmehr sind die „Speisen" hier lediglich „Signatur einer fehlorientierten Suche nach stabilitas, die doch allein Gott geben kann". So E. Grässer, a.a.O.

[47] Zur Argumentation mit dem „Nutzen" bestimmter kultisch-ritueller Vollzüge (insbesondere der Beschneidung) vgl. Röm 2,25; 3,1; Gal 5,2 sowie EvThom, Logion 53: Allein „die wahre Beschneidung im Geist (vgl. Röm 2,29!) hat solchen Nutzen gehabt"! Vgl. auch K. Berger, Formgeschichte des Neuen Testaments, S. 162.

[48] Vgl. E. Grässer, Text und Situation, S. 173: Diese „Begründung ... läßt erkennen, daß der Verfasser bestimmte falsche Praktiken vor Augen hat ... D. h.: die hier apostrophierte Irrlehre erstrebt ein Ziel, das auch dem Hbr recht sein muß: die Festigung des Herzens (= Glaubens!); allein die Mittel dazu finden nicht seine Billigung".

[49] So würde also in V. 9c ein Beispiel bzw. eine für die Adressaten des Hebr aktuelle Konkretion für die in V. 9a zunächst ganz generell apostrophierten Irrlehren genannt. Vgl. H. Windisch S. 47.

[50] Jedenfalls könnte 1 Kor 8,8 und Röm 14,17 darauf hinweisen, daß βρῶμα bzw. βρῶσις nicht nur die Speise bezeichnet, sondern auch die Speiseregel bzw. das Speisegebot.

[51] Vgl. 1 Tim 4,3; Kol 2,16-23. Vgl. die Zusammenstellung der in der Auslegungsge-

häufigsten geäußerten Vermutung, daß sich in V. 9 (und V. 10!) eine innerchristliche Auseinandersetzung um das rechte Verständnis des Abendmahls, genauer: die Stellungnahme des Autors des Hebr gegen ein „sakramentalistisches" Verständnis des Abendmahls (als Opfermahl!) niedergeschlagen hat[52]. Sofern überhaupt Sinn und Ziel der Polemik(?) des Autors des Hebr an dieser Stelle eindeutig zu bestimmen sind[53], wird dies nur dadurch gelingen, daß sie aus dem engeren und weiteren Kontext des Hebr selbst verstanden wird.

Der Kontext – zunächst der engere des Zusammenhangs der VV. 9-11 – weist eindeutig darauf hin, daß der Autor des Hebr auch an dieser Stelle – wie im Hebr insgesamt – nicht auf eine bestimmte, für die Gegenwart der Adressaten des Hebr aktuelle „Irrlehre" Bezug nimmt, sondern (zunächst) auf bestimmte biblische Sachverhalte. Auch hier geht es in erster Linie wiederum um eine Anweisung der Adressaten für die rechte Lesart des Alten Testaments. Konkret heißt das: Die eigene Position wird hier – wie auch sonst im Hebr – vermittels der Negierung bzw. vermittels der Kategorie der Überbietung der alten Kultordnung verdeutlicht. Eindeutig in diese Richtung weist bereits der Aorist οὐκ ὠφελήθησαν. Er besagt, daß diejenigen, die die Gewißheit ihres Glaubens durch den Genuß bestimmter Speisen bzw. durch die Beachtung bestimmter Speisegebote bestätigt sahen, bereits damals(!) keinen Nutzen davon hatten[54]. Hier wird also auf die Nutzlosigkeit der alten, irdischen und für die Christen vergangenen Heils- und Kultordnung zurückgeblickt und ihr – was die Christen jetzt betrifft – das präsentische ἔχομεν gegenübergestellt: „Wir (aber) haben ..." (V. 10). Der alten, durch βρώματα (usw.) gekennzeichneten Kultordnung steht die neue, durch Gottes χάρις qualifizierte Heilsordnung gegenüber[55]. Die Rede von den „Speisen" hier entspricht also genau derjenigen von den βρώματα („πόματα und διάφοροι βαπτισμοί) in 9,10, die dort ausdrücklich als „fleischliche Satzungen" gekennzeichnet wurden und denen

---

schichte erwogenen Möglichkeiten bei H. WINDISCH S. 117f; O. MICHEL S. 486f.495ff; J. THURÉN, Das Lobopfer der Hebräer, S. 195ff; H. BRAUN S. 461f sowie zum Ganzen H. KÖSTER, HThR 55 (1962) S. 303ff; J. W. THOMPSON, The Beginnings of Christian Philosophy, S. 141ff.

[52] So bereits O. HOLTZMANN, ZNW 10 (1909) S. 251-260, und neuerdings G. BORNKAMM, in: DERS., Ges. Aufs. II, S. 194f, R. WILLIAMSON, NTS 21 (1974/75) S. 307ff; G. THEISSEN, Untersuchungen zum Hebr, S. 76ff, letzterer mit Hinweis u. a. auf die gleichlautende Terminologie bei Irenäus, Adv. Haer. IV 18,5 (ἡ εὐχαριστία βεβαιοῖ τὴν γνώμην) und mit der Schlußfolgerung: „In Hebr 13,9 würde demnach die Auffassung abgelehnt, daß durch die Sakramente das Heil garantiert werden kann" (S. 77). Zum Problem vgl. auch F. J. SCHIERSE, Verheißung und Heilsvollendung, S. 184ff; F. SCHROEGER, MThZ 19 (1968) S. 170ff; F. LAUB, Bekenntnis und Auslegung, S. 270ff. Weiteres s. u. S. 726ff (Exkurs „Abendmahl im Hebr").

[53] Vgl. F. J. SCHIERSE, Verheißung und Heilsvollendung, S. 184; E. GRÄSSER, Der Glaube im Hebr, S. 30, Anm. 94.

[54] Ὠφελήθησαν ist also nicht gnomischer bzw. futurischer Aorist (dazu: BL.-DEBR.-R. § 333). Gegen G. THEISSEN, Untersuchungen zum Hebr, S. 77, Anm. 6.

[55] In diesem Sinne bereits H. WINDISCH S. 118 sowie neuerdings H. KÖSTER, HThR 55 (1962) S. 299ff; D. LÜHRMANN, ZNW 69 (1978) S. 178f; H. CONZELMANN, ThWNT IX, S. 389; M. RISSI, Die Theologie des Hebr, S. 95f.

– als solchen – nur vorläufige Geltung zukommt. Eine wirkliche „Befestigung des Herzens" vermögen solche Praktiken ebensowenig zu bewirken wie – nach 9,9f – der Kultdiener von einst durch solcherlei Praktiken „in seinem Gewissen vollendet werden" kann[56]. Also sind sie – diese Praktiken – am Ende „nutzlos" für diejenigen, die auf solche Weise „wandeln" – ebenso wie sich das die alte Kultordnung konstituierende Gebot insgesamt am Ende als „schwach und nutzlos" erwiesen hat: οὐδὲν γὰρ ἐτελείωσεν ὁ νόμος[57].

In diese Richtung weist auch V. 10, in dem die Gegenüberstellung χάριτι – οὐ βρώμασιν von V. 9 ihre Fortsetzung bzw. Erläuterung findet in der Gegenüberstellung ἔχομεν – οὐκ ἔχουσιν[58]. Auf der einen Seite also das „Wir" der christlichen Gemeinde, auf der anderen die τῇ σκηνῇ λατρεύοντες. Diejenigen, die ihren „Wandel" aufgrund bestimmter Speisen bzw. nach Maßgabe bestimmter Speisegebote führen (V. 9), sind – im Sinne des Hebr jedenfalls – mit denen identisch, die am Zeltheiligtum der alten Kultordnung ihren priesterlichen Dienst verrichten[59]. Als solche aber haben sie nicht die Vollmacht, von dem (Opfer-)Altar zu essen, den „wir", die Christen, „haben". Rätselhaft an dieser Ausdrucksweise erscheinen vor allem die beiden einander entsprechenden Präsens-Formulierungen ἔχομεν – οὐκ ἔχουσιν ἐξουσίαν, von denen die erstere zwar eindeutig – entsprechend dem präsentischen ἔχομεν bzw. ἔχοντες in 4,14f; 6,19; 8,1; 10,19 – den gegenwärtigen Heilsstand der Christen bezeichnet, die letztere jedoch nur schwerlich auf gegenwärtige Irrlehrer oder „Dissidenten" bezogen werden kann, die im Sinne des Autors des Hebr vom Recht der Anteilnahme am „Altar" der Christen auszuschließen sind[60]. Die Tatsache, daß

---

[56] Insofern entspricht βεβαιοῦσθαι τὴν καρδίαν in 13,9 dem τελειοῦν κατὰ συνείδησιν in 9,9f. Vgl. G. Theissen, Untersuchungen zum Hebr, S. 76f; J. W. Thompson, The Beginnings of Christian Philosophy, S. 145.

[57] Vgl. G. Theissen, Untersuchungen zum Hebr, S. 77: „Ohne Nutzen sein heißt also die Unfähigkeit, eine erhoffte Vollendung zu geben", dann freilich mit der Schlußfolgerung: „In diesem Sinn sind auch die christlichen Sakramente unnütz"! Von ihnen ist jedoch weder in V. 9 noch im folgenden (V. 10!) die Rede. In jedem Fall steht ὠφελεῖν in 13,9 im Sinne „einer (negierten) heilsbedeutsamen Nützlichkeit". So M. Rutenfranz, EWNT III, Sp. 1222f.

[58] Auffällig ist freilich, daß der Autor ohne unmittelbare Verbindung mit V. 9 in V. 10 neu ansetzt. Vgl. J. E. L. Oulton, ET 55 (1944) S. 303f.

[59] Zu λατρεύειν in diesem Sinn vgl. auch 8,5; 10,2 sowie wiederum 9,9; entsprechend auch λατρεία in 9,1.6. Λατρεύειν steht dabei im abwertenden Sinn gegenüber dem λατρεύειν τῷ θεῷ ζῶντι (9,14), dem wahren, gottwohlgefälligen Gottesdienst der Christen (12,28). Im Gegensatz zum „Wir" der Christen in V. 10 („wir haben ...") handelt es sich bei denjenigen, die „am Zeltheiligtum ihren priesterlichen Dienst verrichten", jedenfalls nicht um Christen (und somit auch nicht um Vertreter einer innerchristlichen Irrlehre!). Gegen diese Auffassung bereits E. Riggenbach S. 439f; vgl. auch J. M. Creed, ET 50 (1938) S. 14; J. E. L. Oulton, ET 55 (1944) S. 303f.

[60] O. Michel S. 499.501 spricht mit Hinweis auf Ez 44,9ff und CD III 21ff von einer „sakralrechtlichen Ausschlußbestimmung". Vgl. ebd., S. 502: „Der nachgestellte Relativsatz scheint Elemente des apostolischen Rechts an sich zu tragen ...; bestimmte Menschen wer-

im unmittelbaren Anschluß an V. 10b in V. 11 alsbald wiederum auf einen Sachverhalt der alten Kultordnung verwiesen wird, spricht vielmehr dafür, daß es sich bei dem Präsens οὐκ ἔχουσιν ἐξουσίαν um ein Präsens der (generell geltenden) kultischen Vorschrift handelt. Also: Wozu die „Zeltdiener" der alten Kultordnung einst keine Vollmacht besaßen[61] – dieses Recht und diese Vollmacht sind nunmehr den Christen gewährt. „Wir haben einen Altar", von dem zu essen „wir", die Christen, Vollmacht haben, das gilt im Unterschied und Gegensatz zu den „Dienern" der alten Kultordnung, denen vom Altar des Zeltheiligtums (am Versöhnungstag) nicht erlaubt war zu essen!

Die Rechtsgrundlage für das den Priestern der alten Kultordnung verweigerte Recht nennt der Begründungssatz **V. 11**, und zwar mit Hinweis auf Lev 16,27. Aus dieser Stelle hat der Autor des Hebr jedenfalls entnommen, daß jenen Priestern deshalb nicht die Vollmacht gegeben ist, vom Fleisch der Opfertiere zu essen, weil nach Lev 16,27 ja nur deren Blut vom Hohenpriester zur Sühnung der Sünde (περὶ ἁμαρτίας) in das Heiligtum (τὰ ἅγια) bzw. zum „Altar" des Heiligtums hineingebracht wird, während das Fleisch bzw. die σώματα der Opfertiere „außerhalb des Lagers" verbrannt werden[62]. Die Präsensformulierungen εἰσφέρεται und κατακαίεται sind hier, bei der freien Wiedergabe von Lev 16,27, ganz eindeutig im Sinne des „Präsens der kultischen Vorschrift" zu verstehen und bestätigen somit das entsprechende Verständnis des οὐκ ἔχουσιν ἐξουσίαν in V. 10.

---

den von der Mahlgemeinschaft des Altars ausgeschlossen". Vgl. auch J. ROLOFF, EWNT II, Sp. 407. Solche „Ausschlußbestimmung" würde im Gefüge von V. 10 geradezu den entscheidenden Akzent tragen, wenn – so E. RIGGENBACH S. 439 – die „positive Aussage ἔχομεν θυσιαστήριον" tatsächlich „nur den Anknüpfungspunkt für die sich daran anschließende negative" bilden würde: „Der Altar, den wir haben, ist nicht der Art, daß die Priester davon zu essen befugt sind". Zur Problematik von Hebr 13,10 vgl. W. BAUER, Wörterbuch zum Neuen Testament, Sp. 745: „Dunkel ist ... Hb 13,10"! sowie die oben Anm. 1 genannte Literatur. Speziell zu V. 10 vgl. J. M. CREED, Great Texts Reconsidered, ET 50 (1938) S. 13–15; J. P. WILSON, The Interpretation of Hebrews XIII 10, ebd., S. 380–381; J. E. L. OULTON, Great Texts Reconsidered, ET 55 (1944) S. 303–305; zuletzt dazu: S. RUAGER, Überlegungen zum Thema Gottesdienst und Abendmahl im Hebr (13,10), KuD 36 (1990) S. 72–77, mit dem Ergebnis: Der „Altar" sei „in gewissem Sinne im Himmel ..., da, wo Christus sein eigen Blut darbringt, aber dadurch, daß es um das Opfer der ewigen Erlösung geht, ist dieses Opfer gleichzeitig überall da gegenwärtig, wo die Christen sich am Tisch des Herrn begegnen" (S. 76). Solche Opfer- und Vergegenwärtigungstheologie läßt sich jedoch schwerlich aus dem Wortlaut von V. 10 erheben.

[61] Ἐξουσία, „Recht, Vollmacht", meint hier konkret das mit der „Dienstvorschrift der Priester der alten Kultordnung gegebene Recht". Das ist zunächst allgemein-griechischer Sprachgebrauch (vgl. W. FOERSTER, ThWNT II, S. 559), der aber auch in LXX nachwirkt. Vgl. Tob 2,13 (S): οὐ γὰρ ἐξουσίαν ἔχομεν ἡμεῖς φαγεῖν οὐδὲν κλεψιμαίων. Zur Wendung ἐξουσίαν ἔχειν vgl. auch 1 Kor 9,4; 2 Thess 3,9; Joh 10,18. Die Auslassung von ἐξουσίαν in D* 0121b kann nur durch ein Schreibversehen erklärt werden.

[62] Auch hier bezieht sich der Autor allein auf das Opferritual des Versöhnungstages (Lev 16), nicht auf die Anweisungen von Lev 6,14; 7,6 zum Sünd- und Schuldopfer, die den Priestern das Recht einräumen, vom Fleisch der Opfertiere zu essen.

Das Gesamtbild ist damit relativ klar: Dem „Wir haben" der Christen in V. 10 ist hier nicht eine (innerchristliche) Irrlehre gegenübergestellt, sondern auch hier wieder – wie auch sonst im Hebr – der neuen Heilsordnung die alte Kultordnung. Während für die letztere auf der Grundlage von Lev 16,27 der Rechtssatz gilt: οὐκ ἔχουσιν ἐξουσίαν κτλ., gilt für die erstere, das heißt für die Christen: ἔχομεν θυσιαστήριον[63]. So gesehen hat dann freilich die in V. 10 ausgesprochene Position „Wir haben einen Altar" keineswegs nur beiläufige Bedeutung; vielmehr liegt sie – im Kontext betrachtet – ganz auf der Linie, die vom χάριτι in V. 9 zu der (an die Bezugnahme auf Lev 16,27 in V. 11 unmittelbar anschließende) christologischen Aussage in V. 12 führt, die ihrerseits wiederum in den VV. 13ff ihre Anwendung auf die (bei den Adressaten in Frage stehende) Praxis des Glaubens findet. Für den ganzen Zusammenhang von V. 9 an ist in diesem Sinne ein bestimmtes Gefälle charakteristisch, das es gerade auch bei der speziellen Frage nach Sinn und Bedeutung der präsentischen Aussage ἔχομεν θυσιαστήριον zu beachten gilt. Was aber ist konkret damit gemeint, wenn hier (V. 10) die neue, für die Christen in Kraft gesetzte Heilsordnung auf diese kultische Weise gekennzeichnet wird?

Vom kulttheologisch bestimmten Kontext her gesehen bedarf es zunächst keiner Frage, daß θυσιαστήριον hier den „Opferaltar" bezeichnet. Ist im Zusammenhang damit in V. 9 von den „Speisen" und in V. 10 ausdrücklich vom „Essen" die Rede, so könnte dies alles zunächst darauf hinweisen, daß die Christen nicht nur einen „Opferaltar" haben, sondern (an ihm?) auch ein „Opfermahl" begehen. Dies wäre nun freilich für den Hebr nicht nur ein ungewöhnlicher, sondern ein geradezu unmöglicher Gedanke, da hier ja ansonsten kein Zweifel daran gelassen wird, daß das die christliche Gemeinde konstituierende „Opfer" des Hohenpriesters Christus „ein für allemal" geschehen ist und somit keine Wiederholung – in welcher Gestalt auch immer – zuläßt. So ist also zunächst deutlich: θυσιαστήριον steht hier nicht für einen „Opferaltar" innerhalb der christlichen Gemeinde (oder in deren Gottesdienst). Die Rede vom „Opferaltar" zur Umschreibung des Heilsstandes der Christen ist vielmehr dadurch bedingt – und damit zugleich auch ist die Problematik der Aussage von V. 10 gegeben –, daß der Autor des Hebr hier einen bestimmten, die alte Kultordnung kennzeichnenden Sachverhalt ganz unmittelbar zur Kennzeichnung der neuen Heilsordnung benutzt.

Konkret heißt das, daß θυσιαστήριον hier typologisch zu verstehen ist, als ein Mittel also, eine bestimmte Sache zu umschreiben. Ist diese Sache,

---

[63] So geht es also hier nicht um „die Unvereinbarkeit des christlichen und des jüdischen Gottesdienstes"! So G. BORNKAMM, Ges. Aufs. II, S. 195; ähnlich C. SPICQ, S. 317. Vgl. dagegen F. C. SYNGE, Hebrews and Scripture, S. 40: „It is always a biblical comparison, a typological comparison. Whether or not Jewish liturgy and Christian liturgy overlapped in time, Hebrews never thinks of them as contemperary rivals". Vgl. auch H. KÖSTER, HThR 55 (1962) S. 301f.

zumal es dabei ja auch um ein „Essen" geht, also auf die urchristliche Abendmahlsfeier zu beziehen, möglicherweise auch auf eine innerchristliche Kontroverse um das rechte Verständnis des „Sakraments" des Abendmahls? Diese Beziehung von Hebr 13,9f ist seit der altkirchlichen Exegese bis in die neuere und neueste exegetische Diskussion hinein immer wieder vertreten worden[64]. Der Ansatz dafür ist zunächst mit der Erwähnung der βρώματα in V. 9 gegeben, vor allem aber mit der Rede vom „Opferaltar" in V. 10 – unter der Voraussetzung jedenfalls, daß mit dem Terminus θυσιαστήριον hier bereits die Vorstellung vom (Abendmahl als) „Opfermahl" verbunden ist[65]. Gegen solche eucharistische Deutung von Hebr 13,9-11 sprechen jedoch gewichtige Gründe: Die βρώματα von V. 9 bzw. das φαγεῖν von V. 10 in einen unmittelbaren Zusammenhang mit dem Ritus des christlichen Abendmahls zu bringen, verbietet sich schon deshalb, weil beides im Kontext des Hebr zunächst ganz eindeutig auf der Seite der alten (und überholten!) Kultordnung steht. Auch die Beziehung von θυσιαστήριον (V. 10) auf das Abendmahl (als Opfermahl) ist angesichts dessen bereits unwahrscheinlich, daß eine Rede vom Abendmahl in diesem Sinne erst sehr viel später belegt ist, nicht jedenfalls in der urchristlichen Abendmahlssprache[66]. Somit spricht alles dafür, daß die Frage des Abendmahls bzw. die Frage eines angemessenen Verständnisses des Abendmahls in einem Textzusammenhang, der offensichtlich primär an der Gegenüberstellung von alter und neuer Kult- und Heilsordnung interessiert ist, am Ende überhaupt nicht zur Debatte steht[67]. Ob man daraus dann freilich die Schlußfolgerung ziehen kann, daß der Hebr insgesamt „sakramentskri-

---

[64] Die zumindest an dieser Stelle kritisch zu vermerkende mangelnde Prägnanz der Ausdrucksweise des Hebr bedingt notwendig eine bemerkenswerte Verschiedenheit der eucharistischen Deutung von 13,9f. Bezog die altkirchliche Exegese noch V. 10b relativ einhellig auf den Ausschluß der alttestamentlichen (!) Priester von der Eucharistie (Johannes Chrysostomus, PG 63, p. 225-227; Theodoret, PG 82, p. 781 C; Ps-Oecumenius, PG 119, p. 444 D; Theophylakt, PG 125, p. 393 B/C; vgl. H. BRAUN S. 464), wird in der neueren Exegese im einzelnen sehr unterschiedlich verfahren, übereinstimmend im wesentlichen nur darin, daß sich an dieser Stelle des Hebr eine innerchristliche Debatte um das rechte Verständnis der Eucharistie (mit dem entsprechenden Ausschlußverfahren!) widerspiegelt. Die eigene Konzeption des Autors wie auch die von ihm bestrittene Position seiner „Gegner" wird dabei gänzlich unterschiedlich beurteilt. Zum Überblick über die verschiedenen Deutungsversuche in dieser Hinsicht vgl. F. SCHROEGER, MThZ 19 (1968) S. 170ff; F. LAUB, Bekenntnis und Auslegung, S. 270ff, sowie H. BRAUN S. 463f.

[65] Vgl. dazu S. AALEN, Das Abendmahl als Opfermahl im Neuen Testament, NT 6 (1963) S. 128-152, spez. S. 146f zu Hebr 13,10; G. THEISSEN, Untersuchungen zum Hebr, S. 179ff, sowie A. OEPKE, ThLZ 80 (1955) Sp. 140; DERS., Das neue Gottesvolk, S. 21-24.72-74.280.

[66] Der älteste Beleg außerhalb des Neuen Testaments dafür: Irenäus, Adv. Haer. IV 31,5; vgl. auch Tertullian, De orat. 19. Vgl. J. M. CREED, ET 50 (1938) S. 13.

[67] Vgl. in diesem Sinne schon B. WEISS S. 356; E. RIGGENBACH S. 441f; H. WINDISCH S. 118 und bes. J. MOFFATT S. 234. Neuerdings vgl. u. a. F. V. FILSON, Yesterday, S. 48-54; F. LAUB, Bekenntnis und Auslegung, S. 270-272.

tisch" eingestellt ist[68], ist fraglich, in jedem Falle aber allein von V. 10 her nicht zu entscheiden.

Exkurs: *Das Abendmahl im Hebräerbrief*[69]

Die Frage, ob der Hebr überhaupt bzw. - wenn ja - in welchem Sinne er Bezug auf das Abendmahl nimmt, wird seit jeher und insbesondere in der neueren Auslegungsgeschichte durchaus kontrovers beantwortet. Die Skala der Auslegungsmöglichkeiten in dieser Hinsicht reicht - um hier nur die beiden extremen Positionen zu benennen - von der (so freilich singulären) These einerseits, „daß der Verf. des Hebr ebenso wie seine Adressaten den Brauch des Herrenmahls gar nicht kennen"[70] oder doch jedenfalls der Autor selbst dem „Sakrament" des Abendmahls mit Reserve gegenübersteht (s. Anm. 68), bis hin zu der Auffassung andererseits, daß die den Adressaten des Hebr drohende Gefahr des Abfalls vom Glauben eben durch einen „Anstoß an der Eucharistie" bedingt sei und daß dementsprechend gerade auch der zentrale Abschnitt des Hebr (7,1-10,18) am Ende darauf abziele, die grundlegende Bedeutung der Eucharistie gerade für die in ihrem Glauben angefochtenen Adressaten erneut zur Geltung zu bringen[71]. So gesehen hätte dann frei-

---

[68] Vgl. bereits O. HOLTZMANN, ZNW 10 (1909) S. 251ff. Nach F. LAUB, Bekenntnis und Auslegung, S. 270, wird in Hebr 13,9ff die „kultisch-sakrale Sphäre für die Gemeinde des Neuen Bundes" so entschieden für abgetan erklärt, „daß mit dieser theologischen Position auch der Brauch der Herrenmahlsfeier, wenn nicht in direkter Bezugnahme, so doch implizit ausgeschlossen wird"! Vgl. auch G. THEISSEN, Untersuchungen zum Hebr, S. 67ff und bes. S. 86f: „Die Vertiefung der τελείωσις führt eine sakramentale Frömmigkeit ad absurdum...".

[69] Lit.: J. E. FIELD, The Apostolic Liturgy and the Epistle to the Hebrews. Being a Commentary on the Epistle in its Relation to the Holy Eucharist, London 1882; O. HOLTZMANN, Der Hebr und das Abendmahl, ZNW 10 (1909) S. 251-260; O. MOE, Das Abendmahl im Hebr. Zur Auslegung von Hebr 13,9-16, STL 4 (1951) S. 102-108; J. BETZ, Die Eucharistie in der Zeit der griechischen Väter II/1, Freiburg i. B. ²1964, S. 144-166; J. SWETNAM, The Greater and More Perfect Tent, Bib 47 (1966) S. 91-106; DERS., On the Imagery and Significance of Hebrews 9,9-10, CBQ 28 (1966) S. 155-173; G. THEISSEN, Untersuchungen zum Hebr, S. 53-87; P. ANDRIESSEN, L'eucharistie dans l'épître aux Hébreux, NRTh 94 (1972) S. 269-277; R. WILLIAMSON, The Eucharist and the Epistle to the Hebrews, NTS 21 (1974/75) S. 300-312; J. SWETNAM, Christology and the Eucharist in the Epistle to the Hebrews, Bib 70 (1989) S. 74-95. Zum Überblick über die Forschung: F. SCHROEGER, MThZ 19 (1968) S. 161-181, spez. S. 161-173 (hier weitere Lit.!); H. FELD, Das Verständnis des Abendmahls (EdF 50), Darmstadt 1976, S. 74-76; DERS., Der Hebr, S. 93-97; F. LAUB, Bekenntnis und Auslegung, S. 265-272.

[70] So H. M. SCHENKE, in: Festschr. H. Braun, S. 433. Vgl. auch R. WILLIAMSON, ET 87 (1976) S. 232; DERS., NTS 21 (1974/75) S. 300ff. Gegen diese Auffassung spricht bereits die Überlegung, daß in einem Schreiben bzw. in einer Rede, das bzw. die in solchem Maße durch die ältere urchristliche Bekenntnistradition geprägt ist wie der Hebr, eine dermaßen gravierende Abweichung von dieser Tradition wenig wahrscheinlich, wenn nicht sogar undenkbar ist.

[71] So J. BETZ, Die Eucharistie in der Zeit der griechischen Väter II/1, S. 154. Vgl. auch F. J. SCHIERSE S. 91. Nach N. HUGEDÉ, Le sacerdoce du fils, S. 157ff.246ff, handelt es sich im Hebr um eine Homilie über das Abendmahl! Durchaus im negativen Sinn wird der Hebr schließlich bei S. SCHULZ, Die Mitte der Schrift, S. 267f, zum Dokument eines „frühkatholischen Sakramentalismus": „Der Abendmahlskult vermittelt mysterienhaft die himmlischen Kräfte und Gaben, versetzt seine Teilnehmer schon jetzt in die himmlische Versammlung, so

lich die Frage nach dem Abendmahl (und seinem rechten Verständnis) geradezu grundlegende Bedeutung für das Gesamtverständnis des Hebr[72].

Seinen Grund hat solcher Dissens zweifellos im Hebr selbst, darin nämlich vor allem, daß im gesamten Hebr ausdrückliche Bezugnahmen auf das Abendmahl fehlen und in diesem Sinne die Abendmahlstradition an keiner Stelle des Hebr ausdrücklich im Rahmen des zentralen theologischen bzw. pastoralen Grundanliegens des Autors geltend gemacht wird[73]. Allenfalls gewisse terminologische Anklänge an die traditionelle gemein-urchristliche Abendmahlssprache sind vorhanden, ohne daß freilich das damit angedeutete Potential im jeweiligen Argumentationszusammenhang wirklich aktualisiert wird[74]. Konkret in Betracht kommen dabei – was jene Anklänge an traditionelle Abendmahlssprache betrifft – vor allem die folgenden Stellen: 6,4f; 9,20; 10,29 sowie 13,9f[75]. Sie auf das Abendmahl zu beziehen bzw. in ihnen gezielte Anspielungen auf den (den Adressaten selbstverständlichen!) Abendmahlsritus zu sehen, setzt jedoch seinerseits schon ein eucharistisches Gesamtverständnis des Hebr voraus. Dies gilt konkret für ein entsprechendes Verständnis der Rede vom „Schmecken der himmlischen Gabe" in 6,4[76] ebenso wie für das eucharistische Verständnis bestimmter Termini (wie βρῶμα und πόμα oder auch αἷμα, διαθήκη, φαγεῖν usw.) im 9. und 10. Kapitel des Hebr (9,10f.20; 10,20.29)[77]. Ganz übersehen wird dabei, daß der Gebrauch solcher Terminologie durch den Autor des Hebr eher Ausdruck seiner „biblischen" als tatsächlich einer „eucharistischen" Theologie ist. Dies im übrigen ein Sachverhalt, der gerade auch im Blick speziell auf 13,9f gilt, ja hier geradezu mit Händen zu greifen ist (V. 11!). Selbst wenn man gleichwohl an den genannten Stellen Anspielungen auf das

---

daß die jenseitige und künftige Welt in ihnen gegenwärtig ist und die Feiernden schon jetzt zur Himmelswelt gehören"!

[72] In diesem Sinne neuerdings bes. J. SWETNAM, Bib 70 (1989) S. 94; DERS., CBQ 28 (1966) S. 171f.

[73] Vgl. O. KUSS, MThZ 7 (1956) S. 267: „Daß die Hebräerbriefgemeinde das Abendmahl kennt und feiert, läßt sich nur aus sehr allgemeinen Erwägungen erschließen, keinesfalls beschäftigt es merklich oder gar führend das im Hebräerbrief zum Ausdruck kommende theologische Interesse des Autors".

[74] Vgl. demgegenüber F. J. SCHIERSE, Verheißung und Heilsvollendung, S. 91 (zu 10,10): „Das Wort ‚Leib' mußte bei den christlichen Zuhörern sofort eucharistische Assoziationen wecken, und es ist wieder sehr merkwürdig, daß der Brief die so naheliegende Beziehung zum Herrenmahl nicht ausdrücklich betont". Vgl. auch S. 85 (zu 9,20).

[75] Erwogen werden auch Anspielungen auf die Eucharistie in 9,10 (βρῶμα-πόμα! vgl. 1 Kor 10,3); vgl. dazu J. SWETNAM, CBQ 28 (1966) S. 155ff; G. THEISSEN, Untersuchungen zum Hebr, S. 70f; weiter in 10,19f; vgl. dazu R. WILLIAMSON, NTS 21 (1974/75) S. 300ff; O. GLOMBITZA, NT 9 (1967) S. 132ff; sowie in 12,14ff; vgl. dazu G. THEISSEN, a.a.O., S. 61ff, spez. S. 65. Vgl. auch J. BETZ, Die Eucharistie in der Zeit der griechischen Väter II/1, S. 154ff; H. FELD, Das Verständnis des Abendmahls, S. 75.

[76] So z. B. G. THEISSEN, Untersuchungen zum Hebr, S. 56ff, mit Hinweis u.a. darauf, daß die Unmöglichkeit der Buße für die Getauften ursprünglich ein „Topos aus der Abendmahlsüberlieferung" sei (S. 59). Ganz in diesem Sinne sieht G. BORNKAMM, Ges. Aufs. I, S. 129f, in 6,6 (wie auch in 10,29) einen Anklang an das „Anathema" der urchristlichen Abendmahlsüberlieferung.

[77] Vgl. dazu bes. die Untersuchungen von J. SWETNAM, zuletzt zusammengefaßt in: Bib 70 (1989) S. 79ff. Speziell zu διαθήκη vgl. J. SWETNAM, Bib 70 (1989) S. 88; zu αἷμα (10,20) ebd., S. 89.

Abendmahl gegeben sieht (die als solche beim Autor wie auch bei seinen Adressaten eine bestimmte Abendmahlspraxis voraussetzen), ist es im Grunde nur umso auffälliger, daß solche Anspielungen nicht ausdrücklich und gezielt in den Argumentationsgang eingebracht werden, zumal der Autor doch ansonsten auch nicht zögert, seine Adressaten nachdrücklich auf ihr Getauftsein hin anzusprechen (6,4f; 10,22.26f). Auch und gerade der Verweis auf den den Glauben vergewissernden Charakter des Abendmahls ließe sich ja sehr eindeutig und gezielt in das pastorale Grundanliegen des Hebr integrieren!

Der Sachverhalt, daß es im Hebr allenfalls Anspielungen auf das Abendmahl gibt, ist also merkwürdig genug und kann jedenfalls nicht so gedeutet werden, daß der Autor dem Abendmahl eine besondere Wichtigkeit im Zusammenhang seines Grundanliegens beimißt[78]. Wie aber ist dann die auffällige Zurückhaltung – um nicht zu sagen: Reserviertheit[79] – des Hebr gegenüber dem (dem Autor wie auch seinen Adressaten wohl durchaus bekannten!) Abendmahl zu erklären? Äußerst unwahrscheinlich ist die Auskunft, daß dies aus Gründen der Esoterik bzw. Arkandisziplin geschehe[80], da ja der Autor im übrigen seinen Adressaten im Rahmen seines Trost- und Mahnschreibens durchaus eine Rede für die „Vollkommenen" zumutet (5,11ff). Wahrscheinlicher demgegenüber ist dann schon die Hypothese, derzufolge die Zurückhaltung des Hebr in dieser Hinsicht ganz konkret durch eine aktuelle Auseinandersetzung um das rechte Verständnis des Abendmahls bedingt sei, beispielsweise dadurch, daß im Hebr gezielt gegen ein „mysterienhaftes" bzw. „sakramentales" („sakramentalistisches"?) Verständnis des Abendmahls Stellung bezogen wird und damit zugleich gegen die Auffassung, daß das Sakrament als solches – gleichsam „ex opere operato" – das Heil garantiere[81]. Solches Grundverständnis der ganzen Problematik steht und fällt jedoch mit der Auffassung, daß sich speziell in 13,9f eine akute Auseinandersetzung um das Verständnis des Abendmahls niedergeschlagen hat. Genau dies aber ist höchst fraglich, da es hier – wie auch sonst im Hebr – um die (christologisch orientierte!) Gegenüberstellung von alter und neuer Kult- und Heilsordnung geht und in diesem Horizont nicht ein sakramentaler Ritus und Vollzug (in welchem Sinne auch immer), sondern allein „Jesus Christus" (V. 8) bzw. sein einmaliges und endgültig wirksames „Opfer" das Fundament darstellt für alle Tröstung und Mahnung der Adressaten. Anklänge an die traditionelle urchristliche Abendmahlssprache sind damit nicht ausgeschlossen (so z.B. speziell im Blick auf die Variation des Zitats von Ex 24,8 in 9,20); ausgeschlossen ist damit auch nicht, daß die Abendmahlsfeier bei den Adressaten des Hebr eine Rolle gespielt hat – aber: Die auffällige Reserve des Autors ge-

---

[78] Vgl. E. GRÄSSER, Der Alte Bund im Neuen, S. 112 (zu 9,20): „Daß die naheliegende Verbindungslinie zur Herrenmahlfeier weder hier noch an anderen Stellen unseres Briefes ausdrücklich gezogen wird, bleibt jedenfalls merkwürdig".

[79] So H. BRAUN S. 166f.277f.322f.465.

[80] So O. MICHEL S. 238f.320, Anm. 2 (im Anschluß an J. Jeremias, Die Abendmahlsworte Jesu); vgl. auch F. J. SCHIERSE, Hebr, S. 91; J. SWETNAM, CBQ 28 (1966) S. 171.

[81] Zur Variation dieses Grundverständnisses in der Literatur s.o. Anm. 64. Konsequenz solcher polemischen Stellungnahme des Autors ist dann notwendig eine gewisse „Abwertung der Sakramente", die freilich zugleich einer „Aufwertung des einmaligen Christusgeschehens" entspricht. So G. THEISSEN, Untersuchungen zum Hebr, S. 87; ebd.: „Das himmlische Kultmysterium tritt an die Stelle der mysterienhaften Kultpraxis auf Erden"! Zur Kritik an dieser Position vgl. auch J. THURÉN, Das Lobopfer der Hebräer, S. 16ff und S. 82, Anm. 293.

genüber einer gezielten und programmatischen Erinnerung der Adressaten an das Abendmahl erklärt sich nicht aus innergemeindlichen Auseinandersetzungen um die rechte Praxis der Abendmahlsfeier, auch nicht aus der polemischen Absicht, sich von jüdischer Kultpraxis abzugrenzen, sondern letztlich aus dem theologischen bzw. pastoralen Grundanliegen des Hebr selbst: Der Verweis auf das Abendmahl wird hier gerade nicht argumentativ eingesetzt, um die Adressaten ihres Glaubens zu vergewissern; hier geht es vielmehr in einer bemerkenswerten christologischen Konzentration um die erneute Einschärfung des ἐφάπαξ des „Opfers des Leibes Jesu Christi", durch das die Christen ein für allemal „geheiligt worden sind" (10,10; vgl. auch 10,29).

Im Sinne der Konzentration auf das einmalige Opfer Jesu Christi ordnet sich auch die zunächst so rätselhaft erscheinende Typologie von 13,9-11 in das theologisch-christologische und (damit auch) pastorale Grundanliegen des Hebr ein: In einem Textzusammenhang, der - wie der hier von V.8 an vorliegende - primär christologisch ausgerichtet ist (um von daher wiederum die Glaubensmahnung bzw. den konkreten Vollzug des „gottwohlgefälligen Gottesdienstes" zu begründen!), ist der „Altar", von dem die Christen „essen" (V. 10), nicht ein Altar, auf dem oder an dem das Sakrament des Abendmahls als Opfermahl begangen wird, sondern ist dieser „Opferaltar" christologisch bzw. soteriologisch zu verstehen, konkret also: auf das einmalige Opfer des „Jesus Christus" zu beziehen. Die Frage, wo dieser Altar seinen Ort hat, ist vom Kontext her eindeutig zu beantworten: Dort nämlich, wo Jesus - wie es im folgenden heißt (V.12 im Anschluß an V.11!) - „außerhalb des Lagers" bzw. „außerhalb des Tores gelitten hat", was in der kultischen Sprache des Hebr heißt: dort, wo der Hohepriester Christus sich selbst als Opfer dargebracht hat. Die bekenntnishafte Aussage in V. 10: „Wir", die Christen, „haben einen Altar", besagt im Sinne des Hebr somit im Grunde nichts anderes als die (auch in formaler Hinsicht entsprechende) Aussage von 8,1: ἔχομεν ἀρχιερέα, einen solchen nämlich, der sich selbst (auf dem Altar) als Opfer dargebracht hat[82].

In diesem christologisch-soteriologischen Sachzusammenhang hat auch die kultische Vorschrift von Lev 16,27 ihren Ort, auf die in **V. 11** ange-

---

[82] Vgl. 9,26.28; 10,12.14. Vgl. in diesem Sinne bereits F. BLEEK, II/2, S.1010f; O. HOLTZMANN, ZNW 10 (1909) S.254; A. SEEBERG S.143f; B. HAENSLER, BZ 11 (1923) S.403-409, weiter T. HEWITT S.209; J.W. THOMPSON, The Beginnings of Christian Philosophy, S.146, zuletzt bes. F. LAUB, Bekenntnis und Auslegung, S.271; W.R.G. LOADER, Sohn und Hoherpriester, S.180; H. BRAUN S.463f. – Anders wiederum die christologische Deutung von F. HAHN, Das Verständnis des Opfers im Neuen Testament, S.88f: θυσιαστήριον, das ist „der Altar im himmlischen Heiligtum, der Ort, an dem Christus als Hoherpriester wirkt". F.J. SCHIERSE, Verheißung und Heilsvollendung, S.190f, verbindet die christologische mit der eucharistischen Deutung: „Abendmahlstisch, Kreuz und himmlischer Altar bilden im Verstande des Hb eine nicht zu lösende Einheit". Zur christologischen Deutung vgl. auch Ignatius, Magn 7,2! Dazu: J.M. CREED, ET 50 (1938) S. 13; H.-J. KLAUCK, Thysiastērion in Hebr 13,10 und bei Ignatius von Antiochien, Studia Hierosolymitana 3 (1982) S.147-158; E.L. RANDELL, The Altar of Hebrews 13,10, ACR 1969 S.197-208.

spielt wird. Sie bietet dem Autor des Hebr nicht nur die Möglichkeit der Begründung für den Rechtssatz von V. 10b, daß den Priestern der alten Kultordnung nicht das Recht zustand, vom Opferaltar zu „essen", sondern – im Rahmen der typologischen Verfahrensweise des Hebr – zugleich den Ansatz für die explizite christologische Deutung des ganzen Sachverhalts in V. 12. Dabei geht es nunmehr gar nicht darum, die kultische Vorschrift von Lev 16,27 Zug für Zug christologisch zu deuten; entscheidend für den Autor des Hebr ist aus Lev 16,27 vielmehr nur die Wendung ἔξω τῆς παρεμβολῆς, die er – gegen den Wortlaut von LXX Lev 16,27 – betont an das Ende des freien Zitats stellt[83].

Unter der Voraussetzung des bereits im zentralen Teil des Hebr entfalteten Gedankens, daß das in Lev 16 beschriebene Opfer des Hohenpriesters am Versöhnungstag nichts anderes ist als eine schattenhafte Vorausdarstellung des Selbstopfers des Hohenpriesters Christus, gibt nunmehr diese Wendung aus Lev 16,27 dem Autor das entscheidende Stichwort für seine christologische Deutung in V. 12 an die Hand: Einleitendes διὸ καί kennzeichnet die hier vorliegende christologische Aussage als (notwendige) Schlußfolgerung aus Lev 16,27[84]. Entsprechend dem Grundverständnis der alten Kultordnung als Vorausdarstellung der neuen Heilsordnung bedeutet dies: Das in Lev 16 beschriebene Opfergeschehen am Versöhnungstag findet im Leiden Jesu (!) ἔξω τῆς πύλης seine endgültige Verwirklichung und damit zugleich seine wirksame Überbietung. Allein hinsichtlich der Wendung ἔξω τῆς παρεμβολῆς ist hier also die Opferhandlung am Versöhnungstag eine „Präfiguration des Opfers Christi"[85], während im Sinne des Autors des Hebr zwischen V. 11 und V. 12 keine Entsprechung besteht. Nach Lev 16,27 werden die Opfertiere ja gerade „innerhalb des Lagers" geopfert und erst dann die für das Opfer nicht brauchbaren Relikte „außerhalb des Lagers" verbrannt, während hier, in der typologischen Deutung des Hebr, Jesus gerade „außerhalb des Lagers" leidet und stirbt[86]. Obwohl die Zweckbestimmung des Leidens (und Sterbens) Jesu im ἵνα-Satz von V. 12 ganz auf der Linie dessen liegt, was bereits zuvor im Hebr zum Tod Jesu bzw. zum Selbstopfer des Hohenpriesters Christus im

---

[83] Darüber hinaus faßt der Autor die in Lev 16,2f im einzelnen genannten Bestandteile des Opfertieres, die „außerhalb des Lagers" verbrannt werden (τὰ δέρματα αὐτῶν καὶ τὰ κρέα αὐτῶν καὶ τὴν κόπρον αὐτῶν) zu τὰ σώματα (als Bezeichnung der „leiblichen" Bestandteile des Opfertiers) zusammen. Eine Anspielung auf den „Leib Christi" (in Korrespondenz zum „Blut" Christi!) – und damit wiederum auf das Abendmahl! – liegt hier somit nicht vor. Gegen O. HOLTZMANN, ZNW 10 (1909) S. 256; O. MICHEL S. 506, Anm. 2; E. SCHWEIZER, ThWNT VII, S. 1056, Anm. 370; H. BRAUN S. 466.
[84] Vgl. διὸ καί in Lk 1,35; Act 10,29; Röm 4,22 sowie BL.-DEBR. R. §§ 442,23 und 451,4.
[85] So E. GRÄSSER, Text und Situation, S. 175.
[86] Deshalb kann man nicht mit E. GRÄSSER, Text und Situation, S. 175, Anm. 106, sagen, daß „die Verse 11 und 12 ... einander genau in einem synthetischen Parallelismus" korrespondieren: 11a wird in 12a wieder aufgenommen; 11b in 12b". Vgl. auch A. VANHOYE, La structure littéraire, S. 212: „une symétrie parallèle".

einzelnen ausgeführt worden ist[87], wird mit solcher Deutung von Lev 16,27 an dieser Stelle nun doch ein neuer Akzent gesetzt, der so bisher im Hebr noch nicht begegnete.

Hier bekundet sich – angezeigt durch das absolute Ἰησοῦς – ein Interesse am irdischen Jesus als dem Leidenden, ja darüber hinaus noch speziell ein Interesse am Ort des Leidens Jesu, das sich – dem Kontext entsprechend – gewiß nicht auf ein gleichsam „historisches" Interesse des Autors reduzieren läßt. „Historisch" ist dieses Interesse allenfalls insofern zu nennen, als hier – wie der Aorist ἔπαθεν anzeigt – am Einsteinmal (ἅπαξ) jenes Geschehens damals festgehalten wird. Daß dieses Geschehen von Einst aber in der Schlußfolgerung von V. 13 sogleich wiederum auf die Adressaten des Hebr angewendet wird, macht sogleich wieder das theologische Interesse des Autors an der Geschichte Jesu deutlich[88]. Bei alledem ist es durchaus möglich und auch wahrscheinlich, daß in der Veränderung der Wendung ἔξω τῆς παρεμβολῆς aus Lev 16,27 (V. 11) in die Wendung ἔξω τῆς πύλης eine historische Reminiszenz an Leiden und Sterben des „historischen Jesus" auf Golgatha, „außerhalb der Tore" Jerusalems also, vorliegt. Die naheliegende Frage, ob der Autor mit dieser Notiz Kenntnis der Passionsüberlieferung der Evangelien verrät, ist höchst fraglich, zumal der an dieser Stelle im Hebr so bezeichnete Sachverhalt in der Passionsgeschichte der Evangelien ganz anders zur Aussage gebracht wird[89]. Eindeutig ist jedoch, daß im Hebr auf diese Weise ein einzelnes Moment der Passion Jesu ein besonderes Gewicht erhält, das in der Passionsgeschichte der Evangelien eher nur beiläufig Erwähnung findet: Daß Jesus außerhalb der Tore der Stadt Jerusalem hingerichtet wird, ist dort, in den Evangelien, nach den Gepflogenheiten damaliger Rechts- und Exekutionspraxis das Selbstverständliche. Für den Autor des Hebr dagegen gewinnt solche Bestimmung des Ortes des Leidens (und Sterbens) Jesu – die im übrigen durch eine Reihe von Handschriften (P[46] P[104] usw.) mit sekundärer An-

---

[87] Zur Wendung διὰ τοῦ ἰδίου αἵματος vgl. bereits 9,12; zum Zusammenhang αἷμα – ἁγιάζειν: 9,12–14 sowie 2,11; 10.10.14. Übereinstimmung mit Hebr 9 besteht auch darin, daß auch hier das Opfer am Versöhnungstag nach der Ordnung von Lev 16 als Gegenbild des Opfers Jesu vorausgesetzt wird.

[88] Zum Problem vgl. E. GRÄSSER, Text und Situation, S. 152ff, spez. S,158f.172ff (zu 13,9ff) sowie oben S. 325f (Exkurs: Der historische Jesus im Hebr).

[89] Vgl. Mk 15,20 par Mt 27,32 sowie Joh 19,20. Allenfalls auf die Wendung ἔξω τοῦ ἀμπελῶνος im Gleichnis von Mt 21,39 (diff. Mk 12,8!) könnte man in diesem Zusammenhang hinweisen. In jedem Fall ist eine direkte Bezugnahme auf die Passionsgeschichte der Evangelien ausgeschlossen. Liegt hier somit eine Aufnahme mündlicher Überlieferung vor? So E. RIGGENBACH S. 443, Anm. 4; J. MOFFATT S. 235; O. MICHEL S. 508. Demgegenüber vermutet J. THURÉN, Das Lobopfer der Hebräer, S. 91ff, spez. S. 98, daß im Hebr an dieser Stelle „die via-dolorosa-Erzählung in der lukanischen Form" vorausgesetzt wird; ebd.: „Hb hat unmittelbaren Zugang zu synoptischen Überlieferungen". Zum Problem vgl. auch E. GRÄSSER, Text und Situation, S. 172; D. LÜHRMANN, ZNW 68 (1978) S. 179f. Zur Wendung ἔξω τῆς πύλης als solcher vgl. Act 16,13.

gleichung an Lev 16,27 wieder rückgängig gemacht wird – eine tiefe symbolische Bedeutung. Ein Interesse an der Lokalität ist dabei nur insoweit im Spiel, als „außerhalb des Tores" – von V. 11 her gesehen – im Gegensatz zu dem heiligen Ort (τὰ ἅγια) steht, an dem der Hohepriester der alten Kultordnung am Versöhnungstag seinen Opferdienst verrichtet. „Außerhalb des Tores", das heißt also in diesem kultischen Kontext: an einem Ort der kultischen Unreinheit und Profanität; an dem Ort, an dem man nach der Anweisung von Lev 16,27 die nicht verwertbaren Relikte des Opfertieres verbrannte[90], an dem aber auch der Gotteslästerer und Sabbatschänder hingerichtet wurde[91] – an diesem Ort „hat Jesus gelitten, damit er durch sein eigenes Blut das Volk heilige", es also zu kultischer Reinheit – und damit zum „Hinzutreten zum Thron Gottes" (4,16) – befähige.

Der Ort der Profanität also – paradoxerweise in einem Brief, der den Kultus zur Grundlage seiner Argumentation macht! – ist der Ort der „Heiligung". Spätestens an dieser Stelle im Hebr läuft die Argumentation des Autors im Rahmen der Gegenüberstellung von alter und neuer Kult- und Heilsordnung auf die Infragestellung der für die alte Kultordnung konstitutiven Unterscheidung zwischen „heilig" und „profan" hinaus – mit den entsprechenden Konsequenzen für die diesem Jesus nachfolgenden Christen (V. 13). Gleichwohl bleibt noch zu fragen, ob es an dieser Stelle – in der Ausrichtung der christologischen Aussage von V. 12 auf die entsprechende Paränese an die Adressaten in V. 13 – nur um diesen Aspekt geht[92] oder ob sich mit ihm – zumal im Rahmen der Gegenüberstellung von alter und neuer Kult- und Heilsordnung – nicht zugleich auch der andere Aspekt einer für den Hebr insgesamt charakteristischen Gegenüberstellung von irdischem und himmlischem Kult- und Opfergeschehen verbindet. Die in den VV. 11 und 12 im Anschluß an Lev 16,27 ausgeführte Typologie besagt ja auch: „außerhalb des Lagers", das heißt: außerhalb des irdischen Heiligtums (V. 11: τὰ ἅγια), dessen Kult- und Opferordnung sich nach der Auffassung des Hebr als unwirksam erwiesen hat (9,8–10; 10,1.11). Dieser alten irdischen Ordnung tritt nunmehr eine Heilsordnung gegenüber, deren wahres Heiligtum (8,2), an dem nun wirklich und wirksam „Heiligung des Volkes" geschieht (V. 12), „außerhalb des Lagers" seinen Ort hat. „Außerhalb des Lagers", das hieße dann nicht nur: am Ort der Unreinheit und Profanität, sondern zugleich: am Ort der wahren Gegenwart und Wirksamkeit Gottes!

---

[90] Vgl. auch Ex 29,14; Lev 4,12.21.

[91] Vgl. Lev 24,14.23; Num 15,35f sowie die entsprechende Halacha mSan VI 1 (mit Bezug auf Lev 24,14). Vgl. dazu auch die Baraita bSan 42b. Dementsprechend wird auch der „Gotteslästerer" Stephanus nach Act 7,58 ἔξω τῆς πόλεως gesteinigt.

[92] So bes. H. Köster, HThR 55 (1962) S. 305ff; vgl. auch E. Grässer, in: Festschr. G. Krause, S. 77f: „Der Weg zum Altar (13,10) ist damit als das ‚Verlassen des Lagers' (13,13) ein Exodus der Kirche auch aus jedem antiken Kultus-Geschehen...". Kritisch zu H. Köster: J. W. Thompson, The Beginnings of Christian Philosophy, S. 147f.

Solche Deutung der Kulttypologie von Hebr 13,11f entspräche jedenfalls der biblischen Überlieferung von Ex 33,7ff bzw. - genauer - einer bestimmten Rezeption dieser Überlieferung im Raum des hellenistischen Judentums. Nach Ex 33,7ff hat Mose ein „Zelt" aufgeschlagen, und zwar „außerhalb des Lagers, weit vom Lager entfernt". Dieses „Zelt" ist nach Ex 33 Ort der Offenbarung Gottes bzw. der Begegnung (des Mose) mit Gott. Philon hat diese Überlieferung zum Anlaß einer dualistischen Auslegung genommen, bei der die Wendung ἔξω τῆς παρεμβολῆς im Sinne von „außerhalb des irdischen Ortes", „außerhalb des Leibes" interpretiert wird, da nur hier eine Begegnung mit Gott (als dem schlechthin Unirdischen und Unweltlichen) möglich ist[93]. Es liegt auf der Hand, daß der Hebr mit seiner Auslegung von Lev 16,27 nicht einfach in der Kontinuität dieser dualistischen Auslegung von Ex 33 steht. Andererseits jedoch ist ein Zusammenhang zwischen Philon und Hebr an dieser Stelle umso weniger von der Hand zu weisen, als sowohl die christologische Aussage in V. 12 als auch die daraus in V. 13 gezogene Schlußfolgerung eine symbolische Bedeutung der Wendung „außerhalb des Lagers" voraussetzt und - nicht zuletzt - auch die Gegenüberstellung der irdischen und der himmlischen Polis in V. 14 genau in die von Philon gewiesene Richtung weist. Darüber hinaus: auch Philon stellt in diesem Zusammenhang eine Verbindung her zwischen παρεμβολή und πόλις, und zwar in dem Sinne, daß sowohl das „Lager" von Ex 33,7 als auch die πόλις von Ex 9,29 (ἐπειδὰν ἐξέλθω τὴν πόλιν) bei ihm für das Gefängnis steht, in das der „sterbliche Leib" eingeschlossen ist, so daß die Fesseln, die der Begegnung mit Gott entgegenstehen, erst dann fallen, wenn der „Auszug aus der Stadt" vollzogen ist[94].

Von solchen Zusammenhängen her gesehen weist mancherlei darauf hin, daß es auch im Hebr bei der Abfolge χάριτι (V. 9) - ἔχομεν θυσιαστήριον (V. 10) - ἔξω τῆς παρεμβολῆς (VV. 11f) - πόλις μέλλουσα (V. 13) um die Beschreibung eines himmlischen Geschehens geht[95], und zwar im

---

[93] Vgl. Philon, Gig 52ff, bes. 54: οὕτως καὶ Μωυσῆς ἔξω τῆς παρεμβολῆς καὶ τοῦ σωματικοῦ παντὸς στρατοπέδου πήξας τὴν ἑαυτοῦ σκηνήν (Ex 33,7). Zur Gleichsetzung παρεμβολή - σῶμα aufgrund von Ex 33,7 vgl. auch All II 59f; III 46; Ebr 99f; Det 160. D. LÜHRMANN, ZNW 69 (1978) S. 181ff, vermutet, daß der Autor des Hebr an dieser Stelle „einen festen traditionsgeschichtlichen Zusammenhang aufnimmt, wenn er in 13,12-14 gerade auf Lev 16,27 zurückgreift". Dagegen spricht freilich, daß Philon bei seiner dualistischen Interpretation auf Ex 33,7, nicht auf Lev 16,27, Bezug nimmt. Insofern liegt im Hebr an dieser Stelle auch keine Mose-Typologie vor. Gegen O. MICHEL S. 514. Zu einer Beziehung zwischen Philon und Hebr in dieser Hinsicht vgl. auch A. STROBEL S. 250; J. THURÉN, Das Lobopfer der Hebräer, S. 101ff, sowie W. BAUER, Wörterbuch zum Neuen Testament, Sp. 1263.

[94] So Philon, Ebr 99-101; vgl. auch Rer 68-70: „Erbe" im Sinne von Gen 15,4 kann nur derjenige sein, der sich von den Fesseln des Körpers befreit, der somit „aus den Mauern hinausgegangen ist", ja „sich selbst verlassen hat". Konkret bedeutet dies, daß (entsprechend Gen 12,1!) γῆ, σῶμα, συγγένεια, αἴσθησις, οἶκος πατρός zu verlassen sind. Entsprechend auch die dualistische Lesart von Gen 12,1 und Ex 33,7 in Det 159f.

[95] So gesehen wäre dann auch der „Altar" von V. 10 der „himmlische Altar", dies nun jedoch nicht in dem Sinne, daß Christus als der erhöhte Hohepriester dort sein Opfer darbringt, sondern in dem Sinne, daß das „himmlische", die alte Kultordnung überbietende Geschehen der neuen Heilsordnung am Leiden und Sterben Jesu (!) festgemacht wird! Dementsprechend ist V. 10 zu paraphrasieren: „Wir haben einen Altar - das Urbild nämlich jenes irdischen Abbildes (von dem die in V. 10 und V. 11 genannten Regeln gelten); dieses Urbild

Gegensatz zur alten irdischen Kultordnung, die als solche durch δικαιώματα σαρκός gekennzeichnet ist (9,10) und somit am Ende keinen Nutzen hat (V. 9). Eine dualistische Interpretation von Lev 16,27 im strengen Sinne liegt damit im Hebr indes nicht vor[96]. Der Ort „außerhalb des Lagers" bzw. „außerhalb des Tores" ist ja im Hebr nicht einfach ein Ort im Himmel; vielmehr hat im Hebr das „himmlische", die irdische Kultordnung überbietende Gnadengeschehen gerade dort seinen Ort, wo der irdische (!) Jesus „draußen vor dem Tor" leidet und stirbt. Konkret heißt das: im Hebr wird die biblische Wendung „außerhalb des Lagers" durch die Veränderung in „außerhalb des Tores" gerade nicht – wie bei Philon – dualistisch-lokal auf die himmlisch-jenseitige Welt im Gegensatz zur irdischen Körperwelt bezogen, sondern an der Geschichte und am Geschick des irdischen Jesus festgemacht[97].

Das zeitlos-dualistische Schema der Gegenüberstellung irdisch-himmlisch, wie es in klarer Ausprägung bei Philon vorliegt, erscheint im Hebr „durchbrochen" im Sinne einer Auslegung von Lev 16,27, die das „himmlische" (und somit alles irdische Kultgeschehen in den Schatten stellende) Heilsgeschehen konkret-geschichtlich an Jesu Leiden und Sterben bindet – gerade so dann aber auch die Voraussetzung bietet für die Umsetzung der christologischen Aussage von V. 12 in die Gemeindeparänese von V. 13. So gesehen handelt es sich in den VV. 11 und 12 keinesfalls um einen christologischen Exkurs, in dem der Autor des Hebr am Ende noch einmal bestimmte „Lieblingsgedanken" seiner christologisch-soteriologischen Grundkonzeption wiederholt und erneut variiert, sondern um eine christologische Grund-Aussage, die als solche wiederum auf die entsprechende Glaubensmahnung ausgerichtet ist. Der schlußfolgernde Kohortativ τοίνυν ἐξερχώμεθα entspricht dabei dem auch sonst im Hebr (4,16; 10,19ff; 12,1f) zu beobachtenden Verfahren einer Begründung der Paränese in der Christologie. Auch das Verbum ἐξέρχεσθαι fügt sich zunächst

---

aber hat seinen Ort nirgend anders als ‚draußen vor dem Tor': am Ort des Leidens und Sterbens Jesu". – Zur Deutung von V. 10 auf den „himmlischen Altar" vgl. J. CAMBIER, Sal 11 (1949) S. 69f; G. THEISSEN, Untersuchungen zum Hebr, S. 77f; R. WILLIAMSON, NTS 21 (1974/75) S. 308; J. W. THOMPSON, The Beginnings of Christian Philosophy, S. 146; D. LÜHRMANN, ZNW 69 (1978) S. 179, sowie F. HAHN (s. o. Anm. 82).

[96] Vgl. aber J. W. THOMPSON, The Beginnings of Christian Philosophy, S. 148: „Thus for both Philo and Hebrews, outside the camp means outside the earthly sphere". Dagegen wiederum D. LÜHRMANN, ZNW 69 (1978) S. 185: Nach philonischer Interpretation müßte der Ort ἔξω τῆς παρεμβολῆς „sozusagen schon der Himmel, oder nach dem Bilde von Hebr 13,14 die himmlische Stadt" sein.

[97] Vgl. auch D. LÜHRMANN, ZNW 69 (1978) S. 186. In diesem Sinne steht die Ortsangabe „außerhalb des Lagers" bzw. „außerhalb des Tores" hier in einem durchaus positiven Sinn und hat somit mit einer „Ausschlußformel" gegenüber „Andersgläubigen" bzw. mit der „ἔξω-Formel der Mysterien" (vgl. auch Apk 22,14!) nichts zu tun. Gegen G. THEISSEN, Untersuchungen zum Hebr, S. 78 (mit Hinweis auf Dtn 23,1f und die daran anschließende Tradition bei Philon, SpecLeg I 324–345). Vgl. auch S. 19.

ganz in das Leitbild ein, das im Hebr auch sonst die Beschreibung der Glaubensexistenz der Christen bestimmt: Glaubensexistenz nämlich als Wanderschaft und Unterwegssein[98]. Liegt bei Philon wiederum ein entsprechender Motivzusammenhang vor, indem beispielsweise das ἐξέρχεσθαι von Gen 12,1 auf das Verlassen der leiblich-irdischen Sphäre bezogen wird[99], so könnte auch dies wieder – zumal im Zusammenhang mit der Begründung in V. 14! – für ein dualistisches Verständnis von ἐξέρχεσθαι sprechen[100]. Die Glaubensexistenz des Christen wäre dann als eine Art „Entweltlichung" zu verstehen, im Sinne also eines „Exodus" aus den irdisch-weltlichen Bindungen um des Sichgründens auf der Gnade willen (V. 9). Das „Hinausgehen aus dem Lager" korrespondiert somit dem „Hinzutreten zum Gnadenthron" (4,16) als einer himmlischen Wirklichkeit[101]. Gleichwohl ist auch hier die Differenz zur dualistischen Interpretation des Exodus-Themas bei Philon deutlich. Denn über alle aus dem engeren und weiteren Kontext des Hebr zu gewinnende Konkretion des „Hinausgehens" hinaus[102] geht es hier grundlegend ja gar nicht primär – im Sinne Philons – um ein Herausgehen aus allen irdisch-weltlichen Bezügen, auch nicht um die Abgrenzung und Abkehr der christlichen Gemeinde vom Judentum[103], sondern um ein „Hinausgehen" πρὸς αὐτόν, das – als solches – mit dem „Tragen" von Schmähung und Schande verbunden ist. Sofern das Verbum φέρειν in diesem Zusammenhang ein (bewußtes!) „Aufsichnehmen" der Schande (12,2!) des Leidens Jesu bezeichnet, klingt hier – über alle biblischen Zusammenhänge hinaus, wie sie für die Rede

---

[98] Zum Leitmotiv des „Hinausgehens" bzw. des Exodus im Hebr vgl. 3,16; 4,1ff sowie bes. 11,8ff und 11,15f. Vgl. auch Act 7,3f und D. Lührmann, ZNW 69 (1978) S. 180 mit Anm. 11.

[99] So bes. Rer 68f. Vgl. entsprechend die Auslegung von Gen 12,1 in Migr 1ff; All II 59; III 83; Det 159f; Rer 277f; Virt 214.

[100] Vgl. H. Windisch S. 119; C. Spicq, II, S. 427; J. W. Thompson, The Beginnings of Christian Philosophy, S. 148f (mit Hinweis auf 2 Clem 5,1: ἐξελθεῖν ἐκ τοῦ κόσμου); H. Braun, Qumran und das Neue Testament I, S. 272f. Kritisch dazu neuerdings M. Rissi, Die Theologie des Hebr, S. 23.

[101] Vgl. auch 7,25: 10,1.22; 12,18.22. Zur Sache vgl. F. J. Schierse, Verheißung und Heilsvollendung, S. 193; E. Grässer, Text und Situation, S. 176f; J. W. Thompson, The Beginnings of Christian Philosophy, S. 149.

[102] Dazu gehören die Preisgabe der Bindung an die Gebote der irdischen Kultordnung (V. 9: οὐ βρώμασιν!) ebenso wie die Preisgabe der πρόσκαιρος ἀπόλαυσις und des „Reichtums der Schätze Ägyptens", wie 11,28f am Glaubensbeispiel des Mose demonstriert wird, auch schon in dem Sinne, daß Mose dem allen die „Schmähung Christi" vorzog! Zur Sache vgl. E. Grässer, Text und Situation, S. 177, Anm. 114, sowie E. Käsemann, Das wandernde Gottesvolk, S. 34: „Der Gnadenthron befindet sich außerhalb der Sphäre, wo Menschen noch etwas haben und leisten ...".

[103] So bereits Theodoret, PG 82, p. 784 A: ἔξω τῆς κατὰ νόμον γενώμεθα πολιτείας. Vgl. auch J. A. Bengel, Gnomon, S. 947: „Castra Judaismum notant"; F. Bleek, II/2, S. 1015; F. Delitzsch S. 685; E. Riggenbach S. 444 sowie neuerdings C. Spicq, II, S. 427; H. Kosmala, Hebräer – Essener – Christen, S. 408–412; A. T. Hanson, StEv VII, S. 238: ἔξω τῆς παρεμβολῆς, d.h.: „outside Judaism", u.v.a. Kritisch dazu: E. Käsemann, Das wandernde Gottesvolk, S. 34; F. Schroeger, MThZ 19 (1968) S. 179; H. Braun S. 467f.

von der „Schmähung Christi" in 11,26 bestimmend waren – das in der Jesusüberlieferung der Evangelien breit bezeugte Thema vom Tragen und Aufsichnehmen des Kreuzes seitens der Jünger in der Nachfolge Jesu an[104]. „Anführer des Glaubens" (12,2) ist Jesus für die Glaubenden als der Leidende (und im Leiden Versuchte), Glaube in diesem Sinne also auch im Hebr – auch wenn der entsprechende Terminus als solcher nicht gebraucht wird – Nachfolge Jesu im Leiden und in der Anfechtung. Die Wegstrecke, die die Christen in dieser Welt noch vor sich haben, ist damit nicht übersprungen, sondern gerade von Jesu eigenem Weg her durchschaubar gemacht: Er, Jesus, ist ja der Wegbereiter (10,19f), der „Vorläufer für uns" (6,20).

Gegenwärtige Weltwirklichkeit kann – weil Jesus selbst den Weg des Leidens und der Schmähung gegangen ist – nunmehr bewußt angenommen und der Anfechtung des Glaubens durch Leiden und Schmähung, wie sie gegenwärtig die Adressaten des Hebr bestimmt (10,32ff), standgehalten werden – und dies umsomehr, als ja – wie alsbald der Begründungszusammenhang zwischen V. 13 und V. 14 herausstellt – der Exodus ins Leiden Jesu nicht Ende und Ziel des Glaubensweges ist, sondern Station auf dem Wege zur „Verherrlichung" und „Vollendung" (2,10; 5,8f; 12,2). „Hier" (ὧδε), an diesem Ort des Leidens und der Schmähung, hat die christliche Gemeinde, mit der sich der Autor hier – wie bereits in V. 13 – im ekklesiologischen „Wir" zusammenschließt, nicht ihre πόλις μένουσα. Vielmehr ist sie auf dem Wege zur πόλις μέλλουσα. Gezielte Polemik gegen eine (jüdische?) Position, die allein am irdischen Jerusalem interessiert ist, liegt hier – wie auch sonst im Hebr – nicht vor[105]. Vielmehr steht der Hebr mit der Gegenüberstellung des (durch οὐκ ἔχομεν κτλ. negativ qualifizierten) ὧδε einerseits und der πόλις μέλλουσα andererseits auch an dieser Stelle eher in der dualistischen Tradition der Gegenüberstellung des „nicht-bleibenden", also vergänglichen Irdischen einerseits und des unvergänglichen Himmlischen andererseits.

Die πόλις μέλλουσα ist nichts anderes als die „himmlische Stadt", nach der sich bereits die Patriarchen als nach ihrem wahren „Vaterland" ausgestreckt haben und die ihnen Gott selbst schon „bereitet hat" (11,13–16);

---

[104] Für die Q-Überlieferung ist in diesem Zusammenhang auf Mt 10,38 bzw. Lk 14,27 hinzuweisen, weiter auf Mk 8,34. Vgl. auch Joh 12,26 und EvThom Logion 55. Ein traditionsgeschichtlicher Zusammenhang des Hebr mit der entsprechenden Überlieferung der Evangelien ist freilich schon angesichts der unterschiedlichen Terminologie unwahrscheinlich: Die synoptische Überlieferung spricht in diesem Zusammenhang vom βαστάζειν (Lk 14,27), vom λαμβάνειν (Mt 10,38) bzw. vom αἴρειν (Mk 8,34), während φέρειν nur im wörtlichen Sinne des „Tragens" des Kreuzes Jesu durch Simon von Kyrene in Lk 23,26 begegnet. Gleichwohl erblickt J. THURÉN, Das Lobopfer der Hebräer, S. 91ff, in Hebr 13,13 eine „paränetische Anwendung des bekannten via-dolorosa-Motivs". Vgl. auch H. MONTEFIORE S. 246. Zum Ganzen vgl. H.-W. KUHN, ANRW II 25/1, S. 768–770.

[105] Gegen O. MICHEL S. 517 (mit Anm. 1). Vgl. aber S. 518: „Die vom Hebr bekämpfte These ist schwer zu bestimmen".

als die „bleibende Stadt" ist sie die Stadt mit den festen, von Gott selbst gesetzten Fundamenten (11,10); und wenn in diesem Zusammenhang von der christlichen Gemeinde – ebenso wie bereits von den Patriarchen (11,14) – ein ἐπιζητεῖν ausgesagt wird, so spricht sich darin wiederum ein bestimmtes Leitbild von „Kirche" aus: Die Christen sind – ebenso wie einst die Patriarchen – ξένοι καὶ παρεπίδημοι ἐπὶ τῆς γῆς, Kirche also verstanden als παροικία, deren „Sinnen und Trachten" (ἐπιζητεῖν) nicht mehr den irdischen Dingen gilt, sondern sich auf das himmlische Ziel der Glaubenswanderschaft richtet, auf die πόλις μένουσα als dem wahren „Vaterland" (11,14). Das hier sich erneut abzeichnende Grundverständnis der Existenz der Christen in der Welt ist zwar dem Urchristentum auch im übrigen keineswegs fremd, läßt aber gerade so auch hier Entsprechungen zum Grundverständnis der Existenz des jüdischen „Weisen" in der Welt im hellenistischen Judentum und insbesondere bei Philon erkennen[106]. Charakteristisch für den Hebr ist aber auch hier wieder, daß das dualistische Grundschema der Gegenüberstellung irdisch-himmlisch nicht in seinem ursprünglichen, gleichsam rein lokalen Sinn rezipiert wird, sondern ingestalt einer eigenartigen Verbindung des „vertikalen" Aspektes (der Gegenüberstellung irdisch-himmlisch) mit einem „horizontalen" Aspekt[107], wie er sich an dieser Stelle in der wortspielartigen Verbindung μένουσα – μέλλουσα spiegelt. Die πόλις μένουσα ist die „himmlische" Stadt, zu der die Christen bereits „hinzugetreten sind" (12,22), und μένειν bezeichnet hier dementsprechend in einem durchaus philonischen Sinn den ewigen, beständigen, allen irdischen Wandlungen entzogenen Charakter der „bleibenden" Stadt[108]. Und doch ist diese himmlisch-jenseitige Stadt – aus der Perspektive der Glaubenswanderschaft der christlichen Gemeinde gesehen – doch zugleich die πόλις μέλλουσα, die zukünftige Stadt also, zu der die Christen noch auf dem Wege sind. Der futurische Aspekt ist hier also keineswegs ausgeschlossen – ebensowenig wie dort, wo der Autor des Hebr von der οἰκουμένη μέλλουσα (2,5) oder gar – ganz „apokalyptisch"! – vom αἰὼν μέλλων spricht (6,5)[109]. Für den Autor des Hebr als „Apoklyptiker"

---

[106] Vgl. Philon, Conf 78: πατρίδα μὲν τὸν οὐράνιον χῶρον ἐν ᾧ πολιτεύονται, ξένην δὲ τὸν περίγειον ἐν ᾧ παρῴκησεν νομίζονται (und dazu Phil 3,20!). Der Weise ist nach Philon dementsprechend πάροικος und παρεπίδημος in der Welt (Conf 77f.79–82; Cher 120f), der – da sein irdisches Leben ἀποδημία ist (All III 37ff.42; Rer 82) – nichts anderes ersehnt als ἐν πατρίδι καταμένειν (Rer 82), um dort πολίτης zu sein (All III 2f). Entsprechend ist auch der Gebrauch von ἐπιζητεῖν bei Philon, All III 88f; Abr 26. S.o. zu Hebr 11,13ff.

[107] Nach E. GRÄSSER, Der Glaube im Hebr, S. 174, Anm. 152 (S. 175), ist Hebr 13,14 „einer Nahtstelle vergleichbar, an der Jenseitserwartung und Apokalyptik ineinander überfließen". Vgl. zum Problem auch F.J. SCHIERSE, Verheißung und Heilsvollendung, S. 123–126, sowie O. MICHEL S. 515f.

[108] Vgl. die entsprechende Verwendung von μένειν in 7,3.24; 10,34; 12,27 sowie J.W. THOMPSON, The Beginnings of Christian Philosophy, S. 149f.

[109] Gegen J. CAMBIER, Sal 11 (1949) S. 62–96, der – ausgehend von 13,14 – nachzuweisen versucht, daß an sämtlichen Stellen des Hebr (2,5; 6,5; 9,11; 10,1; 11,10) μέλλειν nicht im

spricht dies jedoch keineswegs, da ja das „vertikale" Schema der Gegenüberstellung irdisch-himmlisch – zumal an dieser Stelle! – im Sinne des Hebr durchaus das Grundlegende ist und somit nicht lediglich eine „Hilfslinie", um die „horizontale Typologie" darzustellen[110].

Allein die Tatsache, daß es in allem Wandel und aller Unbeständigkeit, die für die Existenz der Glaubenden im „Hier" (ὧδε) bestimmend sind, für die Glaubenden jetzt schon die „bleibende Stadt" gibt, gewährt der Glaubenswanderschaft der Christen in ihrem „Exodus" zum leidenden Jesus die ihnen nötige Gewißheit, ja ist das feste Fundament (11,10) der Bewahrung und Bewährung ihres Glaubens. Das im ἐπιζητεῖν sich aussprechende „Sich-Ausrichten" auf das zukünftige Ziel der Glaubenswanderschaft hat seinen „Ausgangspunkt" im (präsentisch-eschatologischen) προσεληλύθατε von 12,22.

Daß dieses Fundament der Glaubenswanderschaft der Christen ein christologisch vermitteltes Fundament ist, zeigt die paränetische Schlußfolgerung in **V. 15**: Δι' αὐτοῦ οὖν[111]. Betont vorangestelltes δι' αὐτοῦ steht – analog dem δι' ἧς von 12,28 – in einem Zusammenhang mit dem in V. 9 genannten Gnadengeschehen, ist also auf „Jesus Christus" zu beziehen, der „derselbe" war, ist und bleibt (V. 8), so aber gerade auch auf den, der „außerhalb des Tores gelitten hat", damit er auf diese Weise „durch sein eigenes Blut das Volk heilige" (V. 12). In diesem Sinne steht das zunächst die (priesterliche) „Vermittlung" kennzeichnende instrumentale δι' αὐτοῦ – Jesus vermittelt das Opfer der christlichen Gemeinde an Gott!derer[112] – zugleich im kausalen Sinne: δι' αὐτοῦ benennt im Kontext auch den Ermöglichungsgrund für das Opfer der Christen[113], das Gott darzubringende

---

zeitlichen Sinn zu verstehen ist, sondern die „stabilité des réalités célestes" bezeichne (S. 94). E. GRÄSSER, Der Glaube im Hebr, S. 174, Anm. 152, betont demgegenüber mit Recht die „Notwendigkeit einer differenzierenden Betrachtung". Das zeitlich-futurische Moment ist jedenfalls ganz eindeutig durch 11,10 gesichert: ἐξεδέχετο. Vgl. auch G. THEISSEN, Untersuchungen zum Hebr, S. 103–105, spez. S. 104, sowie F. LAUB, Bekenntnis und Auslegung, S. 257ff.

[110] So K. NISSILÄ, Das Hohepriestermotiv im Hebr, S. 272; vgl. auch L. GOPPELT, ThWNT VIII, S. 259; H. KÖSTER, HThR 55 (1962) S. 303. Kritisch dazu auch E. GRÄSSER, Der Glaube im Hebr, S. 174, Anm. 152 (S. 175f). – Von daher gesehen ist es auch fraglich, ob man die Bezugnahme auf die πόλις μέλλουσα in V. 14 als Ausdruck einer „zeitlich zielgerichteten Apokalyptik" verstehen kann. So H. BRAUN, in: Festschr. G. Stählin, S. 325.

[111] Das in der Geschichte des Textes nicht eindeutig bezeugte, möglicherweise sogar sekundäre οὖν (s. textkritischen App.!) betont ausdrücklich, was ohnehin in der Logik des Übergangs von V. 14 zu V. 15 liegt. Vgl. B. M. METZGER, A Textual Commentary, S. 676. Demgegenüber ist die nur schwach bezeugte Lesart διὰ τοῦτο οὖν (K 323 451 2491) sekundär, da sie den vom Autor zweifellos intendierten christologischen Charakter der Aufforderung außeracht läßt.

[112] Zu δι' αὐτοῦ im Sinne der priesterlichen Vermittlung vgl. 13,11: διὰ τοῦ ἀρχιερέως sowie Röm 1,8; 7,25; 16,27; Kol 3,17.

[113] Entsprechendes gilt auch für die Forderung in 1 Petr 2,5: διὰ Ἰησοῦ Χριστοῦ als Bezeichnung des Ermöglichungsgrundes für das „Darbringen von geistlichen Opfern, die Gott wohlgefällig sind". Vgl. L. GOPPELT, Der erste Petrusbrief, S. 146f. Zur Überwindung der Al-

„Lobopfer" (V. 15) ebenso wie die Opfer der εὐποιΐα und der κοινωνία (V. 16). Dem „Altar", den die Christen haben (V. 10), entspricht das „Opfer", das sie Gott darbringen sollen: ein Opfer nicht mehr im Heil und Versöhnung stiftenden Sinne, sondern ein Opfer vielmehr als Folge – bildlich gesprochen: als „Frucht" (V. 15) – dessen, was „durch ihn" ein für allemal schon gewirkt worden ist.

Vom „Opfer" spricht der Hebr ansonsten nur im Blick auf das von den Priestern der alten Kultordnung bzw. von Jesus als dem Hohenpriester dargebrachte Blutopfer[114]. Ist hier nunmehr am Ende doch wieder von einem von den Christen Gott darzubringenden Opfer die Rede, so entspricht das gleichwohl der Grundkonzeption des Hebr vom „gottwohlgefälligen" Gottesdienst der Christen, zu dessen Kennzeichnung im Hebr auch im übrigen eine ursprünglich kultische Terminologie benutzt wird[115]. Dies geschieht aber nunmehr unter der Voraussetzung der durch das Selbstopfer Christi, also christologisch begründeten und ermöglichten Gestalt des Gottesdienstes. Daß das Darbringen des Opfers seitens der Christen δι' αὐτοῦ geschieht, kennzeichnet diesen Gottesdienst als ein Antwortgeschehen, und dem entspricht es, daß dieses von den Christen Gott dargebrachte Opfer keine andere Gestalt hat als die des „Lobopfers": θυσία αἰνέσεως. Mit dieser Bezeichnung des Opfers der Christen steht der Hebr auch an dieser Stelle wieder in biblisch-jüdischer Sprach- und Sachtradition[116], für die insgesamt die Tendenz der Ablösung des Opferdienstes am Tempel durch das „beständig" (διὰ παντός) darzubringende „Lobopfer" charakteristisch ist[117]. Bereits hier also kommt eine vom priesterli-

---

ternative instrumental/kausal hinsichtlich des δι' αὐτοῦ vgl. bes. A. OEPKE, ThWNT II, S. 66 und S. 67.

[114] Vgl. W. STOTT, The Conception of ‚Offering' in the Epistle to the Hebrews, NTS 9 (1962/63) S. 62–67, spez. S. 63; K. NISSILÄ, Das Hohepriestermotiv im Hebr, S. 267f, sowie A. VANHOYE, Prêtre anciens, Prêtre nouveau, S. 262: Diese Opfer der Christen „ne soient pas à situer au même niveau que l'unique sacrifice du Christ ... ce ne sont pas des actes de médiation".

[115] Vgl. das von den Christen ausgesagte λατρεύειν (τῷ) θεῷ 9,14; 12,28 sowie die Entsprechung zwischen 12,28 (εὐαρέστως) und 13,16 (εὐαρεστεῖται).

[116] Insbesondere in den Psalmen wird das Gott darzubringende Opfer häufig so gekennzeichnet. Vgl. bes. LXX Ps 49,14: θῦσον τῷ θεῷ θυσίαν αἰνέσεως, weiter LXX Ps 33,2; 68,31f; 106,22; 115,8 sowie Philon, SpecLeg I 224. In diese Richtung geht auch schon die Kultkritik der Propheten: 1 Sam 15,22; Jes 1,10–17; Jer 6,20; 7,21–23; Hos 6,6; Am 5,21–25; vgl. auch Ps 40,7–9; 50,8–15; Prov 21,3; Sir 34,18–35,10. Dazu neuerdings bes. E. FERGUSON, Spiritual Sacrifice in Early Christianity and its Environment, in: ANRW II 23/2, S. 1151–1189; G. BORNKAMM, Lobpreis, Bekenntnis, Opfer. Eine alttestamentliche Studie, in: DERS., Ges. Aufs. III, München 1968, S. 122–139.

[117] Vgl. bereits die Gegenüberstellung der traditionellen Kultopfer und des „Lobopfers" in LXX Ps 49,8 und 49,14 sowie 50,17ff; 68,31f sowie Philon, Plant 126; SpecLeg I 271f.275.277; Arist 234. Entsprechendes gilt auch für die Qumran-Gemeinde: Vgl. 1 QS IX 4f.26; X 6.14.22 sowie insgesamt 1 QH. Dazu: J. THURÉN, Das Lobopfer der Hebräer, S. 117ff, spez. S. 119: Das Singen der Hodajot ist (aufgrund von Hos 14,3) der Ersatz für das Opfer am Tempel. Vgl. auch G. KLINZING, Die Umdeutung des Kultus in der Qum-

chen Opfer an der Kultstätte letztlich unabhängige Opferauffassung in den Blick, genauer: eine Ausweitung der ursprünglich nur für den kultischen Bereich und für bestimmte Kultzeiten geltenden Opferordnung auf das gesamte Leben der Gemeinde, die gleichsam eine Brücke schlägt zwischen dem kultischen Geschehen im engeren Sinne einerseits und dem nicht-kultischen Bereich andererseits[118]. Was den Hebr von dieser biblisch-jüdischen Tradition unterscheidet, ist die christologische Begründung solcher neuen Opferordnung, damit zugleich aber auch deren Exklusivität. Denn unter der Voraussetzung des einmaligen Selbstopfers Jesu gilt nun auch für die christliche Gemeinde nur noch dieses „Lobopfer", das als solches διὰ παντός, „jederzeit, beständig", geschehen soll[119]. Nicht mehr auf bestimmte, ausgegrenzte kultisch-liturgische Zeiten und Vollzüge kommt es hier an, sondern auf eine die ganze Glaubensexistenz – gerade auch in ihrer Anfechtung! – prägende Grundhaltung[120].

Daß es bei diesem „Lobopfer" nicht (mehr) um irgendein gegenständliches Opfer geht, zeigt die folgende Erläuterung: „Lobopfer", „das heißt (τοῦτ' ἔστιν): Frucht der Lippen", das Lob- und Danklied also der Christen, die – auf den zuvor erfahrenen Machterweis Gottes antwortend – „seinen Namen preisen"[121]. Auch hier benutzt der Autor des Hebr wieder biblische Sprache, sowohl im Blick auf die Wendung καρπὸς χειλέων als auch im Blick auf die Apposition ὁμολογούντων τῷ ὀνόματι αὐτοῦ[122].

---

rangemeinde und im Neuen Testament, S. 93ff; F.-E. WILMS, Blutige Opfer oder Opfer der Lippen. Eine Alternative der Theologie von Qumran, ALW 25 (1983) S. 121–137; C. SPICQ, SBi, S. 223. Für das Neue Testament vgl. entsprechend Röm 15,16; Phil 4,18 und bes. 1 Petr 2,4.

[118] Sofern damit im Judentum nicht der traditionelle Opferkult als solcher in Frage gestellt wird, handelt es sich hier um einen „übertragenen" Sprachgebrauch, nicht jedoch um eine „Spiritualisierung" oder „Vergeistigung" einer ursprünglich „dinglichen" Opferanschauung. Gegen J. BEHM, ThWNT III, S. 186; H. WENSCHKEWITZ, Die Spiritualisierung der Kultbegriffe, S. 209. Vgl. zum Problem auch K. NISSILÄ, Das Hohepriestermotiv im Hebr, S. 274f; H. BRAUN S. 469.472 sowie F. HAHN, Das Verständnis des Opfers im Neuen Testament, S. 57.

[119] Die „Zeitangabe" διὰ παντὸς (χρόνος) ist gleichfalls durch den biblischen Sprachgebrauch vorgegeben: Vgl. LXX Ps 33,2; Paralip I 23,30f; J. THURÉN, Das Lobopfer der Hebräer, S. 172ff.

[120] Vgl. R. DEICHGRÄBER, Gotteshymnus, S. 212: „eine Grundbestimmung menschlicher Existenz"; ebd.: „Das Lob ist gleichsam eine Klammer, ein Rahmen, der alles umspannt"; H. BALZ, EWNT I, Sp. 95; A. STROBEL S. 250. Insofern ist διὰ παντός hier nicht Hinweis auf eine bestimmte „liturgische Ordnung" oder sogar darauf, „daß eine neue Opferanschauung kultisch-kirchlicher Art im Werden ist". So O. MICHEL S. 523.531.

[121] Zum Antwort-Charakter des Lobpreises vgl. bes. Hos 14,3: ὅπως ... λάβητε ἀγαθά, καὶ ἀνταποδώσομεν καρπὸν χειλέων ἡμῶν. Dazu: G. BORNKAMM, Ges. Aufs. III, S. 123ff.

[122] Zu καρπὸς χειλέων vgl. Hos 14,3; Jes 57,19 (hebr. Text!); Prov 18,20 sowie den entsprechenden Sprachgebrauch in den Qumranschriften: פרי שפתים (1 QH I 28; XI 4f; vgl. auch 1 QS X 8.22f) bzw. תרומת שפתים (1 QS IX 4f.26; X 6.14). Dazu: J. THURÉN, Das Lobopfer der Hebräer, S. 153ff. – Zur Präzisierung der Wendung im Sinne des ἐξομολογεῖσθαι τῷ ὀνόματι θεοῦ vgl. bes. PsSal 15,2f: Die „Frucht der Lippen" bzw. die „Erstlingsgabe der Lippen" (ἀπαρχὴ χειλέων) wird dargebracht im ἐξομολογεῖσθαι τῷ ὀνόματι θεοῦ.

Hier liegt also ein in sich geschlossener traditioneller Motivzusammenhang vor, von dem her sich auch die spezielle Bedeutung von ὁμολογεῖν in dem (im Hebr singulären) Syntagma ὁμολογεῖν τῷ ὀνόματι αὐτοῦ bestimmt. Ὁμολογεῖν steht hier dem biblischen ἐξομολογεῖσθαι entsprechend im Sinne des Lobpreises Gottes als Antwort auf erfahrene Güte und Barmherzigkeit Gottes[123]. Solcher Lobpreis schließt zwar – sofern sich ja darin „die öffentliche Anerkennung und Bezeugung der rettenden Macht Gottes vollzieht"[124] – ein konfessorisches Moment in sich. Gleichwohl ist der Unterschied zu der (auf Christus gerichteten) ὁμολογία von Hebr 3,1; 4,14; 10,23 offenkundig. Rückschlüsse vom Gebrauch von ὁμολογεῖν in V. 15 auf die kultisch-liturgische Dimension der ὁμολογία in 3,1 (usw.) sind also nicht möglich[125]. Das christologisch akzentuierte Gemeindebekenntnis ist hier – in V. 15 – nicht im Blick, sondern – unter Aufnahme des genannten biblischen Motivzusammenhangs – der Lobpreis Gottes durch die christliche Gemeinde[126], der nun freilich im Hebr im Unterschied zur entsprechenden biblisch-jüdischen Tradition christologisch begründet und vermittelt ist: Δι' αὐτοῦ [οὖν] ἀναφέρωμεν.

Unmittelbar neben das von der Gemeinde darzubringende „Lobopfer" treten in V. 16 schließlich die Opfer der εὐποιΐα und der κοινωνία[127], Werden beide Arten des Opfers der Christen in V. 16b durch das auf V. 15 und V. 16 zurückblickende τοιαῦται θυσίαι unmittelbar miteinander verbunden[128], so sind beide offensichtlich auch gleichgewichtig. Der lobpreisenden Zuwendung zu Gott korrespondiert die Hinwendung zum Menschen

---

[123] Vgl. in diesem Sinne LXX Ps 53,8; 98,3; 105,47; 121,4; 139,14. ἐξομολογεῖσθαι (mit Dativ) steht dementsprechend synonym mit ψάλλειν (LXX Ps 17,50; 56,16), mit αἰνεῖν (LXX Ps 34,18) sowie ἐξομολόγησις synonym mit ὕμνος (LXX Ps 99,4). Vgl. auch Philon, All III 26 sowie O. Hofius, EWNT II, Sp. 21; R. J. Ledogar, Verbs of Praise in the LXX Translation of the Hebrew Canon, Bib 49 (1967) S. 29–56, spez. S. 39ff. Theophylakt, PG 125, p. 396 C, erläutert Hebr 13,15 dementsprechend: ὁμολογούντων τοῦτ' ἔστιν ἐξομολογουμένων.

[124] So O. Hofius, EWNT I, Sp. 21. Vgl. auch G. Bornkamm, Ges. Aufs. III, S. 122ff; J. Thurén, Das Lobopfer der Hebräer, S. 107ff.

[125] Gegen E. Käsemann, Das wandernde Gottesvolk, S. 106f; F. J. Schierse, Verheißung und Heilsvollendung, S. 193.195; G. Bornkamm, Ges. Aufs. III, S. 194ff, der den „Namen" in V. 15 zudem noch auf den „Sohnesnamen" bezieht, der „Christus von Gott übertragen ist" (S. 195f).

[126] Vgl. bes. R. Deichgräber, Gotteshymnus, S. 117f; H. v. Campenhausen, ZNW 63 (1972) S. 212, Anm. 7; S. 233, Anm. 128: K. Wengst, Christologische Formeln und Lieder, S. 107f; H. Braun S. 470f. – Daß der Autor des Hebr hier statt des biblischen ἐξομολογεῖσθαι ein ὁμολογεῖν gebrauchte, ist zwar auffällig, aber doch auch nicht singulär. Vgl. die entsprechende Verwendung von ὁμολογεῖν in LXX 1 Esr 4,60; 5,58. Dazu J. Thurén, Das Lobopfer der Hebräer, S. 109f.112; O. Hofius, EWNT II, Sp. 1259.

[127] Zum folgenden vgl. bes. W. Schenk, Die Paränese Hebr 13,16 im Kontext des Hebr, STL 39 (1985) S. 73–106.

[128] Der Zusammenhang zwischen V. 15 und V. 16 kommt darüber hinaus in der chiastischen Stellung der Verben zum Ausdruck: οὖν ἀναφέρωμεν ... μὴ ἐπιλανθάνεσθαι. Vgl. J. Thurén, Das Lobopfer der Hebräer, S. 105.

ingestalt der εὐποιΐα und der κοινωνία[129]. Die Mahnung, „nicht zu vergessen", signalisiert – ebenso wie die entsprechende Mahnung in V. 2[130] – nicht die Beiläufigkeit des Aufrufs, sondern gerade die Notwendigkeit der Erinnerung an Selbstverständliches, liegt also auch durchaus auf der Linie der Mahnung, sich zu „erinnern" bzw. zu „gedenken" in V. 3 und V. 7. Εὐποιΐα und κοινωνία sind im Kontext dieser Gemeindeparänese also „christliche Tugenden", an die zu erinnern der Autor gerade in der Anfechtungssituation seiner Adressaten den Anlaß gegeben sieht. Das Substantiv εὐποιΐα – nur hier in der urchristlichen Literatur belegt[131] – entspricht im Hebr selbst der φιλαδελφία in V. 1, darüber hinaus aber auch analogen Bildungen in der urchristlichen Literatur wie ἀγαθοποιΐα oder εὐεργεσία[132]. Neben κοινωνία bezeichnet εὐποιΐα das „Tun des Guten", die „Wohltätigkeit" im weitesten Sinne, nicht also nur die Fürsorge für die Armen in der Gemeinde[133]. Dementsprechend steht κοινωνία – von 10,33, aber auch von 13,3 her gesehen – für die praktische Bewährung von „Gemeinschaft" bzw. Solidarität innerhalb der Gemeinde[134].

Der den V. 16 abschließende Begründungssatz τοιαύταις γὰρ θυσίαις κτλ. verstärkt das Gewicht der Mahnung: „An solchen Opfern", das heißt: an jenen Opfern allein, bei denen sich der Lobpreis Gottes (V. 15) mit dem Tun des Guten und dem konkreten Vollzug der Gemeinschaft (V. 16) ver-

---

[129] Vgl. in diesem Sinne bereits Thomas von Aquino, Super epist. S. Pauli lectura, ed. P. R. Cai, Rom 1953, vol. II, p. 502: „Duplex est autem sacrificium, quod super altare Christi offere debemus, scilicet devotionem ad Deum et miserationem ad proximum". Vgl. A. VANHOYE, La structure littéraire, S. 213.

[130] Vgl. entsprechend μὴ ἐγκακοῦμεν in Gal 6,9. Dazu W. SCHENK, STL 39 (1985) S. 77f.

[131] Vgl. auch Ignatius, Pol 7,3. Formal gesehen handelt es sich um eine sekundäre Abstraktbildung aus εὐποιεῖν (Mk 14,7; Sir 12,1.2.5; 14,7.11.13), die in der hellenistischen und hellenistisch-jüdischen Literatur (Epiktet bzw. Philon und Josephus) nicht ungewöhnlich ist. Vgl. die Belege bei W. BAUER, Wörterbuch zum Neuen Testament, Sp. 655; C. SPICQ, Notes I, S. 327; J. MOFFATT S. 237. Vgl. auch J. THURÉN, Das Lobopfer der Hebräer, S. 176f; W. SCHENK, STL 39 (1985) S. 74.

[132] Zu ἀγαθοποιΐα vgl. 1 Petr 4,19; 1 Clem 2,2.7; 33,1; 34,2; vgl. auch ἀγαθοποιεῖν: 1 Petr 2,15.20; 3,6.17; zu εὐεργεσία vgl. Act 4,9; 1 Tim 6,2; 1 Clem 19,2; 21,1; 38,3; vgl. auch ἀγαθοεργεῖν: 1 Tim 6,18.

[133] Gegen J. THURÉN, Das Lobopfer der Hebräer, S. 176f. Auch ein spezieller Bezug auf die Feier der Eucharistie (mit „Liebesmahl") – so vermutungsweise O. MICHEL S. 525 – ist nicht zu erkennen.

[134] So W. SCHENK, STL 39 (1985) S. 76, mit der Schlußfolgerung freilich, daß sich hier zugleich ein prinzipieller „Partikularismus" (S. 78f; vgl. auch O. HOFIUS, Christushymnus, S. 102, Anm. 107) bzw. eine „Konventikelmentalität" dokumentiert (S. 89). – Κοινωνία ist – analog zu 10,33 – nomen actionis: „Anteilgabe, Mitteilsamkeit". Vgl. entsprechend Act 2,42 sowie die Wendung κοινωνία εἰς in 2 Kor 8,4; 9,13; Röm 15,26. Vgl. W. SCHENK, STL 39 (1985) S. 75; F. HAUCK, ThWNT III, S. 809; H. SEESEMANN, Der Begriff KOINΩNIA im Neuen Testament (BZNW 14), Gießen 1933, S. 24ff; J. HAINZ, EWNT II, Sp. 750. Vgl. die entsprechende Verbindung von φιλαδελφία und κοινωνία bei Philon, Virt 80; SpecLeg I 295.324; II 75.119.167; III 131.158. Κοινωνία neben εὐποιΐα auch bei dem Gnostiker Ptolemaios, Ad Floram 5,10 (ed. G. Quispel, S. 64), hier allerdings wohl schon unter Einfluß des Hebr. Vgl. auch H. WINDISCH S. 119.

bindet, „hat Gott Wohlgefallen"[135]. Hier zeigt sich eine Bewegung der Konzentration auf das Wesentliche des Opferdienstes, wie sie auch sonst im Urchristentum begegnet[136], darüber hinaus aber auch schon im Judentum sich dokumentiert[137]. Im Rahmen des Hebr hat diese Konzentration auf „solcherlei Art von Opfer" freilich zugleich exklusive Bedeutung: Die Konzentration auf das „Lobopfer" einerseits und das Opfer des „Wohltuns und der Gemeinschaft" andererseits ist hier mit einer Reduktion verbunden. Denn wenn unter dem christologischen Vorzeichen des δι' αὐτοῦ (V. 15) nur noch diese Opfer vor Gott gelten, so geht es hier zugleich um eine grundsätzliche Absage an alle anderen Arten von Opfer – einschließlich der βρώματα von V. 9! –, die so für die jüdische Tradition – bei aller auch hier anzutreffenden Konzentration auf die „geistlichen" Opfer – nicht gelten konnte[138]. Demgegenüber gilt für den Hebr: Weil das grundlegende heilstiftende Opfer durch Christus, den Hohenpriester, schon „ein für allemal" dargebracht worden ist, kann das Opfer der durch „Jesu Blut Geheiligten" nur noch Antwort-Charakter haben und gibt es von nun an – unter den Bedingungen der „neuen Heilsordnung" – nur noch – in der Hinwendung zu Gott – das „Lobopfer der Lippen" und – in der Hinwendung zu den Menschen – das Opfer der „Wohltätigkeit und der (kirchlichen) Gemeinschaft".

---

[135] Das Verbum εὐαρεστεῖν, aktivisch: „zufrieden sein mit etwas, Wohlgefallen haben an etwas", passivisch: „befriedigt, zufriedengestellt werden durch etwas", steht hier – in Entsprechung zu 12,28 – im aktivischen Sinn: „Gott hat Wohlgefallen an …". Vgl. W. FOERSTER, ThWNT I, S. 457. Zur Sachproblematik der passivischen Übersetzung „Gott wird befriedigt, erfreut" (o. ä.) vgl. W. SCHENK, STL 39 (1985) S. 83ff.

[136] Vgl. Phil 4,18: Hier wird der Erweis brüderlicher Gemeinschaft seitens der Philipper dem Paulus gegenüber als θυσία δεκτή, εὐάρεστος τῷ θεῷ bezeichnet. Vgl. auch Röm 12,1.

[137] Schon F. DELITZSCH S. 688f hat für Hebr 13,15f eine „alte exegetische Tradition" vermutet, „die Ps 50,14 mit Hos 6,6 unter dem Stichwort ‚Opfer' verknüpft". Vgl. auch J. MOFFATT S. 237ff; O. MICHEL S. 524 und zuletzt bes. J. THURÉN, Das Lobopfer der Hebräer, S. 176ff, hier auch die entsprechenden jüdischen Zeugnisse für solche Konzentrationsbewegung. Vgl. bes. Sir 35,1–3 und 1QS IX 4f: „Hebopfer der Lippen … und vollkommener Wandel". Dazu: H. BRAUN, Qumran und das Neue Testament I, S. 273f. – Darüber hinaus ist in diesem Zusammenhang aber auch an die Konzentration der Gebote der Tora auf die „beiden Hauptsachen" (δύο τὰ ἀνωτάτω κεφάλαια) zu denken, wie sie für den Raum des jüdischen Hellenismus Philon bezeugt: τό τε πρὸς θεὸν δι' εὐσεβείας καὶ ὁσιότητος καὶ τὸ πρὸς ἀνθρώπους διὰ φιλανθρωπίας καὶ δικαιοσύνης (SpecLeg II 62f; vgl. auch Abr 208; Dec 108ff; Virt 51 sowie Josephus, c. Ap. II 190ff. Dazu: J. THURÉN, Das Lobopfer der Hebräer, S. 241ff).

[138] Auch bei Philon, der in dieser Hinsicht am weitesten geht, korrigiert die Betonung des wahren „Opfer echter Gesinnung" lediglich eine Verabsolutierung des Tempelkults und der damit verbundenen Opferhandlungen in dem Sinne, daß darin allein die wahre Frömmigkeit besteht. Vgl. entsprechend Plant 107f sowie Fug 18; Sacr 51; SpecLeg I 271f; II 35. Vgl. auch Arist 234; Josephus, Ant VI 147ff. Zur Sache vgl. auch J. BEHM, ThWNT III, S. 188f; O. SCHMITZ, Die Opferanschauung des späteren Judentums und die Opferanschauungen des Neuen Testaments, S. 119ff; H. WENSCHKEWITZ, Die Spiritualisierung der Kultbegriffe, S. 131ff. Zum entsprechenden Sachverhalt in der Kultkritik der biblischen Prophetie vgl. F. HAHN, Das Verständnis des Opfers im Neuen Testament, S. 55f und S. 61 (Philon). Zur Ausschließlichkeit des Hebr in dieser Hinsicht vgl. J. THURÉN, Das Lobopfer der Hebräer, S. 180.

Mit **V. 17** kehrt der Autor – in Entsprechung zu V. 7 – abschließend wieder zu einer Mahnung hinsichtlich der „Leiter" der Gemeinde zurück. Im Unterschied zum voraufgehenden Zusammenhang (VV. 8–16), in dem der Autor bei seiner Ausführung der Paränese ganz eigene Akzente gesetzt hat, im Unterschied aber auch zu V. 7, wo die Mahnung, sich der (einstigen) Leiter der Gemeinde zu erinnern, ganz in den Kontext der Glaubensparänese des Hebr integriert war, verbleibt hier, in V. 17, die Mahnung zum rechten Verhalten gegenüber den (gegenwärtigen) Leitern der Gemeinde ganz auf einem normal-durchschnittlichen Niveau. Außerordentlich stark betont erscheint dabei – wie bereits die hier gebrauchte Terminologie anzeigt[139] – die Autorität der ἡγούμενοι: Ihnen gebührt Gehorsam und Fügsamkeit! Diese Mahnung ist so allgemein gehalten, daß sie sich kaum konkretisieren läßt[140]. Vielmehr entspricht sie in dieser Allgemeinheit ganz jener generellen Mahnung bzw. jenem Bild von der Autorität des kirchlichen Amtes, wie sie am Ausgang des ersten Jahrhunderts vor allem durch den 1. Clemensbrief bezeugt wird[141]. Im Vergleich mit der noch sehr viel zurückhaltenderen Mahnung des Paulus in 1 Thess 5,12f, die προϊστάμενοι „anzunehmen", ist hier ohne Zweifel eine Akzentverschiebung zugunsten einer autoritären Stellung des kirchlichen Amtes im Gegenüber zur Gemeinde festzustellen. Gleichwohl bleibt zu beachten, daß die ἡγούμενοι auch hier wieder primär unter dem Aspekt ihrer Funktion für die Gemeinde betrachtet werden: Ihre Autorität gegenüber der Gemeinde ist darin begründet, was sie für die Gemeinde getan haben (V. 7) und tun. Als (ὡς) solche, die vor Gott über ihre Amtsführung dereinst „Rechenschaft ablegen" werden[142], sind sie (betont: αὐτοί!) es, die für das

---

[139] Der Aspekt des gehorsamen „Sich-fügens" gegenüber der Autorität ist bes. mit dem (nur hier im Neuen Testament begegnenden) Verbum ὑπείκειν verbunden, das Philon für das Verhalten der Kinder gegenüber dem Vater (SpecLeg II 232) oder auch für das angemessene Verhalten gegenüber dem δεσπότης (VitMos I 156) verwendet. Vgl. W. BAUER, Wörterbuch zum Neuen Testament, Sp. 1670.

[140] Anders H. BRAUN S. 473: „der Gehorsam besteht für die Christen darin, daß sie eine ihnen wichtige Position aufgeben". H. BRAUN denkt dabei an die „Speise-Lehren" von V. 9 (S. 472) oder auch (mit F. F. BRUCE) an „durchreisende Lehrer, die stärkeren Anklang finden als die altgewohnten Führer" (S. 473).

[141] Vgl. 1 Clem 1,3; 21,6; 37,2. Dementsprechend urteilt J. THURÉN, Das Lobopfer der Hebräer, S. 205f: „In der militärischen Unterordnung kann die Wurzel der auffallend starken Mahnung des Hbr gesucht werden". Vgl. auch Did 15,2 und bes. 4,1: τιμήσεις (sc.: τὸν λαλοῦντα σοι τὸν λόγον τοῦ θεοῦ) ὡς κύριον.

[142] Λόγον ἀποδιδόναι steht hier im technischen Sinne der „Rechenschaftslegung", so auch 1 Petr 4,5; Röm 14,2; Mt 12,36; Lk 16,2; Act 19,40. Singulär im Neuen Testament ist freilich, daß dies hier „für andere" geschieht. Vgl. aber Herm vis III 9,10. Durch die Wortfolge ὡς λόγον ἀποδώσοντες ὑπὲρ τῶν ψυχῶν ὑμῶν in A d vg Or wird dies noch ausdrücklich hervorgehoben. Ursprünglich dürfte jedoch ὑπὲρ τῶν ψυχῶν zu ἀγρυπνεῖν gehören. Dementsprechend ergänzt D* ὡς λόγον ἀποδώσονται (?) περὶ ὑμῶν. Vgl. H. BRAUN S. 473. Das (seltene) futurische Partizip ἀποδώσοντες verweist wohl auf die zukünftige Rechenschaftslegung (im Endgericht). Vgl. F. LAUB, SNTU 6/7 (1981/82) S. 178f.

Glaubensleben der Gemeinde Sorge tragen. Die Verantwortung der Gemeindeleiter speziell für die „rechte Lehre" ist dabei nicht eigens akzentuiert[143]; eher vielmehr ihre „seelsorgerliche" Verantwortung. Ψυχή steht dabei – jedenfalls von 10,39 her gesehen (περιποίησις ψυχῆς!) – für das (auf das Heil ausgerichtete) „Leben" der Adressaten. Dafür also, daß jeder der Adressaten für seine Person (ψυχή) zum Heil gelangt, tragen die Gemeindeleiter Verantwortung[144]. Dies spricht dafür, daß das Verbum ἀγρυπνεῖν, das sonst im Neuen Testament im Zusammenhang einer Wachsamkeitsparänese begegnet[145], hier im umfassenden Sinn des „Wachens" bzw. der Fürsorge für Glauben und Leben der Gemeinde steht[146], sich in diesem Sinne dann aber auch nicht auf eine bestimmte liturgische oder gar priesterliche Funktion des Amtes der ἡγούμενοι eingrenzen läßt. Dagegen spricht bereits der Umstand, daß dort, wo im Hebr ursprünglich kultisch-priesterliche Termini auf die Christen bezogen werden – so z. B. προσέρχεσθαι (4,16; 10,22), λατρεύειν (12,28) oder auch ἀναφέρειν (13,15) –, jeweils die Gesamtgemeinde bzw. die Adressaten des Hebr im Blick sind[147], nicht jedenfalls ein der Gemeinde gegenüberstehendes kirchliches Amt.

Eine an die Gemeindeleiter selbst gerichtete Mahnung ist in deren Funktionsbeschreibung in V. 17 gewiß grundsätzlich eingeschlossen, wird aber – im Unterschied etwa zu 1 Petr 5,1ff – nicht ausdrücklich gemacht, da der Hebr insgesamt gerade als Trost- und Mahnrede aus der Perspektive des „Lehrers" der Gemeinde geschrieben ist. Diese Perspektive bestimmt auch den die Mahnung zum Gehorsam in V. 17 abschließenden Finalsatz, der – wie diese Mahnung insgesamt – ganz im Rahmen des Pragmatischen verbleibt: Gehorsam den ἡγούμενοι gegenüber ist notwendig, damit sie ihre Aufgabe für die Gemeinde „mit Freude" wahrnehmen und nicht unter der Last ihrer Verantwortung „seufzen", was am Ende wie-

---

[143] Anders E. GRÄSSER, in Festschr. G. Krause, S. 69f: Die ἡγούμενοι werden der Gemeinde als „normative Gruppe" vor Augen gestellt. F. LAUB, SNTU 6/7 (1981/82) S. 170f, erschließt die Lehrverantwortung der Gemeindeleiter wiederum aus der Warnung vor „fremden Lehren" in V. 9 (im Rahmen von V. 7 einerseits und V. 17 andererseits).

[144] Vgl. F. LAUB, SNTU 6/7 (1981/82) S. 178. Ὑπὲρ τῶν ψυχῶν ὑμῶν wird in der Lesart des Kodex D* durch (ἀποδώσονται) περὶ ὑμῶν aufgenommen. Zur Sache vgl. 1 Petr 2,25: Christus als ποιμὴν καὶ ἐπίσκοπος τῶν ψυχῶν ὑμῶν sowie 1 Petr 1,9: σωτηρία ψυχῶν. Dazu: G. DAUTZENBERG, Σωτηρία ψυχῶν, BZ 8 (1964) S. 262-276. Vgl. auch Lk 17,33; 21,19; Jak 1,21.

[145] Vgl. Mk 13,33; Lk 21,36; Eph 6,18 sowie G. SCHNEIDER, EWNT I, Sp. 958. Vgl. auch LXX Cant 5,2; Dan 9,14 sowie Philon, Agr 49; Sobr 14.

[146] Ἀγρυπνεῖν entspricht damit dem von einem durchreisenden Kyniker bei Epiktet (Diss III 22,95) ausgesagten ὑπεργρύπνησεν ὑπὲρ ἀνθρώπων; dazu: J. MOFFATT S. 239f. – Eine Beziehung zum „Wächteramt" der Propheten (Jer 6,17; Ez 3,17ff; 33,7ff: σκοπός) ist hier nicht gegeben. Gegen H. KOSMALA, Hebräer – Essener – Christen, S. 287.416; O. MICHEL S. 528. Eher dann schon eine Analogie zum „Hirtenamt" der Presbyter, wie es in 1 Petr 5,1ff vorausgesetzt wird. Vgl. auch Act 20,28f.

[147] Vgl. O. KUSS S. 217: „derartige liturgische Funktionen können nur sehr indirekt erschlossen werden"; O. MICHEL S. 529f sowie M. DIBELIUS, in: Botschaft und Geschichte II, S. 174f.

nicht unter der Last ihrer Verantwortung „seufzen", was am Ende wiederum nur für die Gemeinde selbst „ohne Nutzen", ja geradezu „schädlich" bzw. „abträglich" wäre[148]. Insgesamt ist das – da das biblische hapax legomenon ἀλυσιτελής in diesem Zusammenhang wohl kaum einen (drohenden!) Hinweis auf das Endgericht in sich schließt[149] – eine durchaus pragmatische, zumindest eher nüchterne Begründung für die Forderung des Gehorsams gegenüber den Gemeindeleitern: Das angemessene Verhalten ihnen gegenüber liegt ganz im eigenen Interesse der Gemeinde bzw. – im konkreten Fall des Hebr – im Interesse der Adressaten. Wenn im Rahmen des Briefschlusses diese Adressaten ausdrücklich aufgefordert werden, „alle (eure!) Gemeindeleiter und alle Heiligen" zu grüßen (V. 24), so könnte damit ein Hinweis darauf gegeben sein, daß die Mahnung zum Gehorsam gegenüber den ἡγούμενοι in V. 17 am Ende vielleicht doch einen Bezug auf die konkrete Anfechtungssituation der Adressaten des Hebr in sich schließt: „Nützlich" für sie wäre es in der Tat, wenn sie sich gerade angesichts ihrer Anfechtung im Glauben – gegen alle Neigung zur Separation (10,25!) – wiederum mehr an die Gesamtgemeinde und (damit auch) an ihre Leiter hielten.

5) 13,18–25: Der Briefschluß

Stellung und Funktion im Kontext des Hebr:

War für den vorangehenden Teil des 13. Kapitels des Hebr – und hier insbesondere für den in sich geschlossenen Abschnitt 13,7–17 – noch ein gewisses Maß bewußter Gestaltung der an sich zum Teil durchaus traditionellen Paränese zu erkennen, so ist nunmehr für die VV. 18–25 ein gestaltendes Struktur- und Kompositionsprinzip kaum noch aufweisbar. Mahnungen und Weisungen, Wünsche und Bitten sind hier so lose aneinandergereiht, daß nicht einmal mehr bestimmte Stichwortverbindungen – wie z. B. das zweimalige παρακαλῶ in V. 19 und V. 22 – eine bewußt vorgenommene Gliederung erkennen lassen. Allenfalls durch den (auch in sachlich-theologischer Hinsicht gewichtigen) Segenswunsch der VV. 20 und 21 wird eine Zäsur gesetzt zwischen den Mahnungen in V. 18 und V. 19 einerseits und den Schlußmahnungen in den VV. 22–25 andererseits.

Über solcherlei formale Beobachtungen hinaus macht es in sachlicher Hinsicht für den hier vorliegenden „Briefschluß" des Hebr einen wesentlichen Unterschied zur ganzen vorausgehenden „Rede" des Hebr aus, daß nunmehr der Autor selbst sich nicht mehr nur – wie bisher oft im Hebr – in einem ekklesiologischen „Wir" mit seinen Adressaten zusammenschließt, sondern – spätestens von V. 19 an – als eigenes „Ich" den Adressaten gegenübertritt. Freilich geschieht dies – kennzeich-

---

[148] Entsprechend ist zu ergänzen: ἂν εἴη. Vgl. H. BRAUN S. 474.
[149] So bereits F. DELITZSCH S. 690, der ἀλυσιτελής mit „unheilbringend" übersetzt. Vgl. auch O. MICHEL S. 530; A. STROBEL S. 251f. – Philon gebraucht ἀλυσιτελής häufig im Gegensatz zu τὸ συμφέρον: All III 61; Ebr 16.20; Abr 18; LegGai 218. Vgl. auch Josephus, Ant XV 192.

nend für den Hebr – auch hier wieder in einer merkwürdig unpersönlichen Weise, sofern nämlich die eigene Person des Autors hinter traditionellen Formulierungen zurücktritt, die – zum guten Teil jedenfalls – offensichtlich dem paulinischen Briefformular verpflichtet sind. Die Reihe der Übereinstimmungen in dieser Hinsicht reicht von der Aufforderung zur Fürbitte in V. 18 über die Ankündigung eines Wiedersehens zwischen Autor und Adressaten in V. 19 und V. 23 bis hin zur abschließenden Grußformel in V. 24 und zum Segenswunsch in V. 25. Formal wie auch inhaltlich gesehen ist dies alles traditioneller „epistolarischer" Stil, als solcher sehr deutlich unterschieden von dem für den Hebr im übrigen charakteristischen „Rede"-Stil.

Gleichwohl besteht kein Anlaß, deshalb in diesem Briefschluß einen „heterogenen Bestandteil des Ganzen" bzw. einen „sekundären Nachtrag von zweiter Hand" zu sehen[1]. Dagegen spricht bereits die Beobachtung, daß trotz aller Eigenarten dieses Briefschlusses zwischen V. 17 und V. 18 ein gewisser Zusammenhang nicht zu übersehen ist, darüber hinaus aber vor allem auch die Tatsache, daß zumindest in formaler Hinsicht der gleichfalls bereits im Anschluß an die traditionelle „apostolische" Paränese gestaltete Abschnitt 13,1–17 diesen Briefschluß unter dem Aspekt der Rezeption „apostolischer" Tradition vorbereitet. Daß der Autor des Hebr sich selbst mit seinem Unternehmen in der Kontinuität der älteren urchristlichen – um nicht zu sagen: „apostolischen" – Tradition versteht, ist ja schon von 2,3f her offenkundig. Von daher gesehen erklärt sich sein auf den ersten Blick auffälliges Verfahren am Ende seiner Mahnrede relativ ungezwungen daraus, daß er mit der bewußten Rezeption des traditionellen Schlußformulars der paulinischen Briefe sich selbst und seine (im übrigen ja durchaus eigenständig konzipierte) Mahn- und Trostrede in den Zusammenhang bzw. in die Kontinuität jenes Heils- bzw. Wortgeschehens hineinstellt, das mit der „Rede des Herrn" seinen Anfang genommen hat und durch diejenigen, die sie einst gehört haben, „unter uns befestigt worden ist" (2,3f).

Der einst von W. WREDE als Symptom des „literarischen Rätsels" des Hebr empfundene Sachverhalt, daß der Hebr wie eine „Abhandlung" beginnt, sich als ein „Brief" fortsetzt und schließlich wie ein „paulinischer Gemeindebrief" endet[2], ist somit nichts anderes als das Ergebnis einer bewußten und gezielten Reflexion des Autors des Hebr zu seiner eigenen Stellung in der Kontinuität der urchristlichen Verkündigungsgeschichte, genauer noch: Ergebnis des eigenen Selbstverständnisses in dieser Geschichte als Ausleger der urchristlichen Bekenntnis-Überlieferung. Gerade in dieser Hinsicht setzt er in diesem Briefschluß zumindest in den VV. 20 und 21 noch einmal einen deutlichen Akzent.

Charakteristisch für den Autor des Hebr und sein Selbstverständnis ist es freilich auch, daß er den zeitlichen Abstand gegenüber denjenigen, die einst die „Rede des Herrn unter uns befestigt haben" (2,3), durchaus bestehen läßt, den eigenen Abstand von jener „Urzeit" also durchaus akzeptiert – und deshalb auch nicht den Versuch unternimmt, sein eigenes Unternehmen als unmittelbar „apostolisch" oder

---

[1] Zum pseudopaulinischen Charakter des Schlusses des Hebr vgl. W. WREDE, Das literarische Rätsel des Hebr, S. 39ff, speziell zur Annahme einer „Hinzufügung von späterer Hand" (so u.a. F. OVERBECK zu 13,22–25) ebd., S. 68ff; vgl. auch J. HÉRING S. 14.121.126., DERS., BHH II, Sp. 667, der für „die letzten Zeilen" des Hebr paulinische Autorschaft erwägt!

[2] So W. WREDE, Das literarische Rätsel des Hebr, S. 73. Vgl. auch H. WINDISCH S. 123.

"paulinisch" auszugeben. So gewiß er sich in die Kontinuität der "apostolischen Tradition" hineinstellt – ein im strengen Sinne "pseudapostolisches" Schreiben ist der Hebr dem Selbstverständnis seines Autors zufolge gewiß nicht[3]. Dazu ist der Hebr erst im Verlauf seiner Auslegungsgeschichte geworden, als er – von seinem "Briefschluß" her durchaus verständlich – in der Zeit der Alten Kirche alsbald unmittelbar auf den Apostel Paulus zurückgeführt worden ist und die neuere Forschung schließlich im Gegenzug dazu – über die entsprechenden Vorbehalte bereits in der Alten Kirche hinaus – übereinstimmend zu dem Ergebnis gelangte, daß in diesem "Brief" eine ganz eigene Gestalt und Stimme aus der urchristlichen Theologie- und Verkündigungsgeschichte zu Worte kommt, die mit der des Apostels Paulus jedenfalls nicht identisch ist.

5.1) 13,18–21: Mahnung zur Fürbitte und Segenswunsch

18 Betet (auch) für uns. Sind wir doch der Überzeugung, daß wir ein gutes Gewissen haben – als solche (jedenfalls), die den Willen haben, in jeder Hinsicht einen guten Wandel zu führen.
19 Umso mehr aber ermahne ich (euch), (auch eurerseits) dies zu tun, damit ich euch umso schneller wiedergegeben werde.
20 Der Gott des Friedens, der den großen Hirten der Schafe von den Toten heraufgeführt hat kraft des Blutes der ewigen Heilsordnung, unseren Herrn Jesus (nämlich),
21 der helfe euch zurecht zu jedem Guten, um seinen Willen zu tun, indem er in uns das schaffe, was wohlgefällig vor ihm ist durch Jesus Christus. Ihm sei die Herrlichkeit in Ewigkeit. Amen.

Die Mahnung zur Fürbitte "für uns", die dem Teilabschnitt in V. 18 voransteht, entspricht als solche den entsprechenden Mahnungen am Schluß der paulinischen Briefe, ist also – wie besonders der Vergleich mit 1 Thess 5,25 zeigt – erstes Indiz für eine bewußte Anlehnung an das paulinische Briefformular[4]. Im Kontext des Hebr steht diese Mahnung formal parallel zur vorangehenden Mahnung zum Gehorsam gegenüber den Gemeindeleitern in V. 17. Dies gilt auch im Blick auf die Grundsätzlichkeit

---

[3] Zum Verständnis des Hebr als "pseudapostolisches" bzw. "pseudopaulinisches" Schreiben vgl. W. WREDE, Das literarische Rätsel des Hebr, S. 64ff. Vgl. auch P. WENDLAND, Die urchristlichen Literaturformen, S. 374; M. DIBELIUS, Geschichte der urchristlichen Literatur II, S. 49ff; Ph. VIELHAUER, Geschichte der urchristlichen Literatur, S. 241. H. M. SCHENKE / K. M. FISCHER, Einleitung II, S. 270, beurteilen den Schluß des Hebr als eine "fiktive Situationsangabe, mit der der Verfasser dem Brief apostolische Würde geben wollte".

[4] 1 Thess 5,25: ἀδελφοί, προσεύχεσθε [καὶ] περὶ ἡμῶν. Dementsprechend wohl fügt D* auch in Hebr 13,18 ein καί ein. Vgl. auch 2 Thess 3,1; Kol 4,3, auch hier im Sinne der Mahnung zum Gebet περὶ ἡμῶν, sowie Röm 15,30; Eph 6,18f. Von daher gesehen ist der Plural ἡμῖν (vgl. auch πειθόμεθα sowie ἔχομεν) eindeutig "schriftstellerischer" Plural (dazu: BL.-DEBR.-R. § 280,2). Nur so erklärt sich jedenfalls der unmittelbare Übergang zum "Ich" in V. 19 (παρακαλῶ). Zum "schriftstellerischen Plural" im Hebr vgl. auch 5,11; 6,9.11. Anders neuerdings wieder H. BRAUN S. 474: In V. 18 spricht der Autor "mit den anderen Leitern zusammen".

der Aufforderung. Der Imperativ „Betet für uns" schließt in diesem Sinne – ebenso wie der Imperativ Πείθεσθε in V. 17 – ein duratives Moment in sich: „Laßt nicht ab, für uns zu beten!" – ebenso wie auch der Gehorsam gegenüber den Gemeindeleitern von Dauer sein soll[5]. Fraglich bleibt bei alledem, ob aus der Parallelität der Mahnungen in V. 17 und V. 18 die Schlußfolgerung gezogen werden kann, daß der Autor des Hebr selbst sich jenem Kreis der ἡγούμενοι zurechnet[6]. In jedem Falle aber beansprucht er seinen Adressaten gegenüber ein bestimmtes Maß an Autorität, die – wie auch die der einstigen Gemeindeleiter (V. 7!) – durch seinen „Wandel" und das daraus erwachsende „gute Gewissen" gedeckt ist. Dies jedenfalls ist der Sinn des Begründungssatzes in V. 18b: πειθόμεθα γὰρ κτλ. Vom „Gewissen" (συνείδησις) redet der Hebr auch sonst. Während aber die „Reinigung des Gewissens" ansonsten im Hebr christologisch-soteriologisch – so in 9,14 – bzw. tauftheologisch – so in 10,22 – vermittelt erscheint[7], ist vom „guten Gewissen" in diesem primär paränetischen Kontext eher nur in einem „moralischen" Sinne die Rede: Für das „gute Gewissen" des Autors wird hier allein sein Wille zu einem „guten Wandel in allen Dingen" geltend gemacht[8]. Zur Begründung der Aufforderung zur Fürbitte wird in diesem Sinne also auf das Vorbild des Autors verwiesen. Auch hier zeigt sich eine gewisse Entsprechung zu der das rechte Verhalten gegenüber den ἡγούμενοι betreffenden Mahnung in V. 7.

Nichts im Hebr deutet darauf hin, daß es sich an dieser Stelle um eine Art apologetischer Selbstrechtfertigung des Autors angesichts bestimmter Verdächtigungen (seitens der Adressaten?) handelt[9]. Durchaus wahr-

---

[5] Vgl. BL.-DEBR.-R. § 336,2; C. SPICQ, II, S. 432; O. MICHEL S. 532.

[6] So bereits E. RIGGENBACH S. 448f, unter der Voraussetzung freilich, daß es sich in 13,17–19 (!) um eine in sich geschlossene „Mahnung zur richtigen Stellung gegenüber den Vorstehern der Gemeinde" handelt (S. 447). Vgl. auch B. WEISS S. 323; H. WINDISCH S. 120; J. MOFFATT S. 239; A. STROBEL S. 252; H. BRAUN S. 474f; J. THURÉN, Das Lobopfer der Hebräer, S. 207f sowie W. G. ÜBELACKER, Der Hebr als Appell, S. 202: V. 18 ist „positive Entsprechung und Fortführung des Autoritätsgedankens in V. 17 …, eine Autorität, die der Vf. nur indirekt für sich selbst in Anspruch nimmt". – Falls das in D* eingefügte καί nicht aus Angleichung an 1 Thess 5,25 zu erklären ist (s. o. Anm. 4), könnte auch dieses für die Zugehörigkeit des Autors des Hebr zum Kreis der ἡγούμενοι von V. 17 sprechen. Vgl. J. MOFFATT S. 241; H. BRAUN S. 475.

[7] Καλός bei συνείδησις begegnet im Hebr wie auch im übrigen Neuen Testament nur hier. Möglicherweise ist καλός (statt ἀγαθός: vgl. 1 Petr 3,16.21; 1 Tim 1,15.19) hier wegen des folgenden καλῶς gewählt: Der καλὴ ἀναστροφή entspricht die καλὴ συνείδησις.

[8] Die Wendung καλῶς ἀναστρέφεσθαι ist vor allem in Papyri und Inschriften belegt: Inscr. Perg. (ed. M. Fränkel) 252,39; 459,5f; 496,5ff; W. DITTENBERGER, Sylloge 717,95. Vgl. auch Epiktet, Diss IV 4,46; A. DEISSMANN, Licht vom Osten, S. 264f; W. BAUER, Wörterbuch zum Neuen Testament, Sp. 121; C. SPICQ, Notes I, S. 87f, sowie die Verbindung καλὴ ἀναστροφή in 1 Petr 2,12; Jak 3,13.

[9] Bereits in der alten Kirche (Primasius, PL 68, p. 792 A/B; Theophylakt, PG 63, p. 233, u. a.) hat man daran gedacht, daß der Autor des Hebr sich hier gegen den Vorwurf eines antijüdischen oder antinomistischen Verständnisses seiner Mahnrede zur Wehr setze. Vgl. auch

scheinlicher ist es demgegenüber, daß der Autor sich auch hier an einen traditionellen Topos der urchristlichen Briefparänese anlehnt, zumal auch schon bei Paulus (2 Kor 1,12) sowie in 1 Petr 3,16 die Verbindung von συνείδησις und ἀναστροφή belegt ist[10]. Im Kontext des Hebr hat dieser an sich traditionelle Topos nun freilich auch die Funktion, umso nachdrücklicher die in **V. 19** folgende Mahnung zu motivieren: Angesichts dessen (V. 18) „ermahne ich (euch) mit umso größerem Nachdruck ...". Denn im Anschluß an V. 18 bezieht sich τοῦτο auf die vorangehende Aufforderung zur Fürbitte „für uns", die nunmehr in V. 19 ihre konkrete Zielstellung erhält: „damit ich euch umso schneller wiedergegeben werde"[11]. Zum ersten Male im Hebr tritt hier – sieht man von der beiläufigen Bemerkung in 11,32 ab – das eigene „Ich" des Autors hervor, der im übrigen ganz hinter seiner „Rede" zurückgetreten ist. Gebraucht er dabei das Verbum ἀποκαθίστημι, „wiederherstellen", so setzt er damit nicht nur seine zeitweilige Abwesenheit vom Kreis seiner Adressaten voraus, sondern auch ein enges persönliches Verhältnis zu ihm, das nun möglichst schnell vermittels der entsprechenden Fürbitte der Adressaten wiederhergestellt werden soll. Die passivische Form ἀποκατασταθῶ könnte dabei darauf hinweisen, daß die erwünschte Wiederbegegnung mit den Adressaten nach Meinung des Autors durchaus nicht von ihm selbst, sondern letztlich von Gott – passivum divinum! – abhängig ist[12].

Im Ganzen ist dies eine Nachricht, die zu mancherlei Vermutungen über die Gründe der Abwesenheit des Autors Anlaß gegeben hat[13], sich aber nicht vom übrigen Hebr her verifizieren läßt. So persönlich wie an dieser Stelle spricht der Autor des Hebr sonst nirgends zu seinen Adressaten. Und vor allem: Wenn er ohnehin alsbald mit einer Wiederbegegnung mit den Adressaten rechnet, wozu eigentlich dann noch dieses lange und

---

E. Riggenbach S. 449; H. Windisch S. 120; J. Moffatt S. 241; C. Spicq, II, S. 432f; ders., SBi, S. 225.

[10] W. Wrede, Das literarische Rätsel des Hebr, S. 48–51, sieht in Hebr 13,18b sogar eine bewußte Nachbildung von 2 Kor 1,12. Vgl. auch H. Windisch, Der zweite Korintherbrief (KEK 6), Göttingen ⁹1924, S. 53. 1 Petr 3,16 liegt bei der Verbindung von „gutem Wandel" und „gutem Gewissen" in der Tat ein „apologetischer Zusammenhang" vor (O. Michel S. 533), und zwar gegenüber Verdächtigungen, die von außen her gegen die christliche Gemeinde geltend gemacht werden. Vgl. entsprechend 1 Petr 2,12. Dazu: L. Goppelt, Der erste Petrusbrief, S. 237f. Für Paulus vgl. auch 1 Kor 4,4, wo freilich das Urteil des Gewissens von Paulus alsbald wieder relativiert wird: Wirklich freisprechenden Charakter hat allein das Urteil des Kyrios.

[11] Im Zusammenhang mit περισσοτέρως hat τάχιον hier komparativische Bedeutung: „umso mehr, umso schneller". Vgl. BL.- DEBR.-R. § 61,1; 244,2. Der Aorist-Infinitiv ποιῆσαι könnte andeuten, daß eine Fürbitte seitens der Adressaten bisher noch nicht erfolgt ist.

[12] W. Wrede, Das literarische Rätsel des Hebr, S. 43ff, sieht hier einen Widerspruch zu V. 23 (ὄψομαι ὑμᾶς) gegeben. Vgl. auch O. Michel S. 534.

[13] So z. B. über die Reisetätigkeit des Autors als „berühmter und begehrter Lehrer der Urchristenheit". So A. Strobel S. 252. Vgl. auch E. Riggenbach S. 449f, u. a. Skeptisch in dieser Hinsicht mit Recht O. Michel S. 534.

grundsätzliche Mahnschreiben? Die Sachlage in dieser Hinsicht ist im Hebr ganz ähnlich wie in den Pastoralbriefen[14], was freilich weniger zur Konkretion des Sachverhalts im Hebr beiträgt, als vielmehr einen zusätzlichen Hinweis darauf gibt, daß auch an dieser Stelle eine bewußte Nachgestaltung gewisser Gepflogenheiten in den paulinischen Briefen vorliegt. In der Sache jedenfalls entspricht die Hoffnung, der Paulus am Ende seines Philemon-Briefes (V. 22) Ausdruck gibt – „ich hoffe nämlich, daß ich durch Vermittlung eurer Gebete euch (alsbald) wiedergeschenkt werde" – ganz dem hier vom Autor des Hebr geäußerten Wunsch[15]. Der Autor des Hebr folgt also mit den VV. 18 und 19 einem bestimmten „epistolarischen" Stil, mit dem er sich selbst formal wie auch in sachlich-theologischer Hinsicht in die Kontinuität der urchristlichen Briefliteratur einordnet.

Dies gilt auch im Blick auf den an die VV. 18 und 19 unmittelbar anschließenden Segenswunsch der **VV. 20 und 21**: Der Aufforderung des Autors an die Adressaten zur Fürbitte für ihn korrespondiert sein eigener Segenswunsch für die Adressaten, der dadurch noch einmal besonderes Gewicht erhält, daß in ihm noch einmal bestimmte theologische Grundmotive seiner Mahn- und Trostrede anklingen[16]. Dies gilt umso mehr, als hier – im Anschluß an die VV. 18 und 19! – mit allem Nachdruck betont wird, daß es am Ende gar nicht am guten Willen des Menschen (V. 18: θέλοντες) liegt, durch einen „guten Wandel" den Willen Gottes zu tun, sondern zuerst und zuletzt an Gott selbst, der den Menschen dazu „bereitet".

Wie die einleitende geprägte Gottesbezeichnung ὁ θεὸς τῆς εἰρήνης und die abschließende Doxologie, die entsprechend der theo-logischen Einleitung auf Gott, nicht auf Christus, zu beziehen ist[17], zeigen, ist dieser Segenswunsch liturgisch stilisiert und gerade so auch stilgemäßer Abschluß einer Trost- und Mahnpredigt, mit der der Autor des Hebr sich ganz bewußt in die Kontinuität der urchristlichen Theologie- und Verkündigungsgeschichte hineinstellt. Was die Satzstruktur als Ganze betrifft, ist die Übereinstimmung vor allem mit 1 Petr 5,10f auffällig, so insbesondere

---

[14] Vgl. 1 Tim 3,14: „Dies schreibe ich dir in der Hoffnung, in Kürze (selbst) zu dir zu kommen". Vgl. auch 2 Tim 4,9; Tit 3,12. Dazu: M. DIBELIUS, Die Pastoralbriefe (HNT 13), Tübingen ³1955, S. 13; H. WINDISCH S. 120f.

[15] Vgl. auch Röm 15,22.24.28f sowie W. WREDE, Das literarische Rätsel des Hebr, S. 55.

[16] Speziell zu 13,20f vgl. C. E. B. CRANFIELD, Hebrews 13.20–21, SJTh 20 (1967) S. 437–441; P. R. JONES, RExp 76 (1979) S. 101–103; J. THURÉN, Das Lobopfer der Hebräer, S. 221ff.

[17] Das Relativpronomen ᾧ, das in solchen Doxologien häufig begegnet (Gal 1,5; 1 Tim 6,16; 2 Tim 4,18; 1 Petr 4,11; vgl. R. DEICHGRÄBER, Gotteshymnus, S. 29), bezieht sich auf ποιῶν (V. 21) bzw. auf ὁ θεὸς τῆς εἰρήνης als Subjekt des ganzen Segenswunsches. Vgl. R. DEICHGRÄBER, Gotteshymnus, S. 33; H. BRAUN S. 480. Eindeutig in dieser Hinsicht ist 1 Petr 4,11, wo der mit ᾧ angeschlossenen Doxologie ebenfalls ein διὰ Ἰησοῦ Χριστοῦ vorangeht, dies aber in dem Sinne, daß der Lobpreis Gottes „durch Jesus Christus" vermittelt wird. Vgl. L. GOPPELT, Der erste Petrusbrief, S. 291; O. MICHEL S. 535 (vgl. aber S. 541!). Zur Entsprechung zwischen der einleitenden Gottesprädikation und der abschließenden Doxologie vgl. A. VANHOYE, La structure littéraire, S. 217.

im Blick auf die Abfolge von einleitender Gottesprädikation (1 Petr 5,10: ὁ δὲ θεὸς πάσης χάριτος), partizipialer Aussage (1 Petr 5,10: ὁ καλέσας ὑμᾶς κτλ.), Segenswunsch (1 Petr 5,10: αὐτὸς καταρτίσει, στηρίξει κτλ.) und abschließender Doxologie (1 Petr 5,11: αὐτῷ τὸ κράτος εἰς τοὺς αἰῶνας κτλ.), woran sich sodann – wie auch im Hebr – der eigentliche Briefschluß anfügt (1 Petr 5,12ff). Ganz offensichtlich liegt hier – wie auch in 1 Thess 5,23f – dasselbe Grundschema zugrunde[18]. Andererseits läßt dieses Grundschema dem Autor des Hebr aber auch Raum für eigene Akzentsetzung, und zwar in dem Sinne, daß innerhalb des (durch die einleitende Gottesbezeichnung und die abschließende Doxologie geschaffenen) theologischen Rahmens hier noch einmal das christologische Grundthema des Hebr zum Tragen kommt. Dies geschieht einmal durch die partizipiale Gottesprädikation ὁ ἀναγαγὼν κτλ. (V. 20), die am Ende durch die Apposition τὸν κύριον ἡμῶν Ἰησοῦν ausdrücklich christologisch präzisiert wird, zum anderen aber auch durch die Wendung διὰ Ἰησοῦ Χριστοῦ (V. 21), die Gottes eigenes Wirken christologisch begründet und vermittelt sein läßt. So gesehen ergeben sich für diesen Segenswunsch wenn auch nicht im engeren Sinne zwei „Strophen", so doch in jedem Falle zwei Sinnabschnitte, die auf ihre Weise – ganz in Übereinstimmung mit dem pastoralen Grundanliegen des Hebr – abschließend noch einmal alles in dieser Mahnrede von den Adressaten geforderte Tun und Verhalten unter das Vorzeichen bzw. die Voraussetzung des Handelns Gottes „durch Jesus Christus" stellen[19].

Mit einer traditionell-urchristlichen[20], nichtsdestoweniger programmatischen theologischen Aussage setzt **V. 20** ein: Gott als der „Gott des Friedens". Das ist Bezeichnung des Wesens Gottes – der Genitiv in diesem Sinn ein gen. qualitativus –; gerade so aber zugleich auch Kennzeichnung seines Wirkens – der Genitiv in diesem Sinn auch ein gen. auctoris. Also: Der „Gott des Friedens" ist derjenige, der Frieden schafft und stiftet. Εἰρήνη ist Wesen und Gabe Gottes. Der Kontext, in dem diese Wendung

---

[18] Vgl. L. GOPPELT, Der erste Petrusbrief, S. 343, Anm. 27. Vgl. auch 1 Clem 64, hier auch mit der Wendung διὰ (τοῦ ἀρχιερέως καὶ προστάτου ἡμῶν) Ἰησοῦ Χριστοῦ vor der abschließenden Doxologie. Vgl. J. THURÉN, Das Lobopfer der Hebräer, S. 222.

[19] Zur Gliederung der VV. 20 und 21 in zwei Strophen (und vier „Sinnzeilen") vgl. O. MICHEL S. 535. Vgl. auch J. THURÉN, Das Lobopfer der Hebräer, S. 221f.

[20] In der urchristlichen, speziell in der paulinischen Briefliteratur begegnet die Wendung vor allem in abschließenden Segenswünschen. Vgl. 1 Thess 5,23; 2 Kor 13,11; Röm 15,33; 16,20; Phil 4,9 sowie 2 Thess 3,16. Vgl. R. DEICHGRÄBER, Gotteshymnus, S. 94f; V. HASLER, EWNT I, Sp. 962, sowie bes. G. DELLING, Die Bezeichnung ‚Gott des Friedens' und ähnliche Wendungen in den Paulusbriefen, in: E. E. Ellis / E. Gräßer (Hrsg.), Jesus und Paulus. Festschr. W. G. Kümmel zum 70. Geb., Göttingen 1975, S. 76–84. Jüdisch ist diese Gottesbezeichnung nur TestDan 5,2 belegt, entspricht jedoch ganz den biblisch vielfach bezeugten „Gottesbenennungen, die mit einem charakterisierenden Genitiv gebildet sind" (G. DELLING, a.a.O., S. 77). Zur Formulierung ὁ δὲ θεός vgl. auch Röm 15,5.13; 16,20; Phil 4,19; 1 Petr 5,10.

in der urchristlich-paulinischen Briefliteratur begegnet, zeigt jeweils an, daß εἰρήνη im umfassenden Sinne des Wortes steht, analog dem hebräischen Schalom, also den „Frieden" im zwischenmenschlichen Bereich durchaus einschließt[21]. Freilich erscheint dieser Aspekt hier nicht eigens betont, ist also aus dieser traditionellen Gottesprädikation auch nicht ablesbar, daß die Adressaten des Hebr - was ihre konkrete Situation betrifft - in Unfrieden leben[22]. Präzisiert wird die Gottesbezeichnung „Gott des Friedens" vielmehr durch den unmittelbar anschließenden Partizipialsatz ingestalt einer partizipialen Gottesprädikation: Gott erweist sich als „Gott des Friedens" als derjenige, „der ... von den Toten heraufgeführt hat"[23].

In ihrer Struktur entspricht die Gottesprädikation der sog. Erweckungsformel, wie sie häufig in der paulinischen und nachpaulinischen Briefliteratur begegnet[24], und ist dieser - wie nicht zuletzt das nachgestellte τὸν κύριον ἡμῶν Ἰησοῦν zeigt[25] - nachgebildet. Das ist in einem Zusammenhang (13,18-25), der insgesamt sich weitgehend an das paulinische Briefformular anlehnt, nichts Auffälliges. Ungewöhnlich ist indes die besondere Gestalt, in der an dieser Stelle des Hebr die traditionelle „Erweckungsformel" vorliegt, ungewöhnlich nicht zuletzt auch im Blick auf den Hebr selbst. Während der Hebr ansonsten durchweg - im Anschluß vor allem an Ps 110,1 - von der „Erhöhung" des (am Kreuz) Geopferten spricht (1,3.13; 8,1; 10,12; 12,2), liegt hier offensichtlich - wie zumindest die Wendung ἐκ νεκρῶν anzeigt - eine Aussage der „Auferweckung" Jesu „von den Toten" vor, auffällig allenfalls wiederum dadurch, daß gewisse Abweichungen hinsichtlich der traditionellen Gestalt der urchristlich-paulinischen „Erweckungsformel" festzustellen sind[26].

---

[21] Für den Hebr vgl. 12,14: εἰρήνη μετὰ πάντων sowie Röm 16,20 und bes. 2 Kor 13,11, wo die Anrufung des „Gottes des Friedens" zugleich mit der Mahnung εἰρηνεύετε verbunden ist. Vgl. auch 1 Kor 14,33 sowie J. THURÉN, Das Lobopfer der Hebräer, S. 222f.

[22] Anders bereits Johannes Chrysostomus, PG 63, p. 233: τοῦτο εἶπε διὰ τὸ στασιάζειν αὐτούς. Vgl. auch F. DELITZSCH S. 693. Dagegen mit Recht O. MICHEL S. 536.

[23] Vgl. die analoge Satzstruktur 1 Petr 5,10: ὁ δὲ θεὸς πάσης χάριτος, ὁ καλέσας ὑμᾶς κτλ. Dazu L. GOPPELT, Der erste Petrusbrief, S. 343: „Seine Gnade erweist sich ... grundlegend in der Berufung". Vgl. auch 2 Kor 1,3f; 2 Thess 2,16f; 1 Clem 64, sowie G. DELLING, in: Festschr. W. G. Kümmel zum 70. Geb., S. 80f.

[24] Vgl. Röm 4,24; 8,11; 2 Kor 4,14; Gal 1,1 sowie Kol 2,12; Eph 1,20 und 1 Petr 1,21. Dazu: G. DELLING, Partizipiale Gottesprädikationen in den Briefen des Neuen Testaments, STL 17 (1963) S. 1-59; DERS., Geprägte partizipiale Gottesaussagen in der urchristlichen Verkündigung, in: DERS., Studien zum Neuen Testament und zum hellenistischen Judentum. Ges. Aufs. 1950-1968, Berlin 1970, S. 401-416, spez. S. 406-408 sowie S. 355f; K. BERGER, Formgeschichte des Neuen Testaments, S. 341f.

[25] Die Christusprädikation κύριος Ἰησοῦς, in D* Ψ (usw.) erweitert durch Χριστός, begegnet im Hebr nur an dieser Stelle, andererseits aber gerade auch in der paulinischen „Erweckungsformel": Röm 4,24; 2 Kor 4,14.

[26] Ἐγείρειν ἐκ νεκρῶν und ἀνάστασις finden sich im Hebr nur in bezug auf die Glaubenszeugen der „Alten" (11,19.38; vgl. auch 6,2), nicht in bezug auf Jesus. Hier zeigt sich ganz of-

Die Aussage über Jesu Auferweckung von den Toten an die sonst im Hebr übliche Rede von seiner „Erhöhung" dadurch anzugleichen, daß man statt ἐκ νεκρῶν ein ἐκ τῆς γῆς liest, ist schon angesichts der geringen Bezeugung dieser Lesart (1908 Johannes Chrysostomus Didymus) nicht möglich. Immerhin handelt es sich bei dieser letzteren Lesart um eine (nachträgliche) Angleichung an jene biblische Bezugsstelle, die tatsächlich der besonderen Gestalt der traditionellen „Erweckungsformel" im Hebr zugrundeliegt: nämlich LXX Jes 63,11[27]. Es ist also wiederum ein Hinweis auf die „biblische Theologie" des Autors des Hebr, wenn er zwar eindeutig diese Aussage in V. 20 im Anschluß an die traditionell-paulinische „Erweckungsformel" formuliert, diese jedoch dadurch variiert, daß er sie auf Jes 63,11 „zurückführt" und damit wiederum seine eigenen Akzente setzt[28]. Dies geschieht konkret in dreifacher Hinsicht: Einmal durch die Jes 63,11 nachgebildete partizipiale Gottesprädikation ὁ ἀναγαγὼν ἐκ νεκρῶν (anstelle des überlieferten ὁ ἐγείρας ἐκ νεκρῶν); zum anderen durch die Prädikation des „Auferweckten" als des „Hirten der Schafe" (wiederum im Anschluß an Jes 63,11); und schließlich drittens durch die im Zusammenhang der traditionellen „Erweckungsformel" gänzlich ungewöhnliche, auf den Kreuzestod bzw. das Selbstopfer Jesu bezugnehmende Wendung ἐν αἵματι διαθήκης αἰωνίου, die – im Unterschied zu den beiden erstgenannten eigenen Akzentsetzungen – eindeutig im eigenen theologischen Konzept des Autors des Hebr ihren Ort hat.

Eindeutig für die Gestalt der traditionellen „Erweckungsformel" im Hebr ist zunächst die Bezugnahme auf die entsprechende Gottesprädikation von LXX Jes 63,11: ὁ ἀναβιβάσας ἐκ τῆς γῆς (B*: θαλάσσης) τὸν ποιμένα τῶν προβάτων. Daß im Hebr anstelle des ἀναβιβάσας des LXX-Textes ἀναγαγών steht, erklärt sich entweder aus dem Kontext von Jes 63,11, wo analog zu dem von Gott ausgesagten ἀναβιβάζειν auch von Gottes ἄγειν die Rede ist (63,12–14), oder – unter der Voraussetzung der Lesart ἐκ νεκρῶν – aus einer bewußten Umgestaltung nach Analogie der biblischen Rede von dem Gott, der „aus dem Hades herauf führt"[29].

---

fensichtlich eine bewußte Zurückhaltung des Autors gegenüber der traditionellen Rede von der „Auferstehung" bzw. „Auferweckung" Jesu „von den Toten". Vgl. H. BRAUN S. 478.

[27] Zur sachlichen Bedeutung der Textvariante vgl. H. WINDISCH S. 121: „die Variante ἐκ τῆς γῆς ... würde auch hier die Auffahrt ohne Grablegung und Auferstehung lehren". Zum Textproblem vgl. E. RIGGENBACH S. 450, Anm. 24; O. MICHEL S. 536f; E. FASCHER, Textgeschichte als hermeneutisches Problem, Halle 1953, S. 95f.

[28] So gesehen könnte Hebr 13,20 darauf hinweisen, daß für den Autor des Hebr die „Erhöhung" Jesu ihrerseits zwar die „Auferweckung Jesu von den Toten" voraussetzt, im Ganzen des Heilsgeschehens jedoch keine eigene Bedeutung hat. Zum Problem vgl. G. SCHRENK, ThWNT III, S. 274; D. PETERSON, Hebrews and Perfection, S. 142; K. NISSILÄ, Das Hohepriestermotiv im Hebr, S. 277; F. HAHN, Das Verständnis des Opfers im Neuen Testament, S. 79, Anm. 124.

[29] Vgl. LXX 1 Reg 2,6: κατάγει εἰς ᾅδου καὶ ἀνάγει; Ps 29,4; 70,20; Weish 16,13; Tob 13,2 sowie J. THURÉN, Das Lobopfer der Hebräer, S. 223f.

In der Anwendung auf die Auferweckung Jesu steht diese biblische Redeweise möglicherweise auch hinter der entsprechenden Formulierung in Röm 10,7, hier im Zusammenhang mit LXX Ps 106,26: τίς καταβήσεται εἰς τὸς ἄβυσσον; τοῦτ' ἔστιν Χριστὸν ἐκ νεκρῶν ἀναγαγεῖν[30]. Hier, in der biblischen Rede vom „Heraufführen aus dem Hades", hat die Rede von Gott als ὁ ἀναγαγών ihren festen Ort, ebenso aber auch – und zwar wiederum ingestalt einer partizipialen Gottesbezeichnung – in der biblischen Rede vom „Heraus- bzw. Heraufführen" des Volkes Israel aus Ägypten: Gott ist ὁ ἀναγαγών σε ἐκ γῆς Αἰγύπτων[31]. Wenn in diesem Zusammenhang analog zu ὁ ἀναγαγών bzw. ἐξαγαγών schließlich auch die partizipiale Gottesbezeichnung ὁ ἀναβιβάσας begegnet[32], so rundet sich das Bild im Blick speziell auf die partizipiale Gottesbezeichnung in Hebr 13,20: Sie erklärt sich aus einem ganzen Geflecht biblischer Reminiszenzen, wobei es wohl auch nicht zufällig ist, daß die Gottesprädikation ὁ ἀναγαγών in der biblischen Überlieferung vor allem mit dem für das Selbstverständnis des Volkes Israel fundamentalen Heilsgeschehen des Exodus aus dem „Sklavenhaus" Ägypten verbunden ist[33]. Denn genau an dieser Stelle der Bekenntnistradition Israels steht für das Urchristentum und sein Bekenntnis die Rede von dem Gott, „der unseren Herrn Jesus von den Toten erweckt hat" (Röm 4,24) bzw. – wie es im Hebr an dieser Stelle heißt – ihn „von den Toten heraufgeführt hat"[34].

Der Hebr bleibt an dieser Stelle über die Gottesprädikation hinaus seiner biblischen Grundlage (Jes 63,11) verpflichtet, und zwar nunmehr gerade auch im Blick auf die christologische Grundaussage seines Segenswunsches: Gott ist derjenige, „der den ‚Hirten der Schafe' von den Toten heraufführt". Nach Jes 63,11 ist dieser „Hirt der Schafe" (ursprünglich) Mose. Wenn im Hebr hier nunmehr Jesus – durch nachgestelltes τὸν μέγαν ausdrücklich betont! – als der „große Hirt" bezeichnet wird, so spricht sich darin zumindest implizit eine Abgrenzung gegenüber der biblischen Tradition von Mose bzw. – genauer – eine Überbietung der biblischen

---

[30] Vgl. E. KÄSEMANN, An die Römer (HNT 8a), Tübingen 1973, S. 275: „Die paulinische Deutung interpretiert im Sinn der Aussagen Ps 70,20 LXX; Sap 16,13 und orientiert diese Tradition am christologischen Bekenntnis".

[31] LXX Ps 80,11. Vgl. auch Lev 11,45; 1 Reg 12,6; Jer 2,6; 16,14. Ἐξάγειν und ἀνάγειν werden dabei unterschiedlich gebraucht: Vgl. LXX Jdc 6,8 (B); Ex 6,7; 29,46; Lev 19,36; 25,38; 26,13; Num 15,41; Dtn 5,6 und (als Analogiebildung dazu) Gen 15,7: ἐγὼ ὁ θεὸς ὁ ἐξαγαγών σε ἐκ χώρας Χαλδαίων. Vgl. H. PREUSS, ThWAT III, S. 820. Vgl. zum Ganzen: G. DELLING, STL 17 (1963) S. 16f; DERS., Studien zum Neuen Testament und zum hellenistischen Judentum, S. 406; J. THURÉN, Das Lobopfer der Hebräer, S. 224f.

[32] Vgl. Dtn 20,1: ὁ ἀναβιβάσας σε ἐκ γῆς Αἰγύπτου; Jdc 6,8 (A): ἐγώ εἰμι ὁ ἀναβιβάσας ὑμᾶς ἐξ Αἰγύπτου καὶ ἐξήγαγον ὑμᾶς ἐξ οἴκου δουλείας.

[33] Vgl. dazu W. H. SCHMIDT, Alttestamentlicher Glaube in seiner Geschichte, Neukirchen-Vluyn ⁶1986/87, S. 41ff, mit Verweis auf die bereits zur „festen Bekenntnisaussage" gewordenen Exodustradition: „Jahwe, der Israel aus Ägypten herausgeführt hat" (Ex 20,2; Dtn 5,6; Ps 81,11): vgl. auch H. PREUSS, ThWAT III, S. 795-822, spez. S. 809ff. 812; W. GROSS, Die Herausführungsformel. Zum Verhältnis von Form und Syntax, ZAW 86 (1974) S. 425-453.

[34] Im Hebr schließt dies wohl kaum den Gedanken ein, daß das biblische Ägypten bzw. das „Totenreich" (LXX Ps 29,4; 70,20) als „Vorbilder des Todes Jesu" gelten. Gegen C. SPICQ, II, S. 453; J. THURÉN, Das Lobopfer der Hebräer, S. 225f.

Aussage aus, letztlich also wiederum eine Mose-Typologie[35]. Der „große Hirt", das ist der wahre „Hirt" – ebenso wie der „große Hohepriester" (4,14) der wahre „Hohepriester" ist, dessen (Selbst-)Opfer allein endgültig wirksam ist. Daß der Hebr mit der christologischen Verwendung des Bildes vom „Hirten" seinerseits im Zusammenhang der christologischen Anwendung der Hirtensymbolik im Urchristentum steht, in diesem Sinne also in V. 20 die Spur einer traditionellen Hirtenchristologie vorliegt, ist – jedenfalls von 1 Petr 2,25; 5,4 her gesehen – nicht zu bestreiten[36]. Seine besondere Ausprägung erfährt dieses Bild im Hebr jedoch primär von Jes 63,11 *und* zugleich von seinem Kontext (im Hebr insgesamt!) her: Der „große Hirte" ist der „Hirt der Schafe" (Jes 63,11), den Gott ἐν αἵματι διαθήκης αἰωνίου „von den Toten heraufgeführt hat"! Auf diese Weise erscheinen am Ende des Hebr im Prädikat des „Hirten" noch einmal die bestimmenden Grundlinien der Christologie des Hebr miteinander verbunden.

Mit dem „Heraufführen" des „Hirten" sind ja zugleich auch die „Schafe" im Blick – ganz so wie Gott nach Jes 63,11–14 mit dem „Hirten" Mose zugleich das Volk Israel „heraufführt"[37]. Das entspricht der Sache nach durchaus dem christologischen ἀρχηγός-Motiv von Hebr 2,10: Der ἀρχηγὸς τῆς σωτηρίας ist – als solcher! – derjenige, der „die vielen Söhne zur Herrlichkeit führt" (εἰς δόξαν ἀγάγοντα). Darüber hinaus gibt es hier aber auch einen Zusammenhang mit der ἀρχιερεύς-Christologie, und zwar einmal durch die Kennzeichnung des „Hirten" als des „großen Hirten" in Analogie zum ἀρχιερεὺς μέγας von 4,14 bzw. zum ἱερεὺς μέγας von 10,21; zum anderen aber auch durch das die „Größe" dieses „Hirten" präzisierende bzw. begründende ἐν αἵματι διαθήκης αἰωνίου[38].

Da mit der Wendung ἐν αἵματι διαθήκης offensichtlich auf LXX Sach 9,11 angespielt wird (καὶ σὺ ἐν αἵματι διαθήκης ἐξαπέστειλας δεσμίους σου ἐκ λάκκου), ist in Entsprechung zu dieser Stelle ἐν αἵματι διαθήκης αἰωνίου adverbiell mit der Gottesprädikation ὁ ἀναγαγών zu

---

[35] Dazu vgl. 3,2ff und 11,23ff. Zu Mose als „Hirt" vgl. auch Philon, VitMos I 60 sowie die entsprechende rabbinische Überlieferung (bei STRACK-BILLERBECK, I, S. 755. 972; II, S. 209. 536). Zur Mose-Typologie in 13,20 vgl. J. JEREMIAS, ThWNT VI, S. 493; P. R. JONES, RExp 76 (1979) S. 101–103; J. THURÉN, Das Lobopfer der Hebräer, S. 225f; T. SAITO, Die Mosevorstellungen im Neuen Testament, S. 101f.

[36] Vgl. Joh 10,11ff sowie 1 Petr 2,24; 5,4. Zur Hirtensymbolik in der biblischen Überlieferung und im Neuen Testament insgesamt vgl. W. JOST, ΠΟΙΜΗΝ. Das Bild vom Hirten in der biblischen Überlieferung und seine christologische Bedeutung, Gießen 1939; J. JEREMIAS, ThWNT VI, S. 484–498; H. GOLDSTEIN, EWNT III, Sp. 301–304, sowie R. BULTMANN, Das Evangelium des Johannes (KEK 2), Göttingen 13,1953, S. 277–279.

[37] Vgl. J. BENGEL, Gnomon, S. 948: „Deus pastorem duxit, Pastor gregem"; J. THURÉN, Das Lobopfer der Hebräer, S. 225f.

[38] Zum Hohepriestermotiv in V. 20 vgl. K. NISSILÄ, Das Hohepriestermotiv im Hebr, S. 276–278, sowie A. VANHOYE, Prêtres anciens, Prêtre nouveau, S. 299, Anm. 60.

verbinden³⁹. Die Präposition ἐν gibt hier also den Grund der „Auferweckung" (und Erhöhung) des Hirten an: „Um seines Blutes willen" bzw. „kraft seines Blutes" hat Gott ihn „von den Toten heraufgeführt"⁴⁰. Daß die durch das „Blut" Jesu gestiftete „Heilsordnung" eine „ewige", also endgültige und für alle Zeit gültige Heilsordnung ist⁴¹, ergibt sich notwendig aus dem Gesamtzusammenhang des Hebr: Die durch das „Blut" Jesu gestiftete διαθήκη αἰώνιος entspricht der λύτρωσις αἰωνία von 9,12 bzw. der σωτηρία αἰώνιος von 5,9. In diesem Sinne verdichtet sich in der im Anschluß an Jes 63,11 gestalteten partizipialen Gottesbezeichnung von V. 20 noch einmal – hier konkret im Sinne einer Kennzeichnung von Wesen und Wirken des „Gottes des Friedens" – die christologisch-soteriologische Grundkonzeption des Hebr. Ebenso entspricht es aber auch dem Gesamtgefälle der christologischen „Lehre" des Hebr und – insbesondere – dem Ort dieser Gottesprädikation in der Schlußparänese des Hebr, daß die theologisch-christologischen Aussagen von V. 20 ihrerseits wiederum ausgerichtet sind auf die konkrete Bewährung der Existenz der christlichen Gemeinde, also auf das „Tun des Willens Gottes" bzw. auf das Tun dessen, was vor Gott „wohlgefällig" ist.

Unter der Voraussetzung der Gottesprädikation von V. 20 geschieht dies nun freilich in **V. 21** nicht mehr im Sinne eines Appells an die dem Menschen innewohnenden Möglichkeiten, sondern ingestalt der „Zubereitung" zum „Tun des Willens Gottes" durch Gott selbst. Subjekt des Optativs καταρτίσαι ist eben der „Gott des Friedens": Er „bereitet zu, bringt zurecht, macht tüchtig". Die Art und Weise, in der im Hebr dieser Aspekt zur Geltung gebracht wird, entspricht wiederum der traditionellen urchristlichen Paränese. Jedenfalls hat das Verbum καταρτίζειν (und seine Synonyma ἐξαρτίζειν und στηρίζειν) insbesondere in der Schlußparänese der Briefe des Neuen Testaments seinen festen Ort⁴². Eigenartig ist frei-

---

³⁹ Zu ἐξαπέστειλας … ἐκ λάκκου in Sach 9,11 vgl. LXX Ps 39,2: καὶ ἀνήγαγέν με ἐκ λάκκου sowie LXX Jer 45,10.13. In Hebr 13,20 entspricht dem biblischen ἐκ λάκκου, „aus der Grube" bzw. „aus dem Totenreich", die Wendung ἐκ νεκρῶν. Vgl. J. THURÉN, Das Lobopfer der Hebräer, S. 226, Anm. 786. Zu αἷμα διαθήκης vgl. aber auch Hebr 9,20 (Ex 24,8); 10,29.

⁴⁰ Zu ἐν im Sinne der Angabe des Grundes vgl. BL.-DEBR.-R. § 196,2; 219,2. Zur Sache vgl. E. RIGGENBACH S. 451; J. THURÉN, Das Lobopfer der Hebräer, S. 226f.

⁴¹ Hinter der Wendung διαθήκη αἰώνιος steht auch hier wieder die entsprechende biblische Formulierung. Vgl. LXX Jes 55,3; 61,8; Jer 27,5; 39,40; Ez 16,60; 37,26.

⁴² Vgl. Röm 15,31f; 16,20; 1 Thess 5,23f; Phil 4,19; Eph 6,23; 2 Thess 3,16. Das gleiche Schema wie in Hebr 13,21 – auch hier mit „Gott des Friedens" bzw. „Gott der Gnade" als Subjekt – liegt vor allem in 1 Thess 5,23f; 1 Petr 5,10f und 2 Thess 2,16f vor. Die konkrete Bedeutung von καταρτίζειν (und Synonyma) bestimmt sich dabei vom jeweiligen Kontext her (vgl. C. SPICQ, Notes I, S. 254f.416-419); das schließt jedoch nicht aus, daß es sich hier um einen „term. techn." der urchristlichen Paränese handelt. So C. SPICQ, Notes I, S. 255.416. Vgl. auch G. DELLING, ThWNT I, S. 475; J. THURÉN, Das Lobopfer der Hebräer, S. 227. – Daß dieses καταρτίζειν Gottes sich im Wirken des Geistes vollzieht (so C.E.B. CRANFIELD, SJTh 20 (1967) S. 440f), wird in V. 21 jedenfalls nicht ausdrücklich gesagt. So können die VV. 20 und

lich an dieser Stelle die nähere Kennzeichnung, wozu Gott „bereitet", nämlich ἐν παντὶ ἀγαθῷ εἰς τὸ ποιῆσαι κτλ. Der vom Optativ καταρτίσαι abhängige Finalsatz εἰς τὸ ποιῆσαι κτλ. entspricht zunächst wiederum dem traditionellen Schema der urchristlichen Paränese[43]. Fraglich ist nur, wie ihm die Wendung ἐν παντὶ ἀγαθῷ zuzuordnen ist[44]. Da πᾶν ἀγαθόν im Sinne des Hebr wohl kaum auf die Gnade Gottes (13,9 bzw. 12,15) bezogen werden kann[45], sondern eher ein formal-ethisches Prinzip (im Sinne „des Guten" schlechthin) bezeichnet, wie es auch sonst in der urchristlichen Paränese geltend gemacht wird[46], ist das Nacheinander von ἐν παντὶ ἀγαθῷ εἰς τὸ κτλ. am wahrscheinlichsten so zu verstehen, daß hier zunächst das Formalprinzip des „Guten" genannt wird („Gott bereite euch zu dem, was gut ist"), das sodann im daran anschließenden Finalsatz – ganz analog zu Röm 12,2 – im Sinne des Willens Gottes präzisiert wird.

Der beigefügte Partizipialsatz ποιῶν ἐν ἡμῖν κτλ. verbindet schließlich, was zuvor noch im Nacheinander formuliert war: „Das Gute", das im „Tun des Willens Gottes" besteht, ist – wiederum ein in der urchristlichen Paränese geläufiger Topos – zugleich das „vor Gott Wohlgefällige"[47], das – wie hier nunmehr ausgeführt wird – Gott selbst „in uns wirkt"[48]. Der Wechsel von der zweiten Person (ὑμᾶς) zur ersten Person (ἡμῖν) ist in einem Kontext, der einen für die Existenz des Christen schlechthin gültigen

---

21 auch kaum als ein „trinitarisches" Zeugnis im Hebr betrachtet werden. Gegen C. E. B. CRANFIELD, a.a.O., S. 441. Vgl. auch J. THURÉN, Das Lobopfer der Hebräer, S. 229, Anm. 802.

[43] Vgl. bes. Röm 15,5f: ὁ δὲ θεὸς τῆς ὑπομονῆς ... δῴη ὑμῖν ... ἵνα κτλ.; 15,13: ὁ δὲ θεὸς τῆς ἐλπίδος πληρῶσαι ὑμᾶς πάσης χάριτος ... εἰς τὸ περισσεύειν ὑμᾶς κτλ. sowie 2 Tim 3,17: πρὸς πᾶν ἔργον ἀγαθὸν ἐξηρτισμένος. Vgl. J. THURÉN, Das Lobopfer der Hebräer, S. 228f.

[44] Ein früher Versuch, diese Frage zu beantworten, liegt in der sekundären Einfügung von ἔργῳ durch C D² K M P (möglicherweise im Anschluß an 2 Tim 3,17) bzw. von ἔργῳ καὶ λόγῳ durch A (im Anschluß an 2 Thess 2,17) vor. Dazu: B. M. METZGER, A Textual Commentary on the Greek New Testament, S. 676; J. THURÉN, Das Lobopfer der Hebräer, S. 228.

[45] So J. THURÉN, Das Lobopfer der Hebräer, S. 229: „,Alles Gute' ist danach gleichwertig mit ,aller Gnade' (1 Petr 5:10)", und d. h.: „Gott selbst befähigt die Gemeinde, seinen Willen zu tun" (S. 229, Anm. 801).

[46] Zu τὸ ἀγαθόν als formal-ethisches Prinzip, wie es auch die stoische Philosophie kennt (Stoicorum veterum fragmenta I 127,8: τὸ ἀγαθόν als τὸ εὐάρεστον; III 20,20: τὸ τέλειον ἀγαθόν sowie insgesamt III 20ff), vgl. Röm 12,2 sowie 12,9.21; 13,3f.; Gal 6,10; 1 Thess 5,15. Zur Wendung ἐν παντὶ ἀγαθῷ vgl. Gal 6,6: ἐν πᾶσιν ἀγαθοῖς.

[47] Auffällig ist hier die terminologische Nähe zu Röm 12,2, wo τὸ ἀγαθὸν καὶ εὐάρεστον seinerseits den „Willen Gottes" bestimmt. Zu εὐάρεστος (τῷ θεῷ) als „Leitbegriff der paränetischen Sprache" des Urchristentums (H. BALZ, EWNT II, Sp. 187) vgl. auch Röm 12,1; 14,18; 2 Kor 5,9; Phil 4,18; Kol 3,20; Eph 5,10 sowie Weish 4,10; 9,10; Philon, SpecLeg I 201; IV 131; Virt 67.

[48] Daß Gott selbst es ist, der „in uns wirkt", wird durch vor ποιῶν eingefügtes αὐτός (451 2492) noch besonders betont. Allenfalls als Dittographie (im Anschluß an vorangehendes αὐτοῦ!) läßt sich dagegen die an sich gut bezeugte Lesart αὐτῷ ποιῶν (ℵ* A C 33* usw.) bzw. die Lesart αὐτὸ ποιῶν (P⁴⁶) erklären. Vgl. J. MOFFATT S. 243; B. M. METZGER, A Textual Commentary on the Greek New Testament, S. 676; H. BRAUN S. 479.

Sachverhalt bezeichnet, nicht befremdlich[49]. Bemerkenswert aber ist in jedem Falle, daß in einem „Brief" wie dem Hebr, in dem im übrigen die eigene Verantwortlichkeit des Christen für die Bewahrung seines Glaubens so außerordentlich stark betont wird[50], am Ende nunmehr ebenso eindeutig Gottes eigenes Wirken für die „gottwohlgefällige" Existenz des Christen betont erscheint[51]. Andererseits schließt sich auf diese Weise am Ende des Hebr der Kreis zu seinem Anfang (1,1f) hin: Alles, was im Hebr im einzelnen ingestalt einer Mahn- und Trostrede an die im Glauben angefochtenen Adressaten ausgeführt wird, steht innerhalb der theo-logischen Klammer von 1,1f einerseits und 13,20f andererseits. Zugleich aber wird hier vermittels des Stichwortes εὐάρεστος noch einmal der Rückbezug auf das hergestellt, was in den vorangehenden Kapiteln über die „gottwohlgefällige" Existenz des Christen gesagt worden ist: Gott „wohlgefällig"-sein durch den Glauben (11,6f), durch den entsprechenden Gottesdienst (12,28), der seinerseits die Hinwendung zu Gott ebenso umfaßt wie die Zuwendung zum Menschen (13,15f) – dies alles steht im Hebr in einem theologischen Rahmen und Horizont.

Gott selbst ist es, der solches „in uns wirkt", und zwar διὰ Ἰησοῦ Χριστοῦ, durch die Vermittlung Jesu Christi[52]. So gewiß auch hier zunächst eine traditionelle liturgische Wendung benutzt wird, die in der urchristlichen Briefliteratur im Rahmen der Doxologie ihren Ort hat[53], so gewiß auch wird hier – zumal in Korrespondenz zum δι' αὐτοῦ von V.15 – noch einmal auf den christologischen Grund des Handelns Gottes „an uns" verwiesen. Διά c. gen. steht hier also – ebenso wie bereits in V.15 – nicht nur im instrumentalen Sinn, im Sinne also der Vermittlung, sondern zugleich auch im kausalen Sinn, zur Bezeichnung des Grundes: Der Vermittler des Heils ist zugleich der „Urheber" des Heils (5,9f)[54]. Gott wirkt „durch Jesus Christus" – und dem entspricht auch das Darbringen des „gottwohlgefälligen Opfers" seitens der Christen „durch ihn" (V.15). Christliche Existenz

---

[49] Die Lesart ὑμῖν (C P Ψ usw.) statt ἡμῖν (P[46] ℵ A D usw.) ist sekundäre Angleichung an ὑμᾶς im Vordersatz. E. RIGGENBACH S. 452, Anm. 30 vermutet dagegen für ἡμῖν einen „itacistischen Fehler" für ὑμῖν. Vgl. dagegen H. BRAUN S. 479; B. M. METZGER, A Textual Commentary on the Greek New Testament, S. 676f.
[50] Vgl. 6,4–8; 10,26–31; 12,12–17.25–29.
[51] Zur Sache vgl. auch Phil 2,12f und Eph 2,10.
[52] Dementsprechend, daß Gott sich als „Gott des Friedens" durch sein Handeln in Christus erweist, ist die Wendung διὰ Ἰησοῦ Χριστοῦ am besten mit ποιῶν zu verbinden, nicht mit τὸ εὐάρεστον: „was durch Jesus Christus vor ihm wohlgefällig ist". So (mit Hinweis auf 1 Petr 2,5; Kol 3,20) H. BRAUN S. 480. Vgl. aber auch schon H. WINDISCH S. 120; C. SPICQ, SBi, S. 228.
[53] Vgl. Röm 16,27; 1 Petr 4,11; Jud 25; 1 Clem 61,3; 64; 65,2 sowie 58,2. Dazu: R. DEICHGRÄBER, Gotteshymnus, S. 29.39f. Vgl. bereits A. SEEBERG S. 147.
[54] S. o. zu V. 15. Vgl. A. OEPKE, ThWNT II, S. 67f: Die Formel bringt „die konstitutive Bedeutung Christi für den gesamten Christenstand höchst prägnant zum Ausdruck". Vgl. auch J. THURÉN, Das Lobopfer der Hebräer, S. 237. Zu διά c. gen. im instrumentalen und kausalen Sinn vgl. W. BAUER, Wörterbuch zum Neuen Testament, Sp. 360f.

ist somit verstanden als lobpreisende Antwort auf Gottes Handeln „durch Jesus Christus", wobei sowohl das eigene Wort Gottes (1,1f!) wie auch die Ant-Wort der christlichen Gemeinde ihr Zentrum in diesem „Jesus Christus" haben.

Angesichts dessen ist die unmittelbar anschließende Doxologie nichts weniger als nur Ausdruck eines formalen Verhaftetseins an bestimmte traditionelle Gepflogenheiten der urchristlichen Briefliteratur[55], sondern durchaus eigene und bewußte Rezeption: Konkretion damit zugleich jenes „Lobopfers", das - als eine „Frucht der Lippen" - den Namen Gottes preist (V. 15): ᾧ ἡ δόξα εἰς τοὺς αἰῶνας . Ἀμήν[56]. Sieht man von der knappen Grußformel in V. 25 ab, so ist dies der letzte gewichtige theologische Akzent, der im Hebr gesetzt wird. Was in den VV. 22-24 noch folgt, gehört demgegenüber ganz in den Bereich der „Epistolaria".

5.2) 13,22-25: Persönliches Begleitwort

22 Ich ermahne euch aber, Brüder, nehmt die(se) Trost- und Mahnrede an. Habe ich euch doch (nur) in Kürze geschrieben.
23 Ihr sollt wissen, daß unser Bruder Timotheus abgereist ist. Wenn er alsbald kommt, werde ich euch zusammen mit ihm (wieder-)sehen.
24 Grüßt alle (eure) Gemeindeleiter wie auch alle Heiligen! Es grüßen euch (auch) die aus Italien.
25 Die Gnade sei mit euch allen.

Der unmittelbare stilistische Übergang von dem mit einem ἀμήν abgeschlossenen Segenswunsch (VV. 20f) zu den Bemerkungen des Autors in eigener Sache in den VV. 22-25 - A. VANHOYE spricht an dieser Stelle vom Übergang von der „solennité du style oratoire" zur „simplicité du style épistolaire"[57] - erklärt sich aus dem traditionellen urchristlichen Briefschema. Ebenso wie - beispielsweise - im 1. Petrusbrief folgt auch hier auf den das eigentliche Briefkorpus abschließenden Segenswunsch (1 Petr 5,10f) noch eine Reihe persönlicher Bemerkungen

---

[55] Zur Stellung der Doxologie im Anschluß an den Segenswunsch vgl. 1 Petr 5,10f. In der urchristlichen Briefliteratur ist die Doxologie sowohl in ihrer kürzeren als auch in ihrer längeren, durch τῶν αἰώνων erweiterten Gestalt traditionell. Zur ersteren vgl. Röm 11,36; 16,27; zur letzteren Gal 1,5; Phil 4,20; 1 Tim 1,17; 2 Tim 4,18; 1 Petr 4,11 sowie bereits 4 Makk 18,24. Zum Ganzen vgl. R. DEICHGRÄBER, Gotteshymnus, S. 25ff; G. DELLING, Studien zum Neuen Testament und zum hellenistischen Judentum, S. 414.

[56] Geht man davon aus, daß die kürzere „Grundform" der Doxologie z. B. in Röm 16,27 und 1 Petr 5,11 sekundär durch τῶν αἰώνων erweitert worden ist (so R. DEICHGRÄBER, Gotteshymnus, S. 27f), so spricht dies im Falle von Hebr 13,21 für die Ursprünglichkeit der Lesart von P[46] C[3] D Ψ (usw.). Sachlich besteht jedoch kein Unterschied zur erweiterten Gestalt bei ℵ A C* (usw.), zumal in dieser Hinsicht die postulierte „Grundform" schon seit jeher im Urchristentum variabel gewesen ist. Zum Textproblem vgl. B. M. METZGER, A Textual Commentary on the Greek New Testament, S. 677; H. BRAUN S. 480f. - Textgeschichtlich gesehen eindeutig ist demgegenüber ἀμήν als stilgemäßer Abschluß der Doxologie. Vgl. H. SCHLIER, ThWNT I, S. 340; R. DEICHGRÄBER, a.a.O., S. 25-27.

[57] La structure littéraire, S. 219.

(1 Petr 5,12–14), die u. a. das eigene Verhältnis des Autors zu seinen Adressaten betreffen und somit zur Gattung der „Epistolaria" gehören[58]. So kann aus diesem Stilwechsel bzw. Stilbruch nicht die Schlußfolgerung gezogen werden, daß es sich hier um einen Zusatz von zweiter Hand handelt.

Hier liegt das persönliche Begleitwort bzw. das „briefliche Begleitschreiben" des Autors zur vorangehenden Trost- und Mahnrede vor[59], der angemessene Ort also, an dem der Autor am Ende seiner „Rede" mit seinem eigenen „Ich" aus der Anonymität des „Wir" heraustritt und die Adressaten ganz persönlich, im eigenen Namen also, zur entsprechenden Auf- und Annahme seines Schreibens bzw. seiner Rede ermahnt. Dies jedenfalls gehört nach V. 22 an erster Stelle zu den „Realien des Verhältnisses zwischen Briefsteller und Adressat" (K. BERGER). Die Einleitung der entsprechenden Bitte des Autors – παρακαλῶ δὲ ὑμᾶς, ἀδελφοί – geht in formaler Hinsicht wiederum mit der übrigen urchristlichen Briefliteratur konform[60]. Demgegenüber läßt die folgende Bitte bzw. Aufforderung erneut das Besondere des ganzen Hebr hervortreten, seinen Charakter nämlich als λόγος τῆς παρακλήσεως, als ein Trost- und Mahnschreiben also, in dessen Verlauf der Autor oft genug bis an die äußerste Grenze der Warnung und Drohung gegangen ist. Von daher gesehen erhält der Imperativ ἀνέχεσθε am Ende des Hebr seinen besonderen Akzent wie auch sein besonderes Gewicht: Die hier unmittelbar angesprochenen Adressaten sollen sich die ihnen brieflich zugesandte Rede „gefallen lassen", sie sollen sie gerade auch in ihren warnenden und drohenden Partien „ertragen" – und sie so für sich „annehmen". Der Autor ist sich also offensichtlich durchaus der Gefahr bewußt, daß seine Adressaten seine Mahnrede gerade angesichts jener warnenden und drohenden Partien auch überhören könnten![61]

Die Kennzeichnung des ganzen Schreibens als λόγος τῆς παρακλήσεως zeigt nicht nur den Zusammenhang des Hebr mit dem geprägten Stil der hellenistischen Synagogenpredigt und mit der traditionellen urchristlichen Briefparaklese an (1 Petr 5,12!), sondern ist auch insofern gültige Zusammenfassung der eigenen Intention des Autors, als hier – wie dies eben in

---

[58] Vgl. K. BERGER, Formgeschichte des Neuen Testaments, S. 277f; DERS., ANRW II, 25/2, S. 1348f.
[59] Vgl. W. G. ÜBELACKER, Der Hebr als Appell, S. 197ff, spez. S. 203.
[60] Vgl. entsprechend Röm 15,30; 16,17; 1 Kor 11,10; 16,15; Eph 4,1. Zur Anrede ἀδελφοί im Hebr vgl. 3,1.12; 10,19.
[61] Vgl. M. RISSI, Die Theologie des Hebr, S. 1f; W. G. ÜBELACKER, Der Hebr als Appell, S. 204f. – Die Lesart ἀνέχεσθαι (D* Ψ 33 81 usw.) statt des Imperativs (P46 ℵ A C D2 P usw.) ist nicht aus der in der späteren Gräzität anzutreffenden Vermischung von αι und ε erklären (vgl. dazu: BL.-DEBR.-R. § 25; vgl. z. B. Gal 4,18), sondern aus dem in der urchristlichen Briefparänese üblichen Gebrauch von παρακαλεῖν mit Infinitiv. Vgl. Röm 12,1; 15,30; 16,17; Eph 4,1; 1 Tim 2,1; 1 Petr 2,11. Zu παρακαλεῖν mit folgendem Imperativ vgl. 1 Thess 5,14; 1 Kor 4,16.

einer „Predigt" geschieht - die Tradition von Schrift, Bekenntnis und Lehre auf die besondere Situation der jeweiligen Adressaten appliziert wird. „Paraklese" will der Hebr sein - gerade so aber auch Anleitung der Adressaten, Schrift, Bekenntnis und Lehre in ihrer konkreten Situation recht zu verstehen und damit auch die Grundlage dafür zu schaffen, „einander zu trösten und zu ermahnen" (3,13; 10,25) und so die gegenwärtige Anfechtungssituation zu bewältigen. Die „Lehre" des Hebr, eben das also, was man seine „didaktische" Art genannt hat (O. MICHEL), in diesem Zusammenhang auch sein Verständnis von λόγος (5,11!) im Sinne der (bis zu einem gewissen Grad auch „rational") argumentierenden Rede, bleibt somit durchaus auf der Linie der traditionellen (hellenistisch-)jüdischen und urchristlichen Trost- und Mahnpredigt. Die „Paraklese" des Hebr hat - ganz wie die des Judas und Silas in Act 15,31f - die Stärkung des Glaubens zum Ziel[62]. Im Falle des Hebr erfolgt sie ingestalt eines Briefes.

Ἐπέστειλα ὑμῖν jedenfalls stellt - sofern das Verbum ἐπιστέλλειν ja die briefliche Mitteilung bezeichnet[63] - ausdrücklich den Zusammenhang zwischen der „Rede" des Hebr und seiner brieflichen Gestalt her. Die Kennzeichnung der literarischen Gestalt des Hebr als einer „brieflich übermittelten Rede" entspricht somit am besten seiner literarischen Eigenart (s. o. Einleitung, § 1). Und in diesem Sinne ist es auch keine Frage, daß die Mitteilung ἐπέστειλα ὑμῖν sich auf den ganzen Hebr bezieht, nicht also nur - wozu die Bemerkung διὰ βραχέων Anlaß gegeben hat - auf die VV. 22-25 (als sekundäres Begleitschreiben zur eigentlichen Rede) oder auf das 13. Kapitel[64].

Das angesichts des tatsächlichen Umfangs des Hebr erstaunliche διὰ βραχέων erklärt sich nicht nur aus einer bestimmten rhetorischen Gepflogenheit[65], sondern entspricht auch dem eigenen Verständnis des Autors von Charakter und Ausmaß seiner Rede. Wiederholt im Verlauf seiner Rede hat er ja seinen Lesern zu verstehen gegeben (9,5; 11,32!), daß er sich

---

[62] Vgl. Act 15,32: παρεκάλεσαν τοὺς ἀδελφοὺς καὶ ἐπεστήριξαν sowie 13,15. Zur Zusammenordnung von „Lehre" (διδασκαλία) und „Paraklese" vgl. 1 Tim 4,13; O. MICHEL S. 551; J. THOMAS, EWNT III, Sp. 58-60.

[63] Vgl. Josephus, Ant XII 50; XVIII 300; Act 21,25; 1 Clem 62,1. Belege aus den Papyri bei J. H. MOULTON / G. MILLIGAN, A Vocabulary of the Greek New Testament, S. 245f; W. BAUER, Wörterbuch zum Neuen Testament, Sp. 608.

[64] S. o. Anm. 1. Vgl. auch J. HÉRING S. 126f; G. W. BUCHANAN S. 241 sowie neuerdings bes. D. TROBISCH, Die Entstehung der Paulusbriefsammlung, S. 117f, der Hebr 13 - wie auch Röm 16 - als „covering note" beurteilt und die Wendung διὰ βραχέων allein auf die „autobiographische subscriptio" bezieht.

[65] Zur Wendung διὰ βραχέων vgl. P. Straßb. I 41,8; Lukian v. Samosata, Toxaris c. 56 (διὰ βραχέων λεκτέον); Arist 128; Josephus, Ant XX 266; Bell IV 338; δι' ὀλίγων: 2 Makk 6,17; 1 Petr 5,12; Ignatius, Röm 8,2; Polyk 7,3; ἐν ὀλίγῳ: Eph 3,3; κατὰ μικρόν: Barn 1,5. Zum Ganzen vgl. L. P. TRUDINGER, ΚΑΙ ΓΑΡ ΔΙΑ ΒΡΑΧΕΩΝ ΕΠΕΣΤΕΙΛΑ ΥΜΙΝ: A Note on Hebrews 13.22, JTS 23 (1972) S. 128-130; K. BERGER, Apostelbrief und apostolische Rede, ZNW 65 (1974) S. 190-231, spez. S. 227, sowie zur rhetorischen Stiltugend der brevitas bzw. percursio: H. LAUSBERG, Handbuch der literarischen Rhetorik I § 881.

bei seiner Argumentation der notwendigen Kürze befleißigen muß und daß im einzelnen gewiß noch sehr viel mehr zu sagen wäre, um die Leser wirklich zu überzeugen.

Mit **V. 23** folgt eine weitere persönliche Bemerkung, mit der der Autor sich selbst ganz offensichtlich bewußt in die Kontinuität der Mission des Apostels Paulus einordnet. Die mit ihr vorausgesetzte konkrete Situation ist – von daher gesehen – fiktiv und somit auch nicht näher zu beschreiben[66]. Umso deutlicher zu erkennen ist jedoch die vom Autor beabsichtigte Beziehung zu den Briefen des Paulus. Daß mit Timotheus jedenfalls kein anderer als der Mitarbeiter des Apostels Paulus (Röm 16,21; 1 Thess 3,2) gemeint ist, bedarf bereits angesichts dessen keiner Frage, daß der Autor des Hebr von ihm ebenso spricht wie Paulus in seinen Briefen: „unser Bruder Timotheus"[67]. Vorausgesetzt wird auch, daß er, Timotheus, den Adressaten bekannt ist. Und endlich: Auch der Hinweis auf das baldige Kommen des Timotheus[68], mit dem (μεθ' οὗ) der Autor seinerseits zugleich den eigenen Besuch den Adressaten in Aussicht stellt, dürfte sein Vorbild wiederum in den Paulusbriefen haben[69]. Angesichts solchen paulinischen Kolorits der „Epistolaria" des Hebr ist es umso auffälliger, daß der Autor zumindest an dieser Stelle nicht den letzten Schritt tut und für sich selbst den Namen des Paulus in Anspruch nimmt. Am „Namen" ist ihm somit offensichtlich nicht gelegen – umso mehr dann freilich daran, daß sein eigenes Unternehmen, einem in seinem Glauben angefochtenen Adressatenkreis Trost und Ermahnung zukommen zu lassen, in Kontinuität und Gefolge jener urchristlichen Verkündigungs- und Theologiegeschichte steht, wie sie vor allem durch den Apostel Paulus repräsentiert wird.

---

[66] Die Reihe der Imperative ἀνέχεσθε (V. 22) – ἀσπάσασθε (V. 24) spricht für das Verständnis von γινώσκετε in V. 23 als Imperativ, dafür also, daß der Autor den Adressaten eine für sie neue Nachricht übermitteln möchte. Vgl. J. MOFFATT S. 245; H. BRAUN S. 482. Möglich ist freilich auch das Verständnis von γινώσκετε als Indikativ, sodaß der Autor die Adressaten hier an ihnen bereits bekanntes erinnert. Offen muß dabei die Frage bleiben, ob das Perfekt-Partizip ἀπολελυμένον in dem Sinne zu verstehen ist, daß Timotheus aus der Gefangenschaft freigelassen worden ist (vgl. den Gebrauch von ἀπολύειν in Mk 15,6 parr; Act 3,13; 5,40; 16,35 u. ö.), oder ob das Verbum hier einfach (medial) im Sinne von „abreisen, weggehen" steht (vgl. Act 15,30; 28,25; Polybios V 98,6; X 23,4; Josephus, Ant V 101). Vgl. zur Frage W. BAUER, Wörterbuch zum Neuen Testament, Sp. 193; G. SCHNEIDER, EWNT I, Sp. 336f; H. BRAUN S. 483, sowie W. WREDE, Das literarische Rätsel des Hebr, S. 57ff, der auch an dieser Stelle Abhängigkeit von Phil 2,14 vermutet und ἀπολύεσθαι dementsprechend im Sinne von „abreisen" versteht.

[67] Vgl. 1 Thess 3,2: Τιμόθεος ὁ ἀδελφὸς ἡμῶν. Vgl. auch 2 Kor 1,1; Phlm 1; Kol 1,1 sowie J. D. LEGG, Our Brother Timothy, EvQ 40 (1968) S. 220–223.

[68] Der ἐάν-Satz läßt sich sowohl übersetzen: „wenn er alsbald kommt" als auch: „sobald er kommt". Vgl. BL.-DEBR.-R. § 244, Anm. 2. In sachlicher Hinsicht besteht kein Unterschied. Vgl. auch 1 Tim 3,14: ἐλθεῖν πρὸς σὲ ἐν τάχει (v. l.: τάχιον); 2 Tim 4,9: ἐλθεῖν πρός με ταχέως (v. l.: τάχιον). Im Unterschied zu V. 19 steht τάχιον hier nicht im komparativischen Sinn.

[69] Vgl. bes. Phil 2,19–24 sowie 1 Kor 4,19. Dazu: W. WREDE, Das literarische Rätsel des Hebr, S. 55ff.

Paulinisches Kolorit ist schließlich auch den Grußmitteilungen in V. 24 eigen: Hier gibt es in der Abfolge von Phil 4,19-23 eine ganze Reihe von Übereinstimmungen mit Hebr 13,20ff(!). Auf den Segenswunsch und die Doxologie von Phil 4,19f folgt in Phil 4,21f die Mitteilung von Grüßen mit der auch für Hebr 13,24 charakteristischen Betonung des πάντες[70]. Gerade diese „Besonderheit" von V. 24 könnte sich somit durchaus daraus erklären, daß der Autor des Hebr auch in dieser Hinsicht ein bestimmtes traditionelles Muster der Paulusbriefe übernimmt. Andererseits freilich ist – vom Gesamtkorpus des Hebr her gesehen – eindeutig, daß der Autor mit seiner Trost- und Mahnrede nicht eine bestimmte Ortsgemeinde insgesamt anspricht, sondern lediglich einen bestimmten, nach seiner Auffassung besonders gefährdeten Adressatenkreis[71]. So gesehen gibt die ausdrückliche Betonung an dieser Stelle, „alle Heiligen" zu grüßen – mit anderen Worten also: die übrige Gemeinde über den speziellen Adressatenkreis des Hebr hinaus! –, gerade auch im Gesamtgefüge des Hebr ihren besonderen Sinn. Bemerkenswert ist die Formulierung in V. 24 aber auch in der Hinsicht, daß hier ausdrücklich zwischen dem „Leitungsgremium" der Gemeinde (πάντες οἱ ἡγούμενοι) einerseits und „allen Heiligen" andererseits unterschieden wird. Das ist – zumal angesichts der umgekehrten Reihenfolge bei der Nennung der Gemeinde („alle Heiligen") und der kirchlichen Amtsträger in Phil 1,1 – offensichtlich Symptom für jene bewußte Differenzierung zwischen „Amt" und „Gemeinde", wie sie bereits in V. 7 und V. 17 – dort speziell im Blick auf die Autorität der ἡγούμενοι gegenüber der Gemeinde bzw. den Adressaten – sich abzeichnete.

Ein eigener Akzent wird schließlich noch dadurch gesetzt, daß den allgemeinen Grüßen in V. 24a am Ende des Verses ausdrücklich noch Grüße an die Adressaten seitens „derer aus Italien" (οἱ ἀπὸ τῆς Ἰταλίας) hinzugefügt werden. Gänzlich ungewöhnlich ist solches Verfahren angesichts der entsprechenden Notiz in Phil 4,22 keineswegs[72]. Die ausdrückliche Bezugnahme auf „Italien" in Hebr 13,24 spricht jedoch gegen die Annahme, daß es sich an dieser Stelle im Hebr lediglich um „eine verallgemeinernde Wiederholung" der Notiz von Phil 4,22 handelt[73]. Vielmehr dürfte zumindest an dieser Stelle des Hebr eine Bemerkung vorliegen, die sich – unter gewissen Voraussetzungen – durchaus für die Frage nach dem konkreten Ort der Adressaten bzw. der Gemeinde des Hebr auswerten läßt. Als sol-

---

[70] Phil 4,21: ἀσπάσασθε πάντα ἅγιον: Vgl. auch 1 Thess 5,26f; Röm 16,15 sowie 2 Kor 13,12: ἀσπάζονται ὑμᾶς οἱ ἅγιοι πάντες. Vgl. W. WREDE, Das literarische Rätsel des Hebr, S. 60ff, spez. S. 62: „Alles in allem ist der Schluß des Hebräerbriefes der Hauptsache nach als eine kleine Kompilation aus paulinischen Versen, vor allem des Philipperbriefes, zu bezeichnen".

[71] Zum Problem s. o. Einleitung § 4 (1.2.4., S. 74f).

[72] Phil 4,22: ἀσπάζονται ὑμᾶς πάντες οἱ ἅγιοι, μάλιστα δὲ οἱ ἐκ τοῦ Καίσαρος οἰκίας.

[73] So W. WREDE, Das literarische Rätsel des Hebr, S. 61f.

che freilich läßt die Formulierung οἱ ἀπὸ τῆς Ἰταλίας zwei Deutungen zu[74]: Einmal in dem Sinne, daß der Autor selbst aus Italien schreibt[75]; zum anderen aber auch in dem Sinne, daß er selbst sich außerhalb Italiens befindet und den in Italien sich befindenden Adressaten die Grüße ihrer im Ausland befindlichen Landsleute bestellt. Die Unsicherheit hinsichtlich einer Entscheidung für die eine oder die andere Möglichkeit spiegelt sich nicht zuletzt auch in den die Notiz von V. 24 je auf ihre Weise deutenden „subscriptiones" zum Hebr: ἐγράφη ἀπὸ Ῥώμης bzw. ἀπὸ Ἰταλίας einerseits[76] und ἐγράφω ἀπὸ Ἀθηνῶν andererseits[77]. Von unserer Stelle als solcher her läßt die Frage sich nicht beantworten. Innere Gründe des Hebr insgesamt könnten freilich ihrerseits Licht auf die an sich zweideutige Notiz in V. 24 werfen und zugunsten der zweiten (oben genannten) Deutung sprechen, dafür also, daß der Adressatenkreis bzw. die Adressatengemeinde des Hebr in der Tat in Italien bzw. – genauer – in Rom zu lokalisieren ist[78].

Mit einem knappen Gnadenwunsch (wiederum) für „alle" schließt in V. 25 der Hebr. In den paulinischen Briefen begegnet er am Briefschluß zumeist in reicherer Gestalt[79], während er in der hier vorliegenden knappen Form für die paulinische Tradition nur durch Tit 3,15 (vgl. auch 2 Tim 4,22) bezeugt ist, hier im übrigen ebenfalls in der Ausrichtung auf „alle". Das in einer Reihe von Handschriften (ℵ[2] A C D H K P Ψ usw.) sekundär hinzugefügte ἀμήν unterstreicht den liturgischen Charakter der Wendung, verstärkt so zugleich deren sachliches Gewicht, ist jedoch –

---

[74] Zu οἱ ἀπό c. gen. als Herkunftsbezeichnung vgl. 1 Makk 11,14.61; 2 Makk 14,37; Josephus, Vita 602.608.641 u. ö.; Mt 4,25; Mk 15,43; Act 6,9; 10,23; 17,13; 21,27; 24,19 sowie C. Spicq, I, S. 261ff.
[75] Dem entspräche die Grußmitteilung von 1 Kor 16,19: Ἀσπάζονται ὑμᾶς αἱ ἐκκλησίαι τῆς Ἀσίας. Vgl. auch Ignatius, Magn 15,1 (hier freilich mit dem eindeutigen Zusatz: ὅθεν καὶ γράφω ὑμῖν!) sowie 1 Petr 5,13.
[76] Zu Rom als Abfassungsort: A (vgl. auch Min. 81); Italien: H K P. Die Präzisierung der Angabe ἀπὸ Ἰταλίας im Sinne von ἀπὸ Ῥώμης hat einen Anhaltspunkt an Act 18,2, wo ebenfalls die Bezeichnung der Herkunft des Aquila ἀπὸ τῆς Ἰταλίας (V. 2a) im Sinne von ἀπὸ τῆς Ῥώμης präzisiert wird (V. 2b).
[77] So Min. 1911, mit dem Zusatz freilich: ἄλλοι δὲ ἀπ᾽ Ἰταλίας. Vgl. B. M. Metzger, A Textual Commentary on the Greek New Testament, S. 678. Zur Wertung dieser Subskriptionen vgl. F. Delitzsch S. 700: „die auf Rom ... und Italien ... lautenden Unterschriften beruhen nicht auf Überlieferung, sondern nur auf unsicheren Schlüssen aus jenem ἀσπάζονται ...; ein kritisches Argument über den Abfassungsort des Briefes ... hätte man nie in diesen Worten finden sollen."
[78] S. dazu oben Einleitung § 4 (1.2.5., S. 76). Bis heute gehen freilich die Urteile auseinander, ob und in welchem Sinne man aus Hebr 13,24 Schlußfolgerungen hinsichtlich des Abfassungsortes bzw. des Ortes des Adressatenkreises ziehen kann. Zum Problem vgl. bes. C. Spicq, I, S. 261–265; H. Braun S. 484f.
[79] Zumeist noch christologisch angereichert: 1 Thess 5,28; 1 Kor 16,23; 2 Kor 13,13; Gal 6,18; Röm 16,20; Phil 4,23; Phlm 25. Vgl. aber auch Apk 22,21. Zur vorpaulinisch-liturgischen Herkunft dieses Schlußgrußes vgl. W. Kramer, Christos Kyrios Gottessohn (AThANT 44), Zürich/Stuttgart 1963, S. 87–89.

möglicherweise – bereits ein Hinweis auf die Benutzung des Hebr in der gottesdienstlichen Gemeindeversammlung[80]. Unabhängig von solchen Fragen der Auslegungs- und Wirkungsgeschichte des Hebr in der alten Kirche ist jedoch offenkundig, daß der abschließende Wunsch „Die Gnade sei mit euch allen" auch und gerade für den Autor des Hebr selbst theologisches Gewicht hat. Für einen urchristlichen Autor, der – wie der des Hebr – vermittels seines Trost- und Mahnschreibens seine im Glauben angefochtenen Adressaten dazu ermuntern und ermahnen will, von den Potenzen ihres Glaubens wirklich Gebrauch zu machen bzw. – wie er selbst es formuliert (4,16) – „zum Thron der Gnade hinzuzutreten", ist der abschließende Wunsch, daß jene „Gnade" die bestimmende Wirklichkeit ihrer Glaubensexistenz sein möge, gewiß alles andere als nur eine den Gepflogenheiten des urchristlichen Briefformulars folgende liturgische Formel.

---

[80] Zum Textproblem in V. 25 vgl. B. M. METZGER, A Textual Commentary on the Greek New Testament, S. 677f; H. BRAUN S. 485. In Gal 6,18 demgegenüber ist ἀμήν im abschließenden Gnadenwunsch ursprünglich.

Schlußwort: Rückblick und Ausblick

1) Der Hebräerbrief in der gegenwärtigen exegetischen Diskussion

Seit A. VANHOYE erstmalig im Jahre 1963 seine wegweisende Analyse der literarischen Struktur des Hebräerbriefes vorgelegt hat, hat sich das Interesse der Exegeten in auffälliger Weise auf diese weithin auch heute noch als rätselhaft geltende Schrift des Neuen Testament konzentriert. Kennzeichnend für dieses besondere Interesse am Hebräerbrief ist – über die kaum noch überschaubare Literatur zu speziellen historischen und exegetischen Fragen hinaus – vor allem der Umstand, daß allein innerhalb der zurückliegenden zehn Jahre eine ganze Reihe von Kommentaren zum Hebräerbrief erschienen ist (D. GUTHRIE, H. BRAUN, R. McL. WILSON, H. HEGERMANN, H. W. ATTRIDGE, F. LAUB, C.-P. MÄRZ, N. HUGEDÉ). Hinzu ist jüngst noch der erste Band des nach einer längeren Reihe von Vorarbeiten schon lange angekündigten umfassenden Kommentars von E. GRÄSSER im „Evangelisch-Katholischen Kommentar zum Neuen Testament" gekommen, der in der hier vorliegenden Auslegung leider nicht mehr im einzelnen berücksichtigt werden konnte, dessen Auslegungsart und -richtung jedoch immerhin bereits aus den zuvor erschienenen Vorarbeiten zu erkennen war[1].

Die naheliegende Frage, worin solches besondere Interesse gerade am Hebräerbrief in der gegenwärtigen theologischen und kirchlichen Situation begründet ist, kann eindeutig und einlinig wohl kaum beantwortet werden. Gewiß mag dabei – was jedenfalls die Fragen einer kirchlichen bzw. praktisch-theologischen Rezeption betrifft – jene Faszination eine gewisse Rolle spielen, die seinerzeit von E. KÄSEMANNS Gesamtverständnis des Hebräerbriefes als Dokument einer „Exodus-Theologie" ausgegangen ist: Im Leitbild des „wandernden Gottesvolkes" vermag sich weithin auch das Selbstverständnis einer Kirche wiederzufinden, die sich zunehmend ihrer Diaspora-Situation in einer säkularisierten Welt bewußt geworden ist. Andererseits bedarf es aber auch keiner Frage, daß gerade auch im Zusammenhang gegenwärtiger kirchlicher Rezeption von Botschaft und

---

[1] E. GRÄSSER, An die Hebräer. 1. Teilband Hebr 1–6 (EKK 17/1), Zürich/Neukirchen-Vluyn 1990.

Theologie des Hebräerbriefes die Fremdheit oder gar Abständigkeit der Argumentation besonders empfunden wird, mit der in dieser „Trost- und Mahnrede" (13,22) jenes Leitbild von Kirche entfaltet und – vor allem – theologisch bzw. christologisch begründet wird. Die ohne Zweifel programmatisch gemeinte Aussage zu Beginn vom Reden Gottes einst „zu den Vätern" und heute, „am Ende der Tage", „zu uns" (1,1f), mit der der Autor des Hebräerbriefes sich gleich zu Beginn nicht nur als Repräsentant einer „Theologie des Wortes", sondern auch einer „Biblischen Theologie" zu erkennen gibt, kommt zwar bestimmten Grundrichtungen der gegenwärtigen theologischen Diskussion durchaus entgegen; zugleich ist es jedoch wiederum die konkrete Ausführung jener programmatischen Aussage zu Beginn im Corpus des Hebräerbriefes, die Fragen an die besondere Art der hier sich darstellenden „Theologie des Wortes" stellen und – was das Programm einer „Biblischen Theologie" betrifft – Eigenart und Problematik der Rezeption des Alten Testaments im Neuen Testament besonders deutlich werden läßt. Grundsätzlich das gleiche gilt im Blick auch auf die an sich in homiletischer Hinsicht durchaus fruchtbare Erkenntnis, daß der Hebräerbrief selbst – von 13,22 her als „Trost- und Mahnrede" verstanden – den „Text" einer Predigt angesichts einer in ihrem Glaubensvollzug verunsicherten Gemeinde darstellt[2]. Denn es ist ja gerade wiederum das „Gewebe" dieses Textes („textum"!), speziell in diesem Zusammenhang die Art und Weise, in der die unterschiedlichen „Fäden" dieses „Gewebes" einander zugeordnet und ineinander verflochten sind, was die Komposition und die Argumentation des Hebräerbriefes für den heutigen Betrachter nur unter Schwierigkeiten durchschaubar macht.

Von daher gesehen ist es durchaus verständlich, daß sowohl im Rahmen der kirchlichen Rezeption als auch im Rahmen der exegetischen Diskussion bis zum heutigen Tage immer wieder das „Rätsel des Hebräerbriefes" beschworen wird bzw. dieser Brief „in vielerlei Hinsicht" als „die schwierigste der neutestamentlichen Schriften" gilt[3]. Und ebenso versteht sich von daher, daß man die eigene Charakterisierung der Ausführung der „Hohenpriester"-Christologie als eine „schwer verständliche Rede" (5,11) gern auf den Hebräerbrief insgesamt bezieht oder auch – wie seit F. OVERBECK oft geschehen – den Hebräerbrief selbst mit Bezug auf 7,3 als ein „melchisedekitisches Wesen ohne Stammbaum" kennzeichnet[4], „ohne Stammbaum" sowohl im Blick auf die durch den Hebräerbrief aufgeworfenen religionsgeschichtlichen Fragen als auch im Blick auf seinen theologischen Grundgedanken bzw. sein Basismotiv, nicht zuletzt aber auch auf seinen Ort in der (Theologie-)Geschichte des Urchristentums am Ausgang

---

[2] Vgl. dazu H.-F. WEISS, Der Hebr als Predigttext, in: Wort und Welt. Festgabe für E. Hertzsch, Berlin 1968, S. 313–322.

[3] So H. FELD, in: ANRW II, 25/4, S. 3523.

[4] Vgl. E. GRÄSSER, in: DERS., Text und Situation, S. 182.

des ersten Jahrhunderts. Angesichts dessen ist es offenbar zwangsläufig so, daß beim Gesamtverständnis des Hebräerbriefes wie auch bei seiner Auslegung im einzelnen – bedingt u. a. auch durch die konfessionelle Herkunft des jeweiligen Autors[5] – die Akzente unterschiedlich gesetzt werden. Gleichwohl besteht kein Anlaß, deswegen im Blick speziell auf die gegenwärtige exegetische Diskussion mit F. LAUB von einer „mehr als je zuvor zerfledderten Hebr-Exegese" zu sprechen[6]. Hinsichtlich bestimmter Grundfragen und Grundpositionen gibt es gegenwärtig durchaus einen Konsens oder doch jedenfalls einige eindeutige Fixpunkte, die bei der Einzelanalyse in jedem Fall zu beachten und darüber hinaus auch geeignet sind, bestimmte in der Auslegungsgeschichte seit langem schon bestehende exegetische Probleme durch Einstellung in den umfassenden theologischen Horizont des Hebräerbriefes wenn nicht schlechthin zu lösen, so doch jedenfalls zu relativieren. Von solchen Fixpunkten der gegenwärtigen Exegese des Hebräerbriefes zu reden, heißt zugleich, von der „theologischen Leistung" seines Autors zu reden.

2) Zur Frage der theologischen Leistung des Autors des Hebräerbriefes

Schlechterdings konstitutiv für die Erörterung aller mit dem Verständnis des Hebräerbriefes aufgeworfenen historischen und theologischen Fragen ist die Erkenntnis, daß der Hebräerbrief als eine „Trost- und Mahnrede" (13,22) im gesamten Verlauf seiner Argumentation durch ein pastorales Grundanliegen bestimmt ist. Im Zusammenhang dieser Grunderkenntnis sind auch die speziellen historisch-genetischen Fragen der religions- und traditionsgeschichtlichen Ortsbestimmung des Hebräerbriefes keineswegs ohne theologischen Belang[7]. So ist die Bestimmung des religionsgeschichtlichen Ortes des Hebräerbriefes im Raum eines jüdischen Hellenismus, mit der zugleich bestimmte Alternativen der älteren Forschungsgeschichte überholt sind, insofern theologisch bedeutsam, als die für den Hebräerbrief charakteristische „hellenistische Eschatologie" (N. WALTER) ihrerseits durchaus in das pastorale Grundanliegen des Hebräerbriefes integriert ist: Die Lokalisierung des durch den Hohenpriester Chri-

---

[5] Dazu vgl. W. JOHNSON, The Cultus of Hebrews in Twentieth-Century Scholarship, ET 89 (1978) S. 104–108, spez. S. 104, sowie W. G. ÜBELACKER, Der Hebr als Appell, S. 15–17.
[6] So F. LAUB in: H. Frankemölle/K. Kertelge (Hrsgg.), Vom Christentum zu Jesus. Festschr. J. Gnilka, Freiburg i. Br. 1989, S. 419. Vgl. auch F. LAUBs Urteil zu M. RISSI, Die Theologie des Hebr: Diese Darstellung spiegele „die gegenwärtige Zerfahrenheit und Ratlosigkeit der Hebr-Exegese" wider (a.a.O., S. 429, Anm. 3).
[7] Gegen F. LAUB, Bekenntnis und Auslegung, S. 3–5, spez. S. 5: „der religionsgeschichtlichen Fragestellung kann bei der Interpretation des Hebr nicht die Schlüsselfunktion schlechthin zukommen, sondern lediglich eine Hilfsfunktion".

stus endgültig gewirkten Heils „in den Himmeln" (8,1) steht in dem Sinne in einem unmittelbaren Zusammenhang mit dem Grundanliegen des Autors, als auf diese Weise den Adressaten das unerschütterliche, nicht durch irdischen Wandel und irdische Vergänglichkeit zu beeinträchtigende Fundament ihres Glaubens vor Augen geführt wird und damit zugleich die Adressaten erneut – was ja das Anliegen des Autors mit seiner Trost- und Mahnrede ist – zur Heils- und Glaubensgewißheit motiviert werden. Die für den Hebräerbrief charakteristische hellenistische, ja mitunter geradezu dualistische Lesart des Alten Testaments, als solche zunächst in der Kontinuität der entsprechenden Lesart der biblischen Überlieferung im hellenistischen Judentum zu verstehen, hat in diesem Sinn durchaus ihren eigenen Stellenwert im Zusammenhang des pastoralen Grundanliegens des Hebräerbriefes.

Die traditionsgeschichtliche Fragestellung im Blick auf den Hebräerbrief führt zu einem entsprechenden Ergebnis: So gewiß der Hebräerbrief, was die Aufnahme christologischer Überlieferungen und Bekenntnistraditionen betrifft, seinerseits durchaus in der Kontinuität der urchristlichen Theologiegeschichte steht, wie sie in den paulinischen Briefen sowie im deutero-paulinischen und nachpaulinischen Schrifttum des Neuen Testaments ihren Niederschlag gefunden hat, so deutlich ist zugleich auch, daß der Autor des Hebräerbriefes die im einzelnen unterschiedlichen Überlieferungen ganz seinem eigenen Grundanliegen zugeordnet und in dem Sinne aktualisiert hat, daß er angesichts der konkreten Glaubenssituation seiner Adressaten bestimmte Aspekte jener Überlieferungen besonders akzentuiert und eigens entfaltet und sie auf diese Weise gleichsam einer „existentialen Interpretation" unterzogen hat. Es ist durchaus in diesem Sinne, daß er angesichts der seine Adressaten bestimmenden Verunsicherung im Glauben nicht nur die Ewigkeit des Hohenpriesters Christus sowie die „ein für allemal" gültige Wirksamkeit des von ihm dargebrachten (Selbst-)Opfers betont, sondern zugleich auch eigens den Weg akzentuiert, den dieser Hohepriester selbst bis zu seinem Opfer und zu seiner Erhöhung „zur Rechten Gottes" gegangen ist. Der „Sohn Gottes" der Bekenntnistradition ist in diesem Sinne der auch seinerseits „in den Tagen seines Fleisches" (5,7) versuchte, mithin ein „mit-leidender" Hoherpriester, als solcher aber nicht nur „Verursacher des Heils" (5,10), sondern auch der „Anführer" der Seinen, der „Vorläufer für uns" – sofern die Christen ihm nur gehorsam sind bzw. am Glauben festhalten.

Zuspruch und Mahnung an die Adressaten des Hebräerbriefes bestimmen sich in diesem Sinne ganz von der Darlegung der christologischen und soteriologischen Position her, sodaß der für den Hebräerbrief charakteristische ständige Wechsel von lehrhaften Darlegungen einerseits und Paraklese bzw. Paränese andererseits dem pastoralen Grundanliegen des Autors durchaus angemessen ist. Das heißt: Die lehrhafte Auslegung und Entfaltung der christologischen Tradition ist als solche auf die Paraklese und Paränese ausgerichtet, während andererseits Paraklese und Paränese die ihnen eigene Dynamik und Überzeugungskraft letztlich allein von der christologisch-soteriologischen Lehre her gewinnen, was sich konkret vor allem im Übergang von Hebr 7,1–10,18 zu 10,19ff bzw. in nuce bereits in Hebr 4,14–16 darstellt. Dabei gehört es gewiß zu den Eigenarten des Hebräerbriefes, daß die christologisch-soteriologische Lehre im einzelnen (und insbesondere wiederum in Hebr 7,1–10,18) mit einem erheblichen schriftgelehrten und theologisch-argumentativen Aufwand vorgetragen wird. Daraus jedoch die Schlußfolgerung zu ziehen, daß die Lehre im Hebräerbrief auf diese Weise ein Eigengewicht gewinnt bzw. sich der Paraklese und Paränese gegenüber verselbständigt[8], ist in dem Maße der Sache des Hebräerbriefes inadäquat, in dem hier die lehrhafte Entfaltung der Bekenntnisüberlieferung ihre Spitze in der Betonung der Ewigkeit des Hohenpriestertums Christi und der dadurch bedingten eschatologisch-endgültigen Effizienz des von ihm dargebrachten Opfers hat und gerade so wiederum ganz unmittelbar auf Paraklese und Paränese ausgerichtet ist, auf die Tröstung der in ihrem Glauben angefochtenen Gemeinde nämlich, nun auch und gerade in der Anfechtung sich des in Jesus Christus ein für allemal dargebotenen Heils zu erinnern, damit zugleich aber auch auf die Ermahnung (und Warnung!), die auf diese Weise einmal gebotene Chance des Heils nicht leichtfertig zu versäumen. Geschieht dies alles im Hebräerbrief unter der Überschrift von Hebr 1,1f in Gestalt des (typologischen) Rückbezugs auf die Schrift als Dokumentation von Gottes einstiger Rede „zu den Vätern", so kann der Hebräerbrief – von daher gesehen – nicht nur als Zeuge einer „Biblischen Theologie Neuen Testaments" gelten, sondern zudem auch – was eben sein pastorales Grundanliegen betrifft – als eine Art Anleitung der Adressaten, das ihnen selbst als Heilige Schrift geläufige Alte Testament im hermeneutischen Horizont ihres Christusbekenntnisses als ein Buch der Tröstung und Mahnung zu lesen.

Auch die in der neueren Auslegungsgeschichte umstrittene Frage nach dem Basis- bzw. Leitmotiv des Hebräerbriefes ist am Ende von jener Zueinanderordnung von „Lehre" einerseits und „Paraklese/Paränese" andererseits her zu beantworten. Kennzeichnend in dieser Hinsicht ist vor allem der bis in die jüngsten Veröffentlichungen hinein anhaltende Streit um den – seinerzeit nicht zuletzt zeitgeschichtlich bedingten – Versuch von E. KÄSEMANN, die „Wanderschaft des Gottesvolkes als Grundmotiv des Hebräerbriefes" zu erweisen[9]. Die an E. KÄSEMANNS These immer wie-

---

[8] Dazu zuletzt H.-M. SCHENKE / K. M. FISCHER, Einleitung in die Schriften des Neuen Testaments II, S. 259ff, spez. S. 260: „Die heute so allgemein gültige These von der Paränese als dem Deutekanon des ganzen Briefes bedarf also einer erheblichen Einschränkung".

[9] E. KÄSEMANN, Das wandernde Gottesvolk, S. 9; vgl. auch S. 156. Zur zeitgeschichtlichen Bedingtheit dieser Bestimmung des Grundmotivs des Hebr: DERS., Aspekte der Kirche, in: DERS., Kirchliche Konflikte I, Göttingen 1982, S. 17ff, spez. S. 17: „Indem ich die Kirche als das neue Gottesvolk auf seiner Wanderschaft durch die Wüste, dem Anfänger und Vollender

der geäußerte Kritik besteht insofern zu Recht, als – geht man jedenfalls von der für den Hebräerbrief grundlegenden Vorordnung der Christologie vor der Ekklesiologie aus – KÄSEMANNS Urteil, „daß alle Ausführungen des Hebr. zwar in der Darstellung des Hohenpriesteramtes Christi gipfeln, ihre tragende und die einzelnen Teile sinnvoll gliedernde Basis aber vom Motiv des wandernden Gottesvolkes her empfangen"[10], eher umzukehren ist: Gipfel- und Zielpunkt ist im Hebräerbrief in der Tat die ekklesiologische Paraklese und Paränese, die ihrerseits jedoch ihre „Basis" durchaus in der „Darstellung des Hohenpriesteramtes Christi" hat. Zu der von E. KÄSEMANNS These her nahegelegten Frage, „ob die Vorstellung vom Hohenpriestertum Christi *oder* die vom ‚wandernden Gottesvolk' die Basis des Hebr bildet", hat dementsprechend PH. VIELHAUER mit Recht vermerkt, „daß die Vorstellung vom Hohenpriestertum Christi die Basis der Theologie des Hebr, die Vorstellung vom wandernden Gottesvolk ein Korrelat zu ihr darstellt, daß also die Christologie die Priorität vor der Ekklesiologie und Paränese besitzt"[11]. Gleichwohl geht die in dieser Hinsicht zuerst von M. DIBELIUS gegen E. KÄSEMANN formulierte Alternative, die „Leitidee" des Hebräerbriefes sei vielmehr „der Kap. 7–10,18 entwickelte Gedanke vom himmlischen Priestertum Christi"[12], insofern wiederum an der tatsächlichen Zielstellung des Hebräerbriefes vorbei, als ja gerade jener „Gedanke vom himmlischen Priestertum Christi" hier seinerseits auf die ekklesiologische Paraklese und Paränese ausgerichtet ist. Zudem wird bei solcher (und ähnlicher) von der Alternative „Vorstellung vom Hohenpriestertum Christi" – „Vorstellung vom wandernden Gottesvolk" ausgehenden Kritik leicht übersehen, daß auch bei E. KÄSEMANN die die Glaubenswanderschaft des Gottesvolkes zuallererst konstituierende christologische Grundlegung keineswegs aus dem Blick geraten ist: „Das neue Jerusalem ist als Ort der Proklamation und der in Jesu Blut aufgerichteten und garantierten Diatheke das Urdatum des Gottesvolkes und seiner Wanderschaft, wie es als zu erlangendes ‚Erbe' das letzte Datum des wandernden Gottesvolkes sein wird und wie auch Jesus beides ist, ‚Anfänger und Vollender des Glaubens'"[13]. So gesehen sind auch neuere Versuche wie der von C. ROSE, Begriff und Kategorie der „Verheißung" als das „Basismotiv" des Hebrä-

---

des Glaubens folgend, beschrieb, hatte ich natürlich jene radikale Bekennende Kirche vor Augen, die sich in Deutschland der Tyrannei widersetzte und die zur Geduld gerufen werden mußte, um den Weg durch die endlose Wüste fortsetzen zu können"; vgl. auch S. 236 sowie E. GRÄSSER, ZNW 77 (1986) S. 160f, hier auch (S. 160ff) das Referat der Kritik an E. KÄSEMANN in dieser Hinsicht. Zur positiven Aufnahme des Anliegens von E. KÄSEMANN vgl. W. G. JOHNSSON, The Pilgrimage Motif in the Book of Hebrews, JBL 97 (1978) S. 239–251, sowie C. SPICQ, I, S. 243–246.269–280.

[10] Das wandernde Gottesvolk, S. 156.
[11] Geschichte der urchristlichen Literatur, S. 245. Vgl. auch F. LAUB, Bekenntnis und Auslegung, S. 248, Anm. 199.
[12] So in: Botschaft und Geschichte II, S. 164, Anm. 5.
[13] Das wandernde Gottesvolk, S. 30: Dazu E. GRÄSSER, ZNW 77 (1986) S. 174.

erbriefes herauszustellen[14], oder der von P. P. SAYDON, die „Master-Idea of the Epistle to the Hebrews" im Thema des Glaubens(gehorsams) zu sehen[15], keineswegs als Alternative zu E. KÄSEMANNS These zu werten. Die auf eschatologische Erfüllung angelegte Verheißung, die der christlichen Gemeinde auf dem Wege ihrer Glaubenswanderschaft gilt, hat Grund und zugleich Garantie ihrer Gültigkeit ja nirgend anders als in der im Hebräerbrief ausgeführten christologisch- soteriologischen Basis der Glaubenswanderschaft des Gottesvolkes, also in dem vom Hohenpriester Christus „ein für allemal" gewirkten und für alle Zukunft verbürgten Heil. In eben diesen Zusammenhang fügt sich am Ende dann auch das spezifische, zunächst „nur" durch biblisch-jüdische Tradition bestimmte Glaubensverständnis des Hebräerbriefes ein: Im Gesamtkontext des Hebräerbriefes gesehen entspricht die christliche Gemeinde mit ihrem allen Anfechtungen standhaltenden Glauben – und in diesem Sinne auch mit ihrer „Haltung" des Glaubens – dem von Christus ein für allemal gelegten Fundament des Glaubens – mit anderen Worten: „Glaube" im Hebräerbrief wird nicht als solcher, wohl aber durch den Gesamtkontext des Hebräerbriefes christologisch definiert.

Von daher gesehen ist dann freilich auch zu fragen, ob das Thema des Hebräerbriefes bzw. seine Leitidee oder sein Basismotiv sich überhaupt auf den einen Begriff bringen lassen oder ob man das „Rätsel des Hebräerbriefes" am Ende nur dadurch zu lösen vermag, daß man – wie es in der vorliegenden Auslegung versucht worden ist – Bewegung und Gefälle der Argumentation dieser Trost- und Mahnrede nachzuzeichnen unternimmt, unter der Voraussetzung der Christologie (und Soteriologie) vor aller Ekklesiologie (und der ihr gemäßen Paraklese und Paränese) also die Ausrichtung aller „Lehre" auf ekklesiologische Paraklese und Paränese entsprechend in Rechnung stellt. Dies gilt dann freilich auch für die Frage, ob bzw. in welchem Sinne im Hebräerbrief vermittels der für ihn charakteristischen Auslegung der Bekenntnisüberlieferung eine „Kulttheologie" oder eine „Opfertheologie" begründet wird. Wenn freilich im Hebräerbrief alle kult- oder opfertheologischen Aussagen ihren Ort allein in der Ausrichtung auf Paraklese und Paränese haben, versteht es sich von selbst, daß die Alternative, ob der Autor des Hebräerbriefes als der Stifter oder

---

[14] Verheißung und Erfüllung, BZ N. F. 33 (1989) S. 191: „Das Theologumenon von der in Gottes unabänderlichem Heilswillen begründeten, den Gliedern der πρώτη διαθήκη und der καινὴ διαθήκη gleichermaßen zuteil gewordenen ‚Verheißung' und der in Jesus Christus als Gottes eschatologischem Wort wirksam eröffneten und verbürgten ‚Erfüllung' ist *das* Basismotiv des Hebräerbriefes". Vgl. dazu aber auch schon E. KÄSEMANN, Das wandernde Gottesvolk, S. 15 und bes. S. 30: Die „Verheißung" ist „ebenso Ziel wie konstituierende Basis der Glaubenswanderschaft".

[15] MTh 13 (1961) S. 19–26, spez. S. 26. Vgl. auch C. R. SCHOONHOVEN, The ‚Analogy of Faith' and the Intent of Hebrews, in: W. W. Gasque/W. S. Lasor (Hrsgg.), Scripture, Tradition, and Interpretation. Festschr. E. F. Harrison, Grand Rapids 1978, S. 92–110.

nicht vielmehr als der Überwinder einer Kult- und Opfertheologie zu gelten hat, letztlich an der Sache des Hebräerbriefes vorbeigeht. Unbestritten ist bei alledem, daß im Hebräerbrief durchgehend – nicht also nur im Rahmen der lehrhaften Darlegung der entsprechenden biblischen Sachverhalte, sondern auch im Zusammenhang der ekklesiologischen Paraklese und Paränese – eine Terminologie benutzt wird, die ursprünglich im biblischen Kult- und Opfergesetz ihren Ort hat; andererseits ist aber auch keine Frage, daß solche Terminologie hier nicht einfach im ursprünglichen biblischen Sinne übernommen und weitergeführt wird, sondern im neuen christologisch-ekklesiologischen Kontext zugleich umgedeutet wird.

Paradigmatisch für solchen Umdeutungs- und Neubewertungsprozeß ist vor allem der Gebrauch des Terminus προσέρχεσθαι im Hebräerbrief[16]. Wird er z. B. in Hebr 7,25 und 10,1 noch ganz im ursprünglich kultischen Sinne des „Hinzutretens" des Priesters zum Heiligtum bzw. Opferaltar benutzt, so in 4,16; 10,22; 11,6; 12,18.22 zur Umschreibung einer den Christen kennzeichnenden Grundhaltung, Äußerung also der christologisch begründeten „Zuversicht" (παρρησία) des Glaubens, die als solche alle ursprünglichen kultischen Bezüge (im engeren Sinne) überschreitet. Hier, im neuen Kontext des Hebräerbriefes, geht es nicht mehr um das „Hinzutreten" zu einem Opferaltar, auch nicht um die erneute Begründung einer priesterlichen Ekklesiologie, sondern – sofern es sich dabei um das „Hinzutreten zum Gnadenthron" (4,16) handelt – um die Zuwendung des ganzen Menschen in allen seinen existentiellen Bezügen zu dem „Ort", an dem sein gegenwärtiges und zukünftiges Heil seinen Grund und Ursprung hat[17]. Aufforderung zum „Hinzutreten zum Gnadenthron", das ist hier nichts anderes als die Aufforderung, nun gerade in der Situation der Anfechtung des Glaubens jene Heilswirklichkeit für sich gelten zu lassen, von der der Christ immer schon herkommt, die er immer schon „hat" (4,14). Auf diese Weise spiegelt sich in dem für den Hebräerbrief charakteristischen Sprachgebrauch des ursprünglich kultischen Terminus die Grundstruktur der Theologie des Hebräerbriefes insgesamt wider. Und eine „Umdeutung des Kultus" (G. KLINZING) findet hier insofern statt, als am Ende (13,15f) in der christlichen Gemeinde kein anderer „Kult" seinen Ort mehr hat als die „Darbringung des Lobopfers", die sich konkret im „Tun des Guten" und in der „Gemeinschaft" darstellt.

Sofern dieses „Lobopfer" seinerseits christologisch begründet und vermittelt ist (13,15: Δι' αὐτοῦ οὖν!), ist mit der Frage nach einer „Kulttheologie" des Hebräerbriefes unmittelbar die Frage nach seiner „Opfertheologie" verbunden[18]. Auszugehen ist auch dabei von dem an sich unbestritte-

---

[16] Vgl. dazu bes. W. THÜSING, Kulttheologie im Hebr, BZ N.F. 9 (1965) S. 1–17.
[17] Vgl. L. GOPPELT, Der erste Petrusbrief, S. 143, zu 1 Petr 2,4.
[18] Zur Begründung einer „Opfertheologie" im Hebr vgl. bes. A. STROBEL S. 82.86: Vgl. auch P. STUHLMACHER, Vom Verstehen des Neuen Testaments. Eine Hermeneutik (GNT 6),

nen Tatbestand, daß die Hohepriester-Christologie des Hebräerbriefes wie auch die ihr entsprechende Soteriologie – der Hohepriester Christus bringt sich selbst als Opfer dar und stiftet auf diese Weise eine „ewige", für alle Zeit geltende „Erlösung" (5,9) – für die Trost- und Mahnrede des Autors schlechterdings grundlegend ist. Auch wenn mancherlei darauf hindeutet, daß der Autor, was solche kultisch-priesterliche Deutung von Tod (und Erhöhung) Jesu betrifft, seinerseits bereits in der Kontinuität einer entsprechenden älteren urchristlichen Tradition steht bzw. ein älteres Deutungsmuster des (paulinischen bzw. deuteropaulinischen) Urchristentums aufnimmt[19], ist die konsequent kultisch-priesterliche Deutung des Heilsgeschehens von Kreuz und Erhöhung in diesem Sinne durchaus als die eigene theologische Leistung des Autors zu würdigen. Ebenso ist unumstritten, daß der Autor des Hebräerbriefes zu dieser Deutung des Heilsgeschehens von Kreuz und Erhöhung auf dem Wege einer bestimmten typologischen Lesart des Alten Testaments gelangt ist, die – im hellenistisch-jüdischen bzw. hellenistisch-judenchristlichen Ursprungsmilieu des Autors naheliegend – die Diastase himmlisch- irdisch und mit ihr die dualistische Gegenüberstellung des Unvergänglichen und des Vergänglichen voraussetzt.

So gesehen ist die Vorstellung vom Opfertod Christi, wie sie im Hebräerbrief ausgeführt wird, als solche nichts anderes als die Konsequenz einer typologisch-dualistischen Lesart des Alten Testaments – und in diesem Sinne bzw. in dieser Gestalt dann freilich auch zunächst nichts anderes als ein durch bestimmte Schriften des Alten Testaments (Lev 16!) vorgegebenes und aus einer bestimmten Lesart der Bibel erwachsenes Interpretament. Dieses Interpretament bzw. das Gesamtgefüge einer solchen Auslegung des Alten Testaments wird im Rahmen der Trost- und Mahnrede des Hebräerbriefes argumentativ eingesetzt, um die in ihrem Glauben verunsicherten Adressaten erneut an die soteriologische Tragweite des Heils-

---

Göttingen 1979, S. 236f. – Zur Frage nach dem Stellenwert von Begriff und Kategorie des Opfers im Hebr im einzelnen: A. SEEBERG, Der Tod Christi in seiner Bedeutung für die Erlösung. Eine biblisch-theologische Untersuchung, Leipzig 1895, S. 1–116; O. SCHMITZ, Die Opferanschauung, S. 259–299; W. v. LOEWENICH, Zum Verständnis des Opfergedankens im Hebr, ThBl 12 (1933) Sp. 167–172; W. STOTT, The Conception of ‚Offering' in the Epistle to the Hebrews, NTS 9 (1962/63) S. 62–67; G. FITZER, Auch der Hebr legitimiert nicht eine Opfertodchristologie. Zur Frage der Intention des Hebr und seiner Bedeutung für die Theologie, KuD 15 (1965) S. 294–319; F. HAHN, Das Verständnis des Opfers im Neuen Testament, in: K. Lehmann/E. Schlink (Hrsgg.), Das Opfer Jesu Christi und seine Gegenwart in der Kirche. Klärungen zum Opfercharakter des Herrenmahls, Freiburg i. Br./Göttingen 1983, S. 51–91, spez. S. 77–81.

[19] Neben 1 Kor 5,7 ist hier besonders auf Eph 5,2 zu verweisen. Vgl. F. HAHN, Das Verständnis des Opfers im Neuen Testament, S. 77: „Was in Eph 5,2 thesenartig ausgesprochen ist, wird hier (sc.: im Hebr) expliziert"; vgl. auch S. 78f. Bemerkenswert ist in jedem Falle, daß – abgesehen vom Hebr – Opferterminologie und Opferthematik in der älteren urchristlichen Christologie und Soteriologie nur selten eine Rolle spielen. Vgl. F. HAHN, a.a.O., S. 72f.

geschehens von Kreuz und Erhöhung zu erinnern und sie auf diese Weise des ein für allemal gelegten Fundamentes ihres Glaubens zu vergewissern: Auslegung also des überlieferten, den Adressaten geläufigen Bekenntnisses in dem Sinne, daß mit dem Heilsgeschehen von Kreuz und Erhöhung die Entscheidung über Gegenwart und Zukunft der christlichen Gemeinde bereits gefallen ist, und zwar „ein für allemal"[20]. Alle Anstrengung des Menschen, angesichts seiner Fehlbarkeit und Sünde in der Sorge um sein Heil vor Gott Opfer darzubringen und auf diesem Wege schließlich zum Heil zu gelangen, ist mit dem einmaligen, alles „alte" Opferwesen überbietenden Selbstopfer des Hohenpriesters Christus an ihr Ende gekommen. Das vom Alten Testament her gewonnene Bild bzw. Interpretament des Opfers „erschöpft sich" hier gleichsam im analogielosen Selbstopfer dieses Hohenpriesters und erfordert auf seiten des Menschen nichts anderes mehr als den bleibenden Rekurs auf jenes alle Glaubenszuversicht grundlegende Heilsgeschehen, in diesem Sinne dann freilich auch den allen Anfechtungen standhaltenden Glauben, um dann am Ende (13,15) einzumünden in das „Lobopfer der Lippen" als die solchem Glauben allein adäquate Grundhaltung[21]. Wenn also überhaupt von einer „Opfertheologie" des Hebräerbriefes zu reden ist, dann nicht in dem Sinne, daß der Autor an ihr ein eigenes Interesse hat. Die vom Autor dem Alten Testament entnommene Kategorie des Opfers hat im Hebräerbrief nicht die Aufgabe, den Tod Jesu als solchen denkbar zu machen[22], sondern ist – ebenso wie die Kulttheologie des Hebräerbriefes – ganz in das pastorale Grundanliegen einer Trost- und Mahnrede integriert, indem sie in diesem Kontext die Funktion hat, den eschatologisch-endgültigen Charakter des Heilsgeschehens von Kreuz und Erhöhung einzuschärfen und von daher die unüberbietbare und unerschütterliche Basis für die – als Glaubenswanderschaft verstandene – Existenz des Christen in der Welt ins Bewußtsein zu bringen. Die für den Hebräerbrief charakteristische Verbindung jener Hohenpriester-Christologie (und der ihr gemäßen Soteriologie) mit einer „Anführer-" und „Vorläufer"-Christologie, die als solche ganz an der

---

[20] Zum argumentativen Charakter der Hohenpriester-Christologie vgl. auch G. FITZER, KuD 15 (1965) S. 307f, sowie F. LAUB, Bekenntnis und Auslegung, S. 219ff, spez. S. 220f: „Für Hebr kommt dem Kreuzestod die überragende und letztgültige Heilsbedeutsamkeit nicht deshalb zu, weil sich nachweisen ließe, daß dieser Tod ein Opfer war, vielmehr sieht der Autor in der Opferanschauung, die ihm von der Schrift vorgegeben ist, einen möglichen und theologisch verbindlichen Weg, das unkultische analogielose Geschehen um Kreuz und Erhöhung in seiner soteriologischen Tragweite zu erschließen ...".

[21] Vgl. G. BADER, Jesu Tod als Opfer, ZThK 80 (1983) S. 411–431, spez. S. 428 und S. 431.

[22] Vgl. X. LEON-DUFOUR, Als der Tod seinen Schrecken verlor. Die Auseinandersetzung Jesu mit dem Tod und die Deutung des Paulus. Ein Befund, Olten/Freiburg i. Br. 1981, S. 184: „Die Opfer sollen nicht als ‚Kategorien' den Tod Christi denkbar machen, sondern sie dienen gewissermaßen als Sprungbrett, um das einzigartig Neue des ‚ein für allemal' vollzogenen Handelns noch stärker hervorzuheben", mit der Schlußfolgerung für den Hebr: In ihm liege „keine erste Opfertheologie des Christentums" vor.

„Menschlichkeit" jenes Hohenpriesters interessiert ist, tut in diesem Zusammenhang ein übriges, um die christologische Bekenntnisüberlieferung den Adressaten in ihrer Anfechtungssituation auch existentiell nahezubringen und nachvollziehbar zu machen: Der Hohepriester, von dem hier die Rede ist, ist ja selbst in Versuchung und Anfechtung gewesen, mußte selbst erst Gehorsam erlernen (5,7f) und ist in diesem Sinne der mit den Adressaten in ihrer Glaubensanfechtung „mitleidende" Hohepriester.

Der Hebräerbrief hat in dieser Hinsicht nach seiner Aufnahme in den neutestamentlichen Kanon im weiteren Verlauf der Kirchengeschichte durchaus eine positive Wirkungsgeschichte gehabt, in der Einschränkung allenfalls dadurch, daß sich das spezielle Interesse an ihm vor allem auf die ihm eigentümliche Christologie konzentriert hat, von der Ausrichtung der letzteren auf die konkrete Tröstung und Mahnung der einstigen Adressaten und je gegenwärtigen Rezipienten also weitgehend abgesehen wurde[23]. Jedenfalls ist die theologische Leistung des „auctor ad Hebraeos" in dieser Auslegungs- und Wirkungsgeschichte weithin unbestritten gewesen, und zwar auch und gerade dann, wenn man sie – was ja angesichts des in der frühen Kirche zunächst umstrittenen Verfasserproblems ohnehin nahelag – an der Theologie des Paulus bemaß. Schon Origenes (bei Eusebius, h. e. VI 25,12) hatte ausdrücklich hervorgehoben, daß die „Gedanken" (νοήματα) dieses Briefes „bewunderungswürdig" (θαυμάσια) und gegenüber den anerkannten Briefen des Paulus keineswegs von sekundärer Bedeutung (οὐ δευτέρα) seien. Auch dort, wo man – wie bei M. LUTHER – entschiedene Vorbehalte gegen seine Bußlehre äußerte, hat man den Hebräerbrief vor allem wegen seiner vom Alten Testament her entworfenen Christologie durchaus hochgeschätzt[24]. Und im Zeitalter des Pietismus ist man sogar so weit gegangen, dem Hebräerbrief innerhalb des Alten und Neuen Testament insgesamt, zumindest jedoch unter den unter dem Namen des Paulus überlieferten Briefen, eine Schlüsselstellung zuzuerkennen[25]. Obwohl solche hohe Wertschätzung des Hebräerbriefes in der Auslegungsgeschichte des 19. und 20. Jahrhunderts – insbesondere seit den Kommentarwerken von F. BLEEK, F. DELITZSCH und E. RIGGENBACH – einer mehr kritisch-differenzierenden Betrachtungsweise Platz gemacht hat, ist man sich bei der gegenwärtigen Auslegung doch darin im wesentlichen ei-

---

[23] Vgl. hierzu im einzelnen die spezielle Literatur zur Auslegungsgeschichte des Hebr: s. o. Literaturverzeichnis (S. 12) sowie E. GRÄSSER, An die Hebräer I, S. 32ff.

[24] Vgl. in diesem Sinne bes. die Kennzeichnung des Hebr in der Vorrede vom Jahr 1546 (WA. DB 7, S. 345): „eine ausbündig feine Epistel, die vom Priesterthum Christi meisterlich und gründlich aus der Schrifft redet, dazu das alte Testament fein und reichlich ausleget".

[25] Vgl. die von E. K. A. RIEHM in dieser Hinsicht zusammengestellten Urteile: Der Lehrbegriff des Hebräerbriefes dargestellt und mit verwandten Lehrbegriffen verglichen. Neue Ausgabe, Basel/Ludwigsburg 1867, S. 2, Anm. **, mit Hinweis auf die Berleburger Bibel, auf J. A. H. Tittmann: Paulinarum epistolarum facile princeps et regina, sowie auf A. THIERSCH. Vgl. auch O. MICHEL S. 87f und E. GRÄSSER, An die Hebräer I, S. 30.

nig, daß dem Autor des Hebräerbriefes innerhalb des Neuen Testaments eine dem Paulus oder auch dem „Johannes" durchaus vergleichbare originelle theologische Leistung zu bescheinigen ist[26]. Andererseits hat es aber, worauf jüngst wieder E. GRÄSSER in seinem Kommentar ausdrücklich aufmerksam gemacht hat[27], auch eine „negative Wirkungsgeschichte" des Hebräerbriefes gegeben, die in der neueren Auslegungsgeschichte zunehmend die Frage nach der Notwendigkeit einer Sachkritik am Hebräerbrief stellen läßt, in diesem Zusammenhang aber auch die weitere Frage aufwirft, nach welchen Kriterien gegebenenfalls die kritische Betrachtung der theologischen Leistung des Hebräerbriefes verfahren soll.

3) Zur Frage der Grenzen der theologischen Leistung des Hebräerbriefes[28]

Am Anfang steht in dieser Hinsicht die Frage: Handelt es sich, was jene negative Wirkungsgeschichte des Hebräerbriefes betrifft, lediglich um eine Geschichte des Mißverständnisses der „eigentlichen" theologischen Intention des Autors, sodaß – wie J. CALVIN es auf seine Weise drastisch zum Ausdruck gebracht hat – „bei der zeitweiligen Verdunkelung" von Geltung und Ansehen des Hebräerbriefes „der Satan seine Hand im Spiel gehabt" hat?[29] Oder liegt es am Autor selbst, möglicherweise an der Konsequenz und Kompromißlosigkeit, mit denen er die Bekenntnisüberlieferung im Blick auf die Glaubenssituation seiner Adressaten aktualisiert und zugespitzt hat, daß seine Trost- und Mahnrede in mancherlei Hinsicht in der Folgezeit Anlaß zu sachkritischen Anfragen gegeben hat? Falls letzteres zutrifft, sollte freilich von vornherein deutlich sein, daß diese Sachkritik sich nicht – wie in der Auslegungsgeschichte seit M. LUTHER bis heute immer wieder geschehen – abstrakt an der (Rechtfertigungs-)Theologie des Paulus orientiert[30], sondern – zunächst jedenfalls – am Argumentationsge-

---

[26] Vgl. z. B. E. HOSKYNS / N. DAVEY, Das Rätsel des Neuen Testaments (TB 7), München 1957, S. 176, sowie L. GOPPELT, Theologie des Neuen Testaments, S. 600: „Diese beiden Theologien (sc.: die des Lukas und die des Hebr) sind die wichtigsten Dokumente ntl. Theologie aus der nachpaulinischen Zeit der westlichen Kirche".

[27] An die Hebräer I, S. 31f.

[28] Vgl. dazu O. MICHEL S. 84–91; H. FELD, Der Hebräerbrief, S. 97–102; J. C. FENTON, The Argument in Hebrews, StEv VII (TU 126), Berlin 1982, S. 175–181, sowie E. GRÄSSER, An die Hebräer I, S. 30ff (Lit.!).

[29] J. CALVIN, Opera vol. LV (Corpus ref. 83), col. 5 (Argumentum).

[30] Entsprechende Fragen sind bereits an M. LUTHERS Beurteilung des Hebr zu richten. Vgl. O. MICHEL S. 82. Neuerdings ist in dieser Hinsicht bes. auf S. SCHULZ, Die Mitte der Schrift, S. 257ff, speziell S. 261f, sowie auf die entsprechende Forderung von W. SCHENK, STL 39 (1985) S. 91, zu verweisen: „Der zu beschreitende Weg der Rezeption muss also von der ‚Religion des Hebr' weg und zur Theologie des Paulus hin gehen …"; vgl. auch S. 97f. Kritisch zu dieser Betrachtungsweise vgl. E. GRÄSSER, in: Festschr. E. Käsemann, S. 79f.

fälle bzw. an der pastoral-theologischen Intention des Hebräerbriefes selbst.

Konkret ist in dieser Hinsicht an erster Stelle gewiß wiederum der einst von M. LUTHER so genannte „harte Knoten" zu nennen, der – so wiederum M. LUTHER – „wider alle Evangelia und Epistel S. Pauli" ist, dasjenige also, was man aufgrund von Hebr 6,4–6 (10,26ff und 12,16f) den „Bußrigorismus" des Hebräerbriefes genannt hat, der seinerseits wiederum auf eine bestimmte „Gesetzlichkeit" des Autors schließen läßt[31]. Zum Verständnis dieses Rigorismus ist bereits im Zusammenhang der Auslegung von Hebr 6 (s. o. S. 348ff) darauf hingewiesen worden, daß die Betonung der Einmaligkeit der (mit der Taufe verbundenen) μετάνοια im Gesamtzusammenhang des Hebräerbriefes zunächst nichts anderes als eine Konsequenz der Einmaligkeit des vom Hohenpriester Christus dargebrachten Opfers darstellt und in diesem Sinne unmittelbar mit der christologisch-soteriologischen Position des Autors gegeben ist: Das apodiktische „Es ist unmöglich ..." von Hebr 6,4 ergibt sich dem Autor notwendig aus dem ἐφάπαξ des Heilsgeschehens – ebenso wie das οὐκέτι (hinsichtlich der zweiten Buße) von Hebr 10,26 nichts anderes darstellt als die Kehrseite des οὐκέτι (hinsichtlich der Notwendigkeit des Opferkultes) von Hebr 10,18. In diesem Sinne ist die Bußlehre des Hebräerbriefes als solche durchaus in das Ganze der Hohenpriester-Christologie integriert. Zugleich ist jedoch auch offensichtlich, daß zumindest an dieser Stelle im Hebräerbrief ein merkwürdig statisch-undialektisches Verständnis des indikativischen Heilsgeschehens (bzw. der „Wahrheit" von 10,26) und dem daraus folgenden Imperativ vorliegt. Die christliche „Wahrheit" (10,26) wird hier offenbar als eine seitens des Rezipienten (mit der Taufe) ein für allemal gewonnene Wahrheit verstanden, als eine gleichsam linear-logische Folge des Heilsgeschehens und seiner Applizierung auf den Empfänger (vermittels der Taufe), so daß nunmehr der Imperativ bzw. die aus dem Heilsempfang sich herleitende Aufforderung zu einem entsprechenden Handeln und Verhalten gleichsam für sich steht bzw. den Rückbezug auf den alles Handeln und Verhalten des Christen bleibend konstituierenden Indikativ nicht mehr entsprechend zur Geltung kommen läßt. Zugegeben, daß der Autor des Hebräerbriefes zumal an dieser Stelle angesichts einer akuten Glaubenskrise seiner Adressaten argumentiert und dementsprechend Anlaß nicht nur zu Tröstung und Mahnung, sondern auch zu scharfer Warnung gegeben sieht. Letzteres zeigt sich ja – neben dem betonten Hinweis auf den kritisch-analytischen Charakter des Wortes Gottes in 4,12f – nicht zuletzt auch in den Gerichtsdrohungen von 10,30f und 12,29[32]. Auch wenn

---

[31] So H. BRAUN, ThLZ 96 (1971) Sp. 330; vgl. auch S. SCHULZ, Die Mitte der Schrift, S. 264ff.

[32] Besonderes Gewicht gibt W. SCHENK, STL 39 (1985) S. 85ff, diesen Stellen, indem er sie jeweils als Abschluß der drei umfassenden Textzusammenhänge 1,1–4,13; 4,14–10,31;

sie aber – ebenso wie der „Bußrigorismus" von 6,4ff – auf diese Weise eine bestimmte Funktion im Rahmen der „Mahnrede" des Hebräerbriefes haben, bleibt doch zu bedenken, daß der Autor, der doch gerade dazu angetreten ist, seine im Glauben verunsicherten Adressaten erneut zur Heils- und Glaubensgewißheit (10,22: πληροφορία πίστεως!) zu motivieren, mit solcherlei statements wie den eben genannten am Ende hinter dem Gefälle der eigenen christologisch-soteriologischen Argumentation zurückbleibt. Eindeutig jedenfalls ist mit dem hier sich abzeichnenden linear-undialektischen Verständnis des christologisch-soteriologischen ἐφάπαξ die Gefahr gegeben, den durch das ἐφάπαξ konstituierten Heils-Stand nun eben nicht mehr als einen Weg zu verstehen, auf dem der getaufte Christ immer erneut der Orientierung an Ursprung und Ziel seines Weges bedarf, sondern – gleichsam perfektionistisch – eben als einen Heils-„Stand", von dem abzuweichen unmittelbar und unabdingbar das Zornesgericht Gottes heraufführt. Hier besteht die Gefahr, die aus dem Heilsstand erwachsende Verpflichtung absolut zu setzen – wo es doch gerade darauf ankäme, sie bleibend zu dem sie konstituierenden ἐφάπαξ in Beziehung zu setzen (und in diesem Sinne somit auch zu „relativieren"!). Daß christliche Existenz im konkreten Vollzug – wie der Autor des Hebräerbriefes selbst weiß – nichts anderes heißt als „hinzutreten zum Thron der Gnade" (4,16), das bleibt zumindest an dieser Stelle im Hebräerbrief unter dem Horizont.

Sind diese Schwierigkeiten am Ende vielleicht doch darin begründet, daß (auch) im Hebräerbrief das ursprünglich-urchristliche Verständnis der „Paradoxie des eschatologischen Zwischen" (R. BULTMANN) bzw. das „dialektische Verständnis von Gegenwärtigkeit und Zukünftigkeit des Heils" preisgegeben worden ist?[33] Dann freilich wäre auch offenbar, daß es hier gar nicht mehr nur um ein spezielles Problem der „Bußlehre" des Hebräerbriefes geht, sondern die letztere ihrerseits in der Gesamtverfassung der Theologie des Hebräerbriefes begründet ist, als solche mit ihrem Rigorismus vielleicht sogar in einer „Gesetzlichkeit", die ihrerseits wiederum mit dem kirchen- und theologiegeschichtlichen Ort des Hebräerbriefes am Ausgang des ersten Jahrhunderts zu tun hat. Das akute Glaubensproblem, von dem der Autor ausgeht, ist ja in jedem Falle ein typisches Problem einer „nachgeborenen" Generation, typisches Problem des sog. nachapostolischen Zeitalters. Von daher gesehen stellt sich die Frage: Ist also die Stellungnahme, die der Autor in seiner Mahnrede zu diesem

---

10,32–12,29 in den Gesamtkontext des Hebr einordnet und u. a. von daher die „Notwendigkeit einer Erweiterung der von Luther inaugurierten Sachkritik am Hebr" gegeben sieht.

[33] Vgl. jetzt bes. I. GOLDHAHN-MÜLLER, Die Grenze der Gemeinde, S. 111ff, im Anschluß an R. BULTMANN und E. GRÄSSER. Für E. GRÄSSER vgl. DERS., Der Glaube im Hebr, S. 197; DERS., An die Hebräer I, S. 388; für R. BULTMANN: Theologie des Neuen Testaments, S. 519: „Da die Dialektik zwischen Imperativ und Indikativ preisgegeben ist, ist das Heil im Grunde doch nur ein zukünftiges, und die Gegenwart steht im Grunde unter der Forderung ..."; vgl. auch S. 113f.

Problem vorlegt, ebenso typisch für jene Übergangszeit von der Epoche des Urchristentums zur frühkatholischen Kirche des zweiten Jahrhunderts – und in diesem Sinne vielleicht sogar selbst als „frühkatholisch" zu kennzeichnen? Das Epitheton „frühkatholisch" wäre dann freilich nicht nur Bezeichnung einer bestimmten Epoche in der Frühgeschichte des Christentums, sondern schlösse zugleich ein Werturteil über den Hebräerbrief (und das etwa gleichzeitige frühchristliche Schrifttum) ein, ein Werturteil vor allem in dem Sinne, daß im Hebräerbrief – analog dem Sachverhalt im gleichzeitigen frühchristlichen Schrifttum – die Neigung zu einer Verselbständigung des Imperativs gegenüber dem Indikativ festzustellen sei – mitsamt den daraus notwendig sich ergebenden Konsequenzen eines „gesetzlichen Rigorismus" oder auch einer „Leistungsfrömmigkeit", die ihrerseits am Ende einen „unevangelischen Ansatz" des sog. Frühkatholizismus in der Spätzeit des Urchristentums signalisieren. Entsprechende Stellungnahmen speziell zum Hebräerbrief gibt es in der neueren Auslegungsgeschichte – insbesondere im deutschsprachigen Bereich – eine ganze Reihe[34]. Speziell im Blick auf Ethik und Bußlehre des Hebräerbriefes ist da von einem „gesetzlichen Rigorismus" die Rede oder auch – in Verbindung mit dem „Lohndenken" – von der „Leistungsfrömmigkeit" des Hebräerbriefes[35]. Vorbehalte gegenüber dem Hebräerbrief werden darüber hinaus aber auch im Blick auf eine (alle sozialethischen Fragestellungen ausblendende) „Weltverneinung" geäußert, die ihrerseits nur wiederum der (im Rahmen einer dualistischen Grundkonzeption entworfenen) „Ewigkeitsbejahung" hinsichtlich der christologischen Position korrespondiert[36]. Und gerade in diesem Sinne ist am Ende dem Hebräerbrief und seiner Theologie ein „gesetzlicher" und somit „unevangelischer" Ansatz zu bescheinigen[37]. S. SCHULZ hat dies alles im Zusammenhang mit ei-

---

[34] Vgl. zum folgenden bes. H. BRAUN, Die Gewinnung der Gewißheit im Hebr, ThLZ 96 (1971) Sp. 321–330; S. SCHULZ, Die Mitte der Schrift, S. 257–270; DERS., Neutestamentliche Ethik (Zürcher Grundrisse zur Bibel), Zürich 1987, S. 632–640; W. SCHENK, STL 39 (1985) S. 73–106; J. C. FENTON, StEv VII, S. 175–181. Zur Auseinandersetzung mit H. BRAUN vgl. E. GRÄSSER, Zur Christologie des Hebr. Eine Auseinandersetzung mit Herbert Braun, in: H.-D. Betz / L. Schottroff (Hrsgg.), Neues Testament und christliche Existenz. Festschr. H. Braun, Tübingen 1973, S. 195–206.

[35] Vgl. H. BRAUN, ThLZ 96 (1971) Sp. 330; S. SCHULZ, Die Mitte der Schrift, S. 262ff; DERS., Neutestamentliche Ethik, S. 632ff: „Die sich abzeichnende Leistungsfrömmigkeit"! Vgl. aber auch J. BECKER, TRE VII, S. 451: Hebr „verkürzt die Gnade als Glaubensgrund zugunsten eines Rigorismus ...".

[36] So H. BRAUN, ThLZ 96 (1971) Sp. 329. Vgl. auch S. SCHULZ, Die Mitte der Schrift, S. 260; DERS., Neutestamentliche Ethik, S. 636ff: „Ethik als Abwendung von der sichtbaren Welt", mit der Konsequenz der „Ausblendung der sozialethischen Probleme" (S. 637f).

[37] Vgl. in diesem Sinne bes. die Kennzeichnung der Position von J. C. FENTON bei H. FELD, Der Hebräerbrief, S. 99f. Für FENTON selbst vgl. StEv VII, S. 180f: „He is proceeding on the assumption that the gospel is superior to the law on the terms which the law itself sets forth. But this is to misconceive the relation between the old and the new. The gospel criticizes the

nem „Katholisierungsprozeß paulinischer Theologie im weitesten Sinne des Wortes" gesehen: Er, der Hebräerbrief, wie auch die Evangelien sowie die deuteropaulinischen und die „katholischen" Briefe sind die Repräsentanten dieses Prozesses im Neuen Testament[38].

Welche Indizien für solchen „Katholisierungsprozeß" bzw. für „frühkatholisches" Denken gibt es nun aber im Hebräerbrief tatsächlich? Bei nüchterner Betrachtung, die den Hebräerbrief nicht von vornherein an Vorbild und Maßstab paulinischer Theologie bemißt und darüber hinaus die Kategorie des „Frühkatholischen" nicht als solche bereits zu einer negativ-kritischen Beurteilung neutestamentlicher Sachverhalte benutzt, ist der Ertrag in dieser Hinsicht nicht eben sehr ergiebig: Sieht man dabei zunächst von den bereits benannten Problemen der Bußlehre und Ethik des Hebräerbriefes ab – die im übrigen z.B. W. SCHRAGE in seiner Darstellung durchaus zurückhaltender beurteilt als etwa S. SCHULZ[39] –, so ist eine (in einer bestimmten Sichtweise als typisches Indiz des „Frühkatholizismus" geltende) „Hochschätzung des kirchlichen Amtes" für den Hebräerbrief gerade nicht charakteristisch[40], ebensowenig im übrigen wie die Hochschätzung der „apostolischen Tradition" (als der Norm aller „nachapostolischen" Lehre und Verkündigung). In beiderlei Hinsicht behauptet der Hebräerbrief – gerade auch im Vergleich mit dem etwa gleichzeitigen urchristlichen Schrifttum gesehen – vielmehr durchaus seine Eigenart, und dies nicht nur im Blick auf die merkwürdig profan-nüchterne Redeweise von den kirchlichen Amtsträgern im 13. Kapitel, sondern vor allem auch im Blick auf das hier sich abzeichnende durchaus „funktionale" Amts- und Traditionsverständnis: Nach Ausweis von Hebr 13,7 und 2,3 sind Amt und Tradition an nichts anderem als an Verkündigung und Weitergabe jenes Wortes Gottes orientiert, das Gott selbst „am Ende der Tage im Sohn gesprochen hat" (1,2). Und was schließlich die Frage einer Verselbständigung der Ethik bzw. des Imperativs gegenüber dem Indikativ betrifft: In einer Trost- und Mahnrede, in der – wie im Hebräerbrief – nicht nur die den Heilsindikativ ausführende christologische Lehre auf Tröstung und Mahnung der Adressaten ausgerichtet ist, sondern zugleich die letztere in so ausgesprochenem Maße als Schlußfolgerung auf die erstere zurückbezogen erscheint, können Kategorien wie „gesetzlicher Rigorismus" und „Leistungsfrömmigkeit" zur Kennzeichnung der Theologie des Hebräerbriefes schwerlich als angemessen oder doch jedenfalls nur dort als zutreffend gelten, wo man – mit S. SCHULZ – der Meinung ist, „daß das theologische Schwergewicht des Hebräerbriefes nicht auf den dogmatisch-lehrhaf-

---

law, as well as fulfilling it. One may not begin with the law, and project from it what the gospel will be; one must start with the gospel …".

[38] Die Mitte der Schrift, S. 268.
[39] W. SCHRAGE, Ethik des Neuen Testaments (GNT 4), Göttingen 1982, S. 302–306.
[40] Anders S. SCHULZ, Die Mitte der Schrift, S. 269.

ten, sondern ganz unpaulinisch auf den paränetischen Partien liegt ..., also Christologie wie Eschatologie im Dienste der Paränese stehen und damit zum gesetzlichen Stimulans für die Leistungen der Frommen werden"[41].

Was das Verhältnis von „Lehre" und „Paränese" betrifft, so ist das eigene Zeugnis der Trost- und Mahnrede des Hebräerbriefes geltend zu machen: Auch und gerade der kritisch-analytische Charakter des Wortes Gottes (4,12f) steht hier seinerseits unter dem Vorzeichen jenes heilstiftenden Wortes, das Gott „am Ende der Tage" – und somit eschatologischendgültig – „im Sohn gesprochen hat" (1,2), und gewinnt allein von daher, unter dieser grundlegenden Voraussetzung, nicht nur seinen die konkrete Verantwortung des Glaubens einschärfenden, sondern auch – und vor allem – seinen die Zuversicht des Glaubens (παρρησία) begründenden Charakter. Beides zeichnet den Hebräerbrief als Trost- und Mahnrede aus: Die dem Glauben aufgetragene Verantwortung läßt sich nur dort angemessen wahrnehmen, wo dieser Glaube an der ihm zuallererst von außerhalb seiner selbst vermittelten Zuversicht „festhält" – mit den Worten des Hebräerbriefes selbst: wo er am Christusbekenntnis festhält und dieses Bekenntnis – getreu dem christologischen Grund-Satz von 13,8 – immer wieder neu „ergreift" (4,14). Was einem in diesem Sinne dynamischen Verständnis der im Hebräerbrief vermittelten und angemahnten Glaubenshaltung entgegensteht – wie z.B. der sog. Bußrigorismus des Hebräerbriefes –, ist im Gesamtkontext des Hebräerbriefes lediglich als eine durch die konkrete Verkündigungssituation bedingte Kehrseite der christologischsoteriologischen Position zu betrachten: Konsequenz also des Insistierens auf dem allen menschlichen Handeln und Verhalten vorausgehenden, unüberholbaren Heilsgeschehens, so aber auch Mittel, die Adressaten in ihrer Glaubensanfechtung zum bleibenden Grund ihres Glaubens zurückzurufen. Sachkritik ist hier – sofern die Bußlehre des Hebräerbriefes sich zu einem für sich geltenden „kirchenrechtlichen Grundsatz" verselbständigt – durchaus notwendig, dies aber nicht anders als von der eigenen und ursprünglichen theologischen Position des Hebräerbriefes selbst her: Was bedeutet das „Ein für allemal" der christologisch-soteriologischen Position des Hebräerbriefes, was bedeutet das „Jesus Christus – gestern und heute (und) derselbe auch in Ewigkeit" von Hebr 13,8 für den konkreten Vollzug des Glaubens, für den Vollzug seiner Verantwortung wie auch seiner Zuversicht – wenn im Sinne der Trost- und Mahnrede des Hebräerbriefes nichts anderes, als daß der Glaube sich auf seiner Wanderschaft zur „zukünftigen Stadt", auf dem Wege also zu seinem Ziel, bleibend – und somit auch immer wieder neu – an seinem Ursprung und Grund

---

[41] Die Mitte der Schrift, S. 270; DERS., Neutestamentliche Ethik, S. 635; „Damit aber wird letztlich der Heilsindikativ in den Heilsimperativ integriert, und die Ethik wird zum zweiten konstitutiven Teil der Erlösung".

orientiert: „So laßt uns nun also hinausgehen aus dem Lager zu ihm ..."
(13,13f).

Sachkritische Betrachtung des Hebräerbriefes am Maßstab seiner eigenen theologischen Position, das gilt schließlich auch im Rahmen einer Fragestellung, die nicht nur von der Wirkungsgeschichte des Hebräerbriefes her naheliegt, sondern darüber hinaus auch gegenwärtig im Blick auf alle Schriften des Neuen Testaments von besonderer Aktualität ist: Wenn im Hebräerbrief in so ausgesprochenem Maße die eigene theologische Position vermittels einer „komparativen Methode" vom Alten Testament her entfaltet, das „Neue", was der Autor des Hebräerbriefes seinen Adressaten zu sagen hat, also im Vergleich mit dem „Alten" bzw. als Überbietung des „Alten" dargelegt wird, so läßt sich die Frage nach eventuellen antijüdischen Implikationen dieser so ausgeführten Position kaum umgehen. Hier liegt jedenfalls die Frage nahe, ob und inwieweit mit solcher Position – nach dem Grundsatz „omnis determinatio est negatio" – nicht notwendig zugleich eine Negation verbunden ist[42]. Dies gilt auch dann, wenn bereits oben in der „Einleitung" (§ 3, S. 56–60) zu „Grundanliegen und Zielstellung" des Hebräerbriefes festgestellt worden ist, daß von einer gezielt-polemischen Stellungnahme gegen das Judentum bzw. bestimmte jüdische Gruppierungen (und deren Schriftverständnis) im Hebräerbrief nicht die Rede sein kann. Dies ist in einem Brief, der bereits zu Beginn (und somit in programmatischer Absicht!) die Kontinuität des Redens Gottes „zu den Vätern" wie auch „zu uns", den Christen, betont und darüber hinaus in so ausgesprochenem Maße das (von Gott selbst bestätigte) Glaubenszeugnis der „Alten" – bis in die Geschichte des Judentums hinein! – den christlichen Adressaten paradigmatisch vor Augen führt, zunächst auch gar nicht zu erwarten. Aber auch was die Entfaltung der eigenen christologischen Position aus der Schrift betrifft: Was sich da im einzelnen im konkreten Gebrauch der Schrift ausspricht, ist ganz in des Autors Sichtweise des „Neuen" hineingenommen, setzt bereits den (selbstverständlichen!) Gebrauch der Schrift in der christlichen Gemeinde voraus und ist dementsprechend darauf ausgerichtet, den Adressaten dieses „Neue", das den Grund ihrer Existenz als Christen ausmacht, in seiner Positivität und aktuellen Glaubensrelevanz zum Bewußtsein zu bringen.

Mit solcher Art des Lesens und Verstehens der Schrift steht der Hebräerbrief seinerseits bereits in jenem Prozeß der Verkündigungs- und Theologiegeschichte des Urchristentums, in dessen Verlauf die Schrift immer mehr als „Altes" Testament gelesen und rezipiert worden ist, in seiner Zu-

---

[42] Zur Fragestellung vgl. W. KLASSEN, To the Hebrews or Against the Hebrews? Anti-Judaism and the Epistle to the Hebrews, in: St. G. Wilson (ed.), Anti-Judaism in Early Christianity II: Separation und Polemic (Studies in Christianity and Judaism 2), 1986, S. 1–16; E. GRÄSSER, An die Hebräer I, S. 31f, hier bes. auch zur antijüdischen Wirkungsgeschichte des Hebr bereits bei den frühchristlichen Apologeten (Justin, Aristides).

ordnung also zum „Neuen", und das heißt letztlich: als ein christliches Buch. Ein nach außen gekehrter Besitzanspruch ist damit im Hebräerbrief ebensowenig verbunden wie die ausdrückliche Negierung eines genuin jüdischen Schriftverständnisses, ganz anders also als in dem dem Hebräerbrief zumindest in zeitlicher Hinsicht nahestehenden Barnabasbrief (2,4ff und passim). Gleichwohl ist nicht zu übersehen, daß auch im Hebräerbrief ja nicht nur die Kontinuität des Redens Gottes „zu den Vätern" und „zu uns" im Blick ist, sondern – wie programmatisch bereits Hebr 1,1f anzeigt – auch die Diskontinuität: Die Rede Gottes in den Propheten zu den Vätern" wird durch seine Rede „zu uns im Sohn" schlechterdings überboten und gewinnt erst hier, „in den letzten Tagen", ihre Eindeutigkeit. Was die Ausführung dieses bereits zu Beginn sich darstellenden Programms betrifft, beläßt es der Autor – was sein Verständnis des alten (Kult-)Gesetzes betrifft – nicht nur bei der Feststellung des „schattenhaften" Charakters des Nomos gegenüber der eigentlichen, im Selbstopfer des Hohenpriesters Christus in Erscheinung getretenen Wirklichkeit (10,1), sondern gelangt er darüber hinaus zu Aussagen, die das „Alte" im Grunde negieren: Jener eigentlichen Wirklichkeit gegenüber, die in Christus in Erscheinung getreten ist, ist das „Alte" im Grunde „greisenhaft" geworden – und somit auch „der Auflösung nahe" (8,13). Zumindest an dieser Stelle tritt die Zueinanderordnung von „Alt" und „Neu" – im Ansatz jedenfalls – zurück hinter einer Ablösung des „Alten" durch das „Neue", und damit ist denn auch der Weg frei zu einer Substitutionstheorie, wie sie sodann für die weitere Geschichte im Verhältnis zwischen Christentum und Judentum weithin bestimmend geworden ist. Ein Grundsatz wie Hebr 10,9 – „er hebt das erste auf, um das zweite in Kraft zu setzen" – tut schließlich ein übriges, um eine Linienführung vom Hebräerbrief zur explizit antijüdischen Position des Barnabasbriefes evident zu machen[43]. So gesehen liegt eine antijüdische Wirkungsgeschichte in einer veränderten kirchengeschichtlichen Situation durchaus in der Konsequenz des Hebräerbriefes selbst. Am ursprünglichen historischen Ort des Hebräerbriefes läßt sich in dieser Hinsicht jedoch allenfalls von gewissen Implikationen der Position des Autors sprechen und gilt es zudem, die das „Alte" schlechthin abwertenden Aussagen in 8,13 und 10,9 im umfassenden theologischen Kontext der programmatischen Aussage von Hebr 1,1f zu betrachten und von daher zugleich zu korrigieren und zu relativieren.

Das Grundgefälle der Argumentation im Hebräerbrief geht jedenfalls – aufs Ganze gesehen – nicht von der Position zur Negation. Vielmehr haben die das „Alte" abwertenden oder sogar negierenden Aussagen – im Gesamtkontext betrachtet – allein die Funktion, Größe, Einmaligkeit und Unüberbietbarkeit der christologisch-soteriologischen Position herauszu-

---

[43] Für den Barnabasbrief vgl. bes. 2,6: ταῦτα οὖν κατήργησεν, ἵνα ὁ καινὸς νόμος τοῦ κυρίου ἡμῶν Ἰησοῦ Χριστοῦ, ἄνευ ζυγοῦ ἀνάγκης ὤν, μὴ ἀνθρωποίητον ἔχῃ τὴν προσφοράν.

stellen. In diesem Sinne kann und muß man wohl auch – von Paulus und seiner Rechtfertigungstheologie herkommend – den Hebräerbrief im Rahmen des Neuen Testaments durchaus als einen Zeugen des „solus Christus" gelten lassen. In einem bestimmten Sinne sind damit im Hebräerbrief – wenn hier nun schon der Vergleich mit Paulus zum Zuge kommen soll – auch das „sola gratia" und das „sola fide" verbunden. Insgesamt freilich ist es eine „Rechtfertigungslehre" sehr eigener Art, die im Hebräerbrief entfaltet wird[44]. Am Ende kommt es aber – was eine abschließende Würdigung der theologischen Leistung des Hebräerbriefes betrifft – auch gar nicht darauf an, dem theologischen Gewicht des Hebräerbriefes dadurch aufzuhelfen, daß man darum bemüht ist, bestimmte Kategorien der paulinischen Rechtfertigungstheologie im Hebräerbrief wiederzufinden. Ihr eigenes theologisches – und auch ihr eigenes pastorales – Gewicht gewinnt die Theologie des Hebräerbriefes vielmehr gerade dadurch, daß es in der hier vorliegenden Trost- und Mahnrede gar nicht um eine abstrakte Lehre geht, sondern viel eher und viel gezielter um die Lebens- und Existenznähe der überlieferten Christuslehre und ihrer Auslegung im Hebräerbrief. Abstrakt von der „theologischen Leistung" des Hebräerbriefes – etwa im Sinne der hier entfalteten Hohenpriester-Christologie und der ihr entsprechenden Soteriologie (und von daher dann auch von einer „Opfer-" bzw. „Kulttheologie") – zu reden, ist zumal auch im Blick auf die hermeneutischen Fragen gegenwärtiger kirchlich-theologischer Rezeption des Hebräerbriefes (s.o.) nicht eben sinnvoll und hilfreich. Ganz gewiß besteht aber die eigentliche theologische Leistung des „auctor ad Hebraeos" als des Verfassers eines λόγος τῆς παρακλήσεως darin, daß er seinen Adressaten – indem er ihnen den himmlischen Hohenpriester als den mit-leidenden Hohenpriester und damit zugleich als den „Anfänger und Vollender des Glaubens" vor Augen stellte – zu einem ebenso theologischen wie auch „menschlichen" Orientierungspunkt und Leitbild ihres eigenen Glaubens verholfen hat. Derjenige, der im Hebräerbrief in so eindrücklicher (und eigenartiger!) Weise als der „zur Rechten Gottes" erhöhte, himmlische Hohepriester dargestellt wird; derjenige, von dem nach Hebr 13,8 gilt: „gestern und heute (und) derselbe auch in Ewigkeit", ist kein anderer als der Mensch Jesus von Nazareth, „zu dem man aus dem Lager herausgeht, um seine Schmähung zu tragen" (13,13). Das ist am Ende theologisches und pastorales Potential genug, um Anspruch und Anliegen eines λόγος τῆς παρακλήσεως gerecht zu werden.

---

[44] Vgl. E. GRÄSSER, Rechtfertigung im Hebräerbrief, in: Festschr. E. Käsemann, S. 79–83.

Register

Mit * gekennzeichnete Verweise beziehen sich jeweils auf die Anmerkungen

I. Stellenregister (Auswahl)

1. Altes Testament (LXX)

Gen

2,2	271f.279f
4,3ff	575–577
4,10	682
5,22	577
5,24	577
6,9	580
12,1	735
12,1–4	583
14,17–20	371–387.388
15,6	581.582
18,12	587
21,12	596f
22,1f	596
22,17	360
23,4	591f
25,29–34	666
25,33f	666f
26,34f	666
27,27ff	599
27,30ff	667
27,39f	599
47,31	599f
48,13ff	599
48,17ff	599
50,24f	600f

Ex

2,2f	603f
2,11	605
2,11–15	608f
3,1ff	610
3,6	594
3,14	715
3,15	594
9,29	733
11,5	611
12,12f	611
12,14	611
12,23	611
14,15ff	612
14,31	612
16,33f	452
19,12f	671f.672f
20,19	684
20,22	686
24,3–8	475.480f
24,8	540f.728
25,40	434.437f
26,33	452
30,1ff	451
33,7ff	733
40,9–11	481

Lev

6,5f	473
8,10–12	481
16	149.224.231.423.469
16,14f	455.467*
16,27f	724f.729–734
17,11	482

Num

5,15	504f
12,7	245–249
12,8	610
14	267*.271
14,21	262
14,28	262
15,22–31	537*
16,22	652f
17,18	452
17,25	452
19,9f	469
19,13	469
21,24	622
23,19	363
27,16	652f

Dtn

4,12	672.695
4,24	695
5,25	672
9,3	695
9,19	673
13,16	622
17,6	539
18,16f	672
20,13	622
29,17	663f
32,35	541f
32,43	161f

Jos

2,8ff	613
6	612

1Reg

2,35	227.245
12,6	245f
12,8	245f
24,2	623

2Reg

7,14	160f.163

3Reg

18,4	623
18,13	623
19,4	623
19,13	623
22,27	620

2Paralip

16,10	620
24,20f	621
36,10	620
36,16	620

1Makk

1,22	451*
2,51–61	555
2,52	596*.597
14,41	712*

2Makk

2,7	534
3,24	652
3,31	652
6,12	645*
6,18–7,12	619
6,19	619
6,22	619
6,28	619
7,9	619
7,28	574*
12,15	612

4Makk

10,10	645*.649
14,13	389*
15,2	606
16,18–22	555f
16,22	632
17,10	634
17,11ff	632.647*

Ps

2,7f	81.141.160.163.308
8,5–7	190f.193f
21,23–32	215f
39,7–9	506–509
44,7f	165f
94,7–11	175.254–283
96,7	161.163
101,26–28	167f
103,4	116*.164.169
106,26	755
109	90
109,1	81f.150ff.169.193*.237.418.432.512f.639.753
109,4	82.237.308.370.371ff.406f.407–427.432
114/115	312

Prov

3,9	657
3,11f	644–649.657
4,26	659

Weish

7,22ff	287
7,25f	145*.146*
7,27	140*
10/11	555

Sir

25,23	658
44,20	582*.596*.597

Hab

2,3f	548–552
2,4	87. 566

Hagg

2,6	687–692

Sach

9,11	756

Jes

8,17f	216
11,1	665
11,10	665
26,11	539
26,20	548f
35,3	658
41,8f	221
45,17	468*.473*
53,8	377*
53,12	494f
62,7	461
63,11	754–757
63,12–14	754

Jer

38,31ff	442.443–446
38,33f	515f
38,34	477

Dan

2,20	151
3,17	618
6,18ff	617
6,23	618
7,14	693

2. Neues Testament

Mt

4,1ff	296
25,36	702
26,28	480*
27,32	91.731*
28,18–20	158

Mk

1,12f	296
8,34	736*
10,45	205*
14,24	411*
14,32ff	91.227*.312f
14,62	151
15,20	91.731*
16,20	189

Lk

1,68	468
2,38	468
22,20	446
22,43f	91
24,21	468

Joh

1,1–18	93.133
6,69	90
8,46	297
12,27f	91
12,31f	220*
14,2f	368
17,9	90
17,17	230
17,19	90.230
19,23	90

Act

3,21	138*
6,7	231
7,17ff	602
7,20	602
7,23	602
7,44	438
8,23	664

8,16f	338	11,25	441*.446.472*
9,27	66f	15,25–27	169
13,15	40	15,26	218*
13,16–41	40	15,26–28	194
13,33	141*.161*		
13,43	663	2Kor	
15,31f	40.762	1,12	750
17,26	212f	4,4	145.502
18,24	169*	4,6	145*.342*
19,5f	338	5,21	297
23,8f	169*	7,4	251*
24,2	461	11,6	35f
26,18	342*	12,21	351

Röm

1,17	566	3,11f	87.566
3,25	232*	3,15ff	478*
3,31	508*	3,19	403*
4,20f	588*	4,25f	676
4,24	753*.755		
5,2	299	Eph	
5,3f	352	1,7	476*
7,11	263	1,20f	151.193*
7,12	404	3,12	53.252*
7,14	404	4,13f	334*
8,29	214*.627*	4,14	183
8,31–39	418	5,2	232*
8,34	82.231.418		
10,4	403	Phil	
10,7	755	1,1	764
12,2	505*.758	1,23	241f
12,8	39.710	2,6	639
12,10	701	2,6–11	81.93.135.144.317.
12,13	701f		321.639f
12,19	541*	2,8	311.317
15,4	181	2,8f	196
15,17	224	2,9	166*.196.639f
16,21	763	2,9–11	152f.158
		2,10	162
1Kor		4,14	545
3,1	334*	4,19–23	764
7,1	719		
7,8	719	Kol	
7,26	719	1,5	365
10,1–12	179f.256f	1,15	145.502
10,11	179f	1,15–20	135.144.147
10,12	684		

1,17	146f	1,11f	456*
1,24	476*	1,18f	468
2,17	440*.502	1,20	490f
2,18	158f	2,9	343*
4,5	283	2,22ff	297
		2,24	494
1Thess		2,25	745*.756
		3,16	750
3,2	763	3,18	297
5,12ff	710.744.752	3,20f	580*
5,23f	752.757*	3,21	470
5,25	748	3,22	151.158
		4,13f	544.607*
2Thess		5,1ff	745
2,1	534	5,4	756
		5,10f	751f.760
Phlm		5,12	88.761
22	751	5,12–14	760f
		2Pt	
1Tim		1,21	138*
1,6	183*	2,5	580*
2,4	538	2,17	717
3,14	751*.762*		
3,16	135.158.162.491*	Jak	
4,1	262*	2,2	533
4,13	39	2,25	613
6,2	39	3,17f	657f
6,6–10	705	5,7f	356
6,21	183*		
		1Joh	
2Tim		1,7	148*.472*
1,9	242	2,1f	90.418
2,1f	719	2,27	331*
2,18	183	3,5	297.494
4,2	39		
4,22	765	3Joh	
		11	713*
Tit			
2,15	39	Jud	
3,5	345*.530*	5	257
3,15	765	12	717
1Pt		Apk	
1,2	472*.661*.682*	1,4	715
1,7	569	1,8	715
1,9	552*.745*		

3,12	676	Mut 51ff	414.478*
5,5–14	158	200	278*
8,3	451*	Somn I 12	361*
14,1	676	I 218	420*
		I 239	145*
		II 223f	414

3. Frühjüdisches Schrifttum

		Abr 66	583*
		86f	593*
Josephus		111	588*
		Jos 147	436*
Ant II 27f	464*	VitMos I 32	605*
III 123	450*.453*.457*	I 152f	605*
III 180f	453*	II 81f	453*
III 184	457*	II 146	481
III 204–207	481	Decal 67	366
IX 236	226*	SpecLeg I 115f	226
XII 431	634	I 116	442*
Bell V 193–195	453*	I 202–204	471*
V 208f	453*	I 215	505
V 236	455*	II 16	414
Ap II 12	453*	Praem 11	555

Philon

Ps-Philon

Op 100	378*	LibAnt 20,3f	256
All III 38	690		
III 79	376*	Arist	
III 79–82	384		
III 86	464*	128	460*
III 102	438		
III 129ff	304*	Jub	
III 203	359.361*		
Sacr 90–93	359*	10,17	579*
Det 48	577*	13,25f	396*
Post 64	178	32,1f	396*
Imm 12	273*	35,13f	666*
128	537*		
Agr 96	318*	JosAs	
Plant 68	248		
Conf 166	707	8,9	271f. 595*
Her 1	560*	22,13	271*
61f	377*		
63	560*	AscJes	
266	451*	11,23	162*
Congr 177	645*.648*		
98f	384*	MartJes	
Fug 26	363*		
86	537*	2,10	623*
108	233*.298*	5,1f. 11–14	621

4Esr
7,36–38   272*
8,52   595*
10,27   586*

syrBar
6,7   450*
21,25   272*

äthHen
9,5   287*
22,5ff   682*
39,12   652
103,2   680*
103,3f   680*

hebrHen
10,2   162*
25   235
43,2   235

TestXII
TestRub 6,8   234
TestSim 7,1f   234
TestLev 8,1ff   396*
        8,3   396*
        14–17   234
        18,2–4 234

Qumranschriften

CD VI 19   446
   VIII 21   446
   XIX 33f   446
1QS III 8f   469*
    IV 20f   469*
1QM XIII 10   383
    XIII 14f   383
1QpHab VII 5ff 549*
       VIII 1ff 550f
4Qflor I 10ff   157*.161*
11QMelch II 7f 382f
         II 13f 382f

Rabbinische Schriften
mAv II 4   534*
    II 12   354*

IV 22   494*
mYom I 1   421*
     I 1–4   455*
mTam VII 4   272*
mSan VI 1   732*
bBer 32a   360*
bYom 5a   482*
bZev 26b   482*
bNed 32b   382
TosSan 13,10   272*
ARN 34 (9a)   382*
SifNum § 103   247*
       § 131   235*
BerR 17 (12a)   272
     46 (29a)   382
BemR 18,9   306*
     20,20   363*
MTeh Ps 31 § 2 468*.473*
PRE 31 (16b)   598*

4. Frühchristliches Schrifttum

1Clem
4,1ff   555f
9–12   555f.613
12,1–8   613
17,1   115f.623
27,2   363*
33,8   631*
36,1   231
36,2–5   115f
36,6   169*
59,3   652
61,3   115f.231
64   115f.231.652.752*

Barn
9,8   689*
9,9   456*
17,1   456*.689*
17,2   459*

Did
4,1   744*
7,3   339*
15,2   744*

Herm

vis I 3,4	433*
II 2,4f	350
mand IV 3,1f	350
IV 3,4	351
sim IX 26,6	346.350

Ps-Clem

Hom XVII 9,3-10,1	273
II 16,6	666*

Justin

Apol I 61,12	343*
I 65,1	343*
Dial 29	576*
67,9	669*

Nag Hammadi Codizes (NHC)

ApokrJoh NHC III/1,		
	p. 22,29-24,22	287*
EvVer NHC I/3,	p. 19,27f	212*
	p. 22,20ff	212*
	p. 38,11-40,29	154*
NHC XII/2,	p. 22,2ff	271*
	p. 20,10ff	226*
	p. 42,37ff	271*
EvThom NHC II/2, p. 43,10ff		271*
EvPhil NHC II/3,	p. 102,5ff	154*
Melchisedek NHC IX/1,		
	p. 1,4-27,5	385f
ApkPetr NHC VII/3, p. 71,10		422*

5. Griechisch-hellenistisches Schrifttum

Aesop

Fab 370	317*

Aischylos

Agamemnon 177	317*
Coeph 127	352*

Aristoteles

De caelo I 9	377*
Rhet III 9	643*

Ps-Aristoteles

De mundo 6	147*.396*

M. Aurel

Εἰς ἑαυτόν XI 1,5	335

Cornutus

Theol. Graeca 6	456*.689*
33	456*.689*

CorpHerm

I 26	211
V 2	572*
IX 10	572*

Epiktet

Diss II 14,11	578*
II 15,1	416*
II 16,39	332*
II 18,27f	656*
III 10,11	561*
III 22,95	745*
IV 1,170	636*
fr. 30 (89)	366*

Euripides

Andromache 391f	336*

Herodot

Hist I 207	317*

Lukian von Samosata

De morte Peregrini 12f	545*.703*

Platon

Kratylos 349 A	501*
Politeia VI 509 E	501*
X 596 E	574*
Leges 854	426*
Symposion 180 D	377*
Timaios 28 C	248*

Ps-Platon

Definitiones	552*

Plotin

Enn V 8,11	572*
VI 6,6	501*

Plutarch

De superstitione 3	282*
De Stoic. repugn. 11	340*

De E apud Delphos 20	377*	Seneca		
Quaest. conviv. VIII 9,1	457*	De providentia IV 7	655*	
De Catone maiore XIX 7	634*			
		Sophocles		
Polybios		Trach 143	317*	
Hist I 43,2	318*	1004	590*	
I 60,9	458*			
IV 17,4	545*	Xenophon		
IV 76,9	418*	Memor. III 3,13	532*	
VI 58,9	280*	Cyrop. IV 4,10	552*	
IX 33,6	318*	Anab. II 3,48	667*	
XXI 3,3	458*	Conviv. IV 42	705	

II. Sachregister

1. Griechische Begriffe

ἀγαθός	464.501.758
ἀγάπη	353f.532f.701
ἁγιάζειν	208.212.214f.230
ἁγιασμός	661
ἅγιος	241f
ἀγών	632f.647.658f
ἀθέτησις	393.396.400f.405.492
αἷμα	217f.467.481f.521.526.537.539.682f.756f
αἴτιος	318
αἰών	143.192
ἁμαρτία	263.297.492.605.633f.647
ἀνάπαυσις	271.273
ἀντιλογία	243
ἅπαξ	324.341f.347.489f.491f
ἀπείθεια	257.263
ἀπιστία	260.262–267
ἀπολύτρωσις	476f
ἀπόστολος	244f
ἀρχή	187.264f
ἀρχηγός	106.199f.202–204.206.209–212.214.220.222.368f.636f.756.776f
ἀρχιερεύς	116.190.203f.222.228–237.244.301ff (passim).761
ἀσθένεια	295.305f
ἄφεσις	482
ἀφορᾶν	634f
βασιλεία	692–694
βλέπειν	260.261f
βρῶμα	719–722.725
δηλοῦν	456f.689f
διαθήκη	403.409f.411–415.440f.442.477–481.756f
διδάσκαλος	66.331f
διδάσκειν	331f
δικαίωμα	461.734
ἔγγυος	410.441
εἰκών	145.500–502
εἰρήνη	657f.752f
ἐκκλησία	75.678f
ἔλεγχος	559–562.610
ἐλπίς	110.328f.355f.365f.531f.565
ἐντολή	389f.403f
ἐπαγγελία	276f.476.531
ἐπισυναγωγή	533f
ἐπουράνιος	242.436.483f
εὐλάβεια	314f.695
ἐφάπαξ	324.341.349f.422–426.463.467f.471.476.491.511.779f

ἔχειν	292f. 366. 431f. 520f. 722-724
ἡγούμενος	76. 184. 709-714. 744-746
θυσιαστήριον	724f
ἱερεύς	320. 521. 527
ἱλάσκεσθαι	224f. 232. 452. 454
καθαρίζειν	470. 476
καιρός	459. 473
καρδία	261. 528. 718f
καταβολή	489f
κατάπαυσις	106. 257. 268-273
καταπέτασμα	523-525
κατέχειν	48. 265. 294. 530f
καύχημα	251. 253
κληρονομεῖν	356f
κληρονομία	477f
κρατεῖν	48. 294. 364f. 530
κρείττων	152f. 390f. 440f. 627-629. 682
κτίσις	288. 465
κύριος	81. 398. 433
λαός	225. 256
λατρεύειν	470. 694f
λόγος τῆς ἀκοῆς	278. 284
τῆς δικαιοσύνης	334f
τοῦ θεοῦ	184. 284-290
τῆς παρακλήσεως	38-40. 761f
τοῦ Χριστοῦ	336f
μακροθυμία	356. 566
μαρτυρεῖν	563f. 575
μεσίτης	417. 441f. 475f
μετάθεσις	393. 395f. 691f
μετάνοια	337. 341f. 347-351. 667f. 779
μετέχειν	217. 221. 397*
μέτοχος	166. 264. 655
νοεῖν	572f
νόμος	389f. 403-407. 426
οἰκουμένη	163f. 192f
ὁμολογεῖν	84. 591. 740f
ὁμολογία	48f. 84. 243f. 252. 292. 530f. 740
ὄνομα	153f
παιδεία	645. 648-650. 653-658
παραβολή	457-459. 598
παρακαλεῖν	39. 262f. 746. 761
παράκλησις	38-40. 110. 328. 363f. 647f. 761f
παρρησία	48. 53. 251-253. 298. 402. 417. 521. 527. 546f. 551. 681. 774. 783
πίστις	48. 87. 278. 337. 355. 528. 550-552. 553-625. 713-715
πιστός	225f. 228. 239
πνεῦμα	169f. 472f. 651-654
πόλις	193. 585f. 594f. 736-738

πρέπειν 204.420f
πρόδρομος 209.368-370.637
προσέρχεσθαι 299.402.416f.523.527f.578.675f.682.774
πρωτότοκος 163.679
σάρξ 217.460f.470.525-527.651-654
σκιά 436f.501f
σταυρός 638f
συμπάσχειν 295.304f
συγγένεια 106.198*.212.369.593.653*
συνείδησις 460f.470.503f.529.749f
σῶμα 502.507.510
σωτηρία 170f.182.186f.193.200.416
τέλειος 333
τελειοῦν 207-209.393.499
τελείωσις 393-395.444
τελειωτής 636f.639
υἱὸς τοῦ ἀνθρώπου 194.197
    τοῦ θεοῦ s. Christologie, Sohn Gottes
ὑπόδειγμα 283.436f.483
ὑπομονή 547f.554.566.631.635f.658f
ὑπόστασις 145.264-266.559-561
χαρά 639f
χάρις 200-202.204.299f.662f.719f.765f
Χριστός 81.166.462f.485
ψυχή 552.745

2. Deutsche Begriffe

Abendmahl 343. 411. 414. 445f. 480.540f.721.725f.726-729
Abfall, vom Glauben/von Gott 256.261f.275
Abraham 87.212.358-361.582-589
Alt - neu 138.180.225.391.447.627.628f.784f.
Altes Testament 39f.54f.157.171-181.215f.258.456.509f.721.770f.775f
Amt, kirchliches 57.76.176.188.709-714.745.764.782
Anthropologie 106.218f.287f.552.593f.653
Antijudaismus 58-60.392.784f
Apokalyptik, jüdische/urchristliche 57f.98-100.103.107-111.211.234f.277.494.
   670.674.676f.680f.688-690.692f.737f
Apologetik 138.158.176
Apostel, (nach-)apostolisch 65.72-74.123f.711.747f
Auferstehung/Auferweckung 108.150*.597f.618f.637f.735-755
Barnabas(-brief) 63.785
Bekenntnis(-überlieferung) 50.54-56.66.77f.80-83.94.135f.140.181.183.229-
   232.243f.292-295.308.323f.346.431f.462.530-532.538.551.569f.717.747.
   770f.776
Biblische Theologie 54f.137.172.181.191.410f.472.706f.727.754.768.771

Blut (s. auch αἷμα) 455. 467. 470f. 472. 481f. 521. 523. 529f. 682f. 756f
Bund s. διαθήκη
Buße/Bußrigorismus (s. auch μετάνοια) 121. 340-351. 779f
Christologie
- Herr (s. auch κύριος) 81. 167*
- Hoherpriester (s. auch ἀρχιερεύς) 82. 149f. 151. 190f. 203f. 215. 218. 220. 223-227. 228-237. 294f. 301-327. 370. 371-517. 772-777
- Sohn Gottes 81f. 85. 134f. 140f. 151f. 190. 244. 294. 308-310. 320. 378f. 387. 538. 540. 770
- Erniedrigung-Erhöhung 81f. 87. 91. 93. 111. 134f. 141f. 144. 148f. 158. 163. 190. 193-195. 199-201. 207-210. 293f. 297. 310-318. 321. 422. 427. 431f. 464. 512f. 639
- Präexistenz 81f. 93. 143f. 153f. 321f
- Schöpfungsmittlerschaft 142f. 156
- Menschwerdung/Inkarnation 162. 217f. 223. 508. 526
Clemens Romanus (1Clem) 62f. 77. 115f. 231
Dualismus (s. auch Gnosis) 98. 101. 103. 108. 112. 138. 147. 167*. 179. 219. 242. 270. 384. 391. 436f. 465f. 552. 567. 585f. 591f. 609f. 622. 671. 689f. 734f. 737. 770. 775
Ekklesiologie 52. 188. 232. 248-250. 533f. 661f. 678f. 701. 712. 737. 745. 764f. 767f. 772
Engel(-Christologie) 155-171. 197. 221
Epheserbrief 73. 88. 183
Erhöhung s. Christologie
Erniedrigung s. Christologie
Eschatologie 72f. 92f. 98-100. 107. 108-111. 134. 137. 139f. 142. 168. 186f. 193. 195. 263. 268f. 283. 488. 490f. 495f. 513f. 534f. 547. 552. 558. 585f. 626f. 674-676. 680. 687f. 737f. 769. 780
Evangelien, synoptische 89-94. 781
Exodus-Theologie 256f. 601. 767
Frühkatholizismus 57. 95. 188. 245*. 710f. 781f
Geist (Pneumatologie) 343f. 472f. 541
Gemeinde s. Ekklesiologie
Gerichtsmotiv 108. 110. 186. 352f. 493f. 496. 535f. 539f. 541f. 552. 680. 683-696. 779
Gesetz (s. auch νόμος) 87. 180f. 185f. 249. 389f. 395f. 400f. 403-407. 426. 500f. 539. 602. 785
Gewissen (s. auch συνείδησις) 460. 470f. 503f. 529f. 749
Glaube (s. auch πίστις) 87. 278f. 355-357. 550-552. 712-715. 773. 783
Gnade (s. auch χάρις) 200-202. 204. 299f. 662f. 719f. 765f.
Gnosis 58. 103-108. 122. 154*. 198*. 211f. 216*. 219. 220f. 227*. 245*. 250*. 271. 273. 329. 369. 384-386. 503*. 524. 527. 703*
Gottesdienst 83. 299. 694f. 697. 738-743
Heidenchristentum 69. 70f. 84f
Heilsgeschichte 98. 141*. 180. 187. 239. 255f. 440*. 629
Hellenisten (Act 6/7) 92. 555. 602
Hermeneutik 126. 174-176. 179-181
Hoffnung s. ἐλπίς
Hoherpriester s. Christologie
Hymnen, urchristliche 80-83. 136. 144. 285f. 379f. 420*
Indikativ-Imperativ 250f. 264. 696f. 782

Inkarnation s. Christologie
Inspiration (der Schrift) 138f. 258
Irdisch – himmlisch 98. 110. 179. 233. 242f. 378. 384. 391. 433f. 435f. 450. 458. 465f.
    475. 483f. 486f. 489f. 523. 546f. 585f. 592. 651. 671. 674. 676f. 679. 732. 734. 736f
Irrlehrer(-Polemik) 184. 192. 717f. 720
Jesus, irdischer 56. 91. 140. 166. 187. 197f. 213. 236. 240. 295f. 302f. 309-320. 321–
    327. 346. 398. 410. 508f. 527. 635f. 731. 786
Johannesevangelium 89. 93f. 133
Judenchristentum, hellenistisches 68-71. 80. 84f. 88. 92. 138
Judentum, hellenistisches 40. 80. 84f. 98f. 100-103. 146. 178. 204f. 233. 271f. 337.
    380f. 554-556. 567-569. 585. 591. 769
Judentum, rabbinisches 111f. 234f. 375*. 381
Kosmologie 146. 147. 248
Kreuz, Kreuzestheologie 346. 565. 570. 637-639. 775f
Kult(-Symbolik/-Theologie) 148. 231f. 299. 453f. 522f. 773-776
Lehre (Didaktik) 43-49. 55. 66. 771f. 783
Leiden/Leidenstheologie 209f. 213f. 218. 226. 236. 544f. 603f. 606f. 630-643. 644–
    659. 731
Liebe s. ἀγάπη
Logos(-Theologie) 101. 143. 233
Lohn- und Verdienstmotiv 354. 547f
Lukas 57. 62. 89. 92f
Mahnrede (oratio) 38-41. 43f. 48. 50f. 136. 170. 699f. 761. 768f. 773. 776
Melchisedek 105. 122. 371ff (passim)
Merkaba-Mystik 113f. 383
Mose(-Rezeption) 239. 245-251. 480. 602-611. 641. 755f
Nachahmung/Nachfolge 357f. 713f
Naherwartung 73f. 99. 110f. 348. 535. 548. 688
Opfer(-Theologie) 57. 59f. 149f. 472. 484. 738-743. 773-776
Paränese-Paraklese 39f. 45f. 51f. 54. 140. 159. 180. 204. 228. 238. 370. 429. 693. 770f
Parusie(-Verzögerung) 72-74. 110. 162. 494f. 496. 548f
Pastoralbriefe 39. 57. 183f. 538. 751
Paulus/Corpus Paulinum/Paulusschule 35-38. 61f. 86-88. 93. 117-120. 123-125.
    127. 129. 219*. 403f. 414. 550. 564f. 568f. 698. 747f. 751. 763-765. 770. 778f. 782
1. Petrusbrief 73*. 88f. 92f. 569. 760
Philon Alexandrinus 102f. 145*. 146. 178f. 233. 272f. 286f. 298. 328. 352*. 359f. 366.
    384f. 391f. 413f. 434. 438. 453. 486f. 500f. 503-505. 524. 554f. 567. 585-587. 593f.
    609. 672. 690. 692. 733-735. 737
Platonismus 101. 405f. 437f. 440. 486. 500f. 502. 568. 671
Polemik (s. auch Irrlehrer) 56-60. 138. 158. 176. 246. 324. 415. 447. 717f. 736
Präexistenz s. Christologie
Qumran(-Gemeinde/-Schriften) 59. 70. 112f. 157. 177f. 211. 233f. 363*. 382f. 415.
    446
Rationalität/Rationalismus 55. 204. 223*. 281. 420f. 538. 561. 569. 578. 762
Rechtfertigungslehre 576. 581. 778f. 786
Rechtsterminologie 184. 188. 361f. 410. 412f. 416*. 417f. 441f. 474. 477-479. 562
Rhetorik, antike 36. 41-51. 133f. 518f. 542-544. 762
Samaritaner 113. 246. 382

Schöpfung 213.280.288.465.573–575
Schöpfungsmittler s. Christologie
Schrift s. Altes Testament
Septuaginta 101.148.163.173f.178.446
Stephanuskreis s. Hellenisten
Sünde 263.296f.471.492f.647
Sündlosigkeit Jesu 233.296–298
Taufe/Taufbekenntnis 83.242–244.264.332.338f.342f.345.530.540f.544
Traditionsverständnis 78–86.187–189.711.718.782
Typologie 149.179f.221.245f.250f.255.406.433.436.439f.458f.473.480.482.487. 598.607*.682f.695.724.729f.738.756
Umkehr s. Buße
Urbild – Abbild 405f.433f.437f.440.483–485.486f.500f.523.677
Urmensch-Erlöser-Mythus 104f.198*
Verheißung 108–110.268–270.274–283.356f.358f.361.363f.531f.588–590.597. 625–629.687.772f
Versuchung 226f.295f
Volk Gottes, altes und neues 225.250.255f.258f.282.670.672.695
Vorbild(-Ethik) 240f.296.319f.326f.635–637.641f.713.749
Vorlagen (Quellen des Hebr) 79f.144.379f.556–558
Weisheit(s-Theologie) 84.101.143.233.285.287.644f
Wort Gottes(-Theologie) 147.187–189.284–290.344f.711.768

Kritisch-exegetischer Kommentar über das neue Testament

Begr. v. Heinrich A. Meyer. Hrsg. v. Ferdinand Hahn. Bei Subskriptien auf das Gesamtwerk oder bei Vorbestellung von mindestens 3 noch nicht erschienenen Bänden 10% Ermäßigung.

1/2: Ernst Lohmeyer · Das Evangelium des Markus. Mit Erg.-Heft v. Gerhard Saß. 17. Aufl. (8. Aufl. dieser Auslegung) 1967. 376, 44 Seiten, Leinen

2: Rudolf Bultmann · Das Evangelium des Johannes. 21. Aufl. 1986. XV, 567 Seiten, 59 Seiten Erg.-Heft. Leinen

3: Ernst Haenchen · Die Apostelgeschichte. 17. durchges. u. verb. Aufl. (7. Aufl. dieser Auslegung) 1977. 717 Seiten, 1 Faltkte. Leinen

4: Otto Michel · Der Brief an die Römer. 14., neubearb. Aufl. (5. Aufl. dieser Auslegung) 1978. 506 Seiten, Leinen

5: Hans Conzelmann · Der erste Brief an die Korinther. 12. Aufl. (2. überarb. u. erg. Aufl. dieser Auslegung) 1981. 373 Seiten, Leinen

7: Heinrich Schlier · Der Brief an die Galater. 15. Aufl. (6. Aufl. dieser Auslegung) 1989. 287 Seiten, Leinen

9/2: Eduard Lohse · Die Briefe an die Kolosser und an Philemon. 15. erw. Aufl. (2. Aufl. dieser Auslegung) 1977. 295 Seiten, Leinen

10: Otto Merk · Die Thessalonicherbriefe. In Vorbereitung.

11: Hermann von Lips: Die Pastoralbriefe. In Vorbereitung.

12/1: Leonhard Goppelt · Der erste Petrusbrief. Hrsg. v. Ferdinand Hahn. 8. Aufl. (1. Aufl. dieser Auslegung) 1978. 358 Seiten, Leinen

13: Hans-Friedrich Weiß · Der Brief an die Hebräer. 15. Aufl. (1. Aufl. dieser Auslegung) 1991. 801 Seiten, Leinen

14: Georg Strecker · Die Johannesbriefe. 1989. 381 Seiten, Leinen

15: Martin Dibelius · Der Brief des Jakobus. Mit Ergänzungen v. Heinrich Greeven; mit einem Literaturverz. u. Nachtr. v. Ferdinand Hahn. 12. Aufl. (6. Aufl. dieser Auslegung) 1984. 324 Seiten, Leinen

In Vorbereitung:
Gerhard Sellin · Der Brief an die Epheser
John Reumann · Der Brief an die Philipper

Sonderband: **Joachim Jeremias · Die Sprache des Lukasevangeliums.** Redaktion und Tradition im Nicht-Markusstoff des dritten Evangeliums. 1980. 323 Seiten, Leinen

Sonderband: **Charles Kingsley Barrett · Das Johannesevangelium.** Aus dem Engl. von Hans Bald. 1990. 608 Seiten, Leinen

Sonderband: **Rudolf Bultmann · Der zweite Brief an die Korinther.** Hrsg. v. Erich Dinkler. 2. Aufl. 1987. 270 Seiten, Leinen

Vandenhoeck & Ruprecht · Göttingen und Zürich

Kommentar zu den Apostolischen Vätern »KAV«

Ergänzungsreihe zum Kritisch-exegetischen Kommentar über das NT

Herausgegeben von Norbert Brox, Georg Kretschmar und Kurt Niederwimmer. Bei Abnahme der Reihe 10% Ermäßigung.

Die neue Kommentarreihe wird in acht Bänden die Schriften der Apostolischen Väter aus der Zeit zwischen dem Neuen Testament und den klassischen Kirchenvätern wissenschaftlich auslegen. Dieser Kommentar wird ein unentbehrliches Standardwerk für die neutestamentliche und kirchengeschichtliche Forschung sowie für die Klassische Altertumswissenschaft.

Die ersten Bände:

1: Kurt Niederwimmer · Die Didache

1989. 329 Seiten, Leinen

Der Didache-Kommentar behandelt zunächst die traditionellen Einleitungsfragen. Bei der folgenden Erklärung des Textes, zu der Exkurse über Einzelfragen hinzutreten, wird speziell auf die verschiedenen Schichten der Schrift, besonders ihre Quellen, Bezug genommen. Ein kurzes Nachwort sucht zusammenzufassen, was sich über die Eigenart und Position des Didachisten sagen läßt.

7: Norbert Brox · Der Hirt des Hermas

1991. Ca. 560 Seiten, Leinen

Der „Hirt" des Hermas ist eine apokalyptisch verkleidete, umfangreiche Mahnschrift aus der stadtrömischen Kirche des frühen 2. Jahrhunderts. Ihr zentrales Thema ist die Notwendigkeit allgemeiner Bußbereitschaft angesichts des moralischen Versagens vieler Christen.
Diese Erklärung des seltsamen Buches ist der erste wissenschaftliche Kommentar seit 1923.

Des weiteren sind geplant:

2: G. Kretschmar · Der 1. Klemensbrief
3: W. Pratscher · Der 2. Klemensbrief
4: R. Staats · Ignatiusbriefe
5: J. B. Bauer · Polykarpbrief
6: D. van Damme · Martyrium des Polykarp
8: F.-R. Prostmeier · Barnabasbrief

Vandenhoeck & Ruprecht · Göttingen und Zürich